사자성어큰사전

|상| (ㄱ~ㅅ)

■ 엮은이

임무출(林茂出)

- 경북 김천에서 출생하여 영남대학교 국어국문학과를 졸업하고, 동 대학원 석사과정, 계명대학교 대학원 박사과정을 수료, 국어국문학 박사 학위를 받음.
- 경북 경산 진량중·고등학교 국어교사, 계명대학교 강사 역임.
- 논문으로「심훈소설 연구」,「김송의 생애 연구」,「박태원의 홍길동전 연구」,「김송 소설론」,「해방직후 장편역사소설 연구」 등이 있음.
- 편저로는『윤백남의 장편 역사소설「회천기」』,『염상섭의「만세전」·「삼대」 어휘 해석』,『속담·고사성어사전』,『속담·고사성어사전』[증보판],『채만식어휘사전』,『김유정어휘사전』,『퍼즐로 배우는 우리말』,『순우리말 알아맞히기 101』,『윤석중의 소설「황진이」 어휘사전』,『중학생을 위한 따라만 하면 잡히는 논술 1, 2, 3』,『우달문 1, 2, 3, 4』,『우리말 겨루기 (속담 편, 사자성어 편, 순우리말 편)』 등이 있음.
- 2000. 5. 15. 스승의 날에 국무총리 표창장(제103244호) 받음.
- 2001. 10. 9. 한글날을 맞이하여 한글학회에서 한글운동 공로(저술 부문) 표창패 받음.
- 2011. 2. 28. 정년퇴임 때 황조근정훈장(제20244호) 받음.
- 2024년 현재 한글학회 회원.
- 영남일보에「임무출의 우리말 알아맞히기」연재(2006년부터 2024년 3월까지).

사자성어큰사전 |상|(ㄱ~ㅅ)

초판 인쇄 2025년 4월 23일
초판 발행 2025년 4월 30일

엮은이 임무출 **펴낸이** 박찬익 **편집장** 권효진·정봉선 **디자인** 이수빈

펴낸곳 ㈜ **박이정** **주소** 경기도 하남시 조정대로45 미사센텀비즈 8층 827호

전화 031)792-1195 **팩스** 02)928-4683

홈페이지 www.pijbook.com **이메일** pijbook@naver.com

등록 2014년 8월 22일 제2020-000029호

ISBN 979-11-5848-983-0 11710
ISBN 979-11-5848-982-3 (세트)

* 책값은 뒤표지에 있습니다.

사자성어큰사전

|상| (ㄱ~ㅅ)

임 무 출 엮음

박이정

너무나 감사하여
독자님께 사례할 일이
이루 다 헤아릴 수 없이
많습니다.

엮은이: 임무출
출판사: 박이정

머리말

　몇 년 전 어느 날 밤에 꿈을 꾸었다. 어린 손주(孫~)가 책을 읽다가 '미인박명(美人薄命)'이란 사자성어의 뜻을 물었다. 그리고 '박명(薄命)'은 무슨 뜻인지도 물었다. 잠을 깨고 문득 생각했다. '가정상비약(家庭常備藥)'처럼 집에 두고두고 볼 수 있는, 제대로 된 사자성어의 사전이 이 세상에 필요하겠구나.' 하는 생각을 하였다. 이런 동기(動機)에서 수년 간 불철주야(不撤晝夜)로 자료를 찾아 사자성어의 사전을 집필하게 되었다. 몇 번의 시행착오(試行錯誤)를 겪으면서 여러 가지를 보완하여, 이번에 『사자성어큰사전』이란 이름을 지어, 이 세상에 내놓는다. 『사자성어큰사전』이 '가정상비서(家庭常備書)'의 역할을 충분히 하리라고 확신하면서…….

　『사자성어큰사전』은 일반 『사자성어(고사성어)사전』과는 달라, 일곱 가지 면에서 특이하다.

　첫째, 사자성어이 구성에 대하여 밝혔다. 국립국어연구원에서 엮은 『표준국어대사전』(이하 사전)에 하나하나의 단어가 등재되어 있나 없나를 기준으로 일일이 구분하여 밝힌 것이다. '가-가-대소'는 '呵'와 '呵'와 '大笑'의 셋이 합해져서 이루어진 성어(成語)다. '가공-망상'은 '架空'과 '妄想'의 둘이 합해져서 이루어진 성어(成語)다. '가-급-인-족'은 家와 給과 人과 足의 넷이 합해져서 이루어진 성어(成語)다. 해수욕-객은 海水浴과 客의 둘이 합해져서 이루어진 성어(成語)다. 그런데 '가-가-대소'에서 '가'와 '가'는 사전(辭典)에 등재된 단어가 아니기 때문에 '가'와 '가' 사이에 붙임표(-)를 제시하였고, '대소'는 2음절이 사전(辭典)에 등재된 독립된 단어이기 때문에 '대'와 '소' 사이에 붙임표(-)를 제시하지 않았다. '가공-망상'의 경우, '가공'과 '망상'은 각각 2음절이 사전(辭典)에 등재된 독립된 단어이기 때문에 '가'와 '공', '망'과 '상' 사이에 각각 붙임표(-)를 제시하지 않았다. '가-급-인-족'의 경우, '가'와 '급', '인'과 '족'은, 각각 사전(辭典)에 등재된 독립된 단어가 아니기 때문에 '가'와 '급', '인'과 '족' 사이에 각각 붙임표(-)를 제시하였다. '해수욕-객'의 경우, '해수욕'은 3음절로 사전(辭典)에 등재된 독립된 단어이기 때문에 '해'와 '수'와 '욕' 사이에 각각 붙임표(-)를 제시하지 않았다.

가-가-대소(呵呵大笑 꾸짖을 가/꾸짖을 가/클 대/웃을 소) 꾸짖고 꾸짖듯이 크게 웃는다는 뜻으로, 소리를 내어 크게 웃음을 이르는 말. 껄껄거리며 한바탕 크게 웃음을 이르는 말. *대소(大笑): 소리 내어 크게 웃음. *꾸짖다: 부록 '가(呵)' 참고.

가공-망상(架空妄想 시렁 가/빌 공/망령될 망/생각할 상) 빈 시렁을 망령되게 생각한다는 뜻으로, 터무니없는 상상이나 근거 없는 생각을 비유적으로 이르는 말. *가공(架空): ①어떤 시설물을 공중에 가설함. ②이유나 근거가 없음. 또는 사실이 아니고 거짓이나 상상으로 꾸며 냄. *망상(妄想): ①있지도 않은 사실을 상상하여 마치 사실인 양 굳게 믿는 일. ②정신 장애로 말미암아 생기는 잘못된 판단이나 확신을 이르는 말. *시렁: 부록 '가(架)' 참고.

가-급-인-족(家給人足 집 가/넉넉할 급/사람 인/넉넉할 족) 집집마다 넉넉하고, 사람마다 넉넉하다는 뜻으로, 집집마다 먹고 사는 것에 부족함이 없이 넉넉함을 이르는 말.

해수욕-객(海水浴客 바다 해/물 수/목욕 욕/손 객) 바다의 물에서 목욕하는 손(손님)이라는 뜻으로, 바닷물에서 헤엄을 치거나 즐기며 노는 사람을 이르는 말. *해수욕(海水浴): 바다에서 헤엄치거나 노는 일. *손: 부록 '객(客)' 참고.

단, 고유명사(예를 들면, 사람 이름, 나라 이름, 땅 이름, 산 이름, 동식물 이름 따위)와 이미 굳어진 말(예를 들면, '삼십육계', '삼십육궁', 따위의 '삼십육')은 사전(辭典)의 등재(登載)와 관계없이 붙임표를 제시하지 않았다.

【땅 이름의 예】
맥구읍-인(麥丘邑人 보리 맥/언덕 구/고을 읍/사람 인) 맥구읍(麥丘邑)의 사람이라는 뜻으로, 곱고 덕스럽게 늙어 인생의 바른 길을 인도(引導)할 수 있는 슬기로운 노인을 가리키는 말. *맥구읍(麥丘邑): 중국 산동성(山東省) 상하현(商河縣) 서북쪽에 위치한 읍(邑)을 일컫는 말.

【사람 이름의 예】
자막-집중(子莫執中 아들 자/아닐 막/잡을 집/가운데 중) 자막(子莫)이 가운데(중심)만을 잡았다(지켰다)는 뜻으로, 변통성이나 융통성이 없음을 비유적으로 이르는 말. *자막(子莫): 사람 이름. *집중(執中): 어느 쪽에도 치우치지 않은 채 중간(中間)을 취하고 지킴. 또는 치우침이 없고 온당(穩當. 판단이나 행동 따위가 사리에 어긋나지 아니하고 알맞음)한 도리(道理)를 취함. *잡다: 부록 '집(執)' 참고.

【굳어진 말의 예】

삼십육-계(三十六計 석 **삼**/열 **십**/여섯 **육**/꾀 **계**) 서른여섯 (가지의) 꾀라는 뜻으로, ①더 이상 해볼 방법이 없는 곤란한 상황에 처했을 때는 즉시 피(避)하는 것이 가장 좋은 방법이라는 것을 비유적으로 이르는 말. '삼십육계 주위상(三十六計, 走爲上). 즉, 서른여섯 번째의 계책(計策. 어떤 일을 이루기 위하여 꾀나 방법을 생각해 냄. 또는 그 꾀나 방법)은 달아나는 것이 상책(上策. 가장 좋은 꾀)이다'의 준말이다. ②물주(物主. 노름판에서, 아기패를 상대로 승부를 다투는 사람)가 맞힌 사람에게 살돈(노름의 밑천이 되는 돈)의 서른여섯 배(倍)를 주는 노름을 이르는 말. 여기서, '아기패(~牌)'는 노름판에서, 물주(物主. 노름판에서, 선을 잡고 아기패를 상대로 이기고 짐을 겨루는 사람)를 상대로 승부를 다투는 사람이나 패거리를 이르는 말. ③형편이 불리할 때, 달아나는 일을 속되게 이르는 말. *삼십육(三十六): 『국어사전(國語辭典)』에 등재(登載) 되어 있지 않으나, 여기서는 서른여섯으로 굳어진 말. *꾀: 일을 그럴듯하게 꾸미는 교묘한 생각이나 수단.

삼십육-궁(三十六宮 석 **삼**/열 **십**/여섯 **육**/궁궐 **궁**) 서른여섯 (개의) 궁궐(궁전)이라는 뜻으로, 중국 전한(前漢) 때에 있었다고 하는 서른여섯 개의 궁전(宮殿)을 이르는 말. 제왕(帝王. 황제와 국왕을 통틀어 이르는 말)의 궁전이 많음을 비유적으로 이르는 말이다. *삼십육(三十六): ☞삼십육계. *궁궐(宮闕): '궁전(宮殿)'과 같은 말로, 임금이 거처하는 집.

둘째, 사자성어의 뜻풀이는 훈(訓)을 중심으로 직역(直譯)했다. 사자성어 풀이의 1차적인 핵심(중심)은 직역(直譯)이기 때문이다. 사전직인 의미는 1차적인 직역(直譯)에서 바로 의미를 이끌어낸 것이나 파생된 것이다. 독자들의 입장에서는 훈(訓)을 위주로 직역(直譯)한 것을 익혀야 사자성어의 뜻풀이(사전적 의미 포함)를 오래도록 기억할 수 있는 장점이 있다(【1차 직역의 예】 참고). 그런데 1차 직역(直譯)으로는 독자의 이해가 부족하다고 생각되는 경우에는 2차 직역(直譯)까지 하면서 독자의 이해를 돕도록 편집했다. 여기서는 '즉, ~뜻으로'의 부분이 2차 직역에 해당된다(【2차 직역의 예】 참고). 사실 엮은이는 전직 중·고등학교 국어 교사다. 국어 수업 시간에 사자성어가 나오면 꼭 훈(訓)을 중심으로 1차 직역(直譯)과 2차 직역(直譯)까지 하여 설명함으로써 학생들로 하여금 사전적 의미를 오래도록 기억하도록 지도하였다.

【1차 직역의 예】

고산-준령(高山峻嶺 높을 **고**/뫼 **산**/높을 **준**/산 고개 **령**) 높은 뫼('산'의 옛말)와 높은 산 고개라는 뜻으로, 높은 산과 험(險)한 고개를 아울러 이르는 말. *고산(高山): ☞고산유수(高山流水). *준령(峻嶺): 높고 험한 고개.

명심-불망(銘心不忘 새길 **명**/마음 **심**/아닐 **불**/잊을 **망**) 마음에 새겨 잊지 아니한다는 뜻으로, 마음에 깊이 새겨 두어 오래오래 잊지 아니함을 이르는 말. *명심(銘心): 마음에 새기어 둠. *불망(不忘): 잊지 않음. *새기다: 부록 '명(銘)' 참고.

시기-지-심(猜忌之心 시기할 **시**/꺼릴 **기**/어조사 **지**/마음 **심**) 시기(猜忌)하고 꺼리는 마음이라는 뜻으로, 남이 잘되는 것을 샘하고 미워하는 마음을 이르는 말. *시기(猜忌): 샘하여 미워함. *꺼리다: 부록 '기(忌)' 참고.

영생-불멸(永生不滅 길 **영**/살 **생**/아닐 **불**/없어질 **멸**) 길게 살고 없어지지 아니한다는 뜻으로, 영원히 살고 죽지 아니함을 이르는 말. 웹 영원불멸(永遠不滅). *영생(永生): ①영원히 삶. 또는 영원한 생명. ②기독교에서, 천국의 복락(福樂. 행복과 즐거움)을 같이 누리는 생활을 이르는 말. *불멸(不滅): 영원히 없어지지 않음. 또는 멸망하지 않음.

【2차 직역의 예】

가도-멸-괵(假道滅虢 빌릴 **가**/길 **도**/없어질 **멸**/괵나라 **괵**) 길을 빌려 괵(虢)나라를 없앤다. 즉, 다른 나라의 길을 임시로 빌려 쓰다가 나중에 그 나라를 쳐서 없앤다는 뜻으로, 기회를 포착하여 세력을 확장시키거나, 어떤 일을 달성하기 위해 남의 힘을 빌린 후 상대방까지 자기 손아귀에 넣어버리는 것을 비유적으로 이르는 말. 웹 가도벌괵(假道伐虢). *가도(假道): ①남이 관활하고 있는 길을 임시로 빌림. 또는 그런 길. ②어떤 방법을 일시적으로 빌려 씀. *괵나라: 부록 '괵(虢)' 참고.

가-도-벽립(家徒壁立 집 **가**/다만 **도**/바람벽 **벽**/설 **립**) (빈한·貧寒한 집이라서) 집에는 다만 바람벽만 서 (있다.) 즉, 집 안에 살림살이(살림에 쓰이는 세간) 하나 없이, 낭떠러지처럼 사방으로 벽만 둘러져 있다는 뜻으로, 몹시 가난함을 비유적으로 이르는 말. 또는 살림이 심히 구차(苟且)함을 비유적으로 이르는 말. *벽립(壁立): 낭떠러지 따위가 깎아지른 듯이 솟아 있음. *무리: 사람이나 짐승, 사물 따위가 모여서 뭉친 한 동아리. *바람벽(～壁): 부록 '벽(壁)' 참고.

사지-육-체(四肢六體 넉 **사**/팔다리 **지**/여섯 **육**/몸 **체**) 네 팔다리를 (가진) 육체(六體). 즉, 두 팔과 두 다리인 사체(四體)에, 상체(上體. 신체의 윗부분)와 하체(下體. 신체의 아랫부분)인 이체(二體)를 더하여 육체(六體)라는 뜻으로, 몸 전체(全體)를 이르는 말. =사지백체(四肢百體). *사지(四肢): ☞사지육신(四肢肉身). *'육-체'는 『국어사전(國語辭典)』에 등재(登載)된, '①=육서(六書). ②지난날, 과거(科擧. 예전에 우리나라와 중국에서 관리를 뽑을 때 실시하던 시험을 이르는 말)에 보이던 여섯 가지 시험과목'인 '육체(六體)'의 뜻과는 별개다.

셋째, 훈(訓)으로만 1차, 2차 직역을 했을 때, 뜻풀이가 자연스럽지 못하여 이해하기가 어려운 사자성어도 있다. 이럴 경우는 ( )로 묶고 내용을 첨가하여 뜻풀이를 했다.

각-곡-유-목(刻鵠類鶩 새길 **각**/고니 **곡**/비슷할 **유**/따오기 **목**) 고니를 새기려다(그리려다) 비슷한 따오기를 (새긴다)(그린다)는 뜻으로, ①큰 뜻을 가지고 노력하다 보면 작은 성과라도 이루게 됨을 이르는 말. ②남을 본받아 배워서 다소나마 보람이 있음을 이르는 말. ③성인(聖人. 지혜와 덕이 매우 뛰어나 길이 우러러 본받을 만한 사람)의 글을 배움에 그것을 완전히 다 익히지는 못하더라도 최소한의 성인(聖人)은 될 수 있음을 이르는 말. 웹 화호유구(畫虎類狗). *고니: 부록 '곡(鵠)' 참고. *따오기: 부록 '목(鶩)' 참고.

격조-수월(隔阻數月 막힐 **격**/막힐 **조**/몇 **수**/달 **월**) 몇 달 (동안이나) 막히고 막혀 (있다는) 뜻으로, 몇 달 동안이나 소식(消息)이 막힘을 이르는 말. *격조(隔阻): ①멀리 떨어져 있어 서로 통하지 못함. ②오랫동안 서로 소식이 막힘. *수월(數月): 두서너 달. 또는 몇 달.

경-당-문-노(耕當問奴 밭 갈 **경**/마땅할 **당**/물을 **문**/종 **노**) 밭을 가는 (일은) 종에게 묻는 (것이) 마땅하다. 즉, 농사일은 누구보다도 종이나 머슴이 잘 알고 있기 때문에 의당(宜當. 마땅히. 또는 으레) 종이나 머슴에게 물어보아야 한다는 뜻으로, 모르는 일은 잘 아는 사람과 상의(相議)하여야 함을 이르는 말. 어떤 일이든 그 일에 대해 잘 아는 전문가와 의논하는 것이 가장 좋다는 의미이다.

지자-일-실(智者一失 슬기 **지**/사람 **자**/한 **일**/잘못할 **실**) 슬기로운 사람이라도 한 (가지) 잘못하는 (것은 있다). 즉, 지혜(智·知慧)가 있는 사람도 실수는 있다는 뜻으로, 슬기로운 사람도 많은 생각 중에는 간혹 실수(失手. 조심하지 아니하여 잘못함. 또는 그런 행위)가 있음을 이르는 말. *지자(智者): ☞지자불혹(知者不惑). *슬기: 부록 '지(智)' 참고.

진퇴-양난(進退兩難 나아갈 **진**/물러날 **퇴**/두 **양**/어려울 **난**) (앞으로) 나아가고 (뒤로) 물러날 (길이) 둘 (다) 어렵다. 즉, 나아가지도 못하고 물러가지도 못한다는 뜻으로, 이러지도 저러지도 못하는 어려운 처지(處地. 처하여 있는 사정이나 형편). 또는 난처(難處. 이럴 수도 없고 저럴 수도 없이 딱함)한 처지(處地)에 놓여 있음을 비유적으로 이르는 말. =진퇴무로(進退無路). 囲 진퇴유곡(進退維谷). *진퇴(進退): ☞진퇴무로(進退無路). *양난(兩難): 이러기도 어렵고 저러기도 어려움. *나아가다: 부록 '진(進)' 참고. *물러나다: 부록 '퇴(退)' 참고. 《관련 속담》 빼도 박도 못한다.

넷째, 1차, 2차 직역(直譯) 따위의 훈(訓)으로 풀이하여도 이해하기 어려운 사자성어가 있다. 이것은 사자성어의 개별적인 말과 관계되는 참고의 글을 실어 독자가 이해할 수 있도록 편집하였다.

하-화-중생(下化衆生 아래 **하**/교화할 **화**/무리 **중**/살 **생**) 아래[下]로 사는 무리. 즉, 중생(衆生)을 교화(敎化)한다는 뜻으로, 보살이 아래[下]로 중생(衆生)을 교화(敎化)하거나 제도(濟度. 불교에서, 중생·衆生을 고해·苦海에서 건지어 극락·極樂으로 이끌어 주는 일을 이르는 말)함을 이르는 말. 여기서 '극락(極樂)'은 불교에서, 아미타불(阿彌陀佛)이 살고 있는 정토(淨土. 부처가 사는 청정·淸淨한 곳)

로, 괴로움이 없으며 지극히 안락하고 자유로운 세상을 일컬음. 참고로, '상구보리 하화중생(上求菩提 下化衆生)'으로 많이 쓰이는데. 이 말은 위로는 보리(菩提 세속적인 번뇌를 끊고 얻는 깨달음의 경지. 또는 깨달음을 얻고 극락왕생·極樂往生하는 일)를 추구(追求. 목적한 바를 이루고자 끝까지 쫓아 구함)하고 아래로는 중생(衆生)을 교화(敎化)한다는 뜻으로, 대승불교의 수행 주체인 보살의 수행 목표를 자리(自利. 자신의 이익. 또는 불도를 닦아서 얻는 공덕을 남에게 돌리지 않고 자기 혼자 차지하는 일)와 이타(利他. 자기를 희생하여 남을 이롭게 함. 또는 불교에서, 공덕과 이익을 베풀어 중생을 구제하는 일)의 측면으로 표현한 말이다. =하화명암(下化冥闇). ↔상구보리(上求菩提). *중생(衆生): 불교에서, 부처의 구제의 대상이 되는 이 세상의 모든 생물을 통틀어 이르는 말. =불자(佛子). *교화하다(敎化~): 불법(佛法. 부처의 가르침)으로 사람을 가르치어 착한 마음을 가지게 하다. *무리: 부록 '중(衆)' 참고.

향낭-단-작(香囊單作 향기 향/주머니 낭/홑 단/만들 작) 향기 주머니와 홑겹으로 만든 (노리개)라는 뜻으로, 향주머니를 꾸미는 데에 쓰는 노리개를 이르는 말. 여기서, 노리개는 여성의 몸치장으로 한복 저고리의 고름이나 치마허리 따위에 다는 패물(佩物. 몸에 차는 장식물. 또는 노리개)로, 궁중에서는 물론 상류 사회와 평민에 이르기까지 널리 애용된 장식물이다. 노리개는 세 개를 함께 패용(佩用. 명패나 훈장 또는 리본·ribbon 따위를 몸에 달거나 참)하는 삼작(三作) 노리개가 대표적이며, 하나만을 패용(佩用)하는 단작(單作) 노리개, 또는 두 개, 다섯 개를 함께 패용하는 이작(二作) 노리개와 오작(五作) 노리개가 있다. 노리개는 여러 가지 문양(文樣. =무늬. 즉, 옷감이나 조각 따위에 장식으로 꾸미는 여러 가지 모양)이나 덕담(德談. 상대편에게 잘되기를 비는 말이나 인사)의 문자를 새겨 장수(長壽. 오래도록 삶)와 복(福)을 빌거나 액(厄. 모질고 사나운 운수)을 피하는 것으로 어떤 염원(念願. 마음에 간절히 생각하고 기원함. 또는 그런 것)을 위해 차기도 했고, 향갑(香匣. 향을 담는 작은 상자), 향낭(香囊. 아래 설명 참고), 침낭(寢囊. 솜, 깃털 따위를 넣어 자루 모양으로 만든 야영용 침구), 장도(長刀. 긴 칼)와 같이 실용적인 면에서 차는 것도 있었다. *향낭(香囊): =향주머니. 즉, 향을 넣어서 차고 다니는 주머니. *'단-작'은 국어사전(國語辭典)에 등재(登載)된, '단일 경작을 이르는 말'인 '단작(單作)'의 뜻과는 별개다.

홍범-구주(洪範九疇 넓을 홍/본보기 범/아홉 구/무리 주) 홍범(洪範)의 아홉 무리라는 뜻으로, 『서경(書經)』의 「홍범(洪範)」에 기록되어 있는, 우왕(禹王)이 정한 정치 도덕의 아홉 원칙을 이르는 말. 그 원칙에는 오행(五行), 오사(五事), 팔정(八政), 오기(五紀), 황극(皇極), 삼덕(三德), 계의(稽疑), 서징(庶徵) 및 오복(五福)과 육극(六極)이 있다. 여기서, '무리'는 모여서 뭉친 한 동아리. 『서경(書經)』의 「홍범편(洪範篇)」은 『서경(書經)』에서 정치철학을 논한 가장 핵심적인 부분이다. 홍범(洪範)은 중국 하(夏)나라의 우왕(禹王)이 홍수를 다스릴 때 하늘로부터 받은 낙서(洛書)를 보고 만들었다고 한다. 여기서, '낙서(洛書)'는 옛날 중국 하(夏)나라의 우왕(禹王)이 홍수를 다스릴 때, 낙수(洛水)에서 나온

거북의 등(사람이나 동물의 몸통에서 뒤쪽이나 위로 향한 쪽, 곧 가슴이나 배의 반대쪽)에 있었다는 아홉 개의 무늬를 이르는 말. 뒷날 팔괘(八卦)의 이치나 『서경(書經)』의 「홍범구주(洪範九疇)」 따위는 다 이를 본떠서 만들었다고 함. 그리고, '팔괘(八卦)'는 중국 상고(上古. 역사의 시대 구분의 하나로, 아주 오랜 옛날) 시대에 복희씨(伏羲氏. 중국 고대 전설상의 황제 이름. 삼황·三皇의 한 사람으로, 팔괘·八卦를 처음으로 만들고, 그물을 발명하여 고기잡이의 방법을 가르쳤다고 함)가 지었다는 8가지 괘(卦)를 이르는 말. 곧, 건(乾), 태(兌), 이(離), 진(震), 손(巽), 감(坎), 간(艮), 곤(坤) 따위가 그것이다. 그런데, 주(周)나라 무왕(武王)이 은(殷)나라를 정복한 뒤에 은(殷)나라의 현자(賢者. 어진 사람, 또는 덕행의 뛰어남이 성인·聖人 다음 가는 사람)인 기자(箕子)에게 세상을 다스리는 방법을 묻자, 기자(箕子)가 질문에 답한 것을 적은 것이 바로 홍범구주(洪範九疇)다. *구주(九疇): 9개 조(條)를 말하는 것으로, 9개 조항의 큰 법(法)이라는 뜻이다.

다섯째, 사자성어를 풀이하는 과정은 한자의 훈(訓)과 풀이말의 두 갈래로 나누어진다. 풀이말에는 사자성어를 비롯하여 외래어(外來語)와 준말, 어근(語根) 따위가 동원되고, 3음절, 2음절, 1음절의 일반 어휘가 들어 있다. 그런데 훈(訓)을 비롯하여 이러한 어휘 중에서 뜻풀이를 다시 해야 하는 경우가 있다. 이것을 엮은이는 편의상 2차 뜻풀이라고 이름을 짓는다.

엮은이는 이 경우에 2차 뜻풀이를 해 두었다. 2차 뜻풀이가 필요한 어휘나 구(句)에는 (　)를 이용하였는데, 특히 (　) 부분은 가독성(可讀性. 인쇄물이 얼마나 쉽게 읽히는가 하는 능률의 정도)을 고려해서 밑줄을 그어 2차 뜻풀이 부분을 표시하였다.

가계-야-치(家鷄野雉 집 **가**/닭 **계**/들 **야**/꿩 **치**) 집의 닭을 (미워하고) 들의 꿩을 (사랑한다는) 뜻으로, 자기 집의 것은 하찮게 여기고, 남의 집 것만 좋게 여김을 비유적으로 이르는 말. 예를 들면 아내를 소박(疏薄. 아내를 박대하거나 내쫓음)하고 첩(妾. 본처 외에, 혼인을 하지 않고 데리고 사는 여자)을 좋아한다든지, 좋은 필적(筆跡. 손수 쓴 글씨나 그림의 흔적)을 버리고 나쁜 필적을 좋아한다든지. 흔한 것을 멀리하고 언제나 새롭고 진귀(珍貴. 보배롭고 귀중함)한 것을 중히 여김 따위가 있음. 回 가계야무(家鷄野鶩). *가계(家鷄): 집에서 기르는 닭. *꿩: 부록 '치(雉)' 참고.

망국-지-음(亡國之音 망할 **망**/나라 **국**/어조사 **지**/음악 **음**) 나라를 망(亡)하게 (할) 음악(音樂)이란 뜻으로, 음란(淫亂. 음탕하고 난잡함)하고 사치(奢侈. 분수에 넘치게 호사스러움)한 음악, 저속하고 잡스러운 음악, 지나친 애조(哀調. 구슬픈 곡조)를 띤 음악 따위를 이르는 말. =망국지성(亡國之聲). 여기서, '음란(淫亂)하다'는 음탕(淫蕩. 주색에 마음을 빼앗기어 행실이 온당하지 못함)하고 난잡(亂雜. 행동이 막되고 문란함)하다. *망국(亡國): ☞망국대부(亡國大夫).

여섯째, 한 개의 사자성어를 통하여 그 사자성어의 뜻은 물론이거니와 그와 관계있는 어휘도 풀이하여 독자들의 어휘 확장에 도움이 되도록 편집하였다. '길흉화복(吉凶禍福)'의 경우, '길흉(吉凶)'과 '화복(禍福)'은 말할 것도 없거니와 '화(禍)'의 훈(訓)인 '재앙(災殃)'까지 어려운 단어라 판단되어 끝에 *표를 제시하여 뜻풀이를 따로 하거나 부록을 제시하였다. 손주(孫~)가 또 꿈속에서 묻지 않도록 하기 위해서다. 이렇게 될 때, 길흉화복(吉凶禍福)을 통하여 '길흉', '화복', '재앙'까지 이해할 수 있어 어휘 확장에 많은 도움이 될 것이다. 호거용반(虎踞龍盤·蟠)도 마찬가지다. 호거용반(虎踞龍盤·蟠)을 통하여 '호거', '용반', '걸어앉다', '서리다' 등까지 이해할 수 있는 것이다. 이러한 것도 엮은이가 학교 현장에서 사자성어를 가르칠 때마다 설명하며 가르친 방법이다

길흉-화복(吉凶禍福 길할 **길**/흉할 **흉**/재앙 **화**/복 **복**) 길(吉)함과 흉(凶)함, 재앙(災殃)과 복(福)이라는 뜻으로, ①길흉(吉凶)과 화복(禍福)을 아울러 이르는 말. ②사람의 운수를 이르는 말. ***길흉**(吉凶): 길(吉)함과 흉(凶)함. ***화복**(禍福): 재화(災禍)와 복록(福祿). 즉, 재액(災厄)과 환난(患難), 복(福)과 녹(祿)을 아울러 이르는 말. ***재앙**(災殃): 뜻하지 아니하게 생긴 불행한 변고·變故. 또는 천재지변·天災地變으로 인한 불행한 사고.

호거-용반(虎踞龍盤·蟠 범 **호**/걸어앉을 **거**/용 **용**/서릴 **반**) 범이 걸어앉고 용(龍)이 서린다. 즉, 범이 걸어앉고, 용(龍)이 몸을 감고 엎드려 있다는 뜻으로, 용(龍)이 서리고 범이 걸어앉은 듯한, 웅장한 (험한) 산세(山勢. <u>산의 형세</u>)를 비유적으로 이르는 말. =용반호거(龍盤·蟠虎踞). ***호거**(虎踞): ①범이 걸어앉은 모양이라는 뜻으로, 지세(地勢. <u>깊고, 얕고, 넓고, 좁고, 울퉁불퉁한 땅의 생긴 모양이나 형세</u>)가 웅대한 모습을 이르는 말. ②괴이하게 생긴 돌의 형상을 이르는 말. ③범처럼 무릎을 세워 웅크리고 앉음. ***용반**(龍盤·蟠): 용이 서렸다는 뜻으로, 호걸(豪傑. <u>지혜와 용기가 뛰어나고 도량·度量과 기개·氣槪를 갖춘 사람</u>)이 민간(民間. <u>일반 백성들 사이</u>)에 숨어 있음을 이르는 말. ***걸어앉다**: 부록 '거(踞)' 참고. ***서리다**: 부록 '반(盤·蟠)' 참고.

일곱째, 외국어 내지 외래어는 원음을 밝혀 적었다. 대부분의 『사자성어(고사성어)사전』에는, 한자어에는 한자를 밝혀 적는데, 외국어 내지 외래어는 그 원음을 밝혀 적지 않는 경우가 대부분이다. 『사자성어큰사전』에는 외국어 내지 외래어를 밝혀 적음으로써 독자가 손주(孫~)처럼 남에게 묻지 않아도 우리말과 외국어 내지 외래어를 구분하여 이해할 수 있도록 편집되어 있다.

가-릉-빈가(迦陵頻伽 부처 이름 **가**/언덕 **릉**/자주 **빈**/절 **가**) 부처님을 (모신) 언덕에 사는 빈가조(頻伽鳥)라는 뜻으로, 불경(佛經)에 나오는, 사람의 머리를 한 상상(想像)의 새. 또는 극락정토(極樂淨土. <u>본문 참고</u>)에 살고 있다는 새를 이르는 말. 히말라야(Himalayas) 산에 살며, 그 울음소리가 곱고,

극락정토(極樂淨土)에 둥지(검불, 털, 나뭇가지 따위를 모아 지은 새의 집)를 튼다고 한다. *빈가(頻伽): =가릉빈가(迦陵頻伽). *절: 부록 '가(伽)' 참고.

낙양-지가(洛陽紙價 물 이름 낙/볕 양/종이 지/값 가) 낙양(洛陽)의 종이 값이라는 뜻으로, 책(册)이 호평(好評. 좋게 평함. 또는 그런 평판이나 평가) 속에 아주 잘 팔려 베스트셀러(best seller)가 되는 것을 이르는 말. 逐 낙양지귀(洛陽紙貴). *낙양(洛陽): 땅 이름. *지가(紙價): ①종이의 값. ②신문 구독료.

백-일-천하(百日天下 일백 백/날 일/하늘 천/아래 하) 일백(一百) 날 (동안) 하늘 아래에서의 (지배라는) 뜻으로, ①서기 1815년 3월에 엘바(Elba) 섬을 탈출한 나폴레옹(Napoleon) 일세(一世)가 파리(Paris)에 들어가 제정(帝政. 황제가 다스리는 군주제도의 정치. 또는 제국주의의 정치)을 부활한 후부터, 워털루(Waterloo) 전투에서 패배하여 퇴위(退位. 군주 따위의 자리에서 물러남)할 때까지, 약 100일 간의 지배를 이르는 말. 여기서 '제국주의(帝國主義)'는 군사적, 경제적으로 남의 나라나 후진(後進) 민족(民族)을 정복하여 자기 나라의 영토와 권력을 넓히려는 주의(主義)를 일컬음. ②짧은 기간 동안 전권(全權. 맡겨진 일을 책임지고 처리할 수 있는 일체의 권한)을 장악했다가 물러나는 경우를 비유적으로 이르는 말. *백-일: ☞백일기도(百日祈禱). *천하(天下): ①온 세상. 또는 하늘 밑. ②한 나라. 또는 정권. ③(관형사적 용법) 세상에 드묾. 또는 세상에 다시없음.

여덟째, 우리 주위에서 쓰이고 있는 웬만한 사자성어는 다 실려 있다. 시중(市中)에 나와 있는 『사자성어(고사성어)사전』은 부지기수(不知其數)나. 나만, 이것은 하나에서 열까지 직은 분량의 딘권(單券)으로 되어 있어, 휴대하기에는 좋으나 막상 필요한 사자성어를 찾아보려고 하면 없는 경우가 허다하여 실망하기 마련이다. 그러나 이 사전은 그렇지 않다. 『사자성어큰사전』은 시중에 나와 있는 우리나라 『사자성어사전』 중 규모가 가장 큰 사전이 될 것이다. 8170여 개의 사자성어가 수록되어 있다. 국립국어 연구원에서 엮은 『표준국어대사전』에 나오는 사자성어의 95% 정도가 실려 있을 뿐만 아니라, 시중(市中)에 회자(膾炙)되고 있는 웬만한 사자성어는 다 실려 있다고 해도 과언이 아니다. 이 책은 사자성어의 고민을 해결하는 데 충분한 대답을 줄 것이다. 따라서, 독자가 '가정상비서(家庭常備書)'처럼 책꽂이에 꽂아놓고 수시로 사자성어를 찾아보면 많은 도움이 되리라.

아홉째, 부록이 풍성하다. 〈부록 1〉 본문의 한자(漢字) 훈(訓) 찾기, 〈부록 2〉 사자성어 출전 찾기, 〈부록 3〉 사자성어 속의 속담 찾기, 〈부록 4〉 속담 속의 사자성어 찾기, 〈부록 5〉 사자성어 속의 인물 찾기, 〈부록 6〉 인물 속의 사자성어 찾기 따위를 실었다. '찾는다'는 것은 모르는 것을 알아내고 밝힌다는 뜻이다. 우리 주위에는 모르는 것이 너무나 많다. 따라서 사자성어에 대한 것만은, 모르는 것이 조금이나마 해소되도록 힘썼다. 어느 『사자성어(고사성어)사전』보다도 부록이 풍성하도록 심혈을 기울인 것이다. 사자성어에 대한 지적 호기심이 어느 정도 충족되리라 생각한다. 그런데 〈부록 3〉 '사자성어 속의 속담 찾기'에는 사자성어가 495개가 실려 있고, 〈부록 4〉 '속담 속의 사자성어 찾기'에는 속담이 491개 실려 있다. 〈부록 5〉 '사자성어 속의 인물 찾기'에는 사자성어가 961개 실려 있다. 이 사자성어는 일명 고사성어에 해당된다. 〈부록 6〉 '인물 속의 사자성어 찾기'에는 인물이 671명이 등장한다. 이 인물들은 사자성어와 직접 관련이 있다든지, 거기에 등장하는 주요 인물들이다.

이제, 독자 여러분은 왜 이 책의 이름을 『사자성어큰사전』으로 지었는지 대충 알 것이다. 기존의 『사자성어(고사성어)사전』처럼 엮은 것이 아니라, 사자성어를 중심으로 종합적인 내용(<u>사자성어의 구성, 직역, 어휘 확장, 외래어 내지 원음 밝힘, 같은 말, 비슷한 말, 참고할 말이나 글 밝힘 따위</u>)을 망라하여 다루고 있을 뿐만 아니라, 8,170여 개의 사자성어가 수록되어 있기 때문이다. 이 책은 내용면에서 '큰사전'이고, 규모면에서 '큰사전'이다.

독자 여러분이 잘 아시다시피 사자성어는 하루가 다르게 생겨나고 있다. 이 신어(新語)를 일일이 『사자성어큰사전』에 수록할 수 없는 한계가 있음을 솔직히 고백하지 않을 수 없다. 다만 계속해서 신어(新語)를 찾아내고 이를 정리하여 지속적으로 수정·보완할 것을 약속한다.

끝으로, 『사자성어큰사전』이 꿈속의 손주(孫~)가 사자성어를 이해하는 데에 많은 도움이 되었으면 하고 생각하면서, 할아버지의 순수한 마음으로 이 세상에 내놓는다. 그런데 교정(校正)을 수없이 봤으나 그래도 필자가 신(神)이 아니라서 오·탈자가 나올 수 있다. 무한한 책임감을 느끼며 재판(再版)할 때 꼭 수정하기로 약속하오니 이해하기 바란다.

이 책이 나오기까지 묵묵히 전산 작업을 담당한 친구 김기한 님을 비롯하여 여러 가지로 도와주신 분들께 이 자리를 빌려 머리 숙여 감사드린다. 그런데 이 책을 발간하면서 잊을 수 없는 선배가 있다. 대구 경명여자중학교에서 국어교사를 역임한 곽종훈 선생이시다. 수개월 동안 자기 일은 제쳐두고 『사자성어큰사전』 원고를 처음부터 끝까지 검토하시고 지도 조언해주셨다. 고맙다는 말씀을 드린다. 또한 여러 가지로 어려운 여건 임에도 불구하고 출판을 기꺼이 허락해 주신 '박이정' 출판사의 박찬익 대표님과, 노고를 아끼지 않은 편집부 직원 여러분께 고마움을 표한다.

2018년 8월

사자성어의 유래를 밝히면서

처음에 『사자성어큰사전』 출판을 기획하였을 때는 사자성어와 관련 있는 유래는 염두에 두지 않았다. 그 상태에서 출판 계약을 했다(2018년 8월). 1년 후 최종 원고를 출판사에 넘겼다(2019년 10월). 그런데 1차 출판 교정지가 나왔을 때(2020년 1월), 마음이 바뀌어 유래도 밝히는 것이 좋겠다는 생각을 했다. 독자들의 유래에 대한 궁금증을 조금이나마 해결해 드리기 위해서다. 그 후 사자성어에 관한 유래를 찾기 위해 수년 간 동분서주(東奔西走)했다.

마침 유래에 대한, 인터넷 등 공개 자료가 시중(市中)에 나와 있어서, 그것을 활용하여 유래를 밝히기로 하고, 유래에 대한 번역문과 그에 해당되는 원문(原文)을 찾아 싣기로 했다. 사자성어의 유래에 대한 원문(原文)을 우리말로 풀이할 때 기존 번역문에는 대부분 의역(意譯)으로 되어 있다. 필자는 일단 그것을 수용하면서, 원문(原文) 앞에 소개했다. 다만 주석(註釋)이 필요하다는 생각이 들어 원문(原文) 뒤에 그것을 덧붙이기로 했다.

사자성어의 유래를 밝힐 때는 기존 자료에는 찾아볼 수 없는 주석(註釋)을 여기에 추가하였는데, 이 주석(註釋)은 독자가 원문(原文)을 이해하는 데에 꼭 필요하리라 생각되어 강해(講解)하듯 주석(註釋)을 다는 방식으로 파고들었고, 기존의 의역(意譯)을 풀어서 다시 쓰는 작업을 했던 것이다. 즉, 직역(直譯)을 시도한 셈이다. 가능한 원문(原文)에 나타난 한자의 훈(訓)과 음(音)을 밝혔고, 어구(語句)에 주석(註釋)을 달거나 직역(直譯)을 통하여 독자들의 이해를 돕도록 노력했다. 또 어조사(語助辭) 하나 소홀히 다루지 않았다. 어조사(語助辭)는 연극에 비유하면 조연(助演) 배우다. 연극에서 조연(助演) 배우가 꼭 필요하듯이, 어조사(語助辭)의 쓰임을 아는 것도 꼭 필요하다. 어조사(語助辭)를 정확히 이해하지 못하면 풀이가 제대로 될 수 없기 때문이다. 따라서 일일이 어조사(語助辭)가 나타내는 뜻도 함께 밝혀 독자들이 쉽게 이해하도록 편집했다.

특히 직역(直譯)을 고수(固守)한 것은,

첫째, 한자 훈(訓)의 고유한 뜻을 제대로 살리기 위해서다. 물론 직역(直譯)을 하게 되면 글의 흐름에 맞게 문장을 바꾸어 풀이하는 의역(意譯)과 달리, 문장이 딱딱할 수가 있고, 글의 흐름이 부자연스럽거나 의미 전달이 불분명할 수도 있다. 그럼에도 불구하고 직역(直譯)을 고수하는 것은, 그것이 한문 이해의 기본이라는 판단 때문이다. 중등학교 교사 시절에 늘 학생들에게 가르쳤던 방식 그대로다.

　둘째, 독자가 어떤 한자(漢字)로 된 문장에라도 쉽게 접근할 수 있도록 돕기 위함이다. 한자의 훈(訓)만 연결한다고 직역(直譯)이 될 수 없다. 훈(訓)과 훈(訓)의 연관 관계를 살펴 하나의 문장 형태로 바꾸어야 한다. 이 점을 두고 직역(直譯)했기 때문에 독자가 한문의 문장 구조를 이해하는 데에 도움이 될 것이다. 의역(意譯)은 원문(原文)이 실제로 의미하는 바나 숨겨진 뜻 따위를 제대로 살리는 데에, 직역(直譯)은 한문의 문장 구조 따위를 제대로 살리는 데에 그 목적이 있다고 하겠다. 독자 여러분은 먼저 직역(直譯)을 이해하고 의역(意譯)한 부분을 찾아 읽어 나가면 원문(原文)과 더불어 사자성어의 유래 전반에 걸쳐 이해하는 데 많은 도움이 되리라 확신한다. 사실 고전(古典)을 읽다 보면 느끼는 것이 한두 가지가 아니다. 고전(古典)은 한자(漢字)로 되어 있고, 직접 해석하기가 어려워서 다른 사람이 번역한 것이나 주석을 단 것을 이용할 수밖에 없다. 그때마다 원문(原文)과 정말로 같은 내용인가 의심할 때가 많았다. 우리 독자들도 이러한 생각을 할 때가 있었을 것이다. 그렇다고 원문(原文)을 일일이 번역할 수도 없지 않은가. 그래서 사자성어에 해당되는 것만이라도 직역(直譯)하는 방법을 받아들여서 독자 여러분이 여러 가지 고전(古典)의 원문(原文)을 자기 것으로 만들 수 있으면 좋겠다.

　『사자성어큰사전』은 좋은 책이기를, 최고의 책이기를 바라지 않는다. 영원한 가치를 발휘하는 책이고, 독자에게 꼭 필요한 책이고, 인생을 살아가는 데 도움이 되는 책이기를 바랄 뿐이다. 필자는 이러한 생각을 끊임없이 하면서, '우공이산(愚公移山)'의 정신으로 독자 편에서 꼭 필요하다고 생각되는 어구(語句)는, 하나도 빠뜨리지 않고 상세히 주석(註釋)을 달고 직역(直譯)까지 덧붙인 것이다.

　우리가 알고 있는 사자성어는 대부분 유래가 있다. 이 책에는 그 중 1,130여 항목의 유래를 찾아 실었다. 유래를 다 싣지 못해서 아쉽다. 여러 가지 사정 때문인데, 앞으로 이 책을 재간(再刊)할 때는 빠진 유래를 가능한 다 채울 생각이다. 그런데 이 약속은 안타깝게도 욕심일 지도 모른다. 나이 때문이다. 이번에 이 책을 만들면서 유래가 있는 사자성어가 무궁무진(無窮無盡)함을 절실히 깨달았다. 그런데 이러한 사자성어가 썩히고 있다. 사자성어(고사성어 포함)는 분명히 우리말을 풍요롭게 하는 측면도 있기 때문에, 사자성어의 대중화를 위해서는 우물에 고인 사자성어가 썩지 않도록 계속 유래를 찾아 퍼내야하겠다. 아마도 후배 여러분이 완성해 주리라 믿는다.

　마지막으로, 주석(註釋)을 달거나 직역(直譯)한 부분에서 오류가 있을 수 있다. 솔직히 말씀 드려 필자는 국어국문학과에서 문학을 전공했다. 한문학과에서 강의 한 번 들은 적이 없다. 다만, 기본적인 한문 문장 구조는 중·고등학교 국어 시간이나 한문 시간에 맞추어 수업 준비를 할 때 독학으로 익혔을 뿐이다. 이 때문에 작업을 하면서도 자꾸만 자신이 없을 때마다 손화식(孫花植) 선생님과 황기모(黃起募) 선생님의 도움을 받았다. 손(孫) 선생님은 대학에서 한문학을 전공하고 정년퇴직할 때까지 학교에서 한문을 가르쳤던 분이고, 황(黃) 선생님은 현재 대구 시내 고등학교 한문 교사로 재직 중이다. 이 자리를 빌어 두 선생님께 감사를 드린다. 그럼에도 불구하고 혹시 오류가 있으면 재간(再刊)할 때, 수정할 것을 약속한다. 이것은 꼭 지킬 것이다. 독자들의 이해를 바란다.

2021년 7월

추천의 말

조재수(사전 편찬인)*

먼저 임무출 님의 『사자성어큰사전』의 간행을 축하드린다. 그간 이와 유사한 사자성어 사전의 편찬이 없지 않았으나 그 어떤 사전보다 방대한 자료를 토대로 하여 10여 년 간 각고의 노력 끝에 이루어진 것이라 반가운 일이 아닐 수 없다.

20여 년 만의 전화였다. 대구에 사는 임무출 님이 그의 새 저술(著述)로 『사자성어큰사전』을 출판한다는 소식을 알려왔다. 임무출 님은 우리 문예 작품 어휘의 발굴과 뜻풀이에 여러 업적을 남긴 이로 잘 알려져 있다. 중고등학교 교사로 재직할 때부터 『염상섭의 만세전, 삼대 어휘 해석』(1995), 『채만식 어휘 사전』(1997), 『속담·고사성어 사전』(1998), 『김유정 어휘 사전』(2001), 『홍석중의 소설 황진이 어휘 사전』(2006) 등을 편찬하였다. 전문 사전 편찬인들도 제대로 하지 못한 어휘의 발굴과 뜻풀이 작업을 혼자서 해내었다. 그 어떤 연구비 지원이나 인세(印稅)의 수입이 없는 적수공권(赤手空拳)의 노력이었다. 그 집념과 끈기가 이번에는 올림말(표제어) 8,170여 항목을 풀이한 『사자성어큰사전』의 편집과 출판으로 또 한 번 놀라게 한다.

국어사전의 올림말에는 고유어와 함께 한자어의 비중이 크다. 오랜 역사 속에서 한자에 우리의 생각과 말을 실어왔고, 우리의 고전이 대부분 한문으로 기록되었기 때문이다. 한자어 가운데는 단어와 함께 한자 숙어(熟語)도 있으며, 한자 숙어에는 '고사성구(故事成句)', '고사성어(故事成語)'도 들어 있다. '고사성구(故事成句)', '고사성어(故事成語)'란 예부터 전해오는 생활의 지혜와 교훈이 담긴 말마디(어구)를 일컫는다.

고사성어(故事成語)를 비롯한 한자(漢字) 성구(成句)에는 중국에서 들어온 것, 우리나라에서 써온 것들이 있다. 한자(漢字) 성구(成句)에는 임무출 님의 『사자성어큰사전』의 책 이름에서도 볼 수 있듯이 넉 자로 된 것이 많다. 사자성어 가운데는 고사성어(故事成語)가 대종(大宗)을 이루는데, 여기에 임무출 님은 일반(一般) 사자성어라 하여 생활(生活) 한자 숙어도 포함시켰다. 중국에서 들어온 사

---

* 조재수 님은 『우리말 큰사전』 수석 편찬원, 『한글 새소식』 주간, 『겨레말 큰사전』 편찬사업회 남측 편찬위원장 등을 역임. 저서로 『국어사전 편찬론』(1984), 『북한의 말과 글』(1986), 『남북한말 비교사전』(1995), 『바른 글 한국어 전자사전』(2000, 공저), 『남북한말 사전』(2000), 『윤동주 시어 사전』(2005), 『한국어 사전 편찬의 발자취』(2021) 등이 있음.

자성어는 중국의 고사성어(故事成語)와 일치한다고 볼 수 있다. 우리나라 한자 사자성어에는 고사성어(故事成語) 이외 4자로 된 일반적인 한자 합성어가 많다. 그 중에는 '같은 값이면 다홍치마'를 이르는 '동가홍상(同價紅裳)', '까마귀 날자 배 떨어진다.'를 이르는 '오비이락(烏飛梨落)'과 같은 한자(漢字) 성구(成句)들도 있다. 한문 지식인들이 일반 대중이 부려 쓰던 쉬운 격언(속담)을 한자 숙어로 고친 것으로 보인다. 마치 물고기 이름인 '갈치(칼치), 날치, 넙치'를 '도어(刀魚), 비어(飛魚), 광어(廣魚)'로 기록한 것과 같다. 어부들이 '갈치'를 잡으러 가지 '도어'를 잡으러 가지 않았다. 한자 어휘를 익히되 이와 같이 우리 고전 문헌에 전해오는 토박이말을 탈바꿈한 한자 단어와 숙어들을 가려서 살펴볼 필요가 있다. 다행히 임무출 님의 『사자성어큰사전』에는 사자성어와 관련된 속담도 실려 있어 그러한 길잡이 노릇도 잘 해 주리라 믿는다.

이 사전의 특징은 '머리말'과 '일러두기'에 잘 나타나 있다. 다만 이 항목을 포함하여 특히 다섯 가지 점에 눈길이 간다.

첫째, 사자성어의 뜻풀이를 훈(訓)을 중심으로 1차, 2차 직역(直譯)까지 시도한 점이다. 누구나 한자의 훈(새김)을 먼저 익히면 사자성어의 뜻풀이는 그렇게 어렵지 않겠다는 생각에서였다. 하나의 사자성어를 통해 그 뜻풀이는 물론, 그와 관련 있는 어휘와 어렵다고 생각되는 새김도 뜻풀이가 잘 되어 있어 독자들이 사자성어에 쉽게 접근할 수 있게 엮었다. 이러한 뜻풀이 방법은 임무출 님이 중·고등학교 교사 시절에 학생들에게 직접 가르친 방법이라니 믿음이 간다.

둘째, 2도 인쇄를 시도한 점이다. 사자성어에 나오는 한자의 훈(訓)과 음(音)으로 나누어, 훈(訓)은 파란색으로 표시하였다. 사자성어를 제대로 익히는 데는 한자의 훈이 중요함을 강조하고 싶었던 것이다. 또한 유래를 밝힌 부분에도 파란색으로 나타내었다. 다른 사자성어와 구분하기 위해서였다.

셋째, 무려 8,170여 개의 사자성어 가운데 1,130여 개의 고사(故事) 사자성어를 실었다. 어느 고사(故事) 사자성어사전보다도 많은 자료를 수집한 결과이리라.

넷째, 고사(故事) 사자성어는 유래가 있는데, 그 유래에는 출전(出典)이 있기 마련이다. 이 출전(出典)을 〈부록 2〉에 일목요연하게 설명해 놓았다. 독자들께서 많은 도움이 되리라 생각한다.

다섯째, 임무출 님은 평생 교육자(43년 동안이라고 함)로 살아왔기 때문에, 문장(文章)과 어구(語句) 하나하나에 학생들에게 설명하듯이 점선(點線)과 실선(實線)을 이용한 것이 인상적이었다. 독창적인 발상이 아닐 수 없다.

임무출 님의 『사자성어큰사전』은 사자성어의 교과서라고 해도 과언이 아니다. 우리는 끊임없이 인문학 관련 고전 학습을 자기 주도적으로 이어 가야 한다. 그중 유래가 있는 사자성어는 역사적인 안목을 키우고, 국제 관계의 지정학적인 역학 관계를 읽을 수 있는 데 큰 도움이 될 것이라고 생각된다. 오늘날에는 유식함을 뽐내거나 심오한 언어 표현이라는 생각에서인지 애써 한자 사자성어를 찾아서 인용하는 이들이 많다. 문제는 그러한 사자성어 사용이 바람직하든 그렇지 않든 사용자나 언중(言衆)들의 바른 이해를 돕기 위해서는 임무출 님의 『사자성어큰사전』이 좋은 길잡이가 되리라 믿는다. 『사자성어큰사전』을 보면서 그에 못지않게 우리말 사자성어와 성구(成句) 등에 대한 관심도 가져보았으면 한다. '가르친-사위'. '긁어 부스럼', '독장수-구구', '동네-북', '될뻔-댁', '두더지 혼인', '박쥐-구실', '베갯밑-공사', '부엉이 곳간', '안성-맞춤' 등 우리네의 토박이말에도 좋은 성구(成句)의 어휘가 많다는 사실을 기억하기 바란다.

임무출 님이 남긴 문예 작품 속의 어휘 발굴과 풀이는 우리 문학 연구와 사전 편찬에 많은 도움이 되었다. 이번에 이룬 『사자성어큰사전』도 국어 교육과 언어 교양에 좋은 참고서가 되리라 믿는다. 70이 넘은 나이를 잊고 계속 우리 어휘 발굴과 풀이에 전념하는 그 열정에 찬사를 보내면서 추천의 말을 갈음하고자 한다.

2023년 6월

일러두기

1. 사자성어의 정의

한자성어(漢字成語) 또는 고사성어(故事成語)는 비유적인 내용을 담은 함축된 글자로, 이전부터 옛 사람들이 만들어 세상에서 흔하게 인용된 말이며, 상황(狀況), 감정(感情), 사람의 심리(心理) 등을 묘사한 관용구(慣用句)이다. 이를 간단히 말하여 성어(成語)라고도 한다. 그런데 주로 4글자로 된 것이 많기 때문에 사자성어(四字成語)라고 일컫는다. 다시 말하면 4자(字)의 한자(漢字)로 이루어진, 관습적(慣習的)으로 널리 쓰이는 말이다. 원칙적으로, 수소와 산소가 결합하여 물이 되듯이 제3의 의미가 있는 말이거나, 비유적으로 쓰이는 말이어야 한다.

2. 사자성어의 종류

사자성어는 일반성어(一般成語)와 고사성어(故事成語)로 나눌 수 있다.

첫째. '일반성어(一般成語)'는 가능한 『국어사전(國語辭典)』에 등재되어 있는, 일반 대중이 일상생활에서 널리 쓰이는 관용어(慣用語)이다. 여기서, '가능한 『국어사전(國語辭典)』에 등재되어 있는'이란 조건을 단 이유는, 누구나 사자성어(四字成語)라고 말하면서 임의로 만든 것을 인정할 수 없기 때문이다. 우리가 함부로 성어(成語)를 만들어 언어 사회를 혼란케 해서는 안 된다. 역사를 왜곡(歪曲)하는 것과 다를 바 없다.

둘째. '고사성어(故事成語)'는 주로 중국의 역사(歷史)와 고전(古典. 옛날의 법식이나 의식), 산문(散文), 시가(詩歌) 등 출전(出典)을 통하여 유래가 있는 관용어(慣用語)이다. 여기서, '주로'를 붙인 이유는 사자성어(四字成語)가 모두 중국에서 유래한 것이 아니기 때문이다. 우리나라, 일본 등 한자 문화권에서 유래한 것도 있다. 여기에는 우리나라도 포함된다. 또한 우리말 속담에서 유래하여 한자어로 만들어진 사자성어도 있다. 예를 들면, '제 논에 물대기'란 속담에서 유래한 아전인수(我田引水) 따위가 있다.

(참고 1) 우리나라의 사자성어

우리나라에만 쓰이는 사자성어는 다음과 같다.(본문에 수록된 것을 기준으로)

격물치지(格物致知), 겸방어사(兼防禦使), 계란유골(鷄卵有骨), 계림팔도(鷄林八道), 고려공사(高麗公事), 관동팔경(關東八景), 납전면천(納錢免賤) 남주북병(南酒北餠), 노옹화구(老翁化狗), 물상객주(物商客主), 묘항현령(猫項懸鈴), 방축향리(放逐鄕里), 사가독서(賜暇讀書), 사도팔도(四都八道), 사리부재(詞俚不載), 사패기지(賜牌基地), 사패지지(賜牌之地), 삼마태수(三馬太守), 삼무오다(三無五多), 삼일천하(三日天下), 서관대로(西關大路), 서북송탐(西北松眈), 소북간신(小北奸臣), 송도삼절(松都三絕), 시절가조(時節歌調), 어사출두(御史出頭), 영동팔경(嶺東八景), 오방재가(五房在家), 왕형불형(王兄佛兄), 원악향리(元惡鄕吏), 위정척사(衛正斥邪), 정경부인(貞敬夫人), 정렬부인(貞烈夫人), 종중추고(從重推考), 지밀상궁(至密尚宮), 채홍준사(採紅駿使), 토정비결(土亭秘訣), 팔도강산(八道江山), 팔주비전(八注比廛), 한강투석(漢江投石), 함흥차사(咸興差使), 행수기생(行首妓生) 흥인지문(興仁之門) 등이 있다. 그리고 이외에 조선 태조(太祖)가 즉위 초에 정도전(鄭道傳)에게 명(命)하여 팔도(八道) 사람을 평(評)하라고 한 일이 있었다. 정도전(鄭道傳)은 다음과 같이 평(評)했다. "경기도는 경중미인(鏡中美人. 거울 속에 비친 여인), 충청도는 청풍명월(淸風明月. 맑은 바람과 밝은 달), 전라도는 풍전세류(風前細柳. 바람 앞에 하늘거리는, 가는 버들), 경상도는 송죽대절(松竹大節. 소나무나 대나무 같은 굳은 절개), 강원도는 암하노불(巖下老佛. 바위 아래 늙은 부처), 황해도는 춘파투석(春波投石. 봄 물결에 던져진 돌), 평안도는 산림맹호(山林猛虎. 삼림 속의 용맹한 호랑이)입니다." 그러자 정도전(鄭道傳)은 태조(太祖)의 출신지인 함경도에 대해서는 평(評)을 하지 못했다. 태조(太祖)가 아무 말도 좋으니 어서 말하라고 재촉하자, 정도전(鄭道傳)이 말했다. "함경도는 이전투구(泥田鬪狗. 진흙 밭에서 싸우는 개)입니다." 태조(太祖)의 안색이 변하자, 눈치 빠른 정도전(鄭道傳)이 곧 말을 고쳐 대답했다. "함경도는 또한 석전경우(石田耕牛. 돌밭에서 밭을 가는 소)이기도 합니다." 태조(太祖)는 그제야 용안(龍顔. '임금의 얼굴'을 높이어 이르는 말)에 희색(喜色)을 띠며 후한 상을 내렸다고 전해지고 있는데, 팔도(八道) 사람에 대한 이런 평(評)의 출전은 정확히 알 수가 없다. 이렇게 일반 사자성어 43개와 정도전(鄭道傳)이 각 지방의 사람을 평한 사자성어 9개를 포함하여 모두 52개가 우리나라에만 쓰이는 사자성어로 알려지게 되었다.

(참고 2) 특별한 훈(訓)으로 이루어진 사자성어

(1) 구불가도(口不可道): '도(道)'의 훈(訓)이 문제다. 보통 '길' 도(道)로 풀이하고 있다. 그런데 여기서는 '말할' 도(道)로 풀이해야 한다.

(2) 동궁마마(東宮媽媽), 별성마마(別星媽媽), 상감마마(上監媽媽), 역신마마(疫神媽媽), 중전마마(中殿媽媽), 호성마마(戶星媽媽): '마(媽)'의 훈(訓)은 무엇일까? 일반 옥편에는 '어미' 마, '할

미' 마로 되어 있다. 그런데 이 훈(訓)으로는 직역(直譯)이 불가능하다. '존칭' 마로 풀이해야 한다. 여기서 '마마(媽媽)'는 의미상 존칭의 뜻을 갖고 있기 때문이다.

(3) 만고강산(萬古江山), 만고불멸(萬古不滅), 만고불변(萬古不變), 만고불역(萬古不易), 만고불후(萬古不朽), 만고상청(萬古常靑), 만고역적(萬古逆賊), 만고절담(萬古絶談), 만고절색(萬古絶色), 만고절창(萬古絶唱), 만고천추(萬古千秋), 만고천하(萬古天下), 만고풍상(萬古風霜): 여기에서는 '古'의 훈(訓)이 문제이다. 일반 옥편에 있는 대로 '예' 고, '옛' 고로 풀이하면 전체의 문맥이 자연스럽지 못하다. 『네이버한자사전』에서 '오래되다'라는 훈(訓)을 발견했다. '만고(萬古)'를 직역(直譯)하면 '일만 년이나 오래도록'의 뜻이 된다. 위의 사자성어에서 맨앞에 나오는 '만고(萬古)'는 여기서는 접두사 역할을 하고 있는 것이다.

(4) 문무겸전(文武兼全), 문무백관(文武百官), 문무숭상(文武崇尙), 문무쌍전(文武雙全): 여기에 나오는 '문(文)'과 '무(武)'의 훈(訓)을 처음에는 '글월' 문(文), '군사(軍士)' 무(武)로 정하였다. 그런데 이 훈(訓)으로 직역(直譯)해 보니 문맥이 자연스럽지 못하였다. 3차 교정 단계에서 '문예(文藝)' 문(文), '무예(武藝)' 무(武)로 바꾸었다.

(5) 백중숙계(伯仲叔季): 일반적으로 '백(伯)'은 '맏' 백, '중(仲)'은 '버금' 중, '숙(叔)'은 '아재비' 숙, '계(季)'는 '막내' 계로 풀이한다. 그런데 문제는 '숙(叔)'이다. 직역(直譯)할 때 '숙(叔)'의 훈(訓)이 걸림돌이었다. 일반 옥편에는 '숙(叔)'의 훈(訓)이 '아재비(<u>아저씨의 낮춤말</u>)'로 되어 있다. 이 사자성어는 사형제(四兄弟)의 차례를 이르는 말인데, '숙(叔)'을 '아재비'로 풀이하면 문맥이 맞지 않는다. 여기서는 문맥상 '셋째 아재비'를 뜻하기 때문에 '셋째 아우'라고 풀이함으로써 해결이 된 것이다. 본문에 나오는 사자성어 '맹중숙계(盟仲叔季)'도 마찬가지다.

(6) 본제입납(本第入納): 여기서 '본(本)'의 훈(訓)이 문제다. 보통 '근본(根本)' 본(本)으로 풀이하고 있다. 그런데 여기서는 '자기 자신' 본(本)으로 풀이해야 한다.

(7) 불고염치(不顧廉恥): 여기서 '염(廉)'은 대부분 '청렴(淸廉)' 렴(염)으로 풀이한다. 그렇게 되면 '불고염치(不顧廉恥)'는 '청렴(淸廉)하여 부끄러움을 돌아보지 않는다.'의 뜻이 된다. 문맥상 맞지 않는다. '살필' 렴(염)으로 풀이해야 한다. '부끄러움을 살피고 돌아보지 않는다.'의 뜻이 되어야 한다. 특히 일반 옥편에는 염치(廉恥)의 '염(廉)'을 '청렴(淸廉)' 렴(염)으로 풀이해 놓았다. 그래서, '염치(廉恥)'를 '조촐하고 깨끗하여 부끄러움을 아는 마음'(동아 현대활용옥편), '결백하고 정직하며 부끄러움을 아는 마음'(동아 새국어사전), '체면을 차릴 줄 알며 부끄러움을 아는 마음'(표준국어대사전) 등으로 뜻풀이를 해 놓았다. 자세히 살펴보면 '염치(廉恥)'를 뜻풀이한 것마다 서로 문맥이 맞지 않음을 알 수 있다. '살필' 렴(염)으로 풀이해야 한다. 그러면 '염치(廉恥)'는 '부끄러움을 살핌'의 뜻풀이가 되는 것이다. 다만, '모몰염치(冒沒廉恥)'와 '예의염치(禮儀廉恥)'에서 '염(廉)'은 '청렴(淸廉)' 렴(염)으로 풀이한다.

(8) 양조대변(兩造對辨): 여기서 '조(造)'의 훈(訓)이 문제다. 선행 연구자들은 모두 '만들' 조(造)로 풀이하고 있다. 그런데 '양조(兩造)'라는 단어의 뜻이 죄인(罪人)과 증인(證人), 또는 원고(原告. 법원에 소송을 제기하여 재판을 청구한 사람)와 피고(被告. 민사 소송에서 소송을 당한 쪽의 당사자)를 아울러 이르는 말이다. 그렇다면 '조(造)'의 훈(訓)이 '만들다'가 아니다. 『네이버한자사전』을 검색해 보니 '소송(訴訟)의 당사자'로 풀이하였다. 따라서 여기서는 '만들' 조(造가 아니라, '소송(訴訟)의 당사자' 조(造)로 풀이해야 한다.

(9) 자신지책(資身之策): 여기서 '자(資)'의 훈(訓)이 문제다. 선행 연구자들은 모두 '재물(財物)' 자(資)로 풀이하고 있다. 그런데 여기서는 '재물(財物)' 자(資)가 아니라, '취(取)할' 자(資)로 풀이해야 한다.

(10) 정의투합(情意投合): 여기서 '투(投)'의 훈(訓)이 문제다. 보통 '던질' 투(投)로 풀이하고 있다. 그런데 여기서는 '서로 잘 맞을' 투(投)로 풀이해야 한다.

(11) 좌지우오(左支右吾): 여기서 '오(吾)'의 훈(訓)이 문제다. 처음에는 옥편(玉篇)에 나오는 '나(1인칭 대명사)' 오(吾)를 선택해서 직역(直譯)하였다. 그런데 3차 교정에서 훈(訓)을 '나'로 선택하면 문맥이 자연스럽지 못함을 발견하고, 『네이버한자사전』을 검색해 보았다 '막다', '멈추게 하다'라는 훈(訓)을 발견했다. 그래서 '막을' 오(吾)로 풀이하니 문맥이 자연스럽게 되었다.

(12) '천지재변(天地災變)': 여기서 변(變)의 훈(訓)을 찾는 데 상당한 시간이 걸렸다. 일반 옥편에는 이 사자성어에 마땅한 훈(訓)을 발견할 수 없기 때문이었다. 나중에 '재앙(災殃)'이라는 것을 알았다. 일반 사람들이 많이 찾는 『네이버한자사전』에도 '재앙(災殃)'이라는 풀이가 나와 있지 않다. 동아 『현대활용옥편』에서 그것을 발견했다. 그런데, '천지재변(天地災變)'과 비슷한 뜻을 가진 '천재지변(天災地變)'에서 '변(變)'의 훈(訓)은 '변(變)하다'이다. 참고하기 바란다.

(13) 풍년화자(豊年花子): 여기서 문제는 '화(花)'의 훈(訓)이다. 일반적으로 '꽃', '꽃답다', '아름답다' 따위의 훈(訓)이 있다. 이 훈(訓)으로 직역(直譯)하면 문맥이 맞지 않는다, 여기서는 『네이버한자사전』에 있는 '어두워지다'의 훈(訓)을 택했다.

3. 『사자성어큰사전』의 편집 내용 및 방향

첫째, 『사자성어큰사전』은 크게 나누어 머리말, 본문, 맺음말의 세 부분으로 되어 있다.

둘째, 『사자성어큰사전』 편찬 작업은 먼저 국립국어원에서 출판한 『표준국어대사전』의 사자성어를 분석하고, 기존의 여러 『고사성어사전』을 검토하여 집필하면서 시작되었다. 그런데 『표준국어대사전』의 사자성어는 우리에게 친숙하고, 잘 알려진 사자성어다. 이 사자성어는 『사자성어큰사전』에 거의 다 실려 있다. 다만 앞에서 밝혔듯이, 익숙하지 않은 사자성어나 최근에 찾아낸 '신어(新語) 사자성어'는 여기에 싣지 않았으며, 다음 기회로 미룬다. 이 점 이해하기 바란다.

셋째, 사자성어의 표제어는 한글, 한자(漢字), 훈(訓), 음(音)의 순서로 배열하였다.

넷째, 사자성어의 뜻과 거기에 속해 있는 일반 어휘를 풀이함에 있어서 몇 개의『국어사전』,『고사성어사전』따위를 참고로 하였다.

단, 사자성어에 딸린 일반 어휘를 풀이할 때 아래와 같이『표준국어대사전』을 주요 사전으로 삼았고,『동아새국어사전』은 보조 사전으로 삼아 참고로 하였다.

(1) 관례(慣例) － 전부터 해 내려오던 전례(前例)가 관습으로 굳어진 것.(표준국어대사전)
　　　　　　　 － 이전부터 해 내려와서 습관처럼 되어 버린 일.(동아새국어사전)
(2) 생전(生前) － 일전에 경험한 적이 없음을 나타내거나 자신의 표현 의도를 강조하는 말.
　　　　　　　　(표준국어대사전)
　　　　　　　 － 살아 있는 동안.(동아새국어사전)
(3) 술법(術法) － 음양(陰陽)과 복술(卜術)에 관한 이치 및 그 실현 방법.(표준국어대사전)
　　　　　　　 － 둔갑술, 축지법, 따위의 방법이나 그 기술.(동아새국어사전)

이렇게 사전마다 다른 풀이가 있을 때, 각 본문의 문맥에 따라 선택하였다.

다섯째, 이 책은 2도(검은색과 파란색)로 인쇄되어 있다. 한자의 훈(訓)과 음(音), 그리고 사자성어 중에서 유래를 밝힌 부분과 그렇지 않은 부분을 구별하기 위해서였다. 훈(訓)과 사자성어 중에서 유래를 밝힌 부분은 파란색으로 표시하였다.

여섯째, 주석(註釋)을 달거나 직역(直譯)한 부분에서 내용을 더 첨가할 부분이 있었는데, 이때 아래의 예(例)처럼 점선(點線. 줄지어 찍은 점으로 이루어진 선)을 이용하여 첨가한 부분을 표시하였다.

(1) 위 이야기의 배경은 이렇다. 진(晉)나라 평공(平公)이 제(齊)나라를 칠 생각을 하고, 범소(范昭)를 제(齊)나라로 보내, 그 나라의 상황을 살펴보도록 했다. 위의 이야기처럼 여러 가지 이유를 들어 범소(范昭)가 평공(平公)에게 제(齊)나라를 치기 어렵다고 한 것이다. 당시에는 12개의 대국(大國. 국력이 강하거나 국토가 넓은 나라)에 작은 나라까지 세면 100여 나라가 있었는데, 안영(晏嬰)은 이들을 상대로 외교적 수완을 발휘하여 제(齊)나라의 지위를 반석(盤石. 넓고 평평한 큰 돌. 또는 사물, 사상, 기틀 따위가 아주 견고함을 비유적으로 일컫는 말) 위에 올려놓았다. 공자(孔子)는 이 사실을 알고 안영(晏嬰)의 외교적 수완을 '준조절충(樽俎折衝)'에 비유한 것이다.

(2) '不出樽俎之間'를 직역(直譯)하면, 준조(樽俎) 사이에 나가지 않았다. 즉, 준조(樽俎) 사이를 벗어나지 않았다. 이는 자기가 머무르는 곳 밖 또는 가까이를 벗어나지 않았다는 뜻이다.

일곱째, 사자성어 유래를 밝힌 부분에서, 예를 들면, 극락세계(極樂世界. 본문 참고), 아미타불(阿彌陀佛. 본문 참고), 황당무계(荒唐無稽. 본문 참고)처럼 '본문 참고'라는 말이 나온다. 이 말은, 극락세계(極樂世界), 아미타불(阿彌陀佛), 황당무계(荒唐無稽)의 사전적 의미가 본문 부분의 '극락세계(極樂世界)', '아미타불(阿彌陀佛)', '황당무계(荒唐無稽)'에 있으니 참고해 달라는 뜻이다.

여덟째, 사자성어 유래를 밝힌 부분에서, 각 사자성어에 나오는 어휘의 뜻을 풀이할 때 같은 어휘라고 할지라도 문맥에 따라 뜻풀이가 조금씩 다를 수 있다. 또, '자객(刺客)'을 풀이하는 데 있어서, '사람을 몰래 죽이는 일을 전문으로 하는 사람'이라고 풀이한 곳도 있고, '어떤 음모에 가담하거나 남의 사주를 받고 사람을 몰래 찔러 죽이는 사람'이라고 풀이한 곳도 있다. 서로 다른『국어사전(國語辭典)』을 여러 권(卷) 두고 참고하여 뜻풀이를 하다 보니 그렇게 되었음을 양해해 주기 바란다.

아홉째, 사자성어 유래가 있는 부분에서, 사자성어의 뜻풀이나, 한자의 훈(訓)이나 음(音) 따위의 설명이 이중(二重), 삼중(三重)으로 중복(重複)되는 경우가 있다. 이 때문에 독자의 입장에서는 지루할 수도 있다. 이는 엮은이의 의도적인 기획이다. 엮은이는 교사로서 학생들을 가르칠 때 반복 학습을 중시했다. 반복을 통하여 학생들의 문해력(文解力. 글을 읽고 이해하는 능력)이 향상되도록 하기 위함이었다. 독자 여러분은 '공부는 반복의 힘'이라는 말을 믿고. 사자성어의 뜻을 반복해서 배우고 익히도록 하면 좋을 것이다.

열째, 사자성어와 관련이 있는 속담도 찾아 본문에 실었다.

열한째, 사자성어의 출전(出典)에 대해서 궁금하다면, 〈부록 2〉에 실려 있는 '사자성어 출전 찾기'를 이용하면 된다. 유래가 있는 사자성어(四字成語) 즉, 고사성어(故事成語)는 두말할 것 없이 출전(出典)이 있기 마련인데, 본문(本文)에 일일이 출전(出典)에 대한 내용을 밝히지 않았다. 그 대신 〈부록 2〉 '사자성어 출전 찾기'에, 그것에 대한 자세한 내용을 일목요연(一目瞭然. 본문 참고)하게 정리하여 실었으니 참고하기 바람.

열두째,『사자성어큰사전』은 여러 저서의 도움을 받았다. 다만, 여건이 맞지 않아 그것을 하나하나 밝히지 않았다. 독자들과, 이 책 뒤편에 제시한 관련 저서의 저자들께 양해를 구한다.

ㄴ

ㅁ

ㅂ

가-가-대소(呵呵大笑 꾸짖을 가/꾸짖을 가/클 대/웃을 소) 꾸짖고 꾸짖듯이 크게 웃는다는 뜻으로, 소리를 내어 크게 웃음을 이르는 말. 또는 껄껄거리며 한바탕 크게 웃음을 이르는 말. *대소(大笑): 소리 내어 크게 웃음. *꾸짖다: 부록 '가(呵)' 참고.

가-가-호호(家家戶戶 집 가/집 가/집 호/집 호) 집과 집이라는 뜻으로, ①몡 집집. 한 집 한 집. ②튀 한 집 한 집마다. 비 가가문전(家家門前). *호호(戶戶): ①몡 집집. ②튀 집집마다.

가감-승제(加減乘除 더할 가/빼기 감/곱할 승/나눌 제) 더하고 빼고 곱하고 나눈다는 뜻으로, 덧셈, 뺄셈, 곱셈, 니눗셈을 이올리 이르는 말. 또는 덧셈, 뺄셈, 곱셈, 니눗셈의 4기지 셈법(··法)을 이르는 말. *가감(加減): 더하거나 빼는 일. 또는 덧셈과 뺄셈을 아울러 이르는 말. *승제(乘除): 곱셈과 나눗셈을 아울러 이르는 말.

가감-지-인(可堪之人 가히 가/견딜 감/어조사 지/사람 인) 가히 견딜 만한 사람이라는 뜻으로, 맡은 일을 넉넉히 감당할 만한 사람을 이르는 말. 또는 어려운 일 따위를 감당해 낼만한 사람을 이르는 말. *가감(可堪): 어떤 일정한 일을 능히 해낼 수 있음.

가-거-지-지(可居之地 가히 가/살 거/어조사 지/땅 지) 가히 살 만한 땅이라는 뜻으로, 머물러 살 만하거나 살기 좋은 곳을 이르는 말.

가계-야-치(家鷄野雉 집 가/닭 계/들 야/꿩 치) 집의 닭을 (미워하고) 들의 꿩을 (사랑한다는) 뜻으로, 자기 집의 것은 하찮게 여기고, 남의 집 것만 좋게 여김을 비유적으로 이르는 말. 예를 들면 아내를 소박(疏薄. 아내를 박대하거나 내쫓음)하고 첩(妾. 본처 외에, 혼인을 하지 않고 데리고 사는 여자)을 좋아한다든지, 좋은 필적(筆跡. 손수 쓴 글씨나 그림의 흔적)을 버리고 나쁜 필적(筆跡)을 좋아한다든지. 흔한 것을 멀리하고 언제나 새롭고 진귀(珍貴. 보배롭고 귀중함)한 것을 중히 여김 따위가 있음. 비 가계야무(家鷄野鶩). *가계(家鷄): 집에서 기르는 닭. *꿩: 부록 '치(雉)' 참고. 《관련 속담》 가까운 무당보다 먼 데 무당이 용하다. 여기서, '무당'은 귀신을 섬겨 길흉(吉凶)을 점치고 굿을 하는 것을 직업으로 하는 사람을 이르는 말. 주로 여자를 일컫는다. 남자는 '박수(순우리말. 남자 무당)'라고 일컫는다. 이것은 원래는 순우리말이나 한자(漢字)를 빌려 '巫堂'으로 적기도 한다.

가공-망상(架空妄想 시렁 **가**/빌 **공**/망령될 **망**/생각할 **상**) 빈 시렁을 망령되게 생각한다는 뜻으로, 터무니없는 상상이나 근거 없는 망령된 생각을 비유적으로 이르는 말. *가공(架空): ①어떤 시설물을 공중에 가설함. ②이유나 근거가 없음. 또는 사실이 아니고 거짓이나 상상으로 꾸며 냄. *망상(妄想): ①있지도 않은 사실을 상상하여 마치 사실인 양 굳게 믿는 일. ②정신 장애로 말미암아 생기는 잘못된 판단이나 확신을 이르는 말. *시렁: 부록 '가(架)' 참고.

가공-인물(架空人物 시렁 **가**/빌 **공**/사람 **인**/물건 **물**) 텅 빈 시렁 (위에 있는) 인물(人物)이라는 뜻으로, 실제로는 존재하지 않는, 상상(想像) 또는 가상(假想)으로 꾸며낸 인물을 이르는 말. 시렁 위에 온갖 물건이 놓여 있는 곳으로써, 사람이 실제로 존재할 수는 없다. *가공(架空): ☞가공망상(架空妄想). *인물(人物): ①사람의 됨됨이. =인품(人品). ②쓸모 있는 사람. 또는 뛰어난 사람. =인재(人材). ③사람의 얼굴 모양. =용모(容貌). *시렁: 부록 '가(架)' 참고.

가-구-적간(家口摘奸 집 **가**/어귀 **구**/들추어낼 **적**/간사할 **간**) 집 어귀마다 간사(奸邪)한 (사람을) 들추어낸다는 뜻으로, 죄인(罪人. 죄를 지은 사람)이나 혐의(嫌疑. 범죄를 저질렀을 가능성이 있다고 봄. 또는 그 가능성)가 있는 사람을 잡으려고 집집마다 다니면서 수색하던 일을 이르는 말. *적간(摘奸): 죄상(罪狀. 범죄의 구체적인 사실)이 있는지 없는 지를 밝히기 위하여 캐어 살핌. *어귀: 사람이 드나들게 만든 곳. *간사하다(奸邪~): 마음이 바르지 않다.

가-급-인-족(家給人足 집 **가**/넉넉할 **급**/사람 **인**/넉넉할 **족**) 집집마다 넉넉하고, 사람마다 넉넉하다는 뜻으로, 집집마다 먹고 사는 것에 부족함이 없이 넉넉함을 이르는 말.

가납-기-언(嘉納其言 아름다울 **가**/받아들일 **납**/그 **기**/말씀 **언**) 그 말을 아름답게 받아들인다는 뜻으로, 옳지 못하거나 잘못한 일을 고치도록 권하는 말을 기꺼이 받아들임을 이르는 말. *가납(嘉納): ①옳지 못하거나 잘못한 일을 고치도록 권하는 말을 기꺼이 받아들임. ②바치는 물건을 기꺼이 받아들임.

가담-항설(街談巷說 거리 **가**/말씀 **담**/거리 **항**/말씀 **설**) 거리의 말씀(거리에 떠돌아다니는 말씀)과 거리의 말씀(여기에서는, '거리에서 입에서 입으로 옮겨지는 말씀')이라는 뜻으로, 거리나 항간(巷間. 일반 민중들 사이)에 떠도는 소문(所聞)을 이르는 말. =가담항어(街談巷語). 가담항의(街談巷議). 가설항담(街說巷談). 짮 도청도설(道聽塗說). *가담(街談): 길거리에 떠도는 말이나 화젯거리. *항설(巷說): 항간에서 여러 사람의 입에서 입으로 옮겨지는 말.

가담-항어(街談巷語 거리 **가**/말씀 **담**/거리 **항**/말씀 **어**) 거리의 말씀(거리에 떠돌아다니는 말씀)이라는 뜻으로, 거리나 항간(巷間. 일반 민중들 사이)에 떠도는 소문(所聞)을 이르는 말. =가담항설(街談巷說). 가담항의(街談巷議). 가설항담(街說巷談). 짮 도청도설(道聽塗說). *가담(街談): ☞가담항설(街談巷說). *항어(巷語): 항간(巷間)에서 여러 사람의 입에서 입으로 옮겨지는 말.

가담-항의(街談巷議 거리 **가**/말씀 **담**/거리 **항**/의논할 **의**) 거리의 말씀(거리에 떠돌아다니는 말씀)과 거리에서의 의논(議論)이라는 뜻으로, 거리나 항간(巷間. 일반 민중들 사이)에 떠도는 소문(所聞)을 이르는 말. =가담항어(街談巷語). 가담항설(街談巷說). 가설항담(街說巷談). 짮 도청도설(道聽塗說). *가담(街談): ☞가담항설(街談巷說). *항의(巷議): 항간에 돌아다니는 평판이나 소문.

가도-멸-괵(假道滅虢 빌릴 **가**/길 **도**/없어질 **멸**/괵나라 **괵**) 길을 빌려 괵(虢)나라를 없앤다. 즉, 다른 나라의 길을 임시로 빌려 쓰다가 나중에 그 나라를 쳐서 없앤다는 뜻으로, 기회를 포착하여 세력을 확장시키거나, 어떤 일을 달성하기 위해 남의 힘을 빌린 후 상대방까지 자기 손아귀에 넣어버리는 것을 비유적으로 이르는 말. 웹 가도벌괵(假道伐虢). *가도(假道): ①남이 관활하고 있는 길을 임시로 빌림. 또는 그런 길. ②어떤 방법을 일시적으로 빌려 씀. *괵(虢)나라: 부록 '괵(虢)' 참고. 이 사자성어의 유래는 다음과 같다. 『좌전(左傳)』의 「희공(僖公) 2년」 편(篇)에 〈(기원전 658년) 진(晉)나라의 대부(大夫. 벼슬 품계에 붙이던 칭호)인 순식(荀息)이 진헌공(晉獻公. 진나라의 헌공)에게 굴산(屈産. 땅 이름)의 명마(名馬)와 수극(垂棘. 땅 이름)의 벽옥(璧玉. '벽·璧'과 '옥·玉'을 아울러 이르는 말)으로 우(虞)나라의 길을 빌려 괵(虢)나라를 치자고 청했다. "이는 우리나라의 보물이오." 순식(荀息)이 대답했다. "우(虞)나라로 진격하는 길만 빌릴 수 있다면 잠시 밖에 있는 창고에 두는 것과 같습니다."(晉荀息請以屈産之乘, 與垂棘之璧, **假道於虞以伐**虢. 公曰. 是吾寶也. 對曰. 若得道於虞. 猶外府也.)〉라는 이야기가 나오는데, '우(虞)나라의 길을 빌려 괵(虢)나라를 치자고 청했다.(假道於虞以伐虢)'에서, '가도멸괵(假道滅虢)'이 유래했다. 우(虞)나라의 임금이 워낙 보배를 좋아하자, 진(晉)나라의 헌공(獻公)이 수극(垂棘)의 벽(璧)과 굴산(屈産)의 명마(名馬)를 주고 괵(虢)나라를 치러 가는 길을 빌렸다는 이야기다. 이것은 진(晉)나라가 '길을 빌려 괵(虢)나라를 친' 제1차 '가도멸괵(假道滅虢)'이다. 참고로, 원문의 '晉荀息請以屈産之乘'에서, '晉'은 나라 이름 '진'으로 읽고, '荀'은 풀 이름 '순'으로 읽고, '息'은 쉴 '식'으로 읽는다. '荀息'은 사람 이름. '請'은 청할 '청'으로 읽고, '以'는 써(그것을 가지고, 그것으로 인하여) '이'로 읽고, '屈'은 굽힐 '굴'로 읽는다. 여기서는, 오늘날의 중국 산서성 길현 부근의 땅 이름이다. 어떤 자료에는 '굴지국(屈支國)'이라고 주장한다. '굴지국(屈支國)'은 고대 중국 서역(西域)에 있었던 나라 이름이다. 참고하기 바람. '産'은 낳을 '산'으로 읽는다. '屈産'을 직역(直譯)하면, 굴(屈) 지역에서 태어남. '之'는 어조사 '지'로 읽는다. '~의'의 뜻을 나타내는 관형격 조사. '乘'은 수레 '승'으로 읽는다. 여기서는, '네 마리의 말'을 뜻한다. 이 '네 마리 말'의 용도는 군주(君主. 세습적으로 나라를 다스리는 최고 지위에 있는 사람)의 수레를 끄는 것이다. '晉荀息請以屈産之乘'을 직역(直譯)하면, 진(晉)나라의 순식(荀息)이 굴(屈) 지역에서 태어난 네 마리의 말을 가지고 ~하자고 청했다. 여기서, '굴(屈) 지역에서 태어난 네 마리의 말'은 당시(當時. 일이 있었던 바로 그때. 또는 이야기하고 있는 그 시기)에 최고의 명마(名馬)로 평가 받았다고 한다. '與垂棘之璧'에서, '與'는 어조사 '여'로 읽는다. '~와', '~과(병렬)'의 뜻을 나타냄. '垂'는 드리울 '수'로 읽고, '棘'은 가시나무 '극'으로 읽는다. '垂棘'은 땅 이름. '璧'은 둥근 옥(玉) '벽'으로 읽는다. '與垂棘之璧'을 직역(直譯)하면, 수극(垂棘)의 둥근 옥(玉)과, 여기서, '수극(垂棘)의 둥근 옥(玉)'은 왕가(王家)의 정통성을 상징하는 물건이다. '假道於虞以伐虢'에서, '假'는 빌릴 '가'로 읽고, '道'는 길 '도'로 읽고, '於'는 어조사 '어'로 읽는다. '~에서(장소)'의 뜻을 나타냄. '虞'는 나라 이름 '우'로 읽고 '以'는 써(그것을 가지고, 그것으로 인하여) '이'로 읽고, '伐'은 칠 '벌'로 읽고, '虢'은 괵(虢)나라 '괵'으로 읽는다. '假道於虞以伐虢'을 직역(直譯)하면, 우(虞)나라에게 길을 빌려 그것을 가지고 괵(虢)나라를 친다. 즉, 진헌공(晉獻公)의 아끼는 보물인 네 마리의 명마(名馬)와 귀한 옥(玉)을 우(虞)나라에 뇌물(賂物. 어떤 직위에 있는 사람을 매수하여 사사로운 일에 이용하기 위하여 넌지시 건네는 부정한 돈이나 물건)로 주고, 우(虞)나라의 길을 임시로 빌려 쓰다가 나중에 괵(虢)나라를 친다는 말이다. 여기에서, '假道滅虢'이 유래했는데, 이것을 직역(直譯)하면, 길을 빌려 괵(虢)나라를 없앤다. 즉, 다른 나라의 길을 임시로 빌려 쓰다가 나중에 그 나라를 쳐서 없앤다는 뜻으로, 기회를 포착하여 세력을 확장시키거나, 어떤 일을 달성하기 위해 남의 힘을 빌린 후 상대방까지 자기 손아귀에 넣어버리는 것을 비유적으로 이르는 말. '公曰'에서, '公'은 '진헌공(晉獻公)'을 가리킴. '公曰'을 직역(直譯)하면, '진헌공(晉獻公)'이 말하기를, '是吾寶也'에서, '是'는 이(지시하는 말) '시'로 읽고, '吾'는 나(1인칭 대명사) '오', 우리 '오'로 읽고, '寶'는 보배 '보', 보물 '보'로 읽고, '也'는 어조사 '야'로 읽는다. '~이다(단정)'의 뜻을 나타냄. '是吾寶也'을 직역(直譯)하면, 이('굴산의 명마'와 '수극의 둥근 옥'을 가리킴)는 우리의 보물입니다. '對曰'에서, '對'는 대답할 '대'로 읽는다. '對曰'을 직역(直譯)하면, (순식이) 대답하여 말하기를, '若得道於虞'에서, '若'은 만약 '약'으로 읽고, '得'은 얻을 '득'으로 읽고, 道는 길 '도'로 읽는다. '若得道於虞'를 직역(直譯)하면, 만약 우(虞)나라에게 길을 얻을 수 있다면, 즉, 우(虞)나라로 진격하는 길만 빌릴 수 있다면, '猶外府也'에서, '猶'는 같을 '유'로 읽고, '外'는 바깥 '외'로 읽고, '府'는 창고(倉庫) '부'로 읽는다. '猶外府也'를 직역(直譯)하면, 바깥에 있는 창고(倉庫)와 같습니다. 즉, 굴산(屈産)의 명마(名馬)와 수극(垂棘)의 둥근 옥(玉)은 잠시 바깥 창고(倉庫)에 보관되어 있는 것과 같습니다. 그런데 『좌전(左傳)』의 「희공(僖公) 5년」 편(篇)에 〈진헌공(晉獻公)이 재차 우(虞)나라에 가서 길을 빌려 괵(虢)나라를 치려고 하자, 궁지기(宮之奇)가 간(諫)하여 말했다. "괵(虢)나라는 우(虞)나라의 보호벽입니다. 괵(虢)나라가 망하면 우(虞)나라도 괵(虢)나라를 따르게 됩니다. 진(晉)나라의 야심(野心. 무엇을 이루어 보겠다고 마음속에 품고 있는 욕망이나 소망)을 조장하면 안 되며, 외적을 가볍게 봐서는 안 됩니다. 한 번 길을 빌려 준 것도 심한데, 또 빌려주다니요. 속담에 '광대뼈와 잇몸은 서로 의지(依支)하고, 입술이 없어지면 이가 시리다.'고 했는데, 바로 괵(虢)과 우(虞)의 관계를 말한 것입니다."(**晉侯復假道於虞以伐虢**, 宮之奇諫曰, 虢, 虞之表也, 虢亡, 虞必從之, 晉不可啓, 寇不可玩, 一之謂甚, 其可再乎, 諺所謂輔車相依, 脣亡齒寒者, 其虞虢之謂也.)〉라는 이야기가 나오는데, '진헌공(晉獻公)이 재차 우(虞)나라에 가서 길을 빌려 괵(虢)나라를 치려고 하자,(晉侯復假道於虞以伐虢)'에서, '가도멸괵(假道滅虢)'이 유래했다. 이 것은 진(晉)나라가 '길을 빌려 괵(虢)나라를 친' 제2차 '가도멸괵(假道滅虢)'을 일컫는 말이다. 참고로, 원문의 '晉侯復假道於虞以伐虢'에서, '晉'은 나라 이름 '진'으로 읽고, '侯'는 제후(諸侯) '후'로 읽는다. '晉侯'는 중국의 춘추 시대 제21대 군주(君主. 세습적으로 나라를 다스리는 최고 지위에 있는 사람)인 '진헌공(晉獻公)'을 가리킴. '復'는 다시 '부'로 읽고, '假'는 빌릴 '가'로 읽고, '道'는 길 '도'로 읽고, '於'는 어조사 '어'로 읽는다. '~에서(장소)'의 뜻을 나타냄. '虞'는 나라 이름 '우'로 읽고 '以'는 써(그것을 가지고, 그것으로 인하여) '이'로 읽고, '伐'은 칠 '벌'로 읽고, '虢'은 괵(虢)나라 '괵'으로 읽는다. '假道於虞以伐虢'을 직역(直譯)하면, 우(虞)나라에게 길을 빌려 그것을 가지고 괵(虢)나라를 치려고 (하였다). 즉, 우(虞)나라 의 길을 임시로 빌려 쓰다가 나중에 괵(虢)나라를 친다는 말이다. 여기에서, '假道滅虢'이 유래하였는데, 이것을 직역(直譯)하면, 길을 빌려 괵(虢)나라를 없앤다. 즉, 다른 나라의 길을 임시로 빌려 쓰다가 나중에 그 나라를 쳐서 없앤다는 뜻으로, 기회를 포착하여 세력을 확장시키거나, 어떤 일을 달성하기 위해 남의 힘을 빌린 후 상대방까지 자기 손아귀에 넣어버리는 것을 비유적으로 이르는 말. '晉侯復假道於虞以 伐虢'을 직역(直譯)하면, 진헌공(晉獻公)이 다시 우(虞)나라에서 길을 빌려 그것을 가지고 괵(虢)나라를 치려고 (하자), '宮之奇諫曰'에서, '宮'은 집 '궁'으로 읽고, '之'는 갈 '지'로 읽고, '奇'는 기이할 '기'로 읽는 다. '宮之奇'는 사람 이름. '諫'은 간할(諫~. 웃어른이나 임금에게 옳지 못하거나 잘못된 일을 고치도록 말함) '간'으로 읽는다. '宮之奇諫曰'을 직역(直譯)하면, 궁지기(宮之奇)가 간(諫)하여 말하기를, '虞之表也'
에서, '之'는 어조사 '지'로 읽는다. '~의'를 나타내는 관형격 조사. '表'는 거죽 '표'로 읽는다. '虞之表也'를
직역(直譯)하면, (곽나라는) 우(虞)나라의 거죽(보호벽)입니다. '虢亡'에서, '亡'은 말할 '망'으로 읽는다.
'虢亡'을 직역(直譯)하면, 곽(虢)나라가 망하면, '虞必從之'에서, '必'은 반드시 '필'로 읽고, '從'은 좇을
'종'으로 읽고, '之'는 어조사 '지'로 읽는다. 여기서는, '그것'을 나타내는 지시 대명사. '虞必從之'를 직역(直
譯)하면, 우(虞)나라는 반드시 그것('곽·虢나라'를 가리킴)을 좇습니다(따르게 됩니다). '晉不可啓'에서,
'晉'은 나라 이름 '진'으로 읽고, '不'은 아닐(부정하는 말) '불'로 읽고, '可'는 옳을 '가'로 읽고, '啓'는
인도(引導)할 '계'로 읽는다. '晉不可啓'를 직역(直譯)하면, 진(晉)나라에게는 인도(引導)하는(야심을 조장
하는) 것이 옳지 않습니다. '寇不可玩'에서, '寇'는 외적(外賊, 외부에 있는 도적) '구'로 읽고, '玩'은 장난할
'완'으로 읽는다. '寇不可玩'을 직역(直譯)하면, 외적(外賊)에게 장난하는 것도 옳지 않습니다. 즉, 외적(外
賊)을 가볍게 봐서는 안된다는 것이다. '一之謂甚'에서, '一'은 한 '일'로 읽고, '謂'는 일컬을 '위'로 읽고,
'甚'은 심할 '심'으로 읽는다. '一之謂甚'을 직역(直譯)하면, 그것을 한 번하는 것도 심하다고 일컫습니다.
즉, 우(虞)나라가 진(晉)나라에 한 번 길을 빌려 주는 것도 위험하다는 것이다. '其可再乎'에서, '其'는
그(지시하는 말) '기'로 읽고, '再'는 거듭 '재'. 재차 '재'로 읽고, '乎'는 어조사 '호'로 읽는다. '~는가',
'~인가(의문)의 뜻을 나타냄. '其可再乎'를 직역(直譯)하면, 그것을 거듭하는 것은 옳습니까? 즉, 우(虞)나
라가 진(晉)나라에 한 번 빌려 주는 것도 위험한데, 거듭 길을 빌려 주는 것은 옳은 것인가를 군주에게
묻는 것이다. 결국 우(虞)나라 군주는 신하들의 만류를 뿌리치고 두 번째 길을 빌려주고 말았다. 그
후 진(晉)나라는 곽(虢)나라를 멸(滅)하고 군사를 철수해 돌아오던 길에 기회를 틈타 우(虞)나라까지
멸(滅)해 버렸다. '諺所謂輔車相依'에서, '諺'은 속담 '언'으로 읽고, '所'는 바(앞에서 말한 내용 그 자체나
일 따위를 나타내는 말) '소'로 읽고, '謂'는 일컬을 '위'로 읽는다. '所謂'는 '이른바'와 같은 말로, 세상에서
말하는 바. '輔'는 덧방나무(수레의 양쪽 가장 자리에 덧대는 나무) '보'로 읽고, '車'는, 여기서는, 바퀴
'거'로 읽고, '相'은 서로 '상'으로 읽고, '依'는 의지(依支)할 '의'로 읽는다. '諺所謂輔車相依'를 직역(直譯)하
면, 속담에 이른바 수레의 덧방나무와 바퀴가 서로 의지(依支)한다는 (말이 있습니다). 즉, 수레의 덧방나
무와 바퀴는 서로 뗄 수 없다는 말이 있다는 뜻이다. 여기서, '輔車相依'가 유래하였는데, 이것을 직역(直
譯)하면, '덧방나무와 바퀴는 서로 의지(依支)한다.'에서, 수레의 덧방나무와 바퀴처럼 뗄 수 없다는 뜻으
로, 긴밀한 관계를 맺으면서 서로 돕고 의지(依支)함을 이르는 말. '보거상의(輔車相依)'의 '보(輔)'는 수레
의 덧방나무라는 뜻 외에 '광대뼈'라는 뜻이 있고, '거(車)'는 수레바퀴라는 뜻 외에 '잇몸'이란 뜻이 있음.
'脣亡齒寒者'에서, '脣'은 입술 '순'으로 읽고, '亡'은 잃을 '망'으로 읽고, '齒'는 이 '치'로 읽고, '寒'은 찰
'한'으로 읽고, '者'는 사람 '자'로 읽는다. '脣亡齒寒者'를 직역(直譯)하면, 입술을 잃은(입술이 없는) 사람은
이가 차다(시리다)(라고 했습니다). 여기서, '脣亡齒寒'도 유래하였는데, 이것을 직역(直譯)하면, 입술이
없으면 이가 시리다는 뜻으로, 서로 이해관계가 밀접한 사이에, 어느 한 쪽이 망하면 다른 한쪽도 그
영향을 받아 온전하기 어려움을 이르는 말. 그리고 위의 '보거상의(輔車相依)'와 '순망치한(脣亡齒寒)'이
합해져서 '순치보거(脣齒輔車)'가 유래했는데, 이것을 직역(直譯)하면, 입술과 이[齒]의 (관계는) 덧방나무
와 수레의 (관계와 같다). 즉, 입술과 이[齒] 중에서, 또는 수레의 덧방나무와 바퀴 중에서 어느 한쪽만
없어도 안 된다는 뜻으로, 서로 없어서는 안 될 깊은 관계, 또는 서로 의지(依支)하는 밀접(密接)한 관계를

비유적으로 이르는 말. '其虞虢之謂也'에서, '之'는 어조사 '지'로 읽는다. '~을', '~를(목적격 조사)'의 뜻을 나타낸다. '其虞虢之謂也'를 직역(直譯)하면, 그것(보거상의, 순망치한)은 우(虞)와 괵(虢)의 (밀접한 관계를) 일컫는 것입니다.

가-도-벽립(家徒壁立 집 **가**/다만 **도**/바람벽 **벽**/설 **립**) (빈한·貧寒한 집이라서) 집에는 다만 바람벽만 서 (있다.) 즉, 집 안에 살림살이(살림에 쓰이는 세간) 하나 없이, 낭떠러지처럼 사방으로 벽만 둘러져 있다는 뜻으로, 몹시 가난함을 비유적으로 이르는 말. 또는 살림이 심히 구차(苟且)함을 비유적으로 이르는 말. *벽립(壁立): 낭떠러지 따위가 깎아지른 듯이 솟아 있음. *바람벽(~壁): 부록 '벽(壁)' 참고.

가-도-사벽(家徒四壁 집 **가**/다만 **도**/넉 **사**/바람벽 **벽**) 집에는 다만 네 바람벽만 (있다.) 즉, 집 안이 네 벽이라는 뜻으로, 집안 형편이 매우 어렵다는 것을 비유적으로 이르는 말. =가도벽립(家徒壁立). *사벽(四壁): 방의 사방의 벽. *바람벽(~壁): 부록 '벽(壁)' 참고. 이 사자성어의 유래는 다음과 같다. 『사기(史記)』의 「사마상여열전(司馬相如列傳)」 편(篇)에 [사마상여(司馬相如)는 촉군(蜀郡. 군 소재지 땅 이름) 성도(成都. 땅 이름) 사람으로 자(字. 본이름을 함부로 부르지 않던 시대에, 본이름 대신 부르던 이름)는 장경(長卿)이다. 어려서부터 책 읽기를 좋아하고 격검(擊劍. 적을 물리치거나 자기 몸을 보호하기 위하여 장검·長劍을 법도 있게 씀)을 배웠으므로 그 부모는 그를 견자(犬子)라고 불렀다. 여기서, '견자(犬子)'는 '호부무견자(虎父無犬子)'의 줄임말로 쓰였다. 호랑이 같은 아비에게 개 같은 아들은 없다는 뜻이다. 잘난 아버지 밑에 못난 아들이 날 리 없다는 의미다. 중국 고전(古典) 『삼국지연의(三國志演義)』에 보면, 장비(張飛)의 아들 장포(張苞)가 전쟁터에서 적장(敵將. 적의 우두머리)을 찔러 말 아래로 떨어뜨리고, 관우(關羽)의 아들 관흥(關興)이 단칼에 적장(敵將)의 목을 베어버리는 장면이 나온다. 유비(劉備)가 이 광경을 지켜보고 감탄하며 한 말이 '호부무견자(虎父無犬子)'다. 사마상여(司馬相如)는 공부를 마치자 인상여(藺相如)의 사람됨을 흠모(欽慕. 기쁜 마음으로 공경하며 사모함)하여 이름을 상여(相如)로 바꾸었다. 그는 재물(財物. 돈과 값나가는 물건)을 바치고 낭(郎. 벼슬 이름)이 되어 효경제(孝景帝. 중국 전한·前漢의 6대 임금)를 섬겨 무기상시(武騎常侍. 벼슬 이름)가 되었으나, 이 벼슬을 달가워하지 않았다. 벼슬을 그만두고 고향으로 돌아온 사마상여(司馬相如)는 집안도 가난하고 직업으로 삼을 만한 일거리도 없어, 평소 사이가 좋았던 임공(臨邛. 땅 이름)의 현령(縣令. 벼슬 이름)인 왕길(王吉)에게 가서 몸을 의탁했다. 이때 그곳의 대부호(大富豪. 재산이 많고 정치상의 권세·權勢가 있는 부자·富者)인 탁왕손(卓王孫)이 연회(宴會. 여러 사람이 모여 술을 마시거나 음식을 먹으면서 즐기는 모임)를 열었는데, 사마상여(司馬相如)도 현령(縣令)과 함께 참석했다. 사마상여(司馬相如)는 거문고를 연주했다. 당시(當時. 일이 있었던 바로 그때. 또는 이야기하고 있는 그 시기) 탁왕손(卓王孫)에게는 과부(寡婦. 남편이 죽어 혼자 사는 여자)가 된 지 얼마 안 된 딸 문군(文君. 탁문군)이 있었는데, 음악을 아주 좋아했다. 그래서 사마상여(司馬相如)는 현령(縣令)과 짜고서 거문고로 꾀어내려고 한 것이다. 상여(相如)가 임공(臨邛)에 가는데 거마(車馬. '수레[車]'와 '말[馬]'을 아울러 이르는 말)가 따르고 용모(容貌)와 자태(姿態. 어떤 모습이나 모양을 일컫는 말. 주로 여성의 고운 맵시나 태도에 대하여 일컬으며, 식물, 건축물, 강, 산 따위를 사람에 비유하여 일컫기도 한다)가 우아하고 세련미(洗練味. 사물이 세련된 데서 느껴지는 맛)가 넘쳤다. 상여(相如)가 탁(卓)씨 집에서 술을 마시며 거문고를 탈 때 문군(文君. 탁문군)은 문틈으로 그('사마상여·司馬相如'를 가리킴)를 엿보다가 마음이 끌려 반하였지만, 자신이 상대가 되지 않을까 두려웠다. 연회(宴會)가 끝나자, 상여(相如)는 사람을 시켜서 문군(文君. 탁문군)의 시종(侍從. 벼슬 이름)에게 후(厚)한 선물을 주어 자기 마음을 전하도록 했다.]〈문군(文君. 탁문군)은 그날 밤에 상여(相如)에게로 도망쳐 나왔다. 상여(相如)는 곧바로 그녀와 함께 성도(成都)로 돌아왔는데, 그의 집은 네 벽만이 서 있을 뿐이었다.(文君夜亡奔相如, 相如乃與馳歸成都, 家居徒四壁立.)〉라는 이야기가 나오는데, '그의 집은 네 벽만이 서 있을 뿐이었다.(家居徒四壁立)'에서, '가도사벽(家徒四壁)'이 유래했다. 위의 이야기를 재구성하면 다음과 같다. 전한(前漢)의 문인(文人)으로 시(詩)를 잘 지은 사마상여(司馬相如)는 관직(官職. 관리로서, 국가로부터 위임 받은 일정한 범위의 직무, 또는 그 직위)에서 물러나 임공(臨邛)에 있는 왕길(王吉)의 집에 머무르는 동안, 임공(臨邛)의 대부호(大富豪)인 탁왕손(卓王孫)이 베푸는 연회(宴會)에 초대(招待)를 받았다. 연회(宴會)에서 사마상여(司馬相如)의 거문고 타는 소리를 듣고 탁왕손(卓王孫)의 딸 탁문군(卓文君)이 사마상여(司馬相如)와 서로 사랑하게 되었으나, 사마상여(司馬相如)의 집안이 매우 가난하여 탁문군(卓文君)의 아버지인 탁왕손(卓王孫)은 두 사람의 결혼을 반대하였다. 탁문군(卓文君)은 사마상여(司馬相如)를 따라 촉군(蜀郡. 군 소재지의 땅 이름)의 성도(成都)에 있는 그의 집을 향하여 한밤중에 몰래 달아났다. 가서 보니 사마상여(司馬相如)의 집이 찢어지게 가난하여 집안에는 아무것도 없이 네 벽만 세워져 있었다. 여기서, '가도사벽(家徒四壁)'이 유래하였는데, 집안 형편이 매우 어려움을 비유(比·譬喻. 어떤 사물의 모양이나 상태 따위를 보다 효과적으로 표현하기 위하여 그것과 비슷한 다른 사물에 빗대어 표현함. 또는 그 표현 방법)하는 말이 되었다. 또는 집안 형편이 빈한(貧寒. 살림이 몹시 가난하여 집안이 쓸쓸함)하는 것을 비유하는 말로 쓰이게 되었던 것이다. 처음에는 이 부부(夫婦)가 네 벽만 있는 집에 살면서 찢어지게 가난했지만, 나중에 부유하게 되었고, 사마상여(司馬相如)는 자신의 문학 재능(才能. 어떤 일을 하는 데 필요한 재주와 능력)을 마음껏 펼치게 된다. 여기서, '재주'는 순우리말로, 무엇을 잘할 수 있는, 다고닌 능력과 슬기. 참고로, 원문의 '文君夜亡奔相如'에서, '文君'은 사람 이름. '夜'는 밤 '야'로 읽고, '亡'은 도망할 '망', 달아날 '망'으로 읽고, '奔'은 달아날 '분'으로 읽는다. '夜亡奔'을 직역(直譯)하면, 밤에 도망하여 달아났다. '相'은 서로 '상'으로 읽고, '如'는 같을 '여'로 읽는다. '相如'는 사람 이름. '사마상여(司馬相如)'를 가리킴. '文君夜亡奔相如'를 직역(直譯)하면, 문군(文君)은 밤에 상여(相如)에게로 도망하여 달아났다. '相如乃與馳歸成都'에서, '乃'는 이에(이러하여서 곧) '내'로 읽고, '與'는 함께할 '여'로 읽고, '馳'는 달릴 '치'로 읽고, '歸'는 돌아올 '귀'로 읽고, '成'은 이룰 '성'으로 읽고, '都'는 도읍(都邑. 한 나라의 중앙 정부가 있는 곳. =서울) '도', 서울 '도'로 읽는다. '成都'는 땅 이름. '相如乃與馳歸成都'을 직역(直譯)하면, 상여(相如)는 이에 (그녀와) 함께 말을 달려 성도(成都)로 돌아왔다. '家居徒四壁立'에서, '家'는 집 '가'로 읽고, '居'는 있을 '거'로 읽고, '徒'는 다만 '도', 단지(但只) '도'로 읽고, '四'는 넉 '사'로 읽고, '壁'은 바람벽 '벽'으로 읽고, '立'은 설 '립(입)'으로 읽는다. '家居徒四壁立'을 직역(直譯)하면, (그런데) 집에는 다만 네 (개의) 바람벽만 서 있을 뿐이었다. 즉, 집 안에는 네 벽밖에 없다는 뜻으로, 집안 형편이 매우 어렵다는 것이다. 여기서, '家徒四壁'이 유래하였는데, 이것을 직역(直譯)하면, 집에는 다만 네 바람벽만 있다. 즉, 집 안이 네 벽이라는 뜻으로, 집안 형편이 매우 어렵다는 것을 비유적으로 이르는 말.

가-동-가-서(可東可西 옳을 **가**/동녘 **동**/옳을 **가**/서녘 **서**) 동녘에도 옳고 서녘에도 옳다. 즉, 동쪽도 좋고 서쪽도 좋다는 뜻으로, 이렇게도 할만도 하고, 저렇게 할만도 함을 이르는 말. '가이동가이서(可以東可以西)'의 준말.

가동-주졸(街童走卒 거리 **가**/아이 **동**/달아날 **주**/군사 **졸**) 거리(길거리)의 아이나, 군사(軍士)처럼 (이리저리) 달아나는 (사람이라는) 뜻으로, 길거리에서 노는 철없는 아이들이나 주견(主見. <u>주된 의견 또는 자주적인 의견</u>) 없이 떠돌아다니는 사람들을 이르는 말. *가동(街童): 길거리에서 노는 아이들. *주졸(走卒): 여기 저기 바쁘게 돌아다니며 남의 심부름이나 하는 사람. *군사(軍士): 부록 '졸(卒)' 참고.

가렴-주구(苛斂誅求 가혹할 **가**/거둘 **렴**/벌줄 **주**/구할 **구**) 가혹(苛酷)하게 (세금이나 물건을) 거두고 벌(罰)을 주겠다고 협박하면서 (마구) 구(求)한다(<u>빼앗는다</u>)는 뜻으로, 세금을 가혹(苛酷)하게 거두어들이고, 무리하게 재물(財物)을 빼앗음을 이르는 말. *가렴(苛斂): 세금 따위를 가혹하게 거두어들임. *주구(誅求): 관청에서 백성의 재물을 마구 빼앗아 감. *가혹하다(苛酷~): 부록 '가(苛)' 참고.

가-롱-성-진(假弄成眞 거짓 **가**/희롱할 **롱**/이룰 **성**/참 **진**) 거짓 희롱(戲弄)이 참을 이룬다(<u>참이 된다</u>)는 뜻으로, 장난삼아 한 것이 진심(眞心)으로 한 것같이 됨을 이르는 말. =농가성진(弄假成眞). *희롱하다(戲弄~): 부록 '롱(弄)' 참고. 《관련 속담》 농담이 진담 된다.

가-릉-빈가(迦陵頻伽 부처 이름 **가**/언덕 **릉**/자주 **빈**/절 **가**) 부처님을 (모신) 언덕에 사는 빈가조(頻伽鳥)라는 뜻으로, 불경(佛經)에 나오는, 사람의 머리를 한 상상(想像)의 새. 또는 극락정토(極樂淨土. <u>본문 참고</u>)에 살고 있다는 새를 이르는 말. 히말라야(Himalayas) 산에 살며, 그 울음소리가 곱고, 극락정토(極樂淨土)에 둥지(검불, 털, 나뭇가지 따위를 모아 지은 새의 집)를 튼다고 한다. *빈가(頻伽): =가릉빈가(迦陵頻伽). *절: 부록 '가(伽)' 참고.

가면-무도(假面舞蹈 거짓 **가**/얼굴 **면**/춤출 **무**/밟을 **도**) 거짓 얼굴로 (땅을 발로) 밟으면서 춤을 춘다는 뜻으로, ①가면(假面)을 쓰고 춤을 추는 일을 이르는 말. ②가면(假面)을 쓰고 음악에 맞추어 몸을 움직여, 감정이나 의사를 표현하는 신체적인 예술을 이르는 말. =가면무용(假面舞踊). *가면(假面): ①(나무, 종이, 흙, 박 따위로) 사람이나 짐승의 얼굴 모양을 본떠 만든 것. =탈. ②본마음이나 참모습을 감춘, 거짓 꾸밈을 비유적으로 이르는 말. *무도(舞蹈): ①춤을 춤. ②서양식의 춤. =댄스(dance). =무용(舞踊).

가무-관현(歌舞管絃 노래 **가**/춤출 **무**/대롱 **관**/현악기 **현**) 노래와 춤과 대롱(관악기)과 현악기(絃樂器)라는 뜻으로, 노래와 춤과 여러 가지 음악을 통틀어 이르는 말. *가무(歌舞): ①노래[歌]와 춤[舞]을 아울러 이르는 말. ②노래하면서 춤을 춤. *관현(管絃): 관악기와 현악기. *대롱: 부록 '관(管)' 참고.

가-무-담석(家無儋石 집 **가**/없을 **무**/두 항아리 부피 **담**/섬 **석**) 집에는 두 항아리[儋]도 없고 섬[石]도 없다. 즉, 집에는 한 두 섬의 곡식도 없다는 뜻으로, 집이 매우 가난함을 비유적으로 이르는 말. 그런데 일부 자료에는 '담(儋)'이 '담(擔)'으로 잘못 표기되어 있다. 참고 바람. *담석(儋石): ①두 항아리나 한 항아리 정도의 양식. 곧, 얼마 되지 않는 곡식을 비유적으로 이르는 말. ②얼마 되지 않는 액수를 비유적으로 이르는 말. 여기서, '담(儋)'은 두 항아리를, '석(石)'은 한 항아리를 뜻함. *섬: 부록 '석(石)' 참고.

가부-지-친(葭莩之親 갈대 **가**/갈대청 **부**/어조사 **지**/일가 **친**) 갈대와 갈대청에 (붙어 있는) 일가(一家). 즉, 갈대의 줄기에 붙어 있는 갈대청같이, 엷게 붙어있는 친척(親戚)이라는 뜻으로, 촌수(寸數)가 먼 인척(姻戚. <u>혈연관계가 없으나 혼인으로 맺어진 친족을 이르는 말. 혈족의 배우자, 혈족의 배우자의</u>

혈족, 배우자의 혈족, 배우자의 혈족의 배우자 따위)을 비유적으로 이르는 말. *가부(葭莩): ①=갈대청. ②매우 엷은 것을 비유적으로 이르는 말. *갈대청: 갈대의 줄기 안쪽에 대청(대나무의 안벽에 붙은 얇고 흰 꺼풀)같이 붙어 있는 매우 얇고 흰 막(膜). *일가(一家): ①한 집안. 또는 한 가족. ②동성동본(同姓同本. 본문 참고)의 겨레붙이. ③학문이나 예술, 기술 따위의 분야에서 독자성을 가진 독립된 한 유파(流派).

가부-취-결(可否取決 옳을 **가**/아닐 **부**/취할 **취**/정할 **결**) 옳고 (옳지) 아니함을 취하여 정(定)한다는 뜻으로, 회의에서, 회칙(會則. 회의 규칙)에 따라 의안(議案. 회의에서 토의할 안건)의 가부(可否)를 결정함을 이르는 말. 또는 절차에 따라 가부(可否)를 결정함. *가부(可否): ①옳고 그름의 여부. ②찬성과 반대.

가빈-친-로(家貧親老 집 **가**/가난할 **빈**/어버이 **친**/늙을 **로**) 집이 가난하고 어버이가 늙었다는 뜻으로, 집이 가난하고 부모가 늙었을 때는 마음에 들지 않은 자리라도 얻어서 어버이를 봉양(奉養. 부모나 조부모를 받들어 모심)해야 한다는 말, 또는 집안의 사정이 여의(如意)치 못하여 마땅치 않은 일이라도 해야 하는 상태를 비유적으로 이르는 말. *가빈(家貧): 집이 가난함. *어버이: 아버지와 어머니를 아울러 이르는 말. 이 사자성어의 유래는 다음과 같다. 『공자가어(孔子家語)』의 「치사(致思)」 편(篇)에 〈자로(子路)가 (중국 춘추시대의 사상가이며 학자인) 공자(孔子) 앞에서 말했다. "무거운 짐을 지고 먼 길을 갈 때는 땅을 가려서 쉬지를 않고, 집이 가난하여 부모를 섬길 때는 월급이 많고 적음을 가리지 않고 벼슬을 합니다. 지난날 제가 양친(兩親)을 섬기던 때에는 늘 명아주와 콩잎 같은 음식을 대접하였는데, 부모님을 위하여 백 리 밖에서 쌀을 지고 왔습니다."(子路見於孔子曰, 負重涉遠, 不擇地而休, 家貧親老, 不擇祿而仕, 昔者由也, 事二親之時, 常食藜藿之實, 爲親負米百里之外)〉라는 이야기가 나오는데, '집이 가난하여 부모를 섬길 때는 월급이 많고 적음을 가리지 않고 벼슬을 합니다.(家貧親老, 不擇祿而仕)'에서, '가빈친로(家貧親老)'가 유래했다. 나머지 구체적인 내용은 ⇨백리부미(百里負米).

가-사-지-인(可使之人 가히 **가**/부릴 **사**/어조사 **지**/사람 **인**) 가(可)히 부릴 만한 사람이라는 뜻으로, 쓸 만한 사람을 이르는 말. *가히(미~): '능히', '넉넉히'의 뜻. *부리다: (사람을 시켜) 일을 하게 하다.

가산-집물(家産什物 집 **가**/재산 **산**/세간 **집**/물건 **물**) 집안의 재산(財産)과 세간의 물건이라는 뜻으로, 집안의 재산과 살림 도구들을 이르는 말. *가산(家産): 집안의 재산. *집물(什物): 살림살이(살림에 쓰이는 세간)에 쓰이는 온갖 기물(器物. 살림살이에 쓰는 온갖 그릇). *세간: 순우리말로, 부록 '집(什)' 참고.

가상-현실(假想現實 거짓 **가**/생각할 **상**/나타날 **현**/열매 **실**) 거짓 생각함으로 (인해) 나타난 열매라는 뜻으로, ①현실(現實)이 아닌 데도 실제(實際)처럼 생각하고 보이게 하는 현실(現實)을 이르는 말. ②컴퓨터(computer)를 이용하여 어떤 상황을 실제로 겪는 것처럼 모의실험(模擬實驗. 체계 또는 장치의 구조와, 거기서 일어나는 현상을 알아내기 위하여 그 모형을 만들고 계산과 실험을 하는 수법)을 할 수 있는 가상(假想)의 세계를 이르는 말. *가상(假想): 꼭 그렇지 않거나 또는 그런지 아닌지 또렷하지 않은 것을 그렇다고 가정하여 생각함. *현실(現實): ①바로 눈앞에 사실로서 나타나 있는 사물이나 상태. ②가능적 존재에 대한 현재적(顯在的. 나타나 있는) 존재. 또는 생각의 대상이 되는 객관적이고도 구체적인 존재.

가서-만금(家書萬金 집 **가**/글 **서**/일만 **만**/금 **금**) 집의 글(집에서 온 편지)은 일만 금(金)의 값어치가 있다는 뜻으로, 자기 집에서 온 편지의 반갑고 소중함을 이르는 말. *가서(家書): ①자기 집에서 온 편지, 또는 자기 집으로 보내는 편지. ②자기 집에 전하거나 간직하는 책. *만금(萬金): 매우 많은 돈.

가설-항담(街說巷談 거리 **가**/말씀 **설**/거리 **항**/말씀 **담**) 거리의 말씀(거리에 떠돌아다니는 말씀)과 거리의 말씀(여기에서는, 거리에서 여러 사람 사이에 들려오는 말씀)이라는 뜻으로, 거리나 항간(巷間 일반 민중들 사이)에 떠도는 소문(所聞)을 이르는 말. =가담항설(街談巷說). 가담항어(街談巷語). 가담항의(街談巷議). 圖 도청도설(道聽塗說). *가설(街說): ①길거리에 떠도는 말이나 화젯거리. ②세상의 평판(評判. 세상 사람이 비평함. 또는 세상에 널리 퍼진 소문)을 이르는 말. *항담(巷談): 항간에서 여러 사람 사이에 떠도는 말.

가-슬-추-연(加膝墜淵 더할 가/무릎 슬/떨어뜨릴 추/못 연) 무릎에 (앉혀) (귀여움을) 더하게 하거나 못에 떨어뜨린다. 곧 무릎에 앉혀 귀여워하거나 연못에 빠뜨린다는 뜻으로, 사랑과 미움을 기분에 따라 나타 냄으로써 그 언행(言行)이 예(禮)에 벗어남을 이르는 말. 또는 좋으면 무릎 위에 올려놓고 미우면 못에 빠뜨린다는 뜻으로, 사랑하고 미워함이 기분에 좌우됨을 비유적으로 이르는 말. *못: 넓고 오목하게 팬 땅에 물이 괴어 있는 곳. 《관련 속담》 간에 가 붙고 쓸개(염통)에 가 붙는다. / 간에 붙었다 쓸개(염통) 에 붙었다 한다. 이 사자성어의 유래는 다음과 같다. 『예기(禮記)』「단궁(檀弓) 하(下)」편(篇)에 〈목공(穆 公)이 자사(子思)에게 물었다. "전에 섬기던 임금이 세상을 떠났을 때, 모시던 신하(臣下)가 그를 찾아가 상복(喪服)을 입는 것은 옛날의 예법(禮法)인가?" 자사(子思)가 말했다. "옛날의 어질고 덕(德. 고매하고 너그러운 도덕적 품성)이 뛰어났던 임금들께서는 현자(賢者)를 불러들일 때에 그들이 지향(志向)하는 바를 살펴 그에 알맞은 예(禮)를 갖추어 맞이하셨으며, 자신의 뜻이 맞지 아니하여 물러나게 할 때에도 예(禮)를 갖추어 보냈습니다. 그래서 전에 섬기던 임금이 세상을 떠났을 때 모시던 신하(臣下)가 찾아가 상복(喪服)을 입는 예법(禮法)이 있었습니다. 그러나 지금의 임금들은 사람을 불러들일 때에는 마치 무 릎 위에 올려놓고 아끼며 치켜세워 줄 것처럼 행동하지만, 자신과 뜻이 맞지 아니하여 물러나게 할 때에는 마치 연못에 빠뜨려 죽일 것처럼 행동하니, 천박한 오랑캐 무리들의 우두머리와 다를 것이 없지 않습니까? (이러한 데에) 또 어찌 (지금의) 임금을 찾아가 슬퍼하고 눈물을 흘리며 상복(喪服)을 입겠습 니까?"(穆公問於子思曰, 爲舊君反服, 古與, 子思曰, 古之君子, 進人以禮, 退人以禮, 故有舊君反服之禮也, **今之君子, 進人若將加諸膝, 退人若將墜諸淵**, 毋爲戎首, 不亦善乎, 又何反服之禮之有)〉라는 이야기가 나오는데, '그러나 지금의 임금들은 사람을 불러들일 때에는 마치 무릎 위에 올려놓고 아끼며 치켜세워 줄 것처럼 행동하지만, 자신과 뜻이 맞지 아니하여 물러나게 할 때에는 마치 연못에 빠뜨려 죽일 것처럼 행동하니,(今之君子, 進人若將加諸膝, 退人若將墜諸淵)'에서 밑줄 친 바대로, '가슬추연(加膝墜淵)'이 유 래했다. 참고로, 원문의 '穆公問於子思曰'에서, '穆'은 화목(和睦. 뜻이 맞고 정다움)할 '목'으로 읽고, '公' 은 존칭(尊稱. 존경하여 높이어 부름. 또는 그 일컬음) '공'으로 읽는다. 여기서, '穆公'은 중국 춘추시대 (春秋時代)의 진(秦)나라 제9대 임금을 일컬음. 그는 대부(大夫. 벼슬 이름)인 백리해(百里奚)를 등용(登 用. 인재를 뽑아서 씀)시켜 선정(善政. 바르고 좋은 정치)을 베풀고, 국력을 신장하고 국토를 넓혀 천 리(里)에 달(達)했다고 한다. 그래서 그는 서융(西戎. 서쪽 오랑캐라는 뜻으로, 지난날 중국에서 그들의 서쪽에 사는 이민족을 얕잡아 이르던 말)의 패자(霸者. 예전에 황제·皇帝로부터 일정한 지역을 다스릴 권한을 부여받은 제후·諸侯들의 우두머리)로 불리었음. '問'은 물을 '문'으로 읽고, '於'는 어조사 '어'로 읽는다. '~에게', '~에서(위치, 장소)'의 뜻을 나타냄. '子'는 아들 '자'로 읽고, '思'는 생각 '사'로 읽는다. '子思'는 중국 춘추시대(春秋時代) 노(魯)나라의 유학자를 일컫는다. 이름은 급(伋)이고, 중국 춘추시대 (春秋時代)의 사상가이며 학자인 공자(孔子)의 손자(孫子)이다. '자사(子思)'는 그의 자(字. 본이름을 함부로 부르지 않던 시대에, 본이름 대신 부르던 이름)이다. '曰'은 일컬을 '왈'로 읽는다. '穆公問於子思曰'을 직역(直譯)하면, 목공(穆公)이 자사(子思)에게 물어 일컫기를, '爲舊君反服'에서, '爲'는 위할 '위'로 읽고, '舊'는 옛 '구'로 읽고, '君'은 임금 '군'으로 읽는다. 여기서, '옛 임금'은 돌아가신 임금을 뜻함. '反'은 돌아올 '반'으로 읽고, '服'은 입을 '복'으로 읽는다. 여기서, '服'은 '상복(喪服. 초상 때 입는 예복)'을 가리킨다. '爲舊君反服'을 직역(直譯)하면, 옛 임금을 위하여 돌아와 옷을 입는 것은, 즉, 전(前)에 섬기던 임금이 세상을 떠났을 때, 모시던 신하(臣下)가 과거(過去)로 돌아와서 그를 찾아가 상복(喪服)을 입는 것은, '古與'에서, '古'는 옛날 '고'로 읽고, '與'는 어조사 '여'로 읽는다. '~인가(의문, 반어)'의 뜻을 나타냄. 여기서, '반어(反語)'는 표현의 효과를 높이기 위하여 실제와 반대되는 뜻의 말을 하는 것을 일컫는다. 못난 사람을 보고 '잘났어' 라고 말하는 것 따위이다. '古與'를 직역(直譯)하면, 옛날의 (것)인가? 즉, 옛날의 예법(禮法)인가? '子思曰'에서, '子思曰'을 직역(直譯)하면, 자사(子思)가 일컫기를, '古之君子' 에서, '之'는 어조사 '지'로 읽는다. '~의'를 나타내는 관형격 조사. '子'는 경칭(敬稱. 공경하는 뜻으로 부르는 칭호. 또는 존대하여 일컬음) '자'로 읽는다. 학덕(學德)과 지위가 높은 남자의 경칭(敬稱)이다. 여기서, '君子'는 '임금'을 가리킴. '古之君子'를 직역(直譯)하면, 옛날의 임금은, '進人以禮'에서, '進'은 나아갈 '진'으로 읽고, '人'은 사람 '인'으로 읽고, '以'는 써(그것을 가지고, 그것으로 인하여) '이'로 읽고, '禮'는 예(禮) '예'로 읽는다. '進人以禮'를 직역(直譯)하면, 사람을 예(禮)로써 (관직에) 나아가게 (했고), 즉, 옛날의 어질고 덕(德. 고매하고 너그러운 도덕적 품성)이 뛰어났던 임금들께서는 사람을 관직(官職. 관리로서, 국가로부터 위임 받은 일정한 범위의 직무, 또는 그 직위)에 나아가게 할 때 예(禮)를 다하여 했고, '退人以禮'에서, '退'는 물러날 '퇴'로 읽는다. '退人以禮'를 직역(直譯)하면, 사람을 예(禮)로써 (관직에) 물러나게 (했다). 즉, 그 사람이 관직(官職)에서 물러날 때도 예(禮)를 갖추어 물러나게 했습니다. '故有舊君反服之禮也'에서, '故'는 그러므로 '고'로 읽고, '有'는 있을 '유'로 읽고, '也'는 어조사 '야'로 읽는다. '~이다(단정)'이 뜻을 나타냄. '故有舊君反服之禮也'를 직역(直譯)하면, 그러므로 돌아와 옛 임금을 (위하여) 옷을 입는 예(禮)가 있었습니다. 즉, 그래서 전(前)에 섬기던 임금이 세상을 떠났을 때 모시던 신하(臣下)는 과거(過去)로 돌아와 상복(喪服)을 입는 예법(禮法)이 있었다는 의미다. '今之君子'에서, '今' 은 지금 '금'으로 읽는다. '今之君子'를 직역(直譯)하면, 지금의 임금은, '進人若將加諸膝'에서, '若'은 같을 '약'으로 읽고, '將'는 장차(將次. 앞으로'의 뜻으로 미래의 어느 때를 나타내는 말) '장'으로 읽고, '加'는 올릴 '가'로 읽고, '諸'는 모두 '제'로 읽고, '膝'은 무릎 '슬'로 읽는다. '進人若將加諸膝'을 직역(直譯)하면, 사람을 (관직에) 나아가게 (할 때에는) 장차(將次) 모두 무릎에 올리는 (것과) 같게 (하며), 즉, 그러나 지금의 임금들은 사람이 (관직에) 나아갈 때에는 장차(將次) 무릎 위에 올려놓고 아낄 것처럼 행동하지 만, '退人若將墜諸淵'에서, '墜'는 떨어뜨릴 '추'로 읽고, '淵'은 못 '연'으로 읽는다. '退人若將墜諸淵'을 직역(直譯)하면, 사람을 (관직에) 물러나게 (할 때에는) 장차(將次) 모두 연못에 떨어뜨리는 (것과) 같게 (하니), 즉, 사람이 관직(官職)에서 물러날 때에는 장차(將次) 모두 연못에 떨어뜨려 죽일 것처럼 행동하 니, 여기서, '가슬추연(加膝墜淵)'이 유래했는데, 이것을 직역(直譯)하면, 무릎에 (앉혀) (귀여움을) 더하 게 하거나 못에 떨어뜨린다. 곧 무릎에 앉혀 귀여워하거나 연못에 빠뜨린다는 뜻으로, 사랑과 미움을 기분에 따라 나타냄으로써 그 언행(言行)이 예(禮)에 벗어남을 이르는 말. '毋爲戎首'에서, '毋'는 아닐 '무'로 읽는다. '不'과 같은 뜻이다. '爲'는 여기서는, 할 '위'로 읽고, '戎'은 오랑캐 '융'으로 읽고, '首'는 우두머리 '수'로 읽는다. '毋爲戎首'를 직역(直譯)하면, 오랑캐의 우두머리라고 (생각을) 하지 않으면, 즉, 지금의 임금들이 천박(淺薄. 지식이나 생각 따위가 얕음)한 오랑캐의 우두머리라고 생각하지 않으면, '不亦善乎'에서, '不'은 아닐(부정하는 말) '불'로 읽고, '亦'은 역시 '역'으로 읽고, '善'은 여기서는, 훌륭할 '선'으로 읽고, '乎'는 어조사 '호'로 읽는다. '~는가', '~인가(의문)'의 뜻을 나타냄. '不亦~乎'는 한자(漢字) 구(句)로, 또한 ~하지 아니한가? '不亦善乎'를 직역(直譯)하면, 또한 훌륭하지 아니하겠습니까? 이 말은 역설적(逆說的. 어떤 주장이나 이론이 겉보기에는 모순·矛盾되는 것 같으나 그 속에 중요한 진리가 함축·含蓄되어 있는 것을 이르는 말)인 표현이다. 즉, 지금의 임금들은 천박(淺薄)한 오랑캐의 우두머리라고 생각하지 않을 수 없을 정도로 훌륭하지 않다는 뜻이다. '又何反服之禮之有'에서, '又'는 또 '우'로 읽고, '何'는 어찌 '하'로 읽는다. '又何反服之禮之有'를 직역(直譯)하면, 또 어찌 (신하가) 돌아와 임금을 (위하여) 옷을 입는 예(禮)가 있겠습니까? 즉, 이러한데 어찌 천박(淺薄)한 지금의 임금을 찾아가 슬퍼하고 눈물을 흘리며 상복(喪服)을 입겠습니까?

가신-영월(嘉辰令月 좋을 **가**/날 **신**/좋을 **영**/달 **월**) 좋은 날, 좋은 달. 혹은 경사(慶事)스러운 날. *가신(嘉辰): ①=가일(嘉日): 즉, 날씨나 일진(日辰) 따위가 좋은 날. 또는 경사(慶事)가 있는 날. 여기서, '일진(日辰)'은 날의 육십갑자(六十甲子)를 이르는 말. 예를 들면, 갑자일(甲子日), 을축일(乙丑日), 병신일(丙申日) 따위. ②=가절(佳節). 즉, 좋은 시절이나 계절. *영월(令月): ①상서(祥瑞)로운 달. 즉, 복(福)스럽고 길(吉)한 일이 있을 듯한 달. ②'음력 이월(二月)'을 달리 이르는 말.

가신-지-인(可信之人 가히 **가**/믿을 **신**/어조사 **지**/사람 **인**) 가(可)히 믿을 (수 있는) 사람이라는 뜻으로, 가히 믿을 만한 사람. 또는 믿음직한 사람을 이르는 말. *가신(可信): 믿을 만함.

가언-선행(嘉言善行 아름다울 **가**/말씀 **언**/착할 **선**/행할 **행**) 아름다운 말과 착한 행(行)함이라는 뜻으로, 좋은 말과 착한 행실(行實)을 아울러 이르는 말. 즉, 말은 아름답게 행동은 얌전해야 한다는 뜻이다. *가언(嘉言): 본받을 만한 좋은 말. *선행(善行): 착하고 어진 행실. ↔악행(惡行).

가-여-낙-성(可與樂成 가히 **가**/더불어 **여**/즐길 **낙**/이룰 **성**) 가(可)히 더불어 이룬 것(성공)을 즐길 (수 있다)는 뜻으로, 함께 일의 성공을 즐길 수 있음을 이르는 말. *가히(可~): '능히', '넉넉히'의 뜻.

가월-쌍미(佳月雙眉 아름다울 **가**/달 **월**/쌍 **쌍**/눈썹 **미**) 아름다운 달처럼 (생긴) 쌍(둘)의 눈썹이라는 뜻으로, 미인(美人)의 눈썹을 비유적으로 이르는 말. *가월(佳月): 아름다운 달. *쌍미(雙眉): 좌우 양쪽의 눈썹.

가유-호-세(家諭戶說 집 **가**/깨우칠 **유**/집 **호**/달랠 **세**) 집마다 깨우치고, 집마다 달랜다는 뜻으로, 집집마다 일러서 깨우치게 함을 이르는 말. 또는 집집마다 일러 알아듣게 함을 이르는 말. *가유(家諭): 粵 =가유호세(家諭戶說).

가인-박명(佳人薄命 아름다울 **가**/사람 **인**/엷을 **박**/목숨 **명**) 아름다운 사람(여자)은 목숨(수명)이 엷다(짧다)는 뜻으로, 아름다운 여자나 재주(순우리말로, 무엇을 잘할 수 있는, 타고난 능력과 슬기)가 뛰어난 사람이 기구한(崎嶇~. 사람의, 세상살이가 순탄하지 못하고 가탈이 많은) 운명에 처하거나, 삶이 평탄(平坦)하지 못한 경우를 비유적으로 이르는 말. 同 미인박명(美人薄命). *가인(佳人): ①아름다운 여자. =미인(美人). ②사랑의 대상자인 이성(異性. 성·性이 다른 것을 이르는 말이다. 남성 쪽에선 여성을, 여성 쪽에선 남성을 가리킴)을 이르는 말. *박명(薄命): ①운명이 기구함. ②목숨이 짧음. 이 사자성어의 유래는 다음과 같다. 소식(蘇軾)의 「박명가인(薄命佳人)」편(篇)에 〈두 뺨은 우유가 뭉친 듯 머리는 옻칠한 듯 / 눈빛이 발에 드니 눈동자 옥구슬처럼 빛나 / 흰 비단으로 선녀 옷 지었더니 / 본바탕 더럽힐까 연지(臙脂. 여자가 화장할 때에 입술에 바르거나 뺨에 찍는 붉은 빛깔의 염료)도 안 발랐구나. / 교태 섞인 오(吳)나라 말 아이처럼 가녀려도 / 끝없는 근심은 결국 알지 못해 / 예로부터 미인은 명(命)이 박하다 했지 / 문 닫히고 봄날 가니 버들 꽃 떨어지네.(雙頰凝酥髮抹漆 / 眼光入簾珠的皪 / 故將白練作仙衣 / 不許紅膏汚天質 / 吳音嬌軟帶兒癡 / 無限閑愁總未知 / __自古佳人多命薄__ / 閉門春盡楊花落)〉라는 이야기가 나오는데, '예로부터 미인은 명(命)이 박하다 했지.(自古佳人多命薄)'에서, '가인박명(佳人薄命)'이 유래했다. 이것은 산중에 들어와 비구니가 된 어린 여승(女僧)의 애처로운 모습을 그린 칠언율시(七言律詩)다. 참고로, 원문의 '雙頰凝酥髮抹漆'에서, '雙'은 쌍(雙. 둘씩 짝을 이룬 것) '쌍', 두(둘) '쌍'으로 읽고, '頰'은 뺨(얼굴의 양쪽 관자놀이에서 턱 위까지의 살이 많은 부분) '협', 볼(뺨의 한복판) '협'으로 읽고, '凝'은 엉길 '응'으로 읽고, '酥'는 타락죽(駝酪粥) '수'로 읽는다. 여기서, '타락죽(駝酪粥)'은 죽(粥)의 하나를 일컬음. 물에 불린 쌀을 맷돌에 갈아서 절반쯤 끓이다가 우유를 섞어서 쑨다. '髮'은 터럭(사람이나 길짐승의 몸에 난, 길고 굵은 털) '발', 머리털 '발'로 읽고, '抹'은 바를 '말', 칠할 '말'로 읽고, '漆'은 옻칠할 '칠'로 읽는다. '雙頰凝酥髮抹漆'을 직역(直譯)하면, 두 뺨에는 타락죽이 엉긴 듯, 머리털에는 옻칠을 한 듯. '眼光入簾珠的皪'에서, '眼'은 눈 '안'으로 읽고, '光'은 빛 '광'으로 읽는다. '眼光'은 눈의 정기(精氣. 생기 있고 빛이 나는 기운)를 이르는 말. 여기서, '기운'은 순우리말로, 생물이 살아 움직이는 원기(元氣). 또는 거기서 나오는 힘. '入'은 들 '입'으로 읽고, '簾'은 발(가늘고 긴 대를 줄로 엮거나, 줄 따위를 여러 개 나란히 늘어뜨려 만든 물건. 주로 무엇을 가리는 데 씀) '렴(염)'으로 읽는다. '入簾'을 직역(直譯)하면, 발 안쪽에 들어감. '珠'는 구슬 '주'로 읽는다. 여기서는, '옥구슬'로 풀이했음. '的'은, 여기서는, 밝을 '적', 선명할 '적'으로 읽고, '皪'은 희끗희끗할 '력(역)', 희고 깨끗할 '력(역)'으로 읽는다. '眼光入簾珠的皪'을 직역(直譯)하면, 눈의 빛이 발 (안쪽)에 늘어가고, 구슬이 희고 깨끗하여 선명하나. '故將白練作仙衣'에서, '故'는 그러므로 '고'로 읽고, '將'은 장차(將次. '앞으로'의 뜻으로, 미래의 어느 때를 나타내는 말) '장'으로 읽고, '白'은 흰 '백'으로 읽고, '練'은 마전할(생 피륙을 삶거나 빨아 볕에 바램) '련(연)', 누일(무명이나 모시, 명주 따위를 잿물에 삶아 희고 부드럽게 함) '련(연)'으로 읽는다. '白練'은, 여기서는, '흰 비단'으로 풀이했음. '作'은 지을 '작'으로 읽고, '仙'은 신선(神仙. 도·道를 닦아서 현실의 인간 세계를 떠나 자연과 벗하며 산다는 상상·想像의 사람을 이르는 말. 세속적·世俗的인 상식·常識에 구애·拘碍되지 않고, 고통이나 질병도 없으며 죽지 않는다고 함) '선'으로 읽고, '衣'는 옷 '의'로 읽는다. '故將白練作仙衣'를 직역(直譯)하면 그러므로 장차 흰 비단으로 신선(神仙)의 옷을 짓고, '不許紅膏汚天質'에서, '許'는 허락(許諾)할 '허'로 읽고, '紅'은 붉을 '홍'으로 읽고, '膏'는 기름(보통 온도에서 물보다 가볍고 끈끈한 성질이 있으며, 불에 잘 타는 투명 또는 반투명의 액체를 이르는 말. 동물성 기름, 식물성 기름, 광물성 기름으로 크게 나눔) '고'로 읽는다. '紅膏'를 직역(直譯)하면, 붉은 기름. 여기서는, '연지(臙脂. 여자가 화장할 때에 입술이나 뺨에 찍는 붉은 빛깔의 염료)'로 풀이했음. '汚'는 더러울 '오'로 읽고, '天'은, 여기서는, 타고난 천성(天性) '천'으로 읽고, '質'은 바탕 '질', 성질 '질'로 읽는다. '天質'은 타고난 성질. 여기서는, '본바탕'으로 풀이했음. '不許紅膏汚天質'을 직역(直譯)하면, 타고난 바탕을 더럽게 할까 봐 붉은 기름(연지)을 허락하지 않았구나. 즉, 본 바탕이 더럽힐까 봐 연지(臙脂)를 바르지 않았다는 뜻이다. '吳音嬌

軟帶兒癡'에서, '吳'는 나라 이름 '오'로 읽고, '音'은 소리 '음'으로 읽고, '嬌'는 아리따울(마음이나 몸가짐 따위가 맵시 있고 고울) '교'로 읽고, '軟'은 연할 '연'으로 읽고, '帶'는 띨(띠나 끈 따위를 두를) '대'로 읽고, '兒'는 아이 '아'로 읽고, '癡'는 어릴 '치'로 읽는다. '吳音嬌軟帶兒癡'을 직역(直譯)하면, 오(吳)나라 (사람의) (말) 소리가, 띠를 두른 아이처럼 아리땁고 연하다. '無限閑愁總未知'에서, '無'는 없을 '무'로 읽고, '限'은 한정(限定. 수량이나 범위 따위를 제한하여 정함, 또는 그런 한도) '한'으로 읽는다. '無限'은 수(數), 양(量), 공간, 시간 따위에 제한이나 한계가 없음. '閑'은 한가할 '한'으로 읽고, '愁'는 근심 '수'로 읽고, '總'은 모두 '총', 다 '총'으로 읽고, '未'는 아닐(부정하는 말) '미'로 읽고, '知'는 알 '지'로 읽는다. '無限閑愁總未知'을 직역(直譯)하면, 한정(限定)이 없는 한가함과 근심은 다 알지 못하겠네. '自古佳人多命薄'에서, '自'는 부터(체언이나 부사어에 붙어, '동작이 비롯되는 처음'의 뜻을 나타내는 보조사) '자'로 읽고, '古'는, 예 '고', 옛 '고'로 읽고, '佳'는 아름다울 '가'로 읽고, '人'은 사람 '인'으로 읽고, '多'는 많을 '다'로 읽고, '命'은 목숨 '명'으로 읽고, '薄'은 엷을 '박'으로 읽는다. '自古佳人多命薄'을 직역(直譯)하면, 예부터 아름다운 사람(여자)은 목숨이 엷은(짧은) (경우가) 많았으니, 즉, 예부터 아름다운 사람(여자)은 운명이나 팔자가 기구(崎嶇. 사람의 세상살이가 순탄하지 못하고 가탈이 많음)하고 복이 없고, 수명이 짧은 경우가 많았다는 뜻이다. 여기서, '佳人薄命'이 유래하였는데, 이것을 직역(直譯)하면, 아름다운 사람(여자)은 목숨(수명)이 엷다(짧다)는 뜻으로, 아름다운 여자나 재주가 뛰어난 사람이 기구한 운명에 처하거나, 삶이 평탄하지 못한 경우를 비유적으로 이르는 말. '閉門春盡楊花落'에서 '閉'는 닫을 '폐'로 읽고, '門'은 문(門) '문'으로 읽고, '春'은 봄 '춘'으로 읽고, '盡'은 다할 '진'으로 읽고, '楊'은 버들 '양', 버드나무 '양'으로 읽고, '花'는 꽃 '화'로 읽고, '落'은 떨어질 '락(낙)'으로 읽는다. '閉門春盡楊花落'을 직역(直譯)하면, 닫힌 문에 봄이 다하니(끝나니) 버들 꽃이 떨어지네.

가인-재자(佳人才子 아름다울 가/사람 인/재주 재/사람 자) 아름다운 사람과 재주 (있는) 사람이라는 뜻으로, 아름다운 여자와 재능(才能. 어떤 일을 하는 데 필요한 재주와 능력) 있는 젊은이를 이르는 말. =재자가인(才子佳人). *가인(佳人): ☞가인박명(佳人薄命). *재자(才子): 재주 있는 젊은 남자. *재주: 순우리말로, 무엇을 잘할 수 있는, 타고난 능력과 슬기.

가장-무도(假裝舞蹈 거짓 가/꾸밀 장/춤출 무/밟을 도) 거짓으로 꾸미며, (땅을) 밟으면서 춤을 춘다는 뜻으로, ①얼굴이나 옷차림을 평상시와 달리 갖가지로 꾸미고 추는 춤을 이르는 말. 즉, 제각기 가장(假裝)을 하고 추는 춤을 이르는 말. ②탈춤을 이르는 말. *가장(假裝): ①거짓으로 꾸밈. ②(자기의 정체를 감추기 위하여) 얼굴이나 옷차림을 딴 모습으로 차림. *무도(舞蹈): ①춤을 춤. ②서양식의 춤. =댄스(dance). 무용(舞踊). *밟다: 부록 '도(蹈)' 참고.

가장-분면(假裝粉面 거짓 가/꾸밀 장/분바를 분/얼굴 면) 거짓으로 꾸민 얼굴에 분을 바른다는 뜻으로, 거짓으로 꾸미는 말과 행동을 이르는 말. *가장(假裝): ☞가장무도(假裝舞蹈). *분면(粉面): 분으로 화장한 얼굴.

가장-집물(家藏什物 집 가/간직할 장/세간 집/물건 물) 집에 간직한 세간의 물건이라는 뜻으로, 집에 놓고 쓰는 온갖 살림 도구를 이르는 말. 집에 있는 온갖 세간을 이르는 말. *가장(家藏): 집에 간직함. 또는 간직하고 있는 그 물건. *집물(什物): 살림살이(살림에 쓰이는 세간)에 쓰이는 온갖 기물(器物. 살림살이에 쓰는 온갖 그릇). *세간: 순우리말로, 부록 '집(什)' 참고.

가장-행렬(假裝行列 거짓 **가**/꾸밀 **장**/다닐 **행**/벌일 **렬**) 거짓으로 꾸미고 다니고 벌이는 (행렬이라는) 뜻으로, 운동회(運動會)나 축제(祝祭), 경축일(慶祝日) 따위에, 사람들이 제각기 여러 모습으로 알아보지 못하게 바꾸어 꾸미고, 벌이는 행렬(行列)을 이르는 말. 즉, 여러 사람이 갖가지 모습으로 가장하고 줄지어 가는 일. 또는 그 행렬(行列)을 이르는 말. *가장(假裝): ☞가장무도(假裝舞蹈). *행렬(行列): 여럿이 줄을 지어 감. 또는 그 줄.

가재-기물(家財器物 집안 **가**/재물 **재**/그릇 **기**/물건 **물**) 집안의 재물(財物)인 (온갖) 그릇이나 물건이라는 뜻으로, 집안 살림에 쓰는 여러 물건을 이르는 말. =가재도구(家財道具). *가재(家財): 한 집안의 재물이나 재산. 살림도구나 돈 따위를 일컫는다. *기물(器物): 살림살이(살림에 쓰이는 세간)에 쓰는 온갖 그릇. *재물(財物): 부록 '재(財)' 참고.

가전-보옥(家傳寶玉 집안 **가**/전할 **전**/보배 **보**/구슬 **옥**) 집안에 전(傳)하는 보배로운 구슬이라는 뜻으로, 집안에 대대(代代)로 전하여 내려오는 보석(寶石)을 이르는 말. *가전(家傳): ①집안에 대대로 전해져 내려옴. 또는 전해져 내려오는 물건. ②한 집안의 사적(事跡·迹. 오랜 동안에 걸쳐 있었던 일이나 사건의 자취)을 적은 기록을 이르는 말. *보옥(寶玉): ①보배로운 구슬. ②=보석(寶石). 즉, 색채와 광택이 아름답고 산출량이 적기 때문에 장식용 따위로 귀중히 여겨지는 광물을 일컫는다. 다이아몬드(diamond), 루비(ruby), 비취(翡翠), 사파이어(sapphire), 에메랄드(emerald) 따위가 있음. *보배: 순우리말로, 부록 '보(寶)' 참고.

가전-비방(家傳秘·祕方 집안 **가**/전할 **전**/비밀 **비**/처방 **방**) 집안에 전(傳)해지는 비밀스러운 처방(處方)이라는 뜻으로, 한 집안에서만 대대(代代)로 전하여 내려오는, 비밀스러운 약(藥)의 처방(處方)을 이르는 말. *가전(家傳): ☞가전보옥(家傳寶玉). *비방(秘·祕方): ①자기만이 알고 있는 비밀한 방법. =비법(秘法). ②비밀히 전해오는 약방문(藥方文). *처방(處方): 증세에 따라 약을 짓는 방법.

가전-지-물(家傳之物 집안 **가**/전할 **전**/어조사 **지**/사물 **물**) 집안에 전(傳)하는 사물(事物)이라는 뜻으로, 집안에 대대(代代)로 전하여 내려오는 물선을 이르는 말. *가전(家傳). ☞가전보옥(家傳寶玉). *사물(事物): 일이나 물건.

가전-지-보(家傳之寶 집안 **가**/전할 **전**/어조사 **지**/보배 **보**) 집안에 전하는 보배라는 뜻으로, 집안에 대대(代代)로 전하여 내려오는 보물(寶物)을 이르는 말. *가전(家傳): ☞가전보옥(家傳寶玉). *보배: 순우리말로, 부록 '보(寶)' 참고.

가정-의례(家庭儀禮 집 **가**/집안 **정**/거동 **의**/예절 **례**) 집과 집안의 거동과 예절(禮節). 즉, 가정(家庭)의 의례(儀禮)라는 뜻으로, 혼인(婚姻), 수연(壽宴. 오래 산 것을 축하하는 잔치. 흔히 환갑잔치를 이르는 말), 장사(葬事. 예를 갖추어 시신을 묻거나 화장하는 일), 제사(祭祀) 따위의 가정에서 치르는 의례(儀禮)를 이르는 말. *가정(家庭): 가족이 함께 생활하는 사회의 가장 작은 집단. *의례(儀禮): 형식을 갖춘 예의. *거동(擧動): 부록 '의(儀)' 참고.

가취-지-례(嫁娶之禮 시집갈 **가**/장가들 **취**/어조사 **지**/예절 **례**) 시집가고 장가드는 예절(禮節)이라는 뜻으로, 남녀가 혼인(婚姻)하는 예식(禮式)을 이르는 말. *가취(嫁娶): 시집가고 장가듦.

가통-지-사(可痛之事 가히 **가**/아플 **통**/어조사 **지**/일 **사**) 가(可)히 아플 만한 일이라는 뜻으로, 통탄할(痛歎·嘆~) 만한 일을 이르는 말. 여기서, '통탄하다(痛歎·嘆~)'는 몹시 탄식하다. *가통(可痛): 통탄할 만함. 또는 통분할 만함. *가히(可~): '능히', '넉넉히'의 뜻.

각고-면려(刻苦勉勵 새길 **각**/쓸 **고**/힘쓸 **면**/힘쓸 **려**) 쓴 것을 (마음속에) 새기며 힘쓰고 힘쓴다는 뜻으로, 어떤 일에 고생을 무릅쓰고 몸과 마음을 다하여, 무척 애를 쓰면서 부지런히 노력함을 이르는 말. 즉, 고생을 무릅쓰고 열심히 노력함을 일컫는다. 🄑 각고정려(刻苦精勵). 각근면려(恪勤勉勵). *각고(刻苦): 어떤 일을 이루기 위하여 어려움을 견디며 몸과 마음을 다하여 무척 애를 씀. *면려(勉勵): ①스스로 힘써 일함. ②남을 격려하여 힘쓰게 함. *쓰다: 맛이 소태의 맛과 같다. ↔달다.

각고-정려(刻苦精勵 새길 **각**/쓸 **고**/정성스러울 **정**/힘쓸 **려**) (맛이) 쓴 것을 (마음속에) 새기며 정성(精誠)스럽게 힘쓴다는 뜻으로, 어떤 일에 무척 애를 쓰면서 정성(精誠)을 들임을 이르는 말. 또는 고생을 무릅쓰고 정성을 다하여 힘씀. 🄑 각고면려(刻苦勉勵). 각근면려(恪勤勉勵). *각고(刻苦): ☞각고면려(刻苦勉勵). *정려(精勵): 모든 힘을 다하여 부지런히 일함. *쓰다: ☞각고면려(刻苦勉勵).

각-곡-유-목(刻鵠類鶩 새길 **각**/고니 **곡**/비슷할 **유**/따오기 **목**) 고니를 새기려다(그리려다) 비슷한 따오기를 (새긴다)(그린다)는 뜻으로, ①큰 뜻을 가지고 노력하다 보면 작은 성과라도 이루게 됨을 이르는 말. ②남을 본받아 배워서 다소나마 보람이 있음을 이르는 말. ③성인(聖人. 지혜와 덕이 매우 뛰어나 길이 우러러 본받을 만한 사람)의 글을 배움에 그것을 완전히 다 익히지는 못하더라도 최소한의 성인(聖人)은 될 수 있음을 이르는 말. 🄟 화호유구(畫虎類狗). *고니: 부록 '곡(鵠)' 참고. *따오기: 부록 '목(鶩)' 참고. 이 사자성어의 유래는 다음과 같다. 『후한서(後漢書)』의 「마원전(馬援傳)」 편(篇)에 〈용백고(龍伯高. 사람 이름)를 본받으면 그 사람과 같이는 못 되더라도 적어도 근직(謹直. 조심성이 있고 올곧음. 또는 사람됨이 신중하고 정직함)한 선비는 될 것이다. 즉, 고니를 새기다가 이루지 못하더라도 오리처럼 되는 것처럼 말이다. 그러나 두계량(杜季良. 사람 이름)의 흉내를 내다가 이루지 못하면 천하에 경박(輕薄. 언행이 신중하지 못하고 가벼움)한 자(者)가 될 것이다. 마치 호랑이를 그리다 이루지 못하면 개를 닮게 되는 것과 같다.(效伯高不得, 猶爲謹勅之士, **所謂刻鵠不成尙類鶩者也**, 效季良不得, 陷爲天下輕薄子, 所謂畫虎不成, 反類狗者也.)〉라는 이야기가 나오는데, '고니를 새기다가 이루지 못해도 오리는 된다.(所謂刻鵠不成尙類鶩者也)'에서 '각곡유목(刻鵠類鶩)'이 유래했다. 용백고(龍伯高)는 인물이 중후하고 신중하며 함부로 말을 하지 않는 사람이고, 두계량(杜季良)은 호협하고 의협심이 많은 인물이다. 참고로, 원문의 '效伯高不得'에서, '效'는 본받을 '효'로 읽고, '伯'은 맏('맏이'의 뜻을 더하는 접두사) '백'으로 읽고, '高'는 높을 '고'로 읽는다. '伯高'는 사람 이름. 여기서는, '용백고(龍伯高)'를 가리킴. '不'는 아닐(부정하는 말) '부'로 읽고, '得'은 얻을 '득', 만족할 '득'으로 읽는다. '效伯高不得'을 직역(直譯)하면, 용백고(龍伯高)를 본받으려다 얻지(만족하지) 못하더라도, '猶爲謹勅之士'에서, '猶'는 오히려 '유'로 읽고, '爲'는 될 '위'로 읽고, '謹'은 삼갈(몸가짐이나 언행을 조심함) '근'으로 읽고, '勅'은 삼갈 '칙'으로 읽는다. '謹勅'은 몸가짐을 삼가고 스스로 조심함. '之'는 어조사 '지'로 읽는다. '~의'의 뜻을 나타내는 관형격 조사. '士'는 선비 '사'로 읽는다. '猶爲謹勅之士'을 직역(直譯)하면, 오히려 삼가고 조심하는 선비가 되니, '所謂刻鵠不成尙類鶩者也'에서, '所'는 바(앞에서 말한 내용 그 자체나 일 따위를 나타내는 말) '소'로 읽고, '謂'는 일컬을 '위'로 읽는다. '所謂'는 '이른바'와 같은 말로, 세상에서 말하는 바. '刻'은 새길 '각'으로 읽고, '鵠'은 고니 '곡'으로 읽고, '不'은 여기서는 아닐(부정하는 말) '불'로 읽고, '成'은 이룰 '성'으로 읽고, '尙'은 오히려 '상'으로 읽고, '類'는 비슷할 '류(유)', 닮을 '류(유)'로 읽고, '鶩'는 따오기 '목'으로 읽고, '者'는 것(사물, 현상, 일 따위를 추상적으로 이르는 말) '자'로 읽고, '也'는 어조사 '야'로 읽는다. '~이다(단정)'의 뜻을 나타냄. '所謂刻鵠不成尙類鶩者也'를 직역(直譯)하면, 이른바 고니를 새기려다(그리려다) 이루지 못하더라도 오히려 비슷한 따오기처럼 (되는) 것이다. 즉, 큰 뜻을 가지고 노력하다 보면 작은 성과라도 이루게 된다는 뜻이다. 여기서, '刻鵠類鶩'이 유래하였는데, 이것을 직역(直譯)하면, 고니를 새기려다(그리려다) 비슷한 따오기를 (새긴다)(그린다)는 뜻으로, ①큰 뜻을 가지고 노력하다 보면 작은 성과라도 이루게 됨을 이르는 말. ②남을 본받아 배워서 다소나마 보람이 있음을 이르는 말. ③성인(聖人. 지혜와 덕이 매우 뛰어나 길이 우러러 본받을 만한 사람)의 글을 배움에 그것을 완전히 다 익히지는 못하더라도 최소한의 성인(聖人)은 될 수 있음을 이르는 말. '效季良不得'에서, 여기서, '效'는 본받을 '효'로 읽고, '季'는 계절 '계'로 읽고, '良'은 어질 '량(양)'으로 읽는다. '季良'은 사람 이름. '두계량(杜季良)'을 가리킴. '效季良不得'을 직역(直譯)하면, 두계량(杜季良)을 본받으려다 얻지(만족하지) 못하면. '陷爲天下輕薄子' 에서, '陷'은 빠질(곤란한 처지에 놓일) '함'으로 읽고, '天'은 하늘 '천'으로 읽고, '下'는 아래 '하'로 읽는다. '天下'는 하늘 아래 온 세상. '輕'은 가벼울 '경'으로 읽고, '薄'은 엷을 '박'으로 읽는다. '輕薄'은 언행이 신중하지 못하고 가벼움. '子'는, 여기서는, 사람 '자'로 읽는다. '陷爲天下輕薄子'를 직역(直譯)하면, 천하 (天下)의 경박(輕薄)한 사람이 되어 (곤란한 처지에) 빠질 (것이다). '所謂畵虎不成'에서, '畵'는 그림 '화' 로 읽고, '虎'는 범 '호'로 읽고, '不'은 아닐(부정하는 말) '불'로 읽고, '成'은 이룰 '성'으로 읽는다. '所謂畵 虎不成'을 직역(直譯)하면, 이른바 호랑이를 그리려다 이루지 못하면, '反類狗者也'에서, '反'은 도리어 '반'으로 읽고, '類'는 비슷할 '류(유)'로 읽고, '狗'는 개(동물 이름) '구'로 읽고, '者'는 것(사물, 현상, 일 따위를 추상적으로 이르는 말) '자'로 읽고, '也'는 어조사 '야'로 읽는다. '~이다(단정)'의 뜻을 나타냄. '反類狗者也'를 직역(直譯)하면, 도리어 개와 비슷하게 (되는) 것이다. 즉, 범을 그리려다가 이루지 못하 면 도리어 개와 비슷하다는 뜻으로, 소양이 없는 사람이 호걸(豪傑)인 체하다가 도리어 망신을 당한다는 말이다. 여기서, '畵虎不成'이 유래하였는데, 이것을 직역(直譯)하면, 범의 그림이 이루어지지 아니하였 다. 즉, 범을 그리려다가 이루지 못하면 도리어 개와 비슷하다(畵虎不成畵虎類狗)는 뜻으로, 소양이 없 는 사람이 호걸인 체하다가 도리어 망신을 당함을 비유적으로 이르는 말. 또, 여기서, '畵虎類狗'가 유래 하였는데, 이것을 직역(直譯)하면, 범의 그림이 개와 비슷하다. 나머지 구체적인 내용은 ⇨화호불성(畵 虎不成).

각골-난망(刻骨難忘 새길 **각**/뼈 **골**/어려울 **난**/잊을 **망**) 뼈에 새겨져 (있기 때문에) 잊기 어렵다는 뜻으로, 남에게 입은 은혜(恩惠)가 뼈에 새길 만큼 커서 잊히지 아니함을 이르는 말. 즉, 입은 은혜에 대한 고마 움이 뼈에 사무치어 결코 잊히지 아니함을 이르는 말. *각골(刻骨): 고마움이나 원한(怨恨. 억울하고 원통한 일을 당하여 응어리진 마음) 따위가 잊을 수 없을 만큼 마음속에 깊이 새겨짐. *난망(難忘): 잊기 어려움. 또는 잊지 못함. 잊을 수 없음. 《관련 속담》 털을 뽑아 신을 삼겠다.

각골-명심(刻骨銘心 새길 **각**/뼈 **골**/새길 **명**/마음 **심**) 뼈에 새기고 마음속에 새긴다는 뜻으로, 어떤 일을 뼈에 새길 정도로 마음속 깊이 새겨 두고 잊지 아니함을 이르는 말. 즉, 뼈에 새기고 명심하여 영원히 잊어버리지 않음을 이르는 말. =누골명심(鏤骨銘心). *각골(刻骨): ☞각골난망(刻骨難忘). *명심(銘心): 마음에 새기어 둠.

각골-분한(刻骨憤恨 새길 **각**/뼈 **골**/분할 **분**/한할 **한**) 뼈에 새길 (만큼) 분(憤)하고 한(恨)스러움이라는 뜻으 로, 뼈에 사무칠 만큼 분(憤)하고 한(恨)스러움, 또는 그런 일을 이르는 말. 団 각골지통(刻骨之痛). 각골통한(刻骨痛恨). *각골(刻骨): ☞각골난망(刻骨難忘). *분한(憤恨): 분하고 한스러움. *한하다(恨~): 부록 '한(恨)' 참고.

각골-지-통(刻骨之痛 새길 **각**/뼈 **골**/어조사 **지**/아플 **통**) 뼈에 새길 (정도의) 아픔이라는 뜻으로, 뼈에 사무칠 만큼 원통(冤痛. <u>분하고 억울함. 또는 몹시 원망스러움</u>)한 일을 이르는 말. 또는 뼈에 사무치도록 마음속 깊이 맺힌 원한(怨恨. <u>억울하고 원통한 일을 당하여 응어리진 마음</u>)을 이르는 말. 🕒 각골분한(刻骨憤恨). 각골통한(刻骨痛恨). *각골(刻骨): ☞각골난망(刻骨難忘).

각골-천은(刻骨天恩 새길 **각**/뼈 **골**/하늘 **천**/은혜 **은**) 🕮 하늘의 은혜(恩惠)가 뼈에 새겨져 (있다는) 뜻으로, 하늘이나 임금에게 받은 은혜(恩惠)가 뼈에 사무칠 만큼 마음속에 깊이 새겨짐을 이르는 말. *각골(刻骨): ☞각골난망(刻骨難忘). *천은(天恩): ①하늘의 은혜. ②임금의 은덕(恩德).

각골-탁마(刻骨琢磨 새길 **각**/뼈 **골**/쫄 **탁**/갈 **마**) 뼈에 새기며 쪼고 간다는 뜻으로, 뼈를 깎으면서 학문이나 덕행(德行. <u>어질고 착한 행실</u>)을 닦음을 비유적으로 이르는 말. *각골(刻骨): ☞각골난망(刻骨難忘). *탁마(琢磨): ①옥석(玉石. <u>가공하지 않은 옥</u>)을 쪼고 갊. ②(학문이나 덕행)을 갈고 닦음.

각골-통한(刻骨痛恨 새길 **각**/뼈 **골**/원통할 **통**/한할 **한**) 뼈에 새길 (만큼) 원통(冤痛)하고 한(恨)스러움이라는 뜻으로, 뼈에 사무칠 만큼 원통(冤痛. <u>분하고 억울함. 또는 몹시 원망스러움</u>)하고 한(恨)스러움. 또는 그런 일을 이르는 말. 즉, 뼈에 사무치도록 마음속 깊이 맺힌 원한(怨恨. <u>억울하고 원통한 일을 당하여 응어리진 마음</u>)을 이르는 말. 🕒 각골분한(刻骨憤恨). 각골지통(刻骨之痛). *각골(刻骨): ☞각골난망(刻骨難忘). *통한(痛恨): 가슴 아프게 몹시 한탄함. *원통하다(冤痛~): 분하고 억울하다. 또는 몹시 원망스럽다. *한하다(恨~): 부록 '한(恨)' 참고. 여기서, '원통'은 어느 『국어사전(國語辭典)』에는 '원통(冤痛)'으로 되어 있고, 어느 『국어사전(國語辭典)』에는 '원통(寃痛)'으로 실려 있다. 뜻은 같음.

각근-면려(恪勤勉勵 삼갈 **각**/부지런할 **근**/힘쓸 **면**/힘쓸 **려**) 삼가 부지런히 힘쓰고 힘쓴다는 뜻으로, 정성을 다하여 부지런히 힘씀을 이르는 말. 🕒 각고면려(刻苦勉勵). 각고정려(刻苦精勵). *각근(恪勤): =각근면려(恪勤勉勵). *면려(勉勵): ①스스로 힘써 일함. ②남을 격려하여 힘쓰게 함. *삼가다: 부록 '각(恪)' 참고.

각근-봉공(恪勤奉公 조심할 **각**/부지런할 **근**/받들 **봉**/여러 **공**) 여럿 (일에) 받들며 조심하고 부지런히 (한다는) 뜻으로, 나랏일에 정성(精誠)을 다하여 부지런히 힘씀을 이르는 말. *각근(恪勤): ☞각근면려(恪勤勉勵). *봉공(奉公): 나라와 사회를 위하여 이바지함. *받들다: 부록 '봉(奉)' 참고.

각기-소장(各其所長 각각 **각**/그 **기**/바 **소**/뛰어날 **장**) 각각 그것이 (가지고 있는) 바[所]의 뛰어남이라는 뜻으로, 저마다 지니고 있는 장기(長技. <u>가장 능한 재주</u>)를 이르는 말. 여기서, '재주'는 순우리말로, 무엇을 잘 할 수 있는, 타고난 능력과 슬기. *각기(各其): ①명 저마다의 사람이나 사물. ②부 각각. 저마다. *소장(所長): 자기가 가진 장점. *바: '소(所)' 참고.

각-득-기-소(各得其所 각각 **각**/얻을 **득**/그 **기**/바 **소**) 자기가 원하는 바[所]대로 각각 얻는다는 뜻으로, 각자 그 능력(能力)과 적성(適性. <u>어떤 사물에 알맞은 성질. 또는 작업이나 직업에 대한 각 개인의 적응 능력</u>)에 맞게 적절한 위치에 놓이게 됨을 이르는 말. *바: '소(所)' 참고.

각립-독행(各立獨行 각각 **각**/설 **립**/홀로 **독**/행할 **행**) 각각 서 (있고) 홀로 행(行)한다는 뜻으로, 제각기 따로따로 행동함을 이르는 말. 또는 무슨 일을 저마다 따로따로 함을 이르는 말. *각립(各立): 서로 갈라져 따로 섬. *독행(獨行): ①혼자서 길을 감. ②세태(世態. 세상의 형편이나 상태)를 따르지 않고, 지조(志操. 옳은 원칙과 신념을 지켜 끝까지 굽히지 않는 꿋꿋한 의지·意志. 또는 그러한 기개)를 가지고 고고(孤高. 홀로 세속에 관계하지 아니하여 고상함)하게 홀로 나아감. ③혼자 힘으로 행함.

각박-성가(刻薄成家 모질 **각**/야박할 **박**/이룰 **성**/집 **가**) 모질고 야박(野薄)하게 (하여) 집을 이루었다는 뜻으로, 남에게 인정(人情)을 베풀지 않는, 인색(吝嗇)한 짓으로 부자(富者)가 됨을 이르는 말. *각박(刻薄): 인정이 없고 삭막함. *성가(成家): ①따로 한 가정을 이룸. ②학문이나 기술이 뛰어나서 한 체계를 이룸. ③=성취(成娶). 즉, 장가듦. 또는 장가들어 아내를 맞음. *야박하다(野薄~): 야멸치고(자기 생각만 하고 남의 사정은 아랑곳하지 아니하고) 인정이 없다.

각산-진-비(各散盡飛 각각 **각**/흩어질 **산**/다할 **진**/날 **비**) 각각 (뿔뿔이) 흩어져 다하여 날아간다는 뜻으로, 저마다 따로 흩어져 모두 가 버림을 이르는 말. *각산(各散): 저마다 따로따로 흩어짐. *다하다: (있던 것이 없어져서) 더는 남아 있지 않거나 이어지지 않게 되다.

각색-각양(各色各樣 각각 **각**/빛 **색**/각각 **각**/모양 **양**) 각각의 빛과 각각의 모양이라는 뜻으로, 각기 다른 여러 가지 모양과 빛깔을 이르는 말. =각양각색(各樣各色). *각색(各色): ①여러 가지 빛깔. ②여러 가지 온갖 종류. =각종(各種). *각양(各樣): 각기 다른 여러 가지 모양.

각-선-구-검(刻船求劍 새길 **각**/배 **선**/구할 **구**/칼 **검**) 배에 새기고(표시를 해놓고) 칼을 구한다(찾는다)는 뜻으로, 융통성 없이 현실에 맞지 않는, 낡은 생각을 고집하는 어리석음을 비유적으로 이르는 말. 또는 시대나 세상이 변했음에도 불구하고, 낡고 보수적인 사고방식(思考方式. 본문 참고)을 고집하는 사람을 비유적으로 이르는 말. =각주구검(刻舟求劍). 본문 각주구검(刻舟求劍) 고사(故事) 참고.

각심-소원(各心所願 각각 **각**/마음 **심**/바 **소**/바랄 **원**) 바라는 바[所]가 각각의 마음이라는 뜻으로, 저마다 바라는 바가 서로 다름을 이르는 말. *각심(各心): ①각 사람의 마음. ②각각 마음을 달리함. *소원(所願): 바라고 원함. 또는 ㅗ 원하는 바. *바: '소(所)' 참고.

각심-소위(各心所爲 각각 **각**/마음 **심**/바 **소**/할 **위**) 하는 바[所]가 각각의 마음이라는 뜻으로, 저마다 다른 마음을 품고 하는 일을 이르는 말. 또는 사람마다 딴마음으로 하는 행동을 이르는 말. *각심(各心): ☞각심소원(各心所願). *소위(所爲): 한 일. 한 짓. *바: '소(所)' 참고.

각양-각색(各樣各色 각각 **각**/모양 **양**/각각 **각**/빛 **색**) 각각의 모양과 각각의 빛이라는 뜻으로, 각기 다른 여러 가지 모양과 빛깔을 이르는 말. 즉, 각각 모두 다 다르다는 뜻이다. =각색각양(各色各樣). 囘 종종색색(種種色色). 형형색색(形形色色). *각양(各樣): 각기 다른 여러 가지 모양. *각색(各色): ①여러 가지 빛깔. ②여러 가지 온갖 종류.

각양-각-식(各樣各式 각각 **각**/모양 **양**/각각 **각**/형식 **식**) 각각의 모양과 각각의 형식(形式)이라는 뜻으로, 각기 다른 여러 가지 모양과 형식(型式)을 이르는 말. 갖가지 양식 또는 방식을 이르는 말. *각양(各樣): ☞각양각색(各樣各色).

각양-각-태(各樣各態 각각 **각**/모양 **양**/각각 **각**/모양 **태**) 각각의 모양과 각각의 모양(상태)이라는 뜻으로, 각기 다른 여러 가지 모양과 상태를 이르는 말. *각양(各樣): ☞각양각색(各樣各色).

각-유-소장(各有所長 각각 **각**/있을 **유**/바 **소**/뛰어날 **장**) 뛰어난 바[所]가 각각 있다는 뜻으로, 사람마다 각기 장점이나 장기(長技. 가장 능한 재주)를 지니고 있음을 이르는 말. 여기서, '재주'는 순우리말로,

무엇을 잘할 수 있는, 타고난 능력과 슬기. *소장(所長): 자기가 가진 장점. *바: '소(所)' 참고.

각-유-일능(各有一能 각각 **각**/있을 **유**/한 **일**/재능 **능**) 한 (가지) 재능(才能)은 각각 있다는 뜻으로, 사람마다 한 가지씩의 재주(순우리말로, 무엇을 잘할 수 있는, 타고난 능력과 슬기)를 지니고 있음을 이르는 말. *일능(一能): 한 가지의 재능. *재능(才能): 어떤 일을 하는 데 필요한 재주와 능력.

각인-각색(各人各色 각각 **각**/사람 **인**/각각 **각**/빛 **색**) 각각의 사람에게 각각의 빛, 즉, 사람마다 각각 다른 점이 있다는 뜻으로, 사람마다 각기 다름을 이르는 말. =각인각양(各人各樣). *각인(各人): 각각의 사람. *각색(各色): ①여러 가지 빛깔. ②여러 가지 온갖 종류.

각인-각-설(各人各說 각각 **각**/사람 **인**/각각 **각**/말씀 **설**) 각각의 사람마다 각각의 말씀이라는 뜻으로, 사람마다 주장(主張)하는 의견이나 설(說)이 각기 다름을 이르는 말. *각인(各人): ☞각인각색(各人各色).

각인-각성(各人各姓 각각 **각**/사람 **인**/각각 **각**/성 **성**) 각각의 사람마다 각각의 성(姓)이라는 뜻으로, 사람마다 각기 성(姓)이 다름을 이르는 말. 즉, 어떤 모임이나 또는 거주지(居住地)에 여러 사람들이 있으나 모두 성(姓)들이 다른 사람으로 구성되었다는 말이다. *각인(各人): ☞각인각색(各人各色). *각성(各姓): ①각각 다른 성씨(姓氏). ②=각성바지(各姓~). 즉, 어머니는 같으나 아버지가 각각 다른 형제. =각아비자식(各~子息). 또는 성(姓)이 각각 다른 사람.

각인-각양(各人各樣 각각 **각**/사람 **인**/각각 **각**/모양 **양**) 각각의 사람마다 각각의 모양이라는 뜻으로, 사람마다 각기 다름을 이르는 말. =각인각색(各人各色). *각인(各人): ☞각인각색(各人各色). *각양(各樣): 각기 다른 여러 가지 모양.

각자-도생(各自圖生 각각 **각**/스스로 **자**/꾀할 **도**/살 **생**) 각각 스스로 살기를 꾀한다. 즉, 제각각 살길만 찾는다는 뜻으로, 제각기 살아 나갈 방법을 꾀함을 이르는 말. *각자(各自): 각각의 자기. =제각기(~各其). *도생(圖生): 살기를 도모함. *꾀하다: 어떤 일을 이루려고 뜻을 두거나 힘을 쓰다.

각-자-무-치(角者無齒 뿔 **각**/것 **자**/없을 **무**/이 **치**) 뿔이 (있는) 것(짐승)은 이가 없다는 뜻으로, 한 사람이 여러 가지 재주(순우리말로, 무엇을 잘할 수 있는, 타고난 능력과 슬기)나 복(福)을 다 가질 수 없음을 비유적으로 이르는 말. 즉, 뿔을 가지면 이[齒]를 가질 수 없고, 이[齒]를 가지면 뿔을 가질 수 없는 것이니, 모든 것을 다 가지려고 욕심을 부리지 말아야 한다는 뜻이다. 《관련 속담》무는 말이 있으면 차는 말이 있다.

각자-위-심(各自爲心 각각 **각**/스스로 **자**/될 **위**/마음 **심**) 각각 스스로의 마음이 된다. 즉, 제각각 마음가짐이 다르다는 뜻으로, 제각기 마음을 달리 먹음. 또는 그 마음을 이르는 말. 서로 다른 생각을 함을 이르는 말. *각자(各自): ☞각자도생(各自圖生).

각자-위정(各自爲政 각각 **각**/스스로 **자**/할 **위**/다스릴 **정**) 각각 스스로 하여 다스린다. 즉, 제각기 자기 생각대로만 정치를 행(行)한다는 뜻으로, 여러 사람이 각기 제멋대로 행동해 전체적인 조화(調和)를 생각하지 않음을 이르는 말. 또는 전체적인 조화(調和)를 고려하지 않고 자기 마음대로만 하면 일을 성사(成事)시키기 어렵다는 말. *각자(各自): ☞각자도생(各自圖生). *위정(爲政): 정치를 행함. 이 사자성어의 유래는 다음과 같다. 『좌전(左傳)』의 「선공(宣公)」 편(篇)에 [춘추시대(春秋時代. 중국 주·周나라가 동쪽으로 도읍·都邑을 옮긴 기원전 770년부터 기원전 403년까지 약 360년간의 전란·戰亂 시대를 일컫는 말. 공자·孔子가 역사책인 『춘추(春秋)』에서, 이 시대의 일을 서술한 데서 붙여진 이름이다] 송(宋)나라와 진(晉)나라가 서로 협력하자, 송(宋)나라와 초(楚)나라 사이에 틈이 생기게 되었다. 춘추오패(春秋五霸)의 한 사람이었던 초(楚)의 장왕(莊王)은 (실력을 과시하기 위해) 동맹국(同盟國)인 정(鄭)나라를 시켜 송(宋)나라를 공격하도록 했다. 여기서, '춘추오패(春秋五霸)'란, 중국 춘추시대 5인의 패자(覇者, 예전에 황제·皇帝로부터 일정한 지역을 다스릴 권한을 부여받은 제후·諸侯들의 우두머리)를 일컫는 말. 다시 말하면 춘추시대에 차례로 천하를 제패(制覇, 패권·覇權을 잡음)한 5명의 제후왕(諸侯王, 여러 제후를 다스리는 왕)을 일컬음. 제(齊)나라 환공(桓公), 진(晉)나라 문공(文公), 초(楚)나라 장왕(莊王), 오(吳)나라 왕(王)인 합려(闔閭), 월(越)나라 왕(王)인 구천(勾踐) 등을 꼽는데, 어떤 자료에는 오(吳)나라 왕(王)인 합려(闔閭) 대신에 진(秦)나라 목공(穆公)을 꼽기도 한다.]〈송(宋)나라의 대장(大將)인 화원(華元)은 정(鄭)나라와의 결전(決戰, 승부를 결판 내는 싸움)을 앞두고 사기(士氣, 의욕이나 자신감 따위로 충만하여 굽힐 줄 모르는 기세)를 돋우기 위해 양(羊)을 잡아 군사들에게 먹였는데, 전차(戰車)를 모는 양짐(羊斟)에게는 주지 않았다. 즉, 송(宋)나라의 대장(大將)인 화원(華元)은, 정(鄭)나라와의 싸움이 시작되기 전날, 장졸(將卒)들의 사기(士氣)를 돋우기 위해 특별히 양고기를 지급했지만, 전차를 모는 양짐(羊斟)에게는 이 양고기를 지급하지 않았다는 뜻이다. 어떤 부장(副將, 벼슬 이름. 대장·大將이나 주장·主將 즉, 우두머리 장수를 보좌하는 장수)이 그 이유를 묻자, 화원(華元)은 이렇게 대답했다. "전차부(戰車夫, 전차를 모는 사람) 등을 먹일 필요가 없다. 전차부(戰車夫)는 전쟁과는 아무 관계가 없으니, 내가 한 일에 아무 참견(參見, 자기와 별로 관계없는 일이나 말 따위에 끼어들어 쓸데없이 아는 체하거나 이래라저래라 함) 말게." 싸움이 시작되자, 양짐(羊斟)이 말했다. "어제의 양고기는 그대가 마음대로 했지만, 오늘의 일은 내 생각대로 할 것이다." 그러고는 정(鄭)나라 군대 안으로 전차를 몰고 들어가 버렸다. 이 말의 배경은 이렇다. 화원(華元)은, 양짐(羊斟)이 모는 전차 위에서 지휘(指揮, 전체 행동의 통일을 위하여, 명령하여 사람들을 움직임)를 했다. 송(宋)나라와 정(鄭)나라의 군사가 모두 잘 싸워 승패(勝敗)가 나지 않자, 양짐(羊斟)에게 명령했다. "전차를 적의 병력이 허술한 오른쪽으로 놀려라." 그러나 양짐(羊斟)은 반대로 정(鄭)나라 군사가 밀집해 있는 쪽으로 전차를 몰았다. 당황한 화원(華元)이 소리쳤다. "아니, 어디로 가려는 것이냐!" 양짐(羊斟)은 "어제의 양고기는 당신의 뜻이며, 오늘의 이 일은 나의 생각이오."라며 거절했다는 것이다. 송(宋)나라는 대패(大敗, 싸움에 크게 짐)했다. 자신을 무시(無視)한 것에 앙심(怏心)을 품은 양짐(羊斟)이 정(鄭)나라 군사가 모여 있는 곳으로 전차를 몰았기 때문에, 화원(華元)은 마침내 붙잡히고 말았다. 대장(大將)이 포로(捕虜, 전투에서 적에게 사로잡힌 군인)가 된 것을 보고, 송(宋)나라는 전의(戰意, 전투나 운동 경기에서, 싸우고자 하는 의욕)를 상실했다. 송나라의 대패(大敗)는 바로 양짐(羊斟)이 화원(華元)의 지휘(指揮)에 따르지 않고 '각자위정(各自爲政)'했기 때문이었다. 그런데 부하를 생각하는 마음이 깊은 곳까지 미치지 못한 화원(華元)도 우두머리로서는 실격(失格, 기준 미달이나 규칙 위반 따위로, 자격을 잃음)이다. 이처럼 어떤 일을 하는 데, 위나 아래나 조직의 조화(調和)를 생각하지 않고 각자위정(各自爲政)한다면, 앞날은 뻔한 것임을 우리는 깨달아야 할 것이다. (將戰, 華元殺羊食士, 其御羊斟不與, 及戰, 曰, **疇昔之羊子爲政, 今日之事, 我爲政**, 與入鄭師, 故敗)〉[군자(君子, 학문과 덕·德이 높고 행실·行實이 바르며 품위·品位를 갖춘 사람)는 이를 두고 말했다. "양짐(羊斟)은 사람이 아니다. 사적(私的)인 서운함 때문에 나라를 패망(敗亡)하게 하고 백성들에게 재앙(災殃, 뜻하지 아니하게 생긴 불행한 변고·變故, 또는 천재지변·天災地變으로 인한 불행한 사고)을 끼쳤다. 형법(刑法)으로 보자면 그보다 더 큰 죄가 없다. 『시경(詩經)』에서 말하는 '사람은 좋은 자(者)가 없다'는 것은 바로 양짐(羊斟)을 두고 한 말인가.']라는 이야기가 나오는데, '어제의 양고기는 그대가 마음대로 했지만, 오늘의 일은 내 생각대로 할 것이다.(疇昔之羊子爲政, 今日之事, 我爲政)'에서, '각자위정(各自爲政)'이 유래했다. 사람이 각자 자기 멋대로 행동하며 전체와의 조화나 협력을 고려하지 않으면, 그 결과가 뻔한다는 말이다. 참고로, 원문의 '將戰'에서, '將'은 장차(張次. '앞으로'의 뜻으로, 미래의 어느 때를 나타내는 말) '장'으로 읽고, '戰'은 싸움 '전'으로 읽는다. '將戰'을 직역(直譯)하면, 장차 싸움을 (앞두고), '華元殺羊食士'에서, '華'는 빛날 '화'로 읽고, '元'은 으뜸(중요한 정도로 본, 어떤 사물의 첫째를 이르는 말) '원'으로 읽는다. '華元'은 사람 이름. '殺'은 죽일 '살'로 읽고, '羊'은 양(羊) '양'으로 읽고, '食'은 먹일 '식'으로 읽고, '士'는 군사(軍士) '사', 병사(兵士) '사'로 읽는다. '華元殺羊食士'를 직역(直譯)하면, 화원(華元)이 양(羊)을 죽여 병사에게 먹였다. '及戰'에서, '及'은 이를(어떤 장소나 시간에 닿을) '급'으로 읽는다. '及戰'을 직역(直譯)하면, 싸움에 이를 (때), '其御羊斟不與'에서, '其'는 그(지시하는 말) '기'로 읽고, '御'는 마부(馬夫) '어'로 읽고, '斟'은 술 칠(술을 잔에 따라 부을) '짐', 또는 헤아릴 '짐'으로 읽는다. '羊斟'은 사람 이름. '與'는 줄 '여'로 읽는다. '其御羊斟不與'를 직역(直譯)하면, 그 마부(馬夫)인 양짐(羊斟)에게는 주지 않았다. '疇昔之羊'에서, '疇'는 지난번 '주'로 읽고, '昔'은 어제 '석'으로 읽고, '之'는 어조사 '지'로 읽는다. '~의'의 뜻을 나타내는 관형격 조사. '羊'은 양(羊) '양'으로 읽는다. '疇昔之羊'을 직역(直譯)하면, 지난번 (즉) 어제의 양고기는, '子爲政'에서, '子'는 당신 '자', 자네 '자'로 읽고, '爲'는 할 '위'로 읽고, '政'은 다스릴 '정'으로 읽는다. '子爲政'을 직역(直譯)하면, 자네가 다스리듯 (마음대로) 했지만, 즉, 각기 제멋대로 행동해 전체적인 조화(調和)를 생각하지 않는다는 말이다. '今日之事'에서, '今'은 이제 '금', 지금 '금'으로 읽고, '日'은 날 '일'로 읽는다. '今日'은 지금 지나가고 있는 이날. '事'는 일 '사'로 읽는다. '今日之事'를 직역(直譯)하면, 오늘의 일은, '我爲政'에서, '我'는 나(1인칭 대명사) '아'로 읽는다. '我爲政'을 직역(直譯)하면, 내가 정치하듯 (마음대로) 하겠다. 여기서, '各自爲政'이 유래하였는데, 이것을 직역(直譯)하면, 각각 스스로 하여 다스린다. 즉, 제각기 자기 생각대로만 정치를 행(行)한다는 뜻으로, 여러 사람이 각기 제멋대로 행동해 전체적인 조화(調和)를 생각하지 않음을 이르는 말. 또는 전체적인 조화(調和)를 고려하지 않고 자기 마음대로만 하면 일을 성사(成事)시키기 어렵다는 말. '與入鄭師'에서, 여기서, '與'는 함께할 '여'로 읽고, '入'은 들 '입'으로 읽고, '鄭'은 나라 이름 '정'으로 읽고, '師'는 군사(軍士) '사', 군대(軍隊) '사'로 읽는다. '與入鄭師'를 직역(直譯)하면, 함께 정(鄭)나라 군대 (안으로) (전차를 몰고) 들어갔다. 즉, 양짐(羊斟)은 송(宋)나라 대장(大將)인 화원(華元)의 지시('전차를 적의 병력이 허술한 쪽으로 돌려라'를 가리킴)에 따르지 않고, 자기 생각대로 정(鄭)나라 병력이 밀집해 있는 쪽으로 전차를 돌렸다는 뜻이다. 결국 송(宋)나라 군사는 싸움에서 불리하게 되었다. '故敗'에서, '故'는 그러므로 '고'로 읽고, '敗'는 패할(敗~. 싸움이나 승부를 가리는 경기 따위에서 질) '패'로 읽는다. '故敗'를 직역(直譯)하면, 그러므로 (송나라는) 패하였다. 화원(華元)은 결국 정(鄭)나라 군사에게 포로로 잡히고 말았다. 대장(大將)이 포로가 된 것을 본 송(宋)나라 군대는 전의(戰意. 전투나 운동 경기에서 싸우고자 하는 의욕)를 상실하고 전열(戰列. 전쟁에 참가하는 부대의 전열)은 무너지고 말았으며, 사공(司空)을 포함한 250여 명의 군사가 포로가 되었고, 460량의 전차를 빼앗겼다. 화원(華元)의 부하들에 대한 차별이나 양짐(羊斟)의 사적인 서운함 때문에 나라를 패망(敗亡)하게 만들고 백성들을 죽게 만든 것이다. 송(宋)나라의 대패(大敗. 싸움에 크게 짐)는 바로 화원(華元)과 양짐(羊斟)이 '각자위정

(各自爲政)'했기 때문이다. 비단 군사 행동에서 뿐만 아니라, 국가나 사회 조직의 경영에 있어서 전체로서의 조화(調和. <u>여기서는, '화원·華元처럼 부하에 대한 차별을 하지 않는 것'을 가리킴</u>)나 개개인의 협력(協力. <u>여기서는, '양짐·羊斟처럼 사적인 감정이 없는 것'을 가리킴</u>)이 이루어지지 않는다면, 그 경영은 소기의 성과를 걷을 수 없다는 교훈(敎訓. <u>앞으로의 행동이나 생활에 지침이 될 만한 것을 가르치는 일. 또는 그런 가르침</u>)을, 이 말은 우리에게 던지는 것이다.

각-주-구-검(刻舟求劍 새길 **각**/배 **주**/구할 **구**/칼 **검**) (칼이 떨어진 위치를) 배에 새기고(<u>표시를 해 놓고</u>) 칼을 구한다(<u>찾는다</u>)는 뜻으로, 융통성이 없이 현실에 맞지 않는 낡은 생각을 고집하는 어리석음을 비유적으로 이르는 말. 또는 시대나 세상이 변했음에도 불구하고 낡고 보수적인 사고방식(思考方式. <u>본문 참고</u>)을 고집하는 사람을 비유적으로 이르는 말. =각선구검(刻船求劍). 图 계주구검(契舟求劍) 《관련 속담》 하나만 알고 둘은 모른다. 이 사자성어의 유래는 다음과 같다. 『여씨춘추(呂氏春秋)·신대람(愼大覽)』의 「찰금(察今)」 편(篇)에 〈초(楚)나라 사람이 강을 건너다가 칼이 배에서 물속으로 떨어졌다. 그는 급히 뱃전에 칼자국을 내어 표시를 하면서 말했다. "여기가 내 칼이 떨어진 곳이다." 배가 닿자 칼자국이 있는 뱃전 밑 물속으로 뛰어 들어 칼을 찾았다.(楚人有涉江者, 其劍自舟中墜於水, 遽契其舟曰, 是吾劍之<u>所從墜, 舟止, 從其所契者, 入水求之</u>)〉라는 이야기가 나오는데, '배가 닿자 칼자국이 있는 뱃전 밑 물속으로 뛰어 들어 칼을 찾았다.(舟止, 從其所契者, 入水求之)'에서, '각주구검(刻舟求劍)'이 유래했다. 참고로, 원문의 '楚人有涉江者'에서, '楚'는 초(楚)나라 '초'로 읽고, '有'는 있을 '유'로 읽고, '涉'은 건널 '섭'으로 읽고, '者'는 사람 '자'로 읽는다. '楚人有涉江者'를 직역(直譯)하면, 초(楚)나라 사람으로서 강을 건너는 사람이 있었다. '其劍自舟中墜於水'에서, '其'는 그(<u>지시하는 말</u>) '기'로 읽고, '自'는 부터(<u>체언이나 보사어에 붙어, '동작이 비롯되는 처음'의 뜻을 나타내는 보조사</u>) '자'로 읽고, '舟'는 배 '주'로 읽고, '中'은 가운데 '중'으로 읽고, '墜'는 떨어질 '추'로 읽고, '於'는 어조사 '어'로 읽는다. '~에(장소)'의 뜻을 나타냄. '水'는 물 '수'로 읽는다. '其劍自舟中墜於水'를 직역(直譯)하면, 그 길이 배 가운데에시부디 물에 떨어졌다. '遽契其舟曰'에서, '遽'는 급할 '거'로 읽고, '契'는 조각할 '계'로 읽는다. '遽契其舟曰'을 직역(直譯)하면, (그는) 급히 그 배에 조각하고 말하기를, '是吾劍之所從墜'에서, '是'는 이(<u>지시하는 말</u>) '시'로 읽는다. '여기(<u>바로 앞에서 이야기한 대상</u>)'를 가리킴. '吾'는 나(<u>1인칭 대명사</u>) '오'로 읽고, '之'는 어조사 '지'로 읽는다. '~의'를 나타내는 관형격 조사. '所'는 곳(장소) '소', 처소(處所. <u>사람이 기거·起居하거나 임시로 머무는 곳. 또는 어떤 일이 벌어지거나, 어떤 물건이 있는 곳</u>) '소'로 읽고, '從'은 자취 '종', 흔적(痕迹) '종'으로 읽는다. '從墜'를 직역(直譯)하면, 떨어진 자취. 떨어진 흔적. '是吾劍之所從墜'를 직역(直譯)하면, 여기가 내가 칼을 떨어지게 한 흔적이 있는 장소이다. '舟止'에서, '止'는 멈출 '지'로 읽는다. '舟止'를 직역(直譯)하면 배가 (물가에 닿아) 멈추었다. '從其所契者'에서, '從'은 좇을 '종'으로 읽고, '其'는 그(<u>지시하는 말</u>) '기'로 읽고, '所'는 곳 '소', 처소(處所. <u>사람이 기거·起居하거나 임시로 머무는 곳. 또는 어떤 일이 벌어지거나, 어떤 물건이 있는 곳</u>) '소'로 읽고, '契'는 조각할 '계'로 읽고, '者'는 사람 '자'로 읽는다. '從其所契者'를 직역(直譯)하면, 조각한 (자취가 있는) 그 곳(<u>처소</u>)으로 사람이 좇아, '入水求之'에서, '入'은 들 '입'으로 읽고, '水'는 물 '수'로 읽고, '求'는 구할 '구'로 읽고, '之'는 어조사 '지'로 읽는다. 여기서는, '그것'을 나타내는 지시 대명사. '入水求之'를 직역(直譯)하면, 물에 들어가 그것(<u>'칼'을 가리킴</u>)을 구하였다(<u>찾았다</u>). 여기서, '刻舟求劍'이 유래하였는데, 이것을 직역(直譯)하면, (칼이 떨어진 위치를) 배에 새기고(표시를 해 놓고) 칼을 구한다(찾는다)는 뜻으로, 융통성이 없이 현실에 맞지 않는 낡은 생각을 고집하는 어리석음을 비유적으로 이르는 말. 또는 시대나 세상이 변했음에도 불구하고 낡고 보수적인 사고방식(思考方式)을 고집하는 사람을 비유적으로 이르는 말.

각지-각처(各地各處 각각 **각**/땅 **지**/각각 **각**/곳 **처**) 각각의 땅에 각각의 곳이라는 뜻으로, 여러 지방이나 여러 곳을 이르는 말. *각지(各地): 각 지방. 또는 여러 곳. *각처(各處): 여러 곳. 또는 모든 곳.

각지-불공(却之不恭 물리칠 **각**/어조사 **지**/못할 **불**/공손할 **공**) 물리치는 (것은) 공손(恭遜)하지 못하다는 뜻으로, 주는 것을 거절하여 물리치는 일은 공손(恭遜)하지 못함을 이르는 말. *각지(却之): 주는 것을 거절하여 물리침. *불공(不恭): 공손하지 않음. 또는 고분고분하지 않음. *공손하다(恭遜~): 부록 '공(恭)' 참고.

간간-대소(衎衎大笑 즐길 **간**/즐길 **간**/클 **대**/웃을 **소**) 즐기고 즐기며 크게 웃는다는 뜻으로, 얼굴에 기쁜 표정을 지으며 크게 소리 내어 웃음을 이르는 말. 또는 크게 소리 내어 자지러지게 웃음을 이르는 말. *간간(衎衎): ①마음이 기쁘고 즐거움. ②강하고 재빠름. *대소(大笑): 소리 내어 크게 웃음.

간간-악악(侃侃諤諤 굳셀 **간**/굳셀 **간**/곧은 말 **악**/곧은 말 **악**) 굳세고 굳세어 곧은 말을 하고 곧은 말을 한다는 뜻으로, 성격이 곧아 거리낌 없이 바른 말을 함을 이르는 말. *간간(侃侃): 성품이나 행실 따위가 꼿꼿하고 굳셈. *악악(諤諤): 거리낌 없이 바른 말을 함.

간교-무쌍(奸巧無雙 간사할 **간**/교묘할 **교**/없을 **무**/짝 **쌍**) 간사(奸邪)하고 교묘(巧妙)함에 (있어서 견줄 만한) 짝이 없다는 뜻으로, 간사(奸邪)하고 교묘(巧妙)하게 속이는 재주(순우리말로, 무엇을 잘할 수 있는, 타고난 능력과 슬기)가 보통이 아님. 또는 간사(奸邪)하고 교활(狡猾. 간사하고 음흉함)하기가 견줄 데 없음을 이르는 말. *간교(奸巧): 간사하고 교활함. *무쌍(無雙): 서로 견줄 만한 것이 없을 정도로 뛰어남. *간사하다(奸邪~): 부록 '간(奸)' 참고. *교묘하다(巧妙~): ①솜씨나 재치가 있고 약삭빠르다. ②매우 잘되고 묘하다. *짝: ①한 쌍 중의 하나를 이르는 말. ②'~기 짝이 없다'의 꼴로 쓰여, 비할 데 없이 대단하거나 매우 심함을 나타내는 말. 여기서는, ②의 뜻.

간기-인물(間氣人物 사이 **간**/기운 **기**/사람 **인**/사물 **물**) (여러 세대) 사이의 기운을 (타고 난) 인물(人物)이라는 뜻으로, 여러 세대(世代)에 걸쳐, 드물게 뛰어난 기품(氣稟. 타고난 기질과 성품)을 타고난 인물을 이르는 말. 또는 썩 뛰어난 기품(氣稟)을 타고난, 세상에 드문 인물을 이르는 말. *간기(間氣): 여러 세대에 걸쳐 드물게 있는 뛰어난 기품. *인물(人物): ①사람의 됨됨이. =인품(人品). ②쓸모 있는 사람. 또는 뛰어난 사람. =인재(人材). ③사람의 얼굴 모양. =용모(容貌). *기운: 순우리말로, 생물이 살아 움직이는 원기(元氣). 또는 거기서 나오는 힘.

간난-다사(艱難多事 어려울 **간**/어려울 **난**/많을 **다**/일 **사**) 어렵고 어려운 일이 많다는 뜻으로, 몹시 힘들고 어려운 일이 많음을 이르는 말. *간난(艱難): ①(하는 일이) 힘들고 고생스러움. ②'가난'의 본딧말. 즉, 재산이나 수입이 적어서 생활하기에 어렵고 딱한 상태. *다사(多事): ①일이 많음. ②일이 많아 매우 바쁨. ③참견(參見. 자기와 별로 관계없는 일이나 말 따위에 끼어들어 쓸데없이 아는 체하거나 이래라저래라 함)하기 좋아하여 공연스레 바쁨.

간난-신고(艱難辛苦 어려울 **간**/어려울 **난**/괴로울 **신**/괴로울 **고**) (몹시) 어렵고 어려워 괴롭고 괴롭다는 뜻으로, 몹시 힘들고 어려우며 고생스러움을 이르는 말. 즉, 어려움을 겪으며 고생함을 이르는 말. *간난(艱難): ☞ 간난다사(艱難多事). *신고(辛苦): 어려움에 처하여 몹시 애씀. 또는 그 고통이나 고생.

간뇌-도-지(肝腦塗地 간 간/뇌 뇌/바를 도/땅 지) 간(肝)과 뇌(腦)로 땅을 바른다(칠한다). 즉, 참혹한 죽음을 당하여 간장(肝臟)과 뇌수(腦髓)가 땅에 널려 있다는 뜻으로, ①끔찍하게 죽은 모습을 이르는 말. ②전쟁의 참상을 비유(比·譬喻. 어떤 사물의 모양이나 상태 따위를 보다 효과적으로 표현하기 위하여 그것과 비슷한 다른 사물에 빗대어 표현함. 또는 그 표현 방법)하거나 나라를 위하여 목숨을 돌보지 않고 애를 씀을 이르는 말. 여기서, '간장(肝臟)'은 횡격막(橫膈膜)의 아래, 복강(腹腔)의 오른편 위쪽에 있는 장기(臟器). 즉, 간(肝)과 같은 말. '뇌수(腦髓)'는 두개골에 싸여 있으며, 신경 세포가 모여 신경계의 중심을 이루고 있는 부분. 즉, 뇌(腦)와 같은 말. *간뇌(肝腦): ①간장(肝臟)과 뇌수(腦髓)를 아울러 이르는 말. ②육체와 정신을 비유적으로 이르는 말. 이 사자성어의 유래는 다음과 같다.『설원(說苑)』의「복은(復恩)」편(篇)에〈저는 죽을 몸이었습니다. 지난날, 술에 취해 예(禮)를 잃었는데, 왕께서 참고, 제게 주벌(誅伐. 죄인을 꾸짖어 침. 또는 죄인을 무력으로 쳐 없앰. 베어 죽임)을 내리지 않으셨습니다. 저는 남몰래 감싸주신 덕(德)을 밝게 드러내, 왕께 보답하지 않을 수 없었습니다. 늘 간(肝)과 뇌(腦)를 땅에 바르고 죽는 것과, 목의 피를 적군에게 뿌려 그 은혜 갚기를 원해 왔습니다. 신(臣. 신하가 임금에 대하여 자기를 일컫는 말)이 바로 그날 밤 잔치에서 갓끈이 끊겼다는 자(者)입니다.(臣當死, 往者醉失禮, 王隱忍不加誅也. 臣終不敢以陰蔽之德而不顯報王也. 常願肝腦塗地, 用頸血湔敵久矣, 臣乃夜絶纓者也.)〉라는 이야기가 나오는데, '늘 간(肝)과 뇌(腦)를 땅에 바르고 죽는 것과,(常願肝腦塗地)'에서, '간뇌도지(肝腦塗地)'가 유래했다. 이 이야기는, 진(晉)나라와 초(楚)나라 사이에 싸움이 벌어졌는데, 한 신하가 항상 선봉에 나서서 다섯 번 싸움에 다섯 번 모두 용맹하게 싸워, 앞장서 적을 격퇴시킨 덕에, 싸움에서 승리할 수 있었다. 초(楚)나라 장왕(莊王)이 이를 이상하게 여겨 그 신하에게 물었을 때, 그 신하가 장왕(莊王)에게 대답한 말이다. '신(臣)이 바로 그날 밤 잔치에서 갓끈이 끊겼다는 자(者)입니다.'에 대한 사연은 본문 '절영지회(絶纓之會)' 고사(故事) 참조. 참고로, 원문의 '臣當死'에서, '臣'은 신(臣. 신하가 임금에게 자기를 일컫는 말) '신'으로 읽고, '當'은 마땅할 '당'으로 읽는다. '臣當死'를 직역(直譯)하면, 신(臣)은 마땅히 죽어야 합니다. 즉, 신하(臣下)는 마땅히 죽을 몸이었다는 뜻이다. '往者醉失禮'에서, '往'은 이미(돌이킬 수 없이 된 지난 일을 일컬을 때 쓰는 말. =벌써, 이왕에) 지나간 일 '왕'으로 읽고, '者'는 것(사물, 현상, 일 따위를 추상적으로 이르는 말) '자'로 읽는다. 여기서는, '시간'을 나타내는 접미사로 쓰였음. '往者'는 '지난번'과 같은 말로, 말하는 때 이전의 지나간 차례나 때. '醉'는 술 취할 '취'로 읽고, '失'은 잃을 '실'로 읽고, '禮'는 예절 '례(예)'로 읽는다. '失禮'는 말이나 행동이 예의에 벗어남. 또는 그런 말이나 행동을 이르는 말. 상대의 양해를 구하는 인사로 쓰는 경우가 많음. '往者醉失禮'를 직역(直譯)하면, 지난번 술에 취해 예를 잃었는데, '王隱忍不加誅也'에서, '隱'은 숨을 '은'으로 읽고, '忍'은 참을 '인'으로 읽는다. '隱忍'은 밖으로 드러내지 아니하고 마음속에 감추어 참고 견딤. '加'는 더할 '가'로 읽고, '誅'는 벌 줄 '주'로 읽고, '也'는 어조사 '야'로 읽는다. '~이다(단정)'의 뜻을 나타냄. '王隱忍不加誅也'를 직역(直譯)하면, 왕께서 밖으로 드러내지 아니하고 참으셔서 벌(罰)주는 것을 더하지(더 보태지) 않으셨습니다. '臣終不敢以陰蔽之德而不顯報王也'에서, '終'은 마침내 '종', 결국 '종'으로 읽고, '敢'은 감히(敢~. 두려움이나 송구함을 무릅쓰고) '감'으로 읽는다. '不敢'은 남의 대접을 받아들이기가 어렵고 황송(惶悚. 분·分에 넘쳐 고맙고도 송구·悚懼함)하다. '以'는 써(그것을 가지고, 그것으로 인하여)

'이'로 읽고, '蔭'은 도움 '음'으로 읽고, '蔽'는 가릴(보이거나 통하지 못하도록 막을) '폐'로 읽고, '之'는 어조사 '지'로 읽는다. '~의(관형격 조사)'의 뜻을 나타냄. '蔭蔽之德'을 직역(直譯)하면, 도와주신 덕(德. 베풀어 준 은혜나 도움)을 가림(숨김). '而'는 말 이을 '이'로 읽는다. '그리고'의 뜻을 나타냄. '顯'은 나타날 '현'으로 읽고, '報'는 갚을 '보'로 읽는다. '臣終不敢以蔭蔽之德而不顯報王也'를 직역(直譯)하면, 신(臣)은 결국 (왕께서) 도와주신 덕(德)을 그것을 가지고 가리었을(숨겼을) 뿐 받아들이기가 어려워 황송하였고, 그리고 왕께 (은혜를) 갚음을 나타내지 못하였습니다. '常願肝腦塗地'에서, '常'은 항상 '상', 늘 '상'으로 읽고, '願'은 원할 '원'으로 읽고, '肝'은 간(肝) '간'으로 읽고, '腦'는 뇌(腦) '뇌'로 읽고, '塗'는 바를 '도'로 읽고, '地'는 땅 '지'로 읽는다. '常願肝腦塗地'를 직역(直譯)하면, (따라서) 항상 간(肝)과 뇌(腦)를 땅에 바르고(칠하고) (죽기를) 원하였고, '用頸血湔敵久矣'에서, '用'은 쓸 '용', 쓰일 '용'으로 읽고, '頸'은 목 '경'으로 읽고, '血'은 피 '혈'로 읽고, '湔'은 씻을 '전'으로 읽고, '敵'은 원수 '적'으로 읽고, '久'는 오랠 '구'로 읽고, '矣'는 어조사 '의'로 읽는다. '~이다(단정)'의 뜻을 나타냄. '用頸血湔敵久矣'를 직역(直譯)하면, 목의 피를 사용하여 원수의 (몸을) 오랫동안 씻게 하고자 했습니다. 여기서. '肝腦塗地'가 유래하였는데, 이것을 직역(直譯)하면, 간(肝)과 뇌(腦)로 땅을 바른다(칠한다). 즉, 참혹한 죽음을 당하여 간장(肝臟)과 뇌수(腦髓)가 땅에 널려 있다는 뜻으로, ①끔찍하게 죽은 모습을 이르는 말. ②전쟁의 참상을 비유하거나 나라를 위하여 목숨을 돌보지 않고 애를 씀을 이르는 말. '臣乃夜絕纓者也'에서, '臣'은 신(臣. 신하가 임금에게 자기를 일컫는 말) '신'으로 읽고, '乃'는 이에(이러하여서 곧) '내'로 읽고, '夜'는 밤 '야'로 읽고, '絕'은 끊을 '절'로 읽고, '纓'은 갓끈 '영'으로 읽는다. '臣乃夜絕纓者也'를 직역(直譯)하면, 신(臣)은 이러하여서 곧 (그 날) 밤에 (미인께서 저의) 갓끈을 끊었던 사람입니다. 따라서 저는 그날 밤 장왕(莊王)을 모시던 미인의 옷을 끌어당겼으니 마땅히 죽어야만 했습니다.

간단-명료(簡單明瞭 간략할 **간**/홑 **단**/똑똑할 **명**/밝을 **료**) 홑으로써 간략(簡略)하고, 똑똑하고 밝다는 뜻으로, 간단(簡單)하고 분명(分明)함을 이르는 말. *간단(簡單): ①(사물의 내용이나 얼개가) 까다롭지 않고 단순함. =간략(簡略)함. ②번거롭지 않고 손쉬움. 또는 단출함(순우리말로, 식구나 구성원이 많지 않아서 홀가분함. 또는 일이나 차림차림이 간편함). *명료(明瞭): 분명하고 똑똑함. *홑: 부록 '단(單)' 참고.

간담-상조(肝膽相照 간 **간**/쓸개 **담**/서로 **상**/비출 **조**) 간과 쓸개를 (꺼내어) 서로 비춘다는 뜻으로, 서로 속마음을 털어놓고 친하게 사귐을 이르는 말. 또는 진심으로 서로를 대하는 것을 비유(比·譬喩. 어떤 사물의 모양이나 상태 따위를 보다 효과적으로 표현하기 위하여 그것과 비슷한 다른 사물에 빗대어 표현함. 또는 그 표현 방법)하거나, 친구 사이의 진정한 우정(友情)을 비유적으로 이르는 말. *간담(肝膽): ①간(肝)과 쓸개[膽]를 아울러 이르는 말. ②속마음을 비유적으로 이르는 말. *상조(相照): 서로 대조함. 이 사자성어의 유래는 다음과 같다. 한유(韓愈)의 「유자후묘지명(柳子厚墓誌銘)」에 [당송팔대가(唐宋八大家)의 한 사람인 당(唐)나라의 문인(文人)인 유종원(柳宗元)이 유주자사(柳州刺史)로 발령 났을 때, 여기서. '자사(刺史)'는 중국 한(漢)나라 때에 군(郡), 국(國, '왕국·王國'의 줄임말로, 태수·太守가 아닌, 황자·皇子가 다스리는 군·郡을 일컬음. 황자·皇子를 왕·王이라고 하며, 왕·王은 명예직이고, 실질적으로 국·國을 다스리는 사람은 국상·國相이다)을 감독하기 위하여 각 주(州)에 둔 감찰관을 이르는 말. 당(唐)나라, 송(宋)나라를 거쳐 명(明)나라 때 없앴다. 그의 절친한 친구인 유우석(劉禹錫)도 좌천(左遷. 어떤 사람을 지금보다 낮은 지위나 직위로 옮김. 또는 중앙에서 지방으로 옮김)되어 파주자사(播州

刺史)로 발령이 났다. 그리고, '당송팔대가(唐宋八大家)'는 중국 당(唐)나라와 송(宋)나라 때의 8명의 뛰어난 문장가를 이르는 말. 당(唐)의 한유(韓愈), 유종원(柳宗元)과, 송(宋)의 구양수(歐陽脩), 왕안석(王安石), 증공(曾鞏), 소식(蘇軾. 일명 소동파·蘇東坡라고도 함), 소순(蘇洵), 소철(蘇轍) 등을 일컫는다. 그런데 파주(播州. 땅 이름)는 멀리 떨어진 편벽(偏僻. 중심에서 떨어져 구석짐)한 고장이었으므로, 80이 넘은 노모(老母)를 모시고 있는 유우석(劉禹錫)은 어머니를 홀로 두고 갈 수도, 모시고 갈 수도 없는 곤란한 상황에 처하게 되었다. 이런 사정을 안 유종원(柳宗元)은 눈물을 흘리며 "그가 힘들어하는 것을 차마 볼 수 없구나. 조정(朝廷. 임금이 나라의 정치를 신하들과 의논하거나 집행하는 곳. 또는 그런 기구)에 상소(上疏. 임금에게 글을 올림)를 올려 유주자사(柳州刺史)와 파주자사(播州刺史)를 서로 바꾸자고 간청(懇請)해야겠다. 이 일로 내가 다시 죄를 입어 죽는다고 해도 원망하지 않으리라."고 말했다. 마침 배도(裵度)가 유우석(劉禹錫)의 이런 사정을 황제(皇帝)에게 아뢰어 유우석(劉禹錫)은 연주자사(連州刺史)로 가게 되었다. 당송팔대가(唐宋八大家)의 한 사람인 한유(韓愈)는 '유자후묘지명(柳子厚墓誌銘)'에서 이 사실을 기록하면서 다음과 같이 유종원(柳宗元)의 참다운 우정과 의리를 우회적(迂廻·回的. 곧바로 가지 않고 멀리 돌아서 가는 것)으로 기리었다. 아!, 선비는 어려운 일이 처했을 때 비로소 절의(節義. 사람으로서 마땅히 해야 할 바른 도리를 끝내 지키는 굳은 뜻. 또는 의리를 지키어 한번 품은 뜻을 바꾸지 않는 일)가 드러나는 법이다. 즉, 사람이란 어려운 일을 당했을 때, 그 사람의 참된 마음이 나타나는 것이다. 오늘날, 사람들은 평시에 함께 지내면서 서로 그리워하고 좋아하며, 술자리나 잔치 자리에 서로 불러 가며 억지웃음을 짓고 서로 겸손을 떨며.]〈손을 잡고 폐(肺)와 간(肝)을 서로 보여주며, 하늘의 해를 가리키고 눈물을 흘려가며(**握手出肺肝相示**, 指天曰涕泣)〉[죽으나 사나 서로 배반(背叛. 신의를 저버리고 돌아섬)하지 말자고, 마치 진실인 양 맹세를 한다. 즉, 평소에는 서로 그리워하고 같이 술을 마시며 놀고 즐겁게 웃는데, 마치 간담(肝膽. 간과 쓸개)을 내보이며, 죽는 한이 있어도 우정만큼은 변하지 말자고 맹세한다는 뜻이다. 하지만, 일단 터럭(사람이나 짐승의 몸에 난 길고 굵은 털)만큼의 이해관계(利害關係. 본문 참고)만 얽혀도 서로 모르는 체 반목(反目. 서로 맞서서 미워함)을 하고, 함정(陷穽. 짐승을 잡으려고 파놓은 구덩이)에 떨어지면 손을 뻗어 구해 주기는커녕, 오히려 구덩이 속에 더 밀어 넣고 돌까지 던지는 사람이 이 세상에 널려 있다. 즉, 그러나 이해관계(利害關係)가 있으면 눈을 돌려 모르는 듯한 얼굴을 한다는 게 현실일 수 있다는 뜻이다.]라는 이야기가 나오는데, '손을 잡고 폐와 간을 꺼내 서로 보여준다(握手·出肝肺相示)'에서, '간담상조(肝膽相照)'가 유래했다. 당송팔대가의 한 사람인 한유(韓愈)가 「유자후묘지명(柳子厚墓誌銘)」에서 자신도 유주자사(柳州刺史)로 발령이 난 불우한 처지를 제쳐놓고, 오히려 연로(年老. 나이가 많음)한 어머니를 두고 변방(邊方. 나라와 나라의 경계가 되는 변두리 지역)인 파주자사(播州刺史)로 좌천(左遷)된 친구 유우석(劉禹錫)을 크게 동정했던 유종원(柳宗元)의 참다운 우정을 찬양한 글이다. 여기에서, '간담상조(肝膽相照)'가 유래했던 것이다. 이 말은 원래는 부정적인 의미로 사용되었으나, 후에 서로 마음을 터놓고 지낸다는 긍정적인 의미로 쓰이게 되었다. 간과 쓸개는 우리가 볼 수 없는 아주 깊은 곳에 있다. 따라서 '간담상조(肝膽相照)'는 간과 쓸개를 서로 보일 정도로 숨김이 없는 친구라는 뜻이 있고, 간과 쓸개가 서로 도움을 준다는 뜻도 있다. 상대가 어려움에 처해 있을 때 그 아픔을 나누는 것이 참다운 우정(友情)이다. 이 각박(刻薄. 모질고 인정이 없음)한 세상을 살아가는 데 있어, 단 한 명이라도 간담상조(肝膽相照)할 수 있는 친구가 있다는 것은 복된 일이다. 그런데 「유자후묘지명(柳子厚墓誌銘)」에서, 「유자후(柳子厚)」의 '자후(子厚)'는 유종원(柳宗元)의 자(字. 본이름을 함부로 부르지 않던 시대에, 본이름 대신 부르던 이름)이다. '묘지명(墓誌銘)'은 묘지(墓誌. 죽은 사람의 이름, 신분, 행적 따위를 새겨서 무덤 옆에 파묻는 돌이나 사기·砂器로 된 판·板, 또는 거기에 새긴 글)에 적은, 남의 공덕(功德)을 기리거나 사물의 내력을 밝히는 글이다. 참고로, 원문의 '握手出肺肝相示'에서, '握'은 잡을 '악'으로 읽고, '手'는 손 '수'로 읽고, '出'은 드러낼 '출', 내놓을 '출'로 읽고, '肺'는 허파 '폐', 폐(肺) '폐'로 읽고, '肝'은 간(肝) '간'으로 읽고, '相'은 서로 '상'으로 읽고, '示'는 보일 '시'로 읽는다. '握手出肺肝相示'를 직역(直譯)하면, 손을 잡고 폐(肺)와 간(肝)을 드러내고 서로 보이며, 여기서, '肝膽相照'가 유래하였는데, 이것을 직역(直譯)하면, 간과 쓸개를 (꺼내어) 서로 비춘다는 뜻으로, 서로 속마음을 털어놓고 친하게 사귐을 이르는 말. 또는 진심으로 서로를 대하는 것을 비유(比·譬喩. 어떤 사물의 모양이나 상태 따위를 보다 효과적으로 표현하기 위하여 그것과 비슷한 다른 사물에 빗대어 표현함. 또는 그 표현 방법)하거나, 친구 사이의 진정한 우정(友情)을 비유적으로 이르는 말. '指天日涕泣'에서, '指'는 (손가락으로) 가리킬 '지'로 읽고, '天'은 하늘 '천'으로 읽고, '日'은 날 '일', 해 '일'로 읽고, '涕'는 눈물 '체'로 읽고, '泣'은 울 '읍'으로 읽는다. '涕泣'은 눈물을 흘리며 슬피 욺. '指天日涕泣'을 직역(直譯)하면, 하늘의 해를 가리키며 눈물을 흘린다.

간담-초월(肝膽楚越 간 간/쓸개 담/초나라 초/나라 이름 월) 간과 쓸개가 초(楚)나라와 월(越)나라와의 (관계임을) 이르는 말. 즉, 간과 쓸개처럼 몸 안에 있고 서로 관계가 있더라도, 마음이 맞지 않으면 초(楚)나라와 월(越)나라처럼 서로 등지고 만다는 뜻으로, 서로 밀접한 관계일지라도 관점(觀點), 입장(立場)이나 견해(見解)가 다르면 서로 멀어지게 됨을 비유적으로 이르는 말. 참 간담호월(肝膽胡越). *간담(肝膽): ☞ 간담상조(肝膽相照). *초월(楚越): '초(楚)나라와 월(越)나라'라는 뜻으로, ①서로 원수처럼 여기는 사이. ②서로 떨어져 상관이 없는 사이를 이르는 말. *초(楚)나라: 부록 '초(楚)' 참고. *월(越)나라: 중국 춘추 시대에 저장[浙江] 지방에 있던 나라 이름. 회계(會稽)에 도읍(都邑. 한 나라의 중앙 정부가 있는 곳. =서울)으로 정하였으며 기원전 5세기 초기 구천(句踐) 때에 오(吳)나라를 멸하고 기원전 334년 초(楚)나라에 망하였다. 이 사자성어의 유래는 다음과 같다. 『장자(莊子)·내편(內篇)』의 「덕충부(德充符)」편(篇)에 [노(魯)나라에 발 하나가 잘린 왕태(王駘)라는 사람이 있었는데, 그를 따르는 자(者)들은 그를 중국 춘추시대의 사상가이며 학자인 공자(孔子)와 같이 보았다. 공자(孔子)의 제자(弟子) 상계(常季)가 공자(孔子)에게 물었다. "왕태(王駘)는 발인 잘린(신체적으로 온전치 못한) 사람입니다. 그런데 그를 따르는 사람들은 선생님과 노(魯)나라를 반(半)으로 나누고 있습니다. 그는 서 있을 때라고 해서 학생들을 가르치는 것도 아니고, 앉아 있을 때라고 해서 제자(弟子)들과 담론(談論. 이야기를 주고받으며 논의함)하는 것도 아닌데, (사람들이) 빈 마음으로 찾았다가 가득 차서 돌아온다고 하니, 그에게는 무언(無言. 말이 없음)의 가르침과 드러남이 없이 마음으로 감화(感化. 남에게서 받는 정신적 영향으로 마음이나 행동이 바람직하게 변화함. 또는 그렇게 남을 변화시킴)되어 이루어지는 무엇인가가 있기 때문인가요? 그는 대체 어떤 사람입니까?" 공자(孔子)가 말했다. "그는 성인(聖人. 지혜와 덕이 매우 뛰어나 길이 우러러 본받을 만한 사람)이다. 나도 진작 한번 가서 뵈려 했으나 기회가 없어 못 갔을 뿐이다. 나도 장차(張次. '앞으로'의 뜻으로, 미래의 어느 때를 나타내는 말) 그를 스승으로 모시려하거늘, 하물며 나만 못한 사람에게 있어서야 어떠하겠느냐? 그리고 어찌 다만 노(魯)나라 뿐이겠느냐? 나는 장차 천하(天下)

를 이끌고 그를 따를 작정이다." 즉, 왕태(王駘)는 성인(聖人)이다. 한 번 찾아가고 싶은데, 아직 그 기회가 없었다. 나는 그를 스승으로 우러르고 싶을 정도다. 노(魯)나라만이 아니라 천하(天下)를 이끌고 함께 따라가고 싶을 만큼 존경하고 있다는 뜻이다. 상계(常季)가 말했다. "그는 발이 잘린 자(者)이면서도 선생님보다 위대하니, 보통 사람들보다 훨씬 뛰어나겠군요. 그런 사람의 마음 쓰는 법은 대체 어떠한 것입니까?" 공자(孔子)가 말했다. "죽고 사는 것이 큰일이기는 하나 그것으로써 그의 마음을 변하지 않게 하지 못할 것이요, 하늘과 땅이 뒤집히고 무너져도 또한 그것으로써 그를 버리고 떠나가게 하지 못할 것이다. 그는 진리를 밝게 알아서 사물(事物)과 더불어 움직임이 없고, 사물(事物)의 변화를 운명에 맡겨 두어 도(道)의 중심을 지키고 있다." 즉, 왕태(王駘)는 사생(死生, 죽음과 삶)을 초월(超越)하고 있다는 뜻이다. 비록 천지(天地)가 무너지더라도 함께 떨어지지 않을 정도이고, 물(物)과 도(道)와의 관계를 잘 알고, 물(物)과 함께 움직이지 않을 만큼 변화로부터도 초월(超越)해 있다. 게다가 자연의 변화에 순응하여 이에 거스르지 않고, 도(道)의 근본을 지키고 있다는 것이다. 상계(常季)가 물었다. "무슨 말씀입니까?"]〈공자(孔子)가 말했다. "모든 것을 다른 관점으로 보면 간과 쓸개도 초(楚)나라와 월(越)나라처럼 멀지만, 같은 관점으로 보면 만물(萬物, 온갖 물건 또는 세상에 있는 모든 것)은 모두 하나이다. 이렇듯, 하나로 보는 사람은 귀와 눈의 즐거움을 벗어나서 마음을 덕(德)의 조화 속에 노닐게 한다. 만물이 하나임을 볼 뿐이요, 그것의 득실(得失)은 보지 않는다."〈仲尼曰, 自其異者視之, 肝膽楚越也, 自其同者視之, 萬物皆一也, 夫若然者, 且不知耳目之所宜, 而遊心乎德之和, 物視其所一, 而不見其所喪〉 [그래서 왕태(王駘)는 자신의 발을 잃은 것을 마치 한 덩이 흙이 떨어진 것처럼 여기는 것이다. 즉, 마음을 달리하는 자(者)의 눈으로 보면, 간담(肝膽)도 초월(楚越)이고, 마음을 같이하는 자(者)의 눈으로 보면, 만물(萬物)은 하나라는 뜻이다. 왕태(王駘)는 귀나 눈으로 외물(外物, '내면에 접촉하는 모든 객관적 대상'을 이르는 말)을 좇지 않고 마음을 덕(德)의 화합에 둔다. 사물의 같음을 보고 다름을 보지 않으며, 사생(死生)을 하나로 보고 있다. 왕태(王駘)는 비록 발을 잘렸지만, 그것은 흙에 떨어뜨린 것처럼 조금도 마음에 두고 있지 않으니, 정말 훌륭한 인물이라는 것이다.]라는 이야기가 나오는데, '간과 쓸개도 초(楚)나라와 월(越)나라처럼 사이가 멀며,(肝膽楚越也)'에서, '간담초월(肝膽楚越)'이 유래했다. 입장이나 견해가 다르면 가까운 관계도 멀리 느껴지고, 서로 다른 것도 동일한 것으로 보인다는 말이다. 즉, 관계가 가까운 것일지라도 입장에 따라서는 멀어질 수도 있고, 또한 관계가 먼 것일지라도 입장에 따라서는 가까울 수도 있음을 비유(比·譬喩. 어떤 사물의 모양이나 상태 따위를 보다 효과적으로 표현하기 위하여 그것과 비슷한 다른 사물에 빗대어 표현함. 또는 그 표현 방법)하는 말이 된 것이다. 이 이야기의 배경은 아래와 같다. 노(魯)나라에 월형(刖刑. 지난날, 범죄인의 발꿈치를 베던 형벌)을 당해, 발이 없는 왕태(王駘)라는 사람이 있었다. 그는 공자(孔子)와 같은 시대, 같은 노(魯)나라에서 형벌을 받아 다리가 불구(不具)가 된 사람이다. 그러나 내면적인 덕(德. 고매하고 너그러운 도덕적 품성)은 뛰어나, 그에게 무언(無言)으로 가르침을 받는 제자(弟子)가 몰려들어 공자(孔子)와 비견(比肩. 어깨를 나란히 한다는 뜻으로, 낮고 못함이 없이 서로 비슷함)될 정도였다. 공자(孔子)의 제자(弟子)인 상계(常季)가 그 연유(緣由)를 묻자, 공자(孔子)가 위의 이야기처럼 장황하게 말한 것이다. 간과 쓸개, 초(楚)나라와 월(越)나라처럼 밀접한 관계에 있는 것도, 입장이 바뀌면 한없이 멀어질 수 있다. 또 서로 적대시했거나 관계가 없던 사람일지라도 형편에 따라서는 가까워질 수 있다는 것이다. 특히 만물을 하나로 보는 사람은 이해(利害)의 득실(得失)을 따지지 않으니, 왕태(王駘)가 자신의 발을 잃은 것은 흙덩이 하나 떨어진 것처럼 생각한다는 것이다. 장자(莊子. 중국 전국시대·戰國時代의 사상가, 도가·道家 사상의 중심인물)는 「덕충부(德充符)」에서 불구자(不具者)를 등장시켜 이렇게 도(道)를 역설하고 있다. 장자(莊子)는 만물은 하나이고, 차별 없이 평등하고, 생사(生死)도 하나이며, 꿈과 현실도 하나라고 했다. 참고로, 원문의 '仲尼曰'에서, '仲'은 버금(으뜸의 바로 아래, 또는 그런 지위에 있는 사람이나 물건) '중', 둘째 '중'으로 읽고, '尼'는 여승(여자 승려) '니', 비구니(출가하여 구족계를 받은 여자 승려) '니'로 읽는다. 여기서, '仲尼'는 공자(孔子)의 자(字. 본이름을 함부로 부르지 않던 시대에, 본이름을 대신 부르던 이름)이다. '仲尼曰'을 직역(直譯)하면, 공자(孔子)가 말하기를, '自其異者視之'에서, '自'는 ~로부터(체언이나 부사어에 붙어, '동작이 비롯되는 처음'의 뜻을 나타내는 보조사) '자'로 읽고, '其'는 그(지시하는 말) '기'로 읽고, '異'는 다를 '이'로 읽고, '者'는 것(사물, 일, 현상 따위를 추상적으로 이르는 말) '자'로 읽고, '視'는 볼 '시'로 읽고, '之'는 어조사 '지'로 읽는다. '그것'을 나타내는 지시 대명사. '自其異者視之'를 직역(直譯)하면, 그것이 다르다는 것으로부터 그것을 보면, 즉, 모든 것을 다른 관점으로 보면, '肝膽楚越也'에서, '肝'은 간 '간'으로 읽고, '膽'은 쓸개 '담'으로 읽고, '楚'는 초나라 '초'로 읽고, '越'은 나라 이름 '월'로 읽고, '也'는 어조사 '야'로 읽는다. '~이다(단정)'의 뜻을 나타냄. '肝膽楚越也'를 직역(直譯)하면, (한 몸 안에 있는) 간과 쓸개는 (멀리 떨어진) 초(楚)나라와 월(越)나라와 (같은 것)이다. 즉, 간과 쓸개도 초(楚)나라와 월(越)나라처럼 멀다는 뜻이다. 여기서, '肝膽楚越'이 유래하였는데, 이것을 직역(直譯)하면, 간과 쓸개가 초(楚)나라와 월(越)나라와의 (관계임을) 이르는 말. 즉, 간과 쓸개처럼 몸 안에 있고 서로 관계가 있더라도, 마음이 맞지 않으면 초(楚)나라와 월(越)나라처럼 서로 등지고 만다는 뜻으로, 서로 밀접한 관계일지라도 관점(觀點), 입장(立場)이나 견해(見解)가 다르면 서로 멀어지게 됨을 비유적으로 이르는 말. '自其同者視之'에서, '同'은 같을 '동'으로 읽는다. '自其同者視之'를 직역(直譯)하면, 그것이 같다는 것으로부터 그것을 보면, 즉, 모든 것을 같은 관점으로 보면, '萬物皆一也'에서, '萬'은 일만 '만'으로 읽고, '物'은 사물 '물'로 읽는다. '萬物'은 세상에 있는 모든 것. '皆'는 다 '개', 모두 '개'로 읽고, '一'은 한 '일'로 읽는다. '萬物皆一也'를 직역(直譯)하면, 만물은 모두 하나이다. '夫若然者'에서, '夫'는 발어사(發語辭) '부'로 읽는다. '발어사(發語辭)'는 문장의 서두에 놓여 '대저', 또는 '대체로'의 뜻을 나타냄. '若'은 같을 '약'으로 읽고, '然'은 그러할 '연'으로 읽는다. '夫若然者'을 직역(直譯)하면, 대체로 그렇게 같다는 것은, '且不知耳目之所宜'에서, '且'는 또 '차', 또한 '차'로 읽고, '知'는 알 '지'로 읽고, '耳'는 귀 '이'로 읽고, '目'은 눈 '목'으로 읽고, '之'는 어조사 '지'로 읽는다. 여기서는, '~이', '~가(주격 조사)'의 뜻을 나타낸다. '所'는 바(앞에서 말한 내용 그 자체나 일 따위를 나타내는 말) '소'로 읽고, 宜은 마땅할(흡족하게 마음에 들) '의'로 읽는다. '且不知耳目之所宜'을 직역(直譯)하면, 또한 귀와 눈이 마땅하다고 (생각하는) 바를 알지 못한다. 즉, 이와 같은 사람들은 또한 귀와 눈 따위의 감각 기관이 저마다 존재하는 것이 마땅하다고 여기는 것을 초월(超越)한다는 뜻이다. '而遊心乎德之和'에서, '而'는 말 이을 '이'로 읽는다. '그리고'의 뜻을 나타냄. '遊'는 놀 '유'로 읽고, '心'은 마음 '심'으로 읽고, '乎'는 어조사 '호'로 읽는다. 문장의 중간에 있을 때는 '~에', '~에서(위치)'의 뜻을 나타냄. '德'은 덕(德. 고매하고 너그러운 도덕적 품성) '덕'으로 읽고, '之'는 어조사 '지'로 읽는다. 여기서는, '~의'를 나타내는 관형격 조사. '和'는 화할(和~. 서로 뜻이 맞아 사이가 좋은 상태가 될) '화'로 읽는다. '德之和'를 직역(直譯)하면, 덕(德)의 조화(調和)로 풀이한다. '而遊心乎德之和'를 직역(直譯)하면, 그리고 마음을 덕(德)의 조화된 (경지)에서 노닐게 한다. 즉, 마음을 덕(德)의 조화 속에서 노닐게 한다는 뜻이다. '物視其所一'에서, '物視其所一'을 직역(直譯)하면, 만물을 그 하나로 보는 바이다. 즉, 만물을 동일한 견지에서 바라본다는 뜻이다. '而不見其所喪'에서, '見'은 볼 '견'으로 읽고, '喪'은 잃을 '상'으로 읽는다. '而不見其所喪'을 직역(直譯)하면, 그리고 그 잃는 바를 보지 않는다. 즉, (만물을 동일한 견지에서 바라본다면) 그 잃는 바에 얽매이지 않고 그것을 초월(超越)한다는 뜻이다.

간두-지-세(竿頭之勢 장대 **간**/머리 **두**/어조사 **지**/형세 **세**) 장대(대막대기)의 머리(끝)에 (서 있는) 형세(形勢)라는 뜻으로, 매우 위태로운 지경에 놓인 형세(形勢)를 비유적으로 이르는 말. *간두(竿頭): ①장대나 대막대기 따위의 끝. ②=백척간두(百尺竿頭). 즉, (백 자나 되는 높은 장대 끝이라는 뜻으로) '매우 위태롭고 어려운 지경'을 이르는 말. *형세(形勢): 어떠한 일의 형편이나 상태.

간-명-범-의(干名犯義 범할 **간**/명분 **명**/범할 **범**/의리 **의**) 명분을 범(犯)하고 의리(義理)를 범(犯)한다는 뜻으로, 명분(名分. 사람이 도덕적으로 지켜야 할 도리)을 거스르고 의리(義理)를 어기는 행위를 이르는 말. *범하다(犯~): 부록 '범(犯)' 참고. *의리(義理): 사람으로서 마땅히 지켜야 할 바른 도리(道理. 사람이 마땅히 지켜야 할 바른 길).

간-불-소향(揀佛燒香 분간할 **간**/부처 **불**/불사를 **소**/향 **향**) 부처를 분간(分揀)하면서 향(香)을 불사른다. 즉, 부처를 골라 향(香)을 올린다는 뜻으로, 사람에 따라 다르게 대함을 비유적으로 이르는 말. *소향(燒香): 향을 피움. 즉, 제사(祭祀)나 예불(禮佛. 불교에서, 부처에게 공손한 마음으로 절하는 일. 또는 그 의식) 따위에서, 향로(香爐. 향을 피우는 자그마한 화로)에 불을 붙인 향(香)을 넣고 향기로운 연기를 피우는 일을 일컫는다. *분간하다(分揀~): 어떤 대상이나 사물을 다른 것과 구별하여 내다. *불사르다: 불에 태워 없애다. *향(香): 불에 태워서 냄새를 내는 물건. 주로 제사 때 쓴다.

간-불-용-발(間不容髮 사이 **간**/없을 **불**/넣을 **용**/머리털 **발**) 머리털을 넣을 사이(공간)도 없다. 즉, 머리카락 하나 들어갈 틈도 없다는 뜻으로, ①주도면밀(周到綿密. 본문 참고)하여 빈틈이 조금도 없음을 비유적으로 이르는 말. ②사태가 매우 다급(多急. 미처 어떻게 할 여유가 없을 만큼 일이 바싹 닥쳐서 몹시 급함)하여 여유가 조금도 없음을 비유적으로 이르는 말.

간-성-난-색(姦聲亂色 간사할 **간**/소리 **성**/어지러울 **난**/빛 **색**) 간사(奸詐)한 소리와 어지러운 빛이라는 뜻으로, 간사한 소리와 음란(淫亂. 음탕하고 난잡함)한 색(色)을 이르는 말. *간사하다(奸詐~): 나쁜 꾀가 있어 거짓으로 남의 비위를 맞추는 태도가 있음. 또는 지나치게 붙임성이 있고 아양을 떠는 면이 있음.

간성-지-장(干城之將 방패 **간**/성 **성**/어조사 **지**/장수 **장**) 방패와 성(城)을 (지키는) 장수(將帥)라는 뜻으로, 나라를 지키는 믿음직한 장군(將軍)을 이르는 말. *간성(干城): 방패와 성(城)이라는 뜻으로, 나라를 지키는 믿음직한 군대나 인물을 이르는 말. *방패(防牌): 부록 '간(干)' 참고. *장수(將帥): 부록 '장(將)' 참고.

간성-지-재(干城之材 방패 **간**/성 **성**/어조사 **지**/재목 **재**) 방패(防牌)와 성(城)을 (지키는) 재목(材木)이라는 뜻으로, 나라를 지키는 또는 지킬만한 믿음직한 인재(人材. 어떤 일을 할 수 있는 학식이나 능력을 갖춘 사람)를 이르는 말. *간성(干城): ☞간성지재(干城之材). 방패(防牌): 부록 '간(干)' 참고. *재목(材木): 부록 '재(材)' 참고.

간세-지-배(奸細之輩 간사할 **간**/가늘 **세**/어조사 **지**/무리 **배**) 간사(奸邪)하고 가는(생각이 좁은) 무리라는 뜻으로, 간사(奸邪)한 짓을 하는 나쁜 사람의 무리를 이르는 말. *간세(奸細): 간사하고 도량(度量. 사물을 너그럽게 용납하여 처리할 수 있는 넓은 마음과 깊은 생각)이 적음. 또는 그런 사람.

간세-지-재(間世之材 사이 **간**/세대 **세**/어조사 **지**/재목 **재**) (여러) 세대 사이에 (있는) 재목(材木)이라는 뜻으로, 여러 세대(世代)를 통하여 드물게 나는 인재(人材. 어떤 일을 할 수 있는 학식이나 능력을 갖춘 사람)를 이르는 말. *간세(間世): 여러 세대를 통하여 드물게 있음. *재목(材木): 부록 ‘재(材)’ 참고.

간신-적자(奸臣賊子 간사할 **간**/신하 **신**/해칠 **적**/아들 **자**) 간사(奸邪)한 신하(臣下)와 해치는 아들(자식)이라는 뜻으로, 간사(奸邪)한 신하와, 부모를 거스르는 자식을 이르는 말. 줩 난신적자(亂臣賊子). *간신(奸臣): 성질이 교묘하게 잘 둘러대고 행실이 바르지 못한 신하. *적자(賊子): (부모에게 거역하는) 불효한 자식. *간사하다(奸邪~): 부록 ‘간(奸)’ 참고.

간악-무도(奸惡無道 간사할 **간**/악할 **악**/없을 **무**/도리 **도**) 간사(奸邪)하고 악(惡)하며 도리(道理)가 없다는 뜻으로, 간사(奸邪)하고 악독(惡毒)하며 도리(道理)에 어긋남을 이르는 말. 또는 간악하고 무지함을 이르는 말. *간악(奸惡): 간사하고 악독함. *무도(無道): 인도(人道. 인간으로서 마땅히 지켜야 할 도리)에 어그러짐. 또는 도리에 벗어남. *간사하다(奸邪~): 부록 ‘간(奸)’ 참고. *도리(道理): 사람이 마땅히 지켜야 할 바른 길.

간악-무쌍(奸惡無雙 간사할 **간**/악할 **악**/없을 **무**/짝 **쌍**) 간사(奸邪)하고 악(惡)함이 (견줄 만한) 짝이 없다는 뜻으로, 더할 나위 없이 교활(狡猾. 간사하고 음흉함)하고 악독(惡毒)함을 이르는 말. *간악(奸惡): ☞간악무도(奸惡無道). *무쌍(無雙): ①견줄 만한 짝이 없음. ②둘도 없이 썩 뛰어남. *간사하다(奸邪~): 부록 ‘간(奸)’ 참고. *짝: ①한 쌍 중의 하나를 이르는 말. ②‘~기 짝이 없다’의 꼴로 쓰여, 비할 데 없이 대단하거나 매우 심함을 나타내는 말. 여기서는, ②의 뜻.

간악-질투(奸惡嫉妬 간사할 **간**/악할 **악**/미워할 **질**/투기할 **투**) 간사(奸邪)하고 악(惡)하며 미워하고 투기(妬忌)한다는 뜻으로, 간사(奸邪)하고 악독(惡毒)한 질투를 이르는 말. *간악(奸惡): ☞간악무도(奸惡無道). *질투(嫉妬): ①=강샘. 즉, 상대의 이성(異性. 성·性이 다른 것을 이르는 말이다. 남성 쪽에선 여성을, 여성 쪽에선 남성을 가리킴)이 다른 이성(異性)을 좋아함을 미워하는 샘. ②우월한 사람을 시기하고 증오하고 깎아내리려 함. *간사하다(奸邪~): 부록 ‘간(奸)’ 참고. *투기하다(妬忌~): 부록 ‘투(妬)’ 참고.

간-어-제-초(間於齊楚 사이 **간**/어조사 **어**/제나라 **제**/초나라 **초**) (중국의 등·滕 나라가) 제(齊)나라와 초(楚)나라의 사이에 (끼어 괴로움을 당한다는) 뜻으로, 약자(弱者)가 강자(强者)들 틈에 끼어서 괴로움을 겪음을 비유적으로 이르는 말. 즉, 약한 이가 강한 이들 틈에 끼여 괴로움을 받는 일을 이르는 말. *제(齊)나라: 중국 춘추시대에, 산둥성[山東省] 일대에 있던 나라 이름. *초(楚)나라: 부록 ‘초(楚)’ 참고. 《관련 속담》 고래 싸움에 새우 등 터진다. / 독 틈에 탕관(湯罐). / 애매한 두꺼비 돌에 치였다. 이 사자성어의 유래는 다음과 같다. 『맹자(孟子)』의 「양혜왕(梁惠王) 장구(章句)」 하(下) 편(篇)에 〈맹자·孟子가 찾아오자〉 등문공(滕文公. 등나라의 문공)이 맹자(孟子)에게 물었다. 여기서, ‘맹자(孟子)’는 중국 전국시대(戰國時代)의 사상가의 한 사람이다. 성선설(性善說)을 주장하고 인의(仁義)의 정치를 권하였다. 그리고 ‘양혜왕(梁惠王)’은 중국 전국(戰國) 시대 위(魏)나라의 3대 군주(君主. 세습적으로 나라를 다스리는 최고 지위에 있는 사람)인 위혜왕(魏惠王)의 다른 이름이다. 성(姓)은 희(姬)이고, 씨(氏)가 위(魏)이다. 『맹자(孟子)』에는

'양혜왕(梁惠王)'으로 불리어졌고, 『장자(莊子)』에는 '문혜군(文惠君)'으로 기록되어 있다. "제(齊)나라와 초(楚)나라의 사이에 위치한 작은 나라인 우리는 제(齊)나라를 섬겨야 합니까, 아니면 초(楚)나라를 섬겨야 합니까?" 맹자(孟子)가 대답했다. "그런 계책(計策. <u>어떤 일을 이루기 위하여 꾀나 방법을 생각해 냄. 또는 그 꾀나 방법</u>)은 제가 어떻다고 말할 수 있는 것들이 아닙니다. 꼭 말해야 한다면 한 가지가 있으니, 이 나라의 못을 파고 이 나라의 성벽을 쌓아서 백성들과 더불어 나라를 지켜, 죽는 한이 있더라도 백성들이 떠나지 않게 하는 것은 할 수 있을 만하다는 것입니다."(滕文公問曰. 滕, 小國也. **間於齊楚**. 事齊乎. 事楚乎. 孟子對曰. 是謀非吾所能及也. 無已, 則有一焉. 鑿斯池也. 築斯城也. 與民守之. 效死而民弗去. 則是可爲也.)〉라는 이야기가 나오는데, '제(齊)나라와 초(楚)나라의 사이에(間於齊楚)'에서, '간어제초(間於齊楚)'가 유래했다. 이 이야기의 배경은 이렇다. 당시(當時. <u>일이 있었던 바로 그때, 또는 이야기하고 있는 그 시기</u>) 제(齊)나라와 초(楚)나라 사이에 있는 소국(小國. <u>국력이 약하거나 국토가 작은 나라</u>)인 등(滕)나라는 제(齊)나라와 친밀하게 지낼 수도 없고, 초(楚)나라와 가까이하기도 어려웠다. 어느 한쪽에 기울게 되면 서로 트집을 잡았기 때문에, 등(滕)나라는 이럴 수도 저럴 수도 없는 딱한 처지에 있었다. 이때, 맹자(孟子)가 찾아오자, 등문공(滕文公. <u>등나라의 문공</u>)이 맹자(孟子)에게 위와 같이 의견을 물은 것이다. 참고로, 원문의 '滕文公問曰'에서, '滕'은 나라 이름 '등'으로 읽는다. '滕文公'은 등(滕)나라 왕 이름. '問'은 물을 '문'으로 읽는다. '滕文公問曰'을 직역(直譯)하면, 등문공(滕文公)이 물어 말하기를, '小國也'에서, '小國'은 국력이 약하거나 국토가 작은 나라. '也'는 어조사 '야'로 읽는다. '~이다(단정)'의 뜻을 나타냄. '小國也'을 직역(直譯)하면, (등나라는) 작은 나라입니다. '間於齊楚'에서, '間'은 사이 '간'으로 읽고, '於'는 어조사 '어'로 읽고, '齊'는 제(齊)나라 '제'로 읽는다. '~에(<u>위치</u>)'의 뜻을 나타냄. '楚'는 초(楚)나라 '초'로 읽는다. '間於齊楚'를 직역(直譯)하면, 제(齊)나라와 초(楚)나라 사이에 (끼어) 있으니, 즉, 제(齊)나라와 초(楚)나라의 사이에 위치한 작은 나라인 우리는, '事齊乎'에서, '事'는 섬길 '사'로 읽고, '齊'는 제(齊)나라 '제'로 읽고, '乎'는 어조사 '호'로 읽는다. '~는가?', '~인가?(<u>의문</u>)'의 뜻을 나타냄. '事齊乎'를 직역(直譯)하면, (우리는) 제(齊)나라를 섬겨야 하는가요? '事楚乎'에서, '楚'는 초(楚)나라 '초'로 읽는다. '事楚乎'를 직역(直譯)하면, (아니면) 초(楚)나라를 섬겨야 하는가요? '孟子對曰'에서, '孟'은 맏(<u>'맏이'의 뜻을 더하는 접두사</u>) '맹'으로 읽고, '子'는 경칭(敬稱. <u>공경하는 뜻으로 부르는 칭호, 또는 존대하여 일컬음</u>) '자'로 읽는다. 학덕(學德)과 지위가 높은 남자의 경칭(敬稱)이다. '孟子'는 중국 전국 시대의 사상가이다. '對'는 대답할 '대'로 읽는다. '孟子對曰'을 직역(直譯)하면, 맹자(孟子)가 대답하여 말하기를, '是謀非吾所能及也'에서, '是'는 이(<u>지시하는 말</u>) '시'로 읽고, '謀'는 꾀할 '모', 도모할 '모'로 읽고, '非'는 아닐 '비'로 읽고, '吾'는 나(<u>1인칭 대명사</u>) '오'로 읽고, '所'는 바(<u>앞에서 말한 내용 그 자체나 일 따위를 이르는 말</u>) '소'로 읽고, '能'은 할 수 있을 '능'으로 읽고, '及'은 미칠(<u>공간적 거리나 수준 따위가 일정한 선에 닿을</u>) '급'. 이를(<u>어떤 정도나 범위에 미칠</u>) '급'으로 읽는다. '是謀非吾所能及也'를 직역(直譯)하면, 이것을 도모하는 것은 내가 미칠 수 있는 바가 아닙니다. '無已'에서, '已'는 이미(<u>돌이킬 수 없이 된 지난 일을 일컬을 때 쓰는 말</u>) '이'로 읽는다. '無已'를 직역(直譯)하면, (그러한 것은) 이미 없습니다. '則有一焉'에서, '則'은 곧 '즉'으로 읽고, '有'는 있을 '유'로 읽고, '焉'은 어조사 '언'으로 읽는다. '~이다(단정)'의 뜻을 나타냄. '則有一焉'을 직역(直譯)하면, (그럼에도 불구하고)(꼭 말해야 한다면) 곧 하나가 있을 (뿐)입니다. '鑿斯池也'에서, '鑿'은 뚫을 '착'으로 읽고, '斯'는 이(<u>지시하는 말</u>) '사'로 읽고, '池'는 못(넓고 오목하게 팬 땅에 물이 괴어 있는 곳) '지'로 읽는다. '鑿斯池也'을 직역(直譯)하면, 이 (나라의) 못을 파는 (것)입니다. '築斯城也'에서, '築'은 쌓을 '축'으로 읽고, '城'은 성(城. 예전에, 적의 침입을 막기 위하여 흙이나 돌 따위로 높이 쌓아 만든 담. 또는 그런 담으로 둘러싼 구역) '성'으로 읽는다. '築斯城也'을 직역(直譯)하면, (그리고) 이 (나라의) 성(城)을 쌓는 (것)입니다. '與民守之'에서, '與'는 함께할 '여'로 읽고, '民'은 백성 '민'으로 읽고, '守'는 지킬 '수'로 읽고, '之'는 어조사 '지'로 읽는다. '그것'을 나타내는 지시 대명사. '與民守之'를 직역(直譯)하면, 백성과 함께 그것('등·滕나라'를 가리킴)을 지켜, '效死而民弗 去'에서, '效'는 힘쓸 '효', 다할 '효'로 읽고, '死'는 죽을 '사'로 읽고, '而'는 말 이을 '이'로 읽는다. '그리고'의 뜻을 나타냄. '弗'은 아닐(부정하는 말) '불'로 읽는다. '不'과 같은 글자. '去'는 갈 '거'로 읽는다. '效死而民弗 去'를 직역(直譯)하면, 죽을힘을 (다하여) 힘쓰고 그리고 백성들이 (떠나)가지 않는다면, '則是可爲也'에서, '是'는 이(지시하는 말) '시'로 읽고, '可'는 가히(可~. 능히, 넉넉히) '가'로 읽고, '爲'는 할 '위'로 읽는다. '則是可爲也'를 직역(直譯)하면, (그렇다면) 곧 이는 가히 할 수 있을 (것)입니다.

간-운-보월(看雲步月 볼 **간**/구름 **운**/걸음 **보**/달 **월**) (낮에는) 구름을 보고(바라보고) (밤에는) 달빛 (아래) 걸음을 (걸으며 사색에 잠긴다는) 뜻으로, 객지(客地)에서 가족이나 집을 생각함을 비유적으로 이르는 말. *보월(步月): 달밤에 거닒.

간-운-폐-일(干雲蔽日 범할 **간**/구름 **운**/가릴 **폐**/해 **일**) (나무가) 구름을 범(犯)하고 해를 가린다는 뜻으로, 나무가 높이 솟아 있음을 비유적으로 이르는 말. *가리다: 부록 '폐(蔽)' 참고.

간장-막야(干將莫耶 방패 **간**/장수 **장**/아닐 **막**/어조사 **야**) 간장(干將)과 막야(莫耶)라는 뜻으로, ①중국 춘추 시대에, 오(吳)나라 왕 합려(闔閭)의 청탁으로 도공(刀工. 칼을 만드는 장인)인 간장(干將)이, 그의 아내인 막야(莫耶)의 머리털과 손톱을 쇠와 함께 가마 속에 넣어, 칼을 만들고 자신과 아내의 이름을 붙였다는 두 자루의 명검(名劍. 이름난 칼. 또는 좋은 칼)을 이르는 말. ②명검(名劍)을 비유적으로 이르는 말. *간장(干將): ①사람 이름. ②춘추시대 오(吳)나라의 명검(名劍)을 이르는 말. *막야(莫耶): ①사람 이름. ②'명검(名劍)'을 비유적으로 이르는 말. 이 사자성어의 유래는 다음과 같다. 『오월춘추(吳越春秋)』의 「합 려내전(闔閭內傳)」편(篇)에 〈간장(干將)은 아내 막야(莫耶)의 머리카락과 손톱을 잘라 화로에 넣고 동녀 (童女) 동남(童男) 3백명을 시켜 북[鼓] 주머니에 숯을 집어넣게 해서야 겨우 쇠를 윤기 나게 할 수 있었 다. 간장(干將)은 칼이 완성되자 음양법(陰陽法)에 따라 양(陽)으로 된 칼을 간장(干將), 음(陰)으로 된 칼을 막야(莫耶)라고 이름 지었다.(於是干將妻乃斷髮剪爪, 投於爐中, 使童女童男三百人鼓橐裝炭, 金鐵乃 濡, 遂以成劍, 陽曰干將, 陰曰莫耶.)〉라는 이야기가 나오는데, '양(陽)으로 된 칼을 간장(干將), 음(陰)으 로 된 칼을 막야(莫耶)라고 이름 지었다.'(陽曰干將, 陰曰莫耶.)에서, '간장막야(干將莫耶)'가 유래했으며, 간장(干將)과 막야(莫耶)는 명검(名劍)의 대명사가 되었다. 그런데 '막야'를 한자(漢字)로 표기할 때 『고사 성어대사전』에는 '莫邪'를, 『표준국어대사전』에는 '莫耶'를 쓰고 있다. '邪'나 '耶'는 같은 글자이다. 여기서 는, 『표준국어대사전』을 따랐다. 『오월춘추(吳越春秋)』에는 주로 간장(干將)과 막야(莫耶)의 제작 경위와 과정이 전해지고 있다. 오(吳)나라의 왕 합려(闔閭)는 당시(當時. 일이 있었던 바로 그때. 또는 이야기하고 있는 그 시기) 최고의 칼 제조 기술을 가졌던 간장(干將)에게 명검(名劍) 두 자루를 만들라고 명령을 내렸다. 간장(干將)은 정선(精選. 공을 들여 좋은 것을 골라 뽑음)된 구리를 모아 칼을 주조(鑄造. 녹인 쇠붙이를 거푸집에 부어 필요한 물건을 만듦)하기 시작했는데, 3년이 지나도록 구리가 녹지 않았다.

그런데 그의 아내 막야(莫耶)가 구리를 녹일 방법을 알아냈다. 그것은 자기의 머리카락과 손톱을 잘라 화로에 넣고 녹이는 것이었다. 위의 이야기는 간장(干將)이 그렇게 하여 간장(干將)과 막야(莫耶)라는 두 명검(名劍)을 완성한 과정을 보여주고 있는 것이다. 참고로, 원문의 '於是干將妻乃斷髮剪瓜'에서, '於'는 어조사 '어'로 읽는다. '~에', '~에서(위치)'의 뜻을 나타냄. '是'는 이(지시하는 말) '시'로 읽는다. '於是'는 한문(漢文) 구(句)의 하나로, 이때에, '干'은 방패(防牌. 전쟁 때에 적의 칼, 창, 화살 따위를 막는 데에 쓰던 무기) '간'으로 읽고, '將'은 장수(將帥) '장'으로 읽는다. '干將'은 사람 이름. '妻'는 아내 '처'로 읽고, '乃'는 이에(이러하여서 곧) '내'로 읽고, '斷'은 끊을 '단'으로 읽고, '髮'은 터럭(사람이나 길짐승의 몸에 난 길고 굵은 털) '발', 머리털 '발'로 읽는다. '斷髮'은 머리털을 짧게 깎거나 자름. '剪'은 벨 '전'으로 읽고, '爪'는 손톱 '조'로 읽는다. '於是干將妻乃斷髮剪瓜'를 직역(直譯)하면, 이때에 간장(干將)은 이러하여서 곧 아내의 머리털을 자르고, 손톱을 (칼로) 베었다. '投於爐中'에서, '投'는 던질 '투'로 읽고, '爐'는 화로(火爐) '로(노)'로 읽고, '中'은 가운데 '중'으로 읽는다. '投於爐中'을 직역(直譯)하면, (그리고 그것을) 화로(火爐)의 가운데에 던졌다. '使童女童男三百人鼓橐裝炭'에서, '使'는 시킬 '사', 부릴 '사'로 읽고, '童'은 아이 '동'으로 읽고, '女'는 계집 '녀(여)'로 읽는다. '童女'는 여자인 아이. '童'은 아이 '동'으로 읽고, '男'은 사내 '남'으로 읽는다. '童男'은 남자인 아이. '三'은 석 '삼'으로 읽고, '百'은 일백 '백'으로 읽고, '人'은 사람 '인'으로 읽고, '鼓'는 북 '고'로 읽고, '橐'은 주머니 '탁'으로 읽고, '裝'은 갖출 '장', 넣을 '장'으로 읽고, '炭'은 숯 '탄'으로 읽는다. '使童女童男三百人鼓橐裝炭'을 직역(直譯)하면, 동녀동남 3백 명을 시켜 북을 (넣는) 주머니에 숯을 넣게 하였다. 여기서, '童男童女'가 유래하였는데, 이것을 직역(直譯)하면, 사내아이와 계집아이. 즉, 남자 아이와 여자 아이를 아울러 이르는 말. '金鐵乃濡'에서, '金'은 쇠 '금'으로 읽고, '鐵'은 쇠 '철'로 읽는다. '金鐵'은 금과 철이라는 뜻으로, 쇠붙이를 통틀어 이르는 말. '乃'는 이에(이러하여서 곧) '내'로 읽고, '濡'는 윤기 흐를 '유'로 읽는다. '金鐵乃濡'를 직역(直譯)하면, 쇠붙이가 이에 윤기가 흘렀다. '遂以成劍'에서, '遂'는 드디어 '수', 마침내 '수'로 읽고, '以'는 써(그것을 가지고, 그것으로 인하여) '이'로 읽고, '成'은 이룰 '성'으로 읽고, '劍'은 칼 '검'으로 읽는다. '遂以成劍'을 직역(直譯)하면, 드디어 그것을 가지고 칼을 이루었다(완성하였다). '陽曰干將'에서, '陽'은 양(陽. 역학·易學에서, 태극·太極이 나뉜 두 기운 가운데 적극적이고 능동적인 면을 상징하는 철학적 범주) '양', 양기(陽氣) '양'으로 읽고, 여기서, '기운'은 순우리말로, 생물이 살아 움직이는 원기(元氣). 또는 거기서 나오는 힘. '曰'은 일컬을 '왈'로 읽고, '干'은 방패 '간'으로 읽고, '將'은 장수(將帥) '장'으로 읽는다. '干將'은 사람 이름. '陽曰干將'을 직역(直譯)하면, 양(陽)으로 된 칼을 간장(干將)이라고 일컬었다. '陰曰莫耶'에서, '陰'은 '음(陰. 역학·易學에서, 태극·太極이 나뉜 두 기운 가운데 소극적이고 수동적인 면을 상징하는 철학적 범주)' 음기(陰氣) '음'으로 읽고, '莫'은 아닐 '막'으로 읽고, '耶'는 어조사 '야'로 읽는다. '莫耶'는 사람 이름. '陰曰莫耶'를 직역(直譯)하면, 음(陰)으로 된 칼을 막야(莫耶)라고 일컬었다. 여기서, '干將莫耶'가 유래하였는데, 이것을 직역(直譯)하면, 간장(干將)과 막야(莫耶)라는 뜻으로, ①중국 춘추 시대에, 오(吳)나라 왕 합려(闔閭)의 청탁으로 도공(刀工. 칼을 만드는 장인)인 간장(干將)이, 그의 아내인 막야(莫耶)의 머리털과 손톱을 쇠와 함께 가마 속에 넣어, 칼을 만들고 자신과 아내의 이름을 붙였다는 두 자루의 명검(名劍. 이름난 칼. 또는 좋은 칼)을 이르는 말. ②명검(名劍)을 비유적으로 이르는 말.

갈건-야복(葛巾野服 칡 갈/수건 건/들 야/옷 복) 칡으로 (만든) 수건. 즉, 갈건(葛巾)과, 들에서 (입는)

옷. 즉, 야복(野服)(<u>야인·野人이 입는 옷, 즉, '베옷'을 이르는 말</u>)이라는 뜻으로, 은사(隱士)나 처사(處士)의 거칠고 소박한 옷차림을 이르는 말. 여기서, '은사(隱士)'는 벼슬을 하지 않고 숨어 사는, 학덕(學德)이 높은 선비. '처사(處士)'는 세상 밖에 나서지 않고 조용히 묻혀 사는 선비. *갈건(葛巾): 갈포(葛布. <u>칡의 섬유로 짠 베</u>)로 만든 두건(頭巾). *야복(野服): 야인(野人)이 입는 옷을 이르는 말. 여기서, '야인(野人)'은 시골 사람이나 관직(官職. <u>관리로서, 국가로부터 위임 받은 일정한 범위의 직무. 또는 그 직위</u>)에 오르지 않는 사람. =민간인(民間人). 또는 지난날, 압록강과 두만강 건너에 살던 여진족(女眞族)을 이르던 말.

갈-민-대-우(渴民待雨 목마를 갈/백성 민/기다릴 대/비 우) (가물을 만나) 목마른 백성이 비를 (몹시) 기다린다는 뜻으로, 아주 간절히 기다림을 비유적으로 이르는 말.

갈-이-천-정(渴而穿井 목마를 갈/말 이을 이/뚫을 천/우물 정) 목마른 (자가) 우물을 뚫는다(판다)는 뜻으로, 미리 준비를 하지 않고 있다가, 일이 있은 뒤에 비로소 서둘러 봐도 아무 소용이 없음을 비유적으로 이르는 말. 图 임갈굴정(臨渴掘井).《관련 속담》목마른 놈이 샘을 파다. / 목마른 놈이 우물 판다. 이 사자성어의 유래는 다음과 같다. 『황제내경(黃帝內經)·소문(素問)』의「사기조신대론(四氣調神大論)」편(篇)에〈병이 이미(<u>돌이킬 수 없이 된 지난 일을 일컬을 때 쓰는 말</u>) 깊어진 뒤에야 약을 쓰고, 어지러움이 이미 심해진 뒤에야 다스리려고 하는 것은, 목이 마르고서야 우물을 파고, 싸울 때가 되어서야 무기를 만드는 것과 비유(比·譬喩. <u>어떤 사물의 모양이나 상태 따위를 보다 효과적으로 표현하기 위하여 그것과 비슷한 다른 사물에 빗대어 표현함. 또는 그 표현 방법</u>)할 수 있으니, 역시 때늦은 일이 아니겠는가?(夫病已成而後藥之, 亂已成而後治之, **譬猶渴而穿井**, 鬪而鑄錐, 不亦晩乎)〉라는 이야기가 나오는데, '(비유하건대 오히려) 목이 마르고서야 우물을 파고서(譬猶渴而穿井)'에서, '갈이천정(渴而穿井)'이 유래했다. 참고로, 원문의 '夫病已成而後藥之'에서, '夫'는 발어사(發語辭) '부'로 읽는다. 여기서, '발어사(發語辭)'는 문장의 서두에 놓여 '대저', 또는 '대체로'의 뜻을 나타냄. '病'은 병(病. <u>질병과 같은 말로, 몸의 온갖 병</u>) '병', 질병(疾病) '병'으로 읽고, '已'는 이미(<u>다 끝나거나 지난 일을 이를 때 쓰는 말. '벌써', '앞서'의 뜻을 나타냄</u>) '이'로 읽고, '成'은 이룰 '성'으로 읽고, '而'는 말 이을 '이'로 읽는다, '그리고'의 뜻을 나타냄. '後'는 뒤 '후'로 읽고, '藥'은 약(藥) '약'으로 읽고, '之'는 어조사 '지'로 읽는다. '그것'을 나타내는 지시대명사. '夫病已成而後藥之'를 직역(直譯)하면, 대체로 병(病)이 이미 이루어지고 그리고 (그) 뒤에 그것('<u>병·病'을 가리킴</u>)에 대한 약(藥)을 (쓴다). '亂已成而後治之'에서, '亂'은 난리(亂離) '란(<u>난</u>)'으로 읽고, '治'는 다스릴 '치'로 읽는다. '亂已成而後治之'를 직역(直譯)하면, 난리(亂離)가 이미 이루어지고 그리고 뒤에 그것('<u>난리·亂離'를 가리킴</u>)을 다스린다. '譬猶渴而穿井'에서, '譬'는 비유(比·譬喩. <u>어떤 사물의 모양이나 상태 따위를 보다 효과적으로 표현하기 위하여 그것과 비슷한 다른 사물에 빗대어 표현함. 또는 그 표현 방법</u>)할 '비'로 읽고, '猶'는 오히려 '유'로 읽고, '渴'은 목마를 '갈'로 읽고, '而'는 말 이을 '이'로 읽고, '穿'은 뚫을 '천'으로 읽고, '井'은 우물 '정'으로 읽는다. '譬猶渴而穿井'을 직역(直譯)하면, 비유하건대, 오히려 목마른 (자가) 우물을 뚫는다(판다)라고 (할 수 있다). 여기서, '渴而穿井'이 유래하였는데, 이것을 직역(直譯)하면, 목마른 (자가) (나중에)우물을 뚫는다(판다)는 뜻으로, 목이 마를 때 미리 준비를 하지 않고 있다가, 일이 있은 뒤에 비로소 서둘러 봐도 아무 소용이 없음을 비유적으로 이르는 말. '鬪而鑄錐'에서, '鬪'는 싸울 '투'로 읽는다. '鬪'의 본자(本字)다. '鑄'는 부어 만들 '주'로 읽고, '錐'는 송곳 '추'로 읽는다.

鬪而鑄錐'를 직역(直譯)하면, 싸우고 나서 그리고 송곳(무기)을 부어 만드는 것과 (같으니). '不亦晚乎'에서, '亦'은 또 '역', 또한 '역'으로 읽고, '晚'은 (때가) 늦을 '만'으로 읽고, '乎'는 어조사 '호'로 읽는다. 의문이나 영탄의 뜻을 나타냄. '不亦~乎'는 한문(漢文) 구(句)의 하나로, 또한 ~이 아니겠는가? '不亦晚乎'를 직역(直譯)하면, 또한 (때가) 늦은 (일)이 아니겠는가? <u>즉, 때가 늦지 않겠는가?</u>

갈-충-보국(竭忠報國 다할 **갈**/충성 **충**/갚을 **보**/나라 **국**) 충성(忠誠)을 다하여서 나라의 은혜(恩惠)를 갚음. =진충보국(盡忠報國). *보국(報國): 나라의 은혜에 보답함. *다하다: 부록 '갈(竭)' 참고. *충성(忠誠): 진정에서 우러나오는 정성. 특히 임금이나 국가에 대한 것을 일컬음.

갈-택-이-어(竭澤而漁 다할 **갈**/연못 **택**/말 이을 **이**/고기 잡을 **어**) 연못의 (물을) 다하게 하고(<u>바짝 마르게 하고</u>) 고기를 잡는다는 뜻으로, 눈앞의 이익만을 추구하여 먼 장래는 생각하지 않는 것을 비유적으로 이르는 말. ⓒ 학택이어(涸澤而漁).《관련 속담》당장 먹기에는 곶감이 달다. 이 사자성어의 유래는 다음과 같다. 『여씨춘추(呂氏春秋)·효행람(孝行覽)』의 「의상(義賞)」편(篇)에 [진(晉)나라 문공(文公)이 성복(城濮. 땅 이름)에서 초(楚)나라 군대와 격전을 벌였다. 그런데 초(楚)나라 군사의 수(數)가 진(晉)나라 군사보다 훨씬 많았기 때문에 승리할 방법이 없었다. 그래서 방법이 없을까 궁리하다 (신하인) 호언(狐偃. '구범(咎犯)'이라고도 불리어짐)에게 물었다. "초(楚)나라의 병력은 많고 우리 병력은 적으니, 이 싸움에서 승리할 방법이 없겠소?" 호언(狐偃)이 말했다. "예절을 중시하는 자(者)는 번거로움을 두려워하지 않고, 싸움에 능한 자(者)는 속임수 쓰는 것을 싫어하지 않는다고 들었습니다. 속임수를 써 보십시오."]〈진문공(晉文公. 진나라의 문공)은 호언(狐偃)의 말[言]을 옹계(雍季)에게 들려주며 물었다. 즉, 진(晉)나라 문공(文公)이 옹계(雍季)에게 호언(狐偃)의 전략(戰略. 전쟁을 전반적으로 이끌어가는 방법·方法이나 책략·策略을 이르는 말. 전술·戰術보다 상위의 개념이다)에 대해서 물었다는 것이다. 옹계(雍季)가 말했다. "못의 물을 모두 퍼내어 물고기를 잡으면 잡지 못할 리 없지만, 다음 해에는 잡을 물고기가 없게 될 것이고,(文公以咎犯言告雍季. 雍季曰. **竭澤而漁. 豈不獲得.** 而明年無魚.)〉[산의 나무를 모두 불태워서 짐승들을 잡으면 잡지 못할 리 없지만, 다음 해에는 잡을 짐승이 없게 될 것입니다. 속임수는 지금은 쓸 수 있지만, 뒷날에는 다시 쓸 수 없을 것이니 장기적인 술책은 아닙니다. 즉, 지금 속임수를 써서 위기를 모면(謀免. 어떤 일이나 책임을 꾀를 쓰거나 운이 좋아서 벗어남)한다 해도, 영원한 해결책이 아니기 때문에 반대한다는 의견을 제시한 것이다. 전쟁이 끝나고 논공행상(論功行賞. 본문 참고)을 하는 자리에서 진문공(晉文公. 진나라의 문공)은 뜻밖에도 옹계(雍季)를 호언(狐偃)의 앞에 놓았다. 즉, 진문공(晉文公)이 호언(狐偃)의 계책(計策. 어떤 일을 이루기 위하여 꾀나 방법을 생각해 냄. 또는 그 꾀나 방법)을 써 마침내 전쟁에서 이겼다. 그런데 전쟁 후 상(賞)을 내리는 자리에서는 진문공(晉文公)이 뜻밖에도 옹계(雍季)를 호언(狐偃)의 앞에 놓았다는 것이다. 다시 말하면, 전쟁에서 이기게 한 호언(狐偃)을 앞에 세우지 않고, 속임수 술책(術策. 남을 속이기 위한 꾀)에 반대한 옹계(雍季)를 맨 앞에 세워 최상(最上. 맨 위)으로 대우했다는 말이다. 신하들이 어리둥절해하자, 진문공(晉文公)이 말했다. "옹계(雍季)의 말은 백세(百世. 오랜 세대)의 이익이고, 호언(狐偃)의 말은 일시적인 방책(方策)이다. 어찌 일시적인 방책(方策)을 백세(百世)의 이익 앞에 놓을 수 있겠는가?" 즉, 진문공(晉文公)은, 속임수는 당장은 좋지만, 장기적인 술책(術策)은 아니라는 옹계(雍季)의 의견을 받아들인 것이다. 다시 말하면, 주변에서는 호언(狐偃)의 공(功)이 더 크다고 간언(諫言. 웃어른이나 임금에게 옳지 못하거나 잘못된 일을 고치도록 하는 말)했지만, 진문공(晉文公)은 옹계(雍季)의 말은 백세(百世)의 이익이라고 하면서, 이('주변 신하의 의견'을 가리킴)를 받아들이지 않았다는 말이다.]라는 이야기가 나오는데, '못의 물을 모두 퍼내어 물고기를 잡으면 잡지 못할 리 없지만,(竭澤而漁, 豈不獲得)'에서, '갈택이어(竭澤而漁)'가 유래했다. 다시 말하면, 진문공(晉文公)과 옹계(雍季)의 고사(故事)에서 이 말이 유래한 것이다. 위의 이야기에서, 호언(狐偃)은 적을 속이는 계략(計略)을 진문공(晉文公)에게 추천하였지만, 옹계(雍季)는 적을 속이는 방법은 마치 연못의 물을 빼버리고 물고기를 잡는 방법과 같아, 다음해에는 고기를 잡을 수 없다. 따라서 호언(狐偃)의 속임수 전략(戰略. 전쟁을 전반적으로 이끌어가는 방법·方法이나 책략·策略을 이르는 말. 전술·戰術보다 상위의 개념이다)에 동의할 수 없다는 의견을 제시한 것이다. 옹계(雍季)의 비유(比·譬喩. 어떤 사물의 모양이나 상태 따위를 보다 효과적으로 표현하기 위하여 그것과 비슷한 다른 사물에 빗대어 표현함. 또는 그 표현 방법)는, 눈앞의 이익만을 위하는 속임수는 화(禍)를 초래한다고 본 것이다. 옹계(雍季)는 지금 속임수를 써서 위기를 모면한다고 해도 근본적인 해결책이 아닌 이상 임시방편(臨時方便. 본문 참고)에 불과(不過)하기 때문에, 속임수보다 후일(後日)을 기약하며 국력을 키우고 실속을 도모하면서 정정당당(正正堂堂. 본문 참고)한 방법으로 대적(對敵)해야 한다고 주장한 것이다. 결국 성복(城濮. 땅 이름)의 싸움에서 승리한 진문공(晉文公)은 이를 계기로 명실공히 패자(覇者. 예전에 황제·皇帝로부터 일정한 지역을 다스릴 권한을 부여받은 제후·諸侯들의 우두머리)의 지위를 확보하여 천하(天下)를 호령(號令. 지배자 따위가 사람을 움직이기 위하여 명령함)하게 되었고, 훗날 춘추오패(春秋五覇)의 한 사람으로 꼽히게 되었다. 여기서, '춘추오패(春秋五覇)'란, 중국 춘추시대 5인의 패자(覇者)를 일컫는 말. 다시 말하면 춘추시대 차례로 천하(天下)를 제패(制覇. 패권·覇權을 잡음)한 5명의 제후왕(諸侯王. 여러 제후를 다스리는 왕)을 일컬음. '갈택이어(竭澤而漁)'는, 매사(每事)에 속임수로써 성급하게 다가가지 말고 먼 미래를 내다보라는 말이다. 미래를 위해 반드시 지켜야 할 것들이 분명히 있기 때문이다. 예를 들면, 가짜를 진짜로 속여 팔면 당장은 이익이 있을 것이다. 하지만 언젠가는 사람들이 이 사실을 알게 될 것이고, 장사는 망하게 될 것이다. 따라서 이 말은 훗날 사람들에 의해 눈앞의 이익에 급급해 먼 장래를 생각하지 않는 것을 비유하는 말이 되었다. 최고의 지도자가 가장 많이 하는 실수는 무리한 성과를 위한 속임수다. 특히 나라의 지도자에게는 무리한 성과를 위한 속임수보다 후일(後日)을 도모하는 영원한 국가관을 가지고 통치(統治. 국토 및 국민을 다스림)해야 한다는 교훈(敎訓. 앞으로의 행동이나 생활에 지침이 될 만한 것을 가르치는 일. 또는 그런 가르침)을 주고 있는 것이다. 참고로, 원문의 '文公以咎犯言告雍季'에서, '文公'은 왕 이름. '以'는 써(그것을 가지고, 그것으로 인하여) '이'로 읽고, '咎'는 허물 '구'로 읽고, '犯'은 범할 '범'으로 읽는다. '咎犯'은 사람 이름. '호언(狐偃)'과 동일 인물이다. '文公以咎犯言'을 직역(直譯)하면, 문공(文公)은 구범(咎犯. 호언)의 말[言]로써. '告'는 알릴 '고'로 읽고, '雍'은 화(和)할 '옹'으로 읽고, '季'는 끝 '계', 막내 '계'로 읽는다. '雍季'는 사람 이름. '文公以咎犯言告雍季'를 직역(直譯)하면, 문공(文公)은 구범(咎犯. 호언)의 말[言]로써 옹계(雍季)에게 알리니, '雍季曰'에서, '雍季曰'을 직역(直譯)하면, 옹계(雍季)가 말하기를, '竭澤而漁'에서, '竭'은 다할 '갈'로 읽고, '澤'은 연못 '택'으로 읽고, '而'는 말 이을 '이'로 읽고, '漁'는 고기 잡을 '어'로 읽는다. '竭澤而漁'를 직역(直譯)하면, 연못의 (물을) 다하게 하고(바짝 마르게 하고) 고기를 잡는다. 즉, 연못의 물을 모두 퍼내어 물고기를 잡는다는 뜻으로, 눈앞의 이익만을 추구하여 먼 장래는 생각하지 않는 것을 비유적으로 이르는 말. '豈不獲得'에서, '豈'는 어찌(의문 부사) '기'로 읽는다. '豈不'을 직역(直譯)하면, 어찌 ~할 수 없겠는가? '獲'은 얻을 '획'으로 읽고, '得'은 얻을 '득'으로 읽는다. '獲得'은 얻어 내거나 얻어 가짐. '豈不獲得'을 직역(直譯)하면, (그러면) 어찌 얻을 수 없겠습니까? 즉, 그 물고기를 얻을 수 있다는 뜻이다. '而明年無魚'에서, '而'는 말 이을 '이'로 읽는다. '그러나'의 뜻을 나타냄. '明'은 밝을 '명'으로 읽고, '年'은 해 '년(연)'으로 읽는다. '明年'은 올해 다음. =내년(來年). '魚'는 물고기 '어'로 읽는다. '而明年無魚'를 직역(直譯)하면, 그러나 내년(來年)에는 물고기가 없게 될 것입니다.

감개-무량(感慨無量 감동할 **감**/강개할 **개**/없을 **무**/헤아릴 **량**) 감동(感動)함과 강개(慷慨)함이 헤아림이 없다는 뜻으로, 마음속에서 느끼는 감동이나 느낌이 끝이 없음. 또는 그 감동이나 느낌을 이르는 말. *감개(感慨): 어떤 감동이나 느낌이 마음 깊은 곳에서 배어 나옴. 또는 그 감동이나 느낌. *무량(無量): 헤아릴 수 없이 많거나 그지없음. *강개하다(慷慨~): (불의나 불법을 보고) 의기(義氣. 정의감에서 일어나는 기개)가 북받치어 원통하고 슬프다.

감격-무-지(感激無地 느낄 **감**/격할 **격**/아닐 **무**/처지 **지**) 격함(감격함)의 느낌은 (이루 다) (헤아릴) 처지가 아니다는 뜻으로, 감격(感激)스러운 마음을 이루 헤아릴 수 없음을 이르는 말. *감격(感激): ①고마움을 깊이 느낌. ②마음속에 깊이 느껴 격동됨. *'무-지'는 『국어사전(國語辭典)』에 등재(登載)된, '전체가 한 가지 빛깔로 무늬가 없음. 또는 그런 옷감'인 '무지(無地)'의 뜻과는 별개다.

감구-지-회(感舊之懷 느낄 **감**/옛 **구**/어조사 **지**/생각할 **회**) 옛것을 느끼는 생각이라는 뜻으로, 지난 일을 떠올리며 느끼는 회포(懷抱. 마음속에 품은 생각)를 이르는 말. *감구(感舊): 지난 일을 떠올리며 감회에 젖음.

감당-지-애(甘棠之愛 달 **감**/팥배나무 **당**/어조사 **지**/사랑 **애**) 감당나무(팥배나무)의 사랑이라는 뜻으로, 정치(政治)를 잘하는 자(者)를 사모(思慕)하는 정(情)을 비유적으로 이르는 말. 또는 청렴결백(淸廉潔白. 본문 참고)하거나 선정(善政. 바르고 착한 정치. 또는 바르고 좋은 정치)을 베푼 사람을 그리워하는 마음을 비유적으로 이르는 말. 연(燕)나라 시조(始祖)인 소공(召公)이 섬서(陝西) 지역을 다스릴 때에, 선정(善政)을 베풀어 백성들의 사랑과 존경을 한 몸에 받았다. 그는 시골 마을이나 도시를 순시할 때마다 감당나무(팥배나무)를 심어놓고 그 아래에서 송사(訟事. 소송하는 일. 즉, 법원에 재판을 청구하는 일)를 판결하거나 정사(政事. 정치에 관한 일. 또는 행정에 관한 일)를 처리했다고 한다. *감당(甘棠): =팥배나무(장미과의 낙엽 활엽 교목). 이 사자성어의 유래는 다음과 같다. 『시경(詩經)·국풍(國風)·소남(召南)』의 「감당(甘棠)」 편(篇)에 〈사랑스런 팥배나무 / 꺾지를 마오 / 소공이 여기서 머무셨다오 / 사랑스런 팥배나무 / 상하게 하지 마오 / 소공이 여기서 쉬어 갔다오 / 사랑스런 팥배나무 / 꺾지를 마오 / 소공이 여기서 묵고 갔다오(蔽芾甘棠, 勿剪勿伐, 召伯所茇, 蔽芾甘棠, 勿剪勿敗, 召伯所憩, 蔽芾甘棠, 勿剪勿拜(拔), 召伯所說)〉라는 이야기가 나오는데, '사랑스런 팥배나무(蔽芾甘棠)'에서, '감당지애(甘棠之愛)'가 유래했다. 이것은 선정(善政. 바르고 착한 정치. 또는 바르고 좋은 정치)을 베푼 소공(召公)을 그리워하는 마음이 담겨 있다. 이 노래의 배경은 이렇다. 폭군(暴君)이었던 은(殷)나라의 주왕(紂王)을 멸(滅)하고 주(周)나라를 창업(創業)한 무왕(武王)은 죽으면서 동생인 주공(周公)과 소공(召公)에게 어린 아들 성왕(成王)을 보필(輔弼. 윗사람의 일을 도움. 또는 그런 사람)하도록 부탁했다. 주공(周公)과 소공(召公)은 조카 성왕(成王)을 잘 보필하여 정사(政事)를 보살폈다. 소공(召公)은 남쪽 지방을 순시하면서 한수(漢水) 상류 일대의 마을에서 백성들의 어려운 문제를 해결해 주어 백성들의 신망을 얻었다. 그 뒤 주(周)나라 제12대 왕인 유왕(幽王)이 왕위에 올라 포악했던 정치를 하자, 백성들은 옛 소공(召公)을 그리워했다고 하는데, 이에 관한 노래가 지금까지 전해지고 있는 것이다. 참고로, 원문의 '蔽芾甘棠'에서, '蔽'는 가릴(보이거나 통하지 못하도록 막을) '폐', 덮을 '폐'로 읽고, '芾'은 초목 우거질 '불'로 읽고, '甘'은 달 '감'으로 읽고, '棠'은 팥배나무 '당'으로 읽는다. '蔽芾甘棠'을 직역(直譯)하면, 초목이 우거져 가려진 (저) 감당나무(팥배나무). 여기서, '甘棠之愛'가 유래하였는데, 이것을 직역(直譯)하면, 감당나무(팥배나무)의 사랑이라는 뜻으로, 정치(政治)를 잘하는 자(者)를 사모(思慕)하는 정(情)을 비유적으로 이르는 말. 또는 청렴결백(清廉潔白)하거나 선정(善政)을 베푼 사람을 그리워하는 마음을 비유적으로 이르는 말. '勿剪勿代'에서, '勿'은 말(어떤 일이나 행동을 하지 않거나 그만 둘) '물'로 읽고, '剪'은 벨(날이 있는 연장 따위로 무엇을 끊거나 자르거나 가를) '전'으로 읽고, '代'는 교체할 '대'로 읽는다. 그런데 어떤 자료에는 '代' 대신에 '伐'로 되어 있다. '伐'은 벨 '벌'로 읽는다. '勿剪勿代'를 직역(直譯)하면, 베지도 말고, 교체하지도 마십시오. '召伯所芨'에서, '召'는 부를 '소'로 읽고, '伯'은 맏('맏이'의 뜻을 나타내는 접두사) '백'으로 읽는다. '召伯'은 사람 이름. '所'는 곳 '소', 처소(處所. 사람이 기거·起居하거나 임시로 머무는 곳. 또는 어떤 일이 벌어지거나, 어떤 물건이 있는 곳) '소'로 읽고, '芨'은 노숙할(露宿~. 한데에서 잘) '발'로 읽는다. '召伯所芨'을 직역(直譯)하면, 소백(召伯)께서 노숙(露宿)했던(한데에서 잤던) 곳입니다. '勿剪勿敗'에서, '敗'는 해칠(害~. 어떤 상태에 손상을 입혀 망가지게 할) '패'로 읽는다. '勿剪勿敗'를 직역(直譯)하면, 베지도 말고 해치지도 마십시오. '召伯所憩'에서, '憩'는 쉴 '게', 휴식할 '게'로 읽는다. '召伯所憩'를 직역(直譯)하면, 소백(召伯)께서 쉬었던 곳입니다. '勿剪勿拜(拔)'에서, '拜'는 뽑을 '배'로 읽고, '拔'은 뽑을 '발'로 읽는다. '勿剪勿拜(拔)'를 직역(直譯)하면, (팥배나무를) 베지도 말고 뽑지도 마십시오. '召伯所說'에서, '說'은 말씀 '설'로 읽는다. '召伯所說'을 직역(直譯)하면, 소백(召伯)께서 말씀하시며 (머무셨던) 곳입니다.

감-불-생심(敢不生心 감히 감/아닐 불/생길 생/마음 심) 감(敢)히 마음이 생기지 아니한다는 뜻으로, 감(敢)히 엄두(순우리말로, 주로 부정적인 말과 어울려 쓰이어, 무엇을 하려는 마음)도 내지 못함을 이르는 말. =감불생의(敢不生意). 圈 언감생심(焉敢生心). *생심(生心): 하려는 마음을 냄. 또는 그 마음. ***감히**(敢~): 부록 '감(敢)' 참고.

감-불-생의(敢不生意 감히 감/아닐 불/날 생/마음 의) 감(敢)히 마음을 내지 않는다는 뜻으로, 감히 엄두(순우리말로, 주로 부정적인 말과 어울려 쓰이어, 무엇을 하려는 마음)도 내지 못함을 이르는 말. =감불생심(敢不生心). *생의(生意): 하려는 마음을 냄. 또는 그 마음. ***감히**(敢~): 부록 '감(敢)' 참고.

감사-도배(減死島配 감할 감/죽을 사/섬 도/귀양 보낼 배) 죽음(죽을죄)을 감(減)하여 (주고) 섬으로 귀양 보낸다는 뜻으로, 죽을죄를 지은 죄인을 처형(處刑. 형벌에 처함. 또는 사형에 처함)하는 대신, 섬으로 귀양 보내던 일을 이르는 말. 圈 감사정배(減死定配). ***감사**(減死): 사형을 면하게 형벌을 감하여 주던 일. ***도배**(島配): 죄인을 섬으로 귀양 보냄. ***감하다**(減~): 수량이나 정도 따위를 줄이다. 또는 덜다.

감사-만만(感謝萬萬 고맙게 여길 감/사례할 사/일만 만/일만 만) 고맙게만 여겨 사례(謝禮)할 일이 일만(一萬)의 일만(一萬)이라는 뜻으로, 너무나 감사(感謝)하여 이루 다 헤아릴 수 없음을 이르는 말. 또는 그지없이 감사함을 이르는 말. =감사천만(感謝千萬). ***감사**(感謝): ①고마움을 나타내는 인사. ②고맙게 여김. 또는 그런 마음. ***만만**(萬萬): ①만(萬)의 만(萬) 배. 곧 일억(一億)을 이르는 말. ②헤아릴 수 없이 매우 많음.

감사-무-지(感謝無地 고맙게 여길 **감**/사례할 **사**/아닐 **무**/처지 **지**) (너무나) 고맙게 여겨 (이루 다 헤아려) 사례(謝禮)할 처지가 아니다는 뜻으로, 고마운 마음을 이루 다 표현할 길이 없음을 이르는 말. 즉, 그지없이 감사함을 이르는 말. *감사(感謝): ☞감사만만(感謝萬萬). *'무-지'는『국어사전(國語辭典)』에 등재(登載)된, '전체가 한 가지 빛깔로 무늬가 없음. 또는 그런 옷감'인 '무지(無地)'의 뜻과는 별개다. *사례하다(謝禮~): 부록 '사(謝)' 참고.

감사-정배(減死定配 감할 **감**/죽을 **사**/정할 **정**/귀양 보낼 **배**) 죽을죄를 감(減)하여 (주고) 일정한 (곳에) 귀양 보낸다는 뜻으로, 죽을죄를 지은 죄인을 처형(處刑. 형벌에 처함. 또는 사형에 처함)하지 아니하고, 장소를 지정하여 귀양을 보내던 일을 이르는 말. *감사(減死): ☞감사도배(減死島配). *정배(定配): 배소(配所. 죄인이 귀양살이를 하는 곳)를 정하여 귀양 보냄. *감하다(減~): ☞감사도배(減死島配).

감사-지-졸(敢死之卒 용감스러울 **감**/죽을 **사**/어조사 **지**/군사 **졸**) 죽음을 (두려워하지 아니하고) 용감스럽게(용감하게) (싸우는) 군사(軍士)라는 뜻으로, 죽음을 두려워하지 아니하고 대담하게 싸우는 병졸을 이르는 말. 또는 죽기를 두려워하지 아니하는 용감한 병졸을 이르는 말. *감사(敢死): 죽기를 두려워하지 아니함. *군사(軍士): 부록 '졸(卒)' 참고.

감사-천만(感謝千萬 고맙게 여길 **감**/사례할 **사**/일천 **천**/일만 **만**) 고맙게 여겨 사례(謝禮)할 (일이) 일천(가지), 일만 (가지나 된다는) 뜻으로, 고마운 일을 이루 다 헤아릴 수 없음을 이르는 말. 너무나 감사하여 이루 다 헤아릴 수 없음을 이르는 말. 그지없이 감사함을 이르는 말. *감사(感謝): ☞감사만만(感謝萬萬). *천만(千萬): ①만(萬)의 천(千) 배가 되는 수. 또는 그런 수의. ②천(千)이나 만(萬)이라는 뜻으로, 아주 많은 수효를 이르는 말. ③이를 데 없음. 또는 짝이 없음의 뜻을 나타내는 말. *사례하다(謝禮~): 부록 '사(謝)' 참고.

감선-철악(減膳撤樂 딜 **김**/빈친 **선**/걷을 **철**/풍류 **악**) 반찬을 덜고(반찬의 가짓수를 적게 하고) 풍류를 걷다(그만두다)는 뜻으로, 예전에 나라가 어려울 때, 임금이 몸소 근신(謹身. 몸차림이나 행동을 삼감)하는 뜻에서 수라상(임금에게 올리는 밥상을 이르던 말)의 음식 가짓수를 줄이고, 노래와 춤을 가까이하지 않는 일을 이르던 말. 즉, 나라에 변고(變故. 갑작스러운 재앙이나 사고)가 있을 때, 임금이 몸소 근신(謹身)하는 뜻으로, 수라상 음식의 가짓수를 줄이고, 음악과 춤 따위를 금지하던 일을 이르는 말. *감선(減膳): 나라에 변고(變故)가 있을 때에, 임금이 근신(謹身)하는 뜻으로, 수라상의 음식 가짓수를 줄이던 일. *철악(撤樂): 나라에 재이(災異. 재앙이 되는 괴이한 일)가 있어 임금의 나들이나 나라의 일로 음악을 써야 할 때에 음악을 폐(廢)하고 쓰지 아니하던 일. *걷다: '거두다'의 준말. 여기서는, 하던 일을 멈추거나 끝내다.

감언-미-어(甘言美語 달 **감**/말씀 **언**/아름다울 **미**/말씀 **어**) 달콤하고 아름다운 말. *감언(甘言): (남의 비위를 맞추기 위하여) 듣기 좋게 하는 달콤한 말.

감언-이-설(甘言利說 달 **감**/말씀 **언**/이로울 **이**/말씀 **설**) 달콤한 말이거나 이로운 말이라는 뜻으로, 귀가 솔깃하도록 남의 비위를 맞추거나 이로운 조건을 내세워 꾀는 말. 즉, 남의 비위를 맞추려는 달콤한 유혹(誘惑)의 말솜씨를 뜻한다. *감언(甘言): ☞감언미어(甘言美語).

감-언-지-지(敢言之地 감히 **감**/말씀 **언**/어조사 **지**/처지 **지**) 감히 말할 (만한) 처지라는 뜻으로, 거리낌 없이 말할 만한 자리나 처지를 이르는 말. *감히(敢~): 부록 '감(敢)' 참고.

감지-공-친(甘旨供親 맛좋을 **감**/맛좋을 음식 **지**/바칠 **공**/어버이 **친**) 맛좋고 맛좋은 음식을 어버이에게 바친다는 뜻으로, 맛있는 음식으로 부모를 봉양(奉養. <u>부모나 조부모를 받들어 모심</u>)함을 이르는 말. =감지봉양(甘旨奉養). *감지(甘旨): ①=단맛. ②맛이 좋은 음식. *어버이: 아버지와 어머니를 아울러 이르는 말.

감-지-덕-지(感之德之 느낄 **감**/어조사 **지**/덕 **덕**/어조사 **지**) 그것을 덕(德. <u>베풀어 준 은혜나 도움</u>)으로 (생각하고) 그것을 느낀다는 뜻으로, 그것을 덕(德)으로 여기고, 그것을 감사하게 느낀다는 의미에서, 분에 넘치는 듯싶어 매우 고맙게 여기는 모양을 이르는 말. 여기서, '지(之)'는 '그것'을 나타내는 지시 대명사이다.

감지-봉양(甘旨奉養 맛좋을 **감**/맛좋을 음식 **지**/받들 **봉**/봉양할 **양**) 맛좋고 맛좋은 음식을 받들어 봉양(奉養)한다는 뜻으로, 맛있는 음식으로 부모를 봉양(奉養)함을 이르는 말. =감지공친(甘旨供親). *감지(甘旨): ☞감지공친(甘旨供親). *봉양(奉養): 부모나 조부모를 받들어 모심. *받들다: 부록 '봉(奉)' 참고.

감-지-우-감(減之又減 덜 **감**/어조사 **지**/또 **우**/덜 **감**) 그것을 덜고 또 던다는 뜻으로, 덜어 낸 데에서 또 덞을 이르는 말. 여기서, '지(之)'는 '그것'을 나타내는 지시 대명사이다.

감-탄-고-토(甘呑苦吐 달 **감**/삼킬 **탄**/쓸 **고**/뱉을 **토**) 달면 삼키고 쓰면 뱉는다는 뜻으로, 자신의 비위(脾胃. <u>음식 맛이나 어떤 사물에 대하여 좋고 언짢음을 느끼는 기분</u>)에 따라서 사리(事理. <u>일의 이치</u>)의 옳고 그름을 판단함을 비유적으로 이르는 말. 즉, 옳고 그름을 생각지 않고 자신의 이익에 따라 받아들이고 받아들이지 않는다는 뜻이다. 《관련 속담》 달면 삼키고 쓰면 뱉는다.

감형-유배(減刑流配 감할 **감**/형벌 **형**/귀양 보낼 **유**/귀양 보낼 **배**) 형벌을 감(減)하여 (주고) 귀양 보내고 귀양 보낸다는 뜻으로, 예전에 죽일 죄인을 죽이지 않고 형(刑)을 감(減)하여, 변방(邊方. <u>나라와 나라의 경계가 되는 변두리 지역</u>)이나 외딴 섬 같은 데로 귀양을 보냄을 이르는 말. =감사도배(減死島配). *감형(減刑): ①형벌을 감하여 가볍게 함. ②대통령의 사면권(赦免權)에 의하여 특정 범죄인의 확정된 형의 일부를 덜어주는 일. *유배(流配): 죄인을 귀양 보냄. *감하다(減~): 수량이나 정도 따위를 줄이다. 덜다.

감-홍-난-자(酣紅爛紫 흥겨울 **감**/붉을 **홍**/빛날 **난**/자줏빛 **자**) 흥겨운 붉은색과 빛나는 자줏빛이라는 뜻으로, 가을에 단풍이 울긋불긋함을 이르는 말.

갑-남-을-녀(甲男乙女 아무개 **갑**/사내 **남**/아무개 **을**/계집 **녀**) 아무개라는 사내(<u>남자</u>)와 아무개라는 계집(<u>여자</u>)이라는 뜻으로, 신분이나 이름이 알려지지 않은 평범한 사람들을 이르는 말. =장삼이사(張三李四). 印 필부필부(匹夫匹婦). *아무개: 꼭 누구라고 가리키지 아니하고 어물쩍하게 가리킬 때 쓰는 말.

갑-론-을-박(甲論乙駁 아무개 **갑**/논의할 **론**/아무개 **을**/논박할 **박**) 아무개가 논(論)하면(<u>주장하면</u>) 아무개가 (그 다음으로) 논박(論駁)한다는 뜻으로, 여러 사람이 서로 자신의 주장(主張)을 내세우며 상대편의 주장(主張)을 반박(反駁. <u>남의 의견이나 비난에 대하여 맞서 공격하여 말함</u>)함을 이르는 말. 서로 자신의 의견을 내세워 남의 의견을 반박(反駁)함. 여기서, 갑(甲)과 을(乙)은 순서를 나타낸다. 갑(甲)이 먼저이고 을(乙)이 그 다음이라는 뜻이다. *아무개: ☞갑남을녀(甲男乙女) *논박하다(論駁~): 상대의 의견이나 설(說)의 잘못을 비난(非難)하고 공격(攻擊)하다.

강개-무량(慷慨無量 강개할 **강**/강개할 **개**/없을 **무**/헤아릴 **량**) 강개(慷慨)하고 강개(慷慨)함이 헤아림이 없다는 뜻으로, 의기(義氣. <u>정의감에서 일어나는 기개</u>)에 북받쳐 원통하고 슬픔이 한(限)이 없음을 이르는 말. *강개(慷慨): 의롭지 못한 것을 보고 의기(義氣)가 북받쳐 원통하고 슬픔. *무량(無量): 헤아릴 수 없이 많거나 그지없음.

강개-지-사(慷慨之士 강개할 강/강개할 개/어조사 지/선비 사) 강개(慷慨)하고 강개(慷慨)하는 선비라는 뜻으로, 세상의 옳지 못한 일에 대하여 의분(義憤. 의로운 마음에서 우러나오는 분노)을 느끼고 탄식(嘆·歎息)하는 사람을 이르는 말. 의분(義憤)을 느끼어 한탄하고 분개하는 사람을 이르는 말. *강개(慷慨): ☞강개무량(慷慨無量).

강고-무비(强固無比 굳셀 강/굳을 고/없을 무/견줄 비) 견줄 (바가) 없이 굳세고 굳다는 뜻으로, 비교할 수 없이 굳세고 단단함을 이르는 말. *강고(强固): 굳세고 튼튼함. *무비(無比): 아주 뛰어나서 견줄 데가 없음. *굳세다: 부록 '강(强)' 참고. *견주다: 부록 '비(比)' 참고.

강구-연월(康衢烟·煙月 오거리 강/네거리 구/연기 연/달 월) (사람들의 왕래가 잦은) 오거리나 네거리에서의 연기(煙氣)와 달[月]이라는 뜻으로, 번화(繁華)한 큰 길거리에서 달빛이 연기(煙氣)에 은은하게 비치는 모습을 나타내는 말로, ①태평한 세상의 평화로운 풍경을 이르는 말. ②태평한 시대의 평화로운 거리 풍경을 이르는 말. *강구(康衢): 사방으로 두루 통하는 번화한 큰 길거리. *연월(烟·煙月): ①흐릿하게 보이는 달. ②편안한 세월. *오거리(五~): 길이 다섯 방향으로 갈라진 곳.

강근-지-족(强近之族 굳셀 강/가까울 근/어조사 지/친족 족) (친척과의 촌수가 아주) 굳세게 가까운 친족(親族)이라는 뜻으로, 도움을 줄 만한 아주 가까운 친족(親族)을 이르는 말. =강근지친(强近之親). *강근(强近): 친척과의 촌수가 가까움. *굳세다: 부록 '강(强)' 참고. *친족(親族): ①촌수가 가까운 겨레붙이. ②법률에서, 배우자, 혈족, 인척 따위를 통틀어 이르는 말.

강근-지-친(强近之親 굳셀 강/가까울 근/어조사 지/친척 친) (친척과의 촌수가 아주) 굳세게 (강한), 가까운 친척(親戚)이라는 뜻으로, 도움을 줄 만한 아주 가까운 친척(親戚)을 이르는 말. =강근지족(强近之族). *강근(强近): ☞ 상근지족(强近之族). *굳세다: 부록 '강(强)' 참고. *친척(親戚): ①친족(親族. 촌수가 가까운 겨레붙이)과 외척(外戚. 외가 쪽의 친척). ②성(姓)이 다른 가까운 척분(戚分. 친족·親族이 아닌 겨레붙이로서의 관계. 또는 성·姓이 다른 겨레붙이로서의 관계)을 이르는 말. 고종(姑從), 이종(姨從) 따위.

강기-숙정(綱紀肅正 벼리 강/규율 기/엄할 숙/바를 정) 벼리와 규율(規律)을 엄하게 (하여) 바르게 (한다는) 뜻으로, 나라의 법(法)과 풍속(風俗), 풍습(風習)에 대한 기율(紀律) 따위를 엄히 바르게 함을 이르는 말. 여기서, '기율(紀律)'은 (집단생활이나 사회생활에서의) 사람의 행위나 태도의 기준이 되는 것. 또는 일정한 질서. *강기(綱紀): ①나라의 법과 풍속, 풍습에 대한 기율(紀律). ②사람이 지켜야 할 도리(道理. 사람이 마땅히 지켜야 할 바른 길)인 삼강오상(三綱五常. 본문 참고)과 기율(紀律). *숙정(肅正): 엄하게 다스려 바로 잡음. *벼리: 부록 '강(綱)' 참고. *규율(規律): 질서나 제도를 유지하기 위하여 정하여 놓은, 행동의 준칙이 되는 본보기.

강노-지-말(强弩之末 강할 강/쇠뇌 노/어조사 지/끝 말) 강(强)한 쇠뇌로 (쏜 화살의) 끝이라는 뜻으로, 강하게 날아가던 화살도 마지막에는 힘이 떨어져 맥을 못 쓰듯, 아무리 강(强)하던 것도 시간이 지나면서 힘을 잃고 쇠약(衰弱)해진다는 것을 비유적으로 이르는 말. 또는 어떤 영웅(英雄)이라도 세력(勢力)이 없어지면 아무 일도 하지 못함을 비유적으로 이르는 말. *강노(强弩): 강한 쇠뇌. 또는 센 쇠뇌. *쇠뇌:

부록 '노(弩)' 참고. 이 사자성어의 유래는 다음과 같다. [북방(北方. 북쪽 지방)의 이민족(異民族. 언어, 풍습 따위가 다른 민족)인 흉노(匈奴. 기원전 3~1세기경에 몽골 지방에서 활약하던 유목 민족)는 중원(中原)의 한족(漢族)에게는 영원한 골칫거리였다. 여기서, '중원(中原)'은 중국 황허강(~江. 중국에서 두 번째로 큰 '황하·黃河'를 가리킴) 중류(中流)의 남부 지역을 이르는 말. 한때 군웅(群雄. 같은 시대에 여기저기에서 일어난 영웅들)이 할거(割據. 땅을 나누어 차지하고 굳게 지킴)했던 중국의 중심부나 중국 땅을 일컫는다. 그래서 춘추시대(春秋時代)부터 흉노(匈奴)의 공격을 방어(防禦. 상대편의 공격을 막음)하기 위해 각 나라마다 성(城)을 쌓았고, 전국시대(戰國時代)를 통일한 진시황제(秦始皇帝)는 만리장성(萬里長城. 본문 참고)을 축조(築造. 제방이나 담을 쌓아 만듦)했다. 여기서, '춘추시대(春秋時代)'는 중국 주(周)나라가 동쪽으로 도읍(都邑. 한 나라의 중앙 정부가 있는 곳. =서울)을 옮긴 기원전 770년부터 기원전 403년까지 약 360년간의 전란(戰亂. 전쟁으로 말미암은 난리) 시대를 일컫는 말. 중국 춘추시대(春秋時代)의 사상가이며 학자인 공자(孔子)가, 역사책인 『춘추(春秋)』에서 이 시대의 일을 서술한 데서 붙여진 이름이다. '전국시대(戰國時代)'는 중국 역사에서 춘추시대(春秋時代) 다음의 기원전 403년부터 진(秦)나라가 중국을 통일한 기원전 221년까지 약 200년간의 과도기를 일컫는 말. 한(漢)나라 때에 와서는 흉노(匈奴)와 화친(和親. 나라와 나라 사이에 다툼이 없이 가까이 지냄) 정책을 채택하다가 한무제(漢武帝. 한나라의 무제)가 강공(强攻. 적극적으로 강하게 공격함)으로 정책을 바꾸었다. 한무제(漢武帝) 때에 조정(朝廷. 임금이 나라의 정치를 신하들과 의논하거나 집행하는 곳. 또는 그런 기구)에서는 대(對. 일부 명사 앞에 붙어, '그것에 대한', '그것에 대항하는'의 뜻을 나타냄) 흉노(匈奴) 강공(强攻)에 대한 논의가 슬슬 머리를 들기 시작했는데, 강공파(强攻派)의 대표적인 사람은 왕회(王恢)였고, 화친파(和親派)의 대표적인 사람은 한안국(韓安國)이었다. 한무제(漢武帝)가 아직 강공책(强攻策)을 쓰기 전의 일이다. 언젠가 흉노(匈奴)들이 사신(使臣. 지난날, 나라의 명·命을 받고 외국에 파견되던 신하)을 파견하여 화친(和親)을 제의(提議)해 왔는데, 왕회(王恢)는 화친(和親)을 반대하면서 무력(武力)으로 흉노(匈奴)를 칠 것을 주장했다. 그러자 한안국(韓安國)이 말했다. "천 리 길을 원정(遠征. 먼 곳으로 싸우러 나감)하게 되면 군사들에게 이로움이 없습니다. …… 힘찬 활에서 튕겨 나간 강한 화살[彊弩之極]도 마지막에는 엷은 비단조차 뚫지 못하고, 아무리 맹렬(猛烈)한 바람이라도 끝에서는 가벼운 기러기 깃털 하나 띄우지 못합니다. 처음부터 힘이 없어서 그러는 것이 아니라 막판에 힘이 쇠약(衰弱)해졌기 때문입니다. 흉노(匈奴)를 토벌(討伐. 무력으로 쳐 없앰)하기 어려우니 화친(和親)을 하는 것이 낫습니다." 여러 대신(大臣)들이 한안국(韓安國)의 의견에 동의하자, 무제(武帝)도 화친(和親)을 허락했다. 즉, 한무제(漢武帝)는 한안국(韓安國)의 말이 타당하다고 여겨 흉노(匈奴)를 정벌(征伐)하려던 계획을 포기하였다는 뜻이다. (그러나) 한무제(漢武帝)는 나중에는 강공책(强攻策)으로 바꿔 흉노(匈奴)를 정벌(征伐)했다.] 위의 이야기는 『사기(史記)』「한장유열전(韓長孺列傳)」에 나오는 이야기인데, 같은 이야기가 『한서(漢書)』의 「한안국전(韓安國傳)」편(篇)에도 나온다. 여기서, '한장유(韓長孺)'는 '한안국(韓安國)'을 가리킨다. '한안국(韓安國)'의 자(字. 본이름을 함부로 부르지 않던 시대에, 본이름 대신 부르던 이름)가 '장유(長孺)'이기 때문이다. 「한장유열전(韓長孺列傳)」에는 '강노지극(彊弩之極)'으로 나오고, 「한안국전(韓安國傳)」에는 '강노지말(强弩之末)'로 나온다. 둘 다 같은 뜻이다. '강(彊)'과 '강(强)'은 둘 다 굳셀 '강', 강할 '강'으로 읽고, '극(極)'과 '말(末)'은 각각 끝 '극', 끝 '말'로 읽기 때문이다. 여기서는, 『한서(漢書)』의 「한안국전(韓安國

傳」편(篇)을 선택하여 원문을 설명하고자 한다. 〈또한 신(臣. 신하가 임금에 대하여 자기를 일컫던 말)이 들으니, 맹렬한 바람도 쇠해지면(쇠약해지면), 깃털도 일으키지(날리지) 못하고, 강한 쇠뇌의 끝은, 즉, 센 화살도 멀리 날아가면 끝에 가서는, 그 힘이 비단도 뚫지 못한다고 합니다. 즉, 힘이 약해져 노(魯)나라의 두꺼운 비단이 아닌, 얇은 비단도 뚫지 못한다는 뜻이다. 결국 한안국(韓安國)은, 천 리 길을 원정(遠征)하게 되면, 강노지말(强弩之末)하기 때문에 무력(武力)으로 적국(敵國)을 정복한다는 것을 반대한다는 뜻을 밝힌 셈이다. (且臣聞之, 衝風之衰, 不能起毛羽, **强弩之末, 力不能入魯縞**)〉라는 이야기가 나오는데, '강한 쇠뇌의 끝은 그 힘이 비단도 뚫지 못한다고 합니다.(强弩之末, 力不能入魯縞)'에서, '강노지말(强弩之末)'이 유래했다. 이 말은 아무리 강한 힘이나 세력도 시간이 흐르면 쇠퇴하기 마련이라는 뜻이다. 참고로, 원문의 '且臣聞之'에서, '且'는 또 '차', 또한 '차'로 읽고, '臣'은 신(臣. 신하가 임금에게 자기를 일컫는 말) '신'으로 읽는다. 여기서, '신(臣. 신하가 임금에 대하여 자기를 일컫는 말)'은 '한안국(韓安國)' 자기 자신을 가리킴. '聞'은 들을 '문'으로 읽고, '之'는 어조사 '지'로 읽는다. '그것'을 나타내는 지시 대명사. '且臣聞之'를 직역(直譯)하면, 또한 신(臣)은 그것을 들으니, '衝風之衰'에서, '衝'은 찌를 '충'으로 읽고, '風'은 바람 '풍'으로 읽고, '之'는 어조사 '지'로 읽는다. 여기서는, '~이', '~가'를 나타내는 주격 조사. '衰'는 쇠할(衰~. 힘이나 세력이 점점 줄어서 약해질) '쇠'로 읽는다. '衝風之衰'를 직역(直譯)하면, (참으로) 찌를 듯한 바람이 쇠함(약해짐)은, '不能起毛羽'에서, '能'은 할 수 있을 '능'으로 읽고, '起'는 일으킬 '기'로 읽고, '毛'는 털 '모'로 읽고, '羽'는 깃(조류의 몸 표면을 덮고 있는 털) '우', 깃털(조류의 몸 표면을 덮고 있는 털) '우'로 읽는다. '毛羽'는 길짐승의 털과 날짐승의 깃을 아울러 이르는 말. '不能起毛羽'를 직역(直譯)하면, 깃털을 일으킬 수 없고, '强弩之末'에서, '强'은 강할 '강'으로 읽고, '弩'는 쇠뇌(여러 개의 화살이 잇달아 나가게 만든 활의 한 가지) '노'로 읽고, '之'는 어조사 '지'로 읽는다. ~'의'를 나타내는 관형격 조사. '末'은 끝 '말'로 읽는다. '强弩之末'을 직역(直譯)하면, 강노(强弩)의 끝(끝자락)은 즉, 강(强)한 쇠뇌로 (쏜 화살의) 끝이라는 뜻으로, 강하게 날아가던 화살도 마지막에는 힘이 떨어져 맥을 못 쓰듯, 아무리 강(强)하던 것도 시간이 지나면서 힘을 잃고 쇠약(衰弱)해진다는 것을 비유적으로 이르는 말. 또는 어떤 영웅(英雄)이라도 세력(勢力)이 없어지면 아무 일도 하지 못함을 비유적으로 이르는 말. '力不能入魯縞'에서, '力'은 힘 '력(역)'으로 읽고, '入'은 들어갈 '입'으로 읽고, '魯'는 노(魯)나라 '노(로)'로 읽고, '縞'는 흰 비단 '호'로 읽는다. '魯縞'는 중국 노(魯)나라에서 나던 고운 비단. 다시 말하면 중국 전국시대(戰國時代) 노(魯)나라의 특산품이었던 얇은 비단이라고 한다. '力不能入魯縞'를 직역(直譯)하면, (그) 힘이 노(魯)나라의 비단 (속에) 들어갈 수 없습니다. 즉, 아무리 강한 화살도 먼 곳까지 날아가 힘이 다하면 비단 구멍조차 뚫지 못한다는 뜻으로, 영웅도 세력이 없어지면 아무 일도 하지 못한다는 말이다.

강대-무비(强大無比 굳셀 **강**/클 **대**/없을 **무**/견줄 **비**) 견줄 (바가) 없이 굳세고 큼이라는 뜻으로, 비교할 수 없이 굳세고 큼을 이르는 말. ***강대**(强大): 조직이나 나라의 세력이 강하고 판도(版圖. 어떤 세력이 미치는 영역이나 범위)가 넓음. ***무비**(無比): 아주 뛰어나서 견줄 데가 없음. ***굳세다**: '강(强)' 참고. ***견주다**: 부록 '비(比)' 참고.

강랑-재-진(江郎才盡 물 이름 **강**/사내 **랑**/재주 **재**/다할 **진**) 강랑(江郎)의 재주가 다했다는 뜻으로, 사람이 갑자기 무능해지거나 뛰어났던 재능(才能. 어떤 일을 하는 데 필요한 재주와 능력)이 쇠퇴(衰退·頹.

쇠하여 무너짐)한 것을 비유적으로 이르는 말. 학문상에 있어 한 차례 두각(頭角. 머리의 끝이라는 뜻에서, 여럿 중에서 특히 뛰어난 학식이나 재능을 이르는 말)을 나타낸 후 퇴보(退步)하는 것을 뜻한다. *강랑(江郎): 남북조(南北朝) 시대의 문장가 '강엄(江淹)'을 말한다. 그는 평생 훌륭한 산문(散文), 시가(詩歌)를 적지 않게 써서, 사람들에게 '재자강랑(才子江郎)'이라 불렸다. *재주: 순우리말로, 무엇을 잘할 수 있는, 타고난 능력과 슬기. *다하다: 부록 '진(盡)' 참고. 이 사자성어의 유래는 다음과 같다. 『남사(南史)』의 「강엄전(江淹傳)」에 [남북조(南北朝) 시대에 강엄(江淹)이란 유명한 문인(文人. 문필이나 문예 창작에 종사하는 사람)이 있었다. 그가 젊었을 때 집안 형편이 아주 곤궁(困窮. 가난하고 구차함)했지만, 열심히 공부해서 주옥(珠玉. '여럿 가운데서 가장 아름답고 값지고 귀한 것'을 비유하여 이르는 말)같은 글을 많이 지었다. 그러나 송(宋), 제(齊), 양(梁) 3대에 걸쳐 벼슬을 지내다 보니 글재주를 다 써 먹어 문필(文筆. 글과 글씨)이 점점 무뎌져서 말년(末年. 인생의 마지막 무렵)에 가서는 좋은 글을 쓸 수 없었다. 그에 대해서 다음의 전설 같은 이야기가 있다. 강엄(江淹)은 젊어서는 문장이 뛰어났었는데, 만년(晚年. 일생의 끝 시기)에는 재능이 쇠퇴했다. 선성(宣城. 땅 이름)의 태수(太守. 벼슬 이름) 때 사직(辭職. 직무를 그만두고 물러남)하고 돌아가면서 배를 타고 선령사(禪靈寺. 절 이름) 기슭에 도착해 깜박 잠이 들었는데, 여기서, '태수(太守)'는 고대 중국에서 군(郡)의 으뜸 벼슬. 꿈에 자칭(自稱. 남에게 스스로 자기를 일컬음) 장경양(張景陽)이라는 자(者)가 말했다. "전에 내가 비단 한 필을 주었는데, 이제 돌려주어야겠소." 강엄(江淹)이 품에서 비단 여러 장을 꺼내주자, 이 사람('장경양·張景陽'을 가리키는 말)이 대로(大怒. 크게 성냄. 또는 몹시 화냄)하며 말했다. "왜 이렇게 다 잘라 놓았소?" 그('강엄·江淹'을 가리키는 말)는 언덕을 돌아보면서 천천히 말했다. "남은 비단 여러 장은 쓸모가 없으니 그대에게 주겠소." 그 후로는 강엄(江淹)에게는 좋은 글이 나오지 않았다.] 그런데 종영(鐘嶸. 사람 이름)의 『시품(詩品. 시의 격식이나 품격을 뜻하는 말)』에도 전설 같은 이야기가 있다. [처음 강엄(江淹)이 선성군(宣城郡. 군 소재지의 땅 이름)의 태수(太守. 벼슬 이름)를 사직(辭職)하고 야정(冶亭. 땅 이름)에서 머물었는데, 꿈에 한 멋있는 사내가 자칭(自稱) 곽박(郭璞)이라고 하면서 강엄(江淹)에게 말했다. "내 붓이 경(卿)에게 오랫동안 있었으니 이제 돌려주어야겠소."]〈강엄(江淹)은 품을 더듬어 오색 붓을 찾아 그에게 주었다. 그 후부터 시(詩)를 써도 더 이상 말이 되지를 않았다. 그래서 세상에는 강엄(江淹)의 재능이 다했다는 말이 전해지게 되었다.(淹探懷中, 得五色筆授之, 而後爲詩, 不復成語, **故世傳江淹才盡**)〉라는 이야기가 나오는데, '그래서 세상에는 강엄(江淹)의 재능이 다했다는 말이 전해지게 되었다.(故世傳江淹才盡)'에 나타난 '강엄재진(江淹才盡)'에서 '강랑재진(江郎才盡)'으로 유래했다. 그런데 여기서, '강엄(江淹)'은 '강랑(江郎)'과 동일 인물이다. 참고로, 원문의 '淹探懷中'에서, '淹'은 (물에) 담글(액체 속에 넣을) '엄'으로 읽는다. 여기서는, '강엄(江淹)'을 가리킴. '探'은 찾을 '탐'으로 읽고, '懷'는 품을 '회'로 읽고, '中'은 가운데 '중', 속 '중'으로 읽는다. '懷中'은 '품속'과 같은 말로, 품의 속. '淹探懷中'을 직역(直譯)하면, 강엄(江淹)이 품속에서 찾아, '得五色筆授之'에서, '得'은 얻을 '득'으로 읽고, '五'는 다섯 '오'로 읽고, '色'은 빛 '색'으로 읽는다. '五色'은 파랑, 노랑, 빨강, 하양, 검정의 다섯 가지 빛깔. '筆'은 붓 '필'로 읽고, '授'는 줄 '수'로 읽고, '之'는 어조사 '지'로 읽는다. '그'를 나타내는 3인칭 대명사. '得五色筆授之'를 직역(直譯)하면, 다섯 가지 색의 붓을 얻어 그에게 주었다. '而後爲詩'에서, '而'는 말 이을 '이'로 읽는다. '그리고'의 뜻을 나타냄. '爲'는, 여기서는, 지을 '위', 만들 '위'로 읽고, '後'는 뒤 '후'로 읽는다. '而後爲詩'를 직역(直

譯)하면, 그리고 뒤에 시(詩)를 지었다. '不復成語'에서, '復'는 다시 '부'로 읽고, '成'은 이룰 '성'으로 읽고, '語'는 말씀 '어', 말 '어'로 읽는다. '不復成語'를 직역(直譯)하면, (그리고) 다시 말이 이루어지지 않았다. '故世傳江淹才盡'에서, '故'는 그러므로 '고'로 읽고, '世'는 세상(世上) '세'로 읽고, '傳'은 전할 '전'으로 읽고, '江'은 물 이름 '강'으로 읽고, '淹'은 (물에) 담글 '엄'으로 읽는다. '江淹'은 사람 이름. '강랑(江郎)'으로 부르기도 한다. '才'는 재주 '재'로 읽고, '盡'은 다할 '진'으로 읽는다. '故世傳江淹才盡'를 직역(直譯)하면, 그러므로 세상에는 강엄(江淹)의 재주가 다했다는 말이 전해지게 되었다. 여기서, '江郎才盡'이 유래하였는데, 이것을 직역(直譯)하면, 강랑(江郎)의 재주가 다했다는 뜻으로, 사람이 갑자기 무능해지거나 뛰어났던 재능이 쇠퇴(衰退·頹. 쇠하여 무너짐)한 것을 비유적으로 이르는 말. 학문상에 있어 한 차례 두각(頭角. 머리의 끝이라는 뜻에서, 여럿 중에서 특히 뛰어난 학식이나 재능을 이르는 말)을 나타낸 후 퇴보(退步)하는 것을 뜻한다.

강-목-수생(剛木水生 굳셀 **강**/나무 **목**/물 **수**/날 **생**) 굳센 나무에서 (무리하게) 물이 나오게 한다는 뜻으로, 아무것도 없는 사람에게 무리하게 무엇을 내라고 요구함을 이르는 말. =건목수생(乾木水生). 건목생수(乾木生水). *수생(水生): ①물에서 생겨남. ②물에서 삶. ***굳세다**: 부록 '강(剛)' 참고.

강박-관념(强迫觀念 강할 **강**/닥칠 **박**/관념 **관**/생각 **념**) 강(强)하게 닥쳐오는 관념(觀念)과 생각이라는 뜻으로, 마음속에서 떨쳐 버리려 해도 떠나지 아니하는 억눌린 생각. 또는 아무리 떨쳐 버리려 해도 자꾸 마음에 떠오르는 불쾌하거나 불안한 생각. =강박사고(强迫思考). 집 사고장애(思考障礙). ***강박**(强迫): 남의 뜻을 무리하게 내리누르거나 자기 뜻에 억지로 따르게 함. ***관념**(觀念): ①어떤 일에 대한 생각이나 견해. ②자극이 사라진 뒤에도 의식 속에 남는 심상(心象).

강보-소아(襁褓小兒 포대기 **강**/포대기 **보**/작을 **소**/아이 **아**) 포대기와 포대기 (안에 있는) 작은 아이라는 뜻으로, 아직 걷지 못하여 포대기에 싸서 기르는 어린아이를 이르는 말. =강보유아(襁褓幼兒). ***강보**(襁褓): =포대기. 즉, 어린아이를 업거나 덮어 줄 때 쓰는 작은 이불. ***소아**(小兒): =어린아이. 즉, 나이가 어린 아이. ***포대기**: 부록 '강(襁)', '보(褓)' 참고.

강보-유아(襁褓幼兒 포대기 **강**/포대기 **보**/어릴 **유**/아이 **아**) 포대기와 포대기 (안에 있는) 어린아이라는 뜻으로, 아직 걷지 못하여 포대기에 싸서 기르는 어린아이를 이르는 말. =강보소아(襁褓小兒). ***강보**(襁褓): ☞강보소아(襁褓小兒). ***유아**(幼兒): 어린아이. 흔히 학령(學齡. 초등학교에 들어갈 의무가 발생하는 아이. 곧. 만 6세 아이. 또는 의무 교육을 받는 기간. 곧. 만 6세부터 만 12세까지를 일컬음) 이전의 아이를 일컫는다. ***포대기**: 부록 '강(襁)', '보(褓)' 참고.

강산-일변(江山一變 강 **강**/뫼 **산**/한 **일**/변할 **변**) 강(江)과 뫼('산'의 옛말)가 한 (번에) 변하였다는 뜻으로, 세월이 많이 흘렀음을 비유적으로 이르는 말. ***강산**(江山): ①(강과 산이라는 뜻으로) 자연의 경치를 이르는 말. ②=강토(疆土). 즉, 나라의 영토. 국경 안에 있는 땅. ***일변**(一變): 한 번에 바뀜이라는 뜻으로, 아주 싹 달라짐.

강산-지-조(江山之助 강 **강**/뫼 **산**/어조사 **지**/도울 **조**) 강(江)과 뫼('산'의 옛말)의 도움이라는 뜻으로, 산수(山水)의 아름다운 풍경이 사람의 시정(詩情. 시적인 정취. 또는 시적으로 표현하고 싶은 마음)을 북돋움을 이르는 말. ***강산**(江山): ☞강산일변(江山一變).

강산-풍월(江山風月 강 **강**/뫼 **산**/바람 **풍**/달 **월**) 강(江)과 뫼('산'의 옛말) (그리고) 바람과 달. 즉, 풍월(風

月)이라는 뜻으로, 자연의 아름다운 풍경을 이르는 말. *강산(江山): ☞강산일변(江山一變). *풍월(風月): ①청풍(淸風)과 명월(明月). 곧 자연의 아름다움을 이르는 말. ②=음풍농월(吟風弄月). 즉, 맑은 바람과 밝은 달을 대하여 시를 지어 읊으며 즐김.

강상-죄인(綱常罪人 벼리 강/법 상/허물 죄/사람 인) 벼리와 법(法)에 (어긋나) 허물이 (있는) 사람이라는 뜻으로, 예전에, 삼강오상(三綱五常. 본문 참고)에 어긋나는 행위를 한 죄인을 이르던 말. 부모나 남편을 죽인 자(者), 노비(奴婢. 사내종과 계집종을 통틀어 이르는 말)로서 주인을 죽인 자(者). 또는 관노(官奴. 지난날, 관가에서 부리던 노비)로서 관장(官長. 지난날, 시골 사람들이 고을 원을 높이어 일컫던 말)을 죽인 자(者) 등을 일컫는다. *강상(綱常): 삼강(三綱)과 오상(五常)을 아울러 이르는 말. 곧 사람이 지켜야 할 도리(道理. 사람이 마땅히 지켜야 할 바른 길)를 일컫는다. *죄인(罪人): ①죄를 지은 사람. ②부모의 상중(喪中)인 사람이 자기를 이르는 말. *벼리: '강(綱)' 참고.

강상-지-변(綱常之變 벼리 강/법 상/어조사 지/재앙 변) 벼리와 법(法)에 (어긋나) 생기는 재앙(災殃)이라는 뜻으로, 삼강오상(三綱五常. 본문 참고)에 맞지 않는 재앙(災殃)이나 사고(事故)를 이르는 말. *강상(綱常): ☞강상죄인(綱常罪人). *벼리: '강(綱)' 참고. *재앙(災殃): 뜻하지 아니하게 생긴 불행한 변고(變故). 또는 천재지변(天災地變. 본문 참고)으로 인한 불행한 사고(事故). 여기서, '변고(變故)'는 갑작스러운 재앙(災殃)이나 사고(事故).

강안-여자(強顔女子 강할 강/얼굴 안/계집 여/아들 자) 얼굴이 강(強)한 여자(女子)라는 뜻으로, 수치심(羞恥心. 부끄러워하는 마음)을 모르는 여자를 비유적으로 이르는 말. *강안(強顔): 철면피(鐵面皮. 무쇠처럼 두꺼운 낯가죽이라는 뜻으로, '뻔뻔스럽고 염치없는 사람'을 이르는 말)와 같은 뜻. *여자(女子): 여성(女性)인 사람. ↔남자(男子). 이 사자성어의 유래는 다음과 같다. 유향(劉向)의 『열녀전(烈女傳)·변통전(辯通傳)』「제종리춘(齊鐘離春. '제나라의 종리춘'이라는 뜻임)」과 『신서(新序)』의 「잡사(雜事)」 편(篇)에 [종리춘(鐘離春)은 제(齊)나라 무염읍(無鹽邑. 산동성 동평현) 여자로, 선왕(宣王)의 왕비이다. 그녀의 모양새는 이러했다. 절구 머리에 퀭하니 들어간 눈, 남자 같은 골격, 들창코, 성년 남자처럼 목젖이 나와 있는 두꺼운 목, 숱이 적은 머리털, 허리는 굽고 가슴은 돌출(突出. 밖으로 쑥 불거져 있음)되었으며, 피부는 옻칠을 한 것과 같았다. 즉, 피부는 여성임에도 불구하고 대단히 검다는 뜻이다. 그녀는 나이 40이 되도록 받아 주는 곳이 없어 스스로 시집 갈 곳을 구했으나 아무도 받아들이지 않았고, 사방으로 돌아다녀도 상관(相關. 서로 관련을 가짐. 또는 그런 관계)하는 사람이 없었다. 즉, 종리춘(鐘離春)은, 외모로 봐서는 나이 40이 되도록 시집도 못간 천하(天下)의 추녀(醜女)라는 말이다.]〈어느 날 그녀는 짧은 갈옷을 갖춰 입고 직접 선왕(宣王)을 찾아가 알자(謁者)에게 말했다. "저는 제(齊)나라에서 아무도 원치 않는 여자인데, 군왕(君王. 군주 국가에서 나라를 다스리는 우두머리= 임금)의 성스러운 덕(德. 고매하고 너그러운 도덕적 품성)에 대해 들었습니다. 후궁(后宮)이나 청소하면서 사마문(司馬門) 밖에서 (군왕께) 절이나 할 수 있기를 원합니다. 즉, 종리춘(鐘離春)은 정치에 관심이 많음을 우회적(迂廻·回的. 곧바로 가지 않고 멀리 돌아서 가는 것)으로 드러낸 것이다. 대왕께서 허락해 주시기를 원합니다." 알자(謁者)는 그녀의 말을 선왕(宣王)에게 보고했다. 선왕(宣王)은 마침 점대(漸臺)에서 술을 마시고 있었는데, 왕의 주위에 있던 사람들이 이를 듣고 입을 가리고 크게 웃지 않는 사람이 없었다. 모두들 말했다. "이 사람은 천하에 얼굴이 두꺼운 여자로다. 어찌 이상한 사람이 아닌가?" 즉, 천하(天下)에 못생긴 여자가 선왕(宣

王)을 뵙기를 청하니, 수치(羞恥. <u>부끄러움</u>)를 모르는 뻔뻔한 여자라는 말이다.(鐘離春者, 齊無鹽邑之女, 宣王之正后也. …… 於是乃拂拭短褐, 自詣宣王, 謂謁者曰, 妾齊之不讎女也, 聞君王之聖德, 願備后宮之埽除, 頓首司馬門外, 唯王幸許之, 謁者以聞, 宣王方置酒於漸臺, 左右聞之, 莫不掩口大笑曰, <u>此天下强顏女子也, 豈不異哉.</u>)라는 이야기가 나오는데, 선왕(宣王)의 좌우 사람들이 종리춘(鐘離春)을 보고 '이 사람은 천하에 얼굴이 두꺼운 여자로다(此天下强顏女子也)'에서, '강안여자(强顏女子)'가 유래했다. 앞에서 '종리춘(鐘離春)은 제(齊)나라 무염읍(無鹽邑. <u>산동성 동평현</u>) 여자로, 선왕(宣王)의 왕비이다.'라고 소개하였다. 종리춘(鐘離春)이 선왕(宣王)의 왕비가 되기까지의 과정은 이렇다. 종리춘(鐘離春)이 주위 사람들에게 '강안여자(强顏女子)'라고 모욕을 당하였으나, 선왕(宣王)은 그녀를 내치지 않고 불러 들여 궁(宮)에 들어 오려는 까닭을 물었다. 사실 종리춘(鐘離春)은, 외모는 박색(薄色. <u>주로 여자의 못생긴 얼굴</u>)이었지만, 지혜가 남보다 뛰어난 여인이었다. 그녀는 선왕(宣王)에게 제(齊)나라의 4가지 위기를 조목조목 지적하고, 개혁을 단행하라고 조언하였다. 그 말을 듣고 선왕(宣王)은 자신의 잘못을 뉘우치고 그녀의 충고대로 나라를 재정비하는 데 힘썼다. 그리고 그녀를 무염군(無鹽君)이라 칭(稱)하고 정식 황후(皇后. <u>황제가 정식으로 혼인하여 맞은 아내</u>)로 들였다는 것이다. 원문의 '鐘離春者'에서, '鐘'은 쇠북(<u>'종'의 옛말</u>) '종'으로 읽고, '離'는 떠날 '리(이)'로 읽고, '春'은 봄 '춘'으로 읽는다. 여기서, '鐘離春'은 사람 이름. '者'는 사람 '자'로 읽는다. '鐘離春者'를 직역(直譯)하면, 종리춘(鐘離春)이란 사람은, '齊無鹽邑之女'에서, '齊'는 제(齊)나라 '제'로 읽고, '無'는 없을 '무'로 읽고, '鹽'은 소금 '염'으로 읽고, '邑'은 고을 '읍'으로 읽는다. '無鹽邑'은 땅 이름. '之'는 어조사 '지'로 읽는다. '~의(<u>관형격 조사</u>)'를 나타냄. '齊無鹽邑之女'를 직역(直譯)하면, 제(齊)나라 무염읍(無鹽邑)의 여자이고, '宣王之正后也'에서, '宣'은 베풀 '선'으로 읽는다. '宣王'은 왕 이름. '正'은 바를 '정'으로 읽고, '后'는 왕후(王后. <u>임금의 아내</u>) '후'로 읽는다. '正后'는 임금의 본처, '也'는 어조사 '야'로 읽는다. '~이다(<u>단정</u>)'의 뜻을 나타냄. '宣王之正后也'을 직역(直譯)하면, (종리춘은) 선왕(宣王)의 본처(王后)이다. …… '於是乃拂拭短褐'에서, '於'는 어조사 '어'로 읽는다. '~에(<u>위치</u>)'의 뜻을 나타냄. '是'는 이(<u>지시하는 말</u>) '시'로 읽는다. '於是'는 한문(漢文) 구(句)의 하나로, 이때에 '乃'는 이에(<u>이러하여서 곧</u>) '내'로 읽고, '拂'은 떨칠 '불', 떨어버릴 '불'로 읽고, '拭'은 닦을 '식', 지울 '식', 씻을 '식'으로 읽는다. '拂拭'은 털고 훔치어 깨끗이 함. '短'은 짧을 '단'으로 읽고, '褐'는 굵은 베옷 '갈'로 읽는다. '於是乃拂拭短褐'을 직역(直譯)하면, 이때에 이에 털고 훔치어 깨끗이 한 짧은, 굵은 베옷을 (갖춰 입고). '自詣宣王'에서, '自'는 스스로 '자'로 읽고, '詣'는 나아갈 '예'로 읽는다. '自詣宣王'을 직역(直譯)하면, 스스로 선왕(宣王)에게 나아갔다. '謂謁者曰'에서, '謂'는 일컬을 '위'로 읽는다. '謁者'는 알현(謁見. <u>지체가 높고 귀한 사람을 찾아가 뵘</u>)을 청하는 사람. <u>여기서, '지체'는 순우리말로, 대대로 이어 내려오는 사회적 신분이나 지위를 일컬음. 또는 빈객(賓客. 귀한 손님)을 주인에게 인도하는 사람.</u> '謂謁者曰'을 직역(直譯)하면, (그리고) 알자(謁者)에게 일컬어 말하기를, '妾齊之不讎女也'에서, '妾'은 첩(妾. <u>여자의 겸칭</u>) '첩'으로 읽는다. '저(<u>자기를 낮추어 가리키는 1인칭 대명사</u>)'의 뜻이다. 여기서는, '종리춘(鐘離春)' 자신을 가리킴. '讎'는 대답(對答)할 '수'로 읽는다. '不讎女'는, 직역(直譯)하면 아무도 (나에게) 대답하지 않는 여자. 즉, 아무도 남자들이 나를 원치 않는 여자라는 뜻이다. '妾齊之不讎女也'를 직역(直譯)하면, 첩(妾)은 제(齊)나라의 아무도 (나에게) 대답하지 않는 여자이이온데, 즉, 저는 제(齊)나라에서도 아무도 나를 원치 않는 여자라는 뜻이다. '聞君王之聖德'에서, '聞'은 들을 '문'으로 읽고, '君'은 임금 '군'으로 읽고,

‘王’은 임금 ‘왕’으로 읽는다. ‘君王’은 군주 국가에서 나라를 다스리는 우두머리. ‘聖’은 성스러울 ‘성’으로 읽고, ‘德’은 덕(德. <u>고매하고 너그러운 도덕적 품성</u>) ‘덕’으로 읽는다. ‘聖德’은 임금의 덕(德)을 높여 이르는 말. ‘聞君王之聖德’을 직역(直譯)하면, (저는) 군왕(君王)의 성스러운 덕(德)에 대하여 들었습니다. ‘願備后宮之埽除’에서, ‘願’은 원할 ‘원’으로 읽고, ‘備’는 갖출 ‘비’로 읽고, ‘宮’은 궁궐 ‘궁’으로 읽는다. ‘后宮’은 주되는 궁궐의 뒤쪽에 있는 궁궐. ‘후궁(後宮)’과 같은 뜻. ‘埽’는 쓸 ‘소’로 읽고, ‘除’는 버릴 ‘제’, 청소할 ‘제’로 읽는다. ‘埽除’는 더럽거나 어지러운 것을 쓸고 닦아서 깨끗하게 함. ‘願備后宮之埽除’를 직역(直譯)하면, 후궁(后宮)의 소제(埽除)를 갖추어 (하기를) 원하오니, 즉, <u>후궁(后宮)에서 청소하기를 원한다는 뜻이다.</u> ‘頓首司馬門外’에서, ‘頓’은 조아릴 ‘돈’으로 읽는다. ‘조아리다’는 상대편에게 존경의 뜻을 보이거나 애원하느라고 이마가 바닥에 닿을 정도로 머리를 자꾸 숙이다. ‘首’는 머리 ‘수’로 읽는다. ‘頓首’는 머리가 땅에 닿도록 절을 함. ‘司’는 맡을 ‘사’로 읽고, ‘馬’는 말 ‘마’로 읽고, ‘門’은 문(門) ‘문’으로 읽는다. ‘司馬門’은 황제만 사용할 수 있는 문(門)으로 알려져 있다. ‘外’는 바깥 ‘외’로 읽는다. ‘頓首司馬門外’을 직역(直譯)하면, 사마문(司馬門) 밖에서 머리가 땅에 닿도록 절을 하면서, ‘唯王幸許之’에서, ‘唯’는 오직 ‘유’로 읽고, ‘幸’은 바랄 ‘행’, 희망(希望)할 ‘행’으로 읽고, ‘許’는 허락할 ‘허’로 읽고, ‘之’는 어조사 ‘지’로 읽는다. ‘그것’을 나타내는 지시 대명사. ‘唯王幸許之’을 직역(直譯)하면, 오직 왕께서 그것을 허락하시기를 바랍니다. ‘謁者以聞’에서, ‘以’는 써(<u>그것을 가지고, 그것으로 인하여</u>) ‘이’로 읽고, ‘聞’은 들을 ‘문’으로 읽는다. ‘謁者以聞’을 직역(直譯)하면, 알자(謁者. <u>알현을 청하는 사람</u>)가 듣고 그것을 가지고 (왕에게 보고했다). ‘宣王方置酒於漸臺’에서, ‘方’은 바야흐로(<u>이제 한창, 또는 지금 바로</u>) ‘방’으로 읽고, ‘置’는 둘 ‘치’로 읽고, ‘酒’는 술 ‘주’로 읽고, ‘於’는 어조사 ‘어’로 읽는다. ‘~에’, ‘~에서(<u>위치</u>)’의 뜻을 나타냄. ‘漸’은 점점 ‘점’으로 읽고, ‘臺’는 대(臺. <u>흙이나 돌 따위로 높이 쌓아 올려 사방을 바라볼 수 있게 만든 곳</u>) ‘대’로 읽는다. ‘漸臺’는 중국 한(漢)나라의 무제(武帝)가 세운 누대(樓臺). ‘宣王方置酒於漸臺’을 직역(直譯)하면, 선왕(宣王)은 바야흐로 누대에서 (술잔을) 두고 술을 (마시고 있었는데), ‘左右聞之’에서, ‘左’는 왼쪽 ‘좌’로 읽고, ‘右’는 오른쪽 ‘우’로 읽는다. ‘左右’는 주위에 거느리고 있는 사람. ‘左右聞之’를 직역(直譯)하면, 좌우에 있는 사람들이 그것을 듣고, ‘莫不掩口大笑曰’에서, ‘莫’은 아닐(<u>부정하는 말</u>) ‘막’, 없을 ‘막’으로 읽는다. ‘莫不’은 부정 + 부정의 형태로 ‘강한 긍정’의 뜻이 된다. 직역(直譯)하면 ~하지 않는 것이 없다. ‘掩’은 가릴(<u>보이거나 통하지 못하도록 막을</u>) ‘엄’, 숨길 ‘엄’으로 읽고, ‘口’는 입 ‘구’로 읽고, ‘大’는 클 ‘대’로 읽고, ‘笑’는 웃을 ‘소’로 읽는다. ‘莫不掩口大笑曰’을 직역(直譯)하면, (그때) 입을 가리고 크게 웃지 않는 (사람이) 없었다. ‘此天下强顏女子也’에서, ‘此’는 이(<u>지시하는 말</u>) ‘차’로 읽고, ‘天’은 하늘 ‘천’으로 읽고, ‘下’는 아래 ‘하’로 읽는다. ‘天下’는 관형사적 용법으로, 이 세상에서 다시 없을, ‘强’은 강할 ‘강’으로 읽고, ‘顏’은 얼굴 ‘안’으로 읽고, ‘女’는 계집 ‘녀(여)’로 읽고, ‘子’는 아들 ‘자’로 읽는다. ‘此天下强顏女子也’을 직역(直譯)하면, 이는 이 세상에서 (다시 없을), 얼굴이 강한 여자이다. 여기서, ‘强顏女子’가 유래하였는데, 이것을 직역(直譯)하면, 얼굴이 강(强)한 여자(女子)라는 뜻으로, 수치심(羞恥心)을 모르는 여자를 비유적으로 이르는 말. ‘豈不異哉’에서, ‘豈’는 어찌(<u>의문 부사</u>) ‘기’로 읽고, ‘異’는 기이할(奇異~. <u>기묘하고 이상할</u>) ‘이’로 읽고, ‘哉’는 어조사 ‘재’로 읽는다. ‘~는가?’, ‘~인가?(<u>의문</u>)’의 뜻을 나타냄. ‘豈不異哉’를 직역(直譯)하면, 어찌 기이(奇異)하지 않겠는가?

강압-관념(强壓觀念 강할 강/누를 압/생각 관/생각 념) 閉 강(强)하게 누르는 생각과 생각이라는 뜻으로,

무엇이 자기를 억누르는 것 같은 느낌이나 생각을 이르는 말. *강압(强壓): ①강한 힘으로 누름. 또는 그 압력. ②함부로 억누름. *관념(觀念): ①어떤 일에 대한 생각이나 견해. ②자극이 사라진 뒤에도 의식 속에 남는 심상(心象. <u>감각 기관의 자극 없이 의식 속에 떠오르는 상·象</u>).

강약-부동(强弱不同 강할 **강**/약할 **약**/아닐 **부**/같을 **동**) 강(强)함과 약(弱)함이 같지 아니하다는 뜻으로, 둘 사이의 힘이나 역량(力量. <u>일을 해낼 수 있는 능력. 또는 그 능력의 정도</u>)이 한편은 강(强)하고, 한편은 약(弱)하여 서로 상대가 되지 않음을 이르는 말. 즉, 약한 사람은 강한 사람과 대적할 수 없다는 말이다. 또는 두 편의 힘이나 역량이 강하고 약한 정도가 같지 아니함을 이르는 말. *강약(强弱): ①강함과 약함. ②강자와 약자. *부동(不同): 서로 같지 않음.

강유-겸전(剛柔兼全 굳셀 **강**/부드러울 **유**/아우를 **겸**/모두 **전**) 굳셈과 부드러움이 모두를 아우른다는 뜻으로, 굳세고[剛] 부드러운[柔] 성품을 아울러 가짐을 이르는 말. 즉, 강유(剛柔)를 겸해야 한다는 말이다. *강유(剛柔): 성품의 굳셈과 부드러움. *겸전(兼全): 이것저것을 온전히 갖춤. *굳세다: 부록 '강(剛)' 참고. *아우르다: (둘 또는 여럿을) 한 덩어리나 한 판이 되게 하다.

강천-일색(江天一色 강 **강**/하늘 **천**/한 **일**/빛 **색**) 강(江)과 하늘이 한 빛이라는 뜻으로, 강물의 빛과 하늘의 빛이 같음을 이르는 말. *강천(江天): 멀리 보이는, 강 위의 하늘. *일색(一色): ①한 가지 빛. ②아주 뛰어나게 아름다운 미인. ③같은 종류나 같은 경향이 지배하고 있는 모양을 비유적으로 이르는 말.

강호-연파(江湖煙波 강 **강**/호수 **호**/안개 **연**/물결 **파**) 강(江)과 호수(湖水)에 안개처럼 (이는) 물결이라는 뜻으로, ①강(江)이나 호수(湖水) 위에 안개처럼 보얗게 이는 기운. 또는 그 수면의 잔물결. ②대자연의 풍경을 이르는 말. *강호(江湖): (강과 호수라는 뜻에서) ①자연. 또는 시골. ②세상. 또는 일반 사회. *연파(煙波): 안개가 자욱이 낀 수면(水面).

강호-지-락(江湖之樂 강 **강**/호수 **호**/어조사 **지**/즐길 **락**) 강(江)과 호수(湖水)의 즐김(즐거움)이라는 뜻으로, 자연을 벗 삼아 살아가거나 누리는 즐거움을 이르는 말. *강호(江湖): ☞강호연파(江湖煙波).

강호-지-인(江湖之人 강 **강**/호수 **호**/어조사 **지**/사람 **인**) 강(江)과 호수(湖水)에 (묻혀 사는) 사람이라는 뜻으로, 벼슬하지 아니하고 자연을 벗 삼아 강호(江湖)에 묻혀 사는 사람을 이르는 말. *강호(江湖): ☞강호연파(江湖煙波).

개개-고찰(個個考察 낱 **개**/낱 **개**/상고할 **고**/살필 **찰**) 낱낱이 상고(相考)하고 살핀다는 뜻으로, ①낱낱이 살핌을 이르는 말. ②죄인에게 매질을 할 때 형리(刑吏)를 감시하면서 낱낱이 살피어 몹시 치게 하던 일을 이르는 말. 여기서, '형리(刑吏)'는 왕조 때, 지방 관아의 형방(刑房)에 딸렸던 아전. *개개(個個): 하나하나. 또는 낱낱. *고찰(考察): 사물을 뚜렷이 밝히기 위하여, 깊이 생각하여 살핌. *상고하다(相考~): 부록 '고(考)' 참고.

개개-명창(個個名唱 낱 **개**/낱 **개**/이름 **명**/부를 **창**) 낱낱이 (노래를) 부르는 이름 있는 (사람) 즉, 명창(名唱)이라는 뜻으로, ①노래를 하는 사람마다 명창(名唱)임을 이르는 말. ②노래를 하는 사람마다 노래를 잘 부르지 못함을 놀림조로 이르는 말. ③하는 소리마다 어처구니가 없는 소리임을 놀림조로 이르는 말. *개개(個個): ☞개개고찰(箇箇考察). *명창(名唱): 뛰어나게 노래를 잘 부르는 사람. 또는 그 노래.

개개-승복(個個承服 낱 **개**/낱 **개**/받아들일 **승**/복종할 **복**) 낱낱이 받아들이고 복종(服從)한다는 뜻으로, 지은 죄를 낱낱이 인정하고 자백(自白. <u>자기의 범죄 사실을 인정하는 일</u>)함을 이르는 말. 囲 개개복초(個

個服招). ***개개**(個個): ☞개개고찰(個個考察). ***승복**(承服): ①납득하여 좇음. ②죄를 자백함. ***복종하다**
(服從~): 남의 명령, 요구, 의지(意志. <u>어떠한 일을 이루고자 하는 마음</u>) 따위에 그대로 따르다.

개과-자신(改過自新 고칠 **개**/허물 **과**/스스로 **자**/새 **신**) 허물을 고쳐 스스로 새롭게 (한다는) 뜻으로, 잘못
을 고치어 스스로 새로워짐. 또는 지난날의 잘못이나 허물을 고쳐, 올바르고 착하게 됨을 이르는 말.
=개과천선(改過遷善). ***개과**(改過): 잘못이나 허물을 뉘우쳐 고침. ***자신**(自新): ①묵은 것을 버리고
스스로 새로워짐. ②스스로 지난 잘못을 뉘우치고 바로잡아 새로운 길에 들어섬.

개과-천선(改過遷善 고칠 **개**/허물 **과**/바꿀 **천**/착할 **선**) 허물을 고쳐 착하도록 바꾼다는 뜻으로, 지난날의
잘못이나 허물을 고쳐 올바르고 착하게 됨을 이르는 말. =개과자신(改過自新). 비 회과천선(悔過遷善).
***개과**(改過): ☞개과자신(改過自新). ***천선**(遷善): 나쁜 성정(性情. <u>사람의 성질과 심정. 타고난 성질.</u>
<u>성품</u>)을 고쳐 착하게 됨.

개과-환면(改過換面 고칠 **개**/허물 **과**/바꿀 **환**/겉 **면**) 허물을 고치되 겉만 바꾼다는 뜻으로, 내심(內心.
<u>겉으로 드러나지 아니한 실제의 마음</u>)은 그대로 두고 단지 겉만 고침을 이르는 말. ***개과**(改過): ☞개과
자신(改過自新). ***환면**(換面): 사람을 바꿈.

개관-사-정(蓋棺事定 덮을 **개**/관 **관**/일 **사**/정할 **정**) 관(棺)을 덮은 후 일을 정한다. 즉, 시체(屍體)를 관(棺)
에 넣고 뚜껑을 덮은 후에야 비로소 그 사람이 했던 일에 대한 평가를 결정할 수 있다는 뜻으로, 사람에
대한 평가(評價)는 모든 일이 완전히 끝나기 전에는 아무도 알 수 없다는 것을 비유적으로 이르는 말.
또는 사람이 살아 있을 때에는 정확한 평가가 이루어질 수 없고, 죽은 후에야 비로소 그 사람에 대한
평가(評價)가 제대로 됨을 이르는 말. ***개관**(蓋棺): 시체를 관에 넣고 뚜껑을 덮음. ***관**(棺): 부록 '관(棺)'
참고. 이 사자성어의 유래는 다음과 같다. 두보(杜甫)의 시(詩)「군불견간소혜(君不見簡蘇徯)」편(篇)에
〈백 년 지난 죽은 나무도 가야금으로 쓰이고 / 열 말 되는 썩은 물에도 교룡(蛟龍)이 숨어 있다네. /
장부(丈夫)는 관(棺)이 덮여야 일이 정해지는 것 / 그대 다행히도 아직 늙은이 아니니 / 초췌(憔悴)한 몰
골로 산중에 있음을 한(恨)할 일 뭐가 있나?(百年死樹中琴瑟, 一斛舊水藏蛟龍 / **丈夫蓋棺事始定** / 君今幸
未成老翁 / 何恨憔悴在山中)〉라는 이야기가 나오는데, '장부(丈夫)는 관(棺)이 덮여야 일이 정해지는 것
(丈夫蓋棺事始定)'에서, '개관사정(蓋棺事定)'이 유래했다. 이 시(詩)는 두보(杜甫)가 실의에 빠진 친구의
아들인 소혜(蘇徯)를 격려하기 위해 쓴 것이다. 여기서, '그대'는 소혜(蘇徯)를 가리킨다. 그리고 두보(杜
甫)는 중국 당(唐)나라 때의 시인(詩人)이다. 자(字. <u>본이름을 함부로 부르지 않던 시대에, 본이름 대신</u>
<u>부르던 이름</u>)는 자미(子美)이고, 호(號)는 소릉(少陵), 공부(工部), 노두(老杜) 따위로 불리어진다. 참고
로, 원문의 '百年死樹中琴瑟'에서, '死'는 죽을 '사'로 읽고, '樹'는 나무 '수'로 읽고, '中'은 부합할(符合~.
<u>서로 조금도 틀림이 없이 꼭 들어맞을</u>) '중'으로 읽고, '琴'은 거문고 '금'으로 읽고, '瑟'은 악기 이름
'슬'로 읽는다. 거문고 비슷한 악기라고 한다. '百年死樹中琴瑟'을 직역(直譯)하면, 100년 된 죽은 나무가
거문고 (만들기에) 부합하고, '一斛舊水藏蛟龍'에서, '一'은 한 '일'로 읽고, '斛'은 열 말들이 휘 '곡'으로
읽는다. '휘'는 열 말[斗]의 용량을 이르는 말이다. '舊'는 옛 '구'로 읽는다. '舊水'를 직역(直譯)하면, 옛날
물. '藏'은 감출 '장', 숨을 '장'으로 읽고, '蛟'는 교룡(蛟龍) '교'로 읽는다. '교룡(蛟龍)'은 상상의 동물인
용(龍)의 일종을 일컫는다. 모양이 뱀과 같고, 길이가 한 발이 넘으며, 네 개의 넓적한 발이 있다고
한다. '一斛舊水藏蛟龍'을 직역(直譯)하면, 열 말 되는 옛 물속에 교룡(蛟龍)이 숨어 있네. '丈夫蓋棺事始

定’에서, ‘丈’은 어른 ‘장’으로 읽고, ‘夫’는 사내 ‘부’, 장정 ‘부’로 읽는다. ‘丈夫’는 다 자란 씩씩한 남자. ‘蓋’는 덮을 ‘개’로 읽고, ‘棺’은 관 ‘관’으로 읽고, ‘事’는 일 ‘사’로 읽고, ‘始’는 비로소 ‘시’로 읽고, ‘定’은 정할 ‘정’으로 읽는다. ‘丈夫蓋棺事始定’를 직역(直譯)하면, 장부(丈夫)는 관(棺)을 덮은 후 일이 비로소 정해지니, 즉, 사람은 죽은 후에야 비로소 그 사람에 대한 평가가 제대로 된다는 말이다. 여기서, ‘蓋棺事定’이 유래하였는데, 이것을 직역(直譯)하면, 관(棺)을 덮은 후 일이 정해진다. 즉, 시체(屍體)를 관(棺)에 넣고 뚜껑을 덮은 후에야 비로소 그 사람이 했던 일에 대한 평가를 결정할 수 있다는 뜻으로, 사람에 대한 평가(評價)는 모든 일이 완전히 끝나기 전에는 아무도 알 수 없다는 것을 비유적으로 이르는 말. 또는 사람이 살아 있을 때에는 정확한 평가가 이루어질 수 없고, 죽은 후에야 비로소 그 사람에 대한 평가(評價)가 제대로 됨을 이르는 말. ‘君今幸未成老翁’에서, ‘君’은 그대 ‘군’, 자네 ‘군’으로 읽고, ‘今’은 이제 ‘금’, 지금 ‘금’으로 읽고, ‘幸’은 다행 ‘행’으로 읽고, ‘未’는 아닐 ‘미’로 읽고, ‘成’은 이룰 ‘성’으로 읽고, ‘老’는 늙을 ‘로(노)’로 읽고, ‘翁’은 늙은이 ‘옹’으로 읽는다. ‘老翁’은 늙은 남자. ‘君今幸未成老翁’을 직역(直譯)하면, 그대는 이제 다행히 늙은 남자로 다 이루지 못하였으니, 즉, 그대는 다행히 늙은 남자가 아니라는 뜻이다. ‘何恨憔悴在山中’에서, ‘何’는 무슨 ‘하’로 읽고, ‘恨’은 한할(恨~. 원통하게 여길) ‘한’으로 읽고, ‘憔’는 파리할(몸이 마르고 낯빛이나 살색이, 핏기가 전혀 없을) ‘초’로 읽고, ‘悴’는 파리할 ‘췌’로 읽는다. ‘憔悴’는 병, 근심, 고생 따위로 얼굴이나 몸이 여위고 파리함. ‘在’는 있을 ‘재’로 읽는다. ‘何恨憔悴在山中’을 직역(直譯)하면, 초췌한 모습으로 산중(山中)에 있으면서 한(恨)할 일이 무엇인가?

개국-공신(開國功臣 열 **개**/나라 **국**/공로 **공**/신하 **신**) 나라를 열 (때) 공로(功勞)가 (있는) 신하(臣下)라는 뜻으로, 새로 나라를 세울 때에 큰 공로(功勞)가 있는 신하(臣下)를 이르는 말. 역사적으로, 고려(高麗) 태조(太祖) 왕건(王建)을 도와 건국(建國)에 이바지한 홍유(洪儒), 배현경(裴玄慶), 신숭겸(申崇謙), 복지겸(卜智謙) 등을 고려(高麗)의 개국공신(開國功臣)이라 일컫는다. *개국(開國): 새로 나라를 세움. *공신(功臣): 나라를 위하여 특별한 공(功)을 세운 신하(臣下).

개권-유-득(開卷有得 펼 **개**/책 **권**/있을 **유**/얻을 **득**) 책(冊)을 펴면 얻음이 있다. 즉, 책(冊)을 열면 소득(所得)이 있다는 뜻으로, 책을 읽게 되면 항상 새로운 지식이나 유익함을 얻게 됨을 이르는 말. =개권유익(開卷有益). *개권(開卷): 책을 폄.

개권-유익(開卷有益 펼 **개**/책 **권**/있을 **유**/유익할 **익**) 책(冊)을 펴면 유익(有益)함이 있다. 즉, 책을 펼치기만 해도 유익하다는 뜻으로, 독서(讀書)를 하면 유익한 일이 많음을 비유적으로 이르는 말. 즉, 책을 많이 읽어서 지식과 지혜를 쌓으면 좋은 일이 많다는 뜻이다. 독서(讀書)를 권장하는 말이다. =개권유득(開卷有得). *개권(開卷): ☞ 개권유득(開卷有得). *유익(有益): 이롭거나 이익이 있음. 또는 도움이 되는 데가 있음. 이 사자성어의 유래는 다음과 같다. 왕벽지(王闢之)의 「승수연담록(繩水燕談錄)」 편(篇)에 〈태종은 (크게 기뻐하며) 매일 세 권씩 읽었는데, 일이 있어 읽지 못하게 되면 쉬는 날에 보충했다. “책은 펼치기만 해도 유익하다오. 짐(朕)은 수고스러운 일이라고 생각하지 않는다오.”(太宗曰閱御覽三卷, 因事有闕, 暇日追補之, 嘗曰, **開卷有益**, 朕不以爲勞也.〉라는 이야기가 나오는데, ‘책은 펼치기만 해도 유익하다오.(開卷有益)’에서, ‘개권유익(開卷有益)’이 유래했다. 이 이야기의 배경은 이렇다. 송(宋)나라 태종(太宗)은 책 읽기를 좋아해 이방(李昉) 따위에게 명(命)하여 방대한 사서(辭書. 낱말을 모아 일정한 순서로 배열하여, 발음·뜻·용법·어원 따위를 해설한 책. ‘사전·辭典’과 같은 말)를 편찬케 했다. 무려 7년의 시간을 들여 완성된 이 사서(辭書)는 모두 1,000여 권. 태종(太宗) 태평(太平) 연간(年間. <u>임금의 재위 기간</u>)에 편찬되었으므로 그 연호(年號. <u>임금의 재위 연대에 붙이는 칭호. 광무, 융희 따위</u>)를 따서 태평총류(太平總類)라 이름 지었다. 태종은 『태평총류(太平總類)』를 1년 만에 읽었다고 하는데, 황제가 직접 읽었다고 해서 뒷날 사람들은 이 책을 『태평어람(太平御覽)』이라고도 불렀다. 참고로, 원문의 '太宗日閱御覽三卷'에서, '太'는 클 '태'로 읽고, '宗'은 마루 '종'으로 읽는다. '太宗'은 중국 송나라 때 임금 이름. '日'은 일컬을 '왈'로 읽고, '閱'은 살펴볼 '열'로 읽고, '御'는 경칭(敬稱. <u>공경하</u>는 뜻으로 부르는 칭호. 또는 존대하여 <u>일컬음</u>) '어'로 읽는다. 임금에 관한 사물이나 행위에 붙이는 경칭(敬稱)이다. '覽'은 볼 '람(<u>남</u>)'으로 읽는다. '閱覽'은 책을 읽음. '御覽'은 '임금이 봄'을 높여 이르던 말. '閱御覽'을 직역(直譯)하면, 임금께서 책을 읽음. '太宗日閱御覽三卷'을 직역(直譯)하면, 태종이 일컫기를, (하루에) 3권의 책을 (친히) 읽었는데, 즉, 『태평총류(太平總類)』 또는 『태평어람(太平御覽)』을 3권이나 읽었다는 뜻이다. '因事有闕'에서, '因'은 말미암을 '인'으로 읽고, '事'는 일 '사'로 읽고, '有'는 있을 '유'로 읽고, '闕'은 빠질 '궐'로 읽는다. '因事有闕'을 직역(直譯)하면, 일로 말미암아 빠지는 (일이) 있으면, '暇日追補之'에서, '暇'는 틈 '가', 한가할 '가'로 읽는다. '暇日'은 한가한 날. '追'는 따를 '추', 쫓을 '추'로 읽고, '補'는 보낼 '보', 채울 '보'로 읽는다. '追補'는 이미(<u>돌이킬 수 없이 된 지난 일을 일컬을 때 쓰는 말</u>) 완성된 것에 다시 덧붙임. '之'는 어조사 '지'로 읽는다. '그것'을 나타내는 지시 대명사. '暇日追補之'를 직역(直譯)하면, (그렇게 되면) 한가한 날에 그것을 추가하여 보태었다. '嘗日'에서, '嘗'은 일찍 '상'으로 읽는다. '嘗日'을 직역(直譯)하면, 일찍이 (태종이) 말하기를, '開卷有益'에서, '開'는 펼 '개'로 읽고, '卷'은 책(冊) '권'으로 읽고, '有'는 있을 '유'로 읽고, '益'은 유익할 '익'으로 읽는다. '開卷有益'을 직역(直譯)하면, 책(冊)을 펴면 유익(有益)함이 있다. 즉, 책을 펼치기만 해도 유익하다는 뜻으로, 독서(讀書)를 하면 유익한 일이 많음을 비유적으로 이르는 말. 또는 책을 많이 읽어서 지식과 지혜를 쌓으면 좋은 일이 많다는 뜻. 독서(讀書)를 권장하는 말이다. '朕不以爲勞也'에서, '朕'은 나(<u>임금이 자기를 이르는 말</u>) '짐'으로 읽고, '以'는 써(<u>그것을 가지고, 그것으로 인하여</u>) '이'로 읽고, '爲'는 할 '위'로 읽는다. '以爲'는 한문(漢文) 구(句)의 하나로, 생각하건대, ~라고 생각한다. '勞'는 수고로울 '로(<u>노</u>)'로 읽고, '也'는 어조사 '야'로 읽는다. '~이다(<u>단정</u>)'의 뜻을 나타냄. '朕不以爲勞也'를 직역(直譯)하면, 짐(朕)은 그것으로 인하여 수고로움이라고 생각하지 않는다.

개동-군령(開東軍令 열 **개**/동녘 **동**/군사 **군**/명령할 **령**) 동녘에서 (뜨는 해가 어둠이라는 문을) 열 때 군사(軍士)들에게 명령한다는 뜻으로, ①지난날, 군대에서 이른 새벽에 내리는 군사 행동 명령을 이르는 말. ②새벽 일찍부터 일을 시작함을 비유적으로 이르는 말. *개동(開東): 먼동이 틈. 또는 그런 때. *군령(軍令): ①군중(軍中. <u>군대의 안. 또는 군인의 몸으로 전쟁터에 나가 있는 동안</u>)의 명령. 또는 진중(陣中)의 명령. ②군의 통수권(統帥權. <u>한 나라의 군대를 통솔하는 권력</u>)을 가진 원수(元首. <u>군인의 가장 높은 계급</u>)가 군대에 내리는 군사상의 명령. *군사(軍士): 부록 '군(軍)' 참고.

개-두-환면(改頭換面 고칠 **개**/머리 **두**/바꿀 **환**/낯 **면**) 머리를 고치고 낯을 바꾼다. 즉, 머리를 고치고 얼굴만 바꾼다는 뜻으로, 어떤 일의 근본(根本)은 고치지 아니하고 사람만 바꾸어 그 일을 그대로 시킴을 이르는 말. 즉, 일을 근본적으로 바꾸지 않고 사람만 바꾼다는 말이다. *환면(換面): 사람을 바꿈.

개문-납-적(開門納賊 열 **개**/문 **문**/들일 **납**/도둑 **적**) 문(門)을 열어 도둑을 들인다. 즉, 문(門)을 열어 도둑이 들어오게 한다는 뜻으로, 제 스스로 화(禍)를 불러들임을 비유적으로 이르는 말. 🈺 개문납도(開門納

盜). 개문읍도(開門揖盜). *개문(開門): 문을 엶. ↔폐문(閉門).《관련 속담》도둑놈 문 열어준 셈.

개문-영입(開門迎入 열 **개**/문 **문**/맞을 **영**/들 **입**) 문(門)을 열고 맞이하여 들인다는 뜻으로, 문(門)을 열어 손님들을 반가이 맞아들임을 이르는 말. *개문(開門): ☞개문납적(開門納賊). *영입(迎入): 사람을 맞아 들임.

개문-읍-도(開門揖盜 열 **개**/문 **문**/읍할 **읍**/도둑 **도**) 문(門)을 열고 도둑에게 읍한다(인사를 한다). 또는 일부러 문을 열어놓고 도둑을 청(請)한다는 뜻으로, 스스로 화(禍)를 불러들이는 것을 비유적으로 이르 는 말. 웹 개문납도(開門納盜). 개문납적(開門納賊). *개문(開門): ☞개문납적(開門納賊). *읍하다(揖~): 부록 '읍(揖)' 참고. 이 사자성어의 유래는 다음과 같다. 『삼국지(三國志)·오서(吳書)』의 「오주전(吳主傳)」 편(篇)에 〈지금 농간을 부리는 간사한 무리들이 우리를 뒤쫓아 오고 있고, 이리 같은 놈들이 도처에 가득한데, 형님의 죽음만을 슬퍼하고 예법만을 지키려고 한다면, 이는 문을 열어 도둑을 맞아들이는 것과 같아 어질다고 할 수 없습니다.(況今奸宄競逐, 豺狼滿道, 乃欲哀親戚, 顧禮制, <u>是猶開門揖盜</u>, 未可 以爲仁也)〉라는 이야기가 나오는데, '이는 문을 열어 도둑을 맞아들이는 것과 같아.(是猶開門揖盜)'에서, '개문읍도(開門揖盜)'가 유래했다. 이 이야기의 배경은 이렇다. 후한(後漢) 말년, 한(漢)나라 황실(皇室. 황제의 집안)이 더 이상 전국(全國)을 통제할 능력을 상실하게 되자, 군벌(軍閥. <u>군부를 중심으로 한 정치적 세력</u>)들이 자신의 세력 기반을 키워 나갔다. 당시(當時. <u>일이 있었던 바로 그때. 또는 이야기하고 있는 그 시기</u>) 손책(孫策)은 강동(江東)을 자신의 세력 기반으로 키우려고 했다. 손책(孫策)의 세력이 점점 강해지자, 강동(江東. 땅 이름) 오군(吳郡. 땅 이름)의 태수(太守. 벼슬 이름)인 허공(許貢)은 당시의 황제(皇帝)인 헌제(獻帝)에게 손책(孫策)을 다른 곳으로 보내 후환(後患. <u>어떤 일로 말미암아, 뒷날에 생기는 걱정이나 근심</u>)을 제거해야 한다는 상소(上疏. <u>임금에게 글을 올림. 또는 그 글</u>)를 올리기 위해 몰래 사람을 보냈다. 여기서, '태수(太守)'는 고대 중국에서 군(郡)의 으뜸 벼슬. 하지만 상소문(上疏文)을 가지고 가던 사람이 손책(孫策)의 부하에게 붙잡히고 말았다. 손책(孫策)은 크게 노(怒)하여 허공(許貢) 을 목 졸라 죽여 버렸다. 평소 허공(許貢)에게 큰 은혜를 입었던 식객(食客. <u>지난날, 세력이 있는 사람의 집에서 손님이 되어 지내는 사람을 이르던 말</u>) 세 사람이 허공(許貢)의 원수를 갚기 위해 기회를 기다리 다가, 어느 날 손책(孫策)이 단도서산(丹徒西山)으로 사냥 간다는 소식을 듣고 그 기회를 이용하여 그를 기습(奇襲. <u>적이 생각지 않았던 때에, 갑자기 들이쳐 공격함. 또는 그런 공격</u>)하였다. 손책(孫策)은, 위기 는 벗어났지만 몸에 큰 상처를 입었다. 상처가 악화되어 위독해지자, 동생 손권(孫權)에게 후사(後事. <u>뒷일. 죽은 뒤의 일</u>)를 맡기고 세상을 떠났다. 그 때 손권(孫權)은 나이가 겨우 15세였다. 그의 형을 몹시 슬퍼하며, 군정(軍政)을 보살필 생각도 하지 않고 비탄에만 빠져 있었다. 위의 이야기는 그때 손책 (孫策)의 가신(家臣. <u>봉건 시대에, 공경대부의 집에 딸려 그들을 섬기던 사람</u>)인 장소(張昭)가 손권(孫權) 에게 '개문읍도(開門揖盜)'를 예로 들면서, 사사로운 감정에서 벗어나 정사(政事)에 충실하라고 충고하는 내용이다. 충고를 받아들인 손권(孫權)은 즉시 정신을 차리고 형의 유지(有志)를 지켜 먼저 아버지 손견 (孫堅)의 원수인 황조(黃祖)를 무찌르고, 유비(劉備)와 연합하여 적벽(赤壁)의 싸움에서 조조(曹操)를 물 리쳐 삼국(三國) 정립(鼎立. <u>솥발 모양으로 셋이 벌여 섬</u>)의 기틀을 다졌다. 최종적으로 오(吳)나라를 세우고 제위(帝位. 제왕의 자리)에 올랐다. 참고로, 원문의 '況今奸宄競逐'에서, '況'은 형편 '황', 하물며 '황'으로 읽고, '今'은 이제 '금', 지금 '금'으로 읽고, '奸'은 간사(奸詐)할 '간'으로 읽고, '宄'는 간악할

‘귀’로 읽고, ‘競’은 다툴 ‘경’으로 읽고, ‘逐’은 쫓을 ‘축’으로 읽는다. ‘況今奸募競逐’을 직역(直譯)하면, 하물며 지금은 간사하고 간악한 (무리들이) 다투어 (우리를) 쫓고 (있고), ‘豺狼滿道’에서, ‘豺’는 승냥이(갯과의 포유류) ‘시’로 읽고, ‘狼’은 이리(‘늑대’와 같은 말) ‘랑(낭)’으로 읽고, ‘滿’은 가득할 ‘만’으로 읽고, ‘道’는 길 ‘도’로 읽는다. ‘豺狼滿道’를 직역(直譯)하면, 승냥이와 이리가 길에 가득한데, ‘乃欲哀親戚’에서 ‘乃’는 이에(이러하여서 곧) ‘내’로 읽고, ‘欲’은 하고자 할 ‘욕’으로 읽고, ‘哀’는 슬플 ‘애’로 읽고, ‘親’은 친척 ‘친’으로 읽고, ‘戚’은 친척 ‘척’으로 읽는다. ‘親戚’은 친척(親戚)과 외척(外戚)을 아울러 이르는 말. 여기서는, ‘형님’을 가리킴. ‘乃欲哀親戚’를 직역(直譯)하면, 이에 친척(형님)의 (죽음을) 슬퍼하고자 하며, ‘顧禮制’에서, ‘顧’는 돌아볼 ‘고’로 읽는다. ‘禮制’는 상례(喪禮)에 관한 제도(制度). ‘顧禮制’를 직역(直譯)하면, 상례(喪禮)에 관한 제도(制度)만 돌아보려 (하시니), ‘是猶開門揖盜’에서, ‘是’는 이(지시하는 말) ‘시’로 읽고, ‘猶’는 오직 ‘유’로 읽는다. ‘是猶’를 직역(直譯)하면, 이것이 오직 (~와 같다). ‘開’는 열 ‘개’로 읽고, ‘門’은 문(門) ‘문’으로 읽고, ‘揖’은 읍할 ‘읍’으로 읽고, ‘盜’는 도둑 ‘도’로 읽는다. ‘是猶開門揖盜’를 직역(直譯)하면, 이것은 오직 문(門)을 열고 도둑에게 읍하는(인사하는) 것과 같으니, 즉, 스스로 화(禍)를 불러들이는 것과 같다는 뜻이다. 여기서, ‘開門揖盜’가 유래하였는데, 이것을 직역(直譯)하면, 문(門)을 열고 도둑에게 읍한다(인사를 한다). 또는 일부러 문을 열어놓고 도둑을 청(請)한다는 뜻으로, 스스로 화(禍)를 불러들이는 것을 비유적으로 이르는 말. ‘未可以爲仁也’에서, ‘未’는 아닐 ‘미’로 읽고, ‘可’는 가히(可~. ‘능히’, ‘넉넉히’의 뜻을 나타냄) ‘가’로 읽고, ‘以’는 써(그것을 가지고, 그것으로 인하여) ‘이’로 읽는다. ‘可以’는 한문(漢文) 구(句)의 하나로, ~할 수 있다. ‘爲’는 할 ‘위’로 읽고, ‘仁’은 어질 ‘인’으로 읽고, ‘也’는 어조사 ‘야’로 읽는다. ‘~이다(단정)’의 뜻을 나타냄. ‘未可以爲仁也’를 직역(直譯)하면, 어질다고 할 수 없습니다.

개-물-성무(開物成務 깨우칠 개/사물 물/이룰 성/힘쓸 무) 사물을 깨우쳐 힘써 이룬다는 뜻으로, 만물(萬物. 온갖 물건 또는 세상에 있는 모든 것)의 뜻을 깨달아 모든 일을 이룸을 이르는 말. *성무(成務): 임무를 완수함.

개별-지도(個別指導 낱 개/다를 별/가리킬 지/인도할 도) 낱낱이 다르게 가리키고 인도(引導)한다는 뜻으로, 피교육자의 처지나 특성에 따라 개별적으로 가르치는 일. 즉, 학습자 개인의 학업성적, 적성, 흥미, 환경에 맞추어 따로따로 지도(指導)하는 일을 이르는 말. 囲 개별교수(個別敎授). 참 집단지도(集團指導). *개별(個別): (주로 명사 앞에 쓰여) 여럿 중에서 하나씩 따로 나뉘어 있는 상태. *지도(指導): ①일정한 목적이나 방향으로 가르쳐 이끎. ②=학습지도(學習指導). 즉, 교과의 학습을 지도하는 일.

개선-광정(改善匡正 고칠 개/좋을 선/바룰 광/바를 정) 좋은 (것으로) 고치고 바르도록 바룬다는 뜻으로, 개선(改善)과 광정(匡正)을 아울러 이르는 말. 즉, 잘못된 것들을 좋게 고치고, 올바르지 않은 것들을 올바르게 고쳐 나간다는 뜻이다. *개선(改善): 잘못된 점을 고치어 잘되게 함. 또는 좋은 방향으로 고침. *광정(匡正): 잘못된 일이나 부정 따위를 바로잡음. *바루다: 부록 ‘광(匡)’ 참고.

개선-장군(凱旋將軍 개선할 개/돌 선/장수 장/군사 군) 개선(凱旋)하여 돌아온 장군(將軍)이라는 뜻으로, ①적(敵)과의 싸움에서 이기고 돌아온 장군을 이르는 말. ②어떤 일에 크게 성공한 사람을 비유적으로 이르는 말. *개선(凱旋): 싸움에서 이기고 돌아옴. *장군(將軍): ①군(軍)의 우두머리로 군(軍)을 지휘하고 통솔하는 무관(武官). ②힘이 아주 센 사람을 비유적으로 이르는 말. ③준장(准將), 소장(少將), 중장

(中將), 대장(大將)을 통틀어 이르는 말. *돌다: 부록 '선(旋)' 참고. *장수(將帥): 부록 '장(將)' 참고. *군사(軍士): 부록 '군(軍)' 참고.

개세-영웅(蓋世英雄 덮을 **개**/세상 **세**/재주 뛰어날 **영**/뛰어날 **웅**) 세상을 덮을 만큼 재주(순우리말로, 무엇을 잘할 수 있는, 타고난 능력과 슬기)가 뛰어남이라는 뜻으로, 기상(氣像)이나 위력(威力), 재능(才能. 어떤 일을 하는 데 필요한 재주와 능력) 따위가 세상을 뒤덮을 만큼 뛰어난 영웅(英雄)을 이르는 말. 여기서, '기상(氣像)'은 사람이 타고난, 꿋꿋한 바탕이나 올곧은 마음씨. 또는 그것이 겉으로 드러난 모습. '위력(威力)'은 사람을 억누르는 힘. 또는 강대한 힘이나 권력을 이르는 말. *개세(蓋世): 기상(氣像)이나 위력(威力), 재능(才能) 따위가 세상을 뒤덮음. *영웅(英雄): ①재지(才智. 재주와 지혜)와 담력(膽力. 사물을 두려워하지 않는 기력. 또는 겁이 없고 용감한 기운)과 무용(武勇. 무예와 용맹. 또는 싸움에서 용맹스러움을 이르는 말)이 특별히 뛰어난 인물. 여기서, '기운'은 순우리말로, 생물이 살아 움직이는 원기(元氣). 또는 거기서 나오는 힘. ②보통 사람으로는 엄두도 못 낼 유익한 대사업을 이룩하여 칭송(稱頌. 공덕·功德 따위를 칭찬하여 일컬음. 또는 그런 말) 받는 사람.

개세-지-재(蓋世之才 덮을 **개**/세상 **세**/어조사 **지**/재주 **재**) 세상을 덮을 만한 재주라는 뜻으로, 온 세상을 뒤덮을 만큼 뛰어난 재주, 또는 그 재주를 가진 사람을 이르는 말. *개세(蓋世): ☞개세지재(蓋世之才). *재주: 순우리말로, 무엇을 잘할 수 있는, 타고난 능력과 슬기.

개세-지-풍(蓋世之風 덮을 **개**/세상 **세**/어조사 **지**/풍채 **풍**) 세상을 덮을 만한 풍채(風采)라는 뜻으로, 온 세상을 뒤덮을 만큼 뛰어난 풍채(風采)와 용모(容貌. 사람의 얼굴 모양)를 이르는 말. *개세(蓋世): ☞개세지재(蓋世之才). *풍채(風采): 사람의, 드러나 보이는 의젓한 겉모양.

개-옥-개-행(改玉改行 바꿀 **개**/구슬 **옥**/바꿀 **개**/걸을 **행**) 구슬을 바꾸면 걸음도 바꾼다. 즉, 차고 다닐 옥(玉)의 종류를 바꾸면 걸음걸이도 바꾸어야 한다는 뜻으로, 법(法)을 바꾸면 일도 고쳐야 함을 비유적으로 이르는 말.

객고-막심(客苦莫甚 나그네 **객**/괴로울 **고**/더할 수 없을 **막**/심할 **심**) 나그네의 괴로움은 더할 수 없이 심하다는 뜻으로, 객지(客地)에서 겪는 고생이 대단함을 이르는 말. *객고(客苦): ①객지에서 고생을 겪음. 또는 그 고생. ②쓸데없이 고생을 겪음. 또는 그 고생. *막심(莫甚): 매우 심함. 또는 아주 대단함.

객-반-위주(客反爲主 손 **객**/돌이킬 **반**/될 **위**/주인 **주**) 손님이 돌이켜 주인이 된다. 즉, 손님이 도리어 주인 노릇을 한다는 뜻으로, 부차적(副次的. 주된 것이 아니라 그것에 곁따라 있는 것)인 것을 주(主)된 것보다 오히려 더 중요하게 여김을 비유적으로 이르는 말. 囲 주객전도(主客顚倒). *위주(爲主): 으뜸(중요한 정도로 본, 어떤 사물의 첫째를 이르는 말)으로 삼음. 《관련 속담》 나그네가 주인을 노릇한다.

객중-보체(客中寶體 나그네 **객**/가운데 **중**/보배 **보**/몸 **체**) 나그네의 가운데에 (있는) 보배로운 몸. 즉, 객지(客地. 자기가 살던 고장을 떠나 임시로 머무르는 곳)에 있는 보배로운 몸이라는 뜻으로, 주로 한문투의 편지(便紙) 글에서 객지(客地)에 있는 상대편을 높여 이르는 말. *객중(客中): 객지에 있는 동안. *보체(寶體): 귀중한 몸이라는 뜻으로, 편지글에서 상대편을 높여 이르는 말.

객창-한등(客窓寒燈 나그네 **객**/창 **창**/찰 **한**/등불 **등**) 나그네가 (묵는) 창(窓)의 찬 등불이라는 뜻으로, 객창(客窓)에 비치는 쓸쓸한 불빛을 이르는 말. *객창(客窓): ①나그네가 객지(客地. 자기가 살던 고장을 떠나 임시로 머무르는 곳)에서 묵는 방. ②=객지살이(客地~). 즉, 객지(客地)에서 살아가는 생활. *한등

(寒燈): ①겨울밤의 등불. ②쓸쓸하게 비치는 등불.

갱무-도리(更無道理 다시 **갱**/없을 **무**/도리 **도**/도리 **리**) 다시는 없을 도리(道理)라는 뜻으로, 다시는 어찌하여 볼 도리(道理)가 없음을 이르는 말. *갱무(更無): 그 이상 더 없음. *도리(道理): 사람이 마땅히 지켜야 할 바른 길.

갱유-분서(坑·阬儒焚書 구덩이 **갱**/선비 **유**/불사를 **분**/책 **서**) 불사른 책(册)과 구덩이에 (묻은) 선비라는 뜻으로, 중국 진시황(秦始皇)이 민간의 서적(書籍)을 불사르고, 유생(儒生)을 구덩이에 묻어 죽인 일을 이르는 말. =분서갱유(焚書坑·阬儒). 여기서, '유생(儒生)'은 유가(儒家)의 도(道)를 닦는 선비. *갱유(坑·阬儒): 중국의 진시황(秦始皇)이 수많은 유생(儒生)을 구덩이에 파묻어 죽인 일. *분서(焚書): 학문이나 언론 탄압의 수단으로, 책을 불태우는 일.

거가-대족(巨家大族 클 **거**/집안 **가**/클 **대**/친족 **족**) 큰 집안과 큰 친족이라는 뜻으로, 대대(代代)로 번창(繁昌)하고 문벌(門閥. 대대로 내려온 그 집안의 사회적 신분이나 지위)이 좋은 집안을 이르는 말. =거실세족(巨室世族). *거가(巨家): ①=거가대족(巨家大族). ②문벌(門閥)이 높은 집안. *대족(大族): 세력이 왕성하고 자손이 많은 집안.

거가-지-락(居家之樂 살 **거**/집 **가**/어조사 **지**/즐거울 **락**) 집에서 사는 즐거움이라는 뜻으로, 세속(世俗. 사람이 살고 있는 모든 사회를 통틀어 이르는 말)의 영화(榮華. 권력과 부귀를 마음껏 누리는 일)에 마음을 두지 않고, 집에서 시(詩)나 서도(書道. 붓글씨를 정신 수양의 관점에서 이르는 말) 따위로 세월을 보내는 즐거움을 이르는 말. *거가(居家): 늘 자기 집에 있음.

거-거-익심(去去益甚 갈 **거**/갈 **거**/더할 **익**/심할 **심**) 가면 갈수록 심함이 더하다는 뜻으로, 갈수록 더욱 심함을 이르는 말. =거익심언(去益甚焉). 유왕유독(俞往俞篤). 유왕유심(俞往俞甚). *익심(益甚): 점점 더 심함.

거경-지-신(巨卿之信 클 **거**/벼슬 **경**/어조사 **지**/믿을 **신**) 거경(巨卿)의 믿음. 즉, 중국 후한(後漢) 시대의 거경(巨卿)의 신의(信義)라는 뜻으로, 약속을 지키는 성실한 인품(人品)이나 굳은 약속(約束)을 비유적으로 이르는 말. *거경(巨卿): 후한(後漢) 사람인 범식(范式)의 자(字. 본이름을 함부로 부르지 않던 시대에, 본이름 대신 부르던 이름)를 일컫는 말. 이 사자성어의 유래는 다음과 같다. 『후한서(後漢書)』의 「독행열전(獨行列傳)」 편(篇)에 〈어머니가 말했다. "2년 동안 헤어져 있었고, 천 리 먼 곳에 떨어져 있는 친구와의 약속인데, 이를 지킬 수 있다고 믿느냐?" "거경(巨卿)은 신의가 있는 선비입니다. 절대 약속을 어기지 않을 것입니다." 어머니가 말했다. "그렇다면 당연히 술을 준비해야지."(母曰, 二年之別, 千里結言, 爾何相信之審邪, 對曰, **巨卿信士**, 必不乖違, 母曰, 若然, 當爲爾醞酒.)〉라는 이야기가 나오는데, '거경(巨卿)은 신의가 있는 선비입니다.(巨卿信士)'에서, '거경지신(巨卿之信)'이 유래했다. 이 이야기의 배경은 이렇다. 후한(後漢) 사람인 범식(范式)의 자(字)는 거경(巨卿)으로 산양(山陽) 금향(金鄕) 사람이다. 그는 어려서부터 태학(太學. 전·근대·前·近代 한국 및 중국의 교육 기관)에서 공부를 한, 많은 학생 중의 한 사람이 되었는데, 그곳에서 여남(汝南) 출신의 장소(張劭)와 친구가 되었다. 장소(張劭)의 자(者)는 원백(元伯)이다. 공부를 마치고 두 사람이 각각 고향으로 돌아갈 때 범식(范式)이 장소(張劭)에게 말했다. "2년 후에 다시 돌아올 때까지 먼저 자네 부모님을 찾아 절을 올리고 자네를 보겠네." 두 사람은 기일(期日. 정해진 날짜)을 정하고 헤어졌다. 2년이 지나 약속한 날이 다가오자, 장소(張劭)는 어머니에게 사실을 말씀 드리고 음식을 준비하여 기다릴 것을 부탁했다. 약속한 날이 되자, 거경(巨卿)이 왔다. 약속을 지킨 거경(巨卿)의 신의를 보여준 것이다. 거경(巨卿)은 먼저 당(堂. <u>한옥에서, 몸채의 방과 방 사이에 있는 큰 마루</u>)에 올라 장소(張劭)의 부모님께 절을 했다. 두 사람은 함께 술을 마시고 회포(懷抱. <u>마음속에 품은 생각</u>)를 푼 후에 헤어졌다. 범식(范式)은 군(郡)의 공조(功曹. <u>벼슬 이름</u>)가 되었다. 그 후 장소(張劭)가 병에 걸려 죽었는데, 범식(范式)의 꿈에 장소(張劭)가 나타나 자신의 죽음을 알리자, 범식(范式)이 흰 말[白馬]이 끄는 흰 수레[素車]를 타고 가서 애도(哀悼. <u>사람의 죽음을 슬퍼하고 애석해 함</u>)했다. 두 사람의 우정과 신의는 이처럼 깊었다. 여기에 대한 자세한 내용은 다른 자료(<u>인터넷·Internet 따위</u>)의 '소거백마(素車白馬)' 참조. 참고로, 원문의 '母曰'에서, '母'는 어미 '모', 어머니 '모'로 읽는다. '母曰'을 직역(直譯)하면, 어머니가 말하기를, '二年之別'에서, '二'는 두 '이'로 읽고, '年'은 해 '년(연)'으로 읽고, '之'는 어조사 '지'로 읽는다. '~의'를 뜻하는 관형격 조사. '別'은 헤어질 '별'로 읽는다. '二年之別'을 직역(直譯)하면, 2년의 헤어짐(<u>이별</u>)에, '千里結言'에서, '千'은 일천 '천'으로 읽고, '里'는 리(里. <u>거리의 단위</u>) '리(이)'로 읽고, '結'은 맺을 '결'로 읽고, '言'은 말씀 '언'으로 읽는다. '千里結言'을 직역(直譯)하면, 천리나 떨어진 곳에서의 맺은 말인데, '爾何相信之審邪'에서, '爾'는 너(<u>2인칭 대명사</u>) '이'로 읽고, '何'는 어찌(<u>의문 부사</u>) '하'로 읽고, '相'은 서로 '상'으로 읽고, '信'은 믿을 '신'으로 읽고, '之'는 어조사 '지'로 읽는다. '그것'을 나타내는 지시 대명사. '審'은 살필 '심'으로 읽고, '邪'는 어조사 '야'로 읽는다. 의문이나 부정의 뜻을 나타냄. '爾何相信之審邪'를 직역(直譯)하면, 너는 어찌 서로 믿고 그것을 살핀다(<u>약속을 지킨다</u>)고 하느냐? '對曰'에서, '對'는 대답할 '대'로 읽는다. '對曰'을 직역(直譯)하면, 대답하여 말하기를, '巨卿信士'에서, '巨'는 클 '거'로 읽고, '卿'은 벼슬 '경'으로 읽는다. '巨卿'은 사람 이름. '信'은 믿을 '신'으로 읽고, '士'는 선비 '사'로 읽는다. '巨卿信士'를 직역(直譯)하면, 거경(巨卿)은 믿을 수 있는 선비입니다. 여기서, '巨卿之信'이 유래하였는데, 이것을 직역(直譯)하면, 거경(巨卿)의 믿음. 즉, 중국 후한(後漢) 시대의 거경(巨卿)의 신의(信義)라는 뜻으로, 약속을 지키는 성실한 인품(人品)이나 굳은 약속(約束)을 비유적으로 이르는 말. '必不乖違'에서, '必'은 틀림없이 '필'로 읽고, '乖'는 어그러질(<u>계획이나 예상 따위가 빗나가거나 달라져 이루어지지 아니함</u>) '괴'로 읽고, '違'는 어길(<u>지켜야 할 것을 지키지 아니함</u>) '위'로 읽는다. '必不乖違'를 직역(直譯)하면, (따라서 그는) 틀림없이 (약속을) 어그러지거나 어기지 않을 것입니다. '若然'에서 '若'은 만약(萬若) '약'으로 읽고, '然'은 그러할 '연'으로 읽는다. '若然'을 직역(直譯)하면, 만약 그렇다면, '當爲爾醞酒'에서, '當'은 마땅할 '당'으로 읽고, '爲'는 위할 '위'로 읽고, '醞'은 술 빚을 '온'으로 읽고, '酒'는 술 '주'로 읽는다. '當爲爾醞酒'를 직역(直譯)하면, 마땅히 너를 위하여 술을 빚겠다.

거-구-생신(去舊生新 버릴 **거**/옛 **구**/날 **생**/새 **신**) 옛것을 버리고 새것을 낳는다. 즉, 묵은 것을 버리고 새로운 것을 마련한다는 뜻으로, 시대에 뒤떨어진 이전의 제도를 타파(打破)하고, 새 면모(面貌)를 갖춘 제도(制度)나 장치를 마련함을 이르는 말. 回 제구포신(除舊布新). *생신(生新): ①종기나 상처 따위가 아물면서 새 살이 나옴. ②산뜻하고 새로움.

거-기-부정(擧棋不定 들 **거**/바둑 **기**/아닐 **부**/정할 **정**) 바둑 (알을) 들고 (놓을 때) (자리를) 정(定)하지 않는다. 즉, 바둑을 두는데, 포석(布石. <u>바둑에서, 처음에 돌을 벌여 놓는 일</u>)할 자리를 결정하지 않고 둔다면 한 집도 이기기 어렵다는 뜻으로, 명확한 방침(方針)이나 계획(計劃)을 갖지 않고 사물을 대(對)

함을 비유적으로 이르는 말. *부정(不定): 일정하지 않음. 여기서는, '정하지 않음', '결정하지 않음'의 뜻으로 쓰임

거두-절-미(去頭截尾 없앨 **거**/머리 **두**/끊을 **절**/꼬리 **미**) 머리를 없애고 꼬리를 끊는다는 뜻으로, ①머리와 꼬리를 잘라 버림. ②어떤 일의 요점(要點)만 간단히 말함을 이르는 말. *거두(去頭): 머리를 잘라버림.

거류-지-신(居留之臣 살 **거**/머무를 **류**/어조사 **지**/신하 **신**) 머물러 사는 신하(臣下)라는 뜻으로, 유수(留守) 벼슬에 있는 신하(臣下)를 이르는 말. 여기서, '유수(留守)'는 조선 시대에, 수도(首都) 이외의 요긴한 지역을 맡아 다스리던 정이품의 특수 외관직(外官職)을 말함. *거류(居留): ①(어떤 곳에) 임시로 머물러 삶. ②외국의 거류지(居留地)에 삶. 여기서는, '유수(留守) 벼슬에 머물러 삶'의 뜻으로 쓰임.

거만-대금(巨萬大金 클 **거**/일만 **만**/클 **대**/돈 **금**) 일만(一萬)보다 크고 큰 돈이라는 뜻으로, 매우 많은 액수의 돈을 이르는 말. *거만(巨萬): 매우 많은 액수. 또는 재산을 이르는 말. *대금(大金): 많은 돈.

거문-불-납(拒門不納 막을 **거**/문 **문**/아닐 **불**/들일 **납**) 문(門)을 막고 들이지 않는다는 뜻으로, 사람이나 물건 따위를 문(門)에서 물리치어 안으로 들이지 아니함. 또는 문(門)을 닫고 들이지 않음을 이르는 말. *거문(拒門): 圖 문을 닫거나 문을 막는 일. *'불-납'은『국어사전(國語辭典)』에 등재(登載)된, '세금이나 공납금 따위를 내지 아니함'인 '불납(不納)'의 뜻과는 별개다.

거-수-마-룡(車水馬龍 수레 **거**/물 **수**/말 **마**/용 **룡**) 수레와 물, 그리고 말[馬]과 용(龍). 즉, '수레는 물이 흐르는 것 같고, 말[馬]은 용(龍)이 노니는 듯하다.'는 뜻으로, 많은 수레와 말[馬]들이 끊임없이 오가면서 장관(壯觀. 굉장하여 볼 만한 경관)을 이루는 떠들썩한 상황을 말하며, 이는 어떤 사람의 행차(行次. '웃어른이 길을 감'을 높이어 이르는 말)가 대단한 것을 비유적으로 이르는 말. 이 사자성어의 유래는 다음과 같다.『후한서(後漢書)』의「마후기(馬后記)」편(篇)에 [후한(後漢) 명제(明帝)의 비(妃. 임금의 아내)인 마후(馬后)는 복파장군(伏波將軍. 벼슬 이름)인 마원(馬援)의 딸로서, 명제(明帝)의 아들인 장제(章帝. 제위 75년~88년)가 황제가 되자, 황태후(皇太后. 황제의 살아 있는 모후·母后)가 되었다. 장제(章帝)는 마후(馬后)가 낳은 자식은 아니었으나, 황태후(皇太后)를 존중했다. 즉, 마후(馬后)는 명제(明帝)의 후궁(後宮)이다. 그러나 장제(章帝)는 마후(馬后)를 생모(生母. 자기를 낳은 어머니)와 같이 섬겼다는 뜻이다. 언젠가 장제(章帝)가 마후(馬后)의 외삼촌(어떤 자료에는 마후·馬后의 외삼촌이 아니고 친정 오빠라고 함)들에게 관직(官職. 관리로서, 국가로부터 위임 받은 일정한 범위의 직무. 또는 그 직위)을 주려 하자, 몇몇 간사한 신하들이 이에 동의하였다. 하지만 마후(馬后)는 장제(章帝)에게 이렇게 말했다.]〈전(前)에 친정집 탁룡원(濯龍園)의 문을 지나가다 보니, 인사를 하러 찾아오는 사람들이 얼마나 많은지, 수레는 물 흐르듯 했으며, 말[馬]은 용이 노니는 듯 했습니다. 즉, 인사를 하러 오는 사람들이 많아 외삼촌들에게 관직(官職)을 주지 않아도 사람들이 들끓고 있다는 뜻이다. (前過濯龍門上, 見外家問起居者, 車如流水, 馬如遊龍.)〉[외삼촌들은 호화스러운 생활을 하였고, 하인들도 내 마부(馬夫)에 비길 수 없이 화려한 옷차림이었습니다. 당시(當時. 일이 있었던 바로 그때. 또는 이야기하고 있는 그 시기) 나는 화를 참고 아무런 책망(責望)도 하지 않았지만, 그 후로 다시는 그들('마후·馬后'의 외삼촌을 가리킴)에게 아무런 지원도 해 주지 않았습니다. (장제·章帝는) 그들의 사치함을 깨우쳐 주지는 못할망정 어찌 관작(官爵. '관직·官職'과 '작위·爵位'를 아울러 이르는 말)을 내리려 하십니까?" 그러고는 이를 반대했다. 즉, 장제(章帝)는 외삼촌들에게 관직(官職)을 주려고 하였으나, 마후(馬后)는 이를 거부하였다

는 뜻이다.]라는 이야기가 나오는데, '수레는 물 흐르듯 했으며, 말[馬]은 용이 노니는 듯 했습니다.(車如流水, 馬如遊龍)'에서, '거수마룡(車水馬龍)'이 유래했다. 이 말은, 수레는 흐르는 물과 같고, 말의 움직임은 하늘을 오르는 용(龍)과 같다는 뜻으로, 수레와 말의 왕래(往來)가 많아 매우 떠들썩한 상황이나, 행렬(行列. 여럿이 줄을 지어 감. 또는 그 줄)이 성대(盛大)한 모양을 말할 때 쓰이는 사자성어(四字成語)다. 그런데 옛날에 중국에서 황제의 후비(后妃. 임금의 아내)는 일가(一家) 친척(親戚)을 끌어들여 권력을 휘두르는, 소위(所謂) 외척(外戚) 정치의 근원이었다. 많은 후궁(後宮)들이 여기에서 벗어나지 못하는 중에, 후한(後漢) 2대 명제(明帝)의 비(妃)인 마후(馬后)는 이전(以前)의 외척(外戚)들이 어떤 폐단(弊端. 어떤 일이나 행동에서 나타나는 옳지 못한 경향이나 해로운 현상)을 남겼는지 잘 알기 때문에, 장제(章帝)가 외삼촌들에게 관직(官職)을 주려고 하였으나, 이를 단호히 거부함으로써, 대의(大義)를 꿋꿋이 지켜 후대(後代)의 귀감(龜鑑. 본받을 만한 모범이나 본보기)이 된 것이다. 참고로 원문의 '前過濯龍門上'에서, '前'은 앞 '전'으로 읽고, '過'는 지날 '과'로 읽고, '濯'은 빨래할 '탁'으로 읽고, '龍'은 용(龍) '룡(용)'으로 읽는다. '濯龍'은 '탁룡원(濯龍園)'을 가리키며, 황궁(皇宮. 황제의 궁궐)의 정원으로 알려지고 있음. '門'은 문(門) '문'으로 읽고, '上'은, 여기서는, 앞 '상'으로 읽는다. '前過濯龍門上'을 직역(直譯)하면, (이) 앞에 탁룡원(濯龍園)의 문 앞을 지나감. '見外家問起居者'에서, '見'은 볼 '견'으로 읽고, '外'는 바깥 '외'로 읽고, '家'는 집 '가'로 읽는다. '外家'는 어머니의 친정. '問'은 물을 '문'으로 읽고, '起'는 일어날 '기'로 읽고, '居'는 살 '거', 거주할 '거'로 읽는다. '起居'는 일정한 곳에서 먹고 자고 하는 따위의 일상적인 생활을 함. 또는 그 생활. '者'는 사람 '자'로 읽는다. '見外家問起居者'를 직역(直譯)하면, 외가(外家. 어머니의 친정)를 보고 기거(起居)하는 사람에게 물음. '車如流水'에서, '車'는 수레 '거'로 읽고, '如'는 같을 '여'로 읽고, '流'는 흐를 '류(유)'로 읽고, '水'는 물 '수'로 읽는다. '流水'는 흐르는 물. '車如流水'를 직역(直譯)하면, 수레는 흐르는 물과 같음. '馬如遊龍'에서, '馬'는 말 '마'로 읽고, '遊'는 놀 '유'로 읽고, '龍'은 용(龍) '룡(용)'으로 읽는다. '馬如遊龍'을 직역(直譯)하면, 말[馬]은 노니는 용(龍)과 같음. 즉, '수레는 흐르는 물과 같고, 말[馬]은 노니는 용(龍)과 같다.'는 것은 많은 수레와 말들이 끊임없이 오가면서 장관(壯觀)을 이루는 떠들썩한 상황을 말한다. 여기서, '車水馬龍'이 유래하였는데, 이것을 직역(直譯)하면, 수레와 물, 그리고 말[馬]과 용(龍). 즉, '수레가 물이 흐르는 것 같고, 말[馬]은 용(龍)이 노니는 듯하다.'는 뜻으로, 많은 수레와 말[馬]들이 끊임없이 오가면서 장관(壯觀. 굉장하여 볼 만한 경관)을 이루는 떠들썩한 상황을 말하며, 이는 어떤 사람의 행차(行次. '웃어른이 길을 감'을 높이어 이르는 말)가 대단한 것을 비유적으로 이르는 말. 이에 대한 배경은 이렇다. 후한(後漢) 명제(明帝)의 비(妃)인 마후(馬后)는 복파장군(伏波將軍)인 마원(馬援)의 딸로서, 명제(明帝)의 아들인 장제(章帝)가 황제가 되자, 황태후(皇太后)가 되었다. 여기서, '복파장군(伏波將軍)'은 일명 '복파(伏波)'라고도 하며 동한(東漢. 나라 이름) 초기(初期)의 대장(大將)인 '마원(馬援)'을 가리킨다. 여기서, '동한(東漢)'은 후한(後漢)의 다른 이름이다. 후한(後漢)은 광무제(光武帝. 중국 후한·後漢의 초대·初代 임금)인 유수(劉秀)가 한(漢)나라 왕조(王朝)를 부흥(復興. 쇠퇴하였던 것이 다시 일어남. 또는 그렇게 되게 함)시킨 나라 이름이다. 수도(首都)를 낙양(洛陽)에 두었는데, 그 위치가 전한(前漢)의 수도(首都)인 장안(長安)보다 동쪽에 있기에 동한(東漢)이라고도 한다. 유수(劉秀. 한·漢나라의 임금)를 위해 여러 번 전공(戰功. 전투에서 세운 공로)을 세운 덕(德. 베풀어 준 은혜나 도움)에 관직(官職)이 복파장군(伏波將軍)에 이르렀다. 장제(章帝)는 마후(馬后)

가 낳은 자식은 아니었으나, 황태후(皇太后)를 존중했다. 언젠가 장제(章帝)가 마후(馬后)의 외삼촌들에게 관직(官職)을 주려 하자, 몇몇 간사한 신하들이 이에 동의했다. 하지만 마후(馬后)는 장제(章帝)에게 이렇게 말했다. "전(前)에 친정집 탁룡원(濯龍園)의 문(門)을 지나가다 보니 인사를 하러 찾아오는 사람들이 얼마나 많은지 수레는 물 흐르듯 했으며, 말은 용(龍)이 노니는 듯 했습니다. 그런데 어떤 자료에는 '濯龍園'을 '적룡원'으로 표기하였다. '濯'의 원음은 씻을 '탁'이다. 외삼촌들은 호화스러운 생활을 하였고, 하인들도 내 마부(馬夫)에 비길 수 없이 화려한 옷차림이었습니다. 당시 난 (그들의 사치함 때문에 화가 났지만), 그 화를 참고 아무런 책망도 하지 않았으며, 그 후로 다시는 그들에게 아무런 지원도 해 주지 않았습니다. 그들의 사치함을 깨우쳐 주지는 못할망정 어찌 관직(官職)을 내리려고 하십니까?" 그러고는 끝내 이를 반대했다.

거실-세족(巨室世族 클 **거**/집 **실**/대 **세**/일가 **족**) 큰 집과 대대로 (번창하는) 일가(一家)라는 뜻으로, 대대로 번창(繁昌. 한창 잘되어 성·盛함)하고 문벌(門閥. 대대로 내려온 그 집안의 사회적 신분이나 지위)이 좋은 집안을 이르는 말. =거가대족(巨家大族). *거실(巨室): =거가대족(巨家大族). 즉, 대대로 번창(繁昌)하고 문벌(門閥)이 좋은 집안. *세족(世族): 여러 대(代)에 걸쳐서 나라의 중요한 자리를 차지하고 있는 집안. *대(代): 부록 '대(代)' 참고. *일가(一家): ①한 집안. 또는 한 가족. ②동성동본(同姓同本)의 겨레붙이.

거-안-사-위(居安思危 살 **거**/편안할 **안**/생각 **사**/위태할 **위**) 편안(便安)하게 살면서도 (항상) 위험(危險)한 (때를) 생각한다는 뜻으로, 편안(便安)할 때 안주(安住. 현재의 상황이나 처지에 만족함)하지 말고 나중에 있을지도 모를 위험(危險)에 대비(對備)하라는 말이다. 《관련 속담》 돌다리도 두들겨보고 건너라. 이 사자성어의 유래는 다음과 같다. 『좌전(左傳)』의 「양공(襄公) 11년」 편(篇)에 〈『서경(書經)』에 말하기를 '편안할 때 위태로움을 생각하라'고 했는데, 생각하면 대비(對備)를 할 수 있고, 대비(對備)가 있으면 걱정할 것이 없게 됩니다. 감히 이로써 왕께 경계(警戒. 범죄나 사고 따위 좋지 않은 일이 일어나지 않도록 미리 마음을 가다듬어 조심함)하시라고 권고합니다.(書曰, **居安思危**, 思則有備, 有備無患, 敢以此規.〉라는 이야기가 나오는데, '편안할 때 위태로움을 생각하라.(居安思危)'에서, '거안사위(居安思危)'가 유래했다. 이 이야기의 배경은 이렇다. 춘추시대(春秋時代) 때, 약소국(弱小國. 경제력이나 군사력 따위가 약하고 작은 나라)인 정(鄭)나라는 진(晉)나라와 초(楚)나라 사이에서 눈치를 살피면서 나라를 보존해야 했다. 정(鄭)나라가 초(楚)나라를 도와 송(宋)나라를 치자, 송(宋)나라는 진(晉)나라에 도움을 요청했다. 진도공(晉悼公. 진나라의 도공)이 송(宋), 제(齊), 위(衛), 노(魯) 따위 12개 나라와 연합하여 정(鄭)나라를 공격하자, 다급(多急. 미처 어떻게 할 여유가 없을 만큼 일이 바싹 닥쳐서 몹시 급함)해진 정간공(鄭簡公)은 급히 진도공(晉悼公)에게 화의(和議. 화해하는 의논)를 청했다. 가장 강한 진(晉)나라가 화의(和議)를 받아들이자, 다른 나라들도 모두 군사를 철수시켰다. 정간공(鄭簡公)은 진도공(晉悼公)에게 악대(주로 고기를 얻기 위하여 불알을 까서 기른 소)와 각종 병거(兵車. 전쟁할 때에 쓰는 수레) 백 대(臺)와 미녀(美女)들을 선물로 보냈다. 진도공(晉悼公)은 공(功)이 큰 위강(魏絳)에게 받은 선물 중에 반(半)을 내리면서 그의 공로(功勞)를 치하(致賀)했다. 그런데 위강(魏絳)은 이 선물을 사양하면서 '거안사위(居安思危)'를 강조한 것이다. 결국 위강(魏絳)은 일시적인 성과에 마음이 풀어진 왕을 일깨워 주었다. 위강(魏絳)의 말을 들은 진도공(晉悼公)은 정(鄭)나라가 보내온 선물과 미녀(美女)들을 돌려보냈다. 참고로, 원문의 '書曰'에서,

‘書’는 글 ‘서’로 읽는다. 여기서는, 『서경(書經)』을 가리킴. ‘書曰’을 직역(直譯)하면, 『서경(書經)』에 말하기를, ‘居安思危’에서, ‘居’는 살 ‘거’로 읽고, ‘安’은 편안할 ‘안’으로 읽고, ‘思’는 생각 ‘사’로 읽고, ‘危’는 위태할 ‘위’로 읽는다. 여기서, ‘居安思危’는 편안(便安)하게 살면서도 (항상) 위험(危險)한 (때를) 생각한다는 뜻으로, 편안(便安)할 때 안주(安住. 현재의 상황이나 처지에 만족함)하지 말고 나중에 있을지도 모를 위험(危險)에 대비(對備)하라는 말이다. ‘思則有備’에서, ‘思’는 생각 ‘사’로 읽고, ‘則’은 곧 ‘즉’으로 읽고, ‘有’는 있을 ‘유’로 읽고, ‘備’는 갖출 ‘비’로 읽는다. ‘思則有備’를 직역(直譯)하면, 생각하면 곧 갖추는 (것이) 있어야 한다. 즉, 그렇게 생각하면 곧 준비(대비)를 제대로 할 수 있어야 한다는 뜻이다. ‘有備無患’에서, ‘有’는 있을 ‘유’로 읽고, ‘備’는 갖출 ‘비’로 읽고, ‘無’는 없을 ‘무’로 읽고, ‘患’은 근심 ‘환’으로 읽는다. ‘有備無患’을 직역(直譯)하면, (또한) 갖춤이 있으면 근심이 없다. 즉, 무슨 일이든지 미리 대비(對備)를 해 두면 걱정할 일이 없음을 이르는 말. ‘敢以此規’에서, ‘敢’은 감히(두려움이나 송구함을 무릅쓰고) ‘감’으로 읽고, ‘以’는 써(그것을 가지고, 그것으로 인하여) ‘이’로 읽고, ‘此’는 이(지시하는 말) ‘차’로 읽고, ‘規’는 바룰(비뚤어지거나 구부러지지 않도록 바르게 할) ‘규’, 바로잡을 ‘규’로 읽는다. ‘敢以此規’를 직역(直譯)하면, 감히 (말하고자 하는데) 그것을 가지고 이를 바로잡으십시오. 즉, 감히 (말하고자 하는데) 그것(‘유비무환·有備無患’의 정신)을 가지고 (왕께) 이를 바로잡으시라고 (권고합니다).

거안-제미(擧案齊眉 들 **거**/밥상 **안**/가지런할 **제**/눈썹 **미**) 밥상을 들어 눈썹과 가지런하게 (한다.) 즉, 밥상을 눈썹과 가지런하도록 공손히 들어 올려 남편 앞에 가지고 간다는 뜻으로, 아내가 남편을 깍듯이 (예절 바르고 극진하게) 공경(恭敬)하거나 부부가 서로 존경하고 화목(和睦. 뜻이 맞고 정다움)하게 사는 것을 비유적으로 이르는 말. ㉑ 홍안상장(鴻案相莊). *거안(擧案): 밥상을 듦. *제미(齊眉): 밥상을 눈썹 있는 데까지 받들어 올린다는 뜻으로, 부부(夫婦)가 서로 깊이 경애(敬愛. 존경하고 사랑함)함을 비유적으로 이르는 말. *가지런하다: 부록 ‘제(齊)’ 참고. 이 사자성어의 유래는 다음과 같다. 『후한서(後漢書)』의 「일민전(逸民傳)」 편(篇)에 〈후(後)에 이들(양홍·梁鴻 부부)은 오(吳) 땅으로 가 명망(名望. 명성·名聲 곧, 세상에 널리 퍼져 평판 높은 이름과, 인망·人望. 즉, 세상 사람이 우러르고 따르는 덕망·德望을 아울러 이르는 말)이 있는 귀족인 고백통(皐伯通)에게 의지(依支)하며 곁채에서 살았다. 그러면서 남의 방앗간지기로 일하며 생활을 꾸려 나갔다. 양홍(梁鴻)이 일을 마치고 돌아오면 그의 아내는 늘 밥상을 차려 양홍(梁鴻) 앞에서 감히 올려다보지 아니하고 밥상을 눈썹 위까지 들어 올려 바쳤다.(遂至吳, 依大家皐伯通, 居廡下, 爲人賃舂, 每歸, 妻爲具食, 不敢於鴻前仰視. **擧案齊眉**.)〉라는 이야기가 나오는데, ‘밥상을 눈썹 위까지 들어 올려 바쳤다.(擧案齊眉)’에서, ‘거안제미(擧案齊眉)’가 유래했다. 참고로, 원문의 ‘遂至吳’에서, ‘遂’는 드디어 ‘수’, 마침내 ‘수’로 읽고, ‘至’는 이를(어떤 곳에 닿을. 도착함) ‘지’로 읽고, 吳는 나라 이름 ‘오’로 읽는다. ‘遂至吳’를 직역(直譯)하면, 마침내 오(吳)나라에 이르러, ‘依大家皐伯通’에서, ‘依’는 의지(依支)할 ‘의’로 읽고, ‘大’는 클 ‘대’로 읽고, ‘家’는 집 ‘가’, 집 안 ‘가’로 읽는다. ‘大家’는 대대로 부귀를 누리며 번창하는 집안. ‘皐’는 언덕 ‘고’로 읽고, ‘伯’은 맏(‘맏이’의 뜻을 더하는 접두사) ‘백’으로 읽고, ‘通’은 통할 ‘통’으로 읽는다. ‘皐伯通’은 사람 이름. ‘依大家皐伯通’을 직역(直譯)하면, 대가(大家)의 고백통(皐伯通)에게 의지(依支)하였다. ‘居廡下’에서, ‘居’는 살 ‘거’로 읽고, ‘廡’는 곁채(몸채 곁에 딸려 있는 집채) ‘무’로 읽고, ‘下’는 아래 ‘하’로 읽는다. ‘居廡下’를 직역(直譯)하면, (그리고) (그들은) 곁채 아래에서 살았는데, ‘爲人賃舂’에서, ‘爲’는 될 ‘위’로 읽고, ‘人’은 사람 ‘인’으로 읽는다. ‘爲人’은 사람의 됨됨이. 또는 됨됨이로 본 그 사람. ‘賃’은 품팔이할 ‘임’으로 읽고, ‘舂’은 절구질할(절구에 곡식 따위를 넣고 빻거나 찧을) ‘용’으로 읽는다. ‘爲人賃舂’을 직역(直譯)하면, 절구질하면서 품팔이하는 위인(爲人)이었다. ‘妻爲具食’에서, ‘妻’는 아내 ‘처’로 읽고, ‘爲’는 위할 ‘위’로 읽고, ‘具’는 갖출 ‘구’로 읽고, ‘食’은 음식 ‘식’으로 읽는다. ‘妻爲具食’을 직역(直譯)하면, (그의) 아내는 (양홍·梁鴻)을 위하여 음식을 갖추었다. ‘不敢於鴻前仰視’에서, ‘敢’은 감히(敢~) ‘감’, 구태여 ‘감’으로 읽고, ‘於’는 어조사 ‘어’로 읽는다. ‘~에서(위치)’의 뜻을 나타냄. ‘鴻’은 큰 기러기 ‘홍’으로 읽는다. 여기서는, ‘양홍(梁鴻)’을 가리킴. ‘前’은 앞 ‘전’으로 읽는다. ‘不敢於鴻前’을 직역(直譯)하면, 양홍(梁鴻) 앞에서 감히(敢~) ~하지 않는다. ‘仰’은 우러러 볼 ‘앙’으로 읽고, ‘視’는 볼 ‘시’로 읽는다. ‘仰視’는 우러러 봄. ‘不敢於鴻前仰視’를 직역(直譯)하면, 양홍(梁鴻) 앞에서 감히(敢~) 우러러 보지 않았으며, ‘擧案齊眉’에서, ‘擧’는 들 ‘거’로 읽고, ‘案’은 밥상 ‘안’으로 읽고, ‘齊’는 가지런할 ‘제’로 읽고, ‘眉’는 눈썹 ‘미’로 읽는다. ‘擧案齊眉’를 직역(直譯)하면, 밥상을 눈썹과 가지런하도록 공손히 들어 올려 남편 앞에 가지고 간다는 뜻으로, 아내가 남편을 깍듯이 공경(恭敬)하거나 부부가 서로 존경하고 화목(和睦)하게 사는 것을 비유적으로 이르는 말.

거-어-지-탄(車魚之歎·嘆 수레 **거**/물고기 **어**/어조사 **지**/탄식할 **탄**) 수레와 물고기의 탄식(歎·嘆息). 즉, 수레와 물고기가 없음을 탄식(歎·嘆息)한다는 뜻으로, 사람의 욕심(慾心)에는 한(限)이 없음을 비유적으로 이르는 말. *수레: 부록 ‘거(車)’ 참고. *탄식하다(歎·嘆息~): 부록 ‘탄(歎·嘆)’ 참고.

거-의-수형(去衣受刑 버릴 **거**/옷 **의**/받을 **수**/형벌 **형**) 옷을 버리고 받는 형벌(刑罰)이라는 뜻으로, 옷을 벗고 매를 맞는 형벌(刑罰)을 이르는 말. *수형(受刑): 형의 집행을 받음.

거익-심-언(去益甚焉 갈 **거**/더할 **익**/심할 **심**/어조사 **언**) 갈수록 더하여 심하다는 뜻으로, 갈수록 더욱 심함을 이르는 말. =거거익심(去去益甚). 유왕유독(兪往兪篤). 유왕유심(兪往兪甚). *거익(去益): 〔B〕 갈수록 더욱.

거익-심조(去益深造 갈 **거**/더할 **익**/깊을 **심**/만들 **조**) 갈수록 더하여 깊게 만든다는 뜻으로, 갈수록 더욱 깊거나 심하게 함을 이르는 말. *거익(去益): ☞거익심언(去益甚焉). *심조(深造): 깊은 조예(造詣. 학문이나 예술, 기술 따위 어떤 분야에 대한 깊은 지식이나 이해)를 이르는 말.

거익-태산(去益泰山 갈 **거**/더할 **익**/클 **태**/뫼 **산**) 갈수록 더하여지는 큰 뫼(‘산’의 옛말). 즉, 갈수록 태산(泰山)이라는 뜻으로, 점점 힘들고 어려운 지경(地境)에 처(處)함을 비유적으로 이르는 말. *거익(去益): ☞거익심언(去益甚焉). *태산(泰山): ①썩 높고 큰 산. ②크고 많음을 비유적으로 이르는 말.

거-일-반-삼(擧一反三 들 **거**/한 **일**/돌이킬 **반**/석 **삼**) 하나를 들어 세 가지를 돌이켜 (유추·類推한다는) 뜻으로, 스승으로부터 하나를 배우면 다른 것까지도 유추(類推)해서 알 정도로 영리(怜悧·伶俐. 똑똑하고 눈치가 빠름)한 것을 비유적으로 이르는 말. 《관련 속담》 하나를 가르쳐 주면 열을 안다. 이 사자성어의 유래는 다음과 같다. 『논어(論語)』의 「술이(述而)」 편(篇)에 〈분발하지 않으면 일깨워 주지 않고 (알고 있으면서도) 제대로 표현하지 못하면 일깨워 주지 않으며, 한 귀퉁이를 들어 가르쳐 주었는데도 세 귀퉁이를 미루어 알지 못하면 되풀이하지 않는다.(不憤不啓, 不悱不發, **擧一隅不以三隅反, 則不復也.**)〉라는 이야기가 나오는데, ‘한 귀퉁이를 들어 가르쳐 주었는데도 세 귀퉁이를 미루어 알지 못하면 되풀이하지 않는다.(擧一隅不以三隅反, 則不復也.)’에서, ‘거일반삼(擧一反三)’이 유래했다. ‘세 귀퉁이를 미루어 알지 못하면 되풀이하지 않는다.’는 말은, 하나를 일러주었는데도 나머지 셋을 미루어 알지 못하는 사람에게는 되풀이해서 가르쳐주어도 소용이 없으므로, 스스로 알아낼 때까지 기다리는 것이 가장 좋은 방법이라는 것이다. 참고로, 원문의 '不憤不啓'에서, '憤'은 떨쳐 일어날 '분'으로 읽고, '啓'는 일깨울 '계'로 읽는다. '不憤不啓'를 직역(直譯)하면, 떨쳐 일어나지 않으면 일깨우지 않고, 즉, 알려고 노력하지 않으면 깨우쳐주지 않는다는 뜻이다. '不悱不發'에서, '悱'은 표현하려고 애쓸 '비'로 읽고, '發'은 드러낼 '발'로 읽는다. '不悱不發'을 직역(直譯)하면, 표현하려고 애쓰지 않으면 (말을) 드러내게 하지 않으며, '擧一隅不以三隅反'에서, '擧'는 낱낱이 들 '거'로 읽고, '一'은 한 '일'로 읽고, '隅'는 모퉁이(구부러지거나 꺾어져 돌아간 자리, 또는 변두리나 구석진 곳) '우'로 읽고, '不'은 아닐(부정하는 말) '불'로 읽고, '以'는 써(그것을 가지고, 그것으로 인하여) '이'로 읽고, '三'은 석 '삼'으로 읽는다. '反'은 돌이킬(지난 일을 다시 생각할) '반', 유추할(類推~. 어떠한 사실을 근거로 하여, 그것과 같은 조건 아래에 있는 다른 사실을 미루어 헤아릴) '반'으로 읽는다. '擧一隅不以三隅反'을 직역(直譯)하면, 하나의 모퉁이를 들어 (가르쳐 주었는데도) 그것으로써 세 모퉁이를 유추(類推)하지 못하면, 즉, 스승이 한 모퉁이를 들어 보였을 때 제자(弟子)가 나머지 세 모퉁이를 스스로 유추(類推)하여 알아내지 못한다면, 여기서, '擧一反三'이 유래 하였는데, 이것을 직역(直譯)하면, 하나를 들어 세 가지를 돌이켜 유추한다는 뜻으로, 스승으로부터 하나를 배우면 다른 것까지도 유추(類推)해서 알 정도로 영리(怜悧·伶俐. 똑똑하고 눈치가 빠름)한 것을 비유적으로 이르는 말. '則不復也'에서, '則'은 곧 '즉'으로 읽고, '復'은 되풀이할 '복'으로 읽고, '也'는 어조사 '야'로 읽는다. '~이다(단정)'의 뜻을 나타냄. '則不復也'를 직역(直譯)하면, (그러면) 곧 (거듭하여) 되풀이하지 않는다. 즉, 그런 제자(弟子)에게는 더 이상(以上) 되풀이하여(반복하여) 가르쳐주지 않겠다는 말이다. 스승이 아무리 많이 가르쳐 주어도 제자(弟子)가 스스로 부단히(不斷~. 끊임이 없이) 노력하지 않으면 아무 소용이 없기 때문이다.

거자-막-추(去者莫追 갈 **거**/사람 **자**/말 **막**/좇을 **추**) 가는 사람은 좇지(붙잡지) 말라는 뜻으로, 떠나는 사람은 붙잡지 말고 가도록 내버려 두라는 말. ↔내자물거(來者勿拒). 웹 거자물추(去者勿追). *거자(去者): 떠나거나 떠나가 버린 사람. *말다: ①하던 일을 그만 두다. ②하려던 일을 하지 않다. *좇다: ①남의 뒤를 따르다. ②남의 뜻을 따라 그대로 하다. ③대세(大勢. 대체·大體의 형세·形勢)를 따르다.

거자-물-추(去者勿追 갈 **거**/사람 **자**/말 **물**/좇을 **추**) 가는 사람은 좇지(붙잡지) 말라는 뜻으로, 가는 사람을 억지로 막지 말라는 말. 웹 거자막추(去者莫追). *거자(去者): ☞거자막추(去者莫追). *말다: ☞거자막추(去者莫追). *좇다: ☞거자막추(去者莫追).

거자-일-소(去者日疎 갈 **거**/사람 **자**/날 **일**/성길 **소**) (이 세상을 살다가) 간(죽은) 사람은 날이 (갈수록) 성기게 된다. 즉, 죽은 사람에 대한 생각은 날이 갈수록 점점 잊게 된다는 뜻으로, 서로 멀리 떨어져 있으면 점점 사이가 멀어짐을 이르는 말. *거자(去者): ☞거자막추(去者莫追). *성기다: 부록: '소(疎)' 참고. 《관련 속담》 눈에서 멀어지면 마음에서도 멀어진다. 이 사자성어의 유래는 다음과 같다. 중국 육조(六朝) 시대 때 양(梁)나라의 소명태자(昭明太子)가 편찬한 『문선(文選)』의 「잡시(雜詩)」 편(篇)에 〈가 버린 사람은 날로 멀어지고 / 온 사람은 날로 가까워진다. / 성문(城門. 성·城의 출입구에 만든 문·門)을 나와 바라다보니 / 보이는 것은 언덕과 무덤 뿐 / 옛 무덤은 갈아엎어 밭이 되었구나.(去者日以疎, 來者日以親, 出郭門直視, 但見丘與墳, 古墓犁爲田.)〉라는 이야기가 나오는데, '가 버린 사람은 날로 멀어지고(去者日以疎)'에서, '거자일소(去者日疎)'가 유래했다. '거자일소(去者日疎)'와 '거자일이소(去者日以疎)'는 같은 뜻이다. 그런데 한(漢)나라 때 남녀(男女) 사이의 애정을 노래하거나, 인생의 허무함을 탄식하는 따위, 생활의 애환(哀歡. 슬픔과 기쁨)을 자유롭게 표현한 작자 미상(未詳. 알려지지 않음, 또는 자세하지 않음)의 노래들이 있는데, 이를 고시십구수(古詩十九首)라고 한다. 총 19수의 이 노래 중에 14번째 노래에 위의 시(詩)가 나온다. 이 시(詩)는 성문 밖 묘지를 바라보며 고단한 삶과 인생의 무상함을 노래한 것이다. 참고로, 원문의 '去者日以疏'에서, '去'는 갈 '거'로 읽고, '者'는 사람 '자'로 읽고, '日'은 날 '일'로 읽고 '以'는 써(그것을 가지고, 그것으로 인하여) '이'로 읽고, '疏'는 성길(물건의 사이가 뜰, 또는 관계가 깊지 않고 서먹함) '소'로 읽는다. '去者日以疏'를 직역(直譯)하면, 간 사람은 날이 (갈수록) 그것으로 인하여 성기게 된다(멀어진다). 즉, 죽은 사람에 대한 생각은 날이 갈수록 잊게 된다. 여기서, '去者日疏'가 유래하였는데, 이것을 직역(直譯)하면, (이 세상을 살다가) 간(죽은) 사람은 날이 (갈수록) 성기게 된다. 즉, 죽은 사람에 대한 생각은 날이 갈수록 점점 잊게 된다는 뜻으로, 서로 멀리 떨어져 있으면 점점 사이가 멀어짐을 이르는 말. '來者日以親'에서, '來'는 올 '래(내)'로 읽고, '者'는 사람 '자'로 읽고, '親'은 친할 '친', 가까울 '친'으로 읽는다. '來者日以親'을 직역(直譯)하면, 온 사람은 날로(날이 갈수록) 그것으로 인하여 가까워진다. '出郭門直視'에서, '出'은 날 '출'로 읽고, '郭'은 성곽(城郭. 예전에, 적을 막기 위하여 흙이나 돌 따위로 높이 쌓아 만든 담, 또는 그런 담으로 둘러싼 구역) '곽'으로 읽고, '門'은 문(門) '문'으로 읽는다. '出郭門'을 직역(直譯)하면, 성곽(城郭) 문(門)을 나옴. '直'은 곧을 '직', 바를 '직'으로 읽고, '視'는 볼 '시'로 읽는다. '直視'는 정신을 집중하여 어떤 대상을 똑바로 봄. '出郭門直視'를 직역(直譯)하면, 성곽(城郭) 문을 나와 어떤 대상을 똑바로 보면, '但見丘與墳'에서, '但'은 다만 '단', 단지(但只) '단'으로 읽고, '見'은 볼 '견'으로 읽고, '丘'는 언덕 '구'로 읽고, '與'는 어조사 '여'로 읽는다. '~와', '~과(병렬)'의 뜻을 나타냄. '墳'은 무덤 '분'으로 읽는다. '但見丘與墳'을 직역(直譯)하면, 단지 언덕과 무덤만 보이고, '古墓犁爲田'에서, '古'는 옛 '고'로 읽고, '墓'는 무덤 '묘'로 읽고, '犁'는 '밭갈 려(여)'로 읽고, '爲'는 될 '위'로 읽고, '田'은 밭 '전'으로 읽는다. '古墓犁爲田'을 직역(直譯)하면, 옛 무덤은 밭을 (갈 듯이) 갈아 (쟁기질하여) 밭이 되었구나.

거자-필-반(去者必返 갈 **거**/사람 **자**/반드시 **필**/돌아올 **반**) 간 사람은 반드시 돌아온다는 뜻으로, 헤어진 사람은 언젠가 반드시 돌아오게 된다는 것을 이르는 말. *거자(去者): ☞ 거자막추(去者莫追).

거재-두량(車載斗量 수레 **거**/실을 **재**/말 **두**/헤아릴 **량**) 수레에 싣고 말[斗]로 헤아린다(된다)는 뜻으로, 수량(數量)이 헤아릴 수 없이 많거나 물건이나 인재(人材. 어떤 일을 할 수 있는 학식이나 능력을 갖춘 사람) 등이 많아서, 그다지 귀(貴)하지 않음을 이르는 말. =차재두량(車載斗量). 여기서, '車'는 '수레 거'이기도 하고, '수레 차'이기도 하다. *거재(車載): 물품 따위를 수레에 실음. *두량(斗量): ①곡식의 수량을 되[升]나 말[斗]로 되어서 셈함. 또는 그 분량. ②두루 헤아리어 일을 처리함. *수레: 부록 '거(車)' 참고. 이 사자성어의 유래는 다음과 같다. 『삼국지(三國志) 오서(吳書)』의 「오주손권전(吳主孫權傳)」 편(篇)에, 〈조비(曹丕)가 또 말했다. "오(吳)나라에는 그대와 같은 사람들이 얼마나 있는가?" 조자(趙咨)가 말하기를, "특히 총명하고 뛰어난 인재는 80~90명 될 것이고, 저와 같은 사람은 수레에 싣고 말[斗]로 되어도 그 수를 이루 헤아릴 수 없습니다." 조비(曹丕)는 조자(趙咨)의 말을 듣고 탄식하며 말했다.(又曰, 吳如大夫者幾人, 咨曰, 聰明特達者八九十人, 如臣之比, **車載斗量**, 不可勝數, 曹丕嘆曰)〉라는 이야기가 나오는데, '수레에 싣고 말[斗]로 되어도(車載斗量)'에서, '거재두량(車載斗量)'이 유래했다. '조비(曹丕)'는 위(魏)나라 황제이고, '조자(趙咨)'는 오(吳)나라 손권(孫權)이 위(魏)나라에 보낸 사신(使臣. 지난날, 나라
의 명·命을 받고 외국에 파견되던 신하)이다. 이 이야기의 배경은 이렇다. 오(吳)나라가 형주(荊州)를
공격하여 촉(蜀)나라 장군 관우(關羽)를 죽였다. 서기 221년, 촉주(蜀主. 촉나라의 우두머리)인 유비(劉備)
는 황제를 칭(稱)하고 오(吳)나라 정벌에 나섰다. 오(吳)나라 손권(孫權)은 촉(蜀)나라의 공격을 보고받고
신하들을 불러 모아 대책을 논의하고 위(魏)나라에 구원(救援. 어려움이나 위험에 빠진 사람을 구하여
줌)을 요청하기로 하였다. 손권(孫權)은 중대부(中大夫. 관직 이름)인 조자(趙咨)를 사신(使臣)으로 위(魏)
나라에 보냈다. 손권(孫權)이 조자(趙咨)에게 오(吳)나라의 체면을 잃지 않도록 노력하라고 몇 번이고
당부하자, 조자(趙咨)가 말했다. "염려하지 마십시오. 만약 잘못된다면 저는 강에 뛰어들어 목숨을 끊겠습
니다." 조자(趙咨)가 위(魏)나라의 낙양(洛陽)에 도착하자, 위(魏)나라 황제 조비(曹丕)는 그가 구원(救援)
을 요청하러 왔다는 것을 이미(돌이킬 수 없이 된 지난 일을 일컬을 때 쓰는 말) 알고 있으면서도 짐짓
물었다. "오왕(吳王. 오나라의 왕)은 어떤 군주(君主. 세습적으로 나라를 다스리는 최고 지위에 있는
사람)인가?", "오왕(吳王)은 학문을 아는가?" 이렇게 남의 나라 왕을 조롱하는 태도로 묻지만, 조자(趙咨)
는 오(吳)나라의 사신(使臣)으로서 자기 나라 왕의 체면을 잃지 않도록 지혜롭게 대답하는 장면이 나온다.
조비(曹丕)가 다시 물었다. "만약 내가 오(吳)나라를 치면 어떻게 하겠는가?" 조자(趙咨)는 조금도 두려워
하지 않고 대답했다. "큰 나라에는 작은 나라를 치는 무력(武力)이 있고, 작은 나라에는 큰 나라를 막아
내는 방책(方策. 방법과 꾀)이 있는 법입니다." "오(吳)나라가 우리 위(魏)나라를 두려워하지 않는다는
말인가?" "우리 오(吳)나라에는 백만의 용사들이 있으며, 장강(長江. '양쯔 강·揚子江'을 달리 이르는
말. 중국의 중심부를 흐르는 중국에서 제일 큰 강)과 한수(漢水)가 요새(要塞. 국방상 중요한 지점에
마련해 놓은 군사적 방어 시설)인데 무슨 어려움이 있겠습니까?" 즉, 백만 대군과 자연적 방어 조건을
갖추고 있어 아무런 어려움이 없다는 뜻이다. "오(吳)나라에는 그대와 같은 사람들이 얼마나 있는가?"
라고 물었을 때, 조자(趙咨)는 위의 이야기대로 '거재두량(車載斗量)'이라고 겸손하게 대답했던 것이다.
그러자 조비(曹丕)는 조자(趙咨)의 말을 듣고 탄식하며 말했다는 이야기다. 조비(曹丕)는 적진(敵陣)에
나가서도 의연하게 자신의 의견을 소신껏 답하는 조자(趙咨)의 태도를 보고 탄식한 것이다. 결국 조자(趙
咨)의 활약으로 오(吳)나라와 위(魏)나라의 군사동맹이 성립되었다. 손권(孫權)은 조자(趙咨)를 기도위(騎
都尉. 중국의 관직 이름)에 임명했다고 한다. 참고로, 원문의 '又曰'에서, '又'는 또 '우', 또한 '우'로 읽는다.
'又曰'을 직역(直譯)하면, (조비가) 또한 이르기를, '吳如大夫者幾人'에서, '吳'는 나라 이름 '오'로 읽고,
'如'는 같을 '여'로 읽고, '大'는 클 '대'로 읽고, '夫'는 지아비 '부'로 읽는다. '大夫'는 벼슬 품계에 붙이던
칭호. '者'는 사람 '자'로 읽고, '幾'는 몇 '기', 얼마 '기'로 읽고, '人'은 사람 '인'으로 읽는다. '幾人'은
몇 사람. '吳如大夫者幾人'을 직역(直譯)하면, 오(吳)나라에는 대부(大夫)와 같은 사람이 몇 사람인가?
'咨曰'에서, '咨'는 물을[問] '자'로 읽는다. 여기서는, '조자(趙咨)'를 가리킨다. '咨曰'을 직역(直譯)하면,
조자(趙咨)가 이르기를, '聰明特達者八九十人'에서, '聰'은 귀 밝을 '총', 총명(聰明)할 '총'으로 읽고, '明'은
똑똑할 '명'으로 읽는다. '聰明'은 썩 영리하고 재주(순우리말로, 무엇을 잘할 수 있는, 타고난 능력과
슬기)가 있음. '特'은 특별할 '특', (남과) 달리할 '특'으로 읽고, '達'은 통달할 '달'로 읽는다. '特達'은 남달리
사리에 밝고 특별히 재주가 뛰어남. 여기서, '재주'는 순우리말로, 무엇을 잘할 수 있는, 타고난 능력과
슬기. '八'은 여덟 '팔'로 읽고, '九'는 아홉 '구'로 읽고, '十'은 열 '십'으로 읽는다. '聰明特達者八九十人'을

직역(直譯)하면, 총명하고 특별히 재주가 뛰어난 사람은 80~90명이 (될 것이고), '如臣之比'에서, '如'는 같을 '여'로 읽고, '臣'은 신하(臣下) '신'으로 읽는다. '如臣'을 직역(直譯)하면, 신(臣. <u>여기서는, 신하가 임금에 대하여 자기를 일컫는 말</u>)과 같은 (사람). '之'는 어조사 '지'로 읽는다. '~의'를 나타내는 관형격 조사. '比'는 견줄 '비'로 읽는다. '如臣之比'를 직역(直譯)하면, 신(臣)과 같은 사람과의 견줌은, '車載斗量'에서, '車'는 수레 '거'로 읽고, '載'는 실을 '재'로 읽고, '斗'는 말(<u>부피의 단위. 한 말은 한 되의 열 배</u>) '두'로 읽고, '量'은 헤아릴 '량(양)'으로 읽는다. '車載斗量'을 직역(直譯)하면, 수레에 싣고 말[斗]로 헤아린다. 즉, 수량이 헤아릴 수 없이 많거나 물건이나 인재 따위가 많아서 그다지 귀하지 않다는 뜻이다. '不可勝數'에서, '不'은 없을(<u>부정하는 말</u>) '불'로 읽고, '可'는 가히(可~. <u>'능히', '넉넉히'의 뜻을 나타냄</u>) '가'로 읽고, '勝'은 모두 '승'으로 읽고, '數'는 셈할 '수'로 읽는다. '不可勝數'를 직역(直譯)하면, 가히 모두 (그 수효를) 셈할 (수) 없다는 뜻으로, 수효(數爻)가 너무 많아서 셀 수가 없음을 이르는 말. '曹丕嘆曰'에서, '曹'는 성씨(姓氏) '조'로 읽고, '丕'는 클 '비'로 읽는다. '曹丕'는 사람 이름. '嘆'은 탄식할 '탄'으로 읽는다. '曹丕嘆曰'을 직역(直譯)하면, 조비(曹丕)가 (조자의 말을 듣고) 탄식하여 말했다.

거조-해망(舉措駭妄 행할 **거**/베풀 **조**/놀랄 **해**/망령될 **망**) 행(行)함을 베푸는 (것이) 놀라울 (정도로) 망령(妄靈)된다는 뜻으로, 행동거지(行動舉止)가 해괴망측(駭怪罔測. <u>본문 참고</u>)함을 이르는 말. *거조(舉措): 말이나 행동의 태도. =행동거지(行動舉止). *해망(駭妄): 행동이 해괴하고 요망스러움. *놀라다: 부록 '해(駭)' 참고. *망령되다(妄靈~): 부록 '망(妄)' 참고.

거-지-습-수(去地慴泅 갈 **거**/땅 **지**/익힐 **습**/발헤엄칠 **수**) 땅에 (내려) 가서 발헤엄치는 (것을) 익힌다는 뜻으로, 아주 하기 쉬운 일을 비유적으로 이르는 말. 《관련 속담》 누운 소 타기. / 누워서 떡 먹기. / 땅 짚고 헤엄치기. / 묵은 낙지 꿰 듯. / 삶은 호박에 침 박기. / 언청이 콩가루 쥐어 먹기. / 호박에 침 주기.

거-지-중천(居之中天 살 **거**/어조사 **지**/가운데 **중**/하늘 **천**) 하늘 가운데에 있다는 뜻으로, 텅 빈 공중(空中. <u>하늘과 땅 사이의 빈 곳</u>)을 이르는 말. *중천(中天): 하늘의 한복판.

거처-불명(去處不明 갈 **거**/곳 **처**/아닐 **불**/밝을 **명**) 가는 곳이 밝지 아니하다는 뜻으로, 가는 곳이나 간 곳이 분명하지 않음을 이르는 말. *거처(去處): ①간 곳. ②갈 곳. *불명(不明): ①분명하지 않음. 또는 잘 알 수 없음. =불분명(不分明). ②사리에 어두움.

거폐-생폐(去弊生弊 없앨 **거**/폐단 **폐**/날 **생**/폐단 **폐**) 폐단(弊端)을 없앴는데 (또 다른) 폐단(弊端)이 나다. 즉, 어떤 폐단(弊端)을 없애려다 도리어 다른 폐단(弊端)을 만든다는 뜻으로, 부정적이거나 잘못된 것을 없애려고 하다가, 도리어 다른 잘못이 생김을 이르는 말. *거폐(去弊): 부정적이거나 잘못된 현상을 없애 버림. *생폐(生弊): 폐단이 생김. *폐단(弊端): 어떤 일이나 행동에서 나타나는 옳지 못한 경향이나 해로운 현상. 《관련 속담》 빈대 잡으려고 초가삼간 태운다.

거피-입본(去皮立本 없앨 **거**/가죽 **피**/세울 **입**/근본 **본**) 가죽을 없애고 근본(밑천)을 세운다, 즉 병든 소를 잡아 그 가죽을 팔아 송아지를 산다는 뜻으로, 겉치레를 버리고 근본을 확립함을 이르는 말. 이 말은 겉모습이나 외형보다는 본질과 근본을 중시해야 함을 일컫는다. 여기서 '가죽'은 병든 소의 가죽을, '근본(밑천)'은 새로운 밑천인 송아지를 가리킨다. *거피(去皮): 콩, 팥, 녹두 따위의 껍질이나 소, 돼지, 말 따위의 가죽을 벗김. *입본(立本): ①장사나 돈놀이할 밑천을 세우는 일. ②조선 시대에, 고을 원(員)이 봄에 쌀값을 싸게 쳐서 백성에게 돈을 빌려주고, 가을에 쌀을 받아 이익을 보던 일.

건곤-일색(乾坤一色 하늘 건/땅 곤/한 일/빛 색) 하늘과 땅이 한 빛이라는 뜻으로, 눈이 내린 뒤에, 온 세상이 한 가지 빛깔로 뒤덮인 듯함을 이르는 말. 또는 천지(天地)가 온통 같은 빛깔임을 이르는 말. *건곤(乾坤): 하늘과 땅. *일색(一色): ①한 가지 빛. ②아주 뛰어나게 아름다운 미인. ③같은 종류나 같은 경향이 지배하고 있는 모양을 비유적으로 이르는 말.

건곤-일척(乾坤一擲 하늘 건/땅 곤/한 일/던질 척) 하늘이냐 땅이냐 한 번 던진다. 즉, 하늘이냐, 땅이냐를 주사위를 한 번 던져 승패를 건다는 뜻으로, 운명을 걸고 마지막으로 결행하는 단판걸이(單~. 한 판으로 승부를 겨루는 일)로 승부(勝負)를 겨룸을 이르는 말. =일척건곤(一擲乾坤). *건곤(乾坤): ☞건곤일색(乾坤一色). *일척(一擲): (가진 것을) 한 번에 다 내던짐.《관련 속담》도 아니면 모. 이 사자성어의 유래는 다음과 같다. 한유(韓愈)의「과홍구(過鴻溝)」라는 시(詩)에 〈용(龍)도 지치고 범도 피곤하여 강과 들을 나누니. / 억만창생(億萬蒼生)의 목숨이 보전되었네. / 누가 왕에게 권해 말 머리 돌려. / 진실로 일척(一擲)에 건곤(乾坤)을 걸게 했는가?(龍疲虎困割川原, 億萬蒼生性命存, 誰勸君主回馬首, **眞成一擲賭乾坤**.)〉라는 이야기가 나오는데, '진실로 일척(一擲)에 건곤(乾坤)을 걸게 했는가?(眞成一擲賭乾坤)'에서, '건곤일척(乾坤一擲)' 또는 '일척건곤(一擲乾坤)'이 유래했다. 당송팔대가(唐宋八大家)의 한 사람인 한유(韓愈)가 옛날 중국 진(秦)나라 말기(末期)의 군인이자 장군(將軍)인 항우(項羽)와 중국 한(漢)나라 초대(初代) 황제(皇帝)인 유방(劉邦)이 천하(天下)를 놓고 싸우면서 경계선으로 삼았던 홍구(鴻溝)를 지나다가 이 시(詩)를 지었다고 한다. 이 시(詩)의 역사적 배경은 이렇다. 진시황(秦始皇)이 죽자, 폭력에 의해 독재(獨裁. 여기서는, 독재정치·獨裁政治의 준말로, 한 국가의 권력을 한 사람이 쥐고 마음대로 행사하는 정치를 일컬음)의 체제(體制)는 모래성 무너지듯 무너지고, 몸을 피해서 숨어, 칼을 갈고 있던 무수한 영웅호걸(英雄豪傑. 본문 참고)들은 벌떼처럼 들고 일어났다. 마침내 천하(天下)는 항우(項羽)와 유방(劉邦)의 두 세력에 의해 양분(兩分. 둘로 나눔)되었는데, 그 경계선이 바로 이 홍구(鴻溝)였다. 항우(項羽)와 유방(劉邦)은 이 홍구(鴻溝)를 경계(境界)로 해서 동쪽을 항우(項羽)의 초(楚)나라로 하고, 서쪽을 유방(劉邦)의 한(漢)나라로 하기로 결정을 보았던 것이다. 이리하여 일단 싸움은 중단되고 억만창생(億萬蒼生. 본문 참고)들도 숨을 돌리게 되었는데, 유방(劉邦)의 부하들은 서쪽으로 돌아가려는 유방(劉邦)의 말머리를 동(東)으로 돌려, 항우(項羽)와 천하를 놓고 최후의 승부를 결정짓는 도박(賭博. 여기서는, 요행수(僥倖數)를 바라고 불가능하거나 위험한 일에 손을 댐)을 하게 되었던 것이다. 여기서, '건곤일척(乾坤一擲)' 또는 '일척건곤(一擲乾坤)'이 유래했다. 이것은 천하(天下)를 얻느냐 잃느냐, 죽느냐 사느냐 하는 대모험(大冒險. 큰 모험. 즉, 위험을 무릅쓰고 어떠한 일을 크게 함)을 할 때 곧잘 쓰이는 말이다. 유방(劉邦)이 걸고 한 것은 사실 글자 그대로 하늘과 땅이었지만, 지금 우리가 쓰고 있는 뜻은, 무엇이든 자기의 운명을 걸고 흥망(興亡) 간에 최후의 모험(冒險)을 하는 것을 '건곤일척(乾坤一擲)' 또는 '일척건곤(一擲乾坤)'이라고 한다. 참고로, 원문의 '龍疲虎困割川原'에서, '龍'은 용(龍) '룡(용)'으로 읽고, '疲'는 지칠 '피'로 읽고, '虎'는 범 '호'로 읽고, '困'은 곤할(困~. 기운이 없어 나른할) '곤'으로 읽는다. 여기서, '기운'은 순우리말로, 생물이 살아 움직이는 원기(元氣). 또는 거기서 나오는 힘. '割'은 나눌 '할'로 읽고, '川'은 내(시내보다는 크지만 강보다는 작은 물줄기) '천'으로 읽고, '原'은 들(편평하고 넓게 트인 땅) '원', 벌판(사방으로 펼쳐진 넓고 편평한 땅) '원'으로 읽는다. '龍疲虎困割川原'을 직역(直譯)하면, 용(龍)도 지치고 범도 피곤하여 내[川]와 들[原]을 나누니, 즉, 용(龍)은 지치고 범은 피곤하여 홍구(鴻溝)의 강(江)과 들을 경계(境界)로 나누니, ‘億萬蒼生性命存’에서, ‘億’은 억(億) ‘억’으로 읽고, ‘萬’은 일만 ‘만’으로 읽고, ‘蒼’은 푸를 ‘창’으로 읽고 ‘生’은 백성 ‘생’으로 읽는다. ‘億萬蒼生’은 ‘억조창생(億兆蒼生)’과 같은 말로, 수많은 백성. ‘性’은 생명(生命) ‘성’, 목숨 ‘성’으로 읽고, ‘命’은 목숨 ‘명’으로 읽는다. ‘性命’은 목숨이나 생명(生命)을 달리 이르는 말. ‘存’은 보존(保存)할 ‘존’으로 읽는다. ‘億萬蒼生性命存’을 직역(直譯)하면, 억만(億萬)의 푸른 백성의 목숨이 보존되었네. 즉, 잠시라도 전쟁이 중단되었으니, 억만창생(億萬蒼生)의 목숨이 살아남게 되었다는 뜻이다. 여기서, ‘億萬蒼生’이 유래하였는데, ‘億萬蒼生’을 직역(直譯)하면, 억만(億萬)의 창생(蒼生)이라는 뜻으로, 수많은 백성을 이르는 말. ‘誰勸君主回馬首’에서, ‘誰’는 누구(인칭 대명사) ‘수’로 읽고, ‘勸’은 권할 ‘권’으로 읽고, ‘君’은 임금 ‘군’으로 읽고, ‘主’는 임금 ‘주’로 읽는다. ‘君主’는 세습적으로 나라를 다스리는, 최고 지위에 있는 사람. ‘回’는 돌아올 ‘회’로 읽고, ‘馬’는 말 ‘마’로 읽고, ‘首’는 머리 ‘수’로 읽는다. ‘馬首’는 말의 머리. 또는 말이 향하는 방향. ‘誰勸君主回馬首’를 직역(直譯)하면, 누가 임금에게 권해 말 머리를 돌리게 했는가? 즉, 이 시구(詩句)는 원망의 뜻이 담겨 있다. ‘眞成一擲賭乾坤’에서, ‘眞’은 참으로 ‘진’, 정말로 ‘진’으로 읽고, ‘成’은 이룰 ‘성’, 참으로 ‘성’으로 읽는다. ‘眞成’은 ‘진정(眞正)’과 같은 말로, 거짓이 없이 참으로, ‘一’은 한 ‘일’로 읽고, ‘擲’은 던질 ‘척’으로 읽고, ‘賭’는 도박 ‘도’, 내기할(금품을 거는 따위의 일정한 약속 아래에서 승부를 다툼) ‘도’로 읽고, ‘乾’은 하늘 ‘건’으로 읽고, ‘坤’은 땅 ‘곤’으로 읽는다. ‘眞成一擲賭乾坤’을 직역(直譯)하면, 거짓이 없이 참으로 한 번 던져서 하늘이냐 땅이냐를 내기하게 했는가? 여기서, ‘乾坤一擲’과 ‘一擲乾坤’이 유래하였는데, ‘乾坤一擲’을 직역(直譯)하면, 하늘이나 땅이냐를 한 번 던진다. 즉, 하늘이냐 땅이냐를 주사위를 한 번 던져 승패를 건다는 뜻으로, 운명을 걸고 마지막으로 결행하는 단판걸이(單~. 한 판으로 승부를 겨루는 일)로 승부를 겨룸을 일컫는다. 그리고 ‘一擲乾坤’을 직역(直譯)하면, 하늘과 땅에 한 (번) 던진다. 즉, 주사위를 한 번 던져 승패를 건다는 뜻으로, 운명을 걸고 단판걸이로 승부를 겨룸을 비유적으로 이르는 말.

건공-지-신(建功之臣 세울 **건**/공 **공**/어조사 **지**/신하 **신**) 나라에 공(功)을 세운 신하(臣下)를 이르는 말. *건공(建功): 나라를 위하여 공(功)을 세움.

건목-생수(乾木生水 마를 **건**/나무 **목**/날 **생**/물 **수**) 마른나무에서 (무리하게) 물이 나오게 (한다는) 뜻으로, 아무것도 없는 사람에게 무리하게 무엇을 내라고 요구함을 비유적으로 이르는 말. =간목수생(乾木水生). 강목수생(剛木水生). 건목수생(乾木水生). 여기서, 앞의 ‘乾木水生’은 한자어는 같으나 ‘간목수생’ 또는 ‘건목수생’으로 읽는다. ‘乾’은 ‘마를 간’, 또는 ‘마를 건’으로도 읽기 때문이다. *건목(乾木): 베어서 바짝 말린 재목(材木. 건축, 토목, 가구 따위의 재료로 쓰는 나무). *생수(生水): ①(끓이거나 소독하지 않은 상태의) 샘에서 나오는 맑은 물. ②=생명수(生命水). 즉, 영적 생명을 유지하는 데 필요한 물이라는 뜻으로, 기독교에서 하느님의 복음(福音. 기독교에서, 그리스도에 의해서 인류가 구원을 받게 된다는 기쁜 소식)을 이르는 말. ③먹는 샘물. 《관련 속담》 병풍에 그린 닭이 홰를 치거든.

건목-수생(乾木水生 마를 **건**/나무 **목**/물 **수**/날 **생**) 마른나무에서 (무리하게) 물이 나오게 (한다는) 뜻으로, 아무것도 없는 사람에게 무리하게 무엇을 내라고 요구함을 이르는 말. =간목수생(乾木水生). 강목수생(剛木水生). 건목생수(乾木生水). 여기서, 앞의 ‘乾木水生’은 한자어는 같으나 ‘간목수생’ 또는 ‘건목수생’으로 읽는다. ‘乾’은 ‘마를 간’, 또는 ‘마를 건’으로도 읽기 때문이다. *건목(乾木): ☞건목생수(乾木生水). *수생(水生): ①물에서 생겨남. ②물에서 삶. 《관련 속담》 병풍에 그린 닭이 홰를 치거든.

건몰-작전(乾沒作錢 건으로 **건**/건으로 빼앗을 **몰**/만들 **작**/돈 **전**) 건(乾)으로 건(乾)으로 빼앗아 돈을 만든다는 뜻으로, ①강제로 빼앗아 팖을 이르는 말. ②강제로 빼앗은 물건을 팔아 돈을 만듦을 이르는 말. *건몰(乾沒): ①법에 어긋난 물건을 관가(官家. 지난날 나랏일을 보던 집)에서 빼앗음. ②남의 돈이나 물건을 빼앗음. *작전(作錢): 물건을 팔아서 돈을 마련함. *건으로(乾~): 튄 터무니없이. 또는 턱 없이.

건순-노-치(乾脣露齒 하늘 **건**/입술 **순**/드러날 **노**/이 **치**) 입술이 하늘로 (올라가) 이[齒]가 드러난다는 뜻으로, 윗입술이 위[上]로 들려서(들려 올라가 있어) 이[齒]가 드러나 보임을 이르는 말. *건순(乾脣): 위로 들린 입술.

건-양-다-경(建陽多慶 세울 **건**/볕 **양**/많을 **다**/경사 **경**) 볕을 세워서(일으켜서) 경사(慶事)스러운 (일이) 많기를 (기원·祈願한다는) 뜻으로, 따스한 날씨를 맞이하여 경사(慶事)가 많기를 기원(祈願. 소원이 이루어지기를 빎)하며 벽이나 문짝 따위에 써 붙이는 글귀. 주로 입춘대길(立春大吉. 본문 참고)과 대구(對句. 짝을 맞춘 시의 글귀)를 이루어 사용한다. *경사(慶事): 매우 즐겁고 기쁜 일.

건조-무미(乾燥無味 마를 **건**/마를 **조**/없을 **무**/맛 **미**) 마르고 말라 맛이 없다. 즉, 메말라 맛이 없다는 뜻으로, 재미나 멋이 없이 메마름을 이르는 말. =무미건조(無味乾燥). *건조(乾燥): ①습기나 물기가 없는, 마른 상태. ②분위기, 정신, 환경 따위가 여유나 윤기가 없이 메마름. *무미(無味): 맛이나 재미가 없음.

걸-견-폐-요(桀犬吠堯 걸 임금 **걸**/개 **견**/짖을 **폐**/요 임금 **요**) 걸(桀) 임금의 개는 요(堯) 임금을 (보고도) 짖는다는 뜻으로, 선악(善惡)을 가리지 않고 그 주인에게 무조건 충성(忠誠. 진정에서 우러나오는 정성. 특히 임금이나 국가에 대한 것을 일컬음)함을 비유적으로 이르는 말. 튄 척구폐요(跖狗吠堯). 이 사자성어의 유래는 다음과 같다. 『사기(史記)』의 「노중련추양열전(魯仲連鄒陽列傳)」 편(篇)에 [한(漢)나라 경제(景帝. 재위 기원전 157년 ~ 기원전 140년) 때, 오왕(吳王. 오나라의 왕)의 유비(劉濞)가 주도한 오초칠국(吳楚七國)의 난이 일어났다. 이 반란(反·叛亂. 정부나 지배자에게 반항하여 내란을 일으킴)은 경제(景帝)가 실시한 제후(諸侯)들의 영지(領地. 영토, 땅) 삭감 조치에 반발하여 일어났는데, 난(亂. '난리·亂離'의 준말. 전쟁이나 재변·災變 따위로 세상이 어지러워진 상태. 또는 그러한 전쟁이나 재변·災變)은 3개월 만에 진압(鎭壓. 강압적인 힘으로 억눌러 진정시킴) 되고 말았고, 이로 인해 제후(諸侯)들의 세력은 더욱 약화되고, 중앙정부의 힘은 더욱 강화(强化. 모자라는 점을 보완하여 이제까지보다 더 튼튼하게 함)되었다. 여기서, '오초칠국(吳楚七國)의 난(亂. '난리·亂離'의 준말. 전쟁이나 재변·災變 따위로 세상이 어지러워진 상태. 또는 그러한 전쟁이나 재변·災變)'을 간단히 설명하면 다음과 같다. 기원전 154년, 전한(前漢)의 제후국(諸侯國)인 오(吳)나라의 왕(王) 유비(劉濞)가 주축이 되어 다른 제후국(諸侯國)인 초(楚), 교서(膠西), 조(趙), 교동(膠東), 치천(菑川), 제남(濟南) 따위의 여섯 나라와 함께 전한(前漢)의 중앙 정부에 일으킨 반란(叛亂)이다. 경제(景帝)는 어사대부(御史大夫)인 조조(鼂錯)의 주장대로 과격한 정책을 실행했다. 그동안 제후왕(諸侯王. 여러 제후를 다스리는 왕)들의 죄를 빌미로 초(楚), 교서(膠西), 조(趙)나라 따위의 영지(領地)를 우선 삭감했다. 마침내 조조(鼂錯)가 오(吳)나라에도 영지(領地)를 삭감하려 하자, 자신에게 화(禍)가 미칠 것을 두려워 한 유비(劉濞)는 이미(돌이킬 수 없이 된 지난 일을 일컬을 때 쓰는 말) 영지(領地)를 삭감당했던 초(楚), 교서(膠西), 조(趙)나라의 제후왕(諸侯王)과 공모(共謀)하여 황제 측근이며 간신(奸臣. 성질이 교묘하게 잘 둘러대고 행실이 바르지 못한 신하)인 조조(鼂錯)

를 칠 것을 구실로 먼저 선수를 쳐서 군사를 일으켰다. 이 제후왕(諸侯王)들의 반란(叛亂)은 중앙 정부군의 교묘한 전략(戰略. 전쟁을 전반적으로 이끌어가는 방법·方法이나 책략·策略을 이르는 말. 전술·戰術보다 상위의 개념이다)에 의해 오왕(吳王. 오나라 왕)은 살해당하고, 오(吳)와 공모(共謀)한 제후왕(諸侯王. 제후의 왕)도 모두 살해되어, 전란(戰亂)은 불과(不過) 3개월만에 평정(平定. 난리를 평온하게 진정시킴)되었다. 처음, 오왕(吳王)인 유비(劉濞)가 반란을 일으키려 하자, 추양(鄒陽)이 상서(上書. 웃어른에게 글을 올림. 또는 그 글)를 올려 이를 말렸다. 하지만 오왕(吳王)이 듣지 않자, 추양(鄒陽)은 오왕(吳王)을 떠나 양왕(梁王. 양나라 임금)인 유무(劉武)에게로 갔다. 추양(鄒陽)은 지혜와 용모가 출중(出衆. 뭇사람 가운데에서 뛰어남)하고, 글재주와 말재간(~才幹. 말을 잘하는 재주)이 좋았으므로, 양왕(梁王)에게 인정 받을 수 있을 것으로 생각했다. 하지만, 양왕(梁王)은 양승(羊勝)과 공손궤(公孫詭) 따위 심복(心腹. 마음 놓고 믿을 수 있는 부하)들의 무고(誣告. 없는 사실을 거짓으로 꾸며 남을 고발하거나 고소함)에 넘어가 추양(鄒陽)을 옥(獄)에 가두고 말았다. 추양(鄒陽)은 억울함을 호소(呼訴. 억울하거나 딱한 사정을 남에게 간곡히 알림)하기 위해 옥중상양왕서(獄中上梁王書. 감옥의 안에서 양왕·梁王에게 올리는 글)를 썼다. 양왕(梁王)은 이 글을 보고 추양(鄒陽)을 석방(釋放)하고 상객(上客. 자기보다 지위가 높은 손님. 또는 상좌·上座에 모실 만한 손님)으로 대우했다. 추양(鄒陽)은 이 글에서, 역사상 많은 충절(忠節. 충성스러운 절개)의 선비들이 까닭 없이 의심을 받고 쫓겨나거나 심지어는 죽임을 당한 사실들을 열거하고, 인재(人材. 어떤 일을 할 수 있는 학식이나 능력을 갖춘 사람)를 중용(重用. 중요한 자리에 임명하여 부림)해야 한다는 사실을 역설(力說. 힘주어 말함. 또는 강하게 주장함)하면서 다음과 같이 썼다. 오늘날 임금이 참으로 교만(驕慢)한 마음을 버리고, 공(功. 어떠한 일에 이바지한 공적과 노력)이 있는 사람에게는 보답할 마음을 품고 속마음을 꺼내 진실을 보여 주며,]〈간담(肝膽)을 털어 덕(德. 고매하고 너그러운 도덕적 품성)을 후히 베풀고 빈궁(貧窮)과 영달(榮達)을 선비와 함께하며, 선비에게 작록(爵祿)을 아낌없이 주면, 걸(桀)왕의 개라도 요(堯)임금을 보고도 짖게 할 수 있고, 도척(盜跖)의 식객들에게 허유(許由)를 찌르게 할 수도 있습니다.(隳肝膽, 施德厚, 終與之窮達, 無愛於士, **則桀之犬可使吠堯**, 跖之客可使刺由.)〉[하물며 만승(萬乘)의 권세(權勢. '권력·權力'과 '세력·勢力'을 아울러 이르는 말)를 잡고 성왕(聖王. 덕·德으로 나라를 다스리는, 어질고 훌륭한 임금)의 자질을 가진 분의 명(命. 윗사람이 아랫사람에게 시킴. 또는 그 말)이라면 누가 응하지 않겠습니까? 여기서, '만승(萬乘)'은 만대(萬臺)의 병거(兵車. 전쟁에 쓰는 수레)라는 뜻으로, 천자(天子) 또는 천자(天子)의 자리를 이르는 말이다. '천자(天子)'는 천제(天帝. 하늘을 다스리는 신. 또는 우주를 창조하고 주재한다고 믿어지는 초자연적인 절대자)의 아들이란 뜻으로, 천명(天命. 하늘의 명령)을 받아 천하(天下)를 다스리는 사람. 곧 중국에서 황제(皇帝)를 일컫던 말이다. 그리고 '만승(萬乘)'은 중국 주(周)나라 때에 천자(天子)가 병거(兵車) 일만 대(臺. 자동차나 비행기. 또는 기계 따위를 세는 단위)를 즈리[直隷] 지방에서 출동시켰던 데서 유래한다. 여기서, '승(乘)'은 수레를 세는 단위이다. 주(周)나라 때, 전시(戰時. 전쟁을 하고 있는 때)에 천자(天子)는 만승(萬乘)을, 제후(諸侯)는 천승(千乘)을 내도록 되어 있었다. 또 '만승(萬乘)'과 '천승(千乘)'은 부역(賦役. 국가나 공공 단체가 특정한 공익사업을 위하여 보수 없이 국민에게 의무적으로 책임을 지우는 노역·勞役을 이르는 말)에 동원할 수 있는 병력·兵力의 규모를 나타내는 단위이기도 함]라는 이야기가 나오는데, '걸(桀)왕의 개라도 요(堯)임금을 보고도 짖게 할 수 있고(則桀之犬可使吠堯)'에서, '걸견폐요(桀犬吠

堯)'가 유래했다. 폭군 걸(桀)이 기른 개는 요(堯)와 같은 성인(聖人. <u>지혜와 덕이 매우 뛰어나 길이 우러러 본받을 만한 사람</u>)을 보고도 짖으며, 큰 도적인 도척(盜跖)이 키운 자객(刺客. <u>사람을 몰래 죽이는 일을 전문으로 하는 사람</u>)은 허유(許由)와 같은 성인(聖人. <u>지혜와 덕이 매우 뛰어나 길이 우러러 본받을 만한 사람</u>)에게도 칼을 들이댈 수 있다는 뜻이다. '걸(傑)'은 중국 최초의 왕조인 하(夏)나라의 마지막 왕으로, 은(殷)나라의 주왕(紂王)과 더불어 폭군(暴君)의 대명사로 불리는 사람이고, '도척(盜跖)'은 포악한 도적(盜賊)의 대명사로 불리며, '허유(許由)'는 요(堯)임금의 양위(讓位. <u>임금의 자리를 물려줌</u>)를 사양(辭讓. <u>겸손하여 받지 아니하거나 응하지 아니함, 또는 남에게 양보함</u>)한 사람으로 성인(聖人)의 대명사로 불린다. 그런데 이 이야기와 관련된 것을 다시 말하면, 걸견(桀犬)은 걸왕(桀王)이 키우던 개다. 걸왕(桀王)은 중국 하(夏)나라의 마지막 임금으로서, 나라를 망치게 한 폭군(暴君)이었다. 반면에 요(堯)임금은 중국 역사상 가장 어진 임금으로 불리어지는 요순(堯舜) 시대의 임금이다. 걸왕(桀王)의 개가 짖는 것은 요(堯)임금이 어질지 못한 도둑이라서가 아니라, 그 주인이 걸왕(桀王)이기 때문이다. 개는 걸왕(桀王) 이외는 모두 도둑으로 알고 짖는 것이다. 그리고 걸왕(桀王)의 개는, 제 주인이 아무리 포악(暴惡)한 사람이라도 오직 주인만을 따르기 때문에, 주인이 아닌 요(堯)임금이 아무리 어질어도, 개는 주인의 명(命)에 따라 짖게 되어 있다. 따라서 개는 선악(善惡)을 무시하고 주인에 대한 무조건적 충성(忠誠. <u>진정에서 우러나오는 정성, 특히 임금이나 국가에 대한 것을 일컬음</u>)을 하게 되는 것이다. 여기서, '걸견폐요(桀犬吠堯)'는, 두 가지 측면에서 쓰이는 말이다. 첫째는, 개가 오로지 주인만을 알아보듯, 사람이 양심(良心)의 판단에 따르기보다는 맹목적(盲目的)으로 윗사람에게 충성(忠誠)함을 한탄하는 말로도 쓰인다는 것이다. 예를 들면, 독재자를 무조건 비호(庇護. <u>감싸 보호함</u>)하는 자(者)는 걸견폐요(桀犬吠堯)와 다름없는 것이다. 둘째는, 아랫사람을 성심껏 대하면 감화(感化. <u>남에게 받는 정신적 영향으로 마음이나 행동이 바람직하게 변화함, 또는 그렇게 남을 변화시킴</u>)돼 저절로 충성(忠誠)을 다하게 된다는 뜻이다. 예를 들면, 왕으로서 걸견폐요(桀犬吠堯)하는 신하를 둔 것만큼 다행한 일은 없다. 참고로, 원문의 '墮肝膽'에서, '墮'는 떨어질 '타'로 읽고, '肝'은 간(肝) '간'으로 읽고, '膽'은 쓸개 '담'으로 읽는다. '肝膽'은 간(肝)과 쓸개[膽]를 아울러 이르는 말. 또는 속마음을 비유적으로 이르는 말. '墮肝膽'을 직역(直譯)하면, 간과 쓸개가 (서로) 떨어지게 해서, '施德厚'에서, '施'는 베풀 '시'로 읽고, '德'은 큰 '덕', 덕(德. <u>고매하고 너그러운 도덕적 품성</u>) '덕'으로 읽고, '厚'는 두터울 '후', 후할 '후'로 읽는다. '施德厚'를 직역(直譯)하면, 덕(德)을 후하게 베풀고, '終與之窮達'에서, '終'은 끝 '종'으로 읽고, '與'는 함께할 '여'로 읽고, '之'는 어조사 '지'로 읽는다. '~을', '~를'의 뜻을 나타내는 목적격 조사. '窮'은 궁할(窮~. <u>가난하고 어려움</u>) '궁'으로 읽고, '達'은 이를(여기서는, 어느 정도나 범위에 미칠) '달'로 읽는다. '窮達'은 빈궁(貧窮. <u>가난하고 궁색함</u>)과 영달(榮達. <u>지위가 높고 귀하게 됨</u>)을 아울러 이르는 말. '終與之窮達'을 직역(直譯)하면, 끝까지 빈궁(貧窮)과 영달(榮達)을 (선비와) 함께하며, '無愛於士'에서, '愛'는, 여기서는, 아낄 '애'로 읽고, '於'는 어조사 '어'로 읽는다. '~에게(<u>위치</u>)'를 나타냄. '士'는 선비 '사'로 읽는다. '無愛於士'를 직역(直譯)하면, 선비에게 아낌이 없으면(<u>아끼지 않으면</u>), '則桀之犬可使吠堯'에서, '則'은 곧 '즉'으로 읽고, '桀'은 걸(桀) 임금 '걸'로 읽고, '之'는 어조사 '지'로 읽는다. 여기서는, '~의'를 나타내는 관형격 조사. '犬'는 개 '견'으로 읽는다. '桀之犬'을 직역(直譯)하면, 걸(桀)'의 개. '可'는 가히(可~. <u>'능히', '넉넉히'의 뜻을 나타냄</u>) '가'로 읽고, '使'는 하여금(<u>누구를 시키어</u>) '사'로 읽고, '吠'는 짖을 '폐'로 읽고, '堯'는 요(堯)

임금 '요'로 읽는다. '則桀之犬可使吠堯'을 직역(直譯)하면, 곧 걸(桀)의 개로 하여금 요(堯)임금을 보고 가히 짖게 할 수 있으며, 여기서, '桀犬吠堯'가 유래하였는데, 이것을 직역(直譯)하면, 걸(傑) 임금의 개가 요(堯) 임금을 (보고도) 짖는다는 뜻으로, 선악(善惡)을 가리지 않고 그 주인에게 무조건 충성(忠誠)함을 비유적으로 이르는 말. 중국 하(夏)나라 걸왕(傑王)의 개는 제 주인이 포악(暴惡)한 사람이었으나, 오직 주인(主人)만을 따를 뿐이며, 오히려 어진 요(堯)임금을 보고 짖었다는 데서 유래한다. '跖之客可使刺由'에서, '跖'은 도둑 이름 '척'으로 읽는다. 여기서는, '도척(盜跖)'을 가리킴. '도척(盜跖)'은 중국 춘추 시대의 큰 도적 이름. 유하혜(柳下惠)의 아우로, 수천 명을 거느리고 천하를 횡행(橫行. <u>아무 거리낌 없이 제멋대로 행동함</u>)하였다고 한다. '客'은 나그네 '객'으로 읽고, '刺'는 찌를 '자'로 읽고, '由'는 말미암을 '유'로 읽는다. 여기서는, 고대 중국의 전설상의 인물인 '허유'(許由)를 가리킴. '跖之客可使刺由'를 직역(直譯)하면, 도척(盜跖)의 나그네로 하여금 가히 허유(許由)를 (칼로) 찌르게 할 수 있다. 따라서, '걸견폐요(桀犬吠堯)'는 주구(走狗)들은 그 주인에게 충성하는 것만 알지, 그 외의 것은 전혀 염두에 두지 않으며, 인간도 상대방이 누구든 관계없이 자기가 섬기는 주인에게만 충성을 다한다는 뜻으로 쓰인다. 여기서, '주구(走狗)'는 ①사냥할 때 부리는 개. ②'남의 앞잡이 노릇을 하는 사람'을 비유적으로 이르는 말.

걸-불-병행(乞不竝行 빌 **걸**/아닐 **불**/나란할 **병**/행할 **행**) 빌릴 때 나란히 행(行)하지 않는다. 즉, 비럭질(<u>구걸하거나 빌어먹는 짓</u>)은 여럿이 함께하지 않는다는 뜻으로, 어떤 것을 요구하는 사람이 여럿이면 그것을 얻기가 어려움을 이르는 말. 요구하는 사람이 많으면 얻기가 힘들다는 말. 그래서 거지는 같이 다니지 않는다. 구걸할 때도 같이 다녀서는 안 된다는 말이 있다. *병행(竝行): ①함께 나란히 감. ②(둘 이상의 일을) 아울러서 한꺼번에 함. *나란하다: 줄지어 있는 모양이 들쑥날쑥함이 없이 가지런하다,

걸인-연-천(乞人憐天 빌 **걸**/사람 **인**/불쌍히 여길 **연**/하늘 **천**) 빌리는 사람. 즉, 걸인(거지)이 하늘을 불쌍히 여긴다는 뜻으로, 불행한 처지에 놓여 있는 사람이 부질없이 행복한 사람을 동정(同情. <u>남의 불행이나 슬픔 따위를 자기 일처럼 생각하여 가슴 아파하고 위로함</u>)함을 비유적으로 이르는 말. 격에 맞지 않는 걱정을 한다는 말이다. *걸인(乞人): =거지. 즉, 남에게서 돈이나 음식을 얻어먹고 사는 사람. 《관련 속담》 거지가 도승지를 불쌍타 한다. / 거지가 하늘을 불쌍히 여긴다.

검려-지-기(黔驢之技 검을 **검**/나귀 **려**/어조사 **지**/재주 **기**) 검주(黔州)에 (간) 나귀의 재주라는 뜻으로, ①보잘것없는 솜씨와 힘을 비유적으로 이르는 말. 옛 중국의 검주(黔州)에 어떤 사람이 처음으로 나귀를 끌고 갔을 때, 그 울음소리가 크므로, 범이 나귀를 보고 두려워하다가, 나귀에게 별다른 힘이 없고 그 발길질도 신통(神通. <u>대견하고 훌륭함</u>)하지 못함을 알고는, 오히려 범이 그 나귀를 잡아 먹어버렸다는 데서 유래한다. ②자신의 솜씨와 힘이 없음을 모르고 뽐내다가, 화를 스스로 부름을 비유적으로 이르는 말. *검려(黔驢): =검려지기(黔驢之技). *나귀: 부록 '려(驢)' 참고. *재주: 순우리말로, 무엇을 잘할 수 있는, 타고난 능력과 슬기.

검-림-지옥(劍林地獄 칼 **검**/수풀 **림**/땅 **지**/감옥 **옥**) 칼로 (된) 나무숲의 지옥(地獄)이라는 뜻으로, 불교에서, 불경(不敬. <u>마땅히 경의를 표해야 할 사람에게 예의가 없음</u>)한 자(者), 불효자(不孝子), 무자비한 죄를 지은 사람이 떨어지는 지옥(地獄)을 이르는 말. 시뻘겋게 단 뜨거운 쇠 알의 열매가 달리고, 잎이 칼로 된 나무 숲 속에서 온몸이 찔리는 고통을 받는다. =검수지옥(劍樹地獄). *지옥(地獄): ①불교에서, 이승(<u>지금 살고 있는 이 세상</u>)에서 악업(惡業)을 지은 사람이 죽어서 간다고 하는, 온갖 고통으로 가득

찬 세계. ↔극락(極樂). 여기서, '악업(惡業)'은 불교에서 이르는, 고과(苦果. 불교에서, 고뇌를 받는 과보·果報. 또는 악업·惡業의 과보·果報로 받는 고뇌. 여기서, '과보·果報'는 인과응보·因果應報의 준말)를 가져오는 원인이 되는 나쁜 짓. 또는 전생(前生. 이 세상에 태어나기 전의 세상)의 나쁜 짓. ↔선업(善業). ②못 견딜 만큼 괴롭고 참담한 형편이나 환경을 비유적으로 이르는 말. *감옥(監獄): 죄인(罪人)을 가두어 두는 곳. 한때 형무소(刑務所)라고 부르다가 현재 교도소(矯導所)로 고쳤다.

검수-지옥(劍樹地獄 칼 검/나무 수/땅 지/감옥 옥) 칼로 (된) 나무의 지옥(地獄)이라는 뜻으로, 불교에서, 불경(不敬. 마땅히 경의를 표해야 할 사람에게 예의가 없음)한 자(者), 불효자(不孝子), 무자비한 죄를 지은 사람이 떨어지는 지옥(地獄)을 이르는 말. 시뻘겋게 단 뜨거운 쇠 알의 열매가 달리고, 잎이 칼로 된 나무 숲 속에서 온몸이 찔리는 고통을 받는다. =검림지옥(劍林地獄). *검수(劍樹): ①나뭇가지, 잎, 꽃, 과실이 모두 칼로 되어 있다는 지옥의 나무. ②=검림지옥(劍林地獄). *지옥(地獄): ☞검림지옥(劍林地獄). *감옥(監獄): ☞검림지옥(劍林地獄).

격강-천-리(隔江千里 사이 뜰 격/강 강/일천 천/이수 리) 강(江)과 사이가 뜬 거리가 일천(一千) 이수(里數)라는 뜻으로, 강(江)을 사이에 둔 것같이 가까운 거리에 있으면서도, 서로 왕래(往來)가 드물어 천(千)리(里)나 떨어져 있는 것과 같이 멀리 느껴짐을 비유적으로 이르는 말. 즉, 강 하나를 사이에 두고 있으나, 자주 내왕을 할 수가 없어 천릿길이나 떨어져 있음과 다름이 없다는 뜻. *격강(隔江): 강을 사이에 두고 떨어져 있음. *사이(가) 뜨다: 관용어(慣用語)로, ①사이가 멀다. ②(시간적인) 동안이 오래다. ③서로 친하던 관계가 서먹하게 되다.

격고-명금(擊鼓鳴金 칠 격/북 고/울 명/쇠 금) 북을 치고 쇠(징)를 울린다는 뜻으로, 전쟁(戰爭)에서 북을 치면 진격(進擊. 앞으로 나아가 적을 침)하고, 징을 치면 후퇴(後退)하던 일을 이르는 말. *격고(擊鼓): ①북을 침. ②지난날, 임금의 거둥(임금의 나들이. 또는 임금의 행차) 때에, 원통한 일을 직소(直訴. 일정한 절차를 밟지 않고 윗사람이나 상급 관청에 직접 호소함)하기 위하여 북을 쳐서 하문(下問. 윗사람이 아랫사람에게 물음. 또는 윗사람이 묻는 '물음'을 높이어 이르는 말)을 기다리던 일. *명금(鳴金): 징이나 나(鑼), 바라 따위를 쳐서 울림.

격물-치지(格物致知 이를 격/사물 물/이룰 치/알 지) 사물(事物)에 이르러 앎을 이룬다는 뜻으로, 실제 사물의 이치(理致)를 연구하여 지식을 완전하게 함. 또는 사물의 이치(理致)를 끝까지 파고들어 진실한 앎에 이르는 것을 비유적으로 이르는 말. =치지격물(致知格物). *격물(格物): 주자학(朱子學)에서, 사물의 이치를 연구하여 끝까지 따지고 파고들어 궁극(窮極)에 도달함을 이르는 말. 여기서, '주자학(朱子學)'은 '성리학(性理學)'을 달리 이르는 말. 주자(朱子)가 집대성한 데에서 이처럼 일컫는다. *치지(致知): 사물의 도리(道理)를 깨달아서 알게 됨. 또는 사물의 도리(道理)를 깨닫는 경지에 이름(도달함). 이 사자성어의 유래는 다음과 같다. 사서오경(四書五經) 중의 하나인 『대학(大學)』은 유가(儒家)의 교리를 간결하고도 체계적으로 정리한 책인데, 크게 삼강령(三綱領)과 팔조목(八條目)으로 구성되어 있다. '삼강령(三綱領)'은 '명덕(明德)', '신민(新民)', '지어지선(至於至善)'이고, '팔조목(八條目)'은 '격물(格物)', '치지(致知)', '성의(誠意)', '정심(正心)', '수신(修身)', '제가(齊家)', '치국(治國)', '평천하(平天下)'이다. 이 팔조목(八條目) 중 '격물(格物)'과 '치지(致知)'를 제외한 나머지는 『대학(大學)』에 상세하게 설명되어 있지만, 이 두 가지에 대해서는 정확한 뜻이 설명되어 있지 않아 후세에 그 해석을 놓고 여러 학파가 생겨났다.

그 중에서 대표적인 것이 주자학파(朱子學派)와 양명학파(陽明學派)이다. 주자(朱子)(주희)는 "세상의 삼라만상(森羅萬象. <u>본문 참고</u>)은 나무 한 그루, 풀 한 포기에 이르기까지 모두 그 이치를 갖추고 있다. 이 이치를 하나씩 따져 들어가면 마침내 확연하게 세상 만물(萬物. <u>온갖 물건 또는 세상에 있는 모든 것</u>)의 이치를 밝혀 낼 수가 있게 된다."고 말했다. 주자(朱子)는 격(格)을 이른다[至]는 뜻으로 보아, 격물(格物)을 만물(萬物)이 지닌 이치를 추구하는 궁리(窮理)로 해석하여, '모든 사물의 이치를 끝까지 파고들어 가면[格物] 앎에 이른다.[致知]'고 하는 '성즉리설(性卽理說)'을 확립했다. 여기서, 궁리(窮理)는 <u>①사물의 이치를 깊이 연구함. ②마음속으로 이리저리 따져 깊이 생각함. 또는 그런 생각.</u> 반면에 왕양명(王陽明)은 주자(朱子)의 가르침을 실천에 옮겼다. 그는 "격물(格物)의 물(物)이란 사물을 가리키는 것이니 '사(事. 일)'이다. '사(事. 일)'란 부모를 모시거나 임금을 섬기는 일 따위와 같이 일체 마음에서 우러나오는 행동을 말한다. 그러므로 사(事. 일)의 이면에는 마음이 있으며, 마음의 겉에는 달리 물건이나 이치가 있을 리가 없다. 때문에 격물(格物)의 '격(格)'이란 '바로잡는다'로 해석해야 한다. 일을 바로잡고 마음을 바로잡는 것이 바로 격물(格物)이다. 악(惡)을 버리고 마음을 바로잡음으로써 사람의 마음속에 선험적(先驗的. <u>철학 용어로, 경험에 앞서서 인식의 주관적 형식이 인간에 있다고 주장하는 것</u>)으로 지니고 있는 양심과 지혜를 밝힐 수 있는 것이다. 이것이 바로 치지(致知)이다."라고 말했다. 여기서, 주자(朱子)의 격물치지(格物致知)가 유래했다. 왕양명(王陽明)은 양지(良知. <u>경험이나 교육에 의한 것이 아닌, 타고난 지능</u>)를 얻기 위해서는 사람의 마음을 어둡게 하는 물욕(物欲)을 물리쳐야 한다고 주장하여 격(格)을 '물리친다'는 뜻으로 풀이한 심즉리설(心卽理說)을 확립했다. 다만, 주자(朱子)의 격물치지(格物致知)가 지식 위주의 것에 반해, 왕양명(王陽明)은 도덕적 실천을 중시하여, 주자학(朱子學)을 '이학(理學)'이라 하고, 양명학(陽明學)을 '심학(心學)'이라고도 한다. 우리나라에만 있는 사자성어이다.

격세-안면(隔歲顔面 사이 뜰 **격**/해 **세**/얼굴 **안**/얼굴 **면**) 해[歲]와 사이가 뜬 얼굴과 얼굴이라는 뜻으로, ①해[歲]가 바뀌도록 오래 만나지 못하다가 만나는 얼굴을 이르는 말. ②해[歲]가 바뀌도록 오래 만나지 못한 얼굴을 이르는 말. ***격세**(隔歲): ①해가 바뀜. ②해가 바뀌도록 서로 연락하지 못함. ***안면**(顔面): ①얼굴. 또는 낯. ②서로 얼굴을 아는 친분. ***사이**(가) **뜨다**: 관용어(慣用語)로, ①사이가 멀다. ②(시간적인) 동안이 오래다. ③서로 친하던 관계가 서먹하게 되다.

격세-지-감(隔世之感 사이 뜰 **격**/세상 **세**/어조사 **지**/느낄 **감**) 사이가 뜬 세상(世上)처럼 느낀다는 뜻으로, 오래지 않은 동안에 세상과 세상의 사이가 뜬 것처럼 몰라보게 변하여 아주 다른 세상이 된 것 같은 느낌을 비유적으로 이르는 말. 즉, 많은 진보·변화를 겪어서 딴 세상처럼 여겨지는 느낌을 이르는 말. ***격세**(隔世): ①세대(世代)를 거름('거르다'의 명사형. 차례로 나아가다가 중간에 어느 순서나 자리를 빼고 넘김). ②심하게 변천하여 매우 다르게 느껴지는 세대(世代). ③'많은 진보나 변화를 겪어서 딴 시대처럼 달라짐'을 비유(比·譬喩. <u>어떤 사물의 모양이나 상태 따위를 보다 효과적으로 표현하기 위하여 그것과 비슷한 다른 사물에 빗대어 표현함. 또는 그 표현 방법</u>)하여 이르는 말. ***사이**(가) **뜨다**: ☞ 격세안면(隔世顔面).

격장-지-린(隔牆·墻之隣 사이 뜰 **격**/담 **장**/어조사 **지**/이웃 **린**) 담 (하나) 사이의 이웃이라는 뜻으로, 담을 사이에 둔 가까운 이웃을 이르는 말. ***격장**(隔牆·墻): 담 하나를 사이에 두고 이웃함. ***사이**(가) **뜨다**: ☞ 격세안면(隔世顔面). ***담**: 부록 '장(牆·墻)' 참고.

격절-칭상(擊節稱賞 칠 **격**/마디 **절**/칭찬할 **칭**/상줄 **상**) (다리의) 마디를 치면서 칭찬(稱讚)하고 상(賞)을 준다는 뜻으로, 무릎을 손으로 치면서 탄복(嘆・歎服)하여 칭찬(稱讚)함을 이르는 말. 여기서, (다리의) 마디는 '무릎'을 가리킴. =격절탄상(擊節歎・嘆賞). ***격절**(擊節): 두들겨 박자를 맞춤. ***칭상**(稱賞): 칭찬하여 상을 줌.

격절-칭찬(擊節稱讚 칠 **격**/마디 **절**/칭찬할 **칭**/기릴 **찬**) (다리의) 마디를 치면서 칭찬(稱讚)하고 기린다는 뜻으로, 무릎을 손으로 치면서 매우 칭찬(稱讚)함을 이르는 말. 여기서, (다리의) 마디는 '무릎'을 가리킴. ***격절**(擊節): ☞격절칭상(擊節稱賞). ***칭찬**(稱讚): 잘 한다고 추어주거나 좋은 점을 들어 기림. ***기리다**: 부록 '찬(讚)' 참고.

격절-탄상(擊節歎・嘆賞 칠 **격**/마디 **절**/탄식할 **탄**/칭찬할 **상**) (다리의) 마디를 치면서 탄식(嘆・歎息)하고 칭찬(稱讚)한다는 뜻으로, 무릎을 손으로 치면서 탄복(嘆・歎服)하여 칭찬(稱讚)함을 이르는 말. 여기서, (다리의) 마디는 '무릎'을 가리킴. =격절칭상(擊節稱賞). ***격절**(擊節): ☞격절칭상(擊節稱賞). ***탄상**(歎・嘆賞): ①탄복하여 크게 칭찬함. ②크게 감탄함. ***탄식하다**(歎息・嘆~): 부록 '탄(歎・嘆)' 참고.

격조-수월(隔阻數月 막힐 **격**/막힐 **조**/몇 **수**/달 **월**) 몇 달 (동안이나) 막히고 막혀 (있다는) 뜻으로, 몇 달 동안이나 소식(消息)이 막힘을 이르는 말. ***격조**(隔阻): ①멀리 떨어져 있어 서로 통하지 못함. ②오랫동안 서로 소식이 막힘. ***수월**(數月): 두서너 달. 또는 몇 달.

격-혜-소양(隔鞋搔癢 사이 뜰 **격**/가죽신 **혜**/긁을 **소**/가려울 **양**) 가죽신을 (신고) 사이가 뜬 (발바닥의) 가려운 (곳을) 긁는다. 즉, 가죽신을 신고 발바닥을 긁는다는 뜻으로, 무슨 일을 애써 하기는 하나 핵심(核心)을 찌르지 못하고 아무런 성과도 얻지 못하는 것을 비유적으로 이르는 말. 또는 성에 차지 않거나 철저하지 못한 안타까움을 비유적으로 이르는 말. =격화소양(隔靴搔癢). 격화파양(隔靴爬癢). ***소양**(搔癢): 가려운 데를 긁음. ***사이(가) 뜨다**: ☞격세안면(隔世顔面).

격-화-소양(隔靴搔癢 사이 뜰 **격**/가죽신 **화**/긁을 **소**/가려울 **양**) 가죽신을 (신고) 사이가 뜬 (발바닥의) 가려운 (곳을) 긁는다. 즉, 신발을 신고 가려운 곳을 긁는다는 뜻으로, 무슨 일을 애써 하기는 하나 핵심(核心)을 찌르지 못하여 아무런 성과도 얻지 못하는 것을 비유적으로 이르는 말. 어떤 일을 할 때, 그 정통(正統. <u>사물의 중심이 되는 요긴한 부분</u>)을 찌르지 못하고 겉돌기만 하여 안타깝다는 뜻이다. 또는 성에 차지 않거나 철저하지 못한 안타까움을 비유적으로 이르는 말. =격혜소양(隔鞋搔癢). 격화조양(隔靴抓癢). 격화파양(隔靴爬癢). ***소양**(搔癢): ☞격혜소양(隔鞋搔癢). ***사이(가) 뜨다**: ☞격세안면(隔世顔面).《관련 속담》신(신발) 신고 발바닥 긁기. 이 사자성어의 유래는 다음과 같다. 중국 송(宋)나라 때의 중(승려)인 무문혜개(無門慧開)가 설법한 것을 서기 1228년에 그의 제자인 종소(宗紹)가 엮은 『무문관(無門關)』에 〈방망이를 가지고 달을 치고, 가죽신을 신고서 가려운 곳을 긁는다.(掉棒打月, 隔靴爬癢.)〉라는 말이 나오는데, '가죽신을 신고서 가려운 곳을 긁는다.(隔靴爬癢)'에서, '격화소양(隔靴搔癢)'이 유래했다. 참고로, 원문의 '掉棒打月'에서, '掉'는 흔들 '도'로 읽고, '棒'은 몽둥이 '봉'으로 읽고, '打'는 칠 '타'로 읽고, '月'은 달 '월'로 읽는다. '掉棒打月'을 직역(直譯)하면, 몽둥이를 흔들어 달을 치고. 즉, 몽둥이를 가지고 달을 때리려고 함이니. 헛노고(~勞苦)라서 공(功)이 없음을 이르는 말. '隔靴搔癢'에서, '隔'은 사이 뜰 '격'으로 읽고, '靴'는 가죽신 '화'로 읽고, '爬'는 긁을 '파'로 읽고, '癢'은 가려울 '양'으로 읽는다. 여기서, '隔靴爬癢'을 직역(直譯)하면, 가죽신을 (신고) 사이가 뜬 (발바닥의) 가려운 (곳을) 긁는다. 즉, 무슨 일을 애써 하기는 하나 핵심을 찌르지 못하고 아무런 성과도 얻지 못한다는 말이다. 또 여기서, ‘격화소양(隔靴搔癢)’이 유래했는데, 그 뜻은 ‘격화파양(隔靴爬癢)’과 같다. 그런데 이 외에, 송(宋)나라 때 완열(阮閱)이 지은『시화총구(詩話總龜)』에 〈시(詩)가 제목에 내포된 뜻에 부합(符合. 서로 조금도 틀림이 없이 꼭 들어맞음)되지 않는다면, 가죽신을 신고 가려운 곳을 긁는 것과 같다.(詩不著題, 如隔靴搔癢)〉라는 말이 나오는데, 여기서도, ‘격화소양(隔靴搔癢)’이 유래했다. 참고로, 원문의 ‘詩不著題’에서, ‘詩’는 시(詩) ‘시’로 읽고, ‘著’는 나타날 ‘저’로 읽고, ‘題’는 제목 ‘제’로 읽는다. ‘詩不著題’를 직역(直譯)하면, 시(詩)가 제목에 나타나지 않음. ‘如隔靴搔癢’에서, ‘如’는 같을 ‘여’로 읽는다. ‘如隔靴搔癢’을 직역(直譯)하면, 신을 (신고) 사이가 뜬 (발바닥의) 가려운 (곳을) 긁는 것과 같다. 여기서, ‘隔靴搔癢’이 유래하였는데. 이것을 직역(直譯)하면, 신을 (신고) 사이가 뜬 (발바닥의) 가려운 (곳을) 긁는다. 즉, 무슨 일을 애써 하기는 하나 핵심을 찌르지 못하고 아무런 성과도 얻지 못한다는 말이다.

격화-일로(激化一路 과격할 **격**/될 **화**/한 **일**/길 **로**) 과격(過激)하게 되는 하나의 길이라는 뜻으로, 자꾸 격렬해져 감. 또는 격렬(激烈)하게 되는 과정을 이르는 말. *격화(激化): 격렬해짐. 또는 격렬하게 됨. *일로(一路): 한 방향으로 곧장 뻗어 나가는 길.

격-화-파양(隔靴爬癢 사이 뜰 **격**/신 **화**/긁을 **파**/가려울 **양**) 신[靴]을 (신고) 사이가 뜬 (발바닥의) 가려운 (곳을) 긁는다. 즉, 신[靴]을 신고 발바닥을 긁는다는 뜻으로, 무슨 일을 애써 하기는 하나 핵심(核心)을 찌르지 못하고 아무런 성과도 얻지 못하는 것을 비유적으로 이르는 말. 또는 성에 차지 않거나 철저하지 못한 안타까움을 비유적으로 이르는 말. =격혜소양(隔鞋搔癢). 격화소양(隔靴搔癢). 격화조양(隔靴抓癢). *파양(爬癢): 가려운 데를 긁음. *사이(가) 뜨다: ☞ 격혜소양(隔鞋搔癢).

견갑-이병(堅甲利兵 굳을 **견**/갑옷 **갑**/날카로울 **이**/병기 **병**) 굳은 갑옷과 날카로운 병기(兵器)라는 뜻으로, 튼튼한 갑옷과 날카로운 무기를 갖춘 군사(軍士. 군대에서 장교의 지휘를 받는 군인)를 이르는 말. 즉, 강한 병력을 이르는 말이다. *견갑(堅甲): ①튼튼하게 만든 갑옷. ②단단한 껍데기. *이병(利兵): 예리한 무기. *굳다: 부록 ‘견(堅)’ 참고. *갑옷: 부록 ‘갑(甲)’ 참고. *병기(兵器): 전쟁에 쓰는 기구를 통틀어 이르는 말.

견강-부회(牽强附會 끌어당길 **견**/억지 쓸 **강**/붙일 **부**/모을 **회**) 억지 쓰면서 끌어당기고, 붙이고, 모은다. 즉, 사리(事理)에 맞지 않는 것을 억지로 맞춘다는 뜻으로, 이치(理致)에 맞지 않는 말을 억지로 끌어 붙여 자기에게 유리(有利)하게 함을 비유적으로 이르는 말. *견강(牽强): 이치에 맞지 않는 것을 억지로 끌고 감. *부회(附會): 이치에 닿지 않는 사실을 억지로 끌어다 맞춤.《관련 속담》채반(~盤)이 용수가 되게 우긴다.

견권-지-정(繾綣之情 정다울 **견**/정다울 **권**/어조사 **지**/정 **정**) 정답고 정다운 정(情)이라는 뜻으로, 마음속에 굳게 맺혀 잊히지 않는 정(情)을 이르는 말. *견권(繾綣): 생각하는 정이 두터워 서로 잊지 못하거나 떨어질 수 없음.

견-금-여-석(見金如石 볼 **견**/금 **금**/같을 **여**/돌 **석**) 황금(黃金) 보기를 돌[石]같이 (한다는) 뜻으로, ①재물에 대한 지나친 욕심을 절제(節制)함을 비유적으로 이르는 말. ②대의(大義)를 위해서 부귀영화(富貴榮華. 본문 참고)를 돌보지 않음을 비유적으로 이르는 말.

견기-이-작(見機而作 볼 **견**/기미 **기**/말 이을 **이**/만들 **작**) 기미(機微)를 엿보고 만든다는 뜻으로, 낌새를 알아채고 미리 조치(조처)함을 이르는 말. *견기(見機): ①낌새를 알아챔. ②기회를 엿봄. *기미(幾·機微): 어떤 일을 알아차릴 수 있는 눈치. 또는 일이 되어가는 야릇한 분위기.

견기-지-재(見機之才 볼 **견**/기미 **기**/어조사 **지**/재주 **재**) 기미(機微)를 엿보는 재주라는 뜻으로, 낌새를 알아채는 재주나, 기회(機會)를 엿보는 재주, 또는 그런 재주가 있는 사람을 이르는 말. *견기(見機): ☞견기이작(見機而作). *기미(機微): ☞견기이작(見機而作). *재주: 순우리말로, 무엇을 잘할 수 있는, 타고난 능력과 슬기.

견리-망-의(見利忘義 볼 **견**/이익 **리**/잊을 **망**/의리 **의**) (눈앞의) 이익을 보면 의리(義理. 사람으로서 마땅히 지켜야 할 바른 도리)를 잊는다는 뜻으로, 눈 앞의 이익만 볼 뿐 의리(義理)를 생각지 아니함을 이르는 말. 圖 견리사의(見利思義). *견리(見利): 이익을 봄.

견리-사의(見利思義 볼 **견**/이익 **리**/생각 **사**/의리 **의**) (눈앞의) 이익을 보면 의리(義理. 사람으로서 마땅히 지켜야 할 바른 도리)를 (먼저) 생각한다는 뜻으로, 눈앞에 이익이 보이거든 그것을 취함이 옳은 것인가 아닌가를 먼저 생각해야 됨을 이르는 말. 그래서 이권(利權. 이익을 얻을 수 있는 권리를 이르는 말. 업자가 공무원이나 정치인 따위와 결탁하여 얻는, 이익이 많은 권리 따위를 일컬음)을 보거든 의리(義理)를 생각하라. 재물(財物)을 얻을 때는 의리(義理)를 생각하라는 말이 있다. 圖 견리망의(見利忘義). *견리(見利): ☞견리망의(見利忘義). *사의(思義): 옳은 길을 그리며 생각함. =견리사의(見利思義).

견마-지-년(犬馬之年 개 **견**/말 **마**/어조사 **지**/나이 **년**) 개[犬]나 말[馬]의 나이. 즉, 개[犬]나 말[馬]처럼 보람 없이 헛되게 먹은 나이라는 뜻으로, 남에게 자기의 나이를 낮추어 이르는 말. =견마지치(犬馬之齒). *견마(犬馬): ①개[犬]와 말[馬]을 아울러 이르는 말. ②개나 말과 같이 천하고 보잘것없다는 뜻으로, 자신에 관한 것을 낮추어 이르는 말.

견마-지-로(犬馬之勞 개 **견**/말 **마**/어조사 **지**/수고로울 **로**) 개[犬]나 말[馬]의 수고로움. 즉, 개[犬]나 말[馬] 정도의 하찮은 힘이라는 뜻으로, 윗사람(임금) 또는 나라에 충성(忠誠. 진정에서 우러나오는 정성. 특히 임금이나 국가에 대한 것을 일컬음)을 다하는 자신의 노력을 낮추어 이르는 말. =견마지역(犬馬之役). *견마(犬馬): ☞견마지년(犬馬之年).

견마-지-류(犬馬之類 개 **견**/말 **마**/어조사 **지**/무리 **류**) 개[犬]나 말[馬] 따위의 무리라는 뜻으로, 낮고 천(賤)한 사람들을 낮잡아 이르는 말. *견마(犬馬): ☞견마지년(犬馬之年).

견마-지-성(犬馬之誠 개 **견**/말 **마**/어조사 **지**/정성 **성**) 개[犬]나 말[馬]의 정성(精誠)이라는 뜻으로, ①임금이나 나라에 바치는 충성(忠誠. 진정에서 우러나오는 정성. 특히 임금이나 국가에 대한 것을 일컬음)을 낮추어 이르는 말. ② 자신의 정성(精誠)을 낮추어 이르는 말. *견마(犬馬): ☞견마지년(犬馬之年).

견마-지-심(犬馬之心 개 **견**/말 **마**/어조사 **지**/마음 **심**) 개[犬]나 말[馬]의 마음. 즉, 개[犬]나 말[馬]이 주인을 위하는 마음이라는 뜻으로, 신하나 백성이 임금이나 나라에 충성(忠誠. 진정에서 우러나오는 정성. 특히 임금이나 국가에 대한 것을 일컬음)하는 마음을 낮추어 이르는 말. 圓 구마지심(狗馬之心). *견마(犬馬): ☞견마지년(犬馬之年).

견마-지-양(犬馬之養 개 **견**/말 **마**/어조사 **지**/봉양할 **양**) 개[犬]나 말[馬]의 봉양(奉養)이라는 뜻으로, ①부모를 봉양만 하고 경의(敬意. 존경의 뜻)가 없음을 비유적으로 이르는 말. ②봉양만 하는 것은 효도가 아님을 비유적으로 이르는 말. *견마(犬馬): ☞견마지년(犬馬之年). *봉양하다(奉養~): 부록 '양(養)' 참고.

견마-지-역(犬馬之役 개 **견**/말 **마**/어조사 **지**/일 **역**) 개[犬]나 말[馬] (정도의 하찮은) 일이라는 뜻으로, 윗사람에게 충성(忠誠. 진정에서 우러나오는 정성. 특히 임금이나 국가에 대한 것을 일컬음)을 다하는 자신의 노력을 낮추어 비유적으로 이르는 말. =견마지로(犬馬之勞). ***견마**(犬馬): ☞견마지년(犬馬之年).

견마-지-충(犬馬之忠 개 **견**/말 **마**/어조사 **지**/충성 **충**) 개[犬]나 말[馬]의 충성(忠誠)이라는 뜻으로, 신하나 백성이 임금이나 나라에 바치는 충성(忠誠)을 낮추어 이르는 말. ***견마**(犬馬): ☞견마지년(犬馬之年). ***충성**(忠誠): 진정에서 우러나오는 정성. 특히 임금이나 국가에 대한 것을 일컬음.

견마-지-치(犬馬之齒 개 **견**/말 **마**/어조사 **지**/나이 **치**) 개[犬]나 말[馬]의 나이. 즉, 개[犬]나 말[馬]처럼 보람 없이 헛되게 먹은 나이라는 뜻으로, 남에게 자기의 나이를 낮추어 이르는 말. =견마지년(犬馬之年). ***견마**(犬馬): ☞견마지년(犬馬之年).

견문-각지(見聞覺知 볼 **견**/들을 **문**/깨달을 **각**/알 **지**) (불교에서) 보고, 듣고, 깨닫고, 안다는 뜻으로, 눈으로 빛을 보고, 귀로 소리를 듣고, 코·혀·몸으로 냄새·맛·촉감을 감각하고, 뜻으로 법(法)을 아는 육식(六識) 작용을 이르는 말. 외경(畏敬. 공경하고 어려워함)을 식별·인식하는 마음의 작용을 이르는 말이다. 여기서, ‘육식(六識)’은 불교 용어로, 육경(六境)을 인식하는 안식(眼識), 이식(耳識), 비식(鼻識), 설식(舌識), 신식(身識), 의식(意識)의 총칭. ‘육경(六境)’은 불교에서, 육식(六識)으로 인식하는 여섯 가지 대상인 ‘색경(色境), 성경(聲境), 향경(香境), 미경(味境), 촉경(觸境), 법경(法境)’을 이르는 말. ***견문**(見聞): ①보고 들음. ②보거나 듣거나 하여 깨달아 얻은 지식. ***각지**(覺知): 깨달아 앎.

견-문-발검(見蚊拔劍 볼 **견**/모기 **문**/뺄 **발**/칼 **검**) (작은) 모기를 보고 칼을 뺀다는 뜻으로, 사소한(하찮은) 일에 크게 성내어 덤빔을 비유적으로 이르는 말. 또는 보잘 것 없는 작은 일에 어울리지 않게 보다 큰 대책을 세움을 비유적으로 이르는 말. 참 노승발검(怒蠅拔劍). ***발검**(拔劍): 검(칼)을 칼집에서 뺌. 《관련 속담》 모기 보고 칼 빼기(뽑기).

견문-일치(見聞一致 볼 **견**/들을 **문**/한 **일**/이를 **치**) 보고 들은 (바가) 하나에 이른다는 뜻으로, 보고 들은 바가 서로 꼭 같음을 이르는 말. ***견문**(見聞): ☞견문각지(見聞覺知). ***일치**(一致): 서로 어긋나지 않고 꼭 맞음. 또는 어긋나는 것이 없음. ***이르다**: ①어떤 곳에 닿다. =도착(到着)하다. ②일정한 시간에 미치다. ③어느 정도나 범위에 미치다.

견문-지각(見聞知覺 볼 **견**/들을 **문**/알 **지**/깨달을 **각**) 보고, 듣고, 알고, 깨닫는다는 뜻으로, 눈으로 보고, 귀로 듣고, 마음으로 알아서 깨닫는 경지(境地)에 이르게 됨을 이르는 말. 또는 견문(見聞)이 넓혀져서 지각(知覺)이 생김을 이르는 말. ***견문**(見聞): ☞견문각지(見聞覺知). ***지각**(知覺): ①느끼어 앎. 깨달음. ②감각 기관을 통하여 외부의 사물을 인식함. 또는 그 작용에 의해서 머릿속에 떠오르는 것. ③사물의 이치를 분별하는 능력. =철.

견-물-생심(見物生心 볼 **견**/물건 **물**/생길 **생**/마음 **심**) 물건을 보면 마음(욕심)이 생긴다는 뜻으로, 어떠한 실물(實物)을 보게 되면 그것을 가지고 싶은 욕심이 생김을 이르는 말. 즉, 욕심이 아예 없었는데, 물건을 보는 순간 욕심이 생긴다는 뜻이다. ***생심**(生心): 하려는 마음을 냄. 또는 그 마음. 《관련 속담》 오이는 씨가 있어도 도둑은 씨가 없다.

견-백-동이(堅白同異 굳을 **견**/흰 **백**/같을 **동**/다를 **이**) 굳은(단단한) (것과) 흰 (것은) 같기도 (하고) 다르기도 (하다는) 뜻으로, 중국 전국(戰國) 시대(時代) 조(趙)나라의 문인(文人)인 공손룡(公孫龍)이 논한 궤변(詭辯.

이치에 닿지 않는 말로 그럴듯하게 둘러대는 말솜씨)을 이르는 말. 단단하고 흰 돌은 눈으로 보아 흰 것은 알 수 있으나 단단한지를 모르며, 손으로 만져 보아 단단한 것은 알 수 있으나 빛이 흰지를 모르므로, 단단한 돌과 흰 돌은 동시에 성립하는 개념이 아니라고 하였다. =견석백마(堅石白馬). *동이(同異): =이동 (異同). 즉, ①같은 것과 다른 것을 통틀어 이르는 말. ②서로 같지 않음. *굳다: 부록 '견(堅)' 참고.

견벽-불출(堅壁不出 굳을 견/바람벽 벽/아닐 불/날 출) 굳은(굳건한) 바람벽(성벽)으로 (둘러싸인 곳에서 머물며) 나오지 않는다는 뜻으로, 안전한 곳에 들어앉아서 남의 침범(侵犯)으로부터 몸을 지킴을 이르는 말. *견벽(堅壁): ᄝ ①튼튼한 벽. ②견고하게 가로 놓인 장애물을 비유적으로 이르는 말. *불출(不出): ①밖에 나가지 아니함. ②못나고 어리석음. 또는 그 사람. *굳다: 부록 '견(堅)' 참고. *바람벽(~壁): 부록 '벽(壁)' 참고.

견벽-청야(堅壁淸野 굳을 견/바람벽 벽/깨끗할 청/들 야) ᄝ 바람벽(성벽)을 굳게 (튼튼히) 하고 들(들판)을 깨끗하게 (한다). 즉, 성(城)에 들어가 지키며, 적(敵)에게 먹을 것을 주지 않기 위해 들판을 비운다는 뜻으로, 적(敵)의 공격에 대비해 성벽(城壁)을 튼튼하게 다지고 들판의 곡식을 모조리 거두어 들여 적의 군량(軍糧. 군대의 양식) 조달을 미리 차단하는 전술(戰術)을 이르는 말. 또는 위기(危機)에 대비하여 미리 준비하는 것을 비유적으로 이르는 말. *견벽(堅壁): ☞ 견벽불출(堅壁不出). *청야(淸野): ①적(敵) 이 이용하지 못하도록 농작물이나 건물 따위의 지상(地上)에 있는 것들을 말끔히 없앰. ②깨끗한 들. *굳다: 부록 '견(堅)' 참고. *바람벽(~壁): 부록 '벽(壁)' 참고. 이 사자성어의 유래는 다음과 같다.『삼국 지(三國志)·위서(魏書)』의「순욱전(筍彧傳)」편(篇)에 ["옛날 한고조(漢高祖. 한·漢나라의 고조·高祖라는 뜻으로 '유방·劉邦'을 가리키는 말)는 관중(關中)을 지켰고, 광무제(光武帝. 중국 후한·後漢의 초대·初代 임금)는 하내(河內)에 거점을 구축했습니다. 그들은 모두 튼튼한 근거지를 가지고 있었기 때문에, 나아 가면 승리하고 물러서면 굳게 지킬 수 있었던 것입니다. 지금 장군께서는 연주(兗州)를 돌아보지 않고 서주(徐州)를 공격하려 하는데, 연주(兗州)에 군사를 많이 남겨 두면 서주(徐州)를 취하기 어려울 것이 고, 군사를 조금 남겨두면 여포(呂布. 사람 이름)가 우리 허점을 파고들 수 있기 때문에 연주(兗州)를 지키지 못하게 됩니다. 그러면 연주(兗州)도 못 지키고 서주(徐州)도 빼앗지 못합니다.]〈지금 동쪽에는 (보리 수확기이기 때문에) 모두 보리 수확을 마치고 성벽을 튼튼히 하고 들판을 깨끗하게 정리하여 장군을 기다리고 있을 것입니다. 장군이 공격해서 빼앗지 못하고, 얻는 것도 없으면, 열흘도 되지 않아, 우리 십만 군사들은 싸우지 않고도 무너지고 말 것입니다."(東方皆以收麥, **必堅壁淸野以待將軍**, 將軍攻 之不拔, 略之無獲, 不出十日, 則十萬之衆未戰而自困耳.)〉라는 이야기가 나오는데, '성벽을 튼튼히 하고 들판을 깨끗하게 정리하여 장군을 기다리고 있을 것입니다.(必堅壁淸野以待將軍)'에서, '견벽청야(堅壁 淸野)'가 유래했다. 이 이야기의 배경은 이렇다. 위(魏)나라의 조조(曹操)가 연주(兗州)에 주둔하면서, 그 일대에 진(陣)을 치고 있는 여포(呂布)를 공격하였다. 그때마다 여포(呂布)가 싸움을 피하고 지구전 (持久戰. 군·軍에서, 적을 지치게 하거나 아군·我軍의 구원병·救援兵이 도착하기를 기다리기 위하여 빨리 결판을 내지 않고 오래 끌고 가는 싸움)으로 맞서자, 조조(曹操)는 마음이 급해졌다. 이때 서주목사 (徐州牧使)인 도겸(陶謙)이 죽었다는 소식이 들려 왔다. 조조(曹操)는 계획을 바꾸어 서주(徐州)를 빼앗 기 위해 군사를 돌리려 하였다. 그러자 참모(參謀. 윗사람을 도와 어떤 일을 꾀하고 꾸미는 데에 참여함. 또는 그런 사람)인 순욱(筍彧)이 말린(하고자 하는 일을 못하게 하는) 이야기다. 지금은 보리 수확기이기 때문에 그들은 견벽청야(堅壁淸野)에 만전을 기할 것이다. 따라서 우리의 공격은 먹혀들지 않을 것이며, 만일 여포(呂布)가 이 틈을 노려 공격해 오면 그때는 끝장임을 조조(曹操)에게 진언(進言. <u>윗사람에게 자기의 의견을 말함</u>)한 것이다. 견벽청야(堅壁淸野)의 전술을 모를 리 없는 조조(曹操)는 결국 순욱(筍彧)의 말대로 서주(徐州) 탈환 작전을 취소하고, 여포(呂布) 공격에만 힘을 쏟아 마침내 성공을 거두었다고 한다. 참고로, 원문의 '東方皆以收麥'에서, '東'은 동녘 '동'으로 읽고, '方'은 방위(方位) '방'으로 읽는다. '東方'은 '동쪽'과 같음. 네 방위의 하나. 해가 떠오르는 쪽. '皆'는 모두 '개', 다 '개'로 읽는다. '以'는 ~때문에 '이'로 읽고, '收'는 거둘 '수'로 읽고, '麥'은 보리 '맥'으로 읽는다. '東方皆以收麥'을 직역(直譯)하면, 동쪽에는 모두 보리를 거두기 때문에, '必堅壁淸野以待將軍'에서, '必'은 반드시 '필'로 읽고, '堅'은 굳을 '견'으로 읽고, '壁'은 바람벽 '벽'으로 읽고, '淸'은 깨끗할 '청'으로 읽고, '野'는 들 '야'로 읽고, '待'는 기다릴 '대'로 읽고, '將'은 장수(將帥) '장'으로 읽고, '軍'은 군사(軍士) '군'으로 읽는다. '將軍'은 군(軍)의 우두머리로, 군(軍)을 지휘하고 통솔하는 무관(武官). '必堅壁淸野以待將軍'을 직역(直譯)하면, 반드시 바람벽(성벽)을 굳게 하고 들(들판)을 깨끗이 하고 그것('군사·軍士'를 가리킴)을 가지고 장군을 기다리고 (있을 것이다). 즉, 적의 공격에 대비해 성벽을 튼튼하게 다지고, 들판의 곡식을 모조리 거두어 들여 깨끗하게 함으로써 적의 군량(軍糧. <u>군대의 양식</u>) 조달을 미리 차단하고 장군을 기다린다는 말이다. 여기서, '堅壁淸野'가 유래하였는데, 이것을 직역(直譯)하면, 바람벽(성벽)을 굳게 (튼튼히) 하고 들(<u>들판</u>)을 깨끗하게 (한다). 즉, 성(城)에 들어가 지키며, 적(敵)에게 먹을 것을 주지 않기 위해 들판을 비운다는 뜻으로, 적(敵)의 공격에 대비해 성벽(城壁)을 튼튼하게 다지고 들판의 곡식을 모조리 거두어 들여 적의 군량(軍糧) 조달을 미리 차단하는 전술(戰術)을 이르는 말. 위기에 대비하여 미리 준비하는 것을 비유적으로 이르는 말. '將軍攻之不拔'에서, '攻'은 칠 '공', 공격할 '공'으로 읽고, '之'는 어조사 '지'로 읽는다. '그것'을 나타내는 지시 대명사. '拔'은 쳐서 빼앗을 '발'로 읽는다. '將軍攻之不拔'을 직역(直譯)하면, 장군이 그것을 공격하여 빼앗지 못하고, '略之無獲'에서, '略'은 노략질(擄掠~. <u>떼를 지어 돌아다니면서 사람이나 재물을 마구 빼앗아 가는 짓</u>)할 '략(약)'으로 읽고, '獲'은 얻을 '획'으로 읽는다. '略之無獲'을 직역(直譯)하면, 그것을 노략질하여 얻는 것이 없음. '不出十日'에서, '出'은 나갈(<u>일정한 지역이나 공간의 범위와 관련하여, 그 안에서 밖으로 이동할</u>) '출'로 읽고, '十'은 열 '십'으로 읽고, '日'은 해 '일', 날 '일'로 읽는다. '不出十日'을 직역(直譯)하면 (그리하여) 10일을 나가지 못함. '則十萬之衆未戰而自困耳'에서, '則'은 곧 '즉'으로 읽고, '萬'은 일만 '만'으로 읽고, '之'는 어조사 '지'로 읽는다. 여기서는, '~의'를 나타내는 관형격 조사. '衆'은 군신(群臣. <u>많은 신하</u>) '중'으로 읽는다. '十萬之衆'을 직역(直譯)하면, 10만의 신하. '未'는 아닐(<u>부정하는 말</u>) '미'로 읽고, '戰'은 싸울 '전'으로 읽고, '而'는 말 이을 '이'로 읽는다. '그리고'의 뜻을 나타냄. '自'는 스스로 '자'로 읽고, '困'은 흐트러질 '곤'으로 읽고, '耳'는 따름 '이', 뿐 '이'로 읽는다. '~ 뿐이다(<u>한정</u>)'의 뜻을 나타냄. '則十萬之衆未戰而自困耳'를 직역(直譯)하면, 곧 10만의 신하(臣下)는 싸우지 않고 그리고 스스로 흐트러질 뿐입니다.

견-사-생-풍(見事生風 볼 **견**/일 **사**/날 **생**/바람 **풍**) 일을 보면 바람이 난다. 즉, 일을 당하면 손바람(<u>일을 치러내는 솜씨나 힘</u>)이 난다는 뜻으로, 일을 시원시원하게 빨리 처리함을 비유적으로 이르는 말.

견-선-여-갈(見善如渴 볼 **견**/착할 **선**/같을 **여**/목마를 **갈**) 착한 일을 보기를 마치 목마른 것 같이 하라. 즉, 착한 것을 보거든 목마른 사람이 물을 구하듯 하라는 뜻으로, 착한 일을 할 기회가 생기면 목마른 사람이 즉시 물을 찾는 것처럼 적극적으로 행동하라는 뜻으로 이르는 말.

견-선-종-지(見善從之 볼 **견**/착할 **선**/따를 **종**/어조사 **지**) 착한 (것을) 보면 그것을 따른다는 뜻으로, 착한 일이나 착한 사람을 보면 그것을 따르라는 뜻으로 이르는 말. 여기서, '지(之)'는 '그것'을 나타내는 지시 대명사이다.

견-설-고골(犬齧枯骨 개 **견**/깨물 **설**/마를 **고**/뼈 **골**) 개[犬]가 마른 뼈를 깨문다. 즉, 개[犬]가 마른(말라빠진) 뼈를 핥듯 한다는 뜻으로, 음식이 아무 맛도 없음을 비유적으로 이르는 말. *고골(枯骨): 살이 썩어 없어진 시체의 뼈.

견성-성불(見性成佛 깨달을 **견**/바탕 **성**/이룰 **성**/부처 **불**) 바탕을 깨달아 부처를 이룬다(부처가 된다)는 뜻으로, 자기의 불성(佛性)을 깨달아 부처가 됨. 즉, 자기 본래의 성품인 자성(自性)을 깨달아 부처가 됨을 이르는 말. 여기서, '자성(自性)'은 '자성본불(自性本佛)'의 준말로, 본래부터 지니고 있는 불성(佛性)을 이르는 말 *견성(見性): ①모든 망령(妄靈)과 미혹(迷惑)을 버리고 자기 본래의 성품(性品)인 자성(自性)을 깨달아 앎. ②=견성성불(見性成佛). *성불(成佛): 모든 번뇌(煩惱. 마음이나 몸을 괴롭히는 노여움이나 욕망 따위의 헛된 생각)에서 해탈(解脫. 불교에서, 속세·俗世의 번뇌와 속박을 벗어나 편안한 경지에 이르는 일)하여 불과(佛果. 불도를 닦아 이르는 부처의 지위. 또는 불도를 수행함으로써 얻는 좋은 결과)를 이룸. 곧, 부처가 됨. 이 사자성어의 유래는 다음과 같다. 『조정사원(祖庭事苑)』에, 〈여러 조사(祖師)들에게 법(法)을 전하는데, 처음에는 삼승(三乘)과 교승(教乘)을 겸하여 행하다가, 후에 달마조사(達磨祖師)가 오직 심인(心印)과 파집(破執)을 현종(顯宗)에만 전했는데, 이른바 교외별전(教外別傳), 불립문자(不立文字), 직지인심(直指人心), 견성성불(見性成佛)이다.(傳法諸祖, 初以三乘教乘兼行, 後達磨祖師單傳心印破執顯宗, 所謂教外別傳, 不立文字, 直指人心, **見性成佛**.)〉라는 이야기가 나오는데, 여기서, '견성성불(見性成佛)'이 유래했다. 달마(達磨)에 의해 중국에 전해진 조사선(祖師禪)에서는 '불교의 진수(眞髓)는 어떤 경전(經典. 영원히 변치 않는 법식과 도리를 적은 서적이라는 뜻으로, 성인·聖人의 가르침이나 행실, 또는 종교의 교리를 적은 책)의 문구(文句)에도 의하지 않고 마음에서 마음으로 직접 체험에 의해서만 전해진다.'고 말한다. 참고로, 원문의 '傳法諸祖'에서, '傳'은 전할 '전'으로 읽고, '法'은 법(法. 국가나 종교 따위에서 강제력이 따르는 온갖 규범) '법'으로 읽고, '諸'는 여러 '제'로 읽고, '祖'는 국조(國祖) '조', 개조(開祖) '조'로 읽는다. 여기서는, '조사(祖師. 한 종파를 세워서 그 종지를 펼친 사람을 높여 이르는 말)'를 가리킴. '傳法諸祖'를 직역(直譯)하면, 여러 조사(祖師)에게 법(法)을 전할 (때에), '初以三乘教乘兼行'에서, '初'는 처음 '초'로 읽고, '以'는 써(그것을 가지고, 그것으로 인하여) '이'로 읽고, '三'은 석 '삼'으로 읽고, '乘'은, 여기서는, 불법(佛法. 부처가 말한, 종교상의 가르침) '승'으로 읽는다. '삼승(三乘)'은 소승(小乘), 중승(中乘), 대승(大乘)을 가리키는데, 이 세 가지는 깊이가 서로 다른 해탈(解脫. 불교에서, 속세·俗世의 번뇌와 속박을 벗어나 편안한 경지에 이르는 일)의 도(道)이다. '教'는 가르칠 '교'로 읽는다. '교승(教乘)'은 부처님이 설(說)한 경문(經文. 불교에서 일컫는 경전·經典의 문장)을 일컫는 말. 여기서, '승(乘)'은 운반한다는 뜻. 즉, 교법(教法. 교의·教義, 즉, 부처의 가르침)으로 중생(衆生. 불교에서, 부처의 구제 대상이 되는, 이 세상의 모든 생물을 통틀어 이르는 말)을 실어 열반(涅槃)의 피안(彼岸. 불교에서, 이승의 번뇌를 해탈하여 열반의 세계에 도달하는 일. 또는 그 경지)에 이르게 한다는 뜻이다. '兼'은 겸할 '겸'으로 읽고, '行'은 행할 '행'으로 읽는다. '兼行'은 여러 가지 일을 겸하여

함. ‘初以三乘教乘兼行’을 직역(直譯)하면, 처음에는 삼승(三乘)으로써 교승(教乘)을 겸하여 행하였는데, ‘後達磨祖師單傳心印破執顯宗’에서, ‘後’는 뒤 ‘후’로 읽고, ‘達’은 통달할 ‘달’로 읽고, ‘磨’는 갈 ‘마’로 읽고, ‘祖’는 할아버지 ‘조’로 읽고, ‘師’는 스승 ‘사’로 읽는다. ‘達磨祖師’는 사람 이름. ‘單’은 홑 ‘단’으로 읽고, ‘傳’은 전할 ‘전’으로 읽는다. ‘單傳’을 직역(直譯)하면, 혼자 전함. ‘心’은 마음 ‘심’으로 읽고, ‘印’은 도장 ‘인’으로 읽는다. ‘심인(心印)’은 부처의 깨달음을 도장(圖章)에 비유(比·譬喩. <u>어떤 사물의 모양이나 상태 따위를 보다 효과적으로 표현하기 위하여 그것과 비슷한 다른 사물에 빗대어 표현함. 또는 그 표현 방법</u>)한 말로, 모두가 깨달을 수 있다는 확고한 믿음을 이르는 말. ‘破’는 악곡(樂曲)의 이름 ‘파’로 읽고, ‘執’은 잡을 ‘집’으로 읽는다. ‘파집(破執)’은 일반 자료에 나타나 있지 않으나, 불교의 악곡(樂曲)을 모은 책으로 추측된다(?). ‘顯’은 높을 ‘현’, 귀할 ‘현’으로 읽고, ‘宗’은 우두머리 ‘종’으로 읽는다. ‘顯宗’은 어느 종파의 이름. ‘後達磨祖師單傳心印破執顯宗’을 직역(直譯)하면, 뒤에 달마조사(達磨祖師)가 혼자 심인(心印)과 파집(破執)을 현종(顯宗)에만 전함. ‘所謂教外別傳’에서, ‘所’는 바(<u>앞에서 말한 내용 그 자체나 일 따위를 나타내는 말</u>) ‘소’로 읽고, ‘謂’는 일컬을 ‘위’로 읽는다. ‘所謂’는 이른바. ‘흔히 말하는’의 뜻을 나타냄. ‘教’는 가르칠 ‘교’로 읽고, ‘外’는 바깥 ‘외’로 읽고, ‘別’은 분별할 ‘별’로 읽고, ‘傳’은 전할 ‘전’으로 읽는다. 여기서, ‘教外別傳’이 유래하였는데, 이것을 직역(直譯)하면, 가르침의 바깥에서 분별함을 전함. 즉, 선종(禪宗)에서, 부처의 가르침을 말이나 글에 의하지 아니하고 바로 마음에서 마음으로 전하여 진리를 깨닫게 하는 법. ‘不立文字’에서, ‘不’은 아닐(<u>부정하는 말</u>) ‘불’로 읽고, ‘立’은 설 ‘립(입)’으로 읽고, ‘文’은 글월 ‘문’으로 읽고, ‘字’는 글자 ‘자’로 읽는다. ‘不立文字’를 직역(直譯)하면, 글월이나 글자로는 서지 않음. 즉, 불도(佛道. <u>부처의 깨달음에 이르기까지의 가르침이나 수행. 또는 부처의 가르침</u>)의 깨달음은 마음에서 마음으로 전하는 것이므로, 말이나 글에 의지(依支)하지 않는다는 말. ‘直指人心’에서, ‘直’은 바로 ‘직’으로 읽고, ‘指’는 가리킬 ‘지’로 읽고, ‘人’은 사람 ‘인’으로 읽고, ‘心’은 마음 ‘심’으로 읽는다. ‘直指人心’을 직역(直譯)하면, 사람의 마음을 바로 가리킴. 즉, 교리(教理. <u>종교상의 원리나 이치</u>)를 생각하거나 모든 계행(戒行. <u>불교에서, 계율을 지켜 실천 수행하는 일을 이르는 말</u>)을 닦지 아니하고, 직접 사람의 마음을 지도하여 불과(佛果. <u>불도를 닦아 이르는 부처의 지위. 또는 불도를 수행함으로써 얻는 좋은 결과</u>)를 이루게 함. ‘見性成佛’에서, ‘見’은 깨달을 ‘견’으로 읽고, ‘性’은 바탕 ‘성’으로 읽고, ‘成’은 이룰 ‘성’으로 읽고, ‘佛’은 부처 ‘불’로 읽는다. ‘見性成佛’을 직역(直譯)하면, 바탕을 깨달아 부처를 이룸(<u>부처가 됨</u>). 즉, 자기 본래의 성품인 자성(自性)을 깨달아 부처가 됨을 이르는 말. 여기서, ‘자성(自性)’은 ‘자성본불(自性本佛. <u>본문 참고</u>)’의 준말.

견아-상제(犬牙相制 개 **견**/어금니 **아**/서로 **상**/제어할 **제**) 개[犬]의 어금니처럼 서로 제어(制御. <u>억눌러 따르게 함</u>)한다는 뜻으로, ①땅의 경계(境界)가 일직선으로 되어 있지 않고 개의 이빨처럼 들쭉날쭉 서로 어긋남을 비유적으로 이르는 말. ②개의 어금니가 서로서로 맞지 않는 것같이, 국경선(國境線)이 볼록 나오고 오목 들어가 서로 견제(牽制. <u>지나치게 세력을 펴거나 자유행동을 하지 못하도록 억누름</u>)하려는 형세(形勢)를 비유적으로 이르는 말. =견아상착(犬牙相錯). ***견아**(犬牙): 개의 이빨이란 뜻으로, 사물이 서로 어긋나서 맞지 아니함을 비유적으로 이르는 말. ***상제**(相制): 서로 견제함.

견아-상-착(犬牙相錯 개 **견**/어금니 **아**/서로 **상**/어긋날 **착**) 개[犬]의 어금니가 서로 어긋나 있다. 즉, 개의 어금니가 서로 맞물려 있다는 뜻으로, 땅의 경계(境界)가 일직선으로 되어 있지 않고, 개의 이빨처럼 들쭉날쭉 서로 어긋남. 또는 여러 가지 요인이 얽혀 복잡한 것을 비유적으로 이르는 말. =견아상제(犬牙相制). *견아(犬牙): ☞견아상제(犬牙相制). 이 사자성어의 유래는 다음과 같다. 『한서(漢書)』의 「중산정왕전(中山靖王傳)」 편(篇)에 〈제후들은 한(漢)나라 왕실의 골육지친(骨肉之親)으로 선제(先帝)께서 영지(領地)를 나누어 주어 성(城)을 이어가도록 했던 바, 개[犬]의 이[齒]처럼 서로 얽혀 있으며, 서로 도와 황실을 반석처럼 튼튼히 하고 있습니다.(諸侯王自以骨肉至親, 先帝所以廣封連城, **犬牙相錯者**, 爲盤石宗也.)〉라는 이야기가 나오는데, '개[犬]의 이[齒]처럼 서로 얽혀 있으며(犬牙相錯者)'에서, '견아상착(犬牙相錯)'이 유래했다. 제후(諸侯)들이 말하는 '견아상착(犬牙相錯)'은 땅의 경계(境界)가 일직선이 아니라 개의 이처럼 들쭉날쭉 서로 어긋나게 물려 있는 것을 표현한 말이다. 이 이야기의 배경은 이렇다. 한(漢)나라의 창업자인 유방(劉邦)은 창업 공신(功臣)들을 각 지역에 왕후(王侯. 제왕·帝王'과 '제후·諸侯'를 아울러 이르는 말)로 봉했다가, 시간이 지나자, 점차 이성제후(異姓諸侯. 성씨가 다른 제후)들을 제거하고 일족(一族. 같은 조상의 친척)인 유씨(劉氏)들을 왕후(王侯)로 봉했다. 유방(劉邦)은 특히 임종(臨終. 죽음을 맞이함) 전에 제후(諸侯)들과 신하(臣下)들을 궁중(宮中)으로 불러들인 다음 백마(白馬)를 죽여 함께 그 피를 마시며, '비유불왕 비공불후(非劉不王 非功不侯)', 즉, 유씨(劉氏)가 아니면 왕(王)이 될 수 없고, 공(功)이 없으면 후(侯)로 봉해서는 안 된다는 맹약(盟約. 굳게 맹세하여 약속함. 또는 그 약속)을 하게 했다. 그 후 제6대 황제 경제(景帝) 때는 동성제후(同姓諸侯. 성씨가 같은 제후)들이 난(亂. '난리·亂離'의 준말. 전쟁이나 재변·災變 따위로 세상이 어지러워진 상태. 또는 그러한 전쟁이나 재변·災變)을 일으켜 조정(朝廷. 임금이 나라의 정치를 신하들과 의논하거나 집행하는 곳. 또는 그런 기구)과 대립을 하기도 했다. 제7대 황제 무제(武帝)가 즉위(卽位)하자, 이전처럼 동성제후(同姓諸侯)들의 반란(反·叛亂. 정부나 지배자에게 반항하여 내란을 일으킴)을 우려한 조정(朝廷)의 대신들은 무제(武帝)에게 제후(諸侯)들의 세력을 약화시킬 것을 제의(提議. 의논이나 의안을 냄)했다. 제후(諸侯)들은 크게 반발하며 항의했다. 이때 나온 말이 위의 이야기에 등장한 견아상착(犬牙相錯)이다. 제후(諸侯)로 책봉된 땅은 개 이빨처럼 서로 견제(牽制)하는 형국(形局)으로 맞물려 있기 때문에 제후들의 반란은 더 이상 있을 수 없다는 뜻이다. 그리고 견아상착(犬牙相錯)으로 말미암아 오히려 황실(皇室)을 반석(盤石)처럼 튼튼히 하고 있는데, 제후(諸侯)들의 세력을 약화시킨다고 하니 억울하다는 뜻으로 무제(武帝)에게 이야기한 것이다. 참고로, 원문의 '諸侯王自以骨肉至親'에서, '諸'는 모두 '제', 모든 '제'로 읽고, '侯'는 제후(諸侯) '후'로 읽는다. '諸侯'는 봉건 시대에, 군주(君主. 세습적으로 나라를 다스리는 최고 지위에 있는 사람)로부터 받은 영토와 그 영내에 사는 백성을 다스리던 사람. '王'은 임금 '왕'으로 읽는다. 여기서는, '한(漢)나라 왕'을 가리킴. '自'는 본연(本然. 본디 생긴 그대로의 타고난 상태) '자'로 읽고, '以'는 써(그것을 가지고, 그것으로 인하여) '이'로 읽고, '骨'은 뼈 '골'로 읽고, '肉'은 살(사람이나 동물의 뼈를 싸서 몸을 이루는 부드러운 부분) '육'으로 읽고, '至'는 이를 '지'로 읽고, '親'은 친척(親戚) '친'으로 읽는다. '諸侯王自以骨肉至親'을 직역(直譯)하면, 제후(諸侯)는 왕 본연(本然)으로써 골육지친(骨肉至親)이다. 여기서, '골육지친(骨肉之親)'이 유래하였는데, 뼈와 살이 (섞인) 친척(親戚)이라는 뜻으로, 부자(父子), 형제(兄弟) 따위의 육친(肉親. 부자나 형제와 같이 혈족 관계에 있는 사람을 이르는 말)을 이르는 말. 부모와 자식 또는 형제자매 따위의 가까운 혈족을 이르는 말. '先帝所以廣封連城'에서, '先'은 먼저 '선'으로 읽고, '帝'는 임금 '제'로 읽는다. '先帝'는 임금 이름. '所'는 바(방법 또는 일의 뜻을 나타냄) '소'로 읽고, '以'는 써(그것을 가지고, 그것으로 인하여) '이'로 읽고, '廣'은 넓을 '광'으로 읽고, '封'은 봉할 '봉'으로 읽고, '連'은 이을 '련(연)'으로 읽고, '城'은 재(길이 나 있어 넘어 다닐 수 있는, 높은 산의 고개) '성', 성(城. 예전에, 적을 막기 위하여 흙이나 돌 따위로 높이 쌓아 만든 담. 또는 그런 담으로 둘러싼 구역) '성'으로 읽는다. '先帝所以廣封連城'을 직역(直譯)하면, 선제(先帝)께서 넓게 봉(封)함으로써(영지를 나누어 줌으로써) 성(城)을 이어가게 했던 바. '犬牙相錯者'에서, '犬'은 개 '견'으로 읽고, '牙'는 어금니 '아'로 읽고, '相'은 서로 '상'으로 읽고, '錯'은 어긋날 '착'으로 읽고, '者'는 것(사물, 현상, 일 따위를 추상적으로 이르는 말) '자'로 읽는다. '犬牙相錯者'를 직역(直譯)하면, 개의 어금니가 서로 어긋나 (있는) 것이며, 즉, 땅의 경계가 일직선으로 되어 있지 않고, 개의 이빨처럼 들쭉날쭉 서로 어긋나 있다는 말이다. 여기서, '犬牙相錯'이 유래하였는데, 이것을 직역(直譯)하면, 개[犬]의 어금니가 서로 어긋나 있다. 즉, 개의 어금니가 서로 맞물려 있다는 뜻으로, 땅의 경계(境界)가 일직선으로 되어 있지 않고, 개의 이빨처럼 들쭉날쭉 서로 어긋남. 또는 여러 가지 요인이 얽혀 복잡한 것을 비유적으로 이르는 말. '爲盤石宗也'에서, '爲'는 될 '위'로 읽고, '盤'은 큰 돌 '반'으로 읽고, '石'은 돌 '석'으로 읽는다. '盤石'은 넓고 평평한 큰 돌. 또는 사물, 사상, 기틀 따위가 아주 견고함을 비유적으로 이르는 말. '宗'은 종묘(宗廟. 역대 왕과 왕비의 위패·位牌를 모시던 사당) '종'으로 읽고, '也'는 어조사 '야'로 읽는다. '~이다(단정)'의 뜻을 나타냄. '爲盤石宗也'를 직역(直譯)하면, (황실을 위한) 종묘(宗廟)의 반석(盤石)이 되었습니다.

견양-지-질(犬羊之質 개 **견**/양 **양**/어조사 **지**/품성 **질**) 개[犬]나 양(羊)과 같은 품성(品性)이라는 뜻으로, 재능(才能. 어떤 일을 하는 데 필요한 재주와 능력)이 없이 태어난 바탕을 비유적으로 이르는 말. 여기서, '재주'는 순우리말로, 무엇을 잘할 수 있는, 타고난 능력과 슬기. *견양(犬羊): ①개[犬]와 양(羊)이라는 뜻으로, 악한 사람과 착한 사람을 이르는 말. ②개[犬]와 양(羊)이라는 뜻으로, 보잘것없거나 하찮은 것을 이르는 말. *품성(品性): 사람이 된 바탕과 성질.

견-여-금석(堅如金石 굳을 **견**/같을 **여**/쇠 **금**/돌 **석**) 굳고 (단단한 것이) 쇠와 돌과 같다는 뜻으로, 서로 맺은 언약(言約. 말로 약속함. 또는 그런 약속)이나 맹세가 금석(金石)과 같이 단단함을 비유적으로 이르는 말. *금석(金石): ①쇠붙이와 돌. ②매우 굳고 단단한 것을 비유적으로 이르는 말. *굳다: 부록 '견(堅)' 참고.

견-여-반석(堅如盤石 굳을 **견**/같을 **여**/큰 돌 **반**/돌 **석**) 굳고 (단단한 것이) 큰 돌. 즉, 반석(盤石)과 같다는 뜻으로, 기초가 반석(盤石)처럼 튼튼함을 이르는 말. =완여반석(完如盤石). *반석(盤石): ①넓고 평평한 바위. =너럭바위. ②아주 믿음직스럽고 든든함을 비유적으로 이르는 말. *굳다: 부록 '견(堅)' 참고.

견원-지-간(犬猿之間 개 **견**/원숭이 **원**/어조사 **지**/사이 **간**) 개[犬]나 원숭이의 사이라는 뜻으로, 사이가 매우 나쁜 두 사람의 관계를 비유적으로 이르는 말. 개와 원숭이는 서로 만만하게 봄으로써 만날 때마다 싸운다고 한다. 그래서 두 사이는 관계가 나쁘다는 것이다. *견원(犬猿): (개와 원숭이라는 뜻으로) 서로 사이가 나쁜 두 사람을 비유적으로 이르는 말. 《관련 속담》 고양이 개 보듯.

견-위-수-명(見危授命 볼 **견**/위태할 **위**/줄 **수**/목숨 **명**) 위태로운 것을 보고 (스스로) 목숨을 준다. 즉, 위태로운 것을 보거든 목숨을 아끼지 말아야 한다는 뜻으로, 나라가 위태로워지는 것을 보고 자기 목숨을 나라에 바치는 것을 이르는 말. 국가나 사회가 위험에 처해 있다면 기꺼이 자신의 목숨까지 바칠 수 있어야 한다는 뜻이다. 🔟 견위치명(見危致命).

견-위-치명(見危致命 볼 **견**/위태할 **위**/이를 **치**/목숨 **명**) 위태(危殆)한 것을 보고 목숨에 이르게 한다는 뜻으로, 나라가 위태로울 때 자기의 몸을 나라에 바침을 이르는 말. 回 견위수명(見危授命). ***치명**(致命): ①죽을 지경에 이름('이르다'의 명사형). ②가톨릭(Catholic)에서, 순교(殉敎. <u>모든 압박과 박해를 물리치고 자기가 믿는 신앙을 지키기 위하여 목숨을 바치는 일</u>)를 이전에 이르던 말.

견-이-불식(見而不食 볼 **견**/말 이을 **이**/못할 **불**/먹을 **식**) (눈앞에) 보고도 먹지 못한다는 뜻으로, 아무리 탐(貪)나는 것이 있어도 이용할 수 없거나 차지할 수 없음을 이르는 말. ***불식**(不食): 먹지 아니함. 《관련 속담》 보고도 못 먹는 전라도 곡식.

견-이-지-지(見而知之 볼 **견**/말 이을 **이**/알 **지**/어조사 **지**) 보고 그것을 안다는 뜻으로, 실지로 보고 깨달아 앎을 이르는 말. 여기서, '지(之)'는 '그것'을 나타내는 지시 대명사이다.

견인-불발(堅忍不拔 굳을 **견**/참을 **인**/아닐 **불**/뽑아낼 **발**) 굳게 참고 (견디어) 뽑아내지 않는다는 뜻으로, 굳게 참고 견디어 마음이 흔들리지 않음을 이르는 말. 또는 뜻이 변하지 않음을 이르는 말. ***견인**(堅忍): 굳게 참고 견딤. ***불발**(不拔): ①(아주 든든하여) 빠지지 아니함. ②(의지가 굳어) 흔들리지 아니함. ***굳다**: 부록 '견(堅)' 참고.

견인-주의(堅忍主義 굳을 **견**/참을 **인**/주될 **주**/옳을 **의**) 굳게 참는 것을 중시하는 주된 주의(主義)라는 뜻으로, 욕정(欲·慾情)이나 욕망(欲·慾望) 따위를 의지(意志. <u>어떠한 일을 이루고자 하는 마음</u>)의 힘으로 굳게 참고 견디어 억제하려는 도덕적, 종교적 태도를 이르는 말. =금욕주의(禁慾主義). ***견인**(堅忍): ☞견인불발(堅忍不拔). ***주의**(主義): ①굳게 지키는 주장이나 방침. ②체계화된 이론이나 학설. ***굳다**: 부록 '견(堅)' 참고. ***주되다**(主~): 주장(主張)이나 중심(中心)이 되다.

견인-지구(堅忍持久 굳셀 **견**/참을 **인**/가질 **지**/오랠 **구**) 굳게 참고 오래 가진다. 즉, 굳세게 참으면서 오래 견딘다는 뜻으로, 굳게 참고 견디어 오래 버팀을 이르는 말. ***견인**(堅忍): ☞견인불발(堅忍不拔). ***지구**(持久): 어떤 상태를 오래 버티어 견딤. 또는 오래도록 유지함.

견-토-방-구(見兎放狗 볼 **견**/토끼 **토**/놓을 **방**/개 **구**) 토끼를 보고 개[犬]를 놓는다. 즉, 토끼를 발견한 후에 사냥개를 놓아서 잡게 하여도 늦지 않다는 뜻으로, 사태(事態)의 진전(進展)을 관망(觀望. <u>형세 따위를 넌지시 바라봄</u>)한 후에 응(應)하여도 좋음을 비유적으로 이르는 말.

견-토-지-쟁(犬兎之爭 개 **견**/토끼 **토**/어조사 **지**/다툴 **쟁**) 개[犬]와 토끼의 다툼이라는 뜻으로, 실력이 비슷한 두 사람이나 단체의 싸움에서, 제삼자(第三者)가 이익을 봄을 비유적으로 이르는 말. 또는 쓸데없는 다툼을 가리키기도 한다. 『전국책(戰國策)』의 「제책(齊策)」에 나오는 말로, 개가 토끼를 쫓다가 둘 다 지쳐서 죽자, 농부가 이것을 얻었다는 고사(故事)에서 유래함. 웹 전부지공(田父之功). 방휼지쟁(蚌鷸之爭). 어부지리(漁父之利). 이 사자성어의 유래를 좀 더 설명하면 다음과 같다. 『전국책(戰國策)』의 「제책(齊策)」 편(篇)에 〝(한자로·韓子盧라는 천하의 날랜 사냥개와 동곽준·東郭逡이라는 천하의 발 빠른 토끼가 있었습니다.) 개가 토끼를 뒤쫓았습니다. 그들은 수십 리에 이르는 산자락(山~. <u>산의 기슭 부분. 또는 산기슭의 비탈진 부분</u>)을 세 바퀴나 돌고 가파른 산꼭대기까지 다섯 번이나 오르락내리락하면서 조금의 양보도 없이 달렸습니다. 그러더니 결국 쫓기는 토끼는 앞에서 힘이 다하고, 쫓던 개는 뒤에서 힘이 다하여 개와 토끼가 모두 지쳐 그 자리에 쓰러져 죽고 말았습니다. 이 때 그것을 발견한 전부(田父. <u>농부</u>)가 힘들이지 않고 횡재(橫財. <u>뜻밖에 재물을 얻음. 또는 그 재물</u>)를 하였습니다. 지금 제(齊)나라와 위(魏)나라는 오랫동안 대치(對峙. 서로 마주 대하여 버팀)하느라 병사(兵士)들도 지쳐 있고 백성들도 피폐해 있습니다. 강한 진(秦)나라나 큰 초(楚)나라가 이를 기화(奇貨. 뜻밖의 이익을 얻을 수 있는 물건. 또는 그런 기회)로 전부지공(田父之功)을 거두려 하지 않을지 그것이 걱정입니다."(韓子盧逐東郭逡, 環山者三, 騰山者五, **兎極於前, 犬廢於後, 犬兎俱罷, 各死其處,** 田父見之, 無勞倦之苦, 而擅其功, 今齊魏久相持, 以頓其兵, 弊其衆, 臣恐强秦大楚, 承其後, 有田父之功)〉라는 이야기가 나오는데, '결국 쫓기는 토끼는 앞에서 힘이 다하고, 쫓던 개는 뒤에서 힘이 다하여 개와 토끼가 모두 지쳐 그 자리에 쓰러져 죽고 말았다.(兎極於前, 犬廢於後, 犬兎俱罷, 各死其處)'에서, '견토지쟁(犬兎之爭)'이 유래했다. 결국 이 말은 양자(兩者)의 다툼에서 제삼자가 힘들이지 않고 이익을 얻는 것을 비유(比·譬喻. 어떤 사물의 모양이나 상태 따위를 보다 효과적으로 표현하기 위하여 그것과 비슷한 다른 사물에 빗대어 표현함. 또는 그 표현 방법)한 말로 쓰이게 되었다. 이 이야기의 배경은 이렇다. 전국 시대 제(齊)나라의 순우곤(淳于髡)은 해학(諧謔. 익살스러우면서 풍자적인 말이나 짓)과 변설(辯舌. 입담 좋게 잘하는 말. 또는 재치 있는 말솜씨)이 뛰어난 세객(說客. 능란한 말솜씨로 자기의 의견을 선전하며 각지를 돌아다니는 사람)이었다. 제(齊)나라 왕이 위(魏)나라를 치려고 하자, 순우곤(淳于髡)이 위의 이야기처럼 비유를 들어 그 뜻을 거두라고 진언(進言. 윗사람에게 자기의 의견을 말함)했다. 위(魏)나라와의 오랜 대치로 제(齊)나라 병사들과 백성들이 지치고 쇠약해진 상태에 있기 때문에, 여기서 제(齊)나라가 위(魏)나라를 공격한다면 견토지쟁(犬兎之爭)으로 인하여 이득(利得)을 보는 전부지공(田夫之功)처럼 진(秦)나라와 초(楚)나라가 제(齊)나라와 위(魏)나라를 취하려고 하지 않을까 걱정된다는 것을 제(齊)나라 왕에게 진언(進言)하고 있는 것이다. 결국 제(齊)나라 왕은 순우곤(淳于髡)의 진언(進言)을 받아들여 군사 일으키는 것을 그만두었다고 한다. 참고로, 원문의 '韓子盧逐東郭逡'에서, '韓'은 나라 이름 '한'으로 읽고, '子'는 아들 '자'로 읽고, '盧'는 검을 '로(노)'로 읽는다. '韓子盧'는 개 이름. '逐'은 쫓을 '축'으로 읽고, '東'은 동녘 '동'으로 읽고, '郭'은 둘레 '곽'으로 읽고, '逡'은 뒷걸음칠 '준'으로 읽는다. '東郭逡'은 토끼 이름이다. '韓子盧逐東郭逡'을 직역(直譯)하면, 한자로(韓子盧)라는 개가 동곽준(東郭逡)이라는 토끼를 뒤쫓았다. '環山者三'에서, '環'은 두를 '환', 돌 '환'으로 읽고, '山'은 뫼('산'의 옛말) '산'으로 읽고, '者'는 것(사물, 현상, 일 따위를 추상적으로 이르는 말) '자'로 읽고, '三'은 석 '삼'으로 읽는다. '環山者三'을 직역(直譯)하면, 산을 돈 것이 3번이요, '騰山者五'에서, '騰'은 오를 '등'으로 읽고, '五'는 다섯 '오'로 읽는다. '騰山者五'를 직역(直譯)하면, (그리고) 산에 오른 것이 5번이었다. '兎極於前'에서, '兎'는 토끼 '토'로 읽고, '極'은 다할 '극'으로 읽고, '於'는 어조사 '어'로 읽는다. '~에서(장소)'의 뜻을 나타냄. '前'은 앞 '전'으로 읽는다. '兎極於前'을 직역(直譯)하면, 토끼는 앞에서 (힘을) 다하였고, '犬廢於後'에서, '犬'은 개 '견'으로 읽고, '廢'는 폐할(廢~. 해 오던 일을 중도에 그만둠) '폐'로 읽고, '於'는 어조사 '어'로 읽는다. '~에', '~에서(위치)'의 뜻을 나타냄. '後'는 뒤 '후'로 읽는다. '犬廢於後'를 직역(直譯)하면, 개는 뒤에서 (힘이 다하여) 폐(廢)하였다. '犬兎俱罷'에서, '犬'은 개 '견'으로 읽고, '兎'는 토끼 '토'로 읽고, '俱'는 함께 '구'로 읽고, '罷'는 여기서는, 고달플 '피', 피곤할 '피'로 읽는다. '疲'와 같은 글자다. '犬兎俱罷'를 직역(直譯)하면, 개와 토끼는 함께 고달파하였고, '各死其處'에서, '各'은 각각 '각'으로 읽고, '死'는 죽을 '사'로 읽고, '其'는 그(지시하는 말) '기'로 읽고, '處'는 곳 '처', 장소(場所) '처'로 읽는다. '各死其處'를 직역(直譯)하면, 각각 그 곳에서 죽었다. 여기서, '犬兎之爭'이 유래하였는데, 이것을 직역(直譯)하면, 개[犬]와 토끼의 다툼이라는 뜻으로, 실력이 비슷한 두 사람이나 단체의 싸움에서, 제삼자(第三者)가 이익을 봄을 비유적으로 이르는 말. 또는 쓸데없는 다툼을 가리키기도 한다. '田父見之'에서, '田'은 밭 '전'으로 읽고, '父'는 늙으신네 '부'로 읽는다. '田父'를 직역(直譯)하면, 밭을 가는 늙으신네. '見'은 볼 '견'으로 읽고, '之'는 어조사 '지'로 읽는다. '그것'을 나타내는 지시 대명사. '田父見之'를 직역(直譯)하면, 밭을 가는 늙으신네가 그것('개'와 '토끼'를 가리킴)을 보고, '無勞倦之苦'에서, '無'는 없을 '무'로 읽고, '勞'는 수고로울 '로(노)'로 읽고, '倦'은 고달플 '권'으로 읽고, '之'는 어조사 '지'로 읽는다. 여기서는, '~의'의 뜻을 나타내는 관형격 조사. '苦'는 괴로울 '고'로 읽는다. '無勞倦之苦'를 직역(直譯)하면, 수고로움과 고달픔의 괴로움이 없이, '而擅其功'에서, '而'는 말 이을 '이'로 읽는다. '그리고'의 뜻을 나타냄. '擅'은 오로지할(혼자 차지하여 제 마음대로 함) '천'으로 읽고, '其'는 그(지시하는 말) '기'로 읽고, '功'은 공(功. 어떠한 일에 이바지한 공적과 노력) '공', 공로(功勞) '공'으로 읽는다. '而擅其功'을 직역(直譯)하면, 그리고 (밭을 가는 늙으신네)가 그 공(功)을 오로지하였다. 즉, 그 공(功)을 독차지하였다. 횡재(橫財. 뜻밖에 재물을 얻음. 또는 그 재물)하였다는 뜻이다. '今齊魏久相持'에서, '今'은 이제 '금', 지금 '금'으로 읽고, '齊'는 제(齊)나라 '제'로 읽고, '魏'는 나라 이름 '위'로 읽고, '久'는 오랠 '구', 오랫동안 '구'로 읽고, '相'은 서로 '상'으로 읽고, '持'는 버틸 '지', 대립할(對立~) '지'로 읽는다. 여기서는, '대치하다(對峙~)'의 뜻이 강함. '今齊魏久相持'를 직역(直譯)하면, 지금 제(齊)나라와 위(魏)나라는 오랫동안 서로 대치하느라고, '以頓其兵'에서, '以'는 써(그것을 가지고, 그것으로 인하여) '이'로 읽고, '頓'는 패할(敗~) '돈'으로 읽는다. 여기서는, '지치다'의 뜻이 강함. '其'는 그 '기'로 읽고, '兵'은 병사 '병'으로 읽는다. '以頓其兵'을 직역(直譯)하면, 그것으로 인하여 그 병사들이 지쳐 있고, '弊其衆'에서, '弊'는 폐해(弊害) '폐'로 읽는다. 여기서는, '피폐하다(疲弊~)'의 뜻이 강함. '衆'은 무리 '중', 백성 '중'으로 읽는다. '弊其衆'을 직역(直譯)하면, 그 백성들도 피폐해 (있습니다). '臣恐强秦大楚'에서, '臣'은 신하 '신'으로 읽고, '恐'은 두려울 '공', 두려워할 '공'으로 읽고, '强'은 강할 '강'으로 읽고, '秦'은 나라 이름 '신'으로 읽고, '大'는 큰 '대'로 읽고, '楚'는 초(楚)나라 '초'로 읽는다. '臣恐强秦大楚'를 직역(直譯)하면, 신(臣. 여기서는, 신하가 임금에 대하여 자기를 일컫는 말)이 두려운 (것은) 강국(强國)의 진(秦)나라와 대국(大國)의 초(楚)나라가, '承其後'에서, '承'은 이을 '승'으로 읽고, '後'는 뒤 '후'로 읽는다. '承其後'를 직역(直譯)하면, 그 뒤를 이어, '有田父之功'에서, '有'는 있을 '유'로 읽고, '田'은 밭 '전'으로 읽고, '父'는 늙으신네 '부'로 읽고, '之'는 어조사 '지'로 읽는다. '~의'의 뜻을 나타내는 관형격 조사. '功'은 공(功) '공', 공로(功勞) '공'으로 읽는다. '有田父之功'을 직역(直譯)하면, 밭을 가는 늙으신네가 있을까 (하는 것입니다). 즉, 제3자가 이익을 얻을까 두렵다는 뜻이다. 여기서, '田夫之功'이 유래하였는데, 이것을 직역(直譯)하면, 밭을 (일구는) 사내의 공(功)이라는 뜻으로, 힘들이지 아니하고 이득을 보는 것을 이르는 말. 사내 '부(夫)' 대신에 지아비 부(父)를 써서 '전부지공(田父之功)'이라고도 한다.

결가-부좌(結跏趺坐 맺을 **결**/책상다리할 **가**/책상다리할 **부**/앉을 **좌**) 책상다리를 하여 맺은 후 책상다리를 하여 앉는다는 뜻으로, 먼저 오른발의 발바닥을 위로 하여 왼편 넓적다리 위에 얹고, 왼발을 오른편 넓적다리 위에 얹는 앉음새를 이르는 말. 부처의 좌법(坐法. 부처 또는 중들의 앉는 법식)으로, 좌선(坐禪)할 때 앉는 방법의 하나이다. =전가부좌(全跏趺坐). 웹 반가부좌(半跏趺坐). 여기서, '좌선(坐禪)'은 불교에서, 가부좌(跏趺坐. '결가부좌·結跏趺坐'와 같은 말)를 하고 조용히 앉아서 선정(禪定)으로 들어감. 또는 그렇게 하는 수행. 그리고 '선정(禪定)'은 불교에서, 세속(世俗. 사람이 살고 있는 모든 사회를 통틀어 이르는 말)의 자질구레한 일에 관한 생각을 끊고 마음을 가라앉혀 삼매경(三昧境. 불교에서, 잡념을 버리고 한 가지 일에만 정신을 집중하는 일)에 이르는 일. *결가(結跏): =결가부좌(結跏趺坐). *부좌(趺坐): =결가부좌(結跏趺坐). *책상다리하다(册床~): 부록 '가(跏)', '부(趺)' 참고.

결교-지-인(結交之人 맺을 **결**/사귈 **교**/어조사 **지**/사람 **인**) (인연을) 맺어 사귀는 사람이라는 뜻으로, 서로 교분(交分. 친구 사이의, 사귀어서 정이 도타워진 정도)을 맺어 사귀는 사람을 이르는 말. *결교(結交): 서로 사귐.

결발-부부(結髮夫婦 맺을 **결**/머리털 **발**/남편 **부**/아내 **부**) (서로) 머리털을 맺은 남편과 아내라는 뜻으로, 숫총각과 숫처녀가 혼인하여 맺은 부부(夫婦)를 이르는 말. 남자는 20세에 관(冠)을 쓰고, 여자는 15세에 비녀를 꽂았다는 데서, 처녀 총각끼리의 혼인(婚姻)을 이르는 말. 관(冠)을 쓰거나 비녀를 꽂을 때에는 반드시 머리털을 맺어야 그것(관을 쓰고 비녀를 꽂는 것)이 가능하다. *결발(結髮): 예전에, 관례(冠禮. 지난날, 아이가 어른이 될 때에 올리던 예식을 이르는 말. 남자는 갓을 쓰고, 여자는 쪽을 쪘음)를 할 때 남자가 상투를 틀거나 여자가 쪽을 찌던 일. 또는 그렇게 한 머리. *부부(夫婦): 남편과 아내. 또는 결혼한 한 쌍의 남녀. =내외(內外).

결백-청정(潔白淸淨 깨끗할 **결**/깨끗할 **백**/맑을 **청**/깨끗할 **정**) 깨끗하고 맑음. *결백(潔白): ①깨끗하고 흼. ②행동이나 마음 따위가 조촐하고 깨끗하여 허물이 없음. *청정(淸淨): ①맑고 깨끗함. ②깨끗하고 맑게 함. ③불교에서, 죄가 없이 깨끗함을 이르는 말.

결사-반대(決死反對 정할 **결**/죽을 **사**/반대할 **반**/마주볼 **대**) 죽음을 정하고(죽기를 작정하고) 마주 보며 반대(反對)한다는 뜻으로, 목숨을 내걸고 반대(反對)함. 또는 죽기를 각오하고 있는 힘을 다하여 반대(反對)함을 이르는 말. *결사(決死): (어떤 일을 위하여) 죽음을 각오함. *반대(反對): ①어떤 사물과 대립. 또는 역(逆)의 관계에 있는 일. ②남의 말이나 의견을 찬성하지 않고 맞서서 거스름.

결사-보국(決死報國 정할 **결**/죽을 **사**/갚을 **보**/나라 **국**) 죽음을 정하고(죽기를 작정하고) 나라의 (은혜를) 갚는다는 뜻으로, 목숨을 내걸고 나라의 은혜에 보답함. 또는 죽기를 각오하고, 있는 힘을 다하여 나라의 은혜(恩惠)에 보답(報答)함을 이르는 말. *결사(決死): ☞결사반대(決死反對). *보국(報國): 나라의 은혜에 보답함.

결승-지-정(結繩之政 맺을 **결**/새끼 **승**/어조사 **지**/정사 **정**) 새끼를 맺으며 (하는) 정사(政事). 즉, 새끼의 매듭으로 의사소통을 하던 정치(政治)라는 뜻으로, 유사(有史) 이전의 고대(古代) 중국의 정치(政治)를 이르는 말. 문자가 없던 때이므로, 새끼로 매듭을 지어 일의 대소(大小)를 표시한 데서 유래한다. *결승(結繩): 끈이나 새끼 따위로 매듭을 지음. 또는 그 매듭. *정사(政事): 부록 '정(政)' 참고.

결-심-육력(結心戮力 맺을 **결**/마음 **심**/합할 **육**/힘 **력**) 마음을 맺고 힘을 합한다는 뜻으로, 마음을 합하여 서로 돕고 힘을 모음을 이르는 말. *육력(戮力): 서로 힘을 합침.

결의-형제(結義兄弟 맺을 **결**/의리 **의**/형 **형**/아우 **제**) 의리(義理)로 형과 아우를 맺는다는 뜻으로, 남남끼리 의리(義理)로써 형제의 관계를 맺음. 또는 그렇게 관계를 맺은 형제를 이르는 말. 㕮 의형제(義兄弟). *결의(結義): 남남끼리 의리로써 형제 관계를 맺음. 또는 그런 형제. *형제(兄弟): ①형과 아우. ②=동기(同氣). 즉, 형제자매(兄弟姉妹. 본문 참고)를 통틀어 이르는 말. *의리(義理): ①사람으로서 마땅히 지켜야 할 바른 도리(道理. 사람이 마땅히 지켜야 할 바른 길). ②남과 사귈 때 지켜야 할 도리.

결-자-해-지(結者解之 맺을 **결**/사람 **자**/풀 **해**/어조사 **지**) (매듭을) 맺은(묶은) 사람이 그것을 풀어야 (한다는) 뜻으로, 자기가 저지른 일은 자기가 해결해야 함을 비유적으로 이르는 말. 즉, 자기가 저지른 일은 남에게 맡기는 것보다 자기가 해결하는 것이 순리(順理. 마땅한 도리나 이치)라는 뜻이다. 여기서, '지(之)'는 '그것'을 나타내는 지시 대명사이다. 《관련 속담》 매듭은 맺은 사람이 풀어야 하고 자물쇠는 제 열쇠라야 열 수 있다. / 맺은 놈이 풀지.

결초-보은(結草報恩 맺을 **결**/풀 **초**/갚을 **보**/은혜 **은**) 풀을 맺어(묶어) 은혜(恩惠)를 갚는다는 뜻으로, 죽은 뒤에라도 은혜(恩惠)를 잊지 않고 갚음을 비유적으로 이르는 말. 그런데 '결초보은(結草報恩)'은 죽어서 은혜를 갚는다는 뜻이고, 살아생전에 은혜를 갚는 것은 '황작함환(黃雀銜環)'이라고 한다. *결초(結草): 중국 춘추시대(春秋時代)에, 진(晉)나라의 위과(魏顆)가 아버지가 세상을 떠난 후에 서모(庶母. 아버지의 첩)를 개가(改嫁. 시집갔던 여자가, 남편이 죽거나, 남편과 이혼하거나 하여 다른 남자에게 다시 시집가는 일)시켜 순사(殉死. 왕이나 남편의 뒤를 따라 죽음)하지 않게 하였더니, 그 뒤 싸움터에서 그 서모 아버지의 혼(魂)이 적군(敵軍. 적대 관계에 있는 나라의 군대)의 앞길에 풀을 묶어 적을 넘어뜨려, 위과(魏顆)가 공(功)을 세울 수 있도록 하였다는 고사(故事)에서 유래한다. *보은(報恩): 은혜를 갚음. 이 사자성어의 유래를 좀 더 설명하면 다음과 같다. 『左傳』의 「선공(宣公) 15년」편(篇)에 〈(진·秦나라가 진·晉나라를 침공하여 싸울 때) 위과(魏顆)는 어떤 노인이 풀을 묶어 두회(杜回. 사람 이름)를 막는 것을 보았다. 두회(杜回)가 넘어져 고꾸라져 잡게 되었다. 그날 밤 꿈에 노인이 말했다. "나는 당신이 개가(改嫁)시킨 여자의 아버지요, 당신이, 아버지가 정신 맑을 때의 명(命)에 따랐기 때문에 내가 보답을 한 것이오."(顆見老人結草以亢杜回. 杜回躓而顛, 故獲之. 夜夢之日, 余, 而所嫁婦人之父也, 爾用先人之治命, 余是以報)〉라는 이야기가 나오는데, '어떤 노인이 풀을 묶어 두회(杜回)를 막는 것을 보았다.(顆見老人結草以亢杜回)'와, '내가 보답을 한 것이오.(余是以報)'에서, '결초보은(結草報恩)'이 유래했다. 이 이야기의 배경은 이렇다. 진환공(秦桓公. 진나라의 환공)이 진(晉)나라를 공격했고, 진(晉)나라의 위과(魏顆)는 왕명(王命)을 받들어 군사를 거느리고 진(秦)나라 장수인 두회(杜回)와 싸우게 되었다. 그러던 중 위과(魏顆)가 위태로움에 처했을 때, 어떤 노인이 나타나 적군(敵軍)의 앞길에 풀을 잡아매어 두회(杜回)가 탄 말이 걸려 넘어지게 만들었다. 위과(魏顆)는 이 싸움에서 승리를 거두고 두회(杜回)를 사로잡았다. 위과(魏顆)는 그 노인이 누구이며 왜 자기를 도와주는지 알 수가 없었다. 그날 밤, 위과(魏顆)의 꿈에 그 노인이 나타나서, 자신이 바로 위과(魏顆)가 재가(再嫁)시킨 서모(庶母)의 아버지인데, 자기 딸을 구해준 은혜를 갚기 위해, 싸움터에서 풀을 묶어 두회(杜回)가 걸려 넘어지게 만들었다고 말만 해 주었다. 여기서, 최근에 이 풀의 이름은 '수크렁'이라고 주장하는 사람이 있다. 〈수크렁은 억새처럼 가을철에 가장 흔하게 관찰할 수 있는 여러해살이풀이랍니다. 논이며, 밭 주변, 억새밭으로 향하는 산길 어딘가, 공원이나 거리 사방에 커다란 은빛 꽃 이삭(이삭 모양으로 피는 꽃)을 무더기로 피워요. …… 수크렁은 아주 억센 풀입니다. 강아지풀과 달리 꽃 이삭의 털 까끄라기는 아주 까칠하고 줄기나 잎 모두 질긴 편입니다. 이 때문에 수크렁을 툭 꺾으려 하다가 팔이나 손을 베어 상처를 입는 경우가 많아요. 얼마나 줄기가 질긴지 예리한 낫으로 강하게 내리쳐야 수크렁을 제거할 수 있습니다. …… 이처럼 질긴 특징 때문에 수크렁은 '결초보은(結草報恩)'이란 한자성어를 만들기도 했어요.〉(최새미·식물칼럼니스트, 2020. 10. 22. 조선일보 '식물이야기'에서) 참고로, 원문의 '顆見老人結草以亢杜回'에서, '顆'는 낟알(껍질을 벗기지 아니한 곡식의 알, 또는 쌀의 하나하나의 알) '과'로 읽는다. 여기서는, '위과(魏顆)'를 가리킴. '見'은 볼 '견'으로 읽고, '老'는 늙을 '로(노)'로 읽고, '人'은 사람 '인'으로 읽는다. '顆見老人'을 직역(直譯)하면, 위과(魏顆)는 ~하는 노인을 보다. '結'은 맺을 '결'로 읽고, '草'는 풀 '초'로 읽고, '以'는 써(그것을 가지고, 그것으로 인하여) '이'로 읽고, '亢'은 맞설 '항'으로 읽고, '杜'는 막을 '두'로 읽고, '回'는 돌아올 '회'로 읽는다. 여기서, '杜回'는 사람 이름. '結草以亢杜回'를 직역(直譯)하면, 풀을 맺어(묶어) 그것을 가지고 두회(杜回)와 맞섬. '顆見老人結草以亢杜回'을 직역(直譯)하면, 위과(魏顆)는 풀을 맺어(묶어) 그것을 가지고 두회(杜回)와 맞서는 노인을 보았다. 여기서, '結草報恩'이 유래하였는데, 이것을 직역(直譯)하면, 풀을 맺어(묶어) 은혜(恩惠)를 갚는다는 뜻으로, 죽은 뒤에라도 은혜(恩惠)를 잊지 않고 갚음을 비유적으로 이르는 말. '杜回躓而顚'에서, '躓'는 쓰러질 '지'로 읽고, '而'는 말 이을 '이'로 읽는다. '그리고'의 뜻을 나타냄. '顚'은 넘어질 '전'으로 읽는다. '杜回躓而顚'을 직역(直譯)하면, 두회(杜回)가 쓰러져 그리고 넘어졌다. '故獲之'에서, '故'는 고로(故~) '고', 까닭 '고'로 읽고, '獲'은 잡을 '획', 붙잡을 '획'으로 읽고, '之'는 어조사 '지'로 읽는다. '그것'을 나타내는 지시 대명사. '故獲之'를 직역(直譯)하면, 고로(故~) 그것('두회·杜回'를 가리킴)을 붙잡을 (수 있었다). '夜夢之曰'에서, '夜'는 밤 '야'로 읽고, '夢'은 꿈 '몽'으로 읽는다. '夜夢之曰'을 직역(直譯)하면, 밤에 꿈을 꾸었는데, 그것('노인·老人'을 가리킴)이 말하기를. '余, 而所嫁婦人之父也'에서, '余'는 나(1인칭 대명사) '여'로 읽고, '所'는 바(앞에서 말한 내용 그 자체나 일 따위를 나타내는 말) '소'로 읽고, '嫁'는 시집 보낼 '가'로 읽는다. '而所嫁'를 직역(直譯)하면, 그리고 시집보낸 바가 있는. '婦'는 지어미(아내를 예스럽게 이르는 말) '부', 시집간 여자 '부'로 읽는다. '婦人'은 결혼한 여자. '之'는 어조사 '지'로 읽는다. 여기서는, '~의'를 나타내는 관형격 조사. '父'는 아버지 '부'로 읽고, '也'은 어조사 '야'로 읽는다. '~이다(단정)'의 뜻을 나타냄. '余, 而所嫁婦人之父也'를 직역(直譯)하면, 나는 그리고 (당신이) 시집보낸 바가 있는 부인의 아버지다. '爾用先人之治命'에서, '爾'는 너(2인칭 대명사) '이'로 읽고, '用'은 쓸 '용', 쓰일 '용'으로 읽고, '先'은 먼저 '선'으로 읽고, '入'은 들 '입', 들일 '입'으로 읽는다. '先人'은 남에게 돌아가신 자기 아버지를 이르는 말. '治'는 다스릴 '치'로 읽고, '命'은 목숨 '명'으로 읽는다. '治命'은 운명(殞命. 사람의 목숨이 끊어짐)할 무렵에 맑은 정신으로 하는 유언. '爾用先人之治命'을 직역(直譯)하면, 너(당신)는 돌아가신 아버지의 치명(治命)에 따라 쓰이었고, '余是以報'에서, '余'는 나(1인칭 대명사) '여'로 읽고, '是'는 이(지시하는 말) '시'로 읽고, '報'는 (은혜를) 갚을 '보'로 읽는다. '余是以報'를 직역(直譯)하면, 내가 이것으로써 (은혜를) 갚았다. 따라서, '結草報恩'은 풀을 맺어(묶어) 은혜(恩惠)를 갚는다는 뜻으로, 죽은 뒤에라도 은혜(恩惠)를 잊지 않고 갚음을 비유적으로 이르는 말.

결하-지-세(決河之勢 터질 **결**/물 **하**/어조사 **지**/형세 **세**) 터진 (둑으로 쏟아져 흐르는) (센) 물의 형세(形勢). 즉, 홍수가 져서 큰물이 둑을 무너뜨리고, 넘쳐흐르는 기세(氣勢. 기운차게 내뻗는 형세. 또는 내뻗는 힘찬 기운)라는 뜻으로, 걷잡을 수 없이 세찬 기세(氣勢)를 비유적으로 이르는 말. 여기서, '기운'은 순우리말로, 생물이 살아 움직이는 원기(元氣). 또는 거기서 나오는 힘. *결하(決河): 홍수로 강물이 둑을 무너뜨리고 넘쳐흐름. *형세(形勢): 어떠한 일의 형편이나 상태.

겸구-고장(箝口枯腸 재갈 먹일 **겸**/입 **구**/마를 **고**/창자 **장**) 입에 재갈을 먹이고(물리고) 창자를 말린다. 즉, 생각도 안 나고 말도 못한다는 뜻으로, 궁지(窮地)에 몰려 말을 못함을 비유적으로 이르는 말. *겸구

(箝口): ①입을 다물고 말하지 않음. ②언론의 자유를 제한함을 비유적으로 이르는 말. *고장(枯腸):
빈창자. 또는 빈속. *재갈 먹이다: 부록 '겸(箝)' 참고. *마르다: 부록 '고(枯)' 참고.

겸구-물-설(箝口勿說 재갈 먹일 **겸**/입 **구**/말 **물**/말씀 **설**) 입에 재갈을 먹이고(물리고) 말을 말다(하지 않는
다)는 뜻으로, 입을 다물고 말을 하지 않음을 이르는 말. 입을 다물고 말하지 말라는 의미이다. 圓 함구
물설(緘口勿說). *겸구(箝口): ☞ 겸구고장(箝口枯腸). *재갈 먹이다: 부록 '겸(箝)' 참고. *말다: 부록 '물
(勿)' 참고.

겸노-상전(兼奴上典 겸할 **겸**/종 **노**/위 **상**/맡을 **전**) 종을 겸(兼)하여 (일하는) 상전(上典)이라는 뜻으로,
종을 거느릴 형편이 못 되어, 지난날 종이 할 일까지 몸소 하는 가난한 양반을 이르던 말. *겸노(兼奴):
종은 아니나 가난하여 종이 해야 할 일까지 다 겸하여 하던 일. 또는 그런 사람. *상전(上典): 종에
대하여 그 주인을 이르는 말.

겸-방어사(兼防禦使 겸할 **겸**/막을 **방**/막을 **어**/심부름꾼 **사**) 방어사(防禦使)를 겸(兼)한다는 뜻으로, ①
조선 시대에, 수령(守令. <u>각 고을을 맡아 다스리던 지방관·地方官</u>)이 자기 원래 직무 이외에 방어사
(防禦使) 직무를 아울러 맡아 봄을 이르는 말. 여기서 '지방관(地方官)'은 지난날, 지방의 으뜸 벼슬
을 이르던 말. 즉, 각 지방에 주재하면서 일반 행정 사무를 맡아보는 고급 공무원을 이르는 말. ②
한 사람이 두 가지 또는 여러 가지 일을 맡아봄을 비유적으로 이르는 말. *방어사(防禦使): 조선 시
대에, 경기 이북의 각 도(道)에 두어 병권(兵權. <u>군을 편제하여 통수할 수 있는 권능. =통수권·統帥
權</u>)을 장악하고 요지(要地. <u>중요한 역할을 하는 곳. 또는 핵심이 되는 곳</u>)를 지키게 했던 종이품의
무관 벼슬. *겸하다(兼~): 부록 '겸(兼)' 참고.

겸사-겸사(兼事兼事 겸할 **겸**/일 **사**/겸할 **겸**/일 **사**) 일을 겸(兼)하고 일을 겸(兼)한다는 뜻으로, 한꺼번에
여러 가지 일을 아울러 하는 모양을 이르는 말. *겸사(兼事): ①둘 이상의 대상을 아울러 섬김. ②한
가지 일을 하면서 동시에 다른 일도 이울리 함. *겸하다(兼~): 부록 '겸(兼)' 참고.

겸양-지-덕(謙讓之德 겸손할 **겸**/사양할 **양**/어조사 **지**/덕 **덕**) 겸손(謙遜)하고 사양(辭讓)하는 덕(德)이라는
뜻으로, 겸손(謙遜)한 태도로 남에게 양보(讓步)하거나 사양(辭讓)하는 아름다운 마음씨나 행동을 이르
는 말. *겸양(謙讓): 겸손한 태도로 남에게 양보하거나 사양함. *겸손하다(謙遜~): 남을 높이고 자기를
낮추는 태도가 있다. *사양하다(辭讓~): 부록 '양(讓)' 참고.

겸-인-지-력(兼人之力 아우를 **겸**/사람 **인**/어조사 **지**/힘 **력**) (몇) 사람을 아우르는 힘이라는 뜻으로, 혼자
서 능히 몇 사람을 당해 낼 수 있는 힘을 이르는 말. *아우르다: (둘 또는 여럿으로) 한 덩어리나 한
판이 되게 하다.

겸-인-지-용(兼人之勇 겸할 **겸**/사람 **인**/어조사 **지**/날랠 **용**) (몇) 사람을 겸하는 날램(용기)이라는 뜻으로,
혼자서 능히 몇 사람을 당해낼 만한 용기(勇氣)를 이르는 말. *겸하다(兼~): 부록 '겸(兼)' 참고. *날래다:
부록 '용(勇)' 참고.

겸-지-우-겸(兼之又兼 겸할 **겸**/어조사 **지**/또 **우**/겸할 **겸**) 겸(兼)하고 또 겸(兼)한다는 뜻으로, 두 가지
이상 여러 가지를 겸(兼)한 위에 다른 것을 또 겸(兼)함을 이르는 말. 여기서, '지(之)'는 '그것'을 나타내
는 지시 대명사이다. *겸하다(兼~): 부록 '겸(兼)' 참고.

경개-여-고(傾蓋如故 기울어질 **경**/덮개 **개**/같을 **여**/옛 **고**) 덮개가 기울어진 (것이) 옛(옛날)과 같다는 뜻으

로, 처음 만나 잠깐 사귄 것이 마치 오랜 친구 사이처럼 친(親)함을 비유적으로 이르는 말. 즉, 초면(初面)이 구면(舊面) 같다. 처음으로 잠시 만났는데도, 정답기가 오래 사귄 친구와 같다는 뜻이다. =경개여구(傾蓋如舊). *경개(傾蓋): 수레를 멈추고 덮개를 기울인다는 뜻으로, 우연히 한 번 보고 서로 친해짐을 이르는 말. 중국 춘추시대의 사상가이며 학자인 공자(孔子)가 길을 가다 정본(程本. <u>사람 이름</u>)을 만나 수레의 덮개를 젖히고 정답게 이야기를 나누었다는 데서 유래한다. *기울어지다: 부록 '경(傾)' 참고. *덮개: 덮어 가리는 물건을 흔히 이르는 말. 이 사자성어의 유래는 다음과 같다. 『사기(史記)』의 「노중련추양열전(魯仲連鄒陽列傳)」 편(篇)에 [전한(前漢) 초기 사람 추양(鄒陽)은 양(梁)나라에 (놀러가서 참언을 받아) 억울하게 죄를 뒤집어쓰고 사형(死刑) 선고(宣告)를 받았는데, 옥중(獄中)에서 양(梁)나라의 왕에게 (억울함을 호소하는) 상서(上書)를 올렸다. 충성(忠誠. <u>진정에서 우러나오는 정성. 특히 임금이나 국가에 대한 것을 일컬음</u>)은 보답을 받지 못함이 없고, 믿음은 의심을 받지 않는다고 들었습니다. 즉, 충성(忠誠)된 사람은 군주(君主)에게 반드시 보답을 받고, 신실(信實)한 사람은 의심을 받지 않는다고 들었습니다. 그런데 다 그렇지 않습니다. 예를 들면, 옛날 형가(荊軻)는 연(燕)나라 태자(太子)인 단(丹)의 의협심(義俠心)을 존경했지만, 흰 무지개('형가·荊軻의 칼'을 가리킴)가 태양('군주·君主'를 가리킴)을 뚫고 침범하자(군주·君主가 해를 입는 것을 말함) 태자가 (형가·荊軻를) 두려워했습니다(연나라 단·丹은 오히려 형가荊軻를 의심했습니다). …… 지금 신(臣. <u>신하가 임금에 대하여 자기를 일컫던 말</u>)은 충성(忠誠. 진정에서 우러나오는 정성. 특히 임금이나 국가에 대한 것을 일컬음)을 다하고 정성을 다해 대왕께서 알아주시기를 바랐으나, 대왕의 좌우(左右)가 밝지 못해 오히려 옥리(獄吏)에게 심문을 당하고 세상의 의심을 받게 되어 버렸습니다. …… 옛날 변화(卞和)는 보옥(寶玉)의 원석(原石)을 초왕(楚王. <u>초나라의 왕</u>)에게 바쳤지만, 초왕(楚王)은 오히려 변화(卞和)를 월형(刖刑)에 처했으며(본문 '화씨지벽' 참고), 이사(李斯)는 충성을 다했지만 2세 황제 호해(胡亥)는 그를 극형(極刑)에 처했습니다. 즉, 위 예·例의 주된 요지는 사람이 사람을 아는 것이 쉽지 않다는 것이었습니다.]〈……속담에 '머리가 희어질 때까지 오랫동안 교제하더라도 마음이 안 통하면 새로 사귄 사람과 같고, 첫 만남이 마치 오랜 친구를 대하는 것과 같기도 하다.'고 했는데, 이는 왜입니까? 바로 아는 것과 알지 못하는 것의 차이 때문입니다.(諺曰, **有白頭如新, 傾蓋如故**, 何則, 知與不知也.)〉라는 이야기가 나오는데, '첫 만남이 마치 오랜 친구를 대하는 것과 같기도 하다.'고 했는데,(有白頭如新, 傾蓋如故)'에서, '경개여고(傾蓋如故)'가 유래했다. 사귄 지 얼마 되지 않은 친구 사이도 믿음이 가면 '경개여고(傾蓋如故)'의 친구가 될 수 있는 것이다. 추양(鄒陽)이 양(梁)나라 왕에게 상서(上書)를 올린 이유는, 양(梁)나라 친구들과 사귀었지만, 그들 때문에 사형 선고를 받고 보니, 사람이 사람을 아는 것이 중요하다는 점과, 아무리 오래 사귀어도 서로를 알지 못하면 헛수고한 것과 마찬가지[白頭如新]이고, 마음이 통하면 한 번을 만나도 친하게 됨[傾蓋如故]을 강조하기 위해서였다. 따라서 '경개여고(傾蓋如故)'는 '백두여신(白頭如新)'과 함께 사람과의 사귐에 대한 사자성어다. 우리는 살아가면서 수많은 인연을 쌓게 된다. 아무리 오랜 세월 동안 만나도 정(情)이 가지 않는 사람이 있는가 하면, 단 한 번을 만나도 믿음이 가는 사람이 있다. 추양(鄒陽)은 '아는 것과 알지 못하는 마음의 차이가 이를 결정한다.'고 했다. 우리는 각자의 살아온 삶을 하나로 엮을 것이 아니라, '경개여고(傾蓋如故)'와 '백두여신(白頭如新)'을 이해하고 서로 인정하면서 받아들이는 지혜가 필요하다고 하겠다. 참고로, 원문의 '諺曰'에서, '諺'은 속담 '언'으로 읽는다. '諺曰'을 직역(直譯)하면, 속담에서 말하기를, '有白頭如新'에서. '有'는 있을 '유'로 읽고, '白'은 흰 '백'으로 읽고, '頭'는 머리 '두'로 읽고, '如'는 같을 '여'로 읽고, '新'은 새 '신'으로 읽는다. '有白頭如新'을 직역(直譯)하면, 흰 머리가 (될 때까지 사귀어 온 마음이) 있다 (하더라도) (그 마음을 알지 못하면) 새로 (사귄 것이나) 같다. 여기서, '白頭如新' 이 유래하였는데, 이것을 직역(直譯)하면, 흰 머리가 (될 때까지 사귀어도 마음을 알지 못하면) 새로 (사귄 것이나) 같다는 뜻으로, ①머리가 희어질 때까지 교제(交際)하더라도 마음이 안 통(通)하면 새로 사귀기 시작한 사람과 마찬가지라는 뜻이다. ②오랫동안 사귀어 온 사이지만 서로 간의 정(情)이 두텁지 못함을 비유적으로 이르는 말. '傾蓋如故'에서, '傾'은 기울 '경', 기울어질 '경'으로 읽고, '蓋'는 덮개 '개'로 읽는다. '傾蓋'는 수레를 멈추고 덮개를 기울인다는 뜻으로, 우연히 한 번 보고 서로 친해짐을 이르는 말. 공자(孔子)가 길을 가다 정본(程本. <u>사람 이름</u>)을 만나 수레의 덮개를 젖히고 정답게 이야기를 나누었다는 데서 유래한다. '如'는 같을 '여'로 읽고, '故'는 옛 '고', 오래 될 '고'로 읽는다. '경개여고(傾蓋如故)' 는 길을 가는 도중에 만나, 서로 수레의 덮개를 젖히고 정답게 잠깐 이야기를 나눌 정도로 서로 마음이 통하면, 길에서 처음 만나 인사하여도 오랜 친구와 같음. '何則'에서, '何'는 무슨 '하'로 읽고, '則'은 법칙 (法則) '칙'으로 읽는다. '何則'을 직역(直譯)하면, 무슨 법칙(法則)인가? '知與不知也'에서, '知'는 알 '지'로 읽고, '與'는 어조사 '여'로 읽는다. '~와', '~과(병렬)'의 뜻을 나타냄. '不'은 아닐(<u>부정하는 말</u>) '부'로 읽고, '也'는 어조사 '야'로 읽는다. '~이다(<u>단정</u>)'의 뜻을 나타냄. '知與不知也'를 직역(直譯)하면, 아는 것과 알지 아니함입니다. <u>즉, 아는 것과 모르는 것의 (차이)입니다.</u>

경개-여구(傾蓋如舊 기울어질 **경**/덮개 **개**/같을 **여**/옛 **구**) 덮개가 기울어진 (것이) 옛(<u>옛날</u>)과 같다는 뜻으로, 처음 만나 잠깐 사귄 것이 마치 오랜 친구 사이처럼 친(親)함을 비유적으로 이르는 말. 즉, 처음으로 잠시 만났는데도, 정답기가 오래 사귄 친구와 같다는 뜻이다. =경개여고(傾蓋如故). ***경개**(傾蓋): 수레를 멈추고 덮개를 기울인다는 뜻으로, 우연히 한 번 보고 서로 친해짐을 이르는 말. 중국 춘추시대(春秋時代)의 사상가이며 학사인 공사(孔子)가 길을 가다 정본(程本. <u>사람 이름</u>)을 만나 수레의 덮개를 젖히고 정답게 이야기를 나누었다는 데서 유래한다. ***여구**(如舊): 옛날의 모습과 다름이 없음. =여전함. ***기울어지다**: 부록 '경(傾)' 참고. ***덮개**: ☞경개여고(傾蓋如故). 나머지 구체적인 내용은 ⇨경개여고(傾蓋如故).

경거-망동(輕擧妄動 경솔할 **경**/행할 **거**/망령될 **망**/움직일 **동**) 경솔(輕率)하게 행하고 망령(妄靈)되게 움직인다는 뜻으로, 깊이 생각해 보지도 않고 경솔(輕率)하여 망령(妄靈)되게 행동함. 또는 그런 행동을 이르는 말. 즉, 경솔하게 말하고, 망령 든 사람처럼 정상적인 상태에서 벗어난 행동을 뜻한다. ***경거**(輕擧): 경솔하게 행동함. 또는 경솔한 행동. ***망동**(妄動): 망령되게 행동함. 또는 그 행동. ***경솔하다**(輕率~): 부록 '경(輕)' 참고. ***망령되다**(妄靈~): 부록 '망(妄)' 참고.

경경-고침(耿耿孤枕 마음 편찮을 **경**/마음 편찮을 **경**/외로울 **고**/베개 **침**) 마음이 편치 않고 편치 않은 외로운 베개라는 뜻으로, 근심에 싸여 있는 외로운 잠자리를 이르는 말. ***경경**(耿耿): 마음에서 사라지지 않고 염려가 됨. ***고침**(孤枕): 홀로 자는 외로운 잠자리.

경경-불-매(耿耿不寐 마음 편찮을 **경**/마음 편찮을 **경**/아닐 **불**/잠잘 **매**) 마음이 편치 않고 편치 않아 잠을 자지 아니한다. 즉, 근심에 잠겨 잠을 자지 못한다는 뜻으로, 마음에 염려(念慮)되고 잊히지 않아 잠을 이루지 못함을 이르는 말. ***경경**(耿耿): ☞경경고침(耿耿孤枕).

경경-열열(哽哽咽咽 목멜 **경**/목멜 **경**/목멜 **열**/목멜 **열**) 목메고 목멘다는 뜻으로, 슬픔에 목이 메어 욺을 이르는 말. *경경(哽哽): 목이 멤. *열열(咽咽): 슬퍼서 목이 멤. *목메다: 부록 '경(哽)', '열(咽)' 참고.

경-경-제제(京京濟濟 **경 경**/경 **경**/많고 성할 **제**/많고 성할 **제**) 경(京)의 경(京)이 많고 성(盛)함이라는 뜻으로, 크고 많음을 이르는 말. *제제(濟濟): ①많고 왕성함. ②엄숙하고 신중함. *경(京): 조(兆)의 1만 배 되는 수의 단위. *많고 성하다: 부록 '제(濟)' 참고.

경-광-도-협(傾筐倒篋 기울어질 **경**/광주리 **광**/넘어질 **도**/상자 **협**) 광주리를 기울이고 상자를 넘어지게 (한다는) 뜻으로, 가진 것을 남김없이 다 내놓아 손님을 융숭(隆崇. 대접하는 태도가 극진하고 정성스러움)하게 대접하는 것을 비유적으로 이르는 말. 또는 자신이 갖고 있는 모든 것을 동원(動員)하여 다른 사람을 환대(歡待. 기쁘게 맞아 정성껏 대접함)하는 것을 비유적으로 이르는 말. 허심탄회(虛心坦懷. 본문 참고)하게 속마음을 털어놓는 것을 이르는 말이기도 하다. 꼭 경광도기(傾筐倒庋). *기울어지다: 부록 '경(傾)' 참고. *광주리: 부록 '광(筐)' 참고. 이 사자성어의 유래는 다음과 같다. 『진서(晉書)』의 「왕희지전(王羲之傳)」과 『세설신어(世說新語)』의 「현원(賢媛)」 편(篇)에 〈왕씨 집안 사람들은 사안(謝安)과 사만(謝萬)이 오면 즉시 광주리와 상자 속에 있던 음식을 꺼내 극진히 대접하면서도 너희가 오면 평상시처럼 대접하니 다음부터 번거롭게 (왕씨 댁에) 내왕하지 않도록 해라.(王家見二謝, **傾筐倒庋**, 見汝輩來, 平平爾, 汝可無煩復往.)〉라는 이야기가 나오는데, '광주리와 상자 속에 있던 음식을 꺼내 극진히 대접하면서도(傾筐倒庋)'에서, '경광도협(傾筐倒篋)'이 유래했다. 그런데 원문에는 경광도기(傾筐倒庋)라고 되어 있는데, '경광도협(傾筐倒篋)'을 '경광도기(傾筐倒庋)'라고도 한다. '기(庋)'는 음식 따위를 올려놓는 시렁(물건을 얹어 놓기 위하여 방이나 마루 벽에 두 개의 긴 나무를 가로질러 선반처럼 만든 것)이다. 이 이야기의 배경은 이렇다. 진(晉)나라의 태부(太傅. 벼슬 이름)인 치감(郗鑒)에게는 미모(美貌. 아름다운 얼굴 모습)도 출중(出衆. 뭇사람 가운데 뛰어남)하고 학문도 뛰어난 딸이 있었다. 치감(郗鑒)은 재색(才色. 여자의 재주와 용모)을 겸비한 딸에게 어울리는 배필을 구해주려고 백방(百方. 여러 방면)으로 수소문하다가 재상(宰相. 임금을 보필하며 모든 관원을 지휘, 감독하는 자리에 있는 이품·二品 이상의 벼슬을 통틀어 이르던 말)인 왕도(王導)의 아들들이 모두 총명한 인재(人材. 어떤 일을 할 수 있는 학식이나 능력을 갖춘 사람)라는 사실을 알게 되었다. 그래서 그의 문생(文生. 문하생)에게 왕도(王導)의 집에 가서 아들들의 면모를 꼼꼼히 살펴보고 오도록 했다. 문생(文生)이 왕도(王導)의 집에 찾아가자, 왕도(王導)의 아들들은 치감(郗鑒)이 사윗감을 고른다는 말을 들었는지라, 모두 위엄(威嚴)을 보이려고 애쓰느라 자연스럽지 못했다. 그런데 문득 동쪽 창밖의 걸상에서 한 소년이 배를 다 드러내 놓고 전혀 들은 바가 없는 것처럼 자연스러운 태도로 음식을 먹고 있는 것이 눈에 띄었다. 문생(文生)은 돌아와 치감(郗鑒)에게 그들의 행동거지 하나하나를 상세하게 보고했다. 치감(郗鑒)은 배를 드러내 놓고 음식을 먹은 그 소년이 바로 자기 사윗감이라고 단정하고, 직접 그를 만나 본 후 그에게 딸을 시집보냈다. 이 소년이 바로 후대(後代)에 서성(書聖. 글씨를 빼어나게 잘 쓰는 사람을 높여 이르는 사람)으로 이름을 떨친 왕희지(王羲之)다. 왕희지(王羲之)와 결혼한 치감(郗鑒)의 딸이 어느 날 친정으로 놀러 왔다가 사공(司空) 벼슬과 중랑(中郎) 벼슬에 있는 두 동생과 이야기를 하는 가운데, 위의 이야기처럼 시댁(왕가의 사람들)의 접대 문화를 전하였다. 그것은 사람에 따라 손님을 대접하는 것이 다르다는 것이다. 사안(謝安)과 사만(謝萬)처럼 귀중한 사람이 오면 경광도협(傾筐倒篋)하면서도 며느리 친정 쪽 사람에게는 평상시처럼 대접한다는 점이다. 여기서, 사안(謝安)은 일찍부터 왕희지(王羲之)와 풍류자적(風流自適. 아무런 속박을 받지 않고 마음껏 풍류를 즐김)을 즐기면서 교류하였고, 행서(行書. 서체의 하나로, 해서·楷書와 초서·草書의 중간에 해당됨. 획을 약간 흘려 씀)에 능했던 사람이다. 반면에 사만(謝萬)은 어떤 사람인지 잘 알려져 있지 않음. 참고로, 원문의 '王家見二謝'에서, '王'은 임금 '왕'으로 읽고, '家'는 집 '가', 집안 '가'로 읽는다. '王家'를 직역(直譯)하면, 왕씨 집안. '見'은 여기서는 만날 '현'으로 읽고, '二'는 두 '이'로 읽고, '謝'는 사례할 '사'로 읽는다. 여기서 '二謝'는 두 명의 사씨(謝氏)라는 뜻으로, '사안(謝安)'과 '사만(謝萬)'을 가리킴. '王家見二謝'를 직역(直譯)하면, 왕씨 집안에서 사안(謝安)과 사만(謝萬)을 만남. '傾筐倒庋'에서, '傾'은 기울어질 '경'으로 읽고, '筐'은 광주리 '광'으로 읽고, '倒'는 넘어질 '도'로 읽고, '庋'는 시렁(긴 나무를 가로질러 선반처럼 만든 것) '기'로 읽는다. '傾筐倒庋'를 직역(直譯)하면, 광주리를 기울이고 시렁을 넘어지게 (한다). 즉, 가진 것을 남김없이 다 내놓아 손님을 융숭하게 대접한다는 말이다. '見汝輩來'에서, '汝'는 너 '여', 당신 '여'로 읽고, '輩'는 무리(사람이나 짐승, 사물 따위가 모여서 뭉친 한 동아리) '배'로 읽는다. '汝輩'는 '여등(汝等)'과 같은 말로, '너희'를 문어적(文語的. 어떠한 말이 글에서만 쓰이고, 일상적인 대화에서는 쓰이지 않는 것)으로 이르는 말. '來'는 올 '래(내)'로 읽는다. '見汝輩來'를 직역(直譯)하면, 너희가 와서 만나면. '平平爾'에서, '平'은 보통 '평'으로 읽는다. '平平'은 예사롭고 평범함. '爾'는 어조사 '이'로 읽는다. 사물을 형용하는 뜻을 나타냄. '平平爾'를 직역(直譯)하면, 예사롭고 평범한 모양이나 상태이니(평상시처럼 대접하니), '汝可無煩復往'에서, '可'는 가히(可~. '능히', '넉넉히'의 뜻을 나타냄) '가'로 읽고, '無'는 없을 '무'로 읽고, '煩'은 번거로울 '번'으로 읽고, '復'은 돌아올 '복'으로 읽고, '往'은 갈 '왕'으로 읽는다. '復往'은 왕복(往復)과 같은 말. 갔다가 돌아옴. '汝可無煩復往'을 직역(直譯)하면, 너희들은 가히 번거롭게 (왕씨 집안에) 왕복할 (필요가) 없다.

경구-비마(輕裘肥馬 가벼울 **경**/갓옷 **구**/살찔 **비**/말 **마**) 가벼운 갓옷과 살찐 말[馬]이라는 뜻으로, 부귀한 사람들의 나들이 차림새를 비유적으로 이르는 말. -비마경구(肥馬輕裘). *경구(輕裘): 가벼운 가죽옷을 일컬음. 이 옷은 가죽 처리를 잘하여 품질이 좋다고 함. *비마(肥馬): 살찐 말. *갓옷: 부록 '구(裘)' 참고.

경국-대업(經國大業 다스릴 **경**/나라 **국**/클 **대**/업 **업**) 나라를 다스리는 큰 업(業)이라는 뜻으로, 나라를 다스리는 큰일을 이르는 말. *경국(經國): 나라를 경영하는 일. 또는 나라를 다스리는 일. *대업(大業): ①큰 사업. ②나라를 세우는 일. *업: 부록 '업(業)' 참고. 이 사자성어의 유래는 다음과 같다. 『전론(典論)』「논문(論文)」 편(篇)에 〈무릇 문장(文章)이란 나라를 경영하는 큰 사업이며, 썩지 않는 성대한 일이다. 목숨이란 때가 되면 사라지고, 영화(榮華)와 즐거움은 자신에게만 그칠 뿐이다. 이 두 가지는 반드시 기한(期限. 미리 한정하여 놓은 시기)이 오게 마련이니, 문장의 무궁함만 못하다. 이 때문에 옛날에 문장을 짓는 사람들은 모두 문장에 몸을 맡기고 글 속에서 뜻을 펼쳤다. 그리하여 훌륭한 사관(史官. 역사를 기록하던 관원)의 글을 빌리지 않고, 나는 듯이 달리는 말의 기세(氣勢)를 빌리지 않고도 명성(名聲. 세상에 널리 퍼져 평판 높은 이름)이 절로 후세에 전해졌다.(蓋文章經國之大業, 不朽之盛事, 年壽有時而盡, 榮樂止乎其身, 二者必至之常期, 未若文章之無窮, 是以古之作者, 寄身於翰墨, 見意於篇籍, 不假良史之辭, 不託飛馳之勢, 而聲名自傳於後.)〉라는 이야기가 나오는데, '무릇 문장(文章)이란 나라를 경영하는 큰 사업이며,(蓋文章經國之大業)'에서, '경국대업(經國大業)'이 유래했다. 조비(曹丕)는 아버지 조조(曹操), 동생 조식(曹植)과 더불어 건안문단(建安文壇)을 이끈 주역으로, 동한(東漢. 나라 이름)의 황위(皇

位. 황제의 지위)를 찬탈(簒奪. 임금의 자리를 빼앗음)하고 위(魏)나라의 초대(初代) 황제를 지냈다. 여기서, 건안문단(建安文壇)의 '건안(建安)'이란, 한(漢) 나라 마지막 황제인 헌제(獻帝)의 연호(年號)이다. '건안문단(建安文壇)'이란 헌제(獻帝) 시대 삼조(三曹)라 불리는 조조(曹操), 조비(曹丕), 조식(曹植) 3부자(父子)와 건안칠자(建安七子. 7명의 문인)들이 함께 시(詩)를 중심으로 한 문단(文壇)을 말하며, 이들의 작품에는 어지러웠던 당시(當時. 일이 있었던 바로 그때. 또는 이야기하고 있는 그 시기) 사회의 모습과 처참한 민중들의 생활이 반영되어, 강개(慷慨. 의롭지 못한 것을 보고 의기가 북받쳐 원통하고 슬픔)와 격정(激情. 강렬하고 갑작스러워 누르기 어려운 감정) 따위가 느껴진다고 함. 그리고 '동한(東漢)'은 후한(後漢)의 다른 이름이다. 후한(後漢)은 광무제(光武帝. 중국 후한·後漢의 초대·初代 임금)인 유수(劉秀)가 한(漢)나라 왕조(王朝)를 부흥(復興. 쇠퇴하였던 것이 다시 일어남. 또는 그렇게 되게 함)시킨 나라 이름이다. 수도(首都)를 낙양(洛陽)에 두었는데, 그 위치가 전한(前漢)의 수도(首都)인 장안(長安)보다 동쪽에 있기에 동한(東漢)이라고도 한다. 조비(曹丕)는 황제 재위 기간 동안 문학을 장려하였으며, 그 자신도 뛰어난 문장가였다. 그가 쓴 『전론(典論)』은 중국 최초의 본격적인 문학론으로 평가받고 있다. 특히 중국 문학에서는 조조(曹操), 조비(曹丕), 조식(曹植)을 삼조(三曹)로 칭하여 이들의 문학성을 인정하고 있다. 조조(曹操)는 삼국 시대의 영웅으로서, 조비(曹丕)와 조식(曹植)의 아버지이다. 조비(曹丕)는 조조(曹操)의 아들로, 위(魏)나라의 황제로 있는 동안 문학을 장려했으며, 그 자신도 뛰어난 문장가였다. '조식(曹植)'은 조비(曹丕)의 아우다. 한때 형(조비)으로부터 시기를 받았던 인물로서 '칠보지재(七步之才)'의 주인공이다. 본문에 나오는 사자성어 '칠보지재(七步之才)' 유래 참고할 것. 이들 삼부자(三父子)는 중국 역사에 있어서도 적지 않은 비중을 차지하는 인물이지만, 문학을 특히 좋아하여 그 당시 문학 발전에도 많은 기여를 했다. 조비(曹丕)는 일찍이 위에 소개한 것처럼 문학의 중요성을 '경국대업(經國大業)'이라고 정의했다. 위의 이야기에 나오는 문장(文章)은 문학(文學)을 뜻한다. 결국 경국대업(經國大業)은 후한(後漢)의 몰락(沒落. 번영하던 것이 쇠하여 보잘것없이 됨) 이후에 문학(文學)을, 나라를 다스리는 대업(大業)으로 인식하게 되었다. 참고로, 원문의 '蓋文章經國之大業'에서, '蓋'는 대개(大槪. 일반적인 경우에) '개'로 읽고, '文'은 글월 '문'으로 읽고, '章'은 글 '장', 문장 '장'으로 읽는다. '文章'은 생각이나 감정을 말과 글로 표현할 때 완결된 내용을 나타내는 최소의 단위. 주어와 서술어를 갖추고 있는 것이 원칙이나, 때로는 이런 것이 생략될 수도 있다. '經'은 다스릴 '경'으로 읽고, '國'은 나라 '국'으로 읽고, '之'는 어조사 '지'로 읽는다. '~의'를 나타내는 관형격 조사. '大'는 클 '대'로 읽고, '業'은 업(業) '업'으로 읽는다. '蓋文章經國之大業'을 직역(直譯)하면, 대개 문장은 나라를 다스림의 큰 업(業)이요, 여기서, '經國大業'이 유래하였는데, 이것을 직역(直譯)하면, 나라를 다스리는 큰 업(業)이라는 뜻으로, 나라를 다스리는 큰일을 이르는 말. '不朽之盛事'에서, '朽'는 썩을 '후'로 읽는다. '不朽'는 '썩지 아니함'이란 뜻으로, 영원토록 변하거나 없어지지 아니함을 비유적으로 이르는 말. '盛'은 성할(盛~. 기운이나 세력이 한창 왕성할) '성', 성대할(盛大~. 행사의 규모 따위가 풍성하고 큼) '성'으로 읽고, '事'는 일 '사'로 읽는다. 여기서, '기운'은 순우리말로, 생물이 살아 움직이는 원기(元氣). 또는 거기서 나오는 힘. '不朽之盛事'를 직역(直譯)하면, 썩지 않는 성대한 일이다. '年壽有時而盡'에서, '年'은 해 '년(연)', 나이 '년(연)'으로 읽고, '壽'는 목숨 '수', 수명(壽命) '수'로 읽는다. '年壽'는 사람의 수명. '有'는 있을 '유'로 읽고, '時'는 때 '시'로 읽고, '而'는 말 이을 '이'로 읽는다. '그리고'의 뜻을 나타냄. '盡'은 다할(어떤 것이 끝나거나 남아 있지 아니함) ‘진’으로 읽는다. ‘年壽有時而盡’을 직역(直譯)하면, 사람의 수명(壽命)은 때가 있어 그리고 다한다. 즉, 사람의 목숨이란 때가 되면 사라진다는 뜻이다. ‘榮樂止乎其身’에서, ‘榮’은 영화로울 ‘영’, 영예로울 ‘영’으로 읽고, ‘樂’은 즐거울 ‘락(낙)’으로 읽는다. ‘榮樂’은 생활이 영화롭고 즐거움. ‘止’는 그칠 ‘지’로 읽고, ‘乎’는 어조사 ‘호’로 읽는다. 문장의 중간에 있을 때, ‘~에’, ‘~에만(위치)’의 뜻을 나타냄. ‘其’는 그(지시하는 말) ‘기’로 읽고, ‘身’은 몸 ‘신’으로 읽는다. ‘榮樂止乎其身’을 직역(直譯)하면, 영화롭고 즐거움은 그 (자신의) 몸에만 (있다가) 그친다. ‘二者必至之常期’에서, ‘二’는 두 이로 읽고, ‘者’는 것(사물, 일, 현상 따위를 추상적으로 이르는 말) ‘자’로 읽고, ‘必’은 반드시 ‘필’로 읽고, ‘至’는 이를 ‘지’로 읽고, ‘之’는 어조사 ‘지’로 읽는다. 여기서는 ‘그것’을 나타내는 지시 대명사. ‘常’은 항상(恒常) ‘상’, 늘 ‘상’으로 읽고, ‘期’는 때 ‘기’, 기한(期限) ‘기’로 읽는다. ‘二者必至之常期’를 직역(直譯)하면 두 가지 것(목숨과 영화롭고 즐거움을 가리킴)은 반드시 늘 기한이 그것에 이른다. 즉, 영원하지 않고 반드시 기한(期限)이 있다는 것이다. ‘未若文章之無窮’에서, ‘未’는 아닐 ‘미’로 읽고, ‘若’은 같을 ‘약’으로 읽는다. ‘未若’은 한문(漢文) 구(句)의 하나로, ~에 미치지 못한다. ‘無’는 없을 ‘무’로 읽고, ‘窮’은 막힐 ‘궁’으로 읽는다. ‘無窮’은 막힘이 없다는 뜻이니, 공간이나 시간 따위가 끝이 없음. ‘未若文章之無窮’을 직역(直譯)하면, (그것들은) 문장의 무궁(無窮)함에 미치지(이르지) 못한다. ‘是以古之作者’에서, ‘是’는 이(지시하는 말) ‘시’로 읽고, ‘以’는 써(그것으로 인하여, 그것을 가지고) ‘이’로 읽고, ‘古’는 옛 ‘고’, 옛날 ‘고’로 읽고, ‘作’은 지을 ‘작’으로 읽고, ‘者’는 사람 ‘자’로 읽는다. ‘作者’는 글을 쓰거나 문학 작품 따위를 짓는 사람. ‘是以古之作者’을 직역(直譯)하면, 이는 그것으로 인하여 옛날의 작자(作者)들은, ‘寄身於翰墨’에서, ‘寄’는 맡길 ‘기’로 읽고, ‘於’는 어조사 ‘어’로 읽는다. ‘~에’, ‘~에서(위치)’의 뜻을 나타냄. ‘翰’은 붓 ‘한’으로 읽고, ‘墨’은 먹 ‘묵’으로 읽는다. ‘翰墨’은 ‘붓[文翰]과 먹[筆墨]’이라는 뜻으로, 글을 짓거나 쓰는 것을 이르는 말. ‘寄身於翰墨’을 직역(直譯)하면, 붓과 먹에 몸을 맡기고, ‘見意於篇籍’에서, ‘見’은 볼 ‘견’, 보일 ‘견’으로 읽고, ‘意’는 뜻(무엇을 히겠다고 속으로 먹는 마음) ‘의’로 읽는다. ‘篇’은 책(冊) ‘편’, 서책(書冊. ‘책’과 같은 말) ‘편’으로 읽고, ‘籍’은 서적(書籍. ‘책’과 같은 말) ‘적’으로 읽는다. ‘篇籍’은 일정한 목적, 내용, 체제에 맞추어 사상, 감정, 지식 따위를 글이나 그림으로 표현하여 적거나 인쇄하여 묶어 놓은 것. ‘見意於篇籍’을 직역(直譯)하면, 서책이나 서적에 (자기의) 뜻을 보여준다. ‘不假良史之辭’에서, ‘假’는 빌릴(일정한 형식이나 이론, 또는 남의 말이나 글 따위를 취하여 따를) ‘가’로 읽고, ‘良’은 훌륭할 ‘량(양)’으로 읽고, ‘史’는 사관(史官. 역사의 편찬을 맡아 초고를 쓰는 일을 맡아보던 벼슬. 또는 벼슬아치) ‘사’로 읽고, ‘之’는 어조사 ‘지’로 읽는다. 여기서는 ‘~을’, ‘~를(목적격 조사)’의 뜻을 나타낸다. ‘辭’는 말씀 ‘사’, 문체(文體)의 이름 ‘사’로 읽는다. ‘不假良史之辭’을 직역(直譯)하면, (그리하여) 훌륭한 사관(史官)은 사(辭)라는 문체(文體)를 빌리지 않았다. ‘不託飛馳之勢’에서, ‘託’은 의지(依支)할 ‘탁’, 맡길 ‘탁’으로 읽고, ‘飛’는 날 ‘비’로 읽고, ‘馳’는 (말이) 달릴 ‘치’로 읽고, ‘勢’는 기세(氣勢. 기운차게 뻗치는 모양이나 상태) ‘세’로 읽는다. ‘不託飛馳之勢’를 직역(直譯)하면, (그리고) 나는 듯이 달리는 (말)의 기세(氣勢)도 빌리지 않았다. ‘而聲名自傳於後’에서, ‘而’는 말 이을 ‘이’로 읽는다. 이 글의 흐름으로 보아, ‘그럼에도 불구하고’의 뜻을 나타냄. ‘聲’은 명예(名譽) ‘성’으로 읽고, ‘名’은 이름 ‘명’, 평판(評判. 세상 사람들의 비평) ‘명’으로 읽는다. ‘聲名’은 세상에 널리 퍼져 평판이 높은 이름. ‘自’는 스스로 ‘자’로 읽고, ‘傳’은 전할 ‘전’으로 읽고, ‘後’는 뒤 ‘후’로 읽는다. ‘而聲名自傳於後’를 직역(直譯)하면, 그럼에도 불구하고 명예와 평판은 뒤(후세)에 스스로(저절로) 전해졌다.

경국-미인(傾國美人 기울어질 **경**/나라 **국**/아름다울 **미**/사람 **인**) 나라를 기울어지게 (할) 아름다운 사람이라는 뜻으로, 임금이 가까이 하여 나라가 기울어져도 모를 만한 미인(美人)을 이르는 말. 즉, 뛰어나게 아름다운 미인(美人)을 비유적으로 이르는 말. =경국지색(傾國之色). 경성지색(傾城之色). 圈 절세가인(絶世佳人). 절세미인(絶世美人). *경국(傾國): ①나라의 힘을 기울임. ②나라를 위태롭게 함. ③=경국지색(傾國之色). *미인(美人): 용모(容貌. 사람의 얼굴 모양)가 아름다운 여자. =미녀(美女). 미희(美姬). *기울어지다: 부록 '경(傾)' 참고.

경국-제세(經國濟世 다스릴 **경**/나라 **국**/구제할 **제**/세상 **세**) 나라를 잘 다스려 세상(백성)을 구제(救濟)함. *경국(經國): ☞경국대업(經國大業). *제세(濟世): 세상을 구제함. *구제하다(救濟~): ①어려운 처지에 있는 사람을 도와주다. ②불교에서, 고통 받는 사람들을 제도(濟度. 불교에서, 중생·衆生을 고해·苦海에서 건지어 극락·極樂으로 이끌어 주는 일을 일컫는 말)하다. 여기서 '극락(極樂)'은 불교에서, 아미타불(阿彌陀佛)이 살고 있는 정토(淨土. 부처가 사는 청정한 곳)로, 괴로움이 없으며 지극히 안락하고 자유로운 세상을 일컬음.

경국-지-색(傾國之色 기울어질 **경**/나라 **국**/어조사 **지**/예쁜 계집 **색**) 나라를 기울어지게 할 예쁜 계집. 즉, 임금이 혹(惑)하여(제정신을 못 차릴 정도로, 반하거나 빠져) 나라를 기울게 할 만큼 미모(美貌)가 뛰어난 여자. 또는 나라가 기울어져도 모를 정도의 미인(美人)이라는 뜻으로, 뛰어나게 아름다운 미인(美人)을 비유적으로 이르는 말. =경국미인(傾國美人). 경성지색(傾城之色). 圈 절세가인(絶世佳人). 절세미인(絶世美人). *경국(傾國): ☞경국미인(傾國美人). *기울어지다: 부록 '경(傾)' 참고. 이 사자성어의 유래는 다음과 같다. 『한서(漢書)』의 「외척전(外戚傳)」 편(篇)에, [효무(孝武. '한·漢나라의 무제·武帝'를 가리킴)의 아내인 이부인(李夫人)은 원래 가희(歌姬. 여자 가수)로 궁궐에 들어왔다. 그리고 이부인(李夫人)의 오빠인 이연년(李延年)은 태생적으로(胎生的~. 여기서는, 태어날 때부터) 음률(音律. 음악의 곡조)에 정통하고, 가무(歌舞. 노래와 춤)에 뛰어나 무제(武帝)가 그를 총애(寵愛. 남달리 귀여워하고 사랑함)했다. 그가 새로운 노래나 변곡(變曲. 여기서는 곡조를 바꿈)을 연주할 때마다, 듣는 사람들은 모두 감동했다. 이연년(李延年)이 무제(武帝)를 모시고 일어나 춤을 추고 노래하며 말했다.]〈북방에 어여쁜 사람 있어 / 세상에 하나밖에 둘도 없는 미인이라오. / 눈길 한 번 두면 도읍(都邑. 한 나라의 중앙 정부가 있는 곳. =서울)이 기울고 / 눈길 한 번 더 주면 나라가 기울 정도라지. / 도읍(都邑) 기울고 나라 기우는 게 무슨 대수겠소. / 미인을 다시 얻기 어려운 것을.(北方有佳人, 絶世而獨立, **一顧傾人城, 再顧傾人國**, 寧不知傾城與傾國, 佳人難再得)〉이라는 노래가 나오는데, '눈길 한 번 두면 도읍(都邑)이 기울고 / 눈길 한 번 더 주면 나라가 기울 정도라지.(一顧傾人城, 再顧傾人國)'에서, '경국지색(傾國之色)'이 유래했다. 참고로, 원문의 '北方有佳人'에서, '北'은 북녘 '북'으로 읽고, '方'은 방위(方位) '방', 방향(方向) '방'으로 읽는다. '北方'은 북쪽. 즉, 네 방위의 하나. '有'는 있을 '유'로 읽고, '佳'는 아름다울 '가'로 읽고, '人'은 사람 '인'으로 읽는다. '佳人'은 아름다운 사람. 주로 얼굴이나 몸매 따위가 아름다운 여자. '北方有佳人'을 직역(直譯)하면, 북방에 아름다운 사람이 있었다. '絶世而獨立'에서, '絶'은 뛰어날 '절', 다시없을 '절'로 읽고, '世'는 세상 '세'로 읽는다. '絶世'는 세상에 견줄 데가 없을 정도로 아주 뛰어남. '而'는 말 이을 '이'로 읽는다. '그리고'의 뜻을 나타냄. '獨'은 홀로 '독', 혼자 '독'으로 읽고, '立'은 설 '립(입)'으로 읽는다.

‘獨立’은 독자적으로 존재함. ‘絶世而獨立’을 직역(直譯)하면, 세상에 견줄 데가 없을 정도로 아주 뛰어나고 그리고 독자적으로 존재함. 여기서 ‘독자적으로 존재함’이란, 그 아름다움이 이 세상에 아무도 없이 혼자 간직되고 있음을 나타냄. ‘一顧傾人城’에서, ‘一’은 한 ‘일’로 읽고, ‘顧’는 돌아볼 ‘고’로 읽고, ‘傾’은 기울어질 ‘경’으로 읽고, ‘人’은 사람 ‘인’으로 읽고, ‘城’은 재(길이 나 있어서 넘어 다닐 수 있는, 높은 산의 고개) ‘성’, 성(城. 예전에 적을 막기 위하여 흙이나 돌 따위로 높이 쌓아 만든 담, 또는 그런 담으로 둘러 싼 구역) ‘성’으로 읽는다. ‘一顧傾人城’을 직역(直譯)하면, 한 번 돌아보면 사람이 (쌓은) 성(城)이 기울어지고, ‘再顧傾人國’에서, ‘再’는 두 ‘재’, 거듭 ‘재’로 읽고, ‘顧’는 돌아볼 ‘고’로 읽고, ‘傾’은 기울어질 ‘경’으로 읽고, ‘人’은 사람 ‘인’으로 읽고, ‘國’은 나라 ‘국’으로 읽는다. ‘再顧傾人國’을 직역(直譯)하면, 두 번 돌아보면 사람이 (사는) 나라가 기울어진다. 여기서, ‘傾國之色’이 유래하였는데, 이것을 직역(直譯)하면, 나라를 기울어지게 할 예쁜 계집. 즉, 임금이 혹(惑)하여(제정신을 못 차릴 정도로, 반하거나 빠져) 나라를 기울게 할 만큼 미모(美貌)가 뛰어난 여자. 또는 나라가 기울어져도 모를 정도의 미인(美人)이라는 뜻으로, 뛰어나게 아름다운 미인(美人)을 비유적으로 이르는 말. ‘寧不知傾城與傾國’에서, ‘寧’은 어찌(의문 부사) ‘녕(영)’으로 읽고, ‘不’은 아닐(부정하는 말) ‘부’로 읽고, ‘知’는 알 ‘지’로 읽고, ‘傾’은 기울어질 ‘경’으로 읽고, ‘城’은 재 ‘성’, 성(城) ‘성’으로 읽고, ‘與’는 어조사 ‘여’로 읽는다. ‘～와’, ‘～과(병렬)’의 뜻을 나타냄. ‘傾’은 기울어질 ‘경’으로 읽고, ‘國’은 나라 ‘국’으로 읽는다. ‘寧不知傾城與傾國’을 직역(直譯)하면, 성(城)을 기울어지게 하는 것과 나라를 기울어지게 하는 것을 어찌 모르겠는가? 여기서, ‘경성경국(傾城傾國)’도 유래하였는데, 이것을 직역(直譯)하면, 성(城)도 기울어지고 나라도 기울어진다. 즉, 성(城)도 무너뜨리고 나라도 무너뜨린다는 뜻으로, 한번 보기만 하면 정신을 빼앗겨, 성(城)도 망치고 나라도 망치게 할 정도로 뛰어난 미인(美人)을 비유적으로 이르는 말. ‘佳人難再得’에서, ‘佳’는 아름다울 ‘가’로 읽고, ‘人’은 사람 ‘인’으로 읽는다. ‘佳人’은 아름다운 사람. 주로 얼굴이나 몸매 따위가 아름다운 여자. ‘難’은 어려울 ‘난’으로 읽고, ‘再’는 두 ‘재’, 거듭 ‘재’로 읽고, ‘得’은 얻을 ‘득’으로 읽는다. ‘佳人難再得’을 직역(直譯)하면, 아름다운 사람을 거듭(다시) 얻기가 어렵다. 그 후 한무제(漢武帝. 한나라의 무제)의 누나인 평양공주(平陽公主)는 이 노래가 이연년(李延年)의 누이동생에 대한 노래라는 것을 눈치 채고, 한무제(漢武帝)에게 이연년(李延年)은 실제로 그런 누이동생이 있다고 말했다. 그때에야 비로소 한무제(漢武帝)는 그 노래가 이연년(李延年) 누이동생을 자랑하며 부른 노래라는 것을 알고 곧바로 그녀를 궁궐로 불러들여서 만났다. 한무제(漢武帝)가 그녀를 만나보니 과연 절세미인(絶世美人. 본문 참고)이었고, 춤을 잘 추었다. 한무제(漢武帝)는 그녀에게 흠뻑 빠졌고, 이부인(李夫人)은 비로소 한무제(漢武帝)의 총애(寵愛)를 받게 되었다는 것이다. 그리하여 아들 하나를 얻으니, 이 사람이 창읍애왕(昌邑哀王)이다.

경국-지-재(經國之才 다스릴 **경**/나라 **국**/어조사 **지**/재주 **재**) 나라를 다스릴 재주라는 뜻으로, 나라의 일을 맡아 다스릴 만한 재주(능력). 또는 그런 재주(능력)를 가진 사람을 이르는 말. =경국지사(經國之士). 비 경국대재(經國大才). *경국(經國): ☞경국대업(經國大業). *재주: 순우리말로, 무엇을 잘 할 수 있는, 타고난 능력과 슬기.

경궁-요대(瓊宮瑤臺 아름다운 옥 **경**/집 **궁**/옥 **요**/대 **대**) 아름다운 옥(玉)으로 (만든) 집과 옥으로 (만든) 대(臺). 즉, 옥(玉)으로 장식한 궁전(宮殿. 임금이 거처하는 집)과 누대(樓臺. 높고 큰 누각. 즉, 사방이

탁 트이게 높이 지은 다락집과 정자)라는 뜻으로, 호화로운 궁전(宮殿)을 이르는 말. *경궁(瓊宮): =경궁
요대(瓊宮瑤臺). *요대(瑤臺): ①옥(玉)으로 만든 집. ②훌륭한 궁전(宮殿).

경-궁-지-조(驚弓之鳥 놀랄 **경**/활 **궁**/어조사 **지**/새 **조**) 활에 놀란 새. 즉, 한 번 화살에 맞은 새는 구부러
진 나무만 보아도 놀란다는 뜻으로, 한 번 혼이 난 일로 늘 의심과 두려운 마음을 품는 것을 비유적으로
이르는 말. =상궁지조(傷弓之鳥). 《관련 속담》 자라 보고 놀란 가슴 소댕(솥뚜껑) 보고 놀란다.

경낙-과-신(輕諾寡信 가벼울 **경**/허락할 **낙**/적을 **과**/믿을 **신**) 가벼운 허락(許諾)은 믿음을 적게 한다는 뜻으
로, 가볍게(경솔하게) 승낙(承諾)하는 것은 믿음성이 적음. 또는 승낙(承諾)을 쉽게 하면 미덥지 않음을
이르는 말. *경낙(輕諾): 너무 쉽게 승낙함.

경년-열세(經年閱歲 겪을 **경**/해 **년**/겪을 **열**/해 **세**) 해[歲]를 겪고(지내고), 해[歲]를 겪는다(지낸다)는 뜻으
로. 여러 해[歲]를 지냄을 이르는 말. *경년(經年): 해를 보냄. *열세(閱歲): =월년(越年). 즉, 해를 넘김.

경-당-문-노(耕當問奴 밭 갈 **경**/마땅할 **당**/물을 **문**/종 **노**) 밭을 가는 (일은) 종에게 묻는 (것이) 마땅하다.
즉, 농사일은 누구보다도 종이나 머슴이 잘 알고 있기 때문에 의당(宜當. 마땅히, 또는 으레) 종이나
머슴에게 물어보아야 한다는 뜻으로, 모르는 일은 잘 아는 사람과 상의(相議)하여야 함을 이르는 말.
어떤 일이든 그 일에 대해 잘 아는 전문가와 의논하는 것이 가장 좋다는 의미이다.

경로-효친(敬老孝親 공경할 **경**/늙을 **로**/효도 **효**/어버이 **친**) 늙은이를 공경(恭敬. 남을 대할 때, 몸가짐을
공손히 하고 존경함)하고 어버이에게 효도(孝道)한다는 뜻으로, 노인을 공경(恭敬)하고 부모를 섬김을
이르는 말. *경로(敬老): 노인을 공경함. *효친(孝親): 어버이에게 효도함. *어버이: 아버지와 어머니를
아울러 이르는 말.

경륜-지-사(經綸之士 다스릴 **경**/다스릴 **륜**/어조사 **지**/선비 **사**) 천하(天下)를 다스리고 다스릴 만한 선비라
는 뜻으로, 정치적인 일이나 조직적인 일에 수완(手腕. 일을 꾸미거나 치러 나가는 재간)이 좋은 사람을
이르는 말. *경륜(經綸): ①일정한 포부를 가지고 일을 조직적으로 계획함. 또는 그 계획이나 포부.
②천하를 다스림.

경-명-행-수(經明行修 경서 **경**/밝을 **명**/행할 **행**/닦을 **수**) 경서(經書)에 밝고 행(行)함을 닦아 (바르다는)
뜻으로, 경서(經書)에 밝고 행실(行實)이 착하고 바름을 이르는 말. 여기서, '경서(經書)'는 사서오경(四書
五經) 따위 유교의 가르침을 적은 서적. *행하다(行~): (작정한 대로) 하여 나가다.

경박-부허(輕薄浮虛 가벼울 **경**/엷을 **박**/가벼울 **부**/빌 **허**) 가볍고 엷으며 가볍고 비어 있다는 뜻으로, 말하
고 행동하는 것이 신중(愼重. 매우 조심성이 있음)하지 못하고 가벼움을 이르는 말. =경조부박(輕佻浮
薄). *경박(輕薄): 언행이 신중하지 못하고 가벼움. *부허(浮虛): 근거가 없고 허황함.

경-상-도-협(傾箱倒篋 기울일 **경**/상자 **상**/넘어뜨릴 **도**/상자 **협**) 상자(箱子)를 기울이고 상자(箱子)를 넘어
뜨린다(엎는다)는 뜻으로, 가진 것을 남김없이 다 내어놓듯, 모든 것을 다하여 극진히 접대(接待. 음식을
차려 손님을 맞음. 또는 손님을 맞이하여 시중을 듦)함을 비유적으로 이르는 말. 여기서, '상자를 기울이
고 넘어뜨린다'는 것은 상자 안을 남김없이 완전히 비우기 위한 행위이다.

경성-경국(傾城傾國 기울어질 **경**/성 **성**/기울어질 **경**/나라 **국**) 몓 성(城)도 기울어지고 나라도 기울어진다.
즉, 성(城)도 무너뜨리고 나라도 무너뜨린다는 뜻으로, 한번 보기만 하면 정신을 빼앗겨, 성(城)도 망치
고 나라도 망치게 할 정도로 뛰어난 미인(美人)을 비유적으로 이르는 말. *경성(傾城): ①성을 기울이게

한다는 뜻으로, 나라를 위태롭게 함을 이르는 말. ②=경국지색(傾國之色). 경성지색(傾城之色). ***경국**(傾國): ①나라의 힘을 기울임. ②나라를 위태롭게 함. ③=경국지색(傾國之色). ***기울어지다**: 부록 '경(傾)' 참고. 이 사자성어의 유래는 다음과 같다. 『한서(漢書)』의 「외척전(外戚傳)」 편(篇)에 〈북방에 어여쁜 사람 있어 / 세상에 하나밖에 둘도 없는 미인이라오. / 눈길 한 번 두면 도읍(都邑. 한 나라의 중앙 정부가 있는 곳. =서울)이 기울고 / 눈길 한 번 더 주면 나라가 기울 정도라지. / 도읍(都邑) 기울고 나라 기우는 게 무슨 대수겠소. / 미인을 다시 얻기 어려운 것을.(北方有佳人. 絶世而獨立. 一顧傾人城. 再顧傾人國. 寧不知傾城與傾國. 佳人難再得)〉이라는 노래가 나오는데, '도읍(都邑) 기울고 나라 기우는 게 무슨 대수겠소.(寧不知傾城與傾國)'에서, '경성경국(傾城傾國)'이 유래했다. 나머지 구체적인 내용은 ⇨경국지색.

경성-지-색(傾城之色 기울어질 **경**/성 **성**/어조사 **지**/예쁜 계집 색) 성(城)이 기울어지게 (하는) 예쁜 계집이라는 뜻으로, 임금이 혹(惑)하여(제정신을 못 차릴 정도로, 반하거나 빠져) 성(城)이 기울어져도 모를 정도의 미인(美人), 즉, 뛰어나게 아름다운 미인(美人)을 비유적으로 이르는 말. =경국지색(傾國之色). ***경성**(傾城): ☞경성경국(傾城傾國). ***기울어지다**: 부록 '경(傾)' 참고.

경세-제민(經世濟民 다스릴 **경**/세상 **세**/구제할 **제**/백성 **민**) 세상을 다스리고 백성을 구제(救濟)함. ***경세**(經世): 세상을 다스림. ***제민**(濟民): (도탄에 빠진) 백성을 건짐. ***구제하다**(救濟~): ①어려운 처지에 있는 사람을 도와주다. ②불교에서, 고통 받는 사람들을 제도(濟度. 불교에서, 중생·衆生을 고해·苦海에서 건지어 극락·極樂으로 이끌어 주는 일을 일컫는 말)하다. 여기서 '중생(衆生)'은 불교에서, 부처의 구제 대상이 되는, 이 세상의 모든 생물을 통틀어 이르는 말이고, '극락(極樂)'은 불교에서, 아미타불(阿彌陀佛)이 살고 있는 정토(淨土. 부처가 사는 청정한 곳)로, 괴로움이 없으며 지극히 안락하고 자유로운 세상을 일컬음.

경세-지-재(經世之才 다스릴 **경**/세상 **세**/어조사 **지**/재주 **재**) 세상을 다스릴 재주라는 뜻으로, 세상을 다스릴 만한 재주. 또는 그런 재주를 가진 사람을 이르는 말. ***경세**(經世): ☞경세제민(經世濟民). ***재주**: 순우리말로, 무엇을 잘할 수 있는, 타고난 능력과 슬기.

경세-지-책(經世之策 다스릴 **경**/세상 **세**/어조사 **지**/꾀 **책**) 세상을 다스릴 만한 꾀라는 뜻으로, 세상을 다스려 나가는 방책(方策. 방법과 꾀)을 이르는 말. ***경세**(經世): ☞경세제민(經世濟民). ***꾀**: 부록 '책(策)' 참고.

경세-치-용(經世致用 다스릴 **경**/세상 **세**/이를 **치**/쓸 **용**) 세상을 다스리는 (데에) 이르게 (하는) 쓰임이라는 뜻으로, 학문은 세상을 다스리는 데에 실질적인 이익을 줄 수 있는 것이어야 한다는 유교(儒敎)의 한 주장을 일컫는 말. 웹 이용후생(利用厚生). ***경세**(經世): ☞경세제민(經世濟民). ***이르다**: ①어떤 곳에 닿다. 또는 도착하다. ②일정한 시간에 미치다. ③어느 정도나 범위에 미치다.

경승-지-지(景勝之地 경치 **경**/경치 좋을 **승**/어조사 **지**/땅 **지**) 경치가 좋은 땅이라는 뜻으로, 경치가 좋은 곳을 이르는 말. ***경승**(景勝): 경치가 좋음. 또는 그런 곳.

경신-숭조(敬神崇祖 공경할 **경**/신 **신**/높일 **숭**/조상 **조**) 신(神)을 공경(恭敬)하고 조상(祖上)을 높이 (받든다는) 뜻으로, 신(神)을 공경(恭敬)하고 조상(祖上)을 숭배하거나 숭상(崇尙. 높이어 소중하게 여김)함을 이르는 말. ***경신**(敬神): 신(神)을 공경함. ***숭조**(崇祖): 조상을 숭상함.

경외-지-심(敬畏之心 공경할 **경**/두려워할 **외**/어조사 **지**/마음 **심**) 공경(恭敬)하고 두려워하는 마음. *경외(敬畏): 공경하면서 두려워함.

경위-지-사(傾危之士 기울어질 **경**/위태할 **위**/어조사 **지**/선비 **사**) 위태할 (정도로) 기울어지게 하는 선비라는 뜻으로, 궤변(詭辯. 이치에 닿지 않는 말로 그럴듯하게 둘러대는 말솜씨)으로 사람을 현혹(眩惑. 제정신을 못 차리고 유혹에 빠짐)하고, 나라를 어지럽게 하거나 위태롭게 하는 사람을 이르는 말. *경위(傾危): 형세가 위태로움. *기울어지다: 부록 '경(傾)' 참고. 이 사자성어의 유래는 다음과 같다. 『사기(史記)』의 「장의열전(張儀列傳)」에서 장의(張儀)의 전기(傳記)를 기록한 후, 마지막에 붙인 논평(論評)인 「태사공왈(太史公曰. 태사공·太史公이 말하기를, 여기서, '太史公'은 '사마천·司馬遷'을 일컬음)」에서 다음과 같이 평했다. [삼진(三晉)에서는 많은 권변(權變. 그때그때의 형편에 따라 임기응변으로 일을 처리하는 것)을 부린 인물들이 나왔다. 여기서, '삼진(三晉)'은 중국 전국시대(戰國時代) 한(韓), 위(魏), 조(趙) 세 나라를 말한다. 이들이 모두 진(晉)나라를 분할하여 성립되었기 때문에 이 지역을 삼진(三晉)이라고 함. 무릇 합종(合從·縱)과 연횡(連橫)을 말함으로써, 진(晉)나라를 강하게 한 사람들은 대개가 삼진(三晉) 사람들이다.]〈장의(張儀)의 활동은 소진(蘇秦)보다 더 심했지만, 세상 사람들이 소진(蘇秦)을 미워하는 까닭은, 소진(蘇秦)이 먼저 죽고 나서 장의(張儀)가 소진(蘇秦)의 단점을 폭로하면서 자신의 설(說)을 보완하여 연횡(連橫)의 설(說)을 만들어냈기 때문이다. 요컨대 이 두 사람은 진실로 위험을 기울게 하는 선비이다. 즉, 살펴보건대, 이 두 사람('장의·張儀'와 '소진·蘇秦'을 가리키는 말)은 나라를 위태롭게 하는 인사(人士. 어떤 일에 있어서 사회적인 지위가 있는 사람)라는 뜻이다.(夫張儀之行事甚於蘇秦, 然世惡蘇秦者, 以其先死, 而儀振暴其短以扶其說, 成其衡道, 要之, **此兩人眞傾危之士哉**.)〉라는 이야기가 나오는데, '요컨대 이 두 사람은 진실로 위험을 기울게 하는 선비이다.(此兩人眞傾危之士哉)'에서, '경위지사(傾危之士)'가 유래했다. 위의 이야기에 대하여 추가로 설명하면 다음과 같다. '경위지사(傾危之士)'는 궤변(詭辯. 이치에 닿지 않는 말로 그럴듯하게 둘러대는 말솜씨)을 늘어놓아 국가를 위태롭게 하는 사람을 뜻한다. 중국의 전국시대(戰國時代)에는 그때그때의 형편에 따라 임기응변(臨機應變. 본문 참고)으로 계략(計略. 계획과 책략)을 부린 인물이 많았다. 그 중에서 대표적인 소진(蘇秦)과 장의(張儀)의 합종연횡(合縱·從連橫. 본문 참고) 책략(策略. 어떤 일을 꾸미고 이루어 나가는 교묘한 방법)이 그 중심을 이루었다. 소진(蘇秦)은 합종책(合縱·從策), 장의(張儀)는 연횡책(連衡策)이란 궤변(詭辯)을 말하면서 사람들을 현혹(眩惑. 제정신을 못 차리고 홀리게 함)시켰다. 이렇게 유세가(遊說家. 각처로 돌아다니면서 자기의 의견을 설명하고 선전하는 일을 능란하게 하는 사람)인 이 두 사람은 세상 사람들을 현혹(眩惑)하며, 나라를 어지럽히고 위태롭게 만드는, 위험한 인물들이었다. '경위지사(傾危之士)'는 이러한 소진(蘇秦)과 장의(張儀)에 대한 사마천(司馬遷)의 평(評)에서 나온 것으로, 이치에 닿지 않는 말을 그럴듯하게 둘러대어 합리화하려는 허위(虛僞. 거짓) 변론(辯論. 사리를 밝혀 옳고 그름을 말함)으로 국가를 위태로운 지경으로 몰아넣는 사람을 말하는 것이었다. 참고로, 원문의 '夫張儀之行事甚於蘇秦'에서, '夫'는 발어사(發語辭) '부'로 읽는다. '발어사(發語辭)'는 문장의 서두에 놓여 '대저', 또는 '대체로'의 뜻을 나타냄. '張'은 베풀 '장'으로 읽고, '儀'는 거동(몸을 움직이는 짓이나 태도, 또는 임금의 나들이) '의'로 읽는다. 여기서, '張儀'는 사람 이름. 그는 조(趙)나라, 한(韓)나라, 위(魏)나라, 제(齊)나라, 초(楚)나라, 연(燕)나라 따위의 6국이 강대국 진(秦)나라와 각각 연맹을 체결하는 연횡책(連橫策)·연형책(連衡策)을 편 인물이다. '之'는 어조사 '지'로 읽는다. '~의'를 나타내는 관형격 조사. '行'은 다닐 '행', 행할 '행'으로 읽고, '事'는 일 '사'로 읽고, '甚'은 심할 '심'으로 읽고, '於'는 어조사 '어'로 읽는다. ~보다 더욱(比較)의 뜻을 나타냄. '蘇'는 되살아날 '소'로 읽고, '秦'은 진(秦)나라 '진'으로 읽는다. '蘇秦'은 사람 이름. 그는 조(趙)나라, 한(韓)나라, 위(魏)나라, 제(齊)나라, 초(楚)나라, 연(燕)나라 따위의 6국을 동맹하여 강대국 진(秦)나라에 대항한다는 합종책(合縱·從策)을 편 인물이다. '夫張儀之行事甚於蘇秦'을 직역(直譯)하면, 대체로 장의(張儀)의 행하는 일은 소진(蘇秦)보다 더 심했지만, '然世惡蘇秦者'에서, '然'은 그러나(接續 副詞) '연'으로 읽고, '世'는 세상 '세'로 읽고, '惡'는 미워할 '오'로 읽고, '者'는 것(사물, 현상, 일 따위를 추상적으로 이르는 말) '자'로 읽는다. '然世惡蘇秦者'를 직역(直譯)하면, 그러나 세상 (사람들이) 소진(蘇秦)을 미워하는 것(까닭)은, '以其先死'에서, '以'는 써(그것을 가지고, 그것으로 인하여) '이'로 읽고, '其'는 그(지시하는 말) '기'로 읽는다. 여기서는 '소진(蘇秦)'을 가리킴. '先'은 먼저 '선'으로 읽고, '死'는, 죽을 '사'로 읽는다. '以其先死'를 직역(直譯)하면, 그것으로 인하여 그 (소진이) 먼저 죽고, '而儀振暴其短以扶其說'에서, '而'는 말 이을 '이'로 읽는다. '그리고'의 뜻을 나타냄. '儀'는 '장의(張儀)'를 가리킴. '振'은 떨칠(위세나 명성 따위가 널리 알려질) '진'으로 읽고, '暴'은 드러낼(알려지지 않은 사실이 널리 밝혀질) '폭'으로 읽고, '短'은 허물 '단', 결점(缺點) '단'으로 읽고, '扶'는 도울 '부'로 읽고, '說'은 말씀 '설'로 읽는다. '而儀振暴其短以扶其說'을 직역(直譯)하면, 그리고 장의(張儀)가 그(소진)의 결점을 떨쳐 드러냄으로써 그 설(說. 견해, 주의, 학설, 통설 따위를 이르는 말)을 돕는다. '成其衡道'에서, '成'은 이룰 '성'으로 읽고, '衡'은 저울 '형'으로 읽는다. 여기서는, 중국 전국 시대에, 진(秦)나라의 장의(張儀)가 주장한 외교정책인 연횡설(連橫說)·연형설(連衡說)을 가리킨다. '道'는 도리(道理. 사람이 마땅히 지켜야 할 바른 길) '도', 이치(理致) '도'로 읽는다. '成其衡道'를 직역(直譯)하면, 그 연횡설(連橫說)의 도(道)를 이루었으니, '此兩人眞傾危之士哉'에서, '此'는 이(지시하는 말) '차'로 읽고, '兩'은 두 '량(양)'으로 읽고, '人'은 사람 '인'으로 읽는다. '兩人'은 두 사람. '眞'은 참으로 '진', 진실로 '진'으로 읽고, '傾'은 기울어질 '경'으로 읽고, '危'는 위태할 '위'로 읽고, '之'는 어조사 '지'로 읽는다. '~의'를 나타내는 관형격 조사. '士'는 선비 '사'로 읽고, '哉'는 어조사 '재'로 읽는다. '~도다', '~로구나(영탄)'의 뜻을 나타냄. '此兩人眞傾危之士哉'를 직역(直譯)하면, 이 두 사람('장의·張儀'와 '소진·蘇秦'을 가리킴)은 참으로(진실로) 위태하게 기울어지게 하는 선비이도다. 즉, 장의(張儀)와 소진(蘇秦)은 감언이설(甘言利說. 본문 참고)로 자신의 부귀영화를 좇으면서 나라를 결국 위험하게 만들고 있다는 것이다. 그런데 감언이설(甘言利說)은 '장의(張儀)의 연횡책'과 '소진(蘇秦)의 합종책(合從·縱策)'을 가리킴. 여기서, '傾危之士'가 유래하였는데, 이것을 직역(直譯)하면, 위태(危殆)할 정도로 기울어지게 하는 선비라는 뜻으로, 궤변(詭辯. 이치에 닿지 않는 말로 그럴듯하게 둘러대는 말솜씨)으로 사람을 현혹(眩惑. 제정신을 못 차리고 유혹에 빠짐)하고, 나라를 어지럽게 하거나 위태롭게 하는 사람을 이르는 말. 결국 사마천(司馬遷)은 『사기(史記)』의 「장의열전(張儀列傳)」에서, 연횡책(連橫策)을 편 장의(張儀)와 합종책(合縱·從策)을 편 소진(蘇秦) 두 사람을 궤변(詭辯)으로 세상을 어지럽힌 인물, 즉, 경위지사(傾危之士)로 평한 것이다.

경의-비마(輕衣肥馬 가벼울 **경**/옷 의/살찔 **비**/말 **마**) 가벼운 (비단) 옷과 살찐 말[馬]이라는 뜻으로, ①호사스러운(豪奢~. 호화롭고 사치스러운) 차림새를 비유적으로 이르는 말. ②가벼운 차림새로 살찐 말을 탐[乘. 탈 '승']을 이르는 말. =경장비마(輕裝肥馬). ***경의**(輕衣): ①가벼운 비단 옷. ②간단한 옷차림.

*비마(肥馬): 살찐 말.

경-이-원-지(敬而遠之 공경할 **경**/말 이을 **이**/멀리할 **원**/어조사 **지**) 공경(恭敬)하지만, 그러나 그것을 멀리한다는 뜻으로, ①공경(恭敬)하되 가까이하지는 않음을 이르는 말. ②겉으로는 공경(恭敬)하는 체하면서 실제로는 꺼리어 멀리함을 이르는 말. 여기서, '지(之)'는 '그것'을 나타내는 지시 대명사이다. 준 경원(敬遠). 《관련 속담》 고양이 쥐 생각. 이 사자성어의 유래는 다음과 같다. 『논어(論語)』의 「옹야(雍也)」 편(篇)에 〈번지(樊遲)가 지(知)에 대해서 묻자. (중국 춘추시대의 사상가이며 학자인) 공자(孔子)가 대답했다. "백성에게 의(義)에 힘쓰게 하고, 귀신을 공경하되 멀리하면 그것을 지(知)라고 할 수 있을 것이다.(樊遲問知, 子曰, 務民之義. 敬鬼神而遠之, 可謂知矣.)"라는 이야기가 나오는데, '귀신을 공경하되 멀리하면(敬鬼神而遠之)'에서, '경이원지(敬而遠之)'가 유래했다. 참고로 원문의 '樊遲問知'에서, '樊'은 울타리 '번'으로 읽고, '遲'는 더딜 '지'로 읽는다. '樊遲'는 사람 이름. '問'은 물을 '문'으로 읽고, '知'는 알 '지'로 읽는다. '樊遲問知'를 직역(直譯)하면, 번지(樊遲)는 지(知)에 대해서 물었다. '子曰'에서, '子'는 경칭(敬稱. 공경하는 뜻으로 부르는 칭호. 또는 존대하여 일컬음) '자'로 읽는다. 학덕(學德)과 지위가 높은 남자의 경칭(敬稱)이다. 여기서는 '공자(孔子)'를 가리킨다. '子曰'을 직역(直譯)하면, 공자(孔子)가 말하기를. '務民之義'에서, '務'는 힘쓸 '무'로 읽고, '民'은 백성 '민'으로 읽고, '之'는 어조사 '지'로 읽는다. '~만을(강조)'을 나타냄. '義'는 의리(義理) '의'로 읽는다. 務民之義를 직역(直譯)하면, 백성에게 의리(義理)만을 힘쓰게 하고, '敬鬼神而遠之'에서, '敬'은 공경할 '경'으로 읽고, '鬼'는 귀신 '귀'로 읽고, '神'은 귀신 '신'으로 읽고, '而'는 말 이을 '이'로 읽는다. '그러나'의 뜻을 나타냄. '遠'은 멀리할 '원'으로 읽고, '之'는 어조사 '지'로 읽는다. '그것'을 나타내는 지시 대명사. '敬鬼神而遠之'를 직역(直譯)하면, 귀신을 공경하되, 그러나 그것('귀신·鬼神'을 가리킴)을 멀리하면. 여기서, 경이원지(敬而遠之)가 유래했는데, 이것을 직역(直譯)하면, 공경(恭敬)하지만, 그러나 그것을 멀리한다는 뜻으로, ① 공경(恭敬)하되 가까이하지는 않음을 이르는 말. ② 겉으로는 공경(恭敬)하는 체하면서 실제로는 꺼리어 멀리함을 이르는 말. '可謂知矣'에서, '可'는 가히(可~. '능히', '넉넉히'의 뜻을 나타냄) '가'로 읽고, '謂'는 일컬을 '위'로 읽고, '矣'는 어조사 '의'로 읽는다. '~이다(단정)'의 뜻을 나타냄. '可謂知矣'를 직역(直譯)하면, (그것을) 가히 지(知)라고 일컬을 (수 있을 것)이다.

경적-필패(輕敵必敗 가벼울 **경**/원수 **적**/반드시 **필**/패할 **패**) 원수(怨讐)를 가볍게 (보면) 반드시 패(敗)한다는 뜻으로, 적(敵)을 얕보면(깔보면) 반드시 패(敗)함을 이르는 말. *경적(輕敵): 적을 얕봄. *필패(必敗): 반드시 패함. 《관련 속담》 적을 얕보면 반드시 패한다.

경전-착정(耕田鑿井 밭 갈 **경**/밭 **전**/팔 **착**/우물 **정**) 밭을 갈고 우물을 판다는 뜻으로, 백성들이 생업(生業. 생활비를 벌기 위한 직업)에 종사하며 평화롭게 삶을 비유적으로 이르는 말. *경전(耕田): 논밭을 갊. *착정(鑿井): 우물을 팜. 이 사자성어의 유래는 다음과 같다. 『십팔사략(十八史略)』의 「제요편(帝堯篇)」에 [요(堯)임금이 천하(天下)를 다스리기 시작한 지 50년이 되었으나, 천하(天下)가 잘 다스려지고 있는 지, 다스려지고 있지 않는 지, 천하(天下)의 백성들이 자신을 받들고 있는 지, 자신을 받들기를 원하지 않는 지를 알지 못하였다. 그래서 백성의 복장으로 갈아입고 넓은 거리로 나가 거닐다가 아이들의 노래 소리를 들었다. 즉, 요(堯)임금은 어질고 지혜로운 데다가 근검(勤儉. 부지런하고 검소함)하여, 백성들이 그를 하늘 같이 우러러보았다. 천하(天下)를 다스리기 시작한 지 50년이 되는 해에 요(堯)임금은 평복(平

服. 평상시에 입는 옷. =평상복·平常服)으로 갈아입고 거리로 나가 실제로 천하(天下)가 태평스러운지를 살펴보았다는 것이다.]《"우리 백성들이 살아감은/그 분의 은덕(恩德. 은혜로운 덕)이 아님이 없네./깨닫지도 알지도 못하는 사이에/임금의 법칙(임금이 정하신 것) 따르네." 이 노래를 우리는 강구요(康衢謠)라고 한다. 요(堯)임금 때에, 태평성세(太平聖歲. 어진 임금이 잘 다스리어 태평한 세상이나 시대)를 칭송(稱頌. 공덕·功德 따위를 칭찬하여 일컬음. 또는 그런 말)한 동요(童謠)이다. 어떤 노인이, 무언가를 마음껏 먹고서 불룩해진 배를 두드리면서, 격양가(擊壤歌)를 부르고 있었다. "해 뜨면 일을 하고/해 지면 돌아와 쉬누나./우물 파서 물을 마시고/밭 갈아서 밥을 먹네./임금 힘이야 내게 무슨 필요 있겠는가"(立我烝民, 莫匪爾極, 不識不知, 順帝之則, 有老人, 含哺鼓腹, 擊壤而歌曰, 日出而作, 日入而息, 鑿井而飲, 耕田而食. 帝力于我何有哉)》라는 이야기가 나오는데, '우물 파서 물을 마시고,/밭 갈아서 밥을 먹네.(鑿井而飲, 耕田而食)'에서 '경전착정(耕田鑿井)'이 유래했다. 나머지 구체적인 내용은 ⇨함포고복(含哺鼓腹).

경-전-하-사(鯨戰蝦死 고래 **경**/싸울 **전**/새우 **하**/죽을 **사**) 고래 싸움에 새우가 죽는다. 즉, 고래 싸움에 새우 등(사람이나 동물의 몸통에서 뒤쪽이나 위로 향한 쪽. 곧 가슴이나 배의 반대쪽) 터진다는 뜻으로, 강(强)한 자(者)끼리 서로 싸우는 통에, 아무 상관(相關)도 없는 약(弱)한 자(者)가 해(害)를 입음을 비유적으로 이르는 말. 고래와 새우는 그 덩치의 차이로 자주 비유(比·譬喩. 어떤 사물의 모양이나 상태 따위를 보다 효과적으로 표현하기 위하여 그것과 비슷한 다른 사물에 빗대어 표현함. 또는 그 표현 방법)된다. 고래는 현존(現存)하는 포유류(哺乳類) 중에서 가장 큰 동물이다. 그에 비해 새우는 한없이 작다. 아주 덩치가 큰 고래가 서로 싸울 때 그 옆에 새우가 있다면 새우 등이 터지게 되는 것이다. 《관련 속담》 고래 싸움에 새우 등 터진다. / 독 틈에 탕관(湯罐). / 애매한 두꺼비 돌에 치였다.

경정-직행(徑情直行 곧을 **경**/형편 **정**/곧을 **직**/행할 **행**) 형편(形便)을 곧게 하고, 행(行)함을 곧게 한다는 뜻으로, 예설(禮節)이나 법식(法式. 법도·法度와 양식·樣式. 또는 의식·儀式 따위의 규칙) 따위에 얽매이지 않고 곧이곧대로 행동함을 이르는 말. =직정경행(直情徑行). *경정(徑情): 마음 내키는 대로 행하여 절제(節制. 방종·放縱에 흐르지 않도록, 감성적 욕구를 이성·理性으로써 제어하는 일)가 없음. 여기서, '이성(理性)'은 사물의 이치를 논리적으로 생각하고 판단하는 마음의 작용. 또는 도리·道理에 따라 판단하거나 행동하는 능력을 일컬음. *직행(直行): ①도중에 머물거나 다른 곳에 들르지 않고 곧장 감. ②마음대로 꾸밈없이 해냄. ③올바른 행동.

경조-부박(輕佻浮薄 가벼울 **경**/방정맞을 **조**/가벼울 **부**/엷을 **박**) (마음이) 가볍고 방정맞으며 (행동이) 가볍고 엷다는 뜻으로, 말하고 행동하는 것이 신중(愼重. 매우 조심성이 있음)하지 못하고 날리고 (공들이지 아니하고 되는 대로 해치우고) 가벼움을 이르는 말. =경박부허(輕薄浮虛). *경조(輕佻): 말이나 행동이 진중(鎭重. 점잖고 무게가 있음)하지 못하고 가벼움. *부박(浮薄): 실없고 경솔함. *방정맞다: 부록 '조(佻)' 참고.

경조-상-문(慶弔相問 경사 **경**/조상할 **조**/서로 **상**/찾을 **문**) 경사(慶事)스러움과 조상(弔喪)함에 (대하여) 서로 찾아가서 (안부를 묻는다는) 뜻으로, 경사(慶事)스러운 일은 서로 축하(祝賀)하고, 불행한 일은 서로 위문(慰問)함을 이르는 말. *경조(慶弔): ①경사(慶事)스러운 일과 불행함. ②경축(慶祝)하는 것과 조문(弔問)하는 일. *조상하다(弔喪~): 부록 '조(弔)' 참고.

경중-미인(鏡中美人 거울 **경**/가운데 **중**/아름다울 **미**/사람 **인**) 거울 가운데의 아름다운 사람. 즉, 거울에 비친 미인(美人)이라는 뜻으로, ①실속 없는 일을 비유적으로 이르는 말. ②경우가 바르고 얌전하다고 하여 서울, 경기 지역 사람의 성격을 비유적으로 이르는 말. *경중(鏡中): 거울 속. *미인(美人): 용모가 아름다운 여자. =미녀(美女). 미희(美姬). 이 사자성어의 유래는 다음과 같다. 〈조선 태조(太祖)가 즉위 초에 정도전(鄭道傳)에게 명(命)하여 팔도(八道) 사람을 평(評)하라고 한 일이 있었다. 정도전(鄭道傳)은 다음과 같이 평(評)했다. "경기도는 경중미인(鏡中美人. 거울 속에 비친 여인), 충청도는 청풍명월(淸風明月. 맑은 바람과 밝은 달), 전라도는 풍전세류(風前細柳. 바람 앞에 하늘거리는, 가는 버들), 경상도는 송죽대절(松竹大節. 소나무나 대나무 같은 굳은 절개), 강원도는 암하노불(巖下老佛. 바위 아래 늙은 부처), 황해도는 춘파투석(春波投石. 봄 물결에 던져진 돌), 평안도는 산림맹호(山林猛虎. 삼림 속의 용맹한 호랑이)입니다." 그러자 정도전(鄭道傳)은 태조(太祖)의 출신지인 함경도에 대해서는 평(評)을 하지 못했다. 태조(太祖)가 아무 말도 좋으니 어서 말하라고 재촉하자, 정도전(鄭道傳)이 말했다. "함경도는 이전투구(泥田鬪狗. 진흙 밭에서 싸우는 개)입니다." 태조(太祖)의 안색이 변하자, 눈치 빠른 정도전(鄭道傳)이 곧 말을 고쳐 대답했다. "함경도는 또한 석전경우(石田耕牛. 돌밭에서 밭을 가는 소)이기도 합니다." 태조(太祖)는 그제야 용안(龍顔. '임금의 얼굴'을 높이어 이르는 말)에 희색(喜色)을 띠며 후한 상을 내렸다.〉 여기서, '경중미인(鏡中美人)'이 유래했다. 팔도(八道) 사람에 대한 이런 평(評)의 출전은 정확히 알 수가 없는데, 아마 이전부터 전해 내려오는 말이 아닌가? 추측된다. 이 사자성어는 우리나라에만 사용되고 있음.

경-지-옥엽(瓊枝玉葉 구슬 **경**/가지 **지**/구슬 **옥**/잎 **엽**) 구슬로 된 가지(나뭇가지)와 구슬로 된 잎이라는 뜻으로, ①임금의 가족(家族)을 높여 이르는 말. =금지옥엽(金枝玉葉). ②귀한 자손을 비유적으로 이르는 말. =금지옥엽(金枝玉葉). *옥엽(玉葉): ①임금의 가문(家門. 가족 또는 가까운 일가로 이루어진 공동체. 또는 그 사회적 지위)이나 문중(門中. 성과 본이 같은, 가까운 집안)을 존대하여 이르는 말. ②남이 보내온 엽서(葉書)를 높여 이르는 말.

경천-근민(敬天勤民 공경할 **경**/하늘 **천**/부지런할 **근**/백성 **민**) 하늘을 공경(恭敬. 남을 대할 때. 몸가짐을 공손히 하고 존경함)하고 백성에게 부지런하다는 뜻으로, 하늘을 공경(恭敬)하고 백성을 위하여 부지런히 일함을 이르는 말. *경천(敬天): 하늘을 공경(恭敬)함. *근민(勤民): ①부지런한 백성. ②근로 생활을 하는 민중.

경천-동지(驚天動地 놀랄 **경**/하늘 **천**/움직일 **동**/땅 **지**) 하늘이 놀라고 땅이 움직인다. 즉, 하늘을 놀라게 하고 땅을 뒤흔들게 한다는 뜻으로, 세상을 몹시 놀라게 함을 비유적으로 이르는 말. *경천(驚天): =경천동지(驚天動地). *동지(動地): ①땅을 움직임. ②커다란 세력이나 사태가 크게 세상을 놀라게 함을 비유적으로 이르는 말. 이 사자성어의 유래는 다음과 같다. 『칠수유고(七修類稿)』에 〈어사(御使)가 처음 부임할 때에는 하늘이 놀라고 땅이 움직인다고 말했는데, 몇 개월이 지나고 나면 천지가 어둡고 캄캄해졌다고 말했고, 떠날 때에는 하늘과 땅이 쓸쓸하고 고요하다고 말했다.(御使初至, 則曰驚天動地, 過幾月, 則曰昏天黑地, 去時, 則曰, 寞天寂地.)〉라는 이야기가 나오는데, '하늘이 놀라고 땅이 움직인다고 말했는데,(則曰驚天動地)'에서, '경천동지(驚天動地)'가 유래했다. 이 이야기는 탐관오리(貪官汚吏. 본문 참고)들의 행패(行悖. 체면에 어그러지는 난폭한 짓을 버릇없이 함)를 비판한 내용이다. 참고로, 원문의

'御使初至'에서, '御'는 거느릴(누구를 데리고 함께 행동할) '어'로 읽고, '使'는 벼슬이름 '사'로 읽는다. '御使'는 임금의 심부름을 하는 관리를 이르던 말. 주로 당상관(堂上官) 이상의 벼슬에서 임명되었다. 여기서는 '탐관오리(貪官汚吏)'를 가리킴. '初'는 처음 '초'로 읽고, '至'는 이를(어떤 장소나 시간에 닿을) '지'로 읽는다. 御使初至을 직역(直譯)하면, 어사(御使. 탐관오리)가 처음 이를(부임할) 때. '則曰驚天動地'에서, '則'은 곧 '즉'으로 읽고, '驚'은 놀랄 '경'으로 읽고, '天'은 하늘 '천'으로 읽고, '動'은 움직일 '동'으로 읽고, '地'는 땅 '지'로 읽는다. '則曰驚天動地'을 직역(直譯)하면, 곧 하늘을 놀라게 하고 땅을 움직이게 한다고 말했다. 여기서, '驚天動地'가 유래하였는데, 이것을 직역(直譯)하면, '하늘을 놀라게 하고, 땅을 뒤흔들게 한다.'는 뜻으로, 세상을 몹시 놀라게 함을 비유적으로 이르는 말. '過幾月'에서, '過'는 지날 '과'로 읽고, '幾'는 몇 '기', 얼마 '기'로 읽고 '月'은 달 '월'로 읽는다. '幾月'은 몇 달, 몇 개월. '過幾月'을 직역(直譯)하면, (그리고) (탐관오리가 부임한 지) 몇 달이 지나가면, '則曰昏天黑地'에서, '昏'은 어두울 '혼'으로 읽고, '黑'은 검을 '흑'으로 읽는다. '則曰昏天黑地'를 직역(直譯)하면, 즉, 하늘을 어둡게 하고, 땅을 검게 한다고 말함. 또, 여기서 '暗黑天地'가 유래하였는데, 이것을 직역(直譯)하면, 어둡고 검은 하늘과 땅이라는 뜻으로, ①하늘과 땅이 어둡고 캄캄한 상태를 이르는 말. ②부도덕(不道德)한 행위나 범죄 행위가 난무(亂舞. 함부로 나서서 마구 날뜀)하는, 암담하고 불안한 사회를 비유적으로 이르는 말. '去時'에서, '去'는 갈 '거'로 읽고, '時'는 때 '시'로 읽는다. '去時'를 직역(直譯)하면, (탐관오리가 임기를 마치고 떠나) 갈 때에는, '則曰'에서, '則曰'을 직역(直譯)하면, 곧 말하였다. '寞天寂地'에서, '寞天寂地'를 직역(直譯)하면 "하늘을 적막하게 하고 땅을 고요하게 한다."라고. 즉, 탐관오리(貪官汚吏)가 처음 부임(赴任)할 때에는 백성들의 재산을 수탈(收奪. 재물 따위를 빼앗음)하기 위하여 경천동지(驚天動地)하듯이 관내 백성들로 하여금 공포를 느끼게 기강(紀綱. 으뜸이 되는, 중요한 규율과 질서)을 잡는다. 그리고 부임(赴任) 후 몇 달이 지나면 가렴주구(苛斂誅求)의 수탈(收奪)로 관내가 초토화(焦土化. 불에 태워 잿더미로 덮인 땅으로 변하게 함. 또는 불에 탄 것처럼 황폐해진 상태로 변하게 함), 암흑천지(暗黑天地. 본문 참고)로 변하게 한다. 그렇게 하다가 탐관오리(貪官汚吏)가 임기(任期)를 마치고 떠날 때에는 관내가 쓸쓸한 느낌이 들 정도로 아주 고요하고 황폐한, 적막강산(寂寞江山)이 되어 버린다는 뜻이다. 여기서, '寂寞江山'이 유래하였는데, 이것을 직역(直譯)하면, 고요하고 적막(寂寞)한 강과 뫼('산'의 옛말)라는 뜻으로, ①아주 적적(寂寂)하고 쓸쓸한 풍경(風景)을 이르는 말. ②앞일을 내다볼 수 없게, 캄캄하고 답답한 지경(地境)이나 심정(心情)을 비유적으로 이르는 말.

경천-애인(敬天愛人 공경할 경/하늘 천/사랑할 애/사람 인) 하늘을 숭배(崇拜)하고 인간을 사랑함. *경천(敬天): ☞경천근민(敬天勤民). *애인(愛人): ①이성(異性. 성·性이 다른 것을 이르는 말이다. 남성 쪽에선 여성을, 여성 쪽에선 남성을 가리킴) 간의 사랑하는 사람. =연인(戀人). ②남을 사랑함.

경천-위-지(經天緯地 날 경/하늘 천/씨 위/땅 지) 하늘을 날줄로 (하고), 땅을 씨줄로 (한다는) 뜻으로, 온 천하(天下)를 조직적으로 잘 계획하여 다스림을 비유적으로 이르는 말. *경천(經天): =경천위지(經天緯地). *날: (피륙이나 돗자리 따위를 짤 때의) 세로로 놓은 실이나 노. ↔씨. *씨: 부록 '위(緯)' 참고.

경-투-하-사(鯨鬪鰕死 고래 경/싸움 투/새우 하/죽을 사) 고래 싸움에 새우가 죽는다는 뜻으로, 강자(強者)끼리 싸우는 틈에 끼여 약자(弱者)가 아무런 상관없이 화(禍)를 입는다는 것을 비유적으로 이르는 말. 고래와 새우는 그 덩치의 차이로 자주 비유(比·譬喩. 어떤 사물의 모양이나 상태 따위를 보다 효과적으로 표현하기 위하여 그것과 비슷한 다른 사물에 빗대어 표현함, 또는 그 표현 방법)된다. 고래는 현존(現存)하는 포유류(哺乳類) 중에서 가장 큰 동물이다. 그에 비해 새우는 한없이 작다. 아주 덩치가 큰 고래가 서로 싸울 때 그 옆에 새우가 있다면 새우의 등(사람이나 동물의 몸통에서 뒤쪽이나 위로 향한 쪽, 곧 가슴이나 배의 반대쪽)이 터지게 되는 것이다. 《관련 속담》 고래 싸움에 새우 등 터진다. / 독 틈에 탕관(湯罐). / 애매한 두꺼비 돌에 치였다.

경하-수연(慶賀晬宴 경사 **경**/하례할 **하**/생일 **수**/잔치 **연**) 생일잔치를 경하(慶賀)함. 경조사(慶弔事. 경축하는 일과 조문하는 일)의 봉투에 쓰는 문구로, 돌잔치를 축하(祝賀)한다는 말. *경하(慶賀): 경사스러운 일을 축하함. 🔟 경축(慶祝). *수연(晬宴): 생일잔치.

경하-혼인(慶賀婚姻 경사 **경**/하례할 **하**/혼인할 **혼**/혼인 **인**) 혼인(婚姻)을 경하(慶賀)한다는 뜻으로, 결혼 축의금의 봉투에 쓰는 문구(文句)이며, 신랑, 신부 모두에게 적당한 표현이다. *경하(慶賀): ☞경하수연. *혼인(婚姻): 남녀가 부부가 되는 일. =결혼(結婚).

경-화-수월(鏡花水月 거울 **경**/꽃 **화**/물 **수**/달 **월**) 거울에 비친 꽃과 물에 비친 달이라는 뜻으로, 눈으로 볼 수 있으나 손으로 잡을 수 없는 것을 비유적으로 이르는 말. 시문(詩文)에서, 느껴지기는 하나 표현할 수 없는 미묘한 정취(情趣. 정감을 불러일으키는 흥취)를 일컫는다. *수월(水月): ①물[水]과 달[月]을 아울러 이르는 말. ②물에 비친 달. ③물에 비친 달처럼 눈으로 볼 수는 있으나, 잡을 수는 없는 것을 비유적으로 이르는 말.

경화-자제(京華子弟 서울 **경**/번성할 **화**/아들 **자**/아우 **제**) 번성한(번화한) 서울에서 곱게 자란 아들이나 아우라는 뜻으로, 주로 부잣집 자녀들을 이르는 말. *경화(京華): ①번화한 서울. ②서울의 번화함. *자제(子弟): ①남을 높이어 그의 아들을 일컫는 말. ②남을 높이어 그의 집안 젊은이를 일컫는 말. *번성하다(繁盛~): (붇거나 늘어나거나 하여) 한창 잘되어 성하다.

경황-망조(驚惶罔措 놀랄 **경**/두려워할 **황**/없을 **망**/둘 **조**) 놀랍고 두려워 (마음을) 둘 (데가) 없다는 뜻으로, 놀라고 당황하여 어찌할 바를 모름을 이르는 말. *경황(驚惶): 놀라고 두려워 허둥지둥함. *망조(罔措): 너무 당황하거나 급하여 어찌할 줄을 모르고 갈팡질팡함.

경희-작약(驚喜雀躍 놀랄 **경**/기쁠 **희**/참새 **작**/뛸 **약**) 놀라고 기뻐하여 참새처럼 뛴다는 뜻으로, 몹시 기뻐 날뜀을 비유적으로 이르는 말. 또는 뜻밖의 좋은 일로 날뛰며 기뻐함을 비유적으로 이르는 말. *경희(驚喜): (뜻밖의 좋은 일로) 몹시 기뻐함. *작약(雀躍): 팔딱팔딱 뛰면서 기뻐함.

계견-상-문(鷄犬相聞 닭 **개**/개 **견**/서로 **상**/들을 **문**) 닭이 (울고), 개[犬]가 (짖는 소리가) 서로 (여기저기에서) 들린다는 뜻으로, 인가(人家. 사람이 사는 집)가 잇대어 있음을 비유적으로 이르는 말. =계명구폐(鷄鳴狗吠). *계견(鷄犬): 닭과 개. 이 사자성어의 유래는 다음과 같다. 노자(老子)의 『도덕경(道德經)』「제80장(章)」에 [나라는 작고 백성도 적어서 온갖 이기(利器. 실제로 쓰기에 편리한 기계나 기구)가 있어도 이를 쓰지 못하게 하고, 백성들이 죽음을 무겁게 여겨 멀리 옮겨 살지 않도록 하며, 비록 배와 수레가 있어도 타고 갈 곳이 없고, 갑옷과 군대가 있어도 펼칠 일이 없게 해야 한다. 본문 '소국과민(小國寡民)' 참고.]〈백성들이 다시 매듭을 엮어 쓰도록 하고, (자기 지역의) 음식을 달게 여기고, 옷을 아름답게 여기며, 거처를 편안하게 여기고, 풍속을 즐겁게 여기게 해야 한다. (그러면) 이웃 나라가 서로 바라보이고, 닭과 개의 소리가 서로 들릴 만큼 가까운 곳에 있어도, 백성이 늙어 죽을 때까지 서로 왕래하지

 '동쪽 닭과 서쪽 개의 소리가 서로 들린다는 뜻이다. 그런데 이 말의 원래의 뜻은, 동촌(東村)의 닭과 서촌(西村)의 개가 우는 소리가 모두 함께 들린다는 뜻으로, 닭 우는 소리와 개 짖는 소리가 여기저기에서 들린다 하여 동쪽 부락(部落)과 서쪽 부락(部落)의 인가(人家. 사람이 사는 집)가 잇대어 있음을 이르는 말이다. 결국 개 짖고 닭 우는 소리가 들릴 정도로 가까운 이웃이거나 인가(人家)가 잇대어 있음을 비유적으로 이르는 말이 되었다. '이웃 나라가 바라보이고, 개 짖고 닭 우는 소리가 들릴 정도로 가까워도, 자기가 사는 곳이 워낙(두드러지게 아주) 좋아서, 늙어 죽을 때까지 서로 왕래(往來. 가고 오고 함)할 필요를 느끼지 않는 여유와 한가로움'이 노자(老子)에게는 이상적인 삶이었다. 여기서, 백성이 늙어 죽을 때까지 서로 왕래하지 않게 된다.'는 뜻은, 늙어 죽을 때까지 서로 왕래하지 않을 정도로 백성들 각자의 삶이 아쉬움이나 부족함이 없고, 태평스럽고 행복하다는 것이다. 따라서 위의 글은 노자(老子)의 무위자연(無爲自然)의 이상향(理想鄕)을 묘사(描寫. 눈으로 보거나 마음으로 느낀 것 따위를 그림으로 그리듯이 객관적으로 표현함)한 것이다. 그런데 사마천(司馬遷)은 위의 글을『사기(史記)』의「화식열전(貨殖列傳)」첫머리에 인용하면서, "노자의 이 말은 지금은 불가능하다"고 지적한 바 있다. 참고로, 원문의 '使人復結繩而用之'에서, '使'는 하여금(누구를 시키어) '사'로 읽고, '人'은 사람 '인'으로 읽고, '復'는 다시 '부'로 읽고, '結'은 맺을 '결'로 읽고, '繩'은 노(실. 삼. 종이 따위를 가늘게 비비거나 꼬아 만든 줄) '승', 줄 '승', 새끼(짚으로 꼬아 줄처럼 만든 것) '승'으로 읽는다. '結繩'은 끈이나 새끼 따위로 매듭을 지음. 또는 그 매듭. '而'는 말 이을 '이'로 읽는다. '그리고'의 뜻을 나타냄. '用'은 쓸 '용'으로 읽는다. '之'는 어조사 '지'로 읽는다. '그것'을 나타내는 지시 대명사. '使人復結繩而用之'를 직역(直譯)하면, 사람들로 하여금 다시 매듭을 (엮어) 그리고 그것을 쓰도록 하고, '甘其食'에서, '甘'은 달(꿀이나 설탕의 맛과 같을) '감'으로 읽고, '其'는 그(지시하는 말) '기'로 읽고, '食'은 밥 '식', 음식(飮食) '식'으로 읽는다. '甘其食'을 직역(直譯)하면, 그(자기 지역의) 음식을 달게 (여기고), '美其服'에서, '美'는 아름다울 '미'로 읽고, '服'은 옷 '복'으로 읽는다. '美其服'을 직역(直譯)하면, 그 옷을 아름답게 (여기며). '安其居'에서, '安'은 편안할 '안'으로 읽고, '居'는 살 '거', 거주할 '거'로 읽는다. '安其居'를 직역(直譯)하면, 그 거주하는 (곳을) 편안하게 (여기고), '樂其俗'에서, '樂'은 즐길 '락(낙)', 즐거워할 '락(낙)'으로 읽고, '俗'은 풍속(風俗) '속'으로 읽는다. '樂其俗'을 직역(直譯)하면, 그 풍속을 즐겁게 (여기게 해야 한다). '鄰國相望'에서, '鄰'은 이웃 '린(인)'으로 읽는다. '隣'과 같은 글자. '國'은 나라 '국'으로 읽고, '相'은 서로 '상'으로 읽고, '望'은 바랄 '망'으로 읽는다. '鄰國相望'을 직역(直譯)하면, (그렇게 하면) 이웃 나라가 서로 보이고, '鷄犬之聲相聞'에서, '鷄'는 닭 '개'로 읽고, '犬'은 개 '견'으로 읽고, '之'는 어조사 '지'로 읽는다. 여기서는 '~의'를 나타내는 관형격 조사. '聲'은 소리 '성'으로 읽고, '相'은 서로 '상'으로 읽고, '聞'은 들을 '문'으로 읽는다. '鷄犬之聲相聞'을 직역(直譯)하면, 닭과 개의 소리가 서로 들림. 즉, 인가(人家. 사람이 사는 집)가 잇대어 있다는 말이다. 여기서, '鷄犬相聞'이 유래하였는데, 이것을 직역(直譯)하면, 닭이 (울고), 개[犬]가 (짖는 소리가) 서로 (여기저기에서) 들린다는 뜻으로,
인가(人家)가 잇대어 있음을 비유적으로 이르는 말. 그리고 여기서 '계견지성(鷄犬之聲)'도 유래했는데
이것을 직역(直譯)하면 닭과 개의 소리라는 뜻으로, 닭 우는 소리와 개 짖는 소리를 나타냄. '民至老死不
相往來'에서, '民'은 백성 '민'으로 읽고, '至'는 이를(어떤 정도나 범위에 미칠) '지'로 읽고, '老'는 늙은
'로(노)'로 읽고, 死는 죽을 '사'로 읽고, '相'은 서로 '상'으로 읽고, '往'은 갈 '왕'으로 읽고, '來'는 올
'래(내)'로 읽는다. '民至老死不相往來'를 직역(直譯)하면, 백성들이 늙어 죽음에 이를 (때까지) 서로 가고
오고 하지 않을 (것이다).

계견-지-성(鷄犬之聲 닭 **계**/개 **견**/어조사 **지**/소리 **성**) 닭과 개[犬]의 소리라는 뜻으로, 닭 우는 소리와
개 짖는 소리를 이르는 말. ***계견**(鷄犬): ☞계견상문(鷄犬相聞). 이 사자성어의 유래는 다음과 같다.
노자(老子)의 『도덕경(道德經)』 「제80장(章)」에, [나라는 작고 백성도 적어서 온갖 이기(利器. 실제로 쓰
기에 편리한 기계나 기구)가 있어도 이를 쓰지 못하게 하고, 백성들이 죽음을 무겁게 여겨 멀리 옮겨
살지 않도록 하며, 비록 배와 수레가 있어도 타고 갈 곳이 없고, 갑옷과 군대가 있어도 펼칠 일이 없게
해야 한다. 본문 '소국과민(小國寡民)' 참고.]〈백성들이 다시 매듭을 엮어 쓰도록 하고, (자기 지역의)
음식을 달게 여기고, 옷을 아름답게 여기며, 거처를 편안하게 여기고, 풍속을 즐겁게 여기게 해야 한다.
(그러면) 이웃 나라가 서로 바라보이고, 닭과 개의 소리가 서로 들릴 만큼 가까운 곳에 있어도, 백성이
늙어 죽을 때까지 서로 왕래하지 않게 된다. 즉, 이웃한 두 나라가 서로 바라보이고, 닭 우는 소리와
개 짖는 소리가 서로 들릴 만큼 가까운 곳에 있어도, 백성들이 각각 그 나라의 음식을 달다 여기고,
그 나라의 옷을 아름답게 여기며, 나라의 풍속을 편안하다고 여기고, 자신의 일을 즐겁게 하다 보면
늙어서 죽을 때까지 서로 왕래하지 않을 수도 있다는 뜻이다.(使人復結繩而用之, 甘其食, 美其服, 安其
居, 樂其俗, 鄰國相望, **鷄犬之聲相聞**, 民至老死不相往來.)〉라는 이야기가 나오는데, '닭과 개의 소리가
서로 들릴 만큼 가까운 곳에 있어도,(鷄犬之聲相聞)'에서, '계견지성(鷄犬之聲)'이 유래했다. 나머지 구체
적인 내용은 ⇨계견상문(鷄犬相聞).

계계-승-승(繼繼承承 이을 **계**/이을 **계**/이을 **승**/이을 **승**) 잇고 또 잇는다는 뜻으로, ①자자손손(子子孫
孫. 자손의 여러 대)이 대를 이어감. ②앞사람이 하던 일을 뒷사람이 이어받음. 또는 선대(先代)에서
하던 일을 후대(後代) 사람이 내리 이어받음을 이르는 말. ***계계**(繼繼): 回 차례로 이어져 끊이지 않
은 모양.

계고-지-력(稽古之力 상고할 **계**/옛 **고**/어조사 **지**/힘 **력**) 옛것을 상고(相考)하는 힘. 즉, 옛일을 자세히
살피어 공부하는 노력이라는 뜻으로, 학문이 넓고 지식이 많음을 이르는 말. ***계고**(稽古): 옛일을 자세
히 알아봄. ***상고하다**(相考~): 서로 견주어 고찰하다.

계고-직-비(階高職卑 차례 **계**/높을 **고**/벼슬 **직**/낮을 **비**) 차례는 높고 벼슬은 낮다는 뜻으로, 품계(品階.
왕조 때의 벼슬의 등급)는 높고 벼슬은 낮음을 이르는 말. 즉, 품계가 높은 사람을 낮은 관직에 임용하는
경우를 일컫는다. 回 계비직고(階卑職高). ***계고**(階高): ①층계의 높이. ②건물의 층 사이의 높이. ③품
계가 높음.

계구-우후(鷄口牛後 닭 **계**/입 **구**/소 **우**/뒤 **후**) 닭의 입(주둥이)과 소의 뒤(꼬리. 또는 궁둥이), 즉, 닭의
입이 되는 것이 소의 꼬리가 되는 것보다 낫다는 뜻으로, 큰 단체의 꼴찌보다는 작은 단체의 우두머리가

되는 것이 오히려 나음을 비유적으로 이르는 말. *계구(鷄口): (닭의 부리라는 뜻으로) 작은 단체의 우두머리를 비유적으로 이르는 말. *우후(牛後): 소의 꼬리(궁둥이)라는 뜻으로, 세력이 강한 사람 아래에 붙어 있는 처지를 비유적으로 이르는 말. 《관련 속담》닭의 벼슬이 될지언정 소의 꼬리는 되지 마라. / 닭의 입이 될지라도 소의 꼬리는 되지 마라. 이 사자성어의 유래는 다음과 같다. 『사기(史記)』의 「소진열전(蘇秦列傳)」 편(篇)에 〈신(臣. 신하가 임금에 대하여 자기를 일컫던 말)은 "닭의 입(부리)이 될지언정 소의 뒤(항문)는 되지 마라."라는 속담을 들었습니다. 지금 대왕께서 서쪽 면(面)(한·漢나라를 가리킴)의 팔과 신하를 사귀고 진(秦)을 섬긴다면 소의 뒤가 되는 것이 아니고 무엇이 다르겠습니까? 대왕의 현명함과 한(漢)나라 군사의 강대함에 끼이어 소의 뒤가 되었다는 오명(汚名)을 얻으면 신(臣)도 남몰래 대왕께서 수치스럽다고 느끼게 될 것입니다.(臣聞鄙語曰, **寧爲鷄口, 無爲牛後**, 今大王西面交臂而臣事秦, 何以異於牛後乎, 夫以大王之賢, 挾彊韓之兵, 而有牛後之名, 臣竊爲大王羞之)〉라는 이야기가 나오는데, '닭의 입(부리)이 될지언정 소의 뒤(항문)는 되지 마라.(寧爲鷄口, 無爲牛後,)'에서, '계구우후(鷄口牛後)'가 유래했다. 진(秦)나라에서 합종책(合從·縱策)을 주장한 소진(蘇秦)이 한(漢)나라에 가서 선혜왕(宣惠王. 재위 기원전 333년 ~ 기원전 312년)을 설득하는 장면이다. '신(臣)'은 '소진(蘇秦)'을, '대왕(大王)'은 '선혜왕(宣惠王)'을 가리킨다. 이 내용을 좀 더 설명하면 다음과 같다. 전국시대(戰國時代) 중기(中期)에 진(秦)나라의 세력이 점차로 커지면서 그 나라는 조(趙)나라, 한(韓)나라, 위(魏)나라, 제(齊)나라, 초(楚)나라, 연(燕)나라 따위의 나머지 여섯 나라를 압박하기 시작했다. 이에 두려움을 느꼈던 여섯 나라는 진(秦)나라에 대항하기 위해 외교적인 동맹 관계를 맺으려 했는데, 이를 주도한 것이 바로 합종책(合從·縱策)을 주장했던 소진(蘇秦)이었다. 소진(蘇秦)은 우선 진(秦)나라와 대적(對敵)하고 있는 육국(六國)의 왕을 찾아다니며 육국(六國)이 연합하여 강한 진(秦)나라에 대항해야 한다고 설득하기 시작했다. 여기서, '육국(六國)'은 한(韓), 위(魏), 조(趙), 제(齊), 연(燕)나라를 가리킴. 특히 소진(蘇秦)은 한(韓)나라에 가서 선혜왕(宣惠王)을 설득할 때 계구우후(鷄口牛後)를 강조한 것이다. 당시(當時. 일이 있었던 바로 그때. 또는 이야기하고 있는 그 시기) 한(韓)나라는 진(秦)나라에 가장 인접해 있었고, 또 육국(六國) 중에서 제일 약한 나라였다. 그래서 진(秦)나라의 공격에 대한 위험에 가장 많이 노출되어 있었으며, 실제로 육국(六國) 중에서 첫 번째로 멸망당했다. 소진(蘇秦)은 한나라의 이런 상황에 맞게 '계구우후(鷄口牛後)'라는 화두(話頭. 이야기의 말머리)를 던짐으로써 선혜왕(宣惠王)이 소진(消盡)의 합종책(合從·縱策)에 전적으로 찬동하게 했던 것이다. 참고로, 원문의 '臣聞鄙語曰'에서, '臣'은 신(臣. 신하가 임금에 대하여 자기를 일컫던 말) '신'으로 읽고, '聞'은 들을 '문'으로 읽고, '鄙'는 더러울 '비'로 읽는다. '鄙語'는 점잖지 못하고 천한 말. '臣聞鄙語曰'을 직역(直譯)하면, 신(臣)은 ~라고 말하는 점잖지 못하고 천한 말(속담)을 들었음. '寧爲鷄口'에서, '寧'은 차라리 '녕(영)'으로 읽고, '爲'는 될 '위'로 읽고, '鷄'는 닭 '계'로 읽고, '口'는 입 '구'로 읽는다. '寧爲鷄口'를 직역(直譯)하면, 차라리 닭의 입이 되라. 즉, 작은 단체의 우두머리가 되라. '無爲牛後'에서, '無'는 없을 '무', 아닐(부정하는 말) '무'로 읽는다. '無爲'를 직역(直譯)하면, (~이) 되지 않음. '牛'는 소 '우'로 읽고, '後'는 뒤 '후'로 읽는다. '無爲牛後'를 직역(直譯)하면, 소의 뒤(여기서는 '항문·肛門'을 가리킴)가 되지 마라. 즉, 큰 단체의 꼴찌가 되지 마라. 여기서, '鷄口牛後'가 유래하였는데, 이것을 직역(直譯)하면, 닭의 입(주둥이)과 소의 뒤(꼬리, 또는 궁둥이), 즉, 닭의 입이 되는 것이 소의 꼬리가 되는 것보다 낫다는 뜻으로, 큰 단체의 꼴찌보다는 작은 단체의 우두머리가 되는 것이 오히려 나음을 비유적으로 이르는 말. 즉, 닭의 머리가 될지언정 소의 꼬리는 되지 말라는 뜻이다. '今大王西面交臂而臣事秦'에서, '今'은 이제 '금', 지금 '금'으로 읽고, '大'는 클 '대'로 읽고, '王'은 임금 '왕'으로 읽는다. '大王'은 훌륭하고 뛰어난 임금을 높여 이르는 말. '西'는 서녘 '서'로 읽고, '面'은 면(面. 행정 구역 단위) '면'으로 읽고 '交'는 사귈 '교', 서로 맞댈 '교'로 읽고, '臂'는 팔(사람의 손목과 어깨 사이의 부분) '비'로 읽고, '而'는 말 이을 '이'로 읽는다. '그리고'의 뜻을 나타냄. '事'는 섬길 '사'로 읽고, '秦'은 진(秦)나라 '진'으로 읽는다. '今大王西面交臂而臣事秦'을 직역(直譯)하면, 지금 대왕(大王)께서 서쪽 면(面)의 팔과 서로 맞대고 그리고 신하(臣下)는 진(秦)나라를 섬김. '何以異於牛後乎'에서 '何'는 무엇 '하'로 읽고, '以'는 써(그것을 가지고, 그것으로 인하여) '이'로 읽고, '異'는 다를 '이'로 읽고, '於'는 어조사 '어'로 읽는다. '~의 입장에서(위치)'의 뜻을 나타냄. '乎'는 어조사 '호'로 읽는다. '~는가', '~인가 (의문)'의 뜻을 나타냄. '何以異於牛後乎'를 직역(直譯)하면, 그것으로 인하여 무엇이 소의 뒤(항문)의 입장에서 다른가? 즉, 무엇으로써 소의 뒤와 다르겠는가? '夫以大王之賢'에서, '夫'는 발어사(發語辭) '부' 로 읽는다. '발어사(發語辭)'는 문장의 서두에 놓여 '대저', 또는 '대체로'의 뜻을 나타냄. '之'는 어조사 '지'로 읽는다. '~의'를 나타내는 관형격 조사. '賢'은 어질 '현', 현명할 '현'으로 읽는다. '夫以大王之賢'을 직역(直譯)하면, 대체로 그것으로 인하여 대왕(大王)의 현명함으로, '挾彊韓之兵'에서, '挾'은 낄 '협'으로 읽고, '彊'은 굳셀 '강'으로 읽고, '韓'은 나라 이름 '한'으로 읽고, '兵'은 군사(軍士) '병'으로 읽는다. '挾彊 韓之兵'을 직역(直譯)하면, 굳센 한(韓)나라의 군사에 끼임. '而有牛後之名'에서, '有'는 있을 '유'로 읽고, '名'은 이름 '명'으로 읽는다. '而有牛後之名'을 직역(直譯)하면, 그리고 소의 뒤(항문)라는 이름('오명·汚 名'을 일컬음)이 있게 (되면), '臣竊爲大王羞之'에서, '竊'은 남몰래 '절'로 읽고, '爲'는 할 '위'로 읽고, '羞'는 부끄러워할 '수'로 읽고, '之'는 어조사 '지'로 읽는다. 여기서는 '그것'을 나타내는 지시 대명사. '臣竊爲大王羞之'를 직역(直譯)하면, 신(臣)도 남몰래 대왕께서 그것에 대하여 부끄럽게 (생각을) 할 것입니다.

계군-고-학(鷄群孤鶴 닭 계/무리 군/외로울 고/두루미 학) 닭의 무리 (가운데에서) (한 마리의) 외로운 두루미(학)라는 뜻으로, 많은 사람 가운데에서 뛰어난 인물을 비유적으로 이르는 말. =계군일학(鷄群一 鶴). 군계일학(群鷄一鶴). *계군(鷄群): (닭의 무리라는 뜻으로) 범인(凡人). 즉, 평범한 사람들을 비유적 으로 이르는 말.

계군-일-학(鷄群一鶴 닭 계/무리 군/한 일/두루미 학) 닭의 무리 (가운데에서) 하나의 두루미(학)라는 뜻으 로, 많은 사람 가운데서 뛰어난 인물을 비유적으로 이르는 말. =계군고학(鷄群孤鶴). 군계일학(群鷄一 鶴). *계군(鷄群): ☞계군고학(鷄群孤鶴).

계궁-역진(計窮力盡 꾀 계/막힐 궁/힘 역/다할 진) 꾀가 막히고 힘도 다하였다. 즉, 꾀가 다 하고 힘을 모두 써 버렸다는 뜻으로, 꾀와 힘이 다하여 더 이상 어찌할 도리(道理. 마땅한 방법이나 길)가 없게 됨을 비유적으로 이르는 말. *계궁(計窮): 꾀가 다하여 대책이 없음. *역진(力盡): 힘이 다함. *꾀: 일을 그럴듯하게 꾸미는 교묘한 생각이나 수단. *다하다: 부록 '진(盡)' 참고. 이 사자성어의 유래는 다음과 같다. 『구당서(舊唐書)』의 「곽효각전(郭孝恪傳)」 편(篇)에 [수(隋)나라 말, 각처(各處)에서 반란군(反·叛亂 軍 정부나 지배자에게 반항하여 내란을 일으키는 군대)이 일어나 자웅(雌雄. 이김과 짐)을 다투고 있었 는데, 그중에서 이밀(李密), 왕세충(王世忠), 이연(李淵. 훗날의 당고조·唐高祖)의 세력이 가장 컸다. 곽효각(郭孝恪)은 처음에 이밀(李密)에게 귀복(歸復. 반항하거나 반역하려는 마음을 버리고 스스로 돌아서서 따름)했다가 이밀(李密)이 왕세충(王世忠)에게 패(敗)하여 죽은 후에 다시 이연(李淵)의 휘하(麾下. 장군의 지휘 아래)로 들어갔다. 이때 두건덕(竇建德)은 왕세충(王世忠)을 돕고 있었다. 곽효각(郭孝恪)은 이연(李淵)의 아들 이세민(李世民. 훗날의 당태종·唐太宗)에게 계책(計策. 어떤 일을 이루기 위하여 꾀나 방법을 생각해 냄. 또는 그 꾀나 방법)을 진언(進言. 윗사람에게 자기의 의견을 말함. 또는 그런 말)했다.]〈왕세충(王世忠)은 날이 갈수록 다급(多急. 미처 어떻게 할 여유가 없을 만큼 일이 바싹 닥쳐서 몹시 급함)해지고 있습니다. 힘도 다하고 계략(計略. 어떤 일을 이루기 위한 꾀나 수단)도 다했으니, 그 목을 효수(梟首. 지난날 죄인의 목을 베어 높이 매달던 일)하고 얼굴을 묶을 날을 발돋움(어떤 지향·志向하는 상태나 위치 따위로 나아감)하며 기다릴 수 있습니다. 두건덕(竇建德)이 멀리에서 와 학정(虐政. 국민들을 괴롭히는 정치. 포악한 정치)을 돕고, 군량(軍糧. 군대의 양식) 운송은 막히고 끊어졌으니, 이는 하늘이 그릇(어떤 일이나 형편이 잘못되게) 망하게 하려는 때입니다. 무뢰(武牢. 중국의 유적·遺跡·遺蹟 이름)를 견고하게 하고, 범수(氾水. 땅 이름)에 군대를 주둔시키며, 일에 따라 적절하게 반응하고 변통하면 쉽게 이길 수 있습니다.(世忠日蹴月迫, **力盡計窮**, 懸首面縛, 翹足可待, 建德遠來助虐, 糧運阻絕, 此是天喪之時, 請固武牢, 屯軍氾水, 隨機應變, 則易爲克殄.)〉라는 이야기가 나오는데, '힘도 다하고 계략(計略. 어떤 일을 이루기 위한 꾀나 수단)도 다했으니(力盡計窮)'에서, '계궁역진(計窮力盡)'이 유래했다. 따라서 '계궁역진(計窮力盡)'은, 더 이상 어찌할 도리가 없을 때나, 더는 어떻게 할 방법과 수단이 없을 때 쓰이는 말이다. 참고로, 원문의 '世忠日蹴月迫'에서, '世'는 세상 '세'로 읽고, '忠'은 충성(忠誠. 진정에서 우러나오는 정성. 특히 임금이나 국가에 대한 것을 일컬음) '충'으로 읽는다. 그런데 『고사성어대사전』의 '充'은 충성(忠誠. 진정에서 우러나오는 정성. 특히 임금이나 국가에 대한 것을 일컬음) '충(忠)'의 오기(誤記)인 듯(?). 문맥상 '忠'이 맞다. '世忠'은 '왕세충(王世忠)'을 가리킴. '日'은 날 '일'로 읽고, '蹴'은 곤궁할 '축'으로 읽고, '月'은 날 '월'로 읽고, '迫'은 다급(多急. 미처 어떻게 할 여유가 없을 만큼 일이 바싹 닥쳐서 몹시 급함)할 '박'으로 읽는다. '世忠日蹴月迫'을 직역(直譯)하면, 왕세충(王世忠)은 날이 갈수록 곤궁하고, 달이 갈수록 다급해하고 (있습니다). '力盡計窮'에서, '力'은 힘 '력(역)'으로 읽고, '盡'은 다할 '진'으로 읽고, '計'는 꾀 '계'로 읽고, '窮'은 막힐 '궁'으로 읽는다. '力盡計窮'을 직역(直譯)하면, 힘이 다하고 꾀가 막혔다. 즉, 힘을 모두 다 써버리고 꾀를 쓰는 수(數)가 막혔다는 뜻으로, 더 이상 어찌할 도리가 없다는 것이다. 여기서, '計窮力盡'이 유래하였는데, 이것을 직역(直譯)하면, 꾀가 막히고 힘이 다하였다. 즉, 꾀가 다 하고 힘을 모두 써 버렸다는 뜻으로, 꾀와 힘이 다하여 더 이상 어찌할 도리가 없게 됨을 비유적으로 이르는 말. '懸首面縛'에서, '懸'은 매달 '현'으로 읽고, '首'는 머리 '수'로 읽고, '面'은 낯 '면', 얼굴 '면'으로 읽고, '縛'은 묶을 '박'으로 읽는다. '懸首面縛'을 직역(直譯)하면, 머리를 매달거나 얼굴을 묶음. '翹足可待'에서, '翹'은 들 '교'로 읽고, '足'은 발 '족'으로 읽고, '可'는 가히(可~. 능히, 넉넉히의 뜻을 나타냄) '가'로 읽고, '待'는 기다릴 '대'로 읽는다. '翹足可待'를 직역(直譯)하면, 발을 들고 가히 기다릴 수 있습니다. '建德遠來助虐'에서, '建'은 세울 '건'으로 읽고, '德'은 큰 '덕'으로 읽는다. '建德'은 '두건덕(竇建德)'을 가리킴. '遠'은 멀 '원'으로 읽고, '來'는 올 '래(내)'로 읽고, '助'는 도울 '조'로 읽고, '虐'은 학대할(虐待~) '학'으로 읽는다. '建德遠來助虐'을 직역(直譯)하면, 두건덕(竇建德)은 먼 곳에서 와 학대하는 것을 도움. '糧運阻絕'에서, '糧'은 양식(糧食) '량(양)'으로 읽는다. 여기서는 '군량(軍糧)'을 가리킴. '運'은 옮길 '운', 나를(물건을 한 곳에서 다른 곳으로 옮길) '운'으로 읽고, '阻'는 막힐 '조'로 읽고, '絕'은 끊을 '절', 끊어질 '절'로 읽는다. '阻絕'은 막히고 끊어짐. 또는 막히고 끊어지게 함. '糧運阻絕'을 직역(直譯)하면, (연이어) 군량(軍糧)을 옮기는 것이 막히고 끊어짐. '此是天喪之時'에서, '此'는 이(지시하는 말) '차'로 읽고, '是'는 여기서는 어조사 '시'로 읽는다. '~은 ~이다(종결)'를 나타냄. '喪'은 망(亡)할 '상', 멸망(滅亡)할 '상'으로 읽고, '之'는 어조사 '지'로 읽는다. 여기서는 '그것'을 나타내는 지시 대명사. '時'는 때 '시'로 읽는다. '此是天喪之時'를 직역(直譯)하면, 이는 하늘이 그것(그들)을 망하게 하려는 때이다. '請固武牢'에서, '請'은 청할 '청'으로 읽고, '固'는 단단할 '고', 굳을 '고'로 읽고, '武'는 무인(武人) '무'로 읽고, '牢'는 우리(짐승을 가두어 기르는 곳) '뢰(뇌)', 감옥(監獄) '뢰(뇌)'로 읽는다. '武牢'는 '호뢰관(虎牢關)' 또는 '무뢰관(武牢關)'이라고도 하며, 중국의 유적 이름, 역대(歷代. 대대로 이어 내려온 여러 대·代. 또는 그동안) 군사상의 요새로 알려져 있음. '請固武牢'를 직역(直譯)하면, 청컨대 무뢰(武牢)를 단단하도록 (하고), '屯軍氾水'에서, '屯'은 진칠(진지·陣地를 구축하고 머무를) '둔'으로 읽고, '軍'은 군사(軍士) '군', 군대(軍隊) '군'으로 읽는다. '屯軍'은 군대를 주둔시킴. 또는 그 군대. '氾'은 넘칠 '범'으로 읽고, '水'는 물 '수'로 읽는다. '범수(氾水)'는 지역 이름이다. '屯軍氾水'를 직역(直譯)하면, 범수(氾水)에 군대를 주둔하여, '隨機應變'에서, '隨'는 따를 '수'로 읽고, '機'는 기회 '기'로 읽고, '應'은 응할 '응'으로 읽고, '變'은 고칠 '변'으로 읽는다. '隨機應變'을 직역(直譯)하면, 기회에 따라 응하여 고친다는 뜻으로, 그때그때의 기회에 따라 일을 적절히 처리함을 이르는 말. 여기서, '臨機應變'이 유래하였는데, 이것을 직역(直譯)하면, 기회(機會)에 다다라 변(變)함에 응(應)한다. 즉, 기미(幾·機微. 어떤 일을 알아차릴 수 있는 눈치. 또는 일이 되어가는 야릇한 분위기)에 따라 반응(反應)하고 변통(變通)한다는 뜻으로, 그때그때의 형편이나 상황(狀況)에 따라 알맞게 일을 처리하는 것을 비유적으로 이르는 말. 또는 그때그때 처한 사태(事態)에 맞추어 즉각 그 자리에서 결정하거나 처리함을 비유적으로 이르는 말. '則易爲克殄'에서, '則'은 곧 '즉'으로 읽고, '易'는 쉬울 '이'로 읽고, '爲'는 될 '위'로 읽고, '克'은 이길 '극'으로 읽고, '殄'은 다할(마음이나 힘. 또는 필요한 물자 따위를 다 쏟거나 들일) '진'으로 읽는다. '則易爲克殄'을 직역(直譯)하면, 곧 쉽게 힘을 다하여 이기게 될 것입니다.

계급-투쟁(階級鬪爭 층계 계/등급 급/싸울 투/다툴 쟁) 계급(階級) (사이의) 투쟁(鬪爭)이라는 뜻으로, 서로 다른 지배 계급과 피지배 계급 사이에 정치적, 경제적 이해관계(利害關係. 본문 참고)의 대립이 일어나는 투쟁(鬪爭)을 이르는 말. 고대 그리스(Greece) 로마(Rome) 시대의 귀족과 노예, 평민, 중세의 봉건(封建) 영주(領主)와 농노(農奴), 근대의 자본가와 노동자들 사이에 있었던 갈등과 대립이 이에 해당된다. 여기서, '봉건(封建)'은 봉건제, 봉건제도의 뜻으로, 군주(君主. 세습적으로 나라를 다스리는 최고 지위에 있는 사람)나 제후(諸侯) 사이의 주종 관계를 바탕으로 하여 확립되었던 정치 제도를 이르는 말. '영주(領主)'는 영지(領地)나 장원(莊園)의 주인을 일컫는 말. '농노(農奴)'는 중세 유럽(Europe)의 봉건 사회에서, 평생 영주(領主)에 예속되어 농사를 짓던 농민을 이르는 말. 노예와 자작농(自作農. 자기 땅에 자기가 직접 짓는 농사. 또는 그러한 농민)의 중간에 속하는 계층이었음. *계급(階級): ①지위나 관직(官職. 관리로서, 국가로부터 위임 받은 일정한 범위의 직무. 또는 그 직위) 따위의 등급. ②신분이나 직업, 재산 따위가 비슷한 사람들로 이루어지는 사회적 집단. 또는 그것을 기준으로 구분되는 계층. *투쟁(鬪爭): ①상대편을 이기려고 다툼(싸움). ②(사회운동이나 노동운동 따위에서) 목적을 이루기 위해서 다투는(싸우는) 일.

계란-유-골(鷄卵有骨 닭 **계**/알 **란**/있을 **유**/뼈 **골**) 닭의 알에 뼈가 있다는 뜻으로, 운수(運數)가 나쁜 사람은 모처럼 좋은 기회(機會)를 만나도 역시 일이 뜻대로 잘 안됨을 비유적으로 이르는 말. 그런데, 일반적으로 가정에서 먹는 계란(鷄卵)은 뼈가 없다. 여기서는, 계란(鷄卵)이 곯았다(속이 물크러져 상했다)로 이해해야 한다. *계란(鷄卵): =달걀. 즉, 닭이 낳은 알.《관련 속담》계란에도 뼈가 있다. / 뒤로 자빠져도 코가 깨진다. / 안 되는 놈은 뒤로 넘어져도 코가 깨진다. 이 사자성어의 유래는 다음과 같다. 조선 순조 때의 학자 조재삼(趙在三)이 지은『송남잡지(松南雜識)』의「방언류(方言類)」편(篇)에 〈조선 세종 때 영의정(領議政)을 지낸 황희(黃喜)는 청렴한 생활을 하다 보니 관복(官服, 관리의 제복)도 한 벌밖에 없었으며, 장마철에는 집에 비가 샐 정도로 가난했다. 세종대왕은 황희(黃喜)를 도와 줄 방법을 생각하다가, 하루 동안 새벽에 성문(城門, 성·城의 출입구에 만든 문·門)을 열었을 때부터 저녁에 닫을 때까지 문(門)의 안으로 들어오는 물건을 다 사서 황희(黃喜) 정승에게 주도록 조치했다. 그러나 그날은 뜻밖에도 새벽부터 몰아친 폭풍우가 종일토록 멈추지 않아 성(城)을 드나드는 장사치가 한 명도 없었다. 그러다가 해가 저물어 문(門)을 닫으려 할 때 한 사람이 달걀 한 꾸러미를 들고 들어왔다. 황희가 달걀을 가지고 집으로 돌아와 보니, 달걀이 모두 곯아서 한 알도 먹을 수가 없었다.〉라는 이야기가 나오는데, 여기서, '계란유골(鷄卵有骨)'이 유래했다. '골(骨)'은 '곯다'의 음(音)을 따서 쓴 것으로, 일종의 가차자(假借字. 어떤 뜻을 나타내는 한자가 없을 때 뜻은 다르나 음이 같은 글자를 빌려 쓰는 방법으로 만든 문자)로 볼 수 있다. 운(運)이 나쁜 사람은 모처럼의 좋은 기회가 와도 일이 뜻대로 되지 않음을 비유(比·譬喻. 어떤 사물의 모양이나 상태 따위를 보다 효과적으로 표현하기 위하여 그것과 비슷한 다른 사물에 빗대어 표현함. 또는 그 표현 방법)하는 말이다. 우리나라에만 있는 사자성어이다.

계림-일지(桂林一枝 계수나무 **계**/수풀 **림**/한 **일**/가지 **지**) 계수(桂樹)나무 숲에 (있는) 한 가지(나뭇가지)라는 뜻으로, ①대수롭지 않은 출세(出世)를 비유적으로 이르는 말. 중국 진(晉)나라의 극선(郤詵)이 현량과(賢良科. 우리나라와 중국에서 관리를 뽑을 때 실시하던 시험의 하나)에 제일(第一)로 천거(薦擧. 어떤 일을 맡아 할 수 있는 사람을 그 자리에 쓰도록 소개하거나 추천함)되었으나, 이에 만족하지 않고 겨우 계수나무 숲에서 나뭇가지 하나를 얻었을 뿐이라고 말한 데에서 유래한다. ②사람됨이 출중(出衆. 뭇사람 가운데에서 뛰어남)하면서도 청빈하고 겸손함을 비유적으로 이르는 말. 〔참〕극선일지(郤詵一枝). *계림(桂林): ①계수나무로 이루어진 숲. ②아름다운 숲. ③문인(文人) 사회를 비유적으로 이르는 말. *일지(一枝): 하나의 나뭇가지. *계수나무(桂樹~): 부록 '계(桂)' 참고.

계림-팔도(鷄林八道 닭 **계**/수풀 **림**/여덟 **팔**/도 **도**) (우리나라의 딴 이름인) 계림(桂林)과 (우리나라 여덟 개의 행정구역인) 팔도(八道)라는 뜻으로, 우리나라 전체를 달리 이르는 말. *계림(鷄林): ①신라(新羅)의 다른 이름. 숲 속에서 이상한 닭 울음소리가 들리기에 가 보니, 나뭇가지에 흰 닭과 금빛의 궤 속에 신라 김 씨 왕조의 시조(始祖)가 되는 김알지(金閼智)가 있었다는 설화에서 유래한다. ②경주(慶州)의 다른 이름. ③우리나라의 다른 이름. *팔도(八道): ①조선 시대에, 국토를 여덟 개의 도(道)로 나눈 행정구역. 곧, 경기도, 충청도, 전라도, 경상도, 강원도, 황해도, 평안도, 함경도 따위. ②우리나라의 전국(全國)을 달리 이르는 말.

계명-구도(鷄鳴狗盜 닭 **계**/울 **명**/개 **구**/도둑 **도**) 닭처럼 울고 개처럼 (개구멍으로) (물건을) 도둑질한다(훔친다)는 뜻으로, 닭 울음소리나 내고 개구멍(담이나 울타리 또는 대문짝 밑에 개가 드나들도록 터놓은 작은 구멍)으로 물건을 도둑질하는(훔치는) 것과 같은 변변치 못한 재주(순우리말로, 무엇을 잘할 수 있는, 타고난 능력과 슬기). 즉, 비굴하게 남을 속이는 하찮은 재주, 또는 그런 재주를 가진 사람을 비유적으로 이르는 말. 또는 고상(高尙. 인품이나 학문, 취미 따위가, 정도가 높으며 품위가 있음)한 학문은 없고 천박(淺薄. 지식이나 생각 따위가 얕음)한 꾀를 써서 남을 속이는 사람을 이르는 말이기도 하다. *계명(鷄鳴): 닭의 울음. *구도(狗盜): 개 흉내를 내면서 물건을 훔치는 도둑. 이 사자성어의 유래는 다음과 같다. 그런데 이 사자성어는 '구도(狗盜)'와 '계명(鷄鳴)'이 결합되어 이루어진 말이다. 『사기(史記)』 의 「맹상군열전(孟嘗君列傳)」 편(篇)에는 '구도(狗盜)'가 나온다. 〈맹상군(孟嘗君)은 근심에 차 (데리고 온) 식객들에게 모두 물어보았으나 아무도 대책을 생각해 내지 못했다. 그런데 하급 식객 중에 개처럼 (개구멍으로 기어 들어가) 도둑질을 할 줄 아는 사람이 나서서 말했다. "제가 호백구(狐白裘)를 가져올 수 있습니다." 그는 밤에 개처럼 진(秦)나라 궁중(宮中)의 창고에 들어가 (소왕·昭王에게) 바쳤던 호백구 (狐白裘)를 가져와 소왕(昭王)의 총희(寵姬)에게 바쳤다.(孟嘗君患之, 遍問客, 莫能對. **最下坐有能爲狗盜 者**, 曰, 臣能得狐白裘, 乃夜爲狗, 以入秦宮臧中, 取所獻狐白裘至, 以獻秦王幸姬.)〉라는 이야기가 나오는 데, '하급 식객 중에 개처럼 (개구멍으로 기어 들어가) 도둑질을 할 줄 아는 사람(最下坐有能爲狗盜者)'에 서, '구도(狗盜)'가 유래했다. 참고로, 원문의 '孟嘗君患之'에서, '孟'은 성씨(姓氏) '맹'으로 읽고, '嘗'은 맛볼 '상'으로 읽고, '君'은 임금 '군'으로 읽는다. '孟嘗君'은 사람 이름. '患'은 근심할 '환'으로 읽고, '之'는 어조사 '지'로 읽는다. '그것'을 나타내는 지시 대명사. '孟嘗君患之'를 직역(直譯)하면, 맹상군(孟嘗君)은 그것을 근심하였다. '遍問客'에서, '遍'은 두루 '편', 널리 '편'으로 읽고, '問'은 물을 '문'으로 읽는다. 그런데 어떤 자료에는 '回'로 표기되어 있다. 글의 흐름으로 보아 '問'이 맞는다고 생각되어 여기서는 '問'을 택했다. '客'은 손 '객', 손님 '객'으로 읽는다. '遍問客'을 직역(直譯)하면, (그래서) 손님('식객·食客'을 가리킴)에게 두루 물었다. '莫能對'에서, '莫'은 아닐(부정하는 말) '막'으로 읽고, '能'은 능할 '능'으로 읽고, '對'는 대답할 '대'로 읽는다. '莫能對'을 직역(直譯)하면, 능히 대답하는 (이가) 없었다. '最下坐有能爲狗盜者'에서, '最'는 가장 '최'로 읽고, '下'는 아래 '하'로 읽는다. '最下'는 높이, 수준, 등급, 정도 따위의 맨 아래. '坐'는 앉을 '좌'로 읽고, '有'는 있을 '유'로 읽는다. '有能'은 어떤 일을 남들보다 잘하는 능력이 있음. '爲'는 할 '위'로 읽고, '狗'는 개 '구'로 읽고, '盜'는 도둑 '도'로 읽고, '者'는 사람 '자'로 읽는다. '最下坐有能爲 狗盜者'를 직역(直譯)하면, 가장 아래에 앉아 (있던 사람 중에) 개를 도둑질할 수 있는 사람이 있었는데, (그가 말하기를), '臣能得狐白裘'에서, '臣'은 신(臣. 신하가 임금에게 자기를 일컫는 말) '신'으로 읽고, '得'은 얻을 '득'으로 읽고, '狐'는 여우 '호'로 읽고, '白'은 흰 '백'으로 읽고, '裘'는 갖옷(가죽옷) '구'로 읽는다. '狐白裘'는 여우 겨드랑이의 흰 털이 있는 부분의 가죽으로 만든 옷. '臣能得狐白裘'을 직역(直譯)하 면, 신(臣. 신하가 임금에 대하여 자기를 일컫는 말)이 호백구(狐白裘)를 얻을 수 있습니다. '乃夜爲狗'에서, '乃'는 이에(이러하여서 곧) '내'로 읽고, '夜'는 밤 '야'로 읽고, '爲'는 될 '위'로 읽는다. '乃夜爲狗'를 직역(直 譯)하면, (그렇게 말하고는) (그는) 이에 밤에 개가 되어. '以入秦宮臧中'에서, '以'는 써(그것을 가지고, 그것으로 인하여) '이'로 읽고, '入'은 들 '입'으로 읽고, '秦'은 진(秦)나라 '진'으로 읽고, '宮'은 궁궐 '궁'으로 읽고, '臧'은 창고(倉庫) '장'으로 읽고, '中'은 가운데 '중', 안 '중'으로 읽는다. '以入秦宮臧中'을 직역(直譯)하 면, 그것으로 인하여 진(秦)나라의 궁궐 창고 안에 들어갔다. '取所獻狐白裘至'에서, '取'는 취(取)할 '취',

가질 '취'로 읽고, '所'는 바(앞에서 말한 내용 그 자체나 일 따위를 나타내는 말) '소'로 읽고, '獻'은
바칠 '헌'으로 읽고, '至'는 이를(어떤 장소나 시간에 닿을) '지'로 읽는다. '取所獻狐白裘至'를 직역(直譯)하
면, 호백구(狐白裘)를 (소왕에게) 바친 바 (그대로) 취하여 (맹상군·孟嘗君이 있는 장소에) 이르렀다.
'以獻秦王幸姬'에서, '幸'은 총애할(寵愛~. 남달리 귀여워하고 사랑할) '행'으로 읽고, '姬'는 계집 '희',
여자 '희'로 읽는다. '幸姬'는 ①남달리 사랑을 받는 여자. 또는 마음에 드는 여자. ②군주(君主. 세습적으로
나라를 다스리는 최고 지위에 있는 사람)의 첩. 또는 임금의 첩. '以獻秦王幸姬'를 직역(直譯)하면, 그것을
가지고 (와) 진왕(秦王. 진나라의 왕)이 총애(寵愛)하는 여인에게 바쳤다. 위 이야기의 배경은 이렇다.
제(齊)나라의 민왕(湣王)이 25년(기원전 299년)에 맹상군(孟嘗君)을 진(秦)나라에 보냈다. 진(秦)나라의
소왕(昭王)은 즉시 맹상군(孟嘗君)을 진(秦)나라의 재상(宰相. 임금을 보필하며 모든 관원을 지휘, 감독하
는 자리에 있는 이품·二品 이상의 벼슬을 통틀어 이르던 말)으로 임명했다. 그러자 신하들 중에 한
사람이 소왕(昭王)에게 간(諫)했다. 여기서, '간하다(諫~)'는 웃어른이나 임금에게 옳지 못하거나 잘못된
일을 고치도록 말하다. "맹상군(孟嘗君)은 현능한(賢能~. 현명하고도 재간이 있는) 사람이며 제(齊)나라
왕의 종친(宗親. 임금의 친족)입니다. 이제 진(秦)나라의 재상(宰相)이 되었으니 분명 먼저 제(齊)나라를
앞세우고 진(秦)나라를 뒤에 둘 것입니다. 그러면 진(秦)나라가 위태로워집니다." 소왕(昭王)은 맹상군(孟
嘗君)을 파면한(罷免~. 잘못을 저지른 사람에게 직무나 직업을 그만두게 한) 후(後) 옥(獄)에 가두고
죽이려고 했다. 맹상군(孟嘗君)은 소왕(昭王)의 총희(寵姬. 특별한 귀염과 사랑을 받는 여자)에게 사람을
보내 자기를 구해달라고 부탁했다. 총희(寵姬)는 조건을 제시했다. "맹상군(孟嘗君)의 호백구(狐白裘)를
갖고 싶소." 당시(當時. 일이 있었던 바로 그때. 또는 이야기하고 있는 그 시기) 맹상군(孟嘗君)은 호백구
(狐白裘) 하나를 가지고 있었는데, 천금(千金)의 가치가 있는 천하의 귀한 물건이었다. 그런데 진(秦)나라
에 들어올 때 소왕(昭王)에게 선물을 해 버려 가지고 있지 않았다. 결국 구도(狗盜)가 소왕(昭王)에게
바쳤던 호백구(狐白裘)를 가져와 소왕(昭王)의 총희(寵姬)에게 바쳤던 것이다. 또 같은 책에서 '계명(鷄鳴)'
이 나온다. 〈맹상군이 추격병(追擊兵)이 쫓아올까 걱정을 하고 있는데, 하급 식객 중에 닭 울음소리를
낼 줄 아는 사람이 있어 닭 울음소리를 내자, 모든 닭들이 울어 대 바로 (출입증을) 제시하고 (관문을)
나올 수가 있었다.(孟嘗君恐追至. 客之居下坐者有能爲鷄鳴, 而鷄齊鳴, 遂發傳出.)〉라는 이야기가 나오는
데, '하급 식객 중에 닭 울음소리를 낼 줄 아는 사람이 있어 닭 울음소리를 내자.(客之居下坐者有能爲鷄鳴)'
에서, '계명(鷄鳴)'이 유래했다. '계명구도(鷄鳴狗盜)'는 이렇게 '계명(鷄鳴)'과 '구도(狗盜)'가 합쳐서 이루어
진 사자성어(四字成語)다. 참고로, 원문의 '孟嘗君恐追至'에서, '恐'은 두려울 '공', 두려워할 '공'으로 읽고,
'追'는 쫓을 '추'로 읽는다. '孟嘗君恐追至'를 직역(直譯)하면, 맹상군(孟嘗君)이 (추격병·追擊兵이) 쫓아와
이를까(도달할까) 두려웠다. '客之居下坐者有能爲鷄鳴'에서, '客'은 손 객, 손님 '객'으로 읽고, '之'는 어조사
'지'로 읽는다. '~의'를 나타내는 관형격 조사. '居'는 살 '거', 있을 '거'로 읽고, '下'는 아래 '하'로 읽는다.
'客之居下'를 직역(直譯)하면, 아래에 있는 손님. '坐'는 앉을 '좌'로 읽고, '者'는 사람 '자'로 읽고, '有'는
있을 '유'로 읽고, '能'은 능히 할 수 있을 '능'으로 읽고, '爲'는 할 '위'로 읽고, '鷄'는 닭 '계'로 읽고,
'鳴'은 울 '명'으로 읽는다. '坐者有能爲鷄鳴'을 직역(直譯)하면, 앉아 있는 사람 (중에) 닭 울음소리를
능히 할(흉내 낼) 수 있는 (사람이) 있었다. '客之居下坐者有能爲鷄鳴'을 직역(直譯)하면, 아래에 있는
손님으로서, 앉아 있는 사람 (중에) 닭 울음소리를 할(흉내 낼) 수 있는 (사람이) 있었다. '而鷄齊鳴'에서

‘而’는 말 이을 ‘이’로 읽는다. ‘그런데’의 뜻을 나타냄. ‘齊’는 일제히 ‘제’, 다 같이 ‘제’로 읽는다. ‘而鷄齊鳴’을 직역(直譯)하면, 그런데 (그가 닭 울음소리를 내자) 일제히 닭이 울었다. ‘遂發傳出’에서, ‘遂’는 드디어 ‘수’, 마침내 ‘수’로 읽고, ‘發’은 떠날 ‘발’로 읽고, ‘傳’은 전할 ‘전’으로 읽고, ‘出’은 날 ‘출’로 읽는다. ‘遂發傳出’은, 직역(直譯)하면 드디어 (맹상군은) (출입증을) 전(傳)하여 내고 (제출하고) (함곡관의 관문을) 떠났다. 이 이야기의 배경은 이렇다. 호백구(狐白裘)를 손에 쥔 총희(寵姬)가 소왕(昭王)에게 잘 말해 주어, 소왕(昭王)은 맹상군(孟嘗君)을 풀어주었다. 맹상군(孟嘗君)은 석방된 후 즉시 출입증을 바꾸고 이름을 바꾸어 서둘러 떠나 야밤에 함곡관(函谷關)에 이르렀다. 뒤늦게 소왕(昭王)이 맹상군(孟嘗君)을 풀어 준 것을 후회하고 찾았다가, 맹상군(孟嘗君)이 이미 떠났다는 것을 알고 급히 사람들을 시켜 추격하도 록 했다. 한편 맹상군(孟嘗君) 일행이 함곡관(函谷關)에 도착했지만, 규정에 의하여 닭이 우는 시간이 되어야 함곡관(函谷關)의 관문(關門)을 빠져 나올 수 있었다. 그때 하급 식객 중에 한 사람이 계명(鷄鳴) 즉, 닭 울음소리를 내어 무사히 관문(關門)을 탈출했다는 것이다. 이렇게 맹상군(孟嘗君)은 두 사람의 식객 도움으로 위기를 모면(謀免. 어떤 일이나 책임을 꾀를 쓰거나 운이 좋아서 벗어남)했는데, 다른 한편으로 이를 비판하는 글이 있다. 그것이 왕안석(王安石)의 「독맹상군전(讀孟嘗君傳)」에 나온다. 〈세상 사람들은 맹상군(孟嘗君)은 선비를 얻었으며, 선비들은 이 때문에 그에게 귀복(歸復)하였고, 마침내 그들 의 힘에 의지(依支)하여 진(秦)나라를 벗어날 수 있었다고 말한다. 오호라! 맹상군(孟嘗君)은 다만 닭 울음소리나 내고, 개처럼 개구멍으로 들어가 도둑질이나 하는 무리의 우두머리였을 뿐이다. 어찌 선비를 얻었다고 말할 수 있겠는가?(世皆稱孟嘗君能得士, 士以故歸之, 而卒賴其力, 以脫於虎豹之秦, 嗟乎. <u>**孟嘗君 特鷄鳴狗盜之雄耳**</u>. 豈足以言得士)〉라는 이야기가 나오는데, ‘맹상군(孟嘗君)은 다만 닭 울음소리나 내고, 개처럼 개구멍으로 들어가 도둑질이나 하는 무리의 우두머리였을 뿐이다.(孟嘗君特鷄鳴狗盜之雄耳)’에서, ‘계명구도(鷄鳴狗盜)’가 유래했다. 평소 정치 비판적인 글을 많이 썼던 송(宋)나라의 정치가이자 문인이며, 당송팔대가(唐宋八大家)의 한 사람인 왕안석(王安石)이 맹상군(孟嘗君)을 기껏해야 계명구도(鷄鳴狗盜)의 무리들이나 거느린 사람이라고 비판한 글이다. 참고로, 원문의 ‘世皆稱孟嘗君能得士’에서, ‘世’는 세상(世 上) ‘세’로 읽고, ‘皆’는 다 ‘개’, 모두 ‘개’로 읽고, ‘稱’은 일컬을 ‘칭’으로 읽고, ‘能’은 할 수 있을 ‘능’으로 읽고, ‘得’은 얻을 ‘득’으로 읽고, ‘士’는 선비 ‘사’로 읽는다. ‘世皆稱孟嘗君能得士’를 직역(直譯)하면, 세상(세 상 사람들)은 다 맹상군(孟嘗君)이 선비를 (잘) 얻을 수 있다고 일컬었다. ‘士以故歸之’에서, ‘故’는 그러므로 ‘고’로 읽고, ‘歸’는 돌아올 ‘귀’로 읽고, ‘之’는 어조사 ‘지’로 읽는다. 여기서는 ‘그것’을 나타내는 지시 대명사. ‘士以故歸之’를 직역(直譯)하면, 그러므로 선비들은 그것(‘맹상군·孟嘗君’을 가리킴)으로 인하여 그것(‘맹상군·孟嘗君’을 가리킴)에게 돌아왔다. 즉, 그러므로 선비들은 이 때문에 그에게 귀복(歸復, 돌아 서서 복종하여 붙좇음)하였다는 뜻이다. ‘而卒賴其力’에서, ‘卒’은 마침내 ‘졸’로 읽고, ‘賴’는 의지(依支)할 ‘뢰(뇌)’로 읽고, ‘其’는 그(지시하는 말) ‘기’로 읽고 ‘力’은 힘 ‘력(역)’으로 읽는다. ‘而卒賴其力’을 직역(直譯) 하면, 그리고 마침내 (선비들은) 그(‘맹상군·孟嘗君’을 가리킴)의 힘에 의지(依支)하게 되었다. ‘以脫於虎豹 之秦’에서, ‘脫’은 벗을 ‘탈’, 벗어날 ‘탈’로 읽고, ‘虎’는 범 ‘호’로 읽고, ‘豹’는 표범 ‘표’로 읽는다. ‘以脫於虎豹 之秦’은, 직역(直譯)하면 (그리고) 그것으로 인하여 범이나 표범 같은 진(秦)나라에서 벗어날 수 있었다. ‘嗟乎’에서, ‘嗟’는 탄식할 ‘차’로 읽고, ‘乎’는 어조사 ‘호’로 읽는다. ‘~도다’, ‘~이로구나(영탄)’의 뜻을 나타냄. ‘嗟乎’는 주로 글에서, 매우 슬퍼 탄식할 때 쓰는 말. ‘嗟乎’를 직역(直譯)하면, 오호라. ‘孟嘗君特鷄

鳴狗盜之雄耳’에서, ‘特’은 특히 ‘특’, 다만 ‘특’으로 읽고, ‘鷄’는 닭 ‘계’로 읽고, ‘鳴’은 울 ‘명’으로 읽고, ‘狗’는 개 ‘구’로 읽고 ‘盜’는 도둑 ‘도’로 읽고, ‘之’는 어조사 ‘지’로 읽는다. 여기서는 ‘~의’를 나타내는 관형격 조사. ‘雄’은 뛰어날 ‘웅’, 두목(패거리의 우두머리) ‘웅’으로 읽고, ‘耳’는 따름 ‘이’, 뿐 ‘이’로 읽는다. ‘~할 뿐이다(한정)’의 뜻을 나타냄. ‘孟嘗君特鷄鳴狗盜之雄耳’를 직역(直譯)하면, 맹상군(孟嘗君)은 다만 닭처럼 울고, 개 도둑의 두목일 뿐이었다. 즉, 맹상군(孟嘗君)은 다만 닭 울음소리나 내고, 개처럼 개구멍으로 들어가 도둑질이나 하는 무리의 우두머리였을 뿐이다. 다시 말하면, 비굴하게 남을 속이는 하찮은 재주를 가진 자(者)의 우두머리일 뿐이었다. 여기서, ‘鷄鳴狗盜’가 유래하였는데, 이것을 직역(直譯)하면, 닭처럼 울고 개처럼 (개구멍으로) (물건을) 도둑질한다(훔친다)는 뜻으로, 닭 울음소리나 내고 개구멍(담이나 울타리 또는 대문짝 밑에 개가 드나들도록 터놓은 작은 구멍)으로 물건을 도둑질하는(훔치는) 것과 같은 변변치 못한 재주. 즉, 비굴하게 남을 속이는 하찮은 재주, 또는 그런 재주를 가진 사람을 비유적으로 이르는 말. 또는 고상(高尙)한 학문은 없고 천박(淺薄)한 꾀를 써서 남을 속이는 사람을 이르는 말이기도 하다. ‘豈足以言得士’에서, ‘豈’는 어찌(의문 부사) ‘기’로 읽고, ‘足’은 만족하게 여길 ‘족’으로 읽고, ‘言’은 말씀 ‘언’으로 읽는다. ‘豈足以言得士’를 직역(直譯)하면, 어찌 선비를 얻었다고 말함으로써 만족하게 여기는가? 즉, 어찌 선비를 얻었다고 말할 수 있겠는가?

계명-구폐(鷄鳴狗吠 닭 **계**/울 **명**/개 **구**/짖을 **폐**) 닭 우는 (소리와) 개 짖는 (소리를) (서로) (들을 수 있을 정도로 가깝다는) 뜻으로, 인가(人家. 사람이 사는 집)나 마을이 잇달아 있음을 비유적으로 이르는 말. *계명(鷄鳴): ☞계명구도(鷄鳴狗盜). *구폐(狗吠): 개가 짖음. 또는 그 소리.

계명-산천(鷄鳴山川 닭 **계**/울 **명**/뫼 **산**/내 **천**) 닭이 울 때의 뫼(‘산’의 옛말)와 내[川]라는 뜻으로, 닭이 울어, 날이 밝아 올 무렵의 자연(自然)을 이르는 말. *계명(鷄鳴): ☞계명구도(鷄鳴狗盜). *산천(山川): ①산(山)과 내[川]를 아울러 이르는 말. ②산(山)과 내[川]라는 뜻으로, 자연(自然) 또는 자연의 경치를 이르는 말.

계명-축시(鷄鳴丑時 닭 **계**/울 **명**/둘째지지 **축**/때 **시**) 닭이 우는 축시(丑時)라는 뜻으로, 첫닭이 울 (무렵인) 둘째지지의 때. 즉, 축시(丑時)를 이르는 말. 곧 새벽 한 시에서 세 시 사이를 일컫는다. *계명(鷄鳴): ☞계명구도(鷄鳴狗盜). *축시(丑時): 이십사 시의 셋째 시. 상오 1시부터 3시까지의 동안.

계-무-소출(計無所出 계산 **계**/없을 **무**/바 **소**/날 **출**) 계산해 봐도(헤아려도) 나오는 바[所]가 없다. 즉, 꾀가 나올 데가 없다는 뜻으로, 있는 꾀 다 써 봐도 별 수 없음. 또는 어려운 일을 당하여 온갖 꾀를 써 보아도 해결할 방법을 찾지 못함을 이르는 말. =백계무책(百計無策). *소출(所出): 논밭에서 생산되는 곡식. 또는 그 곡식의 양(量). *바: 부록 ‘소(所)’ 참고.

계-문-왕생(戒門往生 계율 **계**/문 **문**/갈 **왕**/날 **생**) 계율(戒律)의 문으로 가서 (다시) 난다(태어난다)는 뜻으로, 계율(戒律)을 잘 지킨 공덕(功德. 착한 일을 하여 쌓은 업적과 어진 덕)으로 극락정토(極樂淨土. 본문 참고)에서 태어남을 이르는 말. *왕생(往生): (불교에서) ①목숨이 다하여 다른 세계에 가서 태어남. 이승(지금 살고 있는 이 세상)을 떠나 저승(사람이 죽은 뒤에 그 혼·魂이 가서 산다고 하는 세상. =저세상)에 다시 태어남. ②=왕생극락(往生極樂). 즉, 불교에서, 죽어서 극락세계(極樂世界. 본문 참고)에 태어남을 이르는 말. *계율(戒律): ①중(승려)이 지켜야 할 규율(規律. 질서나 제도를 유지하기 위하여 정하여 놓은, 행동의 준칙이 되는 본보기)을 이르는 말. ②지난날, 불교의 각 종파 내의 질서를 유지하기 위하여, 교단 당국이 설정한 규칙과 처벌.

계-불-입-량(計不入量 계산 **계**/못할 **불**/들 **입**/헤아릴 **량**) 계산(計算)으로는 (무엇이) 들어오는 (것을) 헤아리지 못한다는 뜻으로, 꾀나 계획이 들어맞지 아니함을 이르는 말. *들다: 부록 입(入) 참고.

계비-지-총(繫臂之寵 묶을 **계**/팔 **비**/어조사 **지**/귀여워할 **총**) 팔에 (비단을) 묶어 귀여워한다는 뜻으로, 군주(君主. 세습적으로 나라를 다스리는 최고 지위에 있는 사람)의 특별한 총애(寵愛. 남달리 귀여워하고 사랑함)를 비유적으로 이르는 말. 중국 진(晉)나라의 무제(武帝)가 예쁜 궁녀(宮女)를 골라, 그 팔꿈치에 붉은 비단을 걸었다는 데서 유래한다. 참 전방지총(專房之寵). *계비(繫臂): 팔꿈치에 낌. 또는 그런 물건.

계-비-직-고(階卑職高 차례 **계**/낮을 **비**/벼슬 **직**/높을 **고**) 차례는 낮고 벼슬은 높다는 뜻으로, 품계(品階. 왕조 때의 벼슬의 등급)는 낮은데 관직이 높음을 이르는 말. 즉, 품계가 낮은 사람이 높은 관직에 임명되는 경우를 일컫는다. 반 계고직비(階高職卑).

계상-재배(稽顙再拜 조아릴 **계**/이마 **상**/두 **재**/절 **배**) 이마(머리)를 조아려(숙여) 두 (번) 절을 (한다는) 뜻으로, 상제(喪制. 부모 또는 조부모의 거상·居喪 중에 있는 사람)가 편지를 쓸 때, 편지 첫 머리나 자기 이름 다음에 쓰는 한문 투의 말. 비 계수재배(稽首再拜). 돈수재배(頓首再拜). *계상(稽顙): ①(겸손의 뜻으로) 머리를 조아림. ②=계상재배(稽顙再拜). *재배(再拜): ①두 번 절함. 또는 그 절. ②'두 번 절하여 올립니다.'라는 뜻으로, 손윗사람에게 보내는 편지글 끝에 흔히 쓰는 말. *조아리다: 황송(惶悚. 분·分에 넘쳐 고맙고도 송구·悚懼함)하여, 이마가 바닥에 닿을 정도로 머리를 자꾸 숙이다.

계세-징인(戒世懲人 경계할 **계**/세상 **세**/징계할 **징**/사람 **인**) 세상을 경계(警戒)하고 사람을 징계(懲戒)한다는 뜻으로, 세상 사람들을 경계(警戒)하고 징계(懲戒)함을 이르는 말. *계세(戒世): 세상 사람들을 경계함. *징인(懲人): 나쁜 사람을 징계함. *경계하다(警戒~): 부록 '계(戒)' 참고. *징계하다(懲戒~): 부록 '징(懲)' 참고.

계수-재배(稽首再拜 조아릴 **계**/머리 **수**/두 **재**/절 **배**) 머리를 조아려(숙여) 두 (번) 절을 (한다는) 뜻으로, 머리가 땅에 닿도록 몸을 굽혀 두 번 절을 함. 흔히 한문 투의 편지 글에서, 상대편에 대한 경의(敬意. 존경의 뜻)를 표(表)하기 위하여 첫머리에 쓴다. 비 계상재배(稽顙再拜). 돈수재배(頓首再拜). *계수(稽首): (남을 공경하는 태도로) 머리를 조아림. *재배(再拜): ☞계상재배(稽顙再拜). *조아리다: ☞계상재배(稽顙再拜).

계옥-지-간(桂玉之艱 계수나무 **계**/구슬 **옥**/어조사 **지**/어려울 **간**) 계수나무보다 (비싼 장작과), 구슬(옥)보다 (귀한 밥으로 생활하는) 어려움이라는 뜻으로, 물가가 비싼 도회지(都會地. 인구가 많고 번화한 지역을 일반적으로 이르는 말)에서 고학(苦學. 학비를 스스로 벌어 고생하며 배움)하는 어려움을 비유적으로 이르는 말. 참 계옥지수(桂玉之愁). *계옥(桂玉): 계수나무보다 비싼 장작과 옥보다 귀한 밥이라는 뜻으로, 장작과 식량이 귀하고 비쌈을 이르는 말. *계수나무(桂樹~): 부록 '계(桂)' 참고.

계옥-지-수(桂玉之愁 계수나무 **계**/구슬 **옥**/어조사 **지**/근심 **수**) 계수나무보다 (비싼 장작과), 구슬(옥)보다 (귀한 밥으로 생활하는) 근심이라는 뜻으로, 다른 나라에 살면서 겪는 괴로움을 비유적으로 이르는 말. 참 계옥지간(桂玉之艱). *계옥(桂玉): ☞계옥지간(桂玉之艱). *계수나무(桂樹~): 부록 '계(桂)' 참고.

계옥-지-지(桂玉之地 계수나무 **계**/구슬 **옥**/어조사 **지**/땅 **지**) (장작이) 계수나무보다 (비싸고), (밥이) 구슬

(옥)보다 귀한 땅(곳)이라는 뜻으로, 물가가 비싼 도회지(都會地. <u>인구가 많고 번화한 지역을 일반적으로</u> <u>이르는 말</u>)를 비유적으로 이르는 말. *계옥(桂玉): ☞계옥지간(桂玉之艱). *계수나무(桂樹~): 부록 '계 (桂)' 참고.

계-저-주-면(鷄猪酒麪 닭 **계**/산돼지 **저**/술 **주**/국수 **면**) 닭과 산돼지와 술과 국수라는 뜻으로, 한방(韓方) 에서 약을 먹을 때에, 병(病)과 약(藥)의 성분과 관련하여 금(禁)하는, 네 가지 상극되는 음식물인 닭고 기, 돼지고기, 술, 밀가루 음식 따위를 아울러 이르는 말.

계절-존망(繼絶存亡 이을 **계**/끊어질 **절**/있을 **존**/망할 **망**) 끊어진 (것을) (다시) 이어, 망하여 있는 (것을) (존속시킨다는) 뜻으로, 아들이 없어서 대(代)가 끊어지게 된 집안이나 왕실(王室)에서, 양자(養子. <u>조카</u> <u>뻘 되는 이를 데려다가 삼은 아들</u>)를 들여 대(代)를 이음을 이르는 말. *계절(繼絶): 끊어진 대(代)를 다시 이음. *존망(存亡): 존속과 멸망. 삶과 죽음.

계주-생면(契酒生面 맺을 **계**/술 **주**/날 **생**/낮 **면**) 계주(契酒), 즉, 곗술로 낯낸다는 뜻으로, 여러 사람의 것을 마치 자기의 것처럼 생색(生色. <u>남에게 어떤 도움을 준 일로 말미암아 떳떳해지는 체면</u>)을 냄을 이르는 말. *계주(契酒): 계(契)의 모임에서 마시는 술. =곗술. *생면(生面): ①낯선 얼굴. 또는 처음 대하는 얼굴. ②생색을 냄.《관련 속담》곗술에 낯내기. / 재주는 곰이 넘고 돈은 되놈이 받는다. / 재주 는 곰이 부리고 돈은 주인(호인. 왕서방)이 받는다.

계찰-계-검(季札繫劍 끝 **계**/편지 **찰**/묶을 **계**/칼 **검**) 계찰(季札)이 칼을 묶는다는 뜻으로, 신의(信義)를 중시하는 것을 비유적으로 이르는 말. *계찰(季札): 사람 이름. <u>이 사자성어의 유래는 다음과 같다.</u> <u>『사기(史記)』의 「오태백세가(吳太伯世家)」 편(篇)에 〈계찰(季札. 이 이야기의 주인공)이 처음 사신(使臣.</u> <u>지난날 나라의 명·命을 받아 외국에 파견되던 신하)으로 갈 때, 북쪽 서국(徐國. 서·西나라)의 군주(君主.</u> <u>세습적으로 나라를 다스리는 최고 지위에 있는 사람)에게 들렀다. 서군(徐君. 서·西나라의 군주)이 계찰</u> <u>(季札)의 칼이 마음에 들었지만, 차마 입 밖에 내지 않았다. 계찰(季札)이 마음속으로 알고 있었으나,</u> <u>상국(上國)에 사신(使臣. 지난날, 나라의 명·命을 받고 외국에 파견되던 신하)으로 가는 길이었기 때문에,</u> <u>여기서 '상국(上國)'은 작은 나라로부터 조공(朝貢. 왕조 때, 속국·屬國이 종주국·宗主國에게 때마다 예물</u> <u>을 바치던 일)을 받는 큰 나라를 이르는 말. 검(劍)을 드릴 수 없었다. 돌아오는 길에 서국(徐國)에 들렀지</u> <u>만, 서군(徐君)이 이미(돌이킬 수 없이 된 지난 일을 일컬을 때 쓰는 말) 죽고 없었다. 이에 자신의</u> <u>보검(寶劍. 보배로운 칼)을 풀어, 서국(徐國)·군주(君主)의 무덤가 나무에 묶어두고(걸어두고) 떠났다.(季</u> <u>札之初使. 北過徐君. 徐君好季札劍. 口弗敢言. 季札心知之. 爲使上國. 未獻. 還至徐. 徐君已死. **於是乃解**</u> **其寶劍. 系之徐君冢樹而去**)〉[종자(從者. 윗사람을 따라다니며 시중드는 사람)가 물었다. "서군(徐君)은 이미 죽었는데, 누구에게 주시려는 것입니까?" 계찰(季札)이 (그 이유에 대해) 말했다. "그런 말 하지 마라. 당초 내가 주기로 마음먹었는데, 죽었다고 내 마음을 어길(바꿀) 수 있겠는가?"]라는 이야기가 나오는데, '이에 자신의 보검(寶劍. 보배로운 칼)을 풀어, 서국(徐國) 군주(君主)의 무덤가 나무에 묶어두 고(걸어두고) 떠났다.(於是乃解其寶劍. 系之徐君冢樹而去)'에서 '계찰계검(季札繫劍)' 또는 '계찰괘검(季 札掛劍)'이 유래했다. 이것('계찰계금'과 '계찰괘검')은 위 이야기를 요약(要約. 말이나 글에서 중요한 것만 을 추려 냄)한 것으로, 서로 섞어서 쓰인다. 이는 원문의 해석의 차이에서 나온 것으로 보인다. 계찰(季 札)이 칼[劍]을 무덤가 나무 위에 묶어[繫] 두었다면, '계찰계검(季札繫劍)'에 해당되는 표현이다. 그러나 계찰(季札)이 칼[劍]을 무덤가 나무 위에 걸어[掛] 두었다면, '계찰괘검(季札掛劍)'에 해당되는 표현이라고 할 수 있겠다. 이 이야기와 비슷한 내용은 『신서(新序)』「잡사(雜事)」에도 나온다. 여기서, 계찰(季札)은 입 밖에 내지도 않은 자기 마음속의 약속을 그것도 대상자가 죽고 없어진 상태에서, 누가 알아주든 말든 실천하였다. 계찰(季札)이 신의(信義)를 중시한 이 일화(逸話. 어떤 사람이나 어떤 사건에 관련된, 아직 세상에 널리 알려지지 않은 이야기)는 대단히 감동적이다. 입 밖으로 내지 않았어도 스스로 마음속으로 자신에게 했던 약속을 지킨다는 것이 어디 쉬운 일인가? 또한 맹세까지 하면서 굳게 한 약속도 헌신짝처럼 버리는 이 세태(世態. 세상의 형편이나 상태)에, 마음속 약속을 어겼다고 한들 그것을 탓할 사람이 과연 얼마나 있겠는가? 요즘은 약속 그 자체를 믿지 않으려는 사람들이 많은 것 같아, 신의(信義)를 중시한 계찰(季札)의 행위('계찰계검·季札繫劍' 또는 '계찰괘검·季札掛劍')가 더욱 더 훌륭하게 보이지 않을 수 없다. 오늘날의 모든 사람이 반드시 본받아야 할 미덕(美德. 아름다운 덕성, 또는 도덕적인 훌륭한 행동)이다. 참고로 원문의 '季札之初使'에서, '季'는 끝 '계'로 읽고, '札'은 편지(片·便紙) '찰'로 읽는다. '季札'은 이 이야기의 주인공 이름. '之'는 어조사 '지'로 읽는다. '~이', '~가'의 뜻을 나타내는 주격 조사. '初'는 처음 '초'로 읽고, '使'는, 여기서는 사신(使臣. 지난날, 나라의 명·命을 받고 외국에 파견되던 신하) '사'로 읽는다. '季札之初使'를 직역(直譯)하면, 계찰(季札)이 처음 사신(使臣)으로 (갈 때), '北過徐君'에서, '北'은 북녘 '북'으로 읽고, '過'는 지날 과, 들를(방문할) '과'로 읽고, '徐'는, 여기서는 나라의 이름 '서'로 읽고, '君'은 임금 '군'으로 읽는다. '北過徐君'을 직역(直譯)하면, 북쪽 서국(徐國. 서·徐 나라)의 임금에게 들렀다(방문하였다). '徐君好季札劍'에서, '好'는 좋아할 '호'로 읽고, '劍'은 칼 '검'으로 읽는다. '徐君好季札劍'을 직역(直譯)하면, 서군(徐君. 서·西나라의 군주)이 계찰(季札)의 칼을 좋아하였지만(칼이 마음에 들었지만), '口弗敢言'에서, '口'는 입 '구'로 읽고, '弗'은 아닐(부정하는 말) '불'로 읽는다. '不'과 같은 뜻이다. '敢'은 감히(敢~. 두려움을 무릅쓰고, 또는 송구함을 무릅쓰고) '감'으로 읽고, '言'은 말씀 '언'으로 읽는다. '口弗敢言'을 직역(直譯)하면, 감히(敢~) 입으로 말하지 않았다. 즉, 차마 입 밖에 낼 수 없었다는 뜻이다. '季札心知之'에서, '心'은 마음 '심'으로 읽고, '知'는 알 '지'로 읽고, '之'는 어조사 '지'로 읽는다. 여기서는 '그것'을 가리키는 지시 대명사. '季札心知之'를 직역(直譯)하면, 계찰(季札)이 마음으로 그것(서군·徐君이 나의 칼을 좋아함)을 알고 (있었으나), '爲使上國'에서, '爲'는 '할' 위로 읽고, '上'은, 여기서는 군주(君主) '상'으로 읽고, '國'은 나라 '국'으로 읽는다. '爲使上國'을 직역(直譯)하면, 군주(君主)의 나라에 사신(使臣)으로 (가야) 하기 (때문에), 바꾸어 말하면, 상국(上國)에 사신(使臣)으로 가는 길이었기 때문에, '未獻'에서, '未'는 아닐 '미'로 읽고, '獻'은 드릴 '헌', 바칠 '헌'으로 읽는다. '未獻'을 직역(直譯)하면, (검·劍을) 드리지(바치지) 않았다. '還至徐'에서, '還'은 돌아올 '환'으로 읽고, '至'는 이를(어떤 장소나 시간에 닿을) '지', 도달(到達)할 '지'로 읽는다. '還至徐'를 직역(直譯)하면, (사신·使臣의 임무를 마치고) 돌아오는 (길에) 서국(徐國)에 이르렀지만(들렀지만), '徐君已死'에서, '已'는 이미(=벌써. 돌이킬 수 없이 된 지난 일을 말할 때 쓰임) '이'로 읽고, '死'는 죽을 '사'로 읽는다. '徐君已死'를 직역(直譯)하면, 서군(徐君)이 이미 죽고 (없었다). '於是乃解其寶劍'에서, '於'는 어조사 '어'로 읽는다. '~에(위치)'의 뜻을 나타냄. '是'는 이(지시하는 말) '시'로 읽는다. '於是'는 한문(漢文) 구(句)의 하나로, 이때에. '乃'는, 여기서는 곧 '내'로 읽고, '解'는 풀 '해', 벗을 '해'로 읽고, '其'는 그(지시하는 말) '기'로 읽고, '寶'는 보배 '보'로 읽고, '劍'은 칼 '검'으로 읽는다. '寶劍'은 보배로운 칼. '於是乃解其寶劍'을 직역(直

譯)하면, 이때에 곧 그(자신의) 보검(寶劍)을 풀어, '系之徐君冢樹而去'에서, '系'는 묶을 '계', 매달 '계'로 읽고, '之'는 어조사 '지'로 읽는다. 여기서는 '그것'을 가리키는 지시 대명사. '冢'은 무덤 '총'으로 읽고, '樹'는 나무 '수'로 읽고, '而'는 말 이을 '이'로 읽는다. '그리고'의 뜻을 나타냄. '去'는 갈 '거'로 읽는다. '系之徐君冢樹而去'를 직역(直譯)하면, 서군(徐君)의 무덤가 나무에 그것(칼)을 묶어두고(걸어두고) 그리고 갔다(떠났다). 여기서 '계찰계검(季札繫劍)'이 유래했는데, 이것을 직역(直譯)하면, 계찰(季札)이 칼을 묶는다는 뜻으로, 신의(信義)를 중시하는 것을 비유적으로 이르는 말. 또 '계찰괘검(季札掛劍)'도 유래했는데, 이것을 직역(直譯)하면, 계찰(季札)이 칼을 건다는 뜻으로, 신의(信義)를 중시하는 것을 비유적으로 이르는 말.

계찰-괘-검(季札掛劍 끝 **계**/편지 **찰**/걸 **괘**/칼 **검**) 계찰(季札)이 칼을 건다는 뜻으로, 신의(信義)를 중시하는 것을 비유적으로 이르는 말. *계찰(季札): 사람 이름. 이 사자성어의 유래는 다음과 같다. 『사기(史記)』의 「오태백세가(吳太伯世家)」 편(篇)에 〈계찰(季札. 이 이야기의 주인공)이 처음 사신(使臣. 지난날 나라의 명·命을 받아 외국에 파견되던 신하)으로 갈 때, 북쪽 서국(徐國. 서·西나라)의 군주(君主. 세습적으로 나라를 다스리는 최고 지위에 있는 사람)에게 들렀다. 서군(徐君. 서·西나라의 군주)이 계찰(季札)의 칼이 마음에 들었지만, 차마 입 밖에 내지 않았다. 계찰(季札)이 마음속으로 알고 있었으나, 상국(上國)에 사신(使臣)으로 가는 길이었기 때문에, 여기서 '상국(上國)'은 작은 나라로부터 조공(朝貢. 왕조 때, 속국·屬國이 종주국·宗主國에게 때마다 예물을 바치던 일)을 받는 큰 나라를 이르는 말. 검(劍)을 드릴 수 없었다. 돌아오는 길에 서국(徐國)에 들렀지만, 서군(徐君)이 이미(돌이킬 수 없이 된 지난 일을 일컬을 때 쓰는 말) 죽고 없었다. 이에 자신의 보검(寶劍. 보배로운 칼)을 풀어, 서국(徐國) 군주(君主)의 무덤가 나무에 묶어두고(걸어두고) 떠났다.(季札之初使, 北過徐君. 徐君好季札劍, 口弗敢言. 季札心知之, 爲使上國, 未獻. 還至徐, 徐君已死, **於是乃解其寶劍, 系之徐君冢樹而去**)〉[종자(從者. 윗사람을 따라다니며 시중드는 사람)가 물었다. "서군(徐君)은 이미 죽었는데, 누구에게 주시려는 것입니까?" 계찰(季札)이 (그 이유에 대해) 말했다. "그런 말 하지 마라. 당초 내가 주기로 마음먹었는데, 죽었다고 내 마음을 어길(바꿀) 수 있겠는가?"]라는 이야기가 나오는데, '이에 자신의 보검(寶劍. 보배로운 칼)을 풀어, 서국(徐國) 군주(君主)의 무덤가 나무에 묶어두고(걸어두고) 떠났다.(於是乃解其寶劍, 系之徐君冢樹而去)'에서 '계찰계검(季札繫劍)' 또는 '계찰괘검(季札掛劍)'이 유래했다. 나머지 구체적인 내용은 ⇨계찰계검(季札繫劍).

계체-지-군(繼體之君 이을 **계**/몸 **체**/어조사 **지**/임금 **군**) 몸을 잇는 임금. 즉, 임금의 몸을 이어받는다는 뜻으로, 임금의 자리를 이어받을 황태자(皇太子)나 왕세자(王世子)를 이르는 말. *계체(繼體): ①조상의 뒤를 이어 받음. ②임금의 자리를 이어받음.

계포-일낙(季布一諾 막내 **계**/베 **포**/한 **일**/허락 **낙**) 계포(季布)의 한 번 허락(승낙)이라는 뜻으로, 절대로 틀림없는 승낙(承諾)을 이르는 말. *계포(季布): 사람 이름. *일낙(一諾): 한 번 승낙함. 이 사자성어의 유래는 다음과 같다. 『사기(史記)』의 「계포난포열전(季布欒布列傳)」 편(篇)에 〈조구생(曹丘生)은 계포(季布)를 찾아가 읍(揖)을 하며 말했다. "초(楚)나라 사람들의 말에, '황금 백 근을 얻는 것보다 계포(季布)의 승낙 한 마디를 얻는 것이 더 낫다'는 말이 있습니다. 그대는 어떻게 해서 양(梁. 나라 이름)과 초(楚. 나라 이름)에서 이렇게 명성(名聲. 세상에 널리 퍼져 평판 높은 이름)을 얻었겠습니까?〉(曹丘至, 卽揖季布日, 楚人諺曰, **得黃金百斤, 不如得季布一諾**. 足下何以得此聲於梁楚閒哉,)〉라는 이야기가 나오는데, '황금 백 근을 얻는 것보다 계포(季布)의 승낙 한 마디를 얻는 것이 더 낫다.(得黃金百斤, 不如得季布一諾)'에서, '계포일낙(季布一諾)'이 유래했다. 이 이야기의 배경은 이렇다. 초(楚)나라 사람인 계포(季布)는 젊었을 때부터 의협심(義俠心. 남의 어려움을 돕거나 억울함을 풀어 주기 위하여 자신을 희생하려는 의로운 마음)이 강했으며, 한번 약속을 하면 끝까지 지켰다. 중국 한(漢)나라의 초대(初代) 황제인 유방(劉邦)과 중국 진(晉)나라 말기의 군인(장군)인 항우(項羽)가 천하(天下)를 걸고 싸울 때 계포(季布)는 항우(項羽)의 휘하(麾下. 장군의 지휘 아래, 또는 그 지휘 아래에 딸린 군사)에서 여러 관직(官職. 관리로서, 국가로부터 위임 받은 일정한 범위의 직무, 또는 그 직위)을 지냈으며, 장수(將帥)로서 출전해 여러 차례 유방(劉邦)을 괴롭혔다. 항우(項羽)가 패망(敗亡. 전쟁에 져서 망함)하고 유방(劉邦)이 천하(天下)를 통일하자, 유방(劉邦)은 계포(季布)의 목에 천금(千金)의 현상금(懸賞金. 무엇을 모집하거나, 구하거나, 사람을 찾는 일 따위에 내건 돈)을 걸고 그를 숨겨주는 자는 삼족(三族. 부모, 형제, 처자 또는 아버지, 아들, 손자를 통틀어 이르는 말)을 멸(滅)하겠고 했다. 한편, 초(楚)나라 사람인 조구생(曹邱生)은 말을 잘 했으며, 권력 있는 자(者)들과 어울리며 두장군(竇長君)과 친하게 지냈다. 이 소문을 들은 계포(季布)는 두장군(竇長君)에게 "조구생(曹邱生)은 장자(長者. 덕망이 뛰어나고 경험이 많아 세상일에 익숙한 어른)가 아니니, 교제(交際. 서로 사귀어 가까이 지냄)를 하지 않은 게 좋겠소."라는 내용의 편지를 보내 간(諫)했다. 여기서, '간하다(諫~)'는 웃어른이나 임금에게 옳지 못하거나 잘못된 일을 고치도록 말하다. 조구생(曹邱生)이 두장군(竇長君)을 찾아가 계포(季布)에게 보여줄 소개장을 써 달라고 부탁하자, "계포(季布)는 자네를 탐탁지 않게 여기고 있으니, 가지 않는 것이 좋겠소."라고 말하며 말렸다. 그때 조구생(曹邱生)은 계포(季布)를 찾아가 위의 이야기처럼 계포(季布)에게 '계포일낙(季布一諾)'을 강조하며 계포(季布)를 추켜세웠던 것이다. 결국 계포(季布)는 매우 기뻐하며 그를 받아들여 수개월 동안 상객(上客. 자기보다 지위가 높은 손님)으로 후대(厚待. 아주 잘 대접함)하며 머무르게 하고, 후한 선물을 주어 보냈다. 계포(季布)의 명성(名聲. 세상에 널리 퍼져 평판 높은 이름)이 갈수록 높아진 것은 이렇게 조구생(曹邱生)이 선전(宣傳. 주의, 주장이나 어떤 사물의 존재, 효능 따위를 사람들에게 설명하고 이해와 공감을 얻기 위해 널리 알림)을 많이 해 주었기 때문이었다. 참고로, 원문의 '曹丘至'에서, '曹'는 중국에서는 성씨(姓氏) '조'로 읽고, 우리나라에서는 무리 '조'로 읽는다. '丘'는 언덕 '구'로 읽는다. '曹丘'는 '조구생(曹邱生. 사람 이름)'을 가리킴. '至'는 이를(어떤 장소나 시간에 닿을) '지'로 읽는다. '曹丘至'를 직역(直譯)하면, 조구생(曹邱生)이 이르렀다. '卽揖季布曰'에서, '卽'은 곧 '즉'으로 읽고, '揖'은 읍할(揖~. 두 손을 맞잡아 얼굴을 옆으로 들어 올리고, 허리를 앞으로 공손히 구부렸다가 몸을 펴면서 손을 내림) '읍'으로 읽고, '季'는 계절(季節) '계'로 읽고, '布'는 베(삼실, 무명실, 명주실 따위로 짠 피륙) '포'로 읽는다. '季布'는 사람 이름. '卽揖季布曰'을 직역(直譯)하면, 곧 계포(季布)에게 읍(揖)한 후 말하였는데, '楚人諺曰'에서, '楚'는 초(楚)나라 '초'로 읽고, '人'은 사람 '인'으로 읽고, '諺'은 속담 '언'으로 읽는다. '楚人諺曰'을 직역(直譯)하면, 초(楚)나라 사람의 속담에서 말하기를, '得黃金百斤'에서, '得'은 얻을 '득'으로 읽고, '黃'은 누를 '황'으로 읽고, '金'은 쇠 '금', 금(金) '금'으로 읽고, '百'은 일백 '백'으로 읽고, '斤'은 근(斤. 무게의 단위) '근'으로 읽는다. '得黃金百斤'을 직역(直譯)하면, 황금 백 근(斤)을 얻는 것은, '不如得季布一諾'에서, '不'은 아닐(부정하는 말) '불'로 읽고, '如'는 같을 '여'로 읽는다. '不如'는 한문(漢文) 구(句)의 하나로, '~만 못하다', '~에는 미치지 못하다'의 뜻을 나타냄. '得'은 얻을 '득'으로 읽고, '季'는 막내 '계'로 읽고, '布'는 베 '포'로 읽는다. ‘季布’는 사람 이름. ‘一’은 한 ‘일’로 읽고, ‘諾’은 허락 ‘락(낙)’으로 읽는다. ‘不如得季布一諾’을 직역(直譯)하면, 계포(季布)의 한 번 허락(승낙)을 얻는 것만 못하다. 여기서, ‘계포(季布)의 한 번 허락(승낙)’은 절대로 틀림없는 ‘허락(승낙)’을 일컫는다. 여기서, ‘季布一諾’이 유래하였는데, 이것을 직역(直譯)하면, 계포(季布)의 한 번 허락(승낙)이라는 뜻으로, 절대로 틀림없는 승낙(承諾)을 이르는 말. 또, 여기서, ‘一諾千金’이 유래하였는데, 이것을 직역(直譯)하면, 한 (번) 허락(許諾)한 일천(一千)의 금(金). 즉, 한 번 승낙(承諾)한 것은 천금(千金)같이 귀중(貴重)하다는 뜻으로, ①약속(約束)을 소중히 여기라는 말. ②한번 한 약속(約束)은 반드시 지키는 것을 비유적으로 이르는 말. ‘足下何以得此聲於梁楚閒哉’에서, ‘足’은 발 ‘족’으로 읽고, ‘下’는 아래 ‘하’로 읽는다. ‘足下’는 같은 또래 사이에서, 상대편을 높여 이르는 말. 여기서는 ‘그대’라고 일컫는다. ‘何’는 어찌(<u>의문 부사</u>) ‘하’로 읽고, ‘以’는 써(<u>그것을 가지고, 그것으로 인하여</u>) ‘이’로 읽는다. 여기서 ‘何以’는 한문(漢文) 구(句)의 하나로, 어찌하여. ‘得’은 얻을 ‘득’으로 읽고, ‘此’는 이(<u>지시하는 말</u>) ‘차’로 읽고, ‘聲’은 여기서는, 이름 ‘성’, 명예(名譽) ‘성’으로 읽고, ‘於’는 어조사 ‘어’로 읽는다. ‘~에’, ‘~에서(<u>위치</u>)’의 뜻을 나타냄. ‘梁’은 양(梁)나라 ‘양’으로 읽고, ‘楚’는 초(楚)나라 ‘초’로 읽고, ‘閒’은 한가할 ‘한’으로 읽는데, 여기서는 사이 ‘간’으로 읽는다. ‘간(間)’과 같은 글자. ‘哉’는 어조사 ‘재’로 읽는다. ‘~는가?’, ‘~인가?(<u>의문</u>)’의 뜻을 나타냄. ‘足下何以得此聲於梁楚閒哉’를 직역(直譯)하면, 그대는 어찌하여 양(梁)나라와 초(楚)나라 사이에서 이처럼 명예(名譽)를 얻었습니까?”

계피-학발(鷄皮鶴髮 닭 **계**/가죽 **피**/두루미 **학**/머리털 **발**) 닭의 가죽과 두루미(학)의 머리털. 즉, 가죽(피부)은 닭의 살갗 같고, 머리털은 학(鶴)처럼 희다는 뜻으로, 살갗이 닭의 가죽처럼 주름지고 머리털이 학처럼 하얗게 센 늙은이를 비유적으로 이르는 말. *계피(鷄皮): 닭의 살갗이라는 뜻으로, 늙은이의 거친 살갗을 비유적으로 이르는 말. *학발(鶴髮): 두루미(학)의 깃털처럼 희다는 뜻으로, 하얗게 센 머리. 또는 그런 사람을 비유적으로 이르는 말.

계학-지-욕(溪壑之慾 시내 **계**/골짜기 **학**/이조사 **지**/욕심 **욕**) 시냇물이 (끝없이 흐르는) 산골짜기의 욕심(慾心)이라는 뜻으로, 끝이 없는 욕심(慾心)을 비유적으로 이르는 말. *계학(溪壑): ①시냇물이 흐르는 산골짜기. ②=계학지욕(谿壑之慾).

고가-대족(故家大族 오래될 **고**/집안 **가**/클 **대**/친족 **족**) 오래된 집안과 큰 친족(親族)이라는 뜻으로, 대대로 벼슬과 재산·덕망 따위가 훌륭한 집안, 또는 여러 대(代)에 걸쳐 세도(勢道. <u>정치의 권세·權勢. 또는 그 권세·權勢를 마구 휘두르는 일</u>)를 누린 큰 집안을 이르는 말. =고가세족(故家世族). *고가(故家): 여러 대(代)에 걸쳐 벼슬하며 잘살아 온 집안. *대족(大族): 세력이 왕성하고 자손이 많은 집안. *친족(親族): ①촌수가 가까운 겨레붙이. ②법률에서, 배우자, 혈족, 인척 따위를 통틀어 이르는 말.

고가-세족(故家世族 오래될 **고**/집안 **가**/대 **세**/친족 **족**) 오래된 집안과 (여러) 대(代)의 친족(親族)이라는 뜻으로, 여러 대(代)에 걸쳐 세도(勢道. <u>정치의 권세·權勢. 또는 그 권세·權勢를 마구 휘두르는 일</u>)를 누린 큰 집안을 이르는 말. =고가대족(故家大族). *고가(故家): ☞고가대족(故家大族). *세족(世族): 여러 대(代)에 걸쳐서 나라의 중요한 자리를 차지하고 있는 집안. *친족(親族): ☞고가대족(故家大族).

고각-대-루(高閣大樓 높을 **고**/누각 **각**/클 **대**/다락 **루**) 높은 누각(樓閣)과 큰 다락이라는 뜻으로, 높고 큰 누각. 또는 높고 큰 집을 이르는 말. 비 고대광실(高臺廣室). 고루거각(高樓巨閣). 대하고루(大廈高樓). *고각(高閣): 높은 누각(집). *누각(樓閣): 부록 ‘각(閣)’ 참고. *다락: 부록 ‘루(樓)’ 참고.

고각-함성(鼓角喊聲 북 고/나팔 각/고함지를 함/소리 성) 북과 나팔을 (불며) 고함지르는 소리라는 뜻으로, 전투(戰鬪)에서 돌격(突擊) 태세로 들어갈 때, 사기(士氣. <u>싸우려 하는 병사들의 씩씩한 기개, 또는 사람들이 일을 이룩하려는 기개</u>)를 북돋우기 위하여, 북을 치고 나팔을 불며 아우성치는 소리를 이르는 말. *고각(鼓角): 군중(軍中. <u>군대의 안, 또는 군인의 몸으로 전쟁터에 나가 있는 동안</u>)에서 호령(號令)할 때 쓰던, 북과 나팔. *함성(喊聲): 여럿이 함께 지르는 고함 소리.

고고-지-성(呱呱之聲 울 고/울 고/어조사 지/소리 성) 울고 우는 소리라는 뜻으로, ①아이가 세상에 나오면서 처음 우는 울음소리라는 뜻에서, 사물이 처음으로 이룩되는(<u>시작되는</u>) 기척(<u>있는 줄을 알만한 소리나 기색</u>)을 비유적으로 이르는 말. ②젖먹이의 우는 소리를 이르는 말. *고고(呱呱): 아이가 막 태어나서 처음으로 우는 소리.

고관-대작(高官大爵 높을 고/벼슬 관/클 대/벼슬 작) 높은 벼슬과 큰 벼슬이라는 뜻으로, 지위(地位)가 높고 훌륭한 벼슬, 또는 그런 위치에 있는 사람을 이르는 말. *고관(高官): 높은 벼슬자리. 또는 그런 지위. *대작(大爵): 높은 작위(爵位)를 이르는 말. 여기서, '작위(爵位)'는 오등작(五等爵)에 속하는 벼슬. 또는 그 지위를 일컫는 말. '오등작(五等爵)'이란 공작(公爵), 후작(侯爵), 백작(伯爵), 자작(子爵), 남작(男爵) 등을 일컫는다.

고굉-지-신(股肱之臣 넓적다리 고/팔뚝 굉/어조사 지/신하 신) 넓적다리와 팔뚝에 (비길 만한) 신하(臣下)라는 뜻으로, 임금이 가장 신임(信任. <u>믿고 일을 맡김</u>)하는 신하(臣下)를 비유적으로 이르는 말. 📖 고장지신(股掌之臣). 사직지신(社稷之臣). 주석지신(柱石之臣). *고굉(股肱): ①다리와 팔. ②=고굉지신(股肱之臣). *넓적다리: 무릎 관절 위쪽에 있는 다리. *팔뚝: 부록 '굉(肱)' 참고. 이 사자성어의 유래는 다음과 같다. 『사기(史記)』의 「태사공자서(太史公自序)」편(篇)에, 〈그래서 천하에 흩어져 있는 구문(舊聞)을 망라하여 왕업(王業)이 일어난 처음과 끝을 살피고, 흥성하고 쇠망한 것을 살펴보았으며, 사실에 입각하여 논하고 고찰했다. …… 스물여덟 개의 별자리는 북극성을 돌고, 서른 개의 바퀴살은 한 개의 바퀴통을 향하여 끝없이 돈다. 보필(輔弼. <u>윗사람의 일을 도움, 또는 그런 사람</u>)하는 팔다리 같은 신하들을 이에 비유(比·譬喩. <u>어떤 사물의 모양이나 상태 따위를 보다 효과적으로 표현하기 위하여 그것과 비슷한 다른 사물에 빗대어 표현함, 또는 그 표현 방법</u>)하여, 충신으로서 도(道)를 행하여 군주(君主. <u>세습적으로 나라를 다스리는 최고 지위에 있는 사람</u>)를 받드는 모습을 삼십 개의 「세가(世家)」로 지었다. …… 개략적인 것을 자서(自序)로 지어 본문에 빠진 부분을 모으고 보완하여 일가(一家)의 말을 이루었다.(……罔羅天下放失舊聞, 王跡所興, 原始察終, 見盛觀衰, 論考之行事, …… 二十八宿環北辰, 三十輻共一轂, 運行無窮, **輔拂股肱之臣配焉**, 忠信行道, 以奉主上, 作三十世家, …… 序略, 以拾遺補蓺, 成一家之言.)〉라는 이야기가 나오는데, '보필하는 팔다리 같은 신하들을 이에 비유하여,(輔拂股肱之臣配焉)'에서, '고굉지신(股肱之臣)'이 유래했다. 참고로, 원문의 '罔羅天下放失舊聞'에서, '罔'은, 여기서는 그물 '망'으로 읽는다. '網'과 같은 글자다. '羅'는 그물 '라(<u>나</u>)'로 읽는다. '罔羅'는 물고기나 새를 잡는 그물이라는 뜻으로, 널리 받아들여 모두 포함함을 이르는 말. '天'은 하늘 '천'으로 읽고, '下'는 아래 '하'로 읽는다. '天下'는 하늘 아래 온 세상. '放'은 내버려 둘 '방'으로 읽고, '失'은 잃을 '실'로 읽고, '舊'는 옛 '구'로 읽고, '聞'은 소문(所聞) '문'으로 읽는다. '舊聞'은 전에 들은 소문이나 이야기. '罔羅天下放失舊聞'을 직역(直譯)하면, 천하(天下)에 내버려 두어 잃은 옛 소문(所聞)을 망라하여, '王跡所興'에서, '王'은 임금 '왕'으로 읽고, '跡'은 업적(業績) '적', 공적(功績) '적'으로 읽는다. '所'는 바(앞에서 말한 내용 그 자체나 일 따위를 나타내는 말) '소'로 읽고, '興'은 일어날 '흥'으로 읽는다. '王跡所興'을 직역(直譯)하면, 왕의 업적이 일어나는 바에, '原始察終'에서, '原'은 근원 '원'으로 읽고, '始'는 비로소 '시'로 읽는다. '原始'는 시작하는 처음. '察'은 살필 '찰'로 읽고, '終'은 끝 '종', 마지막 '종'으로 읽는다. '原始察終'을 직역(直譯)하면, 시작하는 처음과 끝을 살피고, '見盛觀衰'에서, '見'은 볼 '견'으로 읽고, '盛'은 성할(盛~. <u>기운이나 세력이 한창 왕성할</u>) '성'으로 읽고, 여기서, '기운'은 순우리말로, 생물이 살아 움직이는 원기(元氣). 또는 거기서 나오는 힘. '觀'은 (살펴) 볼 '관'으로 읽고, '衰'는 쇠(衰)할 '쇠'로 읽는다. '見盛觀衰'를 직역(直譯)하면, 성(盛)한 것을 보고 쇠(衰)한 것을 (살펴) 보고, '論考之行事'에서, '論'은 논할 '론(<u>논</u>)'으로 읽고, '考'는 생각할 '고', 살필 '고'로 읽고, '之'는 어조사 '지'로 읽는다. '그것'을 나타내는 지시 대명사. '行'은 행할 '행'으로 읽고, '事'는 일 '사'로 읽는다. '論考之行事'를 직역(直譯)하면, 행한 일 그것을 고증하여 논하였다. …… '二十八宿環北辰'에서, '二'는 두 '이'로 읽고, '十'은 열 '십'으로 읽고, '八'은 여덟 '팔'로 읽고, '宿'는 별자리 '수'로 읽고, '環'은 (한 바퀴) 돌 '환'으로 읽고, '北'은 북녘 '북'으로 읽고, '辰'은 별 '신'으로 읽는다. '北辰'은 '북극성(北極星)'과 같은 말로, 작은곰자리에서 가장 밝은 별을 일컫는다. '二十八宿環北辰'을 직역(直譯)하면, 28개의 별자리가 북극성을 (한 바퀴) 돌고, '三十輻共一轂'에서, '三'은 석 '삼'으로 읽고, '輻'은 바큇살(바퀴통에서 테를 향하여 부챗살 모양으로 뻗친 가느다란 나무오리나 가느다란 쇠막대) '복'으로 읽고, '共'은 함께 '공'으로 읽고, '一'은 한 '일'로 읽고, '轂'은 속 바퀴 '곡'으로 읽는다. '三十輻共一轂'을 직역(直譯)하면, 30개의 바큇살은 1개의 속 바퀴와 함께, '運行無窮'에서, '運'은 옮길 '운'으로 읽고, '行'은 행할 '행'으로 읽는다. '運行'은 천체(天體. <u>우주에 존재하는 모든 물체</u>)가 그 궤도를 따라 운동하는 일. '無'는 없을 '무'로 읽고, '窮'은 다할(<u>어떤 현상이 끝날</u>) '궁'으로 읽는다. '無窮'은 공간이나 시간 따위가 끝이 없음. '運行無窮'을 직역(直譯)하면, 끝없이 운행함. '輔拂股肱之臣配焉'에서, '輔'는 도울 '보'로 읽고, '拂'은 떨칠(<u>불길한 생각이나 명예, 욕심 따위를 완강하게 버릴</u>) '불'로 읽고, '股'는 넓적다리 '고'로 읽고, '肱'은 팔뚝 '굉'으로 읽고, '之'는 어조사 '지'로 읽는다. '~의'를 나타내는 관형격 조사. '臣'은 신하(臣下) '신'으로 읽고, '配'는 견줄(<u>둘 이상의 사물을 질이나 양 따위에서 어떠한 차이가 있는지 알기 위하여 서로 대어 볼</u>) '배'로 읽고, '焉'은 어조사 '언'으로 읽는다. '~이다(단정)'의 뜻을 나타냄. '輔拂股肱之臣配焉'을 직역(直譯)하면, 떨쳐 (일어나) 도와주는, 넓적다리와 팔뚝과 (같은) 신하들과 견주어, 여기서, '股肱之臣'이 유래하였는데, 이것을 직역(直譯)하면, 넓적다리와 팔뚝에 (비길 만한) 신하(臣下)라는 뜻으로, 임금이 가장 신임(信任. <u>믿고 일을 맡김</u>)하는 신하(臣下)를 비유적으로 이르는 말. '忠信行道'에서, '忠'은 충성(忠誠. <u>진정에서 우러나오는 정성. 특히 임금이나 국가에 대한 것을 일컬음</u>) '충'으로 읽고, '信'은 믿을 '신'으로 읽는다. '忠信'은 충성(忠誠)과 신의(信義. <u>믿음과 의리</u>)를 아울러 이르는 말. '行'은 행할 '행'으로 읽고, '道'는 도리(道理. <u>사람이 마땅히 지켜야 할 바른 길</u>) '도', 이치(理致) '도'로 읽는다. '忠信行道'를 직역(直譯)하면, 충성(忠誠)과 신의(信義)로 도(道)를 행함. '以奉主上'에서, '以'는 써(<u>그것을 가지고, 그것으로 인하여</u>) '이'로 읽고, '奉'은 받들 '봉'으로 읽고, '主'는 임금 '주'로 읽고, '上'은 위 '상'으로 읽는다. '主上'은 임금. '以奉主上'을 직역(直譯)하면, 그것을 가지고 임금에게 받드는 (것을), '作三十世家'에서, '作'은 지을 '작'으로 읽고, '三'은 석 '삼'으로 읽고, '十'은 열 '십'으로 읽고, '世'는 대(代) '세'로 읽고, '家'는 집 '가', 집안 '가'로 읽는다. '世家'는 여러 대(代)에 걸쳐서 나라의 중요한 자리를 차지하고 있는 집안. '作三十世家'를 직역(直譯)하면, 30 편의 세가(世家)로 지었다. …… '序略'에서, '序'는 서문(序文) '서', 머리말 '서'로 읽고, '略'은 간략할 '략(약)'으로 읽는다. '序略'을 직역(直譯)하면, 간략한 서문. '以拾遺補藝'에서, '以'는 써(<u>그것을 가지고, 그것으로 인하여</u>) '이'로 읽고, '拾'은 거둘 '습', 모을 '습'으로 읽고, '遺'는 빠질 '유', 빠뜨릴 '유'로 읽는다. '拾遺'는 빠진 것을 모아 보충함. '補'는 도울 '보'로 읽고, '藝'는 심을 '예'로 읽는다. '以拾遺補藝'를 직역(直譯)하면, 그것을 가지고 빠진 것을 모으고, (새로) 심을 것을 도운다. 여기서 '拾遺補闕'이 유래하였는데, 이것을 직역(直譯)하면, 남긴 (것을) 줍고 빠진 (것을) 깁는다는 뜻으로, ①빠진 것을 보충함을 이르는 말. ②임금을 보필하여 그 잘못을 바로잡음을 이르는 말. '成一家之言'에서, '成'은 이룰 '성'으로 읽고, '一'은 한 '일'로 읽고, '家'는 전문가(專門家) '가'로 읽는다. '一家'는 학문이나 예술, 기술 따위의 분야에서, 독자성을 가진 독립된 한 유파(流派). '之'는 어조사 '지'로 읽는다. '~의' 뜻을 나타내는 관형격 조사. '言'은 말씀 '언'으로 읽는다. '成一家之言'을 직역(直譯)하면, 일가(一家)의 말을 이루었다. <u>즉, 그 나름대로의 체계(體系)를 세웠다는 뜻이다.</u> 여기서, '一家之言'이 유래하였는데, 이것을 직역(直譯)하면, 한 전문가의 말, 즉, 일가(一家)의 말이라는 뜻으로, 학문이나 예술 따위의 분야에서 독자적인 경지에 이른 상태를 이르는 말. 또는 누가 보아도 깜짝 놀랄 정도로 독자적인 학문 체계를 이룬 사람을 우러러 일컫는 말. 그런데 이 외에『서경(書經)·우서(虞書)』의「익직(益稷)」편(篇)에 〈신하들은 짐(朕)의 팔과 다리요, 눈과 귀가 되어야 하오. 내가 백성들을 보살피려 하면 그대는 (날개가 되어) 옆에서 도와주고, 내가 사방(四方)을 위해 노력하면 그대가 함께 해주시오.(**臣作朕股肱耳目**, 予欲左右有民汝翼, 予欲宣力四方汝爲)〉라는 이야기가 나온다. '신하들은 짐(朕)의 팔과 다리요, 눈과 귀가 되어야 하오.(臣作朕股肱耳目)'에서, '고굉지신(股肱之臣)'이 유래했다. 고굉지신(股肱之臣)의 유래는 이처럼『서경(書經)』에서도 찾을 수 있으며, 그것은 고대 중국의 성군(聖君)이었던 순(舜)임금의 이야기다. 위의 내용은 순(舜)임금이 우(禹)와 대화를 하며 부탁한 이야기다. 참고로, 원문의 '臣作朕股肱耳目'에서, '臣'은 신하(臣下) '신'으로 읽고, '作'은 행할 '작'으로 읽고, '朕'은 나(<u>임금이 자기를 이르는 말</u>) '짐'으로 읽고, '股'는 넓적다리 '고'로 읽고, '肱'은 팔뚝 '굉'으로 읽고, '耳'는 귀 '이'로 읽고, '目'은 눈 '목'으로 읽는다. '臣作朕股肱耳目'을 직역(直譯)하면, 신하는 짐(朕)의 다리와 팔, 귀와 눈이 (되도록) 행해야 (한다). 여기서, '股肱之臣'이 유래하였는데, 이것을 직역(直譯)하면, 넓적다리와 팔뚝에 (비길 만한) 신하(臣下)라는 뜻으로, 임금이 가장 신임(信任, <u>믿고 일을 맡김</u>)하는 신하(臣下)를 비유적으로 이르는 말. '予欲左右有民汝翼'에서, '予'는 나 '여'로 읽는다. 여기서는 '순(舜)임금'을 가리킴. '欲'은 하고자 할 '욕'으로 읽고, '左'는 왼쪽 '좌'로 읽고, '右'는 오른쪽 '우'로 읽는다. '左右'는 곁 또는 옆을 일컬음. '予欲左右'를 직역(直譯)하면, 순(舜)임금 자신이 (백성의) 좌우(左右)가 되고자 (노력)하면, '有'는 또 '유'로 읽는다. '又'와 같은 뜻. '民'은 백성 '민'으로 읽고, '汝'는 너 '여', 당신 '여'로 읽고, '翼'은 날개 '익'으로 읽는다. '有民汝翼'을 직역(直譯)하면, 또 그대는 백성의 날개가 (되어야 한다). '予欲左右有民汝翼'을 직역(直譯)하면, 순(舜)임금 자신이 (백성의) 좌우가 되고자 (노력)하면, 또 그대는 백성의 날개가 (되어야 한다). '予欲宣力四方汝爲'에서, '宣'은 베풀 '선'으로 읽고, '力'은 힘 '력(역)'으로 읽는다. '宣力'은 힘써 주선함. '四'는 넉 '사'로 읽고, '方'은 방위(方位) '방'으로 읽는다. '四方'은 동, 서, 남, 북의 네 방향. '予欲宣力四方'을 직역(直譯)하면, 순(舜)임금 자신이 사방으로 힘써 주선하면, '汝爲'에서, '汝'는 너 '여', 당신 '여'로 읽고, '爲'는 할 '위'로 읽는다. '汝爲'를 직역(直譯)하면, 그대도 (그렇게) 해야 한다. '子欲宣力四方汝爲'를 직역(直譯)하면, 순(舜)임금 자신이 사방으로 힘써 주선하면, 그대도 (그렇게) 해야 한다. 즉, 순(舜)임금은 신하들에게 '그대들은 짐(朕)의 팔과 다리이며 눈과 귀'라고 말하며, 백성들을 위해 함께 도와달라고 당부하였던 것이다.

고군-분투(孤軍奮鬪 외로울 **고**/군사 **군**/떨칠 **분**/싸울 **투**) (따로 떨어져서 지내는) 외로운 군사(軍士)가, (힘에 벅찬 적군과) 떨쳐 싸운다는 뜻으로, ①외로이 떨어져 있는 군사가 많은 수의 적군과 용감하게 잘 싸움을 이르는 말. ②적은 인원의 힘으로 남의 도움을 받지 아니하고 힘에 벅찬 일을 잘해 나가는 것을 비유적으로 이르는 말. *고군(孤軍): 후원(後援. 뒤에서 도와줌)이 없는 고립된 군사. *분투(奮鬪): 있는 힘을 다하여 싸우거나 노력함. *떨치다: 부록 '분(奮)' 참고.

고군-약졸(孤軍弱卒 외로울 **고**/군사 **군**/약할 **약**/군사 **졸**) (따로 떨어져서 지내는) 외로운 군사(軍士)와 약(弱)한 군사(軍士)라는 뜻으로, ①후원(後援. 뒤에서 도와줌)이 없이 따로 떨어져 고립(孤立)된 군대의 약한 군사를 이르는 말. ②도움도 받을 수 없고 힘도 없는 사람을 비유적으로 이르는 말. *고군(孤軍): ☞고군분투(孤軍奮鬪). *약졸(弱卒): 약한 병졸(兵卒). 또는 약한 부하(部下).

고궁-독서(固窮讀書 굳을 **고**/궁할 **궁**/읽을 **독**/글 **서**) 궁(窮)함이 굳은 (가운데서도) 글을 읽는다는 뜻으로, 가난하고 어려운 처지에도 기꺼이 글 읽기를 즐겨함을 이르는 말. *고궁(固窮): ①곤란한 것을 당연한 것으로 여기고, 잘 참고 견딤. ②매우 곤궁한 지경. *독서(讀書): 책을 읽음. *굳다: 부록 '고(固)' 참고. *궁하다(窮~): 부록 '궁(窮)' 참고.

고-근-약-식(孤根弱植 외로울 **고**/뿌리 **근**/약할 **약**/식물 **식**) 외로운 뿌리를 (지탱하고 있는) 약(弱)한 식물(植物)이라는 뜻으로, 친척(親戚)이나 돌보는 사람이 없는 사람을 비유적으로 이르는 말.

고금-독보(古今獨步 옛 **고**/이제 **금**/홀로 **독**/걸을 **보**) 옛날이나 이제나 홀로 걷는다는 뜻으로, 옛날부터 지금까지 따를 만한 사람이 없을 만큼 뛰어남. 또는 고금(古今)을 통틀어도 비교할 만한 사람이 없을 만큼 뛰어남을 비유적으로 이르는 말. 圓 고금무쌍(古今無雙). *고금(古今): 옛날[古]과 지금[今]을 아울러 이르는 말. *독보(獨步): ①홀로 걸음. ②어떤 분야에서 남이 따를 수 없도록 앞서 감.

고금-동서(古今東西 옛 **고**/이제 **금**/동녘 **동**/서녘 **서**) 옛날과 지금, 동양(東洋)과 서양(西洋)을 통틀어 이르는 말. 다시 말하면 이제까지의 모든 시대와 모든 지역을 통틀어 일컫는 말이다. =동서고금(東西古今). *고금(古今): ☞고금독보(古今獨步). *동서(東西): ①=동서쪽. ②동쪽에서 서쪽으로 향하는 방향. ③동양(東洋)과 서양(西洋)을 아울러 이르는 말. ④공산주의 진영과 자유주의 진영을 아울러 이르는 말.

고금-동연(古今同然 옛 **고**/이제 **금**/같을 **동**/그러할 **연**) 옛날이나 이제나 그러함이 같다는 뜻으로, ①예전이나 지금이나, 모습이나 형편이 같음을 이르는 말. ②옛날이나 지금이나 변함이 없다는 뜻으로, 아무런 변동(變動. 상태 따위가 변하여 움직임. 또는 바뀌어 달라짐)이나 변화가 없음을 이르는 말. 圖 고금부동(古今不同). *고금(古今): ☞고금독보(古今獨步). *동연(同然): 다름이 없음. 또는 똑같이 그러함. *그러하다: (모양이나 모습이) 그와 같다.

고금-무쌍(古今無雙 옛 **고**/이제 **금**/없을 **무**/짝 **쌍**) 옛날이나 이제나 (견줄 만한) 짝이 없다는 뜻으로, 고금(古今)을 통틀어도 비교할 만한 짝이 없을 만큼 뛰어남을 이르는 말. *고금(古今): ☞고금독보(古今獨步). *무쌍(無雙): 견줄 만한 짝이 없음. 또는 둘도 없이 썩 뛰어남. *짝: ①한 쌍 중의 하나를 이르는 말. ②'~기 짝이 없다'의 꼴로 쓰여, 비할 데 없이 대단하거나 매우 심함을 나타내는 말. 여기서는 ②의 뜻.

고금-천지(古今天地 옛 **고**/이제 **금**/하늘 **천**/땅 **지**) 옛날이나 이제의, 하늘과 땅이라는 뜻으로, 예전부터 지금까지의 온 세상을 이르는 말. *고금(古今): ☞고금독보(古今獨步). *천지(天地): ①하늘과 땅. ②세상. =우주(宇宙. 온 세계를 둘러싸고 있는 공간). ③(주로 '천지이다'의 꼴로 쓰여) 무척 많음을 뜻하는 말.

고담-방언(高談放言 높을 **고**/말씀 **담**/놓을 **방**/말씀 **언**) 높이는 말과 놓아서 (하는) 말이라는 뜻으로, 아무 거리낌 없이 멋대로 소리를 높여 말함. 또는 남을 두려워하지 않고, 저 혼자 하고 싶은 대로 소리 높여 떠드는 말. *고담(高談): ①거리낌 없이 큰 소리로 말함. ②상대편을 높이어 그가 하는 말을 이르는 말. *방언(放言): 무책임하게 함부로 말함. 또는 그 말. *놓다: 부록 '방(放)' 참고.

고담-웅변(高談雄辯 높을 **고**/말씀 **담**/씩씩할 **웅**/말 잘할 **변**) 높이는 말로 씩씩하게 말을 잘한다는 뜻으로, 도도(滔滔)하게 거리낌 없이 의논함을 이르는 말. 여기서, '도도(滔滔)하다'는 넓은 물줄기의 흐름이 막힘이 없이 기운차다. 또는 연설이나 발언이 힘차고 거침이 없다. *고담(高談): ☞고담방언(高談放言). *웅변(雄辯): (청중을 감동시킬 수 있게) 조리 있고 힘차게 거침없이 말함. 또는 그런 말이나 연설.

고담-준론(高談峻論 높을 **고**/말씀 **담**/엄할 **준**/논의할 **론**) 높이는 말과 엄(嚴)한 논의(論議)라는 뜻으로, ①고상(高尚. 인품이나 학문, 취미 따위가, 정도가 높으며 품위가 있음)하고 준엄(峻嚴. 매우 엄함)한 언론, 즉, 뜻이 높고 바르며 엄숙하고 날카로운 말. =고담준언(高談峻言). ②아무 거리낌 없이 잘난 체하며 과장(誇張. 사실보다 지나치게 떠벌려 나타냄)하여 떠벌리는 말. =고담준언(高談峻言). *고담(高談): ☞고담방언(高談放言). *준론(峻論): 의젓하면서도 격렬(激烈)한 언론. *엄하다(嚴~): ①잡도리(잘못되지 않도록 엄중하게 단속함)가 심하다. ②(규율, 도리 따위를 지키게 하는 것이) 매우 딱딱하고 가차 없다. ③(다스리는 태도 따위가) 가혹(苛酷. 매우 모질고 독함)하다.

고답-주의(高踏主義 높을 **고**/밟을 **답**/주될 **주**/옳을 **의**) 높은 (것만) 밟는 주된 주의(主義)라는 뜻으로, 속세(俗世. 세속의 사람들이 사는 일반의 사회)에 초연(超然. 속세나 명예나 이익 따위에 관계하려는 태도가 없음)하며, 현실과 동떨어진 것을 고상(高尚. 인품이나 학문, 취미 따위가, 정도가 높으며 품위가 있음)하게 여기는 사상이나 태도를 이르는 말. *고답(高踏): (지위나 명리를 바라지 않고) 속세에 초연함. *주의(主義): ①굳게 지키는 주장이나 방침. ②체계화된 이론이나 학설. *주되다(主~): 주장(主張)이나 중심(中心)이 되다.

고-당-명기(高唐名妓 높을 **고**/당나라 **당**/이름 **명**/기생 **기**) 당(唐)나라의 높고 이름난 기생(妓生)이라는 뜻으로, 명성(名聲. 세상에 널리 퍼져 평판 높은 이름)이 높은 기생(妓生)을 이르는 말. *명기(名技): 가무(歌舞. 노래와 춤)를 잘하고 용모가 아름답기로 이름난 기생(妓生). *기생(妓生): 지난날, 잔치나 술자리에 나가 노래, 춤 따위로 흥을 돋는 일을 직업으로 삼던 여자.

고대-광실(高臺廣室 높을 **고**/대 **대**/넓을 **광**/집 **실**) 높은 대(臺)에 (있는) 넓은 집이라는 뜻으로, 매우 크고 좋은 집을 이르는 말. 또는 규모가 굉장히 크고 잘 지은 집을 이르는 말. 🔲 고각대루(高閣大樓). 고루거각(高樓巨閣). 대하고루(大廈高樓). *고대(高臺): 높이 쌓은 대(臺). *광실(廣室): 넓은 방. *대(臺): 사방을 볼 수 있게 높이 쌓아 만든 곳.

고도-순화(高度馴化 높을 **고**/정도 **도**/길들일 **순**/달라질 **화**) 높이의 정도(程度)가 (높은 곳에서) 길들여 달라지게 (한다는) 뜻으로, 높은 지대(地帶)의 대기 환경에 적응하는 일을 이르는 말. =고도순응(高度順應). *고도(高度): ①높이의 정도(程度). ②지평면에서 천체(天體)까지의 각거리(角距離). 또는 천체에 대한 올려본 각. 또는 내려본 각. ③정도(程度)가 높음. 여기서, '천체(天體)'는 우주(宇宙. 온 세계를 둘러싸고 있는 공간)에 떠 있는 온갖 물체를 통틀어 이르는 말. 예를 들면, 성운(星雲), 항성(恒星), 혹성(惑星), 위성(衛星), 혜성(彗星) 및 우주(宇宙), 먼지 따위가 있음. '각거리(角距離)'는 물리학에서, 관측자로부터 두 물체에 이르는 두 직선이, 이루는 각도를 이르는 말. *순화(馴化): 생물이 새로운 환경에 적응하여 유전적으로 변화해 감. 또는 다른 고장에 옮겨진 생물이 그 기후나 환경에 적응할 수 있는 성질을 가지게 됨을 일컫는 말. *정도(程度): ①알맞은 한도. ②사물의 고저, 강약, 장단 따위를 어림(대강 짐작으로 헤아림)으로 잴 때 쓰는 말. *길들이다: 부록 '순(馴)' 참고.

고독-단신(孤獨單身 외로울 **고**/홀로 **독**/홀 **단**/몸 **신**) 외롭게 홀로 (있는) 혼자의 몸이라는 뜻으로, 도와주는 사람 없이 외로운 처지(處地)에 있는 몸을 이르는 말. 또는 고독한 홀몸이라는 뜻으로, 세상에서 도움을 받을 수 없는 고독한 신세를 이르는 말. 回 혈혈단신(孑孑單身). *고독(孤獨): ①외로움. ②어려서 부모를 여읜 아이와, 자식 없는 늙은이. 여기서, '여의다'는 부모나 사랑하는 사람이 죽어서 이별하다. *단신(單身): 혼자의 몸. =홀몸.

고독-지옥(孤獨地獄 외로울 **고**/홀로 **독**/땅 **지**/감옥 **옥**) 외롭게 홀로 (있는) 땅의 감옥(監獄). 즉, 외롭게 홀로 있는 것처럼 느껴지는 지옥(地獄)이라는 뜻으로, 외로움이 너무도 심해서 지옥(地獄)과 같이 느껴지는 곳, 또는 그런 외로움을 이르는 말. *고독(孤獨): ☞고독단신(孤獨單身). *지옥(地獄): ①불교에서, 이승(지금 살고 있는 이 세상)에서 악업(惡業)을 지은 사람이 죽어서 간다고 하는, 온갖 고통으로 가득 찬 세계. ↔극락(極樂). 여기서, '악업(惡業)'은 불교에서 이르는, 고과(苦果. 불교에서, 고뇌를 받는 과보·果報, 또는 악업·惡業의 과보·果報로 받는 고뇌. 여기서, '과보·果報'는 인과응보·因果應報의 준말)를 가져오는 원인이 되는 나쁜 짓 또는 전생(前生. 이 세상에 태어나기 전의 세상)의 나쁜 짓. ↔선업(善業). ②못 견딜 만큼 괴롭고 참담한 형편이나 환경을 비유적으로 이르는 말. *감옥(監獄): 죄인(罪人)을 가두어 두는 곳. 한때 형무소(刑務所)라고 부르다가 현재 교도소(矯導所)로 고쳤다.

고-독-촉-유(孤犢觸乳 외로울 **고**/송아지 **독**/닿을 **촉**/젖 **유**) 외로운 송아지가 어미젖에 닿으려고 (한다). 즉, 어미 없는 송아지가 어미젖을 구한다는 뜻으로, 외로운 사람이 돌보아 줄 사람을 구하는 것을 비유적으로 이르는 말.

고두-감읍(叩頭感泣 꾸벅거릴 **고**/머리 **두**/감동할 **감**/울 **읍**) 머리를 꾸벅거리며 감동하여 운다는 뜻으로, 머리를 조아리며 감격하여 읊을 이르는 말. 여기서, '조아리다'는 황송(惶悚. 분·分에 넘쳐 고맙고도 송구·悚懼함)하여, 이마가 바닥에 닿을 정도로 머리를 자꾸 숙이다. *고두(叩頭): 공경하는 뜻으로 머리를 땅에 조아림. *감읍(感泣): 감격(감동)하여 읊. *꾸벅거리다: 졸거나 절을 할 때, 머리와 몸을 자꾸 앞으로 숙였다가 들다.

고두-백배(叩頭百拜 꾸벅거릴 **고**/머리 **두**/일백 **백**/절 **배**) 머리를 꾸벅거리며 일백 (번) 절한다는 뜻으로, 머리를 조아리며 몇 번이고 거듭 절함을 이르는 말. 여기서, '조아리다'는 황송(惶悚. 분·分에 넘쳐 고맙고도 송구·悚懼함)하여, 이마가 바닥에 닿을 정도로 머리를 자꾸 숙이다. *고두(叩頭): ☞고두감읍(叩頭感泣). *백배(百拜): 여러 번 절을 함. 또는 그 절. *꾸벅거리다: ☞고두감읍(叩頭感泣).

고두-사죄(叩頭謝罪 꾸벅거릴 **고**/머리 **두**/사죄할 **사**/죄 **죄**) 머리를 꾸벅거리며 죄에 (대하여) 사죄한다는 뜻으로, 머리를 조아리며 잘못을 빎을 이르는 말. 여기서, '조아리다'는 황송(惶悚. 분·分에 넘쳐 고맙고도 송구·悚懼함)하여, 이마가 바닥에 닿을 정도로 머리를 자꾸 숙이다. *고두(叩頭): ☞고두감읍(叩頭感泣). *사죄(謝罪): 지은 죄나 잘못에 대하여 용서를 빎. *꾸벅거리다: ☞고두감읍(叩頭感泣).

고량-자제(膏粱子弟 기름 **고**/좋은 곡식 **량**/아들 **자**/아우 **제**) 기름지고 좋은 곡식만 (먹는) 아들이나 아우라는 뜻으로, 부귀(富貴)한 집에서 고량진미(膏粱珍味. 본문 참고)만 먹고 귀엽게 자라나서, 고생을 전혀 모르는, 부귀한 집안의 젊은이를 이르는 말. *고량(膏粱): =고량진미(膏粱珍味). *자제(子弟): ①남을 높이어 그의 아들을 일컫는 말. ②남을 높이어 그의 집안 젊은이를 일컫는 말. *기름: 부록 '고(膏)' 참고.

고량-진미(膏粱珍味 기름 **고**/좋은 곡식 **량**/진기할 **진**/맛 **미**) (고기가) 기름지고, 좋은 곡식의 진기(珍奇)한 맛이라는 뜻으로, 기름진 고기와 좋은 곡식으로 만든 맛있는 음식을 이르는 말. 🔠 산해진미(山海珍味). 용미봉탕(龍味鳳湯). *고량(膏粱): =고량진미(膏粱珍味). *진미(珍味): 음식의 썩 좋은 맛. 또는 그런 음식물. *기름: 부록 '고(膏)' 참고. *진기하다(珍奇~): 썩 드물고 기이(奇異)하다.

고려-공사(高麗公事 높을 **고**/아름다울 **려**/여러 **공**/일 **사**) 고려(高麗) 시대의 여러 일이라는 뜻으로, 정치가 어지러워, 법령의 개폐(改廢. 고치는 일과 아주 없애는 일)가 심하던 고려(高麗) 말기(末期)의 상황을 빗대어, 오래 지속되지 못하고 자주 변경되는 계획 따위를 비유적으로 이르는 말. *고려(高麗): 우리나라 중세 왕조(王朝)의 하나. 태봉(泰封. 서기 901년에 궁예·弓裔가 송악·松嶽에 도읍·都邑으로 정하여 세운 나라)의 장수(將帥)인 왕건(王建)이 개성(開城)에 도읍하여 세운 나라를 일컫는 말. 후백제를 멸하고 신라를 항복시켜 후삼국을 통일하였으나, 공양왕(恭讓王) 때 이성계(李成桂)에게 멸망함. *공사(公事): 관청의 일. 또는 공공에 관계되는 일.

고-로-여생(孤露餘生 외로울 **고**/이슬 **로**/남을 **여**/살 **생**) 외로운 이슬로 남은 (인생을) 산다는 뜻으로, 어려서 부모를 잃은 사람을 비유적으로 이르는 말. *여생(餘生): 한창때를 지난, 한평생의 남은 인생. 또는 앞으로 남은 삶.

고론-탁설(高論卓說 높을 **고**/논의할 **론**/높을 **탁**/말씀 **설**) 높은 논의(論議)와 높이는 말씀이라는 뜻으로, 견식(見識. 사물을 올바르게 판단할 수 있는 능력)이 뛰어난 논설(論說. 시사적인 문제 따위를 설명하고, 그 시비·是非에 대하여 자기의 의견을 말함. 또는 그 글)이나 훌륭한 의견을 이르는 말. *고론(高論): ①정도나 내용이 높은 차원의 언론. ②상대편을 높이어 그의 언론을 높이어 이르는 말. *탁설(卓說): 뛰어난 의견. 또는 탁월한 논설.

고루-거각(高樓巨閣 높을 **고**/다락 **루**/클 **거**/집 **각**) 높은 다락 (위의) 큰 집이라는 뜻으로, 높고 크게 지은 집을 이르는 말. 🔠 고각대루(高閣大樓). 고대광실(高臺廣室). 대하고루(大廈高樓). *고루(高樓): 높은 다락집. 또는 높은 누각. *거각(巨閣): 크고 높은 집. 또는 웅장한 집. *다락: 부록 '루(樓)' 참고.

고륜-지-해(苦輪之海 괴로울 **고**/바퀴 **륜**/어조사 **지**/바다 **해**) 괴로움이 바퀴처럼 (돌아 파도치는) 바다라는 뜻으로, 불교에서, 고뇌(苦惱)가 끊임없이 돌고 있는 인간 세상을 비유적으로 이르는 말. 또는 고뇌(苦惱)가 끊임없이 닥쳐오는 인간 세계를 비유적으로 이르는 말. *고륜(苦輪): 몸과 마음을 괴롭히는 과보(果報)가 수레바퀴처럼 돌아 쉴 사이가 없음. 여기서, '과보(果報)'는 '인과응보(因果應報)'의 준말로, 불교에서, 과거(過去) 또는 전생(前生)의 선악(善惡)의 인연에 따라서 뒷날 길흉화복(吉凶禍福. 본문 참고)의 갚음을 받게 됨을 이르는 말.

고립-무원(孤立無援 외로울 **고**/설 **립**/없을 **무**/도울 **원**) 외롭게 서 (있어) 도움이 없다는 뜻으로, 고립(孤立)되어 도움을 받을 데가 없음을 이르는 말. 즉, 남과 사귀지 않고 홀로 지내거나, 남의 도움을 받을 수 없는 상황을 이르는 말. ***고립**(孤立): ①홀로 외따로 떨어져 있음. ②남과 어울리지 못하고 외톨이가 됨. ***무원**(無援): 아무런 원조(援助. 도와줌)가 없음.《관련 속담》낙동강 오리알 / 산 밖에 난 범이요 물 밖에 난 고기라.

고립-무의(孤立無依 외로울 **고**/설 **립**/없을 **무**/의지할 **의**) 외롭게 서 (있어도) 의지함이 없다는 뜻으로, 고립(孤立)되어 의지(依支)할 데가 없음을 이르는 말. ***고립**(孤立): ☞고립무원(孤立無援). ***무의**(無依): ①사물에 집착하지 아니함. ②기대지 아니함.

고립-지-세(孤立之勢 외로울 **고**/설 **립**/어조사 **지**/형세 **세**) 외롭게 서 (있는) 형세(形勢)라는 뜻으로, 고립되어 있는 형세(形勢). 즉, 외롭고 의지(依支)할 데 없는 형세(形勢)를 이르는 말. ***고립**(孤立): ☞고립무원(孤立無援). ***형세**(形勢): 어떠한 일의 형편이나 상태.

고-마-문-령(瞽馬聞鈴 소경 **고**/말 **마**/들을 **문**/방울 **령**) 소경의(눈먼) 말[馬]이 방울의 (소리를) 듣고 (따라간다). 즉, 눈먼 망아지(말의 새끼)가 앞에 가는 말[馬]의 워낭(말이나 소의 귀에서 턱밑으로 늘이어 단 방울) 소리를 듣고 그대로 따라간다는 뜻으로, 덮어놓고 남이 하는 대로 따라 함을 이르는 말. 또는 맹목적(盲目的. 어떤 사물에 대하여 올바른 판단을 내릴 수 없게 된 상태)으로 남이 하는 대로 따라 함을 이르는 말. *소경: 부록 '고(瞽)' 참고. *방울: 부록 '령(鈴)' 참고.《관련 속담》남이 장에 가니 저도 덩달아 장에 간다. / 남이 장에 간다고 하니 무릎에 망건 썼다(씌운다). / 눈 먼 말 워낭소리에 따라간다. / 방울 소리만 듣고 따라가는 눈먼 강아지.

고-망-착-호(藁網捉虎 볏짚 **고**/그물 **망**/잡을 **착**/범 **호**) 볏짚 그물로 범을 잡는다. 즉, 썩은 새끼로 그물을 만들어 범을 잡는다는 뜻으로, 서툰 솜씨로 큰일을 하려는 어리석음을 비유적으로 이르는 말. ***볏짚**: 부록 '고(藁)' 참고. ***그물**: 부록 '망(網)' 참고.《관련 속담》썩은 새끼로 범(호랑이) 잡기.

고명-대신(顧命大臣 돌아볼 **고**/명령 **명**/클 **대**/신하 **신**) (임금의) 명령을 돌아보는 큰 신하(臣下)라는 뜻으로, 임금의 유언(遺言. 죽음에 이르러 말을 남김. 또는 그 말)으로 나라의 뒷일을 부탁 받은 대신(大臣)을 이르는 말. =고명지신(顧命之臣). ***고명**(顧命): 임금이 유언으로 세자나 종친, 신하 따위에게 나라의 뒷일을 부탁함. 또는 그런 부탁. ***대신**(大臣): ①의정(議政. 조선 시대에 둔 의정부·議政府의 영의정·領議政, 좌의정·左議政, 우의정·右議政을 통틀어 이르는 말)을 통틀어 이르는 말. ②조선 고종(高宗) 때, 궁내부(宮內府) 각 부의 으뜸(중요한 정도로 본, 어떤 사물의 첫째를 이르는 말) 벼슬. ③군주국(君主國)에서 장관(長官)을 이르는 말. ***돌아보다**: 부록 '고(顧)' 참고.

고-명-사의(顧名思義 돌아볼 **고**/이름 **명**/생각 **사**/의리 **의**) 이름(명예)을 돌아보고(돌이켜보고) (또한) 의리(義理)를 생각한다는 뜻으로, 어떤 일을 당하여 자신의 명예(名譽)를 더럽히는 일이 아닌지 돌이켜보고, 또한 의리(義理)에 어긋나는 일이 아닌지 생각함을 이르는 말. ***사의**(思義): 옳은 길을 그리며 생각함. =견리사의(見利思義). ***돌아보다**: 부록 '고(顧)' 참고. ***의리**(義理): 사람으로서 마땅히 지켜야 할 바른 도리(道理. 사람이 마땅히 지켜야 할 바른 길).

고명-지-신(顧命之臣 돌아볼 **고**/명령 **명**/어조사 **지**/신하 **신**) (임금의) 명령을 돌아보는 신하(臣下)라는 뜻으로, 임금의 유언(遺言. 죽음에 이르러 말을 남김. 또는 그 말)으로 나라의 뒷일을 부탁받은 대신(大

臣)을 이르는 말. =고명대신(顧命大臣). *고명(顧命): ☞고명대신(顧命大臣). *돌아보다: 부록 '고(顧)' 참고.

고목-발-영(枯木發榮 마를 **고**/나무 **목**/필 **발**/영화로울 **영**) 마른 나무에 영화로움(꽃)이 피었다는 뜻으로, ①곤궁(困窮)한 처지에 빠졌던 사람이 행운(幸運)을 만나서 잘됨을 비유적으로 이르는 말. =고목생화(枯木生花). ②늘그막에 아기를 낳거나, 대(代)가 끊길 지경에 대(代)를 이을 아들을 낳음을 이르는 말. =고목생화(枯木生花). *고목(枯木): 말라죽은 나무. *영화롭다(榮華~): 부록 '영(榮)' 참고. 《관련 속담》 죽은 나무에 꽃이 핀다.

고목-사회(枯木死灰 마를 **고**/나무 **목**/죽을 **사**/재 **회**) (겉모습은) 마른나무와 (같고), (마음은) 죽은 재와 (같다는) 뜻으로, 생기(生氣)와 의욕(意慾)이 없는 사람을 비유적으로 이르는 말. *고목(枯木): ☞고목발영(枯木發榮). *사회(死灰): 불이 꺼진 재. *재: 부록 '회(灰)' 참고.

고목-생-화(枯木生花 마를 **고**/나무 **목**/날 **생**/꽃 **화**) 말라 (죽은) 나무에서 꽃이 나온다(핀다)는 뜻으로, ①불우했던 사람이 뜻밖의 행운을 만나게 됨을 비유적으로 이르는 말. 또는 곤궁(困窮)한 처지에 빠졌던 사람이 행운(幸運)을 만나서 잘됨을 비유적으로 이르는 말. =고목발영(枯木發榮). ②늘그막에 아기를 낳거나, 대(代)가 끊길 지경에 대(代)를 이을 아들을 낳음을 비유적으로 이르는 말. =고목발영(枯木發榮). *고목(枯木): ☞고목발영(枯木發榮). *'생-화'는 『국어사전(國語辭典)』에 등재(登載)된, '살아 있는 화초에서 꺾은 진짜 꽃'인 '생화(生花)'의 뜻과는 별개다. 《관련 속담》 죽은 나무에 꽃이 핀다. 이 사자성어의 유래는 다음과 같다. 『삼국지(三國志)·위서(魏書)』 「유이전(劉廙傳)」 편(篇)에, [삼국시대(三國時代)에 형주자사(荊州刺史. 벼슬 이름)인 유표(劉表)의 동생 유이(劉廙)는 유표(劉表)가 죽은 뒤 조조(曹操)에게 귀순(歸順. 반항하거나 반역하려는 마음을 버리고 스스로 돌아서서 따라오거나 복종함)했다. 여기서, '자사(刺史)'는 중국 한(漢)나라 때에 군(郡), 국(國. '왕국·王國'의 줄임말로, 태수·太守가 아닌, 황자·皇子가 다스리는 군·郡을 일컬음. 황자·皇子를 왕·王이라고 하며, 왕·王은 명예직이고, 실질적으로 국·國을 다스리는 사람은 국상·國相이다)을 감독하기 위하여 각 주(州)에 둔 감찰관을 이르는 말. 당(唐)나라, 송(宋)나라를 거쳐 명(明)나라 때 없앴다. 그리고 '조조(曹操)'는 삼국 시대 위(魏)나라의 시조(始祖. 한 겨레나 가계·家系의 맨 처음이 되는 조상)이다. 유이(劉廙)의 동생 유위(劉偉)는 조조(曹操)에게 반기(反旗. 어떤 체제를 쓰러뜨리기 위하여 행동하려 할 때 그 집단의 표시로 내세우는 기·旗)를 든 위풍(魏諷. 사람 이름)의 반란(反·叛亂. 정부나 지배자에게 반항하여 내란을 일으킴)에 연루(連累. 남이 일으킨 사건이나 행위에 걸려들어 죄를 덮어쓰거나 피해를 입게 됨)되어 처형(處刑. 형벌에 처함. 또는 사형에 처함)되었는데, 유이(劉廙)의 인물을 높이 평가한 조조(曹操)는 형제(兄弟. '유의·劉廙'와 그의 동생 '유위·劉偉'를 가리킴)에게 죄를 연좌(緣坐. 친척이나 인척의 범죄 때문에 처벌이나 불이익을 받음)하지 않는 것이 고래(古來. 예부터 내려옴)의 법제(法制. 법률과 제도, 또는 법률로 정해진 여러 가지 제도)'라며 죄를 묻지 않았다. 유이(劉廙)는 조조(曹操)에게 글을 올려 감사를 표했는데, 다음과 같은 말이 있다.] 〈신(臣. 신하가 임금에 대하여 자기를 일컫던 말)의 죄(罪)는 종중(宗中. 한 겨레붙이의 문중·門中)을 기울게 하고, 화(禍)는 멸족(滅族. 한 가족이나 종족이 멸하여 없어짐. 또는 멸하여 없앰)에 해당되지만, 임금의 성명(聖明. 임금의 밝은 지혜)을 입고, 시운(時運. 시대나 때의 운수)을 만나, 끓는 물을 퍼냈다가 다시 부어 물이 끓는 것을 막아, 타지 않게 된 격(格)이 되었습니다. 식어 버린 재에서 연기가 피어오르고, 말라 죽은 나무에서 꽃이 핀 것과 같습니다. 만물(萬物. <u>온갖 물건 또는 세상에 있는 모든 것</u>)은 하늘과 땅의 베풂에 답례(答禮. <u>말, 동작, 물건 따위로 남에게 받은 예·禮를 도로 갚음</u>)하지 아니하고, 아들은 부모를 낳아 준 것에 사례(謝禮. <u>언행이나 금품으로 고마운 뜻을 나타내는 인사</u>)하지 않지만, 죽음으로써 보답을 할 수가 있음을, 붓으로 다 말하기 어렵습니다.(臣罪應傾宗, 禍應覆族, 遭乾坤之靈, 值時來之運, 揚湯止沸, 使不燋爛, 起煙於寒灰之上, <u>**生華於已枯之木**</u>, 物不答施於天地, 子不謝生於父母, 可以死效, 難用筆陳))라는 이야기가 있는데, '말라 죽은 나무에서 꽃이 핀 것과 같습니다.(生華於已枯之木)'에서, '고목생화(枯木生花)'가 유래했다. 그런데 여기서 우리는 '華'가 '花'와 같은 글자임을 알 필요가 있다. 꽃 '화'로 훈(訓)과 음(音)이 '花'와 같다. 참고로, 원문의 '臣罪應傾宗'에서, '臣'은 신하(臣下) '신', 신(臣) '신'으로 읽는다. 여기서는, 신하가 임금에 대하여 자기를 일컫는 말이다. '罪'는 허물 '죄', 죄(罪) '죄'로 읽고, '應'은 여기서는 당(當)할 '응'으로 읽고, '傾'은 기울 '경'으로 읽고, '宗'은 일족(一族. <u>조상이 같은 겨레붙이</u>) '종'으로 읽는다. '臣罪應傾宗'을 직역(直譯)하면, 신(臣)의 죄(罪)는 일족(一族)이 기울어짐을 당하게 (하고), 즉, 신(臣)의 죄(罪)로 인하여 일족(一族)이나 문중(門中)이 이전보다 못하게 되는 상황을 맞게 되었다는 뜻이다. '禍應覆族'에서, '禍'는 재앙(災殃. <u>뜻하지 아니하게 생긴 불행한 변고·變故, 또는 천재지변·天災地變으로 인한 불행한 사고</u>) '화'로 읽고, '覆'은 엎어질(<u>위아래가 뒤집힘</u>) '복', 넘어질 '복'으로 읽고, '族'은 친족(親族. <u>촌수가 가까운 일가붙이</u>) '족'으로 읽는다. '禍應覆族'을 직역(直譯)하면, 재앙(災殃)은 친족(親族)이 엎어짐(<u>뒤집혀서 없어짐, 또는 사라짐</u>)을 당하게 하지만, 즉, 재앙(災殃)은 멸족(滅族)에 해당된다는 뜻이다. '遭乾坤之靈'에서, '遭'는 (우연히) 만날 '조'로 읽고, '乾'은 하늘 '건'으로 읽고, '坤'은 땅 '곤'으로 읽고, '之'는 어조사 '지'로 읽는다. '~의(<u>관형격 조사</u>)'의 뜻을 나타냄. '靈'은 신령(神靈. <u>신·神으로 받들어지는 영혼 또는 자연물</u>) '령(영)'으로 읽는다. '遭乾坤之靈'을 직역(直譯)하면, 우연히 하늘과 땅의 신령(神靈)을 만나, 즉, 하늘만큼 높고 땅보다 깊은, 임금의 은혜를 입고, '值時來之運'에서, '值'는 여기서는 (때를) 만날 '치'로 읽고, '時'는 때 '시'로 읽고, '來'는 올 '래(<u>내</u>)'로 읽고, '運'은 운(運) '운', 운수(運數) '운'으로 읽는다. '值時來之運'을 직역(直譯)하면, (좋은) 때가 올 운(運)을 만나, '揚湯止沸'에서, '揚'은 오를 '양'으로 읽고, '湯'은 끓인 물 '탕'으로 읽고, '止'는 그칠 '지'로 읽고, '沸'는 끓는 물 '비'로 읽는다. '揚湯止沸'를 직역(直譯)하면, 끓인 물을 끌어 올렸다가 끓는 물을 그치게 한다. 즉, 끓는 물을 퍼냈다가 다시 끓는 물을 부어서 더 이상 끓지 못하게 막는다는 뜻이다. 펄펄 끓는 물을 식히려고 그 위에 찬물을 넣지 않고 끓는 물을 붓는다. 이것만큼 어리석은 행동은 없다. 방법이 잘못되어 급한 일을 해결하는데 전혀 도움이 되지 않는, 어리석음의 결정판이다. 하지만, 이 이야기의 주인공인 유이(劉廙)는 임금이 끓는 물을 퍼냈다가 도로 부어 끓지 못하게 하듯이, 저의 생명을 구해 주셨다고 고마워하고 있다. 유이(劉廙)의 입장에서는 비록 임시방편(臨時方便. <u>본문 참고</u>)의 어리석은 방법임에도 불구하고 임금의 은혜로 받아들이고 있는 것이다. '使不燋爛'에서, '使'는 하여금(<u>노구를 시키어</u>) '사'로 읽고, '不'은 아닐(<u>부정하는 말</u>) '불'로 읽고, '燋'는 그을릴 '초'로 읽고, '爛'은 불에 델 '란(<u>난</u>)'으로 읽는다. '使不燋爛'을 직역(直譯)하면, (그것으로) 하여금 불에 그을리거나 살갗을 데지 않았습니다. 즉, 양탕지비(揚湯止沸)로 하여금 더 이상 몸이 타지 않게 된 격(格)이 되었습니다. '起煙於寒灰之上'에서, '起'는 여기서는 일('일다'의 관형형. <u>없던 현상이 생김</u>) '기'로 읽고, '煙'은 연기(煙氣) '연'으로 읽고, '於'는 어조사 '어'로 읽는다. '~에', '~에서(<u>위치, 장소</u>)'의 뜻을 나타냄. '寒'은 여기서는

(열이) 식을 '한'으로 읽고, '灰'는 재(물질이 불에 다 타 버린 뒤에 남는 것) '회'로 읽고, '上'은 윗 '상'으로 읽는다. '起煙於寒灰之上'을 직역(直譯)하면, 식어 버린 재의 위쪽에서 연기가 일고(피어오르고), '生華於 已枯之木'에서, '生'은 날 '생'으로 읽고, '華'는 여기서는 꽃 '화'로 읽는다. '花'와 같은 뜻. '已'는 이미(돌이 킬 수 없이 된 지난 일을 일컬을 때 쓰는 말) '이', 벌써 '이'로 읽고, '枯'는 마를 '고'로 읽고, '木'은 나무 '목'으로 읽는다. '生華於已枯之木'을 직역(直譯)하면, 이미(벌써) 마른(말라 죽은) 나무에서 꽃이 나온(핀) (것과 같습니다). 위에서 밝혔듯이, 유이(劉廙)의 아우인 유위(劉偉)는 위풍(魏諷)이라는 사람과 함께 조조(曹操)를 반대해서 역모(逆謀, 반역을 꾀함)를 꾸미다가 조조(曹操)에게 잡혀 피살(被殺, 죽임 을 당함)되었다. 당시(當時, 일이 있었던 바로 그때, 또는 이야기하고 있는 그 시기)의 법(法)으로 따지자 면, 유이(劉廙)도 아우(유위·劉偉를 가리킴)의 죄(罪)에 연루(連累)되어 당연히 멸족(滅族)의 처벌을 받 아야 했다. 그런데 조조(曹操)는 예상외로 유이(劉廙)를 처벌하지 않았다. 유이(劉廙)가 조조(曹操)를 만난 것은 크나큰 행운(幸運)이었다. 삼족(三族, 부모, 아들, 손자를 통틀어 이르는 말)을 멸(滅)할 큰 죄를 지었지만, 유이(劉廙)가 천만다행(千萬多幸, 본문 참고)으로 살아남은 것은, '말라죽은 나무에 꽃이 핀 것'과 다름이 없는 것이다. 따라서 '고목생화(枯木生花)'는 말라죽어 있는 마른 나무에 꽃이 핀다는 뜻으로, 곤궁한 처지의 사람이 행운(幸運)을 만나 신기하게도 잘됨을 비유적으로 이르는 말이 된 것이 다. '物不答施於天地'에서, '物'은 만물(萬物) '물'로 읽고, '答'은 답(答)할 '답', 대답(對答)할 '답'으로 읽고, '施'는 베풀 '시'로 읽고, '天'은 하늘 '천'으로 읽고, '地'는 땅 '지'로 읽는다. '物不答施於天地'를 직역(直譯) 하면, 만물(萬物)은 하늘과 땅에서 (나온) 베풂에 답(答)하지 아니하고, '子不謝生於父母'에서, '子'는 자식 (子息) '자'로 읽고, '謝'는 사례(謝禮)할 '사', 보답(報答)할 '사'로 읽고, '生'은 낳을 '생'으로 읽고, '父'는 아버지 '부'로 읽고, '母'는 어머니 '모'로 읽는다. '子不謝生於父母'를 직역(直譯)하면, 자식은 부모에게 낳은 (것에) 사례(謝禮)하지 않지만, '可以死效'에서, '可'는 가히 ~을 할 '가'로 읽고, '以'는 써(그것을 가지고, 그것으로 인하여) '이'로 읽고, '死'는 죽을 '사'로 읽고, '效'는 여기서는 고마움을 나타낼 '효', 드러낼 '효'로 읽는다. '可以死效'를 직역(直譯)하면, 죽음으로 인하여 가히 (고마움을) 나타낼 수가 있음 을, '難用筆陳'에서, '難'은 어려울 '난'으로 읽고, '用'은 쓸 '용'으로 읽고, '筆'은 붓 '필'로 읽고, '陳'은 여기서는 말할 '진', 늘어놓을 '진'으로 읽는다. '難用筆陳'을 직역(直譯)하면, 붓으로 쓰고 말하기가 어렵 습니다.

고무-격려(鼓舞激勵 북칠 **고**/춤출 **무**/과격할 **격**/힘쓸 **려**) 북치고 춤추며 격려(激勵)한다는 뜻으로, 격려(激 勵)하며 기세(氣勢, 기운차게 내뻗는 형세. 또는 내뻗는 힘찬 기운)를 북돋아 줌을 이르는 말. 여기서, '기운'은 순우리말로, 생물이 살아 움직이는 원기(元氣). 또는 거기서 나오는 힘. *고무(鼓舞): (북을 쳐서 춤을 추게 한다는 뜻으로) 남을 격려하여 힘이 나게 함. *격려(激勵): 남의 용기나 의욕을 북돋우어 힘을 내게 함. *과격하다(過激~): 부록 '격(激)' 참고.

고문-치사(拷問致死 두드릴 **고**/문초할 **문**/이를 **치**/죽을 **사**) 두드리고 문초(問招)하여 죽음에 이르게 (한다 는) 뜻으로, 지나치게 심한 고문(拷問)으로 인하여 사람을 죽게 함을 이르는 말. *고문(拷問): 피의자에 게 여러 가지 신체적 고통을 주어 강제로 자백(自白)하게 하는 일. 또는 숨기고 있는 사실을 알아내기 위하여 육체적, 정신적 고통을 주며 신문(訊問)함. *치사(致死): 죽음에 이르게 함. *두드리다: 부록 '고(拷)' 참고. *문초하다(問招~): 지난날, 죄인을 캐어물어 조사하다.

고복-격양(鼓腹擊壤 북칠 **고**/배 **복**/칠 **격**/땅 **양**) (손으로) 배를 북치듯이 (두드리고), (발로) 땅을 친다는 뜻으로, 백성들이 풍족(豊足)한 생활을 하며 태평한 세월을 누리거나 즐김을 비유적으로 이르는 말. ***고복**(鼓腹): 배를 두드린다는 뜻으로, 생활이 풍족하여 태평한 세월을 즐김을 이르는 말. ***격양**(擊壤): ①예전에 중국에서 행하던 민간 놀이의 하나. 일설(一說. 하나의 설이나 하나의 학설, 또는 어떤 일에 관한 또 하나의 설, 또는 다른 설)에는 발로 땅을 치며 태평을 노래한 일이라 함. ②흙으로 만든 악기 또는 그런 악기를 치는 일. ***치다**: 부록 '격(擊)' 참고. 이 사자성어의 유래는 다음과 같다. 『수서隋書』의 「유림전(儒林傳)·하타(何妥)」편(篇)에 〈상고 시대에 아직 음악이 없었을 때 배를 두드리고 (발로) 땅을 굴렀는데, 즐거움이 그 사이에 있었다.(上古之時, 未有音樂, 鼓腹擊壤, 樂在期間)〉라는 이야기가 나오는데, '배를 두드리고 (발로) 땅을 굴렀는데(鼓腹擊壤)'에서, '고복격양(鼓腹擊壤)'이 유래했다. 참고로 원문의 '上古之時'에서, '上'은 위 '상'으로 읽고, '古'는 옛 '고'로 읽는다. '上古'는 오랜 옛날. '之'는 어조사 '지'로 읽는다. '~의'를 나타내는 관형격 조사. '時'는 때 '시'로 읽는다. '上古之時'를 직역(直譯)하면, 상고 (上古)의 때(시대)에, '未有音樂'에서, '未'는 아닐(부정하는 말) '미'로 읽고, '有'는 있을 '유'로 읽고, '音'은 음악(音樂) '음'으로 읽고, '樂'은 음악(音樂) '악'으로 읽는다. '未有音樂'을 직역(直譯)하면, (아직) 음악이 있지 않았다. '鼓腹擊壤'에서, '鼓'는 북칠 '고'로 읽고, '腹'은 배 '복'으로 읽고, '擊'은 칠 '격'으로 읽고, '壤'은 땅 '양'으로 읽는다. '鼓腹擊壤'을 직역(直譯)하면, (손으로) 배를 북치듯이 (두드리고), (발로) 땅을 찬다. 즉, 백성들이 풍족한 생활을 하며 태평한 생활을 누리거나 즐김을 비유적으로 이르는 말. '在'는 있을 '재'로 읽고, '期'는 기한(期限) '기', 기일(期日) '기'로 읽는데, 여기서는 '其'와 통용되고 있다. '그'로 풀이한다. '間'은 사이 '간'으로 읽는다. '期間'은 어느 일정한 시기에서 다른 일정한 시기까지의 사이. '樂在期間'을 직역(直譯)하면, 음악은 그 사이에 있었다. 어떤 자료에는 '樂'을 '즐거움'으로 풀이하였다. 이는 문맥상 맞지 않다. 그런데 이 외에 당(唐)나라 노조린(盧照鄰)의 「익주지진관주려군비(益州至眞觀主黎君碑)」에 〈우물을 파고 밭을 가는 사람은 자연의 존재를 알지 못하고, 배를 두드리고 (발로) 땅을 구르는 사람은 임금의 힘을 알지 못한다.(鑿井耕田者不知自然, 鼓腹擊壤者不知帝力.)〉라는 이야기가 나오는데, '배를 두드리고 (발로) 땅을 구르는 사람은 임금의 힘을 알지 못한다(鼓腹擊壤者不知帝力)'에서도, '고복격양(鼓腹擊壤)'이 나온다. 참고로, 원문의 '鑿井耕田者不知自然'에서, '鑿'은 뚫을 '착'으로 읽고, '井'은 우물 '정'으로 읽고, '耕'은 밭 갈 '경'으로 읽고, '田'은 밭 '전'으로 읽고, '者'는 사람 '자'로 읽고, '知'는 알 '지'로 읽고, '自'는 스스로 '자'로 읽고, '然'은 그러할 '연'으로 읽는다. '自然'은 사람의 힘이 더해지지 아니하고 저절로 생겨난 산, 강, 바다, 식물, 동물 따위의 존재. '鑿井耕田者不知自然'을 직역(直譯)하면, 우물을 뚫고(파고) 밭을 가는 사람은 자연의 (존재를) 알지 못하고, '鼓腹擊壤者不知帝力'에서, '帝'는 임금 '제'로 읽고, '力'은 힘 '력(역)'으로 읽는다. '鼓腹擊壤者不知帝力'을 직역(直譯)하면, (손으로) 배를 북치듯이 (두드리고) (발로) 땅을 치는 사람은 임금의 힘을 알지 못한다. 여기서, '임금의 힘을 알지 못한다'는 것은 그야말로 정치가 잘되고 있다는 증거이다.

고봉-절-안(孤峰·峯絶岸 외로울 **고**/봉우리 **봉**/끊을 **절**/언덕 **안**) 외로운 봉우리와 끊어진 언덕이라는 뜻으로, 우뚝 솟은 산과 깎아지른 낭떠러지를 이르는 말. ***고봉**(孤峰·峯): 외따로 떨어져 있는 산봉우리. ***봉우리**: 부록 '봉(峰·峯)' 참고.

고봉-절정(高峰·峯絶頂 높을 **고**/봉우리 **봉**/으뜸 **절**/꼭대기 **정**) 높은 봉우리에 (있는) 으뜸 꼭대기라는 뜻으로, 높은 산봉우리의 맨 꼭대기를 이르는 말. *고봉(孤峰·峯): ☞고봉절안(孤峰·峯絕岸). *절정(絕頂): ①산의 맨 꼭대기. ②사물의 진행이나 상태 따위가 최고에 이른 때. 또는 그러한 경지. *봉우리: 부록 '봉(峰·峯)' 참고. *으뜸: 중요한 정도로 본, 어떤 사물의 첫째를 이르는 말.

고봉-준령(高峰·峯峻嶺 높을 **고**/봉우리 **봉**/높을 **준**/산 고개 **령**) 높은 봉우리와 높은 산 고개라는 뜻으로, 높이 솟은 산봉우리와 험준한(險峻~. <u>지세가 험하며 높고 가파른</u>) 산마루(<u>산등성이의 가장 높은 곳</u>)를 이르는 말. *고봉(孤峰·峯): ☞고봉절안(孤峰·峯絕岸). *준령(峻嶺): 높고 험한 고개. *봉우리: 부록 '봉(峰·峯)' 참고.

고분-지-탄(鼓盆之嘆·歎 두드릴 **고**/동이 **분**/어조사 **지**/탄식할 **탄**) 물동이를 (북 치듯이) 두드리며 탄식(嘆·歎息)한다(<u>서러워한다</u>)는 뜻으로, 아내의 죽음을 한탄(恨歎·嘆)함을 비유적으로 이르는 말. =고분지척(鼓盆之戚). 고분지통(鼓盆之痛). *고분(鼓盆): 물동이를 두드린다는 뜻으로, 아내의 죽음을 비유적으로 이르는 말. *동이: 부록 '분(盆)' 참고. *탄식하다(嘆·歎息~): 부록 '탄(嘆·歎)' 참고.

고분-지-통(鼓盆之痛 두드릴 **고**/동이 **분**/어조사 **지**/아플 **통**) 물동이를 (북 치듯이) 두드리며 아파한다는 뜻으로, 아내의 죽음을 슬퍼함을 비유적으로 이르는 말. =고분지척(鼓盆之戚). 고분지탄(鼓盆之嘆·歎). 쥅 붕성지통(崩城之痛). 붕천지통(崩天之痛). *고분(鼓盆): ☞고분지탄(鼓盆之嘆·歎). *동이: 부록 '분(盆)' 참고. 이 사자성어의 유래는 다음과 같다. 『장자(莊子)·외편(外篇)』의 「지락(至樂)」편(篇)에 〈장자(莊子. <u>중국 전국시대·戰國時代의 사상가. 도가·道家 사상의 중심인물</u>)의 부인이 죽자, 혜자(惠子)가 조문을 갔다. 장자(莊子)는 다리를 뻗고 주저앉아 동이(<u>물을 긷는데 쓰이는 질그릇의 한 가지</u>)를 두드리며 노래를 부르고 있었다. 즉, 혜자(惠子)가, 장자(莊子)는 몹시 슬퍼할 것이라고 생각하고, 한껏 슬픈 표정을 짓고 장자(莊子)의 집을 방문해 보니, 장자(莊子)는 의외로(意外~. <u>뜻밖에</u>) 동이를 두드리며 노래를 부르고 있었다는 것이다. 혜자(惠子)가 말했다. 즉, 혜자(惠子)가 기가 막혀 놀라 물었다는 뜻이다. "그대는 아내와 함께 살면서 자식을 길렀고, 이미(<u>돌이킬 수 없이 된 지난 일을 일컬을 때 쓰는 말</u>) 몸이 늙었네. 아내가 죽어서 울지 않는 것은 혹 모르지만, 동이를 치면서 노래를 부르다니, 이건 너무 심하지 않은가?" 즉, 아내가 죽어 곡(哭)을 하지 않는 것은 그럴 수도 있는 일이겠지만, 동이를 두들기며 노래를 부르다니 좀 과한 게 아닌가? (莊子妻死, 惠子弔之, **莊子則方箕踞鼓盆而歌**, 惠子曰, 與人居, 長子, 老, 身死不哭, 亦足矣, **又鼓盆而歌**, 不亦甚乎.)〉[장자(莊子)가 말했다. "그렇지 않다네. 아내가 죽었을 때는 어찌 슬퍼하지 않을 수 있었겠나? 하지만, 태어나기 이전(以前)을 살펴보면 원래 생명(生命)이란 것이 없었네. 생명(生命)만 없었던 게 아니라, 형체(形體. <u>사물의 모양과 바탕</u>)조차도 없었지. 형체(形體)는 고사하고(姑捨~. <u>그만 두고, 또는 더 말할 나위도 없고</u>) 기(氣. <u>활동의 근원이 되는 힘</u>)마저도 없었다네. 흐릿하고 아득한 사이에 섞여 있다가 변해서 기(氣)가 생기고, 기(氣)가 변해서 형체(形體)를 이루고, 형체(形體)가 변해서 생명(生命)을 갖춘 것인데, 지금 변해서 죽음으로 간 것이지, 이것은 봄, 가을, 겨울, 여름의 사시(四時. <u>한해의 네 계절</u>)가 운행(運行. <u>천체가 궤도를 따라 움직임</u>)하는 것과 같다네. 아내는 지금 (천지 사이의) 큰 방에서 편안히 자고 있는데, 내가 큰 소리로 운다면 내 자신이 천명(天命. <u>타고난 운명. 또는 하늘의 명령</u>)에 통하지 못한 듯해서 울음을 그쳤다네." 즉, 장자(莊子)는 아내가 죽은 것이, 사실은 천지(天地) 사이에 편히 쉬게 된 것이니, 울지 않고 동이를 두드린다고 대답했다. 여기서 '동이를 두드린다.'는 행위는, 아내의 상(喪)을 당했다는 사실을 알린다는 뜻이고, 아내를 잃은 슬픔을 동이를 두드리면서 구체적으로 표현한다는 것이다.]라는 이야기가 나오는데, '장자(莊子)는 다리를 뻗고 주저앉아 동이를 두드리며 노래를 부르고 있었다.(莊子則方箕踞鼓盆而歌)'와, '동이를 치면서 노래를 부르다니(又鼓盆而歌)'에서, '고분지통(叩盆之痛)'이 유래했다. 장자(莊子)가 부인이 죽자 동이를 두드리고 노래를 불렀다는 고사(故事)에서, '고분지통(叩盆之痛)'이 유래하여 아내 잃은 슬픔을 비유(比·譬喩. 어떤 사물의 모양이나 상태 따위를 보다 효과적으로 표현하기 위하여 그것과 비슷한 다른 사물에 빗대어 표현함. 또는 그 표현 방법)하는 말로 쓰이게 되었다. 참고로, 원문의 '莊子妻死'에서, '莊'은 씩씩할 '장'으로 읽고, '子'는 경칭(敬稱. 공경하는 뜻으로 부르는 칭호. 또는 존대하여 일컬음) 자로 읽는다. 학덕(學德)과 지위가 높은 남자의 경칭(敬稱)이다. '莊子'는 사람 이름. '妻'는 아내 '처'로 읽고, '死'는 죽을 '사'로 읽는다. '莊子妻死'를 직역(直譯)하면, 장자(莊子)의 아내가 죽음. '惠子弔之'에서, '惠'는 은혜 '혜'로 읽는다. '惠子'는 사람 이름. '弔'는 조상(弔喪. 남의 죽음에 대하여 애도의 뜻을 표함)할 '조'로 읽고, '之'는 어조사 '지'로 읽는다. '그것'을 나타내는 지시 대명사. '惠子弔之'를 직역(直譯)하면, 혜자(惠子)는 그것을 조상(弔喪)함. 여기서 '그것'은 '장자(莊子)의 아내가 죽음'을 가리킴. '莊子則方箕踞鼓盆而歌'에서, '則'은 곧 '즉'으로 읽고, '方'은 바야흐로(이제 한창. 또는 지금 바로) '방'으로 읽고, '箕'는 다리 뻗을 '기'로 읽고, '踞'는 기좌(箕坐. 두 다리를 앞으로 벌려 뻗고 앉음. 또는 공손하지 않음)할 '거'로 읽는다. '箕踞'는 두 다리를 쭉 뻗고 앉음. '莊子則方箕踞'를 직역(直譯)하면, 장자(莊子)는 곧 바야흐로 두 다리를 뻗고 앉아, '鼓'는 두드릴 '고'로 읽고, '盆'은 동이(질그릇의 하나. 흔히 물 긷는 데 쓰는 것으로 보통 둥글고, 배가 부르고 아가리가 넓으며 양 옆으로 손잡이가 달려 있음) '분'으로 읽고, '而'는 말 이을 '이'로 읽는다. '그리고'의 뜻을 나타냄. '歌'는 노래 '가'로 읽는다. '莊子則方箕踞鼓盆而歌'를 직역(直譯)하면, 장자(莊子)는 곧 바야흐로 두 다리를 뻗고 앉아 동이를 두드리며 그리고 노래하였다. '惠子曰'에서, '惠子曰'을 직역(直譯)하면, 혜자(惠子)가 말하기를, '與人居'에서, '與'는 함께할 '여'로 읽고, '人'은 사람 '인'으로 읽는다. 여기시는 '이내'를 가리킴. '居'는 살 '거'로 읽는다. '與人居'를 직역(直譯)하면, 아내와 함께 살면서, '長子'에서, '長'은 자랄 '장'으로 읽고, '子'는, 여기서는 자식 '자'로 읽는다. '長子'를 직역(直譯)하면, 자식을 자라게 함. '身死不哭'에서 '身'은 몸 '신'으로 읽는다. 여기서는 '아내의 몸'을 가리킴. '哭'은 울 '곡'으로 읽는다. '身死不哭'을 직역(直譯)하면, 아내가 죽어도 울지 않은 (것은), '亦足矣'에서, '亦'은 또 '역', 또한 '역'으로 읽고, '足'은, 여기서는 발 '족'으로 읽지 않고 지나칠 '주', 과도(過度)할 '주'로 읽고, '矣'는 어조사 '의'로 읽는다. '~이다(단정)'의 뜻을 나타냄. '亦足矣'를 직역(直譯)하면, 또한 지나친 (것은) (사실)이다. '又鼓盆而歌'에서, '又'는 또 '우', 또한 '우'로 읽는다. '又鼓盆而歌'를 직역(直譯)하면, 또 동이를 두드리고 그리고 노래를 부른 (것은), 여기서, '叩盆之痛'이 유래하였는데, 이것을 직역(直譯)하면, 물동이를 북 (치듯이 두드리며) 아파한다는 뜻으로, 아내의 죽음을 슬퍼함을 비유적으로 이르는 말. '不亦甚乎'에서, '甚'은 심할 '심'으로 읽고, '乎'는 어조사 '호'로 읽는다. '~는가, ~인가(의문)'의 뜻을 나타냄. '不亦~乎'는, 한문(漢文) 구(句)의 하나로, 또한 ~하지 아니한가? '不亦甚乎'를 직역(直譯)하면, 또한 (너무) 심하지 아니한가?

고사-내력(故事來歷 옛 **고**/일 **사**/올 **내**/지낼 **력**) 옛 일을 지내어 온 (자취라는) 뜻으로, 어떤 사물이나 사건에 대하여 전해 내려오는 유래(由來)와 경위(經緯. 일이 진행되어 온 과정)를 이르는 말. *고사(故事): ①옛날의 일. 또는 옛날에 있었던 일. ②옛날부터 전해 내려오는, 내력 있는 일. 또는 그것을 나타내던 어구(語句). *내력(來歷): 어떤 사물의 지나온 자취. *지내다: 부록 '력(歷)' 참고.

고산-유수(高山流水 높을 고/뫼 산/흐를 유/물 수) 높은 뫼('산'의 옛말)와 흐르는 물이라는 뜻으로, ①맑은 자연을 형용하는 말. ②『열자(列子)』에 나오는 고사(故事)에서, 풍류(風流)의 곡조를 잘 아는 사람이 아니면 알지 못할, 아주 미묘한 음악. 특히 거문고의 소리를 비유적으로 이르는 말. ③지기(知己). 즉, 자기 마음속과 가치를 잘 알아주는 참다운 친구를 비유적으로 이르는 말. 여기서, '풍류(風流)'는 '음악(音樂)'을 예스럽게 이르는 말. *고산(高山): 높은 산. *유수(流水): 흐르는 물. 이 사자성어의 유래는 다음과 같다. 『열자(列子)』의 「탕문(湯問)」 편(篇)에 〈백아(伯牙)는 거문고를 잘 연주했고, 종자기(鍾子期)는 (백아의 연주를) 잘 감상했다. 백아(伯牙)가 거문고를 탈 때 그 뜻이 높은 산에 있으면 종자기(鍾子期)는 "훌륭하다. 우뚝 솟은 그 느낌이 태산 같구나."라고 했고, 그 뜻이 흐르는 물에 있으면 종자기(鍾子期)는 "멋있다. 넘칠 듯이 흘러가는 그 느낌은 마치 강과 같군."이라고 했다.(伯牙善鼓琴, 鍾子期善聽, 伯牙鼓琴, 志在高山, 鍾子期曰, 善哉, 峨峨兮若泰山, 志在流水, 鍾子期曰, 善哉, 洋洋兮若江河)〉라는 이야기가 나오는데, '그 뜻이 높은 산에 있으면(志在高山)'과, '그 뜻이 흐르는 물에 있으면(志在流水)'에서, '고산유수(高山流水)'가 유래했다. 즉, 중국의 춘추시대(春秋時代)에 거문고의 명수(名手, 기능이나 기술 따위에서 뛰어난 솜씨를 가진 사람)인 백아(伯牙)가 높은 산에 오르는 것을 생각하면서 거문고를 타면, 종자기(鍾子期)가 '저 높은 산과 같다'라고 평(評)하고, 흐르는 물을 생각하면서 거문고를 타면 '도도히 흐르는 강물과 같다'라고 평한 데서 '고산유수(高山流水)'가 나온 것이다. 백아(伯牙)가 거문고를 연주할 때, 종자기(鍾子期)는 백아(伯牙)의 뜻(속마음, 즉, 거문고를 연주하려는 의도나 그 목적)이 높은 산에 있는지, 흐르는 물에 있는지 모두 알아차린다는 말이다. 진정한 벗은 대화가 필요 없다. 형식이 아니다. 마음이 중요하다. 마음으로 느끼고 마음으로 스치면 족(足)할 뿐이다. 따라서 종자기(鍾子期)는 백아(伯牙)가 연주하는 소리만 듣고도 벗의 속마음이 어디에 있다는 것을 알아낼 정도로 절친한 친구인 것이다. 자기의 가치나 처지를 잘 알아주는 벗이 참다운 벗이라는 말이 있다. 나를 이해해 주고 나의 마음을 이해해 주는 벗이 있다는 것은 그 무엇보다 감사할 일이다. 참고로 원문의 '伯牙善鼓琴'에서, '伯'은 맏('맏이'의 뜻을 더하는 접미사) '백'으로 읽고, '牙'는 어금니 '아'로 읽는다. '伯牙'는 사람 이름. '善'은, 여기서는 잘할 '선', 뛰어날 '선'으로 읽고, '鼓'는, 여기서는 악기를 탈 '고', 연주(演奏)할 '고'로 읽고, '琴'은 거문고 '금'으로 읽는다. '伯牙善鼓琴'을 직역(直譯)하면, 백아(伯牙)는 거문고 타는 것을 잘 하고, '鍾子期善聽'에서, '鍾'은 쇠북('종'의 옛말) '종'으로 읽고, '子'는 아들 '자'로 읽고, '期'는 기약할 '기'로 읽는다. '鍾子期'는 사람 이름. '聽'은 들을 '청'으로 읽는다. '鍾子期善聽'를 직역(直譯)하면, 종자기(鍾子期)는 듣는 (것을) 잘했다. '伯牙鼓琴'에서, '伯牙鼓琴'을 직역(直譯)하면, 백아(伯牙)가 거문고를 탈 (때), '志在高山'에서, '志'는 뜻 '지'로 읽고, '在'는 있을 '재'로 읽고, '高'는 높을 '고'로 읽고, '山'은 뫼('산'의 옛말) '산'으로 읽는다. '志在高山'을 직역(直譯)하면, 뜻이 높은 산에 있으면, '鍾子期曰'에서, '曰'은 일컬을 '왈'로 읽는다. '鍾子期曰'을 직역(直譯)하면, 종자기(鍾子期)는 (백아의 거문고 소리를 듣고) 일컫기를, '善哉'에서, '哉'는 어조사 '재'로 읽는다. '~도다', '~로구나(영탄)'의 뜻을 나타냄. '善哉'를 직역(直譯)하면, 잘하도다. 즉, 거문고를 잘 연주한다는 뜻이다. '峨峨兮若泰山'에서, '峨'는 높을 '아'로 읽는다. '峨峨'는 산이나 큰 바위 같은 것이 아슬아슬하게 치솟은 모양. '兮'는 어조사 '혜'로 읽는다. '~로구나', '~이구나(감탄)'의 뜻을 나타냄. '若'은 같을 '약'으로 읽고, '泰'는 클 '태'로 읽는다. '泰山'은 산 이름. '峨峨兮若泰

山'을 직역(直譯)하면, 아슬아슬하게 치솟은 모양이 태산(泰山) 같구나. '志在流水'에서, '流'는 흐를 류(유)로 읽고, '水'는 물 '수'로 읽는다. '志在流水'를 직역(直譯)하면, 뜻이 흐르는 물에 있으면, 위의 '志在高山'과 '志在流水'에서, '고산유수(高山流水)'가 유래하였는데, 그것을 직역(直譯)하면 높은 뫼('산'의 옛말)와 흐르는 물이라는 뜻으로, ①풍류(風流)의 곡조를 잘 아는 사람이 아니면 알지 못할, 아주 미묘한 음악. 특히 거문고의 소리를 비유적으로 이르는 말. ②지기(知己). 즉, 자기 마음속과 가치를 잘 알아주는 참다운 친구를 비유적으로 이르는 말이 되었다. '洋洋兮若江河'에서, '洋'은, 여기서는 넘칠 '양'으로 읽는다. '洋洋'을 직역(直譯)하면, 넘치고 넘친다. '江'은 강 '강'으로 읽고, '河'는 강(江) '하', 내 '하'로 읽는다. '江河'는 중국의 양쯔강(揚子江. 중국의 중심부를 흐르는, 중국에서 제일 큰 강)과 황허강(~江. 중국에서 두 번째로 큰 '황하·黃河'를 가리킴)을 통틀어 이르는 말. '洋洋兮若江河'를 직역(直譯)하면, 넘치고 넘치며 (흘러가는 느낌은) 양쯔강과 황허강의 (강물) 같구나.

고산-준령(高山峻嶺 높을 **고**/뫼 **산**/높을 **준**/산 고개 **령**) 높은 뫼('산'의 옛말)와 높은 산 고개라는 뜻으로, 높은 산과 험(險)한 고개를 아울러 이르는 말. *고산(高山): ☞고산유수(高山流水). *준령(峻嶺): 높고 험한 고개.

고색-창연(古色蒼然 옛 **고**/빛 **색**/푸를 **창**/그럴 **연**) 옛 빛이 푸르기가 그러하다는 뜻으로, 퍽 오래되어 예스러운 풍치(風致. 훌륭하고 멋진 경치)나 모습이 그윽함을 이르는 말. 또는 옛날 모습이 완연하다는 뜻으로, 아직도 옛날 모습이 그대로 남아 있음을 이르는 말. *고색(古色): ①(오랜 세월이 지나서) 낡은 빛깔. ②고풍스러운 정치(情致. 좋은 감정을 자아내는 흥과 운치). *창연(蒼然): ①빛깔이 썩 푸름. ②(날이 저물어) 어둑어둑함. ③물건이 오래되어 예스러운 빛이 드러나 있음.

고성-낙일(孤城落日 외로울 **고**/성 **성**/떨어질 **낙**/해 **일**) (적군 속에 고립되어) 외로운(외딴) 성(城)에서 (서산에) 떨어지는 해를 (바라본다)는 뜻으로, 도와주는 사람 없이 처량(凄凉)한 신세로 전락(轉落)하는 것, 또는 세력이 다하고 남의 도움이 없는 매우 외로운 처지를 비유적으로 이르는 말. 쓸쓸한 심정이나 삭막한 풍경을 이르는 말이기도 하다. *고성(孤城): ①외딴 곳에 떨어져 있는 성(城). ②적군(敵軍)에 포위(包圍. 둘레를 에워쌈. 또는 주위를 에워쌈)되어 고립된 성(城). *낙일(落日): 지는 해. 이 사자성어의 유래는 다음과 같다. 왕유(王維)의 「송위평사(送韋評事)」의 시(詩)에 〈장군을 쫓아 (흉노)의 우현왕(右賢王)을 잡자 하여 / 모래땅에 말을 달려 거연(居延)으로 향한다. / 아마도 한(漢)나라 사신(使臣)은 소관(蕭關) 밖에서 / 외로운 섬에 지는 해를 수심(愁心)에 차 바라보겠지.(欲逐將軍取右賢, 沙場走馬向居延, 遙知漢使蕭關外, 愁見孤城落日邊.)〉라는 이야기가 나오는데, '외로운 섬에 지는 해를 수심(愁心)에 차 바라보겠지.(愁見孤城落日邊)'에서, '고성낙일(孤城落日)'이 유래했다. 위의 시는 왕유(王維)의 7언 절구의 시(詩)로, 제목은 송위평사(送韋評事. 왕유·王維가 위평사·韋評事를 보내며. 여기서 '위평사(韋評事)'는 관리들의 범죄 행위를 조사하고 재판을 담당하는 직책이다)이다. 왕유(王維)는 이백(李白), 두보(杜甫)와 함께 중국의 대표적인 시인이다. 그는 동양화(東洋畵)와 같은 고요한 맛과 그윽한 정(情)을 풍기는 자연시를 많이 썼다고 한다. 여기서 '동양화(東洋畵)'는 한국, 중국, 일본 등지(等地. 땅의 이름 뒤에 쓰이어, 앞에 말한 '그러한 곳들'의 뜻을 나타내는 말)에서 발달한 독특한 화풍(畵風. 그림 경향. 또는 그 특징)과 화법(畵法. 그림 그리는 방법)의 그림을 이르는 말. 주로 먹을 사용하며, 화선지(畵宣紙. 종이의 일종)나 비단(緋緞)에 산수(山水), 사군자(四君子)따위를 제재(題材. 예술 작품이나 학술 연구 따위에서 주제의 재료가 되는 것)로 하여 그린 것이다. 이 시(詩)는 황량한 변방에 홀로 서 있는 외로운 성(城)을 지키는 위평사(韋評事)의 딱한 신세를 왕유(王維)가 묘사(描寫. 눈으로 보거나 마음으로 느낀 것 따위를 그림으로 그리듯이 객관적으로 표현함)했다. 그러면 이 시(詩)에 대해서 간단히 설명하고자 한다. '장군을 쫓아 (흉노)의 우현왕(右賢王)을 잡자 하여'의 시구(詩句)를 설명하면 다음과 같다. '장군 (將軍)'은 위평사(韋評事)와 함께 떠난 인물이다. 그리고 한(漢)나라 시대에 흉노족(匈奴族. 기원전 3~1 세기경에 몽골 지방에서 활약하던 유목 민족) 가운데 좌우(左右)에 현왕(賢王)이 있었는데. 즉, 좌현왕 (左賢王)과 우현왕(右賢王)이 있었는데. 그중 우현왕(右賢王)이 한때 한(漢)나라 군대에 포위를 당해 간 신히 도망쳐 달아난 일이 있었다. 이 시(詩)는 우현왕(右賢王)을 사로잡는다는 역사적 사실을 쓴 것으로, 첫 구절의 우현왕(右賢王)을 잡는다는 것은, 그 사실을 근거로 위평사(韋評事)도 우현왕(右賢王)을 사로 잡기 위하여 장군(將軍)을 따라 국경 밖으로 떠나는 내용을 담고 있다. '모래땅에 말을 달려 거연(居延)으 로 향한다.'의 시구(詩句)를 설명하면 다음과 같다. 위평사(韋評事)는 국경 밖으로 나가 적의 대장(大將) 인 우현왕(右賢王)을 포로로 잡을 생각으로 모래땅임에도 불구하고 의기양양(意氣揚揚. 본문 참고)하게 말을 힘차게 달려 거연(居延) 땅 요새지(要塞地. 국방상 중요한 지점에 마련해 놓은 군사적 방어 시설이 있는 곳)로 향한다는 뜻이다. '아마도 한(漢)나라 사신(使臣. 지난날, 나라의 명·命을 받아 외국에 파견되 던 신하)은 소관(蕭關. 진·秦나라의 북쪽 관문 이름) 밖에서'의 시구(詩句)를 설명하면 다음과 같다. 여기 서 '한(漢)나라 사신(使臣)'은 위평사(韋評事)를 가리킨다. 즉, 멀리서 왕유(王維)가 소관(蕭關) 밖에 있는 위평사(韋評事)가 현재 어떤 모습을 하고 있을까를 마음속으로 상상하는 장면이다. '외로운 섬에 지는 해를 수심(愁心)에 차 바라보겠지.'의 시구(詩句)를 설명하면 다음과 같다. 왕유(王維)가 생각해 볼 때, 위평사(韋評事)가 외딴 성(城)에 지는 해의 언저리(둘레의 부근)를 수심(愁心. 근심하는 마음)으로 바라 보고 있을 것이라고 상상해 보니, 나('왕유·王維 자신'을 가리킴)의 몸은 비록 이곳('한·漢나라'를 가리킴) 에 있지만, 당신('위평사·韋評事'를 가리킴)이 장차(張次. '앞으로'의 뜻으로, 미래의 어느 때를 나타내는 말) 겪게 될 외롭고 쓸쓸한 심정을 알고도 남음이 있다는 뜻이다. 지금 위평사(韋評事)는 외딴 성(城) 근처 해가 지려고 하는 곳에 외롭게 있다는 것을 생각하고 있다. 그래서 고성낙일(孤城落日)이 근심스러 워 보인다는 것이다. 이렇게 이 시(詩)는 요새(要塞) 밖의 쓸쓸한 풍경을 노래한 셈이다. 즉, '고성낙일(孤 城落日)'은 '외로운 성(城)에 지는 해'라는 뜻으로, 구원병(救援兵. 어려움이나 위험에 빠진 사람을 구하 여 주기 위하여 파견하는 군대나 병사)이 오지 않는 고립(孤立)된 성(城)과, 기울어 떨어지는 저녁의 해. 기운(순우리말로, 생물이 살아 움직이는 원기·元氣. 또는 거기서 나오는 힘)도 떨어지고 재기(再起. 다시 일어나는 일)할 힘도 없는데, 도와주는 사람도 없어 처량한 신세로 전락(轉落. 나쁜 상태나 처지에 빠짐)한 것을 비유(比·譬喩. 어떤 사물의 모양이나 상태 따위를 보다 효과적으로 표현하기 위하여 그것 과 비슷한 다른 사물에 빗대어 표현함. 또는 그 표현 방법)하는 말로 쓰인 것이다. 참고로, 원문의 '欲逐 將軍取右賢'에서, '欲'은 하고자 할 '욕'으로 읽고, '逐'은 쫓을 '축'으로 읽고, '將'은 장수(將帥) '장'으로 읽고, '軍'은 군사 '군'으로 읽는다. '將軍'은 군(軍)을 통솔하는 무관(武官). '取'는 취할 '취'로 읽고, '右'는 오른쪽 '우'로 읽고, '賢'은 어질 '현'으로 읽는다. '右賢'은 (흉노)의 '우현왕(右賢王)'을 가리킴. '欲逐將軍 取右賢'을 직역(直譯)하면, 장군을 쫓아 우현왕(右賢王)을 취하고자(잡고자) 하여, '沙場走馬向居延'에서, '沙'는 모래 '사'로 읽고, '場'은 곳 '장', 장소(場所) '장'으로 읽는다. '沙場'은 '모래사장'과 같은 말로, 강가

나 바닷가에 있는 넓고 큰 모래벌판. '走'는 달릴 '주'로 읽고, '馬'는 말 '마'로 읽는다. '走馬'는 말을 타고 달림. 또는 그 말. '向'은 향할 '향'으로 읽고, '居'는 살 '거', 거주할 '거'로 읽고, '延'은 늘일 '연'으로 읽는다. '居延'은 땅 이름. '沙場走馬向居延'을 직역(直譯)하면, 모래사장에서 말을 타고 달려 거연(居延)으로 향하네. '遙知漢使蕭關外'에서, '遙'는 노닐 '요', 거닐 '요'로 읽고, '知'는 알 '지'로 읽고, '漢'은 나라 이름 '한'으로 읽고, '使'는 사신(使臣) '사', 심부름꾼 '사'로 읽고, '蕭'는 쓸쓸할 '소'로 읽고, '關'은 관계할 '관'으로 읽는다. '蕭關'은 땅 이름. '外'는 바깥 '외'로 읽는다. '遙知漢使蕭關外'를 직역(直譯)하면, 한(漢)나라 사신(使臣)이 소관(蕭關) 바깥에서 노니는 것을 알고, '愁見孤城落日邊'에서, '愁'는 근심 '수'로 읽고, '見'은 볼 '견'으로 읽는다. '愁見'을 직역(直譯)하면, 근심스럽게 (바라)본다. '孤'는 외로울 '고'로 읽고, '城'은 성(城. <u>예전에, 적을 막기 위하여 흙이나 돌 따위로 높이 쌓아 만든 담. 또는 그런 담으로 둘러싼 구역</u>) '성'으로 읽고, '落'은 떨어질 '락(낙)'으로 읽고, '日'은 해 '일'로 읽고, '邊'은 가(<u>어떤 것을 중심으로 한 그 둘레</u>) '변'으로 읽는다. '愁見孤城落日邊'을 직역(直譯)하면, 외로운(외딴) 성(城)에서 서산(西山) 가에 떨어지는 해를 근심스럽게 (바라)보겠지. 이 시(詩)는 멀리 전쟁터에 나가 있는 지인(知人)을 생각하며, 그에게 도움을 줄 수 없는 자신('왕유·王維' 자신을 가리킴)의 마음을 대입하여(代入~ <u>다른 것을 대신 넣어</u>) 지은 것이다. 여기서, '孤城落日'이 유래하였는데, 이것을 직역(直譯)하면, (적군 속에 고립되어) 외로운(외딴) 성(城)에서 (서산에) 떨어지는 해를 (바라본다)는 뜻으로, 도와주는 사람 없이 처량(凄凉)한 신세로 전락(轉落)하는 것, 또는 세력이 다하고 남의 도움이 없는 매우 외로운 처지를 비유적으로 이르는 말.

고성-대규(高聲大叫 높을 **고**/소리 **성**/클 **대**/부르짖을 **규**) 높은 소리로 크게 부르짖는다는 뜻으로, 크고 높은 목소리로 부르짖음을 이르는 말. =고성대호(高聲大呼). *고성(高聲): 높은 목소리. 또는 큰 소리. *대규(大叫): 크게 소리쳐 부르짖음.

고성-대-독(高聲大讀 높을 **고**/소리 **성**/클 **대**/읽을 **독**) 높은 소리로 크게 읽는다는 뜻으로, 크고 높은 목소리로 글을 읽음을 이르는 말. *고성(高聲): ☞고성대규(高聲大叫).

고성-대명(高姓大名 높을 **고**/성 **성**/클 **대**/이름 **명**) 높은 성(姓)과 큰 이름이라는 뜻으로, 남의 성(姓)과 이름을 높여 이르는 말. *고성(高姓): ①높고 훌륭한 집안. ②남의 성(姓)을 높여 이르는 말. *대명(大名): ①널리 알려진 훌륭한 이름이라는 뜻으로, 상대편을 높이어 그의 이름을 이르는 말. ②큰 명예.

고성-대-질(高聲大叱 높을 **고**/소리 **성**/클 **대**/꾸짖을 **질**) 높은 소리로 크게 꾸짖는다는 뜻으로, 크고 높은 목소리로 호되게 꾸짖음을 이르는 말. *고성(高聲): ☞고성대규(高聲大叫).

고성-대호(高聲大呼 높을 **고**/소리 **성**/클 **대**/부를 **호**) 높은 소리로 크게 부른다는 뜻으로, 크고 높은 목소리로 부름을 이르는 말. =고성대규(高聲大叫). *고성(高聲): ☞고성대규(高聲大叫). *대호(大呼): 큰소리로 부름.

고성-방가(高聲放歌 높을 **고**/소리 **성**/놓을 **방**/노래 **가**) 높은 소리로 놓아 (떠들고) 노래한다는 뜻으로, 술에 취하여, 거리에서 큰 소리를 지르거나 노래를 부르는 짓을 이르는 말. *고성(高聲): ☞고성대규(高聲大叫). *방가(放歌): 큰소리로 노래를 부름. *놓다: 부록 '방(放)' 참고.

고성-준론(高聲峻論 높을 **고**/소리 **성**/엄할 **준**/논의할 **론**) 높은 소리로 엄(嚴)하게 논의한다는 뜻으로, 크고 높은 목소리로 엄숙(嚴肅)하고 날카롭게 따져 말함을 이르는 말. *고성(高聲): ☞고성대규(高聲大叫).

*준론(峻論): 의젓하면서도 격렬한 언론(言論. 개인이 말이나 글로 자기의 생각을 발표하는 일. 또는 그 말이나 글). *엄하다(嚴~): 부록 '준(峻)' 참고.

고식-지-계(姑息之計 잠깐 **고**/숨 쉴 **식**/어조사 **지**/꾀 **계**) 잠깐 숨 쉬는(숨 한 번 쉬는 동안의) 꾀라는 뜻으로, 근본 해결책이 아닌, 우선 당장 편한 것만을 택하는 꾀나 방법을 비유적으로 이르는 말. 또는 한때의 안정을 얻기 위하여 임시로 둘러맞추어 처리하거나, 이리저리 주선하여 꾸며 내는 계책(計策. 어떤 일을 이루기 위하여 꾀나 방법을 생각해 냄. 또는 그 꾀나 방법)을 비유적으로 이르는 말. 🔢 목전지계(目前之計). *고식(姑息): 잠시 숨을 쉰다는 뜻으로, 당장에는 탈이 없고 편안함을 비유적으로 이르는 말. *꾀: 일을 그럴듯하게 꾸미는 교묘한 생각이나 수단.《관련 속담》눈 가리고 아웅 한다. / 언 발에 오줌 누기. 이 사자성어의 유래는 다음과 같다. 『예기(禮記)』의「단궁(檀弓) 상(上)」편(篇)에 [증삼(曾參)이 병으로 자리에 누웠을 때, 악정자춘(樂正子春. 증삼·曾參의 제자)은 침상(寢牀. 누워서 잘 수 있도록 만든 가구·家具를 일컫는 말. 위가 넓고 평평하고 다리가 달려 있음) 밑에 앉아 있고, 증원(曾元. 증삼·曾參의 장남)과 증신(曾申. 증삼·曾參의 차남)이 발밑에 앉아 있었다. 여기서, 증자(曾子)는 노(魯)나라의 유학자였다. 중국 춘추시대(春秋時代)의 사상가이며 학자인 공자(孔子)의 덕행과 사상을 본받아 그 뜻을 펴서 서술하여, 공자(孔子)의 손자(孫子)인 자사(子思)에게 전하였다고 함. 후세(後世) 사람들이 그를 높여 증자(曾子)라고 일컬음. 구석에서 촛불을 잡고 있던 동자(童子. 나이 어린 사내아이)가 말했다. "화려하고 아름답습니다. 대부(大夫. 벼슬 이름)의 대자리(대를 가늘게 조개 깎은 것을 엮어 만든 자리)가 아닙니까?" 자춘(子春. '악정자춘·樂正子春'을 가리킴)이 말했다. "그만 두어라." 증삼(曾參)이 이 말을 듣고 놀라서 탄식했다. 동자(童子)가 또 말했다. "화려하고 아름답습니다. 대부(大夫)의 대자리가 아닙니까?" 증삼(曾參)이 (힘없이) 말했다. "그렇다. 이것은 바로 계손(季孫. 사람 이름)이 준 것이다. 내가 아직 바꾸지 않았구나. 원(元. '증원·曾元'을 가리킴)아, 일어나서 침상(寢牀)을 바꾸어 달라." 증원(曾元)이 말했다. "병이 위중(危重. 병세가 무겁고 위태로움)하니 자리를 바꿀 수 없습니다. 즉, 아버지의 병이 위독(危篤)하여 조금이라도 움직이면 안 되다는 뜻이다. 내일 아침에 바꾸십시오."] 〈증삼(曾參)이 이 말을 듣고 말했다. "너희가 나를 사랑함이 저 동자(童子)만도 못하구나. 즉, 자식들이 나를 사랑하는 것은 저 아이와 같지 않다는 뜻이다. 군자(君子. 학문과 덕·德이 높고 행실·行實이 바르며 품위·品位를 갖춘 사람)는 사람을 사랑하기를 덕(德. 고매하고 너그러운 도덕적 품성)으로 하고, 소인(小人)은 사람을 사랑하기를 고식(姑息. '임시방편(臨時方便)'과 같은 뜻)으로 한다. 즉, 군자(君子)는 덕(德)으로 사랑하기 때문에 오래 가지만, 소인(小人. 도량이 좁고 간사한 사람)은 눈앞에 이익만을 생각하며 사랑하기 때문에 오래가지 못한다는 뜻이다. 여기서 '고식(姑息)'이 나오는데, 어떤 사람은 이를 지나친 관용(寬容. 너그럽게 받아들이거나 용서함)으로 풀이하고 있다. 따라서, 지나친 관용은 나쁜 사람과 나쁜 일을 키우게 된다는 것이다. 여기서, '고식지계(姑息之計)'가 유래하였는데, 이 말은 잠시 모면(謀免. 어떤 일이나 책임을 꾀를 쓰거나 운이 좋아서 벗어남)하는 일시적인 계책(計策)이라는 뜻으로, 근본 해결책이 아니라, 임시방편(臨時方便. 본문 참고)이나 당장에 편한 것만을 취(取)하는 꾀나 방법을 말하는 것이다. 내가 무엇을 구하겠느냐? 즉, 내가 어느 것을 원하느냐고 묻는다. 침상(寢牀)을 바꾸기를 원한다는 뜻이다. 나는 정도(正道)에 따라 죽으려는 것뿐이다. 즉, 나는 올바른 것을 취해 사악(邪惡. 마음이나 생각이 간사하고 악독함)한 것을 넘어뜨리고자 할 뿐이다."(曾子曰, 爾之愛我也不如彼, 君子之

愛人也以德, __細人之愛人也以姑息__, 吾何求哉, 吾得正而斃焉〉[모두 증삼(曾參)의 몸을 부축해서 침상(寢牀)으로 바꾸었는데, 새 자리로 옮겨 아직 몸을 편안히 하기도 전에 죽고 말았다. 즉, 여럿이 증삼(曾參)을 부축하고 다른 자리로 바꾸어 깔았는데, 증삼(曾參)은 다시 그 자리에 눕기도 전에 안타깝게 숨을 거두었다는 뜻이다.]라는 이야기가 나오는데, '소인(小人)은 사람을 사랑하기를 임시변통(臨時變通)으로 한다.(細人之愛人也以姑息.)'에서, '잠시 숨을 쉰다(姑息)'란 뜻으로부터 '고식지계(姑息之計)'가 유래했다. 참고로, 원문의 '曾子曰'에서, '曾'은 일찍 '증'으로 읽고, '子'는 경칭(敬稱. 공경하는 뜻으로 부르는 칭호. 또는 존대하여 일컬음) '자'로 읽는다. 학덕(學德)과 지위가 높은 남자의 경칭(敬稱)이다. '曾子'는 사람 이름. '曾子曰'을 직역(直譯)하면, 증자(曾子)가 말하기를, '爾之愛我也不如彼'에서, '爾'는 너(2인칭 대명사) '이'로 읽고, '之'는 어조사 '지'로 읽는다. '~이', '~가(주격 조사)'를 나타냄. '愛'는 사랑 '애', 사랑할 '애'로 읽고, '我'는 나(1인칭 대명사) '아'로 읽고, '也'는 어조사 '야'로 읽는다. '~이도다'. '~이로구나(영탄)'의 뜻을 나타냄. '如'는 같을 '여'로 읽고, '彼'는 저(지시하는 말) '피'로 읽는다. 여기서, '彼'는, 증삼(曾參)의 옆에 있던, 나이 어린 사내아이, 즉, '동자(童子)'를 가리킴. 爾之愛我也不如彼를 직역(直譯)하면, 너희가 나를 사랑함이 저 (동자와) 같지 않는구나. 즉, 너희가 나를 사랑함이 저 동자(童子)만도 못하구나. '君子之愛人也以德'에서, '君子'는 학문과 덕(德)이 높고, 행실이 바르며 품위를 갖춘 사람. '愛'는 사랑 '애'로 읽고, '人'은 사람 '인'으로 읽는다. '君子之愛人'을 직역(直譯)하면, 군자(君子)가 사람을 사랑함. '也'는 어조사 '야'로 읽는다. '~이다(단정)'의 뜻을 나타냄. '以'는 써(그것을 가지고, 그것으로 인하여) '이'로 읽고, '德'은 덕(德. 고매하고 너그러운 도덕적 품성) '덕'으로 읽는다. '以德'을 직역(直譯)하면, 덕(德)으로써 함. '君子之愛人也以德'을 직역(直譯)하면, 군자(君子)가 사람을 사랑함은 덕(德)으로써 함이다. 즉, 군자(君子)는 덕(德)으로써 사람을 사랑한다는 뜻이다. '細人之愛人也以姑息'에서, '細'는 작을 '세', 소인(小人) '세'로 읽고, '人'은 사람 '인'으로 읽는다. '細人'은 '소인(小人)'과 같은 말. 키나 몸집 따위가 작은 사람. '姑'는 잠깐 '고'로 읽고, '息'은 숨 쉴 '식'으로 읽는다. '細人之愛人也以姑息.'을 직역(直譯)하면, 소인(小人)은 사람을 사랑하기를 잠깐 숨 쉬듯, 그것을 가지고 (함)이다. 즉, 소인은 눈앞의 이익으로써 사랑한다는 뜻이다. '고식(姑息)'은 당장 눈앞의 편안함을 취하는 것이다. 여기서, '姑息之計'가 유래하였는데, 이것을 직역(直譯)하면, 잠깐 숨 쉬는 꾀라는 뜻으로, 근본 해결책이 아닌, 우선 당장 편한 것만을 택하는 꾀나 방법을 비유적으로 이르는 말. 또는 한때의 안정을 얻기 위하여 임시로 둘러맞추어 처리하거나, 이리저리 주선하여 꾸며 내는 계책(計策. 어떤 일을 이루기 위하여 꾀나 방법을 생각해 냄. 또는 그 꾀나 방법)을 비유적으로 이르는 말. '吾何求哉'에서, '吾'는 나(1인칭 대명사) '오'로 읽고, '何'는 무엇 '하'로 읽고, '求'는 구할 '구'로 읽고, '哉'는 어조사 '재'로 읽는다. '~일 것인가(반문)'의 뜻을 나타냄. '吾何求哉'를 직역(直譯)하면, 내가 무엇을 구하겠는가? '吾得正而斃焉'에서, '得'은 만족할 '득'으로 읽고, '正'은 바를 '정'으로 읽는다. '吾得正'을 직역(直譯)하면, 나는 바른 (길을 걷는 것에) 만족함. '而'는 말 이을 '이'로 읽는다. '그리고'의 뜻을 나타냄. '斃'는 죽을 '폐'로 읽고, '焉'은 어조사 '언'으로 읽는다. '~이다(단정)'의 뜻을 나타냄. '吾得正而斃焉'을 직역(直譯)하면, 나는 바른 (길을 걷는 것에) 만족하고 그리고 죽으려는 것뿐이다.

고신-거국(孤臣去國 외로울 **고**/신하 **신**/갈 **거**/나라 **국**) 외로운 신하(臣下)가 (자기) 나라를 (떠나 다른 곳으로) 간다는 뜻으로, 임금의 신임(信任. 믿고 일을 맡김)을 받지 못하는 신하(臣下)가 서울을 떠남을 이르는 말. *고신(孤臣): 임금의 사랑이나 신임(信任)을 얻지 못하는 신하. *거국(去國): 자기 나라를 떠남.

고신-얼자(孤臣孽子 외로울 **고**/신하 **신**/첩의 자식 **얼**/아들 **자**) 외로운 신하(臣下)와 첩(妾)의 자식이나 아들이라는 뜻으로, 임금에게서 버림받은 신하와, 자식 대접을 받지 못하는 서자(庶子. <u>첩에게서 태어난 아들</u>). 즉, 임금의 신임(信任. <u>믿고 일을 맡김</u>)을 받지 못하는 신하(臣下)와, 어버이의 사랑을 받지 못하는 서자(庶子)를 아울러 이르는 말. *고신(孤臣): ☞고신거국(孤臣去國). *얼자(孽子): 첩에게서 태어난 아들.

고신-원루(孤臣寃淚 외로울 **고**/신하 **신**/원통할 **원**/눈물 **루**) 외로운 신하(臣下)의 원통(寃痛)한 눈물이라는 뜻으로, 임금의 신임(信任. <u>믿고 일을 맡김</u>)이나 사랑을 받지 못하는, 외로운 신하(臣下)의 원통(寃痛)한 눈물을 이르는 말. *고신(孤臣): ☞고신거국(孤臣去國). *원루(寃淚): 원통하여 흘리는 눈물. *원통하다(寃痛~): 부록 '원(寃)' 참고. 여기서, '원통'은 어느 『국어사전(國語辭典)』에는 '원통(冤痛)'으로 되어 있고, 어느 『국어사전(國語辭典)』에는 '원통(寃痛)'으로 실려 있다. 뜻은 같다.

고신-척영(孤身隻影 외로울 **고**/몸 **신**/외짝 **척**/그림자 **영**) 외로운 몸과 외짝의(<u>외로운</u>) 그림자라는 뜻으로, 몸 부칠 곳이 없이 외로이 떠도는 홀몸을 비유적으로 이르는 말. 🈳 적수단신(赤手單身). 혈혈단신(孑孑單身). 혈혈무의(孑孑無依). *고신(孤身): 외로운 몸. *척영(隻影): ①외로운 그림자. ②'오직 한 사람'을 뜻하는 말. *외짝: 부록 '척(隻)' 참고. 《관련 속담》 낙동강 오리알.

고-심-사단(故尋事端 짐짓 **고**/찾을 **심**/일 **사**/실마리 **단**) 짐짓 일의 실마리를 찾는다는 뜻으로, ①짐짓 말썽거리가 될 일을 일으킴. 즉, 일부러 말썽이 될 일을 일으킴을 이르는 말. ②일부러 일을 만듦을 이르는 말. *사단(事端): 일의 실마리. 또는 사건의 실마리. *짐짓: 🈳 마음은 그렇지 않으나 일부러 그렇게. =고의(故意)로. *실마리: ①(감았거나 형클어진) 실의 첫머리. ②일이나 사건의 첫머리. =단서(端緒).

고심-참담(苦心慘憺 괴로울 **고**/마음 **심**/참혹할 **참**/두려울 **담**) 마음이 괴롭고 참혹(慘酷)하고 두렵다는 뜻으로, (어떤 일을 하거나 생각해 내기에) 몹시 마음을 태우며 애를 쓰면서 걱정을 함을 이르는 말. 또는 몹시 애태우며 근심 걱정을 함을 이르는 말. *고심(苦心): 몹시 애씀. 또는 몹시 마음을 태움. *참담(慘憺): ①가슴이 아플 정도로 비참함. ②참혹(慘酷)하고 암담함. ③속을 썩이도록 괴로움. ④우울하고 쓸쓸함. *참혹하다(慘酷~): 부록 '참(慘)' 참고.

고심-초사(苦心焦思 괴로울 **고**/마음 **심**/초조할 **초**/생각 **사**) 마음을 괴롭히며 초조(焦燥)하게 생각한다는 뜻으로, 마음을 태우며 애써 생각함을 이르는 말. *고심(苦心) : ☞고심참담(苦心慘憺). *초사(焦思): 애를 태우며 하는 생각. *초조하다(焦燥~): 불안하거나 애태우며 마음을 졸이다.

고안-심곡(高岸深谷 높을 **고**/언덕 **안**/깊을 **심**/골 **곡**) 높은 언덕이 깊은 골(골짜기)이 (된다는) 뜻으로, 산천(山川)이나 세상(世上)이 크게 변함을 비유적으로 이르는 말. 🈳 상전벽해(桑田碧海). *고안(高岸): 깎아지른 듯이 높은 언덕이나 낭떠러지. *심곡(深谷): 깊은 골짜기. *골: 부록 '곡(谷)' 참고.

고-양-생-제(枯楊生稊 마를 **고**/버들 **양**/날 **생**/돌피 **제**) 마른 버드나무에 돌피의 (새로운 움이) 돋아난다는 뜻으로, ①늙은 남자가 젊은 아내를 맞아서 능히 함께 살 수 있음을 비유적으로 이르는 말. ②노인이 젊은 아내를 얻어 능(能)히 자손(子孫)을 얻을 수 있음을 비유적으로 이르는 말. *버들: 부록 '양(楊)' 참고. *돌피: 볏과의 한해살이 풀.

고어-지-사(枯魚之肆 마를 **고**/물고기 **어**/어조사 **지**/가게 **사**) 마른 물고기를 (파는) 가게. 즉, 목마른 고기의 어물전(魚物廛)이라는 뜻으로, 매우 곤궁(困窮)한 처지를 비유적으로 이르는 말. 웹 철부지급(轍鮒之急). 학철부어(涸轍鮒魚). 학철지부(涸轍之鮒). *고어(枯魚): 소금에 절여 말린 물고기. *가게: 작은 규모의 상점. 이 사자성어의 유래는 다음과 같다. 『장자(莊子)·잡편(雜篇)』의 「외물(外物)」편(篇)에 〈장주(莊周. '장자·莊子'를 가리킴)는 화난 얼굴을 하며 말했다. 여기서, '장자(莊子)'는 중국 전국시대·戰國時代의 사상가. 도가·道家 사상의 중심인물. "내가 어제 여기 오는데, 도중에 나를 부르는 소리가 있기에 돌아보았더니, 수레바퀴 자국에 붕어 한 마리가 있었습니다. 나는 그놈에게 '붕어야, 너는 어찌 된 것이냐?'고 물었습니다. 붕어는 '나는 동해에 사는 하인입니다. 한 말[斗]이나 한 되[升]쯤 되는 물로써 나를 살려 줄 수 없겠습니까?'라고 대답했습니다. …… 그랬더니 붕어는 성이 난 얼굴을 하며, '나는 지금 꼭 내가 함께하여야 할 것('물'을 가리킴)을 잃고, 있을 곳이 없습니다. 나는 다만 한 말[斗]이나 한 되[升]쯤 되는 물만 얻어서 살면 그만입니다. 그런데 당신은 그런 말을 하십니다그려. 일찌감치 건어물 가게에서 나를 찾는 것이 나을 것이오.'라고 말했습니다."(莊周忿然作色曰, 周昨來, 有中道而呼者, 周顧視, 車轍中有鮒魚焉, 周問之曰, 鮒魚來, 子何爲者邪, 對曰, 我東海之波臣也, 君豈有斗升之水而活我哉, …… 鮒魚忿然作色曰, 吾失我常與, 我無所處, 吾得斗升之水然活耳, 君乃言此, **曾不如早索我於枯魚之肆**.)〉라는 이야기가 나오는데, 끝부분의 '일찌감치 건어물 가게에서 나를 찾는 것이 나을 것이오.(曾不如무索我於枯魚之肆)'에서, '고어지사(枯魚之肆)'가 유래했다. 이 이야기의 배경은 이렇다. 장자(莊子)는 집이 매우 가난해서 감하후(監河侯)에게 식량을 빌리러 갔다. 당장 도와줄 생각이 없었던 감하후(監河侯)는 식읍(食邑. 지난날, 나라에서 공신들에게 내리어, 그곳의 조세를 개인이 받아 사용하게 하던 고을)에서 세금을 받아서 빌려주겠다고 했다. 이 말을 들은 장자(莊子)는 위의 이야기에 나오는 마른 바퀴 속의 붕어를 예로 들어 거절하겠다는 뜻을 우회적(迂廻·回的. 곧바로 가지 않고 멀리 돌아서 가는 것)으로 밝힌 것이다. '수레바퀴 자국에 고인 물속에서 붕이 한마리가 나('장자·莊子'를 가리킴)에게 한 말[斗]이나 한 되[升]쯤 되는 물을 달라고 했다. 나는 저 서강(西江)의 물을 가지고 와서 너('붕어'를 가리킴)를 도와주겠다고 했더니, 붕어는 건어물 가게에서 나를 찾는 것이 낫겠다고 했다.' 붕어는 당장 물이 필요할 뿐이다. 나중에 서강(西江)의 물을 가져 온다면, 붕어는 그 전에 이미(돌이킬 수 없이 된 지난 일을 일컬을 때 쓰는 말) 말라 죽어서 건어물 가게에 있게 된다는 말이다. 물이 없어 당장 죽게 된 붕어에게는 나중의 서강(西江)보다도, 지금 현재의 물이 더 소중하고 절실한 것이다. 요즘 우리 주위에는 어려운 처지에 있는 사람들이 많다. 이들에게는 당장 살 수 있는 여건부터 만들어주어야 한다는 것이 이 사자성어의 교훈(敎訓. 앞으로의 행동이나 생활에 지침이 될 만한 것을 가르치는 일. 또는 그런 가르침)일 것이다. 참고로, 원문의 '莊周忿然作色曰'에서, '莊'은 씩씩할 '장'으로 읽고, '周'는 두루 '주'로 읽는다. '莊周'는 사람 이름. '忿'은 분할 '분', 성낼 '분'으로 읽고, '然'은 그러할 '연'으로 읽는다. 상태를 나타내는 접미사. '作'은 지을 '작', 만들 '작'으로 읽고, '色'은 낯 '색', 얼굴빛 '색'으로 읽는다. '作色'은 불쾌한 느낌을 얼굴빛에 드러냄. '莊周忿然作色曰'을 직역(直譯)하면, 장주(莊周)가 분한 상태의 얼굴빛을 드러내고 말하기를, '周昨來'에서, '周'는 '장주(莊周)'를 가리킴. '昨'은 어제 '작'으로 읽고, '來'는 올 '래(내)'로 읽는다. '周昨來'를 직역(直譯)하면, 장주(莊周)가 어제 (여기에) 왔다가, '有中道而呼者'에서, '有'는 있을 '유'로 읽고, '中'은 가운데 '중'으로 읽고, '道'는 길 '도'로 읽는다. '中道'는 오가는 길의 중간. '중로(中路)'와 같음. '而'는 말 이을 '이'로 읽는다. '그리고'의 뜻을 나타냄. '呼'는 부를 '호'로 읽고, '者'는 사람 '자'로 읽는다. '有中道而呼者'를 직역(直譯)하면, 길의 가운데에서 그리고 부르는 사람이 있었습니다. '周顧視'에서, '周'는 두루 '주'로 읽는다. 여기서는 '장주(莊周)'를 가리킴. '顧'는 돌아볼 '고'로 읽고, '視'는 볼 '시'로 읽는다. '周顧視'를 직역(直譯)하면, 장주(莊周)가 (뒤를) 돌아보니, '車轍中有鮒魚焉'에서, '車'는 수레 '거'로 읽고, '轍'은 바퀴 자국 '철'로 읽는다. '車轍中'을 직역(直譯)하면, 수레바퀴 자국 가운데. '有'는 있을 '유'로 읽고, '鮒'는 붕어 '부'로 읽고, '魚'는 물고기 '어'로 읽는다. '鮒魚'는 붕어. '焉'은 어조사 '언'으로 읽는다. '~이다(단정)'의 뜻을 나타냄. '車轍中有鮒魚焉'을 직역(直譯)하면, 수레바퀴 자국 가운데에 붕어가 있었습니다. 여기서, '涸轍鮒魚', '轍鮒之急'이 유래하였는데, '涸轍鮒魚'를 직역(直譯)하면, 물 마른 수레바퀴 자국에 (있는) 붕어라는 물고기. 즉, 수레바퀴 자국에 괸 물에 있는 붕어라는 뜻으로, 매우 곤궁하고 위급한 처지에 있거나 몹시 고단하고 옹색한 사람을 비유적으로 이르는 말. '轍鮒之急'을 직역(直譯)하면, 수레바퀴 (안에 있는) 붕어의 급(急)함이라는 뜻으로. ①붕어가 수레바퀴 자국에 괸 물에서 사는 것과 같이, 물이 말라 죽게 생긴 그런 다급(多急. <u>미처 어떻게 할 여유가 없을 만큼 일이 바싹 닥쳐서 몹시 급함</u>)한 경우를 비유적으로 이르는 말. ② 사람이 몹시 가난하여 당장 굶게 됨을 비유적으로 이르는 말. '周問之曰'에서, '問'은 물을 '문'으로 읽고, '之'는 어조사 '지'로 읽는다. '그것'을 나타내는 지시 대명사. '周問之曰'을 직역(直譯)하면, 장주(莊周)는 그것('붕어'를 가리킴)에게 물어 말하기를, '鮒魚來'에서, '鮒'는 붕어 '부'로 읽고, '魚'는 물고기 '어'로 읽고, '來'는 여기서는 어조사 '래(<u>내</u>)'로 읽는다. 누구를 부르는 뜻을 나타낸다. '鮒魚來'를 직역(直譯)하면, 붕어야! '子何爲者邪'에서, '子'는 당신 '자', 자네 '자'로 읽고, '何'는 어찌 '하'로 읽고, '爲'는 될 '위'로 읽고, '者'는 것(<u>사물, 현상, 일 따위를 추상적으로 이르는 말</u>) '자'로 읽고, '邪'는 어조사 '야'로 읽는다. 의문이나 부정의 뜻을 나타냄. '子何爲者邪'를 직역(直譯)하면, 자네('붕어'를 가리킴)는 어찌 된 것이냐? '對曰'에서 '對'는 대답할 '대'로 읽는다. '對曰'을 직역(直譯)하면, (붕어가) 대답하여 말하기를, '我東海之波臣也'에서, '我'는 나(<u>1인칭 대명사</u>) '아'로 읽고, '東'은 동녘 '동'으로 읽고, '海'는 바다 '해'로 읽고, '之'는 어조사 '지'로 읽는다. 여기서는 '~의'를 나타내는 관형격 조사. '波'는 물결 '파'로 읽고, '臣'은 신하(臣下) '신'으로 읽는다. '波臣'을 직역(直譯)하면, '물결 속에 사는 용왕(龍王)의 신하'인 듯(?) 그런데 어떤 자료에는 하인(下人), 소신(小臣), 수관(水官) 따위로 풀이해 놓았다. '也'는 어조사 '야'로 읽는다. '~이다(<u>단정</u>)'의 뜻을 나타냄. '我東海之波臣也'을 직역(直譯)하면, 나는 동녘 바다의 파신(波臣)입니다. '君豈有斗升之水而活我哉'에서, '君'은 그대 '군', 자네 '군'으로 읽고, '豈'는 어찌(<u>의문 부사</u>) '기'로 읽는다. '斗'는 말(<u>곡식, 액체, 가루 따위의 분량을 되는 데 쓰는 그릇</u>) '두'로 읽고, '升'은 되(<u>곡식, 액체, 가루 따위의 분량을 되는 데 쓰는 그릇</u>) '승'으로 읽고, '之'는 어조사 '지'로 읽는다. '~의'를 나타내는 관형격 조사. '水'는 물 '수'로 읽고, '活'은 살 '활', 생존할 '활'로 읽고, '我'는 나(<u>1인칭 대명사</u>) '아'로 읽고, '哉'는 어조사 '재'로 읽는다. '~일 것인가(<u>반문</u>)'의 뜻을 나타냄. '君豈有斗升之水而活我哉'를 직역(直譯)하면, 그대가 어찌 한 말이나 한 되가 있는 물로 그리고 나를 살게 (할 수 없을) 것인가? …… '鮒魚忿然作色曰'에서, '鮒'는 붕어 '부'로 읽고, '魚'는 물고기 '어'로 읽는다. '鮒魚'는 붕어. '忿'은 분할 '분', 성낼 '분'으로 읽고, '然'은 그러할 '연'으로 읽는다. 상태를 나타내는 접미사. '作'은 지을 '작', 만들 '작'으로 읽고, '色'은 낯 '색', 얼굴빛 '색'으로 읽는다. '作色'은 불쾌한 느낌을 얼굴빛에 드러냄. '鮒魚忿然作色曰'을 직역(直譯)하면, 붕어가 분한 상태의 얼굴빛을 드러내고 말하기를, '吾失我常與'에서, '吾'는 나(1인칭 대명사) '오'로 읽고, '失'은 잃을 '실'로 읽고, '常'은 항상 '상'으로 읽고, '與'는 함께할 '여'로 읽는다. '吾失我常與'를 직역(直譯)하면, 나는 내가 항상 함께 하여야 할 (곳)을 잃었다. 나는 물 속에 있어야 하는데, 물 속에 있지 않음을 우회적(迂廻·回的, 곧바로 가지 않고 멀리 돌아서 가는 것)으로 표현한 것이다. 속뜻은 나는 물이 없으면 살지 못한다는 말이다. '我無所處'에서, '所'는 바(앞에서 말한 내용 그 자체나 일 따위를 나타내는 말) '소'로 읽고, '處'는 곳 '처', 처소(處所. 사람이 기거·起居하거나 임시로 머무는 곳. 또는 어떤 일이 벌어지거나, 어떤 물건이 있는 곳) '처'로 읽는다. '我無所處'를 직역(直譯)하면, (그래서) 내가 (있는) 바의 곳이 없습니다. '吾得斗升之水然活耳'에서, '得'은 얻을 '득'으로 읽고, '斗'는 말 '두'로 읽고, '升'은 되 '승'으로 읽고, '之'는 어조사 '지'로 읽는다. '~의'를 나타내는 관형격 조사. '水'는 물 '수'로 읽고, '然'는 그러면 '연', 그러하면 '연'으로 읽고, '活'은 살 '활', 생존할 '활'로 읽고, '耳'는 따름 '이', 뿐 '이'로 읽는다. '~뿐이다(한정)'의 뜻을 나타냄. '吾得斗升之水然活耳'를 직역(直譯)하면, 내가 한 말이나 한 되의 물을 얻으면 그러면 살 뿐입니다. 즉, 나는 한 말이나 한 되의 물만 있으면 살 수 있다는 말이다. '君乃言此'에서, '乃'는 이에(이러하여서 곧) '내'로 읽고, '此'는 이(지시하는 말) '차'로 읽는다. '君乃言此'를 직역(直譯)하면, 그대는 이에 이렇게 말하였습니다. '曾不如早索我於枯魚之肆'에서, '曾'은 일찍 '증'으로 읽고, '不'은 아닐(부정하는 말) '불'로 읽고, '如'는 같을 '여'로 읽는다. 여기서, '不如'는 한문(漢文) 구(句)의 하나로, ~만 못하다. ~에는 미치지 못하다. '무'는 일찍 '조'로 읽고, '索'은 찾을 '색'으로 읽고, '於'는 어조사 '어'로 읽는다. '~에서(장소)'의 뜻을 나타냄. '枯'는 마를 '고'로 읽고, '魚'는 물고기 '어'로 읽고, '之'는 어조사 '지'로 읽는다. '~의'를 나타내는 관형격 조사. '肆'는 가게 '사'로 읽는다. '曾不如早索我於枯魚之肆'를 직역(直譯)하면, 일찍이 마른 물고기를 (파는) 가게에서 나를 찾는 것만 같지 못할 것이오. 즉, 나중에 나를 만나려거든 일찍이 건어물 가게나 가보시오. 여기서 '고어지사(枯魚之肆)'가 유래하였는데, 이것을 직역(直譯)하면, 마른 물고기를 (파는) 사세. 즉, 목마른 고기의 어물전(魚物廛)이라는 뜻으로, 매우 곤궁한 처지를 비유적으로 이르는 말.

고왕-금래(古往今來 옛 **고**/갈 **왕**/이제 **금**/올 래) 옛 것이 가고 이제가 온다는 뜻으로, 예전[古]과 지금[今]을 아울러 이르는 말. =왕고금래(往古今來). 왕고내금(往古來今). *고왕(古往): 지난 옛날. *금래(今來): 지금에 이름('이르다'의 명사형). 이 사자성어의 유래는 다음과 같다. 두보(杜甫)의 「가탄(可嘆)」에 〈하늘에 떠 있는 구름이 흰옷 같더니 / 갑자기 검푸른 개로 변했네. / 세상일은 예나 지금이나 이와 같거늘 / 인생 만사 무슨 일인들 없겠는가. (天上浮雲似白衣, 斯須改幻爲蒼狗. **古往今來共一時**, 人生萬事無不有.〉라는 시(詩)가 나오는데, '세상일은 예나 지금이나 이와 같거늘(古往今來共一時)'에서, '고왕금래(古往今來)'가 유래했다. 두보(杜甫)의 친구인 시인 왕계우(王季友)는 매우 곤궁하였지만, 열심히 학문을 닦았으며, 성품이 바르고 품행이 단정한 사람이었다. 그러나 가난한 환경을 견디지 못한 부인이 이혼하고 떠나 버리자, 자세한 내막을 모르는 세상 사람들은 왕계우(王季友)를 비난하였다. 왕계우(王季友)의 가정 형편을 잘 알고 있던 두보(杜甫)는 왕계우(王季友)가 세상 사람들에게 비난 받는 것을 안타깝게 여겨 이 시(詩)를 지었다고 한다. 참고로, 원문의 '天上浮雲似白衣'에서, '天'은 하늘 '천'으로 읽고, '上'은 위 '상'으로 읽는다. '天上'은 하늘 위. '浮'는 뜰 '부'로 읽고, '雲'은 구름 '운'으로 읽는다. '浮雲'은 하늘에 떠다니는 구름. 또는 덧없는 세상을 비유적으로 이르는 말. '似'는 같을 '사'로 읽고, '白'은 흰 '백'으로 읽고 '衣'는 옷 '의'로 읽는다. '白衣'는 물감을 들이지 않은, 흰 빛깔의 옷. 또는 벼슬이 없는 선비를 비유적으로 이르는 말. '天上浮雲似白衣'를 직역(直譯)하면, 하늘 위에 떠 있는 구름이 흰옷 같아. '斯須改幻爲蒼狗'에서, '斯'는 이(지시하는 말) '사', 이것(지시하는 말) '사'로 읽는다. '須'는 모름지기 '수', 잠깐 '수'로 읽고, '改'는 고칠 '개'로 읽고, '幻'은 바꿀 '환', 변할 '환'으로 읽는다. '改換'은 고치어 바꿈. '爲'는 될 '위'로 읽고, '蒼'은 푸를 '창'으로 읽고, '狗'는 개 '구'로 읽는다. '斯須改幻爲蒼狗'를 직역(直譯)하면, 이것이 잠깐 고쳐 바뀌더니 푸른 개가 되었다. 즉, 갑자기 검푸른 개로 변했다는 뜻이다. '古往今來共一時'에서, '古'는 옛 '고'로 읽고, '往'은 갈 '왕'으로 읽고, '今'은 이제 '금'으로 읽고, '來'는 올 '래'로 읽고, '共'은 한가지(형태, 성질, 동작 따위가 서로 같은 것) '공'으로 읽고, '時'는 때 '시'로 읽는다. '古往今來共一時'를 직역(直譯)하면, 옛 것이 가고 이제가 온다는 것은 한 때와 한가지다(마찬가지다). 즉, 세상의 일은 옛날이나 지금이나 이와 같다는 뜻이다. 여기서, '古往今來'가 유래하였는데, 이것을 직역(直譯)하면, 옛 것이 가고 이제가 온다는 뜻으로, 예전[古]과 지금[今]을 아울러 이르는 말. '人生萬事無不有'에서, '人'은 사람 '인'으로 읽고, '生'은 살 '생'으로 읽는다. '人生'은 사람이 세상을 살아가는 일. '萬'은 일만 '만'으로 읽고, '事'는 일 '사'로 읽고, '無'는 없을 '무'로 읽고, '不'은 아닐(부정하는 말) '불'로 읽는다. '無不'은, 직역(直譯)하면 ~하지 않음이 없다. 즉, 이중부정으로 강한 긍정을 나타냄. '有'는 있을 '유'로 읽는다. '人生萬事無不有'를 직역(直譯)하면, 인생(人生)의 일만(一萬) (가지) 일은 있지 아니함이 없다. 즉, 인생에서 일만(一萬) 가지 일이 일어나지 않는 일이 없다. 파란만장(波瀾萬丈, 본문 참고)한 인생사(人生事)에 무슨 일인들 없겠는가? 그러하니, 세상 사람들이, 품행이 단정하고 성품이 참된 친구인 왕계우(王季友)를 너무 나쁜 사람으로 심하게 욕하지 않았음을 바라는 두보(杜甫)의 심정을 나타낸 것이다.

고-왕-독-맥(孤往獨驀 외로울 **고**/갈 **왕**/홀로 **독**/달릴 **맥**) 외로이 가고 홀로 달림. *달리다: 부록 '맥(驀)' 참고.

고운-야학(孤雲野鶴 외로울 **고**/구름 **운**/들 **야**/두루미 **학**) 외로이 (떠 있는) 구름과, 들에 (사는) 두루미라는 뜻으로, 벼슬을 하지 아니하고 한가롭게 숨어 지내는 선비를 비유적으로 이르는 말. *고운(孤雲): ①외롭게 떠 있는 구름. ②세속(世俗. 사람이 살고 있는 모든 사회를 통틀어 이르는 말)을 떠난 선비를 비유적으로 이르는 말. *야학(野鶴): =두루미. *두루미: 부록 '학(鶴)' 참고.

고-육-지-계(苦肉之計 괴로울 **고**/몸 **육**/어조사 **지**/꾀 **계**) 괴로운 몸의 꾀라는 뜻으로, 적(敵)을 속이기 위해서, 또는 어려운 사태에서 벗어나기 위한 수단으로 자신의 괴로움을 무릅쓰고 꾸미는 계책(計策. 어떤 일을 이루기 위하여 꾀나 방법을 생각해 냄. 또는 그 꾀나 방법)을 이르는 말. 또는 일반적으로는 괴로운 나머지 어쩔 수 없이 쓰는 계책(計策)을 이르는 말. =고육지책(苦肉之策). *꾀: 일을 그럴듯하게 꾸미는 교묘한 생각이나 수단.

고-육-지-책(苦肉之策 괴로울 **고**/몸 **육**/어조사 **지**/계책 **책**) 괴로운 몸의 계책(計策)이라는 뜻으로, 적을 속이기 위해서, 또는 어려운 사태에서 벗어나기 위한 수단으로 자신의 괴로움을 무릅쓰고 꾸미는 계책(計策)을 이르는 말. 즉, 어려운 상황을 벗어나기 위해 어쩔 수 없이 선택한 방법이다. =고육지계(苦肉之計). *계책(計策): 어떤 일을 이루기 위하여 꾀나 방법을 생각해 냄. 또는 그 꾀나 방법. 이 사자성어의 유래는 다음과 같다. 『삼국연의(三國演義)』 제46회에 〈공명(孔明)이 말했다. "고육계(苦肉計)를 쓰지 않고서 어떻게 조조(曹操)를 속일 수 있겠소. 오늘 분명히 황공복(黃公覆)을 거짓 항복시켜 채중(蔡中)과 채화(蔡和)로 하여금 그 사실을 보고하게 할 것이오."(孔明曰, **不用苦肉計**, 何能瞞過曹操, 今必令黃公覆 去詐降, 却敎蔡中蔡和報知其事矣.〉라는 이야기가 나오는데, '고육계(苦肉計)를 쓰지 않고서(不用苦肉計)' 에서, '고육지책(苦肉之策)'이 유래했다. 이 이야기의 배경은 이렇다. 연합군의 총사령관인 주유(周瑜)는 화공(火攻. 불을 질러 공격함)으로 조조군(曹操軍. 조조가 이끄는 군대)을 공격할 계획을 세우고, 황개 (黃蓋)와 더불어 고육지책(苦肉之策)을 펼쳤다. 작전회의를 하는 중에 황개(黃蓋)가 주유(周瑜)의 의견에 반대하고 항복할 것을 주장했고, 주유(周瑜)는 곧장 백대로 황개(黃蓋)를 다스렸다. 모든 군관은 황개(黃 蓋)를 부축했다. 황개(黃蓋)는 맞아서 살갗이 찢어지고 살점이 터져 선혈(鮮血. 갓 흘러나온 피. 또는 신선한 피)이 흘러내리고 있었다. 그때 공명(孔明)이 그 옆에 있었다. 상대방을 속이거나 함정에 빠뜨리 기 위해 자기 편 사람을 고의로 해치는 계책(計策. 꾀나 방책을 생각해 냄. 또는 그 꾀나 방책)을 세운 것이다. 공명(孔明)은 이렇게 말했다. "고육계(苦肉計)를 쓰지 않고서 어떻게 조조(曹操)를 속일 수 있겠 소. 오늘 분명히 황공복(黃公覆)을 거짓 항복시켜 채중(蔡中)과 채화(蔡和)로 하여금 그 사실을 보고하게 할 것이오." 여기서 '황공복(黃公覆)'은 황개(黃蓋)를 달리 일컫는 이름이다. 그리고 채중(蔡中)과 채화(蔡 和)는 형제간이다. 결국 만신창이(滿身瘡痍. 본문 참고)가 된 황개(黃蓋)는 즉시 조조(曹操)에게 투항(投 降. 적에게 항복함)했고, 조조(曹操)는 고육계(苦肉計)에 속아 황개(黃蓋)의 투항(投降)을 받아 들였다. 이것이 바로 적벽대전(赤壁大戰)의 한 장면이다. 여기서, '적벽대전(赤壁大戰)'은 삼국시대(三國時代)인 서기 208년에 손권(孫權. 나중에 오·吳나라의 초대·初代 황제가 되었음), 유비(劉備. 나중에 촉한·蜀漢 의 초대·初代 황제가 되었음)의 소수 연합군이 조조(曹操)의 대군(大軍)을 적벽(赤壁)에서 크게 무찌른 싸움을 일컫는 말. 이로 인하여 손권(孫權)은 강남(江南)의 대부분을, 유비(劉備)는 파촉(巴蜀) 지방을 얻어 중국 천하를 삼분(三分. 셋으로 나눔)하였다. 고육지책(苦肉之策)은 고육계(苦肉計)라고도 하는데, 예로부터 많이 사용하던 방법으로, 대표적인 것이 바로 적벽대전(赤壁大戰)에서 사용된 고육계(苦肉計) 이다. 참고로, 원문의 '孔明曰'에서, '孔'은 구'멍 '공', 성씨(姓氏) '공'으로 읽고, '明'은 밝을 '명'으로 읽는 다. '孔明'은 중국 삼국 시대 촉한(蜀漢)의 정치가인 제갈량(諸葛亮)의 자(字. 본이름을 함부로 부르지 않던 시대에, 본이름 대신 부르던 이름)다. '孔明曰'을 직역(直譯)하면, 공명(孔明)이 말하기를, '不用苦肉 計'에서, '不'은 아닐(부정하는 말) '불'로 읽고, '用'은 쓸 '용'으로 읽고, '苦'는 괴로울 '고'로 읽고, '肉'은 몸 '육'으로 읽고, '計'는 꾀할 '계'로 읽는다. '不用苦肉計'를 직역(直譯)하면, 몸을 괴롭게 하는 꾀를 쓰지 않으면, 즉, 고육계(苦肉計)를 쓰지 않고서는 ~할 수 없다는 뜻이다. 군사상 고육계(苦肉計)란 자기편 사람을 고의로 해(害)를 가하여 적국(敵國)으로 달아나게 해서, 적(敵)이 믿게 한 다음에 적정(敵情. 적의 특별한 동향이나 실태)을 염탐(廉探)해서 적을 함정(陷穽)에 빠뜨리는 계책(計策)이다. 여기서 '苦肉之策' 이 유래하였는데, 이것을 직역(直譯)하면, 몸을 괴롭게 하는 계책(計策)이라는 뜻으로, 적을 속이기 위해 서, 또는 어려운 사태에서 벗어나기 위한 수단으로 자신의 괴로움을 무릅쓰고 꾸미는 계책(計策)을 이르 는 말. 즉, 어려운 상황을 벗어나기 위해 어쩔 수 없이 선택한 방법이다. '何能瞞過曹操'에서, '何'는 어찌(의문 부사) '하'로 읽고, '能'은 할 수 있을 '능'으로 읽고, '瞞'은 속일 '만'으로 읽고, '過'는 지날(어떤 한도나 정도가 벗어나거나 넘을) '과', 지나칠(일정한 한도를 넘어 정도가 심할) '과'로 읽는다. '瞞過'는 속여 넘김. '曹'는 성씨(姓氏) '조'로 읽고, '操'는 잡을 '조'로 읽는다. '曹操'는 사람 이름. 중국 삼국 시대의 군웅(群雄. 같은 시대에 여기저기에서 일어난 영웅들) 중의 한 사람으로, 위(魏)나라를 세웠음. '何能瞞過

曹操'을 직역(直譯)하면, 어찌 조조(曹操)를 속여 넘길 수 있겠소? '今必令黃公覆去詐降'에서, '今'은 이제 '금', 오늘 '금'으로 읽고, '必'은 반드시 '필'로 읽고, '令'은 명령할 '령(영)'으로 읽고, '黃'은 누를 '황'으로 읽고, '公'은 공평할 '공'으로 읽고, '覆'은 다시 '복'으로 읽는다. '黃公覆'은 사람 이름. '去'는 갈 '거'로 읽고, '詐'는 거짓 '사'로 읽고, '降'은 항복할 '항'으로 읽는다. '詐降'은 거짓으로 항복함. '今必令黃公覆去詐降'을 직역(直譯)하면, 오늘 반드시 황공복(黃公覆)에게 가서 거짓으로 항복하도록 명령함. '却教蔡中蔡和報知其事矣'에서, '却'은 물리칠 '각', 다시 '각'으로 읽고, '教'는 가르칠 '교', 하여금(<u>누구를 시키어</u>) '교'로 읽고, '蔡'는 성씨(姓氏) '채'로 읽고, '中'은 가운데 '중'으로 읽는다. '蔡中'은 사람 이름. '和'는 화할 (和~. <u>서로 뜻이 맞아 사이좋은 상태가 됨</u>) 화로 읽는다. '蔡和'도 사람 이름. '報'는 알릴 '보'로 읽고, '其'는 그(<u>지시하는 말</u>) '기'로 읽고, '事'는 일 '사'로 읽고, '矣'는 어조사 '의'로 읽는다. '~이다(<u>단정</u>)'의 뜻을 나타냄. '却教蔡中蔡和報知其事矣'를 직역(直譯)하면, 채중(蔡中)과 채화(蔡和)로 하여금 다시 그 일을 아는 대로 알리게 할 것이오.

고자-과곡(孤雌寡鵠 외로울 **고**/암컷 **자**/홀어미 **과**/고니 **곡**) 외로운 암컷과 홀어미가 (된) 고니. 즉, 짝을 잃은 외로운 새라는 뜻으로, 남편이나 아내를 잃은 사람을 비유적으로 이르는 말. =고자과학(孤雌寡鶴). *고자(孤雌): 수컷을 잃은 암컷이라는 뜻으로, 과부(寡婦)를 이르는 말. *과곡(寡鵠): 짝 잃은 한 마리 고니라는 뜻으로, 배우자를 잃은 사람을 비유적으로 이르는 말. *고니: 부록 '곡(鵠)' 참고.

고장-난-명(孤掌難鳴 외로울 **고**/손바닥 **장**/어려울 **난**/울릴 **명**) 외로운 손바닥은 울리기 어렵다. 즉, 외손뼉만으로는 소리가 울리지 아니한다는 뜻으로, ①혼자의 힘만으로 어떤 일을 이루기 어려움을 이르는 말. 즉, 혼자의 힘으로는 어떤 일을 이루기 어려우니, 함께하는 것이 좋다는 뜻이다. =독장난명(獨掌難鳴). ②맞서는 사람이 없으면 싸움이 일어나지 아니함을 이르는 말. =독장난명(獨掌難鳴). *고장(孤掌): 한쪽 손바닥. *울리다: ①종(鐘) 따위의 소리가 나거나 퍼지다. ②소리가 반사되어 퍼지다. 또는 그 소리가 들리다. 《관련 속담》백지장(白紙張)도 맞들면 낫다(가볍다). / 손바닥도 마주쳐야 소리가 난다. / 외 손뼉이 소리 날까. / 외손뼉이 울랴. / 외손뼉이 울지 못한다.

고장-지-신(股掌之臣 다리 **고**/손바닥 **장**/어조사 **지**/신하 **신**) 다리와 손바닥(팔)같이 (중요한) 신하(臣下)라는 뜻으로, 임금이 가장 신임(信任. <u>믿고 일을 맡김</u>)하는 신하(臣下)를 이르는 말. =고굉지신(股肱之臣). *고장(股掌): 넓적다리[股]와 손바닥[掌]을 아울러 이르는 말.

고저-장단(高低長短 높을 **고**/낮을 **저**/길 **장**/짧을 **단**) 높고[高] 낮음[低]과 길고[長] 짧음[短]을 아울러 이르는 말. *고저(高低): 높고 낮음. =높낮이. *장단(長短): ①길고 짧음. ②=장단점(長短點). 즉, 장점과 단점.

고전-악-투(苦戰惡鬪 괴로울 **고**/싸움 **전**/악할 **악**/다툴 **투**) 괴로운 싸움이나 악(惡)한 다툼이라는 뜻으로, 매우 어려운 조건 속에서 힘을 다하여 고생스럽게 싸우거나 애씀을 이르는 말. 또는 죽을힘을 다하여 몹시 싸움을 이르는 말. =악전고투(惡戰苦鬪). *고전(苦戰): 몹시 고생스럽고 힘들게 싸우는 것. 또는 그 싸움. *악하다(惡~): 부록 '악(惡)' 참고.

고정-불변(固定不變 단단할 **고**/정할 **정**/아닐 **불**/변할 **변**) 단단히 정해져 (있어) 변하지 아니한다는 뜻으로, 고정(固定)되어 변함이 없음을 이르는 말. *고정(固定): 일정한 곳이나 상태에서 변하지 아니함. *불변(不變): 변하지 아니함. 또는 변하게 하지 아니함.

고조-독-탄(古調獨彈 옛 고/가락 조/홀로 독/뜯을 탄) 옛 가락을 홀로 뜯는다는 뜻으로, 가락이 썩 고상(高尙. 인품, 학문, 취미 따위가, 정도가 높으며 품위가 있음)하고 예스러워서, 아무도 같이 어울려 노래할 사람이 없음을 이르는 말. 徿 고조자상(古調自賞). *고조(古調): ①예스러운 곡조. ②옛날부터 전해 내려오는 가락. *가락: ①소리의 고저장단(高低長短. 본문 참고). 또는 고저장단(高低長短)이 이루는 조화. ②(춤이나 몸짓의) 일정한 움직임. ③(몸에 밴) 솜씨 또는 기분. *뜯다: 현악기의 줄을 퉁겨서 소리를 낸다. 이 사자성어의 유래는 다음과 같다. 당(唐)나라 유장경(劉長卿)의 「객사증별(客舍贈別)」에 〈청아한 거문고로 옛 곡조를 탈 수 있지만./ 다시 누구를 두고 탈 것인가〈淸琴有古調. 更向何人操〉라는 오언시(五言詩)의 한 구절이 있다. '청아한 거문고로 옛 곡조를 탈 수 있지만.(淸琴有古調)'에서, '고조독탄(古調獨彈)'이 유래했다. 이 구절은 청아한 거문고로 옛 곡조를 혼자 탈 수밖에 없다는 것을 의미하기 때문이다. 참고로, 원문의 '淸琴有古調'에서, '淸'은 맑을 '청'으로 읽고, '琴'은 거문고 '금'으로 읽고, '有'는 있을 '유'로 읽고, '古'는 옛 '고'로 읽고, '調'는 가락 '조', 음률(音律) '조'로 읽는다. '淸琴有古調'를 직역(直譯)하면, 맑은 (소리를 내는) 거문고는 옛 가락이 있다. 즉, 청아한 거문고로 옛 곡조를 탈 수 있다는 뜻이다. '更向何人操'에서, '更'은 다시 '갱'으로 읽고, '向'은 향할 '향'으로 읽고, '何'는 누구 '하', 어떤 '하'로 읽고, '人'은 사람 '인'으로 읽고, '操'는 부릴 '조', 다룰 '조'로 읽는다. '更向何人操'를 직역(直譯)하면, 다시 어떤 사람을 향하여 다룰(악기를 탈) 것인가? 이 시구(詩句)의 내용은 '古調獨彈'이다. 여기서, '古調獨彈'이 유래하였는데, 이것을 직역(直譯)하면, 옛 가락을 홀로 뜯는다는 뜻으로, 가락이 썩 고상(高尙)하고 예스러워서, 아무도 같이 어울려 노래할 사람이 없음을 이르는 말. 그리고 이 '古調獨彈'과 비슷한 것이 '古調不彈'이다. 역시 당(唐)나라 유장경(劉長卿)의 「탄금(彈琴)」 전문(全文)에 〈일곱 줄 (거문고) 위 적막하고 / 찬 솔바람 소리만 고요해라. / 나 홀로 옛 곡조 사랑하지만 / 지금은 타는 사람 드물기만 해라.(冷冷七弦上. 靜聽松風寒. 古調雖自愛. 今人多不彈.)〉라는 이야기가 나오는데, '나 홀로 옛 곡조 사랑하지만 / 지금은 타는 사람 드물기만 해라.(古調雖自愛. 今人多不彈.)'에서, '고조불탄(古調不彈)'이 유래했고, 또한 '고조독탄(古調獨彈)'도 유래했다. 참고로, 원문의 '冷冷七弦上'에서, '冷'은 찰 '랭(냉)'으로 읽는다. '냉랭(冷冷)'은 태도가 정답지 않고 차가움. '七'은 일곱 '칠'로 읽고, '弦'은 악기 줄 '현'으로 읽는다. '絃'과 같은 글자다. '上'은 위 '상'으로 읽는다. '冷冷七弦上'을 직역(直譯)하면, (악기의) 일곱 줄 (거문고) 위가 차다(적막하다). '靜聽松風寒'에서, '靜'은 고요할 '정'으로 읽고, '聽'은 들을 '청'으로 읽고, '松'은 솔 '송'으로 읽고, '風'은 바람 '풍'으로 읽는다. '松風'은 솔숲 사이를 스쳐 부는 바람. '寒'은 찰 '한'으로 읽는다. '靜聽松風寒'을 직역(直譯)하면, 찬 솔바람 (소리가) 고요하게 들린다. '古調雖自愛'에서, '古'는 옛 '고'로 읽고, '調'는 가락 '조', 음률(音律) '조'로 읽고, '雖'는 비록 '수'로 읽고, '自'는 스스로 '자'로 읽고, '愛'는 사랑 '애'로 읽는다. '古調雖自愛'를 직역(直譯)하면, (나 홀로) 옛 가락을 비록 스스로 사랑하지만, '今人多不彈'에서, '今'은 지금 '금'으로 읽고, '人'은 사람 '인'으로 읽고, '多'는 많을 '다'로 읽는다. '多不'을 직역(直譯)하면, 많지 않음. '彈'은 탈(악기의 줄을 퉁기거나 건반을 눌러 소리를 낼) '탄'으로 읽는다. '今人多不彈'을 직역(直譯)하면, 지금은 사람들이 (악기를) 타지 않는 (것이) 많다. 즉, 지금은 거문고를 타는 사람들이 드물기만 하다.

고-족-대가(古族大家 옛 고/일가 족/클 대/집안 가) 옛 일가(一家)처럼 큰 집안이라는 뜻으로, 대대로 자손이 번성(繁盛)하고 세력(勢力) 있는 집안을 이르는 말. *대가(大家): ①학문(學問)이나 기예(技藝. 미술,

공예 따위에 관한 기술) 따위의 전문 분야에 조예(造詣. 학문이나 예술, 기술 따위의 어떤 분야에 대한 깊은 지식이나 이해)가 깊은 사람. ②대대로 번창한 집안. ③큰 집. *일가(一家): ①한 집안. 또는 한 가족. ②동성동본(同姓同本. 본문 참고)의 겨레붙이.

고족-제자(高足弟子 높을 **고**/넉넉할 **족**/제자 **제**/접미사 **자**) 높고 넉넉한 제자(弟子)라는 뜻으로, 학식(學識)과 품행(品行)이 뛰어난 제자(弟子)를 이르는 말. 또는 많은 제자(弟子) 가운데 특히 뛰어난 제자(弟子)를 이르는 말. *고족(高足): =고족제자(高足弟子). *제자(弟子): 스승의 가르침을 받거나 받은 사람.

고주-대문(高柱大門 높을 **고**/기둥 **주**/클 **대**/문 **문**) 높은 기둥으로 (된) 큰 문(門)이라는 뜻으로, 행랑채(行廊~. 대문 양쪽이 방으로 된 집채)의 지붕보다 높이 솟게 만든 대문(大門)을 이르는 말. *고주(高柱): 한옥에서, 여러 기둥 가운데 특별히 높게 세운 기둥. 주로, 대청마루의 한가운데에 세운 것을 일컫는다. *대문(大門): 큰 문. 또는 집의 정문.

고주-일-배(苦酒一杯 쓸 **고**/술 **주**/한 **일**/잔 **배**) 쓴 술 한 잔(盞)이라는 뜻으로, 자기가 대접하는 한 잔(盞)의 술을 낮추어 이르는 말. *고주(苦酒): ①독한 술. ②(쓴 술이라는 뜻으로) 남에게 술을 권할 때 그 권하는 술을 겸손하게 이르는 말.

고주-일척(孤注一擲 외로울 **고**/정신 쏟을 **주**/한 **일**/던질 **척**) (남은 밑천을 다 걸고) 외롭게 정신을 쏟아 한 번 던진다. 즉, 노름꾼이 노름을 계속하여 돈을 잃을 때, 최후에 나머지 돈을 다 걸고 모험을 하는 일을 뜻하는데, 전력(全力)을 기울여 어떤 일에 모험을 하거나 감행하는 것을 비유적으로 이르는 말. *고주(孤注): 노름꾼이 남은 밑천을 다 걸고 마지막 승부를 겨룸. *일척(一擲): (가진 것을) 한 번에 다 내던짐. *던지다: 부록 '척(擲)' 참고. 이 사자성어의 유래는 다음과 같다. 『송사(宋史)』의 「구준전(寇準傳)」편(篇)에 〈왕흠약(王欽若)이 말했다. "폐하(陛下)는 도박에 대해 들어 보셨습니까? 도박을 하는 자(者)는 돈을 다 잃게 되면, 모든 것을 다 내놓고 거는데, 이것을 고주(孤注)라고 합니다. 폐하(陛下)는 구준(寇準)이 (다 걸고 모험을) 한 고주(孤注)였으니, 이 역시 정말 위험한 일이었습니다."(欽若曰, 陛下聞博乎. 博者輸錢欲盡, 內罄所有出之, **謂之孤注, 陛下, 寇準之孤注也**, 斯亦危矣.)〉라는 이야기가 나오는데, '이것을 고주(孤注)라고 합니다. 폐하(陛下)는 구준(寇準)이 (다 걸고 모험을) 한 고주(孤注)였으니, (謂之孤注, 陛下, 寇準之孤注也)'에서, '고주일척(孤注一擲)'이 유래했다. '고주일척(孤注一擲)'은 북송 사람 왕흠약(王欽若)이, 중국 송(宋)나라 때의 제3대 황제(皇帝)인 진종(眞宗)에게 송(宋)나라 문신(文臣)인 구준(寇準)을 헐뜯으면서 '고주(孤注)'라는 말을 했는데 이 말 속에는 '일척(一擲)'이란 뜻이 포함되어 있기에 고주(孤注)에서 고주일척(孤注一擲)이 생긴 것이다. 이 이야기의 배경은 이렇다. 북송(北宋)의 진종(眞宗. 임금 이름) 때 거란족의 요(遼)나라가 군사를 일으켜 송(宋)나라를 공격해 왔다. 요(遼)나라 군(軍)이 송(宋)나라의 수도(首都)를 향해 점점 다가오자 많은 신하들이 천도(遷都. 도읍을 옮김)를 주장했다. 하지만 당시(當時. 일이 있었던 바로 그때. 또는 이야기하고 있는 그 시기) 재상(宰相. 임금을 보필하며 모든 관원을 지휘, 감독하는 자리에 있는 이품·二品 이상의 벼슬을 통틀어 이르던 말)이었던 구준(寇準)은 현재(現在)의 정세(情勢. 일이 되어 가는 사정과 형세)를 소상히 분석하여 설명하면서, 진종(眞宗)이 친정(親征. 임금이 친히 나가 정벌함)하여 요(遼)나라 군사를 맞아 싸울 것을 주장했다. 진종(眞宗)은 할 수 없이 친정(親征)에 나서 군사를 진두지휘했다. 그러자 연이은 패전(敗戰)으로 사기(士氣. 싸우려 하는 병사들의 씩씩한 기개)가 땅에 떨어졌던 송(宋)나라 병사들이 용기백배하여 싸워 승리를 거두었다. 게다가 각지의 송나라 원군(援軍. 도와주는 군대)들이 속속 집결함으로써 송(宋)나라 군대의 사기(士氣)가 올랐다. 그때 요(遼)나라는 세(勢)의 불리(不利)함을 느끼고, 송(宋)나라에 사자(使者. 명령이나 부탁을 받고 심부름하는 사람)를 보내 강화(講和. 서로 전쟁 상태에 있던 나라가 전투를 중지하고, 조약을 맺어 평화로운 상태로 되돌아가는 일)를 제안했다. 진종(眞宗)은 전세(戰勢)가 송(宋)나라에 그다지 불리하지 않았음에도 불구하고 강화(講和. 싸우던 두 편이 싸움을 그치고 평화로운 상태가 됨)를 받아들였다. 이 강화(講和) 교섭으로 송나라는 요(遼)나라에 막대한 경제적 대가를 치른 반면에, 약 40년간 지속된 양국 관계의 안정을 사게 된 셈이었다. 이 일로 황제의 두터운 신임을 얻게 된 구준(寇準)은 얼마 후에 태자태부(太子太傅. 벼슬 이름)가 되었다. 당시에 간신배(奸臣輩. 간사한 신하의 무리)인 왕흠약(王欽若)은 이를 질투했다. 위의 이야기는 구준(寇準)의 요청을 받아들여 진종(眞宗)이 친정(親征)에 나서 군사를 진두지휘한 것을 문제 삼은 것이다. 구준(寇準)이 폐하께 직접 군사를 이끌고 진두지휘하도록 청한 것은 도박에서의 고주일척(孤注一擲)과 같은 것이다. 돈을 다 걸고 적과 도박하는 것이었기 때문이다. 따라서 구준(寇準)이 폐하(陛下. 아래 원문 참고)께 요청 드린 계책(計策. 어떤 일을 이루기 위하여 꾀나 방법을 생각해 냄. 또는 그 꾀나 방법)은 위험한 일이었다는 내용을 왕흠약(王欽若)은 진종(眞宗)에게 나아가 전하였던 것이다. 왕흠약(王欽若)은 이렇게 진종(眞宗)의 체면을 깎아 내리면서 동시에 구준(寇準)을 모함하는 수법을 동원한 셈이다. 진종(眞宗)은 구준(寇準)이 자신에게 도박에서나 나올 법한 고주일척(孤注一擲)을 시킨 것으로 비유(比·譬喻. 어떤 사물의 모양이나 상태 따위를 보다 효과적으로 표현하기 위하여 그것과 비슷한 다른 사물에 빗대어 표현함. 또는 그 표현 방법)한 왕흠약(王欽若)의 참언(讒言. 거짓으로 꾸며서 남을 헐뜯는 말)을 듣고, 구준(寇準)을 태자태부(太子太傅)에서 섬주지부(陝州知府. 벼슬 이름)로 좌천(左遷. 어떤 사람을 지금보다 낮은 지위·地位나 직위·職位로 옮김. 또는 중앙에서 지방으로 옮김)시키고 말았다. 구준(寇準)은 후에 또 다른 유배지인 뇌주(雷州)에서 병사(病死)했다. 참고로, 원문의 '欽若日'에서, '欽'은 공경할 '흠'으로 읽고, '若'은 같을 '약'으로 읽는다. '欽若'은 '왕흠약(王欽若)'을 가리킴. '欽若日'을 직역(直譯)하면, 왕흠약(王欽若)이 말하기를, '陛下聞博乎'에서, '陛'는 섬돌(오르내리게 된 돌층계) '폐'로 읽고, '下'는 아래 '하'로 읽는다. '陛下'는 '섬돌 밑'이라는 뜻으로, 황제(皇帝)나 황후(皇后. 황제가 정식으로 혼인하여 맞은 아내)를 높여 일컫던 말. 직접 황제나 황후에게 말씀을 아뢰지 않고, 섬돌 아래에 있는 근신(近臣. 임금을 가까이에서 모시던 신하)을 통하여 말씀을 상주(上奏. 임금에게 말씀을 아룀)함에서 온 말. '聞'은 들을 '문'으로 읽고, '博'은 노름(돈이나 재물 따위를 보고 서로 내기를 하는 일) '박'으로 읽고, '乎'는 어조사 '호'로 읽는다. '~는가?, ~인가?(의문)'의 뜻을 나타냄. '陛下聞博乎'를 직역(直譯)하면, 폐하(陛下)는 노름에 (대해) 들어 보셨습니까? '博者輸錢欲盡'에서, '者'는 사람 '자'로 읽고, '輸'는, 여기서는 패배할 '수', 질 '수'로 읽고, '錢'은 돈 '전'으로 읽고, '欲'은 바랄 '욕'으로 읽고, '盡'은 다할 '진'으로 읽는다. '博者輸錢欲盡'을 직역(直譯)하면, 노름하는 사람은 돈을 바라다가 다 패배하였다(잃었다). '內罄所有出之'에서, '內'는 안 '내', 속 '내'로 읽고, '罄'은 다할 '경'으로 읽고, '所'는 바(앞에서 말한 내용 그 자체나 일 따위를 나타내는 말) '소', 것(사물, 일, 현상 따위를 추상적으로 이르는 말) '소'로 읽고, '有'는 있을 '유'로 읽는다. '所有'는 자기의 것으로 가짐. 또는 가지고 있음. '出'은 날 '출'로 읽고, '之'는 어조사 '지'로 읽는다. '그것'을 나타내는 지시 대명사. '內罄所有出之'를 직역(直譯)하면, 안에 소유(所有)하고 있는, 그것을 다하여 나오게 함. '謂之孤注'에서, '謂'는 일컬을 '위'로 읽고, '孤'는 외로울 '고'로 읽고, '注'는 정신 쏟을 '주'로 읽는다. '謂之孤注'를 직역(直譯)하면, 그것을 '고주(孤注)'라고 일컫습니다. 여기서 '고주(孤注)'는 노름꾼이 남은 밑천을 다 걸고 마지막 승부를 겨룸을 이르는 말. 여기서, '孤注一擲'이 유래하였는데, 이것을 직역(直譯)하면, 외롭게 정신을 쏟아 한 번 던진다. 즉, 노름꾼이 노름을 계속하여 돈을 잃을 때, 최후에 나머지 돈을 다 걸고 모험을 하는 일을 뜻하는데, 전력(全力)을 기울여 어떤 일에 모험을 하거나 감행하는 것을 비유적으로 이르는 말. '寇準之孤注也'에서, '寇'는 도둑 '구'로 읽고, '準'은 법도(法度. <u>법률과 제도</u>) '준'으로 읽는다. '寇準'은 사람 이름. '之'는 어조사 '지'로 읽는다. 여기서는 '~이', '~가(<u>주격 조사</u>)'를 나타냄. '也'는 어조사 '야'로 읽는다. '~이다(<u>단정</u>)'의 뜻을 나타냄. '寇準之孤注也'를 직역(直譯)하면, (폐하는) 구준(寇準)의 고주(孤注)였으니, '斯亦危矣'에서, '斯'는 이(<u>지시하는 말</u>) '사'로 읽고, '亦'은 또 '역', 또한 '역'으로 읽고, '危'는 위태할(危殆~. <u>위험할</u>) '위', 위태로울 '위'로 읽고, '矣'는 어조사 '의'로 읽는다. '~이다(<u>단정</u>)'의 뜻을 나타냄. '斯亦危矣'를 직역(直譯)하면, 이것 또한 위태(危殆)롭습니다.

고-지-규-천(叩地叫天 두드릴 **고**/땅 **지**/부르짖을 **규**/하늘 **천**) 땅을 두드리고 하늘을 (향해) 부르짖는다는 뜻으로, 몹시 슬퍼서 땅을 치고 하늘을 향해 부르짖음을 이르는 말.

고-진-감-래(苦盡甘來 쓸 **고**/다할 **진**/달 **감**/올 **래**) 쓴 (것이) 다하면 단 (것이) 온다는 뜻으로, 고생 끝에 낙(<u>즐거움</u>)이 옴을 비유적으로 이르는 말. 즉, 고생 다음에는 낙(<u>즐거움</u>)이 오게 되어 있음을 이르는 말. 만흥진비래(興盡悲來). *다하다: 부록 '진(盡)' 참고. 《관련 속담》 고생 끝에 낙이 온다(있다).

고-진-금-퇴(鼓進金退 북 **고**/나아갈 **진**/쇠 **금**/물러날 **퇴**) 북을 (치면) 나아가고, 쇠를 (치면) 물러난다. 즉, 북을 치면 군사(軍士)가 앞으로 나아가고, 징을 치면 뒤로 물러난다는 뜻으로, 초보적인 군사 훈련을 이르는 말.

고-집-멸도(苦集滅道 괴로울 **고**/모을 **집**/없어질 **멸**/길 **도**) 고(苦)와 집(集)과 멸(滅)과 도(道)라는 뜻으로, 불교의 근본 교리를 이르는 말. 또는 불교의 근본 원리인 사제(四諦)의 첫 글자를 따서 이르는 말. '고(苦)'는 생로병사(生老病死)의 괴로움, '집(集)'은 '고(苦)'의 원인이 되는 번뇌(煩惱. <u>마음이나 몸을 괴롭히는 노여움이나 욕망 따위의 헛된 생각</u>)의 모임, '멸(滅)'은 번뇌(煩惱. <u>마음이나 몸을 괴롭히는 노여움이나 욕망 따위의 헛된 생각</u>)를 없앤 깨달음의 경계, '도(道)'는 그 깨달음의 경계에 도달한 수행을 일컫는다. 여기서, '사제(四諦)'는 불교에서 이르는, 영원히 변하지 않는 네 가지 진리(眞理). 곧, 고제(苦諦), 집제(集諦), 멸제(滅諦), 도제(道諦)를 아울러 이르는 말. *멸도(滅道): 불교에서, 사제(四諦) 가운데 멸제(滅諦)와 도제(道諦)를 아울러 이르는 말.

고집-불통(固執不通 굳을 **고**/잡을 **집**/아닐 **불**/통할 **통**) 굳게 잡아 통하지 아니한다. 즉, 옹고집(壅固執. <u>억지가 아주 심한 고집</u>)과는 통하지 않는다는 뜻으로, 조금도 융통성이 없이 자기주장만 계속 내세우는 일이거나, 성질이 고집스럽고 융통성이 없음. 또는 그런 사람을 이르는 말. *고집(固執): 자신의 생각이나 의견만을 내세워 굽히지 아니함. 또는 그러한 성질. *불통(不通): ①교통이나 통신 따위가 막혀 연락이 되지 아니함. ②의사(意思. <u>무엇을 하고자 하는 생각</u>)가 통하지 아니함. *굳다: 부록 '고(固)' 참고.

고창-입-운(高唱入雲 높을 **고**/노래 **창**/들 **입**/구름 **운**) 높은 노래(소리)가 구름에까지 (스며) 들어간다는 뜻으로, 소리의 가락이 높고 맑음을 비유적으로 이르는 말. *고창(高唱): ①노래나 구호 따위를 큰소리로 부르거나 외침. ②자신의 의견 따위를 강하게 내세움. *들다: 부록 '입(入)' 참고.

고초-만상(苦楚萬狀 괴로울 **고**/아플 **초**/일만 **만**/형상 **상**) 일만(一萬) 형상(形狀)의 괴로움과 아픔이라는 뜻으로, 갖은 고초(苦楚) 또는 온갖 종류의 어려움과 괴로움을 이르는 말. *고초(苦楚): =고난(苦難). 즉, 괴로움과 어려움. *만상(萬狀): 온갖 모양. *형상(形狀): 부록 '상(狀)' 참고. 그런데 여기서, '형상(形狀)'은 '형상(形象)', 형상(形像)과 같은 뜻이다.

고-추-부서(孤雛腐鼠 외로울 **고**/병아리 **추**/썩을 **부**/쥐 **서**) 외로운 병아리와 썩은 쥐라는 뜻으로, 보잘것없고 천(賤)한 사람을 비유적으로 이르는 말. *부서(腐鼠): 썩은 쥐라는 뜻으로, 작고 비천(卑賤. 지위나 신분이 낮고 천함)한 물건이나 사람을 비유적으로 이르는 말.

고침-단금(孤枕單衾 외로울 **고**/베개 **침**/홑 **단**/이불 **금**) 외로운 베개와 홑이불이라는 뜻으로, 젊은 여자가 홀로 쓸쓸히 자는 잠자리를 이르는 말. *고침(孤枕): (홀로 사는) 외로운 잠자리. *단금(單衾): ①한 채뿐인 이불. ②=홑이불. 즉, 한 겹의 이불. 반대어는 '겹이불'이다.

고침-단-면(高枕短眠 높을 **고**/베개 **침**/짧을 **단**/잠잘 **면**) 높은 베개와 짧게 자는 잠이라는 뜻으로, 베개를 높이 베면 오래 자지 못함을 이르는 말. 또는 베개가 높으면 깊은 잠을 자지 못함을 이르는 말. *고침(高枕): 높은 베개.

고침-단명(高枕短命 높을 **고**/베개 **침**/짧을 **단**/목숨 **명**) 높은 베개와 짧은 목숨이라는 뜻으로, 베개를 높이 베면 오래 살지 못함을 이르는 말. *고침(高枕): ☞고침단면(高枕短眠). *단명(短命): ①짧은 목숨. 또는 목숨이 짧음. ②조직 따위가 오래가지 못하고 곧 무너짐을 비유적으로 이르는 말.

고침-사-지(高枕肆志 높을 **고**/베개 **침**/방자할 **사**/뜻 **지**) 높은 베개를 (베고) 방자(放恣)하게 뜻대로(자기 마음대로) (한다는) 뜻으로, 편안히 누워 마음대로 즐기며 지냄. 또는 하는 일 없이 편안(便安)하고 한가(閑暇)하게 지냄을 이르는 말. *고침(高枕): ☞고침단면(高枕短眠). *방자하다(放恣~): 부록 '사(肆)' 참고.

고침-안면(高枕安眠 높을 **고**/베개 **침**/편안할 **안**/잠잘 **면**) 베개를 높이 하여 편안히 잠을 잔다는 뜻으로, 근심 없이 편안히 지냄을 이르는 말. *고침(高枕): ☞고침단면(高枕短眠). *안면(安眠): 편히 잘 잠. 이 사자성어의 유래는 다음과 같다. 『사기(史記)』의 「장의열전(張儀列傳)」 편(篇)에 〈만일 진(秦)나라를 섬기면 초(楚)나라나 한(韓)나라가 감히 공격하지 못할 것입니다. 초(楚)나라와 한(韓)나라로부터의 재앙(災殃. 뜻하지 아니하게 생긴 불행한 변고·變故, 또는 천재지변·天災地變으로 인한 불행한 사고)만 없다면 대왕께서는 베개를 높이 하고 몸을 뉘어 편안히 잘 수가 있을 것이고, 나라에도 근심이 없을 것입니다.(然以事秦則楚韓不敢動, 無楚韓之患, <u>則大王高枕而臥安眠</u>, 國必無憂矣.)〉라는 이야기가 나오는데, '대왕께서는 베개를 높이 하고 몸을 뉘어 편안히 잘 수가 있을 것이고,(則大王高枕而臥安眠.)'에서, 고침안면(高枕安眠)이 유래했다. 이 이야기의 배경은 이렇다. 전국 시대 여섯 나라가 연합하여 진(秦)나라에 대항하자는 소진(蘇秦)의 합종책(合從·縱策. 본문의 '합종연횡·合從·縱連橫' 참고)을 깬 사람은 연횡책(連橫策. 본문의 '합종연횡·合從·縱連橫' 참고)을 주장한 장의(張儀)였다. '장의(張儀)의 연횡(連橫)'은 명목상으로는 여섯 나라가 각각 진(秦)나라와 손잡는 것이지만, 실은 진(秦)나라를 섬기는 것이었다. 진(秦)나라 때 혜문왕(惠文王)의 신임을 받은 장의(張儀)는 혜문왕(惠文王) 10년(<u>기원전 328년</u>) 때, 진(秦)나라의 군사를 이끌고 위(魏)나라를 침략했다. 그 후 위(魏)나라의 재상(宰相. <u>임금을 보필하며 모든 관원을 지휘, 감독하는 자리에 있는 이품·二品 이상의 벼슬을 통틀어 이르던 말</u>)이 된 장의(張儀)는 진(秦)나라를 위해 위(魏)나라 애왕(哀王)에게 합종(合縱)을 탈퇴할 것을 권했으나, 애왕(哀王)은 이를 받아들이지 않았다. 진(秦)나라는 본보기로 한(韓)나라를 공격하여 8만에 이르는 군사를 죽였다. 이 소식을 전해들은 애왕(哀王)은 잠을 이루지 못했으며, 다른 나라의 왕들도 불안에 떨었다. 장의(張儀)는 이런 기회를 이용하여 애왕(哀王)에게 위의 글과 같이 "진(秦)나라를 섬기는 것이 최상의 길입니다."라고 일관되게 주장하며 설득하였던 것이다. 참고로, 원문의 '然以事秦則楚韓不敢動'에서, '然'은 그러나(접속 부사) '연'으로 읽고, '以'는 써(그것을 가지고, 그것으로 인하여) '이'로 읽고, '事'는 섬길 '사'로 읽고, '秦'은 진(秦)나라 '진'으로 읽고, '則'은 곧 '즉'으로 읽고, '楚'는 초(楚)나라 '초'로 읽고 '韓'은 나라 이름 '한'으로 읽고, '敢'은 감히(敢~. 두려움이나 송구함을 무릅쓰고) '감'으로 읽는다. '不敢'은 감히 할 수 없음. '動'은 움직일 '동'으로 읽는다. '然以事秦則楚韓不敢動'을 직역(直譯)하면, 그러나 그것으로 인하여 진(秦)나라를 섬기면 곧 초(楚)나라나 한(韓)나라가 감히 움직이지(공격하지) 못할 것이니, '無楚韓之患'에서, '之'는 어조사 '지'로 읽는다. '~의'를 나타내는 관형격 조사. '患'은 근심 '환'으로 읽는다. '無楚韓之患'을 직역(直譯)하면, 초(楚)나라와 한(韓)나라로부터의 근심(재앙)만 없다면. '則大王高枕而臥安眠'에서, '大'는 큰 '대'로 읽고, '王'은 임금 '왕'으로 읽는다. '大王'은 훌륭하고 뛰어난 임금을 높여 이르는 말. '高'는 높을 '고'로 읽고, '枕'은 베개 '침'으로 읽고, '而'는 말 이을 '이'로 읽는다. '그리고'의 뜻을 나타낸다. '臥'는 누울 '와'로 읽고, '安'은 편안할 '안'으로 읽고, '眠'은 잠잘 '면'으로 읽는다. '則大王高枕而臥安眠'을 직역(直譯)하면, 곧 대왕께서는 베개를 높이 하고 그리고 (몸을) 눕게 하여 편안히 잠을 잘 수가 있을 것이고, 여기서, '高枕安眠'이 유래하였는데, 이것을 직역(直譯)하면, 베개를 높이 하여 편안히 잠을 잔다는 뜻으로, 근심 없이 편안히 지냄을 이르는 말. '國必無憂矣'에서, '國'은 나라 '국'으로 읽고, '必'은 반드시 '필'로 읽고, '憂'는 근심 '우', 걱정할 '우'로 읽고, '矣'는 어조사 '의'로 읽는다. '~이다(단정)'의 뜻을 나타냄. '國必無憂矣'을 직역(直譯)하면, (그리고) 나라는 반드시 근심이 없을 것입니다.

고침-한등(孤枕寒燈 외로울 **고**/베개 **침**/찰 **한**/등불 **등**) 외로운 베개와 찬(쓸쓸한) 등불이란 뜻으로, 홀로 자는 쓸쓸한 밤을 비유적으로 이르는 말. *고침(孤枕): ☞고침단금(孤枕單衾). *한등(寒燈): ①겨울밤의 등불. ②쓸쓸하게 비치는 등불.

고태-의연(古態依然 옛 **고**/모양 **태**/전과 같을 **의**/그러할 **연**) 옛 모양이 전(前)과 같이 그러하다는 뜻으로, 옛 모양이 변함없이 그대로 있음을 이르는 말. 또는 옛날이나 지금이나 변함이 없음을 이르는 말. 참 구태의연(舊態依然). *고태(古態): 예스럽고 수수한 모습. *의연(依然): 전과 다름이 없음.

고헐-무상(高歇無常 높을 **고**/값쌀 **헐**/없을 **무**/항상 **상**) (값이) 높거나 싼 (것이) 항상(恒常) 없다는 뜻으로, 값의 오르고 내림이 일정하지 아니함을 이르는 말. *고헐(高歇): ①(값의) 비쌈과 쌈. ②(값이) 올랐다 내렸다 함. *무상(無常): ①일정한 때가 없음. ②덧없음. 즉, 세월의 흐름이 허무하게 빠름. ③불교에서, 생멸(生滅. 우주 만물의 생겨남과 없어짐)의 변화가 없이 늘 존재함을 이르는 말. *항상(恒常): 언제나 변함없이. =늘. 매상(每常). 항용(恒用).

고혈-단신(孤孑單身 외로울 **고**/외로울 **혈**/홀 **단**/몸 **신**) 외롭고 외로운 홀몸이라는 뜻으로, 피붙이(혈육으로 볼 때 가까운 사람을 일컫는 말. 보통 부모와 자식의 관계에서 쓴다)가 전혀 없는, 외로운 몸을 이르는 말. =혈혈단신(孑孑單身). *고혈(孤孑): 가족(家族)이나 친척(親戚)이 없어 외로움. *단신(單身): 혼자의 몸.

고황-지-질(膏肓之疾 명치끝 **고**/명치끝 **황**/어조사 **지**/병 **질**) 명치끝과 명치끝에 (생긴) 병(病)이라는 뜻으

로, ①고황(膏肓)에 들어 고치기 어려운 병(病). ②고치기 어렵게 된 버릇을 비유적으로 이르는 말. *고
황(膏肓): 심장과 횡격막의 사이를 이르는 말. 그런데 '고(膏)'는 심장의 아랫부분이고, '황(肓)'은 횡격막
의 윗부분으로, 이 사이에 병이 생기면 낫기 어렵다고 한다. 구체적인 내용은 ⇨병입고황(病入膏肓).

곡격-견마(轂擊肩摩 바퀴통 곡/칠 격/어깨 견/문지를 마) 바퀴통을 치고 어깨를 문지른다. 즉, 수레의 바퀴
통이 서로 부딪치고, 사람의 어깨가 스친다는 뜻으로, 거리가 번화(繁華)함을 비유적으로 이르는 말.
*곡격(轂擊): 수레의 바퀴통이 서로 부딪친다는 뜻으로, 수레의 왕래(往來)가 많아 거리가 붐빔을 이르
는 말. *견마(肩摩): 사람의 어깨와 어깨가 서로 스친다는 뜻으로, 그만큼 길이나 교통이 몹시 혼잡(混
雜)함을 이르는 말. *바퀴통(~筒): 바퀴의 축이 꿰이고, 바퀴살이 그 주위에 꽂힌 바퀴의 중앙 부분.

곡경-비파(曲頸琵琶 굽을 곡/목 경/비파 비/비파 파) 목이 굽은 비파(琵琶)와 비파(琵琶)라는 뜻으로, 현악
기(絃樂器)의 한 가지인 '당비파(唐琵琶)'를 달리 이르는 말. 줄을 감는 목 부분이 구부러져서 붙인 이름
이다. *곡경(曲頸): =곡경비파(曲頸琵琶). *비파(琵琶): 동양의 현악기의 한 가지. 인도에서 중국을 거쳐
삼국 시대에 우리나라에 들어 왔음. 다섯 줄의 향비파(鄕琵琶)와 넉 줄의 당비파(唐琵琶)가 있음. *굽다:
부록 '곡(曲)' 참고. *목: 부록 '경(頸)' 참고.

곡-고-화-과(曲高和寡 가락 곡/높을 고/화할 화/적을 과) 가락이 높으면 화(和)함이 적다. 즉, 곡(曲)이
높으면 화답(和答. 시·詩나 노래에 응하여 대답함)하는 사람이 적다는 뜻으로, 재능(才能. 어떤 일을
하는 데 필요한 재주와 능력)이 뛰어난 사람일수록 그를 이해해 주거나 따르는 사람이 적다는 것을
비유적으로 이르는 말. 사람의 재능(才能)이 너무 높으면 따르는 무리들이 더욱 적어진다는 말이다.
여기서, '재주'는 순우리말로, 무엇을 잘 할 수 있는, 타고난 능력과 슬기. *가락: ①소리의 고저장단(高低
長短. 본문 참고). 또는 고저장단(高低長短)이 이루는 조화. ②(춤이나 몸짓의) 일정한 움직임. ③(몸에
밴) 솜씨 또는 기분. *화하다(和~): 부록 '화(和)' 참고. *적다: 부록 '과(寡)' 참고. 이 사자성어의 유래는
다음과 같다. 송옥(宋玉)의 「대초왕문(對楚王問)」에 〈다음으로 상조(商調)와 우조(羽調) 그리고 치조(徵
調. 아주 어려운 노래. 여기서, '徵'은 부를 '징'이 아니고, 가락 '치'이다. '궁상각치우'의 '치'를 일컬음)를
섞어 부르니, 나라 안에서 따라 할 수 있는 사람이 몇 사람 안 되었습니다. 곡(曲)이 높고 어려울수록
화답하는 사람이 적기 때문이었습니다.(引商刻羽, 雜以流徵, 國中屬而和者, 不過數人而已. **是其曲彌高,
其和彌寡**)〉라는 이야기가 나오는데, '곡이 어려울수록 화답하는 사람이 적다.(是其曲彌高, 其和彌寡)'에
서, '곡고화과(曲高和寡)'가 유래했다. '곡(曲)이 어렵다'는 것은 재능이 뛰어난 사람을, '화답(和答)하는
사람이 적다'는 것은 그 곡(曲)을 인정해주는 사람이 적다는 것을 각각 비유(比·譬喩. 어떤 사물의 모양
이나 상태 따위를 보다 효과적으로 표현하기 위하여 그것과 비슷한 다른 사물에 빗대어 표현함. 또는
그 표현 방법)한 말이다. 이 이야기의 배경은 이렇다. 춘추전국시대(春秋戰國時代) 말엽(末葉), 초(楚)나
라의 굴원(屈原)과 더불어 대표적인 문장가인 송옥(宋玉)의 문장은 난해(難解. 이해하기 어려움)하여
제대로 이해하는 사람이 별로 없었으며, 그의 글을 칭찬하는 사람도 드물었다. 초왕(楚王. 초나라의
왕)이 그 까닭을 묻자, 송옥(宋玉)이 위와 같이 예를 들어 '곡고화과(曲高和寡)'를 설명한 것이다. "어떤
사람이 초(楚)나라의 수도(首都)인 영(郢)에서 노래를 부르는 데, 처음에는 「하리파인(下里巴人)」(아주
쉬운 통속적인 노래)을 불렀습니다. 나라 안에 따라 할 수 있는 사람이 수천 명이었습니다. 그러나 「양아
해로(陽阿薤露)」(조금 수준 있는 노래)를 부르자, 나라 안에서 따라 할 수 있는 자가 수백 명이었습니다.

다음으로 「양춘백설(陽春白雪)」(상당히 어려운 노래)을 부르자, 나라 안에서 따라 할 수 있는 사람이 수십 명이 되지 않았습니다. 다음으로 상조(商調)와 우조(羽調) 그리고 치조(徵調. 아주 어려운 노래)를 섞어 부르니, 나라 안에서 따라 할 수 있는 사람이 몇 사람 안 되었습니다.” 이 이야기는 아주 어려운 노래일수록 따라하는 사람이 적다는 것을 예로 든 것이다. 한편으로 사람의 취향에 따라 곡고화과(曲高和寡) 같은 고상(高尙. 인품, 학문, 취미 따위가, 정도가 높으며 품위가 있음)한 것을 찾기도 하고, 하리파인(下里巴人) 같은 통속적이고 대중적인 것을 찾기도 한다. “봉황은 푸른 하늘을 등(사람이나 동물의 몸통에서 뒤쪽이나 위로 향한 쪽. 곧 가슴이나 배의 반대쪽)에 지고 구름 위를 날지만, 동네 울타리를 날아다니는 참새는 고작 열 길 높이를 날 뿐입니다. 그러니 참새가 어찌 하늘의 높음을 알겠습니까? 곤(鯤)이라는 물고기는 곤륜산(崑崙山)에 있다가 저녁이 되면 맹제(孟諸. 땅 이름) 큰 연못에 들어가 놉니다. 여기서, ‘곤륜산(崑崙山)’은 중국 전설상의 높은 산을 일컫는 말. 중국의 서쪽에 있으며, 옥(玉)이 난다고 함. 전국시대(戰國時代) 말기부터는 서왕모(西王母)가 살며, 불사(不死. 죽지 아니함. 여기서는 ‘끊어지지 않는다.’는 뜻)의 물이 흐른다고 믿어졌다. 그리고 ‘서왕모(西王母)’는 중국 신화(神話)에서, 곤륜산(崑崙山)에 산다는 반인반수(半人半獸. 반은 인간이고 반은 짐승인 괴물)의 여자 선인(仙人. ‘신선·神仙’과 같은 말. 도·道를 닦아서 현실의 인간 세계를 떠나 자연과 벗하며 산다는 상상의 사람. 세속적인 상식에 구애되지 않고, 고통이나 질병도 없으며 죽지 않는다고 함)을 일컬음. 그러니 고작 시냇물에 헤엄치며 사는 피라미가 어찌 바다가 깊은 줄을 알겠습니까? 이런 경우는 새나 물고기만 있는 것이 아니라 선비들 가운데도 마찬가지로 있지 않겠습니까?” 이 이야기에서 송옥(宋玉)은 예술과 대중들의 괴리(乖離)(이질감)를 합리화하고자 하는 것이다. 고상(高尙)한 예술이 대중의 사랑을 받지 못하는 것은 어찌 보면 당연하다. 그래서 송옥(宋玉)은 “이런 경우는 새나 물고기만 있는 것이 아니라 선비들 가운데도 마찬가지로 있지 않겠습니까?”라고 묻는 것이다. 송옥(宋玉)은 대중성보다는 예술성을 선택한 것임을 우회적(迂廻·回的. 곧바로 가지 않고 멀리 돌아서 가는 것)으로 표현한 것이다. 대중의 기호(嗜好. 즐기고 좋아함)나 시류(時流. 그 시대의 풍조나 경향)에 휩쓸리기보다는 자신의 색깔을 내면서 일관성 있는 작품 활동을 하는 것도 중요하다고 생각했기 때문이리라. 어찌 보면 대중의 기호(嗜好)나 시류(時流)는 변화하기 마련이다. 또한 사라지는 불꽃과도 같다. 결국 위의 이야기를 통하여 송옥(宋玉)은 초왕(楚王)에게 ‘제 글의 의미를 이해하지 못하는 것은, 제 글이 이상(異常)해서가 아니라, 수준이 지극히 높기 때문임’을 강조하고 싶었던 것이다. 참고로, 원문의 ‘引商刻羽’에서, ‘引’은 부를 ‘인’으로 읽고, ‘商’은, 여기서는 오음(五音)의 하나 ‘상’으로 읽는다. 동양 음악에서 5음계의 제2음에 해당됨. ‘刻’은 다할(있는 힘을 다 들일) ‘각’으로 읽는다. 여기서는 ‘있는 힘을 다하여 부르다’의 뜻. ‘羽’는 오음(五音)의 하나 ‘우’로 읽는다. 동양 음악에서 5음계의 제5음을 뜻함. ‘引商刻羽’를 직역(直譯)하면, 상조(商調)를 부르고, 우조(羽調)를 다하여 부름. ‘雜以流徵’에서, ‘雜’은 섞을 ‘잡’, 섞일 ‘잡’으로 읽고, ‘以’는 ~써 ‘이’로 읽고, ‘流’는 흐를 ‘류(유)’로 읽는다. 여기서는 ‘물이 흐르듯 자연스럽게 부르다.’의 뜻. ‘徵’은, 여기서는 가락 ‘치’로 읽는다. 동양 음악에서 5음계의 제4음에 해당됨. ‘雜以流徵’를 직역(直譯)하면, 치조(徵調)를 섞어 (그것)으로써 물 흐르듯이 부르니, ‘國中屬而和者’에서, ‘國’은 나라 ‘국’으로 읽고, ‘中’은 안 ‘중’, 속 ‘중’으로 읽는다 ‘國中’은 나라 안. ‘屬’은 이을 ‘속’으로 읽고, ‘和’는 답할 ‘화’, 응할 ‘화’로 읽고, ‘者’는 사람 ‘자’로 읽는다. ‘國中屬而和者’를 직역(直譯)하면, 나라 안에서 (음악이나 가락 따위를) 잇고(따라 하고)

그리고 응(應)하는 사람이, '不過數人而已'에서, '過'는 지날 '과'로 읽는다. '不過'는 그 수량에 지나지 아니한 상태. '數'는 두서너 '수'로 읽고, '人'은 사람 '인'으로 읽는다. '數人'은 두서너 사람. '而'는 어조사 '이'로 읽는다. '~뿐', '~따름'의 뜻을 나타낸다. '已'는 이미(돌이킬 수 없이 된 지난 일을 일컬을 때 쓰는 말) '이'로 읽는다. '而已'는 한문(漢文) 구(句)의 하나로, ~뿐이다. ~일 따름이다. '不過數人而已'를 직역(直譯)하면, 두서너 사람에 불과(不過)할 따름입니다. '是其曲彌高'에서, '是'는 이(지시하는 말) '시'로 읽고, '其'는 그(지시하는 말) '기'로 읽고, '曲'은 악곡(樂曲) '곡'으로 읽고, '彌'는 더욱 '미', 점점 '미'로 읽고, '高'는 높을 '고'로 읽는다. '是其曲彌高'를 직역(直譯)하면, 이것은 그 곡(曲)이 더욱 높을수록, '其和彌寡'에서, '和'는 화할 '화', 응(應)할 '화'로 읽고, '寡'는 적을 '과'로 읽는다. '其和彌寡'를 직역(直譯)하면, 그것에 응(應)하는 (사람이) 더욱 적어졌습니다. 여기서, '曲高和寡'가 유래하였는데, 이것을 직역(直譯)하면, 가락이 높으면 화(和)함이 적다. 즉, 곡(曲)이 높으면 화답(和答)하는 사람이 적다는 뜻으로, 재능(才能)이 뛰어난 사람일수록 그를 이해해 주거나 따르는 사람이 적다는 것을 비유적으로 이르는 말. 사람의 재능(才能)이 너무 높으면 따르는 무리들이 더욱 적어진다는 말이다.

곡굉-지-락(曲肱之樂 굽을 **곡**/팔뚝 **굉**/어조사 **지**/즐거울 **락**) 팔뚝(팔)을 구부리는 즐거움. 즉, 팔을 구부려 베개 삼아 누워있는 즐거움이란 뜻으로, 베개마저 없어서, 팔을 구부려 베고 잘 정도이지만, 청빈(清貧. 타고난 성품이 청렴하여 살림이 구차함)에 만족하며 도(道)를 닦거나 즐거움을 찾는 평화로운 삶을 비유적으로 이르는 말. *곡굉(曲肱): 팔을 구부림. *굽다: 부록 '곡(曲)' 참고. *팔뚝: 부록 '굉(肱)' 참고. 이 사자성어의 유래는 다음과 같다. 『논어(論語)』의 「술이(述而)」 편(篇)에 〈(중국 춘추시대의 사상가이며 학자인) 공자(孔子)가 말하기를 "거친 밥을 먹고 물 마시며 팔을 굽혀 베고 눕더라도 즐거움이 또한 그 속에 있나니, 옳지 못한 부귀(富貴)는 나에게는 한낱 뜬구름과 같을 뿐이다."(子曰, 飯疏食飲水, 曲肱而枕之, 樂亦在其中, 不義而富且貴於我如浮雲.)〉라는 이야기가 나오는데, '팔을 굽혀 베고 눕더라도 즐거움이 또한 그 속에 있나니(曲肱而枕之, 樂亦在其中)'에서, '곡굉지락(曲肱之樂)'이 유래했다. 참고로, 원문의 '子曰'에서, '子'는 경칭(敬稱. 공경하는 뜻으로 부르는 칭호. 또는 존대하여 일컬음) '자'로 읽는다. 학덕(學德)과 지위가 높은 남자의 경칭(敬稱)이다. 여기서는 '공자(孔子)'를 가리킴. '子曰'을 직역(直譯)하면, 공자(孔子)가 말하기를, '飯疏食飲水'에서, '飯'은 먹을 '반'으로 읽고, '疏'는 거칠 '소'로 읽고, '食'은 밥 '사'로 읽고, '飲'은 마실 '음'으로 읽고, '水'는 물 '수'로 읽는다. '飯疏食飲水'를 직역(直譯)하면, 거친 밥을 먹고, 물을 마시며, '曲肱而枕之'에서, '曲'은 굽을 '곡'으로 읽고, '肱'은 팔뚝 '굉'으로 읽고, '而'는 말 이을 '이'로 읽는다. '그리고'의 뜻을 나타냄. '枕'은 베개 '침', 벨(누워서 베개 따위로 머리를 받칠) '침'으로 읽고, '之'는 어조사 '지'로 읽는다. '그것'을 나타내는 지시 대명사. '曲肱而枕之'를 직역(直譯)하면, (그리고) 팔뚝을 굽혀 그리고 그것을 베더라도, 즉, 팔을 굽혀 그것을 베고 살더라도, '樂亦在其中'에서, '亦'은 또 '역', 또한 '역'으로 읽고, '其'는 그(지시하는 말) '기'로 읽고, '中'은 가운데 '중'으로 읽는다. '樂亦在其中'을 직역(直譯)하면, 즐거움은 또한 그 가운데에 있으니, 여기서, '曲肱之樂'이 유래하였는데, 이것을 직역(直譯)하면, 팔뚝(팔)을 구부리는 즐거움. 즉, 팔을 구부려 베개 삼아 누워있는 즐거움이란 뜻으로, 베개마저 없어서, 팔을 구부려 베고 잘 정도이지만, 청빈(清貧. 타고난 성품이 청렴하여 살림이 구차함)에 만족하며 도(道)를 닦거나 즐거움을 찾는 평화로운 삶을 비유적으로 이르는 말. '不義而富且貴於我如浮雲'에서, '義'는 옳을 '의', 의로울 '의'로 읽고, '而'는 말 이을 '이'로 읽는다. '그러나'의 뜻을 나타냄. '富'는 부유할 '부'로 읽고, '且'는 또 '차', 또한 '차'로 읽고, '貴'는 귀할 '귀'로 읽는다. '不義而富且貴'를 직역(直譯)하면, 의롭지 않으면서 그러나 부유함과 또 귀함은, '於'는 어조사 '어'로 읽는다. '~에게(위치)'의 뜻을 나타냄. '我'는 나(1인칭 대명사) '아'로 읽고, '如'는 같을 '여'로 읽고, '浮'는 (물에) 뜰 '부', (공중에) 떠다닐 '부'로 읽고, '雲'은 구름 '운'으로 읽는다. '不義而富且貴於我如浮雲'을 직역(直譯)하면, 의롭지 않으면서 그러나 부유함과 또 귀함은 나에게는 뜬구름과 같다. 즉, 의롭지 않으면서 부(富)하고 귀(貴)함은 나에게 있어서는 뜬구름과 같으니라. 참된 선비는 가난한 생활을 하면서도 마음을 편하게 가지고, 공부하는 것을 즐기며, 정의롭지 않은 권력이나 부(富)를 하찮게 여긴다는 뜻이다.

곡-돌-사-신(曲突徙薪 굽을 **곡**/굴뚝 **돌**/옮길 **사**/땔나무 **신**) 굴뚝을 굽게 (하고), 땔나무를 옮긴다. 즉, 굴뚝을 굽게(꼬불꼬불하게) 만들고, 아궁이 근처의 땔나무를 다른 곳으로 옮긴다는 뜻으로, 화근(禍根. 재앙, 즉, 뜻하지 아니하게 생긴 불행한 사고의 근원)을 없애 재앙(災殃. 뜻하지 아니하게 생긴 불행한 변고·變故, 또는 천재지변·天災地變으로 인한 불행한 사고)을 미연에 방지하는 것을 비유적으로 이르는 말. *굽다: 부록 '곡(曲)' 참고. *굴뚝: 불을 땔 때 연기가 빠져나가도록 만든 구조물. *땔나무: 땔감이 되는 나무. 이 사자성어의 유래는 다음과 같다. 『설원(說苑)』의 「권모(權謀)」 편(篇)에 〈(어떤 사람이 어느 집에서 굴뚝을 곧게 세우고 곁에는 땔나무를 잔뜩 쌓아 놓은 것을 보고, 주인에게 충고했다. "굴뚝을 구부리고 쌓여 있는 나뭇단을 옮기시오. 그러지 않으면 불이 날 수 있습니다." 그러나 주인은 이 말을 귀담아 듣지 않았다. 며칠 뒤에 그 집에 불이 났다. 동네 사람들이 힘을 합해 불을 겨우 끄긴 했지만, 불을 끄다가 여러 사람이 불에 데었다. 집주인은 감사의 표시로 이웃들을 초청하여 소를 잡고 술을 차려 대접했는데, 많이 덴 사람들을 상석(上席)에 모시고, 나머지는 그 공(功)에 따라 다음 자리에 모셨다. 하지만 굴뚝을 구부리라고 충고한 사람은 초대(招待)하지 않았다. 한 사람이 주인에게 이렇게 말했다.) "그때 당신이 그 사람의 말을 들었더라면 이렇게 소[牛]와 술[酒]을 쓸 필요도 없었고, 불이 날 일도 없었을 것이오. 지금 공(功)을 논하여 손님들을 초대(招待)했는데, 굴뚝을 구부리고 땔나무를 옮기라고 말한 사람에게는 은택(恩澤)이 가지 못하고, 머리를 거슬리고 이마를 덴 사람이 상객(上客)이 되었구려."(嚮使聽客之言. 不費牛酒, 終亡火患, 今論功而請賓, **曲突徙薪亡恩澤**, 焦頭爛額爲上客邪.) 주인이 비로소 깨닫고 그 사람도 초대(招待)했다.〉라는 이야기가 나오는데, '굴뚝을 구부리고 땔나무를 옮기라고 말한 사람에게는 은택(恩澤)이 가지 못하고(曲突徙薪亡恩澤)'에서, '곡돌사신(曲突徙薪)'이 유래했고, 일을 미연에 방지하는 것을 비유(比·譬喻. 어떤 사물의 모양이나 상태 따위를 보다 효과적으로 표현하기 위하여 그것과 비슷한 다른 사물에 빗대어 표현함. 또는 그 표현 방법)하는 말로 쓰이게 되었다. 이 사자성어의 배경은 이렇다. 어떤 나그네가 객사(客舍. 객지에서 묶는 집)에 묶게 되었다. 주인집의 굴뚝이 곧게 나 있어서 불길이 새어나올 것 같았다. 게다가 그 옆에는 땔나무가 잔뜩 쌓여 있지 않은가? 그 나그네는 은근히 걱정이 되어 충고했고, 주인은 그 충고를 받아들이지 않았다. 결국 불이 났고, 그 불을 끄느라 여러 사람이 다쳤다. '소 잃고 외양간 고친다.'는 속담이 있다. 그것보다는 미리 대비책을 세워 미연에 방지하는 것이 좋음을 이 사자성어는 우리에게 가르쳐 주고 있는 것이다. 참고로, 원문의 '嚮使聽客之言'에서, '嚮'은 접때(오래지 아니한 과거 어느 때) '향', 지난번 '향'으로 읽고, '使'는 하여금(노구를 시키어) '사'로 읽고, '聽'은 들을 '청'으로 읽고, '客'은 손님 객, 나그네 객으로 읽고, '之'는 어조사 '지'로 읽는다. '~의'를 나타내는 관형격 조사. '言'은 말씀 '언'으로 읽는다. '嚮使聽客之言'을 직역(直譯)

하면, 접때 손님으로 하여금 (그 사람)의 말을 들었다면, '不費牛酒'에서, '不'은 아닐(부정하는 말) '불'로 읽고, '費'는 소비할 '비', 쓸 '비'로 읽고, '牛'는 소 '우'로 읽고, '酒'는 술 '주'로 읽는다. '不費牛酒'를 직역(直譯)하면, 소[牛]와 술[酒]을 소비하지 않아도 (될 것이고), '終亡火患'에서, '終'은 끝내 '종', 마침내 '종'으로 읽고, '亡'는, 여기서는 없을 '무'로 읽고, '火'는 불 '화'로 읽고, '患'은 근심 '환'으로 읽는다. '火患'을 직역(直譯)하면, 불 때문에 일어나는 근심. '終亡火患'을 직역(直譯)하면, 마침내 불 때문에 일어나는 근심은 없을 것이오. '今論功而請賓'에서, '今'은 이제 '금', 지금 '금'으로 읽고, '論'은 논할 '논'으로 읽고, '功'은 공(功. 어떠한 일에 이바지한 공적과 노력) '공'으로 읽는다. '論功'은 공적의 있고 없음이나, 크고 작음 따위를 논의하여 평가함. '而'는 말 이을 '이'로 읽는다. '그리고'의 뜻을 나타냄. '請'은 청(請)할 '청'으로 읽고, '賓'은 손님 '빈'으로 읽는다. '請賓'은 잔치 따위에 손님을 청함. '今論功而請賓'을 직역(直譯)하면, 지금 공(功)을 논하고 그리고 손님을 청하였는데, '曲突徙薪亡恩澤'에서, '曲'은 굽을 '곡'으로 읽고, '突'은 굴뚝 '돌'로 읽고, '徙'는 옮길 '사'로 읽고, '薪'은 땔나무 '신'으로 읽고, '亡'은 없을 '무'로 읽는다. '無'와 같은 글자다. '恩'은 은혜(恩惠) '은'으로 읽고, '澤'은 덕택(德澤) '택'으로 읽는다. '曲突徙薪亡恩澤'을 직역(直譯)하면, (그렇게 되면) 굴뚝을 굽게 (하고) 땔나무를 옮기라고 (말한 사람에게는) 은혜와 덕택이 없고, 여기서 '曲突徙薪'이 유래하였는데, 이것을 직역(直譯)하면, 굴뚝을 굽게 (하고), 땔나무를 옮긴다. 즉, 굴뚝을 굽게(꼬불꼬불하게) 만들고, 아궁이 근처의 땔나무를 다른 곳으로 옮긴다는 뜻으로, 화근(禍根. 재앙. 즉, 뜻하지 아니하게 생긴 불행한 사고의 근원)을 없애 재앙(災殃)을 미연에 방지하는 것을 비유적으로 이르는 말. '焦頭爛額爲上客邪'에서, '焦'는 그을릴 '초'로 읽고, '頭'는 머리 '두'로 읽고, '爛'은 델(불이나 뜨거운 기운으로 말미암아 살이 상할) '난'으로 읽는다. 여기서, '기운'은 순우리말로, 느낄 수는 있으나 눈으로 볼 수 없는 현상. '額'은 이마(얼굴의 눈썹 위로부터 머리털이 난 아래까지의 부분) '액'으로 읽고, '爲'는 될 '위'로 읽고, '上'은 위 '상'으로 읽고, '客'은 손님 '객', 나그네 '객'으로 읽는다. '上客'은 지기보다 지위가 높은 손님. 또는 윗자리나 높은 자리에 모실만한 손님. '邪'는 어조사 '야'로 읽는다. '~이도다'. '~이로구나(영탄)'의 뜻을 나타냄. '焦頭爛額爲上客邪'를 직역(直譯)하면, (그리고) 머리가 그을리고 이마를 데인 (사람이) 상객(上客)이 되는구나. 즉, 굴뚝을 구불구불하게 하고 아궁이 근처의 땔감을 옮기도록 충고한 사람에게는 아무런 대가가 없고, (불을 끄느라) 머리를 데고 이마를 그을린 사람은 큰 손님으로 모시더라. 화근(禍根)이 될 만한 일은 사전에 싹을 잘라 후환(後患. 어떤 일로 말미암아 뒷날 생기는 걱정과 근심)을 없애라는 경구(警句. 어떤 사상이나 진리를 간결하고도 날카롭게 나타낸 문구)이다. 여기서, '焦頭爛額'이 유래하였는데, 이것을 직역(直譯)하면, 머리가 그을리고 이마를 데다. 즉, 불에 머리를 태우고, 이마를 그을리어 가며 불을 끈다는 뜻으로, 어려운 일을 당하여 몹시 애쓰는 것을 비유적으로 이르는 말.

곡-륭-산지(曲隆山地 굽을 **곡**/높을 **륭**/뫼 **산**/땅 **지**) 굽어서 높게 (된) 뫼('산'의 옛말)의 땅이라는 뜻으로, 지각(地殼. 지구의 표면을 이루고 있는 단단한 부분)의 만곡(彎曲. 활처럼 휘우듬하게 굽음)으로 말미암아 넓은 지역이 완만(緩慢)하게 굽어서 높게 된 산지(山地)를 이르는 말. *산지(山地): ①산이 많고 들이 적은 지대. ②묏자리로 쓰기에 알맞은 땅. *굽다: 부록 '곡(曲)' 참고.

곡-복-사-신(穀腹絲身 곡식 **곡**/배 **복**/실 **사**/몸 **신**) 배를 (채우는) 곡식과 몸을 (가리는) 실이라는 뜻으로, 먹는 것과 입는 것을 비유적으로 이르는 말. =사신곡복(絲身穀腹). *실: 부록 '사(絲)' 참고.

곡수-유상(曲水流觴 굽을 곡/물 수/흐를 유/술잔 상) 굽은 물 (위에) 술잔이 흐르게 (한다는) 뜻으로, 예전에, 삼월 삼짇날(음력 3월 3일), 굽이도는 물에 잔(盞)을 띄워 그 잔(盞)이 자기 앞에 오기 전에 시(詩)를 짓던 놀이를 이르는 말. =유상곡수(流觴曲水). *곡수(曲水): 굽이굽이 휘돌아 흐르는 물. *유상(流觴): 잔을 물에 띄워 보냄. *굽다: 부록 '곡(曲)' 참고.

곡-자-아의(曲者我意 굽을 곡/사람 자/나 아/뜻 의) (마음이) 굽은 사람이 나의(자신의) 뜻대로 (한다는) 뜻으로, 마음이 비뚤어진 사람이 매사(每事. 하나하나의 일. 또는 모든 일)를 자기 마음대로 함을 이르는 말. *아의(我意): 나의 뜻. *굽다: 부록 '곡(曲)' 참고.

곡-제-화주(穀製火酒 곡식 곡/만들 제/불 화/술 주) 곡식으로 만든 불과 (같이) (뜨거운) 술이라는 뜻으로, 곡물(곡식)로 만든 독한 술을 이르는 말. *화주(火酒): 소주나 위스키(whisky, whiskey) 따위 주정분(酒精分. 알코올의 성분)이 강한 술.

곡직-불문(曲直不問 굽을 곡/곧을 직/아닐 불/물을 문) 굽은 것과 곧은 (것을) 묻지 아니한다는 뜻으로, 옳고 그름을 따지지 아니함을 이르는 말. =불문곡직(不問曲直). *곡직(曲直): 굽음과 곧음이라는 뜻으로, 사리(事理. 일의 이치)의 옳고 그름을 이르는 말. =불문곡직(不問曲直). *불문(不問): ①묻지 아니함. ②가리지 아니함. *굽다: 부록 '곡(曲)' 참고.

곡진-기-정(曲盡其情 자세할 곡/다할 진/그 기/사실 정) 그 사실(형편)을 자세하게 다한다(다 말한다)는 뜻으로, 앞뒤 사정을 간곡하게 다 말함, 앞뒤 사정을 자세히 말함. 또는 자세한 사정을 다 앎을 이르는 말. *곡진(曲盡): ①마음과 정성이 지극함. ②자세하고 간곡함. *다하다: 부록 '진(盡)' 참고.

곡학-아세(曲學阿世 굽을 곡/학문 학/아첨할 아/세상 세) 굽은 학문으로 세상에 아첨(阿諂)하다. 즉, 배운 것을 구부려 세상 사람들에게 아첨(阿諂)한다는 뜻으로, 바른 길에서 벗어난 학문으로, 세상 사람에게 아첨(阿諂)함을 비유적으로 이르는 말. 곧, 학문을 올바르게 펴지 못하고 그것을 왜곡(歪曲. 사실과 다르게 해석하거나 그릇되게 함)해 가며 세상에 아부(阿附)하여 출세하려는 태도나 행동을 가리키는 말이다. *곡학(曲學): 진리에 어그러진 학문. *아세(阿世): 세상 형편에 붙좇음. 또는 세상 사람들에게 아첨함. *굽다: 부록 '곡(曲)' 참고. *아첨하다(阿諂~): 남에게 잘 보이려고 알랑거리며 비위를 맞추다. 이 사자성어의 유래는 다음과 같다. 『사기(史記)』의 「유림열전(儒林列傳)」 편(篇)에 [원고생(轅固生)은 제(齊)나라 사람으로, 『시경(詩經)』에 정통해서 효경제(孝景帝. 중국 전한·前漢의 6대 임금) 때 박사(博士. 벼슬 이름)가 되었다. 즉, 그는 박사라는 벼슬을 지냈다는 뜻이다. 그는 성품이 강직해 평소 어떤 사람도 두려워하지 않고 직언(直言. 자기 생각을 거리낌 없이 그대로 말함. 또는 곧이곧대로 하는 말)으로 간(諫)하는 성격이었다. 어느 날 노자(老子. 중국 춘추전국시대·春秋戰國時代의 사상가·思想家, 도가·道家의 시조·始祖)의 글을 좋아하던 두태후(竇太后. 효경제의 어머니)가 원고생(轅固生)을 불러 노자(老子)의 글에 대해 묻자, 원고생(轅固生)이 대답했다. "그것은 하인들의 말일 뿐입니다." 그의 강직한 성품을 엿볼 수 있는 대목이다. 두태후(竇太后)는 격노(激怒. 격렬하게 성냄)하여 원고생(轅固生)에게 날카로운 병기(兵器. 전쟁에 쓰는 기구를 통틀어 이르는 말)를 주며 돼지를 찌르게 했다. 즉, 야생 멧돼지와 싸우는 형벌을 내렸다는 뜻이다. 연로(年老)한 원고생(轅固生)을 멧돼지가 죽이도록 한 형벌(刑罰)이다. 원고생(轅固生)이 돼지의 심장을 정확하게 찌르자, 돼지는 한칼에 쓰러졌다. 태후(太后)는 아무 말이 없었으며, 더 이상 죄를 묻지 않았다. 얼마 후 경제(景帝)는 원고생(轅固生)을 정직하고 청렴한 사람으로 인정하여 청하왕(淸河王. <u>후한 후기의 황족·제후왕의 이름을 일컬음. '황족·제후왕'은 어떤 한 나라의 군주가 황족이나 제후에게 작위로서 주는 왕의 이름이다</u>)의 태부(太傅. <u>벼슬 이름</u>)로 임명했다. 오랜 후에 원고생(轅固生)은 병(病)으로 벼슬을 그만 두었다. 금상(今上. <u>현재 왕위에 있음. 또는 그런 임금</u>)이 즉위해 다시 현량(賢良. <u>어질고 착함. 또는 그런 사람</u>)으로서 원고생(轅固生)을 불렀으나, 아첨하는 선비들이 그를 헐뜯으며 원고생(轅固生)이 늙었다고 말했으므로 황제는 그를 돌려보냈다. 즉, <u>원고생(轅固生)은 나이가 너무 많은데다가 다른 선비들의 모함이 심해 다시 벼슬길에 오르도록 하지 못했다는 뜻이다.</u> 당시(當時. <u>일이 있었던 바로 그때. 또는 이야기하고 있는 그 시기</u>) 원고생(轅固生)은 아흔이 넘은 나이였다. 원고생(轅固生)이 부름을 받았을 때, 설(薛) 사람인 공손홍(公孫弘)도 역시 부름을 받았는데, 곁눈질을 하며 원고생(轅固生)을 못마땅한 눈초리로 바라보곤 했다. <u>즉, 원고생(轅固生)을 대놓고 무시하는 태도를 보였다든지, 원고생(轅固生)에게 불손(不遜)했다는 뜻이다.</u>]〈그럴 때마다 원고생(轅固生)은 공손홍(公孫弘)에게 말했다. "공손자(公孫子. <u>'공손홍·公孫弘'을 가리킴</u>)여, 힘써 학문을 바르게 하여 세상에 옳은 말을 하고, 학문을 굽혀 세상에 아부(阿附)하는 일이 없도록 하시오."(固曰. 公孫子. 務正學以言, <u>無曲學以阿世</u>.)〉라는 이야기가 나오는데, '학문을 굽혀 세상에 아부(阿附)하는 일이 없도록 하시오.<u>(無曲學以阿世)</u>'에서, 학문을 굽혀 세상에 아첨한다는 뜻의 '곡학아세(曲學阿世)'가 유래했다. 즉, 아흔이 넘은 원고생(轅固生)이 함께 황제에게 초빙된 젊은 선비 공손홍(公孫弘)에게 충고한 말에서, 학문을 굽혀 세상에 아첨한다는 뜻의 '곡학아세(曲學阿世)'가 유래했다. 참고로, 원문의 '固曰'에서, '固'는 굳을 '고', 단단할 '고'로 읽는다. 여기서는 '원고생(轅固生)'을 가리킴. '固曰'을 직역(直譯)하면, 원고생(轅固生)이 말하기를, '公孫子'에서, '公'은 제후(諸侯) '공'으로 읽고, '孫'는 손자 '손', 자손 '손'으로 읽고, '子'는 아들 '자'로 읽는다. '公孫子'는 '공손홍(公孫弘)'을 가리킨다. '공손자(公孫子)'와 '공손홍(公孫弘)'에서, '公孫'은 중국에서 제후의 손자 또는 후손을 뜻하는 칭호이다. 그런데 공손(公孫)으로 불리는 일부(一部)가 씨(氏)를 공손(公孫)으로 정하면서 유래됐다. 고대 중국은 성(姓)과 씨(氏)가 달랐다. 성(姓)은 혈연(血緣)으로 정해지는 개념이고, 씨(氏)는 지연(地緣)으로 정해지는 개념이다. 즉, 고대 중국의 씨(氏)는 한국의 본관(本貫)과 같다. '務正學以言'에서, '務'는 힘쓸 '무'로 읽고, '正'은 바를 '정', 올바를 '정'으로 읽고, '學'은 학문(學問) '학'으로 읽는다. '以'는 써(<u>그것을 가지고, 그것으로 인하여</u>) '이'로 읽고, '言'은 말씀 '언'으로 읽는다. '務正學以言'을 직역(直譯)하면, 학문을 바르게 하는데 힘쓰고 (세상 사람들에게) (옳은) 말로써 해야 하고, 즉, 오직 바른 학문을 닦기 위해 힘써야 한다. '無曲學以阿世'에서, '無'는 없을 '무'로 읽고, '曲'은 굽을 '곡'으로 읽고, '學'은 학문 '학'으로 읽고, '以'는 써(<u>그것을 가지고, 그것으로 인하여</u>) '이'로 읽고, '阿'는 아첨할 '아'로 읽고, '世'는 세상 '세'로 읽는다. '無曲學以阿世'를 직역(直譯)하면, (그리고) 학문을 굽게 하여 그것으로 인하여 세상에 아첨(阿諂)하는 (일이) 없어야 합니다. 즉, 그릇된 학문으로 세상에 아부(阿附)하려고 해서는 안 되는 것입니다. 여기서, '曲學阿世'가 유래하였는데, 이것을 직역(直譯)하면, 굽은 학문으로 세상에 아첨(阿諂)하다. 즉, 배운 것을 구부려 세상 사람들에게 아첨(阿諂)한다는 뜻으로, 바른 길에서 벗어난 학문으로, 세상 사람에게 아첨(阿諂)함을 비유적으로 이르는 말. 곧, 학문을 올바르게 펴지 못하고 그것을 왜곡(歪曲)해 가며 세상에 아부(阿附)하여 출세하려는 태도나 행동을 가리키는 말이다.

곤구-직-석(綑屨織席 삼을 **곤**/신 **구**/짤 **직**/자리 **석**) 신을 삼고 자리를 짠다는 뜻으로, 짚신을 삼고 돗자리

(왕골이나 골풀의 줄기를 잘게 쪼개서 친 자리)를 짬을 이르는 말. 가계(家計. 한 집안 살림의 수입과 지출의 상태. 또는 집안 살림을 꾸려 나가는 방도나 형편)가 어려워서 짚신을 삼고 돗자리를 짜서 팔아 생활함을 이르는 말. *곤구(綑屨): 짚신을 삼음. *삼다: (짚신이나 미투리 따위를) 만들다. *짜다: 부록 '직(織)' 참고.

곤-수-유-투(困獸猶鬪 어려울 곤/짐승 수/오히려 유/싸울 투) (곤경에 빠져) 어려운 짐승이 오히려 (더욱 발악하고) 싸운다. 즉, 짐승도 다급(多急. 미처 어떻게 할 여유가 없을 만큼 일이 바싹 닥쳐서 몹시 급함)하면 덤벼든다. 또는 위급(危急)할 때는 아무리 약(弱)한 짐승이라도 싸우려고 덤빈다는 뜻으로, 사람이 궁지(窮地. 살아갈 길이 막연하거나, 매우 어려운 일을 당한 처지)에 몰리면 최후의 발악(發惡. 사리를 가리지 않고 온갖 짓을 다 하여 버둥거리거나 악을 씀)을 한다는 것을 비유적으로 이르는 말. ⊞ 궁서설묘(窮鼠齧猫).《관련 속담》 궁지에 빠진(몰린) 쥐가 고양이를 문다. / 궁한 새가 사람을 쫓는다. / 궁한 쥐가 고양이한테 대든다. / 쥐도 궁지에 몰리면 고양이를 문다. 이 사자성어의 유래는 다음과 같다. 『좌전(左傳)』의 「선공(宣公) 12년」 편(篇)에 [진(晉)나라 경공(景公)이 초(楚)나라와 싸워 크게 패(敗)하고 돌아온 장수 순림보(荀林父. 여기서, '父'는 사람 이름일 때는 '보'로 읽음)의 관직(官職. 관리로서, 국가로부터 위임 받은 일정한 범위의 직무, 또는 그 직위)을 박탈(剝奪. 지위나 자격 따위를 권력이나 힘으로 빼앗음)하고 참형(斬刑. 목을 베어 죽임. 또는 그런 형벌)에 처하려고 했다. 그러자 대부(大夫. 벼슬 이름)인 사정자(士貞子)가 예전 문공(文公) 때 진(晉)나라와 초(楚)나라 사이에 있었던 성복(城濮. 땅 이름)의 싸움을 상기(想起. 지난 일을 생각해 냄)시키면서 이렇게 간언(諫言. 웃어른이나 임금에게 옳지 못하거나 잘못된 일을 고치도록 하는 말)했다. 여기서, 성복 전투(城濮戰鬪)는 중국 춘추 시대 기원전 632년에 진(晉)나라를 중심으로 한 제후(諸侯) 연합군과 초(楚)나라를 중심으로 한 제후(諸侯) 연합군이 성복(城濮)에서 싸운 사건이다. 이 전투(戰鬪)에서 진(晉)나라가 초(楚)나라를 이김으로써 진(晉)나라 문공(文公)은 패자(覇者. 예전에 황제·皇帝로부터 일정한 지역을 다스릴 권한을 부여받은 제후·諸侯들의 우두머리)가 되었고, 중원(中原. 중국의 황허강·黃河 중류·中流의 남부지역을 이르는 말. 흔히 한때 군웅·群雄이 할거·割據했던 중국의 중심부나 중국 땅을 일컬음)에 대한 초(楚)나라의 압박(壓迫. 강한 힘으로 내리누름. 또는 기운을 못 펴게 세력으로 내리누름)을 꺾어 내었다. 여기서, '기운'은 순우리말로, 생물이 살아 움직이는 원기(元氣). 또는 거기서 나오는 힘. "문공(文公) 때 우리 진(晉)나라가 성복(城濮)의 싸움에서 대승(大勝)을 거두어 초(楚)나라 군대의 군량(軍糧)을 빼앗은 것만 해도 사흘 치는 족히 되었습니다. 그러나 문공(文公)은 조금도 기뻐하지 않고 오히려 근심에 쌓여 있었습니다. 큰 승리를 거두었는데 왜 걱정하느냐고 묻자,]〈문공(文公)은 (성복의 싸움을 지휘한 초나라의 재상·宰相)인 성득신(成得臣)이 살아 있으니 근심이 사라지지 않는구나. 여기서, '재상(宰相)'은 임금을 보필하며 모든 관원을 지휘, 감독하는 자리에 있는 이품(二品) 이상의 벼슬을 통틀어 이르던 말. 곤경에 빠진 짐승일수록 더욱 힘껏 싸우는 법인데, 하물며 한 나라의 재상(宰相)이야 말할 나위 있겠는가?"라고 말했습니다.(公曰, 得臣猶在, 憂未歇也, **困獸猶鬪**, 況國相乎)〉라는 이야기가 나오는데, '곤경에 빠진 짐승일수록 더욱 힘껏 싸우는 법인데(困獸猶鬪)'에서, '곤수유투(困獸猶鬪)'가 유래했다. 위의 '성복(城濮)'은 진(晉)나라와 초(楚)나라 사이에 있었던 지명(地名)이다. 진(晉)나라의 문공(文公)이 초(楚)나라와 싸워 크게 이겼음에도 불구하고 마음이 놓이지 않았던 이유는, 어려움에 처한 사람은 반드시 곤수유투(困獸猶

鬪)하며 저항한다는 사실을 알고 있기 때문이다. 궁지에 몰린 쥐는 고양이를 무는 법이다. 참고로, 원문의 '公曰'에서, '公'은 제후(諸侯) '공'으로 읽는다. '문공(文公)'을 가리킴. '公曰'을 직역(直譯)하면, '문공(文公)'이 말하기를, '得臣猶在'에서, '得'은 얻을 '득'으로 읽고, '臣'은 신하(臣下) '신'으로 읽는다. '得臣'은 '성득신(成得臣)'을 가리킴. '猶'는 오히려 '유', 이미(돌이킬 수 없이 된 지난 일을 일컬을 때 쓰는 말) '유'로 읽고, '在'는 있을 '재'로 읽는다. '得臣猶在'를 직역(直譯)하면, 성득신(成得臣)은 이미 (살아) 있으니, '憂未歇也'에서, '憂'는 근심 '우'로 읽고, '未'는 아닐 '미'로 읽고, '歇'은 쉴 '헐', 다할 '헐'로 읽고, '也'는 어조사 '야'로 읽는다. '~구나(영탄)'의 뜻을 나타냄. '憂未歇也'를 직역(直譯)하면, 근심은 다하지 않는구나. '困獸猶鬪'에서, '困'은 어려울 '곤'으로 읽고, '獸'는 짐승 '수'로 읽고, '猶'는, 여기서는 오히려 '유'로 읽고, '鬪'는 싸울 '투'로 읽는다. '困獸猶鬪'를 직역(直譯)하면, (곤경에 빠져) 어려운 짐승이 오히려 (더욱 발악하고) 싸우니, 즉, 위급할 때는 아무리 약한 짐승이라도 싸우려고 덤빈다는 뜻으로, 사람이 궁지에 몰리면 최후의 발악을 한다는 것을 비유적으로 이르는 말. '況國相乎'에서, '況'은 하물며 '황'으로 읽고, '國'은 나라 '국'으로 읽고, '相'은 재상(宰相) '상'으로 읽고, '乎'는 어조사 '호'로 읽는다. '~는가', '~인가(의문)'의 뜻을 나타냄. '況國相乎'를 직역(直譯)하면, 하물며 나라의 재상이야 (말할 필요가) 있겠는가?

곤외-지-사(閫外之事 문지방 **곤**/바깥 **외**/어조사 **지**/일 **사**) 문지방(門地枋) 바깥(궁성 또는 도성의 바깥)의 일이라는 뜻으로, 대궐 밖을 통제하거나 병마(兵馬)를 통솔하는 일을 이르는 말. 여기서, '병마(兵馬)'는 첫째, 병사(兵士). 즉, 군대에서 장교의 지휘를 받는 군인과, 군마(軍馬). 즉, 군대에서 쓰는 말[馬]을 통틀어 이르는 말. 둘째, 군대, 군비, 무기 따위의 군(軍)이나 전쟁에 관한 모든 일을 통틀어 이르는 말. *곤외(閫外): ①문지방(門地枋)의 밖. ②왕성(王城)의 밖. *문지방(門地枋): 부록 '곤(閫)' 참고.

곤-이-지-지(困而知之 괴로움을 겪을 **곤**/말 이을 **이**/알 **지**/어조사 **지**) 괴로움을 겪고 (난 후) 그리고 그것을 안다는 뜻으로, 삼지(三知)의 하나를 이르는 말. 도(道)를 애써 공부하여 깨달음을 일컫는다. 또는 애써 고생하며 공부한 끝에 앎을 이르는 말. 노력하여 얻은 지식이나 실력을 일컫는다. 여기서 '삼지(三知)'는 도(道)를 깨달아 아는 지(知)의 세 단계를 이르는 말. 생이지지(生而知之), 학이지지(學而知之), 곤이지지(困而知之)를 일컫는다.

골경-지-신(骨鯁·鯁之臣 뼈 **골**/생선 뼈 **경**/어조사 **지**/신하 **신**) 생선의 뼈에 (붙은 가시와 같은) 신하(臣下)라는 뜻으로, 목구멍에 걸린 짐승의 뼈와 생선 가시처럼 듣기에 괴로운 직언(直言. 자기의 생각을 거리낌 없이 그대로 말함. 또는 곧이곧대로 하는 말)을 하는 강직(剛直. 굳세고 꼿꼿함)한 신하(臣下)를 비유적으로 이르는 말. 즉, 임금이나 권력을 두려워하지 아니하며, 바르게 말하고 행동하는 강직(剛直)한 신하(臣下)를 이르는 말. (참고) '골경지신(骨鯁·鯁之臣)'에 있어서 '경(鯁)'과 '경(鯁)' 두 가지로 쓰인다. 『표준국어대사전』에는 '경(鯁)'으로 쓰고, 다른 자료에는 '경(鯁)'으로 쓴다. 훈(訓)이 같기 때문에 뜻에는 차이가 없다. *골경(骨鯁): 짐승과 물고기의 뼈라는 뜻으로, 말 듣는 이를 두려워하지 않고 입 바른 말을 잘하는 사람을 비유적으로 이르는 말. 이 사자성어의 유래는 다음과 같다. 『사기(史記)』의 「자객열전(刺客列傳)」 편(篇)에 [오(吳)나라의 왕이 되겠다는 야심(野心. 무엇을 이루어 보겠다고 마음속에 품고 있는 욕망이나 소망)을 품고 있던 오(吳)나라의 공자(公子. 지체 높은 집안의 젊은 자제)인 광(光. 나중에 오·吳나라의 왕·王이 된 '합려·闔閭'를 가리킴)은 자객(刺客)인 전저(專諸)를 얻게 되자, 여기서, '지체'는 순우리말로, 대대로 이어 내려오는 사회적 신분이나 지위를 일컬음. 그를 후대(厚待. 아주 잘 대접함. 또는 그런 대접)했다. 이즈음 초(楚)나라의 평왕(平王)이 죽었다. 오왕(吳王. 오나라의 왕)인 요(僚)는 국상(國喪. 백성 전체가 상복·喪服을 입던 왕실의 초상·初喪을 일컫는 말)을 당한 틈을 타 초(楚)나라를 쳤다. 그런데 오(吳)나라 군대가 초(楚)나라 군대에 뒤를 끊기어 오도 가도 못하는 상황이 되고 말았다. 그때 공자(公子)인 광(光)이 전저(專諸)에게 이 기회를 놓치지 말고 요(僚)를 살해하자고 했다.]〈전저(專諸)가 말했다. "왕을 죽일 수 있습니다. …… 지금 오(吳)나라는 밖으로는 초(楚)나라에 어려움을 당하고 있고, 나라 안은 텅 비어 직언하는 골경지신(骨骾·鯁之臣)이 없으니 우리를 어떻게 할 수 없을 것입니다."(專諸曰. 王僚可殺也, …… 方今吳外困於楚. **而內無骨鯁之臣**, 是無如我何.)〉라는 이야기가 나오는데, '나라 안은 텅 비어 직언하는 골경지신(骨鯁之臣)이 없으니(而內無骨鯁之臣)'에서, '골경지신(骨骾·鯁之臣)'이 유래했다. 춘추(春秋) 시대 오(吳)나라의 합려(闔閭)가 왕이 되기 전 공자(公子)인 광(光)이었을 때 이야기다. 골경(骨骾·鯁)은 짐승이나 물고기의 뼈의 뜻으로, 억세서 목에 걸리면 잘 넘어가지 않는다. '골경지신(骨骾·鯁之臣)'은 골경(骨骾·鯁)처럼 듣기에 괴로운 말만 하는 강직한 신하를 두고 하는 말이다. 여기서는 국가 안보상 중요 인물로 묘사(描寫. 눈으로 보거나 마음으로 느낀 것 따위를 그림으로 그리듯이 객관적으로 표현함)되어 있다. 지금 오(吳)나라 요(僚)의 곁에는 골경지신(骨骾·鯁之臣)이 없기 때문에, 이 때가 왕을 없앨 좋은 기회라는 자객(刺客)의 말에, 공자(公子)인 광(光)은 거사(擧事)를 일으켜 성공하고 왕위에 오른 것이다. 그가 오왕(吳王. 오나라의 왕)의 합려(闔閭)이다. 참고로, 원문의 '專諸曰'에서, '專'은 오로지 '전'으로 읽고, '諸'는, 여기서는 김치(소금에 절인 배추나 무 따위를 양념에 버무린 뒤 발효를 시킨 음식) '저'로 읽는다. '專諸'는 사람 이름. '專諸曰'을 직역(直譯)하면, 전저(專諸)가 말하기를, '王僚可殺也'에서, '王'은 임금 '왕'으로 읽고, '僚'는 동료(同僚) '료(요)'로 읽는다. 여기서는 오(吳)나라의 왕 이름. '可'는 가히(可~. 능히', '넉넉히'의 뜻을 나타냄) '가'로 읽고, '殺'은 죽일 '살'로 읽고, '也'는 어조사 '야'로 읽는다. '~이다(단정)'의 뜻을 나타냄. '王僚可殺也'를 직역(直譯)하면, 왕(王)인 요(僚)는 가히 죽일 수 있습니다. …… '方今吳外困於楚'에서, '方'은 바야흐로(이제 한창, 또는 지금 바로) '방'으로 읽고, '今'은 이제 '금', 지금 '금'으로 읽는다. '方今'은 말하고 있는 시점과 같은 때. '吳'는 나라 이름 '오'로 읽고, '外'는 바깥 '외'로 읽고, '困'은 어려울 '곤'으로 읽고, '於'는 어조사 '어'로 읽는다. '~에(위치)'의 뜻을 나타냄. '楚'는 초(楚)나라 '초'로 읽는다. '方今吳外困於楚'를 직역(直譯)하면, 방금 오(吳)나라는 밖으로 초(楚)나라에 어려움을 (당하고 있고), 즉, 바야흐로 지금 오(吳)나라는 밖으로는 초(楚)나라 때문에 곤경에 처해 있고, '而內無骨鯁之臣'에서, '而'는 말 이을 '이'로 읽는다. '그리고'의 뜻을 나타냄. '內'는 안 '내', 속 '내'로 읽고, '無'는 없을 '무'로 읽고, '骨'은 뼈 '골'로 읽고, '鯁'은 생선뼈 '경'으로 읽고, '之'는 어조사 '지'로 읽는다. '~의'를 나타내는 관형격 조사. '臣'는 신하(臣下) '신'으로 읽는다. '而內無骨鯁之臣'를 직역(直譯)하면, 그리고 (나라) 안은 생선의 뼈에 (붙은 가시와 같은) 신하가 없으니, 즉, 안으로는 직언(直言. 자기 생각을 거리낌 없이 그대로 말함. 또는 곧이곧대로 하는 말)하는 골경지신(骨骾·鯁之臣)이 없으니, 여기서, '골경지신(骨骾·鯁之臣)'이 유래하였는데, 이것을 직역(直譯)하면, 생선의 뼈에 (붙은 가시와 같은) 신하(臣下)라는 뜻으로, 목구멍에 걸린 짐승의 뼈와 생선 가시처럼 듣기에 괴로운 직언(直言. 자기 생각을 거리낌 없이 그대로 말함. 또는 곧이곧대로 하는 말)을 하는 강직(剛直. 굳세고 꿋꿋함)한 신하(臣下)를 비유적으로 이르는 말. 즉, 임금이나 권력을 두려워하지 아니하며, 바르게 말하고 행동하는 강직(剛直)한 신하(臣下)를 이르는 말. '是無如我何'에서, '是'는 이(지시하는 말) '시'로 읽고, '無'는 없을 '무'로 읽고, '如'는 같을 '여'로 읽고, '我'는 나(1인칭 대명사) '아'로 읽고, '何'는 어떻게 '하'로 읽는다. '是無如我何'를 직역(直譯)하면, 이로 (인하여) 나(우리)와 같은 (사람을) 어떻게 (할 방법이) 없을 (것입니다).

골몰-무-가(汨沒無暇 골몰할 **골**/빠질 **몰**/없을 **무**/겨를 **가**) (어떤 일에) 골몰하고 빠져 겨를이 없다. 즉, 골몰하여 조금도 틈이 없다는 뜻으로, 어떤 일에 파묻혀서 쉴 겨를이 없음. 또는 어떤 일에 오로지 파묻혀 조금도 틈이 없음을 이르는 말. =골골무가(汨汨無暇). *골몰(汨沒): 다른 생각을 할 겨를이 없이 오로지 어떤 한 가지 일에만 파묻힘. *겨를: 부록 '가(暇)' 참고.

골수-분자(骨髓分子 뼈 **골**/골수 **수**/나눌 **분**/사람 **자**) 뼈와 골수(骨髓)까지 (서로) 나눌 (수 있는) 사람이라는 뜻으로, 가장 핵심(核心)이 되는 구성 요원 또는 조직체에서, 그 조직체의 이념을 철저히 신봉(信奉. 믿고 받듦)하거나, 어떤 상사(上司. 위 등급의 관청이나 기관, 또는 자기보다 계급이 위인 사람)에게 철저한 충성(忠誠. 진정에서 우러나오는 정성, 특히 임금이나 국가에 대한 것을 일컬음)을 바치는 사람을 속되게 이르는 말. *골수(骨髓): 부록 '수(髓)' 참고. *분자(分子): 어떤 집단을 이루는 각각의 구성원.

골육-상잔(骨肉相殘 뼈 **골**/살 **육**/서로 **상**/상하게 할 **잔**) 뼈와 살을 서로 상(傷)하게 한다는 뜻으로, ①부자(父子)나 형제(兄弟) 따위의 가까운 혈족(血族. 한 조상의 피를 이어받은 자손들로 이루어진 사람들)끼리 서로 해치고 죽임을 이르는 말. ②같은 민족끼리 해치며 싸우는 일을 이르는 말. =골육상쟁(骨肉相爭). 참 이혈세혈(以血洗血). *골육(骨肉): ①뼈[骨]와 살[肉]을 아울러 이르는 말. ②부자(父子), 형제(兄弟) 따위의 육친(肉親). =골육지친(骨肉之親). *상잔(相殘): 서로 싸우고 해침. 《관련 속담》 갈치가 갈치 꼬리 문다. / 갈치가 갈치를 문다.

골육-상쟁(骨肉相爭 뼈 **골**/살 **육**/서로 **상**/다툴 **쟁**) 뼈와 살로 서로 다툰다(싸운다)는 뜻으로, ①부자(父子)나 형제(兄弟) 따위의 가까운 혈족(血族. 한 조상의 피를 이어받은 자손들로 이루어진 사람들)끼리 서로 싸움을 이르는 말. ②같은 민족끼리 해치며 싸우는 일을 이르는 말. =골육상전(骨肉相戰). 참 이혈세혈(以血洗血). *골육(骨肉): ☞골육상잔(骨肉相殘). *상쟁(相爭): 서로 다툼. 《관련 속담》 갈치가 갈치 꼬리 문다. / 갈치가 갈치를 문다.

골육-상전(骨肉相戰 뼈 **골**/살 **육**/서로 **상**/싸울 **전**) 뼈와 살로 서로 싸운다(다툰다)는 뜻으로, ①부자(父子)나 형제(兄弟) 따위의 가까운 혈족(血族. 한 조상의 피를 이어받은 자손들로 이루어진 사람들)끼리 서로 싸움을 이르는 말. ②같은 민족끼리 해치며 싸우는 일을 이르는 말. =골육상쟁(骨肉相爭). 참 이혈세혈(以血洗血). *골육(骨肉): ☞골육상잔(骨肉相殘). *상전(相戰): 서로 싸움. 서로 겨룸. 《관련 속담》 갈치가 갈치 꼬리 문다. / 갈치가 갈치를 문다.

골육-지-애(骨肉之愛 뼈 **골**/살 **육**/어조사 **지**/사랑 **애**) 뼈와 살의 사랑이라는 뜻으로, 가까운 혈족(血族. 한 조상의 피를 이어받은 자손들로 이루어진 사람들) 사이의 사랑을 비유적으로 이르는 말. *골육(骨肉): ☞골육상잔(骨肉相殘).

골육-지-정(骨肉之情 뼈 **골**/살 **육**/어조사 **지**/정 **정**) 뼈와 살의 정(情). 즉, 뼈와 살로 이루어진 정(情)이라는 뜻으로, 가까운 혈족(血族. 한 조상의 피를 이어받은 자손들로 이루어진 사람들) 사이의 의(義)로운 정(情)을 비유적으로 이르는 말. *골육(骨肉): ☞골육상잔(骨肉相殘).

골육-지-친(骨肉之親 뼈 **골**/살 **육**/어조사 **지**/친척 **친**) 뼈와 살이 (섞인) 친척(親戚)이라는 뜻으로, 부자(父子), 형제(兄弟) 따위의 육친(肉親. 부자나 형제와 같이 혈족 관계에 있는 사람을 이르는 말)을 이르는 말. 부모와 자식 또는 형제자매 따위의 가까운 혈족을 이르는 말. *골육(骨肉): ☞골육상잔(骨肉相殘). 이 사자성어의 유래는 다음과 같다.『한서(漢書)』의「중산정왕전(中山靖王傳)」편(篇)에 〈제후들은 한(漢)나라 왕실의 골육지친(骨肉之親)으로, 선제(先帝)께서 영지(領地)를 나누어 주어 성(城)을 이어가도록 했던 바, 개[犬]의 이[齒]처럼 서로 얽혀 있으며, 서로 도와 황실을 반석처럼 튼튼히 하고 있습니다.(諸侯王自以骨肉至親, 先帝所以廣封連城, 犬牙相錯者, 爲盤石宗也.)〉라는 이야기가 나오는데, ‘제후들은 한(漢)나라 왕실의 골육지친(骨肉至親)으로,(諸侯王自以骨肉至親)’에서, ‘골육지친(骨肉之親)’이 유래했다. 참고로, 원문의 ‘諸侯王自以骨肉至親’에서, ‘諸’는 모두 ‘제’, 모든 ‘제’로 읽고, ‘侯’는 제후(諸侯) ‘후’로 읽는다. ‘諸侯’는 봉건 시대에, 군주(君主. 세습적으로 나라를 다스리는 최고 지위에 있는 사람)로부터 받은 영토와 그 영내에 사는 백성을 다스리던 사람. ‘王’은 임금 ‘왕’으로 읽는다. 여기서는 ‘한(漢)나라 왕(王)’을 가리킴. ‘自’는 본연(本然. 본디 생긴 그대로의 타고난 상태) ‘자’로 읽고, ‘以’는 써(그것을 가지고, 그것으로 인하여) ‘이’로 읽고, ‘骨’은 뼈 ‘골’로 읽고, ‘肉’은 살 ‘육’으로 읽고, ‘至’는 이를 ‘지’로 읽고, ‘親’은 친척 ‘친’으로 읽는다. ‘諸侯王自以骨肉至親’을 직역(直譯)하면, 제후(諸侯)는 왕 본연(本然)으로써 골육지친(骨肉至親)이다. 여기서, ‘骨肉之親’이 유래하였는데, 이것을 직역(直譯)하면, 뼈와 살이 (섞인) 친척(親戚)이라는 뜻으로, 부자(父子), 형제(兄弟) 따위의 육친(肉親. 부자나 형제와 같이 혈족 관계에 있는 사람을 이르는 말)을 이르는 말. 부모와 자식 또는 형제자매 따위의 가까운 혈족을 이르는 말. 나머지 구체적인 내용은 ⇨견아상착(犬牙相錯).

골육-형제(骨肉兄弟 뼈 **골**/살 **육**/형 **형**/아우 **제**) 뼈와 살이 (섞인) 형(兄)과 아우라는 뜻으로, 圕 핏줄이 같은 형제. 또는 가까운 형제와 같은 겨레붙이를 이르는 말. *골육(骨肉): ☞골육상잔(骨肉相殘). *형제(兄弟): ①형과 아우. ② =동기(同氣). 즉, 형제자매를 통틀어 이르는 말.

공경-대부(公卿大夫 벼슬 **공**/벼슬 **경**/클 **대**/사내 **부**) 공(公)이라는 벼슬과 경(卿)이라는 벼슬과 대부(大夫)의 (직책을 가진) 큰 사내라는 뜻으로, ①벼슬이 높은 사람을 이르던 말. ②삼공(三公)과 구경(九卿) 그리고 대부(大夫)를 아울러 이르는 말. 여기서, ‘삼공(三公)’은 삼정승(三政丞). 즉, 조선 시대에, 영의정(領議政), 좌의정(左議政), 우의정(右議政 따위 3명의 정승(政丞)을 아울러 이르던 말. ‘구경(九卿)’은 조선 시대 때, 의정부(議政府) 좌우(左右)의 참찬(參贊) 2명, 육조(六曹)의 판서(判書) 6명, 한성(漢城)의 판윤(判尹) 1명 따위의 아홉 벼슬아치를 통틀어 이르던 말. *공경(公卿): 지난날, 삼공(三公)과 구경(九卿)을 아울러 이르던 말. *대부(大夫): 고려와 조선 때에 벼슬 품계(品階)에 붙이던 칭호. 문관은 사품(四品), 무관은 이품(二品) 이상(以上)에 붙임. *사내: 부록 ‘부(夫)’ 참고. 이 사자성어의 유래는 다음과 같다. 주희(朱熹)의 『대학장구서(大學章句序)』에 『대학(大學)』은 옛날 태학(太學)에서 사람을 가르치는 법도(法度. 생활상의 예법이나 제도)를 기술해 놓은 책이다. 하늘이 백성을 내렸을 때로부터 인의예지(仁義禮智. 본문 참고)의 본성(本性. 사람의 본디의 성질. 또는 사람의 타고난 성질)을 부여해 주지 않은 적이 없었다. 그러나 기질(氣質. 개인이나 집단 특유의 성질)을 부여 받은 것은 혹시라도 같을 수 없다. 그러므로 사람들은 자신이 본성(本性)을 가지고 있는 것을 온전하게 알지 못하였다. (혹여) 한 사람이라도 총명(聰明. 보고 들은 것에 대한 기억력이 좋음)하고 예지(叡智. 사물의 본질을 꿰뚫는 뛰어난 지혜)

가 있는 사람이 자신의 본성(本性)을 극진하게 할 수 있는 자(者)가 나타나면 하늘은 반드시 명령을 내려 그를 많은 사람의 임금과 스승으로 삼아서 그들을 다스리고 가르쳐서 그들의 본성(本性)을 회복하도록 만들었다. 즉, 복희(伏羲), 신농(神農), 황제(黃帝), 요(堯)임금, 순(舜)임금께서 계천입극(繼天立極. 하늘이 도·道를 이어받아 사람의 도·道를 세움)하고, 사도지직(司徒之職. 백성을 교육하는 직임·職任을 이르는 말. 여기서 '직임·職任'은 직무상 맡은 책임을 일컬음)하고, 전악지관(典樂之官)(귀족자제를 교육하는 것)을 설치한 이유이다. ……]〈15세에 이르면, 천자(天子)의 자제(子弟)로부터 공경대부(公卿大夫), 원사(元士. 벼슬 이름)의 적자(適子. 맏아들)에 이르기까지, 우수한 자제(子弟)들은, 태학(太學)에 입학하였다. 여기서, '천자(天子)'는 천제(天帝. 하늘을 다스리는 신. 또는 우주를 창조하고 주재한다고 믿어지는 초자연적인 절대자)의 아들이란 뜻으로, 천명(天命. 하늘의 명령)을 받아 천하(天下)를 다스리는 사람, 곧 중국에서 황제(皇帝)를 일컫던 말이다. 그리고 (태학·太學에서는) 사람들에게 이치를 궁구(窮究. 파고들어 깊이 연구함)하는 법, 마음을 바로잡는 법, 자신을 수양(修養. 몸과 마음을 갈고닦아 품성이나 지식, 도덕 따위를 높은 경지로 끌어올림)하고 다른 사람을 다스리는 방도(方道·途. 어떤 일을 하거나 문제를 풀어가기 위한 방법과 도리)를 가르쳐 주었으니, 이것이 또한 학교의 가르침, 대학(大學. 태학·太學)과 소학(小學)의 항목으로, 나누어지는 이유이다.(及其十有五年, 則自天子之元子衆子, **以至公卿大夫元士之適子**, 與凡民之俊秀, 皆入大學, 而敎之以窮理正心修己治人之道, 此又學校之敎, 大小之節, 所以分也)〉라는 이야기가 나오는데, '공경대부(公卿大夫), 원사(元士)의 적자(適子)에 이르기까지(以至公卿大夫元士之適子)'에서, '공경대부(公卿大夫)'가 유래했다. 참고로, 원문의 '及其十有五年'에서, '及'은 이를 (어떤 장소나 시간에 닿을) '급'으로 읽고, '其'는 그(지시하는 말) '기'로 읽는다. 여기서는 '사람들'을 가리킨다. '十'은 열 '십'으로 읽고, '有'는 있을 '유'로 읽고, '五'는 다섯 '오'로 읽고, '年'은 여기서는 나이 '년(연)'으로 읽는다. '及其十有五年'을 직역(直譯)하면, 사람들이 열[十]이 있고, 다섯 나이에 이르면, 즉, 사람들이 15세에 이르면, '則自天子之元子衆子'에서, '則'은 곧 '즉'으로 읽고, '自'는 부터(체언이나 부사어에 붙어, '동작이 비롯되는 처음'의 뜻을 나타내는 보조사) '자'로 읽고, '天'은 하늘 '천'으로 읽고, '子'는 아들 '자'로 읽는다. '之'는 어조사 '지'로 읽는다. 여기서는 '~의(관형격 조사)'의 뜻을 나타냄. '元'은 으뜸(중요한 정도로 본, 어떤 사물의 첫째를 이르는 말) '원'으로 읽는다. '元子'는 아직 왕세자에 책봉(册封)되지 아니한, 임금의 맏아들. '衆'은 무리 '중'으로 읽는다. '衆子'는 맏아들 이외의 모든 아들을 일컬음. '則自天子之元子衆子'를 직역(直譯)하면, 황제의 맏아들과 이외의 모든 아들로부터, 즉, 천자(天子)의 자제(子弟)로부터, '以至公卿大夫元士之適子'에서, '以'는 여기서는 또 '이', 그리고 '이'로 읽고, '至'는 이를 '지'로 읽고, '公'은 벼슬 '공'으로 읽고, '卿'은 벼슬 '경'으로 읽고, '大'는 클 '대'로 읽고, '夫'는 사내 '부'로 읽는다. '大夫'는 경(卿)과 사(士) 사이에 위치한 귀족 신분을 가리킴. '士'는 군사(軍士) '사'로 읽는다. '元士'는 벼슬 이름. '適'은 여기서는 맏아들 '적'으로 읽는다. '適子'는 맏아들을 일컬음. '以至公卿大夫元士之適子'를 직역(直譯)하면, 또 공(公), 경(卿), 대부(大夫), 원사(元士)의 맏아들에 이르기까지, 여기서 '공경대부(公卿大夫)'가 유래했는데, 이것을 직역(直譯)하면, 공(公)이라는 벼슬과 경(卿)이라는 벼슬과 대부(大夫)의 (직책을 가진) 큰 사내라는 뜻으로, ①벼슬이 높은 사람을 이르던 말. ②삼공(三公)과 구경(九卿) 그리고 대부(大夫)를 아울러 이르는 말. '與凡民之俊秀'에서, '與'는 더불어 '여'로 읽고, '凡'은 무릇 '범'으로 읽고, '民'은 백성 '민'으로 읽는다. '凡民'은 모든 국민을 이르는 말. '之'는 어조사

'지'로 읽는다. 여기서는 '그리고'의 뜻을 나타냄. '俊'은 뛰어날 '준'으로 읽고, '秀'는 뛰어날 '수'로 읽는다. '俊秀'는 제주와 슬기, 풍채가 빼어남. '與凡民之俊秀'를 직역(直譯)하면, 일반 국민과 더불어(가운데서) 그리고 뛰어난 (사람은), 즉, 우수한 자제(子弟)들은, '皆入大學'에서, '皆'는 모두 '개'로 읽고, '入'은 들 '입'으로 읽는다. '大學'은 여기서는 '태학(太學)'을 가리킴. '태학(太學)'은 중국에 있었던 고등교육기관을 일컫는다. 중국 최초의 태학(太學)은 서한(西漢)의 제6대 황제인 한무제(漢武帝. 한나라의 무제)때 건립하였음. '皆入大學'을 직역(直譯)하면, 모두 태학(太學)에 들어갔다(입학하였다). '而敎之以窮理正心修己治人之道'에서, '而'는 말 이을 '이'로 읽고, '敎'는 가르칠 '교'로 읽고, '之'는 어조사 '지'로 읽는다. 여기서는 '그것'을 가리키는 지시 대명사. '窮'은 궁구(窮究. 파고들어 깊이 연구함)할 '구'로 읽고, '理'는 이치(理致) '리(이)'로 읽는다. '窮理'는 사물의 이치를 깊이 연구함. '正'은 바를 '정'으로 읽고, '心'은 마음 '심'으로 읽는다. '正心'은 마음을 바르게 가짐. 또는 그 마음. '修'는 닦을 '수'로 읽고, '己'는 자기(自己) '기'로 읽고, '治'는 다스릴 '치'로 읽고, '人'은 다른 사람 '인'으로 읽는다. 여기서 '수기치인(修己治人)'이 유래했는데, 그것을 직역(直譯)하면, 자기(自己)를 닦은 후에 다른 사람을 다스린다는 뜻으로, 자신의 몸과 마음을 닦은 후에 남을 다스림. 또는 내 몸을 닦아 교화(敎化. 주로 교양, 도덕 따위를 가르치어 감화시킴)함을 이르는 말. '道'는 여기서는 방법(方法) '도'로 읽는다. '而敎之以窮理正心修己治人之道'를 직역(直譯)하면, 그리고 (태학·太學에서는) 사람들에게 이치를 궁구하는 법[窮理], 마음을 바로잡는 법[正心], 자신을 닦고[修己] 다른 사람을 다스리는[治人] 방법을 가지고[以] 그것[之]을 가르쳐 (주었으니), '此又學校之敎'에서, '此'는 이(지시하는 말) '차'로 읽고, '又'는 또 '우'로 읽고, '校'는 학교(學校) '교'로 읽는다. '此又學校之敎'를 직역(直譯)하면, 이것이 또한 학교의 가르침과, '大小之節'에서, '大'는 여기서는 '태학(太學)'을 가리킴. '小'는 작을 '소'로 읽는다. 여기서는 고대 중국에서 아이들에게 공부를 시키던 학교(學校)인 '소학(小學)'을 가리킴. '節'은 여기서는 항목(項目. 어떤 기준에 따라 나눈, 일의 가닥) '절'로 읽는다. '大小之節'을 직역(直譯)하면, 태학(太學)과 소학(小學)의 항목(項目)으로, '所以分也'에서, '所'는 바(앞에서 말한 내용 그 자체나 일 따위를 나타내는 말) '소'로 읽는다. '所以'는 '까닭'과 같은 말. 즉, 일이 생기게 된 원인이나 조건. '分'은 나눌 '분'으로 읽고, '也'는 어조사 '야'로 읽는다. '~이다(단정)'의 뜻을 나타냄. '所以分也'를 직역(直譯)하면, 그것을 나누는 까닭이다.

공곡-공음(空谷跫音 빈 공/골짜기 곡/발소리 공/소리 음) 빈 골짜기의 발소리. 즉, 아무도 없는 골짜기에 울리는, 사람 발자국 소리라는 뜻으로, ①쓸쓸할 때에 손님이나 기쁜 소식이 오는 것, 또는 그 손님이나 소식을 이르는 말. 즉, 뜻밖의 즐거운 일이 생기거나 반가운 소식을 듣는 것을 비유적으로 이르는 말. ②예기치 못했던 기쁜 일이나 몹시 신기한 일 따위를 비유적으로 이르는 말. =공곡족음(空谷足音). *공곡(空谷): 인적이 드문 골짜기. *공음(跫音): 사람의 발자국 소리. 이 사자성어의 유래는 다음과 같다. 『장자(莊子)·잡편(雜篇)』의 「서무귀(徐無鬼)」편(篇)에 [은자(隱者. 속세·俗世를 떠나 초야에 묻혀 사는 사람)인 서무귀(徐無鬼)가 위(魏)나라의 중신(重臣. 지난날, 정이품 이상의 벼슬아치를 이르는 말)인 여상(女商)의 주선으로 위(魏)나라 무후(武侯. 임금 이름)를 알현(謁見. 지체 높은 사람을 찾아 뵘)했다. 여기서, '지체'는 순우리말로, 대대로 이어 내려오는 사회적 신분이나 지위를 일컬음. 두 사람('서무귀·徐無鬼'와 '무후·武侯'를 가리킴)이 이야기를 마치고 서무귀(徐無鬼)가 밖으로 나올 때쯤, 무후(武侯)는 크게 기뻐하며 웃었다. 서무귀(徐無鬼)가 밖으로 나오자, 여상(女商)이 물었다. "선생은 우리 임금에게 무슨 말로 즐겁게 해 주셨습니까? 나(‘여상·女商’을 가리킴)는 일찍이 임금에게 이야기할 때에, 때로는 시서예악(詩書禮樂, 시와 글씨와 예절과 음악)의 도덕을 말하고, 때로는 금판(金板)과 육도(六弢)의 병법(兵法, 군사 작전의 방법)을 말했습니다. 여기서, 금판육도(金板六弢)는 육도삼략(六韜三略, 본문 참고)으로, 태공(太公)의 병법(兵法)으로 전해진다. 그리고 ‘태공(太公)’은 일명 태공망(太公望)이라고 하며, 중국에서는 병법(兵法)을 세운 시조(始祖)로 여기고 있음. 일을 받들어 큰 공을 이룬 것이 이루 셀 수가 없습니다만, 우리 임금은 일찍이 한 번도 웃어본 적이 없었습니다. 그런데 이제 선생(‘서무귀·徐無鬼’를 가리킴)은 우리 임금에게 무슨 말을 해서 그처럼 기쁘게 하였습니까?” 즉, 나(‘여상·女商’을 가리킴)는 임금을 만날 때마다 시서예악(詩書禮樂)과 병법(兵法)에 대하여 진언(進言, 윗사람에게 자기의 의견을 말함)하고 도움을 드린 것이 헤아릴 수 없을 정도이며 그리고 공(功)을 많이 세웠습니다. 그럼에도 불구하고 지금처럼 임금께서 유쾌하게 웃으신 적은 한 번도 없었습니다. 도대체 무슨 말씀을 드렸기에 임금께서 저렇게 기뻐하시는 것입니까? “내가 개나 말을 감정(鑑定, 사물의 값어치, 좋고 나쁨, 진짜와 가짜 따위를 살펴서 판정함)한 이야기를 직접 했을 뿐입니다.” 즉, 서무귀(徐無鬼)는 개나 말을 감정(鑑定)하듯이, 작은 생각에 머물러서 옳고 그름을 하나하나 세세하게 따지지 않고, 모든 것을 자연(自然)에 맡기고 무위(無爲, 사람의 지혜나 힘을 더하지 않고, 자연 그대로 두는 것)로 일을 삼는 이야기를 했다는 뜻이다. 이것이 장자(莊子, 중국 전국시대·戰國時代의 사상가, 도가·道家 사상의 중심인물)의 ‘무위사상(無爲思想)’이다. “그것뿐입니까?” “그대는 저 월(越)나라의 방랑(放浪)하는 사람의 이야기를 듣지 못했습니까? 자기 나라를 떠난 지 며칠 뒤에는 그 친구를 만나면 기쁘고, 떠난 지 몇 달이 되면 일찍이 자기 나라에서 만났던 사람을 만나도 기뻐한답니다. 일 년쯤 지나면 자기 나라 사람과 비슷한 사람을 보아도 기뻐합니다. 자기 나라를 떠난 지 오래되면 오래될수록 고향 사람을 생각하는 정(情)이 더욱 깊어가는 까닭이 아니겠습니까?[저 빈 골짜기에 숨어 사는 사람이, 잡초가 우거져 족제비들이 겨우 다니는 오솔길마저 막힌 **쓸쓸**한 곳에서 헤맬 때면 사람의 발자국 소리를 듣기만 해도 몹시 기뻐하는 것이지요.(夫逃虛空者, 藜藋柱乎鼪鼬之逕, 踉位其空, **聞人足音跫然而喜矣.**) 즉, ‘생각해 보십시오. 인적(人迹·跡, 사람이 다닌 발자취)도 끊기고, 인가(人家, 사람이 사는 집)도 없는 빈 골짜기를 지나간다고 합시다. 주위에 보이는 것이라고는 족제비나 잡초밖에 없는데, 그 때 사람의 발자국 소리를 듣는다면 누구나 무서워하기보다 오히려 마음이 기쁠 것입니다.’ 그만큼 사람의 발자국 소리를 듣기만 해도 기쁨이 크다는 뜻이다. 이렇게, 서무귀(徐無鬼)는 자기 나라를 떠난 사람이 오래 될수록 고향(故鄕)을 더 생각하고, 비슷한 사람만 만나도 반가운 법이라며, 공곡공음(空谷跫音)을 비유(比·譬喻, 어떤 사물의 모양이나 상태 따위를 보다 효과적으로 표현하기 위하여 그것과 비슷한 다른 사물에 빗대어 표현함, 또는 그 표현 방법)하여 말한 것이다.][하물며 형제나 친척이 옆에서 기침하는 소리를 들으면 어떻겠습니까? 참으로 오래 되었습니다. 진인(眞人)의 말로 우리 임금 곁에서 기침 소리처럼 내 주지 못한 지가 (오래 되었단) 말이오.” 즉, 임금은 곁에서 마음속에 닿는 진인(眞人)의 이야기를 많이 듣지 못한 것 같다는 것을 지적하고 있는 것이다. 여기서, ‘진인(眞人)’은 모든 것을 자연(自然)에 맡기고 무위(無爲)를 일로 삼고, 이해득실(利害得失, 본문 참고)을 벗어나서 도(道)에 통달한 사람으로, 장자(莊子)가 추구하던 이상적인 사람을 말한다.]라는 이야기가 나오는데, ‘쓸쓸한 곳에서 헤맬 때면 사람의 발자국 소리를 듣기만 해도 몹시 기뻐하는 것이지요.(聞人足音跫然而喜矣)’에서, 쓸쓸한 곳에서의 발자국 소리라는 의

미의 '공곡족음(空谷足音)' 또는 '공곡공음(空谷跫音)'이 유래했다. 『장자(莊子)』의 「서무귀(徐無鬼)」 편에서, 산림(山林)에 은거(隱居. 세상을 피하여 숨어 삶)하는 서무귀(徐無鬼)가 여상(女商)의 소개로 위(魏)나라 임금인 무후(武侯)를 만나서 나눈 이야기에, '공곡족음(空谷足音)' 또는 '공곡공음(空谷跫音)'에 대한 내용이 나온다는 것이다. 참고로, 원문의 '夫逃虛空者'에서, '夫'는 발어사(發語辭) '부'로 읽는다. '발어사(發語辭)'는 문장의 서두에 놓여 '대저', 또는 '대체로'의 뜻을 나타냄. '逃'는 숨을 '도'로 읽고, '虛'는 빌 '허'로 읽고, '空'은 빌 '공'으로 읽고, '者'는 사람 '자'로 읽는다. '夫逃虛空者'를 직역(直譯)하면, 대체로 텅빈 (곳)에 숨어 있는 사람은, '藜藋柱乎鼪鼬之逕'에서, '藜'는 명아주(명아줏과의 한해살이풀) '려(여)'로 읽고, '藋'는 명아주 '조'로 읽고, '柱'는 버틸(어떤 대상이 주변 상황에 움쩍 않고 든든히 자리 잡을) '주', 받칠 '주'로 읽고, '乎'는 어조사 '호'로 읽는다. '~에(위치)'의 뜻을 나타냄. '鼪'는 족제비(족제빗과의 동물을 통틀어 이르는 말) '생'으로 읽고, '鼬'는 족제비 '유'로 읽고, '之'는 어조사 '지'로 읽는다. '~의'를 나타내는 관형격 조사. '逕'은 길(사람이나 동물 또는 자동차 따위가 지나갈 수 있게 땅 위에 낸 일정한 너비의 공간) '경'으로 읽는다. '藜藋柱乎鼪鼬之逕'을 직역(直譯)하면, 명아주가 버티고 있는, 족제비들의 길에. '踉位其空'에서, '踉'은 뛸 '량(양)'으로 읽고, '位'는 위치 '위'로 읽고, '其'는 그(지시하는 말) '기'로 읽는다. '踉位其空'을 직역(直譯)하면, (허공에 있는 사람이) 그 비어 있는 위치(곳)에서 (이리저리) 뛰다. '聞人足音跫然而喜矣'에서, '聞'은 들을 '문'으로 읽고, '人'은 사람 '인'으로 읽는다. '聞人'은 한가하고 일이 없는 사람. '足'은 발 '족'으로 읽고, '音'은 소리 '음'으로 읽는다. '足音'은 발을 옮겨 디딜 때, 발이 바닥에 닿아 나는 소리. '跫'은 발소리 '공'으로 읽고, '然'은 그러할 '연'으로 읽고, '而'는 말 이을 '이'로 읽는다. '然而'는 한문(漢文) 구(句)의 하나로, 그러나 또는 그리고 나서. '喜'는 기쁠 '희'로 읽고, '矣'는 어조사 '의'로 읽는다. '~이다(단정)'의 뜻을 나타냄. '聞人足音跫然而喜矣'를 직역(直譯)하면, (그때) 발소리와 발자국 소리를 듣기만 해도 그리고 나서 기쁠(기뻐할) 것이다. 즉, 인가(人家. 사람이 사는 집)에서 멀리 떨어져 빈 골짜기에 사는 사람이, 족제비들이 다니는 오솔길마저 잡초로 막힌 곳에서 헤맬 때, 사람의 발자국 소리만 들어도 몹시 기뻐하는 것과 같다는 뜻이다. 여기서, '空谷跫音'이 유래하였는데, 이것을 직역(直譯)하면, 빈 골짜기의 발소리. 즉, 아무도 없는 골짜기에 울리는, 사람 발자국 소리라는 뜻으로, ①쓸쓸할 때에 손님이나 기쁜 소식이 오는 것, 또는 그 손님이나 소식을 이르는 말. ②뜻밖의 즐거운 일이 생기거나 반가운 소식을 듣는 것을 비유적으로 이르는 말. ③예기치 못했던 기쁜 일이나 몹시 신기한 일 따위를 비유적으로 이르는 말.

공곡-족음(空谷足音 빌 **공**/골짜기 **곡**/발 **족**/소리 **음**) 빈 골짜기의 발소리. 즉, 아무도 없는 골짜기에 울리는, 사람 발자국 소리라는 뜻으로, ①쓸쓸할 때에 손님이나 기쁜 소식이 오는 것, 또는 그 손님이나 소식을 이르는 말. ②뜻밖의 즐거운 일이 생기거나 반가운 소식을 듣는 것을 비유적으로 이르는 말. ③예기치 못했던 기쁜 일이나 몹시 신기한 일 따위를 비유적으로 이르는 말. =공곡공음(空谷跫音). *공곡(空谷): ☞공곡공음(空谷跫音). *족음(足音): =발소리. 즉, 걸을 때 발이 땅에 닿아서 나는 소리. 구체적인 내용 ⇨공곡공음(空谷跫音).

공과-상반(功過相半 공 **공**/허물 **과**/서로 **상**/반 **반**) 공(功)과 허물이 서로 반(半). 즉, 잘잘못(잘함과 잘못함. 또는 옳음과 그름)이 반이라는 뜻으로, 공로(功勞. 어떠한 일에 이바지한 공적과 노력)와 과실(過失. 잘못이나 허물)이 서로 반반(半半)임을 이르는 말. *공과(功過): 공로(功勞)와 과실(過失). *상반(相半):

서로 반반(半半)임. 또는 서로 어금지금함.

공도-동-망(共倒同亡 함께 공/넘어질 도/함께 동/망할 망) 넘어져도 함께 넘어지고, 망해도 함께 망한다는 뜻으로, ①함께 넘어지고 함께(같이) 망함. ②운명을 같이 함을 이르는 말. *공도(共倒): 함께 넘어짐.

공득-지-물(空得之物 빌 공/얻을 득/어조사 지/사물 물) 공(空)으로 얻은 사물(事物)이라는 뜻으로, 힘이나 돈을 들이지 않고 거저 얻은 물건을 이르는 말. *공득(空得): 힘들이지 아니하고 그저 얻음. 또는 대가(代價) 없이 공(空)으로(공짜로) 얻음. *사물(事物): 일이나 물건.

공론-공담(空論空談 빌 공/논의할 론/빌 공/말씀 담) 빈 논의(論議)와 빈 말씀. 즉, 헛된 이야기뿐이라는 뜻으로, 헛된 이론(理論)과 쓸데없는 이야기를 이르는 말. 또는 헛된 이야기를 이르는 말. *공론(空論): 실제와는 동떨어진 쓸데없는 이론(理論). *공담(空談): ①쓸데없는 이야기. ②실행(實行)이 불가능한 이야기.

공리-공론(空理空論 빌 공/이치 리/헛될 공/논의할 론) 빈 이치(理致)와 헛된 논의(論議)라는 뜻으로, 실천이 뒤따르지 아니하는, 헛된 이론(理論)이나 논의(論議)를 이르는 말. *공리(空理): 실제와는 동떨어진 쓸데없는 의론(議論. 어떤 문제에 대하여 서로 논의함). *공론(空論): '공리(空理)'의 뜻과 같음.

공맹-지-교(孔孟之敎 공자 공/성 맹/어조사 지/가르칠 교) 공맹(孔孟)의 가르침이라는 뜻으로, 중국 춘추시대의 사상가이며 학자인 공자(孔子)와 맹자(孟子)가 주장한 인의(仁義. 사람이 마땅히 해야 할 도리)의 가르침을 이르는 말. *공맹(孔孟): 공자(孔子)와 맹자(孟子). *성(姓): 한 줄기의 혈통(血統. 같은 핏줄의 계통)끼리 가지는 칭호. ⑥ 성씨(姓氏).

공맹-지-도(孔孟之道 공자 공/성 맹/어조사 지/도리 도) 공맹(孔孟)의 도리(道理)(도·道)라는 뜻으로, 중국 춘추시대의 사상가이며 학자인 공자(孔子)와 맹자(孟子)가 주장한 인의(仁義. 사람이 마땅히 해야 할 도리)의 도(道)를 이르는 말. *공맹(孔孟): ☞공맹지교(孔孟之敎). *성(姓): ☞공맹지교(孔孟之敎). *도리(道理): 사람이 마땅히 지켜야 할 바른 길.

공명-정대(公明正大 공평할 공/밝을 명/바를 정/클 대) 공평(公平)하고 밝고, 바르고 크다는 뜻으로, 마음이 공평(公平)하며, 조금도 사사로움이 없이 바름을 이르는 말. 또는 하는 일이나 태도가 사사로움이나 그릇됨이 없이 아주 정당하고 떳떳함을 이르는 말. =공명정당(公明正當). *공명(公明): 사사로움이나 편벽(偏僻. 공정하지 못하고 한쪽으로 치우침)됨이 없이 공정하고 명백함. *정대(正大): 바르고 옳아서 사사로움이 없음.

공보-지-기(公輔之器 벼슬 공/도울 보/어조사 지/그릇 기) 벼슬아치를 도울 (만한) 그릇이라는 뜻으로, 임금을 보필(輔弼. 윗사람의 일을 도움. 또는 그런 사람)할 재상(宰相. 임금을 보필하며 모든 관원을 지휘, 감독하는 자리에 있는 이품·二品 이상의 벼슬을 통틀어 이르던 말)이 될 만한 그릇, 또는 그런 인물을 이르는 말. *공보(公輔): 임금을 보좌하던 삼공(三公)과 사보(四輔)를 아울러 이르던 말. 즉, 영의정(領議政), 좌의정(左議政), 우의정(右議政)의 삼공(三公)과 전의(前疑), 후승(後丞), 좌보(左輔), 우보(右輔)의 사보(四輔)를 일컫는다.

공사-다망(公私多忙 여러 공/사사로이 할 사/많을 다/바쁠 망) 여럿이 (할 일과) 사사로이 할 (일이) 많아 바쁘다는 뜻으로, 공적(公的), 사적(私的)인 일 따위로 많이(매우) 바쁨을 이르는 말. 또는 공적인 일과 개인적인 일로 바빠서 쉴 겨를이 조금도 없음을 이르는 말. *공사(公私): ①공적인 일과 사사로운 일.

②정부와 민간(民間). *다망(多忙): 바쁨. 또는 일이 매우 많음.

공산-명월(空山明月 빌 **공**/뫼 **산**/밝을 **명**/달 **월**) 빈 뫼('산'의 옛말)에 (떠 있는) 밝은 달이라는 뜻으로, ①사람 없는 빈산에 외로이 비치는 밝은 달을 이르는 말. ②'대머리(머리털이 많이 빠져서 벗어진 머리, 또는 그런 사람)'를 놀림조로 이르는 말. *공산(空山): 사람이 없는 산중(山中). *명월(明月): ①밝은 달. ②음력 팔월 보름날 밤의 달.

공서-양속(公序良俗 여러 **공**/차례 **서**/어질 **양**/풍속 **속**) 여럿이 (지켜야 할) 차례(次例)(질서)와 어진 풍속(風俗)이라는 뜻으로, (법률 행위를 판단하는 기준으로서의) 공공의 질서(秩序)와 선량한 풍속(風俗)을 아울러 이르는 말. 법률 사상의 지도적 이념으로, 법률 행위 판단의 기준이 되는 사회적 타당성이 인정되는 도덕관이다. *공서(公序): 공공의 질서. *양속(良俗): 좋은 풍속. 또는 아름다운 풍속. *풍속(風俗): 부록 '속(俗)' 참고.

공성-명-수(功成名遂 공 **공**/이룰 **성**/이름 **명**/이룰 **수**) 공(功)을 이루고 이름을 이룬다는 뜻으로, 공(功)을 이루어 이름을 크게 떨침을 이르는 말. =공성명립(功成名立). *공성(功成): 공이 이루어짐.

공성-신-퇴(功成身退 공 **공**/이룰 **성**/몸 **신**/물러날 **퇴**) 공(功)을 이룬 뒤에 몸이 물러난다는 뜻으로, 공(功)을 세워서 이룬 뒤에 그 자리에서 물러남을 이르는 말. *공성(功成): ☞공성명수(功成名遂).

공성-약지(攻城略地 칠 **공**/성 **성**/노략질할 **약**/땅 **지**) 성(城)을 치고 땅을 노략질한다는 뜻으로, 성(城)이나 요새(要塞. 국방상, 중요한 지점에 마련해 놓은 군사적 방어 시설)를 공격하여 땅을 빼앗음을 이르는 말. =공성탈지(攻城奪地). *공성(攻城): 성을 공격함. *약지(略地): ①땅을 빼앗음. ②경계(境界)를 순시(巡視)하여 조사함. *노략질하다(擄掠~): 떼를 지어 돌아다니면서 사람이나 재물을 마구 빼앗아 가다.

공언-무-시(空言無施 빌 **공**/말씀 **언**/없을 **무**/베풀 **시**) 빈 말씀만 (하고) 베풂이 없다는 뜻으로, 빈말만 하고 실천이 따르지 아니함을 이르는 말. *공언(空言): ①근거나 현실성이 없는 빈말. ②실천이 따르지 않는 빈말. 이 사자성어의 유래는 다음과 같다. 『고문진보후집(古文眞寶後集)』한유(韓愈)의 「여맹간상서서(與盟簡尙書書」 편(篇)에, 〈맹자(孟子)가 비록 성현(聖賢. '성인·聖人'과 '현인·賢人'을 아울러 이르는 말)이었으나, 지위를 얻지 못하여, 빈말만 하고 시행하지 못하였으니, (말씀이) 비록 절실하다 하더라도 무슨 도움이 되었겠습니까? 그러나 그 (말씀에) 힘입어, 지금의 학자들이 여전히 (중국 춘추시대의 사상가이며 학자인) 공자(孔子)를 존경하고, 인의(仁義)를 숭상하고, 왕도(王道. 임금은 마땅히 어진 덕·德을 근본으로 천하·天下를 다스려야 한다는 정치사상을 이르는 말. 유학에서 이상으로 하는 정치사상임)를 귀하게 여기고 패도(覇道)를 천하게 여기게 되었을 뿐입니다.(孟子雖賢聖, 不得位, **空言無施**, 雖切何補, 然賴其言, 而今學者尙知宗孔氏, 崇仁義, 貴王賤覇而已)〉라는 이야기가 나오는데, '빈말만 하고 시행하지 못하였으니,(空言無施)'에서, '공언무시(空言無施)'가 유래했다. 참고로, 원문의 '孟子雖賢聖'에서, '孟'은 맏 '맹'으로 읽고, '子'는 존칭(尊稱. 존경하여 높이어 부름. 또는 그 일컬음) '자'로 읽는다. '맹자(孟子. 기원전 372년~ 289년)'는 중국 전국시대(戰國時代)의 사상가이다. 자(字. 본이름을 함부로 부르지 않던 시대에, 본이름 대신 부르던 이름)는 '자여(子輿)', 또는 '자거(子車)'로 일컫는다. 공자(孔子)의 인(仁)사상을 발전시켜 성선설(性善說)을 주장하였으며, 인의(人義)의 정치를 권하였다. '雖'는 비록 '수'로 읽고, '賢'은 어질 '현'으로 읽고, '聖'은 성인(聖人. 지혜와 덕이 매우 뛰어나 길이 우러러 본받을 만한 사람) '성'으로 읽는다. '현성(賢聖)'은 현인(賢人)과 성인(聖人)을 아울러 이르는 말. =성현(聖賢). '孟子雖賢聖'을 직역(直譯)하면, 맹자(孟子)가 비록 현성(賢聖)이었으나, '不得位'에서, '不'은 아닐(부정하는 말)

‘부’로 읽고, ‘得’은 얻을 ‘득’으로 읽고, ‘位’는 지위(地位) ‘위’로 읽는다. ‘不得位’를 직역(直譯)하면, 지위(地位)를 얻지 못하여, 즉, 양주(楊朱)와 묵적(墨翟)이, 성현(聖賢)이 세운 당시(當時, 일이 있었던 바로 그때, 또는 이야기하고 있는 그 시기)의 도(道)를 무너뜨리면서 자기주장만 하여 횡행(橫行, 거리낌 없이 멋대로 행동함)하는 바람에, 맹자(孟子)가 자기의 도(道)를 펼 지위(地位)를 얻지 못했다는 뜻이다. 여기서 ‘양주(楊朱)’는 중국 전국시대(戰國時代)의 학자였다. 다만 구체적으로 어느 나라 사람인지는 밝혀지지 않고 있다. 그는 노자(老子, 중국 춘추전국시대·春秋戰國時代의 사상가·思想家, 도가·道家의 시조·始祖) 사상의 일단(一端, 사물의 한 부분)을 이은 염세적(厭世的, 세상을 싫어하고 모든 것을 비판적으로 생각하는) 인생관으로 자기중심적인 쾌락주의를 주장하였다. 그리고 ‘묵적(墨翟)’은 묵자(墨子)의 본 이름이다. 중국 춘추전국시대(春秋戰國時代) 노(魯)나라의 사상가이며 철학자였다. 성(姓)은 묵(默), 이름은 적(翟)이며 묵가(墨家)의 시조(始祖)였다. 여기서, 묵가(墨家)는 중국 춘추전국시대(春秋戰國時代) 때 노·魯나라의 사상가이며 철학자인 묵자·墨子의 사상을 받들고 실천하던 제자백가(諸子百家, 본문 참고)의 한 파(派)이다. 그런데 양주(楊朱)와 묵적(墨翟)이 서로 당시의 도(道)를 무너뜨리며 성인(聖人)의 도(道)를 어지럽히는 상황을 두고 맹자(孟子)가 이르기를, ‘지금 천하(天下)는 양주(楊朱)에게 가지 않으면 묵적(墨翟)에게 간다[孟子云, 今天下不之楊則之墨]’고 말한 바 있다. 여기서 양주(楊朱)와 묵적(墨翟), 그리고 맹자(孟子)는 다 같이 중국의 춘추전국시대(春秋戰國時代) 사람이다. 또한 이 세 사람은 제자백가(諸子百家, 본문 참고) 시대 사람이다. 당시 양주(楊朱)와 묵적(墨翟)의 두 학파는, 제자백가(諸子百家) 시대에 거리낌 없이 성현(聖賢)의 도(道)를 멋대로 무너뜨리면서 대단히 융성했던 것으로 보인다. ‘空言無施’에서, ‘空’은 빌 ‘공’으로 읽고, ‘言’은 말씀 ‘언’으로 읽고, ‘無’는 없을 ‘무’로 읽고, ‘施’는 베풀 ‘시’로 읽는다. 여기서 ‘공언무시(空言無施)’가 유래했다. 이것을 직역(直譯)하면, 빈 말씀만 (하고) 베풂이 없다는 뜻으로, 빈말만 하고 실천이 따르지 아니함을 이르는 말. 그런데 제자백가(諸子百家) 시대에 양주(楊朱)와 묵직(墨翟)의 주장으로 말미암아 당시에 성인(聖人, 지혜와 덕이 매우 뛰어나 길이 우러러 본받을 만한 사람)의 도(道)가 무너지는 상황이 천하(天下)에 널리 퍼지자, 맹자(孟子)의 말씀은 자연히 ‘공언무시(空言無施)’될 수밖에 없었다. 한유(韓愈)는 이를 안타깝게 생각하고 있는 것이다. 이어서 한유(韓愈)는 이렇게 말한다. ‘雖切何補’에서, ‘切’은 여기서는 절박(切迫, 일이나 사정이 다급하여 여유가 없음)할 ‘절’로 읽고, ‘何’는 어떤 ‘하’, 어떠한 ‘하’로 읽고, ‘補’는 도울 ‘보’로 읽는다. ‘雖切何補’를 직역(直譯)하면, (말씀이) 비록 절박(切迫, 일이나 사정이 다급하여 여유가 없음)하다 하더라도 어떤 도움이 (있겠습니까)? 즉, 맹자(孟子)의 말씀이 간절하나, 양주(楊朱)와 묵적(墨翟)이 큰 세력으로써 휘어잡으니, 맹자(孟子)의 주장은 아무 도움이 될 수 없는 실태를 고발하고 있는 것이다. ‘然賴其言’에서, ‘然’은 여기서는 그러나 ‘연’으로 읽고, ‘賴’는 여기서는 힘입을(어떤 행동이나 말 따위에 용기를 얻을) ‘뢰(뇌)’로 읽고, ‘其’는 그(지시하는 말) ‘기’로 읽는다. 여기서는 ‘맹자(孟子)’를 가리킴. ‘然賴其言’을 직역(直譯)하면, 그러나 그 (말씀에) 힘입어, 즉, 그럼에도 불구하고 유학자들이 맹자(孟子)의 말씀에 도움을 받았다는 뜻이다. 여기서 우리는 맹자(孟子)의, 생애(生涯)의 한 부분을 이해할 필요가 있다. 공자(孔子)가 사망(死亡)하고 백여 년 쯤 태어난 그는 제자백가(諸子百家) 시대에 돌입한 당대에 양주(楊朱)와 묵적(墨翟)의 사상과 경쟁하여 유가(儒家) 사상을 확립하였다. 40대 이후에는 인정(仁政, 어진 정치)과 왕도(王道, 임금은 마땅히 어진 덕을 근본으로 천하를 다스려야 한다는 정치사상을 이르는 말. 유학에서 이상으로 하는 정치사상임)의 정치(政治)를 주장하였다. 그리고 부당한 권력에 대한 백성의 저항을 옹호하고, '왕의 권력은 백성들이 부여하는 것이다.'라고 주장하는 따위 그가 살았던 시대에 비해 매우 진보적인 주장을 하였다. '而今學者尙知宗孔氏'에서, '而'는 말 이을 '이'로 읽는다. '그리고'의 뜻을 나타냄. '今'은 이제 '금', 지금 '금'으로 읽고, '學'은 배울 '학'으로 읽고, '者'는 사람 '자'로 읽고, '尙'은 더욱이 '상'으로 읽고, '知'는 여기서는 대접(待接. 마땅한 예·禮로써 대함)할 '지'로 읽고, '宗'은 으뜸(중요한 정도로 본. 어떤 사물의 첫째를 이르는 말) '종'으로 읽고, '孔'은 성씨(姓氏) '공'으로 읽고, '氏'는 씨(氏) '씨'로 읽는다. '孔氏'는 '공자(孔子)'를 가리킴. '而今學者尙知宗孔氏'를 직역(直譯)하면, 그리고 지금의 학자(學者)들이 더욱이 공자(孔子)를 으뜸으로 대접하고(존경하고), '崇仁義'에서, '崇'은 높일 '숭'으로 읽고, '仁'은 어질 '인'으로 읽고, '義'는 옳을 '의'로 읽는다. '仁義'는 어진 것과 의로운 것을 이르는 말. '崇仁義'를 직역(直譯)하면, 인의(仁義)를 높이고(숭상하고), '貴王賤覇而已'에서, '貴'는 귀할 '귀'로 읽고, '王'은 임금 '왕'으로 읽는다. 여기서는 '왕도(王道)'를 가리킴. '왕도(王道)'는 인의(仁義)와 도덕(道德)을 근본으로 천하를 다스리는 것을 일컫는다. 유학(儒學)에서 이상(理想)으로 삼는, 맹자(孟子)의 정치사상이다. '賤'은 천할 '천'으로 읽고, '覇'는 패도(覇道) '패'로 읽는다. '패도(覇道)'는 인의(仁義)를 가볍게 여기고 무력(武力)이나 권모술수(權謀術數. 본문 참고)로써 공리(功利. 어떤 행위에 의하여 얻어지는 공명과 이익)만을 꾀하는 것을 일컫는다. '已'는 ~뿐 '이', ~따름 '이'로 읽는다. 한정(限定)이나 강조(强調)를 나타냄. '而已'는 한문(漢文) 구(句)의 하나로, 오직 ~일 뿐이다. '貴王賤覇而已'를 직역(直譯)하면, 왕도(王道)를 귀하게 (여기고) 패도(覇道)를 천하게 여길 뿐입니다. 즉, 지금('한유·韓愈가 살던 때'를 가리킴)도 유학자(儒學者)들은 공자(孔子)를 존경하고, 맹자(孟子)의 인의(仁義)를 숭상하고, 맹자(孟子)의 정치사상인 왕도(王道)를 귀하게 여기고 패도(覇道)를 천하게 여긴다는 말이다. 맹자(孟子)에 대하여 더 설명하면, 그는 의(義)를 강조하여 인(仁)의 정치에 놓아둠으로써 공자(孔子)의 사상을 보충하고 발전시켰다. 주자(朱子)는 그를 '진(秦)나라 이전 유학의 마지막 적통(嫡統. 본 부인이 낳은 아들과 그 손자의 계통. 여기서는 유학을 이어받은 계통)'으로 평가했는데, 그 영향으로 인해 오늘날까지 흔히 공자(孔子)와 묶여 공맹(孔孟. '공자·孔子'와 '맹자·孟子'를 아울러 이르는 말)으로 언급되어 유교(儒敎)의 대표 인사로 꼽히고 있다. 때문에 그를 표현하는 호칭 역시 공자(孔子)에 준하는 아성(亞聖. 유교에서 공자에 버금가는 사람이라는 뜻으로 '맹자'를 이르는 말)으로 불린다.

공자-왕손(公子王孫 귀인 공/경칭 자/임금 왕/자손 손) 귀인(貴人)과 임금의 자손. 즉, 공(公)과 같이 높은 지위에 있는 사람의 자손(子孫)과 왕의 자손(子孫)이라는 뜻으로, 지체(순우리말로, 대대로 이어 내려오는 사회적 신분이나 지위) 높은 집안의 자손(子孫)을 이르는 말. *공자(公子): 지체 높은 집안의 젊은 자제(子弟). *왕손(王孫): 임금의 손자. 또는 후손. *경칭(敬稱): 공경하는 뜻으로 부르는 칭호. 또는 존대하여 일컬음.

공자-천-주(孔子穿珠 공자 공/경칭 자/뀈 천/구슬 주) 공자(孔子)가 구슬을 꿰다. 즉, 공자(孔子)가 시골 아낙에게 물어 구슬을 꿰었다는 뜻으로, 모르는 것이 있으면 자기보다 못한 사람에게 묻는 것이 부끄러운 일이 아니라는 것을 비유적으로 이르는 말. 자기보다 못한 사람에게 묻는 것을 수치(羞恥)로 여기지 말라는 교훈(敎訓. 앞으로의 행동이나 생활에 지침이 될 만한 것을 가르치는 일. 또는 그런 가르침)을 담고 있는 말. *공자(孔子): 사람 이름. *경칭(敬稱): ☞공자왕손(公子王孫). 이 사자성어의 유래는 다음과 같다. 송(宋)나라의 목암선경(睦庵善卿)이 편찬한 『조정사원(祖庭事苑)』에 〈전(傳)하는 바에 의하면, 공자(孔子)가 진(陳)나라에서 곤경에 처해 아홉 구비 구멍이 있는 구슬에 실을 꿰었는데, 뽕밭에서 뽕을 따는 아낙네가 방법을 가르쳐 주었다.(世傳孔子厄於陳, 穿九曲珠, 遇桑間女子, 授之以訣云.)〉라는 이야기가 나오는데, '전(傳)하는 바에 의하면, 공자(孔子)가 진(陳)나라에서 곤경에 처해 아홉 구비 구멍이 있는 구슬에 실을 꿰었는데.(世傳孔子厄於陳, 穿九曲珠.)'에서, '공자천주(孔子穿珠)'가 유래했다. 참고로, 원문의 '世傳孔子厄於陳'에서, '世'는 대(代) '세', 세대(世代) '세'로 읽고, '傳'은 전할 '전'으로 읽는다. '世傳'은 대대로 전함. 또는 대대로 전하여 내려옴. '孔'은 공자(孔子) '공'으로 읽고, '子'는 경칭(敬稱. 공경하는 뜻으로 부르는 칭호, 또는 존대하여 일컬음) '자'로 읽는다. 학덕(學德)과 지위가 높은 남자의 경칭(敬稱)이다. '孔子'는 사람 이름. '厄'은 재앙(災殃. 뜻하지 아니하게 생긴 불행한 변고·變故, 또는 천재지변·天災地變으로 인한 불행한 사고) '액'으로 읽고, '於'는 어조사 '어'로 읽는다. '~에서(장소)'의 뜻을 나타냄. '陳'은 나라 이름 '진'으로 읽는다. '世傳孔子厄於陳'을 직역(直譯)하면, 대대로 전하여 내려오는 (바에 의하면), 공자가 진(陳)나라에서 재앙을 (당하여 있을 때), '穿九曲珠'에서, '穿'은 실을 꿸 '천'으로 읽고, '九'는 아홉 '구'로 읽고, '曲'은 굽을 '곡', 굽이 '곡'으로 읽고, '珠'는 구슬 '주'로 읽는다. '穿九曲珠'를 직역(直譯)하면, 아홉 굽이(굽어진 곳을 세는 단위)의 구슬에 실을 꿰었다. 여기서, '孔子穿珠'가 유래하였는데, 이것을 직역(直譯)하면, 공자(孔子)가 구슬을 꿰다. 즉, 공자(孔子)가 시골 아낙에게 물어 구슬을 꿰었다는 뜻으로, 모르는 것이 있으면 자기보다 못한 사람에게 묻는 것이 부끄러운 일이 아니라는 것을 비유적으로 이르는 말. 자기보다 못한 사람에게 묻는 것을 수치(羞恥)로 여기지 말라는 교훈을 담고 있는 말. '遇桑間女子'에서, '遇'는 만날 '우'로 읽고, '桑'은 뽕나무 '상'으로 읽고, '間'은 사이 '간'으로 읽고, '女'는 여자 '여(녀)'로 읽고, '子'는 접미사 '자'로 읽는다. '遇桑間女子'를 직역(直譯)하면, (그때) 뽕나무 사이에서 (뽕을 따고) 있는 여자를 만났다. '授之以訣云'에서, '授'는 줄 '수'로 읽고, '之'는 어조사 '지'로 읽는다. '그것'을 나타내는 지시 대명사. '以'는 써(그것을 가지고, 그것으로 인하여) '이'로 읽고, '訣'은 비결(秘訣. 세상에 알려져 있지 않은, 자기만의 뛰어난 방법) '결'로 읽고, '云'은 이를 '운', 말할 '운'으로 읽는다. '授之以訣云'을 직역(直譯)하면, (그리고 그 여자가) 비결(秘訣)을 말함으로써 (자연히) 그것('비결·秘訣'을 가리킴)을 (가르쳐) 주었다.

공작-부인(孔雀夫人 구멍 **공**/참새 **작**/사내 **부**/사람 **인**) 공작(孔雀)의 부인(夫人)이라는 뜻으로, 양장(洋裝. 옷차림이나 머리 모양을 서양식으로 꾸밈. 또는 그런 옷이나 몸단장)으로 화려(華麗)하게 차린 아름다운 여인(女人)을 비유적으로 이르는 말. *공작(孔雀): 꿩과의 새 이름. *부인(夫人): 남을 높이어 그의 아내를 이르는 말. =귀부인(貴夫人).

공전-절후(空前絕後 빌 **공**/앞 **전**/끊어질 **절**/뒤 **후**) 앞에도 비어 있고 뒤에도 끊어져 있다는 뜻으로, 전(前)에도 없었고 앞으로도 있을 수 없음을 이르는 말. =전무후무(前無後無). *공전(空前): 비교할 만한 것이 이전(以前)에는 없음. *절후(絕後): (비길 만한 것이) 이후(以後)로 다시없음.

공존-공영(共存共榮 함께 **공**/있을 **존**/함께 **공**/영화로울 **영**) 함께 있고 함께 영화(榮華)롭다는 뜻으로, 함께 존재하고 함께 번영(繁榮)함을 이르는 말. 또는 함께 잘 살아감을 이르는 말. *공존(共存): (둘 이상의 서로 성질이 다른 것이) 함께 살아감. 또는 함께 존재함. *공영(共榮): 서로 함께 번영함. *영화롭다(榮華~): 부록 '영(榮)' 참고.

공존-의식(共存意識 함께 **공**/있을 **존**/뜻 **의**/알 **식**) 함께 있다는 의식(意識)이라는 뜻으로, 함께 살고 있다는, 또는 함께 살아 나가야 한다는 의식(意識)을 이르는 말. ***공존**(共存): ☞ 공존공영(共存共榮). *의식(意識): ①깨어 있을 때의 마음의 작용이나 상태. ②사회적 또는 역사적인 영향을 받아서 형성되는 감정, 견해, 사상, 이론 따위를 이르는 말.

공죄-상보(功罪相補 공 **공**/허물 **죄**/서로 **상**/도울 **보**) 공(功)도 (있고) 허물도 (있어) 서로 돕는다는 뜻으로, ①공적(功績)과 죄과(罪過)가 서로 상쇄(相殺)함을 이르는 말. ②죄가 있으나, 공(功)이 그것을 보충할 만큼 있으므로 관대히 용서해 줄만함을 이르는 말. 여기서, '공적(功績)'은 쌓은 공로. 또는 공로의 실적. '죄과(罪過)'는 지은 죄에 대하여 과(科)해지는 처벌. '상쇄(相殺)'는 셈을 서로 비김. 또는 상계(相計). 즉, 채권자와 채무자가 서로 같은 종류의 채권, 채무를 가지는 경우에, 그 채권과 채무를 같은 액수로 소멸시키는 일. ***공죄**(功罪): (사람이 한 일이나 어떤 사물의 존재가 그 사회나 조직 따위에 끼친) 잘한 일과 잘못한 일. 또는 좋은 점과 나쁜 점. =공과(功過). ***상보**(相補): 서로 보충함.

공중-누각(空中樓閣 공중 **공**/가운데 **중**/다락 **누**/누각 **각**) 공중(空中) 가운데의 다락이나 누각(樓閣)이라는 뜻으로, 아무런 근거나 현실적 토대가 없는 사물이나 생각을 비유적으로 이르는 말. 즉, 공중에 뜬 누각, 하늘에 떠 있는 누각, 허공에 뜬 누각처럼 진실성이 없거나 비현실적인 허황(虛荒)된 이야기나 문장, 혹은 헛된 망상(妄想) 따위를 이르는 말이다. ***공중**(空中): 지구 표면을 둘러싸고 있는 공간. 또는 하늘과 땅 사이의 빈 곳. 웹 사상누각(沙上樓閣). ***누각**(樓閣): 사방이 탁 트이게 높이 지은 다락집. *다락: 부록 '누(樓)' 참고. 이 사자성어의 유래는 다음과 같다. 송(宋)나라의 학자인 심괄(心括)이 쓴 『몽계필담(夢溪筆談)』에는 공중누각(空中樓閣)의 어원(語源)이 되는 대화가 나온다. 대화의 배경은 등주(登州)라는 고장으로, 사방으로 바다가 보이는 아름다운 곳이다. 경관이 뛰어나 사람들이 즐겨 찾는 장소다. 두 사람이 대화를 나눈다. "여보시게, 저기 내 손가락 끝에 아물거리는 게 무엇인가?", "이 사람, 참 자네 손끝엔 앞산밖에 더 있나? 보이긴 뭐가 보이는 거야?", "아니, 이쪽으로 와서 좀 보시게. 저 하늘 끝에 도시(都市)가 보이지 않는가?", "거기에는 무슨 도시(都市)가 있겠나? 자네에게 헛것이 보이는 거지." 이런 다툼이 생기는 것은 봄과 여름이 되면 태양의 방향에 따라 큰 도시와 높은 건물의 모습이 저 멀리 하늘가에 아련히 비치기 때문이었다. 이렇게 비친 풍경을 등주(登州) 사람들은 바다 위에 세워진 도시(都市)라는 뜻으로 해시(海市)라고 불렀으며, 허공에 세워진 집이라고 해서 공중누각(空中樓閣)이라고도 했다. 이와 관련된 원문을 소개한다. 〈등주(登州)는 사면이 바다에 둘러싸여 있는데, 봄과 여름 저 멀리 하늘가에 도시의 누대(樓臺) 모양이 (어렴풋이) 보인다. 이 지역 사람들은 이것을 해시(海市)라 부른다.(登州四面臨海, 春夏時, 遙見空際, 有城市樓臺之狀, 土人謂之海市)〉라는 이야기의 내용을 유추해볼 때, 여기에서 '공중누각(空中樓閣)'이 유래된 것으로 보인다. 이 이야기는 앞에 소개한 심괄(心括)의 『몽계필담(夢溪筆談)』에 나온다. 심괄(心括)은 자(字. 본이름을 함부로 부르지 않던 시대에, 본이름 대신 부르던 이름)가 '존중(存中)'이고, 호(號)는 '몽계옹(夢溪翁)', '몽계장인(夢溪丈人)'으로 불리어진다. 그가 말년에 몽계원(夢溪園)이라는 정원(庭園)에서 손님들과 나눈 대화를 기록했다고 해서 제목을 '몽계필담(夢溪筆談)'이라고 했다고 한다. '필담(筆談)'은 일종의 수필이다. 참고로, 원문의 '登州四面臨海'에서, '登'은 오를 '등'으로 읽고, '州'는 고을 '주'로 읽는다. '登州'는 땅 이름. '四'는 넉 '사'로 읽고, '面'은 방면(方面. 어떤 장소나 지역이 있는 방향. 또는 그 일대) '면'으로 읽는다. '四面'은 동·서·남·북의 네 방향. '臨'은 임할(臨~.

어떤 사태나 일에 직면함) '림(임)'으로 읽고, '海'는 바다 '해'로 읽는다. '登州四面臨海'를 직역(直譯)하면,
등주(登州)는 사면(四面)이 바다에 임하여, '春夏時'에서, '春'은 봄 '춘'으로 읽고, '夏'는 여름 '하'로 읽고,
'時'는 철(자연현상에 따라 한 해를 네 시기로 나눈 중의 한 시기) '시', 계절(季節) '시'로 읽는다. '春夏時'를
직역(直譯)하면, 봄과 여름철에는, '遙見空際'에서, '遙'는 멀 '요', 아득할 '요'로 읽고, '見'은 볼 '견'으로
읽고, '空'은 하늘 '공', 공중(空中) '공'으로 읽는다. 여기서는 문맥상 '하늘'의 뜻이 강하다. '際'는 가
'제', 끝 '제'로 읽는다. '遙見空際'를 직역(直譯)하면, (저) 멀리 하늘가를 볼 (수 있다). '有城市樓臺之狀'에
서, '有'는 있을 '유'로 읽고, '城'은 성(城) '성'으로 읽고, '市'는 시가(市街. 인가가 많은, 번화한 곳) '시'로
읽는다. '城市'는 성(城)으로 둘러싸인 시가(市街). '樓'는 다락 '루(누)'로 읽고, '臺'는 대(臺. 흙이나 돌
따위로 높이 쌓아 올려 사방을 바라볼 수 있게 만든 곳) '대'로 읽고, '之'는 어조사 '지'로 읽는다. '~의'를
나타내는 관형격 조사. '狀'은 형상(形狀) '상', 모양 '상'으로 읽는다. '樓臺'는 '누각(樓閣)'과 같은 높은
건물. '有城市樓臺之狀'을 직역(直譯)하면, 성시(城市)에 있는 누대(樓臺)의 형상(모양)을, '土人謂之海市'에
서, '土'는, 여기서는 지방(地方) '토'로 읽고, '人'은 사람 '인'으로 읽는다. '土人'은 어떤 지방에 대대로
붙박이로 사는 사람. '謂'는 일컬을 '위'로 읽고, '之'는 어조사 '지'로 읽는다. 여기서는 '그것'을 나타내는
지시 대명사. '土人謂之海市'를 직역(直譯)하면, 이 지방에 붙박이로 사는 사람들은 그것(성시·城市에
있는 누대·樓臺의 형상)을 '해시(海市)'라고 일컫는다. 여기서 '해시(海市)'는 '신기루(蜃氣樓)'를 가리킨다.
'신기루(蜃氣樓)'는 ①대기 속에서 빛의 굴절 현상에 의하여 공중이나 땅 위에 무엇이 있는 것처럼 보이는
현상. ②공중에 떠 있는 누각이라는 뜻으로, 아무런 근거나 토대가 없는 사물이나 생각을 비유적으로
이르는 말. ③홀연히 나타나 짧은 시간 동안 유지되다가 사라지는 아름답고 환상적인 일이나 현상 따위를
비유적으로 이르는 말. 여기서는 ②의 뜻이다. 훗날에 청(淸)나라의 학자 적호(翟灝)는 심괄(沈括)의
글에 대해 그의 저서 『통속편(通俗篇)』에 〈오늘날 말이나 행동이 허황된 사람을 '공중누각'이라고 말하는
네, 이는 이 일을 인용한 것이다.(今稱言行虛構者, 曰空中樓閣. 用此事)〉라는 이야기가 나오는데, '오늘날
말이나 행동이 허황된 사람을 '공중누각'이라고 말하는데.(今稱言行虛構者, 曰空中樓閣)'에서, '공중누각
(空中樓閣)'이 유래했다. '심괄(沈括)'의 인물에 대한 자세한 내용은 찾을 수 없다. 참고로, 원문의 '今稱言行
虛構者, 曰空中樓閣'에서, '今'은 이제 금, 오늘 '금'으로 읽고, '稱'은 일컬을 '칭'으로 읽고, '言'은 말씀
'언'으로 읽고, '行'은 행위(行爲) '행'으로 읽는다. '言行'은 말[言]과 행동(行動)을 아울러 이르는 말. '虛'는
빌 '허'로 읽고, '構'는 (거짓으로) 꾸며낼 '구'로 읽는다. '虛構'는 사실에 없는 일을 사실처럼 꾸며 만듦.
'者'는 사람 '자'로 읽고, '今稱言行虛構者'를 직역(直譯)하면, 지금 말과 행동이 허구라고 일컫는 사람.
'空'은 공중 '공'으로 읽고, '中'은 가운데 '중'으로 읽고, '樓'는 다락 '루(누)'로 읽고, '閣'은 누각 '각'으로
읽는다. '今稱言行虛構者, 曰空中樓閣'을 직역(直譯)하면, 지금(청나라 시대) 말과 행동이 허구(虛構)에
(차 있는) 사람을 일컬어 '공중누각(空中樓閣)'이라고 말하는 (것은), 여기서, '공중누각(空中樓閣)'이 유래
하였는데, 이것을 직역(直譯)하면, 공중(空中) 가운데의 다락이나 누각(樓閣)이라는 뜻으로, 아무런 근거
나 토대가 없는 사물이나 생각을 비유적으로 이르는 말. 즉, 진실성이 없거나 비현실적인 허황된 이야기나
문장, 혹은 헛된 망상 따위를 이르는 말이다. 따라서 공중누각(空中樓閣)은 청나라 시대부터 유래되었다고
말할 수 있다. '用此事'에서 '用'은 쓸 '용', 쓰일 '용'으로 읽고, '此'는 이(지시하는 말) '차'로 읽고, '事'는
일 '사'로 읽는다. '用此事'를 직역(直譯)하면, 이 일을 쓴(인용한) (것이다). 즉, 오늘날 말이나 행동이

허황된 사람을 '공중누각(空中樓閣)'이라 말하는 데, 이 일('심괄·沈括'의 글)을 인용한 것이다.

공중-도덕(公衆道德 여러 **공**/무리 **중**/도리 **도**/덕 **덕**) 여러 무리가 (지켜야 할) 도덕(道德)이라는 뜻으로, 공중(公衆)의 복리(福利. 생활면에서 만족감을 느낄 만한 이로운 일)를 위하여 여러 사람이 서로 지켜야 할 도덕(道德)을 이르는 말. *공중(公衆): 사회의 여러 사람. 또는 일반 사람들. *도덕(道德): ①인륜(人倫)의 대도(大道. 사람이 마땅히 지켜야 할 큰 도리). 즉, 인간으로서 마땅히 지켜야 할 도리 및 그에 준한 행위. ②학교에서 가르치고 배우는 교과목의 하나. *도리(道理): 사람이 마땅히 지켜야 할 바른 길.

공-즉-시-색(空卽是色 빌 **공**/곧 **즉**/이 **시**/빛 **색**) 비어 (있는 것.) 곧 이것이 빛이라는 뜻으로, 본성(本性) 인 공(空)이 바로 색(色), 즉, 만물(萬物. 온갖 물건 또는 세상에 있는 모든 것)임을 이르는 말.『반야심경 (般若心經)』에 나오는 말이다. 이 세상의 모든 사물은 실체(實體)가 없는 현상에 불과(不過)하지만, 그 현상의 하나하나가 그대로 이 세상의 실체(實體)라는 말. 만물의 본성(本性)인 공(空)이 연속적인 인연 (因緣)에 의하여 임시로 다양한 만물(萬物)로서 존재한다는 것이다. 젭 색즉시공(色卽是空).

공평-무사(公平無私 공평할 **공**/평평할 **평**/없을 **무**/사사로이 할 **사**) 공평(公平)하고 평평(平平)하여 사사로 이 할 (것이) 없다는 뜻으로, 공평(公平)하여 사사로움이 없음을 이르는 말. *공평(公平): 어느 한쪽에 치우치지 않고 공정함. *무사(無私): 사사로움이 없이 공정함. *평평하다(平平~): 부록 '평(平)' 참고.

공하-신년(恭賀新年 삼갈 **공**/하례할 **하**/새 **신**/해 **년**) 삼가 새해를 하례(賀禮)한다. 즉, 삼가 새해를 축하한 다는 뜻으로, 새해의 복을 비는 인사말. 연하장(年賀狀. 새해를 축하하기 위하여 간단한 글이나 그림을 담아 보내는 편지의 한 종류) 따위에 쓰는 말이다. =근하신년(謹賀新年). 공하신희(恭賀新禧). *공하(恭 賀): 삼가 축하함. *신년(新年): =새해. 즉, 새로 시작되는 해. *삼가다: 무엇을 꺼려 몸가짐 따위를 조심스럽게 하다. *하례하다(賀禮~): 부록 '하(賀)' 참고.

공하-신희(恭賀新禧 삼갈 **공**/하례할 **하**/새 **신**/복 **희**) 삼가 새(새해) 복(福)을 하례(賀禮)한다. 즉, 삼가 새해를 축하한다는 뜻으로, 새해의 복을 비는 인사말. 연하장(年賀狀. 새해를 축하하기 위하여 간단한 글이나 그림을 담아 보내는 편지의 한 종류) 따위에 쓰는 말이다. =공하신년(恭賀新年). 근하신년(謹賀 新年). *공하(恭賀): ☞공하신년(恭賀新年). *신희(新禧): 새해의 복(福). *삼가다: ☞공하신년(恭賀新 年). *하례하다(賀禮~): 부록 '하(賀)' 참고.

공행-공-반(空行空返 빌 **공**/행할 **행**/빌 **공**/돌아올 **반**) 행(行)함이 (비어) 있으면 돌아오는 것도 비어 (있다 는) 뜻으로, 행(行)하는 것이 없으면 자기에게 돌아오는 이득(利得)도 없음을 이르는 말. *공행(空行): 헛걸음. 《관련 속담》 나간 놈(사람)의 몫은 있어도 자는 놈(사람)의 몫은 없다.

공후-장상(公侯將相 벼슬 **공**/제후 **후**/장수 **장**/재상 **상**) 공작(公爵), 후작(侯爵) 및 장수(將帥)와 재상(宰相) 이라는 뜻으로, 관작(官爵. 관직과 작위)이 매우 높은 사람들을 통틀어 이르는 말. *공후(公侯): ①제후 (諸侯). ②공작(公爵)과 후작(侯爵). *장상(將相): 장수(將帥)와 재상(宰相). *제후(諸侯): 부록 '후(侯)' 참고. *장수(將帥): 부록 '장(將)' 참고. *재상(宰相): 임금을 보필(輔弼. 윗사람의 일을 도움. 또는 그런 사람)하며 모든 관원을 지휘, 감독하는 자리에 있는 이품(二品) 이상의 벼슬을 통틀어 이르던 말.

공-휴-일궤(功虧一簣 공 **공**/이지러질 **휴**/한 **일**/삼태기 **궤**) 공(功)(공로)이 한 삼태기로 이지러진다(무너진 다). 즉, 산(山)을 쌓아 올리는데, 한 삼태기의 흙을 게을리 하여(흙이 모자라) 완성(完成)을 보지 못한다 는 뜻으로, 거의 이루어진 일을 중지(中止)하여, 오랜 노력(努力)이 아무 보람도 없게 됨을 비유적으로 이르는 말. *일궤(一簣): 한 삼태기의 흙이라는 뜻으로, 얼마 안 되는 분량(分量)을 이르는 말. *공(功): 부록 '공(功)' 참고. *이지러지다: 부록 '휴(虧)' 참고. *삼태기: 부록 '궤(簣)' 참고. 이 사자성어의 유래는 다음과 같다. 『서경(書經)·주서(周書)』의 「여오(旅獒)」편(篇)에 〈아아! 새벽부터 밤까지 부지런하지 않을 때가 없도록 하십시오. 사소한 행동에 신중하지 않으면 끝내는 큰 덕(德. 베풀어 준 은혜나 도움)에 누를 끼치게 될 것입니다. 아홉 길 높은 산을 만드는데, 흙 한 삼태기가 없어 공(功)을 헛되게 해서는 아니 됩니다. 진실로 이와 같이 한다면 백성들은 자기가 사는 곳을 지킬 것이고, (왕께서는) 대대로 왕업을 누릴 것입니다.(嗚呼, 夙夜罔或不勤, 不矜細行, 終累大德, 爲山九仞, 功虧一簣, 允迪玆, 生民保厥居, 惟乃世王.)〉라는 이야기가 나오는데, '흙 한 삼태기가 없어 공(功)을 헛되게 해서는 아니 됩니다.(功虧一簣)'에서, '공휴일궤(功虧一簣)'가 유래했다. 이 이야기의 배경은 이렇다. 주(周)나라 무왕(武王)이 은(殷)나라의 주(紂)를 멸망시키고 천하(天下)를 차지하자, 다른 나라들이 모두 주(周)나라에 복종(服從)하여 여러 가지 공물(貢物. 지난날, 백성이 궁중·宮中이나 나라에 세금으로 바치던, 지방의 특산물)을 바쳤다. 서쪽에 있는 여(旅)에서는 그곳의 특산품인 오(獒)라는 큰 개 한 마리를 바쳤다. 여기서, '獒'는 개 '오'로 읽으며, 길이 잘 든 개, 키가 4척(尺)인, 큰 개, 맹견(猛犬) 따위의 뜻을 지니고 있음. 무왕(武王)은 이 기이한 개를 받고 즐거워했다. 이를 본 무왕(武王)의 동생이며, 서주(西周)의 정치가인 소공(召公) 석(奭)이 사소한 개에게 빠져 정치를 등한히 하지 않을까 하여 경계(警戒. 범죄나 사고 따위의 좋지 않은 일이 일어나지 않도록 미리 마음을 가다듬어 조심함)하는 글을 올린 내용 중, 위의 이야기가 가장 핵심적인 부분이다. 아홉 길이나 되는 산을 만들 때 삼태기 하나에 들어갈 양만큼의 흙이라도 부족하면 완성할 수 없는 것과 마찬가지로, 무왕(武王)의 천하통일(天下統一)도 조금이라도 빈틈이 있으면 공휴일궤(功虧一簣)가 되어 유지할 수 없음을 경고(警告. 조심하거나 삼가도록 미리 주의를 줌. 또는 그 주의)한 부분이다. 소공(召公) 석(奭)은 최종 마무리의 중요성을 강조하기 위하여 '공휴일궤(功虧一簣)'를 예로 든 것이다. 참고로, 원문의 '嗚呼'에서, '嗚'는 탄식할 '오'로 읽고, '呼'는 탄식하는 소리 '호'로 읽는다. '嗚呼'는 감탄사(感歎詞)로, 슬플 때나 탄식할 때 내는 소리. '夙夜罔或不勤'에서, '夙'은 새벽 '숙'으로 읽고, '夜'는 밤 '야'로 읽는다. '夙夜'는 이른 아침부터 밤늦게까지. '罔'은 없을 '망'으로 읽고, '或'은 혹(或. '혹시·或時'와 같은 말로, 그러할 리는 없지만, 만일에) '혹'으로 읽고, '勤'은 부지런할 '근'으로 읽는다. '夙夜罔或不勤'을 직역(直譯)하면, 이른 아침부터 밤늦게까지 혹(或) 부지런하지 않음이 없도록 (하시오). '不矜細行'에서, '矜'은 삼갈(몸가짐이나 언행을 조심함) '긍'으로 읽고, '細'는 미미할(微微~. 보잘것없이 아주 작을) '세'로 읽고, '行'은 행실(行實) '행', 행위(行爲) '행'으로 읽는다. '細行'은 대수롭지 아니한 예절이나 행실. '不矜細行'을 직역(直譯)하면, 대수롭지 아니한 예절이나 행실(이라도) 삼가 않으면, '終累大德'에서, '終'은 마침내 '종'으로 읽고, '累'는 폐 끼칠 '루(누)'로 읽고, '大'는 클 '대'로 읽고, '德'은 덕(德. 고매하고 너그러운 도덕적 품성) '덕'으로 읽는다. '終累大德'을 직역(直譯)하면, 마침내(끝내) 큰 덕(德)에 폐를 끼치게 (될 것이다). '爲山九仞'에서, '爲'는 만들 '위'로 읽고, '山'은 뫼('산'의 옛말) '산'으로 읽고, '九'는 아홉 '구'로 읽는다. '仞'은 길(높이나 길이를 재는 단위) '인'으로 읽는다. '爲山九仞'을 직역(直譯)하면, 아홉 길(이나 되는 높은) 산을 만드는데, '功虧一簣'에서, '功'은 공(功. 어떠한 일에 이바지한 공적과 노력) '공'으로 읽고, '虧'는 이지러질 '휴'로 읽고, '一'은 한 '일'로 읽고, '簣'는 삼태기(흙이나 쓰레기, 거름 따위를 담아 나르는 데 쓰는 기구, 가는 싸리나 대오리, 칡, 짚, 새끼 따위로 만듦) '궤'로 읽는다. '功虧一簣'를 직역(直譯)하면, 공(功)은 한 삼태기에 이지러진다(무너진다). 즉, 산을 쌓아 올리는 데, 한 삼태기의 흙을 게을리 하여(흙이 모자라) 완성을 보지 못한다는 뜻으로, 거의 이루어진 일을 중지하여, 오랜 노력이 아무 보람도 없게 됨을 비유적으로 이르는 말. '允廸玆'에서, '允'은 진실로 '윤'으로 읽고, '廸'은 나아갈 '적', 행할(行~) '적'으로 읽고, '玆'는 이(지시하는 말) '자'로 읽는다. '允廸玆'를 직역(直譯)하면, 진실로 이를 행하면, '生民保厥居'에서, '生'은 살 '생'으로 읽고, '民'은 백성 '민'으로 읽고, '保'는 보호할 '보', 지킬 '보'로 읽고, '厥'는 그(지시하는 말) '궐'로 읽고, '居'는 살 '거'로 읽는다. '生民保厥居'를 직역(直譯)하면, (그러면) 살아 있는 백성은 그가 살 (곳을) 지키고, '惟乃世王'에서, '惟'는 오직 '유'로 읽고, '乃'는 이에(이러하여서 곧) '내'로 읽고, '世'는 대대(代代)로 '세'로 읽고, '王'은 임금 '왕'으로 읽는다. '惟乃世王'을 직역(直譯)하면, 오직 이에 대대로 왕이 될 것이다(왕업을 누릴 것이다).

과거-지-사(過去之事 지날 **과**/갈 **거**/어조사 **지**/일 **사**) 이미(돌이킬 수 없이 된 지난 일을 일컬을 때 쓰는 말) 지나간 일이라는 뜻으로, 이미 지나간 때의 일. 또는 이미 겪은 일을 이르는 말. ***과거**(過去): ①지나간 때. 또는 지난날. ②지난 일. 또는 지난날의 생활.

과공-비례(過恭非禮 지나칠 **과**/공손할 **공**/아닐 **비**/예절 **례**) 공손(恭遜)함이 지나치면 예절(禮節)이 아니라는 뜻으로, 지나친 공손(恭遜)은 예의(禮義)가 아니며 오히려 예의(禮儀)에 벗어남을 이르는 말. 즉, 지나치게 공손하면 상대방이 부담을 느끼게 되니, 그것은 예의가 아니라는 말. ***과공**(過恭): 정도(程度)에 지나치게 공손(恭遜)함. ***비례**(非禮): 예의(禮儀)에 어긋나는 일. ***공손하다**(恭遜~): 부록 '공(恭)' 참고.

과대-망상(誇大妄想 자랑할 **과**/클 **대**/망령될 **망**/생각할 **상**) 크게 자랑하여 (믿는) 망령(妄靈)된 생각이라는 뜻으로, 자신의 능력, 재산, 용모 따위의 현재 상태를 실제(實際)보다 턱없이 크게 과장(誇張)하여, 그것을 사실인 것처럼 믿는 일, 또는 그런 생각을 이르는 말. ***과대**(誇大): 작은 것을 큰 것처럼 과장(誇張)함. ***망상**(妄想): ①있지도 않은 사실을 상상하여 마치 사실인 양 굳게 믿는 일. 또는 그러한 생각. ②정신 장애로 말미암아 생기는 잘못된 판단이나 확신. ***망령되다**(妄靈~): 부록 '망(妄)' 참고.

과대-황-장(過大皇張 지날 **과**/클 **대**/클 **황**/과장할 **장**) 지나치도록 크고 크게 과장(誇張)한다는 뜻으로, 사물 따위를 사실(事實)보다 지나치게 떠벌림을 이르는 말. ***과대**(過大): 정도가 지나치게 큼. 밴 과소(過小). ***과장하다**(誇張~): 사실보다 지나치게 떠벌려 나타내다.

과두-시대(蝌蚪時代 올챙이 **과**/올챙이 **두**/때 **시**/시대 **대**) (개구리가) 올챙이와 올챙이었던 때나 시대(時代)라는 뜻으로, ①현재가 과거보다 발전한 경우, 그 발전하기 이전의 과거를 비유적으로 이르는 말. ②아직 발전의 초기 단계였던 때를 비유적으로 이르는 말. =과두시절(蝌蚪時節). ***과두**(蝌蚪): =올챙이. ***시대**(時代): ①역사적으로 어떤 표준에 의하여 구분한 일정한 기간. ②지금 있는 그 시기. 또는 문제가 되고 있는 그 시기. ***올챙이**: 부록 '과(蝌)', '두(蚪)' 참고.

과두-시절(蝌蚪時節 올챙이 **과**/올챙이 **두**/때 **시**/철 **절**) (개구리가) 올챙이와 올챙이었던 때나 철이라는 뜻으로, 현재가 과거보다 발전한 경우, 그 발전하기 이전의 과거를 비유적으로 이르는 말. 아직 발전의 초기 단계였던 때를 이르는 말. =과두시대(蝌蚪時代). ***과두**(蝌蚪): ☞과두시대(蝌蚪時代). ***시절**(時節): ①계절. 철. ②세상의 형편. ③일정한 시기나 때. ***올챙이**: 부록 '과(蝌)', '두(蚪)' 참고. ***철**: ①(자연 현상에 따라) 한 해를 네 시기로 나눈 중의 한 시기. =계절(季節). 시절(時節). ②한 해 가운데서 무엇을 하기에 알맞거나 많이 하는 때(시기).

과-목-불망(過目不忘 지날 **과**/눈 **목**/아닐 **불**/잊을 **망**) 눈[目]을 지난 (것은) 잊지 않는다. 즉, 눈[目]에 스쳐 지나간 것은 잊지 않는다는 뜻으로, 한 번 본 일은 결코 잊어버리지 않음을 이르는 말. 몜 박문강기(博聞强記). *불망(不忘): 잊지 않음. 이 사자성어의 유래는 다음과 같다. 『삼국연의(三國演義)』의 「제60회」 편(篇)에 [한중(韓中. 군·郡의 이름. 익주·益州에 속하며 9개의 현·縣을 관할했음)의 장로(張魯)가 익주(益州. 땅 이름)의 유장(劉璋. 사람 이름)을 치려고 하자, 장송(張松. 사람 이름)이 조조(曹操. 사람 이름)에게 구원(救援. 어려움이나 위험에 빠진 사람을 구하여 줌)을 청하러 갔다. 장송(張松)은 생김새가 괴상(怪狀)해서 이마는 툭 튀어 나오고, 머리는 뾰족하게 솟았으며, 코는 납작하고 이는 뒤틀려 나있는 데다가 키는 5척(尺)이 채 못 되었다. 그러나 목소리는 큰 종소리만큼 우렁찼다. 장송(張松)은 허도(許都. 땅 이름. 조조·曹操가 헌제·獻帝를 맞아들여, 이곳을 수도·首都로 정했던 곳)에 가서 조조(曹操) 휘하(麾下. 장군의 지휘 아래, 또는 그 지휘 아래에 딸린 군사)의 장수(將帥)인 양수(楊修. 사람 이름)를 만나 유창(流暢. 글을 읽거나, 하는 말이 거침이 없음)한 언변(言辯. 말을 잘 하는 재주나 솜씨)으로 자신의 재주(순우리말로, 무엇을 잘할 수 있는, 타고난 능력과 슬기)와 학식(學識)을 펼쳤다(자랑하였다). (이에 약이 오른) 양수(楊修)는 조조(曹操)의 학식을 자랑하기 위해 좌우(左右. 곁에 가까이 거느리고 있는 사람)를 불러 상자(箱子)에서 책 한 권을 꺼내게 해 장송(張松)에게 보여 주었다. 장송(張松)이 그 책의 제목을 보니 『맹덕신서(孟德新書. 조조·曹操가 편찬한 책 이름. 맹덕·孟德은 조조·曹操의 자·字다. 신서·新書는 새로 나온 책이라는 뜻임)』였다. 처음부터 끝까지 한번 훑어보니 모두 13편인데, 모두 병법(兵法. 군사를 지휘하여 전쟁하는 방법)에 관한 것이었다. 장송(張松)이 책을 다 본 후에 물었다. "공(公. '양수·楊修'를 가리킴)은 이것이 무슨 책이라고 생각하시오?" 양수(楊修)가 말했다. "이것은 승상(丞相. 벼슬 이름. 여기서는 '조조·曹操'를 가리킴)께서 옛날의 일을 취하여 오늘의 일에 비추고, 『손자(孫子)』13편을 본떠 쓴 것이오. 공(公. '장송·張松'을 가리킴)은 승상(丞相)이 재능(才能. 어떤 일을 하는 데 필요한 재주와 능력)이 없다고 업신여겼는데, 이 책을 후세(後世)에 널리 전(傳)할 수가 있겠소?" 그러자 장송(張松)이 크게 웃으며 말했다. "이 책은 우리 촉(蜀)나라의 삼척동자(三尺童子. 본문 참고)도 다 줄줄 외우고 있는데, 어찌 신서(新書. 새로 나온 책이라는 뜻임)라고 할 수 있겠소? 즉, 『맹덕신서(孟德新書』는 이미(돌이킬 수 없이 된 지난 일을 일컬을 때 쓰는 말) 삼척동자(三尺童子)도 다 줄줄 외우고 있기 때문에 신서(新書)가 될 수 없다는 뜻이다. 게다가 이 책은 본래 전국시대(戰國時代)의 이름 없는 선비의 저서(著書)인데, 조승상(曹丞相. '조조·曹操'를 가리킴)이 도둑질하여(표절하여) 자기 것으로 삼아, 그대('양수·楊修'를 가리킴)를 속인 것에 불과(不過)하오." 즉, 이 정도의 내용이라면 촉(蜀)나라의 어린아이도 다 알고 있다. 게다가 이 책의 내용은 본래 전국시대(戰國時代)의 이름 없는 학자의 저서(著書)인데, 승상(丞相. 벼슬 이름. '조조·曹操'를 가리킴)이 자기 것으로 도용(盜用. 남의 것을 허가도 없이 사용함)한 것에 불과(不過)하기 때문에 후세(後世)에 전할 만한 책은 아니라는 뜻이다. 양수(楊修)가 말했다. "승상(丞相)이 비장(秘藏. 남이 모르게 감추어 두거나 소중히 간직함)하고 있는 글을 이미 책으로 완성(完成)하였으나, 아직 세상에 전(傳)해지지는 않았소. 촉(蜀)나라의 어린아이도 물 흐르듯이 줄줄 외운다고 공(公. '장송·張松'을 가리킴)이 말했는데, 어찌 속이려고 하는 것이오?"] 〈장송(張松)이 말했다. "공(公. '양수·楊修'를 가리킴)이 믿을 수 없다면 내('장송·張松' 자신을 가리킴)가 한 번 외워보리다." 그러고는 『맹덕신서(孟德新書)』를 처음부터 끝까지 낭송(朗誦)을 할 뿐만 아니라 한 글자도 틀림이 없었다. 양수(楊修)가 크게 놀라 말했다.

"공(公. '장송·張松'을 가리킴)은 눈으로 한 번 본 것은 잊어버리지 않으니 정말로 천하(天下)의 기재(奇才)이구려."(松日, 公如不信, 吾試誦之, 遂將孟德新書, 從頭至尾, 朗誦一遍, 幷無一字差錯, 修大驚日, **公過目不忘**, 眞天下之奇才也.)〉[장송(長松)의 달변(達辯. 능숙하여 막힘이 없는 말)과 박학다식(博學多識. 본문 참고)함에 놀란 양수(楊修)는 다음 날 조조(曹操)에게 장송(張松)을 천거(薦擧. 어떤 일을 맡아 할 수 있는 사람을 그 자리에 쓰도록 소개하거나 추천함)하면서 말했다. "장송(張松)은 입만 열면 열변(熱辯. 열렬하게 사리를 밝혀 옳고 그름을 따지는 말)이 쏟아져 마치 강물처럼 흐르는 언변가(言辯家. 말을 잘 하는 재주나 솜씨가 두드러진 사람)일 뿐만 아니라, 승상(丞相)께서 지으신 『맹덕신서(孟德新書)』를 보였더니, 한번 훑어보고는 그 자리에서 모조리 외웠습니다. 이처럼 널리 배우고 기억력이 뛰어난 사람은 세상에 드물 것입니다. 그리고 그의 말을 빌리자면, 이 책은 전국시대(戰國時代)의 무명씨(無名氏. '이름을 알지 못하거나 드러내지 않는 사람'을 높여 이르는 말)가 지은 것으로 촉(蜀) 땅의 삼척동자(三尺童子)도 모두 외우고 있다고 합니다." 그러나 조조(曹操)는 장송(張松)이 자신(자신의 '책·冊'을 가리킴)의 약점(弱點. 부족하거나 불완전한 점)을 열거하자, (화가 나서 그를 쓰기는커녕) 몽둥이로 때려 내쫓았다. 여기서, 『맹덕신서(孟德新書)』의 약점(弱點)은, 전국시대(戰國時代)의 무명씨(無名氏)가 지은 것으로 촉(蜀) 땅의 삼척동자(三尺童子)도 이미 모두 외우고 있는, 새 책이 아닌 헌 책이라는 점이다. (푸대접을 받고 쫓겨난) 장송(張松)은 (이내 촉한의) 유비(劉備)를 찾아갔고, 유비(劉備)는 장송(張松)을 극진하게 환대(歡待. 기쁘게 맞아 정성껏 대접함)했다. 장송(張松)은 유비(劉備)에게 익주(益州)를 차지해 천하의 패권(覇權. 우두머리나 승자의 권력)을 잡을 수 있는 발판을 다지라고 적극 권했고, 유비(劉備)는 결국 익주(益州)를 차지하여 발판을 굳히게 된다. 결과적으로 조조(曹操)는 호랑이를 길러 적에게 바친 꼴이 되고 말았다.]라는 이야기가 나오는데, '공(公)은 눈으로 한 번 본 것은 잊어버리지 않으니(公過目不忘)'에서, '과목불망(過目不忘)'이 유래했다. 중국 후한말의 정치가인 장송(張松)이 중국의 삼국시대(三國時代) 위(魏)나라의 시조(始祖)인 조조(曹操) 휘하(麾下. 장군의 지휘 아래, 또는 그 지휘 아래에 딸린 군사)의 장수(將帥)인 양수(楊修)를 만나 유창한 언변(言辯. 말을 잘하는 재주나 솜씨)으로 자신의 재주와 학식을 펼친 이야기에서 '과목불망(過目不忘)'이 나온 셈이다. 참고로, 원문의 '松日'에서, '松'은 소나무 '송'으로 읽는다. 여기서는 사람 이름인 '장송(張松)'을 가리킴. '松日'을 직역(直譯)하면, 장송(張松)이 말하기를, '公如不信'에서, '公'은 제후(諸侯) '공'으로 읽는다. 여기서는 '양수·楊修'를 가리킴. '如'는 가령 '여', 만일 '여'로 읽고, '信'은 믿을 '신'으로 읽는다. '公如不信'을 직역(直譯)하면, 공(公)이 만일 믿지 못하겠으면, '吾試誦之'에서, '吾'는 나(1인칭 대명사) '오'로 읽고, '試'는 시험 삼아 '시'로 읽고, '誦'은 외울 '송'으로 읽고, '之'는 어조사 '지'로 읽는다. '그것'을 나타내는 지시 대명사. '吾試誦之'를 직역(直譯)하면, 내가 그것을 시험 삼아 외워보겠소. '遂將孟德新書'에서, '遂'는 드디어 '수', 마침내 '수'로 읽는다. '將'은 여기서는 ~으로써 '장', ~을 가지고 '장'으로 읽는다. '孟'은 맏('맏이'의 뜻을 더하는 접두사) '맹'으로 읽고, '德'은 덕(德. 고매하고 너그러운 도덕적 품성) '덕'으로 읽고, '新'은 새 '신'으로 읽고, '書'는 글 '서'로 읽는다. '孟德新書'는 책 이름. 이 책은 소설 『삼국지연의』에 나오는 병법서(兵法書)이며, 후한(後漢) 말의 조조(曹操)가 저술하였다고 한다. '遂將孟德新書'를 직역(直譯)하면, 마침내 『맹덕신서(孟德新書)』를 가지고, '從頭至尾'에서, '從'은 ~에서 '종', ~부터(체언이나 부사어에 붙어, '동작이 비롯되는 처음'의 뜻을 나타내는 보조사) '종'으로 읽고, '頭'는 머리 '두'로 읽고, '至'는 이를(어떤 장소나 시간에 닿을) '지', 다다를 '지'로 읽고, '尾'는 꼬리 '미'로 읽는다. '從頭至尾'를 직역(直譯)하면, '자초지종(自初至終)'과 같은 말로, 머리부터 꼬리에 이르기까지라는 뜻으로, 처음부터 끝까지의 과정을 이르는 말. '朗誦一遍'에서, '朗'은 소리 높이 '랑(낭)'으로 읽고, '誦'은 외울 '송'으로 읽는다. '朗誦'은 크게 소리를 내어 글을 읽거나 욈. '一'은 한 '일'로 읽고, '遍'은 두루 '편'으로 읽는다. '一遍'은 불교 용어로, 부처의 이름이나 경문을 한 번 욈. '朗誦一遍'을 직역(直譯)하면, 소리 높여 한 번 외웠고, '幷無一字差錯'에서, '幷'은 합할 '병'으로 읽고, '無'는 없을 '무'로 읽고, '一'은 한 '일'로 읽고, '字'는 글자 '자'로 읽고, '差'는 어긋날 '차'로 읽고, '錯'은 어긋날 '착'으로 읽는다. '差錯'은 어그러져 순서가 틀리고 앞뒤가 서로 맞지 아니함. '幷無一字差錯'를 직역(直譯)하면, 합하여 한 글자도 어긋남(틀림)이 없었다. '修大驚曰'에서, '修'는 닦을 '수'로 읽는다. 여기서는 사람 이름인 '양수(楊修)'를 가리킴. '大'는 클 '대'로 읽고, '驚'은 놀랄 '경'으로 읽는다. '修大驚曰'를 직역(直譯)하면, 양수(楊修)는 크게 놀라 말하기를, '公過目不忘'에서, '公'은 제후(諸侯) '공'으로 읽고, '過'는 지날 '과'로 읽고, '目'은 눈 '목'으로 읽고, '不'은 아닐(부정하는 말) '불'로 읽고, '忘'은 잊을 '망'으로 읽는다. '公過目不忘'을 직역(直譯)하면, 공(公)은 눈에 (스쳐) 지난 (것은) 잊지 않으니, 여기서, '過目不忘'이 유래하였는데, 이것을 직역(直譯)하면, 눈에 스쳐 지나간 것은 잊지 않는다는 뜻으로, 한 번 본 일은 결코 잊어버리지 않음을 이르는 말. '眞天下之奇才也'에서, '眞'은 참으로 '진', 정말로 '진'으로 읽고, '天'은 하늘 '천'으로 읽고, '下'는 아래 '하'로 읽는다. '天下'는 하늘 아래 온 세상. '之'는 어조사 '지'로 읽는다. '~의' 뜻을 나타내는 관형격 조사. '奇'는 기이할 '기'로 읽고, '才'는 재주 '재'로 읽는다. '奇才'는 아주 뛰어난 재주. 또는 그 재주를 가진 사람. '也'는 어조사 '야'로 읽는다. '~이구나(영탄)'의 뜻을 나타냄. '眞天下之奇才也'를 직역(直譯)하면, 참으로 하늘 아래 온 세상의 (다시없는) 뛰어난 재주를 가진 사람이구려.

과-목-성-송(過目成誦 지날 **과**/눈 **목**/이룰 **성**/욀 **송**) 눈[目]이 (스쳐) 지나 이루어진 (것은) (다) 왼다. 즉, 어떤 책(册)이든 한번 보기만 하면 곧 왼다는 뜻으로, 기억력(記憶力)이 좋음을 비유적으로 이르는 말. 🄗 일림불망(一覽不忘). 일람첩기(一覽輒記).

과문-불-입(過門不入 지날 **과**/문 **문**/아닐 **불**/들 **입**) 문(門)을 지나도 들지(들르지) 아니한다. 즉, 아는 사람의 집 또는 자기 집의 문 앞을 지나면서도 들르지 아니한다는 뜻으로, 나랏일이나 공적인 일을 위해 개인적인 일은 잊어버리는 것을 비유적으로 이르는 말. *과문(過門): =과문불입(過門不入). *들다: 부록 '입(入)' 참고. 이 사자성어의 유래는 다음과 같다. 『맹자(孟子)』의 「이루(離婁) 장구(章句)」 하(下) 편(篇)에 〈우(禹)와 직(稷)은 태평한 세상을 만났으면서도, 세 번이나 자기 집 문 앞을 지나면서 집에 들어가지 않았는데, (중국 춘추시대의 사상가이며 학자인) 공자(孔子)께서는 이를 어질다고 여기셨다.(禹稷 當平世, 三過其門而不入, 孔子賢之.)〉라는 글귀가 나오는데, '세 번이나 자기 집 문 앞을 지나면서 집에 들어가지 않았는데.(三過其門而不入)'에서, '과문불입(過門不入)'이 유래했다. 그런데 위에 소개된 우(禹)와 직(稷, 후직·后稷)은 요순(堯舜) 시대에 수리(水利. 식수나 관개용 따위로 물을 이용하는 일)와 농사(農事)를 담당했던 인물이다. 우(禹)는 당시(當時. 일이 있었던 바로 그때. 또는 이야기하고 있는 그 시기) 최우선 순위의 국가 중대사였던 치수(治水. 홍수나 가뭄 따위의 피해를 막기 위해 수리 시설을 하여 물길을 바로잡음)를 맡았다. 그런데 요(堯)임금으로부터 왕위(王位)를 선양(禪讓. 임금이 다음 임금에게 왕위를 물려줌)받은 순(舜)임금은 또 우(禹)에게 선양(禪讓)했는데, 나중에 그가 하(夏)나라의 시조(始祖)가 된다. '직(稷)'은 농경(農耕. 논밭을 갈아 농사를 지음)을 담당해, 곡식의 재배법을 널리 전파했다고 알려진 인물이다. 덧붙여 설명하면, 그는 순(舜)임금의 신하(臣下)로, 농사를 맡은 사람이다. 이름은 기(夔)이며, 중국 주(周)나라의 시조(始祖)로 알려져 있음. '직(稷)'은 그래서 오곡(五穀. <u>다섯 가지 주요 곡식, 곧, 쌀, 보리, 조, 콩, 기장. 또는 모든 '곡식'을 통틀어 이르는 말</u>)의 신(神)으로도 불리게 된다. 이 직(稷)의 후손이 은(殷)나라를 멸하고 주(周)나라를 세운 주문왕(周文王. <u>주나라의 문왕</u>)이다. 다시 『맹자(孟子)』의 「이루(離婁) 하(下)」 편(篇)에 있는 것을 이어서 소개하면, 〈우(禹)와 직(稷)과 안회(顏回)는 같은 도(道)를 가지고 있었다. 우(禹)는 천하(天下)에 물에 빠진 사람이 있으면 자신 때문에 물에 빠진 듯이 생각하였고, 직(稷)은 천하(天下)에 굶주리는 사람이 있으면, 자신 때문에 굶주리는 듯이 여겼다.〉라고 했다. 물에 빠진 사람이 있으면, 우(禹)는 마치 자신이 치수(治水)를 잘못해, 그 사람이 물에 빠진 것처럼 생각했고, 굶주리는 사람이 있으면, 직(稷)은 마치 자신이 농경(農耕)에 대한 일을 잘못했기 때문에 굶주린 것처럼 생각해 과문불입(過門不入)했다는 것이다. 우(禹)와 직(稷)은 이처럼 다른 사람의 고통을 자신의 고통처럼 여기며, 그 고통을 덜어주기 위해 집안일도 잊은 채 나랏일이나 공적인 일을 위해 최선을 다했다는 것이다. 따라서 '과문불입(過門不入)'은 나라의 정치 지도자가 반드시 새겨들어야 할 교훈적인 말이라고 하겠다. 참고로, 원문의 '禹稷當平世'에서, '禹'는 성씨 '우'로 읽고, '稷'은 기장(<u>볏과의 한해살이풀</u>) '직', 피(<u>볏과의 한해살이풀</u>) '직'으로 읽는다. 여기서, '禹稷'은 우(禹)라는 사람과 '직(稷)'이라는 사람. '當'은 때를 만날 '당'으로 읽고, '平'은 편안할 '평'으로 읽고, '世'는 세상(世上) '세'로 읽는다. '禹稷當平世'를 직역(直譯)하면, 우(禹)와 직(稷)은 편안한 세상을 만났으면서도, '三過其門而不入'에서, '三'은 석 삼으로 읽고, '過'는 지날 '과'로 읽고, '其'는 그(<u>지시하는 말</u>) '기'로 읽고, '門'은 문(門) '문'으로 읽고, '而'는 말 이을 '이'로 읽는다. '그러나'의 뜻을 나타냄. '不'은 아닐(<u>부정하는 말</u>) '불'로 읽고, '入'은 들 '입'으로 읽는다. '三過其門而不入'를 직역(直譯)하면, 세 번이나 그 문 (앞을) 지나면서 그러나 (집에) 들어가지 않았는데, 여기서 '과문불입(過門不入)'이 유래하였는데, 이것을 직역(直譯)하면, 문을 지나도 들지(<u>들르지</u>) 아니 한다. 즉, 아는 사람의 집 또는 자기 집의 문 앞을 지나면서도 들르지 아니한다는 뜻으로, 나랏일이나 공적인 일을 위해 개인적인 일은 잊어버리는 것을 비유적으로 이르는 말. '孔子賢之'에서, '孔'은 구멍 '공', 성씨(姓氏) '공'으로 읽고, '子'는 경칭(敬稱. <u>공경하는 뜻으로 부르는 칭호, 또는 존대하여 일컬음</u>) '자'로 읽는다. 학덕(學德)과 지위가 높은 남자의 경칭(敬稱)이다. 孔子'는 사람 이름. '賢'은 어질 '현'으로 읽고, '之'는 어조사 '지'로 읽는다. '그것'을 나타내는 지시 대명사. '孔子賢之'를 직역(直譯)하면, 공자(孔子)께 서는 그것을 어질다고 (여기셨다).

과문-천식(寡聞淺識 적을 **과**/들을 **문**/얕을 **천**/알 **식**) 들은 (것이) 적고 아는 (것이) 얕다. 즉, 견문(見聞)이 적고 학식(學識)이 얕다는 뜻으로, 보고 들은 것이 적고 배움이 얕음을 이르는 말. *과문(寡聞): 보고 들은 것이 적음. 또는 견문(見聞)이 좁음. *천식(淺識): 얕은 지식이나 견식(見識. <u>견문과 학식을 이울러 이르는 말</u>).

과-부-적중(寡不敵衆 적을 **과**/못할 **부**/대적할 **적**/무리 **중**) 적음이 (많은) 무리를 대적(對敵)하지 못한다는 뜻으로, 적은 수효(數爻)가 많은 수효(數爻)를 대적(對敵)하지 못함을 이르는 말. =중과부적(衆寡不敵). *적중(敵衆): 많은 사람에 필적(匹敵. <u>재주나 힘 따위가 엇비슷하여 서로 견줄 만함</u>)함. 여기서, '재주'는 순우리말로, 무엇을 잘할 수 있는, 타고난 능력과 슬기. *대적하다(對敵~): 부록 '적(敵)' 참고. *무리: 부록 중(衆) 참고.

과분-지-망(過分之望 지나칠 **과**/분별할 **분**/어조사 **지**/바랄 **망**) 분별(分別)함이 지나친 바람[望]이라는 뜻으로, 분수(分數. 자기 신분에 맞는 한도. 또는 사람으로서 일정하게 이를 수 있는 한계)에 넘쳐 있는 욕망(慾望)을 이르는 말. *과분(過分): 분수(分數)에 넘침. *분별하다(分別~): ①사물을 종류에 따라 나누어 가르다. ②(무슨 일을) 사리(事理)에 맞게 판단하다. *바라다: 부록 '망(望)' 참고.

과실-상-규(過失相規 허물 **과**/잘못할 **실**/서로 **상**/바를 **규**) 허물이나 잘못을 서로 바르게 (한다). 즉, 잘잘못(잘함과 잘못함. 또는 옳음과 그릇)은 서로 바로 잡도록 하라는 뜻으로, 나쁜 행실(行實)을 하지 못하도록 서로 규제(規制. 어떤 규칙을 정하여 제한함)함을 이르는 말. 향약(鄕約)의 네 가지 덕목 가운데 하나이다. 여기서, '향약(鄕約)'은 조선 시대에, 권선징악(勸善懲惡)과 상부상조(相扶相助. 본문 참고)를 목적으로 마련하였던 시골 마을의 자치 규약(規約. 조직체 안에서, 서로 지키도록 협의하여 정해 놓은 규칙)을 일컫는다. '향약(鄕約)의 4대 덕목'은 과실상규(過失相規), 덕업상권(德業相勸), 예속상교(禮俗相交), 환난상휼(患難相恤) 따위이다. *과실(過失): ①허물이나 잘못. =과오(過誤). ②법률에서, 어떤 사실을 인식할 수 있었음에도 부주의(不注意)로 말미암아 인식하지 못한 일을 이르는 말. ↔고의(故意).

과실-치사(過失致死 허물 **과**/잘못할 **실**/이를 **치**/죽을 **사**) 허물이나 잘못이 죽음에 이르게 (한다는) 뜻으로, 과실(過失) 행위로 말미암아 사람을 죽이는 일을 이르는 말. *과실(過失): ☞과실상규(過失相規) *치사(致死): 죽음에 이르게 함.

과약-기-언(果若其言 과연 **과**/같을 **약**/그 **기**/말씀 **언**) 과연(果然) 그 말과 같다는 뜻으로, 어떤 사실이 과연 미리 말한 바와 같음을 이르는 말. *과약(果若): 📙=과연(果然). 즉, 아닌 게 아니라 정말로. 주로 생각과 실제가 같음을 확인할 때에 쓴다.

과-여-불급(過如不及 지나칠 **과**/같을 **여**/못할 **불**/미칠 **급**) (정도를) 지나침은 미치지 못함과 같다는 뜻으로, 모든 일이 지나치면 모자람만 못함을 이르는 말. 즉, 무엇이든 적당한 것이 좋지, 정도가 지나치면 뜻한 바를 이루지 못할 뿐만 아니라, 모자란 것만 같지 못함을 이르는 말. 또는 중용(中庸. 어느 쪽으로나 치우침이 없이 온당한 일. 또는 지나치거나 모자람이 없이 알맞은 일)이 중요함을 이르는 말. =과유불급(過猶不及). *불급(不及): 미치지 못함. *미치다: 부록 '급(及)' 참고.《관련 속담》지나친 것은 모자라는 것과 같다. / 차면 넘친다.

과-유-불급(過猶不及 지나칠 **과**/오히려 **유**/아닐 **불**/미칠 **급**) (정도를) 지나침은 오히려 미치지 아니함과 (같다는) 뜻으로, 모든 일이 지나치면 모자람만 못함을 이르는 말. 또는 중용(中庸. 어느 쪽으로나 치우침이 없이 온당한 일. 또는 지나치거나 모자람이 없이 알맞은 일)이 중요함을 이르는 말. =과여불급(過如不及). *불급(不及): ☞과여불급(過如不及). *미치다: 부록 '급(及)' 참고.《관련 속담》지나친 것은 모자라는 것과 같다. / 차면 넘친다. 이 사자성어의 유래는 다음과 같다. 『논어(論語)』의 「선진(先進)」 편(篇)에 〈자공(子貢)이 (중국 춘추시대의 사상가이며 학자인) 공자(孔子)에게 물었다. "사(師. '자장·子張'을 가리킴)와 상(商. '자하·子夏'를 가리킴)은 어느 쪽이 어집니까?" 공자(孔子)가 대답했다. "사(師)는 지나치고, 상(商)은 미치지 못한다." "그럼 사(師)가 낫단 말씀입니까?" "지나친 것은 미치지 못한 것과 다를 바가 없다."(子貢問師與商也孰賢, 子曰, 師也過, 商也不及. 曰, 然則師愈與, 子曰, 過猶不及.)〉라는 이야기가 나오는데, '지나친 것은 미치지 못한 것과 다를 바가 없다.(過猶不及)'에서, '과유불급(過猶不及)'이 유래했다. 참고로, 원문의 '子貢問師與商也孰賢'에서, '子'는 아들 '자'로 읽고, '貢'은 바칠 '공'으로 읽는다. '子貢'은 사람 이름. '問'은 물을 '문'으로 읽고, '師'는 스승 '사'로 읽는다. 여기서는 사람 이름. '與'는 어조사 '여'로 읽는다. '~와', '~과(병렬)'의 뜻을 나타냄. '商'은 장사 '상'으로 읽는다. 여기서는 사람 이름. '也'는 어조사 '야'로 읽는다. '~는가?', '~인가?(의문)'의 뜻을 나타냄. '孰'은 누구(인칭 대명사) '숙'으로 읽고, '賢'은 어질 '현'으로 읽는다. '子貢問師與商也孰賢'을 직역(直譯)하면, 자공(子貢)이 (공자에게) 사(師)와 상(商) 중에서 누가 어진가? 물었다. '子曰'에서, '子'는 경칭(敬稱. <u>공경하는 뜻으로 부르는 칭호. 또는 존대하여 일컬음)</u> '자'로 읽는다. 학덕(學德)과 지위가 높은 남자의 경칭(敬稱)이다. 여기서는 '공자(孔子)'를 가리킴. '子曰'을 직역(直譯)하면, 공자(孔子)가 말하기를, '師也過'에서, '也'는 어조사 '야'로 읽는다. '~이다(단정)'의 뜻을 나타냄. '過'는 지나칠(<u>한도나 표준을 넘을</u>) '과'로 읽는다. '師也過'를 직역(直譯)하면, 사(師)는 지나치고, '商也不及'에서, '及'은 미칠 '급', 이를 '급'으로 읽는다. '不及'은 일정한 수준이나 정도에 이르지 못함. '商也不及'을 직역(直譯)하면, 상(商)은 이르지 못함. '然則師愈與'에서, '然'은 그러할 '연'으로 읽고, '則'은 곧 '즉'으로 읽는다. '然則'은 '그러면', '그런즉'의 뜻을 나타내는 접속부사. '愈'는 보다 나을 '유'로 읽고, '與'는 어조사 '여'로 읽는다. '~인가?(<u>의문</u>)'의 뜻을 나타냄. '然則師愈與'를 직역(直譯)하면, 그러면 사(師)가 보다 나은 것입니까? '過猶不及'에서, '過'는 지나칠 '과'로 읽고, '猶'는 오히려 '유'로 읽고, '不'은 아닐 '불'로 읽고, '及'은 미칠(<u>일정한 곳에 가 닿거나 이를</u>) '급'으로 읽는다. '過猶不及'을 직역(直譯)하면, (정도를) 지나침은 오히려 미치지 아니함과 (같다)는 뜻으로, 모든 일이 지나치면 모자람만 못함을 이르는 말. 또는 중용(中庸)이 중요함을 이르는 말.

과전-이하(瓜田李下 오이 과/밭 전/오얏 이/아래 하) 오이 밭과 오얏나무 아래. 즉, 오이 밭에서 신을 고쳐 신지 말고, 오얏나무(자두나무) 아래(밑)에서 갓을 고쳐 쓰지 말라는 뜻으로, 불필요한 행동을 하여 다른 사람에게 오해를 받지 말라는 말이다. 또는 의심받기 쉬운 행동은 피하는 것이 좋음을 이르는 말. *과전(瓜田): 오이(외) 밭. *이하(李下): =이하부정관(李下不整冠). 즉, 오얏나무(자두나무) 아래(밑)에서 갓을 고쳐 쓰면 도둑으로 오인(誤認)되기 쉬우니, 자두나무 밑에서 갓을 고쳐 쓰지 말라는 뜻으로, 남에게 의심 살 만한 일은 피(避)하는 것이 좋다는 말. 여기서, '이하부정관(李下不整冠)'을 글자 그대로 해석하면 '오얏나무 아래에서 갓을 가지런하게 하지 않는다.'의 뜻이다. 이 사자성어의 유래는 다음과 같다. 『문선(文選)』「고악부(古樂府)」의 '군자행(君子行)' 이라는 시(詩)에 〈군자(君子. <u>학문과 덕·德이 높고 행실·行實이 바르며 품위·品位를 갖춘 사람</u>)는 미연에 방지하여 / 의심 받을 곳에 있지 말아야 한다. / 외밭에선 신발을 고쳐 신지 않고 / 오얏나무 밑에선 갓을 고쳐 쓰지 않는다.(君子防未然, 不處嫌疑間, <u>瓜田不納履, 李下不正冠.</u>)〉라는 이야기가 나오는데, '외밭에선 신발을 고쳐 신지 않고 / 오얏나무 밑에선 갓을 고쳐 쓰지 않는다.(瓜田不納履, 李下不正冠.)'에서, '과전이하(瓜田李下)'가 유래했다. 참고로, 원문의 '君子防未然'에서, '君子'는 학문과 덕(德. <u>고매하고 너그러운 도덕적 품성</u>)이 높고 행실이 바르며 품위를 갖춘 사람. '防'은 막을 '방'으로 읽고, '未'는 아닐(<u>부정하는 말</u>) '미'로 읽고, '然'은 그러할 '연'으로 읽는다. '未然'은 어떤 일이 아직 그렇게 되지 않은 때. 또는 앞일이 정하여지지 아니함. '君子防未然'을 직역(直譯)하면, 군자(君子)는 (사건이 생기기 전에) 미연에 방지하는 (것이니), '不處嫌疑間'에서, '處'는, 여기서는 머무를 '처'로 읽고, '嫌'은 혐의쩍을(嫌疑~. <u>꺼리고 마워할 만한 데가 있음</u>) '혐'으로 읽고, '疑'는 의심할 '의'로 읽고, '間'은 사이 '간'으로 읽는다. '不處嫌疑間'을 직역(直譯)하면, 혐의쩍고 의심할(<u>의심 받을</u>) 사이(<u>공간이나 상황</u>)에 머무르지 않아야 한다. '瓜田不納履'에서, '瓜'는 오이 '과'로 읽고,

‘田’은 밭 ‘전’으로 읽고, ‘不’은 아닐(부정하는 말) ‘불’로 읽고, ‘納’은 들일 ‘납’, (신을) 신을 ‘납’으로 읽고, ‘履’는 신(땅을 딛고 서거나 걸을 때, 발에 신는 물건을 통틀어 이르는 말) ‘리(이)’로 읽는다. ‘瓜田不納履’를 직역(直譯)하면, 오이 밭에는 신을 신지 않고, ‘李下不正冠’에서, ‘李’는 오얏 ‘이’로 읽고, ‘下’는 아래 ‘하’로 읽고, ‘不’은 아닐(부정하는 말) ‘불’로 읽고, ‘正’은 바를(비뚤어지거나 구부러지지 않도록 바르게 할) ‘정’, 바로잡을 ‘정’으로 읽고, ‘冠’은 갓(예전에, 어른이 된 남자가 머리에 쓰던 의관의 하나) ‘관’으로 읽는다. ‘李下不正冠’을 직역(直譯)하면, 오얏나무 아래에서는 갓을 바로잡지 않아야 한다. 즉, 오이 밭에서 신발을 고쳐 신기 위해 허리를 숙이거나 오얏나무 아래에서 갓을 고쳐 쓰려고 두 손을 머리 위로 올리는 행동은, 남들이 볼 때 채소나 열매를 도둑질하는 것으로 오해받기 쉬우니, 오해를 살만한 행동을 처음부터 삼가라는 뜻이다. 여기서, ‘瓜田李下’가 유래하였는데, 이것을 직역(直譯)하면, 오이 밭과 오얏 나무 아래. 즉, 오이 밭에서 신을 고쳐 신지 말고, 오얏나무(자두나무) 아래(밑)에서 갓을 고쳐 쓰지 말라는 뜻으로, 불필요한 행동을 하여 다른 사람에게 오해를 받지 말라는 말이다. 또는 의심받기 쉬운 행동은 피하는 것이 좋음을 이르는 말.

과전-지-리(瓜田之履 오이 **과**/밭 **전**/어조사 **지**/신 **리**) 오이 밭의 신이라는 뜻으로, 의심받기 쉬운 행동을 비유적으로 이르는 말. *과전(瓜田): ☞과전이하(瓜田李下). *신: 부록 ‘리(履)’ 참고.

과혁-지-시(裹革之屍 쌀 **과**/가죽 **혁**/어조사 **지**/주검 **시**) 가죽으로 싼 주검. 즉, 말가죽으로 싼 시체(屍體)라는 뜻으로, 전쟁(戰爭)에서 싸우다 죽은 사람의 시체(屍體)를 이르는 말. *과혁(裹革): ①전사자(戰死者. 전쟁터에서 적과 싸우다 죽은 사람)의 시체를 싸는 말가죽. ②=과혁지시(裹革之屍). *싸다: 부록 ‘과(裹)’ 참고. *주검: 부록 ‘시(屍)’ 참고.

과-화-숙식(過火熟食 지날 **과**/불 **화**/익을 **숙**/밥 **식**) 지나는 불에 밥이 익는다. 즉, 지나가는 불에 음식이 익는다는 뜻으로, ①저절로 은혜를 입게 됨을 비유적으로 이르는 말. ②어떤 사람을 위하여 한 것은 아니시만, 그 사람에게 은혜(恩惠)가 미치게 됨을 비유적으로 이르는 말. *숙식(熟食): 음식을 불에 익혀서 먹음. 또는 불에 익힌 음식. *지나다: 부록 ‘과(過)’ 참고. 《관련 속담》 번갯불에 담배 붙이겠다. / 번갯불에 솜 구워먹겠다. / 번갯불에 콩 볶아 먹겠다(먹는다). / 번갯불에 회(膾) 쳐 먹겠다. / 지나가는 불에 밥 익히기.

관개-상망(冠蓋相望 갓 **관**/덮개 **개**/서로 **상**/바라볼 **망**) 갓을 (쓴 선비의 수레) 덮개가 (앞뒤로 이어져 있어) 서로 바라본다. 즉, 수레가 서로 바라볼 수 있는 거리를 두고 잇따라 간다는 뜻으로, 사신(使臣)의 왕래가 끊이지 아니함을 이르는 말. *관개(冠蓋): 높은 벼슬아치가 타고 다니던 수레를 이르는 말. 말 네 필(匹)에 멍에를 매어 끌게 했다. *상망(相望): ①서로 바라봄. ②재상(宰相)이 될 만한 명망(名望). 여기서, ‘재상(宰相)’은 임금을 보필(輔弼. 윗사람의 일을 도움. 또는 그런 사람)하며 모든 관원을 지휘, 감독하는 자리에 있는 이품(二品) 이상의 벼슬을 통틀어 이르던 말. ‘명망(名望)’은 명성(名聲. 세상에 널리 퍼져 평판 높은 이름)과 인망(人望. 세상 사람이 우러러 믿고 따르는 덕망)을 아울러 이르는 말. *갓: 부록 ‘관(冠)’ 참고. *덮개: 덮어 가리는 물건을 흔히 이르는 말.

관계-망상(關係妄想 관계할 **관**/관계될 **계**/망령될 **망**/생각 **상**) 관계(關係)가 (되는) 망령(妄靈)된 생각이라는 뜻으로, 아무 근거 없이, 주위에서 일어나는 모든 일을 자기와 관계 짓는 망상(妄想)을 이르는 말. 즉, 자기 주위에서 일어나는 여러 가지 일을 모두 자기에게 관계 지으려는 생각을 일컫는다. 남들이

자기 흉을 보고 있다든지, 남이 자기 이야기를 하고 있다든지, 자기를 어떻게 하려고 한다는 생각 따위
이다. *관계(關係): ①사람과 사람, 사람과 사물, 사물과 사물 따위 둘 이상이 서로 걸리는 일. ②어떤
것이 다른 것에 영향을 미치는 일. ③어떠한 부분이나 방면(方面. 어떤 장소나 지역이 있는 방향)에
관련이 있음. 또는 그 부분이나 방면(方面)을 뜻함. *망상(妄想): ①있지도 않은 사실을 상상하여 마치
사실인 양 굳게 믿는 일. 또는 그러한 생각. ②정신 장애로 말미암아 생기는 잘못된 판단이나 확신.
*망령되다(妄靈~): 부록 '망(妄)' 참고.

관-과-지-인(觀過知仁 볼 관/허물 과/알 지/어질 인) 허물(과오)을 보고 어짊을 안다. 즉, 어진 사람의
과오(過誤)는 너무 후(厚. 마음 씀씀이나 태도가 너그러움)한 데서 오고, 어질지 않은 사람의 과오(過誤)
는 너무 박(薄. 마음 씀씀이나 태도가 너그럽지 못하고 쌀쌀함)한 데서 온다는 뜻으로, 과오(過誤)를
저지른 과정을 보고 그 사람의 어질고 어질지 않음을 알 수 있음을 이르는 말. *어질다: 부록 '인(仁)'
참고.

관기-숙정(官紀肅正 관가 관/규율 기/엄할 숙/바를 정) 관가(官家)의 규율(規律)을 엄하게 (하고) 바르게
(한다는) 뜻으로, 어지럽고 문란(紊亂)해진 관청(官廳)의 규율(規律)을 엄(嚴)하게 다스려 바로잡음을 이
르는 말. =관기숙청(官紀肅淸). *관기(官紀): 관청(官廳)의 규율. 또는 관리(官吏)가 복무 상 지켜야 할
규율. *숙정(肅正): 엄하게 다스려 바로잡음. *관가(官家): 지난날, 나랏일을 보던 집. *규율(規律): 질서
나 제도를 유지하기 위하여 정하여 놓은, 행동의 준칙이 되는 본보기. *엄하다(嚴~): ①잡도리(잘못되
지 않도록 엄중하게 단속함)가 심하다. ②(규율, 도리 따위를 지키게 하는 것이) 매우 딱딱하고 가차
없다. ③(다스리는 태도 따위가) 가혹하다.

관기-숙청(官紀肅淸 관가 관/규율 기/엄할 숙/맑을 청) 관가(官家)의 규율(規律)을 엄하게 (하여) 맑게 (한
다는) 뜻으로, 어지럽고 문란(紊亂)해진 관청(官廳)의 규율(規律)을 바로 잡음을 이르는 말. =관기숙정
(官紀肅正). *관기(官紀): ☞관기숙정(官紀肅正). *숙청(肅淸): ①엄하게 다스려 잘못된 것을 미리 치워
없앰. ②(독재국가 따위에서) 반대파를 모두 제거함. *관가(官家): ☞관기숙정(官紀肅正). *규율(規律):
☞관기숙정(官紀肅正).

관대-장자(寬大長者 너그러울 관/클 대/어른 장/사람 자) 너그럽고 큰, 어른이나 사람이라는 뜻으로, 사람
을 대하는 태도가 너그럽고 후(厚. 마음 씀씀이나 태도가 너그러움)하며 점잖은 사람을 이르는 말. =관
후장자(寬厚長者). *관대(寬大): (마음이) 너그러움. *장자(長者): ①나이나 지위, 항렬 따위가 자기보다
위인 사람. ②큰 부자(富者)를 점잖게 이르는 말. ③덕망(德望)이 있고 노성(老成)한 사람. 여기서, '덕망
(德望)'은 덕행(德行). 즉, 어질고 착한 행실로 얻은 명망(名望. 명성·名聲. 곧, 세상에 널리 퍼져 평판
높은 이름과, 인망·人望. 곧, 세상 사람이 우러르고 따르는 덕망·德望을 아울러 이르는 말)을 이르는
말. '노성(老成)하다'는 노련하고 원숙하다. 또는 (나이에 비하여) 어른스럽다. 숙성하다. *너그럽다: 부
록 '관(寬)' 참고.

관대-지-전(寬大之典 너그러울 관/클 대/어조사 지/의식 전) 너그럽고 큰 의식(儀式)이라는 뜻으로, 너그
럽고 큰 은전(恩典. 온정 있는 조처나 특별한 배려, 또는 은혜를 베푸는 일)을 이르는 말. 특히 죄수(罪
囚. 죄를 지어 교도소에 수감된 사람)의 은사(恩赦. 왕조 때 나라에 경사·慶事가 있을 경우, 죄가 가벼운
죄인을 석방하던 일) 같은 것을 일컫는다. *관대(寬大): ☞관대장자(寬大長者). *너그럽다: 부록 '관(寬)'

참고. *의식(儀式): 의례(儀禮)를 갖추어 베푸는 행사.

관동-지-별(冠童之別 어른 **관**/아이 **동**/어조사 **지**/나눌 **별**) 어른과 아이의 나눔(구별)을 이르는 말. *관동(冠童): 관례(冠禮. 지난날, 아이가 어른이 될 때에 올리던 예식. 남자는 갓을 쓰고, 여자는 쪽을 쪘음)를 한 사람과 관례(冠禮)를 하지 않은 사람이라는 뜻으로, 남자 어른과 남자 아이를 아울러 이르는 말. 예전에 관례(冠禮)를 한 사람은 남자 어른으로, 관례(冠禮)를 하지 않은 사람은 남자 아이로 일컬었음.

관동-팔경(關東八景 관계할 **관**/동녘 **동**/여덟 **팔**/경치 **경**) 관동(關東) (지방의) 여덟 (군데의) 경치라는 뜻으로, 강원도 동해안에 있는 여덟 명승지를 이르는 말. 간성(杆城)의 청간정(淸澗亭), 강릉(江陵)의 경포대(鏡浦臺), 고성(高城)의 삼일포(三日浦), 삼척(三陟)의 죽서루(竹西樓), 양양(襄陽)의 낙산사(洛山寺), 울진(蔚珍)의 망양정(望洋亭), 통천(通川)의 총석정(叢石亭), 평해(平海)의 월송정(月松亭)을 이르며, 옛날에는 모두 강원도(江原道)에 속해 있었으나, 망양정(望洋亭)과 월송정(月松亭)은 현재 경상북도에 편입되어 있고, 삼일포(三日浦)와 총석정(叢石亭)은 휴전선 이북에 있다. 평해(平海)의 월송정(月松亭) 대신에 흡곡(歙谷)의 시중대(侍中臺)를 넣기도 한다. =영동팔경(嶺東八景). *관동(關東): 대관령 동쪽의 지방. 곧, 강원도 지방을 이르는 말. =영동(嶺東). ↔관서(關西). *팔경(八景): (어떤 지역의) 여덟 가지의 아름다운 경치.

관리-도-역(冠履倒易 갓 **관**/신 **리**/거꾸로 **도**/바꿀 **역**) 갓[冠]과 신[履]을 거꾸로 바꾼다. 즉, 갓[冠]을 발에 신고 신[履]을 머리에 쓰듯이, 갓[冠]과 신[履]의 위치를 바꾼다는 뜻으로, 앞뒤 순서를 뒤바꾸어 일을 그르침을 비유적으로 이르는 말. =관리전도(冠履顚倒). *관리(冠履): 갓[冠]과 신[履]을 아울러 이르는 말. *갓: 부록 '관(冠)' 참고. *신: 부록 '리(履)' 참고.

관-불-필비(官不必備 관가 **관**/없을 **불**/반드시 **필**/갖출 **비**) 관가(官家)에는 반드시 (많은 사람을) 갖출(둘) (필요가) 없다. 즉, 관청(官廳)의 일은 사람의 수(數)보다 올바른 일꾼이 더 필요함을 이르는 말. *필비(必備): 반드시 갖춤. *관가(官家): 지난날, 나랏일을 보던 집.

관서-팔경(關西八景 관계할 **관**/서녘 **서**/여덟 **팔**/경치 **경**) 관서(關西) (지방의) 여덟 (군데의) 경치라는 뜻으로, 평안도에 있는 여덟 군데의 명승지를 이르는 말. 곧, 강계의 인풍루(人風樓), 의주의 통군정(統軍亭), 선천의 동림폭(東林瀑), 안주의 백상루(百祥樓), 평양의 연광정(練光亭), 성천의 강선루(降仙樓), 만포의 세검정(洗劍亭), 영변의 약산 동대(藥山東臺)이다. =서도팔경(西道八景). *관서(關西): 마천령(摩天嶺) 서쪽의 지방. 곧, 평안도 지방을 이르는 말. ↔관동(關東). *팔경(八景): ☞관동팔경(關東八景).

관인-대도(寬仁大度 너그러울 **관**/어질 **인**/클 **대**/국량 **도**) (마음이) 너그럽고, 어질며, 국량(도량)이 크다는 뜻으로, 남에게 마음이 너그럽고 자애롭게 대하며, 마음씨가 넉넉한 것을 비유적으로 이르는 말. *관인(寬仁): 마음이 너그럽고 어짊. *대도(大度): 도량(度量. 사물을 너그럽게 용납하여 처리할 수 있는 넓은 마음과 깊은 생각)이 큼. 또는 큰 도량(度量). *너그럽다: 부록 '관(寬)' 참고. *국량(局量): 너그러운 마음과 깊은 생각. =도량(度量). 이 사자성어의 유래는 다음과 같다. 『한서(漢書)』의 「고제기(高帝紀)」편(篇)에 〈관대하고 어질며, 다른 사람을 사랑하고 베풀기를 좋아했으며, 뜻이 탁 트였다. 항상 큰 도량을 지녀 집안사람들이 하는 생산 작업(生産作業)에 종사하지 않았다.(<u>寬仁而愛人喜施</u>, 意豁如也, <u>常有大度</u>, 不事家人生産作業).〉라는 이야기가 나오는데, '관대하고 어질며, 다른 사람을 사랑하고 베풀기를 좋아했으며,(寬仁而愛人喜施)'와, '항상 큰 도량을 지녀,(常有大度)'에서, '관인대도(寬仁大度)'가 유래했다. 참고로, 원문의 '寬仁而愛人喜施'에서, '寬'은 너그러울 '관'으로 읽고, '仁'은 어질 '인'으로 읽고 '而'는
말 이을 '이'로 읽는다. '그리고'의 뜻을 나타냄. '愛'는 사랑 '애'로 읽고, '喜'는 기쁠 '희', 좋을 '희'로
읽고, '施'는 베풀 '시'로 읽는다. '寬仁而愛人喜施'를 직역(直譯)하면, 너그럽고 어질며 그리고 (다른) 사
람을 사랑하고, 베푸는 것을 좋아하며, '意豁如也'에서, '意'는 뜻 '의'로 읽고, '豁'은 소통할 '활'로 읽고,
'如'는 같을 '여'로 읽고, '也'는 어조사 '야'로 읽는다. '~이다(단정)'의 뜻을 나타냄. '意豁如也'를 직역(直
譯)하면, 뜻이 소통되는 것 같았다. '常有大度'에서, '常'은 항상 '상'으로 읽고, '有'는 있을 '유'로 읽고,
'大'는 클 '대'로 읽고, '度'는 국량(局量. 남의 잘못을 이해하고 감싸 주며 일을 능히 처리하는 힘) '도'로
읽는다. '大度'는 도량이 큼. 또는 큰 도량. '常有大度'를 직역(直譯)하면, 항상 큰 도량을 (지니고) 있어,
여기서, '관인대도(寬仁大度)'가 유래하였는데, 이것을 직역(直譯)하면, (마음이) 너그럽고, 어질며, 국량
(도량)이 크다는 뜻으로, 남에게 너그럽고 자애롭게 대하며, 마음씨가 넉넉한 것을 비유적으로 이르는
말. '不事家人生産作業'에서, '不'은 아닐(부정하는 말) '불'로 읽고, '事'는 일 '사', 종사할(從事~) '사'로
읽고, '家'는 집 '가', 집안 '가'로 읽고, '人'은 사람 '인'으로 읽고, '生'은 날 '생'으로 읽고, '産' 낳을 '산'으로
읽는다. '生産'은 인간 생활에 필요한 물건을 만듦. '作'은 지을 '작'으로 읽고, '業'은 업 '업'으로 읽는다.
'作業'은 (일정한 목적과 계획 아래) 어떤 일터에서 일을 함. 또는 그 일. '不事家人生産作業'을 직역(直譯)
하면, 집안사람의 생산이나 작업에 종사하지 않았다.

관인-복색(官人服色 벼슬 관/사람 인/옷 복/빛 색) 벼슬하는 사람의 옷 빛이라는 뜻으로, 벼슬아치의 옷차
림을 이르는 말. *관인(官人): 관직(官職. 관리로서, 국가로부터 위임 받은 일정한 범위의 직무. 또는
그 직위)에 있는 사람. ↔민간인(民間人). *복색(服色): ①옷의 모양과 빛깔. ②신분이나 직업에 따라
달리 입는 옷의 모양이나 빛깔.

관-저-복통(官猪腹痛 관청 관/돼지 저/배 복/아플 통) 관청(官廳)에 (있는) 돼지가 배가 아프다. 즉, 관가
(官家)의 돼지가 배를 앓는다는 뜻으로, ①자기와 아무 관계가 없는 사람이 당하는 고통을 비유적으로
이르는 말. ②근심하는 일이 있어도 누구 하나 알아주는 사람이 없어 혼자 끙끙 앓음을 비유적으로
이르는 말. *복통(腹痛): 복부(腹部. 사람이나 동물의 배 부분)에 일어나는 통증(痛症)을 통틀어 이르는
말. 《관련 속담》 관가(官家) 돼지 배 앓는 격.

관-저-인-지(關雎麟趾 관계할 관/원앙새 저/기린 인/발가락 지) 관계하기가 (좋은) 원앙(鴛鴦)새와 기린(麒
麟)의 발가락이라는 뜻으로, 부부(夫婦)가 화목하여 신의가 돈독(敦篤)하고 후덕(厚德)하여, 집안의 법도
(法度. 법률과 제도, 또는 생활상의 예법이나 제도)가 서 있음을 비유적으로 이르는 말. 여기서, '관계하
기가 좋은 원앙(鴛鴦)새'는 원앙새처럼 부부(夫婦)의 화목(和睦)을 비유적으로 이르는 말이고, '기린(麒
麟)의 발가락'은 말[馬]처럼 단단한 2개의 발굽을 가리키는 것으로, 집안의 발굽처럼 단단한 법도(法度)
를 유지하여 자손들이 훌륭하게 된 것을 비유적으로 이르는 말이다. 『시경(詩經)』의 첫 편 「주남(周南)」의
첫 장(관저 장)과 끝 장(인지 장)의 이름으로, 관저(關雎)는 군자(君子. 학문과 덕·德이 높고 행실·行實이
바르며 품위·品位를 갖춘 사람)가 숙녀(淑女)를 배필삼아 잘 어울리는 것을 말하고, 인지(麟趾)는 군자와
숙녀가 배필이 된 결과, 자손들이 훌륭하게 된 것을 말함. 참고로, '관저(關雎)'와 '인지(麟趾)'는 현 『국어
사전(國語辭典)』에는 등재되어 있지 않음. *원앙새(鴛鴦~): ①오릿과의 물새. 수컷의 몸빛은 여러 가지
이나 암컷은 갈색임. 암수가 늘 함께 다님. ② '늘 함께 있는 의좋은 부부'를 비유(比·譬喩. 어떤 사물의

모양이나 상태 따위를 보다 효과적으로 표현하기 위하여 그것과 비슷한 다른 사물에 빗대어 표현함, 또는 그 표현 방법)하여 이르는 말. *기린(麒麟): 여기서는 성인(聖人. 지혜와 덕이 매우 뛰어나 길이 우러러 본받을 만한 사람)이 이 세상에 나올 징조로 나타난다고 하는 상상 속의 짐승을 일컫는 말이다. 몸은 사슴 같고, 꼬리는 소 같고, 발굽과 갈기(말이나 사자 따위 짐승의 목덜미에 난 긴 털)는 말[馬]과 같으며, 빛깔은 오색(五色)이라고 함.

관정-발악(官庭發惡 관가 **관**/뜰 **정**/드러낼 **발**/악할 **악**) 관가(관청)의 뜰에서 악(惡)함을 드러낸다(발악·發惡을 한다)는 뜻으로, 예전에, 관가(官家)에서 심문(審問. 자세히 따져서 물음)이나 취조(取調. 범죄 사실을 밝히기 위하여 혐의자나 죄인을 조사함)할 때 심문(審問)을 받는 사람이 관원(官員. 관리 또는 벼슬아치)들에게 반항하던 일을 이르는 말. *관정(官庭): 관청의 뜰. *발악(發惡): 사리(事理)를 가리지 않고 온갖 짓을 다 하며 버둥거리거나(어떤 처지에서 벗어나려고 자꾸 애를 쓰거나) 악(惡)을 씀. *관가(官家): 지난날, 나랏일을 보던 집.

관존-민-비(官尊民卑 벼슬 **관**/높을 **존**/백성 **민**/낮을 **비**) 벼슬아치는 높고 백성(百姓)은 낮다는 뜻으로, 관리(官吏. 관직에 있는 사람)는 높고 귀(貴)하며, 백성(百姓)은 낮고 천(賤)하다고 여기는 생각을 이르는 말. *관존(官尊): 정부(政府)나 관리(官吏)를 높여 봄.

관-중-규-천(管中窺天 대롱 **관**/가운데 **중**/엿볼 **규**/하늘 **천**) 대롱 가운데(구멍)로 하늘을 엿본다는 뜻으로, 대롱(대롱구멍)으로 하늘을 보듯이, 소견(所見. 어떤 일이나 사물을 살펴보고 가지게 되는 생각이나 의견)과 생각하는 범위가 좁음을 비유적으로 이르는 말. *대롱: 부록 '관(管)' 참고.

관-중-규-표(管中窺豹 대롱 **관**/가운데 **중**/엿볼 **규**/표범 **표**) 대롱 가운데(구멍)로 표범을 엿본다. 즉, 대롱 구멍으로 표범을 보면 표범의 얼룩점 하나밖에 보이지 않는다는 뜻으로, 견문(見聞)과 학식(學識)이 좁음을 이르거나, 자신의 견해(見解)를 말하면서 겸손하게 표현하는 경우를 비유적으로 이르는 말. *대롱: 부록 '관(管)' 참고. 이 사자성이의 유래는 다음과 같다. 『진서(晉書)』의 「왕헌지전(王獻之傳)」과 『세설신어(世說新語)』의 「방정(方正)」 편(篇)에 [동진(東晉)의 서예가인 왕희지(王羲之)에게는 현지(玄之), 응지(凝之), 휘지(徽之), 조지(操之), 헌지(獻之) 등 여러 명의 아들이 있었는데, 그 중에서도 헌지(獻之)가 가장 총명했다.]〈왕헌지(王獻之)가 어렸을 때, 아버지의 문하생(門下生. 가르침을 받는 스승의 아래에서 배우는 제자)들이 뜰에서 저포(樗蒲)를 즐기고 있는 것을 어깨 너머로 보다가 말했다. "남풍불경(南風不競)이군." 그러자 문하생(門下生) 하나가 어린아이인 것을 가볍게 보고 응수(應酬)했다. "이 도련님은 대롱으로 표범을 보고 있군. 그저 점 하나만 보일 뿐이지."(王子敬數歲時, 嘗看諸門生樗蒲, 見有勝負, 因曰, 南風不競, 門生輩輕其小兒, 乃曰, **此郎亦管中窺豹**, 時見一斑.)〉라는 이야기가 나오는데, '이 도련님은 대롱으로 표범을 보고 있군.(此郎亦管中窺豹)'에서, '관중규표(管中窺豹)'가 유래했다. 그런데 문하생(門下生)이 말한 '관중규표(管中窺豹)'는 대롱으로 표범을 보면 점 하나만 보일 뿐이라는 뜻으로, 식견(識見. 학식·學識과 견문·見聞이라는 뜻으로, 사물을 분별할 수 있는 능력을 이르는 말)이 좁은 것을 비유(比·譬喩. 어떤 사물의 모양이나 상태 따위를 보다 효과적으로 표현하기 위하여 그것과 비슷한 다른 사물에 빗대어 표현함, 또는 그 표현 방법)한 말이다. 참고로, 원문의 '王子敬數歲時'에서, '王'은 임금 '왕'으로 읽고, '子'는 접미사 '자'로 읽고, '敬'은 공경(恭敬) '경'으로 읽는다. '王子敬'은 '왕헌지(王獻之)'의 별칭이다. '왕헌지(王獻之)'는 중국 동진(東晉)의 서예가 겸 정치가이다. 역시 중국 동진(東晉)의 서예가 겸 정치가였던 왕희지(王羲之)의 7번째 아들이다. '數'는 몇 '수', 두서너 '수'로 읽고, '歲'는 해 '세', 나이 '세'로 읽는다. '數歲'는 몇 살. '時'는 때 '시'로 읽는다. '王子敬數歲時'를 직역(直譯)하면, 왕헌지(王獻之)가 몇 살 (아니었을) 때였다. 즉, 어렸을 때였다. '嘗看諸門生樗蒲'에서, '嘗'은 일찍 '상'으로 읽고, '看'은 볼 '간'으로 읽고, '諸'는 여러 '제'로 읽고, '門'은 문(門) '문'으로 읽고, '生'은 날 '생'으로 읽는다. '門生'은 '문하생(門下生)'과 같은 말로, 문하(門下. 여기서는 문하생·門下生이 드나드는 권세·權勢 있는 집)에서 배우는 제자. '樗'는 저포(樗蒲) '저'로 읽고, '蒲'는 부들(부들과의 여러해살이풀) '포'로 읽는다. '樗蒲'는 주사위 같은 것을 나무로 만들어 던져서, 그 끗수로 승부를 겨루는 일종의 도박놀이. '嘗看諸門生樗蒲'를 직역(直譯)하면, 일찍이 여러 문하생이 저포놀이를 하는 것을 보았다. '見有勝負'에서, '見'은 볼 '견'으로 읽고, '有'는 있을 '유'로 읽고, '勝'은 이길 '승'으로 읽고, '負'는 질(내기나 시합, 싸움 따위에서 재주나 힘을 겨루어 상대에게 꺾일) '부', 패(敗)할 '부'로 읽는다. 여기서, '재주'는 순우리말로, 무엇을 잘할 수 있는, 타고난 능력과 슬기. '勝負'는 이김과 짐. '見有勝負'를 직역(直譯)하면, (그런데) 이김과 지는 (것이) 있음을 보았다. '因曰'에서, '因'은 인할(因~. 어떤 사실로 말미암을) '인'으로 읽는다. '因曰'을 직역(直譯)하면, (그것으로) 인하여 말하기를, '南風不競'에서, '南'은 남녘 '남'으로 읽고, '風'은 바람 '풍'으로 읽고, '不'은 아닐(부정하는 말) '불'로 읽고, '競'은 굳셀 '경'으로 읽는다. '南風不競'을 직역(直譯)하면, 남녘의 기질(氣質)은 굳세지 아니하다. 즉, 남쪽 지방의 노래가 활기(活氣)가 없다는 뜻으로, 남쪽 지방의 세력(勢力)이 부진(不振)함을 이르는 말. 또는 경쟁자가 역량(力量)이 강(强)하지 않음을 비유적으로 이르는 말. '門生輩輕其小兒'에서, '輩'는 무리 '배'로 읽고, '輕'은 가벼이 여길 '경'으로 읽고, '其'는 그(지시하는 말) '기'로 읽고, '小'는 작을 '소', (나이가) 어릴 '소'로 읽고, '兒'는 아이 '아'로 읽는다. '小兒'는 어린아이. '門生輩輕其小兒'를 직역(直譯)하면, 문하생의 무리들이 그 어린아이를 가볍게 여기며, '乃曰'에서, '乃'는 이에(이러하여서 곧) '내'로 읽는다. '乃曰'을 직역(直譯)하면, 이에 말하기를, '此郎亦管中窺豹'에서, '此'는 이(지시하는 말) '차'로 읽고, '郎'은 사내 '랑(낭)'으로 읽고, '亦'은 또 '역', 또한 '역'으로 읽고, '管'은 대롱 '관'으로 읽고, '中'은 가운데 '중'으로 읽고, '窺'는 엿볼 '규'로 읽고, '豹'는 표범 '표'로 읽는다. '此郎亦管中窺豹'를 직역(直譯)하면, 이 사내는 또한 대롱 가운데로 표범을 엿보고 (있으니), 여기서, '管中窺豹'가 유래하였는데, 이것을 직역(直譯)하면, 대롱 가운데(구멍)로 표범을 엿본다. 즉, 대롱 구멍으로 표범을 보면 표범의 얼룩점 하나밖에 보이지 않는다는 뜻으로, 견문(見聞)과 학식(學識)이 좁음을 이르거나, 자신의 견해(見解)를 말하면서 겸손하게 표현하는 경우를 비유적으로 이르는 말. '時見一斑'에서, '時'는 때 '시', 그때 '시'로 읽고, '見'은 볼 '견'으로 읽고, '一'은 한 '일'로 읽고, '斑'은 얼룩질(거죽에 얼룩이 생길) '반'으로 읽는다. '一斑'은 아롱진(아롱아롱한 점이나 무늬가 있거나 생긴) 무늬 한 점. '時見一斑'을 직역(直譯)하면, 그때는 아롱진 무늬 한 점만 보일 (뿐이었다).

관-중-지-천(管中之天 대롱 **관**/가운데 **중**/어조사 **지**/하늘 **천**) 대롱 가운데(구멍)의 하늘. 즉, 대롱 구멍으로 하늘을 본다는 뜻으로, 소견(所見. 어떤 일이나 사물을 살펴보고 가지게 되는 생각이나 의견)이 좁은 것을 비유적으로 이르는 말. *대롱: 부록 '관(管)' 참고.

관-포-지-교(管鮑之交 대롱 **관**/절인 고기 **포**/어조사 **지**/사귈 **교**) 관중(管仲)과 포숙아(鮑叔牙)의 사귐이라는 뜻으로, 친구 사이의 두터운 우정(友情), 아주 친한 친구 사이의 사귐을 비유적으로 이르는 말. 중국 춘추시대 제(齊)나라의 관중(管仲)과 포숙아(鮑叔牙)가 가난한 유년 시절부터 재상(宰相. 임금을 보필하며 모든 관원을 지휘, 감독하는 자리에 있는 이품·二品 이상의 벼슬을 통틀어 이르던 말)이 된 뒤까지도 우정(友情)이 아주 돈독(敦篤. 인정이 도타움)하였다는 고사(故事)에서 유래한다. 이 사자성어의 유래는 다음과 같다. 『사기(史記)』의 「관안열전(管晏列傳)」 편(篇)에 〈후(後)에 관중(管仲)은 포숙(鮑叔)을 회상하면서 다음과 같이 말했다. "내가 일찍이 곤궁할 적에 포숙(鮑叔)과 함께 장사를 하였는데, 이익을 나눌 때마다 내가 몫을 더 많이 가지곤 하였으나, 포숙(鮑叔)은 나를 욕심 많은 사람이라고 말하지 않았다. 내가 가난한 것을 알았기 때문이다. 일찍이 나는 포숙(鮑叔)을 위해 일을 꾀하다가 실패하여 더 곤궁한 지경에 이르렀는데, 포숙(鮑叔)은 나를 우매(愚昧)하다고 하지 않았다. 시운(時運)에 따라 이롭고, 이롭지 않은 것이 있는 줄을 알았기 때문이다. …… 나를 낳은 이는 부모지만, 나를 알아준 이는 포숙(鮑叔)이다."(管仲曰, 吾始困時, 嘗與鮑叔賈, 分財利多自與, 鮑叔不以我爲貪, 知我貧也, 吾嘗爲鮑叔謀事而更窮困, 鮑叔不以我爲愚, 知時有利不利也, …… 生我者父母, 知我者鮑子也.)〉라는 이야기가 나오는데, '나를 알아준 이는 포숙(鮑叔)이다.(知我者鮑子也)'에서 유래하여 사람들은 절친한 친구 사이를 가리켜 '관중과 포숙의 사귐' 즉, '관포지교(管鮑之交)'라고 하게 되었다. 관중(管仲)과 안영(晏嬰)은 선정(善政. 백성을 바르고 어질게 잘 다스리는 정치)을 베푼 명재상(名宰相. 이름난 재상)이라서 관자(管子), 안자(晏子)로 추앙(推仰. 높이 받들어 우러름)하여 부르고 있다. 여기서 '안자(晏子)'는 중국 춘추시대(春秋時代) 제(齊)나라의 정치가인 '안영(晏嬰)'을 높여 이르는 말. 참고로, 원문의 '管仲曰'에서, '管'은 대롱 '관'으로 읽고, '仲'은 버금(으뜸의 바로 아래) '중'으로 읽는다. 여기서 '으뜸'은 중요한 정도로 본, 어떤 사물의 첫째를 이르는 말이다. '管仲'은 사람 이름. '管仲曰'을 직역(直譯)하면, 관중(管仲)이 말하기를, '吾始困時'에서, '吾'는 나(1인칭 대명사) '오'로 읽고, '始'는, 여기서는 일찍이 '시', 일찍부터 '시'로 읽고, '困'은 가난할 '곤'으로 읽고, '時'는 때 '시'로 읽는다. '吾始困時'를 직역(直譯)하면, 내가 일찍이 가난할 때, '嘗與鮑叔賈'에서, '嘗'은 일찍 '상'으로 읽고, '與'는 함께할 '여'로 읽고, '鮑'는 절인 고기 '포'로 읽고, '叔'은 아재비('아저씨'의 낮춤말) '숙'으로 읽는다. '鮑叔'은 사람 이름. 포숙아(鮑叔牙)라고도 불리어 진다. 그는 중국 춘추시대 초기 제(齊)나라의 정치가이자 사상가로, 관중(管仲)과 함께 영상(潁上. 땅 이름) 사람이다. 포숙아(鮑叔牙)는 제(齊)나라 환공(桓公. 제나라의 제16대 임금)을 죽이려 했던 관중(管仲)을 천거(薦擧. 어떤 일을 맡아 할 수 있는 사람을 그 자리에 쓰도록 소개하거나 추천함)하였고, 제(齊)나라 환공(桓公)은 관중(管仲)의 도움으로 춘추오패(春秋五覇. 본문 참고)의 첫 번째 패자(覇者. 예전에 황제·皇帝로부터 일정한 지역을 다스릴 권한을 부여받은 제후·諸侯들의 우두머리)가 되었다. '賈'는 장사 '고'로 읽는다. '嘗與鮑叔賈'를 직역(直譯)하면, 일찍이 포숙(鮑叔)과 함께 장사를 하였는데, '分財利多自與'에서, '分'은 나눌 '분'으로 읽고, '財'는 재물(財物. 돈과 값나가는 물건) '재'로 읽고, '利'는 이익 '리(이)'로 읽고, '多'는 많을 '다'로 읽고, '自'는 스스로 '자'로 읽고, '與'는 여기서는 더불어 '여'로 읽는다. '分財利多自與'를 직역(直譯)하면, 재물(財物)의 이익을 나누면 (내) 스스로 더불어 많았다. 즉, 이익을 나눌 때마다 내가 스스로 더 이익이 많게 했다는 뜻이다. '鮑叔不以我爲貪'에서, '以'는 써(그것을 가지고, 그것으로 인하여) '이'로 읽고, '我'는 나(1인칭 대명사) '아'로 읽고, '爲'는 할 '위'로 읽고, '貪'은 욕심낼 '탐'으로 읽는다. '鮑叔不以我爲貪'을 직역(直譯)하면, (그럼에도 불구하고) 포숙(鮑叔)은 그것을 가지고 나를 욕심낸다고 하지 않았다. '知我貧也'에서, '知'는 알 '지'로 읽고, '貧'은 가난할 '빈'으로 읽고, '也'는 어조사 '야'로 읽는다. '~이다(단정)'의 뜻을 나타냄. '知我貧也'를 직역(直譯)하면, (그는) 내가 (더) 가난함을 알았기

(때문이었다). ‘吾嘗爲鮑叔謀事而更窮困’에서, ‘爲’는 위할 ‘위’로 읽고, ‘謀’는 꾀할 ‘모’로 읽고, ‘事’는 일 ‘사’로 읽는다. ‘謀事’는 일을 꾀함. 또는 일의 해결을 위한 꾀를 냄. ‘而’는 말 이을 ‘이’로 읽는다. ‘그리고’의 뜻을 나타냄. ‘更’은 다시 ‘갱’으로 읽고, ‘窮’은 궁할(窮~. <u>가난하고 어려움</u>) ‘궁’으로 읽고, ‘困’은 가난할 ‘곤’, 살기 어려울 ‘곤’으로 읽는다. ‘窮困’은 생활이 궁하고 어려움. ‘吾嘗爲鮑叔謀事而更窮困’을 직역(直譯)하면, 나는 일찍이 포숙(鮑叔)을 위하여 일을 꾀하다가 그리고 다시 생활이 궁하고 어려웠다. ‘鮑叔不以我爲愚’에서, ‘愚’는 어리석을 ‘우’로 읽는다. ‘鮑叔不以我爲愚’를 직역(直譯)하면, 포숙(鮑叔)은 그것을 가지고 나를 어리석다고 하지 않았다. ‘知時有利不利也’에서, ‘時’는 때 ‘시’로 읽고, ‘有’는 있을 ‘유’로 읽고, ‘利’는 이로울 ‘리(이)’로 읽는다. ‘利不利’는 이로운 것과 이롭지 아니한 것. ‘知時有利不利也’를 직역(直譯)하면, 때(에 따라서) 이로운 것과 이롭지 아니한 것이 있음을 알았기(때문이었다.) …… ‘生我者父母’에서, ‘生’은 낳을 ‘생’으로 읽고, 사람 ‘자’로 읽고, ‘父’는 아버지 ‘부’로 읽고, ‘母’는 어머니 ‘모’로 읽는다. ‘生我者父母’를 직역(直譯)하면, 나를 낳은 사람은 부모(父母)이지만, ‘知我者鮑子也’에서, ‘知我者’를 직역(直譯)하면, 나를 알아주는 사람. ‘子’는 존칭(尊稱) ‘자’이다. ‘鮑子’는 ‘포숙(鮑叔)’을 가리킴. ‘포숙(鮑叔)’의 높임말. ‘知我者鮑子也’를 직역(直譯)하면, 나를 알아주는 사람은 포숙(鮑叔)이었다. 여기서, ‘管鮑之交’가 유래하였는데, 이것을 직역(直譯)하면, 관중(管仲)과 포숙아(鮑叔牙)의 사귐이라는 뜻으로, 친구 사이의 두터운 우정(友情), 아주 친한 친구 사이의 사귐을 비유적으로 이르는 말.

관풍-찰-속(觀風察俗 볼 **관**/바람 **풍**/살필 **찰**/풍속 **속**) 바람[風]을 보고 풍속(風俗)을 살핀다는 뜻으로, ①시기(時機. <u>적당한 때나 기회</u>)를 살핌을 이르는 말. ②풍속(風俗. <u>옛날부터 그 사회에 전해오는 생활 전반에 걸친 습관 따위를 이르는 말</u>)을 자세히 살펴봄을 이르는 말. *관풍(觀風): =관풍찰속(觀風察俗).

관형-찰색(觀形察色 볼 **관**/얼굴 **형**/살필 **찰**/낯빛 **색**) 얼굴을 보고 낯빛을 살핀다는 뜻으로, ①남의 마음을 떠보기 위하여 얼굴빛을 자세히 살펴봄을 이르는 말. ②잘 모르는 사물(事物)을 자세히 관찰함을 이르는 말. *관형(觀形): 모습을 살펴봄. *찰색(察色): ①얼굴빛을 살펴 봄. ②한방(韓方)에서, 환자의 혈색(血色)을 보고 진찰하는 일.

관혼-상례(冠婚喪禮 갓 **관**/혼인할 **혼**/초상 **상**/예절 **례**) 갓 쓰는 의식인 관례(冠禮)와 혼례(婚禮), 상례(喪禮)를 아울러 이르는 말. *관혼(冠婚): 관례(冠禮)와 혼례(婚禮)를 아울러 이르는 말. *상례(喪禮): 상중(喪中)에 행하는 모든 예절. *초상(初喪): ①사람이 죽어서 장사 지내기까지의 일. ②사람이 죽은 일.

관혼-상-제(冠婚喪祭 갓 **관**/혼인할 **혼**/초상 **상**/제사 **제**) 갓 쓰는 의식인 관례(冠禮)와 혼례(婚禮), 상례(喪禮), 제례(祭禮)를 아울러 이르는 말. *관혼(冠婚): ☞관혼상례(冠婚喪禮). *갓: 부록 ‘관(冠)’ 참고. *초상(初喪): ☞관혼상례(冠婚喪禮).

관홍-뇌락(寬弘磊落 너그러울 **관**/넓을 **홍**/대범할 **뇌**/떨어질 **락**) (마음이) 너그럽고 넓어 떨어지는 (일에) 대범(大泛·大汎)하다는 뜻으로, 마음이 넓고 너그러워 사소(些少. <u>보잘것없이 작거나 적음</u>)한 일에 거리끼지 아니함을 이르는 말. *관홍(寬弘): =관대(寬大). 즉, 마음이 너그럽고 큼. *뇌락(磊落): 쾌활하고 너그러우며 작은 일에 얽매이지 않음. *너그럽다: 부록 ‘관(寬)’ 참고. *대범하다(大泛·汎~): (사물에 대한 태도가) 까다롭거나 잘지 않고 예사롭다.

관후-장자(寬厚長者 너그러울 **관**/두터울 **후**/어른 **장**/사람 **자**) (마음이) 너그럽고 두터우며 어른처럼 (점잖은) 사람이라는 뜻으로, 마음이 너그럽고 후(厚. <u>마음 씀이나 태도가 너그러움</u>)하며 점잖은 사람을 이르는 말. =관대장자(寬大長者). *관후(寬厚): 마음이 너그럽고 온후(溫厚. 성격이 온화하고 덕이 많음)함. *장자(長者): ①나이나 지위, 항렬 따위가 자기보다 위인 사람. ②큰 부자(富者)를 점잖게 이르는 말. ③덕망(德望)이 있고 노성(老成)한 사람. 여기서, ‘덕망(德望)’은 덕행(德行). 즉, 어질고 착한 행실로 얻은 명망(名望)으로, 명성(名聲. 세상에 널리 퍼져 평판 높은 이름)과 인망(人望. 세상 사람이 우러러 믿고 따르는 덕망)을 아울러 이르는 말. ‘노성(老成)하다’는 노련하고 원숙하다. 또는 (나이에 비하여) 어른스럽다. 숙성하다. *너그럽다: 부록 ‘관(寬)’ 참고. *두텁다: 부록 ‘후(厚)’ 참고.

괄목-상대(刮目相對 비빌 **괄**/눈 **목**/서로 **상**/대할 **대**) 눈을 비비고 서로 대(對)한다. 즉, 눈을 비비고 상대편을 다시 본다는 뜻으로, 주로 손아랫사람의 학식(學識)이나 재주(순우리말로, 무엇을 잘할 수 있는, 타고난 능력과 슬기)가 이전(以前)보다 놀랄 만큼 부쩍 늚을 비유적으로 이르는 말. 눈을 비빈다는 것은 믿기지 않을 정도로 너무 많이 변화하여 자신의 눈이 정상인지 확인하는 행동이다. [참] 괄목상대(刮目相待). 괄목상간(刮目相看). *괄목(刮目): 발전 속도가 놀라울 만큼 빨라서 눈을 비비고 다시 봄. *상대(相對): ①서로 마주 대함. 또는 그 대상. ②마주 겨룸. ③=상대자(相對者). 즉, 서로 상대가 되는 사람. ④다른 사물에 의존하거나 제약을 받거나 하여 존재함. ↔절대(絕對). *비비다: 부록 ‘괄(刮)’ 참고. *대하다(對~): 마주 보다. 이 사자성어의 유래는 다음과 같다. 『삼국지(三國志)·오서(吳書)』의 「여몽전(呂蒙傳)」편(篇)「강표전(江表傳)」을 인용한 배송지(裴松之)의 주(注)에 〈노숙(魯肅)이 여몽(呂蒙)의 등(사람이나 동물의 몸통에서 뒤쪽이나 위로 향한 쪽, 곧 가슴이나 배의 반대쪽)을 토닥거리며 말했다. “나는 이제껏 그대가 무술만 아는 줄 알고 있었는데, 지금 보니 그대의 학문이 뛰어난 것이 이미(돌이킬 수 없이 된 지난 일을 일컬을 때 쓰는 말) 옛날 오(吳) 지역의 시골구석에 있던 아몽(阿蒙)이 아니구려.” 여몽(呂蒙)이 말했다. “선비는 모름지기 3일을 떨어져 있다가 만나면, 눈을 비비고 다시 봐야 할 정도가 되어야 하지 않겠습니까?(江表傳曰. 肅拊蒙背曰. 吾謂大弟但有武略耳. 至於今者. 學識英博. 非復吳下阿蒙. 蒙曰. 士別三日. 即更刮目相待.)〉라는 이야기가 나오는데, ‘선비는 모름지기 3일을 떨어져 있다가 만나면, 눈을 비비고 다시 봐야 할 정도가 되어야 하지 않겠습니까?(士別三日. 即更刮目相待)’에서, ‘괄목상대(刮目相待)’가 유래했다. 그런데 위의 ‘괄목상대(刮目相待)’는 일반적으로 ‘괄목상대(刮目相對)’라고 쓰며, ‘괄목상간(刮目相看)’으로도 쓴다. 즉, 삼국지(三國志)의 여몽전(呂蒙傳) 원문에는 ‘대(待)’를 쓰나, 고사성어로 표현할 때에는 ‘대(對)’를 쓴다. 독자께서는 이 점 착오 없기 바란다. 또 위의 ‘노숙(魯肅)’은 오(吳) 또는 동오(東吳)의 명장(名將) 이름이고, ‘여몽(呂蒙)’은 중국 후한말(後漢末) 손권(孫權) 휘하(麾下. 장군의 지휘 아래. 또는 그 지휘 아래에 딸린 군사)의 장군 이름이다. 위 이야기의 배경은 이렇다. 중국 삼국 시대 오(吳)나라 왕(王)인 손권(孫權)은 부하 장수 여몽(呂蒙)이 무술(武術)만 연마(研·鍊磨. 학문이나 지식, 기능 따위를 힘써 배우고 닦음)하고 학식이 없는 것을 염려하였다. 국가의 큰일을 맡으려면 글을 읽어 지식을 쌓아야 한다는 왕(王)의 당부에 따라 여몽(呂蒙)은 이로부터 학문을 열심히 닦았다. 한편, 평소 여몽(呂蒙)을 별 볼일 없는 사람으로 경시(輕視. 대수롭지 않게 여김)했던 재상(宰相. 임금을 보필하며 모든 관원을 지휘, 감독하는 자리에 있는 이품·二品 이상의 벼슬을 통틀어 이르던 말)인 노숙(魯肅)은 그가 전(前)과는 달리 인상이 온화해지고 학식이 풍부해졌음에 깜짝 놀랐다. 이에 여몽(呂蒙)이 “선비는 모름지기 3일을 떨어져 있다가 만나면, ‘괄목상대(刮目相對)’가 되어야 한다.”고 말했던 것이다. 이후 여몽(呂蒙)은 노숙(魯肅)이 죽은 뒤 손권(孫權)을 보좌하여 국력을 키우는 데 힘썼다. 나중에는 촉(蜀)나라 관우(關羽)를 사로잡는 따위의 갖가지 큰 공(功)을 세워 오(吳)나라 백성에게 명장(名將. 뛰어난 장수, 또는 이름난 장수)으로 추앙(推仰. 높이 받들어 우러름)받았다고 한다. 참고로, 원문의 '江表傳日'에서, 「江表傳」은 현재 전해지지 않는데, 『삼국지(三國志)』의 『배송지(裴松之) 주(注)』에 많이 인용되어 있다. '江表傳日'을 직역(直譯)하면, 강표전(江表傳)에서 말하기를, '肅拊蒙背日'에서, '肅'은 엄숙할 '숙'으로 읽는다. 여기서는 '노숙(魯肅)'을 가리킴. '拊'는 어루만질 '부', 두드릴 '부'로 읽고, '蒙'은 어릴 '몽', 어리석을 '몽'으로 읽는다. 여기서는 '여몽(呂蒙)'을 가리킴. '背'는 등(사람이나 동물의 몸통에서 뒤쪽이나 위로 향한 쪽, 곧 가슴이나 배의 반대쪽) '배'로 읽는다. '肅拊蒙背日'을 직역(直譯)하면, 노숙(魯肅)이 여몽(呂蒙)의 등을 어루만지며 말하기를, '吾謂大弟但有武略耳'에서, '吾'는 나(1인칭 대명사) '오'로 읽고, '謂'는 일컬을 '위'로 읽고, '大'는 클 '대'로 읽고, '弟'는 아우 '제'로 읽는다. '大弟'는 '큰(훌륭한) 아우'라는 뜻인데, 여기서는 '여몽(呂蒙)'을 가리킴. '但'은 다만(순우리말. 다른 것이 아니라 오로지) '단', 단지(但只. '다만'과 같은 말) '단'으로 읽고, '有'는 있을 '유'로 읽고, '武'는 무인(武人) '무'로 읽고, '略'은 꾀 '략(약)'으로 읽는다. '武略'은 군사상의 책략(策略. 어떤 일을 꾸미고 이루어 나가는 교묘한 방법)을 일컫는다. '耳'는 따름 '이', 뿐 '이'로 읽는다. '~할 뿐이다(한정)'의 뜻을 나타냄. '吾謂大弟但有武略耳'를 직역(直譯)하면, 나는 여몽(呂蒙)이 단지 군사상의 책략(策略)이 있을 뿐이라고 일컬어 왔는데, '至於今者'에서, '至'는 이를(어떤 장소나 시간에 닿을) '지'로 읽고, '於'는 '~에', '~에서(위치)'의 뜻을 나타냄. '今'은 이제 '금', 지금 '금'으로 읽고, '者'는 것(사물, 현상 일 따위를 추상적으로 이르는 말) '자'로 읽는다. '今者'는 '요사이'를 이르는 말. '至於今者'를 직역(直譯)하면, 요사이에 이르러, '學識英博'에서, '學'은 학문(學問) '학'으로 읽고, '識'은 알 '식', 식견(識見. 학식·學識과 견문·見聞이라는 뜻으로, 사물을 분별할 수 있는 능력을 이르는 말) '식'으로 읽는다. '學識'은 학문으로 얻은 식견(識見). 또는 학문상의 식견(識見)을 이르는 말. '英'은 재주 뛰어날 '영'으로 읽고, '博'은 넓을 '박'으로 읽는다. '學識英博'을 직역(直譯)하면, 학문상의 식견(識見)이 뛰어나고 넓음. '非復吳下阿蒙'에서, '非'는 아닐(부정하는 말) '비'로 읽고, '復'는 다시 '부'로 읽고, '吳'는 나라 이름 '오'로 읽고, '下'는 아래 '하'로 읽고, '阿'는 언덕 '아'로 읽고, '蒙'은 어리석을 '몽'으로 읽는다. '阿蒙'은 발전이 없고 학식이 하잘것없는 사람을 이르는 말. 여기서는, '여몽(呂蒙)'을 달리 이르는 말. '阿蒙'에서, '阿'는 친근하게 이르는 말이고, '蒙'은 사람의 이름으로, '여몽(呂蒙)'의 고사(故事)에서 유래한다. '非復吳下阿蒙'을 직역(直譯)하면, 오(吳) 지역 아래의 아몽(阿蒙)이 아니군요. 즉, 예전의 아몽(阿蒙)이 아니라는 뜻이다. 따라서 '非復吳下阿蒙'은 학문이 진보하여 옛모습을 찾아 볼 수 없을 만큼 새로워지고 인간적으로도 성장했음을 비유(比·譬喩. 어떤 사물의 모양이나 상태 따위를 보다 효과적으로 표현하기 위하여 그것과 비슷한 다른 사물에 빗대어 표현함. 또는 그 표현 방법)할 때 쓴다. 여기서, '吳下阿蒙'이 유래하였는데, 이것을 직역(直譯)하면, 오(吳) 지역(시골 구석) 아래의 아몽(阿蒙)이라는 뜻으로, 학식이 짧은 사람이나, 세월이 지나도 학문의 진보가 없이 그냥 그대로 있는 사람을 비유적으로 이르는 말. '蒙日'에서 '蒙'은 '아몽(阿蒙)'을 가리킴. '蒙日'은 아몽(阿蒙)이 말하기를, '士別三日'에서, '士'는 선비 '사'로 읽고, '別'은 헤어질 '별'로 읽고, '三'은 석 '삼'으로 읽고, '日'은 날 '일'로 읽는다. '삼일(三日)'은 꼭 3일을 가리키는 것이 아니라, 여러 날을 뜻하는 말이다. '士別三日'을 직역(直譯)하면, 선비가 여러 날 헤어져 (있으면), '卽更刮目相待'에서, '卽'은 곧 '즉'으로 읽고, '更'은 다시 '갱'으로 읽고, '刮'은 (눈) 비빌 '괄'로 읽고, '目'은 눈 '목'으로 읽고, '相'은 서로 '상'으로 읽고, '待'는 기다릴 '대'로 읽는다. '卽更刮目相待'를 직역(直譯)하면, 즉, 다시 눈을 비비고 (상대방을) 서로 (자세히 보면서) 기다려야지요. 다시 말하면, 그 사내는 눈을 비비고 다시 보아야 할 정도로 학식이나 업적이 크게 진보해 있다는 뜻이다. 또한 여기서, '刮目相對'(기다릴 '待'를 쓰지 아니함에 유의할 것)가 유래하였는데, 이것을 직역(直譯)하면, 눈을 비비고 서로 대(對)한다. 즉, 눈을 비비고 상대편을 다시 본다는 뜻으로, 주로 손아랫사람의 학식(學識)이나 재주가 이전(以前)보다 놀랄 만큼 부쩍 늚을 비유적으로 이르는 말. 눈을 비빈다는 것은 믿기지 않을 정도로 너무 많이 변화하여 자신의 눈이 정상인지 확인하는 행동이다.

광-규-난-양(狂叫亂攘 미칠 광/부르짖을 규/어지러울 난/물리칠 양) 미칠 (듯이) 부르짖고 어지럽게 (떠들며) 물리친다는 뜻으로, 미처 날뛰며 소란스럽게 떠듦을 이르는 말.

광담-패설(狂談悖說 경솔할 광/말씀 담/거스를 패/말씀 설) 경솔한 말[談]과 거스른 말[說]이라는 뜻으로, 이치(理致)에 맞지 않고 도의(道義)에 어긋나는 말을 이르는 말. =광언망설(狂言妄說). *광담(狂談): 이치에 크게 벗어나는 말. =광언(狂言). *패설(悖說): 사리(事理)에 어그러진 말.

광대-무변(廣大無邊 넓을 광/클 대/없을 무/가 변) 넓고 커서 가[邊]가 없다는 뜻으로, 한없이 넓고 커서 끝이 없음을 이르는 말. =무변광대(無邊廣大). *광대(廣大): 넓고 큼. *무변(無邊): 그지없음. 끝이 없음.

광명-정대(光明正大 빛 광/밝을 명/바를 정/클 대) 빛이 밝고 바르며 크다는 뜻으로, ①언행이 밝고 바르며 큼을 이르는 말. ②말이나 행실이 떳떳하고 정당함을 이르는 말. *광명(光明): ①밝고 환함. ↔암흑(暗黑). ②앞날의 밝은 희망을 비유적으로 이르는 말. *정대(正大): 바르고 옳아서 사사로움이 없음.

광세-영웅(曠世英雄 넓을 광/세상 세/뛰어날 영/뛰어날 웅) 넓은 세상에 뛰어나고 뛰어난 (사람이라는) 뜻으로, 세상에 보기 드문 영웅(英雄)을 이르는 말. *광세(曠世): 세상에 다시 없음. *영웅(英雄): ①재지(才智)와 담력(膽力)과 무용(武勇)이 특별히 뛰어난 인물. 여기서, '재지(才智)'는 재주(순우리말로, 무엇을 살할 수 있는, 타고난 능력과 슬기)의 지혜. '담력(膽力)'은 사물을 두려워하지 않는 기력(氣力, 일을 감당할 수 있는 정신과 육체의 힘). 또는 겁이 없고 용감한 기운을 이르는 말. 여기서, '기운'은 순우리말로, 생물이 살아 움직이는 원기(元氣). 또는 거기서 나오는 힘. '무용(武勇)'은 무예와 용맹. 또는 싸움에서 용맹스러움을 이르는 말. ②보통 사람으로는 엄두도 못 낼 유익한 대사업을 이룩하여 칭송(稱頌, 공덕·功德 따위를 칭찬하여 일컬음. 또는 그런 말) 받는 사람.

광세-지-재(曠世之才 넓을 광/세상 세/어조사 지/재주 재) 넓은 세상(世上)의 재주. 즉, 넓은 세상에 뛰어난 재주라는 뜻으로, 세상에 보기 드문 뛰어난 재주. 또는 그런 재주를 가진 사람(재주꾼)을 이르는 말. *광세(曠世): ☞광세영웅(曠世英雄). *재주: 순우리말로, 무엇을 잘할 수 있는, 타고난 능력과 슬기.

광순-박채(廣詢博採 넓을 광/물을 순/넓을 박/가려낼 채) 넓게 (여러 사람의 의견을) 물어서 넓게 가려낸다는 뜻으로, 여러 사람에게 두루 물어서, 다수의 의견을 채택(採擇)함을 이르는 말. *광순(廣詢): 여러 사람의 의견을 널리 물음. *박채(博採): 널리 찾아 모음.

광언-기어(狂言綺語 미치광이 광/말씀 언/고울 기/말씀 어) 미치광이 말[言]과 곱게 (꾸민) 말[語]이라는 뜻으로, 내용은 없으면서 흥미(興味)를 끌기 위하여 형식만 잘 꾸민 말을 이르는 말. 불교(佛敎)나 유교(儒敎)에서 소설(小說)을 낮잡는 뜻으로 이르는 말이다. *광언(狂言): =광담(狂談). 즉, 이치에 크게 벗어나는 말. *기어(綺語): ①불교의 십악(十惡)의 하나. 진실이 없는 허식(虛飾)의 말. 여기서, '십악(十惡)'은 열 가지 악(惡)한 행위를 이르는 말. 곧, 기어(綺語), 살생(殺生), 투도(偸盜), 사음(邪淫), 망어(妄語), 악구(惡口), 양설(兩舌), 탐욕(貪慾), 진에(瞋恚), 사견(邪見) 따위를 일컫는다. ②교묘하게 표현한 말. 또는 재미있게 수식(修飾)한 말.

광언-망설(狂言妄說 미치광이 **광**/말씀 **언**/망령될 **망**/말씀 **설**) 미치광이의 말[言]과 망령(妄靈)된 말[語]이라는 뜻으로, 이치(理致)에 맞지 않고 도의(道義)에 어긋나는 것을 이르는 말. =광담패설(狂談悖說). *광언(狂言): ☞광언기어(狂言綺語). *망설(妄說): 망령(妄靈)되게 말함. 또는 그런 말. *망령되다(妄靈~): 부록 '망(妄)' 참고.

광음-여류(光陰如流 빛 **광**/세월 **음**/같을 **여**/흐를 **류**) 빛과 세월이 흐르는 (물과) 같다는 뜻으로, 세월이 흐르는 물과 같이, 한번 지나면 되돌아오지 않음을 비유적으로 이르는 말. *광음(光陰): (해와 달이라는 뜻으로) 시간, 또는 세월. *여류(如流): 흐르는 물과 같다는 뜻으로, 세월이 빠름을 비유적으로 이르는 말.

광음-여-전(光陰如箭 빛 **광**/세월 **음**/같을 **여**/화살 **전**) 빛과 세월이 (쏜) 화살과 같다는 뜻으로, 세월이 쏜 화살과 같아서, 한번 지나면 되돌아오지 않음을 비유적으로 이르는 말. *광음(光陰): ☞광음여류(光陰如流).

광일-미구(曠日彌久 빌 **광**/날 **일**/오랠 **미**/오랠 **구**) 비어 (있는) 날이 오래고 오래다. 즉, 하루하루가 텅 비어 있는 날이 오래라는 뜻으로, 헛되이 세월(歲月)을 보내며 일을 오래 끎을 비유적으로 이르는 말. =광일지구(曠日持久). *광일(曠日): 하는 일 없이 헛되이 세월을 보냄. *미구(彌久): 동안이 매우 오램.

광일-지구(曠日持久 빌 **광**/날 **일**/가질 **지**/오랠 **구**) 비어 (있는) 날을 오래 가진다. 즉, 헛되이 세월을 보내며 날짜만 오래 끈다는 뜻으로, 시간을 끌어 일을 그르치거나, 전쟁에서의 소모전(消耗戰. <u>인원, 무기, 물자 따위를 자꾸 투입하여 쉽게 결판이 나지 않는 전쟁</u>)을 비유적으로 이르는 말. =광일미구(曠日彌久). *광일(曠日): ☞광일미구(曠日彌久). *지구(持久): 어떤 상태를 오래 버티어 견딤. 또는 오래도록 유지함. 이 사자성어의 유래는 다음과 같다.『전국책(戰國策)』의 「조책(趙策)」 편(篇)에 〈이제 안평군(安平君)은 강한 조(趙)나라의 군사를 이끌고 연(燕)나라의 공격을 막게 되었으니, 수년 동안 세월을 보내며 시간을 끌면서 사대부(士大夫)와 남아 있는 사람들(종군·從軍하는 자들)에게 힘으로 도랑[溝]이나 보루[壘]를 만들게 하여 힘을 소진(消盡)케 하고,(今得强趙之兵, 以杜燕將, **曠日持久數歲**, 令士大夫餘子之力, 盡於溝壘.)〉라는 이야기가 나오는데, '수년 동안 세월을 보내며 시간을 끌면서(曠日持久數歲)'에서, '광일지구(曠日持久)'가 유래했다. '광일지구(曠日持久)'는 '광일미구(曠日彌久)'라고도 한다. 그리고 번역문의 '안평군(安平君)'은 벼슬 이름이고, 본명은 전단(田單)이다. 위의 이야기는 전략적(戰略的. <u>전쟁을 전반적으로 이끌어 가는 방법이나 책략에 관한</u>)으로 지연작전(遲延作戰. <u>시간을 얻기 위하여, 결전·決戰을 피하면서 적의 전진·前進을 늦추는 방어 작전</u>)을 펴서 소모전(消耗戰. <u>인원이나 병기·兵器, 물자 따위를 자꾸 투입하여 쉽게 승부·勝負가 나지 않는 전쟁을 일컫는 말. 적(敵)의 병력이나 군수품을 소모시키어 승리를 거두려는 목적으로 행함</u>)을 이끌었다는 내용이다. 여기서 광일지구(曠日持久)가 나왔는데, 하는 일 없이 헛되이 세월만 보내어 오래 끌고 머문다는 뜻으로, 쓸데없는 소모전(消耗戰)을 이르는 말이 되었다. 참고로, 원문의 '今得强趙之兵'에서, '今'은 이제 '금', 지금 '금'으로 읽고, '得'은 얻을 '득'으로 읽고, '强'은 강할 '강'으로 읽고, '趙'는 조(趙)나라 '조'로 읽고, '之'는 어조사 '지'로 읽는다. '~의'를 나타내는 관형격 조사. '兵'은 병사(兵士) '병'으로 읽는다. '今得强趙之兵'을 직역(直譯)하면, 이제 강한 조(趙)나라의 병사를 얻어, '以杜燕將'에서, '以'는 써(<u>그것을 가지고, 그것으로 인하여</u>) '이'로 읽고, '杜'는 막을 '두'로 읽고, '燕'은 연(燕)나라 '연'으로 읽고, '將'은 장수(將帥) '장'으로 읽는다. '以杜燕將'을 직역(直譯)하면, 그것('<u>조·趙</u>나라의 병사'를 가리킴)을 가지고 연(燕)나라의 장수의 (공격을) 막음. '曠日持久數歲'에서, '曠'은 빌(<u>할 일이 없거나 할 일을 끝내서 시간이 남음</u>) '광'으로 읽고, '日'은 날 '일'로 읽고, '持'는 가질 '지'로 읽고, '久'는 오랠 '구'로 읽고, '數'는 몇 '수', 두서너 '수'로 읽고, '歲'는 해 '세', 나이 '세'로 읽는다. '曠日持久數歲'를 직역(直譯)하면, 몇 해 (동안) 비어 (있는) 날을 오래 가지면서. 즉, 몇 해 (동안) 헛되이 세월을 보내며 날짜만 오래 끌면서. 여기서, '曠日持久'가 유래하였는데, 이것을 직역(直譯)하면, 비어 (있는) 날을 오래 가진다. 헛되이 세월을 보내며 날짜만 오래 끈다는 뜻으로, 시간을 끌어 일을 그르치거나, 전쟁에서 소모전(消耗戰)을 비유적으로 이르는 말. '令士大夫餘子之力'에서, '令'은 하여금 (<u>누구를 시키어</u>) '령(영)'으로 읽고, '士'는 선비 '사'로 읽고, '大'는 클 '대'로 읽고, '夫'는 지아비 '부'로 읽는다. '士大夫'는 벼슬이나 문벌(門閥. <u>대대로 내려온 그 집안의 사회적 신분이나 지위</u>)이 높은 집안의 사람. '餘'는 남을 '여', 나머지 '여'로 읽고, '子'는, 여기서는 사람 '자'로 읽는다. '餘子'는 본인 이외의 사람. '之'는 어조사 '지'로 읽는다. 여기서는 '~의'를 나타내는 관형격 조사. '力'은 힘 '력(역)'으로 읽는다. '令士大夫餘子之力'을 직역(直譯)하면, 사대부(士大夫)로 하여금 본인 이외의 사람의 힘으로. '盡於溝壘'에서, '盡'은 다할 '진'으로 읽고, '於'는 어조사 '어'로 읽는다. '~에(<u>위치</u>)'의 뜻을 나타냄. '溝'는 도랑(<u>매우 좁고 작은 개울</u>) '구'로 읽고, '壘'는 보루(堡壘. <u>적의 침입을 막기 위하여 돌이나 콘크리트 따위로 튼튼하게 쌓은 구축물</u>) '루(누)'로 읽는다. '盡於溝壘'를 직역(直譯)하면, 도랑이나 보루를 (만드는) 데에 (그 힘을) 다하도록 했다.

광채-육리(光彩陸離 빛 **광**/빛날 **채**/뒤섞일 **육**/흩어질 **리**) (아름다운) 빛이 뒤섞이고 흩어져 빛난다는 뜻으로, 여러 가지 색(色)이 아름답게 뒤섞여 빛나는 모양을 이르는 말. *광채(光彩): ①찬란한 빛. =광색(光色). ②정기(精氣. <u>생기 있고 빛이 나는 기운</u>) 어린 밝은 빛. 여기서, '기운'은 순우리말로, 생물이 살아 움직이는 원기(元氣). 또는 거기서 나오는 힘. *육리(陸離): 여러 빛이 서로 뒤섞이어 눈이 부시게 아름다움.

광풍-제월(光風霽月 빛 **광**/바람 **풍**/비 갤 **제**/달 **월**) 빛과, (시원한) 바람과, 비 갠 (뒤의 맑은) 달이라는 뜻으로, ①비가 갠 뒤의 맑게 부는 바람과 밝은 달을 이르는 말. ②마음이 넓고 쾌활하여 아무 거리낌이 없는 맑고 밝은 인품(人品. <u>사람이 사람으로서 가지는 품격이나 됨됨이</u>)을 비유적으로 이르는 말. =제월광풍(霽月光風). *광풍(光風): ①비가 갠 뒤에 맑은 햇살과 함께 부는 상쾌하고 시원한 바람. ②비가 갠 뒤의 깨끗하고 상쾌한 경치. ③화창한 봄날에 부는 바람. *제월(霽月): (비가) 갠 날의 밝은 달. 이 사자성어의 유래는 다음과 같다. 『예장집(豫章集)』의 「염계시서(濂溪詩序)」편(篇)에 〈용릉(舂陵. <u>땅 이름</u>) 주무숙(周茂叔. <u>일명 주돈이·周敦頤</u>)은 그 인품이 고상하고 마음이 대범한 것이 마치 맑은 날의 바람과 비 갠 날의 달과 같다.(舂陵周茂叔, 其人品甚高, 胸懷灑落, <u>如光風霽月</u>.)〉라는 이야기가 나오는데, '바람과 비 갠 날의 달과 같다.(如光風霽月)'에서, '광풍제월(光風霽月)', '제월광풍(霽月光風)'이 유래했다. 이 글은 황정견(黃庭堅)이 주돈이(周敦頤)의 인품(人品)을 추앙(推仰. <u>높이 받들어 우러름</u>)하면서 쓴 것이다. 주돈이(周敦頤)는 북송(北宋)의 유학자다. 주돈이(周敦頤)의 자(字. <u>본이름을 함부로 부르지 않던 시대에, 본이름 대신 부르던 이름</u>)는 무숙(茂叔)이다. 또 용릉(舂陵) 주무숙(周茂叔)은 용릉(舂陵) 땅 주무숙(周茂叔)이라는 뜻이다. 고대 중국 북송(北宋)의 대표적 시인(詩人)이며 서예가인 황정견(黃庭堅)은, 그의 스승이며 대유학자(大儒學者)인 주돈이(周敦頤)를 흠모(欽慕. <u>기쁜 마음으로 공경하며 사모함</u>)하여 경의(敬意. <u>존경하는 뜻</u>)를 표하며 그 사람됨을 '광풍제월(光風霽月)', '제월광풍(霽月光風)'으로 비유(比·譬喩. <u>어떤 사물의 모양이나 상태 따위를 보다 효과적으로 표현하기 위하여 그것과 비슷한 다른 사물에 빗대어 표현함, 또는 그 표현 방법</u>)하였다. 참고로, 원문의 '舂陵周茂叔'에서, '舂'은 절구질할(<u>절구에 곡식 따위를 넣고 빻거나 찧을</u>) '용', 방아 찧을 '용'으로 읽고, '陵'은 언덕 '릉(<u>능</u>)'으로 읽는다. '舂陵'은 땅 이름. '周'는 두루 '주'로 읽고, '茂'는 성할 '무'로 읽고, '叔'은 아저씨 '숙'으로 읽는다. '周茂叔'은 사람 이름. '舂陵周茂叔'을 직역(直譯)하면, 용릉(舂陵) (땅에 사는) 주무숙(周茂叔)은, '其人品甚高'에서, '其'는 그(<u>지시하는 말</u>) '기'로 읽고, '人'은 사람 '인'으로 읽고, '品'은 품격(品格) '품', 품위(品位) '품'으로 읽는다. '人品'은 사람이 사람으로서 가지는 품격이나 됨됨이. '甚'은 더욱 '심', 매우 '심'으로 읽고, '高'는 고상(高尙. <u>품위나 몸가짐의 수준이 높고 훌륭함</u>)할 '고'로 읽는다. '其人品甚高'을 직역(直譯)하면, 그 인품(人品)이 매우 고상(高尙)하여, '胸懷灑落'에서, '胸'은 가슴 '흉'으로 읽고, '懷'는 품을 '회'로 읽는다. '胸懷'는 가슴속에 품은 생각. '灑'는 깨끗할 '쇄'로 읽고, '落'은 떨어질 '락(<u>낙</u>)'으로 읽는다. '灑落'은 기분이나 몸이 상쾌하고 깨끗함. '胸懷灑落'을 직역(直譯)하면, 가슴속에 품은 생각이 상쾌하고 깨끗함이, '如光風霽月'에서, '如'는 같을 '여'로 읽고, '光'은 빛 '광'으로 읽고, '風'은 바람 '풍'으로 읽고, '霽'는 비 갤 '제'로 읽고, '月'은 달 '월'로 읽는다. '如光風霽月'을 직역(直譯)하면, 빛과 (함께 부는) 바람과 비갠 (뒤의) 달과 같도다. 여기서, '光風霽月', '霽月光風'이 유래하였는데, 이것을 직역(直譯)하면, 빛과, (시원한) 바람과, 비 갠 (뒤의 맑은) 달이라는 뜻으로, ①비가 갠 뒤의 맑게 부는 바람과 밝은 달을 이르는 말. ②마음이 넓고 쾌활하여 아무 거리낌이 없는 인품을 비유적으로 이르는 말. 여기서는 ②의 뜻.

괴괴-망측(怪怪罔測 괴이할 괴/괴이할 괴/없을 망/헤아릴 측) 괴이(怪異)하고 괴이(怪異)하여 헤아림이 없다는 뜻으로, 말할 수 없을 만큼 이상야릇함을 이르는 말. *괴괴(怪怪): 괴상함. 괴이함. 이상야릇함. *망측(罔測): 정상적인 상태에서 벗어나 너무나 어이가 없거나 차마 볼 수가 없음. *괴이하다(怪異~): 부록 '괴(怪)' 참고. *헤아리다: ①(수량을) 세다. 또는 셈하다. ②짐작으로 가늠하여 살피다. 또는 미루어 짐작하다.

괴담-이설(怪談異說 괴이할 괴/말씀 담/다를 이/말씀 설) 괴이(怪異)한 말(이야기)과 다른 말(이야기)이라는 뜻으로, 괴상하고 이상한 이야기를 이르는 말. 또는 괴상한 말과 이상야릇한 이야기를 이르는 말. *괴담(怪談): 괴상한 이야기. *이설(異說): ①이미(<u>돌이킬 수 없이 된 지난 일을 일컬을 때 쓰는 말</u>) 나와 있는 설(說)과 다른 설(說). ②통설(通說. <u>세상에 널리 알려지거나 일반적으로 인정되고 있는 설·說</u>)이나 정설(定說. <u>일정한 결론에 도달하여 이미 확정하거나 인정한 설·說</u>)과는 다른 설(說). *괴이하다(怪異~): 부록 '괴(怪)' 참고.

괴력-난-신(怪力亂神 괴이할 괴/힘 력/어지러울 난/귀신 신) 괴이(怪異)한 힘과 어지러운 귀신(鬼神)이라는 뜻으로, 이성적(理性的)으로 설명하기 어려운 불가사의(不可思議. <u>본문 참고</u>)한 존재나 현상을 이르는 말. *괴력(怪力): 괴상(怪狀)할 정도로 뛰어나게 센 힘. *괴이하다(怪異~): 부록 '괴(怪)' 참고.

괴상-망측(怪常罔測 괴이할 **괴**/항상 **상**/없을 **망**/헤아릴 **측**) 헤아림이 없이 항상 괴이(怪異)하다는 뜻으로, 말할 수 없이 괴이(怪異)하고 이상(異常)함을 이르는 말. ***괴상**(怪常): 괴이하고 이상함. ***망측**(罔測): ☞괴괴망측(怪怪罔測). ***괴이하다**(怪異~): 부록 '괴(怪)' 참고. ***헤아리다**: ☞괴괴망측(怪怪罔測).

괴악-망측(怪惡罔測 괴이할 **괴**/악할 **악**/없을 **망**/헤아릴 **측**) 헤아림이 없이 괴이(怪異)하고 악(惡)하다는 뜻으로, 도리(道理. 사람이 마땅히 지켜야 할 바른 길)에 벗어나서 말할 수 없이 괴이(怪異)하고 흉악(凶惡. 성질이 악하고 모짊)함을 이르는 말. ***괴악**(怪惡): 언행(言行)이 괴이(怪異)하고 흉악(凶惡)함. ***망측**(罔測): ☞괴괴망측(怪怪罔測). ***괴이하다**(怪異~): 부록 '괴(怪)' 참고. ***헤아리다**: ☞괴괴망측(怪怪罔測).

괴탄-불-경(怪歎·嘆不經 괴이할 **괴**/탄식할 **탄**/아닐 **불**/날실 **경**) 괴이(怪異)하고 탄식(歎·嘆息)함이 날실의 (정도가) 아니다. 즉, 괴상(怪狀)하게 여겨 탄식(歎·嘆息)한 것이 날줄의 수(數)와도 비교할 수 없다는 뜻으로, 괴상(怪狀)하게 여겨서 탄식(歎·嘆息)한 것이 헤아릴 수 없이 많음을 이르는 말. ***괴탄**(怪歎·嘆): 괴상하게 여겨 탄식함. *'**불-경**'은『국어사전(國語辭典)』에 등재(登載)된, '국법(國法)에 따르지 않음. 또는 정상적인 법도에서 벗어나 있음'인 '불경(不經)'의 뜻과는 별개다. ***괴이하다**(怪異~): 부록 '괴(怪)' 참고. ***탄식하다**(歎·嘆息~): 부록 '탄(歎·嘆)' 참고. ***날실**: 피륙 따위에서, 세로로 놓인 실.

굉재-탁식(宏才卓識 클 **굉**/재주 **재**/뛰어날 **탁**/알 **식**) 큰 재주와 뛰어난 앎이라는 뜻으로, 큰 재주와 뛰어난 식견(識見. 학식·學識과 견문·見聞이라는 뜻으로, 사물을 분별할 수 있는 능력을 이르는 말)을 이르는 말. ***굉재**(宏才): 뛰어난 재주. ***탁식**(卓識): 뛰어난 의견이나 견해. ***재주**: 순우리말로, 무엇을 잘할 수 있는, 타고난 능력과 슬기.

교각-살-우(矯角殺牛 바로잡을 **교**/뿔 **각**/죽일 **살**/소 **우**) (소의) 뿔을 바로잡으려다가 (오히려) 소를 죽인다는 뜻으로, 잘못된 점을 고치려다가 그 방법이나 정도가 지나쳐 오히려 일을 그르침을 비유적으로 이르는 말. 즉, 작은 일에 힘쓰다가 오히려 큰일을 망치게 됨을 이르는 말. ***교각**(矯角): 뿔을 바로잡아서 고침. 《관련 속담》 긁어 부스럼. / 빈대 잡으려고 초가삼간 태운다.

교교-백구(皎皎白駒 흴 **교**/흴 **교**/흰 **백**/망아지 **구**) 희고 흰 망아지라는 뜻으로, ①희고 깨끗한 말[馬]을 이르는 말. ②성현(聖賢. '성인·聖人'과 '현인·賢人'을 아울러 이르는 말)이 타는 말[馬]을 이르는 말. ***교교**(皎皎): ①달이 썩 맑고 밝음. ②썩 희고 깨끗함. ③매우 조용함. ***백구**(白駒): 흰 망아지. ***망아지**: 부록 '구(駒)' 참고.

교교-월색(皎皎月色 희게 빛날 **교**/희게 빛날 **교**/달 **월**/빛 **색**) 희게 빛나고 희게 빛나는 달빛이라는 뜻으로, 매우 맑고 밝은 달빛을 이르는 말. 또는 휘영청(달빛 따위가 몹시 밝은 모양) 밝은 달빛을 이르는 말. ***교교**(皎皎): ☞교교백구(皎皎白駒). ***월색**(月色): 달빛.

교룡-득수(蛟龍得水 교룡 **교**/용 **룡**/얻을 **득**/물 **수**) 교룡(蛟龍)이 물을 얻는다는 뜻으로, 영웅(英雄)이 때를 만나 의지(依支)할 곳이나 좋은 기회를 얻는 것을 비유적으로 이르는 말. ***교룡**(蛟龍): 모양이 뱀과 같고, 넓적한 네 발이 있다고 믿었던 상상의 동물을 일컫는 말. 물속에 살며, 큰 비를 만나면 하늘에 올라 용(龍)이 된다고 함. ***득수**(得水): 풍수지리(風水地理)에서, 묘지(墓地)에서 보아 산속에서 나와 산속으로 흐르는 물이 처음 보이는 지점. 여기서, '풍수지리(風水地理)'는 지형(地形. 땅의 생긴 모양)이나 방위(方位. 동서남북을 기준으로 하여 정한 방향)를 인간의 길흉화복(吉凶禍福)과 연결시켜, 죽은 사람을 묻거나 집을 짓는 데 알맞은 장소를 구하는 일. 이 사자성어의 유래는 다음과 같다.『관자(管子)』

의 「형세(形勢)」편(篇)에 〈군주(君主, <u>세습적으로 나라를 다스리는 최고 지위에 있는 사람</u>)는 백성을 얻기를 기다린 후에 그 위엄이 이루어진다. 그러므로 '교룡(蛟龍)이 물을 얻으면 신성함을 세울 수가 있고, 호랑이와 표범이 깊은 골짜기를 얻으면 위엄이 실린다.'라고 말한 것이다.(人主待得民, 而後成其威, 故曰, **蛟龍得水, 而神可立也**, 虎豹得幽, 而威可載也)〉라는 이야기가 나오는데, '교룡(蛟龍)이 물을 얻으면, 신성함을 세울 수가 있다.(蛟龍得水, 而神可立也)'에서, '교룡득수(蛟龍得水)'가 유래했다. 여기서, '교룡(蛟龍)이 물을 얻었다.'는 것은 좋은 기회가 온 것을 뜻한다. 전설상의 동물인 교룡(蛟龍)은 물을 좋아하기 때문에 물속에 사는데, 그것이 물을 얻었으니 힘차게 일어날 신통력(神通力, <u>보통 사람이 할 수 없는 일을 마음대로 하는, 훌륭하고 신비스러운 힘</u>)이 생긴다는 것이다. 참고로, 원문의 '人主待得民'에서, '人'은 사람 '인'으로 읽고, '主'는 임금 '주'로 읽는다. '人主'는 '임금'과 같은 말로, 군주 국가에서 나라를 다스리는 우두머리. '待'는 기다릴 '대'로 읽고, '得'은 얻을 '득'으로 읽고, '民'은 백성 '민'으로 읽는다. '人主待得民'을 직역(直譯)하면, 임금은 백성을 얻기를 기다린다. '而後成其威'에서, '而'는 말 이을 '이'로 읽는다. '그리고'의 뜻을 나타냄. '後'는 뒤 '후'로 읽고, '成'은 이룰 '성'으로 읽고, '其'는 그(<u>지시하는 말</u>) '기'로 읽고, '威'는 위엄(威嚴) '위'로 읽는다. '而後成其威'를 직역(直譯)하면, 그리고 후(後) 그 위엄이 이루어짐. '故曰'에서, '故'는 그러므로 '고'로 읽는다. '故曰'을 직역(直譯)하면, 그러므로 말하기를, '蛟龍得水'에서, '蛟'는 교룡(蛟龍) '교'로 읽는다. 여기서, 교룡(蛟龍)은 모양이 뱀과 같고, 넓적한 네 발이 있다고 믿었던 상상의 동물. 물속에 살며, 큰 비를 만나면 하늘에 올라 용이 된다고 함. '龍'은 용 '룡(용)'으로 읽고, '得'은 얻을 '득'으로 읽고, '水'는 물 '수'로 읽는다. '蛟龍得水'를 직역(直譯)하면, 교룡(蛟龍)이 물을 얻는다. 즉, 영웅이 때를 만나 의지(依支)할 곳이나 좋은 기회를 얻는 것을 비유적으로 이르는 말. '而神可立也'에서, '而'는 말 이을 '이'로 읽는다. '그리고'의 뜻을 나타냄. '神'은 귀신(鬼神) '신', 신령(神靈) '신'으로 읽고, '可'는 가히(可~, <u>'능히', '넉넉히'의 뜻을 나타냄</u>) '가'로 읽고, '立'은 세울 '립(입)'으로 읽고, '也'는 어조사 '야'로 읽는다. '~이다(단정)'의 뜻을 나타냄. '而神可立也'를 직역(直譯)하면, (교룡이 물만 얻으면) 그리고 신령스러움을 가히 세울 수 있다. 즉, 영웅도 때를 만나면 의지(依支)할 곳을 얻는다는 뜻이다. '虎豹得幽'에서, '虎'는 범 '호'로 읽고, '豹'는 표범 '표'로 읽고, '幽'는 깊을 '유'로 읽는다. '虎豹得幽'를 직역(直譯)하면, 범(호랑이)과 표범이 깊은 (골짜기를) 얻으면, '而威可載也'에서, '而'는 말 이을 '이'로 읽는다. '그리고'의 뜻을 나타냄. '威'는 위엄 '위'로 읽고, '可'는 가히(可~, <u>'능히', '넉넉히'의 뜻을 나타냄</u>) '가'로 읽고, '載'는 실을 '재'로 읽고, '也'는 어조사 '야'로 읽는다. '~이다(단정)'의 뜻을 나타냄. '而威可載也'를 직역(直譯)하면, 그리고 위엄이 가히 실릴 수 있다. 즉, 범(호랑이)과 표범은 깊은 골짜기에 있어야 위엄·威嚴이 실리게 된다는 뜻이다.

교목-세가(喬木世家 뛰어날 교/목재 목/대 세/집안 가) (여러 대에 걸쳐) 뛰어난 목재(木材)로서 (나라와 함께하는) 집안이라는 뜻으로, 여러 대(代)에 걸쳐 중요한 벼슬을 지내, 나라와 운명(運命)을 같이하는 집안을 비유적으로 이르는 말. 참 교목세신(喬木世臣). *교목(喬木): 줄기가 곧고 굵으며, 높이가 8m를 넘는 나무. 소나무, 향나무, 감나무 따위를 일컫는다. *세가(世家): 여러 대(代)에 걸쳐서 나라의 중요한 자리를 차지하고 있는 집안.

교목-세신(喬木世臣 뛰어날 교/목재 목/대 세/신하 신) (여러 대에 걸쳐) 뛰어난 목재(木材)로서 (나라와 함께하는) 신하(臣下)라는 뜻으로, 여러 대(代)에 걸쳐 중요한 벼슬을 지낸 집안 출신이어서, 나라와 운명(運命)을 같이하는 신하(臣下)를 비유적으로 이르는 말. 참 교목세가(喬木世家) *교목(喬木): ☞교목세가(喬木世家). *세신(世臣): 대대로 국록(國祿. 나라에서 주는 녹봉·祿俸. 즉, 벼슬아치에게 연봉·年俸으로 주는 곡식, 피륙, 돈 따위를 통틀어 이르는 말)을 받는 신하.

교-발-기-중(巧發奇中 교묘할 교/드러낼 발/기이할 기/맞을 중) 교묘(巧妙)하게 드러낸 (것이) 기이(奇異)하게 맞다(들어맞다)라는 뜻으로, 교묘(巧妙)하게 꺼낸 말[言]이 신기(新奇. 새롭고 기이함)하게 들어맞음을 이르는 말. *교묘하다(巧妙~): ①솜씨나 재치가 있고 약삭빠르다. ②매우 잘되고 묘하다. *기이하다(奇異~): 부록 '기(奇)' 참고.

교병-필패(驕兵必敗 교만할 교/군사 병/반드시 필/패할 패) 교만(驕慢)한 군사(군대)는 반드시 패(敗)한다. 즉, 자기 군대(軍隊)의 힘만 믿고 교만(驕慢)하여, 적(敵)에게 위엄(威嚴. 의젓하고 엄숙함. 또는 그러한 태도나 기세)을 보이려는 병정(兵丁)은, 적의 군대에게 반드시 패한다는 뜻으로, 무엇이든지 절대로 자만(自慢. 자기에게 관계되는 일을 남 앞에서 뽐내고 자랑하며 오만하게 행동함)해서는 안 됨을 이르는 말. *교병(驕兵): (싸움에 이기고) 뽐내는 군사. *필패(必敗): 반드시 패함. *교만하다(驕慢~): 부록 '교(驕)' 참고. *군사(軍士): 부록 '병(兵)' 참고. 《관련 속담》 원숭이도 나무에(서) 떨어질 때가 있다. 이 사자성어의 유래는 다음과 같다. 『한서(漢書)』의 「위상전(魏相傳)」 편(篇)에 〈자기 나라의 큰 힘을 믿고 백성이 많음을 자랑하여 적에게 위세를 보이기 위한 싸움을 교병(驕兵)이라 하는데, 군사가 교만한 전쟁을 하면 멸망당합니다.(恃國家之大, 矜民人之衆. 欲見威於敵者, 謂之驕兵, 兵驕者滅.)〉라는 이야기가 나오는데, '적에게 위세를 보이기 위한 싸움을 교병(驕兵)이라 하는데, 군사가 교만한 전쟁을 하면 멸망당합니다.(欲見威於敵者, 謂之驕兵, 兵驕者滅)'에서, '교병필패(驕兵必敗)'가 유래했다. 한(漢)나라 제8대 황제인 선제(宣帝)에게 승상(丞相. 예전에 중국의 역대 왕조에서 천자·天子를 보필하는 최고 관직을 이르던 말)인 위상(魏相)이 글을 올려 간한(諫~. 임금이나 윗사람에게 옳지 못한 일을 고치도록 말한) 이야기다. 여기서, '천자(天子)'는 천제(天帝. 하늘을 다스리는 신. 또는 우주를 창조하고 주재한다고 믿어지는 초자연적인 절대자)의 아들이란 뜻으로, 천명(天命. 하늘의 명령)을 받아 천하(天下)를 다스리는 사람. 곧 중국에서 황제(皇帝)를 일컫던 말이다. 이 이야기의 배경은 이렇다. 한(漢)나라 선제(宣帝)인 원강(元康) 연간(年間. 임금의 제위 기간)(기원전 68년) 때, 흉노(匈奴. 기원전 3~1세기경에 몽골 지방에서 활약하던 유목 민족)가, 한(漢)나라가 둔전(屯田. 변경이나 군사 요지에 주둔한 군대의 군량을 마련하기 위하여 설치한 토지를 경작함)을 하고 있는 서역(西域. 중국의 서쪽에 있던 여러 나라를 통틀어 이르는 말)의 거사(車師. 중국 한·漢나라 때부터 북위·北魏 시대까지 톈산산맥·天山山脈 동부에 있던 나라 이름)를 침입했으나, 한(漢)나라 군대는 이를 물리칠 수가 없었다. 선제(宣帝)는 장군(將軍)인 조충국(趙充國) 따위와 상의 끝에 흉노(匈奴. 기원전 3~1세기경에 몽골 지방에서 활약하던 유목 민족)가 약해진 틈을 타서 출병(出兵. 군사를 싸움터로 내보냄)하여 그들의 요지(要地. 정치, 문화, 교통, 군사 따위의 핵심이 되는 곳)를 쳐, 다시는 서역(西域)을 어지럽히지 못하도록 하자는 계책(計策. 어떤 일을 이루기 위하여 꾀나 방법을 생각해 냄. 또는 그 꾀나 방법)을 세웠다. 그때 승상(丞相. 벼슬 이름)인 위상(魏相)은 선제(宣帝)에게 글을 올려 다섯 가지를 간(諫)하였는데, 그 중 한 가지가 '교병필패(驕兵必敗)'이었다. 결국 황제는 위상(魏相)의 말에 따라 전쟁을 그만 두었다. 참고로, 원문의 '恃國家之大'에서, '恃'는 믿을 '시'로 읽고, '國'은 나라 '국'으로 읽고, '家'는 집 '가'로 읽는다. '國家'는 일정한 영토와 거기에 사는 사람들로 구성되고, 주권(主權)에 의한 하나의 통치 조직을 가지고 있는 사회 집단. '之'는 어조사 '지'로 읽는다. '~의'를 나타내는 관형격 조사. '大'는 클 '대'로 읽는다. '恃國家之大'를 직역(直譯)하면, 국가의 큰 (힘을) 믿고, '矜民人之衆'에서, '矜'은 자랑할 '긍'으로 읽고, '民'은 백성 '민'으로 읽고, '人'은 사람 '인'으로 읽는다. '民人'은 '인민(人民)'과 같은 말로, 국가나 사회를 구성하고 있는 사람들. '衆'은 무리 '중', 많을 '중'으로 읽는다. '矜民人之衆'을 직역(直譯)하면, 인민의 (숫자가) 많음을 자랑하여, '欲見威於敵者'에서, '欲'은 하고자 할 '욕'으로 읽고, '見'은 볼 '견'으로 읽고, '威'는 위엄(威嚴) '위'로 읽고, '於'는 어조사 '어'로 읽는다. '~에게(<u>위치</u>)'의 뜻을 나타냄. '敵'은 대적할(對敵~. <u>적이나 어떤 세력, 힘 따위와 맞서 겨룸</u>) '적', 원수 '적'으로 읽고, '者'는 사람 '자'로 읽는다. '欲見威於敵者'를 직역(直譯)하면, 대적(對敵)할 사람에게 위엄(威嚴)을 보이고자 하는 (자를), '謂之驕兵'에서, '謂'는 일컬을 '위'로 읽고, '之'는 어조사 '지'로 읽는다. 여기서는 '그것'을 나타내는 지시 대명사. '驕'는 교만할 '교'로 읽고, '兵'은 군사 '병'으로 읽는다. '謂之驕兵'을 직역(直譯)하면, 그것을 교만한 군사(군대)라고 일컫는다. '兵驕者滅'에서, '兵'은 군사 '병'으로 읽고, '驕'는 교만할 '교'로 읽고, '者'는 것(<u>사물, 일, 현상 따위를 추상적으로 이르는 말</u>) '자'로 읽고 '滅'은 멸망할 '명'으로 읽는다. '兵驕者滅'을 직역(直譯)하면, (그런데) 군사가 교만한 것은 (반드시) 멸망한다. 여기서, '교병필패(驕兵必敗)'가 유래하였는데, 이것을 직역(直譯)하면, 교만(驕慢)한 군사(군대)는 반드시 패(敗)한다. 즉, 자기 군대(軍隊)의 힘만 믿고 교만(驕慢)하여, 적(敵)에게 위엄(威嚴)을 보이려는 병정(兵丁)은, 적의 군대에게 반드시 패한다는 뜻으로, 무엇이든지 절대로 자만(自慢)해서는 안 됨을 이르는 말.

교부-초-래(敎婦初來 가르칠 **교**/며느리 **부**/처음 **초**/올 **래**) 며느리를 가르치는 (것은) 처음 올 때부터 (한다는) 뜻으로, 신부(新婦)의 교육은 시집 왔을 때에 바로 해야 함을 이르는 말. *교부(敎婦): (방직 공장 같은 데서) 직공(職工. <u>자기 기술로 물건 만드는 일을 업으로 하는 사람, 또는 공장에서 일하는 근로자</u>)에게 기술(技術)을 가르치고 지도하는 여자.

교-아-절치(咬牙切齒 물 **교**/어금니 **아**/갈 **절**/이 **치**) 어금니를 물고 이를 간다는 뜻으로, 몹시 분(憤)하여 이를 갊을 이르는 말. *절치(切齒): 분(憤)하여 이를 갊. *어금니: 부록 '아(牙)' 참고.

교언-영색(巧言令色 교묘할 **교**/말씀 **언**/아름다울 **영**/낯빛 **색**) 교묘(巧妙)한 말과 아름다운 낯빛. 즉, 듣기 좋은 교묘한 말과 보기 좋게 꾸민 얼굴색이란 뜻으로, 말을 꾸며 대면서 얌전한 체 하듯이, 남에게 잘 보이려고 아첨하는 말과, 거짓으로 꾸며서 하는 알랑거리는 태도를 이르는 말. *교언(巧言): 교묘하게 꾸며 대는 말. *영색(令色): 남의 비위를 맞추려고 일부러 얼굴빛을 꾸밈. 또는 그 얼굴빛. *교묘하다(巧妙~): ①솜씨나 재치가 있고 약삭빠르다. ②매우 잘되고 묘하다. 《관련 속담》 동헌(東軒)에서 원님 칭찬하듯. 이 사자성어의 유래는 다음과 같다. 『논어(論語)』의 「학이(學而)」와 「양화(陽貨)」 편(篇)에 〈교묘한 말과 보기 좋게 꾸민 얼굴을 하는 사람치고 어진 사람이 드물다.(**巧言令色鮮矣仁**.)〉라는 구절이 나오는데, 여기서, '교언영색(巧言令色)'이 유래했다. 참고로, 원문의 '巧言令色鮮矣仁'에서, '巧'는 교묘할 '교'로 읽고, '言'은 말씀 '언'으로 읽고, '令'은 좋을 '영'으로 읽고, '色'은 낯빛 '색'으로 읽고, '鮮'은 적을 '선', 드물 '선'으로 읽고, '矣'는 어조사 '의'로 읽는다. '~이다(<u>단정</u>)'의 뜻을 나타냄. '仁'은 어질 '인'으로 읽는다. '巧言令色鮮矣仁'을 직역(直譯)하면, 교묘한 말과 좋게 (꾸민 낯의) 빛은 어짊이 드물다. 즉, 교묘한 말과 보기 좋게 꾸민 얼굴을 하는 사람치고 어진 사람이 드물다. 중국 춘추시대(春秋時代)의 사상가이며 학자인 공자(孔子)는 애교(愛嬌. 남에게 귀엽게 보이는 태도. 또는 남에게 호감을 주는 상냥스러운 말씨나 행동)를 부리는 것은 좋으나, 아첨(阿諂)하는 것은 결코 바람직하지 않다고 말한다. 윗사람에게 아부(阿附)를 떨면서 낯빛을 부드럽게 하는 자(者)는 분명히 소인배(小人輩)로 늘 경계(警戒)해야만 한다는 것이다. 소인배(小人輩)는 어느 시대나 어떤 조직이나 있게 마련인데, 이들은 오직 자신의 영달(榮達. 지위가 높고 귀하게 됨)을 위해 교언영색(巧言令色)을 할 뿐, 절대로 인자(仁慈. 마음이 어질고 무던하며 자애로움)하질 않는다고 공자(孔子)는 주장한다. 여기서, '巧言令色'이 유래하였는데, 이것을 직역(直譯)하면, 교묘(巧妙)한 말과 아름다운 낯빛. 즉, 듣기 좋은 교묘한 말과 보기 좋게 꾸민 얼굴색이란 뜻으로, 남에게 잘 보이려고 아첨하는 말과, 거짓으로 꾸며서 하는 알랑거리는 태도를 이르는 말.

교왕-과-정(矯枉過正 바로잡을 **교**/굽을 **왕**/지나칠 **과**/바를 **정**) 굽은 (것을) 바로잡으니 바른 (것이) 지나치게 (곧게) 된다. 즉, 구부러진 것을 바로잡으려다 지나치게 바로잡아 너무 곧게 된다는 뜻으로, 잘못을 바로 고치려다 지나쳐 오히려 나쁜 결과를 가져옴을 비유적으로 이르는 말. 곧 극(極)과 극(極)인 모양을 이르는 말. ⑪ 과유불급(過猶不及), 교각살우(矯角殺牛), 교왕과직(矯枉過直), 소탐대실(小貪大失). *교왕(矯枉): 굽은 것을 바로잡음. *지나치다: 어떤 기준이나 한도를 훨씬 넘어 정도가 심하다. 《관련 속담》 긁어 부스럼. / 혹 떼러 갔다 혹 붙여 온다. 이 사자성어의 유래는 다음과 같다. 『후한서(後漢書)』의 「중장통전(仲長統傳)」 편(篇)에 〈맑은 세상으로 가려다 보면(부정한 기풍과 혼란을 바로잡으려다 보면) 구부러진 것을 바로잡다가 너무 곧게 되는(정도가 지나치게 되는) 모형으로 다시 들어갈 수가 있다.(逮至淸世, 則復入于矯枉過正之檢.)〉라는 글귀가 나오는데, '구부러진 것을 바로잡다가 너무 곧게 되는(정도가 지나치게 되는) 모형으로 다시 들어갈 수가 있다.(則復入于矯枉過正之檢)'에서, '교왕과정(矯枉過正)'이 유래했다. '교왕과정(矯枉過正)'과 '교왕과직(矯枉過直)'은 같은 뜻이다. 참고로, 원문의 '逮至淸世'에서, '逮'는 쫓을 '체'로 읽고, '至'는 이를(어떤 장소나 시간에 닿을) '지'로 읽고, '淸'은 맑을 '청', 깨끗할 '청'으로 읽고, '世'는 세상 '세'로 읽는다. '淸世'는 잘 다스려져 밝고 깨끗한 세상. '逮至淸世'를 직역(直譯)하면, 맑고 깨끗한 세상을 쫓아 이르게 (되면), '則復入于矯枉過正之檢'에서, '則'은 곧 '즉'으로 읽고, '復'는 다시 '부'로 읽고, '入'은 들 '입'으로 읽고, '于'는 어조사 '우'로 읽는다. '~에', '~으로'의 뜻을 나타냄. '矯'는 바로잡을 '교'로 읽고, '枉'은 굽을 '왕'으로 읽고, '過'는 지나칠 '과'로 읽고, '正'은 바를 '정'으로 읽고, '之'는 어조사 '지'로 읽는다. '~의'를 나타내는 관형격 조사. '檢'은 모형(模型. 모양이 같은 물건을 만들기 위한 틀) '금'으로 읽는다. '則復入于矯枉過正之檢'을 직역(直譯)하면, 곧 교왕과정(矯枉過正)의 모형으로 다시 들어갈 (수 있다). 다시 말하면, 굽은 (것을) 바로 잡으니 바른 (것이) 지나치게 되는 결과로 이어질 수 있다는 뜻이다. 잘못을 바로 고치려다 지나쳐 오히려 나쁜 결과를 가져옴을 비유적으로 이르는 말. 여기서, '矯枉過正'이 유래하였는데, 이것을 직역(直譯)하면, 굽은 (것을) 바로잡으니 바른 (것이) 지나치게 (곧게) 된다. 즉, 구부러진 것을 바로잡으려다 너무 곧게 된다는 뜻으로, 잘못을 바로 고치려다 지나쳐 오히려 나쁜 결과를 가져옴을 비유적으로 이르는 말. 이 이야기의 배경은 이렇다. 후한(後漢) 시대의 학자(學者)인 중장통(仲長統)은 당시(當時. 일이 있었던 바로 그때. 또는 이야기하고 있는 그 시기)의 정치적 혼란 상황에 대해 다음과 같이 분석하였다고 한다. "제왕(帝王)들 중 어떤 이는 썩 총명하지 못하여, 나라 안에 자신을 반대하는 사람이 없다고 생각하고, 스스로 자만(自慢. 자신이나 자신과 관련 있는 것을 스스로 자랑하며 뽐냄)하게 된다. 그리하여 나라 안의 모든 업적을 모두 자기의 공로(功勞)로 돌리며 아무도 자신을 뒤엎지 못하리라 믿게 된다. 그 결과 온 나라가 분란(紛亂. 어수선하고 소란스러움)에 휘말리게 되고, 이민족(異民族)들은 이 틈을 노려 침범해 오며, 마침내 나라는 무너지고 왕조(王朝)는 멸망하게 되는 것이다." 그는 이어서 말하기를, "정치가 잘 이루어지는 때가 되면, 사람들은 모두 부정한 기풍(氣風. '기상·氣像'과 '풍채·風采'를 아울러 이르는 말)과 혼란(混亂)을 바로 잡고자 하나, 굽은 것을 바로 잡으면서 마땅한 정도(程度. 알맞은 한도)를 지나치게 되기도 한다. 이 때문에 효과를 얻으려다 도리어 예상한 목적에 이르지 못할 수도 있다."라고 말하였다는 것이다.

교왕-과-직(矯枉過直 바로잡을 **교**/굽을 **왕**/지나칠 **과**/곧을 **직**) 굽은 (것을) 바로잡으려다가 (오히려) 곧은 (것을) 지나쳤다. 즉, 굽은 것을 바로 잡으려다가, 정도(程度. 알맞은 한도)에 지나치게 곧게 한다는 뜻으로, 잘못된 것을 바로잡으려다가 너무 지나쳐서 오히려 나쁘게 됨을 이르는 말. ㊙ 과유불급(過猶不及). 교각살우(矯角殺牛). 교왕과정(矯枉過正). 소탐대실(小貪大失). *교왕(矯枉): ☞교왕과정(矯枉過正). *지나치다: ☞교왕과정(矯枉過正). 《관련 속담》 긁어 부스럼. / 혹 떼러 갔다 혹 붙여 온다. 이 사자성어의 유래는 다음과 같다. 원강(袁康)의 『월절서(越絶書)』에 〈그대가 원수를 갚고 신(臣. =신하·臣下)이 적(賊)을 치는 것은, 지성(至誠)이면 감천(感天)이라고는 하지만, 구부러진 것을 고치려다가 오히려 너무 곧게 될(잘못을 고치려다가 오히려 정도가 지나치게 될) 수도 있습니다.(子之復仇, 臣之討賊, 至誠感天, 矯枉過直)〉라는 글귀가 나오는데, '구부러진 것을 고치려다가 오히려 너무 곧게 될(잘못을 고치려다가 오히려 정도가 지나치게 될) 수도 있습니다.(矯枉過直)'에서, '교왕과직(矯枉過直)'이 유래했다. '교왕과직(矯枉過直)'과 '교왕과정(矯枉過正)'은 같은 뜻이다. 참고로, 원문의 '子之復仇'에서, '子'는 당신 '자', 그대 '자'로 읽고, '之'는 어조사 '지'로 읽는다. '~이', '~가(주격 조사)'의 뜻을 나타냄. '復'은 (은혜나 원한·怨恨을) 갚을 '복'으로 읽고, '仇'는 원수(怨讐) '구'로 읽는다. '子之復仇'를 직역(直譯)하면, 그대가 원수를 갚고, '臣之討賊'에서, '臣'은 신하(臣下) '신'으로 읽고, '討'는 칠 '토', 공격할 '토'로 읽고, '賊'은 역적(逆賊. 자기 나라나 민족, 통치자를 반역한 사람) '적'으로 읽는다. 여기서는 '적(賊. 서로 싸우거나 해치고자 하는 상대)'의 뜻이 강함. '臣之討賊'을 직역(直譯)하면, 신하(臣下)가 적(賊)을 치는 (것)은, '至誠感天'에서, '至'는 지극할 '지'로 읽고, '誠'은 정성(精誠) '성'으로 읽고, '感'은 감동할 '감'으로 읽고, '天'은 하늘 '천'으로 읽는다. '至誠感天'을 직역(直譯)하면, 정성(精誠)이 지극(至極)하면 하늘도 감동(感動)한다는 뜻으로, ①무슨 일이든 정성스럽게 하면 하늘도 감동 받아서 좋은 결과를 가져오게 됨을 이르는 말. ②무슨 일에든 정성(精誠)을 다하면, 아주 어려운 일도 순조롭게 풀리어 좋은 결과를 맺음을 이르는 말. '矯枉過直'에서, '矯'는 바로잡을 '교'로 읽고, '枉'은 굽을 '왕'으로 읽고, '過'는 지나칠 '과', (분수에) 넘칠 '과'로 읽고, '直'은 곧을 '직'으로 읽는다. '矯枉過直'을 직역(直譯)하면, 굽은 (것을) 바로잡으려다가 (오히려) 곧은 (것을) 지나쳤다. 즉, 굽은 것을 바로 잡으려다가, 정도(程度)에 지나치게 곧게 한다는 뜻으로, 잘못된 것을 바로잡으려다가 너무 지나쳐서 오히려 나쁘게 됨을 이르는 말.

교외-별전(教外別傳 가르칠 **교**/바깥 **외**/분별할 **별**/전할 **전**) 가르침의 바깥에서 분별(分別)함을 전한다는 뜻으로, 선종(禪宗)에서, 부처의 가르침을 말이나 글에 의하지 않고, 바로 마음에서 마음으로 전하여 진리를 깨닫게 하는 법을 이르는 말. 즉, 가르치지 않고 스스로 진리를 깨닫게 한다는 뜻이다. ㊌ 불립문자(不立文字). 직지인심(直指人心). 여기서, '선종(禪宗)'은 참선(參禪. 좌선·坐禪하여 불도·佛道를 닦는 일)으로 자신의 본성을 구명(究明. 사물의 본질, 원인 따위를 깊이 연구하여 밝힘)하여 깨달음의 묘경(妙

境. 절묘한 경지. 즉, 비할 데가 없을 만큼 아주 묘한 경지)을 터득하고, 부처의 깨달음을 교설(敎說. 가르치며 설명함) 외에 이심전심(以心傳心. 본문 참고)으로 중생(衆生. 불교에서, 부처의 구제 대상이 되는, 이 세상의 모든 생물을 통틀어 이르는 말)의 마음에 전하는 것을 종지(宗旨. 주장이 되는 요지나 근본이 되는 중요한 뜻)로 하는 종파(宗派)이다. 중국 양(梁)나라 때 달마대사(達磨大師)가 중국에 전하였다. 우리나라에는 신라 중엽에 전해져 구산문(九山門)이 성립되었다. 여기서, '구산문(九山門)'은 통일신라 이후 불교가 크게 흥할 때, 승려들이 중국에서 달마(達磨)의 선법(禪法)을 받아 가지고 와 그 문풍(門風. 한 집안에 전하여 오는 범절이나 풍습)을 지켜 온 아홉 산문(山門. 절 또는 절의 바깥문)을 일컫는다. *교외(敎外): ①종교나 한 교파의 범위 밖. ②가르침의 범위 밖. ③(불) =교외별전(敎外別傳). *별전(別傳): 일인일사(一人一事. 한 사람의 한 사건. 또는 한 가지의 일)에 관한 일사기문(逸事奇聞. 기록에 빠지거나 알려지지 아니하여 세상에 드러나지 아니한 사실에 대한 기이한 소문)을 소설적으로 서술한 것. 전기소설(傳奇小說. 중국 당나라 때 발생한 문어체·文語體 소설)의 일종으로, 당(唐)나라 시대에 성행하였음. 여기서, '문어체(文語體)'는 일상적인 대화에서 쓰는 말투가 아닌, 글에서 주로 쓰는 말투를 일컫는다. *분별하다(分別~): ①사물을 종류에 따라 나누어 가르다. ②(무슨 일을) 사리에 맞게 판단하다. 《관련 속담》 과부 사정(설움)은 과부(홀아비)가 안다. / 과부의 심정은 홀아비가 알고, 도적놈의 심보는 도적놈이 잘 안다. / 홀아비 사정은 과부 가 안다. 이 사자성어의 유래는 다음과 같다. 『조정사원(祖庭事苑)』에 〈여러 조사(祖師)들에게 법(法)을 전하는데, 처음에는 삼승(三乘)과 교승(敎乘)을 겸하여 행하다가, 후에 달마(達磨) 조사(祖師)가 오직 심인(心印)과 파집(破集)을 현종(顯宗)에만 전했는데, 이른바 교외별전(敎外別傳), 불립문자(不立文字), 직지인심(直指人心), 견성성불(見性成佛)이다.(傳法諸祖, 初以三乘敎乘兼行, 後達磨祖師單傳心印破集顯宗, 所謂敎外別傳, 不立文字, 直指人心, 見性成佛.)〉라는 이야기가 나오는데, '이른바 교외별전(所謂敎外別傳)'에서, '교외별전(敎外別傳)'이 유래했다. 달마(達磨)에 의해 중국에 전해진 조사신(祖師禪)에서는 '불교의 진수(眞髓)는 어떤 경전(經典. 영원히 변치 않는 법식과 도리를 적은 서적이라는 뜻으로, 성인·聖人의 가르침이나 행실. 또는 종교의 교리를 적은 책)의 문구(文句)에도 의하지 않고 마음에서 마음으로 직접 체험에 의해서만 전해진다.'고 말한다. 나머지 구체적인 내용은 ⇨견성성불(見性成佛).

교우-이-신(交友以信 사귈 교/벗 우/써 이/믿을 신) 벗을 사귐에 믿음으로써 (한다는) 뜻으로, 친구를 사귈 때에 믿음이 매우 중요함을 이르는 말. 세속오계(世俗五戒)의 하나. 여기서, '세속오계(世俗五戒)'는 신라 진평왕(眞平王) 때 원광법사(圓光法師)가 지은 화랑의 계명(誡命. 도덕상 또는 종교상 지켜야 하는 규정)을 일컫는 말. 즉, 교우이신(交友以信), 사군이충(事君以忠), 사친이효(事親以孝), 살생유택(殺生有擇), 임전무퇴(臨戰無退)의 다섯 가지를 일컬음. *교우(交友): 벗과 사귐. 또는 그 사귀는 벗.

교유-부-잡(交遊不雜 사귈 교/놀 유/아닐 부/섞일 잡) 사귀어 놀 때 (잡됨과) 섞이지 않는다는 뜻으로, 사람을 올바르게 사귐을 이르는 말. *교유(交遊): 서로 사귀어 놀거나 왕래(往來) 함. 이 사자성어의 유래는 다음과 같다. 이선(李善)이 주(注)를 단 『손씨세록(孫氏世錄)』에 〈진(晉)나라의 손강(孫康)은 눈에 비춰 책을 읽었으며, 마음이 맑고 깨끗하여 사귀는 것과 노는 것이 잡스럽지 않았다.(晉孫康, 嘗暎雪讀書, 淸介, 交遊不雜.)〉라는 구절(句節)이 나오는데, '사귀는 것과 노는 것이 잡스럽지 않았다.(交遊不雜)'에서, '교유부잡(交遊不雜)'이 유래했다. 참고로, 원문의 '晉孫康'에서, '晉'은 진(晉)나라 '진'으로 읽고,

‘孫’은 손자 ‘손’으로 읽고, ‘康’은 편안 ‘강’으로 읽는다. ‘孫康’은 사람 이름. ‘晉孫康’을 직역(直譯)하면, 진(晉)나라의 손강(孫康)은, ‘嘗映雪讀書’에서, ‘嘗’은 일찍 ‘상’으로 읽고, ‘映’은 비출 ‘영’으로 읽고, ‘雪’은 눈 ‘설’로 읽고, ‘讀’은 읽을 ‘독’으로 읽고, ‘書’는 책 ‘서’, 글 ‘서’로 읽는다. ‘嘗映雪讀書’를 직역(直譯)하면, 일찍이 눈에 비추어 글을 읽었으며, 여기서, ‘映雪讀書’가 유래하였다. 이것을 직역(直譯)하면, 눈(눈빛)에 비치게 해서 글을 읽는다는 뜻으로, 가난을 무릅쓰고 학문을 익힘을 비유적으로 이르는 말. ‘淸介’에서, ‘淸’은 맑을 ‘청’, 깨끗할 ‘청’으로 읽고, ‘介’는 굳게 지킬 ‘개’로 읽는다. ‘淸介’는 청렴하고 고결함. ‘交遊不雜’에서, ‘交’는 사귈 ‘교’로 읽고, ‘遊’는 놀 ‘유’로 읽고, ‘不’은 아닐(부정하는 말) ‘부’로 읽고, ‘雜’은 섞일 ‘잡’으로 읽는다. ‘交遊不雜’을 직역(直譯)하면, 사귀어 놀 때 (잡됨과) 섞이지 않는다는 뜻으로, 사람을 올바르게 사귐을 이르는 말.

교-자-채-신(敎子採薪 가르칠 **교**/아들 **자**/캘 **채**/땔나무 **신**) 아들(자식)에게 땔나무 캐는 (법을) 가르친다는 뜻으로, 무슨 일이든 장기적(長期的)인 안목(眼目. <u>사물을 보아서 분별할 수 있는 식견, 또는 사물의 가치를 판별할 수 있는 능력</u>)을 갖고 해야 된다는 것을 비유적으로 이르는 말. *땔나무: 땔감이 되는 나무. =화목(火木). 이 사자성어의 유래는 다음과 같다. 당(唐)나라 임신사(林愼思)의 『속맹자(續孟子)』 「송신(宋臣)」 편(篇)에 〈맹자(孟子)가 송신(宋臣)에게 물었다. 여기서 ‘맹자(孟子)’는 중국 전국시대(戰國時代)의 사상가의 한 사람이다. 성선설(性善說)을 주장하고 인의(仁義)의 정치를 권하였다. “그대의 왕은 백성들에게 어떠하오?” “잘 어루만져줍니다.” “무엇으로써 어루만져줍니까?” “흉년이 들어 식량이 부족하면 창고를 열어 구휼하여 백성들이 부족하지 않도록 해 줍니다. 백성들이 추위에 떨면 비단을 풀어 백성들에게 주어 추위에 떨지 않도록 합니다.” 그러자 맹자(孟子)가 말했다. “그대의 왕은 노(魯)나라 사람만도 못하군요. 그대는 노(魯)나라 사람이 땔나무를 하는 것으로 아들을 가르친 것을 아시오?(이하 생략)”(孟子問宋臣曰, 子之王於民何如, 曰, 撫之, 曰, 何以撫邪, 曰, 民未及歉, 則開廩以賑之, 不使民歉也, 民未及寒, 則散帛以給之, 不使民寒也, 孟子曰, 吁, 子之王曾不若魯民也, <u>**子知魯民善敎子取薪乎**</u>.)〉라는 이야기가 나오는데, ‘그대는 노(魯)나라 사람이 땔나무를 하는 것으로 아들을 가르친 것을 아시오?(<u>子知魯民善敎子取薪乎</u>)’에서, ‘교자채신(敎子採薪)’이 유래했다. 여기서 ‘取’는 가질 ‘취’로 읽고, ‘採’는 캘 ‘채’로 읽어 뜻이 서로 비슷함을 독자께서 아시기 바람. 참고로, 원문의 ‘孟子問宋臣曰’에서, ‘孟’은 맏(<u>맏이의 뜻을 더하는 접미사</u>) ‘맹’으로 읽고, ‘子’는 경칭(敬稱. <u>공경하는 뜻으로 부르는 칭호, 또는 존대하여 일컬음</u>) ‘자’로 읽는다. 학덕(學德)과 지위가 높은 남자의 경칭(敬稱)이다. ‘孟子’는 사람 이름. ‘問’은 물을 ‘문’으로 읽고, ‘宋’은 성씨 ‘송’으로 읽고, ‘臣’은 신하(臣下) ‘신’으로 읽는다. ‘宋臣’은 사람 이름. ‘孟子問宋臣曰’을 직역(直譯)하면, 맹자(孟子)가 송신(宋臣)에게 물어 말하기를, ‘子之王於民何如’에서, ‘子’는 당신 ‘자’, 자네 ‘자’로 읽고, ‘之’는 어조사 ‘지’로 읽는다. ‘~의’를 나타내는 관형격 조사. ‘王’은 임금 ‘왕’으로 읽고, ‘於’는 어조사 ‘어’로 읽는다. ‘~에게(위치)’의 뜻을 나타냄. ‘民’은 백성 ‘민’으로 읽고, ‘何’는 어찌(<u>의문 부사</u>) ‘하’로 읽고, ‘如’는 같을 ‘여’로 읽는다. ‘何如’는 ‘그 형편이나 정도가 어떠한가?’의 뜻을 나타내는 말. ‘子之王於民何如’를 직역(直譯)하면, 그대의 왕은 백성들에게 어떠한가? ‘撫之’에서, ‘撫’는 어루만질 ‘무’로 읽고, ‘之’는 어조사 ‘지’로 읽는다. 여기서는 ‘그것’을 뜻하는 지시 대명사. ‘撫之’를 직역(直譯)하면, 그것을 어루만져줍니다. ‘何以撫邪’에서, ‘何’는 어찌 ‘하’, 무엇 ‘하’로 읽고, ‘以’는 써(<u>그것을 가지고, 그것으로 인하여</u>) ‘이’로 읽고, ‘邪’는 어조사 ‘야’로 읽는다. 의문이나 부정의 뜻을 나타냄. ‘何以撫邪’를 직역(直譯)하면, 무엇으로써(무엇을 가지고) 어루만져줍니까? '民未及歉'에서, '未'는 아닐 '미'로 읽고, '及'은 이를(어떤 정도나 범위에 미칠) '급'으로 읽는다. '未及'은 아직 미치지 못함. '歉'는 흉년들 '겸'으로 읽는다. '民未及歉'을 직역(直譯)하면, 흉년이 들어 백성에게 (식량이) 미치지 못할 (때에). 즉, 흉년이 들어 백성들의 식량이 부족할 때에, '則開廩以賑之'에서, '則'은 곧 '즉'으로 읽고, '開'는 열 '개'로 읽는다. '廩'은 곳집(庫~. 예전에 곳간으로 쓰려고 지은 집) '름(늠)'으로 읽고, '以'는 써(그것을 가지고, 그것으로 인하여) '이'로 읽고, '賑'은 구휼(救恤. 사회적 또는 국가적 차원에서 재난을 당한 사람이나 빈민에게 금품을 주어 구제함)할 '진'으로 읽는다. '則開廩以賑之'를 직역(直譯)하면, 곧 곳집을 열어 그것(곳집에 있는 식량)을 가지고 그것('백성·百姓'을 가리킴)을 구휼(救恤)하여, '不使民歉也'에서, '使'는 하여금(누구를 시키어) '사'로 읽고, '也'는 어조사 '야'로 읽는다. '~이다(단정)'의 뜻을 나타냄. '不使民歉也'를 직역(直譯)하면, 백성으로 하여금 흉년들지 않도록 합니다. '民未及寒'에서, '寒'은 찰 '한', 추위 '한'으로 읽는다. '民未及寒'을 직역(直譯)하면, 백성이 추위에 미치지 않을 (때에는), '則散帛以給之'에서, '散'은 풀어 놓은 '산'으로 읽고, '帛'은 비단 '백'으로 읽고, '給'은 줄(물건 따위를 남에게 건네어 가지거나 누리게 할) '급'으로 읽는다. '則散帛以給之'을 직역(直譯)하면, 곧 비단을 풀어 놓아 그것(풀어놓은 비단)을 가지고 그것('백성·百姓들'을 가리킴)에게 준다. '不使民寒也'에서, '使'는 하여금 '사'로 읽는다. '不使民寒也'를 직역(直譯)하면 백성으로 하여금 춥지 않도록 합니다. '吁'에서, '吁'는 탄식할 '우'로 읽는다. '子之王曾不若魯民也'에서, '子'는 당신 '자', 자네 '자'로 읽고, '曾'은 일찍 '증', 이미(돌이킬 수 없이 된 지난 일을 일컬을 때 쓰는 말) '증'으로 읽고, '若'은 같을 '약'으로 읽고, '魯'는 노(魯)나라 '노(로)'로 읽는다. '子之王曾不若魯民也'를 직역(直譯)하면, 당신의 왕은 일찍이 노(魯)나라 백성과 같지 않군요. '子知魯民善敎子取薪乎'에서, 앞의 '子'는 당신 '자', 자네 '자'로 읽고, '知'는 알 '지'로 읽고, '民'은 백성 '민'으로 읽고, '善'은 잘할 '선'으로 읽고, '敎'는 가르칠 '교'로 읽는다. 뒤의 '子'는 아들 '자'로 읽고, '取'는 취할 '취', 가질 '취'로 읽고, '薪'은 땔나무 '신'으로 읽고, '乎'는 어조사 '호'로 읽는다. '~는가?', '~인가?'(의문)의 뜻을 나타냄. '子知魯民善敎子取薪'을 직역(直譯)하면, 그대는 노(魯)나라 백성이 땔나무를 가지고 자식을 가르친 것이 잘했음을 아십니까? 이 말의 배경은 이렇다. 춘추시대 노(魯)나라의 어떤 아버지가 아들에게 하루는 땔나무를 해 오라고 하면서 한 마디 물어 보았다. "너는 여기서 백 보 떨어진 곳에 가서 해오겠느냐? 아니면 힘이 들더라도 백 리 떨어진 곳에 가서 해 오겠느냐?" 말할 것도 없이 이 자식은 백 보 떨어진 곳으로 가겠다고 대답했다. 그러자 아버지는 이렇게 말했다. "네가 가까운 곳으로 가겠다는 것은 이해가 되지만, 그 곳은 언제든지 나무를 해 올 수 있다. 하지만, 백 리 떨어진 곳은 누구나 나무를 해서 가지고 와도 되니, 그 곳의 땔감부터 가져와야 우리 집 근처의 땔감이 남아 있지 않겠니?" 여기서, '敎子取(採)薪'이 유래하였는데, 이것을 직역(直譯)하면, 아들(자식)에게 땔나무 캐는 (법을) 가르친다는 뜻으로, 무슨 일이든 장기적(長期的)인 안목(眼目)을 갖고 해야 된다는 것을 비유적으로 이르는 말.

교-주-고-슬(膠柱鼓瑟 아교 교/기둥 주/두드릴 고/비파 슬) (비파·琵琶의) 기둥을 아교(阿膠)에 (붙여놓고) 비파를 두드림. 즉, 비파(琵琶)의 기둥을 아교풀로 고착시켜 놓고 비파를 두드리면 한 가지 소리밖에 나지 않는다는 뜻으로, 규칙(規則)에 얽매여 융통성(融通性)이 없는, 꽉 막힌 사람을 비유적으로 이르는 말. 또는 고지식하여 조금도 융통성(融通性)이 없음을 이르는 말. 여기서, '고지식하다'는 순우리말로, 성질이 외곬으로 곧아 융통성이 없다. *아교(阿膠): 부록 '교(膠)' 참고. *비파(琵琶): 동양의 현악기(絃樂

器)의 한 가지. 인도(印度)에서 중국(中國)을 거쳐 삼국 시대에 우리나라에 들어 왔음. 다섯 줄의 향비파(鄕琵琶)와 넉 줄의 당비파(唐琵琶)가 있음. 이 사자성어의 유래는 다음과 같다. 『사기(史記)』의 「염파인상여열전(廉頗藺相如列傳)」 편(篇)에, 〈인상여(藺相如)가 반대했다. "왕께서는 이름만으로 조괄(趙括)을 쓰시려고 하는데, 그것은 거문고와 기러기발을 풀로 붙여 둔 채 거문고를 타는 것과 같습니다. 조괄(趙括)은 다만 그의 아버지가 남긴 (병법에 관한) 전적(典籍) 혹은 저작(著作)을 읽은 것뿐으로 임기응변(臨機應變. 본문 참고)을 모릅니다."(藺相如曰, 王以名使括, **若膠柱而鼓瑟耳**, 括徒能讀其父書傳, 不知合變也.)〉라는 이야기가 나오는데, '그것은 거문고와 기러기발을 풀로 붙여 둔 채 거문고를 타는 것과 같습니다.(若膠柱而鼓瑟耳)'에서, '교주고슬(膠柱鼓瑟)'이 유래했다. '염파(廉頗)'는 조(趙)나라 말기의 장군이다. '인상여(藺相如)'는 중국 전국시대(戰國時代) 조(趙)나라의 대신(大臣)이다. 조(趙)나라 말기에 활약한 대표적인 인물 중 한 사람이다. 「염파인상여열전(廉頗藺相如列傳)」은 전한(前漢) 시대의 역사가 사마천(司馬遷)이 조(趙)나라 말기에 활약했던 명장(名將) 두 사람(염파와 인상여)의 열전(列傳. 여러 사람의 개별적인 전기를 차례로 벌여서 기록한 책)을 함께 묶어서 구성한 것이다. 번역문의 '조괄(趙括)'은 중국 전국시대(戰國時代) 조(趙)나라의 장군 이름이다. 병법(兵法)에 통달한 것으로 이름을 남겼다고 함. 원문의 배경은 이렇다. 조(趙)나라 효성왕(孝成王) 7년(기원전 260년), 진(秦)나라가 조(趙)나라를 치기 위해 출병(出兵. 군대를 싸움터로 내보내는 일)했다. 양측의 군대는 장평(長平)에서 맞섰다. 조(趙)나라에서는 염파(廉頗)를 장군에 임명하여 맞서게 했는데, 염파(廉頗)의 군대는 진(秦)나라 군대가 여러 차례 도전(挑戰. 정면으로 맞서 싸움을 걺)해 와도 응전(應戰. 상대편의 도전에 응하여 싸움)하지 않고 방벽(防壁. 밖으로부터 쳐들어오는 것을 막으려고 쌓은 벽)을 굳게 지키기만 했다. 그런데 진(秦)나라는 이 전투가 시작되기 전에 조(趙)나라의 명장(名將. 이름난 장수)인 염파(廉頗)를 제거하지 않으면 어렵다는 사실을 알았다. 그래서 눈엣가시인 염파(廉頗)를 제거하기 위해 첩자(諜者. '간첩'과 같은 말로, 적대되는 상대편의 내부에 침투하여 그 기밀을 알아내는 사람)를 풀어, 진(秦)나라가 두려워하는 것은 염파(廉頗)가 아니라 조괄(趙括)이라고 헛소문을 퍼뜨렸다. 진(秦)나라의 심리전에 넘어간 조(趙)나라의 효성왕(孝成王)은 조괄(趙括)을 장군으로 삼아 염파(廉頗)를 대신하려 했다. 여기에 인상여(藺相如)가 "왕께서는 이름만으로 조괄(趙括)을 쓰시려고 하는데, 그것은 거문고와 기러기발을 풀로 붙여 둔 채 거문고를 타는 것과 같습니다."라고 반대한 것이다. '이름만으로 조괄(趙括)을 쓰시려고 하는데'는, 남의 헛소문(이름)을 듣고 조괄(趙括)을 장군으로 삼으려고 한다는 것을 염두에 두고 한 말이다. 또 위의 '거문고와 기러기발'은 조괄(趙括)과 염파(廉頗)를 각각 비유한 것이다. '거문고를 탄다'는 것은 조괄(趙括)을 대장으로 임명하는 것을 비유(比·譬喩. 어떤 사물의 모양이나 상태 따위를 보다 효과적으로 표현하기 위하여 그것과 비슷한 다른 사물에 빗대어 표현함. 또는 그 표현 방법)한 것이다. 결국 효성왕(孝成王)은 인상여(藺相如)의 강력한 반대에도 불구하고 조괄(趙括)을 장군으로 임명하여 싸움터에 보냈다. 조괄(趙括)은 마지막까지 싸웠으나, 진(秦)나라 병사의 활에 맞아 죽고, 조괄(趙括)의 군사 40만 명은 전원(全員) 무장(武裝. 전투에 필요한 장비를 갖춤. 또는 그 장비)을 해제하고 항복했다. 참고로 원문의 '藺相如曰'에서, '藺'은 골풀(골풀과의 여러해살이풀) '인'으로 읽고, '相'은 서로 '상'으로 읽고, '如'는 같을 '여'로 읽는다. '藺相如'는 사람 이름. '藺相如曰'을 직역(直譯)하면, 인상여(藺相如)가 말하기를, '王以名使括'에서, '王'은 임금 왕으로 읽고, '以'는 써(그것을 가지고, 그것으로 인하여) '이'로 읽고, '名'은 이름 '명'으로 읽고, '使'는 쓸 '사', 부릴 '사'로 읽고,

'括'은 쌀(물건을 안에 넣고 보이지 않게 씌워 가리거나 둘러 말) '괄', 묶을 '괄'로 읽는다. 여기서는 '조괄(趙括)'을 가리킴. '王以名使括'을 직역(直譯)하면, 왕은 이름으로써(이름을 가지고) 조괄(趙括)을 쓰려고 하시니, 즉, 왕은 헛소문만 듣고 조괄(趙括)을 대장으로 임명하려고 한다는 뜻이다. '若膠柱而鼓瑟耳'에서, '若'은 같을 '약'으로 읽고, '膠'는 아교 '교'로 읽고, '柱'는 기둥 '주'로 읽고, '而'는 말 이을 '이'로 읽는다. '그리고'의 뜻을 나타냄. '鼓'는 두드릴 '고'로 읽고, '瑟'은 비파 '슬'로 읽고, '耳'는 따름 '이', 뿐 '이'로 읽는다. '~할 뿐이다(한정)'의 뜻을 나타냄. '若膠柱而鼓瑟耳'를 직역(直譯)하면, 마치 기둥에 아교를 붙여놓고 그리고 비파를 두드리는 것과 같을 뿐입니다. 여기서, '膠柱鼓瑟'이 유래하였는데, 이것을 직역(直譯)하면, (비파의) 기둥을 아교에 붙여놓고 비파를 두드림. 즉, 비파의 기둥을 아교풀로 고착시켜 놓고 비파를 두드리면 한 가지 소리밖에 나지 않는다는 뜻으로, 규칙에 얽매여 융통성이 없는, 꽉 막힌 사람을 비유적으로 이르는 말. 또는 고지식하여 조금도 융통성이 없음을 이르는 말. '括徒能讀其父書傳'에서, '徒'는 다만 '도'로 읽고, '能'은 능할 '능'으로 읽고, '讀'은 읽을 '독'으로 읽고, '其'는 그(지시하는 말) '기'로 읽고, '父'는 아버지 '부'로 읽고, '書'는 글 '서'로 읽고, '傳'은 전할 '전'으로 읽는다. '括徒能讀其父書傳'을 직역(直譯)하면, 조괄(趙括)은 다만 그 아버지가 (건네준) (병법에 관하여) 전(傳)해지는 글을 능히 읽었을 (뿐이지), '不知合變也'에서, '知'는 알 '지'로 읽고, '合'은 합할 '합'으로 읽고, '變'은 변통할(變通~) '변'으로 읽는다. 여기서는 '임기응변(臨機應變)'으로 풀이했음. '也'는 어조사 '야'로 읽는다. '~이다(단정)'의 뜻을 나타냄. '不知合變也'를 직역(直譯)하면, (상황에 맞추어) 합하게 한다든지 변통할 줄을 모른다. 즉, 임기응변(臨機應變)을 모른다는 뜻이다.

교천-언-심(交淺言深 사귈 **교**/얕을 **천**/말씀 **언**/깊을 **심**) 얕게 사권 (사람에게) 깊게 말한다는 뜻으로, 사권 지 얼마 되지 않는 사람에게, 속마음을 터놓고 함부로 이야기하는 어리석음을 이르는 말. *교천(交淺): 사권 지 얼마 되지 아니 함.

교-취-호-딜(巧取豪奪 교묘힐 **교**/취할 **취**/성할 **호**/빼앗을 **탈**) 교묘(巧妙)한 (수단으로) 취(取)하거나 (기운이) 성(盛)한 (사람이) (빼앗듯 힘으로) 빼앗는다는 뜻으로, 정당하지 않은 방법에 의해 남의 귀중한 물건을 가로채는 것을 비유적으로 이르는 말. *교묘하다(巧妙~): ①솜씨나 재치가 있고 약삭빠르다. ②매우 잘되고 묘하다. *성하다(盛~): 기운이나 세력이 한창 왕성하다. 이 사자성어의 유래는 다음과 같다. 『청파잡지(淸波雜誌)』의 「왕우군첩(王右軍帖)」 편(篇)에 〈노미(老米)는 서화(書畵)를 아주 좋아하여 일찍이 다른 사람에게 옛 그림을 빌려 종일 이름을 본떠 그렸다. 그리기를 마치고는 진본(眞本)과 위조품(僞造品)을 함께 가지고 돌아가 (원 주인에게) 직접 고르게 하여도 분변(分辨. 세상 물정에 대한 바른 생각이나 판단)하지를 못했다. 이처럼 교묘한 수단으로 훔치고 횡포를 써 빼앗았으므로 얻은 것이 아주 많았다. 즉, 진본(眞本)과 위조품(僞造品)을 갖고 주인에게 가서, 그것을 구분하지 못하는 사이에 위조품(僞造品)을 주인에게 돌려주고, 진품(眞品)을 빼돌리는 교묘한 방법으로 빼앗아 얻은 것이 아주 많았다는 뜻이다. 그림의 주인 입장에서는 '눈 뜨고 도둑맞는 격'이 되었다.(老米酷嗜書畵, 嘗從人借古畵口臨拓, 拓竟. 并與眞贗本歸之, 俾其自擇而莫辨也. **巧偸豪奪. 故所得爲多**.)〉[그래서 소동파(蘇東坡)는 「이왕첩발(二王帖跋)」에 다음과 같이 썼다. '이왕첩발(二王帖跋)'에서, '이왕(二王)'은 왕희지(王羲之)와 그의 아들 왕휘지(王徽之)를 가리키는 말이다. 따라서 이왕첩발(二王帖跋)은 왕희지(王羲之) 부자(父子. 아버지와 아들)의 행초서(行草書)를 수습(收拾. 어수선하게 흩어진 물건들을 거두어들임)하여 만든 서화첩(書畵帖.

글씨와 그림을 모아 만든 책)의 발문(跋文)이라는 뜻이다. '발문(跋文)'은 책의 끝에 본문 내용의 대강이나 간행 경위에 관한 사항을 간략하게 적은 글이다. "옥(玉)으로 만든 족자(簇子. 그림이나 글씨 따위를 벽에 걸거나 말아 안전하게 둘 수 있도록 양 끝에 가름대를 대고 표구한 물건)에 표구를 한 것(진귀한 서화 작품)은 온 자취가 없어, 분명 진본(眞本)을 빼앗았으니 지혜가 아닌가?" 이런 식(式)으로 시(詩)를 빌려 그('노미·老米'를 가리킴)를 나무랐다. 전(傳)하는 바에 따르면, 노미(老米)는 의전(儀眞. 중국식 발음인 듯(?). 땅 이름)에서 중귀인(中貴人. 지위가 높은 환관·宦官)의 배를 탔는데, 배 안에서 왕우군(王右軍)의 서화첩(書畫帖)을 보고, 다른 그림과 바꾸기를 청했으나 상대가 허락하지 않았다. 여기서 '왕우군(王右軍)'은 '왕휘지(王徽之)'를 가리키는 말. 왕휘지(王徽之)가 일찍이 우군장군(右軍將軍)을 지냈기 때문에, 세상에서는 그를 왕우군(王右軍)이라 불렀다. 노미(老米)는 크게 소리를 지르며 뱃전에 기대어 물에 뛰어들려고 했다. 그 사람이 크게 놀라 바로 노미(老米)에게 서화첩(書畫帖)을 주어 버렸다. 노미(老米)는 뛰어난 작품들을 좋아하였으나, 때로는 생명도 돌보지 않았으므로, 사람들은 이 일을 다른 사람에게 전(傳)해 주어 가며 웃음거리로 삼았다. 결국 노미(老米)는 왕우군(王右軍)의 서화첩(書畫帖)을 횡포(橫暴)를 써서 빼앗은 셈이다. 노미(老米)는 이렇게 눈 뜨고 코 베어갈 세상에, 남의 눈 앞에서 자기의 이익을 챙길 수 있는 재주(순우리말로, 무엇을 잘할 수 있는, 타고난 능력과 슬기)를 발휘하거나 횡포를 써 빼앗으면서 기행(奇行. 기이한 행동)을 일삼은 것이다.]라는 이야기가 나오는데, '이처럼 교묘한 수단으로 훔치고 횡포를 써 빼앗았으므로 얻은 것이 아주 많았다.(巧偸豪奪, 故所得爲多)'의 교투호탈(巧偸豪奪)에서 '교취호탈(巧取豪奪)'이 유래했다. 여기서 '교투호탈(巧偸豪奪)'과 '교취호탈(巧取豪奪)'은 구별 없이 쓰인다. 『청파잡지(淸波雜誌)』는 주휘(周輝)가 지은, 송대(宋代. 송나라의 시대) 사람들의 일화(逸話. 어떤 사람이나 어떤 사건에 관련된, 아직 세상에 널리 알려지지 않은 이야기)를 기록한 책이다. 윗글의 '노미(老米)'는 미불(米芾)의 다른 이름이다. 북송(北宋)의 유명한 서화가(書畫家)인 미불(米芾)은 왕희지(王羲之)에게 서예를 배웠으며, 산수화(山水畵)에 있어서는 독자적으로 계파를 이룰 정도로 뛰어났다. 그의 아들 미우인(米友仁)과 구별하여 노미(老米)라고 부른다. 이 노미(老米)가 '교취호탈(巧取豪奪)'의 주인공이다. 참고로, 원문의 '老米酷嗜書畫'에서, '老'는 늙을 '로(노)'로 읽고, '米'는 쌀 '미'로 읽는다. 여기서 '老米'는 사람 이름. '酷'은 심할 '혹'으로 읽고, '嗜'는 즐길 '기', 좋아할 '기'로 읽는다. '酷嗜'는 어떤 것을 지나치게 즐기거나 좋아함. '書'는 글 '서', 글씨 '서'로 읽고, '畫'는 그림 '화'로 읽는다. '老米酷嗜書畫'를 직역(直譯)하면, 노미(老米)는 글씨와 그림을 (너무) 심할 정도로 좋아했다. '嘗從人借古畵日臨拓'에서, '嘗'은 일찍 '상'으로 읽고, '從'은 좇을 '종'으로 읽고, '人'은 다른 사람 '인'으로 읽고, '借'는 빌 '차'로 읽고, '古'는 옛 '고'로 읽고, '日'은 날 '일', 해 '일'로 읽는다. '臨'은 본떠 그릴 '림(임)'으로 읽고, '拓'은 박을(붙이거나 끼워 넣을) '탁'으로 읽는다. '嘗從人借古畵日臨拓'을 직역(直譯)하면, 일찍이 다른 사람을 좇아 옛 그림을 빌려 해가 (질 때까지) (종이에) 박아 본떠 그렸다. '拓竟'에서, '竟'은 마칠 '경'으로 읽는다. '拓竟'을 직역(直譯)하면, (종이에) 박아 (그리기를) 마쳤다. '幷與眞贋本歸之'에서, '幷'은 아우를 (여럿을 모아 한 덩어리나 한 판이 되게 할) '병', 합할 '병'으로 읽고, '與'는 함께할 '여'로 읽고, '眞'은 참 '진', 진실 '진'으로 읽고, '贋'은 위조할 '안', 가짜 '안'으로 읽고, '本'은 근본(根本) '본'으로 읽는다. '眞贋本'은 '진본(眞本)'과 '위조품(僞造品)'을 가리킴. '歸'는 돌아갈 '귀'로 읽고, '之'는 어조사 '지'로 읽는다. '그것'을 나타내는 지시 대명사. '幷與眞贋本歸之'를 직역(直譯)하면, (그리고) 함께 진본(眞本)과 위조품(僞造品) 그것을 (가지고) (본래의 주인에게) 돌아갔다. '俾其自擇而莫辨也'에서, '俾'는 더할 '비'로 읽고, '其'는 그(지시하는 말) '기'로 읽고, '自'는 스스로 '자'로 읽고, '擇'은 가릴 '택', 고를 '택'으로 읽고, '而'는 말 이을 '이'로 읽는다. '그러나'의 뜻을 나타냄. '莫'은 아닐(부정하는 말) '막'으로 읽고, '辨'은 분별(分別)할 '변', 가릴 '변'으로 읽고, '也'는 어조사 '야'로 읽는다. '~이다(단정)'의 뜻을 나타냄. '俾其自擇而莫辨也'를 직역(直譯)하면, 더하여 그것을 스스로 (본래의 주인에게) 고르게 하였으나, 그러나 (본래의 주인은) 분별하지를 못했다. 즉, 그만큼 교묘하게 남의 그림을 본떠 그렸다는 것이다. '巧偸豪奪'에서, '巧'는 교묘(巧妙)할 '교'로 읽고, '偸'는 훔칠 '투', 도둑질할 '투'로 읽고, '豪'는 성할 '호'로 읽고, '奪'은 빼앗을 '탈'로 읽는다. '巧偸豪奪'을 직역(直譯)하면, 교묘한 (수단으로) (기운이) 성(盛)한 (사람이) 취(取)하거나 빼앗은 것을 도둑질한다. 즉, 교묘한 수단이나 비열한 술책을 써서 빼앗는다는 것이다. 여기서 '巧取豪奪'을 직역(直譯)하면 교묘(巧妙)한 (수단으로) 취(取)하거나 (기운이) 성(盛)한 (사람이) (빼앗듯 힘으로) 빼앗는다는 뜻으로, 정당하지 않은 방법에 의해 남의 귀중한 물건을 가로채는 것을 비유적으로 이르는 말이다. '故所得爲多'에서, '故'는 그러므로 '고'로 읽고, '所'는 바(앞에서 말한 내용 그 자체나 일 따위를 나타내는 말) '소'로 읽고, '得'은 얻을 '득'으로 읽고, '爲'는 될 '위'로 읽고, '多'는 많을 '다'로 읽는다. '故所得爲多'를 직역(直譯)하면, 그러므로 얻은 바가 많게 되었다. 이처럼 노미(老米)는 교묘한 수단으로 훔치고 횡포를 써서 빼앗았으므로 얻은 것이 아주 많았다는 것이다.

교칠-지-교(膠漆之交 아교 **교**/옻칠할 **칠**/어조사 **지**/사귈 **교**) 아교(阿膠)와 옻칠의 사귐. 즉, 아교로 붙이고 그 위에 옻칠을 하여 떨어지지도 않고 벗겨지지도 않는 사귐이라는 뜻으로, 아주 친밀(親密)하여 서로 떨어질 수 없는 교분(交分)을 이르는 말. 중국 당(唐)나라의 시인인 백거이(白居易)가 친구 원미지(元微之)에게 보낸 편지에서 유래한다. 〖참〗 교칠지심(膠漆之心). 교칠지정(膠漆之情). *교칠(膠漆): 아교와 옻칠이라는 뜻으로, 사귀는 사이가 매우 친밀하여 서로 떨어질 수 없는 관계를 이르는 말. *아교(阿膠): 부록 '교(膠)' 참고. *옻칠하다(~漆~): 부록 '칠(漆)' 참고.

교칠-지-심(膠漆之心 아교 **교**/옻칠할 **칠**/어조사 **지**/마음 **심**) 아교(阿膠)와 옻칠의 마음. 즉, 아교(阿膠)로 붙이고 그 위에 옻칠을 하면 떨어지지도 않고 벗겨지지도 않는다는 뜻으로, 친구 사이의 두터운 우정(友情)을 비유적으로 이르는 말. 또는 아주 친밀(親密)하여 떨어질 수 없는 교분(交分)을 이르는 말. 〖참〗 교칠지교(膠漆之交). 교칠지정(膠漆之情). *교칠(膠漆): ☞교칠지교(膠漆之交). *아교(阿膠): 부록 '교(膠)' 참고. *옻칠하다: 부록 '칠(漆)' 참고. 이 사자성어의 유래는 다음과 같다. 백거이(白居易)가 원진(元稹)에게 보낸 편지글인 「여미지서(與微之書)」에 〈4월 10일 밤 낙천(樂天)은 아뢴다. 미지(微之)여, 미지(微之)여, 그대 얼굴을 보지 못한 지도 벌써 3년이 지났고, 그대의 편지를 받아 보지 못한 지도 2년이 다 되어 가네. 인생이 얼마나 길다고 이렇게 헤어져 멀리 있어야만 하는가. 하물며 아교와 옻 칠 같은 마음을 가지고 북방(北方)의 호(胡) 땅과 남방(南方)의 월(越) 땅에 몸을 두고 있는 것처럼 멀리 떨어져 있음이야.(四月十曰夜, 樂天白, 微之微之, 不見足下面, 已三年矣, 不得足下書, 欲二年矣, 人生幾何, 離闊如此, 況以膠漆之心, 置於胡越之身.)〉라는 이야기가 나오는데, '하물며 아교와 옻칠 같은 마음을 가지고(況以膠漆之心)'에서, '교칠지심(膠漆之心)'이 유래했다. 이 이야기의 배경은 이렇다. 당(唐)나라 때 백거이(白居易)와 원진(元稹)은 과거(科擧. 예전에 우리나라와 중국에서 관리를 뽑을 때 실시하던 시험을 이르는 말) 공부를 할 때부터 절친한 친구였다. 여기서, 백거이(白居易)의 자(字. 본이름을 함부로 부르지 않던 시대에, 본이름 대신 부르던 이름)는 낙천(樂天)이고, 원진(元積)의 자(字)는 미지(微之)이다. 두 사람은 과거(科擧)에도 함께 급제하고, 관료(官僚. 직업적인 관리, 또는 그들의 집단, 특히 정치에 영향력이 있는 고급 관리를 일컬음)의 길도 함께 걸었다. 그뿐만 아니라 시(詩)의 혁신(革新. 묵은 풍속, 관습, 조직, 방법 따위를 완전히 바꾸어서 새롭게 함)에도 뜻을 같이 하여, 백거이(白居易)가 주장한 신악부(新樂府) 운동의 주체가 되어 백성들의 고뇌와 영혼이 담긴 시(詩)를 창작하는 데도 힘을 기울였다. 백거이(白居易)는 주로 유교적 이상주의(理想主義)의 입장에서 정치·사회의 문제점을 비판하는 작품을 썼는데, 이것이 화근(禍根. 재앙. 즉, 뜻하지 아니하게 생긴 불행한 사고의 근원)이 되어 원화(元和. 중국 당나라 헌종·憲宗 때의 연호·年號) 12년(서기 817년)에 강주사마(江州司馬)로 좌천(左遷. 어떤 사람을 지금보다 낮은 지위·地位나 직위·職位로 옮김, 또는 중앙에서 지방으로 옮김)되고 말았다. 원진(元積)도 이때 통주사마(通洲司馬)로 좌천(左遷)되었다. 백거이(白居易)는 원진(元積)을 그리워하며 편지를 보냈는데, 그것이 바로 두 사람의 우정(友情)을 보여주는 명문(名文. 매우 잘 지은 글. 이름난 글)인 「여미지서(與微之書)」이다. 위의 이야기는 그 일부분이다. 헤어진 지 벌써 3년이 지났지만, 나아가도 서로 만나지 못하고 물러서도 서로 잊을 수 없다고 안타까워하면서, 친구 사이의 두터운 우정(友情)을 '교칠지심(膠漆之心)'에 비유(比·譬喩. 어떤 사물의 모양이나 상태 따위를 보다 효과적으로 표현하기 위하여 그것과 비슷한 다른 사물에 빗대어 표현함, 또는 그 표현 방법)한 것이다. '교칠(膠漆)'이란 아교와 옻을 말하는데, 아교풀로 붙이면 서로 떨어지지 아니하고, 옻칠을 하면 벗겨지지 아니한다는 뜻이다. 곧, 백낙천(白樂天)은, 원미지(元微之)와는 매우 친밀하여 떨어질 수 없다는 뜻으로 교칠(膠漆)이란 단어를 사용한 것이다. 참고로, 원문의 '四月十日夜'에서, '四'는 넉 '사'로 읽고, '月'은 달 '월'로 읽고, '十'은 열 '십'으로 읽고, '日'은 날 '일'로 읽고, '夜'는 밤 '야'로 읽는다. '四月十日夜'를 직역(直譯)하면, 4월 10일 밤에, '樂天白'에서, '樂'은 즐길 '락(낙)'으로 읽고, '天'은 하늘 '천'으로 읽는다. 여기서 '樂天'은 백거이(白居易. 서기 772년~846년)의 자(字)이다. '白'은 아뢸 '백'으로 읽는다. '樂天白'을 직역(直譯)하면, 낙천(樂天)이 아뢰기를, '微之微之'에서, '微'는 작을 '미'로 읽고, '之'는 갈 '지'로 읽는다. '微之'는 원진(元積. 서기 779년~831년)의 자(字)이다. 당(唐)나라 때 백거이(白居易)와 원진(元積)은 과거 공부를 할 때부터 절친한 친구였다고 한다. '微之微之'를 직역(直譯)하면 미지여, 미지여, '不見足下面'에서, '見' 은 볼 '견'으로 읽고, '足'은 발 '족'으로 읽고, '下'는 아래 '하'로 읽는다. '足下'는 내가 상대방 발의 밑이라는 뜻으로, 같은 또래 사이에서, 상대편을 높여 이르는 말. '面'은 낯 '면', 얼굴 '면'으로 읽는다. '不見足下面'을 직역(直譯)하면, 그대의 얼굴을 보지 못한 (지도), '已三年矣'에서. '已'는 이미(돌이킬 수 없이 된 지난 일을 일컬을 때 쓰는 말) '이'로 읽고, '年'은 해 '년(연)'으로 읽고, '矣'는 어조사 '의'로 읽는다. '~이다(단정)'의 뜻을 나타냄. '已三年矣'을 직역(直譯)하면, 이미 3년이 (지났다). '不得足下書'에서, '得' 을 얻을 '득'으로 읽고, '書'는 글 '서', 편지 '서'로 읽는다. '不得足下書'를 직역(直譯)하면, 그대의 편지를 얻지(받아 읽지) 못한 지, '欲二年矣'에서, '欲'은 하고자 할 '욕'으로 읽고, '二'는 두 '이'로 읽는다. '欲二年 矣'를 직역(直譯)하면, 2년이 (지나)고자 한다. '人生幾何'에서, '人'은 사람 '인'으로 읽고, '生'은 살 '생'으로 읽고, '幾'는 몇 '기', 얼마 '기'로 읽고, '何'는 어찌 '하', 얼마 '하'로 읽는다. '幾何'는 '얼마'와 같은 말로, 잘 모르는 수량이나 정도. '人生幾何'를 직역(直譯)하면, 인생이 얼마인가? '離闊如此'에서, '離'는 떠날 '리(이)'로 읽고, '闊'은 소식 뜸할 '활', 오래 못 만날 '활'로 읽고, '如'는 같을 '여'로 읽고, '此'는 이(지시하는 말) '차'로 읽는다. '離闊如此'를 직역(直譯)하면, 이와 같이 소식이 뜸할 (만큼) 떠나 (있어야 하는가)? '況以膠漆之心.'에서, '況'은 하물며 '황'으로 읽고, '以'는 써(그것을 가지고, 그것으로 인하여) '이'로 읽고, '膠'는 아교 '교'로 읽고, '漆'은 옻칠할 '칠'로 읽고, '之'는 어조사 '지'로 읽는다. '~의'를 나타내는 관형격 조사. '心'은 마음 '심'으로 읽는다. '況以膠漆之心'을 직역(直譯)하면, 하물며 아교와 옻칠의 마음을 가지고, 여기서, '膠漆之心'이 유래하였는데, 이것을 직역(直譯)하면, 아교와 옻칠의 마음. 즉, 아교로 붙이고 그 위에 옻칠을 하면 떨어지지도 않고 벗겨지지도 않는다는 뜻으로, 친구 사이의 두터운 우정을 비유적으로 이르는 말. '置於胡越之身'에서, '置'는 둘 '치'로 읽고, '於'는 어조사 '어'로 읽는다. '~에(장소)'의 뜻을 지님. '胡'는 오랑캐의 이름 '호'로 읽고, '越'은 월(越)나라 '월'로 읽는다. '胡越'은 중국 북쪽의 호(胡)와 남쪽의 월(越)이라는 뜻으로, 서로 관계가 소원하거나 멀리 떨어져 있음을 이르는 말. '之'는 어조사 '지'로 읽는다. 여기서는 '~을(를)(목적격 조사)'를 나타냄. '身'은 몸 '신'으로 읽는다. '置於胡越之身'을 직역(直譯)하면, 중국 북쪽의 호(胡)와 남쪽의 월(越)에 몸을 두는가?.

교칠-지-정(膠漆之情 아교 **교**/옻칠할 **칠**/어조사 **지**/정 **정**) 아교(阿膠)와 옻칠의 정(情). 즉, 아교로 붙이고 그 위에 옻칠을 하여 떨어지지도 않고 벗겨지지도 않는 정(情)이라는 뜻으로, 아주 친밀(親密)하여 떨어질 수 없는 정(情)을 비유적으로 이르는 말. 참 교칠지교(膠漆之交). 교칠지심(膠漆之心). *교칠(膠漆): ☞교칠지교(膠漆之交). *아교(阿膠): 부록 '교(膠)' 참고. *옻칠하다(~漆~): 부록 '칠(漆)' 참고.

교토-삼-굴(狡兔三窟 교활할 **교**/토끼 **토**/석 **삼**/굴 **굴**) 교활(狡猾)한 토끼의 세 (개의) 굴(窟). 즉, 교활(狡猾)한 토끼는 세 개의, 숨을 굴(窟)을 파놓는다는 뜻으로, 사람이 교묘(巧妙)하게 잘 숨어 재난(災難)을 피(避)함을 비유적으로 이르는 말. *교토(狡兔): ①교활한 토끼. ②날쌘 토끼. *교활하다(狡猾~): 부록 '교(狡)' 참고. 《관련 속담》 돌다리도 두들겨보고 건너라. / (북한. 속담)토끼도 세 굴을 판다. 이 사자성어의 유래는 다음과 같다. 『전국책(戰國策)』의 「제책(齊策)」과 『사기(史記)』의 「맹상군열전(孟嘗君列傳)」 편(篇)에 〈교활한 토끼는 굴이 세 개 있어야 비로소 죽음을 면할 수가 있습니다. 지금 군(君)은 이제 한 개의 굴을 뚫었을 뿐이라. 아직 베개를 높이 베고 누워 있을 수만은 없습니다. 앞으로 두 개는 더 있어야 할 것입니다.(狡兔有三窟, 僅得免其死耳, 今君有一窟, 未得高枕而臥也, 請爲君復鑿二窟.)〉라는 이야기가 나오는데, '교활한 토끼는 굴이 세 개 있어야(狡兔有三窟)'에서, '교토삼굴(狡兔三窟)'이 유래했다. 위의 글은 전국시대(戰國時代) 제(齊)나라 맹상군(孟嘗君)의 식객(食客. 예전에, 세력 있는 대갓집에 얹혀 있으면서 밥을 얻어먹고 지내던 사람)인 풍환(馮驩)이 맹상군(孟嘗君)에게 한 말이다. 이 이야기의 배경은 이렇다. 전국 시대 제(齊)나라의 맹상군(孟嘗君)인 전문(田文. 맹상군·孟嘗君의 이름)은 한때 제(齊)나라의 재상(宰相. 임금을 보필하며 모든 관원을 지휘, 감독하는 자리에 있는 이품·二品 이상의 벼슬을 통틀어 이르던 말)을 지냈으며 대단한 세력과 재산을 가진 사람이었다. 맹상군(孟嘗君)이 식객(食客)을 좋아한다는 소문을 듣고 풍환(馮驩)이라는 사람이 짚신을 신고 먼 길을 걸어 맹상군(孟嘗君)의 식객(食客)이 되었다. 원래 세력이 막강한 사람들은, 자기 집에 찾아오는 사람이 있으면 귀천(貴賤. 신분이나 일 따위의 귀함과 천함)을 가리지 않고 재워주고 먹여 주었는데, 그런 사람들은 우리는 '식객(食客)'이라고 한다. 당시(當時. 일이 있었던 바로 그때, 또는 이야기하고 있는 그 시기) 맹상군(孟嘗君)은 설(薛) 땅에 1만 호의 식읍(食邑. 지난날, 나라에 공을 세운 신하 따위에게 내리어, 그곳의 조세·租稅를 개인이 받아 쓰게 하던 고을)을 가지고 있었다. 3000명의 식객(食客)을 부양하기 위하여 식읍(食邑) 주민들에게 고리

(高利. 비싼 이자)로 돈놀이를 하고 있었는데, 그들은 도무지 이자를 갚을 생각을 하지 않았다. 맹상군 (孟嘗君)은 1년간 무위도식(無爲徒食. 본문 참고)하던 풍환(馮驩)을 보냈다. 풍환(馮驩)이 출발하면서 물 었다. "빚을 받은 다음 사 올 것은 없습니까?" 맹상군(孟嘗君)이 대답했다. "무엇이든지 여기에 없는 것을 사 오시오." 설(薛) 땅에 당도(當到. 어떤 곳에 다다름)한 풍환(馮驩)은 빚진 사람들을 모아서 차용 증(借用證)을 하나하나 점검한 후, 거짓으로 맹상군(孟嘗君)이 빚을 면제해 주라고 명(命)했다고 말하고, 모아놓았던 차용증(借用證) 더미에 불을 질렀다. 설(薛) 땅 사람들은 모두들 만세를 불렀다. 풍환(馮驩) 은 제(齊)나라로 돌아와 새벽에 맹상군(孟嘗君)을 만났다. 맹상군(孟嘗君)은 풍환(馮驩)이 빨리 돌아온 것을 이상하게 여겨 물었다. "빚은 다 받았소? 어떻게 이렇게 빨리 돌아왔소?" "전부 받아냈습니다." "무엇을 사 가지고 오셨소?" "군(君. '맹상군·孟嘗君'을 가리킴)께서 집에 없는 것을 사라고 하셨지요. 그런데 제가 생각해 보니, 금은보화(金銀寶貨. 본문 참고)나 미녀(美女)는 이미(돌이킬 수 없이 된 지난 일을 일컬을 때 쓰는 말) 있지만, 의(義)가 없는 것 같아 의(義)를 사 가지고 왔습니다." 맹상군(孟嘗君)이 물었다. "의(義)를 샀다는 것은 무슨 말이오?" "지금 군(君)께서는 작은 설(薛) 땅에서 그 백성들을 아끼 지 않기 때문에 이자 놀이를 하는 것입니다. 제가 거짓으로 당신들의 빚을 받지 않겠다고 말하고 차용증 (借用證)을 불태웠더니 백성들이 만세를 불렀습니다. 이것이 바로 제가 군(君)을 위해 의(義)를 사 왔다 고 생각하는 것입니다." 맹상군(孟嘗君)은 기분이 매우 언짢았지만 그냥 넘어 갔다. 1년 후 맹상군(孟嘗 君)이 새로 즉위(卽位)한 민왕(泯王)에게 미움을 사서 재상(宰相) 직에서 물러나자, 식객(食客)들은 모두 뿔뿔이 떠나 버렸다. 풍환(馮驩)은 맹상군(孟嘗君)에게 잠시 설(薛) 땅에 가서 살라고 권유했다. 맹상군 (孟嘗君)은 풍환(馮驩)의 건의(建議. 어떤 문제에 대하여 의견이나 희망 사항을 냄. 또는 그 의견이나 희망 사항)를 받아들여 설(薛) 땅으로 옮겨 갔다. 그 소식을 들은 설(薛)의 주민들이 남녀노소 할 것 없이 100리 밖까지 나와 맹상군(孟嘗君)을 환영했다. 맹상군(孟嘗君)이 빚을 탕감(蕩減. 빚이나 요금, 세금 따위의 물어야 할 것을 지우거나 뭉개어 없애줌)해 주었기 때문에 환영을 받은 것이다. 맹상군(孟嘗 君)이 풍환(馮驩)에게 말했다. "선생이 전(前)에 의(義)를 샀다고 했던 말뜻을 이제야 깨달았소." 그때 풍환(馮驩)이 위의 이야기에 나온 것처럼 '교토삼굴(狡兔三窟)'을 말한 것이다. 따라서 교토삼굴(狡兔三 窟)은 맹상군(孟嘗君)의 식객(食客)인 풍환(馮驩)에게서 유래했다. 여기서, '한 개의 굴을 뚫었다'는 것은 설(薛) 사람들에게 빚을 면제해 준 것을 두고 한 말이다. 즉, 풍환(馮驩)에 의해서 맹상군(孟嘗君)은 의(義)를 한 개 산 것이다. 이 사자성어는 불안한 미래를 막기 위해서는 미리 준비를 해야 하며(맹상군이 의·義를 산 것), 완벽한 준비를 해 놓으면(2개의 굴을 더 판 것) 뜻하지 않은 불행은 찾아오지 않는다는 것을 우리에게 가르쳐 주고 있다. 결국 맹상군(孟嘗君)은 뒤에 굴을 2개 더 파놓음으로써, 수십 년 동안 아무런 위협(威脅. 힘으로 으르고 협박함)이나 재앙(災殃. 뜻하지 아니하게 생긴 불행한 변고·變故, 또는 천재지변·天災地變으로 인한 불행한 사고)을 당하지 않고 순조롭데 제(齊)나라 재상(宰相)을 지냈던 것 이다. 참고로, 원문의 '狡兔有三窟'에서, '狡'는 교활할 '교'로 읽고, '兔'는 토끼 '토'로 읽고, '有'는 있을 '유'로 읽고, '三'은 석 '삼'으로 읽고, '窟'은 굴(窟) '굴'로 읽는다. '狡兔有三窟'을 직역(直譯)하면, 교활한 토끼는 세 개의 굴이 있어야, 여기서, '狡兔三窟'이 유래하였는데, 이것을 직역(直譯)하면, 교활한 토끼의 세 (개의) 굴. 즉, 교활한 토끼는 세 개의, 숨을 굴을 파놓는다는 뜻으로, 사람이 교묘하게 잘 숨어 재난을 피함을 비유적으로 이르는 말. '僅得免其死耳'에서, '僅'은 겨우 '근'으로 읽고, '得'은 얻을 '득'으로

읽고, ‘免’은 면할(免~. <u>어떤 일을 당하지 않게 됨</u>) ‘면’으로 읽는다. ‘得免’은 재앙(災殃)이나 괴로운 일 따위를 잘 피하여 벗어남. ‘其’는 그(<u>지시하는 말</u>) ‘기’로 읽고, ‘死’는 죽을 ‘사’로 읽고, ‘耳’는 따름 ‘이’, 뿐 ‘이’로 읽는다. ‘~할 뿐이다(<u>한정</u>)’의 뜻을 나타냄. ‘僅得免其死耳’를 직역(直譯)하면, 겨우 그 죽음을 피하여 벗어날 뿐입니다. 즉, 죽음을 면(免)할 수 있다는 뜻이다. ‘今君有一窟’에서, ‘今’은 이제 ‘금’, 지금 ‘금’으로 읽는다. ‘君’은 ‘맹상군(孟嘗君)’을 가리킴. ‘今君有一窟’을 직역(直譯)하면, 지금 맹상군(孟嘗君)은 1개의 굴이 있는 지라, 즉, 1개의 굴을 뚫었다는 뜻이다. ‘未得高枕而臥也’에서, ‘未’는 아닐(<u>부정하는 말</u>) ‘미’로 읽는다 ‘未得’은 아직 얻지 못함. ‘高’는 높을 ‘고’로 읽고, ‘枕’은 베개 ‘침’으로 읽는다. ‘高枕’은 높이 베는 베개. 또는 높은 베개. ‘而’는 말 이을 ‘이’로 읽는다. ‘그리고’의 뜻을 나타냄. ‘臥’는 누울 ‘와’로 읽고, ‘也’는 어조사 ‘야’로 읽는다. ‘~이다(<u>단정</u>)’의 뜻을 나타냄. ‘未得高枕而臥也’를 직역(直譯)하면, 베개를 높게 하고 그리고 누움을 아직 얻지 못합니다(<u>아직 누울 수 없습니다</u>). ‘請爲君復鑿二窟’에서, ‘請’은 청할 ‘청’으로 읽고, ‘爲’는 위할 ‘위’로 읽고, ‘君’은 임금 ‘군’으로 읽고, ‘復’는 다시 ‘부’로 읽고, ‘鑿’은 뚫을 ‘착’, (땅을) 팔 ‘착’으로 읽는다. ‘請爲君復鑿二窟’을 직역(直譯)하면, 맹상군(孟嘗君)을 위하여 다시 두 개의 굴을 팔 것을 청합니다.

교학-상-장(教學相長 가르칠 교/배울 학/서로 상/자랄 장) 가르치고 배우면서 서로 (함께) 자란다(<u>성장한다</u>)는 뜻으로, 스승은 학생에게 가르침으로써, 그리고 제자는 스승으로부터 배움으로써 진보(進步)함을 이르는 말. 즉, 가르치고 배우는 과정에서 스승과 제자가 함께 성장(成長)함을 이르는 말. 참 효학상장(斅學相長). *교학(教學): ①교육과 학문. ②가르치는 일과 배우는 일. 이 사자성어의 유래는 다음과 같다. 『예기(禮記)』의「학기(學記)」편(篇)에 [좋은 요리가 있다고 하더라도 먹어 보지 않으면 그 맛을 알 수 없다. 지극히 심오한 진리가 있다고 해도 배우지 않으면 그것이 왜 좋은 지 알 수가 없다.]〈따라서 배워 본 후에야 자기의 부족함을 알 수 있으며, 가르쳐 본 후에야 비로소 어려움을 알게 된다. 부족함을 안 후에야 스스로 반성하게 되고, 어려움을 인 후에야 스스로 강해질 수 있다. 그러므로 가르치고 배우면서 함께 성장하는 것이다.(是故學然後知不足, 敎然後知困, 知不足然後能自反也, 知困然後能自强也, <u>故曰教學相長也</u>.)〉라는 이야기가 나오는데, ‘그러므로 가르치고 배우면서 함께 성장하는 것이다.(故曰教學相長也)’에서, ‘교학상장(教學相長)’이 유래했다. 참고로, 원문의 ‘是故學然後知不足’에서, ‘是’는 이(<u>지시하는 말</u>) ‘시’로 읽고, ‘故’는 까닭 ‘고’로 읽고, ‘學’은 배울 ‘학’으로 읽고, ‘然’은 그러할 ‘연’으로 읽고, ‘後’는 뒤 ‘후’로 읽는다. ‘然後’는 그런 뒤. ‘知’는 알 ‘지’로 읽고, ‘足’은 넉넉할 ‘족’, 흡족할 ‘족’으로 읽는다. ‘是故學然後知不足’을 직역(直譯)하면, 이런 까닭으로 배우고 난 뒤 부족함을 알고, ‘敎然後知困’에서, ‘困’은 (겪기) 어려울 ‘곤’으로 읽는다. ‘敎然後知困’을 직역(直譯)하면, 가르치고 난 뒤에 (비로소) 어려움을 안다. ‘知不足然後能自反也’에서, ‘知不足然後’를 직역(直譯)하면, 부족함을 안 뒤에. ‘能’은 할 수 있을 ‘능’으로 읽고, ‘自’는 스스로 ‘자’로 읽고, ‘反’은 반성할 ‘반’으로 읽고, ‘也’는 어조사 ‘야’로 읽는다. ‘~이다(<u>단정</u>)’의 뜻을 나타냄. ‘能自反也’를 직역(直譯)하면, 스스로 돌이킬 수 있다. ‘知不足然後能自反也’을 직역(直譯)하면, 부족함을 안 뒤에 스스로 반성할 수 있고, ‘知困然後能自强也’에서, ‘强’은 강할 ‘강’으로 읽는다. ‘知困然後能自强也’는 어려움을 안 뒤에 스스로 강해질 수 있게 (된다). ‘故曰教學相長也’에서, ‘故’는 그러므로 ‘고’로 읽고, ‘教’는 가르칠 ‘교’로 읽고, ‘學’은 배울 ‘학’으로 읽고, ‘相’은 서로 ‘상’으로 읽고, ‘長’은, 여기서는 자랄 ‘장’으로 읽고, ‘也’는 어조사 ‘야’로 읽는다. ‘~이다(<u>단정</u>)’의 뜻을 나타냄.

‘故日敎學相長也’를 직역(直譯)하면, 그러므로 가르치고 배우면서 서로 (함께) 자란다(성장한다)고 말하는 (것이다). 여기서, ‘敎學相長’이 유래하였는데, 이것을 직역(直譯)하면, 가르치고 배우면서 서로 (함께) 자란다(성장한다)는 뜻으로, 스승은 학생에게 가르침으로써, 그리고 제자는 스승으로부터 배움으로써 진보함을 이르는 말.

구각-춘풍(口角春風 입 **구**/뿔 **각**/봄 **춘**/바람 **풍**) 입의 뿔이 봄바람처럼 (따뜻하다는) 뜻으로, 수다스러운 말이나 좋은 말재주로 남을 칭찬하여 즐겁게 함. 또는 그런 말을 비유적으로 이르는 말. *구각(口角): 입의 뿔이라는 뜻으로, 입아귀(입의 양쪽 구석)를 이르는 말. *춘풍(春風): =봄바람. 즉, 봄철에 동쪽이나 남쪽에서 불어오는 바람.

구-곡-간장(九曲肝腸 아홉 **구**/굽을 **곡**/간 **간**/창자 **장**) 아홉 굽이의 간(肝)과 창자. 즉, 굽이굽이 깊이 서린 창자라는 뜻으로, 깊은 마음속. 또는 시름이 쌓인 마음속을 비유적으로 이르는 말. *간장(肝腸): ①간과 창자. ②마음. 애. 속.

구-곡-양장(九曲羊腸 아홉 **구**/굽을 **곡**/양 **양**/창자 **장**) 아홉 번 굽은(꼬부라진) 양(羊)의 창자라는 뜻으로, 꼬불꼬불하고 험한 산길을 비유적으로 이르는 말. =구절양장(九折羊腸). *양장(羊腸): ①양(羊)의 창자. ②산길 따위가 양(羊)의 창자처럼 꼬불꼬불함을 비유적으로 이르는 말.

구교-지-간(舊交之間 오랠 **구**/사귈 **교**/어조사 **지**/사이 **간**) 오래전부터 사귀어 온 사이. *구교(舊交): 오래된 교제. 또는 오랜 친구.

구구-불일(區區不一 조그마할 **구**/조그마할 **구**/아닐 **불**/한 **일**) 조그맣고 조그만 (것이) 하나가 아니라는 뜻으로, 사물(事物)이 각각 달라서 한결같거나 일정하지 아니함을 이르는 말. *구구(區區): ①각각 다름. ②잘고 많아서 일일이 언급하기가 구차스러움. ③떳떳하지 못하고 졸렬(拙劣)함. *불일(不一): ①고르지 아니함. ②=불일치(不一致). 즉, 일치하지 아니함.

구구-사정(區區私情 조그마할 **구**/조그마할 **구**/사사로이 할 **사**/정 **정**) 조그맣고 조그만 사사(私私)로운 정(情)이라는 뜻으로, 이런저런 사소(些少)한 개인적 감정이나 형편을 이르는 말. *구구(區區): ☞구구불일(區區不一). *사정(私情): 사사로운 정(情). *사사로이(私私~) 하다: 공적(公的)이 아니고 개인적인 성격을 띠고 하다.

구구-생활(區區生活 조그마할 **구**/조그마할 **구**/살 **생**/살 **활**) 조그맣고 조그만 삶(생활)과 삶(생활)이라는 뜻으로, 겨우겨우 살아 나가는 변변하지 못한 생활. 또는 가까스로 생계(生計. 의식주·衣食住면에서, 살아갈 방도)를 이어나가는 일을 이르는 말. *구구(區區): ☞구구불일(區區不一). *생활(生活): ①살아서 활동함. ②생계(生計)를 유지하여 살아감.

구구-세-절(區區細節 조그마할 **구**/조그마할 **구**/자세할 **세**/토막 **절**) 조그맣고 조그만, 자세(仔細)한 토막이라는 뜻으로, 이런저런 자잘한 품목(品目)을 비유적으로 이르는 말. *구구(區區): ☞구구불일(區區不一).

구-구-절절(句句節節 구절 **구**/구절 **구**/마디 **절**/마디 **절**) 구절(句節)과 구절(句節), 마디와 마디라는 뜻으로, 모든 구절(句節)을 이르는 말. =구절구절(句節句節). *절절(節節): 글이나 말의 한 마디 한 마디. *구절(句節): (긴 글의 한 부분인) 한 토막의 글이나 토막 말.

구-궁-신-시(舊弓新矢 오랠 **구**/활 **궁**/새 **신**/화살 **시**) 오래된 활과 새 화살이라는 뜻으로, 의외로 서로 잘 맞는 것을 이르는 말. 이들이 서로 잘 맞는다는 데서 나온 말이다. *활: 부록 ‘궁(弓)’ 참고. *화살:

부록 '시(矢)' 참고.

구-년-지-수(九年之水 아홉 **구**/해 **년**/어조사 **지**/물 **수**) 아홉 해[年]의 물이라는 뜻으로, 오랫동안 계속되는 큰 홍수(洪水)를 이르는 말. '칠년대한(七年大旱)'과 짝을 이루어 쓰임. 중국 요(遼)나라 때 9년 동안이나 계속되었다는 큰 홍수(洪水)에서 유래한 말이다.

구-년-지-저(九年之儲 아홉 **구**/해 **년**/어조사 **지**/쌓을 **저**) 아홉 해[年] 동안 쌓아 (놓은 것)이라는 뜻으로, 오랫동안 먹을 수 있을 만큼 많은 식량(食糧)을 비유적으로 이르는 말. =구년지축(九年之蓄).

구년-친구(舊年親舊 오랠 **구**/해 **년**/친할 **친**/오랠 **구**) 오랜 해[年] (동안의) 친구(親舊)라는 뜻으로, ①오랫동안 헤어져 있는 친구(親舊)를 이르는 말. ②오랫동안 사귀어 온 친구를 이르는 말. 凹 십년지기(十年知己). *구년(舊年): =묵은해. 즉, (새해에 대하여) '지난해'를 이르는 말. ↔신년(新年). *친구(親舊): ①오래 두고 가깝게 사귀는 사람. =벗. 친우(親友). ②나이 비슷한 사람이나, 별로 달갑지 않은 상대방을 가볍게 또는 비하(卑下. <u>업신여겨 낮춤</u>)하여 이르는 말.

구로-지-감(劬勞之感 수고할 **구**/수고로울 **로**/어조사 **지**/느낄 **감**) 수고하고 수고로운 느낌이라는 뜻으로, 자기를 낳아 기르느라고 애쓴 어버이의 은혜나 은덕(恩德. <u>은혜와 덕. 또는 은혜로 입은 신세</u>)을 생각하는 마음을 이르는 말. *구로(劬勞): 자식을 낳아서 기르느라고 힘을 들이고 애를 씀. *수고롭다: 순우리말로, 부록 '로(勞)' 참고.

구로-지-은(劬勞之恩 수고할 **구**/수고로울 **로**/어조사 **지**/은혜 **은**) 수고하고 수고로운 은혜(恩惠)라는 뜻으로, 자기를 낳아서 기른 어버이의 은덕(恩德. <u>은혜와 덕. 또는 은혜로 입은 신세</u>)을 이르는 말. *구로(劬勞): ☞구로지감. *수고롭다: 순우리말로, 부록 '로(勞)' 참고.

구-맹-주-산(狗猛酒酸 개 **구**/사나울 **맹**/술 **주**/실 **산**) 개가 사나우면 술의 (맛이) 시다는 뜻으로, 한 나라에 간신배(奸臣輩. <u>간사한 신하의 무리</u>)가 있으면, 어진 신하가 모이지 않거나 어떤 일에 참여하지 않고 떠나버려 결국 그 나라는 쇠약(衰弱)해진다는 것을 비유적으로 이르는 말. 이 사자성어의 유래는 다음과 같다. 『한비자(韓非子)』의 「외저설(外儲說) 우상(右上)」 편(篇)에 〈송(宋)나라 사람 중에 술을 파는 자(者)가 있었다. 그는 되가 아주 공정했고, 손님에게 아주 공손하게 대했으며, 술을 만드는 재주(<u>순우리말로, 무엇을 잘할 수 있는, 타고난 능력과 슬기</u>)가 뛰어났다. (그런데) 술도가(~都家. <u>술을 만들어 파는 집</u>)임을 알리는 깃발도 아주 높이 걸었지만, 술은 팔리지 않고 모두 시어져 버렸다. 그 이유를 이상히 여겨 평소 알고 지내던 마을의 어른인 양천(楊倩)에게 물었다. (오히려) 양천(楊倩)이 (그에게) 물었다(<u>말하였다</u>). "당신 집의 개가 사나운가?" "개가 사나우면 어째서 술이 팔리지 않는 겁니까?" 즉, 개가 좀 사납기는 합니다만, 그것이 술이 팔리지 않는 것과 어떤 관계가 있습니까? "사람들이 두려워하기 때문이라네. 즉, 마을 사람들이 술을 살 때에는 대부분 아이들에게 심부름을 시키는데, 자네 집에 사나운 개가 있으니, 아이들이 개가 무서워서 어떻게 자네 집에 술을 사러 가겠는가? 어떤 사람이 자식을 시켜 돈[錢]을 품에 넣고 호리병(~瓶. <u>위와 아래가 둥글며, 가운데가 잘록한 모양으로 생긴 병. 보통 술이나 약 따위를 담아 가지고 다니는 데 쓰임</u>)을 손에 들고 술을 받아오게 했는데, 개가 달려와서 그 아이를 물었다네. 이것이 술이 시어질 때까지 팔리지 않는 이유라네." 여기서, '개'는 불량한 태도를 지닌 점원을 비유(比:
<u>譬喩. 어떤 사물의 모양이나 상태 따위를 보다 효과적으로 표현하기 위하여 그것과 비슷한 다른 사물에 빗대어 표현함. 또는 그 표현 방법</u>)하고 있다. 이들이 술집 가게 앞에 수두룩하게 버티고 있다면, 많은 고객이 그 가게를 찾지 않는다. 그러면 술은 시어지도록 팔리지 않을 것이다. 나라에도 사나운 개가 있다. 간사(奸邪)한 신하의 무리들이 바로 그들이다. 도(道)를 터득한 선비가 치국(治國. 나라를 다스림)의 정책을 말씀드리려고 군주(君主. 세습적으로 나라를 다스리는 최고 지위에 있는 사람)에게 가고 싶지만, 간사(奸邪)한 신하들이 사나운 개처럼 행동하니 어질고 선량한 선비들이 모이지 않거나 어떤 일에 참여할 수 없다. 그러면 군주(君主)는 선량한 선비들을 등용(登用. 인재를 뽑아서 씀)할 수 없다. 이것을 말하기 위해, 한비자(韓非子. '한비·韓非'를 높여 이르는 말. 중국 춘추전국시대·春秋戰國時代 말기·末期의 법가·法家의 주창자·主唱者)는 '구맹주산(狗猛酒酸)'을 예로 들어 설명하고 있는 것이다. 〈宋人有酤酒者, 升槪甚平, 遇客甚謹, 爲酒甚美, 縣幟甚高, 然而不售, 酒酸, 怪其故, 問其所知閭長者楊倩, 倩曰, 汝狗猛耶, 曰, **狗猛則酒何故而不售**, 曰, 人畏焉, 或令孺子懷錢挈壺甕而往酤, 而狗迓而齕之, 此酒所以酸而不售也.〉라는 이야기가 나오는데, '개가 사나우면 어째서 술이 팔리지 않는 겁니까?(狗猛則酒何故而不售)'에서, '구맹주산(狗猛酒酸)'이 유래했다. 간신배(奸臣輩. 간사한 신하의 무리)의 농간(弄奸. 남을 속이거나 남의 일을 그르치게 하려는 간사한 꾀)에 현명한 선비가 등용(登用. 인재를 뽑아서 씀)되지 못하는 까닭을 설명하기 위해 한비자(韓非子)가 든 비유이다. 참고로, 원문의 '宋人有酤酒者'에서, '宋'은 송(宋)나라 '송'으로 읽고, '人'은 사람 '인'으로 읽고, '有'는 있을 '유'로 읽고, '酤'는 술 팔 '고'로 읽고, '酒'는 술 '주'로 읽고, '者'는 사람 '자'로 읽는다. '宋人有酤酒者'를 직역(直譯)하면, 송(宋)나라 사람 (중에) 술을 파는 사람이 있었다. '升槪甚平'에서, '升'은 되(곡식, 가루, 액체 따위를 담아 분량을 헤아리는 데 쓰는 그릇. 주로 사각형 모양의 나무로 되어 있음) '승'으로 읽고, '槪'는 대개 '개'로 읽고, '甚'은 매우 '심', 몹시 '심'으로 읽고, '平'은 평평(平平. 바닥이 고르고 판판함)할 '평'으로 읽는다. 여기서는 공평(公平)하다의 뜻이 강함. '升槪甚平'을 직역(直譯)하면, (송나라 사람의) 되가 대개 매우 공평(公平)하였다. 즉, 술을 파는 분량이 누구에게나 공정·公正하였다는 뜻이다. '遇客甚謹'에서, '遇'는 만날 '우'로 읽고, '客'은 손님 '객'으로 읽고, '甚'은 더욱 '심', 매우 '심'으로 읽고, '謹'은 삼갈(몸가짐이나 언행을 조심함) '근'으로 읽는다. '遇客甚謹'을 직역(直譯)하면, (그리고) 손님을 만나면 매우 삼갈 (정도로) (공손하게) 대했으며, '爲酒甚美'에서, '爲'는 행위 '위'로 읽는다. '爲酒'를 직역(直譯)하면, 술을 만드는 행위. 즉, 술을 만드는 재주. '美'는 좋을 '미'로 읽는다. '爲酒甚美'를 직역(直譯)하면, 술을 (만드는) 행위(재주)가 매우 좋았다(뛰어났다). '縣幟甚高'에서, '縣'은 매달 '현', 걸 '현'으로 읽고, '幟'는 기(旗) '치'로 읽고, '高'는 높을 '고'로 읽는다. '縣幟甚高'를 직역(直譯)하면, (그리고) (술집을 알리는) 깃발을 매우 높게 달았다. '然而不售'에서, '然'은 그러할 '연'으로 읽고, '而'는 말 이을 '이'로 읽는다. '然而'는 한문(漢文) 구(句)의 하나로, 그러나. 그렇게 하고도. '售'는 팔아넘길 '수'로 읽는다. '然而不售'를 직역(直譯)하면, 그렇게 하고도 팔아넘기지 못했다(팔리지 않았다). '酒酸'에서, '酸'은 실(맛이 식초나 설익은 살구와 같은) '산', 신맛 '산'으로 읽는다. '酒酸'을 직역(直譯)하면, 술이 시었음. '怪其故'에서, '怪'는 괴이할 '괴'로 읽고, '其'는 그(지시하는 말) '기'로 읽고, '故'는 까닭 '고', 이유 '고'로 읽는다. '怪其故'를 직역(直譯)하면, 그 까닭이 괴이하였다. '問其所知閭長者楊倩'에서, '問'은 물을 '문'으로 읽고, '所'는 바(앞에서 말한 내용 그 자체나 일 따위를 나타내는 말) '소'로 읽고, '知'는 알 '지'로 읽고, '閭'는 마을 '려(여)'로 읽고, '長'은 어른 '장'으로 읽고, '者'는 사람 '자'로 읽는다. '長者'는 나이나 지위·항렬 따위가 자기보다 위인 사람. =어른. '楊'은 성씨 '양'으로 읽고, '倩'은 예쁠 '천'으로 읽는다. '楊倩'은 사람 이름. '問其所知閭長者楊倩'을 직역(直譯)

하면, 그것을 알고 지내는 바의, 마을 어른이신 양천(楊倩)에게 물었다. '倩曰'에서, '倩'은 '양천(楊倩)'을 가리킴. '倩曰'을 직역하면, 양천(楊倩)이 (물어) 말하기를, '汝狗猛耶'에서, '汝'는 너 '여', 당신 '여'로 읽는다. '耶'는 어조사 '야'로 읽는다. 의문이나 부정의 뜻을 나타냄. '汝狗猛耶'를 직역(直譯)하면, 너의 개가 사나운가? '狗猛則酒何故而不售'에서, '狗'는 개 '구'로 읽고, '猛'은 사나울 '맹'으로 읽고, '則'은 곧 '즉'으로 읽고, '酒'는 술 '주'로 읽고, '何'는 어찌 '하', 무엇 '하'로 읽고, '故'는 연고(緣故) '고', 까닭 '고'로 읽고, '而'는 말 이을 '이'로 읽는다. '그런데'의 뜻을 나타냄. '不'은 아닐(부정하는 말) '불'로 읽고, '售'는 팔아넘길 '수'로 읽는다. '狗猛則酒何故而不售'를 직역(直譯)하면, 그런데 개가 사나우면 곧 술을 팔아넘길 수 없는 까닭이 무엇입니까? 여기서, '狗猛酒酸'이 유래하였는데, 이것을 직역(直譯)하면, 개가 사나우면 술의 (맛이) 시다는 뜻으로, 한 나라에 간사(奸邪)한 신하(臣下)의 무리가 있으면, 어질고 선량한 선비는 어떤 일에 참여하지 않거나 떠나버려 결국 그 나라는 쇠약(衰弱)해진다는 것을 비유적으로 이르는 말. '人畏焉'에서, '畏'는 두려워할 '외'로 읽고, '焉'은 어조사 '언'으로 읽는다. '~이다(단정)'의 뜻을 나타냄. '人畏焉'를 직역(直譯)하면, 사람들이 (사나운 개가 해칠까) 두려워하기 (때문이라네). '或令孺子懷錢挈壺甕而往酤'에서, '或'은 어떤 '혹'으로 읽고, '令'은 하여금(누구를 시키어) '령(영)'으로 읽고, '孺'는 젖먹이 '유', 어린애 '유'로 읽고, '子'는 아들 '자'로 읽는다. '孺子'는 나이 어린 남자. '懷'는 품을 '회'로 읽고, '錢'은 돈 '전'으로 읽는다. '或令孺子懷錢'을 직역(直譯)하면, 어떤 (사람이) 어린 남자아이로 하여금 돈을 품고, '挈'는 손에 들 '설'로 읽고, '壺'는 병 '호'로 읽고, '甕'는 독(간장, 술, 김치 따위를 담가두는 데에 쓰는, 큰 오지그릇이나 질그릇) '옹'으로 읽고, '而'는 말 이을 '이'로 읽는다. '그리고'의 뜻을 나타냄. '往'은 갈 '왕'으로 읽는다. '挈壺甕而往酤'를 직역(直譯)하면 병과 독을 손에 들고 가서 그리고 술을 팔게(받아오게) 했다. '或令孺子懷錢挈壺甕而往酤'를 직역(直譯)하면, 어떤 (사람이) 어린 남자아이로 하여금 돈을 품고, 병과 독을 이끌고(가지고) 가서 그리고 술을 팔게(받아오게) 했다. '而狗迓而齕之'에시, '而'는 말 이을 '이'로 읽는다. 여기서는 '그런데'의 뜻을 나타냄. '迓'는 맞을 '아'로 읽고, '而'는 말 이을 '이'로 읽는다. 여기서는 '그리고'의 뜻을 나타냄. '齕'는 씹을 '흘'로 읽는다. '之'는 어조사 '지'로 읽는다. '그것'을 나타내는 지시 대명사. '而狗迓而齕之'를 직역(直譯)하면, 그런데 개가 (아이를) 맞아 그리고 그것을(아이를) 씹었다네(물었다네). '此酒所以酸而不售也'에서, '此'는 이(지시하는 말) '차'로 읽는다. '所以'는 한문(漢文) 구(句)의 하나로, '~까닭'의 뜻을 나타냄. '此酒所以酸'을 직역(直譯)하면, 이것이 술이 신맛으로서 (생기는) 바이다. '也'는 어조사 '야'로 읽는다. '~이다(단정)'의 뜻을 나타냄. '此酒所以酸而不售也'를 직역(直譯)하면, 이것이 술이 신맛으로서 (생기는) 까닭이고 그리고 팔아넘기지 못하는 (이유라네).

구명-도생(苟命圖生 구차할 **구**/목숨 **명**/꾀할 **도**/살 **생**) 구차한 목숨으로 삶을 꾀한다는 뜻으로, 구차스럽게 겨우 목숨을 부지(扶持. 고생을 참고 어려움을 버티어 나감)하여 살아감을 이르는 말. 또는 근근이 살아감을 이르는 말. *구명(苟命): 구차한 목숨. *도생(圖生): 살기를 도모함. *구차하다(苟且~): ①살림이 매우 가난하다. ②말이나 행동이 떳떳하거나 버젓하지 못하다. 여기서, '버젓하다'는 흠 잡히거나 굽힐 것이 없이 떳떳하고 의젓하다. 또는 남의 축에 빠지지 않을 만큼 의젓하고 번듯하다. *꾀하다: 어떤 일을 이루려고 뜻을 두거나 힘을 쓰다.

구묘-지-향(丘墓之鄕 언덕 **구**/무덤 **묘**/어조사 **지**/고향 **향**) 언덕에 (조상의) 무덤이 (있는) 고향(故鄕)이라

는 뜻으로, 조상의 묘가 있는 고향. 또는 선산(先山. 조상의 무덤, 또는 그 무덤이 있는 곳)이 있는
시골이나 고향(故鄕)을 이르는 말. *구묘(丘墓): =무덤. 즉, 시체나 유골을 묻은 곳.

구-무-소식(久無消息 오랠 **구**/없을 **무**/사라질 **소**/생길 **식**) 오랫동안 사라짐과 생겨남이 없다는 뜻으로,
오래도록 소식(消息)이 없음을 이르는 말. *소식(消息): 사라짐과 생겨남. 또는 쇠(衰)함과 성(盛)함의
뜻으로, 안부(安否. 편안함과 편안하지 아니함, 또는 그러한 소식)나 새로 일어나는 사실 따위에 관한
기별을 알림을 이르는 말.

구-무-택언(口無擇言 입 **구**/없을 **무**/가릴 **택**/말씀 **언**) 말[言]을 가려서 (버릴 것이) 없는 입[口]이라는
뜻으로, 한 마디도 가려서 버릴 것이 없는 좋은 말[言]을 이르는 말. *택언(擇言): (도리에 맞는) 말을
가려 씀. *가리다: 부록 '택(擇)' 참고.

구-미-속초(狗尾續貂 개 **구**/꼬리 **미**/이을 **속**/담비 **초**) 개의 꼬리로 담비 (꼬리를 대체하여) 잇는다. 즉,
담비 꼬리가 모자라 개의 꼬리로 잇는다는 뜻으로, ①불필요하게 관직(벼슬)을 함부로 줌을 비유적으로
이르는 말. ②훌륭한 것 뒤에 보잘것없는 것이 뒤따름을 비유적으로 이르는 말. *속초(續貂): ①훌륭한
사람이나 사물에 변변하지 못한 사람이나 사물이 뒤따름. ②남이 하다가 남긴 일을 이어서 함을 스스로
낮추어 이르는 말. *담비: 부록 '초(貂)' 참고. 이 사자성어의 유래는 다음과 같다. 『진서(晉書)』의 「조왕륜
전(趙王倫傳)」편(篇)에 〈(사마륜·司馬倫이 황제가 되자, 그의 친척들과 친구들도 덩달아 벼슬을 하게
되었으며), 함께 모사(謀事. 일을 꾀함, 또는 일의 해결을 위한 꾀를 냄)를 꾸몄던 자(者)들은 모두 단계
를 뛰어넘는 승진을 했는데, 그 수가 헤아릴 수 없이 많았다. 그리고 심지어는 종들과 심부름꾼까지도
작위를 주어, 조회(朝會. 모든 벼슬아치가 함께 정전·正殿에 모여 임금에게 문안드리고 정사·政事를
아뢰던 일)를 할 때마다 초선관(貂蟬冠)이 자리에 가득했다. 그래서 당시(當時. 일이 있었던 바로 그때,
또는 이야기하고 있는 그 시기) 사람들은 다음과 같은 말을 했다. "(나중에는) 담비가 부족해서 개의
꼬리가 잇겠구나."(其餘同謀者咸超階越次, 不可勝記, 至於奴卒斯役亦加以爵位, 每朝會, 貂蟬盈坐, 時人爲
之諺曰, **貂不足, 狗尾續**)〉라는 이야기가 나오는데, '(나중에는) 담비가 부족해서 개의 꼬리가 잇겠구나
(貂不足, 狗尾續)'에서, '구미속초(狗尾續貂)'가 유래했다. 위의 이야기를 재구성하면 다음과 같다. 조(趙)
나라 왕(王)인 사마륜(司馬倫)은 황제가 되자, 자기 사람들에게 마구잡이로 관직(官職. 관리로서, 국가로
부터 위임 받은 일정한 범위의 직무, 또는 그 직위)을 주었다. 이 당시에는 관리가 머리에 쓰는 모자에
담비 꼬리를 붙였는데, 관리가 갑자기 많아지자 담비 꼬리의 품귀(品貴. 물건이 귀함) 현상이 발생했다.
결국 신입 관리들은 개 꼬리로 담비 꼬리를 대체(代替. 다른 것으로 바꿈)했고, 사람들이 이를 두고
조롱한 데서 구미속초(狗尾續貂)가 유래하였다. 관직(官職)을 남발하다 보니 모자(帽子)에 장식하는 담
비가 부족하여 개의 꼬리를 대신했다는 이야기다. 이후 구미속초(狗尾續貂)는 능력이 부족한 사람이
관직(官職)에 앉는 것을 조롱할 때 쓰이는 사자성어가 되었다. 또한 이 말은 아무에게나 관직(官職)을
마구 주는 것을 일컫기도 하고, 훌륭한 것에 보잘 것 없는 것이 뒤따르는 것에 비유(比·譬喻. 어떤 사물
의 모양이나 상태 따위를 보다 효과적으로 표현하기 위하여 그것과 비슷한 다른 사물에 빗대어 표현함.
또는 그 표현 방법)하기도 하였다. 위 번역문에 있는 '초선관(貂蟬冠)'은 담비 꼬리와 매미 날개로 장식
한, 높고 네모난 관모(官帽. 관리가 쓰는 제모)를 뜻한다. 여기서 '제모(制帽)'는 학교, 관청, 회사 따위에
서, 규정에 따라 정한 모자이다. 당시 한(漢)나라의 제도(制度)에 의하면 황제의 측근 신하들은 모자

측면(側面)에 담비[貂] 꼬리를 꽂고, 앞에는 매미[蟬] 장식을 달아 황제의 총애와 믿음을 받고 있다는 것을 표시했는데, 이를 일컬어 초선관(貂蟬冠), 혹은 초선(貂蟬)이라고 한다. 이런 장식은 황제의 허가가 있어야 할 수 있다. 위의 이야기는 고관대작(高官大爵. 본문 참고)만이 쓸 수 있는 초선관(貂蟬冠)을 쓴 사람들 중에는 형편없는 사람들도 많았다는 뜻이다. '구미속초(狗尾續貂)'를 초선관(貂蟬冠)으로 대신해서 쓸 지경이라는 것이다. 따라서 『진서(晉書)』의 「조왕륜전(趙王倫傳)」은 인재(人材. <u>어떤 일을 할 수 있는 학식이나 능력을 갖춘 사람</u>)를 제대로 등용(登用. <u>인재를 뽑아 씀</u>)하지 않고 쓸모없는 사람에게 관직을 맡기는 실태를 고발하고 있는 것이다. 오늘날에도 마찬가지다. 정권이 바뀔 때마다 '구미속초(狗尾續貂)' 현상이 일어나고 있다. 정권 창출(創出. <u>처음으로 이루어져 생겨남. 또는 처음으로 만들거나 지어냄</u>)의 공신(功臣)들에게 논공행상(論功行賞. <u>본문 참고</u>)을 하다 보니 그렇게 되는 것이다. 참고로, 원문의 '其餘同謀者咸超階越次'에서, '其'는 그(<u>지시하는 말</u>) '기'로 읽고, '餘'는 남을 '여', 나머지 '여'로 읽는다. '同'은 한 가지 '동', 함께 '동'으로 읽고, '謀'는 꾀 '모', 꾀할 '모'로 읽는다. '同謀'는 어떤 일을 함께 꾀함. '者'는 사람 '자'로 읽고, '咸'은 다 '함'으로 읽고, '超'는 뛰어넘을 '초'로 읽고, '階'는 층계 '계', 품계(品階. <u>왕조 때의 벼슬의 등급</u>) '계'로 읽고, '越'은 넘을 '월', 건너갈 '월'로 읽고, '次'는 차례(次例) '차', 순서(順序) '차'로 읽는다. '越次'는 차례를 건너뜀. '其餘同謀者咸超階越次'를 직역(直譯)하면, 그 나머지 일을 함께 꾀하였던 사람들은 모두 품계(品階)를 뛰어넘고 차례를 건너뛰었는데, '不可勝記'에서, '可'는 가히(可~. <u>'능히', '넉넉히'의 뜻을 나타냄</u>) '가'로 읽고, '勝'은 이길 '승', 넘칠 '승'으로 읽고, '記'는 기록할 '기'로 읽는다. '不可勝記'를 직역(直譯)하면, 가히 (수가) 넘쳐서 (다) 기록할 수 없었다. '至於奴卒斯役亦加以爵位'에서, '至'는 이를(<u>어떤 장소나 시간에 닿을</u>) '지'로 읽고, '於'는 어조사 '어'로 읽는다. '至於'는 '심지어'와 같은 말로, 더욱 심하다 못하여 나중에는. '奴'는 종 '노'로 읽고, '卒'은 무리(<u>모여서 뭉친 한 동아리</u>) '졸'로 읽고, '斯'는 이(<u>지시하는 말</u>) '사'로 읽고, '役'은 부릴 '역', 일꾼 '역'으로 읽고, '亦'은 또 '역', 또한 '역'으로 읽고, '加'는 더할 '가'로 읽고, '以'는 써(<u>그것을 가지고, 그것으로 인하여</u>) '이'로 읽고, '爵'은 벼슬 '작', 작위(爵位) '작'으로 읽고, '位'는 자리 '위'. 지위(地位) '위'로 읽는다. '爵位'는 작(爵)의 계급을 이르는 말. '亦加以爵位'를 직역(直譯)하면, 또한 작위(爵位)로써 더하게 하여, '至於奴卒斯役亦加以爵位'를 직역(直譯)하면, 심지어 종의 무리와 이러한 일꾼(<u>심부름꾼</u>) 또한 작위(爵位)로써 더하게 함. 즉, 종들과 일꾼(<u>심부름꾼</u>)까지도 작위를 (마구 함부로) 주었다는 뜻이다. '每朝會'에서 '每'는 매양(<u>언제나, 늘, 번번이</u>) '매', 늘 '매'로 읽고, '朝'는 조정(朝廷. <u>임금이 나라의 정치를 신하들과 의논하거나 집행하는 곳. 또는 그런 기구</u>) '조'로 읽고, '會'는 모일 '회'로 읽는다. '朝會'는 왕조 때 모든 벼슬아치가 입궐(入闕. <u>대궐 안으로 들어감</u>)하여 정전(正殿. <u>임금이 나와서 조회·朝會를 하던 궁전</u>) 앞에 모여 임금을 뵙던 일. '每朝會'를 직역(直譯)하면, 매양 조회 때, '貂蟬盈坐'에서, '貂'는 담비 '초'로 읽고, '蟬'은 매미 '선'으로 읽는다. '貂蟬'은 담비의 꼬리와 매미의 날개. 여기서는 고관(高官)이 쓰는 관(冠)의 장식. 또는 높은 벼슬아치를 뜻함. '盈'은 가득 찰 '영'으로 읽고, '坐'는 앉을 '좌'로 읽는다. '貂蟬盈坐'를 직역(直譯)하면, 초선관(貂蟬冠)이 가득 앉았다. '時人爲之諺曰'에서, '時'는 때 '시'로 읽고, '人'은 사람 '인'으로 읽는다. '時人'은 그 당시의 사람들. '爲'는 생각할 '위'로 읽고, '之'는 어조사 '지'로 읽는다. '그것'을 나타내는 지시 대명사. '諺'은 상말(<u>항간·巷間에 떠돌며 쓰이는 속된 말</u>) '언'으로 읽는다. '時人爲之諺曰'을 직역(直譯)하면, 그 당시 사람들은 그것을 생각하며 상말을 (만들어) 말하였다. '貂不足'에서, '貂'는 담비 '초'로 읽고, '不'은 아닐(부정하는 말) '불'로 읽고, '足'은 넉넉할 '족', 흡족할 '족'으로 읽는다. '貂不足'을 직역(直譯)하면, (나중에는) 담비가 부족(不足)하니, '狗尾續'에서, '狗'는 개 '구'로 읽고, '尾'는 꼬리 '미'로 읽고, '續'은 이을 '속'으로 읽는다. '狗尾續'을 직역(直譯)하면, 개의 꼬리가 잇겠구나. 여기서, '狗尾續貂'가 유래하였는데, 이것을 직역(直譯)하면 개의 꼬리로 담비를 잇는다. 즉, 담비 꼬리가 모자라 개의 꼬리로 잇는다는 뜻으로, ①불필요하게 관직(벼슬)을 함부로 줌을 비유적으로 이르는 말. ②훌륭한 것 뒤에 보잘것없는 것이 뒤따름을 비유적으로 이르는 말.

구-밀-복-검(口蜜腹劍 입 **구**/꿀 **밀**/배 **복**/칼 **검**) 입에는 꿀이 (있고), 뱃속에는 칼이 (있다는) 뜻으로, 꿀과 같은 말 속에 칼이 숨어 있듯이, 겉으로는 꿀맛같이 절친(切親. 썩 친근함)한 척하지만 내심(內心. 겉으로 드러나지 아니한 실제의 마음)으로는 음해(陰害. 남을 넌지시 해침)할 생각을 하거나, 돌아서서 헐뜯는 것을 비유적으로 이르는 말. 또는 말로는 친한 듯하나, 속으로는 해칠 생각이 있음을 이르는 말. '입에는 꿀이 있다.'는 것은 입으로는 달콤한 말을 한다는 뜻이고, '뱃속에 칼이 있다.'는 것은 뱃속에 칼을 지녔다는 뜻이다. 《관련 속담》 겉 다르고 속 다르다. / 고양이 쥐 생각. / 양가죽을 뒤집어쓴 승냥이. / 웃고 사람 (뺨)친다. / 혀 밑에 죽을 말 있다. / 혀 아래 도끼 들었다. 이 사자성어의 유래는 다음과 같다. 『자치통감(資治通鑑)·당기(唐紀)』의 「현종천보원년(玄宗天寶元年)」 편(篇)에 〈이임보(李林甫)는 현명한 사람을 미워하고, 능력 있는 사람을 질투하여 자기보다 나은 사람을 배척하고 억누르는, 성격이 음험(陰險)한 사람이다. 사람들은 그를 보고 입에는 꿀이 있고, 배에는 칼이 있다고 말했다.(李林甫, 妬賢嫉能, 排抑勝己, 性陰險, **人以爲口有蜜腹有劍**.)〉라는 이야기가 나오는데, 사람들이 이임보(李林甫)를 평한 말 가운데 '사람들은 그를 보고 입에는 꿀이 있고, 배에는 칼이 있다고 말했다.(人以爲口有蜜腹有劍)'에서, '구밀복검(口蜜腹劍)'이 유래했다. 이임보(李林甫)는 당(唐) 현종(玄宗) 시대 최고의 간신(奸臣. 성질이 교묘하게 잘 둘러대고 행실이 바르지 못한 신하)으로 알려져 있다. 이 이야기의 배경은 이렇다. 양귀비(楊貴妃)와의 사랑으로 널리 알려진 당(唐)나라 현종(玄宗)은 중국의 유일한 여황제(女皇帝)인 측천무후(則天武后)의 반세기(半世紀) 가까운 통치에 이은 위황후(韋皇后)의 전횡(專橫. 권세·權勢를 제 마음대로 휘두름)을 쿠데타(프랑스·France 말. 지배 계급 내의 비주류파가 무력 따위의 비합법적인 수단으로 정권을 빼앗으려 하는 기습적인 정치 행동)를 일으켜 뒤집어엎었다. 그리고 그 권좌(權座. 권력, 특히 통치권을 가진 자리)를 당시(當時. 일이 있었던 바로 그때. 또는 이야기하고 있는 그 시기) 최고의 간신(奸臣. 성질이 교묘하게 잘 둘러대고 행실이 바르지 못한 신하)인 이임보(李林甫)의 손으로 되찾아 온 사람이다. 현종(玄宗)은 황제의 자리에 오른 후에 안으로는 민생 안정을 꾀하고 경제를 충실히 하였으며, 국경 지대의 방비(防備)를 튼튼히 하여 개원(開元. 중국 당나라 현종·玄宗 때의 연호·年號, 서기 713년~741년), 천보(天寶. 중국 당나라 현종·玄宗 때의 연호·年號, 서기 742년~756년) 시대를 거쳐 수십 년의 태평천하(太平天下. 본문 참고)를 구가(謳歌. 행복한 처지나 기쁜 마음 따위를 거리낌 없이 나타냄)하도록 했다. 그러나 노년(老年)에 접어들자, 어찌된 연유(緣由. 일의 까닭)인지 35세나 연하(年下)인 며느리 양귀비(楊貴妃)를 궁내(宮內)로 끌어들인 뒤 정사(政事)를 포기하다시피 하고 권신(權臣. 권세·權勢 있는 신하)인 이임보(李林甫)에게 국정(國政)을 일임하였다. 이임보(李林甫)는 황제의 일가친척(一家親戚. 본문 참고)으로 권세(權勢. '권력·權力'과 '세력·勢力'을 아울러 이르는 말)가 아주 대단했으며, 글과 그림에도 뛰어난 재주(순우리말로, 무엇을 잘할 수 있는, 타고난 능력과 슬기)를 가지

고 있었다. 하지만 그는 사람됨이 음험(陰險. 겉으로는 부드럽고 솔직한 체하나, 속은 내숭스럽고 흉악
함)하고 아부(阿附. 남의 비위를 맞추어 알랑거림)에 능했다. 그래서 역사가(歷史家)는 이임보(李林甫)에
대해 위의 이야기와 같이 '구밀복검(口蜜腹劍)'의 인물이라고 평한 것이다. 결국 이임보(李林甫)는 '구밀
복검(口蜜腹劍)'의 주인공이 된 셈이다. 또한 그는 조정(朝廷. 임금이 나라의 정치를 신하들과 의논하거
나 집행하는 곳, 또는 그런 기구)의 권세(權勢)를 한 손에 쥐고, 자기와 의견을 달리하는 자를 배척했고,
수백 명의 충신(忠臣)을 죽였다. 모두들 이임보(李林甫)를 두려워하여 그의 의견에 감히 반대를 하지
못했으며, 심지어는 황태자(皇太子)까지도 그를 두려워했다. 재상(宰相. 임금을 보필하며 모든 관원을
지휘, 감독하는 자리에 있는 이품·二品 이상의 벼슬을 통틀어 이르던 말)의 지위에 있는 19년 동안에
천하의 대란(大亂)을 만들어 내었으나, 현종(玄宗)은 이를 깨닫지 못했다. 안녹산(安祿山)은 이임보(李林
甫)의 술수(術數. 어떤 일을 꾸미는 꾀나 방법)를 두려워했으므로, 그가 죽을 때까지는 감히 반란(叛·反
亂. 정부나 지배자에게 반항하여 내란을 일으킴)을 일으킬 생각을 못했다. 이임보(李林甫)가 죽자, 양귀
비(楊貴妃)의 일족(一族)인 양국충(楊國忠)이 재상(宰相)이 되었다. 양국충(楊國忠)은 이임보(李林甫)의
죄목(罪目. 저지른 죄의, 겉으로 내세우는 이름)을 낱낱이 현종(玄宗)에게 고(告)했다. 화가 난 현종(玄
宗)은 이임보(李林甫) 생전의 관직(官職. 관리로서, 국가로부터 위임 받은 일정한 범위의 직무, 또는
그 직위)을 모두 박탈하고, 부관참시(剖棺斬屍. 본문 참고)에 처했다. 이임보(李林甫)가 죽은 지 3년
째 되던 해에, 이임보(李林甫)를 두려워하여 감히 반란(叛·反亂)을 생각하지 못했던 안녹산(安祿山)이
양국충(楊國忠)과의 권력 다툼에서 밀려나자 반란(叛·反亂)을 일으켰다. 참고로, 원문의 '李林甫'에서,
'李'는 성씨 '리(이)'로 읽고, '林'은 수풀 '림(임)'으로 읽고, '甫'는 클(길이, 넓이, 높이, 부피 따위가 보통
정도를 넘을) '보'로 읽는다. 여기서 '李林甫'는 사람 이름. '妬賢嫉能'에서 '妬'는 투기할(妬忌~. 질투와
같은 말로, 부부 사이나 사랑하는 이성·異性 사이에서, 상대되는 이성·異性이 다른 이성·異性을 좋아할
경우에 지나치게 시기할) '투'로 읽고, '賢'은 어질 '현'으로 읽고, '嫉'은 미워할 '질'로 읽고, '能'은 재능(才
能. 어떤 일을 하는 데 필요한 재주와 능력) '능'으로 읽는다. '妬賢嫉能'을 직역(直譯)하면, 어진 (사람을)
투기(妬忌)하고 재능(才能) 있는 사람을 미워하였으며, 즉, 어질고 재주(순우리말로, 무엇을 잘할 수
있는, 타고난 능력과 슬기) 있는 사람을 시기하고 미워하였으며, '排抑勝己'에서, '排'는 물리칠 '배'로
읽고, '抑'은 억누를 '억'으로 읽고, '勝'은 나을 '승', 훌륭할 '승'으로 읽고, '己'는 자기(自己) '기'로 읽는다.
'排抑勝己'를 직역(直譯)하면, 자기보다 나은 사람을 물리치고 억누르는 (따위), '性陰險'에서, '性'은 성품
'성', 성질 '성'으로 읽고, '陰'은 그늘 '음'으로 읽고, '險'은 음흉(陰凶)할 '험'으로 읽는다. '陰險'은 겉은
부드럽고 솔직한 체하나, 속은 내숭스럽고 음흉함. '性陰險'을 직역(直譯)하면, 성품이 음험(陰險)하였다.
'人以爲口有蜜腹有劍'에서, '人'은 사람 '인'으로 읽고, '以'는 써(그것을 가지고, 그것으로 인하여) '이'로
읽고, '爲'는 할 '위'로 읽는다. '以爲'는 한문(漢文) 구(句)의 하나로, '생각하건대', '~라고 생각한다.'의
뜻을 나타냄. '口'는 입 '구'로 읽고, '有'는 있을 '유'로 읽고, '蜜'은 꿀 '밀'로 읽고, '腹'은 배 '복'으로
읽고, '劍'은 칼 '검'으로 읽는다. '人以爲口有蜜腹有劍'을 직역(直譯)하면, 사람들은 (이임보의) '입에는
꿀이 있고, 배에는 칼이 있다.'라고 생각하였다. 여기서, '口蜜腹劍'이 유래하였는데, 이것을 직역(直譯)
하면, 입에는 꿀이 (있고), 뱃속에는 칼이 (있다는) 뜻으로, 겉으로는 꿀맛같이 절친한 척하지만, 내심으
로는, 음해할 생각을 하거나, 돌아서서 헐뜯는 것을 비유적으로 이르는 말. 또는 말로는 친한 듯하나,

속으로는 해칠 생각이 있음을 이르는 말.

구-반-문-촉(扣槃·盤捫燭 두드릴 구/쟁반 반/어루만질 문/촛불 촉) 쟁반을 두드리고 촛불(초)을 어루만진다는 뜻으로, 정확하게 알지 못하면서 전체를 아는 것처럼 이렇다 저렇다 함부로 논하거나 말하면 안 된다는 것을 비유적으로 이르는 말. 또는 어떤 사실(事實)을 정확히 파악하지 못하고 오해(誤解)하는 것을 이르는 말. 이 사자성어의 유래는 다음과 같다. 당송팔대가(唐宋八大家)의 한 사람인 한유(韓愈)의 「일유(日喩)」 편(篇)에 〈태어나면서부터 장님인 사람이 해[日]를 알지 못하므로 눈[目]이 있는 사람에게 물었다. 어떤 사람이 해의 모양은 구리 쟁반같이 생겼다고 말해 주며, 쟁반을 두들겨 소리를 들려주었다. 다음날 그는 종소리를 듣고 그것을 해[日]로 여겼다. 어떤 사람이 그에게 (해의) 빛이 촛불과 같다고 말해 주면서 초를 만지게 해 그 형상을 알게 해 주었다.(生而眇者不識日, 問之有目者, 或告之曰, 日之狀如銅盤, <u>扣盤而得其聲</u>, 他日聞鐘以爲是日也, 或告之曰, 光如燭, <u>捫燭而得其形</u>.)〉라는 이야기가 나오는데, '쟁반을 두들겨 소리를 들려주었다.(扣盤而得其聲)'와, '초를 만지게 해 그 형상을 알게 해 주었다.(捫燭而得其形)'에서, '구반문촉(扣槃·盤捫燭)'이 유래했다. 사람의 도(道)를 보기 어려움이, 바로 장님이 남의 말을 듣고 해[日]를 말하는 것과 같다는 뜻이다. 참고로, 원문의 '生而眇者不識日'에서, '生'은 날(<u>태어날</u>) '생'으로 읽고, '而'는 말 이을 '이'로 읽는다. '그리고'의 뜻을 나타냄. '眇'는 애꾸눈(<u>한쪽이 먼 눈</u>) '묘'로 읽고, '者'는 사람 '자'로 읽고, '識'은 알 '식'으로 읽고, '日'은 해 '일'로 읽는다. '生而眇者不識日'을 직역(直譯)하면, 태어나면서 그리고 애꾸눈이 된 사람은 해를 알지 못한다. '問之有目者'에서, '問'은 물을 '문'으로 읽고, '之'는 어조사 '지'로 읽는다. '그것'을 나타내는 지시 대명사. '目'은 눈 '목'으로 읽는다. '問之有目者'를 직역(直譯)하면, (그래서) 눈이 있는 사람에게 그것(<u>'해'를 가리킴</u>)에 대하여 물었다. '或告之曰'에서, '或'은 혹 '혹', 어떤 이 '혹'으로 읽고, '告'는 알릴 '고'로 읽는다. '或告之曰'을 직역(直譯)하면, 어떤 이는 그것에 대하여 알려주며 말하기를, '日之狀如銅盤'에서, '之'는 어조사 '지'로 읽는다. '~의'를 나타내는 관형격 조사. '狀'은 형상(形狀) '상'으로 읽고, '如'는 같을 '여'로 읽고, '銅'은 구리 '동'으로 읽고, '盤'은 쟁반 '반'으로 읽는다. '日之狀如銅盤'을 직역(直譯)하면, 해의 형상(形狀)은 구리로 만든 쟁반과 같다. '扣盤而得其聲'에서, '扣'는 두드릴 구로 읽고, '盤'은 쟁반 '반'으로 읽고, '而'는 말 이을 '이'로 읽는다. '그리고'의 뜻을 나타냄. '得'은 얻을 '득'으로 읽고, '其'는 그(<u>지시하는 말</u>) '기'로 읽고, '聲'은 소리 '성'으로 읽는다. '扣盤而得其聲'을 직역(直譯)하면, (그렇게 말하면서) 쟁반을 두드리고 그리고 그 소리를 얻게 하였다(<u>습득하게 하였다</u>). 즉, 쟁반을 두드려 그 소리를 듣게 한다는 뜻이다. '他日聞鐘以爲是日也'에서, '他'는 다를 '타'로 읽고, '日'은, 여기서는 날 '일'로 읽고, '聞'은 들을 '문'으로 읽고, '鐘'은 쇠북(<u>예전에 쇠로 된 북이라는 뜻으로, '종'을 이르던 말</u>) '종'으로 읽고, '以'는 써(<u>그것을 가지고, 그것으로 인하여</u>) '이'로 읽고, '爲'는 할 '위'로 읽는다. '以爲'는 한문(漢文) 구(句)의 하나로, '생각하건대', '~라고 생각한다.'의 뜻을 나타냄. '是'는 이(<u>지시하는 말</u>) '시'로 읽고, '也'는 어조사 '야'로 읽는다. '~이다(<u>단정</u>)'의 뜻을 나타냄. '他日聞鐘以爲是日也'를 직역(直譯)하면, 다른 날 종(鐘) (소리를) 듣게 함으로써(<u>종소리를 들려줌으로써</u>) '이것은 해이다'라고 생각하게 했다. '光如燭'에서, '光'은 빛 '광'으로 읽고, '燭'은 촛불 '촉'으로 읽는다. '光如燭'을 직역(直譯)하면, 빛은 촛불과 같다. '捫燭而得其形'에서, '捫'은 어루만질 '문'으로 읽고, '燭'은 촛불 '촉'으로 읽고, '而'는 말 이을 '이'로 읽는다. '그리고'의 뜻을 나타냄. '得'은 얻을 '득'으로 읽고, '其'는 그(<u>지시하는 말</u>) '기'로 읽고, '形'은 형상(形狀) '형'으로 읽는다. '捫燭而得其形

을 직역(直譯)하면, (그렇게 말하면서) 촛불을 어루만지게 해서 그리고 그 형상(形狀)을 얻게(알게) 하였다. 여기서 '扣盤捫燭'이 유래하였는데, 이것을 직역(直譯)하면, 쟁반을 두드리고 촛불(초)을 어루만진다는 뜻으로, 여기에서는 긍정적으로 쓰였지만, 일반적으로 정확하게 알지 못하면서 전체를 아는 것처럼 이렇다 저렇다 함부로 논하거나 말하면 안 된다는 것을 비유적으로 이르는 말이다. 또는 어떤 사실(事實)을 정확하게 파악하지 못하고 오해하는 것을 이르는 말이기도 하다.

구-반-상실(狗飯橡實 개 **구**/밥 **반**/상수리나무 **상**/열매 **실**) 개밥에 상수리나무의 열매라는 뜻으로, 따돌림을 당하거나 외톨이가 되는 것을 비유적으로 이르는 말. 또는 사람들 축에 끼지 못하고 고립된 사람을 비유적으로 이르는 말. 개가 상수리나무의 열매를 먹지 않아, 개의 밥 그릇에 상수리 열매만 남게 되는 것처럼 외톨이 신세가 될 때 쓰이는 말. *상실(橡實): 상수리나무의 열매.《관련 속담》개밥에 도토리.

구복-원-수(口腹冤讐 입 **구**/배 **복**/원통할 **원**/원수 **수**) 입으로 (먹고) 배를 (채우는 일도) (때로는) 원수와 (같다는) 뜻으로, ①먹고 살기 위하여 해서는 안 될 짓까지 하지 않을 수 없음을 비유적으로 이르는 말. 본성(本性)이 나빠서 남의 것을 훔치는 죄를 짓는 것이 아니라, 배가 고파서 먹을 것을 보고 나니 남의 것이라는 것을 알면서도 몰래 훔쳐 먹게 만드는 입[口]과 배[腹]가 원수라는 뜻이다. ②살아가기 위해서 어쩔 수 없이 아니꼽거나, 괴로운 일을 당할 때를 비유적으로 이르는 말. *구복(口腹): 먹고 살기 위하여 음식을 섭취하는 입[口]과 배[腹]. *원통하다(冤痛~): 분하고 억울하다. 또는 몹시 원망스럽다. *원수(怨讎·讐): 자기 또는 자기 집이나 나라에 해를 끼쳐 원한(怨恨. 억울하고 원통한 일을 당하여 응어리진 마음)이 맺힌 사람.《관련 속담》구복(口腹)이 원수(라). 목구멍이 포도청. 입이 원수.

구복-지-계(口腹之計 입 **구**/배 **복**/어조사 **지**/꾀 **계**) 입으로 (먹고) 배를 (채울) 꾀라는 뜻으로, 먹고살 계책(計策. 어떤 일을 이루기 위하여 꾀나 방법을 생각해 냄. 또는 그 꾀나 방법)이나 방법을 이르는 말. =구식지계(口食之計). *구복(口腹): (음식을 먹는) 입과 배. *꾀: 일을 그럴듯하게 꾸미는 교묘한 생각이나 수단.

구복-지-루(口腹之累 입 **구**/배 **복**/어조사 **지**/근심 **루**) 입으로 (먹고) 배를 (채울) 근심(걱정)이라는 뜻으로, 먹고살 걱정을 이르는 말. *구복(口腹): ☞구복지계(口腹之計).

구-부-득-고(求不得苦 구할 **구**/못할 **부**/얻을 **득**/괴로울 **고**) 불교에서 이르는, 팔고(八苦)의 하나. 구(求)하여도 얻지 못하는 괴로움이라는 뜻으로, (끊임없이) 얻으려고 하여도 얻지 못하는 데서 겪는 고통을 이르는 말. 내가 마음 먹은 모든 것이 다 이루어지면 고통도 없고 좋으련만, 세상 일은 그렇지 않다. 구하려고 하는 욕심을 내려놓아야 고통이 없어진다. 여기서, '팔고(八苦)'는 불교에서 이르는, 인생의 여덟 가지 괴로움. 곧 생로병사(生老病死)의 사고(四苦)에다가 애별리고(愛別離苦), 원증회고(怨憎會苦), 구부득고(求不得苦), 오음성고(五陰盛苦)를 더한 것.

구-불-가-도(口不可道 입 **구**/아닐 **불**/가히 **가**/말할 **도**) 입으로는 가(可)히 말하지 아니한다는 뜻으로, 입으로 차마 말할 수 없음을 이르는 말. *가히(可~): '능히', '넉넉히'의 뜻.

구-사-일-생(九死一生 아홉 **구**/죽을 **사**/한 **일**/살 **생**) 아홉 (번) 죽을 뻔하다가 한 (번) 살아난다는 뜻으로, 아홉 번 죽었다가 한 번 살아나듯이, 죽을 고비를 여러 차례 넘기고 겨우 살아남을 비유적으로 이르는 말. =백사일생(百死一生). 回 십생구사(十生九死). 참 만사일생(萬死一生). *'일-생'은 『국어사전(國語辭典)』에 등재(登載)된, '살아 있는 동안. =평생(平生)'인 '일생(一生)'의 뜻과는 별개다.《관련 속담》그물을 벗어난 새. 이 사자성어의 유래는 다음과 같다. 『문선(文選)』에 주(註)를 단 유량(劉良)은 굴원(屈原)의 「이소(離騷)」에 [아홉은 수의 끝이다. 충성(忠誠. 진정에서 우러나오는 정성, 특히 임금이나 국가에 대한 것을 일컬음)과 신의(信義)와 곧음과 깨끗함이 내 마음의 선하고자 하는 바와 같으니, 이런 재앙(災殃. 뜻하지 아니하게 생긴 불행한 변고·變故, 또는 천재지변·天災地變으로 인한 불행한 사고)을 만나]〈아홉 번 죽어서 한 번도 살아남지 못한다 할지라도, 후회하고 원한(怨恨. 억울하고 원통한 일을 당하여 응어리진 마음)을 품기에 족하지 않다.(雖九死無一生, 未足悔恨.)〉라는 말을 했는데, '아홉 번 죽어서 한 번도 살아남지 못한다 할지라도,(雖九死無一生)'에서, '구사일생(九死一生)'이 유래했다. 원문은 앞에 제시한 말처럼 '구사무일생(九死無一生)'이다. 이 말의 배경은 이렇다. 굴원(屈原)은 전국 시대 초(楚)나라의 시인이자 정치가이며, 초(楚)나라의 왕족(王族)이었다. 회왕(懷王)의 신임을 얻어 삼려대부(三閭大夫. 벼슬 이름)에 올랐으나, 양왕(襄王) 때 모함(謀陷. 나쁜 꾀로 남을 어려운 처지에 빠지게 함)을 받아 두 번씩이나 강남으로 쫓겨나 방황하다가 멱라수(汨羅水)에 빠져 죽고 말았다. 그런데 '멱라수(汨羅水)'의 '汨'은 물 이름 '멱'으로도 읽고, 빠질 '골'로도 읽는다. '골몰(汨沒. 다른 생각을 할 겨를이 없이 오로지 어떤 한 가지 일에만 파묻힘)'이 그 예(例)이다. 여기서는 물 이름 '멱'으로 읽는다. '멱라수(汨羅水)'는 중국 호남성(湖南省)의 북쪽에 있는 강 이름. 초(楚)나라 굴원(屈原)이 참소(讒訴. 남을 헐뜯어서 죄가 있는 것처럼 꾸며 윗사람에게 고하여 바침)를 당해 이 강에 빠져 죽었다고 전함. 참고로, 원문의 '雖九死無一生'에서, '雖'는 비록 '수'로 읽고, '九'는 아홉 '구'로 읽고, '死'는 죽을 '사'로 읽고, '無'는 없을 '무'로 읽고, '一'은 한 '일'로 읽고, '生'은 살 '생'으로 읽는다. '雖九死無一生'을 직역(直譯)하면, 비록 아홉 번 죽어 한 번도 살지 못한다고 하더라도. '未足悔恨'에서, '未'는 아닐(부정하는 말) '미'로 읽고, '足'은 족할(足~) '족'으로 읽고, '悔'는 뉘우칠 '회'로 읽고, '恨'은 한탄할 '한'으로 읽는다. '悔恨'은 뉘우치고 한탄함. '未足悔恨'을 직역(直譯)하면, 뉘우치고 한탄하기에는 족하지(足~) 않다. 여기서, '九死一生'이 유래하였는데, 이것을 직역(直譯)하면, 아홉 (번) 죽을 뻔하다가 한 (번) 살아난다는 뜻으로, 죽을 고비를 여러 차례 넘기고 겨우 살아남을 비유적으로 이르는 말.

구-상-유취(口尙乳臭 입 **구**/아직 **상**/젖 **유**/냄새 **취**) 입에서 아직 젖의 냄새(젖비린내)가 (난다는) 뜻으로, 상대를 어린아이로 얕잡아 보는 것을 비유적으로 이르는 말. 또는 말이나 행동이 몹시 유치(幼稚. 수준이 낮거나 미숙함)함을 이르는 말. 참 황구유취(黃口乳臭). *유취(乳臭): 젖에서 나는 냄새. =젖내. 《관련 속담》 머리에 피도 안 말랐다. 이 사자성어의 유래는 다음과 같다. 『사기(史記)』의 「고조본기(高祖本紀)」와 『한서(漢書)』의 「고제기(高帝紀)」 편(篇)에 〈이 자(者)는 입에서 아직 젖내가 나서, 한신(韓信)을 당해 낼 수 없을 것이다.(是口尙乳臭, 不能當韓信.)〉라는 구절이 있는데, '이 자(者)는 입에서 아직 젖내가 나서(是口尙乳臭)'에서, '구상유취(口尙乳臭)'가 유래했다. 이 말의 배경은 다음과 같다. 위왕(魏王. 위나라의 왕)인 표(豹)가 "유방(劉邦)은 오만하여 부하들을 무례하게 대하며, 신하들을 노비 부리듯 하니, 나는 그와 함께 일하기를 원하지 않소." 이 말을 전해들은 유방(劉邦)은 몹시 분노하며, 위(魏)나라 사정에 정통한 역이기(酈食其)에게 위(魏)나라의 대장(大將)은 누구인가 물었다. 그때 역이기(酈食其)는 백직(柏直)이라는 자(者)라고 이야기했다. 이 말을 듣고 가소롭다는 듯이 웃더니 구상유취(口尙乳臭)를 말했다는 것이다. 그런데 '역이기(酈食其)'에서 '酈'은 성씨(姓氏) '역'으로 읽고, '食'은, 여기서는 밥 '식'으로 읽지 않고, 사람 이름 '이'로 읽는다. 참고로, 원문의 '是口尙乳臭'에서, '是'는 이(지시하는 말) '시'로 읽고, '口'는 입 '구'로 읽고, '尙'은 아직 '상'으로 읽고, '乳'는 젖 '유'로 읽고, '臭'는 냄새 '취'로 읽는다. '是口尙乳臭'를 직역(直譯)하면, 이 (사람)은 입에서 아직 젖의 냄새가 나니. 여기서, '口尙乳臭'가 유래하였는데, 이것을 직역(直譯)하면, 입에서 아직 젖의 냄새가 (난다는) 뜻으로, 상대를 어린아이로 얕잡아 보는 것을 비유적으로 이르는 말. 또는 말이나 행동이 유치(幼稚)함을 이르는 말. '不能當韓信'에서, '能'은 할 수 있을 '능'으로 읽고, '當'은 당할(능히 이겨 낼) '당'으로 읽고, '韓'은 나라 이름 '한'으로 읽고, '信'은 믿을 '신'으로 읽는다. '韓信'은 중국 전한(前漢)의 무장(武將) 이름. '不能當韓信'을 직역(直譯)하면, 한신(韓信)을 당해 낼 수가 없다.

구-세-동거(九世同居 아홉 **구**/대 **세**/함께 **동**/살 **거**) 아홉 대(代)가 함께 산다. 즉, 아홉 대(代)에 걸쳐 이루어진 친족(親族)이 한 가정에 산다는 뜻으로, 집안이 매우 화목(和睦)함을 이르는 말. *동거(同居): ①한집에서 같이 삶. ②정식으로 혼인하지 않은 남녀가 부부생활을 함.

구세-제민(救世濟民 구원할 **구**/세상 **세**/구제할 **제**/백성 **민**) 세상을 구원(救援)하고 백성을 구제(救濟)한다는 뜻으로, 어지러운 세상을 구원(救援)하고, 고통 받는 백성을 구제(救濟)함. 또는 세상 사람을 어려움에서 벗어나게 함을 이르는 말. *구세(救世): ①세상 사람을 구제(救濟)함. ②불교에서, 중생(衆生. 불교에서, 부처의 구제 대상이 되는, 이 세상의 모든 생물을 통틀어 이르는 말)을 고통에서 구하는 일. ③기독교에서, 인류를 악마의 굴레와 죄악에서 구하는 일. *제민(濟民): (도탄에 빠진) 백성을 건짐. *구원하다(救援~): 부록 '구(救)' 참고. *구제하다(救濟~): ①어려운 처지에 있는 사람을 도와주다. ②불교에서, 고통 받는 사람들을 제도(濟度. 불교에서, 중생·衆生을 고해·苦海에서 건지어 극락·極樂으로 이끌어 주는 일을 이르는 말)하다. 여기서 '극락(極樂)'은 불교에서, 아미타불(阿彌陀佛)이 살고 있는 정토(淨土. 부처가 사는 청정한 곳)로, 괴로움이 없으며 지극히 안락하고 자유로운 세상을 일컬음.

구수-응의(鳩首凝議 비둘기 **구**/머리 **수**/모을 **응**/의논할 **의**) 비둘기들이 머리를 모아 의논(議論)한다는 뜻으로, 비둘기들이 모여 머리를 맞대듯이, 여럿이 한자리에 모여 앉아 머리를 맞대고 의논(議論)함. 또는 그런 회의(會議)를 비유적으로 이르는 말. =구수협의(鳩首協議). 구수회의(鳩首會議). *구수(鳩首): (비둘기들이 모여 머리를 맞대듯이) 몇 사람이 모여 머리를 맞대다시피 하여 논의하는 일. *응의(凝議): 여러 가지 논의를 신중히 거듭함.

구수-지-간(仇讐·讎之間 원수 **구**/원수 **수**/어조사 **지**/사이 **간**) 원수와 원수의 사이라는 뜻으로, 서로 원수(怨讐·讎)로 여기는 사이를 이르는 말. *구수(仇讐·讎): =원수(怨讐·讎). 즉, 원한(怨恨. 억울하고 원통한 일을 당하여 응어리진 마음)이 맺힐 정도로 자기에게 해를 끼친 사람이나 집단.

구수-회의(鳩首會議 비둘기 **구**/머리 **수**/모을 **회**/의논할 **의**) 비둘기들이 머리를 모아 의논(議論)한다는 뜻으로, 비둘기들이 모여 머리를 맞대듯이, 여럿이 한자리에 모여 앉아 머리를 맞대고 의논함. 또는 그런 회의(會議)를 비유적으로 이르는 말. =구수응의(鳩首凝議). 구수협의(鳩首協議). *구수(鳩首): ☞구수응의(鳩首凝議). *회의(會議): 여럿이 모여 의논함. 또는 그 모임.

구-시-심-비(口是心非 입 **구**/옳을 **시**/마음 **심**/그를 **비**) 입은 옳고 마음은 그르다는 뜻으로, 말로는 옳다 하면서 마음속으로는 그르게 여김을 이르는 말. 즉, 말로는 화합할 듯이 하면서도 마음은 그렇지 아니함을 일컫는다. *그르다: ①옳지 아니하다. ②될 가망이 없다. ③하는 짓이 싹수(앞으로 잘 트일 만한 낌새나 징조)가 없다.

구-시-화-문(口是禍門 입 **구**/이 **시**/재앙 **화**/문 **문**) 입은 재앙(災殃)의 문(門)이다. 즉, 입이 재앙(災殃)을 불러들이는 문(門)이라는 뜻으로, 말조심, 입조심을 해야 함을 이르는 말. 말을 할 수 있기에 사람은 짐승보다 낫다. 그러나 말을 잘못하면 재앙(災殃)이 들어온다는 것이다. =구화지문(口禍之門). *재앙(災殃): 뜻하지 아니하게 생긴 불행한 변고(變故. 갑작스러운 재앙이나 사고). 또는 천재지변(天災地變. 본문 참고)으로 인한 불행한 사고(事故).《관련 속담》웃느라 한 말에 초상난다. 이 사자성어의 유래는 다음과 같다.『전당시(全唐詩)』의「설시(舌詩)」편(篇)에 〈입은 재앙의 문이요 / 혀는 몸을 베는 칼이다. / 입을 닫고 혀를 깊이 감추면 / 처해 있는 곳마다 몸이 편하다.(口是禍之門, 舌是斬身刀, 閉口深藏舌, 安身處處牢.)〉라는 시(詩)가 나오는데, '입은 재앙의 문이요.(口是禍之門)'에서, '구시화문(口是禍門)'과 '구화지문(口禍之門)'이 유래했다. 이 시(詩)는 풍도(馮道)가 지은「설시(舌詩)」다. 풍도(馮道)는 사람 이름이다. 당(唐)나라 말기에 태어나, 당(唐)나라가 망한 후에는 오대십국(五代十國) 시대의 후당(後唐)에서 재상(宰相. 임금을 보필하며 모든 관원을 지휘, 감독하는 자리에 있는 이품·二品 이상의 벼슬을 통틀어 이르던 말)을 지냈다. 참고로, 원문의 '口是禍之門'에서, '口'는 입 '구'로 읽고, '是'는 이(지시하는 말) '시', 이것 '시'로 읽는다. 여기서는 '~은 ~이다(단정)'를 나타냄. '禍'는 재앙 '화'로 읽고, '之'는 어조사 '지'로 읽는다. '~의'를 나타내는 관형격 조사. '門'은 문(門) '문'으로 읽는다. '口是禍之門'을 직역(直譯)하면, 이 입[口]은 재앙의 문(門)이요, 여기서 '口是禍門'과 '口禍之門'이 유래하였는데, 이것을 직역(直譯)하면, 입[口]은 재앙(災殃)의 문(門)이라는 뜻으로, 재앙(災殃)이 입[口]으로부터 나오고 입[口]으로부터 들어가므로, 말을 함에 있어 항상 신중(愼重)해야 함을 이르는 말. '舌是斬身刀'에서, '舌'은 혀 '설'로 읽는다. '斬'은 벨 '참'으로 읽고, '身'은 몸 '신'으로 읽고, '刀'는 칼 '도'로 읽는다. '舌是斬身刀'를 직역(直譯)하면, 혀는 몸을 베는 칼이다. '閉口深藏舌'에서 '閉'는 닫을 '폐'로 읽고, '深'은 깊을 '심'으로 읽고, '藏'은 감출 '장'으로 읽는다. '閉口深藏舌'을 직역(直譯)하면, 입을 닫고 혀를 깊이 감추면, '安身處處牢'에서, '安'은 편안 '안'으로 읽고, '身'은 몸 '신'으로 읽는다. '安身'은 몸을 편안히 함. '處'는 곳 '처'로 읽는다. '處處'는 '곳곳'과 같은 말로, 여러 곳 또는 이곳저곳. '牢'는 우리(짐승을 가두어 기르는 곳) '뢰(뇌)', 에워쌀 '뢰(뇌)'로 읽는다. '安身處處牢'를 직역(直譯)하면, 곳곳에 에워싸 몸이 편안하다.

구식-지-계(口食之計 입 **구**/밥 **식**/어조사 **지**/꾀 **계**) 입으로 밥을 먹을 꾀라는 뜻으로, 먹고 살 계책(計策. 어떤 일을 이루기 위하여 꾀나 방법을 생각해 냄. 또는 그 꾀나 방법)이나 방법을 이르는 말. =구복지계(口腹之計). *구식(口食): 목숨을 유지하기 위한 음식물. *꾀: 일을 그럴듯하게 꾸미는 교묘한 생각이나 수단.

구-실-재-아(咎實在我 허물 **구**/실제 **실**/있을 **재**/나 **아**) 허물이 실제(實際)로 나에게 있다는 뜻으로, 남의 허물이 아니라, 자기의 잘못이라고 스스로 인정하는 말. 또는 잘못이 실제(實際)로 자기에게 있음을 스스로 인정(認定)함을 이르는 말. *실제(實際): 있는 그대로의 또는 나타나거나 당하는 그대로의 상태나 형편.

구십-춘광(九十春光 아홉 **구**/열 **십**/봄 **춘**/빛 **광**) 구십 일 (동안의) 봄빛이라는 뜻으로, ①봄의 석 달 동안을 이르는 말. ②석 달 동안의 화창한 봄 날씨를 이르는 말. *구십(九十): 십의 아홉 배가 되는 수. =아흔. *춘광(春光): ①봄볕. 즉, 봄철에 내리쬐는 따사로운 햇볕. ②봄의 경치.

구안-지-사(具眼之士 갖출 **구**/눈 안/어조사 **지**/선비 **사**) 눈[眼]을 갖춘 선비라는 뜻으로, 사물의 시비(是

非)나 선악(善惡)을 판단할 수 있는 안목(眼目)과 식견(識見. 학식·學識과 견문·見聞이라는 뜻으로, 사물을 분별할 수 있는 능력을 이르는 말)을 갖춘 선비를 이르는 말. 여기서, '안목(眼目)'은 사물을 보아서 분별할 수 있는 식견(識見). 또는 사물의 가치를 판별할 수 있는 능력(能力). *구안(具眼): 안목(眼目)을 갖춤.

구안-투생(苟安偷生 구차할 **구**/편안할 **안**/구차할 **투**/살 **생**) 구차(苟且)하게 편안(便安)함을 (추구하면서) 구차(苟且)하게 산다는 뜻으로, 일시적인 편안이나 안락(安樂. 근심 걱정 없이 편안하고 즐거움)을 탐(貪. 어떤 것을 가지거나 차지하고 싶어 지나치게 욕심을 냄)하여 헛되이 살아감을 이르는 말. *구안(苟安): ①한때 겨우 편안함. ②일시적인 안락(安樂)을 꾀함. *투생(偷生): (마땅히 죽어야 할 때 죽지 못하고) 욕되게 살기를 탐냄. *구차하다(苟且~): ①살림이 매우 가난하다. ②말이나 행동이 떳떳하거나 버젓하지 못하다. 여기서, '버젓하다'는 흠 잡히거나 굽힐 것이 없이 떳떳하고 의젓하다. 또는 남의 축에 빠지지 않을 만큼 의젓하고 번듯하다.

구-약-현하(口若懸河 입 **구**/같을 **약**/매달 **현**/물 **하**) (말하는) 입이 (계속) (낭떠러지에) 매달려 (흐르는) 물(강물)과 같다. 즉, 입에서 나오는 말이, 경사(傾斜. 비스듬히 기울어짐. 또는 그런 상태나 정도)가 급하여 쏜살같이 흐르는 강(江)과 같다는 뜻으로, 거침없이(말을 끊지 않고) 줄줄 청산유수(靑山流水. 본문 참고)처럼 이야기하는 것을 비유적으로 이르는 말. *현하(懸河): ①경사가 급하여 물의 흐름이 빠른 하천. 즉, 급류, 폭포 따위를 말함. ②구변(口辯)이 거침없음을 비유적으로 이르는 말. 이 사자성어의 유래는 다음과 같다. 『진서(晉書)』의 「곽상전(郭象傳)」 편(篇)에 《(토론을 할 때마다 그의 말이 논리정연하고 언변이 뛰어난 것을 지켜보던) 태위(太尉. 벼슬 이름)인 왕연(王衍)은 항상 이렇게 칭찬을 했다. "곽상(郭象)이 말하는 것을 들으면 마치 폭포가 물을 쏟아내어 거침없이 흘러내려 그치지 않음과 같다. (太尉王衍每云, 聽象語, 如懸河瀉水, 注而不竭.)》라는 이야기가 나오는데, 왕연(王衍)의 말 '마치 폭포가 물을 쏟아내어(如懸河瀉水)'에서, '구약현하(口若懸河)'가 유래했다. 이 이야기의 배경은 이렇다. 서진(西晉)의 학자 곽상(郭象)은 어려서부터 재능(才能. 어떤 일을 하는 데 필요한 재주와 능력)이 탁월했으며, 무슨 일이든지 깊이 파고들어 반드시 그 이치를 깨쳤다. 여기서, '재주'는 순우리말로, 무엇을 잘할 수 있는, 타고난 능력과 슬기. 그는 성인(成人)이 되어서도 노장(老莊. 중국 고대의 사상가인 '노자·老子'와 '장자·莊子'를 아울러 일컫는 말) 학설을 좋아하여 이를 깊이 연구했다. 여기서, '노자(老子)'는 중국 춘추전국시대·春秋戰國時代의 사상가·思想家. 도가·道家의 시조·始祖. 그리고 '장자(莊子)'는 중국 전국시대·戰國時代의 사상가. 도가·道家 사상의 중심인물. 곽상(郭象)은 당시(當時. 일이 있었던 바로 그때. 또는 이야기하고 있는 그 시기) 조정(朝廷. 임금이 나라의 정치를 신하들과 의논하거나 집행하는 곳. 또는 그런 기구)의 부름을 받았으나 학문 연구에 뜻을 두고 있었으므로 사양하다가, 후에 황문시랑(黃門侍郎)이라는 직책을 맡게 되었다. 그는 관직(官職. 관리로서, 국가로부터 위임 받은 일정한 범위의 직무. 또는 그 직위)에 있으면서도 매사를 이치에 맞게 처리하였고, 다른 사람들과 어떤 문제에 대해 깊이 있게 토론하기를 좋아했다. 토론을 할 때마다 그의 언변(言辯. 말재주. 말솜씨) 하나는 구약현하(口若懸河)이었다는 것이다. 참고로, 원문의 '太尉王衍每云'에서, '太'는 클 '태'로 읽고, '尉'는 벼슬 '위'로 읽는다. '太尉'는 중국 삼공(三公)의 하나인 관직 이름이다. 삼공(三公) 가운데서도 지위가 가장 높은, 전국 최고의 군사 장관으로 모든 군사 일을 장악했다. '王'은 임금 '왕'으로 읽고, '衍'은 넓을 '연'으로 읽는다.

‘王衍’은 사람 이름. 중국의 5대 10국 중 하나인 전촉(前蜀) 나라의 마지막 군주(君主. <u>세습적으로 나라를</u> <u>다스리는 최고 지위에 있는 사람</u>)이다. ‘每’는 매양(언제나, 번번이) ‘매’, 늘 ‘매’로 읽고, ‘云’은 이를 ‘운’, 말할 ‘운’으로 읽는다. ‘太尉王衍每云’을 직역(直譯)하면, 태위(太尉) 왕연(王衍)은 매양 말하기를, ‘聽象語’에서, ‘聽’은 들을 ‘청’으로 읽고, ‘象’은 코끼리 ‘상’으로 읽는다. 여기서는 ‘곽상(郭象)’을 가리킴. ‘곽상(郭象)’은 서진(西晉)의 학자이다. ‘語’는 말씀 ‘어’로 읽는다. ‘聽象語’를 직역(直譯)하면, 곽상(郭象) 의 말을 들으면, ‘如懸河瀉水’에서, ‘如’는 같을 ‘여’로 읽고, ‘懸’은 매달 ‘현’으로 읽고, ‘河’는 물 ‘하’로 읽고, ‘瀉’은 쏟을 ‘사’로 읽고, ‘水’는 물 ‘수’로 읽는다. ‘如懸河瀉水’를 직역(直譯)하면, 물에 매달려 (있는 것이) 물을 쏟은 것과 같아, 즉, 거침없이(<u>말을 끊지 않고</u>) 줄줄 청산유수(靑山流水)처럼 이야기를 한다 는 말이다. ‘물에 매달려 있는 것’은 급류(急流) 혹은 폭포(瀑布)를 형상화한 것이다. 여기서, ‘口若懸河’가 유래하였는데, 이것을 직역(直譯)하면, (말하는) 입이 (계속) (낭떠러지에) 매달려 (흐르는) 물(강물)과 같다. 즉, 입에서 나오는 말이, 경사(傾斜)가 급하여 쏜살같이 흐르는 강(江)과 같다는 말로, 거침없이(<u>말</u> <u>을 끊지 않고</u>) 줄줄 청산유수(靑山流水)처럼 이야기하는 것을 비유적으로 이르는 말. ‘注而不竭’에서, ‘注’는 물 댈 ‘주’로 읽고, ‘而’는 말 이을 ‘이’로 읽는다. ‘그리고’의 뜻을 나타냄. ‘竭’은 다할 ‘갈’, 바닥날 ‘갈’로 읽는다. ‘注而不竭’을 직역(直譯)하면, 물을 대는 것(물이 흘러내리는 것)이 그리고 다하지(그치지) 않는(것과 같다). 즉, 강물이 마르지 않는 듯하다. 곽상(郭象)의 말솜씨가 도도(滔滔. <u>여기서는 연설이나</u> <u>발언이 힘차고 거침이 없음</u>)하여 끊어짐이 없다는 뜻이다.

구-연-세월(苟延歲月 구차할 **구**/늘일 **연**/세월 **세**/세월 **월**) 구차(苟且)하게 세월(歲月)과 세월(歲月)을 늘인 다는 뜻으로, 구차(苟且)하게 근근이 세월(歲月)을 보냄을 이르는 말. *세월(歲月): ①흘러가는 시간. =광음(光陰). ②지내는 형편이나 사정 또는 재미. ③살아가는 세상. **구차하다**(苟且~): ①살림이 매우 가난하다. ②말이나 행동이 떳떳하거나 버젓하지 못하다. 여기서, ‘버젓하다’는 흠잡히거나 굽힐 것이 없이 떳떳하고 의젓하다. 또는 남의 축에 빠지지 않을 만큼 의젓하고 번듯하다.

구우-일모(九牛一毛 아홉 **구**/소 **우**/한 **일**/털 **모**) 아홉 (마리의) 소 (가운데 박힌) 하나의 털. 즉, 아홉 마리의 소에는 셀 수 없을 만큼 털이 많은데, 그 중의 하나의 털이라는 뜻으로, 매우 많은 것 가운데 극히 적은 수(數)나, 아무것도 아닌 하찮은 일을 비유적으로 이르는 말. 歡 창해일속(滄海一粟). **구우** (九牛): ①아홉 마리의 소. ②많은 소를 비유적으로 이르는 말. *일모(一毛): 한 가닥의 털이라는 뜻으로, 아주 가벼운 것. 또는 아주 작은 분량을 비유적으로 이르는 말. 《관련 속담》 아홉 마리 소에 터럭 하나. 이 사자성어의 유래는 다음과 같다. 사마천(司馬遷)의 「보임소경서(報任少卿書)」에 〈만약 제가 형벌에 복종하여 죽음을 당한다고 하더라도 아홉 마리의 소에서 털 하나를 잃어버리는 것과 같으니, 청개구리 나 개미의 죽음과 무엇이 다를 바 있겠습니까?(假令僕伏法受誅, **若九牛亡一毛**, 與螻蟻何以異).)〉라는 이야기가 나오는데, ‘아홉 마리의 소에서 털 하나를 잃어버리는 것과 같으니,(若九牛一毛)’에서, ‘구우일 모(九牛一毛)’가 유래했다. 이 이야기의 배경은 다음과 같다. 한무제(漢武帝. <u>한나라의 무제</u>) 때 태사령 (太史令)이란 직책을 가진 사마천(司馬遷)이란 사관(史官. <u>중국에서 기록을 맡아보던 벼슬아치</u>)이 있었 다. 역시 태사령(太史令)으로 무제(武帝)를 모셨던 그의 아버지인 사마담(司馬談)은 유학의 법통(法統. <u>참된 계통이나 전통</u>)과 역사(歷史)를 바로 세우기 위해 중국 고대부터 당시(當時. <u>일이 있었던 바로</u> <u>그때, 또는 이야기하고 있는 그 시기</u>)까지의 역사를 기록할 계획을 하고 많은 자료를 수집했다. 하지만

이를 완성하지 못하고 죽게 되자, 아들 사마천(司馬遷)에게 『사기(史記)』의 완성을 간곡히 부탁하는 유언을 내렸다. 사마천(司馬遷)은 아버지의 유지(遺志. 죽은 이가 생전에 이루지 못하고 남긴 뜻)를 받들어 저술에 착수했다. 하지만 그가 역사 집필에 몰두한 지 7년이 경과한 어느 날 청천벽력(靑天霹靂. 본문 참고)과 같은 재앙(災殃. 뜻하지 아니하게 생긴 불행한 변고·變故. 또는 천재지변·天災地變으로 인한 불행한 사고)을 당하게 된다. 당시(當時. 일이 있었던 바로 그때. 또는 이야기하고 있는 그 시기) 한무제(漢武帝. 한나라 무제)는 자기가 총애(寵愛. 남달리 귀여워하고 사랑함)하는 이부인(李夫人)의 오빠인 이광리(李廣利)에게 흉노(匈奴. 기원전 3~1세기경에 몽골 지방에서 활약하던 유목 민족) 정벌(征伐)의 전공(戰功. 전투에서 생긴 공로)을 세우게 해 주기 위해 명장(名將)인 이릉(李陵)에게 보급을 맡아 이광리(李廣利)의 뒤를 돕도록 명(命)했다. 그런데 이릉(李陵)은 무제(武帝)의 명(命)을 받들지 않고 스스로 별동대(別動隊. 작전을 위하여 본대에서 따로 떨어져 나와 독자적으로 행동하는 부대) 5천 보병(步兵)을 이끌고 흉노(匈奴. 기원전 3~1세기경에 몽골 지방에서 활약하던 유목 민족)의 땅에 깊숙이 침입하여 흉노(匈奴)의 정병(精兵. 추리어 뽑은, 날쌔고 용맹한 군사)과 독자적으로 싸웠다. 이릉(李陵)은 흉노(匈奴)의 군주(君主. 세습적으로 나라를 다스리는 최고 지위에 있는 사람)인 선우(單于. 여기서, '單'은 오랑캐의 이름 '선'으로 읽음)의 3만 정병(精兵)과 맞서 무려 수천 명을 사살(射殺)했다. 흉노(匈奴)의 선우(單于)는 좌우(左右)에 있는 현왕(賢王)의 정병(精兵. 추리어 뽑은, 날쌔고 용맹한 군사) 8만을 불러들여 도합(都合. 모두 합한 셈) 11만명의 병력(兵力)으로 이릉(李陵)을 공격했지만, 용감무쌍(勇敢無雙. 본문 참고)한 이릉(李陵)의 군사들을 이길 수 없었다. 흉노(匈奴)의 선우(單于)는 공격을 그치고 철군(撤軍. 주둔하였던 군대를 철수함)을 결심했다. 그런데 이릉(李陵)의 부하 중 하나가 잘못을 저지르고 흉노(匈奴)로 도망하여, 이릉(李陵) 군대에는 원병(援兵. 전투에서 자기편을 도와주는 군대)도 없고, 화살이 거의 다 떨어졌다는 따위의 군사 기밀을 알려 주었다. 이를 안 흉노(匈奴)의 선우(單于)는 말의 머리를 돌려 내내적으로 이릉(李陵)을 포위(包圍. 둘레를 에워쌈. 또는 주위를 에워쌈)하고 맹공(猛攻. 맹렬히 나아가 적을 침)을 퍼부었다. 화살과 식량이 다 떨어지고 전사자(戰死者)가 반(半)이 넘었으며, 퇴로(退路)를 차단 당한데다가 원군(援軍)도 오지 않자, 이릉(李陵)은 할 수 없이 항복하고 말았다. 부하들의 대부분은 전사(戰死)하고 이리저리 도망을 쳐 간신히 한(漢)나라로 돌아간 사람은 400여 명에 불과(不過)했다. 흉노(匈奴)의 선우(單于)는 포로(捕虜)로 잡힌 이릉(李陵)의 용맹함을 높이 사 자기 딸을 아내로 주는 따위 이릉(李陵)을 후대(厚待)하였다. 무제(武帝)는 이로 인해 대로(大怒)하여 이릉(李陵)의 노모와 처자를 주살(誅殺. 죄를 물어 죄인을 죽임)하였으며, 이릉(李陵)의 죄를 문책하는 어전회의(御前會議. 나라의 중요한 일을 다루기 위하여 임금 앞에서 중신들이 하는 회의)를 열었는데, 중신(重臣)을 비롯하여 이릉(李陵)의 동료(同僚) 어느 누구도 이릉(李陵)을 비호(庇護. 편들어서 감싸주고 보호함)하지 않았다. 그런데 그 자리에서 사마천(司馬遷)은 무제(武帝)의 화를 잠시나마 누그러뜨려 주기 위해 이릉(李陵)의 과거(過去)의 전공(戰功. 전투에서 세운 공로)과 인품(人品)을 들어 그의 투항(投降)에 대해 변명하고 나섰다가 그만 무제(武帝)의 진노(震怒. 존엄하게 여기는 대상이 몹시 놀람)를 사 죄인의 몸이 되어 투옥하고 말았다. 죄목(罪目. 저지른 죄의. 겉으로 내세우는 이름)은 무상죄(誣上罪), 즉, 없는 사실을 꾸며 황제를 모독한 죄로써 사형(死刑)에 해당하는 중죄(重罪. 무거운 죄)였다. 그때 사마천(司馬遷) 앞에는 첫째, 사형(死刑)을 당하는 방법, 둘째, 속전(贖錢. 죄를 면하기 위하여 바치는 돈) 50만 냥을 물고 풀려나는 방법, 셋째, 부형(腐刑)을 당하는 방법 따위의 3가지의 선택이 놓여 있었다. 여기서, 부형(腐刑)은 중국에서 행하던 오형(五刑) 가운데 하나로, 남성의 생식기를 제거하는 형벌인데, 궁형(宮刑)이라고도 함. 사마천(司馬遷)은 고심 끝에 부형(腐刑)을 선택했다. 어떻게 헤서든 살아남아 아버지의 유지(遺志)를 받들기 위해서였다. 사마천(司馬遷)이 47세 되던 해였다. 이 사건으로 인해 사마천(司馬遷)은 더없는 치욕(恥辱. ‘수치·羞恥’와 ‘모욕·侮辱’을 아울러 이르는 말)을 당하고 인생의 가장 밑바닥으로 떨어지고 말았다. 사마천(司馬遷)은 이때의 심정을 「보임소경서(報任少卿書)」에 썼는데, 여기에서 ‘구우일모(九牛一毛)’가 나온다. 「보임소경서(報任少卿書)」를 직역(直譯)하면 임소경(任少卿. 일명 ‘임안·任安’이라고 부름)에게 알리는[報] 글[書]이란 뜻인데, 사마천(司馬遷)이 친구 임소경(任少卿)에게 보낸 답서(答書)이다. 소경(少卿)은 임안(任安)의 자(字. 본이름을 함부로 부르지 않던 시대에, 본이름 대신 부르던 이름)다 따라서 「보임안서(報任安書)」라고도 한다. 임소경(任少卿)은 자신도 옥에 갇혀 있는 상황에서 사마천(司馬遷)에게 먼저 편지를 보냈다고 한다. 참고로, 원문의 ‘假令僕伏法受誅’에서, ‘假’는 가령(假令) ‘가’로 읽고, ‘令’은 가령(假令) ‘령(영)’으로 읽는다. ‘假令’은 가정하여 말하여. ‘僕’은 저(자기의 겸칭) ‘복’으로 읽고, ‘伏’은 굴복할 ‘복’으로 읽고, ‘法’은 법(法. 국가나 종교 따위에서 강제력이 따르는 온갖 규범) ‘법’으로 읽는다. ‘伏法’은 형벌을 순순히 받아 죽음. ‘受’는 받을 ‘수’로 읽고, ‘誅’는 (목이) 벨 ‘주’로 읽는다. ‘假令僕伏法受誅’을 직역(直譯)하면, 가령 제가 법(형벌)에 굴복하여 (목이) 베이는 것을 받는다(죽음을 당한다)고 하더라도. 즉, 만약 제가 형벌에 복종하여 죽음을 당한다고 하더라도. ‘若九牛亡一毛’에서, ‘若’은 같을 ‘약’으로 읽고, ‘九’는 아홉 ‘구’로 읽고, ‘牛’는 소 ‘우’로 읽고, ‘亡’은 잃을 ‘망’, 없어질 ‘망’으로 읽고, ‘一’은 한 ‘일’로 읽고, ‘毛’는 털 ‘모’로 읽는다. ‘若九牛亡一毛’를 직역(直譯)하면, 아홉 (마리의) 소 (가운데 박힌) 하나의 털을 잃어버리는 것과 같으니. 여기서, ‘九牛一毛’가 유래하였는데, 이것을 직역(直譯)하면, 아홉 (마리의) 소 (가운데 박힌) 하나의 털이란 뜻으로, 매우 많은 것 가운데 극히 적은 수(數)나 아무것도 아닌 하찮은 일을 비유적으로 이르는 말. ‘與螻蟻何以異’에서, ‘與’는 어조사 ‘여’로 읽는다. ‘～와, ～과(병렬)’의 뜻을 나타냄. ‘螻’는 청개구리 ‘루(누)’로 읽고, ‘蟻’는 개미 ‘의’로 읽고, ‘何’는 무엇(의문부사) ‘하’로 읽고, ‘以’는 써(그것을 가지고, 그것으로 인하여) ‘이’로 읽고, ‘異’는 다를 ‘이’로 읽는다. ‘與螻蟻何以異’를 직역(直譯)하면 청개구리와 개미의 (죽음이) 무엇으로써 다른가? 이렇게 해서 목숨을 이은 사마천(司馬遷)이 저술(著述)에 착수한 지 18년 만에 천고(千古)에 남을 『사기(史記)』를 완성하게 된 것이다. 사마천(司馬遷)은, 죽었다면 한갓 구우일모(九牛一毛)였을 자신의 목숨을 어렵게 부지(扶持. 고생을 참고 어려움을 버티어 나감)함으로써 대작(大作. 뛰어난 작품)을 남길 수 있었다.

구-이-경-지(久而敬之 오랠 **구**/말 이을 **이**/공경할 **경**/어조사 **지**) 오래도록 공경(恭敬)함. 여기서, ‘지(之)’는 ‘그것’을 나타내는 지시 대명사이다. *공경하다(恭敬~): 부록 ‘경(敬)’ 참고.

구이-지-학(口耳之學 입 **구**/귀 **이**/어조사 **지**/학문 **학**) 입과 귀의 학문(學問). 즉, 귀로 들으면 바로 입으로 새 나오는 배움이라는 뜻으로, 귀로 들은 것을 깊이 새겨 보지 않고 그대로 입으로 남에게 전하기만 할 뿐, 조금도 자기 것으로 만들지 못한 학문(學問)을 비유적으로 이르는 말. 들은 것을 자기 생각 없이 그대로 남에게 전하는 것이 고작인 천박(淺薄. 지식이나 생각 따위가 얕음)한 학문(學問)을 일컫는다. *구이(口耳): ①입[口]과 귀[耳]를 아울러 이르는 말. ②들은 것을 생각 없이 그대로 말하는 일. 이 사자성어의 유래는 다음과 같다. 『순자(荀子)』의 「권학(勸學)」 편(篇)에 〈군자(君子. 학문과 덕·德이 높고 행실·行實이 바르며 품위·品位를 갖춘 사람)의 학문은 귀로 들어가 마음에 붙어 온몸으로 퍼져서 행동으로 나타난다. 소곤소곤 말하고 단정하게 행동하니 한결같이 모범으로 삼을 만하다. 소인(小人)의 학문은 귀로 들어가 입으로 나온다. 입과 귀 사이에는 네 치밖에 안 되는데, 어찌 일곱 자의 몸을 아름답게 하기에 족하겠는가?(君子之學, 入乎耳, 著乎心, 布乎四體, 形乎動靜, 端而言蝡而動, 一可以爲法則. 小人之學也. 入乎耳出乎口. 口耳之間則四寸耳, 曷足以美七尺之軀哉.》)라는 이야기가 나오는데, '소인(小人)의 학문은 귀로 들어가 입으로 나온다.(小人之學也. 入乎耳出乎口)'에서, '구이지학(口耳之學)'이 유래했다. '구이지학(口耳之學)'은 입과 귀의 학문이라는 것이다. 군자(君子)의 학문은 '귀로 들어가 마음에 붙어 온몸으로 퍼져서 행동으로 나타난다.'고 했다. 군자(君子)의 학문은 들은 것이나 배운 것을 깊이 새겨 자신의 몸과 마음을 수양하는 데 쓰인다. 반면에 소인(小人)의 학문(구이지학)은 '귀로 들어갔다 입으로 나온다.'는 것이다. 들은 것이나 배운 것을 반추(反芻. 어떤 일을 되풀이하여 음미하거나 생각하거나 하는 일)할 겨를도 없이 즉시 입으로 내보내 자신의 학문과 지식을 자랑하는 데 쓰는 것을 말한다. 어떤 이는 이렇게 말한다. '군자지학(君子之學)'은 자기 몸을 닦기 위하여 학문에 힘쓴다. 그러나 '구이지학(口耳之學)'은 자기를 위한 삶의 수단으로 공부한다. 이렇게 공부한 것을 남을 위하여 가르쳐 삶의 수단으로 삼는다는 것이다. 참고로, 원문의 '君子之學'에서, '君子'는 행실이 점잖고 어질며 덕(德. 고매하고 너그러운 도덕적 품성)과 학식이 높은 사람. '之'는 어조사 '지'로 읽는다. '~의'를 나타내는 관형격 조사. '學'은 학문(學問) '학'으로 읽는다. '君子之學'을 직역(直譯)하면, 군자의 학문은, '入乎耳'에서, '入'은 들 '입'으로 읽고, '乎'는 어조사 '호'로 읽는다. '~에(위치)'의 뜻을 나타냄. '耳'는 귀 '이'로 읽는다. '入乎耳'를 직역(直譯)하면, 귀에 들어가, '著乎心'에서, '著'는 붙을 '착'으로 읽고, '乎'는 어조사 '호'로 읽는다. '~에', '~에서(위치)'의 뜻을 나타냄. '心'은 마음 '심'으로 읽는다. '著乎心'을 직역(直譯)하면, 마음에 붙어, '布乎四體'에서, '布'는 번지어 퍼질 '포'로 읽고, '四'는 넉 '사'로 읽고, '體'는 몸 '체'로 읽는다. '四體'는 '사지(四肢)'의 같은 말로, 사람의 두 팔과 두 다리를 통틀어 이르는 말. '布乎四體'를 직역(直譯)하면, 사체(四體)에 번지어 퍼지고, 즉, 온몸에 번지어 퍼진다는 뜻이다. '形乎動靜'에서, '形'은 나타날 '형'으로 읽고, '動'은 움직일 '동'으로 읽고, '靜'은 고요할 '정'으로 읽는다. '動靜'은 사람이 일상적으로 하는 일체의 행위. '形乎動靜'을 직역(直譯)하면, 움직임과 고요함 (따위 일체의 행위)로 나타난다. '端而言蝡而動'에서, '端'은 단정할 '단'으로 읽고, '而'는 말 이을 '이'로 읽는다. '그리고'의 뜻을 나타냄. '言'은 말씀 '언'으로 읽는다. '蝡'은 굼실거릴(작은 벌레 따위가 한데 어우러져 굼뜨게 자꾸 움직이는) '윤'으로 읽는다. '端而言蝡而動'을 직역(直譯)하면, 단정하게 그리고 말하고, 굼실거리듯이 그리고 움직이니, '一可以爲法則'에서, '一'은 한 '일'로 읽고, '可'는 가히(可~. 능히, 넉넉히'의 뜻을 나타냄) '가'로 읽는다. '一可'를 직역(直譯)하면 가히 하나같이 할 수 있다. '以'는 써(그것을 가지고, 그것으로 인하여) '이'로 읽고, '爲'는 삼을 '위'로 읽는다. '以爲'는 한문(漢文) 구(句)의 하나로, '생각하건대', '~라고 생각한다.'의 뜻을 나타냄. '法'은 법(法. 국가나 종교 따위에서 강제력이 따르는 온갖 규범) '법'으로 읽고, '則'은 법칙(法則) '칙'으로 읽는다. '法則'은 반드시 지켜야 할 규범. '一可以爲法則'을 직역(直譯)하면, 가히 하나같이 법칙으로 생각할 수 있다. '小人之學也'에서, '小'은 작을 '소'로 읽고, '人'은 사람 '인'으로 읽는다. '小人'은 나이가 어린 사람. '之'는 어조사 '지'로 읽는다. '~의'를 나타내는 관형격 조사. '學'은 학문 '학'으로 읽고, '也'는 어조사 '야'로 읽는다. '~이다(단정)'의 뜻을 나타냄. '小人之學也'를 직역(直譯)하면, 소인(小人)의 학문은 ~이다. '入乎耳出乎口'에서, '入'은 들 '입'으로 읽고, '乎'는 어조사 '호'로 읽는다. '~로', '~으로(방향)'의 뜻을 나타냄. '耳'는 귀 '이'로 읽고, '出'은 날 '출'로 읽고, '口'는 입 '구'로 읽는다. '出乎口'를 직역(直譯)하면, 입으로 나옴. '入乎耳出乎口'를 직역(直譯)하면, 귀로 들어가고 입으로 나옴. 여기서, '口耳之學'이 유래하였는데, 이것을 직역(直譯)하면, 입과 귀의 학문(學問)이라는 뜻으로, 귀로 들은 것을 깊이 새겨 보지 않고 그대로 입으로 남에게 전하기만 할 뿐, 조금도 자기 것으로 만들지 못한 학문(學問)을 비유적으로 이르는 말. 들은 것을 자기 생각 없이 그대로 남에게 전하는 것이 고작인 천박(淺薄)한 학문(學問)을 일컫는다. '口耳之間則四寸耳'에서, '間'은 사이 '간'으로 읽고, '則'은 곧 '즉'으로 읽고, '寸'은 치(길이의 단위) '촌'으로 읽는다. 한 자[尺]의 10분의 1인 약 3㎝에 해당함. 여기서 '耳'는 따름 '이', 뿐 '이'로 읽는다. '~할 뿐이다(한정)'의 뜻을 나타냄. '口耳之間則四寸耳'를 직역(直譯)하면, 입과 귀의 사이는 곧, 네 치[寸]일뿐인데, '曷足以美七尺之軀哉'에서, '曷'은 어찌(의문 부사) '갈'로 읽고, '足'은 족할(足~) '족'으로 읽고, '美'는 아름다울 '미'로 읽고, '尺'은 자(길이의 단위) '척'으로 읽는다. 한 치[寸]의 10배인 약 30.3㎝에 해당함. '之'는 어조사 '지'로 읽는다. ~의(관형격 조사)의 뜻을 나타냄. '軀'는 몸 '구'로 읽고, '哉'는 어조사 '재'로 읽는다. '~일 것인가?', '~하겠는가?(의문)'의 뜻을 나타냄. '曷足以美七尺之軀哉'를 직역(直譯)하면, 어찌 일곱 자의 몸을 아름답게 함으로써 족(足)하겠는가? 이 말은 깊은 뜻이 내포되어 있다. '입과 귀의 거리가 네 치[寸]인데, 이 네 치[寸] 가지고 일곱 자[尺]의 몸을 아름답게 다 채울 수 있겠는가?'라고 반문(反問)하는 것이다. 다시 말하면 네 치[寸]밖에 안 되는 소인(小人)의 학문('구이지학'을 뜻함)은 일곱 자[尺]나 되는 군자(君子)의 학문을 다 채울 수 없다는 뜻이다.

구이-현송(口耳絃誦 입 **구**/귀 **이**/탈 **현**/욀 **송**) 입과 귀로 (현악기를) 타며 왼다. 즉, 귀로 듣고 입으로 시(詩)를 읊는다는 뜻으로, 학문(學問)에 힘씀을 비유적으로 이르는 말. *구이(口耳): ☞구이지학(口耳之學). *현송(絃誦): ①거문고 따위의 현악기(絃樂器)를 타며 시(詩)를 읊거나 시가(詩歌)를 노래함. ②교양이나 학문을 쌓음.

구-인-득-인(求仁得仁 구할 **구**/어질 **인**/얻을 **득**/어질 **인**) 어짊을 구하면 어짊을 얻는다. 즉, 어진 것을 구하면 어진 것을 얻는다는 뜻으로, 자신이 원하거나 갈망(渴望. 목마른 이가 물을 찾듯이 간절히 바람)하던 것을 얻었음을 비유적으로 이르는 말. 또는 지조(志操. 옳은 원칙과 신념을 지켜 끝까지 굽히지 않는 꿋꿋한 의지·意志. 또는 그러한 기개)와 절개(節槪·介. 옳은 일을 지키어 뜻을 굽히지 않는 굳건한 마음이나 태도)를 지키다 죽은 사람을 칭송(稱頌. 공덕·功德 따위를 칭찬하여 일컬음. 또는 그런 말)하는 말. 이 사자성어의 유래는 다음과 같다. 『논어(論語)』의 「술이(述而)」 편(篇)에 〈"백이(伯夷)와 숙제(叔齊)는 어떤 사람들입니까?" (중국 춘추시대의 사상가이며 학자인) 공자(孔子)가 대답했다. "옛날의 현인(賢人)들이다." "원망했던가요?" "인(仁)을 구하여 인(仁)을 얻었으니, 어찌 원망했겠느냐?"(伯夷叔齊何人也, 曰, 古之賢人也, 曰, 怨乎, 曰, **求仁而得仁**, 又何怨.)〉라는 이야기가 나오는데, 공자(孔子)의 백이(伯夷)와 숙제(叔齊)에 대한 평(評)이 나오는데, '인(仁)을 구하여 인(仁)을 얻었으니,(求仁而得仁)'에서, '구인득인(求仁得仁)'이 유래했다. 참고로, 원문의 '伯夷叔齊何人也'에서, '伯'은 맏('맏이'의 뜻을 더하는 접두사) '백'으로 읽고, '夷'는 사람의 이름일 때에는 평평할 '이', 평탄할 '이'로 읽는다. '伯夷'는 사람 이름. '叔'은 아저씨 '숙'으로 읽고, '齊'는 가지런할 '제'로 읽는다. '叔齊'는 사람 이름. '何'는 어떤(의문 부사) '하'로 읽고, '也'는 어조사 '야'로 읽는다. '~입니까(의문)'의 뜻을 나타냄. '伯夷叔齊何人也'를 직역

(直譯)하면, 백이(伯夷)와 숙제(叔齊)는 어떤 사람입니까? '古之賢人也'에서, '古'는 옛 '고'로 읽고, '之'는 어조사 '지'로 읽는다. '~의' 뜻을 나타내는 관형격 조사. '賢'은 어질 '현'으로 읽는다. '賢人'은 어질고 총명하여 성인(聖人. 지혜와 덕이 매우 뛰어나 길이 우러러 본받을 만한 사람)에 다음 가는 사람. '也'는 어조사 '야'로 읽는다. '~이다(단정)'의 뜻을 나타냄. '古之賢人也'를 직역(直譯)하면, 옛날의 현인(賢人. 어진 사람. 또는 덕행·德行의 뛰어남이 성인·聖人 다음가는 사람)이다. '怨乎'에서, '怨'은 원망(怨望)할 '원'으로 읽고, '乎'는 어조사 '호'로 읽는다. '~는가?', '~인가?(의문)'의 뜻을 나타냄. '怨乎'를 직역(直譯)하면, 원망했습니까? '求仁而得仁'에서, '求'는 구할 '구'로 읽고, '仁'은 어질 '인'으로 읽고, '而'는 말 이을 '이'로 읽는다. '그리고'의 뜻을 나타냄. '得'은 얻을 '득'으로 읽는다. '求仁而得仁'을 직역(直譯)하면, 인(仁)을 구하고 그리고 인(仁)을 얻었으니, 여기서, '求仁得仁'이 유래하였는데, 이것을 직역(直譯)하면, 어짊을 구하여 어짊을 얻었다는 뜻으로, 자신이 원하거나 갈망(渴望)하던 것을 얻었음을 비유적으로 이르는 말. 또는 지조(志操)와 절개(節槪·介)를 지키다 죽은 사람을 칭송(稱頌)하는 말로도 사용된다. 여기서는 자신이 원하거나 갈망하던 것을 얻었음을 비유적으로 이르는 말. 그리고 백이(伯夷)와 숙제(叔齊)처럼 지조(志操)와 절개(節槪·介)를 지키다 죽은 사람을 칭송(稱頌)하는 말로 사용되었다. '又何怨'에서, '又'는 또 '우', 또한 '우'로 읽고, '何'는, 여기서는 어찌(의문 부사) '하'로 읽는다. '又何怨'을 직역(直譯)하면 또한 어찌 원망하겠는가? 이 말이 생긴 배경은 다음과 같다. 고죽군(孤竹君. 고죽국·孤竹國의 군주·君主 이름)은 세상을 떠나면서 장남(長男)인 백이(伯夷)보다도 막내 숙제(叔齊)가 더 지도력이 있다고 여기고 왕위(王位)를 숙제(叔齊)에게 물려준다는 유언을 남겼다. 숙제(叔齊)는 장남(長男)인 백이(伯夷)가 왕위(王位)를 이어야 된다며 사양했고, 백이(伯夷)는 부왕(父王)의 유언을 따르는 것이 자식이 된 자(者)의 도리(道理. 사람이 마땅히 지켜야 할 바른 길)라며 은둔하고 말았다. 이 사실을 안 숙제(叔齊) 역시 나라를 떠나 몸을 숨겼다. 고죽군(孤竹君)의 대신(大臣)들은 둘째 아들('숙제·叔齊'를 가리킴)을 왕으로 세웠다. 그런데 이렇게 나라를 떠나 가자 은둔 생활을 하던 두 사람은 서백(西伯) 창(昌)이 어질고 노인을 공경하는 사람이란 소문을 듣고 서백(西伯) 창(昌)을 찾아갔다. 여기서 '서백(西伯) 창(昌)'은 주(周)나라 태왕(太王. '고공단보·古公亶父'를 가리킴. 여기서 '父'는 남자의 미칭·美稱 '보'로 읽음)의 손자(孫子)이며, 사후(死後) 주(周)나라 문왕(文王)으로 불리었다. 그러나 그들이 도착했을 때 서백(西伯) 창(昌)은 이미(돌이킬 수 없이 된 지난 일을 일컬을 때 쓰는 말) 죽고 없었고 아들 무왕(武王)이 아버지의 위패(位牌. 신주·神主의 이름을 적은 나무패)를 안고 은(殷)나라의 주왕(紂王)을 토벌(討伐. 무력으로 쳐 없앰)하기 위해 출전(出戰. 싸우러 나감)하는 길이었다. 두 사람('백이·伯夷'와 '숙제·叔齊'를 가리킴)은 무왕(武王)의 말고삐를 잡고 간청(懇請)했다. "아버지가 죽었는데 장사(葬事)도 지내지 않고 싸움을 일으키려 하니 효도(孝道)라 할 수 있는가? 신하(臣下)인 제후(諸侯)로서 천자(天子)를 시해(弑害. 부모나 임금을 죽임)하려고 하니 옳은 일이라 할 수 있겠는가?" 여기서, '천자(天子)'는 천제(天帝. 하늘을 다스리는 신. 또는 우주를 창조하고 주재한다고 믿어지는 초자연적인 절대자)의 아들이란 뜻으로, 천명(天命. 하늘의 명령)을 받아 천하(天下)를 다스리는 사람. 곧 중국에서 황제(皇帝)를 일컫던 말이다. 무왕(武王)의 좌우(左右)에 있던 군사들이 그들('백이·伯夷'와 '숙제·叔齊'를 가리킴)을 죽이려고 하자 태공망(太公望) 여상(呂尙)이 "이들('백이·伯夷'와 '숙제·叔齊'를 가리킴)은 의(義)로운 사람이다." 라고 하며 죽이지 못하게 했다. 여기서 '태공망(太公望)'은 강태공(姜太公)이라는 이름으로 널리 알려진

인물이다. 태공망(太公望)이란 명칭은 주(周)나라 문왕(文王)이 어느 강가에서 낚시질을 하고 있던 여상(呂尙)을 만나 선군(先君. 선대의 임금)인 태공(太公)이 오랫동안 바라던[望] 어진 인물이라고 여긴 데서 유래했다고 한다. 그 후에 무왕(武王)이 은(殷)나라를 평정(平定. 적을 쳐서 자기에게 예속되게 함)하자, 온 천하(天下)가 주(周)나라를 종주국(宗主國. 어떤 나라가 다른 나라의 내정이나 외교를 관장하는 특수한 권리를 가진 나라)으로 받들었다. 백이(伯夷)와 숙제(叔齊)는 천도(天道. 천지자연의 도·道나 도리·道理)를 거스른 주(周)나라의 곡식을 먹지 않겠다고 말하고, 수양산(首陽山)에 들어가 고사리를 꺾어 먹고 살다가 굶어 죽었다. 이 이야기는 『사기(史記)』 「백이열전(伯夷列傳)」 편(篇)에 나온다. 후(後)에 공자(孔子)는 이들의 행동을 두고, '백이(伯夷)와 숙제(叔齊)는, 자신들은 인(仁)을 구(求)하려고 하다가 자신들이 인(仁)을 얻었으니 어찌 원망했겠느냐?'하고 평가한 것이다. 즉, 공자(孔子)는, 백이(伯夷)와 숙제(叔齊)의 편에서, '자신이 원하는 것을 얻었으니 굶어 죽어도 아무런 원한(怨恨. 억울하고 원통한 일을 당하여 응어리진 마음)이 없었을 것이다.'라고 평(評)한 것이다. 여기서, '求仁得仁'이 유래하였는데, 이것을 직역(直譯)하면, 어짊을 구하면 어짊을 얻는다. 즉 어진 것을 구하면 어진 것을 얻는다는 뜻으로, 자신이 원하거나 갈망(渴望)하던 것을 얻었음을 비유적으로 이르는 말. 또는 지조(志操)와 절개(節槪·介)를 지키다 죽은 사람을 칭송(稱頌)하는 말.

구-전-문-사(求田問舍 구할 **구**/밭 **전**/찾을 **문**/집 **사**) 밭을 구하고 집을 찾는다. 즉, 자기가 부칠 논밭이나, 살림할 집을 구하는 데만 마음을 쓴다는 뜻으로, 논밭이나 집 따위 재산에만 마음을 쓸 뿐, 원대(遠大. 계획이나 희망 따위의 장래성과 규모가 큼)한 큰 뜻을 지니지 못함을 비유적으로 이르는 말.

구-전-성명(苟全性命 구차할 **구**/온전할 **전**/성품 **성**/목숨 **명**) 구차(苟且)하게 (자기의) 성품(性品)과 목숨만을 온전하게 (한다는) 뜻으로, 구차(苟且)하게 겨우 목숨만을 보전함을 이르는 말. *성명(性命): 인성(人性. 사람의 성품)과 천명(天命. 타고난 수명을 일컫는 말)을 아울러 이르는 말. *구차하다(苟且~): ①살림이 매우 가난하다. ②말이나 행동이 떳떳하거나 버젓하지 못하다. 여기서, '버젓하다'는 흠잡히거나 굽힐 것이 없이 떳떳하고 의젓하다. 또는 남의 축에 빠지지 않을 만큼 의젓하고 번듯하다. 이 사자성어의 유래는 다음과 같다. 제갈량(諸葛亮)의 「출사표(出師表)」에 〈신(臣. 신하가 임금에 대하여 자기를 일컫던 말. 여기서는 '제갈량·諸葛亮 자신'을 가리킴)은 본래 평민으로 몸소 남양(南陽)에서 경작(耕作)을 하면서 난세(亂世)에 구차히 성명(性命)을 보전하면서, 제후(諸侯)들에게 이름이 널리 알려져 현달(顯達. 벼슬이나 덕망이 높아서 이름을 세상에 들날림. 입신출세함)하기를 구하지 아니하였는데, 선제(先帝. '유비·劉備'를 가리킴)께서 신(臣)을 낮고 천하다 여기시지 아니하시고, 외람되이 스스로 몸을 굽히어 초가집에 신(臣)을 세 번 찾아오시어 신(臣)에게 당세(當世)의 일을 자문하셨습니다. 이로 인해 감격하여 드디어 선제(先帝)를 위해 열심히 뛰어 다닐 것을 허락했던 것입니다. (臣本布衣, 躬耕於南陽, **苟全性命於亂世**, 不求聞達於諸侯, 先帝不以臣卑鄙, 猥自枉屈, 三顧臣於草廬之中, 諮臣以當世之事, 由是感激, 遂許先帝以驅馳.)〉라는 이야기가 나오는데, '난세(亂世)에 구차히 성명(性命)을 보전하면서,(苟全性命於亂世)'에서, '구전성명(苟全性命)'이 유래했다. 이 이야기의 배경은 이렇다. 후한(後漢) 말엽, 유비(劉備)는 관우(關羽), 장비(張飛)와 의형제를 맺고 한실(漢室. 한나라)의 부흥(復興. 쇠퇴하였던 것이 다시 일어남. 또는 그렇게 되게 함)을 위해 군사(軍士)를 일으켰다. 하지만 능력을 발휘할 기회를 잡지 못하고 여기 저기 전전(轉轉. 여기저기로 떠돌아 다님)하며 세월을 허송(虛送)하다가 마지막에는 형주(荊州. 땅 이름. 옛날부터 인심 좋고 물자가 풍부하여 명현·名賢들이 많이 모여 살던 곳)의 자사(刺史. 벼슬 이름)인 유표(劉表. 중국 후한말의 정치가. 자·字는 경승·景升이다. 후한말의 혼란기에 형주·荊州를 안정적으로 다스렸음)에게 몸을 맡기는 신세가 되었다. 여기서, '자사(刺史)'는 중국 한(漢)나라 때에 군(郡). 국(國. '왕국·王國'의 줄임말로, 태수·太守가 아닌, 황자·皇子가 다스리는 군·郡을 일컬음. 황자·皇子를 왕·王이라고 하며, 왕·王은 명예직이고, 실질적으로 국·國을 다스리는 사람은 국상·國相이다)을 감독하기 위하여 각 주(州)에 둔 감찰관을 이르는 말. 당(唐)나라. 송(宋)나라를 거쳐 명(明)나라 때 없앴다. 유능한 참모(參謀. 윗사람을 도와 어떤 일을 꾀하고 꾸미는 데에 참여함. 또는 그런 사람)의 필요성을 절감(切感. 절실히 느낌)한 유비(劉備)는 여러 사람들을 통해 남양(南陽)에 은거하고 있는 제갈량(諸葛亮)의 존재를 알게 되었고, 관우(關羽), 장비(張飛)와 함께 예물(禮物. 고마움을 나타내거나 예의를 갖추기 위하여 보내는 돈이나 물건)을 싣고 남양(南陽)에 있는 그의 초가집을 세 번이나 방문한 끝에 그를 군사(軍師. 교묘한 책략과 수단을 잘 꾸며 내는 사람)로 모실 수 있었다. 이때 제갈량(諸葛亮)은 27세, 유비는 47세였다. 위의 이야기에 나오는 구전성명(苟全性命), 불구문달(不求聞達), 삼고초려(三顧草廬) 따위는 제갈량(諸葛亮)이 첫 번째 북벌(北伐)을 나서기 전, 후주(後主. '유선·劉禪'의 다른 이름) 유선(劉禪. 촉한의 마지막 황제)에게 바친 「출사표(出師表)」에서 찾아볼 수 있는 것이다. 사실 이 「출사표(出師表)」는 우국(憂國. 나랏일을 근심하고 염려함)의 내용이 담긴 명문장(名文章)으로 평가받고 있는 글이다. 참고로, 원문의 '臣本布衣'에서, '臣'은 신(臣. 신하가 임금에게 자기를 일컫는 말. 여기서는 '제갈량·諸葛亮 자신'을 가리킴) '신'으로 읽고, '本'은 본래 '본', 본디 '본'으로 읽고, '布'는 베(삼실, 무명실, 명주실 따위로 짠 피륙) '포'로 읽고, '衣'는 옷 '의'로 읽는다. '布衣'는 '베옷(베로 지은 옷)'과 같은 말인데, 여기서는 벼슬이 없는 선비를 비유적으로 이르는 말. '臣本布衣'를 직역(直譯)하면, 신(臣)은 본래(본디) 베옷을 (입고), '躬耕於南陽'에서, '躬'은 몸소 '궁', 스스로 '궁'으로 읽고, '耕'은 밭갈 '경'으로 읽는다. '躬耕'은 자기가 직접 농사를 지음. '於'는 어조사 '어'로 읽는다. '~에서(장소)'의 뜻을 나타냄. '南'은 남녘 '남'으로 읽고, '陽'은 볕(해가 내리 쬐는 기운) '양'으로 읽는다. 여기시, '기운'은 손우리발로, 느낄 수는 있으나 눈으로 볼 수 없는 현상. '南陽'은 중국의 옛 군(郡) 이름이다. '躬耕於南陽'을 직역(直譯)하면, 남양(南陽)에서 몸소 밭을 갈다가, '苟全性命於亂世'에서, '苟'는 구차할 '구'로 읽고, '全'은 온전할 '전'으로 읽는다. 여기서는 '보전하다(保全~)'의 뜻이 강하다. '性'은 성품 '성'으로 읽고, '命'은 목숨 '명'으로 읽고, '於'는 어조사 '어'로 읽는다. '~에'. '~에서(위치)'의 뜻을 나타냄. '亂'은 어지러울 '란(난)'으로 읽고, '世'는 세상 '세'로 읽는다. '苟全性命於亂世'를 직역(直譯)하면, 어지러운 세상에 구차하게 성품과 목숨을 보전하게 (하였다). 즉, 난세(亂世)에 구차하게 목숨을 보전함을 이르는 말. 여기서, '苟全性命'이 유래하였는데, 이것을 직역(直譯)하면, 구차하게 (자기의) 성품과 목숨만을 온전하게 (한다)는 뜻으로, 구차하게 목숨을 보전함을 이르는 말. '不求聞達於諸侯'에서, '不'은 아닐(부정하는 말) '불'로 읽고, '求'는 구할 '구'로 읽고, '聞'은 들을 '문'으로 읽고, '達'은 출세(出世)할 '달'로 읽는다. '聞達'은 이름이 세상에 널리 알려짐. '於'는 어조사 '어'로 읽는다. '~에'. '~에서(위치)'의 뜻을 나타냄. '諸'는 모두 '제'로 읽고, '侯'는 제후(諸侯) '후'로 읽는다. '제후(諸侯)'는 봉건 시대에 일정한 영토를 가지고 그 영내(營內)의 백성을 지배하는 권력을 가지던 사람. '不求聞達於諸侯'를 직역(直譯)하면, 제후(諸侯)들에게서 출세했다는 (소문을) 들음을 구하지 아니하였다. 즉, 제후(諸侯)들에게서 이름이 널리 알려지기를 바라지 아니하였다는 뜻이다. 여기서, '不求聞達'이 유래하였는데, 이것을 직역(直譯)하면, 출세했다는 (소문을) 들음을 구하지 아니한다는 뜻으로, 이름이 알려지기를 바라지 아니함을 이르는 말. '先帝不以臣卑鄙'에서, '先'은 먼저 '선'으로 읽고, '帝'는 임금 '제'로 읽는다. '先帝'는 선대(先代)의 황제를 일컬음. 여기서는 유비(劉備)를 가리킴. '以'는 써(그것을 가지고, 그것으로 인하여) '이'로 읽고, '卑'는 천(賤)할 '비'로 읽고, '鄙'는 품위 낮을 '비'로 읽는다. '先帝不以臣卑鄙'를 직역(直譯)하면, 선제(先帝)께서 신(臣)을 그것으로 인하여 '품위가 낮고 천하게 (여기지) 않으시고, '猥自枉屈'에서, '猥'는 외람(猥濫. 하는 행동이나 생각이 분수에 지나침)할 '외'로 읽고, '自'는 스스로 '자'로 읽고, '枉'은 굽을 '왕'으로 읽고, '屈'은 굽을 '굴'로 읽는다. '猥自枉屈'을 직역(直譯)하면, (그리고 선제·先帝께서) 외람되이 스스로 (몸을) 굽혀, '三顧臣於草廬之中'에서, '三'은 석 '삼'으로 읽고, '顧'는 돌아볼 '고'로 읽고, '於'는 어조사 '어'로 읽는다. '~에', '~에서(장소)'의 뜻을 나타냄. '草'는 풀 '초'로 읽고, '廬'는 오두막집 '려(여)'로 읽는다. '草廬'는 초가(草家. 짚이나 갈대 따위로 지붕을 인 집)와 같은 말이나, 여기서는 자기 집을 겸손하게 이르는 말. '之'는 어조사 '지'로 읽는다. '~의' 뜻을 나타내는 관형격 조사. '中'은 가운데 '중', 속 '중'으로 읽는다. '三顧臣於草廬之中'을 직역(直譯)하면, 풀을 (엮은) 오두막집의 가운데(속)에서 신(臣)을 세 (번이나) 돌아보시어(찾으시어), 즉, 선제(先帝)인 유비(劉備)께서 신(臣. '제갈량·諸葛亮'을 가리킴)의 보잘 것 없음을 꺼리지 않으시고 귀한 몸을 굽혀, 신의 오두막집을 세 번이나 찾으셨다. 여기서, '三顧草廬', '草廬三顧'가 유래하였는데, 이것을 직역(直譯)하면, 풀을 (엮은) 오두막집을 세 (번) 돌아본다는 뜻으로, 유능한 인재(人材. 어떤 일을 할 수 있는 학식이나 능력을 갖춘 사람)를 맞아들이기 위하여 참을성 있게 노력하는 것을 비유적으로 이르는 말. '諮臣以當世之事'에서, '諮'는 물을 '자', 의논할 '자'로 읽고, '當'은 이(지시하는 말) '당', 그(지시하는 말) '당'으로 읽고, '世'는 시대 '세', 세상 '세'로 읽는다. '當世'는 바로 이 시대. 또는 바로 이 세상. '事'는 일 '사'로 읽는다. '諮臣以當世之事'를 직역(直譯)하면, 이 세상의 일을 가지고 신(臣)에게 물으셨으니, '由是感激'에서, '由'는 말미암을(어떤 현상이나 사물 따위가 원인이나 이유가 됨) '유'로 읽고, '是'는 이(지시하는 말) '시'로 읽고, '感'은 느낄 '감'으로 읽고, '激'은 격할 '격'으로 읽는다. '感激'은 마음에 깊이 느끼어 감동함. 또는 그 감동. '由是感激'을 직역(直譯)하면, 이로 말미암아 감격(感激)하였습니다. '遂許先帝以驅馳'에서, '遂'는 드디어 '수', 마침내 '수'로 읽고, '許'는 허락할 '허'로 읽고, '以'는 어조사 '이'로 읽는다. 여기서 '~을', '~를(목적격 조사)'의 뜻을 나타냄. '驅'는 달릴 '구'로 읽고, '馳'는 달릴 '치'로 읽는다. '驅馳'는 말이나 수레 따위를 빨리 몰아 달림. 또는 남의 일을 위하여 분주하게 힘씀. '遂許先帝以驅馳'를 직역(直譯)하면, 드디어 선제(先帝)를 (위해) (빨리) 말을 타고 달릴 것을 허락하였습니다. 즉, 선제(先帝)를 위하여 신명(身命. '몸[身]'과 '목숨[命]'을 아울러 이르는 말)을 바칠 것을 맹세하였다는 말이다.

구전-심수(口傳心授 입 **구**/전할 **전**/마음 **심**/가르칠 **수**) 입[口]으로 전하고 마음으로 가르친다는 뜻으로, 일상생활을 통하여 자기도 모르는 사이에 몸에 배도록 가르침을 이르는 말. ***구전**(口傳): 말로 전함. 또는 말로 전해 옴. ***심수**(心授): 심법(心法. 마음을 쓰는 법)을 가르쳐 전함.

구-전-지-훼(求全之毀 구할 **구**/온전할 **전**/어조사 **지**/비방할 **훼**) 온전하게 구한 (것을) (도리어) (다른 사람이 나를) 비방(誹謗)하게 (되었다는) 뜻으로, 몸과 마음을 닦아 행실(行實)을 온전히 하려던 것이, 도리어 남으로부터 비난(非難) 받게 됨을 이르는 말. ***비방하다**(誹謗~): 남을 나쁘게 말하거나 또는 남을 헐뜯고 욕하다.

구절-양장(九折羊腸 아홉 **구**/꺾일 **절**/양 **양**/창자 **장**) 아홉 번이나 꺾인(꼬부라진) 양(羊)의 창자. 즉, 꾸불

꾸불하기는 양(염소)의 창자라는 뜻으로, 꼬불꼬불하여 험한 산길을 비유적으로 이르는 말. =구곡양장 (九曲羊腸). *구절(九折): ①물체가 꼬불꼬불한 모양. ②=구절양장(九折羊腸). *양장(羊腸): ①양(羊)의 창자. ②산길 따위가 양(羊)의 창자처럼 꼬불꼬불함을 비유적으로 이르는 말.

구절-죽장(九節竹杖 아홉 **구**/마디 **절**/대 **죽**/지팡이 **장**) 아홉 마디로 된 대나무 지팡이라는 뜻으로, 마디가 아홉인 대나무로 만든, 중(승려)이 짚는 지팡이를 이르는 말. *구절(九節): ①아홉 마디. ②1년 가운데 9월의 계절을 이르는 말. *죽장(竹杖): =대지팡이. 즉, 대[竹]로 만든 지팡이.

구제-창생(救濟蒼生 건질 **구**/구제할 **제**/무성할 **창**/살 **생**) 무성(茂盛)하게 살아있는 (것들을) 건지고 구제 (救濟)한다는 뜻으로, 백성을 어려운 형편이나 불행한 처지에서 건져줌을 이르는 말. 찹 광제창생(廣濟 蒼生). 제세창생(濟世蒼生). *구제(救濟): ①어려운 처지에 있는 사람을 도와줌. ②불교에서, 고통 받는 사람들을 제도(濟度)하는 일. 여기에서, '제도(濟度)하다'는 불교에서, 중생(衆生. 불교에서, 부처의 구제 대상이 되는, 이 세상의 모든 생물을 통틀어 이르는 말)을 고해(苦海)에서 건지어 극락(極樂)으로 이끌 다. 그리고 '극락(極樂)'은 불교에서, 아미타불(阿彌陀佛)이 살고 있는 정토(淨土. 부처가 사는 청정한 곳)로, 괴로움이 없으며 지극히 안락하고 자유로운 세상을 일컬음. *창생(蒼生): 세상의 모든 백성을 이르는 말. 또는 백성이 많은 것을 초목(草木)이 무성히 자라 퍼지는 데 비유(比·譬喩. 어떤 사물의 모양이나 상태 따위를 보다 효과적으로 표현하기 위하여 그것과 비슷한 다른 사물에 빗대어 표현함. 또는 그 표현 방법)하여 이르는 말.

구주-매안(舊主埋安 옛 **구**/위패 **주**/묻을 **매**/안존할 **안**) 옛 위패를 안존(安存)하게 묻는다는 뜻으로, 제사를 받들 자손의 대(代)가 다한 위패(位牌. 죽은 사람의 이름을 적은 나무패)를 땅에 묻음을 이르는 말. 보통 4대까지 제사를 지낸다. *구주(舊主): ①옛 주인. ②옛 임금. *매안(埋安): 신주(神主)를 그의 무덤 앞에 묻는 일. *안존하다(安存~): 아무 탈 없이 오래 남아 있다.

구-주-필-벌(口誅筆伐 입 **구**/벌줄 **주**/붓 **필**/칠 **벌**) 입[口]으로 벌주고 붓[筆]으로 친다(공격한다)는 뜻으로, ①말이나 글로써 권선징악(勸善懲惡. 본문 참고)의 뜻을 나타냄을 이르는 말. ②말이나 글로써 남의 잘못을 폭로(暴露)함을 이르는 말.

구중-궁궐(九重宮闕 아홉 **구**/겹칠 **중**/궁궐 **궁**/대궐 **궐**) 아홉 (번이나) 겹치는 궁궐(宮闕)이나 대궐(大闕). 즉, 겹겹이 문(門)으로 막은, 깊은 궁궐(宮闕)이라는 뜻으로, 임금이 있는 대궐(大闕) 안을 이르는 말. =구중심처(九重深處). *구중(九重): 아홉 겹이라는 뜻으로, 여러 겹이나 층을 이르는 말. *궁궐(宮闕): 임금이 거처하는 집. =대궐(大闕). 궁전(宮殿). *대궐(大闕): 부록 '궐(闕)' 참고.

구중-심처(九重深處 아홉 **구**/겹칠 **중**/깊을 **심**/곳 **처**) 아홉 (번이나) 겹치는 깊은 곳. 즉, 겹겹이 문(門)으로 막은, 깊은 궁궐(宮闕)이라는 뜻으로, 임금이 있는 대궐(大闕) 안을 이르는 말. =구중궁궐(九重宮闕). 찹 규중심처(閨中深處). *구중(九重): ☞구중궁궐(九重宮闕). *심처(深處): 깊숙한 곳.

구-지-부-득(求之不得 구할 **구**/어조사 **지**/아닐 **부**/얻을 **득**) 구하려고 하여도 얻지 못함.

구-책-유액(驅策誘掖 몰 **구**/채찍질할 **책**/권유할 **유**/도울 **액**) 몰아서 채찍질하거나 권유(勸誘)하여 도와준 다는 뜻으로, 사물이나 동물을 다루어 쓰거나, 부리는 방법을 가르쳐 도와줌을 이르는 말. *유액(誘掖): 이끌어서 도와줌. *몰다: 부록 '구(驅)' 참고. *채찍질하다: ①채찍으로 때리다. ②'몹시 재촉하거나 격려 하다'를 비유(比·譬喩. 어떤 사물의 모양이나 상태 따위를 보다 효과적으로 표현하기 위하여 그것과 비슷한 다른 사물에 빗대어 표현함. 또는 그 표현 방법)하여 이르는 말. *권유하다(勸誘~): 어떤 일을 하도록 권하다.

구처-무-로(區處無路 나눌 **구**/처리할 **처**/없을 **무**/길 **로**) 나누어 처리(處理)할 길이 없다는 뜻으로, 변통(變通. 그때그때의 상황에 따라 융통성 있게 일을 처리함)하여 처리(處理)할 길이 없음을 이르는 말. *구처(區處): ①사물을 따로따로 구분하여 처리함. ②변통(變通)하여 처리함. 또는 그런 방법. *처리하다(處理~): ①(사무나 사건을) 정리하여 치우거나 마무리를 짓다. ②(어떤 결과를 얻으려고) 화학적, 물리적 작용을 일으키다.

구처-지-도(區處之道 나눌 **구**/처리할 **처**/어조사 **지**/도리 **도**) 나누어 처리할 도리(道理)라는 뜻으로, 변통(變通. 그때그때의 상황에 따라 융통성 있게 일을 처리함)하여 처리할 방도(方道·途. 어떤 일을 치러 나갈 길이나 방법)를 이르는 말. =구처지방(區處之方). *구처(區處): ☞구처무로(區處無路). *처리하다(處理~): ☞구처무로(區處無路). *도리(道理): ①사람이 마땅히 지켜야 할 바른 길. ②마땅한 방법이나 길. 여기서는 ②의 뜻.

구-척-장신(九尺長身 아홉 **구**/자 **척**/길 **장**/몸 **신**) 아홉 자[尺]나 (되는) 긴 몸이라는 뜻으로, 아홉 자[尺]나 되는 아주 큰 키, 또는 그런 사람을 이르는 말. *장신(長身): 키가 큰 몸. 또는 그런 몸을 가진 사람.

구천-구지(九天九地 아홉 **구**/하늘 **천**/아홉 **구**/땅 **지**) 하늘 (위의) 아홉 (방향)과 땅 (아래의) 아홉 (군데)라는 뜻으로, 하늘 꼭대기부터 땅 밑까지의 사이를 이르는 말. *구천(九天): 가장 높은 하늘. *구지(九地): ①땅의 가장 낮은 곳. ②적(敵)에게 쉽게 발견되지 않을 만큼 깊숙이 팬 땅.

구천-직하(九天直下 아홉 **구**/하늘 **천**/곧을 **직**/아래 **하**) 하늘 (위의) 아홉 (방향)에서 아래로 곧게 (떨어진다). 즉, 하늘 꼭대기에서 땅을 향하여 일직선(一直線)으로 떨어진다는 뜻으로, 일사천리(一瀉千里. 본문 참고)의 형세(形勢)를 비유적으로 이르는 말. 翻 파죽지세(破竹之勢). *구천(九天): ☞구천구지(九天九地). *직하(直下): ①바로 그 아래. 곧장 그 밑. ②곧바로 내려감.

구칭-염불(口稱念佛 입 **구**/일컬을 **칭**/글을 소리 내어 읽을 **염**/부처 **불**) 입으로 일컫는다든지, 부처에 대한 글을 소리 내어 읽는다는 뜻으로, 입으로 외는 염불(念佛)을 이르는 말. 翻 관념염불(觀念念佛). *구칭(口稱): 입으로 나무아미타불(南無阿彌陀佛. 아미타불·阿彌陀佛에 돌아가 의지·依支한다는 뜻으로, 염불할 때 외는 소리) 따위를 외는 일. *염불(念佛): 부처의 모습이나 그 공덕(功德. 착한 일을 하여 쌓은 업적과 어진 덕)을 생각하면서 부처의 이름을 외는 일. 특히 나무아미타불(南無阿彌陀佛)을 외는 일.

구태-의연(舊態依然 옛 **구**/모양 **태**/전과 같을 **의**/그러할 **연**) 옛 모양이 전(前)과 같을 (정도로) 그러하다. 즉, 그러한 것이 전(前)과 같은 옛 모양이라는 뜻으로, 조금도 변하거나 발전한 데 없이 예전 모습 그대로의 것을 이르는 말. *구태(舊態): 예전 그대로의 모습이나 상태. *의연(依然): 전(前)과 다름이 없음.

구폐-생폐(舊弊生弊 옛 **구**/폐단 **폐**/날 **생**/폐단 **폐**) 옛 폐단(弊端) (대신에) (새) 폐단(弊端)이 나왔다. 즉, 묵은 폐단(弊端)을 없애려다가 도리어 새로운 폐단(弊端)이 생겼다는 뜻으로, 폐해(弊害. 폐단과 손해)를 바로잡으려다가 도리어 다른 폐해(弊害)를 일으킴을 이르는 말. *구폐(舊弊): 오래전부터 내려오던 폐단(弊端). *생폐(生弊): 폐단(弊端)이 생김. *폐단(弊端): 어떤 일이나 행동에서 나타나는 옳지 못한 경향이나 해로운 현상. 《관련 속담》 빈대 잡으려고 초가삼간 태운다.

구한-감우(久旱甘雨 오랠 **구**/가물 **한**/달 **감**/비 **우**) 오랜 가뭄과 단비라는 뜻으로, 오랜 가뭄 끝에 내리는 단비를 이르는 말. *구한(久旱): ①오래 가뭄. ②오랜 가뭄. 여기서, '가뭄'은 '가물다'의 명사형이다. '살다'의 명사형이 '삶'인 것처럼 '가물다'의 명사형은 '가뭄'이다. 그런데 '가물다'의 명사형은 『국어사전(國語辭典)』에 '가물'과 '가뭄'의 두 형태만 있다. '가믊'도 『국어사전(國語辭典)』에 등재되어야 할 것 같다. *감우(甘雨): 때맞추어 알맞게 내리는 비. =단비.《관련 속담》가물에 단비. / 오랜 가뭄 끝에 단비 온다.

구한-신-감(舊恨新感 옛 **구**/원한 **한**/새 **신**/느낄 **감**) 옛것에 (대한) 원한(怨恨)과 새로운 (것에 대한) 느낌이라는 뜻으로, 예전에 품었던 원한(怨恨)과, 오늘의 새로운 감회(感懷. 마음에 느끼어 일어나는 회포)를 이르는 말. *구한(舊恨): 오래전부터 품어 온 원한(怨恨). *원한(怨恨): 억울하고 원통한 일을 당하여 응어리진 마음.

구허-날-무(構虛捏無 얽어 맞출 **구**/빌 **허**/꿰어 맞출 **날**/없을 **무**) 빈 (것을) 얽어 맞추거나 없는 (것을) 꿰어 맞춘다는 뜻으로, 사람을 모함(謀陷. 꾀를 써서 남을 어려운 처지에 빠뜨림)하기 위하여 사실(事實)이 없는 것을 있는 것처럼 얽어서 조작극(造作劇. 꾸며내거나 지어서 만든 일을 비유적으로 이르는 말)을 꾸미거나 재주(순우리말로, 무엇을 잘할 수 있는, 타고난 능력과 슬기)를 부림을 이르는 말. 또는 터무니없는 말을 만들어냄을 이르는 말. 터무니없는 거짓을 꾸며냄을 이르는 말. =구허날조(構虛捏造). *구허(構虛): 거짓을 꾸밈.

구허-날조(構虛捏造 얽어 맞출 **구**/빌 **허**/꿰어 맞출 **날**/만들 **조**) (남을 모함하기 위하여) 빈 (것을) 얽어 맞추거나 (없는 것을) 꿰어 맞추어 만든다는 뜻으로, ①사람을 모함(謀陷. 꾀를 써서 남을 어려운 처지에 빠뜨림)하기 위하여 사실(事實)이 없는 것을 있는 것처럼 얽어서 조작극(造作劇. 꾸며내거나 지어서 만든 일을 비유적으로 이르는 말)을 꾸미거나 재주(순우리말로, 무엇을 잘할 수 있는, 타고난 능력과 슬기)를 부림을 이르는 말. ②터무니없는 말을 만들어 냄을 이르는 말. =구허날무(構虛捏無). *구허(構虛): ☞구허날무(構虛捏無). *날조(捏造): 사실이 아닌 것을 사실인 것처럼 꾸밈.

구-허-호흡(呴噓呼吸 김으로 데울 **구**/숨 내쉴 **허**/숨 내쉴 **호**/숨 들이쉴 **흡**) 김으로 데울 듯이 숨을 내쉬고, 숨을 내쉬어 들이쉰다는 뜻으로, 폐(肺) 속으로 될 수 있는 한 많은 공기(空氣)가 드나들게 하는 호흡(呼吸)을 이르는 말. *호흡(呼吸): ①숨을 쉼. 또는 그 숨. ②생물체가 산소(酸素)를 마시고 이산화탄소(二酸化炭素)를 몸 밖으로 내보냄. 또는 그 작용.

구-혈-미-건(口血未乾 입 **구**/피 **혈**/아닐 **미**/마를 **건**) 입의 피가 마르지 않았다. 즉, 서로 피를 마시며 맹세(맹서·盟誓에서 온 말. 신·神이나 부처 앞에서 약속함. 또는 꼭 이루거나 지키겠다고 굳게 다짐함)할 때, 입에 묻은 피가 아직도 마르지 않았다는 뜻으로, 맹세한 지가 오래되지 않음을 이르는 말.

구-화-지-문(口禍之門 입 **구**/재앙 **화**/어조사 **지**/문 **문**) 입[口]은 재앙(災殃)의 문(門)이라는 뜻으로, 재앙(災殃)이 입[口]으로부터 나오고 입[口]으로부터 들어가므로, 말을 함에 있어 항상 신중(愼重. 매우 조심스러움)해야 함을 이르는 말. *재앙(災殃): 뜻하지 아니하게 생긴 불행한 변고(變故). 또는 천재지변(天災地變)으로 인한 불행한 사고. 이 사자성어의 유래는 다음과 같다. 『전당시(全唐詩)』의 「설시(舌詩)」 편(篇)에 〈입은 재앙의 문이요 / 혀는 몸을 베는 칼이다 / 입을 닫고 혀를 깊이 감추면 / 처해 있는 곳마다 몸이 편하다.(口是禍之門, 舌是斬身刀, 閉口深藏舌, 安身處處牢.)〉라는 시(詩)가 나오는데, '입은 재앙의 문이요.(口是禍之門)'에서, '구시화문(口是禍門)'과 '구화지문(口禍之門)'이 유래했다. 이 시(詩)는 풍도(馮

道)가 지은 「설시(舌詩)」다. 풍도(馮道)는 사람 이름이다. 당(唐)나라 말기에 태어나, 당(唐)나라가 망한 후에는 오대십국(五代十國) 시대의 후당(後唐)에서 재상(宰相. <u>임금을 보필하며 모든 관원을 지휘, 감독하는 자리에 있는 일품·二品 이상의 벼슬을 통틀어 이르던 말</u>)을 지냈다. 나머지 구체적인 내용은 ⇨구시화문(口是禍門).

구화-투-신(救火投薪 구원할 **구**/불 **화**/던질 **투**/섶나무 **신**) 불에서 구원(救援)하려고(<u>불을 끄려고</u>) 섶나무를 (집어) 던진다는 뜻으로, 잘못된 일의 근본(根本)을 다스리지 않고 성급(性急)하게 행동하다가, 도리어 그 해(害)를 더 크게 함을 비유적으로 이르는 말. ***구화**(救火): 불을 끔. 凹 소화(消火). ***구원하다**(救援~): 부록 '구(救)' 참고. ***섶나무**: 부록 '신(薪)' 참고. 이 사자성어의 유래는 다음과 같다. 『사기(史記)』의 「위세가(魏世家)」 편(篇)에 〈그러자 소대(蘇代)가 왕에게 충고했다. "작위(爵位)를 노리는 자(者)는 단간자(段干子)요, 땅을 탐내는 자(者)는 진(秦)나라입니다. 지금 왕께서 땅을 탐내는 자(者)에게 작위(爵位)를 노리는 자(者)를 제압하게 하고, 작위(爵位)를 노리는 자(者)에게 땅을 탐내는 자(者)를 제압하게 하시려는데, 이것은 위(魏)나라의 땅을 완전히 잃지 않는 한, 그칠 줄을 모를 것입니다. 하물며 땅을 바치면서 진(秦)나라를 섬긴다면, 이는 마치 땔나무를 안고서 불을 끄려는 것과 같으니, 땔나무가 다 없어지지 않는 한, 불은 꺼지지 않을 것입니다."(蘇代謂魏王曰, 欲璽者段干子也, 欲地者秦也, 今王使欲地者制璽, 使欲璽者制地, 魏氏地不盡則不知已, 且夫以地事秦, **<u>譬猶抱薪救火</u>**, 薪不盡, 火不滅.)〉라는 이야기가 나오는데, '마치 땔나무를 안고서 불을 끄려는 것과 같으니,(譬猶抱薪救火)'에서, '구화투신(救火投薪)'이 유래했다. '포신구화(抱薪救火)'는 섶을 안고 불을 끈다는 뜻이고, '구화투신(救火投薪)'은 불을 끄기 위해 섶을 던진다는 뜻이다. 겉으로는 안을 '포(抱)'와 던질 '투(投)'는 전혀 다른 뜻이지만, '섶을 안다'와 '섶을 던지다'는 같은 현상이 되는 것이다. 즉, 재난(災難)을 구하려다가(<u>불을 끄려다가</u>) 섶을 안거나 섶을 던지는 것은, 오히려 사태가 더 확대되거나 그것으로 인하여 자멸(自滅. <u>스스로 자신을 망치거나 멸망함</u>)하는 결과가 되기 때문이다. 이 이야기의 배경은 다음과 같다. 전국 시대 말기, 진(秦)나라는, 위(魏)나라의 범수(范雎)가 주창(主唱. <u>앞장서서 주장함</u>)한 원교근공(遠交近攻. <u>본문 참고</u>) 정책을 펴 가까운 나라부터 쳐 영토를 확장해 갔다. 여기서, 사람 이름인 '범수(范雎)'는 '범저(范雎)'라고도 한다. '雎'는 물 이름 '수', (눈을) 부릅뜰 '휴'로 읽고, '雎'는 물수리(<u>수릿과의 새</u>) '저'로 읽으니, 참고 바람. 위(魏)나라의 경우는, 안희왕(安釐王)이 즉위(卽位)하던 해에 2개의 성을 빼앗겼다. 여기서 '안희왕(安釐王)'의 '釐'는 복(福) '희'로 읽고, 다스릴 '리(이)'로도 읽는다. 그 이듬해도 2개의 성을 점령당했고, 나중에는 수도(首都)인 대량(大梁. <u>땅 이름</u>)마저 위태로운 지경에 이르렀는데, 이때 한(韓)나라가 원병(援兵. <u>싸움을 도와주는 군사</u>)을 보내왔지만 진(秦)나라 군대에 패하고 말았다. 위(魏)나라는 할 수 없이 땅의 일부를 진(秦)나라에 할양(割讓. <u>국가 간의 합의에 의하여 자기 나라 영토의 일부를 다른 나라에 넘겨줌. 또는 그런 일</u>)해 주는 것으로 겨우 위기에서 벗어날 수 있었다. 3년 후 진(秦)나라는 다시 위(魏)나라를 쳐 4개 성을 빼앗고 위(魏)나라 군사 4만 명을 죽였다. 4년 후 위(魏)나라는 조(趙)나라와 연합하여 진(秦)나라와 싸웠지만 15만 명의 군사를 잃고 대장(大將)인 망묘(芒卯)는 행방불명이 되고 말았다. 상황이 이에 이르자, 위(魏)나라 백성들은 진(秦)나라를 두려워해 저항조차 하지 않았다. 이때 위(魏)나라의 단간자(段干子)가 남양(南陽)을 진(秦)나라에 할양(割讓)하고 강화(講和. <u>싸우던 두 편이 싸움을 그치고 평화로운 상태가 됨</u>)를 맺자고 건의(建議. <u>어떤 문제에 대하여 의견이나 희망 사항을 냄. 또는 그 의견이나 희망</u>

사항)했다. 위의 이야기는 위(魏)나라의 소대(蘇代. 사람 이름)가 자기 나라 왕에게 충고하는 장면이다. 그는 진(秦)나라에 땅을 바치면서 강화(講和)를 맺어 섬긴다면 구화투신(救火投薪)이 될 수밖에 없다고 반대하는 것이다. 그러나 안희왕(安釐王)은 소대(蘇代)의 충고를 받아들이지 않고 남양(南陽)을 진(秦)나라에 할양(割讓)하고 화의(和議)를 맺었다. 진(秦)나라는 화의(和議)를 맺고도 침공(侵攻)을 그치지 않고 계속해서 위(魏)나라 땅을 빼앗았다. 결국 위(魏)나라는 저항할 힘을 잃고, 기원전 255년 진(秦)나라에 멸망당했다. 참고로, 원문의 '蘇代謂魏王曰'에서, '蘇'는 되살아날 '소'로 읽고, '代'는 대신할 '대'로 읽는다. 여기서 '蘇代'는 사람 이름. 위(魏)나라의 전술가(戰術家. 전쟁 또는 전투 상황에 대처하기 위한 기술과 방법에 능한 사람)로 알려져 있다. '謂'는 일컬을 '위'로 읽고, '魏'은 위(魏)나라 '위'로 읽고, '王'은 임금 '왕'으로 읽는다. '蘇代謂魏王曰'을 직역(直譯)하면, 소대(蘇代)가 위(魏)나라 왕에게 말하기를, '欲璽者段 干子也'에서, '欲'은 하고자 할 '욕'으로 읽고, '璽'는 옥새(옥으로 만든 국새. 즉, 국권의 상징으로 국가적 문서에 사용하던 임금의 도장) '새'로 읽고, '者'는 사람 '자'로 읽고, '段'은 층계 '단'으로 읽고, '干'은 방패 '간'으로 읽고, '子'는 아들 '자'로 읽는다. '段干子'는 위(魏)나라 장수 이름. '也'는 어조사 '야'로 읽는다. '~이다(단정)'의 뜻을 나타냄. '欲璽者段干子也'를 직역(直譯)하면, 옥새(여기서는 '작위·爵位'를 가리킴)를 (갖고자) 하는 사람은 단간자(段干子)요, '欲地者秦也'에서, '地'는 땅 '지'로 읽고, '秦'은 진(秦) 나라 '진'으로 읽는다. '欲地者秦也'를 직역(直譯)하면, 땅을 (갖고자) 하는 사람은 진(秦)나라입니다. '今王 使欲地者制璽'에서, '今'은 이제 '금', 지금 '금'으로 읽고, '王'은 임금 '왕'으로 읽고, '使'는 하여금(누구를 시키어) '사'로 읽고, '制'는 억제할 '제', 제어할 '제'로 읽고, '璽'는 옥새 '새'로 읽는다. '制璽'를 직역(直譯) 하면, 옥새(여기서는 '작위·爵位'를 가리킴)를 제어(制御. 억눌러 따르게 함)함. '今王使欲地者制璽'을 직 역(直譯)하면, 지금(이제) 왕께서 땅을 (갖고자) 하는 사람으로 하여금 옥새(여기서는 '작위·爵位'를 가리 킴)를 제어(制御)하게 하고, '使欲璽者制地'에서, '使欲璽者制地'를 직역(直譯)하면, 옥새(여기서는 '작위· 爵位'를 가리킴)를 (갖고자) 하는 사람으로 하여금 땅을 제어(制御)하게 하시려는데, '魏氏地不盡則不知已' 에서, '魏氏'는 왕조의 성씨(姓氏)가 위씨(魏氏)라는 뜻이다. '위(魏)나라'를 가리킴. '不'은 아닐(부정하는 말) '부'로 읽고, '盡'은 다 없어질 '진'으로 읽고, '則'은 곧 '즉'으로 읽고, '知'는 알 '지'로 읽고, '已'는 그칠 '이'로 읽는다. '魏氏地不盡則不知已'를 직역(直譯)하면, 위(魏)나라의 땅이 다 없어지지 않는 한, 곧 그치는 것을 알지 못합니다(그만두지 않을 것입니다). '且夫以地事秦'에서, '且'는 또 '차', 또한 '차'로 읽고, '夫'는 대저(大抵. 대체로 보아서) '부'로 읽고, '以'는 써(그것을 가지고, 그것으로 인하여) '이'로 읽고, '事'는 섬길 '사'로 읽는다. '且夫以地事秦'을 직역(直譯)하면, 또한 대저 땅으로써(땅을 가지고) 진 (秦)나라를 섬기는 것은, '譬猶抱薪救火'에서, '譬'는 비유(比·譬喩. 어떤 사물의 모양이나 상태 따위를 보다 효과적으로 표현하기 위하여 그것과 비슷한 다른 사물에 빗대어 표현함. 또는 그 표현 방법)할 '비'로 읽고, '猶'는 같을 '유'로 읽고, '抱'는 안을 '포'로 읽고, '薪'은 땔나무 '신'으로 읽고, '救'는 구원할 '구'로 읽고, '火'는 불 '화'로 읽는다. '譬猶抱薪救火'를 직역(直譯)하면, 비유하건대 땔나무를 안고 불을 구원하는(끄러 가는) 것과 같으니, 여기서, '抱薪救火'가 유래하였는데, 이것을 직역(直譯)하면, 땔나무를 안고 불을 구원한다(끈다). 즉, 섶을 안고 불을 끈다는 뜻으로, 재난을 구하려다가 오히려 더 확대시키거 나 자멸(自滅. 스스로 자신을 망치거나 멸망함)하는 것을 비유적으로 이르는 말. 또 '救火投薪'이 여기서 유래하였는데, 이것을 직역(直譯)하면, 불에서 구원(救援)하려고(불을 끄려고) 섶나무를 (집어) 던진다는 뜻으로, 잘못된 일의 근본(根本)을 다스리지 않고 성급(性急)하게 행동하다가, 도리어 그 해(害)를 더 크게 함을 비유적으로 이르는 말. '薪不盡'에서, '薪'은 땔나무 '신'으로 읽고, '不'은 아닐(부정하는 말) '부'로 읽고, '盡'은 다 없어질 '진'으로 읽는다. '薪不盡'을 직역(直譯)하면, 땔나무가 다 없어지지 않으면, '火不滅'에서, '火'는 불 '화'로 읽고, '不'은 여기서는 아닐(부정하는 말) '불'로 읽고, '滅'은 (불 따위) 꺼질 '멸'로 읽는다. '火不滅'을 직역(直譯)하면, 불은 꺼지지 않을 것입니다.

국궁-진췌(鞠躬盡瘁·悴 굽힐 **국**/몸 **궁**/다할 **진**/병들 **췌**) 몸을 굽혀 병들 때까지 다한다는 뜻으로, 몸을 굽혀 공경(恭敬. 공손히 받들어 모심)하며 전심전력(全心全力. 본문 참고)을 다해 노력함을 이르는 말. 또는 몸과 마음을 다하여 나랏일에 힘씀을 이르는 말. *국궁(鞠躬): 윗사람이나 위패(位牌. 죽은 사람의 이름을 적은 나무패) 앞에서 존경하는 뜻으로 몸을 굽힘. *진췌(盡瘁·悴): 지쳐서 쓰러질 때까지 마음과 힘을 다함. *다하다: 부록 '진(盡)' 참고. 이 사자성어의 유래는 다음과 같다. 제갈량(諸葛亮)의 「후출사표(後出師表)」에 〈무릇 일이 이와 같아 미리 헤아려 살피기가 어려운 것입니다. 신(臣. 신하가 임금에 대하여 자기를 일컫는 말)은 다만 엎드려 몸을 돌보지 않고 죽을 때까지 애쓸 뿐, 그 이룸과 이루지 못함, 순조로움과 순조롭지 못함에 대해서는 신(臣)의 지혜로 미리 예측할 수 있는 바가 아닙니다.(凡事如是, 難可逆見, **臣鞠躬盡瘁**, 死而後已, 至於成敗利鈍, 非臣之明, 所能逆覩也.)〉라는 이야기가 나오는데, '신(臣)은 다만 엎드려 몸을 돌보지 않고,(臣鞠躬盡瘁)'에서, '국궁진췌(鞠躬盡瘁)'가 유래했다. 이 이야기의 배경은 다음과 같다. 후한말(後漢末), 조조(曹操)의 아들 조비(曹丕)가 후한(後漢)의 헌제(獻帝)를 폐(廢. 사람을 어떤 지위에서 몰아냄)하고, 스스로 황제가 되어 위(魏)나라를 세웠다. 그러자 촉(蜀)의 유비(劉備)도 스스로 황제를 칭했다. 이렇게 하여 위(魏), 촉(蜀)이 오(吳)와 함께 삼국 시대가 열리게 되었다. 유비(劉備)는 제갈량(諸葛亮)을 승상(丞相)으로 삼고 천하통일을 꿈꾸었지만, 동오(東吳. 오·吳나라를 가리킴)와의 이릉(夷陵. 땅 이름) 싸움에서 패(敗)한 후 병(病)을 얻어 세상을 떠났고, 아들 유선(劉禪)이 그 뒤를 이었다. 제갈량(諸葛亮)은 계속 승상(丞相)의 직책에 있으면서 무향후(武鄕侯. 봉작·封爵 이름. 즉, 제후로 봉하고 관작으로 주는 이름)에 봉해졌으며, 정권(政權. 정치상의 권력. 또는 정치를 담당하는 권력)과 군권(軍權. 군대를 통솔하는 권력)을 한손에 장악하였다. 제갈량(諸葛亮)은 위(魏)나라를 토벌(討伐. 무력으로 쳐 없앰)할 계획을 세우고 6차에 걸쳐 북벌(北伐. 무력으로 북쪽 지방을 치는 일)을 감행했는데, 그 중 제1차 북벌(北伐) 때 「전출사표(前出師表)」를 올렸고, 제2차 북벌(北伐) 때 「후출사표(後出師表)」를 올렸다. 「후출사표(後出師表)」는 제갈량(諸葛亮)이 당시(當時. 일이 있었던 바로 그때. 또는 이야기하고 있는 그 시기)의 정세를 분석하면서, 촉(蜀)나라와 위(魏)나라는 세불양립(勢不兩立. 본문 참고)이므로 앉아서 망하는 것보다 적을 토벌(討伐)하는 것이 낫기 때문에 반드시 북벌(北伐)을 해야 한다고 주장한 글로, 여기에서 죽을 때까지 전심전력(全心全力. 본문 참고)을 다하겠다는 뜻의 '국궁진췌(鞠躬盡瘁)'가 유래했다. 그런데 「후출사표(後出師表)」는 제갈량(諸葛亮)이 쓴 글이 아니라, 후인(後人. 후대의 사람)의 위작(僞作. 다른 사람의 작품을 흉내 내어 비슷하게 만드는 일. 또는 그 작품)이라는 설(說)이 있다. 참고로, 원문의 '凡事如是'에서, '凡'은 무릇(대체로 헤아려 생각하건대) '범'으로 읽고, '事'는 일 '사'로 읽고, '如'는 같을 '여'로 읽고, '是'는 이(지시하는 말) '시'로 읽는다. '凡事如是'를 직역(直譯)하면, 무릇 일이 이와 같으니, '難可逆見'에서, '難'은 어려울 '난'으로 읽고, '可'는 가히(可~. 능히. 넉넉히'의 뜻을 나타냄) '가'로 읽고, '逆'은 여기서는 헤아릴 '역'으로 읽고, '見'은 볼 '견'으로 읽는다.

‘難可逆見’을 직역(直譯)하면, 가히 헤아려 보는 것이 어렵다. ‘臣鞠躬盡瘁’에서, ‘臣’은 신(臣. 신하가 임금에게 자기를 일컫는 말) ‘신’으로 읽고, ‘鞠’은 굽힐 ‘국’으로 읽고, ‘躬’은 몸 ‘궁’으로 읽고, ‘盡’은 다할 ‘진’으로 읽고, ‘瘁’는 병들 ‘췌’로 읽는다. ‘臣鞠躬盡瘁’를 직역(直譯)하면, 신(臣)은 몸을 굽혀 병들 때까지 다하여, 여기서, ‘鞠躬盡瘁’가 유래하였는데, 이것을 직역(直譯)하면 몸을 굽혀 병들 때까지 다한다는 뜻으로, 몸을 굽혀 공경하며 전심전력(全心全力)을 다해 노력함을 이르는 말. 또는 몸과 마음을 다하여 나랏일에 힘씀을 이르는 말. ‘死而後已’에서, ‘死’는 죽을 ‘사’로 읽고, ‘而’는 말 이을 ‘이’로 읽는다. ‘그리고’의 뜻을 나타냄. ‘後’는 뒤 ‘후’로 읽고, ‘已’는 그칠 ‘이’로 읽는다. ‘死而後已’를 직역(直譯)하면, 죽고 (나서) (그) 뒤에(죽은 뒤에야) (일을) 그친다(그만둔다)는 뜻으로, 있는 힘을 다하여 그 일에 끝까지 힘씀을 이르는 말. ‘至於成敗利鈍’에서, ‘至’는 이를(어떤 장소나 시간에 닿을) ‘지’로 읽고, ‘於’는 어조사 ‘어’로 읽는다. ‘至於’는 ‘심지어(甚至於)’와 같은 말로, 더욱 심하다 못하여 나중에는. ‘成’은 이룰 ‘성’으로 읽고, ‘敗’는 질 ‘패’로 읽는다. ‘成敗’는 성공(成功)과 실패(失敗)를 아울러 이르는 말. ‘利’는 날카로울 ‘리(이)’로 읽고, ‘鈍’은 둔할 ‘둔’, 무딜 ‘둔’으로 읽는다. ‘利鈍’은 날카롭고 무딤. 또는 영리하고 우둔함. ‘至於成敗利鈍’을 직역(直譯)하면, 심지어 성공과 실패, 날카롭고 무딤에 (이르러서는), ‘非臣之明’에서, ‘非’는 아닐(부정하는 말) ‘비’로 읽고, ‘之’는 어조사 ‘지’로 읽는다. ‘~의’를 나타내는 관형격 조사. ‘明’은 밝을 ‘명’으로 읽는다. ‘非臣之明’을 직역(直譯)하면, 신(臣)의 밝음으로 ~이 아니다. ‘所能逆覩也’에서, ‘所’는 바(앞에서 말한 내용 그 자체나 일 따위를 나타내는 말) ‘소’로 읽고, ‘能’은 할 수 있을 ‘능’으로 읽고, ‘逆’은, 여기서는 미리 ‘역’, 사전(事前)에 ‘역’으로 읽고, ‘覩’는 볼[見] ‘도’로 읽고, ‘也’는 어조사 ‘야’로 읽는다. ‘~이다(단정)’의 뜻을 나타냄. ‘所能逆覩也’를 직역(直譯)하면, 사전(事前)에 볼 수 있는 바이다. 앞의 문장(‘비신지명·非臣之明’을 가리킴)과 연결하여 직역(直譯)하면, 신(臣)의 밝음으로 사전(事前)에 볼 수 있는 바는 아니다.

국록-지-신(國祿之臣 나라 **국**/녹 **록**/어조사 **지**/신하 **신**) 나라의 녹(祿)을 (받는) 신하(臣下)라는 뜻으로, 나라에서 주는 녹봉(祿俸)을 받는 신하(臣下)를 이르는 말. 여기서, ‘녹봉(祿俸)’은 벼슬아치에게 연봉(年俸. 일 년 동안에 받는 봉급의 총액)으로 주는 곡식, 피륙, 돈 따위를 통틀어 이르는 말. *국록(國祿): 나라에서 주는 녹봉(祿俸)을 이르는 말.

국리-민복(國利民福 나라 **국**/이로울 **리**/백성 **민**/복 **복**) 나라의 이로움과 백성의 복(福)이라는 뜻으로, 나라[國]의 이익(利益)과 국민(國民)의 행복(幸福)을 아울러 이르는 말. *국리(國利): 나라의 이익. *민복(民福): 국민의 복리(福利. 생활면에서 만족감을 느낄 만한 이로운 일)를 이르는 말.

국보-간난(國步艱難 나라 **국**/걸음 **보**/어려울 **간**/어려울 **난**) 나라의 걸음이 어렵고 어렵다는 뜻으로, 나라의 운명(運命)이 매우 어지럽고 어려움을 이르는 말. *국보(國步): 나라의 걸음이라는 뜻으로, 나라의 운명을 비유적으로 이르는 말. *간난(艱難): ①하는 일이 힘들고 고생스러움. ②‘가난’의 본딧말.

국사-무쌍(國士無雙 나라 **국**/선비 **사**/없을 **무**/짝 **쌍**) 나라에서 (견줄 만한) 짝이 없는 선비라는 뜻으로, 나라에서 견줄 사람이 없을 정도로 빼어난 선비를 이르는 말. 또는 나라에서 둘도 없는 뛰어난 인물을 이르는 말. *국사(國士): 나라의 뛰어난 선비. *무쌍(無雙): 견줄 만한 짝이 없음. 또는 둘도 없이 썩 뛰어남. *짝: ①한 쌍 중의 하나를 이르는 말. ②‘~기 짝이 없다’의 꼴로 쓰여, 비할 데 없이 대단하거나 매우 심함을 나타내는 말. 여기서는 ②의 뜻. 이 사자성어의 유래는 다음과 같다. 『사기(史記)』의 「회음후열전(淮陰候列傳)」 편(篇)에 〈여러 장수야 얻기 쉽지만, 한신(韓信) 같은 사람에 이르러서는 나라의 인물이라 견줄만한 사람이 없습니다. 왕께서 길이[長] 한중(韓中)에서 왕 노릇을 하고자 하신다면 한신(韓信)을 쓸 곳이 없겠지만, 반드시 천하를 다투고자[爭] 하신다면 한신(韓信)이 아니고서는 더불어 일을 도모할 만한 자(者)가 없습니다.(何曰, 諸將易得耳, 至於信者, <u>國士無雙</u>, 王必欲長王韓中, 無所事信, 必欲爭天下, 非信無可與計事者.)〉라는 이야기가 나오는데, 승상(丞相)인 소하(蕭何)가 한신(韓信)을 평(評)한, '나라의 인물이라 견줄만한 사람이 없습니다.(國士無雙)'에서, '국사무쌍(國士無雙)'이 유래했다. 이 이야기의 배경은 다음과 같다. 회음(淮陰) 사람인 한신(韓信)이 무명(無名, 이름이 널리 알려져 있지 않음)이며 서민(庶民)이었을 때는 돈도 없었을 뿐만 아니라, 달리 뛰어난 점도 없었기 때문에 추천을 받거나 선발되어 관리가 될 수도 없었다. 또 장사를 해서 생계를 꾸려 나갈 재간(才幹, <u>일을 적절하게 잘 처리하는 능력</u>)도 없었으므로 항상 남에게 얹혀살았다. 그래서 그를 아는 사람은 누구나 그를 싫어했다. 그는 빨래하는 표모(漂母, <u>빨래하는 나이든 여자, '漂'는 빨래할 '표'로 읽음</u>)에게 밥을 얻어먹으며 멸시를 당하기도 하고, 동네 불량배와 시비(是非)가 붙어 그의 바짓가랑이 사이를 기어가 겁쟁이라고 놀림을 받기도 하였다. 『사기(史記)』의 「회음후열전(淮陰候列傳)」에는 이렇게 파란만장(波瀾萬丈, <u>본문 참고</u>)한 삶을 산 한신(韓信)의 이야기가 수록되어 있다. 당시(當時, <u>일이 있었던 바로 그때, 또는 이야기하고 있는 그 시기</u>) 유방(劉邦)을 포함하여 아무도 한신(韓信)을 비범(非凡, <u>평범하지 않음</u>)한 인물로 생각하지 않았는데, 승상(丞相)이었던 소하(蕭何)는 한신(韓信)이 비범(非凡)한 인물인 것을 알아보고 유방(劉邦)에게 적극적으로 추천할 때, 한신(韓信)을 '국사무쌍(國士無雙)'이라고 평한 데서 비롯되었다. 그래서 '국사무쌍(國士無雙)'의 주인공은 한신(韓信)이다. 결국 한신(韓信)은 유방(劉邦)의 진영(陣營)에서 대장군(大將軍)으로 활동하게 되었다. 고조(高祖) 유방(劉邦)의 눈 밖에 난 한신(韓信)이 일개 무명(無名)인 서민(庶民)에서 대장군(大將軍)이 된 데에는 소하(蕭何)의 안목(眼目, <u>사물을 보아서 분별할 수 있는 식견·識見, 또는 사물의 가치를 판별할 수 있는 능력</u>)이 결정적이었다. '소하(蕭何)'에서, '蕭'는 쑥(국화과의 여러해살이풀) '소'로 읽는다. 참고로, 원문의 '何曰'에서, '何'는 어찌 '하'로 읽는다. 여기서는 승상(丞相)인 '소하(蕭何)'를 가리킴. '何曰'을 직역(直譯)하면, 소하(蕭何)가 말하기를, '諸將易得耳'에서, '諸'는 모두 '제', 여러 '제'로 읽고, '將'은 장수(將帥) '장'으로 읽고, '易'는 쉬울 '이'로 읽고, '得'은 얻을 '득'으로 읽고, '耳'는 따름 '이', 뿐 '이'로 읽는다. '~할 뿐이다(한정)'의 뜻을 나타냄. '諸將易得耳'를 직역(直譯)하면, 여러 장수(將帥)는 얻기가 쉬울 뿐이지만, '至於信者'에서, '至'는 이를(<u>어떤 장소나 시간에 닿을</u>) '지'로 읽고, '於'는 어조사 '어'로 읽는다. '至於'는 '심지어(甚至於)'와 같은 말로, 더욱 심하다 못하여 나중에는. '信'은 믿을 '신'으로 읽는다. 여기서는 '한신(韓信)'을 가리킴. 중국 전한(前漢) 시대의 무장(武將) 이름. '者'는 사람 '자'로 읽는다. '至於信者'를 직역(直譯)하면, 심지어(甚至於) 한신(韓信) (같은) 사람에게는, '國士無雙'에서, '國'은 나라 '국'으로 읽고, '士'는 선비 '사'로 읽고, '無'는 없을 '무'로 읽고, '雙'은 짝 '쌍'으로 읽는다. 여기서, '國士無雙'을 직역(直譯)하면, 나라에서 (견줄만한) 짝이 없는 선비라는 뜻으로, 나라에서 견줄 사람이 없을 정도로 빼어난 선비를 이르는 말. 또는 나라에서 둘도 없는, 뛰어난 인물을 이르는 말. '王必欲長王韓中'에서, '王'은 임금 '왕'으로 읽고, '必'은 반드시 '필'로 읽고, '欲'은 하고자 할 '욕'으로 읽고, '長'은 길 '장'으로 읽고, '韓'은 나라 이름 '한'으로 읽고, '中'은 가운데 '중'으로 읽는다. '韓中'은 군(郡)의 이름이다, 익주(益州)에 속하며 9개 현(縣)을 관할했다. '王必欲長王韓中'을 직역(直譯)하면, 왕께서 반드시 길게 한중(韓中)의 왕이 되고자 하신다면. '無所事信'에서, '無'는 없을 '무'로 읽고, '所'는 곳 '소', 처소(處所. <u>사람이 기거·起居하거나 임시로 머무는 곳. 또는 어떤 일이 벌어지거나, 어떤 물건이 있는 곳</u>) '소'로 읽고, '事'는 일 '사'로 읽는다. '無所事信'을 직역(直譯)하면, 한신(韓信)이 일할 곳이 없지만, '必欲爭天下'에서, '爭'은 다툴 '쟁'으로 읽고, '天'은 하늘 '천'으로 읽고, '下'는 아래 '하'로 읽는다. '天下'는 하늘 아래 온 세상. '必欲爭天下'를 직역(直譯)하면, 반드시 천하를 다투고자 하신다면. '非信無可與計事者'에서, '非'는 아닐 '비'로 읽고, '可'는 가히(可~. <u>'능히', '넉넉히'의 뜻을 나타냄</u>) '가'로 읽고, '與'는 더불어 '여'로 읽고, '計'는 꾀할 '계'로 읽는다. '與計事者'를 직역(直譯)하면, 더불어 일을 꾀할 사람. '非信無可與計事者'을 직역(直譯)하면, 한신(韓信)이 아니면 가히 더불어 일을 꾀할 사람이 없습니다.

국-지-중-신(國之重臣 나라 **국**/어조사 **지**/중요할 **중**/신하 **신**) 나라의 중요한 신하(臣下)라는 뜻으로, 나라의 중요한 지위에 있는 신하(臣下)를 이르는 말.

국치-민욕(國恥民辱 나라 **국**/부끄러울 **치**/백성 **민**/욕될 **욕**) 나라의 부끄러움과 백성의 욕됨이라는 뜻으로, 외세(外勢)에 국권(國權)이 농락(籠絡. <u>남을 교묘한 꾀로 속여 제 마음대로 이용함</u>)을 당하는 것을 이르는 말. ***국치**(國恥): 나라의 부끄러움. 또는 국가적인 수치(羞恥). ***민욕**(民辱): 민족의 치욕(恥辱. <u>'수치·羞恥'와 '모욕·侮辱'을 아울러 이르는 말</u>). 또는 민족적인 치욕(恥辱).

국태-민-안(國泰民安 나라 **국**/편안할 **태**/백성 **민**/편안할 **안**) 나라가 태평하고 백성이 편안함. ***국태**(國泰): 나라가 태평함.

국토-여래(國土如來 나라 **국**/흙 **토**/같을 **여**/올 **래**) 국토(國土)가 (이 세상에) 온 (것과) 같다. 즉, 국토가 이 세상에 온 부처와 같다는 뜻으로, '국토(國土)'를 석가여래(釋迦如來)에 빗대어 이르는 말. ***국토**(國土): 나라의 땅. 곧, 국가의 통치권이 미치는 지역. ***여래**(如來): 교화(敎化)를 위하여 진여(眞如)에서 이 세상으로 왔다는 뜻으로, 부처를 높이어 이르는 말. 여기서, '교화(敎化)'는 불법(佛法). 즉, 부처의 가르침으로 사람을 가르치어 착한 마음을 가지게 함. '진여(眞如)'는 '진실함이 언제나 같다.'는 뜻으로, 대승불교(大乘佛敎)의 이상(理想)을 뜻하는 개념의 한 가지이다. 우주(宇宙. <u>온 세계를 둘러싸고 있는 공간</u>) 만유(萬有. <u>우주에 존재하는 모든 것</u>)의 실체(實體)로서, 현실적이며 평등하고 무차별한(<u>차별이 없는</u>) 절대의 진리를 이르는 말.

군계-일-학(群鷄一鶴 무리 **군**/닭 **계**/한 **일**/학 **학**) 닭의 무리 (가운데에서) 한 (마리의) 학(鶴)이라는 뜻으로, 많은 사람 가운데에서 뛰어난 인물(人物)을 비유적으로 이르는 말. 또는 평범한 여러 사람 가운데의 뛰어난 한 사람을 비유적으로 이르는 말. =계군고학(鷄群孤鶴). 계군일학(鷄群一鶴). 〈참〉 학립계군(鶴立鷄群). ***군계**(群鷄): =계군(鷄群). 즉, 닭의 무리라는 뜻으로, 평범한 사람의 무리를 비유적으로 이르는 말. *무리: 부록 '군(群)' 참고. 《관련 속담》 꿩 무리에 학. / 닭이 천이면 봉이 한 마리. 이 사자성어의 유래는 다음과 같다. 『진서(晉書)』의 「혜소전(嵇紹傳)」 편(篇)에 〈혜소(嵇紹)는 (혜강·嵇康의 아들이지만,) 춘추시대 진(晉)나라의 대부(大夫. <u>중국에서 벼슬아치를 세 등급으로 나눈 품계의 하나</u>)인 극결(郤缺)에 뒤지지 않습니다. 그를 비서랑(秘書郎)으로 기용하십시오." "경(卿)이 천거(薦擧. <u>어떤 일을 맡아 할 수 있는 사람을 그 자리에 쓰도록 소개하거나 추천함</u>)하는 사람이라면, 승(丞)이라도 능히 감당할 것인데, 낭(郎)에 그쳐서야 되겠소?" 무제(武帝)는 이렇게 말하며 혜소(嵇紹)를 비서승(秘書丞)에 기용했다. 혜소(嵆紹)가 낙양(洛陽)에 간 날, 그의 모습을 지켜보던 어떤 사람이 왕융(王戎)에게 말했다. "어제 많은 사람들 가운데서 혜소(嵆紹)를 보았는데, 의젓하고 늠름한 모습이 마치 들판의 학이 닭의 무리 속에 있는 것 같았습니다." 그러자 왕융(王戎)이 말했다. "자네는 혜소(嵆紹)의 아버지를 본 적이 없겠지. (혜소보다 훨씬 뛰어났다네.)"(嵆紹賢侔郤缺, 宜加旌命, 請爲秘書郎, 帝謂濤曰, 如卿所言, 乃堪爲丞, 何但郎也, 乃發詔征之, 起家爲秘書丞, 紹始入洛, 或謂王戎曰, **昨於稠人中始見嵆紹, 昂昂然如野鶴之在雞群**, 戎曰, 君復未見其父耳.)〉라는 이야기가 나오는데, '어제 많은 사람들 가운데서 혜소(嵆紹)를 보았는데, 의젓하고 늠름한 모습이 마치 들판의 학이 닭의 무리 속에 있는 것 같았습니다.(昨於稠人中始見嵆紹, 昂昂然如野鶴之在雞群)'에서, '군계일학(群鷄一鶴)'이 유래했다. 그런데 여기서, 원문의 끝에 나오는 '계군(雞群)'의 '계(雞)'와 '군계일학(群鷄一鶴)'의 '계(鷄)'는 둘 다 닭 '계'로 읽는다. 자료(資料)에 따라서 둘을 혼돈하여 쓰고 있으니 참고하기 바람. 이 이야기의 배경은 다음과 같다. 위진(魏晉) 시대에는 혼란스러운 새상을 피하기 위해 산속으로 들어가 청담(淸談. <u>속되지 않은, 청아한 이야기, 또는 맑고 고상한 이야기</u>)을 즐기며 세월을 보내던 선비가 적지 않았는데, 대표적인 인물이 바로 죽림칠현(竹林七賢)으로 불리는 완적(阮籍), 완함(阮咸), 혜강(嵆康), 산도(山濤), 왕융(王戎), 유령(劉伶), 상수(尙秀) 등(等)의 7명이다. 이들 가운데 특히 문학적 재능(才能. <u>어떤 일을 하는 데 필요한 재주와 능력</u>)이 뛰어났던 사람은 중산대부(中散大夫. <u>벼슬 이름</u>)로 있던 혜강(嵆康)이었는데, 여기서, '재주'는 순우리말로, 무엇을 잘할 수 있는, 타고난 능력과 슬기. 무고(無故. <u>아무런 까닭이 없음</u>)하게 죄를 뒤집어쓰고 처형(處刑. <u>형벌에 처함, 또는 사형에 처함</u>)을 당하고 말았다. 당시(當時. <u>일이 있었던 바로 그때, 또는 이야기하고 있는 그 시기</u>) 그에게는 열 살밖에 안 된 혜소(嵆紹)가 있었다. 위의 이야기는 혜소(嵆紹)가 장성(長成. <u>자라서 어른이 됨</u>)하자, 같은 죽림칠현(竹林七賢)의 한 사람으로 이부(吏部)에서 벼슬하던 산도(山濤)가 무제(武帝)인 사마염(司馬炎)에게 혜소(嵆紹)를 벼슬자리에 천거(薦擧)하면서 나눈 내용이다. 참고로, 원문의 '嵆紹賢侔郤缺'에서, '嵆'는 산 이름 '혜'로 읽는다. 그런데 어떤 자료에는 '嵇'로 표기되어 있다. '嵇'도 산 이름 '혜'로 읽는다. 참고하기 바람. '紹'는 이을 '소'로 읽는다. '嵆紹'는 사람 이름. '賢'은 현명할 '현'으로 읽고, '侔'는 가지런할(<u>여럿이 층이 나지 않고 고르게 되어 있음</u>) '모', 고를(<u>여럿이 다 높낮이, 크기, 양 따위의 차이가 없이 한결같음</u>) '모'로 읽고, '郤'은 틈 '극'으로 읽고, '缺'은 이지러질 '결'로 읽는다. '郤缺'은 사람 이름. 춘추 시대 진(晉)나라의 대부(大夫. <u>벼슬 이름</u>)였다. '嵆紹賢侔郤缺'은, 직역(直譯)하면 혜소(嵆紹)는 현명(賢明)하기가 '극결(郤缺)'과 가지런하니, 즉, 혜소(嵆紹)는 현명(賢命)하기가 극결(郤缺)에 뒤지지 않으니, '宜加旌命'에서, '宜'는 마땅할 '의'로 읽고, '加'는 더할'가', 가할(加~. <u>어떤 행위를 하도록 영향을 끼칠</u>) '가'로 읽고, '旌'은 기(旗. <u>깃대 끝을 깃으로 꾸민 기</u>) '정'으로 읽고, '命'은 명령 '명'으로 읽는다. '旌命'은, 직역(直譯)하면 기(旗)의 명령. 즉, 어진 인재(人材. <u>어떤 일을 할 수 있는 학식이나 능력을 갖춘 사람</u>)를 등용(登用. <u>인재를 뽑아 씀</u>)하는 임금의 명령이라는 뜻이다. '宜加旌命'을 직역(直譯)하면, 정명(旌命)을 가(加)하는 것이 마땅하니, 즉, 임금이 어진 인재(人材)를 등용(登用)하라는 명령을 가(加)하는 것이 마땅하니, '請爲秘書郎'에서, '請'은 청할 '청', 부탁할 '청'으로 읽고, '爲'는 삼을 '위'로 읽고, '秘'는 숨길 '비'로 읽고, '書'는 글 '서'로 읽고, '郎'은 벼슬 이름 '랑(낭)'으로 읽는다. '秘書郎'은 벼슬 이름. '請爲秘書郎'을 직역(直譯)하면, 청(請)건대, (그를) 비서랑(秘書郎)으로 삼으소서. '帝謂濤曰'에서, '帝'는 임금 '제'로 읽는다. '무제(武帝)인 사마염(司馬炎)'을 가리킴. '謂'는 일컬을 '위'로 읽고, '濤'는 큰 물결 '도'로 읽는다. 여기서는 사람 이름인 '산도(山濤)'를 가리킴. '帝謂濤曰'을 직역(直譯)하면, 무제(武帝)인 사마염(司馬炎)이 '산도(山濤)'에게 일컬어 말하기를, '如卿所言'에서, '如'는 같을 '여'로 읽고, '卿'은 벼슬 '경'으로 읽는다. 임금이 이품(二品) 이상의 신하를 가리키던 2인칭 대명사. 여기서는 '혜소(嵇紹)'를 가리킴. '所'는 바(<u>앞에서 말한 내용 그 자체나 일 따위를 나타내는 말</u>) '소'로 읽고, '言'은 말씀 '언'으로 읽는다. '如卿所言'을 직역(直譯)하면, 경(卿)이 말하는 바와 같으면, '乃堪爲丞'에서, '乃'는 이에(<u>이러하여서 곧</u>) '내'로 읽고, '堪'은 견딜 '감'으로 읽고, '丞'은 정승(政丞. <u>벼슬 이름</u>) '승'으로 읽는다. '乃堪爲丞'을 직역(直譯)하면, (따라서 경이 추천하면) (그 사람은) 이에 정승이 되어도 견디겠지만(<u>감당하겠지만</u>), '何但郎也'에서, '何'는 어찌(<u>의문 부사</u>) '하'로 읽고, '但'은 단지 '단', 다만 '단'으로 읽고, '郎'은 벼슬 이름 '랑(낭)'으로 읽는다. 여기서는 '비서랑(秘書郎)'을 가리킴. '也'는 어조사 '야'로 읽는다. '~는가?', '~인가?(<u>의문</u>)'의 뜻을 나타냄. '何但郎也'를 직역(直譯)하면, 어찌 다만 비서랑(秘書郎)에 (그쳐서야) 되겠는가? '乃發詔征之'에서, '發'을 드러낼 '발'로 읽는다. 여기서는 어떤 내용을 공개적으로 펴서 알림. '詔'는 조서(詔書. <u>임금의 명령을 일반에게 알릴 목적으로 적은 문서</u>) '조'로 읽는다. '征'은 두 가지 음(音)이 있다. 칠 '정'으로 읽는다든지, 부를 '징'으로 읽는 것이 그것이다. 여기서는 후자(後者)의 음(音)으로 읽는다. '之'는 어조사 '지'로 읽는다. '그것'을 나타내는 지시 대명사. 여기서는 '혜소(嵇紹)'를 가리킴. '乃發詔征之'를 직역(直譯)하면, 이에 '혜소(嵇紹)'를 부르는 (내용의) 조서(詔書)를 드러내니(<u>발표하니</u>). 즉, 진(晉)나라의 무제(武帝)인 사마염(司馬炎)이 혜소(嵇紹)를 비서승(秘書丞)에 기용·<u>起用했</u>다는 뜻이다. '起家爲秘書丞'에서, '起'는 일어날 '기'로 읽고, '家'는 집 '가'로 읽는다. '起家'는 기울어져 가는 집안을 다시 일으킴. '秘'는 숨길 '비'로 읽고, '書'는 글 '서'로 읽고, '丞'은 정승 '승'으로 읽는다. '秘書丞'은 벼슬 이름. '起家爲秘書丞'을 직역(直譯)하면, (혜소는) 집안을 일으키고 비서승(秘書丞)이 되었다. '紹始入洛'에서, '紹'는 '혜소(嵇紹)'를 가리킴. '始'는 처음 '시'로 읽고, '入'은 들 '입'으로 읽고, '洛'은 땅 이름 '락(낙)'으로 읽는다. 여기서는 '낙양(洛陽)'을 가리킴. '紹始入洛'을 직역(直譯)하면, 혜소(嵇紹)가 처음 낙양(洛陽)에 들어갔을 때, '或謂王戎曰'에서 '或'은 어떨 '혹'으로 읽는다. '王'은 임금 '왕'으로 읽고, '戎'은 종족 이름 '융'으로 읽는다. '王戎'은 사람 이름. '或謂王戎曰'을 직역(直譯)하면, (그때) 어떤 (사람이) (혜소를 보고) 왕융(王戎)에게 일컬어 말하기를, '昨於稠人中始見嵇紹'에서, '昨'은 어제 '작'으로 읽고, '於'는 어조사 '어'로 읽는다. '~에', '~에서(<u>위치</u>)'의 뜻을 나타냄. '稠'는 빽빽할 '조'로 읽고, '人'은 사람 '인'으로 읽고, '中'은 가운데 '중'으로 읽고, '始'는 처음 '시'로 읽고, '見'은 볼 '견'으로 읽고, '嵇'는 산 이름 '혜'로 읽고, '紹'는 이을 '소'로 읽는다. '嵇紹'는 사람 이름. '昨於稠人中始見嵇紹'를 직역(直譯)하면, 어제 **빽빽한(<u>빽빽하게 모인</u>)** 사람 가운데에서 처음 혜소(嵇紹)를 보았는데, '昂昂然如野鶴之在雞群'에서, '昂'은 밝을 '앙(昂)'의 속자(俗字). '속자(俗字)'는 정자(正字)는 아니나 세간(世間. <u>사람들이 살아가는 곳</u>)에서 흔히 쓰는 한자(漢字)를 일컬음. '然'은 그러할 '연'으로 읽는다. 상태를 나타내는 접미사. '昂昂然'을 직역(直譯)하면, 밝은 모양. '如'는 같을 '여'로 읽고, '野'는 들 '야', 들판 '야'로 읽고, '鶴'은 학(鶴) '학'으로 읽고, '之'는 어조사 '지'로 읽는다. 여기서는 '~이', '~가(<u>주격 조사</u>)'의 뜻을 나타냄. '在'는 있을 '재'로 읽고, '雞'는 닭 '계'로 읽는다. '鷄'와 같은 글자다. '群'은 무리 '군'으로 읽는다. '雞群'은 '닭의 무리'라는 뜻으로, 평범한 사람의 무리를 비유적으로 이르는 말. '昂昂然如野鶴之在雞群'을 직역(直譯)하면, (혜소의) 밝은 모양(<u>의젓하고 늠름한 모습</u>)이, (마치) 들판의 학(鶴)이 닭의 무리 속에 있는 (것과) 같았습니다. 여기서, '群鷄一鶴'이 유래하였는데, 이것을 직역(直譯)하면, 닭의 무리 (가운데에서) 한 (마리의) 학(鶴)이라는 뜻으로, 많은 사람 가운데에서 뛰어난 인물(人物)을 비유적으로 이르는 말. 또는 평범한 여러 사람 가운데의 뛰어난 한 사람을 비유적으로 이르는 말. '戎曰'에서, '戎'은 '왕융(王戎)'을 가리킴. '戎曰'을 직역(直譯)하면, 왕융(王戎)이 말하기를, '君復未見其父耳'에서, '君'은 그대 '군', 자네 '군'으로 읽고, '復'는 다시 '부'로 읽는다. '未'는 아닐(부정하는 말) 미로 읽고, '其'는 그(지시하는 말) '기'로 읽는다. 여기서는 '혜소(嵆紹)'를 가리킴. '父'는 아버지 '부'로 읽고, '耳'는 따름 '이', 뿐 '이'로 읽는다. '~할 뿐이다(한정)'의 뜻을 나타냄. '君復未見其父耳'은, 직역(直譯)하면, 그대는 다시 그('혜소·嵆紹'를 가리킴)의 아버지를 본 적이 없을 뿐이오. 즉, 이 말은 산도(山濤)나 왕융(王戎)은 혜강(嵆康)과 함께 죽림칠현(竹林七賢. 본문 참고)의 한 사람이었는데, 사실은, 친구였던 혜강(嵆康)이 그의 아들인 혜소(嵆紹)보다 더 늠름(凜凜. 위풍이 있고 당당함)하였음을 간접적으로 전하는 말이다.

군령-태산(軍令泰山 군사 **군**/명령 **령**/클 **태**/뫼 **산**) 군사(軍士)의 명령이 뫼('산'의 옛말)보다 크다는 뜻으로, 군령(軍令)이 태산(泰山)같이 무겁고 엄(嚴)함을 비유적으로 이르는 말. *군령(軍令): ①군사상의 명령. ②국가 원수(元首. 한 나라의 최고 통치권을 가진 사람. 즉, 한 나라에서 으뜸가는 권력을 지니면서 나라를 다스리는 사람. 또는 국제법상, 외국에 대하여 그 나라를 대표하는 국가의 최고 기관을 일컬음. 군주국에서는 군주, 공화국에서는 대통령 따위)가 통수권(統帥權. 한 나라의 군대를 지휘, 통솔하는 권력)에 의하여 군대(軍隊)에 내리는 명령. *태산(泰山): ①썩 높고 큰 산(山). ②크고 많음을 비유적으로 이르는 말. *군사(軍士): 부록 '군(軍)' 참고.

군맹-무-상(群盲撫象 무리 **군**/소경 **맹**/어루만질 **무**/코끼리 **상**) (많은) 무리의 소경이 코끼리를 어루만진다. 즉, 장님 여럿이 코끼리를 어루만져 보고 제 나름대로 판단한다는 뜻으로, 사물을 좁은 소견(所見. 어떤 사물을 보고 살피어 가지는 의견이나 생각)과 주관(主觀. 자기만의 생각. 또는 자기만의 치우친 생각)으로 잘못 판단함을 비유적으로 이르는 말. 소경은 손으로 만져서 사물을 인식하는데, 코끼리는 큰 동물이기 때문에 소경이 만진 것은 코끼리의 일부분에 불과(不過)하다. 이처럼 일부분을 만진 것으로 전체를 안다고 이야기하는 것은 어리석다는 것이다. =군맹평상(群盲評象). *군맹(群盲): ①많은 장님. ②많은 어리석은 사람을 비유적으로 이르는 말. *무리: 부록 '군(群)' 참고. *소경: 부록 '맹(盲)' 참고.

군맹-평-상(群盲評象 무리 **군**/소경 **맹**/평론할 **평**/코끼리 **상**) (많은) 무리의 소경이 코끼리를 평론한다. 즉, 장님 여럿이 코끼리를 어루만져 보고 제 나름대로 평한다는 뜻으로, 사물을 좁은 소견(所見. 어떤 사물을 보고 살피어 가지는 의견이나 생각)과 주관(主觀. 자기만의 생각. 또는 자기만의 치우친 생각)으로 잘못 판단함을 비유적으로 이르는 말. 소경은 손으로 만져서 사물을 인식하는데, 코끼리는 큰 동물이기 때문에 소경이 만진 것은 코끼리의 일부분에 불과(不過)하다. 이처럼 일부분을 만진 것으로 전체를 안다고 이야기하는 것은 어리석다는 것이다. =군맹무상(群盲撫象). *군맹(群盲): ☞군맹무상(群盲撫象). *무리: 부록 '군(群)' 참고. *소경: 부록 '맹(盲)' 참고.

군문-효수(軍門梟首 군사 **군**/문 **문**/목 베어 매어 달 **효**/머리 **수**) 군사(軍士)가 (주둔하고 있는 곳의) 문(門)에 머리나 목을 베어 매어 단다는 뜻으로, 예전에, 죄인의 머리나 목을 베어 군문(軍門) 앞에 높이 매어 달던 일을 이르는 말. *군문(軍門): ①군영(軍營)의 입구. ②군영(軍營)의 경내. *효수(梟首): 지난날, 죄인의 목을 베어 높이 매달던 일. *군사(軍士): 부록 '군(軍)' 참고.

군신-대의(君臣大義 임금 군/신하 신/클 대/의리 의) 임금과 신하(臣下)의 큰 의리(義理)라는 뜻으로, 임금과 신하(臣下) 사이에 지켜야 할 큰 의리(義理)를 이르는 말. *군신(君臣): 임금과 신하. *대의(大義): ①사람으로서, 특히 국민으로서 마땅히 행하거나 지켜야 할 도리(道理. <u>사람이 마땅히 지켜야 할 바른 길</u>). ②'대강(大綱)의 뜻'을 이르는 말. *의리(義理): ①사람으로서 마땅히 지켜야 할 바른 도리. ②남과 사귈 때 지켜야 할 도리.

군신-유-의(君臣有義 임금 군/신하 신/있을 유/의리 의) 임금과 신하(臣下)는 의리(義理)에 있다는 뜻으로, 임금과 신하(臣下) 사이의 도리(道理. <u>사람이 마땅히 지켜야 할 바른 길</u>)는 의리(義理)에 있음을 이르는 말. 오륜(五倫)의 하나이다. 여기서, '오륜(五倫)'은 유교에서 이르는 다섯 가지의 인륜(人倫. <u>사람으로서 마땅히 지켜야 할 도리</u>)을 이르는 말. 곧, 부자(父子) 사이의 친애(親愛. <u>친근하게 사랑함</u>), 군신(君臣) 사이의 의리(義理), 부부(夫婦) 사이의 분별(分別. <u>무슨 일을 사리에 맞게 판단함. 또는 그 판단력</u>). 장유(長幼. <u>어른과 어린이. 또는 연상과 연하</u>) 사이의 차서(次序. <u>차례. 즉, 둘 이상의 것을 일정하게 하나씩 벌여 나가는 순서. 또는 그 순서에서 차지하는 위치</u>), 붕우(朋友. <u>벗. 즉, 나이나 처지 따위가 비슷하여 서로 가까이 사귀는 사람</u>) 사이의 신의(信義)를 일컫는다. *군신(君臣): ☞군신대의(君臣大義). *의리(義理): ☞군신대의(君臣大義). 이 사자성어의 유래는 다음과 같다. 『맹자(孟子)』의 「등문공 상(滕文公上)」편(篇)에 〈사람에게도 도(道)가 있으니, 배불리 먹고 따뜻하게 입고 편안하게 산다고 해도, 가르침이 없으면, 금수(禽獸)에 가까워진다. 성인(聖人. <u>지혜와 덕이 매우 뛰어나 길이 우러러 본받을 만한 사람</u>)이 이것을 근심하여 설(契. <u>사람 이름</u>)을 사도(司徒. <u>벼슬 이름</u>)로 삼아 인륜(人倫)으로써 가르치게 하니, 이것이 바로 아버지와 자식은 친함이 있으며, 임금과 신하는 의가 있으며, 지아비와 지어미는 분별이 있으며, 어른과 아이는 차례가 있으며, 친구는 믿음이 있다는 것이다.(人之有道也, 飽食暖衣逸居而無敎, 則近於禽獸. 聖人有憂之, 使契爲司徒, 敎以人倫, 此之謂五倫, 父子有親, **君臣有義**, 夫婦有別, 長幼有序, 朋友有信)〉라는 이야기가 나오는데, 맹자(孟子)가 말한 '임금과 신하는 의가 있으며(君臣有義)'에서, '군신유의(君臣有義)'가 유래했다. 여기서 '맹자(孟子)'는 중국 전국시대(戰國時代)의 사상가의 한 사람이다. 성선설(性善說)을 주장하고 인의(仁義)의 정치를 권하였다. 이처럼 맹자(孟子)가 오륜(五倫)을 인용한 의도는, 난의포식(暖衣飽食. <u>본문 참고</u>)만으로 산다는 것은 금수(禽獸. <u>날짐승과 길짐승이란 뜻으로, 모든 짐승을 이르는 말</u>)에 가깝지, 사람다운 사람이 될 수 없다는 것을 지적하기 위해서였다. 사람다운 삶을 살기 위해서는 반드시 가르침이 있어야 하고, 그 가르침은 도덕규범인 오륜(五倫)부터 시작되어야 함을 강조하고 있는 것이다. 오륜(五倫)은 인간의 기본 도덕을 설명하고 있기 때문이다. 참고로, 원문의 '人之有道也'에서, '人'은 사람 '인'으로 읽고, '之'는 어조사 '지'로 읽는다. '~는(은)'의 뜻을 나타내는 주격조사. '有'는 있을 '유'로 읽고, '道'는 도리(道理. <u>어떤 일을 해 나갈 방도</u>) '도'로 읽고, '也'는 어조사 '야'로 읽는다. '~이다(단정)'의 뜻을 나타냄. '人之有道也'를 직역(直譯)하면, 사람은 (살아가는) 도리(道理)가 있으니, '飽食暖衣逸居而無敎'에서, '飽'는 배부를 '포'로 읽고, '食'은 먹을 '식'으로 읽고, '暖'은 따뜻할 '난'으로 읽고, '衣'는 옷 '의'로 읽고, '逸'은 편안할 '일'로 읽고, '居'는 살 '거'로 읽고, '而'는 말 이을 '이'로 읽는다. '그러나'의 뜻을 나타냄. '無'는 없을 '무'로 읽고, '敎'는 가르칠 '교'로 읽는다. '飽食暖衣逸居而無敎'를 직역(直譯)하면, 배부르게 먹고 따뜻하게 입고 편안하게 살고 (있다고 해도) 그러나 가르침이 없으면, 여기서, '暖衣飽食'이 유래하였는데, 이것을 직역(直譯)하면, 따뜻한 옷을 (입고) 배부르게

(밥을) 먹는다는 뜻으로, 좋은 옷을 입고 배불리 먹는 넉넉한 생활을 비유적으로 이르는 말. 또는 의식(衣食)에 부족함이 없이 편안하게 지냄을 이르는 말. '則近於禽獸'에서, '則'은 곧 '즉'으로 읽고, '近'은 가까울 '근'으로 읽고 '於'는 어조사 '어'로 읽는다. '~에(위치)'의 뜻을 나타냄. '禽'은 새 '금'으로 읽고, '獸'는 짐승 '수'로 읽는다. '禽獸'는 날짐승과 길짐승이라는 뜻으로, 모든 짐승을 이르는 말. '則近於禽獸'를 직역(直譯)하면, 곧 날짐승과 길짐승에 가깝게 된다. '聖人有憂之'에서, '聖'은 성인(聖人. 지혜와 덕이 매우 뛰어나 길이 우러러 본받을 만한 사람) '성'으로 읽고, '人'은 사람 '인'으로 읽는다. '聖人'은 지혜와 덕(德. 고매하고 너그러운 도덕적 품성)이 매우 뛰어나 길이 우러러 본받을 만한 사람. '有'는 있을 '유'로 읽고, '憂'는 근심 '우'로 읽고, '之'는 어조사 '지'로 읽는다. '이것'을 나타내는 지시 대명사. '聖人有憂之'를 직역(直譯)하면, 성인(聖人)이 이것을 근심하는 (것이) 있어, '使契爲司徒'에서, '使'는 하여금(누구를 시키어) '사'로 읽고, '契'은 맺을 '계'로 읽으나, 여기서는 사람 이름 '설'로 읽는다. '契'은 상(商)나라 시조로 여겨지는, 전설로 전해지는 인물이다. 자설(子契)이라고도 한다. 성인(聖人. 여기서는 설·契을 높이 부르는 호칭)이 된 후에, 즉, 설(契)이 성인(聖人)이 되었다는 뜻이다. 우(禹)임금의 황하(黃河. 중국 문명의 요람이자, 중국에서 두 번째로 큰 강) 치수(治水. 수리 시설을 잘하여 홍수나 가뭄의 피해를 막음)를 도왔다. 순(舜)임금은 설(契)의 업적을 평가해 사도(司徒)로 임명하고, 상(商)에 봉(封)하였으며, 자(子)라는 성(姓)을 주었다. 그래서 성(姓)은 자(子)이고, 이름은 설(契)이 되어, 자설(子契)이라고 부르기도 한다. '爲'는 삼을 '위'로 읽고, '司'는 맡을 '사'로 읽고, '徒'는 무리 '도'로 읽는다. '司徒'는 고대 중국에서 호구(戶口. 호적상 집의 수효와 식구의 수), 전토(田土. 논과 밭), 재화(財貨. 돈과 값나가는 물건. 또는 사람이 바라는 바를 충족시켜 주는 모든 물건), 교육(敎育)에 관한 일을 맡아 보던 벼슬 이름. '使契爲司徒'를 직역(直譯)하면, 설(契)로 하여금 사도(司徒)로 삼아, '敎以人倫'에서, '敎'는 가르칠 '교'로 읽고, '以'는 써(그것으로 인하여, 그것을 가지고) '이'로 읽고, '倫'은 인륜(人倫) '륜(윤)'으로 읽는다. '敎以人倫'을 직역(直譯)하면, 인륜(人倫)을 가지고 가르치니, '此之謂五倫'에서, '此'는 이 '차'로 읽고, '之'는 어조사 '지'로 읽는다. 여기서는 '그것'을 나타내는 지시 대명사. '謂'는 일컬을 '위'로 읽고, '五'는 다섯 '오'로 읽는다. '五倫'은 유교에서 이르는 다섯 가지의 인륜(人倫. 사람과 사람의 사이에 자연적으로 생겨난 질서). '此之謂五倫'을 직역(直譯)하면, 이로써 그것을 오륜(五倫)이라 일컫는다. '父子有親'에서, '父'는 아비 '부'로 읽고, '子'는 아들 '자'로 읽고, '有'는 있을 '유'로 읽고, '親'은 친할 '친'으로 읽는다. '父子有親'을 직역(直譯)하면, 아비와 아들은 친(親)함이 있다는 뜻으로, 아버지와 아들 사이의 도리(道理. 사람이 마땅히 지켜야 할 바른 길)는 친애(親愛. 친근하게 사랑함)에 있음을 이르는 말. 오륜(五倫)의 하나이다. '君臣有義'에서, '君'은 임금 '군'으로 읽고, '臣'은 신하(臣下) '신'으로 읽고, '義'는 의리(義理) '의'로 읽는다. '君臣有義'를 직역(直譯)하면, 임금과 신하(臣下)는 의리(義理)에 있다는 뜻으로, 임금과 신하(臣下) 사이의 도리(道理)는 의리(義理)에 있음을 이르는 말. 오륜(五倫)의 하나이다. '夫婦有別'에서, '夫'는 남편 '부'로 읽고, '婦'는 아내 '부'로 읽고, '別'은 분별할(分別~. 서로 다른 일이나 사물을 구별하여 가름) '별'로 읽는다. '夫婦有別'을 직역(直譯)하면, 남편과 아내는 분별(分別)함이 있다는 뜻으로, 부부 사이에는 엄격히 지켜야 할 인륜의 구별이 있음. 즉, 남편과 아내 사이의 도리(道理)는 서로 침범(侵犯)하지 않음에 있음을 이르는 말. 오륜(五倫)의 하나이다. '長幼有序'에서, '長'은 어른 '장'으로 읽고, '幼'는 어릴 '유'로 읽고, '序'는 차례 '서'로 읽는다. '長幼有序'를 직역(直譯)하면, 어른과 어린이는 차례(次例)가 있다

는 뜻으로, 어른(연장자)과 어린이(연소자) 사이에는 엄격한 차례(次例. 둘 이상의 것을 일정하게 하나씩 벌여 나가는 순서. 또는 그 순서에서 차지하는 위치)가 있고, 복종(服從)해야 할 질서가 있음을 이르는 말. 오륜(五倫)의 하나이다. '朋友有信'에서. '朋'은 벗 '붕'으로 읽고, '友'는 벗 '우'로 읽고, '信'은 믿을 '신'으로 읽는다. '朋友有信'을 직역(直譯)하면, 벗과 벗의 (도리는) 믿음에 있음. 즉, 벗 사이에는 믿음이 있어야 함을 이르는 말. 오륜(五倫)의 하나.

군웅-할거(群雄割據 무리 **군**/뛰어날 **웅**/나눌 **할**/웅거할 **거**) 뛰어난 (사람의) 무리가 나누어 웅거(雄據)한다는 뜻으로, 여러 영웅(英雄)이 각기 한 지방씩 차지하고 위세(威勢)를 부림을 이르는 말. 즉, 여러 영웅들이 지역을 나누어 차지하고 세력을 과시하면서 서로 다투는 상황이다. *군웅(群雄): 같은 시대에 여기저기에서 일어난 영웅들. *할거(割據): 땅을 나누어 차지하고 굳게 지킴. *무리: 부록 '군(群)' 참고. *웅거하다(雄據~): 어떤 지역에 자리 잡고 굳게 막아 지키다.

군-위-신-강(君爲臣綱 임금 **군**/될 **위**/신하 **신**/벼리 **강**) 임금은 신하의 벼리가 된다(되어야 한다)는 뜻으로, 삼강(三綱)의 하나. 신하(臣下)는 임금을 섬기는 것이 근본임을 일컫는다. 군신(君臣)의 도리(道理. 사람이 마땅히 지켜야 할 바른 길)를 말하며, 한 마디로 충성(忠誠. 진정에서 우러나오는 정성. 특히 임금이나 국가에 대한 것을 일컬음) 충(忠)이다. *벼리: 부록 '강(綱)' 참고. 이 사자성어의 유래는 다음과 같다. 『소학(小學)』에 〈임금은 신하의 벼리가 되고, 아버지는 자식의 벼리가 되고, 남편은 아내의 벼리가 되니, 이것을 삼강(三綱)이라 한다.(君爲臣綱, 父爲子綱, 夫爲婦綱, 是謂三綱)〉에서 '군위신강(君爲臣綱)'이 유래했다. 어느 자료에 의하면, '綱'은 '벼리'를 뜻한다. 벼리는 그물의 코를 꿰어 연결한, 그물에 있어서 근본이 되는 굵은 줄이며, 그물을 던져서 벼리를 잡아당기면 그물 전체가 딸려 오는 중심 역할을 한다. 마찬가지로 군신(君臣), 부자(父子), 부부(夫婦)의 관계도 마치 그물에 있는 벼리와 그물코의 관계에 비유(比·譬喩. 어떤 사물의 모양이나 상태 따위를 보다 효과적으로 표현하기 위하여 그것과 비슷한 다른 사물에 빗대어 표현함. 또는 그 표현 방법)하여 그 관계를 '綱'이라는 말로 표현한 것이다. 그러므로 벼리를 현대적 의미로 풀이하면, 근본(根本), 중추(中樞), 핵심(核心)이다.

군은-망극(君恩罔極 임금 **군**/은혜 **은**/없을 **망**/끝 **극**) 임금의 은혜(恩惠)는 끝이 없을 (정도로 크고 많다는) 뜻으로, 임금의 은혜(恩惠)가 그지없음을 이르는 말. 여기서, '그지없다'는 끝없다. 한이 없다. 또는 이루 다 말할 수 없다. *군은(君恩): 임금의 은혜. *망극(罔極): ①임금이나 어버이의 은혜는 한이 없음. ② =망극지통(罔極之痛). 즉, 그지없이 큰 슬픔. 특히 임금이나 어버이의 상사(喪事. 집안의 사람이 죽은 불행한 일)에 대하여 이르는 말.

군자-불-기(君子不器 군자 **군**/경칭 **자**/아닐 **불**/그릇 **기**) 이 성어(成語)는 해석에 따라 미묘(微妙)한 차이가 있다. ①'군자(君子)는 그릇이 아니다.'라는 뜻으로, 군자(君子)는 그릇처럼 국한되지 않는다는 말. 다시 말하면 그릇은 각각 그 쓰임새에 맞게 만들어졌지만, 군자(君子)와 같이 덕(德. 고매하고 너그러운 도덕적 품성)을 이룬 선비는 어떤 한 가지 재주(순우리말로, 무엇을 잘할 수 있는, 타고난 능력과 슬기)나 기술에 국한되지 않는다는 말이다. ②'군자(君子)는 그릇으로 잴 수 없다.'는 뜻으로, 군자(君子)의 기량(技倆. 기술적인 능력이나 재능)은 측량(測量)할 수 없을 만큼 크다는 것을 비유적으로 이르는 말. *군자(君子): 학문과 덕(德)이 높고 행실이 바르며 품위를 갖춘 사람. *경칭(敬稱): 공경하는 뜻으로 부르는 칭호. 또는 존대하여 일컬음. 이 사자성어의 유래는 다음과 같다. 『논어(論語)』의 「위정(爲政)」 편(篇)에

《(중국 춘추시대의 사상가이며 학자인) 공자(孔子)가 말했다. "군자(君子)는 그릇으로 잴 수 없다."(子曰, <u>君子不器</u>.)》라는 구절이 나오는데, '군자(君子)는 그릇으로 잴 수 없다.(君子不器)'에서, '군자불기(君子不器)'가 유래했다. 그릇은 각각 그 쓰임새에 맞게 만들어졌지만, 덕(德)을 이룬 선비는 어떤 한 가지 재주나 기술에 국한되지 않기 때문에 '불기(不器)'라고 한다. 참고로, 원문의 '子曰'에서 '子'는 경칭(敬稱. <u>공경하는 뜻으로 부르는 칭호, 또는 존대하여 일컬음</u>) '자'로 읽는다. 학덕(學德)과 지위가 높은 남자의 경칭(敬稱)이다. 여기서는 '공자(孔子)'를 가리킴. '子曰'을 직역(直譯)하면, 공자(孔子)가 말하기를, '君子不器'에서, '君'은 군자(君子) '군'으로 읽고, '子'는 경칭(敬稱) '자'로 읽고, '不'은 아닐(<u>부정하는 말</u>) '불'로 읽고, '器'는 그릇 '기'로 읽는다. '君子不器'를 직역(直譯)하면, 군자(君子)는 그릇으로 (잴 수 있는 것이) 아니다. 즉, 군자(君子)는 한 가지 목적으로 쓰이는 그릇이 아니라는 말이다. 공자(孔子)가 주장하는 군자(君子)는 특수한 어떤 곳에만 쓰일 수 있는 기능적인 지식을 추구하는 존재가 아니라, 세상을 경영하고 민중을 구제하는 데 필요한 학문을 두루 공부하는, 보편적인 지성인(知性人. <u>사물을 알고 생각하고 판단하는 지적 능력을 갖춘 사람</u>)이라는 것이다. 여기서, 공자(孔子)가 언급한 그릇은 제기(祭器. <u>제사에 쓰는 그릇. 놋그릇, 사기그릇, 나무 그릇 따위가 있음</u>) 또는 예기(禮器. <u>'제기·祭器'와 같은 말</u>)를 일컫는다. 사가(私家. <u>개인이 살림하는 집</u>)나 종묘(宗廟. <u>역대 왕과 왕비의 위패·位牌를 모시던 사당</u>)에서 제사를 지낼 때 사용하는 제기(祭器)나 예기(禮器)는 엄격히 각기 용도에 따라 구분이 있어, 모든 곡식이나 음식이 담기는 그릇과 달라 그 생김새나 모양이 각양각색이었다. 군자(君子)는 그러나 제기(祭器)나 예기(禮器)의 제한된 그릇처럼 자신의 하는 일의 전문(專門. <u>한 가지 일에 마음을 쏟아함</u>)에만 제한되는, 꽉 막힌 인간형이 되어서는 안 된다는 것이다. 그릇은 각기 다양한 음식이 담기기에 꼭 맞게 만들어지게 마련이다. 그런데 사람이 제기(祭器)나 예기(禮器)처럼 된다면, 그 사람은 곧 한 가지 전문적 기능만 가진 인재(人材. <u>어떤 일을 할 수 있는 학식이나 능력을 갖춘 사람</u>)에 불과(不過)하기 때문에, 이를 군자(君子)라고 일컬을 수 없다는 의미다.

군자-삼락(君子三樂 군자 군/경칭 자/석 삼/즐거울 락) 군자(君子)의 세 (가지) 즐거움이라는 뜻으로, 부모가 다 살아 계시고 형제가 다 무고(無故. <u>아무 탈이 없음, 또는 무사함</u>)한 것, 위로 하늘과 아래로 사람에게 부끄러워할 것이 없는 것, 천하(天下)의 영재(英才. <u>뛰어난 재능이나 지능, 또는 그런 지능을 가진 사람</u>)를 얻어서 가르치는 것을 이르는 말. *군자(君子): ☞군자불기(君子不器). *삼락(三樂): ①=군자삼락(君子三樂). ②인생의 세 가지 즐거움. 즉, 사람으로 태어난 것. 사내로 태어난 것. 장수(長壽. <u>오래도록 삶</u>)하는 것을 일컫는다. =인생삼락(人生三樂). *경칭(敬稱): ☞군자불기(君子不器). 이 사자성어의 유래는 다음과 같다. 『맹자(孟子)』의 「진심(盡心) 장구(章句)」 상(上) 편(篇)에 〈군자(君子)에게는 세 가지 즐거움이 있는데, 왕이 되어 덕(德. <u>고매하고 너그러운 도덕적 품성</u>)으로 천하를 다스리는 것은 여기에 들어가지 않는다. 부모님이 생존해 계시고, 형제들이 무고(無故)한 것이 첫 번째 즐거움이요, 하늘을 우러러 부끄러움이 없고, (땅을) 굽어보아 사람에게 부끄러움이 없는 것이 두 번째 즐거움이요, 천하의 영재(英才)들을 얻어 가르치는 것이 세 번째 즐거움이다.(<u>君子有三樂</u>, 而王天下不與存焉, 父母俱存, 兄弟無故, 一樂也, 仰不愧於天, 俯不怍於人, 二樂也, 得天下英才而教育之, 三樂也.)〉라는 이야기가 나오는데, '군자(君子)에게는 세 가지 즐거움이 있는데.(君子有三樂)'에서, '군자삼락(君子三樂)'이 유래했다. 참고로, 원문의 '君子有三樂'에서, '君'은 군자(君子) '군'으로 읽고, '子'는 경칭(敬稱. 공경하는 뜻으로 부르는 칭호. 또는 존대하여 일컬음) '자'로 읽는다. 학덕(學德)과 지위가 높은 남자의 경칭(敬稱)이다. '君子'는 행실이 점잖고 어질며 덕(德. <u>고매하고 너그러운 도덕적 품성</u>)과 학식(學識)이 높은 사람. '有'는 있을 '유'로 읽고, '三'은 석 '삼'으로 읽고, '樂'은 즐거울 '락(<u>낙</u>)'으로 읽는다. '君子有三樂'을 직역(直譯)하면, 군자(君子)에게는 3가지 즐거움이 있다. 여기서, '君子三樂'이 유래하였는데, 이것을 직역(直譯)하면, 군자(君子)의 세 (가지) 즐거움이라는 뜻으로, 부모가 다 살아 계시고 형제가 다 무고(無故. <u>아무 탈이 없음. 또는 무사함</u>)한 것, 위로 하늘과 아래로 사람에게 부끄러워할 것이 없는 것, 천하(天下)의 영재(英才. <u>뛰어난 재능이나 지능 또는 그런 지능을 가진 사람</u>)를 얻어서 가르치는 것을 이르는 말. '而王天下不與存焉'에서, '而'는 말 이을 '이'로 읽는다. '그러나'의 뜻을 나타냄. '王'은 임금 '왕'으로 읽고, '天'은 하늘 '천'으로 읽고, '下'는 아래 '하'로 읽는다. '天下'는 하늘 아래 온 세상. '與'는 더불어 '여'로 읽고, '存'은 있을 '존', 살아 있을 '존'으로 읽고, '焉'은 어조사 '언'으로 읽는다. '~이다'의 뜻을 나타냄. '而王天下不與存焉'을 직역(直譯)하면, 그러나 왕이 (되어) 천하를 (다스리는 것은) 더불어 (3가지 즐거움이) 존재하지 않는다. '父母俱存'에서, '父'는 아버지 '부'로 읽고, '母'는 어머니 '모'로 읽고, '俱'는 함께 '구'로 읽는다. '父母俱存'을 직역(直譯)하면, 부모가 함께 살아 계시고, '兄弟無故'에서, '兄'은 형(兄) '형'으로 읽고, '弟'는 아우 '제'로 읽고, '無'는 없을 '무'로 읽고, '故'는 사건(事件) '고'로 읽는다. '無故'는 사고 없이 평안함. '兄弟無故'를 직역(直譯)하면, 형제가 사고 없이 평안함이, '一樂也'에서, '一'은 한 '일'로 읽는다. '一樂'은 삼락(三樂) 가운데 첫째가는 즐거움. '也'는 어조사 '야'로 읽는다. '~이다(<u>단정</u>)'의 뜻을 나타냄. '一樂也'를 직역(直譯)하면, 삼락(三樂) 가운데 첫째가는 즐거움이요, '仰不愧於天'에서, '仰'은 우러를(<u>위를 향하여 고개를 정중히 쳐들</u>) '앙'으로 읽고, '愧'는 부끄러워할 '괴'로 읽는다. '於'는 어조사 '어'로 읽는다. ~에게(<u>위치</u>)의 뜻을 나타냄. '天'은 하늘 '천'으로 읽는다. '仰不愧於天'을 직역(直譯)하면, 우러러 보아 하늘에게 부끄러워함이 없는 것과, '俯不怍於人'에서, '俯'는 구부릴(<u>한쪽으로 좀 굽은 듯하게 굽힐</u>) '부'로 읽고, '怍'은 부끄러울 '작'으로 읽고, '人'은 사람 '인'으로 읽는다. '俯不怍於人'을 직역(直譯)하면, (땅 아래로) 구부려서 사람에게 부끄러움이 없는 것이, '二樂也'에서, '二'는 두 이로 읽는다. '二樂也'를 직역(直譯)하면, 두 번째 즐거움이며, '得天下英才而教育之'에서, '得'은 얻을 '득'으로 읽고, '英'은 재주(<u>순우리말로, 무엇을 잘할 수 있는, 타고난 능력과 슬기</u>) 뛰어날 '영'으로 읽고, '才'는 재주 '재'로 읽는다. '英才'는 뛰어난 재주. 또는 그런 사람. '而'는 말 이을 '이'로 읽는다. '그리고'의 뜻을 나타냄. '教'는 가르칠 '교'로 읽고, '育'은 기를 '육'으로 읽는다. '教育'은 지식을 가르치고 품성과 체력을 기름. '之'는 어조사 '지'로 읽는다. '그것'을 나타내는 지시 대명사. '得天下英才而教育之'를 직역(直譯)하면, 천하(天下)의 영재(英才)를 얻어 그리고 그것('<u>천하·天下의 영재·英材</u>'를 가리킴)을 가르치고 기르는 것이, '三樂也'에서, '三'은 석 삼으로 읽는다. '三樂也'를 직역(直譯)하면, 세 번째 즐거움이다.

군자-표변(君子豹變 군자 군/경칭 자/표범 표/변할 변) 군자(君子)는 표범처럼 변한다는 뜻으로, ①군자(君子)는 가을에 표범이 털갈이를 하는 것처럼 허물을 고치고 바른길로 나아간다는 것을 비유적으로 이르는 말. ②군자(君子)는 허물을 고쳐 올바로 행함이 아주 빠르고 뚜렷함을 비유적으로 이르는 말. 참 대인호변(大人虎變). 소인혁면(少人革面). *군자(君子): ☞군자불기(君子不器). *표변(豹變): ①표범의 털이 철에 따라 털갈이함으로써 그 무늬가 달라지듯이, 언행이나 태도, 의견 따위가 이전과 뚜렷이 달라짐을 이르는 말. ②마음이나 행동이 갑자기 변함을 비유적으로 이르는 말. *경칭(敬稱): ☞군자불기

(君子不器). 이 사자성어의 유래는 다음과 같다. 『주역(周易)』의 「혁괘(革卦)」 편(篇)에 〈구오(九五), 대인은 호랑이처럼 변한다. 점을 치지 않아도 바름이 있다.(九五, 大人虎變, 非占有孚). 상육(上六), 군자(君子)는 표범처럼 변하고, 소인(小人)은 얼굴을 바꾼다. 나아가면 흉하고, 머물러 있으면 곧고 길하다.(上六, 君子豹變, 小人革面, 征凶, 居貞吉.)〉라는 구절이 나오는데, '군자(君子)는 표범처럼 변하고,(君子豹變)'에서, '군자표변(君子豹變)'이 유래했다. 참고로, 원문의 '九五'는 역괘(易卦. 주역의 괘)에서 아래로부터 다섯 번째의 양효(陽爻). 여기서, '양효(陽爻)'는 역(易)의 괘(卦)를 이루는 효(爻)의 하나. '—'로 나타냄. '大人虎變'에서, '大'는 큰 '대'로 읽고, '人'은 사람 '인'으로 읽는다. 여기서 '大人'은 '대인군자(大人君子)'의 준말로, 도량(度量. 사물을 너그럽게 용납하여 처리할 수 있는 넓은 마음과 깊은 생각)이 넓고 덕행(德行. 어질고 너그러운 행실)이 있는 점잖은 사람. '虎'는 범(호랑이) '호'로 읽고, '變'은 변할 '변'으로 읽는다. '大人虎變'을 직역(直譯)하면, 대인(大人)은 호랑이와 같이 변하기 (때문에), '非占有孚'에서, '非'는 아닐(부정하는 말) '비'로 읽고, '占'은 점(占) '점', 점칠 '점'으로 읽고, '有'는 있을 '유'로 읽고, '孚'는 미쁠(믿음성이 있을) '부'로 읽는다. '非占有孚'를 직역(直譯)하면, 점을 치지 않아도 미쁨(믿음성)이 있다. '上六'은 역괘(易卦)에서 아래로부터 위로 여섯 번째의 음효(陰爻), 즉, 역(易)의 괘(卦)를 구성하는 효(爻. 가로 그은 획. '—'을 양으로 하고, '--'을 음으로 함)의 하나를 말한다. '君子豹變'에서, '君'은 군자(君子) '군'으로 읽고, '子'는 경칭(敬稱. 공경하는 뜻으로 부르는 칭호, 또는 존대하여 일컬음) '자'로 읽는다. 학덕(學德)과 지위가 높은 남자의 경칭(敬稱)이다. '君子'는 행실이 점잖고 어질며 덕(德. 고매하고 너그러운 도덕적 품성)과 학식(學識)이 높은 사람. '豹'는 표범 '표'로 읽고, '變'은 변할 '변'으로 읽는다. '君子豹變'을 직역(直譯)하면, 군자(君子)는 표범처럼 변한다는 뜻으로, ①군자(君子)는 가을에 털갈이를 하는 것처럼 허물을 고치고 바른 길로 나아간다는 것을 비유적으로 이르는 말. ②군자(君子)는 허물을 고쳐 올바로 행함이 아주 빠르고 뚜렷함을 비유적으로 이르는 말. 여기서는 ①의 뜻으로 쓰였음. '小人革面'에서, '小'는 작을 '소'로 읽고, '人'은 사람 '인'으로 읽는다. '小人'은 나이가 어린 사람. 또는 키나 몸집 따위가 작은 사람. '革'은 고칠 '혁', 바뀔 '혁'으로 읽고, '面'은 낯 '면', 얼굴 '면'으로 읽는다. '革面'은 근본적인 것을 고치지 않고 표면적인 것만 고침. '小人革面'은 덕(德)이 없는 소인(小人)은 대인(大人)이나 군자(君子)에 감화(感化. 남에게서 받는 정신적 영향으로 마음이나 행동이 바람직하게 변화함. 또는 그렇게 남을 변화시킴)를 받아 얼굴빛을 바르게 바꾼다는 뜻이다. '征凶'에서, '征'은 (먼 길을) 갈 '정'으로 읽고, '凶'은 흉할 '흉'으로 읽는다. '征凶'을 직역(直譯)하면, 먼 길을 가면 흉(凶)함. 즉, 앞으로 나아가면 흉(凶)한다는 뜻이다. '居貞吉'에서, '居'는 자리 잡을 '거'로 읽고, '貞'은 곧을 '정'으로 읽고, '吉'은 길할(吉~. 운이 좋거나 일이 상서로움) '길'로 읽는다. '居貞吉'을 직역(直譯)하면, 자리 잡으면 곧고 길(吉)함. 즉, 머물러 있으면 곧고 길(吉)함이라는 뜻이다. 위의 이야기를 어떤 자료에는 다음과 같이 구체적으로 설명하고 있다. '군자표변(君子豹變)'이란 군자(君子)는 표범의 털 모양이 일변(一變. 한 번에 바뀜이란 뜻으로, 아주 싹 달라짐)하는 것처럼 변혁(變革. 급하게 바꾸어 아주 달라지게 함)하고 섬세한 제도(制度)까지 새롭게 하고 유신(維新. 낡은 제도를 고쳐 새롭게 함)의 흥업(興業. 새로이 사업을 일으킴)을 찬양한다는 말이다. 반면에, 소인(小人)은 자기 스스로 변혁(變革)하기는 어렵고 대세(大勢. 대체의 형세 또는 일이 진행되어가는 결정적인 형세)에 따라 남들이 하는 대로 변혁(變革)하니, 이를 소인혁면(小人革面)이라 한 것이다. 그러나 소인(小人)은 자발적으로 변혁(變革)을 못해도 군자(君

子)가 가르치는 방향으로 바꿔 나아감으로써 변혁(變革)을 달성한다. 변혁(變革)이 성취된 후에는 달성된 변혁(變革)을 고수(固守)해 나아가는 것이 중요하고, 또 다시 이를 변혁(變革)해가면 민중은 피로에 지쳐 변혁(變革)을 믿지 않으니 '나아가면 흉(凶)이고, 이를 바르게 머물러 지키면 길(吉)하다'고 해, '정흉거정길(征凶居貞吉)'이라 했다. 『주역(周易)』은 『시경(詩經)』과 함께 중국 지식인의 필독서(必讀書. 반드시 읽어야 할 책)로, 오경(五經)의 하나이다. 여기서 '오경(五經)'은 유학(儒學)의 5가지 경서(經書)인 『시경(詩經)』, 『서경(書經)』, 『주역(周易)』, 『예기(禮記)』, 『춘추(春秋)』를 이르는 말. 그 주역(周易)의 효사(爻辭)에 도덕적 교훈(敎訓. 앞으로의 행동이나 생활에 지침이 될 만한 것을 가르치는 일. 또는 그런 가르침)이 들어 있다. 여기서, '효사(爻辭)'는 주역(周易)에서, 한 괘(卦)를 이루는 각 효(爻)의 뜻을 설명한 글이다. 그 효사(爻辭)에 '대인호변(大人虎變)', '군자표변(君子豹變)', '소인혁면(小人革面)'이라는 말이 있다. 군자표변(君子豹變) 앞에 대인호변(大人虎變)이라는 말이 있고, 그('군자표변·君子豹變'을 가리킴) 뒤에 소인혁면(小人革面)이 따른다. 이 말은 소인(小人) 위에 군자(君子)가 있고, 군자(君子) 위에 대인(大人)이 있다고 본 것이다. 여기서 가장 바람직한 것은 호변(虎變)이며, 그 다음이 표변(豹變)이고, 혁면(革面)이 그 아래라는 것이다. '대인호변(大人虎變)'은 호랑이가 여름에서 가을에 걸쳐 털을 갈고 가죽의 아름다움을 더하는 것처럼 천하(天下)를 혁신(革新. 묵은 풍속, 관습, 조직, 방법 따위를 완전히 바꾸어서 새롭게 함)하여 세상의 폐해(弊害. 폐단으로 생기는 해)가 제거되어 모든 것이 새로워짐을 뜻한다. 즉, 덕(德. 고매하고 너그러운 도덕적 품성)이 높은 사람('대인·大人'을 가리킴)이 정치를 하게 되면 세상을 근본적으로 선명하게 변화시킴을 이르는 말이다. '군자표변(君子豹變)'은 표범의 털이 가을이 되면 아름답게 변하는 것처럼 빛난다는 뜻이다. 군자(君子)들이 혁명(革命)에 참여하여, 세상을 새롭게 바꾸는 것이 마치 가을에 새로 난 표범의 털처럼 아름답다는 뜻이다. '소인혁면(小人革面)'은 대인(大人)의 새로운 사업에 얼굴을 혁신(革新. 묵은 풍속, 관습, 조직, 방법 따위를 완전히 바꾸어서 새롭게 함)하고, 윗사람의 새로운 일에 따르도록 마음을 써야 한다는 뜻이다.

군중-심리(群衆心理 무리 **군**/무리 **중**/마음 **심**/다스릴 **리**) 무리와 무리가 마음을 다스린다는 뜻으로, 많은 사람이 모여 있을 때에, 자제력(自制力. 자기의 감정이나 욕망을 스스로 억제하는 힘)을 잃고 쉽사리 흥분하거나, 다른 사람의 언동(言動. 말하고 행동함)에 따라 움직이는 일시적이고 특수한 심리 상태를 이르는 말. =대중심리(大衆心理). *군중(群衆): (한곳에 모인) 많은 사람의 무리. *심리(心理): 마음의 움직임. 즉, 의식의 상태와 그의 표출(表出. 겉으로 나타냄)된 행동. *무리: 부록 '군(群)', '중(衆)' 참고.

굴건-제복(屈巾祭服 굽을 **굴**/두건 **건**/제사 **제**/옷 **복**) 굴건(屈巾)과 제복(祭服)을 아울러 이르는 말. *굴건(屈巾): 상주(喪主)가 두건(頭巾) 위에 덧쓰는 건(巾). *제복(祭服): 제향(祭享. '제사·祭祀'의 높임말) 때 입는 옷.

굴-묘-편-시(掘墓鞭屍 팔 **굴**/무덤 **묘**/매질할 **편**/주검 **시**) 무덤을 파서 주검에게 매질한다. 즉, 묘를 파헤쳐 시체(屍體)에 매질을 한다는 뜻으로, 통쾌(痛快)한 복수(復讐)나 지나친 행동을 비유적으로 이르는 말. *매질: ①매로 때리는 일. ②잘못을 고쳐 좋은 길로 이끌어 주기 위한 지적이나 비판을 비유적으로 이르는 말. 이 사자성어의 유래는 다음과 같다. 『사기(史記)』의 「오자서열전(伍子胥列傳)」 편(篇)에 〈오(吳)나라의 군대는 (초나라의 수도) 영(郢)을 점령했다. 오자서(伍子胥)는 소왕(昭王)을 잡으려고 했지만 이미(돌이킬 수 없이 된 지난 일을 일컬을 때 쓰는 말) (소왕이 탈출하여 그 뜻을) 이루지 못했다. 대신 초(楚)나라 평왕(平王)의 무덤을 파, 그('무덤'을 가리킴) 시체를 내어,(시체에) 300번이나 매질을 했다. (及吳兵入郢, 伍子胥求昭王, 旣不得, **乃掘楚平王墓**, **出其屍**, **鞭之三百**.)〉라는 이야기가 나온다. 대신 초(楚)나라 평왕(平王))의 무덤을 파, 그('무덤'을 가리킴) 문(門)을 내어, (시체에) 300번이나 매질을 했다.(乃掘楚平王墓, 出其尸, 鞭之三百)'에서, '굴묘편시(掘墓鞭屍)'가 유래하여, 통쾌한 복수나 지나친 복수를 비유(比·譬喩. 어떤 사물의 모양이나 상태 따위를 보다 효과적으로 표현하기 위하여 그것과 비슷한 다른 사물에 빗대어 표현함. 또는 그 표현 방법)하는 말로 쓰이게 되었다. 이 이야기의 배경을 간단히 소개하면 다음과 같다. 중국 춘추시대(春秋時代)의 초(楚)나라의 명문(名門. 문벌이 좋은 집안) 출신인 오자서(伍子胥)의 부친 오사(伍奢)는 초평왕(楚平王)의 태자(太子)인 건(建)를 가르친 스승으로, 슬하에 두 아들이 있었다. 큰 아들은 오상(伍尙)이었고, 둘째가 오자서(伍子胥)였다. 그리고 오자서(伍子胥)는 이 이야기의 주인공이다. 오사(伍奢)는 간신(奸臣. 성질이 교묘하게 잘 둘러대고 행실이 바르지 못한 신하)인 비무기(費無忌)의 모함(謀陷)으로 인하여, 큰아들 오상(伍尙)과 함께 초평왕(楚平王)으로부터 죽음을 당한다. 오자서(伍子胥)는 아버지와 형의 복수(復讐·讎)를 위해 이웃나라를 떠돌다 오(吳)나라에서 10년이 넘도록 절치부심(切齒腐心. 본문 참고) 끝에 마침내 복수(復讐·讎)의 기회를 잡는다. 오(吳)나라의 공자(公子. 지체 높은 집안의 젊은 자제)인 합려(闔閭)를 도와 그를 왕위(王位)에 오르게 하였다. 여기서, '지체'는 순우리말로, 대대로 이어 내려오는 사회적 신분이나 지위를 일컬음. 이 사람이 바로 춘추오패(春秋五覇. 본문 참고)의 한 사람으로서 오왕(吳王. 오나라의 왕)인 합려(闔閭)이다. 오자서(伍子胥)는 오(吳)나라에서 중책(重責. 중대한 책임)을 맡은 후, 병법(兵法. 군사 작전의 방법)의 대가(大家)인 손무(孫武)와 함께 대대적으로 초(楚)나라를 침공(侵攻)하게 됐다. 당시(當時. 일이 있었던 바로 그때. 또는 이야기하고 있는 그 시기)는 불구대천(不俱戴天. 본문 참고)의 원수(怨讐)인 초평왕(楚平王)과 간신(奸臣. 성질이 교묘하게 잘 둘러대고 행실이 바르지 못한 신하)인 비무기(費無忌)가 이미 사망한 이후였으나, 원한(怨恨. 억울하고 원통한 일을 당하여 응어리진 마음)에 사무친 오자서(伍子胥)는 초평왕(楚平王)을 이은 소왕(昭王)이 도주(逃走)한 뒤에도 수도(首都)인 영(郢)으로 들어갔다. 오자서(伍子胥)는 소왕(昭王)을 찾는 데 실패하자, 초평왕(楚平王)의 무덤을 파헤쳐 시체에 300번이나 매질을 함으로써 아버지와 형에 대한 분풀이를 하였다는 이야기다. 참고로, 원문의 '及吳兵入郢'에서, '及'은 함께 '급', 더불어 '급'으로 읽고, '吳'는 나라 이름 '오'로 읽고, '兵'은 군사(軍士) '병', 병사(兵士) '병'으로 읽고, '入'은 들 '입'으로 읽고, '郢'은 땅 이름 '영'으로 읽는다. '及吳兵入郢'을 직역(直譯)하면, 함께 오(吳)나라의 병사는 영(郢)으로 들어갔다. 여기서 '함께'는 '당(唐)나라와 채(蔡)나라와 함께'라는 뜻이다. 이것의 배경은 이렇다. 오(吳)나라 왕 합려(闔閭)는 왕위에 오르자마자 오자서(伍子胥)를 불러들여 행인(行人. 외교 고문)에 임명하고 함께 국사(國事. 나라에 관한 일)를 꾀했다. 이를 즈음 그의 손자인 백비(伯嚭)가 오(吳)나라로 망명해 왔다. 합려(闔閭)는 그를 대부(大夫)에 임명했다. 합려(闔閭)는 즉위 3년 후에 군사를 일으켜 오자서(伍子胥), 백비(伯嚭) 따위와 함께 초(楚)나라를 쳐서 서쪽을 함락하고 초(楚)나라의 수도 영(郢)까지 쳐들어가고 싶었으나, 백성들이 전쟁에 지쳐 있으므로 좀 더 기다리자는 손무(孫武)의 의견에 따라 군사를 물리치고 돌아왔다. 합려(闔閭) 재위 6년에, 이번에는 초(超)나라의 군대가 오(吳)나라를 침공했다. 오왕(吳王. 오나라의 왕)인 합려(闔閭)는 오자서(伍子胥)에게 이를 맞아 싸우게 했다. 합려(闔閭)

재위(在位. 임금의 자리에 있음) 9년에 오자서(伍子胥)에게는 드디어 복수의 기회가 왔다. 합려(闔閭)가 오자서(伍子胥), 손무(孫武) 따위와 상의를 통해 대대적으로 초(超)나라를 치기로 결정했기 때문이다. 합려(闔閭)는 먼저 초(超)나라의 속국(屬國. 법적으로는 독립국이지만, 실제로는 정치나 경제, 군사 면에서 다른 나라의 지배를 받고 있는 나라)이면서도 초(超)나라와 원한(怨恨. 억울하고 원통한 일을 당하여 응어리진 마음) 관계가 깊은 당(唐), 채(蔡)와 연합하고 국내의 모든 군사를 동원하여 초(超)나라로 쳐들어 갔던 것이다. '伍子胥求昭王'에서, '伍'는 대오(隊伍. 편성된 대열) '오'로 읽고, '胥'는 서로 '서'로 읽는다. '伍子胥'는 사람 이름. '求'는 취(取)할 '구'로 읽고, '昭'는 밝을 '소'로 읽는다. '昭王'은 왕의 이름. '伍子胥求昭王'을 직역(直譯)하면, 오자서(伍子胥)는 소왕(昭王)을 취(取)하려고(잡으려고) 했으나, '旣不得'에서, '旣'는 이미(다 끝나거나 지난 일을 이를 때 쓰는 말. '벌써', '앞서'의 뜻을 나타냄) '기'로 읽고, '得'은 얻을 '득'으로 읽는다. '旣不得'을 직역(直譯)하면, 이미 얻지(잡지) 못했다. '乃掘楚平王墓'에서, '乃'는 이에(이러하여서 곧) '내'로 읽고, '掘'은 팔 '굴', 파낼 '굴'로 읽고, '楚'는 초(楚)나라 '초'로 읽고, '平'은 평평할 '평'으로 읽고, '王'은 임금 '왕'으로 읽는다. '平王'은, 왕의 이름. '墓'는 무덤 '묘'로 읽는다. '乃掘楚平王墓'를 직역(直譯)하면, 이에 초(楚)나라 평왕(平王)의 무덤을 파내었다. '出其屍'에서, '出'은 날 '출'로 읽고, '其'는 그(지시하는 말) '기'로 읽고, '屍'는 주검(죽은사람의 몸을 일컫는 말) '시', 시체(屍體) '시'로 읽는다. '出其屍'를 직역(直譯)하면, 그(무덤의) 시체를 꺼내어, '鞭之三百'에서, '鞭'은 채찍(말이나 소 따위를 때려 모는 데에 쓰기 위하여, 가는 나무 막대나 댓가지 끝에 노끈이나 가죽 오리 따위를 달아 만든 물건) '편', 매질할 '편'으로 읽고, '之'는 어조사 '지'로 읽는다. '그것'을 나타내는 지시 대명사. 여기서는 '평왕(平王)의 시체(屍體)'를 가리킴. '三'은 석 '삼'으로 읽고, '百'은 일백 '백'으로 읽는다. '鞭之三百'을 직역(直譯)하면, 그것에게 300번이나 매질을 했다. 여기서, '掘墓鞭屍'가 유래하였는데, 이것을 직역(直譯)하면, 무덤을 파서 주검에게 매질한다. 즉, 묘를 파헤쳐 시체(屍體)에 매질을 한다는 뜻으로, 통쾌(痛快)한 복수(復讐)나 지나친 행동을 비유적으로 이르는 말.

굴지-계일(屈指計日 굽힐 **굴**/손가락 **지**/셈할 **계**/날 **일**) 손가락을 굽히며 날[日]을 셈한다는 뜻으로, 손가락을 꼽아가며 예정된 날을 기다림을 이르는 말. *굴지(屈指): ①손가락을 꼽아 헤아림. ②(주로 '굴지의'의 꼴로 쓰여) 여럿 가운데서 손가락을 꼽아 헤아릴 만큼 뛰어남. *계일(計日): 날수를 셈함.

굴-지-득-금(掘地得金 팔 **굴**/땅 **지**/얻을 **득**/금 **금**) 땅을 파다가 금(金)을 얻는다는 뜻으로, 뜻밖에 재물(財物)을 얻음을 비유적으로 이르는 말.

궁구-막-추(窮寇莫追 궁할 **궁**/도적 **구**/말 **막**/쫓을 **추**) 궁(窮)한 도적을 쫓지 말라. 즉, 피(避)할 곳 없는 도적(盜賊)을 쫓지 말라는 뜻으로, 곤란한 지경에 있는 사람을 모질게 다루면, 해(害)를 입으니 건드리지 말라는 말. 따라서 '도망가는 도적은 쫓지 말라'는 말이 있다. =궁구물박(窮寇勿迫). 궁구물추(窮寇勿追). 궁서막추(窮鼠莫追). *궁구(窮寇): 궁한 처지에 빠진 적(賊). *궁하다(窮~): 부록 '궁(窮)' 참고. *말다: ①하던 일을 그만 두다. ②하려던 일을 하지 않다. 이 사자성어의 유래는 다음과 같다. 나관중(羅貫中)의 『삼국연의(三國演義)』의 「제95회」 편(篇)에 〈병법(兵法)에 이르기를 '물러나는 군사는 막지 말고, 궁한 도적은 뒤쫓지 말라.'고 했소. 그대는 샛길로 가서 기곡(箕谷)에서 퇴각하는 적병을 막으시오. 나는 군사를 이끌고 사곡(斜谷)의 군사들을 막겠소.(兵法云, 歸師勿掩, **窮寇莫追**. 汝可從小路抄箕谷退兵, 吾自引兵當斜谷之兵.)〉라는 이야기가 나오는데, '궁한 도적은 뒤쫓지 말라.(窮寇莫追)'에서, '궁구막추(窮寇莫追)'

가 유래했다. 참고로, 원문의 ‘兵法云’에서, ‘兵’은 군사(軍士) ‘병’, 병사(兵士) ‘병’으로 읽고, ‘法’은 법(法) ‘법’, 방법(方法) ‘법’으로 읽는다. ‘兵法’은 군사(軍士)를 지휘하여 전쟁하는 방법. ‘云’은 이를(무엇이라고 말함) ‘운’, 말할 ‘운’으로 읽는다. ‘兵法云’을 직역(直譯)하면, 병법(兵法)에 이르기를, ‘歸師勿掩’에서, ‘歸’는 돌아갈 ‘귀’로 읽고, ‘師’는 군사(軍士) ‘사’, 군대(軍隊) ‘사’로 읽고, ‘勿’은 말(금지하는 뜻이 포함되어 있음) ‘물’로 읽고, ‘掩’은 가릴(보이거나 통하지 못하도록 막을) ‘엄’으로 읽는다. ‘歸師勿掩’을 직역(直譯)하면, 돌아가는(물러나는) 군사(軍士)는 막지 말라. ‘窮寇莫追’에서, ‘窮’은 궁할 ‘궁’으로 읽고, ‘寇’는 도적 ‘구’로 읽고, ‘莫’은 말(부정하는 말) ‘막’으로 읽고, ‘追’는 쫓을 ‘추’로 읽는다. ‘窮寇莫追’를 직역(直譯)하면, 궁한 도적을 쫓지 말라. 즉, 피할 곳 없는 도적을 쫓지 말라는 뜻으로, 곤란한 지경에 있는 사람을 모질게 다루면, 해를 입으니 건드리지 말라는 말. ‘汝可從小路抄箕谷退兵’에서, ‘汝’는 너(2인칭 대명사) ‘여’로 읽는다. 그런데 여기서는 ‘그대’의 뜻이 강하다. ‘可’는 가히(可~. 능히, 넉넉히’의 뜻을 나타냄) ‘가’로 읽고, ‘從’은 좇을 ‘종’으로 읽고, ‘小’는 작을 ‘소’로 읽고, ‘路’는 길 ‘로(노)’로 읽는다. ‘小路’는 작고 매우 좁다란 길. ‘汝可從小路’를 직역(直譯)하면, 그대는 가히 소로(小路)를 좇아, ‘抄’는 가로챌 ‘초’로 읽고, ‘箕’는 키(곡식을 까부르는 기구) ‘기’로 읽고, ‘谷’은 골 ‘곡’, 골짜기 ‘곡’으로 읽는다. ‘箕谷’은 땅 이름. ‘退’는 물러날 ‘퇴’로 읽는다. ‘抄箕谷退兵’을 직역(直譯)하면, 기곡(箕谷)에서 물러나는 병사를 가로챔. ‘汝可從小路抄箕谷退兵’을 직역(直譯)하면, 너는 가히 소로(小路)를 좇아, 기곡(箕谷)에서 물러나는 (적의) 병사를 가로채시오(막으시오). ‘吾自引兵當斜谷之兵’에서 ‘吾’는 나(1인칭 대명사) ‘오’로 읽고, ‘自’는 스스로 ‘자’로 읽고, ‘引’은 끌 ‘인’으로 읽는다. ‘吾自引兵’을 직역(直譯)하면, 나는 스스로 군사를 이끌어, ‘當’은 막을 ‘당’, 방어(防禦)할 ‘당’으로 읽고, ‘斜’는 비낄 ‘사’, 비스듬할 ‘사’로 읽는다. ‘斜谷’은 골짜기 이름. ‘之’는 어조사 ‘지’로 읽는다. ‘~의’의 뜻을 나타내는 관형격 조사. ‘吾自引兵當斜谷之兵’을 직역(直譯)하면, 나 스스로 군사를 이끌어, 사곡(斜谷)의 병사를 막겠소.

궁구-물-박(窮寇勿迫 궁할 **궁**/도적 **구**/말 **물**/핍박할 **박**) 궁(窮)한 도적을 핍박(逼迫)하지 말라. 즉, 피(避)할 곳 없는 도적을 핍박(逼迫)하지 말라는 뜻으로, 곤란한 지경에 있는 사람을 모질게 다루면 해(害)를 입으니 건드리지 말라는 말. =궁구막추(窮寇莫追). 궁구물추(窮寇勿追). 궁서막추(窮鼠莫追). *궁구(窮寇): ☞궁구막추(窮寇莫追). *궁하다(窮~): 부록 ‘궁(窮)’ 참고. *말다: 부록 ‘물(勿)’ 참고. *핍박하다(逼迫~): 부록 ‘박(迫)’ 참고. 《관련 속담》 궁지에 빠진(몰린) 쥐가 고양이를 문다. / 궁한 새가 사람을 쫓는다. / 궁한 쥐가 고양이한테 대든다. / 쥐도 궁지에 몰리면 고양이를 문다.

궁-년-누세(窮年累世 다할 **궁**/나이 **년**/여러 **누**/대대 **세**) 다하는(끝나는) 나이와 여러 대대(代代)라는 뜻으로, 자신의 일생(一生)과 자손 대대(代代)를 이르는 말. *누세(累世): 여러 대(代). 또는 여러 세대(世代). *다하다: ①(있던 것이 없어져서) 더는 남아 있지 않거나 이어지지 않게 되다. =끝나다. ②(마음이나 힘, 또는 필요한 물자 따위를) 다 쓰거나 들이다. *대대(代代): 거듭된 세대.

궁리-궁리(窮理窮理 궁리할 **궁**/이치 **리**/궁리할 **궁**/이치 **리**) 이치(理致)를 궁리(窮理)하고 (또) 이치(理致)를 궁리(窮理)한다는 뜻으로, 여러모로 궁리(窮理)를 거듭하는 모양. 또는 몹시 궁리(窮理)함을 이르는 말. *궁리(窮理): ①(일을 처리하거나 밝히기 위하여) 깊이 생각함. ②(사리를) 깊이 연구함. *이치(理致): 사물의 정당한 조리(條理.). 또는 도리(道理)에 맞는 근본 뜻.

궁사-극치(窮奢極侈 다할 **궁**/사치 **사**/다할 **극**/사치할 **치**) 다하는(끝없는) 사치(奢侈)와 (또) 다하는(끝없는)

사치(奢侈)라는 뜻으로, 사치(奢侈)가 극도(極度)에 달함. 또는 아주 심한 사치(奢侈)를 이르는 말. *궁사(窮奢): 매우 호화롭게 사치(奢侈)함. 또는 그런 사치(奢侈). *극치(極侈): 더할 나위 없이 사치(奢侈)함. 또는 그 사치(奢侈). *다하다: ☞궁년누세(窮年累世). *사치(奢侈): 부록 '사(奢)' 참고.

궁-사-남-위(窮思濫爲 궁할 **궁**/생각 **사**/함부로 할 **남**/할 **위**) (사람이) 궁(窮)하면 (아무것이나) 생각하여 함부로 하고 (또) 한다는 뜻으로, 궁(窮)하면 아무 짓이나 함부로 함을 이르는 말. *궁하다(窮~): 부록 '궁(窮)' 참고.

궁서-설-묘(窮鼠囓猫 궁할 **궁**/쥐 **서**/깨물 **설**/고양이 **묘**) 궁(窮)한 쥐가 고양이를 깨문다. 즉, 궁지(窮地. 매우 곤란하고 어려운 일을 당한 처지)에 몰린 쥐가 고양이를 문다는 뜻으로, 궁지(窮地)에 몰리면 약자(弱者)라도 강자(强者)에게 필사적(必死的. 죽을힘을 다하는 것)으로 반항(反抗)함을 비유적으로 이르는 말. 위급할 때는 약한 짐승이라도 싸우려고 덤빈다. 곧 궁지(窮地)에 빠지면 약(弱)한 자(者)가 도리어 강(强)한 자(者)를 해칠 수 있다는 뜻이다. 위험한 상황에 부딪치면 잽싸게 달아나는 쥐는 '고양이 앞에 쥐'라는 말대로, 고양이 앞에서는 더욱 약(弱)한 존재다. 이런 약점(弱點)을 잡고 고양이가 쥐를 막다른 곳까지 몰아넣으면, 결국 쥐는 최후의 발악(發惡. 온갖 짓을 다 하며 마구 악을 씀)을 할 수밖에 없는 것이다. *궁서(窮鼠): 쫓겨서 궁지(窮地)에 몰린 쥐. *궁하다(窮~): 부록 '궁(窮)' 참고. 《관련 속담》궁지에 빠진(몰린) 쥐가 고양이를 문다. / 궁한 새가 사람을 쫓는다. / 궁한 쥐가 고양이한테 대든다. / 쥐도 궁지에 몰리면 고양이를 문다.

궁-여-일책(窮餘一策 궁할 **궁**/남을 **여**/한 **일**/계책 **책**) 궁(窮)한 나머지에 하나의 계책(計策)이라는 뜻으로, 막다른 처지에서 궁(窮)한 나머지 생각다 못하여 짜낸 계책(計策)을 이르는 말. 즉, 매우 어려운 상황에서 어쩔 수 없이 내놓은 방법을 이르는 말. =궁여지책(窮餘之策). *일책(一策): 한 가지 계책(計策). *궁하다(窮~): 부록 '궁(窮)' 참고. *계책(計策): 어떤 일을 이루기 위하여 꾀나 방법을 생각해 냄. 또는 그 꾀나 방법. 《관련 속담》울며 겨자 먹기.

궁-여-지-책(窮餘之策 궁할 **궁**/남을 **여**/어조사 **지**/계책 **책**) 궁(窮)한 나머지의 계책(計策)이라는 뜻으로, 막다른 처지에서 궁(窮)한 나머지 생각다 못하여 짜낸 계책(計策)을 이르는 말. 즉, 매우 어려운 상황에서 어쩔 수 없이 내놓은 방법을 이르는 말. =궁여일책(窮餘一策). *궁하다(窮~): 부록 '궁(窮)' 참고. *계책(計策): ☞궁여일책(窮餘一策). 《관련 속담》울며 겨자 먹기.

궁인-모사(窮人謀事 궁할 **궁**/사람 **인**/꾀할 **모**/일 **사**) 궁(窮)한 사람이 꾀하는 일. 즉, 운수(運數)가 궁(窮)한 사람이 꾸미는 일은 실패한다는 뜻으로, 일이 뜻대로 잘 이루어지지 아니함을 이르는 말. 여기서, '운수(運數)'는 이미(돌이킬 수 없이 된 지난 일을 일컬을 때 쓰는 말) 정하여져 있어 인간의 힘으로는 어쩔 수 없는 천운(天運. 하늘이 정한 운수)과 기수(氣數. 저절로 오고 가고 한다는 길흉화복·吉凶禍福의 운수)를 말함. *궁인(窮人): 곤궁(困窮. 가난하고 구차함)한 사람. *모사(謀事): 일을 꾀함. 또는 일의 해결을 위한 꾀를 냄. *궁하다(窮~): 부록 '궁(窮)' 참고. *꾀하다: 부록 '모(謀)' 참고. 《관련 속담》뒤로 자빠져도 코가 깨진다. / 안 되는 놈은 뒤로 넘어져도 코가 깨진다.

궁조-입-회(窮鳥入懷 궁할 **궁**/새 **조**/들 **입**/품 안 **회**) 궁(窮)한 새가 품 안에 들어온다. 즉, 궁지(窮地)에 몰린 새가 사람 품안으로 들어온다. 또는 쫓긴 새가 품 안에 날아든다는 뜻으로, 궁(窮)한 사람이 와서 의지(依支. 다른 것에 몸을 기댐. 또는 기댈 대상)함을 비유적으로 이르는 말. *궁조(窮鳥): 쫓기어 도망할 곳이 없어 곤궁(困窮. <u>가난하고 구차함</u>)에 빠진 새라는 뜻으로, 곤궁(困窮)에 빠져 헤어날 길이 없는 사람을 이르는 말. *궁하다(窮~): 부록 '궁(窮)' 참고. *들다: 부록 입(入) 참고.

궁-천-극지(窮天極地 다할 궁/하늘 천/다할 극/땅 지) 다하는(<u>끝없는</u>) 하늘과 다하는(<u>끝없는</u>) 땅이라는 뜻으로, 하늘과 땅같이 끝닿는 데가 없음. 또는 끝이 없음을 비유적으로 이르는 말. *극지(極地): ①맨 끝에 있는 땅. 또는 아주 먼 땅. ②=극지방(極地方). 즉, 북극과 남극을 중심으로 그 주변 지역. *다하다: ①(있던 것이 없어져서) 더는 남아 있지 않거나 이어지지 않게 되다. =끝나다. ②(마음이나 힘, 또는 필요한 물자 따위를) 다 쏟거나 들이다.

궁흉-극악(窮凶極惡 궁할 궁/흉할 흉/지극할 극/악할 악) 궁(窮)할 (만큼) 흉(凶)하고 지극(至極. <u>어떠한 정도나 상태 따위가 극도에 이르러 더할 나위 없음</u>)히 악(惡)함이라는 뜻으로, 몹시 흉측(凶測. <u>몹시 흉악함</u>)하고 악독(惡毒)함을 이르는 말. *궁흉(窮凶): 성정(性情. <u>사람의 성질과 심정. 또는 타고난 성질</u>)이 음충맞고 흉악(凶惡)함. 여기서, '음충맞다'는 순우리말로, 성질이 엉큼하고 불량한 데가 있다. *극악(極惡): 더없이 악함. 또는 지독히 나쁨. *궁하다(窮~): 부록 '궁(窮)' 참고.

권고-지-은(眷顧之恩 돌볼 권/돌아볼 고/어조사 지/은혜 은) 돌보고 돌아볼 은혜(恩惠)라는 뜻으로, 돌보아 준 은혜(恩惠)를 이르는 말. *권고(眷顧): 관심을 가지고 보살핌. *돌보다: 부록 '권(眷)' 참고.

권권-복응(拳拳服膺 주먹 권/주먹 권/좇을 복/가슴 응) 주먹과 주먹으로 가슴을 좇는다. 즉, 주먹을 쥐며 가슴속에 무엇을 좇는다는 뜻으로, 명령이나 훈계 따위를 마음에 깊이 새겨 잊지 않고 간직함을 이르는 말. 또는 마음에 늘 간직하여 잊지 않도록 함을 이르는 말. *권권(拳拳): 참된 마음으로 정성스럽게 지키는 모양. *복응(服膺): 가르침 따위를 마음에 간직하여 잊지 않음. *좇다: ①남의 뒤를 따르다. ②남의 뜻을 따라 그대로 하다. ③대세(大勢)를 따르다. 여기서는 ③의 뜻.

권권-불망(眷眷不忘 돌볼 권/돌볼 권/아닐 불/잊을 망) 돌보고 돌보며 잊지 않는다는 뜻으로, 가엾게 여겨 잊지 않고 늘 돌보며 생각함을 이르는 말. 또는 늘 마음속에 생각하여 잊지 아니함을 이르는 말. *권권(眷眷): 가엾게 여겨 늘 돌보아 주는 모양. *불망(不忘): 잊지 않음.

권모-술수(權謀術數 권세 권/꾀할 모/꾀 술/꾀 수) 권세(權勢)로써 (자기의 이익을) 꾀하는 꾀(술수)와 꾀(술수)라는 뜻으로, 목적 달성을 위하여 수단과 방법을 가리지 아니하는 온갖 모략(謀略. <u>남을 해치려고 속임수를 써서 일을 꾸밈</u>)이나 술책(術策. <u>꾀. 특히 남을 속이기 위한 꾀를 이르는 말</u>)을 이르는 말. 즉, 남을 교묘하게 속이는 술책(術策)이다. =권모술책(權謀術策). *권모(權謀): 그때그때의 형편에 따라 임기응변(臨機應變. <u>본문 참고</u>)의 계략(計略. <u>어떤 일을 이루기 위한 꾀나 수단</u>)을 일컬음. *술수(術數): ①음양(陰陽), 복서(卜筮) 따위에 관한 이치. =술법(術法). ②=술책(術策). 여기서, '음양(陰陽)'은 음(陰)과 양(陽). 또는 역학(易學)에서 이르는, 만물(萬物. <u>온갖 물건 또는 세상에 있는 모든 것</u>)의 근원이 되는 상반된 성질을 가진 두 가지 것. 예를 들면 해와 달, 남성과 여성, 낮과 밤, 불과 물, 여름과 겨울 따위가 있다. '복서(卜筮)'는 '괘서(卦筮)'와 같은 말로, 점치는 일. *권세(權勢): '권력(權力)'과 '세력(勢力)'을 아울러 이르는 말. *꾀하다: 부록 '모(謀)' 참고. *꾀: 일을 그럴듯하게 꾸미는 교묘한 생각이나 수단. 이 사자성어의 유래는 다음과 같다. 주희(朱熹)의 『대학장구서(大學章句序)』에 [주(周)나라가 쇠퇴함에 이르러, 현성(賢聖)의 군자(君子. <u>학문과 덕·德이 높고 행실·行實이 바르며 품위·品位를 갖춘 사람</u>)가 나타나지 않아, 여기서 '현성(賢聖)'은 현인(賢人)과 성인(聖人)을 아울러 이르는 말. '현인(賢人)'은 어질고 덕행이 뛰어남이 성인(聖人) 다음 가는 사람이고, '성인(聖人)'은 지혜와 덕이 매우 뛰어나 길이 우러러 본받을 만한 사람이다. 학교의 정사(政事. 행정에 관한 일)가 시행되지 않았고, 교화(敎化. 가르치고 이끌어서 좋은 방향으로 나아가게 함)는 갈수록 쇠락(衰落. 쇠하여 말라 떨어짐)하고, 풍속(風俗. 옛날부터 그 사회에 전해오는 생활 전반에 걸친 습관 따위)은 퇴폐하여 타락하게 되었다. 그때 (중국 춘추시대의 사상가이며 학자인) 공자(孔子)와 같은 성인(聖人)이 나타나셨으나, 군사(君師. 임금과 스승)의 지위(地位)를 얻지 못해 백성들에게 정치와 교육을 시행할 수 없었다. 이에 공자(孔子)는 선왕(先王. 선대의 임금)의 법(法. 가르침)을 모아서 옛일을 말하고 전수(傳授. 기술이나 지식 따위를 전하여 줌)해 주어 후세(後世)에 전(傳)했으니, 곡례(曲禮. 『예기(禮記)』의 편·篇 이름), 소의(少儀. 『예기(禮記)』의 편·篇 이름), 내칙(內則. 『예기(禮記)』의 편·篇 이름), 제자직(弟子職. 『관자(管子)』의 편·篇 이름)과 같은 여러 편[諸篇]은 진실로 『소학(小學)』의 지류(支流. 학설이나 정당 따위의 주류·主流에서 갈라져 나와 한 파·派를 이룸. 또는 그렇게 이룬 파·派)이며, 여예(餘裔. 기울어져 가는 혈통·血統의 맨 마지막이란 뜻. 여기서는 『소학·小學』의 말단·末端 부분을 일컬음)이다. 그리고 이 편(篇)은 『소학(小學)』의 일을 성공적으로 (마침으로) 인하여서 『대학(大學)』의 밝은 뜻을 저술(著述. 책을 씀)한 것이나, 밖으로 그 규모의 광대함을 극진히 할 수 있고, 안으로 상세함을 극진히 할 수 있다. 3천명의 문도(門徒. 이름난 학자 밑에서 배우는 제자. 여기서는 '공자·孔子의 제자'를 일컬음)들이 공자(孔子)의 말씀을 알지 못한 이가 없었으나, 증씨(曾氏. 여기서는 '증자·曾子'를 가리킴)의 학문이 전수(傳受)된 것만은 공자(孔子)의 종지(宗旨. 주장이 되는 요지나 근본이 되는 중요한 뜻)를 얻었기 때문에, 여기서 '증자(曾子)'는 '증삼(曾參)'을 높여 이르는 말. 중국 노(魯)나라의 유학자이다. 이에 전의(傳義. 경서·經書에 대한 학자들의 전통적인 주해·註解에 해당하는 '전·傳'의 뜻. 여기서, '뜻'은 어떤 일이나 행동이 지니는 가치나 중요성)를 지어서, 공자(孔子)의 뜻을 밝혔던 것이다. (이후) 맹자(孟子)가 죽음에 미치어서는 증자(曾子)가 전수(傳受)한 학문이 모두 몰락(沒落. 번영하던 것이 쇠하여 보잘것없이 됨)되었으니, 여기서 '맹자(孟子)'는 중국 전국시대(戰國時代)의 사상가를 일컬음. 공자(孔子)의 인(仁) 사상을 발전시켜 성선설(性善說)을 주장하였으며, 인의(仁義)의 정치를 권하였다. 비록 (대학이라는) 글은 남아 있으나, (대학의) 뜻을 아는 사람은 드물었다.]〈이로부터, 속세(俗世. 세속의 사람들이 사는 일반의 사회)의 유학자들은 기송(記誦. 외우고 읽기만 하고 이해하려고 힘쓰거나 실천하지 못하는 학문)과 사장(詞章. '시가·詩歌'와 '문장·文章'을 아울러 이르는 말)을 익혔으며, 그 공력(功力. 애써서 들이는 정신과 힘)은 『소학(小學)』보다 갑절이 되었으나 쓸모가 없었고, 이단(異端. 자기가 믿고 있는 이외의 도·道)의 허무(虛無. 무가치하고 무의미하게 느껴져 매우 허전하고 쓸쓸함. 여기서는 '도교·道敎'를 가리킴)와 적멸(寂滅. 사라져 없어짐, 곧 죽음을 이르는 말. =열반·涅槃. 여기서는 '불교·佛敎'를 가리킴)의 가르침과 이론(理論)은, 『대학(大學)』보다 높고 어렵지만 실생활과 관계가 없었다. 그밖에 목적의 달성을 위하여 수단과 방법을 가리지 아니하는 온갖 술책(術策. 꾀. 특히 남을 속이기 위한 꾀를 이르는 말)으로, 공명(功名. 공·功을 세워서 자기의 이름을 널리 드러냄. 또는 그 이름)을 성취(成就)하려는 학설(學說)과, 백가중기지류(百家衆技之流)가, 세상을 미혹(迷惑. 무엇에 홀려 정신을 차리지 못함. 또는 정신이 헷갈리어 갈팡질팡 헤맴)시키고 백성들을 속여서, 인의(仁義. 어짊과 의로움)를 가로막고, 또 어지러움 중에 잡다한 것들이 섞여서 나왔다. (自是以來, 俗儒記誦詞章之習, 其功倍於小學而無用, 異端虛無寂滅之敎, 其高過於大學而無實, **其他權謀術**

數, 一切以就功名之說, 與夫百家衆技之流, 所以惑世誣民, 充塞仁義者, 又紛然雜出乎其間〉라는 이야기가 나오는데, '그밖에 목적의 달성을 위하여 수단과 방법을 가리지 아니하는 온갖 술책(術策)으로, 〔其他權謀術數〕'에서, '권모술수(權謀術數)'가 유래했다. 참고로, 원문의 '自是以來'에서, '自'는 부터(체언이나 부사어에 붙어, '동작이 비롯되는 처음'의 뜻을 나타내는 보조사) '자'로 읽고, '是'는 이(지시하는 말) '시'로 읽고, '以'는 써(그것을 가지고, 그것으로 인하여) '이'로 읽고, '來'는 올 '래(내)'로 읽는다. '以來'는 지나간 어느 일정한 때로부터 지금까지. 또는 그 뒤. '自是以來'를 직역(直譯)하면, 이로부터(맹자·孟子가 죽은 이후부터) 그 뒤에, '俗儒記誦詞章之習'에서, '俗'은 속인(俗人. 일반의 평범한 사람) '속'으로 읽고 '儒'는 유교(儒敎) '유'로 읽고, '記'는 외울 '기', 암송(暗誦. 시가나 문장 따위를, 적은 것을 보지 않고 입으로 욈)할 '기'로 읽고, '誦'은 외울 '송'으로 읽고, '詞'는 시문(詩文. 시가·詩歌'와 '산문·散文'을 아울러 이르는 말) '사'로 읽고, '章'은 글 '장'으로 읽고, '之'는 어조사 '지'로 읽는다. 여기서는 '~을', '~를(목적격 조사)'를 나타냄. '習'은 익힐 '습'으로 읽는다. '俗儒記誦詞章之習'을 직역(直譯)하면, 속인(俗人)이 (사는 세상에는) 유교(儒敎)를 (믿는 사람들이) 기송(記誦)과 사장(詞章)을 익혔으며, 즉, 이 세상의 유학자들이 기송(記誦)과 사장(詞章)을 익혔다는 뜻이다. '其功倍於小學而無用'에서, '其'는 그(지시하는 말) '기'로 읽고, '功'은 공(功) '공', 공적(功績. 노력과 수고를 들여 이루어 낸 일의 결과) '공'으로 읽고, '倍'는 갑절 '배'로 읽고, '於'는 어조사 '어'로 읽는다. '~보다(비교)'의 뜻을 나타냄. '小'는 작을 '소'로 읽고, '學'은 배울 '학'으로 읽는다. '小學'은 책 이름. 중국 송(宋)나라의 유자징(劉子澄)이 주희(朱熹)의 가르침으로 지은, 초학자(初學者. 학문을 처음으로 배우기 시작하거나 학문이 얕은 사람)들의 수양서(修養書. 몸과 마음을 단련하여 품성, 지혜 도덕을 닦는 것에 관한 책)이다. '而'는 말 이을 '이'로 읽는다. '그러나'의 뜻을 나타냄. '無'는 없을 '무'로 읽고, '用'은 쓸 '용'으로 읽는다. '無用'은 쓸모가 없음. 또는 쓸 데가 없음. '其功倍於小學而無用'을 직역(直譯)하면, 그 공(功)은 『소학(小學)』보다 갑절이나 (들었다). 그러나 쓸모가 없고, '異端虛無寂滅之敎'에서, '異'는 다를 '리(이)'로 읽고, '端'은 끝 '단'으로 읽고, '虛'는 빌 '허'로 읽고, '寂'은 고요할 '적'으로 읽고, '滅'은 죽을 '멸', 꺼질 '멸'로 읽는다. '寂滅'은 불교 용어로, 사라져 없어짐. 곧 죽음을 이르는 말이다. 또는 세계를 영원히 벗어나거나 그런 경지를 이르는 말. '之'는 어조사 '지'로 읽는다. '~의(관형격 조사)'의 뜻을 나타냄. '敎'는 가르칠 '교'로 읽는다. '異端虛無寂滅之敎'를 직역(直譯)하면, 이단(異端)의 허무(虛無)와 적멸(寂滅)의 가르침과, '其高過於大學而無實'에서, '高'는 높을 '고'로 읽고, '過'는 (분수에) 넘칠 '과'로 읽고, '於'는 어조사 '어'로 읽는다. '~보다(비교)'의 뜻을 나타냄. '大'는 클 '대'로 읽고, '學'은 배울 '학'으로 읽는다. '大學'은 책 이름. 유교 경전(經典. 영원히 변치 않는 법식과 도리를 적은 서적이라는 뜻으로, 성인·聖人의 가르침이나 행실, 또는 종교의 교리를 적은 책)인 사서(四書)의 하나. 여기서, '사서(四書)'는 『논어(論語)』, 『맹자(孟子)』, 『중용(中庸)』, 『대학(大學)』을 통틀어 이르는 말. '實'은 열매 '실'로 읽는다. '無實'은 열매가 없다는 뜻으로, 실속이 없음을 이르는 말. '其高過於大學而無實'을 직역(直譯)하면, 그 (이론·理論은), 『대학(大學)』보다 (가치가) 높고 (분량이) 넘친다. 그러나 열매가 없다. 즉 『소학(小學)』은 실생활과 관계가 없다는 뜻이다. '其他權謀術數'에서, '其'는 그(지시하는 말) '기'로 읽고, '他'는 다를 '타'로 읽는다. '其他'는 그것 외에 또 다른 것. 또는 그밖에. '權'은 권세(權勢. '권력·權力'과 '세력·勢力'을 아울러 이르는 말) '권'으로 읽고, '謀'는 꾀할 '모'로 읽고, '術'은 꾀 '술'로 읽고, '數'는 여기서는 꾀 '수'로 읽는다. '其他權謀術數'를 직역(直譯)하면, 그밖에 권세(權

勢)로써 (자기의 이익을) 꾀하는 꾀(술수)와 꾀(술수)로, 여기서 '권모술수(權謀術數)'가 유래하였는데, 이것을 직역(直譯)하면, 권세(權勢)로써 (자기의 이익을) 꾀하는 꾀(술수)와 꾀(술수)라는 뜻으로, 목적 달성을 위하여 수단과 방법을 가리지 아니하는 온갖 모략(謀略. <u>남을 해치려고 속임수를 써서 일을 꾸밈</u>)이나 술책(術策. <u>남을 속이기 위하여 어떤 일을 꾸미는 꾀나 방법</u>)을 이르는 말. 즉, 남을 교묘하게 속이는 술책(術策)이다. '一切以就功名之說'에서, '一'은 한 '일'로 읽고, '切'은 온통 '체', 모두 '체'로 읽는다. '一切'는 모든 것. 또는 온갖 것. '以'는 써(<u>그것을 가지고, 그것으로 인하여</u>) '이'로 읽고, '就'는 이룰 '취'로 읽고, '功'은 공(功) '공'으로 읽고, '名'은 이름 '명'으로 읽고, '說'은 말씀 '설'로 읽는다. 여기서는 '학설(學說. <u>학문상으로 주장하는 이론</u>)'의 의미가 강하다. '一切以就功名之說'을 직역(直譯)하면, 일체(一切)의 그것을 가지고 공명(功名)을 이루려는 말(<u>학설·學說</u>)과, '與夫百家衆技之流'에서, '與'는 더불어 '여'로 읽고, '夫'는 어조사 '부'로 읽는다. '대체로'의 뜻을 나타냄. '百家'는 여러 학자(學者)나 작가(作家)를 이르는 말이나, 여기서는 '제자백가(諸子百家)'를 일컫는다. 이것은 중국 춘추시대(春秋時代)의 여러 학파(學派)로, 도가(道家), 묵가(墨家), 법가(法家), 명가(名家), 병가(兵家), 종횡가(縱橫家), 음양가(陰陽家), 잡가(雜家), 농가(農家) 따위를 일컬음. '衆'은 무리(<u>어떤 관계로 한데 모인 여러 사람</u>) '중'으로 읽고, '技'는 재능(才能. <u>어떤 일을 하는 데 필요한 재주와 능력</u>) '기'로 읽고, '流'는 흐를 류(유)로 읽는다. 여기서, '재주'는 순우리말로, 무엇을 잘할 수 있는, 타고난 능력과 슬기. '與夫百家衆技之流'를 직역(直譯)하면, 대체로 백가(百家)와 더불어 무리들이 (주장하는) 재능(才能)의 흐름이, 즉, 중국 춘추시대(春秋時代)의 여러 학파(學派)들이 주장하는 학설(學說)의 흐름(유행)이, '所以惑世誣民'에서, '所'는 바(<u>앞에서 말한 내용 그 자체나 일 따위를 나타내는 말</u>) '소'로 읽는다. '所以'는 '까닭'과 같은 말. 즉, 일이 생기게 된 원인이나 조건. '惑'은 어지러울 '혹'으로 읽고, '世'는 세상 '세'로 읽고, '誣'는 속일 '무'로 읽고, '民'은 백성 '민'으로 읽는다. '所以惑世誣民'을 직역(直譯)하면, 세상을 어지럽게 하고 백성을 속이는 까닭으로, 여기시 '혹세무민(惑世誣民)'이 유래히였는데, 이것을 직역(直譯)히면, 세상을 어지럽게 하고 백성을 속인다는 뜻으로, 세상을 어지럽히고 백성(세상 사람)을 미혹(迷惑. <u>마음이 흐려서 무엇에 홀림. 또는 정신이 헷갈려서 갈팡질팡 헤맴</u>)하게 하여 속임을 이르는 말. '充塞仁義者'에서, '充'은 막을 '충'으로 읽고, '塞'는 막을 '색'으로 읽고, '仁'은 어질 '인'으로 읽고, '義'는 옳을 '의'로 읽는다. 仁義는 어진 것과 의로운 것. '者'는 사람 '자'로 읽는다. '充塞仁義者'를 직역(直譯)하면, 어진 것과 의로운 것을 막는(<u>가로막는</u>) 사람이, '又紛然雜出乎其間'에서, '又'는 또 '우'로 읽고, '紛'은 어지러울 '분'으로 읽고, '然'은 그러할 '연'으로 읽는다. '紛然'은 뒤섞여서 어지러움. '雜'은 섞일 '잡'으로 읽고, '出'은 날 '출'로 읽고, '乎'는 어조사 '호'로 읽는다. 여기서는 '於'와 같은 뜻으로 쓰였음. '~에', '~에서(<u>위치, 장소</u>)'를 나타냄. '間'은 사이 '간'으로 읽는다. '又紛然雜出乎其間'을 직역(直譯)하면, 또 뒤섞여서 어지러움 (중에) (잡다한 것들이) 그 사이에 섞여서 나왔다. <u>즉, 중국 춘추시대(春秋時代)에는 수많은 영웅(英雄. 지혜와 재능이 뛰어나고 용맹하여 보통 사람이 하기 어려운 일을 해내는 사람)과 호걸(豪傑. 지혜와 용기가 뛰어나고 기개와 풍모가 있는 사람)들이 권력을 다투며 경쟁하였다. 이를 '어진 것과 의로운 것을 가로막는 사람이 뒤섞여서 어지러웠다'고 표현한 것이다. 그리고 이때에 섞여서 나온 다양한 학문과 철학의 분파(分派)를 여기서는 '잡다한 것들'이라고 나타내었다.</u>

권문-귀족(權門貴族 권세 **권**/집안 **문**/귀할 **귀**/친족 **족**) 권세(權勢) (있는) 집안과 (신분이나 지위가 높고)

귀한 친족(親族)이라는 뜻으로, 권문세가(權門勢家)와 귀족(貴族)을 아울러 이르는 말. *권문(權門): =권문세가(權門勢家). 즉, 벼슬이 높고 권세(權勢)가 있는 집안. *귀족(貴族): 가문(家門. 대대로 이어오는 그 집안의 사회적 지위)이 좋거나 신분 따위가 높아 정치적, 사회적 특권을 가진 계층. 또는 그 계층에 속한 사람. *권세(權勢): 권력(權力)과 세력(勢力)을 아울러 이르는 말. *친족(親族): 촌수(寸數. 친족·親族 사이의 멀고 가까운 정도를 나타내는 수數. 또는 그런 관계)가 가까운, 한 조상(祖上)의 피를 이어받은 자손들.

권문-세가(權門勢家 권세 **권**/집안 **문**/권세 **세**/집 **가**) 권세(權勢) (있는) 집안과 권세(權勢) (있는) 집이라는 뜻으로, 벼슬이 높고 권세(權勢)가 있는 집안을 이르는 말. =권문세족(權門勢族). *권문(權門): ☞권문귀족(權門貴族). *세가(勢家): 권세(權勢) 있는 집안. *권세(權勢): ☞권문귀족(權門貴族).

권문-세족(權門勢族 권세 **권**/집안 **문**/권세 **세**/친족 **족**) 권세(權勢) (있는) 집안과 권세(權勢) (있는) 친족(親族)이라는 뜻으로, 벼슬이 높고 권세(權勢)가 있는 집안을 이르는 말. =권문세가(權門勢家). *권문(權門): ☞권문귀족(權門貴族). *세족(勢族): 권세(權勢)가 있는 겨레붙이. *권세(權勢): ☞권문귀족(權門貴族). *친족(親族): 촌수(寸數. 친족·親族 사이의 멀고 가까운 정도를 나타내는 수數. 또는 그런 관계)가 가까운, 한 조상(祖上)의 피를 이어받은 자손들.

권문-자제(權門子弟 권세 **권**/집안 **문**/아들 **자**/아우 **제**) 권세(權勢) (있는) 집안의 아들과 아우라는 뜻으로, 권세(權勢) 있는 집안의 자식을 이르는 말. *권문(權門): ☞권문귀족(權門貴族). *자제(子弟): ①남을 높이어 그의 아들을 일컫는 말. ②남을 높이어 그의 집안 젊은이를 일컫는 말. *권세(權勢): ☞권문귀족(權門貴族).

권-불-십-년(權不十年 권세 **권**/아닐 **불**/열 **십**/해 **년**) 권세(權勢)는 열 해[年]를 (가지) 않는다. 즉, 권력은 십 년 못 간다는 뜻으로, 아무리 높은 권세(權勢)라도 오래가지 못함을 이르는 말. 또는 권력(權力)이나 부귀영화(富貴榮華. 본문 참고)는 일시적인 것이지 영원한 것이 아님을 이르는 말. *권세(權勢): ☞권문귀족(權門貴族). 《관련 속담》 달도 차면 기운다.

권-상-요-목(勸上搖木 권할 **권**/오를 **상**/흔들 **요**/나무 **목**) (앞에서는) 나무에 오르도록 권(勸)하고 (뒤에서는) 흔들어 (떨어뜨린다)는 뜻으로, 남을 부추겨 놓고 낭패(狼狽. 계획한 일이 실패로 돌아가거나 기대에 어긋나 매우 딱하게 됨)를 보도록 함을 비유적으로 이르는 말.

권선-징악(勸善懲惡 권할 **권**/착할 **선**/징계할 **징**/악할 **악**) 착한 일을 권장(勸獎)하고 악(惡)한 일을 징계(懲戒)함. 이 말은 우리나라 고전소설에 자주 나타나는 주제로, 유교(儒敎)의 덕목인 삼강오륜(三綱五倫. 본문 참고)에 근거를 두고 있다. 凪 창선징악(彰善懲惡). *권선(勸善): ①선행(善行)을 권함. ②절에서, 속가(俗家. 불교를 믿지 아니하는 사람의 집)에 다니며 시주(施主. 자비심으로 조건 없이 절이나 승려에게 물건을 베풀어 주는 일)하기를 권하는 일. *징악(懲惡): 악(惡)을 징계함. 또는 옳지 못한 마음이나 행실 따위를 징계함. *징계하다(懲戒~): 부록 '징(懲)' 참고. 이 사자성어의 유래는 다음과 같다. 『좌전(左傳)』의 「성공(成公) 14년」 편(篇)에 [(노·魯나라 성공·成公 14년) 9월에 교여(僑如)가 부인(婦人)인 강씨(姜氏)를 데리고 제(齊)나라에서 (노·魯나라로) 돌아왔다. 교여(僑如)의 족명(族名. '성씨·姓氏'와 같은 말)을 호칭(呼稱)하지 않은 것은 부인(婦人)을 높이기 위함이었다.]〈그러므로 군자(君子. 학문과 덕·德이 높고 행실·行實이 바르며 품위·品位를 갖춘 사람)는 이렇게 말한다. "『춘추(春秋)』의 호칭은 알기 어려운 듯 보이지만 알기 쉽고, 쉬우면서도 담긴 뜻은 깊으며, 우회적(迂廻·回的, 곧바로 가지 않고 멀리 돌아서 가는 것)이지만 잘 정돈되어 있고, 표현은 노골적이지만 품위가 없지 않으며, 악행을 징계하고 선행을 권장한다. 성인(聖人, 지혜와 덕이 매우 뛰어나 길이 우러러 본받을 만한 사람)이 아니고서야 누가 이렇게 지을 수 있겠는가?" 즉, 군자(君子)가 말하기를, 중국 춘추시대(春秋時代)의 사상가이며 학자인 공자(孔子)와 같은 성인(聖人)이 아니라면, 누가 능히 이와 같이 훌륭하게 만들 수 있겠는가? 군자(君子)는 『춘추(春秋)』의 훌륭함을 강조하고 있는 것이다. (故君子曰, 春秋之稱, 微而顯, 志而晦, 婉而成章, 盡而不汚, 懲惡而勸善, 非聖人誰能修之.)》라는 이야기가 나오는데, '악행을 징계하고 선행을 권장한다.(懲惡而勸善)'에서, '권선징악(勸善懲惡)'이 유래했다. 『춘추(春秋)』는 노(魯)나라 12대 242년의 역사를 노(魯)나라의 어느 사관(史官, 중국에서 기록을 맡아 보던 벼슬아치)이 편년체(編年體, 역사 서술 체제의 하나, 역사적 사실을 연대순으로 기록하는 기술 방법임)로 기록한 것을 공자(孔子)가 윤리적 입장에서 필삭(筆削, 써 놓은 글에서 더 쓸 것은 쓰고, 지울 것은 지워 버림)하여 정사(正邪, 바른 일과 사악한 일)와 선악(善惡, 착한 것과 악한 것)의 가치 판단을 내린 책이다. 『춘추(春秋)』에서는 특히 호칭에 중점을 두어 인물에 대한, 옳고 그름이나 선하고 악함을 판단하여 결정을 내렸는데, 이 책이 완성된 후 난신적자(亂臣賊子, 본문 참고)들이 두려워 떨었다고 한다. 참고로, 원문의 '故君子曰'에서, '故'는 그러므로 '고'로 읽는다. '君子'는 학문과 덕(德, 고매하고 너그러운 도덕적 품성)이 높고 행실이 바르며, 품위를 갖춘 사람. '故君子曰'을 직역(直譯)하면, 그러므로 군자(君子)가 말하기를, '春秋之稱'에서 '春秋'는 책 이름. 오경(五經) 가운데 하나이다. 이것은 중국 춘추(春秋)시대 노(魯)나라 은공(隱公)으로부터 애공(哀公)에 이르기까지 12공(公) 242년간의 기록을 담고 있는 유교 경전(經典, 영원히 변치 않는 법식과 도리를 적은 서적이라는 뜻으로, 성인·聖人의 가르침이나 행실, 또는 종교의 교리를 적은 책)이다. 여기서 오경(五經)은 유학의 5가지 경서(經書)인 『시경(詩經)』, 『서경(書經)』, 『주역(周易)』, 『예기(禮記)』, 『춘추(春秋)』를 일컫는다. '之'는 어조사 '지'로 읽는다. '~의' 뜻을 나타내는 관형격 조사. '稱'은 일컬을 '칭', 부를 '칭'으로 읽는다. '春秋之稱'을 직역(直譯)하면, 춘추(春秋)의 일컬음은, 즉, 춘추(春秋)라고 일컫는 것은, '微而顯'에서, '微'는 숨을 '미'로 읽고, '而'는 말 이을 '이'로 읽는다. '그러나'의 뜻을 나타냄. '顯'은 나타날 '현', 드러날 '현'으로 읽는다. '微而顯'을 직역(直譯)하면, 숨은 듯하지만 그러나 드러나 있고, '志而晦'에서, '志'는 뜻 '지', 기록할(記錄~) '지'로 읽고, '晦'는 어두울 '회'로 읽는다. '志而晦'를 직역(直譯)하면, 기록했으면서도 그러나 희미하며, '婉而成章'에서, '婉'은 은근할 '완'으로 읽는다. 즉, 노골적이 아니고 에둘러 말한다는 뜻이다. '成'은 이룰 '성'으로 읽고, '章'은 글 '장'으로 읽는다. '婉而成章'을 직역(直譯)하면, 은근하지만 그러나 (제대로 된) 글을 이루었고, '盡而不汚'에서, '盡'은 다(남거나 빠진 것이 없이 모두) 할 '진'으로 읽고, '汚'는 더러울 '오'로 읽는다. '盡而不汚'를 직역(直譯)하면, (노골적인 표현을) 다 하였지만 그러나 더럽지 않았으며(품위는 남아 있으며), '懲惡而勸善'에서, '懲'은 징계할 '징'으로 읽고, '惡'은 악할 '악'으로 읽고, '而'는 말 이을 '이'로 읽는다. '그러나'의 뜻을 나타냄. '勸'은 권할 '권'으로 읽고, '善'은 착할 '선'으로 읽는다. '懲惡而勸善'을 직역(直譯)하면, 악한 일을 징계하면서도 그러나 착한 일을 권장하니, 여기서, '勸善懲惡'이 유래하였는데, 이것을 직역(直譯)하면, 착한 일을 권장(勸獎)하고 악(惡)한 일을 징계(懲戒)함. 선행(善行)을 권하는 말이다. '非聖人誰能修之'에서, '非'는 아닐(부정하는 말) '비'로 읽고, '聖'은 성인(聖人) '성'으로 읽는다. '聖人'은 지혜와 덕(德, 고매하고 너그러운 도덕적 품성)이 매우 뛰어나 길이 우러러 본받을 만한 사람. '誰'는 누구(인칭 대명사) '수로 읽고, '能'은 할 수 있을 '능'으로 읽고, '修'는
엮어 만들 '수'로 읽고, '之'는 어조사 '지'로 읽는다. '그것'을 나타내는 지시 대명사. '非聖人誰能修之'를
직역(直譯)하면, 성인(聖人)이 아니고서야 누가 그것을 엮어 만들 수 있겠는가?

권-여-지-초(權輿之初 권세 **권**/수레 **여**/어조사 **지**/처음 **초**) 권세(權勢)라는 수레에 (탄) 처음이라는 뜻으
로, 임금이 왕위(王位)에 오른 초반기(初盤期)를 이르던 말. *'**권-여**'는『국어사전(國語辭典)』에 등재(登
載)된, '저울대와 수레바탕이란 뜻으로, 사물의 시초를 이르는 말'인 '권여(權輿)'의 뜻과는 별개다. ***권세**
(權勢): 권력(權力)과 세력(勢力)을 아울러 이르는 말. ***수레**: 부록 '여(輿)' 참고.

권-토-중래(捲土重來 말 **권**/흙 **토**/거듭할 **중**/올 **래**) 흙을 말아 거듭해서 온다. 즉, 군(軍)의 부대가 말을
달려 전진(前進)할 때 일으키는 흙먼지가 멀리서 보면 마치 땅을 말면서 달리는 것처럼 보이는 기세(氣
勢)로 다시 온다는 뜻으로, ①한번 실패(失敗)하였으나 힘을 회복(回復)하여 다시 쳐들어옴을 이르는
말. ②어떤 일에 실패(失敗)한 뒤에 힘을 가다듬어 다시 그 일에 착수(着手)함을 비유적으로 이르는
말. 또는 실패(失敗) 후에 재기(再起)하는 것을 이르는 말. ***중래**(重來): ①갔다가 다시 옴. ②한 번 지낸
벼슬을 거듭 맡게 됨. ***말다**: (종이나 천 따위 얇고 넓적한 물건을) 한쪽 끝이 안쪽으로 들어가게 돌돌
감아 제 몸을 싸고돌게 하다. 이 사자성어의 유래는 다음과 같다. 당(唐)나라 시인 두목(杜牧)의 「제오강
정(題烏江亭)」이란 시(詩)에 〈이기고 지는 것은 병가(兵家)의 일로 뜻대로 되지 않는 것 / 수치(羞恥)를
끌어안고 부끄러움을 견디는 것이 대장부(大丈夫)지 / 강동(江東)의 자제들 뛰어난 이 많았으니 / 땅을
말아 다시 올 수 있었을지 어찌 알겠소?(勝敗兵家事不期, 包羞忍恥是男兒, 江東子弟多才俊, **捲土重來未
可知**.)〉라는 내용이 나오는데, '땅을 말아 다시 올 수 있었을지 어찌 알겠소?(捲土重來未可知)'에서, '권
토중래(捲土重來)'가 유래했다. 이 시(詩)의 배경은 이렇다. 초패왕(楚覇王. 초·楚나라의 패왕·覇王이라
는 뜻으로, '항우·項羽'를 높여 부르는 말)인 항우(項羽)와 한왕(漢王. 한나라의 고조. 또는 한나라의
왕)인 유방(劉邦)이 천하를 놓고 다투었던 초한전쟁(楚漢戰爭)은 5년간 지속되다가 유방(劉邦)의 승리로
끝을 맺었다. 당시(當時. 일이 있었던 바로 그때. 또는 이야기하고 있는 그 시기) 치열한 전투 끝에
오강(烏江)에 이른 사람은 고작 26명이었다. 오강(烏江) 지역의 정장(亭長)이 배를 대놓고 항우(項羽)에
게 말했다. 여기서, '정장(亭長)'은 관직(官職. 관리로서, 국가로부터 위임 받은 일정한 범위의 직무.
또는 그 직위)의 이름이다. 한대(漢代. 한나라의 시대)에 현(縣)은 향(鄕)을 관할하고, 향(鄕)은 정(亭)을
관할했다. 정(亭)에는 정장(亭長)을 두고 사회의 치안을 맡아보게 했다. 정(亭)아래에 이(里)를 두었는데,
50가구 혹은 100가구에 하나의 이(里)를 구성했다. 그리고 10리(里)마다 하나의 정(亭)을 설치했다. "강
동(江東)이 적다고 하지만, 아직 천 리 땅이 있고, 몇 십만 백성이 있으니 (충분히) 왕업(王業. 임금이
나라를 다스리는 대업. 또는 그런 업적)을 도모할 수 있습니다. 대왕께서는 빨리 강을 건너십시오. 지금
신(臣. 신하가 임금에 대하여 자기를 일컫는 말)만이 배를 가지고 있으니, 한(漢)나라 군대가 와도 강을
건너지 못할 것입니다." 항우(項羽)가 말했다. "하늘이 나를 버렸는데, 내가 어떻게 강을 건너겠는가?
또한 내가 강동(江東)의 자제(子弟) 8천 명과 함께 강을 건너 서쪽으로 갔었는데 지금 한 사람도 돌아가
지 못한다. 설령 강동(江東)의 부형(父兄)들이 나를 동정하여 왕으로 삼아준다 한들 내가 무슨 면목으로
그들을 볼 수 있겠는가? 설령 그들이 말을 하지 않는다고 해도 내 마음에 부끄럽지 않겠는가?" 이렇게
말하고(거부하고) 정장(亭長)에게 자기가 타던 말[馬]을 선물했다. (그러자) 항우(項羽)의 부하 26명도

모두 말[馬]에서 내려 한군(漢軍. 한나라 군사)과 또 한바탕 치열한 접전(接戰. 서로 힘이 비슷하여 좀처럼 승부가 나지 않는 싸움)을 벌였는데, 항우(項羽) 혼자서 100여 명의 한군(漢軍)을 사살했다. 이렇게 치열한 접전(接戰) 끝에 항우(項羽)는 옛 부하였던 한(漢)의 장군인 여마동(呂馬童)을 발견하고, 천금(千金)의 상(賞)과 1만 호의 봉읍(封邑. 제후를 봉하여 땅을 내 줌. 또는 그 땅)이 걸린 자신('항우·項羽'를 가리킴)의 수급(首級. 전쟁에서 베어 얻은 적군의 머리)을 바쳐 공(功)을 세우라고 소리쳐 말하고 자결(自決. 의분을 참지 못하거나 지조를 지키기 위해 스스로 목숨을 끊음)하고 만 것이다. 이로써 일세영웅(一世英雄. 한 시대의 영웅) 항우(項羽)는 사면초가(四面楚歌. 이 말의 유래는 본문 '사면초가' 참고)의 수세(守勢. 적의 공격을 맞아 지키는 형세나 그 세력)에 몰렸다가 가까스로 도망한 뒤, 오강(烏江)에서 장렬하고도 처절한 최후를 맞이하고 말았다. 그때 항우(項羽)의 나이는 31세였다. 항우(項羽)의 초(楚)나라는 모두 9개의 군(郡)을 관할했는데, 항우(項羽)가 패전(敗戰. 싸움에 짐)을 하고 자살하기 직전까지도 5개의 군(郡)은 여전히 항우(項羽)의 수중(手中. 손 안)에 남아 있었다. 그 후 후인(後人. 후대의 사람)들 중에는 항우(項羽)가 오강(烏江)을 건너 재기(再起. 역량이나 능력 따위를 모아서 다시 일어섬)를 노렸어야 했다며 안타까워한 사람이 있는가 하면, 오강(烏江)을 건넜어도 별 희망이 없었다고 생각한 사람도 있었다. 당(唐)나라의 시인(詩人) 두목(杜牧)이 전자(前者. 둘을 들어 말한 가운데서 앞의 것이나 사람)에 해당된다. 그는 항우(項羽)가 죽은 지 오랜 세월이 지난 뒤에 오강(烏江)을 유람하다가 「오강정(烏江亭)」이란 시(詩)를 지어 일세(一世. 한 시대나 한 세대)의 영웅(英雄)인 항우(項羽)가 오강(烏江)을 건너 강동(江東)으로 가지 않고 자결(自決)한 것을 아쉬워하고 탄식해 마지 않았다. 위의 시(詩)가 바로 그것이다. 위의 시(詩)는 천하를 휘어잡던 영웅이 한때의 부끄러움을 참고 재기(再起. 역량이나 능력 따위를 모아서 다시 일어섬)를 꿈꾸었으면, 그곳('강동·江東'을 가리킴)엔 훌륭한 인재(人材. 어떤 일을 할 수 있는 학식이나 능력을 갖춘 사람)가 많으므로 권토중래(捲土重來)할 기회가 있었을텐데, 그는 그렇게 하지 않고 31살의 젊은 나이에 생을 등진 것을 아쉬워하는 내용이다. 참고로, 원문이 '勝敗兵家事不期'에서, '勝'은 이길 '승'으로 읽고, '敗'는 질 '패'로 읽는다. '勝敗'는 승리(勝利)와 패배(敗北)를 아울러 이르는 말. '兵'는 병사(兵士)병, 군사(軍士) '병'으로 읽고, '家'는 전문가 '가'로 읽고, '事'는 일 '사'로 읽고, '期'는 기약할(期約~. 때를 정하여 약속함) '기'로 읽는다. '勝敗兵家事不期'를 직역(直譯)하면, 승리와 패배는 군사에 종사하는 사람의 일로 기약함이 없으니, 여기서, '兵家事' 혹은 '兵家常事'를 직역(直譯)하면, 병가(兵家)에서 항상 있는 일, 즉, 이기기도 하고, 지기도 하는 것은 병가(兵家)에서 항상 있는 일이라는 뜻으로, 싸움에서 이기기도 하고 지기도 하는 것처럼 일에도 성공과 실패가 있으므로, 승패(勝敗)에 크게 개의(介意. 언짢은 일 따위를 마음에 두어 생각함)하지 말고, 최선을 다하라는 것이 중요함을 비유적으로 이르는 말. '包羞忍恥是男兒'에서, '包'는 감쌀(흉이나 허물을 덮어 줌) '포', 너그럽게 받아들일 '포'로 읽고, '羞'는 부끄러워할 '수'로 읽고, '忍'은 참을 '인'으로 읽는다. '恥'는 부끄러울 '치(恥)'의 약자(略字)이다. '是'는 이(지시하는 말) '시'로 읽는다. '男兒'는 남자다운 남자. '包羞忍恥是男兒'를 직역(直譯)하면, 부끄러움을 감싸고, 부끄러움을 참는 것, 이것이 남자다운 남자다. '江東子弟多才俊'에서, '江'은 강 '강'으로 읽고, '東'은 동녘 '동'으로 읽는다. '江東'은 땅 이름. '子'는 아들 '자'로 읽고, '弟'는 여기서는 공경(恭敬. 공손히 받들어 모심)할 '제'로 읽는다. '子弟'는 남을 높여 그 집안의 젊은이를 이르는 말. '多'는 많을 '다'로 읽고, '才'는 재주(순우리말로, 무엇을 잘할 수 있는. 타고난 능력과 슬기) '재'로 읽고,

‘俊’은 뛰어날 ‘준’으로 읽는다. ‘才俊’은 재주가 뛰어남. 또는 그런 사람. ‘江東子弟多才俊’을 직역(直譯)하면, 강동(江東)의 자제들에게는 재주가 뛰어난 사람들이 많으니, ‘捲土重來未可知’에서, ‘捲’은 말(종이나 천 따위 얇고 넓적한 물건을, 한쪽 끝이 안쪽으로 들어가게 돌돌 감아 제 몸을 싸고돌게 함) ‘권’으로 읽고, ‘土’는 흙 ‘토’로 읽고, ‘重’은 거듭할 ‘중’으로 읽고, ‘來’는 올 ‘래(내)’로 읽고, ‘未’는 아닐(부정하는 말) ‘미’로 읽는다. 여기서는 ‘어찌 ~ 하느냐’의 뜻을 나타냄. ‘可’는 가히(可~. 능히, 넉넉히의 뜻을 나타냄) ‘가’로 읽고, ‘知’는 알 ‘지’로 읽는다. ‘捲土重來未可知’를 직역(直譯)하면, 흙을 말아 거듭해서 오는 것을 어찌 가히 알겠느냐? 즉, 흙을 말아 일으킬 것 같은 기세(氣勢)로 다시 오는 것을 어찌 가히 알겠느냐? 여기서, ‘捲土重來’가 유래하였는데, 이것을 직역(直譯)하면, 흙을 말아 거듭해서 온다. 군(軍)의 부대가 말을 달려 전진(前進)할 때 일으키는 흙먼지가 멀리서 보면 마치 땅을 말면서 달리는 것처럼 보이는 기세로 다시 온다는 뜻으로, 한 번 실패했으나 힘을 회복하여 다시 쳐들어옴을 이르는 말.

궐각-계수(厥角稽首 숙일 궐/뿔 각/조아릴 계/머리 수) 뿔이 (앞으로) 숙여지듯이 머리를 조아린다는 뜻으로, 이마가 땅에 닿도록 최대의 경례(敬禮. 공경의 뜻을 나타내기 위하여 인사하는 일)를 함을 이르는 말. *궐각(厥角): =궐각계수(厥角稽首). *계수(稽首): 남을 공경하는 태도로 머리를 조아림. *조아리다: 황송(惶悚. 분·分에 넘쳐 고맙고도 송구·悚懼함)하여, 이마가 바닥에 닿을 정도로 머리를 자꾸 숙이다.

궤상-지-육(机上之肉 책상 궤/위 상/어조사 지/고기 육) 책상(도마) 위에 (오른) 고기라는 뜻으로, 어찌할 수 없는 막다른 지경(地境)이나 운명(運命)을 비유적으로 이르는 말. *궤상(机床): 책상 위.

귀-곡-천-계(貴鵠賤鷄 귀할 귀/고니 곡/천할 천/닭 계) 고니를 귀(貴)하게 (여기고), 닭을 천(賤)하게 (여긴다는) 뜻으로, 드문 것을 귀(貴)하게 여기고, 흔한 것을 천(賤)하게 여김을 비유적으로 이르는 말. *고니: 부록 ‘곡(鵠)’ 참고.

귀-마-방-우(歸馬放牛 돌아갈 귀/말 마/풀어놓을 방/소 우) 말[馬]을 돌아가게 하고(돌려보내고) 소를 풀어놓는다. 즉, 전쟁에 썼던 말[馬]과 소를 놓아준다는 뜻으로, 전쟁이 끝나고 평화로운 시대가 온 것을 비유적으로 이르는 말. 또는 더 이상 전쟁을 하지 아니함을 비유적으로 이르는 말. 이 사자성어의 유래는 다음과 같다. 『상서(尙書)』의 「무성(武成)」 편(篇)에 〈무력(武力)을 거두고 글을 닦았으며, 말[馬]을 화산(華山)의 남쪽 기슭으로 돌려보내고, 소[牛]는 도림(桃林)의 들에 풀어놓아, 다시는 쓰지 않겠다는 뜻을 천하에 보였다.(乃偃武修文, **歸馬於華山之陽**, **放牛於桃林之野**, 示天下弗服.)〉라는 이야기가 나오는데, ‘말[馬]을 화산(華山)의 남쪽 기슭으로 돌려보내고, 소[牛]는 도림(桃林)의 들에 풀어놓아,(歸馬於華山之陽, 放牛於桃林之野)’에서, ‘귀마방우(歸馬放牛)’가 유래했다. 이 이야기의 배경은 이렇다. 주(周)나라 무왕(武王)은 ‘천명(天命)’을 거스른 은(殷)나라 주왕(紂王)을 천명(天命)에 따라 천벌(天罰. 하늘이 주는 벌)을 내린다는 명분을 가지고 동쪽을 향해 진군(進軍. 적을 치러 군대를 나아가게 함)을 계속하여 은(殷)나라의 교외(郊外. 도시나 마을 주변의, 들이나 논밭이 비교적 많은 곳)인 목야(牧野)에 진을 쳤다. 그런데 우리는 윗글에 나오는 ‘천명(天命)’에 대해 주목(注目)할 필요가 있다. 중국 역사의 경우, 왕조(王朝)가 바뀔 때 천명(天命)이란 개념을 사용한다. 즉, 하늘이 개입을 해서 왕이 올바르게 하면, 그 왕조(王朝)가 평안하게 잘 이어지고, 아니면 국가가 흉흉해지면서 나라가 망한다는 접근법이다. 특히 주(周)나라 민족은 천(天)을 최고의 신(神)으로 섬겼다. 천(天)은 우주(宇宙. 온 세계를 둘러싸고 있는 공간)를 창조하고, 천지와 자연의 법칙을 주재(主宰. 책임지고 맡아서 처리함)하며, 인간사(人間事)를 규제(規制)

하는 절대적 존재였고, 또한 왕은 천명(天命)을 받아 천하를 지배하는 존재였다고 믿었던 것이다. 따라서 윗글에서 '주(周)나라 무왕(武王)은 천명(天命)을 거스른 은(殷)나라 주왕(紂王)을 천명(天命)에 따라 천벌(天罰. 하늘이 주는 벌)을 내린다는 명분을 가지고' 은(殷)나라를 공격한다는 것은 주(周)나라 무왕(武王)이 자신의 거사(擧事. 큰일을 일으킴)의 정당성을 이러한 천명사상(天命思想. 우주 만물을 지배하는 하늘의 명령에 따라, 땅 위의 성현·聖賢이 나라를 통치한다는 중국의 유교적 정치사상)에서 찾고 있음을 보여준다. 주왕(紂王)의 악행(惡行)에 대한 백성들의 원망이 하늘에 닿았고, 그 결과 천(天. 하늘)이 자신('무왕·武王'을 가리킴)을 움직여 주왕(紂王)을 벌(罰)하게 했다는 것이다. 은(殷)나라 주왕(紂王)도 70만의 병력을 동원해서 목야(牧野)로 나왔다. 두 나라의 군대는 드디어 건곤일척(乾坤一擲. 본문 참고)의 대결전을 벌였다. 하지만 주왕(紂王)의 폭정(暴政)에 시달리던 은(殷)나라의 군대는 대부분 주(周)나라 무왕(武王)의 토벌(討伐. 무력을 쳐 없앰)을 학수고대(鶴首苦待. 본문 참고)하고 있었으므로, 항복하거나 아니면 오히려 무기를 거꾸로 들고 주(周)나라 군대에 가담해 버렸다. 은(殷)나라 군대는 일패도지(一敗塗地. 본문 참고)하고 말았고, 주왕(紂王)은 목야(牧野)에서 도망쳐 수도(首都)인 조가(朝歌. 땅 이름)에 있는 녹대(鹿臺. 중국 은·殷나라 때, 주왕·紂王이 재화와 보물 따위를 모아 두던 곳) 위로 올라가 불을 지른 후, 보석(寶石)으로 장식한 옷을 입고 그 속으로 몸을 던졌다. 이로써 은(殷)나라의 왕조(王朝. 같은 왕가에 딸린 통치자의 계열이나 혈통)는 초대(初代) 탕왕(湯王)으로부터 은(殷)나라 31대 군주(君主. 세습적으로 나라를 다스리는 최고 지위에 있는 사람)이자 마지막 왕(王)인 주왕(紂王)에 이르기까지, 기원전 17세기부터 기원전 11세기에 이르는 약 600년의 역사를 마감했다. 한편 주(周)나라 무왕(武王)은 전쟁이 끝나자, 오랫동안 전란(戰亂. 전쟁으로 인한 난리)에 시달려 온 백성들에게 휴식을 제공하고 생산을 촉진시키는 정책을 펴는 따위의 내치(內治. 나라 안을 다스림)에 힘썼다. 이의 상징적인 조치가 위에 이야기에 나오는 '귀마방우(歸馬放牛)'다. 백성들에게 귀마방우(歸馬放牛)하여 그 말과 소를 전쟁이 아닌 농사에 사용하게 한 것이다. 전쟁을 다시 하지 않을 것을 천하에 신포한 셈이다. 참고로, 원문의 '乃偃武修文'에서, '乃'는 이에(이러하여서 곧) '내'로 읽고, '偃'은 그칠 '언'으로 읽고, '修'는 닦을 '수'로 읽는다. '乃偃武修文'을 직역(直譯)하면, 이에 무(武)를 버리고 문(文)을 닦았으며, '歸馬於華山之陽'에서, '歸'는 돌아갈 '귀', 돌려보낼 '귀'로 읽고, '馬'는 말 '마'로 읽고, '於'는 어조사 '어'로 읽는다. '~에', '~으로(위치)'의 뜻을 나타냄. '華'는 빛날 '화'로 읽는다. '華山'은 땅 이름. '之'는 어조사 '지'로 읽는다. '~의'를 나타내는 관형격 조사. '陽'은 볕 '양'으로 읽는다. '歸馬於華山之陽'을 직역(直譯)하면, 말[馬]을 화산(華山)의 볕이 (있는 곳)(남쪽 기슭)으로 돌려보내고, '放牛於桃林之野'에서, '放'은 풀어놓을 '방'으로 읽고, '牛'는 소 '우'로 읽고, '桃'는 복숭아 '도'로 읽고, '林'은 수풀 '림(임)'으로 읽는다. '桃林'은 '도림처사(桃林處士)'의 준말. 중국 주(周)나라 무왕이 은(殷)나라를 치고 성채(城砦. 성과 요새)였던 도림(桃林)에 소를 놓아길렀다는 고사에서 유래함. '之'는 어조사 '지'로 읽는다. '~의'를 나타내는 관형격 조사. '野'는 들 '야'로 읽는다. '放牛於桃林之野'를 직역(直譯)하면, 소를 도림(桃林)의 들에 풀어놓아, 여기서, '歸馬放牛'가 유래하였는데, 이것을 직역(直譯)하면, 말을 돌아가게 하고(돌려보내고) 소를 풀어놓는다. 즉, 전쟁에 썼던 말과 소를 놓아준다는 뜻으로, 전쟁이 끝나고 평화로운 시대가 온 것을 비유적으로 이르는 말. 또는 더 이상 전쟁을 하지 아니함을 이르는 말. '示天下弗服'에서, '示'는 보일 '시'로 읽고, '天'은 하늘 '천'으로 읽고, '下'는 아래 '하'로 읽는다. '天下'는 온 세상. '弗'은 아닐(부정하는 말) ‘불’로 읽는다. ‘不’과 같은 글자. ‘服’은, 여기서는 사용할(使用~) ‘복’으로 읽는다. ‘示天下弗服’을 직역(直譯)하면, 온 세상에 (타고 있는 말을) 사용하지(쓰지) 않겠다는 것을 보였다.

귀매-최-이(鬼魅最易 귀신 귀/도깨비 매/가장 최/쉬울 이) 귀신(鬼神)과 도깨비가 가장 쉽다. 즉, 귀신이나 도깨비처럼 형체(形體. 사물의 모양과 바탕, 또는 물건의 외형)가 없는 것이 그리기가 가장 쉽다는 뜻으로, 실제(實際)로 존재하는 것보다 상상(想像)속의 사물이 그리기가 쉽다는 것을 이르는 말. 또는 그림을 감상(鑑賞)하는 자(者)가 잘 모르는 대상을 그리기 쉽다고 하는 것을 이르는 말. *귀매(鬼魅): 도깨비와 두억시니(민간에서 이르는, 모질고 사나운 귀신의 한 가지) 따위를 이르는 말. *도깨비: 부록 ‘매(魅)’ 참고. 이 사자성어의 유래는 다음과 같다. 『한비자(韓非子)』의 「외저설(外儲說) 좌상(左上)」 편(篇)에 〈제(齊)나라 왕을 위해 그림을 그려 주는 사람이 있는데, 왕이 그에게 물었다. “그림 중에 어떤 것이 가장 어려운가?” “개[犬]나 말[馬]이 가장 어렵습니다.” “무엇이 가장 쉬운가?” “귀신이나 도깨비 같은 게 가장 쉽습니다. 개나 말[馬]은 사람들이 잘 아는 것이고, 아침저녁으로 보는 것이므로 똑같이 그릴 수가 없습니다. 그래서 어렵지요. 귀신과 같이 형체가 없는 것들은 눈앞에 나타나지 않습니다. 그래서 그리기가 쉽습니다.”(客有爲齊王畵者, 齊王問曰, 畵孰最難者, 曰, 犬馬最難, 孰最易者, 曰, **鬼魅最易**, 夫犬馬, 人所知也. 旦暮罄於前, 不可類也, 故難, 鬼魅無形者, 不罄於前, 故易之也.)〉라는 이야기가 나오는데, ‘귀신이나 도깨비 같은 게 가장 쉽습니다.(鬼魅最易)’에서, ‘귀매최이(鬼魅最易)’가 유래했다. 참고로, 원문의 ‘客有爲齊王畵者’에서, ‘客’은 나그네 ‘객’으로 읽고, ‘有’는 있을 ‘유’로 읽고, ‘爲’는 위할 ‘위’로 읽고, ‘齊’는 제(齊)나라 ‘제’로 읽는다. ‘齊王’은 제(齊)나라 왕. ‘畵’는 그림 ‘화’로 읽고, ‘者’는 사람 ‘자’로 읽는다. ‘客有爲齊王畵者’를 직역(直譯)하면, 나그네 (가운데에) 제(齊)나라 왕을 위하여 그림을 그리는 사람이 있었는데, ‘齊王問曰’에서, ‘問’은 물을 ‘문’으로 읽는다. ‘齊王問曰’을 직역(直譯)하면, 제(齊)나라 왕이 물어 말하기를, ‘畵孰最難者’에서, ‘孰’은 무엇(지시 대명사) ‘숙’으로 읽고, ‘最’는 가장 ‘최’로 읽고, ‘難’은 어려울 ‘난’으로 읽고, ‘者’는 것(사물, 현상, 일 따위를 추상적으로 이르는 말) ‘자’로 읽는다. ‘畵孰最難者’를 직역(直譯)하면, 그림 (중에서) 무엇이(무엇을 그리는 것이) 가장 어려운가? ‘犬馬最難’에서, ‘犬’은 개 ‘견’으로 읽고, ‘馬’는 말 ‘마’로 읽고, ‘最’는 가장 ‘최’로 읽고 ‘難’은 어려울 ‘난’으로 읽는다. ‘犬馬最難’를 직역(直譯)하면, 개와 말이 가장 어렵습니다. ‘孰最易者’에서, ‘易’는 쉬울 ‘이’로 읽는다. ‘孰最易者’를 직역(直譯)하면, 무엇이 가장 쉬운가? ‘鬼魅最易’에서, ‘鬼’는 귀신 ‘귀’로 읽고, ‘魅’는 도깨비 ‘매’로 읽고, ‘最’는 가장 ‘최’로 읽고, ‘易’는 쉬울 ‘이’로 읽는다. ‘鬼魅最易’를 직역(直譯)하면, 귀신과 도깨비가 가장 쉽습니다. 즉, 귀신이나 도깨비처럼 형체(形體)가 없는 것이 그리기가 가장 쉽다는 뜻으로, 실제(實際)로 존재하는 것보다 상상 속의 사물이 그리기가 쉽다는 것을 이르는 말. 또는 그림을 감상하는 자(者)가 잘 모르는 대상을 그리기가 쉽다고 하는 것을 이르는 말. ‘夫犬馬’에서, ‘夫’는 발어사(發語辭) ‘부’로 읽는다. ‘발어사(發語辭)’는 문장의 서두에 놓여 ‘대저’, 또는 ‘대체로’의 뜻을 나타냄. ‘夫犬馬’를 직역(直譯)하면, 대체로 개와 말은, ‘人所知也’에서, ‘人’은 사람 ‘인’으로 읽고, ‘所’는 바(방법 또는 일의 뜻을 나타냄) ‘소’로 읽고, ‘知’는 알 ‘지’로 읽고, ‘也’는 어조사 ‘야’로 읽는다. ‘~이다(단정)’의 뜻을 나타냄. ‘人所知也’를 직역(直譯)하면, 사람들이 잘 아는 바요, ‘旦暮罄於前’에서, ‘旦’은 아침 ‘단’으로 읽고, ‘暮’는 저물 ‘모’로 읽는다. ‘旦暮’는 새벽녘과 해질녘. 또는 아침과 저녁. ‘罄’은 보일 ‘경’으로 읽고, ‘於’는 어조사 ‘어’로 읽는다. ‘~에(위치)’의 뜻을 나타냄. ‘前’은 앞 ‘전’으로 읽는다. ‘旦暮罄於前’을 직역(直譯)하면, 아침저녁으로 앞에 보이기 (때문에), '不可類也'에서, '可'는 가히(可~. '능히', '넉넉히'의 뜻을 나타냄) '가'로 읽고, '類'는 닮을 '류(유)', 비슷할 '류(유)'로 읽는다. '不可類也'를 직역(直譯)하면, 가히 비슷하게 (그릴) 수 없습니다. '故難'에서, '故'는 그러므로 '고'로 읽는다. '故難'을 직역(直譯)하면, 그러므로 어렵습니다. '鬼魅無形者'에서, '鬼'는 귀신(鬼神) '귀'로 읽고, '魅'는 도깨비 '매'로 읽고, '形'은 형상(形狀) '형', 모양 '형'으로 읽는다. '無形者'를 직역(直譯)하면, 형상(形狀)이 없는 것. '鬼魅無形者'를 직역(直譯)하면 도깨비처럼 형상이 없는 것은, '不罄於前'에서, '不'은 아닐(부정하는 말) '불'로 읽고, '罄'은 보일 '경'으로 읽고, '於'는 어조사 '어'로 읽는다. '~에', '~에서(위치)'의 뜻을 나타냄. '前'은 앞 '전'으로 읽는다. 여기서는 '눈앞'의 뜻이 강함. '不罄於前'을 직역(直譯)하면, 눈앞에 보이지(나타나지) 않습니다. '故易之也'에서, '故'는 그러므로 '고'로 읽고, '之'는 어조사 '지'로 읽는다. 여기서는 '그것'을 나타내는 지시 대명사. '故易之也'를 직역(直譯)하면, 그러므로 그것('도깨비'를 가리킴)이 (그리기가) 쉽습니다. 다시 말하면 도깨비처럼 형상이 없는 것은 본 사람이 없으니 어떻게 그려도 무방하다. 그러나 개[犬]나 말[馬]은 형상이 있고, 본 사람이 많아서 조금만 붓질을 잘못해도 지적을 받을 수 있다. 그러니 개나 말을 그리는 것이 어찌 어렵지 않겠는가? 결국 한비자(韓非子. '한비·韓非'를 높여 이르는 말. 중국 춘추전국시대·春秋戰國時代 말기·末期의 법가·法家의 주창자·主唱者)는 개와 말을 그리는 것이 어렵듯이, 현실(現實)을 헤쳐 나가기는 어렵고, 귀신이나 도깨비는 그리기가 쉽듯이, 이상(理想)을 말하기는 쉬움을 강조한 것이다.

귀-면-불심(鬼面佛心 귀신 **귀**/얼굴 **면**/부처 **불**/마음 **심**) 귀신(鬼神)의 얼굴인데, 부처의 마음이라는 뜻으로, 보기에는 귀신(鬼神)과 같은 얼굴이지만, 사실은 부처같이 순한 마음을 갖고 있음을 이르는 말. *불심(佛心): ①부처의 자비심. 또는 부처와 같은 자비스러운 마음을 일컫는 말. ②중생(衆生. 불교에서, 부처의 구제 대상이 되는, 이 세상의 모든 생물을 통틀어 이르는 말)이 본디부터 지니고 있는 부처로서의 본성(本性. 사람이 본디부터 가진 성질)을 일컫는 말.

귀명 정례(歸命頂禮 돌이갈 **기**/명령 **명**/정수리 **정**/절 **례**) 명령에 (따라) 돌아가 정수리가 (닿도록) 절한다는 뜻으로, 불교에서, ①마음으로 삼보(三寶)에 귀의(歸依. 신이나 부처의 가르침을 믿고 그에게 의지함. 특히 불교에서, 부처를 믿고 그 가르침에 따름을 일컬음)하여, 부처 앞에서 머리를 땅에 대고 하는 절. 즉, 불교에 귀의(歸依)하고 정성을 다하여 예불(禮佛. 불교에서, 부처에게 예배함)하는 일을 이르는 말. 여기서, '삼보(三寶)'는 부처와, 부처의 가르침을 적은 경전(經典. 영원히 변치 않는 법식과 도리를 적은 서적이라는 뜻으로, 성인·聖人의 가르침이나 행실. 또는 종교의 교리를 적은 책)과, 그 가르침을 펴는 중, 곧 불(佛), 법(法), 승(僧)을 아울러 이르는 말. ②예불(禮佛)할 때에 외거나 부르는 말. *귀명(歸命): 불교에서, 몸과 마음을 바쳐 부처의 가르침에 따르는 일. *정례(頂禮): 가장 공경하는 뜻으로, 이마가 땅에 닿도록 절함. 또는 그 절. *정수리(頂~): 부록 '정(頂)' 참고. *절: 남에게 몸을 굽혀 공경하는 뜻을 나타내는 예(禮).

귀모-토각(龜毛兎角 거북 **귀**/털 **모**/토끼 **토**/뿔 **각**) 거북의 털이요, 토끼의 뿔이라는 뜻으로, 절대적으로 있을 수 없는 일을 비유적으로 이르는 말. 거북의 털과 토끼의 뿔은 이 세상에 존재할 수 없다는 데서 나온 말이다. *귀모(龜毛): 거북의 털이라는 뜻으로, 매우 진귀(珍貴)한 것을 비유적으로 이르는 말. *토각(兎角): 토끼의 뿔이라는 뜻으로, 이 세상에 없는 것을 이르는 말. 《관련 속담》 병풍에 그린 닭이 홰를 치거든.

귀배-괄-모(龜背刮毛 거북 **귀**/등 **배**/깎을 **괄**/털 **모**) 거북의 등(<u>사람이나 동물의 몸통에서 뒤쪽이나 위로</u> <u>향한 쪽, 곧 가슴이나 배의 반대쪽</u>)에서 털을 깎는다는 뜻으로, 불가능(不可能)한 일을 무리하게 하려고 함을 비유적으로 이르는 말. 거북의 등에는 털이 없다는 데서 나온 말이다. ***귀배**(龜背): ①거북의 등. ②=곱사등이. 즉, 뼈의 발육 장애로 말미암아, 등뼈가 고부라져 등에 큰 혹과 같은 뼈가 불쑥 나온 사람.

귀-어-허지(歸於虛地 돌아갈 **귀**/어조사 **어**/빌 **허**/땅 **지**) (버려둔) 빈 땅으로 돌아간다는 뜻으로, 헛되이 돌아감. 또는 수고롭기만 하고 헛노릇이 됨을 비유적으로 이르는 말. ***허지**(虛地): ①쓰지 아니하고 버려둔 땅. 또는 아무것도 없는 빈 땅. ②해면(海面)보다 낮아서 물에 잠겨 있거나 물이 드나드는 땅.

귀-이-천-목(貴耳賤目 귀할 **귀**/귀 **이**/천할 **천**/눈 **목**) 귀를 귀(貴)하게 (여기고), 눈을 천(賤)하게 (여긴다는) 뜻으로, 가까운 곳에 있는 것('<u>눈</u>'을 가리킴)을 나쁘게(<u>대단찮게</u>) 여기고, 먼 곳에 있는 것('<u>귀</u>'를 가리킴)을 괜찮게(<u>대단하게</u>) 여기는 보통 사람들의 풍조(風潮. <u>시대에 따라 변하는 세태</u>)를 비판하여 이르는 말. 魯 귀고천금(貴古賤今). 《관련 속담》 가까운 무당보다 먼 데 무당이 용하다. 여기서 '무당'은 귀신을 섬겨 길흉(吉凶)을 점치고 굿을 하는 것을 직업으로 하는 사람을 이르는 말. 주로 여자를 일컫는다. 남자는 '박수(<u>순우리말. 남자 무당</u>)'라고 일컫는다. 이것은 원래는 순우리말이나 한자(漢字)을 빌려 '巫堂'으로 적기도 한다. 이 사자성어의 유래는 다음과 같다. 장형(張衡)의 「동경부(東京賦)」에, 〈객(客)이 말한 바와 같이 학식이 천박하고 피상적이란 것은, 들은 것을 귀히 여기고, 눈으로 본 것을 천하게 여기는 것을 이르는 말이다.(若客所謂, 末學膚受, **貴耳而賤目者也**.)〉라는 이야기가 나오는데, '들은 것을 귀히 여기고, 눈으로 본 것을 천하게 여기는 것을 이르는 말이다.(貴耳而賤目者也)'에서, '귀이천목(貴耳賤目)' 이 유래했다. 그런데 '장형(張衡)'은 후한(後漢)의 문인(文人) 겸 과학자이다. 참고로, 원문의 '若客所謂'에 서, '若'은 같을 '약'으로 읽고, '客'은 나그네 '객'으로 읽고, '所'는 바(<u>방법 또는 일의 뜻을 나타냄</u>) '소'로 읽고 '謂'는 일컬을 '위'로 읽는다. '若客所謂'를 직역(直譯)하면, 나그네가 일컫는 바와 같이, '末學膚受'에 서, '末'은 낮을 '말', 보잘것없을 '말'로 읽고, '學'은 학문 '학'으로 읽는다. '末學'이란 천박한 학문이라는 뜻이다. '膚'는 살갗 '부', 피부 '부'로 읽고, '受'는 받을 '수'로 읽는다. '膚受'란 피부에 받아들인 학문, 즉, 아주 얕고 피상적인 학문이라는 뜻이다. '末學膚受'를 직역(直譯)하면, 천박한 학문과 피상적인 학문 은, '貴耳而賤目者也'에서, '貴'는 귀할 '귀'로 읽고, '耳'는 귀 '이'로 읽고, '而'는 말 이을 '이'로 읽는다. '그리고'의 뜻을 나타냄. '賤'은 천(賤)할 '천'으로 읽고, '目'은 눈 '목'으로 읽고, '者'는 것(<u>사물, 현상,</u> <u>일 따위를 추상적으로 이르는 말</u>) '자'로 읽고, '也'는 어조사 '야'로 읽는다. '~이다(단정)'의 뜻을 나타냄. '貴耳而賤目者也'를 직역(直譯)하면, 귀(<u>귀로 들은 것</u>)를 귀(貴)하게 (여기고) 그리고 눈(<u>눈으로 본 것</u>)을 천(賤)하게 여기는 것이다. 이 말은 결국 잘 알지 못하는 이론이나 학문, 그리고 귀로만 전해들은 지식을 더 신뢰하는 세태를 비판하는 것이다. 여기서, '貴耳賤目'이 유래하였는데, 이것을 직역(直譯)하면, 귀를 귀(貴)하게 (여기고), 눈을 천(賤)하게 (여긴다는) 뜻으로, 가까운 곳에 있는 것[目]을 나쁘게(<u>대단찮게</u>) 여기고, 먼 곳에 있는 것[耳]을 괜찮게(<u>대단하게</u>) 여기는 보통 사람들의 풍조를 비판하여 이르는 말.

귀인-천-기(貴人賤己 귀하게 여길 **귀**/사람 **인**/천하게 여길 **천**/자기 **기**) (다른) 사람(<u>타인</u>)을 귀(貴)하게 여기고, 자기를 천(賤)하게 여긴다는 뜻으로, 군자(君子. <u>학문과 덕·德이 높고 행실·行實이 바르며 품위·</u> <u>品位를 갖춘 사람</u>)는 인의(仁義. <u>어질고 의로움</u>)의 마음이 있는 고(故)로, 만사(萬事. <u>여러 가지 온갖</u>

일)에 있어 자신보다 타인을 높임을 이르는 말. *귀인(貴人): ①사회적 지위가 높고 귀한 사람. ②조선 시대에, 왕의 후궁(後宮)에게 내리던 종일품 내명부(內命婦)의 봉작(封爵)을 이르는 말. 여기서, '봉작(封爵)'은 지난날, 제후(諸侯)에게 영지(領地)를 주고 관작(官爵)을 내리던 일. 또는 외명부(外命婦), 내명부(內命婦), 의빈(儀賓) 따위를 봉하던 일.

귀천-상하(貴賤上下 귀할 **귀**/천할 **천**/위 **상**/아래 **하**) 귀(貴)하고 천(賤)함, (그리고) 위와 아래라는 뜻으로, 신분(身分)이나 지위(地位)의 귀함과 천함, 높음과 낮음을 아울러 이르는 말. *귀천(貴賤): 신분이나 일 따위의 귀함과 천함. *상하(上下): ①위와 아래. =위아래. ②낮고 못함. ③윗사람과 아랫사람. ④높고 낮음. ⑤오르고 내림.

귀천-지-별(貴賤之別 귀하게 여길 **귀**/천하게 여길 **천**/어조사 **지**/가를 **별**) 귀(貴)하게 여기는 (것)과 천(賤) 하게 여기는 (것)을 가른다(구별한다)는 뜻으로, 귀(貴)함과 천(賤)함의 구별을 이르는 말. *귀천(貴賤): ☞귀천상하(貴賤上下).

규중-부녀(閨中婦女 안방 **규**/가운데 **중**/시집간 여자 **부**/계집 **녀**) 안방 가운데에 (있는), 시집간 여자나 계집이라는 뜻으로, 집 안에 들어앉아서 살림하는 여자를 이르는 말. *규중(閨中): 부녀자가 거처하는 방. *부녀(婦女): =부녀자(婦女子). 즉, 결혼한 여자. 또는 성숙한 여자.

규중-심처(閨中深處 안방 **규**/가운데 **중**/깊을 **심**/곳 **처**) 안방 가운데의 깊은 곳이라는 뜻으로, 예전에, 부녀 자가 거처하는 방. 즉, 규중(閨中)의 깊은 곳을 이르던 말. 뙙 구중심처(九重深處). *규중(閨中): ☞규중 부녀(閨中婦女). *심처(深處): 깊숙한 곳.

규중-처녀(閨中處女 안방 **규**/가운데 **중**/처할 **처**/계집 **녀**) (시집 안 가고) 안방 가운데에 처하여 (있는) 계집(처녀)이라는 뜻으로, 집 안에 들어앉아 있는 처녀(處女). 또는 집안에서만 고이 자란 처녀(處女)를 이르는 말. =규중처자(閨中處子). *규중(閨中): ☞규중부녀(閨中婦女). *처녀(處女): ①성숙한 미혼의 여성. =낭자(娘子). 처자(處子). ②남자와의 성적(性的) 경험이 없는 여자. =숫처녀. *처하다(處~): 어떤 처지에 놓이다.

규중-처자(閨中處子 안방 **규**/가운데 **중**/처할 **처**/사람 **자**) (시집 안 가고) 안방 가운데에 처하여 (있는) 사람이라는 뜻으로, 집 안에 들어 앉아 있는 처녀(處女). 또는 집안에서만 고이 자란 처녀(處女)를 이르는 말. =규중처녀(閨中處女). *규중(閨中): ☞규중부녀(閨中婦女). *처자(處子): =처녀(處女). 즉, 아직 결혼하 지 아니한 여자. *처하다(處~): ☞규중처녀(閨中處女)

규-천-호-지(叫天呼地 부르짖을 **규**/하늘 **천**/외칠 **호**/땅 **지**) 하늘에 부르짖고 땅에 외친다는 뜻으로, 몹시 슬프거나 분(憤)하여 하늘과 땅을 향하여 울부짖음을 이르는 말.

규환-지옥(叫喚地獄 부르짖을 **규**/소리칠 **환**/땅 **지**/감옥 **옥**) 부르짖으며 소리치는 땅의 감옥(監獄). 즉, 지옥 (地獄)이라는 뜻으로, 불교에서, 팔팔 끓는 가마솥에서 삶거나 뜨거운 불속에 던져져 고통을 견디지 못하여 울부짖는 지옥(地獄)을 이르는 말. 팔열지옥(八熱地獄)의 하나이다. 여기서, '팔열지옥(八熱地獄)' 은 불교에서 이르는 말로, 매우 뜨거운 불길로 고통을 받는 여덟 지옥. 즉, 등활지옥(等活地獄), 흑승지옥 (黑繩地獄), 중합지옥(衆合地獄), 규환지옥(叫喚地獄), 대규환지옥(大叫喚地獄), 초열지옥(焦熱地獄), 대 초열지옥(大焦熱地獄), 무간지옥(無間地獄) 따위를 일컫는다. =8대 지옥. *규환(叫喚): 큰소리로 부르짖 음. 범어(梵語)에서 유래한 말로, 불교에서 말하는 8대 지옥 중 네 번째 지옥이다. *지옥(地獄): ①불교에서, 이승(지금 살고 있는 이 세상)에서 악업(惡業)을 지은 사람이 죽어서 간다고 하는, 온갖 고통으로 가득 찬 세계. ↔극락(極樂). 여기서, '악업(惡業)'은 불교에서 이르는, 고과(苦果. 불교에서, 고뇌를 받는 과보·果報, 또는 악업·惡業의 과보·果報로 받는 고뇌. 여기서, '과보·果報'는 인과응보·因果應報의 준말)를 가져오는 원인이 되는 나쁜 짓 또는 전생(前生. 이 세상에 태어나기 전의 세상)의 나쁜 짓. ↔선업(善業). ②못 견딜 만큼 괴롭고 참담한 형편이나 환경을 비유적으로 이르는 말. *감옥(監獄): 죄인(罪人)을 가두어 두는 곳. 한때 형무소(刑務所)라고 부르다가 현재 교도소(矯導所)로 고쳤다. 이 사자성어의 유래는 다음과 같다.『법화경(法華經)』의「법사공덕품(法師功德品)」편(篇)에 〈규환(叫喚)' 이란 말은 범어(梵語)에서 나왔다. 고통에 울부짖는다 하여 '규환(叫喚)'이라고 한다. 규환지옥(叫喚地獄)은 8대 지옥(地獄) 중 네 번째 지옥(地獄)이다. 이곳에는 살생(殺生. 사람이나 짐승 따위의 생물을 죽임), 질투(嫉妬. 부부 사이나 사랑하는 이성·異性 사이에서 상대되는 이성·異性이 다른 이성·異性을 좋아할 경우에 지나치게 시기함), 절도(竊盜. 남의 물건을 몰래 훔침. 또는 그런 사람), 음탕(淫蕩. 음란하고 방탕함), 음주(飮酒. 술을 마심)를 일삼은 자(者)들이 떨어지게 된다. 이들은 물이 펄펄 끓는 가마솥에 빠지거나, 불이 훨훨 타오르는, 쇠로 된 방(房)에 들어가 뜨거운 열기의 고통을 받게 된다. 너무 고통스러워 울부짖으므로 '규환지옥(叫喚地獄)'이라고도 한다.〉라는 이야기가 나오는데, 여기서, 규환지옥(叫喚地獄)'이 유래했다.

귤-중-지-락(橘中之樂 귤 **귤**/가운데 **중**/어조사 **지**/즐거울 **락**) 귤 가운데에 (있는) 즐거움이라는 뜻으로, 바둑을 두는 즐거움을 이르는 말. 옛날 중국의 파공(巴邛. 땅 이름)에 사는 사람이, 뜰의 귤나무에서 귤을 따서 쪼개어 보니, 그 속에서 두 늙은이가 바둑을 두며 즐거워하고 있었다는 데서 유래한다.

귤-화-위-지(橘化爲枳 귤 **귤**/화할 **화**/될 **위**/탱자 **지**) 귤이 화하여(변화하여) 탱자가 된다. 즉, 회남(淮南)의 귤을 회북(淮北)에 옮겨 심으면 탱자가 된다는 뜻으로, 환경과 조건에 따라 사람이나 사물의 성질이 변함을 비유적으로 이르는 말. 여기서, 귤은 맛좋은 과일이고, 탱자는 맛없는 과일이다. *화하다(化~): 부록 '화(化)' 참고. 《관련 속담》개와 친하면 옷에 흙칠(~漆)을 한다. 이 사자성어의 유래는 다음과 같다.『안자춘추(晏子春秋)』에 [춘추시대(春秋時代) 제(齊)나라의 안영(晏嬰. '안자·晏子'라는 존칭어로 불리기도 함)은 세 명의 왕(영공·靈公, 장공·莊公, 경공·景公의 왕을 가리키는 말) 밑에서 재상(宰相. 임금을 보필하며 모든 관원을 지휘, 감독하는 자리에 있는 이품·二品 이상의 벼슬을 통틀어 이르던 말)을 지냈으나 평생 절검(節儉. 절약하고 검소하게 함)과 역행(力行. 노력하여 행함. 또는 힘을 다하여서 함)의 삶을 살았다. 그는 재상(宰相)이 된 뒤에도 밥상에는 고기반찬을 올리지 않았고, 아내에게는 비단옷을 입히지 않았으며, 조정(朝廷. 임금이 나라의 정치를 신하들과 의논하거나 집행하는 곳. 또는 그런 기구)에 들어가면 임금께서 묻는 말에만 대답할 정도로 스스로 품행(品行. 품성과 행실)을 조심하였다. 또한 달변(達辯. 막히는 데 없이 말을 술술 잘함. 또는 그런 말)과 임기응변(臨機應變. 본문 참고)으로 유명했지만, 아주 키가 작고 볼품없는 외모를 지니고 있었다. 어느 해, 그는 초(楚)나라에 사신(使臣. 지난날, 나라의 명·命을 받아 외국에 파견되던 신하)으로 가게 되었다. 평소 안영(晏嬰)이 뛰어난 지모(智謀. 슬기로운 꾀)의 소유자라는 소문(所聞)을 들은 초(楚)의 영왕(靈王)은 안영(晏嬰)을 시험하기 위해 대문(大門) 옆에 작은 문을 내어 안영(晏嬰)을 그리로 안내하도록 했다. 즉, 어느 해 초(楚)나라 영왕(靈王)이 안영(晏嬰)을 초청했다. 그가 너무 유명하니까 만나보고 싶은 욕망(慾望)과, 코를 납작하게 만들고 싶은 심술(心術)이 함께 작용한 것이다. 안영(晏嬰)은 들어가기를 거부하면서 말했다. "개나라(狗

國. 개가 사는 나라] 사신(使臣)이나 개문[狗門. 개가 드나드는 문]으로 드나들게 해야지. 나는 초(楚)나라 사신(使臣)이니 이 문(門)으로 들어갈 수 없다.” 영왕(靈王)은 이 말을 듣고 성문(城門. 성·城의 출입구에 만든 문·門)을 열고 안영(晏嬰)을 맞이하게 했다. 이튿날 안영(晏嬰)은 왕궁(王宮)으로 가 영왕(靈王)을 알현(謁見. 지체 높은 사람을 찾아 뵘)했다. 여기서, ‘지체’는 순우리말로, 대대로 이어 내려오는 사회적 신분이나 지위를 일컬음. 영왕(靈王)이 입을 열었다. “제(齊)나라에는 사람이 없소? 그대 같은 사람을 사신(使臣)으로 보내다니.” 즉, 영왕(靈王)은 안영(晏嬰)의 볼품없는 외모를 문제 삼은 것이다. 안영(晏嬰)이 대답했다. “제(齊)나라의 도성(都城. 임금이나 황제가 있던 도읍지·都邑地가 성·城으로 이루어졌다는 데서, ‘서울’을 이르던 말)인 임치(臨淄)는 집이 3만호에, 길 가는 사람들이 서로 어깨를 부딪치고, 팔을 들어 올리면, 해가 가려지고, 땀을 흘리면 비가 내릴 정도로 많습니다. 어찌 사람이 없다 하십니까?” 즉, 제(齊)나라에도도 사람이 많이 있다는 것을 예를 들어 설명하고 있다. “그런데 어째서 경(卿. 임금이 이품·二品 이상의 관원을 부를 때 일컫던 호칭)과 같은 사람을 사신(使臣)으로 보냈단 말이오?” 즉, 안영(晏嬰)의 보잘것없는 모습을 노골적으로 비웃는 말이었다. 안영(晏嬰)이 대답했다. “제(齊)나라에서는 사신(使臣)을 보낼 때, 상대국에 맞게 사람을 보냅니다. 현명(賢明)한 자(者)는 현명(賢明)한 왕에게 보내고, 무능(無能)한 자(者)는 무능(無能)한 왕에게 보냅니다. 저는 가장 무능(無能)하기 때문에 초(楚)나라로 오게 된 것입니다.” 즉, 우리 제(齊)나라에는 한 가지 원칙을 세워두고 사신(使臣)을 보낸다는 말이다. 다시 말하면 상대방의 나라에 맞게 사람을 보내는 관례(慣例. 이전부터 해 내려와서 습관처럼 되어 버린 일)가 있다는 것이다. 그래서 자기는 무능하기 때문에 무능한 왕의 나라에 왔다는 뜻이다. 안영(晏嬰)의 코를 납작하게 만들고 싶은 영왕(靈王)의 계획은 실패로 돌아간 셈이다. 영왕(靈王)이 연회(宴會. 여러 사람이 모여 술을 마시거나 음식을 먹으면서 즐기는 모임)를 베풀었다. 영왕(靈王)이 안영(晏嬰)에게 술을 권했다. 술이 거나해졌을 무렵, 관리 두 사람이 한 사람을 묶어 데려와 왕을 알현(謁見)했다. 영왕(靈王)이 물었다. “그 죄수는 누구인가?” “제(齊)나라 사람입니다. 절도를 했습니다.”]〈영왕(靈王)이 안영(晏嬰)을 보며 물었다. “제(齊)나라 사람들은 도둑질을 잘 합니까?” 즉, 안영(晏嬰)에게 모욕을 주기 위한 말이었다. 그러자 안영(晏嬰)이 피석(避席. 자리를 피하여 물러남)을 하며 대답했다. “귤이 회남(淮南)에서 나면 귤이 되고, 회북(淮北)에서 나면 탱자가 된다고 들었습니다. 잎은 서로 비슷하지만, 그 과실의 맛은 다릅니다. 그러한 까닭은 무엇이겠습니까? 물과 땅이 다르기 때문입니다. 백성들 중 제(齊)나라에서 나고 자란 자(者)는 도둑질을 하지 않습니다. 그런데 초(楚)나라로 들어오면 도둑질을 합니다. 초(楚)나라의 물과 땅이 백성들에게 도둑질을 하게 만드는 것입니다.” 즉, 강남(江南)에 귤이 있는데, 그것을 강북(江北)에 심으면 탱자가 되고 마는 것은 토질(土質) 때문이다. 마찬가지로 제(齊)나라 사람이 제(齊)나라에 있을 때는 원래 도둑질이 무엇인지도 모르고 자랐는데, 그가 초(楚)나라에 와서 도둑질한 것을 보면 역시 초(楚)나라의 풍토(風土) 때문이라고 반박하는 것이다. 결국 연거푸 목적을 달성하지 못한 영왕(靈王)은 말을 잃을 정도가 된 것이다.(王視晏子曰, 齊人固善盜乎. 晏子避席對日, 嬰聞之, **橘生淮南則爲橘, 生於淮北爲枳**, 葉徒相似, 其實味不同, 所以然者何, 水土異也, 今民生長於齊不盜, 入楚則盜, 得無楚之水土, 使民善盜耶.)〉라는 이야기가 나오는데, 안영(晏嬰)의 ‘귤이 회남(淮南)에서 나면 귤이 되고, 회북(淮北)에서 나면 탱자가 된다.(橘生淮南則爲橘, 生於淮北爲枳)’에서 파생(派生. 하나의 본체에서 다른 사물이 갈려 나와 생김)되어, 귤이 변화하여 탱자가 된다는 ‘귤화위지(橘化爲枳)’가 유래했다. '회남(淮南)'과 '회북(淮北)'은 각각 회수(淮水)의 남쪽과 북쪽을 말한다. 예로부터 중국은 회수(淮水)를 분기점으로 하여 남방과 북방을 구분 지었다. 위의 이야기는 제(齊)나라의 안영(晏嬰)이 초(楚)나라에 사신(使臣)으로 가 초(楚)나라의 영왕(靈王)을 만나 대화를 나눈 내용이다. 제(齊)나라의 안영(晏嬰)은 '귤화위지(橘化爲枳)'를 예로 들어, 강남(江南)에 심은 귤을, 기후와 풍토가 다른 강북(江北)에 옮겨 심으면 탱자가 되듯이, 사람도 주위의 환경에 따라 착하게도 되고, 악하게도 된다는 점을 밝히고자 하는 것이다. 결국 환경의 중요성을 강조한 말이다. 구체적인 내용은 ⇨남귤북지(南橘北枳).

극구-광음(隙駒光陰 틈 극/망아지 구/빛 광/그늘 음) (문) 틈의 망아지와, 빛과 그늘. 즉, (문) 틈 앞을 지나가는 망아지의 속도(速度)와 같은 시간이라는 뜻으로, 몹시 빨리 지나가는 세월(歲月)을 비유적으로 이르는 말. *극구(隙駒): 달리는 말을 문틈으로 본다는 뜻으로, 세월이 빨리 지나감을 이르는 말. *광음(光陰): 햇빛과 그늘이라는 뜻으로, 시간 또는 세월을 이르는 말. *망아지: 부록 구(駒) 참고.

극기-복례(克己復禮 이길 극/자기 기/회복할 복/예절 례) 자기(自己)를 이기고 예절(禮節)을 회복(回復)한다(예로 돌아간다)는 뜻으로, 사리사욕(私利私慾. 본문 참고)에 대한 욕심을 버리고 공공(公共)의 이익을 위한 사회적 질서인 예(禮)를 회복시키는 것을 비유적으로 이르는 말. 또는 자기의 욕심을 누르고, 사람이 본래 지녀야 할 예의범절(禮儀凡節. 본문 참고)을 따름을 이르는 말. *극기(克己): 자기의 욕망이나 충동, 감정 따위를 의지(意志. 어떠한 일을 이루고자 하는 마음)로 눌러 이김. *복례(復禮): 예(禮)에 따라 행함. 또는 예(禮)를 바르게 실천함. 이 사자성어의 유래는 다음과 같다. 『논어(論語)』의 「안연(顔淵)」 편(篇)에, 여기서 '안연(顔淵)'은 중국 춘추 시대(春秋時代) 노(魯)나라의 사람으로, 중국 춘추시대(春秋時代)의 사상가이며 학자인 공자(孔子)의 제자(弟子)이다. '자(字. 본이름을 함부로 부르지 않던 시대에, 본이름 대신 부르던 이름)'는 '자연(子淵)'이다. 자(字)를 따서 '안연(顔淵)' 또는 '안자연(顔子淵)'이라고도 부른다. 〈안연(顔淵)이 인(仁)에 대하여 묻자, 공자(孔子)가 대답했다. "나를 이기고 예(禮)로 돌아가는 것이 인(仁)이다. 즉, 자기의 사욕(私慾)을 이겨내고 본연의 예(禮)로 돌아가는 것이 인(仁)이라는 뜻이다. 하루라도 나를 이기고 예(禮)로 돌아가면 천하(天下)가 인(仁)으로 돌아갈 것이다. 즉, 하루라도 자기의 사욕(私慾)을 이겨내고 본연의 예(禮)로 돌아간다면, 천하(天下)가 그의 인(仁)을 인정할 것이라는 뜻이다. 인(仁)을 향하는 것은 나로부터 나오는 것이지, 어찌 다른 사람에게서 나오는 것이겠느냐?" 즉, 인(仁)을 행하는 것은 자기에게서 나오는 것이지, 어찌 남이 간여할 수 있는 것이겠는가? 라는 뜻이다. 안연(顔淵)이 물었다. "그 조목(條目. 정해 놓은 법률이나 규정 따위의 낱낱의 조항이나 항목)을 묻고 싶습니다." 즉, 그 실천 조목(條目)을 묻겠다는 말이다. 공자(孔子)가 말씀하였다. "예(禮)가 아니면 보지도 말고, 예(禮)가 아니면 듣지도 말며, 예(禮)가 아니면 말하지도 말고, 예(禮)가 아니면 행동하지도 말아라." 안연(顔淵)이 말했다. "제가 비록 불민(不敏. 어리석고 둔하여 재빠르지 못함)합니다만 이 말씀을 실천하도록 하겠습니다." 즉, 제가 비록 총명(聰明)하지 못하나 이 말씀을 따르겠다는 뜻이다. (顔淵問仁, 子曰, **克己復禮爲仁, 一日克己復禮, 天下歸仁焉**, 爲仁由己, 而由人乎哉. 顔淵曰, 請問其目, 子曰, 非禮勿視, 非禮勿聽, 非禮勿言, 非禮勿動. 顔淵曰, 回雖不敏, 請事斯語矣.)〉라는 이야기가 나오는데, '나를 이기고 예(禮)로 돌아가는 것이 인(仁)이다. 하루라도 나를 이기고 예(禮)로 돌아가면 천하가 인(仁)으로 돌아갈 것이다.(克己復禮爲仁, 一日克己復禮, 天下歸仁焉)'에서, '극기복례(克己復禮)'가 유래했다. '극기복례(克己復禮)'는 한 마디로 말하면, 자신을 이겨내고 예(禮)로 돌아간다는 뜻이다. 즉, 자기의 욕망과 감정을 이겨내고 사회적인 법칙(法則)인 예(禮)를 따른다는 뜻이다. 『논어(論語)』에는 인(仁)에 관한 언급이 매우 많다. 그 이유는 공자(孔子)의 대표적인 사상(思想)이 인(仁)이기 때문이다. '극기복례(克己復禮)'도 그 인(仁)의 하나이다. 이 말은 자신의 욕심(慾心)을 버리고 사람이 본래 지녀야 할 예도(禮度. '예절·禮節'과 같은 말)의 마음으로 되돌아가라는 공자(孔子)의 가르침이다. 참고로, 원문의 '顏淵問仁'에서, '顏'은 낯 '안', 얼굴 '안'으로 읽고, '淵'은 못(넓고 오목하게 팬 땅에 물이 괴어 있는 곳) '연'으로 읽는다. '顏淵'은 사람 이름. '問'은 물을 '문'으로 읽고, '仁'은 어질 '인'으로 읽는다. '顏淵問仁'을 직역(直譯)하면, 안연(顏淵)이 인(仁)에 대해서 물었는데, '子曰'에서, '子'는 경칭(敬稱. 공경하는 뜻으로 부르는 칭호, 또는 존대하여 일컬음) '자'로 읽는다. 학덕(學德)과 지위(地位)가 높은 남자의 경칭(敬稱)이다. 여기서는 '공자(孔子)'를 가리킴. '子曰'을 직역(直譯)하면, 공자(孔子)가 말하기를, '克己復禮爲仁'에서, '克'은 이길 극으로 읽고, '己'는 자기(自己) '기'로 읽고, '復'은 회복할 '복'으로 읽고, '禮'는 예절 '례(예)'로 읽고, '爲'는 될 '위'로 읽고, '仁'은 어질 '인'으로 읽는다. '克己復禮爲仁'을 직역(直譯)하면, 자기(自己)를 이기고 예절을 회복하는 것이 인(仁)이 되니, 여기서, '克己復禮'를 직역(直譯)하면, 자기를 이기고 예절을 회복(回復)한다(예로 돌아간다)는 뜻으로, 사리사욕(私利私慾)에 대한 욕심을 버리고 공공의 이익을 위한 사회적 질서인 예(禮)를 회복시키는 것을 비유적으로 이르는 말. 또는 자기의 욕심을 누르고 예의 범절(禮儀凡節)을 따름을 이르는 말. '一日克己復禮'에서, '一'은 한 '일'로 읽고, '日'은 날 '일'로 읽는다. '一日'은 하루. '一日克己復禮'을 직역(直譯)하면, 하루라도 자기(自己)를 이기고 예절을 회복하면, '天下歸仁焉'에서, '天'은 하늘 '천'으로 읽고, '下'는 아래 '하'로 읽는다. '天下'는 온 세상. '歸'는 돌아갈 '귀'로 읽는다. '焉'은 어조사 '언'으로 읽는다. '~이다(단정)'의 뜻을 나타냄. '天下歸仁焉'을 직역(直譯)하면, 천하(天下)가 인(仁)으로 돌아갈 것이다. 여기서, '克己復禮'가 유래하였는데. 이것을 직역(直譯)하면, 자기를 이기고 예절을 회복(回復)한다(예로 돌아간다)는 뜻으로, 사리사욕(私利私慾. 개인의 욕심과 이익)에 대한 욕심을 버리고 공공(公共)의 이익을 위한 사회적 질서인 예(禮)를 회복(回復)시키는 것을 비유적으로 이르는 말. 또는 자기의 욕심을 누르고, 사람이 본래 지녀야 할 예의범절(禮儀凡節)을 따름을 이르는 말. '爲仁由己'에서, '爲'는 될 '위'로 읽고, '仁'은 어질 '인'으로 읽고, '由'는 말미암을(어떤 현상이나 사물 따위가 원인이나 이유가 됨) '유'로 읽는다. '爲仁由己'를 직역(直譯)하면, 인(仁)이 되는 것은 자기(自己)로 말미암은 것이지, '而由人乎哉'에서, '而'는 말 이을 '이'로 읽는다. '그리고'의 뜻을 나타냄. '人'은 남[他人] '인', 딴 사람 '인'으로 읽고, '乎'는 어조사 '호'로 읽는다. 의문을 나타냄. '哉'는 어조사 '재'로 읽는다. '~일 것인가?(반문)'의 뜻을 나타냄. '乎哉'를 직역(直譯)하면, 어찌 ~ 하겠는가? '而由人乎哉'를 직역(直譯)하면, 그리고 어찌 다른 사람으로 말미암은 것인가? '顏淵曰'에서, '顏淵曰'을 직역(直譯)하면, 안연(顏淵)이 말하기를(묻기를), '請問其目'에서, '請'은 청할 '청'으로 읽고, '問'은 물을 '문'으로 읽고, '其'는 그 '기'로 읽고, '目'은 조목(條目. 정해 놓은 법률이나 규정 따위의, 낱낱의 조항이나 항목) '목'으로 읽는다. '請問其目'을 직역(直譯)하면, 청하건대, 그 조목(條目)을 묻습니다. 즉, 인(仁)의 실천 조목(條目)을 알고 싶다는 뜻이다. '非禮勿視'에서, '非'는 아닐(부정하는 말) '비'로 읽고, '禮'는 예도(禮度) '예(례)'로 읽고, '勿'은 말('말다'의 어간. '금지·禁止'의 뜻을 가짐. 하려던 일을 하지 않다) '물'로 읽는다. '非A 勿B'는 A가 아니면 B하지 말라. '視'는 볼 '시'로 읽는다. '非禮勿視'를 직역(直譯)하면, 예(禮)가 아니면 보지 말라. 여기서 '예(禮)'는 사람이 마땅히 지켜야 할 도리(道理. 사람이 마땅히 지켜야 할 바른 길)를 일컫는다. '非禮勿聽'에서, '聽'은 들을 '청'으로 읽는다. '非禮勿聽'을 직역(直譯)하면, 예
(禮)가 아니면 듣지 말라. '非禮勿言'에서, '言'은 말씀 '언'으로 읽는다. '非禮勿言'을 직역(直譯)하면, 예
(禮)가 아니면 말하지 말라. '非禮勿動'에서, '動'은 움직일 '동'으로 읽는다. 非禮勿動을 직역(直譯)하면,
예(禮)가 아니면 움직이지(행동하지) 말라. '回雖不敏'에서, '回'는 돌아올 '회'로 읽는다. 여기서는 '안연
(顏淵)'을 가리킨다. 안연(顏淵)의 이름은 '회(回)'이고, 자(字)가 '자연(子淵)'이다. 자(字)를 따서 그를
안연(顏淵), 안자연(顏字淵)이라고 부른다. '雖'는 비로소 '수'로 읽고, '不'은 아닐(부정하는 말) '불'로
읽고, '敏'은 민첩할 '민', 재빠를 '민'으로 읽는다. '불민'(不敏)은 눈치가 빠르지 못하고 동작이 날쌔지
못함. 또는 어리석고 둔함. '回雖不敏'을 직역(直譯)하면, 제('안연·顏淵'을 가리킴)가 비록 불민(不敏)하
지만, '請事斯語矣'에서, '請'은, 여기서는 받을 '정'으로 읽고, '事'는, 여기서는 섬길 '사'로 읽고, '斯'는
이 '사'로 읽고, '語'는 말씀 '어'로 읽고, '矣'는 어조사 '의'로 읽는다. '~이다(단정)'의 뜻을 나타냄. 請事斯
語矣을 직역(直譯)하면, 이 말씀을 받아 섬기겠습니다. 즉, 이 말씀을 받아 따르겠습니다.

극기-주의(克己主義 이길 **극**/자기 **기**/주될 **주**/옳을 **의**) 자기(自己)를 이겨야 된다는 주된 주의(主義)라는
뜻으로, 일체의 정신적, 육체적 욕망이나 욕구 및 세속적(世俗的. 세속의 범주를 벗어나지 못한 것)인
명예나 이익을 탐하는 모든 욕심을 억제함으로써, 종교나 도덕에서 이상을 성취하려는 사상이나 태도를
이르는 말. 불교나 기독교에서 이 사상을 볼 수 있다. =견인주의(堅忍主義). 금욕주의(禁慾主義). 수덕주
의(修德主義). 제욕주의(制慾主義). 참 쾌락주의(快樂主義). *극기(克己): ☞극기복례(克己復禮). *주의
(主義): ①굳게 지키는 주장이나 방침. ②체계화된 이론이나 학설. *주되다(主~): 주장(主張)이나 중심
(中心)이 되다.

극락-세계(極樂世界 지극할 **극**/즐거울 **락**/세상 **세**/세계 **계**) 지극(至極)히 즐거운 세상(世上)이나 세계(世
界)라는 뜻으로, 불교에서 이르는, 아미타불(阿彌陀佛)이 살고 있는 정토(淨土)로, 괴로움이 없으며 지극
히 안락하고 자유로운 세상(世上)을 이르는 말. 인간 세계에서 서쪽으로 10만억 불토(佛土. 부처의 세계
인 극락정토·極樂淨土를 이르는 말)를 지난 곳에 있다. =극락정토(極樂淨土), 연화세계(蓮花世界). 참
지옥세계(地獄世界). *극락(極樂): ①불교에서, 아미타불(阿彌陀佛)이 살고 있는 정토(淨土. 부처가 사는
청정한 곳)로, 괴로움이 없으며 지극히 안락하고 자유로운 세상을 일컬음. *세계(世界): ①지구상의 모
든 나라. 또는 인류 사회 전체. ②집단적 범위를 지닌 특정 사회나 영역. ③대상이나 현상의 모든 범위.
④불교에서. 널리 중생(衆生. 불교에서, 부처의 구제 대상이 되는, 이 세상의 모든 생물을 통틀어 이르는
말)의 삶을 영위하는 범위. *지극하다(至極~): 부록 '극(極)' 참고. *세상(世上): 사람이 살고 있는 모든
사회를 통틀어 이르는 말.

극락-왕생(極樂往生 지극할 **극**/즐거울 **락**/갈 **왕**/살 **생**) 지극(至極)히 즐거운 (곳에) 가서 산다는 뜻으로,
①불교에서, 죽어서 극락세계(極樂世界. 본문 참고)에 다시 태어남을 이르는 말. =안양왕생(安養往生).
왕생극락(往生極樂). 정토왕생(淨土往生). ②편안히 죽음을 이르는 말. *극락(極樂): ☞극락세계(極樂世
界). *왕생(往生): (불교에서) ①목숨이 다하여 다른 세계에 가서 태어남. 이승(지금 살고 있는 이 세상)
을 떠나 저승(사람이 죽은 뒤에 그 혼·魂이 가서 산다고 하는 세상. =저세상)에 다시 태어남. ②=왕생극
락(往生極樂). 즉, 불교에서 죽어서 극락세계(極樂世界)에 태어남을 이르는 말. *지극하다(至極~): 부록
'극(極)' 참고.

극락-정토(極樂淨土 지극할 **극**/즐거울 **락**/깨끗할 **정**/흙 **토**) 지극(至極)히 즐겁고 깨끗한 흙이라는 뜻으로, 불교에서 이르는, 아미타불(阿彌陀佛)이 살고 있는 정토(淨土)로, 괴로움이 없으며 지극히 안락(安樂)하고 자유로운 세상을 이르는 말. 인간세계에서 서쪽으로 10만 억 불토(佛土. <u>부처의 세계인 극락정토·極樂淨土를 이르는 말</u>)를 지난 곳에 있다. =극락세계(極樂世界). 극락안양(極樂安養). 금색세계(金色世界). 안락세계(安樂世界). 안락정토(安樂淨土). 안양보국(安養寶國). 안양세계(安養世界). 안양정토(安養淨土). 연화세계(蓮花世界). *극락(極樂): ☞극락세계(極樂世界). *정토(淨土): 부처가 사는 청정한 곳. *지극하다(至極~): 부록 '극(極)' 참고.

극-류-도장(剋留盜贓 반드시 **극**/머무를 **류**/도둑질할 **도**/장물 **장**) 반드시 머무르게 (하도록 되어 있는) 장물(臟物)을 도둑질한다는 뜻으로, 벼슬아치가 마땅히 관아(官衙. <u>지난날 관원이 모여서 공무를 보던 곳</u>)에 바쳐야 할 장물(臟物)의 일부를 빼돌리는 짓을 이르는 말. *도장(盜贓): 훔쳐서 얻은 재물. *장물(臟物): 부록 '장(臟)' 참고.

극변-원찬(極邊遠竄 끝 **극**/가 **변**/멀 **원**/귀양 보낼 **찬**) 끝없는 가[邊]로 멀리 귀양 보낸다는 뜻으로, 중심이 되는 곳에서 아주 멀리 떨어져 있는 변경(邊境. <u>나라와 나라의 경계가 되는 변두리 지역</u>)으로 귀양을 보냄을 이르는 말. *극변(極邊): 중심이 되는 곳에서 아주 멀리 떨어져 있는 변경. *원찬(遠竄): 먼 고장으로 귀양살이를 보냄.

극-비밀리(極秘密裏 지극할 **극**/비밀 **비**/비밀할 **밀**/속 **리**) 지극(至極)히 비밀(秘密)이 있는 속이라는 뜻으로, 다른 사람들에게는 전혀 알려지지 않은, 더없이 중요한 비밀 가운데를 이르는 말. *비밀리(秘密裏): 어떤 일이 남에게 알려지지 않은 가운데 행하여지고 있는 상태. 또는 비밀한 가운데. *지극하다(至極~): 부록 '극(極)' 참고.

극성-즉-패(極盛則敗 지극할 **극**/성할 **성**/곧 **즉**/패할 **패**) 지극(至極)히 성(盛)하면 곧 패(敗)한다(망한다)는 뜻으로, 몹시 왕성(旺盛. <u>힘찬 성함</u>)하면 얼마 가지 못해서 패망(敗亡. <u>전쟁에 져서 망함</u>)함을 이르는 말. 즉, 왕성(旺盛)함이 지나치면 얼마 못 가서 도리어 패망(敗亡)한다는 말이다. =극성지패(極盛之敗). *극성(極盛): ①(무슨 일에) 매우 적극적이거나 억척스러운 성질. 또는 그런 상태. ②(어떤 일에 대하여) 몹시 심하게 구는 성질. 또는 그런 상태. *지극하다(至極~): 부록 '극(極)' 참고. *성하다(盛~): 부록 '성(盛)' 참고.

극성-지-패(極盛之敗 지극할 **극**/성할 **성**/어조사 **지**/패할 **패**) 지극(至極)히 성(盛)하면 패(敗)한다는 뜻으로, 몹시 왕성(旺盛. <u>한창 성함</u>)하면 얼마 가지 못해서 패망(敗亡. <u>전쟁에 져서 망함</u>)함을 이르는 말. 즉, 왕성(旺盛)함이 지나치면 얼마 못 가서 도리어 패망(敗亡)한다는 말이다. =극성즉패(極盛則敗). *극성(極盛): ☞극성즉패(極盛則敗). *지극하다(至極~): 부록 '극(極)' 참고. *성하다(盛~): 부록 '성(盛)' 참고.

극악-무도(極惡無道 지극할 **극**/악할 **악**/없을 **무**/도리 **도**) 지극(至極)히 악(惡)하고 도리(道理)가 없다(<u>도리에 벗어난다</u>)는 뜻으로, 더할 나위 없이 악(惡)하고, 도리(道理)에 완전히 어긋나 있음을 이르는 말. 또는 더없이 악(惡)하고 도의심(道義心. <u>사람이 마땅히 행하여야 할 도덕적 의리를 소중히 여기는 마음</u>)이 없음을 이르는 말. *극악(極惡): 더없이 악함. 또는 지독히 나쁨. *무도(無道): 인도(人道. <u>인간으로서 마땅히 지켜야 할 도리</u>)에 어그러짐. 또는 도리에 벗어남. *지극하다(至極~): 부록 '극(極)' 참고. *도리(道理): 사람이 마땅히 지켜야 할 바른 길.

극열-지옥(極熱地獄 지극할 **극**/뜨거울 **열**/땅 **지**/감옥 **옥**) 지극(至極)히 뜨거운 땅의 감옥(監獄)이라는 뜻으로, 불교에서, 뜨거운 불길로 초열지옥(焦熱地獄)보다 더 심하게 고통(苦痛)을 당한다는 지옥(地獄)을 이르는 말. 팔열지옥(八熱地獄)의 하나. 여기서, '팔열지옥(八熱地獄)'은 불교에서 이르는 말로, 매우 뜨거운 불길로 고통을 받는 여덟 지옥. 즉, 등활지옥(等活地獄), 흑승지옥(黑繩地獄), 중합지옥(衆合地獄), 규환지옥(叫喚地獄), 대규환지옥(大叫喚地獄), 초열지옥(焦熱地獄), 대초열지옥(大焦熱地獄), 무간지옥(無間地獄) 따위를 일컫는다. =8대지옥. *극열(極熱): ①매우 심한 열. ②몹시 뜨거움. 또는 그런 열기. *지옥(地獄): ①불교에서, 이승에서 악업(惡業)을 지은 사람이 죽어서 간다고 하는, 온갖 고통으로 가득 찬 세계. ↔극락(極樂). 여기서, '악업(惡業)'은 불교에서 이르는, 고과(苦果. 불교에서, 고뇌를 받는 과보·果報, 또는 악업·惡業의 과보·果報로 받는 고뇌. 여기서, '과보·果報'는 인과응보·因果應報의 준말)를 가져오는 원인이 되는 나쁜 짓 또는 전생(前生)의 나쁜 짓. ↔선업(善業). ②못 견딜 만큼 괴롭고 참담한 형편이나 환경을 비유적으로 이르는 말. *지극하다(至極~): 부록 '극(極)' 참고. *감옥(監獄): 죄인(罪人)을 가두어 두는 곳. 한때 형무소(刑務所)라고 부르다가 현재 교도소(矯導所)로 고쳤다.

극진-지두(極盡地頭 지극할 극/다할 진/땅 지/머리 두) 머리가 땅에 (닿도록) 지극(至極)히 다함이라는 뜻으로, ①머리가 땅에 닿도록 극진(極盡)히 함. ②궁극(窮極. 어떤 일의 마지막 끝이나 막다른 고비)의 지점(地點)을 이르는 말. *극진(極盡): (마음과 힘을 들이는 정성이) 그 이상 더할 수 없음. *지두(地頭): =지경(地境). 즉, 나라나 지역 따위의 구간(區間)을 가르는 경계(境界). *지극하다(至極~): 부록 '극(極)' 참고. *다하다: 부록 '진(盡)' 참고.

극한-투쟁(極限鬪爭 끝 극/한정할 한/싸울 투/다툴 쟁) 끝이 한정(限定)한 (데까지) 싸우고 다툰다는 뜻으로, 어떤 목적(目的)을 이루고자, 또는 어떤 목적을 관철하기 위하여 싸울 수 있는 데까지 있는 힘을 다하여 싸우는 일을 이르는 말. *극한(極限): 사물이 더 이상은 나아갈 수 없는 한계. 또는 사물의 끝닿은 데. *투쟁(鬪爭): ①상대편을 이기려고 다툼(싸움). ②(사회운동이나 노동운동 따위에서) 목적을 이루기 위해서 다투는(싸우는) 일. *한정하다(限定~): 제한하여 정하다.

근검-노작(勤儉勞作 부지런할 근/검소할 검/수고로울 노/일할 작) 부지런하고 검소(儉素)하며 수고로움을 (다하여) 일한다는 뜻으로, 부지런하고 검소(儉素)하며 노력을 들여 일함을 이르는 말. *근검(勤儉): 부지런하고 검소함. *노작(勞作): ①힘들여 일함. ②힘들여 만듦. 또는 그 작품. *검소하다(儉素~): 부록 '검(儉)' 참고. *수고롭다: 순우리말로, 부록 '노(勞)' 참고.

근검-절약(勤儉節約 부지런할 근/검소할 검/절약할 절/검소할 약) 부지런하고 검소(儉素)하며 (또) 절약(節約)하며 검소(儉素)하다는 뜻으로, 부지런하고 알뜰하게 재물(財物)을 아낌을 이르는 말. *근검(勤儉): ☞근검노작(勤儉勞作). *절약(節約): 객쩍은(말이나 하는 짓이 실없고 싱거운) 비용을 내지 않고 꼭 필요한 데에만 씀. =아낌. *검소하다(儉素~): 부록 '검(儉)' 참고.

근근-도생(僅僅圖生 겨우 근/겨우 근/꾀할 도/살 생) 겨우겨우 살기를 꾀한다는 뜻으로, 생활이 곤궁(困窮)하여 겨우겨우 살기를 꾀함을 이르는 말. =근근득생(僅僅得生). 근근부지(僅僅扶持). *근근(僅僅): 겨우. 가까스로. 근근이. *도생(圖生): 살기를 도모함. *꾀하다: ①계획(計劃)하다. ②어떤 일을 이루거나 해결하려고 노력하다.

근근-득-생(僅僅得生 겨우 근/겨우 근/얻을 득/살 생) 겨우겨우 삶의 (기회를) 얻는다는 뜻으로, 겨우겨우 살아감. 또는 겨우겨우 삶을 이어나감을 이르는 말. =근근도생(僅僅圖生). 근근부지(僅僅扶持). *근근

(僅僅): ☞근근도생(僅僅圖生).

근근-부지(僅僅扶持 겨우 **근**/겨우 **근**/도울 **부**/가질 **지**) 겨우겨우 부지(扶持)한다. 즉, 근근(僅僅)이 유지해 나간다는 뜻으로, 겨우겨우 견디어 나감. 또는 가까스로 버티어 나감을 이르는 말. =근근도생(僅僅圖生). 근근득생(僅僅得生). *근근(僅僅): ☞근근도생(僅僅圖生). *부지(扶持): 고생을 참고 어려움을 버티어 나감.

근근-자자(勤勤孜孜 부지런할 **근**/부지런할 **근**/힘쓸 **자**/힘쓸 **자**) 부지런히 힘쓰고 힘쓴다는 뜻으로, 매우 부지런하고 꾸준함을 이르는 말. *근근(勤勤): 매우 부지런함. *자자(孜孜): 꾸준하게 부지런함.

근-묵-자-흑(近墨者黑 가까울 **근**/먹 **묵**/사람 **자**/검을 **흑**) 먹[墨]을 가까이하는 사람은 검어진다는 뜻으로, 나쁜 사람과 가까이 지내면 나쁜 버릇에 물들기 쉬움을 비유적으로 이르는 말. 즉, 사람은 주위의 환경에 따라 변할 수 있음을 이르는 말. 囲 근주자적(近朱者赤). 咎 마중지봉(麻中之蓬). 《관련 속담》개와 친하면 옷에 흙칠(~漆)을 한다. / 먹을 가까이 하면 검어진다. 이 사자성어의 유래는 다음과 같다. 중국 서진(西晉. 나라 이름) 때 문신(文臣. 문관·文官인 신하)이자 학자인 부현(傅玄. 사람 이름)의 『태자소부잠(太子少傅箴)』에 〈무릇 쇠와 물은 일정한 형상이 없어 틀에 따라 모나게도 되고 둥글게도 된다. 또 틀을 잡아 주는 도지개가 있어, 도지개에 따라 습관과 성질이 길러진다. 그러므로 주사(朱砂)를 가까이하는 사람은 붉은 물이 들고, 먹을 가까이하는 사람은 검은 물이 든다. 소리가 조화로우면 음향도 청아하며, 몸이 단정하면 그림자도 곧다.(夫金水無常. 方圓應形. 亦有隱括. 習以性成. 故近朱者赤. 近墨者黑. 聲和則嚮淸. 形正則影直.)〉라는 이야기가 나오는데, '먹을 가까이하는 사람은 검은 물이 든다.(近墨者黑)'에서, '근묵자흑(近墨者黑)'이 유래했다. 참고로, 원문의 '夫金水無常'에서, '夫'는 발어사(發語辭) '부'로 읽는다. '발어사(發語辭)'는 문장의 서두에 놓여 '대저', 또는 '대체로'의 뜻을 나타냄. '金'은 쇠 '금'으로 읽고, '水'는 물 '수'로 읽고, '無'는 없을 '무'로 읽고, '常'은 항상 '상'으로 읽는다. '無常'은 일정하지 않고 늘 변함. '夫金水無常'을 직역(直譯)하면, 무릇 쇠와 물은 일정하지 않고 늘 변한다. '方圓應形'에서, '方'은 모 '방', 네모 '방'으로 읽고, '圓'은 둥글 '원'으로 읽는다. '方圓'은 네모진(모양이 네모꼴로 이루어져 있는) 것과 둥근 것을 아울러 이르는 말. '應'은 응할 '응'으로 읽고, '形'은 모양 '형'으로 읽는다. '方圓應形'을 직역(直譯)하면, (따라서) 모양이 응하는 대로 네모진 것과 둥근 것이 된다. '亦有隱括'에서, '亦'은 또 '역', 또한 '역'으로 읽고, '有'는 있을 '유'로 읽고, '隱'은 숨을 '은'으로 읽고, '括'은 오늬(화살의 머리를 활 시위에 끼도록 도려 낸 부분) '괄'로 읽는다. '亦有隱括'을 직역(直譯)하면, 또한 숨은 오늬(도지개)가 있어, 여기서, '도지개'는 틈이 나거나 뒤틀린 활을 바로 잡는 틀. '習以性成'에서, '習'은 버릇 '습'으로 읽고, '以'는 써(그것을 가지고, 그것으로 인하여) '이'로 읽고, '性'은 성질 '성'으로 읽고, '成'은 이룰 '성'으로 읽는다. '習以性成'을 직역(直譯)하면, (그) 버릇으로 인하여 성질이 이루어진다. '故近朱者赤'에서, '故'는 그러므로 '고'로 읽고, '近'은 가까울 '근'으로 읽고, '朱'는 붉을 '주'로 읽고, '者'는 사람 '자'로 읽고, '赤'은 붉을 '적'으로 읽는다. '故近朱者赤'을 직역(直譯)하면, 그러므로 붉은 (빛에) 가까이 하면 사람이 (반드시) 붉게 (된다). 여기서, '近朱者赤'을 직역(直譯)하면, 붉은 (빛에) 가까이 하면 사람이 (반드시) 붉게 (된다). 즉, 주위의 환경이 중요함을 비유적으로 이르는 말. '近墨者黑'에서, '近'은 가까울 '근'으로 읽고, '墨'은 먹 '묵'으로 읽고, '者'는 사람 '자'로 읽고, '黑'은 검을 '흑'으로 읽는다. '近墨者黑'을 직역(直譯)하면, 먹을 가까이하는 사람은 검어진다. 즉, 나쁜 사람과 가까이 지내면 나쁜 버릇에 물들기 쉬움을 비유적으로 이르는 말. '聲和則嚮淸'에서, '聲'은 소리 '성'으로 읽고, '和'는 화할(和~. <u>서로 뜻이 맞아 사이 좋은 상태가 됨</u>) '화'로 읽고, '則'은 곧 '즉'으로 읽고, '향(嚮)'은 메아리(<u>울려 퍼져 가던 소리가 산이나 절벽 같은 데에 부딪쳐 되울려 오는 소리</u>) '향'으로 읽고, '淸'은 맑을 '청'으로 읽는다. '聲和則嚮淸'을 직역(直譯)하면, 소리가 화하면 곧 메아리가 맑게 되고, 즉, 음향(音響. <u>소리의 울림. 또는 울리어 귀로 느끼게 되는 소리</u>)이 맑게 된다는 뜻이다. '形正則影直'에서, '形'은 모양 '형', 형상(形狀) '형'으로 읽고, '正'은 바를 '정'으로 읽고, '則'은 곧 '즉'으로 읽고, '影'은 그림자 '영'으로 읽고, '直'은 곧을 '직'으로 읽는다. '形正則影直'을 직역(直譯)하면, 형상(<u>몸</u>)이 바르면(<u>단정하면</u>) 곧 그림자도 곧다.

근-위-노-공(謹慰勞功 삼갈 **근**/위로할 **위**/수고로울 **노**/공 **공**) 삼가 공(功)을 (세우는데) 수고로움을 위로(慰勞)한다. 즉, 정년퇴임(停年退任)하는 분에게 축하(祝賀)의 뜻으로, 봉투에 적는 문구(文句)를 이르는 말. 삼가 노고(勞苦)를 치하한다는 말이다. *수고롭다: 순우리말로, 부록 '노(勞)' 참고.

근-주-근-묵(近朱近墨 가까울 **근**/붉을 **주**/가까울 **근**/먹 **묵**) 붉은 것을 가까이하고 먹[墨]을 가까이한다. 즉, 붉은 것을 가까이하면 붉어지고, 검은 것을 가까이하면 검어진다는 뜻으로, 사람이 환경에 따라 변해 감을 비유적으로 이르는 말.

근-주-자-적(近朱者赤 가까울 **근**/붉을 **주**/사람 **자**/붉을 **적**) 붉은 (빛에) 가까이 하면 사람이 (반드시) 붉게 (된다는) 뜻으로, 주위의 환경(環境)이 중요함을 비유적으로 이르는 말. 🔲 근묵자흑(近墨者黑). 🔲 마중지봉(麻中之蓬). 이 사자성어의 유래는 다음과 같다. 중국 서진(西晉) 때 문신(文臣)이자 학자인 부현(傅玄. <u>사람 이름</u>)의 『태자소부잠(太子少傅箴)』에 〈무릇 쇠와 물은 일정한 형상이 없어 틀에 따라 모나게도 되고 둥글게도 된다. 또 틀을 잡아 주는 도지개가 있어, 도지개에 따라 습관과 성질이 길러진다. 그러므로 주사(朱砂)를 가까이하는 사람은 붉은 물이 들고, 먹을 가까이하는 사람은 검은 물이 든다. 소리가 조화로우면 음향도 청아하며, 몸이 단정하면 그림자도 곧다.(夫金水無常, 方圓應形, 亦有隱括, 習以性成, **故近朱者赤**, 近墨者黑, 聲和則嚮淸, 形正則影直.)〉라는 이야기가 나오는데, '그러므로 주사(朱砂)를 가까이하는 사람은 붉은 물이 들고,(故近朱者赤)'에서, '근주자적(近朱者赤)'이 유래했다. 나머지 구체적인 내용은 ⇨근묵자흑(近墨者黑).

근하-수연(謹賀壽宴 삼갈 **근**/하례할 **하**/나이 **수**/잔치 **연**) 삼가 (오래 산) 나이의 잔치를 하례(賀禮)한다는 뜻으로, 경조사(慶弔事. <u>경축하는 일과 조문하는 일</u>)에 사용되는 문구(文句)이며, 환갑잔치를 축하(祝賀)한다는 말. *근하(謹賀): 삼가 축하함. *수연(壽宴): 오래 산 것을 축하하는 잔치. 흔히 환갑잔치를 일컫는다. *하례하다(賀禮~): 부록 '하(賀)' 참고.

근하-신년(謹賀新年 삼갈 **근**/하례할 **하**/새 **신**/해 **년**) 삼가 새해를 하례(賀禮)한다(<u>축하한다</u>). 즉, '삼가 새해를 축하합니다.'의 뜻으로, 새해의 복(福)을 비는 인사말을 이르는 말. =공하신년(恭賀新年). 공하신희(恭賀新禧). *근하(謹賀): ☞근하수연(謹賀壽宴). *신년(新年): =새해. 즉, 새로 시작되는 해. *하례하다(賀禮~): 부록 '하(賀)' 참고.

금강-불-괴(金剛不壞 쇠 **금**/굳셀 **강**/아닐 **불**/무너질 **괴**) 쇠가 굳세어 무너지지 않는다는 뜻으로, 금강(金剛)처럼 단단하여 절대로 부서지지 않음을 이르는 말. *금강(金剛): ① '금강석(金剛石)'을 일상적으로 이르는 말. ②매우 단단하여 결코 부서지지 않는 것을 비유적으로 이르는 말.

금-곤-복-거(禽困覆車 새 **금**/괴로울 **곤**/엎어질 **복**/수레 **거**) 새를 괴롭게 하면 수레를 엎어지게 (한다).

즉, 짐승도 궁지(窮地. 매우 곤란하고 어려운 일을 당한 처지)에 몰리면 사냥꾼의 수레를 엎어버린다는 뜻으로, 약자(弱者)라도 기운(순우리말로, 생물이 살아 움직이는 원기·元氣. 또는 거기서 나오는 힘)을 내면 (수레를 엎어지게 할 만큼) 큰 힘을 낼 수 있음을 비유적으로 이르는 말. *엎어지다: 위아래가 뒤집히다. 《관련 속담》 궁지에 빠진(몰린) 쥐가 고양이를 문다. / 궁한 새가 사람을 쫓는다. / 궁한 쥐가 고양이한테 대든다. / 쥐도 궁지에 몰리면 고양이를 문다.

금-과-옥조(金科玉條 금 금/조목 과/구슬 옥/조목 조) 금(金)과 (같은) 조목(條目)과 구슬과 (같은) 조목(條目)이라는 뜻으로, ①금(金)이나 옥(玉)처럼 귀중히 여겨 꼭 지켜야 할 법칙(法則)이나 규정(規定)을 비유적으로 이르는 말. ②절대적인 것으로 여기어, 지키는 규칙이나 교훈(敎訓. 앞으로의 행동이나 생활에 지침이 될 만한 것을 가르치는 일. 또는 그런 가르침)을 이르는 말. *옥조(玉條): ①아름다운 나뭇가지. ②매우 중요한 조목이나 규칙. *조목(條目): 정해 놓은 법률이나 규정 따위의 낱낱의 조항이나 항목.

금구-목-설(金口木舌 쇠 금/입 구/나무 목/혀 설) 쇠처럼 (단단한) 입과 나무처럼 (무거운) 혀라는 뜻으로, 훌륭한 언설(言說. 의견을 말하거나 무엇을 설명하거나 함. 또는 그 말)로 사회(社會)를 가르치고 이끌어 나가는 사람을 비유적으로 이르는 말. 또는 목탁(木鐸)을 달리 이르는 말. 예전에 정치나 교육에 관한 명령을 선포할 때 목탁(木鐸)을 흔들어서 청중의 주의를 환기(喚起. 관심이나 기억 따위를 불러일으킴)시켰던 데에서 유래한다. *금구(金口): 남의 말을 높여 이르는 말. *‘목-설’은 『국어사전(國語辭典)』에 등재(登載)된, ‘혀가 부어 입 안에 가득 차고 굳어져서 움직일 수 없는 병’인 ‘목설(木舌)’의 뜻과는 별개다.

금구-무결(金甌無缺 금 금/사발 구/없을 무/흠 있을 결) 금(金)으로 (만든) 사발처럼, 흠이 있을 (리가) 없다. 즉, 흠이 없는 황금 단지처럼, 완전하고 결점(缺點)이 없다는 뜻으로, 국력(國力)이 강(强)하여 외부로부터 침입(侵入)을 받은 적이 없음을 비유적으로 이르는 말. *금구(金甌): ①쇠나 금(金)으로 만든 사발 또는 단지. ②매우 단단하고 튼튼한 사물을 비유적으로 이르는 말. *무결(無缺): 결함(缺陷. 보족하거나 완전하지 못하여 흠이 되는 부분)이나 결점(缺點)이 없음. *사발(沙鉢): 사기(沙·砂器)로 만든 밥그릇이나 국그릇. 아래는 좁고 위는 넓은 모양임.

금권-만능(金權萬能 금 금/권세 권/일만 만/능할 능) 금(돈) (있는) 권세(權勢)라면 일만(一萬) (가지도) 능히 (할 수 있다는) 뜻으로, 돈만 있으면 모든 일을 다 할 수 있음. 또는 그런 생각을 이르는 말. 즉, 돈의 힘으로 안 되는 일이 없다는 생각이다. *금권(金權): 돈의 위력. 또는 재력(財力)의 위세. *만능(萬能): ①온갖 일에 두루 능통함. ②온갖 것을 다 할 수 있음. *권세(權勢): 권력(權力)과 세력(勢力)을 아울러 이르는 말.

금독-지-행(禽犢之行 날짐승 금/송아지 독/어조사 지/행할 행) 날짐승이나 송아지 (같은) 행위. 즉, 짐승과 같은 짓이라는 뜻으로, 친족(親族) 사이에서 일어난 음행(淫行. 음란한 짓)을 이르는 말. *금독(禽犢): =금독지행(禽犢之行). *날짐승: 부록 ‘금(禽)’ 참고.

금란-지-계(金蘭之契 쇠 금/난초 란/어조사 지/맺을 계) 쇠같이 (단단하고) 난초(蘭草)처럼 (향기로운) 맺음. 즉, 둘이 합심하면 그 단단하기가 무엇이라도 능히 쇠를 자를 수 있을 뿐만 아니라, 우정의 아름다움은 난초의 향기와 같다는 뜻으로, 친구 사이의 매우 두터운 정(情)이나 사귐을 비유적으로 이르는 말. =금란지교(金蘭之交). 금란지의(金蘭之誼). 勵 금석지계(金石之契). 금석지교(金石之交). 단금지계(斷金

之契). 단금지교(斷金之交). 담수지교(淡水之交). 지란지교(芝蘭之交). *금란(金蘭): 친구 간의 정의(情誼. 사귀어 두터워진 정)가 매우 두터운 상태를 비유적으로 이르는 말.『주역(周易)』의「계사전(繫辭傳)」상(上) 편(篇)에 나오는 말이다. 유래는 '금란지교(金蘭之交)' 참고.

금란-지-교(金蘭之交 쇠 금/난초 란/어조사 지/사귈 교) 쇠같이 (단단하고) 난초(蘭草)처럼 (향기로운) 사귐. 즉, 둘이 합심하면 그 단단하기가 능히 쇠를 자를 수 있고, 우정의 아름다움은 난초의 향기와 같다는 뜻으로, 친구 사이의 매우 두터운 정(情)이나 사귐을 비유적으로 이르는 말. =금란지계(金蘭之契). 금란지의(金蘭之誼). 彭 금석지계(金石之契). 금석지교(金石之交). 단금지계(斷金之契). 단금지교(斷金之交). 담수지교(淡水之交). 지란지교(芝蘭之交). *금란(金蘭): ☞금란지계(金蘭之契). 이 사자성어의 유래는 다음과 같다.『주역(周易)』의「계사전(繫辭傳)」상(上) 편(篇)에 〈두 사람이 마음을 같이하면 그 예리함이 쇠를 자를 수 있고, 마음을 같이하여 하는 말은 그 향기가 난초와 같다.(二人同心, **其利斷金**, 同心之言, **其臭如蘭**.)〉라는 글귀가 나오는데, '그 예리함이 쇠를 자를 수 있고.(其利斷金)'의 '단금(斷金. 쇠같이 단단함)'과, '그 향기가 난초와 같다.(其臭如蘭)'의 '여란(如蘭. 난초처럼 향기로움)'에서, '금란지교(金蘭之交)'가 유래했다. '금석지교(金石之交)', '금석지계(金石之契)', '단금지계(斷金之契)', '단금지교(斷金之交)'라고도 한다. 참고로, 원문의 '二人同心'에서, '二'는 두 '이'로 읽고, '人'은 사람 '인'으로 읽고, '同'은 같을 '동'으로 읽고, '心'은 마음 '심'으로 읽는다. '同心'은 마음을 같이 함. 또는 같은 마음. '二人同心'을 직역(直譯)하면, 두 사람이 마음을 같이하면. '其利斷金'에서, '其'는 그(지시하는 말) '기'로 읽고, '利'는 날카로울 '리(이)'로 읽고, '斷'은 끊을 '단'으로 읽고, '金'은 쇠 '금'으로 읽는다. '斷金'은 '쇠라도 자를 만하다.'는 뜻으로, 교분이 두텁거나 두 마음이 같음을 이르는 말. '其利斷金'을 직역(直譯)하면, 그 예리함이 쇠를 자를 수 있고, 여기서, '斷金之交'를 직역(直譯)하면, 쇠를 끊을 만큼의 사귐. 즉, 쇠라도 자를 만큼 강한 교분(交分)이라는 뜻으로, 매우 두터운 우정을 비유적으로 이르는 말. 또 여기에서 나온 '斷金之契'는 쇠를 끊을 (만큼의) 맺음. 즉, 쇠라도 자를 만큼의 굳은 약속이라는 뜻으로, 매우 두터운 우정을 비유적으로 이르는 말. '同心之言'에서, '同'은 같을 '동'으로 읽고, '心'은 마음 '심'으로 읽고, '之'는 어조사 '지'로 읽는다. '~의'를 나타내는 관형격 조사. '言'은 말씀 '언'으로 읽는다. '同心之言'을 직역(直譯)하면, (그리고) 같은 마음의 말은. 즉, 마음을 같이하여 하는 말은. '其臭如蘭'에서, '其'는 그(지시하는 말) '기'로 읽고, '臭'는 냄새 '취'로 읽고, '如'는 같을 '여'로 읽고, '蘭'은 난초 '난(란)'으로 읽는다. '其臭如蘭'을 직역(直譯)하면, 그 냄새(향기)가 난초와 같다. 여기서, '金蘭之交'가 유래하였는데. 이것을 직역(直譯)하면, 쇠같이 (단단하고) 난초처럼 (향기로운) 사귐이라는 뜻으로, 친구 사이의 매우 두터운 정(情)을 비유적으로 이르는 말.

금린-옥척(錦鱗玉尺 비단 금/비늘 린/구슬 옥/자 척) 비늘이 비단(緋緞) (처럼 반짝이고) 구슬같이 (아름다운) (한) 자[尺] (길이의 큰 물고기라는) 뜻으로, 싱싱하고 아름다운, 큰 물고기를 비유적으로 이르는 말. 또는 한 자[尺]쯤 되는, 보기에 아름답고 맛 좋은 물고기를 비유적으로 이르는 말. *금린(錦鱗): 비단 같은 비늘이라는 뜻으로, 아름다운 물고기를 이르는 말. *옥척(玉尺): ①옥으로 만든 자[尺]. ②여러 가지 물품을 벌여 보임. *비단(緋緞): 부록 '금(錦)' 참고. *비늘: 부록 '린(鱗)' 참고.

금-미-지-취(金迷紙醉 금 금/미혹할 미/종이 지/취할 취) 금(金)에 미혹(迷惑)되어 (그) 종이에 취(醉)한다. 즉, 금종이(金~. 금박이나 금물 따위의, 금이나 금빛 나는 재료를 발라 만든 종이)에 정신이 미혹(迷惑)

되어 취한다는 뜻으로, 지극히 사치스러운 생활을 비유적으로 이르는 말. 🈁 지취금미(紙醉金迷). *미혹하다(迷惑~): 부록 '미(迷)' 참고.

금방-금방(今方今方 이제 **금**/바야흐로 **방**/이제 **금**/바야흐로 **방**) 🈁 이제 바야흐로 이제 바야흐로라는 뜻으로, 일이나 행동 따위를 빨리빨리 하는 모양을 이르는 말. *금방(今方): 🈁 바로 이제. 지금 막. =방금(方今). *바야흐로: ①이제 한창. ②이제 막. 지금 바로.

금-불-여-고(今不如古 이제 **금**/아닐 **불**/같을 **여**/예 **고**) 이제가 예(<u>오래전. 또는 옛날</u>)와 같지 않다는 뜻으로, 지금이 옛날보다 못함을 이르는 말.

금-상-첨-화(錦上添花 비단 **금**/위 **상**/더할 **첨**/꽃 **화**) 비단 위에 꽃을 더한다는 뜻으로, 좋은 것(일) 위에 또 좋은 것(일)이 더하여짐을 비유적으로 이르는 말. 즉, 비단만으로도 예쁜데, 그 비단에 꽃을 수놓으면 더 화려하고 좋아지니까 더 할 수 없이 좋은 것을 이르는 말이다. 🈁 설상가상(雪上加霜). *비단(緋緞): 부록 '금(錦)' 참고. 《관련 속담》 꿩 먹고 알 먹고. / 밥 위에 떡. 이 사자성어의 유래는 다음과 같다. 왕안석(王安石)의 「즉사(卽事)」라는 시(詩)에 〈강물은 남쪽 동산으로 흘러 제방(堤防) 서쪽으로 기울고 / 맑고 투명한 바람 불고 꽃에는 이슬 맺혔네. / 문 앞 버드나무는 옛 사람 도잠(陶潛)의 집이고 / 우물가 오동나무는 옛날 총지(總持)의 집이라. / 좋은 모임에서 만나 술잔 속 맑은 술 비우려 하는데 / 즐거운 노랫가락 비단 위에 꽃을 더하네.(河流南苑岸西斜, 風有晶光露有華, 門柳故人陶令宅, 井桐前日總持家, 嘉招欲覆盃中淥, 麗唱仍添錦上花.)〉라는 내용의 시(詩)에서, '즐거운 노랫가락 비단 위에 꽃을 더한다.(麗唱仍添錦上花)'에서, '금상첨화(錦上添花)'가 유래했다. 그리고 황정견(黃庭堅)의 시(詩)「요요암송(了了庵頌)」에서도 '금상첨화(錦上添花)'를 볼 수 있다. 참고로, 원문의 '河流南苑岸西斜'에서, '河'는 물 '하', 강(江) '하'로 읽고, '流'는 흐를 '류(유)'로 읽고, '苑'은 동산 '원'으로 읽고, '岸'은 (물가의) 언덕 '안'으로 읽고, '斜'는 기울 '사'로 읽는다. '河流南苑岸西斜'를 직역(直譯)하면, 강물은 남쪽 동산으로 흘러 (물가의) 언덕 서쪽으로 기우는데, '風有晶光露有華'에서, '風'은 바람 '풍'으로 읽고, '有'는 있을 '유'로 읽고, '晶'은 맑을 '정', 밝을 '정'으로 읽고, '光'은 빛 '광'으로 읽는다. '晶光'은 번쩍번쩍하는 밝은 빛, '露'는 이슬 '로(노)'로 읽고, '華'는 여기서는 꽃 '화'로 읽는다. '風有晶光露有華'를 직역(直譯)하면, 바람에는 번쩍번쩍하는 밝은 빛처럼 (투명함이) 있고, 이슬이 꽃 (위에) 있네. '門柳故人陶令宅'에서, '門'은 문(門) '문'으로 읽고, '柳'는 버들 '류(유)'로 읽고, '故'는 죽은 사람 '고'로 읽고, '人'은 사람 '인'으로 읽는다. '故人'은 죽은 사람. '陶'는 질그릇 '도'로 읽는다. 여기서는 '도잠(陶潛)'을 가리킴. '도잠(陶潛)'은 도연명(陶淵明)(서기 365년~427년)과 같은 이름이다. 그는 중국 동진(東晉)의 시인(詩人)이다. 이름은 잠(潛)이고, 호(號)는 오류선생(五柳先生)이다 그리고 연명(淵明)은 그의 자(字. <u>본이름을 함부로 부르지 않던 시대에, 본이름 대신 부르던 이름</u>)이다. '슈'은 여기서는 경칭(敬稱. <u>공경하는 뜻으로 부르는 칭호. 또는 존대하여 일컬음</u>) '령(영)'으로 읽는다. 남을 높여서 그의 친족(親族)을 이르는 말이다. '宅'은 집 '택'으로 읽는다. '門柳故人陶令宅'을 직역(直譯)하면, 문 (앞) 버드나무는 고인(故人)이 된 도잠(陶潛)의 집이고, 여기서, 도잠(陶潛)의 작품「오류선생전(五柳先生傳)」에 의하면, 그의 집 주변에 버드나무 다섯 그루가 있어 그것으로 '오류선생(五柳先生)'이란 호(號)를 삼았다고 한다. 그래서 이 시(詩)의 작자는 '문 앞 버드나무는 옛 사람 도잠(陶潛)의 집'이라는 구절을 쓴 것이다. '井桐前日總持家'에서, '井'은 우물 '정'으로 읽고, '桐'은 오동나무 '동'으로 읽고, '前'은 앞 '전'으로 읽고, '日'은 날 '일'로 읽는다. '前日'은 '전날'과 같은 말로,

일정한 날을 기준으로 한 바로 앞날. ‘總’은 거느릴 ‘총’으로 읽고, ‘持’는 가질 ‘지’로 읽는다. ‘總持’는 남조(南朝) 시대의 마지막 왕조인 진(陳)나라 시인 강총(江總)(서기 519년~594년)의 자(字)이다. ‘井桐前日總持家’는, 직역(直譯)하면 우물 (앞) 오동나무는 전날 총지(總持)의 집이라. 여기서, ‘총지(總持)’는 진(陳)나라가 망한 뒤 수(隋)나라의 정부에 참여했다가 강남(江南)으로 돌아가 강도(江都. 양주·揚州를 가리킴)에서 생을 마감했다. 그의 집 앞에는 우물이 있었고, 그 옆에 오동나무가 있었다고 하는데, 그래서 이 시(詩)의 작자는 ‘우물가 오동나무는 옛날 총지(總持)의 집’이라고 읊은 것이다. ‘嘉招欲覆盃中渌’에서, ‘嘉’는 아름다울 ‘가’로 읽고, ‘招’는 부를 ‘초’로 읽고, ‘欲’은 하고자 할 ‘욕’으로 읽고, ‘覆’은 다시 ‘복’으로 읽고, ‘盃’는 잔(盞. 음료나 술을 따라 마시는 그릇) ‘배’로 읽고, ‘中’은 안 ‘중’, 속 ‘중’으로 읽고, ‘渌’은 물 맑을 ‘록(녹)’으로 읽는다. ‘嘉招欲履盃中渌’을 직역(直譯)하면, (지인들을) 아름다운 (곳으로) 불러 잔 속의 맑은 (술을) 다시 (비우는 것을) 행하고자 하니, ‘麗唱仍添錦上花’에서, ‘麗’는 아름다울 ‘려(여)’로 읽고, ‘唱’은 노래 ‘창’으로 읽고, ‘仍’은 인할(因~, 어떤 사실로 말미암을) ‘잉’으로 읽고, ‘添’은 더할 ‘첨’으로 읽고, ‘錦’은 비단 ‘금’으로 읽고, ‘上’은 위 ‘상’으로 읽고, ‘花’ 꽃 ‘화’로 읽는다. ‘麗唱仍添錦上花’를 직역(直譯)하면, 아름다운 노래로 인하여 비단 위에 꽃을 더하네. 여기서, ‘錦上添花’가 유래하였는데. 이것을 직역(直譯)하면, 비단 위에 꽃을 더한다는 뜻으로, 좋은 것(일) 위에 또 좋은 것(일)이 더하여짐을 비유적으로 이르는 말.

금색-세계(金色世界 금 **금**/색 **색**/세상 **세**/세계 **계**) 금색(金色)과 같은 세상(世上)이나 세계(世界)라는 뜻으로, 불교에서, ‘극락정토(極樂淨土. 본문 참고)’를 달리 이르는 말. =극락세계(極樂世界). 극락안양(極樂安養). 극락정토(極樂淨土). 안락세계(安樂世界). 안락정토(安樂淨土). 안양보국(安養寶國). 안양세계(安養世界). 안양정토(安養淨土). 연화세계(蓮花世界). *금색(金色): 황금과 같이 광택이 나는 누런 색. *세계(世界): ①지구상의 모든 나라. 또는 인류 사회 전체. ②집단적 범위를 지닌 특정 사회나 영역. ③대상이나 현상의 모든 범위. ④불교에서, 널리 중생(衆生. 불교에서, 부처의 구제 대상이 되는, 이 세상의 모든 생물을 통틀어 이르는 말)의 삶을 영위하는 범위. *세상(世上): 사람이 살고 있는 모든 사회를 통틀어 이르는 말.

금석-뇌약(金石牢約 쇠 **금**/돌 **석**/굳을 **뇌**/약속할 **약**) 쇠나 돌처럼 굳은 약속(約束)이라는 뜻으로, 쇠나 돌처럼 굳고 변함없는 약속(約束)을 이르는 말. =금석맹약(金石盟約). 금석상약(金石相約). 금석지약(金石之約). *금석(金石): ①쇠붙이[金]와 돌[石]을 아울러 이르는 말. ②쇠붙이와 돌이라는 뜻으로, 매우 굳고 단단한 것을 비유적으로 이르는 말. *뇌약(牢約): 굳게 약속함. 또는 그 약속.

금석-맹약(金石盟約 쇠 **금**/돌 **석**/맹세할 **맹**/약속할 **약**) 쇠나 돌처럼 (단단하고 굳게) 맹세한 약속(約束)이라는 뜻으로, 쇠나 돌처럼 굳고 변함없는 약속(約束)을 이르는 말. =금석뇌약(金石牢約). 금석상약(金石相約). 금석지약(金石之約). *금석(金石): ☞금석뇌약(金石牢約). *맹약(盟約): 굳게 맹세하여 약속함. 또는 그 약속.

금석-지-감(今昔之感 이제 **금**/옛 **석**/어조사 **지**/느낄 **감**) 이제와 옛날의 느낌이라는 뜻으로, 지금과 옛적을 비교할 때, 지금과 옛날의 차이가 너무 심하여 생기는 느낌을 이르는 말. *금석(今昔): 이제와 예. 또는 지금과 옛적.

금석-지-교(金石之交 쇠 **금**/돌 **석**/어조사 **지**/사귈 **교**) 쇠나 돌의 사귐이라는 뜻으로, 쇠나 돌처럼 굳고

변함없는 사귐을 이르는 말. =금석지계(金石之契). 囹 금란지계(金蘭之契). 금란지교(金蘭之交). 금란지
의(金蘭之誼). 단금지계(斷金之契). 단금지교(斷金之交). 담수지교(淡水之交). 지란지교(芝蘭之交). *금
석(金石): ☞금석뇌약(金石牢約).

금석-지-약(金石之約 쇠 **금**/돌 **석**/어조사 **지**/약속할 **약**) 쇠나 돌처럼 굳고 변함없는 약속(約束). =금석뇌
약(金石牢約). 금석맹약(金石盟約). 금석상약(金石相約). *금석(金石): ☞금석뇌약(金石牢約).

금석-지-전(金石之典 쇠 **금**/돌 **석**/어조사 **지**/책 **전**) 쇠나 돌처럼 (굳고 변함없는) 책(册)이라는 뜻으로,
쇠나 돌처럼 변함없는 가치를 지닌 법전(法典. 어떤 종류의 법규를 체계적으로 정리하여 엮은 책)을
이르는 말. *금석(金石): ☞금석뇌약(金石牢約).

금석-하-석(今夕何夕 이제 **금**/저녁 **석**/어찌 **하**/저녁 **석**) 이제(오늘) 저녁은 어떤 저녁인가? 라는 뜻으로,
무척 즐거운 밤을 맞이하여 감탄(感歎·嘆)해서 하는 말. *금석(今夕): 오늘 저녁.

금성-옥-진(金聲玉振 쇠 **금**/소리 **성**/구슬 **옥**/떨칠 **진**) 쇠 소리를 (내고) 구슬을 떨친다. 즉, 쇠로 만든
종(鐘)의 소리를 내고, 구슬처럼 아름다운 경(磬. 옥이나 돌로 만든 아악기·雅樂器의 한 가지)을 친다는
뜻으로, ①시가(詩歌)나 음악의 아름다운 가락을 이르는 말. ②사물을 집대성(集大成. 여러 가지를 모아
하나의 체계를 이루어 완성함)함을 비유적으로 이르는 말. '금(金)'은 종(鐘), '옥(玉)'은 경(磬)을 뜻하는
것으로, 팔음(八音)을 합주할 때에 종(鐘)을 쳐서 시작하고 마지막에 경(磬)을 치는 데서 유래한다. 여기
서, '팔음(八音)'은 아악(雅樂)에 쓰는 금(金), 석(石), 사(絲), 죽(竹), 포(匏), 토(土), 혁(革), 목(木)의
여덟 악기 또는 그 소리를 이르는 말. ③지(智)와 덕(德. 고매·高邁하고 너그러운 도덕적 품성)을 아울러
갖춘 상태를 비유적으로 이르는 말. *금성(金聲): ①쇳소리. ②가을의 느낌을 자아내는 소리. *떨치다:
부록 '진(振)' 참고.

금성-천-리(金城千里 쇠 **금**/성 **성**/일천 **천**/리 **리**) 쇠처럼 (단단한) 성(城)이 일천(一千) 리(里)나 된다.
즉, 성(城)이 견고하고 길게 뻗쳐 있다는 뜻으로, 방어력(防禦力)이 단단함을 비유적으로 이르는 말.
*금성(金城): ①쇠로 지은 것처럼 굳고 단단한 성(城). ②임금이 거처하는 성(城). *리(里): 거리를 재는
단위. 이 사자성어의 유래는 다음과 같다. 『사기(史記)』의 「유후세가(留侯世家)」와 『한서(漢書)』의 「장량
전(張良傳)」 편(篇)에 〈관중(關中)의 왼쪽은 효함(崤函)이고, 오른쪽은 농촉(隴蜀)으로, 그 사이에 기름진
들판이 천 리에 달합니다. …… 이것이 이른바 금성천리(金城千里)요, 천부지국(天府之國)이라는 것입니
다.(夫關中左崤函, 右隴蜀, 沃野千里, …… 此所謂金城千里, 天府之國也.)〉라는 이야기가 나오는데, '이
것이 이른바 금성천리(金城千里)요,(此所謂金城千里)'에서, '금성천리(金城千里)'가 유래했다. 이 글은 한
고조(漢高祖. 한·漢나라의 고조·高祖라는 뜻으로 '유방·劉邦'을 가리키는 말)인 유방(劉邦)을 도와 한(漢)
나라를 세운 장량(張良. 사람 이름)이 관중(關中. 땅 이름)을 도읍(都邑. 한 나라의 중앙 정부가 있는
곳. =서울)으로 정하자고 하면서 한 이야기다. 참고로, 원문의 '夫關中左崤函'에서, '夫'는 발어사(發語辭)
'부'로 읽는다. '발어사(發語辭)'는 문장의 서두에 놓여 '대저', 또는 '대체로'의 뜻을 나타냄. '關'은 관계할
'관'으로 읽고, '中'은 가운데 '중'으로 읽는다. '關中'은 땅 이름. '左'는 왼쪽 '좌'로 읽고, '崤'는 산 이름
'효'로 읽고, '函'은 함(函. 옷이나 물건을 넣어 두는 상자) '함'으로 읽는다. '崤函'은 산 이름. '夫關中左崤
函'을 직역(直譯)하면, 대체로 관중(關中)의 왼쪽은 효함(崤函)이고. '右隴蜀'에서, '右'는 오른쪽 '우'로
읽고, '隴'은 언덕 '롱(농)'으로 읽고, '蜀'은 나라 이름 '촉'으로 읽는다. '隴蜀'은 땅 이름. '右隴蜀'을 직역

(直譯)하면, 오른쪽은 농촉(隴蜀)으로, '沃野千里'에서, '沃'은 기름질 '옥'으로 읽고, '野'는 들 '야'로 읽고, '千'은 일천 '천'으로 읽고, '里'는 리 또는 이수(里數.거리를 '리·里'의 단위로 헤아린 수) '리(이)'로 읽는다. '沃野千里'를 직역(直譯)하면, 기름진 들이 일천 리(里)입니다. 즉, 기름진(비옥한) 들판이 천 리에 달한다는 뜻으로, 끝없이 넓은, 기름진 들판을 이르는 말. …… '此所謂金城千里'에서, '此'는 이(지시하는 말) '차'로 읽고, '所'는 바(앞에서 말한 내용 그 자체나 일 따위를 나타내는 말) '소'로 읽고, '謂'는 일컬을 '위'로 읽는다. '所謂'는 '이른바'와 같은 말로, 세상에서 말하는 바. '金'은 쇠 '금'으로 읽고, '城'은 성(城. 예전에, 적을 막기 위하여 흙이나 돌 따위로 높이 쌓아 만든 담. 또는 그런 담으로 둘러싼 구역) '성'으로 읽는다. '此所謂金城千里'를 직역(直譯)하면, 이는 이른바 쇠처럼 (단단한) 성(城)이 일천 리(里)나 되고, 즉, 중국의 시황제(始皇帝)가 진(秦)나라의 견고함을 자랑한 데서 유래한다. 여기서, '金城千里'가 유래하였는데, 이것을 직역(直譯)하면, 쇠처럼 (단단한) 성(城)이 일천 리(里)나 된다. 즉, 성(城)이 견고하고 길게 뻗쳐 있다는 뜻으로, 방어력이 튼튼함을 비유적으로 이르는 말. '天府之國也'에서, '天'은 하늘 '천'으로 읽고, '府'는 곳집(예전에, 곳간으로 쓰려고 지은 집) '부', 창고 '부'로 읽는다. 천부(天府)는 땅이 매우 기름져 온갖 산물이 많이 나는 땅. '之'는 어조사 '지'로 읽는다. '~의'를 나타내는 관형격 조사. '國'은 나라 '국'으로 읽고, '也'는 어조사 '야'로 읽는다. '~이다(단정)'의 뜻을 나타냄. '天府之國也'를 직역(直譯)하면, 천부(天府)의 나라입니다. 여기서, '天府之國'이 유래하였는데, 이것을 직역(直譯)하면, 하늘이 내린 창고로 (이루어진) 나라라는 뜻으로, 땅이 매우 기름져 온갖 산물(産物)이 많이 나는 나라를 비유적으로 이르는 말.

금성-철벽(金城鐵壁 쇠 금/성 성/쇠 철/바람벽 벽) 쇠로 만든 성(城)과 쇠로 만든 바람벽이라는 뜻으로, ①방어(防禦) 시설이 잘되어 있어서 공격하기 어려운 성(城)을 이르는 말. ②견고하고 빈틈이 없는 사물을 비유적으로 이르는 말. 비 금성탕지(金城湯池). 탕지철성(湯池鐵城). *금성(金城): ☞금성천리(金城千里). *철벽(鐵壁): 쇠로 만든 벽이라는 뜻으로, 아주 튼튼한 장벽이나 방비(防備. 적의 침공이나 재해를 막을 준비를 함. 또는 그 준비)를 이르는 말. *바람벽(~壁): 부록 '벽(壁)' 참고.

금성-탕-지(金城湯池 쇠 금/성 성/끓일 탕/못 지) 쇠의 성(城)과 끓고 (있는) 못[池]을 이르는 말. 즉, 쇠로 만든 성(城)과 그 둘레에 파 놓은 뜨거운 물로 가득 찬 못[池]이라는 뜻으로, 방어(防禦) 시설이 철통(鐵桶. 쇠로 만든 통)같이 튼튼한(잘되어 있는) 성(城)을 비유적으로 이르는 말. 비 금성철벽(金城鐵壁). 탕지철성(湯池鐵城). 여기서, '철통(鐵桶)같다'는 형용사로, 조금도 빈틈이 없이 튼튼하다. *금성(金城): ☞금성천리(金城千里). 이 사자성어의 유래는 다음과 같다. 『한서(漢書)』의 「괴오강식부전(蒯伍江息夫傳)」 편(篇)에 〈변방(邊方)에 있는 성(城)의 장상(將相)들 모두 '먼저 항복하면 범양(范陽)의 현령(縣令)처럼 죽은 몸이 될 것이다.'라고 서로 말하며, 반드시 어린 장상(將相)까지 성(城)을 굳게 지킬 것이니, 성(城)마다 모두 금성탕지(金城湯池)가 되어, 공격하기 힘들 것입니다.(則邊地之城皆將相告曰. 范陽令先降而身死. 必將嬰城固守. **皆爲金城湯池**. 不可攻也.)〉라는 이야기가 나오는데, '성(城)마다 모두 금성탕지(金城湯池)가 되어.(皆爲金城湯池)'에서, '금성탕지(金城湯池)'가 유래했다. 이 이야기는 진승(陳勝)의 부하 무신(武臣. =무신군·武臣君)이 조(朝)나라를 거의 다 점령하고, 범양(范陽)을 공격하고 있을 때, 괴통(蒯通)이 범양(范陽. 땅 이름)의 현령(縣令. 벼슬 이름)인 서공(徐公)을 찾아가 말한 내용이다. 윗글의 '괴통(蒯通)'에서, '蒯'는 기령 '괴'로 읽는다. '기령'은 (동아 『현대활용옥편』)에 의하면 '모류관(茅類菅)'

즉, 띠(볏과의 여러해살이풀) 종류의 왕골(사초과의 한해살이풀)로 풀이해 놓았다. 참고로, 원문의 '則邊地之城皆將相告曰'에서, '則'은 곧 '즉'으로 읽고, '邊'은 변방(邊方. 나라의 경계가 되는 변두리의 땅) '변'으로 읽고, '地'는 땅 '지'로 읽는다. '邊地'는 '변경(邊境)'과 같은 말로, 나라의 경계(境界)가 되는 변두리의 땅. '之'는 어조사 '지'로 읽는다. '~의'를 나타내는 관형격 조사. '城'은 성(城. 예전에, 적을 막기 위하여 흙이나 돌 따위로 높이 쌓아 만든 담. 또는 그런 담으로 둘러싼 구역) '성'으로 읽는다. '皆'는 다 '개', 모두 '개'로 읽고, '將'은 장수(將帥) '장'으로 읽고, '相'은 정승(政丞) '상'으로 읽는다. '將相'은 장수(將帥)와 재상(宰相. 임금을 보필하며 모든 관원을 지휘, 감독하는 자리에 있는 이품·二品 이상의 벼슬을 통틀어 이르던 말)을 아울러 이르는 말. '告'는 알릴 '고'로 읽는다. '則邊地之城皆將相告曰'을 직역(直譯)하면, 곧 변경(邊境)의 성(城) (안에 있는) 장수와 재상 모두에게 ~라고 알리며 말하기를, '范陽令先降而身死'에서, '范'은 거푸집(만들려는 물건의 모양대로 속이 비어 있어, 거기에 쇠붙이를 녹여 붓도록 되어 있는 틀) '범'으로 읽고, '陽'은 볕 '양'으로 읽는다. '范陽'은 땅 이름. '令'은 벼슬 '령(영)'으로 읽는다. 여기서는 '현령(縣令. 벼슬 이름)'을 가리킴. '先'은 먼저 '선'으로 읽고, '降'은 항복(降服)할 '항'으로 읽고, '而'는 말 이을 '이'로 읽는다. '그러면'의 뜻을 나타냄. '身'은 몸 '신'으로 읽고, '死'는 죽을 '사'로 읽는다. '范陽令先降而身死'를 직역(直譯)하면, 범양(范陽. 땅 이름)의 현령(縣令)처럼 먼저 항복하면 그러면 죽은 몸이 (될 것이다). '必將嬰城固守'에서, '必'은 반드시 '필'로 읽는다. '將'은 여기서는 '장상(將相)'을 가리킴. '嬰'은 어릴 '영'으로 읽고, '固'는 굳을 '고', 단단할 '고'로 읽고, '守'는 지킬 '수'로 읽는다. '固守'는 굳게 지킴. 또는 단단히 지킴. '必將嬰城固守'를 직역(直譯)하면, (그러면) 반드시 어린 장상(將相)까지 성(城)을 굳게 지킬 것이니, '皆爲金城湯池'에서, '皆'는 다 '개', 모두 '개'로 읽고, '爲'는 될 '위'로 읽고, '金'은 쇠 '금'으로 읽고, '湯'은 끓일 '탕'으로 읽고, '池'는 못(넓고 오목하게 팬 땅에 물이 괴어 있는 곳. 늪보다 작음) '지'로 읽는다. '皆爲金城湯池'을 직역(直譯)하면, (성·城마다) 모두 쇠의 성(城)과 끓고 (있는) 못이 되어, 여기서, '金城湯池'가 유래하였는데. 이것을 직역(直譯)하면, 쇠의 성(城)과 끓고 (있는) 못. 즉, 쇠로 만든 성(城)과 그 둘레에 파 놓은 뜨거운 물로 가득 찬 못이라는 뜻으로, 방어(防禦. 상대편의 공격을 막음) 시설이 철통같이 튼튼한(잘되어 있는) 성(城)을 비유적으로 이르는 말. '不可攻也'에서, '可'는 가히(可~. '능히', '넉넉히'의 뜻을 나타냄) '가'로 읽는다. '攻'은 칠 '공', 공격할 '공'으로 읽고, '也'는 어조사 '야'로 읽는다. '~이다(단정)'의 뜻을 나타냄. '不可攻也'를 직역(直譯)하면, 가히 공격할 수 없을 (것)입니다.

금수-강산(錦繡江山 비단 금/수놓을 수/강 강/뫼 산) 비단에 수놓은 강(江)과 뫼('산'의 옛말). 즉, 비단에 수(繡)를 놓은 것처럼 아름다운 산천(山川)이라는 뜻으로, ①아름다운 자연을 이르는 말. ②우리나라를 비유적으로 이르는 말. 여기서, '산천(山川)'은 ①산(山)과 내[川]. ②자연 또는 자연의 경치. *금수(錦繡): 수놓은 비단. *강산(江山): ①(강과 산이라는 뜻으로) 자연의 경치를 이르는 말. ②=강토(疆土). 즉, 나라의 영토. 또는 국경 안에 있는 땅. *비단(緋緞): 부록 '금(錦)' 참고.

금슬-상화(琴瑟相和 거문고 금/비파 슬/서로 상/화목할 화) 거문고와 비파(琵琶)가 서로 화목(和睦)하다(조화를 이룬다)는 뜻으로, 거문고와 비파(琵琶)가 서로 화음(和音. 높낮이가 다른 둘 이상의 음이 동시에 울렸을 때의 합성된 음)을 맞추는(조화를 이루는) 것처럼 부부(夫婦) 사이가 다정하고 화목(和睦. 뜻이 맞고 정다움)함을 비유적으로 이르는 말. *금슬(琴瑟): ①거문고[琴]와 비파[瑟]를 아울러 이르는 말.

②금실(琴瑟)의 원말. 즉, 부부간의 사랑. 여기서, '琴瑟'은 '금슬', '금실' 둘 다 맞는 표기(表記)이다. 즉, 부부간의 사랑을 나타내는 경우에는 '금슬'과 '금실'을 모두 쓸 수 있다. '금실'은 거문고와 비파의 음률(音律. 음악의 곡조)이 잘 어울린다는 뜻의 '금슬지락(琴瑟之樂)'을 어원(語源. 어떤 말이 오늘날의 형태나 뜻으로 되기 전의 본디 형태나 뜻)으로 한다. *상화(相和): 서로 잘 어울림. *거문고: 부록 '금(琴)' 참고. *비파(琵琶): 동양 현악기(絃樂器)의 한 가지. 인도(印度)에서 중국(中國)을 거쳐 삼국 시대에 우리나라에 들어왔음. 다섯 줄의 향비파(鄕琵琶)와 넉 줄의 당비파(唐琵琶)가 있음. 이 사자성어의 유래는 다음과 같다. 『시경(詩經)·소아(小雅)』의 「상체(常棣)」 제7연에 〈아내와 자식이 화합하는 것이 / 거문고와 비파를 연주하는 것 같아 / 형제가 모두 모이니 / 화기애애(和氣靄靄) 즐겁구나.(妻子好合, **如鼓琴瑟**, 兄弟歸翕, **相樂且湛**.)〉라는 시(詩)에서 '거문고와 비파를 연주하는 것 같아.(如鼓琴瑟)'와, '화기애애(和氣靄靄) 즐겁구나.(相樂且湛)'에서, '금슬상화(琴瑟相和)'가 유래했다. 거문고와 비파는 화음이 잘 맞는 악기이기 때문에 예부터 부부(夫婦) 사이의 두터운 정(情)을 '금슬(琴瑟)'에 비유(比·譬喩. 어떤 사물의 모양이나 상태 따위를 보다 효과적으로 표현하기 위하여 그것과 비슷한 다른 사물에 빗대어 표현함. 또는 그 표현 방법)했다. 참고로, 원문의 '妻子好合'에서, '妻'는 아내 '처'로 읽는다. '妻子'는 아내[妻]와 자식[子]을 아울러 이르는 말. '好'는 좋아할 '호'로 읽고, '合'은 만날 '합'으로 읽는다. '好合'은 서로 좋게 잘 만남. '妻子好合'을 직역(直譯)하면, 아내와 자식이 (서로) 좋게 만남이, '如鼓琴瑟'에서, '如'는 같을 '여'로 읽고, '鼓'는 칠 '고', 두드릴 '고'로 읽고, '琴'은 거문고 '금'으로 읽고, '瑟'은 비파 '슬'로 읽는다. '如鼓琴瑟'을 직역(直譯)하면, 거문고와 비파를 두드리는 것과 같고, '兄弟歸翕'에서, '兄'은 형(兄) '형'으로 읽고, '弟'는 아우 '제'로 읽고, '歸'는 돌아올 '귀'로 읽고, '翕'은 모일 '흡'으로 읽는다. '兄弟歸翕'을 직역(直譯)하면, 형제들은 돌아와 모이는 것이, '相樂且湛'에서, '相'은 서로 '상'으로 읽고, '樂'은 즐길 '락(낙)', 즐거워할 '락(낙)'으로 읽고, '且'는 또 '차', 또한 '차'로 읽고, '湛'은 즐길 '담'으로 읽는다. '相樂且湛'을 직역(直譯)하면, 서로 즐거워하고 또한 즐기는구나. 여기서, '琴瑟相和'가 유래하였는데. 이것을 직역(直譯)하면, 거문고와 비파가 서로 화목(和睦)하다(조화를 이룬다)는 뜻으로, 거문고와 비파가 서로 화음(和音)을 맞추는(조화를 이루는) 것처럼 부부 사이가 다정하고 화목(和睦)함을 비유적으로 이르는 말.

금슬-우-지(琴瑟友之 거문고 금/비파 슬/벗 우/어조사 지) 거문고와 비파(琵琶)처럼 (조화로운) 벗이라는 뜻으로, ①거문고와 비파(琵琶)의 조화로운 음률(音律. 음악의 곡조)처럼 서로 화합(和合)하는 부부관계를 비유적으로 이르는 말. ②부부간의 금슬(琴瑟)이 좋아 마치 친구처럼 지냄을 비유적으로 이르는 말. 여기서, '琴瑟'은 '금슬', '금실' 둘 다 맞는 표기(表記)이다. 즉, 부부간의 사랑을 나타내는 경우에는 '금슬'과 '금실'을 모두 쓸 수 있다. '금실'은 거문고와 비파의 음률(音律)이 잘 어울린다는 뜻의 '금슬지락(琴瑟之樂)'을 어원(語源. 어떤 말이 오늘날의 형태나 뜻으로 되기 전의 본디 형태나 뜻)으로 한다. 그리고 '지(之)'는 '그것'을 나타내는 지시 대명사이다. *금슬(琴瑟): ☞금슬상화(琴瑟相和). *거문고: 부록 '금(琴)' 참고. *비파(琵琶): ☞금슬상화(琴瑟相和). 이 사자성어의 유래는 다음과 같다. 『시경(詩經)·국풍(國風)·주남(周南)』의 「관저(關雎)」 편(篇)에 〈올망졸망 조아기(노랑머리연꽃) / 이리저리 캐듯이 / 얌전하고 고운 아가씨 / 거문고와 비파 어울리는 것처럼 사귀고파.(參差荇菜, 左右采之, 窈窕淑女, **琴瑟友之**.)〉라는 시구(詩句)가 나오는데, '거문고와 비파 어울리는 것처럼 사귀고파.(琴瑟友之)'에서, '금슬우지(琴瑟右之)'가 유래했다. '관저(關雎)'는 물수리(수릿과의 새. 우리나라에서는 드문 겨울새)라는 뜻으로, 『시경(詩

經)·국풍(國風)·주남(周南)』에 나오는 시 제목이다. 이 시(詩)는 시(詩)의 한 종류인 국풍(國風. 중국의 『시경』 가운데 민요 부분을 이르는 말)으로 쓰였고, 형식은 사언절구(四言絶句)인데, 그 평가가 다양하다. 예를 들면 주(周)나라 문왕(文王)과 그의 아내 태사(太姒)의 덕(德. 고매하고 너그러운 도덕적 품성)을 칭송(稱頌. 공덕·功德 따위를 칭찬하여 일컬음. 또는 그런 말)한 것, 처녀를 짝사랑하는 노래, 신하가 문왕(文王)과 태사(太姒)의 결혼을 축하하는 노래, 태사(太姒)가 문왕(文王)을 위해 미녀를 구했으나 뜻과 같지 않아 근심하는 노래 따위의 여러 가지 견해가 있다. 참고로, 원문의 '參差荇菜'에서, '參'은 가지런하지 않을 '참'으로 읽는다. '差'는 가지런하지 않을 '치'로 읽는다. '參差'는 '참치부제(參差不齊)'와 같은 말로, 길고 짧고 들쭉날쭉하여 가지런하지 아니함. '荇'은 마름 '행'으로 읽는다. '마름'은 마름과의 일년초. 연못이나 늪 등지(等地. 땅의 이름 뒤에 쓰이어, 앞에 말한 '그러한 곳들'의 뜻을 나타내는 말)에 남. 뿌리는 흙 속에 내리고, 줄기는 길게 자라 물 위에 뜨며, 여름에 흰 꽃이 핌. '菜'는 나물 '채'로 읽는다. '행채(荇菜)'는 『고사성어대사전(故事成語大辭典)』에서는 '조아기'로 번역되어 있으나, 다른 자료(동아 『현대활용옥편(現代活用玉篇)』)에는 마름, 즉, 바늘꽃과에 딸린 일년생 수초(水草)로 풀이해 놓았다. 여기서는 『고사성어대사전』을 따랐다. '행채(荇菜)'는 『표준국어대사전(標準國語大辭典)』에 등재되어 있지 않다. '參差荇菜'를 직역(直譯)하면, 들쭉날쭉하여 가지런하지 아니한 조아기. 여기서, '參差不齊'가 유래하였는데, 이것을 직역(直譯)하면, 가지런하지 아니하고, (또) 가지런하지 아니하여, 가지런하지 아니하다는 뜻으로, 길고 짧고 들쭉날쭉하여 가지런하지 아니함을 이르는 말. '左右采之'에서, '左'는 왼쪽 '좌'로 읽고, '右'는 오른쪽 '우'로 읽고, '采'는 캘 '채'로 읽고, '之'는 어조사 '지'로 읽는다. '그것'을 나타내는 지시 대명사. '左右采之'를, 직역(直譯)하면, 왼쪽, 오른쪽에서 그것('조아기'를 가리킴)을 캐듯이, '窈窕淑女'에서, '窈'는 얌전할 '요'로 읽고, '窕'는 얌전할 '조'로 읽고, '淑'은 얌전할 '숙'으로 읽고, '女'는 계집 '녀(여)'로 읽는다. '窈窕淑女'를 직역(直譯)하면, 얌전하고 얌전한 계집. 즉, 말과 행동이 품위가 있으며, 얌전히고 정숙한 여자를 이르는 말. '琴瑟友之'에서, '琴'은 거문고 '금'으로 읽고, '瑟'은 비파 '슬'로 읽고, '友'는 벗 '우'로 읽고, '之'는 어조사 '지'로 읽는다. '~의'를 나타내는 관형격 조사. '琴瑟友之'를 직역(直譯)하면, 거문고와 비파의 벗이 (되도다). 즉, 거문고와 비파가 어울리는 것처럼 조화로운 벗으로 사귀고 싶다.

금슬-지-락(琴瑟之樂 거문고 금/비파 슬/어조사 지/즐거울 락) 거문고와 비파(琵琶)의 즐거움이라는 뜻으로, ①부부 사이의 다정하고 화목한 즐거움을 비유적으로 이르는 말. ②부부간의 사랑을 비유적으로 이르는 말. =금실지락(琴瑟之樂). 여기서, '琴瑟'은 '금슬', '금실' 둘 다 맞는 표기(表記)이다. 즉, 부부간의 사랑을 나타내는 경우에는 '금슬'과 '금실'을 모두 쓸 수 있다. '금실'은 거문고와 비파의 음률(音律. 음악의 곡조)이 잘 어울린다는 뜻의 '금슬지락(琴瑟之樂)'을 어원(語源. 어떤 말이 오늘날의 형태나 뜻으로 되기 전의 본디 형태나 뜻)으로 한다. *금슬(琴瑟): ☞금슬상화(琴瑟相和). *거문고: 부록 '금(琴)' 참고. *비파(琵琶): ☞금슬상화(琴瑟相和).

금시-발복(今時發福 이제 금/때 시/일어날 발/복 복) 이제 (그) 때의 복(福)이 일어난다는 뜻으로, 어떤 일을 한 뒤에, 이내 복(福)이 돌아와 부귀(富貴. 재산이 많고 사회적 지위가 높음)를 누리게 됨을 이르는 말. *금시(今時): 바로 지금. *발복(發福): 운이 틔어 복이 닥침.

금시-초견(今時初見 이제 금/때 시/처음 초/볼 견) 이제야 때가 (되어) 처음 본다는 뜻으로, 바로 이때(지금) 처음으로 봄. 또는 이제야 비로소 처음 봄을 이르는 말. *금시(今時): ☞금시발복(今時發福). *초견(初見): 처음으로 봄.

금시-초문(今時初聞 이제 **금**/때 **시**/처음 **초**/들을 **문**) 바로 이때(지금) 처음으로 들음. 또는 이제야 비로소 처음 들음. *금시(今時): ☞금시발복(今時發福). *초문(初聞): 처음으로 들음. 또는 처음 들은 말이나 소문.

금오-옥토(金烏玉兎 금 **금**/까마귀 **오**/구슬 **옥**/토끼 **토**) 금(金)의 까마귀와 구슬의 토끼. 즉, 황금처럼 반짝반짝 빛나는 까마귀와 구슬처럼 아름다운 토끼라는 뜻으로, 해와 달을 아울러 이르는 말. 해 속에 까마귀가 있고, 달 속에 옥토끼가 있다는 전설(傳說)에서 유래한다. *금오(金烏): 해를 달리 이르는 말. =태양(太陽). *옥토(玉兎): ①=옥토끼. 즉, 달 속에 산다는 전설상의 토끼. ②'달'을 달리 이르는 말.

금옥-군자(金玉君子 금 **금**/구슬 **옥**/군자 **군**/경칭 **자**) 금(金)과 옥(玉)의 군자(君子)라는 뜻으로, 몸가짐이 금(金)과 옥(玉)같이 깨끗하고, 단정하고, 점잖으며, 지조(志操. <u>원칙과 신념을 굽히지 아니하고 끝까지 지켜 나가는 꿋꿋한 의지. 또는 그런 기개</u>)가 굳은 사람을 비유적으로 이르는 말. *금옥(金玉): ①금(金)과 옥(玉). ②금관자(金貫子)와 옥관자(玉貫子). 또는 그것을 붙인 사람. 여기서, '금관자(金貫子)'는 금(金)으로 만든, 망건(網巾)의 관자(貫子). 즉, 망건에 달아 망건당줄(網巾~)을 꿰는 고리를 이르는 말. 정이품(正二品), 종이품(從二品)의 벼슬아치가 달았음. 그리고 '옥관자(玉貫子)'는 조선 시대에 왕(王), 왕족(王族), 당상관(堂上官)인 벼슬아치가 쓰던, 옥(玉)으로 만든 관자(貫子). 즉, 망건에 달아 망건당줄(網巾~)을 꿰는 고리를 이르는 말. '당상관(堂上官)'은 조선 시대에 당상(堂上)의 품계(品階)에 있는 벼슬아치를 이르는 말. 문관(文官)은 통정대부(通政大夫), 무관(武官)은 절충장군(折衝將軍) 이상이 당상관(堂上官)에 해당된다. *군자(君子): 학문과 덕(德. <u>고매하고 너그러운 도덕적 품성</u>)이 높고 행실(行實)이 바르며 품위(品位)를 갖춘 사람. *경칭(敬稱): 공경하는 뜻으로 부르는 칭호. 또는 존대하여 일컬음.

금옥-만당(金玉滿堂 금 **금**/구슬 **옥**/찰 **만**/집 **당**) 금(金)과 구슬(옥)이 집에 (가득) 차 (있다는) 뜻으로, ①금(金)과 옥(玉)이 집안에 가득하듯이, 금관자(金貫子)나 옥관자(玉貫子)를 붙인 높은 벼슬아치들이 방 안에 가득함을 이르는 말. 여기서, '금관자(金貫子)'는 금(金)으로 만든, 망건(網巾)의 관자(貫子). 즉, 망건에 달아 망건당줄(網巾~)을 꿰는 고리를 이르는 말. 정이품(正二品), 종이품(從二品)의 벼슬아치가 달았음. 그리고 '옥관자(玉貫子)'는 조선 시대에 왕(王), 왕족(王族), 당상관(堂上官)인 벼슬아치가 쓰던, 옥(玉)으로 만든 관자(貫子). 즉, 망건에 달아 망건당줄(網巾~)을 꿰는 고리를 이르는 말. '당상관(堂上官)'은 조선 시대에 당상(堂上)의 품계(品階)에 있는 벼슬아치를 이르는 말. 문관(文官)은 통정대부(通政大夫), 무관(武官)은 절충장군(折衝將軍) 이상(以上)이 당상관(堂上官)에 해당된다. ②현명한 신하(臣下)가 조정(朝廷. <u>임금이 나라의 정치를 신하들과 의논하거나 집행하는 곳. 또는 그런 기구</u>)에 가득함을 비유적으로 이르는 말. *금옥(金玉): ☞금옥군자(金玉君子). *만당(滿堂): 강당(講堂. 강연·講演이나 강의·講義, 의식·儀式 따위를 할 때에 쓰는 건물이나 큰 방) 따위의 넓은 방에 사람이 가득 참. 또는 그 사람들. 여기서 '의식(儀式)'은 의례(儀禮. <u>형식을 갖춘 예의</u>)를 갖추어 베푸는 행사를 일컫는다.

금옥-지-세(金玉之世 금 **금**/구슬 **옥**/어조사 **지**/세상 **세**) 금(金)(처럼 안정되고) 구슬(처럼 아름다운) 세상이라는 뜻으로, 태평한 세월을 비유적으로 이르는 말. *금옥(金玉): ☞금옥군자(金玉君子).

금옥-지-중(金玉之重 금 **금**/구슬 **옥**/어조사 **지**/중히 여길 **중**) 금(金)과 구슬처럼 중히 여긴다는 뜻으로,

매우 귀중함을 비유적으로 이르는 말. *금옥(金玉): ☞금옥군자(金玉君子).

금옥-패서(金玉敗絮 金 금/구슬 옥/해어질 패/솜 서) 금(金)과 구슬과 해어진 솜. 즉, 금(金)과 옥(玉)과 헌 솜이라는 뜻으로, 겉은 화려하게 꾸미었으나, 속은 추악함을 비유적으로 이르는 말. 겉은 금(金)과 옥(玉)으로 장식(裝飾)하고, 속은 헌 솜으로 채워 넣었다는 뜻이다. *금옥(金玉): ☞금옥군자(金玉君子). *패서(敗絮): 너무 오랫동안 사용하지 아니하고 두어서 못 쓰게 된 솜. *해어지다: 닳아서 떨어지다. *솜: 목화씨에 달라붙은 털 모양의 흰 섬유질을 이르는 말. 부드럽고 가벼우며 탄력(彈力)이 풍부하고 흡습성(吸濕性. 물질이 공기 중의 습기를 빨아들이는 성질), 보온성(保溫性. 주위의 온도에 관계없이 일정한 온도를 유지하는 성질)이 있음. 여기서 '탄력(彈力)'은 용수철처럼 튀거나 팽팽하게 버티는 힘. 또는 탄성체(彈性體. 고무처럼 탄성을 가지는 물체)가 외부의 힘에 대항하여 본래의 형태로 돌아가려는 힘. 《관련 속담》 빛 좋은 개살구. / 속 빈 강정.

금-왕-지-절(金旺之節 금 금/왕성할 왕/어조사 지/철 절) 금(金)이 왕성(旺盛)한 철. 즉, 오행(五行) 중에서 금기(金氣. 가을철의 기운을 이르는 말. 오행·五行을 사계절에 비유하면 금·金은 가을이 된다)가 가장 왕성(旺盛)한 절기(節氣)라는 뜻으로, 가을을 이르는 말. =금왕지기(金旺之氣). 여기서, '기운'은 순우리말로, 생물이 살아 움직이는 원기(元氣). 또는 거기서 나오는 힘. '오행(五行)'은 동양 철학에서, 만물(萬物. 온갖 물건 또는 세상에 있는 모든 것)을 생성하고 만상(萬象)을 변화시키는 다섯 가지 원소인 금(金), 목(木), 수(水), 화(火), 토(土)를 이르는 말. *철: ①(자연현상에 따라) 한 해를 네 시기(時期)로 나눈 중의 한 시기(時期). =계절. 시절. ②한 해 가운데서 무엇을 하기에, 알맞거나 많이 하는 때(시기).

금욕-주의(禁慾主義 금할 금/욕심 욕/주될 주/옳을 의) 욕심(慾心)을 금(禁)하는 주된 주의(主義)라는 뜻으로, 일체의 정신적, 육체적 욕망이나 욕구 및 세속적(世俗的. 세속의 범주를 벗어나지 못한 것)인 명예나 이익을 탐(貪)하는 모든 욕심(慾心)을 억제함으로써, 종교나 도덕에서 이상(理想)을 성취하려는 사상이나 태도를 이르는 말. 불교나 기독교에서 이 사상을 볼 수 있다. –극기주의(克己主義). 수덕주의(修德主義). 제욕주의(制慾主義). 참 쾌락주의(快樂主義). *금욕(禁慾): 욕구나 욕망을 억제함. 또는 육욕(肉慾)을 금함. *주의(主義): ①굳게 지키는 주장이나 방침. ②체계화된 이론이나 학설. *금하다(禁~): 부록 '금(禁)' 참고. *주되다(主~): 주장(主張)이나 중심(中心)이 되다.

금운-서-성(琴韻書聲 거문고 금/운치 운/글 서/소리 성) 거문고의 운치(韻致)와 글의 소리라는 뜻으로, 거문고의 운치(韻致) 있는 소리와 글 읽는 소리를 아울러 이르는 말. *금운(琴韻): 거문고의 소리. *거문고: 부록 '금(琴)' 참고. *운치(韻致): 고아(高雅)한 품격을 갖춘 멋.

금은-보화(金銀寶貨 금 금/은 은/보배로울 보/재화 화) 금(金)과 은(銀)처럼 보배로운 재화(財貨)라는 뜻으로, 금(金), 은(銀), 옥(玉), 진주(眞珠) 따위의 매우 귀중한 물건을 이르는 말. *금은(金銀): 금과 은. *보화(寶貨): 썩 드물고 귀한 가치가 있는 보배로운 물건. *재화(財貨): 돈과 값나가는 물건. 또는 사람이 바라는 바를 충족시켜 주는 모든 물건.

금의-야행(錦衣夜行 비단 금/옷 의/밤 야/다닐 행) 비단옷을 (입고) 밤길을 다닌다는 뜻으로, ①자랑삼아 하지 않으면 생색(生色. 남에게 어떤 도움을 준 일로 말미암아 떳떳해지는 체면)이 나지 않음을 비유적으로 이르는 말. ②아무런 보람이 없는 일을 자랑스럽게 함을 비유적으로 이르는 말. 즉, 어두운 밤에 화려한 비단옷을 입고 다닌다고 해서 그 아름다움을 드러낼 수 없고, 알아주는 사람도 없으니, 소용없는 일이라는 뜻이다. ⑪ 수의야행(繡衣夜行). 야행피수(夜行被繡). 의금야행(衣錦夜行). 의수야행(衣繡夜行). ↔금의주행(錦衣晝行). 금의환향(錦衣還鄕). *금의(錦衣): =비단옷(緋緞~). 즉, 비단으로 지은 옷을 통틀어 이르는 말. *야행(夜行): ①밤에 길을 감. ②밤에 나다니거나 활동함. *비단(緋緞): 부록 '금(錦)' 참고. 《관련 속담》 비단옷 입고 밤길 가기(걷기). / 절 모르고 시주하기. 이 사자성어의 유래는 다음과 같다. 이 사자성어는 '의수야행(衣繡夜行)'과 '의금야행(衣錦夜行)'의 두 말에서 '금의야행(錦衣夜行)'이 생겼다. 『사기(史記)』의 「항우본기(項羽本紀)」 편(篇)에는 의수야행(衣繡夜行)이 나온다. 〈며칠 후 항우(項羽)는 군사들을 이끌고 서쪽으로 가 함양(咸陽)을 도륙(屠戮. 사람이나 짐승을 함부로 참혹하게 마구 죽임)하고 항복한 진(秦)나라 왕(王)인 자영(子嬰)을 죽이고 진(秦)나라 궁실을 불태웠는데, 석 달이 지나도록 꺼지지 않았다. 즉, 항우(項羽)는 유방(劉邦)의 뒤를 이어 진(秦)나라의 수도(首都)인 함양(咸陽)에 군대를 이끌고 입성(入城. 성·城 안으로 들어감)했다. 젊은 패기(覇氣. 어떤 어려운 일이라도 해내려는 굳센 기상이나 정신)만으로 모든 일을 처리하고 있던 항우(項羽)는 유방(劉邦)이 백성의 마음을 사기 위해 손도 대지 않고 고스란히 남겨 두었던 진(秦)나라의 궁전(宮殿)들을 모조리 불사르고, 이미(돌이킬 수 없이 된 지난 일을 일컬을 때 쓰는 말) 항복하고 연금(軟禁. 외부와의 접촉을 제한, 감시하면서 외출을 허락하지 아니하나, 일정한 장소 내에서는 신체의 자유를 허락하는, 정도가 비교적 가벼운 감금을 일컫는 말) 상태에 있는 진왕(秦王. 진나라의 왕)인 자영(子嬰)을 죽이고, 아방궁(阿房宮. 중국의 진시황·秦始皇이 위수·渭水의 남쪽에 지은 궁전 이름)에 불을 질러 서 달 동안 타는 것을 지켜보면서, 미녀(美女)들의 호위(護衛. 따라다니면서 신변을 경호함. 또는 그 사람)를 받아가며 술잔치를 벌인 것을 뜻한다. 항우(項羽)는 보화(寶貨. 썩 드물고 귀한 가치가 있는 보배로운 물건)와 여자(女子)들을 거두어 동쪽으로 돌아가려 했다. 즉, 승리(勝利)에 도취(陶醉. 무엇에 홀린 듯이 열중하거나 기분이 좋아짐)한 항우(項羽)는 어서 빨리 보화(寶貨)와 여자(女子)들을 손에 넣고 동쪽에 있는 고향으로 돌아가고 싶어 했다는 뜻이다. [그러자 어떤 사람이 항우(項羽)에게 말했다. 즉, 그때 간의대부 벼슬의 한생(韓生)이 항우(項羽)에게 설득하였다는 뜻이다. "관중(關中. 함양·咸陽을 중심으로 한 분지·盆地를 말함)은 사방(四方)이 산과 강으로 둘러싸인 요새(要塞. 국방상 중요한 지점에 마련해 놓은 군사적 방어 시설)인 데다 땅도 비옥(肥沃. 땅이 걸고 기름짐)하므로 도읍(都邑. 한 나라의 중앙 정부가 있는 곳. =서울)으로 정하고 천하(天下)를 제패(制覇. 우두머리나 승자의 권력을 잡음)할 수 있습니다." 즉, 관중(關中) 일대는 사방(四方)이 산과 강으로 둘러싸인 요충지(要衝地. 지세·地勢가 군사적으로 중요한 곳)인데다 땅도 비옥(肥沃)하다. 따라서 이곳을 도읍(都邑)으로 삼아 중국 천하의 패권(覇權)을 잡아야 한다고 항우(項羽)를 설득하는 말이다. 항우(項羽)는 진(秦)나라의 궁실(宮室. '궁전·宮殿과 같은 말)이 모두 불에 타 잔해(殘骸. 썩거나 타다가 남은 물체)만 남은 것을 본 데다 또 동쪽으로 돌아가고 싶은 생각이 가득해 말했다. 즉, 항우(項羽)는 세객(說客)의 말을 듣지 않았다. 항우(項羽)의 눈에 비친 관중(關中)은, 불타버린 궁전(宮殿)에다가 마구 파괴된 황량(荒凉. 황폐하여 쓸쓸함)한 도시에 불과(不過)했기 때문이다. 그리고 그보다는 하루빨리 고향으로 돌아가 자기의 성공을 과시(誇示)하고 싶었다. 그래서 항우(項羽)는 동쪽 하늘을 보며 이렇게 말했던 것이다.] "부귀(富貴)해져서 고향으로 돌아가지 않는 것은 비단옷을 입고 밤길을 가는 것과 같으니, 누가 알아주겠는가?" 즉, 성공한 뒤에도 고향으로 돌아가지 않는 것은 '의수야행(衣繡夜行)'과 같다는 뜻이다. 성공한 뒤에도 타향(他鄕)으로 떠돌아다니는 행위는 마치 비단 옷을 입고 밤길을 다니듯이 아무 보람도 없는 일로 여긴다는 뜻으로 해석된다. 결국 항우(項羽)는 천하(天下)를 제패(制覇)하는 것보다 의수야행(衣繡夜行)을 핑계 삼아 금의환향(錦衣還鄕, 본문 참고)을 택한 것이다. 세객(說客)이 말했다. 즉, 이런 한심한 소리를 들은 세객(說客)은, 더 이상(以上) 항우(項羽)를 설득할 방법이 없다는 것을 깨닫고는, 그 자리를 물러나면서 혼자 중얼거렸다. "사람들이 초(楚)나라 사람은 원숭이에게 관을 씌워 놓은 것 같다고들 하더니 과연 그렇군." 즉, 초(楚)나라 사람은 원숭이가 갓을 쓰고 옷을 입은 것처럼 겉은 그럴듯하게 꾸몄지만, 생각과 행동 면에서는 지혜가 부족하다는 뜻이다. 항우(項羽)를 두고 한 말이다. 관중(關中)을 도읍(都邑)으로 삼아 중국 천하의 패권(霸權)을 잡으라고 설득한 것을 항우(項羽)가 거절한 것에 대한 세객(說客)의 불만 섞인 말이다. 항우(項羽)는 이 말을 듣고 세객(說客)을 삶아 죽여 버렸다. 즉, 이 말은 항우(項羽)의 귀에 들어갔고, 세객(說客)은 즉석에서 항우(項羽)에 의해 끓는 물에 삶겨 죽음을 당하고 말았다는 의미다. 항우(項羽)는 그 후 한때의 부귀(富貴)를 고향에 가서 과시(誇示)하려다가 천하(天下)를 유방(劉邦)에게 내주고 말았던 것이다. (居數日, 項羽引兵西屠咸陽, 殺秦降王子嬰, 燒秦宮室, 火三月不滅, 收其貨寶婦女而東, […], 富貴不歸故鄕, 如衣繡夜行, 誰知之者. 說者曰, 人言楚人沐猴而冠耳. 果然. 項王聞之, 烹說者.)〉라는 이야기가 나오는데, '비단옷을 입고 밤길을 가는 것과 같으니,(如衣繡夜行)'에서, '의수야행(衣繡夜行)'이 유래했다. 그리고 '의수야행(衣繡夜行)'에서, 금의야행(錦衣夜行)이 유래했다. 참고로, 원문의 '居數日'에서, '居'는 살 '거'로 읽고, '數'는 두서너 '수'로 읽고, '日'은 날 '일'로 읽는다. '數日'은 두서너 날. '居數日'을 직역(直譯)하면, 두서너 날 사는 (동안) '項羽引兵西屠咸陽'에서, '項'은 항목 '항'으로 읽고, '羽'는 깃 '우', 깃털 '우'로 읽는다. '項羽'는 사람 이름. '引'은 이끌 '인'으로 읽고, '兵'은 병사(兵士) '병', 군사(軍士) '병'으로 읽고, '西'는 서녘 '서'로 읽고, '屠'는 죽일 '도'로 읽고, '咸'은 다(남거나 빠진 것이 없이 모두) '함'으로 읽고, '陽'은 볕 '양'으로 읽는다. '咸陽'은 땅 이름. '項羽引兵西屠咸陽'을 직역(直譯)하면, 항우(項羽)는 병사를 이끌고 서쪽으로 (가) 함양(咸陽) (사람들을) 죽이고, '殺秦降王子嬰'에서, '殺'은 죽일 '살'로 읽고, '秦'은 진(秦)나라 '진'으로 읽고, '降'은 항복할 '항'으로 읽고, '王'은 임금 '왕'으로 읽는다. '秦降王'을 직역(直譯)하면, 항복한 진(秦)나라의 왕. '子'는 아들 '자'로 읽고, '嬰'은 어릴 '영'으로 읽는다. '子嬰'은 왕의 이름. '殺秦降王子嬰'을 직역(直譯)하면, 항복한 진(秦)나라의 왕(王)인 자영(子嬰)을 죽이고, '燒秦宮室'에서, '燒'는 불사를 '소'로 읽고, '宮'은 대궐 '궁', 궁전 '궁'으로 읽고, '室'은 집 '실', 방 '실'로 읽는다. '宮室'은 궁전 안에 있는 방. '燒秦宮室'을 직역(直譯)하면, 진(秦)나라 궁전의 방을 불태웠다. '火三月不滅'에서, '火'는 불 '화'로 읽고, '三'은 석 '삼'으로 읽고, '月'은 달 '월'로 읽고, '不'은 아닐(부정하는 말) '불'로 읽고, '滅'은 없어질 '멸', (불이) 꺼질 '멸'로 읽는다. '不滅'은 없어지거나 사라지지 아니함. '火三月不滅'을 직역(直譯)하면, 불은 삼 개월이 되어도 꺼지지 않았다. '收其貨寶婦女而東'에서, '收'는 거둘 '수'로 읽는다. '其'는 그(지시하는 말) '기'로 읽고, '貨'는 재물(財物) '화'로 읽고, '寶'는 보배 '보'로 읽는다. '貨寶'는 '보물(寶物)'과 같은 말로, 썩 드물고 귀한 가치가 있는 보배로운 물건. '婦'는 며느리 '부'로 읽고, '女'는 여자 '녀(여)'로 읽는다. '婦女'는 '부녀자(婦女子)'와 같은 말로, 결혼한 여자와 성숙한 여자를 통틀어 이르는 말. '而'는 말 이을 '이'로 읽는다. '그리고'의 뜻을 나타냄. '東'은 동녘 '동'으로 읽는다. '收其貨寶婦女而東'을 직역(直譯)하면, (항우는) 그 보물과 부녀자를 거두어 그리고 동쪽으로 (가려 했다). …… '富貴不歸故鄕'에서, '富'는 부유할 '부'로 읽고, '貴'는 귀할 '귀'로 읽는다. '富貴'는 재산이 높고 지위가 높음. '不'은 아닐(부정하는 말) '불'로 읽고, '歸'는 돌아올 '귀', 돌아갈 '귀'로 읽고, '故'는 연고(緣故. 일의 까닭) '고'로 읽고, '鄕'은 시골 '향'으로 읽는다. '富貴不歸故鄕'을 직역(直譯)하면 부귀(富貴)하여 고향(故鄕)으로 돌아가지 아니함은, '如衣繡夜行'에서, '如'는 같을 '여'로 읽고, '衣'는 옷 '의'로 읽고, '繡'는 수놓을 '수', 비단 '수'로 읽고, '夜'는 밤 '야'로 읽고, '行'은 다닐 '행'으로 읽는다. '如衣繡夜行'을 직역(直譯)하면, 비단 옷을 (입고) 밤에 다니는 (것과) 같으니, '誰知之者'에서, '誰'는 누구(인칭 대명사) '수'로 읽고, '知'는 알 '지'로 읽고, '之'는 어조사 '지'로 읽는다. '그것'을 나타내는 지시 대명사. '者'는 사람 '자'로 읽는다. '誰知之者'를 직역(直譯)하면, 그것을 아는 사람이 누구이겠는가? '說者曰'에서, '說'은 말씀 '설'로 읽는다. '說者'는 말하는 사람. 여기서는 '세객(說客. <u>유세객·遊說客</u>'과 같은 말로, 자기 의견을 선전하며 돌아다니는 사람)'을 가리킴. '說者曰'을 직역(直譯)하면, 세객(說客)이 말하기를, '人言楚人沐猴而冠耳'에서, '人'은 사람 '인'으로 읽고, '言'은 말씀 '언'으로 읽는다 '人言'을 직역(直譯)하면, 사람들이 말하기를, '楚'는 초(楚)나라 '초'로 읽고, '沐'은 머리 감을 '목'으로 읽고, '猴'는 원숭이 '후'로 읽고, '而'는 말 이을 '이'로 읽는다. '그리고'의 뜻을 나타냄. '冠'은 갓 '관'으로 읽고, '耳'는 따름 '이', 뿐 '이'로 읽는다. '~할 뿐이다(한정)'의 뜻을 나타냄. '人言楚人沐猴而冠耳'를 직역(直譯)하면, 사람들이 말하기를, 초(楚)나라 사람들은 머리 감은 원숭이에게 그리고 관을 (씌워 놓았을) 뿐이라고 하더니, 여기서, '沐猴而冠'이 유래하였는데, 이것을 직역(直譯)하면, 목후(沐猴. <u>원숭이의 일종</u>)가 갓[冠]을 썼다는 뜻으로, 의관(衣冠)을 갖추었으나, 사람답지 못한 사람이나 어리석은 사람을 비유적으로 이르는 말. '果然'에서, '果'는 과연(果然) '과'로 읽고, '然'은 그러할 '연'으로 읽는다. '果然'은 아닌 게 아니라 정말로. 주로 생각과 실제가 같음을 확인할 때 쓴다. 과연 그렇구나. '項王聞之'에서, '項'은 항목(項目) '항'으로 읽고, '王'은 임금 '왕'으로 읽는다. '項王'은 '항우(項羽)'를 가리킴. '聞'은 들을 '문'으로 읽고, '之'는 어조사 '지'로 읽는다. '그것'을 나타내는 지시 대명사. '項王聞之'를 직역(直譯)하면, 항우(項羽)가 그것을 듣고, '烹說者'에서, '烹'은 삶을 '팽'으로 읽고, '說'은 여기서는 달랠 '세'로 읽고, '者'는 사람 '자'로 읽는다. '烹說者'를 직역(直譯)하면, 세객(說客)을 삶아 죽였다. 그리고 『한서(漢書)』의 「항적전(項籍傳)」 편(篇)에는 '의금야행(衣錦夜行)'이 나온다. 〈"부귀(富貴)해져서 고향으로 돌아가지 않는 것은, 비단옷을 입고 밤길을 가는 것과 같다."(曰, 富貴不歸故鄕, <u>如衣錦夜行</u>.)〉라는 구절이 바로 그것이다. 앞의 원문 핵심은 '의수야행(衣繡夜行)'이고, 뒤의 원문 핵심은 '의금야행(衣錦夜行)'이다. 이 두 말에서, '금의야행(錦衣夜行)'이 유래했다. 이것을 직역(直譯)하면, 비단 옷을 입고 밤길을 다닌다는 뜻으로, ①자랑삼아 하지 않으면 생색이 나지 않음을 비유적으로 이르는 말. ②아무런 보람이 없는 일을 함을 비유적으로 이르는 말. '금의야행(錦衣夜行)'의 반대말로 '금의주행(錦衣晝行)'과 '금의환향(錦衣還鄕)'이 있다.

금의-옥식(錦衣玉食 비단 금/옷 의/구슬 옥/밥 식) 비단 옷과 구슬처럼 귀한 밥이라는 뜻으로, 비단 옷에 쌀밥 먹듯이, 호화(豪華)스럽고 사치(奢侈)스러운 생활을 비유적으로 이르는 말. *금의(錦衣): ☞금의야행(錦衣夜行). *옥식(玉食): ①맛있는 음식. ②흰 쌀밥. *비단(緋緞): 부록 '금(錦)' 참고.

금의-주행(錦衣晝行 비단 금/옷 의/낮 주/다닐 행) 비단 옷을 (입고) 낮에 다닌다는 뜻으로, 출세(出世. <u>사회적으로 높은 지위에 오르거나 유명하게 됨</u>)를 하여 고향에 돌아가거나 돌아옴을 비유적으로 이르는 말. =금의환향(錦衣還鄕). ↔금의야행(錦衣夜行). 의금야행(衣錦夜行). 의수야행(衣繡夜行). *금의(錦衣): ☞금의야행(錦衣夜行). *주행(晝行): 동물이 낮에 활동함. ↔야행(夜行). *비단(緋緞): 부록 '금(錦)'

참고.

금의-환향(錦衣還鄕 비단 금/옷 의/돌아올 환/고향 향) 비단 옷을 (입고) 고향에 돌아온다는 뜻으로, 성공하거나 출세(出世)를 하여 고향에 돌아가거나 돌아옴을 비유적으로 이르는 말. =금의주행(錦衣畫行). 의금귀향(衣錦歸鄕). 의금지영(衣錦之榮). ↔금의야행(錦衣夜行). 의금야행(衣錦夜行). 의수야행(衣繡夜行). 啻 의금주행(衣錦畫行). *금의(錦衣): ☞금의야행(錦衣夜行). *환향(還鄕): 고향으로 돌아감. 또는 돌아옴. *비단(緋緞): 부록 '금(錦)' 참고.

금잔-옥-대(金盞玉臺 금 금/잔 잔/구슬 옥/대 대) 금(金)으로 (된) 잔(盞)과 구슬로 (된) 대(臺)라는 뜻으로, ①금(金)으로 만든 술잔과 옥(玉)으로 만든 잔대(盞臺. 술잔을 반치는 접시 모양의 그릇)를 이르는 말. ②생김새가, 노란 꽃은 금잔(金盞) 같고, 하얀 꽃잎은 옥(玉) 잔대(盞臺) 같다는 데서, 수선화(水仙花)를 아름답게 이르는 말. 卿 금잔은대(金盞銀臺). *금잔(金盞): 금으로 만든 술잔. *'옥-대'는『국어사전(國語辭典)』에 등재(登載)된, '옥으로 만든 집이라는 뜻으로, 임금이 있는 곳을 높여 이르는 말'인 '옥대(玉臺)'의 뜻과는 별개다.

금잔-은-대(金盞銀臺 금 금/잔 잔/은 은/대 대) 금(金)으로 (된) 잔(盞)과 은(銀)으로 (된) 대(臺)라는 뜻으로, ①금(金)으로 만든 술잔과 은(銀)으로 만든 잔대(盞臺. 술잔을 반치는 접시 모양의 그릇)를 이르는 말. ②생김새가 노란 꽃은 금잔(金盞) 같고, 하얀 꽃잎은 은(銀) 잔대(盞臺) 같다는 데서, '수선화(水仙花)'를 이르는 말. 卿 금잔옥대(金盞玉臺). *금잔(金盞): ☞금잔옥대(金盞玉臺). *'은-대'는『국어사전(國語辭典)』에 등재(登載)된, '승정원(承政院), 한림원(翰林院)과 같은 말'인 '은대(銀臺)'의 뜻과는 별개다.

금-장-옥액(金漿玉液 금 금/액체 장/구슬 옥/즙 액) 황금(黃金)에서 (나는) 액체(용액)와 구슬(옥)에서 (나는) 즙이라는 뜻으로, ①주초[朱草. 붉은 색과 풀색(~色)의 물질이 섞여 있는 용액 이름인 듯(?)]의 용액에 금(金)과 옥(玉)을 섞어서 만든다는 신선(神仙. 도·道를 닦아서 현실의 인간 세계를 떠나 자연과 벗하며 산다는 상상·想像의 사람을 이르는 말. 세속적·世俗的인 상식·常識에 구애·拘碍되지 않고, 고통이나 질병도 없으며 죽지 않는다고 함) 세계의 선약(仙藥)을 이르는 말. ②도가(道家)에서 침(입속의 침샘에서 분비되는 무색의 끈기 있는 소화액)을 이르는 말. 한방(韓方)에서, 무릇 입속의 침은 금장옥액(金漿玉液)이라고 할 수 있을 정도로 소중하다고 한다. 따라서 침을 입속으로 삼켜야 한다. 침을 자꾸만 뱉는 것은 건강에 좋지 않다. 여기서, '선약(仙藥)'은 ①먹으면 장생불사(長生不死. 본문 참고)의 신선(神仙)이 된다고 하는 영약(靈藥). ②효험(效驗)이 썩 뛰어난 약(藥). '도가(道家)'는 ①중국의 선진(先秦) 시대 이래, 노장(老莊. 중국 고대의 사상가인 '노자·老子'와 '장자·莊子'를 아울러 이르는 말)의 무위자연(無爲自然. 본문 참고)의 사상을 따르던 학자를 통틀어 이르는 말. 여기서, 노자(老子)는 중국 춘추전국시대(春秋戰國時代)의 사상가(思想家)이며, 도가(道家)의 시조(始祖)이다. 그리고 '장자(莊子)'는 중국 전국시대(戰國時代)의 사상가이며, 도가(道家) 사상의 중심인물. ②=도가자류(道家者流). *옥액(玉液): ①옥에서 나는 즙. 마시면 오래 산다고 하여 도가(道家)에서는 선약(仙藥)으로 친다. ②=옥액경장(玉液瓊漿). 즉, 빛깔과 맛이 좋은 술.

금전-옥루(金殿玉樓 금 금/대궐 전/구슬 옥/다락 루) 금(金)으로 (꾸민) 대궐(大闕)과 구슬로 (꾸민) 다락이라는 뜻으로, 규모가 크고 화려(華麗)하게 지은 전각(殿閣)과 누대(樓臺)를 이르는 말. 여기서, '전각(殿閣)'은 ①임금이 거처하던 궁전. ②궁전과 누각. '누대(樓臺)'는 누각(樓閣. 사방이 탁 트이게 높이 지은 다락집)과 대사(臺榭. 높고 큰 누각이나 정자)를 이르는 말. *금전(金殿): 금(金)으로 꾸민 전각(殿閣)이나 전당(殿堂). *옥루(玉樓): 옥으로 꾸민 화려한 누각(樓閣). *다락: 부록 '루(樓)' 참고.

금-정-옥액(金精玉液 금 금/정액 정/구슬 옥/즙 액) 황금(黃金)에서 (나는) 정액(精液)과 구슬(옥)에서 (나는) 즙(汁)이라는 뜻으로, 예전에, 뛰어난 효과가 있는 약(藥)을 이르던 말. 사실은 황금(黃金)에서 정액(精液)이 나올 수 없고, 구슬에서 즙(汁)이 나올 수 없다. 따라서 이런 일은 불가능한 것이다. 이 불가능한 것을 가능하게 만들 수 있다는 뜻에서, '금정옥액(金精玉液)'은 뛰어난 효과가 있는 약을 비유적으로 이르는 말이 아닌가(?) 추측된다. *옥액(玉液): ☞금장옥액(金漿玉液). *정액(精液): 순수한 진액(津液. 재료를 진하게 또는 바짝 졸인 액체). *즙(汁): (과실 따위의) 물체에서 배어 나오거나 짜낸 액체(液體).

금-지-부-득(禁之不得 금할 금/어조사 지/아닐 부/깨달을 득) (무엇을) 금(禁)하도록 깨닫게 할 수 없다는 뜻으로, 하지 못하게 말릴 수가 없음을 이르는 말. *금하다(禁~): 부록 '금(禁)' 참고.

금-지-옥엽(金枝玉葉 금 금/가지 지/구슬 옥/잎 엽) 금(金)으로 (된) 가지(나뭇가지)와 구슬(옥)로 (된) 잎이라는 뜻으로, ①임금의 가족, 즉, 임금의 자손이나 집안을 높여 이르는 말. =경지옥엽(瓊枝玉葉). ②귀한 자손을 비유적으로 이르는 말. =경지옥엽(瓊枝玉葉). ③구름의 아름다운 모양을 비유적으로 이르는 말. *옥엽(玉葉): ①임금의 가문(家門)이나 문중(門中)을 존대하여 이르는 말. ②남이 보내온 엽서(葉書. '우편엽서·郵便葉書'의 준말)를 높여 이르는 말. 《관련 속담》 불면 꺼질까 쥐면 터질까.

금화-금벌(禁火禁伐 금할 금/불 화/금할 금/벨 벌) 불을 금(禁)하고 베는 (것을) 금(禁)한다는 뜻으로, 산(山)에서 불을 피우는 것과 나무를 베는 것을 금(禁)함을 이르는 말. *금화(禁火): 화재(火災. '불'과 같은 뜻)를 방지하기 위하여 불을 사용하는 것을 제한함. *금벌(禁伐): 나무의 벌채(伐採)를 금함. *금하다(禁~): 부록 '금(禁)' 참고.

금화-벌초(禁火伐草 금할 금/불 화/벨 벌/풀 초) 불을 금(禁)하면서 풀을 벤다는 뜻으로, 불을 조심하고, 때맞추어 풀을 베어 무덤을 잘 보살핌을 이르는 말. *금화(禁火): ☞금화금벌(禁火禁伐). *벌초(伐草): 무덤의 잡초를 베어서 깨끗이 함. *금하다(禁~): 부록 '금(禁)' 참고. *베다: 날이 있는 연장으로 자르거나 끊다.

급난-지-풍(急難之風 급할 급/어려울 난/어조사 지/풍채 풍) 급(急)하고 어려움을 (도와주는) 풍채(風采)라는 뜻으로, 남이 어려운 일에 처했을 때 구해 주는 의로운 태도를 이르는 말. 🇧 급인지풍(急人之風). *급난(急難): 갑자기 닥친 어려운 일. *풍채(風采): 사람의, 드러나 보이는 의젓한 겉모양.

급류-용퇴(急流勇退 급할 급/흐를 류/날랠 용/물러날 퇴) 급(急)하게 흐를 때 날래게 물러난다는 뜻으로, 기회(機會)를 보아 제때에 용기 있게 벼슬자리에서 물러남을 비유적으로 이르는 말. 정치가를 포함하여 고위 공직자는 기회를 보아 용감하게 물러나야 함을 강조하는 말이다. *급류(急流): ①물이 빠른 속도로 흐름. 또는 그 물. ②어떤 현상이나 사회의 급작스러운 변화를 비유적으로 이르는 말. *용퇴(勇退): ①용감하게 물러남. ②후진(後進)에게 길을 터주기 위하여 스스로 관직(官職. 관리로서, 국가로부터 위임 받은 일정한 범위의 직무. 또는 그 직위) 따위에서 물러남. *날래다: 부록 '용(勇)' 참고.

급수-공덕(汲水功德 물 길을 급/물 수/공 공/덕 덕) 물을 긷는 공(功)과 덕(德. 베풀어 준 은혜나 도움)이라는 뜻으로, 목마른 사람에게 물을 길어다 주는 공덕(功德)을 이르는 말. 즉, 목마른 사람에게는 물 한 모금 주는 것도 공덕(功德)이라는 말이다. *급수(汲水): 물을 길음. *공덕(功德): ①공적과 덕행. ②불교에서, 현재 또는 미래에 행복을 가져올 선행(善行)을 이르는 말. *물 긷다: 부록 '급(汲)' 참고.

급-어-성화(急於星火 급할 **급**/어조사 **어**/별 **성**/불 **화**) 별[星]의 불[火]에 (의한) 급(急)함이라는 뜻으로, 별똥의 불빛처럼 빠르고 급(急)함을 이르는 말. *성화(星火): ①=별똥별. 즉, 유성(流星. 우주 먼지가 지구의 대기권에 들어와 공기의 압축과 마찰로 빛을 내는 것)을 이르는 말. ②별똥별이 떨어질 때의 불빛. ③=불티. 즉, 타는 불에서 튀는 아주 작은 불똥. ④매우 다급(多急. 미처 어떻게 할 여유가 없을 만큼 일이 바싹 닥쳐서 몹시 급함)하게 굴거나 몹시 조르는 짓.

급전-직하(急轉直下 급할 **급**/구를 **전**/바로 **직**/아래 **하**) 바로 아래로 급(急)하게 구른다는 뜻으로, ①사태나 정세 따위의 변화가 매우 빠름. ②사정이나 형세(形勢. 어떠한 일의 형편이나 상태)가 걷잡을 수 없을 만큼 급작스럽게 전개되어 결말이 나거나 해결되는 방향으로 나아감을 이르는 말. *급전(急轉): 상태나 형세 따위가 갑자기 바뀜. *직하(直下): ①바로 그 아래. 또는 곧장 그 밑. ②곧바로 내려감.

급진-급-퇴(急進急退 급할 **급**/나아갈 **진**/급할 **급**/물러날 **퇴**) 급(急)히 나아가고 급(急)히 물러남이라는 뜻으로, 급히 앞으로 나아갔다 급히 뒤로 물러남을 이르는 말. *급진(急進): ①앞으로 급히 나아감. ②(일부 명사 앞에 쓰이어) 목적이나 이상 따위를 급히 실현하고자 변혁(變革. 급하게 바꾸어 아주 달라지게 함)을 서두름.

긍-구-긍-당(肯構肯堂 뼈에 붙은 살 **긍**/얽을 **구**/뼈에 붙은 살 **긍**/집 **당**) 뼈에 붙은 살로 얽어서, 뼈에 붙은 살로 집을 짓는다. 즉, 집터를 닦고 집을 짓는다는 뜻으로, 아비('아버지'의 낮춤말)가 어떤 일을 시작하고 자식이 이것을 이음을 비유적으로 이르는 말. *얽다: 부록 '구(構)' 참고.

긍긍-업업(兢兢業業 조심할 **긍**/조심할 **긍**/일 **업**/일 **업**) 조심하고 조심하는 일과 일이라는 뜻으로, 항상 조심하여 삼감('삼가다'의 명사형. 몸가짐이나 언행을 조심함). 또는 그런 모양을 이르는 말. *긍긍(兢兢): 조마조마하며 마음을 놓지 못함. 또는 두려워서 어쩔 줄을 모름. *업업(業業): 매우 위태로움.

기각-지-세(掎角之勢 다리 잡을 **기**/뿔 **각**/어조사 **지**/형세 **세**) 다리를 잡고 뿔을 (잡는) 형세(形勢). 즉, ①사슴을 잡을 때 한 사람은 뒤에서 사슴의 뒷발을 잡고, 한 사람은 앞에서 뿔을 잡는다는 뜻으로, 앞뒤에서 적(敵)을 몰아치거나 맞서는 태세(態勢. 어떤 일을 앞두고, 정신적, 육체적으로 갖추어진 태도와 자세)를 비유적으로 이르는 말. =의각지세(犄角之勢). ②두 영웅(英雄)이 대치(對峙. 서로 맞서서 버팀)하여 세력을 다툼을 비유적으로 이르는 말. *기각(掎角): =기각지세(掎角之勢). *형세(形勢): 어떠한 일의 형편이나 상태.

기강-지-복(紀綱之僕 벼리 **기**/벼리 **강**/어조사 **지**/종 **복**) 벼리(기강)와 벼리(기강)를 (바로 잡을 만한) 종[僕]이라는 뜻으로, 나라를 잘 다스릴 만한 신하(臣下)를 이르는 말. *기강(紀綱): 으뜸(중요한 정도로 봄. 어떤 사물의 첫째를 이르는 말)이 되는 중요한 규율(規律. 질서나 제도를 유지하기 위하여 정하여 놓은. 행동의 준칙이 되는 본보기)과 질서. =강기(綱紀). *벼리: 부록 '기(紀)', '강(綱)' 참고.

기거-동작(起居動作 일어날 **기**/살 **거**/움직일 **동**/지을 **작**) 기거(起居)와 동작(動作)이라는 뜻으로, 일상생활에서 몸의 움직임을 이르는 말. =기거동정(起居動靜). *기거(起居): 일정한 곳에서 먹고 자고 하는 따위의 일상적인 생활을 함. 또는 그 생활. *동작(動作): ①몸과 손발을 움직임. 또는 그 모양. ②무술, 춤 따위에서, 특정한 몸놀림이나 손발의 움직임.

기고-만장(氣高萬丈 기운 **기**/높을 **고**/일만 **만**/길이의 단위 **장**) 기운이 높기가 일만(一萬) 길[丈]이라는 뜻으

로, ①펄펄 뛸 만큼 대단히 성이 남을 비유적으로 이르는 말. ②일이 뜻대로 잘될 때, 우쭐하여 뽐내는
기세(氣勢. 기운차게 내뽑는 형세)가 대단함을 비유적으로 이르는 말. 旧 호기만장(豪氣萬丈). *기고(氣
高): ①맑게 갠 하늘이 높고 푸름. ②못마땅한 것을 참지 못하고 성을 내거나 왈칵 행동하는 성미(性味)가
매우 강함. ③기운이 가슴으로 치밀어 숨이 찬 증상. *만장(萬丈): 만(萬) 길[丈]이나 되도록 매우 높음.
또는 매우 깊음. 여기서, 길[丈]은 ①사람 키의 한 길이. ②길이의 단위를 이르는 말. 여덟 자[尺] 혹은
열 자[尺]를 나타냄. *기운: 순우리말로, 생물이 살아 움직이는 원기(元氣). 또는 거기서 나오는 힘.

기고-상-당(旗鼓相當 기 **기**/북 **고**/서로 **상**/당할 **당**) 기(旗)와 북[鼓]이 서로 당하고 있다는 뜻으로, ①양군
(兩軍.양편의 군사)이 서로 맞서 버팀. 또는 서로 승패(勝敗)를 다툼을 비유적으로 이르는 말. ②양쪽
군대의 세력이 서로 엇비슷함(어지간히 거의 비슷함)을 비유적으로 이르는 말. *기고(旗鼓): ①싸움터에
서 쓰는 기(旗)와 북[鼓]을 아울러 이르는 말. 군대를 지휘하고 명령하는 데 쓴다. ②병력(兵力)과 군세
(軍勢)를 비유적으로 이르는 말. ③'싸움터'를 비유적으로 이르는 말. *'상-당'은 『국어사전(國語辭典)』에
등재(登載)된, '일정한 액수(額數)나 수치(數值) 따위에 해당함'인 '상당(相當)'의 뜻과는 별개다. *당하다
(當~): ①닿아서 만나다. =처(處)하다. ②일을 만나다. =겪다. ③능히 이겨내다. =대적하다. 해내다.

기골-장대(氣骨壯大 기운 **기**/뼈 **골**/씩씩할 **장**/클 **대**) 기운과 뼈가 씩씩하고 크다. 즉, 기운이 씩씩하고
뼈가 크다는 뜻으로, 기골(氣骨)이 건장하고 큼을 이르는 말. *기골(氣骨): ①기혈(氣血. 인체의 생기와
혈액)과 뼈대. 또는 겉으로 드러나 보이는 기백(氣魄. 씩씩한 기상·氣像과 앞으로 좋게 발전할 가능성이
있는 정신)과 골격(骨格. 몸을 지탱하는 여러 가지 뼈의 조직. =뼈대)을 아울러 이르는 말. ②건장하고
튼튼한 체격. *장대(壯大): ①기운이 세고 씩씩함. ②체격(體格)이 매우 크고 튼튼함. *기운: 순우리말
로, 생물이 살아 움직이는 원기(元氣). 또는 거기서 나오는 힘.

기괴-망측(奇怪罔測 기이할 **기**/괴이할 **괴**/없을 **망**/헤아릴 **측**) 기이(奇異)하고 괴이(怪異)하여 헤아림이 없다는
뜻으로, ①괴상(怪狀)하고 기이(奇異)하여 느낌이 좋지 않음. ②이상야릇하기가 아주 말할 수 없음을
이르는 말. *기괴(奇怪): ①괴기하고 끔찍스러움. ②예술상에 나타난 괴기미(怪奇美. 문학·文學이나 회화·
繪畵 따위의 예술에서, 인간이나 사물을 괴기스럽게 묘사·描寫하거나 기분 나쁠 정도로 섬뜩하게 표현한
것)가 괴이(怪異)하고 황당(荒唐)함. 여기서 '묘사(描寫)'는 눈으로 보거나 마음으로 느낀 것 따위를 그림으로
그리듯이 객관적으로 표현함을 일컬음. *망측(罔測): 정상적인 상태에서 벗어나 너무나 어이가 없거나
차마 볼 수가 없음. *기이하다(奇異~): 부록 '기(奇)' 참고. *괴이하다(怪異~): 부록 '괴(怪)' 참고. *헤아리다:
①(수량을) 세다. 또는 셈하다. ②짐작으로 가늠하여 살피다. 또는 미루어 짐작하다.

기구-망측(崎嶇罔測 산길 험할 **기**/산 험할 **구**/없을 **망**/헤아릴 **측**) 산길이 험하기가 헤아림이 없다는 뜻으
로, ①산길이 험하기 짝이 없음을 이르는 말. ②세상살이나 운수(運數) 따위가 평탄하지 못하고 험난하
거나 사납기 짝이 없음을 비유적으로 이르는 말. 여기서, '운수(運數)'는 이미(돌이킬 수 없이 된 지난
일을 일컬을 때 쓰는 말) 정하여져 있어 인간의 힘으로는 어쩔 수 없는 천운(天運. 하늘이 정한 운수)과
기수(氣數. 저절로 오고 가고 한다는 길흉화복·吉凶禍福의 모습)를 일컫는 말. *기구(崎嶇): ①산길이
험함. ②(사람의) 세상살이가 순탄하지 못하고 가탈이 많음. 여기서, '가탈'은 순우리말로, 일이 순조롭
고 편하게 나아가지 못하게 방해가 되는 일. 또는 억지 트집을 잡아 까다롭게 구는 일. *망측(罔測):
☞기괴망측(奇怪罔測). *헤아리다: ☞기괴망측(奇怪罔測).

기군-망-상(欺君罔上 속일 **기**/임금 **군**/속일 **망**/위 **상**) 임금을 속임. 여기서 '위[上]'는 임금을 뜻함. *기군(欺君): =기군망상(欺君罔上).

기-급-절-사(氣急絶死 기운 **기**/급할 **급**/끊을 **절**/죽을 **사**) 기운이 급하고 끊어져 죽은 (상태가 된다는) 뜻으로, 기겁하여 까무러침을 이르는 말. *기운: 순우리말로, 생물이 살아 움직이는 원기(元氣). 또는 거기서 나오는 힘.

기기-괴괴(奇奇怪怪 기이할 **기**/기이할 **기**/괴이할 **괴**/괴이할 **괴**) 기이(奇異)하고 기이(奇異)하며 괴이(怪異)하고 괴이(怪異)하다는 뜻으로, 외관(外觀)이나 분위기(雰圍氣)가 몹시 기이(奇異)하고 괴상(怪狀)함을 이르는 말. 또는 몹시 이상야릇함을 이르는 말. *기기(奇奇): 몹시 기이(奇異)함. 또는 매우 이상야릇함. *괴괴(怪怪): 괴상함. 괴이함. 또는 이상야릇함. *기이하다(奇異~): 부록 '기(奇)' 참고. *괴이하다(怪異~): 부록 '괴(怪)' 참고. 이 사자성어의 유래는 다음과 같다.『고문진보후집(古文眞寶後集)』'한유(韓愈)'의 '송궁문(送窮文)에 [①원화(元和. 당·唐나라 헌종·憲宗의 연호·年號) 6년(서기 811년) 정월 그믐 을축일(乙丑日)에, 주인(작가 자신인 '한유·韓愈'를 가리킴)이 노복(奴僕. 사내종)인 성(星)을 시켜 버들가지를 엮어 수레를 만들고, 풀을 묶어 배를 만들어, 말린 양식과 식량을 싣고서, 소[牛]에게 멍에를 매어놓고, 돛을 달고 돛대를 세우게 하고서, 궁귀(窮鬼. 궁한 귀신. 또는 곤궁한 사람을 비유적으로 이르는 말)에게 세 번 읍(揖. 인사하는 예·禮의 한 가지. 두 손을 맞잡아 얼굴 앞으로 들고 허리를 공손히 구부렸다가 펴면서 두 손을 내림)하고, 다음과 같이 말하였다. 여기서, '궁귀(窮鬼)'는『국어사전(國語辭典)』외에도 다양한 풀이가 나와 있다. '가난한 사람이 굶어 죽어 된 귀신(鬼神)', '가난을 가져오는 귀신(鬼神)', '사람을 궁(窮)하게 만드는 귀신(鬼神)' 따위가 그것이다. "그대들이 떠날 날을 정하였다고 들었는데, 나는 감히 어느 길로 갈 것인지 묻지 않고, 은밀(隱密. 숨어 있어서 겉으로 드러나지 아니함)히 배와 수레를 마련해, 말린 양식과 식량을 갖추어 실어놓았다. 날도 길(吉)하고 시(時)도 좋아, 사방(四方)으로 출행(出行. 먼 길을 떠남)하기 이로울 것이다. 그대들은 한 사발의 밥을 먹고, 한 잔의 술을 마시라. 벗과 짝을 이끌고서, 옛 거처(居處. 일정하게 자리를 잡고 사는 일. 또는 그 장소)를 떠나 새 거처(居處)로 가라. 수레는 달려 먼지가 일고 배는 돛이 바람을 받아, 번개와 선두(先頭. 대열이나 행렬, 활동 따위에서 맨 앞)를 다투리라. 그대들은 이곳에 정체(停滯. 사물이 발전하거나 나아가지 못하고 한자리에 머물러 그침)하는 오랜 원한(怨恨. 억울하고 원통한 일을 당하여 응어리진 마음)도 없고, 나는 그대들에게 재물(財物. 돈과 값나가는 물건)을 주어 보내는 은혜(恩惠. 고맙게 베풀어 주는 신세나 혜택)가 있을 것이다. 그대들은 떠나갈 생각이 있는가?" ④[주인('한유·韓愈'를 가리킴)이 그('궁귀·窮鬼'를 가리킴)에게 대답하였다. "그대들은 내가 참으로 모른다고 여기는가? 그대들의 벗은 여섯도 아니고, 넷도 아니며, 열에서 다섯을 빼고 일곱에서 둘을 뺀 수이다. 즉, 벗이 5가지라는 뜻이다. 각각 주장하는 것이 있고 사사로이 이름을 정했다. 즉, 한유(韓愈)가 5가지의 궁귀(窮鬼)를 자기 마음대로 '지궁(智窮. 지혜를 담당하는 궁귀)', '학궁(學窮. 학문을 담당하는 궁귀)', '문궁(文窮. 문장을 담당하는 궁귀)', '명궁(命窮. 사명감을 담당하는 궁귀)', '교궁(交窮. 사귐을 담당하는 궁귀)' 따위로 그 이름을 정했다는 뜻이다. (그들은) 나의 손을 비틀어 국그릇을 엎게 하고, 입을 열면 남이 싫어하는 말만 하게 했다. 무릇 나의 면목(面目. 얼굴. 또는 얼굴의 생김새)을 가증(可憎. 괘씸하고 얄미움)스럽게 하고, 언어(言語)를 무미건조(無味乾燥. 본문 참고)하게 한 까닭은 모두 그대들의 뜻 때문이다.]〈첫째는 이름이 지궁(智窮)인데, 강직하고 오만하여, 둥근 것을 싫어하고 모난 것을 좋아한다. 간사함과 속임을 수치(羞恥. 부끄러움)로 여겨, 차마 남을 상해(傷害. 남의 몸에 상처를 내어 해를 입힘)하지 못하게 한다. 둘째는 이름이 학궁(學窮)인데, 이치와 사물 같은 학문을 경시(輕視. 대수롭지 않게 여김. 또는 가볍게 봄)하고, 심오(深奧. 사물의 뜻이 매우 깊고 오묘함)한 이치(理致)를 드러내 밝히며, 높은 식견(識見. 학식과 견문이라는 뜻으로, 사물을 분별할 수 있는 능력을 이르는 말)으로 제가(諸家. 여러 대가·大家. 곧 전문 분야에서 뛰어난 권위를 인정하는 여러 사람)의 학설을 섭취(攝取. 사물을 자기 것으로 받아들임)하고, 정신의 주요 부분을 장악(掌握. 손안에 잡아 쥔다는 뜻으로, 무엇을 마음대로 할 수 있게 됨을 이르는 말)하게 한다. 또 그 다음(셋째)은 문궁(文窮)인데, 재능(才能. 어떤 일을 하는데 필요한 재주와 능력)이 한 방면(方面)에만 뛰어나지 않고, 여기서, ‘재주’는 순우리말로, 무엇을 잘할 수 있는, 타고난 능력과 슬기. 문장이 괴괴기기(怪怪奇奇)하여, 즉시 쓰일 수 없고, 단지 스스로 즐기게 할 뿐이다. …… (其名曰智窮, 矯矯亢亢, 惡圓喜方, 羞爲奸欺, 不忍害傷, 其次名曰學窮, 傲數與名, 摘抉杳微, 高挹群言, 執神之機, 又其次曰文窮, 不專一能, **怪怪奇奇**, 不可時施, 只以自嬉)라는 이야기가 나오는데, ‘괴괴기기하여,(怪怪奇奇)’에서 그것이 형태가 바뀌어 ‘기기괴괴(奇奇怪怪)’가 유래했다. 일반적으로 언중(言衆. 같은 언어를 쓰는 뭇사람)은 ‘괴괴기기(怪怪奇奇)’와 ‘기기괴괴(奇奇怪怪)’를 섞어서 쓰고 있다. 그런데 본문 ‘조제모염(朝薺暮鹽)’에서 밝혔듯이, 위의 ①과 ④는 글의 내용을 편의상 구분한 것이다. ①은 첫 번째 단락, ④는 ②단락, ③단락 다음에 이어지는 네 번째 단락을 의미한다. 두 번째 단락인 ②는 본문 ‘조제모염(朝薺暮鹽)’ 참고. ③단락은 본문 ‘단독일신(單獨一身)’ 참고. ‘한유(韓愈)’의 ‘송궁문(送窮文)’은 ⑦단락으로 크게 나눌 수 있다. ①을 독자에게 소개한 것은 ‘송궁문(送窮文)’의 서문(序文)의 성격이 강하기 때문이다. 중국에서는 예로부터 궁귀(窮鬼)를 물리치는 풍속이 있었다고 한다. 당(唐)나라 때 한유(韓愈)는 원화(元和) 6년(서기 811년) 정월 그믐날에 궁귀(窮鬼)를 의인화하여 송궁문(送窮文)을 지어, 자신을 어렵게 만드는 지궁(智窮. 지혜를 담당하는 궁귀), 학궁(學窮. 학문을 담당하는 궁귀), 문궁(文窮. 문장을 담당하는 궁귀), 명궁(命窮. 사명감을 담당하는 궁귀), 교궁(交窮. 사귐을 담당하는 궁귀)의 5가지 궁귀(窮鬼)에게 자신에게서 떠나 달라고 해학적(諧謔的. 말이나 행동에 익살스러우면서도 풍자·諷刺가 섞인 것. 또는 익살스럽고도 품위·品位가 있는 말이나 행동이 있는 것)으로 묘사(描寫. 눈으로 보거나 마음으로 느낀 것 따위를 그림으로 그리듯이 객관적으로 표현함)하였다. 무릇 이 5가지 귀신(鬼神)이 나의 5가지 재앙(災殃. 뜻하지 아니하게 생긴 불행한 변고·變故. 또는 천재지변·天災地變으로 인한 불행한 사고)이 된다고 하였다. 이 중 명궁(命窮. 사명감을 담당하는 궁귀), 교궁(交窮. 사귐을 담당하는 궁귀) 따위의 2가지 궁귀(窮鬼)에 대해서는 본문 ‘흥와조산(興訛造訕)’ 참고. 즉, 한유(韓愈)가 생각하기에, 지혜, 학문, 문장 쓰기, 사명감을 기르기, 다른 사람과의 사귐 따위를 담당하는 5가지 궁귀(窮鬼)가 자기의 앞길을 방해하고 있다는 입장이다. 그래서 ①단락은 그들을 내쫓기 위하여 계책(計策. 어떤 일을 이루기 위하여 꾀나 방법을 생각해 냄. 또는 그 꾀나 방법)을 세운 이야기로 의미가 있는 것이다. 소설 구성의 5단계에 비추어 보면 ‘발단’ 부분이다. ②, ③단락부터는 한유(韓愈)의 계책(計策)에 대한 궁귀(窮鬼)의 논박(論駁. 어떤 주장이나 의견에 대하여 그 잘못된 점을 조리 있게 공격하여 말함)이 계속된다. 소설 구성의 5단계에 비추어 보면 ‘전개’ 부분이다. ④, ⑤단락은 반전(反轉. 일의 형세가 뒤바뀜) 부분으로, 한유(韓愈)의 논박(論駁)이 이어짐을 볼 수 있다. 소설 구성의 5단계에 비추어 보면 ‘위기’ 부분이다. ④단락은 본문 ‘기기괴괴(奇

奇怪怪)’ 참고. ⑤단락은 본문 ‘흥와조산(興訛造訕)’ 참고. ‘한유(韓愈)’의 ‘송궁문(送窮文)’은 우연스럽게 도 소설 구성의 5단계와 일치한다. ①단락은 ‘발단’이고, ②, ③단락은 ‘전개’이고, ④, ⑤단락은 ‘위기’이 고, ⑥단락은 ‘절정’이고, ⑦단락은 ‘결말’이다. 참고로, 원문의 ‘其名曰智窮’에서, ‘其’는 그(지시하는 말) ‘기’로 읽고, ‘名’은 이름 ‘명’으로 읽고, ‘曰’은 일컬을 ‘왈’로 읽고, ‘智’는 지혜(知·智慧) ‘지’로 읽고, ‘窮’은 궁할(窮~. 가난하고 어려울) ‘궁’, 가난할 ‘궁’으로 읽는다. ‘其名曰智窮’을 직역(直譯)하면, (첫째는) 그 이름이 (지혜를 담당하는 궁귀·窮鬼인) 지궁(智窮)이라고 일컫는데, ‘矯矯亢亢’에서, ‘矯’는 굳셀 ‘교’, 씩 씩할 ‘교’로 읽고, ‘亢’은 자만(自慢. 자기에게 관계되는 일을 남 앞에서 뽐내고 자랑하며 오만하게 행동 함)할 ‘항’으로 읽는다. ‘矯矯亢亢’을 직역(直譯)하면, 굳세고 자만(自慢)하여, ‘惡圓喜方’에서, ‘惡’는 싫어 할 ‘오’, 미워할 ‘오’로 읽고, ‘圓’은 둥글 ‘원’으로 읽고, ‘喜’는 기쁠 ‘희’, 좋아할 ‘희’로 읽고, ‘方’은 모 ‘방’으로 읽는다. ‘惡圓喜方’을 직역(直譯)하면, 둥근 것을 싫어하고 모난 것을 좋아한다. ‘羞爲奸欺’에서, ‘羞’는 부끄러울 ‘수’, 부끄러워할 ‘수’로 읽고, ‘爲’는 생각할 ‘위’, 삼을(무엇을 무엇으로 하거나 무엇으로 여김) ‘위’로 읽고, ‘奸’은 간사(奸詐. 나쁜 꾀가 있어 거짓으로 남의 비위를 맞추는 태도가 있음. 또는 간교·奸巧하여 남을 잘 속이는 데가 있음)할 ‘간’으로 읽고, ‘欺’는 속일 ‘기’, 거짓 ‘기’로 읽는다. ‘羞爲奸 欺’를 직역(直譯)하면, 간사(奸詐)함과 속임을 부끄러움으로 생각하여, ‘不忍害傷’에서, ‘不’은 아니할 ‘불’ 로 읽고, ‘忍’은, 여기서는 차마 못할 ‘인’으로 읽는다. ‘不忍’은 차마 할 수가 없음. ‘害’는 해(害)할 ‘해’로 읽고, ‘傷’은 상처(傷處) ‘상’으로 읽는다. ‘不忍害傷’을 직역(直譯)하면, 차마 (남을) 해(害)하고 상처를 (내는 짓은) 할 수가 없다. 즉, 지혜(知·智慧)로 따지면, 남을 해(害)치는 데 쓰지 못한다는 뜻이다. ‘其次 名曰學窮’에서, ‘次’는 다음에 ‘차’로 읽고, ‘學’은 학문 ‘학’으로 읽는다. ‘其次名曰學窮’을 직역(直譯)하면, 그 다음(둘째)의 이름은 (학문을 담당하는 궁귀·窮鬼인) 학궁(學窮)이라고 일컫는데, ‘傲數與名’에서, ‘傲’ 는, 여기서는 멸시(蔑視. 남을 업신여김. 또는 깔봄)할 ‘오’로 읽고, ‘數’는, 여기서는 이치(理致) ‘수’로 읽고, ‘與’는 이조사 ‘여’로 읽는다. ‘~외’, ‘~과(병렬)’의 뜻을 나타냄. ‘名’은, 여기서는 명분(名分. 사람의 도덕적으로 지켜야 할 도리. 또는 각각의 이름이나 신분에 따라 마땅히 지켜야 할 도리. 군신·君臣, 부자·父子, 부부·夫婦 따위의 구별된 사이에 서로가 지켜야 할 도덕상의 일을 일컬음) ‘명’으로 읽는다. ‘傲數與名’을 직역(直譯)하면, 이치(理致)와 명분(名分) (같은) 학문을 멸시(蔑視)하고, ‘摘抉杳微’에서, ‘摘’은 들추어낼 ‘적’으로 읽고, ‘抉’은 들추어낼 ‘결’로 읽고, ‘杳’은 깊고 넓은 모양 ‘묘’로 읽고, ‘微’는, 여기서는 은밀히(隱密~. 숨어 있어서 겉으로 드러나지 아니하게) ‘미’로 읽는다. ‘摘抉杳微’를 직역(直譯) 하면, 깊고 넓은 모양(심오한 이치)을 은밀히(隱密~) 들추어내(드러내) (밝히며), 즉, 학문(學問)으로 따지면, 실용적인 것이 아닌 심원(深遠. 헤아리기 어려울 만큼 깊음)하고 미묘(微妙. 뚜렷하지 않고 야릇 하고 묘함)한 것을 알아내려 한다는 뜻이다. ‘高揖群言’에서, ‘高’는 높을 ‘고’로 읽고, ‘揖’은 모을 ‘읍’으로 읽고, ‘群’은 여럿 ‘군’으로 읽고, ‘言’은 말씀 ‘언’으로 읽는다. ‘群言’은 여러 사람의 말. ‘高揖群言’을 직역 (直譯)하면, 높은 (식견·識見으로) 여러 사람의 말을 모아(섭취하여), 즉, 높은 식견(識見. 학식과 견문이 라는 뜻으로, 사물을 분별할 수 있는 능력을 이르는 말)으로 제가(諸家. 여러 대가·大家. 또는 춘추전국 시대의 여러 학파)의 학설을 섭취한다는 뜻이다. ‘執神之機’에서, ‘執’은 잡을 ‘집’으로 읽고, ‘神’은 신(神) ‘신’으로 읽고, ‘之’는 어조사 ‘지’로 읽는다. ‘~의’를 나타내는 관형격 조사. ‘機’는 기틀(어떤 일의 가장 중요한 계기나 조건) ‘기’로 읽는다. 여기서는 ‘기밀(機密. 외부에 드러내서는 안 될 중요한 비밀)’의 뜻이 강함. '執神之機'를 직역(直譯)하면, 신(神)의 기밀(機密)을 잡아낸다(<u>파악한다</u>). '又其次日文窮'에서, '又'는 또 '우'로 읽고, '文'은 글월 '문', 문장(文章) '문'으로 읽는다. '又其次日文窮'을 직역(直譯)하면, 또 그 다음(<u>셋째</u>)의 이름은 (문장을 담당하는 궁귀·窮鬼인) 문궁(文窮)이라고 일컫는데, '不專一能'에서, '不'은 아닐(<u>부정하는 말</u>) '불'로 읽고, '專'은 오로지 '전'으로 읽고, '一'은 한 '일'로 읽고, '能'는 재능(才能) '능'으로 읽는다. '不專一能'을 직역(直譯)하면, 오로지 한 (가지) 재능(才能)만을 (추구하지) 않고, '怪怪奇奇'에서, '怪'는 괴이(怪異)할 '괴'로 읽고, '奇'는 기이(奇異)할 '기'로 읽는다. 여기서 '奇奇怪怪'가 유래하였는데, 이것을 직역(直譯)하면, 기이(奇異)하고 기이(奇異)하며 괴이(怪異)하고 괴이(怪異)하다는 뜻으로, 외관(外觀)이나 분위기(雰圍氣)가 몹시 기이(奇異)하고 괴상(怪狀)함을 이르는 말. 또는 몹시 이상야릇함을 이르는 말. 즉, 문장(文章)으로 따지면, 기능적인 문장이 아니라, 남들이 보면 기괴(奇怪. <u>외관이나 분위기가 괴상하고 기이함</u>)한 문장을 만들어 낸다는 뜻이다. '不可時施'에서, '可'는 가히 '가'로 읽는다. '不可'는 가능하지 않음. '時'는 때 '시'로 읽고, '施'는 실시(實施. <u>실제로 시행함</u>)할 '시'로 읽는다. '不可時施'를 직역(直譯)하면, (그) 때마다 실제로 시행할 수 없고, 즉, 문궁(文窮)은 한 가지 재능만을 <u>추구하지 않고 기괴(奇怪)한 표현을 일삼기 때문에, 필요할 때마다 문장이 만들어지지 않는다는 뜻이다.</u> '只以自嬉'에서, '只'는 다만 '지', 단지(但只) '지'로 읽고, '以'는 써(<u>그것을 가지고, 그것으로 인하여</u>) '이'로 읽고, '自'는 스스로 '자'로 읽고, '嬉'는 즐길 '희', 즐거워할 '희'로 읽는다. '只以自嬉'를 직역(直譯)하면, (문궁·文窮은) 단지(但只) 문장을 가지고 스스로 즐거워할 (뿐이다). 즉, 혼자 절묘(絕妙. <u>비할 데가 없을 만큼 아주 묘함</u>)한 표현을 즐긴다는 뜻이다.

기기-묘-묘(奇奇妙妙 기이할 기/기이할 기/묘할 묘/묘할 묘) 기이(奇異)하고 기이(奇異)하며 묘(妙)하고 묘(妙)하다는 뜻으로, 몹시 기이(奇異)하고 묘(妙)함을 이르는 말. *기기(奇奇): ☞기기괴괴(奇奇怪怪). *기이하다(奇異~): 부록 '기(奇)' 참고.

기남-숙녀(奇男淑女 기이할 기/사내 남/얌전할 숙/계집 녀) 기이(奇異)한 사내와 얌전한 계집이라는 뜻으로, 재주(<u>순우리말로, 무엇을 잘할 수 있는, 타고난 능력과 슬기</u>)와 슬기가 뛰어난 남자와, 교양과 예절을 갖춘 여자를 이르는 말. *기남(奇男): =기남자(奇男子). 즉, 재주와 슬기가 남달리 뛰어난 남자. *숙녀(淑女): ①정숙(貞淑)하고 품위(品位) 있는 여자. ②다 자란 여자를 아름답게 이르는 말. *기이하다(奇異~): 부록 '기(奇)' 참고.

기-내-인-반(起內人伴 일어날 기/안 내/사람 인/따라갈 반) 안[內]에서 일어난 (사건에) 따라가는 사람이라는 뜻으로, 한 범죄 사건에 연루된(連累~. <u>남이 저지른 범죄에 연관된</u>) 사람을 이르는 말.

기담-괴설(奇談·譚怪說 기이할 기/말씀 담/괴이할 괴/말씀 설) 기이(奇異)한 말과 괴이(怪異)한 말이라는 뜻으로, 기이(奇異)하고 괴상(怪狀)한 이야기를 이르는 말. *기담(奇談·譚): 이상야릇하고 재미나는 이야기. *괴설(怪說): 기괴한 설(說). 또는 이상한 소문. *기이하다(奇異~): 부록 '기(奇)' 참고. *괴이하다(怪異~): 부록 '괴(怪)' 참고.

기만-수봉(奇巒秀峯·峰 기이할 기/산봉우리 만/빼어날 수/산봉우리 봉) 기이(奇異)한 산봉우리와 빼어난 산봉우리라는 뜻으로, 기이(奇異)하고 경치가 빼어난 산봉우리를 이르는 말. *기만(奇巒): 기묘(奇妙)하게 생긴 산봉우리. *수봉(秀峯·峰): 빼어나게 높거나 아름다운 산봉우리. *기이하다(奇異~): 부록 '기(奇)' 참고. *빼어나다: 부록 '수(秀)' 참고.

기만-행위(欺瞞行爲 속일 **기**/속일 **만**/행할 **행**/할 **위**) 남을 그럴듯하게 속이는 행위. *기만(欺瞞): 남을 그럴듯하게 속임. =기망(欺罔). *행위(行爲): (사람이) 행하는 짓. 특히 자유의사(自由意思. <u>본문 참고</u>)에 따라서 하는 행동. *행하다(行~): (작정한 대로) 하여 나가다.

기맥-상통(氣脈相通 기운 **기**/혈맥 **맥**/서로 **상**/통할 **통**) 기운과 혈맥(血脈)이 서로 통(通)한다는 뜻으로, 마음과 뜻이 서로 통(通)함을 이르는 말. 또는 의기(意氣)가 서로 맞음을 이르는 말. *기맥(氣脈): ①기혈(氣血. <u>인체의 생기와 혈액</u>)과 맥락(脈絡. <u>혈관의 계통</u>). ②서로 뜻이나 마음이 통하는 낌새. *상통(相通): ①서로 길이 트임. ②서로 마음과 뜻이 통함. ③서로 공통됨. *기운: 순우리말로, 생물이 살아 움직이는 원기(元氣). 또는 거기서 나오는 힘. *혈맥(血脈): 각 부분들을 서로 통하게 하여 활력(活力. <u>살아 움직이는 힘</u>)을 불어넣는 것을 비유적으로 이르는 말.

기모-비계(奇謀秘計 기이할 **기**/꾀할 **모**/비밀 **비**/꾀 **계**) 기이(奇異)한 꾀와 비밀스러운 꾀라는 뜻으로, 기묘(奇妙. <u>기이하고 묘함</u>)한 꾀와 비밀스러운 계책(計策. <u>어떤 일을 이루기 위하여 꾀나 방법을 생각해 냄. 또는 그 꾀나 방법</u>)을 아울러 이르는 말. *기모(奇謀): (보통으로는 생각해 내기 어려운) 기묘한 꾀. 또는 신기한 꾀. *비계(秘計): ①남몰래 꾸며 낸 꾀. ②(혼자만 아는) 신묘(神妙. <u>신통하고 묘함</u>)한 계책(計策). *기이하다(奇異~): 부록 '기(奇)' 참고. *꾀하다: 부록 '모(謀)' 참고. *꾀: 일을 그럴듯하게 꾸미는 교묘한 생각이나 수단.

기문-벽서(奇文僻書 기이할 **기**/글월 **문**/치우칠 **벽**/책 **서**) 기이(奇異)한 글과 (내용이) (한쪽으로) 치우친 책이라는 뜻으로, 기이(奇異)한 내용의 글과 드물고 이상(異常)한 책을 이르는 말. *기문(奇文): 기묘(奇妙)한 내용의 글. *벽서(僻書): ①편벽(偏僻. <u>공정하지 못하고 한쪽으로 치우침</u>)된 내용을 기록한 책. ②세상에 흔하지 않은 기이(奇異)한 책. *기이하다(奇異~): 부록 '기(奇)' 참고. *치우치다: 균형(均衡)을 잃고 한쪽으로 쏠리다.

기문-지-학(記問之學 기록할 **기**/물을 **문**/이조사 **지**/학문 **학**) 묻는 것을 기록(記錄)히는 학문(學問)이라는 뜻으로, 부질없이 옛글을 외워 남의 질문에 응하는 정도의 학문으로, 단순히 책(册)을 읽거나 외기만 할 뿐, 제대로 이해하지 못하는 학문(學問)을 이르는 말. *기문(記問): 단순히 서적을 읽어 외기만 할 뿐, 그 지식을 조금도 활용하지 아니함.

기미-상-적(氣味相適 기운 **기**/기분 **미**/서로 **상**/맞을 **적**) 기운과 기분(氣分)이 서로 맞는다는 뜻으로, 생각하는 배[所]나 취미가 서로 맞음을 이르는 말. 또는 마음과 취미가 서로 어울리거나 맞음을 이르는 말. =기미상합(氣味相合). *기미(氣味): ①=취미(臭味. '냄새[臭]'와 '맛[味]'을 아울러 이르는 말). ②생각하는 바나 기분 따위와 취미. *기운: 순우리말로, 생물이 살아 움직이는 원기(元氣). 또는 거기서 나오는 힘.

기미-상합(氣味相合 기운 **기**/기분 **미**/서로 **상**/맞을 **합**) 기운과 기분(氣分)이 서로 맞다는 뜻으로, 생각하는 배[所]나 취미가 서로 맞음을 이르는 말. 또는 마음과 취미가 서로 어울리거나 맞음을 이르는 말. =기미상적(氣味相適). *기미(氣味): ☞기미상적(氣味相適). *상합(相合): ①서로 맞음. ②서로 만남. *기운: ☞기미상적(氣味相適).

기변-지-교(機變之巧 기회 **기**/변할 **변**/어조사 **지**/교묘할 **교**) 기회(機會)가 변함에 (따라 생기는) 교묘(巧妙)함이라는 뜻으로, 때에 따라 적절하게 쓰는 교묘(巧妙)한 수단을 이르는 말. *기변(機變): 때에 따라 변함. =임기응변(臨機應變). *교묘하다(巧妙~): ①솜씨나 재치가 있고 약삭빠르다. ②매우 잘되고 묘

(妙)하다.

기-복-염-거(驥服鹽車 천리마 **기**/좇을 **복**/소금 **염**/수레 **거**) 천리마(千里馬)가 소금을 (실은) 수레를 좇는다(끈다)는 뜻으로, 유능(有能)한 사람이 천(賤)한 일에 종사함을 비유적으로 이르는 말. *천리마(千里馬): 부록 '기(驥)' 참고.

기복-출사(起復出仕 일어날 **기**/고할 **복**/날 **출**/벼슬 **사**) 일어나 고(告)하고 벼슬에 나아간다는 뜻으로, 어버이의 상중(喪中. 상을 당하고부터 장례를 치를 때까지의 동안)에 벼슬자리에 나아감을 이르는 말. 상중(喪中)에는 누구나 벼슬을 하지 않는다는 관례(慣例)를 깨고 벼슬을 하러 나아가는 것을 일컫는다. =기복행공(起復行公). 탈정종공(奪情從公). *기복(起復): =기복출사(起復出仕). *출사(出仕): 벼슬하여 관아(官衙. 예전에, 벼슬아치들이 모여 나랏일을 처리하던 곳)에 나감. *고하다(告~): ①아뢰다. ②알리다. 말하다. *나다: 부록 '출(出)' 참고.

기-불-택식(飢不擇食 굶주릴 **기**/아닐 **불**/가릴 **택**/먹을 **식**) 굶주린 (사람은) 먹을 (것을) 가리지 않는다는 뜻으로, 빈곤한 사람은 대수롭지 않은 은혜(恩惠)에도 감격(感激)함을 비유적으로 이르는 말. *택식(擇食): 한방에서, 임신 초기에 음식을 가려 먹는 일. 《관련 속담》 시장이 반찬이다.

기사-근-생(幾死僅生 거의 **기**/죽을 **사**/겨우 **근**/살 **생**) 거의 죽었다가 겨우 살아남. *기사(幾死): 거의 다 죽게 됨.

기사-이적(奇事異蹟·跡 기이할 **기**/일 **사**/이상할 **이**/발자취 **적**) 기이(奇異)한 일과 이상(異常)한 발자취라는 뜻으로, 기묘(奇妙. 기이하고 묘함)하고 이상(異常. 정상이 아님. 또는 보통과는 다름)한 일을 이르는 말. 또는 희한하고 기이(奇異)한 일을 이르는 말. *기사(奇事): ①신기한 일. ②희한한 일. *이적(異蹟·跡): ①이상스러운 행적. ②신(神)의 힘으로 이루어지는 불가사의(不可思議. 본문 참고)한 일. ③상식으로는 생각할 수 없는 이상야릇한 일. *기이하다(奇異~): 부록 '기(奇)' 참고.

기사-지-경(幾死之境 거의 **기**/죽을 **사**/어조사 **지**/지경 **경**) 거의 죽을 지경(地境)이라는 뜻으로, 거의 죽게 된 경우나 상황을 이르는 말. *기사(幾死): ☞기사근생(饑死僅生). *지경(地境): 부록 '경(境)' 참고.

기사-회생(起死回生 일어날 **기**/죽을 **사**/돌아올 **회**/살 **생**) 죽은 (사람을) 일어나게 하고(일으키고) (다시) 돌아와 살게 한다(회생시킨다)는 뜻으로, ①중병(重病. 목숨이 위태로울 정도로 몹시 앓는 병)으로 죽을 뻔하다가 다시 살아남. ②죽을 위험에 처해 있다가 구출(救出. 위험한 상태에서 구하여 냄)되거나 (거의 죽을 뻔하다가 도로 살아나거나) 역경(逆境. 일이 뜻대로 되지 않는 불운한 처지. 또는 고생이 많은 불행한 처지)을 이겨내고 재기(再起. 한 번 망하거나 실패했다가 다시 일어남)하는 것을 비유적으로 이르는 말. *기사(起死): 다 죽어 가는 병자(病者)를 다시 소생(蘇生)시킴. *회생(回生): =소생(蘇生). 즉, 다시 살아남. 이 사자성어의 유래는 다음과 같다. 『여씨춘추(呂氏春秋)·사순론(似順論)』의 「별류(別類)」편(篇)에 [노(魯)나라 사람인 공손작(公孫綽)이 "나는 죽은 사람을 살릴 수 있다."고 사람들에게 말했다. 사람들이 까닭을 물어보자.]〈"나는 반신불수(半身不隨)를 고칠 수 있는데, 반신불수(半身不隨)를 고치는 약을 배로 늘리면 그것으로 죽은 사람을 살릴 수 있다."고 했다 (我固能治偏枯, 今吾倍所以爲偏枯之藥, **則可以起死人矣**.)〉라는 이야기가 나오는데, 노(魯)나라 사람 공손작(公孫綽)이 한 말로, '그것으로 죽은 사람을 살릴 수 있다.(則可以起死人矣)'에서, '기사회생(起死回生)'이 유래했다. 『여씨춘추(呂氏春秋)』의 「별류(別類)」편(篇)에는 죽은 사람을 살릴 수 있다고 허풍(虛風. 지나치게 과장하여, 믿음성이 적은 말이나 행동)을 떤 공손작(公孫綽)의 이야기가 실려 있다. '공손작(公孫綽)'에서, '公'은 제후(諸侯) '공'으로 읽고, '孫'은 손자(孫子) '손', 자손(子孫) '손'으로 읽는다. '公孫'은 중국에서 제후의 손자 또는 후손을 뜻하는 칭호이다. 그런데 공손(公孫)으로 불리는 일부(一部)가 씨(氏)를 공손(公孫)으로 정하면서 유래됐다. 고대 중국은 성(姓)과 씨(氏)가 달랐다. 성(姓)은 혈연(血緣)으로 정해지는 개념이고, 씨(氏)는 지연(地緣)으로 정해지는 개념이다. 즉, 고대 중국의 씨는 한국의 본관(本貫)과 같다. 그런데 이 외에 『사기(史記)』의 「편작창공열전(扁鵲倉公列傳)」 편(篇)에도 편작(扁鵲)이 죽은 사람을 살린다는 말이 나온다. 참고로, 원문의 '我固能治偏枯'에서, '我'는 나(1인칭 대명사) '아'로 읽고, '固'는 진실로 '고'로 읽고, '能'은 할 수 있을 '능'으로 읽고, '治'는 병 고칠 '치'로 읽고, '偏'은 치우칠 '편'으로 읽고, '枯'는 마를 '고'로 읽는다. '偏枯'는 한의학에서 '반신불수(半身不隨. 본문 참고)'를 이르는 말. '我固能治偏枯'를 직역(直譯)하면, 나는 진실로 '반신불수(半身不隨)'를 고칠 수 있는데, '今吾倍所以爲偏枯之藥'에서, '今'은 이제 '금', 지금 '금'으로 읽고, '吾'는 나(1인칭 대명사) '오'로 읽고, '倍'는 곱(일정한 수나 양이 그 수나 양만큼 거듭됨을 이르는 말) '배', 갑절(어떤 수나 양을 두 번 합한 것) '배'로 읽고, '所'는 바(일의 방법이나 방도) '소'로 읽고, '以'는 써(그것을 가지고, 그것으로 인하여) '이'로 읽는다. '所以'는 어떤 행위를 하게 된 까닭. '今吾倍所以'를 직역(直譯)하면, 이제 내가 갑절로 (늘리는) 까닭. '爲'는 위할 '위'로 읽고, '之'는 어조사 '지'로 읽는다. '~의'를 나타내는 관형격 조사. '藥'은 약(藥) '약'으로 읽는다. '今吾倍所以爲偏枯之藥'을 직역(直譯)하면, 이제 내가 반신불수(半身不隨)의 약(藥)을 위하여 갑절로 (늘리는) 까닭은. '則可以起死人矣'에서, '則'은 곧 '즉'으로 읽고, '可'는 가히(可~. '능히', '넉넉히'의 뜻을 나타냄) '가'로 읽고, '以'는 써(그것을 가지고, 그것으로 인하여) '이'로 읽고, '起'는 일어날 '기'로 읽고, '死'는 죽을 '사'로 읽고, '人'은 사람 '인'으로 읽고, '矣'는 어조사 '의'로 읽는다. '~이다'(단정)의 뜻을 나타냄. '則可以起死人矣'를 직역(直譯)하면, 즉, 그것으로써 가히 죽은 사람을 일어나게 할 수 있다. 여기서, '起死回生'이 유래하였는데. 이것을 직역(直譯)하면 죽은 (사람을) 일이니게 하고(일으키고) 다시 살게 한다(희생시킨다)는 뜻으로, 죽을 위험에 처해 있다가 구출되거나 (거의 죽을 뻔하다가 도로 살아나거나) 역경(逆境)을 이겨 내고 재기(再起. 한 번 망하거나 실패했다가 다시 일어나는 일)하는 것을 비유적으로 이르는 말.

기산-지-절(箕山之節 키 **기**/뫼 **산**/어조사 **지**/절개 **절**) 기산(箕山)의 절개(節槪·介)라는 뜻으로, 굳은 신념(信念)이나 절개(節槪·介)를 비유적으로 이르는 말. 🈯기산지조(箕山之操). *기산(箕山): 땅 이름. 또는 산 이름. *절개(節槪·介): 옳은 일을 지키어 뜻을 굽히지 않는 굳건한 마음이나 태도. 이 사자성어의 유래는 다음과 같다. 『한서(漢書)』의 「포선전(鮑宣傳)」 편(篇)에 〈한(漢)나라 때 사람인 설방(薛方)은 일찍 이 군연제주(郡掾祭酒. 벼슬 이름)를 지냈는데, 일찍이 (조정의) 부름을 받았으나 이에 응하지 않았다. 한(漢)나라의 황위(皇位. 황제의 지위)를 찬탈(簒奪. 임금의 자리를 빼앗음)하고 신(新)나라를 세운 왕망(王莽)이 그에게 안거(安車. 수레)를 주며 맞이하려고 하자. 즉, 중국 전한(前漢) 말(末)의 정치가로서 신(新) 왕조(王朝)를 세운 왕망(王莽)이 설방(薛方)에게 관직(官職. 관리로서, 국가로부터 위임 받은 일정한 범위의 직무. 또는 그 직위)을 주려고 하였다는 뜻이다. 그는 사자(使者. 명령이나 부탁을 받고 심부름하는 사람)를 통해 거절하며 말했다.〉 "요(堯)와 순(舜)이 임금 자리에 있을 때, 아래에 소부(巢父. 어떤 자료에는 '소보(巢父)'로 읽는다. 원래 '부(父)'는 사람 이름일 때에는 '보'로 읽기 때문이다. 참고하기 바람)와 허유(許由)가 있었는데, 지금 왕께서 요순(堯舜) 시대의 덕(德. 고매하고 너그러운 도덕적 품성)을 드높이려 하시니, 소신(小臣)은 기산(箕山. 중국 하남성에 있는 산 이름)의 절개(節槪·介. 신념·信念이나 신의·信義 따위를 굽히지 않고 굳게 지키는 꿋꿋한 태도)를 지키려 합니다." 즉, 설방(薛方)은 왕망(王莽)이 요순(堯舜) 시대의 덕(德)을 백성들에게 보이고 있어, 자기는 재야(在野. 초야·草野에 파묻혀 있다는 뜻으로, 벼슬하지 아니하고 일반 서민의 사회에 있음)에서 임금의 덕(德)을 빛내겠다는 뜻이었다. 정치권 밖에서 조용히 왕망(王莽)이 덕(德)으로 나라를 다스리는 것을 돕겠다는 것이다. 그리고 설방(薛方)이 말한 '기산지절(箕山之節)'은, 요(堯)임금 때 선비 허유(許由)가 벼슬길에 나아가지 않고 기산(箕山)에 은거(隱居. 세상을 피하여 숨어 삶)하면서 절개(節槪)를 지킨 이야기를 말한다.(堯舜在上, 下有巢由, 今明主方隆唐虞之德, 小臣欲守箕山之節也.)〉[사자(使者)가 이 말을 듣고 왕망(王莽)에게 전(傳)하자, 왕망(王莽)은 억지로 그를 맞아들이지 않았다. 설방(薛方)은 집에서 경전(經典. 성인·聖人의 가르침이나 행실, 또는 종교의 교리·敎理들을 적은 책)을 가르쳤는데, 글쓰기를 좋아하여 시부(詩賦. 시·詩와 부·賦를 일컫는 말) 수십 편을 지었다.]라는 이야기가 나오는데, 이는 설방(薛方)이 한 말로, '소신(小臣)은 기산(箕山)의 절개를 지키려 합니다.(小臣欲守箕山之節也)'에서, '기산지절(箕山之節)'이 유래했다. 원래 '기산지절(箕山之節)'이란, 요(堯)임금 때 허유(許由)가 벼슬길에 나서지 않고 기산(箕山)에 숨어 살면서 절조(節操. 절개와 지조)를 지킨 이야기를 말한다. 어느 날 허유(許由)는 자신에게 임금 자리를 선양(禪讓. 임금이, 다음 임금에게 왕위를 물려줌)하겠다는 요(堯)임금의 말[言]을 듣더니 귀[耳]가 더럽혀졌다면서, 영천(潁川. 중국 하남성에 있는 시내의 이름)으로 달려가 귀를 씻었다. 여기서 나온 말이 영천세이(潁川洗耳. 영천에서 귀를 씻다)다. 그때 마침 소부(巢父)라는 사람이 소에게 물을 먹이려고 오고 있었는데, 귀를 씻고 있는 허유(許由)을 보더니 이상히 여겨 물었다. "이 냇물에서 귀를 씻는 것은 무슨 까닭입니까?" 허유(許由)가 대답했다. "임금께서 내게 제위(帝位. 제왕의 자리 또는 임금의 자리)를 물려주시겠다고 했습니다. 이 말을 들었으니 귀가 더럽혀진 듯하여 냇가로 와서 씻는 중이오." 그리고는 곧장 기산(箕山)으로 들어가 버렸다. 허유(許由)의 말을 들은 소부(巢父)는, 소에게 물을 먹이려던 것을 멈추고 갑자기 발을 돌리며 말했다. "더러운 말[言]을 들은 귀[耳]를 씻었으니, 이 물 역시 더럽혀졌을 것이다. 어떻게 그런 물을 소에게 먹이겠는가." 그 역시 기산(箕山)으로 들어가 나무 위에 집을 짓고 살았다고 한다. 그래서 '기산(箕山)'은 한(漢)나라의 은사(隱士. 벼슬하지 않고 숨어사는, 학덕·學德이 높은 선비)인 허유(許由)가 머물었던 산이다. '기산지절(箕山之節)은' 이와 같이 허유(許由)가 명리(名利. 명예와 이익)를 피하여 기산(箕山)에 숨어 살면서 요(堯)임금의 왕위(王位)를 이어받지 않고 절조(節操)를 지켰다는 고사(故事)에서 유래하였다. 요(堯)임금의 청(請)을 끝까지 거절하고 귀를 씻어버린 허유(許由), 그 귀 씻은 물을 소에게 먹일 수 없다는 소부(巢父), 이 두 사람의 절개(節槪)와 지조(志操)를 일러 우리는 기산지절(箕山之節)이라고 말하는 것이다. 또 우리는, 오늘날에는 도저히 상상하기 어려운, 참으로 기이(奇異)한 일이 중국 고대(古代)에서 일어났다는 것을 주목(注目. 어떤 대상이나 일에 대해, 특별히 관심을 가지고 자세히 살핌)할 필요가 있다. 참고로, 원문의 '堯舜在上'에서, '堯'는 요(堯)임금 '요'로 읽고, '舜'은 순(舜)임금 '순'으로 읽고, '在'는 있을 '재'로 읽고, '上'은 임금 '상'으로 읽는다. '堯舜在上'을 직역(直譯)하면, 요(堯)임금과 순(舜)임금이 임금의 (자리에) 있을 때, '下有巢由'에서, '有'는 있을 '유'로 읽고, '巢'는 새집(새가 깃들이는 집) '소'로 읽는다. 여기서는 '소부(巢父)'를 가리킴. '由'는 말미암을 '유'로 읽는다. '허유(許由)'를 가리킴. '下有巢由'를 직역(直譯)하면, (그) 아래에 소부(巢父)와 허유(許由)가 있었는데, '今明主方隆唐虞之德'에서, '今'은 이제 '금', 지금 '금'으로 읽고, '明'은 밝을 '명'으로 읽고, '主'는 임금 '주'로 읽는다. '明主'는 임금에 대항 존칭. 총명한 임금을 뜻함 '方'은 바야흐로(이제 한창, 또는 지금 바로) '방'으로 읽고, '隆'은 높을 '륭(융)'으로 읽고, '唐'은 당(唐)나라 '당'으로 읽고 '虞'는 염려할 '우'로 읽는다. '당우(唐虞)'는 중국의 도당씨(陶唐氏)와 유우씨(有虞氏)를 함께 이르는 말로, 요순(堯舜) 시대를 이르는 말이다. '之'는 어조사 '지'로 읽는다. 여기서는 '~의'를 나타내는 관형격 조사. '德'은 큰 '덕', 덕(德. 고매하고 너그러운 도덕적 품성) '덕'으로 읽는다. '今明主方隆唐虞之德'을 직역(直譯)하면, 지금 총명한 임금께서 바야흐로 요순(堯舜) 시대의 덕(德)을 높게 (하려 하시니), '小臣欲守箕山之節也'에서, '小'는 작을 '소'로 읽고, '臣'은 신하(臣下) '신'으로 읽는다. '小臣'은 신하가 임금을 상대하여 자기를 낮추어 이르던 1인칭 대명사. '欲'은 하고자 할 '욕'으로 읽고, '守'는 지킬 '수'로 읽고, '箕'는 키(곡식 따위를 까불러 쭉정이나 티끌을 골라내는 도구) '기'로 읽고, '山'은 뫼('산'의 옛말) '산'으로 읽는다. '箕山'은 땅 이름. '之'는 어조사 '지'로 읽는다. '~의'를 나타내는 관형격 조사. '節'은 절개(節槪·介) '절'로 읽고, '也'는 어조사 '야'로 읽는다. '~이다(단정)'의 뜻을 나타냄. '小臣欲守箕山之節也'를 직역(直譯)하면, 소신(小臣)은 기산(箕山)의 절개를 지키고자 합니다. 여기서, '箕山之節'이 유래하였는데, 이것을 직역(直譯)하면, 기산(箕山)의 절개(節槪·介)라는 뜻으로, 굳은 신념이나 절개(節槪·介)를 비유적으로 이르는 말이다. 신념과 절개는 마음과 행동을 정하는 기준이다. 또한 신념과 절개는 나무의 뿌리와 같다. 뿌리는 아무리 강한 바람에도 흔들리지 않는다. 신념과 절개는 뿌리와 같이 그 어떤 상황과 유혹에서도 흔들리지 않아, 마음과 행동을 한결같게 만드는 힘인 것이다. 기산지절(箕山之節)은 기산지조(箕山之操), 기산지지(箕山之志), 영천세이(潁川洗耳. 영천에서 귀를 씻다) 따위와 같은 뜻으로 쓰인다.

기상-묘상(奇想妙想 기이할 **기**/생각할 **상**/묘할 **묘**/생각할 **상**) 기이(奇異)하게 생각하고 묘(妙)하게 생각한다는 뜻으로, 기이(奇異)하고 묘(妙)한 생각을 이르는 말. *기상(奇想): 좀처럼 짐작할 수 없는 별난 생각. *묘상(妙想): 묘한 생각. *기이하다(奇異~): 부록 '기(奇)' 참고. *묘하다(妙~): 부록 '묘(妙)' 참고.

기상-천외(奇想天外 기이할 **기**/생각할 **상**/하늘 **천**/바깥 **외**) 기이(奇異)한 생각이 하늘 바깥까지 (미친다는) 뜻으로, 보통으로는 짐작도 할 수 없을 만큼 생각이 기발(奇拔. 유달리 재치가 있고 뛰어남)하고 엉뚱함을 이르는 말. *기상(奇想): ☞기상묘상(奇想妙想). *천외(天外): 하늘의 바깥이라는 뜻으로, 매우 높고 먼 곳. *기이하다(奇異~): 부록 '기(奇)' 참고.

기색-혼절(氣塞昏絕 숨 **기**/막힐 **색**/혼미할 **혼**/끊어질 **절**) 숨이 막히고 혼미(昏迷)하여 끊어질 듯하다는 뜻으로, 숨이 막히고 정신이 아찔하여 까무러침을 이르는 말. *기색(氣塞): 심한 정신적 충격(衝擊) 따위로 까무러치는 일. *혼절(昏絕): 정신이 아찔하여 까무러침. *혼미하다(昏迷~): 정신이 헷갈리고 흐리멍덩하다.

기생-도가(妓生都家 기생 **기**/살 **생**/도회지 **도**/집 **가**) 기생(妓生)들이 (모여) 사는 도회지(都會地)의 집. 즉, 기생(妓生)들이 모두 모여 있는 집이라는 뜻으로, 기생들이 잔칫집이나 요정(料亭. 객실을 갖추고 요리를 만들어 파는 집. =요릿집) 따위에서 손님들이 부르면 가기 위하여 모여 있는 집을 이르는 말. *기생(妓生): 지난날, 잔치나 술자리에 나가 노래, 춤 따위로 흥(興)을 돕는 일을 업(業)으로 삼던 여자. *도가(都家): ①같은 장사를 하는 상인들이 모여 계(契)나 장사 따위에 관한 의논을 하는 집. ②=세물전(貰物廛). 즉, 지난날, 혼인이나 장사(葬事. 죽은 사람을 땅에 묻거나 화장하는 일) 때에 쓰는 물건을 세(貰)를 받고 빌려 주던 가게. ③=도매상(都賣商). 즉, 도매하는 장사. 또는 그 가게나 장수. *도회지(都會地): '인구가 많고 번화한 지역'을 일반적으로 이르는 말.

기생-퇴물(妓生退物 기생 기/살 생/물러날 퇴/사물 물) 기생(妓生)으로 살다가 사물(事物) (뒤에) 물러나 (있다는) 뜻으로, 지금은 기생(妓生)이 아니지만, 전에 기생(妓生) 노릇을 하던 여자를 이르는 말. *기생(妓生): ☞기생도가(妓生都家). *퇴물(退物): ①윗사람이 쓰던 것을 물려받은 물건. ②퇴박(退~. <u>어떤 일이나 물건이, 마음에 들지 않아 물리침</u>)맞은 물건. =퇴물림(退~). 여기서, '퇴박(退~)맞다'는 마음에 들지 않아 물리침을 당하다. 또는 퇴짜를 맞다. ③어떤 직업에 종사하다가 물러앉은 사람을 얕잡아 이르는 말. 여기서는 ③의 뜻임.

기성-도덕(旣成道德 이미 기/이룰 성/도리 도/덕 덕) 이미 이루어진 도리(道理)나 덕(德. <u>고매하고 너그러운 도덕적 품성</u>)이라는 뜻으로, 현실적으로 이미 사회에 널리 통용되고 있는 도덕적 습관이나 판단을 이르는 말. *기성(旣成): 어떤 사물이 이미 되어 있거나 만들어져 있음. 현실적으로 이미 그렇게 되어 있음. *도덕(道德): ①인륜(人倫)의 대도(大道. <u>사람이 마땅히 지켜야 할 큰 도리</u>). 즉, 인간으로서 마땅히 지켜야 할 도리 및 그에 준(準)한 행위. ②학교에서 가르치고 배우는 교과목의 하나. *이미: 돌이킬 수 없이 된 지난 일을 일컬을 때 쓰는 말. *도리(道理): 사람이 마땅히 지켜야 할 바른 길.

기성-동맹(期成同盟 기약할 기/이룰 성/함께 동/맹세할 맹) 이룰 것을 기약(期約)하고 함께 맹세한다는 뜻으로, 어떤 일을 이루기 위하여 뜻이 같은 사람들이 모여 조직한 동맹(同盟)을 이르는 말. *기성(期成): 어떤 일을 꼭 이룰 것을 기약하거나 목적함. *동맹(同盟): 둘 이상의 개인이나 단체, 또는 국가가 서로의 이익이나 목적을 위하여 동일하게 행동하기로 맹세하여 맺는 약속이나 조직체. 또는 그런 관계를 맺음.

기성-사실(旣成事實 이미 기/이룰 성/일 사/사실 실) 이미 이루어진 사실(事實)을 이르는 말. *기성(旣成): ☞기성도덕(旣成道德). *사실(事實): 실제로 있었던 일이나 현재에 있는 일. *이미: ☞기성도덕(旣成道德).

기성-세대(旣成世代 이미 기/이룰 성/세대 세/세대 대) 이미 이루어진 세대(世代)와 세대(世代)라는 뜻으로, ①현실적으로 그 사회의 중심으로서 자리 잡고 있는 세대. ②현재 사회를 이끌어 가는, 낡은 세대, 나이가 든 세대(世代)를 이르는 말. *기성(旣成): ☞기성도덕(旣成道德). *세대(世代): ①어떤 연대(年代. <u>지나간 시간을 일정한 햇수로 나눈 것</u>)를 갈라서 나눈 층. ②약 30년을 한 구분으로 하는 연령층. 또는 그 사람들. ③어버이, 자식, 손자로 이어지는 대(代).

기성-세력(旣成勢力 이미 기/이룰 성/권세 세/힘 력) 이미 이룬 권세(權勢)와 힘이라는 뜻으로, ①이미 이루어진 권세(權勢)와 힘, 또는 그런 것을 가진 집단을 이르는 말. ②이미 그 사회에서 든든하게 자리 잡고 있는 세력을 이르는 말. *기성(旣成): ☞기성도덕(旣成道德). *세력(勢力): 남을 복종시키는 기세와 힘. *이미: ☞기성도덕(旣成道德). *권세(權勢): 권력(權力)과 세력(勢力)을 아울러 이르는 말.

기세-당당(氣勢堂堂 기운 기/기세 세/번듯할 당/번듯할 당) 기운과 기세(氣勢)가 번듯하고(당당하고) 번듯하다(당당하다)는 뜻으로, 태도나 자세가 매우 의젓하고 떳떳함을 이르는 말. *기세(氣勢): ①기운차게 내뻗는 형세. 또는 내뻗는 힘찬 기운. ②(주로, -ㄴ, -ㄹ, 관형사형 뒤에 쓰이어) 남에게 영향을 끼칠 기운이나 태도. *당당(堂堂): 남 앞에서 내세울 만큼 떳떳한 모습이나 태도. *기운: 순우리말로, 생물이 살아 움직이는 원기(元氣). 또는 거기서 나오는 힘. *번듯하다: ①기울거나 굽거나 찌그러지지 않고 바르다. ②생김새가 아담하고 말끔하다.

기세-도명(欺世盜名 속일 기/세상 세/도둑질할 도/이름 명) 세상(世上)을 속이고 이름을 도둑질한다는 뜻으로, 세상 사람을 속이고 헛된 명예를 탐(貪. 어떤 것을 가지거나 차지하고 싶어 지나치게 욕심을 냄)함을 이르는 말. *기세(欺世): 세상을 속임. *도명(盜名): 이름을 훔친다는 뜻으로, 실력도 없이 이름을 얻음.

기세-등등(氣勢騰騰 기운 기/기세 세/오를 등/오를 등) 기운과 기세(氣勢)가 오르고 오른다는 뜻으로, 기세(氣勢)가 매우 높고 힘참을 이르는 말. *기세(氣勢): ☞기세당당(氣勢堂堂). *등등(騰騰): 부리는 기세(氣勢)가 상대의 기(氣)를 누를 만큼 꼴사납게 높고 당참. 또는 서슬이 푸름. *기운: 순우리말로, 생물이 살아 움직이는 원기(元氣). 또는 거기서 나오는 힘.

기-세-양난(其勢兩難 그 기/형세 세/두 양/어려울 난) 그 형세(形勢)가 두 (가지라, 다) 어렵다는 뜻으로, 이럴 수도 없고 저럴 수도 없어, 그 형세(形勢)가 매우 딱함을 이르는 말. 참 진퇴양난(進退兩難). *양난(兩難): 이러기도 어렵고 저러기도 어려움. *형세(形勢): 어떠한 일의 형편이나 상태.

기세-은둔(棄世隱遁 버릴 기/세상 세/숨을 은/숨을 둔) 세상(世上)을 버리고 숨고 숨는다는 뜻으로, 세상(世上)을 멀리하고 숨어서 지냄을 이르는 말. *기세(棄世): ①세상을 버린다는 뜻으로, 웃어른이 돌아가심을 이르는 말. ②세상을 버린다는 뜻으로, 세상을 멀리하여 초탈(超脫. 세속이나 어떤 한계 따위를 뛰어넘어 벗어남)함. *은둔(隱遁): 세상을 피(避)하여 숨음.

기-승-전-결(起承轉結 일어날 기/이을 승/구를 전/맺을 결) 일어나고, 잇고, (한 번) 구르고, 맺는다는 뜻으로, ①한시(漢詩)에서, 시구(詩句)를 구성하는 방법을 이르는 말. 기(起)는 시(詩)를 시작하는 부분, 승(承)은 그것을 이어받아 전개하는 부분, 전(轉)은 시의(詩意. 시·詩의 뜻, 또는 시·詩의 의미)를 한 번 돌리어 전환하는 부분. 결(結)은 전체 시의(詩意)를 끝맺는 부분이다. =기승전라(起承轉落). 기승전합(起承轉合). ②논설문 따위의 글을 짜임새 있게 짓는 형식을 이르는 말. 참 기경정결(起景情結). 기경정사(起景情思).

기-승-전-락(起承轉落 일어날 기/이을 승/구를 전/떨어질 락) 일어나고, 잇고, (한 번) 구르고, 맺는다는 뜻으로, 한시(漢詩)에서, 시구(詩句)를 구성하는 방법을 이르는 말. 기(起)는 시(詩)를 시작하는 부분, 승(承)은 그것을 이어받아 전개하는 부분, 전(轉)은 시의(詩意. 시·詩의 뜻, 또는 시·詩의 의미)를 한 번 돌리어 전환하는 부분. 락(落)은 전체 시의(詩意)를 끝맺는 부분이다. =기승전결(起承轉結). 기승전합(起承轉合).

기식-엄엄(氣息奄奄 기운 기/숨 쉴 식/문득 엄/문득 엄) 숨 쉬는 기운이 문득 문득이라는 뜻으로, 금방이라도 목숨이 끊어질 듯 숨결이나 숨기운이 몹시 약하고 위태(危殆. 어떤 형세가 마음을 놓을 수 없을 만큼 위험함)함을 이르는 말. *기식(氣息): 숨 쉬는 기운. *엄엄(奄奄): 숨이 곧 끊어질 듯이 매우 약함. *기운: 순우리말로, 생물이 살아 움직이는 원기(元氣). 또는 거기서 나오는 힘. 이 사자성어의 유래는 다음과 같다. 이밀(李密)의 「진정표(陳情表)」에, 〈지금 신(臣. 신하가 임금에 대하여 자기를 일컫는 말)은 망국(亡國)의 미천한 포로(捕虜)로서 지극히 작고 지극히 천한데, 과분하게 발탁(拔擢)을 입어 (총애로 내린 명령이 두렵기만 한데), 어찌 감히 머뭇거리며 희구(希求)함이 있겠습니까? 다만, 조모(祖母)인

유(劉)씨가 해가 서산에 가까워져 희미해지는 것처럼 숨이 곧 끊어질 듯하니, 목숨이 위태로워 아침에 저녁 일을 알 수 없습니다.(今臣亡國賤俘, 至微至陋, 過蒙拔擢, 豈敢盤桓有所希冀, **但以劉日薄西山, 氣息奄奄**, 人命危淺, 朝不慮夕,)〉라는 이야기가 나오는데, '다만, 조모(祖母) 유(劉)씨가 해가 서산에 가까워져 희미해지는 것처럼 숨이 곧 끊어질 듯하니,(但以劉日薄西山, 氣息奄奄)'에서, '기식엄엄(氣息奄奄)'이 유래했다. 이 글의 주인공은 이밀(李密)이다. 그는 진(晉)나라 무양(武陽) 사람으로, 원래는 촉한(蜀漢)에서 벼슬을 한 사람이다. 그는 태어난 지 6개월 만에 아버지를 여의고, 4살 때 어머니가 개가(改嫁. 시집갔던 여자가 남편이 죽거나, 남편과 이혼하거나 하여 다른 남자에게 다시 시집가는 일)하여 조모(祖母)인 유(劉)씨 손에 자랐으므로, 조모(祖母)에 대한 효심이 지극하였다. 그런데 진(晉)나라 무제(武帝)인 사마염(司馬炎)은 이밀(李密)을 태자선마(太子洗馬. 벼슬 이름)에 임명했는데, 이밀(李密)은 조모(祖母)를 봉양해야 하므로, 명(命)을 따를 수 없다는 내용의 진정표(陳情表)를 올렸던 것이다. 위의 '태자선마(太子洗馬)'에서, '洗'는 보통 씻을 '세'로 읽지만, 여기서는 정결(淨潔)할 '선'으로 읽는다. 무제(武帝)는 이 「진정표(陳情表)」를 읽고 이밀(李密)의 효심에 감동하여 관직(官職. 관리로서, 국가로부터 위임 받은 일정한 범위의 직무. 또는 그 직위)에 임명하려던 뜻을 거둔 것은 물론, 이밀(李密)이 조모(祖母)를 잘 봉양할 수 있도록 노비(奴婢. '사내종'과 '계집종'을 아울러 이르는 말)와 식량(食糧)까지 하사(下賜. 왕이나 국가 원수 따위가 아랫사람에게 금품을 줌)하였다. 참고로, 원문의 '今臣亡國賤俘'에서, '今'은 이제 '금', 지금 '금'으로 읽고, '臣'은 신(臣. 신하가 임금에 대하여 자기를 일컫는 말) '신'으로 읽고, '亡'은 망할 '망'으로 읽고, '國'은 나라 '국'으로 읽는다. '亡國'은 나라가 망함. 또는 망한 나라. '賤'는 천(賤)할 '천'으로 읽고, '俘'는 사로잡을 '부', 또는 포로(捕虜. 전투에서 적에게 사로잡힌 군인) '부'로 읽는다. '今臣亡國賤俘'를 직역(直譯)하면, 이제 신(臣. 신하가 임금에 대하여 자기를 일컫는 말)은 망한 나라의 천(賤)한 포로(捕虜)로, '至微至陋'에서, '至'는 지극할 '지'로 읽고, '微'는 작을 '미'로 읽고, '陋'는 천(賤)할 '루(노)'로 읽는다. '至微至陋'를 직역(直譯)하면, 지극히 작고 지극히 천(賤)한데, '過蒙拔擢'에서, '過'는 지나칠 '과'로 읽는다. 한도나 표준을 넘음. '蒙'은 입을 '몽', 받을 '몽'으로 읽고, '拔'은 가릴(여럿 가운데 하나를 구별하여 고름) '발'로 읽고, '擢'은 뽑을 '탁'으로 읽는다. '拔擢'은 여러 사람 가운데서 쓸 사람을 뽑음. '過蒙拔擢'을 직역(直譯)하면, 지나치게 발탁(拔擢)의 (은혜를) 입었으니, '豈敢盤桓有所希冀'에서, '豈'는 어찌(의문 부사) '기'로 읽고, '敢'은 감히(敢~. 주제넘게, 분수도 모르게) '감'으로 읽고, '盤'은 서릴(뱀 따위가 몸을 똬리처럼 감음) '반'으로 읽고, '桓'은 머뭇거릴 '환'으로 읽는다. '반환(盤桓)'은 머뭇거리며 (뱀처럼 몸을 똬리처럼 감고) 멀리 떠나지 않음. '有'는 있을 '유'로 읽고, '所'는 바(앞에서 말한 내용 그 자체나 일 따위를 나타내는 말) '소'로 읽고, '希'는 바랄 '희'로 읽고, '冀'는 바랄 '기'로 읽는다. '希冀'는 희망하고 바람. '豈敢盤桓有所希冀'를 직역(直譯)하면, 어찌 감히 머뭇거리고 떠나지 않으며, 바라는 바가 있겠습니까? '但以劉日薄西山'에서, '但'은 다만 '단'으로 읽고, '以'는 써(그것을 가지고, 그것으로 인하여) '이'로 읽고, '劉'는 성(姓. 한 줄기의 혈통끼리 가지는 칭호, 성씨·姓氏와 같은 말) '류(유)'로 읽는다. 여기서는 이밀(李密)의 조모(祖母)인 '유씨(劉氏)'를 가리킴. '日'은 해 '일'로 읽고, '薄'은 다가올 '박'으로 읽고, '西'는 서녘 '서'로 읽고, '山'은 뫼('산'의 옛말) '산'으로 읽는다. '西山'은 서쪽의 산. '但以劉日薄西山'을 직역(直譯)하면, 다만 조모(祖母) 유씨(劉氏)로서는 해가 서쪽의 산으로 다가오므로, 여기서 '日薄西山'이 유래하였는데, 이것을 직역(直譯)하면, 해가 서산에 가까워진다는 뜻으로, 늙어서 죽을 때가 가까워지거나, 사물이 쇠망기(衰亡期. <u>쇠퇴하여 망해가는 시기</u>)에 접어든 것을 비유적으로 이르는 말. '氣息奄奄'에서, '氣'는 기운 '기'로 읽고, '息'은 숨 쉴 '식'으로 읽고, '奄'은 문득 '엄'으로 읽는다. '奄奄'은 숨이 곧 끊어지려 하거나 매우 약한 상태에 있음. '氣息奄奄'을 직역(直譯)하면, 숨 쉬는 기운이 문득 문득이라는 뜻으로, 금방 목숨이 끊어질 듯 숨기운이 약하고 위태함을 이르는 말. '人命危淺'에서, '人'은 사람 '인'으로 읽고, '命'은 목숨 '명'으로 읽고, '危'는 위태할 '위'로 읽고, '淺'은 얕을 '천', 옅을 '천'으로 읽는다. '人命危淺'을 직역(直譯)하면, 사람의 목숨이 위태하고 얕으니, '朝不慮夕'에서, '朝'는 아침 '조'로 읽고, '不'은 아닐(<u>부정하는 말</u>) '불'로 읽고, '慮'는 생각할 '려(여)'로 읽고, '夕'은 저녁 '석'으로 읽는다. '朝不慮夕'을 직역(直譯)하면, (목숨이 위태로워) 아침에 저녁 (일을) 생각하지 않는다(<u>못한다</u>)는 뜻으로, 당장을 걱정할 뿐이고, 앞일을 생각할 겨를이 없음을 이르는 말.

기아-임금(飢餓賃金 주릴 **기**/주릴 **아**/품삯 **임**/돈 **금**) 주려(<u>굶주려</u>) (죽지 않을 정도의) 품삯의 돈이라는 뜻으로, 굶어 죽지 않을 정도의 적은 노동 임금(賃金)을 이르는 말. *기아(飢·饑餓): 먹을 것이 없어 배를 곯는 것. *임금(賃金): 근로자가 노동의 대가로 받는 보수(報酬)를 이르는 말. 급료(給料), 봉급(俸給), 수당(手當), 상여금(賞與金) 따위가 있음. 여기서 '보수(報酬)'는 일한 대가로 주는 돈이나 물품. '급료(給料)'는 일에 대한 대가로 고용주가 지급하는 돈. 옛날에는 벼슬아치에게 보수로 쌀을 주었음. '봉급(俸給)'은 어떤 직장에서 계속적으로 일하는 사람이, 그 일의 대가로 정기적으로 받는 일정한 보수. '수당(手當)'은 정해진 봉급 이외에 따로 주는 돈. '상여금(賞與金)'은 관청이나 회사에서 직원에게 정기 급여와는 별도로 업적이나 공헌도에 따라 돈을 줌. 또는 그 돈. *주리다: 부록 '기(飢)', '아(餓)' 참고. *품삯: 품을 판 대가로 받거나, 품을 산 대가로 주는 돈이나 물건.

기아-지-경(飢餓之境 주릴 **기**/주릴 **아**/어조사 **지**/지경 **경**) 주리고(<u>굶주리고</u>) (또) 주리는(<u>굶주리는</u>) 지경(地境)이라는 뜻으로, 굶주리는 지경(地境)을 이르는 말. *기아(飢·饑餓): ☞기아임금(飢餓賃金). *주리다: 부록 '기(飢)', '아(餓)' 참고. *지경(地境): 부록 '경(境)' 참고.

기암-괴석(奇巖·岩怪石 기이할 **기**/바위 **암**/괴이할 **괴**/돌 **석**) 기이(奇異)하게 생긴 바위와 괴상(怪狀)하게 생긴 돌. *기암(奇巖·岩): 기묘(奇妙. <u>생김새 따위가 이상하고 묘함</u>)하게 생긴 바위. *괴석(怪石): 괴상(怪狀)하게 생긴 돌. 또는 희귀(稀貴)한 돌. *기이하다(奇異~): 부록 '기(奇)' 참고. *괴이하다(怪異~): 부록 '괴(怪)' 참고.

기암-절벽(奇巖·岩絕壁 기이할 **기**/바위 **암**/끊을 **절**/바람벽 **벽**) 기이(奇異)한 바위와 끊어진 바람벽이라는 뜻으로, 기이(奇異)하게 생긴 바위와 깎아지른 듯한 낭떠러지를 이르는 말. *기암(奇巖·岩): ☞기암괴석(奇巖·岩怪石). *절벽(絕壁): ①바위 같은 것들이 깎아 세운 것처럼 솟았거나 내리박힌 험한 벼랑(<u>험하고 가파른 비탈. 또는 그러한 지형</u>). ②아주 귀가 먹었거나 사리(事理. <u>일의 이치</u>)에 어두운 사람을 비유적으로 이르는 말. *기이하다(奇異~): 부록 '기(奇)' 참고. *바람벽(~壁): 부록 '벽(壁)' 참고.

기여-보비(寄與補裨 부칠 **기**/더불어 **여**/도울 **보**/더할 **비**) (남에게) 기여(寄與)하고 (모자람을) 더하여 돕는다는 뜻으로, 이바지하여 이익을 주고 모자라는 것을 보탬을 이르는 말. *기여(寄與): 남에게 이바지함. 또는 남에게 이익을 줌. *보비(補裨): 보태어 도움. *부치다: 부록 '기(寄)' 참고.

기-연-미연(其然未然 그 **기**/그럴 **연**/아닐 **미**/그럴 **연**) '기연가미연가'의 준말. 그런지, 그렇지 않은지 분명하지 않은 모양. *미연(未然): 아직 그렇게 되지 않은 상태.

기연-장자(頎然長者 헌걸찬 모양 **기**/그러할 **연**/어른 **장**/사람 **자**) 헌걸찬 모양으로 그러함과, 어른처럼 (점잖은) 사람이라는 뜻으로, 생김새와 풍채(風采. 사람의, 드러나 보이는 의젓한 겉모양)가 뛰어나고 점잖은 사람을 이르는 말. *기연(頎然): 키가 크고 인품(人品. 사람이 사람으로서 가지는 품격이나 됨됨이)이 있음. *장자(長者): ①나이나 지위, 항렬 따위가 자기보다 위인 사람. ②큰 부자(富者)를 점잖게 이르는 말. ③덕망(德望)이 있고 노성(老成)한 사람. 여기서, '덕망(德望)'은 덕행(德行). 즉, 어질고 착한 행실로 얻은 명망(名望). 즉, 명성(名聲. 세상에 널리 퍼져 평판·評判 높은 이름)과 인망(人望. 세상 사람이 우러러 믿고 따르는 덕망·德望)을 아울러 이르는 말. '노성(老成)하다'는 ①노련(老鍊)하고 원숙(圓熟)하다. ②(나이에 비하여) 어른스럽다. 또는 숙성(夙成)하다. *헌걸차다: 부록 '기(頎)' 참고.

기염-만장(氣焰萬丈 기운 **기**/불꽃 **염**/일만 **만**/길이의 단위 **장**) 불꽃같은 기운이 일만(一萬) 길[丈]이라는 뜻으로, 호기(豪氣. 씩씩하고 작은 일에 거리낌이 없는 기개나 마음씨)나 기세(氣勢)가 굉장하거나 대단히 높음을 비유적으로 이르는 말. 참 호기만장(豪氣萬丈). 여기서, 기세(氣勢)는 ①기운차게 내뻗는 형세. 또는 내뻗는 힘찬 기운. ②(주로, -ㄴ, -ㄹ, 관형사형 뒤에 쓰이어) 남에게 영향을 끼칠 기운이나 태도. *기염(氣焰): 불꽃처럼 대단한 기세(氣勢). *만장(萬丈): 만(萬) 길[丈]이나 되도록 매우 높음. 또는 매우 깊음. *기운: 순우리말로, 생물이 살아 움직이는 원기(元氣). 또는 거기서 나오는 힘. *불꽃: 타는 불에서 일어나는 붉은 빛을 띤 기운.

기왕-불-구(旣往不咎 이미 **기**/갈 **왕**/아닐 **불**/허물 **구**) 이미 지나간 (것은) 허물이 아니라는 뜻으로, 이미 지나간 일은 어찌할 도리가 없으니 탓하지 않음을 이르는 말. *기왕(旣往): ①명 지나간 때. =과거(過去). 이전(以前). ②부 이미. 벌써. 이왕(已往). *이미: 돌이킬 수 없이 된 지난 일을 일컬을 때 쓰는 말. *허물: 부록 구(咎) 참고.

기왕-지-사(旣往之事 이미 **기**/갈 **왕**/어조사 **지**/일 **사**) 이미 지나간 일을 일컫는 말. 비 이왕지사(已往之事). *기왕(旣往): ☞기왕불구(旣往不咎). *이미: ☞기왕불구(旣往不咎).

기운-생동(氣韻生動 기운 **기**/운치 **운**/살 **생**/움직일 **동**) 기운과 운치(韻致)가 살아 움직인다는 뜻으로, ①예술 작품에서 기운이 넘치거나 기품(氣品. 사람의 모습이나 태도 또는 예술 작품 따위에서, 느껴지는 고상한 느낌) 있는 멋이 생생히 나타나 있음을 이르는 말. 뛰어난 예술품을 두고 이르는 말이다. ②동양화(東洋畵)에서, 육법(六法)의 하나를 이르는 말. 천지(天地) 만물(萬物. 온갖 물건 또는 세상에 있는 모든 것)이 지니는 생생한 느낌이 표현되는 일이다. 여기서 '동양화(東洋畵)'는 한국, 중국, 일본 등지(等地. 땅의 이름 뒤에 쓰이어, 앞에 말한 '그러한 곳들'의 뜻을 나타내는 말)에서 발달한 독특한 화풍(畵風. 그림의 경향. 또는 그 특징)과 화법(畵法. 그림 그리는 방법)의 그림을 이르는 말. 주로 먹을 사용하며, 화선지(畵宣紙. 종이의 일종)나 비단(緋緞)에 산수(山水), 사군자(四君子) 따위를 제재(題材. 예술 작품이나 학술 연구 따위에서 주제의 재료가 되는 것)로 하여 그린 것이다. 그리고 '육법(六法)'은 동양화(東洋畵)를 그릴 때의 여섯 가지 화법(畵法). 즉, 중국 남제(南齊) 시대의 화가였던 사혁(謝赫)이 지은 『고화품록(古畵品錄)』에 나오는 말로, 기운생동(氣韻生動), 골법용필(骨法用筆), 응물상형(應物象形), 수류부채(隨類賦彩), 경영위치(經營位置), 전이모사(轉移模寫) 따위의 여섯 가지를 일컫는다. 참고로, '남제(南齊)'는 중국 남조(南朝) 시대의 두 번째 왕조(王朝)이다. 서기 479년에 송(宋)나라의 장군 소도성(蕭道成)이 순제(順帝)에게 왕위를 물려받아 세운 것으로, 난징[南京]에 도읍(都邑. 한 나라의 중앙 정부가 있는

곳. =서울)으로 정하고 양쯔강(揚子江. 중국의 중심부를 흐르는, 중국에서 제일 큰 강), 주장강[珠江江]
의 연안 지방을 차지하였는데, 서기 502년에 양(梁)나라의 무제(武帝)에게 망했다. 여기서 '珠江江'은
우리나라에서는 '주강강'으로 읽으나, 중국에서는 zhujiang[珠江] 강(江)으로 읽는다. 이 강(江)은 중국
남부를 흐르는 화남지방(華南地方) 최대의 강(江)이라고 한다. '사혁(謝赫)'은 중국 남제(南齊) 말엽의
화가이다. 섬세한 필치의 인물화에 뛰어났으며, 그의 저서 『고화품록(古畫品錄)』은 후세의 화론(畫論.
그림에 관한 논평이나 이론)에 큰 영향을 주었다. 『고화품록(古畫品錄)』은 중국 남제(南齊)의 인물화가인
사혁(謝赫)이 편찬한 화법(畫法. 그림을 그리는 방법)에 관한 책이다. '골법용필(骨法用筆)'은 동양화에서
쓰는 육법(六法)의 하나로써, 선인(先人)의 필체(筆體)의 품격(品格)이나 골법(骨法. 동양화에서, 주로
사람의 골격을 이루는 형체를 나타내는 기법)의 습득을 비롯한 붓놀림에 관한 기법(技法)을 말한다.
'응물상형(應物象形)'은 동양화에서 쓰는 육법(六法)의 하나로써, 물체 자체의 모습, 특성 따위를 잘 알아
그 형상을 표현하는 것을 말한다. '수류부채(隨類賦彩)'는 동양화에서 쓰는 육법(六法)의 하나로써, 그리
는 대상의 종류에 따라 채색(彩色)을 가하는 것을 말한다. '경영위치(經營位置)'는 동양화에서 쓰는 육법
(六法)의 하나로써, 화면(畫面)을 살리기 위한 배치법(配置法)이다. '전이모사(轉移模寫)'는 동양화에서
쓰는 육법(六法)의 하나로써, 선인(先人)의 그림을 본떠서 그리면서 그 기법(技法)을 체득(體得)하는 것
을 말한다. *기운(氣韻): 글이나 글씨, 그림 따위에서 느껴지는 생동감과 아담한 멋. *생동(生動): 살아
서 생기 있게 움직임. 또는 (그림이나 조각 또는 글씨 따위의 예술품이) 살아 움직이는 듯이 힘이 있음.
*기운: 순우리말로, 생물이 살아 움직이는 원기(元氣). 또는 거기서 나오는 힘.

기이-지-수(期頤之壽 백 년 **기**/턱 **이**/어조사 **지**/나이 **수**) 백 년 턱에 (있는) 나이라는 뜻으로, 백 살의
　나이. 또는 그 나이의 사람을 이르는 말. *기이(期頤): 백 살의 나이. =기이지수(期頤之壽). *턱: 부록
　'이(頤)' 참고.

기-인-여옥(其人如玉 ⏋ **기**/사림 **인**/같을 **여**/구슬 **옥**) 구슬(옥)과 같은 그 사람이라는 뜻으로, ①인품(人
　品. 사람이 사람으로서 가지는 품격이나 됨됨이)이 옥(玉)같이 맑고 깨끗한 사람을 이르는 말. =여옥기
　인(如玉其人). ②옥(玉)과 같이 아름다운 여자를 이르는 말. =여옥기인(如玉其人). *'기-인'은 『국어사전
　(國語辭典)』에 등재(登載)된, '①고려, 조선시대에, 지방 호족 및 토호의 자제로서 중앙에 볼모로 와서
　그 출신 지방의 행정에 고문(顧問) 구실을 하던 사람. 또는 그런 제도. ②조선 전기에, 궁중의 잡역을
　위하여 소집한 '지방 백성'인 '기인(其人)'의 뜻과는 별개다. *여옥(如玉): 구슬과 같이 아름다운 것을
　비유적으로 이르는 말.

기-인-우-천(杞人憂天 나라 이름 **기**/사람 **인**/근심 **우**/하늘 **천**) 기(杞)나라 사람이 하늘을 (보고) 근심한다
　는 뜻으로, 기(杞)나라 사람의 근심을 이르는 말. 기(杞)나라 사람이, 하늘이 내려앉지나 않나 하고 근심
　했다는 옛일에서, 안 해도 될 쓸데없는 근심이나 걱정을 비유적으로 이르는 말. 장래의 일에 대해 쓸데
　없는 걱정을 한다는 뜻이다. =기인지우(杞人之憂). 준 기우(杞憂). 《관련 속담》 걱정도 팔자다. 이 사자
　성어의 유래는 다음과 같다. 『열자(列子)』의 「천서(天瑞)」 편(篇)에 〈기(杞)나라에 어떤 사람이 있었는데,
　하늘이 무너지고 땅이 꺼지면, 몸 둘 곳이 없다고 걱정하며 침식(寢食)을 전폐(全廢)했다. 이 사람이
　걱정하는 것을 걱정해 주는 사람이 있어, 가서 알려 주었다. "하늘은 공기가 쌓여 이루어진 것인데,
　공기가 없는 곳은 없다네. 몸을 구부리고 펴고 호흡을 하는 것도 종일 공기 속에서 움직이고 그치고

하는 것인데, 무엇 때문에 하늘이 무너질까 걱정을 하는가?"(**杞國有人, 憂天地崩墜**, 身亡所寄, 廢寢食者, 又有憂彼之所憂者, 因往曉之, 日, 天, 積氣耳, 亡處亡氣, 若屈伸呼吸, 終日在天中行止, 奈何憂崩墜乎.))라는 이야기가 나오는데, '기(杞)나라에 어떤 사람이 있었는데, 하늘이 무너지고 땅이 꺼지면,(杞國有人, 憂天地崩墜)'에서, '기인우천(杞人憂天)'이 유래했다. 참고로, 원문의 '杞國有人'에서, '杞'는 나라 이름 '기'로 읽고, '國'은 나라 '국'으로 읽고, '有'는 있을 '유'로 읽고, '人'은 사람 '인'으로 읽는다. '杞國有人'을 직역(直譯)하면, 기(杞)나라에 (어떤) 사람이 있었다. '憂天地崩墜'에서, '憂'는 근심할 '우'로 읽고, '天'은 하늘 '천'으로 읽고, '地'는 땅 '지'로 읽고, '崩'은 산 무너질 '붕'으로 읽고, '墜'는 떨어질 '추'로 읽는다. '憂天地崩墜'를 직역(直譯)하면, (그는) 하늘이 (산 무너지듯) 무너지고, 땅이 (밑으로) 떨어질까 근심하였다. 여기서, '杞人憂天'이 유래하였는데, 이것을 직역(直譯)하면, 기(杞)나라 사람이 하늘을 보고 근심한다는 뜻으로, 기(杞)나라 사람의 근심을 이르는 말. 기(杞)나라 사람이 하늘이 내려앉지나 않나 하고 근심했다는 옛일에서, 안 해도 될 쓸데없는 근심이나 걱정을 비유적으로 이르는 말. 장래의 일에 쓸데없는 걱정을 한다는 뜻이다. '身亡所寄'에서, '身'은 몸 '신'으로 읽고, '亡'은 여기서는 없을 '무'로 읽는다. '無'와 같은 글자다. '所'는 곳 '소', 처소(處所. <u>사람이 기거·起居하거나 임시로 머무는 곳, 또는 어떤 일이 벌어지거나, 어떤 물건이 있는 곳</u>) '소'로 읽고, '寄'는 맡길 '기'로 읽는다. '身亡所寄'를 직역(直譯)하면, (그리고 그는) 몸을 맡길 곳이 없어, '廢寢食者'에서, '廢'는 폐할(廢~. <u>습관적으로 하던 일 따위를 멈추거나 끊을</u>) '폐'로 읽고, '寢'은 (잠) 잘 '침'으로 읽고, '食'은 먹을 '식'으로 읽는다. '寢食'은 잠자는 일과 먹는 일. '者'는 것(<u>사물, 현상, 일 따위를 추상적으로 이르는 말</u>) '자'로 읽는다. '廢寢食者'를 직역(直譯)하면, 잠자고 먹는 것을 폐(廢)하였다. '又有憂彼之所憂者'에서, '又'는 또 '우', 또한 '우'로 읽는다. '又有憂'를 직역(直譯)하면, 또한 ~을 근심하는 (사람이) 있음. '彼'는 저(<u>지시하는 말</u>) '피'로 읽고, '之'는 어조사 '지'로 읽는다. 여기서는 '~의'를 나타내는 관형격 조사. '所'는 바(<u>방법 또는 일을 나타냄</u>) '소'로 읽는다. '又有憂彼之所憂者'를 직역(直譯)하면, 또한 저것을 근심하는 바의 것을 근심하는 (사람이) 있었다. '因往曉之'에서, '因'은 인할 '인'으로 읽고, '往'은 갈 '왕'으로 읽고, '曉'는 일러줄 '효', 아뢸 '효'로 읽고 '之'는 어조사 '지'로 읽는다. 여기서는 '그것'을 나타내는 지시 대명사. '因往曉之'를 직역(直譯)하면, (그로) 인하여 가서 그것을 일러주며 (말하기를), '積氣耳'에서, '積'은 쌓을 '적'으로 읽고, '氣'는 공기(空氣) '기'로 읽고, '耳'는 따름 '이', 뿐 '이'로 읽는다. '~할 뿐이다'(<u>한정</u>)의 뜻을 나타냄. '積氣耳'를 직역(直譯)하면, 공기를 쌓을 뿐인데, '亡處亡氣'에서, '亡處亡氣'를 직역(直譯)하면, 공기(空氣)가 없는 곳은 없다네. '若屈伸呼吸'에서, '若'은 같을 '약'으로 읽고, '屈'은 굽을 '굴'로 읽고, '伸'은 펼 '신'으로 읽는다. '屈伸'은 팔, 다리 따위를 굽혔다 폈다 함. '呼'는 (숨을) 내쉴 '호'로 읽고, '吸'은 숨 들이 쉴 '흡'으로 읽는다. '呼吸'은 숨을 내쉬고 들이마심. 또는 그 숨. '若屈伸呼吸'을 직역(直譯)하면, 몸을 구부리고 펴고 숨을 내쉬고 들이쉬는 것과 같은 (것은), '終日在天中行止'에서, '終'은 마칠 '종'으로 읽고, '日'은 낮 '일'로 읽는다. '終日'은 아침부터 저녁까지의 사이. 또는 하루의 낮 동안. '在'는 있을 '재'로 읽고, '天'은 하늘 '천'으로 읽고, '中'은 가운데 '중'으로 읽고 '行'은 행할 '행'으로 읽고, '止'는 그칠 '지'로 읽는다. '行止'는 '행동거지'와 같은 말로, 몸을 움직여 하는 모든 짓. '終日在天中行止'를 직역(直譯)하면, 낮이 마칠 (때까지) (공기가 쌓여 이루어진) 하늘 가운데에 행하고 그침이 있는데, '奈何憂崩墜乎'에서, '奈'는 어찌(<u>의문 부사</u>) '내'로 읽고, '何'는 어찌(<u>의문 부사</u>) '하'로 읽는다. '奈何'는 어찌함 또는 어떠함의 뜻을 나타내는 말. '乎'는 어조사 '호'로 읽는다. '~는가?', '~인가?(의문)'의 뜻을 나타냄. '奈何憂崩墜乎'를 직역(直譯)하면, 어찌 (하늘이) (산 무너지듯) 무너지고 (땅이 밑으로) 떨어지는 것을 근심하는가?

기-인-지-우(杞人之憂 나라 이름 **기**/사람 **인**/어조사 **지**/근심 **우**) 기(杞)나라 사람의 근심(걱정)이라는 뜻으로, 쓸데없는 것을 근심(걱정)하거나, 이로움이 없는 것을 근심(걱정)하는 경우를 비유적으로 이르는 말. =기인우천(杞人憂天). 㽺 기우(杞憂). 《관련 속담》 걱정도 팔자다.

기자-감식(飢者甘食 굶주릴 **기**/사람 **자**/달 **감**/먹을 **식**) 굶주린 사람은 달게 먹는다는 뜻으로, 굶주린 사람. 또는 배고픈 사람은 음식을 가리지 않고 달게 먹음을 이르는 말. *기자(飢者): =기인(飢人). 즉, 굶주린 사람. *감식(甘食): 음식을 맛있게 먹음. 《관련 속담》 시장이 반찬이다. 이 사자성어의 유래는 다음과 같다. 『맹자(孟子)』의 「진심(盡心) 장구(章句)」 상(上) 편(篇)에 〈(孟子)가 이르기를, "굶주린 사람은 달게 먹고, 목마른 사람은 달게 마신다. 그러나 그것은 마시고 먹는 올바른 맛을 안 것은 아니다. 굶주림과 목마름이 그것을 해(害)친 것이다.(孟子曰飢者甘食. 渴者甘飮. 是未得飮食之正也, 飢渴害之也)〉[어찌 입과 배에만 굶주림과 목마름의 해(害)가 있겠는가? 즉, 맹자(孟子)는 여기서 굶주림과 목마름이 입맛과 뱃속을 해(害)쳤다고 말한다. 음식의 맛과 건강에 미치는 영양 상태를 고려하여 가릴 겨를이 없이 그냥 삼키고 마셨기 때문에 굶주림과 목마름이 입과 뱃속을 해(害)칠 수 있다는 의미다. 입의 맛보는 기능이 제대로 작동(作動. 기계의 운동 부분이 움직임. 또는 그 부분을 움직이게 함)되지 않았다는 것이다. 사람의 마음에도 역시 그러한 해(害)가 있다. 즉, 맹자(孟子)는 굶주림과 목마름의 문제가 이 선에서 그치지 않는다고 보았다. 사람의 마음까지도 해(害)친다고 본 것이다. 물욕(物慾)에 갈증(渴症)을 느껴 부정(不正. 바르지 않음. 또는 바르지 못한 일)한 재물(財物)이라도 이를 서둘러 갖고자 유혹(誘惑)에 넘어간다든지, 권력(權力)에 목마른 사람이 부당(不當. 도리에 벗어나서 정당하지 않음. 또는 사리에 맞지 않음)하게 권력을 사용함으로써 마음을 해(害)칠 수 있다는 말이다. 사람의 굶주림과 목마름의 해(害)를 가지고 마음의 해(害)로 여기지 않을 수 있으면, 남을 따라가지 못한다 하더라도, 그것(물질적 결핍)을 근심으로 여기지 않게 될 것이다. 즉, 굶주림과 목마름의 해(害)가 마음의 해(害)로 이어지지 않으면 비록 남('부유한 사람'을 가리킴)을 따라가지 못하더라도 그까짓 물질적 결핍 때문에 크나큰 근심 걱정은 하지 않는다는 말이다."]라는 이야기가 나오는데, '맹자(孟子)가 이르기를, "굶주린 사람은 달게 먹고,(孟子曰飢者甘食)'에서 기자감식(飢者甘食)이 유래했다. 이 말은 굶주린 사람은 밥을 달게 먹는다는 뜻으로, 배고픈 사람은 배를 채우기 위해 음식 맛을 따지지 않고 먹는다는 말이며, '시장이 반찬이다.'(속담)와 같은 말이다. 사람이 배가 고플 때 어떤 음식이건 맛있게 먹는 것은 그 음식의 맛을 음미(吟味)하면서 먹을 여유조차 없는 것이고, 목이 바짝 말랐을 때 무슨 물[水]이 됐건 그것을 마시고 단맛을 느끼는 것은 황급(遑急. 몹시 급하며, 한 가지 일에만 몰두하여 마음의 여유가 없음)한 상황에 처해서 어떤 것을 헤아릴 겨를이 없는 것이다. 음식뿐만이 아니다. 우리가 살아가는 과정에 물질에 갈증(渴症)을 느껴서 금품(金品)의 유혹(誘惑)에 넘어 가기에 가장 취약한 부분이 있고, 부당(不當)한 권력(權力)에 귀를 기웃거리며 분주(奔走. 몹시 바쁘게 뛰어다님)할 수가 있는 것이다. 맹자(孟子)는 '기자감식(飢者甘食)'을 통해 물질(物質)이나 권력(權力)의 유혹(誘惑)에 빠지지 않도록 우리들에게 미리 타일러 조심하게 하는 것이다. 사실 이 말은 당시(當時일이 있었던 바로 그때. 또는 이야기하고 있는 그 시기)의 위정자(爲政者. 정치를 하는 사람)를 두고 하는 말이었다. 위정(爲政. 정치를 함)은 위민(爲民. 백성을 위함)의 인정(仁政. 어진 정치)이 되어야 함에도 더 많은 부(富)와 권력(權力)과 명성(名聲. 세상에 널리 퍼져 평판 높은 이름)을 얻기 위해 마치 기갈(飢渴. 배고프고 목마름)이 든 사람처럼 닥치는 대로 움켜잡는 것을 비판한 말이었다. 여기서, '기갈이 들다'는 관용구(慣用句)로, 먹지 못하여 몹시 허기지다(배가 몹시 고파 기운이 빠지다). 또는 굶주려서 몹시 허기지다. 그리고 '기운'은 순우리말로, 생물이 살아 움직이는 원기(元氣). 또는 거기서 나오는 힘. 그런데 원문에서, '기(飢)' 대신에 '기(饑)'로 나타내는 경우도 있다. 뜻은 같다. 참고로 원문의 '孟子曰飢者甘食'에서, '孟'은 맏('맏이'의 뜻을 더하는 접미사) '맹'으로 읽고, '子'는 경칭(敬稱. 공경하는 뜻으로 부르는 칭호. 또는 존대하여 일컬음) '자'로 읽는다. 학덕(學德. 학문과 덕행)과 지위가 높은 남자의 경칭(敬稱)이다. '孟子'는 사람 이름. 중국 전국시대(戰國時代)의 사상가의 한 사람이다. 성선설(性善說)을 주장하고 인의(仁義)의 정치를 권하였다. '曰'은 일컬을 '왈'로 읽고, '飢'는 주릴(먹을 만큼 먹지 못해 배를 곯음) '기'로 읽고, '者'는 사람 '자'로 읽고, '甘'은 달 '감'으로 읽고, '食'은 먹을 '식'으로 읽는다. '孟子曰飢者甘食'을 직역(直譯)하면, 맹자(孟子)가 일컫기를, "주린(굶주린) 사람은 달게 먹고, '渴者甘飮'에서, '渴'은 목마를 '갈'로 읽고, '飮'은 마실 '음'으로 읽는다. '渴者甘飮'을 직역(直譯)하면, 목마른 사람은 달게 마신다. 즉, 굶주린 사람은 밥을 달게 먹고, 목마른 사람은 물을 달게 마신다는 말이다. '是未得飮食之正也'에서, '是'는 이(지시하는 말) '시'로 읽고, '未'는 아닐(부정하는 말) '미'로 읽고, '得'은, 여기서는 알 '득'으로 읽고, '之'는 어조사 '지'로 읽는다. '~의'를 나타내는 관형격 조사. '正'은, 여기서는 올바를 '정'으로 읽고, '也'는 어조사 '야'로 읽는다. '~이다(단정)'의 뜻을 나타냄. '是未得飮食之正也'를 직역(直譯)하면, (그러나) 이것은 마시고 먹음의 올바른 (맛을) 안 (것은) 아니다. 즉, 이는 음식의 올바른 맛을 깨닫지 못한다는 말이다. '飢渴害之也'에서, '害'는 해(害)할 '해'로 읽는다. 여기서는 '해(解)치다'로 풀이한다. '之'는 어조사 '지'로 읽는다. 여기서는 '그것'을 가리키는 지시 대명사. '飢渴害之也'를 직역(直譯)하면, 굶주림과 목마름이 그것(마음)을 해(害)친 (것)이다.

기-자-쟁선(棄子爭先 버릴 **기**/알 **자**/다툴 **쟁**/먼저 **선**) (바둑에서) (바둑) 알 (몇 점) 버리더라도 먼저 (가려고) 다투어야 (한다). 즉, 바둑에서 '살 가망이 없는 돌은 빨리 버리고 선수(先手)를 취하라.'는 뜻으로, 바둑돌 몇 점을 버리더라도(희생을 감수하더라도) 선수(先手)를 꼭 잡아야함을 이르는 말. 바둑 10결(訣. 바둑을 잘 두는 10가지 비결·秘訣)의 네 번째 교훈(敎訓. 앞으로의 행동이나 생활에 지침이 될 만한 것을 가르치는 일. 또는 그런 가르침)이다. 여기서, '선수(先手)'는 ①남이 하기 전에 앞서 하는 일. ②장기나 바둑에서, 먼저 두거나 상대편이 수를 쓰기 전에 먼저 수를 쓰는 일. *쟁선(爭先): 서로 앞서기를 (앞서려고) 다툼.

기장-지-무(旣張之舞 이미 **기**/베풀 **장**/어조사 **지**/춤출 **무**) 이미 베풀어 춤춘다. 즉, 이미 시작한 춤이라는 뜻으로, 이미 시작하여 중간에 그만 둘 수 없음을 비유적으로 이르는 말. *기장(旣張): 이미 펴 놓음. *이미: 돌이킬 수 없이 된 지난 일을 일컬을 때 쓰는 말.

기절-낙담(氣絶落膽 기운 **기**/끊을 **절**/떨어질 **낙**/쓸개 **담**) 기운이 끊어지고 쓸개가 떨어진다는 뜻으로, 매우 놀라서 정신을 잃음을 비유적으로 이르는 말. =기절담락(氣絶膽落). *기절(氣絶): ①한때 정신을 잃고 숨이 막힘. ②숨이 넘어감. *낙담(落膽): ①일이 뜻대로 되지 않거나 실패로 돌아가 갑자기 기운이 풀림. ②몹시 놀라서 간(肝)이라도 떨어질 듯이 느낌. *기운: 순우리말로, 생물이 살아 움직이는 원기(元氣). 또는 거기서 나오는 힘.

기절-담-락(氣絶膽落 기운 **기**/끊을 **절**/쓸개 **담**/떨어질 **락**) 기운이 끊어지고 쓸개가 떨어진다는 뜻으로, 매우 놀라서 정신을 잃음을 비유적으로 이르는 말. =기절낙담(氣絶落膽). *기절(氣絶): ☞기절낙담(氣絶落膽). *기운: ☞기절낙담(氣絶落膽).

기정-사실(旣定事實 이미 **기**/정할 **정**/일 **사**/사실 **실**) 이미 정(定)해져 (있는) 사실(事實)이라는 뜻으로, 이미 결정(決定)되어 있는 사실(事實)을 이르는 말. 阎 기성사실(旣成事實). *기정(旣定): 이미 정해져 있음. ↔미정(未定). *사실(事實): 실제로 있었던 일이나 현재에 있는 일. *이미: 돌이킬 수 없이 된 지난 일을 일컬을 때 쓰는 말.

기-제-자자(起除刺字 시작할 **기**/제거할 **제**/찌를 **자**/글자 **자**) (바늘로) 찔러 (만든) 글자. 즉, 자자(刺字)를 (스스로) 제거(除去)하기 시작한다는 뜻으로, 예전에, 죄인의 이마나 팔뚝에 먹물로 죄명(罪名. <u>범죄의 유형에 붙여지는 죄·罪의 이름. 절도죄·竊盜罪, 위증죄·僞證罪, 살인죄·殺人罪 따위의 이름이 있음</u>)을 써넣은 것을 지워 버림을 이르는 말. *자자(刺字): 옛날 중국에서, 얼굴이나 팔뚝에 죄명(罪名)을 먹칠하여 넣던 형벌(刑罰).

기-지-사경(幾至死境 거의 **기**/이를 **지**/죽을 **사**/지경 **경**) (사람이) 거의 죽을 지경(地境)에 이름(<u>도달함</u>). *사경(死境): 죽음에 이른 경지(境地). 또는 죽게 된 지경(地境). *지경(地境): 부록 '경(境)' 참고.

기진-맥진(氣盡脈盡 기운 **기**/다할 **진**/맥 **맥**/다할 **진**) 기운이 다하고 맥(脈)이 다한다는 뜻으로, ①기력(氣力. <u>일을 감당할 수 있는 정신과 육체의 힘</u>)이 다하고 맥이 풀림을 이르는 말. ②기운과 의지력이 다하여 스스로 가누지 못할 지경(地境)이 됨을 이르는 말. =기진역진(氣盡力盡). *기진(氣盡): 기력이 다함. *맥진(脈盡): 맥이 풀리고 기운이 다 빠짐. *기운: ☞기절낙담(氣絶落膽). *다하다: 부록 '진(盡)' 참고. *맥(脈): 부록 '맥(脈)' 참고.

기진-역진(氣盡力盡 기운 **기**/다할 **진**/힘 **역**/다할 **진**) 기운이 다하고 힘이 다한다는 뜻으로, 기력(氣力. <u>일을 감당할 수 있는 정신과 육체의 힘</u>)이 다하고 맥(脈. <u>기운이나 힘</u>)이 풀림. 또는 기운과 의지력이 다하여 스스로 가누지 못할 지경(地境)이 됨을 이르는 말. =기진맥진(氣盡脈盡). *기진(氣盡): ☞기진맥진(氣盡脈盡). *역진(力盡): 힘이 다함. *기운: ☞기절낙담(氣絶落膽). *다하다: 부록 '진(盡)' 참고.

기초-청려(奇峭淸麗 기이할 **기**/가파를 **초**/맑을 **청**/고울 **려**) 기이(奇異)하고 가파르며 맑고 곱다는 뜻으로, 산(山)이 기이(奇異)하고 가파르며, 맑고 아름다움을 이르는 말. *기초(奇峭): 산이 기이(奇異)하고 가파름. *청려(淸麗): 청아(淸雅. <u>속된 티가 없이 맑고 아름다움</u>)하고 수려(秀麗. <u>빼어나게 아름다움</u>)함. *기이하다(奇異~): 부록 '기(奇)' 참고. *가파르다: 산이나 길이 몹시 기울어져 있다.

기치-선명(旗幟鮮明 기 **기**/기 **치**/고울 **선**/밝을 **명**) 기(旗)와 기(旗)가 곱고 밝다. 즉, 기치(旗幟)가 선명(鮮明)하다는 뜻으로, 태도나 언행(言行)이 뚜렷함을 비유적으로 이르는 말. *기치(旗幟): ①예전에, 군대에서 쓰던 깃발. ②일정한 목적을 위하여 내세우는 태도나 주장. *선명(鮮明): ①산뜻하고 밝음. 또는 조촐하고 깨끗함. ②뚜렷하여 다른 것과 혼동되지 않음.

기치-창검(旗幟槍劍 기 **기**/기 **치**/창 **창**/칼 **검**) 기(旗)와 기(旗), 창과 칼이라는 뜻으로, 예전에, 군대에서 쓰던 깃발, 창, 칼 따위를 통틀어 이르던 말. *기치(旗幟): ☞기치선명(旗幟鮮明). *창검(槍劍): ①창(槍)과 검(劍)을 아울러 이르는 말. ②무기(武器)나 무력(武力)을 비유적으로 이르는 말. *기(旗): 부록 '기

(旗)’, ‘치(旗)’ 참고.

기품-지-성(氣稟之性 기운 **기**/바탕 **품**/어조사 **지**/성품 **성**) 인간의 성질을 본연지성(本然之性. <u>본문 참고</u>)과 기품지성(氣稟之性)으로 나누는데, ‘기품지성(氣稟之性)’은, 기운이 (있는) 바탕의 성품(性品)이라는 뜻으로, 사람의 타고난 기질(氣質)과 성품(性品)을 이르는 말. 웹 본연지성(本然之性). *기품(氣稟): 타고난 기질과 성품(性品). *기운: 순우리말로, 생물이 살아 움직이는 원기(元氣). 또는 거기서 나오는 힘. *성품(性品): 사람의 성질이나 됨됨이.

기한-도골(飢·饑寒到骨 굶주릴 **기**/찰 **한**/이를 **도**/뼈 **골**) 굶주리고 추움이 뼛속까지 이른다는 뜻으로, 배고픔과 추위가 극심함을 비유적으로 이르는 말. *기한(飢·饑寒): 굶주리고 헐벗어 배고프고 추움. *도골(到骨): 뜀 뼈 속에 이르렀다는 뜻으로, 골수(骨髓)에 사무침을 이르는 말. 여기서, ‘골수(骨髓)’는 ‘마음 속’과 같은 뜻.

기형-괴상(奇形怪狀 기이할 **기**/형상 **형**/괴이할 **괴**/형상 **상**) 기이(奇異)한 형상(形象)과 괴이(怪異)한 형상(形狀)이라는 뜻으로, ①기이(奇異)하고 괴상(怪狀)한 형상(刑象)을 이르는 말. ②이상야릇한 형상(形象)을 이르는 말. *기형(奇形): 기이(奇異)하고 괴상(怪狀)한 모양. *괴상(怪狀): 괴이(怪異)한 모양. *기이하다(奇異~): 부록 ‘기(奇)’ 참고. *형상(形象): 부록 ‘형(形)’ 참고. *괴이하다(怪異~): 부록 ‘괴(怪)’ 참고. *형상(形狀): 부록 ‘상(狀)’ 참고. 그런데 여기서, ‘형상(形狀)’은 ‘형상(形象)’, 형상(形像)과 같은 뜻이다.

기호-난-하(騎虎難下 말 탈 **기**/호랑이 **호**/어려울 **난**/내릴 **하**) 호랑이의 (등을) 타면 내리기가 어렵다는 뜻으로, 무슨 일을 하다가 도중에 그만두려 해도 그만둘 수 없는 상황을 비유적으로 이르는 말. 또는 이미(<u>돌이킬 수 없이 된 지난 일을 일컬을 때 쓰는 말</u>) 시작된 일을 중도(中途. <u>일이 되어가는 동안. 또는 하던 일의 중간</u>)에서 그만둘 수 없음을 이르는 말. 웹 기호지세(騎虎之勢). 세성기호(勢成騎虎). 세여기호(勢如騎虎). *기호(騎虎): 호랑이를 탐. 《관련 속담》 쏘아 놓은 살이요 엎지른(엎질러진) 물이다. 이 사자성어의 유래는 다음과 같다. 『진서(晉書)』의 「온교전(溫嶠傳)」 편(篇)에 [진(晉)나라 성제(成帝) 때, 역양(歷陽. <u>땅 이름</u>)을 지키던 장수(將帥)인 소준(蘇峻)과, 수춘(壽春. <u>땅 이름</u>)을 지키던 장수(將帥)인 조약(祖約)이 중서령(中書令. <u>벼슬 이름</u>)인 경량(庚亮. <u>사람 이름</u>)을 징벌(懲罰. <u>앞날을 경계·警戒하는 뜻으로 벌을 줌. 또는 부정이나 부당한 행위에 대하여 응징하는 뜻으로 주는 벌</u>)한다는 명분(名分) 하에 건강(健康. <u>땅 이름</u>)으로 진격(進擊)했다. 강주(江州. <u>땅 이름</u>)의 자사(刺史. <u>벼슬 이름</u>)인 온교(溫嶠)는 경량(庚亮)과 함께 형주(荊州. <u>땅 이름</u>)의 자사(刺史)인 도간(陶侃)을 맹주(盟主. <u>동맹을 맺은 개인이나 단체 가운데서 중심이 되는 인물이나 단체</u>)로 추대하고 반란군(反·叛亂軍 <u>정부나 지배자에게 반항하여 내란을 일으키는 군대</u>)의 토벌(討伐)에 나섰다. 즉, 온교(溫嶠)는 연합군을 조직하여 반란을 일으키는 자(者)들을 토벌(討伐)하려고 하였다는 뜻이다. 여기서, ‘자사(刺史)’는 중국 한(漢)나라 때에 군(郡), 국(國. <u>‘왕국·王國’의 줄임말로, 태수·太守가 아닌, 황자·皇子가 다스리는 군·郡을 일컬음. 황자·皇子를 왕·王이라고 하며, 왕·王은 명예직이고, 실질적으로 국·國을 다스리는 사람은 국상·國相이다</u>)을 감독하기 위하여 각 주(州)에 둔 감찰관을 이르는 말. 당(唐)나라, 송(宋)나라를 거쳐 명(明)나라 때 없앴다. 그러나 도간(陶侃)은 반란군들의 강한 세력에 밀려 계속 패(敗)하였으며, 얼마 후에는 군량(軍糧. <u>군대의 양식</u>)마저 떨어지고 말았다. 즉, 전쟁 초기에는 몇몇의 연합군은 잇따른 패배를 맞았고, 군량(軍糧)도 점점 바닥을 드러내고 있었다는 뜻이다. 그러자 도간(陶侃)이 화를 내며 온교(溫嶠)에게 말했다. 즉,

이런 상황을 지켜보던 총책임자인 도간(陶侃)은 마음이 초조해지기 시작했다. 그는 급기야 성질을 참지 못하고 온교(溫嶠)에게 말했다는 것이다. "군대를 일으킬 때, 그대는 나에게 장수(將帥)나 군량(軍糧)은 얼마든지 있다면서 맹주(盟主)를 맡아 달라고 하지 않았는가? 하지만 지금 여러 차례 전투에서 패(敗)했는데, 장수(將帥)들은 어디에 있는가? 군량(軍糧)이 더 이상 공급되지 않으면 나는 서쪽으로 돌아갈 테니, 즉, 이 말은, "당신이 나를 설득할 때, 모든 것을 다 준비하였다고 하지 않았습니까? 교전(交戰, 서로 병력을 동원하여 전투를 함)한 지 얼마 되지 않은 지금, 군량(軍糧)도 바닥을 보이고 있습니다. 만약 빠른 시일 내에 군량(軍糧)을 공급하지 않는다면, 나는 철수하겠습니다."라는 뜻이 담겨 있다. 좋은 계책(計策. 어떤 일을 이루기 위하여 꾀나 방법을 생각해 냄. 또는 그 꾀나 방법)을 생각해 보도록 하게. 나중에 조건이 되어 다시 적(敵)을 멸(滅)해도 늦지 않을 걸세." 즉, 조건이 되면 다시 만나자는 뜻이다. 온교(溫嶠)가 말했다. "장군('도간·陶侃'을 가리킴)의 생각은 잘못되었습니다. 옛날을 살펴보면 군사들이 이기는 것은 화합(和合)에 있습니다. 광무제(光武帝. 중국 후한·後漢의 초대·初代 임금)인 유수(劉秀)가 곤양(昆陽. 땅 이름)에서, 조조(曹操)가 관도(官渡. 땅 이름)에서 적은 숫자로 많은 적(敵)을 물리칠 수 있었던 것은, 그들이 정의(正義. 사람으로서 지켜야 할 바른 도리)에 의존했기 때문입니다[杖義故也. 여기서 '杖'은 의지할 '장'으로 읽음]. 소준(蘇峻)과 조약(祖約) 따위의 무리는 천하(天下)의 근심거리이므로 오늘 우리가 들고 일어나 일전(一戰. 한바탕의 싸움)을 치러야 합니다. 소준(蘇峻)은 용맹하나 지략(智略. 슬기로운 계획과 책략)이 없고, 승세(勝勢. 이길 기세)를 타고 교만(驕慢)해져 스스로 앞이 없다고 하니, 지금 도전(挑戰)하면 북 한 번 울리고 사로잡을 수 있습니다. 즉, 난감(難堪. 이러기도 어렵고 저러기도 어려워 처지가 매우 딱함)해진 온교(溫嶠)가, 적(敵)은 지략(智略)이 없으니 반드시 이길 수 있다며, 도간(陶侃)을 설득하고 있는 것이다. ……]〈지금의 상황은 의로운 뜻을 절대 바꿀 수 없으니, 이는 사나운 짐승의 등(사람이나 동물의 몸통에서 뒤쪽이나 위로 향한 쪽, 곧 가슴이나 배의 반대쪽)에 디고 있는 것과 같은데, 어찌 도중에 내려올 수 있겠습니까? 즉, 이 말에는, 지금 우리의 처지는 맹수(猛獸. 사나운 짐승. 여기서는 '반란군'을 비유한 말)의 등 위에 올라탄 것이나 마찬가지입니다. 맹수(猛獸)를 죽이지 않고서야 어떻게 내려올 수 있겠습니까? 우리는 끝까지 이겨내야 합니다."라는 뜻이 담겨있다.(今之事勢, 義無旋踵, **騎猛獸, 安可中下哉**)[장군께서 많은 사람들의 뜻을 등지고 홀로 돌아가신다면, 사람들은 반드시 사기(士氣. 사람들이 일을 이룩하려는 기개)가 떨어질 것이고, 군사들의 사기(士氣. 여기서는 싸우려 하는 병사들의 씩씩한 기개)를 떨어뜨려 일을 실패하게 만들게 되어 의로운 깃발을 든 자(者)들이 공(公. 여기서는 '도간·陶侃'을 가리킴)에게 책임을 돌려 질책(叱責. 꾸짖어 나무람)하게 될 것입니다." 도간(陶侃)은 대답을 못하고 떠나지 않고 머물렀다. 즉, 도간(陶侃)은 온교(溫嶠)의 설득을 받아들였다는 뜻이다. 온교(溫嶠)는 도간(陶侃)과 함께 수륙(水陸. 물과 육지) 양면(兩面)에서 적을 공격할 계획을 세웠다. 온교(溫嶠)는 직접 정예병(精銳兵. 썩 날래고 용맹스러운 병사)들을 이끌고 반란군을 기습(奇襲. 적이 생각지 않았던 때에, 갑자기 들이쳐 공격함. 또는 그런 공격)하였다. 도간(陶侃)과 온교(溫嶠)는 반란군을 토벌(討伐)하고 소준(蘇峻)을 죽였으며, 조약(祖約)은 도망하다가 자살하였다. 즉, 도간(陶侃)과 온교(溫嶠)는 군대를 이끌고 용감히 적군을 무찔렀으며, 결국에는 반란군을 토벌(討伐)하는 데 성공하였다는 말이다.]라는 이야기가 나오는데, '사나운 짐승의 등에 올라타면 도중에 내려올 수 없다.(騎猛獸, 安可中下哉)'에서, '기호난하(騎虎難下)'가 유래했다. '기호난하(騎虎難下)'는 '기호지세(騎

虎之勢)’, ‘세성기호(勢成騎虎)’, ‘세여기호(勢如騎虎)’ 따위로도 쓰인다. 여기서 온교(溫嶠)가 도간(陶侃)에게 한 말 중(中)에, ‘騎猛獸, 安可中下哉’가 나오는데, 이 말에서 유래한 ‘기호난하(騎虎難下)’는, 우리가 지금 맹수(猛獸)에 올라탄 것처럼 이러지도 저러지도 못한 상황을 말하는 것이며, 이 상황을 벗어나려면, 맹수(반란군)을 죽이는 길밖에 없다는 것을 비유(比·譬喩. <u>어떤 사물의 모양이나 상태 따위를 보다 효과적으로 표현하기 위하여 그것과 비슷한 다른 사물에 빗대어 표현함. 또는 그 표현 방법</u>)해서 한 말로 풀이할 수 있다. 사실 우리가 사나운 호랑이의 등에 타게 되었다면 이러지도 저러지도 못한다. 달리는 호랑이의 등에서 함부로 뛰어내릴 수도 없고, 끝까지 간다 해도 죽은 목숨이 될 수밖에 없다. ‘기호난하(騎虎難下)’는 이처럼 뛰어내릴 수도 없고, 끝까지 갈 수도 없어 선택의 여지가 없는 경우를 비유하여 일컫는 말이다. 참고로, 원문의 ‘今之事勢’에서, ‘今’은 이제 ‘금’, 지금 ‘금’으로 읽고, ‘之’는 어조사 ‘지’로 읽는다. ‘~의’를 나타내는 관형격 조사. ‘事’는 일 ‘사’로 읽고, ‘勢’는 형세 ‘세’로 읽는다. ‘事勢’는 일이 되어 가는 형세. ‘今之事勢’를 직역(直譯)하면, 지금의 일의 형세가, ‘義無旋踵’에서, ‘義’는 의로울 ‘의’로 읽고, ‘無’는 없을 ‘무’로 읽고, ‘旋’은 돌아올 ‘선’으로 읽고, ‘踵’은 발꿈치 ‘종’으로 읽는다. ‘旋踵’은 발길을 돌려 돌아섬. ‘義無旋踵’을 직역(直譯)하면, 의로움은 발길을 돌려 돌아설 수 없으니, ‘騎猛獸’에서 ‘騎’는 말 탈 ‘기’로 읽고, ‘猛’은 사나울 ‘맹’으로 읽고, ‘獸’는 짐승 ‘수’로 읽는다. 騎猛獸를 직역(直譯)하면, 사나운 짐승의 (등에) 말 타듯이 타고, ‘安可中下哉’에서, ‘安’은 어찌(<u>의문 부사</u>) ‘안’으로 읽고, ‘可’는 가히(可~. <u>‘능히’, ‘넉넉히’의 뜻을 나타냄</u>) ‘가’로 읽고, ‘中’은 중도(中途) ‘중’으로 읽고, ‘下’는 내릴 ‘하’로 읽고, ‘哉’는 어조사 ‘재’로 읽는다. ‘~일 것인가?’(<u>반문</u>)의 뜻을 나타냄. ‘安可中下哉’를 직역(直譯)하면, 어찌 가히 중도(中途)에서 내리겠습니까? 이 이야기의 배경은 ‘기호지세(騎虎之勢)’ 끝 부분 참고. 여기서, ‘騎虎難下’가 유래하였는데, 이것을 직역(直譯)하면, 호랑이의 (등을) 타면 내리기 어렵다는 뜻으로, 무슨 일을 하다가 도중에 그만두려 해도 그만 둘 수 없는 상황을 비유적으로 이르는 말. 또는 이미 시작된 일을 중도(中途)에서 그만 둘 수 없음을 이르는 말.

기호-지-세(騎虎之勢 말 탈 **기**/호랑이 **호**/어조사 **지**/형세 **세**) 호랑이를 타고 (달리는) 형세(形勢)라는 뜻으로, 이미(<u>돌이킬 수 없이 된 지난 일을 일컬을 때 쓰는 말</u>) 시작한 일을 중도에서 물러나거나 그만둘 수 없는 경우를 비유적으로 이르는 말. 여기서, ‘호랑이를 타고 (달리는) 형세’는 호랑이를 타고 달리는 사람이 도중에서 쉽게 내릴 수 없는 형세를 뜻한다. 鬮 기호난하(騎虎難下). 세성기호(勢成騎虎). 세여기호(勢如騎虎). *기호(騎虎): ☞기호난하(騎虎難下). *형세(形勢): 어떠한 일의 형편이나 상태. 《관련 속담》 쏘아 놓은 살이요 엎지른(엎질러진) 물이다. 이 사자성어의 유래는 다음과 같다. 『수서(隋書)』의 「후비전(后妃傳)」 편(篇)에 〈얼마 후 양견(陽堅)의 부인 독고가라(獨孤伽羅)는 (남편에게 황제가 될 것을 권하면서) 사람을 보내 “대세(大勢)가 이미 이렇게 되어서 짐승의 등(<u>사람이나 동물의 몸통에서 뒤쪽이나 위로 향한 쪽, 곧 가슴이나 배의 반대쪽</u>)에 올라탄 것과 같으므로, 절대로 내릴 수 없게 되었습니다. 밀어 붙여야 합니다.”라고 말했다.(時使人謂曰, 大勢已然, **騎獸之勢**, 必不得下, 勉之.)〉라는 이야기가 나오는데, 원문의 ‘짐승 등에 올라탄 것과 같으므로,(騎獸之勢)’에서, ‘기호지세(騎虎之勢)’가 유래했다. ‘기호지세(騎虎之勢)’는 ‘기호난하(騎虎難下)’, ‘세성기호(勢成騎虎)’, ‘세여기호(勢如騎虎)’ 따위로도 쓰인다. 참고로, 원문의 ‘時使人謂曰’에서, ‘時’는 때 ‘시’로 읽고, ‘使’는 하여금(<u>누구를 시키어</u>) ‘사’로 읽고, ‘人’은 사람 ‘인’으로 읽고, ‘謂’는 일컬을 ‘위’로 읽는다. ‘時使人謂曰’을 직역(直譯)하면, 그때 사람을 시키어 일컬어 말하기를, '大勢已然'에서, '大'는 클 '대'로 읽고, '勢'는 형세 '세'로 읽는다. '大勢'는 일이 진행되어 가는 형세. '已'는 이미(다 끝나거나 지난 일을 이를 때 쓰는 말. '벌써', '앞서'의 뜻을 나타냄) '이'로 읽고, '然'은 그럴 '연', 그러할 '연'으로 읽는다. '大勢已然'을 직역(直譯)하면, 일이 진행되어 가는 형세가 이미 그렇게 (되었으니), '騎獸之勢'에서, '騎'는 말 탈 '기'로 읽고, '獸'는 짐승 '수'로 읽고, '之'는 어조사 '지'로 읽는다. '~의'를 나타내는 관형격 조사. '勢'는 형세 '세'로 읽는다. '騎獸之勢'를 직역(直譯)하면, 짐승을 타고 (달리는) 형세와 (같으므로) 즉, 이미 시작한 일을 중도에서 그만 둘 수 없는 경우를 비유적으로 이르는 말. 여기서, '騎虎之勢'를 직역(直譯)하면 호랑이를 타고 (달리는) 형세라는 뜻으로, 이미 시작한 일을 중도에서 그만둘 수 없는 경우를 비유적으로 이르는 말. '必不得下'에서, '必'은 반드시 '필'로 읽고, '得'은 적합(適合)할 '득'으로 읽고, '下'는 내릴 '하'로 읽는다. '必不得下'를 직역(直譯)하면, 반드시 내리는 것이 적합하지 않으니, '勉之'에서, '勉'은 억지로 하게 할 '면'으로 읽는다. '之'는 어조사 '지'로 읽는다. 여기서는 '그것'을 나타내는 지시 대명사. '勉之'를 직역(直譯)하면, 그것을 억지로라도 해야 합니다. 이 이야기의 배경은 이렇다. 남북조 시대의 서위(西魏) 때에 12대 장군의 한 사람으로 명성(名聲. 세상에 널리 퍼져 평판 높은 이름)을 떨쳤으며, 북주(北周) 때에는 8주국(八柱國)의 하나인 수국공(隋國公)에 봉(封)해졌던 양충(楊忠)이 죽고, 그의 아들 양견(楊堅)이 아버지의 작위(爵位. 벼슬 또는 지위·地位의 이름)를 이어받아 수국공(隋國公)이 되었다. 그리고 양견(楊堅)의 딸은 북주(北周) 때 무제(武帝)의 아들인 선제(宣帝)의 왕후(王后)가 되었다. 선제(宣帝)가 죽고 8세의 어린 황제(皇帝)인 정제(靜帝)가 즉위(卽位. 임금의 자리에 오름)하자 양견(楊堅)은 태후(太后. 선대의 황제의, 살아있는 황후)의 아버지로서 정권을 장악하게 되었다. 얼마 후 양견(楊堅)의 부인(婦人)인 독고가라(獨孤伽羅)는 남편에게 황제(皇帝)가 될 것을 권하면서 사람을 보내 "'기호지세(騎虎之勢)'이니 절대로 내릴 수가 없다. 밀어붙여야 한다." 라고 말한 것이다. 결국 양견(楊堅)은 부인의 강력한 권고를 받아들여 북주(北周)의 5대 황제인 정제(靜帝)를 죽이고 스스로 황제가 되어 수(隋)나라를 세웠는데, 이 사람이 바로 수문제(隋文帝. 수나라의 문제)이다.

기화-가-거(奇貨可居 기이할 **기**/물품 **화**/옳을 **가**/쌓을 **거**) 기이한(진기한) 물품(물건)은 (사서) 쌓아 (두는 것이) 옳다. 즉, 진기(珍奇)한 물건은 잘 간직하여 나중에 이익(利益)을 남기고 판다는 뜻으로, 좋은 기회(機會)를 놓치지 않고 잡는 것을 비유적으로 이르는 말. *기화(奇貨): ①진기(珍奇)한 재물(財物)이나 보배. ②('-을 기화로'로 쓰여) 뜻밖의 이익을 얻을 수 있는 물건. 또는 그런 기회. *기이하다(奇異~): 부록 '기(奇)' 참고. 이 사자성어의 유래는 다음과 같다. 『전국책(戰國策)』의 「진책(秦策)」에 [양책(陽翟. 땅 이름. 여기서 '翟'은 꿩 '적'으로 읽으나, 고을 이름 '책'으로도 읽음)의 여불위(呂不韋)는 전국시대(戰國時代)를 대표하는 거상(巨商. 밑천을 많이 가지고 장사하는 상인. 또는 거래 규모가 큰 장사꾼)이다. 그는 여러 곳을 왕래하며 물건을 싸게 사서 비싸게 팔아 천금(千金)의 돈을 쌓은 사람으로, 그의 집안은 아버지 대(代)부터 장사로 부(富)를 일군 집안이었다. 그 즈음 진(秦)나라에서는 소왕(昭王)의 태자(太子)가 죽고, 둘째 아들인 안국군(安國君)이 태자(太子)가 되었다. 소왕(昭王)이 집정(執政. 나라의 정무를 맡아봄)을 너무 오랫동안 하였기 때문에 태자(太子)인 안국군(安國君)이 할 수 있는 일은 그저 술과 여자를 즐기는 일뿐이었다. 하여 그에게는 여자도 많고 자식도 많았다. 안국군(安國君)은 그중에서도 화양부인(華陽夫人)을 가장 총애(寵愛. 남달리 사랑하고 귀여워 함)하여 그녀를 정실부인(正室夫人)으로 삼았다. (그런데 화양부인·華陽夫人에게는 아들이 없었다.) 안국군(安國君)에게는 20명의 아들이 있었는데, (모두 첩의 아들이었다. 그중) 둘째 아들 자초(子楚)의 어머니인 하희(夏姬)가 안국군(安國君)의 총애(寵愛)를 잃는 바람에, 자초(子楚)는 조(趙)나라에 볼모(순우리말로, 어떤 일을 자기에게 유리하게 흥정하기 위하여 상대편 쪽의 사람을 자기 쪽에서 감금하는 일. 또는 감금당해 있는 그 사람)로 가게 되었다. 즉, 진(秦)나라 왕실(王室)의 왕위(王位) 계승자인 안국군(安國君)에게는 20명의 아들이 있었다. 그중 자초(子楚)는 첩의 아들로 태어나 조(趙)나라에 인질(人質. 어떤 일을 자기에게 유리하게 흥정하기 위하여 상대편 쪽의 사람을 자기 쪽에서 감금하는 일. 또는 감금당해 있는 사람)로 보내졌다는 뜻이다. 자초(子楚)는 조(趙)나라에서 냉대(冷待. 정성을 들이지 않고 아무렇게나 하는 대접. =푸대접)를 받았으며, 돌봐주는 사람이 아무도 없는 인질(人質)의 신분인 관계로, 생활 또한 곤궁했다.]〈어느 때, 여불위(呂不韋)가 장사하러 (조·趙나라의 수도) 한단(邯鄲)에 갔다가 자초(子楚)를 보고 가련히 여겨 말했다. 즉, 여불위(呂不韋)는 조(趙)나라의 한단(邯鄲)에 가서 진(秦)나라 소왕(昭王)의 손자(孫子)인 자초(子楚)를 알아보고 친하게 지냈다. 그러다가 초라하게 지내는 자초(子楚)를 얻기 힘든, 귀한 인물이라고 여겼기 때문에 말했다는 것이다. "이는 기이한 물건이니 쌓아둘만하다." 즉, 나중에 높은 값에 팔기 위해 진기(珍奇)한 물건을 사서 쌓아 둔다는 뜻이다. 여기서 '이'는 '자초(子楚)'를 가리키는 말이다. 자초(子楚)에게 장기간 투자하여 이익을 남기겠다는 말이다. 여불위(呂不韋)는 자초(子楚)를 찾아가 말했다. "나는 그대의 문호(門戶. '문벌·門閥'과 같은 뜻으로, 대대로 내려오는 그 집안의 사회적 신분이나 지위)를 크게 해 줄 수 있소." 즉, 여불위(呂不韋)는 자초(子楚)를 귀한 인물로 만들어 드리겠다는 뜻이다. 어떤 자료에 의하면, '문호를 크게 한다'는 것은 '부자(富者)가 되다'는 뜻이라고 설명하고 있다. 이후 여불위(呂不韋)의 계책(計策. 어떤 일을 이루기 위하여 꾀나 방법을 생각해 냄. 또는 그 꾀나 방법)에 따라, 자초(子楚)를 아들이 없는 화양부인(華陽夫人. 안국군·安國君의 정식 부인. 자초·子楚의 큰어머니)의 양자(養子)로 만들어 세자(世子)로 세울 계획을 세웠다. 나중에 화양부인(華陽夫人)은 자기 남편('안국군·安國君'을 가리킴)을 설득하여 자초(子楚)를 후사(後嗣. 대를 잇는 아들)로 삼기로 했다. 이로써 자초(子楚)는 인질(人質)의 신분에서 세자(世子)가 되었고, 명성(名聲. 세상에 널리 퍼져 평판 높은 이름)이 제후(諸侯)들 사이에서 높아졌다. 결국 여불위(呂不韋)가 사놓았던 진기(珍奇)한 물건('자초·子楚'를 가리킴)은 값진 보화(寶華. 썩 드물고 귀한 가치가 있는 보배로운 물건)가 되었던 것이다.(呂不韋賈邯鄲, 見而憐之曰, **此奇貨可居**, 乃往見子楚說曰, 吾能大子之門.)〉라는 이야기가 나오는데, '이는 기이한 물건이니 쌓아둘만하다.(此奇貨可居)'에서, '기화가거(奇貨可居)'가 유래했다. 윗글의 '여불위(呂不韋)'는 앞에서 밝혔듯이, 전국시대(戰國時代)를 대표하는 거상(巨商)이었다. 그는 여러 곳을 왕래하며 물건을 싸게 사서 비싸게 팔아 천금(千金)의 돈을 쌓은 사람이다. '자초(子楚)'는 진(秦)나라 안국군(安國君)의 아들로서 왕자(王子)였다. 그는 당시(當時. 일이 있었던 바로 그때. 또는 이야기하고 있는 그 시기) 별 볼일 없는 존재로 취급되어 조(趙)나라에 인질(人質)로 보내졌다. 진(秦)나라가 조(趙)나라를 자주 공격하였으므로 인질(人質)로 간 자초(子楚)는 갈수록 조(趙)나라의 냉대(冷待. 정성을 들이지 않고 아무렇게나 하는 대접. =푸대접)를 받아야만 했다. 이때 여불위(呂不韋)가 자초(子楚)를 만났던 것이다. 그런데 '기화가거(奇貨可居. 진귀한 재물은 사두는 것이 좋다)'는 전국시대(戰國時代)를 대표하는 거상(巨商)이었던 여불위(呂不韋)의 말이다. 거상(巨商)들이 말하는 진귀(珍貴)한 재물 중 으뜸(중요한 정도로 본, 어떤 사물의 첫째를 이르는 말)은 역시 사람이다. 오랜 기간 사람에게 투자하고 믿어 줄수록 더 큰 이익으로 돌아오기 때문이다. 참고로, 원문의 '呂不韋賈邯鄲'에서, '呂'는 성씨(姓氏) '려(여)'로 읽고, '韋'는 다룸가 죽(잘 매만져서 부드럽게 만든 가죽) '위'로 읽는다. '呂不韋'는 사람 이름. '賈'는 장사할 '고'로 읽고, '邯'은 땅 이름 '한'으로 읽고, '鄲'은 조(趙)나라 서울 '단'으로 읽는다. '邯鄲'은 중국 전국 시대에 조(趙)나라의 도읍지(都邑地. 한 나라의 서울로 삼은 곳)를 일컫는 말. '呂不韋賈邯鄲'을 직역(直譯)하면, 여불위(呂不韋)는 한단(邯鄲)에서 장사하였다. '見而憐之曰'에서, '見'은 볼 '견'으로 읽고, '而'는 말 이을 '이'로 읽는다. '그리고'의 뜻을 나타냄. '憐'은 불쌍히 여길 '련(연)'으로 읽고, '之'는 어조사 '지'로 읽는다. '그것'을 나타내는 지시 대명사. '見而憐之曰'을 직역(直譯)하면, (거기에서) (자초를) 보고 그리고 그것을 불쌍히 여겨 말하기를, '此奇貨可居'에서, '此'는 이(지시하는 말) '차'로 읽고, '奇'는 기이할 '기'로 읽고, '貨'는 물품 '화'로 읽고, '可'는 옳을 '가'로 읽고, '居'는 쌓을 '거'로 읽는다. '此奇貨可居'를 직역(直譯)하면, 이는 기이한(진기한) 물품(물건)이라 쌓아 (두는 것이) 옳다. 여기서 '奇貨可居'가 유래하였는데, 이것을 직역(直譯)하면, 기이한(진기한) 물품(물건)은 (사서) 쌓아 (두는 것이) 옳다. 즉, 진기한 물건은 잘 간직하여 나중에 이익을 남기고 판다는 뜻으로, 좋은 기회를 놓치지 않고 잡는 것을 비유적으로 이르는 말. '乃往見子楚說曰'에서, '乃'는 이에(이러하여서 곧) '내'로 읽고, '往'은 갈 '왕'으로 읽고, '楚'는 초(楚)나라 '초'로 읽는다. '子楚'는 사람 이름. '說'는 여기서는 달랠 '세'로 읽는다. 이 글은 문맥상, 여불위(呂不韋)는 자초(子楚)를 측은히 여겨 설득하는 상황이므로 달랠 '세'로 읽는 것이다. '乃往見子楚說曰'을 직역(直譯)하면, (또 여불위는) 이에 자초(子楚)를 (찾아) 가서 보고 달래어 말하기를, '吾能大子之門'에서, '吾'는 나(1인칭 대명사) '오'로 읽고, '能'은 할 수 있을 '능'으로 읽고, '大'는 클 '대'로 읽고, '子'는 당신 '자', 자네 '자'로 읽고, '之' 어조사 '지'로 읽는다. 여기서는 '~의'를 나타내는 관형격 조사. '門'은 문벌(門閥. 대대로 내려오는 그 집안의 사회적 신분이나 지위) '문'으로 읽는다. '吾能大子之門'을 직역(直譯)하면, 나는 당신의 문벌(門閥)을 크게 힐 수 있습니다.

기화-요초(琪花瑤草 아름다울 **기**/꽃 **화**/아름다울 **요**/풀 **초**) 아름다운 풀에 아름다운 꽃이라는 뜻으로, 곱고 아름다운 꽃과 풀. 또는 옥(玉)같이 고운 풀에 핀 구슬같이 아름다운 꽃을 이르는 말. *기화(琪花): 선경(仙境. 신선·神仙이 산다는 곳)에 있다는, 아름답고 고운 꽃. 여기서 '신선(神仙)'은 도(道)를 닦아서 현실의 인간 세계를 떠나 자연과 벗하며 산다는 상상(想像)의 사람을 이르는 말. 세속적(世俗的. 세속의 범주를 벗어나지 못한 것)인 상식(常識)에 구애(拘碍)되지 않고, 고통이나 질병도 없으며 죽지 않는다고 함. *요초(瑤草): 아름다운 풀.

기화-이초(奇花異草 기이할 **기**/꽃 **화**/이상할 **이**/풀 **초**) 기이(奇異)한 꽃과 이상(異常)한 풀이라는 뜻으로, 진귀한 꽃과 풀을 이르는 말. *기화(奇花): 보기 드문, 신비하고 이상한 꽃. *이초(異草): 이상한 풀이나 화초. *기이하다(奇異~): 부록 '기(奇)' 참고. *이상하다(異常~): 정상이 아니다. 또는 보통과는 다르다.

기회-균등(機會均等 기회 **기**/기회 **회**/고를 **균**/가지런할 **등**) 기회(機會)와 기회(機會)가 고르고 가지런하다는 뜻으로, ①누구에게나 대우, 권리, 기회를 고루 평등하게 주는 일을 이르는 말. ②국제간의 통상(通商. 나라와 나라 사이에 서로 물품을 사고파는 일. 또는 그런 관계)이나 사업 경영 따위에 관하여, 어떤 특정한 국가에 준 것과 동일한 대우를 다른 국가에도 주는 일을 이르는 말. *기회(機會): ①어떤 일이 이루어지는 데에 알맞은 때나 경우. ②알맞은 겨를. *균등(均等): 고르고 가지런해 차별이 없음. *고르

다: 부록 '균(均)' 참고. *가지런하다: (들쭉날쭉하지 않고) 끝이 고르다.

길상-선사(吉祥善事 길할 **길**/상서로울 **상**/좋을 **선**/일 **사**) 길(吉)할 상서(祥瑞)로움과 좋은 일이라는 뜻으로, 더할 나위 없이 기쁘고 좋은 일을 이르는 말. *길상(吉祥): 운수가 좋을 조짐. *선사(善事): ①좋은 일. 또는 착한 일. ②윗사람을 잘 섬김. ③신(神)이나 부처에게 공양(供養)함. *길하다(吉~): 부록 '길(吉)' 참고. *상서롭다(祥瑞~): 부록 '상(祥)' 참고.

길상-천녀(吉祥天女 길할 **길**/상스러울 **상**/하늘 **천**/계집 **녀**) 길(吉)할 상서로움을 (주는) 하늘의 계집이라는 뜻으로, 복덕(福德)을 주는 여신(女神)을 이르는 말. 아름다운 얼굴에 천의(天衣)를 입고, 보관(寶冠)을 썼으며, 왼손에 여의주(如意珠)를 받들고 있다. =공덕천녀(功德天女). 여기서, '복덕(福德)'은 ①타고난 복(福)과 후한 마음. ②타고난 행복. '천의(天衣)'는 ①선인(仙人)의 옷. ②천자(天子)의 옷을 이르는말. 여기서, '천자(天子)'는 천제(天帝. 하늘을 다스리는 신. 또는 우주를 창조하고 주재한다고 믿어지는 초자연적인 절대자)의 아들이란 뜻으로, 천명(天命. 하늘의 명령)을 받아 천하(天下)를 다스리는 사람. 곧 중국에서 황제(皇帝)를 일컫던 말이다. '보관(寶冠)'은 보배로운 관(冠)이라는 뜻으로, 훌륭하게 꾸민 관(冠). '여의주(如意珠)'는 불교에서, 모든 소원을 뜻대로 이루어지게 해 준다는 신기한 구슬. 중생(衆生. 불교에서, 부처의 구제 대상이 되는, 이 세상의 모든 생물을 통틀어 이르는 말)의 소원을 성취시켜 주는 부처의 공덕을 상징함. *길상(吉祥): ☞길상선사(吉祥善事). *천녀(天女): ①=직녀성(織女星). ②불교에서, 천상계(天上界)에 산다고 하는 여자를 이르는 말. 용모가 아름답고, 노래와 춤을 잘 추고, 자유로이 날아다닌다고 함. ③매우 아름답고 상냥한 여성을 비유적으로 이르는 말. *길하다(吉~): 부록 '길(吉)' 참고. *상서롭다(祥瑞~): 부록 '상(祥)' 참고.

길흉-화복(吉凶禍福 길할 **길**/흉할 **흉**/재앙 **화**/복 **복**) 길(吉)함과 흉(凶)함, 재앙(災殃)과 복(福)이라는 뜻으로, ①길흉(吉凶)과 화복(禍福)을 아울러 이르는 말. ②사람의 운수를 이르는 말. *길흉(吉凶): 길(吉)함과 흉(凶)함. *화복(禍福): 재화(災禍)와 복록(福祿). 즉, 재액(災厄)과 환난(患難), 복(福)과 녹(祿)을 아울러 이르는 말. *재앙(災殃): 뜻하지 아니하게 생긴 불행한 변고·變故. 또는 천재지변·天災地變으로 인한 불행한 사고.

나-나-지-성(儺儺之聲 푸닥거리 **나**/푸닥거리 **나**/어조사 **지**/소리 **성**) 푸닥거리하는 소리를 일컫는 말. *푸닥거리: 무당이 간단하게 음식을 차려놓고 잡귀(雜鬼)를 풀어먹이는 굿. 여기서 '무당'은 귀신을 섬겨 길흉(吉凶)을 점치고 굿을 하는 것을 직업으로 하는 사람을 이르는 말. 주로 여자를 일컫는다. 남자는 '박수(순우리말. 남자 무당)'라고 일컫는다. 이것은 원래는 순우리말이나 한자(漢字)를 빌려 '巫堂'으로 적기도 한다.

나열-춘추(羅列春秋 벌일 **나**/벌일 **열**/봄 **춘**/가을 **추**) 『춘추(春秋)』를 벌이고 벌인다는 뜻으로, 책을 많이 벌여놓고 공부함을 이르는 말. 유교 경서(經書)의 하나인 『춘추(春秋)』를 벌여 놓는다는 데서 유래한다. *나열(羅列): ①죽 벌이어 놓음. 또는 죽 늘어놓음. ②열(列)을 지어 늘어섬. *춘추(春秋): 책 이름. 유학(儒學)에서 오경(五經)의 하나. 여기서, '오경(五經)'은 유학(儒學)의 다섯 경서(經書)를 이르는 말. 『시경(詩經)』, 『서경(書經)』, 『주역(周易)』, 『예기(禮記)』, 『춘추(春秋)』 따위가 이에 속한다.

나-작-굴-서(羅雀掘鼠 그물 **나**/참새 **작**/팔 굴/쥐 **서**) (새의) 그물로 참새를 (잡고) (땅을) 파서 쥐를 (잡는다는) 뜻으로, 최악(最惡)의 상황이나 상태에 이르러 어찌할 방법이 없음을 비유적으로 이르는 말. 圈 나굴구궁(羅掘俱窮). 나굴태진(羅掘殆盡). 이 사자성어의 유래는 다음과 같다. 『신당서(新唐書)』의 「장순전(張巡傳)」 편(篇)에 〈(굶주림에 지친 병사들은) 처음에는 말[馬]을 잡아먹었으나, 그물을 쳐서 참새를 잡아먹고, 갑옷과 활을 삶아 먹으며 (버티는 데까지 이르렀다.)(初殺馬而食, **至羅雀掘鼠**, 煮鎧弩以食.)〉라는 이야기가 나오는데, '그물을 쳐서 참새를 잡아먹고,(至羅雀掘鼠)'에서, '나작굴서(羅雀掘鼠)'가 유래했다. 이 이야기의 배경은 이렇다. 당(唐)나라 현종(玄宗)의 휘하(麾下. 장군의 지휘 아래. 또는 그 지휘 아래에 딸린 군사) 장수(將帥)인 장순(張巡)은 충직(忠直)했을 뿐만 아니라, 재주(순우리말로, 무엇을 잘할 수 있는, 타고난 능력과 슬기)도 많고 무인(武人)답게 담력(膽力) 또한 컸으며, 대의(大義. 사람으로서 마땅히 지키고 행하여야 할 큰 도리)가 분명한 사람이었다. 천보(天寶. 중국 당나라 현종·玄宗 때의 연호·年號를 이르는 말. 서기 742년~756년) 말년(末年)에 안녹산(安祿山)이 반란(反·叛亂. 정부나 지배자에게 반항하여 내란을 일으킴)을 일으키자, 그는 군사를 이끌고 수양성(睢陽城)을 지켰다. 여기서 '안녹산(安祿山)'은 당나라의 무장(武將. '장수'와 같은 말)으로 안녹산(安祿山)의 난을 일으켜, 나라 이름을 스스로 '연(燕)'으로 하고 황제임을 선포한 인물이다. 장순(張巡)이 거느린 군사는 겨우 3천여 명이었다. 수십만의 반란군을 대적(對敵. 적이나 어떤 세력, 힘 따위와 맞서 겨룸)하기에는 역부족(力不足. 힘이나 기량 따위가 부족함)이었다. 전세(戰勢. 전쟁, 경기 따위의 형세나 형편)가 불리하자, 장순(張巡)은 비장(裨將. 관직 이름)인 남제운(南霽雲)을 보내 포위망(包圍網. 빈틈없이 둘레를 에워싼 체계)을 뚫고 나가서 임회(臨淮. 땅 이름)의 태수(太守. 벼슬 이름)인 하란진명(賀蘭進明. 사람 이름)에게 원병(援兵. 전투에서 자기편을 도와주는 군대)을 요청하도록 했다. 여기서, '태수(太守)'는 고대 중국에서 군(郡)의 으뜸 벼슬. 하지만 평소 장순(張巡)을 시기하던 하란진명(賀蘭進明)은 원병(援兵)을 보내지 않았다. 몇 달 동안 포위망(包圍網)에 갇혀 있자, 식량이 바닥나고 말았다. 결국 위의 이야기처럼 굶주림에 지친 장순(張巡)의 군대는 나작굴서(羅雀掘鼠)의 상황까지 이르렀다는 것이다. 참고로, 원문의 '初殺馬而食'에서, '初'는 처음 '초'로 읽고, '殺'은 죽일 '살'로 읽고, '馬'는 말 '마'로 읽고, '而'는 말 이을 '이'로 읽는다. '그리고'의 뜻을 나타냄. '食'은 먹을 '식'으로 읽는다. '初殺馬而食'을 직역(直譯)하면, 처음에는 말을 죽이고 그리고 먹다가, '至羅雀掘鼠'에서, '至'는 이를(어떤 장소나 시간에 닿을) '지'로 읽고, '羅'는 그물 '라(나)'로 읽고, '雀'은 참새 '작'으로 읽고, '掘'은 팔 '굴'로 읽고, '鼠'는 쥐 '서'로 읽는다. '至羅雀掘鼠'를 직역(直譯)하면, (새의) 그물로 참새를 (잡고) (땅을) 파서 쥐를 (잡는 상황까지) 이르렀다. 여기서, '羅雀掘鼠'가 유래하였는데, 이것을 직역(直譯)하면, (새의) 그물로 참새를 (잡고) (땅을) 파서 쥐를 잡는다는 뜻으로, 최악의 상황이나 상태에 이르러 어찌할 방법이 없음을 비유적으로 이르는 말. '煮鎧弩以食'에서, '煮'는 삶을 '자'로 읽고, '鎧'는 갑옷(甲~. 예전에, 싸움을 할 때 적의 창검이나 화살을 막기 위하여 입던 옷) '개'로 읽고, '弩'는 쇠뇌(쇠로 된, 발사 장치가 달린 활. 여러 개의 화살을 연달아 쏘게 되어 있음) '노'로 읽고, '以'는 써(그것을 가지고, 그것으로 인하여) '이'로 읽는다. '煮鎧弩以食'을 직역(直譯)하면, (그리고 나서) 갑옷과 쇠뇌를 삶아 그것을 가지고 먹었다.

낙담-상혼(落膽喪魂 떨어질 낙/쓸개 담/잃을 상/넋 혼) (몹시 놀라) 쓸개가 떨어질 (정도로) 넋을 잃는다는 뜻으로, 몹시 놀라거나 마음이 상해서 넋을 잃음을 이르는 말. 즉, 몹시 낙담(落膽)하여 넋을 잃었다는 말이다. =상혼낙담(喪魂落膽). *낙담(落膽): ①일이 뜻대로 되지 않거나 실패로 돌아가 갑자기 기운이 풀림. 여기서 '기운'은 순우리말로, 생물이 살아 움직이는 원기(元氣). 또는 거기서 나오는 힘. ②몹시 놀라서 간(肝)이라도 떨어질 듯이 느낌. *상혼(喪魂): 몹시 놀라 얼이 빠짐. *쓸개: 부록 '담(膽)' 참고.

낙락-난-합(落落難合 떨어질 낙/떨어질 락/어려울 난/합할 합) 떨어지고 떨어져서 합(合)하기가 어렵다는 뜻으로, 여기저기 흩어져 또는 흩어지면 모이기가 어려움을 이르는 말. *낙락(落落): ①큰 소나무의 가지 따위가 아래로 축축 늘어짐. ②사이가 멀리 떨어져 있어 여기저기 따로 있음. ③남과 어울리지 못하고 거리가 있음. ④작은 일에 얽매이지 아니하고 대범함. 이 사자성어의 유래는 다음과 같다. 『후한서(後漢書)』의 「경엄전(耿弇傳)」 편(篇)에 [당시(한·漢나라 때) 천하(天下)는 아직 완전히 평정(平定. 난리 따위를 평온하게 진정시킴)되지 않은 상태였는데, 광무제(光武帝. 중국 후한·後漢의 초대·初代 임금. 본명은 '유수劉秀') 건무(建武) 3년(서기27년), 경엄(耿弇)은 광무제(光武帝)를 따라 남양(南陽. 땅 이름)에 도착해, 자신이 가지고 있는 웅대한 계획을 광무제(光武帝)에게 건의(建議. 어떤 문제에 대하여 의견이나 희망 사항을 냄, 또는 그 의견이나 희망 사항)했다. 먼저 북상(北上. 북쪽으로 올라감)해서 상곡(上谷. 땅 이름)의 병력을 모은 다음, 어양(漁陽. 땅 이름)의 팽총(彭寵. 사람 이름)을 멸(滅)하고, 다음으로 탁군(涿郡. 땅 이름)의 장풍(張豊. 사람 이름)을 멸(滅)하고, 군사를 돌려 부평(富平. 땅 이름)과 획색(獲索. 땅 이름)의 농민군을 진압(鎭壓. 강압적인 힘으로 억눌러 진정시킴)한 다음, 동쪽으로 장보(張步. 사람 이름)를 공격하여 제(齊)나라 땅을 평정(平定)하는 것이었는데, 이를 경엄(耿弇)의 '남양전략(南陽戰略)'이라 한다. 여기서 '전략(戰略)'은 전쟁을 전반적으로 이끌어가는 방법·方法이나 책략·策略을 이르는 말. 전술·戰術보다 상위의 개념이다. 광무제(光武帝)는 경엄(耿弇)의 건의(建議)가 타당하다고 생각하고 건의(建議)를 받아들였지만, 실현 가능성에 대해서는 의문을 가지고 있었다. 건무(建武) 4년(서기28년), 경엄(耿弇)은 자신의 계획대로 먼저 주변의 무장(武裝) 세력을 진압(鎭壓)하여 승리를 거두었는데, 그 사이에 경엄(耿弇)의 아버지인 경황(耿況)과 동생인 경서(耿舒)가 어양(漁陽. 땅 이름)의 팽총(彭寵. 사람 이름) 세력을 평정(平定)했다. 건무(建武) 5년(서기29년), 경엄(耿弇)은 부평(富平. 땅 이름)과 획색(獲索. 땅 이름)의 농민군을 진압(鎭壓)했다. 건무(建武) 5년(서기29년)의 10월, 유수(劉秀. 광무제·光武帝의 원래 이름. 그가 재건한 왕조·王朝를 후한·後漢 또는 동한·東漢이라고 함)는 경엄(耿弇)에게 장보(張步. 사람 이름)를 칠 것을 명(命)했다. 장보(張步. 사람 이름)는 역하(歷下. 땅 이름)와 축아(祝阿. 땅 이름)에 병력을 배치하고 대항하였다. 경엄(耿弇)은 황하(黃河. 중국 문명의 요람이자, 중국에서 두 번째로 큰 강)를 건너 먼저 역하(歷下. 땅 이름)를 공략(攻略. 적의 영토 따위를 공격하여 빼앗음)한 후, 축아(祝阿. 땅 이름)까지 공략(攻略)하고 임치(臨淄. 땅 이름)로 진격했다. 하지만 경엄(耿弇)은 장보(張步. 사람 이름)의 주력 부대를 만나 많은 사상자(死傷者. 죽은 사람과 다친 사람)를 내는 따위의 큰 타격을 입고, 자신도 다리에 화살을 맞는 중상(重傷. 몹시 다침)을 입었다. 그때 마침 유수(劉秀)가 구원병(救援兵. 어려움이나 위험에 빠진 사람을 구하여 주기 위하여 파견하는 군대나 병사)을 이끌고 달려오고 있다는 소식이 들려오자, 경엄(耿弇)은 "황제(皇帝)께서 납시는 데, 여기서 납시다는 '나가시다', '나오시다'의 뜻으로, 지위가 매우 높은 사람(임금)에게 쓰던 말. 소를 잡고 술을 준비하여 융숭하게 환영해야지, 어찌 이런 적(敵)들을 황제(皇帝)께 남겨 둘 수가 있겠느냐?"고 말하며 군사들을 독려(督勵. 감독하며 격려함)하여 장보(張步. 사람 이름)를 공격해 결국 임치(臨淄. 땅 이름)를 함락(陷落. 적·敵의 성·城, 요새·要塞, 진지·陣地 따위를 공격하여 무너뜨림)시켰다.]〈그 후 며칠이 지나서 광무제(光武帝)가 수레를 타고 임치(臨淄)에 도착하여 군사들을 위로하는데, 군신(群臣. 많은 신하)이 다 모였다. 광무제(光武帝)가 경엄(耿弇)에게 말했다. "옛날 한신(韓信)이 역하(歷下)를 공략해 나라의 터전을 열었는데, 오늘 장군은 축아(祝阿)를 공략해 나라를 흥기(興起. 세력이 왕성하여 짐)하게 했구려." …… 장군이 전에 남양(南陽)에서 이 큰 계책(計策. 어떤 일을 이루기 위하여 꾀나 방법을 생각해 냄, 또는 그 꾀나 방법)을 건의했는데, 실현되기 어렵다고 항상 생각했었소. 즉, 장군이 이전에 '남양전략(南陽戰略)'을 이룰 대책을 내놓았을 때는 그 꿈이 맞지 아니하여 실현되기 어려우리라 생각했다는 말이다. 생각이 '낙락난합(落落難合)'하기 때문에 그 꿈이 실현되기 어렵다고 판단했다는 뜻이다. 여기서, 여기저기 떨어져 있어 한자리에 모이기가 매우 어려움을 나타내는 '낙락난합(落落難合)'이 유래하였다. 그런데 뜻을 가진 사람이 결국 일을 성공시키는구려.(後數日, 車駕至臨淄自勞軍, 群臣 大會, 帝謂弇曰, 昔韓信破歷下以開基, 今將軍攻祝阿以發迹, …… 將軍前在南陽建此大策, **常以爲落落難合**, 有志者事竟成也.)〉라는 이야기가 나오

는데, '실현되기 어렵다고 항상 생각했었소.(常以爲落落難合)'에서, '낙락난합(落落難合)'이 유래했다. 위
이야기의 주인공인 '경엄(耿弇)'은 후한(後漢) 때 당시(當時. 일이 있었던 바로 그때. 또는 이야기하고
있는 그 시기) 하북성(河北省. 땅 이름)의 태수(太守. 벼슬 이름)였던 경황(耿況)의 아들이었다. 여기서,
'태수(太守)'는 고대 중국에서 군(郡)의 으뜸 벼슬. 경황(耿況)은 자기 아들인 경엄(耿弇)을 한(漢)나라
왕조의 핏줄인 유수(劉秀. 후에 광무제·光武帝가 되었음)의 휘하(麾下. 장군의 지휘 아래. 또는 그 지휘
아래에 딸린 군사)로 보냈다. 경엄(耿弇)은 유수(劉秀)의 휘하(麾下)로 들어가 많은 공(功)을 세웠으며,
유수(劉秀)가 동한(東漢) 또는 후한(後漢)을 세우고 광무제(光武帝)로 즉위하는 데에, 크게 일조(一助.
얼마간의 도움이 됨)했다. 참고로, 원문의 '後數日'에서, '後'는 뒤 '후'로 읽고, '數'는 셈 '수'로 읽고,
'日'은 날 '일'로 읽는다. '數日'은 이삼일 또는 사오일. 며칠. '後數日'을 직역(直譯)하면, 며칠 뒤에. '車駕
至臨淄自勞軍'에서, '車'는 수레 '거'로 읽고, '駕'는 수레 '가'로 읽고, '至'는 이를(어떤 장소나 시간에 닿
을) '지'로 읽고, '臨'은 임할 '림(임)'으로 읽고, '淄'는 검은빛 '치'로 읽는다. '臨淄'는 땅 이름. '自'는 스스
로 '자'로 읽고, '勞'는 위로할 '로(노)'로 읽고, '軍'은 군사(軍士) '군'으로 읽는다. '車駕至臨淄自勞軍'을
직역(直譯)하면, (광무제·光武帝가) 수레를 타고 임치(臨淄)에 이르러 스스로 군사들을 위로하는데, '群
臣大會'에서, '群'은 무리 '군'으로 읽고, '臣'은 신하(臣下) '신'으로 읽고, '大'는 클 '대'로 읽고, '會'는
모일 '회', 모을 '회'로 읽는다. '群臣大會'를 직역(直譯)하면, 신하(臣下)의 무리들이 크게(여럿이) 모였다.
'帝謂弇曰'에서, '帝'는 임금 '제'로 읽는다. 여기서는 '광무제(光武帝)'를 가리킴. '謂'는 일컬을 '위'로 읽
고, '弇'은 덮을 '엄'으로 읽는다. 여기서는 '경엄(耿弇)'을 가리킴. '帝謂弇曰'을 직역(直譯)하면, 광무제
(光武帝)가 경엄(耿弇)에게 일컬어 말하기를, '昔韓信破歷下以開基'에서, '昔'은 옛 '석'으로 읽고, '韓'은
나라 이름 '한'으로 읽고, '信'은 믿을 '신'으로 읽는다. '韓信'은 사람 이름. '破'는 깨뜨릴 '파'로 읽고,
'歷'은 지날 '력(역)'으로 읽고, '下'는 아래 '하'로 읽는다. '역하(歷下)'는 땅 이름. 산동(山東) 제남시(濟南
市) 역성구(歷城區) 서남(西南) 지방을 일컫는다. '以'는 써(그것을 가지고, 그것으로 인하여) '이'로 읽고,
'開'는 시작할 '개'로 읽고, '基'는 터(활동의 토대나 일이 이루어지는 밑바탕) '기'로 읽는다. '昔韓信破歷下
以開基'를 직역(直譯)하면, 옛날에 한신(韓信)이 역하(歷下)를 깨뜨려서 그것으로 인하여 터를 (닦기) 시
작하더니, '今將軍攻祝阿以發迹'에서, '今'은 이제 '금', 지금 '금'으로 읽고, '將'은 장수(將帥) '장'으로 읽
고, '軍'은 군사(軍士) '군'으로 읽는다. '將軍'은 여기서는 '경엄(耿弇)'을 가리킴. '攻'은 칠 '공', 공격할
'공'으로 읽고, '祝'은 빌 '축'으로 읽고, '阿'는 언덕 '아'로 읽는다. '祝阿'는 땅 이름. 산동(山東)의 제남시
(濟南市) 장청구(長淸區) 동남(東南) 지방을 일컫는다. '發'은, 여기서는 드러낼 '발'로 읽고, '迹'은 자취
'적', 흔적 '적'으로 읽는다. '今將軍攻祝阿以發迹'을 직역(直譯)하면, 지금 장군은 축아(祝阿)를 공격함으
로써 흔적을 드러내었소. …… '將軍前在南陽建此大策'에서, '前'은, 여기서는 미리 '전', 앞서서 '전'으로
읽고, '在'는 있을 '재'로 읽고, '南'은 남녘 '남'으로 읽고, '陽'은 볕 '양'으로 읽는다. '南陽'은 땅 이름.
'建'은, 여기서는 개진할(開陳~. 주장이나 사실 따위를 밝히기 위하여, 의견이나 내용을 드러내어 말하
거나 글로 씀) '건'으로 읽고, '此'는 이(지시하는 말) '차'로 읽고, '大'는 클 '대'로 읽고, '策'은 계책(計策.
어떤 일을 이루기 위하여 꾀나 방법을 생각해 냄. 또는 그 꾀나 방법) '책'으로 읽는다. '將軍前在南陽建此
大策'을 직역(直譯)하면, 장군은 앞서서 남양(南陽)에 있을 (때에) 이 큰 계책(計策)을 개진(開陳)했는데,
'常以爲落落難合'에서, '常'은 항상 '상'으로 읽고, '爲'는 할 '위'로 읽고, '落'은 떨어질 '락(낙)'으로 읽고,

'難'은 어려울 '난'으로 읽고, '合'은 합할 '합'으로 읽는다. '常以爲落落難合'을 직역(直譯)하면, 항상 그것을 가지고 하는 (것은) (여기저기) 떨어져 있어 합하기(부합하기) 어렵다. 여기서, '落落難合'이 유래하였는데, 이것을 직역(直譯)하면, 떨어지고 떨어져서 합하기 어렵다는 뜻으로, 여기저기 흩어져 모이기가 어려움을 이르는 말. '有志者事竟成也'에서, '有'는 있을 '유'로 읽고, '志'는 뜻 '지'로 읽고, '者'는 사람 '자'로 읽고, '事'는 일 '사'로 읽고, '竟'은 마침내 '경'으로 읽고, '成'은 이룰 '성'으로 읽고, '也'는 어조사 '야'로 읽는다. '~이다(단정)'의 뜻을 나타냄. '有志者事竟成也'를 직역(直譯)하면, 뜻이 있는 사람은 일이 마침내 이루어진다(성공한다). 그런데 '有志者事竟成也'는 '有志竟成'과 '有志事成'으로 나누어진다. 여기서, '有志竟成'과 '有志事成'이 유래하였는데, '有志竟成'을 직역(直譯)하면 (굳건한) 뜻이 있으면 마침내 (반드시) 이루어진다는 뜻으로, 뜻이 있는 사람은 반드시 성공함을 이르는 말. '有志事成'을 직역(直譯)하면, 뜻이 있으면 일을 이룬다는 뜻으로, 무엇인가를 이루어내겠다고 목표를 두고 꾸준히 노력하면, 마침내 그 뜻대로 이루어짐을 이르는 말.

낙락-장송(落落長松 떨어질 낙/떨어질 락/길 장/소나무 송) (나뭇가지가 아래로) 떨어지고 떨어진 긴 소나무. 즉, 가지가 밑으로 떨어져 있는 긴 소나무라는 뜻으로, 가지가 길게 축축(물건 따위가 아래로 자꾸 늘어지거나 처진 모양) 늘어진, 키가 큰 소나무를 이르는 말. *낙락(落落): ☞낙락난합(落落難合). *장송(長松): 헌칠하게 잘 자란 큰 소나무.

낙목-공산(落木空山 떨어질 낙/나무 목/빌 공/뫼 산) 나뭇잎이 떨어진 빈 뫼('산'의 옛말)라는 뜻으로, 나뭇잎이 다 떨어져 앙상한 나무들만 서 있는, 겨울철의 텅 비고 쓸쓸한 산(山)을 이르는 말. *낙목(落木): 잎이 떨어진 나무. *공산(空山): 사람이 없는 산중(山中)을 이르는 말.

낙목-한월(落木寒月 떨어질 낙/나무 목/찰 한/달 월) 나뭇잎이 떨어진, 찬[寒] 달[月]이라는 뜻으로, 낙엽(落葉)이 지는 추운 계절을 이르는 말. *낙목(落木): ☞낙목공산(落木空山). *한월(寒月): 겨울의 달. 또는 차가워 보이는 달.

낙목-한천(落木寒天 떨어질 낙/나무 목/찰 한/하늘 천) 나뭇잎이 떨어진, 찬[寒] 하늘이라는 뜻으로, 나뭇잎이 다 떨어진 겨울의 춥고 쓸쓸한 풍경. 또는 그런 계절을 이르는 말. *낙목(落木): ☞낙목공산(落木空山). *한천(寒天): 추운 겨울의 하늘. =겨울철.

낙목-한풍(落木寒風 떨어질 낙/나무 목/찰 한/바람 풍) 나무의 (잎이) 떨어질 (정도의) 차가운 바람이라는 뜻으로, 겨울바람을 비유적으로 이르는 말. *낙목(落木): ☞낙목공산(落木空山). *한풍(寒風): ①=북풍(北風). ②찬바람.

낙-미-지-액(落眉之厄 떨어질 낙/눈썹 미/어조사 지/재앙 액) 눈썹에 떨어진 재앙(災殃)이라는 뜻으로, 눈앞에 닥친 뜻밖의 다급(多急. 미처 어떻게 할 여유가 없을 만큼 일이 바싹 닥쳐서 몹시 급함)한 재앙(災殃)을 이르는 말. *재앙(災殃): 뜻하지 아니하게 생긴 불행한 변고(變故). 또는 천재지변(天災地變)으로 인한 불행한 사고. 《관련 속담》 눈썹에 떨어진 재앙(액)이다.

낙발-위-승(落髮爲僧 떨어질 낙/머리털 발/될 위/중 승) 머리털을 깎고 중이 됨. =삭발위승(削髮爲僧). *낙발(落髮): ①머리를 깎음. =삭발(削髮). ②머리털이 빠짐.

낙방-거자(落榜擧子 떨어질 낙/방 붙일 방/들 거/사람 자) 방(榜)을 붙이는 데에 떨어진(이름이 적혀 있지 않은) 거자(擧子)라는 뜻으로, ①과거(科擧. 예전에 우리나라와 중국에서 관리를 뽑을 때 실시하던 시험을 이르는 말) 시험에 떨어진 선비를 이르는 말. ②어떤 일에 참여하려다가 못하게 되거나 제외된 사람을 비유적으로 이르는 말. *낙방(落榜): ①과거(科擧)에 떨어짐. =낙제(落第). ↔급제(及第). ②무슨 일에 참여하려다가 못하게 된 사람을 비유적으로 이르는 말. *거자(擧子): 과거(科擧)를 보는 사람.

낙-불-사-촉(樂不思蜀 즐거울 **낙**/아닐 **불**/생각 **사**/나라 이름 **촉**) 즐거운 (나머지) 촉(蜀)나라를 생각하지 않는다는 뜻으로, ①여기에는 반어적(反語的)인 의미가 담겨 있다. 여기서, '반어(反語)'는 표현의 효과를 높이기 위하여 실제와 반대되는 뜻의 말을 하는 것을 일컫는다. 못난 사람을 보고 '잘났어' 라고 말하는 것 따위이다. 본래는 자신의 고국(故國)을 그리워하는 마음이 간절함을 숨기고 마냥 즐겁기만 하다는 말이었다. 그런데 오늘날에는 그 의미가 변하여 타향(他鄉)을 떠도는 나그네가 산수(山水)를 유람(遊覽. 돌아다니며 구경함)하면서 고향이나 집을 생각지 않는 것을 가리키는 말로 쓰인다. ②향락(享樂. 쾌락을 누림)을 탐(貪. 어떤 것을 가지거나 차지하고 싶어 지나치게 욕심을 냄)하여 근본을 잊는 것을 비유적으로 이르는 말. 이 사자성어의 유래는 다음과 같다. [서기 223년, 촉주(蜀主. 촉·蜀나라의 임금 또는 황제)인 유비(劉備)는 서기 221년부터 시작된 동오(東吳. 나라 이름. 일명 '오(吳)나라'라고도 함)와의 싸움인 이릉(夷陵. 땅 이름) 전투에 출전(出戰)하였다가 대패(大敗. 싸움에 크게 짐)하고 병(病)을 얻어 세상을 떠나면서 제갈량(諸葛亮. 삼국 시대 촉·蜀나라의 책략가. 촉한·蜀漢 유비·劉備의 책사·策士로 활약했음)과 이엄(李嚴. 촉한·蜀漢의 대신·大臣 이름)에게 아들 유선(劉禪)을 부탁했다. 유선(劉禪)이 유비(劉備)의 뒤를 이었고, 중국 역사(歷史)에서는 유선(劉禪)을 후주(後主. 뒤를 이을 임금)라 부른다. 촉(蜀)나라는 승상(丞相. 벼슬 이름)인 제갈량(諸葛亮)이 유선(劉禪)을 보필(輔弼. 윗사람의 일을 도움. 또는 그런 사람)하며 이끌어 나가면서 여러 차례 위(魏)나라를 쳤지만, 번번이 실패하고 국력만 낭비하다가, 제갈량(諸葛亮) 사후(死後. 죽은 뒤) 30년인 서기 263년에 망하고 말았다. 즉, 중국 삼국시대(三國時代) 말(末), 촉(蜀)나라의 황제(皇帝)인 유비(劉備)가 죽자, 그의 아들 유선(劉禪)이 뒤를 이었다. 나중에 제갈량(諸葛亮)까지 세상을 떠나자, 무능한 유선(劉禪)은 결국 촉(蜀)나라를 제대로 보전하지 못하고 위(魏)나라에 항복했다는 뜻이다. 당시(當時. 일이 있었던 바로 그때. 또는 이야기하고 있는 그 시기)위(魏)나라의 실권자(實權者. 실제로 행사할 수 있는 권리나 권세·權勢를 가진 사람)인 사마소(司馬昭)는 유선(劉禪)을 위(魏)나라의 도읍(都邑. 한 나라의 중앙 정부가 있는 곳. =서울)인 낙양(洛陽)으로 이주(移住)시키고 안락공(安樂公)으로 봉(封. 천자·天子가 영지·領地를 주어 제후·諸侯로 삼음)했다. 즉, 위(魏)나라 정권의 최고 실력자인 사마소(司馬昭)는 유선(劉禪)을 안락공(安樂公)에 봉(封)하고 저택과 생활비를 지급하며 정중하게 대우하였다. 사마소(司馬昭)는 연회(宴會. 여러 사람이 모여 술을 마시거나 음식을 먹으면서 즐기는 모임)를 베풀어 유선(劉禪)을 위로했는데. 연회(宴會) 석상(席上)에서 촉(蜀)나라의 가무(歌舞)를 연주하자, 촉(蜀)나라의 관리를 지냈던 사람들은 모두 눈물을 금하지 못했는데, 유선(劉禪)만은 오히려 즐거워했다. 즉, 어느 날. 위(魏)나라의 사마소(司馬昭)가 유선(劉禪)을 초대(招待)하고 연회(宴會)를 베풀어 촉(蜀)나라의 음악을 연주하게 하였다. 유선(劉禪)을 수행한 촉(蜀)의 옛 신하들은 모두 그 음악을 듣고 고향 생각과 망국(亡國)의 애틋한 마음에 눈물을 금하지 못하였는데, 유선(劉禪)만은 전혀 슬픈 기색(氣色. 마음의 작용으로 얼굴에 드러나는 빛)이 없이 연회(宴會)를 즐기고 있었다는 말이다. 한때의 즐거움 때문에 고국(故國)을 생각하지 않는 유선(劉禪)은 그만큼 촉(蜀)나라 유비(劉備)의 후계자(後繼者. 뒤를 받아 잇는 사람)로의 자격이 없는 사람임을 강조하고 있는 것이다. 『한진춘추(漢晉

春秋)』에 다음과 같이 기록되어 있다. 사마문왕(司馬文王. 사마소·司馬昭의 다른 이름, 촉·蜀이 망한 후에 진왕·晋王으로 봉해졌음)이 유선(劉禪)과 함께 연회(宴會)를 하는데 옛 촉(蜀)나라의 가무(歌舞)를 연주하자 옆에 있던 사람들이 모두 슬퍼하였지만, 유선(劉禪)은 웃으며 즐거워했다. 왕('사마소·司馬昭'를 가리킴)이 가충(賈充. 한때 사마소·司馬昭의 측근이었음)에게 말했다. "사람의 흐리멍덩함이 여기까지 이를 수 있단 말인가? 제갈량(諸葛亮)이 살아 있다 해도 이런 무능한 군주(君主. 세습적으로 나라를 다스리는 최고 지위에 있는 사람)를 제대로 보필(輔弼)하기 어려울 텐데, 하물며 강유(姜維. 사람 이름, 촉한·蜀漢의 대장·大將으로 알려져 있음)야 말해 무엇하겠는가?" 가충(賈充)이 말했다. "그렇지 않았다면 전하(殿下. 왕이나 왕비 따위의 왕족을 높여 일컫는 말)께서 어떻게 (촉나라를) 병탄(竝·併呑. 남의 재물이나 다른 나라의 영토를 한데 아울러서 제 것으로 만듦)할 수 있었겠습니까?"〈다른 날, 왕이 유선(劉禪)에게 물었다. "촉(蜀)나라가 자못 생각나지 않소?" 유선(劉禪)이 대답했다. "여기가 즐거워서 촉(蜀)나라 생각이 나지 않습니다." 즉, 유선(劉禪)은 워낙 무능하여 황제(皇帝)가 되어서도 제갈량(諸葛亮)과 같은 권신(權臣. 권세·權勢 있는 신하)들의 눈치를 보아야 했다. 그런데 유선(劉禪)이 포로(捕虜)로 위(魏)나라에 와서는 모든 시름을 놓고 자신의 삶을 즐길 수 있는 처지로 바뀌었다. 그래서 위(魏)나라의 융숭한 접대에 촉(蜀)나라에 있었던 궂은 일을 다 잊었다는 것이다. 그런데 촉(蜀)나라 입장에서 말하면, 유선(劉禪)이 자기의 본분을 망각했다는 비난을 받을 수밖에 없다.(他日, 王問禪曰, 頗思蜀否, 禪曰, 此間樂, 不思蜀.)〉[(이 말이 촉·蜀의 옛 신하였던 극정·郤正의 귀에 들어가게 된다.) 극정(郤正. 중국 삼국시대 촉한·蜀漢의 대신·大臣 이름)이 이를 듣고 유선(劉禪)을 찾아보고 말했다. "왕이 만약 나중에 다시 묻는다면 눈물을 흘리면서 '선부(先父. 남에게 돌아가신 자기 아버지를 일컫는 말)의 묘(墓)가 멀리 촉(蜀) 땅에 있어 매일같이 그리워하지 않는 날이 없습니다.'라고 대답하시오." (그러면 폐하를 촉·蜀으로 돌려보내 줄 것입니다.) 후(後)에 왕이 다시 묻자, 유선(劉禪)은 이전에 극정(郤正)이 가르쳐 준 대로 대답했다. 그러자 왕이 말했다. "어떻게 극정(郤正)의 어투(語套. 말버릇)와 똑 같은가?" 유선(劉禪)은 깜짝 놀라 눈을 크게 뜨고 쳐다보며 말했다. "확실히 당신의 말씀과 같습니다." 좌우(左右)의 사람들이 모두 웃었다. 즉, 이때부터 사마소(司馬昭)는 유선(劉禪)에 대한 경계심을 푸는 계기가 되었다. 그리고 유선(劉禪)이 여간 모자란 게 아니므로 자신한테 아무런 위협(威脅)도 되지 못한다고 생각했다. 그래서 유선(劉禪)을 죽이지 않았다고 주장하는 사람이 있다.]라는 이야기가 나오는데, '여기가 즐거워서 촉(蜀)나라가 생각이 나지 않는다.(此間樂, 不思蜀)'에서, '낙불사촉(樂不思蜀)'이 유래했다. 이 말은 위의 이야기에서 암시하고 있듯이, 눈앞의 즐거움에 빠져 자신의 본분을 망각하는 어리석음을 지적하는 말이다. 그리고 향락(享樂)을 탐(貪)하여 근본을 잊는 것을 비유적으로 이르는 말이 되었다. 소소한 현실의 만족감 때문에 미래를 준비하지 않는다든가 성장을 위한 노력을 게을리하는 사람은, 촉(蜀)나라 유선(劉禪)처럼 큰일을 해내기 어렵다는 교훈(敎訓. 앞으로의 행동이나 생활에 지침이 될 만한 것을 가르치는 일, 또는 그런 가르침)이 담겨 있는 것이다. 참고로, 원문의 '他日'에서, '他'는 다를 '타'로 읽고, '日'은 날 '일'로 읽는다. '他日'은 다른 날. '王問禪曰'에서, '問'은 물을 '문'으로 읽고, '禪'은 고요할 '선', 좌선할 '선'으로 읽는다. 여기서는 '유선(劉禪)'을 가리킴. '王問禪曰'을 직역(直譯)하면, 왕이 유선(劉禪)에게 물어 말하기를, '頗思蜀否'에서, '頗'는 자못(생각보다 매우) '파'로 읽고, '思'는 생각 '사'로 읽고, '蜀'은 나라 이름 '촉'으로 읽고, '否'는 아니(부정하는 말) '부', 아닐(부정하는 말) '부'로 읽는다. '頗思蜀否'를 직역(直

343

譯)하면, 자못 촉(蜀)나라가 생각나지 않소? '禪日'에서, '禪日'을 직역(直譯)하면, 유선(劉禪)이 말하기를, '此間樂'에서, '此'는 이(지시하는 말) '차'로 읽고, '間'은 사이 '간'으로 읽는다. '此間'은 요즈음. 요사이. '樂'은 즐거울 '락(낙)'으로 읽는다. '此間樂'을 직역(直譯)하면, 요사이는 즐거워서, '不思蜀'에서, '不思蜀'을 직역(直譯)하면, 촉(蜀)나라를 생각하지 않았습니다. 여기서, '樂不思蜀'이 유래하였는데, 이것을 직역(直譯)하면, 즐거운 (나머지) 촉(蜀)나라를 생각하지 않는다는 뜻으로, ①여기에는 반어적(反語的)인 의미가 담겨 있다. 여기서, '반어(反語)'는 표현의 효과를 높이기 위하여 실제와 반대되는 뜻의 말을 하는 것을 일컫는다. 못난 사람을 보고 '잘났어' 라고 말하는 것 따위이다. 본래는 자신의 고국을 그리워하는 마음이 간절함을 숨기고 마냥 즐겁기만 하다는 말이었다. 그런데 오늘날 그 의미가 변하여 타향(他鄕)을 떠도는 나그네가 산수유랑(山水流浪)하면서 고향이나 집을 생각지 않는 것을 가리키는 말로 쓰인다. ②향락(享樂)을 탐(貪)하여 근본을 잊는 것을 비유적으로 이르는 말.

낙심-천만(落心千萬 떨어질 낙/마음 심/일천 천/일만 만) 낙심(落心)이 일천만(一千萬)이나 (크다는) 뜻으로, 바라던 일을 이루지 못하여 마음이 몹시 상(傷)함을 비유적으로 이르는 말. *낙심(落心): 바라던 일을 이루지 못하여 맥이 빠지고 마음이 상(傷)함. =낙망(落望). 回 실망(失望). *천만(千萬): (일부 명사 뒤에 쓰이어) 이를 데 없음, 짝이 없음을 뜻함.

낙양-지가(洛陽紙價 물 이름 낙/볕 양/종이 지/값 가) 낙양(洛陽)의 종이 값이라는 뜻으로, 책(册)이 호평(好評. 좋게 평함. 또는 그런 평판이나 평가) 속에 아주 잘 팔려 베스트셀러(best seller)가 되는 것을 이르는 말. 참 낙양지귀(洛陽紙貴). *낙양(洛陽): 땅 이름. *지가(紙價): ①종이의 값. ②신문 구독료.

낙양-지-귀(洛陽紙貴 물 이름 낙/볕 양/종이 지/귀할 귀) 낙양(洛陽)의 종이 (값이) 귀하다는 뜻으로, ①글을 쓰거나 책을 펴냈는데 명성(名聲. 세상에 널리 퍼져 평판 높은 이름)을 얻어 이름이 나거나 지은 책(册)이 호평(好評)을 받아 매우 잘 팔리는 것을 이르는 말. ②훌륭한 글을 다투어 베끼느라고 낙양(洛陽)에 있는 종이의 수요(需要)가 늘어서, 물건 값이 뛰어 오른 것을 말함이니, 문장의 웅장(雄壯)하고도 화려(華麗)함을 칭송(稱頌. 공덕·功德 따위를 칭찬하여 일컬음. 또는 그런 말)하는 데 쓰임. 참 낙양지가(洛陽紙價). *낙양(洛陽): ☞낙양지가(洛陽紙價). 이 사자성어의 유래는 다음과 같다. 『진서(晉書)』의 「문원전(文苑傳)」 편(篇)에 [진(晉)나라 때, (옛날 제·齊나라 도읍이었던) 임치(臨淄) 출신(出身. 출생 당시의 가정이나 지역적 신분 관계)의 좌사(左思)라는 문인(文人)이 있었다. 아버지 좌희(左熹)도 문인(文人)으로 하급 관리에서 전중시어사(殿中侍御史. 벼슬 이름)까지 발탁(拔擢)된 사람이었다. 좌사(左思)는 한 번 붓을 들면 장엄(莊嚴. 엄숙하고 위엄이 있음)하고 미려(美麗. 아름답고 고움)한 시(詩)를 막힘없이 써 내려가는 뛰어난 문재(文才. 글재주)를 지녔으나, 못생기고 말까지 어눌했기 때문에 사람들과의 접촉을 피하고 시작(詩作. 시·詩를 지음)에만 열중했다. 좌사(左思)는 고향 임치(臨淄)에서 집필 1년 만에 제(齊)나라의 도읍(都邑. 한 나라의 중앙 정부가 있는 곳. =서울)이었던 임치(臨淄)의 풍물(風物. 어떤 지방이나 계절 특유의 구경거리나 산물)을 노래한 서사시 「제도부(齊都賦. 제·齊나라의 도읍·都邑에 대하여 지은. 한문 문체의 하나)」를 지어 이름이 알려졌다. 「제도부(齊都賦)」를 탈고(脫稿. 원고의 집필을 마침)한 후 마침 여동생인 좌분(左棻)이 궁(宮)에 들어간 덕분에 낙양(洛陽)으로 이사하게 된 그는, 삼국시대 촉한(蜀漢)의 도읍(都邑)인 성도(成都)와 오(吳)나라의 도읍(都邑)인 건업(建業), 그리고 위(魏)나라의 도읍(都邑)인 업(鄴)의 흥망성쇠(興亡盛衰. 본문 참고)를 노래에 담은 「삼도부(三都賦. 세 나라의 도읍·都邑에 대하여 지은, 한문 문체의 하나)」란 제목의 대작(大作)을 구상(構想)하기 시작했다. 그는 이 작품을 쓰기 위해 많은 시간과 엄청난 전적(典籍. '책·冊'과 같은 말)들을 보았으며, 실제 현장을 돌아보며 자료를 준비했다. 그리고 영감(靈感. 신의 계시를 받은 것같이 머리에 번득이는, 신기하고 묘한 생각)이 떠오를 때면 언제든지 글을 쓸 수 있도록 방(房), 정원(庭園), 변소(便所) 따위의 집안 곳곳에 지필묵(紙筆墨. 종이, 붓, 먹을 아울러 이르는 말)을 준비해 두었다. 이렇게 하여 10년이라는 오랜 시간을 들여 마침내 「삼도부(三都賦)」가 완성되었다. 하지만, 이 작품의 진가(眞價. 참된 값어치)를 알아 주는 사람이 없었다. 궁리 끝에 당시(當時. 일이 있었던 바로 그때, 또는 이야기하고 있는 그 시기) 재야(在野. 정치인이나 저명인사로서, 공직에 있지 않거나 정치 활동에 직접 나서지 않고 있음)의 석학 (碩學. 학식이 많고 학문이 깊은 사람)인 황보밀(皇甫謐)을 찾아갔다. 좌사(左思)의 글을 읽어본 황보밀 (皇甫謐)은 크게 감탄하며 그 자리에서 서문(序文)을 써 주었다. 유명한 문인(文人)이던 육기(陸機)도 「삼도부(三都賦)」를 구상(構想)했는데, 좌사(左思)가 썼다는 말을 듣고 비웃었으나, 그의 작품을 읽고는 계획을 포기했다. 당시의 유명한 시인(詩人) 장화(張華)는 이 작품의 웅대(雄大)한 구상(構想)과 유려(流 麗. 글이나 말이 유창하고 아름다움)한 필치(筆致. 글의 운치)에 감탄하여 후한(後漢) 때의 대시인(大詩 人)인 반고(班固)와 장형(張衡)에 비유(比·譬喩. 어떤 사물의 모양이나 상태 따위를 보다 효과적으로 표현하기 위하여 그것과 비슷한 다른 사물에 빗대어 표현함, 또는 그 표현 방법)하면서 다음과 같이 격찬(激讚)했다.]〈"이 작품은 반고(班固)나 장형(張衡)의 작품과 어깨를 겨룰 만하나, 이를 읽는 사람에 게는 다 읽은 후에 여운이 남게 하고 오래도록 새로움을 느끼게 해 준다." 이 말이 전해지자, 「삼도부(三 都賦)」는 낙양(洛陽)의 화제작이 되어 부호(富豪. 재산이 넉넉하고 세력이 있는 사람)들과 고관대작(高 官大爵. 본문 참고)들이 이 작품을 다투어 베껴 쓰게 되었고, 그 바람에 낙양(洛陽)의 종이 값이 올랐 다.(班張之流也, 使讀之者, 盡而有餘, 久而更新, 於是豪貴之家競相傳寫, **洛陽爲之紙貴**.)〉라는 이야기가 나오는데, '그 바람에 낙양(洛陽)의 종이 값이 올랐다.(洛陽爲之紙貴)'에서, '낙양지귀(洛陽紙貴)'가 유래 했다. '낙양지귀(洛陽紙貴)'는 '낙양지가귀(洛陽紙價貴)', '낙양지가고(洛陽紙價高)', '낙양지가(洛陽紙價)' 라고도 한다. 당시의 유명한 시인(詩人) 장화(張華)에 의해서, 좌사(左思)의 「삼도부(三都賦)」가 반고(班 固)와 장형(張衡)이라는 대문장가(大文章家)의 작품에 비겼으니, 이 작품이 하루아침에 유명해져 당대 (當代)의 고관대작(高官大爵)들은 물론 낙양(洛陽) 사람들이 다투어 베껴 가는 바람에 낙양(洛陽)의 종이 값이 뛰어오르게 되었다는 것이다. 당시에는 인쇄 기술이 없었던 시절이라, 사람들은 종이를 구해 책을 일일이 필사(筆寫. 붓으로 베껴 씀)해서 읽어보았기 때문에, 낙양(洛陽)의 종이 값이 천정부지(天井不 知. 본문 참고)로 폭등(暴騰. 물건 값이 갑자기 크게 오름)하는 사태가 벌어졌던 셈이다. 그 이후 사람들 은 인기가 많아 잘 팔리는 책이 있으면 '낙양(洛陽)의 지가(紙價)를 올렸다'는 표현을 쓰기 시작했다. 참고로, 원문의 '班張之流也'에서, '班'은 나눌 '반'으로 읽는다. 여기서는 '반고(班固)'를 가리킴. '張'은 베풀 '장'으로 읽는다. 여기서는 '장형(張衡)'을 가리킴. '之'는 어조사 '지'로 읽는다. '~의'를 나타내는 관형격 조사. '流'는 흐를 '류(유)'로 읽고, '也'는 어조사 '야'로 읽는다. '~이다(단정)'의 뜻을 나타냄. '班張之流也'를 직역(直譯)하면, '반고(班固)'와 '장형(張衡)'과 (같은 훌륭한 역사가·歷史家)의 (작품과 같 은) 흐름이기에, '使讀之者'에서, '使'는 하여금(누구를 시키어) '사'로 읽는다. '讀'은 읽을 '독'으로 읽고, '之'는 어조사 '지'로 읽는다. 여기서는 '그것'을 나타내는 지시 대명사. '者'는 사람 '자'로 읽는다. '使讀之

者'를 직역(直譯)하면, 그것을 읽는 사람으로 하여금, '盡而有餘'에서, '盡'은 다할 '진'으로 읽고, '而'는 말 이을 '이'로 읽는다. '그리고'의 뜻을 나타냄. '有'는 있을 '유'로 읽고, '餘'는 남을 '여'로 읽는다. '盡而有餘'를 직역(直譯)하면, 다하고 그리고 남음(여운)이 있게 하고, '久而更新'에서, '久'는 오랠 '구'로 읽고, '更'은 다시 '갱'으로 읽고, '新'은 새 '신', 새로울 '신'으로 읽는다. '更新'은 이미(돌이킬 수 없이 된 지난 일을 일컬을 때 쓰는 말) 있던 것을 고쳐 새롭게 함. '久而更新'을 직역(直譯)하면, 오래되어도 그리고 다시 새롭게 함. '於是豪貴之家競相傳寫'에서, '於'는 어조사 '어'로 읽는다. '~에(위치)'의 뜻을 나타냄. '是'는 이(지시하는 말) '시'로 읽고, '豪'는 호걸(豪傑. 지혜와 용기가 뛰어나고 기개·氣慨와 풍모·風貌가 있는 사람) '호'로 읽고, '貴'는 귀할 '귀', 귀하게 여길 '귀'로 읽고, '家'는 집 '가', 집안 '가'로 읽고, '競'은 다툴 '경'으로 읽고, '相'은 서로 '상'으로 읽고, '傳'은 전할 '전'으로 읽고, '寫'는 베낄 '사'로 읽는다. '傳寫' 는 서로 돌려가며 베껴 씀. '於是豪貴之家競相傳寫'를 직역(直譯)하면, 이에 호걸(豪傑)과 귀한 집안에서 서로 다투어 전하면서 베껴 쓰니, '洛陽爲之紙貴'에서, '洛'은 물 이름 락(낙)으로 읽고, '陽'은 볕 '양'으로 읽는다. '洛陽'은 중국의 땅 이름. '爲'는 될 '위'로 읽고, '之'는 어조사 '지'로 읽는다. '~의'를 나타내는 관형격 조사. '紙'는 종이 '지'로 읽고, '貴'는, 여기서는 귀할 '귀'로 읽는다. '洛陽爲之紙貴'를 직역(直譯) 하면, 낙양(洛陽)의 종이가 (갑자기 부족해져서) 귀하게 되었다. 즉, 종이의 가격이 오르게 되었다는 뜻이다. 여기서, '洛陽紙貴'가 유래하였는데, 이것을 직역(直譯)하면, 낙양(洛陽)의 종이 (값이) 귀하다는 뜻으로, ①글을 쓰거나 책을 펴냈는데, 명성(名聲. 세상에 널리 퍼져 평판 높은 이름)을 얻어 이름이 나거나, 지은 책이 호평(好評)을 받아 매우 잘 팔리는 것을 이르는 말. ②훌륭한 글을 다투어 베끼느라 고 낙양(洛陽)에 있는 종이의 수요가 늘어서, 물건 값이 뛰어오른 것을 말함이니, 문장의 웅장하고도 화려함을 칭송하는 데 쓰임.

낙역-부절(絡繹不絕 이을 낙/이어질 역/아닐 부/끊을 절) 잇고 이어져 끊어지지 아니한다는 뜻으로, 왕래 (往來. 가고 오고 함)가 잦아 끊이지 않음을 이르는 말. =연락부절(連絡不絕). *낙역(絡繹): 왕래(往來)가 끊임이 없음. *부절(不絕): 끊이지 않음. *잇다: 부록 '낙(絡)' 참고.

낙엽-귀-근(落葉歸根 떨어질 낙/잎 엽/돌아갈 귀/뿌리 근) 잎이 떨어져 뿌리로 돌아간다는 뜻으로, 모든 일은 처음으로 돌아감을 일컫는 말. 또는 결국은 자기가 본래 났거나 자랐던 곳으로 돌아감을 비유적으 로 이르는 말. *낙엽(落葉): ①나뭇잎이 떨어짐. ②말라서 떨어진 나뭇잎.

낙월-옥-량(落月屋梁 떨어질 낙/달 월/집 옥/들보 량) 떨어지는 달[月]이 집과 들보를 (비추고 있다.) 즉, 밤에 벗의 꿈을 꾸고 깨 보니, 지는 달[月]이 지붕을 비추고 있다는 뜻으로, 고인(故人)이나 벗을 생각하 는 마음이 간절함을 비유적으로 일컫는 말. 두보(杜甫)의 「몽이백(夢李白. 당·唐나라 두보·杜甫가 꿈에 이백·李白을 보고 그를 그리워한 시·詩)」에 나오는 시(詩)의 한 구절에서 유래함. 여기서 두보(杜甫)는 중국 당(唐)나라 때의 시인(詩人)이다. 자(字. 본이름을 함부로 부르지 않던 시대에, 본이름 대신 부르던 이름)는 자미(子美)이고, 호(號)는 소릉(少陵), 공부(工部), 노두(老杜) 따위로 불리어진다. *낙월(落月): 지는 달. *들보: 부록 '량(梁)' 참고.

낙-이-망우(樂而忘憂 즐거울 낙/말 이을 이/잊을 망/근심 우) 즐거움과 근심을 잊는다. 또는 즐거워서 걱정도 잊는다는 뜻으로. 어떤 일에 열중하여 노력하는 것을 이르는 말. *망우(忘憂): ①근심을 잊음. ②=망우물(忘憂物). 즉, 온갖 시름을 잊게 하는 물건이라는 뜻으로, 술[酒]을 이르는 말. 이 사자성어의 유래는 다음과 같다. 『논어(論語)』의 「술이(述而)」편(篇)에 〈초(楚)나라 섭현(葉縣. 땅 이름)의 심제량(沈諸梁)이 자로(子路)에게 (중국 춘추시대의 사상가이며 학자인) 공자(孔子)가 어떤 인물인가를 물었다. 자로(子路)는 대답을 하지 못했다. 이 사실을 들은 공자(孔子)가 자로(子路)에게 말했다. "너는 어찌 '그 사람됨이 어떤 일에 열중하면, 끼니를 챙겨 밥을 먹는 것조차 잊고, 이를 즐거워하여 근심을 잊어버려 늙어가는 것도 모른다.'고 말하지 않았느냐?"(葉公問孔子於子路. 子路不對. 子曰. 汝奚不曰其爲人也發憤 忘食. 樂以忘憂, 不知老之將至云爾.)〉라는 이야기가 나오는데, '이를 즐거워하여 근심을 잊어버려. (樂以 忘憂)'에서, '낙이망우(樂而忘憂)'가 유래했다. 참고로, 원문의 '葉公問孔子於子路'에서, '葉'은, 여기서는 땅 이름 '섭'으로 읽는다. '섭현(葉縣)'을 가리킨다. '섭현(葉縣)'은 중국 하남성(河南)의 행정구역 이름이 다. '公'은 제후(諸侯) '공'으로 읽는다. '심제량(沈諸梁)'을 가리킴. '問'은 물을 '문'으로 읽고, '孔'은 성씨 (姓氏) '공'으로 읽고, '子'는 경칭(敬稱. 공경하는 뜻으로 부르는 칭호, 또는 존대하여 일컬음) '자'로 읽는다. 학덕(學德)과 지위가 높은 남자의 경칭(敬稱)이다. '孔子'는 사람 이름. '於'는 어조사 '어'로 읽는 다. '~에게(위치)'의 뜻을 나타냄. '子'는 아들 '자'로 읽고, '路'는 길 '로(노)'로 읽는다. '子路'는 사람 이름. '葉公問孔子於子路'를 직역(直譯)하면, 섭현(葉縣)의 심제량(沈諸梁)이 자로(子路)에게 공자(孔子) 에 (대해서) 물었다. '子路不對'에서, '對'는 대답할 대로 읽는다. '子路不對'를 직역(直譯)하면, 자로(子路) 는 대답을 하지 못했다. '子曰'에서, '子'는 '공자(孔子)'를 가리킴. '子曰'을 직역(直譯)하면, 공자(孔子)가 말하기를, '汝奚不曰其爲人也發憤忘食'에서, '汝'는 너 '여', 당신 '여'로 읽고, '奚'는 어찌(의문 부사) '해'로 읽는다. '不曰'을 직역(直譯)하면, 말하지 않음. '其'는 그(지시하는 말) '기'로 읽고, '爲'는 될 '위'로 읽고, '人'은 사람 '인'으로 읽는다. '爲人'은 사람의 됨됨이. '也'는 어조사 '야'로 읽는다. '~이다(단정)'의 뜻을 나타냄. '發憤忘食'에서, '發'은 드러낼 '발'로 읽고, '憤'은 떨쳐 일어날 '분'으로 읽고, '忘'은 잊을 '망'으로 읽고, '食'은 밥 '식'으로 읽는다. '發憤忘食'을 직역(直譯)하면 (어떤 일을 드러내려고) 떨쳐 일어나 밥을 잊는다. 즉, 발분(發憤)하여 끼니를 챙겨 밥을 먹는 것조차 잊는다는 뜻으로, 끼니까지도 잊을 정도로 어떤 일에 열중하여 노력함을 비유적으로 이르는 말. '汝奚不曰其爲人也發憤忘食'를 직역(直譯)하면, 너 는 어찌 '그 사람됨이 발분망식(發憤忘食)이다'라고 말하지 않았느냐? 여기서, '發憤忘食'이 유래하였는 데, 이것을 직역(直譯)하면 떨쳐 일어나 밥을 잊는다. 즉, 발분(發憤)하여 끼니를 챙겨 밥을 먹는 것조차 잊는다는 뜻으로, 끼니까지도 잊을 정도로 어떤 일에 열중하여 노력함을 비유적으로 이르는 말. '樂以忘 憂'에서, '樂'은 즐거울 '락(낙)'으로 읽고, '以'는 써(그것을 가지고, 그것을 인하여) '이'로 읽고, '忘'은 잊을 '망'으로 읽고, '憂'는 근심 '우'로 읽는다. '樂以忘憂'를 직역(直譯)하면, 즐거움을 가지고 근심을 잊는다. 그런데 '樂而忘憂'에서, '而'는 말 이을 '이'로 읽는다. '그리고'의 뜻을 나타냄. '樂而忘憂'를 직역 (直譯)하면 즐거움과 그리고 근심을 잊는다는 뜻으로, 어떤 일에 열중하여 노력하는 것을 이르는 말. '不知老之將至云爾'에서, '知'는 알 '지'로 읽고, '老'는 늙을 '로(노)'로 읽고, '之'는 어조사 '지'로 읽는다. 그것(대명사)을 나타냄. '不知老之'을 직역(直譯)하면, 늙는 그것을 알지 못함. '將'은 장차(張次. '앞으로' 의 뜻으로, 미래의 어느 때를 나타내는 말) '장'으로 읽고, '至'는 이를(어떤 정도나 범위에 미칠) '지'로 읽고, '云'은 이를 '운', 말할 '운'으로 읽고, '爾'는 어조사 '이'로 읽는다. '~이다(단정)'의 뜻을 나타냄. '不知老之將至云爾'를 직역(直譯)하면, (그리고) 늙는 그것을 〈알지 못한다고 장차 말하는 데에 이르게 된 다.

낙-이-불-음(樂而不淫 즐길 낙/말 이을 이/아닐 불/음란할 음) 즐기되 음란(淫亂)함에 (빠지지) 않는다는 뜻으로, 즐거워하되 탐닉(耽溺. 어떤 일을 지나치게 즐겨 거기에 빠짐)하지 않음을 이르는 말. 다시 말하면 즐겁지만 그 즐거움의 감정이 도(度)를 넘어 방종(放縱. 아무 거리낌 없이 함부로 행동함)으로 치닫지 않는다는 뜻으로, 즐거운 감정이 적절히 조절되어 표현되어 있는 것을 말한다. *음란하다(淫亂~): 음탕하고 난잡하다. 이 사자성어의 유래는 다음과 같다. 『논어(論語)』의 「팔일(八佾)」 편(篇)에 〈「관저(關雎)」라는 노래는 (그 주는 느낌이) 즐겁지만 도를 넘어 기뻐하게까지 하지는 않고, 슬프지만 상심하게까지는 하지 않는다.(關雎樂而不淫, 哀而不傷.)〉라는 구절이 나오는데, '「관저(關雎)」라는 노래는 (그 주는 느낌이) 즐겁지만 도를 넘어 기뻐하게까지 하지는 않고,(關雎樂而不淫)'에서, '낙이불음(樂而不淫)'이 유래했다. '관저(關雎)'는 물수리(수릿과의 새. 우리나라에서는 드문 겨울새)라는 뜻으로, 『시경(詩經)・국풍(國風)・주남(周南)』에 나오는 시(詩)의 제목이다. 이 시(詩)는 시(詩)의 한 종류인 국풍(國風. 중국의 『시경』 가운데 민요 부분을 이르는 말)으로 쓰였고, 형식은 사언절구(四言絕句)인데, 그 평가가 다양하다. 예를 들면 주(周)나라 문왕(文王)과 그의 아내 태사(太姒)의 덕(德. 고매하고 너그러운 도덕적 품성)을 칭송(稱頌. 공덕・功德 따위를 칭찬하여 일컬음. 또는 그런 말)한 것, 처녀를 짝사랑하는 노래, 신하가 문왕(文王)과 태사(太姒)의 결혼을 축하하는 노래, 태사(太姒)가 문왕(文王)을 위해 미녀를 구했으나 뜻과 같지 않아 근심하는 노래 따위의 여러 가지 견해가 있다. 참고로, 원문의 '關雎樂而不淫'에서, '關'은 빗장('문빗장'과 같은 말로, 문을 닫고 가로질러 잠그는, 막대기 쇠장대) '관'으로 읽고, '雎'는 물수리(수릿과의 새) '저'로 읽는다. '關雎'는 노래 이름. '樂'은 즐길 '락(낙)'으로 읽고, '而'는 말 이을 '이'로 읽는다. '그러나'의 뜻을 나타냄. '不'은 아닐(부정하는 말) '불'로 읽고, '淫'은 음란할(淫亂~. 음탕하고 난잡할) '음'으로 읽는다. '關雎樂而不淫'을 직역(直譯)하면, 「관저(關雎)」라는 노래는 즐기되 음란(淫亂)함에 (빠지지) 않는다. 여기서, '樂而不淫'이 유래하였는데, 이것을 직역(直譯)하면, 즐기되 그러나 음란(淫亂)함에 (빠지지) 않는다는 뜻으로, 즐거워하되 탐닉(耽溺. 어떤 일을 지나치게 즐겨 거기에 빠짐)하지 않음을 이르는 말. 다시 말하면 즐겁지만 그 즐거움의 감정이 도(度)를 넘어 방종(放縱. 아무 거리낌 없이 함부로 행동함)으로 치닫지 않는다는 뜻으로, 즐거운 감정이 적절히 조절되어 표현되어 있는 것을 말한다. '哀而不傷'에서, '哀'는 슬플 '애'로 읽고, '而'는 말 이을 '이'로 읽는다. '그러나'의 뜻을 나타냄. '不'은 아닐(부정하는 말) '불'로 읽고, '傷'은 상할 '상'으로 읽는다. '哀而不傷'을 직역(直譯)하면, 슬프지만 그러나 (마음을) 상하게 아니 한다. 즉, 슬프지만 그 슬픔의 감정이 도(度)를 넘어 마음을 상하게 할 정도는 아니라는 뜻으로, 슬픔의 감정이 적절히 조절되어 표현되어 있는 것을 이르는 말.

낙-이-사-촉(樂而思蜀 즐길 낙/말 이을 이/생각 사/나라 이름 촉) (촉・蜀 나라의 음악을 듣고) 즐거워서 촉(蜀)나라만 생각하고 (자기 고향을 생각하지 않는다.) 즉, 타향 생활이 즐거워 고향 생각을 하지 못한다는 뜻으로, 눈앞의 즐거움에 빠져 근본(根本)을 망각하는 잘못을 지적하는 말.

낙-자-압-빈(落者壓鬢 떨어질 낙/사람 자/누를 압/귀밑털 빈) (몸의 앞부분이 바닥에) 떨어진 사람의 귀밑털이 (있는 부분을) 누른다. 즉, 엎드려 있는 사람의 뒤통수(머리의 뒤쪽)를 친다는 뜻으로, 궁지(窮地)에 몰린 사람을 더 괴롭힘을 이르는 말. *귀밑털: 관자(貫子)놀이와 귀 사이에 난 털. 여기서, '관자(貫子)놀이'는 귀와 눈 사이의 태양혈(太陽穴)이 있는 곳을 이르는 말.

낙장-불-입(落張不入 떨어질 낙/베풀 장/아닐 불/들 입) (한 번) 베풀어 (바닥에) 떨어진 (것은) 들이지 아니한다는 뜻으로, 화투(花鬪), 투전(鬪牋), 트럼프(trump) 따위를 할 때에, 판에 한 번 내어 놓은 패는 물리기 위하여 다시 집어들이지 못함을 이르는 말. ㉥ 낙점불입(落點不入). *낙장(落張): ①책을 제본(製本)하거나 옛 책이 전하여지는 과정에서 책장(冊張. <u>책의 낱장</u>)이 빠지는 일. 또는 그 책장(冊張). ②화투(花鬪), 투전(鬪牋), 트럼프(trump) 따위를 할 때에, 판에 한 번 내어 놓은 패. *베풀다: 부록 '장(張)' 참고.

낙-정-하-석(落穽下石 떨어질 **낙**/우물 **정**/아래 **하**/돌 **석**) 우물에 (떨어진) 사람을 돌 아래에 (있게 한다.) 즉, 우물(함정)에 빠진 사람에게 돌을 떨어뜨린다(던진다)는 뜻으로, 어려운 처지에 놓인 사람을 도와주기는커녕 오히려 더 힘들게 하거나 괴롭힘을 비유적으로 이르는 말. =하정투석(下穽投石). 이 사자성어의 유래는 다음과 같다. 당송팔대가(唐宋八大家)의 한 사람인 한유(韓愈)는 「유자후묘지명(柳子厚墓誌銘)」에 [당송팔대가(唐宋八大家)의 한 사람인 문인(文人) 유종원(柳宗元)이 유주자사(柳州刺史. <u>벼슬 이름</u>)로 발령 났을 때. 여기서, '자사(刺史)'는 중국 한(漢)나라 때에 군(郡), 국(國. '왕국·王國'의 줄임말로, 태수·太守가 아닌, 황자·皇子가 다스리는 군·郡을 일컬음. 황자·皇子를 왕·王이라고 하며, 왕·王은 명예직이고, 실질적으로 국·國을 다스리는 사람은 국상·國相이다)을 감독하기 위하여 각 주(州)에 둔 감찰관을 이르는 말. 당(唐)나라, 송(宋)나라를 거쳐 명(明)나라 때 없앴다. 그의 절친한 친구인 유우석(劉禹錫)도 좌천(左遷. <u>어떤 사람을 지금보다 낮은 지위나 직위로 옮김. 또는 중앙에서 지방으로 옮김</u>)되어 파주자사(播州刺史. <u>벼슬 이름</u>)로 발령이 났다. 파주(播州)는 멀리 떨어진 편벽(偏僻. <u>중심에서 떨어져 구석짐</u>)한 고장이었으므로, 80이 넘은 노모를 모시고 있는 유우석(劉禹錫)은 어머니를 홀로 두고 갈 수도, 모시고 갈 수도 없는 곤란한 상황에 처하게 되었다. 이런 사정을 안 유종원(柳宗元)은 눈물을 흘리며 "그('유우석(劉禹錫)'을 가리킴)가 힘들어하는 것을 차마 볼 수 없구나. 조정(朝廷. <u>임금이 나라의 정치를 신하들과 의논하거나 집행하는 곳. 또는 그런 기구</u>)에 상소(上疏. <u>임금에게 글을 올림</u>)를 올려 유주자사(柳州刺史)와 파주자사(播州刺史)를 서로 바꾸자고 간청(懇請. <u>간곡히 청함</u>)해야겠다. 이 일로 내가 다시 죄를 입어 죽는다고 해도 원망하지 않으리라."고 말했다. 마침 배도(裴度)가 유우석(劉禹錫)의 이런 사정을 황제에게 아뢰어, 유우석(劉禹錫)은 연주자사(連州刺史. <u>벼슬 이름</u>)로 가게 되었다. (역시) 당송팔대가(唐宋八大家)의 한 사람인 한유(韓愈)는 「유자후묘지명(柳子厚墓誌銘)」에, 이 사실을 기록하면서, 유종원(柳宗元)의 참다운 우정과 의리를 우회적(迂廻·回的. <u>곧바로 가지 않고 멀리 돌아서 가는 것</u>)으로 기리었다. 즉, 당시(當時. <u>일이 있었던 바로 그때. 또는 이야기하고 있는 그 시기</u>) 한유(韓愈)는 친구인 유종원(柳宗元)이 시정잡배(市井雜輩. <u>본문 참고</u>)나 다름없는 간신(奸臣. <u>성질이 교묘하게 잘 둘러대고 행실이 바르지 못한 신하</u>)들에 의해 모함(謀陷. <u>꾀를 써서 남을 어려운 처지에 빠뜨림</u>)을 받아 자신의 뜻을 이루지 못하고 죽자, 그를 위해 「유자후묘지명(柳子厚墓誌銘)」을 썼는데, 그 가운데 다음과 같은 구절을 써서 유종원(柳宗元)의 참다운 우정과 의리를 우회적(迂廻·回的)으로 기리었다는 것이다. 아, 선비는 어려운 일에 처했을 때 비로소 절의(節義. <u>사람으로서 마땅히 해야 할 바른 도리를 끝내 지키는 굳은 뜻</u>)가 드러나는 법이다. 오늘날, 사람들은 평시에 함께 지내면서 서로 그리워하고 좋아하며, 술자리나 잔치 자리에 서로 불러 가며 억지웃음을 짓고 서로 겸손을 떨며, 손을 잡고 폐(肺)와 간(肝)을 서로 보여주며, 하늘의 해를 가리키고 눈물을 흘려 가며 죽으나 사나 서로 배반(背反·叛. <u>신의를 저버리고 돌아섬</u>)하지 말자고, 마치 진실인 양 맹세를 한다.]〈하지만, 일단(一旦) 터럭만큼의 이해관계만 얽혀도 서로 모르는 체 반목(反目)을 하고, 함정(陷穽)에 떨어지면 손을 뻗어 구해주기는커녕 오히려 구덩이

속에 더 밀어 넣고, 돌까지 던지는 사람이 이 세상에 널려 있다. 즉, 그러나 만약 머리털만한 아주 작은 이익과 관련된 문제라도 생기면, 친구를 배반하고 그 사람이 선(善)한 지 악(惡)한 지를 구분할 줄 모르게 된다. 그대가 만약 남의 모함(謀陷)으로 함정(陷穽)에 빠졌다면 그대를 구해주지 않을 뿐만 아니라 도리어 돌을 들어 그대에게 던질 사람이 의외로 많을 것이다. '낙정하석(落穽下石)'를 우려하고 있다는 뜻이다. (一旦臨小利害, 僅如毛髮比, 反眼若不相識, **落陷穽**, 不一引手救, 反擠之, **又下石焉者**, **皆是也**.〉[이는 금수(禽獸. 날짐승과 길짐승)나 오랑캐도 차마 못할 짓인데, 사람들은 스스로 잘한 것인 양 여긴다. 자후(子厚. 유종원·柳宗元의 자·字)의 풍도(風度. 풍채와 태도)를 듣는다면 조금이나마 부끄러움을 알 수 있을진저. 즉, 한때는 절친하게 지내며 온갖 아양을 떨던 사람도 이해관계(利害關係. 본문 참고)가 얽혀 위기가 닥치면 거들떠보지도 않는다. 거기에다가 오히려 '낙정하석(落穽下石)'같은 짓을 스스럼없이 한다. 이는 금수(禽獸)나 오랑캐도 차마 하지 못하는데, 그들은 스스로 이를 훌륭한 계책(計策. 어떤 일을 이루기 위하여 꾀나 방법을 생각해 냄. 또는 그 꾀나 방법)이라고 여긴다. 그러다가 유종원(柳宗元)의 풍모(風貌. 풍채와 용모)를 듣는다면, 가히 조금은 부끄러워해야 마땅함을 이야기하는 것이다.]라는 이야기가 나오는데, 이 이야기에 나오는 '함정(陷穽. 짐승을 잡으려고 파 놓은 구덩이)에 떨어지면(落陷穽)'과, '돌까지 던지는 사람이 세상에는 널려 있다.(又下石焉者, 皆是也)'에서, '낙정하석(落穽下石)'이 유래했다. 한유(韓愈)는 「유자후묘지명(柳子厚墓誌銘)」을 지어 소인배(小人輩. 도량이 좁고 간사한 사람. 또는 그러한 무리)들의 모함(謀陷)으로 기개(氣槪. 어떤 어려움에도 굽히지 않는 강한 의지·意志. 또는 그러한 기상·氣像을 이르는 말)를 펼치지 못하고 저승(사람이 죽은 뒤에 그 혼·魂이 가서 산다고 하는 세상. =저세상)으로 먼저 간 유종원(柳宗元)을 애도(哀悼. 사람의 죽음을 슬퍼하고 애석해 함)했을 뿐만 아니라, 낙정하석(落穽下石)으로 위해(危害. 사람의 생명을 위협하는 일)까지 가하는 비정(非情. 인정이 없이 몹시 쌀쌀함)한 세태(世態. 세상의 형편이나 상태)를 꼬집고 있는 것이다. 그리고 유자후(柳子厚)의 '자후(子厚)'는 유종원(柳宗元)의 자(字. 본이름을 함부로 부르지 않던 시대에, 본이름 대신 부르던 이름)이다. 유종원(柳宗元)은 한유(韓愈)와 함께 중국 당(唐)나라의 문장가이며, 당송팔대가 (唐宋八大家)에 속한 인물이다. 참고로, 원문의 '一旦臨小利害'에서, '一'은 한 '일'로 읽고, '旦'은 아침 '단'으로 읽고, '臨'은 임할 '림(임)', 다다를 '림(임)'으로 읽고, '小'는 작을 '소'로 읽고, '利'는 이익(利益) '리(이)'로 읽고, '害'는 손해(損害) '해'로 읽는다. '一旦臨小利害'를 직역(直譯)하면, 하루 아침에 작은 이익과 손해에 다다르면, '僅如毛髮比'에서, '僅'은 겨우 '근'으로 읽고, '如'는 같을 '여'로 읽고, '毛'는 털 '모'로 읽고, '髮'은 터럭(사람이나 길짐승의 몸에 난 길고 굵은 털) '발'로 읽는다. '毛髮'은 사람의 몸에 난 털. '比'는 견줄 '비'로 읽는다. '僅如毛髮比'를 직역(直譯)하면, 겨우 사람의 몸에 난 털을 견주는 것과 같다. '反眼若不相識'에서, '反'은 도리어(예상이나 기대 또는 일반적인 생각과는 반대되거나 다르게) '반'으로 읽고, '眼'은 눈 '안'으로 읽고, '若'은 같을 '약'으로 읽고, '相'은 서로 '상'으로 읽고, '識'은 알 '식'으로 읽는다. '反眼若不相識'을 직역(直譯)하면, 도리어 눈은 서로 알지 못하는 것과 같다. '落陷穽'에서, '落'은 떨어질 '락(낙)'으로 읽고, '陷'은 빠질 '함'으로 읽고, '穽'은 함정(陷穽) '정'으로 읽는다. '落陷穽'을 직역(直譯)하면, 함정(陷穽)에 떨어지거나 빠지면, '不一引手救'에서, '不'은 아닐(부정하는 말) '불'로 읽고, '一'은 한 '일'로 읽고, '引'은 끌 '인', 당길 '인'으로 읽고, '手'는 손 '수'로 읽고, '救'는 구원할(救援~. 어려움이나 위험에 빠진 사람을 구하여 줌) '구'로 읽는다. '不一引手救'를 직역(直譯)하면, 손을 당겨 구원하는 (사람이) 하나도 없고, ‘反擠之’에서, ‘擠’는 물리칠 ‘제’로 읽는다. ‘之’는 어조사 ‘지’로 읽는다. ‘그것’을 나타내는 지시 대명사. ‘反擠之’를 직역(直譯)하면, 도리어 그것을 물리치고, ‘又下石焉者’에서, ‘又’는 또 ‘우’, 또한 ‘우’로 읽고, ‘下’는 아래 ‘하’로 읽고, ‘石’은 돌 ‘석’으로 읽고, ‘焉’은 어조사 ‘언’으로 읽는다. 이(지시 대명사)의 뜻을 나타낸다. ‘者’는 사람 자로 읽는다. ‘又下石焉者’를 직역(直譯)하면, 또 돌을 아래로 돌을 (던지는) 사람이, ‘皆是也’에서, ‘皆’는 다 ‘개’, 모두 ‘개’로 읽고, ‘是’는 이(지시하는 말) ‘시’로 읽고, ‘也’는 어조사 ‘야’로 읽는다. ‘~이다(단정)’의 뜻을 나타냄. ‘皆是也’를 직역(直譯)하면, 다 이런 (경우)이다. 여기서, ‘落穽下石’이 유래하였는데, 이것을 직역(直譯)하면, 우물에 (떨어진) 사람을 돌 아래에 (있게 한다.) 즉, 우물(함정)에 빠진 사람에게 돌을 떨어뜨린다(던진다)는 뜻으로, 어려운 처지에 놓인 사람을 도와주기는커녕 오히려 더 힘들게 하거나 괴롭힘을 비유적으로 이르는 말.

낙지-이전(落地以前 떨어질 낙/땅 지/부터 이/앞 전) 땅에 떨어지는 (순간)부터 앞. 즉, 땅에 떨어지기 이전(以前)이라는 뜻으로, 세상(世上)에 태어나기 전(前)을 이르는 말. 凰 낙지이후(落地以後). *낙지(落地): 땅에 떨어진다는 뜻으로, 사람이 세상에 태어남을 이르는 말. *이전(以前): ①이제보다 전(前). ②아주 전(前). =옛날. ③기준이 되는 때를 포함하여 그 전(前). *부터: 체언이나 부사어에 붙어, ‘동작이 비롯되는 처음’의 뜻을 나타내는 보조사.

낙천-주의(樂天主義 즐길 낙/하늘 천/주될 주/옳을 의) 하늘을 (보고) 즐기는 주된 주의(主義)라는 뜻으로, ①이 세상은 모든 것이 선(善)이며, 인생은 즐거운 것이라고 하는 생각. ②세상과 인생을 희망적으로 밝게 보는 생각이나 사상을 이르는 말. =낙관주의(樂觀主義). 凰 염세주의(厭世主義). *낙천(樂天): 자기의 운명이나 처지를 천명(天命. 하늘의 명령)으로 알고 만족하는 일. 또는 세상이나 인생을 즐겁고 좋게 생각하는 일. *주의(主義): ①굳게 지키는 주장이나 방침. ②체계화된 이론이나 학설. *주되다(主~): 주장(主張)이나 중심(中心)이 되다.

낙치-부생(落齒復生 떨어질 낙/이 치/다시 부/날 생) 떨어진 이[齒]가 다시 난다는 뜻으로, 늙어서 빠진 이[齒]가 다시 남을 이르는 말. *낙치(落齒): 늙어서 이가 빠짐. *부생(復生): ①없어졌던 것이 다시 생겨남. ②=부활(復活). 소생(蘇生).

낙화-시절(落花時節 떨어질 낙/꽃 화/때 시/철 절) 꽃이 떨어지는 때와 철이라는 뜻으로, 꽃이 지는 늦봄 무렵을 이르는 말. *낙화(落花): 꽃이 짐. 또는 진 그 꽃. *시절(時節): ①계절. 철. ②세상의 형편. ③일정한 시기나 때. *철: ①(자연현상에 따라) 한 해를 네 시기(時期)로 나눈 중의 한 시기(時期). =계절. 시절. ②한 해 가운데서 무엇을 하기에 알맞거나 많이 하는 때(시기).

낙화-유수(落花流水 떨어질 낙/꽃 화/흐를 유/물 수) 떨어지는(지는) 꽃과 흐르는 물이라는 뜻으로, ①가는 봄의 경치를 이르는 말. ②힘이나 세력이 쇠퇴(衰退·頹)해가는 가는 것이나, 살림이나 세력(勢力)이 약해져 아주 보잘것없이 됨을 비유적으로 이르는 말. ③낙화(落花)는 물이 흐르는 대로 흘러가기를 바라고, 유수(流水)는 떨어진 꽃을 싣고 흐르기를 바란다는 뜻으로, 남녀가 서로 그리는 정(情)을 가지고 있음을 비유적으로 이르는 말. *낙화(落花): ☞낙화시절(落花時節). *유수(流水): 흐르는 물. 이 사자성어의 유래는 다음과 같다. 당(唐)나라 예주(澧州) 사람인 이군옥(李群玉)의 「봉화장사인송진련사귀잠공산(奉和張舍人送秦煉師歸岑公山)」에 [선옹(仙翁. 신선·神仙 노인)이 푸른 잠공산(岑公山)에 돌아가 누우니/ 하룻밤 서풍(西風)에 달은 골짜기에 깊어라. / 소나무 숲 사이로 난 길 향기로운 풀 가득 /서간(書簡. 편지)이야

읽지만 세속(世俗. 사람이 살고 있는 모든 사회를 통틀어 이르는 말)의 어지러움 없어/ 한가로운 구름 사방에 그림자 걸어매지(물건의 두 끝을 서로 떨어지지 않게 잡아매지) 않는데]〈들의 학이 어찌 떠나고 머무는 마음 알리 / 난포(蘭浦)의 물 푸르니 봄도 저물려고 하는데 / 떨어지는 꽃과 흐르는 물 떠나가는 게 원망스러워.(野鶴寧知去住心. 蘭浦蒼蒼春欲暮. <u>落花流水怨離襟</u>.)〉라는 시(詩)의 마지막 구(句) '떨어지는 꽃과 흐르는 물 떠나가는 게 원망스러워.(落花流水怨離襟)'에서, '낙화유수(落花流水)'가 유래했다. 참고로, 원문의 '野鶴寧知去住心'에서, '野'는 들 '야'로 읽고, '鶴'은 학(鶴) '학'으로 읽고, '寧'은 어찌(<u>의문 부사</u>) '녕(영)'으로 읽고, '知'는 알 '지'로 읽고, '去'는 갈 '거'로 읽고, '住'는 살 '주', 머무를 '주'로 읽고, '心'은 마음 '심'으로 읽는다. '野鶴寧知去住心'을 직역(直譯)하면, 들의 학이 어찌 가고 머무르는 마음을 알겠는가? '蘭浦蒼蒼春欲暮'에서, '蘭'은 난초 '란(<u>난</u>)'으로 읽고, '浦'는 물가 '포'로 읽는다. '蘭浦'는 땅 이름. '蒼'은 푸를 '창'으로 읽는다. '蒼蒼'은 바다, 하늘, 호수 따위가 매우 푸름. '春'은 봄 '춘'으로 읽고, '欲'은 하고자 할 '욕'으로 읽고, '暮'는 저물 '모'로 읽는다. '蘭浦蒼蒼春欲暮'를 직역(直譯)하면, 난포(蘭浦) 의 (물) 푸르니 봄이 저물려고 한다. '落花流水怨離襟'에서, '落'은 떨어질 '락(<u>낙</u>)'으로 읽고, '花'는 꽃 '화'로 읽고, '流'는 흐를 '류(<u>유</u>)'로 읽고, '水'는 물 '수'로 읽고, '怨'은 원망할 '원'으로 읽고, '離'는 떠날 '리(<u>이</u>)'로 읽고, '襟'은 옷깃(<u>저고리나 두루마기의 목에 둘러대어 앞으로 여미게 된 부분</u>) '금'으로 읽는다. '落花流水怨離襟'을 직역(直譯)하면, 떨어지는 꽃과 흐르는 물이 (나의) 옷깃을 떠나니 원망스럽다. 여기 서, '落花流水'가 유래하였는데, 이것을 직역(直譯)하면, 떨어지는(<u>지는</u>) 꽃과 흐르는 물이라는 뜻으로, ①가는 봄의 경치를 이르는 말. ②힘이나 세력이 쇠퇴(衰退·頹)해 가는 것이나 살림이나 세력(勢力)이 약해져 아주 보잘것없이 됨을 비유적으로 이르는 말. ③낙화(落花)는 물이 흐르는 대로 흘러가기를 바라 고, 유수(流水)는 떨어진 꽃을 싣고 흐르기를 바란다는 뜻으로, 남녀가 서로 그리는 정(情)을 가지고 있음을 비유적으로 이르는 말.

난가-지-락(爛柯之樂 문드러질 **난**/가지 **가**/어조사 **지**/즐거울 **락**) 가지(<u>나뭇가지</u>)가 문드러지는 즐거움이라는 뜻으로, 바둑을 두는 재미를 이르는 말. *난가(爛柯): 도낏자루가 썩는다는 뜻으로, 바둑 따위의 놀이에 정신이 팔려 세월 가는 줄 모름을 나타냄. 중국 진(晉)나라 때에 왕질(王質)이라는 나무꾼이, 두 동자(童子. <u>나이 어린 사내 아이</u>)가 바둑 두는 것을 구경하는 동안에 도낏자루가 썩는 줄도 모르고 세월(歲月)을 보냈다는 데서 유래한다. *문드러지다: ①썩거나 물러서 힘없이 처져 떨어지다. ②해져서 찢어지다.

난공-불락(難攻不落 어려울 **난**/칠 **공**/못할 **불**/떨어질 **락**) 치기(<u>공격하기</u>) 어려워 떨어지지(<u>무너뜨리지</u>) 못한다는 뜻으로, 공격(攻擊)하기가 어려워 쉽사리 함락(陷落. <u>성 따위를 무너뜨림</u>)되지 못함을 이르는 말. 즉, 공격할 수 없을 만큼 단단하여 쉽게 함락(陷落)시키지 못함을 이르는 말. *난공(難攻): (전쟁이나 경기 따위에서) 치기 어려운 일. 또는 공격하기 힘든 일. *불락(不落): ①떨어지지 아니함. ②함락(陷落) 되지 아니함.

난득-지-물(難得之物 어려울 **난**/얻을 **득**/어조사 **지**/사물 **물**) 얻기 어려운 사물(事物)이라는 뜻으로, 얻거 나 구하기 어려운 물건을 이르는 말. *난득(難得): 구하기 어려움. 또는 얻기 힘듦. *사물(事物): 일이나 물건.

난만-동귀(爛漫同歸 무르녹을 **난**/흩어질 **만**/함께 **동**/돌아올 **귀**) 흩어진 것이 무르녹아 함께 돌아온다는 뜻으로, 부정한 일에 함께 어울려서 한통속(<u>서로 마음이 통하여 같이 모인 동아리</u>)이 됨을 이르는 말.

*난만(爛漫): ①꽃이 활짝 피어 화려함. ②주고받는 의견이 충분히 많음. *동귀(同歸): ①귀착(歸着. 먼 곳으로부터 돌아와 닿음)하는 곳이 같음. ②함께 돌아감. *무르녹다: ①과일이나 삶은 음식이 익을 대로 익어서 흐무러지다. ②무슨 일이 한창 이루어지려는 고비에 이르다. ③그늘이 매우 짙다.

난만-상의(爛漫相議 무르녹을 난/흩어질 만/서로 상/의논할 의) 흩어져 무르녹을 (때까지) 서로 의논(議論)한다는 뜻으로, 시간을 충분히 두고 여러 번에 걸쳐 서로 의논(議論)함을 이르는 말. *난만(爛漫): ☞난만동귀(爛漫同歸). *상의(相議): 서로 의논함. *무르녹다: ☞난만동귀(爛漫同歸).

난망-지-은(難忘之恩 어려울 난/잊을 망/어조사 지/은혜 은) 잊기가 어려운 은혜(恩惠)라는 뜻으로, 잊을 수 없는 은혜(恩惠). 또는 잊지 못할 은혜(恩惠)를 이르는 말. =난망지택(難忘之澤). *난망(難忘): 잊기 어려움. 또는 잊지 못함. 잊을 수 없음.

난망-지-택(難忘之澤 어려울 난/잊을 망/어조사 지/은혜 택) 잊기가 어려운 은혜(恩惠)라는 뜻으로, 잊을 수 없는 은혜(恩惠). 또는 잊지 못할 은혜(恩惠)를 이르는 말. =난망지은(難忘之恩). *난망(難忘): ☞난망지은(難忘之恩).

난-백-난-중(難伯難仲 어려울 난/맏 백/어려울 난/버금 중) 맏(맏이)과 버금(둘째)은 (구별하기가) 어렵고 어렵다. 즉, 누가 맏형이고 누가 둘째형인지 분간하기 어렵다는 뜻으로, 비교되는 대상의 우열(優劣.오수함과 열등함)을 가리기 어려움을 비유적으로 이르는 말. 비 난형난제(難兄難弟). 백중지세(伯仲之勢). *맏: 부록 '백(伯)' 참고. *버금: 부록 '중(仲)' 참고.

난봉-화명(鸞鳳和鳴 난새 난/봉황 봉/화목할 화/울 명) 난새와 봉황(鳳凰)이 화목(和睦)하게 운다. 즉, 난새와 봉황(鳳凰)이 우는 소리가 화합(和合)을 이룬다는 뜻으로, 부부간의 서로 화목(和睦)함을 비유적으로 이르는 말. *난봉(鸞鳳): ① 난조(鸞鳥)와 봉황(鳳凰)을 아울러 이르는 말. ②뛰어난 인물을 비유적으로 이르는 말. *화명(和鳴): ①새들이 지저귐. 또는 그런 소리. ②여러 가지 악기가 조화되어 울림. *난새(鸞~): 부록 '난(鸞)' 참고. *봉황(鳳凰): 고대 중국에서 상서(祥瑞. 복스럽고 길한 일이 있을 듯함)로운 새로 여기던 상상의 새를 이르는 말. 머리는 뱀, 턱은 제비, 등(사람이나 동물의 몸통에서 뒤쪽이나 위로 향한 쪽, 곧 가슴이나 배의 반대쪽)은 거북, 꼬리는 물고기 모양이며, 깃(새의 날개)에는 오색(五色. 파랑, 노랑, 빨강, 하양, 검정의 다섯 가지 빛깔)의 무늬가 있다고 함.

난상-공론(爛商公論 무르녹을 난/헤아릴 상/여러 공/논의할 론) 무르녹을 (때까지) 헤아리면서 여럿이 논의(論議)한다는 뜻으로, 여러 사람이 모여서 충분히 의논(議論)함. 또는 그런 논의(論議)를 이르는 말. *난상(爛商): 충분히 의논함. 또는 그런 의논. '숙의(熟議)'와 비슷함. *공론(公論): ①여럿이 의논함. 또는 그런 의논. ②공정하게 의논함. 또는 그런 의논. *무르녹다: ①(과일이나 삶은 음식이) 익을 대로 익어 흐무러지다. ②(무슨 일이) 한창 고비에 이르다. ③그늘이 매우 짙다. 여기서는 ②의 뜻. *헤아리다: ①(수량을) 세다. 또는 셈하다. ②짐작으로 가늠하여 살피다. 또는 미루어 짐작하다.

난상-공의(爛商公議 무르녹을 난/헤아릴 상/여러 공/의논할 의) 무르녹을 (때까지) 헤아려 여럿이 의논(議論)한다는 뜻으로, 여러 사람이 모여서 충분히 의논(議論)함, 또는 그런 의논(議論)을 이르는 말. =난상공론(爛商公論). *난상(爛商): ☞난상공론(爛商公論). *공의(公議): ①공정하게 의논함. 또는 그 의논. ②여럿이 의논함. 또는 그 의논. *무르녹다: ☞난상공론(爛商公論). *헤아리다: ☞난상공론(爛商公論).

난상-숙의(爛商熟議 무르녹을 난/헤아릴 상/익을 숙/의논할 의) 무르녹을 (때까지) 헤아리고 익을 때까지

의논(議論)한다는 뜻으로, 충분히 의견(意見)을 나누어 토의(討議)함, 또는 그런 토의(討議)를 이르는 말. =난상토의(爛商討議). *난상(爛商): ☞난상공론(爛商公論). *숙의(熟議): 충분히 의논함. *무르녹다: ☞난상공론(爛商公論). *헤아리다: ☞난상공론(爛商公論).

난상-토론(爛商討論 무르녹을 난/헤아릴 상/궁구할 토/논의할 론) 무르녹을 (때까지) 헤아리고 궁구(窮究)하며 논의(論議)한다는 뜻으로, 충분히 의견(意見)을 나누어 토론(討論)함, 또는 그런 토론(討論)을 이르는 말. *난상(爛商): ☞난상공론(爛商公論). *토론(討論): 어떤 논제(論題. <u>논문이나 토론 따위의 주제나 제목</u>)를 둘러싸고 여러 사람이 제각기 의견을 말하며 논의함. *무르녹다: ☞난상공론(爛商公論). *헤아리다: ☞난상공론(爛商公論). *궁구하다(窮究~): 속속들이 깊이 연구하다.

난상-토의(爛商討議 무르녹을 난/헤아릴 상/궁구할 토/의논할 의) 무르녹을 (때까지) 헤아리고 궁구(窮究)하며 의논(議論)한다는 뜻으로, 충분히 의견(意見)을 나누어 토의(討議)함, 또는 그런 토의(討議)를 이르는 말. =난상숙의(爛商熟議). *난상(爛商): ☞난상공론(爛商公論). *토의(討議): 어떤 문제에 대하여 각자의 의견을 내걸어 검토하고 협의함. *무르녹다: ☞난상공론(爛商公論). *헤아리다: ☞난상공론(爛商公論). *궁구하다(窮究~): ☞난상토론(爛商討論).

난세-지-음(亂世之音 어지러울 난/세상 세/어조사 지/음악 음) 어지러운 세상(世上)의 음악(音樂)이라는 뜻으로, 중국의 예악(禮樂)을 근본으로 삼은 조선 시대에, 곡조가 빠르고 시끄러운 음악을 이르던 말. 여기서, '예악(禮樂)'은 예절과 음악을 이르는 말. '예절은 언행을 삼가게 하고, 음악은 인심을 감화시키는 것'이라 하여, 중국에서는 예(<u>아주 먼 과거</u>)로부터 사회의 질서 유지를 위하여 이를 매우 중요시하였음. 음악이 빨라진다는 것은 정치와 예(禮)가 무너진 것이라는 뜻에서 이렇게 불렀다. =쇠세지음(衰世之音). 囹 치세지음(治世之音). *난세(亂世): 전쟁이나 무질서한 정치 따위로 어지러워 살기 힘든 세상. 이 사자성어의 유래는 다음과 같다. 『예기(禮記)』의 「악기(樂記)」 편(篇)에 〈따라서 세상이 잘 다스려진 시대의 음악은 편안하고 즐거우며, 그 정치(政治)도 조화를 이룬다. 어지러운 시대의 음악은 원망과 분노로 차 있으며, 그 정치(政治)도 바르지 않다. 나라를 망하게 하는 음악은 슬픈 마음이 일어나게 하고, 그 백성들을 곤궁(困窮)하게 한다.(是故治世之音, 安以樂, 其政和, **亂世之音**, 怨以怒, 其政乖, 亡國之音, 哀以思, 其民困.)〉라는 이야기가 나오는데, '어지러운 시대의 음악(亂世之音)'에서, '난세지음(亂世之音)'이 유래했다. 참고로, 원문의 '是故治世之音'에서, '是'는 이(<u>지시하는 말</u>) '시'로 읽고, '故'는 그러므로 '고', 까닭 '고'로 읽고, '治'는 다스릴 '치'로 읽고, '世'는 세상 '세'로 읽는다. '治世'는 잘 다스려져 화평한 세상. '之'는 어조사 '지'로 읽는다. '~의'를 나타내는 관형격 조사. '音'은 소리 '음', 음악(音樂) '음'으로 읽는다. '是故治世之音'을 직역(直譯)하면, 이러한 까닭으로 다스려진 세상의 음악은, '安以樂'에서, '安'은 편안 '안'으로 읽고, '以'는 써(<u>그것을 가지고, 그것으로 인하여</u>) '이'로 읽고, '樂'은 즐거울 '락(<u>낙</u>)'으로 읽는다. '安以樂'을 직역(直譯)하면, 편안하면서 그것으로 인하여 즐겁고, '其政和'에서, '其'는 그(<u>지시하는 말</u>) '기'로 읽고, '政'은 정사(政事. <u>정치에 관한 일. 또는 행정에 관한 일</u>) '정'으로 읽고, '和'는 화할(和~. <u>서로 뜻이 맞아 사이 좋은 상태가 됨</u>) '화'로 읽는다. '其政和'를 직역(直譯)하면, 그 정치(政治)도 화(和)하게 된다. '亂世之音'에서, '亂'은 어지러울 '란(<u>난</u>)'으로 읽고, '世'는 세상 '세'로 읽고, '之'는 어조사 '지'로 읽는다. '~의'를 나타내는 관형격 조사. '音'은 음악 '음'으로 읽는다. '亂世之音'을 직역(直譯)하면, 어지러운 세상(世上)의 음악(音樂)이라는 뜻으로, 중국의 예악(禮樂)을 근본으로 삼은 조선 시대에, 곡조가 빠르고 시끄러운 음악을 이르던 말. 음악이 빨라진다는 것은 정치와 예(禮)가 무너진 것이라는 뜻에서 이렇게 불렀다. '怨以怒'에서, '怨'은 원망할 '원'으로 읽고, '怒'는 성낼 '로(노)'로 읽는다. '怨以怒'를 직역(直譯)하면, 원망하면서, 그것으로 인하여 성내고, '其政乖'에서, '乖'는 어그러질(계획이나 예상 따위가 빗나가거나 달라져 이루어지지 아니할) '괴'로 읽는다. '其政乖'를 직역(直譯)하면, 그 정치가 어그러지게 된다. '亡國之音'에서, '亡'은 망할 '망'으로 읽고, '國'은 나라 '국'으로 읽고, '之'는 어조사 '지'로 읽는다. '~의'를 나타내는 관형격 조사. '音'은 음악 '음'으로 읽는다. '亡國之音'을 직역(直譯)하면, (그리고) 나라를 망하게 (할) 음악이라는 뜻으로, 음란(淫亂. 음탕하고 난잡함)하고 사치한 음악, 저속하고 잡스러운 음악, 지나친 애조(哀調. 구슬픈 곡조)를 띤 음악 따위를 이르는 말. '哀以思'에서, '哀'는 슬플 '애'로 읽고, '思'는 생각 '사', 마음 '사'로 읽는다. '哀以思'를 직역(直譯)하면, 슬프고 그것으로 인하여 그 마음이 (일어나고), '其民困'에서, '民'은 백성 '민'으로 읽고, '困'은 가난할 '곤'으로 읽는다. '其民困'을 직역(直譯)하면, 그(로 인하여) 백성을 가난하게 (한다).

난-수-국-방(蘭秀菊芳 난초 **난**/빼어날 **수**/국화 **국**/향기 **방**) 난초(蘭草)가 빼어나고 국화(菊花)가 향기롭다는 뜻으로, 난초(蘭草)와 국화(國花)의 향기(香氣)를 이르는 말. *빼어나다: 부록 '수(秀)' 참고. 이 사자성어의 유래는 다음과 같다. 『고문진보후집(古文眞寶後集)』「권일(卷一)」 4번째 편(篇), '한무제(漢武帝. 한나라의 무제)'의 '추풍사(秋風辭)'에, 여기서 '추풍사(秋風辭)'의 작자가 '유철(劉徹)'로 된 곳이 있다. '유철(劉徹)'은 한무제(漢武帝)의 본이름이다. 그리고 '추풍사(秋風辭)'는 『문선(文選)』에도 나온다. [휴재(休齋)가 말했다. "시(詩)가 변하여 소(騷)가 되었고, 소(騷)가 변하여 사(辭)가 되었으니, 모두 노래이다. 사(辭)라는 것은 시(詩)와 소(騷)의 소리를 겸하였으니, 더욱 간결하고도 심오하다." 여기서 '사(辭)'는 한문(漢文) 문체(文體)의 명칭으로, 초(楚)나라 땅에서 지어졌다고 하여 초사(楚辭)라고 불렀다. 초(楚)나라 사람인 굴원(屈原)의 「이소(離騷)」가 대표적인 사(辭)로, 일명(一名. 사물의 본이름 외에 달리 일컫는, 딴 이름) '소(騷)'라고도 부른다. 한무제(漢武帝)가 분음(汾陰. 땅 이름)에서 후토(后土. 토지의 신)에 제사 지내고 「추풍사(秋風辭)」 일장(一章)을 지었는데, 대체로 3번 운(韻. 각 시행·詩行의 동일한 위치에서 규칙적으로 쓰인, 음조·音調가 비슷한 글자)이 바뀌고, 그 가락은 짧지만, 소리는 애달프니, 사(辭)의 시작인 셈이다. 한무제(漢武帝. 한나라의 무제)가 하동(河東. 땅 이름)에 행차(行次. 웃어른이 길을 감'을 높이어 이르는 말)하여 후토(后土)에 제사를 지내고, 함양(咸陽. 땅 이름)을 돌아보고 기뻐하며(顧視帝京欣然) 중류(中流. 땅 이름)에서 뭇 신하(臣下)들과 술을 마시며 잔치를 열었다. 여기서 '京'을 함양(咸陽)으로 풀이하였다. '함양(咸陽)'은 한(漢)나라의 초대(初代) 황제인 고조(高祖) 유방(劉邦)이 그 곳에 수도(首都) '장안(長安)'을 세운 곳으로 유명하다. 장안(長安)은 '영원히 편하다.'라는 뜻이다. 이후 장안(長安)은 오랫동안 중국 도읍지(都邑地. 한 나라의 서울로 삼은 곳)의 대명사가 되었다. 한무제(漢武帝)가 매우 기쁘게 되자, 곧 스스로 추풍사(秋風辭)를 지었으니, 다음과 같다.]〈가을의 바람 이니 흰 구름 날리고 / 초목(草木)이 누렇게 지고 기러기가 남쪽으로 돌아가도다. / 난초엔 빼어난 자태(姿態. 어떤 모습이나 모양을 일컫는 말. 주로 여성의 고운 맵시나 태도에 대하여 일컬으며, 식물, 건축물, 강, 산 따위를 사람에 비유하여 일컫기도 한다)가 있고 국화엔 향긋한 냄새가 있으니 / 어여쁜 여인 (마음속에) 품으니 잊을 수가 없도다. / 누선(樓船)을 띄워 분하(汾河)를 건너며 / 강물 가운데를 가로질러 가니 흰 물결이 이는구나. / 퉁소 불고 북소리 울리며 뱃노래 부르니 / 기쁨과 즐거움이 다하면 슬픈 마음 많아지도다.

/ 젊고 장성할 때 얼마나 되랴! 이내 늙음을 어찌 하리오!(秋風起兮白雲飛, 草木黃落兮雁南歸, <u>**蘭有秀兮**</u> <u>**菊有芳**</u>, 懷佳人兮不能忘, 泛樓船兮濟汾河, 橫中流兮揚素波, 簫鼓鳴兮發棹歌, 歡樂極兮哀情多, 少壯幾時 兮奈老何)〉라는 시(詩)가 나오는데, '난초엔 빼어난 자태가 있고 국화엔 향긋한 냄새가 있으니(蘭有秀兮 菊有芳)'에서 '난수국방(蘭秀菊芳)'이 유래하였다. '추풍사(秋風辭)'는 한(漢)나라 무제(武帝)의 만년(晚年. 늙은 나이)에 지은 것으로, 인생의 쓸쓸함과 인생무상(人生無常. 본문 참고)을 가을바람에 부쳐 노래하 고 있다. 각 구(句)마다 중간에 혜(兮)를 두었으며, 모두 9구(句) 65자(字)이다. 나머지 구체적인 내용은 ⇨환락애정(歡樂哀情).

난신-적자(亂臣賊子 어지럽힐 **난**/신하 **신**/해칠 **적**/아들 **자**) (나라를) 어지럽히는 신하(臣下)와 (부모를) 해치는 아들. 즉, 반란(反·叛亂. 정부나 지배자에게 반항하여 내란을 일으킴)을 일으키는 신하와 패역(悖 逆)한 아들이란 뜻으로, 나라를 어지럽히는 불충(不忠)한 무리나 역적(逆賊. 자기 나라나 민족, 통치자를 반역한 사람) 그리고 어버이를 해치는 자식을 가리키는 말. 囧 간신적자(奸臣賊子). 여기서, '패역(悖逆)하 다'는 인륜(人倫. 사람으로서 마땅히 지켜야 할 도리)에 어긋나고 불순(不順. 고분고분하지 아니함)하다. '불충(不忠)하다'는 충성(忠誠. 진정에서 우러나오는 정성. 특히 임금이나 국가에 대한 것을 일컬음)을 다하지 아니하다. '역적(逆賊)'은 임금에게 반역(反·叛逆. 배반하여 돌아섬)한 사람. *난신(亂臣): ①나라 를 어지럽히는 신하. ②난시(亂時. 전쟁이나 변란 따위로 세상이 어지러운 시기)에 나라를 잘 다스릴 수 있는 신하. *적자(賊子): (부모에게 거역하는) 불효한 자식. 이 사자성어의 유래는 다음과 같다. 『맹자 (孟子)』의 「등문공(滕文公) 장구(章句)」 하(下) 편(篇)에 [세상이 쇠퇴(衰頹·退. 기세나 상태가 쇠하여 전보 다 못하여 감)하고 정도(正道. 올바른 길)가 희미해져서 사설(邪說. 사람의 마음을 흐리게 하는, 잘못된 말)과 폭행이 일어났다. 신하가 자기 임금을 죽이는 일이 생기고, 자식이 아비를 죽이는 일이 생기게 되었다. 즉, 맹자(孟子)는 중국 춘추시대(春秋時代)의 사상가이며 학자인 공자(孔子)가 살았던 시기는 춘추시대(春秋時代)로써, 한 마디로 도의(道義)가 땅에 떨어졌음을 이야기하고 있는 것이다. 공자(孔子)가 이를 우려하여 『춘추(春秋)』를 지었다. ……][〈옛날에 우(禹)가 홍수를 막아내니 천하가 화평해졌고, 주공(周公)이 겸(兼)하여 이적(夷狄)을 정복하고 맹수를 몰아내니 백성들이 편안해졌으며, 공자(孔子)가 『춘추(春秋)』를 완성하자, 나라를 어지럽히는 신하들과 부모를 해치는 자식들이 두려워하게 되었다.(昔 者, 禹抑洪水而天下平, 周公兼夷狄驅猛獸而百姓寧, <u>**孔子成春秋而亂臣賊子懼**</u>.)〉라는 이야기가 나오는데, '공자(孔子)가 『춘추(春秋)』를 완성하자, 나라를 어지럽히는 신하들과 부모를 해치는 자식들이 두려워하게 되었다.(孔子成春秋而亂臣賊子懼)'에서, '난신적자(亂臣賊子)'가 유래했다. 이 이야기가 나온 배경은 다음 과 같다. 맹자(孟子)의 제자(弟子)인 공도자(公都子)가 맹자(孟子)에게, 사람들이 맹자(孟子)를 가리켜 논쟁을 좋아한다고 하는데, 그 까닭을 알고 싶다고 하였다. 맹자(孟子)는 자신이 논쟁을 좋아하는 것이 아니라, 천하(天下)의 도(道)가 땅에 떨어졌기 때문에 어쩔 수 없이 하는 것일 뿐이라고 대답하고, 이어 선대(先代)의 우(禹)임금과 주공(周公), 공자(孔子) 따위의 세 성인(聖人. 지혜와 덕이 매우 뛰어나 길이 우러러 본받을 만한 사람)을 계승하는 것이 자신의 뜻임을 밝히고 위와 같이 말하였다. 위의 번역문에서, '공자(孔子)가 『춘추(春秋)』를 완성하자 나라를 어지럽히는 신하들과 부모를 해치는 자식들이 두려워하게 되었다.'라고 하였는데, 『춘추(春秋)』는 노(魯)나라 12대 242년의 역사를 노(魯)나라의 어느 사관(史官. 중국에서 기록을 맡아 보던 벼슬아치)이 편년체(編年體. 역사 서술 체제의 하나. 역사적 사실을 연대순으로 기록하는 기술 방법임)로 기록하였다. 그리고 그것을 공자(孔子)가 윤리적 입장에서 필삭(筆削. 써 놓은 글에서 더 쓸 것은 쓰고, 지울 것은 지워 버림)하여 정사(正邪. 바른 일과 사악한 일), 선악(善惡. 착한 것과 악한 것) 따위의 가치 판단을 내린 책이다. 『춘추(春秋)』에서는 특히 호칭에 중점을 두어 인물에 대한, 옳고 그름이나 선하고 악함을 판단하여 결정을 내렸는데, 이 책이 완성된 후 난신적자(亂臣賊子. 나라를 어지럽히는 불충한 무리)들이 두려워 떨었다고 한다. 공자(孔子)가 이 책에서 대의(大義)를 따르는 행동을 강조하였기 때문이었다. 사실 요즘도 충신(忠臣)과 효자(孝子)보다는 난신(亂臣)과 적자(賊子)를 찾기가 더 쉬운 세상이다. 하루빨리 도덕성 회복이 절실하다고 하겠다. 참고로, 원문의 '昔者'에서, '昔'은 예(아주 먼 과거) '석'으로 읽고, '者'는 것 '자'로 읽는다. '昔者'는 '옛적'과 같은 말로, 이미(돌이킬 수 없이 된 지난 일을 일컬을 때 쓰는 말) 많은 세월이 지난, 오래전 때. '禹抑洪水而天下平'에서, '禹'는 하우씨(夏禹氏. 중국 하·夏나라의 우·禹임금을 이르는 말) '우'로 읽고, '抑'은 막을 '억', 다스릴 '억'으로 읽고, '洪'은 홍수(洪水) '홍'으로 읽고, '而'는 말 이을 '이'로 읽는다. '그리고'의 뜻을 나타냄. '天下'는 하늘 아래 온 세상. '平'은 편안할 '평'으로 읽는다. '禹抑洪水而天下平'을 직역(直譯)하면, 우왕(禹王)은 홍수를 (잘) 다스려서 그리고 천하(天下)가 편안하였다. '周公兼夷狄驅猛獸而百姓寧'에서, '周'는 주(周)나라 '주'로 읽는다. '周公'은 사람 이름. '兼'은 겸할 '겸'으로 읽고, '夷'는 오랑캐 '이'로 읽고, '狄'은 오랑캐 '적'으로 읽는다. '夷狄'은 '오랑캐'와 같은 말로, 예전에 두만강 일대의 만주 지방에 살던 여진족(女眞族)을 멸시하여 이르던 말, '驅'는 몰아낼 '구'로 읽고, '猛'은 사나울 '맹'으로 읽고, '獸'는 짐승 '수'로 읽는다. '猛獸'는 주로 육식(肉食)을 하는 사나운 짐승. 사자나 범 따위를 일컫는다. '百'은 일백 '백'으로 읽고, '姓'은 백성 '성'으로 읽는다. '百姓'은 예전에, 사대부(士大夫. 문무·文武의 양반을 평민에 상대하여 일컫던 말)가 아닌 일반 평민을 이르던 말. '寧'은 편안할 '녕(영)'으로 읽는다. '周公兼夷狄驅猛獸而百姓寧'을 직역(直譯)하면, 주공(周公)이 이적(夷狄)과 겸하여 사나운 짐승을 몰아내고 나서 그리고 백성들은 편안하였다. '孔子成春秋而亂臣賊子懼'에서, '孔'은 성씨(姓氏) '공'으로 읽고, '子'는 경칭(敬稱. 공경하는 뜻으로 부르는 칭호, 또는 존대하여 일컬음) '자'로 읽는다. 학덕(學德)과 지위가 높은 남자의 경칭(敬稱)이다. '孔子'는 사람 이름. '成'은 이룰 '성', 완성할 '성'으로 읽고, '春'은 봄 '춘'으로 읽고, '秋'는 가을 '추'로 읽는다. '春秋'는 책 이름. '而'는 말 이을 '이'로 읽고, '亂'은 어지럽힐 '란(난)'으로 읽고, '臣'은 신하(臣下) '신'으로 읽고, '賊'은 도둑 '적', 해칠 '적'으로 읽고, '子'는 아들 '자'로 읽고, '懼'는 두려워할 '구'로 읽는다. '孔子成春秋而亂臣賊子懼'를 직역(直譯)하면, 공자(孔子)가 『춘추(春秋)』를 완성하고 나서 그리고 (나라를) 어지럽히는 신하(臣下)와 (부모를) 해치는 아들이 두려워하게 (되었다). 여기서, '亂臣賊子'가 유래하였는데, 이것을 직역(直譯)하면, (나라를) 어지럽히는 신하(臣下)와 (부모를) 해치는 아들. 즉, 반란(叛亂)을 일으키는 신하와 패역(悖逆. 사람으로서 마땅히 하여야 할 도리에 어긋나고 순리를 거슬러 불순함)한 아들이란 뜻으로, 나라를 어지럽히는 불충(不忠. 충성스럽지 아니함)한 무리나 역적(逆賊. 자기 나라나 민족, 통치자를 반역한 사람) 그리고 어버이를 해치는 자식을 가리키는 말.

난-아-심곡(亂我心曲 어지러울 난/나 아/마음 심/굽을 곡) 나의 굽은(깊은) 마음속이 어지럽다는 뜻으로, 여러 가지 일로 마음이 산란(散亂. 어지럽고 어수선함)함을 이르는 말. *심곡(心曲): 애틋하고 간절한 마음속.

난언-지-경(難言之境 어려울 난/말씀 언/어조사 지/경우 경) 말하기가 어려운 경우라는 뜻으로, 밝혀 말하기 어려운 경우나 처지를 이르는 말. =난언지지(難言之地). *난언(難言): (말하기가 딱해서) 말하기 어려
움. 또는 뭐라고 말하기가 곤란함. 또는 (입장이 곤란하여) 밝혀 말하기 어려움.

난언-지-지(難言之地 어려울 **난**/말씀 **언**/어조사 **지**/처지 **지**) 말하기가 어려운 처지라는 뜻으로, 밝혀 말하
기 어려운 경우나 처지를 이르는 말. =난언지경(難言之境). *난언(難言): ☞ 난언지경(難言之境).

난의-포식(暖·煖衣飽食 따뜻할 **난**/옷 **의**/배부를 **포**/먹을 **식**) 따뜻한 옷을 (입고) 배부르게 (밥을) 먹는다는
뜻으로, 좋은 옷을 입고 배불리 먹는 넉넉한 생활을 비유적으로 이르는 말. 또는 의식(衣食. '<u>의복·衣服</u>'과
'<u>음식·飮食</u>'을 아울러 이르는 말)에 부족함이 없이 편안하게 지냄을 이르는 말. ⑪ 포식난의(飽食暖·煖
衣). *난의(暖·煖衣): ①따뜻한 옷. ②옷을 따뜻하게 입음. *포식(飽食): 배부르게 먹음. 이 사자성어의
유래는 다음과 같다. 『맹자(孟子)』의 「등문공(滕文公) 장구(章句)」 상(上) 편(篇)에 〈후직(后稷. <u>고대 중국
의 순·舜 임금 때 농사일을 관장하던 관직 이름</u>)이 백성들에게 농사짓는 일을 가르치고 오곡(五穀)을
심어 키우게 했는데, 오곡(五穀)이 영글자 백성들이 잘 살게 되었다. 사람에게도 도(道)가 있으니, 배불리
먹고 따뜻하게 입고 편안하게 산다고 해도, 가르침이 없으면, 금수(禽獸)에 가까워진다.(后稷敎民稼穡,
樹藝五穀, 五穀熟而人民育, 人之有道也, **飽食暖衣逸居而無敎**, 則近於禽獸.)〉라는 이야기가 나오는데,
맹자가 말한 '배불리 먹고 따뜻하게 입고 편안하게 산다고 해도, 가르침이 없으면,(飽食暖衣逸居而無敎)'
에서, '난의포식(暖衣飽食)'이 유래했다. 이 이야기의 배경은 이렇다. 맹자(孟子)가 60세가 넘은 나이에
등문공(滕文公. 등나라의 문공)의 초빙을 받아 등(滕)나라에 갔다. 여기서 '맹자(孟子)'는 중국 전국시대
(戰國時代)의 사상가의 한 사람이다. 성선설(性善說)을 주장하고 인의(仁義)의 정치를 권하였다. 맹자(孟
子)는 등문공(滕文公)에게 주(周)나라처럼 정전법(井田法)을 실시하여 등(滕)나라를 이상적인 국가로 만
들도록 설득했다. 여기서 '정전법(井田法)'은 고대 중국의 하(夏)·은(殷)·주(周)나라 때의 토지 제도를
이르는 말. 사방 1리(里)의 농지를 '井'자 모양으로 아홉 등분하여 여덟 농가가 나누어 부치게 하고,
가운데 땅은 공동으로 지어 그 수확을 나라에 바치게 하던 제도임. 이때 묵자(墨子. <u>중국 춘추전국시대·
春秋戰國時代의 사상가·思想家이며 철학자·哲學者이다. 묵가·墨家의 시조·始祖</u>)의 영향을 받은 중농주
의자(重農主義者)인 허행(許行)이 등(滕)나라에 와서 등(滕)나라의 문공(文公)으로부터 살 집과 전토(田
土. '논'과 '밭'을 아울러 이르는 말)를 받고 자급자족(自給自足. <u>본문 참고</u>) 경제를 실천하고 있었다.
원래 '중농(中農)'은 중간 정도의 규모로 짓는 농사. 또는 그런 농가나 농민을 일컫는 말인데, 사람도
부리면서 주인도 함께 농사일을 한다. 따라서, 여기서 말하는 '중농주의자(重農主義者)'는 사람도 부리면
서 주인도 함께 농사일을 하는 자급자족(自給自足) 농사 행위를 따르거나 주장하는 사람이다. 그('<u>맹자·
孟子</u>'를 가리킴)의 제자(弟子)인 진상(陳相)이 맹자(孟子)에게 등(滕)나라의 임금도 백성들과 마찬가지로
손수 농사를 지어서 먹어야 한다고 주장했다. 자급자족(自給自足) 경제 행위를 말하는 것이다. 그때
맹자(孟子)는 분업론(分業論)을 내세워, 농사짓는 사람과 사람을 다스리는 자는 엄연히 구분되어야 할
것임을 주장한다. 인간의 생활이란 분업(分業)을 하는 것이지 원시적 자급자족(自給自足)이란 불가능하
다는 것을 말하고, "허행(許行)도 농기구나 그릇 따위를 물물교환(物物交換)하여 쓰고 있지 않느냐?"고
깨우쳐주면서, 즉, 분업(分業)을 강조하기 위하여 예로 든 말. 자급자족(自給自足) 측면에서 보면, 농기구
나 그릇 따위도 허행(許行)이 직접 만들어 써야 하는데, 누구나 그렇게 할 수 없기 때문에 분업(分業)이
필요하다는 것이 현실임을 말하고 있음. 우(禹)임금 같은 분은 8년 동안, 9개의 큰 강을 막아 다스리느라

고 세 차례나 자기 집 문 앞을 지나면서도 못 들어갔다는 것을 예로 든 후, 위의 이야기를 이어갔던 것이다. 즉, 맹자(孟子)는 군왕(君王, 군주 국가에서 나라를 다스리는 우두머리. = 임금. 여기서는, '우왕·禹王'을 가리킴)과 선각자(先覺者, 남보다 먼저 사물이나 세상일을 깨달은 사람을 일컫는 말. 여기서는, '후직·后稷'을 가리킴)들이 강(江)을 막고(우왕·禹王의 '치수'에 해당됨) 농사짓는 법('후직·后稷'에 해당됨)을 가르쳐 주었기 때문에, 백성들이 난의포식(暖衣飽食)을 할 수 있음을 말해주고 있는 것이다. 또한 맹자(孟子)는 난의포식(暖衣飽食)을 하자면 각기 맡은 바 생업에 열심히 할 필요가 있다. 인간은 모든 일을 다 할 수 없어(자급자족 경제는 불가능하다는 뜻) 우왕(禹王)과 후직(后稷)처럼 분야에 따라 잘하는 사람이 맡는 분업(分業)이 필요함을 이 사자성어는 위의 이야기에서 보여주고 있다고 하겠다. 참고로, 원문의 '后稷教民稼穡'에서, '后'는 사직(社稷. 고대 중국에서, 새로 나라를 세울 때 천자·天子나 제후·諸侯가 제사를 지내던 토지신과 곡신) '후'로 읽고, '稷'은 곡식의 신(神) '직'으로 읽는다. 여기서, '천자(天子)'는 천제(天帝. 하늘을 다스리는 신. 또는 우주를 창조하고 주재한다고 믿어지는 초자연적인 절대자)의 아들이란 뜻으로, 천명(天命. 하늘의 명령)을 받아 천하(天下)를 다스리는 사람. 곧 중국에서 황제(皇帝)를 일컫던 말이다. '后稷'은 관직 이름. '教'는 가르칠 '교'로 읽고, '民'은 백성 '민'으로 읽고, '稼'는 농사(農事) '가'로 읽고, '穡'은 거둘(곡식이나 열매 따위를 따서 담거나 한데 모을) '색'으로 읽는다. '가색(稼穡)'은 농작물을 심는 일과 거둬들이는 일. 즉, 농사짓는 일. '后稷教民稼穡'을 직역(直譯)하면, 후직(后稷)은 백성들에게 농사짓고 거두는 (일을) 가르치고, '樹藝五穀'에서, '樹'는 나무 '수', 심을 '수'로 읽고, '藝'는 재주(순우리말로, 무엇을 잘할 수 있는, 타고난 능력과 슬기) '예', 심을 '예'로 읽는다. '수예(樹藝)'는 곡식이나 나무 따위를 심어 가꾸는 일. '五'는 다섯 '오'로 읽고, '穀'은 곡식 '곡'으로 읽는다. '五穀'은 다섯 가지 곡식. 쌀, 보리, 콩, 조, 기장 따위를 말함. '樹藝五穀'을 직역(直譯)하면, 오곡을 심어 (가꾸게 했는데), '五穀熟而人民育'에서, '熟'은 열매 익을 '숙'으로 읽고, '而'는 말 이을 '이'로 읽는다. '그리고'의 뜻을 나타냄. '人'은 사람 '인'으로 읽고, '民'은 백성 '민'으로 읽는다. '人民'은 국가나 사회를 구성하고 있는 사람들을 이르는 말. 대체로 지배자에 대한 피지배자를 일컫는다. '育'은 기를 '육'으로 읽는다. '五穀熟而人民育'을 직역(直譯)하면, 오곡의 (열매가) 익자 그리고 인민들이 길러졌다. '人之有道也'에서, '之'는 어조사 '지'로 읽는다. '~는(은)'의 뜻을 나타내는 주격 조사. '有'는 있을 '유'로 읽고, '道'는 도리(道理. 여기서는 어떤 일을 해 나갈 방도) '도'로 읽고, '也'는 어조사 '야'로 읽는다. '~이다(단정)'의 뜻을 나타냄. '人之有道也'를 직역(直譯)하면, 사람은 (살아가는) 도리(道理)가 있으니, '飽食暖衣逸居而無教'에서, '飽'는 배부를 '포'로 읽고, '食'은 먹을 '식'으로 읽고, '暖'은 따뜻할 '난'으로 읽고, '衣'는 옷 '의'로 읽고, '逸'은 편안할 '일'로 읽고, '居'는 살 '거'로 읽고, '而'는 말 이을 '이'로 읽는다. '그러나'의 뜻을 나타냄. '無'는 없을 '무'로 읽고, '教'는 가르칠 '교'로 읽는다. '飽食暖衣逸居而無教'를 직역(直譯)하면, 배부르게 먹고 따뜻하게 입고 편안하게 살고 (있다고 해도) 그러나 가르침이 없으면, 여기서, '暖衣飽食'이 유래하였는데, 이것을 직역(直譯)하면, 따뜻한 옷을 (입고) 배부르게 (밥을) 먹는다는 뜻으로, 좋은 옷을 입고 배불리 먹는 넉넉한 생활을 비유적으로 이르는 말. 또는 의식(衣食)에 부족함이 없이 편안하게 지냄을 이르는 말. '則近於禽獸'에서, '則'은 곧 '즉'으로 읽고, '近'은 가까울 '근'으로 읽고 '於'는 어조사 '어'로 읽는다. '~에(위치)'의 뜻을 나타냄. '禽'은 새 '금'으로 읽고, '獸'는 짐승 '수'로 읽는다. '禽獸'는 날짐승과 길짐승이라는 뜻으로, 모든 짐승을 이르는 말. '則近於禽獸'를 직역(直譯)하면, 곧 날짐승과 길짐승에 가깝게 된다. 그런데 이 외 '난의포식(暖衣飽食)'은 『묵자(墨子)』의 「천지중(天志中)」 편(篇)과 『순자(荀子)』의 「영욕(榮辱)」 편(篇)에도 나온다.

난-자-혜질(蘭姿蕙質 난초 **난**/맵시 **자**/아름다울 **혜**/바탕 **질**) 난초(蘭草) (같은) 맵시와 아름다운 바탕이라는 뜻으로, 여자의 아름다운 자태(姿態. 어떤 모습이나 모양을 일컫는 말. 주로 여성의 고운 맵시나 태도에 대하여 일컬으며, 식물, 건축물, 강, 산 따위를 사람에 비유하여 일컫기도 함)와, 뛰어난 자질(資質. 타고난 성품이나 소질)을 향기로운 꽃에 비유(比·譬喩. 어떤 사물의 모양이나 상태 따위를 보다 효과적으로 표현하기 위하여 그것과 비슷한 다른 사물에 빗대어 표현함. 또는 그 표현 방법)하여 이르는 말. *혜질(蕙質): ①좋은 성질. ②미인의 체질(體質. 날 때부터 지니고 있는, 몸의 생긴 바탕). *맵시: 아름답고 보기 좋은 모양새.

난-중-지-난(難中之難 어려울 **난**/가운데 **중**/어조사 **지**/어려울 **난**) 어려운 일 가운데서도 가장 어려움.

난-지-점-수(蘭芷漸滫 난초 **난**/구릿대 **지**/번질 **점**/오랜 뜨물 **수**) 난초(蘭草)와 구릿대, 즉, 향초(香草. 향기로운 풀)를 오랜 뜨물(오줌)에 (담가) 번지게 (한다는) 뜻으로, 착한 사람이 나쁜 것에 물듦을 비유적으로 이르는 말. *구릿대: 부록 '지(芷)' 참고. *번지다: 부록 '점(漸)' 참고.

난행-고행(難行苦行 어려울 **난**/행할 **행**/괴로울 **고**/행할 **행**) 어려운 행(行)함과 괴로운 행(行)함. 즉, 어렵고 괴로운 수행(修行)이라는 뜻으로, ①아주 심하게 고생함을 이르는 말. ②몹시 괴로운 수행(修行)을 이르는 말. *난행(難行): 불교에서, 몹시 고된 수행(修行)을 이르는 말. *고행(苦行): ①육신(肉身. 사람의 산 몸뚱이)을 괴롭히고 고뇌를 견뎌 내는 수행(修行). ②절에서 장차(將次. '앞으로'의 뜻으로, 미래의 어느 때를 나타내는 말) 중(승려)이 되기 위하여 심부름하는 일 또는 그 사람.

난-형-난-제(難兄難弟 어려울 **난**/형 **형**/어려울 **난**/아우 **제**) 형(兄)이라 (하기도) 어렵고, 아우라 (하기도) 어렵다. 즉, 누구를 형(兄)이라 하고 누구를 아우라 하기 어렵다는 뜻으로, 둘 가운데 학문이나 재능(才能. 어떤 일을 하는데 필요한 재주와 능력) 따위가 비슷해서 우열(優劣. 우수함과 열등함)을 가리기 어려운 상황을 비유적으로 이르는 말. 또는 두 사물이 서로 비슷하여 낮고 못함을 정하기 어려움을 이르는 말. 여기서, '재주'는 순우리말로, 무엇을 잘할 수 있는, 타고난 능력과 슬기. ⽐ 난백난중(難伯難仲). 백중지세(伯仲之勢). ⽏ 막상막하(莫上莫下). 이 사자성어의 유래는 다음과 같다. 『세설신어(世說新語)』의 「덕행(德行)」 편(篇)에 〈진원방(陳元方)의 아들 장문(長文)은 영특한 재능을 가지고 있었는데, 계방(季方)의 아들 효선(孝先)과 더불어, 서로 자기 아버지의 공적(功績)과 덕행(德行)을 논하였는데, 결말이 나지 않자, 할아버지인 태구(太丘)에게 물었다. 태구(太丘)가 말했다. "원방(元方)을 형(兄)이라 하기도 어렵고, 계방(季方)을 아우라고 하기도 어렵구나."(陳元方子長文, 有英才, 與季方子孝先, 各論其父功德, 爭之不能決, 咨於太丘, 太丘曰, **元方難爲兄, 季方難爲弟**.)〉라는 이야기가 나오는데, '원방(元方)을 형(兄)이라 하기도 어렵고, 계방(季方)을 아우라고 하기도 어렵구나.(元方難爲兄, 季方難爲弟)'에서, '난형난제(難兄難弟)'가 유래했다. 후한(後漢) 말 진식(陳寔)은 태구(太丘. 사람 이름이면서 땅의 이름이다)의 현령(縣令. 버슬 이름)이라는 낮은 관직(官職. 관리로서, 국가로부터 위임 받은 일정한 범위의 직무, 또는 그 직위)에 있었다. 그의 아들 진기(陳紀)는 진심(陳諶)과 더불어 군자(君子. 학문과 덕·德이 높고 행실·行實이 바르며 품위·品位를 갖춘 사람)로 불릴 정도로 덕망이 있었다. 진기(陳紀)의 자(字. 본이름을 함부로 부르지 않던 시대에, 본이름 대신 부르던 이름)는 원방(元方)이고, 진심(陳諶)의 자(字)는 계방(季方)이다. 그리고 진기(陳紀)의 아들은 진군(陳群)이고, 자(字)는 장문(長文)이다. 진심(陳諶)의 아들은 진충(陳忠)이고, 그의 자(字)는 효선(孝先)이다. 참고로, 원문의 '陳元方子長文'에서, '陳'은 성씨(姓氏) '진'으로 읽고, '元'은 으뜸(중요한 정도로 본, 어떤 사물의 첫째를 이르는 말) '원'으로 읽고, 方은 모 '방'으로 읽는다. '陳元方'은 사람 이름. '子'는 아들 '자'로 읽고, '長'은 길 '장'으로 읽고, '文'은 글월 '문'으로 읽는다. '長文'은 사람 이름. '陳元方子長文'을 직역(直譯)하면, 진원방(陳元方)의 아들인 장문(長文)은, '有英才'에서, '有'는 있을 '유'로 읽고, '英'은 재주(순우리말로, 무엇을 잘할 수 있는, 타고난 능력과 슬기) 뛰어날 '영'으로 읽고, '才'는 재주 '재'로 읽는다. '英才'는 뛰어난 재주. '有英才'를 직역(直譯)하면, 뛰어난 재주를 (가지고) 있었는데, '與季方子孝先'에서, '與'는 더불어 '여'로 읽고, '季'는 막내 '계'로 읽는다. '季方'은 사람 이름. '孝'는 효도할 '효'로 읽고, '先'은 먼저 '선'으로 읽는다. '孝先'은 사람 이름. '與季方子孝先'을 직역(直譯)하면, 계방(季方)의 아들인 효선(孝先)과 더불어. '各論其父功德'에서, '各'은 제각기 '각'으로 읽고, '論'은 논의할 '론(논)'으로 읽고, '其'는 그(지시하는 말) '기'로 읽고, '父'는 아버지 '부'로 읽고, '功'은 공(功. 어떠한 일에 이바지한 공적과 노력) '공'으로 읽고, '德'은 덕(德. 고매하고 너그러운 도덕적 품성) '덕'으로 읽는다. '功德'은 착한 일을 하여 쌓은 업적과 어진 덕(德). '各論其父功德'을 직역(直譯)하면, 제각기 그 아버지의 공덕(功德)에 대해서 논의하였다. '爭之不能決'에서, '爭'은 다툴 '쟁'으로 읽고, '之'는 어조사 '지'로 읽는다. '그것'을 나타내는 지시 대명사. '能'은 할 수 있을 '능'으로 읽고, '決'은 결정할 '결'로 읽는다. '爭之不能決'을 직역(直譯)하면, (결국) 그것에 대하여 다투었으나 결정할 수 없게 되자. '咨於太丘'에서, '咨'는 물을[問] '자'로 읽고, '於'는 어조사 '어'로 읽는다. '~에게(위치)'의 뜻을 나타냄. '太'는 클 '태'로 읽고, '丘'는 언덕 '구'로 읽는다. '咨於太丘'를 직역(直譯)하면, (할아버지인) 태구(太丘)에게 물었다. 그런데 태구(太丘)는 지명(地名)으로, 지금의 하남(河南) 영성(永城)의 서북쪽에 있음. 진식(陳寔)이 태구(太丘)의 현령(縣令)이라는 장(長)을 지냈으므로, 여기서는 그의 이름을 직접 쓰는 대신 그의 직함과 관련된 지명(地名)을 쓴 것이다. '元方難爲兄'에서, '元'은 으뜸 '원'으로 읽고, '方'은 모 '방', 네모 '방'으로 읽는다. '元方'은 사람 이름. '難'은 어려울 '난'으로 읽고, '爲'는 할 '위'로 읽고, '兄'은 형(兄) '형'으로 읽는다. '元方難爲兄'을 직역(直譯)하면, 원방(元方)을 형(兄)이라 하기도 어렵고, '季方難爲弟'에서, '季'는 끝 '계', 막내 '계'로 읽고, '弟'는 아우 '제'로 읽는다. '季方難爲弟'를 직역(直譯)하면, 계방(季方)이 아우라 하기도 어렵다. 여기서, '難兄難弟'가 유래하였는데, 이것을 직역(直譯)하면, 형(兄)이라 (하기도) 어렵고, 아우라 (하기도) 어렵다. 즉, 누구를 형(兄)이라 하고 누구를 아우라 하기 어렵다는 뜻으로, 둘 가운데 학문이나 재능 따위가 비슷해서 우열(優劣)을 가리기 어려운 상황을 비유적으로 이르는 말. 또는 두 사물이 서로 비슷하여 낫고 못함을 정하기 어려움을 이르는 말.

난화-지-맹(難化之氓 어려울 **난**/교화할 **화**/어조사 **지**/백성 **맹**) 교화(敎化)하기 어려운 백성(百姓)을 이르는 말. =난화지민(難化之民). *난화(難化): 교화하기 어려움. *교화하다(敎化~): ①(주로 교양, 도덕 따위를) 가르치어 감화(感化)시키다. ②불법(佛法). 즉, 부처의 가르침으로 사람을 가르치어 착한 마음을 가지게 하다.

난화-지-물(難化之物 어려울 **난**/교화할 **화**/어조사 **지**/사물 **물**) 교화(敎化)하기 어려운 사물(事物)이라는 뜻으로, 교화(敎化)하기 어려운 동물이나 사람을 이르는 말. *난화(難化): ☞난화지맹(難化之氓). *교화하다(敎化~): ☞난화지맹(難化之氓). *사물(事物): 일이나 물건.

난화-지-민(難化之民 어려울 **난**/교화할 **화**/어조사 **지**/백성 **민**) 교화(敎化)하기 어려운 백성(百姓)을 이르는 말. =난화지맹(難化之氓). *난화(難化): ☞난화지맹(難化之氓). *교화하다(敎化~): ☞난화지맹(難化之氓).

남가-일몽(南柯一夢 남녘 **남**/가지 **가**/한 **일**/꿈 **몽**) 남쪽으로 (뻗은) 가지(나뭇가지) (아래에서) 한 (바탕의) 꿈이라는 뜻으로, 한갓 허망(虛妄)한 꿈. 또는 꿈과 같이 헛된 한때의 부귀(富貴)와 영화(榮華)를 비유적으로 이르는 말. =남가지몽(南柯之夢). 침 괴안지몽(槐安之夢). 일침남가(一枕南柯). 일침괴안(一枕槐安). *남가(南柯): 남쪽으로 뻗은 나뭇가지. *일몽(一夢): 한 자리의 꿈. 이 사자성어의 유래는 다음과 같다. 당(唐)나라 이공좌(李公佐)의 전기소설(傳奇小說)『남가태수전(南柯太守傳)』에, 여기서, '전기소설(傳奇小說)'은 중국 당(唐)나라 때 발생한 문어체(文語體. 일상적인 대화에서 쓰는 말투가 아닌, 글에서 주로 쓰는 말투) 소설을 일컬음. 대체로 귀신과 인연을 맺거나, 용궁(龍宮)에 가 보는 것과 같은 기괴(奇怪. 겉으로 드러난 모양이나 분위기가 괴상하고 기이함)하고 신기(神奇. 신묘하고 기이함)한 일을 내용으로 함. 〈그는 남가(南柯)의 헛됨을 느끼고, 인생의 인내를 깨닫고 도문(道門)에 귀의하여 주색을 끊었다. 3년 후 정축년에 47세의 나이로 생을 마쳤다.(生感南柯之浮虛, 悟人生之倏忽, 遂棲心道門, 節棄酒色, 後三年, 歲在丁丑, 亦終於家, 時年四十七.)〉라는 이야기가 나오는데, '그는 남가(南柯)의 헛됨을 느끼고,(生感南柯之浮虛)'에서, '남가일몽(南柯一夢)'과 '남가지몽(南柯之夢)'이 유래했다. 이 이야기의 배경은 이렇다. 당(唐)나라 때 순우분(淳于棼)이란 사람이 있었는데, 술을 좋아하고 작은 예절(禮節)에 구애를 받지 않았다. 어느 생일날, 홰나무 아래서 술자리를 차리고 친구들과 술을 마시다가 대취(大醉. 술에 몹시 취함)해 쓰러지자, 친구들이 그를 집에 들여다 행랑(行廊. 대문간에 붙어 있는 방)에 눕혀 놓았다. 그런데 보라색 옷을 입은 두 사람이 오더니 괴안국(槐安國) 왕의 명을 받들어 모시러 왔다고 말했다. 순우분(淳于棼)은 사자(使者. 명령이나 부탁을 받고 심부름하는 사람)들을 따라 마차에 올랐다. 마차는 홰나무 아래의 큰 굴속으로 들어갔다. 굴속에 들어가니 또 다른 세계가 눈앞에 펼쳐졌다. 수십 리를 가자, 사람들의 왕래가 끊이지 않는 번화한 성읍(城邑)이 나타났는데, 대괴안국(大槐安國)이라는 금색 현판이 걸려 있었고, 승상(丞相. 옛 중국의 벼슬. 우리나라의 정승에 해당한다)이 나와 영접을 했다. 여기서, '성읍(城邑)'은 군아(郡衙. 고을의 수령·守令이 사무를 보던 관아)가 있던 곳이다. 순우분(淳于棼)은 왕궁에 들어가 왕을 알현(謁見. 지체가 높고 귀한 사람을 찾아가 뵘)하고, 여기서, '지체'는 순우리말로, 대대로 이어 내려오는 사회적 신분이나 지위를 일컬음. 그 자리에서 공주와 결혼하여 부마(駙馬. 임금의 사위)가 되었으며, 남가군(南柯郡)의 태수(太守)로 임명되었다. 여기서, '태수(太守)'는 고대 중국에서 군(郡)의 으뜸 벼슬. 순우분(淳于棼)은 남가군(南柯郡)에 부임하여 30여 년 동안 다스리며, 위로는 왕의 총애(寵愛. 남달리 귀여워하고 사랑함)를 받고 아래로는 백성들의 추앙(推仰. 높이 받들어 우러러 봄)을 받았으며, 5남 2녀를 두고 행복한 생활을 했다. 그런데 자기가 행랑(行廊)에서 자고 있는 게 아닌가. 깜짝 놀라 깨어보니 꿈이었다. 알고 보니 남가일몽(南柯一夢)이었다. 참고로, 원문의 '生感南柯之浮虛'에서, '生'은 날 '생'으로 읽고, '感'은 느낄 '감'으로 읽고, '南'은 남녘 '남'으로 읽고, '柯'는 가지 '가'로 읽는다. '南柯'는 군(郡) 이름. '之'는 어조사 '지'로 읽는다. '~의'를 나타내는 관형격 조사. '浮'는 뜰 '부'로 읽고, '虛'는 헛될 '허'로 읽는다. '浮虛'는 마음이 들떠 있어 미덥지 못함. '生感南柯之浮虛'을 직역(直譯)하면, (순우분은) 남가(南柯) (땅)의 떠 있고 헛됨이 생겨남을 느꼈다. 즉, 순우분(淳于棼)은 남가(南柯)의 덧없고 허망함을 느꼈다는 말이다. 여기서, '南柯一夢'이 유래하였는데, 이것을 직역(直譯)하면, 남쪽으로 (뻗은) 가지(<u>나뭇가지</u>) (아래에서) 한 (바탕의) 꿈이라는 뜻으로, 한갓 허망(虛妄)한 꿈. 또는 꿈과 같이 헛된 한때의 부귀(富貴)와 영화(榮華)를 비유적으로 이르는 말. 그리고 '南柯之夢'도 여기서 유래하였는데, 이것을 직역(直譯)하면, 남쪽으로 (뻗은) 가지(<u>나뭇가지</u>) (아래에서의) 꿈이라는 뜻으로, 꿈과 같이 헛된 한때의 부귀영화(富貴榮華. <u>본문 참고</u>)를 이르는 말. '悟人生之倏忽'에서, '悟'는 깨달을 '오'로 읽고, '人'은 사람 '인'으로 읽고, '生'은 날 '생'으로 읽고, '之'는 어조사 '지'로 읽는다. 여기서는 ~은, ~가(<u>주격조사</u>)로 풀이한다. '倏'은 잠깐 '숙', 갑자기 '숙'으로 읽고, '忽'은 갑자기 '홀'로 읽는다. '倏忽'은 '갑자기', '홀연히'로 풀이한다.(동아『현대활용옥편』에서) 그런데 여기서는 문맥상 '재빨라서 붙잡을 수 없음'의 뜻을 갖고 있다. '悟人生之倏忽'을 직역(直譯)하면, (그리고) 인생은 재빨라서 붙잡을 수 없음을 깨달아, '遂棲心道門'에서, '遂'는 드디어 '수', 마침내 '수'로 읽고, '棲'는 깃들일(<u>주로 조류·鳥類가 보금자리를 만들어 그 속에 들어가 삶</u>) '서'로 읽는다. '棲心'을 직역(直譯)하면, 마음을 깃들이게 하다. '道'는 길 '도'로 읽고, '門'은 문(門) '문'으로 읽는다. '道門'은 도학(道學. <u>유교 도덕에 관한 학문</u>)이나 도술(道術. 도·道를 닦아 여러 가지 조화·造化를 부리는 요술이나 술법)을 닦는 길. 여기서 '조화(造化)'는 사람의 힘으로는 어떻게 된 것인지 알 수 없을 만큼 야릇하거나 신통한 일을 일컫는다. '遂棲心道門'을 직역(直譯)하면, 드디어 도문(道門)에 마음을 깃들이게 하였다. 즉, 드디어 도문(道門)에 귀의(歸依)하였다는 말이다. '節棄酒色'에서, '節'은 절제할(節制~. 정도에 넘지 아니하도록 알맞게 조절하여 제한할) '절'로 읽고, '棄'는 물리칠 '기'로 읽고, '酒'는 술 '주'로 읽고, '色'은 빛 '색', 여색(女色. <u>남성의 눈에 비치는 여성의 아름다운 자태</u>) '색'으로 읽는다. '酒色'은 술[酒]과 여자(女子)를 아울러 이르는 말. '節棄酒色'을 직역(直譯)하면, (그리고) 술과 여자를 물리치고 절제하였다. '後三年'에서, '後'는 뒤 '후'로 읽고, '三'은 석 '삼'으로 읽고, '年'은 해 '년(연)'으로 읽는다. '後三年'을 직역(直譯)하면, 3년 후. '歲在丁丑'에서, '歲'는 해 '세'로 읽고, '在'는 있을 '재'로 읽고, '丁'은 넷째 천간(天干) '정'으로 읽고, '丑'은 둘째 지지(地支) '축'으로 읽는다. '丁丑'은 육십갑자의 열넷째. 여기서, '천간(天干)'은 육십갑자(六十甲子. <u>본문 참고</u>)의 윗부분을 이루는 요소, 즉, 갑(甲), 을(乙), 병(丙), 정(丁), 무(戊), 기(己), 경(庚), 신(辛), 임(壬) 계(癸)를 일컬음. 따라서 '정(丁)'은 넷째 천간(天干)이 되는 것이다. 그리고 '지지(地支)'는 육십갑자(六十甲子)의 아래 단위를 이루는 요소, 즉, 자(子), 축(丑), 인(寅), 묘(卯) 진(辰), 사(巳), 오(午), 미(未), 신(申), 유(酉), 술(戌), 해(亥)를 말함. 따라서, '축(丑)'은 둘째 지지(地支) 축(丑)이 되는 것이다. '歲在丁丑'을 직역(直譯)하면, 해는 정축(丁丑)에 있었다(<u>해는 정축년·丁丑年이었다</u>). '亦終於家'에서, '亦'은 또 '역', 또한 '역'으로 읽고, '終'은 마칠 '종', 죽을 '종'으로 읽고, '於'는 어조사 '어'로 읽는다. '~에', '~에서(<u>장소</u>)'의 뜻을 나타냄. '家'는 집 '가'로 읽는다. '亦終於家'를 직역(直譯)하면, (그는) 또한 집에서 죽었는데, '時年四十七'에서, '時'는 때 '시'로 읽고, '年'은, 여기서는 나이 '년(<u>연</u>)'으로 읽는다. '時年四十七'을 직역(直譯)하면, 그때의 나이는 47세였다.

남가-지-몽(南柯之夢 남녘 남/가지 가/어조사 지/꿈 몽) 남쪽으로 (뻗은) 가지(<u>나뭇가지</u>) (아래에서의) 꿈이라는 뜻으로, 꿈과 같이 헛된 한때의 부귀영화(富貴榮華. <u>본문 참고</u>)를 이르는 말. =남가일몽(南柯一夢). 〔참〕 괴안지몽(槐安之夢). 일침남가(一枕南柯). 일침괴안(一枕槐安). *남가(南柯): ☞남가일몽(南柯一夢). 이 사자성어의 유래는 다음과 같다. 당(唐)나라 이공좌(李公佐)의 전기소설(傳奇小說)『남가태수전(南柯太守傳)』에 〈그는 남가(南柯)의 헛됨을 느끼고 인생의 인내를 깨닫고 도문(道門)에 귀의하여 주색을 끊었다. 3년 후 정축년에 47세의 나이로 생을 마쳤다.(**生感南柯之浮虛**, 悟人生之倏忽, 遂棲心道門, 節棄酒色, 後三年, 歲在丁丑, 亦終於家, 時年四十七.)〉라는 이야기가 나오는데, '그는 남가(南柯)의 헛됨을 느끼고(生感南柯之浮虛)'에서, '남가일몽(南柯一夢)'과 '남가지몽(南柯之夢)'이 유래했다. 나머지 구체적인 내용은 ⇨남가일몽(南柯一夢).

남곽-남우(南郭濫竽 남녘 **남**/외성 **곽**/함부로 할 **남**/대 피리 **우**) 남곽(南郭)이 대[竹] 피리를 함부로 한다(분다). 즉, 제(齊)나라 때 남곽(南郭)이 함부로 우(竽. 대나무로 만든 악기로, 피리의 일종)를 분다는 뜻으로, 능력이 없는 사람이 능력이 있는 것처럼 속여, 외람(猥濫. 하는 행동이나 생각이 분수에 지나침)되이 높은 자리를 차지하는 것을 비유적으로 이르는 말. *남곽(南郭): 사람 이름. *남우(濫竽): 무능한 사람이 재능(才能. 어떤 일을 하는데 필요한 재주와 능력)이 있는 체하는 것이나 또는 실력이 없는 사람이 어떤 지위에 붙어 있는 일을 이르는 말. 여기서, '재주'는 순우리말로, 무엇을 잘할 수 있는, 타고난 능력과 슬기. 중국 제(齊)나라 때에, 남곽(南郭)이라는 사람이 생황(笙簧·篁. 아악·雅樂에 쓰는 관악기의 이름)을 불 줄 모르면서 악사(樂士. 악기로 음악을 연주하는 사람)들 가운데에 끼어 있다가, 한 사람씩 악기를 불게 하자 도망하였다는 데서 유래한다. =남취(濫吹). *외성(外城): 부록 '곽(郭)' 참고.

남곽-남취(南郭濫吹 남녘 **남**/외성 **곽**/함부로 할 **남**/불 **취**) 제(齊)나라 때 남곽(南郭)이 함부로 하여 (우·竽)를 분다는 뜻으로, 무능한 자가 재능(才能. 어떤 일을 하는데 필요한 재주와 능력)이 있는 척하거나, 실력 없는 자가 높은 지위를 차지하고 앉아 있는 것을 비유적으로 이르는 말. 여기서, '재주'는 순우리말로, 무엇을 잘할 수 있는, 타고난 능력과 슬기. 중국 제(齊)나라 때에, 남곽(南郭)이라는 사람이 생황(笙簧·篁. 아악·雅樂에 쓰는 관악기의 이름)을 불 줄 모르면서 악사(樂士. 악기로 음악을 연주하는 사람)들 가운데에 끼어 있다가, 한 사람씩 악기를 불게 하자 도망하였다는 데서 유래한다. *남곽(南郭): 사람 이름. *남취(濫吹): ☞ 남곽남우(南郭濫竽). *외성(外城): ☞ 남곽남우(南郭濫竽).

남-귤-북-지(南橘北枳 남녘 **남**/귤 **귤**/북녘 **북**/탱자 **지**) 남녘의 귤과 북녘의 탱자. 즉, 강남(江南)의 귤을 강북(江北)에 심으면 탱자가 된다는 뜻으로, 사람은 사는 곳의 환경(環境)에 따라 착하게도 되고 악(惡)하게도 됨을 비유적으로 이르는 말. 《관련 속담》 개와 친하면 옷에 흙칠(~漆)을 한다. 이 사자성어의 유래는 다음과 같다. 『안자춘추(晏子春秋)』 「내편잡하(內篇雜下)」에 [춘추시대(春秋時代) 제(齊)나라의 안영(晏嬰. '안자·晏子'라는 존칭어로 불리기도 함)은 세 명의 왕(영공·靈公, 장공·莊公, 경공·景公의 왕을 가리키는 말) 밑에서 재상(宰相. 임금을 보필하며 모든 관원을 지휘, 감독하는 자리에 있는 이품·二品 이상의 벼슬을 통틀어 이르던 말)을 지냈으나 평생 절검(節儉. 절약하고 검소하게 함)과 역행(力行. 노력하여 행함. 또는 힘을 다하여서 함)의 삶을 살았다. 그는 재상(宰相)이 된 뒤에도 밥상에는 고기반찬을 올리지 않았고, 아내에게는 비단옷을 입히지 않았으며, 조정(朝廷. 임금이 나라의 정치를 신하들과 의논하거나 집행하는 곳. 또는 그런 기구)에 들어가면 임금께서 묻는 말에만 대답할 정도로 스스로 품행(品行. 품성과 행실)을 조심하였다. 또한 달변(達辯. 막히는 데 없이 말을 술술 잘함. 또는 그런 말)과 임기응변(臨機應變. 본문 참고)으로 유명했지만, 아주 키가 작고 볼품없는 외모를 지니고 있었다. 어느 해, 그는 초(楚)나라에 사신(使臣. 지난날, 나라의 명·命을 받아 외국에 파견되던 신하)으로 가게 되었다. 평소 안영(晏嬰)이 뛰어난 지모(智謀. 슬기로운 꾀)의 소유자라는 소문(所聞)을 들은 초(楚)의 영왕(靈王)은 안영(晏嬰)을 시험하기 위해 대문(大門) 옆에 작은 문을 내어 안영(晏嬰)을 그리로 안내하도록 했다.

즉, 어느 해 초(楚)나라 영왕(靈王)이 안영(晏嬰)을 초청했다. 그가 너무 유명하니까 만나보고 싶은 욕망과, 코를 납작하게 만들고 싶은 심술이 함께 작용한 것이다. 안영(晏嬰)은 들어가기를 거부하면서 말했다. "개나라[狗國. 개가 사는 나라] 사신(使臣)이나 개문[狗門. 개가 드나드는 문]으로 드나들게 해야지. 나는 초(楚)나라 사신(使臣)이니 이 문(門)으로 들어갈 수 없다." 영왕(靈王)은 이 말을 듣고 성문(城門. 성·城의 출입구에 만든 문·門)을 열고 안영(晏嬰)을 맞이하게 했다. 이튿날 안영(晏嬰)은 왕궁(王宮)으로 가 영왕(靈王)을 알현(謁見. 지체 높은 사람을 찾아 뵘)했다. 여기서, '지체'는 순우리말로, 대대로 이어 내려오는 사회적 신분이나 지위를 일컬음. 영왕(靈王)이 입을 열었다. "제(齊)나라에는 사람이 없소? 그대 같은 사람을 사신(使臣)으로 보내다니." 즉, 영왕(靈王)은 안영(晏嬰)의 볼품없는 외모를 문제 삼은 것이다. 안영(晏嬰)이 대답했다. "제(齊)나라 도성(都城. 임금이나 황제가 있던 도읍지·都邑地가 성·城으로 이루어졌다는 데서, '서울'을 이르던 말)인 임치(臨淄)는 집이 3만호에, 길 가는 사람들이 서로 어깨를 부딪치고, 팔을 들어 올리면, 해가 가려지고, 땀을 흘리면 비가 내릴 정도로 많습니다. 어찌 사람이 없다 하십니까?" 즉, 제(齊)나라에도 사람이 많이 있다는 것을 예(例)를 들어 설명하고 있다. "그런데 어째서 경(卿. 임금이 이품·二品 이상의 관원을 부를 때 일컫던 호칭)과 같은 사람을 사신(使臣)으로 보냈단 말이오?" 즉, 안영(晏嬰)의 보잘것없는 모습을 노골적으로 비웃는 말이었다. 안영(晏嬰)이 대답했다. "제(齊)나라에서는 사신(使臣)을 보낼 때, 상대국에 맞게 사람을 보냅니다. 현명(賢明)한 자(者)는 현명(賢明)한 왕에게 보내고, 무능(無能)한 자(者)는 무능(無能)한 왕에게 보냅니다. 저는 가장 무능(無能)하기 때문에 초(楚)나라로 오게 된 것입니다." 즉, 우리 제(齊)나라에는 한 가지 원칙을 세워두고 사신(使臣)을 보낸다는 말이다. 다시 말하면 상대방의 나라에 맞게 사람을 보내는 관례(慣例. 이전부터 해 내려와서 습관처럼 되어 버린 일)가 있다는 것이다. 그래서 자기는 무능하기 때문에 무능한 왕의 나라에 왔다는 뜻이다. 안영(晏嬰)의 코를 납작하게 만들고 싶은 영왕(靈王)의 계획은 실패로 돌아간 셈이다. 영왕(靈王)이 연회(宴會. 여러 사람이 모여 술을 마시거나 음식을 먹으면서 즐기는 모임)를 베풀었다. 영왕(靈王)이 안영(晏嬰)에게 술을 권했다. 술이 거나해졌을 무렵, 관리 두 사람이 한 사람을 묶어 데려와 왕을 알현(謁見)했다. 영왕(靈王)이 물었다. "그 죄수는 누구인가?" "제(齊)나라 사람입니다. 절도를 했습니다.]〈영왕(靈王)이 안영(晏嬰)을 보며 물었다. "제(齊)나라 사람들은 도둑질을 잘 합니까?" 즉, 안영(晏嬰)에게 모욕을 주기 위한 말이었다. 그러자 안영(晏嬰)이 피석(避席. 자리를 피하여 물러남. 또는 자리에서 일어남)을 하며 대답했다. "귤이 회남(淮南)에서 나면 귤이 되고, 회북(淮北)에서 나면 탱자가 된다고 들었습니다. 잎은 서로 비슷하지만, 그 과실의 맛은 다릅니다. 그러한 까닭은 무엇이겠습니까? 물과 땅이 다르기 때문입니다. 백성들 중 제(齊)나라에서 나고 자란 자(者)는 도둑질을 하지 않습니다. 그런데 초(楚)나라로 들어오면 도둑질을 합니다. 초(楚)나라의 물과 땅이 백성들에게 도둑질을 하게 만드는 것입니다." 즉, 강남(江南)에 귤이 있는데, 그것을 강북(江北)에 심으면 탱자가 되고 마는 것은 토질(土質) 때문이다. 마찬가지로 제(齊)나라 사람이 제(齊)나라에 있을 때는 원래 도둑질이 무엇인지도 모르고 자랐는데, 그가 초(楚)나라에 와서 도둑질한 것을 보면 역시 초(楚)나라의 풍토(風土) 때문이라고 반박하는 것이다. 결국 연거푸 목적을 달성하지 못한 영왕(靈王)은 말을 잃을 정도가 된 것이다. (王視晏子曰, 齊人固善盜乎, 晏子避席對曰, 嬰聞之, 橘生淮南則爲橘, 生於淮北爲枳, 葉徒相似, 其實味不同, 所以然者何, 水土異也, 今民生長於齊不盜, 入楚則盜, 得無楚之水土, 使民善盜耶.)〉라는 이야기가 나오는데, 안영(晏嬰)의 '귤이 회남(淮南)에서 나면 귤이 되고, 회북(淮北)에서 나면 탱자가 된다.(橘生淮南 則爲橘, 淮北爲枳)'에서, '남귤북지(南橘北枳)'가 유래했다. '회남(淮南)'과 '회북(淮北)'은 각각 회수(淮水) 의 남쪽과 북쪽을 말한다. 예로부터 중국은 회수(淮水)를 분기점으로 하여 남방(南方. <u>남쪽 또는 남쪽 지방</u>)과 북방(北方.<u>북쪽 또는 북쪽 지방</u>)을 구분 지었다. 위의 이야기는 제(齊)나라의 안영(晏嬰)이 초 (楚)나라에 사신(使臣)으로 가 초(楚)나라의 영왕(靈王)을 만나 대화를 나눈 내용이다. 제(齊)나라의 안영 (晏嬰)은 '남귤북지(南橘北枳)'를 예로 들어, 강남(江南)에 심은 귤을, 기후와 풍토가 다른 강북(江北)에 옮겨 심으면 탱자가 되듯이, 사람도 주위의 환경에 따라 착하게도 되고, 악하게도 된다는 점을 밝히고자 하는 것이다. 결국 환경의 중요성을 강조한 말이다. 참고로, 원문의 '王視晏子曰'에서, '王'은 '영왕(靈王)' 을 가리킴. '視'는 볼 '시'로 읽고, '晏'은 늦을 '안'으로 읽는다. '晏子'는 중국 춘추시대(春秋時代) 제(齊)나 라의 정치가인 '안영(晏嬰)'을 높여 이르는 말. '王視晏子曰'을 직역(直譯)하면, 영왕(靈王)이 안영(晏嬰) 을 보고 물어 말하기를. '齊人固善盜乎'에서, '齊'는 제(齊)나라 '제'로 읽고, '固'는 진실로 '고'로 읽고, '善'은 잘할 '선'으로 읽고, '盜'는 도둑질할 '도'로 읽고, '乎'는 어조사 '호'로 읽는다. '~는가?', '~인가?' (<u>의문</u>)의 뜻을 나타냄. '齊人固善盜乎'를 직역(直譯)하면, 제(齊)나라 사람은 진실로 도둑질을 잘 합니까? '晏子避席對曰'에서, '避'는 떠날 '피', 갈 '피'로 읽고, '席'은 자리 '석'으로 읽는다. '避席'은 자리를 피하여 물러남. 또는 자리에서 일어남. 여기서는 '자리를 피하여 물러남'의 뜻이 강함. '對'는 대답할 '대'로 읽는 다. '晏子避席對曰'을 직역(直譯)하면, 안영(晏嬰)이 자리를 피하여 물러나면서 대답하여 말하기를, '嬰聞 之'에서, '嬰'은 어린아이 '영'으로 읽는다. 여기서는 '안영(晏嬰)'을 가리킴. '聞'은 들을 '문'으로 읽고, '之'는 어조사 '지'로 읽는다. '그것'을 나타내는 지시 대명사. '嬰聞之'를 직역(直譯)하면, 제('<u>안영·晏嬰</u> <u>자기 자신을 가리킴</u>)가 그것에 (대하여) 듣기로는, '橘生淮南則爲橘'에서, '橘'은 귤 '귤'로 읽고, '生'은 날 '생'으로 읽고, '淮'는 물 이름 '회'로 읽고, '南'은 남녘 '남'으로 읽는다. '淮南'은 땅 이름. '則'은 곧 '즉'으로 읽고, '爲'는 될 '위'로 읽는다. '橘生淮南則爲橘'을 직역(直譯)하면, 귤은 회남(淮南)에서 나오면 곧 귤이 되지만, '生於淮北爲枳'에서, '於'는 어조사 '어'로 읽는다. '~에서(<u>장소</u>)'의 뜻을 나타냄. '北'은 북녘 '북'으로 읽는다. '淮北'은 땅 이름. '枳'는 탱자 '지'로 읽는다. '生於淮北爲枳'을 직역(直譯)하면, 회북 (淮北)에서 나면 탱자가 된다고 (합니다). 여기서, '南橘北枳'가 유래하였는데, 이것을 직역(直譯)하면, 남녘의 귤과 북녘의 탱자. 즉, 강남(江南)의 귤을 강북(江北)에 심으면 탱자가 된다는 뜻으로, 사람은 사는 곳의 환경(環境)에 따라 착하게도 되고 악(惡)하게도 됨을 비유적으로 이르는 말. '葉徒相似'에서, '葉'은 잎 '엽'으로 읽고, '徒'는 무리 '도'로 읽고, '相'은 서로 '상'으로 읽고, '似'는 닮을 '사', 비슷할 '사'로 읽는다. '葉徒相似'을 직역(直譯)하면, 잎의 무리들은 서로 (모양이) 비슷하나, '其實味不同'에서, '其'는 그(<u>지시하는 말</u>) '기'로 읽고, '實'은 열매 '실'로 읽고, '味'는 맛 '미'로 읽고, '同'은 같을 '동'으로 읽는다. '不同'은 서로 같지 않음. '其實味不同'을 직역(直譯)하면, 그 열매의 맛은 (서로) 같지 않습니다. '所以然 者何'에서, '所'는 바(<u>일의 방법이나 방도</u>) '소'로 읽고, '以'는 써(<u>그것을 가지고, 그것으로 인하여</u>) '이'로 읽고, '然'은 그러할 '연'으로 읽는다. '所以然'은 그리된 까닭. '者'는 것(<u>사물, 현상, 일 따위를 추상적으로</u> <u>이르는 말</u>) '자'로 읽고, '何'는 무엇 '하'로 읽는다. '所以然者何'를 직역(直譯)하면, 그리된 까닭이라고 (말하는) 것은 무엇이겠습니까? '水土異也'에서, '異'는 다를 '이'로 읽고, '也'는 어조사 '야'로 읽는다. '~이다(<u>단정</u>)'의 뜻을 나타냄. '水土異也'를 직역(直譯)하면, 물과 땅이 다르기 (때문입니다). '今民生長於

齊不盜'에서, '今'은 이제 '금', 지금 '금'으로 읽고, '生'은 날 '생'으로 읽고, '長'은 자랄 '장'으로 읽는다. '生長'은 나서 자람. 또는 그런 과정. '今民生長於齊不盜'를 직역(直譯)하면, 지금 백성들이 제(齊)나라에서 나서 자랄 때에는 도둑질하지 않습니다. '入楚則盜'에서, '入'은 들 '입', 들일 '입'으로 읽고, '楚'는 초(楚)나라 '초'로 읽는다. '入楚則盜'를 직역(直譯)하면, (그러다가) 초(楚)나라에 들어가면 곧 도둑질을 (하게 됩니다). '得無楚之水土'에서, '得'은 이루어질 '득'으로 읽고, '無'는 아닐 '무', 아니할 '무'로 읽고, '之'는 어조사 '지'로 읽는다. 여기서는 '~의'를 나타내는 관형격 조사. '得無楚之水土'를 직역(直譯)하면, 초(楚)나라의 물과 땅이 이루어지지 않았다면, '使民善盜耶'에서, '使'는 하여금(<u>누구를 시키어</u>) '사'로 읽고, '耶'는 어조사 '야'로 읽는다. '~인가'(<u>의문</u>)의 뜻을 나타냄. '使民善盜耶'를 직역(直譯)하면, 백성들로 하여금 도둑질을 잘 하게 (할 수 있었겠습니까)? 즉, 백성들로 하여금 도둑질을 잘 하게 하는 것은 초(楚)나라의 물과 땅이 이루어졌기 때문이라는 것이다. 초(楚)나라의 풍토(風土)가 좋지 않음을 우회적(迂廻·回的. 곧바로 가지 않고 멀리 돌아서 가는 것)으로 표현한 것이다.

남극-노인(南極老人 남녘 **남**/끝 **극**/늙을 **노**/사람 **인**) 남녘 끝에 (사는) 늙은 사람이라는 뜻으로, 남극성(南極星. 별의 이름)을 의인화(擬人化. 사람이 아닌 사물을 사람에 견주어 나타냄)하여 이르는 말. 또는 고대 중국에서 남극노인성(南極老人星)의 화신(化身. 추상적인 특질이 구체적인 것으로 바뀌는 일)이라고 여긴 노인을 이르는 말. 이 별이 나타나면 태평(太平)하고, 나타나지 않으면 전란(戰亂. 전쟁으로 말미암은 난리)이 있다고 하며, 수명(壽命)을 관장(管掌)한다고 한다. *남극(南極): ①지축(地軸. 지구 자전의 회전축, 곧, 남극과 북극을 잇는 축)의 남쪽 끝. =남극점(南極點). ②남쪽을 가리키는 자침(磁針. 자장·磁場의 방향을 재기 위하여, 수평으로 자유로이 회전할 수 있도록 한 소형·小型의 영구 자석을 이르는 말. 방위를 찾는 데에도 씀)의 끝. ↔북극(北極). *노인(老人): 나이가 많은 사람. 늙은이.

남-기-북두(南箕北斗 남녘 **남**/키 **기**/북녘 **북**/말 **두**) 남녘의 키[箕]와 북녘의 말[斗]. 즉, 남쪽 하늘의 '기성(箕星)'은 쌀을 까불지 못하고, 북쪽의 '북두성(北斗星)'은 쌀을 되지(말, 되, 홉 따위로 양을 헤아리지) 못한다는 뜻으로, 이름뿐이고 아무 쓸모없음을 비유적으로 이르는 말. 여기서, '기성(箕星)'은 이십팔수(二十八宿)의 하나. 동쪽의 일곱째 별자리이다. *북두(北斗): =북두칠성(北斗七星). 즉, 큰곰자리에서 가장 뚜렷하게 보이는, 국자 모양으로 된 일곱 개의 별. *키: 부록 '기(箕)' 참고. *말: 부록 '두(斗)' 참고.

남-남-북-녀(南男北女 남녘 **남**/사내 **남**/북녘 **북**/계집 **녀**) 남녘의 사내와 북녘의 계집, 즉, 남(南)에는 남자(男子)요 북(北)에는 여자(女子)라는 뜻으로, 우리나라에서, 남자(男子)는 남쪽 지방 사람이 잘나고, 여자(女子)는 북쪽 지방 사람이 고움을 예(아주 먼 과거)부터 이르는 말.

남남-지-성(喃喃之聲 재잘거릴 **남**/재잘거릴 **남**/어조사 **지**/소리 **성**) 재잘거리는 소리를 이르는 말. *남남(喃喃): 혀를 빠르게 놀려 무슨 말인지 알아들을 수 없게 재잘거림. 또는 그렇게 재잘거리는 소리. *재잘거리다: 부록 '남(喃)' 참고.

남녀-노소(男女老少 사내 **남**/계집 **녀**/늙을 **노**/젊을 **소**) 사내와 계집, 늙은이와 젊은이란 뜻으로, 모든 사람을 이르는 말. *남녀(男女): 남자와 여자. *노소(老少): 늙은이와 젊은이.

남녀-동등(男女同等 사내 **남**/계집 **녀**/함께 **동**/같을 **등**) 사내와 계집은 함께(모두) 같다(똑같다)는 뜻으로, 남자와 여자의 법률적 권리나 사회적 대우가 성별(性別)에 따라 차별(差別)이 없음을 이르는 말. =남녀 평등(男女平等). *남녀(男女): ☞남녀노소(男女老少). *동등(同等): 등급, 정도가 같음. 또는 그런 등급이나 정도.

남녀-유별(男女有別 사내 남/계집 녀/있을 유/분별할 별) 사내와 계집은 분별(分別)함이 있다는 뜻으로, 유교(儒敎) 사상에서, 남자와 여자 사이에 분별(分別)이 있어야 함을 이르는 말. *남녀(男女): ☞남녀노소(男女老少). *유별(有別): 구별이 있음. 또는 다름이 있음. *분별하다(分別~): ①사물을 종류(種類)에 따라 나누어 가르다. ②(무슨 일을) 사리(事理)에 맞게 판단하다.

남녀-평등(男女平等 사내 남/계집 녀/평평할 평/같을 등) 사내와 계집은 평평(平平)하기가 같다는 뜻으로, 남자와 여자의 법률적 권리나 사회적 대우가 성별(性別)에 따라 차별(差別)이 없음을 이르는 말. =남녀동등(男女同等). *남녀(男女): ☞남녀노소(男女老少). *평등(平等): 치우침이 없이 모두가 한결같음. 또는 차별이 없는 동등(同等)함. *평평하다(平平~): 부록 '평(平)' 참고.

남만-격설(南蠻鴃舌 남녘 남/오랑캐 만/때까치 격/혀 설) 남쪽 오랑캐와 때까치의 혀. 즉, 남방(南方)의 미개(未開. 문명이 깨지 못한 상태에 있음)한 민족의 말[言]은 때까치의 소리와 같다는 뜻으로, 함부로 지껄여 알아들을 수 없는 외국 사람의 말을 낮잡아 이르는 말. *남만(南蠻): 예전에, 중국에서 남쪽의 오랑캐라는 뜻으로, 남쪽 지방에 사는 민족을 낮잡아 이르던 말. *격설(鴃舌): 때까치의 혀 놀림이라는 뜻으로, 외국인이나 야인(野人)이, 알아들을 수 없이 지껄이는 말을 얕잡아 이르는 말. *오랑캐: 부록 '만(蠻)' 참고. *때까치: 부록 '격(鴃)' 참고.

남만-북적(南蠻北狄 남녘 남/오랑캐 만/북녘 북/오랑캐 적) 남쪽과 북쪽에 있는 오랑캐를 이르는 말. 예전에 중국에서 거란이나 몽고(蒙古), 인도차이나(Indo-China) 따위의 여러 민족을 이르던 말이다. *남만(南蠻): ☞남만격설(南蠻鴃舌). *북적(北狄): 고대 중국에서, 북쪽 지역에 사는 족속(族屬)들을 멸시하여 이르던 말. *오랑캐: 부록 '만(蠻)' 참고.

남-부-여-대(男負女戴 사내 남/짐 질 부/계집 여/일 대) 사내는 짐을 (등에) 지고[負] 계집은 (짐을 머리에) 인다[戴]는 뜻으로, 가난한 사람이나 재난(災難)을 당한 사람들이 살 곳을 찾아 이리저리 떠돌아다님을 비유적으로 이르는 말. *짐 지다: 부록 '부(負)' 참고. *이다: 부록 '대(戴)' 참고. 《관련 속담》 집도 절도 없다.

남산-불락(南山不落 남녘 남/뫼 산/아닐 불/떨어질 락) 남산(南山)은 (결코) 떨어지지(함락되지) 아니한다. 즉, 중국의 중난 산[終南山]이 견고(堅固)하다는 뜻으로, 성(城)의 요충지(要衝地. 지세가 군사적으로 중요한 곳)가 견고(堅固)한 것을 비유적으로 이르는 말. *남산(南山): ①남쪽에 있는 산. ②중국의 중난 산[終南山]. *불락(不落): ①떨어지지 아니함. ②함락(陷落)되지 아니함. =난공불락(難攻不落).

남산-비-수(南山比壽 남녘 남/뫼 산/견줄 비/목숨 수) 남녘의 뫼('산'의 옛말). 즉, 남산(南山)을 목숨에 견준다는 뜻으로, 남산(南山)이 오래도록 이 세상(世上)에 있듯이, 그처럼 오래 사는 수명(壽命)을 이르는 말. 오래 살기를 빌 때 쓴다. *남산(南山): ☞남산불락(南山不落).

남-선-북-마(南船北馬 남녘 남/배 선/북녘 북/말 마) 남녘의 배[船]와 북녘의 말[馬]. 즉, 중국의 남쪽은 강(江)이 많아서 배[船]를 이용하고, 북쪽은 산(山)과 사막(沙·砂漠)이 많아서 말[馬]을 이용한다는 뜻으로, ①옛날의 교통수단을 이르던 말. ②늘 쉬지 않고 여기저기 여행(旅行)을 하거나 돌아다님을 비유적으로 이르는 말. =북마남선(北馬南船). *북-마는 『국어사전(國語辭典)』에 등재(登載)된, '함경남도에서 나는 말'인 '북마(北馬)'의 뜻과는 별개다.

남여-완보(籃輿緩步 대바구니 남/가마 여/느릴 완/걸을 보) 남여(籃輿)를 (타고) 느리게 걷는다는 뜻으로, 남여(籃輿)를 타고 천천히 감을 이르는 말. *남여(籃輿): 의자(椅子)와 비슷하고 뚜껑이 없는 작은 가마를 이르는 말. 승지(承旨)나 참의(參議) 이상의 벼슬아치가 탔다. *완보(緩步): 느리게 걸음. 또는 그런 걸음. *대바구니: 부록 '남(籃)' 참고. *가마: 지난날의 탈것의 한 가지. 한 사람이 들어앉고, 두 사람 또는 네 사람이 메고 다니게 된 것.

남-원-북-철(南轅北轍 남녘 남/끌채 원/북녘 북/바큇자국 철) 남녘의 끌채와 북녘의 바큇자국. 즉, 수레의 끌채(수레의 양쪽에서 양 옆으로 길게 댄 나무)는 남쪽으로 향하고(가고), 바큇자국은 북쪽으로 향한다(간다)는 뜻으로, 마음과 행동이 상반(相反)되거나(마음과 행동이 일치하지 않거나) 두 가지 사물이 정반대(正反對)로 나가는 것을 비유적으로 이르는 말. *끌채: 부록 '원(轅)' 참고. *바큇자국: 부록 '철(轍)' 참고. 이 사자성어의 유래는 다음과 같다. 『전국책(戰國策)』의 「위책(魏策)」 편(篇)에 [전국시대(戰國時代) 위(魏)나라 왕이 조(趙)나라의 한단(邯鄲. 땅 이름)을 공격하려고 하자, 다른 나라에 사자(使者. 명령이나 부탁을 받고 심부름하는 사람)로 가던 계량(季梁)이 중도(中途. 하던 일의 중간)에 급히 돌아와, 옷의 주름도 펴지 않고 머리의 먼지도 털지 않은 채 왕을 찾아 갔다. "신(臣. 신하가 임금에 대하여 자기를 일컫던 말)이 오는 길에 태항산(太行山)에서 어떤 사람을 만났는데, '태항산(太行山)'에서 '行'은 '항렬(行列)', '줄' 따위의 의미일 때는 '항'으로 읽는다. 태항산(太行山)은 하남성(河南省), 하북성(河北省), 산서성(山西省) 따위의 3개의 성(省)에 걸쳐 남북 600km, 동서 250km로 뻗어 있는 거대한 산의 무리[山群]다. 그래서 '태항산(太行山)'은 커다란[太] 산(山)이 줄지어[行] 있다는 의미다. 북쪽을 향해 마차를 몰면서 신(臣)에게 초(楚)나라에 가려고 한다고 말했습니다. 그래서 제가 '초(楚)나라로 간다면서 왜 북쪽으로 갑니까?' 라고 묻자, 그는 '이 말[馬]은 아주 좋은 말[馬]입니다.'라고 대답했습니다. 제가 '말[馬]이 좋아도 이쪽은 초(楚)나라로 가는 길이 아닙니다.'라고 하자, 그 사람은 '나는 돈을 넉넉히 가지고 있습니다.' 라고 대답했습니다. 제가 '돈이 넉넉해도 이쪽은 초(楚)나라로 가는 길이 아닙니다.'라고 말했습니다. 그 사람은 '내 마부(馬夫)가 마차를 잘 몹니다.'라고 말했습니다. 여러 가지 것들이 아무리 좋다고 해도 초(楚)나라와 더욱 멀어질 뿐이었습니다. 이렇게 초(楚)나라로 가고 싶어 하는, 그 사람은 동문서답(東問西答. 본문 참고)만 되풀이하고 있다. 이는 그 사람의 행동이 초(楚)나라와 더욱 멀어지는 것을 뜻한다. 수레의 끌채는 초(楚)나라로 하고 있는데, 바퀴는 오히려 북쪽을 향함으로써, 초(楚)나라의 방향과 정반대의 방향에 서 있는 것과 같다. 이렇게 되니 마차가 제대로 초(楚)나라에 도착할 수가 없는 것이다. 지금 왕께서 패업(霸業. 남을 정복하여 무력으로 천하를 다스리는 일)을 이루고 싶어 하고 천하를 복속(服屬. 복종하여 따름)시키고 싶어 합니다.]〈지금 왕께서는 나라가 큰 것과 군대의 정예(精銳. 썩 날래고 용맹스러움. 또는 그런 군사)함을 믿고 한단(邯鄲)을 공격하여 땅을 넓히고 명성(名聲. 세상에 널리 퍼져 평판 높은 이름)을 떨치려고 하는데, 왕이 이렇게 움직일수록 왕업(王業)에서는 멀어지는 것입니다. 이것은 초(楚)나라로 간다고 하면서 북쪽으로 가는 것과 같습니다." 이것이 바로 수레의 끌채는 남(南)을 향하고, 바퀴는 북(北)으로 향한다고 하는 것이다. 즉, 지금 왕께서는 나라의 크기와 병사(兵士)의 정예(精銳. 썩 날래고 용맹스러움. 또는 그런 군사)함에 기대어, 한단(邯鄲)을 공격하여 영토를 넓히고 명성을 떨치려고 한다. 그러나 계량(季梁)의 생각에는, 오히려 왕이 영토 확장에 대한 욕심이 많으면 왕업(王

業. 임금이 나라를 다스리는 대업)에서 멀어질 뿐이라는 것이다. 이는 앞에서 소개한 마부처럼 초(楚)나라를 간다고 하면서 바퀴는 북쪽으로 가는 격(格)이 되는 셈이다. 그러면 위(魏)나라 왕이 조(趙)나라의 한단(邯鄲)을 공격하는 것은, 결국 실패로 돌아갈 수밖에 없다. 따라서, 계량(季梁)은 '남원북철(南轅北轍)'의 예를 들어, 위(魏)나라의 왕이, 무력(武力)이 아니라 덕(德. 고매하고 너그러운 도덕적 품성)으로 제후(諸侯)들의 신뢰(信賴)를 얻어 천하를 제패(制霸. 우두머리나 승자·勝者의 권력을 잡음)할 생각을 가질 필요가 있음을 강조하고 있는 것이다. (特王國之大, 兵之精銳, 而攻邯鄲, 以廣地尊名, 王之動愈數, 而離王愈遠耳, 猶至楚而北行也, **此所謂南其轅而北其轍也**.)〉라는 이야기가 나오는데, '이것이 바로 수레의 끌채는 남(南)을 향하고, 바퀴는 북(北)으로 향한다고 하는 것이다.(此所謂南其轅而北其轍也)'에서, '남원북철(南轅北轍)'이 유래했다. '남원북철(南轅北轍)'의 또 다른 말은 '북원적초(北轅適楚)'이다. 이 말은 한(漢)나라 때 순열(荀悅)이 쓴 『신감(申鑒)』에서 찾을 수 있다. '남원북철(南轅北轍)'은 수레의 끌채는 남(南)을 향하고 있는데, 바퀴는 북쪽으로 굴러간다는 뜻으로, 마음과 행동이 일치하지 않음을 비유(比·譬喩. 어떤 사물의 모양이나 상태 따위를 보다 효과적으로 표현하기 위하여 그것과 비슷한 다른 사물에 빗대어 표현함. 또는 그 표현 방법)하는 말로 쓰인다. 참고로, 원문의 '特王國之大'에서, '特'는 믿을[信] '시'로 읽고, '之'는 어조사 '지'로 읽는다. '~의' 뜻을 나타내는 관형격 조사. '特王國之大'를 직역(直譯)하면, 왕께서 나라의 큰 것을 믿고, '兵之精銳'에서, '兵'은 군사(軍士) '병'으로 읽고, '精'은 날랠 '정'으로 읽고, '銳'는 날쌜(동작이 날래고 재빠름) '예'로 읽는다. '精銳'는 썩 날래고 용맹스러움. 또는 그런 군사. '兵之精銳'를 직역(直譯)하면, 군사의 썩 날래고 용맹스러움을 (믿고), '而攻邯鄲'에서, '而'는 말 이을 이로 읽는다. '그리고'의 뜻을 나타냄. '攻'은 칠 '공', 공격할 '공'으로 읽고, '邯'은 땅 이름 '한'으로 읽고, '鄲'은 조(趙)나라 서울 '단'으로 읽는다. '邯鄲'은 땅 이름. 중국 전국 시대에 조(趙)나라의 도읍지(都邑地. 한 나라의 서울로 삼은 곳)였다. '而攻邯鄲'을 직역(直譯)하면, 그리고 한단(邯鄲)을 공격하여, '以廣地尊名'에서, '以'는 써(그것을 가지고, 그것으로 인하여) '이'로 읽고, '廣'은 넓을 '광'으로 읽고, '地'는 땅 '지'로 읽고, '尊'은 높을 '존'으로 읽고, '名'은 이름 '명'으로 읽는다. '以廣地尊名'을 직역(直譯)하면, 그것으로 인하여 땅을 넓게 하고, 이름을 높이려고 (하시는데), '王之動愈數'에서, '王之動'을 직역(直譯)하면, 왕의 움직임. '愈'는 더욱 '유'로 읽고, '數'는 여기서는 자주(기간이 짧게 여러 번) '삭'으로 읽는다. '王之動愈數'을 직역(直譯)하면, 왕의 움직임이 더욱 자주 (있을수록), '而離王愈遠耳'에서, '而'는 말 이을 '이'로 읽는다. 여기서는 '그러면'의 뜻을 나타냄. '離'는 떠날 '리(이)'로 읽는다. '王'은 '왕업(王業. 임금이 나라를 다스리는 대업·大業. 또는 그런 업적)'을 가리킴. '遠'은 멀 '원'으로 읽고, '耳'는 따름 '이', 뿐 '이'로 읽는다. '~할 뿐이다'(한정)의 뜻을 나타냄. '而離王愈遠耳'를 직역(直譯)하면, 그러면 (사람들은) 떠나고 왕업(王業)은 더욱 멀어질 뿐입니다. '猶至楚而北行也'에서, '猶'는 오직 '유'로 읽고, '至'는 이를(어떤 장소나 시간에 닿음) '지'로 읽고, '行'은 다닐 '행', 갈 '행'으로 읽는다. '北行'은 북쪽으로 감. '也'는 어조사 '야'로 읽는다. '~이다(단정)'의 뜻을 나타냄. '猶至楚而北行也'를 직역(直譯)하면 오직 초(楚)나라에 이른다고 (하면서) 그리고 북쪽으로 가는 것과 (같습니다). '此所謂南其轅而北其轍也'에서, '此'는 이(지시하는 말) '차'로 읽는다. '所'는 바(앞에서 말한 내용 그 자체나 일 따위를 나타내는 말) '소'로 읽고, '謂'는 일컬을 '위'로 읽는다. '所謂'는 '이른바'와 같은 말로, 세상에서 말하는 바. '南'은 남녘 '남'으로 읽고, '其'는 그 '기'로 읽고, '轅'은 끌채(수레의 양쪽에서 양 옆으로 길게 댄 나무) '원'으로 읽고, '而'는 말

이을 '이'로 읽고, '北'은 북녘 '북'으로 읽고, '轍'은 바큇자국 '철'로 읽고, '也'는 어조사 '야'로 읽는다. '~이다(단정)'의 뜻을 나타냄. '此所謂南其轅而北其轍也'를 직역(直譯)하면, 이것이 이른바 그 (수레의) 끌채는 남(南)을 (향하고) 그리고 그 바큇자국은 북(北)으로 (향한다고 하는 것)입니다. 여기서 '南轅北轍'이 유래하였는데, 이것을 직역(直譯)하면, 남녘의 끌채와 북녘의 바큇자국. 즉, 수레의 끌채는 남쪽으로 향하고(가고), 바큇자국은 북쪽으로 향한다(간다)는 뜻으로, 마음과 행동이 상반(相反)되거나(마음과 행동이 일치하지 않거나) 두 가지 사물이 정반대(正反對)로 나가는 것을 비유적으로 이르는 말.

남-전-북-답(南田北畓 남녘 남/밭 전/북녘 북/논 답) 남녘의 밭과 북녘의 논. 즉, 밭은 남쪽에, 논은 북쪽에 있다는 뜻으로, 가지고 있는 논밭이 여기저기 흩어져 있음을 비유적으로 이르는 말.

남전-생-옥(藍田生玉 쪽 남/밭 전/날 생/구슬 옥) 남전(藍田)에서 구슬(옥)이 나온다. 즉, 남전(藍田)에서 옥(玉)이 산출(産出)되듯이 명문 집안에서 인재(人材. 어떤 일을 할 수 있는 학식이나 능력을 갖춘 사람)가 나온다는 뜻으로, 현명한 아버지가 재능(才能. 어떤 일을 하는데 필요한 재주와 능력)이 있는 아들을 낳은 것을 칭찬하거나 뛰어난 부자(父子)를 함께 칭송(稱頌. 공덕·功德 따위를 칭찬하여 일컬음. 또는 그런 말)할 때 쓰는 말이다. 여기서, '재주'는 순우리말로, 무엇을 잘할 수 있는, 타고난 능력과 슬기. *남전(藍田): 두 가지 설(說)이 있다. ①서왕모 (西王母)가 산다는 옥산(玉山)을 뜻함. ②중국 섬서성[陝西省] 남전현(藍田縣)의 동남쪽에 있는 산(山)을 뜻함. 이 산(山)은 예로부터 옥(玉)의 산지(産地)로 유명하다. *쪽: 부록 '남(藍)' 참고. 이 사자성어의 유래는 다음과 같다.『삼국지(三國志)·오서(吳書)「제갈각전(諸葛恪傳)」에 [제갈각(諸葛恪)은 자(字. 본이름을 함부로 부르지 않던 시대에, 본이름 대신 부르던 이름)가 원손(元遜)으로 제갈근(諸葛瑾)의 큰아들인데, 어려서부터 이름이 널리 알려졌고, 약관(弱冠. 남자의 나이 스무 살. 또는 스무 살 전후를 이르는 말)의 나이에 기도위(騎都尉. 벼슬 이름)에 제수(除授. 추천을 받지 않고 임금이 바로 벼슬을 줌)되었다. …… 제갈각(諸葛恪)의 아버지인 제갈근(諸葛瑾)은 얼굴이 나귀처럼 길었다. 어느 날 손권(孫權. 오·吳나라의 임금)이 군신(群臣. 많은 신하)들을 모아놓고 사람을 시켜 나귀 한 마리를 끌고 들어오게 한 후, 그 얼굴에 긴 꼬리표를 붙여 놓고 '제갈자유(諸葛子瑜. 제갈근·諸葛瑾의 자·字가 자유·子瑜이다)'라고 썼다. 즉, 손권(孫權)이 위아래로 얼굴이 긴 재갈근(諸葛瑾)을 놀리기 위하여 당나귀의 목에 이름표를 붙여놓고, 제갈자유(諸葛子瑜)라는 글을 써 놓았다는 말이다. 제갈각(諸葛恪)이 무릎을 꿇고 붓을 빌려 두 글자를 더하고 싶다고 말했다. 그의 말대로 붓을 주자, 제갈각(諸葛恪)은 그 아래에 '지려(之驢. ~의 당나귀)'라는 글자를 써넣었다. 여기서 '驢'는 검은 말(털빛이 온통 검은 말) 려(여)로 읽는다. 자리에 있던 모든 사람이 즐겁게 웃었다. 손권(孫權)은 그 나귀를 제갈각(諸葛恪)에게 하사(下賜. 왕이나 국가 원수 따위가 아랫사람에게 금품을 줌)했다. 즉, '諸葛子瑜之驢'는 '제갈근(諸葛瑾)의 당나귀'라는 뜻이었다. 모든 사람이 제갈각(諸葛恪)의 기지(機智. 그때그때의 상황에 따라서 재빨리 발휘되는 재치)에 감탄했고, 손권(孫權)도 감동하여 즉석(卽席)에서 당나귀를 제갈각(諸葛恪)에게 주었다는 설명이다. 다음 날 다시 만나자, 손권(孫權)이 제갈각(諸葛恪)에게 물었다. "경(卿. 임금이 이품·二品 이상의 관원을 부를 때 일컫던 호칭)의 아버지('제갈근·諸葛瑾'을 가리킴)와 숙부(叔父. '제갈공명·諸葛孔明' 또는 '제갈량·諸葛亮'을 가리킴) 중에 누가 더 현명한가?" 제갈각(諸葛恪)이 대답했다. "신(臣. 신하가 임금에 대하여 자기를 일컫던 말)의 아비('아버지'의 낮춤말)가 더 뛰어납니다." 손권(孫權)이 그 까닭을 묻자, 제갈각(諸葛恪)이 대답했다. "신(臣)의 아비는 세상 돌아가는 일을 알고 (즉, 명군·名君을 섬긴다는 뜻), 숙부(叔父)는 모릅니다. 그래서 (아비가) 더 뛰어나다는 것입니다." 즉, 아버지인 재갈근(諸葛瑾)은 동오(東吳, 오·吳나라)의 손권(孫權)을 섬기지만, 숙부(叔父)인 재갈공명(諸葛孔明, '제갈량·諸葛亮'이라고도 함)은 동오(東吳)가 아닌 촉한(蜀漢)의 유비(劉備)를 섬기고 있기 때문에 아버지가 더 뛰어나다고 말했다. 때문에 손권(孫權)의 입장에서는 제갈근(諸葛瑾)의 부자(父子, 아버지와 아들)를 더 신임(信任)하게 되었다는 이야기다. 손권(孫權)은 박장대소(拍掌大笑, 본문 참고)를 했다.] 그런데 이 이야기에는 '남전생옥(藍田生玉)'이 나오지 않는다. 배송지(裴松之) 주(注)에서, 강표전(江表傳)』을 인용하여 다음과 같이 기록하고 있는데, 여기에서 '남전생옥(藍田生玉)'이 나온다. 〈『강표전(江表傳)』에 전하여 내려오는 말에, 제갈각(諸葛恪)은 어려서부터 삼갈 정도로 재지(才智, 재주와 지혜)가 남달랐을 뿐만 아니라, 발상(發想, 어떤 생각을 해 냄, 또는 그 생각)이 기발(奇拔, 유달리 재치가 뛰어남)했고, 달변(達辯, 막히는 데 없이 말을 술술 잘함)에 임기응변(臨機應變, 본문 참고)도 뛰어나 아무도 그를 당할 수가 없었다. 손권(孫權)이 제갈각(諸葛恪)을 보고 뛰어나다고 여겨 제갈근(諸葛瑾)에게 말했다. 즉, 제갈각(諸葛恪)이 비범(非凡, 평범하지 않고 뛰어남)한 인물임을 알아챈 손권(孫權)은 아버지 제갈근(諸葛瑾)에게 말한 것이다. "남전(藍田)에서 옥(玉)이 난다고 하더니, 정말 헛된 말이 아니로군요." 즉, 손권(孫權)이 "남전생옥(藍田生玉)'한다더니, 그 아버지에 그 아들이구려."라고 말했다는 것이다. 이것은, 손권(孫權)이 묻기만 하면 즉석에서 듣기 좋은 말로 대답하는 제갈각諸葛恪)의 재치에 놀라 명문가(名門家, 사회적 지위가 높고 학식과 덕망을 갖춘 훌륭한 집안)에서 뛰어난 젊은이가 나옴을 칭찬하는 말이다. 또 이 말은 명문가(名文家)에서 뛰어난 인재(人材, 어떤 일을 할 수 있는 학식이나 능력을 갖춘 사람)가 태어난다는 뜻이다. 그리고 뛰어난 부자(父子)를 함께 칭송할 때 쓰는 말이다. 사실 제갈근(諸葛瑾)은 오(吳)나라의 정치가이고, 제갈공명(諸葛孔明, 제갈량·諸葛亮이라고도 함)은 촉(蜀)나라의 정치가이고 제갈근(諸葛瑾)의 그의 동생이다. 제갈각(諸葛恪)은 이 두 정치가를 배출한 집안에서 태어났으니, 명문가(名文家) 출신임에 틀림없다고 하겠다. (江表傳日, 恪少有才名, 發藻岐嶷, 辯論應機, 莫與爲對, 權見而奇之, 謂瑾日, **藍田生玉**, 眞不虛也.)〉라는 이야기가 나오는데, '남전(藍田)에서 옥(玉)이 난다고 하더니,(藍田生玉)'에서, '남전생옥(藍田生玉)'이 유래했다. 그런데 위에서 소개하고 있는 「강표전(江表傳)」은 현재 전해지지 않으며, 진수(陳壽)의 『삼국지(三國志)』와 관련된 내용을 배송지(裴松之)가 주석(註釋)에 많이 인용했다고 한다. 따라서, '배송지(裴松之)'는 진수(陳壽)의 『삼국지(三國志)』에 주석(註釋)을 단 것으로 유명한 인물이다. 참고로, 원문의 '江表傳日'에서, '江表傳'은 책 이름. '江表傳日'을 직역(直譯)하면, 『강표전(江表傳)』에 말하기를, '恪少有才名'에서, '恪'은 삼갈(몸가짐이나 언행을 조심할) '각'으로 읽는다. 여기서는 '제갈각(諸葛恪)'을 가리킴. '제갈각(諸葛恪)'은, 자(字)는 원손(元遜)이며, 제갈근(諸葛瑾)의 아들이다. '少'는 젊을 '소', 어릴 '소'로 읽고, '有'는 있을 '유'로 읽고, '才'는 재주(순우리말로, 무엇을 잘할 수 있는, 타고난 능력과 슬기) '재'로 읽고, '名'은 이름 '명'으로 읽는다. '才名'은 뛰어난 재주로 말미암은 명성(名聲, 세상에 널리 퍼져 평판 높은 이름)을 이르는 말. '恪少有才名'을 직역(直譯)하면, 어릴 때부터 재주와 이름을 (가지고) 있었다. 즉, 뛰어난 재주로 말미암은 명성(名聲)이 있었다. '發藻岐嶷'에서, '發'은 드러낼 '발'로 읽고, '藻'는 마름(마름과의 일년초 연못이나 늪 등지·等地에 남. 여기서 '등지·等地'는 땅의 이름 뒤에 쓰이어, 앞에 말한 '그러한 곳들'의 뜻을 나타내는 말) '조', 꾸밈 '조'로 읽고, '岐'는 높을 '기'로 읽고, '嶷'는 나이가 어리고 총명할 '억'으로 읽는다. '發藻岐嶷'을 직역(直譯)하면, 꾸밈을 드러내거나 총명함이 높았다(뛰어났다). '辯論應機'에서, '辯'은 따질 '변', 논쟁할 '변'으로 읽고, '論'은 논할 '론(논)'으로 읽는다. '辯論'은 사리를 밝혀 옳고 그름을 따짐. '應'은 응할 '응'으로 읽고, '機'는 기회 '기'로 읽는다. '辯論應機'를 직역(直譯)하면, 사리를 밝혀 옳고 그름을 따지며 기회에 (잘) 응하여, '莫與爲對'에서, '莫'은 없을 '막'으로 읽고, '與'는 더불어 '여'로 읽고, '爲'는 할 '위'로 읽고, '對'는 상대할 '대'로 읽는다. '莫與爲對'를 직역(直譯)하면, (아무도) 더불어 상대할 것이 없었다. '權見而奇之'에서, '權'은 권세(權勢. 권력·權力과 '세력·勢力을 아울러 이르는 말) '권'으로 읽는다. 여기서는 '손권(孫權)'을 가리킴. '손권(孫權)'은 한대(漢代. 한나라의 시대) 말기에 중국을 갈라놓았던 3국 가운데 하나인 오(吳)나라의 초대(初代) 황제(임금)이다. '見'은 볼 '견'으로 읽고, '而'는 말 이을 '이'로 읽는다. '그리고'의 뜻을 나타냄. '奇'는 뛰어날 '기'로 읽고, '之'는 어조사 '지'로 읽는다. '그것'을 나타내는 지시 대명사. '權見而奇之'를 직역(直譯)하면, 손권(孫權)이 (제갈각·諸葛恪을) 보고 그리고 그것이 뛰어나다고 (생각하여), '謂瑾日'에서 '謂'는 일컬을 '위'로 읽고, '瑾'은 붉은 옥(玉) '근', 아름다운 옥(玉) '근'으로 읽는다. 여기서는 '재갈근(諸葛瑾)'을 가리킴. '재갈근(諸葛瑾)'은, 자(字)는 자유(子瑜)이며, 제갈량(諸葛亮)의 형(兄)이다. '謂瑾日'을 직역(直譯)하면, 재갈근(諸葛瑾)에게 일컬어 말하기를, '藍田生玉'에서, '藍'은 쪽(마디풀과의 한해살이풀, 잎은 염료로 쓰임) '남'으로 읽고, '田'은 밭 '전'으로 읽는다. '藍田'은 땅 이름. '生'은 날 '생'으로 읽고, '玉'은 구슬 '옥'으로 읽는다. '藍田生玉'을 직역(直譯)하면, 남전(藍田)에서 구슬(옥)이 나온다고 (하더니), 즉, 남전(藍田)에서 옥(玉)이 산출(産出)되듯이 명문 집안에서 인재(人材)가 나온다는 뜻으로, 현명한 아버지가 재능이 있는 아들을 낳은 것을 칭찬하거나 뛰어난 부자(父子)를 함께 칭송(稱頌)할 때 쓰는 말이다. '眞不虛也'에서, '眞'은 진짜 '진'으로 읽고, '虛'는 헛될 '허'로 읽고, '也'는 어조사 '야'로 읽는다. '~이군요(영탄)'의 뜻을 나타냄. '眞不虛也'을 직역(直譯)하면, 진짜 헛된 (말이) 아니군요.

남정-북벌(南征北伐 남녘 **남**/칠 **정**/북녘 **북**/칠 **벌**) 남쪽을 치고 북쪽을 친다는 뜻으로, 남쪽을 정복(征服. 어떤 나라나 민족 따위의 집단을 무력을 써서 적이나 죄 있는 무리를 쳐 복종시킴)하고 북쪽을 토벌(討伐. 반란자 따위의 적이 되어 맞서는 무리를 병력으로 공격하여 없앰)함을 이르는 말. 곧, 여기저기서 전쟁에 종사하느라고 편안한 날이 없음을 뜻하는 말. *남정(南征): 남쪽을 정벌(征伐. 무력을 써서 적이나 죄 있는 무리를 치는 일)함. *북벌(北伐): 북방(北方)의 지역을 정벌(征伐)함. ***치다**: 부록 '정(征)', '벌(伐)' 참고.

남-존-여-비(男尊女卑 사내 **남**/높을 **존**/계집 **여**/낮을 **비**) 사내는 높고 계집은 낮다는 뜻으로, 사회적 지위(地位)나 권리(權利)에 있어, 남자를 여자보다 우대(優待)하고 존중(尊重)하는 일을 이르는 말. ⨀ 여존남비(女尊男卑).

남-좌-여-우(男左女右 사내 **남**/왼 **좌**/계집 **여**/오른쪽 **우**) 사내는 왼쪽이고 계집은 오른쪽이라는 뜻으로, 음양설(陰陽說)에서, 왼쪽은 양(陽)이고, 오른쪽은 음(陰)이라 하여 남자는 왼쪽이 소중하고, 여자는 오른쪽이 소중함을 이르는 말. 맥, 손금, 자리 따위를 볼 때 남자는 왼쪽을, 여자는 오른쪽을 취한다. 여기서, '음양설(陰陽說)'은 역학(易學)에서 이르는, 만물(萬物. 온갖 물건 또는 세상에 있는 모든 것)의 근원(根源)이 되는 상반(相反. 서로 반대되거나 어긋남)된 성질을 가진 두 가지의 것(해와 달, 남성과 여성, 낮과 밤, 불과 물, 여름과 겨울 따위)에 관한 학설을 이르는 말.

남-주-북-병(南酒北餅 남녘 **남**/술 **주**/북녘 **북**/떡 **병**) 남쪽은 술[酒], 북쪽은 떡[餅]이라는 뜻으로, 예전에, 서울의 남촌(南村. 조선 시대에, 서울 안의 남쪽에 있는 동네들을 두루 이르던 말)은 술을 잘 빚어 술 맛이 좋고, 북촌(北村. 조선 시대에, 서울 안의 북쪽에 있는 동네들을 두루 이르던 말)은 떡을 잘 만들어 떡 맛이 좋다 하여 이르던 말. 이 사자성어의 유래는 다음과 같다. 옛날 우리나라 서울 남산(南山) 밑의 마을에서는 술을 잘 빚었고, 서울 북쪽의 북촌(北村)에서는 떡을 잘 만들었는데, 이는 당시(當時. 일이 있었던 바로 그때, 또는 이야기하고 있는 그 시기)의 지역 경제 및 생활 문화와 밀접한 관계가 있다. 북촌(北村)에는 부귀한 집안들이 많아 음식에서도 사치(奢侈)를 누릴 수 있어 각종 떡들이 만들어졌으며, 떡만 만들어 파는 전문(專門) 떡집들까지 있어 절편, 개피떡, 송편, 콩 인절미, 팥 인절미 따위의 떡들을 팔았다고 한다. 한편 서민들이 살던 남산 밑 민가(民家. 일반 백성들이 사는 집)에서는 서민계급이 손쉽게 즐길 수 있는 술을 많이 빚어 먹었다고 하는데, 이 술의 대표적인 것이 바로 삼해주(三亥酒)이다. ‘삼해주(三亥酒)’란 음력 정월의 상(上)·중(中)·하(下) 해일(亥日)에 빚은 술로, 여기서, ‘해일(亥日)’은 지지(地支)가 해(亥)로 된 날을 이르는 말. ‘지지(地支)’는 육십갑자(六十甲子. 본문 참고)의 아래 단위를 이루는 요소. 즉, 자(子), 축(丑), 인(寅), 묘(卯) 진(辰), 사(巳), 오(午), 미(未), 신(申), 유(酉), 술(戌), 해(亥)를 말함. 상해일(上亥日)에 찹쌀가루로 죽을 쑤어 식힌 다음 누룩가루와 밀가루를 섞어서 독에 넣고, 중해일(中亥日)에는 찹쌀가루와 멥쌀가루를 쪄서 식힌 다음 독에 넣고, 하해일(下亥日)에도 또 찹쌀가루를 쪄서 식힌 다음 독에 넣어 익힌 술이다. 이런 생활 문화에서 남쪽은 술, 북쪽은 떡이라는 남주북병(南酒北餅)이 유래했었다. 이 사자성어는 우리나라에서만 쓰인다.

남-중-일색(男中一色 사내 **남**/가운데 **중**/한 **일**/빛 **색**) 사내의 가운데(얼굴)가 한 빛이라는 뜻으로, 남자의 얼굴이 썩 뛰어나게 잘생김, 또는 그런 사람을 이르는 말. *일색(一色): ①한 가지 빛. ②아주 뛰어나게 아름다운 미인. ③같은 종류나 같은 경향이 지배하고 있는 모양을 비유적으로 이르는 말.

남지-춘신(南枝春信 남녘 **남**/가지 **지**/봄 **춘**/소식 **신**) 남녘 가지(에서) 봄소식이 (온다.) 즉, 동양화(東洋畵)에서, 매화(梅花)는 봄에 남쪽 가지에서부터 꽃을 피운다는 뜻으로, 매화(梅花)를 다룬 화제(畵題. 그림의 제목이나 그림 위에 쓰는 시문)를 이르는 말. 남종화(南宗畵), 문인화(文人畵)에 많이 쓴다. 여기서 ‘동양화(東洋畵)’는 한국, 중국, 일본 등지(等地. 땅의 이름 뒤에 쓰이어, 앞에 말한 ‘그러한 곳들’의 뜻을 나타내는 말)에서 발달한 독특한 화풍(畵風. 그림의 경향. 또는 그 특징)과 화법(畵法. 그림 그리는 방법)의 그림을 이르는 말. 주로 먹을 사용하며, 화선지(畵宣紙. 종이의 일종)나 비단(緋緞)에 산수(山水), 사군자(四君子) 따위를 제재(題材. 예술 작품이나 학술 연구 따위에서 주제의 재료가 되는 것)로 하여 그린 것이다. 그리고 ‘남종화(南宗畵)’는 중국 회화(繪畵)의 이대(二大) 계보(系譜)의 하나이다. 당(唐)나라의 왕유(王維)에서 비롯되는데, 화제(畵題. 그림의 이름이나 제목, 또는 그림 위에 쓰는 시문)는 산수(山水)가 중심이고, 주로 수묵(水墨. 빛이 엷은 먹물)으로 그려지며, 문학적인 점이 특색이다. ‘문인화(文人畵)’는 동양화(東洋畵)에서 문인(文人), 학자(學者) 따위가 여기(餘技. 전문적으로 하는 것이 아니라 틈틈이 취미로 하는 재주나 일), 즉, 취미(趣味)로 그린 그림을 이르는 말. 그런데 여기서, ‘재주’는 순우리말로, 무엇을 잘할 수 있는, 타고난 능력과 슬기. *남지(南枝): ①남쪽으로 뻗어 햇볕을 잘 받는 가지. ②일찍 피는 매화의 가지. *춘신(春信): ①봄소식. ②이른 봄에 꽃이 피고 새가 울기 시작함을 이르는 말.

남-창-여-수(男唱女隨 사내 **남**/인도할 **창**/계집 **여**/따를 **수**) 사내는 인도(引導)하고 계집은 따른다는 뜻으로, 남자는 주장하고 여자는 따라서 함. 즉, 남자가 앞에 나서서 서두르고, 여자는 따라만 함을 이르는 말. ⑲ 여창남수(女唱男隨). ⑳ 부창부수(夫唱婦隨). *'남-창'은 『국어사전(國語辭典)』에 등재(登載)된, '① 국악에서, 여자가 남자 목소리로 부르는 노래. ②남자가 부르는 노래'인 '남창(男唱)'의 뜻과는 별개다. *인도하다(引導~): ①가르쳐 일깨우다. ②길을 안내하다.

남-취-여가(男娶女嫁 사내 **남**/장가들 **취**/계집 **여**/시집갈 **가**) 사내는 장가들고 계집은 시집간다는 뜻으로, 장가들고 시집가는 일을 이르는 말. *여가(女嫁): 딸을 시집보냄.

남팔-남아(南八男兒 남녘 **남**/여덟 **팔**/사내 **남**/아이 **아**) 남팔(南八)은 사내아이라는 뜻으로, 절개(節槪·介. 옳은 일을 지키어 뜻을 굽히지 않는 굳건한 마음이나 태도)가 굳은 장(壯)한 대장부(大丈夫. 건강하고 씩씩한 사나이)를 비유적으로 이르는 말. 중국 당(唐)나라 때에, 남씨(南氏)의 여덟째 아들로 태어난 남제운(南霽雲)이 장순(張巡)과 함께 절개(節槪·介. 옳은 일을 지키어 뜻을 굽히지 않는 굳건한 마음이나 태도)를 지키고 죽었다는 데서 유래한다. *남팔(南八): 남씨의 여덟 째 아들이란 뜻으로, 남제운(南霽雲)의 다른 이름. *남아(男兒): ①남자. ②사내아이.

남-풍-불-경(南風不競 남녘 **남**/노래 **풍**/아닐 **불**/굳셀 **경**) 노래(악곡)는 굳세지 아니하다. 즉, 남쪽 지방의 노래(악곡)가 활기(活氣. 활동력이 있거나 활발한 기운)가 없다는 뜻으로, 남쪽 지방의 세력(勢力)이 부진(不振)함을 이르는 말. 또는 경쟁자가 역량(力量. 어떤 일을 해낼 수 있는 힘)이 강(强)하지 않음을 비유적으로 이르는 말. 여기서, '기운'은 순우리말로, 생물이 살아 움직이는 원기(元氣). 또는 거기서 나오는 힘. *'남-풍'은 『국어사전(國語辭典)』에 등재(登載)된, '남쪽에서 북쪽으로 부는 바람'인 '남풍(南風)'의 뜻과는 별개다. 이 사자성어의 유래는 다음과 같다. 『진서(晉書)』의 「왕헌지전(王獻之傳)」과 『세설신어(世說新語)』의 「방정(方正)」 편(篇)에 〈왕헌지(王獻之)가 어렸을 때 아버지의 문하생(門下生. 가르침을 받는 스승의 아래에서 배우는 제자)들이 뜰에서 저포(樗蒲)를 즐기고 있는 것을 어깨 너머로 보다가 말했다. "남풍불경이군." 그러자 문하생(門下生) 하나가 어린아이인 것을 가볍게 보고 응수(應酬)했다. "이 도련님은 대롱으로 표범을 보고 있군. 그저 점 하나만 보일 뿐이지."(王子敬數歲時, 嘗看諸門生樗蒲, 見有勝負, 因日, <u>南風不競</u>, 門生輩輕其小兒, 乃日, 此郎亦管中窺豹, 時見一斑.)〉라는 이야기가 나오는데, '남풍불경이군.(南風不競)'에서, '남풍불경(南風不競)'이 유래했다. 참고로, 원문의 '王子敬數歲時'에서, '王'은 임금 '왕'으로 읽고, '子'는 아들 '자'로 읽고, '敬'은 공경(恭敬) '경'으로 읽는다. '王子敬'은 '왕헌지(王獻之)'의 별칭이다. '왕헌지(王獻之)'는 중국 동진(東晉)의 서예가 겸 정치가이다. 역시 중국 동진(東晉)의 서예가 겸 정치가였건 왕희지(王羲之)의 7번째 아들이다. '數'는 몇 '수', 두서너 '수'로 읽고, '歲'는 해 '세', 나이 '세'로 읽는다. '數歲'는 몇 살을 일컫는 말. '時'는 때 '시'로 읽는다. '王子敬數歲時'를 직역(直譯)하면, 왕헌지(王獻之)가 몇 살 (아니었을) 때였다. 즉, 어렸을 때였다. '嘗看諸門生樗蒲'에서, '嘗'은 일찍 '상'으로 읽고, '看'은 볼 '간'으로 읽고, '諸'는 여러 '제'로 읽고, '門'은 문(門) '문'으로 읽고, '生'은 날 '생'으로 읽는다. '門生'은 '문하생(門下生)'과 같은 말로, 문하(門下. 여기서는, 문하생·門下生이 드나드는 권세·權勢 있는 집)에서 배우는 제자. '樗'는 저포(樗蒲) '저'로 읽고, '蒲'는 부들(부들과의 여러해살이풀) '포'로 읽는다. '樗蒲'는 주사위 같은 것을 나무로 만들어 던져서, 그 끗수로 승부를 겨루는 일종의 도박놀이. '嘗看諸門生樗蒲'를 직역(直譯)하면, 일찍이 여러 문하생이 저포놀이를 하는 것을 보았다. '見

有勝負'에서, '見'은 볼 '견'으로 읽고, '有'는 있을 '유'로 읽고, '勝'은 이길 '승'으로 읽고, '負'는 질(내기나 시합, 싸움 따위에서, '지다'의 관형사형, 내기나 시합, 싸움 따위에서 재주나 힘을 겨루어 상대에게 꺾일) '부', 패(敗)할 '부'로 읽는다. 여기서, '재주'는 순우리말로, 무엇을 잘할 수 있는, 타고난 능력과 슬기. '勝負'는 이김과 짐. '見有勝負'를 직역(直譯)하면, (그런데) 이김과 지는 (것이) 있음을 보았다. '因曰'에서, '因'은 인할(因~. 어떤 사실로 말미암을) '인'으로 읽는다. '因曰'을 직역(直譯)하면, (그것으로) 인하여 말하기를, '南風不競'에서, '南'은 남녘 '남'으로 읽고, '風'은, 여기서는 노래 '풍', 악곡(樂曲) '풍'으로 읽고, '不'은 아닐(부정하는 말) '불'로 읽고, '競'은 굳셀 '경'으로 읽는다. '南風不競'을 직역(直譯)하면, 남녘의 노래(악곡)는 굳세지 아니하다. 즉, 남쪽 지방의 노래가 활기(活氣)가 없다는 뜻으로, 남쪽 지방의 세력(勢力)이 부진(不振)함을 이르는 말. 또는 경쟁자가 역량(力量)이 강(强)하지 않음을 비유적으로 이르는 말. '門生輩輕其小兒'에서, '輩'는 무리 '배'로 읽고, '輕'은 가벼이 여길 '경'으로 읽고, '其'는 그(지시하는 말) '기'로 읽고, '小'는 작을 '소', (나이가) 어릴 '소'로 읽고, '兒'는 아이 '아'로 읽는다. '小兒'는 어린아이. '門生輩輕其小兒'를 직역(直譯)하면, 문하생의 무리들이 그 어린아이를 가볍게 여기며, '乃曰'에서, '乃'는 이에(이러하여서 곧) '내'로 읽는다. '乃曰'을 직역(直譯)하면, 이에 말하기를, '此郎亦管中窺豹'에서, '此'는 이(지시하는 말) '차'로 읽고, '郎'은 사내 '랑(낭)'으로 읽고, '亦'은 또 '역', 또한 '역'으로 읽고, '管'은 대롱 '관'으로 읽고, '中'은 가운데 '중'으로 읽고, '窺'는 엿볼 '규'로 읽고, '豹'는 표범 '표'로 읽는다. '此郎亦管中窺豹'를 직역(直譯)하면, 이 사내는 또한 대롱 가운데로 표범을 엿보고 (있으니), 여기서, '管中窺豹'를 직역(直譯)하면, 대롱 가운데(구멍)로 표범을 엿본다. 즉, 대롱 구멍으로 표범을 보면 표범의 얼룩점 하나밖에 보이지 않는다는 뜻으로, 견문(見聞. 보거나 듣거나 하여 깨달아 얻은 지식)과 학식(學識)이 좁음을 일컫거나, 자신의 견해(見解. 어떤 사물이나 현상에 대한 자기의 의견이나 생각)를 말하면서 겸손하게 표현하는 경우를 비유적으로 이르는 말. '時見一斑'에서, '時'는 때 '시', 그때 '시'로 읽고, '見'은 볼 '견'으로 읽고, '一'은 한 '일'로 읽고, '斑'은 얼룩질(거죽에 얼룩이 생길) '반'으로 읽는다. '一斑'은 아롱진(아롱아롱한 점이나 무늬가 있거나 생긴) 무늬 한 점. '時見一斑'을 직역(直譯)하면, 그때는 아롱진 무늬 한 점만 보일 (뿐이었다). 그런데 이 외에『좌전(左傳)』의 「양공(襄公) 18년」 편(篇)에 〈악관(樂官)인 사광(師曠)이 이것을 듣고 이렇게 말했다. "해(害)가 되지는 않는다. 나는 자주 북풍(北風)을 노래하고 또 남풍(南風)을 노래했지만, 남풍(南風)은 생기가 없고, 죽음의 소리가 많다. 초(楚)나라는 분명히 공(功)이 없을 것이다."(師曠曰, 不害, 吾驟歌北風, 又歌南風, 南風不競, 多死聲, 楚必無功.)〉라는 이야기가 나오는데, 사광(師曠)이 한 말, 즉, '남풍(南風)은 생기가 없고,(南風不競)'에서, '남풍불경(南風不競)'이 유래하여, 경쟁자의 역량이 강(强)하지 않음을 비유(比·譬喩. 어떤 사물의 모양이나 상태 따위를 보다 효과적으로 표현하기 위하여 그것과 비슷한 다른 사물에 빗대어 표현함, 또는 그 표현 방법)하는 말로 쓰이게 되었다. 이 이야기의 배경은 이렇다. 노(魯)나라의 양공(襄公) 18년, 진(晉)나라를 맹주(盟主. 동맹을 맺은 개인이나 단체 가운데서 중심이 되는 인물이나 단체)로 하는 노(魯), 위(衛), 정(鄭)의 연합군이 제(齊)나라를 공격했다. 그런데 정(鄭)나라 자공(子孔)이 이 기회를 틈타 남쪽의 초(楚)나라 군대를 끌어들여 자기 나라의 권력을 장악할 계획을 세우고 초(楚)나라의 재상(宰相. 임금을 보필하며 모든 관원을 지휘, 감독하는 자리에 있는 이품·二品 이상의 벼슬을 통틀어 이르던 말)인 자경(子庚)에게 사자(使者. 심부름을 하는 사람)를 보내 이 일을 상의했다. 자경(子庚)은 이 계획에 찬성하지 않았다. 그러나 이미(돌이킬 수 없이 된 지난 일을 일컬을 때 쓰는 말) 마음이 동(動)한 초(楚)나라의 강왕(康王)은 사람을 보내, 정(鄭)나라 자공(子孔)을 도와주라는 뜻을 자경(子庚)에게 전했다. 결국 초(楚)나라의 재상(宰相. 벼슬 이름)인 자경(子庚)은 군대를 이끌고 정(鄭)나라의 도읍(都邑. 한 나라의 중앙 정부가 있는 곳. =서울)인 순문(純門. 땅 이름)을 공격했다. 초(楚)나라 군대가 정(鄭)나라를 공격했다는 소식이 진(晉)나라의 연합군이 있는 진중(陣中. 군대의 진영 안)에 전해졌는데, 그때 진(晉)나라의 악관(樂官. 악기로 음악을 연주하는 사람)인 사광(師曠)이 초(楚)나라의 전력(戰力. 전쟁이나 경기 따위를 수행할 수 있는 능력)을 예상하고 초(楚)나라는 남풍불경(南風不競)이니, "초(楚)나라는 분명히 공(功)이 없을 것이다(실패할 것이다)"라고 예견한 데서, 남풍불경(南風不競)이 유래했던 것이다. 참고로, 원문의 '師曠曰'에서, '師'는 스승 '사'로 읽고, '曠'은 빌 '광', 넓을 '광'으로 읽는다. '師曠'은 사람 이름. '師曠曰'을 직역(直譯)하면, 사광(師曠)이 말하기를, '不害'에서, '不'은 아닐(부정하는 말) '불'로 읽고, '害'는 해(害)할 '해', 해로울 '해'로 읽는다. '不害'를 직역(直譯)하면, 해로움이 (있는 것이) 아닙니다. 즉, 사광(師曠)은 초(楚)나라의 전력(戰力. 전투나 경기 따위를 할 수 있는 능력)을 예상하고, 초(楚)나라의 군대가 출동해도 "뭐, 대단한 일은 없을 것입니다."라고 말한 것이다. '吾驟歌北風'에서, '吾'는 나(1인칭 대명사) '오'로 읽고, '驟'는 자주 '취', 여러번 '취'로 읽고, '歌'는 노래 '가'로 읽고, '北'은 북녘 '북'으로 읽고, '風'은 여기서는 기질(氣質) '풍'으로 읽는다. '吾驟歌北風'을 직역(直譯)하면, 나는 자주 북풍(北風. 북녘의 기질)을 노래하고, '又歌南風'에서, '又'는 또 우', 또한 '우'로 읽고, '歌'는 노래 '가'로 읽고, '南'은 남녘 '남'으로 읽고, '風'은 기질(氣質) '풍'으로 읽는다. '又歌南風'을 직역(直譯)하면, 또 남풍(南風. 남녘의 기질)을 노래했지만, '南風不競'에서, '南'은 남녘 '남'으로 읽고, '風'은 노래 '풍'으로 읽고, '不'은 아닐(부정하는 말) '불'로 읽고, '競'은 굳셀 '경'으로 읽는다. '南風不競'을 직역(直譯)하면, 남풍(南風)의 노래는 굳세지 아니하였다. 즉, 남쪽 지방의 노래가 활기(活氣)가 없다는 뜻으로, 남쪽 지방의 세력(勢力)이 부진(不振)함을 이르는 말. 또는 경쟁자가 역량(力量)이 강(强)하지 않음을 비유적으로 이르는 말. '多死聲'에서, '多'는 많을 '다'로 읽고, '死'는 죽을 '사'로 읽고, '聲'은 소리 '성'으로 읽는다. '多死聲'을 직역(直譯)하면, (남풍은) 죽음의 소리가 많다. '楚必無功'에서. '楚'는 초(楚)나라 '초'로 읽고, '必'은 반드시 '필', 틀림없이 '필'로 읽고, '無'는 없을 '무'로 읽고, '功'은 공(功. 어떤 일에 이바지한 공적과 노력) '공'으로 읽는다. 여기서는 성공(成功. 목적한 바를 이룸)의 의미가 강하다. '楚必無功'을 직역(直譯)하면, 초(楚)나라는 틀림없이 성공(成功)이 없을 (것입니다). 즉, 초(楚)나라 군대는 출동해도 적을 이기지 못하고 반드시 실패할 것이라는 말이다.

남행-초사(南行初仕 남녘 **남**/길 갈 **행**/처음 **초**/벼슬 **사**) 남녘 길 갈 (때의) 처음 벼슬길이라는 뜻으로, 과거(科擧. 예전에 우리나라와 중국에서 관리를 뽑을 때 실시하던 시험을 이르는 말)를 거치지 않고, 조상(祖上)의 덕(德. 베풀어 준 은혜나 도움)으로 처음 벼슬길에 오르던 일을 이르는 말. ***남행**(南行): =음관(蔭官). 즉, 과거(科擧)를 거치지 않고 조상(祖上)의 공덕(功德. 착한 일을 하여 쌓은 업적과 어진 덕)으로 맡은 벼슬. 또는 그런 벼슬아치. *초사(初仕): 지난날, 처음으로 벼슬길에 오름을 이르던 말.

남혼-여가(男婚女嫁 사내 **남**/혼인할 **혼**/계집 **여**/시집갈 **가**) 사내는 혼인하고, 계집은 시집간다. 즉, 아들은 장가들고 딸은 시집간다는 뜻으로, 자녀의 혼인(婚姻)을 이르는 말. ***남혼**(男婚): 아들의 혼사(婚事). ↔여혼(女婚). *여가(女嫁): 딸을 시집보냄.

남-흔-여-열(男欣女悅 사내 **남**/기뻐할 **흔**/계집 **여**/기쁠 **열**) 사내가 기뻐하고 계집이 기뻐하다는 뜻으로, ①부부가 편안하고 즐거운 것을 이르는 말. ②부부 사이가 화목(和睦. 서로 뜻이 맞고 정다움)하고 즐거움을 이르는 말.

납-전-면천(納錢免賤 바칠 **납**/돈 **전**/면할 **면**/천할 **천**) 돈을 바쳐 천(賤)한 것에서 면(免)한다는 뜻으로, 조선 시대에, 돈을 치르고 노비(奴婢. 사내종과 계집종)의 신분에서 벗어나던 일을 이르는 말. 웹 납속면천(納粟免賤). *면천(免賤): 천민(賤民)의 신분을 면(免)하고 평민(平民)이 됨. 또는 그렇게 해 주던 일.

낭랑-세-어(朗朗細語 맑을 **낭**/맑을 **랑**/가늘 **세**/말씀 **어**) 맑고 맑은 (소리로) 가늘게 말한다는 뜻으로, 낭랑(朗朗)한 목소리로 소곤거리는 말. *낭랑(朗朗): 소리가 맑고 또랑또랑함.

낭묘-지-기(廊廟之器 행랑 **낭**/종묘 **묘**/어조사 **지**/그릇 **기**) 행랑(行廊)과 종묘(宗廟)의 그릇[器]. 즉, 행랑(行廊. 지난날, 서울 장거리, 즉, 장이 서는 거리에 줄 대어 있던 이층 상점이나 가게)과 종묘(宗廟. 조선 시대에, 역대 임금과 왕비의 위패를 모시던 왕실의 사당)를 관리할 수 있는 그릇[器]이라는 뜻으로, 천하(天下)의 정무(政務. 정치에 관한 사무, 또는 행정 사무)를 맡아볼 만한 큰 인물을 비유적으로 이르는 말. 재상감(宰相~)을 일컫는다. 여기서, '재상(宰相)'은 임금을 보필하며 모든 관원을 지휘, 감독하는 자리에 있는 이품(二品) 이상의 벼슬을 통틀어 이르던 말. *낭묘(廊廟): ①조정(朝廷. 임금이 나라의 정치를 신하들과 의논하거나 집행하는 곳, 또는 그런 기구)의 정무를 돌보던 궁전(宮殿). ②=의정부(議政府). 즉, 조선 시대에, 백관(百官. 모든 벼슬아치)을 통솔하고 정사(政事)를 도맡아 하던 최고 행정 관청. *종묘(宗廟): 역대 왕과 왕비의 위패(位牌)를 모시던 사당.

낭유-도식(浪遊徒食 방랑할 **낭**/놀 **유**/헛될 **도**/먹을 **식**) 방랑하고 놀면서 헛되이 먹는다는 뜻으로, 하는 일 없이 헛되이 놀고먹음을 이르는 말. 비 무위도식(無爲徒食). *낭유(浪遊): 하는 일 없이 돌아다니면서 놂. 허랑(虛浪. 말이나 행동에 거짓이 많고 착실하지 못함)하게 놂. *도식(徒食): 놀고먹음. *방랑하다(放浪~): 정처 없이 이곳저곳 떠돌아다니다.

낭-자-야심(狼子野心 이리 **낭**/아들 **자**/들 **야**/마음 **심**) 이리의 야심(野心). 즉, 이리는 본래의 야성(野性. 자연 또는 본능 그대로의 성질. 또는 산이나 들에서 제멋대로 자란 것 같은 성질)이 있어 좀처럼 길들여지지 아니한다는 뜻으로, 엉큼한 심보(心~. 마음을 쓰는 본바탕)를 비유(比·譬喩. 어떤 사물의 모양이나 상태 따위를 보다 효과적으로 표현하기 위하여 그것과 비슷한 다른 사물에 빗대어 표현함. 또는 그 표현 방법)하거나, 신의(信義. '믿음[信]'과 '의리[義]'를 아울러 이르는 말)가 없는 사람은 쉽게 교화(敎化. 주로 교양, 도덕 따위를 가르치어 감화시킴)할 수 없음을 비유적으로 이르는 말. *'**낭-자**'는 『국어사전(國語辭典)』에 등재(登載)된, '아자(牙子)와 같은 말로, 짚신나무의 뿌리를 한방에서 이르는 말'인 '낭자(狼子)'의 뜻과는 별개다. *야심(野心): ①야망(野望. 크게 무엇을 이루어 보겠다는 희망)을 이루려는 마음. ②남을 해치려는 나쁜 계획. 또는 야비(野卑·鄙. 성질이나 언행이 상스럽고 더러움. 또는 성질이나 행동이 야하고 천함)한 마음.

낭중-지-추(囊中之錐 주머니 **낭**/가운데 **중**/어조사 **지**/송곳 **추**) 주머니 가운데(속)의 송곳이라는 뜻으로, 능력과 재주(순우리말로, 무엇을 잘할 수 있는, 타고난 능력과 슬기)가 뛰어난 사람은 주머니 속의 송곳이 튀어나오듯, 스스로 두각(頭角. 짐승의 머리에 있는 뿔이라는 뜻에서, 뛰어난 학식이나 재능을 비유적으로 일컫는 말)을 나타내게 됨을 비유적으로 일컫는 말. 또는 재능(才能. 어떤 일을 하는데 필요한 재주와 능력)이 뛰어난 사람은 숨어 있어도 저절로 사람들에게 알려짐을 비유적으로 일컫는 말. 田 추처낭중(錐處囊中). *낭중(囊中): 주머니 속. *송곳: 부록 '추(錐)' 참고. 《관련 속담》 눈 가리고 아웅이라 (한다). / 눈 감고 아웅한다. / 눈 벌리고 아웅. / 닭이 천이면 봉이 한 마리. / 주머니에 들어간 송곳이라. 이 사자성어의 유래는 다음과 같다. 『사기(史記)』의 「평원군우경열전(平原君虞卿列傳)」 편(篇)에, [진(秦)나라가 조(趙)나라의 한단(邯鄲)을 공격하자, 조(趙)나라 왕은 평원군(平原君)을 초(楚)나라에 보내 합종(合從·縱. 굳게 맹세하여 응함)의 맹약(盟約. 굳게 맹세하여 약속함, 또는 그 약속)을 맺도록 했다. 즉, 조(趙)나라 평원군(平原君)은 평소 선비를 후(厚)하게 대해 수천 명의 식객(食客. 예전에, 세력 있는 대갓집에 얹혀 있으면서 문객·門客 노릇을 하던 사람)이 있었다. 어느 날, 진(秦)나라가 조(趙)나라의 수도(首都)인 한단(邯鄲)을 공격하자, 조(趙)나라는 평원군(平原君)을 보내 초(楚)나라의 도움을 청하도록 하였다는 뜻이다. 평원군(平原君)은 식객(食客)들 중에 문무(文武)를 겸비한 20명을 골라 함께 가기로 했는데, 19명을 고른 뒤에는 더 이상 고를 만한 사람이 없었다. 평원군(平原君)의 문하(門下. 문하생이 드나드는 권세·權勢 있는 집)에 모수(毛遂)라는 사람이 있었는데, 앞으로 나와[出] 자찬(自讚. 자기가 한 일을 자기가 스스로 칭찬함)하며 평원군(平原君)에게 말했다. "군(君. 여기서는, '평원군·平原君'을 가리킴)께서 초(楚)나라와 합종(合從·縱)을 하러 가시는데, 외부에서 찾지 않고 문하(門下)의 식객(食客) 20명과 함께 가기로 했다고 하는데, 한 사람이 모자란다고 들었습니다. 저를 수행원으로 데리고 가 주시기를 바랍니다." 여기서 '모수자천(毛遂自薦)'이라는 사자성어가 나오게 되었다. 평원군(平原君)이 물었다. "선생(先生. '모수·毛遂'를 가리킴)께서는 내 집에 오신 지, 몇 해나 되었소?" "3년입니다."]〈현사(賢士. 어진 선비)가 세상에 처해 있는 것은, 비유(比·譬喻. 어떤 사물의 모양이나 상태 따위를 보다 효과적으로 표현하기 위하여 그것과 비슷한 다른 사물에 빗대어 표현함, 또는 그 표현 방법)하자면, 송곳이 주머니 속에 있는 것과 같아, 그 끝이 뛰어나온다고 하는데, 즉, 평원군(平原君)이 모수(毛遂)를 문무(文武)를 겸비한 인재(人材. 어떤 일을 할 수 있는 학식이나 능력을 갖춘 사람)로 인정하지 않으려 하면서, '주머니 속에 있는 송곳은 그 끝이 뛰어나온다.'고 말한 것이, '인재(人材)는 어디에 있든 눈에 띈다.'는 뜻의 낭중지추(囊中之錐)의 어원(語源)이 되었다. 지금 선생은 내 문하에 3년이나 있었다지만, 주변 사람들이 칭찬하는 소리도 없었으며, 나도 듣지 못했소. 이는 선생이 아무런 재주(순우리말로, 무엇을 잘할 수 있는, 타고난 능력과 슬기)도 없는 까닭이오. 선생은 할 수 없으니, 남아 있으시오."(夫賢士之處世也, **譬若錐之處囊中**. 其末立見, 今先生處勝之門下三年於此矣, 左右未有所稱誦, 勝未有所聞, 是先生無所有也. 先生不能, 先生留.)〉[그러자 모수(毛遂)가 말했다. "신(臣. 신하가 임금에게 자기를 일컫는 말)은 지금 주머니 속에 넣어 주기를 청하는 것입니다. 즉, 오늘에서야 신(臣)이 평원군(平原君)의 주머니 속에 있기를 청한다는 뜻이다. 평원군(平原君)으로 하여금 모수(毛遂) 자신의 재능을 제대로 평가할 수 있는 기회를 달라는 뜻이 담겨 있다. 만약 일찍이 주머니 속에 넣었더라면 송곳이 주머니를 뚫고 나왔을 것입니다. 어찌 그 끝만 보였겠습니까?" 즉, 모수(毛遂) 스스로가 아직 남의 주머니 가운데에 제대로 들어 있었던 적이 없다는 것을 뜻한다. 바꾸어 말하면 나의 재능을 지금까지 제대로 발휘하지 못했다는 말이다. 그러니 나를 믿고 뽑아 달라고 설득하는 것이다. 이 말로 인하여, 결국 모수(毛遂)가 평원군(平原君)을 따라 조(趙)나라로 가게 된 결정적인 계기가 되었다. 그리고 초(楚)나라와의 교섭에 큰 역할을 함으로써 두각(頭角. 머리의 끝이라는 뜻에서, '여럿 중에서 특히 뛰어난 학식이나 재능'을 이르는 말)을 드러낸 것으로 알려져 있다.…… 평원군(平原君)은 합종(合從·縱)을 성사시키고 조(趙)나라에 돌아온 후 말했다. "나는 이제 더 이상 선비들의 상(像. 눈에 보이거나 마음에 그려지는 사물의 형체)을 보지 않겠다. 내가 많게는 수천 명, 적게는 수백 명의 상(像)을 보면서, 천하(天下)의 선비들을 하나도 놓치지 않았다고 자부(自負. 자기의 재능이나 학문, 직업 따위에 자신을 가지고 스스로 자랑으로 생각함)했는데, 오늘 모(毛) 선생(先生. '모수·毛遂'를 높여 일컫는 말)을 보지 못했구나. 모(毛) 선생(先生)은 초(楚)나라에 가자마자, 조(趙)나라를 구정(九鼎)과 대려(大呂)보다 더 무겁게 만들었다. '구정(九鼎)'은 중국 하(夏)나라의 우왕(禹王) 때에, 전국(全國)의 아홉 주(州)에서 쇠붙이를 거두어 만들었다는 9개의 솥을 일컫는 말. 주(周)나라 때까지 대대로 천자(天子)에게 전해진 보물이었다고 함. 여기서, '천자(天子)'는 천제(天帝. 하늘을 다스리는 신. 또는 우주를 창조하고 주재한다고 믿어지는 초자연적인 절대자)의 아들이란 뜻으로, 천명(天命. 하늘의 명령)을 받아 천하(天下)를 다스리는 사람. 곧 중국에서 황제(皇帝)를 일컫던 말이다. 그리고 '대려(大呂)'는 동양 음악에서, 십이율(十二律)의 둘째 음(音)을 일컫는 말. 십이율(十二律)은 열두 음(音)을 일컫는데, 육률(六律)과 육려(六呂)가 있음. 모(毛) 선생(先生)은 세 치의 혀로 백만의 군대보다 더 강하게 만들었다. 나는 이제 선비의 상(像)을 보지 않겠다." 즉, 모수(毛遂)를 무능한 인물로 평가했다가 그의 도움을 받아 문제를 해결했기 때문에 그 영향을 받아, 평원군(平原君)은 앞으로 선비를 함부로 평가하지 않겠다고 말한다. 그동안 평원군(平原君)이, 모수(毛遂)를 제대로 평가하지 못한 것에 따른 죄책감으로 해석된다. 그러고는 모수(毛遂)를 상객(上客. 상좌·上座에 모실 만한 손님)으로 대우했다. 즉, 그동안 눈에 띄지 않은 모수(毛遂)가 결국 '낭중지추(囊中之錐)'의 주인공이 되었다는 것이 증명됨으로써 이 이야기는 마무리 된다.]라는 이야기가 나오는데, '비유하자면, 송곳이 주머니 속에 있는 것과 같아,(譬若錐之處囊中)'에서, '낭중지추(囊中之錐)'가 유래했다. 그런데 원문에 '추지처낭추(錐之處囊中)', 즉, '추처낭중(錐處囊中)'이 나온다. '낭중지추(囊中之錐)'는 '추처낭중(錐處囊中)'이라고도 한다. '선생(先生)'은 평원군(平原君) 문하에 있는 '모수(毛遂)'를 가리킴. '나'는 '평원군(平原君)'을 가리킴. 위 이야기는 진(秦)나라가 조(趙)나라의 수도(首都. '서울'을 달리 일컫는 말)인 한단(邯鄲)을 공격하자, 조(趙)나라 왕은 평원군(平原君)을 초(楚)나라에 보내 합종(合從·縱)의 맹약(盟約)을 성사시키는 과정에서 평원군(平原君)이 모수(毛遂)에게 한 말이다. 당시(當時. 일이 있었던 바로 그때. 또는 이야기하고 있는 그 시기) 모수(毛遂)는 평원군(平原君)에게 "군(君. '평원군·平原君'을 가리킴)께서 초(楚)나라와 합종(合從·縱)을 하러 가시는데, 외부에서 찾지 않고 문하의 식객 20명과 함께 가기로 했다고 하는데, 한 사람이 모자란다고 들었습니다. 저를 수행원으로 데리고 가 주시기를 바랍니다." 여기에서 '모수자천(毛遂自薦)'이란 사자성어가 생겼는데, 구체적인 것은 본문에 있는 '모수자천(毛遂自薦)' 참고. 그때 평원군(平原君)은 위와 같이 모수(毛遂)의 의견을 받아들이지 않았다. 그러자, 모수(毛遂)가 당장 말했다. "신(臣)은 지금 (송곳을) 주머니 속에 넣어주기를 청하는 것입니다. 만약 일찍이 주머니 속에 (송곳을) 넣었더라면 송곳이 주머니를 뚫고 나왔을 것입니다. 어찌 그 끝만 보였겠습니까?" 결국 평원군(平原君)은 모수(毛遂)와 함께 가기로 결정했다고 한다. 여기서, 모수(毛遂)는 자기를 '낭중지추(囊中之錐)'에 비유했다는 것이 드러났다고 할 수 있다. 참고로, 원문의 '夫賢士之處世也'에서, '夫'는 발어사(發語辭) '부'로 읽는다. '발어사(發語辭)'는 문장의 서두에 놓여 '대저', 또는 '대체로'의 뜻을 나타냄. '賢'은 어질 '현'으로 읽고, '士'는 선비 '사'로 읽고, '之'는 어조사 '지'로 읽는다. '~는(은)'을 나타내는 주격 조사. '處'는 곳 '처', 살 '처'로 읽고, '世'는 인간 '세', 세상 '세'로 읽는다. '處世'는 사람들과 사귀며 살아 감. 또는 그런 일. '也'는 어조사 '야'로 읽는다. '~이다(단정)'의 뜻을 나타냄. '夫賢士之處世也'를 직역(直譯)하면, 대체로 현명한 선비는 사람들과 사귀며 살아가는 것이다. '譬若錐之處囊中'에서, '譬'는 비유할 '비'로 읽고, '若'은, 같을 '약'으로 읽고, '錐'는 송곳 '추'로 읽고, '處'는 여기서는 곳 '처', 머무를 '처'로 읽고, '囊'은 주머니 '낭'으로 읽고, '中'은 속 '중', 가운데 '중'으로 읽는다. '譬若錐之處囊中'를 직역(直譯) 하면, 비유하건데, 송곳이 주머니 속에 머물러 (있는 것)과 같아, 여기서, '囊中之錐'가 유래하였는데, 이것을 직역(直譯)하면, 주머니 가운데(속)의 송곳이라는 뜻으로, 능력과 재주(순우리말로, 무엇을 잘할 수 있는, 타고난 능력과 슬기)가 뛰어난 사람은 주머니 속의 송곳이 튀어나오듯, 스스로 두각(頭角)을 나타내게 됨을 비유적으로 이르는 말. 또는 재능(才能)이 뛰어난 사람은 숨어 있어도 저절로 사람들에게 알려짐을 비유적으로 이르는 말. 또, 여기서 '錐處囊中'이 유래하였는데, 이것을 직역(直譯)하면, 주머니 가운데에 처해 있는 송곳. 즉, 주머니 속에 들어 있는 송곳은 튀어나오게 마련이라는 뜻으로, 재능이 있는 사람은, 그 재능을 발휘할 기회가 언젠가는 온다는 것을 비유적으로 이르는 말. '其末立見'에서, '其'는 그(지시하는 말) '기'로 읽고, '末'은 끝 '말'로 읽고, '立'은 설 '립(입)'으로 읽고, '見'은 볼 '견'으로 읽는다. '其末立見'을 직역(直譯)하면, 그 끝이 서 있는 것이 보이는데, '今先生處勝之門下三年於此矣'에 서, '今'은 이제 '금', 지금 '금'으로 읽고, '處'는, 여기서는 머무를 '처'로 읽고, '勝'은 이길 '승'으로 읽는다. 여기서는 평원군(平原君)인 '조승(趙勝)'을 가리킴. 그는 조(趙)나라 혜문왕(惠文王)의 동생이다. '之'는 어조사 '지'로 읽는다. 여기서는 '그것'을 나타내는 지시 대명사. '門'은 문(門) '문'으로 읽고, '下'는 아래 '하'로 읽는다. '門下'는 가르침을 받는 스승의 아래. '處勝之門下'를 직역(直譯)하면, 평원군(平原君)인 조승(趙勝)의 문하(門下)에서 머무른 지, '三'은 석 '삼'으로 읽고, '年'은 해 '년(연)'으로 읽고 '於'는 어조사 '어'로 읽는다. '~에(위치)'를 나타냄, '此'는 이(지시하는 말) '차'로 읽고, '矣'는 어조사 '의'로 읽는다. '~이다'(단정)의 뜻을 나타냄. '今先生處勝之門下三年於此矣'를 직역(直譯)하면, 지금 선생(先生)은 평원 군(平原君)인 조승(趙勝)의 문하(門下)에서 머무른 지 이에 3년이나 (되었는데), '左右未有所稱誦'에서, '左'는 왼쪽 '좌'로 읽고, '右'는 오른쪽 '우'로 읽는다. '左右'는 옆이나 곁. 또는 주변. '未'는 아닐(부정하는 말) '미'로 읽고, '有'는 있을 '유'로 읽고, '所'는 바(앞에서 말한 내용 그 자체나 일 따위를 나타내는 말) '소'로 읽고, '稱'은 일컬을 '칭'으로 읽고, '誦'은 칭송(稱誦. 공덕·功德 따위를 칭찬하여 일컬음. 또는 그런 말)할 '송'으로 읽는다. '稱誦'은 칭찬하여 일컬음. 또는 그런 말. '左右未有所稱誦'을 직역(直譯)하면, 주변에서 칭송(稱誦)하는 바가 있지 아니하고, '勝未有所聞'에서, '未'는 아닐(부정하는 말) '미'로 읽고, '有'는 있을 '유'로 읽고, '所'는 바(일의 방법이나 방도) '소'로 읽고, '聞'은 들을 '문'으로 읽는다. '勝未有所 聞'을 직역(直譯)하면, 평원군(平原君)인 조승(趙勝)도 들은 바가 있지 아니하였다. '是先生無所有也'에서, '是'는 이(지시하는 말) '시'로 읽고, '無'는 없을 '무'로 읽고, '所'는 바 '소'로 읽고, '有'는 있을 '유'로 읽는다. '無所有'는 가진 것이 없음. '是先生無所有也'를 직역(直譯)하면, 이는 선생이 (아무런 재주도) 가진 것이 없기 (때문)이오. '先生不能'에서, '不'은 아닐(부정하는 말) '불'로 읽고, '能'은 할 수 있을 '능'으로 읽는다. '先生不能'을 직역(直譯)하면, (따라서) 선생은 (아무것도) 할 수 없으니, '先生留'에서, '留'는 머무를 '류(유)'로 읽는다. '先生留'를 직역(直譯)하면, 선생은 머물러 (있으시오).

낭중-취물(囊中取物 주머니 **낭**/가운데 **중**/취할 **취**/물건 **물**) 주머니 가운데(속)의 물건을 취(取)한다(얻는다)는 뜻으로, 주머니 속에 들어있는 물건을 꺼내오는 것처럼, 아주 손쉽게 얻을 수 있는 물건이나 쉽게 이룰 수 있는 일을 비유적으로 이르는 말. =탐낭취물(探囊取物). *낭중(囊中): ☞낭중지추(囊中之錐). *취물(取物): 물건을 얻어서 가짐. 또는 그 물건. *취하다(取~): 부록 '취(取)' 참고. 《관련 속담》 누운 소 타기. / 누워서 떡 먹기. / 땅 짚고 헤엄치기. / 묵은 낙지 꿰듯. / 삶은 호박에 침 박기. / 언청이 콩가루 쥐어 먹기. / 호박에 침 주기. 이 사자성어의 유래는 다음과 같다. 나관중(羅貫中)의 『삼국연의(三國演義)』의 「제25회」 편(篇)에 〈운장(雲長)은 조조(曹操) 앞으로 나아가 안량(顔良. 중국 후한말 무장·武將의 이름)의 머리를 바쳤다. 조조(曹操)가 찬탄(讚嘆. 깊이 감동하여 찬양함)하여 말했다. "장군의 무예는 참으로 신(神)의 경지요." 관운장(關雲長)이 말했다. "이 아무개(타인에 대한 겸손한 자기 표현)의 재주(순우리말로, 무엇을 잘할 수 있는, 타고난 능력과 솜씨)는 그리 칭찬할 만한 게 못 됩니다. 제 아우인 장익덕(張翼德)은 백만 대군 속에서도 적장(敵將. 적의 장수)의 목 취하기를 마치 제 주머니 속의 물건 꺼내듯 합니다."(公獻首級於操前, 操曰, 將軍眞神人也, 關公曰, 某何足道哉, 吾弟張翼德於百萬軍中取上將之首, **如探囊取物耳**.)〉라는 이야기가 나오는데, '마치 제 주머니 속의 물건 꺼내듯 합니다.(如探囊取物耳)'에서, '낭중취물(囊中取物)'이 유래했다. 참고로, 원문의 '公獻首級於操前'에서, '公'은 '운장(雲長)'을 가리킴. '獻'은 드릴 '헌', 바칠 '헌'으로 읽고, '首'는 머리 '수'로 읽고, '級'은 여기서는 목(척추동물의 머리와 몸통을 잇는 잘록한 부분) '급'으로 읽는다. '首級'은 전쟁에서 베어 얻는 적군의 머리. 여기서는 '안량(顔良. 중국 후한말 무장·武將의 이름)'의 머리. '於'는 어조사 '어'로 읽는다. '~에(장소)'의 뜻을 나타냄. '操'는 잡을 '조', 지조(志操) '조'로 읽는다. 여기서는 '조조(曹操)'를 가리킴. '公獻首級於操前'을 직역(直譯)하면, 운장(雲長)은 조조(曹操) 앞에 (나아가) 적군의 머리를 바치자, '操曰'에서, 操曰을 직역(直譯)하면, 조조(曹操)가 말하기를, '將軍眞神人也'에서, '眞'은 진짜 '진', 참으로 '진'으로 읽고, '神'은 귀신(鬼神) '신', 신령(神靈) '신'으로 읽고, '人'은 사람 '인'으로 읽는다. '神人'은 신(神)과 같이 신령하고 숭고한 사람. '也'는 어조사 '야'로 읽는다. '~이다(단정)'의 뜻을 나타냄. '將軍眞神人也'을 직역(直譯)하면, 장군(將軍. 여기서는 <u>'관운장·關雲長'을 가리킴</u>)은 참으로 신(神)과 같이 신령하고 숭고한 사람이오. '關公曰'에서, '關'은 관계할 '관'으로 읽고, '公'은 제후(諸侯) '공'으로 읽는다. '關公'은 '관운장(關雲長)'을 가리킴. '關公曰'을 직역(直譯)하면, 관운장(關雲長)이 말하기를, '某何足道哉'에서, '某'는 아무(어떤 사람을 특별히 정하지 않고 이르는 인칭 대명사) '모'로 읽는다. 여기서는 '관모(關某)'를 가리킴. '何'는 어찌(의문 부사) '하'로 읽고, '足'은 만족하게 여길 '족'으로 읽고, '道'는 여기서는 재주(순우리말로, 무엇을 잘할 수 있는, 타고난 능력과 솜씨) '도'로 읽고, '哉'는 어조사 '재'로 읽는다. '~일 것인가?'(반문)의 뜻을 나타냄. '某何足道哉'를 직역(直譯)하면, 어찌 관모(關某)의 재주에 만족하겠습니까? 즉, 관모(關某)의 재주는 남으로부터 칭송(稱頌. 공덕·功德 따위를 칭찬하여 일컬음. 또는 그런 말)을 받을 만한 것이 못 된다는 뜻이다. '吾弟張翼德於百萬軍中取上將之首'에서, '吾'는 나(1인칭 대명사) '오'로 읽고, '弟'는 아우 '제'로 읽고, '張'은 베풀 '장'으로 읽고, '翼'은 날개 '익'으로 읽고, '德'는 큰 '덕', 덕(德. 고매하고 너그러운 도덕적 품성) '덕'으로 읽는다. '張翼德'은 사람 이름. '軍'은 군사(軍士) '군'으로 읽는다. '吾弟張翼德於百萬軍中'을 직역(直譯)하면, 나의 아우인 장익덕(張翼德)은 백만 군사 속에서도, '取'는 취할 '취', 가질 '취'로 읽고, '上'은, 여기서는 바칠 '상'으로 읽고, '之'는 어조사 '지'로 읽는다. '~의'를 나타내는 관형격 조사. '吾弟張翼德於百萬軍中取上將之首'를 직역(直譯)하면, 나의 아우인 장익덕(張翼德)은 백만 군사 속에서도 (적의) 장군의 머리를 취하여 바치기를, '如探囊取物耳'에서, '如'는 같을 '여'로 읽고, '探'은 찾을 '탐'으로 읽고, '耳'는 따름 '이', 뿐 '이'로 읽는다. '~할 뿐이다(한정)'의 뜻을 나타냄. '如探囊取物耳'를 직역(直譯)하면, (적장의 목을) 찾기를 주머니 속의 물건을 취하는 것과 같을 뿐입니다. 여기서, '囊中取物'이 유래하였는데, 이것을 직역(直譯)하면, 주머니 가운데(속)의 물건을 취(取)한다(얻는다)는 뜻으로, 주머니 속에 들어있는 물건을 꺼내오는 것처럼, 아주 손쉽게 얻을 수 있는 물건이나 쉽게 이룰 수 있는 일을 비유적으로 이르는 말.

낭청-좌기(郎廳坐起 벼슬 이름 **낭**/관청 **청**/앉을 **좌**/일어날 **기**) 낭청(郎廳. 벼슬 이름)이 일어나 (자리에) 앉는다. 즉, 벼슬이 낮은 낭청(郎廳)이 관아(官衙. 지난날, 관원이 모여서 공무를 보던 곳)에서 가장 높은 벼슬에 있는 사람이 되어, 일을 시작한다는 뜻으로, 아랫사람이 하는 처사(處事. 일을 처리함. 또는 그 처리)가 윗사람보다 더 지독하고(至毒~. 마음이 더할 나위 없이 독하고) 심함을 비유적으로 이르는 말. *낭청(郎廳): ①조선 후기에, 실록청(實錄廳), 도감(都監) 따위의 임시 기구에서 실무를 맡아 보던 당하관(堂下官) 벼슬을 이르는 말. 각 관서(官署. 관청과 그 보조 기관을 통틀어 이르는 말)에서 차출(差出. 어떤 일을 시키기 위하여 인원을 선발하여 냄)되었다. ②낭관(郎官) 즉, 조선 시대에, 정오품 통덕랑(通德郎) 이하의 당하관(堂下官)을 통틀어 이르던 말. *좌기(坐起): 지난날, 관아(官衙)의 우두머리가 출근하여 사무를 보던 일.

낭패-불감(狼狽不堪 이리 **낭**/이리 **패**/못할 **불**/견딜 **감**) 낭패(狼狽)로 인하여 견디지 못한다는 뜻으로, 어떤 상황에 닥쳐, 어쩔 수 없어 이러지도 저러지도 못하는 것을 이르는 말. *낭패(狼狽): 계획한 일이 실패로 돌아가거나 기대에 어긋나 매우 딱하게 됨. 여기서 '낭(狼)'과 '패(狽)'는 서로 다른 동물로, '패(狽)'는 앞다리가 짧아서 다닐 때마다 두 마리 '낭(狼)'을 타고 가는데, '낭(狼)'을 잃으면 움직일 수 없다. 그래서 세상에서 일이 어긋나는 것을 '낭패(狼狽)'라고도 한다. *불감(不堪): ①견뎌 내지 못함. ②=불감당(不堪當). 즉, 감당하지 못함. *이리: 부록 '낭(狼)', '패(狽)' 참고. 이 사자성어의 유래는 다음과 같다. 당(唐)나라 때의 학자인 단성식(段成式)의 수필집 『유양잡조(酉陽雜組)』에 〈그러므로 세상에서는 일을 어그러뜨리는 사람을 낭패라고 칭한다.(故世言事乖者稱狼狽)〉라는 이야기가 나온다. 낭(狼)과 패(狽)는 모두 이리(갯과의 짐승. 개 비슷하나 좀 야위었고, 늑대나 승냥이보다 좀 큼)를 가리키는데, 낭(狼)은 앞다리가 길고 뒷다리가 짧은 이리이고, 패(狽)는 앞다리가 짧고 뒷다리가 긴 이리이다. 낭(狼)은 패(狽)가 없으면 서지 못하고, 패(狽)는 낭(狼)이 없으면 걷지 못하므로, 낭(狼)과 패(狽)는 늘 함께 다녀야 한다. 이 '낭패(狼狽)'에서, '낭패불감(狼狽不堪)'이 유래했다. 참고로, 원문의 '故世言事乖者稱狼狽'에서, '故'는 그러므로 '고'로 읽고, '世'는 세상(世上) '세'로 읽고, '言'은 말씀 '언'으로 읽는다. '世言'을 직역(直譯)하면, 세상에서는 말함. '事'는 일 '사'로 읽고, '乖'는 어그러질(잘 맞물려 있는 물체가 틀어져서 맞지 아니할) '괴'로 읽고, '者'는 것(사물, 일, 현상 따위를 추상적으로 이르는 말) '자'로 읽는다. '事乖者'는, 직역(直譯)하면 일을 어그러지게 하는 것. '稱'은 일컬을 '칭'으로 읽고, '狼'은 이리 '랑(낭)'으로 읽고, '狽'는 이리 '패', 낭패할 '패'로 읽는다. '狼狽'는 계획한 일이 실패로 돌아가거나 기대에 어긋나 매우 딱하게 됨. '故世言事乖者稱狼狽'을 직역(直譯)하면, 그러므로 세상에서 말하기를, 일을 어그러지게 하는 것을 '낭패'라고 일컫는다. 여기서, '狼狽不堪'이 유래하였는데, 이것을 직역(直譯)하면, 낭패(狼狽)로 인하여 견디지 아니한다(못한다)는 뜻으로, 어떤 상황에 닥쳐, 어쩔 수 없어 이러지도 저러지도 못하는 것을 이르는 말. '낭패불감(狼狽不敢)'의 유래와 관련된 또 하나의 자료가 있다. 진(晉)나라의 정치가인 이밀(李密)이 쓴 진정표(陳情表)라는 글이 있다. 이밀(李密)은 일찍이 아버지를 여의고, 어머니는 재가(再嫁. <u>결혼하였던 여자가 남편과 사별·死別하거나 이혼하여 다른 남자와 결혼함</u>)하는 바람에, 할머니의 슬하에서 자라나 나중에 촉한(蜀漢)의 관리가 되었다. 촉한(蜀漢)이 멸망하자, 진(晉)나라 무제(武帝)인 사마염(司馬炎)이 그를 태자세마(太子洗馬)로 임명하려고 했으나 번번이 거절하였다. 그렇지만 사마염(司馬炎)의 요청은 끊이지 않았고, 이밀(李密)은 더 이상 거절할 방법이 없었다. 결국 자신의 처지를 글로 써서 사마염(司馬炎)에게 올리기로 하였다. 그 일부분을 옮기면 다음과 같다. 〈저는 태어난 지 6개월 만에 자애로운 부친을 여의었고, 네 살 때 어머니는 외삼촌의 권유로 개가(改嫁. '<u>재가 (再嫁)'와 같은 말</u>)를 했습니다. 할머니께서 저를 불쌍히 여겨 직접 길러 주셨습니다. 저의 집에는 다른 형제가 없으며, 큰아버지나 작은아버지도 없어 쓸쓸합니다. 저는 어렸을 때 할머니가 아니었다면 오늘날 있지 못했을 것입니다. 그런데 지금은 할머니께서 연로(年老. <u>나이가 많음</u>)하시니, 제가 없으면 누가 할머니의 여생(餘生. <u>앞으로 남은 인생</u>)을 돌봐 드리겠습니까? 그렇지만 제가 관직(官職. <u>관리로서 국가로부터 위임 받은 일정한 범위의 직무, 또는 그 직위</u>)을 받지 않으면 이 또한 폐하(陛下. <u>황제나 황후에 대한 경칭·敬稱</u>)의 뜻을 어기게 되니, 오늘 신(臣. <u>신하가 임금에게 자기를 일컫는 말</u>)의 처지는 정말로 낭패스럽습니다.(臣之進退, 實爲狼狽)〉이밀(李密)의 간곡한 요청은 결국 받아들여졌다. '오늘 신(臣. <u>신하가 임금에 대하여 자기를 일컫는 말</u>)의 처지는 정말로 낭패스럽습니다.(臣之進退, 實爲狼狽)'에서 낭패불감(狼狽不敢)이 유래했다. 참고로, 원문의 '臣之進退, 實爲狼狽'에서, '臣之進退'에서, '臣'은 신하(臣下) '신'으로 읽고, '之'는 어조사 '지'로 읽는다. '의'를 나타내는 관형격 조사. '進'은 나아갈 '진'으로 읽고, '退'는 물러날 '퇴'로 읽는다. '進退'는, 여기서는 어떤 직무나 직위 따위에 머무를 것인가, 떠날 것인가에 관한 자기의 처지를 일컫는 말. '臣之進退'를 직역(直譯)하면, 신(臣)의 진퇴(進退)는, '實爲狼狽'에서, '實'은 실제(實際) '실', 사실(事實) '실'로 읽고, '爲'는 할 '위'로 읽고, '狼'은 이리 '낭'으로 읽고, '狽'는 이리 '패'로 읽는다. '實爲狼狽'를 직역(直譯)하면, 실제로(<u>사실</u>) 낭패합니다(<u>낭패스럽습니다</u>). 여기서, '狼狽不堪'이 유래하였다.

내강-외유(內剛外柔 안 내/굳셀 강/바깥 외/부드러울 유) 안[內]은 굳세고 바깥[外]은 부드럽다는 뜻으로, 속은 꿋꿋하고 곧은 듯하나 겉은 부드럽고 순함을 이르는 말. =외유내강(外柔內剛). 뗀 외강내유(外剛內柔). *내강(內剛): 겉으로 보기에는 유순(柔順)하면서도 속마음이 굳셈. *외유(外柔): 성질이 겉으로 보기에는 부드러움. ↔내강(內剛).

내면-생활(內面生活 안 내/대할 면/살 생/살 활) 내면(內面)의 생활(生活)이라는 뜻으로, 개인의 생활 중에서, 마음속에서 일어나는 기쁨, 슬픔, 괴로움, 사랑, 미움 따위의, 겉으로 잘 드러나지 않는 정신적인 생활을 이르는 말. *내면(內面): ①안쪽. 또는 안쪽을 향한 면(面). ②사람의 정신이나 심리에 관한 면(面). ↔외면(外面). *생활(生活): ①살아서 활동함. ②생계(生計)를 유지하여 살아감.

내-부-외-빈(內富外貧 안 내/넉넉할 부/바깥 외/가난할 빈) 안[內]은 넉넉하나 바깥[外]은 가난하다는 뜻으로, 속은 부유(富裕)하나 겉으로 보기에는 가난한 듯함을 이르는 말. '내부외빈(內富外貧)'을 한 마디로 말하면 '든부자난거지(~富者~)'이다. 사실은 부자(富者)이면서도 겉으로는 거지처럼 보이는 사람을 일컫는다.

내성-불-구(內省不疚 안 **내**/살필 **성**/아닐 **불**/마음 괴로울 **구**) (아무리) 안[內]을 살펴도 마음이 괴롭지 아니하다. 즉, 마음속으로 반성(反省)해 보아도 부끄러움이 없다는 뜻으로, 자기 자신을 돌이켜 보아 부끄러움이 없음을 이르는 말. *내성(內省): 자신을 돌이켜 살펴봄.

내-성-외-왕(內聖外王 안 **내**/성인 **성**/바깥 **외**/임금 **왕**) 안[內]으로는 성인(聖人. 지혜와 덕이 매우 뛰어나 길이 우러러 본받을 만한 사람)이며 바깥[外]으로는 임금의 (덕을 갖춘 사람)이라는 뜻으로, 학술(學術)과 덕행(德行. 어질고 착한 행실)을 아울러 지닌 사람을 이르는 말.

내외-주점(內外酒店 안 **내**/바깥 **외**/술 **주**/가게 **점**) 안[內]과 바깥에서 술을 (파는) 가게. 즉, 방 안과, 방 바깥. 즉, 마당 따위에서 술을 파는 가게라는 뜻으로, 접대부(接待婦. 술집 따위에서 손님을 접대하는 일을 직업으로 하는 여자)가 술자리에 나오지 않고, 술을 순배(巡杯. 술자리에서 술잔을 차례로 돌림. 또는 그 술잔을 이르는 말)로 파는 술집을 이르는 말. *내외(內外): 안[內]과 밖[外]을 아울러 이르는 말. *주점(酒店): 술집. 즉, 술을 파는 집.

내외-지-간(內外之間 안 **내**/바깥 **외**/어조사 **지**/사이 **간**) 안[內]과 바깥[外]의 사이라는 뜻으로, 부부(夫婦)의 사이를 이르는 말. =부부지간(夫婦之間). *내외(內外): =부부(夫婦).

내-외형제(內外兄弟 안 **내**/바깥 **외**/형 **형**/아우 **제**) 안[內]과 바깥[外]의 형과 아우. 즉, 내형제(內兄弟)와 외형제(外兄弟)라는 뜻으로, 내종(內從. 고모의 아들이나 딸) 사촌과, 외종(外從. 외삼촌의 아들이나 딸) 사촌을 아울러 이르는 말. =중표형제(中表兄弟). *외형제(外兄弟): ①고모(姑母)의 아들. 고종(姑從) 형제. ②어머니는 같고 아버지가 다른 형제.

내우-외환(內憂外患 안 **내**/근심 **우**/바깥 **외**/근심 **환**) 안[內]의 근심과 바깥[外]의 근심. 즉, 안[內]에 있는 걱정거리와 밖[外]으로부터 오는 환란(患亂. 근심과 재앙을 통틀어 이르는 말)이라는 뜻으로, 국내의 걱정스러운 사태와 외국과의 사이에 일어난 어려운 사태. 즉, 나라 안팎의 여러 가지 어려움을 비유적으로 이르는 말. *내우(內憂): 나라 안이나, 조직 내부의 걱정스러운 사태. =내환(內患). ↔외우(外憂). 외환(外患). *외환(外患): 외적(外敵)이 침범해 들어오는 근심. 또는 외부에서 받는 걱정. 이 사자성어의 유래는 다음과 같다. 『관자(管子)』의 「계(戒)」편(篇)에 〈"내가 거둥하리라는 말을 누가 하더냐?" "천첩(賤妾)들은 중부제자(中婦諸子. 벼슬 이름)에게 들었습니다." 환공(桓公)은 중부제자(中婦諸子)를 불러 물었다. "너는 어디서 내가 거둥한다는 말을 들었느냐?" 중부제자(中婦諸子)가 말했다. "저는 왕께서 내우(內憂)가 있거나 외환(外患)이 있으면 외전(外殿. 임금이 거처하는 전각을 일컫는 말. 참고로 내전·內殿은 왕비가 거처하는 전각을 일컫는다)에서 주무시고, 성찬(盛饌. 푸짐하게 잘 차린 음식)을 들지 않으신다고 들었습니다. 이제 왕께서 외전(外殿)에 주무시며 성찬(盛饌)을 들지 않으시는데, 내우(內憂)는 아닌 것 같습니다. 그래서 저는 왕께서 곧 거둥하실 것을 알았습니다."(孰謂我有行者, 宮人曰, 賤妾聞之中婦諸子, 公召中婦諸子曰, 女焉聞吾有行也, 對曰, 妾人聞之, 君外舍而不鼎饋, **非有內憂, 必有外患**, 今君外舍而不鼎饋, 君非有內憂也, 妾是以知君之將有行也.)〉라는 이야기가 나오는데, '저는 왕께서 내우(內憂)가 있거나 외환(外患)이 있으면,(非有內憂, 必有外患)'에서, '내우외환(內憂外患)'이 유래했다. 이 이야기의 배경은 이렇다. 제(齊)나라 환공(桓公)이 성찬(盛饌)을 들지도 않으며 외전(外殿)에서만 지내자, 중부제자(中婦諸子)가 궁녀(宮女)들에게 말했다. "너희들은 나가서 왕을 따르도록 하여라. 곧 거둥하실 것이다." 궁녀들이 모두 나와 환공(桓公)을 따르자, 환공(桓公)이 화를 내며 위의 이야기처럼 말한 것이다. 여기서, 환공(桓公)이 성찬(盛饌)을 들지도 않으며 외전(外殿)에서만 지내는 것은 내우외환(內憂外患)이 아닌 것 같다는 중부제자(中婦諸子)의 말에서 '내우외환(內憂外患)'이 유래된 셈이다. 참고로, 원문의 '孰謂我有行者'에서, '孰'은 누구(<u>인칭 대명사</u>) '숙'으로 읽고, '謂'는 일컬을 '위'로 읽고, '我'는 나(1인칭 대명사) '아'로 읽고, '有'는 있을 '유'로 읽고, '行'은 행할 '행'으로 읽고, '者'는 것(<u>사물, 현상, 일 따위를 추상적으로 이르는 말</u>) '자'로 읽는다. '孰謂我有行者'를 직역(直譯)하면, 누가 내가 행함이(행차가) 있을 것이라고 일컫는가? '宮人曰'에서, '宮'은 대궐 '궁', 궁전 '궁'으로 읽고, '人'은 사람 '인'으로 읽는다. '宮人'은 '궁녀(宮女)'와 같은 말. 궁궐 안에서 왕과 왕비를 가까이 모시는 내명부(內命婦)를 통틀어 이르는 말. '宮人曰'을 직역(直譯)하면, 궁인(宮人)이 말하기를, '賤妾聞之中婦諸子'에서, '賤'은 천(賤)할 천, 천(賤)히 여길 '천'으로 읽고, '妾'은 첩(妾) '첩'으로 읽는다. '賤妾'은 종이나 기생(妓生. <u>지난날, 잔치나 술자리에 나가 노래, 춤 따위로 흥을 돕는 일을 직업으로 삼던 여자</u>)으로서 남의 첩(妾)이 된 여자. '聞'은 들을 '문'으로 읽고, '之'는 어조사 '지'로 읽는다. '그것'을 나타내는 지시 대명사. '中'은 가운데 중으로 읽고, '婦'는 여자 '부'로 읽고, '諸'는 모두 '제'로 읽고, '子'는, 여기서는 사람 '자'로 읽는다. '中婦諸子'는 궁녀들을 관장하는 여자 관리원. '賤妾聞之中婦諸子'를 직역(直譯)하면, 천첩(賤妾)이 중부제자(中婦諸子)로부터 그것을 들었습니다. '公召中婦諸子曰'에서, '公'은 제후(諸侯) '공'으로 읽는다. '환공(桓公)'을 가리킴. '召'는 부를 '소'로 읽는다. '公召中婦諸子曰'을 직역(直譯)하면, 환공(桓公)이 중부제자(中婦諸子)를 불러 말하기를, '女焉聞吾有行也'에서, '女'는 너(2인칭 대명사) '녀(여)'로 읽는다. '汝'와 같은 글자다. '焉'은 어찌(<u>의문 부사</u>) '언'으로 읽고, '吾'는 나(1인칭 대명사) '오'로 읽고, '也'는 어조사 '야'로 읽는다. '~느냐?(<u>의문</u>)'의 뜻을 나타냄. '女焉聞吾有行也'를 직역(直譯)하면, 너희는 어찌 내가 행함이(행차가) 있다는 (말을) 들었느냐? '對曰'에서, '對'는 대답할 '대'로 읽는다. '對曰'을 직역(直譯)하면, 대답하여 말하기를, '妾人聞之'에서, '人'은 '다른 사람'을 가리킴. '妾人聞之'를 직역(直譯)하면, 첩(妾)은 다른 사람에게서 그것을 들었습니다. '君外舍而不鼎饋'에서, '君'은 임금 '군'으로 읽고, '外'는 바깥 '외'로 읽고, '舍'는 집 '사'로 읽는다. '外舍'는 바깥 집인데, 여기서는 왕(王)과 관계되는 말이기 때문에, 그것의 높임말로, '외전(外殿)'이라고 풀이하였다. '而'는 말 이을 '이'로 읽는다. '그러나'의 뜻을 나타냄. '鼎'은 임금 자리 '정'으로 읽고, '饋'는 먹일 '궤'로 읽는다. '정궤(鼎饋)'는 임금 자리에 있는 먹을거리. 여기서는 그것의 높임말로 '성찬(盛饌)'이라고 풀이했다. '君外舍而不鼎饋'를 직역(直譯)하면, 임금께서는 외전(外殿)에서 (주무시지만) 그러나 (외전·外殿에서) 성찬(盛饌)을 (들지) 않으시면, '非有內憂, 必有外患'에서, '非'는 아닐(<u>부정하는 말</u>) '비'로 읽고, '有'는 있을 '유'로 읽고, '必'은 반드시 '필'로 읽는다. '非有內憂, 必有外患'을 직역(直譯)하면, 내우(內憂)가 있지 않으면 반드시 외환(外患)이 있다(고 들었습니다). 여기서, '內憂外患'이 유래하였는데, 이것을 직역(直譯)하면, 안[內]의 근심과 바깥[外]의 근심. 즉, 안[內]에 있는 걱정거리와 밖[外]으로부터 오는 환란(患亂. <u>근심과 재앙을 통틀어 이르는 말</u>)이라는 뜻으로, 국내의 걱정스러운 사태와 외국과의 사이에 일어난 어려운 사태. 즉, 나라 안팎의 여러 가지 어려움을 비유적으로 이르는 말. '今君外舍而不鼎饋, 君非有內憂也'에서, '今'은 이제 '금', 지금 '금'으로 읽는다. '今君外舍而不鼎饋, 君非有內憂也'를 직역(直譯)하면, 지금 임금께서 외전(外殿)에서 계실 때에는 그러나 성찬(盛饌)을 (들지) 않으시니, 임금께서는 내우(內憂)가 있지 아니하시니, '妾是以知君之將有行也'에서, '是'는 이(<u>지시하는 말</u>) '시'로 읽고, '以'는 써(<u>그것을 가지고, 그것으로 인하여</u>) '이'로 읽는다. '是以'를 직역(直譯)하면, 이로써.

이것으로써. '之'는 어조사 '지'로 읽는다. 여기서는 '~이(가)'의 뜻을 나타내는 주격 조사. '將'은 장차(將次. '앞으로'의 뜻으로, 미래의 어느 때를 나타내는 말) '장'으로 읽는다. '妾是以知君之將有行也'를 직역(直譯)하면, 첩(妾)은 이로써 임금께서 장차 행함이(행차가) 있음을 알았습니다.

내유-외-강(內柔外剛 안 **내**/부드러울 **유**/바깥 **외**/굳셀 **강**) 안[內]은 부드러우나 바깥[外]은 굳세다는 뜻으로, 속은 부드러우나 겉으로 보기에는 강하게 보임을 이르는 말. =외강내유(外剛內柔). 뗀 외유내강(外柔內剛). *내유(內柔): 속마음이나 성질이 부드러움.

내-윤-외-랑(內潤外朗 안 **내**/윤택할 **윤**/바깥 **외**/밝을 **랑**) 안[內]의 윤택함과 바깥[外]의 밝음. 즉, 옥(玉)의 광택(光澤. 빛의 반사에 의하여, 물체의 표면에서 번쩍거리는 빛)이 안[內]에 함축(含蓄. 겉으로 드러내지 아니하고 속에 간직함)된 것과, 밖[外]으로 나타난 것이라는 뜻으로, 인물의 재덕(才德. 재주와 덕행)을 형용하여 이르는 말. 여기서, '재주'는 순우리말로, 무엇을 잘할 수 있는, 타고난 능력과 슬기.

내-자-가-추(來者可追 올 **내**/것 **자**/가히 **가**/좇을 **추**) (앞으로) 올 것은 가(可)히 좇을 (수 있다는) 뜻으로, 이미(돌이킬 수 없이 된 지난 일을 일컬을 때 쓰는 말) 지나간 일은 어쩔 수 없으나 앞으로의 일을 조심하면, 지금까지와 같은 잘못은 범(犯)하지 않을 수 있음을 이르는 말. *'내-자'는 『국어사전(國語辭典)』에 등재(登載)된, '찾아오는 사람. 또는 찾아온 사람'인 '내자(來者)'의 뜻과는 별개다. *가히(可~): '능히', '넉넉히'의 뜻. *좇다: ①남의 뒤를 따르다. ②남의 뜻을 따라 그대로 하다. ③대세(大勢. 일이 진행되어 가는 결정적인 형세)를 따르다. 이 사자성어의 유래는 다음과 같다. 『논어(論語)』의 「미자(微子)」편(篇)에 〈초(楚)나라의 미치광이 접여(接輿)가 노래를 부르며 (중국 춘추시대의 사상가이며 학자인) 공자(孔子)의 곁을 지나가면서 말했다. "봉황(鳳凰)아, 봉황(鳳凰)아, 왜 너의 덕(德. 고매하고 너그러운 도덕적 품성)이 쇠미(衰微)해졌느냐? 지나간 일은 되돌릴 수 없지만, 앞으로의 일은 좇을 수 있지. 그만 두자, 그만 둬.(楚狂接輿歌而過孔子曰, 鳳兮, 鳳兮, 何德之衰, 往者不可諫, **來者猶可追**, 已而, 已而.) [오늘 정치에 뛰어든 자는 위험하구나." 공자가 마차에서 내려 그와 이야기를 하려고 했으나, 재빨리 피해 버려 더불어 이야기를 나눌 수가 없었다.]〉라는 이야기가 나오는데, '앞으로의 일은 좇을 수 있지.(來者猶可追)'에서, '내자가추(來者可追)'가 유래했다. 이 이야기의 배경은 이렇다. 공자(孔子)는 초(楚)나라를 방문했는데, 초(楚)나라의 소왕(昭王)은 공자(孔子)를 환영은 했지만, 그('공자·孔子'를 가리킴)의 정치적 견해는 받아들이지 않았다. 어느 날 공자가 초(楚)나라의 소왕(昭王)과 헤어져 숙소로 돌아가는 길이었다. 그때 거짓 미치광이(정신에 이상이 생겨 말과 행동이 보통 사람과 다른 사람을 낮잡아 이르는 말) 행세를 하며 세상을 숨어 사는 접여(接輿)가 공자(孔子)에게 충고하고자 위의 이야기와 같이 노래를 부른 것이었다. 노래를 직접 들은 공자(孔子)는 얼른 수레에서 내려 접여(接輿)와 함께 이야기를 하려 했으나, 접여(接輿)가 재빨리 피해 이야기를 나눌 수 없었다는 이야기다. 당시(當時. 일이 있었던 바로 그때. 또는 이야기하고 있는 그 시기)는 춘추시대로 어지러운 세상이었다. 공자(孔子)는 이 어지러운 세상을 바로 잡아보려고 천하를 두루 다녔다. 그러는 동안 공자(孔子)는 많은 은사(隱士. 예전에, 벼슬하지 아니하고 숨어 살던 선비)들로부터 간접적인 평을 듣게 되지만, 초(楚)나라에 갔을 때는 접여(接輿)로부터 직접 자기에 대한 말을 듣는 것이었다. 접여(接輿)는 공자(孔子)와 같은 시대인 초(楚)나라 소왕(昭王) 때, 혼란한 정치 현실을 보고 거짓으로 미친 척하고 벼슬에 나가지 않았던 은사(隱士)로 알려진 인물이다. 접여(接輿)는 공자(孔子)를 봉황(鳳凰. 예로부터 중국의 전설에 나오는, 상서로움을 상징하는 상상의 새 이름. 수컷은 봉·鳳이고, 암컷은 황·凰이라고 함)에다 비유(比·譬喻. 어떤 사물의 모양이나 상태 따위를 보다 효과적으로 표현하기 위하여 그것과 비슷한 다른 사물에 빗대어 표현함. 또는 그 표현 방법)했다. 때를 만나지 못해 고생하며 돌아다니는 것을 안타까워하며 '지나간 일은 할 수 없지만, 앞으로는 그런 헛고생을 말고 은둔(隱遁. 세상을 피하여 숨음) 생활을 하라'고 충고하는 것이다. 여기서 내자가추(來者可追)가 유래했다. 그리고 위의 이야기에 나와 있듯이, 고생도 고생이지만, 벼슬을 한다 해도 결국 생명의 위험만이 따를 뿐이라는 것을 경고(警告. 조심하거나 삼가도록 미리 주의를 줌. 또는 그 주의)했던 것이다. 그럼에도 불구하고 공자(孔子)는 은자(隱者. 산야·山野에 묻혀, 숨어 사는 사람. 또는 벼슬은 하지 아니하고 숨어 사는 사람)의 처지에 공감하면서도 스스로는 당시의 정치 현실을 외면할 수 없었고, 난세(亂世. 전쟁이나 무질서한 정치 따위로 어지러워 살기 힘든 세상)를 바로 잡으려는 뜻을 버리지 않았다. 참고로, 원문의 '楚狂接輿歌而過孔子曰'에서, '楚'는 초(楚)나라 '초'로 읽고, '狂'은 미치광이(정신에 이상이 생겨 말과 행동이 보통 사람과 다른 사람을 낮잡아 이르는 말) '광'으로 읽고, '接'은 이을 '접'으로 읽고, '輿'는 수레 '여'로 읽는다. '接輿'는 사람 이름. '歌'는 노래 '가'로 읽는다. '楚狂接輿歌'를 직역(直譯)하면, 초(楚)나라 미치광이 접여(接輿)가 노래를 함. '而'는 말 이을 '이'로 읽는다. '그리고'의 뜻을 나타냄. '過'는 (옆을) 지나갈 '과'로 읽고, '孔'은 성씨(姓氏) '공'으로 읽고, '子'는 경칭(敬稱. 공경하는 뜻으로 부르는 칭호. 또는 존대하여 일컬음) '자'로 읽는다. 학덕(學德)과 지위가 높은 남자의 경칭(敬稱)이다. '孔子'는 사람 이름. 楚狂接輿歌而過孔子曰을 직역(直譯)하면, 초(楚)나라 미치광이 접여(接輿)가 노래를 하며 그리고 공자(孔子)의 곁을 지나가면서 말하기를, '鳳兮'에서, '鳳'은 봉새 '봉', 봉황(鳳凰) '봉'으로 읽고, '兮'는 어조사 '혜'로 읽는다. '~이여(감탄조로 부름)'의 뜻을 나타냄. '鳳兮'를 직역(直譯)하면, 봉황이여, '何德之衰'에서, '何'는 어찌(의문 부사) '하'로 읽고, '德'은 덕(德. 고매하고 너그러운 도덕적 품성) '덕'으로 읽고, '之'는 어조사 '지'로 읽는다. '~이(가)'의 뜻을 나타내는 주격 조사. '衰'는 쇠할(衰~. 힘이나 세력이 점점 줄어서 약해질) '쇠'로 읽는다. '何德之衰' 를 직역(直譯)하면, 어찌 (너의) 덕(德)이 쇠하였느냐? 즉, 접여(接輿)는 공자(孔子)를 봉황(鳳凰)에 비유하면서도, 공자(孔子)가 덕(德)이 쇠한 것을 안타까워하고 있는 것이다. 그러면서 덕(德)이 쇠하였으니, 이제는 난세를 바로잡으려는 뜻을 버리라는 말을 우회적(迂廻·回的. 곧바로 가지 않고 멀리 돌아서 가는 것)으로 나타내고 있다. '往者不可諫'에서, '往'은 갈(한곳에서 다른 곳으로 장소를 이동함) '왕'으로 읽고, '者'는 것(사물, 현상, 일 따위를 추상적으로 이르는 말) '자'로 읽는다. '往者'는 '과거(過去)'를 뜻한다. '可'는 가히(可~. '능히', '넉넉히'의 뜻을 나타냄) '가'로 읽고, '諫'은 간할(諫~. 웃어른이나 임금에게 옳지 못하거나 잘못된 일을 고치도록 말함) '간', 바로잡을 '간'으로 읽는다. '往者不可諫'을 직역(直譯)하면, (이미) 지나간 것(과거)은 바로 잡을 수 없지만, '來者猶可追'에서, '來'는 올 '래(내)'로 읽고, '者'는 것 '자'로 읽는다. '來者'는 미래 또는 장래를 뜻한다. '猶'는 오히려 '유'로 읽고, '可'는 가히(可~. '능히', '넉넉히'의 뜻을 나타냄) '가'로 읽고, '追'는 좇을 '추'로 읽는다. '可追'를 직역(直譯)하면, 뒤좇을 수 있다. 즉, 고칠 수 있다는 뜻이다. '來者猶可追'를 직역(直譯)하면, (앞으로) 올 것(미래, 장래)은 오히려 가히 좇을 수 있으니, 여기서, '來者可追'가 유래하였는데, 이것을 직역(直譯)하면, (앞으로) 올 것은 가히 좇을 (수 있다는) 뜻으로, 이미 지나간 일은 어쩔 수 없으나 앞으로의 일을 조심하면, 지금까지와 같은 잘못은 범(犯)하지 않을 수 있음을 이르는 말. '已而'에서, '已'는 그칠 '이', 그만둘 '이'로 읽고, '而'는 말 이을

'이'로 읽는다. 여기서는 '명령'의 의미가 강하다. '已而'를 직역(直譯)하면, 그만두어라. 그런데 이 외에, 『도연명(陶淵明)』의 「귀거래사(歸去來辭)」편(篇)에 〈돌아가리로다. 전원(田園)이 황폐해지려고 하는데 어찌 돌아가야 하지 않겠는가? 스스로 마음으로 몸을 위해 수고로웠으니, 어찌 슬프게 홀로 비통해하겠는가? 지나간 일들은 돌이킬 수 없다는 것을 깨달았고, 올 일은 좇을 수 있음을 알았도다. (歸去來兮, 田園將蕪, 胡不歸, 既自以心爲形役, 奚惆悵而獨悲, 悟已往之不諫, 知來者之可追.)〉라는 이야기가 나오는데, '올 일은 좇을 수 있음을 알았도다.(知來者之可追)'에서, '내자가추(來者可追)'가 유래했다. 「귀거래사(歸去來辭)」는 중국 동진(東晋) 시대의 시인(詩人)인 도연명(陶淵明)이 지은 산문시(散文詩)다. 도연명(陶淵明)이 41세 때의 가을, 팽택(彭澤. 땅 이름)의 현령(縣令)을 그만두고 향리(鄕里. 자기가 태어나서 자란 곳. =고향(故鄕). 여기서는, 중국의 '심양·潯陽'을 가리킴)로 돌아갔을 때의 작품이다. 도연명(陶淵明)이 13년 간에 걸친 관리 생활에 종지부를 찍고 드디어 향리(鄕里)로 돌아가서, 이제부터 은자(隱者)로서의 생활로 들어간다는 선언(宣言)의 의미를 가진 작품이다. 도연명(陶淵明)은 「귀거래사(歸去來辭)」에서 '지나간 일들은 돌이킬 수 없다는 것을 깨달았고, 올 일은 좇을 수 있음을 알았도다'라는 말을 남겼다. 여기서 '내자가추(來者可追)'가 유래했다. 이전에 저질렀던 수많은 실수는 어쩔 수 없지만, 앞으로 올 일에 대해서는 좀더 현명하게 대처하겠다는 다짐을 표현한 말이다. 참고로, 원문의 '歸去來兮'에서, '歸'는 돌아갈 '귀'로 읽고, '去'는 갈 '거'로 읽고, '來'는 올 '래(내)'로 읽는다. '歸去來'는 관직(官職. 관리로서, 국가로부터 위임 받은 일정한 범위의 직무. 또는 그 직위)을 그만 두고 고향으로 돌아감. '兮'는 어조사 '혜'로 읽는다. 강조나 감탄을 나타냄. '歸去來兮'를 직역(直譯)하면, (고향으로) 돌아가도다. '田園將蕪胡不歸'에서, '田'은 밭 '전'으로 읽고, '園'은 동산 '원'으로 읽고, '將'은 장차(將次. '앞으로'의 뜻으로, 미래의 어느 때를 나타내는 말) '장'으로 읽고, '蕪'는 거칠 '무'로 읽는다. 여기서, '田園將蕪'를 직역(直譯)하면, 밭과 동산이 장차 거칠게 (된다는) 뜻으로, 논밭과 동산이 황무지(荒蕪地. 손을 대어 거두지 않고 내버려 두어 거친 땅)가 됨을 이르는 말. '胡'는 어찌(의문 부사) '호'로 읽고, '不'은 아닐(부정하는 말) '불'로 읽고, '歸'는 돌아갈 '귀'로 읽는다. '田園將蕪胡不歸'를 직역(直譯)하면, 밭과 동산은 장차 거칠어지는데, 어찌 돌아가지 않겠는가? 이 문장은 은둔(隱遁)을 선언(宣言)한 명문장(名文章)으로 평가받고 있다. '既自以心爲形役'에서, '既'는 이미 '기'로 읽고, '自'는 스스로 '자'로 읽고, '以'는 써(그것을 가지고, 그것으로 인하여) '이'로 읽고, '心'은 마음 '심'으로 읽고, '爲'는 위할 '위'로 읽고, '形'은 몸 '형', 육체(肉體) '형'으로 읽고, '役'은 일할 '역', 힘쓸 '역'으로 읽는다. '既自以心爲形役'을 직역(直譯)하면, 이미 스스로 마음으로써 육체를 위해 힘썼으니, '奚惆悵而獨悲'에서, '奚'는 어찌(의문 부사) '해'로 읽고, '惆'는 슬퍼할 '추'로 읽고, '悵'은 슬퍼할 '창'으로 읽는다. '惆悵'은 슬퍼하여 한탄하는 모양. '而'는 말 이을 '이'로 읽는다. '그리고'의 뜻을 나타냄. '獨'은 홀로 '독'으로 읽고, '悲'는 슬퍼할 '비'로 읽는다. '奚惆悵而獨悲'을 직역(直譯)하면, 어찌 슬퍼하여 한탄하고 그리고 홀로 슬퍼하는가? '悟已往之不諫'에서, '悟'는 깨달을 '오'로 읽고, '已'는 이미(다 끝나거나 지난 일을 이를 때 쓰는 말. '벌써', '앞서'의 뜻을 나타냄) '이'로 읽고, '往'은 갈 '왕'으로 읽는다. '已往'을 직역(直譯)하면, 이미 지나갔음. '之'는 어조사 '지'로 읽는다. '~이(가)'를 나타내는 주격 조사. '不'은 아니할(부정하는 말) '불'로 읽고, '諫'은 바로잡을 '간'으로 읽는다. '悟已往之不諫'을 직역(直譯)하면, 이미 지나간 것은 바로잡을 수 없음을 깨달았고, '知來者之可追'에서, '知'는 알 '지'로 읽고, '來'는 올 '래(내)'로 읽고, '者'는 여기서는 것(사물, 현상, 일 따위를 추상적으로 이르는 말) ‘자’로 읽는다. ‘來者’를 직역(直譯)하면 오는 것. ‘可’는 가히(可~. <u>능히</u>, ‘넉넉히’의 뜻을 나타냄) ‘가’로 읽고, ‘追’는 좇을 ‘추’로 읽는다. ‘可追’를 직역(直譯)하면, 가히 좇을 수 있다. ‘知來者之可追’를 직역(直譯)하면, (그리고) 오는 것은 가히 좇을 수 있음을 알았도다.

내자-물-거(來者勿拒 올 **내**/사람 **자**/말 **물**/막을 **거**) 오는 사람을 막지 말라는 말. 사람의 행위는 그 자유의 사(自由意思. **본문 참고**)에 맡겨야 한다는 뜻이다. =내자물금(來者勿禁). 쪮거자막추(去者莫追). *내자(來者): 찾아오는 사람. 또는 찾아온 사람. *말다: 부록 ‘물(勿)’ 참고.

내자-물금(來者勿禁 올 **내**/사람 **자**/말 **물**/금지할 **금**) 오는 사람을 금지하지 말라. 즉, 오는 사람을 막지 말라는 말. =내자물거(來者勿拒). *내자(來者): ☞ 내자물거(來者勿拒). *물금(勿禁): 지난날, 관청에서 금지한 일을 특별히 풀어주던 일. *말다: 부록 ‘물(勿)’ 참고.

내전-보살(內殿菩薩 안 **내**/대궐 **전**/보살 **보**/보살 **살**) 대궐(大闕) 안[內]. 즉, 내전(內殿)에 (앉은) 보살(菩薩)이라는 뜻으로, 알면서도 모르는 체하고 시치미를 떼고 가만히 있는 사람을 비유적으로 이르는 말. *내전(內殿): ①왕비의 높임말. ②대궐 안의 왕비가 거처하는 집. *보살(菩薩): 부처에 버금가는 성인(聖人. 지혜와 덕이 매우 뛰어나 길이 우러러 본받을 만한 사람). *대궐(大闕): 부록 ‘전(殿)’ 참고.

내정-돌입(內庭突入 안 **내**/뜰 **정**/갑자기 **돌**/들 **입**) 집 안뜰에 갑자기 들어간다는 뜻으로, 주인의 허락 없이 남의 집 안[內]으로 불쑥 들어감을 이르는 말. =돌입내정(突入內庭). *내정(內庭): =안뜰. 즉, 건물 안채에 딸린 뜰. *돌입(突入): 막 뛰어듦. 또는 갑자기 뛰어듦.

내조-지-공(內助之功 안 **내**/도울 **조**/어조사 **지**/공 **공**) 안[內]에서 도우는 공(功). 즉, 내부에서 돕는 공(功)이란 뜻으로, 아내가 가정에서 집안을 잘 다스림으로써 남편이 바깥일을 잘할 수 있도록 도와주는 것을 이르는 말. 또는 현명(賢明)한 아내의 내조(內助)를 이르는 말. *내조(內助): (드러내지 않고) 내부에서 도움. 특히 아내가 집 안에서 남편을 돕는 경우를 가리킴. *공(功): 부록 ‘공(功)’ 참고. 이 사자성어의 유래는 다음과 같다. 『삼국지(三國志)·위서(魏書)』의 「후비전(后妃傳)」편(篇)에 〈옛날 제왕(帝王)은 천하를 다스림에 있어 밖에서 도왔을 뿐만 아니라, 안에서도 돕는 바가 있었습니다. 다스려지고 어지러움이 이로 말미암아 나오는 것이고, 흥성하고 쇠망함이 이를 좇아 나오는 것입니다.(在昔帝王之治天下, 不惟外輔, <u>亦有內助</u>, 治亂所由, 盛衰從之.)〉라는 이야기가 나오는데, ‘안에서도 돕는 바가 있었습니다.(亦有內助)’에서, ‘내조지공(內助之功)’이 유래했다. 이 이야기의 배경은 이렇다. 황초(黃初. <u>위·魏나라 문제·文帝의 연호·年號</u>) 3년, 황후(皇后. 황제가 정식으로 혼인하여 맞은 아내)를 세워야 하는데 문제(文帝. <u>위·魏나라의 임금</u>)가 곽씨(郭氏)를 황후(皇后)로 삼으려고 하자, 당시(當時. <u>일이 있었던 바로 그때. 또는 이야기하고 있는 그 시기</u>) 중랑(中郎)인 잔잠(棧潛)이 반대 상소(上疏. <u>임금에게 글을 올림. 또는 그 글</u>)를 올렸다. 곽씨(郭氏)는 남군(南郡. 땅 이름)의 태수(太守. <u>벼슬 이름</u>)인 곽영(郭永)의 딸이다. 여기서, ‘태수(太守)’는 고대 중국에서 군(郡)의 으뜸 벼슬. 그녀는 어려서부터 남달리 똑똑하였으므로 곽영(郭永)은 딸이 뛰어나다고 여겨 항상 “내 딸은 여자 중의 왕이다.”라고 말하고 다녔다. 그 상소(上疏)에는 “옛날의 제왕(帝王)이 천하를 잘 다스린 것은 밖에서도 도왔을 뿐만 아니라 안에서도 돕는 바가 있었습니다. 만약 사랑하기 때문에 황후(皇后)로 세우는 것은 천한 사람을 갑자기 귀하게 만드는 것으로, 아랫사람이 윗사람을 뛰어넘고, 윗사람은 폐(廢)하여져 할 일이 없게 되며, 법도(法度. <u>생활상의 예법과 제도</u>)를 위반하는 일이 시작되어 난(亂. <u>난리·亂離의 준말. 전쟁이나 재변·災變 따위로 세상이 어지러워</u>

진 상태. 또는 그러한 전쟁이나 재변·災變)이 위로부터 일어나게 될까 우려됩니다.”라고 적혀 있었다.
곽씨는 내조지공(內助之功)으로 세울 수 없는 천한 인물임으로, 갑자기 귀한 황후(皇后)의 자리에 앉히
는 것은 부적절하다는 것이다. 참고로, 원문의 ‘在昔帝王之治天下’에서, ‘在’는 있을 ‘재’로 읽고, ‘昔’은
옛날 ‘석’으로 읽는다. ‘在昔’은 ‘옛적’과 같은 말로, 이미(돌이킬 수 없이 된 지난 일을 일컬을 때 쓰는
말) 많은 세월이 지난 오래 전 때. ‘帝’는 임금 ‘제’로 읽고, ‘王’은 임금 ‘왕’으로 읽는다. ‘帝王’은 황제(皇
帝)와 국왕(國王)을 아울러 이르는 말. ‘之’는 어조사 ‘지’로 읽는다. ‘~이(가)’를 나타내는 주격 조사.
‘治’는 다스릴 ‘치’로 읽고, ‘天’은 하늘 ‘천’으로 읽고 ‘下’는 아래 ‘하’로 읽는다. ‘天下’는 하늘 아래 온
세상. ‘在昔帝王之治天下’를 직역(直譯)하면, 옛적에는 제왕(帝王)이 천하(天下)를 다스림에 (있어서), ‘不
惟外輔’에서, ‘惟’는 오직 ‘유’로 읽고, ‘外’는 바깥 ‘외’로 읽고, ‘輔’는 도울 ‘보’로 읽는다. ‘不惟外輔’를
직역(直譯)하면, 오직 바깥에서 돕지 않으면. ‘亦有內助’에서, ‘亦’은 또 ‘역’, 또한 ‘역’으로 읽고, ‘有’는
있을 ‘유’로 읽고, ‘內’는 안 ‘내’로 읽고, ‘助’는 도울 ‘조’로 읽는다. ‘亦有內助’을 직역(直譯)하면, 또한
안에서는 돕는 (것이) 있었습니다. 여기서, ‘內助之功’이 유래하였는데, 이것을 직역(直譯)하면, 안[內]에
서 도우는 공(功). 즉, 내부에서 돕는 공(功)이란 뜻으로, 아내가 가정에서 집안을 잘 다스림으로써 남편
이 바깥일을 잘할 수 있도록 도와주는 것을 이르는 말. 또는 현명(賢明)한 아내의 내조(內助)를 이르는
말. ‘治亂所由’에서, ‘治’는 다스릴 ‘치’로 읽고, ‘亂’은 어지러울 ‘란(난)’으로 읽는다. ‘治亂’은 혼란에 빠진
세상을 다스림. ‘所’는 바(앞에서 말한 내용 그 자체나 일 따위를 나타내는 말) ‘소’로 읽고, ‘由’는 말미암
을 ‘유’로 읽는다. ‘治亂所由’를 직역(直譯)하면, 혼란에 빠진 세상을 다스리는 것은 (이로) 말미암은 바이
고, ‘盛衰從之’에서, ‘盛’은 성(盛)할 ‘성’으로 읽고, ‘衰’는 쇠(衰)할 ‘쇠’로 읽는다. ‘盛衰’는 성하고 쇠퇴함.
‘從’은 쫓을 ‘종’으로 읽고, ‘之’는 어조사 ‘지’로 읽는다. ‘그것’을 나타내는 지시 대명사. ‘盛衰從之’를 직역
(直譯)하면, 성하고 쇠퇴함은 그것을 쫓아 (되는 것이었습니다).

내종-형제(內從兄弟 안 **내**/쫓을 **종**/형 **형**/아우 **제**) 내종(內從) 사촌이 되는 형이나 아우를 이르는 말. 즉,
고종(姑從) 사촌이 되는 형제, 고모(姑母)의 아들 형제를 이르는 말이다. 웹 외종형제(外從兄弟). *내종
(內從): 고종(姑從. 고모의 아들이나 딸)을 외종(外從. 외삼촌의 아들이나 딸)에 상대하여 이르는 말.
*형제(兄弟): ①형과 아우. ② =동기(同氣). 즉, 형제자매를 통틀어 이르는 말.

내-청-외-탁(內淸外濁 안 **내**/맑을 **청**/바깥 **외**/흐릴 **탁**) 안(속)은 맑으나 바깥(겉)은 흐리다는 뜻으로, 어지
러운 세상(世上)을 살아가려면 마음은 맑게 가지면서도, 행동은 흐린 것처럼 하여야 한다는 말. 또는
마음은 깨끗한데 행동은 더럽다는 뜻으로, 마음은 어질지만 그 행동은 옳지 못함을 이르는 말. *‘내-청’
은 『국어사전(國語辭典)』에 등재(登載)된, ‘거문고의 첫째 줄의 이름인 문현(文絃)을 달리 이르는 말’인
‘내청(內淸)’의 뜻과는 별개다.

내허-외식(內虛外飾 안 **내**/빌 **허**/바깥 **외**/치장할 **식**) 안[內]은 비게 하고 바깥[外]만 치장(治粧)한다는 뜻으
로, 속은 비고 겉치레만 번지르르함을 이르는 말. *내허(內虛): 속이 빔. 또는 내용이 없음. *외식(外飾):
겉치레. 외면치레. 즉, 겉만 보기 좋게 꾸미어 드러냄. 또는 바깥쪽을 장식하거나 그런 장식. *치장하다
(治粧~): 매만져서 잘 꾸미거나 모양을 내다. 《관련 속담》 빛 좋은 개살구. / 속 빈 강정.

냉난-자지(冷暖自知 찰 **냉**/따뜻할 **난**/스스로 **자**/알 **지**) (남의 말을 듣지 않고도) (물을 마시면) 스스로
(그) 차고 따뜻한 (것을) 안다는 뜻으로, 자기 일은 남의 말을 듣지 않고도 자기 스스로 안다는 것을

비유적으로 이르는 말. ***냉난**(冷暖·煖): 차가움과 따뜻함. ***자지**(自知): 자기의 능력을 스스로 앎.

냉혈-동물(冷血動物 찰 **냉**/피 **혈**/움직일 **동**/물건 **물**) 피가 찬[冷] 움직이는 물건. 즉, 동물(動物)이라는 뜻으로, 외계(外界)의 온도에 따라 체온이 변하는 동물(파충류, 양서류 따위)을 이르는 말. =변온동물(變溫動物). 땐 온혈동물(溫血動物). ***냉혈**(冷血): ①(어떤 동물의) 체온이 외기(外氣. 바깥의 공기)의 기온보다 낮은 것. ↔온혈(溫血). ②인간다운 정(情)이 없이 냉혹(冷酷)함. ③한방(韓方)에서, 찬 기운으로 인하여 배 속에 뭉친 피. 여기서, '기운'은 순우리말로, 느낄 수는 있으나 눈으로 볼 수 없는 현상. ***동물**(動物): ①생물을 둘로 나눌 때의 하나. 운동, 감각, 신경 따위의 기능이 발달하고, 주로 유기물을 섭취하며 소화, 배설, 호흡, 순환, 생식 따위의 각 기관이 분화됨. 새, 짐승, 물고기 따위의 총칭. ↔식물(植物). ②특히, 사람을 제외한 길짐승, 날짐승, 집짐승 따위를 통틀어 이르는 말.

노-갑-이-을(怒甲移乙 성낼 **노**/첫째 천간 **갑**/옮길 **이**/둘째 천간 **을**) 첫째 천간(天干)인 갑(甲)에게서 당한 성냄(노여움)을 둘째 천간(天干)인 을(乙)에게 옮긴다. 즉, 갑(甲)에게 난 화(火)를 을(乙)에게 화풀이를 한다는 뜻으로, 어떠한 사람에게서 당한 노여움을 애꿎은 다른 사람에게 화풀이함을 이르는 말. =노갑을이(怒甲乙移). 여기서, '천간(天干)'은 육십갑자(六十甲子. 본문 참고)의 윗부분을 이루는 요소, 즉, 갑(甲), 을(乙), 병(丙), 정(丁), 무(戊), 기(己), 경(庚), 신(辛), 임(壬) 계(癸)를 일컬음. 따라서 '갑(甲)'은 첫째 천간(天干)이고, '을(乙)'은 둘째 천간(天干)이 되는 것이다. 《관련 속담》 종로에서 뺨 맞고 한강에서 (한강에 가서) 눈 흘긴다.

노궁-노시(盧弓盧矢 검을 **노**/활 **궁**/검을 **노**/화살 **시**) 검은 활과 검은 화살이라는 뜻으로, 검은 칠을 한 활과 화살을 아울러 이르는 말. 이것은 고대 중국에서 큰 공(功)이 있는 제후(諸侯. 봉건 시대에, 군주·君主로부터 받은 영토와 그 영내에 사는 백성을 다스리던 사람)에게 천자(天子)가 검은 활과 화살을 하사(下賜. 왕이나 국가 원수 따위가 아랫사람에게 금품을 주는 일)한 데에서, 정벌(征伐. 무력을 써서 적이나 죄 있는 무리를 치는 일)의 권한(權限)을 상징하게 되었다. 여기서, '천자(天子)'는 천제(天帝. 하늘을 다스리는 신. 또는 우주를 창조하고 주재한다고 믿어지는 초자연적인 절대자)의 아들이라 뜻으로, 천명(天命. 하늘의 명령)을 받아 천하(天下)를 다스리는 사람. 곧 중국에서 황제(皇帝)를 일컫던 말이다. ***노궁**(盧弓): 검은 빛깔의 활. ***노시**(盧矢): 예전에, 주로 사냥에 쓰던, 검은 칠을 한 화살.

노기-등등(怒氣騰騰 성낼 **노**/기운 **기**/오를 **등**/오를 **등**) 성난 기운이 오르고 오른다는 뜻으로, 노(怒)하거나 성난 기운이 얼굴에 가득함을 이르는 말. ***노기**(怒氣): 노여운 기색(氣色. 마음의 작용으로 얼굴에 드러나는 빛). 또는 성난 얼굴빛. ***등등**(騰騰): 부리는 기세(氣勢)가 상대의 기(氣)를 누를 만큼 꼴사납게 높고 당참. 또는 서슬이 푸름. 여기서, '서슬'은 (칼날 따위의) 날카로운 끝부분. 또는 언행의 날카로운 기세(氣勢). ***기운**: 순우리말로, 생물이 살아 움직이는 원기(元氣). 또는 거기서 나오는 힘.

노기-등천(怒氣登天 성낼 **노**/기운 **기**/오를 **등**/하늘 **천**) 성난 기운이 하늘로 오른다는 뜻으로, 성이 하늘을 찌를 듯이 머리끝까지 치받쳐 있음을 이르는 말. =노기충천(怒氣衝天). ***노기**(怒氣): ☞노기등등(怒氣騰騰). ***등천**(登天): =승천(昇天). 즉, 하늘에 오름. ***기운**: ☞노기등등(怒氣騰騰).

노기-발발(怒氣勃勃 성낼 **노**/기운 **기**/발끈할 **발**/발끈할 **발**) 성난 기운이 발끈하고 발끈하다는 뜻으로, 노(怒)한 기운이 발끈 나 있음을 이르는 말. ***노기**(怒氣): ☞노기등등(怒氣騰騰). ***발발**(勃勃): ①기운이나 기세(氣勢)가 끓어오를 듯이 성(盛)함. ②사물이 한창 성(盛)함. *기운: ☞노기등등(怒氣騰騰). *발끈하다: ①참을성이 없이 갑자기 성을 내다. ②(울화 따위가) 갑자기 일어나거나 치밀다.

노기-복력(老驥伏櫪 늙을 노/천리마 기/엎드릴 복/마판 력) 늙은 천리마(千里馬)가 마판(馬板)에 엎드려 (있다.) 즉, 늙은 준마(駿馬. 썩 잘 달리는 좋은 말)가 헛간의 널빤지 위에서 잠을 잔다는 뜻으로, 빼어난 (여럿 가운데서 두드러지게 뛰어난) 사람이 늙도록 세상(世上)에 뜻을 펴지 못함을 비유적으로 이르는 말. *노기(老驥): 늙은 준마(駿馬)라는 뜻으로, 늙은 영웅(英雄)과 호걸(豪傑)을 비유적으로 이르는 말. *복력(伏櫪): ①말[馬]이 마구간 속에서 엎드리고 있음. 또는 그 말[馬]. ②좋은 때를 만나지 못하여 불우한 상태를 비유적으로 이르는 말. *천리마(千里馬): 부록 '기(驥)' 참고. *마판(馬板): 부록 '력(櫪)' 참고.

노기-충천(怒氣衝天 성낼 노/기운 기/찌를 충/하늘 천) 성난 기운이 하늘을 찌른다는 뜻으로, 성이 하늘을 찌를 듯이 머리끝까지 치받쳐 있음을 이르는 말. 즉, 잔뜩 성이 나 있다는 뜻이다. =노기등천(怒氣登天). *노기(怒氣): ☞노기등등(怒氣騰騰). *충천(衝天): ①높이 솟아 하늘을 찌름. ②기세(氣勢. 기운차게 뻗치는 모양이나 상태) 따위가 북받쳐 오름. *기운: ☞노기등등(怒氣騰騰).

노노-발명(呶呶發明 지껄일 노/지껄일 노/드러낼 발/밝힐 명) 지껄이고 지껄여 드러내어 밝힌다는 뜻으로, 여러 말로 구차(苟且. 말이나 행동이 떳떳하거나 의젓하지 못함)하게 변명(辨明. 어떤 잘못이나 실수에 대하여 구실을 대며 그 까닭을 말함)함을 이르는 말. *노노(呶呶): 구차(苟且)한 말로 자꾸 지껄임. *발명(發明): (죄나 잘못이 없음을) 말하여 밝힘.

노-당-익장(老當益壯 늙을 노/지킬 당/더욱 익/씩씩할 장) 늙어서도 더욱 씩씩함. 즉, 늙을수록 젊음을 지킨다는 뜻으로, 늙어도 원기(元氣. 마음과 몸의 활동력)가 더욱 씩씩함. 늙었지만 의욕(意慾)이나 기력(氣力. 일을 감당할 수 있는 정신과 육체의 힘)은 점점 좋아짐. 또는 그런 상태를 이르는 말. *익장(益壯): 閩 더욱 굳세고 씩씩해짐. 이 사자성어의 유래는 다음과 같다. 왕발(王勃)의 「등왕각시서(藤王閣詩序)」에 〈믿는 바는, 군자(君子. 학문과 덕·德이 높고 행실·行實이 바르며 품위·品位를 갖춘 사람)는 가난을 평안하게 여기고, 달인(達人)은 천명(天命)을 안다는 것이다. 늙을수록 더욱 강해진다면, 어찌 노인의 마음을 알겠는가? 가난할수록 더욱 굳건해진다면, 청운(青雲)의 뜻을 떨어뜨리지 않을 것이다. (所賴君子安貧, 達人知命, **老當益壯**, 寧知白首之心, 窮且益堅, 不墮青雲之志.)〉라는 글귀가 나오는데, '늙을수록 더욱 강해진다면,(老當益壯)'에서, '노당익장(老當益壯)'이 유래했다. 참고로, 원문의 '所賴君子安貧'에서, '所'는 바(앞에서 말한 내용 그 자체나 일 따위를 나타내는 일) '소'로 읽고, '賴'는 의지할 '뢰(뇌)'로 읽고, '君'은 군자(君子) '군'으로 읽고, '子'는 경칭(敬稱. 공경하는 뜻으로 부르는 칭호, 또는 존대하여 일컬음) '자'로 읽는다. 학덕(學德)과 지위가 높은 남자의 경칭(敬稱)이다. '君子'는 행실이 점잖고 어질며 덕(德. 고매하고 너그러운 도덕적 품성)과 학식이 높은 사람. '安'은 편안 '안'으로 읽고, '貧'은 가난할 '빈'으로 읽는다. '安貧'은 가난한 가운데서도 편안한 마음으로 지냄. '所賴君子安貧'을 직역(直譯)하면, 군자(君子)가 의지하는 바는 가난한 가운데서도 편안한 마음으로 지내는 (것이고), '達人知命'에서, '達'은 통달할(通達~. 사물의 이치나 지식, 기술 따위를 훤히 알거나 아주 능란하게 할) '달'로 읽고, '人'은 사람 '인'으로 읽는다. '達人'은 널리 사물의 이치에 통달한 사람. '知'는 알 '지'로 읽고, '命'은 명령 '명'으로 읽는다. 여기서는 '천명(天命. 하늘의 명령)'을 가리킴. '達人知命'을 직역(直譯)하면, 사물의 이치에 통달한 사람은 (하늘의) 명령을 안다는 (것이다). '老當益壯'에서, '老'는 늙을 '로(노)'로 읽고, '當'은 마땅할 '당', 지킬 '당'으로 읽고, '益'은 더욱 '익'으로 읽고, '壯'은 씩씩할 '장'으로 읽는다. '老當益壯'을 직역(直譯)하면, 늙어서도 더욱 씩씩함을 지킨다는 뜻으로, 늙어도 원기가 더욱 씩씩함. 늙었지만 의욕(意慾)이나 기력(氣力)은 점점 좋아짐. 또는 그런 상태를 이르는 말. 후한(後漢) 때의 정치가이자 장군(將軍)인 마원(馬援)은 젊은 시절부터 큰 뜻을 품고 있었다. 어느 날 잔치를 열고 손님들에게 "대장부가 뜻을 품으면, 곤궁할수록 더욱 뜻을 견고하게 가지고, 늙을수록 더욱 뜻을 굳게 가져야 한다."라고 말한 바 있다. '寧知白首之心'에서, '寧'은 어찌(의문 부사) '녕(영)'으로 읽고, '白'은 흰 '백'으로 읽고, 首는 머리 '수'로 읽는다. '白首'는 '백두(白頭)'와 같은 말로, 허옇게 센 머리. '之'는 어조사 '지'로 읽는다. '~의'를 나타내는 관형격 조사. '心'은 마음 '심'으로 읽는다. '寧知白首之心'을 직역(直譯)하면, 어찌 허옇게 센 머리(노인)의 마음을 알겠는가? 곧, 늙을수록 더욱 뜻을 굳게 가져서 벼슬길에 나가려는 노인의 마음을 그 누가 알아주겠는가? 여기서, '白首之心'이 유래하였는데, 이것을 직역(直譯)하면, 흰 머리의 마음이라는 뜻으로, 늙은이의 마음을 이르는 말. '窮且益堅'에서, '窮'은 궁할 '궁'으로 읽고, '且'는 또 '차', 또한 '차'로 읽고, '益'은 더욱 '익'으로 읽고, '堅'은 굳셀 '견'으로 읽는다. '窮且益堅'을 직역(直譯)하면, 궁(窮)하나 또한 더욱 굳세다면, 즉, 가난할수록 더욱 굳세어진다면. '不墮靑雲之志'에서, '不'은 아닐(부정하는 말) '불'로 읽고, '墮'는 떨어뜨릴 '타'로 읽고, '靑'은 푸를 '청'으로 읽고, '雲'은 구름 '운'으로 읽는다. '靑雲'은 푸른 빛깔의 구름이라는 뜻으로, 높은 지위나 벼슬을 비유적으로 이르는 말. '之'는 어조사 '지'로 읽는다. '~의'를 나타내는 관형격 조사. '志'는 뜻(무엇을 하겠다고 속으로 먹는 마음) '지'로 읽는다. '不墮靑雲之志'를 직역(直譯)하면, 청운(靑雲)의 뜻을 떨어뜨리지(버리지) 않을 것이다. 여기서, '靑雲之志'가 유래하였는데, 이것을 직역(直譯)하면, 푸른 구름과 (같은) 뜻[志]이란 말로, 높은 지위에 오르고자 하는 욕망을 비유적으로 이르는 말. 또는 출세를 향한 원대한 포부나 높은 이상을 비유적으로 이르는 말.

노래-지-희(老萊之戲 늙을 노/명아주 래/어조사 지/희롱할 희) 노래(老萊)의 희롱(戲弄)이라는 뜻으로, 늙어서도 부모에게 효도하고 부모를 봉양(奉養)함을 비유적으로 이르는 말. 또는 자식이 나이가 들어도 부모의 자식에 대한 마음은 똑 같으니, 변함없이 효도를 해야 한다는 말. 초(楚)나라(어떤 자료에는 주·周나라로 되어 있음)의 노래자(老萊子)가 칠십 세 때 무늬 있는 옷을 입고 동자(童子. 나이 어린 사내아이)의 모습으로 재롱을 부려 부모를 위로한다든지, 부모에게 자기의 늙음을 잊게 해 드린 일에서 유래한다. 쬅 노래반의(老萊斑衣). 반의지희(斑衣之戲). 반의희채(斑衣戲彩). *노래(老萊): 사람 이름. =노래자(老萊子). *명아주: 부록 '래(萊)' 참고. *희롱하다(戲弄~): 부록 '희(戲)' 참고.

노류-장-화(路柳墻·牆花 길 노/버들 류/담 장/꽃 화) 길의 버들과 담의 꽃. 즉, 아무나 쉽게 꺾을 수 있는 길가의 버들과, 담 밑의 꽃이라는 뜻으로, 창녀(娼女. 몸을 파는 일을 업으로 삼는 여자)나 기생(妓生. 지난날, 잔치나 술자리에 나가 노래, 춤 따위로 흥을 돕는 일을 업으로 삼던 여자)을 비유적으로 이르는 말. *노류(路柳): 길가의 버들.

노마-식-도(老馬識道 늙을 노/말 마/알 식/길 도) 늙은 말[馬]이 길을 (더 잘) 안다는 뜻으로, 경험이 많은 사람이 지혜(知·智慧)를 갖추고 있음을 비유적으로 이르는 말. =노마지도(老馬知道). *노마(老馬): 늙은 말. 《관련 속담》 늙은 말이 길을 안다. 이 사자성어의 유래는 다음과 같다. 『한비자(韓非子)』의 「설림(說

林) 상(上)」 편(篇)에 〈관중(管仲)과 습붕(隰朋)이 환공(桓公)을 따라 고죽(孤竹)을 정벌했는데, 봄에 떠나 겨울에 돌아오면서 길을 잃고 말았다. 관중(管仲)이 "늙은 말의 지혜를 이용할 수 있을 것이오."라고 말하고는 늙은 말을 풀어 놓고 그 뒤를 따라가, 길을 찾게 되었다.(管仲隰朋從於桓公而伐孤竹, 春往冬反, 迷惑失道, 管仲曰, 老馬之智可用也. **乃放老馬而隨之, 遂得道**)〉[산중(山中)에서 행군(行軍. 줄을 지어 걸어감)을 하다가 물이 떨어졌다. 습붕(隰朋)이 말했다. "개미는 겨울에는 산의 남쪽에 살고, 여름엔 산의 북쪽에 산다. 개미가 쌓아 놓은 흙이 한 치[寸]면 한 길[丈] 깊이에 물이 있다." 과연 땅을 파서 물을 얻었다. (여기서부터는 한비자·韓非子의 생각을 덧붙인 것이다.) 여기서, '한비자(韓非子)'는 '한비·韓非'를 높여 이르는 말. 중국 춘추전국시대(春秋戰國時代) 말기(末期)의 법가(法家)의 주창자(主唱者). 관중(管仲)의 성스러운 총명(聰明. 보고 들은 것에 대한 기억력이 좋음, 또는 영리하고 재주가 있음)과 습붕(隰朋)의 지혜(智·知慧. 사물의 이치를 빨리 깨닫고 사물을 정확하게 처리하는 정신적 능력)를 가지고도 알지 못하는 것을 만나, 늙은 말과 개미에게서 배웠거늘, 오늘날의 사람들은 어리석으면서도 성인(聖人. 지혜와 덕이 매우 뛰어나 길이 우러러 본받을 만한 사람)의 지혜(智·知慧)를 배우려고 하지 않으니 어찌 지나치지 않다고 할 수 있겠는가?]라는 이야기가 나오는데, '늙은 말을 풀어 놓고 그 뒤를 따라가, 길을 찾게 되었다.(乃放老馬而隨之, 遂得道)'에서, '노마식도(老馬識道·途)'가 유래했다. 그런데 원문에는 '노마식도(老馬識道·途)'가 보이지 않고, '노마득도(老馬得道·途)'가 보인다. '노마득도(老馬得道·途)'의 뜻이 변하여 '노마식도(老馬識道·途)'가 된 것이다. 참고로, 원문의 '管仲隰朋從於桓公而伐孤竹'에서, '管'은 대롱 '관'으로 읽고, '仲'은 버금(으뜸의 바로 아래) '중'으로 읽는다. '관중(管仲)'은 중국 춘추시대(春秋時代) 제(齊)나라의 재상(宰相. 임금을 보필하며 모든 관원을 지휘, 감독하는 자리에 있는 이품·二品 이상의 벼슬을 통틀어 이르던 말)을 일컬음. 환공(桓公)을 도와 군사력의 강화(强化)와 상공업의 육성을 통하여 부국강병(富國强兵. 본문 참고)을 꾀하였으며, 여기서 '환공(桓公)'은 중국 춘추시대(春秋時代)에 제(齊)나라의 제16대 임금을 일컬음. 환공(桓公)을 중원(中原. 중국 황허강 중류·中流의 남부 지역을 이르는 말. 흔히 한때 군웅·群雄이 할거·割據했던 중국의 중심부나 중국 땅을 일컬음)의 패자(覇者. 예전에 황제·皇帝로부터 일정한 지역을 다스릴 권한을 부여받은 제후·諸侯들의 우두머리)로 만들었다. 그리고 '관중(管仲)'은 포숙아(鮑叔牙)와의 우정(友情)으로 유명하며, 이들의 우정을 관포지교(管鮑之交. 본문 참고)라고 한다. '隰'은 성씨(姓氏) '습'으로 읽고, '朋'은 벗 '붕'으로 읽는다. 습붕(隰朋)은 사람 이름. 대부(大夫. 벼슬이름)로 알려져 있을 뿐, 구체적인 내용은 알려지지 않음. '從'은 좇을 '종'으로 읽고, '於'는 어조사 '어'로 읽는다. '~에서', '~에(장소, 위치)'의 뜻을 나타냄. 여기서는 '~을', '~를(목적격)'의 뜻으로 쓰였음. '桓'은 굳셀 '환'으로 읽고, '公'은 존칭(尊稱. 존경하여 높이어 부름, 또는 그 일컬음) '공'으로 읽는다. '而'는 말 이을 '이'로 읽는다. '그리고'의 뜻을 나타냄. '伐'은 칠 '벌'로 읽고, '孤'는 외로울 '고'로 읽고, '竹'은 대(대나무) '죽'으로 읽는다. '孤竹'은 나라 이름이다. 일명 '고죽국(孤竹國)'으로 일컫는다. 은(殷)나라 탕왕(湯王) 때에 제후국(諸侯國)의 하나였다. 은(殷)나라가 망하고 난 뒤 주(周)나라 초기에 고죽국(孤竹國)의 두 아들인 백이(伯夷)와 숙제(叔齊)가 은(殷)나라에 대한 충절(忠節. 충성스러운 절개)을 지키기 위해 주(周)나라의 곡식은 먹지 않겠다고 수양산(首陽山)에 들어가 숨어 살면서 고사리를 꺾어 먹다가 굶어 죽었다는 전설(본문 '백이숙제·伯夷叔齊' 참고)로 유명한 나라이다. '管仲隰朋從於桓公而伐孤竹'을 직역(直譯)하면, 관중(管仲)과 습붕(隰朋)이 환공(桓公)을 좇아 그리고 고죽국(孤

竹國)을 정벌(征伐. 무력을 써서 적이나 죄 있는 무리를 치는 일)했는데, 즉, 제(齊)나라 환공(桓公)이 당대(當代)의 명재상(名宰相. 벼슬 이름)인 관중(管仲)과 대부(大夫. 벼슬 이름)인 습붕(隰朋)을 데리고 고죽국(孤竹國) 정벌(征伐)에 나섰다는 뜻이다. '春往冬反'에서, '春'은 봄 '춘'으로 읽고, '往'은 갈 '왕'으로 읽고, '冬'은 겨울 '동'으로 읽고, '反'은 돌아올 '반'으로 읽는다. '春往冬反'을 직역(直譯)하면, 봄이 가고 겨울이 돌아왔다. 즉, 전쟁이 생각보다 길어져, 봄에 시작된 전쟁이 그해 겨울까지 이어졌다는 뜻이다. '迷惑失道'에서, '迷'는 미혹(迷惑)할 '미'로 읽고, '惑'은 미혹(迷惑)할 '혹'으로 읽는다. '迷惑'은 마음이 흐려서 무엇에 홀림. '失'은 잃을 '실'로 읽고, '道'는 (사람이 다니는) 길 '도'로 읽는다. '迷惑失道'를 직역 (直譯)하면, (그때) 미혹(迷惑)해서 길을 잃었다. 즉, 혹한(酷寒)의 추위를 견디며 귀국길에 오른 환공(桓公)은 그만 마음이 흐려서 무엇에 홀린 듯 길을 잃었다는 것이다. '管仲曰'에서, '曰'은 일컬을 '왈'로 읽는다. '管仲曰'을 직역(直譯)하면, (이때) 관중(管仲)이 일컫기를, 老馬之智可用也'에서, '老'는 늙을 '로 (노)'로 읽고, '馬'는 말 '마'로 읽고, '之'는 어조사 '지'로 읽는다. '~의'를 나타내는 관형격조사. '智'는 지혜(智·知慧) '지'로 읽고, '可'는 가(可)히 '가', 넉넉히 '가'로 읽고, '用'은 쓸 '용'으로 읽고, '也'는 어조사 '야'로 읽는다. '~이다(단정)'의 뜻을 나타냄. '老馬之智可用也'를 직역(直譯)하면, 늙은 말의 지혜(智·知慧)를 가(可)히 쓸(사용할) (수 있을 것)입니다. 즉, 이런 때에는 늙은 말의 지혜(智·知慧)가 필요하다는 것이다. 여기서 '노마지지(老馬之智)'가 유래했는데, 이것을 직역(直譯)하면 늙은 말[馬]의 지혜(智慧)라 는 뜻이다. 즉, 뭐든지 안다고 제 아무리 잘난 체해도, 그 지혜(智慧)가 늙은 말[馬]이나 개미(개밋과의 곤충을 통틀어 일컫는 말)만도 못한 때가 있다는 뜻으로, 아무리 하찮은 인간이라도 연륜(年輪. 한 해 한 해 쌓아 올린 역사. 또는 여러 해 동안 쌓은 경험에 의하여 이루어진 숙련의 정도)이 깊으면 각기 장점(長點)과 특징(特徵)이 있음을 비유적으로 이르는 말. '乃放老馬而隨之'에서, '乃'는 이에 '내'로 읽고, '放'은 놓을 '방'으로 읽고, '隨'는 따를 '수'로 읽고, '之'는 여기서는 '그것'을 가리키는 지시 대명사. '노마 (老馬)'를 가리킴. '乃放老馬而隨之'를 직역(直譯)하면, 이에 늙은 말을 놓아 그리고 그 늙은 말을 따라 (가서), '遂得道'에서, '遂'는 드디어 '수'로 읽고, '得'은 얻을 '득'으로 읽는다. '遂得道'를 직역(直譯)하면, 드디어 길을 얻었다(찾았다). 즉, 환공(桓公)은 관중(管仲)의 말대로 늙은 말 한 마리를 풀어 놓고 그 뒤를 따라가서 길을 찾았다는 뜻이다. 여기서, '노마식도(老馬識道·途)'가 유래했는데, 이것을 직역(直 譯)하면, 늙은 말이 길을 (더 잘) 안다는 뜻으로, 경험이 많은 사람이 지혜(知·智慧)를 갖추고 있음을 비유적으로 이르는 말. 이 사자성어가 우리에게 주는 교훈(敎訓. 앞으로의 행동이나 생활에 지침이 될 만한 것을 가르치는 일. 또는 그런 가르침)은, 젊음과 패기(覇氣. 어떤 어려운 일이라도 해내려는 굳센 기상·氣像이나 정신)만이 능사(能事. 잘하는 일)가 아니라는 것이다. 때로는 사려(思慮. 여러 가지 일에 대하여 깊게 생각함. 또는 그런 생각) 깊은 지혜(智·知慧)가 필요한 법이다. 젊은 세대는 기성 세대가 쌓아올린 소중한 경험과 경륜(經綸. 일정한 포부를 가지고 일을 조직적으로 계획함. 또는 그 계획이나 포부)을 존중하고 배우려는 겸손한 자세가 필요하고, 기성 세대는 젊은층의 순발력과 창의성을 신뢰(信 賴)하고 그들의 삶과 문화를 이해하면서 소신껏 일을 할 수 있도록 뒷받침해 주어야 건전한 사회가 되는 것이다. 한비자(韓非子)는 이 이야기 끝에 아래와 같이 자신의 생각을 덧붙였다. '관중(管仲)의 총명(聰明)과 습붕(隰朋)의 지혜(智·知慧)로도 모르는 것은, 늙은 말과 개미를 스승으로 삼아 배웠다. 그리고 그것을 수치(羞恥. 부끄러움)로 여기지 않았다. 지금 사람들은 자신이 어리석음에도 성현(聖賢.

‘성인·聖人’과 ‘현인·賢人’을 아울러 이르는 말)의 지혜(智·知慧)조차 배우려 하지 않으니 잘못된 일이 아닌가?’

노마-십-가(駑馬十駕 둔할 **노**/말 **마**/열 **십**/능가할 **가**) 둔(鈍)한 말[馬]도 열(열흘)이면 능가(凌駕)한다. 즉, 느리고 둔(鈍)한 말[馬]도 게으름을 피우지 않고 열심히 가면 준마(駿馬. 썩 잘 달리는 좋은 말)의 하룻길을 열흘에는 갈 수 있다는 뜻으로, 아무리 둔하고 재능(才能. 어떤 일을 하는데 필요한 재주와 능력)이 모자라는 사람도 열심히 하면 훌륭한 사람이 될 수 있거나 재주(순우리말로, 무엇을 잘할 수 있는, 타고난 능력과 슬기)가 있는 사람을 따라잡을 수 있음을 비유적으로 이르는 말. *노마(駑馬): ①느리고 둔한 말. ②말하는 이가 자기를 비유적으로 낮추어 이르는 말. 둔하고 재능이 모자란 사람이라는 뜻이다. *둔하다(鈍~): ①(말이나 행동이) 느리고 미련하다. ②(깨우침이) 늦고 재주가 모자라다. 또는 이해가 늦다. ③(쇠붙이의 날이) 무디다. *능가하다(凌駕~): 남을 앞지르다. 이 사자성어의 유래는 다음과 같다. 『순자(荀子)』의 「권학(勸學)」 편(篇)에 〈그러므로 반걸음을 떼지 않고서는 천 리 길에 이르지 못하며, 작은 개울이 모이지 않으면 강이나 바다를 이루지 못한다. 천리마도 한 번에 열 걸음을 뛸 수는 없지만, 둔한 말이라도 열흘 동안 갈 수 있는 것은, 포기하지 않기 때문이다.(故不積蹞步, 無以至千里, 不積小流, 無以成江海, 騏驥一躍, 不能十步, **駑馬十駕**, 功在不舍.)〉라는 이야기가 나오는데, ‘둔한 말이라도 열흘 동안 갈 수 있는 것은.(駑馬十駕)’에서, ‘노마십가(駑馬十駕)’가 유래했다. 순자(荀子. 중국 전국시대·戰國時代의 유학자, 맹자·孟子의 성선설·性善說에 대하여 성악설·性惡說을 주창·主唱함)는 ‘노마십가(駑馬十駕)’라는 말을 예로 들어, 배움을 이루는 데 가장 중요한 것은 일관된 의지와 실천이라는 것을 강조하고 있다. 참고로, 원문의 ‘故不積蹞步, 無以至千里’에서, ‘故’는 그러므로 ‘고’로 읽고, ‘積’은 쌓을 ‘적’으로 읽고, ‘蹞’는 반걸음(半~. 한 걸음 거리의 절반 걸음) ‘규’로 읽고, ‘步’는 걸음 ‘보’로 읽고, ‘以’는 써(그것을 가지고, 그것으로 인하여) ‘이’로 읽고, ‘至’는 이를(어떤 장소나 시간에 닿을) ‘지’로 읽고, ‘千’은 일천 ‘천’으로 읽고, ‘里’는 리(거리를 재는 단위) ‘리(이)’로 읽는다. ‘故不積蹞步, 無以至千里’를 직역(直譯)하면, 그러므로 반걸음이라도 쌓지(모이지) 않고는 그것으로 인하여 천 리에 이르는 것이 없고, ‘不積小流’에서, ‘小’는 작을 ‘소’로 읽고, ‘流’는 흐를 ‘류(유)’로 읽는다. ‘小流’는 ‘실개천’과 같은 말로, 폭이 매우 좁고 작은 개천. ‘不積小流’를 직역(直譯)하면, 작은 개천을 쌓지(모이지) 않고는, ‘無以成江海’에서, ‘成’은 이룰 ‘성’으로 읽고, ‘江’은 강(江) ‘강’으로 읽고, ‘海’는 바다 ‘해’로 읽는다. ‘無以成江海’를 직역(直譯)하면, 그것으로 인하여 강과 바다를 이루지 못한다. ‘騏驥一躍’에서, ‘騏’는 준마(駿馬. 빠르게 잘 달리는 말) ‘기’로 읽고, ‘驥’는 천리마(千里馬. 하루에 천 리를 달릴 수 있을 정도로 좋은 말) ‘기’로 읽는다. ‘騏驥’는 하루에 천 리를 달린다는 명마(名馬). 또는 몹시 빠르고 잘 달리는 말. ‘一’은 한 ‘일’로 읽고, ‘躍’은 뛸 ‘약’으로 읽는다. ‘一躍’은 단번에 높이 뛰어오름. ‘騏驥一躍’을 직역(直譯)하면, 천리마가 한 번에 뛰어올라도, ‘不能十步’에서, ‘能’은 할 수 있을 ‘능’으로 읽고, ‘十’은 열 ‘십’으로 읽고, ‘步’는 걸음 ‘보’로 읽는다. ‘不能十步’를 직역(直譯)하면, 열 걸음을 (뛸) 수 없다. ‘駑馬十駕’에서, ‘駑’는 둔할 ‘노’로 읽고, ‘馬’는 말 ‘마’로 읽고, ‘十’은 열 ‘십’으로 읽고, ‘駕’는 능가할 ‘가’로 읽는다. ‘駑馬十駕’를 직역(直譯)하면, 둔(鈍)한 말도 열(열흘)이면 능가(凌駕)하니, 즉, 느리고 둔(鈍)한 말도 게으름을 피우지 않고 열심히 가면 준마(駿馬. 썩 잘 달리는 좋은 말)의 하룻길을 열흘에는 갈 수 있다는 뜻으로, 아무리 둔하고 재능이 모자라는 사람도 열심히 하면 훌륭한 사람이 될 수 있거나 재주가 있는 사람을 따라잡을 수 있음을 비유적으로 이르는 말. 참고로, 말이 멍에를 지고 하루 동안 수레를 끌고 다닐 수 있는 거리를 '일가(一駕)'라고 한다. '십가(十駕)'라면 열흘 동안 수레를 끌고 다닐 수 있는 거리가 되는 것이다. '功在不舍'에서, '功'은 공(功. 공로'의 준말. 어떤 일에 이바지한 공적과 노력) '공'으로 읽고, '在'는 있을 '재'로 읽고, '舍'는 버릴 '사', 포기할 '사'로 읽는다. '功在不舍'를 직역(直譯)하면, 그 공(功)은 포기하지 않는 데에 있다. 즉, 성공(成功)은 포기하지 않는데 있다는 뜻으로, 일관된 의지(意志. 어떠한 일을 이루고자 하는 마음)와 실천이 성공하는 길이라는 말이다. 그런데 이 외에 '노마십가(駑馬十駕)'는 『순자(荀子)』의 「수신(修身)」 편(篇)에서도 찾아 볼 수 있다. 〈천리마는 하루 만에 천리를 달리는데, 둔한 말도 열흘 동안 달리면 이에 미칠 수 있다.(夫驥一日而千里, **駑馬十駕** 則亦及之矣.)〉라는 구절이 나오는데, 여기서, '노마십가(駑馬十駕)'가 유래했다. 참고로, 원문의 '夫驥一日而千里'에서, '夫'는 발어사(發語辭) '부'로 읽는다. '발어사(發語辭)'는 문장의 서두에 놓여 '대저', 또는 '대체로'의 뜻을 나타냄. '而'는 말 이을 '이'로 읽는다. '그리고'의 뜻을 나타냄. '夫驥一日而千里'를 직역(直譯)하면, 대체로 천리마는 하루에 그리고 천리를 (달린다). '駑馬十駕 則亦及之矣'에서, '則'은 곧 '즉'으로 읽고, '亦'은 또 '역', 또한 '역'으로 읽고, '及'은 미칠(공간적 거리나 수준 따위가 일정한 선에 닿을) '급'으로 읽고, '之'는 어조사 '지'로 읽는다. '그것'을 나타내는 지시 대명사. '矣'는 어조사 '의'로 읽는다. '~이다(단정)'의 뜻을 나타냄. '駑馬十駕 則亦及之矣'를 직역(直譯)하면, 둔한 말도 열흘 동안 능가하면(달리면) 즉, 또한 그것에 미침이다(미칠 수 있다). 이것은 아무리 둔한 말이라도 열흘 동안 달려간다면 천리 길에 다다를 수 있다는 말이다.

노마-지-도(老馬知道 늙을 노/말 마/알 지/길 도) 늙은 말[馬]이 길을 (더 잘) 안다는 뜻으로, 경험이 많은 사람이 지혜(知·智慧)를 갖추고 있음을 비유적으로 이르는 말. =노마식도(老馬識道). *노마(老馬): ☞노마식도(老馬識道). 《관련 속담》 늙은 말이 길을 안다.

노마-지-지(老馬之智 늙을 노/말 마/어조사 지/지혜 지) 늙은 말[馬]의 지혜(智慧)다. 즉, 뭐든지 안다고 제 아무리 잘난 체해도, 그 지혜(智慧)가 하찮은 늙은 말[馬]이나 개미(개밋과의 곤충을 통틀어 일컫는 말)만도 못한 때가 있다는 뜻으로, 아무리 하찮은 인간이라도 연륜(年輪. 한 해 한 해 쌓아 올린 역사. 또는 여러 해 동안 쌓은 경험에 의하여 이루어진 숙련의 정도)이 깊으면 각기 장점(長點)과 특징(特徵)이 있음을 비유적으로 이르는 말. *노마(老馬): ☞노마식도(老馬識道). 《관련 속담》 늙은 말이 길을 안다. 이 사자성어의 유래는 다음과 같다. 『한비자(韓非子)』의 「설림(說林) 상(上)」 편(篇)에 〈관중(管仲)과 습붕(隰朋)이 환공(桓公)을 따라 고죽(孤竹)을 정벌했는데, 봄에 떠나 겨울에 돌아오면서 길을 잃고 말았다. 관중(管仲)이 "늙은 말의 지혜를 이용할 수 있을 것이오."라고 말하고는 늙은 말을 풀어 놓고 그 뒤를 따라가, 길을 찾게 되었다.(管仲隰朋從於桓公而伐孤竹, 春往冬反, 迷惑失道, 管仲曰, **老馬之智可用也**, 乃放老馬而隨之, 遂得道)〉[산중(山中)에서 행군(行軍. 줄을 지어 걸어감)을 하다가 물이 떨어졌다. 습붕(隰朋)이 말했다. "개미는 겨울에는 산의 남쪽에 살고, 여름엔 산의 북쪽에 산다. 개미가 쌓아 놓은 흙이 한 치[寸]면 한 길[丈] 깊이에 물이 있다." 과연 땅을 파서 물을 얻었다. (여기서부터는 한비자·韓非子의 생각을 덧붙인 것이다.) 여기서 한비자(韓非子)는 '한비·韓非'를 높여 이르는 말. 중국 춘추전국시대·春秋戰國時代 말기·末期의 법가·法家의 주창자·主唱者. 관중(管仲)의 성스러운 총명(聰明. 보고 들은 것에 대한 기억력이 좋음. 또는 영리하고 재주가 있음)과 습붕(隰朋)의 지혜(智·知慧. 사물의 이치를 빨리 깨닫고 사물을 정확하게 처리하는 정신적 능력)를 가지고도 알지 못하는 것을 만나, 늙은 말과 개미에게서 배웠거늘, 오늘날의 사람들은 어리석으면서도 성인(聖人. 지혜와 덕이 매우 뛰어나 길이 우러러 본받을 만한 사람)의 지혜(智·知慧)를 배우려고 하지 않으니 어찌 지나치지 않다고 할 수 있겠는가?]라는 이야기가 나오는데, '늙은 말의 지혜를 이용할 수 있을 것이오(老馬之智可用也).'에서, '노마지지(老馬之智)'가 유래했다. 나머지 구체적인 내용은 ⇨노마식도(老馬識道).

노무-둔탁(魯莽鈍濁 둔할 **노**/추솔할 **무**/둔할 **둔**/흐릴 **탁**) 노무(魯莽)하고 둔탁(鈍濁)하다는 뜻으로, 재질(才質)이 무디고 어리석음을 이르는 말. 또는 성질이나 재질이 거칠고 무디어 어리석을 만큼 둔(鈍)함을 이르는 말. *노무(魯莽): ①성질이나 재질이 무디고 거칢. ②행동이 단순하고 경솔함. *둔탁(鈍濁): ①성질이 굼뜨고 흐리터분함. ②소리가 굵고 거칠며 웅숭깊음(되바라지지 않고 깊숙함). *둔하다(鈍~): 부록 '노(魯)', '둔(鈍)' 참고. *추솔하다(麤率~): 부록 '무(莽)' 참고.

노-발-대발(怒發大發 성낼 **노**/일어날 **발**/클 **대**/일어날 **발**) 성을 내며 크게 일어난다. 즉, 성이 잔뜩 났다는 뜻으로, 크게 성을 냄. 또는 몹시 노(怒)하여 펄펄 뛰며 성을 냄을 이르는 말. *대발(大發): 크게 일어남. 또는 크게 일으킴.

노-발-대성(怒發大聲 성낼 **노**/일어날 **발**/클 **대**/소리 **성**) 성을 내며 일어나는 큰 소리라는 뜻으로, 크게 성을 내며 외치는 큰 목소리. 또는 몹시 노하여 성을 내며 지르는 큰 목소리를 이르는 말. *대성(大聲): 큰 소리.

노발-충-관(怒髮衝冠 성낼 **노**/머리털 **발**/찌를 **충**/갓 **관**) 성낸 머리털이 갓을 찌른다. 즉, 노(怒)하여 일어선 머리카락이 머리에 쓴 관(冠)을 추켜올린다. 또는 곤두선 머리털이 갓을 치켜 올린다는 뜻으로, 크게 혹은 몹시 성이 난 모양(모습)을 비유적으로 이르는 말. 圈 노발충천(怒髮衝天). *노발(怒髮): 몹시 성이 나서 쭈뼛 일어선 머리카락이라는 뜻으로, 몹시 화가 남을 이르는 말. *갓: 부록 '관(冠)' 참고. 이 사자성어의 유래는 다음과 같다. 『사기(史記)』의 「염파인상여열전(廉頗藺相如列傳)」 편(篇)에 〈진왕(秦王. 진나라의 왕)이 조(趙)나라의 성(城)을 줄 마음이 없다는 것을 파악한 인상여(藺相如)는 벽옥(璧玉. 벽과 옥을 이르는 말)에 있는 흠을 가리켜(알려) 주겠다고 속여 벽옥(璧玉)을 도로 손에 넣은 다음, 기둥에 의지하고 섰는데, 화(火)가 나 머리카락이 곤두서 관(冠)을 찌를 정도였다.(相如視秦王無意償趙城, 乃前曰, 璧有瑕, 請指示王, 王授璧, 相如因持璧却立倚柱, **怒髮上衝冠**.)〉라는 이야기가 나오는데, '화(火)가 나 머리카락이 곤두서 관(冠)을 찌를 정도였다.(怒髮上衝冠)'에서, '노발충관(怒髮衝冠)'이 유래했다. 위의 '벽(璧)'이란 납작한 원통 모양으로 가공한 옥(玉)을 말한다. 전국 시대 조(趙)나라의 혜문왕(惠文王)이 초(楚)나라의 화씨벽(和氏璧)을 손에 넣었다. '화씨벽(和氏璧)'에 대해서는 본문 '화씨지벽(和氏之璧)' 참고. 이 소식을 들은 진(秦)나라의 소왕(昭王)이 진(秦)나라의 15개 성(城)과 화씨벽(和氏璧)을 교환하자고 제안해 왔다. 욕심 많은 소왕(昭王)이 약속을 지킬 리 없었으나, 그렇다고 거절하면 강대국인 진(秦)나라가 트집을 잡아 쳐들어올 판국이라, 혜문왕(惠文王)은 마땅한 방안이 없었다. 이 때 혜문왕(惠文王)과 상의한 인상여(藺相如)가 혜문왕(惠文王)의 명(命)을 받은 후, 화씨벽(和氏璧)을 들고 진(秦)나라에 갔다. 위의 이야기는, 진(秦)나라 왕과 만나 화씨벽(和氏璧)을 바치고, 기다리는 동안 성(城)을 줄 마음이 없다는 것을 파악한 인상여(藺相如)와, 인상여(藺相如)가 화씨벽(和氏璧)을 돌려받는 과정을 소개한 것이다. 그 때 인상여(藺相如)의 분노가 극에 달하였음을 노발충관(怒髮衝冠)으로 묘사(描寫. 눈으로 보거나 마음으로 느낀 것 따위를 그림으로 그리듯이 객관적으로 표현함)한 것이다. 참고로, 원문의 '相如視秦王無意償趙

城’에서, ‘相’은 서로 ‘상’으로 읽고, ‘如’는 같을 ‘여’로 읽는다. ‘相如’는 사람 이름. ‘인상여(藺相如)’를 가리킴. ‘視’는 볼 ‘시’로 읽고, ‘秦’은 나라 이름 ‘진’으로 읽고, ‘無’는 없을 ‘무’로 읽고, ‘意’는 뜻(무엇을 하겠다고 속으로 먹는 마음) ‘의’로 읽는다. ‘無意’는 ‘무의지(無意志)’와 같은 말로, 의지(意志. 어떠한 일을 이루고자 하는 마음)가 없음. ‘償’은 갚을 ‘상’, 물어줄 ‘상’으로 읽는다. 여기서는 ‘물려주다(재물이나 지위 또는 기예·技藝나 학술 따위를 전하여 주다)’의 뜻. ‘趙’는 조(趙)나라 ‘조’로 읽고, ‘城’은 성(城. 예전에, 적을 막기 위하여 흙이나 돌 따위로 높이 쌓아 만든 담. 또는 그런 담으로 둘러싼 구역) ‘성’으로 읽는다. ‘相如視秦王無意償趙城’을 직역(直譯)하면, 상여(相如)는 진(秦)나라 왕이 조(趙)나라의 성(城)을 물려줄 의지(意志. 어떠한 일을 이루고자 하는 마음)가 없음을 보고(파악하고), ‘乃前日’에서, ‘乃’는 이에 (이러하여서 곧) ‘내’로 읽고, ‘前’은 앞 ‘전’으로 읽는다. ‘왕의 앞’을 가리킴. ‘乃前日’을 직역(直譯)하면, 이에 왕 앞에서 말하기를, ‘璧有瑕’에서, ‘璧’은 둥근 옥(玉) ‘벽’으로 읽고, ‘有’는 있을 ‘유’로 읽고, ‘瑕’는 허물 ‘하’, 흠(어떤 물건의 이지러지거나 깨어지거나 상한 자국) ‘하’로 읽는다. ‘璧有瑕’를 직역(直譯)하면, 둥근 옥(玉)에는 흠이 있다. ‘請指示王’에서, ‘請’은 청할 ‘청’으로 읽고, ‘指’는 가리킬 ‘지’로 읽고, ‘示’는 보일 ‘시’로 읽고, ‘王’은 임금 ‘왕’으로 읽는다. 여기서는 ‘진왕(秦王)’을 가리킴. ‘請指示王’을 직역(直譯)하면, (벽옥을) 가리켜 진왕(秦王)에게 보이며 청합니다. ‘王授璧’에서, ‘授’는 줄 ‘수’로 읽는다. ‘王授璧’을 직역(直譯)하면, 진왕이 벽옥을 주자, ‘相如因持璧却立倚柱’에서, ‘因’은 인할(因~. 어떤 사실로 말미암을) ‘인’으로 읽고, ‘持’는 가질 ‘지’, 지닐 ‘지’로 읽는다. ‘相如因持璧’을 직역(直譯)하면, 상여(相如)가 그것(진왕·秦王이 벽옥을 줌)으로 인하여 (인상여는 원하던) 벽옥을 가짐. ‘却’은 발어사 ‘각’으로 읽는다. 화제를 돌리는 말. ‘立’은 설 ‘립(입)’으로 읽고, ‘倚’는 의지할 ‘의’로 읽고, ‘柱’는 기둥 ‘주’로 읽는다. ‘相如因持璧却立倚柱’를 직역(直譯)하면, 상여(相如)가 그것으로 인하여 벽옥을 가지고, 기둥에 의지하여 서 있었는데, ‘怒髮上衝冠’에서, ‘怒’는 성낼 ‘로(노)’로 읽고, ‘髮’은 머리털 ‘발’로 읽고, ‘上’은 위 ‘상’으로 읽고, ‘衝’은 찌를 ‘충’으로 읽고, ‘冠’은 갓 ‘관’으로 읽는다. ‘怒髮上衝冠’을 직역(直譯)하면, 성이 나 머리털이 위에 (있는) 갓을 찔렀다. 여기서, ‘怒髮衝冠’이 유래하였는데, 이것을 직역(直譯)하면, 성낸 머리털이 갓을 찌른다. 즉, 노(怒)하여 일어선 머리카락이 머리에 쓴 관(冠)을 추켜올린다는 뜻으로, 크게 혹은 몹시 성이 난 모양(모습)을 비유적으로 이르는 말.

노-방-생-주(老蚌生珠 늙을 **노**/방합 **방**/날 **생**/구슬 **주**) ①늙은 방합(蚌蛤)에서 구슬이 난다(나온다)는 뜻으로, 총명(聰明. 썩 영리하고 재주가 있음)한 아들을 둔 사람에게 그를 기려 축하함을 이르는 말. ②늙은 조개가 진주를 품다는 뜻으로, 늘그막에 얻은 자식을 축하함을 이르는 말. 거친 파도(波濤)와 풍파(風波. 세찬 바람과 험한 물결) 속에서도 진주를 끝끝내 품었던 조개의 인내와 끈기를 축하하는 것이다. 여기서, ‘재주’는 순우리말로, 무엇을 잘 할 수 있는, 타고난 능력과 슬기. *방합(蚌蛤): 연체동물(軟體動物)의 석패과(石貝科)에 속한 민물조개. 《관련 속담》 개천에서 용 난다.

노방-잔읍(路傍殘邑 길 **노**/곁 **방**/남을 **잔**/고을 **읍**) 길 곁에 남아 (있는) 고을. 즉, 큰길가의 작은 고을이라는 뜻으로, 큰길 왕래(往來. 가고 오고 함)가 잦은 높은 벼슬아치를 접대(接待. 손님을 맞아서 시중을 듦)하느라고 백성의 생활이 몹시 피폐(疲弊. 지치고 쇠약해짐)해진 작은 마을을 이르는 말. *노방(路傍): =길가. 즉, 길의 양쪽 가. *잔읍(殘邑): 피폐한 고을.

노변-담화(爐邊談話 화로 **노**/가 **변**/말씀 **담**/말할 **화**) 화롯가에서 말하고 말한다는 뜻으로, 화롯가에 둘러

앉아서 서로 허물없이 주고받는 세상 이야기나 한가롭게 주고받는 이야기를 이르는 말. =노변정담(爐邊情談). *노변(爐邊): =화롯가. *담화(談話): ①서로 이야기를 주고받음. ②한 단체나 개인이 어떤 일에 대하여 그의 의견이나 태도를 분명히 하기 위해 하는 말.

노변-정담(爐邊情談 화로 **노**/가 **변**/정 **정**/말씀 **담**) 화롯가에서 정(情)을 말한다는 뜻으로, 화롯가에 둘러앉아서 서로 허물없이 주고받는 세상 이야기나 한가롭게 주고받는 이야기를 이르는 말. =노변담화(爐邊談話). *노변(爐邊): ☞노변담화(爐邊談話). *정담(情談): ①정답게 주고받는 이야기. ②마음에서 우러나는 진정한 이야기.

노사-숙유(老士宿儒 늙을 **노**/선비 **사**/오랠 **숙**/선비 **유**) 늙은 선비와 오랜 선비라는 뜻으로, 학문이 썩 깊은 늙은 선비. 또는 학식(學識)과 덕망(德望)이 깊은 나이 많은 선비를 이르는 말. 여기서, '덕망(德望)'은 덕행(德行). 즉, 어질고 착한 행실로 얻은 명망(名望). 즉, 명성(名聲. 세상에 널리 퍼져 평판·評判 높은 이름)과 인망(人望. 세상 사람이 우러러 믿고 따르는 덕망·德望)을 아울러 이르는 말. *노사(老士): ①늙은 선비. ②늙은 병사(兵士). *숙유(宿儒): 학식(學識)과 덕망(德望)이 높은 선비.

노상-강도(路上強盜 길 **노**/위 **상**/강제할 **강**/도둑질할 **도**) 길 위에서 강제(強制)하고 도둑질한다는 뜻으로, 길 가는 사람을 협박(脅迫)하거나, 폭행을 가하거나 하여 강제로 재물(財物)을 빼앗는 짓. 또는 그런 도둑을 이르는 말. *노상(路上): ①길 위. ②길 가는 도중. *강도(強盜): 폭행, 협박 따위의 수단으로 남의 재물을 빼앗는 도둑. 또는 그런 행위. *강제하다(強制~): 본인의 의사를 무시하고 우격(억지로 우김)으로 따르게 하다.

노상-안면(路上顔面 길 **노**/위 **상**/얼굴 **안**/얼굴 **면**) 길 위에서 (만난) 얼굴과 얼굴이라는 뜻으로, 정식(正式)으로 인사를 나누지는 않았으나, 길에서 만난 적이 있어 서로 알아볼 만한 얼굴을 이르는 말. *노상(路上): ☞노상강도(路上強盜). *안면(顔面): ①얼굴. 또는 낯. ②서로 얼굴을 아는 친분(親分. 사귀어서 친밀하고 정이 도타워진 정도)을 이르는 말.

노생-상-담(老生常譚·談 늙을 **노**/날 **생**/항상 **상**/이야기 **담**) 노생(老生)이 항상 (하는) 이야기란 뜻으로, 새롭고 특이(特異)한 의견을 제시하는 것이 아니라, 흔히 들어서 알고 있는 상투적(常套的. 늘 써서 버릇이 되다시피 한)인 말을 하는 것을 비유적으로 이르는 말. *노생(老生): ①늙은이를 얕잡아 이르는 말. ②늙은이가 자기를 낮추어 이르는 말. 이 사자성어의 유래는 다음과 같다.『삼국지(三國志)·위서(魏書)』의「관로전(管輅傳)」편(篇)에 [관로(管輅)는 삼국 위(魏)나라의 저명한 술사(術士. 음양·陰陽, 복서·卜筮, 점술·占術에 정통한 사람)로, 8, 9세부터 천문(天文. 우주와 천체의 온갖 현상과 그에 내재된 법칙성)에 관심을 보였고, 어른이 되어서는 주역(周易. 삼경·三經의 하나, 음양의 원리로 천지만물의 변화하는 현상을 설명하고 해석한 유교의 경전)에 정통(精通. 정확하고 자세히 앎)하여 점술(占術. 점을 치는 술법)과 관상(觀相. 사람의 얼굴 따위를 보고 그 사람의 재수나 운명 따위를 판단하는 일)에 뛰어났다. 정시(正始. 위·魏나라 임금의 연호·年號) 9년(서기 248년) 12월 28일. 이부상서(吏部尙書. 벼슬 이름)인 하안(何晏. 사람 이름)이 관로(管輅. 사람 이름)를 청했다. 당시(當時. 일이 있었던 바로 그때. 또는 이야기하고 있는 그 시기) 등양(鄧颺. 사람 이름)도 마침 하안(何晏)의 집을 방문 중이었다. 하안(何晏)이 관로(管輅)에게 물었다. "당신의 점이 신묘(神妙. 신통하고 묘함)하다고 들었소. 내가 삼공(三公. 중국에서, 최고의 관직·官職에 있으면서 천자·天子를 보좌하던 세 벼슬)의 자리에 오를 수 있을지 점(占)으로 한번 쳐 주시오. 여기서, '천자(天子)'는 천제(天帝. 하늘을 다스리는 신. 또는 우주를 창조하고 주재한다고 믿어지는 초자연적인 절대자)의 아들이란 뜻으로, 천명(天命. 하늘의 명령)을 받아 천하(天下)를 다스리는 사람. 곧 중국에서 황제(皇帝)를 일컫던 말이다. 그리고 파리 십여 마리가 내 코에 붙어서 아무리 쫓으려 해도 떨어지지 않는 꿈을 꾸었는데, 이것은 무슨 징후(徵候. 겉으로 드러나는 낌새)요?" 관로(管輅)가 대답했다. "…… 주공(周公)이 성왕(成王)을 보좌할 때 직무에 충실하여 밤을 새우는 일이 많았습니다. 그래서 성왕(成王)은 은덕(恩德)을 천하에 베풀 수 있었으며, 모든 나라가 편안할 수 있었습니다. 이는 하늘의 도리를 따르고 지켰기 때문이지, 점을 잘 쳐서 그렇게 된 것이 아닙니다. 지금 당신의 지위는 산처럼 높고 세력은 천둥 번개 같지만, 당신의 덕(德. 베풀어 준 은혜나 도움)을 입은 사람은 적고, 두려워하는 사람은 많습니다. 근신(謹愼. 말이나 행동을 삼가고 조심함)하고 인의(仁義. 어짊과 의로움)를 많이 베풀어야 할 것입니다. 코는 주역(周易)의 간(艮. '팔괘·八卦'의 하나)에 속하는 것으로, 관상(觀相)에서 양미간(兩眉間. 두 눈썹의 사이)의 높은 산이라 할 수 있습니다. 높으면서도 위험하지 않아야 부귀(富貴)를 길게 지킬 수 있는 것입니다. 그런데 지금 파리가 악취(惡臭. 불쾌한 냄새. 또는 고약한 냄새)를 맡고 거기에 몰려들었습니다. ……앞으로 당신이 문왕(文王)과 관련된 주역(周易) 육효(六爻. 주역·周易에서, 점괘의 6가지 획수) 효사(爻辭. 주역·周易에서, 괘를 구성하는 각 효를 풀이한 말)의 뜻을 생각하고, (중국 춘추시대의 사상가이며 학자인) 공자(孔子)가 가르친 주역(周易) 단사(彖辭. 주역·周易을 보다 쉽고도 심오하게 해석한 것의 일부분)의 뜻을 생각하면 삼공(三公)이 될 수 있으며, 파리도 쫓을 수 있을 것입니다."〈곁에서 이 말을 듣고 있던 등양(鄧颺)이 말했다. "그런 말은 이 노생(老生)이 늘 하는 얘기지요." 그러자 관로(管輅)가 대답했다. "노생(老生)에게는 일어나지 않는 것이 보이고, 늘 이야기 하는 자(者)는 이야기하지 않는 것도 보이지요."(颺曰, **此老生之常譚**, 輅答曰, 夫老生者見不生, 常譚者見不譚.)〉라는 이야기가 나오는데, '그런 말은 이 노생(老生)이 늘 하는 얘기지요.(此老生之常譚)'에서, '노생상담(老生常潭·談)'이 유래했다. '談'은 '譚'으로도 쓴다. 이처럼 하안(何晏)과 등양(鄧颺)이 관로(管輅)와 만났을 때, 관로(管輅)가 하안(何晏)의 관상(觀相)을 안 좋게 말하자, 옆에 있던 등양(鄧颺)이 관로(管輅)에게 '그런 말은 노생상담(老生常潭·談)'이라고 말하며 비웃었던 것이다. 노생(老生) 즉, 노인(老人)들이 늘 하는, 고루(固陋. 낡은 관념이나 습관에 젖어 고집이 세고 새로운 것을 잘 받아들이지 아니함)하고 평범한 이야기라는 뜻이다. 우리가 오늘날의 시대정신을 반영하여 새롭고 독창적인 것을 만들어내지 못하고 노생상담(老生常潭·談) 같은 소리만 하고 있으면, 발전의 가능성은 찾아보기 힘들 것이다. 참고로, 원문의 '颺曰'에서, '颺'은 (바람에) 날릴 '양'으로 읽는다. 여기서는 사람 이름 '등양(鄧颺)'을 가리킴. '颺曰'을 직역(直譯)하면, '등양(鄧颺)'이 말하기를, '此老生之常譚'에서, '此'는 이(지시하는 말) '차'로 읽고, '老'는 늙을 '로(노)'로 읽고, '生'은 날 '생'으로 읽는다. '老生'은 사람 이름. '之'는 어조사 '지'로 읽는다. '~의'를 나타내는 관형격 조사. '常'은 항상 '상'으로 읽고, '譚'은 이야기 '담'으로 읽는다. '此老生之常譚'을 직역(直譯)하면, 이 (말)은 노생(老生)의 항상 (하는) 말입니다. 여기서, '老生常潭·談'이 유래하였는데, 이것을 직역(直譯)하면, 노생(老生)이 항상 (하는) 이야기란 뜻으로, 새롭고 특이(特異)한 의견을 제시하는 것이 아니라, 흔히 들어서 알고 있는 상투적(常套的)인 말을 하는 것을 비유적으로 이르는 말. '輅答曰'에서, '輅'는 수레 '로(노)'로 읽는다. 여기서는 사람 이름 '관로(管輅)'를 가리킴. '答'은 대답할 '답', 답할 '답'으로 읽는다. '輅答曰'을 직역(直譯)하면, 관로(管輅)가 대답하여 말하기를, '夫老生

者見不生'에서, '夫'는 발어사(發語辭) '부'로 읽는다. '발어사(發語辭)'는 문장의 서두에 놓여 '대저', 또는 '대체로'의 뜻을 나타냄. '者'는 사람 '자'로 읽고, '見'은 볼 '견'으로 읽고, '生'은 날 '생'으로 읽는다. '夫老生者見不生'을 직역(直譯)하면, 대체로 노생(老生)이라는 사람은 일어나지 않는 (것을) 보고, '常譚者見不譚'에서, '常譚者見不譚'을 직역(直譯)하면, 항상 이야기하는 사람은 이야기하지 않는 것을 봅니다.

노생-지-몽(盧生之夢 성씨 **노**/날 **생**/어조사 **지**/꿈 **몽**) 노생(盧生)의 꿈이라는 뜻으로, ①사람의 일생이란 한바탕 꿈과 같이 허무함을 비유적으로 이르는 말. ②인생(人生)과 영화(榮華)의 덧없음을 비유적으로 이르는 말. 서기 731년에 노생(盧生)이 한단(邯鄲)이라는 곳에서 여옹(呂翁)의 베개를 빌려 잠을 잤는데, 꿈속에서 80년 동안 부귀영화(富貴榮華. 본문 참고)를 다 누렸으나 깨어보니 메조(차지지 않고 끈기가 적은 조)로 밥을 짓는 동안이었다는 데에서 유래한다. 중국 당(唐)나라 때 심기제(沈旣濟)의 『침중기(枕中記)』에서 나오는 말이다. 『침중기(枕中記)』는 전기소설(傳奇小說. 공상적이고 기이한 사건을 내용으로 다룬 흥미 본위의 소설)이다. 한단(邯鄲)에 사는 노생(盧生)이 객점(客店)에서 여옹(呂翁)이라는 도인(道人)을 만나 도자기 베개를 빌려 잠자던 중에, 영화(榮華)를 다 누리다가 일생을 마친 꿈을 꾼 이야기다. *노생(盧生): 사람 이름. 이 사자성어의 유래는 다음과 같다. 심기제(沈旣濟)가 쓴 중국 당대의 풍자소설인 『침중기(枕中記)』에 〈노생(盧生)이 하품하고 기지개를 켜며 잠에서 깨어나 자신이 누었던 방을 보니, 옆에는 여옹(呂翁)이 있었으며, 주인이 삶고 있는 노란 기장(메조)은 아직 익지 않은 상태이고, 모든 것이 이전(以前)과 같았다. 노생(盧生)은 벌떡 일어나 말했다. "모든 것이 꿈이었구나."(盧生欠伸而寤, 見方偃於邸中, 顧呂翁在旁, 主人蒸黃粱尙未熟, 觸類如故, <u>蹶然而興曰, 豈其夢寐耶</u>)〉라는 이야기가 나오는데, '노생(盧生)은 벌떡 일어나 말했다. "모든 것이 꿈이었구나."(蹶然而興曰, 豈其夢寐耶)'에서 '노생지몽(盧生之夢. 노생의 꿈 이야기)', '한단지몽(邯鄲之夢. 노생이 한단에서 꾼 꿈 이야기)'이 유래했다. 나머지 구체적인 내용은 ⇨한단지몽(邯鄲之夢).

노소-동락(老少同樂 늙을 **노**/젊을 **소**/함께 **동**/즐길 **락**) 늙은이와 젊은이가 함께 즐김을 일컫는 말. *노소(老少): 늙은이와 젊은이. *동락(同樂): (다른 사람과) 함께 즐김.

노소-부정(老少不定 늙을 **노**/젊을 **소**/아닐 **부**/정할 **정**) 늙음과 젊음은 (선후가) 정해져 (있지) 않다는 뜻으로, 죽음에는 노소(老少)의 선후(先後)가 없음을 이르는 말. 늙은이가 꼭 먼저 죽는 것만은 아님을 이르는 말이다. *노소(老少): ☞노소동락(老少同樂). *부정(不定): 일정하지 않음.

노-승-발검(怒蠅拔劍 성낼 **노**/파리 **승**/뺄 **발**/칼 **검**) 성내어 파리를 보고 칼을 빼다. 즉, 성가시게 구는 파리를 보고, 화(火)가 나서 칼을 뺀다는 뜻으로, 사소한 일에 화(火)를 내거나, 또는 작은 일에 어울리지 않게 커다란 대책(對策)을 세움을 비웃는 말이거나 비유적으로 이르는 말. 찹 견문발검(見蚊拔劍). *발검(拔劍): 검(칼)을 칼집에서 뺌. *파리: 부록 '승(蠅)' 참고. 《관련 속담》 모기 보고 칼 빼기.

노심-초사(勞心焦思 수고할 **노**/마음 **심**/초조할 **초**/생각 **사**) 수고로운 마음으로 초조히 생각한다는 뜻으로, 애를 쓰고 속을 태움. 몹시 마음을 쓰며 애를 태움을 이르는 말. 즉, 마음을 졸이며 생각에 골몰(汨沒. 다른 생각을 할 겨를이 없이 오로지 어떤 한 가지 일에만 파묻힘)하거나 근심 걱정이 많은 상태를 이르는 말. =초심고려(焦心苦慮). *노심(勞心): 애를 씀. *초사(焦思): 애를 태우며 하는 생각. 이 사자성어의 유래는 다음과 같다. 『사기(史記)』의 「하본기(夏本紀)」 편(篇)에 〈우(禹)는 아버지 곤(鯀)이 공(功)을 이루지 못하고 주벌(誅伐. 죄인을 꾸짖어 침, 또는 죄인을 무력으로 쳐 없앰, 베어 죽임)을 당한 것을 마음 아파하여 노심초사(勞心焦思)하였는데, 밖에서 13년을 지내면서 자기 집 문 앞을 지나가면서도 감히 들어가지 못했다.(禹傷先人父鯀功之不成受誅, 乃勞心焦思, 居外十三年, 過家門不敢入.)〉라는 이야기가 나오는데, ‘노심초사(勞心焦思)하였는데.(乃勞心焦思)’에서, ‘노심초사(勞心焦思)’가 유래했다. 참고로, 원문의 ‘禹傷先人父鯀功之不成受誅’에서, ‘禹’는 사람 이름. ‘傷’은, 여기서는 애태울 ‘상’으로 읽고, ‘先’은 먼저 ‘선’, 돌아가신 이 ‘선’으로 읽고, ‘人’은 사람 ‘인’으로 읽는다. ‘先人’은 ‘선친(先親)’과 같은 말로, 남에게 돌아가신 자기 아버지를 이르는 말. ‘父’는 아버지 ‘부’로 읽고, ‘鯀’은 사람의 이름 ‘곤’으로 읽는다. 여기서는 사람 이름이다. ‘禹傷先人父鯀’을 직역(直譯)하면, 우(禹)의 선친인 아버지 곤(鯀)이 ~에 대해서 애를 태움. ‘功’은 공(功. 공로·功勞의 준말. 어떤 일에 이바지한 공적과 노력) ‘공’으로 읽고, ‘之’는 어조사 ‘지’로 읽는다. ‘~의’를 나타내는 관형격 조사. ‘成’은 이룰 ‘성’으로 읽고, ‘受’는 받을 ‘수’로 읽고, ‘誅’는 벌 줄 ‘주’로 읽는다. ‘功之不成受誅’를 직역(直譯)하면, 공(功)의 이루지 못함과 벌을 주는 것을 받음. ‘禹傷先人父鯀功之不成受誅’를 직역(直譯)하면, 우(禹)의 선친인 아버지 곤(鯀)이 공(功)의 이루지 못함과 벌을 주는 것을 받은 (것에) 대해서 애를 태우고, ‘乃勞心焦思’에서, ‘乃’는 이에(이러하여서 곧) ‘내’로 읽고, ‘勞’는 수고할 ‘로(노)’로 읽고, ‘心’은 마음 ‘심’으로 읽고, ‘焦’는 초조할 ‘초’로 읽고, ‘思’는 생각 ‘사’로 읽는다. ‘乃勞心焦思’를 직역(直譯)하면, 이에 노심초사(勞心焦思)하였는데, 여기서, ‘勞心焦思’가 유래하였는데, 그것을 직역(直譯)하면, 수고로운 마음으로 초조히 생각한다는 뜻으로, 애를 쓰고 속을 태움. 또는 몹시 마음을 쓰며 애를 태움을 이르는 말. 즉, 마음을 졸이며 생각에 골몰하거나 근심 걱정이 많은 상태를 이르는 말. ‘居外十三年’에서, ‘居’는 살 ‘거’, 있을 ‘거’로 읽고, ‘外’는 바깥 ‘외’로 읽는다. ‘居外十三年’을 직역(直譯)하면, 13년을 바깥에서 살면서, ‘過家門不敢入’에서, ‘過’는 (앞이나 옆을) 지날 ‘과’로 읽고, ‘家’는 집 ‘가’로 읽고, ‘門’은 문(門) ‘문’으로 읽고, ‘敢’은 감히(敢~. 두려움이나 송구함을 무릅쓰고) ‘감’으로 읽고, ‘入’은 들 ‘입’, 들일 ‘입’으로 읽는다. ‘過家門不敢入’을 직역(直譯)하면, 집 문 앞을 지나가면서도 감히 들어가지 못했다. 그런데 이 외에, 『당송팔대가(唐宋八大家)의 한 사람인 유종원(柳宗元)의 「당고급사중황태자시독육문통선생묘표(唐故給事中皇太子侍讀陸文通先生墓表)」에, 〈(중국 춘추시대의 사상가이며 학자인) 공자(孔子)께서 『춘추(春秋)』를 지은 지 1,500년이 되었고, 『춘추전(春秋傳)』을 지은 사람이 다섯 사람인데, 지금 그 중 세 개의 전(傳)이 쓰인다. 죽간(竹簡. 중국에서 종이가 발명되기 전에 글자를 기록하던 대나무 조각, 또는 대나무 조각을 엮어서 만든 책)을 잡고 노심초사(勞心焦思)하며, 주석(註釋. 낱말이나 문장의 뜻을 쉽게 풀이함. 또는 그런 글)을 단 학자들이 일백천 명에 달한다. 그들은 성품(性品. 사람의 성질이나 됨됨이)이 뒤틀리고 굽은 사람들로, 말로써 서로 공격하고 숨은 일을 들추어내는 자(者)들이었다. 그들이 지은 책을 집에 두면 방에 가득 차고, 밖으로 내보내면 소와 말이 땀을 흘릴 정도이다. 공자(孔子)의 뜻에 맞는 책이 숨겨지고, 혹은 어긋나는 책이 세상에 드러나기도 했다. 후세의 학자들은 늙음을 다하고 기운을 다하여, 왼쪽을 보고 오른쪽을 돌아보아도 그 근본을 얻지 못한다. 여기서, ‘기운’은 순우리말로, 생물이 살아 움직이는 원기(元氣). 또는 거기서 나오는 힘.(孔子作春秋 千五百年, 以名爲傳者五家, 今用其三焉, 秉觚牘, 焦思慮, 以爲論註疏說者百千人矣, 攻訐狠怒, 以詞氣相擊排冒沒者, 其爲書, 處則充棟宇, 出則汗牛馬, 或合而隱, 或乖而顯, 後之學者, 窮老盡氣, 左視右顧, 莫得而本.)〉라는 이야기가 나오는데, 이 글에 나오는 ‘노심초사(勞心焦思)하며.(焦思慮)’에서, ‘노심초사(勞心焦思)’가 유래했다. 위의 이야기는 공자가『춘추(春秋)』를 지은 본래의 의도는 파악하지 못한 채, 자기의 생각만 주장하는 자(者)들이 쓴 책이 넘쳐나는 것을 개탄((慨歎·嘆. 분하거나 못마땅하게 여겨 한탄함)한 글이다. 참고로, 원문의 '孔子作春秋'에서, '孔'은 성씨(姓氏) '공'으로 읽고, '子'는 경칭(敬稱. 공경하는 뜻으로 부르는 칭호, 또는 존대하여 일컬음) '자'로 읽는다. 학덕(學德)과 지위가 높은 남자의 경칭(敬稱)이다. '孔子'는 사람 이름. '作'은 지을 '작'으로 읽고, '春'은 봄 '춘'으로 읽고, '秋'는 가을 '추'로 읽는다. '春秋'는 책 이름. '孔子作春秋'를 직역(直譯)하면, 공자(孔子)께서『춘추(春秋)』를 지은 지, '以名爲傳者五家'에서, '以'는 써(그것을 가지고, 그것으로 인하여) '이'로 읽고, '名'은 이름 '명'으로 읽고, '爲'는, 여기서는 지을 '위'로 읽고, '傳'은 전할 '전'으로 읽는다. 여기서는『춘추전(春秋傳)』을 가리킴. '者'는 사람 '자'로 읽고, '五'는 다섯 '오'로 읽고, '家'는, 여기서는 (학문이나 기예의) 전문가 '가'로 읽는다. 여기서 '五家'는 다섯 학자. '以名爲傳者五家'를 직역(直譯)하면, 이름으로써『춘추전(春秋傳)』을 지은 사람은 다섯 학자가 (있으나), '今用其三焉'에서, '今'은 이제 '금', 지금 '금'으로 읽고, '用'은 쓸 '용'으로 읽고, '其'는 그(지시하는 말) '기'로 읽는다. 여기서는『춘추전(春秋傳)』을 가리킴. '三'은 석 '삼'으로 읽고, '焉'은 어조사 '언'으로 읽는다. '~이다(단정)'의 뜻을 나타냄. '今用其三焉'을 직역(直譯)하면, 지금 그 중 3개의 전·傳이 쓰인다. 즉,『춘추(春秋)』라는 이름으로 전(傳)을 지은 학자가 다섯 명이 있었으나, 지금은 그들 중 세 명만 인정받고 있다는 뜻이다. '秉觚牘'에서, '秉'은 잡을 '병'으로 읽고, '觚'은 대쪽 '고'로 읽고, '牘'은 편지 '독', 목간(木簡. 글을 적은 나뭇조각. 종이가 없던 시대에 문서나 편지로 쓰였음) '독'으로 읽는다. '觚牘'은 글자를 쓰는 대쪽. '秉觚牘'을 직역(直譯)하면, 글자를 쓰는 대쪽(죽간)을 잡고, '焦思慮'에서, '焦'는 초조할 '초'로 읽고, '思'는 생각 '사'로 읽고, '慮'는 생각할 '려(여)'로 읽는다. '焦思慮'를 직역(直譯)하면, 초조하게 생각하고 생각하여, 여기서, '勞心焦思'가 유래하였는데, 이것을 직역(直譯)하면, 수고로운 마음으로 초조히 생각한다는 뜻으로, 애를 쓰고 속을 태움. 또는 몹시 마음을 쓰며 애를 태움을 이르는 말. 즉, 마음을 졸이며 생각에 골몰하거나 근심 걱정이 많은 상태를 이르는 말. '以爲論註疏說者百千人矣'에서, '以'는 써(그것을 가지고, 그것으로 인하여) '이'로 읽고, '爲'는, 여기서는 생각할 '위'로 읽는다. '以爲'는 한문(漢文) 구(句)의 하나로, 생각하건대, ~라고 생각한다. '論'은 논할(옳고 그름 따위를 따져 말할) '논(론)'으로 읽고, '註'는 글 뜻 풀(글의 뜻을 풀어 밝힐) '주'로 읽고, '疏'는 적을(어떤 내용을 글로 쓸) '소'로 읽고, '說'은 풀이할 '설'로 읽고, '者'는 사람 '자'로 읽는다. '論註疏說者'를 직역(直譯)하면, 논하고, 글의 뜻을 풀어 밝히고, 적고, 풀이하는 사람. '矣'는 어조사 '의'로 읽는다. '~이다(단정)'의 뜻을 나타냄. '以爲論註疏說者百千人矣'를 직역(直譯)하면, 생각하건대, 논하고[論], 글의 뜻을 풀어 밝히고[註], 적고[疏], 풀이하는[說] 사람이 수백(數百) 수천(數千) 명이었다. 즉,『춘추(春秋)』에 자신의 생각을 보태어 평론하고, 자세히 설명한 글을 쓰거나, 새로운 학설을 만든 사람은 수없이 많았다는 뜻이다. '攻訐狼怒'에서, '攻'은 칠 '공', 공격할 '공'으로 읽고, '訐'은 발각할(發覺~. 숨기던 것이 드러날) '알', 들추어낼 '알'로 읽고, '狼'은 패려할(悖戾~. 말이나 행동이 도리에 어긋나고 사나울) '한', 사나울 '한'으로 읽고, '怒'는 성낼 '로(노)'로 읽는다. '攻訐狼怒'를 직역(直譯)하면, (다른 사람의 허물을) 들추어내어 공격하고 사납게 성을 내며, '以詞氣相擊排冒沒者'에서, '詞'는 말 '사', 말씀 '사'로 읽고, '氣'는 기운 '기'로 읽고, '相'은 서로 '상'으로 읽고, '擊'은 칠 '격', 공격할 '격'으로 읽고, '排'는 물리칠 '배'로 읽고, '冒'는 무릅쓸(힘들고 어려운 일을 참고 견딜) '모'로 읽고, '沒'은 빠질(무슨 일에 마음을 빼앗기어 헤어나지 못할) ‘몰’로 읽는다. ‘冒沒’은 ‘모몰염치(冒沒廉恥)’와 같은 말. 여기서, ‘冒沒廉恥’가 유래하였는데, 이것을 직역(直譯)하면, 염치에 빠진 것을 부끄러워하고 무릅쓴다는 뜻으로, 염치없는 줄 알면서도 이를 무릅쓰고 함을 이르는 말. ‘以詞氣相擊排冒沒者’를 직역(直譯)하면, 말과 기운으로써 서로 공격하고 물리침으로써 염치없는 줄 알면서도 이를 무릅쓰고 하는 사람들이다. 즉, 그들은 대부분 남의 허물을 들추어내서 상대방의 주장을 공격하고 화(火)를 내며, 서로 배격하고, 염치 없는 줄 알면서도 이를 무릅쓰고 하는 무례(無禮. 태도나 말에 예의가 없음)한 사람들 뿐이다. ‘其爲書’에서, ‘其’는 그(지시하는 말) ‘기’로 읽고, ‘爲’는, 여기서는 지을 ‘위’로 읽고, ‘書’는 책 ‘서’로 읽는다. ‘其爲書’를 직역(直譯)하면, 그들이 지은 책은, ‘處則充棟宇’에서, ‘處’는, 여기서는 둘(일정한 곳에 놓을) ‘처’로 읽고, ‘則’은 곧 ‘즉’으로 읽고, ‘充’은 가득할 ‘충’으로 읽고, ‘棟’은 들보(건물의, 칸과 칸 사이의 두 기둥 위를 건너지른 나무) ‘동’으로 읽는다. ‘充棟’은 쌓으면 들보에까지 찬다는 뜻으로, 장서(藏書. 책을 간직하여 둠. 또는 그 책)가 많음을 비유적으로 이르는 말. ‘宇’는 지붕 ‘우’로 읽는다. ‘處則充棟宇’를 직역(直譯)하면, (책을) 두고 곧 쌓으면 들보와 지붕까지 찬다. ‘出則汗牛馬’에서, ‘出’은 날 ‘출’로 읽고, ‘汗’은 땀 ‘한’으로 읽고, ‘牛’는 소 ‘우’로 읽고, ‘馬’는 말 ‘마’로 읽는다. ‘出則汗牛馬’를 직역(直譯)하면, (그리고) (그 책을 바깥으로) 내면 곧 소와 말이 땀을 흘릴 정도다. 여기서, ‘汗牛充棟’이 유래하였는데, 이것을 직역(直譯)하면 소가 땀을 (흘리고), (쌓으면) 들보까지 가득하다. 즉, 짐으로 실으면 소가 땀을 흘리고, 짐을 쌓으면 들보에까지 찬다는 뜻으로, 장서(藏書)가 매우 많음을 비유적으로 이르는 말. ‘或合而隱’에서, ‘或’은 혹(惑) ‘혹’, 혹시(或是) ‘혹’으로 읽고, ‘合’은 맞을 ‘합’, 적절할 ‘합’으로 읽는다. 여기서는, 공자(孔子)의 뜻에 맞다. ‘而’는 말 이을 ‘이’로 읽는다. ‘그러나’의 뜻을 나타냄. ‘隱’은 숨길 ‘은’, 숨을 ‘은’으로 읽는다. ‘或合而隱’을 직역(直譯)하면, 혹시 (어떤 것은) 적절하지만 그러나 (어떤 것은) 숨었다. 즉, 공자께서 『춘추(春秋)』에 남기신 뜻을 정확하게 풀이하였으나 세상에 알려지지 않은 책들도 있다는 말이다. ‘或乖而顯’에서, ‘乖’는 어긋날 ‘괴’로 읽는다. 여기서는, 공자(孔子)의 뜻에 어긋나다. ‘而’는 말 이을 ‘이’로 읽는다. ‘그러나’의 뜻을 나타냄. ‘顯’은 나타날 ‘현’, 드러날 ‘현’으로 읽는다. ‘或乖而顯’을 직역(直譯)하면, 혹시 (어떤 것은) 어긋났으나 그러나 (어떤 것은) 드러났다. 즉, 공자(孔子)의 뜻에 어긋나지만 세상에 널리 알려진 책들도 있다는 뜻이다. ‘後之學者’에서, ‘後’는 뒤 ‘후’로 읽고, ‘之’는 어조사 ‘지’로 읽는다. ‘~의’를 나타내는 관형격 조사. ‘學’은 학문(學問) ‘학’으로 읽고, ‘者’는 사람 ‘자’로 읽는다. ‘學者’는 학문에 능통한 사람. 또는 학문을 연구하는 사람. ‘後之學者’를 직역(直譯)하면, 후대(後代)의 학자는, ‘窮老盡氣’에서, ‘窮’은 크게 ‘궁’, 매우 ‘궁’으로 읽고, ‘老’는 늙을 ‘로(노)’로 읽고, ‘盡’은 다할 ‘진’으로 읽고, ‘氣’는 기운 ‘기’로 읽는다. ‘盡氣’는 ‘기진(氣盡)’과 같은 말로 기운이 다하여 힘이 없어짐. ‘窮老盡氣’을 직역(直譯)하면, 크게(매우) 늙어 기운이 다하도록. ‘左視右顧’에서, ‘左’는 왼쪽 ‘좌’로 읽고, ‘視’는 볼 ‘시’로 읽고, ‘右’는 오른쪽 ‘우’로 읽고, ‘顧’는 돌아볼 ‘고’로 읽는다. ‘左視右顧’를 직역(直譯)하면, 왼쪽도 돌아보고 오른쪽도 본다. 즉, 이쪽저쪽을 자꾸 돌아본다는 뜻으로, 앞뒤를 재고 망설임을 비유적으로 이르는 말. 여기서, ‘좌고우시(左顧右視)’와 ‘좌우고시(左右顧視)’가 유래하였는데, 이것들을 직역(直譯)하면, 그 뜻은 ‘좌시우고(左視右顧)’와 마찬가지다. ‘莫得而本’에서, ‘莫’은 없을 ‘막’으로 읽고, ‘得’은 얻을 ‘득’, 깨달을 ‘득’으로 읽고, ‘本’은 근본 ‘본’으로 읽는다. ‘莫得而本’을 직역(直譯)하면, (또한) (그) 근본을 그리고 깨달음이 없었다. 즉, 후대(後代)의 학자들은, 늙어서 죽는 날까지, 책을 들여다보더라도, 결국 공자(孔子)께서 남기신 참뜻을 깨닫지 못하였다는 말이다.

노안-비-슬(奴顔婢膝 종 노/얼굴 안/계집종 비/무릎 슬) 종의 얼굴과 계집종의 무릎. 즉, 남자 종의 아첨하는 얼굴과, 계집종의 무릎걸음(꿇은 무릎으로 몸을 움직이는 걸음)이라는 뜻으로, 노비(奴婢. '사내종[奴]'과 '계집종[婢]'을 아울러 이르는 말)처럼 비굴한 표정으로 남에게 아첨하는 것을 비유적으로 이르는 말. 또는 남과의 사귐에서 하인처럼 굽실거리는 얼굴로 비굴하게 알랑대는 태도를 이르는 말. *노안(奴顔): 하인의 굽실거리는 비굴한 얼굴. 이 사자성어의 유래는 다음과 같다. 진(晉)나라 때 갈홍(葛洪)이 지은 『포박자(抱朴子)·외편(外篇)』의 「교제(交際)」 편(篇)에 〈남자 종의 표정(얼굴)과 여자 종의 눈치(무릎)를 가진 사람은, 세상을 잘 아는 사람이다.(以奴顔婢膝者, 爲曉解當世.)〉라는 구절이 나오는데, '남자 종의 표정(얼굴)과 여자 종의 눈치(무릎)을 가진 사람은,(以奴顔婢膝者)'에서, '노안비슬(奴顔婢膝)'이 유래했다. 이 구절의 배경은 이렇다. 진(晉)나라 때는 전란(戰亂) 중에도 많은 사람들이 높은 벼슬자리를 얻어 재산을 모으려고, 권세(權勢. '권력·權力'과 '세력·勢力'을 아울러 이르는 말) 있는 사람들을 찾아다녔다. 그들은 정직한 사람들을 보고 시세(時勢. 시국의 형편. 또는 시대의 추세)를 모르는 무능하고 완고한(頑固~. 성질이 완강하고 고루한) 사람이라고 욕했고, 이런 풍조를 오히려 정상적인 것으로 여겼다. 이런 시기에 갈홍(葛洪)이 『포박자(抱朴子)』를 지었는데, 그는 이 책의 「교제(交際)」 편(篇)에서 친구를 사귀는 원칙과 방법을 소개하며, 당시(當時. 일이 있었던 바로 그때. 또는 이야기하고 있는 그 시기) 사회의 이러한 현상을 명확하게 지적하면서 위와 같이 '노안비슬(奴顔婢膝)'을 끄집어냈던 것이다. 『포박자(抱朴子)』는 도가(道家) 사상에 정통한 인물로 더욱 유명한, 진(晉)나라의 학자이자, 의학가(醫學家. 의학 전문가)인 갈홍(葛洪)이 지은 책이다. 서기 370년경에 만들어진 책으로, 선인(仙人. '신선·神仙'과 같은 말. 도·道를 닦아서 현실의 인간 세계를 떠나 자연과 벗하며 산다는 상상의 사람. 세속적인 상식에 구애되지 않고, 고통이나 질병도 없으며 죽지 않는다고 함)이 되기 위한 신선술(神仙術. 신선·神仙이 부리는 술법·術法)의 이론과 실천을 설명한 도가(道家)의 고전이다. '포박자(抱朴子)'는 이 책의 저자인 갈홍(葛洪)의 호(號)이기도 하다. 참고로, 원문의 '以奴顔婢膝者'에서, '以'는 써(그것을 가지고, 그것으로 인하여) '이'로 읽고, '奴'는 종 '노'로 읽고, '顔'은 얼굴 '안'으로 읽고, '婢'는 계집종 '비'로 읽고, '膝'은 무릎 '슬'로 읽고, '者'는 사람 '자'로 읽는다. '以奴顔婢膝者'를 직역(直譯)하면, (남자) 종의 얼굴을 가지고 계집종의 무릎 (위에 있는) 사람은, 여기서 '奴顔婢膝'이 유래하였는데, 이것을 직역(直譯)하면, 종의 얼굴과 계집종의 무릎. 즉, 남자 종의 아첨하는 얼굴과, 계집종의 무릎걸음(꿇은 무릎으로 몸을 움직이는 걸음)이라는 뜻으로, 노비(奴婢)처럼 비굴한 표정으로 남에게 아첨하는 것을 비유적으로 이르는 말. 또는 남과의 사귐에서 하인처럼 굽실거리는 얼굴로 비굴하게 알랑대는 태도를 이르는 말. '爲曉解當世'에서, '爲'는, 여기서는 속할 '위'로 읽고, '曉'는, 여기서는 깨달을 '효'로 읽고, '解'는 깨달을 '해'로 읽는다. '曉解'는 '효득(曉得)'과 같은 말로, 깨달아 앎. '當'은 당면할(當面~. 바로 눈앞에 당할) '당'으로 읽고, '世'는 시대 '세', 세상 '세'로 읽는다. '當世'는 바로 이 시대. 또는 바로 이 세상. '爲曉解當世'를 직역(直譯)하면, 바로 이 시대에 깨달아 아는 데 속한 (사람이다). 그런데 이 외에, 당(唐)나라 육구몽(陸龜蒙)의 「강호산인가(江湖散人歌)」에 〈남자 종의 비굴한 얼굴 표정과 여자 종의 무릎 꿇는 태도는 그야말로 거지이지만, 도리어 정직한 사람을 미쳤다고 여긴다.(奴顔婢膝眞乞丐, 反以正直爲狂痴.)〉라는 구절이 나오는데, '남자 종의 비굴한 얼굴 표정과 여자 종의 무릎 꿇는 태도는 그야말로 거지이지만,(奴顔婢膝眞乞

丐)’에서도 ‘노안비슬(奴顔婢膝)’이 나온다. 참고로, 원문의 ‘奴顔婢膝眞乞丐’에서, ‘奴’는 종 ‘노’로 읽고, ‘顔’은 얼굴 ‘안’으로 읽고, ‘婢’는 계집종 ‘비’로 읽고, ‘膝’은 무릎 ‘슬’로 읽는다. ‘眞’은 참으로 ‘진’, 정말로 진으로 읽고, ‘乞’은 빌 ‘걸’, 구걸할 ‘걸’로 읽고, ‘丐’는 걸인(乞人. <u>거지</u>와 같은 말로, 남에게 빌어먹고 <u>사는 사람</u>) ‘개’로 읽는다. ‘乞丐’는 거지 또는 거지노릇. ‘奴顔婢膝眞乞丐’을 직역(直譯)하면, (남자) 종의 (비굴한) 얼굴과 계집종의 무릎 꿇는 태도는 참으로 거지다. 여기서 ‘奴顔婢膝’이 유래하였는데, 그것을 직역(直譯)하면, 종의 얼굴과 계집종의 무릎. 즉, 남자 종의 아첨하는 얼굴과, 계집종의 무릎걸음(<u>꿇은 무릎으로 몸을 움직이는 걸음</u>)이라는 뜻으로, 노비(奴婢)처럼 비굴한 표정으로 남에게 아첨하는 것을 비유적으로 이르는 말. 또는 남과의 사귐에서 하인처럼 굽실거리는 얼굴로 비굴하게 알랑대는 태도를 이르는 말. ‘反以正直爲狂痴’에서, ‘反’은 도리어 ‘반’으로 읽고, ‘以’는 써(<u>그것을 가지고, 그것으로 인하여</u>) ‘이’로 읽고, ‘正’은 바를 ‘정’으로 읽고, ‘直’은 곧을 ‘직’으로 읽는다. ‘正直’은 마음에 거짓이나 꾸밈이 없이 바르고 곧음. ‘爲’는, 여기서는 속할 ‘위’로 읽고, ‘狂’은 미치광이 ‘광’으로 읽고, ‘痴’는 어리석을 ‘치’로 읽는다. ‘反以正直爲狂痴’를 직역(直譯)하면, (그들은) 도리어 정직한 (사람을) 가지고 미치광이와 어리석은 사람에 속한다고 한다. 즉, <u>오히려 정직한 사람을 미치광이와 어리석은 사람이라고 여긴다는 뜻이다.</u>

노어-지-오(魯魚之誤 노나라 **노**/물고기 **어**/어조사 **지**/그르칠 **오**) 노(魯) 자(字)와 어(魚) 자(字)의 그르침. 즉, 노(魯) 자와 어(魚) 자가 비슷하여 그르치기(<u>틀리기</u>) 쉽다는 뜻으로, 글씨를 잘못 쓰기 쉬움을 이르는 말. 㽜 노어오언(魯魚烏焉). 노어제호(魯魚帝虎). 노어지류(魯魚之謬). 노어해시(魯魚亥豕). 오언성마(烏焉成馬). *노어(魯魚): =노어지오(魯魚之誤). *그르치다: 부록 ‘오(誤)’ 참고.

노어-해-시(魯魚亥豕 노나라 **노**/물고기 **어**/돼지 **해**/돼지 **시**) 노(魯)를 어(魚)로 잘못 쓰고, 해(亥)를 시(豕)로 잘못 쓴다. 즉, ‘노(魯)’ 자(字)와 ‘어(魚)’ 자(字), ‘해(亥)’ 자(字)와 ‘시(豕)’ 자(字)를 구별 못하고 혼돈한다는 뜻으로, ①글자를 잘 이해 못하는 것을 말함. ②글자를 잘못 알거나 잘못 씀을 이르는 말. 㽜 노어오언(魯魚烏焉). 노어제호(魯魚帝虎). 노어지류(魯魚之謬). 노어지오(魯魚之誤). 오언성마(烏焉成馬). *노어(魯魚): ☞노어지오(魯魚之誤). 이 사자성어의 유래는 다음과 같다. 이 사자성어는 노어(魯魚)와 해시(亥豕)가 합쳐진 성어(成語)다. 진(晉)나라 때 갈홍(葛洪)이 지은 『포박자(抱朴子)·내편(內篇)』 「하람(遐覽)」 편(篇)에 ‘노어(魯魚)’가 나온다. 『포박자(抱朴子)』는 도가(道家) 사상에 정통한 인물로 더욱 유명한, 진(晉)나라의 학자이자, 의학가(醫學家. <u>의학 전문가</u>)인 갈홍(葛洪)이 지은 책이다. 서기 370년경에 만들어진 책으로, 선인(仙人. ‘<u>신선·神仙과 같은 말. 도·道를 닦아서 현실의 인간 세계를 떠나 자연과 벗하며 산다는 상상의 사람. 세속적인 상식에 구애되지 않고, 고통이나 질병도 없으며 죽지 않는다고 함</u>)이 되기 위한 신선술(神仙術. <u>신선·神仙이 부리는 술법·術法</u>)의 이론과 실천을 설명한 도가(道家)의 고전이다. ‘포박자(抱朴子)’는 이 책의 저자인 갈홍(葛洪)의 호(號)이기도 하다. 〈속담에 ‘책을 여러 차례 베끼다 보면 어(魚)를 노(魯)로 쓰고, 제(帝)를 호(虎)로 쓰기도 한다.’고 말한다.(諺云 書三寫, **魚成魯**, 帝成虎.)〉라는 구절이 나오는데, ‘어(魚)를 노(魯)로 쓰고,(魚成魯)’에서, ‘노어(魯魚)’가 유래했다. 참고로, 원문의 ‘諺云’에서, ‘諺’은 속담(俗談) ‘언’으로 읽고, ‘云’은 이를 ‘운’, 일컬을 ‘운’으로 읽는다. ‘諺云’를 직역(直譯)하면, 속담에 이르기를, ‘書三寫’에서, ‘書’는 글 ‘서’로 읽는다. 여기서는 ‘책’으로 풀이했음. ‘三’은 ‘여러 번’, ‘여러 차례’를 가리킴. ‘寫’는 베낄 ‘사’로 읽는다. ‘書三寫’를 직역(直譯)하면, 책을 여러 번 베끼게 (되면), ‘魚成魯’에서, ‘魚’는 물고기 ‘어’로 읽고, ‘成’은 이룰 ‘성’, 갖추어질 ‘성’으로 읽고, ‘魯’는 노(魯)나라 ‘로(노)’로 읽는다. ‘魚成魯’를 직역(直譯)하면, 물고기 ‘어’를 노(魯)나라 ‘로(노)’로 갖추어지게 (썼다). ‘帝成虎’에서, ‘帝’는 임금 ‘제’로 읽고, ‘虎’는 범(호랑이) ‘호’로 읽는다. ‘帝成虎’를 직역(直譯)하면, 임금 ‘제’를 범(호랑이) ‘호’로 갖추어지게 (썼다). 그리고 『여씨춘추(呂氏春秋)·신행론(愼行論)』의 「찰전(察傳)」 편(篇)에는 ‘해시(亥豕)’가 나온다. 〈자하(子夏)가 진(晉)나라를 가는 길에 위(衛)나라를 지나가다가 어떤 사람이 『사기(史記)』를 읽으면서 “진(晉)나라 군대 돼지 세 마리[三豕]가 강을 건넜다.”고 하는 것을 보고 말했다. “틀렸소. (삼시·三豕가 아니라) 기해(己亥)요, 기(己)와 삼(三)이 비슷하고, 시(豕)와 해(亥)가 비슷한 글자이리오.”(子夏之晉, 過衛, 有讀史記者曰, 晉師三豕涉河, 子夏曰, 非也, 是己亥也, 夫己與三相近, 豕與亥相似.)〉라는 이야기가 나오는데, ‘시(豕)와 해(亥)가 비슷한 글자이리오.(豕與亥相似)’에서, ‘해시(亥豕)’가 유래했다. 이상과 같이 『포박자(抱朴子)』에 나오는 말 ‘노어(魯魚)’와 『여씨춘추(呂氏春秋)』의 「찰전(察傳)」 편(篇)에 나오는 ‘해시(亥豕)’가 합하여 이루어진 ‘노어해시(魯魚亥豕)’가 유래했다. 이처럼 비슷한 글자를 구분하지 못하고 잘못 읽거나 쓰는 것을 일컫는 또 다른 사자성어로는, ‘오(鳥)’와 ‘언(焉)’, ‘성(成)’과 ‘마(馬)’를 구분하지 못한다는 ‘오언성마(鳥焉成馬)’, 노(魯)와 ‘어(魚)’, ‘제(帝)’와 ‘호(虎)’를 구분하지 못하는 ‘노어제호(魯魚帝虎)’, 노(魯)와 ‘어(魚)’, ‘오(鳥)’와 ‘언(焉)’을 구분하지 못한다는 ‘노어오언(魯魚鳥焉)’, 노(魯)와 ‘어(魚)’의 오류(誤謬)라는 뜻의 ‘노어지오(魯魚之誤)’와 ‘노어지류(魯魚之謬)’ 따위가 있다. 『포박자(抱朴子)』는 도가(道家) 사상에 정통한 인물로 더욱 유명한, 진(晉)나라의 학자이자, 의학가(醫學家)인 갈홍(葛洪)이 지은 책이다. 370년경에 만들어진 책으로, 선인(仙人. ‘신선·神仙’과 같은 말. 도·道를 닦아서 현실의 인간 세계를 떠나 자연과 벗하며 산다는 상상의 사람. 세속적인 상식에 구애되지 않고, 고통이나 질병도 없으며 죽지 않는다고 함)이 되기 위한 신선술(神仙術)의 이론과 실천을 설명한 도가(道家)의 고전이다. ‘포박자(抱朴子)’는 이 책의 저자인 갈홍(葛洪)의 호(號)이기도 하다. 참고로, 원문의 ‘子夏之晉’에서, ‘夏’는 여름 ‘하’로 읽는다. ‘子夏’는 사람 이름. ‘之’는 어조사 ‘지’로 읽는다. ~이(가)를 나타내는 주격 조사. ‘晉’은 나라 이름 ‘진’으로 읽는다. ‘子夏之晉’을 직역(直譯)하면, 자하(子夏)가 진(晉)나라에 (가다가), ‘過衛’에서, ‘過’는 (앞이나 옆을) 지나갈 ‘과’로 읽고, ‘衛’는 나라 이름 ‘위’로 읽는다. ‘過衛’를 직역(直譯)하면, 위(衛)나라를 지나갔다. ‘有讀史記者曰’에서, ‘有’는, 여기서는 어떤 ‘유’로 읽고, ‘讀’은 읽을 ‘독’으로 읽고, ‘史’는 역사(歷史) ‘사’로 읽고, ‘記’는 기록할 ‘기’로 읽는다. ‘史記’는 책 이름. ‘者’는 사람 ‘자’로 읽는다. ‘有讀史記者曰’을 직역(直譯)하면, 『사기(史記)』를 읽는 어떤 사람이 말하기를, ‘晉師三豕涉河’에서, ‘師’는 군사(軍士) ‘사’, 군대(軍隊) ‘사’로 읽고, ‘豕’는 돼지 ‘시’로 읽고, ‘涉’은 건널 ‘섭’으로 읽고, ‘河’는 물 ‘하’로 읽는다. ‘晉師三豕涉河’를 직역(直譯)하면, 진(晉)나라 군대에 속한 돼지 3마리가 물을 건넜다. ‘子夏曰’에서, ‘子夏曰’을 직역(直譯)하면, 자하(子夏)가 말하기를, ‘非也’에서, ‘非’는 아닐(부정하는 말) ‘비’로 읽고, ‘也’는 어조사 ‘야’로 읽는다. ‘~이다(단정)’의 뜻을 나타냄. ‘非也’를 직역(直譯)하면, 아니오. ‘是己亥也’에서, ‘是’는 이(지시하는 말) ‘시’로 읽고, ‘己’는 여섯째 천간(天干) ‘기’로 읽고, 여기서, ‘천간(天干)’은 육십갑자(六十甲子. 본문 참고)의 윗부분을 이루는 요소, 즉, 갑(甲), 을(乙), 병(丙), 정(丁), 무(戊), 기(己), 경(庚), 신(辛), 임(壬) 계(癸)를 일컬음. 따라서, ‘기(己)’는 여섯째 천간(天干)이 되는 것이다. ‘亥’는 열둘째 지지(地支) ‘해’로 읽는다. 여기서, ‘지지(地支)’는 육십갑자(六十甲子)의 아래 단위를 이루는 요소, 즉, 자(子), 축(丑), 인(寅), 묘(卯) 진(辰), 사(巳),

오(午), 미(未), 신(申), 유(酉), 술(戌), 해(亥)를 말함. 따라서, '해(亥)'는 열둘째 지지(地支) 해(亥)가 되는 것이다. '己亥'는 육십갑자의 서른여섯째. '是己亥也'를 직역(直譯)하면, 이것은 기해(己亥)입니다. '夫己與三相近'에서, '夫'는 발어사(發語辭) '부'로 읽는다. '발어사(發語辭)'는 문장의 서두에 놓여 '대저', 또는 '대체로'의 뜻을 나타냄. '與'는 어조사 '여'로 읽는다. '~와', '~과(병렬)'의 뜻을 나타냄. '相'은 서로 '상'으로 읽고, '近'은 가까울 '근', 비슷할 '근'으로 읽는다. '夫己與三相近'을 직역(直譯)하면, 대체로 기(己)와 삼(三)은 서로 비슷하고(비슷한 글자이고), '豕與亥相似'에서, '豕'는 돼지 '시'로 읽고, '亥'는 돼지 '해'로 읽고, '相'은 서로 '상'으로 읽고, '似'는 같을 '사', 비슷할 '사'로 읽는다. '相似'는 서로 모양이 비슷함. '豕與亥相似'를 직역(直譯)하면, 시(豕)와 해(亥)는 서로 비슷합니다(비슷한 글자입니다). 여기서, '魯魚亥豕'이 유래하였는데, 이것을 직역(直譯)하면, 노(魯)를 어(魚)로 잘못 쓰고, 해(亥)를 시(豕)로 잘못 쓴다. 즉, '노(魯)' 자(字)와 '어(魚)' 자(字), '해(亥)' 자(字)와 '시(豕)' 자(字)를 구별 못하고 혼돈한다는 뜻으로, ①글자를 잘 이해 못하는 것을 말함. ②글자를 잘못 알거나 잘못 씀을 이르는 말.

노옹-화-구(老翁化狗 늙을 노/늙은이 옹/될 화/개 구) 늙고 늙은이가 개[狗]가 되었다는 뜻으로, 고려 초기의 문신(文臣)이며 학자(學者)인 박인량(朴寅亮)의 『수이전(殊異傳)』에 실려 있다고 전하는 설화(說話)를 이르는 말. 신라 때에, 김유신(金庾信)이 자신을 찾아온 한 노인에게 변신술(變身術. 몸의 형체를 다른 모양으로 바꾸거나 변형시키는 재주)이 예전 그대로냐고 묻자, 그 노인이 호랑이, 닭, 독수리로 변하더니 마침내 개로 변하여 밖으로 나가 버렸다는 내용으로, 『대동운부군옥(大東韻府群玉)』에도 실려 있다. 여기서, '재주'는 순우리말로, 무엇을 잘 할 수 있는, 타고난 능력과 슬기. *노옹(老翁): 늙은 남자. 또는 나이가 많은 남자.

노-이-무공(勞而無功 수고로울 노/말 이을 이/없을 무/공 공) 수고롭기만 하고 공(功)이 없다는 뜻으로, 애쓴 보람이 없음. 즉, 온갖 애는 썼으나 아무런 보람이 없음을 이르는 말. 圓 도로무공(徒勞無功). *무공(無功): 공로가 없음. *수고롭다: 부록 '노(勞)' 참고. 이 사자성어의 유래는 다음과 같다. 『장자(莊子)』의 「천운(天運)」 편(篇)에 [(중국 춘추시대의 사상가이며 학자인) 공자(孔子)가 노(魯)나라에서 위(衛)나라로 떠날 때 (공자의 제자인) 안연(顏淵)이 사금(師金)에게 물었다. "우리 선생님('공자·孔子'를 가리킴)의 이번 여행길은 어떻겠습니까?" "안타까운 일이지만 당신의 선생은 아마 이번에 곤욕을 치를 겁니다." "어째서 그렇습니까?" "당신 선생은 전에도 여러 나라에서 곤욕을 치렀지요. 송(宋)나라에서는 나무 그늘 밑에서 강론을 하다가 베인 나무에 깔릴 뻔했고, 위(魏)나라에서는 쫓겨나기도 했으며, 진(陳)나라와 채(蔡) 나라 사이의 들에서는 이레(7일) 동안이나 끼니를 굶은 적도 있었습니다. 물길을 가기 위해서는 배를 이용하는 것이 가장 적합하고, 육지를 가기 위해서는 수레를 쓰는 것이 가장 좋은 방법입니다. 물길을 가는 배를 육지에서 밀고 가려고 한다면 한평생이 걸려도 얼마 가지 못할 것입니다."]〈옛날과 지금의 차이는 물과 육지의 차이와 다름이 없고, 주(周)나라와 노(魯)나라의 차이는 배와 수레의 차이가 아닙니까? 그런데 이제 주(周)나라의 도(道)를 노(魯)나라에서 구하고 행하려고 하는 것은 마치 배를 육지에서 미는 것과 같아서 애를 쓰나 공(功)은 없고 몸에도 반드시 화(禍)가 미칠 것입니다.(古今非水陸與, 周魯非舟車與, 今蘄行周於魯, 是猶推舟於陸也, **勞而無功**, 身必有殃.)〉라는 이야기가 나오는데, '애를 쓰나 공(功)은 없고,(勞而無功)'에서, '노이무공(勞而無功)'이 유래했다. 공자(孔子)가 위(衛)나라로 떠날 때, 사금(師金. 사람 이름)이 위의 이야기처럼 공자(孔子)의 위(衛)나라 여행을 평가절하(平價切下)하였는데, 결국 무위자연(無爲自然. 본문 참고)을 주장하는 장자(莊子. 중국 전국시대·戰國時代의 사상가이며, 도가·道家 사상의 중심인물)가 사금(師金)의 말을 빌려 공자(孔子)의 행위를 '노이무공(勞而無功)'이라고 비판하고 있는 것이다. 여기서, '평가절하(平價切下)'는 '경제 분야에 쓰이는 전문 용어로서의 의미가 확장되어, 어떤 대상의 가치를 실제보다 낮게 매긴다.'의 의미다. 세계 4대 성인(聖人. 지혜와 덕이 매우 뛰어나 길이 우러러 본받을 만한 사람)으로 추앙(推仰. 높이 받들어 우러러봄)받는 공자(孔子)조차도 그때그때 상황을 정확히 파악하여 그에 맞는 해법을 찾아서 행하지 않는다면 '노이무공(勞而無功)'일 수 있다는 것을 지적하는 말이라고 하겠다. 참고로, 원문의 '古今非水陸與'에서, '古'는 옛날 '고', 예전 '고'로 읽고, '今'은 이제 '금', 지금 '금'으로 읽고, '非'는 아닐(부정하는 말) '비'로 읽고, '水'는 물 '수'로 읽고, '陸'은 육지 '륙(육)'으로 읽고, '與'는 어조사 '여'로 읽는다. 의문을 나타내는 어조사. '~는가?', '~인가?'(의문)의 뜻을 나타냄. '古今非水陸與'를 직역(直譯)하면, 예전과 지금은 물과 육지의 (차이)가 아닙니까? '周魯非舟車與'에서, '周'는 나라 이름 '주'로 읽고, '魯'는 노(魯)나라 '로(노)'로 읽고, '舟'는 배 '주'로 읽고, '車'는 수레 '거'로 읽는다. '周魯非舟車與'를 직역(直譯)하면, 주(周)나라와 노(魯)나라는 배와 수레의 (차이가) 아닙니까? '今蘄行周於魯'에서, '蘄'는 구(求)할 '기'로 읽고, '行'은 행할 '행'으로 읽고, '於'는 어조사 '어'로 읽는다. 여기서는 '~에서(장소)'의 뜻을 나타냄. '今蘄行周於魯'를 직역(直譯)하면, 지금 주(周)나라의 도·道를 노(魯)나라에서 구(求)하고 행(行)하려고 하는 것은, '是猶推舟於陸也'에서, '是'는 이(지시하는 말) '시'로 읽고, '猶'는 오히려 '유'로 읽고, '推'는 밀 '추'로 읽고, '於'는 어조사 '어'로 읽는다. '~에서(장소, 위치)'의 뜻을 나타냄. '也'는 어조사 '야'로 읽는다. '~이다(단정)'의 뜻을 나타냄. '是猶推於陸也'를 직역(直譯)하면, 이것은 오히려 육지에서 배를 미는 (것과 같아), 즉, 물에서 배를 미는 것보다 육지에서 배를 미는 것은, 힘들게 수고만 할 뿐 보람이 없는 일임을 우회적(迂廻·回的. 곧바로 가지 않고 멀리 돌아서 가는 것)으로 표현한 것이다. '勞而無功'에서, '勞'는 수고로울 로(노)로 읽고, '而'는 말 이을 '이'로 읽는다. '그러나'의 뜻을 나타냄. '無'는 없을 '무'로 읽고, '功'은 공(功. 어떠한 일에 이바지한 공적과 노력) '공'으로 읽는다. '勞而無功'을 직역(直譯)하면, 수고롭기만 하고 공(功)이 없다는 뜻으로, 애쓴 보람이 없음. 즉, 온갖 애는 썼으나 아무런 보람이 없음을 이르는 말. '身必有殃'에서, '身'은 몸 '신'으로 읽고, '必'은 반드시 '필'로 읽고, '有'는 있을 '유'로 읽고, '殃'은 재앙(災殃. 뜻하지 아니하게 생긴 불행한 변고·變故, 또는 천재지변·天災地變으로 인한 불행한 사고) '앙'으로 읽는다. '身必有殃'을 직역(直譯)하면, 몸에는 반드시 재앙(災殃)이 있을 것이다, 이외에 『관자(管子)』의 「형세(形勢)」, 『순자(荀子)』의 「정명(正明)」, 『회남자(淮南子)』의 「원도훈(原道訓)」 편(篇)에도 각각 나온다.

노-이-불사(老而不死 늙을 노/말 이을 이/아닐 불/죽을 사) 늙었으나 죽지 아니한다는 뜻으로, 늙은 나이에 꼴사납고 어지러운 일들이 생겨도 마지못해 살아감을 한탄(恨歎·嘆)하여 이르는 말. 늙어서 죽을 때가 되었어도 죽지 않음을 이르는 말. *불사(不死): ①죽지 않음. ②속인(俗人. 세속의 사람, 또는 중에 상대하여, '불교에 귀의하지 않은 사람'을 이르는 말)으로서 염불(念佛. 부처의 모습이나 그 공덕을 생각하면서 부처의 이름을 외는 일. 특히 '나무아미타불'을 외는 일)을 하다가 죽은 사람의 혼령(魂靈. 죽은 사람의 넋)을 무당이 이르는 말. 여기서 '무당'은 귀신을 섬겨 길흉(吉凶)을 점치고 굿을 하는 것을 직업으로 하는 사람을 이르는 말. 주로 여자를 일컫는다. 남자는 '박수(순우리말. 남자 무당)'라고 일컫는다.

이것은 원래는 순우리말이나 한자(漢字)을 빌려 '巫堂'으로 적기도 한다.

노인-자제(老人子弟 늙을 **노**/사람 **인**/아들 **자**/아우 **제**) 늙은 사람의 자제(子弟)라는 뜻으로, 늙어서 낳은 아들 또는 늙은이가 낳은 아들을 이르는 말. *노인(老人): 나이가 많은 사람. =늙은이. *자제(子弟): ①남을 높이어 그의 아들을 일컫는 말. ②남을 높이어 그의 집안 젊은이를 일컫는 말.

노-자-역덕(怒者逆德 성낼 **노**/사람 **자**/거스를 **역**/덕 **덕**) 사람이 성내면(노여움을 나타내면) 덕(德. 고매하고 너그러운 도덕적 품성)을 거스르게 (된다는) 뜻으로, 사람이 노(怒)하게 되면 서로 싸우게 되므로, 노(怒)하는 것은 덕(德)을 역행(逆行. 보통의 방향과 반대 방향으로 거슬러 나아감)하는 일임을 이르는 말. 또는 성난 사람은 어긋난 짓을 하게 된다는 뜻으로, 홧김에 하는 짓은 잘못을 저지르게 마련임을 이르는 말. *역덕(逆德): 도리(道理. 사람이 마땅히 지켜야 할 바른 길)에 어긋난 행동. *거스르다: 부록 '역(逆)' 참고.

노주-지-분(奴主之分 종 **노**/주인 **주**/어조사 **지**/나눌 **분**) 종과 주인의 나뉨이란 뜻으로, 매우 거리가 있어 바뀌어 설 수 없는 대인 관계(對人關係. 사람을 대하고, 사귀고 하는 일)를 이르는 말. *노주(奴主): ①종[奴]과 주인[主]을 아울러 이르는 말. ②종의 주인을 이르는 말.

노천-극장(露天劇場 이슬 **노**/하늘 **천**/연극 **극**/마당 **장**) 하늘의 이슬이 (맺혀 있는) 연극 마당. 즉, 노천(露天)의 극장이라는 뜻으로, 한데에 임시로 무대(舞臺)만 설치하여 만든 극장(劇場)을 이르는 말. *노천(露天): (지붕 같은 것으로 가리지 않은) 한데. 즉, 사방과 하늘을 가리지 않은 곳. 또는 집채의 바깥. *극장(劇場): 연극, 음악, 무용 따위를 공연하거나 영화를 상영하는 곳.

노친-시하(老親侍下 늙을 **노**/어버이 **친**/모실 **시**/아래 **하**) 늙은 어버이를 모시는 아래. 즉, 늙은 어버이의 시하(侍下)에 있다는 뜻으로, 늙은 부모를 모시고 있는 처지. 또는 그런 처지에 있는 사람을 이르는 말. *노친(老親): ①늙은 부모. ②나이가 지긋한 부인(婦人). *시하(侍下): 부모나 조부모가 살아있어 모시고 있는 처지. 또는 그 사람.

노한-소-초(老漢少楚 늙을 **노**/왕조 이름 **한**/젊을 **소**/초나라 **초**) 늙은 사람은 한(漢)나라 한(漢)이고, 젊은 사람은 초(楚)나라 초(楚)라는 뜻으로, 장기(將棋·碁)를 둘 때, 나이가 많은 사람이 '한(漢)' 자(字)가 쓰인 말을, 나이가 적은 사람은 '초(楚)' 자(字)가 쓰인 말을 가지고 두는 일을 이르는 말. 囲 노홍소청(老紅少靑). *노한(老漢): 늙은 남자(사나이).

노-홍-소-청(老紅少靑 늙을 **노**/붉을 **홍**/젊을 **소**/푸를 **청**) 늙은 (사람은) 붉은 (빛깔이고), 젊은 (사람은) 푸른 (빛깔이라는) 뜻으로, 장기(將棋·碁)를 둘 때, 나이가 많은 사람이 붉은 빛깔인 한(漢)나라 '한(漢)' 자(字)가 쓰인 말을 가지고, 나이가 적은 사람은 푸른 빛깔인 초(楚)나라 '초(楚)' 자(字)가 쓰인 말을 가지고 두는 일을 이르는 말. 囲 노한소초(老漢少楚).

녹림-호걸(綠林豪傑 푸를 **녹**/수풀 **림**/호걸 **호**/뛰어날 **걸**) 푸른 숲 (속의) 뛰어난 호걸(豪傑)이라는 뜻으로, 화적(火賊. 떼를 지어 다니는 강도)이나 도둑 또는 불한당(不汗黨)을 달리 이르는 말. =녹림호객(綠林豪客). *녹림(綠林): ①푸른 숲. ②화적(火賊)이나 도둑의 소굴(巢窟. 나쁜 짓을 하는 도둑이나 악한·惡漢 따위의 무리가 활동의 본거지로 삼고 있는 곳)을 이르는 말. 중국 후한(後漢) 말 왕광(王匡), 왕봉(王鳳) 등의 망명자(亡命者. 정치적인 이유 따위로, 자기 나라에 있지 못하고 남의 나라로 몸을 피해 있는 사람)가 녹림산(綠林山)에 숨어 있다가 도둑이 되었다는 데서 유래한다. *호걸(豪傑): 지용(智勇. 슬기와 용기)이 뛰어나고 도량(度量. 사물을 너그럽게 용납하여 처리할 수 있는 넓은 마음과 깊은 생각)과 기개(氣槪. 어떤 어려움에도 굽히지 않는 강한 의지·意志. 또는 그러한 기상·氣像을 이르는 말)를 갖춘 사람.

이 사자성어의 유래는 다음과 같다. 『후한서(後漢書)』의 「유현전(劉玄傳)」편(篇)에 〈왕망(王莽) 말기에 남방(南方)에 기근(饑饉)이 발생하자, 사람들이 무리 지어 들과 소택(沼澤. '늪[沼]'과 '못[澤]'을 아울러 이르는 말)으로 들어가 순채(蓴菜. 수련과의 여러해살이 물풀)를 캐 먹고 서로 침략하고 빼앗았다. …… 이에 마무(馬武), 왕상(王常), 성단(成丹) 등(等)에게 망명하여 그들을 좇았는데, 서로 공격하고, 고향을 떠나 모여들어 녹림산에 숨은 자(者)가 수개월 사이에 칠, 팔천 명에 이르렀다.(王莽末, 南方饑饉, 人庶群入野澤, 掘鳧茈而食之, 更相侵奪, …… 於是諸亡命馬武, 王常, 成丹等往從之, 共攻離鄕聚, 藏於綠林中, 數月間至七八千人.)〉라는 이야기가 나오는데, '녹림산에 숨은,(藏於綠林中)'에서, '녹림호걸(綠林豪傑)'이 유래했다. 이 이야기의 배경은 이렇다. 전한(前漢) 말기에 왕망(王莽)이 왕위를 찬탈(簒奪)하여 황제의 자리에 올라 국호(國號)를 신(新)이라 했다. 왕망(王莽)은 전한(前漢) 말기의 부패한 정국을 타개하기 위해서는 근본적인 제도 개혁이 필요하다고 생각하고, 과감한 개혁을 시작했다. 그러나 개혁 정치는 완전히 실패로 돌아갔고, 왕망(王莽)은 통치를 계속할 수 있는 힘을 상실하고 말았다. 각지에서 왕망(王莽) 정권에 반대하는 반란군(反·叛亂軍. 정부나 지배자에게 반항하여 내란을 일으키는 군대)이 일어나기 시작했다. 산동(山東)의 태산에서 번숭(樊崇)이 반기(反旗)를 들자, 수만 명이 그 깃발 아래로 모여들었다. 이들은 싸움을 할 때 아군(我軍)과 적군(敵軍)을 식별하기 위해 눈썹을 붉게 물들였기 때문에 적미군(赤眉軍)이라 불렸다. 호북(湖北) 형주(荊州)의 녹림산(綠林山)에도 왕광(王匡)과 왕봉(王鳳)을 지도자로 한 5만의 반란군이 일어났는데, 이들은 녹림병(綠林兵)이라 불렸다. 『후한서(後漢書)』의 「유현전(劉玄傳)」편(篇)에서는 이를 위와 같이 기록하고 있는데, 반란군 중 녹림산(綠林山)에서 일어난 녹림병(綠林兵)을 '녹림호걸(綠林豪傑)'이라고 부르는 것이다. 참고로, 원문의 '王莽末'에서, '王'은 임금 '왕'으로 읽고, '莽'은 우거질 '망'으로 읽는다. '王莽'은 사람 이름. '末'은 끝 '말'로 읽는다. '王莽末'을 직역(直譯)하면, 왕망(王莽)의 말기에, '南方饑饉'에서, '南'은 남녘 '남'으로 읽고, '方'은 곳 '방', 장소(場所) '방'으로 읽는다. '南方'은 남쪽 지방. '饑'는 주릴(제대로 먹지 못하여 배를 곯을) '기'로 읽고, '饉'은 흉년들 '근'으로 읽는다. '饑饉'은 흉년으로 먹을 양식이 모자라 굶주림. '南方饑饉'을 직역(直譯)하면, 남쪽 지방은 흉년들어 굶주리는 (일이 있음). '人庶群入野澤'에서, '人'은 사람 '인'으로 읽고, '庶'는 여러 '서', 무리 '서'로 읽고, '群'은 무리 '군'으로 읽고, '入'은 들(밖에서 속이나 안으로 향해 갈) '입'으로 읽고, '野'는 들(편편하고 넓게 트인 땅) '야'로 읽고, '澤'은 못(넓고 오목하게 팬 땅에 물이 괴어 있는 곳) '택'으로 읽는다. '人庶群入野澤'을 직역(直譯)하면, 사람들이 여러 무리를 (지어) 들과 못으로 들어감. '掘鳧茈而食之'에서, '掘'은 팔 '굴', 파낼 '굴'로 읽고, '鳧'는 들오리(오릿과의 새) '부', 물오리(오릿과의 새) '부'로 읽고, '茈'는 당(唐) 아욱(아욱과의 두해살이 풀) '비'로 읽는다. 그런데 '鳧茈'를 '들풀(들에서 나는 풀을 통틀어 이르는 말)', '순채(여러해살이물풀)', '올방개(사초과의 여러해살이풀)' 따위의 자료마다 다르게 풀이하고 있다. 여기서는 '여러해살이풀'로 풀이한다. '而'는 말 이을 '이'로 읽는다. '그리고'의 뜻을 나타냄. '食'은 먹을 '식'으로 읽고, '之'는 어조사 지로 읽는다. '그것'을 나타내는 지시 대명사. '掘鳧茈而食之'을 직역(直譯)하면, 여러해살이풀을 파내게 하여 그리고 그것을 먹었는데, '更相侵奪'에서, '更'은 다시 '갱'으로 읽고, '相'은 서로 '상'으로 읽고, '侵'은 침노할(侵擄~. 남의 나라를 불법으로 쳐들어갈) '침'으로 읽고, '奪'은 빼앗을 '탈'로 읽는다. '更相侵奪'은 다시 서로 침범하여 빼앗았다. …… '於是諸亡命馬武'에서, '於'는 어조사 '어'로 읽는다. '~에', '~에서(<u>위치</u>)'의 뜻을 나타냄. '是'는 이(<u>지시하는 말</u>) '시'로 읽는다. '於是'는, 한문(漢文) 구(句)의 하나로, 이때에. '諸'는 여러 '제'로 읽고, '亡'은 도망할 '망'으로 읽고, '命'은 목숨 '명'으로 읽는다. '亡命'은 혁명. 또는 그 밖의 정치적 이유로, 자기 나라에서 박해(迫害. <u>못살게 굴어서 해롭게 함</u>)를 받고 있거나, 박해(迫害)를 받을 위험이 있는 사람이 이를 피하기 위하여 외국으로 몸을 옮김. '馬'는 말 '마'로 읽고, '武'는 무인(武人) '무'로 읽는다. '馬武'는 사람 이름. '於是諸亡命馬武'를 직역(直譯)하면, 이때에 여럿이 마무(馬武)에게 망명(亡命)하게 하고, '王常'에서, '王'은 임금 '왕'으로 읽고, '常'은 떳떳할 '상'으로 읽는다. '王常'은 사람 이름. '成丹等往從之'에서, '成'은 이룰 '성'으로 읽고, '丹'은 붉을 '단'으로 읽는다. '成丹'은 사람 이름. '等'은 무리(<u>사람이나 짐승, 사물 따위가 모여서 뭉친, 한 동아리</u>) '등'으로 읽고, '往'은 갈 '왕'으로 읽고, '從'은 좇을 '종'으로 읽고, '之'는 어조사 '지'로 읽는다. 여기서는 '그것'을 나타내는 지시 대명사. '成丹等往從之'를 직역(直譯)하면, 성단(成丹) 등(等)에게 가게 하여 그들을 좇았다. '共攻離鄉聚'에서, '共'은 함께 '공', 같이 '공'으로 읽고, '攻'은 칠 '공', 공격할 '공'으로 읽고, '離'는 떠날 '리(이)'로 읽고, '鄉'은 시골 '향', 고향(故鄉) '향'으로 읽고, '聚'는 모을 '취'로 읽는다. '共攻離鄉聚'를 직역(直譯)하면, (그리고 그들은) 함께 공격하고 고향을 떠나 모였다. '臧於綠林中'에서, '臧'은 감출 '장', 숨을 '장'으로 읽는다. '장(藏)'과 같은 글자. '於'는 어조사 '어'로 읽는다. '~에', '~에서(<u>장소</u>)'의 뜻을 나타냄. '綠'은 푸를 '록(녹)'으로 읽고, '林'은 수풀 '림(임)'으로 읽고, '中'은 가운데 '중'으로 읽는다. '臧於綠林中'을 직역(直譯)하면, (그리고 그들이) 녹림(녹림산) 가운데에 숨으니, 여기서, '綠林豪傑'이 유래하였는데, 이것을 직역(直譯)하면, 푸른 숲 (속의) 뛰어난 호걸(豪傑)이라는 뜻으로, 화적(火賊. <u>떼를 지어 다니는 강도</u>)이나 도둑 또는 불한당(不汗黨)을 달리 이르는 말. '數月間至七八千人'에서, '數'는 몇 '수', 두서너 '수'로 읽고, '月'은 달 '월'로 읽고, '間'은 사이 '간'으로 읽고, '至'는 이를(<u>어떤 정도나 범위에 미칠</u>) '지'로 읽고, '七'은 일곱 '칠'로 읽고, '八'은 여덟 '팔'로 읽고, '千'은 일천 '천'으로 읽고, '人'은 사람 '인'으로 읽는다. '數月間至七八千人'을 직역(直譯)하면, 두서너 달 사이에 7000명 내지 8000명에 이르렀다.

녹빈-홍안(綠鬢紅顏 푸를 녹/구레나룻 빈/붉을 홍/얼굴 안) 푸른 구레나룻과 붉은 얼굴. 즉, 윤이 나는 고운(<u>검은</u>) 귀밑머리와 발그레하고 아름다운 얼굴이라는 뜻으로, 젊고 아름다운 여자의 얼굴, 또는 젊은 여자의 아름다움을 비유적으로 이르는 말. *녹빈(綠鬢): 윤이 나는 고운 (검은) 귀밑머리. *홍안(紅顏): (젊어서) 혈색이 좋은 얼굴. *구레나룻: 귀 밑에서 턱까지 잇달아 난 수염.

녹수-청산(綠水靑山 푸를 녹/물 수/푸를 청/뫼 산) 푸른 물과 푸른 뫼('산'의 옛말)를 일컫는 말. =청산녹수(靑山綠水). *녹수(綠水): 푸른 물. *청산(靑山): (초목이 우거진) 푸른 산.

녹양-방초(綠楊芳草 푸를 녹/버들 양/꽃다울 방/풀 초) 푸른 버들과 꽃다운 풀이라는 뜻으로, 푸른 버드나무와 향기로운 풀을 이르는 말. *녹양(綠楊): 푸르게 우거진 버들. *방초(芳草): 향기로운 풀. 또는 봄의 싱그러운 풀. *꽃답다: 부록 '방(芳)' 참고.

녹엽-성-음(綠葉成陰 푸를 녹/잎 엽/이룰 성/그늘 음) 푸른 잎(초록빛 잎)이 그늘을 이룬다(<u>만든다</u>)는 뜻으로, 여자가 출가(出嫁. <u>처녀가 시집을 감</u>)하여 슬하에 자녀를 두는 것, 또는 여자가 결혼하여 자녀가 많은 것을 비유적으로 이르는 말. *녹엽(綠葉): 푸른 나뭇잎. 이 사자성어의 유래는 다음과 같다. 당(唐)

나라의 시인(詩人)인 두목(杜牧)의 칠언절구(七言絕句) 시(詩) 「창시(悵詩)」에 〈봄을 찾아가긴 했으나 늦게 갔으니 / 꽃다운 때 잠깐이라도 원망하며 슬퍼할 수도 없지. / 거센 바람에 짙붉은 꽃 다 져 버리고 / 푸른 잎은 그늘 만들고 가지엔 열매 가득하네.(自是尋春去較遲, 不須惆悵怨芳時, 狂風落盡深紅色, 綠葉成陰子滿枝.)〉라는 시(詩)의 구절이 나오는데, '푸른 잎은 그늘 만들고 가지엔 열매 가득하네.(綠葉成陰子滿枝)'에서, '녹엽성음(綠葉成陰)'이 유래했다. 이 시의 배경은 다음과 같다. 당(唐)나라 시인(詩人)인 두목(杜牧)은 명문가 출신으로 어려서부터 문학적 재주(순우리말로, 무엇을 잘할 수 있는, 타고난 능력과 슬기)가 뛰어났으며, 그의 성격과 같이 호방(豪放. 도량이 크며 작은 일에 거리낌이 없음)하면서도 서정적인 시(詩)를 주로 지었는데, 사람들은 그를 시성(詩聖)인 두보(杜甫)와 비교하여 두보(杜甫)를 대두(大杜), 두목(杜牧)을 소두(小杜)라 불렀다. 두목(杜牧)은 언젠가 호주(湖州)라는 곳을 유람하다가 10세 안팎의 예쁜 계집아이를 데리고 가는 한 노파(老婆. 늙은 여자)와 마주치게 되었다. 두목(杜牧)은 자신도 모르게 그 소녀에게 마음이 끌려 노파에게 말했다. "이 아이를 10년 후에 제 아내로 맞이하고 싶습니다. 만일 10년이 지나도 제가 오지 않으면 다른 데로 시집을 보내도 좋습니다." 그 후 두목(杜牧)이 다시 호주(湖州)를 찾은 것은, 그로부터 14년이 지난 뒤였다. 주지(周墀)라는 사람이 재상(宰相. 임금을 보필하며 모든 관원을 지휘, 감독하는 자리에 있는 이품·二品 이상의 벼슬을 통틀어 이르던 말)이 되자, 두목(杜牧)이 자신의 임지(任地. 임무를 받아 근무하는 곳)를 호주(湖州)로 옮겨 달라고 청원했던 것이다. 그녀의 행방을 수소문한 결과 이미(돌이킬 수 없이 된 지난 일을 일컬을 때 쓰는 말) 그녀는 3년 전에 다른 남자에게 시집을 가서 두 아이의 어머니가 되어 있다는 것을 알았다. 두목(杜牧)은 「창시(悵詩)」 한 수(首)를 지어 자신의 안타까운 마음을 위와 같이 표현한 것이다. 참고로, 원문의 '自是尋春去較遲'에서, '自'는 부터(체언이나 부사어에 붙어, '동작이 비롯되는 처음'의 뜻을 나타내는 보조사) '자'로 읽고, '是'는 이(지시하는 말) '시'로 읽고, '尋'은 찾을 '심'으로 읽고, '春'은 봄 '춘'으로 읽고, '去'는 갈 '거'로 읽고, '較'는 비교할 '교', 견줄 '교'로 읽고, '遲'는 더딜 '지', 늦을 '지'로 읽는다. '自是尋春去較遲'를 직역(直譯)하면, 이로부터 봄을 찾았으나 가는 것이 늦어, 즉, 봄(좋은 때)은 가고 이제야 늦게 (임을) 찾았으니, '不須惆悵怨芳時'에서, '須'는 잠깐 '수'로 읽고, '惆'는 실망할 '추'로 읽고, '悵'은 슬퍼할 '창'으로 읽는다. '惆悵'은 실망하여 슬퍼함. '怨'은 원망할 '원'으로 읽고, '芳'은 꽃다울 '방'으로 읽고, '時'는 때 '시'로 읽는다. '不須惆悵怨芳時'를 직역(直譯)하면, 꽃다운 때 잠깐이라도 실망하여 슬퍼함을 원망하지 않는다. 즉, 꽃(여자)을 보지 못함을 원망할 수 없다는 뜻이다. '狂風落盡深紅色'에서, '狂'은 미칠 '광'으로 읽고, '風'은 바람 '풍'으로 읽는다. '狂風'은 미친 듯이 사납게 휘몰아치는, 거센 바람. '落'은 떨어질 '락(낙)'으로 읽고, '盡'은 다할 '진'으로 읽고, '深'은 (색이) 짙을 '심'으로 읽고, '紅'은 붉을 '홍'으로 읽고, '色'은 빛깔 '색', 색채 '색'으로 읽는다. '深紅色'은 아주 짙은 다홍색(~紅色. 짙고 산뜻한 붉은색)을 일컬음. '狂風落盡深紅色'을 직역(直譯)하면, 거센 바람 (때문에) 색이 짙고 붉은 빛깔이 다하여 떨어지고, 즉, 거센 바람이 짙붉은 꽃을 다 떨구고, '綠葉成陰子滿枝'에서, '綠'은 푸를 '록(녹)'으로 읽고, '葉'은 잎 '엽'으로 읽고, '成'은 이룰 '성'으로 읽고, '陰'은 그늘 '음'으로 읽고. '子'는 열매 '자'로 읽고, '滿'은 찰 '만', 가득할 '만'으로 읽고, '枝'는 가지 '지'로 읽는다. '綠葉成陰子滿枝'를 직역(直譯)하면, 푸른 잎은 그늘을 이루고, 열매는 나뭇가지에 가득하네. 즉, 푸른 잎이 그늘을 만들어 열매만 가득하다. 여자(女子)가 자라서 출가하여 자녀를 낳음을 꽃과 나무에 비유(比·譬喩. 어떤 사물의 모양이나 상태 따위를 보다 효과적으로 표현하기 위하여 그것과 비슷한 다른 사물에 빗대어 표현함. 또는 그 표현 방법)한 것이다.
여기서, ‘綠葉成陰’이 유래하였는데, 이것을 직역(直譯)하면, 푸른 잎(초록빛 잎)이 그늘을 이룬다(만든
다)는 뜻으로, 여자가 출가(出嫁. 처녀가 시집을 감)하여 슬하에 자녀를 두는 것, 또는 여자가 결혼하여
자녀가 많은 것을 비유적으로 이르는 말.

녹음-방초(綠陰芳草 푸를 녹/그늘 음/꽃다울 방/풀 초) 푸른 그늘과 꽃다운 풀. 즉, 푸르게 우거진 나무
그늘과 싱그럽고 향기로운 풀이라는 뜻으로, 여름철의 자연경관(自然景觀)을 이르는 말. 여기서, ‘자연
경관(自然景觀)’은 사람의 손을 더하지 아니한, 자연 그대로의 지리적 경관(景觀). 그리고 ‘경관(景觀)’은
산이나 들, 강, 바다 따위의 자연이나 지역의 풍경을 일컫는다. ***녹음**(綠陰): 푸른 잎이 우거진 나무의
그늘. ***방초**(芳草): ☞녹양방초(綠楊芳草). ***꽃답다**: 부록 ‘방(芳)’ 참고.

녹의-사자(綠衣使者 푸를 녹/옷 의/부릴 사/사람 자) 푸른 옷을 (입은), 부리는 사람. 즉, 푸른 옷을 입은
사자(使者)라는 뜻으로, 초록빛 깃털을 한 앵무새(鸚鵡~)의 다른 명칭이다. ***녹의**(綠衣): ①녹색의 옷.
또는 연두빛의 옷. ②연두저고리. ***사자**(使者): ①심부름을 하는 사람. ②불교에서, 죽은 사람의 혼(魂)
을 저승(사람이 죽은 뒤에 그 혼·魂이 가서 산다고 하는 세상. =저세상)으로 잡아간다는 저승의 차사(差
使)를 이르는 말. 여기서, ‘차사(差使)’는 (왕조 때) 중요한 임무를 맡겨 파견하던 임시 벼슬. 또는 원(員)
이 죄인(罪人)을 잡으려고 보내던 벼슬아치. 이 사자성어의 유래는 다음과 같다. 왕인유(王仁裕)가 지은
『개원천보유사(開元天寶遺事)』의 「앵무고사(鸚鵡告事)」 편(篇)에 [당(唐)나라 명황(明皇. 현종) 때 장안(長
安) 사람인 양숭의(楊崇義)의 처(妻) 유씨(劉氏)가 이웃집의 이씨(李氏. ‘이엄·李弇’을 가리킴)와 사통(私
通. 부부가 아닌 남녀가 몰래 서로 정을 통함)을 하면서 양숭의(楊崇義)를 죽이려고 했다. 양숭의(楊崇
義)는 앵무새를 좋아하여 항상 몸소 먹이를 주며 길렀다. 어느 날, 양숭의(楊崇義)가 잔뜩 술에 취해
집으로 돌아오자, 유씨(劉氏)와 이엄(李弇)이 그(‘양숭의·楊崇義’를 가리킴)를 죽여 물이 말라버린 우물
속에 그 시체를 매장(埋葬. 시체나 유골을 땅에 묻음)해 버렸다. 종들 중에 이 사실을 아는 자(者)는
아무도 없었고, 앵무새만 이를 보았다. 유씨(劉氏)는 모른척하며 종들에게 남편을 찾으라고 하고, 관청
에도 신고했다. 관청에서는 밤낮으로 범인(犯人)을 잡으려고 했으나 잡을 수가 없어 다시 양숭의(楊崇
義)의 집을 수색했다.]〈그런데 횃대 위에 있던 앵무새가 갑자기 말을 했다. “집 주인을 죽인 자(者)는
유씨와 이씨다.” 관리가 이들을 잡아 고문(拷問. 피의자에게 여러 가지 신체적 고통을 주어 강제로 자백·
自白하게 하는 일. 또는 숨기고 있는 사실을 알아내기 위하여 육체적, 정신적 고통을 주며 신문·訊問함)
하자, 사실대로 실토(實吐)했다. 그래서 두 사람은 법에 의해 처리하고, 명황(明皇. 당나라 현종)에게
보고했다. 명황(明皇)은 앵무새가 의기(義氣. 정의감에서 일어나는 기개)가 있다고 칭찬하며 궁궐에 데
려다 기르고 ‘녹의사자(綠衣使者)’에 봉했다.(架上鸚鵡忽日, 殺家主者, 劉與李也, 官收二人拷問, 具招實
情, 遂置二人於法, 并奏明皇, 明皇稱鸚鵡義, 遂喂於宮中, **封爲綠衣使者**.)〉라는 이야기가 나오는데, ‘녹의
사자(綠衣使者)에 봉했다.(封爲綠衣使者)’에서, ‘녹의사자(綠衣使者)’가 유래했다. ‘사자(使者)’는 왕명을
받고 심부름하는 벼슬을 말한다. 위의 이야기는 여러 가지 면에서 주목할 필요가 있다. 첫째, 앵무새의
별명이 ‘녹의사자(綠衣使者)’가 된 사연을 우리에게 알려주고 있다. 명황(明皇)은 사건 해결의 공로(功勞)
를 인정하여 이 앵무새에게 ‘녹의사자(綠衣使者)’라는 벼슬을 준 것이다. 둘째, 이 앵무새는 주인(‘양숭
의·楊崇義’를 가리킴)으로부터 받은 은혜를 갚을 줄 아는 새라는 점이다. 셋째, 옛날이나 지금이나 다를

바가 없는 불륜(不倫. 남녀 관계가 윤리에서 벗어남)을 다루었다는 점이다. 넷째, 미궁(迷宮. 범죄사건 따위가 해결하기가 어렵게 된 상태)에 빠질 법한 사건(事件)인데, 앵무새로 하여금 해결되었다는 것은, 이 세상에 완전 범죄는 존재하지 않는다는 것을 보여주고 있는 것이다. 참고로, 원문의 '架上鸚鵡忽日'에 서, '架'는 횃대 '가'로 읽는다. '횃대'의 원래 뜻은 옷을 걸 수 있게 만든 막대이나, 여기서는 닭장 속에 새나 닭이 올라앉게 가로질러 놓은 나무 막대 '홰'의 뜻으로 쓰임. '上'은 위 '상'으로 읽고, '鸚'은 앵무새 '앵'으로 읽고, '鵡'는 앵무새 '무'로 읽고, '忽'은 문득 '홀', 갑자기 '홀'로 읽는다. '架上鸚鵡忽日'을 직역(直 譯)하면, 횃대 위의 앵무새가 갑자기 말을 하기를, '殺家主者'에서, '殺'은 죽일 '살'로 읽고, '家'는 집 '가'로 읽고, '主'는 주인 '주'로 읽는다. '家主'는 한 집안의 주인. 또는 집을 소유한 사람. '者'는 사람 '자'로 읽는다. '殺家主者'를 직역(直譯)하면, 집주인을 죽인 사람은, '劉與李也'에서, '劉'는 성씨(姓氏) '유'로 읽고, '與'는 어조사 '여'로 읽는다. '~와', '~과(병렬)'의 뜻을 나타냄. '李'는 성씨(姓氏) '이'로 읽고, '也'는 어조사 '야'로 읽는다. '~이다(단정)'의 뜻을 나타냄. '劉與李也'를 직역(直譯)하면, 유씨(劉氏)와 이씨(李氏)이다. '官收二人拷問'에서, '官'은 관청 '관'으로 읽고, '收'는 잡을 '수'로 읽고, '二'는 두 '이'로 읽고, '人'은 사람 '인'으로 읽고, '拷'는 두드릴 '고', 때릴 '고'로 읽고, '問'은 물을 '문', 문초할(問招~. 죄나 잘못을 따져 묻거나 신문함) '문'으로 읽는다. '拷問'은 숨기고 있는 사실을 강제로 알아내기 위하여 육체적, 정신적 고통을 주며 신문(訊問. 알고 있는 사실을 캐어물음)함. '官收二人拷問'을 직역(直譯)하 면, 관청에서는 두 사람을 잡아 고문하니, '具招實情'에서, '具'는 자세히 '구'로 읽고, '招'는 밝힐 '초'로 읽고, '實'은 바탕 '실', 본질(本質) '실'로 읽고, '情'은 뜻 '정'으로 읽는다. '實情'은 실제의 사정이나 정세. '具招實情'을 직역(直譯)하면, 실정(實情)을 자세히 밝혔다. '遂置二人於法'에서, '遂'는 드디어 '수', 마침 내 '수'로 읽고, '置'는 맡길 '치'로 읽고, '於'는 어조사 '어'로 읽는다. '~에(위치)'의 뜻을 나타냄. '法'은 법(法. 국가나 종교 따위에서 강제력이 따르는 온갖 규범) '법'으로 읽는다. '遂置二人於法'을 직역(直譯) 하면, 마침내 두 사람을 법에 맡기고, '幷奏明皇'에서, '幷'은 아우를(여럿을 모아 한 덩어리나 한 판이 되게 함) '병', 합할 '병'으로 읽고, '奏'는 아뢸 '주'로 읽고, '明'은 밝을 '명'으로 읽고, '皇'은 임금 '황'으로 읽는다. '明皇'은 왕 이름. '幷奏明皇'을 직역(直譯)하면, 아울러 명황(明皇)에게 아뢰었다(보고하였다). '明皇稱鸚鵡義'에서, '稱'은 칭찬할 '칭'으로 읽고, '義'는 의리 '의'로 읽는다. '明皇稱鸚鵡義'를 직역(直譯) 하면, 명황(明皇)은 앵무새를 의리가 (있다고) 칭찬하여, '遂喂於宮中'에서, '喂'는 두려워할 '외'로 읽고, '宮'은 대궐 '궁', 궁전 '궁'으로 읽고, '中'은 가운데 '중'으로 읽는다. '遂喂於宮中'을 직역(直譯)하면, 드디 어 궁전 가운데에서 (앵무새를 공경하면서도) 두려워하며 (기르고), '封爲綠衣使者'에서, '封'은 봉(封)할 '봉'으로 읽고, '爲'는 할 '위'로 읽고, '綠'은 푸를 '록(녹)'으로 읽고, '衣'는 옷 '의'로 읽고, '使'는 부릴 '사'로 읽고, '者'는 사람 '자'로 읽는다. '封爲綠衣使者'를 직역(直譯)하면, 녹의사자(綠衣使者)에 봉(封)하 였다. 여기서, '綠衣使者'가 유래하였는데, 이것을 직역(直譯)하면, 푸른 옷을 입은, 부리는 사람. 즉, 푸른 옷을 입은 사자(使者)라는 뜻으로, 초록빛 깃털을 한 앵무새(鸚鵡~)의 다른 명칭이다.

녹의-홍상(綠衣紅裳 푸를 녹/옷 의/붉을 홍/치마 상) 푸른 옷에 붉은 치마. 즉, 연두저고리에 다홍치마라는 뜻으로, 곱게 차려 입은 젊은 여자의 고운 옷차림을 이르는 말. *녹의(綠衣): ☞녹의사자(綠衣使者). *홍상(紅裳): ①지난날의 조복(朝服)의 아래옷을 이르는 말. 붉은 바탕에 검은 선을 둘렀음. 여기서, '조복(朝服)'은 지난날, 관원(官員. 벼슬아치)이 조하(朝賀. 정월초하룻날 같은 때에, 신하가 입궐하여 임금에게 하례하던 일) 때 입던 예복(禮服)을 이르는 말. 붉은 비단으로 지었음. ②붉은 치마. 또는 다홍치마.

녹의-황-리(綠衣黃裏 푸를 **녹**/옷 **의**/누를 **황**/속 **리**) 푸른 옷에 누른색의 속. 즉, 값싼 연두저고리에 값진 황색 안감(물건의 안에 대는 재료)을 댄다는 뜻으로, ①귀천(貴賤. 신분이나 일 따위의 귀함과 천함)의 자리가 서로 뒤바뀜을 이르는 말. ②천첩(賤妾. 기생이나 종으로서 남의 첩이 된 여자)이 귀하게 되고, 적첩(嫡妾. 정식으로 혼인하여 맞은 아내)이 낮게 됨을 이르는 말. *녹의(綠衣): ☞녹의사자(綠衣使者).

녹이-상제(騄耳霜蹄 준마 **녹**/귀 **이**/서리 **상**/말굽 **제**) 녹이(騄耳)와 상제(霜蹄)라는 뜻으로, 빠르고 좋은 말을 비유적으로 이르는 말. '녹이(騄耳)'와 '상제(霜蹄)'는 모두 중국 주(周)나라 목왕(穆王)이 타던 준마(駿馬)의 이름이다. *녹이(騄耳): 중국 주(周)나라의 목왕(穆王)이 타던 팔준마(八駿馬)의 하나로, 좋은 말[馬]을 비유적으로 이르는 말. *상제(霜蹄): 굽에 흰 털이 난 좋은 말[馬]을 이르는 말. *준마(駿馬): 부록 '녹(騄)' 참고. *서리: 부록 '상(霜)' 참고. *말굽: 말의 발톱.

녹피-왈-자(鹿皮曰字 사슴 **녹**/가죽 **피**/가로 **왈**/글자 **자**) 사슴의 가죽에 가로 왈(曰) 글자. 즉, 사슴의 가죽에 쓴 가로 왈(曰) 자(字)는, 그 가죽을 잡아당기는 대로 일(日) 자(字)로도, 왈(曰) 자(字)로도 된다는 뜻으로, ①남의 말만 좇아 이랬다저랬다 함을 비유적으로 이르는 말. ②이렇게도 저렇게도 통할 수 있음을 비유적으로 이르는 말. *녹피(鹿皮): 사슴의 가죽. '녹비(鹿~)'의 원말. *가로: 부록 '왈(曰)' 참고. 《관련 속담》 귀에 걸면 귀걸이 코에 걸면 코걸이. / 녹비에 가로왈.

논공-행상(論功行賞 논의할 **논**/공 **공**/행할 **행**/상줄 **상**) 공(功)을 논의(論議)하여 상(賞) 주는 것을 행(行)한다(상을 준다)는 뜻으로, 공적(功績)의 크고 작음 따위를 논의하여(따져), 그에 알맞은 상(賞)을 줌을 이르는 말. *논공(論功): 공(功)이 있고 없음이나, 크고 작음 따위를 논의하여 정함. *행상(行賞): 상을 줌. *논의하다(論議~) :부록 '논(論)' 참고. *공(功): 부록 '공(功)' 참고. *행하다(行~): (작정한 대로) 하여 나가다. 이 사자성어의 유래는 다음과 같다. 『한비자(韓非子)』의 「팔설(八說)」 편(篇)에 〈공(功)을 따져 상을 주고, 능력을 가늠해 일을 주어야 한다.(**計功而行賞**, 程能而授事.)〉라는 구절이 나온다. '공(功)을 따져 상을 주고,(計功而行賞)'에서, '논공행상(論功行賞)'이 유래했다. 참고로, 원문의 '計功而行賞'에서, '計'는 셈할 '계', 계산할 '계'로 읽고, '功'은 공(功. 어떠한 일에 이바지한 공적과 노력) '공'으로 읽고, '而'는 말 이을 '이'로 읽는다. '그리고'의 뜻을 나타냄. '行'은 행할 '행'으로 읽고, '賞'은 상줄 '상'으로 읽는다. '計功而行賞'을 직역(直譯)하면, 공(功)을 셈하여 그리고 상 주는 것을 행함. 즉, 공(功)을 따져 상을 준다는 말이다. 여기서, '論功行賞'이 유래하였는데, 이것을 직역(直譯)하면, 공(功)을 논의(論議)하여 상(賞) 주는 것을 행(行)한다(상을 준다)는 뜻으로, 공적(功績)의 크고 작음 따위를 논의하여(따져), 그에 알맞은 상(賞)을 줌을 이르는 말. '程能而授事'에서, '程'은 정도(程度. 알맞은 한도) '정'으로 읽고, '能'은 능력(能力) '능'으로 읽고, '授'는 줄 '수'로 읽고, '事'는 일 '사'로 읽는다. '程能而授事'를 직역(直譯)하면, 능력의 정도에 (따라) 그리고 일을 준다. 또, 『관자(管子)』의 「칠법(七法)」 편(篇)에 〈공(功)을 논하고 수고를 계산하는데, 일찍이 한 번도 법률을 벗어난 적이 없었다.(**論功計勞**, 未嘗失法律也.)〉라는 구절이 나온다. '공(功)을 논하고 수고를 계산하는데(論功計勞)'에서, '논공행상(論功行賞)'이 유래했다. 참고로, 원문의 '論功計勞'에서, '論'은 논의할 '론(논)'으로 읽고, '功'은 공(功) '공'으로 읽고, '計'는 셈할 '계', 계산할 '계'로 읽고, '勞'는 수고로울 '로(노)'로 읽는다. '論功計勞'를 직역(直譯)하면, 공(功)을 논의하고 수고로움을 셈함. '未嘗失法律也'에서, '未'는 아닐(부정하는 말) '미'로 읽고, '嘗'은 일찍 '상'으로 읽고, '失'은 그르칠 '실', 잘못할 '실'로 읽고, 법(法) '법'으로 읽고, '律'은 법칙(法則) '률(율)'로 읽는다. '法律'은 사회생활을 유지하기 위한 강제적인 규범. 또는 국가가 제정하고 국민이 준수하는 법의 규율(規律. 질서나 제도를 유지하기 위하여 정하여 놓은, 행동의 준칙이 되는 본보기)을 이르는 말. '也'는 어조사 '야'로 읽는다. '~이다(단정)'의 뜻을 나타냄. '未嘗失法律也'를 직역(直譯)하면, 일찍이 법률을 그르친(벗어난) 적이 없었음. 이 외에 『사기(史記)』의 「고조본기(高祖本紀)」편(篇)에 〈공(功)을 논하고 상을 주는데, 소하(蕭何)의 공(功)이 가장 컸다.(論功行賞, 蕭何功最盛.)〉라는 구절이 나온다. '공(功)을 논하고 상을 주는데,(論功行賞)'에서, '논공행상(論功行賞)'이 유래했다. 참고로, 원문의 '蕭'는 쑥(국화과의 다년초) '소'로 읽고, '何'는 어찌(의문 부사) '하'로 읽는다. '蕭何'는 사람 이름. '最'는 가장 '최'로 읽고, '盛'은 성할 '성', 많을 '성'으로 읽는다. '蕭何功最盛'을 직역(直譯)하면, 소하(蕭何)의 공(功)이 가장 많음. 따라서 위의 '계노이행상(計功而行賞)', '논공계로(論功計勞)', '논공행상(論功行賞)' 따위가 나오는 책에서, '논공행상(論功行賞)'이 유래했다.

농-가-성-진(弄假成眞 희롱할 농/거짓 가/이룰 성/참 진) 거짓 희롱(戲弄)함이 참[眞]을 이루었다(참으로 되었다)는 뜻으로, 희롱(戲弄)하기 위해 장난삼아 한 것이 진심으로 한 것같이 됨을 이르는 말. =가롱성진(假弄成眞). *희롱하다(戲弄~): 부록 '농(弄)' 참고. *참: 부록 '진(眞)' 참고.《관련 속담》농담이 진담 된다.

농경-의례(農耕儀禮 농사 농/밭 갈 경/거동 의/예절 례) 농사짓고 밭 갈 (때의) 거동과 예절(禮節). 즉, 농경사회(農耕社會. 논밭을 갈아 농작물을 심고 가꾸며 생활을 하는 사람들의 조직화된 집단이나 세계)에서의 의례(儀禮)라는 뜻으로, 상고(上古. 아주 오랜 옛날) 때, 농경사회(農耕社會)에서 행하는 제천의식(祭天儀式. 본문 참고)을 이르는 말. 농작물의 풍작(豐作. 풍년이 들어 잘된 농사)을 기원(祈願. 바라던 일이 이루어지기를 빎)하고 수확물의 정령(精靈. 원시 종교에서, 산천, 초목, 무생물 따위에 붙어 있다고 믿던 혼령)을 위로함으로써, 신(神)에 감사하는 의례(儀禮)나 주술(呪術. 초자연적 존재나 신비적인 힘을 빌려 길흉·길凶을 점치고 복되고 영화로운 삶을 비는 일)을 일컫는다. *농경(農耕): 논밭을 갈아 농사를 지음. *의례(儀禮): 형식을 갖춘 예의(禮儀). *거동(擧動): 부록 '의(儀)' 참고.

농공-가무(農功歌舞 농사 농/공 공/노래 가/춤출 무) 농사에 공(功)을 (들인 후에) 노래하고 춤추는 (일)이라는 뜻으로, 씨를 뿌릴 때와 가을걷이를 한 후에, 여러 사람이 모여 노래하고, 춤추며, 놀았다고 하는 삼한(三韓) 시대의 의식을 이르는 말. 여기서, '삼한(三韓)'은 삼국 시대 이전에 우리나라 중남부에 있었던 세 나라. 즉, 마한(馬韓), 진한(辰韓), 변한(弁韓)을 일컫는다. *농공(農功): 농사짓는 일. *가무(歌舞): 노래와 춤. 또는 노래하고 춤을 춤.

농본-주의(農本主義 농사 농/근본 본/주될 주/옳을 의) 농사를 근본으로 (삼는) 주된 주의(主義)라는 뜻으로, 농업을 국가 산업의 기본으로 삼고, 농민과 농촌을 사회 조직의 바탕으로 삼는다는 이론을 이르는 말. 回 농본사상(農本思想). *농본(農本): 농업을 산업의 근본으로 삼음. *주의(主義): ①굳게 지키는 주장이나 방침. ②체계화된 이론이나 학설. *주되다(主~): 주장(主張)이나 중심(中心)이 되다.

농-불-실시(農不失時 농사 농/아닐 불/잃을 실/때 시) 농사에서 때를 잃지 않는다는 뜻으로, 농사일에서 제때를 놓치지 않음을 이르는 말. 즉, 농사일은 시기를 놓치지 말아야 한다는 말이다. *실시(失時): 시기를 놓침.

농시-방장(農時方張 농사 **농**/때 **시**/바야흐로 **방**/벌일 **장**) 농사 때는 바야흐로(한창) (일을) 벌인다는 뜻으로, 농사철이 되어 농사일이 한창 바쁘거나 벌어짐(어떤 일이 일어나거나 진행됨)을 이르는 말. 🔁 농시방극(農時方劇). *농시(農時): =농사철. *방장(方張): 한창 세력을 뻗어 감.

농와-지-경(弄瓦之慶 즐길 **농**/실패 **와**/어조사 **지**/경사 **경**) 실패를 (가지고) 즐기는 경사(慶事)라는 뜻으로, 딸을 낳은 경사(慶事)나 즐거움을 이르는 말. =농와지희(弄瓦之喜). 🔁 농장지경(弄璋之慶). 농장지희(弄璋之喜). *농와(弄瓦): =농와지경(弄瓦之慶). *실패: 실을 감아 두는 작은 나무쪽 따위. *경사(慶事): 부록 '경(慶)' 참고. 이 사자성어의 유래는 다음과 같다. 『시경(詩經)·소아(小雅)』의 「사간(斯干)」 편(篇)에 〈딸을 낳으면 맨바닥에 재우고, 포대기를 두른 다음, 손에 실패 장난감을 쥐어 준다.(乃生女子, 載寢之地, 載衣之裼, 載弄之瓦.)〉라는 구절이 나오는데, '손에 실패 장난감을 쥐어 준다.(載弄之瓦)'에서, '농와지경(弄瓦之慶)'이 유래했다. '농와지희(弄瓦之喜)'라고도 한다. 참고로, 원문의 '乃生女子'에서, '乃'는 이에(이러하여서 곧) '내'로 읽고, '生'은 낳을 '생'으로 읽고, '女'는 계집 '녀(여)'로 읽고, '子'는 접미사 '자'로 읽는다. '乃生女子'를 직역(直譯)하면, 이에 여자를 낳으면, '載寢之地'에서, '載'는 행할 '재'로 읽고, '寢'은 잠잘 '침'으로 읽고, '之'는 어조사 '지'로 읽는다. '그것'을 나타내는 지시 대명사. '地'는 땅 '지'로 읽는다. '載寢之地'를 직역(直譯)하면, 땅에 그것('여자·女子'를 가리킴)이 잠자게 행한다(누인다). '載衣之裼'에서, '載'는 행할 '재'로 읽고, '衣'는 (옷 따위를) 덮을 '의'로 읽고, '裼'는 포대기(어린아이의 작은 이불을 일컫는 말. 덮고 깔거나 어린아이를 업을 때 사용함) '체'로 읽는다. 문맥에 따라 웃통 벗을 '석'으로 읽기도 한다. '載衣之裼'을 직역(直譯)하면, 포대기에 그것('여자 아이'를 가리킴)이 덮게 행한다(두른다). '載弄之瓦'에서, '載'는 행할 '재'로 읽고, '弄'은 즐길 '롱(농)'으로 읽고, '瓦'는 실패(실을 감아 두는, 작은 나무쪽 따위) '와'로 읽는데, 여기서는 흙으로 빚은 실패 모양의 완구(玩具. 장난감)를 의미한다. '載弄之瓦'를 직역(直譯)하면, 실패 장난감으로 그것('여자 아이'를 가리킴)이 즐기게 행한다(쥐어 준다). 여기서, '弄瓦之慶'이 유래하였는데, 이것을 직역(直譯)하면, 실패를 (가지고) 즐기는 경사(慶事)라는 뜻으로, 딸을 낳은 경사(慶事)나 즐거움을 이르는 말. 중국에서 딸을 낳으면 흙으로 만든 실패를 장난감으로 주었다는 데서 유래한다.

농와-지-희(弄瓦之喜 즐길 **농**/실패 **와**/어조사 **지**/기쁠 **희**) 실패를 (가지고) 즐기는 기쁨이라는 뜻으로, 딸을 낳은 즐거움을 이르는 말. 중국에서 딸을 낳으면 흙으로 만든 실패(실을 감아 두는 작은 나무쪽 따위)를 장난감으로 주었다는 데서 유래한다. =농와지경(弄瓦之慶). 🔁 농장지경(弄璋之慶). 농장지희(弄璋之喜). *농와(弄瓦): ☞농와지경(弄瓦之慶). *실패: ☞농와지경(弄瓦之慶). 유래는 '농와지경(弄瓦之慶)' 참고할 것.

농장-지-경(弄璋之慶 즐길 **농**/서옥 **장**/어조사 **지**/경사 **경**) 서옥(瑞玉)을 (가지고) 즐기는 경사(慶事). 즉, 구슬을 가지고 노는 경사(慶事)라는 뜻으로, 아들을 낳은 기쁨이나 즐거움을 이르는 말. =농장지희(弄璋之喜). 🔁 농와지경(弄瓦之慶). 농와지희(弄瓦之喜). *농장(弄璋): =농장지경(弄璋之慶). 즉, 아들을 낳은 기쁨이나 즐거움. *서옥(瑞玉): 부록 '장(璋)' 참고. 이 사자성어의 유래는 다음과 같다. 『시경(詩經)·소아(小雅)』의 「사간(斯干)」 편(篇)에 〈아들을 낳으면 침상에 누이고 고까옷을 입혀 손에 구슬을 쥐어 준다.(乃生男子, 載寢之牀, 載衣之裳, 載弄之璋.)〉라는 구절이 나오는데, '손에 구슬을 쥐어 준다.(載弄之璋)'에서, '농장지경(弄璋之慶)'이 유래했다. '농장지희(弄璋之喜)'라고도 한다. 참고로, 원문의 '乃生男子'에서, '乃'

는 이에(이러하여서 곧) '내'로 읽고, '生'은 낳을 '생'으로 읽고, '男'은 사내 '남'으로 읽고, '子'는 접미사 '자'로 읽는다. '乃生男子'를 직역(直譯)하면, 이에 남자를 낳으면, '載寢之牀'에서, '載'는 행할 '재'로 읽고, '寢'은 잠잘 '침'으로 읽고, '之'는 어조사 '지'로 읽는다. '그것'을 나타내는 지시 대명사. '牀'은 평상(平牀. 나무로 만든 침상·寢牀의 하나. 밖에 내어 앉거나 드러누워 쉴 수 있도록 만든 것) '상'으로 읽는다. '載寢之牀'을 직역(直譯)하면, 평상(平床)에 그것('남자 아이'를 가리킴)이 잠자게 행한다(누인다). '載衣之裳'에서, '載'는 행할 '재'로 읽고, '衣'는 옷을 입을 '의', 옷을 입힐 '의'로 읽고, '상(裳)'은 치마 '상', 산뜻한 모양 '상'으로 읽는다. '載衣之裳'을 직역(直譯)하면, 산뜻한 모양의 옷(고까옷)에 그것('남자 아이'를 가리킴)이 입도록 행한다(두른다). '載弄之璋'에서, '載'는 행할 '재'로 읽고, '璋'은 서옥(瑞玉) '장'으로 읽는다. 서옥(瑞玉) 모양의, 즐기는 장난감을 의미한다. '載弄之璋'을 직역(直譯)하면, 서옥(瑞玉) 장난감으로 그것('남자 아이'를 가리킴)이 즐기게 행한다(쥐어 준다). 여기서, '弄璋之慶'이 유래하였는데, 이것을 직역(直譯)하면, 서옥(瑞玉)을 (가지고) 즐기는 경사(慶事). 즉, 구슬을 가지고 노는 경사(慶事)라는 뜻으로, 아들을 낳은 기쁨이나 즐거움을 이르는 말. 예전에, 중국에서 아들을 낳으면 규옥(圭玉. 구슬 이름)으로 된 구슬의 덕(德. 고매하고 너그러운 도덕적 품성)을 본받으라는 뜻으로, 구슬을 장난감으로 주었다는 데서 유래한다.

농장-지-희(弄璋之喜 즐길 **농**/서옥 **장**/어조사 **지**/기쁠 **희**) 서옥(瑞玉)을 (가지고) 즐기는 기쁨(경사). 즉, 구슬을 가지고 노는 경사(慶事)라는 뜻으로, 아들을 낳은 기쁨을 이르는 말. 예전에, 중국에서 아들을 낳으면 규옥(圭玉. 구슬 이름)으로 된 구슬의 덕(德. 고매하고 너그러운 도덕적 품성)을 본받으라는 뜻으로 구슬을 장난감으로 주었다는 데서 유래한다. =농장지경(弄璋之慶). 〈참〉농와지경(弄瓦之慶). 농와지희(弄瓦之喜). *농장(弄璋): ☞농장지경(弄璋之慶). *서옥(瑞玉): 부록 '장(璋)' 참고. 유래는 '농장지경(弄璋之慶)' 참고할 것.

농조-연-운(籠鳥戀雲 새장 **농**/새 **조**/그리워할 **연**/구름 **운**) 새장에 (갇힌) 새가 구름을 그리워한다는 뜻으로, 속박(束縛. 사람의 행동의 자유를 빼앗음)을 당하여 자유가 없는 몸이 자유를 그리워함을 비유적으로 이르는 말. *농조(籠鳥): ①새장 안의 새. ②얽매어 자유가 없는 몸을 비유적으로 이르는 말.

농춘-화답(弄春和答 즐길 **농**/봄 **춘**/화답할 **화**/대답할 **답**) 봄을 즐기면서 화답(和答)하고 대답(對答)한다는 뜻으로, 봄의 정취(情趣. 정감을 불러일으키는 흥취)에 겨워('감정이나 정서가 거세게 일어나 누를 수 없어'의 뜻을 나타냄. 원형은 '겹다'이다) 서로 노래로 답(答)함을 이르는 말. *농춘(弄春): 봄을 즐김. *화답(和答): 시(詩)나 노래로 맞받아 답(答)함.

뇌고-함성(擂鼓喊聲 연마할 **뇌**/북 **고**/고함지를 **함**/소리 **성**) 북 (치는 것을) 연마(鍊·硏磨)하는 (것과) 고함 지르는 소리라는 뜻으로, 북을 빨리 치는 소리와, 여러 사람의 고함 소리를 이르는 말. *뇌고(擂鼓): 북을 쉴 새 없이 빨리 침. *함성(喊聲): 여럿이 함께 지르는 고함 소리. *연마하다(鍊·硏磨~): 부록 '뇌(擂)' 참고.

뇌-뇌-낙락(磊磊落落 대범할 **뇌**/대범할 **뇌**/떨어질 **낙**/떨어질 **락**) 대범(大泛)하고 대범(大泛)하게 떨어지고 떨어진다는 뜻으로, 마음이 매우 너그럽고 시원하여, 작은 일에 얽매이지 아니함을 이르는 말. *낙락(落落): ①큰 소나무의 가지 따위가 아래로 축축(물건 따위가 아래로 자꾸 늘어지거나 처진 모양) 늘어짐. ②사이가 멀리 떨어져 있어 여기저기 따로 있음. ③남과 어울리지 못하고 거리가 있음. ④작은 일에 얽매이지 아니하고 대범함. *대범하다(大泛~): 사물에 대하여 잘게 굴거나 까다롭지 않다.

뇌동-부화(雷同附和 우레 **뇌**/한가지 **동**/붙을 **부**/화할 **화**) 뇌동(雷同)과 부화(附和)라는 뜻으로, 자기에게 일정한 주의(主義. 사상이나 학설, 혹은 사물의 처리 방법 따위에서, 굳게 지켜 변하지 않는 일정한 이론이나 태도. 또는 방침이나 주장), 주장(主張. 자기의 학설이나 의견 따위를 굳이 내세움. 또는 그 학설이나 의견)이 없이 남의 말이나 의견에 덩달아 함께 놀아남을 이르는 말. =부화뇌동(附和雷同). *뇌동(雷同): 주견(主見. 주된 의견)이 없이 남의 의견에 무턱대고 동조(同調. 남의 의견이나 주장 따위에 찬동하여 따름. 또는 보조를 같이함)함. *부화(附和): 주견(主見)이 없이 경솔하게 남의 의견에 따름. *우레: 부록 '뇌(雷)' 참고. *한가지: 부록 '동(同)' 참고. *화하다(和~): 부록 '화(和)' 참고.

뇌-려-풍비(雷勵風飛 우레 **뇌**/힘쓸 **려**/바람 **풍**/날 **비**) 우레 (소리가) 힘쓰듯이 (나고), 바람이 날아갈 (듯이 분다.) 즉, 우레가 격렬하고 바람이 빠르게 인다는 뜻으로, ①일하는 솜씨가 벼락같이 빠름을 비유적으로 이르는 말. ②명령이 엄함을 비유적으로 이르는 말. *풍비(風飛): 바람을 타고 날아 흩어짐. *우레: 부록 '뇌(雷)' 참고. *힘쓰다: 부록 '려(勵)' 참고.

뇌-봉-전-별(雷逢電別 우레 **뇌**/만날 **봉**/번개 **전**/헤어질 **별**) 우뢰같이 만났다가 번개같이 헤어진다는 뜻으로, 잠깐 만났다가 곧 헤어짐을 비유적으로 이르는 말. *우레: 부록 '뇌(雷)' 참고. *번개: 부록 '전(電)' 참고. 《관련 속담》만나자 이별이다.

뇌성-대명(雷聲大名 우레 **뇌**/소리 **성**/클 **대**/이름 **명**) 우레의 소리(천둥소리)와 (같은) 큰 이름이라는 뜻으로, ①세상에 널리 드러나 알려진 이름을 이르는 말. ②남의 이름을 높여 이르는 말. *뇌성(雷聲): 우렛소리. 또는 천둥소리. *대명(大名): ①널리 알려진 훌륭한 이름이라는 뜻으로, 상대편을 높이어 그의 이름을 이르는 말. ②큰 명예를 이르는 말. *우레: 부록 '뇌(雷)' 참고.

뇌성-벽력(雷聲霹靂 우레 **뇌**/소리 **성**/벼락 **벽**/벼락 **력**) 우레의 소리(천둥소리)와 벼락을 아울러 이르는 말. 囲 뇌정벽력(雷霆霹靂). *뇌성(雷聲): ☞뇌성대명(雷聲大名). *벽력(霹靂): =벼락. 즉, 전기를 가진 구름과 구름 사이, 또는 구름과 땅 사이에서 일어나는 방전(放電. 전기를 띤 물체에서, 전기가 외부로 흘러나오는 현상) 현상. 이 때, 번개와 천둥이 따른다. *우레: 부록 '뇌(雷)' 참고.

뇌정-벽력(雷霆霹靂 우레 **뇌**/우레 **정**/벼락 **벽**/벼락 **력**) 우레와 벼락이라는 뜻으로, 천둥과 벼락이 격렬하게 침. 또는 그런 천둥과 벼락을 이르는 말. 囲 뇌성벽력(雷聲霹靂). *뇌정(雷霆): =천둥. 즉, 벼락이나 번개가 칠 때에 하늘이 요란하게 울리는 일. 또는 그때 일어나는 소리. *벽력(霹靂): ☞뇌성벽력(雷聲霹靂). *우레: 부록 '뇌(雷)', '정(霆)' 참고. *벼락: 부록 '벽(霹)', '력(靂)' 참고.

누거만-금(累巨萬金 거듭할 **누**/클 **거**/일만 **만**/금 **금**) 누거만(累巨萬)의 금(金)이라는 뜻으로, 매우 많은 돈을 이르는 말. *누거만(累巨萬): 매우 많음. 또는 매우 많은 액수.

누거만-년(累巨萬年 거듭할 **누**/클 **거**/일만 **만**/해 **년**) 누거만(累巨萬)의 해[年]라는 뜻으로, 아주 오랜 세월을 이르는 말. *누거만(累巨萬): ☞누거만금(累巨萬金).

누거만-재(累巨萬財 거듭할 **누**/클 **거**/일만 **만**/재물 **재**) 누거만(累巨萬)의 재물(財物)이라는 뜻으로, 매우 많은 재산을 이르는 말. *누거만(累巨萬): ☞누거만금(累巨萬金). *재물(財物): 부록 '재(財)' 참고.

누-골-명심(鏤骨銘心 새길 **누**/뼈 **골**/새길 **명**/마음 **심**) 뼈에 새기고 마음에 새긴다는 뜻으로, 어떤 일을 뼈에 새길 정도로, 마음속 깊이 새겨 두고 잊지 아니함을 이르는 말. =각골명심(刻骨銘心). *명심(銘心):

마음에 새기어 둠.

누누-중-총(累累衆冢 거듭할 **누**/거듭할 **누**/무리 **중**/무덤 **총**) 거듭하고 거듭하여 (있는) 무리의 무덤(<u>시체나 유골을 묻은 곳</u>)이라는 뜻으로, 다닥다닥 잇닿아 있는 많은 무덤들을 이르는 말. *누누(累累): 말 따위를 여러 번 반복함.

누대-봉사(累代奉祀 여러 **누**/대 **대**/받들 **봉**/제사 **사**) 여러 대(代)의 조상의 제사(祭祀)를 받듦. *누대(累代): 여러 대(代)를 이르는 말. *봉사(奉祀): 조상의 제사를 받들어 모심.

누대-분산(累代墳山 여러 **누**/대 **대**/무덤 **분**/뫼 **산**) 여러 대(代)의 무덤과 뫼(<u>'산'의 옛말</u>)라는 뜻으로, 여러 대(代)의 조상들이 묻혀 있는 묘지. 또는 그런 묘지가 있는 곳을 이르는 말. *누대(累代): ☞누대봉사(累代奉祀). *분산(墳山): 무덤을 쓴 산.

누대-연척(累代連戚 여러 **누**/대 **대**/이을 **연**/친족 **척**) 여러 대(代)에 이은 친족(親族)이라는 뜻으로, 여러 대(代)를 거쳐 내려오면서 생긴, 이리저리 걸리는 친척붙이를 이르는 말. *누대(累代): ☞누대봉사(累代奉祀). *연척(連戚): =인척(姻戚). 즉, 혼인(婚姻)에 의하여 맺어진 친척. *친족(親族): 부록 '척(戚)' 참고.

누대-청덕(累代淸德 여러 **누**/대 **대**/맑을 **청**/덕 **덕**) 여러 대(代)의 맑은 덕(德)이라는 뜻으로, 여러 대(代)를 거쳐 내려오는 맑은 덕(德, <u>고매하고 너그러운 도덕적 품성</u>)을 이르는 말. *누대(累代): ☞누대봉사(累代奉祀). *청덕(淸德): 청렴하고 고결한 덕행(德行, <u>어질고 착한 행실</u>)을 이르는 말.

누란-지-세(累卵之勢 포갤 **누**/알 **란**/어조사 **지**/형세 **세**) 포갠 알의 형세(形勢). 즉, 층층이 쌓아 놓은 알의 형세(形勢)라는 뜻으로, 포개어 놓은 알처럼 몹시 불완전하고 위태로운 형세(形勢)를 비유적으로 이르는 말. 🈁 누란지위(累卵之危). 🈁 위여누란(危如累卵). *누란(累卵): 층층이 쌓아 놓은 알이란 뜻으로, 몹시 불안정하고 위태로운 상태나 형편을 비유적으로 이르는 말. *형세(形勢): 어떠한 일의 형편이나 상태.

누란-지-위(累卵之危 포갤 **누**/알 **란**/어조사 **지**/위태할 **위**) 포갠 알의 위태로움. 즉, 층층이 쌓아 놓은 알의 위태로움이라는 뜻으로, 포개어 놓은 알처럼 몹시 아슬아슬한 위기(危機)를 비유적으로 이르는 말. 또는 달걀을 쌓아 놓은 것같이 매우 위태로운 형세를 이르는 말. 🈁 누란지세(累卵之勢). 🈁 위여누란(危如累卵). *누란(累卵): ☞누란지세(累卵之勢). 이 사자성어의 유래는 다음과 같다. 전한(前漢) 때 유향(劉向)이 지은 「극간용외척봉사(極諫用外戚封事)」에 〈왕(王)씨와 유(劉)씨는 함께 설 수 없습니다. 마치 아래에 태산(泰山)과 같은 안정(安定)이 있고, 위에는 알을 쌓아 놓은 위험(危險)이 있는 것 같습니다.(王氏與劉氏亦且不并立. 如下有泰山之安, <u>**則上有累卵之危.**</u>)〉라는 이야기가 나오는데, '위에는 알을 쌓아 놓은 위험(危險)이 있는 것 같습니다.(則上有累卵之危.)'에서, '누란지위(累卵之危)'가 유래했다. 참고로, 원문의 '王氏與劉氏亦且不并立'에서, '氏'는 성씨(姓氏) 씨로 읽고 '與'는, 여기서는 어조사 '여'로 읽는다. '~와', '~과(병렬)'의 뜻을 나타냄. '劉'는 성씨(姓氏) '유'로 읽는다. '王氏與劉氏'를 직역(直譯)하면, 왕씨(王氏)와 유씨(劉氏)는, '亦'은 또 '역', 또한 '역'으로 읽고, '且'는 또 '차', 또한 '차'로 읽고, '并'은 아우를(<u>여럿을 모아 한 덩어리나 한 판이 되게 함</u>) '병'으로 읽고, '立'은 설 '립(입)'으로 읽는다. '并立'은 나란히 섬. 또는 함께 섬. '王氏與劉氏亦且不并立'을 직역(直譯)하면, 왕씨와 유씨는 또한 나란히 서지 못하니, '如下有泰山之安'에서, '如'는 같을 '여'로 읽고, '下'는 아래 '하'로 읽고, '有'는 있을 '유'로 읽는다. '如下有'를 직역(直譯)하면, 아래에 ~이 있는 것과 같음. '泰'는 클 '태'로 읽고, '之'는 어조사 '지'로 읽는다. '~의'를 나타내는 관형격 조사. '安'은 편안 '안'으로 읽는다. '如下有泰山之安'을 직역(直譯)하면, 아래에 태산(泰山)과 같은 안정(安定)이 있는 것과 같고, '則上有累卵之危'에서, '則'은 곧 '즉'으로 읽고, '上'은 위 '상'으로 읽고, '有'는 있을 '유'로 읽고, '累'는 포갤 '루(누)'로 읽고, '卵'은 알 '란(난)'으로 읽고, '之'는 어조사 '지'로 읽는다. '~의'를 나타내는 관형격 조사. '危'는 위태할 '위'로 읽는다. '則上有累卵之危'를 직역(直譯)하면, 곧 위에는 포갠 알의 위태로움이 있는 것과 (같습니다). 여기서, '累卵之危'가 유래하였는데, 이것을 직역(直譯)하면, 포갠 알의 위태로움. 즉, 층층이 쌓아 놓은 알의 위태로움이라는 뜻으로, 포개놓은 알처럼 몹시 아슬아슬한 위기(危機)를 비유적으로 이르는 말. 또는 매우 위태로운 형세를 이르는 말. 또, 후한(後漢)의 사상가(思想家)인 왕부(王符)가 지은 『잠부론(潛夫論)』에 〈알을 쌓아 놓은 것 같은 위험에 처해 있으면서도 태산과 같은 안정을 도모한다.(居累卵之危而圖泰山之安)〉라는 구절에서도, '누란지위(累卵之危)'가 유래했다. 참고로, 원문의 '居累卵之危而圖泰山之安'에서, '居'는 살 '거', 있을 '거'로 읽고, '累'는 포갤 '루(누)'로 읽고, '卵'은 알 '란(난)'으로 읽고, '之'는 어조사 '지'로 읽는다. '~의'를 나타내는 관형격 조사. '危'는 위태할 '위'로 읽고. '而'는 말 이을 '이'로 읽는다. '그리고'의 뜻을 나타냄. '圖'는 꾀할 '도', 도모할(圖謀~. 어떤 일을 이루기 위하여 대책과 방법을 세움) '도'로 읽고, '泰'는 클 '태'로 읽고, '山'은 뫼('산'의 옛말) '산'으로 읽고, '之'는 어조사 '지'로 읽는다. ~의를 나타내는 관형격 조사. '安'은 편안(便安) '안'으로 읽는다. '居累卵之危而圖泰山之安'을 직역(直譯)하면, 포개어 놓은 알의 위태로움에 있으면서도 그리고 태산과 같은 편안함(안정)을 도모한다.

누-시-누-험(屢試屢驗 여러 **누**/시험할 **시**/여러 **누**/시험할 **험**) 여러 (번) 시험(試驗)하고 (또) 여러 (번) 시험(試驗)한다는 뜻으로, 여러 번 시험(試驗)하고 여러 번 살피고 경험함을 이르는 말. *시험하다(試驗~): 부록 '시(試)' 참고.

누항-단표(陋巷簞瓢 더러울 **누**/거리 **항**/도시락 **단**/바가지 **표**) 더러운 거리에서의 도시락과 바가지. 즉, 누항(陋巷)에서 먹는 한 그릇의 밥과 한 바가지의 물이라는 뜻으로, 선비의 청빈(淸貧. 청렴결백하며 재물에 대한 욕심이 없이 가난함)한 생활을 이르는 말. 또는 소박한 시골 생활을 비유적으로 이르는 말. =단표누항(簞瓢陋巷). *누항(陋巷): ①좁고 지저분하며 더러운 거리. ②자기가 사는 거리나 동네를 겸손하게 이르는 말. *단표(簞瓢): =단사표음(簞食瓢飮). 즉, 대나무로 만든 밥그릇에 담은 밥과 표주박(조롱박이나 둥근 박을 반으로 쪼개어 만든 작은 바가지)에 든 물이라는 뜻으로, 청빈하고 소박한 생활을 이르는 말. 이 사자성어의 유래는 다음과 같다. 『논어(論語)』의 「옹야(雍也)」 편(篇)에 〈어질도다. 안회(顔回)여, 한 대그릇(대로 만든 그릇)의 밥을 먹고 한 쪽박의 물을 마시면서 누추한 곳에 살면, 다른 사람은 그 근심을 견디어 내지 못하거늘, 안회(顔回)는 즐거움을 잃지 않는구나. 어질도다. 안회(顔回)여.(賢哉回也, 一簞食一瓢飮在陋巷, 人不堪其憂, 回也不改其樂, 賢哉回也.)〉라는 이야기가 나오는데, '한 대그릇(대로 만든 그릇)의 밥을 먹고 한 쪽박의 물을 마시면서 누추한 곳에 살면,(一簞食一瓢飮在陋巷)'에서, '누항단표(陋巷簞瓢)'가 유래했다. 이 이야기의 배경은 이렇다. 중국 춘추시대의 사상가이며 학자인 공자(孔子)에게는 3천여 명의 제자가 있었으며, 육예(六藝)에 정통한 제자만도 77명이었다. 여기서 '육예(六藝)'는 고대 중국 교육의 6가지 과목을 이르는 말. 예(禮), 악(樂), 사(射), 어(御), 서(書), 수(數) 따위를 일컫는다. 그 가운데는 자공(子貢)처럼 이재(理財. 재산을 잘 관리함)에 밝은 사람이 있었는가 하면, 자로(子路)처럼 벼슬길에 나아가 성공한 사람도 있고, 안회(顔回)처럼 학문을 좋아하는 사람도 있었다. 그 가운데에서도 공자(孔子)가 가장 사랑하고 아끼던 제자는 안회(顔回)였다. 안회(顔回)는 평생 지게미(술을 거르고 난 찌끼)조차 배불리 먹어 본 적이 없을 정도로 찢어지게 가난하여, 끼니 거르기를 밥 먹듯 했지만 가난을 부끄럽게 여기지 않고 학문에 힘썼다. 이런 안회(顔回)를 보고 공자(孔子)는 위의 이야기처럼 칭찬을 아끼지 않았던 것이다. 하지만 안회(顔回)는 젊은 나이에 요절(夭折. 젊어서 일찍 죽음)하고 말았는데, 안회(顔回)가 죽자, 공자(孔子)는 하늘이 자신을 버렸다며 대성통곡(大聲痛哭. 본문 참고)을 했다. 이처럼 안회(顔回)의 지극히 빈한한(貧寒. 살림이 몹시 가난하여 집안이 쓸쓸한) 삶에서 '누항단표(陋巷簞瓢)', '단사표음(簞食瓢飮)', '단표누항(簞瓢陋巷)'이 유래했다. 참고로, 원문의 '賢哉回也'에서, '賢'은 어질 '현'으로 읽고, '哉'는 어조사 '재'로 읽는다. '~이도다', '~이로구나'(영탄)의 뜻을 나타냄. '回'는 돌아올 '회'로 읽는다. 여기서는 '안회(顔回)'를 가리킴. '也'는 어조사 '야'로 읽는다. '~이여(영탄)'의 뜻을 나타냄. '賢哉回也'를 직역(直譯)하면, 어질도다. 안회(顔回)여. '一簞食一瓢飮在陋巷'에서, '一'은 한 '일'로 읽고, '簞'은 도시락 또는 소쿠리(대나 싸리로 엮어 테가 있게 만든 그릇) '단'으로 읽고, '食'는 밥 '사'로 읽고, '瓢'는 바가지 또는 표주박(조롱박이나 둥근 박을 반으로 쪼개어 만든 작은 바가지) '표'로 읽고, '飮'은 마실 '음'으로 읽고, '在'는 있을 '재'로 읽고, '陋'는 더러울 '루(누)'로 읽고, '巷'은 거리 '항'으로 읽는다. '一簞食一瓢飮在陋巷'을 직역(直譯)하면, 한 도시락의 밥을 먹고 한 바가지의 (물을) 마시면서 더러운 거리에 있으면. 여기서, '陋巷簞瓢'가 유래하였는데, 이것을 직역(直譯)하면, 더러운 거리에서의 도시락과 바가지. 즉, 누항(陋巷)에서 먹는 한 그릇의 밥과 한 바가지의 물이라는 뜻으로, 선비의 청빈(淸貧. 청렴결백하며 재물에 대한 욕심이 없이 가난함)한 생활을 이르는 말. 또는 소박한 시골 생활을 비유적으로 이르는 말. '人不堪其憂'에서, '人'은 사람 '인'으로 읽고, '不'은 아닐(부정하는 말) '불'로 읽고, '堪'은 견딜 '감'으로 읽고, '其'는 그(지시하는 말) '기'로 읽고, '憂'는 근심 '우'로 읽는다. '人不堪其憂'를 직역(直譯)하면, (다른) 사람은 그 근심을 견디지 못하거늘, '回也不改其樂'에서, '也'는 어조사 '야'로 읽는다. '~이다(단정)'의 뜻을 나타냄. '改'는 바꿀 '개'로 읽고, '樂'은 즐거울 '락(낙)'으로 읽는다. '回也不改其樂'을 직역(直譯)하면, 안회(顔回)는 그 즐거움을 바꾸지(잃지) 않는다.

눌언-민-행(訥言敏行 말 더듬을 **눌**/말씀 **언**/민첩할 **민**/행할 **행**) 말은 더듬어도 행(行)하는 것은 민첩(敏捷)하다는 뜻으로, 말은 느려도 실제 행동은 재빠르고 능란(能爛. 어떤 일에 썩 익숙함)함을 이르는 말. *눌언(訥言): 더듬거리는 말. *민첩하다(敏捷~): 부록 '민(敏)' 참고. *행하다(行~): (작정한 대로) 하여 나가다.

능견-난사(能見難思 능할 **능**/볼 **견**/어려울 **난**/생각 **사**) 보는 (것은) 능하지만 생각은 어렵다는 뜻으로, 눈으로 볼 수 있지만 이치(理致)를 알기가 어려운 일을 이르는 말. 즉, 잘 살펴보아도 짐작하기 어렵듯이 눈으로 볼 수는 있으나, 보통의 이치(理致)로는 그 내용을 미루어 짐작할 수 없음을 이르는 말. *능견(能見): 잘 볼 수 있음. *난사(難思): 불법(佛法. 부처의 가르침)이 넓고 깊어 헤아리기 어려움. 즉, 부처의 가르침을 찬탄(贊·讚嘆. 깊이 감동하여 찬양함)하는 말이다. *능하다(能~): 부록 '능(能)' 참고.

능곡-지-변(陵谷之變 언덕 **능**/골 **곡**/어조사 **지**/변할 **변**) 언덕과 골(골짜기)의 변함. 즉, 언덕이 골 되고 골이 언덕이 되듯이 언덕과 골짜기가 뒤바뀐다는 뜻으로, 세상일이 극심하게 뒤바뀜. 또는 세상일의 변천이 극심함을 비유적으로 이르는 말. =상창지변(桑滄之變). *능곡(陵谷): 언덕[陵]과 골짜기[谷]를 아울러 이르는 말. 상하(上下), 고저(高低) 따위의 비유(比·譬喻. 어떤 사물의 모양이나 상태 따위를 보다 효과적으로 표현하기 위하여 그것과 비슷한 다른 사물에 빗대어 표현함. 또는 그 표현 방법)로도 쓴다. *골: 부록 '곡(谷)' 참고.

능-대-능-소(能大能小 능할 **능**/클 **대**/능할 **능**/작을 **소**) 큰일에도 능(能)하고 작은 일에도 능(能)하다. 즉, 크게도 하고 작게도 한다는 뜻으로, 큰일이나 작은 일이나 임기응변(臨機應變. <u>본문 참고</u>)으로 잘 처리해냄을 이르는 말. *능하다(能~): 부록 '능(能)' 참고.

능라-금수(綾羅錦繡 비단 **능**/비단 **라**/비단 **금**/수놓을 **수**) 비단(緋緞)과, 비단(緋緞)에다 수(繡)를 놓은 비단(緋緞)이라는 뜻으로, 명주실로 짠 피륙(<u>순우리말로, 실로 짠 베</u>)을 통틀어 이르는 말. *능라(綾羅): 두꺼운 비단과 얇은 비단. *금수(錦繡): 수놓은 비단. *비단(緋緞): 명주실로 두껍고 광택이 나게 짠 피륙을 통틀어 이르는 말.

능라-금의(綾羅錦衣 비단 **능**/비단 **라**/비단 **금**/옷 **의**) 비단(緋緞)과 비단(緋緞)에다 옷을 지은 비단(緋緞)이라는 뜻으로, 온갖 비단으로 지은 아름다운 옷들을 이르는 말. *능라(綾羅): ☞능라금수(綾羅錦繡). *금의(錦衣): =비단옷. 즉, 비단으로 지은 옷을 통틀어 이르는 말. *비단(緋緞): ☞능라금수(綾羅錦繡).

능라-주의(綾羅紬衣 비단 **능**/비단 **라**/명주 **주**/옷 **의**) 비단옷과 명주옷을 아울러 이르는 말. *능라(綾羅): ☞능라금수(綾羅錦繡). *주의(紬衣): =명주옷. 즉, 명주로 지은 옷. *비단(緋緞): ☞능라금수(綾羅錦繡).

능-모-선-단(能謨善斷 능할 **능**/꾀 **모**/훌륭할 **선**/결단할 **단**) 능(能)한 꾀와 훌륭한 결단(決斷)이라는 뜻으로, 일을 잘 계획하고 훌륭한 결단(決斷)을 내림을 이르는 말. *능하다(能~): 부록 '능(能)' 참고. *꾀: 부록 '모(謨)' 참고. *결단하다(決斷~): 딱 잘라 결정하거나 단안(斷案. <u>어떤 사항에 대한 생각을 딱 잘라 말함. 또는 그렇게 결정된 생각</u>)을 내리다.

능문-능필(能文能筆 능할 **능**/글월 **문**/능할 **능**/붓 **필**) 글이 능(能)하고 붓이 능(能)하다는 뜻으로, 글 짓는 솜씨와 글씨가 모두 능(能)함. 또는 그런 사람을 이르는 말. *능문(能文): 글에 능함. 또는 능한 글. *능필(能筆): ①잘 쓴 글씨. ②글씨를 잘 쓰는 사람. *능하다(能~): 부록 '능(能)' 참고.

능-소-능-대(能小能大 능할 **능**/작을 **소**/능할 **능**/클 **대**) 작은 일에도 능(能)하고 큰일에도 능(能)하다. 즉, 작은 일도 잘하고 큰일도 잘한다는 뜻으로, ①모든 일에 두루 능(能)함을 이르는 말. ②남들과 사귀는 수완(手腕. <u>일을 꾸미거나 치러나가는 재간</u>)이 아주 능(能)함을 이르는 말. *능하다(能~): 부록 '능(能)' 참고.

능수-능란(能手能爛 능할 **능**/손 **수**/능할 **능**/무르녹을 **란**) 손에 능(能)함이 무르녹을 (만큼) 능(能)하다는 뜻으로, 일 따위에 익숙하고 솜씨가 좋음을 이르는 말. 여기서, '익숙하다'는 순우리말로, 손에 익어서 매우 능란하다. 또는 자주 보거나 들어서 눈에 환하다. *능수(能手): 어떤 일에 능란한 솜씨. 또는 그런 사람. *능란(能爛): 어떤 일에 썩 익숙함. *능하다(能~): 부록 '능(能)' 참고. *무르녹다: ①(과일이나 삶은 음식이) 익을 대로 익어 흐무러지다. ②(무슨 일이) 한창 고비에 이르다. 여기서는 ②의 뜻.

능언-앵무(能言鸚鵡 능할 **능**/말씀 **언**/앵무새 **앵**/앵무새 **무**) 말의 능(能)함이 앵무새와 앵무새다. 즉, 말은 능하나 실제는 흉내만 내는 앵무새 같다는 뜻으로, 말 잘하는 앵무새처럼 말은 잘하나 실제 학문은 없는 사람을 비유적으로 이르는 말. *능언(能言): =능변(能辯). 즉, 막히는 데 없이 말을 술술 잘함. 또는 그런 말. ↔눌변(訥辯). *앵무(鸚鵡): =앵무새. 즉, 앵무샛과의 새를 이르는 말. 모관(毛冠. <u>더부룩하게 털로 된 새의 볏</u>)이 있고, 꼬리가 짧음. 부리는 검고 굵으며 끝이 굽어 있음. 과일이나 풀씨 따위를 먹으며, 사람이나 다른 동물의 소리를 잘 흉내 냄. 열대지방이 원산이다. *능하다(能~): 부록 '능(能)' 참고. 《관련 속담》 빛 좋은 개살구. / 속 빈 강정.

능운-지-지(凌雲之志 능가할 **능**/구름 **운**/어조사 **지**/뜻 **지**) 구름을 능가(凌駕)한다는 뜻으로, 속세(俗世. 세속의 사람들이 사는 일반의 사회)를 떠나서 초탈(超脫. 세속이나 어떤 한계 따위를 뛰어넘어 벗어남)하려는 마음을 비유적으로 이르는 말. *능운(凌雲): ①구름을 헤치고 나간다는 뜻으로, 용기가 성(盛)함을 이르는 말. ②속세(俗世)를 떠나서 초탈(超脫)함. 여기서, '속세(俗世)'는 불가(佛家)에서, 속인(俗人. 불교에 귀의하지 않은 사람)들이 사는 일반 사회를 이르는 말. *능가하다(凌駕~): 남을 앞지르다.

능지-처참(凌·陵遲處斬 짓밟을 **능**/기다릴 **지**/처리할 **처**/벨 **참**) (팔다리를) 짓밟고 기다린 (뒤에), (목을) 베고 처리(處理)한다는 뜻으로, 대역죄(大逆罪. 왕권을 침해하거나 부모를 살해하는 큰 죄를 지은 죄)를 범한 자(者)에게 내리던 극형(極刑. 가장 무거운 형벌이라는 뜻으로, 사형을 이르는 말)을 이르는 말. 죄인을 죽인 뒤 시신(屍身)의 머리, 몸, 팔, 다리를 토막 쳐서 각 지역에 돌려 보이는 형벌(刑罰)이다. 참 능지처사(陵遲處死). *능지(凌·陵遲): =능지처참(陵遲處斬). *처참(處斬): 목을 베어 죽이는 형벌에 처함. *처리하다(處理~): ①(사무나 사건을) 정리하여 치우거나 마무리를 짓다. ②(어떤 결과를 얻으려고) 화학적, 물리적 작용을 일으키다.

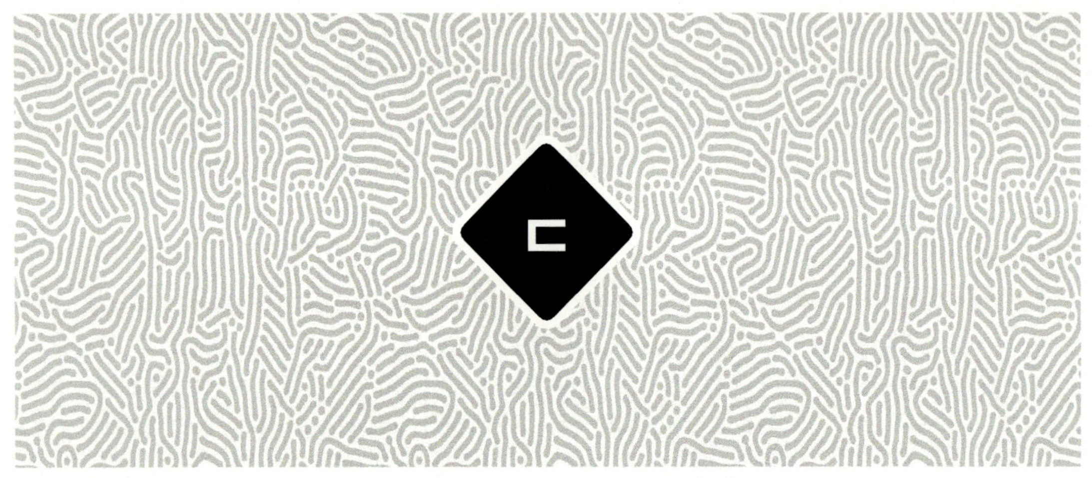

다감-다정(多感多情 많을 **다**/느낄 **감**/많을 **다**/정 **정**) 느낌이 많고 정(情)이 많다. 즉, 다감(多感)하고 다정(多情)하다는 뜻으로, 정(情)이 많고 감정(感情)이 풍부함을 이르는 말. 또는 감수성(感受性. 외부 세계의 자극을 받아들이고 느끼는 성질)이 예민하여 감동하기 쉬움을 이르는 말. =다정다감(多情多感). *다감(多感): (예사로운 일에도) 감동하기 쉬움. 또는 감정이 풍부함. 감수성이 예민함. *다정(多情): ①정이 많음. ②매우 정다움. 또는 사귐이 두터움.

다감-다한(多感多恨 많을 **다**/느낄 **감**/많을 **다**/한할 **한**) 느낌이 많고 한(恨)할 일이 많다. 즉, 다감(多感)하고 다한(多恨)하다는 뜻으로, 느낌도 많고 한(恨)도 많음을 이르는 말. *다감(多感): ☞다감다정(多感多情). *다한(多恨): 한스러움이 많음. 또는 원한(怨恨. 억울하고 원통한 일을 당하여 응어리진 마음)이 많음.

다기-망양(多岐亡羊 많을 **다**/갈림길 **기**/잃을 **망**/양 **양**) 갈림길이 많아 양(羊)을 잃는다. 즉, 달아난 양을 찾으려 할 때 갈림길이 많아, 끝내는 양(羊)을 잃는다는 뜻으로, ①학문의 길이 여러 갈래로 나뉘어 있어서 진리를 깨치거나 얻기 어려움을 비유적으로 이르는 말. ②방침(方針. 앞으로 일을 치러 나갈 방향과 계획)이 많아서 어찌할 바를 모름을 비유적으로 이르는 말. ③어떤 일을 할 때 정확한 방향을 잡지 못하고 오락가락하다가 실패하는 것을 비유적으로 이르는 말. 圓 망양지탄(亡羊之歎·嘆). 参 기로망양(岐路亡羊). *다기(多岐): ①갈래가 많음. ②여러 방면에 걸침. *망양(亡羊): ①독서를 하다가 양을 잃고, 노름을 하다가 양을 잃었다는 뜻으로, 하는 일은 달라도 한 가지 일에 전념하지 아니하고 이것저것 하면 실패함을 이르는 말. ②=망양지탄(亡羊之歎·嘆). *갈림길: ①갈라진 길. ②어느 한쪽을 선택해야 할 처지. 《관련 속담》 사공이 많으면 배가 산으로 간다(올라간다). 이 사자성어의 유래는 다음과 같다. 열어구(列御寇)의 『열자(列子)』의 「설부(說符)」 편(篇)에 〈심도자(沈都子)가 말했다. "대도(大道)는 많은 갈림길로 인해 양(羊)을 잃고, 학자(學者)는 많은 방법으로 인해 목숨을 잃는다."(心都子曰, **大道以多岐亡羊**, 學者以多方喪生.)〉라는 말이 나오는데, '대도(大道)는 많은 갈림길로 인해 양(羊)을 잃고,(大道

以多岐亡羊)'에서, '다기망양(多岐亡羊)'이 유래했다. '기로망양(岐路亡羊)'이라고도 한다. 『열자(列子)』의
저자인 '열어구(列御寇)'는 중국 춘추전국(春秋戰國) 시대(기원전 475년~221년)의 사상가(思想家)인 열
자(列子)의 본명(本名)이다. 또 『열자(列子)』는 기원전 400년 경에 만들어진 책으로, 『노자(老子)』, 『장자
(莊子)』와 함께 3대 도가(道家. 중국의 선진 시대·先秦時代 이래, 노장·老莊의 무위자연·無爲自然의 사
상을 따르던 학자를 통틀어 이르는 말)에 속하며, 고대(古代) 우화(寓話. 인격화한 동식물이나 기타 사물
을 주인공으로 하여 그들의 행동 속에 풍자와 교훈의 뜻을 나타내는 이야기)의 보고(寶庫. 보물처럼
귀중한 것이 많이 나거나 간직 되어 있는 곳)이다. 위의 심도자(沈都子)가 한 말의 배경은 이렇다. 양자
(楊子)의 이웃집에서 양(羊)을 잃자, (양의 주인은) 동네 사람들을 이끌고 또 양자(楊子)의 노복(奴僕.
사내 종)에게도 청(請)하여 양(羊)을 쫓아가려 했다. 즉, 동네 사람들은 물론이고 양자(楊子)네 집 하인들
까지도 양(羊)을 찾기 위해 총동원되었다는 말이다. 양자(楊子)가 물었다. "양(羊) 한 마리를 잃었을 뿐인
데, 어찌 그렇게 쫓는 사람이 많소?" "갈림길이 많기 때문이오." 양(羊) 주인이 돌아오자, 양자(楊子)가
물었다. "양(羊)을 찾았소?" "잃었습니다." "어째 잃었소?" "갈림길에 또 갈림길이 있어서 어디로 갔는지
알 수가 없어 되돌아왔습니다." 양자(楊子)는 한동안 걱정스런 안색으로 변하더니 종일 웃지도 않았다.
제자들이 이상하게 생각하고 물었다. "양(羊)은 귀중한 가축도 아니고, 더군다나 (양·羊은 선생님의 이
웃집의 것이지) 선생님의 것도 아닌데, 말씀과 웃음을 잃는 것은 무슨 까닭인가요?" 양자(楊子)는 대답
이 없었다. 그러던 어느 날 제자 중에서 한 명이 선배인 심도자(沈都子)를 찾아가 그간의 상황을 전하면
서 스승인 양자(楊子)가 침묵하는 까닭을 물었던 것이다. 이때 심도자(沈都子)는 2가지 말을 했다. 첫째
는 "대도(大道. 크고 넓은 길)는 많은 갈림길로 인해 양(羊)을 잃고,"이다. 큰 길에는 갈림길이 하도
많기 때문에 양을 잃어 버렸다는 것이다. 모든 일에는 선택과 집중이 필요하다는 것을 우리에게 가르쳐
주고 있다. 둘째는 "학자(學者)는 많은 방법으로 인해 목숨을 잃는다."이다. 학자(學者)는 다방면으로
배우기 때문에 본성(本性)을 잃어버린다는 것이다. 학문이란 본래 근본은 하나였는데, 그 근본을 잊고
지엽적인 갈래에서 헤매고 집착하게 되면, 얻고자 하는 것을 제대로 얻을 수 없다는 말이다. 이 말
역시 선택과 집중을 강조하고 있다. 결국 선생님('양자·楊子'를 가리킴)께서 갈림길 같은 곁가지에 빠져
자기의 본성을 잃어버린 현실이 안타까워 침묵하고 계시는 것이라고 심도자(沈都子)는 파악하고 있는
것이다. 참고로, 원문의 '心都子曰'에서, '心'은 마음 '심'으로 읽고, '都'는 도읍(都邑. 한 나라의 중앙
정부가 있는 곳. =서울) '도'로 읽고, '子'는 아들 '자'로 읽는다. '心都子'는 사람 이름. '心都子曰'을 직역
(直譯)하면, 심도자(沈都子)가 말하기를, '大道以多岐亡羊'에서, '大'는 클 '대'로 읽고, '道'는 길 '도'로
읽고, '以'는 써(그것을 가지고, 그것으로 인하여) '이'로 읽고, '多'는 많을 '다'로 읽고, '岐'는 갈림길
'기'로 읽고, '亡'은 잃을 '망'으로 읽고, '羊'은 양 '양'으로 읽는다. '大道以多岐亡羊'을 직역(直譯)하면,
큰 길은 많은 갈림길로 인하여 양(羊)을 잃고, 여기서, '多岐亡羊'이 유래하였는데, 이것을 직역(直譯)하
면, 갈림길이 많아 양(羊)을 잃는다. 즉, 달아난 양을 찾으려 할 때 갈림길이 많아, 끝내는 양(羊)을
잃는다는 뜻으로, ①학문의 길이 여러 갈래로 나뉘어 있어서 진리를 깨치거나 얻기 어려움을 비유적으
로 이르는 말. ②방침(方針)이 많아서 어찌할 바를 모름을 비유적으로 이르는 말. ③어떤 일을 할 때
정확한 방향을 잡지 못하고 오락가락하다가 실패하는 것을 비유적으로 이르는 말. '學者以多方喪生'에
서, '學'은 배울 '학'으로 읽고, '者'는 사람 '자'로 읽는다. '學者'는 학문을 연구하는 사람. 또는 학문이

뛰어난 사람. '多'는 많을 '다'로 읽고, '方'은 방법 '방'으로 읽고, '喪'은 잃을 '상'으로 읽고, '生'은 살 '생', 삶 '생'으로 읽는다. '學者以多方喪生'을 직역(直譯)하면, 학자(學者)는 많은 방법으로 인하여 삶(목숨)을 잃는다. 즉, 모든 사물의 근본 이치는 하나인데도, 이를 배우는 사람이 그 근본 이치를 구하지 않고, 끝의 끝인 다기(多岐)와 다방(多方. 여러 방면. 또는 여러 방향)에만 집착하고 구애(拘礙. 거리끼거나 얽매임)를 받아 마침내 하나도 얻지 못하고 일생을 마치게 된다는 말이다.

다능-비사(多能鄙事 많을 다/재능 능/품위 낮을 비/일 사) 품위(品位)가 낮은 일에 재능(才能)이 많다는 뜻으로, 낮고 속된 일에 재능(才能)이 많음을 이르는 말. *다능(多能): 여러 가지에 능함. 또는 재주(순우리말로, 무엇을 잘할 수 있는, 타고난 능력과 슬기)가 많음. *비사(鄙事): 천(賤)하고 자질구레한 일. *재능(才能): 어떤 일을 하는데 필요한 재주와 능력.

다다-익-선(多多益善 많을 다/많을 다/더할 익/좋을 선) 많고 많으면 좋은 (일이) 더해진다. 즉, 많으면 많을수록 더욱 좋다는 뜻으로, 많을수록 더 능력을 많이 발휘할 수 있음을 이르는 말. *다다(多多): 많고 많음. 이 사자성어의 유래는 다음과 같다. 『사기(史記)』의 「회음후열전(淮陰侯列傳)」 편(篇)에 〈유방(劉邦)이 물었다. "그럼 그대는 어떻소?" "신(臣. 신하가 임금에 대하여 자기를 일컫는 말)은 많으면 많을수록 좋습니다." 그러자 유방(劉邦)이 웃으며 다시 물었다. "다다익선(多多益善)이라면서 어쩌다 내게 묶였단 말인가?" 한신(韓信)이 대답했다. "폐하(陛下. 황제나 황후를 높여 일컫던 말)는 군사를 거느린 데는 능하지 못하지만, 장수(將帥. 군사를 지휘 통솔하는 장군)를 거느리는 데는 훌륭하십니다. 이것이 바로 신(臣)이 폐하(陛下)에게 묶인 까닭입니다."(上曰, 於君何如, 曰, **臣多多益善耳**, 上笑曰, **多多益善**, 何爲爲我擒, 信曰, 陛下不能將兵, 而善將將, 此信之所以爲陛下擒也.)〉라는 이야기가 나오는데, '신(臣)은 많으면 많을수록 좋습니다.(臣多多益善耳)'와, "다다익선(多多益善)이라면서~"에서, '다다익선(多多益善)'이 유래했다. 이 이야기의 배경은 이렇다. 항우(項羽)를 멸망시키고 천하의 주인이 된 한고조(漢高祖. 한·漢나라의 고조·高祖라는 뜻으로 '유방·劉邦'을 가리키는 말)인 유방(劉邦)은 천하통일의 일등 공신 중의 하나인 제왕(齊王. 제나라의 왕)인 한신(韓信)의 군사를 빼앗고, 초왕(楚王. 초나라의 왕)으로 봉(封)했다. 그런데 건국 초기 유방(劉邦)이 가장 주력한 일은 지방에 할거(割據. 땅을 나누어 차지하고 굳게 지킴)해 있던 세력들을 평정(平定. 평온하게 진정시킴)하는 것이었다. 그 중에서 가장 강력한 세력은 초(楚)나라 제후(諸侯)로 봉(封)해진 한신(韓信)이었다. 한신(韓信)은 항우(項羽)를 제압하는 데 가장 큰 공을 세운 인물이었지만, 반대로 유방(劉邦)에게 가장 위협적인 인물이기도 했다. 기원전 201년, 한신(韓信)이 반란(反·叛亂. 정부나 지배자에게 반항하여 내란을 일으킴)을 계획하고 있다는 밀고(密告. 남몰래 넌지시 일러바침)가 들어왔다. 진평(陳平)은 유방(劉邦)에게 "폐하가 남방의 운몽호(雲夢湖. 호수의 이름)를 순시한다고 속이고, 제후(諸侯)와 진(陳)의 땅에서 회동(會同. 일정한 목적으로 여러 사람이 한데 모임)하십시오. 진(陳)은 초(楚)의 서쪽에 있으니, 천자(天子. 여기서는 '유방·劉邦'을 가리킴)가 나들이를 한다는 말을 들으면, 아무리 한신(韓信)일지라도 일을 꾸밀 수는 없을 것입니다. 아마도 스스로 찾아와서 알현(謁見. 지체가 높고 귀한 사람을 찾아가 뵘)을 청(請)할 것입니다. 여기서, '지체'는 순우리말로, 대대로 이어 내려오는 사회적 신분이나 지위를 일컬음. 그때를 놓치지 말고 그를 사로잡으십시오."라고 진언(進言. 윗사람에게 자기의 의견을 말함)했다. 이 계략(計略. 계획과 책략)으로 유방(劉邦)은 가장 위협적인 한신(韓信)을 제거할 수 있었다. 위의 이야기는 그(한신·韓信을 제거하는 일) 직전에 있었던 일이다. 하루는 유방(劉邦)이 한신(韓信)과 조용히 장졸(將卒. 예전에, '장수·將帥'와 '병졸·兵卒'을 아울러 이르던 말)들의 재능(才能. 어떤 일을 하는데 필요한 재주와 능력)과 각각의 차이와 높고 낮음에 대해 이야기하면서 물었다. 여기서, '재주'는 순우리말로, 무엇을 잘할 수 있는, 타고난 능력과 슬기. "나는 얼마마한 군사를 거느릴 수 있겠소?" "폐하(陛下)는 십만도 거느리지 못합니다." 유방(劉邦)으로 봐서는 자존심이 상하고 화가 치미는 말이었다. 그러나 천하(天下)의 명장(名將)이었던 한신(韓信)이 보기에는 유방(劉邦)은 도저히 자기와는 비교가 되지 않기 때문에 직설적으로 한 말이리라. 유방(劉邦)이 물었다. "그럼 그대는 어떻소?" "신(臣)은 많으면 많을수록 좋습니다." 한신(韓信)의 입장에서는 유방(劉邦) 당신보다 많은 군사를 거느릴 수 있는 장수라는 것이다. 그러자 유방이 다시 물었다. "다다익선(多多益善)이라면서 어쩌다 내게 묶였단 말인가? 즉, 많으면 많을수록 좋다고? 그렇다면 그대는 어찌하여 10만의 장수도 거느리지 못하는 과인(寡人. 덕·德이 적은 사람이라는 뜻으로, 임금이 자기를 낮추어 이르던 1인칭 대명사. 여기서는 '유방·劉邦'을 가리킴)의 부하가 되었는가?" 그러자, 상황 파악(신변에 위협을 느낌)을 한 한신(韓信)은 서둘러 이렇게 대답했다. "폐하(陛下)는 군사를 거느리는 데는 능하지 못하지만, 장수를 거느리는 데는 훌륭하십니다. 이것이 바로 신(臣)이 폐하에게 묶인 까닭입니다. 즉, 폐하(陛下)께서는 직접 군사를 거느릴 필요가 없는 장수(將帥)가 아니라, 많은 군사를 거느리고 있는 장수(將帥)를 잘 살피는 장수(將帥)라는 뜻이다. 이것이 신(臣)이 폐하(陛下)의 부하가 된 이유의 전부이옵니다." 그 후 얼마 있다가 한신(韓信)은 여태후(유방의 부인)에 의해 살해된다. 한신(韓信)은 목이 잘리고, 삼족(三族. 친족·親族과 외족·外族과 처족·妻族을 일컫는 말)이 멸하게 되었다. 한신(韓信)의 죄목(罪目. 저지른 죄의, 겉으로 내세우는 이름)은 역적죄(逆賊罪. 임금에게 반역을 꾀한 죄)이었다. 이렇게 해서 한신(韓信)의 시대가 끝나고 유방(劉邦)의 시대가 온 것이다. 결국 '다다익선(多多益善)'은, 한신(韓信)이 최후(最後)에 한 말이 된 셈이다. '다다익선(多多益善)'은 우리가 흔히 쓰는 말이지만, 그 유래를 알고 보면 소름이 끼칠 정도로 무서운 이야기다. 권력은 나누어 가질 수 없다고 했다. 신하(臣下)가 군주(君主. 세습적으로 나라를 다스리는 최고 지위에 있는 사람)를 넘어서려고 하면, 여지없이 싹을 잘라내는 것이 엄연한 역사이고 정치 현실이다. 참고로, 원문의 '上曰'에서 '上'은 위 '상'으로 읽는다. 여기서는 '유방(劉邦)'을 가리킴. 한(漢)나라를 건국한 고조(高祖)이다. '上曰'을 직역(直譯)하면, 유방(劉邦)이 말하기를, '於君何如'에서, '於'는 어조사 '어'로 읽는다. '~의 입장에서'의 뜻을 나타냄. '君'은 그대 '군', 자네 '군'으로 읽고, '何'는 어찌(의문 부사) '하'로 읽고, '如'는 어찌(의문 부사) '여'로 읽는다. '何如'는 어떻게. 또는 어찌. '於君何如'를 직역(直譯)하면, 그대의 입장에서 어떠하나? '臣多多益善耳'에서, '臣'은 신(臣. 신하가 임금에게 자기를 일컫는 말) '신'으로 읽고, '多'는 많을 '다'로 읽고, '益'은 더할 '익'으로 읽고, '善'은 좋을 '선'으로 읽고, '耳'는 따름 '이', 뿐 '이'로 읽는다. '~할 뿐이다(한정)'의 뜻을 나타냄. '臣多多益善耳'를 직역(直譯)하면, 신(臣)은 많으면 많을수록 좋을 뿐입니다. 여기서 '多多益善'이 유래하였는데, 이것을 직역(直譯)하면, 많고 많으면 좋은 (일이) 더해진다. 즉, 많으면 많을수록 더욱 좋다는 뜻으로, 많을수록 더 능력을 많이 발휘할 수 있음을 이르는 말. '上笑曰'에서, '笑'는 웃을 '소'로 읽는다. '上笑曰'을 직역(直譯)하면, 유방(劉邦)이 웃으며 말하기를, '何爲爲我擒'에서, '何'는 어찌 '하'로 읽고, '爲'는 할 '위'로 읽고, 두 번째 보이는 '爲'는 될 '위'로 읽고, '我'는 나(1인칭 대명사) '아'로 읽고, '擒'은 사로잡을(사람이나 짐승 따위를 산 채로 잡을) '금'으로 읽는다. '何爲爲我擒'

을 직역(直譯)하면, 어찌하여 나에게 사로잡히게 되었느냐? '信曰'에서, '信'은 믿을 '신'으로 읽는다. 여기서는 '한신(韓信)'을 가리킴. '信曰'을 직역(直譯)하면, 한신(韓信)이 말하기를, '陛下不能將兵'에서, '陛'는 섬돌(집채의 앞뒤에 오르내릴 수 있게 놓은 돌층계) '폐', 대궐의 섬돌 '폐'로 읽고, '下'는 아래 '하'로 읽는다. '陛下'는 대궐의 뜰층계 아래라는 뜻으로, 황제(皇帝)나 황후(皇后. 황제가 정식으로 혼인하여 맞은 아내)에 대한 경칭(敬稱. 공경하는 뜻으로 부르는 칭호. 또는 존대하여 일컬음)이다. '能'은 할 수 있을 '능'으로 읽고, '將'은 장수(將帥) '장'으로 읽고, '兵'은 병사(兵士) '병', 군사(軍士) '병'으로 읽는다. '將兵'은 장교(將校)와 사병(士兵)을 아울러 이르는 말. '陛下不能將兵'을 직역(直譯)하면, 폐하(陛下)는 장병을 능히 할 수(거느릴 수) 없지만, '而善將將'에서, '而'는 말 이을 '이'로 읽는다. '그러나'의 뜻을 나타냄. '善'은 좋을 '선', 훌륭할 '선'으로 읽고, '將'은 거느릴 '장', 인솔할(引率~) '장'으로 읽고, 두 번째 보이는 '將'은 장수(將帥) '장'으로 읽는다. '而善將將'을 직역(直譯)하면, 그러나 장수를 거느리는 (데는) 훌륭합니다. '此信之所以爲陛下擒也'에서, '此'는 이(지시하는 말) '차'로 읽고, '之'는 어조사 '지'로 읽는다. '~이', '~가(주격 조사)'의 뜻을 나타냄. '所'는 바(앞에서 말한 내용 그 자체나 일 따위를 나타내는 말) '소'로 읽고, '以'는 써(그것을 가지고, 그것으로 인하여) '이'로 읽는다. '所以'는 한문(漢文) 구(句)의 하나로, '~까닭'의 뜻을 나타냄. '爲'는 될 '위'로 읽고, '擒'은 사로잡을(마음이 쏠리도록 만드는) '금', 사로잡힐 '금'으로 읽는다. '也'는, 어조사 '야'로 읽는다. '~이다(단정)'의 뜻을 나타냄. '此信之所以爲陛下擒也'를 직역(直譯)하면, 이것이, 한신(韓信)이 폐하께 사로잡히게 된 까닭입니다.

다담-대접(茶啖待接 차 **다**/씹을 **담**/대할 **대**/대접할 **접**) 차와 씹을 (것을 가지고) (마주) 대하여 대접(待接)한다는 뜻으로, 다과(茶菓. '차[茶]'와 '과자[菓]'를 아울러 이르는 말)로 하는 대접(待接)을 이르는 말. *다담(茶啖): 손님을 대접하기 위하여 내놓은 다과(茶菓) 따위. *대접(待接): ①음식을 차려 손님을 맞음. ②마땅한 예(禮)로써 대함.

다문-박식(多聞博識 많을 **다**/들을 **문**/넓을 **박**/알 **식**) 듣는 것이 많고 아는 것이 넓다. 즉, 들은 것도 많고 아는 것도 많다는 뜻으로, 보고 들은 것이 많고, 지식이 넓어 아는 것이 많음을 이르는 말. *다문(多聞): ①보고 들은 것이 많음. 견문(見聞. 보고 들음. 또는 보고 들어서 얻은 지식)이 넓음. ↔과문(寡聞). ②불교에서, 법문(法文. 불경·佛經. 즉, 불교의 가르침을 적은 경전에 있는 글을 이르는 말)을 외워 지님(지니고 있는 것)이 많음을 이르는 말. *박식(博識): 지식이 넓고 아는 것이 많음.

다복-다남(多福多男 많을 **다**/복 **복**/많을 **다**/사내 **남**) 복(福)이 많고 사내(아들)가 많다. 즉, 복(福)도 많고 아들도 많다는 뜻으로, 팔자(八字)가 좋음을 비유적으로 이르는 말. *다복(多福): 복이 많음. 또는 많은 복. *다남(多男): 아들이 많음. 또는 많은 아들.

다복-다-수(多福多壽 많을 **다**/복 **복**/많을 **다**/목숨 **수**) 복(福)이 많고 목숨이 많다(길다)는 뜻으로, 경조사(慶弔事. 경축하는 일과 조문하는 일) 때, 복(福)이 많고 오래오래 살기를 기원(祈願)하는 뜻으로 쓰이는 말. *다복(多福): ☞다복다남(多福多男).

다사-다난(多事多難 많을 **다**/일 **사**/많을 **다**/어려울 **난**) 일도 많고 어려움도 많다는 뜻으로, 여러 가지 일도 많고 어려움이나 탈도 많음을 이르는 말. *다사(多事): ①일이 많음. ②일이 많아 매우 바쁨. ③참견(參見. 자기와 별로 관계없는 일이나 말 따위에 끼어들어 쓸데없이 아는 체하거나 이래라저래라 함)하기 좋아하여 공연스레 바쁨. *다난(多難): (일을 겪거나 치러내기에) 재난(災難)이나 어려움이 많음.

다사-다단(多事多端 많을 **다**/일 **사**/많을 **다**/실마리 **단**) 일이 많고 실마리가 많다는 뜻으로, 여러 가지 일이나 까닭이 서로 뒤얽혀 복잡함을 이르는 말. *다사(多事): ☞다사다난(多事多難). *다단(多端): ①일의 가닥이 많음. ②볼일이 많음. 또는 일이 바쁨. *실마리: ①(감았거나 헝클어진) 실의 첫머리. ②일이나 사건의 첫머리. =단서(端緖).

다사-다망(多事多忙 많을 **다**/일 **사**/많을 **다**/바쁠 **망**) 일이 많고 바쁠 (것도) 많다는 뜻으로, 일이 많아 몹시 바쁨을 이르는 말. *다사(多事): ☞다사다난(多事多難). *다망(多忙): 바쁨. 또는 일이 매우 많음.

다사-분주(多事奔走 많을 **다**/일 **사**/분주할 **분**/달아날 **주**) 일이 많아 분주(奔走)하게 달아난다는 뜻으로, 여러 가지로 일이 많아 몹시 바쁨을 이르는 말. *다사(多事): ☞다사다난(多事多難). *분주(奔走): 몹시 바쁘게 뛰어다님.

다사-제제(多士濟濟 많을 **다**/선비 **사**/많고 성할 **제**/많고 성할 **제**) 많은 선비가, 많고 성(盛)하고 많고 성(盛)하다는 뜻으로, 인재(人材. 어떤 일을 할 수 있는 학식이나 능력을 갖춘 사람)가 많거나 여러 선비가 모두 뛰어남을 이르는 말. 참 제제다사(濟濟多士). *다사(多士): 많은 선비. 또는 여러 인재(人材)를 이르는 말. *제제(濟濟): ①많고 왕성함. ②엄숙하고 신중함. 이 사자성어의 유래는 다음과 같다. 『시경(詩經)·대아(大雅)』의 「문왕(文王. 임금의 이름)」편(篇)에 〈세상에 드러나지 아니하며 / 공경으로 보필(輔弼. 윗사람의 일을 도움. 또는 그런 사람)하니 / 왕을 떠받드는 많은 선비 / 이 왕국에 태어났네. / 왕국에 태어났으니 / 주(周)나라의 대들보일세. / 많은 선비들이여 / 문왕(文王)이 그대로 인해(그대 때문에) 평안하다.(世之不顯, 厥猶翼翼, 思皇多士, 生此王國, 王國克生, 維周之楨, 濟濟多士, 文王以寧.)〉라는 시(詩)가 나오는데, '많은 선비들이여,(濟濟多士)'에서, '다사제제(多士濟濟)', '제제다사(濟濟多士)'가 유래하였다. 이 시(詩)는 주(周)나라의 기초를 닦은 문왕(文王)의 덕(德. 고매하고 너그러운 도덕적 품성)을 찬양한 시(詩)인데, 전체가 7연으로 구성되어 있다. 여기에 인용한 것은 제3연이다. 참고로, 원문의 '世之不顯'에서, '世'는 세상 '세'로 읽고, '之'는 어조사 '지'로 읽는다. '~만은(강조)'를 나타냄. '不'은 아닐(부정하는 말) '불'로 읽고, '顯'은 나타날 '현'으로 읽는다. '世之不顯'을 직역(直譯)하면, 세상에서만은 나타나지 않으며, '厥猶翼翼'에서, '厥'은 그(지시하는 말) '궐'로 읽고, '猶'는 오히려 '유'로 읽고, '翼'은 받들 '익'으로 읽고, 두 번째 나타난 '翼'은 도울 '익'으로 읽는다. '厥猶翼翼'을 직역(直譯)하면, 그것을 오히려 받들고 돕는다. '思皇多士'에서, '思'는 생각할 '사'로 읽고, '皇'은 임금 '황'으로 읽고, '多'는 많을 '다'로 읽고, '士'는 선비 '사'로 읽는다. '思皇多士'를 직역(直譯)하면, 임금을 생각하는 많은 선비. '生此王國'에서, '生'은 낳을 '생', (태어)날 '생'으로 읽는다. '此'는 이(지시하는 말) '차'로 읽고, '王'은 임금 '왕'으로 읽고, '國'은 나라 '국'으로 읽는다. '王國'은 임금이 다스리는 나라. '生此王國'을 직역(直譯)하면, 이 왕국에 태어났네. '王國克生'에서, '克'은 능할 '극'으로 읽음. '王國克生'을 직역(直譯)하면, 왕국(王國)에서 능히 태어났으니, '維周之楨'에서, '維'는 오직 '유'로 읽고, '周'는 나라 이름 '주'로 읽고, '之'는 어조사 '지'로 읽는다. 여기서는 '~의'를 나타내는 관형격 조사. '楨'은 기둥 '정'으로 읽는다. '維周之楨'을 직역(直譯)하면, 오직 주(周)나라의 기둥이로다. '濟濟多士'에서, '濟'는 많고 성할 '제'로 읽고, '多'는 많을 '다'로 읽고, '士'는 선비 '사'로 읽는다. 여기서, '多士濟濟', 濟濟多士가 유래하였는데, 이것들을 직역(直譯)하면, 많은 선비가, 많고 성(盛)하고, 많고 성(盛)하다는 뜻으로, 인재(人材. 어떤 일을 할 수 있는 학식이나 능력을 갖춘 사람)가 많거나 여러 선비가 모두 뛰어남을 이르는 말. '文王以寧'에서, '文'은 글월 '문'으로 읽고, '王'은 임금 '왕'으로 읽는다. '文王'은 왕의 이름. '以'는 써(<u>그것으로써, 그것을 가지고</u>) '이'로 읽고, '寧'은 편안할 '녕(영)'으로 읽는다. '文王以寧'을 직역(直譯)하면, 문왕은 (그대가 있음)으로써 편안하다.

다소-불계(多少不計 많을 **다**/적을 **소**/아닐 **불**/셈할 **계**) 많고 적음을 셈하지(헤아리지) 아니한다는 뜻으로, 많고 적음을 가리지 아니 함을 이르는 말. *다소(多少): ①(분량이나 정도의) 많음과 적음. ②조금. 약간. 어느 정도. *불계(不計): ①옳고 그름이나 이해관계(利害關係. <u>본문 참고</u>)를 따지지 않음. ②바둑에서, 승패(勝敗)가 뚜렷하여 집의 수효(數爻)를 세지 않음.

다솔-식구(多率食口 많을 **다**/거느릴 **솔**/먹을 **식**/입 **구**) 많은 (것을) 거느리며 입에 먹인다는 뜻으로, 많은 식구(食口)를 거느림을 이르는 말. *다솔(多率): (식구나 아랫사람을) 많이 거느림. *식구(食口): 한집에서 같이 살며 끼니를 함께하는 사람. =식솔(食率). *거느리다: 부록 '솔(率)' 참고.

다언-혹-중(多言或中 많을 **다**/말씀 **언**/혹 **혹**/맞을 **중**) 말[言]이 많으면 혹(惑)(혹시) 맞을 (수도 있다는) 뜻으로, 말[言]을 많이 하다보면 그 가운데 더러(어쩌다가) 사리(事理)에 맞는 말[言]이 있음을 이르는 말. *다언(多言): 말이 많음. 또는 많은 말. 여러 말. *혹(惑): 부록 '혹(惑)' 참고. *맞다: 부록 '중(中)' 참고.

다재-다능(多才多能 많을 **다**/재주 **재**/많을 **다**/능력 **능**) 많은 재주와 많은 능력이라는 뜻으로, 재주와 능력이 여러 가지로 많음을 이르는 말. =다능다재(多能多才). *다재(多才): (여러 방면에) 재주가 많음. *다능(多能): 여러 가지에 능함. *재주: 순우리말로, 무엇을 잘할 수 있는, 타고난 능력과 슬기.

다재-다병(多才多病 많을 **다**/재주 **재**/많을 **다**/병 **병**) 재주도 많고 병(病)도 많다. 즉, 재주 있는 사람은 병(病)도 잦다는 뜻으로, 재주가 많은 사람이 흔히 몸이 약하고 병(病)이 많음을 이르는 말. *다재(多才): ☞다재다능(多才多能). *다병(多病): 몸에 병이 많거나 잦음. *재주: ☞다재다능(多才多能).

다재-다예(多才多藝 많을 **다**/재주 **재**/많을 **다**/재주 **예**) 많은 재주에다 많은 재주라는 뜻으로, 재능(才能. <u>어떤 일을 하는데 필요한 재주와 능력</u>)과 기예(技藝. <u>미술, 공예 따위에 관한 기술</u>)가 많음을 이르는 말. *다재(多才): ☞다재다능(多才多能). *다예(多藝): 여러 가지 기예(技藝)에 능함. *재주: ☞다재다능(多才多能).

다전-선-고(多錢善賈 많을 **다**/돈 **전**/잘할 **선**/장사 **고**) 돈이 많으면 장사를 잘 한다는 뜻으로, 밑천이 넉넉하면 장사를 잘 할 수 있음을 이르는 말. 또는 밑천이 많은 사람이 장사도 잘한다는 말. 🈐 장수선무(長袖善舞). *다전(多錢): 돈이 많음. 또는 그 돈. *장사: 순우리말로, 부록 '고(賈)' 참고. 이 사자성어의 유래는 다음과 같다. 『한비자(韓非子)』의 「오두(五蠹)」 편(篇)에 [잘 다스려지는 것과 강대(强大. <u>나라나 조직 따위의 역량이 강하고 큼</u>)해 지는 것은 외교(外交. <u>다른 나라와 정치적, 경제적, 문화적 관계를 맺는 일</u>)에 달린 것이 아니라, 내정(內政. <u>국내의 정치</u>)에 달려 있는 것이다. 지금 국내에 법술(法術. <u>법률로 나라를 다스리는 기술</u>)을 시행하지 않고 외교(外交)에 지모(智謀. <u>슬기로운 꾀</u>) 쓰는 것을 일삼고 있으면, 나라가 잘 다스려질 수도 강대(强大)해 질 수도 없는 것이다. 즉, 한비자(韓非子. <u>'한비·韓非'를 높여 이르는 말. 중국 춘추전국시대·春秋戰國時代 말기·末期의 법가·法家의 주창자·主唱者</u>)는 법치(法治. <u>법률에 따라 나라를 다스림. 또는 그 정치</u>)의 중요성과 함께, 외교(外交)보다는 부국강병(富國强兵. <u>본문 참고</u>)을 강조하고 있는 것이다.]〈속담에 '소매가 길어야 춤을 잘 출 수 있고, 돈이 많아야 장사를 잘할 수 있다.'는 말이 있다. 이것은 밑천이 많아야 일을 잘하기 쉬움을 말한 것이다. (鄙諺曰, 長袖善舞, **多錢**

<u>善賈</u>, 此言多資之易爲工也.)〉[그러므로 나라가 잘 다스려지고 강대(强大)하면 계책(計策. <u>어떤 일을 이루기 위하여 꾀나 방법을 생각해 냄. 또는 그 꾀나 방법</u>)을 세우기가 쉽고, 나라가 약하고 어지러우면 계획을 세우기가 어려운 것이다. 즉, 한비자(韓非子)가 말하고자 하는 것은, 강성(强盛)한 나라에서는 계책(計策)을 꾸며도 성공하기가 쉽지만, 쇠락(衰落)하고 혼란스러운 나라에서는 계략(計略)을 세우는 것조차 어렵다는 것이다. 진(秦)나라에서 쓰이는 사람들은 열 번이나 계획을 바꾸어도 실패하는 일이 드물지만, 연(燕)나라에서 쓰이는 사람들은 계획을 한 번만 바꾸어도 성공을 거두기가 힘이 든다. 이것은 진(秦)나라에서 쓰이는 사람이 지혜(智慧)가 있어서도 아니고, 연(燕)나라에서 쓰이는 사람이 어리석어서도 아니다. 대개 나라가 잘 다스려지고 있는가 아니면 어지러운가의 차이(差異)인 것이다. 즉, '소매가 길어야 춤을 잘 출 수 있고, 돈이 많아야 장사를 잘할 수 있듯이, 나라를 어떻게 다스리느냐의 조건의 차이일 뿐이라는 말이다.]라는 이야기가 나오는데, '돈이 많아야 장사를 잘할 수 있다.(多錢善賈)'에서, '다전선고(多錢善賈)'가 유래했다. 한비자(韓非子)는 부국강병(富國强兵)의 기초가 외교(外交)에 있는 것이 아니라, 건실한 내정(內政)에 있음을 '장수선무(長袖善舞) 다전선고(多錢善賈)'라는 속담을 인용하여 말하고 있다. 참고로, 원문의 '鄙諺曰'에서, '鄙'는 품위 낮을 '비'로 읽고 '諺'은 속담 '언'으로 읽는다. '鄙諺'은 품위가 매우 낮은 말이나 속담. '鄙諺曰'을 직역(直譯)하면, 속담에 말하기를, '長袖善舞'에서, '長'은 길 '장'으로 읽고, '袖'는 소매 '수'로 읽고, '善'은 잘할 '선'으로 읽고, '舞'는 춤출 '무'로 읽는다. '長袖善舞'를 직역하면, 소매가 길면 춤추는 (것을) 잘할 (수 있다)는 뜻으로, 어떤 일을 하든 조건이 좋은 사람이 유리하다는 것을 비유적으로 이르는 말. 또는 재물이 넉넉한 사람은 일을 하거나 성공하기가 쉬움을 비유적으로 이르는 말. '多錢善賈'에서, '多'는 많을 '다'로 읽고, '錢'은 돈 '전'으로 읽고, '善'은 잘할 '선'으로 읽고, '賈'는 장사 '고'로 읽는다. '多錢善賈'를 직역(直譯)하면, 돈이 많으면 장사를 잘 한다는 뜻으로, 밑천이 넉넉하면 장사를 잘 할 수 있음을 이르는 말. 또는 밑천이 많은 사람이 장사도 잘한다는 말. '此言多資之易爲工也'에서, '此'는 이(<u>지시하는 말</u>) '차'로 읽고, '言'은 말씀 '언'으로 읽고, '多'는 많을 '다'로 읽고, '資'는 재물 '자', 자본 '자'로 읽고, '之'는 어조사 '지'로 읽는다. '그것'을 나타내는 지시 대명사. '易'는 쉬울 '이'로 읽고, '爲'는 할 '위'로 읽고, '工'은 일 '공', 만드는 일 '공'으로 읽고, '也'는 어조사 '야'로 읽는다. '~이다(<u>단정</u>)'의 뜻을 나타냄. '此言多資之易爲工也'를 직역(直譯)하면, 이것은 그것에 (대한) 자본이 많아야 일을 하는 것이 쉬움을 말하는 (것)이다.

다정-다감(多情多感 많을 **다**/정 **정**/많을 **다**/느낄 **감**) 정(情)이 많고 느낌이 많다. 즉, 다정(多情)하고 다감(多感)하다는 뜻으로, 정(情)이 많고 감정(感情)이 풍부함을 이르는 말. 또는 감수성(感受性. <u>외부 세계의 자극을 받아들이고 느끼는 성질</u>)이 예민하여 감동하기 쉬움을 이르는 말. *다정(多情): ①정이 많음. ②매우 정다움. 또는 사귐이 두터움. *다감(多感): (예사로운 일에도) 감동하기 쉬움. 또는 감정이 풍부함. 감수성이 예민함.

다정-다한(多情多恨 많을 **다**/정 **정**/많을 **다**/한할 **한**) 정(情)이 많고 한(恨)할 (일도) 많다는 뜻으로, 애틋한 정(情)도 많고, 한스러운 일도 많음을 이르는 말. *다정(多情): ☞다정다감(多情多感). *다한(多恨): 한스러움이 많음. 또는 원한(怨恨. <u>억울하고 원통한 일을 당하여 응어리진 마음</u>)이 많음.

다정-불심(多情佛心 많을 **다**/정 **정**/부처 **불**/마음 **심**) 정(情)이 많은 부처의 마음이라는 뜻으로, 정(情)이 많고 자비(慈悲)로운 마음을 이르는 말. *다정(多情): ☞다정다감(多情多感). *불심(佛心): ①부처의 자비심(慈悲心). 또는 부처와 같은 자비스러운 마음. ②중생(衆生. 불교에서, 부처의 구제 대상이 되는, 이 세상의 모든 생물을 통틀어 이르는 말)이 본디부터 지니고 있는 부처로서의 본성(本性. 사람이 본디부터 가진 성질).

다종-다양(多種多樣 많을 **다**/종류 **종**/많을 **다**/모양 **양**) 종류(種類)도 많고 모양도 많다는 뜻으로, 가짓수나 양식, 모양이 여러 가지로 많음을 이르는 말. *다종(多種): 종류가 많음. 또는 많은 종류. *다양(多樣): 여러 가지 모양이나 양식(樣式).

단간-잔편(斷簡殘編 끊을 **단**/글 **간**/상할 **잔**/엮을 **편**) 끊어진 글이나 엮은 (것이) 상(傷)한 (상태라는) 뜻으로, 떨어지거나 빠져서 완전하지 못한 글이나 책(册) 따위를 이르는 말. =단편잔간(短篇殘簡). *단간(斷簡): =단편잔간(短篇殘簡). 즉, 떨어지거나 빠져서 완전하지 못한 글이나 책(册) 따위를 이르는 말. *잔편(殘編): 여러 권으로 한 질(帙. 여러 권으로 된 책의 한 벌을 세는 단위)을 이루는 책(册)에서, 빠진 책(册)이 있음. 또는 그러한 책(册). *상하다(傷~): (옷 따위 물건이) 해어지거나 헐거나 하다.

단금-지-계(斷金之契 끊을 **단**/쇠 **금**/어조사 **지**/맺을 **계**) 쇠를 끊을 (만큼의) 맺음. 즉, 쇠라도 자를 만큼의 굳은 약속(約束)이라는 뜻으로, 매우 두터운 우정(友情). 또는 매우 친밀한 우정(友情)이나 교제(交際. 서로 사귀어 가까이 지냄)를 비유적으로 이르는 말. 団 단금지교(斷金之交). 圖 금란지계(金蘭之契). 금란지교(金蘭之交). 금란지의(金蘭之誼). 금석지계(金石之契). 금석지교(金石之交). *단금(斷金): 쇠라도 자를 만큼 강하고 굳다는 뜻으로, 교분(交分. 친구 사이의 사귄 정분)이 아주 두터움을 이르는 말. 이 사자성어의 유래는 다음과 같다. 『주역(周易)』의 「계사전(繫辭傳)」 상(上) 편(篇)에 〈두 사람이 마음을 같이하면 그 예리함이 쇠를 자를 수 있고, 마음을 같이하여 하는 말은 그 향기가 난초와 같다.(二人同心, 其利斷金, 同心之言, 其臭如蘭.)〉라는 글귀가 나오는데, '두 사람이 마음을 같이 하면 그 예리함이 쇠를 자를 수 있고,(二人同心, 其利斷金)'에서, '단금지계(斷金之契)'가 유래했다. '금란지교(金蘭之交)', '금석지교(金石之交)', '금석지계(金石之契)', '단금지교(斷金之交)'라고도 한다. 참고로, 원문의 '二人同心'에서, '二'는 두 '이'로 읽고, '人'은 사람 '인'으로 읽고, '同'은 같을 '동'으로 읽고, '心'은 마음 '심'으로 읽는다. '同心'은 마음을 같이 함. 또는 같은 마음. '二人同心'을 직역(直譯)하면, 두 사람이 같은 마음이면, '其利斷金'에서, '其'는 그(지시하는 말) '기'로 읽고, '利'는 날카로울 '리(이)'로 읽고, '斷'은 끊을 '단'으로 읽고, '金'은 쇠 '금'으로 읽는다. '其利斷金'을 직역(直譯)하면, 그 날카로움이 쇠를 끊는다. 여기서, '斷金之契', '斷金之交'가 유래하였는데, 이것을 직역(直譯)하면, 쇠를 끊을 (만큼의) 맺음. 즉, 쇠라도 자를 만큼의 굳은 약속(約束)이라는 뜻으로, 매우 두터운 우정(友情). 또는 매우 친밀한 우정(友情)이나 교제(交際. 서로 사귀어 가까이 지냄)를 비유적으로 이르는 말. '同心之言'에서, '之'는 어조사 '지'로 읽는다. '~의'를 나타내는 관형격 조사. '言'은 말씀 '언'으로 읽는다. '同心之言'을 직역(直譯)하면, 마음을 같이 하는 말은, 즉, 서로의 마음이 통해 의기투합(意氣投合. 본문 참고)해서 함께 행하는 말은, '其臭如蘭'에서, '臭'는 냄새 '취'로 읽고, '如'는 같을 '여'로 읽고, '蘭'은 난초 '란(난)'으로 읽는다. '其臭如蘭'을 직역(直譯)하면, 그 냄새가 난초의 (향기와) 같다. 즉, '동심지언(同心之言)'을 통해 행해지는 효과는 난초의 고결한 향기와 같은 것이다.

단금-지-교(斷金之交 끊을 **단**/쇠 **금**/어조사 **지**/사귈 **교**) 쇠를 끊을 (만큼의) 사귐. 즉, 쇠라도 자를 만큼 강한 교분(交分. 친구 사이의 사귄 정분)이라는 뜻으로, 친구 사이의 매우 두터운 우정(友情)이나 교제(交際. 서로 사귀어 가까이 지냄)를 비유적으로 이르는 말. 団 단금지계(斷金之契). 圖 금란지계(金蘭之

契). 금란지교(金蘭之交). 금란지의(金蘭之誼). 금석지계(金石之契). 금석지교(金石之交). *단금(斷金):
☞단금지계(斷金之契). 이 사자성어의 유래는 다음과 같다. 『주역(周易)』의 「계사전(繫辭傳)」 상(上) 편
(篇)에 〈두 사람이 마음을 같이하면 그 예리함이 쇠를 자를 수 있고, 마음을 같이하여 하는 말은 그
향기가 난초와 같다.(二人同心, 其利斷金, 同心之言, 其臭如蘭.)〉라는 글귀가 나오는데, '두 사람이 마음
을 같이하면 그 예리함이 쇠를 자를 수 있고,(二人同心, 其利斷金)'에서, '단금지교(斷金之交)'가 유래했
다. '금란지교(金蘭之交)', '금석지교(金石之交)', '금석지계(金石之契)', '단금지계(斷金之契)'라고도 한다.
나머지 구체적인 내용은 ⇨단금지계(斷金之契).

단기-지-계(斷機之戒 끊을 **단**/베틀 **기**/어조사 **지**/경계할 **계**) 베틀에 (있는 베를) 끊는 경계(警戒)라는 뜻으
로, 학문을 중도(中途. 일이 되어 가는 동안, 또는 하던 일의 중간)에서 그만두면, 짜던 베의 날을 끊는
것처럼 아무 쓸모가 없음을 경계(警戒)한 말. 즉, 학문은 중도(中途)에 그만둠이 없이 꾸준히 계속해야
한다는 가르침이다. 웹 단기지교(斷機之敎). 맹모단기(孟母斷機). *단기(斷機): =단기지계(斷機之戒).
*베틀: 부록 '기(機)' 참고. *경계하다(警戒~): 부록 '계(戒)' 참고. 이 사자성어의 유래는 다음과 같다.
전한(前漢) 때 유향(劉向)이 지은 『열녀전(烈女傳)』에 [맹자(孟子) 어머니의 성(姓)은 장씨(仉氏)로, 남편
이 죽고 아들을 데리고 살았는데, 교육을 위해서 세 번이나 이사했다.(본문 '삼천지교(三遷之敎)' 참고)]
〈맹자(孟子)가 나이를 좀 더 먹은 후, 공부를 하다 집에 돌아왔는데, 어머니는 마침 베를 짜고 있었다.
"공부는 어느 정도 되었느냐?" "특별히 나아진 게 없습니다." 어머니는 화를 내며, 칼로 베틀을 끊어버리
면서 말했다. "공부를 그만 두는 것은 내가 이 베틀을 잘라 버리는 것과 같다." 맹자(孟子)는 두려워서
아침저녁으로 열심히 노력하여 드디어 아성(亞聖)이 되었다.(及孟子稍長, 就學而歸, 母方織, 問曰, 學何
所至矣, 對曰, 自若也. 母憤因以刀斷機, 曰, 子之廢學, 猶吾之斷斯機也, 孟子懼, 旦夕勸學, 遂成亞聖.)〉
라는 이야기가 나오는데, '어머니는 화를 내며, 칼로 베틀을 끊어버리면서,(母憤因以刀斷機)'와, '내가
이 베틀을 잘라 버리는 것과 같다.(猶吾之斷斯機也)'에서, '단기지계(斷機之戒)'가 유래했다. '단기지계(斷
機之戒)'는 '단기지교(斷機之敎)', '맹모단기(孟母斷機)'라고도 한다. 참고로, 원문의 '及孟子稍長'에서, '及'
은 이를(어떤 정도나 범위에 미칠) '급'으로 읽고, '孟'은 맹자(孟子) '맹'으로 읽고, '子'는 경칭(敬稱. 공경
하는 뜻으로 부르는 칭호, 또는 존대하여 일컬음) '자'로 읽는다. 학덕(學德)과 지위가 높은 남자의 경칭
(敬稱)이다. '孟子'는 사람 이름. 중국 전국시대(戰國時代)의 사상가의 한 사람이다. 성선설(性善說)을
주장하고 인의(仁義)의 정치를 권하였다. '稍'는 점점 '초'로 읽고, '長'은 자랄 '장'으로 읽는다. '及孟子稍
長'을 직역(直譯)하면, 맹자(孟子)가 점점 자람에 이르러, '就學而歸'에서, '就'는 나아갈 '취'로 읽고, '學'
은 배울 '학', 학교 '학'으로 읽는다. '就學'은 교육을 받기 위하여 학교에 들어감. 또는 스승에게 학문을
배움. '而'는 말 이을 '이'로 읽는다. '그리고'의 뜻을 나타냄. '就學而歸'를 직역(直譯)하면, 배움에 나아갔
다가 그리고 (집으로) 돌아왔는데, '母方織'에서, '方'은 바야흐로(이제 한창, 또는 지금 바로) '방'으로
읽고, '織'은 짤(베를 짤) '직'으로 읽는다. '母方織'을 직역(直譯)하면, 어머니는 바야흐로 (베를) 짜고
있었다. '學何所至矣'에서, '學'은 배울 '학'으로 읽고, '何'는 어느(의문 부사) '하'로 읽고, '所'는, 여기서는
정도(程度) '소'로 읽고, '至'는 이를(어떤 정도나 시간에 닿을) '지'로 읽고, '矣'는 어조사 '의'로 읽는다.
'~는가?', '~인가?'(의문)의 뜻을 나타냄. '學何所至矣'를 직역(直譯)하면, 배움은 어느 정도에 이르렀느
냐? '對曰'에서, '對'는 대답할 '대'로 읽는다. '對曰'을 직역(直譯)하면, 대답하여 말하기를, '自若也'에서,

‘自’는 스스로 ‘자’, 처음 ‘자’로 읽고, ‘若’은 같을 ‘약’으로 읽고, ‘也’는 어조사 ‘야’로 읽는다. ‘~이다(단정)’의 뜻을 나타냄. ‘自若也’를 직역(直譯)하면, 처음과 같습니다. 특별히 나아진 게 없다는 말이다. ‘母憤因以刀斷機’에서, ‘母’는 어미 ‘모’로 읽고, ‘憤’은 분할 ‘분’으로 읽고, ‘因’은 인할(因~. 어떤 사실로 말미암을) ‘인’으로 읽고, ‘以’는 써(그것을 가지고, 그것으로 인하여) ‘이’로 읽고, ‘刀’는 칼 ‘도’로 읽고, ‘斷’은 끊을 ‘단’으로 읽고, ‘機’는 베틀(삼베, 무명, 명주 따위의 피륙을 짜는 틀) ‘기’로 읽는다. ‘母憤因以刀斷機’를 직역(直譯)하면, 어머니는 (그것으로) 인하여 분(憤)해서 칼로써 베틀을 끊음. 여기서, ‘斷機之戒’, ‘斷機之敎’가 유래하였는데, 이것들을 직역(直譯)하면, 베틀에 (있는 베를) 끊는 경계(警戒)라는 뜻으로, 학문을 중도(中途)에서 그만두면, 짜던 베의 날을 끊는 것처럼 아무 쓸모가 없음을 경계(警戒)한 말. 즉, 학문은 중도에 그만둠이 없이 꾸준히 계속해야 한다는 가르침이다. ‘子之廢學’에서, ‘子’는 당신 ‘자’, 자네 ‘자’로 읽고, ‘之’는 어조사 ‘지’로 읽는다. ‘~이(가)’를 나타내는 주격 조사. ‘廢’는 그칠 ‘폐’, 멈출 ‘폐’로 읽는다. ‘廢學’은 학업을 중도에서 그만둠. ‘子之廢學’을 직역(直譯)하면, 네가 배움을 그만 두는 것은, ‘猶吾之斷斯機也’에서, ‘猶’는 같을 ‘유’로 읽고, ‘吾’는 나(1인칭 대명사) ‘오’로 읽고, ‘斯’는 이(지시하는 말) ‘사’로 읽는다. ‘猶吾之斷斯機也’를 직역(直譯)하면, 내가 이 베틀을 끊는 것과 같다. 여기서, ‘맹모단기(孟母斷機)’가 유래하였는데, 이것을 직역(直譯)하면, ‘맹자(孟子)의 어머니가 베틀을 끊는다.’는 뜻으로, 학문(學問)을 중도(中途)에 그만 두면 아무 쓸모가 없다는 것을 비유적으로 이르는 말. ‘孟子懼’에서, ‘懼’는 두려워 할 ‘구’로 읽는다. ‘孟子懼’를 직역(直譯)하면, 맹자는 두려워서, ‘旦夕勸學’에서, ‘旦’은 아침 ‘단’으로 읽고, ‘夕’은 저녁 ‘석’으로 읽는다. ‘旦夕’은 ‘조석(朝夕)’과 같은 말로, 아침[旦]과 저녁[夕]을 아울러 이르는 말. ‘勸’은 힘쓸 ‘권’으로 읽는다. ‘勸學’은 학문에 힘쓰도록 권함. ‘旦夕勸學’을 직역(直譯)하면, 아침저녁으로 배움에 힘씀. ‘遂成亞聖’에서, ‘遂’는 드디어 ‘수’, 마침내 ‘수’로 읽고, ‘成’은 이룰 ‘성’으로 읽고, ‘亞’는 버금(으뜸의 바로 아래, 또는 그런 지위에 있는 사람이나 물건) ‘아’로 읽고, ‘聖’은 성인(聖人. 지혜와 덕이 매우 뛰어나 길이 우러러 본받을 만한 사람) ‘성’으로 읽는다. ‘亞聖’은 성인 버금가는 사람. 또는 유교에서, 중국 춘추시대의 사상가이며 학자인 공자(孔子)에 버금가는 사람이라는 뜻으로, ‘맹자(孟子)’를 이르는 말이기도 하다. ‘遂成亞聖’을 직역(直譯)하면, 드디어(마침내) 아성(亞聖)을 이루었다(아성이 되었다).

단기-지-교(斷機之敎 끊을 단/베틀 기/어조사 지/가르칠 교) 베틀에 (있는 베를) 끊는 가르침. 즉, 학업(學業)을 중간에 그만 두는 것은 짜던 베의 날을 끊는 것과 같아, 아무런 이익이 없다는 뜻으로, 학업(學業)을 중단해서는 안 된다는 것을 경계(警戒. 잘못을 저지르지 않도록 미리 타일러 조심하게 함)하는 말. 🈯 단기지계(斷機之戒). 맹모단기(孟母斷機). *단기(斷機): ☞단기지계(斷機之戒). *베틀: 부록 ‘기(機)’ 참고. 이 사자성어의 유래는 다음과 같다. 전한(前漢) 때 유향(劉向)이 지은 『열녀전(烈女傳)』에 〈맹모(孟母)의 성(姓)은 장씨(仉氏)로, 맹자(孟子)의 어머니다. 남편이 죽고 아들을 데리고 살았는데, 교육을 위해서 세 번이나 이사했다.(본문 ‘삼천지교(三遷之敎)’ 참고) 맹자(孟子)가 나이를 좀 더 먹은 후, 공부를 하다 집에 돌아왔는데, 어머니는 마침 베를 짜고 있었다. “공부는 어느 정도 되었느냐?” “특별히 나아진 게 없습니다.” 어머니는 화를 내며, 칼로 베틀을 끊어버리면서 말했다. “공부를 그만 두는 것은 내가 이 베틀을 잘라 버리는 것과 같다.” 맹자(孟子)는 두려워서 아침저녁으로 열심히 노력하여 드디어 아성(亞聖)이 되었다.(及孟子稍長, 就學而歸, 母方織, 問曰, 學何所至矣, 對曰, 自若也, **母憤因以刀斷機**, 曰,

子之廢學, <u>猶吾之斷斯機也</u>, 孟子懼, 旦夕勸學, 遂成亞聖.)〉라는 이야기가 나오는데, '어머니는 화를 내며, 칼로 베틀을 끊어버리면서.(母憤因以刀斷機)'와 '내가 이 베틀을 잘라 버리는 것과 같다.(猶吾之斷斯機也)'에서, '단기지교(斷機之敎)'가 유래했다. '단기지교(斷機之敎)'는 '단기지계(斷機之戒)', '맹모단기(孟母斷機)'라고도 한다. 나머지 구체적인 내용은 ⇨단기지계(斷機之戒).

단-단-상약(斷斷相約 **결단할** 단/**결단할** 단/**서로** 상/**약속할** 약) 결단(決斷)하고 결단(決斷)하여 약속(約束)한다는 뜻으로, 서로 굳게 약속함을 이르는 말. 또는 단단히 서로 약속함을 이르는 말. ***상약**(相約): 서로 약속함. 또는 그 약속. ***결단하다**(決斷~): 딱 잘라 결정하거나 단안을 내리다.

단도-직입(單刀直入 **홑** 단/**칼** 도/**바로** 직/**들** 입) 하나의 칼로 바로 들어간다. 즉, 혼자서 칼 한 자루를 들고 적진(敵陣. 적의 진영. 또는 적군의 진지)으로 곧장 쳐들어간다는 뜻으로, ①여러 말을 늘어놓지 아니하고 바로 요점(要點)이나 본 문제(問題)를 중심적으로 말함을 비유적으로 이르는 말. 즉, 에둘러 표현하지 않고 바로 문제점을 말한다는 것이다. 이것은 남에게 말할 경우에, 긴 말을 늘어놓지 아니하고 곧바로 본론(本論)에 들어 갈 때 사용하는 표현이다. ②불교에서, 생각과 분별과 말에 거리끼지 아니하고 진실의 경계(境界. 사물이 어떠한 기준에 의하여 분간되는 한계)로 바로 들어감을 이르는 말. ***단도**(單刀): 한 자루의 칼. ***직입**(直入): 다른 곳에 들르거나 머무르지 아니하고 목적(目的)한 곳에 곧장 들어가거나 들어옴. ***홑**: 부록 '단(單)' 참고.

단독-일신(單獨一身 **홑** 단/**홀로** 독/**한** 일/**몸** 신) 홑이거나 홀로 (된) 한 몸이라는 뜻으로, 가족(家族)이나 친척(親戚)이 없는 홑몸을 이르는 말. 또는 일가친척(一家親戚)이 없는 혼자의 몸을 이르는 말. ***단독**(單獨): ①혼자. ②단 하나. ***일신**(一身): ①자기 한 몸. ②=온몸. 즉, 몸의 전체를 이르는 말. ***홑**: 부록 '단(單)' 참고. 이 사자성어의 유래는 다음과 같다. 『고문진보후집(古文眞寶後集)』 '한유(韓愈)'의 '송궁문(送窮文. 가난을 가져오는 귀신을 보내는 글)'에, 여기서 '한유(韓愈)'는 중국 당(唐)나라를 대표하는 문장가, 정치가, 사상가이다. 당송팔대가(唐宋八大家)의 한 사람으로, 자(字. 본이름을 함부로 부르지 않던 시대에, 본이름 대신 부르던 이름)는 퇴지(退之), 호(號)는 창려(昌黎)이며, 시호(諡號. 제왕·帝王이나 재상·宰相, 또는 유현·儒賢들이 죽은 뒤에 그들의 공덕을 칭송하여 붙인 이름)는 문공(文公)이다. [①원화(元和. 당·唐나라 헌종·憲宗의 연호) 6년(서기 811년) 정월 그믐 을축일(乙丑日)에, 주인(작가 자신인 '한유·韓愈'를 가리킴)이 노복(奴僕. 사내종)인 성(星)을 시켜 버들가지를 엮어 수레를 만들고, 풀을 묶어 배를 만들어, 말린 양식과 식량을 싣고서, 소에게 멍에를 매어놓고, 돛을 달고 돛대를 세우게 하고서, 궁귀(窮鬼. 궁한 귀신. 또는 곤궁한 사람을 비유적으로 이르는 말)에게 세 번 읍(揖. 인사하는 예·禮의 한 가지. 두 손을 맞잡아 얼굴 앞으로 들고 허리를 공손히 구부렸다가 펴면서 두 손을 내림)하고, 다음과 같이 말하였다. 여기서, '궁귀(窮鬼)'는 『국어사전(國語辭典)』 외에도 다양한 풀이(모르거나 어려운 것을 알기 쉽게 밝히어 말하는 일)가 나와 있다. '가난한 사람이 굶어 죽어 된 귀신(鬼神)', '가난을 가져오는 귀신(鬼神)', '사람을 궁(窮)하게 만드는 귀신(鬼神)' 따위가 그것이다. "그대들이 떠날 날을 정하였다고 들었는데, 나는 감히 어느 길로 갈 것인지 묻지 않고, 은밀(隱密. 숨어 있어서 겉으로 드러나지 아니함)히 배와 수레를 마련해, 말린 양식과 식량을 갖추어 실어놓았다. 날도 길(吉)하고 시(時)도 좋아, 사방(四方)으로 출행(出行. 먼 길을 떠남)하기 이로울 것이다. 그대들은 한 사발의 밥을 먹고, 한 잔의 술을 마시라. 벗과 짝을 이끌고서, 옛 거처(居處. 일정하게 자리를 잡고 사는 일. 또는 그 장소)를 떠나 새

거처(居處)로 가라. 수레는 달려 먼지가 일고 배는 돛이 바람을 받아, 번개와 선두(先頭. 대열이나 행렬, 활동 따위에서 맨 앞)를 다투리라. 그대들은 이곳에 정체(停滯. 사물이 발전하거나 나아가지 못하고 한자리에 머물러 그침)하는 오랜 원한(怨恨. 억울하고 원통한 일을 당하여 응어리진 마음)도 없고, 나는 그대들에게 재물(財物. 돈과 값나가는 물건)을 주어 보내는 은혜(恩惠. 고맙게 베풀어 주는 신세나 혜택)가 있을 것이다. 그대들은 떠나갈 생각이 있는가?” ③처음부터 끝까지 그대를 배신(背信)한 적이 없어, 마음으로 딴 생각을 해본 적이 없고, 입으로 떠난다는 말을 한 적이 없다. 그대는 어디에서 듣고 우리가 떠날 것이라고 하는가? 이는 반드시 그대가 참언(讒言. 거짓으로 꾸며서 남을 헐뜯는 말)을 믿고서 우리를 멀리 하려는 것이다. 우리는 귀신이고 사람이 아니니 수레와 배를 어디에 쓰겠는가? 코로 냄새를 맡을 뿐이니 마른 식량과 양식은 버려도 좋다.]〈외로운 혼자 몸이니, 누가 벗이란 말인가? 그대가 만약 자세히 안다면, 하나하나 들어 말할 수 있겠는가? 그대가 다 말할 수 있다면, 성인(聖人. 지혜와 덕이 매우 뛰어나 길이 우러러 본받을 만한 사람)처럼 슬기롭다 이를 수 있어, 우리의 정상(情狀)이 이미(돌이킬 수 없이 된 지난 일을 일컬을 때 쓰는 말) 탄로(綻露. 적이 생각지 않았던 때에, 갑자기 들이쳐 공격함. 또는 그런 공격) 났으니, 감히 물러나지 않겠는가?”〈單獨一身, 誰爲朋儔, 子苟備知, 可數已不, 子能盡言, 可謂聖智, 情狀旣露, 敢不回避〉라는 이야기가 나오는데, ‘외로운 혼자 몸이니,(單獨一身)’에서 ‘단독일신(單獨一身)’이 유래했다. 그런데 본문 ‘조제모염(朝薺暮鹽)’에서 밝혔듯이, 위의 ①과 ③은 글의 내용을 편의상 구분한 것이다. ①은 첫 번째 단락, ③은 ②단락 다음에 이어지는 세 번째 단락을 의미한다. 두 번째 단락인 ②는 본문 ‘조제모염(朝薺暮鹽)’ 참고. ‘한유(韓愈)’의 ‘송궁문(送窮文)’은 ⑦단락으로 크게 나눌 수 있다. ①을 독자에게 소개한 것은 ‘송궁문(送窮文)’의 서문(序文)의 성격이 강하기 때문이다. 중국에서는 예로부터 궁귀(窮鬼)를 물리치는 풍속이 있었다고 한다. 당(唐)나라 때 한유(韓愈)는 원화(元和) 6년(서기 811년) 정월 그믐날에 궁귀(窮鬼)를 의인화하여 송궁문(送窮文)을 지어, 자신을 어렵게 만드는 지궁(智窮. 지혜를 담당하는 궁귀), 학궁(學窮. 학문을 담당하는 궁귀), 문궁(文窮. 문장을 담당하는 궁귀), 명궁(命窮. 사명감을 담당하는 궁귀), 교궁(交窮. 사귐을 담당하는 궁귀)의 5가지 궁귀(窮鬼)에게 자신에게서 떠나달라고 해학적(諧謔的. 말이나 행동에 익살스러우면서도 풍자·諷刺가 섞인 것. 또는 익살스럽고도 품위·品位가 있는 말이나 행동이 있는 것)으로 묘사(描寫. 눈으로 보거나 마음으로 느낀 것 따위를 그림으로 그리듯이 객관적으로 표현함)하였다. 무릇 이 5가지 귀신(鬼神)이 나의 5가지 재앙(災殃. 뜻하지 아니하게 생긴 불행한 변고·變故. 또는 천재지변·天災地變으로 인한 불행한 사고)이 된다고 하였다. 이 5가지 궁귀(窮鬼)에 대해서는 본문 ‘기기괴괴(奇奇怪怪)’와 ‘흥와조산(興訛造訕)’ 참고. 즉, 한유(韓愈)가 생각하기에, 지혜, 학문, 문장 쓰기, 사명감을 기르기, 다른 사람과의 사귐 따위를 담당하는 5가지 궁귀(窮鬼)가 자기의 앞길을 방해하고 있다는 입장이다. 그래서 ①단락은 그들을 내쫓기 위하여 계책(計策. 어떤 일을 이루기 위하여 꾀나 방법을 생각해 냄. 또는 그 꾀나 방법)을 세운 이야기로 의미가 있는 것이다. 소설 구성의 5단계에 비추어 보면 ‘발단’ 부분이다. ②, ③단락부터는 한유(韓愈)의 계책(計策)에 대한 궁귀(窮鬼)의 논박(論駁. 어떤 주장이나 의견에 대하여 그 잘못된 점을 조리 있게 공격하여 말함)이 계속된다. 소설 구성의 5단계에 비추어 보면 ‘전개’ 부분이다. ②단락은 본문 ‘조제모염(朝薺暮鹽)’ 참고. ③단락은 본문 참고. ④단락과 ⑤단락은 반전(反轉. 일의 형세가 뒤바뀜) 부분으로, 한유(韓愈)의 논박(論駁)이 이어짐을 볼 수 있다. 소설 구성의 5단계에 비추어 보면 ‘위기’

부분이다. ④단락은 본문 '기기괴괴(奇奇怪怪)' 참고. ⑤단락은 본문 '흥와조산(興訛造訕)' 참고. '한유(韓愈)'의 '송궁문(送窮文)'은 우연스럽게도 소설 구성의 5단계와 일치한다. ①단락은 '발단'이고, ②, ③단락은 '전개'이고, ④, ⑤단락은 '위기'이고, ⑥단락은 '절정'이고, ⑦단락은 '결말'이다. 참고로, 원문의 '單獨一身'에서, '單'은 홑 '단'으로 읽고, '獨'은 홀로 '독'으로 읽고, '一'은 한 '일'로 읽고, '身'은 몸 '신'으로 읽는다. 여기서 '單獨一身'이 유래하였는데, 이것을 직역(直譯)하면, 홑이거나 홀로 (된) 한 몸이라는 뜻으로, 가족(家族)이나 친척(親戚)이 없는 홑몸을 이르는 말. 또는 일가친척(一家親戚. <u>본문 참고</u>)이 없는 혼자의 몸을 이르는 말. 즉, 궁귀(窮鬼)가 단독일신(單獨一身)이라는 말이다. '誰爲朋儔'에서, '誰'는 누구 '수'로 읽고, '爲'는 위할 '위'로 읽고, '朋'은 벗 '붕'으로 읽고, '儔'는 모일 '주'로 읽는다. '誰爲朋儔'를 직역(直譯)하면, 누가 벗을 위하여 모이는가? 즉, 궁귀(窮鬼) 자신은 단독일신(單獨一身)이고, 주위에 벗이 없다는 뜻이다. '子苟備知'에서, '子'는 당신(2인칭 대명사) '자'로 읽는다. '한유(韓愈)'를 가리킴. '苟'는 진실로 '구', 참으로 '구'로 읽고, '備'는 갖출 '비'로 읽고, '知'는 알 '지'로 읽는다. '子苟備知'를 직역(直譯)하면, 당신이 진실로 (모든 것을) 갖추어 안다면, '可數已不'에서, '可'는 가히 '가', 넉넉히 '가'로 읽고, '數'는 셀 '수', 계산할 '수'로 읽고, '已'는 이미 '이'로 읽고, '不'는 아닐 '부'로 읽는다. 여기서 '已不'는 대부분의 자료에서 '여부(與否)'와 같은 뜻으로 풀이하고 있다. '여부(與否)'는 그러함과 그러하지 아니함을 이르는 말. '可數已不'를 직역(直譯)하면, 그러함과 그러하지 아니함을 가히 계산할(<u>따질</u>) (수 있는가)? '子能盡言'에서, '能'은 능히 할 수 있을 '능'으로 읽고, '盡'은 다할 '진'으로 읽고, '言'은 말씀 '언'으로 읽는다. '子能盡言'을 직역(直譯)하면, 당신이 능히 말을 할 수 있다면, '可謂聖智'에서, '謂'는 일컬을 '위'로 읽고, '聖'은 성인(聖人. <u>지혜와 덕이 매우 뛰어나 길이 우러러 본받을 만한 사람</u>) '성'으로 읽고, '智'는 슬기로울 '지'로 읽는다. '可謂聖智'를 직역(直譯)하면, 가히 성인(聖人)처럼 슬기롭다고 일컬을 수 있다. 즉, 성인(聖人)의 지혜(知·智慧)가 있다고 말할 수 있다는 뜻이다. '情狀旣露'에서, '情'은 사정(事情) '정', 형편(形便) '정'으로 읽고, '狀'은 형상(形狀) '상'으로 읽고, '旣'는 이미 '기'로 읽고, '露'는, 여기서는 드러날 '로(노)'로 읽는다. '情狀旣露'를 직역(直譯)하면, 정상(情狀. <u>있는 그대로의 사정과 형편</u>)이 이미 (다) 드러났으니, '敢不回避'에서, '敢'은 감히(敢~) '감'으로 읽고, '不'은, 여기서는 없을 '불'로 읽고, '回'는, 여기서는 피(避)할 '회'로 읽고, '避'는 피(避)할 '피'로 읽는다. '回避'는 몸을 숨기고 만나지 아니함. '敢不回避'를 직역(直譯)하면, 감히(敢~) 회피(回避)함이 없지 (않겠는가) 즉, 감히(敢~) 무엇을 회피(回避)하겠느냐는 뜻이다. 궁귀(窮鬼)는 몸을 숨기지 않고 떳떳하게 한유(韓愈)를 만나겠다는 의지(意志. <u>어떠한 일을 이루고자 하는 마음</u>)의 표현이다.

단란-지-락(團欒之樂 둥글 **단**/원만할 **란**/어조사 **지**/즐거울 **락**) 둥글고 원만(圓滿)함의 즐거움이라는 뜻으로, 단란(團欒)하게 지내는 즐거움을 이르는 말. *단란(團欒): ①썩 원만함. ②(가족 따위의 가까운 사람들이) 구순하고(순우리말로, 의가 좋아 화목하고) 즐거움. *원만하다(圓滿~): ①(성격이나 행동이) 모나지 않고 두루 너그럽다. ②(일의 진행이) 순조롭다. ③(지내는 사이가) 구순하다. 즉, 의가 좋아 화목하다.

단-무-타려(斷無他慮 끊을 **단**/없을 **무**/다를 **타**/염려할 **려**) 다른 염려(念慮)할 (일이) 끊어지고 없음이라는 뜻으로, 다른 근심이나 걱정을 할 필요가 조금도 없음을 이르는 말. *타려(他慮): 다른 염려. *염려하다(念慮~): 마음을 놓지 못하다. =걱정하다.

단문-고-증(單文孤證 홑 **단**/글월 **문**/외로울 **고**/증거 **증**) 한 (쪽의) 글월(문서)에다 외로운 증거(證據). 즉,

한쪽의 문서에 의한 오직 하나 뿐인 증거라는 뜻으로, 불충분한 증거(證據)를 이르는 말. *단문(單文): =홑문장. 즉, 주어와 서술어가 각각 하나씩으로 이루어진 문장. ↔복문(複文). *홑: 부록 '단(單)' 참고. *증거(證據): 부록 '증(證)' 참고.

단병-접전(短兵接戰 짧을 **단**/병기 **병**/이을 **접**/싸울 **전**) (길이가) 짧은 병기(兵器)로 이어 싸운다는 뜻으로, 칼이나 창(槍) 따위의 단병(短兵)으로 적(敵)과 직접 맞부딪쳐 싸움, 또는 그런 전투(戰鬪)를 이르는 말. *단병(短兵): 칼이나 창(槍) 따위의 길이가 짧은 병기(兵器)를 이르는 말. 흔히 가까운 거리에서 적(敵)과 싸울 때 사용한다. *접전(接戰): ①서로 힘이 비슷하여 좀처럼 승부(勝負)가 나지 않는 싸움. ②적(敵)에게 가까이 다가가 싸움. *병기(兵器): 전쟁에 쓰는 기구를 통틀어 이르는 말.

단-불-요대(斷不饒貸 결단할 **단**/아닐 **불**/너그러울 **요**/용서할 **대**) 결단(決斷)하여 너그럽게 용서(容恕)하지 않는다는 뜻으로, 단연코 용서(容恕)하지 아니함을 이르는 말. =단불용대(斷不容貸). *요대(饒貸): 너그러이 용서함. *결단하다(決斷~): 딱 잘라 결정하거나 단안(斷案)을 내리다. *너그럽다: 마음이 넓고 남을 헤아리는 아량이 있다.

단사-두갱(簞食豆羹 소쿠리 **단**/밥 **사**/제기 **두**/국 **갱**) 소쿠리의 밥과 제기(祭器)의 국. 즉, 대나무로 만든 밥그릇 하나에 담은 밥과, 제기(祭器) 하나에 떠 놓은 국이라는 뜻으로, 변변치 못한 음식을 비유적으로 이르는 말. *단사(簞食): 대나무로 만든 밥그릇에 담은 밥. 여기서, '단(簞)'은 밥을 담는 대나무로 만든 둥근 그릇을 의미함. *두갱(豆羹): ①제기(祭器)에 담은 국이라는 뜻으로, 적은 양의 국을 비유적으로 이르는 말. ②=콩국. 즉, 흰콩을 살짝 삶아서 맷돌 따위에 곱게 갈아 체로 받아 낸 물을 이르는 말. 여름철에 국수 같은 것을 말아 먹음. *소쿠리: 앞이 트이고, 대[竹]로 만든 둥근 그릇. *제기(祭器): 제사 때 쓰는 그릇. 이 사자성어의 유래는 다음과 같다. 『맹자(孟子)』의 「진심(盡心) 장구(章句)」 하(下) 편(篇)에 〈맹자(孟子)가 말했다. 명망(名望. 명성·名聲. 곧, 세상에 널리 퍼져 평판·評判 높은 이름과, 인망·人望. 곧, 세상 사람이 우러르고 따르는 덕망·德望을 아울러 이르는 말)을 추구하는 사람은 천승(千乘. 천대의 병거라는 뜻으로, '제후'를 이르는 말)의 나라도 양보할 수 있다. 그러나 그와 같은 사람이 아니라면 한 소쿠리(대나 싸리로 엮어 테가 있게 만든 그릇)의 밥과 한 그릇의 국에도 감정이 얼굴빛에 드러난다.(孟子曰, 好名之人能讓千乘之國, 苟非其人, **簞食豆羹見於色**.)〉라는 이야기가 나오는데, '한 소쿠리의 밥과 한 그릇의 국에도 감정이 얼굴빛에 드러난다.(簞食豆羹見於色)'에서, '단사두갱(簞食豆羹)' 이 유래했다. 명망(名望)을 추구하는 사람은 천승(千乘) 나라도 양보할 수 있다. 이렇게 명예를 위해서는 때로는 모든 것을 버릴 수 있다. 하지만 명예를 지키는 것은, 단사두갱(簞食豆羹)에도 감정이 얼굴빛에 드러나듯이 쉽지 않다는 것을 비유(比·譬喩. 어떤 사물의 모양이나 상태 따위를 보다 효과적으로 표현하기 위하여 그것과 비슷한 다른 사물에 빗대어 표현함. 또는 그 표현 방법)하고 있는 것이다. 참고로, 원문의 '孟子曰'에서, '孟'은 맏('맏이'의 뜻을 더하는 접두사) '맹'으로 읽고, '子'는 경칭(敬稱. 공경하는 뜻으로 부르는 칭호. 또는 존대하여 일컬음) '자'로 읽는다. 학덕(學德)과 지위가 높은 남자의 경칭(敬稱) 이다. '孟子'는 사람 이름. 중국 전국시대(戰國時代)의 사상가의 한 사람이다. 성선설(性善說)을 주장하고 인의(仁義)의 정치를 권하였다. '孟子曰'을 직역(直譯)하면, 맹자(孟子)가 말하기를, '好名之人能讓千乘之 國'에서, '好'는 좋아할 '호'로 읽고, '名'은 이름 '명'으로 읽고, '之'는 어조사 '지'로 읽는다. '~의'를 나타내 는 관형격 조사. '人'은 사람 '인'으로 읽고, '能'은 할 수 있을 '능'으로 읽고, '讓'은 사양(辭讓)할 '양',

양보(讓步)할 '양'으로 읽고, '千'은 일천 '천'으로 읽고, '乘'은 탈 '승'으로 읽고, '國'은 나라 '국'으로 읽는다. '好名之人能讓千乘之國'을 직역(直譯)하면, 이름이 (나기를) 좋아하는 사람은 천의 (수레를) 타는 나라도 양보할 수 있다. 즉, 명망(名望)내지 명예(名譽)를 좋아하는 사람은 천승(千乘)의 나라를 준다 해도 이를 사양(辭讓)할 수 있다는 뜻이다. 다시 말하면, 명망(名望) 내지 명예(名譽)를 좋아하는 사람은, 때로는 모든 것을 버릴 수 있다는 것을 비유(比·譬喩. <u>어떤 사물의 모양이나 상태 따위를 보다 효과적으로 표현하기 위하여 그것과 비슷한 다른 사물에 빗대어 표현함. 또는 그 표현 방법</u>)하는 말이다. '苟非其人'에서, '苟'는 다만 '구', 단지 '구'로 읽고, '非'는 아닐(<u>부정하는 말</u>) '비'로 읽고, '其'는 그(<u>지시하는 말</u>) '기'로 읽고, '人'은 사람 '인'으로 읽는다. '苟非其人'을 직역(直譯)하면, 다만 그와 (같은) 사람이 아니라면. '簞食豆羹見於色'에서, '簞'은 소쿠리 '단'으로 읽고, '食'은 여기서는 밥 '사'로 읽고, '豆'는 여기서는 제기(祭器. <u>제사 때 쓰는 그릇</u>) '두'로 읽고, '羹'은 국 '갱'으로 읽고, '見'은 드러날 '현'으로 읽고, '於'는 어조사 '어'로 읽는다. '~에', '~에도'의 뜻을 나타냄. '色'은, 여기서는 얼굴빛 '색'으로 읽는다. '簞食豆羹見於色'을 직역(直譯)하면, (한) 소쿠리의 밥과 제기(祭器)의 국에도 얼굴빛이 (자신도 모르게) 드러난다. 즉, 명망(名望) 내지 명예(名譽)를 좋아하는 사람은, 그것을 얻기 위해서는 천승(千乘)의 나라를 준다 해도 이를 사양할 수 있다. 그러나 진심으로 사양하는 것이 아니라면, 한 그릇의 밥과 국 같은 작은 이익 앞에서 자신도 모르게 진심을 얼굴에 드러내게 되어 있다. 결국 이 말은, 명망(名望)이나 명예(名譽)를 지키기가 쉽지 않다는 것을 비유하는 말이다. 여기서, '簞食豆羹'이 유래하였는데, 이것을 직역(直譯)하면, 소쿠리의 밥과 제기(祭器)의 국. 즉, 대나무로 만든 밥그릇 하나에 담은 밥과, 제기(祭器) 하나에 떠 놓은 국이라는 뜻으로, 변변치 못한 음식을 비유적으로 이르는 말.

단사-표-음(簞食瓢飮 소쿠리 **단**/밥 **사**/표주박 **표**/마실 **음**) 소쿠리의 밥을 (먹고) 표주박의 (물을) 마신다. 즉, 대나무로 만든 밥그릇에 담은 밥과 표주박에 든 물을 먹고 마신다는 뜻으로, ①변변찮은 음식을 이르는 말. ②아주 소박하고 청빈(淸貧. <u>청렴결백하며 재물에 대한 욕심이 없이 가난함</u>)한 생활을 비유적으로 이르는 말. *단사(簞食): ☞단사두갱(簞食豆羹). *소쿠리: ☞단사두갱(簞食豆羹). *표주박: 부록 '표(瓢)' 참고. 이 사자성어의 유래는 다음과 같다. 『논어(論語)』의 「옹야(雍也)」 편(篇)에 〈어질도다. 안회(顏回)여. 한 대그릇(대로 만든 그릇)의 밥을 먹고 한 쪽박의 물을 마시면서 누추한 곳에 살면 다른 사람은 그 근심을 견디어 내지 못하거늘, 안회(顏回)는 즐거움을 잃지 않는구나. 어질도다. 안회(顏回)여.(賢哉回也, **一簞食一瓢飮在陋巷**, 人不堪其憂, 回也不改其樂, 賢哉回也.)〉라는 이야기가 나오는데, '한 대그릇(대로 만든 그릇)의 밥을 먹고 한 쪽박의 물을 마시면서 누추한 곳에 살면,(一簞食一瓢飮在陋巷)'에서, '단사표음(簞食瓢飮)'이 유래했다. 나머지 구체적인 내용은 ⇨누항단표(陋巷簞瓢).

단사-호장(簞食壺漿 소쿠리 **단**/밥 **사**/병 **호**/액체 **장**) 소쿠리의 밥과, 병에 (든) 액체(<u>마실 것</u>)란 뜻으로, ①넉넉하지 못한 사람의 거친 음식을 이르는 말. ②백성이 군대를 환영하기 위하여 갖춘 음식을 이르는 말. *단사(簞食): ☞단사두갱(簞食豆羹). *호장(壺漿): 병에 (든) 액체(<u>마실 것</u>)란 뜻으로, 보잘것없고 맛없는 반찬을 이르는 말. 『표준국어대사전』(두산 동아)에는 '병에 (든) 액체(<u>마실 것</u>)' 대신에 '단지 안에 든 간장'으로 풀이를 해 두었음을 참고하기 바람. *소쿠리: ☞단사두갱(簞食豆羹). *병(瓶): 부록 '호(壺)' 참고. 이 사자성어의 유래는 다음과 같다. 『맹자(孟子)』의 「양혜왕(梁惠王) 장구(章句)」 하(下) 편(篇)에 [제(齊)나라가 연(燕)나라를 정벌하는 과정에서 연(燕)나라 백성들이 강하게 반발하자, 제(齊)나라 선왕

(宣王)이 자신의 무력 행위를 합리화하며 맹자(孟子)에게 물었다. 여기서 '맹자(孟子)'는 중국 전국시대(戰國時代)의 사상가의 한 사람이다. 성선설(性善說)을 주장하고 인의(仁義)의 정치를 권하였다. 그리고 '양혜왕(梁惠王)'은 중국 전국(戰國) 시대 위(魏)나라의 3대 군주(君主, 세습적으로 나라를 다스리는 최고 지위에 있는 사람)인 위혜왕(魏惠王)의 다른 이름이다. 성(姓)은 희(姬)이고, 씨(氏)가 위(魏)이다. 『맹자(孟子)』에는 '양혜왕(梁惠王)'으로 불리어졌고, 『장자(莊子)』에는 '문혜군(文惠君)'으로 기록되어 있다. "어떤 이는 과인(寡人, 덕·德이 적은 사람이라는 뜻으로, 임금이 자기를 낮추어 이르던 1인칭 대명사, 여기서는 '선왕·宣王' 자기 자신을 가리킴)에게 연(燕)나라를 빼앗지 말라고 하고, 어떤 이는 과인(寡人)에게 그것을 빼앗아 버리라고 합니다. 만승(萬乘)의 나라로서 만승(萬乘)의 나라를 쳐서 50일 동안에 해치웠으니 사람의 힘으로는 이렇게까지 되지 않을 것입니다. 여기서, '만승(萬乘)'은 만대(萬臺)의 병거(兵車, 전쟁에 쓰는 수레)라는 뜻으로, 천자(天子) 또는 천자(天子)의 자리를 이르는 말이다. '천자(天子)'는 천제(天帝, 하늘을 다스리는 신, 또는 우주를 창조하고 주재한다고 믿어지는 초자연적인 절대자)의 아들이란 뜻으로, 천명(天命, 하늘의 명령)을 받아 천하(天下)를 다스리는 사람, 곧 중국에서 황제(皇帝)를 일컫던 말이다. 그리고 '만승(萬乘)'은 중국 주(周)나라 때에 천자(天子)가 병거(兵車) 일만 대(臺, 자동차나 비행기, 또는 기계 따위를 세는 단위)를 즈리[直隸] 지방에서 출동시켰던 데서 유래한다. 여기서 '승(乘)'은 수레를 세는 단위이다. 주(周)나라 때, 전시(戰時, 전쟁을 하고 있는 때)에 천자(天子)는 만승(萬乘)을, 제후(諸侯)는 천승(千乘)을 내도록 되어 있었다. 또 '만승(萬乘)'과 '천승(千乘)'은 부역(賦役, 국가나 공공단체가 특정한 공익사업을 위하여 보수 없이 국민에게 의무적으로 책임을 지우는 노역·勞役을 이르는 말)에 동원할 수 있는 병력(兵力)의 규모를 나타내는 단위이기도 함. 따라서, 빼앗지 않으면 반드시 하늘이 내리는 재앙(災殃, 뜻하지 아니하게 생긴 불행한 변고·變故, 또는 천재지변·天災地變으로 인한 불행한 사고)이 생길 것이니, 빼앗아 버리는 것이 어떻겠습니까?" 맹자(孟子)가 대답했다. "빼앗아서 연(燕)나라 백성들이 기뻐한다면 빼앗아 버리십시오. 옛 사람 중에 그리한 사람이 있습니다. 바로 무왕(武王)입니다. 즉, 당시(當時, 일이 있었던 바로 그때, 또는 이야기하고 있는 그 시기) 은(殷)나라 백성들은, 은(殷)나라가 자신들을 버렸다고 생각해서 무왕(武王)이 은(殷)나라를 쳤다는(공격하였다는) 내용이다. 빼앗아서 연(燕)나라 백성들이 기뻐하지 않는다면 빼앗지 마십시오. 옛 사람 중에 그리한 사람이 있습니다. 바로 문왕(文王)입니다. 즉, 당시 문왕(文王)은 무왕(武王)의 아버지로서, 은(殷)나라의 3분의 2정도의 영토를 차지했으나, 은(殷)나라 백성들의 마음이 은(殷)나라에 있다고 보고 더 이상 영토를 차지하지 않았다.]〈만승(萬乘)의 나라로 만승(萬乘)의 나라를 치는데, 대그릇에 담은 밥과 병에 담은 음료를 가지고 왕의 군대를 환영하는 것에 어찌 다른 이유가 있었겠습니까?(以萬乘之國伐萬乘之國, **簞食壺漿以迎王師**, 豈有他哉.)〉[물과 불의 재난(災難)을 피하려고 했던 것입니다. 만약에 물이 더욱 깊어지고, 불이 더욱 뜨거워진다면 역시 다른 데로 옮겨 갈 것입니다."]라는 이야기가 나오는데, '대그릇에 담은 밥과 병에 담은 음료를 가지고 왕의 군대를 환영하는 것에(簞食壺漿以迎王師)'에서, '단사호장(簞食壺漿)'이 유래했다. 이 이야기의 배경은 이렇다. 이 '단사호장(簞食壺漿)'은 중국의 춘추 전국 시대에 제(齊)나라와 연(燕)나라가 관련되어 있다. 위의 이야기는 제(齊)나라가 연(燕)나라를 정벌하는 과정에서 제(齊)나라 선왕(宣王)이 자신의 무력행위를 합리화하려고 맹자(孟子)와 대화하는 내용이다. 제(齊)나라와 연(燕)나라는 중국의 춘추전국시대(春秋戰國時代)에 패권을 다투던 일곱 국가[戰國七雄]에 들만큼

국력이 강성(强盛. 강하고 왕성함)했던 나라들이다. 제(齊)나라 선왕(宣王)은, 전쟁을 수레 1만대를 동원할 수 있는 강국(만승·萬乘의 나라)끼리의 싸움에서 금세 정벌하여 승부(勝負)가 난 것은, 하늘의 뜻이라고 합리화면서, 이 기회에 자신의 오랜 야욕(野慾. 자기 잇속만 채우려는 더러운 욕심)을 실현할 생각으로 맹자(孟子)에 물었던 것이다. 여기에서 우리는 두 가지 측면에서 맹자(孟子)의 말을 새겨들어야 할 필요가 있다. 첫째, 연(燕)나라에서 발생한 내란(內亂)을 정벌한 제(齊)나라 선왕(宣王)이 연(燕)나라를 돌려줄 지, 취할 지 고민하자, 맹자(孟子)는 백성들이 기뻐하는 지를 보고 결정하라고 충고한다. 제(齊)나라 선왕(宣王)의 국토 확장에 대한 욕심이 아니라, 연(燕)나라 백성의 마음이 기뻐하면(동의하면) 하늘의 뜻을 얻을 것이라는 말이다. 이 자리에서 맹자(孟子)는, 나라의 지도자는 민의(民意. 국민의 뜻, 또는 국민의 의사)를 존중해야 함을 역설(力說. 자기의 뜻을 힘주어 말함)하고 있다. 민의(民意)가 귀일(歸一. 여러 가지 현상이 한 가지 결말이나 결과로 귀착됨) 되는 곳에 왕도(王道. 임금은 마땅히 인덕을 근본으로 천하를 다스려야 한다는 정치사상)가 실현된다는 맹자(孟子)의 사상이 함축되어 있는 것이다. 둘째, 단사호장(簞食壺漿)에 관한 것이다. 제(齊)나라가 연(燕)나라를 칠 때, 연(燕)나라 사람들이 단사호장(簞食壺漿)을 들고 나와 제(齊)나라 임금의 군사들을 환영한 것은, 내란(內亂)으로 어려운 처지에 있는 연(燕)나라 백성들을, 제(齊)나라가 구해주기를 바라기 때문이다. 만일, 제(齊)나라가 어려움에 처한 연(燕)나라의 백성들을 구해 준다는 믿음이 없다면, 다른 나라 사람들에게 구원(救援. 어려움이나 위험에 빠진 사람을 구하여 줌)을 바랄 것이다. 따라서 단사호장(簞食壺漿)에는 제(齊)나라 선왕(宣王)의 국토 확장이라는 야욕(野慾)을 떠나서, 민의(民意)를 존중해서 나라를 다스리면 좋겠는 맹자(孟子)의 염원(念願. 마음에 간절히 생각하고 기원함. 또는 그런 것)이 담겨 있다. 참고로, 원문의 '以萬乘之國伐萬乘之國'에서, '以'는 써(그것을 가지고, 그것으로 인하여) '이'로 읽고, '萬'은 일만 '만'으로 읽고, '乘'은 수레 '승'으로 읽는다. '萬乘'은 '만(萬) 대(臺. 차나 기계, 악기 따위를 세는 단위)의 병거(兵車. 전쟁할 때에 쓰는 수레)'라는 뜻으로, 천자(天子) 또는 천자(天子)의 자리를 이르는 말. 중국 주(周)나라 때에 천자(天子)가 병거(兵車) 일만 채(큰 기구, 기물, 가구 따위를 새는 단위)를 즈리[直隷] 지방에서 출동시켰던 데서 유래한다. '之'는 어조사 '지'로 읽는다. '~의'를 나타내는 관형격 조사. '國'은 나라 '국'으로 읽고, '伐'은 칠 '벌', 공격할 '벌'로 읽는다. '以萬乘之國伐萬乘之國'을 직역(直譯)하면, 만승의 나라로써 만승의 나라를 치는데, '簞食壺漿以迎王師'에서, '簞'은 소쿠리 '단'으로 읽고, '食'는 여기서는 밥 '사'로 읽고, '壺'는 병 '호'로 읽고, '漿'은 액체 '장'으로 읽고, '以'는 써(그것을 가지고, 그것으로 인하여) '이'로 읽고, '迎'은 맞을 '영', 맞이할 '영'으로 읽고, '師'는 군사(軍士) '사', 군대(軍隊) '사'로 읽는다. '簞食壺漿以迎王師'를 직역(直譯)하면, 소쿠리의 밥과 병에 (든) 액체로써 왕의 군대를 맞이함. 여기서, '簞食壺漿'이 유래하였는데, 이것을 직역(直譯)하면, 소쿠리의 밥과, 병에 (든) 액체(마실 것)란 뜻으로, ①넉넉하지 못한 사람의 거친 음식을 이르는 말. ②백성이 군대를 환영하기 위하여 갖춘 음식을 이르는 말. '豈有他哉'에서, '豈'는 어찌(의문 부사) '기'로 읽고, '有'는 있을 '유'로 읽고, '他'는 다를 '타'로 읽고, '哉'는 어조사 '재'로 읽는다. '~일 것인가?'(반문)의 뜻을 나타냄. '豈有他哉'를 직역(直譯)하면 어찌 다른 (이유가) 있었겠는가? 그런데 이외에 『좌전(左傳)』의 「소공(昭公) 25년」 편(篇)과 『공양전(公羊傳)』의 「소공(昭公) 25년」 편(篇)에도 '단사호장(簞食壺漿)'에 관한 이야기가 나온다.

단순-호치(丹脣皓齒 붉을 **단**/입술 **순**/흴 **호**/이 **치**) 붉은 입술과 흰 이[齒]라는 뜻으로, 여자의 썩 아름다운 얼굴을 비유적으로 이르는 말. 예전에는 붉은 입술과 흰 이가 미인(美人)의 조건이었음. =주순호치(朱脣皓齒). 호치단순(皓齒丹脣). *단순(丹脣): 여자의 아름다운 붉은 입술. 또는 연지(臙脂. 여자가 화장할 때에 입술에 바르거나 뺨에 찍는 붉은 빛깔의 염료)를 바른 입술. *호치(皓齒): 희고 깨끗한 이.

단식-기도(斷食祈禱 끊을 단/먹을 식/빌 기/빌 도) 먹을 (것을) 끊고 빌고 빈다는 뜻으로, 어떠한 목적을 이루기 위하여, 일정 기간 동안 음식을 먹지 않으면서 기도(祈禱)함. 또는 그런 기도(祈禱)를 이르는 말. *단식(斷食): 일정 기간 음식을 먹지 않음. *기도(祈禱): (바라는 바가 이루어지기를) 신(神)이나 부처에게 빎. 또는 그 의식.

단엄-침중(端嚴沈重 단정할 단/엄숙할 엄/잠잠할 침/무거울 중) 단정(端正)하고 엄숙(嚴肅)하며 잠잠하고 (침착하고) 무게가 있음. *단엄(端嚴): (모습이나 태도가) 단정하고 위엄이 있음. *침중(沈重): ①성질이 침착(沈着)하고 무게가 있음. ②병세(病勢)가 매우 중하고 깊음. *단정하다(端正~): 모습이나 몸가짐이 흐트러진 데 없이 얌전하고 깔끔하다. *엄숙하다(嚴肅~): 장엄(莊嚴. 엄숙하고 위엄이 있음)하고 정숙하다. *잠잠하다(潛潛~): ①아무 소리도 없이 조용하다. ②아무 말이 없이 가만히 있다.

단-장-보-단(斷長補短 끊을 단/길 장/기울 보/짧을 단) 긴 (것을) 끊고 짧은 (것을) 기운다. 즉, 긴 것을 끊어 짧은 것에 잇는다는 뜻으로, 긴[長] 곳을 잘라 짧은[短] 곳을 메워서 들쭉날쭉한 것을 곧게 하듯이, 단점(短點)을 장점(長點)으로 보완함을 이르는 말. *기울: '깁+우+ㄹ'의 형태로 기본형은 '깁다'이다. '깁다'는 해진 곳에 딴 조각을 대어 때우거나 그대로 꿰매다.

단장-적-구(斷章摘句 끊을 단/글 장/딸 적/글귀 구) 끊은 글이나 (외부에서) 딴 글귀라는 뜻으로, 고전(古典)이나 원서(原書)의 일부를 인용한 글이나 구(句)를 이르는 말. *단장(斷章): 한 체계로 묶지 아니하고 몇 줄씩의 산문체로 토막을 지어 적은 글. *따다: 부록 '적(摘)' 참고.

단장-취의(斷章取義 끊을 단/글 장/취할 취/뜻 의) 끊은 글에서 뜻을 취(取)한다. 즉, 남이 쓴 문장이나 글의 일부를 끊어서, 문장 전체의 뜻이나 작자의 의도와 무관하게, 자기의 필요에 따라 제멋대로 사용한다는 뜻으로, 남이 쓴 문장이나 시(詩)의 한 부분을, 그 문장이나 시(詩)가 전체적인 뜻을 고려하지 아니하고 인용하여 자신의 의사를 표현하는 일. 또는 그 인용으로 본래의 의미와는 달리 자기의 주장이나 생각을 자기 입장에 맞도록 합리화하는 일. *단장(斷章): ☞단장적구(斷章摘句). *취의(取義): ①의(義)를 취함. ②뜻을 취함. *취하다(取~): 부록 '취(取)' 참고. 이 사자성어의 유래는 다음과 같다. 『좌전(左傳)』의「양공(襄公) 28년」편(篇)에 〈사람들이 시(詩)를 읊을 때 필요한 구절만 따 내듯이, 나도 필요한 것만 취했을 뿐이지.(賦詩斷章, 余取所求焉.)〉라는 이야기가 나오는데, '사람들이 시(詩)를 읊을 때 필요한 구절만 따 내듯이,(賦詩斷章)'에서, '단장취의(斷章取義)'가 유래했다. 이 이야기의 배경은 이렇다. 기원전 548년, 제(齊)나라 장공(壯公)의 충신(忠臣) 측과 그의 후임 경공(景公)의 충신(忠臣) 측과의 대립과 혼사(婚事. 혼인에 관한 일)에서 장공(壯公) 측의 노포계(盧蒲癸. 사람 이름)가 한 말에서 '단장취의(斷章取義)'가 유래했다. 제(齊)나라의 대부(大夫. 벼슬 이름)인 최저(崔杼)와 경봉(慶封)이 공모(共謀)하여 제(齊)나라 장공(壯公)을 죽이고, 장공(壯公)의 이복(異腹. 아버지는 같고 어머니가 다름) 동생인 저구(杵臼)를 왕으로 세웠는데, 이이가 바로 경공(景公)이다. 경공(景公)은 최저(崔杼)를 우상(右相. 벼슬 이름)에 경봉(慶封)을 좌상(左相. 벼슬 이름)에 앉혔다. 장공(壯公)의 충신(忠臣)인 노포계(盧蒲癸)와 왕하(王何)는 장공(壯公)이 변을 당하자, 다른 나라로 피신(避身. 위험을 피하여 몸을 숨김)했다. 노포계(盧蒲癸)

는 피신(避身)하기 전에 동생 노포별(盧蒲嫳)을 불러 당부했다. “최저(崔杼)와 경봉(慶封)의 신임을 얻도록 해라. 그리고 적당한 때가 되면 나를 불러 함께 장공(莊公)의 복수를 할 수 있게 해라.” 노포계(盧蒲癸)가 떠난 후 동생 노포별(盧蒲嫳)은 경봉(慶封)의 가신(家臣. 봉건 시대에, 공경대부의 집에 딸려 그들을 섬기던 사람)이 되었다. 당시(當時. 일이 있었던 바로 그때, 또는 이야기하고 있는 그 시기) 경봉(慶封)은 비록 좌상(左相)이긴 하지만, 실권(實權)이 없었는데, 노포별(盧蒲嫳)은 그에게 계략(計略. 어떤 일을 이루기 위한 꾀나 수단)을 알려 주어 최저(崔杼)의 아들들을 제거하도록 하고, 최저(崔杼)도 목을 매어 자살하게 만들었다. 이제 모든 실권(實權)은 사실상 경봉(慶封)의 손아귀에 들어갔다. 그 후 경봉(慶封)은 거의 모든 일을 아들 경사(慶舍)에게 맡긴 채 처첩(妻妾. 아내와 첩)들과 향락(享樂. 쾌락을 누림)에 빠져 들었다. 그때 노포별(盧蒲嫳)은 자신의 아내까지 경봉(慶封)에게 바칠 정도로 경봉(慶封)의 신임을 받으려고 노력했다. 경봉(慶封)은 나라에 죄를 짓고 다른 나라로 도망한 자들을 귀국하도록 명령을 내렸다. 노포별(盧蒲嫳)은 형 노포계(盧蒲癸)에게 알려 그를 귀국하게 했다. 노포계(盧蒲癸)는 귀국하여 경봉(慶封)의 아들 경사(慶舍)의 부하가 되어 총애(寵愛. 남달리 귀여워하고 사랑함)를 받고, 후에는 그(‘경사·慶舍’를 가리킴)의 딸 경강(慶姜)과 결혼하여 사위가 되었다. 노포계(盧蒲癸)의 아내 경강(慶姜)은 남편의 행동을 이상하게 여겨 무슨 연고(緣故. 일의 까닭)인지를 물었다. 노포계(盧蒲癸)는 경씨(慶氏) 일가(一家)를 멸하여 장공(莊公)을 위해 복수하겠다고 말했다. 경강(慶姜)은 남편을 돕겠다고 했다. 경강(慶姜)은 친정 할아버지인 경봉(慶封)이 사냥을 나가는 날을 알아내, 친정 아버지인 경사(慶舍. 노포계의 장인)에게 제(齊)나라 군주(君主. 세습적으로 나라를 다스리는 최고 지위에 있는 사람)인 경공(景公)과 함께 태묘(太廟. 역대 임금과 왕비의 위패를 모시던 사당)에 제사를 드리러 가자고 권하여 노포계(盧蒲癸) 등(等)이 손을 쓰기에 편하도록 만들었다. 제례(祭禮. 제사를 지내는 예절)가 진행되는 중간에 노포계(盧蒲癸)와 왕하(王何)가 갑자기 나타나 경사(慶舍)를 찔렀다. 경사(慶舍)는 죽기 전에 술병을 들어 왕하(王何)를 쳐 죽였다. 노포계(盧蒲癸)는 병사들을 이끌고 경씨(慶氏)의 잔당(殘黨. 처 없애고 남은 무리를 일컫는 말. 대부분이 패망하고 조금 남아 있는 무리를 부정적으로 일컫는 말)들을 제거했다. 경봉(慶封)은 이 소식을 전해 듣고 황급히 사냥에서 돌아와 이들을 공격하려 했으나 역부족(力不足. 힘이나 기량 따위가 부족함)인 것을 알고 노(魯)나라로 도망하고 말았다. 이 일이 있은 후 경사(慶舍) 쪽의 사람들이 노포계(盧蒲癸)에게 물었다. “남녀가 혼인을 할 때에는 동성(同姓. 같은 성씨)을 따지는데, 그대는 종친(宗親. 동성동본으로, 상복·喪服을 입은 가까운 친척 안에는 들지 않는 일가붙이)을 피하지 않았소. 왜 그랬소?” 즉, 사람들이 경씨(慶氏)와 노씨(盧氏)가 모두 경씨(慶氏) 성(姓)의 후예(後裔. ‘후손·後孫’과 같은 말)로 동성(同姓)인데, 어째서 경강(慶姜)을 아내로 삼았느냐고 물었던 것이다. 노포계(盧蒲癸)는 위에 소개된 바와 같이 “사람들이 시(詩)를 읊을 때 필요한 구절만 따내듯이, 나도 필요한 것만 취했을 뿐이지, 종친(宗親) 따위는 알 바 없소.”라고 말했다. 즉, 노포계(盧蒲癸)는 장인(丈人)인 경사(慶舍)가 동성(同姓)을 따지지 않고 딸을 나에게 시집보냈는데, 내가 어떻게 피할 수 있었겠느냐고 답한 것이다. 이때 노포계(盧蒲癸)가 한 말, 즉, ‘시(詩)를 읊을 때 필요한 구절만 따내듯이’의 단장취의(斷章取義)가 유래한 것이다. 참고로 원문의 ‘賦詩斷章’에서, ‘賦’는 문채(文彩. 문장의 멋)의 이름 ‘부’로 읽고, ‘詩’는 시(詩) ‘시’로 읽는다. ‘賦詩’는 『시경(詩經)』의 ‘시구(詩句)’를 의미한다. ‘斷’은 끊을 ‘단’으로 읽고, ‘章’은 글 ‘장’으로 읽는다. 춘추시대(春秋時代)의 경대부(卿大夫. 높은 관직에 있는 벼슬아치의 이름)들은 회의(會議)나 연회(宴會. 여러 사람이 모여 술을 마시거나 음식을 먹으면서 즐기는 모임)의 석상(席上. 어떤 모임의 자리)에서 자기 의사를 직접 표현하는 대신, 『시경(詩經)』에 있는 시구(詩句) 중 일부를 따다가 읊어 의사를 표시했는데, 이를 단장(斷章)이라고 했다. '賦詩斷章'을 직역(直譯)하면, 부(賦)와 시(詩)에서 끊은 글. 즉, 남이 지은 부(賦)와 시(詩)에서 자기에게 필요한 부분만 인용하려고 끊어낸 글을 뜻한다. 여기서, '斷章取義'가 유래하였는데, 이것을 직역(直譯)하면, 끊은 글에서 뜻을 취(取)한다. 즉, 남이 쓴 문장이나 글의 일부를 끊어서, 문장 전체의 뜻이나 작자의 의도와 무관하게, 자기의 필요에 따라 제멋대로 사용한다는 뜻으로, 남이 쓴 문장이나 시(詩)의 한 부분을, 그 문장이나 시(詩)가 전체적인 뜻을 고려하지 아니하고 인용하여 자신의 의사를 표현하는 일. 또는 그 인용으로 본래의 의미와는 달리 자기의 주장이나 생각을 자기 입장에 맞도록 합리화하는 일. '余取所求焉'에서, '余'는 나(1인칭 대명사) '여'로 읽고, '取'는 가질 '취', 취할 '취'로 읽고, '所'는 바(앞에서 말한 내용 그 자체나 일 따위를 나타내는 말) '소'로 읽고, '求'는 구할(求~. 필요한 것을 찾을) '구'로 읽고, '焉'은 어조사 '언'으로 읽는다. '~이다(단정)'의 뜻을 나타냄. '余取所求焉'을 직역(直譯)하면, 나는 구할 바를 취한다. 즉, 사람들이 부(賦)와 시(詩)를 읊을 때, 필요한 구절만 끊어내어 부르고 하니, 나도 필요한 것만 취하는 것이다.

단편-잔간(短篇殘簡 짧을 **단**/책 **편**/남을 **잔**/글 **간**) 짧은 책(冊)이나 남아 있는 글이라는 뜻으로, 떨어지거나 빠져서, 완전하지 못한 글이나 책(冊) 따위를 이르는 말. =단간잔편(斷簡殘編). *단편(短篇): 짤막하게 지은 글. *잔간(殘簡): 일부 또는 대부분이 흩어지고 남은 문서.

단표-누항(簞瓢陋巷 소쿠리 **단**/표주박 **표**/더러울 **누**/거리 **항**) 더러운 거리. 즉, 누항(陋巷)에서 먹는 소쿠리의 (밥과) 표주박의 (물이라는) 뜻으로, 선비의 청빈(淸貧. 청렴결백하며 재물에 대한 욕심이 없이 가난함)한 생활을 비유적으로 이르는 말. 또는 소박한 시골 생활을 비유적으로 이르는 말. =누항단표(陋巷簞瓢). *단표(簞瓢): =단사표음(簞食瓢飮). 즉, 대나무로 만든 밥그릇에 담은 밥과 표주박에 든 물이라는 뜻으로, 청빈하고 소박한 생활을 이르는 말. *누항(陋巷): ①좁고 지저분하며 더러운 거리. ②자기가 사는 거리나 동네를 겸손하게 이르는 말. *소쿠리: 앞이 트이고, 대[竹]로 만든 둥근 그릇. *표주박: 부록 '표(瓢)' 참고. *거리: 부록 '항(巷)' 참고. 이 사자성어의 유래는 다음과 같다. 『논어(論語)』의 「옹야(雍也)」 편(篇)에 〈어질도다. 안회(顔回)여, 한 대그릇(대로 만든 그릇)의 밥을 먹고 한 쪽박의 물을 마시면서 누추한 곳에 살면 다른 사람은 그 근심을 견디어 내지 못하거늘, 안회(顔回)는 즐거움을 잃지 않는구나. 어질도다. 안회(顔回)여.(賢哉回也, **一簞食一瓢飮在陋巷**, 人不堪其憂, 回也不改其樂, 賢哉回也.)〉라는 이야기가 나오는데, '한 대그릇(대로 만든 그릇)의 밥을 먹고 한 쪽박의 물을 마시면서 누추한 곳에 살면.(一簞食一瓢飮在陋巷)'에서, '단표누항(簞瓢陋巷)'이 유래했다. 나머지 구체적인 내용은 ⇨누항단표(陋巷簞瓢).

단-항-절-황(斷港絕潢 끊을 **단**/항구 **항**/끊을 **절**/웅덩이 **황**) 끊어진 항구(港口)와 끊어진 웅덩이. 즉, 흘러갈 곳이 끊어진 지류(支流. 원줄기로 흘러 들어가는 물줄기. 또는 원줄기에서 갈라져 나간 물줄기)와 이어질 곳이 없는 못이라는 뜻으로, 연락이 끊어짐을 비유적으로 이르는 말. *항구(港口): 부록 '항(港)' 참고. *웅덩이: 부록 '황(潢)' 참고.

달-다-어-요(獺多魚擾 수달 **달**/많을 **다**/물고기 **어**/어지러울 **요**) 수달이 많으면 물고기가 어지럽다. 즉,

수달이 많으면 물고기가 두려워서 혼란(混亂)에 빠진다는 뜻으로, 관리(官吏)가 많으면 백성(百姓)이 핍박(逼迫. 바싹 죄어서 괴롭게 함)을 받음을 비유적으로 이르는 말. 여기서, '수달'은 관리(官吏)를, '물고기'는 백성(百姓)을 각각 비유(比·譬喩. 어떤 사물의 모양이나 상태 따위를 보다 효과적으로 표현하기 위하여 그것과 비슷한 다른 사물에 빗대어 표현함. 또는 그 표현 방법)한 것이다. *수달(水獺): 부록 '달(獺)' 참고. *어지럽다: ①몸을 제대로 가눌 수 없을 만큼 정신이 아뜩아뜩하다. ②질서 없이 뒤섞여 있어 어수선하다.

달인-대관(達人大觀 통달할 **달**/사람 **인**/클 **대**/볼 **관**) (사물에) 통달(通達)한 사람은 크게 본다는 뜻으로, 사물의 이치에 널리 통달(通達)한 사람은 ①사물을 옳고 정당하게 관찰함을 이르는 말. ②사물의 전체를 잘 헤아려 빠르게 판단하고 그릇됨이 없음을 이르는 말. *달인(達人): ①학문이나 기예(技藝. 미술, 공예 따위에 관한 기술)의 어떤 분야에 통달한 사람. ②널리 사물의 이치에 정통한 사람. 또는 달관(達觀. 사소한 일에 얽매이거나 흔들리지 않는 경지에 이르는 일)한 사람. *대관(大觀): ①국면(局面. 일이 되어 가는 형편. 일이 벌어진 상황)을 널리 관찰함. 또는 그런 관찰. ②훌륭한 경치. *통달하다(通達~): 부록 '달(達)' 참고.

담대-심-소(膽大心小 담력 **담**/클 **대**/마음 **심**/작을 **소**) 담력(膽力)은 크게, 마음은 작게 (하라는) 뜻으로, 문장을 지을 때의 마음가짐을 말한 것으로, 담력(膽力)은 크게 가지되, 주의는 세심해야 함을 이르는 말. *담대(膽大): 겁이 없고 배짱이 두둑함. *담력(膽力): 사물을 두려워하지 않는 기력(氣力. 일을 감당할 수 있는 정신과 육체의 힘). 또는 겁이 없고 용감한 기운(순우리말로, 생물이 살아 움직이는 원기·元氣. 또는 거기서 나오는 힘)을 이르는 말.

담대-어-신(膽大於身 쓸개 **담**/클 **대**/어조사 **어**/몸 **신**) 쓸개가 몸(몸뚱이)보다 크다는 뜻으로, 담력(膽力)이 아주 큼을 비유적으로 이르는 말. *담대(膽大): ☞담대심소(膽大心小). *담력(膽力): ☞담대심소(膽大心小).

담부-지-역(擔負之役 짐 **담**/짐 질 **부**/어조사 **지**/일 **역**) 짐을 (메거나) 짐을 지어 (나르는) 일이라는 뜻으로, ①짐을 메고 지는 일을 이르는 말. ②막벌이 일을 이르는 말. *담부(擔負): 짐 따위를 등(사람이나 동물의 몸통에서 뒤쪽이나 위로 향한 쪽, 곧 가슴이나 배의 반대쪽)에 지고 어깨에 멤.

담-산-논-수(談山論水 말씀 **담**/뫼 **산**/논의할 **논**/물 **수**) 뫼('산'의 옛말)에 (관하여) 말하고, 물에 (관하여) 논의(論議)한다는 뜻으로, 산과 물에 관하여 이야기함을 이르는 말.

담석-지-록(儋石之祿 두 항아리 부피 **담**/섬 **석**/어조사 **지**/녹 **록**) 두 항아리 부피의 섬에 (대한) 녹(祿). 즉, 담석(儋石)의 녹(祿)이라는 뜻으로, 얼마 되지 아니하는 봉록(俸祿. 벼슬아치들에게 연봉으로 주는 곡식, 피륙, 돈 따위를 통틀어 이르는 말)을 이르는 말. *담석(儋石): ①한두 섬의 곡식이라는 뜻으로, 얼마 되지 않은 곡식을 이르는 말. ②얼마 되지 않는 분량을 비유적으로 이르는 말. 여기서, '담(儋)'은 두 항아리, '석(石)'은 한 항아리의 분량을 뜻함. *섬: 回 곡식이나 액체의 용량을 나타내는 단위. 한 말의 열 곱절. *녹(祿): 부록 '록' 참고.

담석-지-저(儋石之儲 두 항아리 부피 **담**/섬 **석**/어조사 **지**/쌓을 **저**) 두 항아리 부피의 섬의 쌓음. 즉, 담석(儋石)의 쌓음이라는 뜻으로, 얼마 되지 아니하는 저축(貯蓄. 절약하여 모아 둠)을 이르는 말. 여기서, '담(儋)'은 두 항아리, '석(石)'은 한 항아리의 분량을 뜻함. *담석(儋石): ☞담석지록(儋石之祿). *섬:

☞담석지록(儋石之祿).

담소-자약(談笑自若 말씀 담/웃을 소/스스로 자/같을 약) 스스로 같게 말하고 웃는다. 즉, 근심이나 놀라운 일을 당하였을 때도 보통 때와 같이 웃고 이야기한다는 뜻으로. 위험(危險)에 처해 있어도 의연(毅然. 의지가 굳세고 태도가 꿋꿋하며 단호함)하게 대처하는 모습을 비유적으로 이르는 말. =언소자약(言笑自若). *담소(談笑): (스스럼없이) 웃으며 이야기함. *자약(自若): 큰일을 당하고도 아무렇지도 않은 듯 침착함. 이 사자성어의 유래는 다음과 같다. 『삼국지(三國志)·오서(吳書)』의 「감녕전(甘寧傳)」 편(篇)에 〈조인(曹仁)은 5·6천의 군사로 (이릉성·夷陵城에 있는) 감녕(甘寧)을 포위(包圍. 둘레를 에워쌈. 또는 주위를 에워쌈)하고 흙으로 누대를 높이 쌓은 후, 누대 위에서 성(城) 안으로 화살을 비오듯이 쏘아 댔다. 군사들은 모두 두려움에 떨었지만, 감녕(甘寧)만은 태연자약(泰然自若)하게 담소했다.(曹仁乃令五六千人圍寧. 寧受攻累日. 敵設高樓. 雨射城中. 士衆皆懼, **惟寧談笑自若**.)〉라는 이야기가 나오는데, '감녕(甘寧)만은 태연자약(泰然自若)하게 담소했다.(惟寧談笑自若)'에서, '담소자약(談笑自若)'이 유래했다. 이 이야기의 배경은 이렇다. 삼국 시대 오(吳)나라의 장군인 감녕(甘寧)은 본래 장강(長江. '양쯔강·揚子江'을 달리 이르는 말. 중국의 중심부를 흐르는 중국에서 제일 큰 강)의 해적(海賊. 배를 타고 다니면서, 다른 배나 해안 지방을 습격하여 재물을 빼앗는 강도) 출신이었는데, 후한 말 군웅(群雄. 같은 시대에 여기저기에서 일어난 영웅들)이 할거(割據. 땅을 나누어 차지하고 굳게 지킴)할 때 황조(黃祖. 사람 이름) 밑에 들어갔다가, 다시 손권(孫權. 사람 이름)의 휘하(麾下. 장군의 지휘 아래에 딸린 군사)가 되어 적벽대전(赤壁大戰) 때에 주유(周瑜. 사람 이름)의 참모(參謀. 윗사람을 도와 어떤 일을 꾀하고 꾸미는 데에 참여함. 또는 그런 사람)로서 공(功)을 세웠다. 여기서, '적벽대전(赤壁大戰)'은 중국의 삼국시대(三國時代) 때, 통일을 목표로 세력을 계속 팽창시키던 조조(曹操)에, 손권(孫權)과 유비(劉備)가 연합해 대항하여 양자강(揚子江. 중국의 중심부를 흐르는 중국에서 제일 큰 강)에서 벌어진 큰 전투를 말한다. 즉, '적벽대전(赤壁大戰)'은 서기 208년에 손권(孫權), 유비(劉備)의 소수(少數. 적은 수효) 연합군이 조조(曹操)의 대군(大軍)을 적벽(赤壁)에서 크게 무찌른 싸움을 일컫는 말. 이로 인하여 손권(孫權)은 강남(江南)의 대부분을 차지하여 오(吳)나라를 세웠고, 유비(劉備)는 파촉(巴蜀) 지방을 얻어 촉한(蜀漢)을 세웠다. 그리하여 이미(돌이킬 수 없이 된 지난 일을 일컬을 때 쓰는 말) 있었던 위(魏)나라와 촉(蜀), 오(吳)가 대립하는 삼국시대(三國時代)가 열렸다. 결국 적벽대전(赤壁大戰)은 삼국시대(三國時代) 개막(開幕. 어떤 시대나 상황의 시작을 비유적으로 이르는 말)의 신호탄이 된 싸움이었다. 감녕(甘寧)은 그 후 주유(周瑜)를 따라 조조(曹操)의 군대와 오림(烏林)에서 대치(對峙. 서로 마주 대하여 버팀)했는데, 조인(曹仁)이 지키는 남군을 공격했으나 성공하지 못했다. 감녕(甘寧)은 먼저 이릉(夷陵. 땅 이름)을 공격하여 취(取)하자는 계책(計策. 어떤 일을 이루기 위하여 꾀나 방법을 생각해 냄. 또는 그 꾀나 방법)을 세우고, 공격하여 그 성(城)을 취하여 지켰다. 그러나 당시(當時. 일이 있었던 바로 그때. 또는 이야기하고 있는 그 시기) 그('감녕'을 가리킴)의 수하(手下. 직책상 자기보다 더 낮은 자리에 있는 사람)인 군졸(軍卒. 군대에서 장교의 지휘를 받는 군인)들은 수백 명에 불과(不過)했으며, (입성하여) 새로 모집한 군사까지 해도 겨우 천 명밖에 되지 않았다. 그때 조인(曹仁)은 5·6천의 군사로, 감녕(甘寧)을 포위(包圍. 주위를 에워쌈)하고 화살을 비 오듯이 쏘아 댔지만, 감녕(甘寧)은 태연하게 평소와 다름없이 성내(城內. 성·城의 안쪽)에서 담소(談笑)를 즐겼다는 것이다. '담소자약(談笑自若)'은 '언소자약(言笑自若)'이라고도 하는데,

이는 『삼국지(三國志)·촉서(蜀書)』의 「관우전(關羽傳)」 편(篇)에서 찾아볼 수 있다. 참고로, 원문의 '曹仁乃令五六千人圍寧'에서, '曹'는 성씨(姓氏) '조'로 읽고, '仁'은 어질 '인'으로 읽는다. '조인(曹仁)'은 사람 이름, 위(魏)나라의 대장(大將)이며, 조조(曹操)의 사촌 동생이다. 적벽대전(赤壁大戰) 후에 진남장군(鎭南將軍)이 되어 남군(南軍)을 맡아 지켰다. '乃'는 이에(이러하여서 곧) '내'로 읽고, '令'은 하여금(누구를 시키어) '령(영)'으로 읽고, '五'는 다섯 '오'로 읽고, '六'은 여섯 '육'으로 읽고, '千'은 일천 '천'으로 읽고, '圍'은 둘러쌀 '위', 에워쌀 '위'로 읽고, '寧'은 편안할 '녕(영)'으로 읽는다. 여기서, '寧'은 사람 이름인 '감녕(甘寧)'을 가리킨다. '曹仁乃令五六千人圍寧'을 직역(直譯)하면, 조인(曹仁)은 이에 5000∼6000의 사람(군사)으로 하여금 감녕(甘寧)을 에워쌌다(포위하였다). '寧受攻累日'에서, '受'는 받을 '수'로 읽고, '攻'은 칠 '공', 공격할 '공'으로 읽고, '累'는 여러 '루(누)'로 읽고, '日'은 날 '일'로 읽는다. '寧受攻累日'을 직역(直譯)하면, 감녕(甘寧)이 공격을 받은 지 여러 날에, '敵設高樓'에서, '敵'은 대적할(對敵∼. 적이나 어떤 세력, 힘 따위와 맞서 겨룸) '적'으로 읽고, '設'은 설치할 '설'로 읽고, '高'는 높을 '고'로 읽고, '樓'는 다락(마룻바닥이 지면보다 높거나, 이 층으로 지은 집. 사방을 바라볼 수 있도록 높은 기둥 위에 벽이 없이 마루를 놓음) '루(누)'로 읽는다. '高樓'는 높이 지은 누각. '敵設高樓'를 직역(直譯)하면, 대적하기 (위하여) (흙으로) 설치한 누각. '雨射城中'에서, '雨'는 비 '우'로 읽고, '射'는 쏠 '사'로 읽는다. '雨射'를 직역(直譯)하면, 비 오듯이 화살을 쏘다. '城'은 성(城. 예전에, 적을 막기 의하여 흙이나 돌 따위로 높이 쌓아 만든 담. 또는 그런 담으로 둘러싼 구역) '성'으로 읽고, '中'은 가운데 '중'으로 읽는다. '雨射城中'을 직역(直譯)하면, 성(城) 가운데로 (화살을) 비오듯이 쏘아댔다. '士衆皆懼'에서, '士'는 군사(軍士) '사', 병사(兵士) '사'로 읽고, '衆'은 무리 '중'으로 읽고, '皆'는 다 '개', 모두 '개'로 읽고, '懼'는 두려워할 '구'로 읽는다. '士衆皆懼'를 직역(直譯)하면, 병사들의 무리들은 모두가 두려워하였다. '惟寧談笑自若'에서, '惟'는 오직 '유'로 읽는다. '唯'와 같은 글자. '寧'은 편안할 '녕(영)'으로 읽는다. 여기서, '寧'은 사람 이름인 '감녕(甘寧)'을 가리킴. '談'은 말씀 '담'으로 읽고, '笑'는 웃을 '소', 웃음 '소'로 읽고, '自'는 스스로 '자'로 읽고, '若'은 같을 '약'으로 읽는다. '惟寧談笑自若'을 직역(直譯)하면, 오직 감녕(甘寧)만은 담소자약(談笑自若)했다. 여기서, '談笑自若'이 유래하였는데, 이것을 직역(直譯)하면, 스스로 같게 말하고 웃는다. 즉, 근심이나 놀라운 일을 당하였을 때도 보통 때와 같이 웃고 이야기한다는 뜻으로. 위험(危險)에 처했어도 의연(毅然. 의지가 굳세고 태도가 꿋꿋하며 단호함)하게 대처하는 모습을 비유적으로 이르는 말. 또, 여기서 '言笑自若'도 유래하였는데, 이것을 직역(直譯)하면, 스스로 (다른 때와) 같이 웃으며 말한다는 뜻으로, 근심이나 놀라운 일을 당하였을 때도 보통 때와 같이 웃고 이야기함을 이르는 말. 즉, 놀랍거나 걱정스러운 일이 있어도 웃고 이야기하는 것이 평소와 다름이 없음을 이르는 말.

담수-지-교(淡水之交 민물 담/물 수/어조사 지/사귈 교) 민물의 물처럼 사귐. 즉, 민물처럼 담박(淡泊. 욕심이 없고 마음이 조촐함)하고 변함이 없는 우정(友情)이라는 뜻으로, 교양이 있는 군자(君子. 학문과 덕이 높고 행실이 바르며 품위를 갖춘 사람)의 교제(交際. 서로 사귀어 가까이 지냄)를 비유적으로 이르는 말. 囹 금란지계(金蘭之契). 지란지교(芝蘭之交). *담수(淡水): =민물. 즉, 뭍에 있는 짜지 않은 물.

담-하-용이(談何容易 말씀 담/어찌 하/쉬울 용/쉬울 이) 말하는 (것이) 어찌 쉽고 쉽게 (될 수 있겠는가?)라는 뜻으로, 말하기는 쉽지만 행동(行動)으로 옮기기는 어렵다는 것을 이르는 말. 즉, 무슨 일이든지 입으로 말하는 것은 쉽지만, 실제로 해보면 쉽지 않으므로, 쉽게 입을 여는 짓은 삼가야 한다는 말.

*용이(容易): 어렵지 아니하고 매우 쉬움. 이 사자성어의 유래는 다음과 같다. 『한서(漢書)』의 「동방삭전(東方朔傳)」 편(篇)에 〈오왕(吳王. 오나라의 왕)이 말했다. "이야기해 보시오. 과인(寡人. 덕·德이 적은 사람이라는 뜻으로, 임금이 자기를 낮추어 이르던 1인칭 대명사)의 뜻을 집중하여 살펴 받아들일 것이오?" 선생이 말했다. "아아, 말씀드려도 되겠습니까? 말씀드려도 괜찮겠습니까? 말씀 드리는 것이 어찌 쉽겠습니까?"(吳王曰. 可以談矣. 寡人將竦意而覽焉. 先生曰. 於戲. 可乎哉. 可乎哉. **談何容易**.)〉라는 이야기가 나오는데, '말씀 드리는 것이 어찌 쉽겠습니까?(談何容易)'에서, '담하용이(談何容易)'가 유래했다. 이 이야기의 배경은 이렇다. 한(漢)나라의 무제(武帝)는 즉위(卽位)하자마자, 전국(全國)의 인재(人材. 어떤 일을 할 수 있는 학식이나 능력을 갖춘 사람)를 널리 모집했다. 동방삭(東方朔)도 장안으로 올라와 자신을 스스로 추천했다. 한무제(漢武帝. 한나라의 무제)는 동방삭(東方朔)에게 상시랑(常侍郎)이라는 관직(官職. 관리로서, 국가로부터 위임 받은 일정한 범위의 직무. 또는 그 직위)을 주었다. 한무제(漢武帝)가 황실(皇室)의 사냥터를 조성하기 위하여, 장안(長安) 부근의 토지를 징발(徵發. 민간으로부터 토지, 시설 따위를 강제적으로 거두어들임)하라는 명(命)을 내리자, 동방삭(東方朔)은 이러한 계획이 백성들을 피곤하게 하고, 재물을 낭비하여 나라에 도움이 되지 않는다며 반대했다. 그러나 한무제(漢武帝)는 그의 건의(建議. 어떤 문제에 대하여 의견이나 희망 사항을 냄. 또는 그 의견이나 희망 사항)를 받아들이지 않았다. 동방삭(東方朔)은 다시 부국강병(富國强兵. 본문 참고)의 의견을 올렸으나 역시 받아들이지 않았다. 실망(失望)을 한 동방삭(東方朔)은 한무제(漢武帝)를 풍자(諷刺. 문학 작품 따위에서, 현실의 부정적 현상이나 모순 따위를 빗대어 비웃으면서 비판함)하는 「비유선생론(非有先生論)」이라는 글을 통하여 간접적으로 진언(進言. 윗사람에게 자기의 의견을 말함)을 한 것이다. '담하용이(談何容易)'는 여기에서 나온 말이다. 「비유선생론(非有先生論)」은 비유선생(非有先生)과 오왕(吳王. 오나라의 왕)이라는 허구(虛構)의 인물이 대화하는 형식으로 이루어져 있다. 위의 이야기는 「비유선생론(非有先生論)」의 한 구절이다. 이어 「비유선생론(非有先生論)」에서, 비유선생(非有先生)은 관용봉(關龍逢. 사람 이름), 비간(比干. 사람 이름), 백이(伯夷. 사람 이름), 숙제(叔齊. 사람 이름), 태공(太公. 사람 이름), 이윤(伊尹. 사람 이름) 등의 역대(歷代. 대대로 이어 내려온 여러 대·代. 또는 그동안) 충신(忠臣. 나라와 임금을 위하여 충성을 다하는 신하)들이 충간(忠諫. 충심으로 간청함)을 하다가 불행하게 된 사실을 예로 들어 '충신(忠臣)들이 충간(忠諫)을 말하는 것이 어찌 쉽겠느냐?'며 무려 세 번이나 담하용이(談何容易)라고 말했다. 여기서, 동방삭(東方朔)은 신하가 위험을 무릅쓰고 임금에게 진언(進言)을 하는 것이 결코 쉽지 않다는 것을 말하고자 하는 것이다. 그리고 무슨 일이든지 입으로 말하는 것은 쉽지만, 실제로 해 보면 쉽지 않으므로, 쉽게 입을 여는 것은 삼가야 한다는 교훈(敎訓. 앞으로의 행동이나 생활에 지침이 될 만한 것을 가르치는 일. 또는 그런 가르침)을 우회적(迂廻·回的. 곧바로 가지 않고 멀리 돌아서 가는 것)으로 표현한 셈이다. 참고로, 원문의 '吳王曰'에서, '吳'는 나라 이름 '오'로 읽고, '王'은 임금 '왕'으로 읽는다. '吳王'은 왕 이름. '吳王曰'을 직역(直譯)하면, 오왕(吳王)이 말하기를, '可以談矣'에서, '可'는 가히(可~. '능히', '넉넉히'의 뜻을 나타냄) '가'로 읽고, '以'는 써(그것을 가지고, 그것으로 인하여) '이'로 읽고, 談은 말씀 '담'으로 읽고, '矣'는 어조사 '의'로 읽는다. '~하라', '~하시오(명령)'의 뜻을 나타냄. '可以談矣'를 직역(直譯)하면, 가히 그것을 가지고 말하시오. '寡人將竦意而覽焉'에서, '寡'는 적을 '과'로 읽고, '人'은 사람 '인'으로 읽는다. '寡人'은 덕(德. 고매하고 너그러운 도덕적 품성)이 적은 사람이라는

뜻으로, 임금이 자기를 낮추어 이르던 1인칭 대명사. ‘將’은 장차(將次. ‘<u>앞으로’의 뜻으로, 미래의 어느</u> <u>때를 나타내는 말</u>) ‘장’으로 읽고, ‘竦’은 공경할 ‘송’으로 읽고, ‘意’는 뜻 ‘의’로 읽고, ‘而’는 말 이을 ‘이’로 읽는다. ‘그리고’의 뜻을 나타냄. ‘覽’은 받아들일 ‘람(<u>남</u>)’으로 읽고, ‘焉’은 어조사 ‘언’으로 읽는다. ‘~는가?’, ‘~인가?’(<u>의문</u>)의 뜻을 나타냄. ‘寡人將竦意而覽焉’을 직역(直譯)하면, 장차 과인(寡人)의 뜻을 공경하고 그리고 받아들이겠는가? ‘先生曰’에서, ‘先’은 먼저 ‘선’으로 읽고, ‘生’은 날 ‘생’으로 읽는다. ‘선생(先生)’은 ‘비유선생(非有先生)’을 가리킴. ‘先生曰’을 직역(直譯)하면, 비유선생(非有先生)이 말하기 를, ‘於戲’에서, ‘於’는 어조사 ‘어’로 읽는데, 여기서는 탄식하는 소리 ‘오’로 읽는다. ‘戲’는 놀이 ‘희’로 읽으나 여기서는 탄식할 ‘호’로 읽는다. ‘於戲’는 감탄하거나 찬미할 때 내는 소리. ‘可乎哉’에서, 여기서 ‘可’는 옳을 ‘가’로 읽고, ‘乎’는 어조사 ‘호’로 읽고, ‘哉’는 어조사 ‘재’로 읽는다. 어조사 둘 다 ‘~일 것인 가?’(<u>반문</u>)의 뜻을 나타냄. ‘可乎哉’를 직역(直譯)하면, (말씀드리는 것이) 옳겠습니까? ‘談何容易’에서, ‘談’은 말씀 ‘담’으로 읽고, ‘何’는 어찌 ‘하’로 읽고, ‘容’은 여기서는 쉬울 ‘용’으로 읽고, ‘易’는 쉬울 ‘이’로 읽는다. ‘談何容易’를 직역(直譯)하면, 말하는 (것이) 어찌 쉽고 쉽게 (될 수 있겠는가?) 라는 뜻으로, 말하기는 쉽지만 행동(行動)으로 옮기기는 어렵다는 것을 이르는 말. 즉, 무슨 일이든지 입으로 말하는 것은 쉽지만, 실제로 해보면 쉽지 않으므로, 쉽게 입을 여는 짓은 삼가야 한다는 말이다.

담-호-호-지(談虎虎至 말씀 **담**/호랑이 **호**/호랑이 **호**/이를 **지**) 호랑이를 말하면 호랑이가 이른다(<u>도착한</u> <u>다</u>). 즉, 호랑이도 제 말을 하면 온다는 뜻으로, 이야기에 오른 사람이 마침 그 자리에서 나타남을 이르 는 말. 호랑이를 말하면 호랑이가 오기 때문에, 남에 관해 함부로 말하지 말라는 것을 일컫는 말이다. 이는 마침 화제(話題. <u>이야깃거리</u>)에 오르고 있는 당사자(當事者. <u>어떤 일에 직접 관계가 있거나 관계한</u> <u>그 사람. =본인</u>)가 공교롭게도 그 자리에 나타났을 때 쓰는 표현이다. 그러므로 그 자리에 없다고 해서 남의 흉을 함부로 보지 말라는 뜻을 지니고 있다. 《관련 속담》 범(호랑이)도 제 말 하면 온다.

당구-풍월(堂狗風月 집 **당**/개 **구**/바람 **풍**/달 **월**) 집(서당) 개[狗]의 풍월(風月). 즉, 서당(書堂)에서 기르는 개[狗]가 계속하여 글 읽는 소리를 들으면 풍월(風月)을 읊는다는 뜻으로, 그 분야에 대하여 경험과 지식이 전혀 없는 사람이라도 오래 있으면 얼마간의 경험과 지식을 가짐을 비유적으로 이르는 말. 즉, 무식한 사람이라도 유식한 사람과 함께 있으면 다소 유식해질 수 있음을 이르는 말. ⑳ 당구삼년 폐풍월 (堂狗三年 吠風月). *당구(堂狗): 서당에서 기르는 개. 여기서, ‘당(堂)’은 ‘서당(書堂)’을 가리키는 말. *풍월(風月): ①청풍(淸風)과 명월(明月). 곧 자연의 아름다움을 이르는 말. ②=음풍농월(吟風弄月). 즉, 맑은 바람과 밝은 달을 대하여 시(詩)를 지어 읊으며 즐김. 《관련 속담》 서당(書堂) 개 삼 년에 풍월 읊는다(짓는다). / 서당(書堂) 개 삼 년에 풍월 한다. / 솔개도 천 년을 묵으면 꿩을 잡는다.

당국-자-미(當局者迷 맡을 **당**/관청 **국**/사람 **자**/미혹할 **미**) (일을) 맡은(<u>담당한</u>) 관청(官廳)의 사람이 미혹 (迷惑)하다는 뜻으로, 방관자(傍觀者. <u>그 일에 상관하지 않고 보기만 하는 사람</u>)보다 직접 담당자가 사리 (事理. <u>일의 이치</u>)의 판단에 더 어두움을 이르는 말. 즉, 당사자(當事者. <u>어떤 일에 직접 관계가 있거나</u> <u>관계한 그 사람. =본인</u>)가 남보다 사리(事理) 판단이 어둡다는 말이다. *당국(當局): ①어떤 일을 담당하 여 주재함. 또는 그 기관. ②=대국(對局). 즉, 어떤 형편이나 국면을 당함. 여기서는 ①의 뜻. *관청(官 廳): ①법률로 정해진 국가적인 사무를 취급하는 국가 기관. ②국가 기관의 사무를 실제로 맡아보는 곳. *미혹하다(迷惑~): 부록 ‘미(迷)’ 참고.

당-금-지-지(當禁之地 마땅할 **당**/금할 **금**/어조사 **지**/땅 **지**) 마땅히 금(禁)하는 땅이라는 뜻으로, 다른 사람이 들어와 뫼(사람의 무덤)를 쓰지 못하게 하는 땅을 이르는 말. *마땅하다: 부록 '당(當)' 참고. *금하다(禁~): 부록 '금(禁)' 참고.

당내-지친(堂內至親 집 **당**/안 **내**/이를 **지**/일가 **친**) 집안에 이르는(가까운) 일가(一家)라는 뜻으로, 팔촌(八寸) 안의 가까운 일가붙이를 이르는 말. *당내(堂內): ①같은 성(姓)을 가진 팔촌(八寸) 안에 드는 일가(一家)를 일컫는 말. 집안에 초상(初喪)이 나면 상복(喪服. 사람이 죽어서 장사 지내기까지 입는 예복)을 입게 되는 가까운 친척을 일컫는다. ②불당(佛堂. 부처를 모셔 놓은 집)이나 사당(祠堂. 조상의 신주·神主를 모셔 놓은 집) 같은 곳의 안. *지친(至親): ①더없이 친함. ②아주 가까운 친족이라는 뜻으로, 부자간, 또는 형제간을 이르는 말. *일가(一家): ①한 집안. 한 가족. ②동성동본(同姓同本. 본문 참고)의 겨레붙이.

당대-발복(當代發福 그 **당**/대 **대**/일어날 **발**/복 **복**) 그 대(代)에 복(福)이 일어난다는 뜻으로, 풍수지리(風水地理. 본문 참고)에서, 부모를 좋은 묏자리에 장사(葬事) 지낸 덕(德. 베풀어 준 은혜나 도움)으로, 그 아들 대(代)에서 부귀(富貴. 재산이 많고 사회적 지위가 높음)를 누리게 됨을 이르는 말. 즉, 어버이를 명당(明堂. 풍수지리에서 일컫는, 좋은 묏자리나 집터)에 모신 덕(德)으로 당대(當代)에 부귀(富貴)를 누리게 된다는 뜻이다. *당대(當代): ①그 시대. ②이 시대. 또는 지금 세상. ↔선대(先代). ③사람의 일대(一代). *발복(發福): 운이 틔어 복이 닥침.

당돌-서시(唐突西施 황당할 **당**/내밀 **돌**/서녘 **서**/베풀 **시**) 황당(荒唐)하게 내미는 서시(西施)라는 뜻으로, 꺼리거나 어려워함이 없이 올차고(허술한 데가 없이 야무지고 실속이 있으며 기운차고) 다부진(벅찬 일을 치러 낼 강단이 있는. 또는 보기보다 속이 꽉 차서 실속이 있는) 서시(西施)를 이르는 말. *당돌(唐突): 꺼리거나 어려워함이 없이 올차고 도랑도랑함(말이나 하는 짓이 매우 똑똑하고 거리낌이 없음)을 이르는 말. *서시(西施): 사람 이름. 월(越)나라의 미인으로, 월왕(越王. 월나라의 왕)인 구천(勾踐)이 오(吳)나라에 패한 뒤 오왕(吳王. 오나라의 왕)인 부차(夫差)에게 보내졌다. 부차(夫差)는 서시(西施)의 눈부신 미모에 현혹(眩惑. 정신을 빼앗겨 하여야 할 바를 잊어버림. 또는 그렇게 되게 함)되어 국사(國事. 나라에 관한 일. 또는 나라의 정치에 관한 일)를 돌보지 않다가 결국 구천(勾踐)에게 멸망하고 만다. *황당하다(荒唐~): 말이나 행동이 허황하고 터무니없다.

당-동-벌-이(黨同伐異 무리 **당**/같을 **동**/칠 **벌**/다를 **이**) 같은 (편과는) 무리를 (짓고), 다른 (편은) 친다는 뜻으로, 일의 옳고 그름은 따지지 않고, 뜻이 같은 무리끼리는 서로 편들거나 돕고 그렇지 않은 무리는 배척(排斥. 반대하여 물리침)함을 이르는 말. 즉, 뜻이 맞는 사람끼리는 한패가 되고, 그렇지 않은 사람은 물리침을 이르는 말. =동당벌이(同黨伐異). *무리: 부록 '당(黨)' 참고. *치다: 부록 '벌(伐)' 참고. 이 사자성어의 유래는 다음과 같다. 『후한서(後漢書)』의 「당고전(黨錮傳)」 편(篇)에 〈무제(武帝) 이후로 유학을 숭상하여 경서(經書)를 품고 유가(儒家. 공자의 학설. 학풍 따위를 신봉하고 연구하는 학자나 학파)들이 합해 모여들었으며, 석거각(石渠閣. 황실·皇室에 있는 장서각·藏書閣)의 논쟁에 이르러 '당동벌이(黨同伐異)'라는 말이 나왔다. 유학을 지키는 무리들이 이 시기에 극성(極盛)했다.(自武帝以後, 崇尙儒學, 懷經協術, 所在霧會, 至有石渠分爭之論, **黨同伐異之說**, 守文之徒, 盛於時矣.)〉라는 이야기가 나오는데, 여기서 '당동벌이(黨同伐異)'라는 말이 나왔다.(黨同伐異之說)'에서, '당동벌이(黨同伐異)'가 유래했다. 이 이야기의 배경은 이렇다. 한무제(漢武帝. 한나라의 무제) 때에 이르러 동중서(董仲舒. 한무제 때의 유학자)의 백가(百家)를 축출(逐出. 쫓아내거나 몰아냄)하고 유가(儒家. 공자의 학설과 학풍 따위를 신봉하고 연구하는 학자나 학파)만을 숭상(崇尙)하자'는 건의(建議. 어떤 문제에 대하여 의견이나 희망 사항을 냄. 또는 그 의견이나 희망 사항)를 받아들여 유가(儒家)로 사상을 통일하고 오경박사(五經博士)를 두었다. 여기서 '백가(百家)'는 '제자백가(諸子百家)' 즉, 선진(先秦) 시대부터 한(漢)나라 시대 초(初)까지의 각 학파 및 여러 학자를 일컫는 말이다. '오경박사(五經博士)'는 중국 한(漢)나라 시대에 시(詩), 서(書), 주역(周易), 예기(禮記), 춘추(春秋)의 오경(五經)마다 박사관(博士官. 관직 이름)을 두어 제자를 양성시켜서 유학의 보급 및 발달을 도모하는 제도이다. 선제(宣帝) 때에 이르러, 유가(儒家)의 학술(學術)은 더욱 성(盛)해졌는데, 선제(宣帝)는 특히 저명한 유학자인 초망지(肖望之)를 태자(太子)의 스승으로 삼았다. 그런데 당시(當時. 일이 있었던 바로 그때. 또는 이야기하고 있는 그 시기) 유학자들이 오경(五經. 유학의 5가지 경서·經書. 즉, 『시경·詩經』, 『서경·書經』, 『주역·周易』, 『예기·禮記』, 『춘추·春秋』가 있음)에 대한 견해가 서로 달라 기원전 51년, 선제(宣帝)는 석거각(石渠閣)에서 유학자들을 모아 놓고 오경(五經)에 대해 논쟁을 벌이게 했다. 여기서, '석거각(石渠閣)'은 한(漢)나라의 비서(秘書. 남에게 보이지 않기 위하여 은밀히 간직하고 있는 책)를 쌓아 둔 집이다. 논쟁의 과정에서, 당시(當時) 유학자들은 서로 관점이 같은 사람끼리 무리를 지었으며, 견해가 다른 사람을 배척하였다. 『후한서(後漢書)』의 작자 범엽(范曄)은 이런 현상을 '당동벌이(黨同伐異)'로 표현한 것이다. 참고로 원문의 '自武帝以後'에서, '自'는 부터(체언이나 부사어에 붙어, '동작이 비롯되는 처음'의 뜻을 나타내는 보조사) '자'로 읽고, '武'는 무인(武人) '무'로 읽고, '帝'는 임금 '제'로 읽는다. '武帝'는 임금 이름. '以'는 부터(체언이나 부사어에 붙어, '동작이 비롯되는 처음'의 뜻을 나타내는 보조사) '이'로 읽고, '後'는 '뒤' 후로 읽는다. '以後'는 기준이 되는 일정한 때를 포함하여 그 뒤. '自武帝以後'를 직역(直譯)하면, 무제(武帝) 이후부터. '崇尙儒學'에서, '崇'은 높을 '숭'으로 읽고, '尙'은 오히려 '상'으로 읽는다. '崇尙'은 높이 소중히 여김. '儒'는 선비 '유'로 읽고, '學'은 배울 '학'으로 읽는다. '儒學'은 중국의 중국 춘추시대의 사상가이며 학자인 공자(孔子)를 시조(始祖)로 하는 전통적인 학문. '崇尙儒學'을 직역(直譯)하면, 유학(儒學)을 숭상하여, '懷經協術'에서, '懷'는 품을 '회'로 읽고, '經'은 경서(經書) '경'으로 읽고, '協'은 (힘) 합할 '협'으로 읽고, '術'은 학문 '술', 학술 '술'로 읽는다. 여기서 '術'은 '유가(儒家)'를 가리킴. '懷經協術'을 직역(直譯)하면, 경서(經書)를 (가슴에) 품고, 유가(儒家)들이 합하여, '所在霧會'에서, '所'는 곳(일정한 곳이나 지역) '소'로 읽고, '在'는 있을 '재'로 읽는다. '所在'는 어떤 곳에 있음. 또는 있는 곳. '霧'는 안개 '무'로 읽고, '會'는 모을 '회', 모일 '회'로 읽는다. '所在霧會'를 직역(直譯)하면, 있는 곳에 안개처럼 모였다. '至有石渠分爭之論'에서, '至'는 이를(어떤 장소나 시간에 닿을) '지'로 읽고, '有'는 있을 '유'로 읽고, '石'은 돌 '석'으로 읽고, '渠'는 개천(시내보다 크지만 강보다는 작은 물줄기) '거'로 읽는다. '석거(石渠)'를 직역(直譯)하면, 개천에 쌓아 놓은 돌. 여기서는 '석거각(石渠閣)'을 가리킴. '分'은 나눌 '분'으로 읽고, '爭'은 다툴 '쟁'으로 읽는다. '分爭'은 갈라져 다툼. '之'는 어조사 '지'로 읽는다. '~의' 뜻을 나타내는 관형격 조사. '論'은 논의할 '론(논)', 평할 '론(논)'으로 읽는다. '至有石渠分爭之論'을 직역(直譯)하면, 석거각(石渠閣)에 대하여 (학자들마다) 갈라져 다툼의 논의가 있음에 이르러. '黨同伐異之說'에서, '黨'은 무리 '당'으로 읽고, '同'은 같을 '동'으로 읽고, '伐'은 칠 '벌'로 읽고, '異'는 다를 '이'로 읽고, '之'는 어조사 '지'로 읽는다. '~의'를 나타내는 관형격 조사. '說'은 말씀 '설'로 읽는다. '黨同伐異之說'을 직역(直譯)하면, '당동벌이(黨同伐異)'의 말이 (나왔다). 여기서, '黨同伐異'가 유래하였는데, 이것을 직역(直譯)하면, 같은 (편과는) 무리를 (짓고), 다른 (편은) 친다는
뜻으로, 일의 옳고 그름은 따지지 않고, 뜻이 같은 무리끼리는 서로 편들거나 돕고 그렇지 않은 무리는
배척(排斥)함을 이르는 말. 즉, 뜻이 맞는 사람끼리는 한패가 되고, 그렇지 않은 사람은 물리침을 이르는
말. '守文之徒'에서, '守'는 지킬 '수'로 읽고, '文'은 글월 '문'으로 읽는다. '유학(儒學)'을 가리킴. '徒'는
무리(사람이나 짐승, 사물 따위가 모여서 뭉친 한 동아리) '도'로 읽는다. '守文之徒'를 직역(直譯)하면,
유학을 지키는 무리들이, '盛於時矣'에서, '盛'은 성할(盛~. 기운이나 세력이 한창 왕성할) '성'으로 읽고,
여기서, '기운'은 순우리말로, 생물이 살아 움직이는 원기(元氣). 또는 거기서 나오는 힘. '於'는 어조사
'어'로 읽는다. '~에(접속)'의 뜻을 나타냄. '時'는 때 '시'로 읽고, '矣'는 어조사 '의'로 읽는다. '~이다(단정)'
의 뜻을 나타냄. '盛於時矣'를 직역(直譯)하면, 이 때에 성(盛)했다.

당랑-거-철(螳螂拒轍 사마귀 **당**/사마귀 **랑**/막을 **거**/수레바퀴 자국 **철**) 사마귀가 수레바퀴 자국을 막아선다
는 뜻으로, 제 역량(力量. 어떤 일을 해낼 수 있는 힘)을 생각하지 않고, 강(強)한 상대나, 되지 않을
일에 덤벼드는 무모(無謀. 앞뒤를 잘 헤아려 깊이 생각하는 신중성이나 꾀가 없음)한 행동거지를 비유적
으로 이르는 말. 즉, 버마제비가 수레를 가로막듯, 제 분수(分數. 사물을 분별하는 슬기)도 모르고 강한
적에게 반항하여 덤벼듦을 비유적으로 이르는 말이다. =당랑지부(螳螂之斧). 참 당랑지력(螳螂之力).
당랑지부(螳螂之斧). 당비당거(螳臂當車). *당랑(螳螂): =사마귀. 즉, 사마귓과의 곤충 이름. 《관련 속
담》 계란으로 바위 치기(바위를 친다). / 버마제비가 수레를 버티는 셈. / 하늘 보고 손가락질(주먹질)
한다. / 하룻강아지 범 무서운 줄 모른다. 이 사자성어의 유래는 다음과 같다. 『회남자(淮南子)』「인간훈
(人間訓)」과 『한시외전(漢詩外傳)』에 〈제(齊)나라 장공(莊公)이 사냥터로 가던 도중에 웬 벌레 한 마리가
앞발을 들고 수레바퀴를 칠 듯이 덤벼드는 것을 보고 수레를 모는 어자(御者)에게 물었다. "저건 무슨
벌레인가?" 대답하기를 "사마귀라는 벌레입니다. 앞으로 나아갈 줄만 알지 물러설 줄 모르며, 제 힘도
가늠하지 않고 적을 가볍게 보는 놈입니다."(齊莊公出獵, 有一蟲舉足將搏其輪, 問其御曰, 此何蟲也, 對
曰, **此所謂螳螂者也, 其爲蟲也,** 知進而不知却, 不量力而輕敵.)〉 [장공(莊公)이 말했다. "저 벌레가 인간
이라면 틀림없이 천하(天下)의 용사(勇士. 용기가 있는 사람)가 되었을 것이다. 수레를 돌려 피해 가도록
하라."]라는 이야기가 나오는데, '사마귀라는 벌레입니다.(此所謂螳螂者也, 其爲蟲也,)'에서, '당랑거철
(螳螂拒轍)'이 유래했다. 참고로, 원문의 '齊莊公出獵'에서, '齊'는 제(齊)나라 '제'로 읽고, '莊'은 씩씩할
'장'으로 읽고, '公'은 제후(諸侯) '공'으로 읽는다. '莊公'은 임금 이름. '出'은 날 '출'로 읽고, '獵'은 사냥할
'렵(엽)'으로 읽는다. '出獵'은 사냥을 하러 나감. '齊莊公出獵'을 직역(直譯)하면, 제(齊)나라 장공(莊公)이
사냥을 하러 나갈 (때), '有一蟲舉足將搏其輪'에서, '有'는 어떤 '유'로 읽고, '一'은 한 '일'로 읽고, '蟲'은
벌레 '충'으로 읽고, '舉'는 들(아래에 있는 것을 위로 올림) '거'로 읽고, '足'은 발 '족'으로 읽고, '將'은
장차(張次. 앞으로'의 뜻으로, 미래의 어느 때를 나타내는 말) '장'으로 읽고, '搏'은 칠(손이나, 손에
든 물건으로 세게 부딪게 할) '박'으로 읽고, '其'는 그(지시하는 말) '기'로 읽고, '輪'은 바퀴 '륜(윤)'으로
읽는다. '有一蟲舉足將搏其輪'을 직역(直譯)하면, 어떤 한 마리의 벌레가 발을 들고 장차 그 바퀴(수레바
퀴)를 치려고 했다. '問其御曰'에서, '問'은 물을 '문'으로 읽고, '御'는 말 부릴 '어'로 읽는다. '어(馭)'와
같은 글자다. 여기서는, '어자(御字)'를 가리킴. '마차를 부리는 사람'이라는 뜻이다. '問其御曰'을 직역(直
譯)하면, (그때) 그 마차를 부리는 어자(御字)에게 물어 말하기를, '此何蟲也'에서, '此'는 이(지시하는

말) ‘차’로 읽고, ‘何’는 무슨 ‘하’로 읽고, ‘蟲’은 벌레 ‘충’으로 읽고, ‘也’는 어조사 ‘야’로 읽는다. ‘~는가?, ~인가(의문)’의 뜻을 나타냄. ‘此何蟲也’를 직역(直譯)하면, 이것은 무슨 벌레인가? ‘對曰’에서, ‘對’는 대답할 ‘대’로 읽는다. ‘對曰’을 직역(直譯)하면, 대답하여 말하기를, ‘此所謂螳螂者也’에서, ‘所’는 바(앞에서 말한 내용 그 자체나 일 따위를 나타내는 말) ‘소’로 읽고, ‘謂’는 일컬을 ‘위’로 읽는다. ‘所謂’는 ‘이른바’와 같은 말로, 세상에서 말하는 바. ‘螳’은 사마귀 ‘당’으로 읽고, ‘螂’은 사마귀 ‘랑(낭)’으로 읽고, ‘者’는 것(사물, 현상, 일 따위를 추상적으로 이르는 말) ‘자’로 읽는다. ‘此所謂螳螂者也’를 직역(直譯)하면, 이는 이른바 사마귀라고 하는 것입니다. 여기서, ‘螳螂拒轍’이 유래하였는데, 이것을 직역(直譯)하면, 사마귀 가 수레바퀴 자국을 막아선다는 뜻으로, 제 역량(力量)을 생각하지 않고, 강(强)한 상대나, 되지 않을 일에 덤벼드는 무모(無謀)한 행동거지를 비유적으로 이르는 말. 즉, 제 분수(分數. 자기 신분에 맞는 한도, 또는 사람으로서 일정하게 이를 수 있는 한계)도 모르고 강한 적(敵)에게 반항하여 덤벼듦을 비유 적으로 이르는 말이다. ‘其爲蟲也’에서, ‘其’는 그(지시하는 말) ‘기’로 읽고, ‘爲’는 할 ‘위’로 읽는다. ‘其爲 蟲也’를 직역(直譯)하면, (또한) 그것은 벌레라고 하는 (놈)인데, ‘知進而不知却’에서, ‘知’는 알 ‘지’로 읽 고, ‘進’은 (앞으로) 나아갈 ‘진’으로 읽고, ‘而’는 말 이을 ‘이’로 읽는다. ‘그러나’의 뜻을 나타냄. ‘不’는 아닐(부정하는 말) ‘부’로 읽고, ‘知’는 알 ‘지’로 읽고, ‘却’은 (뒤로) 물러날 ‘각’으로 읽는다. ‘知進而不知却’ 을 직역(直譯)하면, 나아감만 알고, 그러나 물러남을 알지 못하며, ‘不量力而輕敵’에서, ‘量’은 헤아릴 ‘량(양)’으로 읽고, ‘力’은 힘 ‘력(역)’으로 읽고, ‘而’는 말 이을 ‘이’로 읽는다. 여기서는 ‘그리고’의 뜻을 나타냄. ‘輕’은 가벼울 ‘경’으로 읽고, ‘敵’은 대적할(對敵~. 적이나 어떤 세력, 힘 따위와 맞서 겨룸) ‘적’으 로 읽는다. ‘不量力而輕敵’을 직역(直譯)하면, (자기의) 힘을 헤아리지 않고 그리고 대적(對敵)함을 가볍 게 (여깁니다).

당랑-규-선(螳螂窺蟬 사마귀 **당**/사마귀 **랑**/엿볼 **규**/매미 **선**) 사마귀가 매미를 엿본다는 뜻으로, 눈앞의 이익에만 정신이 팔려, 뒤에 닥칠 위험을 깨닫지 못함을 비유적으로 이르는 말. 즉, 매미는 우는 데 골몰(汩沒. 다른 생각을 할 겨를이 없이 오로지 어떤 한 가지 일에만 파묻힘)하여 사마귀가 노리고 있는 것을 모른다는 말이다. =당랑박선(螳螂搏蟬). 당랑재후(螳螂在後). *당랑(螳螂): ☞당랑거철(螳螂拒轍). *엿보다: 부록 ‘규(窺)’ 참고. *매미: 부록 ‘선(蟬)’ 참고. 이 사자성어의 유래는 다음과 같다.『한시외전(韓 詩外傳)』의 「정간(正諫)」 편(篇)에 〈정원 나무 위에 매미가 있었습니다. 매미는 높은 곳에서 노래를 부르 며 이슬을 먹느라고 사마귀가 뒤에 있는 것을 몰랐습니다. 사마귀는 몸을 웅크린 채 매미를 잡으려고 하다가 그 옆에 참새가 있는 것을 알지 못했습니다.(園中有樹. 其上有蟬. 蟬高居悲鳴飮露. 不知螳螂在其 後也. 螳螂委身曲附. 欲取蟬而不顧知黃雀在其傍也.)〉라는 이야기가 나오는데, ‘사마귀는 몸을 웅크린 채 매미를 잡으려고 하다가 그 옆에 참새가 있는 것을 알지 못했습니다.(螳螂委身曲附. 欲取蟬而不顧知 黃雀在其傍也)’에서, ‘당랑규선(螳螂窺蟬)’, ‘당랑박선(螳螂搏蟬)’, ‘당랑포선(螳螂捕蟬)’ 따위가 유래했다. 나머지 구체적인 내용은 ⇨당랑포선(螳螂捕蟬).

당랑-박-선(螳螂搏蟬 사마귀 **당**/사마귀 **랑**/잡을 **박**/매미 **선**) 사마귀가 매미를 잡으려고 (엿본다는) 뜻으 로, 눈앞의 이익에만 정신이 팔려 뒤에 닥칠 위험(危險)을 깨닫지 못함을 비유적으로 이르는 말. =당랑 규선(螳螂窺蟬). *당랑(螳螂): ☞당랑거철(螳螂拒轍). *매미: 부록 ‘선(蟬)’ 참고. 유래는 ‘당랑규선(螳螂 窺蟬)’ 참고할 것.

당랑-재-후(螳螂在後 사마귀 당/사마귀 랑/있을 재/뒤 후) 사마귀 뒤에 있다. 즉, 사마귀 뒤에 무엇이 숨어 있다는 뜻으로, 눈앞의 이익에만 정신이 팔려 뒤에 닥칠 위험(危險)을 깨닫지 못함을 비유적으로 이르는 말. 또는 매미를 노리는 사마귀가 뒤에서 저를 노리는 황작(黃雀. 꾀꼬리 또는 참새)이 있음을 모른다는 뜻으로, 눈앞의 욕심에만 눈이 어두워, 장차(張次. '앞으로'의 뜻으로, 미래의 어느 때를 나타내는 말) 닥쳐올 큰 재앙(災殃. 뜻하지 아니하게 생긴 불행한 변고·變故, 또는 천재지변·天災地變으로 인한 불행한 사고)을 알지 못함을 비유적으로 이르는 말. =당랑규선(螳螂窺蟬). *당랑(螳螂): ☞당랑거철(螳螂拒轍). 이 사자성어의 유래는 다음과 같다. 『한시외전(韓詩外傳)』의 「정간(正諫)」편(篇)에 〈정원 나무 위에 매미가 있었습니다. 매미는 높은 곳에서 노래를 부르며 이슬을 먹느라고 사마귀가 뒤에 있는 것을 몰랐습니다. 사마귀는 몸을 웅크린 채 매미를 잡으려고 하다가 그 옆에 참새가 있는 것을 알지 못했습니다.(園中有樹, 其上有蟬, 蟬高居悲鳴飲露, **不知螳螂在其後也**, 螳螂委身曲附, 欲取蟬而不顧知黃雀在其傍也.)〉라는 이야기가 나오는데, '사마귀가 뒤에 있는 것을 몰랐습니다.(不知螳螂在其後也)'에서, '당랑재후(螳螂在後)'가 유래했다. 이 이야기의 배경은 '당랑포선(螳螂捕蟬)'에 소개되어 있음. 나머지 구체적인 내용은 ⇨당랑포선(螳螂捕蟬).

당랑-지-부(螳螂之斧 사마귀 당/사마귀 랑/어조사 지/도끼 부) 사마귀가 (넓적한 앞다리를 번쩍 쳐드는 것이 마치) 도끼를 (휘두르는 것 같다)는 뜻으로, 제 역량(力量. 어떤 일을 해낼 수 있는 힘)을 생각하지 않고 강(强)한 상대나 되지 않을 일에 덤벼드는, 무모(無謀. 앞뒤를 잘 헤아려 깊이 생각하는 신중성이나 꾀가 없음)한 행동거지를 비유적으로 이르는 말. =당랑거철(螳螂拒轍). 웹 당랑지력(螳螂之力). 당비당거(螳臂當車). *당랑(螳螂): ☞당랑거철(螳螂拒轍). *도끼: 부록 '부(斧)' 참고. 이 사자성어의 유래는 다음과 같다. 양(梁)나라 소통(蕭統)의 『문선(文選)』에 실린 진림(陳琳)의 「위원소격예주문(爲袁紹檄豫州文)」편(篇)에 [조조(曹操)는 이미(돌이킬 수 없이 된 지난 일을 일컬을 때 쓰는 말) 덕(德. 고매하고 너그러운 도덕적 품성)을 잃은 만큼 의지(依支)할 인물이 못 된다. 그러나 원소(袁紹)와 더불어 천하(天下)의 대의(大義. 사람으로서 마땅히 행하거나 지켜야 할 도리)를 도모(圖謀. 어떤 일을 이루려고 수단과 방법을 꾀함)함이 마땅할 것이다. ……]〈지금 (조조는) 오창(敖倉)에 둔병(屯兵. 군사가 주둔함, 또는 그 군사)을 하고 황하(黃河. 중국 문명의 요람이자, 중국에서 두 번째로 큰 강)를 장벽으로 삼아 사마귀가 팔을 도끼처럼 휘두르며, 거대한 수레가 가는 길을 막으려 하듯 하고 있다.(今乃屯据敖倉, 阻河爲固, **欲以螳螂之斧**, 御隆車之隧.)〉라는 이야기가 나오는데, '사마귀가 팔을 도끼처럼 휘두르며,(欲以螳螂之斧)'에서, '당랑지부(螳螂之斧)'가 유래했다. 참고로, 원문의 '今乃屯据敖倉'에서, '今'은 이제 '금', 지금 '금'으로 읽고, '乃'는 이에(이러하여서 곧) '내'로 읽고, '屯'은 모일 '둔', 진(陣) 칠 '둔'으로 읽고, '据'는 웅거할(雄據~. 어떤 지역에 자리 잡고 굳게 막아 지킴) '거'로 읽고, '敖'는 거만할 '오'로 읽는다. 그런데 어떤 자료에는 펼 '부(敷)'로 표기되어 있는데, 문맥상 거만할 '오(敖)'의 오기(誤記)인 듯(?) '倉'은 곳집 '창', 창고(倉庫) '창'으로 읽는다. '오창(敖倉)'은 진대(秦代. 진나라의 시대)에 설치된 양식 저장 창고로, 오산(敖山. 산 이름)의 정상(頂上. 산의 꼭대기)에 있어 붙여진 이름이다. 한(漢)나라, 위(魏)나라 때에도 이곳에 창고를 설치했는데, 당시(當時. 일이 있었던 바로 그때, 또는 이야기하고 있는 그 시기) 가장 중요한 양식 창고였다. '今乃屯据敖倉'을 직역(直譯)하면, 지금 이에 오창(敖倉)에 진(陣)을 쳐 웅거(雄據)하고, '阻河爲固'에서, '阻'는 막힐 '조'로 읽고, '河'는 물 '하'로 읽는다. 여기서는 '황하(黃河)'를 가리킴.

‘爲’는 할 ‘위’로 읽고, ‘固’는 단단할 ‘고’로 읽는다. ‘阻河爲固’를 직역(直譯)하면, 황하(黃河)가 막힐 (정도로) 단단하게 하여. ‘欲以螳螂之斧’에서, ‘欲’은 하고자 할 ‘욕’으로 읽고, ‘以’는 써(그것을 가지고, 그것으로 인하여) ‘이’로 읽고, ‘螳’은 사마귀 ‘당’으로 읽고, ‘螂’은 사마귀 ‘랑(낭)’으로 읽고, ‘之’는 어조사 ‘지’로 읽는다. ‘~의’를 나타내는 관형격 조사. ‘斧’는 도끼 ‘부’로 읽는다. ‘欲以螳螂之斧’를 직역(直譯)하면, 그것으로 인하여 사마귀가 앞다리를 번쩍 쳐드는 것이 마치 넓적한 도끼를 휘두르고자 하며, 여기서, ‘螳螂之斧’가 유래하였는데, 이것을 직역(直譯)하면, 사마귀가 (넓적한 앞다리를 번쩍 쳐드는 것이 마치) 도끼를 (휘두르는 것 같다)는 뜻으로, 제 역량(力量)을 생각하지 않고 강(强)한 상대나 되지 않을 일에 덤벼드는, 무모(無謀)한 행동거지를 비유적으로, 이르는 말. ‘御隆車之隧’에서, ‘御’는 막을 ‘어’로 읽고, ‘隆’은 높을 ‘륭(융)’, 클 ‘륭(융)’으로 읽고, ‘車’는 수레 ‘거’로 읽고, ‘之’는 어조사 ‘지’로 읽는다. ‘~의’ 뜻을 나타내는 관형격 조사. ‘隧’는 길[路] ‘수’로 읽는다. ‘御隆車之隧’를 직역(直譯)하면, 큰 수레의 길을 막음.

당랑-포-선(螳螂捕蟬 사마귀 **당**/사마귀 **랑**/잡을 **포**/매미 **선**) 사마귀가 매미를 잡으려고 (엿본다는) 뜻으로, 눈앞의 이익에만 눈이 먼 것을 비유적으로 이르는 말. 즉, 눈앞의 욕심(慾心)에만 눈이 어두워 덤비면 결국 큰 해(害)를 입게 된다는 말. 참 당랑규선(螳螂窺蟬). 당랑박선(螳螂搏蟬). 당랑사선(螳螂伺蟬). *당랑(螳螂): ☞당랑거철(螳螂拒轍). *매미: 부록 ‘선(蟬)’ 참고. 이 사자성어의 유래는 다음과 같다. 『한시외전(韓詩外傳)』의 「정간(正諫)」 편(篇)에 〈정원 나무 위에 매미가 있었습니다. 매미는 높은 곳에서 노래를 부르며 이슬을 먹느라고 사마귀가 뒤에 있는 것을 몰랐습니다. 사마귀는 몸을 웅크린 채 매미를 잡으려고 하다가 그 옆에 참새가 있는 것을 알지 못했습니다.(園中有樹. 其上有蟬. 蟬高居悲鳴飲露. 不知螳螂在其後也. 螳螂委身曲附. 欲取蟬而不顧知黃雀在其傍也.)〉라는 이야기가 나오는데, ‘사마귀는 몸을 웅크린 채 매미를 잡으려고 하다가 그 옆에 참새가 있는 것을 알지 못했습니다.(螳螂委身曲附. 欲取蟬而不顧知黃雀在其傍也)’에서, ‘당랑규선(螳螂窺蟬)’, ‘당랑박선(螳螂搏蟬)’, ‘당랑포선(螳螂捕蟬)’ 따위가 유래했다. 이 이야기의 배경은 다음과 같다. 오(吳)나라 왕 수몽(壽夢)은 국력(國力)이 강해지자 초(楚)나라를 공격할 계획을 세웠다. 신하들은 상황이 오(吳)나라에 유리할 것이 없다고 판단하고 출병(出兵. 군대를 싸움터로 내보내는 일)을 막으려고 했다. 오왕(吳王. 오나라의 왕)은 출병(出兵)을 막는 자(者)는 모두 사형에 처하겠다고 엄명(嚴命)을 내렸다. 대신(大臣)들은 감히 나서지 못하였다. 오왕(吳王)의 젊은 시종(侍從. 벼슬 이름)이 오왕(吳王)을 저지할 방안을 생각해 내어, 활과 화살을 들고 궁전의 정원을 돌아다녔다. 사흘째 되던 날 아침, 오왕(吳王)은 이슬에 흠뻑 젖은 채 꼼짝 않고 나뭇가지만을 바라보고 있는 시종(侍從. 벼슬 이름)을 발견하고 물었다. “이른 아침에 옷을 다 적시면서 여기에서 무엇을 하느냐?” “정원 나무 위에 매미가 있었습니다. 매미는 높은 곳에서 노래를 부르며 이슬을 먹느라고 사마귀가 뒤에 있는 것을 몰랐습니다. 사마귀는 몸을 웅크린 채 매미를 잡으려고 하다가 그 옆에 참새가 있는 것을 알지 못했습니다. 참새는 목을 늘여 빼 사마귀를 쪼아 먹으려다 아래에 탄환이 있는 것을 알지 못했습니다. 이 셋(매미. 사마귀. 참새)은 모두 이익을 얻으려다가 그 뒤에 오는 어려움을 돌아보지 않은 것입니다.” 오왕(吳王)은 크게 깨닫고, 초(楚)나라를 공격하려던 생각을 포기했다고 한다. 참고로, 원문의 ‘園中有樹’에서, ‘園’은 동산 ‘원’으로 읽는다. 여기서는 ‘정원(庭園)’을 가리킴. ‘中’은 가운데 ‘중’으로 읽고, ‘有’ 있을 ‘유’로 읽고, ‘樹’는 나무 ‘수’로 읽는다. ‘園中有樹’를 직역(直譯)하면, 동산(정원) 가운데 나무가 있고, ‘其上有蟬’에서, ‘其’는 그(지시하는 말) ‘기’로 읽고, ‘上’은 위 상으로 읽고, ‘蟬’은 매미

'선'으로 읽는다. '其上有蟬'을 직역(直譯)하면, 그 위에 매미가 있습니다. '蟬高居悲鳴飮露'에서, '高'는 높을 '고'로 읽고, '居'는 살 '거'로 읽고, '悲'는 슬플 '비'로 읽고, '鳴'은 울 '명'으로 읽는다. '悲鳴'은 슬피 욺. 또는 그런 울음소리. '飮'은 마실 '음', 먹을 '음'으로 읽고, '露'는 이슬 '로(노)'로 읽는다. '蟬高居悲鳴飮露'를 직역(直譯)하면, 매미는 높은 (곳에) 살면서 슬피 울며 이슬을 (받아) 먹느라고, '不知螳螂在其後也'에서, '不'은 아닐(부정하는 말) '부'로 읽고, '知'는 알 '지'로 읽고, '螳'은 사마귀 '당'으로 읽고, '螂'은 사마귀 '랑(낭)'으로 읽고, '在'는 있을 '재'로 읽고, '其'는 그(지시하는 말) '기'로 읽고, '後'는 뒤 '후'로 읽고, '也'는 어조사 '야'로 읽는다. '~이다(단정)'의 뜻을 나타냄. '不知螳螂在其後也'를 직역(直譯)하면, 사마귀가 그 뒤에 있음을 알지 못했습니다. 여기서 '당랑재후(螳螂在後)'가 유래하였는데, 이것을 직역(直譯)하면, 사마귀 뒤에 있다. 즉, 사마귀 뒤에 무엇이 숨어 있다는 뜻으로, 눈앞의 이익에만 정신이 팔려 뒤에 닥친 위험(危險)을 깨닫지 못함을 비유적으로 이르는 말. 또는 매미를 노리는 사마귀가 뒤에서 저를 노리는 황작(黃雀. 꾀꼬리 또는 참새)이 있음을 모른다는 뜻으로, 눈앞의 욕심에만 눈이 어두워, 장차(張次. '앞으로'의 뜻으로, 미래의 어느 때를 나타내는 말) 닥쳐올 큰 재앙(災殃. 뜻하지 아니하게 생긴 불행한 변고·變故. 또는 천재지변·天災地變으로 인한 불행한 사고)을 알지 못함을 비유적으로 이르는 말. '螳螂委身曲附'에서, '委'는 맡길 '위'로 읽고, '身'은 몸 '신'으로 읽는다. '委身'은 어떤 일에 몸을 맡김. '曲'은 굽을 '곡'으로 읽고, '附'는 붙을 '부'로 읽는다. '螳螂委身曲附'를 직역(直譯)하면, 사마귀는 몸을 맡겨 굽은 (채) (나무에) 붙어, '欲取蟬而不顧知黃雀在其傍也'에서, '欲'은 하고자 할 '욕'으로 읽고, '取'는 취할 '취'로 읽고, '蟬'은 매미 '선'으로 읽고, '而'는 말 이을 '이'로 읽는다. '그러나'의 뜻을 나타냄. '顧'는 돌아볼 '고'로 읽고, '黃'은 누를 '황'으로 읽고, '雀'은 참새 '작'으로 읽는다. '黃雀'은 '참새'와 같은 말로, 참샛과의 새. '傍'은 곁 '방'으로 읽는다. '欲取蟬而不顧知黃雀在其傍也'를 직역(直譯)하면, 매미를 취하고자(잡으려고) 하였으나 그러나 참새가 그 곁에 있는 것을 알고 돌아보지 아니하였습니다. 여기서, '螳螂窺蟬', '螳螂搏蟬', '螳螂捕蟬'이 유래하였는데, 이것을 직역(直譯)하면, 사마귀가 매미를 잡으려고 (엿본다는) 뜻으로, 눈앞의 이익에만 눈이 먼 것을 비유적으로 이르는 말. 즉, 눈앞의 욕심(慾心)에만 눈이 어두워 덤비면 결국 큰 해(害)를 입게 된다는 말.

당-래-지-사(當來之事 마땅할 **당**/올 **래**/어조사 **지**/일 **사**) 마땅히 올 일이라는 뜻으로, 당연히 돌아올 일. 또는 앞으로 마땅히 닥쳐 올 일을 이르는 말. *'당-래'는 『국어사전(國語辭典)』에 등재(登載)된, '내세(來世). 즉, 불교에서 이르는, 삼세(三世)의 하나로, 죽은 뒤에 영혼이 다시 태어나 산다는 미래의 세상'인 '당래(當來)'의 뜻과는 별개다. ***마땅하다**: 부록 '당(當)' 참고.

당-래-지-직(當來之職 마땅할 **당**/올 **래**/어조사 **지**/직분 **직**) 마땅히 올 직분(職分)이라는 뜻으로, 신분에 알맞은 지위(地位)나 직무(職務), 또는 마땅히 차례가 돌아올 직무(職務)나 직분(職分)을 이르는 말. *당-래: ☞당래지사(當來之事). ***마땅하다**: 부록 '당(當)' 참고. ***직분**(職分): 부록 '직(職)' 참고.

당리-당략(黨利黨略 무리 **당**/이로울 **리**/무리 **당**/꾀 **략**) 무리의 이로움과 무리의 꾀라는 뜻으로, 당리(黨利)와 당략(黨略)을 아울러 이르는 말. *당리(黨利): 정당(政黨)의 이익. *당략(黨略): ①당파(黨派. 붕당·朋黨. 즉, 뜻이 같은 사람끼리 모인 단체나 정당의 나누인 갈래. 또는 주의, 주장과 이해를 같이하는 사람들끼리 뭉쳐진 단체)의 계략(計略. 계획과 책략. 즉, 일을 처리하는 꾀와 방법). ②정당(政黨)의 이익을 꾀하는 정략(政略. 정치상의 책략·策略. 즉, 정치적으로 일을 처리하는 꾀와 방법)이나 계략(計略). *무

리: 부록 ‘당(黨)’ 참고. *꾀: 일을 그럴듯하게 꾸미는 교묘한 생각이나 수단.

당시-승상(當時丞相 그 **당**/때 **시**/정승 **승**/재상 **상**) 그때의 정승(政丞)과 재상(宰相)이라는 뜻으로, 권세(權勢. ‘권력·權力’과 ‘세력·勢力’을 아울러 이르는 말)가 한창 높은 사람을 비유적으로 이르는 말. *당시(當時): 일이 있었던 바로 그때. 또는 이야기하고 있는 그 시기. *승상(丞相): 중국의 옛 벼슬 이름. 우리나라의 ‘정승(政丞)’에 해당됨. *정승(政丞): 부록 ‘승(丞)’ 참고. *재상(宰相): 임금을 보필(輔弼. 윗사람의 일을 도움. 또는 그런 사람)하며 모든 관원을 지휘, 감독하는 자리에 있는 이품(二品) 이상의 벼슬을 통틀어 이르던 말.

당양-지-지(當陽之地 마땅할 **당**/볕 **양**/어조사 **지**/땅 **지**) 마땅히 볕이 (잘 드는) 땅이라는 뜻으로, 햇볕이 잘 들어 밝고 따뜻한 땅. 또는 양지바른 땅을 이르는 말. *당양(當陽): 볕이 잘 듦. 또는 양지바름. *마땅하다: 부록 ‘당(當)’ 참고.

당연-지-사(當然之事 마땅할 **당**/그러할 **연**/어조사 **지**/일 **사**) 마땅히 그렇게 (되는) 일이라는 뜻으로, 일의 앞뒤 사정을 놓고 판단할 때에, 마땅히 그렇게 하여야 하거나 되리라고 여겨지는 일. 또는 당연한 일을 이르는 말. *당연(當然): 마땅함. *마땅하다: 부록 ‘당(當)’ 참고.

당우-삼대(唐虞三代 당나라 **당**/염려할 **우**/석 **삼**/대 **대**) 당우(唐虞)와 삼대(三代)라는 뜻으로, 중국 고대(古代)의 요순(堯舜)시대와, 하(夏)나라, 은(殷)나라, 주(周)나라 시대의 삼대(三代)를 아울러 이르는 말. *당우(唐虞): 중국의 도당씨(陶唐氏) 요(堯)와 유우씨(有虞氏) 순(舜)을 함께 이르는 말로, ‘요순시대(堯舜時代)’를 가리키는 말. 중국 역사에서 가장 이상적(理想的)인 태평시대로 꼽힌다. *삼대(三代): ①아버지, 아들, 손자의 세 대(代). =삼세(三世). ②고대 중국의 하(夏), 은(殷), 주(周)의 세 왕조. 여기서는 ②의 뜻.

당일-우귀(當日于歸 그 **당**/날 **일**/어조사 **우**/시집갈 **귀**) 그날 (바로) 시집간다는 뜻으로, 전통혼례(傳統婚禮)에서, 결혼한 그날 바로 신부(新婦)가 시집으로 들어가는 일을 이르는 말. *당일(當日): (바로) 그날. *우귀(于歸): 혼인한 신부가 처음으로 시집에 들어감.

당황-망조(唐慌罔措 당황할 **당**/어리둥절할 **황**/그물 **망**/둘 **조**) (너무) 당황(唐慌)하거나 어리둥절하여 (고기를 잡기 위한) 그물을 (어디에) 둘지 (모르겠다는) 뜻으로, 당황(唐慌)하여 어떤 행동이나 조치를 취하여야 할지 모름을 이르는 말. =경황망조(驚惶罔措). *당황(唐慌): 놀라거나 다급(多急. 미처 어떻게 할 여유가 없을 만큼 일이 바싹 닥쳐서 몹시 급함)하여 어찌할 바를 모름. *망조(罔措): 너무 당황(唐慌)하거나 급하여 어찌할 줄 모르고 갈팡질팡함.

당황-실색(唐慌失色 당황할 **당**/어리둥절할 **황**/잃을 **실**/얼굴빛 **색**) (너무) 당황(唐慌)하거나 어리둥절하여 얼굴빛을 잃었다는 뜻으로, 당황하여 얼굴빛이 바뀜을 이르는 말. *당황(唐慌): ☞당황망조(唐慌罔措). *실색(失色): 놀라서 얼굴빛이 달라짐(변함).

대각-세존(大覺世尊 클 **대**/깨달을 **각**/세상 **세**/높을 **존**) 크게 깨달아 세상에 높은 (분). 즉, 도(道)를 크게 깨달아 세상에서 존숭(尊崇. 존경과 숭배)을 받는 이라는 뜻으로, 부처를 높여 이르는 말. *대각(大覺): (불교에서) ①도(道)를 닦아 크게 깨달음. 또는 그런 사람. ②부처를 달리 이르는 사람. *세존(世尊): =석가세존(釋迦世尊).

대간-사-충(大姦·奸似忠 클 **대**/간사할 **간**/같을 **사**/충성 **충**) 큰 간사(奸邪)함은 충성(忠誠)과 같다. 즉, 큰 간사(奸邪)함은 충성(忠誠)하는 사람과 같아 보인다는 뜻으로, 악(惡)한 본성(本性)을 숨기고 가장 충실한 체하는 것을 비유적으로 이르는 말. 또는 간신(奸臣. 성질이 교묘하게 잘 둘러대고 행실이 바르지 못한 신하)이 겉으로는 충신(忠臣. 충성을 다하는 신하, 또는 충성스러운 신하)인 체한다는 뜻으로, 아주 간사(奸邪)한 사람은 아첨하는 수단을 교묘히 부려, 마치 충성(忠誠)하는 사람과 같아 보임을 이르는 말. *대간(大奸·奸): 매우 간사한 사람. *간사하다(奸邪~): 부록 '간(奸)' 참고. *충성(忠誠): 진정에서 우러나오는 정성. 특히 임금이나 국가에 대한 것을 일컬음. 이 사자성어의 유래는 다음과 같다.『송사(宋史)』의 「여회전(呂誨傳)」 편(篇)에 〈신(臣. 신하가 임금에 대하여 자기를 일컫는 말)은, 크게 간사한 사람은 충신처럼 보이며, 큰 속임수는 믿음직하게 보인다고 들었습니다. 왕안석(王安石)은 겉으로는 질박(質朴. 꾸민 데가 없이 수수함)하게 보이지만, 마음에는 간사함을 품고 있습니다. 왕안석(王安石)은 교만하여 황실(皇室. 황제의 집안)을 업신여기고 음험(陰險. 겉으로는 부드럽고 솔직한 체하나, 속은 내숭스럽고 음흉함)하게 남을 해치려는 간특한(奸慝~. 간사하고 악독한) 인간입니다.(臣聞大奸似忠, 大詐似信, 安石外示朴野, 中藏奸詐, 驕蹇慢上, 陰賊害物)〉라는 구절이 나오는데, '신(臣)은, 크게 간사한 사람은 충신처럼 보이며,(臣聞大奸似忠)'에서, '대간사충(大奸·奸似忠)'이 유래했다. 이 이야기의 배경은 이렇다. 문치주의(文治主義)를 표방(標榜. 어떤 명목·名目을 붙여 주의·主義나 주장·主張 또는 처지·處地를 앞에 내세움)한 송(宋)나라는 교육과 상업이 발달하고, 학문과 문화가 꽃을 피웠다. 여기서, '문치주의(文治主義)'는 무력(武力)을 배경으로 하는 무단정치(武斷政治)와는 달리, 교화(敎化) 또는 학문(學問)과 법령(法令. 법률과 명령)에 따라 정치를 펴는 태도를 일컫는 말. 중국의 한(漢)나라 때, 유교를 국교(國敎)로 삼으면서부터 시작되었음. 하지만 문인(文人) 관료제로 인한 군사력의 약화(弱化)와 실책(失策)으로 왕조 내내 위기 속에서 빠져 나오지를 못했다. 특히 이민족(異民族)인 거란족의 요(遼)나라, 당항족(黨項族)의 서하(西夏), 여진족의 금(金)나라 그리고 몽고족의 원(元)나라에 차례로 굴욕(屈辱. 남에게 억눌리어 업신여김을 받는 모욕)을 당했다. 송(宋)나라는 이들 이민족(異民族)들의 요구 사항을 금전으로 해결하는 방법을 썼는데, 그러다 보니 재정(財政)이 고갈(枯渴. 물자나 자금이 달림)되고 말았다. 그리하여, 제54대 황제(皇帝)인 영종(英宗)은 이런 문제를 해결하고 국력을 키우기 위해 개혁을 시작했으나, 즉위 4년 만에 세상을 뜨고 말았다. 19세의 나이로 그 뒤를 이은 신종(神宗)은 왕안석(王安石)을 발탁하여 영종(英宗)이 이루지 못한 개혁을 계속 추진했다. 왕안석(王安石)은 신종(神宗)의 절대적인 지지와 신임 아래 기득권 측의 반대를 무릅쓰고 새로운 법(法)인 신법(新法)을 공포했다. 신법(新法)은 농민의 조세(租稅. 국가나 지방 자치 단체가 필요한 경비를 마련하기 위하여 국민으로부터 강제로 거두어들이는 돈)와 부역(賦役. 국가나 공공 단체가 특정한 공익사업을 위하여 보수 없이 국민에게 의무적으로 책임을 지우는 노역·勞役을 이르는 말)의 부담을 덜어 주고, 상인의 독점으로 인한 품귀 현상을 해소시키며, 병농(兵農. '군사·軍士'와 '농업·農業', 또는 '병사·兵士'와 '농민·農民'을 아울러 이르는 말) 일치(一致) 정책으로 국방을 강화하려는 강력한 개혁 정책이 포함되어 있었다. 당시(當時. 일이 있었던 바로 그때, 또는 이야기하고 있는 그 시기)로서는 꼭 필요한 개혁 정책이었다. 그러나 개혁에는 반발이 따르는 법이다. 이 법(法)은, 기득권을 침해당한 황실(皇室), 귀족 관료, 지주(地主)와 부호(富豪. 재산이 넉넉하고 세력이 있는 사람)들의 강력한 반대에 부딪혔다. 이 반대의 선봉(先鋒. 무리의 앞자리)에 섰던 사람이 바로 어사중승(御史中丞. 관직 이름)인 여회(呂誨)였으며, 사마광(司馬光), 그리고 왕안석(王安石)과 더불어 당송팔대가(唐宋八大家)로 추앙(推仰. 높이 받들어 우러름)받는 소식(蘇軾)과 구양수(歐陽脩)도 반대파였다. 여회(呂誨)는 왕안석(王安石)이 재상(宰相. 임금을 보필하며 모든 관원을 지휘, 감독하는 자리에 있는 이품·二品 이상의 벼슬을 통틀어 이르던 말)에 취임하는 것부터 반대했던 사람으로, 신법(新法. 새로 만든 법)이 계속 제출되자, 신종(神宗)에게 왕안석(王安石)을 탄핵(彈劾. 공직에 있는 사람의 부정이나 비행 따위를 조사하여 그 책임을 추궁함. 또는 그 절차)하는 상소(上疏. 임금에게 글을 올리던 일. 또는 그 글)를 올렸다. 윗글은 송(宋)나라의 여회(呂誨)가 신종(神宗)에게 왕안석(王安石)을 탄핵(彈劾)하는 상소문(上疏文. 임금에게 글을 올린 글)의 일부분이다. 사람은 자신이 믿고 싶은 것만 믿게 마련이다. 위의 상소문(上疏文)에서 유래한 '대간사충(大姦·奸似忠)'은 정말로 간사한 사람은 언사(言辭. 말이나 말씨)가 교묘하여 누구라도 충성(忠誠. 진정에서 우러나오는 정성. 특히 임금이나 국가에 대한 것을 일컬음)이라고 믿게 만든다는 말이다. 간사한 자를 경계(警戒)하라는 의미를 담고 있다. 사실 간사한 것은 상대방을 기분 좋게 하므로, 간사한 것인지, 충성하는 것인지 잘 알지 못할 때가 있다. 높은 자리에 있는 사람일수록 간신배(奸臣輩. 간사한 신하의 무리)와 충성파를 가려낼 수 있는 안목(眼目)이 필요한 것이다. 참고로, 원문의 '臣聞大奸似忠'에서, '臣'은 신(臣. 신하가 임금에게 자기를 일컫는 말) '신'으로 읽고, '聞'은 들을 '문'으로 읽고, '大'는 클 '대'로 읽고, '奸'은 간사할 '간'으로 읽고, '似'는 같을 '사'로 읽고, '忠'은 충성 '충'으로 읽는다. '臣聞大奸似忠'을 직역(直譯)하면, 신(臣)은 '크게 간사한 (사람은) (나라에) 충성하는 (짓) 같이 (보인다).'고 들었습니다. 여기서, '大奸似忠'이 유래하였는데, 이것을 직역(直譯)하면, 큰 간사(奸邪)함은 충성(忠誠)과 같다. 즉, 큰 간사(奸邪)함은 충성하는 사람과 같아 보인다는 뜻으로, 악(惡)한 본성(本性)을 숨기고 가장 충실한 체하는 것을 비유적으로 이르는 말. 아주 간사한 사람은 아첨하는 수단을 교묘히 부려, 마치 충성하는 사람과 같아 보임을 이르는 말. '大詐似信'에서, '大'는 클 '대'로 읽고, '詐'는 속일 '사'로 읽고, '似'는 같을 '사', 닮을 '사'로 읽고, '信'은 믿을 '신'으로 읽는다. '大詐似信'을 직역(直譯)하면, 큰 속임은 믿음과 같다(고 들었습니다). 즉, 큰 속임수가 믿음직하게 보인다는 말이다. 그래서 어떤 이는 이왕 거짓말을 하려면 큰 거짓말을 하라고 했다. 일반 사람들은 작은 거짓말을 믿기보다는 큰 거짓말을 잘 믿는다고 봤다. '安石外示朴野'에서, '安'은 편안 '안'으로 읽고, '石'은 돌 '석'으로 읽는다. '安石'은 '王安石'을 가리킴. '外'는 바깥 '외'로 읽고, '示'는 보일 '시'로 읽고, '朴'은 순박할 '박'으로 읽고, '野'는 질박할(質朴~. 꾸민 데가 없이 수수할) '야'로 읽는다. '朴野'는 꾸밈없고 순박함. '安石外示朴野'를 직역(直譯)하면, 왕안석(王安石)은 바깥으로는 꾸밈없고 순박하게 보이지만, '中藏奸詐'에서, '中'은 속 '중', 가운데 '중'으로 읽고, '藏'은 감출 '장', 품을 '장'으로 읽고 '奸'은 간사할 '간'으로 읽고, '詐'는 속일 '사', 거짓말할 '사'로 읽는다. '奸詐'는 나쁜 꾀가 있어 거짓으로 남의 비위를 맞추는 태도가 있음. '中藏奸詐'를 직역(直譯)하면, (마음) 속에는 간사함을 품고 (있습니다). '驕蹇慢上'에서, '驕'는 교만(驕慢)할 '교'로 읽고, '蹇'은 교만(驕慢)할 '건'으로 읽는다. '驕蹇'은 교만하고 건방짐. '慢'은 거만할 '만', 업신여길 '만'으로 읽고 '上'은, 여기서는 임금 '상', 군주(君主. 세습적으로 나라를 다스리는 최고 지위에 있는 사람) '상'으로 읽는다. '驕蹇慢上'을 직역(直譯)하면, 교만하고 건방져 임금을 업신여기며(깔보며), '陰賊害物'에서, '陰'은 음침할 '음', 몰래 '음'으로 읽고, '賊'은 도둑 '적', 도둑질할 '적'으로 읽고, '害'은 해칠 '해'로 읽고, '物'은 사물 '물', 사람 '물'로 읽는다. '陰賊害物'을 직역(直譯)하면, 몰래 도둑질하며 사람을 해칠 (인물입니다).

대갈-일성(大喝一聲 클 대/꾸짖을 갈/한 일/소리 성) 크게 외쳐 꾸짖는 한 마디의 소리를 이르는 말. =대규일성(大매一聲). *대갈(大喝): 가슴속에서부터 터져 나오는 듯한 큰소리로 외쳐서 꾸짖음. *일성(一聲): (큰) 한 마디의 소리.

대강-대강(大綱大綱 클 **대**/대강 **강**/클 **대**/대강 **강**) 뭐 대강(大綱)과 대강(大綱)이라는 뜻으로, 자세하지 않고 적당히 간단하게. *대강(大綱): ①명 =대강령(大綱領). 즉, 일의 가장 중요한 부분. 또는 그 부분만 따낸 줄거리. ②뭐 일의 중요한 부분만 간단하게. 여기서는 ②의 뜻.

대강-장류(大江長流 클 **대**/강 **강**/길 **장**/흐를 **류**) 길게 흐르는, 큰 강(江)이라는 뜻으로, 크고 긴 강(江)을 이르는 말. *대강(大江): 큰 강. *장류(長流): 길게 흐름. 또는 그런 물의 흐름.

대경-대법(大經大法 클 **대**/도리 **경**/클 **대**/법 **법**) 큰 도리(道理)와 큰 법(法)이라는 뜻으로, 공명정대(公明正大. **본문 참고**)한 큰 원리와 법칙(法則)을 이르는 말. *대경(大經): 가장 근본이 되는 줄거리. 또는 큰 법칙(法則). *대법(大法): 가장 중요한 법규(法規). *도리(道理): ①사람이 마땅히 지켜야 할 바른 길. ②마땅한 방법이나 길. 여기서는 ②의 뜻.

대경-소-괴(大驚小怪 클 **대**/놀랄 **경**/작을 **소**/괴이할 **괴**) 크게 놀라 작게(조금) 괴이(怪異)하다는 뜻으로, 몹시 놀라서 좀 의아스럽게(疑訝~. 의심스럽고 이상한 데가 있게) 또는 괴이쩍게(怪異~. 괴이한 느낌이 있게) 생각함을 이르는 말. *대경(大驚): 몹시 놀람. *괴이하다(怪異~): 부록 '괴(怪)' 참고.

대경-실색(大驚失色 클 **대**/놀랄 **경**/잃을 **실**/낯빛 **색**) 크게 놀라 낯빛을 잃었다는 뜻으로, 몹시 놀라 얼굴빛이 하얗게 질림을 이르는 말. =대경실성(大驚失性). *대경(大驚): ☞대경소괴(大驚小怪). *실색(失色): 놀라서 얼굴빛이 변함.

대경-차-악(大驚且愕 클 **대**/놀랄 **경**/또 **차**/놀랄 **악**) 크게 놀라고 또 놀란다는 뜻으로, 몹시 깜짝 놀람을 이르는 말. *대경(大驚): ☞대경소괴(大驚小怪).

대-공-망일(大空亡日 클 **대**/빌 **공**/망할 **망**/날 **일**) 크게 비어 있어 망(亡)한 날이라는 뜻으로, 아무 소망(所望. 바라는 것)도 이루지 못하는 날을 이르는 말. *'대-공'은 『국어사전(國語辭典)』에 등재(登載)된, '크고 넓은 공중. 하늘'인 '대공(大空)'의 뜻과는 별개다. *망일(亡日): 죽은 날.

대-공-무사(大公無私 클 **대**/공평할 **공**/없을 **무**/사사로이 할 **사**) 크게 공평(公平)하여(공정하여) 사사(私私)로움이 없다는 뜻으로, 공적(公的)인 일처리에서 개인감정(個人感情)을 개입시키지 않거나 대의(大義)를 위해 사소한 원한(怨恨. 억울하고 원통한 일을 당하여 응어리진 마음)을 생각하지 않는 것을 이르는 말. *'대-공'은 『국어사전(國語辭典)』에 등재(登載)된, '①유럽에서, 왕가의 황태자나 여왕의 부군(夫君)을 이르는 말. ②유럽에서, 소국(小國)의 군주(君主. 세습적으로 나라를 다스리는 최고 지위에 있는 사람)를 이르는 말'인 '대공(大公)'의 뜻과는 별개다. *무사(無私): 사사로움이 없이 공정함. *공평하다(公平~): 어느 한쪽에 치우치지 않고 공정하다. *사사로이(私私~) 하다: 공적(公的)이 아니고, 개인적인 성격을 띠고 (무엇을) 하다. 이 사자성어의 유래는 다음과 같다. 『사기(史記)』의 「진세가(晉世家)」 편(篇)에 〈(중국 춘추시대의 사상가이며 학자인) 공자(孔子)가 이 일을 듣고 말했다. "훌륭하다. 기황양(祁黃羊)의 건의(建議. 어떤 문제에 대하여 의견이나 희망 사항을 냄. 또는 그 의견이나 희망 사항)는, 다른 사람을 추천하는 데 원수라고 해서 배제하지 않았고, 자기 사람을 천거(薦舉. 어떤 일을 맡아 할 수 있는 사람을 그 자리에 쓰도록 소개하거나 추천함)하는 데 아들이라고 해서 피하지 않았으니, 기황양(祁黃羊)이야말로 대공무사(大公無私)하다고 할 수 있겠구나."(孔子聞之曰. 善哉. 祁黃羊之論也. 外舉不避

仇, 內擧不避子, <u>祁黃羊可謂公矣</u>.〉〉라는 이야기가 나오는데, 끝부분의 '기황양(祁黃羊)이야말로 대공무사(大公無私)하다고 할 수 있겠구나.(祁黃羊可謂公矣)'에서, '대공무사(大公無私)'가 유래했다. 이 이야기의 배경은 이렇다. 진(晉)나라의 평공(平公)이 기황양(祁黃羊)에게 물었다. "남양현장(南陽縣長. <u>남양현·南陽縣의 우두머리</u>) 자리가 비어 있는데, 누가 잘할 것 같소?" 기황양(祁黃羊)이 말했다. "해호(解狐)가 가장 적합할 것입니다." 평공(平公)이 기황양(祁黃羊)에게 되물었다. "해호(解狐)는 경(卿. <u>임금이 이품 이상의 신하를 가리키던 2인칭 대명사</u>)과 원수지간(怨讐之間. <u>자기나 자기 집에 해를 입혀 원한이 맺히게 된 사이</u>)이 아닌가?" "왕께서 누가 임무를 수행하는 데 적합한가를 물으셨지, 신(臣. <u>신하가 임금에 대하여 자기를 일컫는 말</u>)의 원수(怨讐)를 물으신 것은 아니지 않습니까?" 평공(平公)은 해호(解狐)를 남양현장(南陽縣長)으로 임용했다. 나라 사람들이 모두 잘된 임명이라고 칭송(稱頌. <u>공덕·功德 따위를 칭찬하여 일컬음. 또는 그런 말</u>)했다. 얼마 후, 평공(平公)이 또 기황양(祁黃羊)에게 물었다. "위(尉. <u>'군사·軍士 통수·統帥'의 벼슬 이름</u>) 자리가 비었는데, 누가 가장 적합하다고 보는가?" "기오(祁午)라면 직책을 잘 감당할 수 있을 것입니다." 평공(平公)이 다시 물었다. "기오(祁午)는 경(卿)의 아들이 아니오?" "왕께서 그 자리에 누가 가장 적합한가를 물으셨지, 신(臣)의 아들을 물은 것은 아니지 않습니까?" 평공(平公)은 기오(祁午)를 임용했다. 나라 사람들이 모두 잘된 임명이라고 칭송(稱頌)했다. 이 사실을 공자(孔子)가 듣고, 기황양(祁黃羊)이 다른 사람을 추천하는데, 사심(私心)이 없이 공정(公正)하였다는 데서, 기황양(祁黃羊)이야말로 그 행위가 대공무사(大公無私)하다고 평(評)하는 것이다. 참고로, 원문의 '孔子聞之曰'에서, '孔'은 구멍 '공', 성씨(姓氏) '공'으로 읽고, '子'는 경칭(敬稱. <u>공경하는 뜻으로 부르는 칭호. 또는 존대하여 일컬음</u>) '자'로 읽는다. 학덕(學德)과 지위가 높은 남자의 경칭(敬稱)이다. '孔子'는 사람 이름. '聞'은 들을 '문'으로 읽고, '之'는 어조사 '지'로 읽는다. '그것'을 나타내는 지시 대명사. '孔子聞之曰'을 직역(直譯)하면, 공자(孔子)는 그것을 듣고 말하기를, '善哉'에서, '善'은, 여기서는 좋을 '선', 훌륭할 '선'으로 읽고, '哉'는 어조사 '재'로 읽는다. '~도다', '~로구나(<u>영탄</u>)'의 뜻을 나타냄. '善哉'를 직역(直譯)하면, 훌륭하구나, '祁黃羊之論也'에서, '祁'는 성할(<u>기운이나 세력이 한창 왕성할</u>) '기'로 읽고, 여기서, '기운'은 순우리말로, 생물이 살아 움직이는 원기(元氣). 또는 거기서 나오는 힘. '黃'은 누를 '황'으로 읽고, '羊'은 양(羊) '양'으로 읽는다. '祁黃羊'은 사람 이름. '之'는 어조사 '지'로 읽는다. 여기서는 '~의'를 나타내는 관형격 조사. '論'은 논할 '론(논)', 논의할 '론(논)'으로 읽고, '也'는 어조사 '야'로 읽는다. '~이다(<u>단정</u>)'의 뜻을 나타냄. '祁黃羊之論也'를 직역(直譯)하면, 기황양(祁黃羊)의 논함은 ~이다. '外擧不避仇'에서, '外'는 남 '외', 타인 '외'로 읽고, '擧'는 가려뽑을 '거', 추천할 '거'로 읽고, '不'은 아닐(<u>부정하는 말</u>) '불'로 읽고, '避'는 피할 '피'로 읽고, '仇'는 원수 '구'로 읽는다. '外擧不避仇'을 직역(直譯)하면, 남을 추천함에 원수라 하여 피(避)하지 않았고, 즉, 남을 추천하는데 원수(怨讐)라고 해서 배제하지 않았고, '內擧不避子'에서, '內'는 안 '내'로 읽는다. 여기서는 '자기 사람'을 가리킴. '子'는 아들 '자', 자식 '자'로 읽는다. '內擧不避子'를 직역(直譯)하면, (그리고) 자기 사람을 추천함에 (자기) 아들이라 하여 피(避)하지 않았으니, 즉, 자기 사람을 천거(薦擧)하는데 자기 아들이라고 해서 피(避)하지 않았으니, '祁黃羊可謂公矣'에서, '可'는 가히(可~. <u>'능히', '넉넉히'의 뜻을 나타냄</u>) '가'로 읽고, '謂'는 일컬을 '위'로 읽는다. '公'은 공평(公平)할 '공'으로 읽는다. 여기서는 '대공무사(大公無私)'를 가리킴. '矣'는 어조사 '의'로 읽는다. '~도다', '~이로구나(<u>영탄</u>)'의 뜻을 나타냄. '祁黃羊可謂公矣'을 직역(直譯)하면, 기황양(祁黃羊)

이야말로 대공무사(大公無私)하다고 가히 일컬을 수 있겠구나. 여기서, '大公無私'가 유래하였는데, 이것을 직역(直譯)하면, 크게 공평(公平)하여(공정하여) 사사(私私)로움이 없다는 뜻으로, 공적(公的)인 일처리에서 개인감정(個人感情)을 개입시키지 않거나 대의(大義. 사람으로서 마땅히 지키고 행하여야 할 큰 도리)를 위해 사소한 원한(怨恨)을 생각하지 않는 것을 이르는 말. 그런데 이 외에 『여씨춘추(呂氏春秋)』의 「거사(去私)」 편(篇)에 〈"왕께서 이 일에 은혜를 내려 주벌(誅伐. 죄인을 꾸짖어 침. 또는 죄인을 무력으로 쳐 없앰. 베어 죽임)을 하지 않으시지만, 복황향(腹黃享)은 묵가(墨家)의 법을 시행하지 않으면 안 됩니다." 여기서, 묵가(墨家)는 중국 춘추전국시대(春秋戰國時代) 때 노·魯나라의 사상가이며 철학자인 묵자·墨子의 사상을 받들고 실천하던 제자백가(諸子百家. 본문 참고)의 한 파(派)이다. 그러고는 혜왕(惠王)의 뜻에 따르지 않고 아들을 죽였다. 아들은 누구나 편애(偏愛. 어느 한 사람이나 한쪽만을 유달리 사랑함)하는 것인데, 자신이 편애(偏愛)하는 마음을 누르고 대의(大義)를 행하였으니, 거자(鉅子. 사람 이름. 복황향·腹黃享의 다른 이름)야말로 대공무사(大公無私)하다 말할 수 있다.(王雖爲之賜而令吏弗誅, 腹黃享不可不行墨者之法, 不許惠王, 而遂殺之, 子, 人之所私也, 忍所私以行大義, **鉅子可謂公矣**.)〉라는 이야기가 나오는데, 끝부분의 '거자(鉅子)야말로 대공무사(大公無私)하다 말할 수 있다.(鉅子可謂公矣)'에서, '대공무사(大公無私)'가 유래했다. 이 이야기의 배경은 이렇다. 묵가(墨家)의 사람 중에 거자(鉅子)인 복황향(腹黃享)은 진(秦)나라에서 살고 있었는데, 그의 아들이 살인(殺人)을 했다. 진혜왕(秦惠王)이 말했다. "선생은 연세가 많고 다른 아들이 없으니, 과인(寡人. 덕·德이 적은 사람이라는 뜻으로, 임금이 자신을 낮추어 일컫던 1인칭 대명사)이 관리에게 주벌(誅伐. 죄인을 꾸짖어 침. 또는 죄인을 무력으로 쳐 없앰. 베어 죽임)하지 않도록 영(令. 명령)을 내렸소. 선생은 이번 일은 과인(寡人)의 말을 들으시오." 복황향(腹黃享)이 대답했다. "묵가(墨家)의 법에 사람을 죽인 자는 죽음에 처하고, 사람을 상하게 한 자(者)는 형벌(刑罰. 국가가 죄를 범한 자에게 제재를 가함. 또는 그 제재)을 받아야 합니다. 이것은 이로써(이렇게 함으로써) 사람을 죽이거나 상(傷)하게 하는 것을 금(禁)하는 것입니다. 사람을 죽이거나 상(傷)하게 하는 것을 금(禁)하는 것은 천하(天下)의 큰 의(義)입니다." 복황향(腹黃享)이 이렇게 말하고는 자기 자식을 죽였다. 아들은 누구나 편애(偏愛. 어느 한 사람이나 한쪽만을 치우치게 사랑함)하는 것인데, 자신이 편애(偏愛)하는 마음을 누르고 대의(大義)를 행하였으니, 거자(鉅子)야말로 대공무사(大公無私)하다 말할 수 있다는 것이다. 참고로, 원문의 '王雖爲之賜而令吏弗誅'에서, '王'은 임금 '왕'으로 읽고, '雖'는 비록 '수'로 읽고, '爲'는 할 '위'로 읽고, '之'는 어조사 '지'로 읽는다. '그것'을 나타내는 지시대명사. '賜'는 줄 '사', 내릴 '사', 하사(下賜. 임금이 신하에게, 또는 윗사람이 아랫사람에게 물건을 줌)할 '사'로 읽고, '而'는 말 이을 '이'로 읽는다. '그리고'의 뜻을 나타냄. '令'는 하여금(누구를 시키어) '령(영)'으로 읽고, '吏'는 관리 '리(이)'로 읽고, '弗'은 아닐(부정하는 말) '불'로 읽는다. '不'과 같은 글자다. '誅'는 벌(罰) '주', 벌줄 '주'로 읽는다. '王雖爲之賜而令吏弗誅'를 직역(直譯)하면, 왕께서 비록 그것을 위하여 (은혜를) 내리고 그리고 관리로 하여금 벌(罰)을 하지 않으시지만, '腹黃享不可不行墨者之法'에서, '腹'은 배(사람이나 동물의 몸에서. 위장. 창자. 콩팥 따위의 내장이 들어 있는 곳으로, 가슴과 엉덩이 사이의 부위) '복'으로 읽고, '黃'은 누를 '황'으로 읽고, '享'은 누릴(생활 속에서 마음껏 즐기거나 맛볼) '향'으로 읽는다. '腹黃享'은 사람 이름. '可'는 옳을 '가'로 읽고, '行'은 행할 '행'으로 읽고, '墨'은 먹 '묵'으로 읽는다. 여기서는 '묵자(墨子)의 학파'를 가리킴. '者'는 사람 '자'로 읽는다. '墨者'는, 직역(直譯)하면 묵가(墨

家)의 사람. 여기서, '묵가(墨家)'는 중국 춘추전국시대(春秋戰國時代) 때 노(魯)나라의 사상가이며 철학자인 묵자(墨子)의 사상을 받들고 실천하던 제자백가(諸子百家. 본문 참고)의 한 파(派)를 일컫는다. '之'는 어조사 '지'로 읽는다. 여기서는 '~의'를 나타내는 관형격 조사. '法'은 법(法. 국가나 종교 따위에서 강제력이 따르는 온갖 규범) '법'으로 읽는다. '墨者之法'을 직역(直譯)하면, 묵가(墨家)의 법. '腹黃享不可不行墨者之法'을 직역(直譯)하면, 복황향(腹黃享)은 묵가(墨家)의 법을 행하지 않으면 옳지 않음. '不許惠王'에서 '許'는 허락(許諾)할 '허', 들어줄 '허'로 읽고, '惠'는 은혜 '혜'로 읽는다. '惠王'은 왕의 이름. '不許惠王'을 직역(直譯)하면, (복황향은) 혜왕(惠王)의 (말을) 듣지 않고, 즉, 혜왕(惠王)의 뜻을 따르지 않고, '而遂殺之'에서, '遂'는 드디어 '수', 마침내 '수'로 읽고, '殺'은 죽일 '살'로 읽는다. '而遂殺之'를 직역(直譯)하면, 그리고 드디어 그것('아들'을 가리킴)을 죽였다. '人之所私也'에서, '人'은 사람 '인'으로 읽고, '所'는 바(앞에서 말한 내용 그 자체나 일 따위를 나타내는 말) '소'로 읽고, '私'는 사사로울 '사'로 읽는다. '所私'는, 직역(直譯)하면 사적(私的)인 바의 것. '也'는 어조사 '야'로 읽는다. '~이다(단정)'의 뜻을 나타냄. '人之所私也'를 직역(直譯)하면, (그) 사람('아들'을 가리킴)은 사적(私的)인 바의 것이다. 즉, 아들 문제는 누구나 사사로운 감정에 치우치기 마련이다. '忍所私以行大義'에서, '忍'은 참을 '인'으로 읽고, '以'는 써(그것을 가지고, 그것으로 인하여) '이'로 읽고, '大'는 큰 '대'로 읽고, '義'는 뜻 '의'로 읽는다. '大義'는 사람으로서 마땅히 지키고 행하여야 할 큰 도리(道理. 사람이 마땅히 지켜야 할 바른 길). '忍所私以行大義'를 직역(直譯)하면, (그럼에도 불구하고) 사적인 바의 것을 참고 그것을 가지고 큰 뜻을 행하였으니, '鉅子可謂公矣'에서, '鉅'는 클 '거'로 읽는다. '거(巨)'와 같은 글자다. '鉅子'는 사람 이름. '복황향(腹黃享)'을 달리 이르는 말. 당시(當時. 일이 있었던 바로 그때. 또는 이야기하고 있는 그 시기) 복황향(腹黃享)은 묵가(墨家) 조직의 지도자로 알려져 있음. '公'은 공평(公平)할 공으로 읽는다. 여기서는 '대공무사(大公無私)'를 가리킴. '鉅子可謂公矣'를 직역(直譯)하면, 거자(鉅子)야말로 가히 대공무사(大公無私)하다고 일컬을 만한 것이로구나.

대-공-지정(大公至正 클 **대**/공평할 **공**/지극할 **지**/바를 **정**) 아주 공평(公平)하고(공변되고) 지극히 올바름. 웹 공명정대(公明正大). *대-공: ☞대공무사(大公無私). *지정(至正): 더없이 바름. *공평하다(公平~): ☞대공무사(大公無私). *지극하다(至極~): 어떠한 정도나 상태 따위가 극도에 이르러 더할 나위 없다.

대-공-지-평(大公至平 클 **대**/공평할 **공**/지극할 **지**/평평할 **평**) 크게 공평(公平)하고 지극히 평평(平平)하다는 뜻으로, 하는 일이나 태도가, 사사로움이나 그릇됨이 없이 아주 정당하고 떳떳함을 이르는 말. =공명정대(公明正大). *대-공: ☞대공무사(大公無私). *공평하다(公平~): ☞대공무사(大公無私). *지극하다(至極~): ☞대공지정(大公至正). *평평하다(平平~): 부록 '평(平)' 참고.

대국-주의(大國主義 클 **대**/나라 **국**/주될 **주**/옳을 **의**) 큰 나라가 (중심이 되어야 한다는) 주된 주의(主義)라는 뜻으로, 국제 관계에서, 강대국(强大國. 경제력이나 군사력 따위의 세력이 강한 나라)이 경제력이나 군사력을 바탕으로 약소국(弱小國. 경제력이나 군사력 따위가 약하고 작은 나라)을 압박하는 태도를 이르는 말. 또는 강한 국력을 바탕으로 하여 그 의사(意思. 무엇을 하려고 하는 생각이나 마음)를 대외적(對外的. 외부 또는 외국을 상대로 하는 것)으로 관철하려는 행동 양식을 이르는 말. *대국(大國): 국력이 강하거나 국토가 넓은 나라. *주의(主義): ①굳게 지키는 주장이나 방침. ②체계화된 이론이나 학설. *주되다(主~): 주장(主張)이나 중심(中心)이 되다.

대기-만성(大器晩成 **클 대/그릇 기/늦을 만/이룰 성**) 큰 그릇은 늦게(더디) 이루어진다. 즉, 큰 그릇을 만드는 데에는 시간이 오래 걸린다는 뜻으로, 크게 될 사람은 보통 사람보다 늦게 이루어짐을 비유적으로 이르는 말. 또는 큰 그릇을 만들기 위해서 많은 시간이 필요한 것처럼, 큰 인물이 되기 위해서는 많은 노력과 시간이 필요하다는 것을 비유적으로 이르는 말. *대기(大器): ①큰 그릇. ②큰일을 할 만한 뛰어난 인재(人材. 어떤 일을 할 수 있는 학식이나 능력을 갖춘 사람). *만성(晩成): 늘그막에 성공함. 또는 늦게야 이루어짐. 이 사자성어의 유래는 다음과 같다. 노자(老子. 중국 춘추전국시대·春秋戰國時代의 사상가·思想家. 도가·道家의 시조·始祖)의 『도덕경(道德經)』 「제41장(章)」 편(篇)에 [우수한 사람은 도(道)를 들으면 힘써 행한다. 즉, 우수한 사람은 도(道)에 관한 이야기를 들으면 부지런히 실천하고 노력해서 결코 중단(中斷)하는 법이 없다는 뜻이다. 중간 정도의 사람은 도(道)를 들으면 긴가민가(그런지 그렇지 않은 지. 분명하지 않은 모양) 망설인다. 즉, 중간 정도의 사람은 도(道)에 관한 이야기를 들어도 그것이 참인지, 거짓인지 알 듯 말 듯한 태도를 취한다는 것이다. 못난 사람은 도(道)를 들으면 크게 웃어 버린다. 즉, 도(道)를 대하는 사람들의 태도는 뛰어난 사람, 어중간한 사람, 못한 사람에 따라 다르다는 것이다. 우스꽝스런 말일지라도 뛰어난 사람은 가볍게 웃고 지나지 않으나, 못난 사람은 위대한 진리조차 크게 웃어넘긴다는 말이다. 웃음거리가 되지 않으면 도(道)라고 하기에 부족할 것이다. 즉, 만약 이때 비웃지 않는다면 도(道)라고 할 수 없다는 말이다. 도(道)를 행하는 사람은 어찌 보면 바보 같아 보이기도 하지만, 사실은 매우 영특(英特. 남달리 뛰어나고 훌륭함)한 사람이기 때문이다. 그러므로 다음과 같은 말이 있어 왔다. 여기서부터는 역설적(逆說的. 어떤 주장이나 이론이 겉보기에는 모순·矛盾되는 것 같으나, 그 속에 중요한 진리가 함축·含蓄되어 있는 것을 이르는 말)인 표현이 나타난다. 매우 밝은 도(道)는 어두운 것 같고, 나아가는 도(道)는 물러나는 것 같다.(역설적 표현) 즉, 전진(前進)하는 도(道)는 뒤로 물러나는 것 같다는 뜻이다. 가장 평탄(平坦. 땅바닥이 평평함)한 도(道)는 굽은 것 같고,(역설적 표현) 즉, 탄탄한 길은 울퉁불퉁한 것 같다는 뜻이다. 가장 높은 덕(德. 고매하고 너그러운 도덕적 품성)은 낮은 것 같다.(역설적 표현) 즉, 가장 높은 덕(德. 고매하고 너그러운 도덕적 품성)은 계곡처럼 낮다는 뜻이다. 가장 넓은 덕(德)은 한쪽이 이지러진 것 같고, 아주 건실(健實. 건전하고 착실함)한 도(道)는 빈약(貧弱. 보잘것없음)한 것 같고, 매우 질박(質朴. 꾸밈이 없이 수수함)한 도(道)는 어리석은 것 같다.(역설적 표현)]〈아주 흰 빛은 때가 낀 것 같고(역설적 표현), 즉, 크게 깨끗한 것은 욕(辱)되는 것 같다는 뜻이다. 아주 큰 사각형은 모서리가 없는 것 같고(역설적 표현), 큰 그릇은 더디게 만들어지는 것 같다(역설적 표현). 즉, 큰 솥이나 큰 종(鐘. 시간을 알리거나 신호를 보내기 위하여, 치거나 흔들어서 소리를 내게 하는 쇠붙이로 만든 물건) 같은 것을 주조(鑄造. 녹인 쇠붙이를 거푸집에 부어 필요한 물건을 만듦)하는 데는 시간이 오래 걸리듯이, 도(道)를 깨달아 크게 될 사람은 늦게 이루어진다는 말이다. (大白若辱, 大方武無隅, **大器晩成**.)〉[아주 큰 소리는 들을 수 없는 것 같고,(역설적 표현) 즉, 큰 소리는 소리가 없는 듯하다는 뜻이다. 아주 큰 형상은 모양이 없는 것처럼 보인다.(역설적 표현) 즉, 왜냐하면 도(道)는 항상 사물의 배후(背後. 등 뒤 또는 뒤쪽)에 있는 것이므로 무엇이라고 긍정할 수도 또 부정할 수도 없기 때문이다. 도(道)는 크면서도 형체(形體)와 이름을 가지지 않는다. 대저(大抵. 대체로 보아서) 도(道)는 만물(萬物. 온갖 물건 또는 세상에 있는 모든 것)을 돕고 이루게 해 준다. 즉, 오직 도(道)만이 만물(萬物)을 돕고 생성한다는 뜻이다.]라는 말이 나오는데, '큰 그릇은 더디게 만들어지는 것 같다.(大器

晩成)'에서, '대기만성(大器晩成)'이 유래했다. 이렇게『노자(老子)』는「41장」에서, 옛글을 인용하여 도(道)를 설명하고 있는 가운데 '대기만성(大器晩成)'이 유래한 것이다. 참고로, 원문의 '大白若辱'에서, '大'는 클 '대'로 읽고, '白'은 흰 '백'으로 읽고, '若'은 같을 '약'으로 읽고, '辱'은 더럽힐 '욕'으로 읽는다. '大白若辱'을 직역(直譯)하면, 크게 흰 빛은 더러운 (때와) 같고, '大方武無隅'에서, '方'은 네모 '방'으로 읽고, '武'는 무기(武器) '무'로 읽고, '無'는 없을 '무'로 읽고, '隅'는 모퉁이 '우'로 읽는다. '大方武無隅'를 직역(直譯)하면, 큰 네모로 된 무기는 모퉁이가 없고, '大器晩成'에서, '器'는 그릇 '기'로 읽고, '晩'은 늦을 '만'으로 읽고, '成'은 이룰 '성'으로 읽는다. '晩成'은 더디게 만들어져 아직 이루어지지 않았다는 말로, 거의 이루어질 수 없다는 뜻을 지니고 있는데, 후대에 와서 늦게 이루어진다는 뜻으로, 쓰이게 되었다. '大器晩成'을 직역(直譯)하면 큰 그릇은 늦게 이루어진다. 즉, 큰 그릇을 만드는 데에는 시간이 오래 걸린다는 뜻으로, 크게 될 사람은 보통 사람보다 늦게 이루어짐을 비유적으로 이르는 말. 또는 큰 그릇을 만들기 위해서 많은 시간이 필요한 것처럼, 큰 인물이 되기 위해서는 많은 노력과 시간이 필요하다는 것을 비유적으로 이르는 말. 그런데 이 외에 '대기만성(大器晩成)'에 관한 이야기는『삼국지(三國志)·위서(魏書)』의「최염전(崔琰傳)」편(篇)에서도 찾아볼 수 있다. 〈그러나 그의 사촌 동생인 최림(崔林)은 외모가 시원치 않아서인지 출세를 못 하고, 일가친척들로부터도 경시(輕視)를 당했다. 하지만 최염(崔琰)만은 최림(崔林)의 인물됨을 꿰뚫어 보고 항상 이렇게 말했다. "이는 대기만성(大器晩成)할 사람이다. 틀림없이 큰 인물이 될 것이다."(琰從弟林, 少無名望, 雖姻族猶多輕之, 而琰常曰, <u>此所謂大器晩成者也</u>, 終必遠至.)〉라는 이야기가 나오는데, '이는 대기만성(大器晩成)할 사람이다.(此所謂大器晩成者也)'에서, '대기만성(大器晩成)'이 유래했다. 과연 최염(崔琰)의 말대로 최림(崔林)은 마침내 천자(天子. '<u>임금</u>'을 가리킴)를 보좌하는 삼공(三公. <u>벼슬 이름</u>)에 올랐다. 참고로, 원문의 '琰從弟林'에서, '琰'은 옥 갈 '염'으로 읽는다. 여기서는, '최염(崔琰)'을 가리킴. '從'은 종(從. '<u>오촌·五寸</u>' 또는 '<u>사촌·四寸</u>'의 뜻을 더하는 접두사) '종'으로 읽고, '弟'는 아우 '제'로 읽는다. '從弟'는 사촌 동생, 사촌 아우. '林'은 수풀 '림(임)'으로 읽는다. 여기서는 '최림(崔林)'을 가리킴. '琰從弟林'을 직역(直譯)하면, 최염(崔琰)의 사촌 동생인 최림(崔林)은, '少無名望'에서, '少'는 젊을 '소'로 읽고, '無'는 없을 '무'로 읽고, '名'은 평판(評判. <u>세상 사람들의 비평</u>) '명'으로 읽고, '望'은 명예(名譽) '망'으로 읽는다. '名望'은 명성(名聲. <u>세상에 널리 퍼져 평판·評判 높은 이름</u>)과 인망(人望. <u>세상 사람이 우러르고 따르는 덕망·德望</u>)을 아울러 이르는 말. '少無名望'을 직역(直譯)하면, 젊었을 때는 명망(名望)이 없어서, '雖姻族猶多輕之'에서, '雖'는 비록 '수'로 읽고, '姻'은 혼인 '인', 인척(姻戚) '인'으로 읽고, '族'은 친족(親族) '족'으로 읽는다. '姻族'은 '인척(姻戚)'과 같은 말로, 혼인에 의하여 맺어진 친척. '猶'는 오히려 '유'로 읽고, '多'는 많을 '다'로 읽고, '輕'은 깔볼 '경', 업신여길 '경'으로 읽고, '之'는 어조사 '지'로 읽는다. '그것'을 나타내는 지시 대명사. 여기서는 '최림(崔林)'을 가리킴. '雖姻族猶多輕之'를 직역(直譯)하면, 비록 혼인으로 (맺어진) 친족이라도 오히려 그를 업신여김이 많았다. '而琰常曰'에서, '而'는 말 이을 '이'로 읽는다. '그러나'의 뜻을 나타냄. '琰'은 옥 갈 '염'으로 읽는다. 여기서는, '최염(崔琰)'을 가리킴. '常'은 항상 '상'으로 읽는다. '而琰常曰'을 직역(直譯)하면, 그러나 최림은 (최림이) 항상 (큰 인물이 될 것이라고 생각하면서) 말함. '此所謂大器晩成者也'에서, '此'는 이(<u>지시하는 말</u>) '차'로 읽는다. '所'는 바(<u>앞에서 말한 내용 그 자체나 일 따위를 나타내는 말</u>) '소'로 읽고, '謂'는 일컬을 '위'로 읽는다. '所謂'는 '이른바'와 같은 말로, 세상에서 말하는 바. '者'는 사람 '자'로 읽고,

‘也’는 어조사 ‘야’로 읽는다. ‘~이다(단정)’의 뜻을 나타냄. ‘此所謂大器晚成者也’를 직역(直譯)하면, 이것 (‘최림·崔林’을 가리킴)이 이른바 대기만성(大器晚成)할 사람이다. 여기서, ‘大器晚成’이 유래하였는데, 이것을 직역(直譯)하면 큰 그릇은 늦게 이루어진다. 즉, 큰 그릇을 만드는 데에는 시간이 오래 걸린다는 뜻으로, 크게 될 사람은 보통 사람보다 늦게 이루어짐을 비유적으로 이르는 말. 또는 큰 그릇을 만들기 위해서 많은 시간이 필요한 것처럼, 큰 인물이 되기 위해서는 많은 노력과 시간이 필요하다는 것을 비유적으로 이르는 말. ‘終必遠至’에서, ‘終’은 마침내 ‘종’으로 읽고, ‘必’은 반드시 ‘필’로 읽고, ‘遠’은 멀 ‘원’으로 읽고, ‘至’는 이를(어떤 정도나 범위에 미칠) ‘지’로 읽는다. ‘遠至’를 직역(直譯)하면, 멀리 이른다. ‘終必遠至’를 직역(直譯)하면, 마침내 반드시 (성공하여) 멀리 이를 것이다(큰 인물이 될 것이다).

대기-소용(大器小用 **클** 대/**그릇** 기/**작을** 소/**쓸** 용) 큰 그릇을 작은 (데에) 쓴다는 뜻으로, 유능한 사람을 능력에 걸맞지 않은, 낮은 자리에 앉히고 부림(다른 사람을 시켜 일을 하게 함)을 비유적으로 이르는 말. *대기(大器): ☞대기만성(大器晚成). *소용(小用): ①작은 일. ②=오줌. 즉, 물질 대사로 몸 안에 생긴 찌끼가 방광에서 요도를 통해 몸 밖으로 나오는 액체.

대담-무쌍(大膽無雙 **클** 대/**담력** 담/**없을** 무/**짝** 쌍) 담력(膽力)이 커서 (견줄 만한) 짝이 없다는 뜻으로, 대담(大膽)하기가 어디에 비할 데가 없음을 이르는 말. *대담(大膽): 담력(膽力)이 크고 용감함. *무쌍(無雙): 견줄 만한 짝이 없음. 또는 둘도 없이 썩 뛰어남. *담력(膽力): 사물을 두려워하지 않는 기력(氣力. 일을 감당할 수 있는 정신과 육체의 힘). 또는 겁이 없고 용감한 기운(순우리말로, 생물이 살아 움직이는 원기·元氣, 또는 거기서 나오는 힘)을 이르는 말. *짝: ①한 쌍 중의 하나를 이르는 말. ②‘~기 짝이 없다’의 꼴로 쓰여, 비할 데 없이 대단하거나 매우 심함을 나타내는 말. 여기서는 ②의 뜻.

대대-손-손(代代孫孫 **대** 대/**대** 대/**손자** 손/**손자** 손) 대대로 (내려오는) 손자(孫子)에 손자(孫子)라는 뜻으로, 대대로 이어 내려오는 자손. 또는 오래도록 내려오는 여러 대(代)를 이르는 말. =세세손손(世世孫孫). 자손만대(子孫萬代). 자자손손(子子孫孫). *대대(代代): 거듭된 세대. =세세(世世).

대동-단결(大同團結 **클** 대/**한가지** 동/**모일** 단/**맺을** 결) 큰 (것이) 한가지로 모여 맺는다는 뜻으로, 여러 집단이나 사람이, 어떤 목적을 이루려고 크게 한 덩어리로 뭉침을 이르는 말. *대동(大同): ①큰 세력이 하나로 합침. ②천하(天下)가 번영(繁榮)하여 화평(和平. 마음이 편안함.)하게 됨. *단결(團結): (한마음 한뜻으로) 여러 사람이 한데 뭉침. =단합(團合).

대동-소이(大同小異 **클** 대/**같을** 동/**작을** 소/**다를** 이) 크게 같고 작게 다르다. 즉, 상대적 관점에서 보이는 차이(差異)가 아니라, 크게 보면(큰 틀에서 보면) 서로 같지만, 작게 보면(작은 틀에서 보면) 각각 다르다는 뜻으로, 큰 차이(差異)가 없이 거의 같음. 또는 거지반 같고 조금만 달라 비슷함을 이르는 말. =소이대동(小異大同). *대동(大同): ☞대동단결(大同團結). *소이(小異): 약간 다름. 《관련 속담》 업어 치나 메치나. / 업으나 지나. 이 사자성어의 유래는 다음과 같다. 『장자(莊子)·잡편(雜篇)』의 「천하(天下)」 편(篇)에 [혜시(惠施)의 저술(著述)은 다방면에 걸쳐 다섯 수레나 되는데, 그의 도(道)는 복잡하고, 그가 말하는 바는 정곡(正鵠. ‘목표 또는 핵심이 되는 것’을 비유하여 이르는 말)을 잃었으며, 그의 생각은 만물(萬物. 온갖 물건 또는 세상에 있는 모든 것)에 걸쳐 있다. 그는 말했다. “지극히 커서 밖이 없는 것을 대일(大一)이라 하고, 지극히 작아서 속(안)이 없는 것을 소일(小一)이라 한다. 두께가 없는 것은 쌓아 올릴 수가 없지만, 그 크기는 천(千) 리(里)나 된다. 즉, 더할 수 없이 작아서 속이 없는 소일(小一)의 관점에서 생각하면, 두께가 없어서 쌓을 수 없는 것도 그 크기는 일천(一千) 리(里)와 다를 바가 없다는 것이다. 하늘과 땅은 더불어 낮고, 산(山)은 못과 같이 평평하다. 즉, 더할 수 없이 커서 밖이 없는 대일(大一)의 관점에서 생각하면, 사람들이 높다고 생각하는 하늘과, 낮다고 생각하는 땅은 모두 높낮이의 구별(區別)이 무의미(無意味)할 정도로 낮은 사물이며, 마찬가지로 땅위로 솟아 있는 산(山)과, 가운데 땅 밑으로 우묵하게 푹 들어간 늪도 모두 평평한 사물이라는 것이다.]〈해는 장차(張次, '앞으로'의 뜻으로, 미래의 어느 때를 나타내는 말) 중천(中天)에 뜨지만 장차 기울고, 만물(萬物)은 장차 태어나지만 또한 장차 죽는다. 즉, 이처럼 더할 수 없이 큰 대일(大一)의 관점에서 생각하면, 해가 뜨고 지거나, 사물이 생겨나고 사라지는 것은 모두 순간(瞬間)이라는 것이다. 크게 보면 같다가도 작게 보면 다르니, 이것을 소동이(小同異)라 하고, 즉, 더할 수 없이 큰 대일(大一)의 관점에서 생각하면 같지만, 작게 생각하면 다르다. 이것을 소동이(小同異)라고 말한다는 뜻이다. 만물은 모두 같기도 하고 다르기도 하니, 이것을 대동이(大同異)라 한다. 즉, 만물(萬物)은 생각하는 관점에 따라 모두 같은 것처럼 보이지만, 모두 다르다. 이것을 대동이(大同異)라고 말한다는 뜻이다. ……"(日方中方睨, 物方生方死, **大同而與小同異**, 此之謂小同異, 萬物畢同畢異, 此之謂大同異.……)〉라는 이야기가 나오는데, '크게 보면 같다가도 작게 보면 다르니,(大同而與小同異)'에서, '대동소이(大同小異)'가 유래했다. 사물은 큰 틀에서 보면 서로 같지만, 작은 틀에서 보면 각각 다르다는 것이다. 오늘날에는 차이가 없이 거의 비슷하다는 뜻으로 쓰이고 있다. 그런데 앞에 소개된 혜시(惠施)는 어느 자료에 의하면, 중국 전국시대(戰國時代) 송(宋)나라의 사상가(思想家)로, 장자(莊子. 중국 전국시대·戰國時代의 사상가, 도가·道家 사상의 중심인물)와 같은 시대의 사람이었다. 저서로는 『혜자(惠子)』가 있었으나, 현재는 전해지지 않으며, 장자(莊子)의 저서에서 일부(一部)를 찾아볼 수 있다고 한다. 따라서 『장자(莊子)』의 「천하(天下)」 편(篇)에, 혜시(惠施)가 주장하는 소동이(小同異), 대동이(大同異)에 대해 소개를 하며 의견을 덧붙여 놓은 글이 있는데, 대동소이(大同小異)는 이 글에서 나온 것이다. 참고로, 원문의 '日方中方睨'에서, '日'은 해 '일'로 읽고, '方'은 바야흐로(이제 한창, 또는 지금 바로) '방'으로 읽고, '中'은 가운데 '중'으로 읽고, '睨'는 해 기울어질 '예'로 읽는다. 그런데 일부 자료에는 곁눈질할 '예(睨)'로 표기되어 있다. 이것은 문맥상 '예(睨)'의 오기(誤記)인 듯(?) '日方中方睨'를 직역(直譯)하면, 해는 바야흐로 (하늘) 가운데에 (뜨자마자) 바야흐로 기울어진다. '物方生方死'에서, '物'은 만물 '물'로 읽고, '生'은 날 '생'으로 읽고, '死'는 죽을 '사'로 읽는다. '物方生方死'를 직역(直譯)하면, 만물은 바야흐로 낳자마자(태어나자마자) 바야흐로 죽는다. '大同而與小同異'에서, '大'는 클 '대'로 읽고, '同'은 같을 '동'으로 읽고, '而'는 말 이을 '이'로 읽는다. '그리고'의 뜻을 나타냄. '與'는 더불어 '여'로 읽고, '小'는 작을 '소'로 읽고, '異'는 다를 '이'로 읽는다. '大同而與小同異'를 직역(直譯)하면, 크게 보면 같다 그리고 더불어 작게 보면 다르다. 여기서, '大同小異'가 유래하였는데, 이것을 직역(直譯)하면, 크게 같고 작게 다르다. 즉, 상대적 관점에서 보이는 차이(差異)가 아니라, 크게 보면(큰 틀에서 보면) 서로 같지만, 작게 보면(작은 틀에서 보면) 각각 다르다는 뜻으로, 큰 차이(差異)가 없이 거의 같음. 또는 비슷함을 이르는 말. '此之謂小同異'에서, '此'는 이(지시하는 말) '차'로 읽고, '之'는 어조사 '지'로 읽는다, '그것'을 나타내는 지시 대명사. '謂'는 일컬을 '위'로 읽는다. '小同異'를 직역(直譯)하면, 작게 보면 다름과 같음. '此之謂小同異'를 직역(直譯)하면, 이는 그것을 작게 보면 다름과 같음이라고 일컬음. '萬物畢同畢異'에서, '萬'은 일만 '만'으로 읽는다. '萬物'은 세상에 있는 모든 것. '畢'은 모두 '필'로 읽는다. '萬物畢同畢異'를 직역(直譯)하면, 만물(萬物)은 모두 같지만 모두 다름. '此之謂大同異'에서, '大同異'를 직역(直譯)하면, 크게 보면 다름과 같음. '此之謂大同異'를 직역(直譯)하면, 이는 그것을 크게 보면 다름과 같음이라고 일컬음.

대동-지-론(大同之論 클 **대**/같을 **동**/어조사 **지**/논의할 **론**) (어떤 문제에 대하여) 큰 (것이) 같아지도록 논의(論議)한다는 뜻으로, 모든 사람의 공론(公論). 또는 공공(公共)의 여론(輿論)을 이르는 말. =공공지론(公共之論). 여기서, '공론(公論)'은 사회 일반의 여론. 또는 여럿이 의논함이나 그 의논. *대동(大同): ☞대동단결(大同團結).

대동-지-역(大同之役 클 **대**/같을 **동**/어조사 **지**/부역 **역**) 큰 (것과) (작은 것이) 같이 (하는) 부역(賦役)이라는 뜻으로, 모든 사람이 다 같이 하는 부역(賦役)을 이르는 말. *대동(大同): ☞대동단결(大同團結). *부역(賦役): 국가나 공공 단체가 특정한 공익사업을 위하여 보수 없이 국민에게 의무적으로 책임을 지우는 노역(勞役)을 이르는 말.

대동-지-환(大同之患 클 **대**/같을 **동**/어조사 **지**/근심 **환**) 큰 (것이) 같이 (겪는) 근심이라는 뜻으로, 모든 사람이 다 같이 겪는(당하는) 환난(患難. 근심과 재난)을 이르는 말. *대동(大同): ☞대동단결(大同團結).

대-마-구종(大馬驅從 클 **대**/말 **마**/말 몰 **구**/따를 **종**) 말을 몰고 따르는 큰 말. 즉, 말을 몰고 따르는 이가 갖고 있는 말 중에서 큰 말이라는 뜻으로, 예전에, 대가(大家. 대대로 번창한 집안)에 딸린 마부(馬夫. 말을 부리는 사람)의 우두머리를 이르는 말. *'대-마'는『국어사전(國語辭典)』에 등재(登載)된, '바둑에서 많은 점으로 넓게 자리를 잡은 말'인 '대마(大馬)'의 뜻과는 별개다. *구종(驅從): 지난날, 벼슬아치를 모시고 다니던 하인.

대마-불사(大馬不死 클 **대**/말 **마**/아닐 **불**/죽을 **사**) 큰 말[馬]은 죽지 아니한다는 뜻으로, 바둑에서, 대마(大馬)는 결국은 살길이 생겨 쉽게 죽지 않는 일을 이르는 말. *대마(大馬): 바둑에서 많은 점으로 넓게 자리를 잡은 말. *불사(不死): ①죽지 않음. ②속인(俗人. 세속의 사람. 또는 중에 상대하여, '불교에 귀의하지 않은 사람'을 이르는 말)으로서 염불(念佛. 부처의 모습이나 그 공덕을 생각하면서 부처의 이름을 외는 일. 특히 '나무아미타불'을 외는 일)을 하다가 죽은 사람의 혼령(魂靈. 죽은 사람의 넋)을 무당이 이르는 말. 여기서 '무당'은 귀신을 섬겨 길흉(吉凶)을 점치고 굿을 하는 것을 직업으로 하는 사람을 이르는 말. 주로 여자를 일컫는다. 남자는 '박수(순우리말. 남자 무당)'라고 일컫는다. 이것은 원래는 순우리말이나 한자(漢字)를 빌려 '巫堂'으로 적기도 한다.

대-명-천지(大明天地 클 **대**/밝을 **명**/하늘 **천**/땅 **지**) 크게 밝은 하늘과 땅이라는 뜻으로, 아주 환하게 밝은 세상(世上)을 이르는 말. *'대-명'은『국어사전(國語辭典)』에 등재(登載)된, '중국의 명(明)나라가 자기 나라를 스스로 높여 이르던 말'인 '대명(大明)'의 뜻과는 별개다. *천지(天地): ①하늘과 땅. ②세상. 또는 우주(宇宙. 온 세계를 둘러싸고 있는 공간). ③(주로 '천지이다'의 꼴로 쓰여) 무척 많음을 뜻하는 말.

대-무-지-년(大無之年 클 **대**/없을 **무**/어조사 **지**/해 **년**) 크게 없는 해[年]. 즉, 크게 수확이 없는 해[年]라는 뜻으로, 대단히 심한 흉년(凶年. 농작물이 잘되지 않은 해)을 이르는 말.

대변-여-눌(大辯如訥 클 **대**/말 잘할 **변**/같을 **여**/말 더듬을 **눌**) 크게 말 잘하는 (사람은) 말 더듬는 (것과) 같다는 뜻으로, 말을 잘하는 사람은 함부로 지껄이지 아니하여 도리어 말이 서투른 것처럼 보임을 이르는 말. *대변(大辯): 뛰어난 말솜씨. *말 드듬다: 부록 '눌(訥)' 참고.

대-분-망-천(戴盆望天 일 **대**/동이 **분**/바라볼 **망**/하늘 **천**) 동이를 이고 하늘을 바라본다. 즉, 머리에 동이를 이고 하늘을 바라보려 한다는 뜻으로, 한 번에 두 가지 일을 함께 하기 어려움을 비유적으로 이르는 말. *이다: 부록 '대(戴)' 참고. *동이: 부록 '분(盆)' 참고. 《관련 속담》 물동이 이고 하늘 보기. 이 사자성어의 유래는 다음과 같다. 『사마천(司馬遷)』의 「보임소경서(報任少卿書)」 편(篇)에 〈그러나 장성(長成)하고 난 후로는 시골구석에서조차도 훌륭한 평판이 없습니다. 다행히 황상(皇上. 현재 살아서 나라를 다스리고 있는 황제를 이르는 말)께서 저의 선친(先親. 남에게 돌아가신 자기 아버지를 이르는 말)의 연고(緣故. 여기서는 혈연·血緣이나 인척 관계. 정분·情分 따위에 의한 특별한 관계. 또는 그러한 관계의 사람)로 미천한 기능('태사·太史'의 일)을 이어받게 하시어, 궁중을 출입할 수 있게 해 주셨습니다. 여기서, '태사(太史)'는 중국에서 기록을 맡아보던 벼슬아치를 이르는 말. 저는 동이(질그릇의 하나, 흔히 물 긷는 데 쓰는 것으로, 보통 둥글고 배가 부르고 아가리가 넓으며 양옆으로 손잡이가 달려 있음)를 이고 하늘을 쳐다볼 수 없다(두 일을 겸직해서 할 수 없다)고 생각하고, 빈객(賓客. 귀한 손님)들과의 왕래도 끊고 집안일도 잊어버렸습니다. 밤낮으로 불초(不肖. 못나고 어리석음을 이르는 말로, 아버지를 닮지 않았다는 뜻에서 나온 것이다)한 능력을 다하고 일심(一心)으로 직무에 힘써 황상(皇上)을 즐겁게 해 드리려고 했습니다. 그러나 일이 크게 잘못되어 그렇게 되지 못했습니다.(長無鄕曲之譽. 主上幸以先人之故, 使得奏薄伎, 出入周衛之中, **僕以爲戴盆何以望天**, 故絶賓客之知, 亡室家之業, 日夜思竭其不肖之才力, 務一心營職, 以求親媚於主上, 而事乃有大謬不然者夫.)〉라는 이야기가 나오는데, '저는 동이를 이고 하늘을 쳐다볼 수 없다.(僕以爲戴盆何以望天)'에서, '대분망천(戴盆望天)'이 유래했다. 윗글의 '황상(皇上)'은 '한무제(漢武帝. 한나라의 무제)'를 가리킴. 「보임소경서(報任少卿書)」는 사마천(司馬遷)이 임소경(任少卿)에게 답신하는 글이란 뜻이다. 소경(少卿)은 임안(任安)의 자(字. 본이름을 함부로 부르지 않던 시대에, 본이름 대신 부르던 이름)다. 이 글은, 사마천(司馬遷)이 자신의 생활을 친구 임안(任安)에게 보낸 편지로 알려져 있다. 참고로, 원문의 '長無鄕曲之譽'에서, '長'은 어른 '장'으로 읽고, '無'는 없을 '무'로 읽고, '鄕'은 시골 '향'으로 읽고, '曲'은 굽을 '곡', 구석 '곡'으로 읽는다. '鄕曲'은 '촌구석'과 같은 말로, 도시에서 멀리 떨어진 시골의 구석진 곳. '之'는 어조사 '지'로 읽는다. '~의'를 나타내는 관형격 조사. '譽'는 명예(名譽) '예'로 읽는다. '長無鄕曲之譽'를 직역(直譯)하면, 어른이 (된 후에는) 시골의 구석진 곳의 명예가 없었습니다. '主上幸以先人之故'에서, '主'는 임금 '주'로 읽고, '上'은 임금 '상'으로 읽는다. '主上'은 '임금'을 달리 이르는 말. '幸'은 다행할 '행'으로 읽고, '以'는 써(그것을 가지고, 그것으로 인하여) '이'로 읽고, '先'은 먼저 '선', 돌아가신 이 '선'으로 읽고, '人'은 사람 '인'으로 읽는다. '先人'은 '선친(先親)'과 같은 말로, 남에게 돌아가신 자기 아버지를 이르는 말. '故'는 연고(緣故) '고'로 읽는다. '主上幸以先人之故'를 직역(直譯)하면, 임금께서 다행히 돌아가신 아버지의 연고(緣故)로 인하여. '使得奏薄伎'에서, '使'는 시킬 '사', 하여금(누구를 시키어) '사'로 읽고, '得'은 얻을 '득'으로 읽고, '奏'는 아뢸 '주'로 읽고, '薄'은 엷을 '박'으로 읽고, '伎'는 재주(순우리말로, 무엇을 잘할 수 있는, 타고난 능력과 슬기) '기', 기술 '기'로 읽는다. '使得奏薄伎'를 직역(直譯)하면, (저로) 하여금 엷은 재주를 아뢰어 얻도록 (하시어), '出入周衛之中'에서, '出'은 날 '출'로 읽고, '入'은 들 '입'으로 읽는다. '出入'은 어느 곳을 드나듦. '周'는 두루(빠짐없이 골고루) '주'로 읽고, '衛'는 호위(護衛. 따라다니면서 신변을 경호함. 또는 그런 사람)할 '위', 지킬 '위'로 읽고, '中'은 속 '중', 안 '중'으로 읽는다. 여기서는 '궁중(宮中)'을 가리킴. '出入周衛之中'을 직역(直譯)하면, 두루 호위(護衛)하는 궁중(宮中)을 출입하게 (해 주셨습니다). '僕以爲戴盆何以望天'에서, '僕'은 저(자기의 겸칭) '복'으로 읽고, '以'는 써(그것을 가지고, 그것으로 인하여) '이'로 읽고, '爲'는 할 '위'로 읽고, '戴'는 일(물건을 머리 위에 얹을) '대'로 읽고, '盆'은 동이 '분'으로 읽고, '何'는 어찌(의문 부사) '하'로 읽고, '望'은 바라볼 '망'으로 읽고, '天'은 하늘 '천'으로 읽는다. '僕以爲戴盆何以望天'을 직역(直譯)하면, 저로써 동이를 이고 어찌하여 그것을 가지고 하늘을 바라볼 수 있을까? (여겼기 때문에), 즉, 동이를 머리에 이면 하늘을 바라볼 수 없고, 하늘을 바라보면 동이를 일 수 없다는 뜻으로, 두 가지 일을 동시에 병행할 수 없음을 이르는 말. 여기서, '戴盆望天'이 유래하였는데, 이것을 직역(直譯)하면, 동이를 이고 하늘을 바라본다. 즉, 머리에 동이를 이고 하늘을 바라보려 한다는 뜻으로, 한 번에 두 가지 일을 함께 하기 어려움을 비유적으로 이르는 말. '故絶賓客之知'에서, '故'는 여기서는 그러므로 '고'로 읽고, '絶'은 끊을 '절'로 읽고, '賓'은 손 '빈', 손님 '빈'으로 읽고, '客'은 손 '객', 손님 '객'으로 읽는다. '賓客'은 귀한 손. 귀한 손님. '知'는 알 '지', 사귈 '지'로 읽는다. '故絶賓客之知'를 직역(直譯)하면, 그러므로 빈객(賓客) 과의 사귐(왕래)도 끊고, '亡室家之業'에서, '亡'은 잃을 '망', 잊을 '망'으로 읽고, '室'은 집 '실'로 읽고, '家'는 집 '가'로 읽는다. '室家'는 집, 가정. '業'은 업(業) '업', 일 '업'으로 읽는다. '亡室家之業'을 직역(直譯)하면, 집안의 일도 잊었습니다. '日夜思竭其不肖之才力'에서, '日'은 낮 '일'로 읽고, '夜'는 밤 '야'로 읽는다. '日夜'는 밤낮을 일컫는다. '思'는 생각할 '사'로 읽고, '竭'은 다할 '갈'로 읽고, '其'는 그(지시하는 말) '기'로 읽고, '不'은 아닐(부정하는 말) '불'로 읽고, '肖'는 닮을 '초'로 읽는다. '不肖'는 '불초자(不肖子)' 와 같은 말. 어버이를 닮지 않은 아들이라는 뜻으로, 아들이 부모를 상대하여 자기를 낮추어 이르는 1인칭 대명사. '才'는 재주 '재'로 읽고, '力'은 힘 '력(역)'으로 읽는다. '才力'은 재주[才]와 능력(能力)을 아울러 이르는 말. 흔히 타고난 소질이나 능력을 일컫는다. '日夜思竭其不肖之才力'을 직역(直譯)하면, 밤낮으로 불초(不肖)의 재주와 능력으로 그것을 다하려고 생각하여, '務一心營職'에서, '務'는 힘쓸 '무'로 읽고, '一'은 한 '일'로 읽고, '心'은 마음 '심'으로 읽는다. '一心'은 한마음. 또는 마음을 한쪽으로만 씀. '營'은 경영할 '영', 다스릴 '영'으로 읽고, '職'은 직분(職分) '직'으로 읽는다. 여기서는 '직무(職務)'를 가리 킴. '務一心營職'을 직역(直譯)하면, 한 마음으로 (온 정성을 다하여) 직분(직무)을 다스리는 데 힘써서, '以求親媚於主上'에서, '求'는 구할 '구'로 읽고, '親'은 친할 '친'으로 읽고, '媚'는 아첨(阿諂)할 '미', 예쁠 '미'로 읽고, '於'는 어조사 '어'로 읽는다. '~께'. '~에게(위치)'의 뜻을 나타냄. '以求親媚於主上'을 직역 (直譯)하면, 임금께 친(親)함과 예쁨을 구하였으나, '而事乃有大謬不然者夫'에서, '而'는 말 이을 '이'로 읽는다. '그러나'의 뜻을 나타냄. '事'는 일 '사'로 읽고, '乃'는 이에(이러하여서 곧) '내'로 읽고, '有'는 있을 '유'로 읽고, '大'는 클 '대'로 읽고, '謬'는 그릇될 '류(유)', 잘못될 '류(유)'로 읽고, '然'은 그러할 '연'으로 읽고, '者'는 것(사물, 현상, 일 따위를 추상적으로 이르는 말) '자'로 읽고, '夫'는 어조사 '부'로 읽는다. 문장의 중간이나 끝에 놓여 감탄 또는 의문을 표시함. '而事乃有大謬不然者夫'를 직역(直譯)하 면, 그러나 이에 일이 크게 잘못됨이 있어 그러한 것이 아니 되었도다(그렇게 되지 않았도다).

대불-개안(大佛開眼 클 **대**/부처 **불**/열 **개**/눈 **안**) 큰 부처가 눈을 연다(열게 한다)는 뜻으로, ①불상(佛像) 을 만들 때 가장 나중에 행하는 의식(儀式)을 이르는 말. 즉, 불상(佛像)을 다 만들어 갈 때 베푸는 의식 (儀式)을 이르는 말. ②슬기로운 눈을 뜨게 한다는 뜻으로, 최후의 완성을 이르는 말. *대불(大佛): 큰 부처. 또는 큰 불상(佛像). *개안(開眼): ①먼눈(시력을 잃어 보이지 않는 눈)이 보이게 됨. ②불교에서, 불상(佛像)을 만들어, 처음 불공(佛供. 부처 앞에 공양하는 일)을 드리는 의식(儀式). ③불교에서, 불도

(佛道)의 진리를 깨달아 앎. 여기서, '불도(佛道)'는 부처의 깨달음에 이르기까지의 가르침이나 수행. 또는 부처의 가르침을 일컫는다.

대비-관음(大悲觀音 클 **대**/슬플 **비**/볼 **관**/소리 **음**) 슬픈 (마음이 깊고) 큰 관음(觀音)이라는 뜻으로, '관세음보살(觀世音菩薩)'을 달리 이르는 말. 아미타불(阿彌陀佛. 본문 참고)의 왼편에서 교화(敎化. 부처의 가르침으로 사람을 가르치어 착한 마음을 가지게 함)를 돕는 보살(菩薩)을 일컫는 말. 사보살(四菩薩. 불교에서, 보현보살, 문수보살, 관세음보살, 미륵보살의 네 보살을 일컬음)의 하나이다. 세상의 소리를 들어 알 수 있는 보살(菩薩)이므로, 중생(衆生. 불교에서, 부처의 구제 대상이 되는, 이 세상의 모든 생물을 통틀어 이르는 말)이 고통 가운데 열심히 이 이름을 외면 도움을 받게 된다. =관음보살(觀音菩薩). 대비보살(大悲菩薩). 도량교주(道場敎主). *대비(大悲): ①중생의 괴로움을 구제하려는 부처의 큰 자비. ②=관세음보살(觀世音菩薩). *관음(觀音): =관세음보살(觀世音菩薩). 즉, 보살(菩薩)의 하나. 괴로울 때 중생이 그의 이름을 외면 대자대비(大慈大悲)를 내리고, 해탈(解脫. 불교에서, 속세·俗世의 번뇌와 속박을 벗어나 편안한 경지에 이르는 일)해 준다고 함.

대비-보살(大悲菩薩 클 **대**/슬플 **비**/보살 **보**/보살 **살**) 슬픈 (마음이 깊고) 큰 보살과 보살이라는 뜻으로, '관세음보살(觀世音菩薩)'을 달리 이르는 말. 아미타불(阿彌陀佛. 본문 참고)의 왼편에서 교화(敎化. 부처의 가르침으로 사람을 가르치어 착한 마음을 가지게 함)를 돕는 보살(菩薩)을 일컫는 말. 사보살(四菩薩. 불교에서, 보현보살, 문수보살, 관세음보살, 미륵보살의 네 보살을 일컬음)의 하나이다. 세상의 소리를 들어 알 수 있는 보살(菩薩)이므로, 중생(衆生. 불교에서, 부처의 구제 대상이 되는, 이 세상의 모든 생물을 통틀어 이르는 말)이 고통 가운데 열심히 이 이름을 외면 도움을 받게 된다. =관음보살(觀音菩薩). 대비관음(大悲觀音). 도량교주(道場敎主). *대비(大悲): ☞대비관음(大悲觀音). *보살(菩薩): 부처에 버금가는 성인(聖人. 지혜와 덕이 매우 뛰어나 길이 우러러 본받을 만한 사람)을 이르는 말.

대-상-부동(大相不同 클 **대**/서로 **상**/아닐 **부**/같을 **동**) 크게 서로 같지 아니하다는 뜻으로, 조금도 비슷하지 않고 아주 다름을 이르는 말. *'대-상'은 『국어사전(國語辭典)』에 등재(登載)된, '①고구려의 관등. ②태봉, 고려 초기에, 16등급 가운데 일곱째 품계. ③고려 초기에, 향직(鄕職) 9등급 가운데 넷째 등급'인 '대상(大相)'의 뜻과는 별개다. *부동(不同): 서로 같지 않음.

대-상-입-덕(大上立德 클 **대**/높을 **상**/설 **입**/덕 **덕**) (사람의) 크고 높은 (행실은) (스스로) 덕(德. 고매하고 너그러운 도덕적 품성)을 세우는 (것이라는) 뜻으로, 사람의 가장 훌륭한 행실(行實. 일상의 행동, 또는 실지로 드러나는 행동)은, 덕(德)을 닦아 세상을 다스려 사람을 구제(救濟. 어려운 처지에 있는 사람을 도와줌)하는 데 있음을 이르는 말.

대서-특필(大書特筆 클 **대**/글 **서**/특별할 **특**/붓 **필**) 붓으로 특별히 글자를 크게 (쓴다). 즉, 특별히 두드러지게 보이도록 글자를 크게 쓴다는 뜻으로, 신문(新聞) 따위의 출판물에서 어떤 기사(記事. 신문이나 잡지 따위에서, 어떠한 사실을 알리는 글)에 큰 비중을 두어 다룸을 이르는 말. =대서특기(大書特記). 대서특서(大書特書). 대자특서(大字特書). 특필대서(特筆大書). *대서(大書): 글씨를 두드러지게 크게 씀. 또는 크게 쓴 글씨. *특필(特筆): 두드러진 일을 특별히 크게 적음. 또는 그 글.

대성-가문(大姓家門 클 **대**/성 **성**/집안 **가**/집안 **문**) 큰 성(姓)이 있는 집안의 집안이라는 뜻으로, 후손(後孫)이 번성(繁盛. 붇거나 늘어나거나 하여, 한창 잘되어 성함)하고 세력이 있는 집안. 또는 겨레붙이가 매우 번성(繁盛)한 집안을 이르는 말. *대성(大姓): ①후손이 번성한 성씨(姓氏). 우리나라에서는 김(金), 이(李), 박(朴), 최(崔), 정(鄭) 따위가 있다. ②지체(순우리말로, 대대로 이어 내려오는 사회적 신분이나 지위)가 높은 집안의 성씨(姓氏). *가문(家門): ①집안 문중(門中). ②대대로 이어오는 그 집안의 사회적 지위.

대성-일갈(大聲一喝 클 대/소리 성/한 일/꾸짖을 갈) 큰소리로 꾸짖음. =대성질갈(大聲叱喝). 대성질호(大聲叱呼). *대성(大聲): 큰소리. *일갈(一喝): 큰 소리로 꾸짖음.

대성-지-행(戴星之行 일 대/별 성/어조사 지/길 갈 행) 별[星]을 이고[戴] 길을 간다는 뜻으로, 타향(他鄕)에서 부모의 부음(訃音. 사람의 죽음을 알리는 기별)을 받고 밤을 새워 집으로 돌아가는 길을 이르는 말. *대성(戴星): 별을 머리에 이고 있다는 뜻으로, 아침 일찍 집을 나가 밤늦게 돌아옴을 이르는 말. *이다: 부록 '대(戴)' 참고.

대성-통곡(大聲痛哭 클 대/소리 성/아플 통/울 곡) 크게 소리 (내어) 아픈 (듯이) 운다는 뜻으로, 큰 소리로 몹시 슬프게 곡(哭)을 함. 또는 큰소리로 목 놓아 슬피 욺을 이르는 말. =방성대곡(放聲大哭). 방성통곡(放聲慟·痛哭). *대성(大聲): ☞대성일갈(大聲一喝). *통곡(痛哭): 목 놓아 큰 소리로 욺.

대소-경중(大小輕重 클 대/작을 소/가벼울 경/무거울 중) 큰 (것과) 작은 (것), (또는) 가벼운 (것과) 무거운 (것이라는) 뜻으로, ①중요한 것과 덜 중요한 것이나, 기본적(基本的)인 것과 부차적(副次的. 주된 것이 아니라 그것에 곁따라 있는)인 것을 아울러 이르는 말. ②여러 가지로 다양함을 이르는 말. *대소(大小): 크고 작음. 또는 큰 것과 작은 것. *경중(輕重): ①가벼움과 무거움. 또는 그 정도. ②큰일과 작은 일. 또는 중요함과 중요하지 않음. 이 사자성어의 유래는 다음과 같다. 『좌전(左傳)』의 「선공(宣公) 3년」 편(篇)에 [춘추시대(春秋時代) 초(楚)나라 장왕(莊王)이 육혼(陸渾) 지방의 융족(戎族)을 토벌(討伐. 반란자 따위의 적이 되어 맞서는 무리를 병력으로 공격하여 없앰)하고 낙수(雒水. 땅 이름) 일대로 진출(進出)하여 주(周)나라 국경 근처에서 군대를 사열(査閱)했다. 여기서, '사열(査閱)'은 부대의 훈련(訓練) 정도 사기(士氣. 싸우려 하는 병사들의 씩씩한 기개) 따위를 열병(閱兵. 국가 원수나 지휘관 따위가 군대를 정렬시켜 놓고 사열함)과 분열(分列. 사람이나 차 따위가 몇 줄로 나뉘어 늘어섬)을 통하여 살피는 일을 일컫는 말. 즉, 중국의 춘추시대(春秋時代)에는 주(周)나라가 천자(天子)의 지위를 유지하고 있었지만, 5개의 제후국(諸侯國)이 서로 패권(覇權. 패자의 권력, 곧, 우두머리나 승자의 권력)을 도모하고 있었다. 이를 춘추오패(春秋五覇)라 하는데, 그 가운데 초(楚)나라는 여러 제후국들 중에서 세력이 첫 손가락에 꼽혔다. 그 초(楚)나라의 장왕(莊王)은 용맹하고 적극적인 인물로서 당시(當時. 일이 있었던 바로 그때. 또는 이야기하고 있는 그 시기) 모든 제후국뿐만 아니라 상징적 종주국(宗主國)인 주(周)나라까지 그의 눈치를 봐야 하는 형편이었다. 어느 해 그가. 영토를 확장하기 위해 주(周)나라의 국경 근처에서 군대를 사열(査閱)하며 천하(天下)를 차지하려는 야심(野心. 무엇을 이루어 보겠다고 마음속에 품고 있는 욕망이나 소망)을 품고 있었던 때였다. 주(周)나라의 천자(天子)인 정왕(定王)은 대부(大夫. 벼슬 이름)인 왕손만(王孫滿)을 파견하여 장왕(莊王)의 노고(勞苦)를 치하(致賀. 칭찬하거나 축하하는 뜻을 나타냄)토록 하였다. 여기서, '천자(天子)'는 천제(天帝. 하늘을 다스리는 신. 또는 우주를 창조하고 주재한다고 믿어지는 초자연적인 절대자)의 아들이란 뜻으로, 천명(天命. 하늘의 명령)을 받아 천하(天下)를 다스리는 사람. 곧 중국에서 황제(皇帝)를 일컫던 말이다.]〈장왕(莊王)은 왕손만(王孫滿)에게 구정(九鼎)의 대소경중(大小輕重)에 대해 물었다. 즉, 정(鼎)은 발이 3개 달린 솥을 말한다. 중국 고대의 하(夏), 은(殷), 주(周)나라 시대에는 전국 구주(九州. 중국 고대에 전국을 나눈 9개의 주·州를 일컬음)의 구리(붉은 색을 띤 금속 원소. 전기와 열의 전도성이 뛰어남)를 모아서 만든 9개의 솥, 곧 구정(九鼎)은 천하(天下)를 지배하는 왕권(王權)의 상징물이었다. 그런데 장왕(莊王)은 이 구정(九鼎)의 대소경중(大小輕重)에 대해 물었던 것이다. 그 물음에는, 주(周)나라 왕실(王室)이 구정(九鼎)의 크기와 무게를 감당하지 못할 만큼 허약해졌으므로, 이 틈을 타 장왕(莊王) 자신이 구정(九鼎)을 차지하겠다는 뜻이 담겨 있었다. 왕손만(王孫滿)이 말했다. "덕(德. 고매하고 너그러운 도덕적 품성)에 있는 것이지, 솥에 있는 게 아닙니다. 즉, 주(周)나라의 대부(大夫. 벼슬 이름)인 왕손만(王孫滿)은 장왕(莊王)이 제위(帝位. 제왕의 자리, 또는 임금의 자리)를 노리고 있음을 눈치 채고, 천연스럽게 '구정(九鼎)의 경중(輕重)이 문제가 아니라, 천자(天子)를 움직일 수 있는 덕(德)이 있느냐 없느냐가 중요한 것입니다.' 라고 답한 것이다. 옛날 하(夏)나라에 덕(德)이 있을 때 먼 지역의 각종 기이한 현상을 (그림으로) 그린 다음, 구주(九州)의 장(長)들이 바친 구리로 만든 것입니다. 솥의 표면에는 그렸던 물상(物象)들을 새겼습니다. 거기에 온갖 사물을 새겨 놓음으로써 백성들에게 신령스러운 것과 간악(奸惡)한 것을 구별할 수 있도록 했습니다. 그러므로 백성들이 물에 들어가거나, 산에 들어가서 자신에게 해로운 것을 피할 수 있었고, 이매망량(魑魅魍魎) 같은 귀신 도깨비들과 마주치지 않을 수 있었습니다. (楚子問鼎之大小輕重焉, 對日, 在德不在鼎, 昔夏之方有德也, 遠方圖物, 貢金九牧, 鑄鼎象物, 百物而爲之備, 使民知神姦, 故民入川澤山林, 不逢不若, 魑魅魍魎, 莫能逢之.〉 [걸왕(桀王)의 덕(德)이 쇠퇴하자, 솥은 상(商)나라로 옮아가 600년이 지났습니다. 상(商)나라 주왕(紂王)이 포악하여 덕(德)이 쇠하자, 솥은 다시 주(周)나라로 옮아갔습니다. 덕(德)이 아름답고 밝으면 작은 솥이라도 무거운 것이고, 덕(德)이 흐려지고 혼란스러워지면 큰 솥이라도 가벼운 것이어서, 하늘의 도움이 있고, 덕이 밝으면 거기에 머물렀습니다. …… 주(周)나라의 덕(德)이 비록 쇠했으나, 천명(天命)이 아직 변하지 않았으니, 솥의 경중(輕重)을 물어서는 안 됩니다. 즉, '지금 비록 주(周)나라의 덕(德)이 쇠하였으나, 아직은 천명(天命)이 바뀐 것은 아니니, 구정(九鼎)의 경중(輕重)을 물을 수는 없습니다.'라는 내용의 말을 한 것이다. 곧 왕권(王權)을 상징하는 구정(九鼎)의 크기와 무게는 구정(九鼎) 자체에 달려 있는 것이 아니라, 그것을 가진 사람의 덕(德)에 달려 있으므로, 주(周)나라가 부여받은 천명(天命)이 바뀌지 않는 한 이를 넘보아서는 안 된다는 말이다.]라는 이야기가 나오는데, '초(楚)나라 장왕(莊王)은 왕손만(王孫滿)에게 구정(九鼎)의 대소경중(大小輕重)에 대해 물었다.(楚子問鼎之大小輕重焉)'에서, '대소경중(大小輕重)'이 유래했다. 이 글에서 '정(鼎)'은 천자(天子. 군주 국가의 통치자 = 임금)를 상징하는 보물이므로, 이의 크기와 무게를 묻는다는 것은 천자(天子)의 자리를 노린다는 의미를 가지고 있다. '정(鼎)'은 우(禹)임금이 만들어 대대로 전해 내려왔는데, 주(周)나라가 망하고, 천하(天下)의 새로운 주인이 된 진(秦)나라로 옮기는 과정에서 사수(泗水)에 빠져 버렸다고 전해지고 있다. 그런데 위에 언급된 '구정(九鼎)'은 중국 하(夏)나라의 우왕(禹王) 때에, 전국의 아홉 주(州)에서 쇠붙이를 거두어서 만들었다는 아홉 개의 솥(쇠붙이나 오지 따위로 만들어, 밥을 짓거나 음식을 끓이는 데 쓰는 그릇)을 말한다. 주(周)나라 때까지 대대로 천자(天子)에게 전해진 보물이었다고 한다. 위의 이야기에서, 초(楚)나라 장왕(莊王)은 주(周)나라 왕손만(王孫滿)에게 솥('구정·九鼎'을 가리킴)의 대소경중(大小輕重)에 대해 물었고, 왕손만(王孫滿)이 '문정지대소경중(問鼎之大小輕重)'이란 말을 했는데, 여기서 '대소경중(大小

輕重)'이 유래한 것이다. 앞에서 밝혔듯이, 초(楚)나라의 장왕(莊王)이 주(周)나라 솥의 대소경중(大小輕重)을 물은 것은, 천하를 취하고 싶은 야욕(野慾. <u>자기 잇속만 채우려는 더러운 욕심</u>) 때문에 주(周)나라 정왕(定王)을 얕보고 물었던 것이다. 다시 말하면 왕위(王位)를 상징하는 솥이 작거나 가벼우면, 그 솥을 빼앗아 주(周)나라 정왕(定王)의 지위를 탈취(奪取. <u>남의 것을 억지로 빼앗아 가짐</u>)하겠다는 뜻으로 물었던 것이다. 그런데 왕손만(王孫滿)은 위에서 밝힌 바대로 "주(周)나라의 덕(德)은 비록 쇠하였으나, 천명(天命)이 아직 변하지 않았으니, 솥의 경중(輕重)을 물어서는 안 됩니다."라고 말했다. 천자(天子)가 되는 것은 덕행(德行)에 있지, 솥의 대소경중(大小輕重)에 있는 것이 아님을 강조한 것이다. 한마디로 초(楚)나라 장왕(莊王)에게 '힘으로 솥을 옮긴다면 하늘의 뜻을 거역하게 된다. 현재 주(周)나라의 솥은 하늘의 도움을 받고 있기 때문에, 천하를 빼앗으려는 속셈을 버리라.'는 충고의 말을 한 것이다. 결국 '대소경중(大小輕重)'은 황제의 자리를 노리거나 상대방을 침략하려는 야심(野心)을 비유(比·譬喻. <u>어떤 사물의 모양이나 상태 따위를 보다 효과적으로 표현하기 위하여 그것과 비슷한 다른 사물에 빗대어 표현함. 또는 그 표현 방법</u>)하는 말로, 또는 상대의 마음을 떠 보아서 그 약점(弱點. <u>모자라서 남에게 뒤떨어지거나 떳떳하지 못한 점</u>)을 파고드는 의미로 사용되었던 것이다. 이와 관련된 신문기사(유광종의 차이나 別曲[283]. 2024. 2. 23. 조선일보)가 있어 여기에 그대로 소개한다. [황하(黃河) 유역에서 발흥한 옛 중국 문명의 특징 중 하나는 청동기(靑銅器)다. 국가에 준하는 권력이 이미 탄생했음을 보여주는 스케일과 기술력이 자랑이다. 대부분은 왕조 차원의 각종 제례(祭禮)에 동원한 기물들이다. 그 중에서 돋보이는 그릇 형태는 세 발 달린 솥, 흔히 정(鼎)이라고 적는(<u>'일컫는'과 같은 뜻?</u>) 청동기(靑銅器)다. 아주 무거운 것은 중량이 500㎏에 육박하는 수준이다. 기원전 사회에서 구리를 캐내 이 정도의 그릇을 주조(鑄造)하기란 결코 쉽지 않다. 이런 큰 세 발 솥을 아홉 개 만들어 국가 최고 권력을 자랑한 때가 있었다. 상(商)과 주(周)에 이어 춘추전국(春秋戰國)을 포함하는 무렵까지다. 중국을 아홉으로 나눠 각 지역의 정보를 담았다는 구정(九鼎)의 이야기로 전해진다. 그래서 지금까지 중국에서는 이 단어를 곧잘 쓴다. 심지어는 구정(九鼎)이 곧 중국을 대표하는 상징이라고 치켜세우기도 한다. 그러나 이 단어의 핵심적인 의미는 '권력'이다. 특히 한군데로 모은 중앙의 권력을 가리킬 때가 많다. 실제 춘추시대 말기 남방에서 일어났던 초(楚)나라가 천자(天子)가 있던 주(周)나라에 "당신들이 가지고 있다는 세 발 솥 아홉 개의 무게가 얼마냐?"고 물었던 문정(問鼎)의 고사가 아주 유명하다. 이로써 세 발 솥은 곧 최고 권력을 가리켰다.]라고 소개하고 있다. 참고로, 원문의 '楚子問鼎之大小輕重焉'에서, '楚'는 초(楚)나라 '초'로 읽고, '子'는 경칭(敬稱. <u>공경하는 뜻으로 부르는 칭호. 또는 존대하여 일컬음</u>) '자'로 읽는다. 학덕(學德)과 지위가 높은 남자의 경칭(敬稱)이다. '楚子'는 여기서는 '초(楚)나라 장왕(莊王)'을 가리킴. '問'은 물을 '문'으로 읽고, '鼎'은 솥 '정'으로 읽고, '之'는 어조사 '지'로 읽는다. '~의'의 뜻을 나타내는 관형격 조사. '大'는 클 '대'로 읽고, '小'는 작을 '소'로 읽고, '輕'은 가벼울 '경'으로 읽고, '重'은 무거울 '중'으로 읽고, '焉'은 어조사 '언'으로 읽는다. '~이다(단정)'의 뜻을 나타냄. '楚子問鼎之大小輕重焉'을 직역(直譯)하면, 초(楚)나라 장왕(莊王)이 (왕손만에게) 솥의 대소경중(大小輕重)을 물었다. 여기서, '問鼎輕重'이 유래하였는데, 이것을 직역(直譯)하면, 솥의 가벼움과 무거움을 묻는다는 뜻으로, 원래 제왕(帝王. <u>황제와 국왕을 통틀어 이르는 말</u>)의 자리를 엿보는 속셈을 은근히 표현해 보는 것에서 비롯된 말이다. 제왕(帝王)이 덕행(德行. <u>어질고 착한 행실</u>)을 하면 구정(九鼎)이란 솥이 무거워 들 수 없고, 세상이 혼란하면 그것이 가벼워지니, 당시 제왕(帝王)의 약점(弱點)을 떠본다든지 정치적 상황을 파악하기 위해서 묻는다는 것이다. 오늘날에는 상대의 실력과 내부 사정을 살펴 그 약점(弱點)을 떠보는 것을 이르는 말. 혹은 그 약점(弱點)을 파악해서 공격하는 것을 이르는 말. 여기서, '大小輕重'도 유래하였는데, 이것을 직역(直譯)하면, 큰 (것과) 작은 (것), (또는) 가벼운 (것과) 무거운 (것이라는) 뜻으로, ①중요한 것과 덜 중요한 것이나, 기본적(基本的)인 것과 부차적(副次的. 주된 것이 아니라 그것에 곁따라 있는)인 것을 아울러 이르는 말. ②여러 가지로 다양함을 이르는 말. '對曰'에서, '對'는 대답할 '대'로 읽는다. '對曰'을 직역(直譯)하면, 왕손만(王孫滿)이 대답하여 말하기를, '在德不在鼎'에서, '在'는 있을 '재'로 읽고, '德'은 덕(德. 고매하고 너그러운 도덕적 품성) '덕'으로 읽고, '不'는 아닐(부정하는 말) '부'로 읽고, '鼎'은 솥(밥을 짓거나, 국 따위를 끓이는 그릇) '정'으로 읽는다. '在德不在鼎'을 직역(直譯)하면, 덕(德)에 있지, 솥에 있지 않습니다. 즉, 솥의 대소경중(大小輕重)은 그것을 가지고 있는 사람의 덕(德)에 달려 있는 것이지, 솥에 달려 있는 것이 아니라는 말이다. '昔夏之方有德也'에서, '昔'은 옛날 '석'으로 읽고, '夏'는 하(夏)나라 '하'로 읽고, '方'은 곳 '방', 장소 '방'으로 읽고, '有'는 있을 '유'로 읽는다. '昔夏之方有德也'를 직역(直譯)하면, 옛날 하(夏)나라가 (있는) 곳에 덕(德)이 있을 (때에는), 즉, 옛날 하(夏)나라의 우(禹)임금이 덕(德)을 가지고 있었다는 말이다. '遠方圖物'에서, '遠'은 멀 '원'으로 읽는다. '遠方'은 먼 곳. 먼 지방. '圖'는 (그림을) 그릴 '도'로 읽고, '物'은 사물 '물'로 읽는다. '遠方圖物'를 직역(直譯)하면, 먼 곳에서 사물을 그리고 '貢金九牧'에서, '貢'은 바칠 '공'으로 읽고, '金'은 쇠 '금'으로 읽고, '九'는 아홉 '구'로 읽고, '牧'은 벼슬 이름 '목'으로 읽는다. '九牧'은 9개의 벼슬이라는 뜻으로, 여기서는 '구주(九州)의 장(長)'을 가리킴. '貢金九牧'을 직역(直譯)하면, 쇠를 구주(九州)의 장(長)에게 바쳤는데, '鑄鼎象物'에서, '鑄'는 부어 만들 '주'로 읽고, '象'은 본뜰 '상'으로 읽는다. '鑄鼎象物'을 직역(直譯)하면, 솥은 (그) 사물을 본떠서 부어 만들었습니다. '百物而爲之備'에서, '百'은 일백 '백'으로 읽는다. '百物'은 온갖 사물. '而'는 말 이을 '이'로 읽는다. '그리고'의 뜻을 나타냄. '爲'는 위할 '위'로 읽고, '之'는 어조사 '지'로 읽는다. '그것'을 나타내는 지시 대명사. '備'는 갖출 '비', 준비할 '비'로 읽는다. '百物而爲之備'를 직역(直譯)하면, 백 가지 사물과 그리고 그것을 위한 것을 갖추어, '使民知神姦'에서, '使'는 하여금(누구를 시키어) '사'로 읽고, '民'은 백성 '민'으로 읽고, '知'는 알 '지'로 읽고, '神'은 신령(神靈) '신'으로 읽고, '姦'은 간악(奸惡. 간사하고 악독함)할 '간'으로 읽는다. '使民知神姦'을 직역(直譯)하면, 백성으로 하여금 신령스런 (것과) 간악(奸惡)한 (것을) 알게 하였습니다. '故民入川澤山林'에서, '故'는 그러므로 '고'로 읽고, '民'은 백성 '민'으로 읽고, '入'은 들 '입'으로 읽고. '川'은 내(시내보다는 크지만, 강보다는 작은 물줄기) '천'으로 읽고, '澤'은 못(넓고 오목하게 팬 땅에 물이 괴어 있는 곳, 늪보다 작음) '택'으로 읽고, '山'은 뫼('산'의 옛말) '산'으로 읽고, '林'은 수풀 '림(임)'으로 읽는다. '山林'은 산과 숲. '故民入川澤山林'을 직역(直譯)하면, 그러므로 백성들은 내와 못, 산과 숲에 들어가서, 여기서, '山林川澤'이 유래하였는데, 이것을 직역(直譯)하면, 산(山)과 숲[林]과 내[川]와 못[澤]을 아울러 이르는 말. 즉, 자연(自然)을 이르는 말. '不逢不若'에서, '不'은 아닐(부정하는 말) '불'로 읽고, '逢'은 만날 '봉'으로 읽고, '若'은 좇을 '약'으로 읽는다. '不逢不若'을 직역(直譯)하면, (괴물을) 만나지도 않고 좇지도 않았습니다. '魑魅魍魎'에서, '魑'는 도깨비 '이'로 읽고, '魅'는 도깨비 '매'로 읽고, '魍'은 도깨비 '망'으로 읽고, '魎'은 도깨비 '량(양)'으로 읽는다. '魑魅魍魎'을 직역(直譯)하면, 이매(魑魅)와 망량(魍魎). 즉, 산속의 요괴(妖怪. 요사스럽고 괴상함 또는 요사스럽고 망령된 마귀. 여기서는 '이매·魑魅'를 가리킴)와 물속의 괴물(怪物, 괴상하게 생긴 물건, 또는 괴상한 사람인 동물. 여기서는 '망량·魍魎'을 가리킴)이라는 뜻으로, 남을 해치는 악인(惡人. 악한 사람)을 비유적으로 이르는 말. 또는 사람을 해치는 온갖 도깨비나 귀신을 이르는 말. '莫能逢之'에서, '莫'은 아닐(부정하는 말) '막'으로 읽고, '能'은 할 수 있을 '능'으로 읽고, '逢'은 만날 '봉'으로 읽는다. '莫能逢之'를 직역(直譯)하면, 그것('이매망량·魑魅魍魎'을 가리킴)을 만나지 아니 할 수 있었다.

대소-인원(大小人員 클 **대**/작을 **소**/사람 **인**/관원 **원**) (벼슬이) 크고 작은 관원(官員)의 사람이라는 뜻으로, 높은 관원(官員)과 낮은 관원(官員)을 합친 모든 관원(官員). 또는 높고 낮은 모든 벼슬아치를 통틀어 이르는 말. 하마비(下馬碑)에 나오는 말이다. 여기서, '하마비(下馬碑)'는 왕조 때, 말을 탄 사람이 그 앞을 지나갈 때에는 누구나 말에서 내리라는 글을 새겨 세운 비석(碑石)을 일컫는다. 주로 대궐(大闕)이나 종묘(宗廟. 역대 왕과 왕비의 위패·位牌를 모시던 사당) 앞 같은 데 세웠는데, 한자(漢字)로 '대소인원 개하마(大小人員 皆下馬)'라 새겼음. '대소인원(大小人員)'은 여기에서 유래한 말이다. *대소(大小): ☞대소경중(大小輕重). *인원(人員): 단체를 이루고 있는 사람들. 또는 그 수효. *관원(官員): 부록 '원(員)' 참고.

대소-제절(大小諸節 클 **대**/작을 **소**/여러 **제**/마디 **절**) 크고 작은 여러 마디라는 뜻으로, 큰집과 작은집의 모든 사람이 사는 형편을 비유적으로 이르는 말. *대소(大小): ☞대소경중(大小輕重). *제절(諸節): ①남을 높이어, 그 집안사람들의 지내는 형편. ②남의 집안의 윗사람을 높이어 그의 지내는 형편. *마디: 부록 '절(節)' 참고.

대솔-하인(帶率下人 데릴 **대**/앞장설 **솔**/아래 **하**/사람 **인**) 앞장서 데리고 (다니는) 아래[下]의 사람이라는 뜻으로, ①고귀한 사람. 또는 높은 사람을 모시고 다니는 하인(下人)을 이르는 말. ②하인(下人)을 거느림을 이르는 말. *대솔(帶率): ①=영솔(領率). 즉, (부하나 식솔을) 보살피며 거느림. ②=대솔하인(帶率下人). *하인(下人): ①사내종. ②사내종과 계집종을 통틀어 이르는 말.

대송-장작(大松長斫 클 **대**/솔 **송**/길 **장**/쪼갤 **작**): 큰 솔(소나무)을 길게 쪼갠 (것이라는) 뜻으로, 큰 소나무를 잘라서 팬 장작(長斫)을 이르는 말. =대솔장작(大~長斫). *대송(大松): 큰 소나무. *장작(長斫): 통나무를 잘라서 쪼갠 땔나무.

대실-소망(大失所望 클 **대**/잃을 **실**/바 **소**/바랄 **망**) 바라는 바[所]를 크게 잃었다는 뜻으로, 소망하던 것을 크게 잃음. 곧, 바라던 것이 아주 허사(虛事. 헛된 일)가 되어 크게 실망(失望)함을 이르는 말. *대실(大失): ①큰 손실. ②큰 잘못. *소망(所望): 어떤 일을 바람. 또는 그 바라는 것. =의망(意望). *바: 부록 '소(所)' 참고.

대악-무도(大惡無道 클 **대**/악할 **악**/없을 **무**/도리 **도**) 크게 악(惡)하여 도리(道理)가 없다는 뜻으로, 대단히 악독(惡毒. 마음이 흉악하고 독함)하고 사람의 도리(道理)에 어긋남을 이르는 말. 또는 못되고 무지막지(無知莫知. 본문 참고)하다는 뜻으로, 아주 악독(惡毒)하고 도리(道理)에 벗어나 막됨을 이르는 말. *대악(大惡): 크게 악하거나 아주 못된 짓. 또는 그런 짓을 하는 사람. *무도(無道): 인도(人道. 사람으로서 마땅히 지켜야 할 도리)에 어그러짐. 또는 도리(道理)에 벗어남. *도리(道理): 사람이 마땅히 지켜야 할 바른 길.

대언-불-참(大言不慙 클 **대**/말씀 **언**/없을 **불**/부끄러워할 **참**) 말로만 크게 (떠들어 놓고) 부끄러워함이 없다는 뜻으로, 실천도 못할 일로, 말로만 떠들어대고 부끄러운 생각조차 없는 것을 이르는 말. *대언(大言):

큰소리. 즉, 크게 내는 소리.

대언-장담(大言壯談 클 **대**/말씀 **언**/씩씩할 **장**/말씀 **담**) (의기양양하게) 큰 말[言]로 씩씩하게 말한다는 뜻으로, 제 분수(分數. 자기 신분에 맞는 한도, 또는 사람으로서 일정하게 이를 수 있는 한계)에 맞지 않는 말을 희떱게(실지보다 과장이 많게) 지껄임. 또는 그 말. =대언장어(大言壯語). 호언장담(豪言壯談). *대언(大言) ☞대언불참(大言不慚). *장담(壯談): (확신을 가지고) 자신 있게 말함. 또는 그런 말.

대언-장어(大言壯語 클 **대**/말씀 **언**/씩씩할 **장**/말씀 **어**) (의기양양하게) 큰 말[言]로 씩씩하게 말한다는 뜻으로, 제 분수(分數. 자기 신분에 맞는 한도, 또는 사람으로서 일정하게 이를 수 있는 한계)에 맞지 않는 말을 희떱게(실지보다 과장이 많게) 지껄임. 또는 그 말. *대언(大言) ☞대언불참(大言不慚). *장어(壯語): 의기양양한 말. =장언(壯言).

대역-무도(大逆無道 클 **대**/거스를 **역**/없을 **무**/도리 **도**) (사람이) 크게 거슬러 도리(道理)가 없다는 뜻으로, 임금이나 나라에 큰 죄를 지어 도리(道理)에 크게 어긋남. 또는 그런 짓을 이르는 말. =대역부도(大逆不道). *대역(大逆): 왕권(王權. 임금이 지닌 권력이나 권리)을 침해하거나 부모를 살해(殺害. 사람을 해치어 죽임)하는 큰 죄. *무도(無道): 인도(人道. 사람으로서 마땅히 지켜야 할 도리)에 어그러짐. 또는 도리(道理)에 벗어남. *거스르다: 부록 '역(逆)' 참고. *도리(道理): 사람이 마땅히 지켜야 할 바른 길.

대역-부도(大逆不道 클 **대**/거스를 **역**/없을 **부**/도리 **도**) (사람이) 크게 거슬러 도리(道理)가 없다는 뜻으로, 임금이나 나라에 큰 죄를 지어 도리(道理)에 크게 어긋남. 또는 그런 짓을 이르는 말. *대역(大逆): ☞대역무도(大逆無道). *부도(不道): 도리(道理)에 어긋나 있거나 도리(道理)에 맞지 않는 듯함. *거스르다: 부록 '역(逆)' 참고. *도리(道理): ☞대역무도(大逆無道).

대오-대-철(大悟大徹 클 **대**/깨달을 **오**/클 **대**/통할 **철**) 크게 깨달아 크게 통(通)한다는 뜻으로, 크게 깨달아 번뇌(煩惱. 마음이나 몸을 괴롭히는 노여움이나 욕망 따위의 헛된 생각)와 의혹(疑惑. 의심하여 수상히 여김. 또는 그 생각)이 모두 없어지는 일을 이르는 말. =대오철저(大悟徹底). *대오(大悟): 번뇌(煩惱)를 벗고 진리를 크게 깨달음. *통하다(通~): 부록 '철(徹)' 참고.

대오-철저(大悟徹底 클 **대**/깨달을 **오**/뚫을 **철**/밑 **저**) 크게 깨달아 밑을 뚫는다는 뜻으로, ①크게 깨달아 번뇌(煩惱. 마음이나 몸을 괴롭히는 노여움이나 욕망 따위의 헛된 생각)와 의혹(疑惑. 의심하여 수상히 여김. 또는 그 생각)이 모두 없어지는 일을 이르는 말. =대오대철(大悟大徹). ②우주(宇宙. 온 세계를 둘러싸고 있는 공간)의 대아(大我. 우주의 본체로서 참된 나. 즉, 사견이나 집착을 떠난 자유자재의 경지)를 남김없이 모두 앎을 이르는 말. *대오(大悟): ☞대오대철(大悟大徹). *철저(徹底): 어떤 일을 속속들이 꿰뚫어 미치어 빈틈이나 부족함이 없이 밑바닥까지 투철함.

대왕-대비(大王大妃 클 **대**/임금 **왕**/클 **대**/왕비 **비**) 큰 임금의 큰 왕비라는 뜻으로, 살아 있는, 전전(前前. 앞의 앞) 임금의 비(妃)를 이르는 말. 주로 왕의 할머니를 이르는 말이다. *대왕(大王): ①선왕(先王)의 높임말. 즉, 선대(先代)의 임금. ②훌륭하고 업적이 뛰어난 임금을 높여 이르는 말. *대비(大妃): 선왕(先王. 선대의 임금)의 후비(后妃. 임금의 아내).

대왕-성손(大王姓孫 클 **대**/임금 **왕**/성 **성**/손자 **손**) 큰 임금의 성(姓)을 가진 손자(孫子)라는 뜻으로, 선왕(先王. 선대의 임금)의 남자 자손(子孫)을 이르는 말. *대왕(大王): ☞대왕대비(大王大妃). *성손(姓孫): 몇 대(代)가 지난 뒤의 자손.

대-우-탄금(對牛彈琴 대할 **대**/소 **우**/탈 **탄**/거문고 **금**) 소[牛]를 (마주) 대하고 거문고를 탄다는 뜻으로, 어리석은 사람은 마치 거문고를 타 소[牛]에게 들려주는 것같이, 아무리 도리(道理. <u>사람이 마땅히 지켜야 할 바른 길</u>)를 가르쳐도 알아듣지 못함을 비유적으로 이르는 말. 또는 소에게 거문고 소리를 들려준다는 뜻으로, 어리석은 사람에게는 깊은 이치(理致)를 말해 주어도 알아듣지 못하므로, 아무 소용(所用)이 없음을 비유적으로 이르는 말. 참 마이동풍(馬耳東風). 우이독경(牛耳讀經). *탄금(彈琴): 거문고나 가야금을 탐. *대하다(對~): ①마주 보다. ②어떤 태도로 상대하다. *타다: (가야금, 거문고 따위의 줄을) 튀기어 소리를 내다. *거문고: 부록 '금(琴)' 참고. 《관련 속담》 말 귀에 염불. / 소 궁둥이에다 꼴을 던진다. / 소(쇠) 귀에 경 읽기. 이 사자성어의 유래는 다음과 같다. 『홍명집(弘明集)』의 「이혹론(理惑論)」 편(篇)에 [후한(後漢) 말기에 모융(牟融)이라는 학자가 있었다. 그는 불경(佛經. <u>불교의 가르침을 적은 경전</u>)에 밝아 사람들이 불경(佛經)을 배우러 그를 찾았다. 모융(牟融)은 찾아온 사람이 유학자일 경우에는, 그에게 불교를 설명할 때 불전(佛典. <u>불교의 교리를 밝혀 놓은 책</u>)이 아니라 유학의 경전(經典. <u>영원히 변치 않는 법식과 도리를 적은 서적이라는 뜻으로, 성인·聖人의 가르침이나 행실, 또는 종교의 교리를 적은 책</u>)을 인용했다. 즉, 불교를 설명하면서도 늘 유학의 경서(經書. <u>사서오경·四書五經 따위 유교의 가르침을 적은 책</u>)를 인용했다는 뜻이다. 이에 대하여 어느 유학자가 그 까닭을 이렇게 물었다. "그대 말로는 불경(佛經)은 큰 강과 바다 같고, 말씀이 비단과 같다 하더니, 내 물음에 어찌 불경(佛經)으로 대답하지 않고 『시경(詩經)』과 『서경(書經)』에 있는 말을 인용하시오? 이는 궤변(詭辯. <u>이치에 닿지 않는 말로 그럴듯하게 둘러대는 말솜씨</u>)이 아니오?" 모융(牟融)이 이렇게 대답했다. "목이 마른 사람일지라도 강이나 바다의 물을 마실 필요가 있는 것은 아니고, 배가 고픈 사람도 (식량) 창고를 열어 배를 채워야 할 필요가 있는 것은 아니지요. 도(道)라는 것은 지혜로운 자에게 펴는 것이요, 분별(分別)함은 사물을 아는 자에게 통(通)하는 것이오. 글은 총명(聰明. <u>영리하고 재주가 있음</u>)한 사람에게 전할 수 있고, 일을 꾸밈은 명석(明晳. <u>생각이나 판단이 분명하고 똑똑함</u>)한 사람이 할 수 있는 것이오. 여기서, '재주'는 순우리말로, 무엇을 잘할 수 있는, 타고난 능력과 슬기. 내가 그대의 의도(意圖. <u>무엇을 하고자 하는 생각이나 계획, 또는 무엇을 하려고 꾀함</u>)를 알기 때문에 그 합당(合當. <u>꼭 알맞음</u>)한 말을 인용하는 것이오. 만약에 불경의 말을 인용한다면 그 요체(要諦. <u>사물의 가장 중요한 점</u>)를 알 수 없을 것이오. 비유(比·譬喩. <u>어떤 사물의 모양이나 상태 따위를 보다 효과적으로 표현하기 위하여 그것과 비슷한 다른 사물에 빗대어 표현함, 또는 그 표현 방법</u>))하자면, 눈먼 소경에게 여러 가지 색깔을 말해 주고, 귀머거리에게 음악을 들려주는 것이오. 즉, 앞을 보지 못하는 사람이나 듣지 못하는 사람에게 그런 행위를 하는 것은 아무 소용이 없다는 뜻이다.]〈사광(師曠)의 재주(<u>순우리말로, 무엇을 잘할 수 있는, 타고난 능력과 슬기</u>)가 아무리 뛰어나도 줄 없는 거문고로 소리를 낼 수 없으며, 여우와 오소리의 (털옷이) 따뜻하다고는 하나, 기운이 없는 자(者)를 따뜻하게는 못 하는 것이오. 여기서 '기운'은 순우리말로, 생물이 살아 움직이는 원기(元氣), 또는 거기서 나오는 힘. 공명의(公明儀)가 소[牛]를 위해서 아름다운 음악을 연주해도, 여전히 엎드려 풀만 뜯어 먹는 것은, 소가 듣지 못함이 아니라, 듣고자 하는 소리가 아니기 때문이오.(師曠雖巧, 不能彈無弦之琴, 狐貉雖熅, 不能熱無氣之人, **公明儀爲牛彈淸角之操**, 伏食如故, 非牛不聞, 不合其耳矣.)〉 [하지만, 바꾸어 모기나 등에('등엣과'의 곤충 이름, 어떤 자료에는 '등애'로 씌어져 있다. 원문의 '虻'은 등에 '맹'으로 읽는다) 따위의 소리를 내거나(轉爲蚊虻之聲), 송아지가 우는 소리를 내면 (소는) 꼬리를 젓고 귀를 세우며 빙빙 돌면서 듣지요. (왜냐하면 소가 듣고자 하는 소리이기 때문이다.) 이런 까닭에 『시경(詩經)』과 『서경(書經)』을 인용해 그대가 알 수 있도록 하는 것이오.]라는 이야기가 나오는데, 모융(牟融)이 예로 든, '공명의(公明儀)가 소를 위해 아름다운 음악을 연주해도,(公明儀爲牛彈淸角之操)'에서, '대우탄금(對牛彈琴)'이 유래했다. '모융(牟融)'은 후한(後漢) 말기의 학자다. '사광(師曠)'은 춘추 시대 진(晉)나라의 악사(樂師. 음악을 담당하는 벼슬 이름)로서, 음(音)을 잘 분별하기로 이름났고, 거문고 연주가 뛰어났다. '공명의(公明儀)'는 노(魯)나라 때 유명한 음악가로 알려져 있다. 모융(牟融)은 위의 이야기를 통하여 '바로 내가 당신들에게 유교 경전(經典)을 인용하여 불경(佛經)을 설명하는 이유'를 여러 가지 비유(比·譬喩. 어떤 사물의 모양이나 상태 따위를 보다 효과적으로 표현하기 위하여 그것과 비슷한 다른 사물에 빗대어 표현함. 또는 그 표현 방법)를 통하여 밝히고 있다. 소를 마주하고 거문고를 탄다는 것, 즉, '대우탄금(對牛彈琴)'은 소에게는 헛수고일 뿐, 아무 소용이 없다. 소가 제대로 알아듣지 못하기 때문이다. 당신들은 유학자로서 불경(佛經)을 읽을 일이 없을 것이다. 그래서 나는 당신들이 잘 알고 있는 유교 경전(經典)을 인용하는 것이다. 유학자에게 불경(佛經)만을 설명하는 것은 대우탄금(對牛彈琴)처럼 아무 소용이 없다. 이것이 내가 유교 경전(經典)을 인용하여 불경(佛經)을 설명하는 이유라는 것이다. 결국 '대우탄금(對牛彈琴)'은 소에게 거문고 소리를 들려준다는 말로, 어리석은 사람에게는 참된 도리(道理)를 아무리 말해주어도 이해하지 못한다는 뜻이 되었다. 참고로 원문의 '師曠雖巧'에서, '師'는 선비 '사'로 읽고, '曠'은 넓을 '광'으로 읽는다. '師曠'은 사람 이름. '雖'는 비록 '수'로 읽고, '巧'는 교묘(巧妙. 솜씨나 재주 따위가 재치 있게 약삭빠르고 묘함)할 '교'로 읽는다. '師曠雖巧'를 직역(直譯)하면, 사광(師曠)이 비록 (재주가) 교묘할지라도, '不能彈無弦之琴'에서, '不'은 아닐(부정하는 말) '불'로 읽고, '能'은 할 수 있을 '능'으로 읽고, '彈'은 탈(악기의 줄을 퉁기거나 건반을 눌러 소리를 냄) '탄'으로 읽고, '弦'은 줄 '현'으로 읽고, '之'는 어조사 '지'로 읽는다. '~의'를 나타내는 관형격 조사. '琴'은 거문고 '금'으로 읽는다. '不能彈無弦之琴'를 직역(直譯)하면, 줄 없는 거문고를 탈 수 없고, 즉, 줄 없는 거문고로 소리를 낼 수 없다는 말이다. '狐貉雖熅'에서, '狐'는 여우 '호'로 읽고, '貉'는 오소리 '학'으로 읽고, '熅'은 따뜻할 '온'으로 읽는다. '狐貉雖熅'을 직역(直譯)하면, 여우와 오소리의 (털옷이) 비록 따뜻하지만, '不能熱無氣之人'에서, '熱'은 뜨거울 '열', 따뜻할 '열'로 읽고, '無'는 없을 '무'로 읽고, '氣'는 기운 '기'로 읽고, '人'은 사람 '인'으로 읽는다. '不能熱無氣之人'를 직역(直譯)하면, 기운이 없는 사람을 따뜻하게 할 수 없다. '公明儀爲牛彈淸角之操'에서, '公'은 공평(公平)할 '공'으로 읽고, '明'은 밝을 '명'으로 읽고, '儀'는 거동(擧動. 몸을 움직임. 또는 그런 짓이나 태도) '의'로 읽는다. '公明儀'는 사람 이름. '爲'는 위할 '위'로 읽고, '牛'는 소 '우'로 읽고, '彈'은 탈(악기의 줄을 퉁기거나 건반을 눌러 소리를 냄) '탄'으로 읽는다. '爲牛彈'을 직역(直譯)하면, 소를 위하여 탄다(연주한다). '淸'은 맑을 '청'으로 읽고, '角'은 뿔 '각', 뿔피리(뿔로 만든 피리) '각'으로 읽고, '之'는 어조사 '지'로 읽는다. '~의'를 나타내는 관형격 조사. '操'는 곡조의 이름 '조'로 읽는다. '公明儀爲牛彈淸角之操'를 직역(直譯)하면, 공명의(公明儀)가 소[牛]를 위해서 청각(淸角)의 곡조를 탄다. 즉, 공명의(公明儀)가 소[牛]를 위하여 아름다운 음악을 연주한다는 뜻이다. 여기서, '對牛彈琴'이 유래하였는데, 이것을 직역(直譯)하면, 소[牛]를 (마주) 대하고 거문고를 탄다는 뜻으로, 어리석은 사람은 마치 거문고를 타 소[牛]에게 들려주는 것같이, 아무리 도리(道理. 사람이 마땅히 지켜야 할 바른 길)를 가르쳐도 알아듣지 못함을 비유적으로 이르는 말. 또는 어리석은 사람에게는 깊은 이치(理致)를 말해 주어도 알아듣지 못하므로, 아무 소용(所用)이 없음을 비유적으로 이르는 말. '伏食如故'에서, '伏'은 엎드릴 '복'으로 읽고, '食'은 먹을 '식'으로 읽고, '如'는 같을 '여'로 읽고, '故'는 옛 '고'로 읽는다. '伏食如故'를 직역(直譯)하면, (소가) 옛날과 같이 엎드려 (풀을) 먹는 (것은), 즉, 소는 여전히 엎드려 풀만 먹는다는 말[言]이다. 그런데, '소는 여전히 엎드려 풀만 먹는다는 말[言]이다.'라는 말은 오음·五音 악보·樂譜에서 상이(上二)를 일컬음. 이것은 하삼(下三)인 탁각(濁角)의 대칭어이다. '非牛不聞'에서, '非A 不B'는 A가 B가 아님은 아니다. '聞'은 들을 '문'으로 읽는다. '非牛不聞'을 직역(直譯)하면 소가 듣지 못함이 아니라, '不合其耳矣'에서, '合'은 (뜻이) 맞을 '합'으로 읽고, '其'는 그(지시하는 말) '기'로 읽고, '耳'는 귀 '이'로 읽고, '矣'는 어조사 '의'로 읽는다. '~이다(단정)'의 뜻을 나타냄. '不合其耳矣'를 직역(直譯)하면, 그 귀에 맞지 않은 (것입니다). 즉, 청각(淸角)이라는 고상한 곡조가 소 귀에는 서로 맞지 않는다는 말이다. 그렇기 때문에 소는 여전히 엎드려 풀만 먹는다는 것이다.

대은-교주(大恩敎主 **클** 대/**은혜** 은/**가르칠** 교/**임금** 주) 큰 은혜로 가르치는 임금. 즉, 중생(衆生. <u>불교에서, 부처의 구제 대상이 되는, 이 세상의 모든 생물을 통틀어 이르는 말</u>)을 제도(濟度. <u>불교에서, 중생을 고해에서 건지어 극락으로 이끌어 주는 일을 이르는 말</u>)하며, 넓고 큰 은덕(恩德. <u>은혜와 덕</u>)을 가진 법(法)의 임금이라는 뜻으로, '석가모니'를 높여 이르는 말. *대은(大恩): =홍은(鴻恩). 즉, 넓고 큰 은덕. *교주(敎主): ①종교 단체의 최고 지도자. ②=교조(敎祖). 즉, 한 종교나 종파를 처음 세운 사람.

대의-멸-친(大義滅親 **클** 대/**의리** 의/**없어질** 멸/**어버이** 친) ①큰 의리(義理)는 어버이도 없어지게 한다. 즉, 대의(大義)를 위해서는 친족(親族. <u>촌수가 가까운, 한 조상의 피를 이어받은 자손들</u>)도 멸(滅)한다는 뜻으로, 나라나 민족의 이익을 위한 일에는 부모(父母)나 형제의 정(情)도 돌아보지 않음을 이르는 말. ②나라를 위해서는 부모(父母)도 돌보지 않는다는 뜻으로, 큰 도리(道理. <u>사람이 마땅히 지켜야 할 바른 길</u>)를 지키기 위하여 부모(父母)나 형제도 돌아보지 않음을 이르는 말. 큰 의리(義理)를 위해서는 혈육(血肉. <u>부모와 자식, 또는 형제자매 따위의 가까운 혈족</u>)의 정(情)이나 사사로운 감정은 무시해야 한다는 뜻이다. *대의(大義): ①사람으로서 특히 국민으로서 마땅히 행하거나 지켜야 할 도리. ②대강(大綱)의 뜻. *의리(義理): ①사람으로서 마땅히 지켜야 할 바른 도리. ②남과 사귈 때 지켜야 할 바른 도리. *어버이: 아버지와 어머니를 아울러 이르는 말. 이 사자성어의 유래는 다음과 같다. 『좌전(左傳)』의 「은공(隱公) 34년」 편(篇)에 〈9월 위(衛)나라 사람들이 우재(右宰)인 추(丑)에게 복(濮. <u>강 이름</u>)에서 주우(州吁)를 죽이는 것을 감독하게 했다. 석작(石碏)은 그의 재(宰)(<u>가신·家臣</u>)인 누양견(獳羊肩)을 시켜 진(陳)에서 석후(石厚)를 죽이는 것을 감독하게 했다. 군자(君子. <u>학문과 덕·德이 높고 행실·行實이 바르며 품위·品位를 갖춘 사람</u>)는 말한다. "석작(石碏)은 충순(忠純. <u>마음이 충성스럽고 참됨</u>)하고 독실(篤實. <u>인정 있고 성실함, 또는 열정 있고 진실함</u>)한 신하(臣下)이다. 주우(州吁)를 미워하여 (아들) 석후(石厚. <u>석작·石碏의 아들</u>)를 함께 죽였다. '대의멸친(大義滅親)'은 이를 이르는 것인가?"(九月, 衛人使右宰丑莅殺州吁於濮, 石碏使其宰獳羊肩莅殺石厚於陳, 君子曰, 石碏, 純臣也, 惡州吁而厚與焉, **大義滅親, 其是之謂乎**.)〉라는 이야기가 나오는데, '대의멸친(大義滅親)'은 이를 이르는 것인가?(大義滅親, 其是之謂乎)'에서, '대의멸친(大義滅親)'이 유래했다. 이 이야기의 배경은 이렇다. 춘추 시대 위(衛)나라 장공(莊公)이 애첩(愛妾. <u>사랑하는 첩</u>)에게서 아들 주우(州吁)를 낳았다. 장공(莊公)이 주우(州吁)를 너무 총애(寵愛.

남달리 귀여워하고 사랑함)한 탓에 주우(州吁)가 너무 방종(放縱. 아무 거리낌 없이 함부로 행동함)했으므로, 석작(石碏. 춘추 시대 위나라의 충신)이란 늙은 신하가 장공(莊公)에게 자제(子弟. 남을 높이어 그의 아들이나 집안 젊은이를 일컫는 말)들을 사치(奢侈. 분수에 넘치게 옷, 음식, 거처 따위를 치레함. 또는 분수에 넘치게 호사스러움)와 방탕(放蕩. 주색잡기·酒色雜技에 빠져 행실이 좋지 못함)과 안일(安逸. 편안하고 한가로움. 또는 편하고 쉬움)에 빠지게 해서는 안 된다고 간(諫. 웃어른이나 임금에게 옳지 못하거나 잘못된 일을 고치도록 말함)했지만, 장공(莊公)은 석작(石碏)의 말을 새겨듣지 않았다. 장공(莊公)이 죽은 후 환공(桓公)이 왕위에 올랐다. 권력욕에 눈이 먼 주우(州吁)는 시시때때로 환공(桓公)을 음해(陰害. 남을 넌지시 해침)하고 왕위(王位. 임금의 자리) 찬탈(簒奪. 임금의 자리를 빼앗음)의 음모(陰謀. 몰래 좋지 못한 일을 꾸밈. 또는 그 꾸민 일)를 꾸미기 시작했으며, 석작(石碏)의 아들 석후(石厚)도 주우(州吁)에게 한편이 되어 나쁜 계책(計策. 어떤 일을 이루기 위하여 꾀나 방법을 생각해 냄. 또는 그 꾀나 방법)을 알려 주곤 했다. 석작(石碏)은 주우(州吁)에게 역심(逆心. 반역을 꾀하는 마음)이 있다는 것을 알고 아들 석후(石厚)에게 주우(州吁)와 교제를 하지 말라고 했지만, 석후(石厚)는 아버지의 말도 듣지 않았다. 주환왕(周桓王. 주나라의 환왕) 원년에, 주우(州吁)는 마침내 환공(桓公)을 시해(弑害. 부모나 임금을 죽임)하고 스스로 왕이 되었으며, 석후(石厚)를 상대부(上大夫. 벼슬 이름)에 봉했다. 하지만 백성들이 복종하지 않고 다른 제후들의 반응도 좋지 않자, 주우(州吁)가 석후(石厚)에게 도움을 청했다. 석후(石厚)는 그의 아버지에게 도움을 청했다. 나중에 석후(石厚)의 아버지인 석작(石碏)이 계책(計策. 어떤 일을 이루기 위하여 꾀나 방법을 생각해 냄. 또는 그 꾀나 방법)을 일러 주었다. "천하의 종실(宗室. 임금의 친족)인 주(周)나라 왕실(王室. 왕의 집안)을 예방하여 천자(天子)를 배알(拜謁. 지체 높은 분을 만나 뵘)하고 승인을 받는 게 좋을 것이다." 여기서, '천자(天子)'는 천제(天帝. 하늘을 다스리는 신. 또는 우주를 창조하고 주재한다고 믿어지는 초자연적인 절대자)의 아들이란 뜻으로, 천명(天命. 하늘의 명령)을 받아 천하(天下)를 다스리는 사람. 곧 중국에서 황제(皇帝)를 일컫던 말이다. 그리고 '지체'는 순우리말로, 대대로 이어 내려오는 사회적 신분이나 지위를 일컬음. "어떻게 하면 천자(天子)를 배알(拜謁)할 수 있을까요?" "먼저 주(周) 왕실(王室)과 각별한 사이인 진(陳)나라 환공(桓公)을 통해서 청원(請願. 바라는 바를 말하고 이루어지게 해 달라고 청함)하도록 해라. 그러면 진(陳)나라 환공(桓公)께서 선처해 주실 것이다." 주우(州吁)와 석후(石厚)는 기쁨을 금치 못하고 선물을 준비하여 진(陳)나라로 떠났다. 석작(石碏)은 "주군(主君. '임금'의 다른 말)을 시해(弑害. 부모나 임금을 죽임)한 주우(州吁)와 석후(石厚)를 잡아 죽여 대의(大義. 국민으로서 마땅히 행하거나 지켜야 할 도리)를 바로 잡아 달라."는 내용의 서신을 밀사(密使)를 통해 진환공(陳桓公. 진나라의 환공)에게 보냈다. 여기서, '밀사(密使)'는 비밀히(몰래) 보내는, 심부름하는 사람. 주우(州吁)와 석후(石厚)는 진(陳)나라에 도착하자마자 체포되고 말았다. 위(衛)나라에서는 사람을 진(陳)나라에 보내 두 사람을 처단(處斷. 결단을 내려 처리하거나 처분함)하게 하고 환공(桓公)의 동생이 진(晉. 나라 이름)을 세웠는데, 이이가 위선공(衛宣公. 위나라의 선공)이다. 한편 위(衛)나라 대신들은 석후(石厚)를 너그럽게 처분하자고 건의(建議. 어떤 문제에 대하여 의견이나 희망 사항을 냄. 또는 그 의견이나 희망 사항)했다. 그러나 석작(石碏)은 이 건의(建議)를 받아들이지 않고 자기 아들 석후(石厚)를 처단(處斷)하도록 했다. 즉, 공적인 일에 사적인 일이 끼면 정의가 무너지는 법이라, 사사로운 정(情) 때문에 대의를 그르칠 수는 없다는 뜻이다. 『좌전(左傳)』의 저자는 이 사실을 기록한 후, 위의 이야기에 나온 대로 석작(石碏)의 이런 정신(군신·君臣 간의 대의를 위해 아들까지 죽게 한 일)이 바로 '대의멸친(大義滅親)'이라며 높이 평가한 것이다. 여기서 '대의멸친(大義滅親)'은 올바르고 큰 일을 위해 자신의 자식까지도 희생시킨다는 말이다. 참고로, 원문의 '九月'에서, '九'는 아홉 '구'로 읽고, '月'은 달 '월'로 읽는다. '九月'을 직역(直譯)하면, 9월에, '衛人使右宰丑莅殺州吁於濮'에서, '衛'는 나라 이름 '위'로 읽고, '人'은 사람 '인'으로 읽고, '使'는 하여금(누구를 시키어) '사'로 읽고, '右'는 오른쪽 '우'로 읽고, '宰'는 다스릴 '재', 벼슬아치 '재'로 읽는다. '右宰'는 위(衛)나라 관직(官職. 관리로서, 국가로부터 위임 받은 일정한 범위의 직무. 또는 그 직위) 이름이라는 설(說)이 있다. '丑'은 소 '축'으로 읽지 않고, 사람 이름 '추'로 읽는다. 중국의 인명이나 지명 따위는 본음(本音)인 '추'로 읽는다. 여기서는 사람 이름인 '추(丑)'를 가리킨다. '衛人使右宰丑'를 직역(直譯)하면, 위(衛)나라 사람은 우재(右宰)인 추(丑)로 하여금, '莅殺州吁於濮'에서, '莅'는 임할(臨~. 어떤 장소에 다다를) '리(이)', 지위(地位) '리(이)'로 읽고, '殺'은 죽일 '살'로 읽고, '州'는 고을 '주'로 읽고, '吁'는 탄식할 '우'로 읽는다. 여기서는, 사람 이름인 '주우(州吁)'를 가리킴. '於'는 어조사 '어'로 읽고, '~에서(장소)'를 나타냄. '濮'은 강 이름 '복'으로 읽는다. '衛人使右宰丑莅殺州吁於濮'을 직역(直譯)하면, 위(衛)나라 사람은 우재(右宰)인 추(丑)로 하여금 복(濮)에서 주우(州吁)를 죽이는 지위를 (감독하도록) 했다. '石碏使其宰獳羊肩莅殺石厚於陳'에서, '石'은 돌 '석'으로 읽고, '碏'은 공경(恭敬)할 '작'으로 읽는다. 여기서는, 사람 이름인 '석작(石碏)'을 가리킨다. '其'는 그(지시하는 말) '기'로 읽고, '宰'는 다스릴 '재', 벼슬아치 '재'로 읽는다. 여기서는 사람 이름 '우재(右宰)'를 가리킴. '獳'는 성씨(姓氏) '누'로 읽고, '羊'은 양(羊) '양'으로 읽고, '肩'은 어깨 '견'으로 읽는다. '獳羊肩'은 사람 이름. '石'은 돌 '석'으로 읽고, '厚'는 두터울 '후'로 읽는다. '石厚'는 사람 이름. '陳'은 나라 이름 '진'으로 읽는다. '石碏使其宰獳羊肩莅殺石厚於陳'을 직역(直譯)하면, 석작(石碏)은 그를 다스리는 누양견(獳羊肩)으로 하여금 진(陳)나라에서 석후(石厚)를 죽이는 곳에 지위를 (감독하도록) 했다. '君子曰'에서, '君'은 군자(君子) '군'으로 읽고, '子'는 경칭(敬稱. 공경하는 뜻으로 부르는 칭호. 또는 존대하여 일컬음) '자'로 읽는다. 학덕(學德)과 지위가 높은 남자의 경칭(敬稱)이다. '君子'는 행실이 점잖고 어질며, 덕(德. 고매하고 너그러운 도덕적 품성)과 학식이 높은 사람. '君子曰'을 직역(直譯)하면, 군자(君子)가 말하기를, '純臣也'에서, '純'은 순수할 '순'으로 읽고, '臣'은 신하(臣下) '신'으로 읽는다. '純臣'은 마음이 곧고 진실한 신하(臣下). '也'는 어조사 '야'로 읽는다. '~이다(단정)'의 뜻을 나타냄. '純臣也'를 직역(直譯)하면 (석작은) 순수한 신하(臣下)이다. '惡州吁而厚與焉'에서, '惡'는 여기서는 미워할 '오'로 읽고, '而'는 말 이을 '이'로 읽는다. '그리고'의 뜻을 나타냄. '厚'는 '석후(石厚)'를 가리킴. '與'는 함께할 '여'로 읽고, '焉'은 어조사 '언'으로 읽는다. '~이다(단정)'의 뜻을 나타냄. '惡州吁而厚與焉'을 직역(直譯)하면, 주우(州吁)를 미워하여 그리고 (아들) 석후(石厚. 석작·石碏의 아들)를 함께 (죽였다). '大義滅親'에서, '大'는 클 '대'로 읽고, '義'는 의리 '의'로 읽고, '滅'은 없어질 '멸'로 읽고, '親'은 어버이 '친'으로 읽는다. '大義滅親'을 직역(直譯)하면, 큰 의리는 어버이도 없어지게 한다. 즉, 대의(大義)를 위해서는 (죄를 지으면) 친족(親族. 촌수가 가까운, 한 조상의 피를 이어받은 자손들)도 멸(滅)한다는 뜻으로, 나라나 민족의 이익을 위한 일에는 부모나 형제의 정(情)도 돌아보지 않음을 이르는 말. 또는 큰 도리(道理)를 지키기 위하여 부모나 형제도 돌아보지 않음을 이르는 말. 큰 의리(義理)를 위해서는 혈육의 정(情)이나 사사로운 감정은 무시해야 한다는 뜻이다. '其是之謂乎'에서, '是'는 이(지시하는 말) '시'로 읽고, '之'는 어조사 '지'로 읽는다. '~을', '~를(목적격 조사)'의 뜻을 나타냄. '謂'는 일컬을 '위'로 읽고, '乎'는 어조사 '호'로 읽는다. '~는가?', '~인가?(의문)'의 뜻을 나타냄. '其是之謂乎'를 직역(直譯)하면 그것('대의멸친·大義滅親'을 가리킴)이 이를 두고 일컫는가?

대의-명분(大義名分 클 **대**/의리 **의**/이름 **명**/명분 **분**) 큰 의리(義理)의 이름과 명분(名分)이라는 뜻으로, ①사람으로서 마땅히 지키고 행(行)하여야 할 도리(道理. 사람이 마땅히 지켜야 할 바른 길)나 본분(本分)을 이르는 말. ②어떤 일을 꾀하는 데 내세우는 합당(合當. 어떤 기준, 조건, 용도, 도리 따위에 꼭 알맞음)한 구실이나 이유를 이르는 말. *대의(大義): ☞대의멸친(大義滅親). *명분(名分): ①사람들이 도덕적으로 마땅히 지켜야 할 도리. =본분(本分). ②표면상의 이유. 즉, 명목(名目)을 이르는 말. *의리 (義理): ☞대의멸친(大義滅親).

대의-충절(大義忠節 클 **대**/의리 **의**/충성 **충**/절개 **절**) 큰 의리(義理)를 (따르려는) 충성(忠誠)스러운 절개(節槪·介)라는 뜻으로, ①사람이 마땅히 지켜야 할 도리(道理. 사람이 마땅히 지켜야 할 바른 길)를 따르려는 꿋꿋한 태도(態度)를 이르는 말. ②국민으로서 국가에 충성하는 절의(節義. 절개와 의리)를 이르는 말. *대의(大義): ☞대의멸친(大義滅親). *충절(忠節): 충성스러운 절개(節槪·介) *의리(義理): ☞대의멸 친(大義滅親). *충성(忠誠): 진정에서 우러나오는 정성. 특히 임금이나 국가에 대한 것을 일컬음. *절개 (節槪·介): 옳은 일을 지키어 뜻을 굽히지 않는 굳건한 마음이나 태도.

대인-군자(大人君子 클 **대**/사람 **인**/군자 **군**/경칭 **자**) 큰 사람인 (동시에) 군자(君子)라는 뜻으로, 말과 행실(行實. 일상의 행동. 또는 실지로 드러나는 행동)이 바르고 점잖으며 덕(德. 고매하고 너그러운 도덕 적 품성)이 높은 사람을 이르는 말. 또는 도량(度量. 사물을 너그럽게 용납하여 처리할 수 있는 넓은 마음과 깊은 생각)이 넓고 덕행(德行. 어질고 착한 행실)이 있는 점잖은 사람을 이르는 말. *대인(大人): ①=어른. 성인(成人). ②=대인군자(大人君子). *군자(君子): 학문과 덕(德)이 높고 행실(行實)이 바르며 품위(品位)를 갖춘 사람. *경칭(敬稱): 공경하는 뜻으로 부르는 칭호. 또는 존대하여 일컬음.

대자-대비(大慈大悲 클 **대**/사랑 **자**/클 **대**/슬플 **비**) 큰 사랑과 큰 슬픔(자비)이라는 뜻으로, 넓고 커서 끝이 없는, 부처와 보살의 자비(慈悲)를 이르는 말. 또는 그지없이 넓고 큰 자비(慈悲)를 이르는 말. 특히 관세음보살(觀世音菩薩)이 중생(衆生. 불교에서, 부처의 구제 대상이 되는, 이 세상의 모든 생물을 통틀 어 이르는 말)을 사랑하고 불쌍히 여기는 마음을 일컫는다. 여기서, '자비(慈悲)'는 (고통 받는 이를) 사랑하고 불쌍히 여김. 또는 부처가 중생(衆生)을 불쌍히 여겨 고통을 덜어 주고 안락하게 해 주려는 마음. *대자(大慈): ①큰 자비(慈悲)가 있음. 또는 그런 마음. ②중생(衆生)을 사랑하는 부처의 큰 자비 (慈悲)가 있음. 또는 그런 마음. *대비(大悲): ①중생(衆生)의 괴로움을 구제하려는 부처의 큰 자비(慈 悲). ②=관세음보살(觀世音菩薩). 즉, 보살의 하나. 괴로울 때 중생(衆生)이 그의 이름을 외면 대자대비 (大慈大悲)를 내리고, 해탈(解脫. 불교에서, 속세·俗世의 번뇌와 속박을 벗어나 편안한 경지에 이르는 일)해 준다고 함.

대-장-불-착(大匠不斲 클 **대**/장인 **장**/아닐 **불**/깎을 **착**) 큰 장인(匠人)은 깎지 아니한다. 즉, 솜씨 좋은 목수(木手. 나무를 다루어 집을 짓거나 기구를 만드는 일을 업으로 하는 사람)는, 나무를 깎아 보지 않고도 재목(材木. 건축, 토목, 가구 따위의 재료로 쓰는 나무)의 곡직(曲直. 굽음과 곧음)을 안다는 뜻으로, 도(道)를 아는 사람은, 일을 행(行)하기 전에 그 득실(得失. 얻음과 잃음. 또는 이익과 손해)을 앎을 비유적으로 이르는 말. *장인(匠人): 부록 '장(匠)' 참고.

대재-소용(大材小用 클 대/재목 재/작을 소/쓸 용) 큰 재목(材木)이 작게 쓰이고 (있다는) 뜻으로, ①사람을 부리는데 있어서, 제 능력(能力)을 다 발휘할 수 있는 조건이 안 됨을 이르는 말. ②역설적(逆說的. 어떤 주장이나 이론이 겉보기에는 모순·矛盾되는 것 같으나 그 속에 중요한 진리가 함축·含蓄되어 있는 것을 이르는 말)으로 큰 재목은 큰일에 쓰여야 한다는 말. ③정부나 조직에서 사람을 쓰는 법이 잘못되었음을 이르는 말. 즉, 조직이나 단체에서 큰 능력을 가진 사람에게 그 능력에 맞지 않는 작은 일을 맡기는 것을 말한다. *대재(大材): ①큰 목재(木材)나 석재(石材). ②큰 인물. *소용(小用): ①작은 일. ②=오줌. 즉, (물질 대사로 몸 안에 생긴 찌끼가) 방광에서 요도(尿道)를 통해 몸 밖으로 나오는 액체. *재목(材木): 부록 '재(材)' 참고. 이 사자성어의 유래는 다음과 같다. 육유(陸游)의 「송신유안전찬조조(送辛幼安殿撰造朝)」에 〈큰 재목을 작게 쓰는 것은 예부터 한탄하던 일 / (신기질은) 관중(管仲)이나 소하(蕭何)와 같은 인물이라네.(大材小用古所嘆, 管仲蕭何實流亞.)〉라는 시(詩)의 구절이 나오는데, '큰 재목을 작게 쓰는 것은 예부터 한탄하던 일.(大材小用古所嘆)'에서, '대재소용(大材小用)'이 유래했다. 이 시(詩)의 배경은 이렇다. 남송(南宋) 시대의 시인이자 정치가인 신기질(辛棄疾)은 본래 여진족(女眞族)이 세운 금(金)나라의 지배 아래 있던 산동(山東) 출신이었다. 금(金)나라가 침입하자, 신기질(辛棄疾)은 의병(義兵. 나라를 위하여 스스로 일어난 군사)을 일으켜 금(金)나라에 대항하다가, 마침 경경(耿京. 사람 이름)이 의병(義兵)을 일으키자 이에 가담했다. 이들 의병(義兵)들은 후에 정식으로 조정(朝廷. 임금이 나라의 정치를 신하들과 의논하거나 집행하는 곳. 또는 그런 기구)의 명을 받아 조정군(朝廷軍)과 합동 작전을 벌이며 금(金)나라와 싸웠고, 신기질(辛棄疾)은 효종(孝宗)을 섬기게 되었다. 그 후 신기질(辛棄疾)은 호북(湖北), 호남(湖南), 강서(江西) 따위의 안무사(按撫使. 벼슬 이름)를 역임(歷任. 차례로 여러 관직을 거침)하며 실지(失地. 잃어버린 땅) 회복을 위해 노력했지만, 이러한 그의 태도는 강화파(講和派)의 배척을 초래하여, 40대 초반에 탄핵(彈劾. 공직에 있는 사람의 부정이나 비행 따위를 조사하여 그 책임을 추궁함. 또는 그 절차)을 받고 면직되었다. 농촌으로 낙향한 신기질(辛棄疾)은 가헌(稼軒)이라는 초당(草堂. 억새나 짚 따위로 지붕을 인, 조그마한 집채)을 짓고, 당대의 애국 시인 육유(陸游)와 교류하며 지냈다. 그 후 당시(當時. 일이 있었던 바로 그때. 또는 이야기하고 있는 그 시기)의 총신(寵臣. 총애를 받는 신하)인 한탁주(韓侂胄)가 자신의 정권을 유지하기 위해 명망(名望. 명성·名聲. 곧, 세상에 널리 퍼져 평판·評判 높은 이름과, 인망·人望. 곧, 세상 사람이 우러르고 따르는 덕망·德望을 아울러 이르는 말)이 있는 신기질(辛棄疾)을 소흥부지부(紹興府知府. 벼슬 이름) 겸(兼) 절강동로안무사(浙江東路安撫使. 벼슬 이름)로 기용하였다. 그의 나이 64때였다. 그리고 이듬해에는 영종(寧宗) 임금이 금(金)나라 토벌(討伐. 무력으로 쳐 없앰)에 대한 방안을 듣기 위해 그를 수도(首都)인 임안(臨安. 땅 이름)으로 불렀다. 신기질(辛棄疾)은 이 사실을 친구인 육유(陸游)에게 알렸고, 육유(陸游)는 그를 격려하며 송신유안전찬조조(送辛幼安殿撰造朝)라는 시(詩) 한 수(首)를 지었는데, 이 시(詩)에서 '대재소용(大材小用)'을 강조한 것이다. 참고로, 원문의 '大材小用古所嘆'에서, '大'는 클 '대'로 읽고, '材'는 재목(材木. 목조의 건축물. 가구 따위를 만드는 데 쓰는 나무) '재'로 읽고, '小'는 작을 '소'로 읽고, '用'은 쓸 '용'으로 읽고, '古'는 옛 '고'로 읽고, '所'는 바(앞에서 말한 내용 그 자체나 일 따위를 나타내는 말) '소'로 읽고, '嘆'은 탄식할 '탄'으로 읽는다. '大材小用古所嘆'을 직역(直譯)하면, 큰 재목이 작게 쓰이는 것은 예부터 탄식하는 바(이다). 여기서, '大材

小用'이 유래하였는데, 이것을 직역(直譯)하면, 큰 재목(材木)이 작게 쓰이고 (있다는) 뜻으로, ①사람을 부리는데 있어서, 제 능력(能力)을 다 발휘할 수 있는 조건이 안 됨을 이르는 말. ②역설적(逆說的)으로 큰 재목은 큰일에 쓰여야 한다는 말. ③정부나 조직에서 사람을 쓰는 법이 잘못되었음을 이르는 말. 즉, 조직이나 단체에서 큰 능력을 가진 사람에게 그 능력에 맞지 않는 작은 일을 맡기는 것을 말한다. '管仲蕭何實流亞'에서, '管'은 대롱 '관'으로 읽고, '仲'은 버금(<u>으뜸의 바로 아래</u>) '중'으로 읽는다. '管仲'은 사람 이름이다. 그는 춘추 시대 제(齊)나라의 재상(宰相. <u>임금을 보필하며 모든 관원을 지휘, 감독하는 자리에 있는 이품·二品 이상의 벼슬을 통틀어 이르던 말</u>)이었고, 죽마고우(竹馬故友. <u>본문 참고</u>)인 포숙아(鮑叔牙)와의 깊은 우정으로 '관포지교(管鮑之交. <u>본문 참고</u>)'라는 사자성어를 탄생시킨 인물이다. '蕭'는 쓸쓸할 '소'로 읽고, '何'는 어찌(<u>의문 부사</u>) '하'로 읽는다. '蕭何'는 사람 이름. 전한(前漢) 건국의 일등공신(一等功臣. <u>특정의 일을 마치거나 목적을 이루는데 결정적인 공을 세운 사람을 비유적으로 일컫는 말</u>)이다. 유방(劉邦)의 참모(參謀. <u>윗사람을 도와 어떤 일을 꾀하고 꾸미는 데에 참여함. 또는 그런 사람</u>)로서 유방(劉邦)이 천하를 얻도록 도운 인물이다. '實'은 참으로 '실', 진실로 '실'로 읽고, '流'는 흐를 '류(<u>유</u>)'로 읽고, '亞'는 무리(<u>모여서 뭉친 한 동아리</u>) '아'로 읽는다. '管仲蕭何實流亞'를 직역(直譯)하면, (신기질은) 관중(管仲)이나 소하(蕭何)와 같은 (시대적) 흐름에 (필요한) 무리의 (인물)이다.

대전-마마(大殿媽媽 클 **대**/대궐 **전**/존칭 **마**/존칭 **마**) 큰 대궐(大闕)에 (있는) 마마(媽媽)라는 뜻으로, 지난 날, 임금을 높여 이르는 말. 여기서 '마(媽)'는 의미상 존칭의 뜻을 갖고 있음. *대전(大殿): ①임금이 거처하는 궁전. ②=대전마마(大殿媽媽). *마마(媽媽): ①지난날, 지체(<u>순우리말로, 대대로 이어 내려오는 사회적 신분이나 지위</u>) 높은 사람의 칭호(稱號) 밑에 붙여 쓰던 말. ②'벼슬아치의 첩'을 높여 부르던 말. *대궐(大闕): 부록 '전(殿)' 참고.

대중-공양(大衆供養 클 **대**/무리 **중**/바칠 **공**/봉양할 **양**) 큰 무리에게 바치고 봉양(奉養)한다. 즉, 많이 모인 중(僧侶)에게 바치고 봉양(奉養)한다는 뜻으로, 불교 신자(信者)가 여러 중(僧侶)이나 사람에게 음식을 차려 대접하는 일을 이르는 말. *대중(大衆): 불교에서, 많이 모인 중(僧侶). 또는 비구(比丘), 비구니(比丘尼), 우바새, 우바니를 통틀어 이르는 말. 여기서, '비구(比丘)'는 출가(出家)하여 구족계(具足戒. <u>불교에서, 비구와 비구니가 지켜야 할 계율을 이르는 말</u>)를 받은 남자 중이고, '비구니(比丘尼)'는 출가(出家)하여 구족계(具足戒)를 받은 여자 중이고, '우바새'는 불교에서, 출가하지 않고 부처의 제자가 된 남자를 이르는 말이고, '우바니'는 불교에서, 출가하지 않고 부처의 제자가 된 여자를 이르는 말이다. *공양(供養): ①웃어른에게 음식을 드림. ②불교에서, 부처나 보살에게 음식물이나 꽃 따위를 바치는 일. ③불교에서, 중(僧侶)이 하루 세 끼 음식을 먹는 일. ④불교에서, 절에서 식사하는 일. *바치다: 부록 '공(供)' 참고. *봉양하다(奉養~): 부록 '양(養)' 참고.

대지-여-우(大智如愚 클 **대**/슬기 **지**/같을 **여**/어리석을 **우**) 큰 슬기는 어리석은 (것과) 같다는 뜻으로, 슬기로운 사람은 그 슬기를 함부로 드러내지 않으므로, 겉으로는 어리석게 보인다는 말. 웹 대지약우(大智若愚). *대지(大智): 뛰어난 슬기. *슬기: 부록 '지(智)' 참고. 이 사자성어의 유래는 다음과 같다. 소식(蘇軾)의 「하구양소사치사계(賀歐陽少師致仕啓)」에 〈대단히 용감한 사람은 두려워하는 듯하고/ 대단히 지혜로운 사람은 어리석은 듯하며/ 아주 귀한 사람은 높은 자리에 있지 않더라도 번영하고/ 아주 어진 사람은 도인(導引)을 하지 않더라도 장수한다.〈大勇若怯, <u>大智如愚</u>, 至貴無軒冕而榮, 至仁不導引而壽.〉〉

라는 시(詩)가 나오는데, '대단히 지혜로운 사람은 어리석은 듯하며,(大智如愚)'에서, '대지여우(大智如愚)'가 유래했다. 이 시(詩)는 송(宋) 나라의 문인(文人)인 소식(蘇軾. 일명 蘇東坡)이 벼슬에서 물러나는 구양수(歐陽脩)를 축하하여 쓴 것이다. 참고로, 원문의 '大勇若怯'에서, '大'는 클 '대'로 읽고, '勇'은 날랠 '용', 용기(勇氣)가 있을 '용'으로 읽고, '若'은 같을 '약'으로 읽고, '怯'은 겁낼 '겁', 두려워할 '겁'으로 읽는다. '大勇若怯'을 직역(直譯)하면, 큰 용기 (있는 사람은) 두려워하는 (사람)같이 (보인다). '大智如愚'에서, '大'는 클 '대'로 읽고, '智'는 슬기 '지'로 읽고, '如'는 같을 '여'로 읽고, '愚'는 어리석을 '우'로 읽는다. '大智如愚'를 직역(直譯)하면, 큰 슬기는 어리석은 (것과) 같다는 뜻으로, 슬기로운 사람은 그 슬기를 함부로 드러내지 않으므로, 겉으로는 어리석게 보인다는 말. '至貴無軒冕而榮'에서, '至'는 지극할(至極~. <u>더할 수 없이 극진함</u>) '지'로 읽고, '貴'는 귀할 '귀'로 읽는다. '至貴'는 더할 수 없이 귀함. '無'는 없을 '무'로 읽고, '軒'은 높이 오를 '헌'으로 읽고, '冕'은 면류관(冕旒冠) '면'으로 읽는다. '면류관(冕旒冠)'은 임금의 정복(正服)에 갖추어 쓰던 관(冠)을 이르는 말. '軒冕'을 직역(直譯)하면, 높이 오른 (이가 쓴) 면류관(冕旒冠). '而'는 말 이을 '이'로 읽는다. '그리고'의 뜻을 나타냄. '榮'은 성할 '영', 영화로울 '영'으로 읽는다. '至貴無軒冕而榮'을 직역(直譯)하면, 지극히 귀한 (사람)은 높이 오른 면류관이 없더라도(<u>높은 자리에 있지 않더라도</u>) 그리고 영화로움이 (있었고), '至仁不導引而壽'에서, '仁'은 어질 '인', 인자할 '인'으로 읽는다. '至仁'은 더 없이 인자함. '不'는 아닐(<u>부정하는 말</u>) '부'로 읽고, '導'는 인도(引導)할 '도'로 읽고, '引'은 이끌 '인', 인도(引導)할 '인'으로 읽는다. '導引'은 도가(道家)에서 선인(仙人. '<u>신선·神仙'과 같은 말. 도·道를 닦아서 현실의 인간 세계를 떠나 자연과 벗하며 산다는 상상의 사람. 세속적인 상식에 구애되지 않고, 고통이나 질병도 없으며 죽지 않는다고 함</u>)이 되기 위한 양생법(養生法. <u>병에 걸리지 않도록 건강관리를 잘하여 오래 살기를 꾀하는 방법</u>)의 하나. 정좌(靜坐. <u>마음을 가라앉히고 몸을 바르게 하여 조용히 앉음</u>), 마찰, 호흡으로 온 몸의 근육과 관절을 조절하여 모든 병을 물리친다고 함. '壽'는 목숨 '수', 오래 살 '수'로 읽는다. '至仁不導引而壽'을 직역(直譯)하면, 지극히 인자한 (사람은) 도인(導引)을 (하지) 아니하더라도 그리고 오래 사는 (것이다).

대처-식육(帶妻食肉 데릴 **대**/아내 **처**/먹을 **식**/고기 **육**) 아내를 데리고 고기를 먹는다는 뜻으로, 중(<u>승려</u>)으로서 아내를 두고 고기를 먹는 일을 이르는 말. *대처(帶妻): ①아내를 둠. ②(불교) =대처승(帶妻僧). 즉, 살림을 차리고 아내와 자식을 거느린 중[僧]. *식육(食肉): ①=육식(肉食). 즉, 음식으로 고기를 먹음. 또는 그런 식사. ②=식용육(食用肉). 즉, 쇠고기, 돼지고기, 닭고기 따위와 같이 음식으로 먹는 고기.

대천-지-수(戴天之讐 일 **대**/하늘 **천**/어조사 **지**/원수 **수**) 하늘을 (함께) (머리에) 이지 (못하는) 원수(怨讐)라는 뜻으로, 이 세상에서 같이 살 수 없을 만큼 큰 원한(怨恨. <u>억울하고 원통한 일을 당하여 응어리진 마음</u>)을 가짐을 비유적으로 일컫는 말. 또는 도저히 그냥 둘 수 없을 만큼 원한이 깊이 사무침을 비유적으로 이르는 말. 지극히 사이가 좋지 않은 관계의 사람을 일컫는다. =불공대천(不共戴天). 참 불구대천(不俱戴天). *대천(戴天): (하늘을 머리에 인다는 뜻에서) 세상에 살아있음을 비유적으로 일컫는 말. *이다: 부록 '대(戴)' 참고. *원수(怨讐): 부록 '수(讐)' 참고.

대하-고루(大廈高樓 클 **대**/큰 집 **하**/높을 **고**/다락 **루**) 큰 집과 높은 다락집(<u>누각</u>)이라는 뜻으로, 웅장(雄壯. <u>규모 따위가 거대하고 성대함</u>)한 건물을 이르는 말. 비 고각대루(高閣大樓). 고대광실(高臺廣室). 고루거각(高樓巨閣). *대하(大廈): 큰 집. *고루(高樓): 높은 다락집. 또는 높은 누각. *다락: 부록 '루(樓)' 참고.

대한-불-갈(大旱不渴 클 **대**/가물 **한**/아닐 **불**/목마를 **갈**) 크게 가물어도 목마르지 아니한다는 뜻으로, 샘, 내, 논, 못 따위가 아무리 가물어도 물이 마르지 않음을 이르는 말. *대한(大旱): 극심한 가뭄. *가물: 부록 ‘한(旱)’ 참고.

대해-일속(大海一粟 클 **대**/바다 **해**/한 **일**/조 **속**) (넓고) 큰 바다 (속의) 좁쌀 한 (알)이라는 뜻으로, 아주 많거나 넓은 것 가운데 있는, 매우 하찮고 작은 것을 비유적으로 이르는 말. *대해(大海): 넓은 바다. =거해(巨海). *일속(一粟): 한 알의 좁쌀이라는 뜻으로, 몹시 적은 양(量)을 이르는 말. *조: 부록 ‘속(粟)’ 참고.

대해-일적(大海一滴 클 **대**/바다 **해**/한 **일**/물방울 **적**) (넓고) 큰 바다 (속의) 하나의 물방울이라는 뜻으로, 아주 많거나 넓은 것 가운데 있는, 매우 하찮고 작은 것을 비유적으로 이르는 말. 또는 바다에 떨어진 물 한 방울이라는 뜻으로, 보잘것없는 존재(사람)를 비유적으로 이르는 말. =창해일속(滄海一粟). *대해(大海): ☞대해일속(大海一粟). *일적(一滴): 물이나 기름 따위의 한 방울. *물방울: 부록 ‘적(滴)’ 참고.

덕-륭-망-존(德隆望尊 덕 **덕**/높을 **륭**/우러러볼 **망**/높을 **존**) 덕(德. 고매하고 너그러운 도덕적 품성)이 높고 우러러봄이 높다는 뜻으로, 덕행(德行. 어질고 착한 행실)과 인망(人望. 세상 사람이 우러러 믿고 따르는 덕망)이 높음을 이르는 말. *‘망-존’은 『국어사전(國語辭典)』에 등재(登載)된, ‘궁중에서, 대보름이나 한가윗날 밤에 달에 제(祭)를 드림’인 ‘망존(望尊)’의 뜻과는 별개다. *우러러보다: ①얼굴을 위로 향하여 쳐다보다. ②훌륭한 사람을 존경하는 마음으로 대하거나 그리다.

덕-무-상-사(德無常師 덕 **덕**/없을 **무**/항상 **상**/스승 **사**) 덕(德. 고매하고 너그러운 도덕적 품성)에는 항상(恒常) 스승이 없다. 즉, 덕(德)을 닦는 데는 일정한 스승이 없다는 뜻으로, 삼라만상(森羅萬象. 본문 참고) 모든 것이 스승이라는 말이다.

덕본-재-말(德本財末 덕 **덕**/근본 **본**/재물 **재**/끝 **말**) 덕(德. 고매하고 너그러운 도덕적 품성)이 근본이고 재물(財物)이 끝이라는 뜻으로, 사람이 살아가는데 덕(德)이 뿌리가 되고, 재물(財物)은 사소한 부분임을 이르는 말. *덕본(德本): =선근(善根). 즉, 온갖 선(善)을 낳는 근본. 예를 들면 욕심을 부리지 않음. 또는 성내지 않음. 어리석지 않음 따위이다. *재물(財物): 부록 ‘재(財)’ 참고.

덕업-상-권(德業相勸 덕 **덕**/업 **업**/서로 **상**/권할 **권**) 덕(德. 고매하고 너그러운 도덕적 품성)이 (있는) 업(業)은 서로 권(勸)한다는 뜻으로, 좋은 행실은 서로 권장함. 즉, 좋은 일은 서로 권(勸)하여 장려(獎勵. 좋은 일에 힘쓰도록 북돋아 줌)해야 함을 이르는 말. 향약(鄕約)의 네 가지 덕목 가운데 하나이다. 여기서, ‘향약(鄕約)’은 조선 시대에, 권선징악(勸善懲惡. 본문 참고)과 상부상조(相扶相助. 본문 참고)를 목적으로 마련하였던 시골 마을의 자치(自治. 자기 일을 스스로 다스림) 규약(規約. 조직체 안에서, 서로 지키도록 협의하여 정해 놓은 규칙)을 일컫는 말. 그리고 ‘향약(鄕約)의 4대 덕목’은 과실상규(過失相規), 덕업상권(德業相勸), 예속상교(禮俗相交), 환난상휼(患難相恤) 따위이다. *덕업(德業): 어질고 착한 업적이나 사업. *업(業): 부록 ‘업(業)’ 참고.

덕치-주의(德治主義 덕 **덕**/다스릴 **치**/주될 **주**/옳을 **의**) 덕(德. 고매하고 너그러운 도덕적 품성)으로 (사람을) 다스리는 주된 주의(主義)라는 뜻으로, 덕망(德望)이 있는 사람이 도덕적으로 눈뜨지 못하고 어두운 사람을 지도, 교화(敎化)하는 것을 정치의 요체(要諦. 사물의 가장 중요한 점)로 삼는 사상을 이르는 말. 이것은 옛 중국의 정치 이념이었다. =덕치사상(德治思想). 여기서, ‘덕망(德望)’은 덕행(德行). 즉,

어질고 착한 행실로 얻은 명망(名望). 즉, 명성(名聲. 세상에 널리 퍼져 평판·評判 높은 이름)과 인망(人望. 세상 사람이 우러러 믿고 따르는 덕망·德望)을 아울러 이르는 말. '교화(敎化)하다'는 (주로 교양, 도덕 따위를) 가르치어 감화시키다. 또는 불법(佛法). 즉, 부처의 가르침으로 사람을 가르치어 착한 마음을 가지게 하다. *덕치(德治): 덕(德)으로 다스림. 또는 그런 정치(政治). *주의(主義): ①굳게 지키는 주장이나 방침. ②체계화된 이론이나 학설. *주되다(主~): 주장(主張)이나 중심(中心)이 되다.

덕-필-유-린(德必有隣·鄰 덕 **덕**/반드시 **필**/있을 **유**/이웃 **린**) 덕(德. <u>고매하고 너그러운 도덕적 품성</u>)이 있으면 반드시 이웃이 있다는 뜻으로, 덕(德)이 있으면 반드시 따르는 사람이 있어 외롭지 않음을 이르는 말. *이웃: 부록 '린(隣·鄰)' 참고. 《관련 속담》 덕은 외롭지 않고 반드시 이웃이 있다. 이 사자성어의 유래는 다음과 같다. 『논어(論語)』의 「이인(里仁)」 편(篇)에 〈(중국 춘추시대의 사상가이며 학자인) 공자(孔子)가 말했다. "덕은 외롭지 않으며, 반드시 이웃이 있다."(子曰, <u>**德不孤**</u>, <u>**必有鄰**</u>.)〉라는 이야기가 나오는데, '덕은 외롭지 않으며, 반드시 이웃이 있다.(德不孤, 必有鄰)'에서, '덕필유린(德必有隣·鄰)'이 유래했다. 참고로, 원문의 '子曰'에서, '子'는 경칭(敬稱. <u>공경하는 뜻으로 부르는 칭호, 또는 존대하여 일컬음</u>) '자'로 읽는다. 학덕(學德)과 지위가 높은 남자의 경칭(敬稱)이다. 여기서는 '공자(孔子)'를 가리킴. '子曰'을 직역(直譯)하면, 공자(孔子)가 말하기를, '德不孤'에서, '德'은 덕(德. <u>고매하고 너그러운 도덕적 품성</u>) '덕'으로 읽고, '不'은 아닐(<u>부정하는 말</u>) '불'로 읽고, '孤'는 외로울 '고'로 읽는다. '德不孤'를 직역(直譯)하면, 덕(德)은 외롭지 않다. '必有鄰'에서, '必'은 반드시 '필'로 읽고, '有'는 있을 '유'로 읽고, '鄰'은 이웃 '린(인)'으로 읽는다. '必有鄰'을 직역(直譯)하면, (왜냐하면) 반드시 이웃이 있기 (때문이다). 여기서, '德必有鄰'이 유래하였는데, 이것을 직역(直譯)하면, 덕(德)은 반드시 이웃이 있다는 뜻으로, 덕(德)이 있으면 반드시 따르는 사람이 있어 외롭지 않음을 이르는 말. 『논어(論語)』의 「이인(理仁)」 편에 나오는 '덕불고 필유린(德不孤, 必有隣·鄰)'의 준말이다.

도가-자-류(道家者流 도교 **도**/전문가 **가**/사람 **자**/계층 **류**) 도교(道敎)에 (대해서) 전문가 계층(階層)의 사람이라는 뜻으로, 도교(道敎)를 믿고 그 도(道)를 닦는 사람을 이르는 말. *도가(道家): ①중국의 선진(先秦) 시대 이래, 노장(老莊. <u>중국 고대의 사상가인 '노자·老子'와 '장자·莊子'를 아울러 이르는 말</u>)의 무위자연(無爲自然. <u>본문 참고</u>)의 사상을 따르던 학자를 통틀어 이르는 말. 여기서, '노자(老子)'는 중국 춘추전국시대·春秋戰國時代의 사상가·思想家이며, 도가·道家의 시조·始祖. 그리고 '장자(莊子)'는 중국 전국시대·戰國時代의 사상가이며, 도가·道家 사상의 중심인물. ②=도가자류(道家者流). *도교(道敎): 무위자연설(無爲自然說)을 근간으로 하는 중국의 다신적(多神的) 종교를 이르는 말. 황제(皇帝)와 노자(老子)를 신격화한 태상노군(太上老君. <u>중국 춘추시대·春秋時代의 사상가인 '노자·老子'를 높여 이르는 말</u>)을 숭배하며, 노장(老莊. <u>중국 고대의 사상가인 '노자·老子'와 '장자·莊子'를 아울러 이르는 말</u>) 철학을 받아들이고 여기에 음양오행설(陰陽五行說)과 신선사상(神仙思想)을 더하여 불로장생(不老長生. <u>본문 참고</u>)을 추구하였음. 여기서, '신선(神仙)'은 도(道)를 닦아서 현실의 인간 세계를 떠나 자연과 벗하며 산다는 상상(想像)의 사람을 이르는 말. 세속적(世俗的. <u>세속의 범주를 벗어나지 못한 것</u>)인 상식(常識)에 구애(拘碍)되지 않고, 고통이나 질병도 없으며 죽지 않는다고 함.

도-견-상부(道見桑婦 길 **도**/볼 **견**/뽕나무 **상**/지어미 **부**) 길에서 뽕나무의 (잎을) (따는) 지어미를 본다. 즉, 어떤 사람이 길에서 뽕잎을 따는 여자를 보고 즐겁게 이야기하다가 자신의 아내를 돌아보니, 그 아내 역시 손짓하여 부르는 남자가 있었다는 뜻으로, 하고 싶은 대로 일시적인 이익(利益)을 구하려다가 결국에는 기존(旣存)에 갖고 있던 것까지 모두 잃게 됨을 비유적으로 이르는 말. *상부(桑婦): 뽕을 따는 부녀자. *지어미: '남편이 있는 여자'를 예스럽게 이르는 말. 이 사자성어의 유래는 다음과 같다. 『열자 (列子)』의 「설부(說符)」 편(篇)에 〈진(晉)나라 문공(文公)이 나라 밖으로 나가 제후(諸侯)들을 모아 위(衛)나라를 치려고 하자, 공자(公子)인 서(鋤)가 하늘을 우러러보며 크게 웃었다. 여기서 '공자(公子)'는 지체가 높은 집안의 아들을 일컫는다. 그리고 '지체'는 순우리말로, 어떤 집안이나 개인이 사회에서 차지하고 있는 신분이나 지위를 일컬음. 문공(文公)이 그 까닭을 묻자, 서(鋤)가 대답했다. "이웃 사람 중에 그 아내가 사가(私家. 개인이 살림하는 집 여기서는 친정, 친가)로 가는 것을 배웅하는 자(者)가 있었는데, (그 사람이) 길에서 뽕잎을 따는 여자를 보고 즐겁게 이야기하다가 (사가로 가는) 자신의 아내를 돌아보니, 그 아내 역시 손짓하며 부르는 남자가 있었습니다. 신(臣. 신하가 임금에 대하여 자기를 일컫는 말)은 이 일을 몰래 생각하고 웃은 것입니다."(晉文公出會, 欲伐衛, 公子鋤仰天而笑, 公問何笑, 曰, 臣笑隣之人有送其妻適私家者, **道見桑婦**, 悅而與言, 然顧視其妻, 亦有招之者矣, 臣竊笑此也.)〉 [문공(文公)은 그 말의 뜻을 깨닫고, 위(衛)나라를 정벌하려는 계획을 멈추고 군사를 이끌고 돌아왔다. 문공(文公)이 미처 돌아오지 않은 상황에서, 진(晉)나라의 북쪽 변경을 침략하는 자(者)가 있었다.]라는 이야기가 나오는데, '길에서 뽕잎을 따는 여자를 보고.(道見桑婦)'에서, '도견상부(道見桑婦)'가 유래했다. 위의 이야기를 이해하기 위해서는 두 가지 측면에서 주목할 필요가 있다. 첫째, '길에서 뽕잎을 따는 여자를 보고 즐겁게 이야기한다(사통한다).'는 말이다. 이것은, 자기가 하고 싶은 대로 일시적인 이익을 구한다는 뜻이다. 그리고 '그 아내 역시 부르는 남자가 있었다.'는 말은 당신이 사통(私通. 부부 아닌 남녀가 몰래 정을 통함)하면 나도 그렇게 할 수 있다는 것을 보여주는 장면이다. 내가 할 수 있는 일은 남도 할 수 있다는 것이다. 결국에는 기존에 갖고 있던 것(아내)까지 모두 잃게 된다는 뜻이다. 그래서 '도견상부(道見桑婦)'는 이와 같이 누구나 생각하고 행동할 수 있는 일을 가지고 자기만 한다는 착각에 빠져, 눈앞에 보이는 일시적인 이익을 좇다가 가지고 있는 것까지 다 놓치는 것을 비유(比·譬喩. 어떤 사물의 모양이나 상태 따위를 보다 효과적으로 표현하기 위하여 그것과 비슷한 다른 사물에 빗대어 표현함. 또는 그 표현 방법)하는 말이 되었다. 둘째, '문공(文公)이 미처 돌아오지 않은 상황에서, 진(晉)나라의 북쪽 변경을 침략하는 자(者)가 있었다.'는 이야기다. 내가 남의 땅을 넘보는 사이에 자기 나라가 공격의 대상이 될 수 있다는 것이다. 산돼지를 잡으려다 집돼지를 잃는 경우다. 이 이야기는 지나친 욕심을 경계(警戒)해야 된다는 뜻이다. 결국 이 두 가지 이야기를 통하여 '도견상부(道見桑婦)'는 '기왕에 가지고 있는 것을 잘 보존하고, 작은 이익에 휩쓸리지 않도록 노력해야 함'을 우리들에게 가르쳐주고 있는 것이다. 참고로, 원문의 '晉文公出會'에서, '晉'은 나라 이름 '진'으로 읽고, '文'은 글월 '문'으로 읽고, '公'은 제후(諸侯) '공'으로 읽는다. '文公'은 왕 이름. '出'은 날 '출'로 읽고, '會'는 모을 '회'로 읽는다. '晉文公出會'를 직역(直譯)하면, 진(晉)나라 문공(文公)이 (나라 밖으로) 나가 (제후들을) 모아, '欲伐衛'에서, '欲'은 하고자 할 '욕'으로 읽고, '伐'은 칠(정벌함) '벌'로 읽고, '衛'는 나라 이름 '위'로 읽는다. '欲伐衛'를 직역(直譯)하면, 위(衛)나라를 치려고(정벌하려고) 하니, '公子鋤仰天而笑'에서, '公'은 제후(諸侯) '공'으로 읽고, '子'는 아들 '자'로 읽는다. '公子'는 지체가 높은 아들. '鋤'는 호미 '서'로 읽는다. 여기서는, 사람 이름 '서(鋤)'를 가리킴. '仰'은 우러러볼 '앙'으로 읽고, '天'은 하늘 '천'으로 읽고, '而'는 말 이을 '이'로 읽는다.

‘그리고’의 뜻을 나타냄. ‘笑’는 웃을 ‘소’로 읽는다. ‘公子鉏仰天而笑’를 직역(直譯)하면, 공자(公子)인 서(鉏)가 하늘을 우러러보며 그리고 웃었다. ‘公問何笑’에서, ‘公’은 ‘진(晉)나라 문공(文公)’을 가리킴. ‘問’은 물을 ‘문’으로 읽고, ‘何’는 어찌(의문 부사) ‘하’로 읽는다. ‘公問何笑’를 직역(直譯)하면, 진(晉)나라 문공(文公)이 (공자·公子 서·鉏에게) 어찌하여 웃었는지 물었다. ‘臣笑隣之人有送其妻適私家者’에서, ‘臣’은 신(臣. 신하가 임금에게 자기를 일컫는 말) ‘신’으로 읽고, ‘隣’은 이웃 ‘린(인)’으로 읽고, ‘之’는 어조사 ‘지’로 읽는다. ‘~의’를 나타내는 관형격 조사. ‘人’은 사람 ‘인’으로 읽고, ‘有’는 있을 ‘유’로 읽고, ‘送’은 보낼 ‘송’, 배웅할 ‘송’으로 읽고, ‘其’는 그(지시하는 말) ‘기’로 읽고, ‘妻’는 아내 ‘처’로 읽는다. ‘臣笑隣之人有送其妻’를 직역(直譯)하면, 신(臣)은 이웃의 (어떤) 사람이 그 아내를 보내는 일이 있음을 (보고) 웃었음. ‘適私家者’에서, ‘適’은 갈(한 곳에서 다른 곳으로 장소를 이동함) ‘적’으로 읽고, ‘私’는 사사로이 할 ‘사’로 읽고, ‘家’는 집 ‘가’로 읽는다. ‘私家’는 개인의 살림집. ‘者’는 사람 ‘자’로 읽는다. ‘適私家者’를 직역(直譯)하면, 사사로이 할 집으로 가는 사람. ‘臣笑隣之人有送其妻適私家者’를 직역(直譯)하면, 신(臣)은 이웃의 (어떤) 사람이 그 아내를 사사로이 할 집으로 보내는 사람이 있음을 (보고) 웃었습니다. ‘道見桑婦’에서, ‘道’는 길 ‘도’로 읽고, ‘見’은 볼 ‘견’으로 읽고, ‘桑’은 뽕나무 ‘상’으로 읽고, ‘婦’는 지어미 ‘부’, 여자(女子) ‘부’로 읽는다. ‘道見桑婦’를 직역(直譯)하면, 길에서 뽕나무의 (잎을) (따는) 지어미를 보고, 즉, 어떤 사람이 길에서 뽕잎을 따는 여자를 보고 즐겁게 이야기하다가 자신의 아내를 돌아보니, 그 아내 역시 손짓하여 부르는 남자가 있었다는 뜻으로, 하고 싶은 대로 일시적인 이익(利益)을 구하려다가 결국에는 기존(旣存)에 갖고 있던 것까지 모두 잃게 됨을 비유적으로 이르는 말. ‘悅而與言’에서, ‘悅’은 기쁠 ‘열’로 읽고, ‘與’는 더불어 ‘여’로 읽고, ‘言’은 말씀 ‘언’으로 읽는다. ‘悅而與言’을 직역(直譯)하면, 기뻐하며 그리고 더불어 말하였으나, ‘然顧視其妻’에서, ‘然’은 그러나(접속 부사) ‘연’으로 읽고, ‘顧’는 돌아볼 ‘고’로 읽고, ‘視’는 볼 ‘시’로 읽는다. ‘顧視’는 돌아다봄. ‘然顧視其妻’를 직역(直譯)하면, 그러나 (사사로이 할 집으로 가는) 그 아내를 돌아다보니, ‘亦有招之者矣’에서, ‘亦’은 또 ‘역’, 또한 ‘역’으로 읽고, ‘招’는 부를 ‘초’, 손짓할 ‘초’로 읽고, ‘者’는 사람 ‘자’로 읽는다. ‘招之者’를 직역(直譯)하면, 부르는 사람. ‘矣’는 어조사 ‘의’로 읽는다. ‘~이다(단정)’의 뜻을 나타냄. ‘亦有招之者矣’를 직역(直譯)하면, 또한 손짓하는 사람이 있어서입니다. ‘臣竊笑此也’에서, ‘竊’은 몰래 ‘절’로 읽고, ‘此’는 이(지시하는 말) ‘차’로 읽고, ‘也’는 어조사 ‘야’로 읽는다. ‘~이다(단정)’의 뜻을 나타냄. ‘臣竊笑此也’를 직역(直譯)하면, 신(臣)은 이것을 몰래 (생각하며) 웃은 (것입니다).

도-견-와계(陶犬瓦鷄 질그릇 도/개 견/기와 와/닭 계) 질그릇의 개[犬]와 기와의 닭[鷄]. 즉, 도제(陶製)의 개[犬]와 와제(瓦製)의 닭[鷄]이라는 뜻으로, 겉모습은 훌륭하나 실속이 없어 아무 쓸모도 없는 사람을 놀림조로 이르는 말. 여기서, ‘도제(陶製)’는 오지(‘오짓물’의 준말로, 오지그릇의 윤을 내는 데 쓰는 잿물)로 만들어진 것. 또는 그런 물건이고, ‘와제(瓦製)’는 기와로 만들어진 것, 또는 그런 물건이다. *와계(瓦鷄): 기와로 만든 닭이라는 뜻으로, 외형(外形)은 있지만, 아무 소용이 없음을 비유적으로 이르는 말.

도당-강소(徒黨强訴 무리 도/무리 당/강할 강/하소연할 소) 무리와 무리를 (지어) 강하게 하소연한다는 뜻으로, 무리를 지어 불평이나 불만 따위를 호소(呼訴. 억울하거나 딱한 사정을 남에게 간곡히 알림)함을 이르는 말. *도당(徒黨): ①불순한 사람의 무리. ②집단을 이룬 무리. *강소(强訴): 무리를 지어 호소(呼訴)함.

도덕-군자(道德君子 도리 **도**/덕 **덕**/군자 **군**/경칭 **자**) (사람이 마땅히 지켜야 할) 도리(道理)의 덕(德. <u>고매</u><u>하고 너그러운 도덕적 품성</u>)을 (닦은) 군자(君子)라는 뜻으로, 도학(道學)을 닦아 덕(德)이 높은 사람을 이르는 말. =도학군자(道學君子). 여기서, '도학(道學)'은 도덕에 관한 학문. 또는 중국 송(宋)나라 때의 정주학파(程朱學派)의 학문. 곧 심성(心性)과 이기(理氣)의 학문. *도덕(道德): 인륜의 대도(大道). 즉, 사람으로서 마땅히 지켜야 할 도리(道理) 및 그것을 자각하여 실천하는 행위의 총체(總體. <u>있는 것들을</u> <u>모두 하나로 합친 전부 또는 전체</u>). *군자(君子): 학문과 덕(德)이 높고 행실(行實)이 바르며 품위(品位)를 갖춘 사람. *도리(道理): 사람이 마땅히 지켜야 할 바른 길. *경칭(敬稱): 공경하는 뜻으로 부르는 칭호. 또는 존대하여 일컬음.

도둔-부-득(逃遁不得 달아날 **도**/달아날 **둔**/없을 **부**/얻을 **득**) 달아나고 달아나도 얻을 (것이) 없다는 뜻으로, 도망하여 숨을 수가 없음. 또는 몰래 달아나도 피(避)할 길이 없음을 비유적으로 이르는 말. *도둔(逃遁): 달아나 숨음.

도랑-방자(跳踉放恣 뛸 **도**/급히 걸을 **랑**/방자할 **방**/방자할 **자**) 뛰고 급히 걷는 것이 방자(放恣)하고 방자(放恣)하다는 뜻으로, 말이나 행동 따위가 너무 똑똑하게 굴어서 아무 거리낌이 없음. 또는 행동이나 생각하는 것이 제멋대로임을 이르는 말. *도랑(跳踉): =도랑방자(跳踉放恣). *방자(放恣): 꺼리거나 삼가는 태도가 보이지 않고 교만스러움.

도로-무공(徒勞無功 헛될 **도**/수고로울 **로**/없을 **무**/공 **공**) 헛되이 수고로울 (뿐) 공(功)이 없다는 뜻으로, 헛되이 애만 쓰고 아무런 이로움이나 보람이 없음을 이르는 말. 또는 헛수고만 하고 아무 보람이 없다는 말. =도로무익(徒勞無益). 囘 노이무공(勞而無功). *도로(徒勞): 헛되이 수고함. =헛수고. *무공(無功): 공로가 없음. *수고롭다: 순우리말로, 부록 '로(勞)' 참고.

도로-무익(徒勞無益 헛될 **도**/수고로울 **로**/없을 **무**/이익 **익**) 헛되이 수고로울 (뿐) 이익이 없다는 뜻으로, 헛되이 애만 쓰고 아무런 이로움이 없음을 이르는 말. 또는 헛수고만 하고 아무 보람이 없다는 말. =도로무공(徒勞無功). *도로(徒勞): ☞도로무공(徒勞無功). *무익(無益): 이로움이 없음. *수고롭다: 순우리말로, 부록 '로(勞)' 참고.

도-룡-지-기(屠龍之技 죽일 **도**/용 **룡**/어조사 **지**/재주 **기**) 용(龍)을 죽이는 재주. 즉, 용(龍)을 잡는 재주(기술)가 있다는 뜻으로, 대단한 재주(기술)인 것처럼 보이지만, 사실은 전혀 쓸모가 없는 재주(기술)를 비유적으로 이르는 말. 왜냐하면 용(龍)은 이 세상(世上)에 없는 동물이기 때문이다. *재주: 순우리말로, 무엇을 잘할 수 있는, 타고난 능력과 슬기. 이 사자성어의 유래는 다음과 같다. 『장자(莊子)·잡편(雜篇)』의 「열어구(列禦寇)」 편(篇)에 [도(道)를 알기는 쉬우나 (알고도) 말하지 않기는 어려운 일이다. 알면서 말하지 않는다는 것은 자연의 경지로 통하는 것이요, 알면서 말한다는 것은 인위적인 현세(現世)로 가는 것이다.]〈옛사람들은 자연(自然)을 살폈지, 인위(人爲. <u>사람의 힘으로 이루어지는 일</u>)를 추구한 것이 아니었다. 주평만(朱泙漫)은 용(龍) 잡는 법을 지리익(支離益. <u>사람 이름</u>)에게서 배웠다. 천금(千金)이나 되는 가산(家産)을 써 가며 삼 년만에야 그 재주를 이루었지만, 그것을 써먹을 곳이 없었다.(古之人, 天而不人. **朱泙漫學屠龍於支離益**, 單千金之家, **三年技成而無所用其巧**.)〉라는 이야기가 나오는데, '주평만(朱泙漫)은 용(龍) 잡는 법을 지리익(支離益)에게서 배웠다.(朱泙漫學屠龍於支離益)'와, '삼 년만에야 그 재주를 이루었지만, 그것을 써먹을 곳이 없었다.(三年技成而無所用其巧)'에서, '도룡지기(屠龍之技)'

가 유래했다. 이 이야기를 덧붙여 설명하면 다음과 같다. 옛날에 주평만(朱泙漫)이라는 사람이 있었다. 그는 지리익(支離益)이라는 사람에게서 용(龍)을 잡아 요리하는 기술을 배우고자 했다. 기술을 배우는 대가(代價)로 그는 자신의 전 재산을 쏟아 부었다. 각고(刻苦. 고생을 견디며 몹시 애씀)의 노력 끝에 그는 3년 만에 기술을 전수(傳授. 기술이나 지식 따위를 전하여 줌)를 받았고, 그는 의기양양(意氣揚揚. 본문 참고)하게 속세(俗世. 세속의 사람들이 사는 일반의 사회)로 내려왔다. 하지만 곧 자신의 기술이 아무 쓸모가 없음을 깨닫게 된다. 용(龍)이 상상의 동물이라는 점을 잊고 있었던 것이다. 현실에 없는 동물을 잡을 수도 없거니와, 음식으로 요리할 수는 더더욱 없는 노릇이었다. 결국 그는 쓸모없는 기술을 익히느라 시간과 비용만 허비한 셈이다. 주평만(朱泙漫)은 용(龍)을 잡는 기술보다 물고기를 잡는 기술을 배웠으면 더 좋았을 것이다. 따라서 '도룡지기(屠龍之技)'는 용(龍)을 잡는 기술은 대단한 것처럼 보이지만, 사실은 전혀 쓸모가 없는 기술임을 비유(比・譬喩. 어떤 사물의 모양이나 상태 따위를 보다 효과적으로 표현하기 위하여 그것과 비슷한 다른 사물에 빗대어 표현함. 또는 그 표현 방법)한 것이다. 그리고 위에서 주평만(朱泙漫)이나 지리익(支離益)은 모두 장자(莊子. 중국 전국시대・戰國時代의 사상가. 도가・道家 사상의 중심인물)가 만든 허구상의 인물이다. 참고로 원문의 '古之人'에서, '古'는 옛 '고', 옛날 '고'로 읽고, '之'는 어조사 '지'로 읽는다. '~의'를 나타내는 관형격 조사. '古之人'을 직역(直譯)하면, 옛날의 사람들은, '天而不人'에서, '而'는 말 이을 '이'로 읽는다. '그러나'의 뜻을 나타냄. '天而不人'을 직역(直譯)하면, 하늘이지 그러나 사람은 아니었다. 즉, 옛날 사람은 하늘을 따르고, 사람을 따르지 않았다는 말이다. '朱泙漫學屠龍於支離益'에서, '朱'는 붉을 '주'로 읽고, '泙'은 물소리 '평'으로 읽고, '漫'은 흩어질 '만'으로 읽는다. '朱泙漫'은 사람 이름(실제 사람이 아님). '學'은 배울 '학'으로 읽고, '屠'는 죽일 '도'로 읽고, '龍'은 용(龍) '룡(용)'으로 읽고, '於'는 어조사 '어'로 읽는다. '~에게서(위치)'의 뜻을 나타냄. '支'는 지탱할 '지'로 읽고, '離'는 떠날 '리(이)'로 읽고, '益'은 더할 '익'으로 읽는다. '支離益'은 사람 이름(실제 사람이 아님). '朱泙漫學屠龍於支離益'을 직역(直譯)하면, 주평만(朱泙漫)은 용(龍) 죽이는 (방법을) 지리익(支離益)에게서 배웠다. '單千金之家'에서, '單'은 오직 '단'으로 읽고, '千'은 일천 '천'으로 읽고, '金'은 돈 '금', 화폐(貨幣) '금'으로 읽는다. '千金'은 많은 돈이나 비싼 값을 비유적으로 이르는 말. '家'는, 여기서는 살림살이 '가'로 읽는다. '單千金之家'를 직역(直譯)하면, 오직 천금이나 되는 살림살이(가산)를 (써가며), '三年技成而無所用其巧'에서, '三'은 석 '삼'으로 읽고, '年'은 해 '년(연)'으로 읽고, '技'는 재주 '기'로 읽고, '成'은 이룰 '성'으로 읽고, '而'는 말 이을 '이'로 읽는다. '그러나'의 뜻을 나타냄. '無'는 없을 '무'로 읽고, '所'는 바(일의 방법이나 방도) '소'로 읽고, '用'은 쓸 '용'으로 읽는다. '無所用'은 소용이 없음. 또는 그런 것. '其'는 그(지시하는 말) '기'로 읽고, '巧'는 재주 '교'로 읽는다. '三年技成而無所用其巧'를 직역(直譯)하면 3년 동안 재주를 이루었지만 그러나 그 재주는 소용이 없었다. 여기서, '屠龍之技'가 유래하였는데, 이것을 직역(直譯)하면, 용(龍)을 죽이는 재주. 즉, 용(龍)을 잡는 재주(기술)가 있다는 뜻으로, 대단한 재주(기술)인 것처럼 보이지만, 사실은 전혀 쓸모가 없는 재주(기술)를 비유적으로 이르는 말.

도림-처사(桃林處士 복숭아 **도**/수풀 **림**/처할 **처**/선비 **사**) 복숭아 수풀에서 (벼슬 안 하고 집에) 처하여 (있는) 선비라는 뜻으로, '소[牛]'를 달리 이르는 말. 중국 주(周)나라 무왕(武王)이 은(殷)나라를 치고, 성채(城砦. 성곽과 요새)였던 도림(桃林)에 소를 놓아길렀다는 고사(故事)에서 유래한다. *도림(桃林): ①봉숭아나무 숲. ② 소[牛]를 달리 이르는 말. *처사(處士): ①세상 밖에 나서지 않고 조용히 묻혀 사는

선비. ②속인(俗人)으로서 불교의 법명(法名. 중이 되는 사람에게 지어주는 이름)을 가진 남자. 여기서,
'속인(俗人)'은 세속(世俗. 사람이 살고 있는 모든 사회를 통틀어 이르는 말)의 사람. 또는 중(승려)에
상대하여, '불교에 귀의(歸依)하지 않은 사람'을 이르는 말. =거사(居士). ③절에서 임시로 지내는 도사
(道士. 도를 닦는 사람). *처하다(處~): 어떤 처지에 놓이다.

도-문-담-불(屠門談佛 죽일 도/문 문/말씀 담/부처 불) (고기를) 죽여 (파는 저자의) 문(門)에서 부처를
말한다. 즉, 고기를 파는 저자(시장에서 물건을 파는 가게)에서 불교를 논(論)한다는 뜻으로, 말이나
행동(行動)이 주위 환경과 맞지 않음을 이르는 말.

도문-질욕(到門叱辱 이를 도/문 문/꾸짖을 질/욕 욕) 문(門)에 이르러 꾸짖고 욕한다는 뜻으로, 남의 집
문 앞에 와서 꾸짖고 욕함을 이르는 말. *도문(到門): ①문 앞에 다다름. ②과거(科擧. 예전에 우리나라와
중국에서 관리를 뽑을 때 실시하던 시험을 이르는 말)에 급제(及第. 지난날, 과거에 합격하던 일)하여
홍패(紅牌)를 받아서 집에 돌아오던 일. 여기에서, '홍패(紅牌)'는 왕조 때, 문과의 회시(會試. '복시·覆試'와
같은 말로, 조선 시대에 초시에 급제한 사람에게 두 번째로, 보이던 과거를 이르는 말)에 급제(及第)한
사람에게, 성적과 등급, 이름 따위를 붉은 종이에 적어 내어 주던 증서(證書). *질욕(叱辱): 꾸짖으며 욕함.

도문-질타(到門叱咤 이를 도/문 문/꾸짖을 질/꾸짖을 타) 문(門)에 이르러 꾸짖고 꾸짖는다는 뜻으로, 남의
집 문(門) 앞에 와서, 크게 꾸짖고 책망(責望. 허물을 들어 꾸짖음)함을 이르는 말. *도문(到門): ☞도문
질욕(到文叱辱). *질타(叱咤): ①성을 내어 큰 소리로 꾸짖음. ②큰소리로 지휘함.

도방-고-리(道傍苦李 길 도/곁 방/쓸 고/오얏 리) 길 곁(가)에 (있는) 오얏은 (맛이) 쓰다는 뜻으로, 많은
사람이 무시(無視)하는 것은 반드시 그럴 만한 이유가 있음을 비유적으로 이르는 말. 다시 말하면, 많은
사람이 길가의 오얏을 먹지 않고 무시(無視)하는 것은 반드시 그럴 만한 이유가 있다는 것이다. 그것은
오얏이 쓰기 때문이다. *도방(道傍): 길가. *오얏: 부록 '리(李)' 참고. 이 사자성어의 유래는 다음과
같다. 『진서(晉書)』의 「왕융전(王戎傳)」 편(篇)과 『세설신어(世說新語)』의 「아량(雅量)」 편(篇)에 〈진(晉)나
라의 왕융(王戎)이 일곱 살 때에, 다른 아이들과 놀고 있었는데, 길가의 오얏나무에 가지가 휘어질 정도
로 많은 열매가 맺혀 있는 것을 보았다. 아이들은 그것을 따려고 앞을 다투어 달려갔다. 그런데 왕융(王
戎)만은 움직이려 들지 않았다. 어떤 사람이 그 이유를 묻자, 왕융(王戎)이 대답했다. "나무가 길가에
있는데, 저렇게 열매가 많이 매달려 있는 것은 틀림없이 쓴 오얏입니다." 오얏을 따서 먹어 보니 과연
그랬다.(王戎七歲嘗與諸小兒遊, 看道邊李樹多子折枝, 諸兒競走取之, 惟戎不動, 人問之, 答曰, 樹在道邊
而多子, 此必苦李, 取之信然.)〉라는 이야기가 나오는데, '나무가 길가에 있는데, 저렇게 열매가 많이
매달려 있는 것은 틀림없이 쓴 오얏입니다.(樹在道邊而多子, 此必苦李)'의 '도변고리(道邊苦李)'에서, '도
방고리(道傍苦李)'가 유래했다. 참고로, 원문의 '王戎七歲嘗與諸小兒遊'에서, '王'은 임금 '왕'으로 읽고,
'戎'은 종족 이름 '융'으로 읽는다. '王戎'은 사람 이름. '七'은 일곱 '칠'로 읽고, '歲'는 해 '세', 나이 '세'로
읽고, '嘗'은 일찍 '상'으로 읽고, '與'는 더불어 '여'로 읽고, '諸'는 여러 '제'로 읽고, '小'는 작을 '소',
적을 '소'로 읽고, '兒'는 아이 '아'로 읽는다. '小兒'는 '어린아이'와 같은 말로, 나이가 적은 아이. '遊'는
놀 '유'로 읽는다. '王戎七歲嘗與諸小兒遊'를 직역(直譯)하면, 왕융(王戎)이 7세 때 일찍이 여러 어린아이
와 더불어 놀았는데, '看道邊李樹多子折枝'에서, '看'은 볼 '간'으로 읽고, '道'는 길 '도'로 읽고, '邊'은
가(경계에 가까운 바깥쪽 부분) '변'으로 읽는다. '道邊'은 '길가'와 같은 말로, 길의 양쪽 가장자리. '李'는

오얏('자두'의 옛말. 살구보다 조금 크고, 껍질 표면은 털이 없어 매끈하며, 맛은 시큼하고 달콤함) '리 (이)'로 읽고, '樹'는 나무 '수'로 읽는다. '李樹'는 '자두나무'와 같은 말로, 장미과의 낙엽 활엽 교목. '多'는 많을 '다'로 읽고, '子'는, 여기서는 열매 '자'로 읽고, '折'은 꺾을 '절', 꺾일 '절'로 읽고, '枝'는 가지(<u>나뭇가 지</u>) '지'로 읽는다. '看道邊李樹多子折枝'를 직역(直譯)하면, 길가의 자두나무에 가지가 꺾일 (정도로) 열 매가 많음을 보았다. '諸兒競走取之'에서, '諸'는 여러 '제', 모두 '제'로 읽고, '競'은 다툴 '경'으로 읽고, '走'는 달릴 '주'로 읽는다. '競走'는 사람, 동물, 차량 따위가 일정한 거리를 달려 빠르기를 겨루는 일. 또는 그런 경기. '取'는 취할 '취', 가질 '취'로 읽고, '之'는 어조사 '지'로 읽는다. '그것'을 나타내는 지시 대명사. '諸兒競走取之'를 직역(直譯)하면, 여러 아이들이 그것을 취하려고 다투어 달렸는데, '惟戎不動' 에서, '惟'는 오직 '유'로 읽고, '戎'은 종족 이름 '융'으로 읽는다. '왕융(王戎)'을 가리킴. '動'은 움직일 '동'으로 읽는다. '惟戎不動'을 직역(直譯)하면, 오직 왕융(王戎)만은 움직이지 않았다. '人問之'에서, '人' 은, 여기서는 '어떤 사람'을 가리킴. '問'은 물을 '문'으로 읽는다. '人問之'를 직역(直譯)하면, 어떤 사람이 그것에 대하여 (이유를) 물었다. '樹在道邊而多子'에서, '樹'는 나무 '수'로 읽고, '在'는 있을 '재'로 읽고, '道'는 길 '도'로 읽고, '邊'은 가 '변', 곁 '변'으로 읽는다. '樹在道邊'을 직역(直譯)하면, 나무가 길가에 있음. '而'는 말 이을 '이'로 읽는다. '그리고'의 뜻을 나타냄. '多'는 많을 '다'로 읽고, '子'는, 여기서는 열매 '자'로 읽는다. '樹在道邊而多子'를 직역(直譯)하면, 나무가 길가에 있고, 그리고 열매가 많은 것은, '此必苦李'에서, '此'는 이(<u>지시하는 말</u>) '차'로 읽고, '必'은 반드시 '필', 틀림없이 '필'로 읽고, '苦'는 (맛이) 쓸 '고'로 읽고, '李'는 오얏 '리(이)'로 읽는다. '此必苦李'를 직역(直譯)하면, 이것은 틀림없이 (맛이) 쓴 오얏입니다. 여기서, '道傍苦李'가 유래하였는데, 이것을 직역(直譯)하면 길 곁(<u>가</u>)에 (있는) 오얏은 쓰다 는 뜻으로, 많은 사람이 무시(無視)하는 것은 반드시 그럴 만한 이유가 있음을 비유적으로 이르는 말. 다시 말하면, 많은 사람이 길가의 오얏을 먹지 않고 무시(無視)하는 것은 반드시 그럴 만한 이유가 있다 는 것이다. 그것은 오얏이 쓰기 때문이다. '取之信然'에서, '取'는 가질 '취', 취할 '취'로 읽고, '之'는 어조 사 '지'로 읽는다. '그것'을 나타내는 지시 대명사. '信'은, 여기서는 확실히 '신'으로 읽고, '然'은 그럴 '연', 그러할 '연'으로 읽는다. '取之信然'을 직역(直譯)하면, 그것('<u>오얏</u>'을 가리킴)을 취하여 (먹어보니) 확실히 그러했다.

도-불-습유(道不拾遺 길 도/아닐 불/주울 습/잃을 유) 길에서 잃은 (것을) 줍지 아니한다는 뜻으로, 나라가 잘 다스려지고 풍속(風俗. <u>옛날부터 그 사회에 전해 오는, 생활 전반에 걸친 습관 따위를 일컫는 말</u>)이 아름다워서 길에 떨어진 물건도 주워 가지 않음을 이르는 말. 또는 길에 흘린 물건을 줍지 않는다는 뜻으로, 생활에 여유가 생기고 믿음이 차 있는 세상의 아름다운 풍속(風俗)을 이르는 말. 나라가 잘 다스려져 사회가 안정되어 있음을 뜻한다. =노불습유(路不拾遺). *습유(拾遺): ①남이 잃어버린 것을 주움. ②(어떤 책에 실리지 아니한) 빠진 작품이나 글을 모음. 또는 그것을 모아 엮은 책(册). 이 사자성 어의 유래는 다음과 같다. 『사기(史記)』의 「공자세가(孔子世家)」 편(篇)에 〈[노(魯)의 정공 14년, 56세가 된 (중국 춘추시대의 사상가이며 학자인) 공자(孔子)는 대사구(大司寇. <u>지금의 법무장관</u>)가 되어 법을 집행하는 일을 맡았다.] 3개월이 지나자, 양(羊)과 돼지를 파는 상인들이 바가지를 씌우지 않게 되었고, 남녀가 길을 갈 때 길을 나누어 다녔으며, 길에 떨어진 물건을 줍지 않아, 외국 여행자가 노(魯)나라에 이르면 관리의 손을 빌리지 않고도 잃은 물건을 찾을 수 있게 되었다.(與聞國政三月, 鬻羔豚者弗飾賈,

男女行者別於塗, **塗不拾遺**, 四方之客至乎邑者, 不求有司, 皆予之以歸.》라는 이야기가 나오는데, '길에 떨어진 물건을 줍지 않아.(塗不拾遺)'에서, '도불습유(道不拾遺)'가 유래했다. 그런데 원문의 '塗不拾遺'와 '道不拾遺'는 같은 말이다. 앞의 '塗'와 뒤의 '道'는 다 같이 길 '도'로 읽기 때문이다. 참고로, 원문의 '與聞國政三月'에서, '與'는 참여할 '여'로 읽고, '聞'은 들을 '문'으로 읽고, '國'은 나라 '국'으로 읽고, '政'은 정사(政事. <u>나라를 다스리는 일</u>) '정'으로 읽고, '三'은 석 '삼'으로 읽고, '月'은 달 '월'로 읽는다. '與聞國政 三月'을 직역(直譯)하면, (공자가) 나라의 정사(政事)에 참여한 지 3개월째에 (어느 누구로부터) (다음과 같이) 들었다. '鬻羔豚者弗飾賈'에서, '鬻'은 팔 '육', 판매할 '육'으로 읽고, '羔'는 양 새끼 '고'로 읽고, '豚'은 돼지 '돈'으로 읽고, '者'는 사람 '자'로 읽고, '弗'은 아닐(<u>부정하는 말</u>) '불'로 읽는다. '불(不)'과 같은 글자다. '飾'은 꾸밀 '식'으로 읽고, '賈'는 장사 '고', 장사할 '고'로 읽는다. '飾賈'를 직역(直譯)하면, 장사하는 것을 그럴듯하게 꾸미다. '鬻羔豚者弗飾賈'를 직역(直譯)하면, 양 새끼와 돼지를 파는 사람들이 장사하는 것을 그럴듯하게 꾸미지 않았으며(<u>바가지를 씌우지 않았으며</u>), '男女行者別於塗'에서, '男'은 사내 '남'으로 읽고, '女'는 계집 '녀(여)'로 읽고, '行'은 다닐 '행', 길을 걸을 '행'으로 읽는다. '行者'는 (길을 걸어) 가는 사람. '別'은 나눌 '별'로 읽고, '於'는 어조사 '어'로 읽는다. '~에', '~에서'(장소)의 뜻을 나타낸다. '塗'는 길 '도'로 읽는다. '男女行者別於塗'를 직역(直譯)하면, 남녀(男女)가 길을 가는 사람이 (되었을 때) 길에서 나누어 걸었고, 즉, 남녀가 길을 갈 때 길을 나누어 다녔으며, '塗不拾遺'에서, '不'은 아닐(<u>부정하는 말</u>) '불'로 읽고, '拾'은 주울 '습'으로 읽고, '遺'는 잃을 '유'로 읽는다. 여기서, '道不拾遺'를 직역(直譯)하면, 길에서 잃은 (것을) 줍지 아니한다는 뜻으로, 나라가 잘 다스려지고 풍속(風俗)이 아름다워서 길에 떨어진 물건도 주워 가지 않음을 이르는 말. 또는 생활에 여유가 생기고 믿음이 차 있는 세상의 아름다운 풍속을 이르는 말. 나라가 잘 다스려져 사회가 안정되어 있음을 뜻한다. 그런데 『사기(史記)』의 「공자세가(孔子世家)」 편(篇)에는 위의 원문과 같이 '塗不拾遺'로 표기되어 있다. 그러나 『사기(史記)』의 「상군열전(商君列傳)」 편에는 〈道不拾遺, 山無盜賊, 家給人足〉(길에 떨어진 물건을 줍는 자가 없었고, 산에는 도적이 없었고, 집집은 풍성해졌다.), 『한비자(韓非子)』의 「외저설(外儲說) 좌상(左上)」 편에는 〈國無盜賊, 道不拾遺〉(나라에는 도적이 없어졌고, 길에 물건이 떨어져도 주워가지 않았다) 따위의 자료에는 '道不拾遺'로 표기되어 있으니 독자께서 참고하기 바람. '四方之客至乎邑者'에서, '四'는 넉 '사'로 읽고, '方'은 방위 '방', 방향 '방'으로 읽는다. '四方'은 동, 서, 남, 북의 네 방위를 통틀어 이르는 말. '之'는 어조사 '지'로 읽는다. '~의'를 나타내는 관형격 조사. '客'은 손 '객', 손님 '객'으로 읽는다. '四方之客'은, 직역(直譯)하면 사방의 손님. '至'는 이를(<u>어떤 장소나 시간에 닿을</u>) '지'로 읽고, '乎'는 어조사 '호'로 읽는다. '~에서', '~에(장소)의 뜻을 나타냄. '邑'은 고을 '읍', 마을 '읍'으로 읽고, '者'는 사람 '자'로 읽는다. '四方之客至乎邑者'를 직역(直譯)하면, 사방의 손님들과 (어떤 노·魯나라의) 고을에 이르는 사람들은, '不求有司'에서, '求'는 구할 '구'로 읽고, '有'는 있을 '유'로 읽고, '司'는 벼슬(<u>관아에 나가서 나랏일을 맡아 다스리는 자리 또는 그런 일</u>) '사'로 읽는다. '不求有司'는, 직역(直譯)하면 벼슬살이를 하는 사람이 있어도 구하지 않음. '皆予之以歸'에서, '皆'는 다 '개', 모두 '개'로 읽고, '予'는 줄 '여'로 읽는다. '여(與)'와 같은 글자다. '之'는 어조사 '지'로 읽는다. 여기서는 '그것'을 나타내는 지시 대명사. '以'는 써(<u>그것을 가지고, 그것으로 인하여</u>) '이'로 읽고, '歸'는 돌아갈 '귀'로 읽는다. '皆予之以歸'를 직역(直譯)하면, 모두 그것('<u>신임·信任</u>'이나 '<u>신뢰·信賴</u>'를 가리킴)을 주어 그것으로 인하여 돌아가게

(하였다). 즉, 모두 그들이 잘 돌아가게 하였다는 뜻이다.

도비-순설(徒費脣舌 헛될 **도**/쓸 **비**/입술 **순**/혀 **설**) 입술과 혀를 헛되게 쓴다는 뜻으로, 부질없이 아무 보람 없는 말만 늘어놓음을 비유적으로 이르는 말. 또는 공연히 헛소리만 지껄인다는 뜻으로, 공연히 말만 많이 하고 아무 보람이 없음을 비유적으로 이르는 말. *도비(徒費): 헛되이 씀. *순설(脣舌): ①입술과 혀. ②수다(순우리말로, 쓸데없이 말이 많음. 또는 그 말)를 비유적으로 이르는 말.

도비-심력(徒費心力 헛될 **도**/쓸 **비**/마음 **심**/힘 **력**) 마음과 힘을 헛되이 쓴다는 뜻으로, 부질없이 아무 보람이 없는 일에 애를 씀을 이르는 말. 또는 마음과 힘을 다 썼으나 아무런 보람이 없음을 이르는 말. *도비(徒費): ☞도비순설(徒費脣舌). *심력(心力): ①마음과 힘. ②마음이 미치는 힘.

도산-검-수(刀山劍水 칼 **도**/뫼 **산**/칼 **검**/물 **수**) 칼의 뫼('산'의 옛말)와 칼의 물. 즉, 칼을 심어 놓은 것 같은 산수(山水. 산과 물이라는 뜻으로, 자연의 경치를 이르는 말)라는 뜻으로, ①몹시 험하고 위험한 지경을 비유적으로 이르는 말. ②가혹(苛酷. 몹시 모질고 혹독함)한 형벌을 비유적으로 이르는 말. *도산(刀山): 불교 용어로, '칼산'의 뜻임. 지옥(地獄)에 있다고 하는 칼이 삐죽삐죽 솟은 산(山).

도상-연습(圖上演習 그림 **도**/위 **상**/연습할 **연**/익힐 **습**) 그림 위에서 연습하고 익힌다는 뜻으로, 지도상(地圖上)으로 하는 군사 연습. 즉, 지도(地圖) 위에 부대나 군사 시설을 표시한 다음, 도구나 부호를 이용하여 실제 작전처럼 옮기면서 하는 군사 연습을 이르는 말. =도상실습(圖上實習). *도상(圖上): 지도나 도면의 위[上]. *연습(演習): 학문, 기예 따위를 되풀이하여 익힘.

도성-덕-립(道成德立 도리 **도**/이룰 **성**/덕 **덕**/세울 **립**) (사람이 마땅히 지켜야 할) 도리(道理)를 이루고 덕(德. 고매하고 너그러운 도덕적 품성)을 세운다. 즉, 도(道)를 완성하고 덕(德)을 확립한다는 뜻으로, ①수양을 하여 도(道)와 덕(德)이 이루어짐을 이르는 말. ②천도교(天道敎)에서 종교적인 인격 완성을 이르는 말. 여기서, '천도교(天道敎)'는 수운(水雲) 최제우(崔濟愚)가 처음으로 일으킨 종교이다. 인내천(人乃天. 사람이 곧 한울님이라는 뜻)을 중심이 되는 가르침으로 여김. =동학(東學). *도성(道成): 도(道)를 닦아 이룸. *도리(道理): 사람이 마땅히 지켜야 할 바른 길.

도성-입-덕(道成立德 도리 **도**/이룰 **성**/설 **입**/덕 **덕**) 천도교(天道敎)에서, (사람이 마땅히 지켜야 할) 도리(道理)를 이루고 덕(德. 고매하고 너그러운 도덕적 품성)을 세운다는 뜻으로, 종교적인 인격의 완성을 이르는 말. 여기서, '천도교(天道敎)'는 수운(水雲) 최제우(崔濟愚)가 처음으로 일으킨 종교이다. 인내천(人乃天. 사람이 곧 한울님이라는 뜻)을 중심이 되는 가르침으로 여김. *도성(道成): ☞도성덕립(道成德立). *도리(道理): ☞도성덕립(道成德立).

도소-지-양(屠所之羊 죽일 **도**/처소 **소**/어조사 **지**/양 **양**) 죽이는 처소(處所)의 양(羊). 즉, 도살장(屠殺場)으로 끌려가는 양(羊)이라는 뜻으로, 죽음이 눈앞에 닥쳐온 사람을 비유적으로 이르는 말. *도소(屠所): =도살장(屠殺場). 즉, 행정 당국의 허가 아래, 일정한 시설을 갖추어 소나 돼지 따위의 가축을 잡는 곳. *처소(處所): 사람이 기거(起居)하거나 임시로 머무는 곳. 또는 어떤 일이 벌어지거나, 어떤 물건이 있는 곳.

도수-공권(徒手空拳 맨손 **도**/손 **수**/빌 **공**/주먹 **권**) 맨손의 손과 (텅) 빈 주먹이라는 뜻으로, ①아무것도 가진 것이 없음을 이르는 말. ②맨손을 강조하여 이르는 말. =적수공권(赤手空拳). *도수(徒手): =맨손. 즉, 아무것도 가지지 않은 손. *공권(空拳): =맨주먹. 즉, 무기(武器)나 도구(道具)를 가지지 않은 주먹.

또는 빈주먹. 즉, 아무것도 가진 것이 없는 주먹.

도신-단-단(刀身段段 칼 **도**/몸 **신**/층계 **단**/층계 **단**) 칼의 몸이 층계(層階)와 층계(層階)를 (이룬다는) 뜻으로, 칼이 몇 번이고 꺾이는 일을 이르는 말. *도신(刀身): 칼의 몸. *층계(層階): 부록 '단(段)' 참고.

도-역-유도(盜亦有道 도둑 **도**/또한 **역**/있을 **유**/도리 **도**) 도둑에게도 또한 (지켜야 할) 도리(道理)가 있다는 뜻으로, 도둑에게도 도둑 나름의 도덕(道德)이 있음을 이르는 말. *유도(有道): 무도(無道. 인도에 어그러짐. 또는 도리에 벗어남)에 대하여 덕행(德行. 어질고 착한 행실)이 있거나 정도(正道. 올바른 길. 또는 바른 도리)에 맞음을 이르는 말. *도리(道理): 사람이 마땅히 지켜야 할 바른 길.

도영-화기(導迎和氣 인도할 **도**/맞이할 **영**/온화할 **화**/기운 **기**) 인도(引導)하여 맞이하는 온화(溫和)한 기운이라는 뜻으로, 온화(溫和)한 기색(氣色. 마음의 작용으로 얼굴에 드러나는 빛)으로 남의 환심(歡心. 기뻐하고 즐거워하는 마음)을 사는 일을 이르는 말. 여기서, '환심을 사다'는 관용구(慣用句)로, 남의 비위를 맞추어 자기에게 호감을 가지게 하다. *도영(導迎): 인도(引導)하여 맞이함. *화기(和氣): ①화창한 날씨. ②온화한 기색. 또는 화목한 분위기. *인도하다(引導~): 부록 '도(導)' 참고. *기운: 순우리말로, 느낄 수는 있으나 눈으로 볼 수 없는 현상.

도외-치-지(度外置之 법 **도**/바깥 **외**/둘 **치**/어조사 **지**) 법(法) 바깥에 그것을 둔다는 뜻으로, 문제로 삼지 않고 생각 밖으로 내버려둠을 이르는 말. 여기서, '지 (之)'는 '그것'을 나타내는 지시 대명사이다. *도외(度外): 어떤 한도나 범위의 밖.

도요-시절(桃夭時節 복숭아 **도**/어여쁠 **요**/때 **시**/철 **절**) 복숭아가 어여쁜 때와 철. 즉, 복숭아꽃이 어여쁘게 필 무렵이라는 뜻으로, ①혼인식을 올리기 좋은 시절을 비유적으로 이르는 말. ②처녀가 나이로 보아 시집가기에 알맞은, 꽃다운 시절이나 때를 비유적으로 이르는 말. =도요지년(桃夭之年). *도요(桃夭): =도요시절(桃夭時節). *시절(時節): ①계절. 또는 철. ② 세상의 형편. ③일정한 시기나 때. *복숭아: 부록 '도(桃)' 참고. *철: ①(자연현상에 따라) 한 해를 네 시기(時期)로 나눈 중의 한 시기(時期). =계절. 또는 시절. ②한 해 가운데서 무엇을 하기에, 알맞거나 많이 하는 때(시기).

도요-지-년(桃夭之年 복숭아 **도**/어여쁠 **요**/어조사 **지**/해 **년**) 복숭아(복숭아꽃)가 어여쁜 해[年]라는 뜻으로, 처녀가 나이로 보아 시집가기에 알맞은 때를 비유적으로 이르는 말. =도요시절(桃夭時節). *도요(桃夭): ☞도요시절(桃夭時節). *복숭아: 부록 '도(桃)' 참고. *해: 부록 '년(年)' 참고.

도원-결의(桃園結義 복숭아 **도**/동산 **원**/맺을 **결**/옳을 **의**) 복숭아 동산에서 옳은 (일을) 맺는다. 즉, 복숭아 동산에서 의형제(義兄弟. '결의형제·結義兄弟'의 준말로, 남남끼리 의리로써 형제 관계를 맺음. 또는 그런 형제)를 맺는다는 뜻으로, 뜻이 맞는 사람끼리 특정 목적을 이루기 위하여 행동을 같이 할 것을 약속한다든지 의형제(義兄弟)를 맺음을 이르는 말. *도원(桃園): 복숭아나무가 많은 정원. *결의(結義): 남남끼리 의리로써 형제 관계를 맺음. 또는 그런 형제. *복숭아: 부록 '도(桃)' 참고. *동산: 순우리말로, 부록 '원(園)' 참고. 이 사자성어의 유래는 다음과 같다. 『삼국연의(三國演義)』의 「제1회」 편(篇)에 〈다음 날, 복숭아 과원(果園)에서, 검은 소와 흰 말과 제수용품 따위의 제물(祭物)을 차려 놓고 재(齋)를 지내며 맹세했다. "유비(劉備), 관우(關羽), 장비(張飛)가 비록 성(姓)은 다르오나 이미(돌이킬 수 없이 된 지난 일을 일컬을 때 쓰는 말) (의를) 맺어 형제가 되었으니, 한마음으로 힘을 합해 곤란한 사람들을 도와, 위로는 나라에 보답하고, 아래로는 백성을 편안케 하려 합니다.(次日, 於桃園中, 備下烏牛白馬祭禮等項,

三人焚香再拜而說誓曰, 念劉備關羽張飛, 雖然異姓, **旣結爲兄弟**, 則同心協力, 救困扶危, 上報國家, 下安黎庶)〉[한 해, 한 달, 한 날에 태어나지 못했어도 한 날, 한 시에 죽기를 원하니, 즉, 피를 나눈 형제도 같은 날 함께 목숨을 같이 하기로 약속하지 않는다. 그런데 이 말에는 목숨을 같이 할 정도로 서로 소중한 사람이라는 뜻이 담겨 있는 것이다. 황천후토(皇天后土. 하늘의 신·神과, 땅의 신·神을 가리키는 말)께서는 굽어 살펴 의리(義理)를 저버리고 은혜(恩惠)를 잊는 자(者)가 있다면 하늘과 사람이 함께 죽이소서." 맹세를 마치고 유비(劉備)가 형이 되고, 관우(關羽)가 둘째, 장비(張飛)가 셋째가 되었다.]라는 이야기가 나오는데, '복숭아 과원(果園)에서(於桃園中)'와, '이미 (의를) 맺어 형제가 되었으니,(旣結爲兄弟)'에서, '도원결의(桃園結義)'가 유래했다. 이 이야기의 배경은 이렇다. 후한말(後漢末) 환관(宦官. 조선 시대 내시·內侍와 같은 벼슬아치)의 발호(跋扈. 권세·權勢나 세력을 제멋대로 부리며 함부로 날뜀)로 정치가 어지러워지자, 사방(四方)에서 반란(反·叛亂. 정부나 지배자에게 반항하여 내란을 일으킴)이 일어났다. 여기서 '환관(宦官)'은 궁궐에서 여러 잡무를 맡은 이들을 가리키는 말. 쉽게 말하면 임금님이 직접 부리는 하인(下人)이다. 그중 대표적인 인물이 바로 장각(張角)인데, 그가 태평도(太平道. 중국 후한 말기에 장각·張角이 창시한, 정치적 색채가 강한 민간 종교)의 신도(信徒. 종교를 믿는 사람)들을 거느리고 일으킨 황건적(黃巾賊)의 난(亂. '난리·亂離'의 준말. 전쟁이나 재변·災變 따위로 세상이 어지러워진 상태. 또는 그러한 전쟁이나 재변·災變)이 도원결의(桃園結義)의 시대적 배경이다. 장각(張角)의 군대가 유주(幽州. 땅 이름)까지 침범해 들어오자, 유주(幽州)의 태수(太守. 벼슬 이름)인 유언(劉焉)이 의병(義兵. 외적의 침입을 물리치기 위하여 백성들이 자발적으로 조직한 군대. 또는 그 군대의 병사)을 모집하는 방문(榜文. 어떤 일을 널리 알리기 위하여 사람들이 다니는 길거리나, 많이 모이는 곳에 써 붙이는 글)을 내걸었다. 여기서, '태수(太守)'는 고대 중국에서 군(郡)의 으뜸 벼슬을 이르는 말. 탁현(涿縣. 땅 이름)에서 미투리(삼이나 노 따위로 짚신처럼 삼은 신)를 삼고, 자리(사람이 앉거나 눕거나 하기 위하여 바닥에 까는 물건)를 치는 일로 생계(生計. 의식주 따위의 살림을 살아갈 방도)를 삼고 있던 유비(劉備), 푸줏간(예전에, 쇠고기나 돼지고기 따위의 고기를 끊어 팔던 가게)을 운영하던 장비(張飛), 그리고 포악(暴惡)한 관료(官僚. 정부의 관리, 특히 정치적인 영향력을 지닌 고급 관리)의 횡포(橫暴. 제멋대로 굴며 몹시 난폭함)를 참지 못하고 (목을) 베어 버린 후 떠돌던 관우(關羽) 등(等)의 세 사람이 만나 장비(張飛)의 집 뒤 복숭아 동산(東山)에서 하늘과 땅에 제사(祭祀)를 지내고 의형제(義兄弟. 의로 맺은 형제)를 맺었다. 그런데 복숭아는 중국인들에게 장수(長壽), 영원불멸(永遠不滅. 본문 참고), 그리고 나쁜 기운(순우리말로, 생물이 살아 움직이는 원기·元氣. 또는 거기서 나오는 힘)을 쫓는 의미를 가지고 있다고 전해진다. 유비(劉備), 관우(關羽), 장비(張飛) 삼형제가 복숭아밭에서 하늘에 대고 맹세를 한 데에는 복숭아가 변하지 않는 의리(義理)를 상징하기 때문이라는 설(說)이 있다. 이렇게 '도원결의(桃園結義)'는 『삼국지(三國志)』의 세 영웅(英雄)인 유비(劉備), 관우(關羽), 장비(張飛)가 정식으로 의형제(義兄弟)를 맺은 결의(結義. 남남끼리 의리로써 형제 관계를 맺음. 또는 그런 형제)다. 장비(張飛)의 집 뒤에 있는 복숭아밭에서 그들이 의형제(義兄弟)를 맺었기 때문에 '도원결의(桃園結義)'라고 부른다. 여기서 의형제(義兄弟)를 맺자고 처음으로 이야기한 사람은 장비(張飛)라고 알려져 있다. 본디 형제(兄弟)란, 같은 부모 밑에서 태어난 이들을 가리키는 말인데, 의형제(義兄弟)는, 부모는 다르지만 생각이 같고 꿈이 같아 그 뜻을 합쳐 형제(兄弟)처럼 지내는 관계를 가리키는 말이다. 그리고 위의 이야기가 실려 있는 『삼국연의(三國演義)』는 진수(陳壽)의 『삼국지(三國志)』를 바탕으로 하여 전승되어 온 이야기들을 나관중(羅貫中)이 소설로 재구성한 것이다. 이 소설의 첫 부분인 유비(劉備), 관우(關羽), 장비(張飛)가 복숭아 동산에서 의형제(義兄弟)를 맺은 내용은 『삼국지(三國志)』에는 나오지 않는다. 참고로, 원문의 '次日'에서, '次'는 버금(으뜸의 바로 아래, 또는 그런 지위에 있는 사람이나 물건) '차', 다음 '차'로 읽고, '日'은 날 '일'로 읽는다. '次日'을 직역(直譯)하면, 다음 날. '於桃園中'에서, '於'는 어조사 '어'로 읽는다. '~에서(장소)'의 뜻을 나타냄. '桃'는 복숭아 '도'로 읽고, '園'은 동산 '원'으로 읽고, '中'은 가운데 '중'으로 읽는다. '於桃園中'을 직역(直譯)하면, 복숭아 동산 가운데에서, '備下烏牛白馬祭禮等項'에서, '備'는 갖출 '비', 마련할 '비'로 읽고, '下'는 아래 '하'로 읽고, '烏'는 검을 '오'로 읽고, '牛'는 소 '우'로 읽는다. '烏牛'는 털빛이 검은 소. '白'은 흰 '백'으로 읽고, '馬'는 말 '마'로 읽고, '祭'는 제사 '제'로 읽고, '禮'는 예절 '례(예)'로 읽는다. '祭禮'는 제사를 지내는 의례(儀禮). '等'은 무리 '등'으로 읽는다. 복수를 나타내는 접미사. '項'은 조목(條目. 정해 놓은 법률이나 규정 따위의 낱낱의 조항이나 항목) '항', 항목 '항'으로 읽는다. '備下烏牛白馬祭禮等項'을 직역(直譯)하면, (동산 가운데) 아래에 검은 소와 흰 말과 제례(祭禮)에 (해당되는 것) 따위의 항목을 갖추고, '三人焚香再拜而說誓曰'에서, '三'은 석 '삼'으로 읽고, '人'은 사람 '인'으로 읽고, '焚'은 불사를 '분'으로 읽고, '香'은 향기 '향'으로 읽고, '再'는 두 '재'로 읽고, '拜'는 절할 '배'로 읽는다. '焚香再拜'는 향을 피우고 두 번 절을 함. '而'는 말 이을 '이'로 읽는다. '그리고'의 뜻을 나타냄. '說'은 말씀 '설'로 읽고, '誓'는 맹세할 '서'로 읽는다. '三人焚香再拜而說誓曰'을 직역(直譯)하면, 세 사람이 향을 피우고 두 번 절을 한 후 그리고 맹세하는 말을 하고 말하기를, '念劉備關羽張飛'에서, '念'은 생각 '념(염)', 생각할 '념(염)'으로 읽고, '劉'는 성씨(姓氏) '유'로 읽고, '備'는 갖출 '비'로 읽는다. '劉備'는 사람 이름. '關'은 관계할 '관'으로 읽고, '羽'는 깃(조류·鳥類의 몸 표면을 덮고 있는 털) '우', 깃털(조류·鳥類의 몸 표면을 덮고 있는 털) '우'로 읽는다. '關羽'도 사람 이름. '張'은 베풀 '장'으로 읽고, '飛'는 날 '비'로 읽는다. '張飛'도 사람 이름. '念劉備關羽張飛'를 직역(直譯)하면, 생각하건대 유비(劉備), 관우(關羽), 장비(張飛)는, '雖然異姓'에서, '雖'는 비록 '수'로 읽고, '然'은 그러할 '연'으로 읽고, '異'는 다를 '이'로 읽고, '姓'은 성씨(姓氏) '성'으로 읽는다. '異姓'은 다른 성(姓). 또는 타성(他姓). '雖然異姓'을 직역(直譯)하면, 비록 그렇게 다른 성(姓)이지만, '既結爲兄弟'에서, '既'는 이미(다 끝나거나 지난 일을 이를 때 쓰는 말. '벌써', '앞서'의 뜻을 나타냄) '기'로 읽고, '結'은 맺을 '결'로 읽고, '爲'는 될 '위'로 읽고, '兄'은 형 '형'으로 읽고, '弟'는 아우 '제'로 읽는다. 여기서, '桃園結義'가 유래하였는데, 이것을 직역(直譯)하면, 복숭아 동산에서 옳은 (일을) 맺는다. 즉, 복숭아 동산에서 의형제(義兄弟. '결의형제·結義兄弟'의 준말로, 남남끼리 의리로써 형제 관계를 맺음. 또는 그런 형제)를 맺는다는 뜻으로, 뜻이 맞는 사람끼리 특정 목적을 이루기 위하여 행동을 같이할 것을 약속한다든지 의형제(義兄弟)를 맺음을 이르는 말. '既結爲兄弟'를 직역(直譯)하면, 이미 맺어서 형제가 되었으니, '則同心協力'에서, '則'은 곧 '즉'으로 읽고 '同'은 같을 '동', 함께 '동'으로 읽고, '心'은 마음 '심'으로 읽고, '協'은 도울 '협', 합할 '협'으로 읽고, '力'은 힘 '력(역)'으로 읽는다. '則同心協力'을 직역(直譯)하면, 즉, 마음을 함께하고 힘을 합하여, '救困扶危'에서, '救'는 구원할 '구', 건질 '구'로 읽고, '困'은 어려울 '곤'으로 읽고, '扶'는 도울 '부'로 읽고, '危'는 위태로울 '위'로 읽는다. '救困扶危'를 직역(直譯)하면, 어려운 (사람을) 구원하고 위태로운 (사람을) 도와, '上報國家'에서, '上'은 위 '상'으로 읽고, '報'는 갚을 '보'로 읽고, '國'은 나라 '국'으로 읽고, '家'는 집 '가'로 읽는다. '上報國家'를 직역(直譯)하면,

위로는 국가의 (은혜를) 갚고, '下安黎庶'에서, '下'는 아래 '하'로 읽고, '安'은 편안할 '안'으로 읽고, '黎'는 민중(民衆) '려(여)'로 읽고, '庶'는 무리 '서'로 읽는다. '下安黎庶'를 직역(直譯)하면, 아래로는 민중(백성)의 무리를 편안하게 (하려고 합니다).

도-유-승강(道有昇降 길 **도**/있을 **유**/오를 **승**/내릴 **강**) 길에는 오르고 내림이 있다는 뜻으로, 천도(天道)에는 크게 융성(隆盛. 기운차게 일어나거나 대단히 번성함)함과 쇠망(衰亡. 쇠퇴하여 망함)함의 두 가지가 있음을 이르는 말. 여기서, '천도(天道)'는 천지자연(天地自然. 본문 참고)의 도(道)나 도리(道理)를 일컫는 말. *승강(昇降): 오르고 내림. 또는 올라갔다 내려갔다 함.

도이-지-란(島夷之亂 섬 **도**/오랑캐 **이**/어조사 **지**/난리 **란**) 섬나라 오랑캐가 (일으킨) 난리라는 뜻으로, '임진왜란(壬辰倭亂)'을 달리 이르는 말. 여기서, '임진왜란(壬辰倭亂)'은 조선 선조 25년(서기 1592년)에 일본의 침입으로 비롯된 6년간의 전쟁을 이르는 말. *도이(島夷): 섬나라의 오랑캐. *오랑캐: 부록 '이(夷)' 참고. *난리(亂離): ①전쟁이나 재변(災變. 재앙으로 말미암은 사고) 따위로 세상이 어지러워진 상태. 또는 그러한 전쟁이나 재변(災變). ②큰 사고나 다툼 따위로 질서가 무너져 어지러워진 상태.

도재-간과(倒載干戈 거꾸로 **도**/실을 **재**/방패 **간**/창 **과**) 방패(防牌)와 창(槍)을 거꾸로 실었다. 즉, 더 이상 싸울 필요를 느끼지 않아서 무기(武器)를 챙긴다(한데 모은다)는 뜻으로, 전쟁이 끝남을 비유적으로 이르는 말. 옛날에, 무기를 수레에 싣는데, 출정(出征. 군에 들어가, 싸움터로 나감)할 때에는 무기가 앞을 향하게 하여 싣고, 개선(凱旋. 전쟁이나 경기에서 이기고 돌아옴)할 때에는 무기의 날이 뒤로 가게 하여 실었음. *도재(倒載): ①수레 같은 데에 거꾸로 실음. ②앞뒤 분간도 못할 만큼 취함을 비유적으로 이르는 말. *간과(干戈): 방패와 창이라는 뜻으로, ①병장기(兵仗器. 전투에 쓰는 여러 가지 기구를 통틀어 이르는 말)를 통틀어 이르는 말. ②=전쟁(戰爭). 즉, 국가 또는 교전(交戰) 단체 사이에 서로 무력(武力. 군사상의 힘)을 써서 하는 싸움. *싣다: 부록 '재(載)' 참고. *방패(防牌): 부록 '간(干)' 참고. *창(槍): 부록 '과(戈)' 참고.

도-절-시-진(刀折矢盡 칼 **도**/꺾일 **절**/화살 **시**/다할 **진**) 칼은 꺾이고 화살은 다했다. 즉, 칼은 부러지고, 화살은 다 써서 없어졌다는 뜻으로, 기진맥진(氣盡脈盡. 본문 참고)하여 더 이상 싸울 기력(氣力. 일을 감당할 수 있는 정신과 육체의 힘)이 없음을 비유적으로 이르는 말. *꺾이다: '꺾다'의 피동. 꺾음을 당하다. *화살: 순우리말로 부록 '시(矢)' 참고. *다하다: 부록 '진(盡)' 참고

도주-의돈(陶朱猗頓 질그릇 **도**/붉을 **주**/아름다울 **의**/조아릴 **돈**) 도주(陶朱)와 의돈(猗頓). 즉, 중국 춘추 시대의 큰 부자(富者)이던 '도주(陶朱)', '의돈(猗頓)'과 같다는 뜻으로, 막대한 재산 또는 큰 부자(富者)를 비유적으로 이르는 말. '도주의돈지부(陶朱猗頓之富)'의 준말이다. *도주(陶朱): =도주지부(陶朱之富). 도주공(陶朱公)의 부(富)란 뜻으로, 수억 만대의 큰 부(富)를 이르는 말. 도주(陶朱)는 월(越)나라의 재상(宰相. 임금을 보필하며 모든 관원을 지휘, 감독하는 자리에 있는 이품·二品 이상의 벼슬을 통틀어 이르던 말)인 범려(范蠡)를 달리 이르는 말. 벼슬은 그만두고 도(陶)의 땅에서 살았기 때문에 도주공(陶朱公)이라 일컬음. *의돈(猗頓): 전국 시대 위(魏)나라 사람으로, 그 이름과 생졸(生卒. 태어남과 죽음) 연대는 알려져 있지 않다. 다만 도주공(陶朱公)이 시킨 대로 목축업(牧畜業)을 시작하여 엄청난 부(富)를 쌓았다고 전해진다. *질그릇: 부록 '도(陶)' 참고. *조아리다: 부록 '돈(頓)' 참고. 이 사자성어의 유래는 다음과 같다. 이 사자성어는 '도주(陶朱)'의 이야기와 '의돈(猗頓)'의 이야기가 분리되어 설명되어야 한다. '도주

(陶朱)'에 관한 이야기는 『사기(史記)』의 「화식열전(貨殖列傳)」 편(篇)에 나온다. 이 책에 〈주공은 19년 동안에 세 차례나 천금(千金)을 벌었는데, 두 번은 가난한 친구들과 먼 형제들에게 나누어 주었다. 이것이 이른바 '부유해지면 덕(德, 고매하고 너그러운 도덕적 품성)을 즐겨 행한다.'는 것이다. 나중에 그는 늙고 쇠약해지자 일을 자손에게 맡겼다. 자손들이 가업(家業, 대대로 물려받은 직업)을 잘 운영하여 재산을 늘려 거만금(巨萬金)에 이르는 부자가 되었다. 그러므로 부(富)를 말하는 사람은 모두 도주공(陶朱公)을 일컫는다.(十九年之中三致千金, 再分散與貧交疏昆弟, 此所謂富好行其德者也, 後年衰老而聽子孫, 子孫脩業而息之, 遂至巨萬, <u>故言富者皆稱陶朱公</u>.)〉라는 이야기가 나온다. '부(富)를 말하는 사람은 모두 도주공(陶朱公)을 일컫는다.(故言富者皆稱陶朱公)'에서, '도주(陶朱)'가 유래했다. 이 이야기의 배경은 이렇다. 범려(范蠡)는 회계산(會稽山)의 치욕(恥辱, '수치·羞恥'와 '모욕·侮辱'을 아울러 이르는 말)을 씻고 나서 이렇게 탄식했다. 여기서, '회계산(會稽山)의 치욕(恥辱)'은 본문 '회계지치(會稽之恥)' 참고할 것. "계연(計然)의 일곱 가지 계책(計策) 중에서 월(越)나라는 다섯 가지를 써서 뜻을 이루었다. 여기서, '계연(計然)의 일곱 가지 계책(計策)'은 '계연칠책(計然七策)'이라고도 한다. 범려(范蠡)에게는 계연(計然)이라는 스승이 있었다. 범려(范蠡)는 전쟁과 장사(상업)에 관한 지식과 지혜를 그 스님으로부터 전수(傳授, 기술이나 지식 따위를 전하여 줌)를 받아 실천했다. 그것은 그 스승이 물려준 7가지 지혜와 계책(計策)을 뜻하는데, 범려(范蠡)는 이 중 5가지는 월(越)나라에 적용하여 숙적(宿敵, 오래전부터의 원수 또는 적)인 오(吳)나라를 물리쳤고, 나머지 둘을 가지고 상인(商人)으로 변신하여 또다시 성공한 것이다. 나라에서는 이미(돌이킬 수 없이 된 지난 일을 일컬을 때 쓰는 말) 써 보았으니, 즉, 월(越)나라에서 5가지 계책을 써서 성공하였으니, 나는 이것을 집에서 써 보겠다. 즉, 나머지 2개는 상업에 종사하여 적용해 보겠다는 뜻이다." 그는 작은 배를 타고 강호(江湖, 강과 호수)로 다니다가 성(姓)과 이름을 바꾸었는데, 제(齊, 나라 이름)로 가서는 '치이자피(鴟夷子皮)'라 하고, 도(陶, 지역 이름)에 가서는 '주공(朱公)'이라 했다. 주공(朱公)은, 도(陶)는 천하를 중심으로 사방 여러 나라로 통하여 물자(物資, 어떤 활동에 필요한 여러 가지 물건이나 재료)의 교역(交易, 주로 나라와 나라 사이에서 물건을 사고팔고 하여 서로 바꿈)이 이루어지는 곳이라고 생각하고, 장사를 하며 물자(物資)를 쌓아 두었다가 시세의 흐름을 보아 내다 팔아서 이익을 거두었는데, 사람의 노력에 기대지는 않았다. 그러므로 생업을 잘 운영하는 사람은 거래 상대를 고른 뒤 자연의 시세에 맡긴다(擇人而任時). 여기서 '상대를 고른다.'는 것은 인재(人材, 어떤 일을 할 수 있는 학식이나 능력을 갖춘 사람)를 중시했다는 뜻이다. 유능한 인재를 기용하는 것은 역대(歷代, 대대로 이어 내려온 여러 대·代, 또는 그동안)로 군사 방면에서 특별히 강조하는 사항이다. '자연의 시세에 맡긴다.'는 것은, 필요한 물자를 사 두었다가 적당한 때에 내다 파는 상행위(商行爲)다. 즉, 물건의 시세(市勢)를 잘 헤아린다는 뜻이다. 그리하여 위에 소개한 대로 범려(范蠡)는 19년 동안에 세 차례나 성공한 다음 부(富)를 주위에 베풀었다는 것이다. 나중에 그('범려范蠡' 또는 '주공朱公'을 가리킴)는 늙고 쇠약해지자 일을 자손에게 맡겼다.'라고 했다. 즉, 명예롭게 은퇴(隱退, 직무상 맡은 책임에서 물러남, 또는 물러나서 한가로이 지냄)했다는 뜻이다. 이러한 주공의 행위에 대해 사마천(司馬遷)의 『사기(史記)』에서는 이것이 이른바 '부유해지면 덕(德)을 즐겨 행한다.'는 것이라고 했다. 참고로, 원문의 '十九年之中三致千金'에서, '十'은 열 '십'으로 읽고, '九'는 아홉 '구'로 읽고, '年'은 해 '년(연)'으로 읽고, '之'는 어조사 '지'로 읽는다. '~의'를 나타내는 관형격 조사. '中'은 가운데 '중'으로 읽고, '三'은 석 삼으로 읽고, '致'는

이룰 '치'로 읽고, '千'은 일천 '천'으로 읽고 '金'은 돈 '금', 화폐 '금'으로 읽는다. '千金'은 많은 돈이나 비싼 값을 비유적으로 이르는 말. '十九年之中三致千金'을 직역(直譯)하면, 19년의 가운데 3번이나 천금 (千金)을 이루었는데(벌었는데), '再分散與貧交疏昆弟'에서, '再'는 두 번 '재'로 읽고, '分'은 나눌 '분'으로 읽고, '散'은 흩어질 '산'으로 읽는다. '分散'은 갈라져 흩어짐. 또는 그렇게 되게 함. '與'는 더불어 '여'로 읽고, '貧'은 가난할 '빈'으로 읽고, '交'는 벗 '교', 친구 '교'로 읽고 '疏'는 성길(관계가 깊지 않고 서먹할) '소'로 읽고, '昆'은 맏('맏이'의 뜻을 더하는 접두사) '곤'으로 읽고, '弟'는 아우 '제'로 읽는다. 여기서, '昆弟'는 '형제(兄弟)'와 같은 말로, 형[昆]과 아우[弟]를 아울러 이르는 말. '再分散與貧交疏昆弟'를 직역(直譯)하면, 두 번은 분산하여 가난한 친구와 더불어 관계가 그다지 깊지 않은 형제들에게 (나누어 주었다). '此所謂富好行其德者也'에서, '此'는 이(지시하는 말) '차'로 읽고, '所'는 바(앞에서 말한 내용 그 자체나 일 따위를 나타내는 말) '소'로 읽고, '謂'는 일컬을 '위'로 읽는다. '所謂'는 '이른바'와 같은 말로, 세상에서 말하는 바. '富'는 넉넉할 '부'로 읽고, '好'는 좋아할 '호'로 읽고, '行'은 행할 '행'으로 읽고, '其'는 그(지시하는 말) '기'로 읽고, '德'은 덕(德. 고매하고 너그러운 도덕적 품성) '덕'으로 읽고, '者'는 것(사물, 현상, 일 따위를 추상적으로 이르는 말) '자'로 읽고, '也'는 어조사 '야'로 읽는다. '~이다(단정)'의 뜻을 나타냄. '此所謂富好行其德者也'를 직역(直譯)하면, 이것이 이른바 넉넉하면 그 덕(德)을 행함을 좋아한다는 것이 다. '後年衰老而聽子孫'에서, '後'는 뒤 '후'로 읽고, '年'은 해 '년(연)'으로 읽는다. '後年'은 뒤에 오는 해. '衰'는 쇠할 '쇠'로 읽고, '老'는 늙을 '로(노)'로 읽는다. '衰老'는 늙어서 몸이 쇠약해짐. '而'는 말 이을 '이'로 읽는다. '그리고'의 뜻을 나타냄. '聽'은 여기서는 맡길 '청'으로 읽고, '子'는 자식 '자'로 읽고, '孫'은 손자(孫子) '손'으로 읽는다. '子孫'은 자식과 손자. '後年衰老而聽子孫'을 직역(直譯)하면, (그는) 후년(後年)에 늙어서 몸이 쇠약해지자, 그리고 자손에게 (가업을) 맡겼다. '子孫脩業而息之'에서, '脩'는 포(脯. 고기를 말리어 얇고 길게 저민 것) '수', 닦을 '수'로 읽고, '業'은 업(業) '업'으로 읽는다. 여기서는 '가업(家業. 대대로 물려받은 직업)'을 가리킴. '息'은 이자(利子) '식'으로 읽고, '之'는 어조사 '지'로 읽는다. '그것' 을 나타내는 지시 대명사. '子孫脩業而息之'를 직역(直譯)하면, 그 자손들이 가업(家業)을 닦고, 그리고 그것에 대한 이자를 (늘려), '遂至巨萬'에서, '遂'는 드디어 '수', 마침내 '수'로 읽고, '至'는 이를(어떤 정도나 범위에 미칠) '지'로 읽고, '巨'는 클 '거'로 읽고, '萬'은 일만 '만'으로 읽는다. '巨萬'은 만(萬)의 곱절이라는 뜻으로, 많은 수를 비유적으로 이르는 말. '遂至巨萬'을 직역(直譯)하면, 마침내 거만(巨萬)의 (돈을 벌기에) 이르렀다. '故言富者皆稱陶朱公'에서, '故'는 그러므로 '고'로 읽고, '言'은 말씀 '언'으로 읽고, '富'는 부유할 '부'로 읽고, '者'는 사람 '자'로 읽고, '皆'는 다 '개', 모두 '개'로 읽고, '稱'은 일컬을 '칭'으로 읽고, '陶'는 질그릇 '도'로 읽고, '朱'는 붉을 '주'로 읽고, '公'은 존칭(尊稱) '공'으로 읽는다. '陶朱公'은 사람 이름인 '도주(陶朱)'를 높여 이르는 말. '故言富者皆稱陶朱公'을 직역(直譯)하면, 그러므로 부유함을 말하 는 사람들은 모두 도주공(陶朱公)을 일컫는다. 여기까지가 '도주(陶朱)'에 관한 이야기다. 그리고 여기서, 도주지부(陶朱之富)가 유래하였는데, 이것을 직역(直譯)하면, 도주공(陶朱公)의 부(富)란 뜻으로, 막대한 재산 혹은 거부(巨富. 아주 대단한 부자)를 비유적으로 이르는 말. 또는 수억 만대의 큰 부(富)를 이르는 말. '도주의돈지부(陶朱猗頓之富)'의 준말이다. 그런데 '의돈(猗頓)'에 관한 이야기는 『공총자(孔叢子)』를 인용한 『사기집해(史記集解)』에 나온다. 〈(의돈)은 10년 동안 이익이 계산할 수 없을 만큼 되어, 재산이 왕공(王公)과 맞먹을 만큼 많았고, 이름을 천하에 날리게 되었다.(十年之間, 其息不可計, 貲擬王公, 馳名

天下.)〉라는 이야기가 나온다. 인용문에는 '의돈(猗頓)'이 직접 나오지 않는다. 다만, 이 이야기 전체의 주인공은 의돈(猗頓)이다. 여기서 '의돈(猗頓)'이 유래했다. 이상(以上)과 같이 도주공(陶朱公)과 의돈(猗頓) 두 사람의 각각의 이야기에서 그들의 이름을 딴 '도주의돈(陶朱猗頓)'이 유래했다. 이것을 직역(直譯)하면, 도주(陶朱)와 의돈(猗頓). 즉, 중국 춘추 시대의 큰 부자(富者)이던 '도주(陶朱)', '의돈(猗頓)'과 같다는 뜻으로, 막대한 재산 또는 큰 부자(富者)를 비유적으로 이르는 말. 『공총자(孔叢子)』는 중국 전한(前漢) 때 공부(孔鮒. 공자의 9대 손)가 편찬한 책. 이 이야기의 배경은 이렇다. 의돈(猗頓)은 전국 시대 위(魏)나라 사람으로, 그의 실제 이름과 생졸(生卒. 태어남과 죽음) 연대는 알려져 있지 않다 '의돈(猗頓)'은 그의 호(號)이다. 의돈(猗頓)의 원적(原籍. 본적'과 같은 말)은 노(魯)나라로, 처음에는 농사를 지어도 항상 굶주리고 누에를 쳐도 항상 헐벗는 형편이라, 식구들의 생계도 책임지지 못하는 가난한 선비였다. 당시(當時. 일이 있었던 바로 그때, 또는 이야기하고 있는 그 시기) 월(越)나라의 범려(范蠡)는 월왕(越王. 월나라의 왕)인 구천(句踐)을 보필(輔弼. 윗사람의 일을 도움, 또는 그런 사람)하여 패업(霸業. 남을 정복하여 무력으로 천하를 다스리는 일)을 달성한 후, 벼슬을 버리고 도(陶. 지역 이름)로 가, 이름도 주공(朱公)으로 바꾸고 장사를 하여 거부(巨富)가 된 상황이었다. 의돈(猗頓)은 이 소식을 듣고 주공(朱公)을 찾아가 가르침을 청했다. 주공(朱公)은 의돈(猗頓)이 빈한(貧寒. 살림이 몹시 가난하여 집안이 쓸쓸함)하여 자본도 없고 장사 경험도 없다는 것을 고려하여, 다음과 같이 말해 주었다. "빠른 시일 안에 부자가 되고 싶으면 다섯 가지 짐승의 암컷을 기르시게.(子欲速富, 當畜五牸)" 여기서 '자(牸)'는 암소 '자', 암컷 '자'로 읽는다. '오자(五牸)'는 소, 말, 돼지, 양, 나귀 따위의 다섯 가축의 암컷을 말한다. 의돈(猗頓)은 주공(朱公)의 말에 따라 서하(西河. 지역 이름)로 이사(移徙)하여 의씨(猗氏. 지역 이름)의 남부 지역에서 목축(牧畜. 소, 말, 양 따위의 가축을 길러 번식시키는 일)을 시작했다. 당시에 이 지역은 토질이 습하고 넓은 초원이 많아 목축(牧畜)의 최적지(最適地. 무엇을 하기에 가장 조건이 알맞은 곳)였다. 그의 목축(牧畜) 규모는 날로 커져 10년이 지나자, 위의 이야기대로 엄청난 부(富)를 쌓았던 것이다. 의씨(猗氏)에서 집안을 일으켰기 때문에 호(號)를 '의돈(猗頓)'이라 했다. 참고로, 바로 위 원문의 '十年之間'에서, '十'은 열 '십'으로 읽고, '年'은 해 '년(연)'으로 읽고, '之'는 어조사 '지'로 읽는다. '~의'를 나타내는 관형격 조사. '間'은 사이 '간', 동안 '간'으로 읽는다. '十年之間'을 직역(直譯)하면, 10년의 사이에. '其息不可計'에서, '其'는 그(지시하는 말) '기'로 읽고, '息'은 여기서는 이자(利子) '식'으로 읽는다. 여기서는 '이익(利益)'의 뜻이 강함. '不'은 아닐(부정하는 말) '불'로 읽고, '可'는 가히(可~. '능히', '넉넉히'의 뜻을 나타냄) '가'로 읽고, '計'는 셈할 '계'로 읽는다. '其息不可計'를 직역(直譯)하면, 그 이익을 가히 셈할 수 없어, '貲擬王公'에서, '貲'는 재물 '자'로 읽고, '擬'는 비길 '의'로 읽고, '王'은 임금 '왕'으로 읽고, '公'은 제후(諸侯) '공'으로 읽는다. '王公'은 중국에서 ①천자(天子)와 제후(諸侯). 여기서, '천자(天子)'는 천제(天帝. 하늘을 다스리는 신. 또는 우주를 창조하고 주재한다고 믿어지는 초자연적인 절대자)의 아들이란 뜻으로, 천명(天命. 하늘의 명령)을 받아 천하(天下)를 다스리는 사람. 곧 중국에서 황제(皇帝)를 일컫던 말이다. ②왕과 귀족. ③가장 높은 벼슬아치. ④신분이 고귀한 사람 따위의 뜻이다. '貲擬王公'을 직역(直譯)하면, 재물(財物)은 왕공(王公)과 비길(만하였으며), '馳名天下'에서, '馳'는 전(傳)할 '치'로 읽고, '名'은 이름 '명'으로 읽고, '天'은 하늘 '천'으로 읽고, '下'는 아래 '하'로 읽는다. '天下'는 온 세상. '馳名天下'를 직역(直譯)하면, 그 이름은 천하(天下)에 전하게 되었다. 즉, 명성(名聲. 세상에 널리 퍼져 평판 높은 이름)을 천하(天下)에 떨쳤다는 말이다.

도주-지-부(陶朱之富 질그릇 **도**/붉을 **주**/어조사 **지**/넉넉할 **부**) 도주공(陶朱公)의 부(富)란 뜻으로, 막대한 재산 혹은 거부(巨富. 아주 대단한 부자)를 비유적으로 이르는 말. 또는 수억 만대의 큰 부(富)를 이르는 말. '도주의돈지부(陶朱猗頓之富)'의 준말이다. *도주(陶朱): ☞도주의돈(陶走猗頓). *질그릇: 부록 '도(陶)' 참고. 이 사자성어의 유래는 다음과 같다. 『사기(史記)』의 「화식열전(貨殖列傳)」 편(篇)에 〈주공은 19년 동안에 세 차례나 천금(千金)을 벌었는데, 두 번은 가난한 친구들과 먼 형제들에게 나누어 주었다. 이것이 이른바 '부유해지면 덕(德. 고매하고 너그러운 도덕적 품성)을 즐겨 행한다.'는 것이다. 나중에 그는 늙고 쇠약해지자 일을 자손에게 맡겼다. 자손들이 가업을 잘 운영하여 재산을 늘려 거만금(巨萬金)에 이르는 부자가 되었다. 그러므로 부(富)를 말하는 사람은 모두 도주공(陶朱公)을 일컫는다.(十九年之中三致千金, 再分散與貧交疏昆弟, 此所謂富好行其德者也, 後年衰老而聽子孫, 子孫脩業而息之, 遂至巨萬, <u>故言富者皆稱陶朱公</u>.)〉라는 이야기가 나온다. '그러므로 부(富)를 말하는 사람은 모두 도주공(陶朱公)을 일컫는다.(故言富者皆稱陶朱公)'에서, '도주지부(陶朱之富)'가 유래했다. 나머지 구체적인 내용은 ⇨도주의돈(陶走猗頓)(앞부분).

도-중-예-미(塗中曳尾 진흙 **도**/가운데 **중**/끌 **예**/꼬리 **미**) 진흙 가운데에서 꼬리를 끌다. 즉, 거북이가 진흙에서 꼬리를 끌며 오래 산다는 뜻으로, 선비가 벼슬하지 않고 고향(故鄕)에서 가난하게 지냄을 비유적으로 이르는 말. *진흙: ①빛깔이 붉고 차진 흙. ②질퍽질퍽하게 된 흙.

도중-하차(途中下車 길 **도**/가운데 **중**/내릴 **하**/수레 **차**) 길 가운데에서 수레에 내리다. 즉, 수레를 타고 가다가 길 가운데서 내린다는 뜻으로, ①차를 타고 가다가 목적지에 닿기 전에 차에서 내림을 이르는 말. ②어떤 일을 계획하거나 시작한 일을 끝내지 않고 중간에서 그만둠을 비유적으로 이르는 말. *도중(途中): ①길을 걷고 있는 때. 또는 길을 가는 동안의 어느 지점. ②어떤 일을 하는 때나 그 중간. =중도(中途). *하차(下車): ①차에서 내림. ↔승차(乘車). ②하던 일을 중간에 그만 둠. *수레: 부록 '차(車)' 참고.

도-증-주인(盜憎主人 도둑 **도**/미워할 **증**/주인 **주**/사람 **인**) 도둑이 주인인 사람을 미워하다. 즉, 도둑은, 주인이 자기를 제지(制止. 말려서 못하게 함)하여 재물(財物)을 얻지 못하게 하므로 이를 미워한다는 뜻으로, 사람은 다만 자기 형편에 맞지 않으면 이를 싫어함을 이르는 말. *주인(主人): ①한 집안을 꾸려 나가는 주되는 사람. ②물건의 임자. 즉, 대상이나 물건 따위를 소유한 사람. ③손(손님)을 맞이하는 사람. ↔객(客). ④고용관계(雇傭關係. 취업을 원하는 개인이, 기업이나 조직에서 제공하는 보수, 근로 시간, 작업 환경 따위의 조건에 맞추어 근로 계약을 맺고, 근무하는 일)에서의 고용주(雇用主. 보수를 주기로 하고 남을 채용하여 부리는 사람)를 이르는 말. ⑤남편을 달리 이르는 말.

도처-낭패(到處狼狽 이를 **도**/곳 **처**/허둥지둥할 **낭**/허둥지둥할 **패**) 이르는 곳마다 허둥지둥하고 허둥지둥한다는 뜻으로, ①하는 일마다 실패함을 이르는 말. ②가는 곳마다 변(變. 갑자기 생긴 재앙이나 괴이한 일)을 만남을 이르는 말. *도처(到處): 이르는 곳. *낭패(狼狽): 계획한 일이 실패로 돌아가거나 기대에 어긋나, 매우 딱하게 됨. 여기서, '낭(狼)'과 '패(狽)'는 서로 다른 동물로, '패(狽)'는 앞다리가 짧아서 다닐 때마다 두 마리 '낭(狼)'을 타고 가는데, '낭(狼)'을 잃으면 움직일 수 없다. 그래서 세상에서 일이 어긋나는 것을 '낭패(狼狽)'라고도 한다. *허둥지둥하다: 미처 정신을 차릴 겨를도 없이 몹시 다급(多急.

미처 어떻게 할 여유가 없을 만큼 일이 바싹 닥쳐서 몹시 급함)하게 서두르다.

도처-춘풍(到處春風 이를 **도**/곳 **처**/봄 **춘**/바람 **풍**) 이르는 곳마다 봄의 바람이라는 뜻으로, 누구에게나 좋게 대하는 일. 또는 그런 사람을 비유적으로 이르는 말. =두루춘풍(~春風). 사면춘풍(四面春風). 사시춘풍(四時春風). *도처(到處): ☞도처낭패(到處狼狽). *춘풍(春風): 봄바람. 즉, 봄철에 동쪽이나 남쪽에서 불어오는 바람.

도-천-지-수(盜泉之水 도둑 **도**/샘 **천**/어조사 **지**/물 **수**) 도둑 샘의 물. 즉, 아무리 목이 말라도 도둑 '도(盜)'자(字)가 들어 있는 이름의 샘물은 마시지 않는다는 뜻으로, 형편이 어렵더라고 결코 부정(不正)한 짓은 할 수 없음을 비유적으로 이르는 말.

도-청-도설(道聽塗說 길 **도**/들을 **청**/길 **도**/말씀 **설**) 길에서 듣고 길에서 말한다. 즉, 길거리에서 들은 이야기를 곧바로 그 길에서 다른 사람에게 말한다는 뜻으로, 무슨 말을 들으면 그것을 깊이 생각하지 않고 다시 옮기는 경박(輕薄. 사람됨이 진중하지 못하고 가벼움)한 태도를 비유적으로 이르는 말. 또는 떠도는 말을 듣고 함부로 말한다는 뜻으로, 길거리에 퍼져 돌아다니는 뜬소문(아무런 근거도 없는 허황된 소문)을 이르기도 한다. 참 가담항설(街談巷說). *도설(塗說): 뜬소문. 이 사자성어의 유래는 다음과 같다. 『논어(論語)』의 「양화(陽貨)」 편(篇)에 〈(중국 춘추시대의 사상가이며 학자인) 공자(孔子)가 말했다. 길에서 듣고, 길에서 말하는 것은 덕(德. 고매하고 너그러운 도덕적 품성)을 버리는 것이다.(子曰. 道聽而塗說. 德之棄也.)〉라는 구절이 나오는데, '길에서 듣고, 길에서 말하는 것.(道聽而塗說)'에서, '도청도설(道聽塗說)'이 유래했다. 참고로, 원문의 '子曰'에서, '子'는 경칭(敬稱. 공경하는 뜻으로 부르는 칭호. 또는 존대하여 일컬음) '자'로 읽는다. 학덕(學德)과 지위가 높은 남자의 경칭(敬稱)이다. 여기서는 '공자(孔子)'를 가리킴. '子曰'을 직역(直譯)하면, 공자(孔子)가 말하기를, '道聽而塗說'에서, '道'는 길 '도'로 읽고, '聽'은 들을 '청'으로 읽고, '而'는 말 이을 '이'로 읽는다. '그리고'의 뜻을 나타냄. '塗'는 길 '도'로 읽고, '說'은 말씀 '설'로 읽는다. 여기서 '道聽塗說'이 유래하였는데, 이것을 직역(直譯)하면, 길에서 듣고 길에서 말한다. 즉, 길거리에서 들은 이야기를 곧바로 그 길에서 다른 사람에게 말한다는 뜻으로, 무슨 말을 들으면 그것을 깊이 생각하지 않고 다시 옮기는 경박(輕薄)한 태도를 비유적으로 이르는 말. 또는 길거리에 퍼져 돌아다니는 뜬소문을 이르기도 한다. '德之棄也'에서, '德'은 덕(德. 고매하고 너그러운 도덕적 품성) '덕'으로 읽고, '之'는 어조사 '지'로 읽는다. '~의'를 나타내는 관형격 조사. '棄'는 버릴 '기'로 읽고, '也'는 어조사 '야'로 읽는다. '~이다(단정)'의 뜻을 나타냄. '德之棄也'를 직역(直譯)하면, 덕(德)의 버림이다. 즉, 스스로 덕(德)을 버리는 것이다. 들은 말을 마음에 간직하여 자기 수양(修養. 몸과 마음을 단련하여 품성, 지혜, 도덕을 닦음)의 양식(糧食. 정신적인 활동에 양분과 같은 구실을 하는 것)으로 삼지 않고, 바로 다른 사람에게 말해 버리는 것은 스스로 덕(德)을 버리는 것과 같은 것이라는 뜻으로 한 말이다.

도-출-일-원(道出一源 길 **도**/날 **출**/한 **일**/근원 **원**) 길은 한 근원(根源)으로 난다는 뜻으로, 길은 하나로 통(通)함을 이르는 말. *근원(根源): 부록 '원(源)' 참고.

도탄-지-고(塗炭之苦 진흙 **도**/숯불 **탄**/어조사 **지**/괴로울 **고**) 진흙과 숯불의 괴로움. 즉, 진구렁(진흙 구렁이)에 빠지고 숯불에 타는 괴로움(고통)이란 뜻으로, 학정(虐政. 국민을 괴롭히는 정치. 또는 포악한 정치)으로 인해 백성들이 심한 괴로움(고통)을 겪는 것을 비유적으로 이르는 말. 다시 말하면 도탄(塗炭)

에 빠졌다는 뜻으로, 가혹(苛酷. 매우 모질고 독함)한 정치 때문에 백성들의 고통이 매우 심하다는 말이다. *도탄(塗炭): (진구렁이나 숯불에 빠졌다는 뜻으로) 생활이 몹시 곤궁(困窮. 가난하고 구차함)하거나 비참한 경지를 이르는 말. *진흙: ①빛깔이 붉고 차진 흙. ②질펀질펀하게 된 흙. *숯불: 숯을 피운 불. 이 사자성어의 유래는 다음과 같다. 『상서(尙書)』의 「중훼지고(仲虺之誥)」편(篇)에 〈아, 이 하늘이 백성들을 내심에 하고자 함이 있었으니, 임금('탕왕·湯王'을 가리킴)이 없으면 곧 어지러워지는 것이므로 하늘이 총명함을 내시어 다스리게 하신 것입니다. 하(夏)나라가 있었으나, 덕(德. 고매하고 너그러운 도덕적 품성)이 저물고 백성들이 진흙과 숯불에 떨어지게 되자, 하늘이 곧 왕('탕왕·湯王'을 가리킴)에게 용기와 지혜를 주시어 만방(萬邦)에 올바름을 나타내시어 우(禹)왕의 옛 옷을 잇게 하시니, 여기에 그 떳떳함을 따르시고 하늘의 명을 따라야 합니다.(嗚呼, 惟天生民有欲, 無主乃亂, 惟天生聰明, 時乂, 有夏昏德, **民墜塗炭**, 天乃錫王勇智, 表正萬邦, 纘禹舊服. 率厥典, 奉若天命.)〉라는 이야기가 나오는데, '백성들이 진흙과 숯불에 떨어졌다.(民墜塗炭)'에서, '도탄지고(塗炭之苦)'가 유래했다. 탕왕(湯王)은 군사를 일으켜 하(夏)나라의 걸왕(桀王)을 멸망시켰는데, 이는 전례(前例. 이전부터 있었던 사례. 또는 예로부터 전하여 내려오는 일 처리의 관습)가 없는 일이었다. 이전에는 요(堯)가 순(舜)에게 그리고 순(舜)이 우(禹)에게 양위(讓位. 임금의 자리를 물려줌)한 것과 같이 덕(德. 고매하고 너그러운 도덕적 품성)이 있는 사람을 찾아 왕위(王位. 임금의 자리)를 계승시켰다. 그런데 하(夏)나라에 이르러 자손에게 왕위를 세습(世襲. 신분. 작위 따위를. 대·代를 이어 물려주거나 받는 일)시킨 결과, 걸(桀)과 같은 포악한 왕이 나왔으므로, 탕왕(湯王)이 군사를 일으켜 하(夏)나라를 멸망시킨 것이다. 하지만 밖에서 보면 이는 신하로서 왕을 토벌(討伐. 무력으로 쳐 없앰)한 것이므로, 탕왕(湯王)은 자신의 이런 행위가 무력 혁명이나 정변(政變. 혁명이나 쿠데타 따위의 비합법적인 수단으로 생긴 정치상의 큰 변동)의 전례(前例)로 남을까 봐 걱정이 되었다. 이에 탕왕(湯王)의 신하인 중훼(仲虺)가 탕왕(湯王)이 군사를 일으킨 취지를 백성들에게 고(誥. 깨우쳐 주는 글인 듯?)를 지어 상세히 설명한 것이 바로 「중훼지고(仲虺之誥)」이다. 중훼(仲虺)는 여기에서, 탕왕(湯王)이 '무력 혁명은 걸왕(桀王)의 폭정(暴政. 포악한 정치)으로 인해 도탄(塗炭)에 빠진 백성들을 구원(救援. 어려움이나 위험에 빠진 사람을 구하여 줌)하기 위한 필연적인 것이었다.'는 점을 강조했다. 참고로, 원문의 '嗚呼'에서, '嗚'는 탄식할 '오'로 읽고, '呼'는 탄식하는 소리 '호'로 읽는다. '嗚呼'는 슬플 때나 탄식할 때 내는 소리. '아!'의 뜻을 지님. '惟天生民有欲'에서, '惟'는 오직 '유'로 읽고, '天'은 하늘 '천'으로 읽고, '生'은 낳을 '생', 날 '생'으로 읽고, '民'은 백성 '민'으로 읽고, '有'는 있을 '유'로 읽고, '欲'은 하고자 할 '욕'으로 읽는다. '惟天生民有欲'을 직역(直譯)하면, 오직 하늘이 백성들을 나게 (하심에) 하고자 함이 있었으니, '無主乃亂'에서, '無'는 없을 '무'로 읽고, '主'는 임금 '주'로 읽고, '乃'는 이에(이러하여서 곧) 내로 읽고, '亂'은 어지러울 '란(난)'으로 읽는다. '無主乃亂'을 직역(直譯)하면, 임금(탕왕)이 없으면 곧 어지러워지므로, '惟天生聰明'에서, '聰'은 귀가 밝을 '총', 총명할 '총'으로 읽고, '明'은 밝을 '명'으로 읽는다. '聰明'은 보거나 들은 것을 오래 기억하는 힘이 있음. 또는 썩 영리하고 재주(순우리말로, 무엇을 잘할 수 있는, 타고난 능력과 슬기)가 있음. '惟天生聰明'을 직역(直譯)하면 오직 하늘이 총명함을 나게 하시어, '時乂'에서, '時'는 때 '시'로 읽고, '乂'는 다스릴 '예'로 읽는다. '時乂'를 직역(直譯)하면, 때에 (맞게) 다스립니다. '有夏昏德'에서, '夏'는 하(夏)나라 '하'로 읽고, '昏'은 (날이) 저물 '혼'으로 읽고, '德'은 덕(德. 고매하고 너그러운 도덕적 품성) '덕'으로 읽는다. '有夏昏德'

을 직역(直譯)하면, 하(夏)나라에 덕(德)이 저문(어두운) (이가) 있어, '民墜塗炭'에서, '墜'는 떨어질 '추'로 읽고, '塗'는 진흙 '도'로 읽고, '炭'은 숯불 '탄'으로 읽는다. '民墜塗炭'을 직역(直譯)하면, 백성들이 진흙과 숯불에 떨어지니, 여기서, '塗炭之苦'가 유래하였는데, 이것을 직역(直譯)하면, 진흙과 숯불의 괴로움. 즉, 진구렁(진흙 구렁이)에 빠지고 숯불에 타는 괴로움(고통)이란 뜻으로, 학정(虐政. 국민을 괴롭히는 정치. 또는 포악한 정치)으로 인해 백성들이 심한 괴로움(고통)을 겪는 것을 비유적으로 이르는 말. 다시 말하면 도탄(塗炭)에 빠졌다는 뜻으로, 가혹한 정치 때문에 백성들의 고통이 매우 심하다는 말이다. '天乃錫王勇智'에서, '天'은 하늘 천으로 읽고, '乃'는 이에(이러하여서 곧) '내'로 읽고, '錫'은 줄 '석'으로 읽고, '王'은 임금 '왕'으로 읽고, '勇'은 날랠 '용', 용기가 있을 '용'으로 읽고, '智'는 슬기 '지', 지혜 '지'로 읽는다. '勇智'는 '지용(智勇)'과 같은 말로, 지혜(智慧)와 용기(勇氣)를 아울러 이르는 말. '天乃錫王勇智'를 직역(直譯)하면, 이에 하늘이 왕(탕왕)에게 용기와 지혜를 주어, '表正萬邦'에서, '表'는 나타낼 '표', 드러낼 '표'로 읽고, '正'은 바를 '정', 바로잡을 '정'으로 읽고, '萬'은 일만 '만'으로 읽고, '邦'은 나라 '방'으로 읽는다. '萬邦'은 세계의 모든 나라. '表正萬邦'을 직역(直譯)하면, 일만 나라(세계의 모든 나라)를 바로잡아서 나타내 (보이신다). '纘禹舊服'에서, '纘'은 이을 '찬'으로 읽고, '禹'는 하우씨(夏禹氏. 중국 하·夏나라의 우·禹임금을 이르는 말) '우'로 읽는다. 하(夏)나라를 세운 임금 이름. '舊'는 옛 '구'로 읽고, '服'은 옷 '복'으로 읽는다. '纘禹舊服'을 직역(直譯)하면, (그리하여) 우(禹) 임금의 옛 옷을 잇게 하셨으니, 즉, 이 말은 하늘이, '탕왕(湯王)'이 덕(德)이 있는 우왕(禹王)의 자리를 계승하게 했다.'는 뜻이다. '率厥典'에서, '率'은, 여기서는 좇을 '솔', 따를 '솔'로 읽고, '厥'은 그(지시하는 말) '궐'로 읽고, '典'은 법(法. 국가나 종교 따위에서 강제력이 따르는 온갖 규범) '전'으로 읽는다. '率厥典'을 직역(直譯)하면, 그 법을 따라야 하고, '奉若天命'에서, '奉'은 받들 '봉'으로 읽고, '若'은 여기서는 좇을 '약', 따를 '약'으로 읽고, '命'은 명령 '명'으로 읽는다. '奉若天命'을 직역(直譯)하면, 하늘의 명령을 받들어 따라야 한다. 즉, 하늘이 시키시는 바를 받들어 따라야 한다는 말이다.

도피-사상(逃避思想 도망할 도/피할 피/생각 사/생각할 상) 도망(逃亡)하고 피(避)하려는 생각과 생각이라는 뜻으로, ①현실 사회를 멀리 피(避)하여 숨어 있으려는 사상을 이르는 말. ②현실에 눈을 감고 소극적인 안일(安逸. 편안하고 한가로움. 또는 편안함을 누리려는 태도)의 세계에 잠겨 있으려는 사상을 이르는 말. =은둔사상(隱遁思想). 비 둔피사상(遁避思想). *도피(逃避): 도망하여 피함. *사상(思想): ①생각. ②사고 작용의 결과로 얻어진 체계적 의식 내용. ③사회나 정치에 대한 일정한 견해.

도피-은일(逃避隱逸 도망할 도/피할 피/숨을 은/숨을 일) 도망(逃亡)하고 피(避)하며 숨고 숨는다는 뜻으로, 도망(逃亡)하여 피해가며 세상(世上)에 숨어서 삶을 이르는 말. *도피(逃避): ☞도피사상(逃避思想). *은일(隱逸): ①세상을 피하여 숨어 삶. 또는 그 사람. ②지난날, 은거(隱居. 세상을 피하여 숨어 삶)하는 학자로서 임금이 특별히 벼슬을 내린 사람.

도학-군자(道學君子 도리 도/배울 학/군자 군/경칭 자) (사람이 마땅히 저켜야 할) 도리(道理)를 배운 군자(君子)라는 뜻으로, ①도학(道學)을 닦아 덕(德. 고매하고 너그러운 도덕적 품성)이 높은 사람을 이르는 말. =도덕군자(道德君子). ②도덕(道德)의 이론에만 밝고 실제의 세상일에는 어두운, 융통성(融通性) 없는 사람을 놀림조로 이르는 말. =도학선생(道學先生). *도학(道學): ①도덕(道德)에 관한 학문. ②중국 송(宋)나라 때의 정주학파(程朱學派)의 학문. 곧 심성(心性)과 이기(理氣)의 학문. ③=도교(道敎). 즉,

무위자연설(無爲自然說)을 근간으로 하는 중국의 다신적(多神的) 종교를 이르는 말. 황제(皇帝)와 노자(老子. 중국 춘추전국시대·春秋戰國時代의 사상가·思想家. 도가·道家의 시조·始祖)를 신격화한 태상노군(太上老君. 중국 춘추시대·春秋時代의 사상가인 '노자·老子'를 높여 이르는 말)을 숭배하며, 노장(老莊. 중국 고대의 사상가인 '노자·老子'와 '장자·莊子'를 아울러 이르는 말) 철학을 받아들이고 여기에 음양오행설(陰陽五行說)과 신선사상(神仙思想)을 더하여 불로장생(不老長生. 본문 참고)을 추구하였음. 여기서, 장자(莊子)는 중국 전국시대(戰國時代)의 사상가이며, 도가(道家) 사상의 중심인물이다. *군자(君子): 학문과 덕(德. 고매하고 너그러운 도덕적 품성)이 높고 행실(行實)이 바르며 품위(品位)를 갖춘 사람. *도리(道理): 사람이 마땅히 지켜야 할 바른 길. *경칭(敬稱): 공경하는 뜻으로 부르는 칭호. 또는 존대하여 일컬음.

도학–선생(道學先生 도리 도/배울 학/먼저 선/날 생) (사람이 마땅히 저켜야 할) 도리(道理)만 배운, 먼저 난 (사람). 즉, 선생(先生)이라는 뜻으로, 도덕(道德)의 이론에만 밝고 실제의 세상일에는 어두운, 융통성(融通性) 없는 사람을 놀림조로 이르는 말. 참 도덕군자(道德君子). 도학군자(道學君子). *도학(道學): ☞도학군자(道學君子). *선생(先生): ①남을 가르치는 사람. ②(성명이나 직명 따위의 뒤에 쓰이어) 그를 높이어 일컫는 말. ③어떤 일에 경험이 많거나 아는 것이 많은 사람. *도리(道理): ☞도학군자(道學君子).

도행–역시(倒行逆施 거꾸로 도/행동할 행/거스를 역/베풀 시) 거꾸로 행동하고 거스르게 베푼다. 즉, 거꾸로 가고 거꾸로 행(行)한다는 뜻으로, 도리(道理. 사람이 마땅히 지켜야 할 바른 길)를 따르지 않고 무리하게 행(行)하거나, 상식(常識)에 어긋나는 행동을 하는 것을 이르는 말. 또는 차례나 순서를 바꾸어서 행(行)함을 이르는 말이기도 하다. *도행(倒行): ①순서에 의하지 않고 거꾸로 일을 함. ②도리에 어긋나게 일을 함. *역시(逆施): 도리를 거슬러 거꾸로 시행함. *거스르다: 부록 '역(逆)' 참고. *베풀다: 부록 '시(施)' 참고. 이 사자성어의 유래는 다음과 같다. 『사기(史記)』의 「오자서열전(伍子胥列傳)」 편(篇)에 〈오자서(伍子胥)가 말했다. "부디 신포서(申包胥)에게 잘 전해라. 해는 지고 길은 멀기 때문에, 거꾸로 가고 거꾸로 행할 (겨를이 없었다고)."(伍子胥曰, 爲我謝申包胥曰, 吾日暮途遠, **吾故倒行而逆施之**.)〉라는 이야기가 나오는데, '거꾸로 가고 거꾸로 행할 (겨를이 없었다고),(吾故倒行而逆施之)'에서, '도행역시(倒行逆施)'가 유래했다. '오자서(伍子胥)'는 중국 춘추시대(春秋時代) 오(吳)나라의 정치가이며 재상(宰相. 임금을 보필하며 모든 관원을 지휘, 감독하는 자리에 있는 이품·二品 이상의 벼슬을 통틀어 이르던 말)이었다. '신포서(申包胥)'는 중국 춘추시대(春秋時代) 초(楚)나라의 정치가이었다. 이 이야기의 배경은 이렇다. 오(吳)나라 군대는 파죽지세(破竹之勢. 본문 참고)로 초(楚)나라의 수도(서울)인 영(郢)을 점령했다. 초(楚)나라의 소왕(昭王)은 수도(首都)인 영(郢)을 탈출하여 도망했다. 오자서(伍子胥)는 소왕(昭王)을 잡으려고 했지만, 소왕(昭王)이 탈출하여 그 뜻을 이루지 못하게 되자, 대신 초나라 평왕(平王. 소왕의 아버지)의 무덤을 파헤쳐 시체를 꺼내 3백번이나 매질(매로 때리는 일)을 한 후에야 그쳤다. 산중(山中)으로 피난 갔던 초(楚)의 대부(大夫. 벼슬 이름)인 신포서(申包胥)가 사람을 보내 오자서(伍子胥)에게 말했다. 신포서(申包胥)와 오자서(伍子胥)는 친구 관계이다. "그대의 복수는 너무 심하지 않은가. 사람의 수(數)가 많으면 하늘을 이길 수 있지만, 하늘이 결정을 내리면 사람을 깨뜨릴 수 있다.(人衆者勝天, 天定亦能破人)라고 들었소. 그대는 옛날에는 평왕(平王)의 신하로서 몸소 북면(北面. 지난날 임금은 남쪽을 향해 앉고, 신하는 북쪽을 향해 앉는 데서, '임금을 섬김'을 일컫던 말)하여 그를 섬겼는데, 이제 죽은 사람을 욕보였으니, 어찌 천도(天道. 천지나 자연의 도·道나 도리·道理)가 없는 것의 극(極. 사물이나 어떤 정도가 더할 수 없는 막다른 지경)이 아니겠는가?" 즉, 친구인 오자서(伍子胥)의 행동이 너무 지나치다고 꾸짖는 것이다. 그때 오자서(伍子胥)가 말했다. "부디 신포서(申包胥)에게 잘 전해라. 해는 지고 갈 길은 멀기 때문에 갈팡질팡 걸어가며 앞뒤를 분간할 겨를이 없었다고." 상식에 어긋나지만 무리를 할 수밖에 없다고 딱 잘라 거절하는 장면이다. 즉, 이치에 어긋나는 것은 알겠는데, 시간이 없어 부득이한 행동이라며 복수(復讐. 원수를 갚음)의 화신(化身. 추상적인 특질이 구체적인 것으로 바뀌는 일)인 오자서(伍子胥)가 변명하고 있는 것이다. 그 후 신포서(申包胥)는 진(秦)나라의 도움을 받아 초(楚)나라를 부흥(復興. 쇠퇴하였던 것이 다시 일어남. 또는 그렇게 되게 함)시켰고, 오자서(伍子胥)는, 그를 신임(信任. 믿고 일을 맡김. 또는 그 믿음)하던 오왕(吳王. 오나라의 왕)인 합려(闔閭)가 죽고 공자(公子. 지체 높은 집안의 젊은 자제)인 부차(夫差)가 오(吳)나라의 왕위(王位. 임금의 자리)를 계승하면서, 그의 영향력은 눈에 띄게 약화(弱化. 힘이나 세력 따위가 약해짐)되어 갔다. 여기서, '지체'는 순우리말로, 대대로 이어 내려오는 사회적 신분이나 지위를 일컬음. 결국 부차(夫差)는 오자서(伍子胥)로 하여금 자결(自決. 의분을 참지 못하거나 지조를 지키기 위해 스스로 목숨을 끊음)하도록 명령했다. 그는 부차(夫差)가 내린 칼로 자결(自決)한다. 무슨 일이든 도(度)가 지나치면 화(禍)를 부른다는 교훈(敎訓. 앞으로의 행동이나 생활에 지침이 될 만한 것을 가르치는 일. 또는 그런 가르침)을 우리에게 주는 것이다. 원문의 '伍子胥曰'에서, '伍'는 대오(隊伍. 편성된 대열. 옛날 중국 군대 편성의 한 단위. 5명을 한 조로 함) '오'로 읽고, '子'는 아들 '자'로 읽고, '胥'는 서로('상호·相互'와 같은 말. 짝을 이루거나 관계를 맺고 있는 상대) '서'로 읽는다. '伍子胥'는 사람 이름. '伍子胥曰'을 직역(直譯)하면, 오자서(伍子胥)가 말하기를, '爲我謝申包胥曰'에서, '爲'는 위할 '위'로 읽고, '我'는 나(1인칭 대명사) '아'로 읽고, '謝'는 일러줄 '사'로 읽고, '申'은 납('원숭이'의 옛말) '신'으로 읽고, '包'는 쌀(물건을 안에 넣고 보이지 않게 씌워 가리거나 둘러 맴) '포'로 읽고, '胥'는 서로 '서'로 읽는다. '申包胥'는 사람 이름. '爲我謝申包胥曰'을 직역(直譯)하면, 신포서(申包胥)에게 나를 위하여 일러주라고 (하면서) 말하기를, '吾日暮途遠'에서, '吾'는 나(1인칭 대명사) '오'로 읽고, '日'은 날 '일'로 읽고, '暮'는 저물 '모'로 읽고, '途'는 길 '도'로 읽고, '遠'은 멀 '원'으로 읽는다. '吾日暮途遠'을 직역(直譯)하면, 나는 날은 저물고 (갈) 길은 멀다. 여기서, '日暮途遠'이 유래하였는데, 이것을 직역(直譯)하면, 날[日]은 저물고 (갈) 길은 멀다는 뜻으로, 할 일은 많은데 시간(時間)이 없는 것을 비유적으로 이르는 말. 또는 늙고 쇠약(衰弱)한데 앞으로 해야 할 일은 많음을 비유적으로 이르는 말. '吾故倒行而逆施之'에서, '吾'는 나(1인칭 대명사) '오'로 읽고, '故'는 그러므로 '고'로 읽고, '倒'는 거꾸로 '도'로 읽고, '行'은 행동할 '행'으로 읽고, '而'는 말 이을 '이'로 읽는다. '그리고'의 뜻을 나타냄. '逆'은 거스를 '역'으로 읽고, '施'는 베풀 '시'로 읽고, '之'는 어조사 '지'로 읽는다. '그것'을 나타내는 지시 대명사. '吾故倒行而逆施之'를 직역(直譯)하면, 그러므로(늙고 쇠약한데 앞으로 해야 할 일은 많으므로) 나는 거꾸로 행동하고 그리고 그것을 거스르게 베풀었다. 즉, 나는 도리(道理. 사람이 마땅히 지켜야 할 바른 길)에 어긋난 일을 할 수밖에 없었다는 뜻이다. 여기서, '倒行逆施'가 유래하였는데, 이것을 직역(直譯)하면, 거꾸로 행동하고 거스르게 베푼다. 즉, 거꾸로 가고 거꾸로 행(行)한다는 뜻으로, 도리(道理)를 따르지 않고 무리하게 행(行)하거나, 상식(常識)에 어긋나는 행동을 하는 것을 이르는 말. 또는 차례나 순서를 바꾸어서 행(行)함을 이르는 말이기도 하다.

도화-인각(圖畵·畵麟閣 그릴 **도**/그림 **화**/기린 **인**/누각 **각**) 기린(麒麟)의 누각(樓閣)에 그림을 그린다. 즉, 기린각(麒麟閣)에 화상(畵·畵像)을 그린다는 뜻으로, 공신(功臣. <u>나라에 공로가 있는 신하</u>)이 됨을 이르는 말. 조선시대에 공신(功臣)은 인각(麟閣)에서 훈공(勳功. <u>나라를 위하여 세운 공로</u>)을 기록(記錄)하였던 일에서 유래한다. *도화(圖畵·畵): ①도안(圖案)과 그림[畵·畵]을 아울러 이르는 말. ②그림을 그리는 일. 또는 그려놓은 그림. *인각(麟閣): =충훈부(忠勳府). 즉, 조선 시대에, 공신(功臣)의 훈공(勳功)을 기록(記錄)하는 일을 맡아 하던 관아(官衙).

독각-대왕(獨脚大王 홀로 **독**/다리 **각**/클 **대**/임금 **왕**) 홀로(<u>하나뿐인</u>) 다리로 (걷는) 큰 임금. 즉, 하나뿐인 다리로 걷는 대왕(大王)이라는 뜻으로, ①귀신(鬼神)의 하나. ②=도깨비. 즉, 잡된 귀신의 한 가지. 사람의 형상에다가 이상한 힘과 재주(<u>순우리말로, 무엇을 잘할 수 있는, 타고난 능력과 슬기</u>)를 가지고 사람을 호리기도(<u>그럴듯한 말로 속여 넘기기도</u>) 하고, 험상궂은 짓이나 짓궂은 장난을 많이 한다고 한다. ③말썽이 많고 아주 괴팍(<u>붙임성이 없이 까다롭고 별남</u>)한 사람을 비유적으로 이르는 말. *독각(獨脚): 하나뿐인 다리. *대왕(大王): ①'선왕(先王. <u>선대의 임금</u>)'의 높임말. ②훌륭하고 업적이 뛰어난 임금을 높여 일컫는 말.

독단-전행(獨斷專行 홀로 **독**/결단할 **단**/마음대로 **전**/행할 **행**) 홀로(혼자) 결단(決斷)하고 마음대로 행(行)한다는 뜻으로, 남과 상의(相議)하지도 않고 혼자 판단하거나 결정하여, 멋대로 행동함을 이르는 말. *독단(獨斷): ①자기 혼자의 생각만으로 결정함. 또는 그런 일. ②철학에서, 객관적 자료에 따른 논증(論證. <u>옳고 그름을 이유를 들어 밝힘. 또는 그 근거나 이유</u>)도 없이 주관적 인식만으로 판단하는 일. *전행(專行): 제 마음대로 결단하여 실행함. *결단하다(決斷~): 딱 잘라 결정하거나 단안(斷案)을 내리다. *행하다(行~): (작정한 대로) 하여 나가다.

독로-시하(篤老侍下 도타울 **독**/늙을 **로**/모실 **시**/아래 **하**) 도타운 늙은이를 모시고 (있는) 아래[下]의 (사람이라는) 뜻으로, 일흔 살이 넘은 부모를 모시고 있는 처지(處地)를 이르는 말. *독로(篤老): 몹시 늙음. *시하(侍下): 부모나 조부모가 살아 있어 모시고 있는 처지. 또는 그 사람. *도탑다: 부록 '독(篤)' 참고.

독립-독보(獨立獨步 홀로 **독**/설 **립**/홀로 **독**/걸을 **보**) 홀로(혼자) 서고 홀로(혼자) 걷는다는 뜻으로, ①남에게 의지하지 아니하고 독자적으로 행동함을 이르는 말. =독립독행(獨立獨行). ②나란히 겨룰 만한 것이 달리 없음을 이르는 말. *독립(獨立): ①남에게 의지하지 않고 따로 섬. ②나라가 완전히 독립권을 행사함. *독보(獨步): ①홀로 걸음. ②어떤 분야에서, 남이 따를 수 없도록 앞서 감.

독립-독행(獨立獨行 홀로 **독**/설 **립**/홀로 **독**/행할 **행**) 홀로(혼자) 서고 홀로(혼자) 행(行)한다는 뜻으로, 남에게 의지하지 아니하고 자기의 뜻에 따라 독자적으로 행동함을 이르는 말. =독립독보(獨立獨步). *독립(獨立): ☞독립독보(獨立獨步). *독행(獨行): ①혼자서 길을 감. ②세태(世態. <u>세상의 형편이나 상태</u>)를 따르지 않고 지조(志操. <u>옳은 원칙과 신념을 지켜 끝까지 굽히지 않는 꿋꿋한 의지. 또는 그러한 기개</u>)를 가지고 고고(孤高. <u>홀로 세속에 초연하여 고상함</u>)하게 홀로 나아감. ③혼자 힘으로 행함. *행하다(行~): (작정한 대로) 하여 나가다.

독립-자존(獨立自存 홀로 **독**/설 **립**/스스로 **자**/있을 **존**) 홀로(혼자) 서고 스스로 있다는 뜻으로, 독립하여 스스로의 힘으로 생존함. 즉, 남에게 의존하거나 속박(束縛. <u>사람의 행동의 자유를 빼앗음</u>)되지 아니하고, 홀로(혼자) 서서 자기의 존재(存在)와 인격(人格)을 스스로 지킴을 이르는 말. *독립(獨立): ☞독립독
보(獨立獨步). *자존(自存): ①자신의 존재 또는 생존. ②남의 힘에 기대지 않고 스스로의 힘으로 생존하
는 일.

독립-지사(獨立志士 홀로 **독**/설 **립**/뜻 **지**/선비 **사**) 홀로(혼자) 서서 뜻을 (품은) 선비. 즉, 독립(獨立)에
뜻을 품은 선비라는 뜻으로, 나라의 독립에 뜻을 품은 사람을 이르는 말. 또는 나라의 독립을 위해
몸 바쳐 일하겠다는, 높은 뜻을 품은 사람을 이르는 말. 비 독립투사(獨立鬪士). *독립(獨立): ☞독립독
보(獨立獨步). *지사(志士): 나라와 민족을 위하여 제 몸을 바쳐 일하려는 뜻을 가진 사람.

독립-투사(獨立鬪士 홀로 **독**/설 **립**/싸울 **투**/선비 **사**) 홀로(혼자) 서서 싸우는 선비라는 뜻으로, 나라의
독립(獨立)을 이룩하기 위한 뜻을 품고 싸우는 지사(志士. 나라와 민족을 위하여 제 몸을 바쳐 일하려는
뜻을 가진 사람)를 이르는 말. 비 독립지사(獨立志士). *독립(獨立): ☞독립독보(獨立獨步). *투사(鬪士):
①싸움터에 나가 싸우는 사람. ②주의, 주장을 위해 투쟁하거나 활동하는 사람. ③투지(鬪志. 싸우고자
하는 굳센 마음)가 만만한 사람.

독방-거처(獨房居處 홀로 **독**/방 **방**/살 **거**/살 **처**) 홀로(혼자) 방에서 살고 산다는 뜻으로, 홀로(혼자) 방
하나를 차지하여 삶을 이르는 말. *독방(獨房): ①혼자서 쓰는 방. ②(교도소나 구치소 따위에서) 한
사람만 수용하는 방. *거처(居處): ①거소(居所). 즉, 거주하는 장소. ②한 군데 자리 잡고 삶. 또는
그곳.

독-불-장군(獨不將軍 홀로 **독**/못할 **불**/장수 **장**/군사 **군**) 홀로(혼자) 장군(將軍) (노릇을 하지) 못한다는
뜻이 와전(訛傳. 그릇 전함)되어, ①무슨 일이든 자기 생각대로 혼자서 처리하는 사람을 이르는 말.
또는 남의 의견을 묵살(黙殺. 의견이나 제안 따위를 듣고도 못 들은 체하고 문제 삼지 않음)하고 저
혼자 모든 일을 처리하는 사람을 이르는 말. ②다른 사람에게 따돌림을 받는 외로운 사람을 비유적으로
이르는 사람. ③혼자서는 장군(將軍)이 못 된다는 뜻으로, 남과 의논하고 협조하여야 함을 비유적으로
이르는 말. *장군(將軍): ①군(軍)의 우두머리로, 군(軍)을 지휘하고 통솔(統率)하는 무관(武官). ②힘이
아주 센 사람을 비유적으로 이르는 말. ③준장(准將), 소장(少將), 중장(中將), 대장(大將)을 통틀어 이르
는 말. *장수(將帥): 부록 '장(將)' 참고. *군사(軍士): 부록 '군(軍)' 참고.

독서-망양(讀書亡羊 읽을 **독**/책 **서**/잃을 **망**/양 **양**) (글이나) 책(册)을 읽다가 양(羊)을 잃는다. 즉, 글이나
책(册)을 읽는데 정신이 팔려서 먹이고 있던 양(羊)을 잃었다는 뜻으로, 다른 일에 정신이 팔려 중요한
일을 소홀히 하는 것을 비유적으로 이르는 말. 또는 하는 일에는 뜻이 없고 다른 생각만 하다가 낭패(狼
狽)를 봄을 비유적으로 이르는 말. 참 장곡망양(臧穀亡羊). 『순자(荀子)』의 「예론(禮論)」 편(篇)에 의하면,
여기서 '장(臧)'은 남자 노비(奴婢. '사내종[奴]'과 '계집종[婢]'을 아울러 이르는 말)를 말하고, '곡(穀)'은
어린아이 혹은 젊은 남자 종을 말한다. *독서(讀書): 책을 읽음. *망양(亡羊): ①독서를 하다가 양(羊)을
잃고, 노름을 하다가 양(羊)을 잃었다는 뜻으로, 하는 일은 달라도 한 가지 일에 전념하지 아니하고
이것저것 하면 실패함을 이르는 말. ②=망양지탄(亡羊之歎·嘆). 즉, 잃은 양(羊)에 (대한) 탄식. 즉, 갈림
길이 매우 많아 잃어버린 양(羊)을 찾을 길이 없음을 탄식한다는 뜻으로, 학문의 길이 여러 갈래여서
한 갈래의 진리도 얻기 어려움을 비유적으로 이르는 말. 이 사자성어의 유래는 다음과 같다. 『장자(莊
子)·외편(外篇)』의 「변무(駢拇)」 편(篇)에 〈장(臧)과 곡(穀) 두 사람이 양(羊)을 기르다가 다 같이 양(羊)을

잃어버렸다. 장(臧)에게 "어찌된 일이냐?"고 물었더니, "젓가락을 가지고 책을 읽었다.(즉, 책 읽는 일에 몰두했다.)"고 했다. 곡(穀)에게 "어찌된 일이냐?"고 물었더니 "박색(博塞) 놀이를 했다고 했다."고 했다. 둘은 각자 한 일은 달랐지만, 양(羊)을 잃은 것은 마찬가지였다.(臧與穀二人, 相與牧羊, **而俱亡其羊**, 問臧奚事, **則挾筴讀書**, 問穀奚事, 則博塞以遊, 二人者, 事業不同, 其於亡羊均也.)〉라는 이야기가 나오는데, '다 같이 양(羊)을 잃어버렸다.(而俱亡其羊)'와, '젓가락을 가지고 책을 읽었다.(則挾筴讀書)'에서, '독서망양(讀書亡羊)'이 유래했다. 학문을 중시하는 동양적 사고방식에서 생각해 보면, 책을 읽다가 양(羊)을 잃는 것은 대수롭지 않은 일일 수도 있다. 그런데 문제가 되는 것은 장(臧)과 곡(穀) 두 사람의 본분이, 양(羊)을 제대로 돌보는 일이었다는 점이다. 그럼에도 불구하고 그들이 독서보다 우선시해야 할 양(羊)을 잃어버린 것은 자기 본분을 잊었다는 뜻이 되는 것이다. 그래서 '독서망양(讀書亡羊)'은 다른 일에 정신이 팔려 중요한 일을 소홀히 하는 것을 비유적으로 이르는 말. 또는 하는 일에는 뜻이 없고 다른 생각만 하다가 낭패(狼狽)를 봄을 비유적으로 이르는 말이 된 것이다. 참고로, 원문의 '臧與穀二人'에서, '臧'은 착할 '장'으로 읽는다. 여기서는 사람 이름. '與'는 어조사 '여'로 읽는다. '~와', '~과(병렬)'의 뜻을 나타냄. '穀'은 곡식 '곡'으로 읽는다. 여기서는 사람 이름. '二'는 두 '이'로 읽고, '人'은 사람 '인'으로 읽는다. '臧與穀二人'을 직역(直譯)하면, 장(臧)과 곡(穀) 두 사람은, '相與牧羊'에서, '相'은 서로 '상'으로 읽고, '與'는, 여기서는 더불어 '여'로 읽고, '牧'은 칠(가축이나 집에서 기르는 날짐승 따위를 기름) '목'으로 읽고, '羊'은 양(羊) '양'으로 읽는다. '相與牧羊'을 직역(直譯)하면 서로 더불어 양(羊)을 치다가, '而俱亡其羊'에서, '而'는 말 이을 '이'로 읽는다. '그리고'의 뜻을 나타냄. '俱'는 함께 '구'로 읽고, '亡'은 잃을 '망'으로 읽고, '其'는 그(지시하는 말) 기로 읽는다. '而俱亡其羊'을 직역(直譯)하면, 그리고 함께 그 양(羊)을 잃어버렸다. '問臧奚事'에서, '問'은 물을 '문'으로 읽고, 臧은 착할 '장'으로 읽는다. 여기서는 사람 이름. '奚'는 어찌 '해'로 읽고, '事'는 일 '사'로 읽는다. '問臧奚事'를 직역(直譯)하면, 장(臧)에게 어찌된 일이냐? 고 물으니, '則挾筴讀書'에서, '則'은 곧 '즉'으로 읽고, '挾'은 가질 '협'으로 읽고, '筴'은 젓가락 '협'으로 읽고, '讀'은 읽을 '독'으로 읽고, '書'는 책 또는 글 '서'로 읽는다. '則挾筴讀書'를 직역(直譯)하면, 곧 젓가락을 가지고 글(책)을 읽었다. 여기서, '讀書亡羊'이 유래하였는데, 이것을 직역(直譯)하면, (글이나) 책(册)을 읽다가 양(羊)을 잃는다. 즉, 글이나 책(册)을 읽는데 정신이 팔려서 먹이고 있던 양(羊)을 잃었다는 뜻으로, 다른 일에 정신이 팔려 중요한 일을 소홀히 하는 것을 비유적으로 이르는 말. 또는 하는 일에는 뜻이 없고 다른 생각만 하다가 낭패(狼狽)를 봄을 비유적으로 이르는 말. '問穀奚事'에서, '穀'은 곡식 '곡'으로 읽는다. 여기서는 사람 이름. '事'는 일 '사'로 읽는다. '問穀奚事'를 직역(直譯)하면, 곡(穀)에게 어찌 된 일이냐? 고 물으니, '則博塞以遊'에서, '博'은 노름할 '박'으로 읽고, '塞'은 주사위(놀이 도구의 하나) '새'로 읽는다. '博塞'은 주사위 놀이인 듯(?). '以'는 써(그것을 가지고, 그것으로 인하여) '이'로 읽고, '遊'는 놀 '유'로 읽는다. '則博塞以遊'를 직역(直譯)하면, 주사위 놀이를 하면서 그것을 가지고 놀았다. '二人者'에서, '二'는 두 '이'로 읽고, '人'은 사람 '인'으로 읽고, '者'는 사람 '자'로 읽는다. '二人者'는 두 사람은, '事業不同'에서, '業'은 업(직업'의 준말) '업'으로 읽고, '不'는 아닐(부정하는 말) '부'로 읽고, '同'은 같을 '동'으로 읽는다. '事業不同'을 직역(直譯)하면, 하는 일과 업(業)은 같지 않음. '其於亡羊均也'에서, '於'는 어조사 '어'로 읽는다. '~에 있어서는(위치)'의 뜻을 나타냄. '均'은 고를(차이가 없이 한결같을) '균'으로 읽고, '也'는 어조사 '야'로 읽는다. '~이다(단정)'의 뜻을 나타냄. '其於亡羊均

也'를 직역(直譯)하면, 그 양(羊)을 잃어버림에 있어서는 고르다. 즉, 양(羊)을 잃은 것은 마찬가지다. 여기서, 장자(莊子, 중국 전국시대·戰國時代의 사상가, 도가·道家 사상의 중심인물)가 강조하는 것은, 좋은 일을 하다가 양(羊)을 잃었건, 나쁜 일을 하다가 양(羊)을 잃었건 그 결과는 같은 것이니, 자기의 본분(本分)을 잊으면 안 된다는 것이다.

독서-삼도(讀書三到 읽을 독/책 서/석 삼/이를 도) (글이나) 책(册)을 읽으면서 이르러야(집중해야) (할) 세 (가지). 즉, 독서(讀書)를 하는 세 가지 방법이란 뜻으로, 입으로 다른 말을 아니 하고 책을 읽는 '구도(口到)', 눈으로 다른 것을 보지 않고 책만 잘 보는 '안도(眼到)', 마음속에 깊이 새기는 '심도(心到)'를 이르는 말. 중국 송(宋)나라 때 주희(朱熹)가 글을 숙독(熟讀, 뜻을 생각하며 읽음, 또는 뜻을 충분히 음미하면서 읽음)하는 방법으로 제시한 3가지이다. 다시 말하면, 글을 읽어서 그 참뜻을 이해하려면 마음과 눈과 입을 오로지 글 읽기에 집중하여야 한다는 말이다. *독서(讀書): ☞독서망양(讀書亡羊). *삼도(三到): =독서삼도(讀書三到). *이르다: 부록 '도(到)' 참고. 이 사자성어의 유래는 다음과 같다. 주희(朱熹)의 『훈학재규(訓學齋規)』에 〈나는 일찍이 말한 적이 있다. 독서(讀書)에는 삼도(三到)가 있는데, 심도(心到), 안도(眼到), 구도(口到)이다. 마음이 여기에 있지 않으면 눈이 자세히 볼 수가 없다. 마음이 집중되지 않으면 그저 대충 읽기만 할 뿐이다. 그러면 기억할 수가 없으며, 기억하더라도 오래가지 않는다. 삼도(三到) 가운데 마음이 가장 중요하다. 마음이 집중되면 눈과 입이 어찌 집중되지 않겠는가?(余嘗謂, **讀書有三到**, 謂心到眼到口到, 心不在此, 則眼不看仔細, 心眼既不專一, 却只漫浪誦讀, 決不能記, 記不能久也, 三到之中, 心到最急, 心既到矣, 眼口豈不到乎.)〉라는 이야기가 나오는데, '독서(讀書)에는 삼도(三到)가 있는데,(讀書有三到)'에서, '독서삼도(讀書三到)'가 유래했다. 참고로, 원문의 '余嘗謂'에서, '余'는 나(1인칭 대명사) '여'로 읽고, '嘗'은 일찍 '상'으로 읽고, 謂는 일컬을 '위'로 읽는다. '余嘗謂'를 직역(直譯)하면, 나는 일찍이 ~에 대해서 일컬었음. '讀書有三到'에서, '讀'은 읽을 '독'으로 읽고, '書'는 책 또는 글 '서'로 읽는다. '讀書'는 글(책)을 읽음. '有'는 있을 '유'로 읽고, '三'은 석 '삼'으로 읽고, '到'는 이를 '도'로 읽는다. 여기서는 '집중하다'의 의미도 있다. '讀書有三到'를 직역(直譯)하면, 책을 읽는 데에는 3가지 이르는(집중하는) 것이 있음. 여기서, '讀書三到'가 유래하였는데, 이것을 직역(直譯)하면, (글이나) 책(册)을 읽으면서 이르러야(집중해야) (할) 세 (가지). 즉, 독서(讀書)를 하는 세 가지 방법이란 뜻으로, 입으로 다른 말을 아니 하고 책을 읽는 '구도(口到)', 눈으로 다른 것을 보지 않고 책만 잘 보는 '안도(眼到)', 마음속에 깊이 새기는 '심도(心到)'를 이르는 말. 중국 송(宋)나라 때 주희(朱熹)가 글을 숙독(熟讀)하는 방법으로 제시한 3가지이다. 다시 말하면 글을 읽어서 그 참뜻을 이해하려면 마음과 눈과 입을 오로지 글 읽기에 집중하여야 한다는 말이다. '謂心到眼到口到'에서, '心'은 마음 '심'으로 읽는다. '心到'는 마음이 글 읽는 데만 열중하고, 다른 것은 생각하지 않는 독서 태도. '眼'은 눈 '안'으로 읽는다. '眼到'는 글을 읽을 때에는 책에서 눈을 떼지 않음. '口'는 입 '구'로 읽는다. '口到'는 글을 읽을 때에 입으로 다른 말을 하지 않고 책에 집중하는 일. '謂心到眼到口到'를 직역(直譯)하면, (그것은) 심도(心到), 안도(眼到), 구도(口到)라고 일컬음. '心不在此'에서, '不'는 아닐(부정하는 말) '부'로 읽고, '在'는 있을 '재'로 읽고, '此'는 이(지시하는 말) '차'로 읽는다. '心不在此'를 직역(直譯)하면, 마음이 이에 있지 않으면, '則眼不看仔細'에서, '則'은 곧 '즉'으로 읽고, '看'은 볼 '간'으로 읽고, '仔'는 자세(仔細)할 '자'로 읽고, '細'는 자세(仔細)할 '세'로 읽는다. '仔細'는 사소한 부분까지 아주 구체적이고 분명함. '則眼不看仔

細'를 직역(直譯)하면, 곧 눈이 자세히 보지 못하고, '心眼旣不專一'에서, '心眼'은 사물을 살펴 분별하는 능력. 또는 그런 작용. '旣'는 이미(돌이킬 수 없이 된 지난 일을 일컬을 때 쓰는 말) '기'로 읽고, '專'은 오로지 '전', 오직 외곬으로 '전'으로 읽고, '一'은 한 '일'로 읽는다. '心眼旣不專一'을 직역(直譯)하면, 심안(心眼), 곧, 사물을 살펴 분별하는 능력. 또는 그런 작용이 이미 오로지 하나로 (집중되지) 않으면, '却只漫浪誦讀'에서, '却'은 발어사(發語辭) '각'으로 읽는다. 화제(話題)를 돌리는 말. '각설(却說. 화제를 돌림) 하고'의 뜻을 나타냄. '只'는 다만 '지', 단지(但只) '지'로 읽고, '漫'은, 여기서는 함부로 '만'으로 읽고, '浪'은 함부로 '랑(낭)'으로 읽고, '誦'은 읊을 '송', 읽을 '송'으로 읽는다. '誦讀'은 소리를 내어 글을 읽음. '却只漫浪誦讀'을 직역(直譯)하면, 각설(却說)하고 단지 함부로 소리를 내어 글을 읽는 (것이다). 즉, 그저 대충 글을 읽는다는 말이다. '決不能記'에서, '決'은 결코 '결'로 읽는다. '能'은 할 수 있을 '능'으로 읽고, '記'는 기억할 '기'로 읽는다. '決不能記'를 직역(直譯)하면, 결코 기억할 수 없게 (되며), '記不能久也'에서, '久'는 오랠 '구'로 읽고, '也'는 어조사 '야'로 읽는다. '~이다(단정)'의 뜻을 나타냄. '記不能久也'를 직역(直譯)하면, 기억은 오랫동안 할 수 없음. 즉, 기억하더라도 오래 가지 못한다는 말이다. '三到之中'에서, '之'는 어조사 '지'로 읽는다. '~의'를 나타내는 관형격 조사. '中'은 가운데 '중'으로 읽는다. '三到之中'을 직역(直譯)하면, 삼도(三到)의 가운데에서, '心到最急'에서, '最'는 가장 '최'로 읽고, '急'은, 여기서는 중요할 '급'으로 읽는다. '心到最急'을 직역(直譯)하면, 가장 중요한 것은 심도(心到)이니, '心旣到矣'에서, '矣'는 어조사 '의'로 읽는다. '~이다(단정)'의 뜻을 나타냄. '心旣到矣'를 직역(直譯)하면, 마음을 이미 (하나로) 이르게 (한다면), 즉, 마음이 하나로 집중되면, '眼口豈不到乎'에서, '豈'는 어찌(의문 부사) '기'로 읽는다. '乎'는 어조사 '호'로 읽는다. '~는가?', '~인가?(의문)'의 뜻을 나타냄. '眼口豈不到乎'를 직역(直譯)하면, 눈과 입이 어찌 (하나로) 이르게 되지 않겠는가?

독서-삼매(讀書三昧 읽을 독/책 서/거듭 삼/탐할 매) (글이나) 책(册)을 읽는 (데에만) 거듭 탐(貪)한다는 뜻으로, 다른 생각은 전혀 아니하고 오직 글이나 책(册) 읽기에만 골몰(汨沒. 다른 생각을 할 겨를이 없이 오로지 어떤 한 가지 일에만 파묻힘)하는 경지(境地. 어떠한 단계에 이른 상태)를 이르는 말. 여기서, '탐(貪)하다'는 늘 지나치게 욕심을 부려 제 것으로 만들고 싶어 하다. *독서(讀書): ☞독서망양(讀書亡羊). *삼매(三昧): ①불교에서, 잡념을 버리고 한 가지 일에만 정신을 집중하는 일. ②다른 말 아래에 쓰이어, 그 일에 열중하여 여념이 없음을 이르는 말.

독서-삼여(讀書三餘 읽을 독/책 서/석 삼/여유 여) (글이나) 책(册)을 읽는 (데에 대한) 세 가지 여유(餘裕) 라는 뜻으로, 글이나 책을 읽기에 적당한 세 가지 여가(餘暇. 바쁜 가운데에서 달리 활용할 수 있는 시간이나 동안)를 일컫는 말. 즉, 겨울[冬], 밤[夜], 비[雨]가 올 때를 일컫는다. *독서(讀書): ☞독서망양 (讀書亡羊). *삼여(三餘): =독서삼여(讀書三餘). *여유(餘裕): (전신적, 경제적, 물질적, 시간적으로) 넉넉하여 남음이 있음.

독서-상우(讀書尚友 읽을 독/책 서/오히려 상/벗 우) (글이나) 책(册)을 읽음으로써 오히려 벗이 (된다는) 뜻으로, 글이나 책을 읽음으로써 옛날의 현인(賢人. 어진 사람. 또는 덕행의 뛰어남이 성인 다음 가는 사람)들과 벗하거나 벗이 될 수 있음을 이르는 말. 독서를 하면 옛사람과도 벗이 된다는 뜻으로, 독서는 훌륭한 사람과의 만남을 가능하게 한다는 말이다. *독서(讀書): ☞독서망양(讀書亡羊). *상우(尚友): 책을 통하여 옛사람을 벗으로 삼는 일.

독선-기-신(獨善其身 홀로 **독**/옳게 여길 **선**/그 **기**/몸 **신**) 홀로(혼자) 그(자기)의 몸만 옳게 여긴다는 뜻으로, 남을 돌보지 아니하고 자기 한 몸의 처신(處身. 남 앞에서의 몸가짐이나 행동)만을 온전하게 함을 이르는 말. *독선(獨善): ①자기 혼자만이 옳다고 믿고 행동하는 일. ②=독선기신(獨善其身).

독선-주의(獨善主義 홀로 **독**/옳게 여길 **선**/주될 **주**/옳을 **의**) 홀로(혼자) 옳게 여기는 주된 주의(主義)라는 뜻으로, 남의 이해에는 상관하지 않고, 혼자만이 옳다고 주장하는 주의. 또는 남의 이해(理解. 남의 사정을 잘 헤아려 너그러이 받아들임)나 처지를 고려하지 아니하고, 자신의 관점만 옳다고 여기는 주의(主義)를 이르는 말. *독선(獨善): ①자기 혼자만이 옳다고 믿고 행동하는 일. ②=독선기신(獨善其身). *주의(主義): ①굳게 지키는 주장이나 방침. ②체계화된 이론이나 학설. *주되다(主~): 주장(主張)이나 중심(中心)이 되다.

독수-공방(獨守空房 홀로 **독**/지킬 **수**/빌 **공**/방 **방**) 홀로(혼자) 빈 방을 지킨다는 뜻으로, ①혼자서 지내는 것을 이르는 말. ②아내가 남편 없이 혼자서 밤을 지내는 것을 이르는 말. =독숙공방(獨宿空房). *독수(獨守): ①혼자서 지킴. ②=독숙(獨宿). 즉, 혼자 잠. *공방(空房): ①비워둔 방. ②(흔히 여자의) 혼자 자는 방.

독숙-공방(獨宿空房 홀로 **독**/잘 **숙**/빌 **공**/방 **방**) 홀로(혼자) 빈 방에서 잔다는 뜻으로, 아내가 남편 없이 홀로(혼자) 밤을 지내는 것을 이르는 말. =독수공방(獨守空房). *독숙(獨宿): 혼자 잠. *공방(空房): ☞독수공방(獨守空房).

독신-주의(獨身主義 홀로 **독**/몸 **신**/주될 **주**/옳을 **의**) 홀로 (된) 몸으로 (살겠다는) 주된 주의(主義)라는 뜻으로, 결혼하지 아니하고 평생을 독신(獨身)으로 지내려는 주의(主義)를 이르는 말. *독신(獨身): ①형제자매가 없는 몸. ②배우자가 없는 사람. =홀몸. *주의(主義): ①굳게 지키는 주장이나 방침. ②체계화된 이론이나 학설. *주되다(主~): 주장(主張)이나 중심(中心)이 되다.

독-야-청청(獨也青青 홀로 **독**/어조사 **야**/푸를 **청**/푸를 **청**) 홀로(혼자) 푸르고 푸르다는 뜻으로, 남들이 모두 절개(節概·介. 옳은 일을 지키어 뜻을 굽히지 않는 굳건한 마음이나 태도)를 꺾는 상황 속에서도 홀로(혼자) 절개(節概·介)를 굳세게 지켜 늘 변함이 없음을 비유적으로 이르는 말. *청청(青青): 싱싱하게 푸름.

독-장-난-명(獨掌難鳴 홀로 **독**/손바닥 **장**/어려울 **난**/울 **명**) 손바닥 홀로(혼자) 울기가 어렵다. 즉, 외손뼉(쳐서 소리를 내려는 한쪽 손바닥)만으로는 소리가 울리지 않는다는 뜻으로, ①혼자의 힘만으로 어떤 일을 이루기 어려움을 비유적으로 이르는 말. =고장난명(孤掌難鳴). ②맞서는 사람이 없으면 싸움이 일어나지 아니함을 비유적으로 이르는 말. =고장난명(孤掌難鳴). 《관련 속담》 외손뼉이 소리 날까. / 외손뼉이 울랴. / 외손뼉이 울지 못한다.

독-청-독성(獨清獨醒 홀로 **독**/깨끗할 **청**/홀로 **독**/술 깰 **성**) 홀로(혼자) 깨끗하고 홀로(혼자) 술 깬 (듯하다는) 뜻으로, 혼탁(混濁. 정치나 사회 현상 따위가 어지럽고 흐림)한 세상(世上)에서 다만 홀로(혼자) 깨끗하고 정신이 맑음을 이르는 말. *독성(獨醒): 홀로 깨어 정신을 차림.

독행-독보(獨行獨步 홀로 **독**/다닐 **행**/홀로 **독**/걸을 **보**) 홀로(혼자) 다니고 홀로(혼자) 걷는다는 뜻으로, 남의 도움 없이 혼자만의 힘으로 일을 처리함을 이르는 말. *독행(獨行): ①혼자서 길을 감. ②세태(世態. 세상의 형편이나 상태)를 따르지 않고 지조(志操. 옳은 원칙과 신념을 지켜 끝까지 굽히지 않는 꿋꿋한 의지, 또는 그러한 기개)를 가지고 고고(孤高. 홀로 세속에 초연하여 고상함)하게 홀로 나아감. ③혼자 힘으로 행함. *독보(獨步): ①홀로 걸음. ②어떤 분야에서, 남이 따를 수 없도록 앞서 감.

돈수-백배(頓首百拜 조아릴 **돈**/머리 **수**/일백 **백**/절 **배**) 머리를 조아리며 일백 (번이나) 절을 (한다는) 뜻으로, 머리가 땅에 닿도록 수없이 계속 절을 함을 이르는 말. *돈수(頓首): ①(남을 공경하는 태도로) 머리를 땅에 닿도록 숙이고 절함. ②경의(敬意. 존경의 뜻)를 표함의 뜻으로, 편지 끝에 쓰는 말. *백배(百拜): 여러 번 절을 함. 또는 그 절. *조아리다: 부록 '돈(頓)' 참고.

돈수-재배(頓首再拜 조아릴 **돈**/머리 **수**/두 **재**/절 **배**) 머리를 조아리며 두 (번이나) 절을 (한다는) 뜻으로, 머리가 땅에 닿도록 두 번 절을 함. 또는 그렇게 하는 절을 이르는 말. 경의(敬意. 존경의 뜻)를 표한다는 뜻으로, 주로 편지의 첫머리나 끝머리에 쓰는 말의 하나이다. *돈수(頓首): ☞돈수백배(頓首百拜). *재배(再拜): ①두 번 절함. 또는 그 절. ②'두 번 절하여 올립니다.'라는 뜻으로, 손윗사람에게 보내는 편지글 끝에 흔히 쓰는 말. *조아리다: 부록 '돈(頓)' 참고.

돈-제-우-주(豚蹄盂酒 돼지 **돈**/굽 **제**/바리 **우**/술 **주**) 돼지 굽(발굽)과 (한) 바리의 술[酒]이라는 뜻으로, 초라한 안주와 너무 적은 술[酒]을 이르는 말. 涵 돈제일주(豚蹄一酒). *굽: 부록 '제(蹄)' 참고. *바리: 부록 '우(盂)' 참고. 이 사자성어의 유래는 다음과 같다. 『사기(史記)』의 「골계열전(滑稽列傳)」 편(篇)에 〈"웃는 데에 어찌 하고 싶은 말이 없겠소?" 순우곤(淳于髡)이 말하기를 "이제 신(臣. 신하가 임금에 대하여 자기를 일컫는 말)이 동쪽으로부터 오던 중에 길가 밭에서 (풍작을) 비는 사람을 보았습니다.〉 [그 사람은 돼지발굽 하나와 술 한 잔을 놓고 다음과 같이 빌었습니다. '(높은 밭에는) 사발과 삼태기에 가득하고, (낮은 밭에서는) 웅덩이에 수레가 가득하도록 오곡이여, 풍성하게 익어서 집 안에 가득 넘쳐라]〈신(臣)은 그 손에 잡은 것은 그렇게 작으면서 원하는 것은 그처럼 사치스러운 것을 보았기 때문에 웃은 것입니다."(笑豈有說乎, 髡曰, 今者臣從東方來, 見道傍有禳田者, **操一豚蹄酒一盂**, 祝曰, …… 臣見其所持者狹, 而所欲者奢, 故笑之.)〉라는 이야기가 나오는데, '그 사람은 돼지발굽 하나와 술 한 잔을 놓고,(操一豚蹄酒一盂)'에서, '돈제우주(豚蹄盂酒)'가 유래했다. 그리고 위의 '골계열전(滑稽列傳)'에서, '골계(滑稽)'는 남을 웃기려고 일부러 하는 우스운 말이나 짓. 또는 익살을 부리는 가운데 어떤 교훈(敎訓. 앞으로의 행동이나 생활에 지침이 될 만한 것을 가르치는 일. 또는 그런 가르침)을 주는 일을 일컬음. '골계열전(滑稽列傳)'은 골계(滑稽)만을 차례로 벌여서 기록한 책이라는 뜻이다. 또는 뛰어난 기지와 해학으로 인간의 어리석음을 깨우쳤던 인물을 그려, 차례로 벌여 적은 것이다. 나머지 구체적인 내용은 ⇨돈제일주(豚蹄一酒).

돈-제-일-주(豚蹄一酒 돼지 **돈**/굽 **제**/한 **일**/술 **주**) 돼지 굽(발굽)과 술[酒] 한 (잔)이라는 뜻으로, 작은 물건으로 많은 물건을 구하려고 하는 것을 비유적으로 이르는 말. *굽: 부록 '제(蹄)' 참고. 이 사자성어의 유래는 다음과 같다. 『사기(史記)』의 「골계열전(滑稽列傳. 위의 '돈제우주·豚蹄盂酒' 끝 부분 참고)」 편(篇)에 [제위왕(齊威王. 제나라의 위왕) 8년에 초(楚)나라가 크게 군대를 동원하여 제(齊)나라를 침공(侵攻. 남의 나라를 침노하여 쳐들어감)했다. 위왕(威王)은 순우곤(淳于髡)에게 조(趙)나라로 가서 원병(援兵. 싸움을 도와주는 군사)을 청(請)해 오도록 하면서, 황금(黃金) 백 근(斤. 저울로 다는 무게의 단위)과 수레 열 대(臺. 자동차나 비행기, 또는 기계 따위를 세는 단위)를 예물(禮物. 사례·謝禮의 뜻으로 주는 물품)로 가져가게 했다. 순우곤(淳于髡)이 하늘을 우러러보며 크게 웃자, 관(冠. 머리카락이나 말총으로 엮어 만든, 머리에 쓰는 물건. 신분과 격식에 따라 여러 가지가 있음. 머리에 쓰는 '갓'의 일종)의 끈이 모두 끊어졌다. 즉, 순우곤(淳于髡)은 뜻밖이어서, 관(冠, 갓)의 끈이 끊어지도록 크게 웃었다는 뜻이다. 왕이 물었다. "선생은 이것을 적다고 생각하시오?" "어찌 감히 그럴 수 있겠습니까?"]〈"웃는 데에 어찌 하고 싶은 말이 없겠소?" 순우곤(淳于髡)이 말하기를〉["이제 신(臣, 신하가 임금에 대하여 자기를 일컫는 말)이 동쪽으로부터 오던 중에 길가 밭에서 (풍작을) 비는 사람을 보았습니다. 그 사람은 돼지발굽 하나와 술 한 잔을 놓고 다음과 같이 빌었습니다. '(높은 밭에는) 사발과 삼태기에 가득하고, (낮은 밭에서는) 웅덩이에 수레가 가득하도록 오곡이여, 풍성하게 익어서 집 안에 가득 넘쳐라' 즉, 순우 곤(淳于髡)은 어느 농민의 풍년제(豊年祭) 이야기를 한 것이다.]〈신(臣)은 그 손에 잡은 것은 그렇게 작으면서 원하는 것은 그처럼 사치스러운 것을 보았기 때문에 웃은 것입니다." 즉, '그 손에 잡은 것'은 돼지발굽 하나와 술 한 잔을, '그처럼 사치스러운 것'은 사발과 삼태기에 가득하고 웅덩이에 수레가 가득한 수확물을 가리킨다. 이 말은 작은 정성이나 물건으로 큰 것을 구하려고 하는 것을 비유(比·譬喻. 어떤 사물의 모양이나 상태 따위를 보다 효과적으로 표현하기 위하여 그것과 비슷한 다른 사물에 빗대어 표현함. 또는 그 표현 방법)한 것이다. 제사상(祭祀床)에 볼품없이 차려 놓고, 바라는 것은 거창했다는 이야기이다. 다시 말하면 투자는 적게 하고 이익은 크게 보려는 농민을 빗대어 비판한 것이다. 따라서 순우곤(淳于髡)의 웃음에는, 초(楚)나라 대군(大軍)이 들이닥치면 제(齊)나라는 쑥대밭이 되고, 모든 것 을 빼앗길 텐데, 조(趙)나라를 움직이려고 하면서 재물(財物, 돈과 값나가는 물건)은 아껴서 어쩌자는 것이냐? 하고 책망(責望, 잘못을 들어 꾸짖음)하는 뜻이 담겨 있다. (笑豈有說乎, 髡曰, 今者臣從東方來, 見道傍有禳田者, **操一豚蹄酒一盂**, 祝曰, …… 臣見其所持者狹, 而所欲者奢, 故笑之.)〉[위왕(威王)은 황금 (黃金) 천 일(溢. 손으로 한 줌 움켜쥘 만한 분량을 세는 단위), 백벽(白璧. 색깔이 흰 구슬) 열 쌍(雙), 네 마리가 끄는 마차 백 대(臺)로 예물(禮物)을 늘려 주었다. 순우곤(淳于髡)이 작별 인사를 하고 조(趙) 나라에 들어가자, 조(趙)나라 왕은 정병(精兵. 추리어 뽑은, 날쌔고 용맹한 군사) 10만과 가죽수레 천 대(臺)를 보내 주었다. 이 말을 들은 초(楚)나라는 밤중에 군사를 돌려 철수(撤收. 진출하였던 곳에서 시설이나 장비를 거두고 물러남)했다. 즉, 위왕(威王)이 순우곤(淳于髡)의 이야기를 듣고, 그것을 못 헤아릴 리가 없었다. 결국 부끄러움을 느끼고, 예물(禮物)을 크게 늘렸고, 조(趙)나라에 구원병(救援兵. 어려움이나 위험에 빠진 사람을 구하여 주기 위하여 파견하는 군대나 병사)을 요청(要請)하는 데 성공했 고, 초(楚)나라를 물러나게 했다는 뜻이다. 이와 같이 상대방에게 자기가 원하는 바를 최대한으로 얻기 위해서는 그에 상응(相應)하는 노력과 투자를 해야 한다. 그렇지 않을 경우를 비유하는 말이 '돈제일주 (豚蹄一酒)'다.]라는 이야기가 나오는데, '그 사람은 돼지발굽 하나와 술 한 잔을 놓고,(操一豚蹄酒一盂)' 에서, '돈제일주(豚蹄一酒)'가 유래했다. '돈제일주(豚蹄一酒)'는 돼지 발굽과 술 한 잔이라는 뜻이니, 작 은 것(돼지 발굽과 술 한 잔)으로 너무 큰 것을 얻으려고 할 때 빗대어 쓰는 말이다. 또는 작은 물건으로 많은 물건을 구하려고 하는 것을 비유적으로 이르는 말이다. 예전에, 농사가 주(主)였던 시절에, 게으른 농부가 씨만 뿌려 놓고 관리도 하지 않고 있었다. 가을이 되어 풍성한 수확을 기대하고 낫을 들고 밭으로 나와 보니, 잡초만 무성했다는 일화(逸話. 어떤 사람이나 어떤 사건에 관련된, 아직 세상에 널리 알려지 지 않은 이야기)가 있다. 또 감나무 밑에서 입을 벌려 잘 익은 감이 입으로 들어오기를 기다린다는 이야기가 있다. 모두 '돈제일주(豚蹄一酒)'와 흡사하다. 참고로, 원문의 '笑豈有說乎'에서, '笑'는 웃을

‘소’로 읽고, ‘豈’는 어찌(의문 부사) ‘기’로 읽고, ‘有’는 있을 ‘유’로 읽고, ‘說’은 말씀 ‘설’로 읽고, ‘乎’는 어조사 ‘호’로 읽는다. ‘~는가?’, ‘~인가?(의문)’의 뜻을 나타냄. ‘笑豈有說乎’를 직역(直譯)하면, 웃는데 어찌 (하고 싶은) 말이 있지 (않겠는가)? ‘髡曰’에서, ‘髡’은 머리 깎을 ‘곤’으로 읽는다. 여기서는 ‘순우곤 (淳于髡)’을 가리킴. ‘髡曰’을 직역(直譯)하면, 순우곤(淳于髡)이 말하기를, ‘今者臣從東方來’에서, ‘今’은 이제 ‘금’, 지금 ‘금’으로 읽고, ‘者’는 것(사물, 현상, 일 따위를 추상적으로 이르는 말) ‘자’로 읽는다. ‘今者’는 요사이. ‘臣’은 신(臣. 신하가 임금에게 자기를 일컫는 말) ‘신’으로 읽고, ‘從’은 부터(체언이나 부사어에 붙어, ‘동작이 비롯되는 처음’의 뜻을 나타내는 보조사) ‘종’으로 읽고, ‘東’은 동녘 ‘동’으로 읽고, ‘方’은 방위 ‘방’, 방향 ‘방’으로 읽는다. ‘東方’은 동쪽. 또는 동쪽 지방. ‘來’는 올 ‘래(내)’로 읽는다. ‘今者臣從東方來’를 직역(直譯)하면, 요사이 신(臣)이 동쪽으로부터 오다가, ‘見道傍有禳田者’에서, ‘見’은 볼 ‘견’으로 읽고, ‘道’는 길 ‘도’로 읽고, ‘傍’은 곁 ‘방’, 옆 ‘방’으로 읽는다. ‘道傍’은 ‘길가’와 같은 말로, 길의 양쪽 가장자리. ‘禳’은 빌(바라는 바를 이루게 하여 달라고 신이나 사람, 사물 따위에 간청함) ‘양’으로 읽고, ‘田’은 밭 ‘전’으로 읽고, ‘者’는, 여기서는 사람 ‘자’로 읽는다. ‘見道傍有禳田者’를 직역(直譯)하면, 길 가 밭에서 빌고 있는 사람을 보았다. ‘操一豚蹄酒一盂’에서, ‘操’는 잡을 ‘조’로 읽고, ‘一’은 한 ‘일’로 읽고, ‘豚’은 돼지 ‘돈’으로 읽고, ‘蹄’는 굽 ‘제’로 읽고, ‘酒’는 술 ‘주’로 읽고, ‘盂’는 바리 ‘우’로 읽는다. ‘操一豚蹄酒一盂’를 직역(直譯)하면, (그는) 하나의 돼지 발굽과 술 한 바리를 잡고, 여기서, ‘豚蹄盂酒’가 유래하였는데, 이것을 직역(直譯)하면, 돼지 굽(발굽)과 (한) 바리의 술[酒]이라는 뜻으로, 초라한 안주와 너무 적은 술[酒]을 이르는 말. ‘豚蹄一酒’를 직역(直譯)하면, 돼지 굽(발굽)과 술[酒] 한 (잔)이라는 뜻으로, 작은 물건으로 많은 물건을 구하려고 하는 것을 비유적으로 이르는 말. ‘祝曰’에서 ‘祝’은 빌(바라는 바를 이루게 하여 달라고 신·神이나 사람, 사물 따위에 간청함) ‘축’으로 읽는다. ‘祝曰’을 직역(直譯)하면, 빌면서 말하기를, …… ‘臣見其所持者狹’에서, ‘其’는 그(지시하는 말) ‘기’로 읽고, ‘所’는 바(앞에서 말한 내용 그 자체나 일 따위를 나타내는 말) ‘소’로 읽고, ‘持’는 가질 ‘지’로 읽고, ‘者’는 것(사물, 현상, 일 따위를 추상적으로 이르는 말) ‘자’로 읽고, ‘狹’은 좁을 ‘협’, 조그마할 ‘협’으로 읽는다. ‘臣見其所持者狹’을 직역(直譯)하면, 신(臣)은 그가 가지고자 하는 바의 것이 조그마함을 보고, 즉, 그의 손에 가지고 있는 것은 작다는 것을 뜻한다. ‘而所欲者奢’에서, ‘而’는 말 이을 ‘이’로 읽는다. ‘그리고’의 뜻을 나타냄. ‘欲’은 하고자 할 ‘욕’으로 읽는다. ‘所欲’은 하고 싶어 하는 바. 또는 하고자 하는 바. ‘奢’는 사치할 ‘사’로 읽는다. ‘而所欲者奢’를 직역(直譯)하면, 그리고 (원하는 것은) 사치(奢侈)하고자 하는 바의 것(이다). ‘故笑之’에서, ‘故’는 그러므로 ‘고’로 읽고, ‘之’는 ‘그것’을 나타내는 지시 대명사. ‘故笑之’를 직역(直譯)하면, 그러므로 그것(사치하고자 하는 바의 것)(때문에) 웃었습니다. 이것은 초(楚)나라 대군이 들이닥치면 대궐은 당장 쑥대밭이 되고 말 터인데, 조(趙)나라의 원병(援兵)을 청하고자 하면서 보내는 예물(禮物)을 아껴서 어떻게 할 것이냐?는 순우곤(淳于髡)의 책망(責望. 잘못을 들어 꾸짖음. 또는 그 일)이 담겨 있는 말이다.

돌연-변이(突然變異 갑자기 돌/그럴 연/변할 변/다를 이) 갑자기 그렇게 변하여 달라진다는 뜻으로, ①갑작스런 변화에 의하여 환경이 달라짐을 이르는 말. ②생물체에서 어버이의 계통에 없던 새로운 형질(形質. 동식물의 모양, 크기, 성질 따위의 고유한 특징을 이르는 말. 유전하는 것과 유전하지 않는 것이 있음)이 나타나 유전(遺傳)하는 현상을 이르는 말. 유전자나 염색체의 구조에 변화가 생겨 일어난다.

*돌연(突然): 📖 예기치 못한 사이에 급히. =돌연(突然)히. *변이(變異): ①예상하지 못한 사태나 괴이한 변고. =이변(異變). ②같은 종(種)의 개체들 사이에 형질(形質)이 달라진 개체가 생기는 일. 또는 그런 변화. 유전자형의 차이에서 생기는 '교배 변이', 외부 요인의 작용에 의한 '환경 변이', 유전자의 변화에 의한 '돌연변이' 따위가 있다.

돌탄-막급(咄嘆·歎莫及 **꾸짖을 돌/탄식할 탄/아닐 막/미칠 급**) 꾸짖어 탄식(嘆·歎息)해도 미치지 아니한다는 뜻으로, 아무리 탄식(嘆·歎息)하여도 어쩔 수가 없음을 이르는 말. 또는 혀를 차며 탄식(嘆·歎息)해도 별 도리가 없다는 말이다. *돌탄(咄嘆·歎): 혀를 차며 탄식(嘆·歎息)함. *막급(莫及): 더 이상 이를 수 없음. *꾸짖다: 부록 '돌(咄)' 참고. *탄식하다(嘆·歎息~): 부록 '탄(嘆·歎)' 참고. *미치다: 부록 '급(及)' 참고.

동가-지-구(東家之丘 **동녘 동/집 가/어조사 지/언덕 구**) 동쪽 집의 구(丘)라는 뜻으로, ①중국 춘추시대의 사상가이며 학자인 공자(孔子)의 다른 이름을 이르는 말. 여기서, '구(丘)'는 공자(孔子)의 이름인데, 옛날 공자의 이웃이 공자를 알아보지 못하고 그저 동쪽 이웃에 사는 사람이라는 뜻으로 이렇게 불렀다는 데서 유래한다. ②동쪽 집에 살고 있는 공자(孔子)라는 뜻으로, 가까이에 살고 있는 유명한 인물을 못 알아본다는 말. 또는 사람을 알아볼 줄 모르는 것을 비유적으로 이르는 말. *동가(東家): ①동쪽에 있는 이웃집. ②머물러 있는 집의 주인. 이 사자성어의 유래는 다음과 같다. 『삼국지(三國志)·위서(魏書)』의 「병원전(邴原傳)」 편(篇)에 [병원(邴原)이 멀리 유학을 떠나려고 하면서 안구(安丘. 땅 이름. 어떤 자료에는 '안구(安邱)'로 표기되어 있음)의 손숭(孫崧)을 찾아뵈자, 손숭(孫崧)이 말했다. "그대 마을의 정군(鄭君. '정현·鄭玄'을 가리킴)을 알고 있는가?" 병원(邴原)이 그렇다고 대답하자, 손숭(孫崧)이 말했다.]〈"정군(鄭君)은 고금(古今)의 학문을 두루 섭렵했고, 널리 듣고 많이 알며 심오한 도리(道理. 사람이 마땅히 지켜야 할 바른 길)를 깊이 이해하고 있어, 공부하는 사람들의 사표(師表. 학식과 인격이 높아 세상 사람의 모범이 되는 일. 또는 그런 사람)라네. 그런데 그대는 그런 사람을 두고 떠나, 신발을 끌고 천 리 멀리 가려고 하다니, 이른바 정현(鄭玄. 사람 이름)을 '동쪽 집의 구(丘)'로 여기는 것 아닌가? 그대는 정군(鄭君. '정현·鄭玄'을 가리킴)을 잘 모르는 것 같은데, 안다고 대답한 것은 왜인가?" 즉, 손숭(孫崧)은 공자(孔子)의 옆집에 살면서 공자(孔子)를 몰라본 것처럼, 병원(邴原)이 가까이 사는, 고문(古文. 한문체·漢文體의 한 가지)에 정통한 정현(鄭玄)에 관해 전혀 알지 못하고 멀리 유학을 떠나려고 하는 것을 꾸짖는 말이다. 여기서, 동가지구(東家之丘)가 유래하였다. 다른 사람의 진가(眞價)를 모르거나, 가까이에 있는, 유명한 인물을 알아보지 못하는 것을 비유(比·譬喩. 어떤 사물의 모양이나 상태 따위를 보다 효과적으로 표현하기 위하여 그것과 비슷한 다른 사물에 빗대어 표현함. 또는 그 표현 방법)하는 말로 쓰이게 되었다. 〈鄭君學覽古今, 博聞強識, 鉤深致遠, 誠學者之師模也, 君乃舍之, 躡屣千里. 所謂以鄭爲東家丘者也. 君似不知而曰然者何.〉[병원(邴原)이 말했다. "선생의 말씀은 진실로 쓴 약(藥)과 좋은 침(針)이라고 할 수 있습니다. 하지만, 저의 지향(志向. 생각이나 마음이 어떤 목적을 향함)을 아시는 것은 아니지 않습니까? 사람마다 자기 뜻이 있고, 정해 놓은 규범(規範)이 다르기 때문에, 산(山)에 올라가 옥(玉)을 캐는 사람도 있고, 바다에 들어가 진주(眞珠)를 따는 사람도 있는 것입니다. 어찌 산(山)에 올라가는 자(者)는 바다의 깊이를 알지 못한다고 말할 수 있으며, 바다에 들어가는 자(者)는 산(山)의 높음을 알지 못한다고 말할 수 있겠습니까? 선생은 제가 정현(鄭玄)을 '동쪽 집의 구(丘)'로 여겼다고 말씀하시는데, 선생께서는 저를 '서쪽 집의 어리석은 사람'으로 여기고 있습니다." 손숭(孫崧)은 병원(邴原)에게 사과했다.]라는 이야기가 나오는데, '이른바 정현(鄭玄)을 동쪽 집의 구(丘)'로 여기는 것 아닌가?(所謂以鄭爲東家丘者也)'에서, '동가지구(東家之丘)'가 유래했다. 우리는, 늘 접하는 물건은 귀한 줄을 잘 모른다. 마찬가지로 가까이 있는 사람의 재주(순우리말로, 무엇을 잘할 수 있는, 타고난 능력과 슬기)를 잘 판단하지 못한다. 실제로 큰 능력이 있는 데도 남이 안 다음에야 내가 아는 격이다. 중국의 최고 스승이자 사상가인 공자(孔子) 역시 살아생전에는 명성(名聲. 세상에 널리 퍼져 평판 높은 이름)이 그다지 대단하지 않았다. 따라서 공자(孔子)의 이웃에 살고 있는 사람조차 그가 어떤 인물인지를 잘 몰랐다. 다만 옆집 사람이 공자(孔子)에 대해 말할 때에는, 대수롭지 않게 동쪽에 있는 집(東家)의 구(丘)라는 사람으로 불리어졌다. 여기서, '구(丘)'는 공자(孔子)의 본 이름이다. 공자의 어머니가 아들을 낳기 위해 니구산(尼丘山)에 가서 신령님께 기도를 올리고 공자(孔子)를 낳았다고 한다. 그런 까닭에 공자(孔子)의 이름을 구(丘)라고 정했는데, 니구산(尼丘山)의 구(丘) 자(字)에서 따왔다고 전해진다. 그런데 병원(邴原)과 손숭(孫崧)에 대한 자세한 기록은 찾아볼 수 없다. 정현(鄭玄. 서기 127년~200년)은 고문(古文)에 정통한 학자로 알려져 있다. 참고로, 원문의 '鄭君學覽古今'에서, '鄭'은 성씨(姓氏) '정'으로 읽고, '君'은 임금 '군'으로 읽는다. '鄭君'은 사람 이름. '學'은 학문(學問) '학'으로 읽고, '覽'은 두루 볼 '람(남)'으로 읽고, '古'는 옛 '고', 예전 '고'로 읽고, '今'은 이제 '금', 지금 '금'으로 읽는다. '鄭君學覽古今'을 직역(直譯)하면, 정군(鄭君)은 예전과 지금의 학문을 두루 보고, '博聞强識'에서, '博'은 넓을 '박'으로 읽고, '聞'은 들을 '문'으로 읽는다. '博聞'은 사물을 널리 들어 많이 앎. '强'은 강할 '강'으로 읽고, '識'은 알 '식'으로 읽는다. '强識'은 기억력이 좋고 박식함. '博聞强識'을 직역(直譯)하면, 널리 들어 많이 알고, 기억력이 좋고 박식하여, '鉤深致遠'에서, '鉤'는 갈고리(끝이 뾰족하고 꼬부라진 물건) '구'로 읽고, '深'은 깊을 '심'으로 읽고, '致'는 이를(어떤 정도나 범위에 미칠) '치', 다다를 '치'로 읽고, '遠'은 멀 '원'으로 읽는다. '鉤深致遠'을 직역(直譯)하면, 갈고리처럼 깊고 멀리까지 이른다. 즉, 깊은 것을 끌어내 먼 데까지 이르게 한다. 또는 심원(深遠. 생각이나 사상, 뜻 따위가 매우 깊음)한 이치를 파악하여 찾아낸다는 뜻이다. '誠學者之師模也'에서, '誠'은 진실로 '성'으로 읽고, '學'은 배울 '학'으로 읽고, '者'는 사람 '자'로 읽는다. '學者'는 학문에 능통한 사람. 또는 학문을 연구하는 사람. '之'는 어조사 '지'로 읽는다. '~의'의 뜻을 나타내는 관형격 조사. '師'는 스승 '사'로 읽고, '模'는 본뜰(무엇을 본보기로 삼아 그대로 좇아 할) '모'로 읽고, '也'는 어조사 '야'로 읽는다. '~이다(단정)'의 뜻을 나타냄. '誠學者之師模也'를 직역(直譯)하면, 진실로 학문을 연구하는 사람의, 본떠야 하는 스승이다. '君乃舍之'에서, '君'은 그대 '군', 자네 '군'으로 읽고, '乃'는 이에(이러하여서 곧) '내'로 읽고, '舍'는 버릴 '사'로 읽는다. '사(捨)'와 같은 글자다. '之'는 어조사 '지'로 읽는다. 여기서는 '그것'을 나타내는 지시 대명사. '君乃舍之'를 직역(直譯)하면, 그대는 이에 그것(정군·鄭君을 가리킴)을 버리고, '躡屣千里'에서, '躡'은 신을 '섭'으로 읽고, '屣'는 삼신(생삼, 즉, 말리지 않은 삼으로 거칠게 삼은 신) '사'로 읽고, '千'은 일천 '천'으로 읽고, '里'는 리(里. 거리를 재는 단위) '리(이)'로 읽는다. '躡屣千里'를 직역(直譯)하면, 삼신을 신고 천 리(까지 가니), '所謂以鄭爲東家丘者也'에서, '所'는 바(앞에서 말한 내용 그 자체나 일 따위를 나타내는 말) '소'로 읽고, '謂'는 일컬을 '위'로 읽는다. '所謂'는 '이른바'와 같은 말로 세상에서 말하는 바. '以'는 어조사 '이'로 읽는다. '以~爲'는 한문(漢文) 구(句)의 하나로, '~을 ~으로 삼다(생각하다, 여기다)'의 뜻을 지니고 있음. '鄭'은 '정군(鄭

君)'을 가리킴. '爲'는 삼을 '위'로 읽고, '東'은 동녘 '동'으로 읽고, '家'는 집 '가'로 읽고, '丘'는 언덕 '구'로 읽는다. '者'는 것(사물, 현상, 일 따위를 추상적으로 이르는 말) '자'로 읽는다. '所謂以鄭爲東家丘者也'를 직역(直譯)하면, 이른바 정군(鄭君)을 동쪽 집의 구(丘)로 삼는(여기는) 것이다. 즉, 자신이 잘 알고 가까이 지내는 사람의 재주는 별 것이 아니라고 여기고 먼데서 인재(人材. 어떤 일을 할 수 있는 학식이나 능력을 갖춘 사람)를 찾으려는 어리석음을 꾸짖는 말이다. 여기서, '東家之丘'가 유래하였는데, 이것을 직역(直譯)하면, 동쪽 집의 구(丘)라는 뜻으로, ①공자(孔子)의 다른 이름을 이르는 말. 여기서, '구(丘)' 는 공자(孔子)의 이름인데, 옛날 공자(孔子)의 이웃이 공자(孔子)를 알아보지 못하고 그저 동쪽 이웃에 사는 사람이라는 뜻으로 이렇게 불렀다는 데서 유래한다. ②동쪽 집에 살고 있는 공자(孔子)라는 뜻으로, 가까이에 살고 있는 유명한 인물을 못 알아본다는 말. 또는 사람을 알아볼 줄 모르는 것을 비유적으로 이르는 말. '君似不知而日然者何'에서, '君'은 그대 '군', 자네 '군'으로 읽고, '似'는 같을 '사'로 읽고, '不'는 아닐(부정하는 말) '부'로 읽고, '知'는 알 '지'로 읽는다. '君似不知'를 직역(直譯)하면, 그대는 (정군·鄭君을) 알지 못하는 것 같다. '而'는 말 이을 '이'로 읽는다. '그런데'의 뜻을 나타냄. '日然者'를 직역(直譯)하면, 그 사람이 그렇다고 말함. '何'는 어찌(의문 부사) '하'로 읽는다. '君似不知而日然者何'를 직역(直譯)하면, 그대는 (정군·鄭君을) 알지 못하는 것 같다. 그런데 그 사람이 그렇다고 말하는 (것은) 어째서인가?

동가-홍상(同價紅裳 같을 **동**/값 **가**/붉을 **홍**/치마 **상**) 같은 값이면 붉은(다홍)치마라는 뜻으로, 같은 값이면 좋은 물건을 가짐을 이르는 말. 또는 이왕이면 보기 좋은 것이나 더 좋은 쪽을 택하는 것이 낫다는 말. 옛날에는 붉은 색을 값진 것으로 생각하였음. *동가(同價): 같은 값. *홍상(紅裳): ①지난날의 조복(朝服)의 아래옷을 이르는 말. 붉은 바탕에 검은 선을 둘렀음. 여기서, '조복(朝服)'은 지난날, 관원(官員. 벼슬아치)이 조하(朝賀. 정월초하룻날 같은 때에, 신하가 입궐·入闕하여 임금에게 하례·賀禮하던 일) 때 입던 예복을 이르는 말. 붉은 비단으로 지었음. ②붉은 치마. 또는 다홍치마. 《관련 속담》 같은 값이면 과부 집 머슴살이. / 같은 값이면 껌정소 잡아먹는다. / 같은 값이면 다홍치마. / 이왕이면 창덕궁(昌德宮).

동-격-서-습(東擊西襲 동녘 **동**/칠 **격**/서녘 **서**/엄습할 **습**) 동쪽에서 치고 서쪽에서 엄습(掩襲)한다는 뜻으로, 전투에서, 적진(敵陣. 적의 진영. 또는 적군의 진지)을 이리저리 쳐서 마구 격멸(擊滅. 적이나 상대편을 쳐서 멸망시킴)함을 이르는 말. *치다: 부록 '격(擊)' 참고. *엄습하다(掩襲~): 부록 '습(襲)' 참고.

동고-동락(同苦同樂 함께 **동**/괴로울 **고**/함께 **동**/즐거울 **락**) 함께 괴로워하고 함께 즐거워한다는 뜻으로, 괴로움도 즐거움도 함께함을 이르는 말. 괴로운 일과 즐거운 일 따위의 모든 일을 함께한다는 말이다. *동고(同苦): 고생을 같이함. *동락(同樂): (다른 사람과) 함께 즐김.

동공-이-곡(同工異曲 같을 **동**/장인 **공**/다를 **이**/가락 **곡**) 같은 장인(악공)끼리도 가락(곡조)을 다르게 (한다). 즉, 정교한 기량(技·伎俩. 기술적인 재능이나 능력)은 같으나 그 정취(情趣. 정감을 불러일으키는 흥취)는 다르다는 뜻으로, 처리하는 방법은 같아도 그 결과에서는 차이가 난다는 것을 비유적으로 이르는 말. 또는 재주(순우리말로, 무엇을 잘할 수 있는, 타고난 능력과 슬기)나 솜씨는 같지만, 표현된 내용이나 맛이 다름을 비유적으로 이르는 말. '표현은 달라도 내용은 같다.', '겉만 다를 뿐 내용은 똑같다'라는 부정적인 의미로도 쓰이고 있다. =동공이체(同工異體). 동교이곡(同巧異曲). 동교이체(同巧異

體). 뙁 이곡동공(異曲同工). *동공(同工): 같은 재주나 솜씨. *장인(匠人): 부록 '공(工)' 참고. *가락:
①소리의 고저장단. 또는 고저장단이 이루는 조화. ②(춤이나 몸짓의) 일정한 움직임. ③(몸에 밴) 솜씨
또는 기분. 이 사자성어의 유래는 다음과 같다. 한유(韓愈)의 「진학해(進學解)」에 [국자(國字) 선생이
아침 일찍 태학(太學. 학교 이름)에 들어가 학생들을 불러 교사(校舍. 학교의 건물) 아래에 세워 놓고
훈화(訓話. 교훈을 말하거나 훈시를 함. 또는 그런 말)하셨다. "학업은 부지런한 데서 정진(精進. 힘써
나아감)되고, 노는 데서 황폐해진다. 행실은 생각하는 데서 이루어지고, 마음대로 하는 데서 허물어진
다. …… 제군(諸君. '여러분', '그대들'의 뜻으로, 통솔자나 지도자가 여러 명의 아랫사람을 조금 높여
이르는 2인칭 대명사)들은 학업이 정진(精進)되지 않음을 근심할 것이지, 관리가 현명하지 못함을 근심
하지 말고, 행실이 완성되지 못함을 근심할 것이지, 관리가 공정하지 못함을 근심하지 말라." 즉, 국자
(國字) 선생은 학자의 자세로 학업에 정진해야 함과 꾸준히 덕행에 힘써야 함을 강조하고 있다. 말을
마치기도 전에 열(列. 사람이나 물건 따위가 죽 늘어선 줄) 중(中. 가운데)에서 웃으며 이렇게 말하는
자(者)가 있었다. "선생님은 저희를 속이시는군요. 제자로서 선생님을 섬긴 지 지금까지 이제 오래 되었
습니다만, 선생님은 입으로는 끊이지 않고 육예(六藝. 고대 중국의 6가지 교과 과목을 이르는 말. 예·
禮. 악·樂. 사·射. 어·御. 서·書. 수·數를 일컬음)의 문장을 읊조리셨고, 손으로는 쉴 새 없이 백가(百
家. 여러 가지 학설이나 주장을 내세우는 많은 학자. 또는 작자)의 책을 펼치고 계셨습니다. …… 훌륭
하고 아름다운 글에 푹 젖어서 그 묘미를 머금고 씹으며, 문장을 지으니 저서가 (선생님의) 집에 가득합
니다. 위로는 우(虞)와 하(夏) 시대의 심원박대(深遠博大. 헤아리기 어려울 만큼 깊고 넓고 큼)한 문장,
주(周)나라 시대의 고(誥)와 은(殷)나라 시대의 『반경(盤庚)』과 같이 문장이 읽기 어렵고 이해하기 어려
운 글, 여기서, '고(誥)'는 『서경(書經. 유교의 가르침을 적은 경서의 하나)』에 나오는 것으로, 군왕(君王.
군주 국가에서 나라를 다스리는 우두머리. =임금)이 백성에게 내린 고시(告示. 글을 써서 일반에게 널
리 알림을 이르는 말. 주로 국가 기관 따위에서 어떤 일을 일반에게 널리 알리는 일을 일컬음), 또는
포고(布告. 국가의 결정 의사를 공식으로 일반에게 발표하는 일)하는 글이고, 『반경(盤庚)』은 은(殷)나라
시대의 고시문(告示文. 국가 기관 따위에서 어떤 일을 일반에게 널리 알리는 글)이다. 『춘추(春秋)』의
근엄한 문장, 『좌전(左傳)』의 허식적이고 과장된 문장, 『역경(易經)』의 기이하면서도 법식(法式. 일정한
방법이나 형식)에 맞는 문장, 『시경(詩經)』의 바르고 아름다운 문장을 본받으셨습니다.]〈아래로는 『장자
(莊子)』와 『이소(離騷)』, 사마천(司馬遷)의 『사기(史記)』, 양웅(楊雄)과 사마상여(司馬相如)와는 정교한 기
량은 같으나, 그 정취는 다릅니다. 선생님은 문장에 (내용을) 넓히고 표현을 자유롭게 하셨다고 할 만합
니다."(下逮莊騷, 太史所錄, 子雲相如, **同工異曲**. 先生之於文, 可謂閎其中, 而肆其外矣.)〉라는 이야기가
나오는데, '정교한 기량은 같으나, 그 정취는 다릅니다.(同工異曲)'에서, '동공이곡(同工異曲)'이 유래했
다. 위의 글은 국자(國子) 선생과 그 제자(弟子)와의 대화 내용이다. 그 내용은 크게 2가지로 나누어
볼 수 있다. 하나는, 한유(韓愈)가 「진학해(進學解)」에서, 국자(國子) 선생과 그 제자(弟子)들이 대화하는
형식을 빌려, 학자는 학자의 자세로 학업에 정진해야 함과 꾸준히 덕행에 힘써야 함을 강조한 것이다.
(앞부분) 둘째는, 학생이 선생(한유·韓愈를 가리킴)의 문장을 칭찬하는 대목이다.(뒷부분) '동공이곡(同
工異曲)'이란 말을 내세워, 그 제자들이 국자(國子) 선생('한유·韓愈'를 가리킴)의 문장을 높이 평가한
것이다. 같은 방법('백가'의 책을 본받음. '동공')으로 시문(詩文)을 지어도 그 정취는 다르다('이곡')는

말이다. 시문(詩文)을 짓는 기교는 같으나, 그 곡조는 다르다. 처리하는 방법은 같아도 그 결과에 있어서는 차이가 난다. 즉, 선대(先代. 조상의 대 또는 그 시대)의 작품처럼 교묘(巧妙. 매우 잘되고 묘함)하지만, 선생님의 작품에서는 그 취향(趣向. 하고 싶은 마음이 쏠리는 방향)을 달리한다는 말이다. 따라서, '동공이곡(同工異曲)'은 대문호(大文豪. 세상에 널리 알려진 매우 뛰어난 작가)인 한유(韓愈)의 제자가, 한유(韓愈)의 글 쓰는 방법의 교묘함이 선대(先代)의 글이나 책에 나오는 문장과 같은데, 그 흥취(興趣)가 다르다고 칭송(稱頌. 공덕·功德 따위를 칭찬하여 일컬음. 또는 그런 말)한 데서 유래한 말이다. 『장자(莊子)』는 전국시대(戰國時代)의 사상가인 장자(莊子. 도가·道家 사상의 중심인물)가 자신의 이름을 딴 저서(著書)이다. 『이소(離騷)』는 전국시대(戰國時代) 초(楚)나라의 시인인 굴원(屈原)이 지은 장편 서사시다. '양웅(楊雄)'은 중국 전한(前漢)시대의 학자이며 문인(文人)이다. 자(字)는 자운(子雲)이다. '사마상여(司馬相如)'는 중국 전한(前漢)의 문학자이다. 참고로, 원문의 '下逮莊騷'에서, '下'는 아래 '하'로 읽고, '逮'는 미칠(공간적 거리나 수준 따위가 일정한 선에 닿을) '체'로 읽고, '莊'은 장중할 '장'으로 읽는다. 여기서는 『장자(莊子)』를 가리킴. '騷'는 근심 '소'로 읽는다. 『이소(離騷)』를 가리킨다. '下逮莊騷'를 직역(直譯)하면, 아래로는 『장자(莊子)』와 『이소(離騷)』에 미치는데, '太史所錄'에서, '太'는 클 '태'로 읽고, '史'는, 여기서는 사기(史記) '사'로 읽는다. '太史'는 중국에서 기록을 맡아보던 벼슬아치. '所'는 바(앞에서 말한 내용 그 자체나 일 따위를 나타내는 말) '소'로 읽고, '錄'은 기록할 '록'으로 읽는다. '太史所錄'을 직역(直譯)하면, 태사(太史. 중국에서 기록을 맡아보던 벼슬아치)가 기록한 바로는, 여기서는 사마천(司馬遷)의 『사기(史記)』를 가리킴. 왜냐하면 사마천(司馬遷)은 한무제(漢武帝. 한나라의 무제) 시대의 역사가로서 그의 아버지의 뜻을 이어 태사령(太史令. 천문을 관측하고, 달력을 개편하며, 국가 대사와 조정 의례를 기록하는 따위의 일을 담당하는 직책) 지위에 있으면서 역사서(歷史書) 편찬에 주력했기 때문이다. '子雲相如'에서, '子'는 아들 '자'로 읽고, '雲'은 구름 '운'으로 읽는다. '子雲'은 양웅(楊雄)의 자(字. 본이름을 함부로 부르지 않던 시대에, 본이름 대신 부르던 이름)이다. '相如'는 '사마상여(司馬相如)'를 가리킴. '子雲相如'를 직역(直譯)하면, 양웅(楊雄)과 사마상여(司馬相如)는, '同工異曲'에서, '同'은 같을 '동'으로 읽고, '工'은 장인(匠人) '공'으로 읽고, '異'는 다를 '이'로 읽고, '曲'은, 여기서는 가락 '곡'으로 읽는다. '同工異曲'을 직역(直譯)하면, 같은 장인(악공)끼리도 가락(곡조)을 다르게 (한다). 즉, 정교한 기량(技·伎倆. 기술적인 재능이나 능력)은 같으나 그 정취(情趣. 정감을 불러일으키는 흥취)는 다르다는 뜻으로, 처리하는 방법은 같아도 그 결과에서는 차이가 난다는 것을 비유적으로 이르는 말. 또는 재주나 솜씨는 같지만, 표현된 내용이나 맛이 다름을 비유적으로 이르는 말이다. '표현은 달라도 내용은 같다.', '겉만 다를 뿐 내용은 똑같다'라는 부정적인 의미로도 쓰이고 있다. '先生之於文'에서, '先'은 먼저 '선'으로 읽고, '生'은 날 '생'으로 읽는다. '先生'은 여기서는 국자(國字) 선생이다. '之'는 어조사 '지'로 읽는다. '~이', '~가'를 나타내는 주격 조사. '於'는 어조사 '어'로 읽는다. '~에(위치)'를 나타냄. '文'는 글월 '문', 문장 '문'으로 읽는다. '先生之於文'을 직역(直譯)하면, 국자(國字) 선생은 문장에, '可謂閎其中'에서, '可'는 가히(可~. 능히, 넉넉히의 뜻을 나타냄) '가'로 읽고, '謂'는 일컬을 '위'로 읽고, '閎'은 넓힐 '굉'으로 읽고, '其'는 그(지시하는 말) '기'로 읽고, '中'은 속 '중', 가운데 '중'으로 읽는다. '可謂閎其中'을 직역(直譯)하면, 그 가운데는 가히 넓혔다고 일컬을 수 있다. 즉, 그 중심의 뜻(내용)을 넓게 했다는 말이다. '而肆其外矣'에서, '而'는 말 이을 '이'로 읽는다. '그리고'의 뜻을 나타냄. '肆'는 방자

할 '사'로 읽는다. 여기서는 '자유롭게 하다', '자유자재(自由自在. <u>본문 참고</u>)로 하다'의 뜻이다. '外'는 겉 '외', 표면(表面) '외'로 읽고, '矣'는 어조사 '의'로 읽는다. '~이다(단정)'의 뜻을 나타냄. '而肆其外矣'를 직역(直譯)하면, 그리고 그 겉의 (표현을) 자유롭게 하였다. <u>즉, 자유자재(自由自在. 본문 참고)로 표현하였다는 뜻이다.</u>

동공-이체(同工異體 같을 동/장인 공/다를 이/몸 체) 장인(匠人)(<u>악공</u>)은 같으나 몸(<u>곡조</u>)은 다르다는 뜻으로, 재주(<u>순우리말로, 무엇을 잘할 수 있는, 타고난 능력과 슬기</u>)나 솜씨는 같지만, 표현된 내용이나 맛이 다름을 비유적으로 이르는 말. =동공이곡(同工異曲). 동교이곡(同巧異曲). 동교이체(同巧異體). *동공(同工): ☞동공이곡(同工異曲). *이체(異體): ①같지 않은 몸. 또는 서로 다른 몸. ②=변체(變體). 즉, 본디의 모양이나 체재(體裁)가 바뀌거나 그것을 바꿈. 또는 변하여 달라진 모양이나 체재(體裁). 주로 서체(書體)를 말할 때 쓰임. *장인(匠人): 부록 '공(工)' 참고.

동궁-마마(東宮媽媽 동녘 동/궁궐 궁/존칭 마/존칭 마) 동녘 궁전(宮殿). 즉, 동궁(東宮)에 거처(居處)하는 마마(媽媽)라는 뜻으로, '왕세자(王世子)'를 높여 이르던 말. 여기서 '마(媽)'는 의미상 존칭의 뜻을 갖고 있음. *동궁(東宮): ①=황태자(皇太子). 즉, 황제(皇帝)의 지위를 이을, 황제(皇帝)의 아들. ②=왕세자(王世子). 즉, 왕(王)의 지위를 이를, 왕(王)의 아들. ③=태자궁(太子宮). 즉, '황태자(皇太子)'의 높임말. ④=세자궁(世子宮). 즉, '왕세자(王世子)'의 높임말. *마마(媽媽): ①지난날, 지체(<u>순우리말로, 대대로 이어 내려오는 사회적 신분이나 지위</u>) 높은 사람의 칭호 밑에 붙여 쓰던 말. ②'벼슬아치(<u>벼슬에 있으면서 나랏일을 맡아보는 사람</u>)의 첩'을 높여 부르던 말.

동귀-일체(同歸一體 같을 동/돌아갈 귀/한 일/몸 체) 같은 (곳으로) 돌아가 한 몸이 (된다)는 뜻으로, 천도교(天道敎)에서, 인간의 정신적 결합을 이르는 말. 저마다 다른 마음을 이겨 내고 한울님(<u>천도교의 신앙의 대상을 이르는 말. '우주의 대 정신을 인격화한 신'으로, 우주를 책임지고 맡아서 처리하고, 다스린다고 함</u>)의 참뜻으로 돌아가, 한 몸같이 되는 일을 일컫는다. 여기서, '천도교(天道敎)'는 수운(水雲) 최제우(崔濟愚)가 처음으로 일으킨 종교이다. 인내천(人乃天. <u>사람이 곧 한울님이라는 뜻</u>)을 중심이 되는 가르침으로 여김. =동학(東學). *동귀(同歸): ①귀착(歸着)하는 곳이 같음. ②함께 돌아감. *일체(一體): ①한 몸. 또는 한 덩어리. ②전부. 온통. ③한결같음.

동근-연지(同根連枝 같을 동/뿌리 근/이을 연/가지 지) 같은 뿌리와 이은(<u>잇닿은</u>) 가지(<u>나뭇가지</u>)라는 뜻으로, 형제(兄弟), 자매(姉妹)를 이르는 말. *동근(同根): ①근본이 같음. ②자란 뿌리가 같음. ③형제를 달리 이르는 말. *연지(連枝): 한 뿌리에서 난, 이어진 가지라는 뜻으로, 형제, 자매를 비유적으로 이르는 말.

동기-상구(同氣相求 같을 동/기운 기/서로 상/구할 구) 같은 기운끼리 서로 구한다. 즉, 기질(氣質)과 뜻이 같은 사람끼리는 서로 찾아 모인다는 뜻으로, 같은 무리끼리 서로 통하고 자연히 응하거나 모임을 이르는 말. =동성상응(同聲相應). *동기(同氣): 형제와 자매, 남매를 통틀어 이르는 말. *상구(相求): 서로 구함. *기운: 순우리말로, 생물이 살아 움직이는 원기(元氣). 또는 거기서 나오는 힘. 이 사자성어의 유래는 다음과 같다. 『주역(周易)』의 「문언(文言)」 편(篇)에 〈같은 소리는 서로 응하며, 같은 기운은 서로 구한다. 물은 습한 곳으로 흐르고, 불은 마른 곳을 향한다. 구름은 용을 좇아 일고, 바람은 호랑이를 좇아 분다.(同聲相應, 同氣相求, 水流濕, 火就燥, 雲從龍, 風從虎.)〉라는 글귀가 나오는데, '같은 기운은 서로 구한다.(同氣相求)’에서, ‘동기상구(同氣相求)’가 유래했다. 참고로, 원문의 ‘同聲相應’에서, ‘同’은 같을 ‘동’으로 읽고, ‘聲’은 소리 ‘성’으로 읽고, ‘相’은 서로 ‘상’으로 읽고, ‘應’은 응할 ‘응’으로 읽는다. ‘同聲相應’을 직역(直譯)하면, 같은 소리끼리는 서로 응하며, ‘同氣相求’에서, ‘氣’는 기운 ‘기’로 읽고, ‘求’는 구할 ‘구’로 읽는다. ‘同氣相求’를 직역(直譯)하면, 같은 기운끼리는 서로 구한다. 즉, 기질(氣質)과 뜻이 같은 사람끼리는 서로 찾아 모인다는 뜻으로, 같은 무리끼리 서로 통하고 자연히 응하거나 모임을 이르는 말. ‘水流濕’에서, ‘水’는 물 ‘수’로 읽고, ‘流’는 흐를 ‘류(유)’로 읽고, ‘濕’은 젖을 ‘습’, 축축할 ‘습’으로 읽는다. ‘水流濕’을 직역(直譯)하면, 물은 젖은 곳으로 흐르고, ‘火就燥’에서, ‘火’는 불 ‘화’로 읽고, ‘就’는 나아갈 ‘취’로 읽고, ‘燥’는 마를 ‘조’로 읽는다. ‘火就燥’를 직역(直譯)하면, 불은 마른 곳으로 나아가며, 즉, 물은 촉촉한 쪽으로 흐르고, 불은 마른 쪽으로 타들어간다는 것은, 사물은 반드시 성질이 비슷한 것끼리 서로 감응(感應. 어떤 느낌을 받아 마음이 따라 움직임)함을 일컫는다. ‘雲從龍’에서, ‘雲’은 구름 ‘운’으로 읽고, ‘從’은 좇을 ‘종’으로 읽고, ‘龍’은 용(龍) ‘룡(용)’으로 읽는다. ‘雲從龍’을 직역(直譯)하면, 구름은 용(龍)을 좇고, ‘風從虎’에서, ‘風’은 바람 ‘풍’으로 읽고, ‘虎’는 범(호랑이) ‘호’로 읽는다. ‘風從虎’를 직역(直譯)하면, 바람은 범(호랑이)을 좇는다. 즉, 구름은 용(龍)을 좇고, 바람은 범(호랑이)을 좇는다는 것은, 기질이 같은 사람은 서로 찾게 되므로 덕(德. 고매하고 너그러운 도덕적 품성)이 있는 사람끼리는 서로 호응(呼應)하게 됨을 일컫는다.

동기-일신(同氣一身 같을 **동**/기운 **기**/한 **일**/몸 **신**) 같은 기운. 즉, 동기(同氣)는 한 몸이라는 뜻으로, 형제자매(兄弟姉妹. 본문 참고)는 한 몸이나 다름없음을 이르는 말. *동기(同氣): 형제와 자매, 남매를 통틀어 이르는 말. *일신(一身): ①자기 한 몸. ②온몸. *기운: ☞동기상구(同氣相求).

동기-지-친(同氣之親 같을 **동**/기운 **기**/어조사 **지**/친할 **친**) 같은 기운. 즉, 동기(同氣)의 친(親)함이라는 뜻으로, 형제자매(兄弟姉妹. 본문 참고) 사이의 친애(親愛. 친근하게 사랑함)를 이르는 말. *동기(同氣): 형제와 자매, 남매를 통틀어 이르는 말. *친하다(親~): 부록 ‘친(親)’ 참고. *기운: ☞동기상구(同氣相求).

동남-동녀(童男童女 아이 **동**/사내 **남**/아이 **동**/계집 **녀**) 사내아이와 계집아이. 즉, 남자 아이[童男]와 여자 아이[童女]를 아울러 이르는 말. *동남(童男): ①사내아이. ②＝동정남(童貞男). 즉, 이성(異性. 성·性의 다른 것을 이르는 말이다. 남성 쪽에선 여성을, 여성 쪽에선 남성을 가리킴)과 아직 성적(性的)인 접촉이 없이 순결(純潔)을 지키고 있는 남자. *동녀(童女): ①계집아이. ②＝동정녀(童貞女). 즉, 이성(異性)과 아직 성적(性的)인 접촉이 없이 순결(純潔)을 지키고 있는 여자. 이 사자성어의 유래는 다음과 같다. 『오월춘추(吳越春秋)』의 「합려내전(闔閭內傳)」 편(篇)에 〈간장(干將)은 아내[막야(莫邪)]의 머리카락과 손톱을 잘라 화로에 넣고 동녀(童女) 동남(童男) 3백명을 시켜 북[鼓] 주머니에 숯을 집어넣게 해서야 겨우 쇠를 윤기 나게 할 수 있었다. 간장(干將)은 칼이 완성되자 음양법(陰陽法)에 따라 양(陽)으로 된 칼을 간장(干將), 음(陰)으로 된 칼을 막야(莫邪)라고 이름 지었다.(於是干將妻乃斷髮剪爪, 投於爐中. **使童女童男三百人鼓橐裝炭**, 金鐵乃濡, 遂以成劍, 陽曰干將, 陰曰莫邪.)〉라는 이야기가 나오는데, ‘동녀(童女) 동남(童男) 3백명을 시켜 북[鼓] 주머니에 숯을 집어넣게 해서야.(使童女童男三百人鼓橐裝炭)’에서, ‘동남동녀(童男童女)’가 유래했다. 나머지 구체적인 내용은 ⇨간장막야(干將莫耶).

동남동-풍(東南東風 동녘 **동**/남녘 **남**/동녘 **동**/바람 **풍**) 동남동쪽에서 불어오는 바람. *동남동(東南東):

동쪽과 남동쪽과의 중간 되는 방위.

동-당-형제(同堂兄弟 한가지 **동**/근친 **당**/형 **형**/아우 **제**) 한가지(같은) 근친(近親)의 형과 아우라는 뜻으로, 사촌 관계인 형과 아우를 이르는 말. *형제(兄弟): ①형과 아우. ② =동기(同氣). 즉, 형제자매(兄弟姉妹. 본문 참고)를 통틀어 이르는 말. *한가지: 부록 '동(同)' 참고. *근친(近親): 성(姓)이 같은 가까운 친족(親族)을 일컫는 말. 흔히 팔촌(八寸) 이내의 일가붙이를 일컫는다.

동-도-서-말(東塗西抹 동녘 **동**/바를 **도**/서녘 **서**/지울 **말**) 동쪽에서 (칠하거나) 바르고 서쪽에서 (그것을) 지운다는 뜻으로, 이리저리 간신히 꾸며 대어 맞춤을 비유적으로 이르는 말. *바르다: 부록 '도(塗)' 참고. *지우다: ①있던 것을 없애다. ②(생각, 느낌, 표정 따위를) 사라지게 하다.

동동-촉-촉(洞洞屬屬 공경할 **동**/공경할 **동**/조심할 **촉**/조심할 **촉**) 공경(恭敬)하고 공경(恭敬)하며, 조심(操心)하고 조심(操心)한다는 뜻으로, 공경(恭敬)하고 삼가며 매우 조심(操心)스러움을 이르는 말. *동동(洞洞): ①질박(質朴. 꾸밈이 없이 수수함)하고 성실함. ②매우 효성스러움. *공경하다(恭敬~): (남을 대할 때) 몸가짐을 공손히 하고 존경하다. *조심하다(操心~): (잘못이나 실수 따위가 없도록) 마음을 쓰다.

동-두-서-미(東頭西尾 동녘 **동**/머리 **두**/서녘 **서**/꼬리 **미**) 동쪽에는 머리를, 서쪽에는 꼬리를 (둔다는) 뜻으로, 제사(祭祀) 상(床) 차릴 때에 쓰는 방법의 하나로, 생선(生鮮)을 놓을 때 머리는 동쪽, 꼬리는 서쪽에 놓는 방법을 이르는 말.

동-두-철-신(銅頭鐵身 구리 **동**/머리 **두**/쇠 **철**/몸 **신**) 머리는 구리 (같고) 몸은 쇠 (같다는) 뜻으로, 성질이 모질고(착한 마음으로는 차마 못할 짓을 능히 혹은 함부로 하는 성질이 있고) 완강(頑强. 성질이나 태도가 끈기 있게 질기고 굳셈)하여 거만(倨慢. 잘난 체하며 남을 업신여기는 데가 있음)한 사람을 비유적으로 이르는 말. =동두철액(銅頭鐵額). *구리: 부록 '동(銅)' 참고. *쇠: 부록 '철(鐵)' 참고.

동-두-철-액(銅頭鐵額 구리 **동**/머리 **두**/쇠 **철**/이마 **액**) 머리는 구리 (같고) 이마는 쇠 (같다는) 뜻으로, 성질이 모질고(착한 마음으로는 차마 못할 짓을 능히 혹은 함부로 하는 성질이 있고) 완강(頑强. 성질이나 태도가 끈기 있게 질기고 굳셈)하여 거만(倨慢. 잘난 체하며 남을 업신여기는 데가 있음)한 사람을 비유적으로 이르는 말. =동두철신(銅頭鐵身). *구리: 부록 '동(銅)' 참고. *쇠: 부록 '철(鐵)' 참고. *이마: 부록 '액(額)' 참고.

동량-지-신(棟樑·梁之臣 마룻대 **동**/들보 **량**/어조사 **지**/신하 **신**) 마룻대와 들보 (같은) 신하(臣下)라는 뜻으로, 한 나라를 떠받치는 중대한 책임(責任)을 맡을 만한 능력 있는 신하(臣下)를 비유적으로 이르는 말. *동량(棟樑·梁): ①'기둥[棟]'과 '들보[樑·梁]'를 아울러 이르는 말. ②=동량지재(棟樑·梁之材). *마룻대: 부록 '동(棟)' 참고. *들보: 부록 '량(樑·梁)' 참고.

동량-지-재(棟樑·梁之材 마룻대 **동**/들보 **량**/어조사 **지**/재목 **재**) 마룻대와 들보 (같은) 재목(材木)이라는 뜻으로, 한 집안이나 한 나라를 떠받치는 중대한 일을 맡을 만한 인재(人材. 어떤 일을 할 수 있는 학식이나 능력을 갖춘 사람)나, 기둥이 될 만한 인물을 비유적으로 이르는 말. *동량(棟樑·梁): ☞동량지신(棟樑·梁之臣). *마룻대: 부록 '동(棟)' 참고. *들보: 부록 '량(樑·梁)' 참고.

동리-군자(東籬君子 동녘 **동**/울타리 **리**/군자 **군**/경칭 **자**) 동쪽 울타리 (밑에 있는) 군자(君子)라는 뜻으로, 국화(菊花)를 달리 이르는 말. *동리(東籬): ①동쪽에 있는 울타리. ②국화(菊花)를 심은 밭을 이르는 말. *군자(君子): 학문과 덕(德. 고매하고 너그러운 도덕적 품성)이 높고 행실이 바르며 품위(品位)를 갖춘 사람. *울타리: 부록 '리(籬)' 참고. *경칭(敬稱): 공경하는 뜻으로 부르는 칭호. 또는 존대하여 일컬음.

동명-이인(同名異人 같을 **동**/이름 **명**/다를 **이**/사람 **인**) 이름은 같고 사람은 다르다는 뜻으로, 같은 이름을 가진 서로 다른 사람을 이르는 말. *동명(同名): 이름이 같음. 또는 같은 이름. *이인(異人): ①재주(순우리말로, 무엇을 잘할 수 있는, 타고난 능력과 슬기)가 신통(神通. 신기할 정도로 묘함)하고 비범(非凡. 보통 수준보다 훨씬 뛰어남)한 사람. ②다른 사람.

동문-동궤(同文同軌 같을 **동**/글월 **문**/같을 **동**/수레바퀴 **궤**) 글월(글)이 같고 수레바퀴(수레)가 같다. 즉, 글은 같은 글자를 쓰게 하고, 여러 지방(地方)의 수레의 너비(물건의 가로의 길이)를 같게 한다는 뜻으로, 여러 지방을 하나로 통일함을 이르는 말. 또는 천하(天下)가 통일된 상태를 비유적으로 이르는 말. *동문(同文): 글이나 글자가 같음. 또는 같은 글이나 글자. *동궤(同軌): ①같은 궤도. ②천하(天下)의 수레바퀴의 폭을 똑같게 한다는 뜻으로, 천하(天下)를 통일함을 이르는 말. ③수레바퀴의 폭이 같은 수레를 타는 사람이라는 뜻으로, 같은 왕조(王朝)의 통치 아래에 있는 사람을 이르는 말. 주로 중국에서, 제후(諸侯. 봉건시대에, 군주로부터 받은 영토와 그 영내에 사는 백성을 다스리던 사람)를 달리 이르는 데 쓴다. *수레바퀴: 수레가 굴러 가도록 밑에 댄 바퀴.

동문-동종(同文同種 같을 **동**/글월 **문**/같을 **동**/종족 **종**) 같은 글월과 같은 종족(種族)이라는 뜻으로, 서로 다른 두 나라가, 같은 문자(文字)를 사용하고 인종(人種. 사람의 피부나 머리털의 빛깔, 골격 따위의 신체적인 여러 형질에 따라 구분되는 사람의 집단을 이르는 말. 백인종, 황인종, 흑인종 따위)도 같음을 이르는 말. =동종동문(同種同文). *동문(同文): ☞동문동궤(同文同軌). *동종(同種): 같은 종류. *종족(種族): ①같은 종류에 딸린 것. ②조상(祖上)이 같고 언어, 풍속, 습관 따위도 같은 사회 집단.

동문-동학(同門同學 한가지 **동**/문 **문**/한가지 **동**/배울 **학**) 한가지 문(門)에서 한가지를 배운다는 뜻으로, 한 스승 밑에서 또는 한 학교에서 함께 학문(學問)을 배우거나 수업(授業)을 받음을 이르는 말. =동문수학(同門修學). *동문(同門): ①같은 문. ②같은 학교에서 수학(受學. 글을 배움. 또는 수업을 받음)하였거나 같은 스승에게서 배운 사람. *동학(同學): ①한 학교나 한 스승 아래서 같이 공부함. 또는 그런 사람. ②같은 분야의 학문(學問)을 하는 사람. *한가지: 부록 '동(同)' 참고.

동-문-서-답(東問西答 동녘 **동**/물을 **문**/서녘 **서**/대답할 **답**) 동쪽을 물었는데, 서쪽을 (가리켜) 대답(對答)한다는 뜻으로, 물음과는 전혀 상관없는 엉뚱한 대답(對答)을 이르는 말. =문동답서(問東答西).

동문-수학(同門受學 한가지 **동**/문 **문**/받을 **수**/배울 **학**) 한가지 문(門)에서 (가르침을) 받고 배운다는 뜻으로, 한 스승 밑에서 또는 한 학교에서 함께 학문(學問)을 배우거나 수업(授業)을 받음을 이르는 말. =동문동학(同門同學). 동문수업(同門受業). *동문(同門): ①같은 문. ②같은 학교에서 수학(受學. 글을 배움. 또는 수업을 받음)하였거나 같은 스승에게서 배운 사람. ③같은 문중(門中)이나 종파(宗派)를 일컫는 말. *수학(受學): 글을 배움. 또는 수업을 받음. *한가지: 부록 '동(同)' 참고.

동방-화촉(洞房華燭 깊을 **동**/방 **방**/빛날 **화**/촛불 **촉**) 깊은 방(房)의 빛나는 촛불, 즉, 동방(洞房)에 비치는 환한 촛불이라는 뜻으로, 혼례(婚禮. '혼례식·婚禮式'의 준말. 남녀가 부부관계를 맺는 서약을 하는 의식)를 치르고 나서 첫날밤에 신랑이 신부 방에서 자는 의식(儀式)을 이르는 말. 웹 화촉동방(華燭洞房). *동방(洞房): ①=침실(寢室). 즉, 잠을 잘 수 있게 마련된 방. ②=신방(新房). 즉, 신랑과 신부가 첫날밤을 치르도록 새로 꾸민 방. ③=동방화촉(洞房華燭). ④囷 깊숙한 안쪽 방이라는 뜻으로, 여자들이 거처하는 방을 이르는 말. *화촉(華燭): ①물을 들인 밀초(密~. 꿀의 찌끼를 끓여 만든 물질인 밀로 만든 초). ②혼례의식 때 촛불을 밝히는 데서, '혼례(婚禮)'를 달리 이르는 말.

동병-상련(同病相憐 같을 동/병 병/서로 상/불쌍히 여길 련) 같은 병(病)을 앓는 (사람끼리) 서로 불쌍히(가엾게) 여긴다는 뜻으로, 비슷한 처지에 처해 있거나 비슷한 고통을 겪는 사람끼리, 서로를 불쌍히(가엾게) 여기고 서로 위해주는 것을 이르는 말. 또는 어려운 처지에 있는 사람끼리 서로 동정하고 도움을 이르는 말. *동병(同病): 같은 병. *상련(相憐): 서로 가엾게 여겨 동정함. 《관련 속담》과부 사정(설움)은 과부(홀아비)가 안다. / 과부의 심정은 홀아비가 알고 도적놈의 심보는 도적놈이 잘 안다. 이 사자성어의 유래는 다음과 같다. 『오월춘추(吳越春秋)』의 「합려내전(闔閭內傳)」 편(篇)에 [오왕(吳王. 오나라의 왕)인 합려(闔閭)를 보필(輔弼. 윗사람의 일을 도움. 또는 그런 사람)하여 패자(覇者. 예전에 황제·皇帝로부터 일정한 지역을 다스릴 권한을 부여받은 제후·諸侯들의 우두머리)로 만든 오자서(伍子胥)의 집안은 원래 6대에 걸쳐 초(楚)나라에 충성(忠誠. 진정에서 우러나오는 정성. 특히 임금이나 국가에 대한 것을 일컬음)을 바친 전통을 자랑하는 가문(家門)이었다. 하지만 그의 집안은 태자소부(太子少傅. 벼슬 이름)인 비무기(費無忌)의 모함(謀陷. 꾀를 써서 남을 어려운 처지에 빠뜨림)으로 인해 풍비박산(風飛雹散. 본문 참고)이 되고 말았고, (초나라에 살았던) 오자서(伍子胥)는 갖은 고생 끝에 오(吳)나라로 망명(亡命. 정치적인 이유 따위로, 자기 나라에 있지 못하고 남의 나라로 몸을 피하는 일)했다. 오자서(伍子胥)는 오(吳)나라의 공자(公子. 지체 높은 집안의 젊은 자제)인 광(光)이 왕(王)이 되려는 야심(野心. 무엇을 이루어 보겠다고 마음속에 품고 있는 욕망이나 소망)을 가지고 있음을 알고, 여기서, '지체'는 순우리말로, 대대로 이어 내려오는 사회적 신분이나 지위를 일컬음. 그에게 자객(刺客. 사람을 몰래 죽이는 일을 하는 사람)인 전저(專諸. '諸'는 모든 '제', 여러 '제'로 읽으나, 여기서는 '저'로 읽는다. 한자의 원음이 변하여 널리 통용되는 음이다)를 소개해 주었다. 광(光)은 전저(專諸)를 시켜 오왕(吳王)인 요(僚)를 죽이고 왕위(王位)에 올랐는데, 이이가 바로 춘추오패(春秋五覇. 본문 '춘추오패' 참고)의 한 사람인 합려(闔閭)이다. 합려(闔閭)는 오자서(伍子胥)를 대부(大夫. 벼슬 이름)로 임명하고 더불어 국사(國事)를 논했다. 즉, 오자서(伍子胥)는 전저(專諸)를 천거(薦擧. 어떤 일을 맡아 할 수 있는 사람을 그 자리에 쓰도록 소개하거나 추천함)한 공로(功勞)로 대부(大夫. 벼슬 이름)가 된 것이다. 마침 그 때 비무기(費無忌)의 모함(謀陷)으로 초(楚)나라의 대신(大臣. 벼슬 이름)인 백주리(伯州犁. 사람 이름) 부자(父子. 아버지와 아들)가 역모(逆謀. 반역을 꾀함. 또는 그런 일)로 주살(誅殺. 죄를 물어 죽임)을 당하자, 손자(孫子)인 백비(伯嚭)가 초(楚)나라에서 오(吳)나라로 망명(亡命)해왔다. 오자서(伍子胥)는 합려(闔閭)에게 그('백비·伯嚭'를 가리킴)를 추천했고, 합려(闔閭)는 백비(伯嚭)를 대부(大夫)에 임명했다. 즉, 오자서(伍子胥)는 초(楚)나라에서 망명(亡命)한 '백비(伯嚭)'를 추천하여 함께 정치를 하게 되었다는 것이다. 합려(闔閭)는 백비(伯嚭)를 환영하는 연회(宴會. 여러 사람이 모여 술을 마시거나 음식을 먹으면서 즐기는 모임)를 베풀었는데, 백비(伯嚭)를 탐탁하지 않게 생각했던 대부(大夫)인 피리(被離. 사람 이름)가 오자서(伍子胥)에게 말했다. "백비(伯嚭)의 눈길은 매와 같고, 걸음걸이는 호랑이와 같으니, 눈 하나 깜짝하지 않고 살인(殺人)을 저지를 성품입니다. 친(親)하게 지내서는 안 됩니다." 오자서가 대답했다. "그것은 그('백비·伯嚭'를 가리킴)와 내가 같은 원한(怨恨. 억울하고 원통한 일을 당하여 응어리진 마음)을 지니고 있기 때문입니다.]〈그대는 하상가(河上歌)를 들어 보지 못했습니까? / 같은 병을 앓으니 서로 불쌍히 여기고 / 같은 걱정이 있으니 서로 구해주네. / 놀라서 날아오르는 새들은 서로 따르며 날아가고 / 여울을 따라 흐르는 물은 그로 인하여 다시 함께 흐르네.(子不聞河上之歌乎. **同病相憐**, 同憂相救, 驚翔之鳥, 相隨而飛, 瀬下之水, 因復俱流.)라고 하였습니다.”〉라는 이야기가 나오는데, 오자서(伍子胥)가 인용한 ‘하상가(河上歌)’의 한 구절인 ‘같은 병을 앓으니 서로 불쌍히 여기고,(同病相憐)’에서, ‘동병상련(同病相憐)’이 유래했다. ‘하상가(河上歌)’는 강가의 노래라는 뜻인데, 사언고시(四言古詩)다, 지은이는 미상(未詳)이고, 『오월춘추(吳越春秋)』에 실려 있다. 위에 소개된 대로, 오자서(伍子胥)가 “그것은 그(‘백비·伯嚭’를 가리킴)와 내가 같은 원한을 지니고 있기 때문입니다.”라는 말을 했다. 오자서(伍子胥)는 백비(伯嚭)에 대해서, 같은 어려움(‘초나라’에서 ‘오나라’로 망명한 일)을 겪은 사람들로, 서로 ‘동병상련(同病相憐)’의 마음이 있다는 뜻이다. 결국 오자서(伍子胥)는 위에 소개된 말[言]과 ‘하상가(河上歌)’의 한 구절을 예로 들어, 백비(伯嚭)를 경계(警戒. 범죄나 사고 따위의 좋지 않은 일이 일어나지 않도록 미리 마음을 가다듬어 조심함)하라는 피리(被離)의 충고를 듣지 않은 것이다. 뒷날 백비(伯嚭)는 월(越)나라에 매수(買收. 금품이나 그 밖의 수단으로 남의 마음을 사서 자기편으로 만드는 일)당해 오(吳)나라 멸망의 결정적인 원인을 제공했으며, 오자서(伍子胥)는 백비(伯嚭)의 무고(誣告. 사실이 아닌 것을 거짓으로 꾸미어 해당 기관에 고소하거나 고발하는 일)로 분사(憤死. 분에 못 이겨 죽음)하고 말았다. 참고로, 원문의 ‘子不聞河上之歌乎’에서, ‘子’는 당신 ‘자’, 자네 ‘자’로 읽고, ‘不’은 아닐(부정하는 말) ‘불’로 읽고, ‘聞’은 들을 ‘문’으로 읽고, ‘河’는 물 ‘하’로 읽고, ‘上’은 위 ‘상’으로 읽는다. ‘河上’은 ‘하상가(河上歌)’를 가리킨다. ‘之’는 어조사 ‘지’로 읽는다. ‘~의’를 나타내는 관형격 조사. ‘歌’는 노래 ‘가’로 읽고, ‘乎’는 어조사 ‘호’로 읽는다. ‘~는가?’, ‘~인가?(의문)’의 뜻을 나타냄. ‘子不聞河上之歌乎’를 직역(直譯)하면, 그대는 하상가(河上歌)를 들은 적이 없는가? ‘同病相憐’에서, ‘同’은 같을 ‘동’으로 읽고, ‘病’은 병(病) ‘병’으로 읽고, ‘相’은 서로 ‘상’으로 읽고, ‘憐’은 불쌍히 여길 ‘련(연)’으로 읽는다. ‘同病相憐’을 직역(直譯)하면, 같은 병(病)을 앓는 (사람끼리) 서로 불쌍히(가엾게) 여긴다는 뜻으로, 비슷한 처지에 처해 있거나 비슷한 고통을 겪는 사람끼리, 서로를 불쌍히(가엾게) 여기고 서로 위해주는 것을 이르는 말. 또는 어려운 처지에 있는 사람끼리 서로 동정하고 도움을 이르는 말. ‘同憂相救’에서, ‘同’은 같을 ‘동’으로 읽고, ‘憂’는 근심할 ‘우’로 읽고, ‘相’은 서로 ‘상’으로 읽고, ‘救’는 구원(救援. 어려움이나 위험에 빠진 사람을 구하여 줌)할 ‘구’로 읽는다. ‘同憂相救’를 직역(直譯)하면, 근심을 같이 하며 서로를 구원하네. ‘驚翔之鳥’에서, ‘驚’은 놀랄 ‘경’으로 읽고, ‘翔’은 날 ‘상’으로 읽는다. ‘驚翔’은 놀라서 하늘로 날아감. ‘鳥’는 새 ‘조’로 읽는다. ‘驚翔之鳥’를 직역(直譯)하면, 놀라서 날아가는 새들은, ‘相隨而飛’에서, ‘隨’는 따를 ‘수’, 뒤따를 ‘수’로 읽고 ‘而’는 말이을 ‘이’로 읽는다. ‘그리고’의 뜻을 나타냄. ‘飛’는 날 ‘비’로 읽는다. ‘相隨而飛’를 직역(直譯)하면, 서로 뒤따르다가 그리고 날아가고, ‘瀬下之水’에서, ‘瀬’는 여울(강이나 바다의 바닥이 얕거나 폭이 좁아 물살이 세게 흐르는 곳) ‘뢰(뇌)’로 읽고, ‘下’는 아래 ‘하’로 읽고, ‘水’는 물 ‘수’로 읽는다. ‘瀬下之水’를 직역(直譯)하면, 여울 아래로 (흐르는) 물은, ‘因復俱流’에서, ‘因’은 인할(因~. 어떤 사실로 말미암을) ‘인’으로 읽고. ‘復’는 다시 ‘부’로 읽고, ‘俱’는 함께 ‘구’로 읽고, ‘流’는 흐를 ‘류(유)’로 읽는다. ‘因復俱流’를 직역(直譯)하면 (그것으로) 인하여 다시 함께 흐르네.

동-분-서-주(東奔西走 동녘 **동**/달릴 **분**/서녘 **서**/달릴 **주**) 동쪽으로 달리고 서쪽으로 달린다. 즉, 동(東)에

갔다 서(西)에 갔다 한다는 뜻으로, 여기저기 분주하게 다님. 또는 사방(四方)으로 이리저리 몹시 바쁘게 돌아다님을 비유적으로 이르는 말. =동서분주(東西奔走). 동주서분(東走西奔). 동치서주(東馳西走).

동빙-가-절(凍氷可折 얼 **동**/얼음 **빙**/가히 **가**/꺾을 **절**) (물이) 언 얼음도 가(可)히 꺾을 (수 있다.) 즉, 물도 얼음이 되면 쉽게 부러진다는 뜻으로, 사람의 성격도 때에 따라 변함을 이르는 말. *동빙(凍氷): 물이 얼어 얼음이 됨. =결빙(結氷). *가히(可~): '능히', '넉넉히'의 뜻. *꺾다: 부록 '절(折)' 참고.

동빙-한설(凍氷寒雪 얼 **동**/얼음 **빙**/찰 **한**/눈 **설**) 언(얼어붙은) 얼음과 찬(차가운) 눈. 즉, 얼음이 얼고 찬 눈이 내린다는 뜻으로, 매섭고 심한 추위를 이르는 말. *동빙(凍氷): ☞동빙가절(凍氷可折). *한설(寒雪): 차가운 눈.

동산-고와(東山高臥 동녘 **동**/뫼 **산**/높을 **고**/누울 **와**) 동쪽 뫼('산'의 옛말). 즉, 동산(東山)에서 높이 누워(있다는) 뜻으로, 세속(世俗. 사람이 살고 있는 모든 사회를 통틀어 이르는 말)을 떠나 초야(草野. 궁벽한 시골)에 은거(隱居. 세상을 피하여 숨어 삶)하며 자유롭게 살고 있음을 비유적으로 이르는 말. 또는 속세(俗世. 세속의 사람들이 사는 일반의 사회)의 번잡함을 피하여 산중(山中)에 은거(隱居)함을 이르는 말. *동산(東山): 저장성[浙長省]에 있는 땅 이름. 어떤 자료에는 절강성[浙江省] 회계(會稽)에 있는 산(山) 이름이라고 주장한다. *고와(高臥): 베개를 높이 하여 편히 눕는다는 뜻으로, 세속을 떠나 은거하면서 마음 편히 지냄을 이르는 말. 이 사자성어의 유래는 다음과 같다. 『세설신어(世說新語)』의 「배조(排調)」 편(篇)에 [동진(東晉)의 사안(謝安)은 (원래) 하남성(河南省)의 진군(陳郡. 땅 이름) 양하(陽夏. 땅 이름) 사람으로, 뛰어난 재능(才能. 어떤 일을 하는데 필요한 재주와 능력)을 가지고 있었으나 조정(朝廷)의 부름에 응하지 않고, 여기서, '재주'는 순우리말로, 무엇을 잘할 수 있는, 타고난 능력과 슬기. (나중에 절강성) 회계(會稽. 땅 이름)의 동산(東山)에 집을 짓고 은둔 생활을 하면서 왕희지(王羲之), 지둔(支遁) 등과 교류하며 풍류를 즐겼다. 조정(朝廷. 임금이 나라의 정치를 신하들과 의논하거나 집행하는 곳. 또는 그런 기구)에 문벌(門閥. 대대로 내려오는 그 집안의 사회적 신분이나 지위) 사이의 세력 다툼이 심해 출사(出仕. 벼슬을 하여 관청에 출근함)하기에 적합하지 않다고 생각했기 때문이었다. …… 사안(謝安)은 동산(東山)에 거(居)했는데, 조정의 명령이 수차(數次) 내려갔어도 움직이질 않았다 그러다가 후에 환온(桓溫. 사람 이름)의 사마(司馬. 벼슬 이름)가 되었다.]〈사안(謝安)이 (사마의 관직을 제수받고) 신정(新亭)에서 출발하려고 하자, 조정의 관리들이 모두 전송(餞送. 서운하여 잔치를 베풀고 보낸다는 뜻으로, 예를 갖추어 떠나보냄을 이르는 말)을 나왔다. 당시(當時. 일이 있었던 바로 그때. 또는 이야기하고 있는 그 시기) 중승(中丞. 벼슬 이름)이었던 고령(高靈. 사람 이름) 역시 나와 전송(餞送)을 하였다. 술이 몇 순배(巡杯. 여기서는 술자리에서 차례로 돌리는 술잔의 분량을 세는 단위) 돌아 취(醉)하자, 고령(高靈)이 술김을 빌려 농담조로 말했다. "경은 자주 조정의 뜻을 어기고, 동산에서 높이 누워 있었소. 여러 사람들이 매번 서로 더불어 말했소. 이때 사람들은 '안석(安石. 사안의 자)이 세상으로 나올 수 없다면 장차(張次. '앞으로'의 뜻으로, 미래의 어느 때를 나타내는 말) 창생(蒼生. 백성)들이 어찌하리?'(라고 했소)."〈將發新亭, 朝士咸出瞻送, 高靈時爲中丞, 亦往相祖, 先時多少飮酒, 因倚如醉, 戲日, 卿屢違朝旨 **高臥東山**, 諸人每相與言, 安石不肯出, 將如蒼生何.〉〉라는 이야기가 나오는데, 고령(高靈)이 사안(謝安)에게 한 말, '동산에서 높이 누워 있었소.(高臥東山)'에서, '동산고와(東山高臥)'가 유래했다. '동산고와(東山高臥)'는 위의 이야기처럼 중국 동진(東晉)의 명재상(名宰相. 이름난 재상·宰相)인 사안(謝安)이 사마(司馬)라는 관직(官職. 관리로서, 국가로부터 위임 받은 일정한 범위의 직무, 또는 그 직위)을 제수(除授. 추천의 절차를 밟지 않고 임금이 직접 벼슬을 내리던 일) 받기 전에 속세(俗世)를 피하여 절강성(浙江省) 회계(會稽)의 동산에 숨어 살았다는 데서 유래하였다. '중승(中丞)'은 '어사중승(御使中丞)'의 약칭(略稱)이란 설(說)이 있다. 참고로, 원문의 '將發新亭'에서, '將'은 장차(將次. '앞으로'의 뜻으로, 미래의 어느 때를 나타내는 말) '장'으로 읽고, '發'은 떠날 '발'로 읽고, '新'은 새 '신'으로 읽고, '亭'은 정자 '정'으로 읽는다. 여기서 '新亭'은 땅 이름. '將發新亭'을 직역(直譯)하면, (사안·謝安이) 장차 신정(新亭)을 떠나려고(출발하려고) 하니 (말하기를), '朝士咸出瞻送'에서, '朝'는 조정(朝廷) '조'로 읽고, '士'는 선비 '사'로 읽고, '咸'은 다 '함', 모두 '함'으로 읽고, '出'은 날 '출'로 읽고, '瞻'은 볼 '첨'으로 읽고, '送'은, 여기서는 배웅할 '송', 전송할(餞送~. 떠나는 이를 위하여, 잔치를 베풀어 작별하여 보냄) '송'으로 읽는다. '朝士咸出瞻送'을 직역(直譯)하면, 조정의 선비(관리)들이 다 나와서 전송(餞送)하였다. '高靈時爲中丞'에서, '高'는 높을 '고'로 읽고, '靈'은 신령 '령(영)'으로 읽는다. '高靈'은 사람 이름. '時'는 때 '시'로 읽고, '爲'는 속할 '위'로 읽고, '中'은 가운데 '중'으로 읽고, '丞'은 정승(政丞) '승'으로 읽는다. '中丞'은 벼슬 이름. '高靈時爲中丞'을 직역(直譯)하면, 그 때 중승(中丞)에 속했던 고령(高靈)이, '亦往相祖'에서, '亦'은 또 '역', 또한 '역'으로 읽고, '往'은 갈 '왕'으로 읽고, '相'은 서로 '상'으로 읽고, '祖'는, 여기서는 송별연(送別宴. 떠나는 사람을 위하여 베푸는 잔치)을 열 '조'로 읽는다. '亦往相祖'를 직역(直譯)하면, 역시 가서 서로 송별연(送別宴)을 열었다. '先時多少飮酒'에서, '先'은 먼저 '선'으로 읽고, '時'는 때 '시'로 읽고, '多'는 많을 '다'로 읽고, '少'는 적을 '소'로 읽는다. '多少'는 어느 정도로. '飮'은 마실 '음'으로 읽고, '酒'는 술 '주'로 읽는다. '先時多少飮酒'를 직역(直譯)하면, 어느 정도 술을 마실 때 먼저, '因倚如醉'에서, '因'은 인할(因~. 어떤 사실로 말미암음) '인'으로 읽고, '倚'는 의지할 '의', 기댈 '의'로 읽고, '如'는 같을 '여'로 읽고, '醉'는 (술에) 취할 '취'로 읽는다. '因倚如醉'를 직역(直譯)하면, (그것으로) 인하여 의지하고 (술에) 취한 것같이, '戱曰'에서, '戱'는 희롱할 '희'로 읽는다. '戱曰'을 직역(直譯)하면, 희롱하면서 말하기를, '卿屢違朝旨'에서, '卿'은 경(卿) '경'으로 읽는다. 경칭(敬稱. 공경하는 뜻으로 부르는 칭호, 또는 존대하여 일컬음)으로 쓰이는 말. '屢'는 자주 '루(누)'로 읽고, '違'는 어길 '위'로 읽고, '朝'는 조정(朝廷) '조'로 읽고, '旨'는 뜻 '지', 생각 '지'로 읽는다. '朝旨'는 조정의 명령이나 의사(意思)를 이르는 말. '卿屢違朝旨'를 직역(直譯)하면, 경(卿. 임금이 이품·二品 이상·以上의 신하를 가리키던 2인칭 대명사)은 자주 조정의 뜻을 어기고, '高臥東山'에서 '高'는 높을 '고'로 읽고, '臥'는 누울 '와'로 읽고, '東'은 동녘 '동'으로 읽고, '山'은 뫼('산'의 옛말) '산'으로 읽는다. 여기서, '東山高臥'가 유래하였는데, 이것을 직역(直譯)하면, 동쪽 뫼('산'의 옛말). 즉, 동산(東山)에서 높이 누워 (있다는) 뜻으로, 세속(世俗. 이 세상. =속세)을 떠나 초야(草野. 궁벽한 시골)에 은거(隱居. 세상을 피하여 숨어 삶)하며 자유롭게 살고 있음을 비유적으로 이르는 말. 또는 속세의 번잡함을 피하여 산중(山中)에 은거(隱居)함을 이르는 말. '諸人每相與言'에서, '諸'는 모든 '제', 여러 '제'로 읽고, '人'은 사람 '인'으로 읽고, '每'는 매양(每樣) '매', 늘 '매'로 읽고, '相'은, 여기서는 볼 '상'으로 읽고, '與'는 더불어 '여'로 읽고, '言'은 말씀 '언'으로 읽는다. '諸人每相與言'을 직역(直譯)하면, 여러 사람들이 늘 보고 더불어 말하기를, '安石不肯出'에서, '安'은 편안 '안'으로 읽고, '石'은 돌 '석'으로 읽는다. '安石'은 사람 이름. '不'은 아닐(부정하는 말) '불'로 읽고, '肯'은 즐길 '긍'으로 읽고, '出'은 날 '출'로 읽는다. '安石不肯出'을 직역(直譯)하면, 안석(安石)은 (세상에) 나오기를 즐기지 않은데,

‘將如蒼生何’에서 ‘將’은 장차 ‘장’으로 읽고, ‘如’는 같을 ‘여’로 읽고, ‘蒼’은 푸를 ‘창’으로 읽고, ‘生’은 여기서는, 백성(百姓) ‘생’으로 읽는다. ‘蒼生’은 세상의 모든 사람. ‘何’는 어찌(의문 부사) ‘하’로 읽는다. ‘將如蒼生何’를 직역(直譯)하면, 장차 (계속해서) (이와) 같으면 창생(蒼生)은 어찌하리?

동상-각-몽(同床·牀各夢 같을 동/평상 상/각각 각/꿈 몽) 같은 평상(平床·牀)에서 각각의 꿈. 즉, 같은 자리에 자면서 각각의 꿈을 꾼다는 뜻으로, 겉으로는 같이 행동(行動)하면서도 속으로는 각각 딴생각을 하고 있음을 비유적으로 이르는 말. =동상이몽(同床異夢). *동상(同床·牀): =동침(同寢). 즉, 남녀가 잠자리를 같이 함. *평상(平床·牀): 부록 ‘상(床·牀)’ 참고.

동상-이-몽(同床·牀異夢 같을 동/평상 상/다를 이/꿈 몽) 같은 평상(자리)에 (자면서) 다른 꿈을 (꾼다.) 즉, 잠자리는 같은데 꿈은 다르다는 뜻으로, 겉으로는 같이 행동(行動)하면서도 속으로는 각각 딴생각을 하고 있음을 비유적으로 이르는 말. =동상각몽(同床·牀各夢). *동상(同床·牀): ☞동상각몽(同床·牀各夢). *평상(平床·牀): 부록 ‘상(床·牀)’ 참고. 《관련 속담》 고양이 쥐 생각.

동-생-공-사(同生共死 같을 동/살 생/함께 공/죽을 사) 같이 살고 함께 죽는다는 뜻으로, 서로 같이 살고 같이 죽음을 이르는 말. 서로 생사(生死)를 같이한다는 말이다. *동-생은 『국어사전(國語辭典)』에 등재(登載)된, ‘①아우와 손아래 누이를 통틀어 이르는 말. ②같은 항렬에서 자기보다 나이가 적은 사람’인 ‘동생(同生)’의 뜻과는 별개다.

동-생-동락(同生同樂 같을 동/살 생/같을 동/즐거울 락) 서로 같이 살고 같이 즐김. *동-생: ☞동생공사(同生共死). *동락(同樂): (다른 사람과) 함께 즐김.

동서-고금(東西古今 동녘 동/서녘 서/옛 고/이제 금) 동녘과 서녘, 예와 이제라는 뜻으로, 동양과 서양, 옛날과 지금을 통틀어 이르는 말. 또는 인간 사회의 모든 시대, 모든 곳을 이르는 말. =고금동서(古今東西). *동서(東西): ①동쪽과 서쪽. ②동양과 서양. ③‘동서(東西) 양 진영’이 줄어서 된 말로, 자유 진영과 공산 진영을 이르는 말. *고금(古今): 옛날[古]과 지금[今]을 아울러 이르는 말.

동서-남북(東西南北 동녘 동/서녘 서/남녘 남/북녘 북) 동쪽, 서쪽, 남쪽, 북쪽이라는 뜻으로, 사방(四方)이나 모든 방향을 이르는 말. *동서(東西): ☞동서고금(東西古今). *남북(南北): 남쪽과 북쪽.

동서-분주(東西奔走 동녘 동/서녘 서/분주할 분/달아날 주) 동쪽과 서쪽으로 분주하게 달아난다는 뜻으로, 여기저기 분주하게 다님. 또는 사방(四方)으로 이리저리 몹시 바쁘게 돌아다님을 이르는 말. =동분서주(東奔西走). 동주서분(東走西奔). 동치서주(東馳西走). *동서(東西): ☞동서고금(東西古今). *분주(奔走): 몹시 바쁘게 뛰어다님.

동서-불변(東西不辨 동녘 동/서녘 서/아닐 불/분별할 변) 동쪽과 서쪽을 분별(分別)하지 아니한다(<u>가리지 못한다</u>)는 뜻으로, 동쪽과 서쪽을 분별하지 못할 정도로 아무것도 모름. 또는 사물이나 사물의 현상을 분별(分別)할 수 없을 정도로 어리석음을 이르는 말. *동서(東西): ☞동서고금(東西古今). *불변(不辨): 분간하지 못함. *분별하다(分別~): 부록 ‘변(辨)’ 참고.

동선-하-로(冬扇夏爐 겨울 동/부채 선/여름 하/화로 로) 겨울의 부채와 여름의 화로(火爐)라는 뜻으로, 격(格)이나 철에 맞지 아니함을 비유적으로 이르는 말. 또는 때에 맞지 않아 쓸데없는 사물을 비유적으로 이르는 말. 사실, 겨울에는 찬바람을 일으키는 부채가 철에 맞지 않고, 여름에는 난방(煖房)을 위한 화로(火爐)가 쓸모없는 것이다. =하로동선(夏爐冬扇). *동선(冬扇): =동선하로(冬扇夏爐). *부채: 부록

‘선(扇)’ 참고. *화로(火爐): 부록 ‘로(爐)’ 참고.

동-섬-서-홀(東閃西忽 동녘 동/번쩍거릴 섬/서녘 서/문득 홀) 동녘에서 번쩍거리고 서녘에서 문득 (사라진
다). 즉, 동(東)에서 번쩍, 서(西)에서 번쩍 나타났다가 사라진다는 뜻으로, 여기저기 날쌔게 돌아다님을
비유적으로 이르는 말. *번쩍거리다: 부록 ‘섬(閃)’ 참고.

동성-동명(同姓同名 같을 동/성 성/같을 동/이름 명) 같은 성(姓)에 같은 이름이라는 뜻으로, 성(姓)과
이름이 모두 같음을 이르는 말. *동성(同姓): 같은 성씨(姓氏). ↔이성(異姓). *동명(同名): 이름이 같음.
또는 같은 이름. *성(姓): 부록 ‘성(姓)’ 참고.

동성-동본(同姓同本 같을 동/성 성/같을 동/근본 본) 성(姓)이 같고 근본(根本)이 같다는 뜻으로, 성(姓)과
본관(本貫)이 모두 같음을 이르는 말. 여기서, ‘본관(本貫)’은 ‘관향(貫鄕)’과 같은 말로, 한 가계(家系)의
시조(始祖)가 난 땅. 또는 시조(始祖)의 고향(故鄕)을 이르는 말. *동성(同姓): ☞동성동명(同姓同名).
*동본(同本): 같은 본관(本貫). 즉, 한 집안의 시조(始祖)가 난 땅이 같음을 이르는 말. *근본(根本):
부록 ‘본(本)’ 참고.

동성-불-혼(同姓不婚 같을 동/성 성/아닐 불/혼인할 혼) 같은 성(姓)끼리는 혼인(婚姻)하지 아니한다는
뜻으로, 같은 부계(父系. 아버지 쪽의 혈통을 주로 하여 이룬 가족)의 혈족(血族) 사이에 결혼을 피하는
일을 이르는 말. *동성(同姓): ☞동성동명(同姓同名).

동성-상응(同聲相應 같을 동/소리 성/서로 상/응할 응) 같은 소리끼리 서로 응(應)한다. 즉, 같은 소리끼리
는 서로 응(應)하여 울린다는 뜻으로, 같은 무리끼리 서로 통하고 자연히 응하거나 모인다는 말. =동기
상구(同氣相求). *동성(同聲): ①같은 소리. ②같은 견해. ③같은 가락의 소리. *상응(相應): ①서로 응
함. ②서로 맞음. 또는 알맞음. ③서로 기맥(氣脈. 서로 뜻이나 마음이 통하는 낌새)이 통함. *응하다
(應~): 부록 ‘응(應)’ 참고. 이 사자성어의 유래는 다음과 같다. 『주역(周易)』의 「문언(文言)」 편(篇)에
〈같은 소리는 서로 응하며, 같은 기운(순우리말로, 생물이 살아 움직이는 원기·元氣, 또는 거기서 나오
는 힘)은 서로 구한다. 물은 습한 곳으로 흐르고, 불은 마른 곳을 향한다. 구름은 용을 좇아 일고, 바람은
호랑이를 좇아 분다.(同聲相應, 同氣相求, 水流濕, 火就燥, 雲從龍, 風從虎.)〉라는 글귀가 나오는데, ‘같
은 소리는 서로 응하며,(同聲相應)’에서, ‘동성상응(同聲相應)’이 유래했다. 나머지 구체적인 내용은 ⇨동
기상구(同氣相求).

동성-이속(同聲異俗 같을 동/소리 성/다를 이/풍속 속) 소리는 같으나 풍속(風俗)은 다르다는 뜻으로, 사람
이 날 때는 다 같은 소리를 가지고 있으나, 자라면서 그 나라의 풍속(風俗)으로 인해 서로 달라짐을
이르는 말. 또는 사람은 태어날 때의 울음소리는 같으나, 커 가면서 습관은 달라짐을 이르는 말. *동성
(同聲): ☞동성상응(同聲相應). *이속(異俗): ①다른 풍속(風俗). ②색다른 풍습(風習. 풍속과 습관). *풍
속(風俗): 부록 ‘속(俗)’ 참고.

동-식-서-숙(東食西宿 동녘 동/먹을 식/서녘 서/잘 숙) 동쪽에서 먹고 서쪽에서 잔다는 뜻으로, 이리저리
떠돌아다니는 신세(身世)를 비유적으로 이르는 말. 이 사자성어의 유래는 다음과 같다. 응소(應劭)의
『풍속통의(風俗通義)』를 인용한 『태평어람(太平御覽)』에 〈제(齊)나라에 한 여자가 있었는데, 두 집에서
청혼(請婚)이 들어왔다. 그 부모가 딸에게 말했다. “동쪽 집으로 시집가고 싶으면 왼쪽 소매를 걷고,
서쪽 집으로 가고 싶으면 오른쪽 소매를 걷어라.” 딸은 양쪽 소매를 다 걷었다. 부모가 그 까닭을 묻자,

딸이 대답했다. "동쪽 집에서 먹고, 서쪽 집에서 자겠습니다."(齊有女, 二家求之, 其家語其女曰, 汝欲東家則左袒, 欲西家則右袒, 其女兩袒, 父母問其故, 對曰, **願東家食而西家宿**.)〉라는 이야기가 나오는데, '동쪽 집에서 먹고, 서쪽 집에서 자겠습니다.(願東家食而西家宿)'에서, '동식서숙(東食西宿)'이 유래했다. 참고로, 원문의 '齊有女'에서, '齊'는 제(齊)나라 '제'로 읽고, '有'는 있을 '유'로 읽고, '女'는 여자 '녀(여)'로 읽는다. '齊有女'를 직역(直譯)하면, 제(齊)나라에 한 여자가 있었는데, '二家求之'에서, '二'는 두 '이'로 읽고, '家'는 집 '가'로 읽고, '求'는 구할 '구', 선택할 '구'로 읽고, '之'는 어조사 '지'로 읽는다. '그것'을 나타내는 지시 대명사. '二家求之'을 직역(直譯)하면, 두 집에서 (동시에) 그것('여자·女子'를 가리킴)을 선택하려고 (했다). '其家語其女曰'에서, '其'는 그(지시하는 말) '기'로 읽고, '語'는 말씀 '어'로 읽는다. '其家語其女曰'를 직역(直譯)하면, 그 집 (부모가) 그 여자에게 말하며 가로대, '汝欲東家則左袒'에서, '汝'는 너(2인칭 대명사) '여'로 읽고, '欲'은 하고자 할 '욕'으로 읽고, '東'은 동녘 '동'으로 읽고, '則'은 곧 '즉'으로 읽고, '左'는 왼 '좌', 왼쪽 '좌'로 읽고, '袒'은 소매를 걷어 올릴 '단'으로 읽는다. '汝欲東家則左袒'을 직역(直譯)하면, 네가 동쪽 집으로 (시집가고자) 하면 곧 왼쪽 소매를 걷어 올리고, '欲西家則右袒'에서, '右'는 오른 '우', 오른쪽 '우'로 읽고, '西'는 서녘 '서'로 읽는다. '欲西家則右袒'을 직역(直譯)하면, 네가 서쪽 집으로 (시집가고자 하면) 곧 오른쪽 소매를 걷어 올려라. '其女兩袒'에서, '兩'은 두 '량(양)', 두 쪽 '량(양)'으로 읽는다. '其女兩袒'을 직역(直譯)하면, 그 여자는 양쪽에 소매를 걷어 올리자, '父母問其故'에서, '父'는 아버지 '부'로 읽고, '母'는 어머니 '모'로 읽고, '問'은 물을 '문'으로 읽고, '故'는 까닭 '고', 이유(理由) '고'로 읽는다. '父母問其故'를 직역(直譯)하면, 부모는 그 이유를 물었다. '對曰'에서, '對'는 대답할 '대'로 읽는다. '對曰'을 직역(直譯)하면, 대답하여 말하기를, '願東家食而西家宿'에서, '願'은 원할 '원'으로 읽고, '東'은 동녘 '동'으로 읽고, '家'는 집 '가'로 읽고, '食'은 먹을 '식'으로 읽고, '而'는 말 이을 '이'로 읽는다. '그리고'의 뜻을 나타냄. '西'는 서녘 '서'로 읽고, '宿'은 잘 '숙'으로 읽는다. '願東家食而西家宿'을 직역(直譯)하면, 동쪽 집에서 밥 먹고, 그리고 서쪽 집에서 자기를 원합니다. 여기서, '東食西宿'이 유래하였는데, 이것을 직역(直譯)하면, 동쪽에서 먹고 서쪽에서 잔다는 뜻으로, 이리저리 떠돌아다니는 신세(身世)를 비유적으로 이르는 말. 그런데 이외에 『고금담개(古今譚概)』에 이와 비슷한 이야기가 있는데, 여기서 '동식서숙(東食西宿)'이 유래했다.

동심-지-언(同心之言 같을 **동**/마음 **심**/어조사 **지**/말씀 **언**) 같은 마음에서 (나온) 말[言]이라는 뜻으로, 절친(切親. 썩 친근함)한 친구 사이를 이르는 말. *동심(同心): ①마음을 같이 함. 또는 같은 마음. ②몇 개의 도형(圖形. 그림의 모양이나 형태)이 모두 같은 중심을 가지는 일.

동-엽-봉-제(桐葉封弟 오동나무 **동**/잎 **엽**/봉할 **봉**/아우 **제**) 오동나무 잎으로 아우를 봉(封)한다. 즉, 오동나무 잎으로 동생을 제후(諸侯. 봉건시대에, 군주로부터 받은 영토와 그 영내에 사는 백성을 다스리던 사람)에 봉(封)한다는 뜻으로, 어떤 말이든 말을 할 경우에는 조심스럽게 해야 함을 이르는 말. *오동나무(梧桐~): 부록 '동(桐)' 참고. *봉하다(封~): 부록 '봉(封)' 참고. 이 사자성어의 유래는 다음과 같다. 『사기(史記)』의 「진세가(晉世家)」 편(篇)에 〈성왕(成王)은 동생인 숙우(叔虞)와 소꿉놀이를 하며 오동나무 잎을 따 규(珪. 신표)로 삼아 숙우(叔虞)에게 주면서 장난으로 말했다. "이것으로 너를 제후(諸侯)에 봉(封)한다." 태사(太史. 중국에서 기록을 맡아보던 벼슬아치)인 사일(史佚)이 이 말을 듣고 길일(吉日)을 택해 숙우(叔虞)를 봉(封)하는 의식을 거행하자고 주청(奏請. 임금에게 아뢰어 청함)했다. 즉, 이런 말은 전해들은 태사관(太史官. 벼슬 이름)인 사일(史佚)이 성왕(成王)에게 길일(吉日. 좋은 날)을 가려 숙우(叔虞)를 제후(諸侯)에 봉(封)하는 의식을 거행하자고 청(請)하였다는 뜻이다. (成王與叔虞戲. **削桐葉爲珪以與叔虞. 日. 以此封若**. 史佚因請擇日立叔虞.)〉[그러자 성왕(成王)이 말했다. "난 그저 장난으로 했을 뿐이다." 사일(史佚)이 말했다. "천자(天子)에게는 장난으로 하는 말이 없는 것입니다. 여기서, '천자(天子)'는 천제(天帝. 하늘을 다스리는 신. 또는 우주를 창조하고 주재한다고 믿어지는 초자연적인 절대자)의 아들이란 뜻으로, 천명(天命. 하늘의 명령)을 받아 천하(天下)를 다스리는 사람. 곧 중국에서 황제(皇帝)를 일컫던 말이다. 말씀을 하시면 사관(史官. 왕조 때 역사를 기록하던 관원)이 기록을 하고 예(禮)로써 그 일을 거행하며, 음악(音樂)으로 그 일을 노래하는 것입니다." 즉, 사일(史佚)은 정색(正色. 얼굴에 엄정한 빛을 나타냄. 또는 그 표정)을 하며, 천자(天子)는 자기가 한 말은 책임을 져야 한다는 뜻을 우회적(迂廻·回的. 곧바로 가지 않고 멀리 돌아서 가는 것)으로 전(傳)하고 있는 것이다. 이리하여 숙우(叔虞)는 당(唐)에 봉(封)해졌다. 즉, 숙우(叔虞)는 당(唐)의 제후가 되었다는 뜻이다. 여기서 '당(唐)'은 나라 이름이 아니라, 주(周)나라에서 특별 관리하고 있는 지역의 이름이다.]라는 이야기가 나오는데, '오동나무 잎을 따 규(珪. 신표)로 삼아 숙우(叔虞)에게 주면서, 이것으로 너를 제후(諸侯)에 봉(封)한다. (削桐葉爲珪以與叔虞. 日. 以此封若)'에서, '동엽봉제(桐葉封弟)'가 유래했다. 다시 말하면, 이 고사(故事)에서 어린 성왕(成王)이 오동잎을 따서 아우에게 장난을 한 것이, 결국 사실(事實)이 되어 당(唐)의 제후(諸侯)로 봉(封)해졌다는 것을 알 수 있다. 이를 두고 '동엽봉제(桐葉封弟)', 또는 줄여서 '동엽(桐葉)'이라고 한다. 처음에는 농담이나 장난으로 한 말이나 행동이 훗날 현실이 될 수 있음을 우리에게 말해주고 있는 것이다. 따라서 아무 말이나 함부로 내뱉지 말고, 입조심, 말조심하라는 뜻이다. 결국 성왕(成王)은 약속을 지킨 왕이 되었다. 그 후 성왕은 가장 평화롭고 번성한 시대를 이루었다. 한편, 숙우(叔虞)는 주무왕(周武王. 주나라 무왕)의 아들이자, 성왕(成王)의 동생으로 진(晉)나라의 시조(始祖)이다. 성왕(成王)이 동생 숙우(叔虞. 일명 '당숙우·唐叔虞'라고 한다. 당·唐 지역의 제후·諸侯인 숙우·叔虞라는 뜻임)를 당(唐)에 보내어 다스리게 하면서 진(晉)나라가 성립되었다고 한다. 기원전 1천 년 전의 일이다. 참고로, 원문의 '成王與叔虞戲'에서, '成'은 이룰 '성'으로 읽고, '王'은 임금 '왕'으로 읽는다. '成王'은 왕 이름. '與'는 어조사 '여'로 읽는다. '~와', '~과(병렬)'의 뜻을 나타냄. '叔'은 아저씨 '숙'으로 읽고, '虞'는 염려할 '우'로 읽는다. '叔虞'는 사람 이름. '戲'는 희롱할 '희'로 읽는다. '成王與叔虞戲'를 직역(直譯)하면, 성왕(成王)은 숙우(叔虞)와 희롱하며 (놀았는데), '削桐葉爲珪以與叔虞'에서, '削'은 빼앗을 '삭'으로 읽고, '桐'은 오동나무 '동'으로 읽고, '葉'은 잎 '엽'으로 읽고, '爲'는 삼을 '위'로 읽고, '珪'는 홀 '규'로 읽는다. '홀'은 천자(天子. 천제·天帝의 아들. 즉, 하늘의 뜻을 받아 하늘을 대신하여 천하를 다스리는 사람이라는 뜻으로, 군주 국가의 최고 통치자를 일컫는 말)가 제후(諸侯)를 봉할 때 주던 신표(信標. 뒷날에, 보고 증거가 되게 하기 위하여 서로 주고받는 물건)다. '以'는 써(그것을 가지고, 그것으로 인하여) '이'로 읽고, '與'는 줄 '여'로 읽는다. '削桐葉爲珪以與叔虞'를 직역(直譯)하면, 오동나무 잎을 빼앗아(따서) 규(珪)로 삼고, 그것을 가지고 숙우(叔虞)에게 주면서, '以此封若'에서, '此'는 이(지시하는 말) '차'로 읽고, '封'은 봉할(封~. 임금이 그 신하에게 일정 정도의 영지를 내려 주고 영주로 삼을) '봉'으로 읽고, '若'은, 여기서는 너(2인칭 대명사) '약'으로 읽는다. '以此封若'을 직역(直譯)하면, 이것으로써 너를 (제후에) 봉한다. 여기서, '桐葉封弟'가 유래하였는데, 이것을 직역(直譯)하면, 오동나무 잎으로 아우를 봉(封)한다. 즉, 오동나무 잎으로 동생을 제후(諸侯. 봉건시대에, 군주로부터 받은 영토와 그 영내에 사는 백성을 다스리던 사람)에 봉(封)한다는 뜻으로, 어떤 말이든 말을 할 경우에는 조심스럽게 해야 함을 이르는 말. '史佚因請擇日立叔虞'에서, '史'는 역사(歷史) '사'로 읽고, '佚'은 숨을 '일'로 읽는다. 여기서, '史佚'은 사람 이름. '因'은 인할(因~. 어떤 사실로 말미암을)할 '일'로 읽고, '請'은 청할 '청'으로 읽고, '擇'은 가릴 '택'으로 읽고, '日'은 날 '일'로 읽는다. '擇日'은 어떤 일을 치르거나 길을 떠나거나 할 때, 운수가 좋은 날을 가려서 고름. '立'은 세울 '립(입)'으로 읽는다. '史佚因請擇日立叔虞'를 직역(直譯)하면, 사일(史佚)은 그 것으로 인하여 택일(擇日)하여 숙우(叔虞)를 세우라고(제후에 봉하라고) 청하였다.

동-온-하-정(冬溫夏凊 겨울 **동**/따뜻할 **온**/여름 **하**/서늘할 **정**) (추운) 겨울에는 따뜻하게, (더운) 여름에는 서늘하게 (한다는) 뜻으로, 부모를 잘 모시고 섬기어 효도(孝道)함을 이르는 말. 囲 온정정성(溫凊定省). 참 혼정신성(昏定晨省). *동-온은 『국어사전(國語辭典)』에 등재(登載)된, '겨울철에 이상 온난 기후로 생긴 열병'인 '동온(冬溫)'의 뜻과는 별개다. 이 사자성어의 유래는 다음과 같다. 『예기(禮記)』의 「곡례(曲禮)」 편(篇)에 〈무릇 사람의 자식으로서의 예(禮)는 겨울에는 따뜻하게 해 드리고, 여름에는 서늘하게 해 드리며, 저녁에는 잠자리를 정돈해 드리고, 새벽에는 문안 인사를 드리며, 동배(同輩. 나이와 신분이 같거나 비슷한 사이의 사람을 이르는 말)끼리 다투지 않는다.(凡爲人子之禮, **冬溫而夏凊**, 昏定而晨省, 在醜夷不爭.)〉라는 문구(文句)가 나오는데, '겨울에는 따뜻하게 해 드리고, 여름에는 서늘하게 해 드리며,(冬溫而夏凊)'에서, '동온하정(冬溫夏凊)'이 유래했다. 참고로, 원문의 '凡爲人子之禮'에서, '凡'은 무릇(대체로 헤아려 생각하건데) '범'으로 읽고, '爲'는, 여기서는 속할 '위'로 읽고, '人'은 사람 '인'으로 읽고, '子'는 자식 '자'로 읽고, '之'는 어조사 '지'로 읽는다. '~의'를 나타내는 관형격 조사. '禮'는 예(禮. 사람이 마땅히 지켜야 할 도리) '례(예)'로 읽는다. '凡爲人子之禮'를 직역(直譯)하면, 무릇 사람의 자식에 속함의 예(禮)는, 즉, 무릇 사람의 자식된 예(禮)는, '冬溫而夏凊'에서, '冬'은 겨울 '동'으로 읽고, '溫'은 따뜻할 '온'으로 읽고, '而'는 말 이을 '이'로 읽는다. '그리고'의 뜻을 나타냄. '夏'는 여름 '하'로 읽고, '凊'은 서늘할 '정'으로 읽는다. '冬溫而夏凊'을 직역(直譯)하면, 겨울에는 따뜻하게 그리고 여름에는 서늘하게 (해 드리고). 여기서, '冬溫夏凊'이 유래하였는데, 이것을 직역(直譯)하면, (추운) 겨울에는 따뜻하게, (더운) 여름에는 서늘하게 (한다는) 뜻으로, 부모를 잘 모시고 섬기어 효도(孝道)함을 이르는 말. '昏定而晨省'에 서, '昏'은 어두울 '혼'으로 읽고, '定'은 정할 '정'으로 읽는다. '昏定'은 잠자리에 들 때에 부모의 침소(寢所. 사람이 잠을 자는 곳)에 가서 잠자리를 살피고, 밤 동안 안녕하기를 여쭘. '晨'은 새벽 '신'으로 읽고, '省'은 살필 '성'으로 읽는다. '晨省'은 아침 일찍 부모의 침소(寢所)에 가서 밤사이(밤이 지나는 동안)의 안부를 살피는 일. '昏定而晨省'을 직역(直譯)하면, 어두울 때에는 (잠자리를) 정하여 (드리고), 그리고 새벽에는 (건강을) 살핀다. 여기서, '昏定晨省'이 유래하였는데, 이것을 직역(直譯)하면, 어두울 때 (잠자 리를) 정하고 새벽에 (안부를) 살핀다. 즉, 저녁에는 부모의 잠자리를 보아드리고, 이른 아침에는 부모에 게 밤새 안부(安否)를 묻는다는 뜻으로, 자식이 아침저녁으로 부모의 안부를 물어서 살핀다거나 자식이 아침저녁으로 부모를 잘 섬기고 효성(孝誠)을 다함을 이르는 말. '在醜夷不爭'에서, '在'는 있을 '재'로 읽고, '醜'는 여기서는 무리(사람이나 짐승, 사물 따위가 모여서 뭉친 한 동아리) '추'로 읽고, '夷'는 오랑 캐 '이', 무리 '이'로 읽는다. '醜夷'는 추한 어떤 떼(목적이나 행동을 같이하는 무리)나 무리를 낮잡아 이르는 말. '不'은 아닐(부정하는 말) '부'로 읽고 '爭'은 다툴 '쟁'으로 읽는다. '在醜夷不爭'을 직역(直譯)하면, (그리고) 무리끼리 있는 (곳에서) 다투지 않는다. 즉, 추악한 무리(친구나 동년배)들과 함께 있을 때 다투면 부모님께 피해(被害)가 갈 수 있으므로 다투지 말아야 한다는 뜻이다.

동-우-각-마(童牛角馬 민둥민둥할 **동**/소 **우**/뿔 **각**/말 **마**) 민둥민둥한 소[牛]와 뿔이 있는 말[馬]. 즉, 뿔 없는 소[牛]와 뿔 달린 말[馬]이라는 뜻으로, 도리(道理)에 맞지 아니함을 비유적으로 이르는 말. 다시 말하면, 뿔 없는 소는 있으나, 뿔 달린 말은 이 세상에 존재하지 않는다. 따라서 뿔 없는 소[牛]와 뿔 달린 말[馬]은 서로 궁합이 맞지 않는다는 뜻에서, 도리(道理)에 어긋나거나 도리(道理)에 맞지 않는 말이 되었다. *민둥민둥하다: 산에 나무가 없어 번번하다(바닥이 거칠 것 없이 편편하고 번듯하다). *뿔: 부록 '각(角)' 참고.

동-이-불화(同而不和 같을 **동**/말 이을 **이**/아닐 **불**/화할 **화**) 같으면서 화하지(화합하지) 아니한다는 뜻으로, 소인(小人. 도량이 좁고 간사한 사람)은 같은 짓을 하면서도 어울릴 줄을 모름을 이르는 말. 또는 억지로 친한 것은 화목(和睦. 뜻이 맞고 정다움)할 수 없음을 이르는 말. *불화(不和): 서로 화합하지 못함. 또는 서로 사이좋게 지내지 못함. *화하다(和~): 부록 '화(和)' 참고. 이 사자성어의 유래는 다음과 같다. 『논어(論語)』의 「자로(子路)」 편(篇)에 〈(중국 춘추시대의 사상가이며 학자인) 공자(孔子)가 말했다. "군자(君子. 학문과 덕·德이 높고 행실·行實이 바르며 품위·品位를 갖춘 사람)는 화합하지만, 부화뇌동(附和雷同)하지 않고, 소인(小人)은 부화뇌동(附和雷同)하지만, 화합하지 않는다."(子曰, 君子和而不同, 小人同而不和.)〉라는 문구(文句)가 나오는데, '소인(小人)은 부화뇌동(附和雷同)하지만, 화합하지 않는다.(小人同而不和)'에서, '동이불화(同而不和)'가 유래했다. 위의 '同'은 '부화뇌동(附和雷同)'을 뜻한다. 참고로, 원문의 '子曰'에서, '子'는 경칭(敬稱. 공경하는 뜻으로 부르는 칭호. 또는 존대하여 일컬음) '자'로 읽는다. 학덕(學德)과 지위가 높은 남자의 경칭(敬稱)이다. 여기서는 '공자(孔子)'를 가리킴. '子曰'을 직역(直譯)하면, 공자(孔子)가 말하기를, '君子和而不同'에서, '君'은 군자(君子) '군'으로 읽고, '子'는 경칭(敬稱) '자'로 읽는다. '君子'는 행실이 점잖고 어질며 덕(德. 고매하고 너그러운 도덕적 품성)과 학식이 높은 사람. '和'는 화할 '화'로 읽고, '而'는 말 이을 '이'로 읽는다. '그러나'의 뜻을 나타냄. '不'는 아닐(부정하는 말) '부'로 읽고, '同'은 함께 '동'으로 읽는다. '君子和而不同'을 직역(直譯)하면 군자(君子)는 남과 사이좋게 지내기는 하나 무턱대고 어울리지 아니한다. 여기서, '和而不同'이 유래하였는데, 이것을 직역(直譯)하면, 화(和)하나(화합하나) 함께 (하지) 아니한다. 즉, 화합(和合)하지만 부화뇌동(附和雷同. 본문 참고)하지 않는다는 뜻으로, 남과 사이좋게 지내기는 하나 무턱대고 어울리지는 아니함을 이르는 말. 남과 화목하게, 또는 사이좋게 지내기는 하지만, 자기의 중심과 원칙은 잃지 않는다는 말이다. '小人同而不和'에서, '小'는 작을 '소'로 읽고, '人'은 사람 '인'으로 읽는다. '小人'은 나이가 어린 사람. 또는 키나 몸집 따위가 작은 사람. '不'은 아닐 '불'로 읽고, '和'는 화할 '화'로 읽는다. '不和'는 서로 화합하지 아니함. 또는 서로 사이좋게 지내지 못함. 여기서, '同而不和'가 유래하였는데, 이것을 직역(直譯)하면, 같으면서 화하지(화합하지) 아니한다는 뜻으로, 소인(小人. 도량이 좁고 간사한 사람)은 같은 짓을 하면서도 어울릴 줄을 모름을 이르는 말. '小人同而不和'를 직역(直譯)하면, 소인은 무턱대고 어울리지만 화합하지 않는다.

동작-서성(東作西成 동녘 **동**/지을 **작**/서녘 **서**/이룰 **성**) 동쪽에서 (농사를) 짓고 서쪽에서 이룬다(거둔다)는 뜻으로, 봄철에 농사를 지어 가을에 거두어들임을 이르는 말. =동작서수(東作西收). *동작(東作): 음양오행설(陰陽五行說. 음양·陰陽과 오행·五行의 상호 관련으로 자연현상이나 인간 생활에서의 길흉·吉凶

을 설명하는 사상)에서, 동쪽이 봄을 뜻하는 것에서, 봄철에 농사를 시작함. 또는 그 농사. *서성(西成): 음양오행설(陰陽五行說)에서, 서쪽이 가을을 뜻하는 것에서, 가을에 익은 농작물을 거두어들이는 일을 이르는 말.

동정-서-벌(東征西伐 동녘 **동**/칠 **정**/서녘 **서**/칠 **벌**) 동쪽에서 치고 서쪽에서 친다. 즉, 동쪽을 정복(征服. 어떤 나라나 민족 따위의 집단을 정벌하여 복종시킴)하고 서쪽을 친다는 뜻으로, 이리저리로 여러 나라를 정벌(征伐. 무력을 써서 적이나 죄 있는 무리를 침)함을 비유적으로 이르는 말. **동정**(東征): 동방(東方. 동쪽)을 정벌(征伐)함. 또는 동(東)으로 원정(遠征. 멀리 적을 치러 감)함. *치다: 부록 '정(征)', '벌(伐)' 참고.

동족-방뇨(凍足放尿 얼 **동**/발 **족**/놓을 **방**/오줌 **뇨**) 언 발에 오줌 놓기(누기)라는 뜻으로, 잠시 동안만 효력이 있을 뿐 효력이 바로 사라짐을 비유적으로 이르는 말. 즉, 일시적 효과는 있으나 곧 해로운 결과를 초래하게 되는 짓을 이르는 말. 꽁꽁 언 발을 녹인다고 오줌을 누면 36.5도의 체온에서 나온 따뜻한 오줌으로 인해 일시적으로는 언 발이 녹는다는 느낌을 받을 수 있다. 그러나 영하(零下)의 기온에서 언 발에 오줌을 누면 그 오줌이 금세 얼어 언 발은 더욱 악화된다. 따라서 동족방뇨(凍足放尿)는 근본적인 해결책이 아니라 오히려 상황을 악화시키는 행위가 되는 것이다. *동족(凍足): 언 발. *방뇨(放尿): 오줌을 눔. 《관련 속담》언 발에 오줌 누기.

동족-상잔(同族相殘 같을 **동**/겨레 **족**/서로 **상**/상하게 할 **잔**) 같은 겨레끼리 서로 상(傷)하게 한다는 뜻으로, 같은 겨레끼리 서로 싸우고 죽임을 이르는 말. 団 동족상쟁(同族相爭). 민족상잔(民族相殘). *동족(同族): ①같은 겨레붙이. ②=동종(同宗). 즉, 동성동본(同姓同本)인 사람. *상잔(相殘): 서로 싸우고 해침. *겨레: 부록 '족(族)' 참고. 《관련 속담》갈치가 갈치 꼬리 문다. / 갈치가 갈치를 문다.

동족-상쟁(同族相爭 같을 **동**/겨레 **족**/서로 **상**/다툴 **쟁**) 같은 겨레끼리 서로 다툼. 団 동족상잔(同族相殘). 민족상잔(民族相殘). *동족(同族): ☞동족상잔(同族相殘). *상쟁(相爭): 서로 다툼. *겨레: 부록 '족(族)' 참고. *다투다: 부록 '쟁(爭)' 참고. 《관련 속담》갈치가 갈치 꼬리 문다. / 갈치가 갈치를 문다.

동종-동문(同種同文 같을 **동**/종족 **종**/같을 **동**/글월 **문**) 종족(種族)이 같고 글월도 같다는 뜻으로, 서로 다른 두 나라가 같은 문자(文字)를 사용하고 인종(人種. 사람의 피부나 머리털의 빛깔, 골격 따위의 신체적인 여러 형질·形質에 따라 구분되는 사람의 집단을 이르는 말. 백인종, 황인종, 흑인종 따위)도 같음을 이르는 말. 여기서, '형질(形質)'은 사물의 생긴 모양과 성질을 일컫는다. =동문동종(同文同種). *동종(同種): 같은 종류. =동류(同類). *동문(同文): 같은 글자. 또는 글. *종족(種族): ①같은 종류에 딸린 것. ②조상(祖上)이 같고 언어, 풍속, 습관 따위도 같은 사회 집단.

동주-상구(同舟相救 같을 **동**/배 **주**/서로 **상**/구원할 **구**) 같은 배를 (탄 사람끼리) (배가 전복될 때) 서로 구원한다(돕는다)는 뜻으로, 이해를 함께하는 사람은 서로 돕게 됨을 비유적으로 이르는 말. 또는 같은 운명(運命)이나 처지(處地)에 놓이면, 아는 사람이나 모르는 사람이나 서로 돕게 됨을 비유적으로 이르는 말. *동주(同舟): 한 배에 같이 탐. =동선(同船). *상구(相救): 서로 어려움에서 구하여 줌. *구원하다(救援~): 부록 '구(救)' 참고.

동-주-서-분(東走西奔 동녘 **동**/달릴 **주**/서녘 **서**/달릴 **분**) 동쪽으로 달리고(뛰고) 서쪽으로 달린다(뛴다)는 뜻으로, 사방(四方)으로 이리저리 몹시 바쁘게 돌아다님을 이르는 말. =동분서주(東奔西走).

동지-시식(冬至時食 겨울 **동**/이를 **지**/때 **시**/음식 **식**) 겨울에 이른 때에 (먹는) 음식이라는 뜻으로, 동짓날에 찹쌀 새알심(~心. 팥죽 따위에 넣어 먹는 새알만 한 덩이를 일컫는 말. 보통 찹쌀 가루나 수수 가루로 동글동글하게 만듦)을 넣고 쑤어 먹는 팥죽을 이르는 말. 액(厄. 모질고 사나운 운수)을 막고 잡귀(雜鬼. 잡스러운 모든 귀신)를 쫓는다고 하여 대문(大門)에도 뿌린다. *동지(冬至): 이십사절기의 하나. 대설(大雪)과 소한(小寒) 사이로 12월 22일경임. *시식(時食): 철에 따라 나는 식품으로 특별히 만들어 먹는 음식. *이르다: 부록 '지(至)' 참고.

동-첩-득방(動輒得謗 움직일 **동**/곧 **첩**/얻을 **득**/헐뜯을 **방**) 움직이면 곧 헐뜯음을 얻는다. 즉, 꿈쩍하기만 하면 비방(誹謗. 남을 나쁘게 말함. 또는 남을 헐뜯고 욕함)을 받는다는 뜻으로, 무슨 일이든지 해 보려고 움직이기만 하면, 번번이 남에게 꾸지람을 들음(낭패를 봄)을 이르는 말. *득방(得謗): 남의 입김에 오르거나 구설(口舌. 시비하거나 헐뜯는 말)의 거리가 됨. *헐뜯다: 부록 '방(謗)' 참고.

동체-이명(同體異名 같을 **동**/몸 **체**/다를 **이**/이름 **명**) 몸은 같으나 이름이 다름. *동체(同體): ①같은 물체. ②둘 또는 그 이상이 합치어 된 한 몸. *이명(異名): 본 이름 외에 달리 부르는 이름.

동-추-서-대(東推西貸 동녘 **동**/옮을 **추**/서녘 **서**/빌릴 **대**) 동쪽과 서쪽으로 옮아가면서 빌린다는 뜻으로, 이곳저곳 여러 곳에서 빚을 짐을 비유적으로 이르는 말. 즉, 여기저기서 빚만 진다는 말이다. =동대서걸(東貸西乞). 동서대취(東西貸取). 동취서대(東取西貸). *빌리다: 부록 '대(貸)' 참고.

동-취-서-대(東取西貸 동녘 **동**/취할 **취**/서녘 **서**/빌릴 **대**) 동쪽에서는 (남의 돈을) 취하고 서쪽에서는 (남의 돈을) 빌린다는 뜻으로, 이곳저곳 여러 곳에서 빚을 짐을 비유적으로 이르는 말. 즉, 여기저기서 빚만 진다는 말이다. =동대서걸(東貸西乞). 동서대취(東西貸取). 동추서대(東推西貸). *취하다(取~): 부록 '취(取)' 참고. *빌리다: 부록 '대(貸)' 참고.

동-치-서-주(東馳西走 동녘 **동**/달릴 **치**/서녘 **서**/달릴 **주**) 동쪽으로 달리고(뛰고) 서쪽으로 달린다(뛴다)는 뜻으로, 여기저기 분주하게 다님. 즉, 사방(四方)으로 이리저리 몹시 바쁘게 돌아다님을 비유적으로 이르는 말. =동분서주(東奔西走). 동서분주(東西奔走). 동주서분(東走西奔).

동-퇴-서-붕(東頹西崩 동녘 **동**/무너질 **퇴**/서녘 **서**/산 무너질 **붕**) 동쪽으로 (집이) 무너지고(기울고) 서쪽으로 산이 무너진다(허물어진다)는 뜻으로, 사람이나 물건, 집 따위가 이리저리 쓰러짐을 비유적으로 이르는 말. =동퇴서비(東頹西圮).

동-패-서-상(東敗西喪 동녘 **동**/패할 **패**/서녘 **서**/잃을 **상**) 동쪽에서 패(敗)하고 서쪽에서 잃는다는 뜻으로, 여기저기 가는 곳마다 실패(失敗)하거나 망(亡)함을 비유적으로 이르는 말. *패하다(敗~): 부록 '패(敗)' 참고.

동-표-서-랑(東漂西浪 동녘 **동**/떠돌 **표**/서녘 **서**/방랑할 **랑**) 동쪽으로 떠돌고(표류하고) 서쪽으로 방랑(放浪)한다는 뜻으로, 이리저리 정처(定處. 정한 곳. 또는 일정한 장소) 없이 떠돌아다님을 비유적으로 이르는 말. *떠돌다: ①(물 위나 공중에) 떠서 이리저리 움직이다. 떠다니다. ②(분위기나 표정에) 어떤 기미(幾·機微. 어떤 일을 알아차릴 수 있는 눈치. 또는 일이 되어가는 야릇한 분위기)가 나타나다. ③(소문 따위가) 근거도 없이 여러 사람의 입에 오르내리다. *방랑하다(放浪~): 정처(定處) 없이 이곳저곳 떠돌아다니다.

동풍-신-연(東風新燕 동녘 **동**/바람 **풍**/새 **신**/제비 **연**) 동쪽의 바람과 새로운 제비. 즉, 동녘에서 불어오는 바람에 따라 날아온, 새로운 제비라는 뜻으로, 봄바람을 타고 새로 날아온 제비를 이르는 말. *동풍(東風): 동쪽에서 불어오는 바람. *제비: 부록 '연(燕)' 참고.

동학-지-의(同學之誼 같을 **동**/배울 **학**/어조사 **지**/도타울 **의**) 같이 배움으로써 (생기는) 도타움이라는 뜻으로, 함께 공부하여 친해진 정(情)을 이르는 말. *동학(同學): 같은 학교나 같은 스승 밑에서 공부함. 또는 그런 사람. 비 동문(同門). 동창(同窓). *도탑다: (인정이나 사랑이) 깊고 많다.

동행-서-주(東行西走 동녘 **동**/다닐 **행**/서녘 **서**/달릴 **주**) 동쪽으로 다니고(가고), 서쪽으로 달린다(뛰어간다)는 뜻으로, 이리저리 바삐 돌아다님을 비유적으로 이르는 말. =남행북주(南行北走). *동행(東行): 동쪽으로 감.

동행-친구(同行親舊 함께 **동**/갈 **행**/친할 **친**/오랠 **구**) 함께 갈 오래도록 친(親)한 (사람)이라는 뜻으로, 길을 함께 가는 동무. 또는 같은 길을 가는 사람을 이르는 말. *동행(同行): (두 사람 이상이) 길을 같이 감. 또는 같이 가는 그 사람. =동도(同道). *친구(親舊): ①오래 두고 가깝게 사귀는 사람. =벗. 친우(親友). ②나이 비슷한 사람이나, 별로 달갑지 않은 상대방을 가볍게 또는 비하(卑下. 업신여겨 낮춤)하여 이르는 말.

동호-지-필(董狐之筆 바로잡을 **동**/여우 **호**/어조사 **지**/붓 **필**) 동호(董狐)의 붓. 즉, 동호(董狐)의 직필(直筆. 무엇에 얽매이지 않고, 어떤 사실을 있는 그대로 적음. 또는 그렇게 적은 글)이란 뜻으로, 권세(權勢. '권력·權力'과 '세력·勢力'을 아울러 이르는 말)에 아부(阿附. 남의 환심을 사기 위하여 알랑거리며 붙좇음)하거나 두려워하지 않고 원칙(原則)에 따라 사실(事實)을 바르게 기록하는 것을 비유적으로 이르는 말. 또는 사실(事實)을 숨기지 아니하고 그대로 씀을 이르는 말. *동호(董狐): 사람 이름. 이 사자성어의 유래는 다음과 같다. 『좌전(左傳)』의 「선공(宣公) 2년」 편(篇)에 [일곱 살의 어린 나이에 즉위(卽位)한 진(晉. 나라 이름)의 영공(靈公. 임금 이름)은 무능하면서도 포악(暴惡)한 왕이었다. 당시(當時. 일이 있었던 바로 그때. 또는 이야기하고 있는 그 시기) 재상(宰相. 임금을 보필하며 모든 관원을 지휘. 감독하는 자리에 있는 이품·二品 이상의 벼슬을 통틀어 이르던 말)이었던 조돈(趙盾. 어떤 자료에는 '조순(趙盾)'으로 불리어진다. '盾'은 방패 '순', 사람 이름 '돈', 벼슬 이름 '윤' 따위로 읽는다. 여기서는 사람 이름 '돈'을 택했는데, 어떤 자료에는 방패 '순'을 택한 것이다. 참고하기 바람)이 여러 차례 간(諫. 임금이나 윗사람에게, 옳지 못한 일을 고치도록 말함)했지만, 영공(靈公)은 조돈(趙盾)의 간언(諫言. 웃어른이나 임금에게 옳지 못하거나 잘못된 일을 고치도록 하는 말)을 받아들이지 않고 오히려 그를 죽이려고 했다. 생명의 위협을 느낀 조돈(趙盾)은 도성(都城. 임금이나 황제가 있던 도읍지·都邑地가 성·城으로 이루어졌다는 데서, '서울'을 이르던 말)을 떠나 외지(外地)로 피신했다. 그런데 조돈(趙盾)이 아직 국경을 넘기 전에 조돈(趙盾)의 사촌 형인 조천(趙穿)이 영공(靈公)을 도원(桃園. 영공의 화원·花園으로 알려져 있음)에서 살해(殺害. 남을 죽임)했다. (국경을 막 넘으려다) 이 소식을 들은 조돈(趙盾)은 발길을 돌려 다시 도읍(都邑. 한 나라의 중앙 정부가 있는 곳. =서울)으로 돌아와 성공(成公. 임금 이름)을 (임금의 자리에) 세우고, 계속 재상(宰相) 직을 맡았다. 그러자 태사(太史. 중국에서 기록을 맡아보던 벼슬아치)인 동호(董狐)가 (국가 공식 기록에 이렇게 적었다. "조돈(趙盾). 군주(君主. 진·晉나라의 '영공·靈公'을 가리킴)를 시해(弑害. 부모나 임금을 죽임)하다. 즉, 동호(董狐)는 막강한 힘을 가진 조돈(趙盾)이 임금을 죽였다고 역사서에 적었다는 것이다.(趙盾弑其君)" 조돈(趙盾)이 이 기록을 보고 항의(抗議)하자, 동호(董狐)가 이렇게 말했다.

"그대는 정경(正卿, 고위 관직 이름)의 몸으로서, 달아났다고 하지만 국경을 넘지 않았고, 돌아와서는 죄인(실제로 임금을 죽인 그의 사촌 형 '조천·趙穿'을 가리킴)을 징벌(懲罰, 앞날을 경계하는 뜻으로, 벌을 줌, 또는 부정이나 부당한 행위에 대하여 응징하는 뜻으로 주는 벌)하지 않았으니, 이 죄를 그대가 지지 않으면 누가 지겠소? 즉, 대감께서 직접 영공(靈公)을 시해(弑害)하지는 않았다. 그러나 그때 대감께서는 정경(正卿, 벼슬 이름)으로서 국내에 있었고, 또 조정(朝廷, 임금이 나라의 정치를 신하들과 의논하거나 집행하는 곳, 또는 그런 기구)에 돌아와서는 실제 범인(犯人)을 처벌하려고 시도(試圖)하지도 않았다. 그래서 대감께서는 공식적으로 시해자(弑害者)가 되는 것이라는 뜻의 말을 한 것이다. 실제로 임금을 죽인 자(者)는 조천(趙穿)이었지만, 조돈(趙盾)은 제대로 자기 직무를 수행하지 않았다. 그래서 동호(董狐)는 그 죄(罪)를 조돈(趙盾)에게 돌린 것이다.]〈훗날 (중국 춘추시대의 사상가이며 학자인) 공자(孔子)는 (이 일에 대해 이렇게) 말했다. "동호(董狐)가 옛날의 훌륭한 사관(史官, 중국에서 기록을 맡아보던 벼슬아치, 즉, 임금의 언행을 기록하거나 국가의 공문서 작성을 맡은 사람)이다. 법(法)에 따라 감춤이 없이 썼다. 조돈(趙盾)은 옛날의 훌륭한 대부(大夫, 벼슬 이름)이다. 법(法)을 위해 오명(汚名, 더러워진 이름이나 명예)을 감수했을 텐데." 즉, 이 말은 두 가지 측면에서 눈길을 끈다. 첫째는 법도(法度, 법률과 제도)대로 올바르게 기록한 동호(董狐)는 훌륭한 사관(史官, 왕조 때 역사를 기록하던 관원)이라고 말한 점이다. 즉, 이렇게 공자(孔子)가 칭찬했으므로, 후세에 동호지필(董狐之筆)의 대명사로 쓰이게 되었다. 둘째는 법을 바로 잡는 일의 중요성을 알고 오명(汚名)을 그냥 뒤집어 쓴 조돈(趙盾) 역시 훌륭한 대신(大臣)이라는 말을 한 점이다. 여기서 우리는 조돈(趙盾)보다 권세(權勢)에 아부하거나 두려워하지 않고 원칙에 따라 사실을 사실대로 기록한 동호(董狐)에게 더 후한 점수를 주는 것이다.(孔子曰, **董狐古之良史也**, 書法不隱, 趙宣子古之良大夫也, 爲法受惡.)〉[아깝도다. 국경을 넘었더라면 오명(汚名)을 면했을 텐데.]라는 이야기가 나오는데, '동호(董狐)가 옛날의 훌륭한 사관(史官)이다.(董狐古之良史也)'에서, '동호지필(董狐之筆)'이 유래했다. 다시 말하면, 춘추시대(春秋時代) 때, 진(晉)나라의 사관(史官)이었던 동호(董狐)가 위세(威勢)를 두려워하지 않고 사실을 사실대로 직필(直筆)하였다는 데서 동호직필(董狐之筆)이 유래한 것이다. 이로부터 공정(公正, 공평하고 올바름)한 사관(史官)을 칭송(稱頌, 공덕·功德 따위를 칭찬하여 일컬음, 또는 그런 말)할 때 '동호(董狐)'라 하게 되었다. 참고로, 원문의 '孔子曰'에서, '孔'은 성씨(姓氏) '공'으로 읽고, '子'는 경칭(敬稱, 공경하는 뜻으로 부르는 칭호, 또는 존대하여 일컬음) '자'로 읽는다. 학덕(學德)과 지위가 높은 남자의 경칭(敬稱)이다. '孔子'는 사람 이름. '孔子曰'을 직역(直譯)하면, 공자(孔子)가 말하기를, '董狐古之良史也'에서, '董'은 바로잡을 '동'으로 읽고, '狐'는 여우 '호'로 읽는다. 여기서 '董狐'는 사람 이름. '古'는 옛 '고'로 읽고, '之'는 어조사 '지'로 읽는다. '~의' 뜻을 나타내는 관형격 조사. '良'은 훌륭할 '량(양)'으로 읽고, '史'는 사관(史官) '사'로 읽고, '也'는 어조사 '야'로 읽는다. '~이다(단정)'의 뜻을 나타냄. '董狐古之良史也'를 직역(直譯)하면, 동호(董狐)는 옛날의 훌륭한 사관(史官)이었다. 여기서, '董狐之筆'이 유래하였는데, 이것을 직역(直譯)하면, 동호(董狐)의 붓. 즉, 동호(董狐)의 직필(直筆, 무엇에 얽매이지 않고, 어떤 사실을 있는 그대로 적음, 또는 그렇게 적은 글)이란 뜻으로, 권세(權勢, '권력·權力'과 '세력·勢力'을 아울러 이르는 말)에 아부(阿附, 남의 환심을 사기 위하여 알랑거리며 붙좇음)하거나 두려워하지 않고 원칙(原則)에 따라 사실(事實)을 바르게 기록하는 것을 비유적으로 이르는 말. 또는 사실(事實)을 숨기지 아니하고 그대로 씀을 이르는 말. '書法不隱'에서, '書'는 글을 쓸 '서'로 읽고, '法'은 법(法, 국가의 강제력이 따르는 온갖 규범) '법'으로 읽고, '不'은 아닐(부정하는 말) '불'로 읽고, '隱'은 숨길 '은'으로 읽는다. '書法不隱'을 직역(直譯)하면, (그래서 그는) 법에 (따라) 숨김이 없이 썼다. '趙宣子古之良大夫也'에서, '趙'는 성씨(姓氏) '조'로 읽고, '宣'은 베풀 '선'으로 읽고, '子'는 아들 '자'로 읽는다. '趙宣子'는 '조돈(趙盾)'을 가리킴. '大'는 클 '대'로 읽고, '夫'는 지아비 '부'로 읽는다. '大夫'는 벼슬 품계에 붙이던 칭호. '趙宣子古之良大夫也'를 직역(直譯)하면, 조돈(趙盾)은 옛날의 훌륭한 대부(大夫)였다. '爲法受惡'에서, '爲'는 위할 '위'로 읽고, '受'는 받을 '수'로 읽고, '法'은 법(法) '법'으로 읽고, '惡'은 더러울 '악'으로 읽는다. '爲法受惡'을 직역(直譯)하면, 법을 위하여 더러움(더러운 이름)도 (달게) 받았다.

동호-직필(董狐直筆 바로잡을 **동**/여우 **호**/곧을 **직**/붓 **필**) 동호(董狐)의 곧은 붓이란 뜻으로. 목숨을 무릅쓰고 역사(歷史)를 사실대로 기록한 동호(董狐)의 곧은 붓을 이르는 말. 춘추(春秋) 시대 진(晉)나라의 사관(史官. 왕조 때 역사를 기록하던 벼슬아치)이었던 동호(董狐)가 위세(威勢. 위엄이 있는 기세)를 두려워하지 않고 사실(事實)을 사실(事實)대로 직필(直筆)하였다는 데서 유래한다. 자세한 내용은 ⇨동호지필(董狐之筆). *동호(董狐): 사람 이름. *직필(直筆): ①(무엇에 얽매이지 않고) 어떤 사실을 있는 그대로 적음. 또는 그렇게 적은 글. ②붓을 꼿꼿이 잡고 글씨를 쓰는 필법.

두남-일인(斗南一人 별 이름 **두**/남녘 **남**/한 **일**/사람 **인**) 별의 남쪽에 (있는) 한 사람이라는 뜻으로, 천하(天下)에 으뜸가는, 어진 사람이나 훌륭한 인물을 비유적으로 이르는 말. *두남(斗南): 북두칠성(北斗七星)의 남쪽이라는 뜻으로, 온 천하를 이르는 말. *일인(一人): 한 사람. 또는 어떤 사람.

두-동-치-활(頭童齒闊 머리 **두**/대머리 질 **동**/이 **치**/넓을 **활**) 머리가 대머리이고 이가 (빠져) 넓다. 즉, 살이 드러날 만큼 머리털이 빠지고 이가 빠져 성겼다(공간적으로 사이가 떴다)는 뜻으로, 늙은이의 얼굴을 비유적으로 이르는 말. *대머리: 머리털이 빠져 벗어진 머리. 또는 그런 사람. *넓다: 부록 '활(闊)' 참고.

두문-불출(杜門不出 닫을 **두**/문 **문**/아닐 **불**/날 **출**) 문(門)을 닫고 나가지 않는다는 뜻으로, ①집 안에만 틀어박혀 세상 밖으로 나다니지 아니함. 즉, 집에만 있고 바깥출입을 아니함을 이르는 말. ②집에서 은거(隱居. 세상을 피하여 숨어 삶)하면서 관직(官職. 관리로서 국가로부터 위임 받은 일정한 범위의 직무. 또는 그 직위)에 나가지 아니하거나, 사회(社會)의 일을 하지 아니함을 비유적으로 이르는 말. *두문(杜門): 밖으로 출입을 아니 하려고 방문을 닫아 막음. *불출(不出): ①밖에 나가지 아니함. ②못나고 어리석음. 또는 그 사람.

두문-사객(杜門謝客 닫을 **두**/문 **문**/사절할 **사**/손님 **객**) 문을 닫고 손님을 사절(謝絕)한다는 뜻으로, 집에만 틀어박혀 사람 만나는 것을 거절(拒絕)함을 이르는 말. *두문(杜門): ☞두문불출(杜門不出). *사객(謝客): 찾아온 손님을 만나지 아니하고 사절(謝絕)함. *사절(謝絕): 상대편의 요구, 제안, 선물, 부탁 따위를 받아들이지 않고 물리침.

두미-관-유(斗米官遊 말 **두**/쌀 **미**/벼슬아치 **관**/떠돌 **유**) (한) 말의 쌀을 (받으려고) 벼슬아치로 떠돈다는 뜻으로, 얼마 안 되는 봉급을 받으려고 관리가 되어 고향을 멀리 떠나 근무함을 이르는 말. *두미(斗米): ①쌀 한 말. ②얼마 안 되는 적은 봉급이나 녹봉(祿俸. 벼슬아치들에게 연봉으로 주는 곡식, 피륙, 돈 따위를 통틀어 이르는 말)을 비유적으로 이르는 말. *벼슬아치: 벼슬(관직)에 있으면서 나랏일을 맡아 보는 사람.

두-부-과분(豆剖瓜分 콩 **두**/쪼갤 **부**/오이 **과**/나눌 **분**) 콩을 쪼개고 오이를 나눈다. 즉, 콩이나 오이같이 갈라지고 나뉜다는 뜻으로, 국토(國土)가 쉽게 나뉨을 비유적으로 이르는 말. *과분(瓜分): 오이를 나누 듯 토지를 신하에게 나누어 줌. *오이: 부록 '과(瓜)' 참고.

두-서-미-동(頭西尾東 머리 **두**/서녘 **서**/꼬리 **미**/동녘 **동**) 머리는 서녘에 꼬리는 동녘에 둔다는 뜻으로, 제수(祭需. 제사에 쓰는 음식)를 차릴 때, 생선 따위의 머리는 서쪽으로, 꼬리는 동쪽으로 향하게 놓는 일을 이르는 말. 참 어동육서(魚東肉西). 좌포우혜(左脯右醯). 홍동백서(紅東白西).

두소-소인(斗筲小人 말 **두**/대그릇 **소**/적을 **소**/사람 **인**) (한) 말[斗]의 대그릇처럼 (도량이) 적은 사람이라는 뜻으로, 도량(度量. 사물을 너그럽게 용납하여 처리할 수 있는 넓은 마음과 깊은 생각)이 좁고 변변하지 못한 사람을 비유적으로 이르는 말. 또는 도량(度量)이 좁고 보잘것없는 사람을 비유적으로 이르는 말. *두소(斗筲): ①녹봉(祿俸. 벼슬아치들에게 연봉·年俸으로 주는 곡식, 피륙, 돈 따위를 통틀어 이르는 말)이 적음. ②도량(度量)이 적음. 여기서, '두(斗)'는 한 말들이 말, '소(筲)'는 한 말 두 되들이 대그릇을 의미함. *소인(小人): ①나이 어린 아이. ②키나 몸집이 작은 사람. ③도량이 좁고 간사한 사람. *대그릇: 부록 '소(筲)' 참고.

두소-지-인(斗筲之人 말 **두**/대그릇 **소**/어조사 **지**/사람 **인**) (한) 말[斗]의 대그릇의 사람이라는 뜻으로, 도량(度量. 사물을 너그럽게 용납하여 처리할 수 있는 넓은 마음과 깊은 생각)이 좁거나 보잘것없는 사람을 비유적으로 이르는 말. =두소소인(斗筲小人). *두소(斗筲): ☞두소소인(斗筲小人). *대그릇: 부록 '소(筲)' 참고.

두소-지-재(斗筲之才 말 **두**/대그릇 **소**/어조사 **지**/재주 **재**) (한) 말[斗]의 대그릇처럼 (작은) 재주라는 뜻으로, 변변하지 못한 작은 재주, 또는 그런 재주를 가진 사람을 비유적으로 이르는 말. *두소(斗筲): ☞두소소인(斗筲小人). *대그릇: 부록 '소(筲)' 참고. *재주: 순우리말로, 무엇을 잘할 수 있는, 타고난 능력과 슬기.

두-양-소-근(頭痒搔跟 머리 **두**/가려울 **양**/긁을 **소**/발뒤꿈치 **근**) 머리가 가려운데 발뒤꿈치를 긁는다는 뜻으로, 아무 소용이 없음을 비유적으로 이르는 말. 혹은 아무 이익이 없는 일임을 비유적으로 이르는 말. 온갖 애를 쓰나 아무런 보람이 없는 경우를 가리킨다. *발뒤꿈치: 발꿈치의 발바닥 부분 이외의 뒤쪽 부분.

두주-불사(斗酒不辭 말 **두**/술 **주**/아닐 **불**/사양할 **사**) (한) 말[斗]의 술[酒]도 사양(辭讓)하지 않는다. 즉, 말술도 사양(辭讓)하지 않는다는 뜻으로, 주량(酒量. 마시고 견딜 정도의 술의 분량)이 매우 세거나 술을 매우 잘 마심을 비유적으로 이르는 말. *두주(斗酒): =말술. 즉, 한 말 가량의 술. *불사(不辭): 사양(辭讓. 겸손하여 받지 않거나 응하지 아니함)하지 아니함.

두중-각-경(頭重脚輕 머리 **두**/무거울 **중**/다리 **각**/가벼울 **경**) 머리는 무겁고 다리는 가볍다는 뜻으로, 어지럽고 허전하여 쓰러짐. 또는 정신이 아찔하고 다리에 힘이 빠져 쓰러짐을 이르는 말. *두중(頭重): 머리가 무겁고 무엇으로 싼 듯한 느낌이 있는 증상.

두-한-족-열(頭寒足熱 머리 **두**/찰 **한**/발 **족**/더울 **열**) 머리는 차게 두고, 발은 덥게 하는 일을 일컫는 말. 이렇게 하면 건강에 좋다고 한다.

두-회-기렴(頭會箕斂 머리 **두**/모을 **회**/키 **기**/거둘 **렴**) (사람의) 머리에 (따라) 키[箕]로 모아서 거둔다. 즉, 사람의 수(數)에 따라 곡식을 내게 하여, 키[箕]로 쓸어 모으듯이 거두어들인다는 뜻으로, 세금을 가혹(苛酷. 매우 모질고 독함)하게 징수(徵收. 법규·法規의 규약·規約에 따라 세금이나 수수료 따위를 거두어들임)함을 비유적으로 이르는 말. ***기렴**(箕斂): 세금을 가혹하게 거두어들임. 🗓가렴(苛斂). ***키**: 부록 '기(箕)' 참고.

둔갑-장신(遁甲藏身 숨을 **둔**/갑옷 **갑**/감출 **장**/몸 **신**) 갑옷에 (몸을) 숨기거나 몸을 감춘다는 뜻으로, 남에게 보이지 않게 여러 가지 방법을 써서 몸을 마음대로 숨기거나 감추는 일을 이르는 말. ***둔갑**(遁甲): 술법(術法. 둔갑술, 축지법 따위의 방법이나 기술)을 써서 마음대로 자기 몸을 감추거나 다른 것으로 변하게 함. ***장신**(藏身): =잠신(潛身). 즉, 몸을 숨기고 나타내지 않음. ***갑옷**(甲~): 부록 '갑(甲)' 참고.

둔필-승-총(鈍筆勝聰 무딜 **둔**/붓 **필**/나을 **승**/총명할 **총**) 무딘 붓이라도 총명(聰明. 보고 들은 것에 대한 기억력이 좋음. 또는 영리하고 재주가 있음)함보다 낫다는 뜻으로, 둔필(鈍筆)의 기록(記錄)이 총명(聰明)한 기억(記憶)보다 나음을 비유적으로 이르는 말. 어떻게 하든지 기록은 오래 가지만, 기억은 그렇지 못하기 때문이다. 여기서, '재주'는 순우리말로, 무엇을 잘할 수 있는, 타고난 능력과 슬기. ***둔필**(鈍筆): ①굼뜨고 서투른 글씨. ②글이나 글씨 쓰기에 필적(筆跡. 글씨의 모양이나 솜씨)이 서투른 사람. ③자기의 글이나 글씨를 낮추어 이르는 말. ***무디다**: ①(끝이나 날이) 뭉툭하여 날카롭지 않다. ②느끼어 깨닫는 힘이 약하다. 여기서는 ①의 뜻.

득-롱-망촉(得隴望蜀 얻을 **득**/땅 이름 **롱**/바랄 **망**/나라 이름 **촉**) 농(隴)을 얻고 촉(蜀)을 바란다는 뜻으로, 사람의 욕심은 끝이 없는 것을 비유적으로 이르는 말. 또는 만족할 줄을 모르고 계속 욕심을 부리는 경우를 비유적으로 이르는 말. =평롱망촉(平隴望蜀). ***망촉**(望蜀): =득롱망촉(得隴望蜀). 《관련 속담》 말 타면 경마 잡히고 싶다. / 말 타면 종(을) 두고 싶다. / 바다는 메워도 사람 욕심은 못 메운다. 이 사자성어의 유래는 다음과 같다. 『후한서(後漢書)』의 「잠팽전(岑彭傳)」 편(篇)에 [(한나라 말년) 당시(當時. 일이 있었던 바로 그때. 또는 이야기하고 있는 그 시기)에 큰 세력으로는 광무제(光武帝. 중국 후한·後漢의 초대·初代 임금)인 유수(劉秀) 외에도 농서(隴西)의 외효(隗囂), 촉(蜀)나라의 공손술(公孫述)이 있었다. 농(隴)의 외효(隗囂)는 광무제(光武帝)인 유수(劉秀)와 촉(蜀)의 공손술(公孫述)을 놓고 가늠(목표나 기준에 맞고 안 맞음을 헤아려봄)을 하다가 큰아들 외순(隗恂)을 인질(人質. 어떤 일을 자기에게 유리하게 흥정하기 위하여 상대편 쪽의 사람을 자기 쪽에서 감금하는 일. 또는 감금당해 있는 사람)로 보내고, 광무제(光武帝)에게 귀복(歸伏. 반항심을 버리고 순종하여 항복함)했으나 얼마 후에 배반하고 촉(蜀)의 공손술(公孫述)에게 귀복(歸伏)하여 그의 신하가 되었다. (광무제는 인근 성들을 토벌하고 농서와 촉 지방만 복속 시키지 못하고 있었다.) (그래서) 광무제(光武帝)는 외효(隗囂)와 공손술(公孫述)을 토벌(討伐. 무력으로 쳐 없앰)하기로 결정하고, 먼저 잠팽(岑彭)을 보내 농(隴)부터 공략(攻略. 군대의 힘으로 적의 영토나 진지를 공격하여 빼앗음)하게 했다. 외효(隗囂)는 서성(西城. 땅 이름)으로 도망쳐 병사(病死. 병으로 죽음)했고, 그의 아들 외순(隗恂)이 항복함으로써 농(隴) 지방은 평정(平定. 반란이나 소요를 누르고 평온하게 진정함)되었다. 농(隴)이 평정(平定)되기 전, 광무제(光武帝)는 농(隴)을 공략(攻略. 군대의 힘으로 적의 영토나 진지를 공격하여 빼앗음)하고 있는 잠팽(岑彭)에게 농(隴)을 공략(攻略)한 다음 즉시 촉(蜀)으로 들어가라고 지시(指示)하는 서신(書信. 안부, 소식, 용무 따위를 적어 보내는 글)을 보냈는데, 거기에는 다음과 같은 내용도 들어 있다.]〈(농서 지방의) 두 성(城)이 함락되거든 곧 군사를 거느리고 남쪽으로 촉(蜀)나라 오랑캐를 쳐라. 사람들은 만족할 줄 모르는 것을 미워한다지만, 이제 농(隴)을 얻게 되니, 촉(蜀)을 바라게 되는구나.(勅彭書曰. 兩城若下, 便可將兵南擊蜀虜, 人苦不知

足, <u>旣平隴</u>, <u>復望蜀</u>.》[매번 군사를 출동시킬 때마다 머리가 희어진다.]라는 이야기가 나오는데, '이제 농(隴)을 얻게 되니, 촉(蜀)을 바라게 되는구나.(旣平隴, 復望蜀)'에서, '득롱망촉(得隴望蜀)'과 '평롱망촉(平隴望蜀)'이 유래했다. <u>여기서, '(농서 지방의) 두 성(城)이 함락되거든 곧 군사를 거느리고 남쪽으로 촉(蜀)나라 오랑캐를 쳐라.'라는 말은, 인간의 욕심은 끝이 없음을 비유</u>(比·譬喻. <u>어떤 사물의 모양이나 상태 따위를 보다 효과적으로 표현하기 위하여 그것과 비슷한 다른 사물에 빗대어 표현함. 또는 그 표현 방법</u>)하고 있다. 바다는 채워도 사람의 욕심은 채울 수 없다는 옛말을 음미(吟味. <u>사물의 내용이나 속뜻을 깊이 새기어 맛봄</u>)할 필요가 있다. '사람들은 만족할 줄 모르는 것을 미워한다지만'은, 사람들은 만족할 줄을 모르기 때문에 고통스러운 것임을 은연중(隱然中. <u>남이 모르는 동안</u>)에 말하고 있다. 광무제(光武帝)는 일종의 자기반성을 하고 있는 셈이다. '매번 군사를 출동시킬 때마다 머리가 희어진다.'는 말은, 광무제(光武帝)가 자기의 끝없는 욕심으로 인해 많은 군사들의 고통은 물론 마침내는 생명까지 잃게 될 것을 생각하면, 그때마다 머리털이 하나하나 희어지는 것만 같다는 미안함과 안타까운 심정을 말하는 것이다. 결국 농서(隴西) 지방을 얻고 나면 촉(蜀) 지방이 탐난다는 의미의 '득롱망촉(得隴望蜀)', '평롱망촉(平隴望蜀)'은, 만족을 모르는 인간의 속성을 드러내는 말이 되었다. 참고로 원문의 '勅彭書曰'에서, '勅'은 칙서(勅書. <u>임금이 특정인에게 훈계하거나 알릴 내용을 적은 글이나 문서</u>) '칙'으로 읽고, '彭'은 많을 '팽'으로 읽는다. 여기서는 사람 이름 '잠팽(岑彭)'을 가리킨다. '勅彭'을 직역(直譯)하면, '잠팽(岑彭)'에게 (보낸) 칙서(勅書). '書'는 글 '서', 편지 '서'로 읽는다. '勅彭書曰'을 직역(直譯)하면, '잠팽(岑彭)'에게 (보낸) 칙서(勅書)에 대한 편지에서 말하기를, 즉, 농(隴)이 평정(平定)되기 전에, 광무제(光武帝)는 농(隴)을 공략(攻略)하고 있는 잠팽(岑彭)에게 농(隴)을 공략(攻略)한 다음 즉시 촉(蜀)으로 들어가라고 지시하는 서신을 보냈는데 거기에는 다음과 같은 내용이 들어 있다는 뜻이다. '兩城若下'에서, '兩'은 두 '량(양)'으로 읽고, '城'은 성(城. <u>예전에, 적을 막기 위하여 흙이나 돌 따위로 높이 쌓아 만든 담. 또는 그런 담으로 둘러싼 구역</u>) '성'으로 읽는다. '若'은, 여기서는 만약 '약'으로 읽고, '下'는, 여기서는 항복할 '하'로 읽는다. '兩城若下'를 직역(直譯)하면, 만약 두 성(城)의 (사람들이) 항복하거든, '便可將兵南擊蜀虜'에서, '便'은 곧 '변', 당장 '변'으로 읽고, '可'는 가히(可~. '<u>능히', '넉넉히'의 뜻을 나타냄</u>) '가'로 읽고, '將'은 거느릴 '장', 인솔할 '장'으로 읽고, '兵'은 병사(兵士) '병'으로 읽고, '南'은 남녘 '남'으로 읽고, '擊'은 칠 '격'으로 읽고, '蜀'은 나라 이름 '촉'으로 읽고, '虜'는 오랑캐 '로(노)'로 읽는다. '便可將兵南擊蜀虜'를 직역(直譯)하면, 당장 가히 병사를 거느려 남쪽 촉나라 오랑캐를 칠 (수 있도록) 해라. '人苦不知足'에서, '人'은 사람 '인'으로 읽고, '苦'는 괴로울 '고'로 읽고, '不'은 아닐(<u>부정하는 말</u>) '부'로 읽고, '知'는 알 '지'로 읽고, '足'은 넉넉할 '족'으로 읽는다. '人苦不知足'을 직역(直譯)하면, 사람들은 넉넉함(<u>만족함</u>)을 알지 못하는 것을 괴롭게 (여기는데), '旣平隴'에서, '旣'는 이미(<u>돌이킬 수 없이 된 지난 일을 일컬을 때 쓰는 말</u>) '기'로 읽고, '平'은 여기서는 평정할(平定~) '평'으로 읽고, '隴'은 땅 이름 '롱(농)'으로 읽는다. '旣平隴'을 직역(直譯)하면, 이미 농(隴)을 평정하고, '復望蜀'에서, '復'는 다시 '부'로 읽고, '望'은 바랄 '망'으로 읽고, '蜀'은 나라 이름 '촉'으로 읽는다. '復望蜀'을 직역(直譯)하면, 다시 촉(蜀)을 바라는구나. 여기서, '得隴望蜀', '平隴望蜀'이 유래하였는데, 이것을 직역(直譯)하면, 농(隴)을 얻고 촉(蜀)을 바란다는 뜻으로, 사람의 욕심은 끝이 없는 것을 비유적으로 이르는 말. 또는 만족할 줄을 모르고 계속 욕심을 부리는 경우를 비유적으로 이르는 말. 후한(後漢)의 광무제(光武帝)가 농(隴) 지방을 평정(平定)

한 후에 다시 촉(蜀) 지방까지 원(願)하였다는 데에서 유래한다.

득-부-실-부(得斧失斧 얻을 **득**/도끼 **부**/잃을 **실**/도끼 **부**) 얻은 도끼나, 잃은 도끼나 (마찬가지라는) 뜻으로, 얻고 잃은 것이 같아서, 이익(利益)도 손해(損害)도 없음을 비유적으로 이르는 말. =득부상부(得斧喪斧). *도끼: 부록 '부(斧)' 참고.

득-소-실-다(得少失多 얻을 **득**/적을 **소**/잃을 **실**/많을 **다**) 얻은 (것은) 적고, 잃은 (것은) 많다는 뜻으로, 소득보다 손실이 크다는 것을 이르는 말.

득시-무-태(得時無怠 얻을 **득**/때 **시**/없을 **무**/게으를 **태**) 때를 얻으려면 게으름이 없어야 한다는 뜻으로, 좋은 때를 얻으려면 태만(怠慢. 열심히 하려는 마음이 없고 게으름)함이 없이 근면(勤勉. 부지런히 일하며 힘씀)함으로써 기회를 놓치지 말아야 함을 비유적으로 이르는 말. 세월은 사람을 기다리지 않으므로 좋은 때를 만나면 게으르지 않아야 한다는 의미다. *득시(得時): 좋은 때를 알맞게 만남.《관련 속담》떡 본 김에 굿한다(제사를 지낸다). / 세월은 사람을 기다려 주지 않는다. / 쇠는 단김에 벼려야 한다. 이 사자성어의 유래는 다음과 같다.『사기(史記)』의「이사열전(李斯列傳)」편(篇)에, [이사(李斯)는, 초(楚)나라의 상채(上蔡) 사람이다. 그는 젊을 때, 군(郡)에서 지위가 낮은 관리로 있었는데, 관청에 있는 측간(廁間. 뒷간. 변소)의 쥐들이 더러운 것을 먹다가, 사람이나 개가 가까이 가면, 자주 놀라서 무서워하는 꼴을 보았다. 그러나 이사(李斯)가 창고(倉庫) 안으로 들어가서, 창고(倉庫) 속의 쥐들을 보았더니, (창고·倉庫 안에) 쌓아놓은 곡식을 먹으며, 큰 집의 처마 밑에 살면서, 사람이나 개를 보아도 안중(眼中. 관심이나 의식의 범위 내)에 두지 않았다. 그래서 이사(李斯)는 이에 탄식을 하면서 말했다. "사람이 어질다거나 못났다고 하는 것을 비유(比·譬喩. 어떤 사물의 모양이나 상태 따위를 보다 효과적으로 표현하기 위하여 그것과 비슷한 다른 사물에 빗대어 표현함. 또는 그 표현. 방법)하자면 이런 쥐와 같아서, 자신이 처해 있는 환경에 달려 있을 뿐이구나." 이에 순경(荀卿)에게 달려가 천하(天下)를 다스리는 제왕(帝王. 황제와 국왕)의 기술(技術. 어떤 일을 정확하고 능률적으로 해내는 솜씨)을 배웠다. 여기서 '순경(荀卿)'은 '순자(荀子)'의 경칭(敬稱. 공경하는 뜻으로 부르는 칭호. 또는 존대하여 일컬음)이다. 학덕(學德)과 지위가 높은 남자의 경칭(敬稱)이다. '순자(荀子)'는 중국 전국시대(戰國時代) 후기의 철학자이다. 이름은 '순황(荀況)'이고, 경칭(敬稱)으로 '순경(荀卿)' 또는 '순경자(荀卿子)'라고도 한다. 조(趙)나라에서 태어나 초(楚)나라 때 사망한 것으로 알려져 있다. 성악설(性惡說)을 주장하였으며, 저서에『순자(荀子)』가 있다. 그는 공부를 마치자, 초(楚)나라 왕을 섬길만한 인물이 못 되고, 여섯 나라는 모두 약소(弱小. 약하고 작음)하여, 섬겨서 공(功)을 세울 만한 나라가 될 수 없다고 판단하여, 서쪽의 진(秦)나라로 들어가기로 하였다.]〈그는 스승인 순경(荀卿)에게 작별하면서, 이렇게 말했다. "저는 때를 얻으면 꾸물대지 말라는 말을 들었습니다. 지금은 만승(萬乘) 제후들이 바야흐로 서로 세력을 다투고 있는 때여서, 유세(遊說)를 하는 자(者)들이 정치를 도맡고 있습니다. 여기서, '만승(萬乘)'은 만대(萬臺)의 병거(兵車. 전쟁에 쓰는 수레)라는 뜻으로, 천자(天子) 또는 천자(天子)의 자리를 이르는 말이다. '천자(天子)'는 천제(天帝. 하늘을 다스리는 신. 또는 우주를 창조하고 주재한다고 믿어지는 초자연적인 절대자)의 아들이란 뜻으로, 천명(天命. 하늘의 명령)을 받아 천하(天下)를 다스리는 사람. 곧 중국에서 황제(皇帝)를 일컫던 말이다. 그리고 '만승(萬乘)'은 중국 주(周)나라 때에 천자(天子)가 병거(兵車) 일만 대(臺. 자동차나 비행기. 또는 기계 따위를 세는 단위)를 즈리[直隷] 지방에서 출동시켰던 데서 유래한다. 여기서 '승(乘)'은 수레를 세는 단위이다. 주(周)나라 때, 전시(戰時. 전쟁을 하고 있는 때)에 천자(天子)는 만승(萬乘)을, 제후(諸侯)는 천승(千乘)을 내도록 되어 있었다. 또 '만승(萬乘)'과 '천승(千乘)'은 부역(賦役. 국가나 공공 단체가 특정한 공익사업을 위하여 보수 없이 국민에게 의무적으로 책임을 지우는 노역·勞役을 이르는 말)에 동원할 수 있는 병력(兵力)의 규모를 나타내는 단위이기도 함. 지금 진(秦)나라 왕은 천하를 집어 삼키고, 제(帝)를 칭하며 다스리려고 합니다. 이것은 지위나 관직(官職. 관리로서, 국가로부터 위임 받은 일정한 범위의 직무. 또는 그 직위)이 없는 선비가 능력을 펼칠 때이며, 유세가(遊說家)의 시대가 온 것이라고 여겨집니다.(辭於荀卿. 曰. **斯聞得時無怠**. 今萬乘方爭時. 游者主事. 今秦王欲吞天下. 稱帝而 治. 此布衣馳騖之時. 而游說者之秋也)〉[(그의 말은 계속 이어진다.) 비천(卑賤. 신분이 낮고 천함)한 자리 에 있으면서, 아무런 계획도 세우지 않는 것은, 이것은 짐승이 고기를 보고도, 사람들이 자기를 쳐다본 다고 하여 억지로 참고 지나가는 것과 같습니다. 그러므로 가장 큰 부끄러움은 낮고 비천(卑賤)한 자리 에 있는 것이며, 가장 큰 슬픔은 경제적으로 궁핍한 것입니다. 오랫동안 비천(卑賤)한 자리에 있고, 곤궁한 처지에 있으면서, 세상의 (부귀를) 비난하고 영리(營利. 재산상의 이익을 얻으려고 활동하는 일. 또는 이윤을 추구하는 행위)를 미워하면서, 스스로 아무것도 하지 않는 것에 의탁(依託. 남에게 맡기어 부탁함)하는 것은, 이것은 선비로서의 뜻이 아니라고 여깁니다. 그러므로 저 이사(李斯)는 서쪽 진(秦)나라 왕에게 유세(遊說)하려고 합니다."]라는 이야기가 나오는 데, '저는 때를 얻으면 꾸물대지 말라는 말을 들었습니다.(斯聞得時無怠)'에서, '득시무태(得時無怠)'가 유래했다. 기회는 자주 오는 것이 아니기에, 때를 만나면 절대로 그 기회를 놓치지 말아야 한다는 뜻이다. 참고로, 원문의 '辭於荀卿'에서, '辭'는 말씀 '사'로 읽고, '於'는 어조사 '어'로 읽는다. '~에', '~에서(장소, 위치)'의 뜻을 나타냄. '荀'은 풀 이름 '순'으로 읽고, '卿'은 벼슬 '경'으로 읽는다. '荀卿'은 사람 이름. 순자(荀子)의 경칭(敬稱)이다. '辭於荀卿'을 직역(直譯)하면, (그는 스승인) 순경(荀卿)에게 (작별의) 말을 (하면서), '曰'은 일컬을 '왈'로 읽는다. '曰'을 직역(直譯)하면, 일컫기를. '斯聞得時無怠'에서, '斯'는 이(지시하는 말) '사'로 읽는다. '斯' 는 여기서는 이 이야기의 주인공인 '이사(李斯)'를 가리킴. '이사(李斯)'에 관해서는 (부록 2) '사자성어 출전 찾기' 『사기(史記)』 「이사열전(李斯列傳)」 참고할것. '聞'은 들을 '문'으로 읽고, '得'은 얻을 '득'으로 읽고, '時'는 때 '시'로 읽고, '無'는 없을 '무'로 읽고, '怠'는 게으를 '태'로 읽는다. '斯聞得時無怠'를 직역(直 譯)하면, 저 이사(李斯)는 때를 얻으려면 게으름이 없어야 (한다는 말을) 들었습니다. 즉. 저는 선생님으 로부터 때를 얻으면 놓치지 말라는 가르침을 들었습니다. 여기서 '득시무태(得時無怠)'가 유래하였는데, 이것을 직역(直譯)하면, 때를 얻으려면 게으름이 없어야 한다는 뜻으로, 좋은 때를 얻으려면 태만(怠慢. 열심히 하려는 마음이 없고 게으름)함이 없이 근면(勤勉. 부지런히 일하며 힘씀)함으로써 기회를 놓치지 말아야 함을 비유적으로 이르는 말이 되었다. '今萬乘方爭時'에서, '今'은 이제 '금', 지금 '금'으로 읽고, '萬'은 일만(一萬) '만'으로 읽고, '乘'은 수레 '승'으로 읽는다. '만승(萬乘)'은 일만 대의 병거(兵車. 전쟁에 쓰는 수레)라는 뜻으로, 천자(天子) 또는 천자(天子)의 자리를 이르는 말. '方'은 바야흐로 '방'으로 읽고, '爭'은 다툴 '쟁'으로 읽고, '時'는 때 '시'로 읽는다. '今萬乘方爭時'를 직역(直譯)하면, 지금은 만승(萬乘)의 (제후들이) 바야흐로 (서로 세력을) 다투고 (있는) 때여서, '游者主事'에서, '游'는 놀 '류(유)'로 읽는다. '遊'와 같은 글자다. 여기서는 '유세(遊說. 자기의 의견 또는 주장을 선전하며 돌아다님)'의 뜻이 강함. '者'는 사람 '자'로 읽고, '主'는 여기서는 주관(主管. 책임지고 맡아봄)할 '주'로 읽고, '事'는 일 '사'로 읽는다. '游者主事'를 직역(直譯)하면, 유세(遊說)를 (하는) 사람(者)들이 (정치에 관한) 일을 주관(主管)하고 (있습니다). '今秦王欲吞天下'에서, '秦'은 진(秦)나라 '진'으로 읽고, '王'은 임금 '왕'으로 읽고, '欲'은 하고자 할 '욕'으로 읽고, '吞'은 삼킬 '탄'으로 읽고, '天'은 하늘 '천'으로 읽고, '下'는 아래 '하로 읽는다. '今秦王欲吞天下'를 직역(直譯)하면, 지금 진(秦)나라의 임금('<u>진시황·秦始皇'을 가리킴</u>)은 천하를 삼키고 (<u>통일하고</u>), '稱帝而治'에서, '稱'은 일컬을 '칭'으로 읽고, '帝'는 임금 '제'로 읽고, '而'는 말 이을 '이'로 읽는다. '그리고'의 뜻을 나타냄. '治'는 다스릴 '치'로 읽는다. '稱帝而治'를 직역(直譯)하면, (자신을) 임금으로 일컬으며 그리고 (나라를) 다스리려고 (합니다). 즉, 진(秦)나라의 임금이 중국을 통일하여 스스로 시황제(始皇帝)라고 칭(稱)하려고 한다는 뜻이다. 여기서는, <u>진시황제(秦始皇帝, 진나라의 시황제라는 뜻)</u>를 염두에 두고 하는 말이다. '此布衣馳騖之時'에서, '此'는 이(<u>지시하는 말</u>) '차'로 읽고, '布'는 베 '포'로 읽고, '衣'는 옷 '의'로 읽는다. '布衣'는 베옷을 입고 있다는 뜻으로, 벼슬이 없는 선비를 비유적으로 이르는 말. 여기서는 이 이야기의 주인공인 '이사(李斯) 자기 자신'을 가리킴. '馳'는 베풀 '치'로 읽고, '騖'는 힘쓸 '무'로 읽고, '之'는 어조사 '지'로 읽는다. '~의(<u>관형격 조사</u>)'의 뜻을 나타냄. '時'는 때 '시'로 읽는다. '此布衣馳騖之時'를 직역(直譯)하면, 이것(<u>이러한 일</u>)은 벼슬이 없는 선비가 (능력을) 베풀고 힘써 (펼칠) 때이며, '而游說者之秋也'에서, '說'는 유세(遊說)할 '세', 달랠 '세'로 읽고, '者'는 사람 '자'로 읽고, '秋'는 여기서는 때 '추', 시기(時期) '추'로 읽고, '也'는 어조사 '야'로 읽는다. '~이다(<u>단정</u>)'의 뜻을 나타냄. '而游說者之秋也'를 직역(直譯)하면, 그리고 유세(遊說)하는 사람의 때입니다. 즉, '득시무태(得時無怠)'라는 말이 있듯이, 지금은 '이사(李斯) 자기 자신'이 유세(遊說)할 시기이니, 유세(遊說)할 기회가 왔을 때 잡아야 한다는 뜻이 내포(內包, <u>내부에 포함되어 있음</u>)되어 있다. 우리는 같은 시대를 살아가더라도 '득시무태(得時無怠)'를 잘 이해하고 있는 사람만이 새로운 기회를 잡을 수 있다. 좋은 때는 그냥 오는 것이 아니다. 스스로 그 때를 만들어야 한다. 그 준비과정은 힘들 수도 있지만, 견디고 이겨내면 좋은 때를 잡을 수 있다. 그리고 좋은 때를 얻으면 게으르지 않는 것이 정말 중요하다. 그 때가 왔을 때 게으름 때문에 아까운 기회를 놓치지 않도록 매사에 최선의 노력을 다하는 습관을 길러야 한다. 이것이 '득시무태(得時無怠)'가 우리에게 주는 교훈(敎訓, <u>앞으로의 행동이나 생활에 침이 될 만한 것을 가르치는 일, 또는 그런 가르침</u>)이다.

득실-상반(得失相半 얻을 **득**/잃을 **실**/서로 **상**/반 **반**) 얻은 (것과) 잃은 (것은) 서로 반(半)이라는 뜻으로, 이익(利益)과 손해(損害)가 서로 엇비슷함을 이르는 말. 또는 얻은 것이나 잃은 것이나 반반(半半)이라는 뜻으로, 이로움과 해로움이 서로 같음을 이르는 말. *득실(得失): ①얻음과 잃음. ②이익과 손해. ③성공과 실패. ④장점과 단점. *상반(相半): 서로 반반임. 또는 서로 어금지금함.

득-어-망-전(得魚忘筌 얻을 **득**/물고기 **어**/잊을 **망**/통발 **전**) 물고기를 얻으면(잡고 나면) (쓰던) 통발(筌~)을 잊는다는 뜻으로, 바라던 바를 이루고 나면 그 목적을 달성하기 위해서 썼던 수단을 잊어버리는 것을 비유적으로 이르는 말.(긍정적 의미) 또는 어떤 목적이 달성되면 그동안 도움이 된 것을 까맣게 잊고, 그 은혜(恩惠)에 보답(報答)하는 일조차 잊는다는 것을 비유적으로 이르는 말.(부정적 의미) *통발(筌~): 부록 '전(筌)' 참고. 《관련 속담》 꿩 떨어진 매. 이 사자성어의 유래는 다음과 같다. 『장자(莊子)·잡편(雜篇)』의 「외물(外物)」 편(篇)에 〈통발은 물고기를 잡는데 필요한 것인데, 물고기를 잡고 나면 곧 통발을 잊어버린다. 올가미는 토끼를 잡기 위한 것인데, 토끼를 잡고 나면 올가미를 잊어버린다. 말이란 생각을 전하기 위한 것인데, 생각을 전하고 나면 곧 말을 잊어버린다. 내가 어찌 이렇게 말을 잊은 사람을 만나 그와 더불어 말을 할 수 있겠는가? (筌者所以在魚, **得魚而忘筌**, 蹄者所以在兎, 得兎而忘蹄, 言者所以在意, 得意而忘言, 吾安得夫忘言之人而與之言哉.)〉라는 이야기가 나오는데, '물고기를 잡고 나면 곧 통발을 잊어버린다.(得魚而忘筌)'에서, '득어망전(得魚忘筌)'이 유래했다. 참고로, 원문의 '筌者所以在魚'에서, '筌'은 통발 '전'으로 읽고, '者'는 것(사물, 현상, 일 따위를 추상적으로 이르는 말) '자'로 읽고, '所'는 바(앞에서 말한 내용 그 자체나 일 따위를 나타내는 말) '소'로 읽고, '以'는 써(그것을 가지고, 그것으로 인하여) '이'로 읽는다. '所以'는 어떤 행위를 하게 된 까닭. '在'는 있을 '재'로 읽고, '魚'는 물고기 '어'로 읽는다. '筌者所以在魚'를 직역(直譯)하면, 통발이라는 것은 물고기를 (잡는 데에) 존재하는 까닭이니, '得魚而忘筌'에서, '得'은 얻을 '득'으로 읽고, '而'는 말 이을 '이'로 읽는다. '그리고'의 뜻을 나타냄. '忘'은 잊을 '망'으로 읽는다. 여기서 '得魚忘筌'이 유래하였는데, 이것을 직역(直譯)하면, 물고기를 얻으면(잡고 나면) (쓰던) 통발(筒~)을 잊는다는 뜻으로, 바라던 바를 이루고 나면 그 목적을 달성하기 위해서 썼던 수단을 잊어버리는 것을 비유적으로 이르는 말. 또는 어떤 목적이 달성되면 그동안 도움이 된 것을 까맣게 잊고, 그 은혜(恩惠)에 보답(報答)하는 일조차 잊는다는 것을 비유적으로 이르는 말. '蹄者所以在兎'에서, '蹄'는 올가미(새끼나 노 따위로 옭아서 고를 내어 짐승을 잡는 장치) '제'로 읽고, '兎'는 토끼 '토'로 읽는다. '蹄者所以在兎'를 직역(直譯)하면, 올가미라고 하는 것은 토끼를 (잡는 데에) 존재하는 까닭이니, '得兎而忘蹄'에서, '得兎而忘蹄'를 직역(直譯)하면, 토끼를 얻으면 그리고 올가미를 잊는다(잊어버린다). '言者所以在意'에서, '言'은 말씀 '언'으로 읽는다. '言者'를 직역(直譯)하면, 말이라는 것. '意'는 뜻 '의'로 읽는다. '言者所以在意'를 직역(直譯)하면, 말이라는 것은 뜻을 (나타내기 위해서) 존재하는 까닭이니, '得意而忘言'에서, '得意'는 뜻을 이룸. '得意而忘言'을 직역(直譯)하면, 뜻을 이루면 그리고 말하는 것을 잊는다(잊어버린다). '吾安得夫忘言之人而與之言哉'에서, '吾'는 나(1인칭 대명사) '오'로 읽고, '安'은 어찌 '안'으로 읽는다. 부정의 뜻을 나타냄. '夫'는 어조사 '부'로 읽는다. 문장의 중간이나 끝에 놓여 감탄 또는 의문을 표시함. '忘言之人'은 말을 잊은 사람. '吾安得夫忘言之人'을 직역(直譯)하면, 내가 어찌 말을 잊은 사람을 얻어(만나). '與'는 더불어 '여'로 읽고, '之'는 어조사 '지'로 읽는다. '그것'을 나타내는 지시 대명사. '哉'는 어조사 '재'로 읽는다. '~일 것인가?(반문)'의 뜻을 나타냄. '吾安得夫忘言之人而與之言哉'를 직역(直譯)하면, 내가 어찌 말을 잊은 사람을 얻어(만나) 그리고 그것(그 사람)과 더불어 말할 것인가? 여기서, 망전(忘筌), 망제(忘蹄), 망언(忘言) 따위는 모두 시비(是非)와 선악(善惡)을 초월한 절대 경지를 말한다. 또한 이 말들은 수단과 과정에 대한 미련이나 집착을 버리라는 말이다. 장자(莊子)가 생각하기를, 강을 건너고 나면 배는 필요 없다는 입장이다. 강을 건너고도 배에 연연(戀戀, 집착하여 미련을 가짐)하는 것은 부질없는 짓이다. 깨달음을 얻고도 성인(聖人. 지혜와 덕이 매우 뛰어나 길이 우러러 본받을 만한 사람)의 이름이나 경전(經典, 영원히 변치 않는 법식과 도리를 적은 서적이라는 뜻으로, 성인·聖人의 가르침이나 행실, 또는 종교의 교리를 적은 책)의 자구(字句, 문자와 어구)에 연연(戀戀)하는 것은 지엽말단(枝葉末端, 글자 그대로 사물 혹은 사안의 본체나 핵심이 아닌, 나무의 가지나 잎사귀처럼 끄트머리에 붙어 있는 것을 일컫는 말)에 얽매인 태도라는 것이다. 본질(本質)을 얻었는데 외피(外皮, 겉으로 드러난 껍질. 또는 겉을 싸고 있는 가죽)가 무슨 소용이랴. 목표를 달성했으면 수단은 잊어야 한다. 나아가 목표를 성취했다는 사실마저도 잊어야 진정한 절대 경지에

<u>이르렀다고 할 수 있다 (긍정적 의미)</u>

득의-만만(得意滿滿 얻을 **득**/뜻 **의**/가득할 **만**/가득할 **만**) 뜻을 얻어 가득하고 가득하다는 뜻으로, 뜻한 것을 이루어 뽐내는 기색(氣色. <u>마음의 작용으로 얼굴에 드러나는 빛</u>)이 가득함을 이르는 말. *득의(得意): 일이 뜻대로 이루어져 만족해하거나 뽐냄. *만만(滿滿): 넘칠 정도로 가득함. 또는 부족함이 없이 넉넉함.

득의-만면(得意滿面 얻을 **득**/뜻 **의**/가득할 **만**/얼굴 **면**) 뜻을 얻어 얼굴에 가득하다는 뜻으로, 일이 뜻대로 이루어져, 기쁜 표정이 얼굴에 가득함을 이르는 말. *득의(得意): ☞득의만만(得意滿滿). *만면(滿面): 온 얼굴.

득의-양양(得意揚揚 얻을 **득**/뜻 **의**/드러낼 **양**/드러낼 **양**) 뜻을 얻어 드러내고 드러낸다는 뜻으로, 뜻한 바를 이루어 우쭐거리며 뽐냄. 또는 그 모양을 이르는 말. 비 의기양양(意氣揚揚). *득의(得意): ☞득의만만(得意滿滿). *양양(揚揚): 목적한 일을 이루거나 이름을 드날리게 되어 만족한 빛을 나타내는 면이 있음.

득의-지-추(得意之秋 얻을 **득**/뜻 **의**/어조사 **지**/때 **추**) 뜻을 얻을 때(<u>시기</u>)라는 뜻으로, 바라던 일이 뜻대로 이루어졌거나 이루어질 좋은 기회를 이르는 말. *득의(得意): ☞득의만만(得意滿滿). *때: 좋은 기회나 알맞은 시기.

득-일-망-십(得一忘十 얻을 **득**/한 **일**/잊을 **망**/열 **십**) 하나를 얻으면 열을 잊는다. 즉, 한 가지 일을 얻으면(<u>알면</u>), 다른 열 가지 일을 잊어버린다는 뜻으로, 기억력(記憶力)이 좋지 못함을 비유적으로 이르는 말.

등고-자비(登高自卑 오를 **등**/높을 **고**/부터 **자**/낮을 **비**) 낮은 곳부터 높이 오른다. 즉, 높은 곳에 오르려면 낮은 곳에서부터 오른다는 뜻으로, 모든 일에는 순서대로 하여야 함을 비유적으로 이르는 말. 즉, 일을 잘하기 위해서는 반드시 순서를 밟아야 함을 이르는 말. 또는 지위가 높아질수록 자신을 낮춤을 비유적으로 이르는 말. *등고(登高): =등척(登陟). 곧, 높은 데 오름. *자비(自卑): ①스스로 자신을 낮춤. ②낮은 곳에서부터 시작함. *부터: 체언이나 부사어에 붙어, '동작이 비롯되는 처음'의 뜻을 나타내는 보조사. 《관련 속담》 느릿느릿 걸어도 황소걸음. / 천 리 길도 첫 걸음으로 시작된다. / 천 리 길도 한 걸음부터. / 천 리 길도 한 걸음씩 걸어서 가 닿는다. 이 사자성어의 유래는 다음과 같다. 『중용(中庸)』「제15장(章)」편(篇)에 〈군자(君子. <u>학문과 덕·德이 높고 행실·行實이 바르며 품위·品位를 갖춘 사람</u>)의 도(道)란, 이를테면 먼 곳을 가는데 반드시 가까운 곳부터 시작해야 하는 것과 같으며, 높은 곳에 올라가는데 반드시 낮은 곳에서부터 시작되어야 하는 것과 같다.(君子之道, 辟如行遠, 必自邇, <u>辟如登高, 必自卑.</u>)〉라는 이야기가 나오는데, '높은 곳에 올라가는데 반드시 낮은 곳에서부터 시작되어야 하는 것과 같다.(辟如登高, 必自卑)'에서, '등고자비(登高自卑)'가 유래했다. 참고로, 원문의 '君子之道'에서, '君'은 군자(君子) '군'으로 읽고, '子'는 경칭(敬稱. <u>공경하는 뜻으로 부르는 칭호. 또는 존대하여 일컬음</u>) '자'로 읽는다. 학덕(學德)과 지위가 높은 남자의 경칭(敬稱)이다. '君子'는 학문과 덕(德. <u>고매하고 너그러운 도덕적 품성</u>)이 높고 행실이 바르며 품위를 갖춘 사람. '之'는 어조사 '지'로 읽는다. '~의'를 나타내는 관형격 조사. '道'는 도리(道理. <u>사람이 마땅히 지켜야 할 바른 길</u>) '도', 이치 '도'로 읽는다. '君子之道'를 직역(直譯)하면, 군자(君子)의 도(道. <u>마땅히 지켜야 할 도리</u>)는, '辟如行遠'에서, '辟'는 비유(比·譬喩. <u>어떤 사물의 모양이나 상태 따위를 보다 효과적으로 표현하기 위하여 그것과 비슷한 다른 사물에 빗대어 표현함. 또는 그 표현 방법</u>)할 '비'로 읽는다. '비(譬)'와 같은 글자. '如'는 같을 '여'로 읽고, '行'은 길 갈 '행'으로 읽고, '遠'은 멀 '원'으로 읽는다. '辟如行遠'을 직역(直譯)하면, 비유하자면 멀리 길을 가는 것과 같아, '必自邇'에서, '必'은 반드시 '필'로 읽고, '自'는 부터(체언이나 부사어에 붙어, '동작이 비롯되는 처음'의 뜻을 나타내는 보조사) '자'로 읽고, '邇'는 가까울 '이'로 읽는다. '必自邇'를 직역(直譯)하면, 반드시 가까운 (곳에서)부터 (해야 하며), 여기서 '행원자이(行遠自邇)'가 유래하였는데, 멀리 갈 (때는) 가까운 (곳)부터. 즉, '먼 곳을 가려면 반드시 가까운 곳부터'라는 뜻으로, 천 리 길도 한 걸음부터 시작함을 비유적으로 이르는 말. '辟如登高'에서, '登'은 오를 '등'으로 읽고, '高'는 높을 '고'로 읽는다. '登高'는 높은 데에 오름. '辟如登高'를 직역(直譯)하면, 비유하자면 높은 데에 오르는 것과 같아, '必自卑'에서, '卑'는 낮을 '비'로 읽는다. '必自卑'를 직역(直譯)하면, 반드시 낮은 곳에서부터 (해야 한다). 여기서, '登高自卑'가 유래하였는데, 이것을 직역(直譯)하면 낮은 곳부터 높이 오른다. 즉, 높은 곳에 오르려면 낮은 곳에서부터 오른다는 뜻으로, 모든 일에는 순서대로 하여야 함을 비유적으로 이르는 말. 즉, 일을 잘하기 위해서는 반드시 순서를 밟아야 함을 이르는 말.

등루-거-제(登樓去梯 오를 등/다락 루/물리칠 거/사닥다리 제) 다락에 오르게 하고 사닥다리를 물리친다(치운다)는 뜻으로, 사람을 꾀어서 어려운 처지에 빠지게 함을 비유적으로 이르는 말. *등루(登樓): ①누각에 오름. ②창루(娼樓), 즉, 창기(娼妓. 전에, 몸을 팔던 천한 기생)를 두고 영업하는 집. 또는 창기(娼妓)와 노는 집에 놀러 감. *다락: 부록 '루(樓)' 참고. *물리치다: ①거절하여 받지 아니하다. ②적을 쳐서 물러나게 하다. *사닥다리: 부록 '제(梯)' 참고. 《관련 속담》나무에 오르라 하고 흔드는 격.

등산-임-수(登山臨水 오를 등/뫼 산/다다를 임/물 수) 뫼('산'의 옛말)에 오르기도 하고 물에 다다르기도(가기도) 한다는 뜻으로, 명산대천(名山大川. 본문 참고)이나 명승지(名勝地. 경치 좋기로 이름난 곳)를 유람(遊覽. 구경하며 돌아다님)함을 이르는 말. *등산(登山): 산에 오름. ↔하산(下山). *다다르다: ①목적한 곳에 이르러 닿다. ②어떤 기준에 이르러 미치다.

등-태-소-천(登泰小天 오를 등/산 이름 태/작을 소/하늘 천) (태산이라는) 산에 오르면 하늘이 작다. 즉, 태산(泰山)에 오르면 천하(天下)가 조그맣게 보인다는 뜻으로, 사람은 그가 있는 위치에 따라 보는 눈이 달라짐을 비유적으로 이르는 말. 또는 진리를 깨친 사람은 그만큼 사고(思考)의 폭이 넓어져 세상을 인식하는 방식도 다르다는 것을 비유적으로 표현한 말이기도 하다. 이 말은 원래는 인격을 닦고 학문을 하는 태도를 가리켰는데, 후에는 그 뜻이 변하여 자기가 서 있는 위치에 따라 보는 눈이 달라진다는 데까지 그 뜻이 확대되었다. 이 사자성어의 유래는 다음과 같다. 『맹자(孟子)』의 「진심(盡心) 장구(章句)」 상(上) 편(篇)에 《(중국 춘추시대의 사상가이며 학자인) 공자(孔子)께서 동산(東山)에 올라가서는 노(魯)나라가 작다는 것을 느꼈고, 태산(泰山)에 올라가서는 천하(天下)가 작다는 것을 느꼈다. 그러므로 바다를 본 사람에게 물을 말하기 어려우며, 성인(聖人. 지혜와 덕이 매우 뛰어나 길이 우러러 본받을 만한 사람)의 문하(門下. 여기서는 문하생·門下生이 드나드는 권세·權勢 있는 집)에서 노닌 사람에게는 학문을 말하기가 어렵다. …… 군자(君子. 학문과 덕·德이 높고 행실·行實이 바르며 품위·品位를 갖춘 사람)는 도(道)에 뜻을 둘 때 (학문을 쌓은 바가 두터워) 문채(文彩·采. 문장의 멋)가 드러나지 않으면 통달했다고 할 수 없다.(孔子登東山而小魯, 登泰山而小天下. 故觀於海者難爲水, 遊於聖人之門者難爲言, …… 君子之志於道也, 不成章不達.)》라는 이야기가 나오는데, '태산(泰山)에 올라가서는 천하(天下)가 작다는 것을 느꼈다.(登泰山而小天下)'에서, '등태소천(登泰小天)'이 유래했다. 이 이야기는 맹자(孟子)가 공자(孔子)의 가르침을 직접 받을 수 없었던 안타까운 심정을 표현한 말이다. 여기서 '맹자(孟子)'는 중국 전국시대(戰國時代)의 사상가의 한 사람이다. 성선설(性善說)을 주장하고 인의(仁義)의 정치를 권하였다. 높은 산에 올라야 세상을 조감(鳥瞰. 높은 곳에서 아래를 비스듬히 내려다봄)할 수 있듯이, 직접 공자(孔子)로부터 가르침을 받을 수 있다면 그의 학문을 좀 더 잘 이해할 수 있었으리라는 뜻이 담겨 있다. 그런데 '바다를 본 사람에게 물을 말하기 어려우며, 성인(聖人)의 문하(門下)에서 노닌 사람에게는 학문을 말하기가 어렵다.'의 구절이 의미하는 것은 이렇다. 바다를 본 사람이나 성인(聖人)의 문하(門下)에 노닌 사람은 진리를 깨친 사람을 뜻하고, 물을 말하기 어렵다거나 학문을 말하기 어렵다는 것은 세상을 인식하는 방법이 다르기 때문에 어렵다는 것이다. 또 '문채(文彩·采. 문장의 멋)가 드러나지 않으면 통달했다고 할 수 없다.'라는 구절이 의미하는 것은 이렇다. 문채(文彩·采)가 드러나야만 진리를 깨친 사람이라고 말할 수 있다는 말이다. 참고로, 원문의 '孔子登東山而小魯'에서, '孔'은 성씨(姓氏) '공'으로 읽고, '子'는 경칭(敬稱. 공경하는 뜻으로 부르는 칭호. 또는 존대하여 일컬음) '자'로 읽는다. 학덕(學德)과 지위가 높은 남자의 경칭(敬稱)이다. '孔子'는 사람 이름. '登'은 오를 '등'으로 읽고, '東'은 동녘 '동'으로 읽고, '山'은 뫼('산'의 옛말) '산'으로 읽는다. '東山'은 산 이름. '而'는 말 이을 '이'로 읽는다. '그리고'의 뜻을 나타냄. '小'는 작을 '소'로 읽고, '魯'는 노(魯)나라 '로(노)'로 읽는다. '孔子登東山而小魯'을 직역(直譯)하면, 공자(孔子)께서 동산(東山)에 올라가서 그리고 노(魯)나라가 작다는 것을 (느꼈고), '登泰山而小天下'에서, '泰'는 산 이름 '태'로 읽는다. 어떤 자료에는 '太'로 표기되어 있다. '泰山'은 산 이름. '天'은 하늘 '천'으로 읽고, '下'는 아래 '하'로 읽는다. '天下'는 하늘 아래 온 세상. '登泰山而小天下'를 직역(直譯)하면, 태산(泰山)에 올라가서 그리고 천하(天下)가 작다는 것을 (느꼈다). 여기서, '登泰小天'이 유래하였는데, 이것을 직역(直譯)하면, (태산이라 는) 산에 오르면 하늘이 작다. 즉, 태산(泰山)에 오르면 천하(天下)가 조그맣게 보인다는 뜻으로, 사람은 그가 있는 위치에 따라 보는 눈이 달라짐을 비유적으로 이르는 말. 또는 진리를 깨친 사람은 그만큼 사고(思考)의 폭이 넓어져 세상을 인식하는 방식도 다르다는 것을 비유적으로 표현한 말이기도 하다. 이 말은 원래는 인격을 닦고 학문을 하는 태도를 가리켰는데, 후에는 그 뜻이 변하여 자기가 서 있는 위치에 따라 보는 눈이 달라진다는 데까지 그 뜻이 확대되었다. '故觀於海者難爲水'에서, '故'는 그러므로 '고'로 읽고, '觀'은 볼 '관'으로 읽고, '於'는 어조사 '어'로 읽는다. '~을', '~를(목적격 조사)'의 뜻을 나타냄. '海'는 바다 '해'로 읽고, '者' 사람 '자'로 읽고, '難'은 어려울 '난'으로 읽고, '爲'는, 여기서는 생각할 '위'로 읽고, '水'는 물 '수'로 읽는다. '故觀於海者難爲水'을 직역(直譯)하면, 그러므로 바다를 본 사람에게 물에 (대해서) 생각하는 것은 어렵고, '遊於聖人之門者難爲言'에서, '遊'는 놀 '유', 즐길 '유'로 읽고, '於'는 어조사 '어'로 읽는다. '~에서', '~에게서(위치)'의 뜻을 나타냄. '聖'은 성인(聖人. 지혜와 덕이 매우 뛰어나 길이 우러러 본받을 만한 사람) '성'으로 읽고, '人'은 사람 '인'으로 읽는다. '聖人'은 지혜와 덕(德. 고매하고 너그러운 도덕적 품성)이 매우 뛰어나 길이 우러러 본받을 만한 사람. '之'는 어조사 '지'로 읽는다. 여기서는 '~의'를 나타내는 관형격 조사. '門'은 문(門) '문', 동문(同門. 같은 학교에서 수학하였거나 같은 스승에게서 배운 사람) '문'으로 읽는다. 여기서는 '문하(門下. 가르침을 받는 스승의 아래. 또는 가르침을 받는 스승의 아래에서 배우는 제자)'를 가리킴. '爲'는 할 '위'로 읽고, '言'은 말씀 '언'으로 읽는다. '遊於聖人之門者難爲言' 을 직역(直譯)하면, 성인(聖人)의 문하(門下)에서 노니는 사람은 (학문을) 말하기가 어렵다. '君子之志於道也' 에서, '君'은 군자(君子) '군'으로 읽고, '子'는 경칭(敬稱. 공경하는 뜻으로 부르는 칭호. 또는 존대하여 일컬음) ‘자’로 읽는다. 학덕(學德)과 지위가 높은 남자의 경칭(敬稱)이다. ‘君子’는 행실이 점잖고 어질며, 덕(德)과 학식이 높은 사람. ‘之’는 어조사 ‘지’로 읽는다. 여기서는 ‘~을’, ‘~를(목적격 조사)’의 뜻을 나타냄. ‘志’는 뜻 ‘지’로 읽고, ‘道’는 도리(道理. 사람이 마땅히 지켜야 할 바른 길) ‘도’, 이치(理致) ‘도’로 읽는다. 여기서는 종교상의 근본이 되는 뜻. 또는 깊이 깨달은 지경(地境. 어떤 처지나 형편을 이르는 말)을 일컬음. ‘也’는 어조사 ‘야’로 읽는다. ‘~이다(단정)’의 뜻을 나타냄. ‘君子之志於道也’를 직역(直譯)하면, 군자(君子)는 도(道)에 뜻을 (둘 때), ‘不成章不達’에서, ‘不’은 아닐 ‘불’로 읽고, ‘成’은 이룰 ‘성’으로 읽고, ‘章’은 문채(文彩・采. 문장의 멋) ‘장’으로 읽고, ‘達’은 통달(通達. 사물의 이치나 지식, 기술 따위를 훤히 알거나 아주 능란하게 함)할 ‘달’로 읽는다. ‘不成章不達’을 직역(直譯)하면, 문채文彩・采)를 이루지 않으면 통달(通達)했다고 (할 수) 없다.

등하-불명(燈下不明 등잔 **등**/아래 **하**/아닐 **불**/밝을 **명**) 등잔(燈盞) 아래가 (오히려) 밝지 아니한다. 즉, 등잔 밑이 어둡다는 뜻으로, 가까이에 있는 물건이나 사람을 잘 찾지 못함을 비유적으로 이르는 말. 또는 가까이에서 생긴 일을 오히려 더 모를 수도 있음을 이르는 말. *등하(燈下): 등불 아래. 또는 등잔 밑. *불명(不明): ①분명하지 않음. 또는 잘 알 수 없음. =불분명(不分明). ②사리(事理)에 어두움. *등잔(燈盞): 부록 ‘등(燈)’ 참고. 《관련 속담》 등잔 밑이 어둡다. / 업은 아이 삼 년 찾는다.

등화-가-친(燈火可親 등잔 **등**/불 **화**/가히 **가**/친할 **친**) 등잔(燈盞)의 불은 가(可)히 친(親)할 만하다. 즉, 춥지도 덥지도 않은 가을밤은, 등불을 가까이할 만하다는 뜻으로, ①서늘한 가을밤은 등불을 가까이하여 글 읽기에 좋음을 이르는 말. ②가을철을 이르는 말. *등화(燈火): 등(燈)이나 등잔(燈盞)에 켜진 불. =등불. 등잔불. *등잔(燈盞): 부록 ‘등(燈)’ 참고. *가히(可~): ‘능히’. ‘넉넉히’의 뜻. *친하다(親~): 부록 ‘친(親)’ 참고.

등활-지옥(等活地獄 같을 **등**/살 **활**/땅 **지**/감옥 **옥**) 같이 사는 땅의 감옥(監獄). 즉, 지옥(地獄)에 사는 것과 같다는 뜻으로, 살생(殺生. 불교에서 십악·十惡의 하나. 생물을 죽이는 일을 일컬음)의 죄를 지은 자(者)가 가게 된다는 지옥으로, 갖은 형벌(刑罰)로 죽었다가 찬바람이 불면 살아나, 다시 같은 형벌(刑罰)을 받으므로 고통이 끝없는 지옥(地獄)임을 이르는 말. 불교에서 이르는 팔열지옥(八熱地獄)의 하나이다. 여기서, ‘팔열지옥(八熱地獄)’은 불교에서 이르는 말로, 매우 뜨거운 불길로 고통을 받는 여덟 지옥. 즉, 등활지옥(等活地獄), 흑승지옥(黑繩地獄), 중합지옥(衆合地獄), 규환지옥(叫喚地獄), 대규환지옥(大叫喚地獄), 초열지옥(焦熱地獄), 대초열지옥(大焦熱地獄), 무간지옥(無間地獄) 따위를 일컫는다. =8대지옥. *등활(等活): =등활지옥(等活地獄). *지옥(地獄): ①불교에서, 이승(지금 살고 있는 이 세상)에서 악업(惡業)을 지은 사람이 죽어서 간다고 하는, 온갖 고통으로 가득 찬 세계. ↔극락(極樂). 여기서, ‘악업(惡業)’은 불교에서 이르는, 고과(苦果. 불교에서, 고뇌를 받는 과보·果報. 또는 악업·惡業의 과보·果報로 받는 고뇌. 여기서, ‘과보·果報’는 인과응보·因果應報의 준말)를 가져오는 원인이 되는 나쁜 짓 또는 전생(前生. 이 세상에 태어나기 전의 세상)의 나쁜 짓. ↔선업(善業). ②못 견딜 만큼 괴롭고 참담한 형편이나 환경을 비유적으로 이르는 말. *감옥(監獄): 죄인(罪人)을 가두어 두는 곳. 한때 ‘형무소(刑務所)’라고 부르다가 현재 ‘교도소(矯導所)’로 고쳤다.

마각-노출(馬脚露出 말 **마**/다리 **각**/드러날 **노**/날 **출**) 말[馬]의 다리가 드러나 나온다는 뜻으로, 숨기려던 일이나 정체(正體. 본디의 참 모습)가 저도 모르는 사이에 드러남을 비유적으로 이르는 말. *마각(馬脚): 말의 다리. *노출(露出): 겉으로 드러남. 또는 드러냄. *드러나다: ①(가려져 안 보이던 것이) 나타나 보이게 되다. ②(알려지지 않던 것이) 알려지게 되다.

마고-소양(麻姑搔痒·癢 삼 **마**/시어미 **고**/긁을 **소**/가려울 **양**) 마고할미가 (긴 손톱으로) 가려운 (데를) 긁는다. 즉, 마고(麻姑) 할머니가 가려운 데 긁어주듯 한다는 뜻으로, 바라던 일이 뜻대로 잘됨을 비유적으로 이르는 말. 참 마고파양(麻姑爬痒·癢) *마고(麻姑): ①=마고할미. 긴 손톱을 가진 선녀(仙女). 또는 중국의 전설(傳說)에 나오는 신선(神仙) 할미(神仙~)를 이르는 말. 새의 발톱같이 긴 손톱을 가지고 있다고 한다. 여기서, '신선(神仙)'은 도(道)를 닦아서 현실의 인간 세계를 떠나 자연과 벗하며 산다는 상상(想像)의 사람을 이르는 말. 세속적(世俗的. 세속의 범주를 벗어나지 못한 것)인 상식(常識)에 구애(拘碍)되지 않고, 고통이나 질병도 없으며 죽지 않는다고 함. ②노파(老婆. 늙은 여자)를 달리 이르는 말. *소양(搔痒·癢): 가려운 데를 긁음. *삼: 부록 '마(麻)' 참고. *시어미: 부록 '고(姑)' 참고. 이 사자성어의 유래는 다음과 같다. 『신선전(神仙傳)』 「마고(麻姑)」 편(篇)에 [한(漢)나라 환제(桓帝) 때, 자(字. 본이름을 함부로 부르지 않던 시대에, 본이름 대신 부르던 이름)가 방평(方平)이며 신선(神仙. 도·道를 닦아서 현실의 인간 세계를 떠나 자연과 벗하며 산다는 상상·想像의 사람을 이르는 말. 세속적·世俗的인 상식·常識에 구애·拘碍되지 않고, 고통이나 질병도 없으며 죽지 않는다고 함)인 왕원(王遠)이 채경(蔡經)의 집에 강림(降臨. 신령과 부처가 인간 세상에 내려옴)했다. …… (방평은) 채경(蔡經)의 부모, 형제와 서로 인사한 후, 오랫동안 홀로 앉아 있다가 사람을 시켜 (마고를) 오게 했다.]〈……또한 마고(麻姑)의 손톱은 사람의 손톱과 다르게 생겼다. 채경(蔡經)은 마음속으로 이렇게 중얼거렸다. '만일 등(사람이나 동물의 몸통에서 뒤쪽이나 위로 향한 쪽. 곧 가슴이나 배의 반대쪽)이 많이 가려우면 이 손톱으로 긁으면 좋겠다.' 그러자, 방평(方平)이 채경(蔡經)이 마음속으로 중얼거린 내용을 알고 사람들을 시켜 그를 끌어다 채찍질을 하게 하면서 말했다. "마고(麻姑)는 선녀(仙女)이다. 너는 어찌하여 갑자기 마고(麻姑)의 손톱으로 등을 긁을 수 있을 것이라고 말했느냐?"(又麻姑手爪不如人爪形, 蔡經心中私言, **若背大癢時, 得此爪以爬背**, 當佳也, 方平已知經心中所言, 卽使人牽經鞭之, 曰, 麻姑, 神人也, 汝何忽謂其爪可以爬背耶.)〉라는 이야기가 나오는데, '만일 등이 많이 가려우면 이 손톱으로 긁으면,(若背大癢時, 得此爪以爬背)'에서, '마고소양(麻姑搔痒·癢)'이 유래했다. 한(漢)나라 환제(桓帝) 때 자(字)가 방평(方平)이며 신선(神仙)인 왕원(王遠)이 채경(蔡經)의 집에 내려와서 있었던 일이다. 참고로, 원문의 '又麻姑手爪不如人爪形'에서, '又'는 또 '우', 또한 '우'로 읽고, '麻'는 삼(뽕나뭇과의 한해살이풀) '마'로 읽고, '姑'는 시어미 '고'로 읽는다. 여기서 '麻姑'는 사람 이름. '手'는 손 '수'로 읽고, '爪'는 손톱 '조'로 읽고, '不'은 아닐 '불'로 읽고, '如'는 같을 '여'로 읽고, '人'은 사람 '인'으로 읽고, '形'은 형상 '형', 모양 '형'으로 읽는다. '又麻姑手爪不如人爪形'을 직역(直譯)하면, 또한 마고(麻姑)의 손에 (있는) 손톱은 사람의 손톱 모양과 같지 않다. '蔡經心中私言'에서, '蔡'는 나라 이름 '채'로 읽고, '經'은 경서(經書) '경'으로 읽는다. '蔡經'은 사람 이름. '心'은 마음 '심'으로 읽고, '中'은 가운데 '중', 속 '중'으로 읽는다. '心中'은 '마음속'과 같은 말로, 마음의 속. '私'는 사사로이 할 '사'로 읽고, '言'은 말씀 '언'으로 읽는다. '蔡經心中私言'을 직역(直譯)하면, 채경(蔡經)이 마음속으로 사사로이 말하기를, '若背大癢時'에서, '若'은 만약 '약'으로 읽고, '背'는 등(사람이나 동물의 몸통에서 가슴과 배의 반대쪽 부분) '배'로 읽고, '大'는 클 '대'로 읽고, '癢'은 가려울 '양'으로 읽고, '時'는 때 '시'로 읽는다. '若背大癢時'를 직역(直譯)하면 만약에 등이 크게 가려울 때에는, '得此爪以爬背'에서, '得'은 얻을 '득'으로 읽고, '此'는 이(지시하는 말) '차'로 읽고, '以'는 써(그것을 가지고, 그것으로 인하여) '이'로 읽고, '爬'는 긁을 '파'로 읽는다. '得此爪以爬背'를 직역(直譯)하면, 이 손톱을 얻어 그것을 가지고 등을 긁으면, 여기서, '麻姑搔痒·癢'이 유래하였는데, 이것을 직역(直譯)하면 마고할미가 (긴 손톱으로) 가려운 (데를) 긁는다는 뜻으로, 바라던 일이 뜻대로 잘됨을 비유적으로 이르는 말. '當佳也'에서, '當'은 마땅할 '당'으로 읽고, '佳'는 좋을 '가'로 읽고, '也'는 어조사 '야'로 읽는다. '~이다(단정)'의 뜻을 나타냄. '當佳也'를 직역(直譯)하면, 마땅히 좋겠다. '方平已知經心中所言'에서, '方'은 모 '방', 네모 '방'으로 읽고, '平'은 평평할 '평'으로 읽는다. '方平'은 사람 이름. '已'는 이미(돌이킬 수 없이 된 지난 일을 일컬을 때 쓰는 말) '이'로 읽고, '知'는 알 '지'로 읽고, '經'은 경서(經書) '경'으로 읽는다. 여기서는 '채경(蔡經)'을 가리킴. '所'는 바(앞에서 말한 내용 그 자체나 일 따위를 나타내는 말) '소'로 읽는다. '方平已知經心中所言'을 직역(直譯)하면, 방평(方平)은 이미 채경(蔡經)이 마음속으로 말한 바를 알고, '卽使人牽經鞭之'에서, '卽'은 곧 '즉'으로 읽고, '使'는 하여금(누구를 시키어) '사'로 읽고, '人'은 사람 '인'으로 읽고, '牽'은 끌 '견'으로 읽고, '鞭'은 채찍(말이나 소 따위를 때려 모는 데에 쓰기 위하여, 가는 나무 막대나 댓가지 끝에 노끈이나 가죽 오리 따위를 달아 만든 물건) '편'으로 읽고, '之'는 어조사 '지'로 읽는다. '그것'을 나타내는 지시 대명사. '卽使人牽經鞭之'를 직역(直譯)하면 곧 사람으로 하여금 채경(蔡經)을 끌어 (내어) 그것('채경·蔡經'을 가리킴)에 채찍질하여, '神人也'에서, '神'은 귀신(鬼神) '신', 신(神) '신'으로 읽는다. '神人也'를 직역(直譯)하면, 신(神)과 같은 사람이다. '汝何忽謂其爪可以爬背耶'에서, '汝'는 너(2인칭 대명사) '여'로 읽고, '何'는 어찌(의문 부사) '하'로 읽고, '忽'은 갑자기 '홀'로 읽고, '謂'는 일컬을 '위'로 읽고, '其'는 그(지시하는 말) '기'로 읽고, '可'는 가히(可~, '능히', '넉넉히'의 뜻을 나타냄) '가'로 읽고, '爬'는 긁을 '파'로 읽고, '背'는 등(사람이나 동물의 몸통에서 가슴과 배의 반대쪽 부분)

'배'로 읽고, '耶'는 어조사 '야'로 읽는다. '~는가?', '~인가?(의문)'의 뜻을 나타냄. '汝何忽謂其爪可以爬背耶'를 직역(直譯)하면, 너는 어찌하여 갑자기 그 손톱으로 가히 그것을 가지고 등을 긁을 수 있다고 일컫는가?

마-권-찰-장(摩拳擦掌 문지를 **마**/주먹 **권**/문지를 **찰**/손바닥 **장**) 주먹을 문지르고(비비고) 손바닥을 문지른다(비빈다)는 뜻으로, 기운(순우리말로, 생물이 살아 움직이는 원기·元氣, 또는 거기서 나오는 힘)을 모아 돌진(突進. 거침없이 곧장 나아감)할 때를 기다림을 비유적으로 이르는 말. *문지르다: 부록 '마(摩)', '찰(擦)' 참고.

마두-출령(馬頭出令 말 **마**/머리 **두**/낼 **출**/명령 **령**) 말[馬]의 머리에게 명령을 낸다(내린다). 즉, 말[馬]을 세워 놓고 명령을 내린다는 뜻으로, 갑자기 명령을 내림을 이르는 말, 또는 그 명령을 이르는 말. *마두(馬頭): ①역마(驛馬. 고려, 조선 시대에 말을 바꿔 타던 곳에 대기시켜 두고 관용으로 쓰던 말)에 관한 일을 맡아보던 사람. ②지옥의 옥사쟁이(獄~. 지난날, 감옥에서 죄수를 감시하는 일을 맡아보는 사람)를 이르는 말. *출령(出令): 명령을 내림.

마-부-위-침(磨斧爲針 갈 **마**/도끼 **부**/만들 **위**/바늘 **침**) 도끼를 갈아 바늘을 만든다는 뜻으로, 불가능해 보이는 일도 인내심(忍耐心)을 갖고 노력하면 이룰 수 있음을 비유적으로 이르는 말. 즉, 끊임없는 노력과 인내가 있다면 어떤 일에서든 성공할 수 있음을 이르는 말. 웹 마저작침(磨杵作針). 철저마침(鐵杵磨針). '유래'는 마저작침 (磨杵作針) 참고. *갈다: 부록 '마(磨)' 참고. *도끼: 부록 '부(斧)' 참고. 《관련 속담》 낙숫물이 바위를 뚫는다. / 돌 뚫는 화살은 없어도 돌 파는 낙수(落水)는 있다. / 십 년 적공(積功)이면 한 가지 성공을 한다. / 열 번 찍어 안(아니) 넘어가는 나무 없다. / 작은 도끼도 연달아 치면 큰 나무를 눕힌다.

마-부-작-침(磨斧作針 갈 **마**/도끼 **부**/만들 **작**/바늘 **침**) 도끼를 갈아서 바늘을 만든다는 뜻으로, 아무리 어려운 일이라도 참고 노력하면 언젠가는 반드시 성공한다는 것을 비유적으로 이르는 말. 즉, 끊임없는 노력과 인내가 있다면 어떤 일에서든 성공할 수 있음을 이르는 말. 웹 마저작침(磨杵作針). 철저마침(鐵杵磨針). *갈다: 부록 '마(磨)' 참고. *도끼: 부록 '부(斧)' 참고. 《관련 속담》 낙숫물이 바위를 뚫는다. / 돌 뚫는 화살은 없어도 돌 파는 낙수(落水)는 있다. / 십 년 적공(積功)이면 한 가지 성공을 한다. / 열 번 찍어 안(아니) 넘어가는 나무 없다. / 작은 도끼도 연달아 치면 큰 나무를 눕힌다. 이 사자성어의 유래는 다음과 같다. [시선(詩仙. 신선·神仙의 기풍·氣風이 있는 천재적인 시인)으로 불리는 이백(李白)은 무역상(貿易商. 외국과 서로 물품을 사고파는 장사, 또는 장수)이었던 아버지를 따라 어린 시절을 촉(蜀)나라에서 보냈다. 여기서, '신선(神仙)'은 도(道)를 닦아서 현실의 인간 세계를 떠나 자연과 벗하며 산다는 상상(想像)의 사람을 이르는 말. 세속적(世俗的. 세속의 범주를 벗어나지 못한 것)인 상식(常識)에 구애(拘碍)되지 않고, 고통이나 질병도 없으며 죽지 않는다고 함. 젊은 시절 도교(道敎. 무위자연설·無爲自然說을 근간으로 하는 중국의 다신적·多神的 종교)에 심취(心醉. 어떤 일이나 사람에 깊이 빠져 마음을 빼앗김)했던 그는 유협(遊俠. 호방·豪放하고 의협심·義俠心이 있는 사람)의 무리들과 어울려 사천성(四川省) 각지의 산(山)을 떠돌기도 했다. 전(傳)하는 바에 따르면, 이때 이백(李白)은 공부를 하기 위해 팽산(彭山)의 상이산(象耳山)에 들어갔는데, 공부를 이루지 못하고 포기하고 돌아가는 길이었다. 이 산의 골짜기를 지나가다가 한 노파가 냇가에서 쇠공이(쇠로 만든 공이. 여기서 '공이'는 절구나 방아확에 든 물건을 찧거나 빻는 기구)를 갈고 있는 것을 보고 크게 깨달았다고 하는데, 다음과 같은 이야기가 있다.] 남송(南宋)의 축목(祝穆)이 지은 『방여승람(方輿勝覽)』「미주(眉州) 마침계(磨針溪)」편(篇)에, 〈마침계(磨針溪. 계곡 이름)는 미주(眉州. 땅 이름)의 상이산(象耳山) 아래에 있다. 전(傳)하는 바에 따르면, 이백(李白)이 이 산(山)에서 공부를 하다가 학업을 이루지 못하고 포기하고 말았다. 돌아가는 길에 이 내(시내보다는 크지만 강·江보다는 작은 물줄기)를 건너다가 한 노파(老婆. 늙은 여자)가 쇠공이를 갈고 있는 것을 보았다. 이백(李白)이 물었다. "할머니, 지금 무엇을 하고 계십니까?" "바늘을 만들려고 한단다."(磨針溪. 在眉州象耳山下. 世傳李白讀書山中. 學未成. 棄去. 過是溪. **逢老嫗方磨鐵杵**. 白問. 何爲. 嫗曰. **欲作針耳**)〉[이백(李白)은 이 말에 크게 깨달은 바 있어 되돌아가 공부를 마쳤다. 그 노파(老婆)는 자신의 성(姓)이 무씨(武氏)라고 하는데, 오늘날 그 내 옆에는 무씨(武氏) 바위가 있다.]라는 이야기가 나오는데, '한 노파(老婆)가 쇠공이를 갈고 있는 것을 보았다. "바늘을 만들려고 한단다."(逢老嫗方磨鐵杵. 欲作針耳)'에서, '마부작침(磨斧作針)'이 유래했다. 그런데 본문(本文)에는 '磨'와 '作針'은 나오는데 '斧'는 보이지 않는다. '斧(도끼 부)' 대신에 '鐵杵(쇠공이)'가 나온다. 따라서 '마부작침(磨斧爲針)'의 원말은 '마저작침(磨杵作針)'이다. 여기서 '마부작침(磨斧爲針)'과 '마저작침(磨杵作針)'은, 목표를 분명히 한 후 집중(集中)과 끈기로 목표를 향해 노력한다면 결국은 성공할 수 있다는 교훈(敎訓. 앞으로의 행동이나 생활에 지침이 될 만한 것을 가르치는 일. 또는 그런 가르침)을 우리에게 준다. 나머지 구체적인 내용은 ⇨마저작침(磨杵作針).

마상-득-지(馬上得之 말 **마**/위 상/얻을 득/어조사 지) 말[馬]의 위[上]에서 그것을 얻었다는 뜻으로, 군사력(軍事力)으로 천하(天下)를 얻었음을 비유적으로 이르는 말. 말[馬]은 고대(古代)로부터 사냥과 전쟁에 이용되었다. 따라서 말[馬]의 숫자로 군사력(軍事力)을 점치기도 하였다. 여기서, '지(之)'는 '그것'을 나타내는 지시대명사이다. *마상(馬上): 말의 등(사람이나 동물의 몸통에서 뒤쪽이나 위로 향한 쪽, 곧 가슴이나 배의 반대쪽) 위.

마-이-동풍(馬耳東風 말 **마**/귀 이/동녘 동/바람 풍) 말[馬]의 귀에 동녘 바람. 즉, 말[馬]의 귀에 동풍(東風)이 불어도 그 말[馬]은 아랑곳하지 아니한다는 뜻으로, 남의 말을 새겨듣지 않고 귓등(귓바퀴의 바깥쪽)으로 흘리는 것을 비유적으로 이르는 말. 또는 말[馬]의 귓전(귓바퀴의 가. 또는 귀 가까이)에 동풍(東風)이 스치듯 한다는 뜻으로, 남의 말을 귀담아듣지 아니하고 지나쳐 흘려버림을 비유적으로 이르는 말. 웹 대우탄금(對牛彈琴). 여풍과이(如風過耳). 우이독경(牛耳讀經). *동풍(東風): 동쪽에서 불어오는 바람.《관련 속담》말 귀에 염불. / 소 궁둥이에다 꼴을 던진다. / 소(쇠) 귀에 경 읽기. 이 사자성어의 유래는 다음과 같다. 이백(李白)의 「답왕십이한야독작유회(答王十二寒夜獨酌有懷)」의 끝부분에 〈세인(世人)들은 이런 시부(詩賦)를 들으면, 마치 말 귀에 동풍이 부는 것처럼 머리를 흔들고 말며,(世人聞此皆掉頭. **有如東風射馬耳**.)〉라는 싯구가 나오는데, '마치 말 귀에 동풍이 부는 것처럼 머리를 흔들고 말며,(有如東風射馬耳)'에서, '마이동풍(馬耳東風)'이 유래했다. 즉, 당(唐)나라 대시인(大詩人)인 이백(李白)이 어느 날 벗인 왕십이(王十二)로부터 「한야독작유회(寒夜獨酌有懷. 추운 방에 홀로 술잔을 기울이며 느낀 바가 있어서)라는 시(詩) 한 수(首)를 받자. 이에 답(答)하여 「답왕십이한야독작유회(答王十二寒夜獨酌有懷. 왕십이·王十二의 「한야독작유회(寒夜獨酌有懷)」에 답·答하여)라는 시(詩)를 보냈다. '마이동풍(馬耳東風)'은 이와 같이 이 시(詩)의 마지막 구절에 나온다. 참고로, 원문의 '世人聞此皆掉頭'에서, '世'는 세상 '세'로 읽고, '人'은 사람 '인'으로 읽고, '聞'은 들을 '문'으로 읽고, '此'는 이(지시하는 말) '차'로 읽는다. 여기서는, '시부(詩賦)'를 가리키는 말. '皆'는 다 '개', 모두 '개'로 읽고, '掉'는 흔들 '도'로 읽고, '頭'는 머리 '두'로 읽는다. '掉頭'는 '머리를 흔든다.'는 뜻으로, 어떤 일을 부정하는 모양을 이르는 말. '世人聞此皆掉頭'를 직역(直譯)하면, 세상 사람들은 이것('시부·詩賦'를 가리키는 말)을 듣고 모두 머리를 흔드니, '有如東風射馬耳'에서, '有'는 있을 '유'로 읽고, '如'는 같을 '여'로 읽는다. '有如'는 한문(漢文) 구(句)의 하나로, 마치 ~ 같다. '東'은 동녘 '동'으로 읽고, '風'은 바람 '풍'으로 읽고, '射'는 쏠 '사'로 읽고, '馬'은 말 '마'로 읽고, '耳'는 귀 '이'로 읽는다. '有如東風射馬耳'를 직역(直譯)하면, 마치 동풍(東風)이 말의 귀에다 (화살을) 쏘는 것과 같도다. 즉, 마치 봄바람이 말의 귀를, 화살이 비켜 쏘듯 스치는 것처럼 아무런 관심이 없다는 말이다. 여기서, '馬耳東風'이 유래하였는데, 이것을 직역(直譯)하면, 말[馬]의 귀에 동녘 바람. 즉, 말[馬]의 귀에 동풍(東風)이 불어도 그 말[馬]은 아랑곳하지 아니한다는 뜻으로, 남의 말을 새겨듣지 않고 귓등(귓바퀴의 바깥쪽)으로 흘리는 것을 비유적으로 이르는 말. 또는 남의 말을 귀담아듣지 아니하고 지나쳐 흘려버림을 비유적으로 이르는 말. 이 시(詩)의 배경은 이렇다. 왕거일(王去一)이 밤늦도록 혼자서 술을 마시다가 느낀 감회를 적어 보낸 시(詩)에 이백(李白)이 화답(和答. 시·詩나 노래에 응하여 대답함)한 시(詩)이다. 이백(李白)은 추운 밤에 독작(獨酌. 혼자 술을 마심)을 하며 수심(愁心. 매우 근심함. 또는 그런 마음)에 잠겨 있을 왕거일(王去一)을 생각하면서 이 시(詩)를 지었다. 이백(李白)은 이 시(詩)에서 술을 마셔 만고(萬古. 아주 오랜 세월 동안)의 시름을 씻어 버릴 것을 권하는 한편, 왕후(王侯. 제왕과 제후) 사이에서 즐기는 투계(鬪鷄. 닭싸움을 붙이는 일)의 기술을 익혀 그들의 총애(寵愛. 남달리 귀여워하고 사랑함)를 받아 출세하는 자(者)가 있는가 하면, 변경(邊境. 나라의 경계가 되는, 변두리의 땅)의 싸움에서 작은 공(功)을 세우고 마치 충신(忠臣)이나 된 양 날뛰는 자(者)가 있는 부박(浮薄. 실없고 경솔함)한 세상을 한탄했다. 또한 이런 세상이니 고매(高邁. 품위, 인격, 학식 따위가 높고 뛰어남)한 인물들이 할 수 있는 일이란 그저 북창(北窓)에 기대어 시부(詩賦)를 짓는 정도인데, 세인(世人. 세상사람)들은 이런 시부(詩賦)를 들으면 마치 말 귀에 동풍(東風) 부는 것처럼(마이동풍) 머리를 흔들고 말며, 생선 눈깔과도 같은 어리석은 자(者)들이 명월(明月. 밝은 달)이나 주옥(珠玉. 구슬과 옥, 또는 '여럿 가운데에서 가장 아름답고 값지고 귀한 것'을 비유하여 이르는 말) 같은 우리들을 비웃고 귀(貴)한 지위를 대신 차지하려고 하며, 명마(名馬)와 같은 현인(賢人)들은 등용(登用. 인재를 뽑아서 씀)되지 못하는데, 다리 저는 당나귀 같은 간특(奸慝. 간사하고 못되고 악함)한 자(者)들이 득세(得勢. 세력을 얻음)한다며 세태(世態. 세상의 형편이나 상태)를 한탄했다. 이 시의 원문을 번역한 것을 소개하면 다음과 같다. 〈인생 아차 하는 사이에 백 년도 채우지 못하니 / 술에 취해 만고(萬古) 시름 풀어내세. / 그대는 여우 기름 바르고 쇠 발톱 끼워 가며 투계(鬪鷄)를 배우지도 못하면서 / 앉아 콧김으로 무지개를 날려 버리려 하는가? / 그대는 가서한(哥舒翰. 사람 이름)이 청해(靑海)를 주름잡으며 밤에 칼을 차고, 여기서 '청해(靑海)'는 중국 청해성(靑海省) 동부(東部)에 있는 중국 최대의 함수호(鹹水湖)를 일컬음. '함수호(鹹水湖)'는 염분이 많아 물맛이 짠 호수라는 뜻. 강우량이 적은 건조한 지방에 많이 있으며, 흔히 물이 흘러나가는 데가 없음. / 서쪽으로 석보성(石堡城. 청해호 동쪽에 위치한 성·城 이름. 당시 교통의 중심지였음)을 전멸시켜 자포(紫袍. 자줏빛 도포)를 받은 일도 배울 수 없네. / 겨우 북쪽 창에 기대어 앉아 시(詩)를 읊고 부(賦)를 짓는다지만 / 일만(一萬) 언(言)을 지어도 술 한 잔의 가치도

안 되네. / 세상 사람 이를 듣고 머리를 흔드는 것이 / 마치 동풍(東風)이 말[馬]의 귀를 쏘는 듯 / 물고기 눈 또한 우리를 비웃으며 / 밝은 달과 같기를 바란다네. / 화류(驊騮) 같은 준마(駿馬)는 몸을 구부리고 밥도 못 먹는데, 여기서 '화류(驊騮)'는 전설에 나오는 주(周)나라 목왕(穆王)의 여덟 준마 가운데 하나, / 다리 저는 노새는 뜻[志]을 얻어 봄바람을 노래한다네.〉

마-저-작-침(磨杵作針 갈 **마**/공이 **저**/만들 **작**/바늘 **침**) 공이를 갈아 바늘을 만든다는 뜻으로, 아무리 어려운 일이라도 끈기 있게 노력하면 이룰 수 있다는 것을 비유적으로 이르는 말. *공이: 절구나 방아확에 든 물건을 찧거나 빻는 기구. 《관련 속담》 낙숫물이 바위를 뚫는다. / 돌 뚫는 화살은 없어도 돌 파는 낙수(落水)는 있다. / 십 년 적공(積功)이면 한 가지 성공을 한다. / 열 번 찍어 안(아니) 넘어가는 나무 없다. / 작은 도끼도 연달아 치면 큰 나무를 눕힌다. 이 사자성어의 유래는 다음과 같다. [시선(詩仙. 신선·神仙의 기풍·氣風이 있는 천재적인 시인)으로 불리는 이백(李白)은 무역상(貿易商. 외국과 서로 물품을 사고파는 장사, 또는 장수)이었던 아버지를 따라 어린 시절을 촉(蜀)나라에서 보냈다. 여기서, '신선(神仙)'은 도(道)를 닦아서 현실의 인간 세계를 떠나 자연과 벗하며 산다는 상상(想像)의 사람을 이르는 말. 세속적(世俗的. 세속의 범주를 벗어나지 못한 것)인 상식(常識)에 구애(拘碍)되지 않고, 고통이나 질병도 없으며 죽지 않는다고 함. 젊은 시절 도교(道敎. 무위자연설·無爲自然說을 근간으로 하는 중국의 다신적·多神的 종교)에 심취(心醉. 어떤 일이나 사람에 깊이 빠져 마음을 빼앗김)했던 그는 유협(遊俠. 호방·豪放하고 의협심·義俠心이 있는 사람)의 무리들과 어울려 사천성(四川省) 각지의 산(山)을 떠돌기도 했다. 전(傳)하는 바에 따르면, 이때 이백(李白)은 공부를 하기 위해 팽산(彭山)의 상이산(象耳山)에 들어갔는데, 공부를 이루지 못하고 포기하고 돌아가는 길이었다. 이 산의 골짜기를 지나가다가 한 노파가 냇가에서 쇠공이(쇠로 만든 공이. 여기서 '공이'는 절구나 방아확에 든 물건을 찧거나 빻는 기구)를 갈고 있는 것을 보고 크게 깨달았다고 하는데, 다음과 같은 이야기가 있다.] 남송(南宋)의 축목(祝穆)이 지은 『방여승람(方輿勝覽)』 「미주(眉州) 마침계(磨針溪)」 편(篇)에, 〈마침계(磨針溪. 계곡 이름)는 미주(眉州. 땅 이름)의 상이산(象耳山) 아래에 있다. 전(傳)하는 바에 따르면, 이백(李白)이 이 산(山)에서 공부를 하다가 학업을 이루지 못하고 포기하고 말았다. 돌아가는 길에 이 내(시내보다는 크지만 강·江보다는 작은 물줄기)를 건너다가 한 노파(老婆. 늙은 여자)가 쇠공이를 갈고 있는 것을 보았다. 이백(李白)이 물었다. "할머니, 지금 무엇을 하고 계십니까?" "바늘을 만들려고 한단다."(磨針溪, 在眉州象耳山下, 世傳李白讀書山中, 學未成, 棄去, 過是溪, **逢老嫗方磨鐵杵**, 白問, 何爲, 嫗曰, **欲作針耳**)〉 [이백(李白)은 이 말에 크게 깨달은 바 있어 되돌아가 공부를 마쳤다. 그 노파(老婆)는 자신의 성(姓)이 무씨(武氏)라고 하는데, 오늘날 그 내 옆에는 무씨(武氏) 바위가 있다.]라는 이야기가 나오는데, '한 노파(老婆)가 쇠공이를 갈고 있는 것을 보았다. "바늘을 만들려고 한단다."(逢老嫗方磨鐵杵, 欲作針耳)'에서, '마저작침(磨杵作針)'이 유래했다. 이 말은, 목표를 분명히 한 후 집중(集中)과 끈기로 목표를 향해 노력한다면 결국은 성공할 수 있다는 교훈(敎訓. 앞으로의 행동이나 생활에 지침이 될 만한 것을 가르치는 일, 또는 그런 가르침)을 우리에게 준다. 참고로, 원문의 '磨針溪'에서, '磨'는 갈 '마'로 읽고, '針'은 바늘 '침'으로 읽고, '溪'는 시내(그다지 크지 않은 내) '계'로 읽는다. '磨針溪'를 직역(直譯)하면, 시내에서 바늘을 간다는 뜻인데, 여기서는 미주(眉州. 땅 이름)에 있는 계곡(溪谷. 물이 흐르는 골짜기) 이름이다. '在眉州象耳山下'에서, '在'는 있을 '재'로 읽고, '眉'는 눈썹 '미'로 읽고, '州'는 고을 '주'로 읽는다. '眉州'는 땅 이름이다.

'象'은 코끼리 '상'으로 읽고, '耳'는 귀 '이'로 읽고, '山'은 메(산·山의 옛말) '산'으로 읽는다. '象耳山'은 코끼리의 귀처럼 생긴 산(山)이라는 뜻으로, 여기서는 산 이름. '下'는 아래 '하'로 읽는다. '在眉州象耳山下'를 직역(直譯)하면, (마침계·磨針溪는) 미주(眉州)의 상이산(象耳山) 아래에 있다. '世傳李白讀書山中'에서, '世'는 대(代) '세'로 읽는다. 여기서는 '대대로(代代~)'의 뜻. '傳'은 전할 '전'으로 읽고, '李'는 오얏(과일 이름으로 '자두'와 같은 뜻) '리(이)'로 읽고, '白'은 흰 '백'으로 읽는다. '이백(李白)'은 중국 당(唐)나라의 시인(詩人)을 일컬음. 자(字. 본이름을 함부로 부르지 않던 시대에, 본이름 대신 부르던 이름)는 태백(太白)이고, 호(號)는 청련거사(靑蓮居士)이다. 칠언절구(七言絶句)에 특히 뛰어났으며, 이별(離別)과 자연(自然)을 제재(題材. 예술 작품이나 학술 연구 따위에서 주제의 재료가 되는 것)로 한 작품을 많이 남겼다. 시성(詩聖. 고금·古今에, 뛰어나고 위대한 시인을 이르는 말)인 두보(杜甫)에 대하여 시선(詩仙)으로 칭(稱)한다. 두보(杜甫)는 중국 당(唐)나라 때의 시인(詩人)이다. 자(字)는 자미(子美)이고, 호(號)는 소릉(少陵), 공부(工部), 노두(老杜) 등으로 불리어진다. 그런데 일부 자료에는 '李白' 대신에 '李太白'으로 표기되어 있다. '讀'은 읽을 '독'으로 읽고, '書'는 책 '서'로 읽고, '中'은 가운데 '중'으로 읽는다. '山中'은 '산속(山~)'과 같은 뜻. '世傳李白讀書山中'을 직역(直譯)하면, 대대로 전하는 (바에 의하면), 이백(李白)은 산속(山~)에서 책을 읽었다. '學未成'에서, '學'은 배울 '학'으로 읽고, '未'는 아닐 '미'로 읽고, '成'은 이룰 '성'으로 읽는다. '學未成'을 직역(直譯)하면, 배운 (것을) (다) 이루지 아니하였는데, '棄去'에서, '棄'는 그만둘 '기'로 '去'는 갈 '거'로 읽는다. '棄去'를 직역(直譯)하면, (배움을) 그만두고 (집으로) 가는 (중이었다). '過是溪'에서, '過'는 지날 '과'로 읽고, '是'는 이(지시하는 말) '시'로 읽는다. '過是溪'를 직역(直譯)하면, 이 시내를 지나면서, '逢老媼方磨鐵杵'에서, '逢'은 만날 '봉'으로 읽고, '老'는 늙을 '로(노)'로 읽고, '媼'는 노파(老婆. 늙은 여자) '오', '온'으로 읽는다. 여기서는 '오'로 읽는다. '方'은 바야흐로(이제 막. 또는 지금 바로) '방'으로 읽고, '鐵'은 쇠 '철'로 읽고, '杵'는 공이(절구나 방아확에 든 물건을 찧거나 빻는 기구) '저'로 읽는다. '逢老媼方磨鐵杵'를 직역(直譯)하면, 한 노파(老婆)를 (냇가에서) 만났는데, 바야흐로 쇠로 된 공이를 갈고 (있었다). '白問'에서, '白'은 '이백(李白)'을 가리킴. '問'은 물을 '문'으로 읽는다. '白問'을 직역(直譯)하면, 이백(李白)이 물었다. '何爲'에서, '何'는 무엇 '하'로 읽고, '爲'는 할 '위'로 읽는다. '何爲'를 직역(直譯)하면, 무엇을 하고 (계십니까?) '媼曰'에서, '曰'은 일컬을 '왈'로 읽는다. '媼曰'을 직역(直譯)하면, 노파(老婆)가 일컫기를, '欲作針耳'에서, '欲'은 하고자 할 '욕'으로 읽고, '作'은 만들 '작'으로 읽고, '耳'는 여기서는 따름 '이', ~뿐 '이'로 읽는다. '欲作針耳'를 직역(直譯)하면, 바늘을 만들고자 할 뿐이오. 여기서, '마저작침(磨杵作針)'이 유래했는데, 이것을 직역(直譯)하면, 공이를 갈아 바늘을 만든다는 뜻으로, 아무리 어려운 일이라도 끈기 있게 노력하면 이룰 수 있다는 것을 비유적으로 이르는 말. 이 이야기에서, 도끼를 갈아 바늘을 만든다는 뜻의 '마부작침(磨斧作針)'과 쇠로 된 공이를 갈아 만든다는 뜻의 '철저마침(鐵杵磨針)'이 나왔다. 그 후 이백(李白)은 마음이 해이(解弛. 긴장·緊張이나 규율·規律 따위가 풀리어 마음이 느슨함)해지거나 학업(學業)에 어려움을 느낄 때마다 그 노파(老婆)의 모습과 말[言]을 떠올리며 분발(奮發. 마음과 힘을 다하여 떨쳐 일어남)했다고 한다. 그러한 노력의 결과로 이백(李白)은 시선(詩仙)이라 일컬으며, 자손만대(子孫萬代. 본문 참고)로 명성(名聲. 세상에 널리 퍼져 평판 높은 이름)을 떨치게 되었던 것이다.

마정-방-종(摩頂放踵 문지를 마/정수리 정/놓을 방/발꿈치 종) 정수리를 문지르고 발꿈치를 놓는다. 즉,

정수리부터 닳아서 발뒤꿈치까지 이른다는 뜻으로, 온몸을 바쳐서 남을 위하여 희생(犧牲)함을 비유적으로 이르는 말. *마정(摩頂): 부처가 제자에게 교법(教法. 부처의 가르침)을 전수(傳授. 기술이나 지식 따위를 전하여 줌)할 때와 수기(授記)할 때에, 제자의 정수리를 만지는 일. 여기서, '수기(授記)하다'는 부처가 미래의 증과(證果. 수행하여 얻는 깨달음의 결과)에 대하여 미리 예언(豫言)하다. *문지르다: 부록 '마(摩)' 참고. *정수리(頂~): 부록 '정(頂)' 참고. *발꿈치: 부록 '종(踵)' 참고. 이 사자성어의 유래는 다음과 같다. 『맹자(孟子)』의 「진심(盡心) 장구(章句)」 상(上) 편(篇)에 〈 (양자(楊子)는 나를 위한다는 주장에 취하여, 털 하나를 뽑아 천하(天下)를 이롭게 한다 할지라도, 하지 않고, 묵자(墨子. 중국 춘추전국시대·春秋戰國時代의 사상가·思想家이며 철학자·哲學者, 묵가·墨家의 시조·始祖)는 차별 없이 평등한 사랑을 주장하며, 머리 꼭대기에서 발꿈치까지 털이 다 닳아 없어지더라도 천하(天下)를 이롭게 하는 일이라면, 그렇게 한다. 자막(子莫)은 중심(中心)을 잡아, 그 중심(中心)을 잡고 나가는 것이 정도(正道)에 가까우나, 중심(中心)을 잡고 나가는데 저울추가 없으니, 한 가지를 고집함과 같은 것이다. 한 가지를 고집하는 것을 미워하는 까닭은, 그 정도(正道)를 해치는 것이고, 한 가지를 내걸고 백 가지(나머지 모두)를 없애버리기 때문이다.(楊子取爲我, 拔一毛而利天下, 不爲也, 墨子兼愛, 摩頂放踵利天下, 爲之, 子莫執中, 執中爲近之, 執中無權, 猶執一也, 所惡執一者, 爲其賊道也, 擧一而廢百也)〉라는 이야기가 나오는데, '머리 꼭대기에서 발꿈치까지 털이 다 닳아 없어지더라도 천하(天下)를 이롭게 하는 일이라면,(摩頂放踵利天下)'에서 '마정방종(摩頂放踵)'이 유래했다. 이 말은 중국 춘추전국시대(春秋戰國時代)의 사상가인 묵자(墨子)가 주장한 겸애설(兼愛說. 오늘날의 입장에서 해석한다면, 하느님이 모든 사람을 똑같이 사랑하듯이, 우리 사람들도 서로 사랑하고 이롭게 하여야 한다는 사상)에서 비롯되었다. 모든 사람을 이롭게 해 주어야 한다는 그의 겸애설(兼愛說)은 극단적(極端的)인 이타주의(利他主義. 윤리학에서, 다른 사람의 행복의 증진을 도덕적 행위에 표준으로 하는 주의, =애타주의·愛他主義)로 분류된다. 묵자(墨子)는 당시(當時. 일이 있었던 바로 그때, 또는 이야기하고 있는 그 시기)의 정치 혼란과 사회악의 원인을 이타주의(利他主義)의 부재(不在. 그곳에 있지 아니함)에서 찾은 것이다. 그런데 맹자(孟子. 중국 전국시대·戰國時代의 사상가의 한 사람이다. 성선설·性善說을 주장하고 인의·仁義의 정치를 권하였다)는, 묵자(墨子)를 차별 없는 사랑을 주장해 '머리 꼭대기에서 발꿈치까지 털이 다 닳아 없어지더라도 천하(天下)를 이롭게 하는 일이라면, 그렇게 했다'라고 평가했다. 묵자(墨子)의 극단적(極端的)인 이타주의(利他主義)를 비판한 말이다. 하지만, 이것은 천하(天下)의 공리(功利. 어떤 행위에 의하여 얻어지는 공명·功名과 이익·利益)를 위해 헌신하는 묵자(墨子)의 희생정신을 가장 잘 요약한 말이었다. 묵자(墨子)의 이러한 '마정방종(摩頂放踵)' 정신은 후세의 많은 사람들을 감동하게 만들었다. '마정방종(摩頂放踵)'에는, 자기 일을 위해 열심히 일한다기보다 온 몸을 바쳐 남을 사랑하고 타인(他人)에 의해 희생한다는 고귀한 뜻이 담겨 있기 때문이다. 나머지 구체적인 내용은 ⇨자막집중(子莫執中).

마-중-지-봉(麻中之蓬 삼 **마**/가운데 **중**/어조사 **지**/쑥 **봉**) 삼 가운데의 쑥. 즉, 삼밭에 나는 쑥(쑥대)이라는 뜻으로, 구부러지게 자라는 쑥일지라도 대나무처럼 반듯한 삼밭에서 자라면, 그 영향을 받아 저절로 반듯하게 자라는 것처럼, 좋은 환경에 있거나 선(善)한 사람과 사귀면 그 감화(感化. 남에게서 받는 정신적 영향으로 마음이나 행동이 바람직하게 변화함. 또는 그렇게 남을 변화시킴)를 받아 자연히 선(善)해짐을 비유적으로 이르는 말. 또는 좋은 사람들 사이에 있으면 그 영향으로, 자기도 모르는 사이에 좋은 사람이 됨을 이르는 말. 참 근묵자흑(近墨者黑). *삼: 부록 '마(麻)' 참고. *쑥: 부록 '봉(蓬)' 참고.
《관련 속담》 개와 친하면 옷에 흙칠(~漆)을 한다. / 삼밭에 쑥대.

마혁-과-시(馬革裹屍 말 **마**/가죽 **혁**/쌀 **과**/시체 **시**) 말[馬]의 가죽으로 시체(屍體)를 싼다는 뜻으로, 전쟁
에 나가 살아 돌아오지 않겠다는 굳은 결의(決意)를 비유하거나, 나라를 위한 싸움(전쟁터)에서 장렬(壯
烈. <u>의기가 씩씩하고 열렬함</u>)하게 죽는 것을 비유적으로 이르는 말. *마혁(馬革): =말혁(~革). 즉, 말안
장 양쪽에 장식으로 늘어뜨린 고삐. 이 고삐는 말가죽을 만든 데서 유래한다. *가죽: 부록 '혁(革)' 참고.
*싸다: 부록 '과(裹)' 참고. 이 사자성어의 유래는 다음과 같다. 『후한서(後漢書)』의 「마원전(馬援傳)」편
(篇)에 [후한(後漢) 광무제(光武帝. <u>중국 후한·後漢의 초대·初代 임금</u>) 때의 복파장군(伏波將軍. <u>관직 이</u>
<u>름</u>)인 마원(馬援)이 교지(交趾. <u>지금의 베트남·Viet Nam 지역</u>)를 평정(平定. <u>반란이나 소요를 누르고</u>
<u>평온하게 진정시킴</u>)하고 돌아온 후, 계속해서 남부 지방 일대를 평정(平定)하고 수도(首都)인 낙양(洛陽)
으로 돌아오자, 많은 사람들이 나와 그의 노고(勞苦. <u>힘들여 수고하고 애씀</u>)를 치하(致賀. <u>칭찬하거나</u>
<u>축하하는 뜻을 나타냄. 윗사람이 아랫사람에게, 또는 나이가 서로 비슷한 벗 사이에 쓰는 말</u>)했다. 환영
인파 속에 지모(智謀. <u>슬기로운 꾀</u>)가 뛰어나기로 유명한 맹익(孟翼)도 있었는데, 그(<u>'맹익·孟翼'을 가리</u>
<u>킴</u>) 역시 판에 박은 인사말을 하자, 마원(馬援)이 이렇게 말했다. "나는 그대가 좋은 말을 해 주기를
기대했는데, 다른 사람과 똑같은 인사만 한단 말이오. 옛날 복파장군(伏波將軍)인 노박덕(路博德)은 일
곱 군(郡)을 새로 만드는 큰 공(功)을 세우고도 겨우 수백호의 봉토(封土. <u>제후를 봉하여 땅을 내줌.</u>
<u>또는 그 땅</u>)를 받았다오. 지금 나는 작은 일을 하고 두렵게도 큰 현(縣)을 상(賞)으로 받았소. 공(功)은
작고 상(賞)은 크니, 어떻게 오래 가겠소? 즉, <u>공(功)에 비해 상(賞)이 너무 크니, 도저히 이대로 영광을</u>
<u>누릴 수 없을 것 같다는 말이다</u>. 나에게 도움이 되는 좋은 방안은 없소?" 맹익(孟翼)이 좋은 방안이
생각나지 않는다고 하자, 마원(馬援)이 말했다. "지금 흉노(匈奴. <u>기원전 3~1세기경에 몽골 지방에서</u>
<u>활약하던 유목 민족</u>)와 오환(烏桓. <u>부족 이름</u>)이 북쪽 변경(邊境)을 시끄럽게 하고 있으니, 이들을 정벌
(征伐. <u>무력을 써서 적이나 죄 있는 무리를 치는 일</u>)할 것을 (황제에게) 청해야겠소.]〈사나이는 마땅히
변방(邊方)의 싸움터에서 죽어야 한다오. 말가죽으로 시체를 싸서 돌아와 장사를 지낼 뿐이지. 어찌
침대 위에 누워 아녀자의 수중(手·中)에서 죽을 수 있겠소?"(男兒要當死於邊野, **以馬革裹屍還葬耳**, 何能
臥牀上在兒女子手·中邪.)〉라는 마원(馬援) 이야기가 나오는데, '말가죽으로 시체를 싸서 돌아와 장사를
지낼 뿐이지.(以馬革裹屍還葬耳)'에서, '마혁과시(馬革裹屍)'가 유래했다. 여기서, '말가죽으로 시체를 싸
서 돌아와 장사를 지낼 뿐이지.'라는 말은, 사나이는 마땅히 싸움터에서 죽어 말가죽에 싸여 땅에 묻혀야
한다는 뜻이다. 옛날에 전사(戰死)한 장수(將帥)의 시체는 말가죽으로 싸서 장례(葬禮)를 치렀다고 한다.
'어찌 침대 위에 누워 아녀자의 수중(手中)에서 죽을 수 있겠소?'라는 말은, 사나이로서 여자의 시중을
받으며 편안하게 죽을 수는 없다는 뜻이다. 싸움터에 나가 살아서 돌아오지 않겠다는 굳은 각오를 나타
낸 말이다. 이렇게 '마혁과시(馬革裹屍)'는 마원(馬援)이 한 말에서 유래했다. 마원(馬援)의 국가에 대한
충성(忠誠. <u>진정에서 우러나오는 정성. 특히 임금이나 국가에 대한 것을 일컬음</u>)과 사나이에 대한 기개
(氣概. <u>어떤 어려움에도 굽히지 않는 강한 의지·意志. 또는 그러한 기상·氣像을 이르는 말</u>), 그리고
장군으로서의 굳은 각오를 나타낸 말이라고 할 수 있다. 훗날, 마원(馬援)은 귀주(貴州) 일대에서 작전하
면서 병사들은 물론 자신까지 전염병에 걸려 어려운 처지에서도 전투를 독려(督勵. <u>감독하며 격려함</u>)하

다가 끝내 전사(戰死)하고 말았다. 참고로, 원문의 '男兒要當死於邊野'에서, '男'은 사내 '남'으로 읽고, '兒'는 아이 '아'로 읽는다. '男兒'는 남자다운 남자. '要'는, 여기서는 반드시 '요', 꼭 '요'로 읽고, '當'은 마땅할 '당'으로 읽고, '死'는 죽을 '사'로 읽고, '於'는 어조사 '어'로 읽는다. '~에서(장소)'의 뜻을 나타냄. '邊'은 변방(邊方. 나라의 경계가 되는 변두리의 땅) '변'으로 읽고, '野'는 들 '야', 들판 '야'로 읽는다. '男兒要當死於邊野'를 직역(直譯)하면, 남자는 반드시 변방(邊方)의 들판에서 마땅히 죽어야 (한다). '以馬革裹屍還葬耳'에서, '以'는 써(그것을 가지고, 그것으로 인하여) '이'로 읽고, '馬'는 말 '마'로 읽고, '革'은 가죽 '혁'으로 읽고, '裹'는 쌀(물건을 안에 넣고 보이지 않게 씌워 가리거나 둘러 말) '과'로 읽고, '屍'는 시체(屍體) '시'로 읽고, '還'은 돌아올 '환'으로 읽고, '葬'은 장사(葬事. 예를 갖추어 시신을 묻거나 화장하는 일) 지낼 '장'으로 읽고, '耳'는 따름 '이', 뿐 '이'로 읽는다. '~뿐이다(한정)'의 뜻을 나타냄. '以馬革裹屍還葬耳'를 직역(直譯)하면, 말의 가죽을 가지고 시체를 싸서 돌아와 장사를 지낼 뿐이니, 여기서, '馬革裹屍'가 유래하였는데, 이것을 직역(直譯)하면, 말[馬]의 가죽으로 시체(屍體)를 싼다는 뜻으로, 전쟁에 나가 살아 돌아오지 않겠다는 굳은 결의(決意)를 비유하거나, 나라를 위한 싸움(전쟁터)에서 장렬(壯烈. 의기가 씩씩하고 열렬함)하게 죽는 것을 비유적으로 이르는 말. '何能臥牀上在兒女子手中邪'에서, '何'는 어찌(의문 부사) '하'로 읽고, '能'은 할 수 있을 '능'으로 읽고, '臥'는 누울 '와'로 읽고, '牀'은 평상(平牀. 나무로 만든 침상의 하나. 밖에다 내어 앉거나 드러누워 쉴 수 있도록 만든 것) '상'으로 읽고, '上'은 위 '상'으로 읽고, '在'는 있을 '재'로 읽고, '兒'는 아이 '아'로 읽고, '女'는 계집 '녀(여)'로 읽고, '子'는 접미사 '자'로 읽는다. '兒女子'는 여자를 낮잡아 이르는 말. '手'는 손 '수'로 읽고, '中'은 안 '중', 가운데 '중'으로 읽고, '邪'는 어조사 '야'로 읽는다. '~일 것인가?(반문)'의 뜻을 나타냄. '何能臥牀上在兒女子手中邪'를 직역(直譯)하면 어찌 평상 위에 누워서 아녀자(兒女子)의 수중(手中)에 (죽을) 수 있을 것인가? 마원(馬援)은 이 말을 통하여 남자답게 장렬(壯烈. 의기·意氣가 씩씩하고 열렬함)하게 전사(戰死)하겠다는 의지를 나타내고 있는 것이다.

마-호-체-승(馬好替乘 말 **마**/좋을 **호**/바꿀 **체**/탈 **승**) 말[馬]도 바꾸어 타는(갈아타는) (것이) 좋다는 뜻으로, 예전 것도 좋지만, 새로운 것으로 바꾸어 보는 것도 즐거움을 이르는 말.

막-가-내하(莫可奈何 없을 **막**/가히 **가**/어찌 **내**/어찌 **하**) 가(可)히 어찌하고 어찌할 (수) 없다는 뜻으로, 도무지 융통성(融通性. 그때그때의 사정과 형편을 보아 일을 처리하는 재주)이 없고 고집이 세어 어찌할 수 없음을 이르는 말. 여기서, '재주'는 순우리말로, 무엇을 잘할 수 있는, 타고난 능력과 슬기. =막무가내(莫無可奈). 🄯 무가내하(無可奈何). 무가여하(無可如何). 불가내하(不可奈何). *내하(奈何): 주로 한문투(套)의 문장 끝에서 '내하(奈何)오'의 꼴로 쓰여, '어찌함'의 뜻을 나타내는 말. *가히(可~): '능히'. '넉넉히'의 뜻.

막-감-개구(莫敢開口 없을 **막**/감히 **감**/열 **개**/입 **구**) 감(敢)히 (무서워서) 입을 열 (수가) 없다는 뜻으로, 위세(威勢. 위엄이 있는 기세)나 인격(人格)에 눌려, 잘못된 줄 알면서도 감히 논란(論難. 여럿이 서로 다른 주장을 내며 다툼)하여 겨루어 보지 못함을 이르는 말. 또는 두려워서 할 말을 감히 하지 못함을 이르는 말. *개구(開口): ①입을 벌림. ②입을 열어 말을 함. 🄫 폐구(閉口). 함구(緘口). *감히(敢~): 부록 '감(敢)' 참고.

막강-지-국(莫強之國 더할 수 없을 **막**/강할 **강**/어조사 **지**/나라 **국**) 더할 수 없이 강(強)한 나라를 이르는 말. *막강(莫强): 더할 수 없이 강함.

막강-지-궁(莫强之弓 더할 수 없을 **막**/강할 **강**/어조사 **지**/활 **궁**) 더할 수 없이 강(强)한 활이라는 뜻으로, 아주 강(强)한 활을 이르는 말. 또는 매우 세고 위력(威力. <u>상대를 압도할 만큼 강력함. 또는 그런 힘</u>)이 있는 활을 이르는 말. =막막강궁(莫莫强弓). *막강(莫强): ☞막강지국(莫强之國). *활: 부록 '궁(弓)' 참고.

막강-지-병(莫强之兵 더할 수 없을 **막**/강할 **강**/어조사 **지**/군사 **병**) 더할 수 없이 강(强)한 군사(軍士)라는 뜻으로, 아주 강(强)한 군사(軍士)를 이르는 말. =막막강병(莫莫强兵). *막강(莫强): ☞막강지국(莫强之 國). *군사(軍士): 부록 '병(兵)' 참고.

막-고-야-산(藐姑射山 멀 **막**/시어미 **고**/벼슬 이름 **야**/뫼 **산**) 옥황상제(玉皇上帝. <u>도가에서 '하느님'을 이르 는 말</u>)가 산다는 산(山) 이름으로, ①신선(神仙. <u>도·道를 닦아서 현실의 인간 세계를 떠나 자연과 벗하며 산다는 상상·想像의 사람을 이르는 말. 세속적·世俗的인 상식·常識에 구애·拘碍되지 않고, 고통이나 질병도 없으며 죽지 않는다고 함</u>)들이 살고 있는 별천지(別天地. <u>속세·俗世와는 매우 다른 좋은 세계</u>)를 이르는 말. ②북해(北海. <u>북쪽의 바다</u>)의 바다 속에 있다고 전하는, 신선(神仙)들이 사는 곳을 이르는 말. *시어미: 부록 '고(姑)' 참고. 이 사자성어의 유래는 다음과 같다. 『장자(莊子)·내편(內篇)』의 「소요유 (逍遙遊)」 편(篇)에 [어느 날 견오(肩吾)가 연숙(連叔)에게 이런 말을 했다. "내가 초(楚)나라의 은사(隱士. <u>벼슬을 하지 않고 숨어 사는 선비</u>)인 접여(接輿)에게서 말을 들었는데, 그 말이 도무지 크기만 했지, 합당하지 않고, 앞으로 나아가기만 했지 돌아올 줄 모르더군. 나는 그 이야기가 마치 은하수처럼 끝없이 이어져 두렵기까지 하였다네. 도대체 길과 뜰처럼 동떨어져 상식으로는 이해할 수 없었다네." "그 말이 어떤 것이었는가?" 연숙(連叔)이 묻자, 견오(肩吾)가 대답했다.]〈"막고야산(藐姑射山)에, 신인(神人)이 살고 있는데, 피부는 얼음이나 눈처럼 희고, 몸매는 처녀같이 진흙처럼 부드럽다네, 오곡(五穀)을 먹지 않고 바람과 이슬을 빨아들이며, 구름의 정기(精氣. <u>천지 만물을 생성하는 원천이 되는 기운</u>)를 타고 비룡(飛龍)을 부리면서 세상 밖에까지 나가 논다고 하네. 즉, 막고야산(藐姑射山)에는 이런 신선(神仙)이 살고 있다는 것이다. 그래서 '막고야산(藐姑射山)'은 신선(神仙)들이 사는 별천지(別天地)인 것이다. 그런 데 장자(莊子. <u>중국 전국시대·戰國時代의 사상가, 도가·道家 사상의 중심인물</u>)가 말하고 있는 '막고야산 (藐姑射山)'은 바로 무위(無爲. <u>사람의 지혜나 힘을 더하지 아니함</u>)의 도(道)를 갖춘 자유인(自由人)이 사는 곳을 가리킨다고 한다.(曰, **藐姑射之山**, 有神人居焉, 肌膚若氷雪, 淖約若處子, 不食五穀, 吸風飮露, 乘雲氣, 御飛龍, 而遊乎四海之外.)〉 [그가 정기(精氣. <u>천지 만물을 생성하는 원천이 되는 기운</u>)를 한 곳에 모으면 만물(萬物. <u>온갖 물건 또는 세상에 있는 모든 것</u>)이 병들지 않고 곡식도 잘 영근다네. 하도 허황 된 이야기라서 믿어지지가 않는군."]라는 이야기가 나오는데, '막고야지산(藐姑射之山)'에서, '막고야산 (藐姑射山)'이 유래했다. 그런데 일설(一說. <u>하나의 설</u>)에 의하면, '막고야산(藐姑射山)'에서, '고야산(姑 射山)'은 늙지도 죽지도 않는 신선(神仙)들이 사는 선경(仙境. <u>신선이 산다는 곳. 또는 속세·俗世를 떠난, 깨끗한 곳</u>)으로 전해지고 있다. 그리고 '막(藐)'은 '멀다'는 뜻이므로, '막고야산(藐姑射山)'은 세속(世俗. <u>사람이 살고 있는 모든 사회를 통틀어 이르는 말</u>)과 멀리 떨어져 있는 '고야산(姑射山)'이라는 의미로 해석할 수도 있다. 참고로, 원문의 '藐姑射之山'에서, '藐'은 멀 '막'으로 읽고, '姑'는 시어미 '고'로 읽고, '射'는 쏠 '사'로 읽으나, 여기서는 벼슬 이름 '야'로 읽고, '之'는 어조사 '지'로 읽는다. '~의'를 나타내는 관형격 조사. '山'은 뫼(<u>'산'의 옛말</u>) '산'으로 읽는다. '藐姑射之山'을 직역(直譯)하면, 막고야(藐姑射)의 산(山)에, 여기서, '藐姑射山'이 유래하였는데, 이것을 직역(直譯)하면, 옥황상제(玉皇上帝. 도가에서 '하느님'을 이르는 말)가 산다는 산(山) 이름으로, ①신선(神仙)들이 살고 있는 별천지(別天地. 속세·俗世와는 매우 다른 좋은 세계)를 이르는 말. ②북해(北海)의 바다 속에 있다고 전하는, 신선(神仙)들이 사는 곳을 이르는 말. '有神人居焉'에서, '有'는 있을 '유'로 읽고, '神'은 귀신(鬼神) '신', 신(神) '신'으로 읽고, '人'은 사람 '인'으로 읽는다. '神人'은 신(神)과 같이 신령하고 숭고한 사람. '居'는 살 '거'로 읽고, '焉'은 어조사 '언'으로 읽는다. '~이다(단정)'의 뜻을 나타냄. '有神人居焉'을 직역(直譯)하면, (어떤) 신인(神人)이 살고 있었다. '肌膚若氷雪'에서, '肌'는 살(사람이나 동물의 뼈를 싸서 몸을 이루는 부드러운 부분) '기'로 읽고. '膚'는 살갗 '부'로 읽는다. '肌膚'는 사람이나 동물의 몸을 싸고 있는 살이나 살가죽. '若'은 같을 '약'으로 읽고, '氷'은 얼음 '빙'으로 읽고, '雪'은 눈 '설'로 읽는다. '肌膚若氷雪'을 직역(直譯)하면, 살이나 살갗은 얼음이나 눈과 같고, 즉, 피부가 얼음이나 눈처럼 희다는 말이다. '淖約若處子'에서, '淖'는 진흙 '뇨(요)'로 읽고, '約'은 유약할(柔弱~. 부드럽고 약할) '약'으로 읽고, '若'은 같을 '약'으로 읽고, '處'는 곳 '처'로 읽고, '子'는, 여기서 접미사 '자'로 읽는다. '處子'는 '처녀'와 같은 말로, 결혼하지 아니한, 성년(成年)인 여자를 일컬음. '淖約若處子'를 직역(直譯)하면, (몸매는) 처자(處子)같이 진흙처럼 유약하다. '不食五穀'에서, '不'은 아닐(부정하는 말) '불'로 읽고, '食'은 먹을 '식'으로 읽고, '五'는 다섯 '오'로 읽고, '穀'은 곡식 '곡'으로 읽는다. '五穀'은 다섯 가지의 주요 곡식. 곧, 쌀, 보리, 조, 콩, 기장 따위를 말한다. '不食五穀'을 직역(直譯)하면, 오곡(五穀)을 먹지 아니하고, '吸風飮露'에서, '吸'은 마실 '흡', 빨아들일 '흡'으로 읽고, '風'은 바람 '풍'으로 읽고, '飮'은 마실 '음'으로 읽고, '露'는 이슬 '로(노)'로 읽는다. '吸風飮露'를 직역(直譯)하면, 바람을 빨아들이고 이슬을 마셔, '乘雲氣'에서, '乘'은 탈 '승'으로 읽고, '雲'은 구름 '운'으로 읽고, '氣'는 기운 '기'로 읽는다. '雲氣'는 기상에 따라 구름이 움직이는 모양. 또는 공중으로 떠오르는 기운. '乘雲氣'를 직역(直譯)하면, 구름의 기운을 타고, '御飛龍'에서, '御'는 말 부릴 '어'로 읽고, '飛'는 날 '비'로 읽고, '龍'은 용(龍) '룡(용)'으로 읽는다. '飛龍'은 하늘을 나는 용. '御飛龍'을 직역(直譯)하면, 하늘을 나는 용(龍)이 말 부리듯, '而遊乎四海之外'에서, '而'는 말 이을 '이'로 읽는다. '그리고'의 뜻을 나타냄. '遊'는 놀 '유'로 읽고, '乎'는 어조사 '호'로 읽는다. 여기서는 '~까지'의 뜻을 나타냄. '四'는 넉 '사'로 읽고, '海'는 바다 '해'로 읽는다. '四海'는 사방(四方)의 바다. 또는 온 세상. '之'는 어조사 '지'로 읽는다. '~의'를 나타내는 관형격 조사. '外'는 바깥 '외'로 읽는다. '而遊乎四海之外'를 직역(直譯)하면, 그리고 온 세상의 바깥까지 (가서) 논다.

막-막-강궁(莫莫强弓 더할 수 없을 **막**/더할 수 없을 **막**/강할 **강**/활 **궁**) 더할 수 없고 더할 수 없이 강(强)한 활이라는 뜻으로, 아주 강(强)한 활을 이르는 말. 또는 매우 세고 위력(威力. 상대를 압도할 만큼 강력함. 또는 그런 힘)이 있는 활을 이르는 말. =막강지궁(莫强之弓). *강궁(强弓): ①탄력(彈力. 탄성체가 외부로부터 가해진 힘에 저항하여 본디의 상태로 돌아가려고 하는 힘)이 매우 세고 큰 활. ②활의 세기에서 탄력(彈力)이 가장 센 등급의 각궁(角弓. 쇠뿔, 양뿔 따위로 꾸민 활)을 이르는 말. *활: 부록 '궁(弓)' 참고.

막-막-강병(莫莫强兵 더할 수 없을 **막**/더할 수 없을 **막**/강할 **강**/군사 **병**) 더할 수 없고 더할 수 없이 강(强)한 군사(軍士)라는 뜻으로, 아주 강(强)한 군사(軍士)를 이르는 말. =막강지병(莫强之兵). *강병(强兵): 굳센 병정. 또는 강한 군대. *군사(軍士): 부록 '병(兵)' 참고.

막막-궁-산(寞寞窮山 더할 수 없을 **막**/더할 수 없을 **막**/궁할 **궁**/뫼 **산**) 더할 수 없고 더할 수 없이 궁(窮)한 뫼('산'의 옛말)라는 뜻으로, 고요하고 쓸쓸한 느낌이 드는 깊은 산속을 이르는 말. 또는 인적이 없어 적막하도록 깊고 높은 산을 이르는 말. *막막(寞寞): ①쓸쓸하고 고요함. ②의지할 데 없이 외롭고 답답함. ③꽉 막힌 듯이 답답함. *궁하다(窮~): 부록 '궁(窮)' 참고.

막막-대해(漠漠大海 아득할 **막**/아득할 **막**/클 **대**/바다 **해**) 아득하고 아득한 큰 바다라는 뜻으로, 끝없이 넓게 펼쳐진 아득한 바다를 이르는 말. *막막(漠漠): ①아주 넓거나 멀어 아득함. ②아득하고 막연함. *대해(大海): 넓은 바다. *아득하다: ①가물가물하거나 들릴 듯 말 듯 할 정도로 매우 멀다. ②까마득하게 오래다. 여기서는 ①의 뜻.

막-무가내(莫無可奈 없을 **막**/없을 **무**/가히 **가**/어찌 **내**) 가(可)히 어찌할 (수가) 없고 없다는 뜻으로, 도무지 융통성(融通性. 그때그때의 사정과 형편을 보아 일을 처리하는 재주)이 없고 고집이 세어 어찌할 수 없음을 이르는 말. 여기서, '재주'는 순우리말로, 무엇을 잘할 수 있는, 타고난 능력과 슬기. =막가내하(莫可奈何). 무가내하(無可奈何). 同 무가여하(無可如何). 불가내하(不可奈何). *무가내(無可奈): =막무가내(莫無可奈). *가히(可~): '능히', '넉넉히'의 뜻.

막-부득이(莫不得已 더할 수 없을 **막**/아닐 **부**/얻을 **득**/이미 **이**) 부득이(不得已) 더할 수 없다는 뜻으로, '부득이(不得已)'를 강조하여 이르는 말. 하는 수 없이. 마지못하여. 어찌할 수가 없어서. =만부득이(萬不得已). *부득이(不得已): 同 마지못하여. 하는 수 없이. *이미: 돌이킬 수 없이 된 지난 일을 일컬을 때 쓰는 말.

막비-명-야(莫非命也 없을 **막**/아닐 **비**/목숨 **명**/어조사 **야**) 목숨이 아닌 것이 없다는 뜻으로, 모든 것이 다 운명(運命)에 달려 있음을 이르는 말. *막비(莫非): '아닌 게 아니라'를 한문 투(套)로 이르는 말.

막비-왕신(莫非王臣 없을 **막**/아닐 **비**/임금 **왕**/신하 **신**) 임금의 신하(臣下)가 아닌 (것이) 없다는 뜻으로, 왕의 신하(臣下)가 아닌 사람이 없음을 이르는 말. 즉, 모두 왕의 신하(臣下)임을 일컫는다. *막비(莫非): ☞막비명야(莫非命也). *왕신(王臣): 임금의 신하. 이 사자성어의 유래는 다음과 같다. 『시경(詩經)·소아(小雅)』의 「북산(北山)」편(篇)에 〈저쪽을 건너서 북쪽 산에 올라서 뜯는 것은 구기자(枸杞子) / 건장한 사나이들 아침저녁 일일세. / 나랏일 끊임없어 부모님 걱정시키네. / 하늘 밑에 왕의 땅 아닌 곳 없고 / 어느 땅에 왕의 신하 아닌 사람 있으리.(陟彼北山, 言采其杞, 偕偕士子, 朝夕從事, 王事靡盬, 憂我父母, 溥天之下, 莫非王土, **率土之濱, 莫非王臣**.)〉라는 시구(詩句)가 나오는데, '어느 땅에 왕의 신하 아닌 사람 있으리.(率土之濱, 莫非王臣)'에서, '막비왕신(莫非王臣)'이 유래했다. 이 시(詩)는 주(周)나라 유왕(幽王) 때 백성들이 부역(賦役. 국가나 공공 단체가 특정한 공익사업을 위하여 보수 없이 국민에게 의무적으로 책임을 지우는 노역·勞役)에 끌려 나가, 부모를 봉양할 수 없음을 탄식한 노래로, 모두 6장으로 되어 있다. 참고로, 원문의 '陟彼北山'에서, '陟'은 오를 '척'으로 읽고, '彼'는 저쪽 '피'로 읽고, '北'은 북녘 '북'으로 읽고, '山'은 뫼('산'의 옛말) '산'으로 읽는다. '北山'은 산 이름. '涉彼北山'을 직역(直譯)하면, 저쪽을 (건너) 북산(北山)에 올라. 여기서, '北山之感'이 유래하였는데, 이것을 직역(直譯)하면, 북녘 뫼('산'의 옛말)의 느낌. 즉, 북산(北山)에 깊이 감격(感激)하여 마음속에 사무치는 느낌이라는 뜻으로, 나라 일로 인해 부모님을 제대로 봉양(奉養)하지 못하는 자식(子息)의 안타까운 마음을 비유적으로 이르는 말. '言采其杞'에서, '言'은 말씀 '언'으로 읽는다. 여기서는 운율을 맞추기 위한 것으로, 내용상 아무런 뜻이 없다. ‘采’는 캘 ‘채’, 뜻을 ‘채’로 읽고, ‘其’는 그(지시하는 말) ‘기’로 읽고, ‘杞’는 구기자(枸杞子. 구기자나무의 열매. 해열제와 강장제로 사용) ‘기’로 읽는다. ‘言采其杞’를 직역(直譯)하면, 캐는(뜯는) 것은 구기자네. ‘偕偕士子’에서, ‘해(偕)’는 굳셀 ‘해’로 읽는다. ‘해해(偕偕)’는 굳세고 씩씩한 모양. ‘士’는 선비 ‘사’로 읽고, ‘子’는 아들 ‘자’로 읽는다. ‘士子’는 ‘사인(士人)’과 같은 말로, 벼슬을 하지 않은 선비. ‘偕偕士子’를 직역(直譯)하면, 굳세고 씩씩한 선비들은, ‘朝夕從事’에서, ‘朝’는 아침 ‘조’로 읽고 ‘夕’은 저녁 ‘석’으로 읽고, ‘從’은 좇을 ‘종’으로 읽고, ‘事’는 일 ‘사’로 읽는다. ‘朝夕從事’를 직역(直譯)하면, 아침과 저녁으로 일을 좇아서 해도, ‘王事靡盬’에서, ‘王’은 임금 ‘왕’으로 읽고, ‘事’는 일 ‘사’로 읽는다. ‘王事’는 임금이나 나라를 위하여 하는 일. ‘靡’는 없을 ‘미’로, ‘盬’는 소금밭 ‘고’로 읽는다. ‘王事靡盬’를 직역(直譯)하면, 나라를 위하여 하는 일은 소금밭처럼 (끊임)이 없으니, ‘憂我父母’에서, ‘憂’는 근심 ‘우’로 읽고, ‘我’는 나(1인칭 대명사) ‘아’로 읽고, ‘父’는 아버지 ‘부’로 읽고, ‘母’는 어머니 ‘모’로 읽는다. ‘憂我父母’를 직역(直譯)하면, 내가 부모를 근심한다. ‘溥天之下’에서, ‘溥’는 넓을 ‘보’, 펼 ‘부’로 읽는다. 여기서는 ‘普’와 훈과 음이 같음. ‘天’은 하늘 ‘천’으로 읽고, ‘之’는 어조사 지로 읽는다. ‘~의’를 나타내는 관형격 조사. ‘下’는 아래 ‘하’로 읽는다. ‘溥天之下’는 ‘넓은 하늘의 아래’라는 뜻으로, 온 세상이나 넓은 세상을 이르는 말. 그런데 출전의 원문과는 달리, 사자성어로는 ‘普天之下’로 쓴다. ‘莫非王土’에서, ‘莫’은 없을 ‘막’으로 읽고, ‘非’는 아닐 ‘비’로 읽는다. ‘莫非’를 직역(直譯)하면, ~이 아닌 것이 없음. ‘王’은 임금 ‘왕’으로 읽고, ‘土’는 땅 ‘토’, 영토 ‘토’로 읽는다. ‘莫非王土’를 직역(直譯)하면, 임금의 땅이 아닌 (곳이) 없다는 뜻으로, 모두 왕의 영토임을 이르는 말. ‘率土之濱’에서, ‘率’은 거느릴 ‘솔’로 읽는다. ‘率土’는 ‘率土之濱’과 같은 말이다. ‘濱은 물가(바다, 강, 못 따위와 같이 물이 있는 곳의 가장자리) ‘빈’으로 읽는다. ‘率土之濱’은 온 나라의 영토 안에는, 그런데 위에 나오는 ‘普天之下’의 ‘普天’과 ‘率土之濱’의 ‘率土’를 합하여 ‘普天率土’가 유래하였는데, 이것을 직역(直譯)하면, 넓은 하늘과 거느리는 흙. 즉, 온 하늘의 아래와 온 땅의 끝이라는 뜻으로, 온 천하(天下)를 이르는 말. 또는 온 세상(世上)을 이르는 말. ‘莫非王臣’에서, ‘臣’은 신하 ‘신’으로 읽는다. ‘莫非王臣’을 직역(直譯)하면, 임금의 신하(臣下)가 아닌 (것이) 없다는 뜻으로, 왕의 신하(臣下)가 아닌 사람이 없음을 이르는 말. 즉, 모두 왕의 신하(臣下)임을 일컫는다.

막비-왕토(莫非王土 없을 **막**/아닐 **비**/임금 **왕**/땅 **토**) 임금의 땅이 아닌 (곳이) 없다는 뜻으로, 모두 왕의 영토임을 이르는 말. *막비: ☞막비명야(莫非命也). *왕토(王土): 임금의 영토. 이 사자성어의 유래는 다음과 같다. 『시경(詩經)·소아(小雅)』의 「북산(北山)」 편(篇)에 〈저쪽을 건너서 북쪽 산에 올라서 뜯는 것은 구기자(枸杞子) / 건장한 사나이들 아침저녁 일일세. / 나랏일 끊임없어 부모님 걱정시키네. / 하늘 밑에 왕의 땅 아닌 곳 없고 / 어느 땅에 왕의 신하 아닌 사람 있으리.(陟彼北山, 言采其杞, 偕偕士子, 朝夕從事, 王事靡盬, 憂我父母, **普天之下, 莫非王土**, 率土之濱, 莫非王臣.)〉라는 시구(詩句)가 나오는데, ‘하늘 밑에 왕의 땅 아닌 곳 없고.(普天之下, 莫非王土)’에서, ‘막비왕토(莫非王土)’가 유래했다. 이 시(詩)는 주(周)나라 유왕(幽王) 때 백성들이 부역(賦役. 국가나 공공 단체가 특정한 공익사업을 위하여 보수 없이 국민에게 의무적으로 책임을 지우는 노역·勞役을 이르는 말)에 끌려 나가, 부모를 봉양할 수 없음을 탄식한 노래로, 모두 6장으로 되어 있다. 나머지 구체적인 내용은 ⇨막비왕신(莫非王臣).

막상-막-하(莫上莫下 아닐 **막**/위 **상**/아닐 **막**/아래 **하**) 위[上]도 아니고 아래[下]도 아니라는 뜻으로, 낫고 못하고를 가리기 어려울 만큼 서로 차이가 거의 없음을 이르는 말. 더 낫고 더 못함의 차이가 거의 없음을 이르는 말. 즉, 실력이 엇비슷하여 우열(優劣. <u>우수함과 열등함</u>)을 가리기 힘들다는 의미다. 참 난형난제(難兄難弟). *막상(莫上): 서열 따위가 아주 위임.

막엄-지-지(莫嚴之地 없을 **막**/엄숙할 **엄**/어조사 **지**/땅 **지**) (더할 바) 없이 엄숙(嚴肅)한 땅(곳)이라는 뜻으로, 임금의 앞이나, 임금이 거처하는 곳을 이르는 말. *막엄(莫嚴): 더할 바 없이 엄숙함. *엄숙하다(嚴肅~): 장엄(莊嚴. <u>엄숙하고 위엄이 있음</u>)하고 정숙하다.

막역-지-간(莫逆之間 없을 **막**/거스를 **역**/어조사 **지**/사이 **간**) 거스르는 (일이) 없는 사이라는 뜻으로, 허물(<u>옳게 하지 못한 일. 또는 제대로 되지 못한 일. =잘못</u>)이 없는 아주 친(親)한 친구 사이를 이르는 말. *막역(莫逆): 허물이 없이 아주 친함. *거스르다: 부록 '역(逆)' 참고.

막역-지-교(莫逆之交 없을 **막**/거스를 **역**/어조사 **지**/사귈 **교**) 거스르는 (일이) 없는 사귐이라는 뜻으로, 허물(<u>옳게 하지 못한 일. 또는 제대로 되지 못한 일. =잘못</u>)이 없이 아주 친(親)한 사귐을 이르는 말. *막역(莫逆): ☞막역지간(莫逆之間). *거스르다: 부록 '역(逆)' 참고.

막역-지-우(莫逆之友 없을 **막**/거스를 **역**/어조사 **지**/벗 **우**) (마음이 맞아서 서로) 거스르는 (일이) 없는 벗이라는 뜻으로, 허물(<u>옳게 하지 못한 일. 또는 제대로 되지 못한 일. =잘못</u>)이 없이 아주 친(親)한 친구를 이르는 말. 또는 허물없는 친한 벗이라는 뜻으로, 서로 다툼이 없는 매우 친한 친구를 이르는 말. *막역(莫逆): ☞막역지간(莫逆之間). *거스르다: 부록 '역(逆)' 참고.

막-왕-막-래(莫往莫來 아닐 **막**/갈 **왕**/아닐 **막**/올 **래**) 가지도 아니하고 오지도 아니한다는 뜻으로, 서로가 오고 가지 않음을 이르는 말.

막중-국사(莫重國事 더할 수 없을 **막**/중요할 **중**/나라 **국**/일 **사**) 더할 수 없을 (만큼) 중요한 나라의 일이라는 뜻으로, 더할 수 없이 중대(重大)한 나랏일을 이르는 말. *막중(莫重): 매우 중요함. 또는 더할 수 없이 소중함. *국사(國事): 나라의 중대한 일. 또는 나라 전체에 관련되는 일. 흔히 정치적인 일을 일컫는다. =나랏일.

막중-대사(莫重大事 더할 수 없을 **막**/중요할 **중**/클 **대**/일 **사**) 더할 수 없이 중요(重要)하고 큰일이라는 뜻으로, 더 없이 중대(重大)한 일을 이르는 말. 또는 더할 나위 없는 큰일을 이르는 말. *막중(莫重): ☞막중국사(莫重國事). *대사(大事): ①=큰일. 즉, 예식이나 잔치 따위를 치르는 일. ②=대례(大禮). 즉, 혼인을 치르는 큰 예식.

막-지-동서(莫知東西 없을 **막**/알 **지**/동녘 **동**/서녘 **서**) 동녘과 서녘을 (분간하여) 아는 (것이) 없다. 즉, 동쪽과 서쪽을 알지(<u>분간하지</u>) 못한다는 뜻으로, 사리(事理. <u>일의 이치</u>)를 모르는 어리석음을 비유적으로 이르는 말. *동서(東西): ①=동서쪽. 즉, 동쪽과 서쪽을 이르는 말. ②동쪽에서 서쪽으로 향하는 방향. ③동양(東洋)과 서양(西洋)을 아울러 이르는 말. ④공산주의 진영과 자유주의 진영을 아울러 이르는 말.

막-천-석-지(幕天席地 장막 **막**/하늘 **천**/자리 **석**/땅 **지**) 하늘의 장막(帳幕)과 땅의 자리. 즉, 하늘을 장막(帳幕)으로 삼고 땅을 자리로 삼는다는 뜻으로, 지기(志氣. <u>어떤 일을 이루려고 하는 뜻과 기개</u>)가 웅대(雄大. <u>웅장하고 큼</u>)함을 비유적으로 이르는 말. *장막(帳幕): ①사람이 들어가 볕이나 비를 피할 수 있도록 한데에 둘러치는 막(幕). ②안을 보지 못하게 둘러치는 막(幕). *자리: 부록 '석(席)' 참고.

막후-교섭(幕後交涉 휘장 **막**/뒤 **후**/오고갈 **교**/관계할 **섭**) 휘장(揮帳) 뒤로 오고가는 관계(關係)라는 뜻으로, 겉으로 드러나지 아니하게 은밀히(隱密~. <u>숨어 있어서 겉으로 드러나지 아니하게</u>) 하는 교섭(交涉)

을 비유적으로 이르는 말. *막후(幕後): ①보이지 아니하는 막(幕)의 뒤. ②표면으로 드러나지 아니한 뒤편. =배후(背後). *교섭(交涉): ①어떤 일을 이루기 위하여 상대편과 의논함. ②관계를 가짐. *휘장(揮帳): 부록 '막(幕)' 참고.

만경-유리(萬頃琉璃 일만 **만**/백 이랑 **경**/유리 **유**/유리 **리**) 백(百) 이랑이 일만(一萬) (가지의) 유리(琉璃)와 유리(琉璃). 즉, 넓고 넓은 유리(琉璃)라는 뜻으로, 유리(琉璃)처럼 반반하고 아름다운 바다를 비유적으로 이르는 말. *만경(萬頃): 백만(百萬) 이랑이라는 뜻으로, 지면이나 수면이 아주 넓음을 이르는 말. *유리(琉璃): 규사(硅砂)와 소다회, 석회 따위를 섞어서 녹였다가 급히 냉각시켜 만든 물질. 단단하고 투명하나 깨어지기 쉬움. '유리그릇'의 유리이다. *이랑: ①갈아 놓은 논밭의 '한 두둑(논이나 밭 가장자리에 경계를 이룰 수 있도록 두두룩하게 만든 것)과 한 고랑(밭이나 논의 두둑의 사이)'을 아울러 이르는 말. ②(의존 명사적 용법) 갈아 놓은 논밭의 '한 두둑과 한 고랑'을 하나로 묶어 세는 단위.

만경-징-파(萬頃澄波 일만 **만**/백 이랑 **경**/맑을 **징**/물결 **파**) 백(百) 이랑이 일만(一萬) (가지의) 맑은 물결이라는 뜻으로, 한없이 넓은 바다나 호수(湖水)의 맑은 물결을 비유적으로 이르는 말. 囹 만경창파(萬頃蒼波). *만경(萬頃): ☞만경유리(萬頃琉璃). *이랑: ☞만경유리(萬頃琉璃).

만경-창파(萬頃蒼波 일만 **만**/백 이랑 **경**/푸를 **창**/물결 **파**) 백(百) 이랑이 일만(一萬) (가지의) 푸른 물결이라는 뜻으로, 한없이 넓고 넓은 바다나 호수의 푸른 물결을 비유적으로 이르는 말. 囘 만리창파(萬里蒼波). *만경(萬頃): ☞만경유리(萬頃琉璃). *창파(蒼波): 푸른 물결. *이랑: ☞만경유리(萬頃琉璃).

만경-창해(萬頃滄海 일만 **만**/백 이랑 **경**/푸를 **창**/바다 **해**) 囹 백(百) 이랑이 일만(一萬) (가지의) 푸른 바다라는 뜻으로, 끝없이 넓고 넓은 바다를 비유적으로 이르는 말. *만경(萬頃): ☞만경유리(萬頃琉璃). *창해(滄海): 넓고 푸른 바다. *이랑: ☞만경유리(萬頃琉璃).

만고-강산(萬古江山 일만 **만**/옛 **고**/강 **강**/뫼 **산**) 일만(一萬) (년이 된) 옛 강(江)과 뫼('산'의 옛말)라는 뜻으로, ①아주 오랜 세월 동안 변함이 없는 산천(山川)을 이르는 말. ②강산(江山)을 유람(遊覽. 구경하며 돌아다님)하며 절경(絕景. 더할 나위 없이 아름다운 경치, 또는 썩 좋은 경치)을 찬탄(讚嘆·歎. 깊이 감동하여 찬양함)한 단가(短歌. 짧은 노래)의 하나를 이르는 말. 중모리장단에 맞추어 부르며, "만고강산 유람할 제 삼신산(三神山)이 어디메뇨……"로 시작된다. *만고(萬古): ①매우 먼 옛날. ②아주 오랜 세월 동안. ③세상에 비길 데가 없음. *강산(江山): ①(강과 산이라는 뜻으로) 자연의 경치를 이르는 말. ②=강토(疆土). 즉, 나라의 영토. 국경 안에 있는 땅.

만고-불멸(萬古不滅 일만 **만**/옛 **고**/아닐 **불**/없어질 **멸**) 일만(一萬) 년(年)이 (된), 옛것이 없어지지 아니한다는 뜻으로, 아주 오랜 세월 동안 없어지지 아니함을 이르는 말. 또는 오랜 옛적부터 없어지지 않음을 이르는 말. *만고(萬古): ☞만고강산(萬古江山). *불멸(不滅): 영원히 없어지지 않음. 또는 멸망하지 않음.

만고-불변(萬古不變 일만 **만**/옛 **고**/아닐 **불**/변할 **변**) 일만(一萬) 년(年)이 (된), 옛것이 변하지 아니한다는 뜻으로, 아주 오랜 세월 동안 변하지 아니함을 이르는 말. 또는 오랜 옛적부터 없어지지 않음을 이르는 말. =만대불변(萬代不變). 만세불변(萬世不變). *만고(萬古): ☞만고강산(萬古江山). *불변(不變): 변하지 아니함. 또는 변하게 하지 아니함.

만고-불역(萬古不易 일만 **만**/옛 **고**/아닐 **불**/바꿀 **역**) 일만(一萬) 년(年)이 (된), 옛것이 바뀌지 아니한다는 뜻으로, 아주 오랜 세월 동안 바뀌지 아니함을 이르는 말. =만대불역(萬代不易). 만세불역(萬世不易).

*만고(萬古): ☞만고강산(萬古江山). *불역(不易): 바뀌지 않음. 또는 고칠 수 없음.

만고-불후(萬古不朽 일만 **만**/옛 **고**/아닐 **불**/썩을 **후**) 일만(一萬) 년(年)이 (된), 옛것이 썩지 아니한다는 뜻으로, 오랜 세월을 두고 썩어 없어지지 아니함을 이르는 말. 또는 아주 오랜 세월 동안 변하거나 사라지지 아니함을 이르는 말. =만대불후(萬代不朽). 만세불후(萬世不朽). *만고(萬古): ☞만고강산(萬古江山). *불후(不朽): 썩지 아니함. 곧, 영원히 없어지지 아니함.

만고-상청(萬古常青 일만 **만**/옛 **고**/항상 **상**/푸를 **청**) 일만(一萬) 년(年)이 (된), 옛것이 항상 푸르다는 뜻으로, 아주 오랜 세월 동안 변함없이 언제나 푸름을 이르는 말. *만고(萬古): ☞만고강산(萬古江山). *상청(常青): 늘 푸름.

만고-역적(萬古逆賊 일만 **만**/옛 **고**/거역할 **역**/해칠 **적**) 일만(一萬) 년(年)이 (된), 옛것을 거역(拒逆)하고 해(害)친다는 뜻으로, 세상에 다시없을 끔찍한 역적(逆賊). 또는 역사에 유례(類例)없는 역적(逆賊)을 이르는 말. *만고(萬古): ☞만고강산(萬古江山). *역적(逆賊): 자기 나라나 민족, 통치자를 반역한 사람. *거역하다(拒逆~): 윗사람의 뜻이나 명령을 어기어 거스르다. *해치다(害~): ①해롭게 하다. ②(남을) 다치게 하거나 죽이다.

만고-절담(萬古絕談 일만 **만**/옛 **고**/다시없을 **절**/말씀 **담**) 일만(一萬) 년(年)이 (된), 옛것이 다시없을 말[談]이라는 뜻으로, 세상에 유례(類例)가 없을 만큼 훌륭한 말[談]을 이르는 말. 또는 역사(歷史)에 유례(類例)없는 훌륭한 말[談]을 이르는 말. *만고(萬古): ☞만고강산(萬古江山). *절담(絕談): 썩 잘된 말.

만고-절색(萬古絕色 일만 **만**/옛 **고**/뛰어날 **절**/낯빛 **색**) 일만(一萬) 년(年)이 (된), 옛것이 뛰어난 낯빛이라는 뜻으로, 세상에 유례(類例)가 없을 만큼 뛰어난 미인을 이르는 말. 세상에 비길 데 없이 뛰어난 미인(美人)을 이르는 말. *만고(萬古): ☞만고강산(萬古江山). *절색(絕色): (다시없을 정도의) 빼어난 미색(美色)을 이르는 말. 여기서, '미색(美色)'은 ①아름다운 빛깔. ②아름다운 여자의 얼굴. 또는 그런 여자. 여기서는 ②의 뜻. *낯빛: 얼굴빛. 안색(顏色).

만고-절창(萬古絕唱 일만 **만**/옛 **고**/뛰어날 **절**/노래 부를 **창**) 일만(一萬) 년(年)이 (된), 옛것이 뛰어나게 노래 부른다는 뜻으로, 세상에 비길 데 없이 뛰어난 명창(名唱. <u>뛰어나게 노래를 잘 부르는 사람. 또는 그 노래</u>)을 이르는 말. *만고(萬古): ☞만고강산(萬古江山). *절창(絕唱): ①썩 잘 부름. 또는 그런 노래. ②썩 잘 지은 시문(詩文).

만고-천추(萬古千秋 일만 **만**/옛 **고**/일천 **천**/가을 **추**) 일만(一萬) 년(年)이 (된), 옛것이 일천(一千) (해의) 가을 같다는 뜻으로, 한없이 오랜 세월. 또는 오래고 영원(永遠)한 세월을 비유적으로 이르는 말. =천추만고(千秋萬古). *만고(萬古): ☞만고강산(萬古江山). *천추(千秋): 오래고 긴 세월. 또는 먼 장래.

만고-천하(萬古天下 일만 **만**/옛 **고**/하늘 **천**/아래 **하**) 일만(一萬) 년(年)이 (된), 옛것이 하늘 아래에 (있다는) 뜻으로, ①아득한 옛날의 세상(世上)을 이르는 말. ②만대(萬代)에 영원한 이 세상(世上)을 이르는 말. *만고(萬古): ☞만고강산(萬古江山). *천하(天下): ①온 세상. 또는 하늘 밑. ②한 나라. 또는 정권. ③(관형사적 용법) 세상에 드묾. 또는 세상에 다시없음.

만고-풍상(萬古風霜 일만 **만**/옛 **고**/바람 **풍**/서리 **상**) 일만(一萬) 년(年)이 (된), 옛것의 바람과 서리. 즉, 일만(一萬) 년(年)이 되도록 옛 것이 겪은 바람과 서리라는 뜻으로, 아주 오랜 세월 동안 겪어온 많은 고난이나 고생을 비유적으로 이르는 말. 또는 오랫동안 겪어 온 바람, 서리 같은 쓰라린 고생을 이르는 말. 옛날 농경 시대에는 바람과 서리가 하나의 시련(試鍊)이었다. =만고풍설(萬古風雪). *만고(萬古): ☞만고강산(萬古江山). *풍상(風霜): ①바람과 서리. ②세상의 모진 고문(拷問. 피의자에게 여러 가지 신체적 고통을 주어 강제로 자백·自白하게 하는 일. 또는 숨기고 있는 사실을 알아내기 위하여 육체적, 정신적 고통을 주며 신문·訊問함)이나 고통을 비유적으로 이르는 말.

만구-성-비(萬口成碑 일만 **만**/입 **구**/이룰 **성**/비석 **비**) 일만(一萬) (사람의) 입[口]이 비석(碑石)을 이룬다. 즉, 많은 사람의 말(입)이 비석(碑石)을 만들게 한다는 뜻으로, 여러 사람의 칭찬(稱讚)은 칭찬 받는 이의 송덕비(頌德碑. 공덕·功德을 기리기 위하여 세운 비석·碑石)를 세워주는 것과 같음을 비유적으로 이르는 말. *만구(萬口): ①많은 사람의 입. ②많은 사람. 또는 많은 사람이 하는 말. *비석(碑石): 부록 '비(碑)' 참고.

만구-일-담(萬口一談 일만 **만**/입 **구**/한 **일**/말씀 **담**) 일만(一萬) (사람의) 입[口]이 하나의 말[談]. 즉, 만(萬) 사람의 말들이 다 같다(일치하다)는 뜻으로, 많은 사람의 의견이 일치(一致)함을 이르는 말. *만구(萬口): ☞만구성비(萬口成碑).

만구-칭송(萬口稱頌 일만 **만**/입 **구**/칭찬할 **칭**/칭송할 **송**) 일만(一萬) (사람의) 입[口]이 칭찬(稱讚)하고 칭송(稱頌)한다는 뜻으로, 많은 사람(온 세상 여러 사람)이 한결같이 (다) 칭찬(稱讚)함을 이르는 말. =만구칭선(萬口稱善). 만구칭찬(萬口稱讚). *만구(萬口): ☞만구성비(萬口成碑). *칭송(稱頌): 공덕·功德 따위를 칭찬하여 일컬음. 또는 그런 말. *칭찬하다(稱讚~): 잘 한다고 추어주거나 좋은 점을 들어 기리다.

만구-칭찬(萬口稱讚 일만 **만**/입 **구**/칭찬할 **칭**/칭찬할 **찬**) 일만(一萬) (사람의) 입[口]이 칭찬(稱讚)하고 칭찬(稱讚)한다는 뜻으로, 많은 사람이 한결같이 칭찬(稱讚)함을 이르는 말. =만구칭선(萬口稱善). 만구칭송(萬口稱頌). *만구(萬口): ☞만구성비(萬口成碑). *칭찬하다(稱讚~): ☞만구칭송(萬口稱頌).

만-귀-잠잠(萬鬼潛潛 일만 **만**/귀신 **귀**/숨길 **잠**/숨길 **잠**) 일만(一萬) (가지의) 귀신(鬼神)이 숨기고 숨겨져 (있다는) 뜻으로, 깊은 밤에 온갖 것이 잠자는 듯이 고요함을 비유적으로 이르는 말. *잠잠(潛潛): ①아무 소리도 없이 조용함. ②아무 말이 없이 가만히 있음.

만근-이래(輓近以來 늦을 **만**/가까울 **근**/써 **이**/올 **래**) 늦은 (시기부터) 가까운 (시기까지) 써 (이어) 온 (것이라는) 뜻으로, 몇 해 전부터 현재까지 계속되어 오는 상태를 이르는 말. =만근지래(輓近之來). *만근(輓近): 몇 해 전부터 현재까지의 기간. *이래(以來): 지나간 일정한 때로부터 지금까지.

만기-친람(萬機親覽 일만 **만**/베틀 **기**/친할 **친**/볼 **람**) 일만(一萬) (개나 되는) 베틀을 친(親)히 본다(살핀다)는 뜻으로, 임금이 모든 정사(政事. 정치에 관한 일. 또는 행정에 관한 일)를 친(親)히 보살핌을 비유적으로 이르는 말. *만기(萬機): ①정치상의 모든 중요한 기틀. ②임금이 보는 여러 가지 정무. ③많은 기밀. *친람(親覽): ①왕이나 귀인(貴人)이 친히 봄. ②몸소 관람함. *베틀: 부록 '기(機)' 참고.

만년-불패(萬年不敗 일만 **만**/해 **년**/아닐 **불**/무너질 **패**) 일만(一萬) 해[年]가 (되어도) 무너지지 아니한다는 뜻으로, ①매우 튼튼하여 오래도록 깨지지 아니함을 이르는 말. ②만년(萬年)을 싸워도 패(敗)하지 않음을 이르는 말. *만년(萬年): 언제나 변함없이 한결같은 상태. *불패(不敗): 지지 아니함.

만년-지-계(萬年之計 일만 **만**/해 **년**/어조사 **지**/셈할 **계**) 일만(一萬) 해[年]의 셈이라는 뜻으로, 오랜 뒷날의 일까지 헤아려 세운 계획. 또는 아주 먼 훗날까지 걸친 큰 계획(計劃)을 이르는 말. *만년(萬年): ☞만년불패(萬年不敗).

만년-지-택(萬年之宅 일만 **만**/해 **년**/어조사 **지**/집 **택**) 일만(一萬) 해[年]의 집. 즉, 일만(一萬) 년(年)이 되어도 무너지지 아니하는 집이라는 뜻으로, 오랜 기간 동안 쓰도록 기초(基礎)를 튼튼히 하여 잘 지은 집을 이르는 말. *만년(萬年): ☞만년불패(萬年不敗).

만단-개-유(萬端改諭 일만 **만**/실마리 **단**/고칠 **개**/일깨울 **유**) 일만(一萬) (가닥의) 실마리를 고치고 일깨운다는 뜻으로, 여러 가지 좋은 말로 잘 타이름을 비유적으로 이르는 말. *만단(萬端): ①수없이 많은 갈래나 토막으로 얼크러진 일의 실마리. ②여러 가지나 온갖. *실마리: ①(감았거나 헝클어진) 실의 첫머리. ②일이나 사건의 첫머리 =단서(端緒). *일깨우다: 깨닫게 하다.

만단-설화(萬端說話 일만 **만**/실마리 **단**/말씀 **설**/말씀 **화**) 일만(一萬) (가닥의) 실마리를 말하고 말한다는 뜻으로, 가슴에 서리고 맺힌 온갖 이야기를 이르는 말. *만단(萬端): ☞만단개유(萬端改諭). *설화(說話): ①한 민족 사이에 전승(傳承. 계통을 대대로 전하여 이어 감)되어 온 이야기를 통틀어 이르는 말. 신화(神話), 전설(傳說), 민담(民譚)으로 구분됨. ②이야기. 옛날이야기. *실마리: ☞만단개유(萬端改諭).

만단-수심(萬端愁心 일만 **만**/실마리 **단**/근심 **수**/마음 **심**) 일만(一萬) (가닥의) 실마리에 (대한) 근심의 마음이라는 뜻으로, 온갖 근심 걱정이나 갖은 시름을 이르는 말. *만단(萬端): ☞만단개유(萬端改諭). *수심(愁心): 근심함. 또는 근심하는 마음. *실마리: ☞만단개유(萬端改諭).

만단-애걸(萬端哀乞 일만 **만**/실마리 **단**/슬플 **애**/빌 **걸**) 일만(一萬) (가닥의) 실마리를 슬프게 (생각하여) 빈다. 즉, 남에게 여러 가지로 애걸(哀乞)한다는 뜻으로, 여러 가지 말로 사정(事情)을 말하여 애걸(哀乞)함을 이르는 말. *만단(萬端): ☞만단개유(萬端改諭). *애걸(哀乞): 애처롭게 사정하여 빎. *실마리: ☞만단개유(萬端改諭).

만단-의혹(萬端疑惑 일만 **만**/실마리 **단**/의심할 **의**/미혹할 **혹**) 일만(一萬) (가닥의) 실마리를 의심(疑心)하고 미혹(迷惑)한다는 뜻으로, 온갖 의심(疑心)이나 의혹(疑惑)을 이르는 말. *만단(萬端): ☞만단개유(萬端改諭). *의혹(疑惑): 의심하여 수상히 여김. 또는 그 생각. *실마리: ☞만단개유(萬端改諭). *미혹하다(迷惑~): 부록 ‘혹(惑)’ 참고.

만단-정화(萬端情話 일만 **만**/실마리 **단**/정 **정**/말씀 **화**) 일만(一萬) (가닥의) 실마리에 (대한) 정(情)이 (담긴) 말[話]이라는 뜻으로, 온갖 정다운 이야기를 이르는 말. 또는 온갖 정담(情談)을 이르는 말. *만단(萬端): ☞만단개유(萬端改諭). *정화(情話): ①다정한 이야기. ②남녀 간에 애정을 주고받는 이야기. *실마리: ☞만단개유(萬端改諭).

만단-정회(萬端情懷 일만 **만**/실마리 **단**/정 **정**/마음 **회**) 일만(一萬) (가닥의) 실마리에 (대한) 정(情)과 마음이라는 뜻으로, 온갖 정(情)과 회포(懷抱. 마음속에 품은 생각)를 이르는 말. *만단(萬端): ☞만단개유(萬端改諭). *정회(情懷): 마음속에 품고 있는 정. 또는 그런 생각. *실마리: ☞만단개유(萬端改諭).

만-당-추수(滿塘秋水 가득할 **만**/못 **당**/가을 **추**/물 **수**) 못에 가득한 가을 물이라는 뜻으로, 못에 가득 찬 가을의 맑은 물을 이르는 말. *추수(秋水): ①가을철의 맑은 물. ②시퍼렇게 날이 선 칼을 비유적으로 이르는 말. ③신색(神色. 얼굴빛을 뜻하는 ‘안색·顏色’의 높임말)이 맑고 깨끗함을 비유적으로 이르는 말.

만대-불변(萬代不變 일만 **만**/대 **대**/아닐 **불**/변할 **변**) 일만(一萬) 대(代)까지 변하지 아니한다. 즉, 대대로 변하지 않는다는 뜻으로, 영원히 변하지 아니함을 이르는 말. =만고불변(萬古不變). 만세불변(萬世不

變). *만대(萬代): 아주 오래 계속되는 세대. *불변(不變): 변하지 아니함. 또는 변하게 하지 아니함.

만대-불역(萬代不易 일만 **만**/대 **대**/아닐 **불**/바꿀 **역**) 일만(一萬) 대(代)까지 바꾸지 아니한다는 뜻으로, 영원히 바뀌지 아니함을 이르는 말. =만고불역(萬古不易). 만세불역(萬世不易). *만대(萬代): ☞만대불변(萬代不變). *불역(不易): 바뀌지 않음. 또는 고칠 수 없음.

만대-불후(萬代不朽 일만 **만**/대 **대**/아닐 **불**/썩을 **후**) 일만(一萬) 대(代)까지 썩지 아니한다. 즉, 만대(萬代)를 지나도 썩지 않는다는 뜻으로, 영원히 썩거나 사라지지 아니함을 이르는 말. =만고불후(萬古不朽). 만세불후(萬世不朽). *만대(萬代): ☞만대불변(萬代不變). *불후(不朽): 썩지 아니함. 곧, 영원히 없어지지 아니함.

만대-영화(萬代榮華 일만 **만**/대 **대**/영화로울 **영**/번성할 **화**) 일만(一萬) 대(代)를 (이어가며) 영화(榮華)롭고 번성(繁盛)한다는 뜻으로, 여러 대(代)에 걸쳐서 대대로 누리는 영화(榮華). 또는 여러 대(代)를 이어가며 누리는 영화(榮華)를 이르는 말. *만대(萬代): ☞만대불변(萬代不變). *영화(榮華): 권력과 부귀를 마음껏 누리는 일. *영화롭다(榮華~): 부록 '영(榮)' 참고. *번성하다(繁盛~): (붇거나 늘어나거나 하여) 한창 잘되어 성하다.

만대-유전(萬代流傳 일만 **만**/대 **대**/흐를 **유**/전할 **전**) 일만(一萬) 대(代)를 (이어가며) 흐르고 전하는 (것이라는) 뜻으로, 대대로(만대로) 길이길이 전(傳)하여 내려옴. 또는 전하여 감을 이르는 말. *만대(萬代): ☞만대불변(萬代不變). *유전(流轉): ①세상에 널리 퍼짐. ②세상에 널리 퍼뜨림.

만뢰-구-적(萬籟俱寂 일만 **만**/소리 **뢰**/함께 **구**/고요할 **적**) 일만(一萬) (가지의) 소리가 함께 고요하다는 뜻으로, 밤이 깊어 모든 소리가 그쳐 아무 소리 없이 아주 고요해짐을 이르는 말. *만뢰(萬籟): 자연계(自然界)에서 나는 온갖 소리. 여기서, '자연계(自然界)'는 인간을 포함한 천지만물(天地萬物. <u>사람이 사는 세상의 영역에 있는 갖가지 모든 것</u>)이 존재하는 범위. 또는 인간 세계를 둘러싸고 있는 천체(天體), 산천(山川), 식물(植物), 동물(動物) 따위의 모든 세계를 이르는 말. 이 사자성어의 유래는 다음과 같다. 『전당시(全唐詩)』의 「파산사후선원(破山寺後禪院)」에 〈맑은 새벽 옛 절을 찾아드니 / 막 떠오른 해 수풀을 비춘다. / 구불구불한 길은 그윽하고 고요한 곳으로 통하고 / 선방(禪房)엔 꽃과 나무들 무성하다. / 산 빛에 새는 기뻐 지저귀고 / 못에 비친 그림자 사람의 마음을 비워준다. / 삼라만상(森羅萬象. <u>우주에 있는 온갖 사물과 현상</u>)이 다 고요한 지금 / 오직 풍경(風磬. <u>처마 끝에 달아 바람에 흔들려 소리가 나게 하는 경쇠</u>) 소리만 들려온다.(淸晨入古寺, 初日照高林, 曲徑通幽處, 禪房花木深, 山光悅鳥性, 潭影空人心, <u>**萬籟此俱寂**</u>, 惟餘鐘磬音.)〉라는 시(詩)가 나오는데, '삼라만상(森羅萬象)이 다 고요한 지금,(萬籟此俱寂)'에서, '만뢰구적(萬籟俱寂)'이 유래했다. 이 시(詩)는 당(唐)나라 때의 시인(詩人)인 상건(常建)이 파산사(破山寺)에서 쓴 제벽시(題壁詩. 벽에 쓴 시)로, 『전당시(全唐詩)』에 실려 있다. 참고로, 원문의 '淸晨入古寺'에서, '淸'은 맑을 '청'으로 읽고, '晨'은 새벽 '신'으로 읽고, '入'은 들어갈 '입'으로 읽고, '古'는 옛 '고'로 읽고, '寺'는 절 '사' 사찰(寺刹. '절'을 달리 이르는 말) '사'로 읽는다. '古寺'는 오래된 절. 옛 절. '淸晨入古寺'를 직역(直譯)하면, 맑은 새벽에 옛 절을 (찾아) 들어가니, '初日照高林'에서, '初'는 처음 '초'로 읽고, '日'은 해 '일', 태양(太陽) '일'로 읽는다. '初日'은 갓 떠오르는 해. '照'는 비출 '조'로 읽고, '高'는 높을 '고'로 읽고, '林'은 수풀 '림(임)'으로 읽는다. '高林'을 직역(直譯)하면, 키 큰 나무가 우거진 수풀. '初日照高林'을 직역(直譯)하면, 갓 떠오르는 해가 키 큰 나무가 우거진 수풀을 비추네. '曲徑通幽處'에서, '曲'은 굽이

‘곡’으로 읽고, ‘徑’은 지름길 ‘경’으로 읽는다. ‘曲徑’은 꼬불꼬불한 길. ‘通’은 통할 ‘통’으로 읽고, ‘幽’는 그윽할 ‘유’로 읽고, ‘處’는 곳 ‘처’로 읽는다. ‘曲徑通幽處’를 직역(直譯)하면, 꼬불꼬불한 길은 그윽한 곳으로 통하고, ‘禪房花木深’에서, ‘禪’은 좌선(坐禪. 불교에서, 가부좌·跏趺坐를 하고 조용히 앉아서 선정·禪定으로 들어감. 또는 그렇게 하는 수행·修行)할 ‘선’으로 읽고, ‘房’은 방(房) ‘방’으로 읽는다. ‘禪房’은 참선(參禪)하는 방. ‘花’는 꽃 ‘화’로 읽고, ‘木’은 나무 ‘목’으로 읽고, ‘深’은 짙을(풀이나 나무 따위가 빽빽함) ‘심’으로 읽는다. ‘禪房花木深’을 직역(直譯)하면, 선방(禪房)에는 꽃과 나무들이 짙어 (간다). ‘山光悅鳥性’에서, ‘山’은 뫼(‘산’의 옛말) ‘산’으로 읽고, ‘光’은 빛 ‘광’으로 읽고, ‘悅’은 기뻐할 ‘열’로 읽고, ‘鳥’는 새 ‘조’로 읽고, ‘性’은 바탕 ‘성’으로 읽는다. ‘山光悅鳥性’을 직역(直譯)하면, 산 빛을 (받아) 새는 본바탕을 (드러내며) 기뻐하고, ‘潭影空人心’에서, ‘潭’은 못(넓고 오목하게 팬 땅에 물이 괴어 있는 곳) ‘담’으로 읽고, ‘影’은 그림자 ‘영’으로 읽고, ‘空’는 빌 ‘공’으로 읽고, ‘人’은 사람 ‘인’으로 읽고 ‘心’은 마음 ‘심’으로 읽는다.. ‘潭影空人心’을 직역(直譯)하면, 못에 (비친) 그림자는 사람의 마음을 비우게 (한다). ‘萬籟此俱寂’에서, ‘萬’은 일만 ‘만’으로 읽고, ‘籟’는 소리 ‘뢰(뇌)’로 읽고, ‘此’는 이(지시하는 말) ‘차’로 읽고, ‘俱’는 함께 ‘구’로 읽고, ‘寂’은 고요할 ‘적’으로 읽는다. ‘萬籟此俱寂’을 직역(直譯)하면, 일만 (가지의) 소리 이것이 함께 고요하다. 여기서, ‘萬籟俱寂’이 유래하였는데, 이것을 직역(直譯)하면, 일만(一萬) (가지의) 소리가 함께 고요하다는 뜻으로, 밤이 깊어 모든 소리가 그쳐 아무 소리 없이 아주 고요해짐을 이르는 말. ‘惟餘鐘磬音’에서, ‘惟’는 오직 ‘유’로 읽고, ‘餘’는 남을 ‘여’로 읽고, ‘鐘’은 쇠북(종의 옛말) ‘종’으로 읽고, ‘磬’은 경쇠(옥이나 돌로 만든 악기) ‘경’으로 읽는다. 여기서는 ‘풍경(風磬)’의 의미가 강하다. ‘音’은 소리 ‘음’으로 읽는다. ‘惟餘鐘磬音’을 직역(直譯)하면, 오직 종(鐘)과 풍경(風磬)의 소리만 남아 있네.

만-륙-유-경(萬戮猶輕 일만 **만**/죽일 **륙**/오히려 **유**/가벼울 **경**) 일만(一萬) (번) 죽여도 오히려 가볍다는 뜻으로, 만(萬) 번 죽여도 시원찮을 만큼 죄(罪)가 매우 무거움을 이르는 말. =만사유경(萬死猶輕).

만-리-동풍(萬里同風 일만 **만**/이수 **리**/같을 **동**/바람 **풍**) 일만(一萬) 이수(里數)의 바람과 같다. 즉, 넓은 지역에 걸쳐 같은 바람이 분다는 뜻으로, 천하(天下)가 통일되어 태평함을 비유적으로 이르는 말. 囲 천리동풍(千里同風). *동풍(同風): ①풍습이 같아짐. 또는 같은 풍습. ②같은 경향이나 양식. *이수(里數): ①거리를 리(里)의 단위로 헤아린 수(數). ②마을의 수효(數爻).

만-리-변성(萬里邊城 일만 **만**/이수 **리**/국경 **변**/성 **성**) 일만(一萬) 이수(里數)나 (떨어져 있는) 국경(國境)의 성(城)이라는 뜻으로, 멀리 떨어진 국경(國境) 부근의 성(城)을 이르는 말. *변성(邊城): 변경(邊境. 나라와 나라의 경계가 되는 변두리 지역)에 있는 성(城). *이수(里數): ☞만리동풍(萬里同風). *국경(國境): 나라와 나라 사이의 경계(境界).

만-리-장서(萬里長書 일만 **만**/이수 **리**/길 **장**/글 **서**) 일만(一萬) 이수(里數)나 (되는) 긴 글이라는 뜻으로, 아주 긴 편지나 글을 비유적으로 이르는 말. *장서(長書): ①사연을 길게 쓴 편지. ②내용을 길게 쓴 글. *이수(里數): ☞만리동풍(萬里同風).

만-리-장설(萬里長舌 일만 **만**/이수 **리**/길 **장**/혀 **설**) 일만(一萬) 이수(里數)나 (되는) 긴 혀[舌]라는 뜻으로, 아주 장황(張皇)하게 늘어놓는 말을 비유적으로 이르는 말. *장설(長舌): 긴 혀라는 뜻으로, 수다스러움. 또는 말이 많음. *이수(里數): ☞만리동풍(萬里同風).

만-리-장성(萬里長城 일만 **만**/이수 **리**/길 **장**/성 **성**) 일만(一萬) 이수(里數)나 (되는) 긴 성(城)이라는 뜻으로, ①서로 넘나들지 못하게 가로막는, 크고 긴 장벽(障壁. <u>가리어 막은 벽</u>)을 비유적으로 이르는 말. ②창창(蒼蒼. <u>앞길이 멀고 멀어서 아득함</u>)한 앞날을 비유적으로 이르는 말. 사실, 만리장성(萬里長城)은 중국 북쪽 내몽고와의 경계(境界)에 쌓은, 길이 2400여 km의 성벽(城壁) 이름이다. 중국 전국(戰國) 시대부터 북쪽을 방위하기 위하여 쌓기 시작하였고, 진시황(秦始皇) 때에 이르러 완성되었음. *장성(長城): ①길게 둘러쌓은 성(城). ②=만리장성(萬里長城). *이수(里數): ☞만리동풍(萬里同風).

만-리-장천(萬里長天 일만 **만**/이수 **리**/길 **장**/하늘 **천**) 일만(一萬) 이수(里數)나 (되는) 긴 하늘이라는 뜻으로, 아득히 높고 먼 하늘을 비유적으로 이르는 말. *장천(長天): 멀고도 넓은 하늘. *이수(里數): ☞만리동풍(萬里同風).

만-리-지-임(萬里之任 일만 **만**/이수 **리**/어조사 **지**/맡을 **임**) 일만(一萬) 이수(里數)나 (떨어진 곳에서) 맡는다는 뜻으로, 멀리 떨어진 지방에서 맡아보는 직무(職務), 또는 관직(官職. <u>관리로서, 국가로부터 위임받은 일정한 범위의 직무, 또는 그 직위</u>)을 이르는 말. *이수(里數): ☞만리동풍(萬里同風). *맡다: ①어떤 일이나 책임을 넘겨받다. ②물건을 넘겨받아 간수하다.

만-리-창파(萬里滄波 일만 **만**/이수 **리**/푸를 **창**/물결 **파**) 일만(一萬) 이수(里數)나 (되는) 푸른 물결이라는 뜻으로, 끝없이 넓은 바다를 이르는 말. 비 만경창파(萬頃蒼波). *창파(蒼波): 푸른 물결. *이수(里數): ☞만리동풍(萬里同風).

만-리-타국(萬里他國 일만 **만**/이수 **리**/다를 **타**/나라 **국**) 일만(一萬) 이수(里數)나 (떨어져 있는) 다른 나라라는 뜻으로, 조국(祖國)이나, 고향에서 멀리 떨어져 있는 다른 나라를 이르는 말. *타국(他國): (제 나라가 아닌) 다른 나라. =외국(外國). *이수(里數): ☞만리동풍(萬里同風).

만-리-타향(萬里他鄕 일만 **만**/이수 **리**/다를 **타**/시골 **향**) 일만(一萬) 이수(里數)나 (떨어져 있는) 다른 시골이라는 뜻으로, 조국(祖國)이나, 고향에서 멀리 떨어져 있는 다른 지방(地方)을 이르는 말. *타향(他鄕): (자기 고향이 아닌) 다른 고장. =객향(客鄕). 타관(他官). 타지(他地). *이수(里數): ☞만리동풍(萬里同風).

만만-다행(萬萬多幸 일만 **만**/일만 **만**/많을 **다**/다행 **행**) 일만(一萬)의 일만(一萬)이나 많은 다행(多幸)이라는 뜻으로, 만(萬) 번이나 아주 다행(多幸)함을 이르는 말. 비 만분다행(萬分多幸). 천만다행(千萬多幸). *만만(萬萬): ①만(萬)의 만(萬) 배. 곧 일억(一億)을 일컬음. ②느낌의 정도가 헤아릴 수 없을 만큼 큼을 비유적으로 이르는 말. ③뎸 =아주. *다행(多幸): 일이 잘 펴이게 되어 좋음. 또는 뜻밖에 잘되어 좋음.

만만-부당(萬萬不當 일만 **만**/일만 **만**/아닐 **부**/마땅할 **당**) 일만(一萬)의 일만(一萬)이라도 마땅하지 않다는 뜻으로, 아주 부당하거나 어림없이 사리(事理. <u>일의 이치</u>)에 맞지 아니함을 이르는 말. =천만부당(千萬不當). *만만(萬萬): ☞만만다행(萬萬多幸). *부당(不當): 도리(道理. <u>사람이 마땅히 지켜야 할 바른 길</u>)에 벗어나서 정당하지 않음. 또는 사리(事理)에 맞지 않음. *마땅하다: 부록 '당(當)' 참고.

만만-불가(萬萬不可 일만 **만**/일만 **만**/아닐 **불**/옳을 **가**) 일만(一萬)의 일만(一萬)이라도 옳지 않다는 뜻으로, 전혀 경위에 맞지 않거나 옳지 아니함을 이르는 말. =천만불가(千萬不可). *만만(萬萬): ☞만만다행(萬萬多幸). *불가(不可): ①옳지 않음. 또는 좋지 않음. ②할 수 없음. 또는 되지 않음.

만만-불측(萬萬不測 일만 **만**/일만 **만**/없을 **불**/헤아릴 **측**) 일만(一萬)의 일만(一萬)이라도 헤아릴 수 없다는 뜻으로, 이루 헤아릴 수 없음을 이르는 말. *만만(萬萬): ☞만만다행(萬萬多幸). *불측(不測): ①짐작하기 어려움. 또는 미루어 헤아릴 수 없음. ②마음보(<u>마음을 쓰는 본새. 즉, 몸놀림이나 버릇의 됨됨이.</u>

주로 나쁘게 이를 때 쓰는 말)가 음흉(陰凶. <u>마음속이 음침하고 흉악함</u>)함. 또는 생각이나 행동 따위가 괘씸하고 엉큼함.

만면-수색(滿面愁色 찰 **만**/얼굴 **면**/근심 **수**/빛 **색**) 얼굴에 (가득) 찬 근심의 빛이라는 뜻으로, 얼굴에 가득한, 근심스러운 기색(氣色. <u>마음의 작용으로 얼굴에 드러나는 빛</u>)을 이르는 말. *만면(滿面): 온 얼굴. *수색(愁色): 근심스러운 표정.

만면-수참(滿面羞慚 찰 **만**/얼굴 **면**/부끄러워할 **수**/부끄러워할 **참**) 얼굴에 부끄러움이 (가득) 차다는 뜻으로, 온 얼굴에 (가득) 찬 부끄러운 기색(氣色. <u>마음의 작용으로 얼굴에 드러나는 빛</u>)을 이르는 말. *만면(滿面): ☞만면수색(滿面愁色). *수참(羞慚): 매우 부끄러움.

만면-춘색(滿面春色 찰 **만**/얼굴 **면**/봄 **춘**/빛 **색**) 얼굴에 (가득) 찬 봄의 빛이라는 뜻으로, 얼굴에 가득 차 있는 기쁜 빛을 비유적으로 이르는 말. =만면희색(滿面喜色). *만면(滿面): ☞만면수색(滿面愁色). *춘색(春色): 봄기운. 또는 봄의 경치. =봄빛.

만면-희색(滿面喜色 찰 **만**/얼굴 **면**/기쁠 **희**/빛 **색**) 얼굴에 (가득) 찬 기쁜 빛이란 뜻으로, 얼굴에 기쁜 표정이 가득함을 이르는 말. =희색만면(喜色滿面). *만면(滿面): ☞만면수색(滿面愁色). *희색(喜色): 기뻐하는 얼굴 빛.

만목-소연(滿目蕭然 찰 **만**/눈 **목**/쓸쓸할 **소**/그러할 **연**) 눈[目]에 (가득) 찬 쓸쓸함이라는 뜻으로, 눈에 띄는 모든 것이 쓸쓸함을 이르는 말. *만목(滿目): ①눈에 가득 차 보임. ②눈에 보이는 데까지의 한계. *소연(蕭然): 쓸쓸함. *쓸쓸하다: ①(날씨가) 으스스하고 썰렁하다. ②외롭고 적적하다.

만목-수참(滿目愁慘 찰 **만**/눈 **목**/근심 **수**/참혹할 **참**) 눈[目]에 (가득) 찬 근심과 참혹(慘酷)함이라는 뜻으로, 눈에 띄는 모든 것이 시름겹고 참담하거나 참혹(慘酷)함을 이르는 말. 여기서, '시름겹다'는 가눌 수 없을 정도로 시름(늘 마음에 걸리는 근심이나 걱정)이 많다. *만목(滿目): ☞만목소연(滿目蕭然). *수참(愁慘): 매우 비참함. 또는 매우 슬픔. *참혹하다(慘酷~): 부록 '참(慘)' 참고.

만목-황량(滿目荒凉 찰 **만**/눈 **목**/거칠 **황**/쓸쓸할 **량**) 눈[目]에 (가득) 찬 거칠고 쓸쓸함이라는 뜻으로, 눈에 띄는 모든 것이 거칠고 처량(凄凉. <u>마음이나 신세가 초라하고 구슬픔</u>)함을 이르는 말. 즉, 눈에 띄는 것마다 모두 처량(凄凉)하다는 말이다. *만목(滿目): ☞만목소연(滿目蕭然). *황량(荒凉): 황폐하여 쓸쓸함. *거칠다: 부록 '황(荒)' 참고. *쓸쓸하다: ☞만목소연(滿目蕭然).

만무-시-리(萬無是理 일만 **만**/없을 **무**/이 **시**/이치 **리**) 이런 이치(理致)가 일만(一萬)이라도(절대) 없다는 뜻으로, 도무지 그럴 리가 전혀 없음. 또는 만(萬)에 하나라도 결코 그럴 수 없음을 비유적으로 이르는 말. *만무(萬無): 절대 없음. *이치(理致): 사물에 정당한 조리(條理. <u>어떤 일이나 말, 글 따위에서, 앞뒤가 들어맞고 체계가 서는 것</u>). 또는 도리(道理. <u>여기서는 마땅한 방법이나 길</u>)에 맞는 근본 뜻.

만무-일-실(萬無一失 일만 **만**/없을 **무**/한 **일**/잃을 **실**) 일만(一萬) (번 중에서) 한 (번이라도) 잃을 (일이) 없다는 뜻으로, ①실패한 적이 전혀 없음. 또는 실패하거나 실수할 염려가 조금도 없음을 비유적으로 이르는 말. ②조금도 축남(縮~. <u>일정한 양·量이나 수·數에서 부족이 생김</u>)이 없음을 비유적으로 이르는 말. 囘 만불실일(萬不失一). *만무(萬無): ☞만무시리(萬無是理).

만물-박사(萬物博士 일만 **만**/사물 **물**/넓을 **박**/선비 **사**) 일만(一萬) (가지) 사물에 넓은 선비라는 뜻으로, 여러 방면에 모르는 것이 없는, 매우 박식(博識. <u>널리 보고 들어서 아는 것이 많음</u>)한 사람을 비유적으로 이르는 말. ***만물**(萬物): 온갖 물건 또는 세상에 있는 모든 것. ***박사**(博士): 널리 아는 것이 많거나
어느 부분에 능통한 사람을 비유적으로 이르는 말. ***선비**: 부록 '사(士)' 참고.

만물-지-령(萬物之靈 일만 **만**/사물 **물**/어조사 **지**/신령 **령**) 일만(一萬) 사물의 신령(神靈)이라는 뜻으로,
①온갖 물건의 정령(精靈. <u>원시 종교에서, 산천, 초목, 무생물 따위에 붙어 있다고 믿던 혼령</u>)을 이르는
말. ②만물(萬物) 가운데서 가장 영묘하고 뛰어난 것이란 뜻에서, 인간(人間)을 이르는 말. ***만물**(萬物):
☞만물박사(萬物博士). ***신령**(神靈): 부록 '령(靈)' 참고.

만물-지-변(萬物之變 일만 **만**/사물 **물**/어조사 **지**/변할 **변**) 일만(一萬) 사물(事物)의 변화(變化)라는 뜻으
로, 온갖 물건의 변화(變化)를 이르는 말. ***만물**(萬物): ☞만물박사(萬物博士).

만반-진수(滿盤珍羞 찰 **만**/쟁반 **반**/보배 **진**/맛있는 음식 **수**) 쟁반에 (가득) 찬 보배스럽고 맛있는 음식이라
는 뜻으로, 상 위에 가득히 차린, 귀(貴)하고 맛있는 음식을 이르는 말. ***만반**(滿盤): 음식 따위가 상
위에 가득함. ***진수**(珍羞): 진귀하고 맛이 좋은 음식. 또는 보기 드물게 잘 차린 음식. 맛이 썩 좋은
음식. ***쟁반**(錚盤): 부록 '반(盤)' 참고. ***보배**: 순우리말로, 부록 '진(珍)' 참고.

만발-공양(萬鉢供養 일만 **만**/바리때 **발**/바칠 **공**/받들 **양**) 일만(一萬) 바리때로 바치고 받든다는 뜻으로,
절에서, 많은 바리때에 밥을 수북수북 담아 대중(大衆)에게 베푸는 공양(供養)을 이르는 말. ***만발**(萬鉢):
만(萬) 개의 바리때. 아주 많은 바리때를 일컫는다. ***공양**(供養): ①웃어른에게 음식을 드림. ②불교에서,
부처나 보살에게 음식물이나 꽃 따위를 바치는 일. ③불교에서, 중[僧]이 하루 세 끼 음식을 먹는 일.
④불교에서, 절에서 식사하는 일. ***바리때**: 부록 '발(鉢)' 참고.

만병-통치(萬病通治 일만 **만**/병 **병**/통할 **통**/다스릴 **치**) 일만(一萬) (가지의) 병(病)을 (한 가지로) 통하여
다스린다. 즉, 온갖 병(病)을 한 가지 방법을 통하여 다 다스린다(<u>고친다</u>)는 뜻으로, ①어떤 한 가지
약(藥)이 여러 병(病)에 두루 효험이 있음을 나타냄. 즉, 한 가지 처방(處方. <u>증세에 따라 약을 짓는</u>
<u>방법</u>)으로 온갖 병(病)을 다 고침을 이르는 말. =백병통치(百病通治). ②어떤 사물이 여러 가지 사물에
두루 효력을 나타내거나, 어떤 한 가지 대책이 여러 가지 경우에 두루 효력을 나타냄을 비유적으로
이르는 말. =백병통치(百病通治). ***만병**(萬病): 온갖 병. =백병(百病). ***통치**(通治): 한 가지의 약이 여러
가지 병에 두루 효험이 있음. ***통하다**(通~): 부록 '통(通)' 참고. ***다스리다**: 부록 '치(治)' 참고.

만-부득이(萬不得已 일만 **만**/아닐 **부**/얻을 **득**/이미 **이**) 일만(一萬)의 부득이(不得已)라는 뜻으로, '부득이(不得
已)'를 강조하여 이르는 말. 하는 수 없이. 마지못하여. 어찌할 수가 없어서. =막부득이(莫不得已). ***부득이**
(不得已): 🈟 마지못하여 하는 수 없이. ***이미**: 돌이킬 수 없이 된 지난 일을 일컬을 때 쓰는 말.

만부-부당(萬夫不當 일만 **만**/사내 **부**/못할 **부**/당할 **당**) 일만(一萬) 사내도 당(當)하지 못한다는 뜻으로,
수많은 장정(壯丁)이나 장부(丈夫. <u>건장하고 씩씩한 사나이</u>)로도 능히 당(當)할 수 없음을 이르는 말.
***만부**(萬夫): ①수많은 사내. 또는 장성. ②수많은 사람. ***부당**(不當): 도리에 벗어나서 정당하지 않음.
또는 사리(事理)에 맞지 않음. ***사내**: 부록 '부(夫)' 참고. ***당하다**(當~): 능히 이겨내다.

만부-지-망(萬夫之望 일만 **만**/사내 **부**/어조사 **지**/바랄 **망**) 일만(一萬) 사내가 (우러러) 바라는(<u>바라보는</u>)
(것이라는) 뜻으로, 천하(天下)의 많은 사람이 우러러 받들거나 사모(思慕. <u>애틋하게 생각하고 그리워함</u>)
함. 또는 만(萬) 사람이 우러러보는 그런 사람(<u>존재</u>)을 이르는 말. ***만부**(萬夫): ☞만부부당(萬夫不當).
***사내**: 부록 '부(夫)' 참고. ***바라다**: 부록 '망(望)' 참고. 이 사자성어의 유래는 다음과 같다.『주역(周易)』

의 「계사전(繫辭傳) 하(下)」 편(篇)에 〈(중국 춘추시대의 사상가이며 학자인) 공자(孔子)가 말했다. 기미(幾·機微. 어떤 일을 알아차릴 수 있는 눈치, 또는 일이 되어가는 야릇한 분위기)를 알아채는 것은 참으로 신기하다. 군자(君子. 학문과 덕·德이 높고 행실·行實이 바르며 품위·品位를 갖춘 사람)는 윗사람을 사귈 때는 아첨하지 않고, 아랫사람을 사귈 때에는 모독하지 않는데, 이는 그 기미(幾·機微)를 알기 때문이다. 기미(幾·機微)는 움직임의 작은 징조이고, 길흉을 미리 아는 것이니, 군자는 기미(幾·機微)를 보면 (마음으로 결정한) 일을 시작하여 날이 다 지나도록 기다리지 않는다. …… 군자(君子)는 작은 기미(幾·機微)를 알기 때문에 뚜렷함도 알며, 부드러움을 알기 때문에 강한 것도 안다. 그러므로 만인(萬人)이 우러러 받드는 것이다.(子曰, 知幾其神乎. 君子上交不諂, 下交不瀆, 其知幾乎. 幾者動之微, 吉凶之先見者也. 君子見幾而作, 不俟終日. …… 君子知微知彰, 知柔知剛, 萬夫之望.)〉라는 구절이 나오는데, '만인(萬人)이 우러러 받드는 것이다.(萬夫之望)'에서, '만부지망(萬夫之望)'이 유래했다. 군자(君子)는, 일의 작은 기미(幾·機微)를 미리 알아서 판단하고, 스스로 적당한 조처를 취하는 능력을 가졌으므로, 모든 사람들이 우러러 받든다는 것을 설명하고 있다. 참고로, 원문의 '子曰'에서, '子'는 경칭(敬稱. 공경하는 뜻으로 부르는 칭호, 또는 존대하여 일컬음) '자'로 읽는다. 학덕(學德)과 지위가 높은 남자의 경칭(敬稱)이다. 여기서는 '공자(孔子)'를 가리킴. '子曰'을 직역(直譯)하면, 공자(孔子)가 말하기를, '知幾其神乎'에서, '知'는 알 '지'로 읽고, '幾'는 기미((幾·機微. 어떤 일을 알아차릴 수 있는 눈치) '기'로 읽고, '其'는 그(지시하는 말) '기'로 읽고, '神'은 여기서는 신기(神奇. 믿을 수 없을 정도로 색다르고 놀라움)할 '신'으로 읽고, '乎'는 어조사 '호'로 읽는다. '~이다(단정)'의 뜻을 나타냄. '知幾其神乎'를 직역(直譯)하면, 그 기미((幾·機微)를 아는 (것은) 신기(神奇)하다. '君子上交不諂'에서, '君'은 군자(君子) 군으로 읽고, '子'는 경칭(敬稱. 공경하는 뜻으로 부르는 칭호, 또는 존대하여 일컬음) '자'로 읽는다. 학덕(學德)과 지위가 높은 남자의 경칭(敬稱)이다. '君子'는 행실이 점잖고 어질며 덕(德. 고매하고 너그러운 도덕적 품성)과 학식이 높은 사람. '上'은 위 '상'으로 읽고, '交'는 사귈 '교'로 읽고, '不'은 아닐(부정하는 말) '불'로 읽고, '諂'은 아첨할 '첨'으로 읽는다. '君子上交不諂'을 직역(直譯)하면, 군자(君子)는 윗 (사람을) 사귈 때 아첨하지 않고, '下交不瀆'에서, '下'는 아래 '하'로 읽고, '瀆'은 더럽힐 '독'으로 읽는다. '下交不瀆'을 직역(直譯)하면, 아랫 (사람을) 사귈 때 더럽히지 않으니, '其知幾乎'에서, '其知幾乎'를 직역(直譯)하면, 그것은 기미(幾·機微)를 알기 때문이다. '幾者動之微'에서, '者'는 것(사물, 일, 현상 따위를 추상적으로 이르는 말) '자'로 읽고, '動'은 움직일 '동'으로 읽고, '之'는 어조사 '지'로 읽는다. '~의'를 나타내는 관형격 조사. '微'는 작을 '미'로 읽는다. '幾者動之微'를 직역(直譯)하면 기미((幾·機微)라는 것은 움직임의 작음이다. 즉, 기미(幾·機微)는 변동의 미미한 움직임이다. '吉凶之先見者也'에서, '吉'은 길할 '길', 좋을 '길'로 읽고, '凶'은 흉할 '흉', 흉악할 '흉'으로 읽는다. '吉凶'은 운이 좋고 나쁨. '之'는 어조사 '지'로 읽는다. '~이', '~가'를 나타내는 주격 조사. '先'은 먼저 '선'으로 읽고, '見'은 볼 '견'으로 읽는다. '先見'은 어떤 일이 일어나기 전에 미리 앞을 내다보고 앎. '也'는 어조사 '야'로 읽는다. '~이다(단정)'의 뜻을 나타냄. '吉凶之先見者也'를 직역(直譯)하면, 운이 좋고 나쁨을 미리 앞을 내다보고 아는 것이다. '君子見幾而作'에서, '而'는 말 이을 '이'로 읽는다. '그리고'의 뜻을 나타냄. '作'은 비롯할(처음 시작할) '작'으로 읽는다. '君子見幾而作'을 직역(直譯)하면, 군자(君子)는 기미((幾·機微)를 보고 (일을) 시작하여, '不俟終日'에서, '俟'는 기다릴 '사'로 읽고, '終'은 마칠 '종', 끝낼 '종'으로 읽고, '日'은 해 '일'로 읽는다. '不俟終

日'을 직역(直譯)하면, (군자는) 해가 끝날 때까지(해가 질 때까지) 기다리지 않는다. '君子知微知彰'에서, '彰'은 밝을 '창'으로 읽는다. '君子知微知彰'을 직역(直譯)하면, 군자(君子)는 기미((幾·機微)를 알기 때문에 밝음도 안다. '知柔知剛'에서, '柔'는 부드러울 '유'로 읽고, '剛'은 굳셀 '강', 강할 '강'으로 읽는다. '知柔知剛'을 직역(直譯)하면, 부드러움을 알기 때문에, 강함도 안다. '萬夫之望'에서, '萬'은 일만 '만'으로 읽고, '夫'는 사내 '부'로 읽고, '之'는 어조사 '지'로 읽는다. '~의'를 나타내는 관형격 조사. '望'은 바랄 '망'으로 읽는다. '萬夫之望'을 직역(直譯)하면, 일만(一萬) 사내가 (우러러) 바라는(바라보는) (것이라는) 뜻으로, 천하(天下)의 많은 사람이 우러러 받들거나 사모(思慕)함. 또는 그런 사람을 이르는 말.

만분-다행(萬分多幸 일만 **만**/나눌 **분**/많을 **다**/다행 **행**) 일만(一萬) (번으로) 나누어도 많은 다행(多幸)이라는 뜻으로, 뜻밖에 일이 잘되어 아주 다행(多幸)함을 이르는 말. 즉, 대단히 다행(多幸)한 일이다. 또는 매우 다행(多幸)스럽다는 말이다. 비 만만다행(萬萬多幸). 천만다행(千萬多幸). *만분(萬分): ①대단함. ②만(萬)으로 나눔. *다행(多幸): 일이 잘 펴이게 되어 좋음. 또는 뜻밖에 잘되어 좋음.

만분-위중(萬分危重 일만 **만**/나눌 **분**/위태할 **위**/위급할 **중**) 일만(一萬) (번으로) 나누어도 (여전히) 위태(危殆)하고 위급(危急)하다는 뜻으로, 병세(病勢)가 아주 깊고 위태(危殆)로움을 비유적으로 이르는 말. *만분(萬分): ☞만분다행(萬分多幸). *위중(危重): 병세가 무겁고 위태로움. *위태하다(危殆~): 부록 '위(危)' 참고.

만분-지-일(萬分之一 일만 **만**/나눌 **분**/어조사 **지**/한 **일**) 일만(一萬) (가지로) 나눈 (것의) 하나라는 뜻으로, 아주 적거나 작은 경우를 이르는 말. *만분(萬分): ☞만분다행(萬分多幸).

만-불-근리(萬不近理 일만 **만**/아닐 **불**/가까울 **근**/이치 **리**) 일만(一萬) (가지의) (하나라도) 이치(理致)에 가깝지 아니하다는 뜻으로, 전혀(아주) 이치(理致)에 맞지 아니함을 이르는 말. *근리(近理): 이치(理致)에 가까움. *이치(理致): 사물에 정당한 조리(條理. 어떤 일이나 말, 글 따위에서, 앞뒤가 들어맞고 체계가 서는 것). 또는 도리(道理. 여기서는 마땅한 방법이나 길)에 맞는 근본 뜻.

만-불-성-설(萬不成說 일만 **만**/아닐 **불**/이룰 **성**/말씀 **설**) 일만(一萬) (가지의) (하나라도) 말[說]이 이루어지지 아니한다는 뜻으로, ①말이 전혀 사리(事理. 일의 이치)에 맞지 아니함을 이르는 말. ②사리(事理)에 맞지 않아 말 같지 않은 이야기를 이르는 말. 비 어불성설(語不成說).

만-불-성양(萬不成樣 일만 **만**/아닐 **불**/이룰 **성**/모양 **양**) 일만(一萬) (가지의) (하나라도) 모양이 이루어지지 아니한다는 뜻으로, 전혀 꼴이 갖추어지지 아니함을 이르는 말. *성양(成樣): 모양이나 형식을 갖춤.

만-불-실-일(萬不失一 일만 **만**/없을 **불**/잘못할 **실**/한 **일**) 일만(一萬) (가지 중에) 한 (가지도) 잘못한 (일이) 없다는 뜻으로, 조금도 과실(過失. 잘못이나 허물)이나 틀림이 없음을 이르는 말. 즉, 만(萬)에 한 번도 실수(失手)가 없다는 말이다. 비 만무일실(萬無一失).

만사-무-석(萬死無惜 일만 **만**/죽을 **사**/없을 **무**/아깝게 여길 **석**) 일만(一萬) (번) 죽어도 아깝게 여길 (것이) 없다는 뜻으로, 만 번 죽는다 해도 아까울 것이 없을 정도로 죄가 매우 무거워 용서할 여지가 없음을 이르는 말. *만사(萬死): ①아무리 하여도 목숨을 구할 수 없음. ②[북] 만(萬) 번의 죽임을 당함.

만사-무심(萬事無心 일만 **만**/일 **사**/없을 **무**/마음 **심**) 일만(一萬) (가지의) 일에 마음이 없다. 즉, 모든 일에 마음이 없다는 뜻으로, ①모든 일에 무심하거나 관심이 없음을 이르는 말. ②근심이나 걱정으로 모든 일에 소홀하거나 다른 일을 돌볼 겨를이 없음을 이르는 말. *만사(萬事): 모든 일. 또는 온갖 일. *무심

(無心): ①아무런 생각이 없음. ②감정이 없음. ③마음을 두거나 걱정함이 없음.

만사-여생(萬死餘生 일만 **만**/죽을 **사**/남을 **여**/살 **생**) 일만(一萬) (번) 죽어서 남은 삶이라는 뜻으로, 꼭 죽을 고비를 넘기고 살게 된 목숨을 이르는 말. *만사(萬死): ☞만사무석(萬死無惜). *여생(餘生): 한창 때를 지난, 한평생의 남은 인생. 또는 앞으로 남은 삶.

만사-여의(萬事如意 일만 **만**/일 **사**/같을 **여**/뜻 **의**) 일만(一萬) (가지의) 일이 뜻과 같다는 뜻으로, 모든 일이 뜻과 같음. 또는 온갖 일이 뜻한 바와 같이 됨을 이르는 말. *만사(萬事): ☞만사무심(萬事無心). *여의(如意): 일이 뜻대로 됨.

만사-와해(萬事瓦解 일만 **만**/일 **사**/기와 **와**/흩어질 **해**) 일만(一萬) (가지의) 일이 기와가 흩어진 (것과 같다)는 뜻으로, 한 가지의 잘못으로 모든 일이 다 틀어짐(무너지게 됨)을 비유적으로 이르는 말. *만사(萬事): ☞만사무심(萬事無心). *와해(瓦解): 조직이나 기능 따위가 무너져 흩어짐. *기와: 순우리말로, 부록 '와(瓦)' 참고.

만사-유-경(萬死猶輕 일만 **만**/죽을 **사**/오히려 **유**/가벼울 **경**) 일만(一萬) (번) 죽여도 오히려 가볍다는 뜻으로, 만(萬) 번 죽여도 시원찮을 만큼 죄(罪)가 매우 무거움을 비유적으로 이르는 말. =만륙유경(萬戮猶輕). *만사(萬死): ☞만사무석(萬死無惜).

만사-일-생(萬死一生 일만 **만**/죽을 **사**/한 **일**/살 **생**) 일만(一萬) (번의) 죽을 (고비에서) 한 (번) 살아난다는 뜻으로, ①목숨이 매우 위태한 지경임을 이르는 말. ②지극히 위험한 처지에 놓여 있다가 요행히 살아나거나 겨우 죽음을 모면(謀免. 어떤 일이나 책임을 꾀를 쓰거나 운이 좋아서 벗어남)하는 것을 이르는 말. 찹 구사일생(九死一生). *만사(萬死): ☞만사무석(萬死無惜). *'일-생'은 『국어사전(國語辭典)』에 등재(登載)된, '살아 있는 동안. =평생(平生)'인 '일생(一生)'의 뜻과는 별개다. 이 사자성어의 유래는 다음과 같다. 『정관정요(貞觀政要)』에 [수(隋)나라는 양제(煬帝) 때에 이르러, 고구려(高句麗) 정벌과 무리한 토목 공사, 폭정(暴政)으로 민생(民生. 일반 국민의 생활 및 생계)이 피폐(疲弊. 지치고 쇠약해짐)해지자, 각지에서 반란(反·叛亂. 정부나 지배자에게 반항하여 내란을 일으킴)이 일어났다. 이연(李淵)은 관중(關中. 중국 북부의 산시성·陝西省 웨이수이강·渭水江 분지·盆地의 일대)의 치안(治安. 국가 사회의 안녕과 질서를 유지하고 보전함)을 맡고 있다가 민란(民亂. 포악한 정치 따위에 반대하여 백성들이 일으킨 폭동이나 소요)을 진압(鎭壓. 강압적인 힘으로 억눌러 진정시킴)하라는 명령을 받들어 둘째 아들 이세민(李世民)과 함께 산서(山西), 하동(河東) 등지(等地. 땅의 이름 뒤에 쓰이어, 앞에 말한 '그러한 곳들'의 뜻을 나타내는 말)의 곳곳에서 민란(民亂)을 진압(鎭壓)했다. …… 한편 의기(意氣. 적극적으로 무엇을 하려고 하는 마음)가 완전히 꺾인 양제(煬帝)는 마치 모든 것을 포기한 것처럼 강도(江都. 땅 이름)의 이궁(离宮. 임금이 거둥할 때에 묵던 별궁·別宮)에서 미녀들에게 둘러싸여 유흥(遊興. 흥겹게 놂)에 젖어 살다가, 불만이 쌓여 쿠데타(군사적 힘을 동원하여 정권을 빼앗으려고 갑자기 벌이는 행동)를 일으킨 친위군(親衛軍. 임금이나 국가 원수 따위의 신변·身邊을 안전하게 지키기 위한 목적으로 편성된 군대)에게 의해 죽고 말았다. 양제(煬帝)가 강도(江都)에서 시해(弑害. 부모나 임금을 죽임)되었다는 소식이 장안(長安)에 전해지자, 이연(李淵)은 그해 5월, 선양(禪讓. 임금이 다음 임금에게 왕위를 물려줌)의 형식을 빌려 장안(長安)에서 황제의 자리에 오르고, 나라 이름을 당(唐)이라 했다. 이 과정에서 이세민(李世民)은 뛰어난 활약을 보였으며, 아버지('이연·李淵'을 가리킴)로부터 "천하(天下)는 모두 네가 이룩하여 놓은 것"

이라는 말을 들었다. 이세민(李世民)이 아버지를 도와 천하(天下)를 통일할 수 있었던 것은 그와 생사(生死)를 같이한 많은 인재(人材. 어떤 일을 할 수 있는 학식이나 능력을 갖춘 사람)들의 도움이 있었기 때문이었다. 그 후 이세민(李世民)은 궁전(宮殿)의 북문(北門)인 현무문(玄武門)에서 형제(兄弟)들을 살해하고 이연(李淵)의 뒤를 이어 황제가 되었는데, 이이가 태종(太宗)이다. (아버지) 이연(李淵)은 퇴위(退位. 임금의 자리에서 물러남)하여 태상왕(太上王. '상왕·上王'을 높여 이르는 말. 여기서 '상왕·上王'은 자리를 물려주고 들어앉은 임금)이 되었다. 태종(太宗)은 그 후 지방에 할거(割據. 땅을 나누어 차지하고 굳게 지킴)하던 군웅(群雄. 같은 시대에 여기저기에서 일어난 영웅들)을 복속(服屬. 복종하여 따름)시키고, 학문을 장려하여 민심을 가라앉혔다. 그는 또 능연각(凌煙閣. 중국 당·唐나라 때에, 개국 공신 24명의 초상·肖像을 그려 걸었던 누각 이름)을 지어 개국(開國) 때부터의 공신(功臣) 20여 명의 초상화를 그려 걸어 놓게 했다. 정관(貞觀. 중국 당나라 태종 때의 연호. 서기 627년~649년) 10년, 태종(太宗)이 시신(侍臣. 임금을 가까이에서 모시던 신하)에게 말했다. "제왕(帝王. '황제·皇帝'와 '국왕·國王'을 아울러 이르는 말)의 업(業)에 창업(創業)과 수성(守成) 중에서 어떤 것이 어렵소?" 상서좌복야(尙書左僕射. 관직 이름. 그런데 '射'는 화살 따위를 쏠 '사'로도 읽고, 벼슬 '야'로도 읽음)인 방현령(房玄齡)이 대답했다. "천지(天地)가 혼돈스러울 때 여러 영웅이 다투어 일어나, 공격하여 깨뜨려야 항복하며, 전쟁에서 이겨야 극복할 수 있습니다. 이로써 말하자면 창업(創業)이 어렵습니다."〈……태종(太宗)이 말했다. "옛날에 방현령(房玄齡)은 나를 따라 나라를 평정하느라고 고생했는데, 만 번의 죽을 고비에서 살아나오기도 했소. 그래서 창업(創業)의 어려움을 보았소."(太宗曰. 玄齡昔從我定天下. 備嘗艱苦. 出萬死而遇一生. 所以見草創之難也.)〉라는 이야기가 나오는데, '만 번의 죽을 고비에서 살아나오기도 했소.(出萬死而遇一生)'에서, '만사일생(萬死一生)'이 유래했다. 위의 '정관지치(貞觀之治. 서기 627년~649년)'는 중국 당(唐)나라의 2대 황제 태종 이세민(李世民)의 치세(治世. 여기서는, 주로 어떤 임금이 다스리는 때나 세상)를 일컫는 말. 중국 역사상 가장 번영했던 시대 가운데 하나로써, 이때 태종(太宗)을 보좌했던 재상(宰相. 임금을 보필하며 모든 관원을 지휘, 감독하는 자리에 있는 이품·二品 이상의 벼슬을 통틀어 이르던 말)으로는 위징(魏徵. 서기 580년~643년), 방현령(房玄齡. 서기 578년~648년), 장손무기(長孫無忌. 서기 594년~659년) 등이 있다. 참고로, 원문의 '太宗曰'에서, '太'는 클 '태'로 읽고, '宗'은 마루(등성이를 이루는 지붕이나 산 따위의 꼭대기) '종'으로 읽는다. '太宗'은 당(唐)나라 '태종(太宗)'을 가리킴. '太宗曰'을 직역(直譯)하면, 태종(太宗)이 말하기를. '玄齡昔從我定天下'에서, '玄'은 검을 '현'으로 읽고, '齡'은 나이 '령(영)', 연령(年齡) '령(영)'으로 읽는다. '玄齡'은 사람 이름. '방현령(房玄齡)'을 가리킴. '昔'은 옛날 '석'으로 읽고, '從'은 좇을 '종'으로 읽고, '我'는 나(1인칭 대명사) '아'로 읽고, '定'은 평정(平定. 반란이나 소요를 누르고 평온하게 진정함)할 '정'으로 읽고, '天'은 하늘 '천'으로 읽고, '下'는 아래 '하'로 읽는다. '天下'는 하늘 아래 온 세상. '玄齡昔從我定天下'를 직역(直譯)하면, 방현령(房玄齡)은 옛날에 나를 좇아 천하를 평정하여, '備嘗艱苦'에서, '備'는 갖출 '비'로 읽고, '嘗'은 일찍 '상'으로 읽고, '艱'은 어려울 '간'으로 읽고, '苦'는 괴로울 '고'로 읽는다. '艱苦'는 가난하고 고생스러움. 또는 처지나 상태가 어렵고 힘듦. '備嘗艱苦'를 직역(直譯)하면, 어려움과 괴로움을 (다) 갖추어 맛보며 (다스렸다). 즉, 일찍이 갖은 고생을 다하였다. '出萬死而遇一生'에서, '出'은 날 '출'로 읽고, '萬'은 일만 '만'으로 읽고, '死'는 죽을 '사'로 읽는다. '出萬死'를 직역(直譯)하면, 일만 번의 죽음에서 나옴. '而'는 말 이을 '이'로 읽는다. '그리고'의 뜻을 나타냄. '遇'는 만날 '우'로 읽고, '一'은 한 '일'로 읽고, '生'은 살 '생'으로 읽는다. '一生'을 직역(直譯)하면, 한 번의 삶. '出萬死而遇一生'을 직역(直譯)하면, 일만 번의 죽음에서 나와 그리고 한 번의 삶을 만났으니, 여기서, '萬死一生'이 유래하였는데, 이것을 직역(直譯)하면, 일만(一萬) (번의) 죽을 (고비에서) 한 (번) 살아난다는 뜻으로, ①목숨이 매우 위태한 지경임을 이르는 말. ②지극히 위험한 처지에 놓여 있다가 요행히 살아나거나 겨우 죽음을 모면(謀免. 어떤 일이나 책임을 꾀를 쓰거나 운이 좋아서 벗어남)하는 것을 이르는 말. '所以見草創之難也'에서, '所'는 바(앞에서 말한 내용 그 자체나 일 따위를 나타내는 말) '소'로 읽고, '以'는 써(그것을 가지고, 그것으로 인하여) '이'로 읽는다. '所以'는 '까닭'과 같은 말로, 일이 생기게 된 원인이나 조건. '見'은 볼 '견'으로 읽고, '草'는 시초(始初) '초'로 읽고, '創'은 비롯할 '창', 시작할 '창'으로 읽는다. '草創'은 어떤 사업을 처음으로 시작함. 또는 그 시초. '之'는 어조사 '지'로 읽는다. '~의'를 나타내는 관형격 조사. '難'은 어려울 '난'으로 읽고, '也'는 어조사 '야'로 읽는다. '~이다(단정)'의 뜻을 나타냄. '所以見草創之難也'를 직역(直譯)하면, 그 까닭으로 (말미암아) 어떤 사업을 처음으로 시작함의 어려움을 (맛) 본 것이다.

만사-태평(萬事泰·太平 일만 **만**/일 **사**/클 **태**/화평할 **평**) 일만(一萬) (가지의) 일이 크게 화평(和平)하다는 뜻으로, ①모든 일이 잘되어서 탈이 없고 평안함을 이르는 말. ②성질이 너그럽거나 어리석어 모든 일에 걱정이 없음을 이르는 말. ③온갖 일에 근심 걱정이 없어 태연함을 이르는 말. =천하태평(天下泰·太平) *만사(萬事): ☞만사무심(萬事無心). *태평(泰·太平): ①세상이 안정되고 풍년이 들어 아무 걱정이 없고 평안함. ②성격이 느긋하여 근심 걱정 없이 태연함. ③몸이나 마음이나 집안이 평안함. *화평하다(和平~): (마음이) 평안하다.

만사-형통(萬事亨通 일만 **만**/일 **사**/형통할 **형**/통할 **통**) 일만(一萬) (가지의) 일이 형통(亨通)하고 (잘) 통(通)한다는 뜻으로, 모든 일이 순탄(順坦. 삶 따위가 아무 탈 없이 순조로움)하고 잘됨을 이르는 말. 또는 모든 것(온갖 일)이 뜻대로 잘됨을 이르는 말. *만사(萬事): ☞만사무심(萬事無心). *형통(亨通): 모든 일이 뜻과 같이 잘되어 감. *통하다(通~): 부록 '통(通)' 참고.

만사-휴-의(萬事休矣 일만 **만**/일 **사**/그칠 **휴**/어조사 **의**) 일만(一萬) (가지의) 일이 그치다. 즉, 모든 일이 끝장이다, 다 글렀다는 뜻으로, 이제 더 손쓸 방도(方道·途. 어떤 일을 처러 나갈 길이나 방법)가 없이 모든 것이 끝장남. 무슨 수를 쓴다 해도 도무지 가망이 없음. 모든 일이 절망(絕望) 상태에 있음 따위를 이르는 말. 또는 모든 것이 헛수고(아무 보람이 없는 수고)로 돌아감을 이르는 말. *만사(萬事): ☞만사무심(萬事無心). *어조사(語助辭): 한문에서 토(순우리말로, 읽을 때 구절 끝에 붙여서 문법적 관계를 나타내는 우리말 부분)가 되는 어(於), 의(矣), 언(焉), 야(也) 따위의 글자를 이르는 말. 실질적인 뜻이 없고 다른 글자를 돕기만 함. 《관련 속담》 십년공부(十年工夫) 도로 아미타불. 이 사자성어의 유래는 다음과 같다. 『송사(宋史)』의 「형남고씨세가(荊南高氏世家)」 편(篇)에 [황소(黃巢. 사람 이름)의 난(亂. '난리·亂離'의 준말. 전쟁이나 재변·災變 따위로 세상이 어지러워진 상태. 또는 그러한 전쟁이나 재변·災變)으로 당(唐)나라가 290년의 역사(歷史)를 마감한 후, 여기서 '황소(黃巢)의 난(亂)'은 당(唐)나라 말기(末期)인 서기 875년에서 서기 884년 사이에 황소(黃巢)가 주축이 되어 일어난 대규모 농민 반란(反·叛亂. 정부나 지배자에게 반항하여 내란을 일으킴)이었다. 당(唐)은 이 반란으로 국가가 급속도로 무너지기 시작했고, 결국 반란 진압(鎭壓. 강압적인 힘으로 억눌러 진정시킴) 23년 후인 서기 907년, 주전충(朱

全忠, 주온·朱溫, 주황·朱晃이라고도 함)이 황제에게 양위(讓位. 임금의 자리를 물려줌)받아 후량(後梁)을 건국하면서 당(唐)나라는 완전히 멸망하게 된다. 50여 년에 걸쳐 황하(黃河. 중국 문명의 요람이자, 중국에서 두 번째로 큰 강) 유역(流域. 강물이 흐르는 언저리의 지역)의 화북(華北)에는 후량(後梁), 후당(後唐), 후진(後晉), 후한(後漢), 후주(後周) 따위 5개의 왕조(王朝. 왕이 직접 다스리는 나라)가 나타났고, 이와 동시에 화중(華中)과 화남(華南)에는 주로 당(唐)나라 말기(末期)의 절도사(節度使. 중국 당나라 때에, 변방·邊方에 설치하여 군대를 거느리고 그 지방을 다스리던 관아·官衙. 또는 그 으뜸 벼슬)들이 세운 오(吳), 남당(南唐), 오월(吳越), 민(閩), 초(楚), 전촉(前蜀), 후촉(後蜀), 형남(荊南), 남한(南漢), 북한(北漢) 따위 할거(割據. 땅을 나누어 차지하고 굳게 지킴)의 정권(政權. 정치를 하는 권력, 또는 나라의 통치 기관을 움직이는 권력)이 잇따라 나타났다. 이로써 중국 땅은 다시 분열과 혼란의 시기를 맞이하게 되는데, 이를 오대십국(五代十國)이라고 한다. 결국 당(唐)나라는 황소(黃巢)의 난(亂) 이후 불과(不過) 23년 만에 오대십국(五代十國)에게 역사의 자리를 내주었다. 그리고 당(唐)나라가 멸망한 후 중국에는 오대십국(五代十國)의 혼란이 계속되었다는 것이다. 이 중 형남(荊南)은 형남(荊南)의 절도사(節度使)였던 고계흥(高季興)이 세운 나라이다. 즉, 형남(荊南. 나라 이름)은 위에 소개된 오대십국(五代十國) 중 하나로, 당(唐)나라 말기에 형남(荊南. 여기서는 땅 이름)의 절도사(節度使)로 파견되었던 고계흥(高季興)이 세운 나라라는 뜻이다. 형남(荊南)은 4대 약 40년에 걸쳐, 섬기는 나라가 망할 때마다 새로 들어선 나라를 섬겨 가면서 명맥(命脈. 생명, 또는 목숨)을 유지했는데, 개조(開祖. 어떤 일을 처음 시작하여 한 종파의 원조·元祖가 되는 사람)인 고계흥(高季興)은 후량(後梁)의 태조(太祖. 한 왕조를 세운 첫째 임금에게 붙이던 묘호·廟號. 여기서 '묘호·廟號'는 임금이, 죽은 뒤에 생전의 공덕·功德을 기리어 붙인 이름)인 주전충(朱全忠)에 의해 절도사(節度使)로 임명되었으므로 후량(後梁)을 섬겼고, 2대 고종회(高從誨)는 후당(後唐)을, 3대 고보융(高保融)은 후주(後周)를, 마지막인 4대 고보욱(高保勗)은 송(宋)을 섬기다가, 송(宋)에게 망해 흡수되고 말았다. 4대 보욱(保勗)은 아버지 고계흥(高季興)의 맹목적(盲目的. 주관이나 원칙이 없이 덮어놓고 행동하는)인 사랑을 받으며 자라, 안하무인(眼下無人. 본문 참고)인데다가 음란(淫亂. 음탕하고 난잡함)하기까지 하였다. 이런 보욱(保勗)에 대해 역사(歷史)는 다음과 같이 기록하고 있다. 고보욱(高保勗)의 자(字. 본이름을 함부로 부르지 않던 시대에, 본이름 대신 부르던 이름)는 성궁(省躬)으로, 고종회(高從誨)의 열 번째 아들이며, 고보융(高保融)의 동복동생(同腹同生. 한 어머니에게서 난 동생)이다. …… 고보욱(高保勗)은 어려서 병이 많았고, 몸은 허약했으며 음란(淫亂. 음탕하고 난잡함)하기 이를 데 없었다. 대낮에 창기(娼妓. 지난날, 몸을 팔던 천한 기생)를 불러 관아(官衙. 지난날, 관원·官員이 모여서 공무·公務를 보던 곳)에 모아놓고 사졸(士卒. 군대에서 장교의 지휘를 받는 군인) 중에서 건장한 자(者)를 골라 제멋대로 희롱(戲弄. 장난하며 놂)하게 하고, 고보욱(高保勗)과 시첩(侍妾. 함께 있으면서 시중을 드는 첩. 주로 귀족이나 벼슬아치가 데리고 사는 첩을 일컬음)들은 발(가늘게 쪼갠 대오리나 갈대 같은 것으로 엮어 무엇을 가리는 데 쓰는 물건)을 드리우고 함께 보면서 즐겼다. 또한 누대(樓臺. 누각과 대사와 같이 높은 건물)를 짓고 끝없이 토목공사(土木工事)를 벌여 군대와 백성들이 모두 원망했다. ……]〈처음 고보욱(高保勗)을 키울 때, 고종회(高從誨)는 고보욱(高保勗)을 특별히 사랑했다. 그래서 아무리 화가 나 있어도 고보욱(高保勗)을 보면 반드시 화가 풀려 있었다. 형(荊) 지방의 사람들은 이를 만사휴(萬事休)로 여겼다. 즉, 고보욱(高保勗)이 아직 어렸을 때안하무인(眼下無人)에 버릇없는 행동을 보고도 그의 아버지인 고종회(高從誨)는 아무리 화가 나 있어도 고보욱(高保勗)을 보면 반드시 화가 풀렸다는 뜻이다. 그리고 이 소리를 전해 들은 형남(荊南) 사람들은 '이제 모든 것이 끝났구나'하며 탄식한 것이다. 이렇게 자부심(自負心. 자기 자신 또는 자기와 관련되어 있는 것에 대하여 스스로 그 가치나 능력을 믿고 당당히 여기는 마음)도, 줏대도 없고, 게다가 가치관마저 무너진 사람에게 나라의 운명을 맡긴다면, 이것은 끝장이라는 생각을 갖게 된 것이다.(初, 保勗在保抱, 從誨獨鐘愛, 故或盛怒, 見之必釋然而笑, **荊人目爲萬事休**.)〉[고보욱(高保勗)이 즉위(卽位. 임금의 자리에 오름)하자 번진(藩鎭. 중국에서 변방·邊方을 평정·平定하기 위하여 군대를 주둔시키던 곳)의 정세(情勢. 일이 되어 가는 사정과 형세)는 갈수록 쇠약(衰弱)해졌고, 결국 수개월 후에는 나라를 잃게 되고 말았으니, ('만사휴'라는 말은) 그 사전(事前. 무슨 일이 있기 전. 또는 무슨 일이 이루어지기 전)의 징조(徵兆. 어떤 일이 일어나려고 하는 조짐. 또는 어떤 일이 생겨날 것을 예상하게 하는 조짐)였던 것이다.] 라는 이야기가 나오는데, '형(荊) 지방의 사람들은 이를 만사휴(萬事休)로 여겼다.(荊人目爲萬事休)'에서, '만사휴의(萬事休矣)'가 유래했다. '만사휴의(萬事休矣)'는 한마디로 말하면, 일이 절망상태에 있음을 이르는 말이다. 오늘날도 만사휴의(萬事休矣)는, 도무지 대책을 세울 방법이 없을 정도로 일이 틀어졌을 때 체념조(諦念調. 희망을 버리고 아주 단념하는 말투)로 사용된다. 참고로, 원문의 '保勗在保抱'에서, '保'는 보호할 '보'로 읽고, '勗'은 힘쓸 '욱'으로 읽는다. '保勗'은 사람 이름. '고보욱(高保勗)'을 가리킴. '고종회(高從誨)'의 아들이다. '在'는 있을 '재'로 읽고, '抱'는 안을 '포'로 읽는다. '保勗在保抱'를 직역(直譯)하면, 고보욱(高保勗)을 안으며 보호하고 있을 (때에), '從誨獨鐘愛'에서, '從'은 좇을 '종'으로 읽고, '誨'는 가르칠 '회'로 읽는다. '從誨'는 사람 이름. '고종회(高從誨)'를 가리킴. '고보욱(高保勗)'의 아버지다. '獨'은 홀로 '독'으로 읽고, '鐘'은 모을 '종', 모일 '종'으로 읽고, '愛'는 사랑 '애'로 읽는다. '鐘愛'는 따뜻한 사랑을 한쪽으로 모음. '從誨獨鐘愛'를 직역(直譯)하면, 고종회(高從誨)는 홀로 따뜻한 사랑을 한쪽으로 모았다. '故或盛怒'에서, '故'는 그러므로 '고'로 읽고, '或'은 혹(惑. '혹시'의 준말. 만일에) '혹'으로 읽고, '盛'은 성할(盛~. 기운이나 세력이 한창 왕성할) '성'으로 읽고, 여기서, '기운'은 순우리말로, 생물이 살아 움직이는 원기(元氣). 또는 거기서 나오는 힘. '怒'는 성낼 '로(노)'로 읽는다. '盛怒'는 몹시 성을 냄. '故或盛怒'를 직역(直譯)하면, 그러므로 혹시 몹시 성을 내더라도, '見之必釋然而笑'에서, '見'은 볼 '견'으로 읽고, '之'는 어조사 '지'로 읽는다. '그것'을 나타내는 지시 대명사. '必'은 반드시 '필'로 읽고, '釋'은 풀 '석'으로 읽고, '然'은 그러할 '연'으로 읽는다. 상태를 나타내는 접미사. '釋然'은 의혹이나 꺼림칙한 마음이 없이 환하게 풀림. '而'는 말 이을 '이'로 읽는다. '그리고'의 뜻을 나타냄. '笑'는 웃을 '소'로 읽는다. '見之必釋然而笑'를 직역(直譯)하면, 그것(여기서는 '고보욱高保勗'을 가리킴)을 보면 반드시 의혹이나 꺼림칙한 마음이 없이 환하게 풀려서 그리고 웃었으니, '荊人目爲萬事休'에서, '荊'은 땅의 이름 '형'으로 읽고, '人'은 사람 '인'으로 읽는다. '荊人'은 형(荊) 지방의 사람. '目'은 여기서는 볼 '목'으로 읽고, '爲'는 될 '위'로 읽고, '萬'은 일만 '만'으로 읽고, '事'는 일 '사'로 읽고, '休'는 그칠 '휴'로 읽는다. '荊人目爲萬事休'를 직역(直譯)하면, 형(荊) 지방의 사람들은 (이를) 보고 일만의(모든) 일이 그친 (일이) 되었다고 (여겼다). 여기서, '萬事休矣'가 유래하였는데, 이것을 직역(直譯)하면, 일만(一萬) (가지의) 일이 그치다. 즉, 모든 일이 끝장이다, 다 글렀다는 뜻으로, 이제 더 손쓸 방도가 없이 모든 것이 끝장남. 무슨 수를 쓴다 해도 도무지 가망이 없음. 모든 일이 절망(絶望) 상태에 있음 따위를 이르는 말. 또는 모든 것이 헛수고(<u>아무 보람이 없는 수고</u>)로 돌아감을 이르는 말. 이 이야기의 배경은 이렇다. 아버지 고종회(高從誨)는 어려서부터 병이 잦아 작고 여위었던 고보욱(高保勖)을 남달리 사랑하였다. 아버지의 사랑을 독차지하며 제대로 가르침을 받지 못하고 자란 고보욱(高保勖)은 누군가가 그에게 잘못을 지적하며 화를 내더라도 주의를 기울이지 않고 비웃을 뿐이었다. 형(荊) 지방의 사람들은 이러한 고보욱(高保勖)의 행동을 보고 만사휴, 즉, '더 이상 어찌 해 볼 가망이 없구나.'라고 생각하였던 것이다.

만산-수엽(滿山樹葉 가득할 **만**/뫼 **산**/나무 **수**/잎 **엽**) 온 뫼('<u>산'의 옛말</u>)에 가득한 나뭇잎. *만산(滿山): 온 산에 가득 참. *수엽(樹葉): =나뭇잎. 즉, 나무의 잎.

만산-편-야(滿山遍野 가득할 **만**/뫼 **산**/두루 **편**/들 **야**) (온) 뫼('<u>산'의 옛말</u>)에 가득하고 들에 두루 (널리) (있다는) 뜻으로, ①산과 들에 가득함을 이르는 말. ②사람이 많음을 비유적으로 이르는 말. =편산만야 (遍山萬野). 여기 '편산만야(遍山萬野)'에서, '만야(萬野)'의 '만'은 '만(滿)'이 아니고 '만(萬)'임을 유의할 것. *만산(滿山): ☞만산수엽(滿山樹葉).

만산-홍엽(滿山紅葉 가득할 **만**/뫼 **산**/붉을 **홍**/잎 **엽**) (온) 뫼('<u>산'의 옛말</u>)에 붉은 잎으로 가득하다는 뜻으로, 단풍이 들어, 온 산(山)의 나뭇잎이 붉게 물들어 있음을 이르는 말. 또는 온 산(山)에 붉게 물든 나뭇잎을 이르는 말. *만산(滿山): ☞만산수엽(滿山樹葉). *홍엽(紅葉): ①단풍나무의 붉은 빛. ②단풍이 든 나뭇잎.

만세-동락(萬歲同樂 일만 **만**/해 **세**/함께 **동**/즐거울 **락**) 일만(一萬) (번의) 해[歲]를 함께 즐거워한다. 즉, 오랜 세월 동안 함께 즐거워한다는 뜻으로, 영원히 오래도록 함께 즐김을 이르는 말. *만세(萬歲): 영원히 오래 삶. *동락(同樂): (다른 사람과) 함께 즐김.

만세-무강(萬世無疆 일만 **만**/세대 **세**/없을 **무**/지경 **강**) 일만(一萬) 세대(世代)까지 지경(地境)이 없다는 뜻으로, ①오랜 세대나 세월에 걸쳐 끝이 없음을 이르는 말. ②아무런 탈 없이 아주 오래 삶을 이르는 말. =만수무강(萬壽無疆). *만세(萬世): 아주 오랜 세대(世代). *무강(無疆): 끝이 없음. *지경(地境): 부록 '강(疆): 참고.

만세-불망(萬世不忘 일만 **만**/대 **세**/아닐 **불**/잊을 **망**) 일만(一萬) 대(代)를 두고 잊지 않는다는 뜻으로, 영원히 은덕(恩德. <u>은혜와 덕, 또는 은혜로 입은 신세</u>)을 잊지 아니함을 비유적으로 이르는 말. =영세불망(永世不忘). *만세(萬世): ☞만세무강(萬世無疆). *불망(不忘): 잊지 않음.

만세-불변(萬世不變 일만 **만**/대 **세**/아닐 **불**/변할 **변**) 일만(一萬) 대(代)까지 변(變)하지 않는다. 즉, 대대로 두고두고 변하지 않는다는 뜻으로, 영원히 변(變)하지 아니함을 비유적으로 이르는 말. =만고불변(萬古不變). 만대불변(萬代不變). *만세(萬世): ☞만세무강(萬世無疆). *불변(不變): 변하지 아니함. 또는 변하게 하지 아니함.

만세-불역(萬世不易 일만 **만**/대 **세**/아닐 **불**/바꿀 **역**) 일만(一萬) 대(代)까지 바뀌지 않는다는 뜻으로, 영원히 바뀌지 아니함을 이르는 말. =만고불역(萬古不易). 만대불역(萬代不易). *만세(萬世): ☞만세무강(萬世無疆). *불역(不易): 바뀌지 않음. 또는 고칠 수 없음.

만세-불후(萬世不朽 일만 **만**/대 **세**/아닐 **불**/썩을 **후**) 일만(一萬) 대(代)를 (가도) 썩지 않는다는 뜻으로, 영원히 썩거나 사라지지 아니함을 이르는 말. =만고불후(萬古不朽). 만대불후(萬代不朽). *만세(萬世): ☞만세무강(萬世無疆). *불후(不朽): 썩지 아니함. 곧, 영원히 없어지지 아니함. *썩다: 부록 '후(朽)' 참고.

만수-무강(萬壽無疆 일만 **만**/목숨 **수**/없을 **무**/지경 **강**) 일만(一萬) (년의) 목숨이 지경(地境)이 없다. 즉, 만(萬) 년(年)을 살아도 수명(壽命)이 끝이 없다는 뜻으로, 아무런 탈 없이 아주 오래오래 삶을 이르는 말. 장수(長壽)를 축원(祝願. <u>신이나 부처에게 자기의 소원이 이루어지게 해 주기를 빎</u>)하는 말이다. =만세무강(萬世無疆). 수고무강(壽考無疆). *만수(萬壽): =장수(長壽). 즉, 목숨이 긺. 또는 오래 삶. *무강(無疆): 끝이 없음. *지경(地境): 부록 '강(疆); 참고. 이 사자성어의 유래는 다음과 같다. 『시경(詩經)·국풍(國風)·빈풍(豳風)』「칠월(七月)」에 〈구월엔 된서리 내리고 / 시월엔 타작 마당 치운다네. / 술 두어 통 받아 잔치 벌이고 / 염소와 양을 잡아 / 저 공당(公堂)에 올라 / 뿔 술잔을 높이 들어 / 만수무강 기원하네.(九月肅霜, 十月滌場, 朋酒斯饗, 日殺羔羊, 躋彼公堂, 稱彼兕觥, **萬壽無疆**.)〉라는 시(詩)가 나오는데, '만수무강 기원하네.(萬壽無疆)'에서, '만수무강(萬壽無疆)'이 유래했다. 이 시(詩)는 빈(豳) 지역 농민들의 세시풍속(歲時風俗. <u>본문 참고</u>)과 농촌의 정경(情景. <u>정서를 자아내는 흥취와 경치</u>)을 노래한 것이다. 참고로, 원문의 '九月肅霜'에서, '九'는 아홉 '구'로 읽고, '月'은 달 '월'로 읽고, '肅'은 엄숙할 '숙'으로 읽고, '霜'은 서리 '상'으로 읽는다. '肅霜'은 '된서리'와 같은 말로, 늦가을에 아주 되게 내리는 서리. '九月肅霜'을 직역(直譯)하면, 9월에 된서리가 (내리고), '十月滌場'에서, '十'은 열 '십'으로 읽고, '滌'은 없앨 '척'으로 읽고, '場'은 마당 '장'으로 읽는다. '十月滌場'을 직역(直譯)하면, 10월에 (타작) 마당을 없앤다(치운다). 즉, 추수를 마친다는 뜻이다. '朋酒斯饗'에서, '朋'은 두 동이(<u>분량을 세는 단위</u>) '붕'으로 읽고, '酒'는 술 '주'로 읽고, '斯'는 이(<u>지시하는 말</u>) '사'로 읽고, '饗'은 잔치할 '향'으로 읽는다. '朋酒斯饗'을 직역(直譯)하면, 두 동이의 술로 이 잔치를 (벌인다). '日殺羔羊'에서, '日'은, 여기서는 이에 '왈'로 읽고, '殺'은 죽일 '살'로 읽고, '羔'는 염소 '고'로 읽고, '羊'은 양(羊) '양'으로 읽는다. '日殺羔羊'을 직역(直譯)하면, 이에, 염소와 양을 죽이고, '躋彼公堂'에서, '躋'는 오를 '제'로 읽고, '彼'는 저(<u>지시하는 말</u>) '피'로 읽고, '公'은 관청(官廳) '공'으로 읽고, '堂'은 집 '당'으로 읽는다. '公堂'은 '관아(官衙)'와 같은 말로, 예전에, 벼슬아치들이 모여 나랏일을 처리하던 곳. '躋彼公堂'을 직역(直譯)하면, 저 공당(公堂)에 올라가서, '稱彼兕觥'에서, '稱'은 일컬을 '칭', 들 '칭'으로 읽고, '彼'는 저(<u>지시하는 말</u>) '피'로 읽고, '兕'는 외뿔(<u>하나만 있는 뿔</u>) 난 들소 '시'로 읽고, '觥'은 뿔 술잔 '굉'으로 읽는다. '稱彼兕觥'을 직역(直譯)하면, 저 뿔 술잔을 드니, '萬壽無疆'에서, '萬'은 일만 '만'으로 읽고, '壽'는 목숨 '수'로 읽고, '無'는 없을 '무'로 읽고, '疆'은 지경 또는 끝 '강'으로 읽는다. '萬壽無疆'을 직역(直譯)하면, 일만(一萬) (년의) 목숨이 지경(地境)이 없다. 즉, 만(萬) 년(年)을 살아도 수명(壽命)이 끝이 없다는 뜻으로, 아무런 탈 없이 아주 오래오래 삶을 이르는 말. 만수무강(萬壽無疆)하리로다. 이렇게 장수(長壽)를 축원하는 말이다.

만수-우환(萬愁憂患 일만 **만**/근심 **수**/근심 **우**/근심 **환**) 일만(一萬) 가지 근심과 근심의 근심이라는 뜻으로, 온갖 시름과 근심 걱정을 이르는 말. *만수(萬愁): 온갖 시름. *우환(憂患): ①근심이나 걱정되는 일. ②병(病)으로 인한 걱정. 또는 집안에 병자(病者. <u>병을 앓고 있는 사람</u>)가 있어 겪는 근심.

만-수-운환(漫垂雲鬟 흩어질 **만**/드리울 **수**/구름 **운**/쪽 찐 머리 **환**) 흩어져 드리워진 구름처럼 쪽 찐 머리라는 뜻으로, 가닥가닥이 흩어져 드리워진 쪽 찐 머리를 비유적으로 이르는 말. 여기서, '쪽을 찌다'는 시집간 여자가 머리털을 땋아 목뒤로 틀어 뭉치어 올려서 비녀를 꽂다. *운환(雲鬟): 예쁜 여자의 쪽 찐 머리를 구름에 비유(比·譬喩. <u>어떤 사물의 모양이나 상태 따위를 보다 효과적으로 표현하기 위하여 그것과 비슷한 다른 사물에 빗대어 표현함. 또는 그 표현 방법</u>)하여 이르는 말. *드리우다: 부록 '수(垂)'

참고.

만승-지-국(萬乘之國 일만 **만**/수레 **승**/어조사 **지**/나라 **국**) 일만(一萬) (대의) 수레를 (갖출 만한) 나라. 즉, 병거(兵車. 전쟁에 쓰는 수레) 일만(一萬) 채(큰 기구, 기물, 가구 따위를 세는 단위)를 갖출 만한, 힘이 있는 나라라는 뜻으로, 천자(天子)가 다스리는 나라를 이르는 말. '승(乘)'은 수레를 세는 단위로, 주(周)나라 때, 전시(戰時)에 제후(諸侯)는 천승(千乘)을, 천자(天子)는 만승(萬乘)을 내도록 되어 있다. 또, 천승(千乘)과 만승(萬乘)은 부역(賦役. 국가나 공공 단체가 특정한 공익사업을 위하여 보수 없이 국민에게 의무적으로 책임을 지우는 노역·勞役을 이르는 말)에 동원할 수 있는 병력의 규모를 나타내는 단위이기도 하다. 여기서, '천자(天子)'는 천제(天帝)의 아들이란 뜻으로, 천명(天命)을 받아 천하(天下)를 다스리는 사람. 곧, 중국에서는 황제(皇帝)를 일컫던 말. '제후(諸侯)'는 봉건시대에, 군주(君主. 세습적으로 나라를 다스리는 최고 지위에 있는 사람)로부터 받은 영토와 그 영내에 사는 백성을 다스리던 사람. 참 천승지국(千乘之國). *만승(萬乘): ①일만(一萬) 채(가마를 세는 단위)의 병거(兵車. 전쟁에 쓰는 수레). ②천자(天子) 또는 천자(天子)의 자리. 중국 주(周)나라 때에 천자(天子)가 병거(兵車) 일만 채를 즈리[直隷] 지방에서 출동을 시켰던 데서 유래한다. 이 사자성어의 유래는 다음과 같다. 『맹자(孟子)』의 「양혜왕(梁惠王) 장구(章句)」 상(上) 편(篇)에 〈만승(萬乘)의 나라에서 그 임금을 죽이는 자(者)는, 반드시 천승(千乘)을 가진 봉읍(封邑)(의 제후)이요, 천승(千乘)의 나라에서 그 임금을 죽이는 자(者)는, 반드시 백승(百乘)을 가진 봉읍(封邑)(의 대부)입니다. 만(萬)에서 천(千)을 취(取)하고, 천(千)에서 백을 취(取)하는 것은 많지 않은 것은 아니지만, 만약 의(義)를 뒤로 하고 이익(利益)을 앞세우면, 모두 빼앗지 않고는 만족하지 못하게 됩니다.(萬乘之國弑其君者, 必千乘之家, 千乘之國弑其君者, 必百乘之家, 萬取千焉, 千取百焉, 不爲不多矣, 苟爲後義而先利, 不奪不饜.)〉라는 이야기가 나오는데, '만승(萬乘)의 나라에서 그 임금을 죽이는 자(者)는(萬乘之國弑其君者)'에서, '萬乘之國'이 유래했다. 이 이야기의 배경은 이렇다. 맹자(孟子)가 양혜왕(梁惠王)을 찾아뵈었더니 왕(王)이 말했다. 여기서, '맹자(孟子)'는 중국 전국(戰國) 시대의 사상가의 한 사람이다. 성선설(性善說)을 주장하고, 인의(仁義)의 정치를 권하였다. 그리고 '양혜왕(梁惠王)'은 중국 전국(戰國) 시대 위(魏)나라의 3대 군주(君主. 세습적으로 나라를 다스리는 최고 지위에 있는 사람)인 위혜왕(魏惠王)의 다른 이름이다. 성(姓)은 희(姬)이고, 씨(氏)가 위(魏)이다. 『맹자(孟子)』에는 '양혜왕(梁惠王)'으로 불리어졌고, 『장자(莊子)』에는 '문혜군(文惠君)'으로 기록되어 있다. "선생께서는 천 리를 멀다 하지 않고 오셨으니, 장차(張次. '앞으로'의 뜻으로, 미래의 어느 때를 나타내는 말) 내 나라를 이롭게 함이 있겠습니까?" 맹자(孟子)가 말했다. "왕께서는 어찌 이로움만 말씀하십니까? 오직 인(仁)과 의(義)가 있을 따름입니다. 왕께서 어떻게 하면 내 나라를 이롭게 할까를 말씀하시면, 대부(大夫. 중국에서 벼슬아치를 세 등급으로 나눈 품계의 하나)들은 어떻게 하면 봉읍(封邑. 제후를 봉하여 땅을 내줌. 또는 그 땅)을 이롭게 할까 말하며, 선비와 평민(平民)들은 어떻게 하면 내 몸을 이롭게 할까 말할 것이니, 위와 아래가 서로 이익을 취하려고 하면 나라는 위태로워질 것입니다."라고 말하는 가운데 위의 이야기를 예로 들면서, 만약에 천승지가(千乘之家)는 천승지가(千乘之家)대로 백승지가(百乘之家)는 백승지가(百乘之家)대로 의(義)를 뒤로 하고 이익만을 앞세우면, 얻을 수 없을 뿐만 아니라 모두 그 이익을 빼앗기게 된다는 것이다. 오로지 인(仁)과 의(義)에 입각해서 일을 해야만 이익을 추구하지 않더라도 이익이 돌아온다는 말이다. 참고로, 원문의 '萬乘之國弑其君者'에서, '萬'은 일만 '만'으로 읽고, '乘'은 수레 '승'으로 읽고, '之'는 어조사 '지'로 읽는다. '~의'를 나타내는 관형격 조사. '國'은 나라 '국'으로 읽는다. 여기서, '만승지국(萬乘之國)'이 유래하였는데, 이것을 직역(直譯)하면, '병거(兵車. 전쟁할 때에 쓰는 수레) 일만 대를 갖출 만한 힘이 있는 나라'라는 뜻으로, 천자(天子)가 다스리는 나라를 이르는 말. '弒'는 죽일 '시'로 읽고 '其'는 그(지시하는 말) '기'로 읽고, '君'은 임금 '군'으로 읽고, '者'는 사람 '자'로 읽는다. '萬乘之國弒其君者'를 직역(直譯)하면, 만승(萬乘)의 나라에서 그 임금을 죽이는 사람은. 여기서, '必千乘之家'에서, '必'은 반드시 '필'로 읽고, '千'은 일천 '천'으로 읽는다. '千乘'은 '천 대의 병거(兵車)'라는 뜻으로, '제후(諸侯)'를 이르는 말. '家'는 집 '가', 집안 '가'로 읽는다. '必千乘之家'를 직역(直譯)하면, 반드시 천승(千乘)의 집안이요, '千乘之國弒其君者'에서, '千'은 일천 '천'으로 읽고, '乘'은 수레 '승'으로 읽고, '之'는 어조사 '지'로 읽는다. '~의'를 나타내는 관형격 조사. '國'은 나라 '국'으로 읽고, '弒'는 죽일 '시'로 읽고 '其'는 그(지시하는 말) '기'로 읽고, '君'은 임금 '군'으로 읽고, '者'는 사람 '자'로 읽는다. '千乘之國弒其君者'를 직역(直譯)하면, 천승(千乘)의 나라에서 그 임금을 죽이는 사람은, 여기서, '千乘之國'이 유래하였는데, 이것을 직역(直譯)하면, '병거(兵車) 천(千) 대를 갖출 만한 힘이 있는 나라'라는 뜻으로, 제후(諸侯)가 다스리는 나라를 이르는 말. '必百乘之家'에서, '百'은 일백 '백'으로 읽는다. '必百乘之家'를 직역(直譯)하면, 반드시 백승(百乘)의 집안입니다. 여기서, '百乘之家'가 유래하였는데, 이것을 직역(直譯)하면, 일백(一百) 수레의 집안. 즉, 전쟁(戰爭)이 일어나면 수레 백(百) 대를 내놓을 수 있는 집이라는 뜻으로, 경대부(卿大夫)의 집을 이르던 말. 여기서, '경대부(卿大夫)'란 높은 관직(官職. 관리로서, 국가로부터 위임 받은 일정한 범위의 직무, 또는 그 직위)에 있는 벼슬아치를 이르는 말. 경(卿)과 대부(大夫)로 대표된다. '萬取千焉'에서, '萬'은 일만 '만'으로 읽고, '取'는 취할 '취'로 읽고, '千'은 일천 '천'으로 읽고, '焉'은 어조사 '언'으로 읽는다. ~이다(단정)의 뜻을 나타냄. '萬取千焉'을 직역(直譯)하면, 만(萬)에서 천(千)을 취(取)하고, '千取百焉'에서, '百'은 일백 '백'으로 읽는다. '千取百焉'을 직역(直譯)하면, 천(千)에서 백(百)을 취함은, '不爲不多矣'에서. '不'은 아닐(부정하는 말) '불'로 읽고, '爲'는 할 '위'로 읽고, '多'는 많을 '다'로 읽는다. '不爲不多'는, 직역(直譯)하면, 많지 않다고 하지 않는다. '矣'는 어조사 '의'로 읽는다. '~이다(단정)'의 뜻을 나타냄. '不爲不多矣'를 직역(直譯)하면, 많지 않은 것은 되지 않음이다. 즉, 많지 않은 것은 아니지만, '苟爲後義而先利'에서, '苟'는 다만 '구'로 읽고, '爲'는, 여기서는 할 '위'로 읽고, '後'는 뒤 '후'로 읽고, '義'는 의리(義理) '의'로 읽고, '而'는 어조사 '이'로 읽는다. '그리고'의 뜻을 나타냄. '先'은 먼저 '선'으로 읽고, '利'는 이익(利益) '이'로 읽는다. '苟爲後義而先利'를 직역(直譯)하면, 다만 의리(義理)를 뒤로 하고, 그리고 이익(利益)을 먼저 (앞세우면), '不奪不饜'에서, '奪'은 빼앗을 '탈'로 읽고, '饜'은 흐뭇할 '염'으로 읽는다. 여기서는 '만족하다'의 뜻이 강함. '不奪不饜'을 직역(直譯)하면, (모두) 빼앗지 않고는 흐뭇하지 (만족하지) 못하게 됩니다. 그리고 『맹자(孟子)』의 「양혜왕 하(梁惠王下)」 편(篇)에 〈만승(萬乘)의 나라로 만승(萬乘)의 나라를 치는데, 대그릇에 담은 밥과 병에 담은 음료를 가지고 왕의 군대를 환영하는 것에 어찌 다른 이유가 있었겠습니까?(以萬乘之國伐萬乘之國, 簞食壺漿以迎王師, 豈有他哉.)〉라는 이야기가 나오는데, '만승(萬乘)의 나라로 만승(萬乘)의 나라를 치는데,(以萬乘之國伐萬乘之國)'에서, '만승지국(萬乘之國)'이 유래했다. 참고로, 원문의 '以萬乘之國伐萬乘之國'에서, '以'는 써(그것을 가지고, 그것으로 인하여) '이'로 읽고, '萬'은 일만 '만'으로 읽고, '乘'은 수레 '승'으로 읽는다. '萬乘'은 '만(萬) 대(臺. 차나 기계, 악기 따위를 세는 단위)의 병거(兵車. 전쟁할 때에 쓰는 수레)'라는 뜻으로, 천자(天子) 또는 천자(天

子)의 자리를 이르는 말. 중국 주(周)나라 때에 천자(天子)가 병거(兵車) 일만 채(큰 기구, 기물, 가구 따위를 새는 단위)를 즈리[直隷] 지방에서 출동시켰던 데서 유래한다. '之'는 어조사 '지'로 읽는다. '~의'를 나타내는 관형격 조사. '國'은 나라 '국'으로 읽고, '伐'은 칠 '벌', 공격할 '벌'로 읽는다. '以萬乘之國伐萬乘之國'을 직역(直譯)하면, 만승의 나라로써 만승의 나라를 공격하는데, 여기서, '萬乘之國'이 유래하였는데, 이것을 직역(直譯)하면, 일만(一萬) 수레를 (갖출 만한) 나라. 즉, 병거(兵車. 전쟁에 쓰는 수레) 일만(一萬) 채를 갖출 만한, 힘이 있는 나라라는 뜻으로, 천자(天子)가 다스리는 나라를 이르는 말. '승(乘)'은 수레를 세는 단위로, 주(周)나라 때, 전시(戰時)에 제후(諸侯)는 천승(千乘)을, 천자(天子)는 만승(萬乘)을 내도록 되어 있다. 또, 천승(千乘)과 만승(萬乘)은 부역(賦役. 국가나 공공 단체가 국민에게 의무적으로 지우는 노역·勞役)에 동원할 수 있는 병력(兵力)의 규모를 나타내는 단위이기도 하다. '簞食壺漿以迎王師'에서, '簞'은 소쿠리 '단'으로 읽고, '食'는, 여기서는 밥 '사'로 읽고, '壺'는 병 '호'로 읽고, '漿'은 액체 '장'으로 읽고, '以'는 써(그것을 가지고, 그것으로 인하여) 이로 읽고, '迎'은 맞을 '영', 맞이할 '영'으로 읽고, '師'는 군사(軍士) '사', 군대(軍隊) '사'로 읽는다. '簞食壺漿以迎王師'를 직역(直譯)하면, 소쿠리의 밥과 병에 (든) 액체로써 왕의 군대를 맞이함에, 여기서, '簞食壺漿'을 직역(直譯)하면, 소쿠리의 밥과, 병에 (든) 액체(마실 것)란 뜻으로, ①넉넉하지 못한 사람의 거친 음식을 이르는 말. ②백성이 군대를 환영하기 위하여 갖춘 음식을 이르는 말. '豈有他哉'에서, '豈'는 어찌(의문 부사) '기'로 읽고, '有'는 있을 '유'로 읽고, '他'는 다를 '타'로 읽고, '哉'는 어조사 '재'로 읽는다. '~일 것인가?'(반문)의 뜻을 나타냄. '豈有他哉'를 직역(直譯)하면 어찌 다른 (이유가) 있었겠습니까?

만승-지-군(萬乘之君 일만 **만**/수레 **승**/어조사 **지**/임금 **군**) 일만(一萬) (대의) 수레를 (갖춘 나라의) 임금. 즉, 만승지국(萬乘之國)의 임금이란 뜻으로, 천자(天子)나 황제(皇帝)를 이르는 말. '천자(天子)'는 천제(天帝. 하늘을 다스리는 신. 또는 우주를 창조하고 주재한다고 믿어지는 초자연적인 절대자)의 아들이란 뜻으로, 천명(天命. 하늘의 명령)을 받아 천하(天下)를 다스리는 사람. 곧 중국에서 황제(皇帝)를 일컫던 말이다. =만승지주(萬乘之主). 여기서, '승(乘)'은 수레를 세는 단위로, 주(周)나라 때, 전시(戰時)에 제후(諸侯)는 천승(千乘)을, 천자(天子)는 만승(萬乘)을 내도록 되어 있다. 또, 천승(千乘)과 만승(萬乘)은 부역(賦役. 국가나 공공 단체가 특정한 공익사업을 위하여 보수 없이 국민에게 의무적으로 책임을 지우는 노역·勞役을 이르는 말)에 동원할 수 있는 병력의 규모를 나타내는 단위이기도 하다. '제후(諸侯)'는 봉건시대에, 군주(君主. 세습적으로 나라를 다스리는 최고 지위에 있는 사람)로부터 받은 영토와 그 영내에 사는 백성을 다스리던 사람. *만승(萬乘): ☞만승지국. 이 사자성어의 유래는 다음과 같다. 『장자(莊子)·외편(外篇)』의 「재유(在宥)」 편(篇)에 〈그러자 다시 자귀나 톱 같은 (형틀을) 만들고, 먹물 같은 (법률로) 죽이고, 방망이나 끌로 살을 찢고, 뼈를 끊기에 이르렀다. 이에 세상이 더욱 크게 어지러워졌으니, 그 죄는 사람의 마음을 어지럽힌 데에 있다. 그러므로 어진 사람은 높은 산 험한 바위 밑에 숨어 살고, 큰 나라의 임금은 묘당 위에서 걱정 근심에 떨게 되었다.(於是乎釿鋸制焉, 繩墨殺焉, 椎鑿決焉, 天下脊脊大亂, 罪在攖人心, 故賢者伏處大山嵁巖之下, 而萬乘之君憂慄乎廟堂之上)〉라는 이야기가 나오는데, '큰 나라의 임금은 묘당 위에서 걱정 근심에 떨게 되었다.(而萬乘之君憂慄乎廟堂之上)'에서, '만승지군(萬乘之君)'이 유래했다. 참고로, 원문의 '於是乎釿鋸制焉'에서, '於'는 어조사 '어'로 읽는다. '~에(위치)'의 뜻을 나타냄. '是'는 이(지시하는 말) '시'로 읽고, '乎'는 어조사 '호'로 읽는다. '~에', '~에서(위치)'

의 뜻을 나타냄. '於是乎'는 한문(漢文) 구(句)의 하나로, 이제야. 이에 있어서. '釿'은 자귀(나무를 깎아 다듬는 연장의 하나) '근'으로 읽는다. '鋸'는 톱 '거', 톱질할 '거'로 읽고, '制'는 만들 '제'로 읽고, '焉'은 어조사 '언'으로 읽는다. '~이다(단정)'의 뜻을 나타냄. '於是乎釿鋸制焉'을 직역(直譯)하면, 이제야 자귀나 톱을 만들고, '繩墨殺焉'에서, '繩'은 먹줄(먹통에 딸려 줄을 치는 데 쓰이는, 실 따위로 된 줄) '승'으로 읽고, '墨'은 먹 '묵'으로 읽고, '殺'은 죽일 '살'로 읽는다. '繩墨殺焉'을 직역(直譯)하면, 먹통에 딸린 먹('법률'을 비유함)으로 (사람을) 죽이며, '椎鑿決焉'에서, '椎'는 몽치(짤막하고 단단한 몽둥이, 주로 사람이나 동물을 때리는 데에 쓰며, 예전에는 무기로도 사용했음) '추'로 읽는다. '퇴(槌)'와 같은 글자. '鑿'은 끌(나무에 구멍이나 홈을 파는 데 쓰는 연장) '착'으로 읽고, '決'은 여기서는 끊을 '결'로 읽는다. '椎鑿決焉'을 직역(直譯)하면, 몽치(방망이)나 끌로 (살을) 끊으니(찢으니), '天下脊脊大亂'에서 '天'은 하늘 '천'으로 읽고, '下'는 아래 '하'로 읽고, '脊'은 어지러울 '척'으로 읽는다. '脊脊'을 직역(直譯)하면, 어지러운 모양. '大'는 클 '대'로 읽고, '亂'은 어지러울 '란(난)'으로 읽는다. '天下脊脊大亂'을 직역(直譯)하면, (그렇게 되니까) 천하(天下)는 어지럽고 어지러워 더욱 크게 어지러웠다. '罪在攖人心'에서, '罪'는 허물 '죄', 죄(罪) '죄'로 읽고, '在'는 있을 '재'로 읽고, '攖'은 어지러울 '영'으로 읽는다. '在攖'은, 직역(直譯)하면 어지럽게 하는 데에 있음. '人'은 사람 '인'으로 읽고, '心'은 마음 '심'으로 읽는다. '罪在攖人心'을 직역(直譯)하면, (그) 죄는 사람들의 마음을 어지럽게 하는 데에 있다. '故賢者伏處大山嵁巖之下'에서, '故'는 그러므로 '고'로 읽고, '賢'은 어질 '현'으로 읽고, '者'는 사람 '자'로 읽는다. '賢者'는 어질고 총명하여 성인(聖人. 지혜와 덕이 매우 뛰어나 길이 우러러 본받을 만한 사람)에 다음 가는 사람. '伏'은 숨을 '복'으로 읽고, '處'는 살 '처'로 읽고, '大'는 클 '대'로 읽고, '山'은 뫼('산'의 옛말) '산'으로 읽는다. '大山'은 높고 규모가 큰 산. '嵁'은 험할 '감'으로 읽고, '巖'은 바위 '암'으로 읽는다. '嵁巖'은 바위가 높고 험함. 또는 그 바위. '之'는 어조사 '지'로 읽는다. '~의'를 나타내는 관형격 조사. '嵁巖之下'는, 직역(直譯)하면 높고 험한 바위의 아래. '故賢者伏處大山嵁巖之下'를 직역(直譯)하면, 그러므로 현자(賢者)는 큰 산의 높고 험한 바위의 아래에 숨어 살고, '而萬乘之君憂慄乎廟堂之上'에서, '而'는 말 이을 '이'로 읽는다. '그리고'의 뜻을 나타냄. '萬'은 일만 '만'으로 읽고, '乘'은 수레 '승'으로 읽고, '之'는 어조사 '지'로 읽는다. '~의'를 나타내는 관형격 조사. '君'은 임금 '군'으로 읽고, '憂'는 근심 '우'로 읽고, '慄'은 두려워할 '률(율)'로 읽고, '乎'는 어조사 '호'로 읽는다. '廟'는 사당(祠堂. 조상의 신주를 모신 곳) '묘', 묘당(廟堂. '종묘·宗廟'와 '명당·明堂'을 아울러 이르는 말) '묘'로 읽고, '堂'은 집 '당', 명당(明堂) '당'으로 읽고, '上'은 위 '상'으로 읽는다. '而萬乘之君憂慄乎廟堂之上'을 직역(直譯)하면, 그리고 일만 수레를 (갖춘 나라의) 임금은 묘당(廟堂)의 집 위에서 근심하고 두려워하게 되었다. 여기서, '萬乘之君'이 유래하였는데, 이것을 직역(直譯)하면, 일만(一萬) 수레를 (갖춘 나라의) 임금. 즉, 만승지국(萬乘之國)의 임금이란 뜻으로, 천자(天子)나 황제(皇帝)를 이르는 말.

만승-지-위(萬乘之位 일만 **만**/수레 **승**/어조사 **지**/자리 **위**) 일만(一萬) (대의) 수레의 자리라는 뜻으로, 천자(天子)나 황제(皇帝)의 높은 지위를 이르는 말. '승(乘)'은 수레를 세는 단위로, 주(周)나라 때, 전시(戰時)에 제후(諸侯)는 천승(千乘)을, 천자(天子)는 만승(萬乘)을 내도록 되어 있다. 또, 천승(千乘)과 만승(萬乘)은 부역(賦役. 국가나 공공 단체가 특정한 공익사업을 위하여 보수 없이 국민에게 의무적으로 책임을 지우는 노역·勞役을 이르는 말)에 동원할 수 있는 병력의 규모를 나타내는 단위이기도 하다.

여기서, '천자(天子)'는 천제(天帝)의 아들이란 뜻으로, 천명(天命)을 받아 천하(天下)를 다스리는 사람. 곧, 중국에서는 황제(皇帝)를 일컫던 말. '제후(諸侯)'는 봉건시대에, 군주(君主. 세습적으로 나라를 다스리는 최고 지위에 있는 사람)로부터 받은 영토와 그 영내에 사는 백성을 다스리던 사람. *만승(萬乘): ☞만승지국(萬乘之國).

만승-지-존(萬乘之尊 일만 **만**/수레 **승**/어조사 **지**/높을 **존**) 일만(一萬) 수레의 높음이라는 뜻으로, ①천자(天子)나 황제(皇帝)를 높여 이르는 말. ②천자(天子)의 지위를 높이어 이르는 말. '승(乘)'은 수레를 세는 단위로, 주(周)나라 때, 전시(戰時)에 제후(諸侯)는 천승(千乘)을, 천자(天子)는 만승(萬乘)을 내도록 되어 있다. 또, 천승(千乘)과 만승(萬乘)은 부역(賦役. 국가나 공공 단체가 특정한 공익사업을 위하여 보수 없이 국민에게 의무적으로 책임을 지우는 노역·勞役을 이르는 말)에 동원할 수 있는 병력의 규모를 나타내는 단위이기도 하다. =만승천자(萬乘天子). 여기서, '천자(天子)'는 천제(天帝)의 아들이란 뜻으로, 천명(天命)을 받아 천하(天下)를 다스리는 사람. 곧, 중국에서는 황제(皇帝)를 일컫던 말. '제후(諸侯)'는 봉건시대에, 군주(君主. 세습적으로 나라를 다스리는 최고 지위에 있는 사람)로부터 받은 영토와 그 영내에 사는 백성을 다스리던 사람. *만승(萬乘): ☞만승지국(萬乘之國).

만승-지-주(萬乘之主 일만 **만**/수레 **승**/어조사 **지**/임금 **주**) 일만(一萬) 수레를 (갖춘 나라의) 임금. 즉, 만승지국(萬乘之國)의 임금이라는 뜻으로, 천자(天子)나 황제(皇帝)를 비유적으로 이르는 말. '승(乘)'은 수레를 세는 단위로, 주(周)나라 때, 전시(戰時)에 제후(諸侯)는 천승(千乘)을, 천자(天子)는 만승(萬乘)을 내도록 되어 있다. 또, 천승(千乘)과 만승(萬乘)은 부역(賦役. 국가나 공공 단체가 특정한 공익사업을 위하여 보수 없이 국민에게 의무적으로 책임을 지우는 노역·勞役을 이르는 말)에 동원할 수 있는 병력의 규모를 나타내는 단위이기도 하다. =만승지국(萬乘之國). 여기서, '천자(天子)'는 천제(天帝)의 아들이란 뜻으로, 천명(天命)을 받아 천하(天下)를 다스리는 사람. 곧, 중국에서는 황제(皇帝)를 일컫던 말. '제후(諸侯)'는 봉건시대에, 군주(君主. 세습적으로 나라를 다스리는 최고 지위에 있는 사람)로부터 받은 영토와 그 영내에 사는 백성을 다스리던 사람. *만승(萬乘): ☞만승지국(萬乘之國).

만승-천자(萬乘天子 일만 **만**/수레 **승**/하늘 **천**/아들 **자**) 일만(一萬) 수레를 (갖춘) 하늘의 아들이라는 뜻으로, 천자(天子)나 황제(皇帝)를 높여 이르는 말. '승(乘)'은 수레를 세는 단위로, 주(周)나라 때, 전시(戰時)에 제후(諸侯)는 천승(千乘)을, 천자(天子)는 만승(萬乘)을 내도록 되어 있다. 또, 천승(千乘)과 만승(萬乘)은 부역(賦役. 국가나 공공 단체가 특정한 공익사업을 위하여 보수 없이 국민에게 의무적으로 책임을 지우는 노역·勞役을 이르는 말)에 동원할 수 있는 병력의 규모를 나타내는 단위이기도 하다. =만승지존(萬乘之尊). *만승(萬乘): ☞만승지국(萬乘之國). *천자(天子): 천제(天帝)의 아들이란 뜻으로, 천명(天命)을 받아 천하(天下)를 다스리는 사람. 곧, 중국에서는 황제(皇帝)를 일컫던 말. '제후(諸侯)'는 봉건시대에, 군주(君主. 세습적으로 나라를 다스리는 최고 지위에 있는 사람)로부터 받은 영토와 그 영내에 사는 백성을 다스리던 사람.

만시-지-탄(晩時之歎·嘆 늦을 **만**/때 **시**/어조사 **지**/탄식할 **탄**) 때가 늦은 탄식(歎·嘆息)이라는 뜻으로, 시기에 늦어 기회(機會)를 놓쳤음을 안타까워하는 탄식(歎·嘆息)을 이르는 말. =후시지탄(後時之歎·嘆). *만시(晩時): 시간이나 시기가 뒤늦음. *탄식하다(歎·嘆息~): 부록 '탄(歎·嘆)' 참고. 《관련 속담》 소 잃고 외양간 고친다.

만식-당-육(晚食當肉 늦을 **만**/먹을 **식**/마땅할 **당**/고기 **육**) 늦게 먹는 (음식은) 마땅히 고기의 (맛이라고 할 만하다는) 뜻으로, 시장할 때 먹으면 맛없는 음식도 고기 맛과 같음을 이르는 말. 즉, 배가 고플 때는 무엇을 먹든지 고기 맛과 같음을 일컫는다. *만식(晚食): 때를 놓쳐 늦게 먹음. 또는 그런 식사. *마땅하다: 부록 '당(當)' 참고. 《관련 속담》 시장이 반찬이다.

만신-창이(滿身瘡痍 가득할 **만**/몸 **신**/부스럼 **창**/상처 **이**) 몸에 가득한 부스럼의 상처라는 뜻으로, ①온몸이 성한 데가 없이 상처투성이가 됨을 이르는 말. ②일이 아주 엉망이 됨을 비유적으로 이르는 말. ③성한 데가 없을 만큼 결함(缺陷. 부족하거나 완전하지 못하여 흠이 되는 부분)이 많음을 비유적으로 이르는 말. *만신(滿身): =전신(全身). 즉, 몸 전체. =온몸. *창이(瘡痍): 병기(兵器. 전투에 쓰는 여러 가지 기구)에 다친 상처. *부스럼: 부록 '창(瘡)' 참고.

만실-우환(滿室憂患 가득할 **만**/집 **실**/근심 **우**/근심 **환**) 집에 가득한 근심의 근심이라는 뜻으로, 집안에 앓는 사람이 많음을 이르는 말. *만실(滿室): 방안에 가득함. *우환(憂患): ①근심이나 걱정되는 일. ②병(病)으로 인한 걱정. 또는 집안에 병자(病者. 병을 앓는 사람)가 있어 겪는 근심.

만심-환희(滿心歡喜 찰 **만**/마음 **심**/기뻐할 **환**/기쁠 **희**) 마음에 차 기뻐하고 기뻐한다는 뜻으로, 마음에 만족하여 아주 기뻐함. 또는 그 기쁨을 이르는 말. *만심(滿心): 마음에 흐뭇하여 족함(足~. 수량이나 정도 따위가 넉넉함. 또는 모자람이 없다고 여겨 더 바라는 바가 없음). *환희(歡喜): ①즐거워 기뻐함. 또는 그 기쁨. =환열(歡悅). ②불교에서, 불법(佛法. 부처의 가르침)을 듣고 신심(信心. 종교를 믿는 마음. 또는 옳다고 믿는 마음)을 얻음으로써 얻는 마음의 기쁨.

만-우-난-회(萬牛難回 일만 **만**/소 **우**/어려울 **난**/돌이킬 **회**) 일만(一萬) (마리의) 소[牛]라도 돌이키기 어렵다. 즉, 만(萬) 필(匹. 말이나 소를 세는 단위)이나 되는 소[牛]가 끌어도 돌려세우기 어렵다는 뜻으로, 고집이 아주 센 사람을 비유적으로 이르는 말. 또는 만(萬) 마리의 소[牛]도 못 당할 고집을 이르는 말. *돌이키다: ①(몸이나 고개를) 돌리다. 또는 돌리게 하다. ②본디의 모습으로 돌아가다. 여기서는 ②의 뜻.

만유-인력(萬有引力 일만 **만**/있을 **유**/끌 **인**/힘 **력**) (이 세상의) 일만(一萬) (가지의) (물체는) (모두) 끄는 힘이 있다는 뜻으로, 질량(質量. 물체가 갖는 물질의 양. 또는 물체의 관성 및 무게의 본질이 되는 것)을 가지고 있는 모든 물체가 서로 잡아당기는 힘을 이르는 말. 또는 우주(宇宙. 온 세계를 둘러싸고 있는 공간)에 있는, 질량(質量)을 가진 모든 물체 사이에 작용하는 인력(引力)을 이르는 말. 그 크기는 질량(質量)의 곱에 비례하고 거리의 제곱에 반비례한다. 1687년에 뉴턴(newton)이 발견하였다. =우주인력(宇宙引力). *만유(萬有): 우주(宇宙)에 존재하는 모든 것. *인력(引力): 공간적으로 떨어져 있는 물체끼리 서로 끌어당기는 힘. 질량(質量)을 가진 모든 물체 사이나 서로 다른 부호(符號)를 가진 전하(電荷. 물체가 띠고 있는 전기. 또는 그 전기의 양)들 사이에 적용하며, 핵력(核力. 원자핵 안에서, 근접된 양자와 중성자를 결합시켜 원자핵을 이루고 있는 힘) 때문에 소립자(素粒子. 물리학에서, 광자, 전자, 양자, 중성자, 중간자 따위의 입자를 통틀어 이르는 말)들 사이에서도 생긴다. =끌힘. 여기서, '부호(符號)'는 일정한 뜻을 나타내기 위하여 따로 정하여 쓰는 기호. 또는 수(數)의 성질을 보일 때에 양수(陽數), 음수(陰數)를 나타내는 기호. 즉, 양(陽)의 부호인 '+'와 음(陰)의 부호인 '-'를 일컫는다.

만인-동락(萬人同樂 일만 **만**/사람 **인**/함께 **동**/즐거울 **락**) 일만(一萬) 사람이 함께 즐거워한다는 뜻으로, 모든 사람이 다 함께 즐김을 이르는 말. *만인(萬人): 아주 많은 사람. 또는 모든 사람. *동락(同樂):

(다른 사람과) 함께 즐김.

만인-주지(萬人周知 일만 **만**/사람 **인**/두루 **주**/알 **지**) 일만(一萬) (명의) 사람이 두루 안다는 뜻으로, 모든 사람이 두루 앎을 이르는 말. *만인(萬人): ☞만인동락(萬人同樂). *주지(周知): 여러 사람이 두루 앎. 또는 널리 앎.

만인-지-상(萬人之上 일만 **만**/사람 **인**/어조사 **지**/위 **상**) 일만(一萬) 사람의 위[上]라는 뜻으로, ①예전에, 정승(政丞. 조선 시대에, 의정부의 영의정, 좌의정, 우의정을 일컫던 말)의 지위를 이르던 말. ②예전에, 임금 말고는 더 이상 높은 사람이 없고, 모든 사람 위에 군림(君臨. 어떤 분야에서 절대적인 세력을 가지고 남을 압도하는 일)한다는 뜻으로, 삼정승(三政丞), 곧 영의정(領議政), 좌의정(左議政), 우의정(右議政) 따위를 일반적으로 이르던 말. 그런데 '일인지하 만인지상(一人之下 萬人之上)'이란 말이 있다. 한 사람의 아래이고, 만 사람의 위라는 뜻이다. 조선 시대 영의정(領議政)을 두고 하는 말이다. 자신보다 높은 이는 임금뿐이고, 그 한 사람을 제외하면 만 백성의 위에 있다는 말이다. 오늘날의 국무총리(國務總理)를 지칭함. *만인(萬人): ☞만인동락(萬人同樂).

만인-총중(萬人叢中 일만 **만**/사람 **인**/떨기 **총**/가운데 **중**) 일만(一萬) 사람의 떨기의 가운데라는 뜻으로, 많은 사람 가운데. 또는 많은 사람이 있는 가운데를 이르는 말. *만인(萬人): ☞만인동락(萬人同樂). *총중(叢中): 떨기 가운데라는 뜻으로, 많은 사람 가운데. *떨기: (의존 명사적 용법) 꽃이나 풀 따위의 무더기를 세는 단위.

만-자-천-홍(萬紫千紅 일만 **만**/자줏빛 **자**/일천 **천**/붉을 **홍**) 일만(一萬) (개의) 자줏빛과 일천(一千) (개의) 붉은 (색이라는) 뜻으로, ①울긋불긋한 여러 가지 꽃의 빛깔, 또는 그 꽃을 비유적으로 이르는 말. ②여러 가지 빛깔의 꽃이 만발함을 이르는 말. =천자만홍(千紫萬紅).

만장-공도(萬丈公道 일만 **만**/길이의 단위 **장**/공평할 **공**/도리 **도**) 일만(一萬) 길[丈]이 (되는) 공평(公平)한 도리(道理. 사람이 마땅히 지켜야 할 바른 길)라는 뜻으로, 조금도 사사로움이 없이 아주 공평(公平)한 일을 이르는 말. *만장(萬丈): 높이가 만(萬) 길[丈]이나 된다는 뜻으로, 아주 높거나 대단함을 이르는 말. *공도(公道): 사회 일반에게 통용(通用)되는 바른 도리(道理).

만장-생광(萬丈生光 일만 **만**/길이의 단위 **장**/날 **생**/빛 **광**) 일만(一萬) 길[丈]에 빛이 난다는 뜻으로, ①한없이 빛이 남을 비유적으로 이르는 말. ②고맙기 그지없음을 비유적으로 이르는 말. *만장(萬丈): ☞만장공도(萬丈公道). *생광(生光): ①빛이 남. ②자랑스러워 낯이 남. ③아쉬운 때에 잘 쓰게 되어 보람이 있음.

만장-일치(滿場一致 가득할 **만**/마당 **장**/한 **일**/이를 **치**) 가득한 마당에 한 (가지로) 이른다는 뜻으로, 그 자리에 있는 모든 사람의 의견이 완전히 일치하거나 같음을 이르는 말. *만장(滿場): ①모임 또는 회의가 열리는 곳에 가득 모임. 또는 그런 곳. ②모임 또는 회의가 열리는 곳에 모인 사람들. *일치(一致): 서로 어긋나지 않고 꼭 맞음. 또는 어긋나는 것이 없음. *이르다: ①어떤 곳에 닿다. =도착(到着)하다. ②일정한 시간에 미치다. ③어느 정도나 범위에 미치다.

만장-절애(萬丈絕崖 일만 **만**/길이의 단위 **장**/끊어질 **절**/낭떠러지 **애**) 일만(一萬) 길[丈]이나 (되는) 끊어진 낭떠러지라는 뜻으로, 매우 높은 낭떠러지를 비유적으로 이르는 말. *만장(萬丈): ☞만장공도(萬丈公道). *절애(絕崖): 깎아지른 듯한 낭떠러지. *낭떠러지: 부록 '애(崖)' 참고.

만장-폭포(萬丈瀑布 일만 만/길이의 단위 장/폭포 폭/베 포) 일만(一萬) 길[丈]이나 (되는) 폭포(瀑布)가 베[布]처럼 (펴 있다는) 뜻으로, 매우 높은 데서 떨어지는 폭포를 비유적으로 이르는 말. *만장(萬丈): ☞만장공도(萬丈公道). *폭포(瀑布): 낭떠러지에서 곧장 쏟아져 내리는 물. *베: 부록 '포(布)' 참고.

만장-홍진(萬丈紅塵 일만 만/길이의 단위 장/붉을 홍/티끌 진) 일만(一萬) 길[丈]이나 (되는) 붉은 티끌이라는 뜻으로, ①하늘 높이 솟아오르거나 뻗쳐오른 먼지를 비유적으로 이르는 말. ②한없이 구차(苟且)스럽고 속(俗)된 이 세상을 비유적으로 이르는 말. *만장(萬丈): ☞만장공도(萬丈公道). *홍진(紅塵): ①붉게 일어나는 먼지. ②번거로운 세상을 비유적으로 이르는 말. *티끌: 공기 속에 섞여 날리거나 물체 위에 쌓이는, 매우 잘고 가벼운 물질을 이르는 말. 먼지 따위가 있음.

만전-지-계(萬全之計 일만 만/온전할 전/어조사 지/꾀 계) 일만(一萬) (가지의) 온전(穩全)한 꾀. 즉, 만전(萬全)을 기하는 꾀라는 뜻으로, 조금도 허술한 데가 없는, 또는 실패의 위험이 없는, 아주 안전하고 완전한 계책(計策. 어떤 일을 이루기 위하여 꾀나 방법을 생각해 냄. 또는 그 꾀나 방법)을 이르는 말. =만전지책(萬全之策). *만전(萬全): 조금도 허술한 데가 없음. 또는 아주 완전함. *온전하다(穩全~): 부록 '전(全)' 참고. *꾀: 일을 그럴듯하게 꾸미는 교묘한 생각이나 수단. 이 사자성어의 유래는 다음과 같다. 『송사(宋史)』의 「악비전(岳飛傳)」 편(篇)에 〈종택(宗澤)이 재능(才能. 어떤 일을 하는데 필요한 재주와 능력)을 알아보고 악비(岳飛)를 불러 말했다. 여기서, '재주'는 순우리말로, 무엇을 잘할 수 있는, 타고난 능력과 슬기. "그대의 용기와 능력은 옛 맹장(猛將)들도 미치지 못할 것이네. 그런데 야전(野戰)이 만전지책(萬全之策)은 아니야." 이렇게 말하면서 종택(宗澤)은 군진(軍陣. 군대가 전투에 대비하여 펴는 진영)을 그린 진도(陳圖)를 주었다. 그러자 악비(岳飛)가 말했다. "진(陳)을 쳐 놓고 싸우는 건 전술의 상식입니다. 하지만, 그 진을 운용하는 묘(妙)는 마음 하나에 달려 있다고 생각합니다." 종택(宗澤)은 그 말이 옳다고 생각했다.(澤大奇之, 曰, 爾勇智才藝, 古良將不能過, **然好野戰**, **非萬全計**, 因授以陣圖, 飛曰, 陣而後戰, 兵法之常, 運用之妙, 存乎一心, 澤是其言.)〉라는 이야기가 나오는데, '그런데 야전(野戰)이 만전지책(萬全之策)은 아니야. (然好野戰, 非萬全計)'에서, '만전지계(萬全之計)'가 유래했다. 위의 이야기에서 싸움을 하는 데 있어서 종택(宗澤)과 악비(岳飛)는 생각이 다름을 알 수 있다. 종택(宗澤)은 악비(岳飛)가 야전(野戰)을 좋아하는데, 그것은 최상책(最上策)이라고 할 수 없다. 즉, 종택(宗澤)은 육상전(陸上戰. 땅 위에서 벌이는 전투)이 완전한 계책(計策)이 아니라는 것이다. 진(陣)을 쳐놓고 싸우는 것이 완전한 계책(計策)이라고 주장하는 것이다. 그런데 악비(岳飛)는 진(陣)을 쳐놓고 싸우는 것보다 그 운영(運營)의 묘(妙)에 달려 있다고 판단하는 것이다. 여기서, 만전지계(萬全之計)는 최상책(最上策), 완전한 계책(計策) 따위의 의미로 사용된다. 종택(宗澤)은 송(宋)나라 시대의 장수(將帥)이며, 그의 휘하에 악비(岳飛)라고 하는 젊은 장수(將帥)가 있었다. 악비(岳飛)는 금(金)나라의 대군과 싸워 연이어 승리를 거둔 바 있다. 참고로, 원문의 '澤大奇之'에서, '澤'은 못(넓고 오목하게 팬 땅에 물이 괴어 있는 곳) '택'으로 읽는다. 여기서는 사람 이름인 '종택(宗澤)'을 가리킴. '大'는 클 '대'로 읽고, '奇'는 기이(奇異. 기묘하고 이상함)할 '기'로 읽고, '之'는 어조사 '지'로 읽는다. '그것'을 나타내는 지시 대명사. '澤大奇之'를 직역(直譯)하면, 종택(宗澤)은 그것(악비·岳飛의 재능을 가리킴)이 크게 기이함을 (알고), '爾勇智才藝'에서, '爾'는 너(2인칭 대명사) '이'로 읽고, '勇'은 날랠 '용', 용기(勇氣)가 있을 '용'으로 읽고, '智'는 지혜 '지'로 읽는다. '勇智'는 '지용(智勇)'과 같은 말로, 지혜(智慧)와 용기(勇氣)를 아울러 이르는 말.

'才'는 재주(순우리말로, 무엇을 잘할 수 있는, 타고난 능력과 슬기) '재', 재능이 있는 사람 '재'로 읽고, '藝'는 재주 '예', 기예(技藝. '기술·技術'과 '예술·藝術'을 아울러 이르는 말) '예'로 읽는다. '爾勇智才藝'를 직역(直譯)하면, 너의 용기와 지혜 (그리고) 재능과 기예는, '古良將不能過'에서, '古'는 옛 '고'로 읽고, '良'은 훌륭할 '량(양)'으로 읽고, '將'은 장수(將帥) '장'으로 읽는다. '良將'은 재주와 꾀가 많은 훌륭한 장수. '不'은 아닐(부정하는 말) '불'로 읽고, '能'은 할 수 있을 '능'으로 읽고, '過'는 지날(한도나 표준을 넘을) '과'로 읽는다. '古良將不能過'를 직역(直譯)하면, 옛날의 훌륭한 장수도 (너의) 한도나 표준(여기서는 재능 따위)를 넘을 수 없을 것이다. '然好野戰'에서, '然'은 여기서는 그러나 '연'으로 읽고, '好'는 좋을 '호', 좋아할 '호'로 읽고, '野'는 들(편평하고 넓게 트인 땅) '야', 들판(들을 이룬 벌판) '야'로 읽고, '戰'은 싸움 '전', 전투 '전'으로 읽는다. '野戰'은 산이나 들 따위의 야외에서 벌이는 전투. '然好野戰'을 직역(直譯)하면, 그러나 야외에서 벌이는 전투를 좋아하는 (것은), '非萬全計'에서, '非'는 아닐(부정하는 말) '비'로 읽고, '萬'은 일만 '만'으로 읽고, '全'은 온전할 '전'으로 읽고, '計'는 꾀 '계'로 읽는다. '非萬全計'를 직역(直譯)하면, 일만(一萬)의 온전한 꾀는 아니다. 여기서, '萬全之計'가 유래하였는데, 이것을 직역(直譯)하면, 일만(一萬)의 온전(穩全)한 꾀. 즉, 만전(萬全)을 기하는 꾀라는 뜻으로, 조금도 허술한 데가 없는, 또는 실패의 위험이 없는, 아주 안전하고 완전한 계책(計策. 어떤 일을 이루기 위하여 꾀나 방법을 생각해 냄. 또는 그 꾀나 방법)을 이르는 말. '因授以陣圖'에서, '因'은 까닭 '인'으로 읽고, '授'는 줄 '수'로 읽고, '以'는 써(그것을 가지고, 그것으로 인하여) '이'로 읽고, '陣'은 진(陣. 전투를 하거나 야영을 할 때, 군인들이 머물러 있는 곳)을 칠 '진'으로 읽고, '圖'는 그림 '도'로 읽는다. '陣圖'는 진지(陣地)의 모양을 그린 그림. '因授以陣圖'를 직역(直譯)하면, 그 까닭으로 진도(陣圖)를 가지고 (악비에게) 주니, '飛曰' 에서, '飛'는 날 '비'로 읽는다. 여기서는 '악비(岳飛)'를 가리킴. 중국 남송(南宋) 시대의 유명한 장수. '飛曰'을 직역(直譯)하면, 악비(岳飛)가 말하기를, '陣而後戰'에서, '而'는 말 이을 '이'로 읽는다. '그리고'의 뜻을 나타냄. '後'는 뒤 '후'로 읽고, '戰'은 싸울 '전'으로 읽는다. '陣而後戰'을 직역(直譯)하면, 진(陣)을 치고 그리고 (그) 뒤에 싸우는 것은, '兵法之常'에서, '兵'은 병사(兵士) '병', 군사(軍士) '병'으로 읽고, '法'은 법(法. 국가나 종교 따위에서 강제력이 따르는 온갖 규범) '법'으로 읽는다. '兵法'은 군사를 지휘하여 전쟁하는 방법. '之'는 어조사 '지'로 읽는다. '~의'를 나타내는 관형격 조사. '常'은 보통 '상'으로 읽는다. 여기서는 '상식(常識)'의 의미가 강하다. '兵法之常'을 직역(直譯)하면 병법(兵法)의 상식이나, '運用之妙'에서, '運'은 부릴 '운'으로 읽고, '用'은 쓸 '용'으로 읽고, '之'는 어조사 '지'로 읽는다. '~의'를 나타내는 관형격 조사. '妙'는 묘할 '묘'로 읽는다. '運用之妙'를 직역(直譯)하면, 부리고 씀의 묘(妙)함이라는 뜻으로, 모든 것을 운용하는 것은 마음먹기에 달려 있음을 이르는 말. '存乎一心'에서, '存'은 있을 '존'으로 읽고, '乎'는 어조사 '호'로 읽는다. '~에(위치)'의 뜻을 나타냄. '一'은 한 '일'로 읽고, '心'은 마음 '심'으로 읽는다. '一心'은 하나로 합쳐진 마음. '存乎一心'을 직역(直譯)하면, 하나로 합쳐진 마음에 있습니다. '澤是其言'에서, '澤'은 못(넓고 오목하게 팬 땅에 물이 괴어 있는 곳) '택'으로 읽는다. 여기서는 사람 이름인 '종택(宗澤)'을 가리킴. '是'는 옳을 '시'로 읽고, '其'는 그(지시하는 말) '기'로 읽고, '言'은 말씀 '언'으로 읽는다. '澤是其言'을 직역(直譯)하면, 종택(宗澤)은 그 말이 옳다고 (생각했다).

만전-지-책(萬全之策 일만 **만**/온전할 **전**/어조사 **지**/계책 **책**) 일만(一萬) (가지의) 온전(穩全)한 계책(計策). 즉, 만전(萬全)을 기하는 계책(計策)이라는 뜻으로, 조금도 허술한 데가 없는 또는 실패의 위험이 없는,

아주 안전하고 완전한 계책(計策)을 이르는 말. =만전지계(萬全之計). *만전(萬全): ☞만전지계(萬全之計). *온전하다(穩全~): 부록 '전(全)' 참고. *계책(計策): 어떤 일을 이루기 위하여 꾀나 방법을 생각해 냄. 또는 그 꾀나 방법. 이 사자성어의 유래는 다음과 같다. 『후한서(後漢書)』의 「유표전(劉表傳)」 편(篇)에 〈조조(曹操)는 반드시 원소(袁紹)를 격파하고, 그 다음엔 우리를 공격해 올 것입니다. 우리가 관망(觀望)만 하고 있으면 양쪽의 원한(怨恨. 억울하고 원통한 일을 당하여 응어리진 마음)을 사게 됩니다. 그러므로 강한 조조(曹操)를 따르는 것이 현명한 만전지책(萬全之策)이 될 것입니다.(曹操必破袁紹, 後來攻吾等矣, 吾等留觀望, 將受怨於兩便, 故隨强操, 賢且爲萬全之策矣.)〉라는 이야기가 나오는데, '현명한 만전지책(萬全之策)이 될 것입니다.(賢且爲萬全之策矣)'에서, '만전지책(萬全之策)'이 유래했다. 이 이야기의 배경은 이렇다. 후한 말기, 건안 5년(서기 201년) 조조(曹操)의 군대와 북방 최대의 실력자인 원소(袁紹)의 군대가 관도(官渡. 땅 이름)에서 격돌했다. 원소(袁紹)의 군대는 10여 만 명이었고, 조조(曹操)의 군대는 1만여 명밖에 되지 않았다. 조조(曹操)의 군대가 열세에 처해 있었지만, 백마(白馬)의 싸움에서 원소(袁紹)의 명장(名將)인 안량(顔良)과 문추(文醜)를 죽임으로써 원소(袁紹)에게 큰 타격을 입혔다. 이에 원소(袁紹)는 병력에서 절대 우위에 있었지만, 형세가 결코 유리하지 않다고 판단하고 형주(荊州. 땅 이름)의 유표(劉表)에게 지원을 요청했다. 유표(劉表)는 당시(當時. 일이 있었던 바로 그때. 또는 이야기하고 있는 그 시기) 형주(荊州)에서 대군을 거느리고 있었다. 유표(劉表)는 말로만 도와주겠다고 하고는 팔짱(두 손을 각각 다른 쪽 소매 속에 마주 넣거나, 두 팔을 마주 끼어 손을 두 겨드랑이 밑으로 각각 두는 일)만 끼고 관망만 하고 있을 때, 유표(劉表)의 부하인 한숭(韓嵩)과 유선(劉先)이 위와 같이 "조조(曹操)는 반드시 원소(袁紹)를 격파하고, …… 현명한 만전지책(萬全之策)이 될 것입니다."라고 진언한(進言~. 윗사람에게 자기의 의견을 말한) 것이다. 그러나 우유부단(優柔不斷. 본문 참고)했던 유표(劉表)는 결단을 내리지 못하고 망설이다가 마침내 관도(官渡. 땅 이름)의 싸움에서 승리한 조조(曹操)에게 형주(荊州. 땅이름)를 빼앗기고 말았다. 참고로, 원문의 '曹操必破袁紹'에서, '曹'는 성씨(姓氏) '조'로 읽고, '操'는 잡을 '조'로 읽는다. 여기서 '曹操'는 사람 이름. 중국 후한(後漢) 말기의 유명한 장수 이름. '必'은 반드시 '필'로 읽고, '破'는 깨뜨릴 '파'로 읽는다. 여기서는 '격파하다'의 의미가 강함. '袁'은 옷 길(옷의 길이가 길) '원'으로 읽고, '紹'는 이을 '소'로 읽는다. '袁紹'는 사람 이름. '曹操必破袁紹'를 직역(直譯)하면, 조조(曹操)는 반드시 원소(袁紹)를 격파하고, '後來攻吾等矣'에서, '後'는 뒤 '후'로 읽고, '來'는 올 '래(내)'로 읽는다. '後來'는 뒤에 오거나 뒤져서 옴. 또는 장차(張次. '앞으로'의 뜻으로, 미래의 어느 때를 나타내는 말) 오게 되는 앞날. '攻'은 칠 '공', 공격할 '공'으로 읽고, '吾'는 나(1인칭 대명사) '오'로 읽고, '等'은 무리(모여서 뭉친 한 동아리) '등'으로 읽는다. 여기서는 '복수(複數. 둘 이상의 수)'의 뜻을 더하는 접미사. '吾等'은 '우리'를 문어적(文語的. 어떠한 말이 글에서만 쓰이고, 일상적인 대화에서는 쓰이지 않는 것)으로 이르는 말. '矣'는 어조사 '의'로 읽는다. '~이다(단정)'의 뜻을 나타냄. '後來攻吾等矣'를 직역(直譯)하면, 장차 오게 되는 앞날은 우리들을 공격할 것입니다. '吾等留觀望'에서, '留'는 머무를 '류(유)'로 읽고, '觀'은 볼 '관'으로 읽고, '望'은 바라볼 '망'으로 읽는다. '觀望'은 한발 물러나서 어떤 일이 되어가는 형편을 바라봄. 또는 풍경 따위를 멀리서 바라봄. '吾等留觀望'을 직역(直譯)하면, 우리들이 관망하며 머무르면, '將受怨於兩便'에서, '將'은 장차(將次) '장'으로 읽고, '受'는 받을 '수'로 읽고, '怨'은 원한(怨恨) '원'으로 읽고, '於'는 어조사 '어'로 읽는다. '~로부터(위치)'의 뜻을 나타냄. '兩'은 두 '량(양)'으로 읽고, '便'은 쪽(서로 갈라지거나 맞서는 것 하나를 가리키는 말) '편'으로 읽는다. '兩便'은 상대가 되는 두 편. '將受怨於兩便'을 직역(直譯)하면, 장차 양편으로부터 원한(怨恨)을 받습니다. '故隨强操'에서, '故'는 그러므로 '고'로 읽고, '隨'는 따를 '수'로 읽고, '强'은 강할 '강'으로 읽는다. '操'는 '조조(曹操)'를 가리킴. '故隨强操'를 직역(直譯)하면, 그러므로 강한 조조(曹操)를 따르는 것이, '賢且爲萬全之策矣'에서, '賢'은 어질 '현', 현명할 '현'으로 읽고, '且'는 또 '차', 또한 '차'로 읽고, '爲'는 될 '위'로 읽고, '萬'은 일만 '만'으로 읽고, '全'은 온전할 '전'으로 읽고, '之'는 어조사 '지'로 읽는다. '~의'를 나타내는 관형격 조사 '策'은 계책(計策. 어떤 일을 이루기 위하여 꾀나 방법을 생각해 냄. 또는 그 꾀나 방법) '책'으로 읽고, '矣'는 어조사 '의'로 읽는다. '~이다(단정)'의 뜻을 나타냄. '賢且爲萬全之策矣'를 직역(直譯)하면, 또한 현명한 만전지책(萬全之策)이 될 (것입니다). 여기서, '萬全之策'이 유래하였는데, 이것을 직역(直譯)하면, 일만(一萬) (가지의) 온전(穩全)한 계책(計策). 즉, 만전(萬全)을 기하는 계책(計策)이라는 뜻으로, 조금도 허술한 데가 없는 또는 실패의 위험이 없는, 아주 안전하고 완전한 계책(計策)을 이르는 말.

만-절-필-동(萬折必東 일만 **만**/꺾을 **절**/반드시 **필**/동녘 **동**) 일만(一萬) (번이나) 꺾여도 반드시 동녘이다. 즉, 황허[黃河] 강은 아무리 굽이가 많아도 반드시 동쪽으로 들어간다는 뜻으로, ①곡절(曲折)이 있으나 필경(畢竟. 끝장에 가서는) 본뜻대로 나아감을 이르는 말. ②충신의 절개(節槪·介. 옳은 일을 지키어 뜻을 굽히지 않는 굳건한 마음이나 태도)는 꺾을 수 없음을 비유적으로 이르는 말.

만정-도화(滿庭桃花 가득할 **만**/뜰 **정**/복숭아 **도**/꽃 **화**) 뜰에 가득한 복숭아꽃. *만정(滿庭): 온 뜰. 또는 뜰에 가득 참. *도화(桃花): =복숭아꽃. 즉, 복숭아나무에 달린 꽃.

만정-제신(滿廷諸臣 가득할 **만**/조정 **정**/여러 **제**/신하 **신**) 조정(朝廷)에 가득한 여러 신하(臣下)라는 뜻으로, 조정의 모든 벼슬아치를 이르는 말. =만조백관(滿朝百官). *만정(滿廷): 조정(朝廷)이나 법정(法廷. 법관이 재판을 행하는 장소)에 사람이 가득 차 있는 일. *제신(諸臣): 여러 신하. *조정(朝廷): 임금이 나라의 정치를 신하들과 의논하거나 집행하는 곳. 또는 그런 기구.

만조-백관(滿朝百官 가득할 **만**/조정 **조**/일백 **백**/벼슬 **관**) 조정(朝廷)에 가득한 일백(一百) (명의) 벼슬아치라는 뜻으로, 조정(朝廷)의 모든 벼슬아치를 이르는 말. =만정제신(滿廷諸臣). *만조(滿朝): 온 조정. *백관(百官): 모든 벼슬아치. *조정(朝廷): ☞만정제신(滿廷諸臣).

만중-운산(萬重雲山 일만 **만**/겹칠 **중**/구름 **운**/뫼 **산**) 일만(一萬) (개나) 겹쳐 구름으로 (덮인) 뫼('산'의 옛말)라는 뜻으로, 첩첩이 구름이 겹쳐 덮인 산을 이르는 말. *만중(萬重): 많은 겹. *운산(雲山): 구름이 낀 산.

만-지-장서(滿紙長書 가득할 **만**/종이 **지**/길 **장**/글 **서**) 종이에 가득한 긴 글. 즉, 사연이 긴 편지라는 뜻으로, 편지지에 가득 차게 쓴, 사연(辭緣. 편지나 말의 내용)을 많이 담은 긴 편지를 이르는 말. *장서(長書): ①사연(辭緣)을 길게 쓴 편지. ②내용을 길게 쓴 글.

만첩-심산(萬疊深山 일만 **만**/겹칠 **첩**/깊을 **심**/뫼 **산**) 일만(一萬) (겹으로) 겹친 깊은 뫼('산'의 옛말)라는 뜻으로, 겹겹이 둘러싸인 깊은 산(山)을 비유적으로 이르는 말. *만첩(萬疊): 아주 여러 겹. *심산(深山): 깊은 산(山).

만촉-지-쟁(蠻觸之爭 오랑캐 **만**/닿을 **촉**/어조사 **지**/다툴 **쟁**) 만(蠻)나라와 촉(觸)나라의 다툼. 즉, 만(蠻)나라와 촉(觸)나라가 달팽이의 뿔 혹은 더듬이(절지동물의 머리에 있는 감각 기관을 일컫는 말. 냄새를 맡고, 온도나 아픔 따위를 느끼며, 먹이를 찾거나 적을 막는 데 씀) 위에서 싸운다는 뜻으로, ①하찮은 일로 벌이는 싸움을 비유적으로 이르는 말. ②작은 나라끼리의 싸움을 비유적으로 이르는 말. 『장자(莊子)』에 나오는 우화(寓話. <u>인격화한 동식물이나 기타 사물을 주인공으로 하여 그들의 행동 속에 풍자와 교훈의 뜻을 나타내는 이야기</u>)이다. '달팽이의 머리에 아주 작은 뿔이 두 개 나 있는데, 각각 한 나라가 있었다. 왼쪽 뿔에 있는 나라가 촉(觸)이고, 오른쪽 뿔에 있는 나라가 만(蠻)이었다. 두 나라가 서로 땅을 차지하려고 돌아오는데 보름이나 걸리곤 했다.' 이 우화(寓話)에서 나온 말이 '촉만지쟁(觸蠻之爭)' 또는 '만촉지쟁(蠻觸之爭)'이다. 흔히 '와각지쟁(蝸角之爭)'이라고도 하는 데 같은 뜻이다. 두 나라의 싸움은 처절하고 절박하였지만, 우리가 보기에는 보잘것없다. 그래서 처절하고 절박해 보이지만 알고 보면 '보잘것없는 허무한 다툼'이란 뜻으로 쓰인다. =와각지쟁(蝸角之爭). 참 와각지세(蝸角之勢). *만촉(蠻觸): 사소한 일로 서로 싸우는 일. *오랑캐: 부록 '만(蠻)' 참고. 이 사자성어의 유래는 다음과 같다. 『장자(莊子)』의 「칙양(則陽)」 편(篇)에 〈(대진인·戴晉人이 말했다.) "달팽이의 왼쪽 뿔에 나라가 있는데 촉씨(觸氏)라 하고, 오른쪽 뿔에 나라가 있는데 만씨(蠻氏)라고 합니다. 그들은 가끔 땅을 다투어 싸움을 일으켜서 시체(屍體. <u>죽은 사람의 몸을 이르는 말</u>)가 수만(數萬)이나 되고, 달아나는 적(敵)을 추격하면 보름이 되어야 돌아온다고 합니다." 임금이 말했다. "에이, 그 무슨 실없는 소리입니까?" 대진인(戴晉人)이 말했다. "신하는 임금께서 그걸 사실로 여기시길 청합니다. 임금께서는 사방과 위아래에 끝이 있다고 생각하십니까?" 임금이 말했다. "끝이 없습니다." 대진인(戴晉人)이 말했다. "무궁(無窮. <u>끝이 없음</u>)한 데서 마음을 노닐 줄 아신다면, 도리어 이 세상의 나라들이 있는 것은 있는 듯 없는 듯 하지 않겠습니까?" 임금이 말했다. "그렇소." 대진인(戴晉人)이 말했다. "막힘이 없이 환히 통한 가운데에 위(魏)나라가 있고, 위(魏)나라 안에 서울인 양(梁) 땅이 있고, 양(梁)의 한가운데에 임금이 계십니다. 임금께서 만씨(蠻氏)의 나라와 다른 점을 분별(分別. <u>사물을 종류에 따라 나누어 가름</u>)할 수 있습니까?" 임금께서 말했다. "분별(分別)할 것이 없습니다."<u>有國於蝸之左角者曰觸氏, 有國於蝸之右角者曰蠻氏, 時相與爭地而戰,</u> 伏尸數萬, 逐北旬有五日而後反, 君曰, 噫, 其虛言與, 曰, 臣請爲君實之, 君以意在四方上下有窮乎, 君曰, 無窮, 曰, 知遊心於無窮, 而反在通達之國, 若存若亡乎, 君曰, 然, 曰, 通達之中有魏, 於魏中有梁, 於梁中有王, 王與蠻氏有辯乎, 君曰, 無辯〉라는 이야기가 나오는데, '달팽이의 왼쪽 뿔에 나라가 있으니 촉씨(觸氏)라고 부르고, 달팽이의 오른쪽 뿔에 나라가 있으니 만씨(蠻氏)라고 부릅니다. 어느 때에 (이 두 나라가) 서로 영토를 다투어 전쟁을 일으켜, (有國於蝸之左角者曰觸氏, 有國於蝸之右角者曰蠻氏, 時相與爭地而戰,)'에서, '만촉지쟁(蠻觸之爭)'이 유래했다. 이 이야기의 배경은 이렇다. 기원전 4세기, 전국시대(戰國時代)의 이야기다. 위(魏)나라 혜왕(惠王)과 제(齊)나라 위왕(威王)이 우호조약(友好條約. <u>나라와 나라 사이에 우의적 관계를 유지하기 위하여 맺는 조약</u>)을 체결(締結. <u>계약이나 조약을 맺음</u>)했다. 그런데 제(齊)나라가 일방적으로 조약(條約)을 어기자, 화가 난 혜왕(惠王)이 위왕(威王)에 대한 보복(報復)을 대신(大臣)들과 논의(論議)했으나 그 의견이 분분(紛紛. <u>의견이 각각이어서 갈피를 잡을 수 없음</u>)했다. 이에 혜왕(惠王)은 재상(宰相. <u>임금을 보필하며 모든 관원을 지휘, 감독하는 자리에 있는 이품·二品 이상의 벼슬을 통틀어 이르던 말</u>)인 혜자(惠子)가 추천한 대진인(戴晉人)에게 의견을 물었다. 대진인(戴晉人)은 위의 이야기처럼 말한 가운데서 '만촉지쟁(蠻觸之爭)'이 생겨났다. 대진인(戴晉人)은 달팽이의 왼쪽 뿔에 촉씨(觸氏)가, 오른쪽 뿔에 만씨(蠻氏)가 나라를 세워 서로 싸우는 고사(故事)를 예로 들어, 두 나라의 싸움은 처절하고 절박하였지만, 우주(宇宙. <u>온 세계를 둘러싸고 있는 공간</u>)

의 광대(廣大)함에 비하면 보잘것없다. 그래서 '만촉지쟁(蠻觸之爭)'은 알고 보면 '보잘것없는 허무한 다툼'이란 것을 말한 것이다. 그리고 혜왕(惠王)이 시도(試圖)하고자 하는 제(齊)나라와의 싸움 역시 만촉지쟁(蠻觸之爭)임을 우회적(迂廻·回的. <u>곧바로 가지 않고 멀리 돌아서 가는 것</u>)으로 말한 것이다. 따라서 끝없이 광대(廣大)한 우주(宇宙) 속의 작은 지구(地球)에서, 더구나 그 한 모퉁이에서의 만촉지쟁(蠻觸之爭)은 참으로 보잘것 없다는 것을 일깨워주는 장자(莊子. <u>중국 전국시대·戰國時代의 사상가, 도가·道家 사상의 중심인물</u>)의 가르침이기도 하다. 결국 대진인(戴晉人)의 말을 들은 혜왕(惠王)은 제(齊)나라와의 싸움을 포기했다고 한다. 참고로 원문의 '有國於蝸之左角者曰觸氏'에서, '有'는 있을 '유'로 읽고, '國'은 나라 '국'으로 읽고, '於'는 어조사 '어'로 읽는다. '~에, ~에서(<u>위치</u>)'의 뜻을 나타냄. '蝸'는 달팽이 '와'로 읽고, '之'는 어조사 '지'로 읽는다. '~의'를 나타내는 관형격 조사. '左'는 왼 '좌', 왼쪽 '좌'로 읽고, '角'은 뿔(<u>소, 염소, 사슴 따위의 머리에 솟은 단단하고 뾰족한 구조</u>) '각'으로 읽고, '者'는 것(<u>사물, 일, 현상 따위를 추상적으로 일컫는 말</u>) '자'로 읽는다. 여기서 '者'는 문맥상 풀이하지 않는다. '曰'은 일컬을 '왈'로 읽고, '觸'은 닿을 '촉'으로 읽고, '氏'는 씨(氏. <u>사람의 호칭</u>) '씨'로 읽는다. '有國於蝸之左角者曰觸氏'를 직역(直譯)하면, 달팽이의 왼쪽 뿔에 있는 나라를 촉씨(觸氏)라고 일컫고, '有國於蝸之右角者曰蠻氏'에서, '右'는 오른 '우', 오른쪽 '우'로 읽고, '蠻'은 오랑캐 '만'으로 읽는다. '有國於蝸之右角者曰蠻氏'를 직역(直譯)하면, 달팽이의 오른쪽 뿔에 있는 나라를 만씨(蠻氏)라고 일컫습니다. '時相與爭地而戰'에서, '時'는 당시(當時. <u>일이 있었던 바로 그때, 또는 이야기하고 있는 그 시기</u>) '시'로 읽고, '相'은 서로 '상'으로 읽고, '與'는, 여기서는 참여(參與)할 '여'로 읽고, '爭'은 다툴 '쟁'으로 읽고, '地'는 땅 '지'로 읽고, '而'는 말 이을 '이'로 읽는다. '그리고'의 뜻을 나타냄. '戰'은 싸울 '전'으로 읽는다. '時相與爭地而戰'을 직역(直譯)하면, 당시에 (두 나라가) 서로 땅을 가지고 다투는데 참여하고 그리고 싸웠는데, '伏尸數萬'에서, '伏'은 엎드릴 '복'으로 읽고, '尸'는 시체(屍體) '시'로 읽고, '數'는 셈 '수'로 읽고, '萬'은 일만(一萬) '만'으로 읽는다. '數萬'은 '몇 만'의 뜻임. '伏尸數萬'을 직역(直譯)하면, (그 결과) 엎드린 시체(屍體)가 몇 만이었고, 즉, 죽어 있는 시체(屍體)가 수만(數萬) 명이었다는 뜻이다. '逐北旬有五日而後反'에서, '逐'은 쫓을 '축', 뒤쫓을 '축'으로 읽고, '北'은 달아날(<u>싸움에 져서 달아날</u>) '배', 도망(逃亡)칠 '배'로 읽고, '旬'은 열흘 '순'으로 읽고, '五'는 다섯 '오'로 읽고, '日'은 날 '일'로 읽는다. '旬有五日'은 15일을 뜻함. '後'는 뒤 '후'로 읽고, '反'은 돌아올 반, 되돌아올 '반'으로 읽는다. '逐北旬有五日而後反'을 직역(直譯)하면, 도망친 (적을) 뒤쫓아 15일이 (걸리고) 그리고 (그) 뒤에야 되돌아왔습니다. 즉, 달아나는 적을 추격하면 보름이나 되어야 돌아온다는 말이다. '君曰'에서, '君'은 임금 '군'으로 읽는다. 여기서는 위(魏)나라의 '혜왕(惠王)'을 가리킴. '君曰'을 직역(直譯)하면, 임금이 일컫기를, 즉, 위(魏)나라 '혜왕(惠王)'이 말하였다는 뜻이다. '噫, 其虛言與'에서, '噫'는 탄식할 '희'로 읽고, '其'는 그(<u>지시하는 말</u>) '기'로 읽고, '虛'는 빌 '허'로 읽고, '言'은 말씀 '언'으로 읽는다. '虛言'은 거짓말, 또는 실상(實相. <u>실제의 모습</u>)에 없는 말. '與'는, 여기서는 어조사 '여'로 읽는다. '~는가', '~인가(<u>의문</u>)'의 뜻을 나타냄. '噫, 其虛言與'를 직역(直譯)하면, 탄식하도다. 그것이 (무슨) 허언(虛言)입니까? 즉, 그 무슨 허무맹랑한 이야기입니까? 대진인(戴晉人)이 말한 것을 믿지 못하겠다는 뜻이다. '曰, 臣請爲君實之'에서, '曰'은 대진인(戴晉人)이 일컫기를, '臣'은 신하(臣下. <u>신하가 자기 자신을 일컫는 말</u>) '신'으로 읽고, '請'은 청할 '청'으로 읽고, '爲'는, 여기서는 생각할 '위'로 읽고, '實'은 사실(事實) '실'로 읽고, '之'는 어조사 '지'로 읽는다. 여기서는 '그것'을 나타내는 지시대명사. '臣請爲君實之'를 직역(直譯)하면, 신(臣. 신하가 임금에 대하여 자기를 일컫는 말)이 임금께서 그것을 사실로 생각하기를 청합니다. 즉, 저는 임금께서 사실을 받아들이시기를 바랍니다. '君以意在四方上下有窮乎'에서, '以'는, 여기서는 어조사 '이'로 읽는다. '~로서(자격, 지위)'의 뜻을 나타냄. '意'는, 여기서는 생각할 '의'로 읽고, '在'는 있을 '재'로 읽고, '四'는 넉 '사'로 읽고, '方'은 방위(方位) '방'으로 읽는다. '四方'은 동(東), 서(西), 남(南), 북(北)의 네 방향. '上'은 위 '상'으로 읽고, '下'는 아래 '하'로 읽는다. '上下'는 위와 아래. '有'는, 여기서는 어떤 '유'로 읽고, '窮'은 극(極)에 달할 '궁'으로 읽는다. 여기서는 '끝'의 의미가 강함. '乎'는 어조사 '호'로 읽는다. '~는가', '~인가(의문)'의 뜻을 나타냄. '君以意在四方上下有窮乎'를 직역(直譯)하면, 임금께서는 사방(四方)과 상하(上下)에 어떤 끝이 있다고 생각하십니까? '君曰, 無窮'에서, '無'는 없을 '무'로 읽는다. '無窮'은 공간이나 시간 따위의 끝이 없음. '君曰, 無窮'을 직역(直譯)하면, 임금이 일컫기를, 공간이나 시간 따위의 끝이 없습니다. 즉, 우주(宇宙)의 무궁(無窮)함을 일컫는 말이다. '知遊心於無窮'에서, '知'는 알 '지'로 읽고, '遊'는 놀 '유'로 읽고, '心'은 마음 '심'으로 읽는다. '知遊心於無窮'을 직역(直譯)하면, 끝없는 (데서) 마음이 노는 것을 안다면, 즉, 마음을 끝없는 경지에서 노닐게 할 줄 안다면, '而反在通達之國'에서, '反'은 반대로 반, 도리어 반으로 읽고, '通'은 통할 '통'으로 읽고, '達'은 통달(通達)할 '달'로 읽는다. '通達'은 막힘이 없이 환히 통함. '而反在通達之國'을 직역(直譯)하면, 그리고 도리어 막힘이 없이 환히 통하는 나라가 있는 것은, '若存若亡乎'에서, '若'은 같을 '약'으로 읽고, '亡'은, 여기서는 없어질 '망'으로 읽는다. '若存若亡乎'를 직역(直譯)하면, 있는 것 같기도 하고 없어진 것 같기도 하지요? 즉, 우주(宇宙)의 무궁(無窮)함에 비한다면, 그 나라가 있는 지 없는 지도 모를 존재가 된다는 뜻이다. '君曰, 然'에서, '然'은 그러할 '연'으로 읽는다. '君曰, 然'을 직역(直譯)하면, 임금께서 일컫기를, 그렇습니다. '通達之中有魏'에서, '中'은 가운데 '중'으로 읽고, '魏'는 위(魏)나라 '위'로 읽는다. '通達之中有魏'를 직역(直譯)하면, 막힘이 없이 환히 통하는 가운데 위(魏)나라가 있고, '於魏中有梁'에서, '梁'은 양(梁)나라 '양'으로 읽는다. 여기서는 '대량(大梁. 양·梁나라의 수도)'을 가리킴. '於魏中有梁'을 직역(直譯)하면, 위(魏)나라 가운데에 대량(大梁)이 있고, '於梁中有王'에서, '王'은 임금 '왕'으로 읽는다. '於梁中有王'을 직역(直譯)하면, 대량(大梁) 가운데에 임금이 계십니다. '王與蠻氏有辯乎'에서, '與'는, 여기서는 더불어 '여'로 읽고, '辯'은 분별(分別)할 '변'으로 읽는다. '王與蠻氏有辯乎'를 직역(直譯)하면, 임금께서는 만씨(蠻氏)의 나라와 더불어 분별(分別)이 있습니까?(분별할 수 있습니까?) 즉, 이렇듯 우주(宇宙)의 무궁(無窮)함에 비한다면, 제(齊)나라와 전쟁을 시작하려는 임금의 존재와, 달팽이 촉각(觸角) 위에서 서로 싸운 촉씨(觸氏), 만씨(蠻氏)와 무슨 차이가 있을까요? '君曰, 無辯'에서 '君曰, 無辯'을 직역(直譯)하면, 임금께서 일컫기를, 분별할 수 없습니다. 즉, 제(齊)나라와 전쟁을 시작하려는 자신의 존재와, 달팽이 촉각(觸角) 위에서 서로 싸운 촉씨(觸氏), 만씨(蠻氏)들과는 별 차이가 없다는 것이다. 결국 대지인(戴晉人)의 말을 들은 혜왕(惠王)은 마음을 바꾸게 되다.

만추-가경(晚秋佳景 늦을 **만**/가을 **추**/아름다울 **가**/경치 **경**) 늦은 가을의 아름다운 경치를 이르는 말. *만추(晚秋): =늦가을. 즉, 가을이 다 갈 무렵을 이르는 말. *가경(佳景): 좋은 경치.

만파-식-적(萬波息笛 일만 **만**/물결 **파**/숨 쉴 **식**/피리 **적**) 일만(一萬) (가지) 물결의 (소리가) 숨 쉴 (때마다) (나는) 피리라는 뜻으로, 신라 때의 전설상의 피리를 이르는 말. 『삼국사기(三國史記)』와 『삼국유사(三國

遺事)』에 전함. 이것을 불면 온갖 소원이 성취되므로 국보(國寶)로 삼았다고 하는 전설과, 적병(敵兵. 적의 병사)이 물러가고 병(病)이 낫는 등(等) 나라의 모든 근심, 걱정이 사라졌다고 하는 전설이 있다. 『삼국유사(三國遺事)』에 의하면, 문무왕(文武王)이 죽어서 된 해룡(海龍)과, 김유신(金庾信)이 죽어서 된 천신(天神)이 합심하여 용(龍)을 시켜서 보낸 피리라고 한다. *만파(萬波): 수많은 물결. *피리: 순우리 말로, ①국악(國樂)의 목관악기(木管樂器)의 한 가지. 음조(音調)를 이루는 8개의 구멍이 있으며, 혀를 꽂아서 붊. ②속이 빈 대롱에 구멍을 뚫고 불어서 소리를 내는 것을 통틀어 이르는 말.

만-패-불청(萬覇不聽 일만 **만**/으뜸 **패**/아닐 **불**/들을 **청**) 일만(一萬) (개의) 으뜸인 패(覇. <u>바둑에서, 서로 한 수씩 걸러 가면서 잡고자 하는, 한 점</u>)라도 듣지 아니한다는 뜻으로, ①바둑에서, 큰 패(覇)가 생겼을 때 상대편이 어떠한 패(覇)를 쓰더라도 응(應)하지 아니함을 이르는 말. ②싸움을 걸려고 아무리 집적거 려도 못들은 체하고 응(應)하지 아니함을 이르는 말. *불청(不聽): ①듣지 아니함. ②청한 것을 들어주지 아니함. *으뜸: 중요한 정도로 본, 어떤 사물의 첫째를 이르는 말.

만학-천봉(萬壑千峰·峯 일만 **만**/골 **학**/일천 **천**/봉우리 **봉**) 일만(一萬) (개의) 골(골짜기)과 일천(一千) (개 의) 봉우리라는 뜻으로, 첩첩이 겹쳐진 깊고 큰 골짜기와 수많은 산봉우리를 비유적으로 이르는 말. 旧 천봉만악(千峰·峯萬嶽). 천봉만학(千峰·峯萬壑). 천산만학(千山萬壑). *만학(萬壑): 첩첩이 겹쳐진 많 은 골짜기. *천봉(千峰·峯): 수많은 봉우리. *골: 부록 '학(壑)' 참고. *봉우리: 부록 '봉(峰·峯)' 참고.

만-항하사(萬恒河沙 일만 **만**/항상 **항**/물 **하**/모래 **사**) 일만(一萬) (개나 되는) 항하사(恒河沙). 즉, 갠지스 (Ganges) 강에 있는 무수히 많은 모래라는 뜻으로, 무한(無限)하고 무수(無數)한 것을 비유적으로 이르 는 말. *항하사(恒河沙): 항하(恒河. '갠지스 강'의 한자 이름)의 무수한 모래라는 뜻으로, 무한히 많은 수량(數量)을 비유적으로 이르는 말.

만호-장안(萬戶長安 일만 **만**/집 **호**/길 **장**/편안할 **안**) 일만(一萬) (채의) 집이 (있는) 장안(長安)이라는 뜻으 로, 집이 아주 많은 서울을 이르는 말. *만호(萬戶): 썩 많은 집. *장안(長安): ①중국 산시성[陝西省] 웨이수이[渭水] 남쪽에 있는 지명(地名)을 이르는 말. 역대(歷代. <u>대대로 이어 내려온 여러 대·代. 또는 그동안</u>) 여러 나라의 수도(首都)였음. ②'서울'을 수도(首都)라는 뜻으로 이르는 말.

만호-중생(萬戶衆生 일만 **만**/집 **호**/무리 **중**/살 **생**) 일만(一萬) (채의) 집에 사는 무리라는 뜻으로, 아주 많은 중생(衆生)을 이르는 말. 旧 억조창생(億兆蒼生). *만호(萬戶): ☞만호장안(萬戶長安). *중생(衆生): ①많은 사람들. ②불교에서, 부처의 구제의 대상이 되는 이 세상의 모든 생물을 통틀어 이르는 말. =불자(佛子). *무리: 부록 '중(衆)' 참고.

만화-방석(萬花方席 일만 **만**/꽃 **화**/네모 **방**/자리 **석**) 일만(一萬) (개의) 꽃으로 (된) 네모진 자리라는 뜻으 로, 여러 가지 꽃무늬를 놓아서 짠 방석(方席)을 이르는 말. *만화(萬花): 온갖 꽃. *방석(方席): 앉을 때에 깔고 앉는 작은 자리.

만화-방창(萬化方暢 일만 **만**/화할 **화**/바야흐로 **방**/화창할 **창**) 일만(一萬) (개가) 변(變)하여 바야흐로 화창 (和暢)하다는 뜻으로, 봄이 되어 만물(萬物. <u>온갖 물건 또는 세상에 있는 모든 것</u>)이 한창 자라나거나, 따뜻한 봄날에 온갖 생물이 나서 자라 흐드러짐을 이르는 말. *만화(萬化): =천변만화(千變萬化). 즉, 한없이 변화함. 또는 변화가 무궁함. *방창(方暢): 바야흐로 화창함. *화하다(化~): 부록 '화(化)' 참고. *바야흐로: 旧 ①이제 한창. ②이제 막. 지금 바로. *화창하다(和暢~): 부록 '창(暢)' 참고.

만-휘-군-상(萬彙群象 일만 **만**/무리 **휘**/무리 **군**/형상 **상**) 일만(一萬) (종류의) 무리와 그 무리의 형상(形象)이라는 뜻으로, 세상의 온갖 사물. 즉, 우주(宇宙. <u>온 세계를 둘러싸고 있는 공간</u>) 사이에 벌여 있는 온갖 사물과 현상을 이르는 말. =삼라만상(森羅萬象). *무리: 부록 '휘(彙)', '군(群)' 참고. *형상(形象): (물건이나 사람의) 생긴 모양. 그런데 여기서, '형상(形象)'은 '형상(形像)', '형상(形狀)'과 같은 뜻이다.

말류-지-폐(末流之弊 끝 **말**/흐를 **류**/어조사 **지**/폐단 **폐**) 끝에 흐르는 폐단(弊端)이라는 뜻으로, 내려오던 끝판(<u>일의 마지막 판</u>)이나, 잘해 나가던 일의 마지막에 생기는 폐단(弊端)을 이르는 말. *말류(末流): ①낮은 계급. ②기울어져 가는 혈통(血統. <u>같은 핏줄의 계통</u>)의 맨 마지막. ③어떤 유파(流波)의 맨 마지막을 이르는 말. *폐단(弊端): 어떤 일이나 행동에서 나타나는 옳지 못한 경향이나 해로운 현상.

말마-이병(秣馬利兵 말먹이 **말**/말 **마**/날카로울 **이**/병기 **병**) 말에 먹이를 (먹이고), 병기(兵器)를 날카롭게 (간다는) 뜻으로, 전쟁이나 출병(出兵. <u>군사를 싸움터에 내보냄</u>) 준비를 비유적으로 이르는 말. *말마(秣馬): 말에게 먹이를 주는 일. 또는 말의 먹이. *이병(利兵): 예리한 무기. *병기(兵器): 전투에 쓰는 여러 가지 기구.

망국-대부(亡國大夫 망할 **망**/나라 **국**/클 **대**/사내 **부**) 망(亡)한 나라의 큰 사내. 즉, 망한 나라 정승(政丞. <u>벼슬 이름</u>) 같다는 뜻으로, 망(亡)하여 없어진 나라의 벼슬아치를 이르는 말. *망국(亡國): ①나라가 망함. 또는 나라를 망침. ②망한 나라. *대부(大夫): 고려와 조선 때에 벼슬 품계(品階)에 붙이던 칭호. 문관은 사품(四品), 무관은 이품(二品) 이상(以上)에 붙임. *사내: 부록 '부(夫)' 참고.

망국-멸족(亡國滅族 망할 **망**/나라 **국**/없어질 **멸**/겨레 **족**) 나라가 망(亡)하고 겨레가 없어진다는 뜻으로, 나라와 그 겨레가 함께 망(亡)함을 이르는 말. *망국(亡國): ☞망국대부(亡國大夫). *멸족(滅族): 한 가족이나 종족이 멸하여 없어짐. 또는 멸하여 없앰. *겨레: 부록 '족(族)' 참고.

망국-지-민(亡國之民 망할 **망**/나라 **국**/어조사 **지**/백성 **민**) 망(亡)한 나라의 백성(百姓)이라는 뜻으로, 망(亡)하여 없어진 나라의 백성(百姓). 또는 나라 잃은 국민을 이르는 말. *망국(亡國): ☞망국대부(亡國大夫).

망국-지-본(亡國之本 망할 **망**/나라 **국**/어조사 **지**/근본 **본**) 나라를 망(亡)하게 하는 근본(根本)을 일컫는 말. *망국(亡國): ☞망국대부(亡國大夫). *근본(根本): 부록 '본(本)' 참고.

망국-지-음(亡國之音 망할 **망**/나라 **국**/어조사 **지**/음악 **음**) 나라를 망(亡)하게 (할) 음악(音樂)이란 뜻으로, 음란(淫亂. <u>음탕하고 난잡함</u>)하고 사치(奢侈. <u>분수에 넘치게 호사스러움</u>)한 음악, 저속하고 잡스러운 음악, 지나친 애조(哀調. <u>구슬픈 곡조</u>)를 띤 음악 따위를 이르는 말. =망국지성(亡國之聲). 여기서, '음란(淫亂)하다'는 음탕(淫蕩. <u>주색에 마음을 빼앗기어 행실이 온당하지 못함</u>)하고 난잡(亂雜. <u>행동이 막되고 문란함</u>)하다. *망국(亡國): ☞망국대부(亡國大夫). 이 사자성어의 유래는 다음과 같다. 『예기(禮記)』의 「악기(樂記)」 편(篇)에 〈따라서 세상이 잘 다스려진 시대의 음악은 편안하고 즐거우며, 그 정치도 조화를 이룬다. 어지러운 시대의 음악은 원망과 분노로 차 있으며, 그 정치도 바르지 않다. 나라를 망하게 하는 음악은 슬픈 마음이 일어나게 하고, 그 백성들을 곤궁(困窮)하게 한다.(是故治世之音, 安以樂, 其政和, 亂世之音, 怨以怒, 其政乖, <u>亡國之音</u>, 哀以思, 其民困.)〉라는 이야기가 나오는데, '나라를 망하게 하는 음악,(亡國之音)'에서, '망국지음(亡國之音)'이 유래했다. 나머지 구체적인 내용은 ⇨난세지음(亂世之音).

망국-지-탄(亡國之歎·嘆 망할 **망**/나라 **국**/어조사 **지**/탄식할 **탄**) 나라가 망(亡)한 (데 대한) 탄식(歎·嘆息)이라는 뜻으로, 나라가 망(亡)하여 없어진 것에 대한 한탄(恨歎·嘆)을 이르는 말. =망국지한(亡國之恨).

*망국(亡國): ☞망국대부(亡國大夫). *탄식하다(歎·嘆息~): 부록 '탄(歎·嘆)' 참고.

망국-지-한(亡國之恨 망할 **망**/나라 **국**/어조사 **지**/한할 **한**) 망(亡)한 나라의 한(恨). 즉, 나라 잃은 원한(怨恨. 억울하고 원통한 일을 당하여 응어리진 마음)이라는 뜻으로, 나라가 망(亡)하여 없어진 것에 대한 한(恨)을 이르는 말. =망국지탄(亡國之歎·嘆). *망국(亡國): ☞망국대부(亡國大夫). *한하다(恨~): 부록 '한(恨)' 참고.

망-극-득-모(亡戟得矛 잃을 **망**/갈래진 창 **극**/얻을 **득**/창 **모**) 갈래진 창(槍)을 잃고 (일반적인) 창(槍)을 얻는다는 뜻으로, 손익(損益)이 서로 맞물려 별 손해(損害)가 없다는 것을 비유적으로 이르는 말. 또는 물건 따위를 얻거나 잃거나 함에 있어, 그 이해(利害. 이익과 손해)를 두 가지로 해석할 수 있음을 이르는 말. 여기 '망극득모(亡戟得矛)'에서, '극(戟)'은 미늘창(~槍)을 뜻함. '미늘창(~槍)'은 끝이 두 가닥 또는 세 가닥으로 갈라져 있는 창(槍)을 일컫는 말. '모(矛)'는 일반적으로 쓰이는, 끝의 날이 하나인 창(槍)을 뜻함. *갈래지다: 갈라져 나간 부분이 있다. *창(槍): 부록 '모(矛)' 참고. 이 사자성어의 유래는 다음과 같다. 『여씨춘추(呂氏春秋)·이속람(離俗覽)』의 「이속(離俗)」편(篇)에 〈진(晉)나라와 제(齊)나라가 격돌했다. 이 싸움에서 평아현(平阿縣. 땅 이름)의 여자(餘子. 졸병·卒兵과 같은 말)가 그만 극(戟. 미늘창. 끝이 두 가닥 또는 세 가닥으로 갈라져 있는 창)을 빼앗기고, 모(矛. 창과 같은 말로, 옛날 무기의 한 가지. 긴 나무 자루 끝에 날이 선 뾰족한 쇠가 달려, 찌르거나 던지게 되어 있음)를 주워 돌아가는데, 마음이 영 편치 못해 길을 가는 사람에게 물었다. "극(戟)을 잃고 모(矛)를 얻었는데 (부대로) 돌아가도 될 것 같습니까?" 길 가던 사람이 말했다. "극(戟)도 무기고, 모(矛)도 무기다. 무기를 잃고 무기를 얻었는데 어찌 돌아가지 못하겠는가?"(齊晉相與戰. **平阿之餘子亡戟得矛. 却而去.** 不自快, 謂路之人曰. **亡戟得矛.** 可以歸乎. 路之人曰, 戟亦兵也. 矛亦兵也. 亡兵得兵, 何爲不可以歸.)〉라는 이야기가 나오는데, '이 싸움에서 평아현(平阿縣)의 여자(餘子)가 그만 극(戟)을 빼앗기고, 모(矛)를 주워 돌아가는데.(平阿之餘子亡戟得矛. 却而去.)'와, '극(戟)을 빼앗기고(잃고) 모(矛)를 얻었는데.(亡戟得矛.)'에서, '亡戟得矛'가 유래했다. '무기를 잃고 무기를 얻었다'는 말은 손익(損益)이 서로 맞물려 별 손해가 없다는 뜻이다. 참고로 원문의 '齊晉相與戰'에서 '齊'는 제(齊)나라 '제'로 읽고, '晉'은 나라 이름 '진'으로 읽고, '相'은 더불어 '상'으로 읽고, '與'는 더불어 '여'로 읽고, '戰'은 싸움 '전', 전투 '전'으로 읽는다. '齊晉相與戰'을 직역(直譯)하면, 제(齊)나라와 진(晉)나라가 서로 더불어 싸웠다. '平阿之餘子亡戟得矛'에서, '平'은 평평할 '평'으로 읽고, '阿'는 언덕 '아'로 읽는다. '平阿'는 땅 이름. '평아현(平阿縣)'을 가리킴. '之'는 어조사 '지'로 읽는다. '~의'를 나타내는 관형격 조사. '餘'는 남을 '여'로 읽고, '子'는 아들 '자'로 읽는다. 여기서, '餘子'는 정식으로 복무하는 정졸(正卒) 이외의 자제(子弟)를 말한다. 고대의 군제(軍制)에 의하면, 한 가정에서 한 사람만 정졸(正卒)로 복무하고, 그 나머지 사람들은 이졸(羨卒)이라고 하였는데, 이 이졸(羨卒)을 '여자(餘子)'라고 했다. '亡'은 잃을 '망'으로 읽고, '戟'은 갈래진 창(槍) '극'으로 읽고, '得'은 얻을 '득'으로 읽고, '矛'는 창(槍) '모'로 읽는다. '平阿之餘子亡戟得矛'를 직역(直譯)하면, 평아현(平阿縣)의 여자(餘子)가 갈래진 창(槍)을 잃고 (일반적인) 창(槍)을 얻어, 여기서, '亡戟得矛'를 직역(直譯)하면, 갈래진 창(槍)을 잃고 (일반적인) 창(槍)을 얻는다는 뜻으로, 손익(損益)이 서로 맞물려 별 손해(損害)가 없다는 것을 비유적으로 이르는 말. 또는 물건 따위를 얻거나 잃거나 함에 있어, 그 이해(利害. 이익과 손해)를 두 가지로 해석할 수 있음을 이르는 말. '却而去'에서, '却'은 물러날 '각'으로 읽고, '而'는 말 이을 '이'로 읽는다. '그리고'의 뜻을 나타냄. '去'는 갈 '거'로 읽는다. '却而去'를 직역(直譯)하면, 물러나서 그리고 가는데, '不自快'에서, '不'는 아닐(<u>부정하는 말</u>) '부'로 읽고, '自'는 저절로 '자'로 읽고, '快'는 쾌할(快~. <u>상쾌하고 기분이 좋음. 또는 마음이 유쾌함</u>) '쾌'로 읽는다. '不自快'를 직역(直譯)하면, (마음이) 저절로 쾌하지 않아, 즉, 마음이 별로 유쾌(愉快)하지 못하다는 말이다. '謂路之人曰'에서, '謂'는 일컬을 '위'로 읽고, '路'는 길 '로(노)'로 읽고, '之'는 어조사 '지'로 읽는다. '~의'를 나타내는 관형격 조사. '人'은 사람 '인'으로 읽는다. '路之人'을 직역(直譯)하면, 길 가는 사람. '謂路之人曰'을 직역(直譯)하면, 길 가는 사람에게 일컬어 말하기를, '可以歸乎'에서, '可'는 마땅할 '가'로 읽고, '以'는 써(<u>그것을 가지고, 그것으로 인하여</u>) '이'로 읽고, '歸'는 돌아갈 '귀'로 읽고, '乎'는 어조사 '호'로 읽는다. '~는가?' '~인가?(<u>의문</u>)'의 뜻을 나타냄. '可以歸乎'를 직역(直譯)하면 그것으로 인하여 돌아감이 마땅합니까? '戟亦兵也'에서, '戟'은 갈래진 창(槍) '극'으로 읽고, '亦'은 또 '역', 또한 '역'으로 읽고, '兵'은 병기(兵器. <u>전쟁에 쓰는 기구를 통틀어 이르는 말</u>) '병', 무기(武器. <u>전쟁이나 싸움에 사용되는 기구를 통틀어 이르는 말</u>) '병'으로 읽고, '也'는 어조사 '야'로 읽는다. '~이다(<u>단정</u>)'의 뜻을 나타냄. '戟亦兵也'를 직역(直譯)하면, 갈래진 창(槍)도 또한 무기이고, '矛亦兵也'에서, '矛亦兵也'를 직역(直譯)하면, 창 또한 무기입니다. '亡兵得兵'에서, '亡'은 잃을 '망'으로 읽는다. '亡兵得兵'을 직역(直譯)하면, 무기를 잃고 무기를 얻었으니, '何爲不可以歸'에서 '何'는 어찌(<u>의문 부사</u>) '하'로 읽고, '爲'는 될 '위'로 읽는다. '可'는 가히(可~. '<u>능히', '넉넉히'의 뜻을 나타냄</u>) '가'로 읽는다. '何爲不可以歸'를 직역(直譯)하면 어찌 그것(<u>무기</u>)을 가지고 가히 돌아갈 수 없겠습니까?

망극-지-은(罔極之恩 없을 **망**/끝 **극**/어조사 **지**/은혜 **은**) 끝없는 은혜(恩惠)라는 뜻으로, 그지없이 큰 은혜. 즉, 끝없이 베풀어 주는 혜택(惠澤)이나 고마움을 이르는 말. ***망극**(罔極): ①임금이나 어버이의 은혜는 한이 없음. ②=망극지통(罔極之痛).

망극-지-통(罔極之痛 없을 **망**/끝 **극**/어조사 **지**/아플 **통**) 끝없는 아픔이라는 뜻으로, 한(限. <u>시간, 공간, 수량, 정도 따위의 끝을 나타내는 말</u>)이 없는 슬픔을 이르는 말. 보통 임금이나 어버이의 상사(喪事. <u>집안의 사람이 죽은 불행한 일</u>)에 쓰는 말이다. =천붕지통(天崩之痛). ***망극**(罔極): ☞망극지은(罔極之恩).

망년-지-교(忘年之交 잊을 **망**/나이 **년**/어조사 **지**/사귈 **교**) 나이를 잊고 사귐이라는 뜻으로, (연장자가) 나이를 따지지 않고 사귀는 젊은 벗. 즉, 나이에 거리끼지 않고 허물없이 사귄 벗을 이르는 말. =망년지우(忘年之友). ***망년**(忘年): ①그해의 온갖 괴로움을 잊음. ②나이의 차이를 잊음.

망년-지-우(忘年之友 잊을 **망**/나이 **년**/어조사 **지**/벗 **우**) 나이를 잊고 (사귄) 벗이라는 뜻으로, (연장자가) 나이를 따지지 않고 사귀는 젊은 벗. 즉, 나이에 거리끼지 않고 허물없이 사귄 벗을 이르는 말. =망년지교(忘年之交). ***망년**(忘年): ☞망년지교(忘年之交).

망-루-탄-주(網漏呑舟 그물 **망**/샐 **루**/삼킬 **탄**/배 **주**) 그물이 새면 배[舟]도 삼킨다. 즉, 그물이 새면 배[舟]도 그 사이를 지나갈 수 있다는 뜻으로, 법령(法令. <u>'법률·法律'과 '명령·命令'을 아울러 이르는 말</u>)이 관대(寬大. <u>마음이 너그러움</u>)하여 큰 죄(罪)를 짓고도 피(避)할 수 있음을 비유적으로 이르는 말. ***탄-주**는 『국어사전(國語辭典)』에 등재(登載)된, '탄주지어(呑舟之魚). 즉, 배를 삼킬 만한 물고기라는 뜻으로, 큰 인물을 비유적으로 이르는 말인 '탄주(呑舟)'의 뜻과는 별개다. *그물: 부록 '망(網)' 참고. *새다: ①(틈이나 구멍으로) 빠져나오거나 흘러나오다. ②비밀이 외부에 알려지다. *삼키다: 부록 '탄(呑)' 참고.

망망-감여(茫茫堪輿 아득할 **망**/아득할 **망**/하늘 **감**/땅 **여**) 아득하고 아득한 하늘과 땅이라는 뜻으로, 아득하게 넓은 천지(天地)를 이르는 말. ***망망**(茫茫): ①넓고 멀어 아득함. ②흐릿함. 또는 막연함. ***감여**(堪輿): 하늘과 땅. =천지(天地). ***아득하다**: ①가물가물하거나 들릴 듯 말 듯 할 정도로 매우 멀다. ②까마득하게 오래다.

망망-대양(茫茫大洋 넓을 **망**/넓을 **망**/클 **대**/큰 바다 **양**) 넓고 넓은 크고 큰 바다라는 뜻으로, 한(限. <u>시간, 공간, 수량, 정도 따위의 끝을 나타내는 말</u>)없이 크고 넓은 바다를 이르는 말. =망망대해(茫茫大海). ***망망**(茫茫): ☞망망감여(茫茫堪輿). ***대양**(大洋): 넓고 큰 바다.

망망-대해(茫茫大海 넓을 **망**/넓을 **망**/클 **대**/바다 **해**) 넓고 넓은 큰 바다라는 뜻으로, 아득히 넓고 끝없이 펼쳐진 바다. 또는 한(限. <u>시간, 공간, 수량, 정도 따위의 끝을 나타내는 말</u>)없이 크고 넓은 바다를 이르는 말. =망망대양(茫茫大洋). ***망망**(茫茫): ☞망망감여(茫茫堪輿). ***대해**(大海): 넓은 바다.

망-매-해갈(望梅解渴 바랄 **망**/매화 **매**/풀 **해**/목마를 **갈**) 매화(梅花)만 바라보아도 목마름이 풀린다. 즉, 매화(梅花)의 열매인 매실(梅實)은 보기만 하여도 침이 돌아 목마름이 해소(解消)된다는 뜻으로, 매실(梅實)의 맛이 아주 심(형용사 '<u>시다</u>'의 명사형. 신맛이 있음)을 이르는 말. 참 망매지갈(望梅止渴). ***해갈**(解渴): ①목마름을 풂. ②(비가 내리거나 하여) 가뭄을 면함. ③기업체 따위에서 어려웠던 자금 사정이 좋아짐을 비유적으로 이르는 말. ***매화**(梅花): 부록 '매(梅)' 참고.

망명-도생(亡命圖生 달아날 **망**/목숨 **명**/꾀할 **도**/살 **생**) 달아나 목숨이 살기를 꾀한다는 뜻으로, 망명(亡命)하여 삶을 꾀함. 즉, 몰래 멀리 달아나서 삶을 꾀함을 이르는 말. ***망명**(亡命): ①혁명 또는 그 밖의 정치적인 이유로 자기 나라에서 박해(迫害. <u>힘이나 권력 따위로 약한 처지의 사람을 괴롭히거나 해를 입힘</u>)를 받고 있거나, 박해(迫害)를 받을 위험이 있는 사람이 이를 피(避)하기 위하여 외국(外國)으로 몸을 옮김. ②=망명도주(亡命逃走). ***도생**(圖生): 살기를 도모함. ***꾀하다**: ①계획(計劃)하다. ②어떤 일을 이루거나 해결하려고 노력하다.

망명-도주(亡命逃走 달아날 **망**/목숨 **명**/달아날 **도**/달아날 **주**) 달아난 목숨이 달아나고 달아난다는 뜻으로, 죽을죄를 지은 사람이 몸을 숨겨 몰래 멀리 도망(逃亡)함을 이르는 말. ***망명**(亡命): ☞망명도생(亡命圖生). ***도주**(逃走): =도망(逃亡). 즉, 쫓기어 달아남.

망명-죄인(亡命罪人 달아날 **망**/목숨 **명**/허물 **죄**/사람 **인**) 목숨을 (숨겨) 달아난 죄인(罪人)이라는 뜻으로, 죄를 짓고 나와 밖으로 달아난 죄인. 즉, 죄(罪)를 면(免)하기 위하여 외국(外國)으로 망명도주(亡命逃走. <u>본문 참고</u>)한 죄인(罪人)을 이르는 말. ***망명**(亡命): ☞망명도생(亡命圖生). ***죄인**(罪人): ①죄를 지은 사람. ②부모의 상중(喪中. <u>상을 당하고부터 장례를 치를 때까지의 동안</u>)인 사람이 자기를 이르는 말. ***허물**: 순우리말로, 부록 '죄(罪)' 참고.

망-무-두서(茫無頭緒 망망할 **망**/없을 **무**/머리 **두**/실마리 **서**) 망망(茫茫)하여 머리와 실마리가 없다. 즉, 정신이 아득하여 일에 두서(頭緒)가 없다는 뜻으로, 정신이 아득하여 일의 순서를 찾지(<u>가리지</u>) 못하고 있음을 이르는 말. ***두서**(頭緒): 일의 차례나 갈피. ***망망하다**(茫茫~): 부록 '망(茫)' 참고. ***실마리**: 부록 '서(緒)' 참고.

망-무-애-반(茫無涯畔 망망할 **망**/없을 **무**/물가 **애**/물가 **반**) 망망(茫茫)하여 물가[涯]와 물가[畔]가 없다는 뜻으로, 아득하게 넓고 멀어 끝이 없음을 이르는 말. =망무제애(茫無際涯). 비 일망무제(一望無際). ***망**

망하다(茫茫~): 부록 ‘망(茫)’ 참고. *물가: 부록 애(涯), ‘반(畔)’ 참고.

망-무-제애(茫無際涯 망망할 **망**/없을 **무**/가 **제**/물가 **애**) 너무나 망망(茫茫)하여 가[際]나 물가[涯]를 (볼 수) 없다는 뜻으로, 아득하게 넓고 멀어 끝이 없음을 이르는 말. =망무애반(茫無涯畔). *제애(際涯): 끝닿는 곳. *망망하다(茫茫~): 부록 ‘망(茫)’ 참고. *물가: 부록 ‘애(涯)’ 참고.

망-문-과부(望門寡婦 바라볼 **망**/문 **문**/과부 **과**/지어미 **부**) 문(門)을 (물끄러미) 바라보는 과부(寡婦)라는 뜻으로, 정혼(定婚. 혼인하기로 약속하여 정함)한 남자가 죽어서 시집도 가보지 못하고 과부(寡婦)가 되었거나, 혼례(婚禮. 여기서는 혼례식, 즉, 결혼식을 뜻함)는 하였으나 첫날밤을 치르지 못하여 처녀로 있는 여자를 이르는 말. *과부(寡婦): 남편이 죽어 혼자 사는 여자. =홀어미. 미망인(未亡人).

망-문-투-식(望門投食 바라볼 **망**/문 **문**/던질 **투**/먹을 **식**) 문(門)을 바라보고 던진 (음식을) 먹는다는 뜻으로, 객지(客地. 자기가 살던 고장을 떠나 임시로 머무르는 곳)에서 노자(路資. 먼 길을 오가는 데 드는 돈)가 떨어졌을 때에 남의 집을 찾아가서 끼니를 얻어먹음을 이르는 말.

망사-지-죄(罔赦之罪 없을 **망**/용서할 **사**/어조사 **지**/허물 **죄**) 용서(容恕)가 없는 허물이라는 뜻으로, 용서할 수 없을 정도로 큰 죄(罪)를 이르는 말. *망사(罔赦): =망사지죄(罔赦之罪). *허물: 부록 ‘죄(罪)’ 참고.

망아-지-경(忘我之境 잊을 **망**/나 **아**/어조사 **지**/지경 **경**) 나를 잊을 지경(地境)이라는 뜻으로, 어떤 사물에 마음을 빼앗겨 자기 자신을 잊어버리는 경지(境地)를 이르는 말. *망아(忘我): 어떤 대상에 마음을 빼앗기어 자신을 잊어버림. *지경(地境): 부록 ‘경(境)’ 참고.

망야-도주(罔夜逃走 없을 **망**/밤 **야**/도망할 **도**/달아날 **주**) 밤[夜]도 없이 도망(逃亡)하고 달아난다. 즉, 밤새도록 도망친다는 뜻으로, 밤[夜]을 새워서 달아남을 이르는 말. *망야(罔夜): 밤을 세움. =철야(徹夜). *도주(逃走): =도망(逃亡). 즉, 쫓기어 달아남.

망양-보-뢰(亡羊補牢 잃을 **망**/양 **양**/수선할 **보**/우리 **뢰**) 양(羊)을 잃고 우리[牢]를 수선(修繕)한다(고친다)는 뜻으로, ①이미(돌이킬 수 없이 된 지난 일을 일컬을 때 쓰는 말) 어떤 일을 실패(失敗)한 뒤에 뉘우쳐도 아무 소용이 없음을 비유적으로 이르는 말. (부정적 측면) ②일을 실패(失敗)한 뒤에 바로 수습(收拾. 어수선하게 흩어진 물건들을 거두어들임. 또는 어지러운 마음이나 사태를 거두어 바로잡음)을 하면 그래도 늦지는 않다는 것을 비유적으로 이르는 말. (긍정적 측면) *망양(亡羊): ①독서를 하다가 양(羊)을 잃고, 노름을 하다가 양(羊)을 잃었다는 뜻으로, 하는 일은 달라도 한 가지 일에 전념하지 아니하고 이것저것 하면 실패함을 이르는 말. ②=망양지탄(亡羊之歎). *수선하다(修繕~): (낡거나 허름한 것을) 손보아 고치다. *우리: 부록 ‘뢰(牢)’ 참고. 《관련 속담》늦은 밥 먹고 파장(罷場) 간다. / 상여 뒤에 약방문(藥房文). / 소 잃고 외양간 고친다. / 죽은 다음에 청심환(淸心丸). / 죽은 뒤에 약방문(藥房文). 이 사자성어의 유래는 다음과 같다.『전국책(戰國策)』의 「초책(楚策)」 편(篇)에 [전국 시대, 초(楚)나라 양왕(襄王)이 주색(酒色. 술과 여자)에 빠져 정사(政事. 정치에 관한 일)를 돌보지 않자, 국세(國勢. 나라의 형편)가 날로 쇠약해져 갔다. 장신(莊辛)이 양왕(襄王)에게 여러 차례 간언(諫言. 웃어른이나 임금에게 옳지 못하거나 잘못된 일을 고치도록 하는 말)했지만, 양왕(襄王)은 그 간언(諫言)을 듣지 않고 오히려 화를 내며 장신(莊辛)을 꾸짖기만 했다. 장신(莊辛)은 할 수 없이 조(趙)나라로 가서 몸을 피신(避身)했다. 5개월 후 진(秦)나라가 초(楚)나라를 침공(侵攻)하여 도성(都城. 임금이나 황제가 있던 도읍지·都邑地가 성·城으로 이루어졌다는 데서, ‘서울’을 이르던 말)까지 짓밟았다. 양왕(襄王)은 성양(城陽. 중국의 옛

군(郡)의 이름)으로 달아났다. 양왕(襄王)은 그제야 장신(莊辛)의 충고가 옳았다는 것을 깨닫고 그를 불러
들였다. 장신(莊辛)이 돌아오자, 양왕(襄王)은 친절히 그를 맞이하면서 말했다. "과인(寡人. 덕(德)이 적
은 사람이라는 뜻으로, 임금이 자기를 낮추어 이르던 1인칭 대명사)이 애당초 그대의 말을 들었다면
오늘 이 지경에 이르지는 않았을 것이오. 이제 과인(寡人)이 어찌하면 좋겠소?" 장신(莊辛)이 대답했
다.]〈신(臣. 신하가 임금에 대하여 자기를 일컫던 말)은 일찍이 이런 속담을 들은 적이 있습니다. '토끼를
발견하고 나서 사냥개를 돌아봐도 늦지 않고, 양(羊)을 잃은 후에 우리[牢]를 고쳐도 늦지 않다.'고 말입
니다.(臣聞鄙語曰. 見菟而顧犬. 未爲晚也. 亡羊而補牢. 未爲遲也.)〉라는 이야기가 나오는데, '양(羊)을
잃은 후에 우리[牢]를 고쳐도.(亡羊而補牢)'에서, '망양보뢰(亡羊補牢)'가 유래했다. 전국 시대, 초(楚)나
라의 양왕(襄王)과 그 신하(臣下)인 장신(莊辛)의 대화 내용에서 장신(莊辛)이 한 말이다. 참고로, 원문의
'臣聞鄙語曰'에서, '臣'은 신(臣. 신하가 임금에게 자기를 일컫는 말) '신'으로 읽고, '聞'은 들을 '문'으로
읽고, '鄙'는 품위 낮을 '비'로 읽고, '語'는 말씀 '어'로 읽는다. '鄙語'는 점잖지 못하고 천한 말. '臣聞鄙語
曰'을 직역(直譯)하면, 신(臣)이 점잖지 못하고 천한 말을 듣고 말하기를, '見菟而顧犬'에서, '見'은 볼
'견'으로 읽고, '토(菟)'는 원래 새삼(메꽃과의 일년초. 나무에 붙어사는 기생식물) '토'이나, 여기에서는
토끼 '토(兎)'의 초(楚)나라 방언으로 사용되었다. '而'는 말 이을 '이'로 읽는다. '그리고'의 뜻을 나타냄.
'顧'는 돌아볼 '고'로 읽고, '犬'은 개 '견'으로 읽는다. '見菟而顧犬'을 직역(直譯)하면, 토끼를 보고 그리고
개를 돌아봐도, '未爲晚也'에서, '未'는 아닐(부정하는 말) '미'로 읽고, '爲'는 될 '위"로 읽고. '晚'은 늦을
'만'으로 읽고, '也'는 어조사 '야'로 읽는다. '~이다(단정)'의 뜻을 나타냄. '未爲晚也'를 직역(直譯)하면,
늦게 된 것이 아니고, 즉, 늦지 않다는 뜻이다. '亡羊而補牢'에서, '亡'은 잃을 '망'으로 읽고, '羊'은 '양'으
로 읽고, '而'는 말 이을 '이'로 읽는다. '그리고'의 뜻을 나타냄. '補'는 수선할 '보'로 읽고, '牢'는 우리
'뢰(뇌)'로 읽는다. 여기서, '亡羊補牢'가 유래하였는데, 이것을 직역(直譯)하면, 양(羊)을 잃고 우리[牢]를
수선(修繕)한다(고친다)는 뜻으로, ①이미 어떤 일을 실패(失敗)한 뒤에 뉘우쳐도 아무 소용이 없음을
비유적으로 이르는 말. ②일을 실패(失敗)한 뒤에 바로 수습(收拾. 어수선하게 흩어진 물건들을 거두어
들임. 또는 어지러운 마음이나 사태를 거두어 바로잡음)을 하면 그래도 늦지는 않다는 것을 비유적으로
이르는 말. '소 잃고 외양간 고친다.'와 같은 뜻. '未爲遲也'에서, '未'는 아닐 '미'로 읽고, '爲'는 속할
'위'로 읽고, '遲'는 늦을 '지'로 읽는다. '未爲遲也'를 직역(直譯)하면, 늦게 된 것이 아니다. 즉, 늦지
않다는 뜻이다.

망양-지-탄(1)(亡羊之歎·嘆 잃을 **망**/양 **양**/어조사 **지**/탄식할 **탄**) 잃은 양(羊)에 (대한) 탄식(歎·嘆息). 즉,
갈림길(갈라진 길)이 매우 많아 잃어버린 양(羊)을 찾을 길이 없음을 탄식(歎·嘆息)한다는 뜻으로, 학문
(學問)의 길이 여러 갈래여서, 한 갈래의 진리(眞理)도 얻기 어려움을 비유적으로 이르는 말. ▣ 다기망
양(多岐亡羊). *망양(亡羊): ☞망양보뢰(亡羊補牢). *탄식하다(歎·嘆息~): 부록 '탄(歎·嘆)' 참고.

망양-지-탄(2)(望洋之歎·嘆 바라볼 **망**/큰 바다 **양**/어조사 **지**/탄식할 **탄**) 큰 바다를 바라보면서 탄식(歎·嘆
息)한다는 뜻으로, 어떤 일에 자신의 힘이 미치지 못할 때에 하는 탄식(歎·嘆息)을 이르는 말. 남의
위대(偉大)함에 감탄(感歎·嘆)하면서 자신의 힘이 닿지 못함을 부끄러워하는 탄식(歎·嘆息)이다. *망양
(望洋): ①멀리 바라보는 모양. ②크고 넓어서 끝이 없는 모양. *탄식하다(歎·嘆息~): 부록 '탄(歎·嘆)'
참고. 이 사자성어의 유래는 다음과 같다. 『장자(莊子)·외편(外篇)』의 「추수(秋水)」 편(篇)에 〈하백(河伯)

은 비로소 얼굴을 돌려 바다를 보며 약(若. 북해·北海의 신·神)을 항해 한숨을 지으며 말했다. "속담에 '백(百)의 도(道)를 듣고 천하에 저보다 나은 자(者)가 없다고 생각한다.'고 하더니, 바로 나를 두고 한 말인가 보오. 또한 나는 일찍이 (중국 춘추시대의 사상가이며 학자인) 공자(孔子)의 학문을 하찮게 여기고 백이(伯夷)의 절의(節義)를 가벼이 여기는 사람이 있다는 말을 듣고, 처음에는 그 말을 믿지 않았는데, 이제 당신의 그 끝없음을 내 눈으로 보니, 만일 내가 당신의 문(門) 앞에 이르지 않았다면, 영원히 큰 도(道)를 얻은 사람의 웃음거리가 될 뻔했소."(於是焉, 河伯始旋其面目, **望洋向若而歎曰**, 野語有之曰, 聞道百, 以爲莫己若者, 我之謂也, 且夫我嘗聞少仲尼之聞而輕伯夷之義者, 始吾弗信, 今我睹子之難窮也, 吾非至於子之門則殆矣, 吾長見笑於大方之家)〉라는 이야기가 나오는데, '바다를 보며 약(若. 북해·北海의 신·神)을 항해 한숨을 지으며 말했다.(望洋向若而歎曰)'에서, '망양지탄(望洋之歎·嘆)'이 유래했다. 이 이야기의 배경은 이렇다. 어느 가을에 홍수로 인해 모든 냇물이 황하(黃河. 중국 문명의 요람이자, 중국에서 두 번째로 큰 강)로 들어오니, 탁한 물결이 멀리 넘쳐흘러, 양쪽 기슭에 놓아먹이는 마소('말'과 '소'를 아울러 이르는 말)를 분별하기 어려웠다. 이에 하백(河伯)은 흔연히 기뻐하여 천하(天下)의 훌륭함이 모두 자기에게 모여들었다고 생각하면서 흐름을 따라 동쪽으로 가서 북해(北海)에 이르렀다. 거기서 다시 동쪽을 바라보니 그 물 끝이 보이지 않았다. 그때 약(若)을 보고 자기의 유치(幼稚. 생각이나 하는 짓이 어림)함을 뉘우쳤다는 내용이다. 더 자세한 것은 본문 '하충어빙(夏蟲語氷)'에 나와 있음. 참고로, 원문의 '於是焉'에서, '於'는 어조사 '어'로 읽는다. '~에', '~에서(위치)'의 뜻을 나타냄. '是'는 이(지시하는 말) '시'로 읽는다. '於是'는 한문(漢文) 구(句)의 하나로, 이때에. '焉'은 어조사 '언'으로 읽는다. '~이다(단정)'의 뜻을 나타냄. '於是焉'은 한문(漢文) 구(句)의 하나로, 앞 문장을 가리키는 '이에', '여기에서', '이보다' 따위로 쓰인다. '河伯始旋其面目'에서, '河'는 물 '하'로 읽고, '伯'은 맏('맏이'의 뜻을 더하는 접두사) '백'으로 읽는다. '河伯'은 '황하(黃河)'의 신(神) 이름. '始'는 비로소 '시'로 읽고, '旋'은 돌 '선', 빙빙 돌 '선'으로 읽고, '其'는 그(지시하는 말) '기'로 읽고, '面'은 얼굴 '면'으로 읽고, '目'은 눈 '목'으로 읽는다. '面目'은 얼굴. 또는 얼굴의 생김새. '河伯始旋其面目'을 직역(直譯)하면, 하백(河伯)은 비로소 그 얼굴을 돌려, '望洋向若而歎曰'에서, '望'은 바라볼 '망', 엿볼 '망'으로 읽고, '洋'은 큰 바다 '양'으로 읽고, '向'은 향할 '향'으로 읽고, '若'은, 여기서는 바닷귀신(~鬼神) '약'으로 읽는다. 북해(北海)의 신(神) 이름. '而'는 말 이을 '이'로 읽는다. '그리고'의 뜻을 나타냄. '歎'은 탄식할 '탄'으로 읽는다. '望洋向若而歎曰'을 직역(直譯)하면, 바다를 바라보며 약(若)을 향해 그리고 탄식하며 말하기를, 여기서, '望洋之歎·嘆'이 유래하였는데, 이것을 직역(直譯)하면, 큰 바다를 바라보면서 탄식(歎·嘆息)한다는 뜻으로, 어떤 일에 자신의 힘이 미치지 못할 때에 하는 탄식(歎·嘆息)을 이르는 말. 남의 위대(偉大)함에 감탄(感歎·嘆)하면서 자신의 힘이 닿지 못함을 부끄러워하는 탄식(歎·嘆息)이다. '野語有之曰'에서, '野'는 민간(民間. 일반 백성들 사이) '야'로 읽고, '語'는 말씀 '어'로 읽는다. '野語'는 시골 사람이 쓰는 말. 여기서는 '속담(俗談)'으로 풀이하였음. '有'는 있을 '유'로 읽고, '之'는 어조사 '지'로 읽는다. '그것'을 나타내는 지시 대명사. '野語有之曰'을 직역(直譯)하면, 속담(俗談)에 그것에 대한 말이 있다. '聞道百'에서, '聞'은 들을 '문'으로 읽고, '道'는 도리(道理) '도', 이치(理致) '도'로 읽는다. 여기서는 종교상의 근본이 되는 뜻. 또는 깊이 깨달은 지경. '百'은 일백 '백'으로 읽는다. '聞道百'을 직역(直譯)하면, 백(百)의 도(道)를 듣고, '以爲莫己若者'에서, '以'는 써(그것으로 인하여, 그것을 가지고) '이'로 읽고, '爲'는, 여기서는 생각할 '위'로 읽고, '莫'은 아닐 '막', 없을 '막'으로 읽는다. 부정하는 말이다. '己'는 자기(自己) '기'로 읽고, '若'은 같을 '약'으로 읽고, '者'는 사람 '자'로 읽는다. '以爲莫己若者'를 직역(直譯)하면, 그것으로 인하여 자기와 같은 사람이 없다고 생각한다. 즉, 천하(天下)에 저보다 나은 자(者)가 없다고 생각한다는 뜻이다. '我之謂也'에서, '我'는 나(1인칭 대명사) '아'로 읽고, '之'는 어조사 '지'로 읽는다. 여기서는 '그것'을 나타내는 지시 대명사. '謂'는 일컬을 '위'로 읽고, '也'는 어조사 '야'로 읽는다. '~이다(단정)'의 뜻을 나타냄. '我之謂也'를 직역(直譯)하면, 그것은 저를 (두고) 일컬음인가 (하오). '且夫我嘗聞少仲尼之聞而輕伯夷之義者'에서, '且'는 또 '차', 또한 '차'로 읽고, '夫'는 발어사(發語辭) '부'로 읽는다. 여기서 '발어사(發語辭)'는 문장의 서두에 놓여 '대저', 또는 '대체로'의 뜻을 나타냄. '嘗'은 일찍 '상'으로 읽고, '聞'은 들을 '문'으로 읽고, '少'는, 여기서는 적다고 여길 '소', 부족(不足)하다고 생각할 '소'로 읽고, '仲'은 버금(으뜸의 바로 아래, 또는 그런 지위에 있는 사람이나 물건) '중'으로 읽고, '尼'는 여승(女僧) '니', 비구니(比丘尼. 출가하여 구족계를 받은 여자 승려) '니'로 읽는다. 여기서 '仲尼'는 '공자(孔子)'를 가리킴. '聞'은, 여기서는 견문(見聞) '문', 식견(識見. 학식·學識과 견문·見聞이라는 뜻으로, 사물을 분별할 수 있는 능력을 이르는 말) '문'으로 읽고, '而'는 말 이을 이로 읽는다. '그리고'의 뜻을 나타냄. '輕'은 가벼울 '경'으로 읽고, '伯'은 맏(맏이의 뜻을 더하는 접두사) '백'으로 읽고, '夷'는 오랑캐 '이'로 읽는다. '伯夷'는 사람 이름. '之'는 어조사 '지'로 읽는다. 여기서는 '~의'를 나타내는 관형격 조사. '義'는 옳을 '의'로 읽는다. '且夫我嘗聞少仲尼之聞而輕伯夷之義者'를 직역(直譯)하면, 또한 저는 대체로 일찍이 공자(孔子)의 학문을 부족하다고 생각하고(하찮게 여기고), 그리고 백이(伯夷)의 절의(節義)를 가벼이 (여기는) 사람이 (있다는 말을) 들었고, '始吾弗信'에서, '始'는 처음 '시', 시초(始初) '시'로 읽고, '吾'는 나(1인칭 대명사) '오'로 읽고, '弗'은 아닐(부정하는 말) '불'로 읽는다. '不'과 같은 뜻. '信'은 믿을 '신'으로 읽는다. '始吾弗信'을 직역(直譯)하면, 처음에는 제가 믿지 않았는데, '今我睹子之難窮也'에서, '今'은 이제 '금', 지금 '금'으로 읽고, '我'는 나(1인칭 대명사) '아'로 읽고, '睹'는 볼 '도', 살필 '도'로 읽고, '子'는 그대 '자', 당신 '자'로 읽고, '難'은 어려울 '난'으로 읽고, '窮'은 극에 달할 '궁'으로 읽고, '也'는 어조사 '야'로 읽는다. '~이다(단정)'의 뜻을 나타냄. '今我睹子之難窮也'를 직역(直譯)하면, 이제 제가 당신의 극에 달함이 어려울 정도로 (끝없음을) (제 눈으로) 보니, 즉, 이제 당신의 그 끝없음을 제 눈으로 보니, '吾非至於子之門則殆矣'에서, '非'는 아닐(부정하는 말) '비'로 읽고, '至'는 이를(어떤 장소나 시간에 닿을) '지'로 읽고, '於'는 어조사 '어'로 읽는다. '~에', '~에서(장소)'의 뜻을 나타냄. '門'은 문(門) '문'으로 읽고, '則'은 곧 '즉'으로 읽고, '殆'는 위태로울 '태'로 읽고, '矣'는 어조사 '의'로 읽는다. '~이다(단정)'의 뜻을 나타냄. '吾非至於子之門則殆矣'을 직역(直譯)하면, (만일) 제가 당신의 문(門) 앞에 이르지 않았다면 곧 위태롭게 되었을 것이다. '吾長見笑於大方之家'에서, '長'은 길 '장'으로 읽고, '見'은 여기서는 당할 '견'으로 읽고, '笑'는 웃음 '소', 비웃을 '소'로 읽고, '於'는 어조사 '어'로 읽는다. '~로부터(위치)'의 뜻을 나타낸다. '大'는 클 '대'로 읽고, '方'은 방향(方向) '방', 모 '방'으로 읽는다. '大方'은 학문(學問)과 견식(見識)이 높은 사람. '家'는 집안 '가'로 읽는다. '吾長見笑於大方之家'를 직역(直譯)하면, (아마도) 저는 학문(學問)과 견식(見識)이 높은 사람의 집안으로부터 길게(오랫동안) 비웃음을 당했을 것입니다. 즉, 저는 하마터면 큰 도(道)를 깨달은 사람들에게 길이(오래도록) 비웃음을 당할 뻔했을 것입니다.

망언-다사(妄言多謝 망령될 **망**/말씀 **언**/많을 **다**/사죄할 **사**) 망령(妄靈)될 말이 (있으면) 많이 사죄(謝罪)한다. 즉, 자기가 한 말 속에 망언(妄言)이 있으면 깊이 사과(謝過)한다는 뜻으로, 편지글이나 비평문 따위의 글에서 자신의 글을 낮추어 이르는 말. *망언(妄言): 망령(妄靈)되게 말함. 또는 그런 말. =망발(妄發). 망설(妄說). *다사(多謝): ①깊이 감사함. ②깊이 사과함. *망령되다(妄靈~): 부록 '망(妄)' 참고. *사죄하다(謝罪~): 지은 죄나 잘못에 대하여 용서를 빌다.

망언-망동(妄言妄動 망령될 **망**/말씀 **언**/망령될 **망**/움직일 **동**) 망령(妄靈)된 말씀과 망령(妄靈)된 움직임이라는 뜻으로, 잘못된 말과 그릇된 행동(行動)을 아울러 이르는 말. *망언(妄言): ☞망언다사(妄言多謝). *망동(妄動): 망령되게 행동함. 또는 그 행동. *망령되다(妄靈~): 부록 '망(妄)' 참고.

망연-자실(茫然自失 망망할 **망**/그러할 **연**/스스로 **자**/잃을 **실**) 망망(茫茫)하고 그러하여 스스로 잃는다는 뜻으로, 멍하니 정신을 잃음을 이르는 말. 또는 정신을 잃고 어리둥절함을 이르는 말. *망연(茫然): ①매우 넓고 멀어서 아득함. ②아무 생각이 없이 멍함. *자실(自失): 자기 자신을 잊고 멍해짐. 또는 자기의 존재를 잊을 정도로 얼이 빠짐. *망망하다(茫茫~): 부록 '망(茫)' 참고. 이 사자성어의 유래는 다음과 같다. 『장자(莊子)·잡편(雜篇) 「설검(說劍)」편(篇)에, 〈문왕(文王)이 멍하게 자신을 잃어버리고 있다가 말했다. "제후(諸侯)의 검(劍)이란 무엇인가요?" 장자(莊子. 중국 전국시대·戰國時代의 사상가이며, 도가·道家 사상의 중심인물)가 말했다. "제후(諸侯)의 검(劍)은 지혜와 용기 있는 사람을 칼날의 끝으로 삼고, 욕심이 없는 사람을 칼날로 삼고, 현명하고 어진 사람을 칼등으로 삼고, 충의(忠義)와 성덕(聖德)이 있는 사람을 칼자루의 테(테두리)로 삼고, 재지(才智)가 뛰어난 호걸(豪傑)을 칼자루로 삼습니다."(**文王茫然自失**, 曰, 諸侯之劍何如, 曰, 諸侯之劍, 以知勇士爲鋒, 以淸廉士爲鍔, 以賢良士爲脊, 以忠聖士爲鐔, 以豪傑士爲夾)〉라는 이야기가 있는데, '문왕(文王)이 멍하게 자신을 잃어버리고 있다가(文王茫然自失)'에서, 망연자실(茫然自失)이 유래했다. 문왕(文王)이 장자(莊子)의 천자지검(天子之劍) 이야기를 먼저 듣고 망연자실(茫然自失)한 것이다. 장자(莊子)는 문왕(文王)에게 한 마디로 천자지검(天子之劍)은 천하를 떨게 하고 엎드리게 만드는 검(劍)이라는 것을 설명하였다. 따라서 천자지검(天子之劍)만 있으면 누구도 나라를 흔들 수 없으니, 아무도 흔들 수 없는 나라를 만들려면 반드시 검(劍)을 거머쥐어야 한다는 뜻으로 이야기하자, 문왕(文王)은 망연자실(茫然自失)하며 두 번째 이야기인 제후지검(諸侯之劍)에 대하여 물은 것이다. 참고로 원문의 '文王茫然自失'에서, '文'은 글월 '문'으로 읽고, '王'은 임금 '왕'으로 읽는다. 여기서 '文王'은 조(趙)나라 '혜문왕(惠文王)'을 가리킴. '茫'은 망망(茫茫. 어렴풋하고 아득함)할 '망'으로 읽고, '然'은 그러할 '연'으로 읽고, '自'는 스스로 '자'로 읽고, '失'은 잃을 '실'로 읽는다. '文王茫然自失'을 직역(直譯)하면, 혜문왕(惠文王)은 망망(茫茫)하고 그러하여 스스로 (정신을) 잃으면서, 여기서 '망연자실(茫然自失)'이 유래했는데, 이것을 직역(直譯)하면, 망망(茫茫)하고 그러하여 스스로 잃는다는 뜻으로, 멍하니 정신을 잃음을 이르는 말. '曰'에서, '曰'은 일컬을 '왈'로 읽는다. (혜문왕이) 일컫기를, '諸侯之劍何如'에서, '諸'는 모두 '제'로 읽고, '侯'는 제후(諸侯) '후'로 읽는다. '제후(諸侯)'는 봉건 시대에 일정한 영토를 가지고 그 영토 안의 백성을 지배하는 권력을 가지던 사람. '之'는 어조사 '지'로 읽는다. '~의'를 나타내는 관형격 조사. '劍'은 칼 '검'으로 읽고, '何'는 어찌 '하'로 읽고, '如'는 어떠할 '여'로 읽는다. '하여(何如)'는 '어떻게', 또는 '어찌'의 뜻을 나타냄. '諸侯之劍何如'를 직역(直譯)하면, (장자·莊子에게) 제후(諸侯)의 칼은 어떠합니까? 曰, 장자·莊子가 일컫기를, '諸侯之劍'에서, '諸侯之劍'을 직역(直譯)하면, 제후(諸侯)의 칼은, '以知勇士爲鋒'에서, '以'는 써(그것을 가지고, 그것으로 인하여) '이'로 읽고, '知'는 여기서는 지혜(智·知慧. 사물의 이치를 빨리 깨닫고 사물을 정확하게 처리하는 정신적 능력) '지'로 읽고, '勇'은 용기(勇氣) '용'으로 읽고, '士'는 선비(학식은 있으나 벼슬하지 않은 사람을 이르던 말) '사'로 읽고, '爲'는 여기서는 삼을 '위'로 읽고, '鋒'은 칼날(칼의 얇고 날카로운 부분으로, 물건을 베는 쪽) '봉'으로 읽는다. '以知勇士爲鋒'을 직역(直譯)하면, 지혜롭고 용기(勇氣) 있는 선비(사람)는 그것(제후의 칼)을 가지고 칼날의 (끝으로) 삼고, '以淸廉士爲鍔'에서, '淸'은 맑을 '청'으로 읽고, '廉'은 청렴(淸廉)할 '렴(염)'으로 읽는다. '청렴(淸廉)'은 성품과 행실이 높고 맑으며, 탐욕(貪慾)이 없음을 이르는 말. '鍔'은 칼날 '악'으로 읽는다. '以淸廉士爲鍔'을 직역(直譯)하면, 청렴(淸廉)한 선비(사람)는 그것(제후의 칼)을 가지고 칼날로 삼고, '以賢良士爲脊'에서, '賢'은 어질 '현'으로 읽고, '良'은 어질 '량(양)'으로 읽는다. '현량(賢良)'은 어질고 착함. 또는 그런 사람을 이르는 말. '脊'은 등마루(등골뼈가 있는 두두룩하게 줄진 곳) '척'으로 읽는다. '以賢良士爲脊'을 직역(直譯)하면, 어질고 착한 선비(사람)는 그것(제후의 칼)을 가지고 (칼날의) 등마루로 삼고, '以忠聖士爲鐔'에서, '忠'은 충성(忠誠. 진정에서 우러 나오는 정성. 특히 임금이나 국가에 대한 것을 일컬음) '충'으로 읽고, '聖'은 성인(聖人. 지혜와 덕이 매우 뛰어나 길이 우러러 본받을 만한 사람) '성'으로 읽고, '鐔'은 날밑(칼과 칼자루 사이에 끼우는 테) '담' 또는 날밑 '심'으로 읽는다. '以忠聖士爲鐔'을 직역(直譯)하면, 충성(忠誠)스러운 뜻과 성인(聖人)의 덕(德. 고매하고 너그러운 도덕적 품성)이 있는 선비(사람)는 그것(제후의 칼)을 가지고 칼자루의 테(테 두리)로 삼고, '以豪傑士爲夾'에서, '豪'는 호걸(豪傑) '호'로 읽고, '傑'은 뛰어날 '걸'로 읽는다. '호걸(豪傑)'은 지혜와 용기가 뛰어나고 기개(氣槪. 어떤 어려움에도 굽히지 않는 강한 의지·意志. 또는 그러한 기상·氣像을 이르는 말)와 풍모(風貌)가 있는 사람을 이르는 말. '夾'은 칼자루(칼을 안전하게 쥐게 만든 부분) '협'으로 읽는다. '以豪傑士爲夾'을 직역(直譯)하면, 호걸(豪傑)의 (기질·氣質을 가진) 선비(사람)는 그것(제후의 칼)을 가지고 칼자루로 삼습니다. 장자(莊子)의 말대로 '제후지검(諸侯之劍)'은 사람을 제대 로 써서 기강(紀綱. 으뜸이 되는 중요한 규율과 질서)을 바로잡고 민심을 수습해, 나라의 사방(四方)을 안전하게 하는 검(劍)이다. 하지만 이것은, 곡학아세(曲學阿世. 본문 참고)하는 이가 쓰면 칼끝이 되고, 표리부동(表裏不同. 본문 참고)하는 이가 쓰면 칼날이 되거나 칼자루가 된다. 그래서 장자(莊子)는, 그 런 검(劍)은 내려치는 순간에 부러지거나 자기를 향하게 될 것임을 설명한 것이다. 「설검(說劍)」편(篇) 의 끝 부분에, 장자(莊子)는 문왕(文王)에게 〈칼을 다스리는 일은 완성되셨으니, 그만 두시기를 아룁니 다. 그 일이 있고 난 후 문왕(文王)이 궁(宮)에 들어앉은 채 석 달을 밖으로 나오지 않았으며, 검객(劍客. 칼 쓰기 기술에 능한 사람)은 모두 그곳에서 직무(職務. 직업으로써 맡아서 하는 일)를 행하다 쓰러져 죽거나 엎드려 기고 있었다.〉 결국 장자(莊子)는 평소에 국정(國政)은 제대로 돌아보지 않고 칼싸움을 좋아하는 문왕(文王)의 마음을 돌려놓았고, 검객(劍客)들은 죽거나 사라지게 되었다는 이야기다. 또 중 국의 전국시대(戰國時代) 도가(道家) 사상의 대표 인물인 열어구(列禦寇)의 『열자(列子)』 「중니(仲尼)」편 (篇)에 다음과 같은 구절이 나온다. 〈자공(子貢)은 망연자실(茫然自失)하더니, 집으로 돌아가 깊은 생각 에 잠겨 이레 동안, 잠도 자지 않고 먹지도 않더니, (땔나무 마냥) 수척해졌다.(子貢茫然自失, 歸家淫思 七日, 不食不侵, 以至骨立)〉라는 이야기가 나오는데, '자공(子貢)은 망연자실(茫然自失)하더니,(子貢茫然 自失)'에서, '망연자실(茫然自失)'이 유래했다. 참고로, 원문의 '子貢茫然自失'에서, '子'는 아들 '자'로 읽 고, '貢'은 바칠 '공'으로 읽는다. '子貢'은 중국 춘추전국시대(春秋戰國時代) 위(魏)나라의 유학자(儒學者)

를 일컬음. 성(姓)은 단목(端木)이고 이름은 사(賜)이다. 공문십철(孔門十哲)의 한 사람으로, 언어 구사(驅使. <u>마음대로 다루어 씀</u>)에 뛰어났으며, 노(魯)나라와 위(魏)나라의 재상(宰相. <u>임금을 보필하며 모든 관원을 지휘, 감독하는 자리에 있는 이품·二品 이상의 벼슬을 통틀어 이르던 말</u>)을 지냈다. 여기서, '공문십철(孔門十哲)'은 중국 춘추시대의 사상가이며 학자인 공자(孔子)의 제자(弟子) 가운데 특히 학덕(學德)이 뛰어난 열 명을 가리킨다. 안회(顔回), 민자건(閔子騫), 염백우(冉伯牛), 염옹(冉雍), 재아(宰我), 자공(子貢), 염구(冉求), 자로(子路), 자유(子游), 자하(子夏) 등(等) 10명이다. '茫'은 망망(茫茫. <u>어렴풋하고 아득함</u>)할 '망'으로 읽고, '然'은 그러할 '연'으로 읽고, '自'는 스스로 '자'로 읽고, '失'은 잃을 '실'로 읽는다. '子貢茫然自失'을 직역(直譯)하면, 자공(子貢)은 망연자실(茫然自失)하더니, 여기서 '망연자실(茫然自失)'이 유래했는데, 이것을 직역(直譯)하면, 망망(茫茫)하고 그러하여 스스로 잃는다는 뜻으로, 멍하니 정신을 잃음을 이르는 말. '歸家淫思七日'에서, '歸'는 돌아갈 '귀'로 읽고, '家'는 집 '가'로 읽는다. '귀가(歸家)'는 집으로 돌아간다는 뜻이다. 공자(孔子)의 제자(弟子)로서 자공(子貢)이란 유학자(儒學者)가 있었다. 그는 열심히 공부하고 배우기를 게을리하지 않는 사람이었다. 그러던 어느 날 스승('공자·孔子'를 가리킴)을 만나고 다시 집으로 돌아간다는 말이다. '淫'은 여기서는 깊을 '음'으로 읽고, '思'는 생각 '사'로 읽고, '七'은 일곱 '칠'로 읽고, '日'은 날 '일'로 읽는다. '歸家淫思七日'을 직역(直譯)하면, (자공·子貢은) 집으로 돌아가 깊은 생각을 (하다가) 7일 (동안), '不食不侵'에서, '不'은 아닐(<u>부정하는 말</u>) '불'로 읽고, '食'은 먹을 '식'으로 읽고, '侵'은 잘 '침'으로 읽는다. '不食不侵'을 직역(直譯)하면, (밥을) 먹지 않고 (잠을) 자지 않았다. '以至骨立'에서, '以'는 써(<u>그것을 가지고, 그것으로 인하여</u>) '이'로 읽고, '至'는 여기서는 영향(影響)을 미칠 '지'로 읽고, '骨'은 뼈 '골'로 읽고, '立'은 설 '립(입)'으로 읽는다. '以至骨立'을 직역(直譯)하면, 그것으로 인하여 영향을 미쳐 뼈가 서 있는 (것처럼 느꼈다). 즉, 정신이 나갔다는 말이다. 자공(子貢)은 공자(孔子)의 제자(弟子)로, 공자(孔子)를 만난 후, 스승으로부터 자신이 이전(以前)에 알고 있던 것을 뛰어넘어 전혀 다른 새로운 가르침을 얻게 되었다. 즉, 자기 나름대로 대단한 것을 깨우쳤다고 믿었는데, 스승과 대화를 나누다 보니, 스승에게서 너무나 대단한 가르침을 얻은 것이다. 여기서 자공(子貢)의 '망연자실(茫然自失)'은 그동안 그가 이해했다고 믿었던 자신의 생각이 틀렸음을 알고 대단히 실망(失望)하였고, 동시에 새로이 내려주신 스승의 말씀에 놀람을 금치 못해, 뼈가 서 있는 것을 느낄 만큼(<u>以至骨立</u>) 정신이 나간 듯한 상태를 말하는 것이다. 결국 자공(子貢)은 자신이 틀렸다는 것을 알고 스스로에게 너무도 실망(失望)하면서, 또한 스승의 말씀에 놀라 정신이 나갔다는 말이다.

망-우-보-뢰(亡牛補牢 잃을 **망**/소 **우**/수선할 **보**/우리 **뢰**) 소[牛]를 잃은 (후에) 우리[牢]를 수선(修繕)한다(<u>고친다</u>)는 뜻으로, ①이미(<u>돌이킬 수 없이 된 지난 일을 일컬을 때 쓰는 말</u>) 어떤 일을 실패(失敗)한 뒤에는 뉘우쳐도 아무 소용이 없음을 비유적으로 이르는 말. (부정적 측면) ②일을 실패(失敗)한 뒤에 바로 수습(收拾. <u>어수선하게 흩어진 물건들을 거두어들임. 또는 어지러운 마음이나 사태를 거두어 바로잡음</u>)을 하면 그래도 늦지는 않다는 것을 비유적으로 이르는 말. (긍정적 측면) ***수선하다**(修繕~): (낡거나 허름한 것을) 손보아 고치다. ***우리**: 부록 '뢰(牢)' 참고. 《관련 속담》 늦은 밥 먹고 파장(罷場) 간다. / 상여 뒤에 약방문(藥房文). / 소 잃고 외양간 고친다. / 죽은 다음에 청심환(淸心丸). / 죽은 뒤에 약방문(藥房文).

망운-지-정(望雲之情 바라볼 **망**/구름 **운**/어조사 **지**/정 **정**) (고향 쪽의) 구름을 바라보는 정(情)이란 뜻으로, 자식(子息)이 객지(客地)에서 멀리 구름을 바라보며 고향에 계신 어버이를 그리워하거나 생각하는 마음을 비유적으로 이르는 말. =망운지회(望雲之懷). 웹 백운친사(白雲親舍) *망운(望雲): 객지에서 고향에 계신 어버이를 생각함을 이르는 말. 중국 당(唐)나라 때 적인걸(狄仁傑)이 타향에서 부모가 계신 쪽의 구름을 바라보고 어버이를 그리워했다는 데서 유래한다. 이 사자성어의 유래는 다음과 같다. 『신당서(新唐書)』의 「적인걸전(狄仁傑傳)」 편(篇)에 [당(唐)나라 측천무후(則天武后) 시대의 적인걸(狄仁傑)이 병주(并州. 땅 이름)의 법조참군(法曹參軍. 관직 이름)으로 임명되어 부임했다. 당시(當時. 일이 있었던 바로 그때, 또는 이야기하고 있는 그 시기) 그의 부모는 하양(河陽. 땅 이름)의 별장(別莊)에 있었는데,] 〈적인걸(狄仁傑)은 (부모님이 그리울 때마다) 태항산(太行山)에 올라 외롭게 떠다니는 흰 구름을 보면서, 주변 사람들에게 이야기했다. '태항산(太行山)'에서 '行'은 '항렬(行列)', '줄' 따위의 의미일 때는 '항'으로 읽는다. 태항산(太行山)은 하남성(河南省), 하북성(河北省), 산서성(山西省) 따위의 3개의 성(省)에 걸쳐 남북 600km, 동서 250km로 뻗어 있는 거대한 산의 무리[山群]다. 그래서 '태항산(太行山)'은 커다란[太] 산(山)이 줄지어[行] 있다는 의미다. "우리 부모님의 집이 저 아래 있겠지?" 그렇게 오랫동안 슬픈 모습으로 구름을 쳐다보다가, 구름이 걷히면 그곳을 떠났다.(仁傑登太行山, 反顧, **見白雲孤飛**, 謂左右曰, **吾親舍其下**, 瞻悵久之, 雲移乃得去.〉라는 이야기가 나오는데, '외롭게 떠다니는 흰 구름을 보면서, (見白雲孤飛)'와, '우리 부모님의 집이 저 아래 있겠지?(吾親舍其下)'에서, '망운지정(望雲之情)'이 유래했다. 위의 '측천무후(則天武后)'는 중국에서 최초이자 최후로 여황제(女皇帝)에 오른 인물이다. 당(唐)나라 고종(高宗)의 비(妃. 임금의 아내)였던 그녀는 스스로 권력을 쟁취하여 황제(皇帝)의 자리에 올랐고, 마침내 주(周)나라를 열었다(나라 이름을 당·唐나라에서 '주·周'로 고쳤다). 그리고 그녀는 정적(政敵. 정치적으로, 적으로 맞서 있는 처지에 있는 사람)을 제거하고 황제를 갈아치우는 데 더해, 결국 스스로 여황제(女皇帝)에 오르기까지 하면서 중국 역사상 최고의 악녀(惡女) 중 한 사람으로 꼽히게 되었다. 하지만 그녀의 치세(治世. 여기서는, 주로 어떤 임금이 다스리는 때나 세상) 동안(약 40년 이상) 민생은 안정되어 백성들에게 널리 지지를 받기도 하였다. 참고로, 원문의 '仁傑登太行山'에서, '仁'은 어질 '인'으로 읽고, '傑'은 뛰어날 '걸'로 읽는다. 여기서 '仁傑'은 사람 이름. '적인걸(狄仁傑)'을 가리킴. '登'은 오를 '등'으로 읽고, '太'는 클 '태'로 읽고, '行'은, 여기서는 항렬(行列) '항', 줄 '항'으로 읽고, '山'은 뫼('산'의 옛말) '산'으로 읽는다. '仁傑登太行山'을 직역(直譯)하면, 인걸(仁傑)이 태항산(太行山)에 올라, '反顧'에서, '反'은 돌아볼 '반'으로 읽고, '顧'는 돌아볼 '고'로 읽는다. '反顧'는 뒤를 돌아본다는 뜻으로, 가족을 그리워함을 이르는 말. '見白雲孤飛'에서, '見'은 볼 '견'으로 읽고, '白'은 흰 '백'으로 읽고, '雲'은 구름 '운'으로 읽는다. '白雲'은 색깔이 흰 구름. '孤'는 외로울 '고'로 읽고, '飛'는 날 '비'로 읽는다. '見白雲孤飛'를 직역(直譯)하면, 외롭게 나는(떠다니는) 흰 구름을 본다. 여기서, '白雲孤飛'가 유래하였는데, 이것을 직역(直譯)하면, 흰 구름이 (높이) 외롭게 난다는 뜻으로, ①타향에서 고향에 계신 부모를 생각함을 비유적으로 이르는 말. ②멀리 떠나온 자식이 어버이를 사모하여 그리는 정(情)을 비유적으로 이르는 말. 그리고 여기서, '望雲之情'도 유래하였는데, 이것을 직역(直譯)하면, (고향 쪽의) 구름을 바라보는 정(情)이란 뜻으로, 자식(子息)이 객지(客地)에서 멀리 구름을 바라보며 고향에 계신 어버이를 그리워하거나 생각하는 마음을 비유적으로 이르는 말. '謂左右曰'에서, '謂'는 일컬을 '위'로 읽고, '左'는 왼쪽 '좌'로 읽고, '右'는 오른쪽 '우'로 읽는다. '左右'는 주위에 거느리고 있는 사람. '謂左右曰'을 직역(直譯)하면,

좌우(左右)에게 일컬어 말하기를, ‘吾親舍其下’에서, ‘吾’는 나(1인칭 대명사) ‘오’로 읽고, ‘親’은 어버이 ‘친’으로 읽고, ‘舍’는 집 ‘사’로 읽고, ‘其’는 그(지시하는 말) ‘기’로 읽고, ‘下’는 아래 ‘하’로 읽는다. ‘吾親舍 其下’를 직역(直譯)하면, 나의 어버이 집은 그 아래에 (있다). ‘瞻悵久之’에서, ‘瞻’은 볼 ‘첨’으로 읽고, ‘悵’은 슬퍼할 ‘창’으로 읽고, ‘久’는 오랠 ‘구’로 읽고, ‘之’는 어조사 ‘지’로 읽는다. ‘그것’을 나타내는 지시 대명사. ‘瞻悵久之’를 직역(直譯)하면, 오랫동안 슬퍼하며 그것(구름)을 보다가, ‘雲移乃得去’에서, ‘移’는 옮길 ‘이’로 읽고, ‘乃’는 이에(이러하여서 곧) ‘내’로 읽고, ‘得’은 여기서는 깨달을 ‘득’으로 읽고, ‘去’는 갈 ‘거’로 읽는다. ‘雲移乃得去’를 직역(直譯)하면, 구름이 옮겨 가면, 이에 깨달으면서 갔다. 즉, 구름이 걷히면서 그곳을 떠났다는 말이다.

망운-지-회(望雲之懷 바라볼 **망**/구름 **운**/어조사 **지**/생각할 **회**) (고향 쪽의) 구름을 바라보면서 생각함이란 뜻으로, 자식(子息)이 객지(客地)에서 멀리 구름을 바라보며 고향에 계신 어버이를 그리워하거나 생각하는 마음을 비유적으로 이르는 말. =망운지정(望雲之情). *망운(望雲): ☞망운지정(望雲之情).

망자-계-치(亡子計齒 죽을 **망**/아들 **자**/셈할 **계**/나이 **치**) 죽은 아들의 나이를 셈한다는 뜻으로, 이미(돌이킬 수 없이 된 지난 일을 일컬을 때 쓰는 말) 그릇된 일은, 생각하여도 아무 소용이 없음을 비유적으로 이르는 말. *망자(亡子): 죽은 자식. *셈하다: 부록 ‘계(計)’ 참고. 《관련 속담》 죽은 자식 나이 세기. / 죽은 자식 눈 열어보기. / 죽은 자식 자지 만져 보기.

망자-재-배(芒刺在背 까끄라기 **망**/가시 **자**/있을 **재**/등질 **배**) 까끄라기와 가시를 등(사람이나 동물의 몸통에서 뒤쪽이나 위로 향한 쪽, 곧 가슴이나 배의 반대쪽)에 지고 있다는 뜻으로, 주위에 꺼리고 두려워하는 사람이 있어 불안하거나, 마음이 편치 않거나, 어떤 일을 도모(圖謀)하면서 주변의 눈치를 살피는 것을 비유적으로 이르는 말. *망자(芒刺): 까끄라기[芒]와 가시[刺]를 아울러 이르는 말. *까끄라기: 부록 ‘망(芒)’ 참고. *가시: ①식물의 줄기나 잎에 바늘처럼 뾰족하게 돋아난 것. ②(비유적 표현으로) 남의 마음을 찌르는, 나쁜 뜻을 품은 표현이다. *등지다: ①무엇에 등을 기대어 의지하다. ②무엇을 뒤에 두다. 이 사자성어의 유래는 다음과 같다. 『한서(漢書)』의 「곽광전(霍光傳)」 편(篇)에 [곽광(霍光)은 한무제(漢武帝. 한나라의 무제) 때 흉노(匈奴. 기원전 3~1세기경에 몽골 지방에서 활약하던 유목 민족)의 정벌(征伐)에 공(功)을 세운 표기장군(驃騎將軍. 중국 서한·西漢 혹은 전한·前漢 이후의 관직 이름)인 곽거병(霍去病)의 이복동생(異腹同生. 아버지는 같고 어머니가 다른 동생)으로, 한무제(漢武帝)를 섬겨 대사마대장군(大司馬大將軍. 관직 이름)을 거쳐 박륙후(博陸侯. 한나라의 대장군 곽광에게 봉한 작위의 이름)에 올랐다. 여기서, 서한(西漢)은 전한(前漢)의 다른 이름이다. 전한(前漢)의 도읍(都邑. 한 나라의 중앙 정부가 있는 곳. =서울)인 장안(長安)이 후한(後漢)의 도읍(都邑. ‘서울’을 일컫는 말)인 낙양(洛陽)의 서쪽에 있었기 때문에 이렇게 일컫는다. 기원전 87년, 한무제(漢武帝)가 세상을 떠나자, 곽광(霍光)은 유조(遺詔. 임금의 유언)를 받들어 8세의 어린 소제(昭帝)를 세우고, 소제(昭帝)의 이복형(異腹兄)이며 연왕(燕王)인 단(丹)의 반란(反·叛亂. 정부나 지배자에게 반항하여 내란을 일으킴)을 진압(鎭壓. 강압적인 힘으로 억눌러 진정시킴)한 후 정권(政權)을 장악했다. 소제(昭帝)가 21세의 나이로 세상을 떠나자, 곽광(霍光)은 한무제(漢武帝)의 손자(孫子)이고 창읍왕(昌邑王)인 유하(劉賀)를 황제(皇帝)로 세웠다가, 그가 행실이 음란(淫亂. 음탕하고 난잡함)하다는 이유로 폐(廢. 사람을 어떤 지위에서 몰아냄)하고, 한무제(漢武帝)의 증손자(曾孫子)인 유순(劉詢)을 제위(帝位. 황제의 자리)에 앉혔는데, 이이가 바로 선제(宣

帝)이다. 선제(宣帝)는 하늘을 찌를 듯한 권력을 가진 곽광(霍光)을 내심(內心. <u>겉으로 드러나지 아니한 실제의 마음</u>) 두려워했다.]〈선제(宣帝)가 즉위한 다음, 종묘사직(宗廟社稷. <u>본문 참고</u>)에 고(告)하기 위해 행차할 때, 대장군(大將軍. <u>벼슬 이름</u>)인 곽광(霍光)이 배승(陪乘. <u>수레 따위에, 지체 높은 사람을 모시고 타는 것</u>)하여 호위(護衛. <u>따라다니며 곁에서 보호하고 지킴</u>)했다. 여기서, '지체'는 순우리말로, <u>대대로 이어 내려오는 사회적 신분이나 지위를 일컬음</u>. 선제(宣帝)는 수레 안에서 심히 불안해하는 모습을 보였는데, 마치 등에 가시가 박힌 것 같았다.(宣帝始立, 謁見高廟, 大將軍光從驂乘, 上內嚴憚之, <u>**若有芒刺在背**</u>.)〉라는 이야기가 나오는데, '마치 등에 가시가 박힌 것 같았다.(若有芒刺在背)'에서, '망자재배(芒刺在背)'가 유래했다. 선제(宣帝)는 앞에서 밝혔듯이, 중국 전한(前漢)의 제8대 황제(皇帝)이다. 본명은 유순(劉詢)이고, 한무제(漢武帝)의 증손(曾孫)이다. 그런데 곽광(霍光)은 전한(前漢) 때 사람으로, 한무제(漢武帝) 때 대사마대장군(大司馬大將軍)이 되어 정사(政事. <u>정치에 관한 일</u>)를 돕고, 이어 선제(宣帝)를 섬기면서 20여 년 동안 궁중을 마음대로 출입한 인물이었다. 따라서 선제(宣帝)는 이렇게 하늘을 찌를 듯한 권력을 가진 곽광(霍光)을 내심(內心) 두려워했다. 따라서, 번역문에 있듯이, 선제(宣帝)는 수레 안에서 같이 타고 가는 곽광(霍光)을 '마치 등에 가시가 박힌 것' 같은 불안함을 느낀 것이다. 곽광(霍光)은 자기 딸을 선제(宣帝)의 황후(皇后. <u>황제가 정식으로 혼인하여 맞은 아내</u>)로 삼게 했지만, 기원전 68년, 곽광(霍光)이 세상을 떠나자, 선제(宣帝)는 그의 일족(一族. <u>조상이 같은 겨레붙이. 또는 조상의 친척</u>)을 모두 처형(處刑. <u>형벌에 처함. 또는 사형에 처함</u>)해 버렸다고 한다. 그만큼 곽광(霍光)에 대한 두려움은 그가 죽을 때까지 영향을 미친 것이다. 결국 선제(宣帝)는 '망자재배(芒刺在背)'의 주인공이 된 셈이다. 참고로, 원문의 '宣帝始立'에서, '宣'은 베풀 '선'으로 읽고, '帝'는 임금 '제', 황제 '제'로 읽는다. '宣帝'는 임금 이름. '始'는 비로소 '시'로 읽고, '立'은 여기서는 즉위(卽位. <u>임금의 자리에 오름</u>)할 '립(입)'으로 읽는다. '宣帝始立'을 직역(直譯)하면, 선제(宣帝)가 비로소 즉위하였을 (때). '謁見高廟'에서, '謁'은 뵈올 '알', 참배(參拜)할 '알'로 읽고, '見'은, 여기서는 뵈올 '현'으로 읽는다. '알현(謁見)'은 지체가 높은 사람을 만나 뵙는 일. '高'는 높을 '고'로 읽고, '廟'는 종묘(宗廟. <u>역대 왕과 왕비의 위패·位牌를 모시던 사당</u>) '묘'로 읽는다. '謁見高廟'를 직역(直譯)하면, (건물이) 높은 종묘(宗廟)에 (가서) 참배하여 뵙다. '大將軍光從驂乘'에서, '大'는 클 '대'로 읽고, '將'은 장수 '장'으로 읽고, '軍'은 군사 '군'으로 읽는다. '大將軍'은 중국의 모든 장군 가운데 최고의 칭호를 일컬음. 군사를 통솔해 정벌에 나서는 일을 관장했음. '光'은 빛 '광'으로 읽는다. 여기서는 '곽광(霍光)'을 가리킴. '從'은 따를 '종'으로 읽고, '驂'은 세[三] 말[馬] 멍에(<u>수레나 쟁기를 끌기 위하여 말이나 소의 목에 얹는 구부러진 막대</u>)를 할 '참'으로 읽고, '乘'은 탈 '승'으로 읽는다. '驂乘'은 임금을 모시고 수레에 타던 일. '大將軍光從驂乘'을 직역(直譯)하면, 대장군(大將軍)인 곽광(霍光)이 임금을 모신 수레에 타고 따랐다. '上內嚴憚之'에서, '上'은, 여기서는 임금 '상'으로 읽는다. '선제(宣帝)'를 가리킴. '內'는 안 '내'로 읽는다. 여기서는 '수레 안'을 가리킴. '嚴'은 엄할 '엄', 엄격할 '엄'으로 읽고, '憚'은 꺼릴(<u>개운치 않거나 언짢은 데가 있어 마음에 걸리는</u>) '탄'으로 읽는다. '嚴憚'은 엄격히 삼가고 꺼림. '之'는 어조사 '지'로 읽는다. '그것'을 나타내는 지시 대명사. '上內嚴憚之'를 직역(直譯)하면, 선제(宣帝)는 수레 안에서 그것(곽광·霍光과 함께 타는 것)을 엄격히 삼가고 꺼려하였는데, '若有芒刺在背'에서, '若'은 같을 '약'으로 읽고, '有'는 있을 '유'로 읽고, '芒'은 까끄라기 '망'으로 읽고, '刺'는 가시 '장'으로 읽고, '在'는 있을 '재'로 읽고, '背'는 등질 '배'로 읽는다. '若有芒刺在

背'를 직역(直譯)하면, 까끄라기와 가시를 등에 지고 있는 것과 같았다. 즉, 등 뒤에 자기가 꺼리고 두려워하는 사람이 있어서 마음이 편하지 않은 것을 뜻한다. 여기서, ‘芒刺在背’가 유래하였는데, 이것을 직역(直譯)하면, 까끄라기와 가시를 등에 지고 있다는 뜻으로, 주위에 꺼리고 두려워하는 사람이 있어 불안하거나, 마음이 편치 않거나, 어떤 일을 도모(圖謀. 어떤 일을 이루기 위하여 대책과 방법을 세움)하면서 주변의 눈치를 살피는 것을 비유적으로 이르는 말.

망-자-존대(妄自尊大 망령될 **망**/스스로 **자**/높을 **존**/클 **대**) 망령(妄靈)됨을 스스로 높이고 크게 (한다). 즉, 도리(道理. 사람이 마땅히 지켜야 할 바른 길)에 어긋나게 스스로를 높이고 크게 여긴다는 뜻으로, ①분별(分別. 무슨 일을 사리에 맞게 판단함. 또는 그 판단력)도 없이, 또는 앞뒤 아무런 생각도 없이 함부로 잘난 체함을 이르는 말. ②함부로 저 잘난 체한다는 뜻으로, 스스로 잘난 체하고 우쭐대며 다른 사람을 무시(無視)하는 것을 이르는 말. 짧 야랑자대(夜郎自大). 유아독존(唯我獨尊). *존대(尊大): 벼슬이나 학식, 인격 따위가 높고도 큼. *망령되다(妄靈~): 부록 ‘망(妄)’ 참고. 이 사자성어의 유래는 다음과 같다. 『후한서(後漢書)』의 「마원전(馬援傳)」 편(篇)에 [한(漢)나라 말년, 왕망(王莽)이 제위(帝位. 황제의 자리)를 무혈(無血. 피를 흘리지 않음. 또는 싸우지 않음) 찬탈(簒奪. 임금의 자리를 빼앗음)하고 신(新)나라를 세웠다. 하지만 왕망(王莽)이 무리한 개혁 정책을 펴 정국(政局)은 혼란에 빠졌고, 각처에서 반란(反·叛亂. 정부나 지배자에게 반항하여 내란을 일으킴)이 일어났다. 신(新)나라는 25년 만에 망하고, 잠시 군웅할거(群雄割據. 본문 참고)의 시대로 접어들었다. 그때 최후까지 남은 실력자는 낙양(洛陽)의 유수(劉秀), 하서(河西)의 두융(竇融), 농서(隴西)의 외효(隗囂), 그리고 촉(蜀)나라의 공손술(公孫述)이었다. 공손술(公孫述)은 성도(成都. 오늘날의 청두·成都 지방)에서 군사를 일으켜 촉(蜀)과 파(巴)를 평정(平定)한 뒤 황제(皇帝)를 칭했다. 외효(隗囂)는 낙양(洛陽)의 유수(劉秀)와 촉(蜀)의 공손술(公孫述)을 놓고 저울질을 하며, 즉, 정치적인 출구를 찾기 위해서였다. 부하인 마원(馬援)을 시켜 공손술(公孫述)을 찾아가 허실(虛實. 허함과 실함)을 살피게 했다. 즉, 공손술은 당시(當時. 일이 있었던 바로 그때. 또는 이야기하고 있는 그 시기) 최대의 세력 중의 하나였기 때문이었다. 마원(馬援)은 고향이 같은 공손술(公孫述)이 자기를 반갑게 맞이해 줄 것으로 여겼으나, 공손술(公孫述)은 높은 자리에 앉아서 차갑게 대하였다. 즉, 마원(馬援)은 공손술(公孫述)의 허세(虛勢. 실상이 없는 기세)부리는 태도로 보아 큰일을 할 수 있는 인물이 아니라는 것을 깨닫게 되는 순간이었다.]〈마원(馬援)은 공손술(公孫述)과 헤어져 돌아와 외효(隗囂)에게 보고했다. “자양(子陽)은 우물 안 개구리입니다. 스스로 잘난 체만 하고 있습니다. 즉, 공손술(公孫述)은 좁은 촉(蜀) 땅에 있어, 우물 안의 개구리이고 거드름(거만한 태도) 피우는 재주(순우리말로, 무엇을 잘할 수 있는, 타고난 능력과 슬기)밖에 없다는 것을 보고하는 것이다. 동쪽의 (유수에) 뜻을 두는 것이 낫겠습니다. 즉, 우리의 뜻을 동쪽 유수(劉秀)에게 전하는 것이 좋겠다는 말이다. 낙양(洛陽)의 유수(劉秀)를 섬기는 것이 낫겠다는 뜻이기도 하다.”(因辭歸, 謂囂曰, 子陽, 井底之蛙, **而妄自尊大**, 不如專意東方.)〉라는 이야기가 나오는데, ‘스스로 잘난 체만 하고 있습니다.(而妄自尊大)’에서, ‘망자존대(妄自尊大)’가 유래했다. ‘마원(馬援)’은 왕망(王莽)이 전한(前漢)을 멸망시킨 후 후한(後漢. 서기 25년~220년)의 건국을 도운 장군이다. ‘자양(子陽)’은 공손술(公孫述)의 다른 이름이다. 그리고 ‘공손술(公孫述)’의 ‘公孫’은 중국에서 제후의 손자 또는 후손을 뜻하는 칭호이다. 그런데 공손(公孫)으로 불리는 일부(一部)가 씨(氏)를 공손(公孫)으로 정하면서 유래됐다. 고대 중국은 성(姓)과 씨(氏)가 달랐다. 성(姓)

은 혈연(血緣)으로 정해지는 개념이고, 씨(氏)는 지연(地緣)으로 정해지는 개념이다. 즉, 고대 중국의 씨는 한국의 본관(本貫. 시조·始祖가 난 곳)과 같다. 참고로, 원문의 '因辭歸'에서, '因'은 인할(因~. 어떤 사실로 말미암을) '인'으로 읽는다. '마원(馬援)이 고향 친구인 공손술(公孫述)의 오만불손(傲慢不遜. 본문 참고)한 태도 때문에'라는 뜻이다. '辭'는, 여기서는 물러날 '사'로 읽는다. 화가 난 마원(馬援)은 자리를 박차고 일어나 천하의 자웅(雌雄. '암컷[雌]'과 '수컷[雄]'을 아울러 이르는 말인데, 여기서는 승부·勝負, 우열·優劣, 강약·强弱 따위를 비유적으로 이르는 말이다)이 아직 정해지지 않았는데, 공손술(公孫述)은 먹던 밥을 뱉고, 국사(國士. 나라의 뛰어난 선비)를 영접(迎接. 손님을 맞아 접대함)하여 더불어 성패(成敗. 일의 성공과 실패)를 도모(圖謀. 어떤 일을 이루려고, 수단과 방법을 꾀함)하지는 않고 도리어 꼭두각시(꼭두각시놀음에 나오는 여러 가지 인형)처럼 겉치레만 요란하게 하고 있으니, 어찌 천하의 현사(賢士. 어진 선비)들을 머물게 할 수 있을 것인가'라고 말하며 물러나는 것을 의미한다. '歸'는 돌아갈 '귀', 돌아올 '귀'로 읽는다. 공손술(公孫述)과 헤어져 외효(隗囂)에게 돌아왔다는 뜻이다. '因辭歸'를 직역(直譯)하면, 인(因)하여 물러나 돌아와, '謂囂曰'에서, '謂'는 일컬을 '위'로 읽고, '囂'는 시끄러울 '효'로 읽는다. 여기서는 '외효(隗囂)'를 가리킴. '謂囂曰'을 직역(直譯)하면, '외효(隗囂)'에게 일컬으며 말하기를, '子陽'에서, '子'는 아들 '자'로 읽고, '陽'은 볕 '양'으로 읽는다. '子陽'은 사람 이름. '井底之蛙'에서, '井'은 우물 '정'으로 읽고, '底'는 밑 '저'로 읽고, '之'는 어조사 '지'로 읽는다. '~의'를 나타내는 관형격 조사. '蛙'는 개구리 '와'로 읽는다. '井底之蛙'를 직역(直譯)하면, 우물 밑(안)의 개구리라는 뜻으로, 식견(識見. 학식·學識과 견문·見聞이라는 뜻으로, 사물을 분별할 수 있는 능력을 이르는 말)이 좁거나 편견(偏見. 공정하지 못하고 한쪽으로 치우친 생각)에 사로잡혀 세상이 넓은 줄을 모르는 사람을 비유적으로 이르는 말. 또는 견문(見聞. 보고 들어서 얻은 지식)이 좁고 세상 형편에 어두운 사람을 비유적으로 이르는 말. 우물 안의 개구리는 우물이 세상의 전부라고 생각하거나, 일부만 보고 전체를 보았다고 생각하는 어리석음의 존재이다. '而妄自尊大'에서, '而'는 말 이을 '이'로 읽는다. '그리고'의 뜻을 나타냄. '妄'은 망령될 '망'으로 읽고, '自'는 스스로 '자'로 읽고, '尊'은 높을 '존'으로 읽고, '大'는 클 '대'로 읽는다. '而妄自尊大'를 직역(直譯)하면, 그리고 망령됨을 스스로 높이고 크게 (하고 있으니), 여기서, '妄自尊大' 가 유래하였는데, 이것을 직역(直譯)하면, 망령(妄靈)됨을 스스로 높이고 크게 (한다). 즉, 도리(道理. 사람이 마땅히 지켜야 할 바른 길)에 어긋나게 스스로를 높이고 크게 여긴다는 뜻으로, ①분별도 없이, 또는 앞뒤 아무런 생각도 없이 함부로 잘난 체함을 이르는 말. ②함부로 저 잘난 체한다는 뜻으로, 스스로 잘난 체하고 우쭐대며 다른 사람을 무시(無視)하는 것을 이르는 말. '不如專意東方'에서, '不'은 아닐(부정하는 말) '불'로 읽고, '如'는 같을 '여'로 읽는다. '不如'는 한문(漢文) 구(句)의 하나로, ~만 못하다. ~에는 미치지 못하다. '專'은 오로지 '전'으로 읽고, '意'는 뜻 '의'로 읽고, '東'은 동녘 '동'으로 읽고, '方'은 방위 '방', 방향 '방'으로 읽는다. '東方'은 동쪽 지방. '不如專意東方'을 직역(直譯)하면, 오로지 동쪽 지방에 뜻을 두는 것만 같지 못합니다. 즉, '동쪽 지방에 뜻을 두는 것이 낫다.'라는 의미다.

망중-유한(忙中有閒·閑 바쁠 **망**/가운데 **중**/있을 **유**/한가할 **한**) 바쁜 가운데 한가(閒·閑暇)한 (틈)이 있다는 뜻으로, 바쁜 가운데 한가(閒·閑暇)한 겨를이 있음을 이르는 말. *망중(忙中): 바쁜 가운데. *유한(有閒·閑): ①겨를이 있음. 또는 한가함. ②재물이 넉넉하여 일하지 않아도 생활이 한가로움. *한가하다(閒·閑暇~): 부록 '한(閒·閑)' 참고.

망중-투한(忙中偸閒·閑 바쁠 **망**/가운데 **중**/훔칠 **투**/한가할 **한**) 바쁜 가운데 한가(閒·閑暇)함을 훔친다는 뜻으로, 바쁜 가운데서도 한가한 겨를을 얻어 즐김을 이르는 말. 여기서 '투한(偸閒·閑)'을 직역(直譯)하면 '한가함을 훔친다.'는 말이다. 한가함은 일이 없다고 그저 오는 법이 없다. 애를 써서 남의 물건을 훔치듯이 훔쳐내야 비로소 내 것이 된다. 또한 이렇게 노력해야 한가함의 주인이 되어 비로소 즐길 수 있는 것이다. *망중(忙中): ☞망중유한(忙中有閒·閑). *투한(偸閒·閑): 바쁜 가운데서 겨를을 찾음. *훔치다: 부록 '투(偸)' 참고. *한가하다(閒·閑暇~): 부록 '한(閒·閑)' 참고.

망-지-소-조(罔知所措 없을 **망**/알 **지**/바 **소**/둘 **조**) (무엇을) 둘 바[所]를 알 (수) 없다는 뜻으로, 너무 당황하거나 급(急)하여 어찌할 줄을 모르고 갈팡질팡함을 이르는 말. =방황실조(彷徨失措). *바: 부록 '소(所)' 참고. *두다: 부록 '조(措)' 참고.

망-진-막급(望塵莫及 바라볼 **망**/티끌 **진**/없을 **막**/미칠 **급**) 티끌(먼지)을 바라볼 (뿐) 미칠 (수) 없다. 즉, 티끌(먼지)만 바라볼 뿐 쫓아가지 못한다는 뜻으로, 너무 빠르기 때문에 미처 따라잡을 수 없거나, 원(願)하는 바를 손에 넣지 못하는 것을 비유적으로 이르는 말. *막급(莫及): 더 이상 이를 수 없음. *티끌: 공기 속에 섞여 날리거나 물체 위에 쌓이는, 매우 잘고 가벼운 물질을 이르는 말. 먼지 따위가 있음. *미치다: 부록 '급(及)' 참고. 이 사자성어의 유래는 다음과 같다. 『후한서(後漢書)』의 「조자전(趙咨傳)」 편(篇)에 〈조고(曹暠)는 그를 길에서라도 맞이하여 인사를 하려고 했다. 하지만 조자(趙咨)는 머무르지 않고 (빠른 속도로 지나가 버렸다.) 조고(曹暠)는 10리 밖의 정(亭. 정자)까지라도 배웅하기 위하여 쫓아갔으나, 조자(趙咨)의 수레가 일으키는 먼지만 바라볼 수 있을 뿐, 쫓아 갈 수 없었다.(迎路謁候, 咨不爲留, 暠送至亭次, **望塵不及**.)〉라는 이야기가 나오는데, '먼지만 바라볼 수 있을 뿐, 쫓아 갈 수 없었다.(望塵不及)'에서, '망진막급(望塵莫及)'이 유래했다. 이 이야기의 배경에는 다음과 같은 일이 있었다. 동한(東漢) 시대, 조고(曹暠)는 돈황(敦煌. 땅 이름)의 태수(太守. 벼슬 이름)인 조자(趙咨)의 효렴과(孝廉科) 추천을 통해 형양(滎陽. 땅 이름)의 현령(縣令. 벼슬 이름)이 되었다. 여기서, '태수(太守)'는 고대 중국에서 군(郡)의 으뜸 벼슬. 그리고, '효렴과(孝廉科)'는 주로 한대(漢代. 한나라의 시대)에 유가(儒家. 공자·孔子의 학설과 학풍 따위를 신봉·信奉하고 연구하는 학자나 학파)의 기본 덕목인 효(孝)와 청렴(淸廉. 성질과 행실이 높고 맑으며, 탐욕이 없음)의 실천 정도를 기준으로 추천 받아 관리를 선발하는 일종의 과거(科擧. 예전에 우리나라와 중국에서 관리를 뽑을 때 실시하던 시험을 이르는 말) 제도이다. 그 후 조자(趙咨)가 동해(東海)로 발령이 나 부임하러 가는 길에 형양(滎陽)을 지나가게 되었다. 그때 조고(曹暠)는 그를 길에서라도 맞이하여 인사를 하려고 했다는 것이다. 그런데 이 사자성어는 『남사(南史)』의 「오경지전(吳慶之傳)」 편(篇)에는 '망진불급(望塵不及)'으로 나온다. 참고로, 원문의 '迎路謁候'에서, '迎'은 맞이할 '영'으로 읽고, '路'는 길 '로(노)'로 읽고, '謁'은 여쭐 '알'로 읽고, '候'는 상태 '후'로 읽는다. '謁候'는 상태를 여쭈다. 즉, 안부 인사를 하다. '迎路謁候'를 직역(直譯)하면, 길에서라도 맞이하여 상태를 여쭈려고 했으나, '咨不爲留'에서, '咨'는 물을 '자'로 읽는다. 여기서는 사람 이름인 '조자(趙咨)'를 가리킴. '不'은 아닐(부정하는 말) '불'로 읽고, '爲'는 할 '위'로 읽고, '留'는 머무를 '류(유)'로 읽는다. '咨不爲留'를 직역(直譯)하면, 조자(趙咨)는 머물려고 하지 않았다. '暠送至亭次'에서, '暠'는 (색깔이) 흴 '고'로 읽는다. 여기서는, 사람 이름인 '조고(曹暠)'를 가리킴. '送'은 보낼 '송'으로 읽고, '至'는 이를(어떤 장소나 시간에 닿을) '지', 다다를 '지'로 읽고, '亭'은 정자(亭子) '정'으로 읽고, '次'는 버금 '차', 도달할

‘차’로 읽는다. ‘屬送至亭次’를 직역(直譯)하면, 조고(曹屬)는 (조자·趙咨를 따뜻하게) 보내려고 (조자·趙咨가) 도달할 정자(亭子)에 이르렀다. ‘望塵不及’에서, ‘望’은 바라볼 ‘망’으로 읽고, ‘塵’은 티끌 ‘진’으로 읽고, ‘不’은 아닐(부정하는 말) ‘불’로 읽고, ‘及’은 미칠(공간적 거리나 수준 따위가 일정한 선에 닿을) ‘급’으로 읽는다. ‘望塵不及’을 직역(直譯)하면, 티끌(먼지)을 바라볼 (뿐) 미치지 아니하였다. 즉, 조자(趙咨)의 수레가 일으키는 흙먼지만 보일 뿐 조자(趙咨)는 간 곳이 없었다는 말이다. 여기서 ‘망진막급(望塵莫及)’이 유래하였는데, 이것을 직역(直譯)하면, (그러나) 티끌(먼지)을 바라볼 (뿐) 미칠 (수) 없다. 즉, 티끌(먼지)만 바라볼 뿐 쫓아가지 못한다는 뜻으로, 너무 빠르기 때문에 미처 따라잡을 수 없거나, 원(願)하는 바를 손에 넣지 못하는 것을 비유적으로 이르는 말.

망-징-패조(亡徵敗兆 망할 **망**/조짐 **징**/패할 **패**/조짐 **조**) 망(亡)할 조짐(兆朕)과 패(敗)할 조짐(兆朕)이라는 뜻으로, 망(亡)하거나 패(敗)할 징조(徵兆. 어떤 일이 일어나려고 하는 조짐, 또는 어떤 일이 생겨날 것을 예상하게 하는 조짐)를 이르는 말. *패조(敗兆): 싸움이나 전쟁에 질 조짐(兆朕). *조짐(兆朕): 어떤 일이 일어날 징조(徵兆).

망팔-쇠년(望八衰年 바라볼 **망**/여덟 **팔**/쇠잔할 **쇠**/나이 **년**) 여덟(여든)을 바라보는 쇠잔(衰殘)할 나이라는 뜻으로, 늙어서 기력(氣力. 일을 감당할 수 있는 정신과 육체의 힘)이 쇠약(衰弱. 힘이 쇠하고 약함)해지는 나이 일흔한 살을 이르는 말. *망팔(望八): 여든을 바라본다는 뜻으로, 나이 일흔한 살을 이르는 말. *쇠년(衰年): 늙어서 기력(氣力)이 점점 쇠약(衰弱)하여 가는 나이. *쇠잔하다(衰殘~): 부록 ‘쇠(衰)’ 참고

망풍-이-미(望風而靡 바라볼 **망**/바람 **풍**/말 이을 **이**/쓸릴 **미**) 바람을 바라보고 쏠린다. 즉, 기세(氣勢. 기운차게 내뻗는 형세, 또는 내뻗는 힘찬 기운)를 보고 쏠린다는 뜻으로, 소문(所聞)을 듣고 놀라서, 맞서 보려고도 하지 아니하고 달아남을 이르는 말. 여기서, ‘기운’은 순우리말로, 생물이 살아 움직이는 원기(元氣). 또는 거기서 나오는 힘. *망풍(望風): ①높은 명망(名望. 명성·名聲. 곧, 세상에 널리 퍼져 평판·評判 높은 이름과, 인망·人望. 곧, 세상 사람이 우러르고 따르는 덕망·德望을 아울러 이르는 말)을 듣고 우러러 사모함. ②좋은 풍채(風采. 사람의 드러나 보이는 의젓한 겉모양)를 보고 우러러 생각함. *쏠리다: (한쪽으로) 기울어지거나 몰리다.

매-검-매-우(賣劍買牛 팔 **매**/칼 **검**/살 **매**/소 **우**) 칼[劍]을 팔아 소[牛]를 산다는 뜻으로, 병사(兵事. 군대·전쟁·병역 따위에 관한 일)를 그만두고 농사(農事)를 짓게 함. 곧 평화스러운 세상이 됨을 비유적으로 이르는 말. 여기서, 칼[劍]은 ‘병사(兵事)’를, 소[牛]는 ‘농사(農事)’를 각각 비유(比·譬喩. 어떤 사물의 모양이나 상태 따위를 보다 효과적으로 표현하기 위하여 그것과 비슷한 다른 사물에 빗대어 표현함. 또는 그 표현 방법)했다.

매관-매직(賣官賣職 팔 **매**/벼슬 **관**/팔 **매**/벼슬 **직**) 벼슬을 팔고 벼슬을 판다. 즉, 돈을 받고 관직(官職. 관리로서, 국가로부터 위임받은 일정한 범위의 직무, 또는 그 직위)을 판다는 뜻으로, 돈이나 재물(財物)을 받고 벼슬을 시킴을 이르는 말. =매관육작(賣官鬻爵). *매관(賣官): =매관매직(賣官賣職). *매직(賣職): =매관매직(賣官賣職).

매-두-몰-신(埋頭沒身 묻힐 **매**/머리 **두**/빠질 **몰**/몸 **신**) 머리가 (땅에) 묻히고, 몸이 (물에) 빠졌다. 즉, 머리와 몸이 파묻혔다는 뜻으로, ①일에 파묻혀 헤어나지 못함을 비유적으로 이르는 말. ②일에 열중하

거나 매달려 물러날 줄 모름을 비유적으로 이르는 말.

매림-지-갈(梅林止渴 매화 **매**/수풀 **림**/그칠 **지**/갈증 **갈**) 매실나무(매화나무) 숲에서 갈증을 그쳤다는 뜻으로, 대용품(代用品. 어떤 물품의 대신으로 쓰이는 물품)이라도 일시적으로는 소용(所用)이 있음을 비유적으로 이르는 말. 또 거짓 사실로 실제 욕망(慾望)을 충족시키는 방법을 비유적으로 이르는 말. *매림(梅林): 매실나무(매화나무) 숲. *매화(梅花): 부록 '매(梅)' 참고. *갈증(渴症): (속이 탈 정도로) 몹시 조급한 마음. '갈급증(渴急症)'의 준말.

매명-주의(賣名主義 팔 **매**/이름 **명**/주될 **주**/옳을 **의**) 이름이나 팔려고 하는 주된 주의(主義)라는 뜻으로, 실속(實~) 없이 자기의 이름이나 명예(名譽)만을 세상에 떨치려고 하는 태도나 경향을 이르는 말. *매명(賣名): 재물이나 권리를 얻으려고 자기의 이름이나 명예를 팖. *주의(主義): ①굳게 지키는 주장이나 방침. ②체계화된 이론이나 학설. *주되다(主~): 주장(主張)이나 중심(中心)이 되다.

매문-매필(賣文賣筆 팔 **매**/글월 **문**/팔 **매**/글씨 **필**) 글을 팔고 글씨를 판다는 뜻으로, 돈을 벌기 위하여, 실속(實~) 없는 글이나 글씨를 써서 팖을 이르는 말. *매문(賣文): 글을 지어 주고 돈을 받음. 또는 글을 팔아서 생활하는 일. *매필(賣筆): ①돈을 벌기 위하여 붓글씨를 써서 팖. ②=매문(賣文).

매-방-초시(每榜初試 매양 **매**/패 **방**/처음 **초**/시험할 **시**) 매양(每樣) 처음 시험(試驗)할 때(초시)에만 패(牌)가 붙는다는 뜻으로, 지난날, 과거(科擧. 예전에 우리나라와 중국에서 관리를 뽑을 때 실시하던 시험을 이르는 말)를 볼 때에, 초시(初試)에는 언제나 합격하지만 복시(覆試. 조선 시대에, 초시·初試에 급제한 사람에게 두 번째로 보이는 과거·科擧)에는 번번이 낙방(落榜)함을 이르는 말. *초시(初試): 조선 시대에, 복시에 응할 자(者)가 식년(式年)의 전(前)에 경향(京鄕. 서울과 시골)에서 치르던 과거(科擧). 또는 그 과거(科擧)에 급제(及第)한 사람. 여기서, '식년(式年)'은 태세(太歲. 그해의 간지·干支)의 지지(地支)가 자(子), 묘(卯), 오(午), 유(酉)인 해[年]를 이르는 말. 그리고 '지지(地支)'는 육십갑자(六十甲子)의 아래 단위를 이루는 요소, 즉, 자(子), 축(丑), 인(寅), 묘(卯) 진(辰), 사(巳), 오(午), 미(未), 신(申), 유(酉), 술(戌), 해(亥)를 말함. 조선 시대에는 이 해[年]에 호적(戶籍)을 조사하고 과거(科擧)를 실시하였음. 3년에 한 번씩 돌아옴. *매양(每樣): 부록 '매(每)' 참고. *패(牌): 부록 '방(榜)' 참고.

매사-가감(每事可堪 매양 **매**/일 **사**/가히 **가**/견딜 **감**) 매양 일을 가(可)히 견딜 만하다. 즉, 매사(每事)를 감당(勘當)할 만하다는 뜻으로, 어떤 일이라도 감당(堪當)할 만함을 이르는 말. *매사(每事): ①명 하나하나의 일. 또는 모든 일. ②부 일마다. *가감(可堪): 어떤 일정한 일을 능히 해낼 수 있음. *매양(每樣): 부록 '매(每)' 참고. *가히(可~): '능히', '넉넉히'의 뜻. *견디다: 부록 '감(堪)' 참고.

매-사-마-골(買死馬骨 살 **매**/죽을 **사**/말 **마**/뼈 **골**) 죽은 말[馬]의 뼈를 산다는 뜻으로, 귀중한 것을 손에 넣기 위해 먼저 공(功)을 들이는 것을 비유적으로 이르는 말. 이 사자성어의 유래는 다음과 같다. 전국 시대 연(燕)나라 소왕(昭王)은 안으로는 내분으로 혼란스럽고, 밖으로는 제(齊)나라에 많은 영토를 빼앗겨 국력이 약해진 상태에서 왕위에 올랐다. 소왕(昭王)은 재상(宰相. 임금을 보필하며 모든 관원을 지휘, 감독하는 자리에 있는 이품·二品 이상의 벼슬을 통틀어 이르던 말)인 곽외(郭隗)에게 실지(失地. 잃어버린 땅) 회복에 필요한 인재(人材. 어떤 일을 할 수 있는 학식이나 능력을 갖춘 사람) 등용(登用. 인재를 뽑아 씀)의 방책(方策. 방법과 꾀)을 물었다. 이에 곽외(郭隗)는 다음과 같은 고사(故事)를 빗대어 답했다. 「옛날 어떤 왕이 신하에게 천금(千金)을 주면서 천리마(千里馬)를 사오라고 했는데, 죽은 말의 뼈다귀를 사왔다. 왕은 죽은 말을 왜 샀느냐고 따지자, 신하는 죽은 말이라도 천리마(千里馬)라면 그 가치를 인정받아 소문이 날 것이고, 그러면 진짜 천리마(千里馬)를 가진 자들이 찾아올 것이라고 했다. 그 신하의 말대로 생생한 천리마(千里馬)를 가지고 찾아 온 자들이 셋이나 나타났다.」라는 이야기가 있는데, 여기서 죽은 말의 뼈를 산다는 '매사마골(買死馬骨)'이 유래했다.

매사-불성(每事不成 매양 **매**/일 **사**/없을 **불**/이룰 **성**) 매양(每樣) 일이 (뜻대로) 이루어지는 (것이) 없다. 즉, 일마다 되는 것이 없다는 뜻으로, 하는 일마다 이루어지지 않거나 실패(失敗)함을 이르는 말. *매사(每事): ☞매사가감(每事可堪). *불성(不成): 이루어지지 못함. *매양(每樣): 부록 '매(每)' 참고.

매-산-밀-감(梅酸蜜甘 매화나무 **매**/신맛 **산**/꿀 **밀**/달 **감**) 매화나무의 (열매는) 신맛이고, 꿀은 달다는 뜻으로, 세상 만물(萬物. <u>온갖 물건 또는 세상에 있는 모든 것</u>)의 이치가 당연함을 비유적으로 이르는 말. 매화나무의 열매는 신맛이고 꿀맛은 단맛이라고 하는 것은 누구나 인정하는 당연한 이치이다.

매-염-봉-우(賣鹽逢雨 팔 **매**/소금 **염**/만날 **봉**/비 **우**) 소금을 팔다가 비를 만났다는 뜻으로, 하려는 일에 뜻하지 아니한 장애(障碍)가 생기게 됨을 비유적으로 이르는 말. 소금을 팔다가 비를 만나면 그 소금은 다 녹게 되어 쓸모가 없는 것이다. 《관련 속담》 소금 팔러 가니까 비가 온다. / 소금 팔러(타러) 가면 비가 오고 가루 팔러(타러) 가면 바람 분다.

매점-매석(買占賣惜 살 **매**/차지할 **점**/팔 **매**/아낄 **석**) 살 (때는) (자기 몫을) 차지하고, 팔 (때는) 아낀다는 뜻으로, 값이 오르거나 물건이 달릴 것을 예상하여, 어떤 상품을 한꺼번에 많이 사 두고 되도록 팔지 않으려 하는 일. 또는 상품의 시세(時勢. <u>가격이 바뀌는 상품의, 거래할 때의 가격</u>)를 인위적(人爲的. <u>자연의 힘이 아닌, 사람의 힘으로 이루어지는 것</u>)으로 올리기 위하여 상품, 주식 따위를 독점적으로 몰아 사 두는 일을 이르는 말. *매점(買占): 물건 값이 오를 것을 예상하고 폭리(暴利. <u>어떤 한도를 넘는, 많은 이익</u>)를 얻기 위하여 물건을 몰아서 사들임. =사재기. *매석(賣惜): (값이 오르거나 달릴 것을 예상하여) 상품을 팔지 않으려고 하는 일.

매진-일로(邁進一路 힘쓸 **매**/나아갈 **진**/한 **일**/길 **로**) 한 길로 힘써 나아간다는 뜻으로, 어떤 일을 외곬(단<u>한 가지 방법이나 일</u>)으로 전심전력(全心全力. <u>본문 참고</u>)을 다하여 해 나감을 이르는 말. =일로매진(一路邁進). *매진(邁進): 어떤 일을 전심전력(全心全力)을 다하여 해 나감. *일로(一路): 한 방향으로 곧장 뻗어 나가는 길.

매-처-학-자(梅妻鶴子 매화 **매**/아내 **처**/학 **학**/아들 **자**) 매화(梅花)를 아내로 (삼고), 학(鶴)을 아들(자식)로 (삼는다는) 뜻으로, 자연(自然)을 벗 삼으며 유유자적(悠悠自適. <u>본문 참고</u>)하게 사는 선비의 풍류(風流. <u>속되지 않고 운치가 있는 일</u>) 생활을 비유적으로 이르는 말. *매화(梅花): 부록 '매(梅)' 참고. 이 사자성어의 유래는 다음과 같다. 중국의 사서(辭書. '<u>사전·辭典'과 같은 말</u>)인 『사해(辭海)』에 〈송(宋)나라 때의 임포(林逋)는 항주(杭州) (에 있는) 서호(西湖)의 고산(孤山)에 은거(隱居)하였는데, 부인도 없고 아들도 없었다. 매화를 심고 학을 기르며 스스로 즐겼는데, 사람들은 그를 보고 매화로 아내를 삼고, 학으로 자식을 삼았다고 말했다.(宋代林逋隱居杭州西湖孤山, 無妻無子, 種梅養鶴以自娛, <u>人稱其梅妻鶴子</u>.)〉라는 이야기가 나오는데, '사람들은 그를 보고 매화로 아내를 삼고, 학으로 자식을 삼았다고 말했다.(人稱其梅妻鶴子)'에서, '매처학자(梅妻鶴子)'가 유래했다. 이 이야기의 배경은 이렇다. 사서(辭書. '<u>사전'과 같은 말</u>)의 기록에 의하면, 임포(林逋)의 자(字. <u>본이름을 함부로 부르지 않던 시대에,</u>

본이름 대신 부르던 이름)는 군복(君復)으로, 절강(浙江) 전당(錢塘)의 항주(杭州) 사람이며, 유학자 집안에서 태어난 북송(北宋) 시대의 시인(詩人)이다. 그는 젊어서 강회(江淮) 지역을 유력(遊歷. 여러 곳을 놀며 두루 돌아다님)하였는데, 나중에는 항주(杭州)의 서호(西湖) 근처에 있는 고산(孤山)에 은거하여 문밖으로 나가지 않고 매화(梅花)를 심고 학(鶴)을 기르며 유유자적(悠悠自適. 본문 참고)하게 살았다고 한다. 또 평생 결혼도 하지 않았다고 알려져 있다. 그에 대한 이런 이야기에서 '매화를 아내로 삼고, 기르던 학을 자식으로 삼다'라는 뜻의 매처학자(梅妻鶴子)가 유래하여, 풍류(風流)를 즐기며 초야(草野. 풀이 난 들이라는 뜻으로, 궁벽한 시골을 이르는 말)에서 정한(靜閑. 조용하고 한가로움)하게 사는 사람을 가리켜 매처학자(梅妻鶴子)라 하게 되었다. 결국 임포(林逋)는 한평생 매화(梅花)를 감상하고, 학(鶴)을 기르고, 시(詩)를 읊으며 매처학자(梅妻鶴子)로 살았다고 전해지고 있는 것이다. 참고로, 원문의 '宋代林逋隱居杭州西湖孤山'에서, '宋'은 송(宋)나라 '송'으로 읽고, '代'는 시대(時代) '대'로 읽고, '林'은 수풀 '림(임)'으로 읽고, '逋'는 도망갈 '포'로 읽는다. '林逋'는 사람 이름. '隱'은 숨을 '은'으로 읽고, '居'는 살 '거'로 읽는다. '隱居'는 세상을 피하여 숨어서 삶. '杭'은 건널 '항'으로 읽고, '州'는 고을 '주'로 읽는다. '杭州'는 땅 이름. '西'는 서녘 '서'로 읽고, '湖'는 호수 '호'로 읽는다. '西湖'는 항주(杭州)의 대표적인 명소(名所. 경치나 고적 따위로 널리 알려진 곳)로, 항주(杭州)의 서쪽에 있어 붙여진 이름. '孤'는 외로울 '고'로 읽고, '山'은 뫼('산'의 옛말) '산'으로 읽는다. '孤山'은 서호(西湖)의 북서쪽에 자리 잡고 있는 나지막한 인공산(人工山. 사람의 힘으로 만든 산)의 이름. '宋代林逋隱居杭州西湖孤山'을 직역(直譯)하면, 송(宋)나라 시대 임포(林逋)는 항주(杭州)에 있는 서호(西湖) 지방의 고산(孤山)에 은거(隱居)하였는데, '無妻無子'에서, '無'는 없을 '무'로 읽고, '妻'는 아내 '처'로 읽고, '子'는 아들 '자'로 읽는다. '無妻無子'를 직역(直譯)하면, 아내도 없고 아들도 없었다. '種梅養鶴以自娛'에서, '種'은 심을 '종'으로 읽고, '梅'는 매화(梅花) '매'로 읽고, '養'은 기를 '양'으로 읽고, '鶴'은 학(鶴) '학'으로 읽고, '以'는 써(그것을 가지고, 그것으로 인하여) '이'로 읽고, '自'는 스스로 '자'로 읽고, '娛'는 즐거워할 '오'로 읽는다. '種梅養鶴以自娛'를 직역(直譯)하면, (다만) 매화를 심고, 학을 기르며 그것을 가지고 스스로 즐거워하였는데, '人稱其梅妻鶴子'에서, '人'은 사람 '인'으로 읽고, '稱'은 일컬을 '칭'으로 읽고, '其'는 그(지시하는 말) '기'로 읽고, '子'는 아들 '자'로 읽는다. '人稱其梅妻鶴子'를 직역(直譯)하면, 사람들은 그것('임포·林逋'를 가리킴)을 매화를 아내로 (삼고), 학을 아들로 (삼았다)라고 일컬었다. 여기서, '梅妻鶴子'가 유래하였는데, 이것을 직역(直譯)하면, 매화(梅花)를 아내로 (삼고), 학(鶴)을 아들(자식)로 (삼는다는) 뜻으로, 자연(自然)을 벗 삼으며 유유자적(悠悠自適)하게 사는 선비의 풍류 생활을 비유적으로 이르는 말.

매합-용지(媒合容止 중매 **매**/합할 **합**/얼굴 **용**/거동 **지**) 얼굴과 거동을 (보고) 중매(仲媒)하여 (서로) 합하게 (한다는) 뜻으로, 남녀 간에 관계를 갖도록 다리를 놓아주고, 자기 집에 같이 머무르게 함을 이르는 말. *매합(媒合): 혼인에 중매(仲媒)를 들거나 남녀 간에 관계를 갖도록 다리를 놓아줌. *용지(容止): 몸가짐이나 태도. *중매(仲媒): 부록 '매(媒)' 참고. *거동(擧動): 몸을 움직이는 짓이나 태도. =행동거지(行動擧止).

맥곡-지-영(麥曲之英 보리 **맥**/굽을 **곡**/어조사 **지**/꽃부리 **영**) 맥곡(麥曲)의 꽃부리라는 뜻으로, 술(알코올·alcohol 성분이 있어서 마시면 취하는 음료의 총칭)을 달리 이르는 말. *맥곡(麥曲): =누룩. 즉, 밀을

굵게 갈아 반죽하여 띄운 것. 술을 빚는 발효제로 쓰임. *꽃부리: 부록 '영(英)' 참고.

맥구읍-인(麥丘邑人 보리 **맥**/언덕 **구**/고을 **읍**/사람 **인**) 맥구읍(麥丘邑)의 사람이라는 뜻으로, 곱고 덕스럽게 늙어 인생의 바른 길을 인도(引導)할 수 있는 슬기로운 노인을 가리키는 말. *맥구읍(麥丘邑): 중국 산동성(山東省)의 상하현(商河縣) 서북쪽에 위치한 읍(邑)을 일컫는 말. 이 사자성어의 유래는 다음과 같다. 유향(劉向)의 『신서(新序)』의 「잡사(雜事)」 편(篇)에 〈제환공(齊桓公. 제나라의 환공)이 사냥을 나갔다가 맥구(麥丘)에 이르러 그 읍(邑)에 사는 노인을 만나게 되었다. 환공(桓公)이 물었다. "당신은 어디 사람이오?" "맥구읍(麥丘邑) 사람입니다." "나이는 몇이나 되었소?" "여든 세 살입니다." "그렇게 장수(長壽)를 해서 좋겠습니다."(桓公田, 至於麥丘, **見麥丘邑人**, 問之, 子何爲也, 對曰, **麥丘邑人也**, 公曰, 年幾何, 對曰, 八十有三矣, 公曰, 美哉壽乎.)〉[당신의 장수(長壽. 오래도록 삶)로서 과인(寡人. 덕·德이 적은 사람이라는 뜻으로, 임금이 자기를 낮추어 이르던 1인칭 대명사)을 위해 축원(祝願. 신이나 부처에게 자기의 소원이 이루어지게 해 주기를 빎)해 주시오. 즉, 당신이 83살이나 장수하고 있는 사람으로서, 임금인 나를 위해 기도해 줄 것을 청하는 것이다.]라는 이야기가 나오는데, '그 읍(邑)에 사는 노인을 만나게 되었다.(見麥丘邑人)'와, "맥구읍(麥丘邑) 사람입니다."(麥丘邑人也)에서, '맥구읍인(麥丘邑人)'이 유래했다. 그런데 위의 이야기에 이어 제(齊)나라 환공(桓公)은 그 '맥구읍인(麥丘邑人)'에게서 주군(主君. '임금'의 다른 말)으로서의 도(道)와 축원(祝願)을 듣는 이야기가 계속된다. ["주군(主君)을 축원(祝願)합니다. 주군(主君)께서 만수(萬壽. 오래오래 삶)를 누리게 하소서. 돈과 옥(玉)은 천하게 여기고, 사람을 귀하게 여기게 해 주소서." ……"주군(主君)을 축원(祝願)합니다. 주군(主君)이 배우는 일을 부끄럽게 하지 않게 하고, 아랫사람들에게 묻는 것을 싫어하지 않게 하십시오. 현명한 자(者)를 항상 곁에 있게 하시고, 간언(諫言. 웃어른이나 임금에게 옳지 못하거나 잘못된 일을 고치도록 하는 말)하는 사람을 얻을 수 있게 하소서. 즉, 옆에서 간언(諫言)하는 사람이 생기도록 해 달라는 뜻이다." ……"주군(主君)을 축원(祝願)합니다. 주군(主君)이 신하들과 백성들에게 죄를 짓지 않게 하여 주소서." 환공(桓公)이 불끈하여 안색(顏色. 얼굴 빛. 낯빛)을 바꾸고 말했다. "나는 아들이 아버지에게 죄를 짓고, 신하(臣下)가 군주(君主. 세습적으로 나라를 다스리는 최고 지위에 있는 사람)에게 죄를 짓는다는 말은 들었지만, 군주(君主)가 신하(臣下)에게 죄를 짓는다는 것은 일찍이 들어 본 적이 없소. 이 말은 앞의 두 말과는 맞지 않는 것이니 고치시오." 맥구읍(麥丘邑) 사람이 앉아 절을 하고는 일어나며 말했다. "이 말은 앞의 두 말이 자란 것입니다. 즉, 이 말은 앞의 두 말과 연결되어 있는 것입니다. 자식이 아버지에게 죄를 짓는다면, 고모(姑母)나 숙부(叔父)로 인해 오해를 풀어 아버지가 용서해 줄 수 있습니다. 즉, 주위의 친척들에 의해 오해를 풀어 용서가 된다는 뜻이다. 신하가 군주(君主)에게 죄를 짓는다면, 총신(寵臣. 총애를 받는 신하)들이나 측근들로 인해 용서를 빌어 군주(君主)가 용서해 줄 수 있습니다. 그런데 옛날 걸(桀)은 탕(湯)에게 죄를 지었고, 주(紂)는 무왕(武王)에게 죄를 지었습니다. 즉, 걸왕(桀王)의 횡포(橫暴. 제멋대로 굴며 몹시 난폭함)가 나날이 심하여 결국 탕왕(湯王)에게 나라를 빼앗겼고, 주왕(紂王)은 황음무도(荒淫無道. 본문 참고)하고 잔혹하여 무왕(武王)에게 나라를 빼앗겼음을 이야기하는 것이다. 이것은 군주(君主)가 신하(臣下)에게 죄를 지은 것으로, 용서받지 못했으며 오늘날까지 용서되지 못하고 있습니다. 즉, 옛날 신하였던 탕왕(湯王)과 무왕(武王)에게 나라를 빼앗긴 걸왕(桀王)과 주왕(紂王)은, 지금도 포악(暴惡)한 왕으로 기록되어 있고 용서받지 못할 행위를 했다고 평가받고 있다는 뜻이다."

환공(桓公)은 “옳은 말이오. 국가의 복(福)과 사직(社稷. 고대 중국에서, 나라를 세울 때 임금이 단·壇을 쌓아 제사를 지내던 토신·土神과 곡신·穀神)의 영(靈)에 힘입어(賴國家之福, 社稷之靈) 여기에서 과인(寡人)이 당신을 얻게 되었구려.”라고 말하고, 노인을 부축하여 수레에 태우고 직접 수레를 몰아 돌아와서는 조정(朝廷. 임금이 나라의 정치를 신하들과 의논하거나 집행하는 곳. 또는 그런 기구)에서 예(禮)를 행하고 그를 맥구(麥丘)의 장(長)으로 봉(封)하여 (맥구를) 다스리도록 했다(정치를 하도록 했다).] 여기서 우리는, 맥구읍인(麥丘邑人)의 축원(祝願)에서 볼 수 있듯이, 삶의 연륜(年輪. 한 해 한 해 쌓아 올린 역사·歷史. 또는 여러 해 동안 쌓은 경험에 의하여 이루어진 숙련·熟練의 정도)이 쌓인 노인으로부터 늙어감에 대하여 배울 점이 많다는 것을 알 수 있다. 또한 제(齊)나라 환공(桓公) 역시 현명한 노인을 받들 줄 아는 훌륭한 제왕(帝王)임을 부인(否認)할 수 없다. 맥구읍인(麥丘邑人)은, 품위 있는 인생, 존엄으로 빛나는 삶을 영위하기 위해서는 육체가 아닌, 건전한 정신을 갈고 닦아야 함을 우리들에게 우회적(迂廻·回的. 곧바로 가지 않고 멀리 돌아서 가는 것)으로 이야기하고 있는 것이다. 따라서, 맥구읍인(麥丘邑人)은, 곱고 덕스럽게 늙어 인생의 바른 길을 인도(引導)할 수 있는 슬기로운 노인을 가리키는 말이 된 것이다. 참고로, 원문의 ‘桓公田’에서 ‘桓’은 굳셀 ‘환’으로 읽고, ‘公’은 존칭(尊稱) ‘공’으로 읽는다. ‘桓公’은 ‘제환공(齊桓公)’을 가리킴. ‘田’은, 여기서는 사냥할 ‘전’으로 읽는다. ‘桓公田’을 직역(直譯)하면, 제환공(齊桓公)이 사냥하면서, ‘至於麥丘’에서, ‘至’는 이를(어떤 장소나 시간에 닿음) ‘지’, 다다를 ‘지’로 읽고, ‘於’는 어조사 어로 읽는다. ‘~에(장소)’의 뜻을 나타냄. ‘麥’은 보리 ‘맥’으로 읽고, ‘丘’는 언덕 ‘구’로 읽는다. ‘麥丘’는 땅 이름. ‘至於麥丘’를 직역(直譯)하면, 맥구(麥丘)에 이르러. ‘見麥丘邑人’에서, ‘見’은 볼 ‘견’으로 읽고, ‘邑’은 고을 ‘읍’으로 읽고, ‘人’은 사람 ‘인’으로 읽는다. ‘見麥丘邑人’을 직역(直譯)하면, 맥구읍(麥丘邑)에 (사는) 사람을 보고, 여기서, ‘麥丘邑人’이 유래하였는데, 이것을 직역(直譯)하면, 맥구읍(麥丘邑)의 사람이라는 뜻으로, 곱고 덕스럽게 늙어 인생의 바른 길을 인도(引導)할 수 있는 슬기로운 노인을 가리키는 말. ‘問之’에서, ‘問’은 물을 ‘문’으로 읽고, ‘之’는 어조사 ‘지’로 읽는다. ‘그것’을 나타내는 지시 대명사. ‘問之’를 직역(直譯)하면, 그것에 대하여 묻기를, ‘子何爲也’에서, ‘子’는 당신 ‘자’, 자네 ‘자’로 읽고, ‘何’는 어느 ‘하’로 읽고, ‘爲’는, 여기서는 속할 ‘위’로 읽고, ‘也’는 어조사 ‘야’로 읽는다. ‘~이냐?(의문)’의 뜻을 나타냄. ‘子何爲也’를 직역(直譯)하면, 당신은 어느 (곳에) 속하느냐? ‘對曰’에서, ‘對’는 대답할 ‘대’로 읽는다. ‘對曰’을 직역(直譯)하면, 대답하여 말하기를, ‘麥丘邑人也’에서, ‘也’는 어조사 ‘야’로 읽는다. ‘~이다(단정)’의 뜻을 나타냄. ‘麥丘邑人也’를 직역(直譯)하면, 맥구읍 사람입니다. ‘年幾何’에서, ‘年’은 나이 ‘년(연)’으로 읽고, ‘幾’는 몇 ‘기’, 얼마 ‘기’로 읽고, ‘何’는 여기서는 어찌(의문부사) ‘하’로 읽는다. ‘幾何’는 ‘얼마’와 같은 말로, 잘 모르는 수량이나 정도를 이르는 말. ‘年幾何’를 직역(直譯)하면, 나이는 얼마인가? ‘八十有三矣’에서, ‘八’은 여덟 ‘팔’로 읽고, ‘十’은 열 ‘십’으로 읽고, ‘有’는 있을 ‘유’로 읽고, ‘三’은 석 ‘삼’으로 읽는다. ‘矣’는 어조사 ‘의’로 읽는다. ‘~이다(단정)’의 뜻을 나타냄. ‘八十有三矣’를 직역(直譯)하면, 80에다 3이 (더) 있습니다. 즉, 83세입니다. ‘美哉壽乎’에서, ‘美’는, 여기서는 좋을 ‘미’, 경사스러울 ‘미’로 읽고, ‘哉’는 어조사 ‘재’로 읽는다, 감탄, 강조, 반어(反語), 의문을 나타냄. 여기서, ‘반어(反語)’는 표현의 효과를 높이기 위하여 실제와 반대되는 뜻의 말을 하는 것을 일컫는다. 못난 사람을 보고 ‘잘났어’ 라고 말하는 것 따위이다. ‘壽’는 장수(長壽) ‘수’, 오래 살 ‘수’로 읽고, ‘乎’는 어조사 ‘호’로 읽는다. ‘~이도다’, ‘~이로구나(영탄)’의 뜻을 나타냄. ‘美哉壽乎’를 직역(直譯)

하면, 경사스러움이여, 장수(長壽)하심이여.

맥락-관통(脈絡貫通 맥 **맥**/이을 **락**/꿰뚫을 **관**/통할 **통**) 맥(脈)이 이어져 꿰뚫고 통(通)한다는 뜻으로, 일의 줄거리가 환하게 통하거나, 사리(事理. <u>일의 이치</u>)가 한결같이 통(通)하여 있음을 이르는 말. *맥락(脈絡): ①혈관이 서로 연락되어 있는 계통. ②사물 따위가 서로 이어져 있는 관계나 연관. *관통(貫通): 이쪽에서 저쪽 끝까지 꿰뚫음. *꿰뚫다: ①꿰어서 뚫다. ②일을 속속들이 잘 안다. 여기서는 ②의 뜻. *통하다(通~): 부록 '통(通)' 참고.

맥-수-지-탄(麥秀之歎·嘆 보리 **맥**/빼어날 **수**/어조사 **지**/탄식할 **탄**) 빼어난 보리를 (보고) 탄식(歎·嘆息)한다. 즉, 보리가 무성하게 자란 것을 탄식(歎·嘆息)한다는 뜻으로, 옛 도읍지(都邑地. <u>한 나라의 서울로 삼은 곳</u>)가 황폐(荒廢. <u>집, 토지, 삼림·森林 따위가 거칠어져 못 쓰게 됨</u>)한 것을 보고 고국(故國)이 멸망(滅亡)한 것을 한탄(恨歎. <u>뉘우쳐지거나 원통하여 한숨을 지음. 또는 그 한숨</u>)하거나, 세상이 바뀌어 과거(過去)에 화려했던 곳이 폐허(廢墟. <u>건물이나 성·城 따위가 파괴되어 황폐하게 된 터</u>)가 된 것을 비유적으로 이르는 말. *빼어나다: 부록 '수(秀)' 참고. *탄식하다(歎·嘆息~): 부록 '탄(歎·嘆)' 참고. 이 사자성어의 유래는 다음과 같다. 『사기(史記)』의 「송미자세가(宋微子世家)」 편(篇)에 〈보리 이삭은 무럭무럭 자라나고 / 벼와 기장도 기름지고나. / 교활한 저 철부지 아이가 / 내 말을 듣지 않은 탓이지. (<u>麥秀漸漸兮</u>. 禾黍油油兮, 彼狡童兮, 不與我好兮.)〉라는 「맥수가(麥秀歌)」가 나오는데, '보리 이삭은 무럭무럭 자라나고.(麥秀漸漸兮)'에서, '맥수지탄(麥秀之嘆·歎)'이 유래했다. '교활한 철부지 아이'는 주왕(紂王)을 가리킨다. 주왕(紂王)이 교활하고 철부지 아이 행세를 하였다는 뜻이다. 이 「맥수가(麥秀歌)」의 배경은 이렇다. 은(殷)나라의 마지막 왕인 주왕(紂王)이 음락(飮樂. <u>술을 마시며 즐거워 함</u>)에 빠져 폭정을 일삼자, 왕족인 미자(微子. <u>사람 이름</u>), 기자(箕子. <u>사람 이름</u>), 비간(比干. <u>사람 이름</u>) 등(等)이 충심(衷心. <u>속에서 우러나오는 참된 마음</u>)으로 왕에게 간(諫. <u>웃어른이나 임금에게 옳지 못하거나 잘못된 일을 고치도록 말함</u>)했다. 하지만, 주왕(紂王)은 이들의 간언(諫言. <u>웃어른이나 임금에게 옳지 못하거나 잘못된 일을 고치도록 하는 말</u>)을 듣지 않고 포악한 짓을 계속했다. 그 뒤 주(周)나라의 무왕(武王)이 주왕(紂王)을 멸(滅)한 후, 은(殷) 왕조의 제사(祭祀)를 위해 미자(微子)를 송왕(宋王)으로 봉(封)했다. 그리고 기자(箕子. <u>사람 이름</u>)의 인품을 높이 사 조선(朝鮮)의 왕으로 봉(封)했다. 우리나라 역사서에서 말하는, 단군 조선에 이어 기원전 1100년 경에 건국한, 초기 국가인 기자조선(箕子朝鮮)이 여기에서 유래했다. 기자(箕子. <u>사람 이름</u>)가 조선에서 중국 쪽 고향으로 오다가 폐허(廢墟)가 된 은(殷)나라의 도읍터를 지나면서 궁전의 폐허(廢墟)에 보리가 무성하게 자라 팬 것을 보고 한탄하여 「맥수가(麥秀歌)」를 지은 것이다. 참고로, 원문의 '麥秀漸漸兮'에서, '麥'은 보리 '맥'으로 읽고, '秀'는 빼어날 '수', 무성할 '수'로 읽고, '漸'은 점점 '점'으로 읽는다. '漸漸'은 조금씩 더하거나 덜하여지는 모양. '兮'는 어조사 '혜'로 읽는다. '강조'나 '감탄'을 나타낸다. '麥秀漸漸兮'를 직역(直譯)하면, 보리의 무성함이 점점 (더해짐이여!) 여기서, '麥秀之嘆·歎'이 유래하였는데, 이것을 직역(直譯)하면, 빼어난 보리를 (보고) 탄식(歎·嘆息)한다. 즉, 보리가 무성하게 자란 것을 탄식(歎·嘆息)한다는 뜻으로, 옛 도읍지(都邑地. <u>한 나라의 서울로 삼은 곳</u>)가 황폐(荒廢)한 것을 보고 고국(故國)이 멸망(滅亡)한 것을 한탄(恨歎)하거나, 세상이 바뀌어 과거(過去)에 화려했던 곳이 폐허(廢墟)가 된 것을 비유적으로 이르는 말. '禾黍油油兮'에서, '禾'는 벼 '화'로 읽고, '黍'는 기장(<u>볏과의 한해살이풀</u>) '서'로 읽고, '油'는 기름 '유'로 읽는다. '油油'를 직역(直譯)하면, 기름이고 기름이다. 여기서는 '기름지다(음식물 따위에 기름기가 많다. 또는 영양 상태가 좋아서 식물의 잎이나 줄기가 싱싱하고 윤기가 있다)'의 뜻이다. '禾黍油油兮'를 직역(直譯)하면, 벼와 기장은 기름지도다. 즉, 벼와 기장 역시 윤기(潤氣)가 흐르도록 잘 자라고 있다는 말이다. '彼狡童兮'에서, '彼'는 저(지시하는 말) '피'로 읽고, '狡'는 교활할 '교'로 읽고, '童'은 아이 '동'으로 읽는다. '彼狡童兮'를 직역(直譯)하면, 저('주왕·紂王'을 가리킴) 교활한 아이여, '不與我好兮'에서, '不'은 아닐(부정하는 말) '불'로 읽고, '與'는 더불어 '여'로 읽고, '我'는 나(1인칭 대명사) '아'로 읽고, '好'는 좋아할 '호'로 읽는다. '不與我好兮'를 직역(直譯)하면, (주왕이) 더불어 나('기자·箕子'를 가리킴)를 좋아하지 않음이도다. 즉, 주왕(紂王)은 자기의 폭정(暴政)을 말리고 정사(政事)를 잘 돌보라고 충고하는 자기의 숙부(叔父)인 기자(箕子)를 좋아하지 않았고, 그가 한 말을 듣지도 않았던 것이다. 결국 주왕(紂王)은 자기 나라의 도성(都城. 임금이나 황제가 있던 도읍지·都邑地가 성·城으로 이루어져 있었다는 데서, '서울'을 일컫던 말)에 불을 지른 뒤 자살함으로써 은(殷)나라는 망하였다. 그 후 기자(箕子)는 우연히 옛 도성(都城)과 궁궐터를 지나가다가 그것이 폐허(廢墟)가 되어 있는 것을 보았는데, 도성(都城)이 이 꼴로 변한 것은 주왕(紂王)이 나('기자·箕子'를 가리킴)를 좋아하지 않았을 뿐만 아니라 말을 듣지 않았기 때문임을 이 「맥수가(麥秀歌)」의 끝부분에서 강조하고 있는 것이다.

맹귀-부목(盲龜浮木 소경 **맹**/거북 **귀**/뜰 **부**/나무 **목**) 소경인 거북이 (물에) 뜬 나무를 (만났다). 즉, 눈먼 거북이 우연히 물에 떠 있는 나무를 붙잡았다는 뜻으로, 어려운 판에 뜻밖에 좋은 일을 만나 어려움을 면하게 되거나, 어려운 형편에 우연히 행운(幸運. 좋은 운수. 또는 행복한 운수)을 얻게 됨을 이르는 말. =맹귀우목(盲龜遇木). *맹귀(盲龜): 눈먼 거북. *부목(浮木): 물 위에 떠다니는 나무. *소경: 순우리말로, 부록 '맹(盲)' 참고. *거북: 부록 '귀(龜)' 참고.

맹귀-우-목(盲龜遇木 소경 **맹**/거북 **귀**/만날 **우**/나무 **목**) 소경인 거북이 (떠 있는) 나무를 만났다. 즉, 눈먼 거북이 우연히 물에 떠 있는 나무를 붙잡았다는 뜻으로, 어려운 판에 뜻밖에 좋은 일을 만나 어려움을 면하게 되거나, 어려운 형편에 우연히 행운(幸運. 좋은 운수. 또는 행복한 운수)을 얻게 됨을 비유적으로 이르는 말. =맹귀부목(盲龜浮木). *맹귀(盲龜): ☞맹귀부목(盲龜浮木). *소경: 순우리말로, 부록 '맹(盲)' 참고. *거북: 부록 '귀(龜)' 참고.

맹모-단기(孟母斷機 맹자 **맹**/어미 **모**/끊을 **단**/베틀 **기**) 맹자(孟子)의 어머니가 베틀을 끊는다는 뜻으로, 학문(學問)을 중도에 그만 두면 아무 쓸모가 없다는 것을 비유적으로 이르는 말. 참 단기지교(斷機之敎). 단기지계(斷機之戒). *맹모(孟母): 맹자의 어머니를 이르는 말. 아들의 교육을 위하여 세 번이나 이사를 하고, 베틀의 베를 끊어 보여 현모(賢母. 어진 어머니)의 귀감(龜鑑. 본받을 만한 모범. =본보기)으로 불린다. *단기(斷機): =단기지계(斷機之戒). 즉, 학문을 중도에서 그만두면, 짜던 베의 날을 끊는 것처럼 아무 쓸모가 없음을 경계(警戒. 잘못을 저지르지 않도록 미리 타일러 조심하게 함)한 말. *성(姓): 한 줄기의 혈통(血統. 같은 핏줄의 계통)끼리 가지는 칭호. 비 성씨(姓氏). *베틀: 부록 '기(機)' 참고. 이 사자성어의 유래는 다음과 같다. 전한(前漢) 때 유향(劉向)이 지은 『열녀전(烈女傳)』에 〈맹자(孟子)가 나이를 좀 더 먹은 후, 공부를 하다 집에 돌아왔는데, 어머니는 마침 베를 짜고 있었다. "공부는 어느 정도 되었느냐?" "특별히 나아진 게 없습니다." 어머니는 화를 내며, 칼로 베틀을 끊어버리면서 말했다. "공부를 그만 두는 것은 내가 이 베틀을 잘라 버리는 것과 같다." 맹자(孟子)는 두려워서 아침저녁으로 열심히 노력하여 드디어 아성(亞聖. 유학에서, 공자·孔子 다음 가는 성인·聖人이라고 하여 맹자·孟子를 일컫는 말)이 되었다.(及孟子稍長, 就學而歸, 母方織, 問曰, 學何所至矣, 對曰, 自若也. 母慣因以刀斷機, 曰, 子之廢學, 猶吾之斷斯機也, 孟子懼, 旦夕勸學, 遂成亞聖.)〉라는 이야기가 나오는데, '어머니는 화를 내며, 칼로 베틀을 끊어버리면서,(母慣因以刀斷機)'와 '내가 이 베틀을 잘라 버리는 것과 같다.(猶吾之斷 斯機也)'에서, '맹모단기(孟母斷機)'가 유래했다. '맹모단기(孟母斷機)'는 '단기지계(斷機之戒)', '단기지교 (斷機之敎)'라고도 한다. 나머지 구체적인 내용은 ⇨단기지계(斷機之戒).

맹모-삼천(孟母三遷 맹자 **맹**/어미 **모**/석 **삼**/옮길 **천**) 맹자(孟子)의 어머니가 (세 번이나) 옮겼다는 뜻으로, 맹자(孟子)의 어머니가 아들을 가르치기 위하여 세 번이나 이사(移徙)를 하였음을 이르는 말. 어린아이 의 교육에는 환경이 매우 중요하다는 뜻으로 쓰임. =삼천지교(三遷之敎). *맹모(孟母): ☞맹모단기(孟母 斷機). *삼천(三遷): ①세 번 옮김. ②=삼천지교(三遷之敎). 즉, 맹자(孟子)가 어렸을 때 묘지 가까이 살았더니 장사 지내는 흉내를 내기에, 맹자(孟子) 어머니가 집을 시전(市廛. 시장 거리에 있는 가게. 또는 시중의 상점) 근처로 옮겼더니 이번에는 물건 파는 흉내를 내므로, 다시 글방 근처로 옮겨 공부를 시켰다는 것으로, 맹자(孟子)의 어머니가 아들을 가르치기 위하여 세 번이나 이사를 하였음을 이르는 말. *옮기다: 부록 '천(遷)' 참고. 《관련 속담》 개와 친하면 옷에 흙칠(~漆)을 한다. 이 사자성어의 유래는 다음과 같다. 유향(劉向)의 『열녀전(列女傳)』에 〈맹자(孟子)가 어렸을 때 일찍 아버지를 여의자, 어머니 장(仉)씨는 수절(守節. 정절을 지킴)을 했다. 묘지 근처에서 살았는데, 맹자(孟子)는 장사지내는 일이나 (보면서) 앉았다 일어났다 하며 우는 것을 흉내 냈다. 어머니는 "이곳은 아이를 살게 할 곳이 못 되는구 나."라고 말하고 그곳을 떠나 시장 근처 도살장(屠殺場. 행정 당국의 허가 아래, 일정한 시설을 갖추어, 소나 돼지의 가축을 잡는 곳)이 가까운 곳에 집을 정했다. 맹자(孟子)는 장사하는 것과 도살(屠殺. 소나 돼지 따위를 잡아 죽임)하는 일을 흉내 냈다. 어머니는 또 "이곳 역시 아이를 살게 할 곳이 못 되는구나" 라고 말하고, 이어 학교 옆으로 이사를 했다. 매월 초하루가 되면 관원(官員들이 문묘(文廟)에 들어와 예(禮)를 행하고, 무릎을 꿇고 절을 하며 읍(揖)하고 사양(辭讓)하며 나아가고 물러가는 예(禮)를 행했다. 맹자(孟子)는 그것을 보고, 일일이 익히고 기억했다. 맹자의 어머니는 "이곳은 정말 아이를 살게 할 만한 곳이구나."라고 말하고, 드디어 그곳에 살았다.(昔孟子少時, 父早喪, 母仉氏守節, 居住之所近於墓, 孟子學爲喪葬, 躃踊痛哭之事, 母曰, 此非所以居子也, 乃去, 舍市, 近於屠, 孟子學爲買賣屠殺之事, 母又曰, 亦非所以居子也, 繼而遷於學宮之旁, 每月朔望, 官員入文廟, 行禮跪拜, 揖讓進退, 孟子見了, 一一習記, 孟母曰, 此眞可以居子也, 遂居於此.)〉라는 이야기가 나오는데, 위에 밑줄을 그어 표시한 대로(居住之所 近於墓, 舍市, 繼而遷於學宮之旁), 맹자의 어머니가 세 번 이사를 했다는 데서, '맹모삼천(孟母三遷)'이 유래했다. 삼천지교(三遷之敎) 또는 맹모삼천지교(孟母三遷之敎)라고도 한다. 참고로, 원문의 '昔孟子少 時'에서, '昔'은 옛날 '석'으로 읽고, '孟'은 맹자(孟子) '맹'으로 읽고 '子'는 경칭(敬稱. 공경하는 뜻으로 부르는 칭호. 또는 존대하여 일컬음) '자'로 읽는다. 학덕(學德)과 지위가 높은 남자의 경칭(敬稱)이다. '孟子'는 사람 이름. '少'는 젊을 '소'로 읽고, '時'는 때 '시'로 읽는다. '少時'는 젊었을 때. '昔孟子少時'를 직역(直譯)하면, 옛날에 맹자(孟子)가 젊었을(어렸을) 때. '父早喪'에서, '父'는 아버지 '부'로 읽고, '무'는 이를(시간이, 대중이나 기준을 잡은 때보다 앞서거나 빠른) '조', 일찍 '조'로 읽고, '喪'은 죽을 '상'으로 읽는다. '父早喪'을 직역(直譯)하면, 아버지가 일찍 돌아가시고, '母仉氏守節'에서, '母'는 어머니 '모'로 읽고, '仉'은 맹자 어머니 성(姓) '장'으로 읽고, '氏'는 씨(氏. <u>그 사람을 높이거나 대접하여 부르거나</u> <u>이르는 말</u>) '씨'로 읽고, '守'는 지킬 '수'로 읽고, '節'은 절개(節槪·介. <u>옳은 일을 지키어 뜻을 굽히지</u> <u>않는 굳건한 마음이나 태도</u>) '절'로 읽는다. '母仉氏守節'을 직역(直譯)하면, 어머니 장씨(仉氏)는 절개를 지켰다. '居住之所近於墓'에서, '居'는 살 '거'로 읽고, '住'는 살 '주'로 읽는다. '居住'는 '住居'와 같은 말로 일정한 곳에 머물러 삶. '之'는 어조사 '지'로 읽는다. '~이', '~가(<u>주격 조사</u>)'를 나타냄. '所'는 곳 '소', 처소(處所. <u>사람이 기거·起居하거나 임시로 머무는 곳. 또는 어떤 일이 벌어지거나, 어떤 물건이 있는</u> <u>곳</u>) '소'로 읽고, '近'은 가까울 '근'으로 읽고, '於'는 어조사 '어'로 읽는다. '~에서(장소)'의 뜻을 나타냄. '墓'는 무덤 '묘'로 읽는다. '居住之所近於墓'를 직역(直譯)하면, 거주(居住)하는 곳이 무덤에서 가까웠는 데, '孟子學爲喪葬'에서, '學'은 배울 '학'으로 읽고, '爲'는 할 '위'로 읽고, '喪'은 잃을 '상', 죽을 '상'으로 읽고, '葬'은 장사지낼 '장'으로 읽는다. '喪葬'은 장사(葬事. <u>죽은 사람을 땅에 묻거나 화장하는 일</u>) 지내 는 일. '孟子學爲喪葬'을 직역(直譯)하면, 맹자(孟子)는 죽은 사람을 장사지내는 (일을) 하는 (것을) 배우 고, '躄踊痛哭之事'에서, '躄'은 앉은뱅이(<u>서거나 걷지 못하는 사람을 낮잡아 이르는 말</u>) '벽'으로 읽고, '踊'은 뛸 '용', 뛰어오를 '용'으로 읽고, '痛'은 슬플 '통', 슬퍼할 '통'으로 읽고, '哭'은 울 '곡'으로 읽는다. '痛哭'은 소리를 높여 슬피 욺. '之'는 어조사 '지'로 읽는다. '~의'를 나타내는 관형격 조사. '事'는 일 '사'로 읽는다. '躄踊痛哭之事'를 직역(直譯)하면, (앉은뱅이처럼) 앉았다가 뛰면서 통곡하는 일을 (하였 다). '此非所以居子也'에서, '此'는 이(<u>지시하는 말</u>) '차'로 읽고, '非'는 아닐(<u>부정하는 말</u>) '비'로 읽는다. '此非所'를 직역(直譯)하면, 이곳은 처소(處所. <u>사람이 기거·起居하거나 임시로 머무는 곳. 또는 어떤</u> <u>일이 벌어지거나, 어떤 물건이 있는 곳</u>)가 아님. '以'는 써(<u>그것을 가지고, 그것으로 인하여</u>) '이'로 읽고, '子'는 아들 '자'로 읽는다. '居子'를 직역(直譯)하면, 아들이 삶. 또는 아들이 거주함. '也'는 어조사 '야'로 읽는다. '~이구나(<u>영탄</u>)'의 뜻을 나타냄. '此非所以居子也'를 직역(直譯)하면, 이곳은 그것으로 인하여 아들이 살 처소(處所)가 아니구나. '乃去'에서, '乃'는 이에(<u>이러하여서 곧</u>) '내'로 읽고, '去'는 갈 '거'로 읽는다. '乃去'를 직역(直譯)하면, 이에 (다른 곳으로 이사를) 갔다. '舍市'에서, '舍'는 집 '사'로 읽고, '市'는 저자(<u>물건을 파는 시장을 예스럽게 이르는 말</u>) '시'로 읽는다. '舍市'를 직역(直譯)하면, 시장 (근처 에 있는) 집(이었는데), '近於屠'에서, '近'은 가까울 '근'으로 읽고, '屠'는 죽일 '도'로 읽는다. '近於屠'를 직역(直譯)하면, 죽이는 (곳에) 가까웠다. '孟子學爲買賣屠殺之事'에서, '買'는 팔 '매'로 읽고, '賣'는 살 '매'로 읽는다. '買賣'는 물건을 팔고 사는 일. '屠'는 죽일 '도'로 읽고, '殺'은 죽일 '살'로 읽는다. '屠殺'은 사람이나 짐승을 함부로 참혹하게 마구 죽임. '事'는 일 '사'로 읽는다. '孟子學爲買賣屠殺之事'를 직역(直 譯)하면, 맹자(孟子)는 물건을 팔고 사는 일과 짐승을 함부로 참혹하게 마구 죽이는 일을 하는 (것을) 배웠다. '母又曰'에서, '又'는 또 '우', 또한 '우'로 읽는다. '母又曰'을 직역(直譯)하면, 어머니는 또 말하기 를, '亦非所以居子也'에서, '亦'은 또 '역'. 또한 '역'으로 읽는다. '亦非所以居子也'를 직역(直譯)하면, 또 그것으로 인하여 아들이 살 처소가 아니구나. '繼而遷於學宮之旁'에서, '繼'는 이을 '계'로 읽고, '而'는 말 이을 '이'로 읽는다. '그리고'의 뜻을 나타냄. '遷'은 옮길 '천'으로 읽고, '宮'은 집 '궁', 학교(學校) '궁'으로 읽는다. '學宮'은 우리나라의 성균관(成均館. <u>조선 시대에, 유학의 교육을 맡아보던 관아</u>)과 같은 교육기관. '旁'은 곁 '방'으로 읽는다. '방(傍)'과 같은 글자. '繼而遷於學宮之旁'을 직역(直譯)하면, 그리고 이어 학궁(學宮)의 곁으로 옮겼다. 여기서, '孟母三遷'이 유래하였는데, 이것을 직역(直譯)하면, 맹자(孟

子)의 어머니가 (세 번이나) 옮겼다는 뜻으로, 맹자(孟子)의 어머니가 아들을 가르치기 위하여 세 번이나 이사(移徙)를 하였음을 이르는 말. 어린아이의 교육에는 환경이 매우 중요하다는 뜻으로 쓰임. 또 여기서, '三遷之敎'가 유래하였는데, 이것을 직역(直譯)하면, 세 (번이나) 옮긴(이사한) 가르침, 즉, 맹자(孟子)의 어머니가 자식을 위해 세 번이나 이사하면서 가르쳤다는 뜻으로, 어머니가 자식을 훌륭하게 가르치기 위해 노력하는 것을 비유(比·譬喻. 어떤 사물의 모양이나 상태 따위를 보다 효과적으로 표현하기 위하여 그것과 비슷한 다른 사물에 빗대어 표현함. 또는 그 표현 방법)하거나, 어린아이의 교육이나 인간의 성장에서 환경(環境)이 매우 중요하다는 것을 가리키는 말. '每月朔望'에서, '每'는 매양(每樣. 언제나 늘) '매', '月'은 달 '월'로 읽는다. '每月'은 그 달 그 달. '朔'은 초하루 '삭'으로 읽고, '望'은 보름 '망'으로 읽는다. '朔望'은 초하룻날[朔]과 보름날[望]을 아울러 이르는 말. '每月朔望'을 직역(直譯)하면, 그 달 그 달 초하루와 보름에는, '官員入文廟'에서, '官'은 벼슬 관으로 읽고, '員'은 인원(人員. 단체를 이루고 있는 사람들. 또는 그 수효) '원'으로 읽는다. '官員'은 '벼슬아치'와 같은 말로, 관청에 나가서 나랏일을 맡아보는 사람. '入'은 들 '입'으로 읽고, '文'은 글월 '문'으로 읽고, '廟'는 사당(祠堂. 조상의 신주를 모신 곳) '묘'로 읽는다. '文廟'는 중국 춘추시대의 사상가이며 학자인 공자(孔子)를 모신 사당(祠堂). '官員入文廟'를 직역(直譯)하면, 관원(官員)이 공자(孔子)를 모신 사당(祠堂)에 들어가, '行禮跪拜'에서, '行'은 행할 '행'으로 읽고, '禮'는 예절 '례(예)'로 읽고, '跪'는 무릎 꿇을 '궤'로 읽고, '拜'는 절 '배', 절할 '배'로 읽는다. '行禮跪拜'를 직역(直譯)하면, 예절을 행하고 무릎 꿇어 절을 하다가, '揖讓進退'에서, '揖'은 읍(揖)할 '읍'으로 읽는다. 두 손을 맞잡아 얼굴 앞으로 들고, 허리를 앞으로 굽혔다가 몸을 펴면서 손을 내리는 인사. '讓'은 사양(辭讓. 겸손하여 받지 아니하거나 응하지 아니함. 또는 남에게 양보함)할 '양'으로 읽고, '進'은 나아갈 '진'으로 읽고, '退'는 물러날 '퇴'로 읽는다. '進退'는 앞으로 나아가고 뒤로 물러남. '揖讓進退'를 직역(直譯)하면, 읍(揖)하고 사양(辭讓)하며 앞으로 나아가고 뒤로 물러났다. '孟子見了'에서, '見'은 볼 '견'으로 읽고, '了'는 어조사 '료(요)'로 읽는다. 단정(斷定)이나 과거(過去)를 나타냄. '孟子見了'를 직역(直譯)하면, 맹자(孟子)는 (그것을) 보고. '一一習記'에서, '一'은 한 '일'로 읽는다. '一一'은 하나씩 하나씩. '習'은 익힐 '습'으로 읽고, '記'는 기억할 '기', 욀 '기'로 읽는다. '一一習記'를 직역(直譯)하면, 하나씩 하나씩 익히고 기억하였다. '孟母曰'에서, '孟母曰'을 직역(直譯)하면, 맹자(孟子)의 어머니가 말하기를, '此眞可以居子也'에서, '眞'은 참으로 '진', 정말로 '진'으로 읽고, '可'는 가히(可~. '능히', '넉넉히'의 뜻을 나타냄) '가'로 읽는다. '此眞可以居子也'를 직역(直譯)하면, 이곳이 참으로 가히 그것으로 인하여 아들이 살만하다. '遂居於此'에서, '遂'는 드디어 '수', 마침내 '수'로 읽고, '居'는 살 '거'로 읽고, '於'는 어조사 '어'로 읽는다. '~에', '~에서(장소)'를 나타냄. '此'는 이(지시하는 말) '차'로 읽는다. '遂居於此'를 직역(直譯)하면, 드디어 이곳에서 살았다.

맹-산-서-해(盟山誓海 맹세할 맹/뫼 산/맹세할 서/바다 해) 뫼('산'의 옛말)에 맹세하고 바다에 맹세한다. 즉, 영구히 존재하는 산(山)과 바다에 맹세한다는 뜻으로, 매우 굳게 맹세함을 비유적으로 이르는 말. =해서산맹(海誓山盟). *맹세하다: 부록 '맹(盟)', '서(誓)' 참고.

맹-완-단청(盲玩丹靑 소경 맹/놀 완/붉을 단/푸를 청) 소경이 (보이지 않는 눈으로) 붉고 푸른 것. 즉, 단청(丹靑)을 (구경하면서) 논다는 뜻으로, ①보이지 않는 눈으로 단청(丹靑)을 구경해 봐도 아무런 소득이나 분별이 있을 수 없듯이, 사물(事物)을 보아도 사리(事理. 일의 이치)를 잘 분별하지 못함을 비유적으로 이르는 말. ②아무리 보아도 그 진미(眞味. 본래의 맛. 또는 참된 맛)를 알아볼 능력이 없는 경우를 비유적으로 이르는 말. 圓 맹자단청(盲者丹靑). *단청(丹靑): (궁궐, 사찰, 정자 따위) 전통 양식의 건축물에 여러 가지 빛깔로 그림이나 무늬를 그리는 일. 또는 그 그림이나 무늬. *소경: 순우리말로, 부록 '맹(盲)' 참고. 《관련 속담》 소경(봉사, 장님) 단청 구경.

맹인-직-문(盲人直門 소경 맹/사람 인/바를 직/문 문) 소경인 사람이 문(門)을 바르게 (들어간다)는 뜻으로, 어리석은 사람이 어쩌다 이치(理致)에 들어맞는 일을 했음을 비유적으로 이르는 말. =맹자정문(盲者正門). 맹자직문(盲者直門). *맹인(盲人): 눈이 먼 사람. =소경. 장님. *'직-문'은 『국어사전(國語辭典)』에 등재(登載)된, '직제자(直弟子). 즉, 문하(門下. 여기서는 문하생·門下生이 드나드는 권세·權勢 있는 집)에서 직접 배운 제자'인 '직문(直門)'의 뜻과는 별개다. *소경: 순우리말로, 부록 '맹(盲)' 참고.

맹인-할-마(盲人瞎馬 소경 맹/사람 인/애꾸눈 할/말 마) 소경인 사람이 애꾸눈이('한쪽 눈이 먼 사람'을 낮추어 이르는 말)의 말을 (탄다는) 뜻으로, 대단히 위험한 행동을 비유적으로 이르는 말. *맹인(盲人): ☞맹인직문(盲人直門). *소경: 순우리말로, 부록 '맹(盲)' 참고. *애꾸눈: 부록 '할(瞎)' 참고. 이 사자성어의 유래는 다음과 같다. 『진서(晉書)』의 「환현전(桓玄傳)」 편(篇)에 〈다시 무서운 (사람을 두렵게 만드는) 이야기를 시작했다. 환현(桓玄)이 말했다. "창끝으로 쌀을 일어 칼끝에 올려놓고 불 때기." 은중감(殷仲堪. 진·晉나라 사람)이 말했다. "백 살 된 노인이 마른 나뭇가지 기어오르기." 참군(參軍. 관직 이름) 하나가 입을 열었다. "장님이 눈먼 말을 타고 깊은 연못가에 이르기죠." 당시(當時. 일이 있었던 바로 그때. 또는 이야기하고 있는 그 시기) 은중감(殷仲堪)은 한쪽 눈이 보이지 않았는데, 놀라서 말했다. "이 친구는 사람을 무안하게 만드는구먼." 이렇게 해서 자리는 파(罷)하고 말았다.(復作危語. 玄曰, 矛頭淅米劍頭炊. 仲堪曰, 百歲老翁攀枯枝. 有一參軍云, **盲人騎瞎馬臨深池**, 仲堪眇目, 驚曰, 此太逼人, 因罷.)〉라는 이야기가 나오는데, '장님이 눈먼 말을 타고 깊은 연못가에 이르기죠.(盲人騎瞎馬臨深池)'에서, '맹인할마(盲人瞎馬)'가 유래했다. 이 이야기의 배경은 이렇다. 동진(東晉)의 화가 고개지(顧愷之)는 그림을 잘 그렸을 뿐만 아니라, 박학다재(博學多才. 본문 참고)한 문장가(文章家)에다 대사마참군(大司馬參軍. 벼슬 이름)을 지낸 장군(將軍)이기도 하다. 그는 성품도 소탈하고 우스갯소리를 좋아하여 환현(桓玄), 은중감(殷仲堪) 따위와 자주 어울리면서 곧잘 우스갯소리를 주고받았다. 위의 이야기는, 환현(桓玄)과 은중감(殷仲堪)이 모여 한담(閑談. 심심풀이로 이야기를 주고받음. 또는 그 이야기)을 하다가, 사람을 두렵게 만드는 이야기를 하기로 하고 대화한 내용이다. 여기서, 환현(桓玄)이 말한, "창끝으로 쌀을 일어 칼끝에 올려놓고 불 때기."는 전쟁(戰爭)의 한복판에서 밥을 끓이는 행위를 비유한 것이다. 살면서 전쟁만큼 사람을 위험하게 만들고 두렵게 하는 것은 없다는 것이다. 은중감(殷仲堪)이 말한, "백 살 된 노인이 마른 나뭇가지 기어오르기."는 행동거지가 둔감(鈍感. 감각이 무딤. 또는 무딘 감각)하고 불편한 노인이 마른 나뭇가지에 오르는 것은, 위험한 지경에 빠지는 행위라는 말이다. 그때 곁에 있던 참군(參軍) 하나가 불쑥 끼어들어 말한, "장님이 눈먼 말을 타고 깊은 연못가에 이르기죠."라는 말은, 갈 길을 통제할 수 없는 소경이, 그것도 한쪽 눈으로만 보는 말을 타고, 컴컴한 밤에 연못가를 간다는 것은, 그야말로 가장 두렵고 위험천만한 일이라는 것이다. 그런데 실상은 마침 눈을 다쳐 한쪽 눈으로만 사물을 보고 있는 은중감(殷仲堪)을 '맹인할마(盲人瞎馬)'를 예로 들어 풍자(諷刺. 문학 작품 따위에서, 현실의 부정적 현상이나 모순 따위를 빗대어 비웃으면서 비판함)한 것이었다. 이렇게 '맹인할마(盲人瞎馬)'는 풍자(諷

刺)에서 시작되었지만, 오늘날에는 아주 위험한 일이나 행동을 가리키는 말로 쓰이게 되었다. 사회 지도자나 위정자(爲政者. <u>정치를 하는 사람</u>)가 공정(公正. <u>공평하고 올바름</u>)과 상식(常識. <u>보통 사람으로서 으레 가지고 있을, 일반적인 지식이나 판단력</u>)을 벗어나 잘못된 방향으로 나아가고 있다면, 이것을 지켜보는 백성들은, '맹인할마(盲人瞎馬)'의 마음이나 다름이 없을 것이다. 참고로, 원문의 '復作危語'에서, '復'는 다시 '부'로 읽고, '作'은 지을(<u>꾸며서 만들</u>) '작'으로 읽고, '危'는 위태할 '위'로 읽고, '語'는 말씀 '어'로 읽는다. '危語'는 사람을 놀라게 하는, 과격하고 무서운 말. '復作危語'를 직역(直譯)하면, 다시 위태로운 말을 지었다. 즉, 재치 있는 말 짓기를 하기로 했는데, 다시 위태로운 말 짓기 놀이를 하였다는 말이다. '玄曰'에서, '玄'은 검을 '현'으로 읽는다. 여기서는 '환현(桓玄)'을 가리킴. '玄曰'을 직역(直譯)하면, 환현(桓玄)이 말하기를, '矛頭淅米劍頭炊'에서, '矛'는 창(槍) '모'로 읽고, '頭'는 머리 '두'로 읽고, '淅'은 일(<u>곡식·穀食이나 사금·沙·砂金 따위를 그릇에 담아 물을 붓고 이리저리 흔들어서 쓸 것과 못 쓸 것을 가려낼</u>) '석'으로 읽고, '米'는 쌀 '미'로 읽고, '劍'은 칼 '검'으로 읽고, '炊'는 불 땔 '취'로 읽는다. '矛頭淅米劍頭炊'을 직역(直譯)하면, 창(槍)의 머리(<u>끝부분</u>)로 쌀을 일고, 칼의 머리(<u>끝부분</u>)로 불을 땐다. 이 말은 전쟁터의 위태로운 상황을 표현한 것인데, 위태로운 말 짓기 놀이의 한 가지 예(例)다. '仲堪曰'에서, '仲'은 버금(<u>으뜸의 바로 아래, 또는 그런 지위에 있는 사람이나 물건</u>) '중'으로 읽고, '堪'은 견딜 '감'으로 읽는다. 여기서 '仲堪'은 사람 이름. '은중감(殷仲堪)'을 가리킴. '仲堪曰'을 직역(直譯)하면, 은중감(殷仲堪)이 말하기를, '百歲老翁攀枯枝'에서, '百'은 일백 '백'으로 읽고, '歲'는 나이 '세'로 읽고, '老'는 늙을 '로(노)'로 읽고, '翁'은 늙은이 '옹'으로 읽는다. '老翁'은 늙은 남자. '攀'은 더위잡을(<u>높은 곳에 오르려고 무엇을 끌어 잡을</u>) '반', 붙잡고 오를 '반'으로 읽고, '枯'는 마를 '고'로 읽고, '枝'는 가지 '지'로 읽는다. '枯枝'는 말라 죽은 나뭇가지. '百歲老翁攀枯枝'를 직역(直譯)하면, 100세의 늙은 남자는 말라 죽은 나뭇가지를 붙잡고 오른다. 즉, 이 말도 위태로운 말 짓기 놀이의 한 가지 예(例)다. '有一參軍云'에서, '有'는, 여기서는 어느 '유'로 읽고, '一'은 한 '일'로 읽고, '參'은 참여할 '참'으로 읽고, '軍'은 군사(軍士) '군', 병사(兵士) '군'으로 읽는다. '參軍'은 관직(官職. <u>관리로서, 국가로부터 위임 받은 일정한 범위의 직무, 또는 그 직위</u>)의 이름. '云'은 이를 '운', 말할 '운'으로 읽는다. '有一參軍云'을 직역(直譯)하면, 어느 한 참군(參軍)이 말하기를, '盲人騎瞎馬臨深池'에서, '盲'은 소경 '맹'으로 읽고, '人'은 사람 '인'으로 읽고, '騎'는 말 탈 '기'로 읽고, '瞎'은 애꾸눈 '할'로 읽고, '馬'는 말 '마'로 읽고, '臨'은 임할 '림(임)', 다다를 '림(임)'으로 읽고, '深'은 깊을 '심'으로 읽고, '池'는 못(<u>물을 모아 둔 곳</u>) '지'로 읽는다. '盲人騎瞎馬臨深池'를 직역(直譯)하면, 맹인(盲人)이 애꾸눈의 말을 타고 깊은 못에 다다름. 즉, 이 말도 위태로운 말 짓기 놀이의 한 가지 예(例)다. 여기서, '盲人瞎馬'가 유래하였는데, 이것을 직역(直譯)하면, 소경인 사람이 애꾸눈이(<u>'한쪽 눈이 먼 사람'을 낮추어 이르는 말</u>)의 말을 (탄다는) 뜻으로, 대단히 위험한 행동을 비유적으로 이르는 말. '仲堪眇目'에서, '仲'은 버금(<u>으뜸의 바로 아래, 또는 그런 지위에 있는 사람이나 물건</u>) '중'으로 읽고, '堪'은 견딜 '감'으로 읽는다. 여기서 '仲堪'은 사람 이름. '은중감(殷仲堪)'을 가리킴. '眇'는 애꾸눈 '묘'라고 읽고, '目'은 눈 '목'으로 읽는다. '眇目'은 '애꾸눈이(<u>한쪽 눈이 먼 사람을 낮잡아 이르는 말</u>)'와 같은 말. '仲堪眇目'을 직역(直譯)하면, 은중감(殷仲堪)은 (그때) 애꾸눈이 (된 것을 알고), '驚曰'에서, '驚'은 놀랄 '경'으로 읽는다. '驚曰'을 직역(直譯)하면, 놀라서 말하기를, '此太逼人'에서, '此'는 이(<u>지시하는 말</u>) '차'로 읽고, '太'는 클 '태', 심할 '태'로 읽고, '逼'은 핍박(逼迫. <u>바싹 죄어서 몹시 괴롭게</u>

구는 것)할 '핍'으로 읽고, '人'은 사람 '인'으로 읽는다. '此太逼人'을 직역(直譯)하면, 이(사람)는 심하게 사람을 핍박하게 만드는구면. 즉, 위험한 인물임을 느꼈다는 뜻이다. '因罷'에서, '因'은 인할(因~. 어떤 사실로 말미암을) '인'으로 읽고, '罷'는 파할(罷~. 어떤 일을 마치거나 그만 둘) '파', 마칠 '파'로 읽는다. '因罷'를 직역(直譯)하면, (그것으로) 인하여 (말짓기 놀이를) 파(罷)했다.

맹자-단청(盲者丹靑 소경 맹/사람 자/붉을 단/푸를 청) 소경인 사람의 단청(丹靑) (구경이라는) 뜻으로, 사물을 바로 감정(鑑定. 사물의 값어치, 좋고 나쁨, 진짜와 가짜 따위를 살펴서 판정함)할 능력이 없이 보는 경우를 비유적으로 이르는 말. 즉, 보아도 이해하지 못할 사물을 보는 것을 비유적으로 이르는 말. 뷔 맹완단청(盲玩丹靑). *맹자(盲者): 눈먼 사람. *단청(丹靑): ☞맹완단청(盲玩丹靑). *소경: 순우리 말로, 부록 '맹(盲)' 참고. 《관련 속담》 소경(봉사. 장님) 단청 구경.

맹자-실-장(盲者失杖 소경 맹/사람 자/잃을 실/지팡이 장) 소경인 사람이 지팡이를 잃는다는 뜻으로, 의지 하는 사람이나 물건을 잃음을 비유적으로 이르는 말. *맹자(盲者): ☞맹자단청(盲者丹靑). *소경: 순우 리말로, 부록 '맹(盲)' 참고. *지팡이: 부록 '장(杖)' 참고.

맹자-정문(盲者正門 소경 맹/사람 자/바를 정/문 문) 소경인 사람이 문(門)으로 바르게 (들어간다는) 뜻으 로, 우매(愚昧. 어리석고 사리에 어두움)하거나 어리석은 사람이 어쩌다 이치(理致)에 들어맞는 일을 했음을 비유적으로 이르는 말. =맹인직문(盲人直門). 맹자직문(盲者直門). *맹자(盲者): ☞맹자단청(盲 者丹靑). *정문(正門): ①건물의 정면에 있는 문. ↔후문(後門). ②삼문(三門)의 가운데 문. *소경: 순우 리말로, 부록 '맹(盲)' 참고. 《관련 속담》 장님 문고리 잡기. / 장님 코끼리 만지기.

맹자-직문(盲者直門 소경 맹/사람 자/바를 직/문 문) 소경인 사람이 문(門)으로 바르게 (들어간다는) 뜻으 로, 어리석은 사람이 어쩌다 이치(理致)에 들어맞는 일을 했음을 비유적으로 이르는 말. =맹인직문(盲人 直門). 맹자정문(盲者正門). *맹자(盲者): ☞맹자단청(盲者丹靑). *'직-문'은 『국어사전(國語辭典)』에 등 재(登載)된, '직제자(直弟子). 즉, 문하(門下. 여기서는 문하생·門下生이 드나드는 권세·權勢 있는 집)에서 직접 배운 제자'인 '직문(直門)'의 뜻과는 별개다. *소경: 순우리말로, 부록 '맹(盲)' 참고.

맹-중-숙계(盟仲叔季 맏 맹/버금 중/셋째 아우 숙/막내 계) '盟'은 맏이(첫째), '仲'은 버금(둘째), '叔'은 셋째, '季'는 막내라는 뜻으로, 사형제(四兄弟)의 차례(次例)를 이르는 말. 그런데 여기서 '盟', '仲', '季'는 계절의 시기(時期)를 의미하기도 한다. '맹춘(孟春)'은 초봄, '중하(仲夏)'는 한여름, 중추(仲秋)는 음력 8월 한가운데, 계동(季冬)은 늦겨울을 각각 의미하는 말들이다. *숙계(叔季): 네 형제 중 셋째와 넷째를 이르는 말. 또는 끝의 형제(兄弟). 막내 동생. *맏: '맏이(형제자매·兄弟姉妹 가운데서 맨 먼저 태어난 사람)'를 뜻하는 접두사.

맹풍-열-우(猛風烈雨 사나울 맹/바람 풍/매울 열/비 우) 사나운 바람과 매운 비[雨]라는 뜻으로, 몹시 세차 게 몰아치는 비바람을 이르는 말. *맹풍(猛風): 몹시 세찬 바람. *사납다: 부록 '맹(猛)' 참고. *맵다: 부록 '열(烈)' 참고.

맹호-복-초(猛虎伏草 사나울 맹/범 호/엎드릴 복/풀 초) 사나운 범(호랑이)이 풀(풀숲)에 엎드려(숨어) (있 다는) 뜻으로, 영웅이 때를 기다려 한때 숨어 지냄. 즉, 영웅(英雄)은 일시적으로 숨어 있어도, 때가 되면 세상(世上)에 드러나게 마련임을 비유적으로 이르는 말. *맹호(猛虎): 몹시 사나운 범. *사납다: 부록 '맹(猛)' 참고.

맹호-위-서(猛虎爲鼠 사나울 **맹**/범 **호**/될 **위**/쥐 **서**) 사나운 범(호랑이)도 (위엄을 잃으면) 쥐가 된다. 즉, 범(호랑이)도 위엄(威嚴. 의젓하고 엄숙함. 또는 그러한 태도나 기세)을 잃게 되면 쥐와 같다는 뜻으로, 군주(君主. 세습적으로 나라를 다스리는 최고 지위에 있는 사람)도 권위(權威. 절대적인 것으로 남을 복종시키는 힘)를 잃게 되면 신하(臣下)에게 제압(制壓. 세력이나 기세를 제어하여 억누름)을 당함을 비유적으로 이르는 말. *맹호(猛虎): ☞맹호복초(猛虎伏草). *사납다: 부록 ‘맹(猛)’ 참고.

맹호-출림(猛虎出林 사나울 **맹**/범 **호**/날 **출**/수풀 **림**) 사나운 범(호랑이)이 수풀(숲) (밖으로) 나온다는 뜻으로, 평안도(平安道) 사람의 용맹(勇猛)하고 성급(性急)한 성격을 평하여 이르는 말. 웹 석전경우(石田耕牛). 암하고불(巖·岩下古佛). *맹호(猛虎): ☞맹호복초(猛虎伏草). *출림(出林): 숲속에서 남. *사납다: 부록 ‘맹(猛)’ 참고. *나다: 부록 ‘출(出)’ 참고.

면관-돈수(免冠頓首 벗을 **면**/갓 **관**/조아릴 **돈**/머리 **수**) 갓[冠]을 벗고 머리를 조아린다는 뜻으로, 관(冠)을 벗고 머리나 이마가 땅에 닿도록 절을 함을 이르는 말. *면관(免冠): 용서를 빌기 위하여, 쓰고 있던 관(冠)이나 갓을 벗음. *돈수(頓首): ①(남을 공경하는 태도로) 머리를 땅에 닿도록 숙이고 절함. ②’경의(敬意. 존경하는 뜻)를 표함’의 뜻으로, 편지 끝에 쓰는 말. *조아리다: 부록 ‘돈(頓)’ 참고.

면관-징계(免官懲戒 벗을 **면**/벼슬 **관**/징계할 **징**/경계할 **계**) 벼슬을 벗기고 경계(警戒)하고 징계(懲戒)한다는 뜻으로, 관리(官吏)로서의 신분(身分)을 박탈(剝奪. 남의 재물이나 권리, 자격 따위를 빼앗음)하고 징계(懲戒)함. 또는 그런 처분(處分. 일정한 대상을 어떻게 처리할 것인가에 대하여 지시하거나 결정함. 또는 그런 지시나 결정)을 이르는 말. *면관(免官): 관리의 직책에서 물러나게 함. *징계(懲戒): 허물을 뉘우치도록 주의를 주고 나무람. 또는 부정이나 부당한 행위를 되풀이하지 못하도록 제재를 가함. *경계하다(警戒~): 부록 ‘계(戒)’ 참고.

면목-부지(面目不知 얼굴 **면**/눈 **목**/못할 **부**/알 **지**) 얼굴과 눈을 알지 못한다는 뜻으로, 서로 얼굴을 전혀 모름을 이르는 말. *면목(面目): ①얼굴의 생김새. ②=낯. 즉, 남을 대할 만한 체면(體面. 남을 대하기에 떳떳한 도리나 얼굴). *부지(不知): 알지 못함.

면목-일신(面目一新 얼굴 **면**/눈 **목**/한 **일**/새로울 **신**) 얼굴과 눈이 하나로 새롭다. 즉, 얼굴이 아주 새로워졌다는 뜻으로, 세상에 대한 체면(體面. 남을 대하기에 떳떳한 도리나 얼굴)이나 명예(名譽. 사람 또는 단체의 사회적 평가나 가치), 사물의 모양, 일의 상태가 완전히 새롭게 됨을 이르는 말. *면목(面目): ☞면목부지(面目不知). *일신(一新): 아주 새로워짐. 또는 새롭게 함.

면-무-인-색(面無人色 얼굴 **면**/없을 **무**/사람 **인**/빛 **색**) 얼굴에 사람의 빛이 없다는 뜻으로, 몹시 놀라거나 무서움에 질려, 얼굴에 핏기가 없음을 이르는 말. 囲 면여토색(面如土色).

면벽-구-년(面壁九年 대할 **면**/바람벽 **벽**/아홉 **구**/해 **년**) 아홉 해[年] (동안) 바람벽(~壁)을 대(對)하였다는 뜻으로, 달마(達磨. 중국 남북조 시대의 양·梁나라 승려. 중국 선종·禪宗의 시조·始祖)가 중국 쑹산(嵩山)의 소림사(少林寺)에서 9년 동안 벽을 보고 좌선(坐禪)하여 도를 깨달은 일을 이르는 말. =구년면벽(九年面壁). 여기서, ‘좌선(坐禪)하다’는 불교에서, 가부좌(跏趺坐. ‘결가부좌·結跏趺坐’의 준말. 불가·佛家의 앉는 법의 한 가지. 먼저 오른발의 발바닥을 위로 하여 왼편 넓적다리 위에 얹고, 왼발을 오른편 넓적다리 위에 얹는 앉음새)를 하고 조용히 앉아서 선정(禪定. 불교에서 세속의 정을 끊고 마음을 가라앉혀 삼매경·三昧境에 이르는 일)으로 들어가다. 또는 그렇게 수행하다. 즉, 속세(俗世. 세속의 사람들이 사는 일반의 사회)의 인정을 끊고 마음을 가라앉혀 삼매경(三昧境. 불교에서, 잡념을 버리고 한 가지 일에만 정신을 집중하는 일)에 이른다는 뜻이다. *면벽(面壁): 벽을 마주 대하고 좌선함. 또는 그런 일. *대하다(對~): ①마주 보다. ②어떤 태도로 상대하다. *바람벽(~壁): 건물의 둘레나 칸살 사이를 막은 부분. =벽(壁).

면벽-참선(面壁參禪 대할 **면**/바람벽 **벽**/참여할 **참**/좌선할 **선**) 바람벽(~壁)을 대(對)하여 좌선(坐禪)에 참여(參與)한다는 뜻으로, 벽을 향(向)하고 앉아 참선(參禪) 수행을 함, 또는 그런 일을 이르는 말. *면벽(面壁): ☞면벽구년(面壁九年). *참선(參禪): 좌선(坐禪)하여 불도를 닦는 일. *대하다(對~): ☞면벽구년(面壁九年). *바람벽(~壁): ☞면벽구년(面壁九年). *좌선하다(坐禪~): 불교에서, 가부좌(跏趺坐. '결가부좌·結跏趺坐'의 준말. 불가·佛家의 앉는 법의 한 가지. 먼저 오른발의 발바닥을 위로 하여 왼편 넓적다리 위에 얹고, 왼발을 오른편 넓적다리 위에 얹는 앉음새)를 하고 조용히 앉아서 선정(禪定. 불교에서 세속의 정을 끊고 마음을 가라앉혀 삼매경·三昧境에 이르는 일)으로 들어가다. 또는 그렇게 수행하다. 즉, 속세(俗世. 세속의 사람들이 사는 일반의 사회)의 인정(人情. 남을 생각하고 도와주는 따뜻한 마음씨)을 끊고 마음을 가라앉혀 삼매경(三昧境. 불교에서, 잡념을 버리고 한 가지 일에만 정신을 집중하는 일)에 이른다는 뜻이다.

면상-육갑(面上六甲 얼굴 **면**/위 **상**/여섯 **육**/첫째 **갑**) 얼굴 위[上]를 (보고) 육갑(六甲)을 (짐작한다는) 뜻으로, 얼굴만 보고 그 사람의 나이를 짐작함을 이르는 말. *면상(面上): 얼굴. 또는 얼굴의 바닥. *육갑(六甲): ①=육십갑자(六十甲子). 즉, 천간(天干)의 갑(甲), 을(乙), 병(丙), 정(丁), 무(戊), 기(己), 경(庚), 신(辛), 임(壬), 계(癸)에, 지지(地支)의 자(子), 축(丑), 인(寅), 묘(卯), 진(辰), 사(巳), 오(午), 미(未), 신(申), 유(酉), 술(戌), 해(亥)를 순차로 배합하여 예순 가지로 늘어놓은 것. ②남의 언행을 얕잡아 이르는 말.

면색-여토(面色如土 얼굴 **면**/빛 **색**/같을 **여**/흙 **토**) 얼굴빛이 흙과 같다는 뜻으로, 몹시 놀라거나 겁에 질려 안색(顏色)이 흙빛과 같음을 이르는 말. =면여토색(面如土色). 圓 면무인색(面無人色). *면색(面色): =얼굴빛. 안색(顏色). 즉, 얼굴에 나타난 기색(氣色. 마음의 작용으로 얼굴에 드러나는 빛). *여토(如土): ①흙빛과 같음. ②값이 헐함.

면-서-병-동(麪·麵西餠東 국수 **면**/서녘 **서**/떡 **병**/동녘 **동**) 국수는 서쪽, 떡은 동쪽이라는 뜻으로, 제사(祭祀) 지낼 때 제사(祭祀) 음식을 차려놓는 방식(方式)의 하나를 이르는 말. 국수 종류는 제상(祭床. 제사 때 제물을 벌여 놓는 상)의 서쪽에, 떡 종류는 동쪽에 놓는다.

면-여-토색(面如土色 얼굴 **면**/같을 **여**/흙 **토**/빛 **색**) 얼굴이 흙빛과 같다는 뜻으로, 몹시 놀라거나 겁에 질려 안색(顏色. 얼굴에 나타난 기색·氣色)이 흙빛과 같음을 이르는 말. =면색여토(面色如土). 圓 면무인색(面無人色). *토색(土色): 흙빛. 즉, 흙의 빛깔.

면-장-우피(面張牛皮 얼굴 **면**/과장할 **장**/소 **우**/가죽 **피**) 얼굴에 소의 가죽으로 과장(誇張)하다. 즉, 얼굴에 쇠가죽을 발랐다는 뜻으로, 몹시 뻔뻔스러움을 비유적으로 이르는 말. 또는 낯가죽이 쇠가죽같이 두껍다는 뜻으로, 몹시 뻔뻔스러운 사람을 두고 이르는 말. *우피(牛皮): =쇠가죽. 즉, 소의 가죽. *과장하다(誇張~): 사실보다 지나치게 떠벌려 나타내다.

면쟁-기-단(面爭其短 얼굴 **면**/간할 **쟁**/그 **기**/허물 **단**) 얼굴 (앞에서) 그 허물을 간(諫)한다는 뜻으로, 면전

(面前. 보고 있는 앞. =눈앞)에서 결점(缺點)이나 잘못을 간(諫)함을 이르는 말. *면쟁(面爭): =면쟁기단(面爭其短). *간하다(諫~): 부록 '쟁(爭)' 참고. *허물: 옳게 하지 못한 일. 또는 제대로 되지 못한 일. =잘못.

면절-정쟁(面折廷爭 얼굴 **면**/꾸짖을 **절**/조정 **정**/간할 **쟁**) 얼굴 (앞에서) 꾸짖는다든지, 조정(朝廷)에서 간(諫)한다는 뜻으로, ①면전(面前. 보고 있는 앞. =눈앞)에서 허물을 기탄(忌憚. 어렵게 여겨 꺼림)없이 간(諫)함을 이르는 말. 즉, 임금 앞에서 실책(失策. 잘못된 꾀나 방법) 따위를 직간(直諫. 윗사람이나 권력자 따위에 대하여 거리낌 없이 그의 잘못된 일을 직접 지적하여 충고하는 일)함을 이르는 말. =면인정쟁(面引廷爭). ②때와 곳을 가리지 않고 다툼을 비유적으로 이르는 말. *면절(面折): 대면(對面)하여 몹시 꾸짖음. *정쟁(廷爭): 조정(朝廷)에서, 임금의 앞에서 간(諫)하여 다툼. *조정(朝廷): 임금이 나라의 정치를 신하들과 의논하거나 집행하는 곳. 또는 그런 기구. *간하다(諫~): 부록 '쟁(爭)' 참고.

면종-복배(面從腹背 얼굴 **면**/따를 **종**/배 **복**/등 **배**) 얼굴 (앞에서는) 따르고 배[腹]와 등[背]에서는 (배반한다는) 뜻으로, 겉으로는 복종(服從)하는 체하면서 내심(內心. 겉으로 드러나지 아니한 실제의 마음)으로는 배반(背反·叛)함을 비유적으로 이르는 말. 즉, 앞에서는 복종(服從)하는 체하면서 뒤에서는 배반(背反·叛)함을 일컫는다. =양봉음위(陽奉陰違). 回 면종후언(面從後言). *면종(面從): 보는 앞에서만 순종(順從)함. *복배(腹背): ①배와 등(사람이나 동물의 몸통에서 뒤쪽이나 위로 향한 쪽. 곧 가슴이나 배의 반대쪽). ②앞과 뒤. 《관련 속담》 겉 다르고 속 다르다. / 양가죽을 뒤집어쓴 승냥이. / 웃고 사람 (뺨) 친다. / 혀 아래 도끼 들었다.

면종-후언(面從後言 얼굴 **면**/따를 **종**/뒤 **후**/말씀 **언**) 얼굴 (앞에서는) 따르고, 뒤로는 (함부로) 말한다는 뜻으로, 보는 앞에서는 복종(服從)하는 체하면서 뒤에서는 비방(誹謗. 남을 나쁘게 말함. 또는 남을 헐뜯고 욕함)과 욕설(辱說)을 함을 이르는 말. 또는 눈앞에서는 복종(服從)하고 돌아서면 뒷말함을 이르는 말. 回 면종복배(面從腹背). *면종(面從): ☞면종복배(面從腹背). *후언(後言): 뒷공론(~公論). 즉, 일이 끝난 뒤에 쓸데없이 이러니저러니 다시 말함.《관련 속담》 겉 다르고 속 다르다. / 양가죽을 뒤집어쓴 승냥이. / 웃고 사람 (뺨)친다. / 혀 아래 도끼 들었다.

멸-륜-패-상(滅倫敗常 없어질 **멸**/인륜 **륜**/무너질 **패**/법 **상**) 인륜(人倫)을 없어지게 (하고), 법(法)을 무너지게 (한다). 즉, 오륜(五倫)을 없애고 오상(五常)을 깨뜨려 없앤다는 뜻으로, 예의(禮儀)와 도덕(道德)을 함부로 어기고 짓밟음을 이르는 말. 여기서, '오륜(五倫)'은 유교에서 이르는 다섯 가지의 인륜(人倫). 곧, 부자(父子) 사이의 친애(親愛. 친밀히 사랑함. 또는 그 사랑), 군신(君臣. 임금과 신하) 사이의 의리(義理), 부부(夫婦) 사이의 분별(分別. 사물을 종류에 따라 나누어 가름), 장유(長幼. 어른과 어린이) 사이의 차서(次序. 둘 이상의 것을, 일정하게 하나씩 벌여 나가는 순서), 붕우(朋友. '벗'과 같은 말) 사이의 신의(信義) 따위를 일컬음. '오상(五常)'은 유교에서 이르는 말로, ㉠사람으로서 마땅히 지켜야 할 다섯 가지 도리(道理. 사람이 마땅히 지켜야 할 바른 길). 곧, 인(仁), 의(義), 예(禮), 지(智), 신(信) 따위를 일컬음. ㉡부(父), 모(母), 형(兄), 제(弟), 자식(子息)이 저마다 지켜야 할 도리(道理). 즉, 아버지는 의리(義理), 어머니는 자애(慈愛. 자식에 대한 어버이의 사랑과 같은, 깊은 사랑), 형은 우애(友愛), 아우는 공경(恭敬), 자식은 효도(孝道)를 일컫는다.

멸문-지-화(滅門之禍 없어질 **멸**/집안 **문**/어조사 **지**/재앙 **화**) 집안을 없어지게 (하는) 재앙(災殃)이라는 뜻으로, 한 집안이 다 죽임을 당하는 끔찍한 재앙(災殃)을 이르는 말. =멸문지환(滅門之患). 멸족지화(滅族之禍). *멸문(滅門): 한 집안을 다 죽여 없앰. *재앙(災殃): 뜻하지 아니하게 생긴 불행한 변고·變故. 또는 천재지변·天災地變으로 인한 불행한 사고.

멸문-지-환(滅門之患 없어질 **멸**/집안 **문**/어조사 **지**/재앙 **환**) 집안을 없어지게 하는 재앙이라는 뜻으로, 한 집안이 다 죽임을 당하는 끔찍한 재앙(災殃. 뜻하지 아니하게 생긴 불행한 변고·變故, 또는 천재지변·天災地變으로 인한 불행한 사고)을 이르는 말. =멸문지화(滅門之禍). 멸족지화(滅族之禍). *멸문(滅門): ☞멸문지화(滅門之禍).

멸사-봉공(滅私奉公 없앨 **멸**/사사로이 할 **사**/받들 **봉**/여러 **공**) 사사로이 하는 (것을) 없애고 여럿을 받든다는 뜻으로, 사욕(私慾. 자기의 이익만을 채우려고 하는 욕망)을 버리고 공익(公益. 공공의 이익)을 위하여 힘씀을 이르는 말. 즉, 개인적인 이익에 얽매이지 않고 공적인 것을 위해 노력함. *멸사(滅私): 사사로운 욕심이나 정(情)을 버림. *봉공(奉公): ①나라와 사회를 위하여 이바지함. ②=봉직(奉職). 즉, 공직에 종사함.

멸-이-가-의(蔑以加矣 없을 **멸**/써 **이**/더할 **가**/어조사 **의**) (이것보다) 써(그 위에) 더할 것이 없다는 뜻으로, 그 위에 더할 나위가 없음을 이르는 말. *써: 부록 '이(以)' 참고. *어조사(語助辭): 한문에서 토(순우리말로, 읽을 때 구절 끝에 붙여서 문법적 관계를 나타내는 우리말 부분)가 되는 어(於), 의(矣), 언(焉), 야(也) 따위의 글자를 이르는 말. 실질적인 뜻이 없고 다른 글자를 돕기만 함.

명가-자제(名家子弟 이름 **명**/집안 **가**/아들 **자**/아우 **제**) 이름 (있는) 집안의 아들과 아우라는 뜻으로, 명망(名望. 명성·名聲. 곧, 세상에 널리 퍼져 평판 높은 이름과, 인망·人望. 곧, 세상 사람이 우러르고 따르는 덕망·德望)이 높은 집안이나 가문(家門. 가족 또는 가까운 일가로 이루어진 공동체. 또는 그 사회적 지위)의 자제(子弟)를 이르는 말. *명가(名家): ①문벌(門閥. 대대로 내려온 그 집안의 사회적 신분이나 지위)이 좋은 집안. ②어떤 일에 뛰어나 이름이 난 사람. *자제(子弟): ①남을 높이어 그의 아들을 일컫는 말. ②남을 높이어 그의 집안 젊은이를 일컫는 말.

명견-만-리(明見萬里 밝을 **명**/볼 **견**/일만 **만**/이수 **리**) 일만(一萬) 이수(里數)를 밝게 본다. 즉, 만(萬) 리(里) 밖의 일을 환하게 알고 있다는 뜻으로, 관찰력이나 판단력 따위가 매우 정확하고 뛰어남을 비유적으로 이르는 말. *명견(明見): ①앞의 일을 잘 내다 봄. ②현명(賢明. 어질고 사리에 밝음)한 생각. *이수(里數): ①거리를 '리(里)'의 단위로 헤아린 수(數). ②마을의 수효(數爻).

명경-고-현(明鏡高懸 밝을 **명**/거울 **경**/높을 **고**/매달 **현**) 높게 매달려 (있는) 밝은 거울이라는 뜻으로, 시비(是非. 옳고 그름 =잘잘못)를 분명하게 따져 판단하는, 공정무사(公正無事. 공평하고 올바르며, 아무 탈이 없음)한 법관(法官)을 비유적으로 이르는 말. *명경(明鏡): ①매우 맑은 거울. ②불교에서, =업경(業鏡). 즉, 저승(사람이 죽은 뒤에 그 혼·魂이 가서 산다고 하는 세상. =저세상)의 길 어귀에 있는 거울을 이르는 말. 여기에 비추면 죽은 이가 생전(生前)에 지은 착한 일. 또는 악(惡)한 일의 행업(行業. 불도를 닦음)이 나타난다고 한다. *매달다: 부록 '현(懸)' 참고. 이 사자성어의 유래는 다음과 같다.『서경잡기(西京雜記)』에 〈이 진경(秦鏡)은 네모난 모양에 넓이가 네 척, 높이가 다섯 척 아홉 치로 앞뒤가 다 밝았는데, 사람이 똑바로 서서 비추면 거꾸로 비치고, 가슴에 손을 얹고 비춰보면 창자와 위(胃) 따위의 오장(五臟)이 똑똑히 보였다. …… 진시황(秦始皇)은 항상 신하들을 거울에 비춰 보고 쓸개가 커졌거나 심장이 어지럽게 뛰면 모조리 죽였다.(**有方鏡**, **廣四尺**, **高五尺九寸**, 表裏有明, 人直來照之, 影則倒見, 以手捫心而來, 則見腸胃五臟, 歷然無硋, …… 秦始皇常以照宮人, 膽張心動者則殺之.)〉라는 이야기가 나오는데, '이 진경(秦鏡)은 네모난 모양에 넓이가 네 척, 높이가 다섯 척 아홉 치로,(有方鏡, 廣四尺, 高五尺九寸)'에서, '명경고현(明鏡高懸)'이 유래했다. 여기서, '方鏡'은 명경(明鏡. 밝은 거울)을 비유한 것이고, '廣四尺, 高五尺九寸'은 워낙 폭이 넓고 높이(아래에서 위로 향한 길이)가 높다 보니, 마치 공중 위에 걸려 있는 듯하다. 라는 뜻에서, '고현(高懸)'을 비유(比·譬喻. 어떤 사물의 모양이나 상태 따위를 보다 효과적으로 표현하기 위하여 그것과 비슷한 다른 사물에 빗대어 표현함. 또는 그 표현 방법)한 것이다. 이 이야기의 배경은 이렇다. 진시황(秦始皇)의 함양궁(咸陽宮)에는 수많은 보물이 있었는데, 그 중 '진경(秦鏡)'이라는 신기한 거울이 있었다고 한다. 위의 이야기는 이 '진경(秦鏡)'에 대하여 설명한 것이다. 이 거울은 진(秦)나라가 망하고 항우(項羽. 중국 진(秦)나라 말기의 장군 이름)와 유방(劉邦. 중국 한·漢나라의 초대·初代 황제)이 천하(天下)를 다툴 때 분실되었다고 한다. 참고로, 원문의 '有方鏡'에서, '有'는 있을 '유'로 읽고, '方'은 네모 '방'으로 읽고, '鏡'은 거울 '경'으로 읽는다. '方鏡'은 정사각형 또는 직사각형의 금속으로 만든 거울. '有方鏡'을 직역(直譯)하면, 네모의 거울이 있었다. '廣四尺'에서, '廣'은 넓을 '광', 넓이 '광'으로 읽고, '四'는 넉 '사'로 읽고, '尺'은 자(길이를 재는 데 쓰는 도구) '척'으로 읽는다. '廣四尺'을 직역(直譯)하면, 넓이는 4자이다. '高五尺九寸'에서, '高'는 높을 '고', 높이 '고'로 읽고, '五'는 다섯 '오'로 읽고, '九'는 아홉 '구'로 읽고, '寸'은 마디 '촌', 치(길이의 단위) '촌'으로 읽는다. 高五尺九寸을 직역(直譯)하면, 높이는 5자 9치이다. 여기서, '明鏡高懸'이 유래하였는데, 이것을 직역(直譯)하면, 높게 매달려 (있는) 밝은 거울이라는 뜻으로, 시비(是非. 옳고 그름 =잘잘못)를 분명하게 따져 판단하는, 공정무사(公正無事. 공평하고 올바르며, 아무 탈이 없음)한 법관(法官)을 비유적으로 이르는 말. '表裏有明'에서, '表'는 겉 '표', 바깥 '표'로 읽고, '裏'는 속 '리(이)', 안(내부) '리(이)'로 읽고, '有'는 있을 '유'로 읽고, '明'은 밝을 '명'으로 읽는다. '表裏有明'을 직역(直譯)하면, (그것은) 겉과 속에 밝음이 있어서, '人直來照之'에서, '人'은 사람 '인'으로 읽고, '直'은 곧을 '직'으로 읽고, '來'는 올 '래(내)'로 읽고, '照'는 비출 '조', 비칠 '조'로 읽고, '之'는 어조사 '지'로 읽는다. '그것'을 나타내는 지시 대명사. '人直來照之'를 직역(直譯)하면, 사람이 곧게 (서서) 오면 그것('거울'을 가리킴)이 비추어진다. '影則倒見'에서, '影'은 그림자 '영', 초상(肖像. 비춰지거나 생각되는 모습) '영'으로 읽고, '則'은 곧 '즉'으로 읽고, '倒'는 거꾸로 '도'로 읽는다. '影則倒見'을 직역(直譯)하면, (그리고) 그림자가 곧 거꾸로 보인다. '以手捫心而來'에서, '以'는 써(그것을 가지고, 그것으로 인하여) '이'로 읽고, '手'는 손 '수'로 읽고, '捫'은 어루만질 '문', 더듬을 '문'으로 읽고, '心'은 가슴 '심'으로 읽고, '而'는 말 이을 '이'로 읽는다. '그리고'의 뜻을 나타냄. '以手捫心而來'를 직역(直譯)하면, (거울을) 가지고 손과 가슴을 어루만지고 그리고 (가까이) 오다. 즉, 가슴에 손을 얹고 가까이 와서 거울에 비춰 보면, '則見腸胃五臟'에서, '腸'은 창자 '장'으로 읽고, '胃'는 위장(胃腸) '위', 위(胃) '위'로 읽고, '五'는 다섯 '오'로 읽고, '臟'은 오장(五臟) '장'으로 읽는다. '五臟'은 한의학에서, 간장(肝臟), 심장(心臟), 비장(脾臟), 폐장(肺臟), 신장(腎臟)의 5가지 내장(內臟)을 통틀어 이르는 말. '則見腸胃五臟'을 직역(直譯)하면, 곧 창자와 위 그리고 오장이 보였다. 즉, 이 거울은 환자(患者)를 치료하는 도구로 사용했다는 뜻이다. '歷然無硋'에서, '歷'은 분명할 '역'으로 읽고, '然'은 그러할 '연'으로 읽는다. 상태를 나타내는 접미사. '歷然'은 분명히 알 수 있도록 똑똑함. '硋'는 가로

막을 '애'로 읽는다. '歷然無硋'를 직역(直譯)하면, 가로막지 않는 것이 똑똑히 (보였다). …… '秦始皇常以 照宮人'에서, '秦'은 진(秦)나라 '진'으로 읽고, '始'는 처음 '시'로 읽고, '皇'은 임금 '황'으로 읽는다. '秦始 皇'은 중국 진(秦)나라의 제1대 황제 이름. '常'은 항상(恒常) '상'으로 읽고, '宮'은 대궐 '궁', 궁전 '궁'으로 읽는다. '秦始皇常以照宮人'을 직역(直譯)하면, 진시황(秦始皇)은 항상 그것('네모의 거울'을 가리킴)을 가지고 대궐 사람을 비춘다. 즉, 진시황(秦始皇)은 이 거울로 신하들의 충성심까지 꿰뚫었다는 것이다. '膽張心動者則殺之'에서, '膽'은 쓸개 '담'으로 읽고, '張'은 늘일 '장'으로 읽는다. '膽張'은, 직역(直譯)하면 쓸개가 늘어남. '動'은, 움직일 '동', 떨릴 '동'으로 읽고, '者'는 사람 '자'로 읽고, '殺'은 죽일 '살'로 읽는다. '膽張心動者則殺之'를 직역(直譯)하면, 쓸개가 늘어나고, 가슴(심장)이 떨리는 사람은 곧 그것(사람)을 죽였다. 즉, 쓸개가 커졌거나 심장이 어지럽게 뛰는 사람을 발견하면, 진시황(秦始皇)은 즉각 그를 체포 하여 심문(審問. 자세히 따져서 물음)하고 모조리 처벌하였던 것이다.

명경-지수(明鏡止水 밝을 **명**/거울 **경**/머무를 **지**/물 **수**) 밝은(맑은) 거울과 (흐르지 않고) 머물러 있는(고요한) 물이라는 뜻으로, ①맑은 거울처럼 고여 있는 잔잔한 물을 이르는 말. ②잡념(雜念. 여러 가지 잡스러운 생각)과 가식(假飾. 말이나 행동 따위를 거짓으로 꾸밈)과 헛된 욕심(慾心) 없이 맑고 깨끗한 마음을 비유적으로 이르는 말. *명경(明鏡): ☞ 명경고현(明鏡高懸). *지수(止水): 흐르지 않고 괴어 있는 물.

이 사자성어의 유래는 다음과 같다. 이 사자성어는 '명경(明鏡)'과 '지수(止水)'가 합하여 이루어진 성어이다. 그래서 따로따로 그 유래를 알 필요가 있다. 『장자(莊子)·내편(內篇)』의 「덕충부(德充符)」 편(篇)에 〈선생의 집안에 참으로 집정(執政. 나라의 정무를 맡아 봄. 또는 그 관직이나 사람)이 있는 것이 이와 같구려. 그대는 그대가 집정(執政)인 것을 대단히 여겨 남을 업신여기는 사람이라오. '거울이 밝으면 티끌(공기 속에 섞여 날리거나 물체 위에 쌓이는, 매우 잘고 가벼운 물질을 이르는 말. 먼지 따위가 있음)이 앉지 않고, 티끌이 앉으면 밝지 못한다. 어진 사람과 오래 같이 있으면 허물이 없어진다.'고 들었소.(先生之門 固有執政焉如此哉, 子而悅子之執政, 而後人者也, 聞之曰, **鑑明則塵垢不止**, 止則不明也, 久與賢人處則無 過.)〉라는 이야기가 나오는데, '거울이 밝으면 티끌이 앉지 않는다.(鑑明則塵垢不止)'에서, '명경(明鏡)'이 유래했다. 이 이야기가 나오게 된 배경은 이렇다. 신도가(申徒嘉)는 정자산(鄭子産)과 함께 백혼무인(伯昏無 人)을 스승으로 모시고 있었다. 어느 날 정자산(鄭子産)이, 신도가(申徒嘉)가 집정(執政. 나라의 정무를 맡아 봄. 또는 그 관직이나 사람)인 자신을 업신여긴다고 생각하고 항의하자, 신도가(申徒嘉)가 위와 같이 말한 것이다. 참고로 원문의 '先生之門'에서, '先'은 먼저 '선'으로 읽고, '生'은 날 '생'으로 읽고, '之'는 어조사 '지'로 읽는다. '~의'를 나타내는 관형격 조사. '門'은 집안 '문'으로 읽는다. '先生之門'을 직역(直譯)하면, 선생의 집안에. '固有執政焉如此哉'에서, '固'는 진실로 '고'로 읽고, '有'는 있을 '유'로 읽고, '執'은 잡을 '집', 맡아 다스릴 '집'으로 읽는다. '政'은 정사(政事. 나라를 다스리는 일) '정'으로 읽는다. '執政'은 나라의 정무를 맡아 봄. 또는 그 관직이나 사람. '焉'은 어조사 '언'으로 읽는다. '~이다(단정)' 의 뜻을 나타냄. '如'는 같을 '여'로 읽고, '此'는 이(지시하는 말) '차'로 읽고, '哉'는 어조사 '재'로 읽는다. '~이도다'. '이로구나(영탄)'의 뜻을 나타냄. '固有執政焉如此哉'를 직역(直譯)하면, 진실로 집정(執政)이 있음이 이와 같습니다. '子而悅子之執政'에서, '子'는, 여기서는 당신 '자', 자네 '자'로 읽고, '而'는 말 이을 '이'로 읽는다. 여기서는 '~한 후에'의 뜻을 나타냄. '悅'은 기쁠 '열'로 읽는다. '子而悅子之執政'을 직역(直譯)하면, 당신은 그렇게 한 후에 당신의 집정(執政)을 기쁘게 (여겨). '而後人者也'에서, '而'는 말

이을 '이'로 읽는다. 여기서는 '그리고'의 뜻을 나타냄. '後'는, 여기서는 능력 따위가 뒤떨어질 '후'로 읽고, '人'은 남(타인) '인'. 딴 사람 '인'으로 읽고, '者'는 사람 '자'로 읽고, '也'는 어조사 '야'로 읽는다. '~이다(단정)'의 뜻을 나타냄. '而後人者也'를 직역(直譯)하면, 그리고 남(타인)을 능력 따위가 뒤떨어지는 사람이다(라고 여깁니다). '鑑明則塵垢不止'에서, '鑑'은 거울 '감'으로 읽고, '明'은 밝을 '명'으로 읽고, '則'은 곧 '즉'으로 읽고, '塵'은 티끌 '진'으로 읽고, '垢'는 때(몸이나 옷에 묻은 더러운 것, 또는 피부의 분비물과 먼지 따위가 섞이어 앉은 것) '구'로 읽는다. '塵垢'는 먼지와 때를 통틀어 이르는 말. '不'는 아닐(부정하는 말) '부'로 읽고, '止'는 머무를 '지'로 읽는다. '鑑明則塵垢不止'를 직역(直譯)하면, 거울이 밝으면 곧 먼지와 때가 머무르지(앉지) 않고, '止則不明也'에서, '也'는 어조사 '야'로 읽는다. '~이다(단정)'의 뜻을 나타냄. '止則不明也'를 직역(直譯)하면, 머무르면(앉으면) 곧 밝지 아니한다. '久與賢人處則無過'에서, '久'는 오랠 '구'로 읽고, '與'는 더불어 '여'로 읽고, '賢'은 어질 '현'으로 읽는다. '賢人'은 어질고 총명하여 성인(聖人. 지혜와 덕이 매우 뛰어나 길이 우러러 본받을 만한 사람) 다음가는 사람. '處'는 살 '처', 머무를 '처'로 읽고, '無'는 없을 '무'로 읽고, '過'는 허물 '과'로 읽는다. '久與賢人處則無過'를 직역(直譯)하면, 어진 사람과 더불어 오래 머무르면 곧 허물이 없어진다. 그리고 같은 책에 있는 다음의 이야기에서 '지수(止水)'가 나온다. 〈사람들은 흐르는 물에 자기의 얼굴을 비춰 보지 않고 고요한 물에 비춰 본다. 오직 멈추어 있는 고요한 물만이 (제 모습을 비춰 보려는 사람들을) 멈추게 할 수 있으니, 모두가 멈춘다.(人莫鑑於流水, 而鑑於止水, 唯止, 能止, 衆止.)〉라는 이야기가 나오는데, '고요한 물에 비춰 본다.(而鑑於止水)'에서, '지수(止水)'가 유래했다. 이 두 이야기에서, '명경지수(明鏡止水)'가 유래한 것이다. 참고로, 원문의 '人莫鑑於流水'에서, '人'은 사람 '인'으로 읽고. '莫'은 아닐(부정하는 말) '막'으로 읽고, '鑑'은 비칠 '감', 비추어 볼 '감'으로 읽고, '於'는 어조사 '어'로 읽는다. '~에(장소)'의 뜻을 나타냄. '流'는 흐를 '류(유)'로 읽고, '水' 물 '수'로 읽는다. '人莫鑑於流水'를 직역(直譯)하면, 사람들은 흐르는(흘러가는) 물에 비추어 보지 않고, '而鑑於止水'에서, '而'는 말 이을 '이'로 읽는다. '그리고'의 뜻을 나타냄. '止'는 여기서는 머무를 '지'로 읽는다. '而鑑於止水'를 직역(直譯)하면, 그리고 (사람들은) 그친(고요한) 물에 비추어 본다. 여기서, '明鏡止水'가 유래하였는데, 이것을 직역(直譯)하면, 밝은(맑은) 거울과 (흐르지 않고) 머물러 있는(고요한) 물이라는 뜻으로, ①맑은 거울처럼 고여 있는 잔잔한 물을 이르는 말. ②잡념(雜念)과 가식(假飾)과 헛된 욕심(慾心) 없이 맑고 깨끗한 마음을 비유적으로 이르는 말. '唯止'에서, '唯'는 오직 '유'로 읽는다. '唯止'를 직역(直譯)하면, 오직 그친(고요한) 것만이, '能止'에서, '能'은 할 수 있을 '능'으로 읽는다. '能止'를 직역(直譯)하면, 그치게(멈추게) 할 수 있으니, '衆止'에서, '衆'은 무리 '중'으로 읽는다. '모두'의 뜻이 강함. '衆止'를 직역(直譯)하면, (그치기를 바라는) 무리(모두)를 그치게(멈추게) (한다).

명공-거-경(名公巨卿 이름 명/벼슬 공/클 거/벼슬 경) 이름 (있는) 벼슬과 큰(위대한) 벼슬. 즉, 이름난 정승(政丞. 조선 시대에, 의정부의 영의정, 좌의정, 우의정을 일컫던 말)과 훌륭한 판서(判書)라는 뜻으로, 높은 벼슬아치를 통틀어 이르는 말. 여기서, '판서(判書)'는 조선 시대에, 육조(六曹)의 으뜸 벼슬을 이르던 말. 정이품(正二品)에 해당된다. 여기서 '으뜸'은 중요한 정도로 본, 어떤 사물의 첫째를 이르는 말. *명공(名公): 유명한 재상(宰相). 또는 훌륭한 재상(宰相). 여기서, '재상(宰相)'은 임금을 보필(輔弼. 윗사람의 일을 도움. 또는 그런 사람)하며 모든 관원(官員)을 지휘, 감독하는 자리에 있는 이품(二品) 이상의 벼슬을 통틀어 이르던 말.

명-과-기실(名過其實 이름 **명**/지나칠 **과**/그 **기**/실제 **실**) 이름만 지나치게 (날 뿐) 그 실제(實際)는 (그렇지 못하다는) 뜻으로, 이름만 나고 실제(實際)는 그렇지 못함을 이르는 말. 즉, 이름은 크게 났으나 실상은 그만 못하다는 말이다. *기실(其實): 실제의 사정(事情). *실제(實際): 있는 그대로의, 또는 나타나거나 당하는 그대로의 상태나 형편. 《관련 속담》 빛 좋은 개살구.

명구-승지(名區勝地 이름 **명**/구역 **구**/경치 좋을 **승**/땅 **지**) 이름 (있는) 구역(區域)과 경치 좋은 땅이라는 뜻으로, 이름난 지역과 경치 좋은 곳. 즉, 경치가 좋기로 이름 난 곳을 이르는 말. *명구(名區): 산수(山水)가 좋아 널리 이름난 고장. *승지(勝地): 경치가 좋은 곳. *구역(區域): 부록 '구(區)' 참고.

명당-자손(明堂子孫 밝을 **명**/집 **당**/아들 **자**/손자 **손**) 밝은 집(명당)의 아들과 손자(孫子)라는 뜻으로, 명당(明堂)의 자리에 묻힌 사람의 자손(子孫)을 이르는 말. 부귀(富貴)와 영화(榮華)를 누린다고 한다. *명당(明堂): 풍수지리(風水地理. 본문 참고)에서 이르는, 좋은 묏자리나 집터. *자손(子孫): ①자식과 손자. ②아들, 손자(孫子), 증손(曾孫), 현손(玄孫) 및 후손(後孫)을 통틀어 이르는 말. ③=후손(後孫).

명론-탁설(名論卓說 이름 **명**/논의할 **론**/훌륭할 **탁**/말씀 **설**) 이름난 논의(論議)와 훌륭한 말씀이라는 뜻으로, 우수한 논문(論文)과 탁월(卓越. 남보다 훨씬 뛰어난)한 학설(學說). 즉, 훌륭하고 이름난 이론(理論)이나 학설(學說)을 이르는 말. *명론(名論): 뛰어난 언론이나 이론. *탁설(卓說): 뛰어난 의견. 또는 탁월한 논설. *논의하다(論議~): 부록 '론(論)' 참고.

명-만-천하(名滿天下 이름 **명**/찰 **만**/하늘 **천**/아래 **하**) 이름이 하늘 아래. 즉, 천하(天下)에 (가득) 찬다[滿]는 뜻으로, 이름이 세상에 널리 알려지거나 퍼짐을 이르는 말. =명망천하(名望天下). 명문천하(名聞天下). *천하(天下): ①온 세상. 또는 하늘 밑. ②한 나라, 또는 정권. ③(관형사적 용법) 세상에 드묾. 또는 세상에 다시없음. *차다: 부록 '만(滿)' 참고.

명면-각-지(名面各知 이름 **명**/얼굴 **면**/각각 **각**/알 **지**) 이름과 얼굴을 각각(各各) 안다는 뜻으로, 같은 사람인 줄 모르고, 이름과 얼굴을 각각 따로 앎. 즉, 이름은 이름대로 얼굴은 얼굴대로 따로따로 앎을 이르는 말. *명면(名面): 이름[名]과 얼굴[面]을 아울러 이르는 말.

명명-백-백(明明白白 밝을 **명**/밝을 **명**/밝을 **백**/밝을 **백**) (너무나) 밝고 밝다는 뜻으로, 의심(疑心)의 여지가 없이 매우 분명함. 또는 아주 명백하여 의심(疑心)할 여지가 없이 아주 뚜렷함을 이르는 말. *명명(明明): ①아주 환하게 밝음. ②너무나 분명하여 의심(疑心)할 바가 없음.

명명-지-중(冥冥之中 어두울 **명**/어두울 **명**/어조사 **지**/가운데 **중**) 어둡고 어두움의 가운데라는 뜻으로, ① 듣거나 볼 수 없이 은연중에 느끼는 상태를 비유적으로 이르는 말. ②어두운 저승(사람이 죽은 뒤에 그 혼·魂이 가서 산다고 하는 세상. =저세상)을 비유적으로 이르는 말. *명명(冥冥): 겉으로 드러남이 없이 아득하고 그윽함.

명모-호치(明眸皓齒 밝을 **명**/눈동자 **모**/흴 **호**/이 **치**) 밝은 눈동자와 흰 이[齒]라는 뜻으로, 미인(美人) 또는 미인(美人)의 모습을 이르는 말. *명모(明眸): 맑고 아름다운 눈동자. *호치(皓齒): 희고 깨끗한 이[齒]. 이 사자성어의 유래는 다음과 같다. 두보(杜甫)의 「애강두(哀江頭)」 편(篇)에 〈맑은 눈동자 흰 이는 지금 어디에 있는가? / 피땀으로 얼룩진, 떠도는 영혼 돌아오지 못하네. / 맑은 위수(渭水)는 동쪽으로 흐르고, 검각(劍閣)은 깊은데 / 그대 가고 나는 머물러, 서로 소식조차 없네. (**明眸皓齒今何在**, 血汗遊魂歸不得, 淸渭東流劍閣深, 去住彼此無消息.)〉라는 시구(詩句)가 나오는데, '맑은 눈동자 흰 이는 지금 어디에 있는가?(明眸皓齒今何在)'에서, '명모호치(明眸皓齒)'가 유래했다. 이 시(詩)의 배경은 이렇다. 당(唐)나라 현종(玄宗) 말년, 현종(玄宗)은 양귀비(楊貴妃)에 빠져 국사(國事. 나라의 정치에 관한 일)를 돌보지 않고 양국충(楊國忠. 양귀비의 6촌 오빠)에게 정사(政事. 정치 또는 행정상의 일)를 일임(一任. 모두 다 맡김)했다. 양국충(楊國忠)이 정권을 농단(壟斷. 이익이나 권리를 독차지함)하면서 나라 전체는 혼란에 빠지게 되었고, 하동(河東)·범양(范陽) 절도사(節度使. 관직 이름)를 겸(兼)하던 안녹산(安祿山)이 양국충(楊國忠) 타도(打倒. 어떤 대상이나 세력을 쳐서 거꾸러뜨림)를 외치며 난(亂. 일명 안녹산·安祿山의 난·亂이라고 함)을 일으켰다. 낙양(洛陽)이 반란군(反·叛亂軍. 정부나 지배자에게 반항하여 내란을 일으키는 군대)에게 함락(陷落. 적·敵의 성·城, 요새·要塞, 진지·陣地 따위를 공격하여 무너뜨림)되고, 수도(首都)인 장안(長安) 마저 함락(陷落) 위기에 처하게 되자, 72세의 현종(玄宗)은 양귀비(楊貴妃)와 황족(皇族. 황제의 가까운 친족), 그리고 측근 대신(大臣)들을 데리고 피난길에 올랐다. 무장(武裝. 전투에 필요한 장비를 갖춤. 또는 그 장비)한 천여 명의 친위군(親衛軍. 임금이나 국가 원수 따위의 신변·身邊을 안전하게 지키기 위한 목적으로 편성된 군대)이 이들을 호위(護衛. 따라다니며 곁에서 보호하고 지킴)했다. 다음 날, 장안(長安)에서 백수십 리(里) 떨어진 마외역(馬嵬驛)에 이르렀을 때, 현종(玄宗)의 일행을 수행하던 친위군(親衛軍) 장병들은 굶주리고 피로에 지친 나머지, 지금까지 참아왔던 불만을 터뜨리고 말았다. 이들은 사태가 이 지경에까지 이른 것은 모두 재상(宰相. 임금을 보필하며 모든 관원을 지휘. 감독하는 자리에 있는 이품·二品 이상의 벼슬을 통틀어 이르던 말)인 양국충(楊國忠)의 잘못이라고 성토(聲討. 여러 사람이 모여 국가나 사회에 끼친 잘못을 소리 높여 규탄함)하며, 양국충(楊國忠)을 잡아 목을 베고 현종(玄宗)의 거처(居處. 거주하는 곳)를 포위(包圍. 둘레를 에워쌈. 또는 주위를 에워쌈)했다. 그리고 소리 높여 양귀비(楊貴妃)의 주벌(誅伐. 죄인을 꾸짖어 침. 또는 죄인을 무력으로 쳐 없앰. 베어 죽임)을 요구했다. 병사들의 분노에 찬 함성(喊聲)이 천지를 진동(震動. 큰 물체가 몹시 울려서 흔들리거나 떨림)하자, 현종(玄宗)도 어찌할 도리가 없었다. 현종(玄宗)은 눈물을 삼키며 양귀비(楊貴妃)에게 스스로 목을 매어 죽을 것을 명령했다. 현종(玄宗)은 태자(太子)인 이형(李亨)에게 양위(讓位. 임금의 자리를 물려줌)하고 성도(成都)로 피신(避身)했다. 태자(太子)인 이형(李亨)이 영무(靈武)에서 현종(玄宗)의 뒤를 이어 즉위(即位)하니 이이가 바로 숙종(肅宗)이다. 한편, 당시(當時. 일이 있었던 바로 그때. 또는 이야기하고 있는 그 시기) 43세의 늦은 나이에 주조참군(冑曹參軍. 관직 이름)이란 미관말직(微官末職. 본문 참고)에 올라 그럭저럭 안정된 생활을 꾸려 가던 두보(杜甫)는 난(亂. 안녹산·安祿山의 난·亂)을 피해 장안(長安)에서 탈주(脫走. 관계하던 일에서 몸이 빠져 나와 달아남)하여 여기저기 피난(避難)을 다니고 있었는데, 숙종(肅宗)이 즉위(即位)했다는 소식을 듣고, 숙종(肅宗)을 배알(拜謁. 지위가 높거나 존경하는 사람을 찾아가 뵘)하기 위해 달려가다가 도중에 반군(叛軍. 반란을 일으킨 군대)의 포로(捕虜)가 되어 장안(長安)으로 압송(押送. 피고인 또는 죄인을 어느 한 곳에서 다른 곳으로 호송하는 일)되었다. 하지만 벼슬이 높지 않았고, 남달리 겉늙어 보이는 외모 때문에 허약한 노인으로 여겨져, 두보(杜甫)는 별 고충을 겪지 않고 장안(長安)에서 비교적 안전하게 머물 수가 있었다. 두보(杜甫)는 이때(장안에 억류되어 있는 동안) 장안(長安)의 동남쪽에 있는 곡강(曲江)을 찾아가 옛 영화(榮華. 권력과 부귀를 마음껏 누리는 일)를 그리며 슬픔에 젖어 「애강두(哀江頭)」를 지었다. 이곳은 당시(當時)의 왕후장상(王侯將相. 본문 참고)들이 자주 찾던 명승지(名勝地. 경치가 좋기로 이름난 곳)였고, 현종(玄

宗)도 여기서 양귀비(楊貴妃)와 즐거운 때를 보낸 적이 있었다. 곡강(曲江)은 큰 연못으로 '곡강지(曲江池)'라고도 하는데, 당(唐)나라 현종(玄宗) 때 본격적으로 유람지(遊覽地. 돌아다니며 구경하는 곳)로 개발되었다. 위에 인용한 '맑은 눈동자 흰 이는 지금 어디에 있는가?'라는 구절은, 두보(杜甫)가 "지금 명모호치(明眸皓齒)의 양귀비(楊貴妃)는 어디에 있는가?"라고, 죽고 없는 양귀비(楊貴妃)의 아리따운 자태(姿態. 어떤 모습이나 모양을 일컫는 말. 주로 여성의 고운 맵시나 태도에 대하여 일컬으며, 식물, 건축물, 강, 산 따위를 사람에 비유하여 일컫기도 한다)를 회상하며 그리워하고 있는 것이다. 두보(杜甫)가 이 시(詩)에서 쓴 '명모호치(明眸皓齒)'는 양귀비(楊貴妃)의 미모(美貌)를 표현한 말이 되었다. 참고로, 원문의 '明眸皓齒今何在'에서, '明'은 밝을 '명'으로 읽고, '眸'는 눈동자 '모'로 읽고, '皓'는 흴 '호'로 읽고, '齒'는 이 '치'로 읽고. '今'은 이제 '금', 지금 '금'으로 읽고, '何'는 어디 '하'로 읽고, '在'는 있을 '재'로 읽는다. '明眸皓齒今何在'를 직역(直譯)하면, 밝은(맑은) 눈동자와 흰 이는 지금 어디에 있는가? 여기서. '明眸皓齒'가 유래하였는데, 이것을 직역(直譯)하면, 밝은 눈동자와 흰 이[齒]라는 뜻으로, 미인(美人) 또는 미인(美人)의 모습을 이르는 말. '血汗遊魂歸不得'에서, '血'은 피 '혈'로 읽고, '汗'은 땀 '한'으로 읽는다. 그런데 어떤 자료에는 한정할 '한(限)'으로 표기되어 있다. 이것은 문맥상 맞지 않다. '血汗'은 '피땀'과 같은 말로, 무엇을 이루기 위하여 애쓰는 노력과 정성을 비유적으로 이르는 말. '遊'는 놀 '유', 떠돌 '유'로 읽고, '魂'은 넋(정신이나 마음) '혼'으로 읽는다. '遊魂'은 죽은 사람의 넋이 육체를 벗어나 떠다님. 또는 그런 영혼. '歸'는 돌아올 '귀', 돌아갈 '귀'로 읽고, '不'은 아닐(부정하는 말) '부'로 읽고, '得'은, 여기서는 이를(어떤 장소나 시간에 닿을) '득'으로 읽는다. '血汗遊魂歸不得'을 직역(直譯)하면, 피와 땀으로 (얼룩져) 떠도는 (양귀비의) 넋은 돌아와 이르지 않네(돌아오지 못하네). '淸渭東流劍閣深'에서, '淸'은 맑을 '청'으로 읽고, '渭'는 강 이름 '위'로 읽는다. 여기서는 '위수(渭水)'를 가리킴. '東'은 동녘 '동'으로 읽고, '流'는 흐를 '류(유)'로 읽는다. '東流'는 강물이나 냇물이 동쪽으로 흐름. '劍'은 칼 '검'으로 읽고, '閣'은 누각(樓閣. 사방을 바라볼 수 있도록, 문과 벽이 없이 다락처럼 높이 지은 집) '각'으로 읽는다. '劍閣'은 관문(關門. 국경이나 요새의 성문) 이름. 여기서는 '검문관(劍門關)'을 가리킴. 이 관문의 옛터는 지금의 사천성(四川省) 검각현(劍閣縣) 북쪽에 있다. '深'은 깊을 '심'으로 읽는다. '淸渭東流劍閣深'을 직역(直譯)하면, 맑은 위수(渭水)는 동쪽으로 흐르고, 검문관(劍門關)은 깊숙한 (곳에 있다). '去住彼此無消息'에서, '去'는 갈 '거'로 읽고, '住'는 머무를 '주'로 읽고, '彼'는 저(지시하는 말) '피'로 읽고, '此'는 이(지시하는 말) '차'로 읽는다. '彼此'는 저것[彼]과 이것[此], 또는 저쪽[彼]과 이쪽[此]을 아울러 이르는 말. '無'는 없을 '무'로 읽고, '消'는 소식(消息) '소'로 읽고, '息'은 쉴 '식'으로 읽는다. '無消息'은 소식이 없음. '去住彼此無消息'을 직역(直譯)하면, (그대는) 가고 (나는) 머물러 저쪽과 이쪽에 소식이 없네. 이렇게 두보(杜甫)는 가고 없는 양귀비의 아리따운 자태(姿態)를 절절히 노래하고 있는 것이다.

명-목-장-담(明目張膽 밝을 **명**/눈 **목**/늘일 **장**/담력 **담**) 눈을 밝게 (뜨고) 담력(膽力)을 (크게) 늘인다(펼친다)는 뜻으로, 긍정적인 뜻과 부정적인 뜻이 있다. 긍정적인 뜻으로는, 두려워하지 않고 용기(勇氣)를 내어 일을 함이고, 부정적인 뜻으로는 조금도 거리낌 없이 노골적(露骨的. 숨김없이 모두를 있는 그대로 드러내는 것)으로 나쁜 일을 하는 것을 비유적으로 이르는 말이다. *담력(膽力): 사물을 두려워하지 않는 기력(氣力. 일을 감당할 수 있는 정신과 육체의 힘). 또는 겁(怯)이 없고 용감(勇敢)한 기운(순우리말로, 생물이 살아 움직이는 원기·元氣. 또는 거기서 나오는 힘)을 이르는 말. 이 사자성어의 유래는 다음과 같다. 『송사(宋史)』의 「유안세전(劉安世傳)」 편(篇)에 [송(宋)나라 때, 유안세(劉安世)는 학문이 깊고 성품이 강직한 사람으로, 철종(哲宗)의 총애(寵愛. 남달리 귀여워하고 사랑함)를 받았으며, 황제의 언행(言行)을 비평하는 직책인 간의대부(諫議大夫)에 임명되었다.]〈처음 간관(諫官. 임금의 잘못을 간·諫하고 백관·百官의 비행·非行을 규탄하던 벼슬아치)에 제수(除授. 추천의 절차를 밟지 않고, 임금이 직접 벼슬을 내리던 일)되자, 아직 임명을 받지 않은 상황에서 어머니에게 말했다. "조정(朝廷. 임금이 나라의 정치를 신하들과 의논하거나 집행하는 곳, 또는 그런 기구)에서 제(1인칭 대명사 '나'의 낮춤말, 여기서는 '유안세·劉安世'를 가리킴. 이 글의 주인공)가 불초(不肖. 못나고 어리석음, 아버지를 닮지 않았다는 뜻에서 나온 말)하다고 여기지 않고 언로(言路. 신하들이 임금에게 말씀을 올릴 수 있는 길, 여기서는 그 관직인 '간의대부·諫議大夫'를 가리킴)에 있도록 해 주었습니다. 그 관직(官職. 관리로서, 국가로부터 위임 받은 일정한 범위의 직무, 또는 그 직위)에 있으면 눈을 밝게 하고 담(膽. '담력'과 같은 말, 겁이 없고 용감한 기운)을 크게 하여 몸으로써 책임을 다해야 합니다.(初除諫官, 未拜命, 入白母日, 朝廷不以安世不肖, 使在言路, 倘居其官. **須明目張膽**, 以身任責)[만약 황상(皇上. 현재 살아서 나라를 다스리고 있는 황제)을(에게) 범하게(犯~. 잘못을 저지르게) 되면 화(禍)가 바로 미칩니다. 황상(皇上)이 효도로써 천하를 다스리고 있으니 노모(老母)를 모셔야 한다고 하면 이 직책('간의대부·諫議大夫'를 가리킴)을 피할 수 있을 것입니다." 그러자 어머니가 말했다. "그렇지 않다. 간관(諫官. 임금의 잘못을 간·諫하고 백관·百官의 비행·非行을 규탄하던 벼슬아치)이란 천하를 위하여 간쟁(諫諍. 어른이나 임금에게 옳지 못하거나 잘못된 일을 고치도록 간절히 말함)하는 신하라고 들었다. 너의 아버지는 평생 이 직책을 하고 싶어 했으나 하지 못했다. 그런데 네가 다행스럽게도 이 자리에 있게 되었으니, 마땅히 몸으로써 나라의 은혜에 보답해야 할 것이다. 만약 죄를 입어 유배(流配. 옛날에 죄인을 귀양 보내던 일)를 가게 된다면, 멀고 가깝고를 묻지 않고 나는 네가 가는 곳으로 따라갈 것이다." 유안세(劉安世)는 관직(官職. '간의대부·諫議大夫'를 가리킴)을 받아들였다. 그가 재직한 여러 해 동안 엄숙한 얼굴로 조정(朝廷)에 서서 공도(公道. 사회 일반에 통용되는 공평하고 바른 도리)를 바로잡았다.]라는 이야기가 나오는데, '눈을 밝게 하고 담(膽)을 크게 하여,(須明目張膽)'에서, '명목장담(明目張膽)'이 유래했다. '명목장담(明目張膽)'은 원래 '눈을 밝게 하고 담을 크게 하여 몸으로써 책임을 다해야 하듯' 담력을 가지고 과감하게 일하는 것을 뜻했는데, 후에는 조금도 거리낌 없이 노골적으로 나쁜 일을 하는 것을 비유(比·譬喩. 어떤 사물의 모양이나 상태 따위를 보다 효과적으로 표현하기 위하여 그것과 비슷한 다른 사물에 빗대어 표현함. 또는 그 표현 방법)하는 말로 바뀌게 되었다. 윗글은 송(宋)나라 때 유안세(劉安世)가 황제의 언행을 비평하는 직책인 간의대부(諫議大夫)에 임명되자마자, 그의 어머니와 나눈 이야기다. 참고로, 원문의 '初除諫官'에서, '初'는 처음 '초'로 읽고, '除'는 여기서는 벼슬 줄 '제'로 읽는다. '諫'은 간할(諫~. 웃어른이나 임금에게 옳지 못하거나 잘못된 일을 고치도록 말함) '간'으로 읽고, '官'은 벼슬 '관', 벼슬아치 '관'으로 읽는다. '諫官'은 임금의 잘못을 간(諫)하고, 백관(百官. 모든 벼슬아치)의 비행(非行. 도리나 도덕 또는 법규에 어긋나는 행위)을 규탄(糾彈. 공적인 처지에서, 책임이나 죄상·罪狀 따위를 엄하게 따지고 나무람)하던 벼슬아치. '初除諫官'을 직역(直譯)하면, 처음에는 간관(諫官)으로 벼슬을 주는 (것을) (받았으나), '未拜命'에서, '未'는 아닐(부정하는 말) '미'로 읽고, '拜'는 절할 '배', 받을 '배'로 읽고, '命'은 명령 '명'으로 읽는다. '拜命'은 명령이나 임명을 삼가 받음. '未拜命'을 직역(直譯)하면, 명(命)을 받지 않았는데, '入白母曰'에서, '入'은 들 '입'으로 읽고, '白'은 아뢸 '백'으로 읽고, '母'는 어머니 '모'로 읽는다. '入白母曰'을 직역(直譯)하면, 들어가서 어머니에게 아뢰고 말하기를, '朝廷不以安世不肖'에서, '朝'는 조정(朝廷) '조'로 읽고, '廷'은 조정(朝廷) '정'으로 읽는다. '朝廷'은 임금이, 나라의 정치를 신하들과 의논하거나 집행하는 곳. 또는 그런 기구. '以'는, 여기서는 생각할 '이'로 읽는다. '安世'는 '유안세(劉安世)'를 가리킴. '肖'는 닮을 '초'로 읽는다. '不肖'는 아버지를 닮지 않았다는 뜻으로, 못나고 어리석은 사람을 이르는 말. '朝廷不以安世不肖'를 직역(直譯)하면, 조정(朝廷)에서는 유안세(劉安世)가 불초(不肖)하다고 생각하지 않고, '使在言路'에서, '使'는 하여금(<u>누구를 시키어</u>) '사'로 읽고, '在'는 있을 '재'로 읽고, '言'은 말씀 '언'으로 읽고, '路'는 길 '로(<u>노</u>)'로 읽는다. '言路'는 신하들이 임금에게 말씀을 올릴 수 있는 길. 여기서는 그 관직인 '간의대부·諫議大夫'를 가리킴. '使在言路'를 직역(直譯)하면, (조정으로) 하여금 언로(言路)에 있도록 하셨으니, '倘居其官'에서, '倘'은 혹시(或是) '당'으로 읽고, '居'는 살 '거', 있을 '거'로 읽고, '其'는 그(<u>지시하는 말</u>) '기'로 읽는다. '倘居其官'을 직역(直譯)하면, 혹시 그 벼슬아치로 있으면, '須明目張膽'에서, '須'는 모름지기(<u>마땅히, 응당</u>) '수'로 읽고, '明'은 밝을 '명'으로 읽고, '目'은 눈 '목'으로 읽고, '張'은 늘일 '장'으로 읽고, '膽'은 담력(膽力. <u>겁이 없고 용감한 기운</u>) '담'으로 읽는다. '須明目張膽'을 직역(直譯)하면, 모름지기 눈을 밝게 (뜨고) 담력을 (크게) 늘인다. 여기서, '明目張膽'이 유래하였는데, 이것을 직역(直譯)하면, 눈을 밝게 (뜨고) 담력(膽力)을 (크게) 늘인다(<u>펼친다</u>)는 뜻으로, 긍정적인 뜻과 부정적인 뜻이 있다. 긍정적인 뜻으로는, 두려워하지 않고 용기(勇氣)를 내어 일을 함이고, 부정적인 뜻으로는 조금도 거리낌 없이 노골적(露骨的)으로 나쁜 일을 하는 것을 비유적으로 이르는 말이다. '以身任責'에서, '以'는 써(<u>그것을 가지고, 그것으로 인하여</u>) '이'로 읽고, '身'은 몸 '신'으로 읽고, '任'은 맡을 '임'으로 읽고, '責'은 책임(責任) '책'으로 읽는다. '以身任責'을 직역(直譯)하면, 몸으로써 책임을 맡아 (다해야 합니다). <u>즉, 유안세(劉安世)는 걱정하는 어머니를 안심시키고자 "책임을 맡았으니, 책임을 다하고자 합니다."라고 말하는 것이다.</u>

명문-거족(名門巨族 이름 **명**/집안 **문**/클 **거**/겨레 **족**) 이름 있는 집안과 큰 겨레라는 뜻으로, 이름이 나고 크게 번창한 집안을 이르는 말. 🔟 명문대가(名門大家). 🔠 고족대가(古族大家). ***명문**(名門): ①이름 있는 문벌 (門閥. <u>대대로 내려오는 그 집안의 사회적 신분이나 지위</u>). 또는 훌륭한 집안. ②이름난 좋은 학교. ***거족**(巨族): =거가대족(巨家大族). 즉, 대대로 번창하고 문벌(門閥)이 좋은 집안. ***겨레**: 부록 '족(族)' 참고.

명문-대가(名門大家 이름 **명**/집안 **문**/클 **대**/집안 **가**) 이름 있는 집안과 큰 집안이라는 뜻으로, 훌륭한 문벌(門閥. <u>대대로 내려오는 그 집안의 사회적 신분이나 지위</u>)의 큰 집안을 이르는 말. 🔟 명문거족(名門巨族). ***명문**(名門): ☞명문거족(名門巨族). ***대가**(大家): ①학문이나 기예(技藝. <u>미술, 공예 따위에 관한 기술</u>) 따위의 전문 분야에 조예가 깊은 사람. ②대대로 번창한 집안. ③큰 집.

명문-세족(名門世族 이름 **명**/집안 **문**/대 **세**/겨레 **족**) 이름 있는 집안과 대대로 (이어진) 겨레라는 뜻으로, ①이름이 나고 세력이 있는 집안 일족(一族. <u>조상이 같은 한 족속</u>)을 이르는 말. ②대대로 나라의 중요한 벼슬을 하여, 집안의 운명과 나라의 운명을 함께하는 집안을 이르는 말. ***명문**(名門): ☞명문거족(名門巨族). ***세족**(世族): 여러 대(代)에 걸쳐서 나라의 중요한 자리를 차지하고 있는 집안. ***대**(代): 부록 '세(世)' 참고. ***겨레**: 부록 '족(族)' 참고.

명문-자제(名門子弟 이름 **명**/집안 **문**/아들 **자**/아우 **제**) 이름난 집안의 자제(子弟)를 일컫는 말. *명문(名門): ☞명문거족(名門巨族). *자제(子弟): ①남을 높이어 그의 아들을 일컫는 말. ②남을 높이어 그의 집안 젊은이를 일컫는 말.

명문-천하(名聞天下 이름 **명**/들릴 **문**/하늘 **천**/아래 **하**) 하늘 아래에까지 (그) 이름이 들린다는 뜻으로, 이름이 세상에 널리 알려지거나 퍼짐을 이르는 말. =명만천하(名滿天下). 명망천하(名望天下). *명문(名聞): 세상에 나 있는 좋은 소문. *천하(天下): ①온 세상. 또는 하늘 밑. ②한나라, 또는 정권. ③(관형사적 용법) 세상에 드묾. 또는 세상에 다시없음.

명-불-허-득(名不虛得 이름 **명**/아닐 **불**/헛될 **허**/얻을 **득**) 이름은 헛되이 얻는 (것이) 아니라는 뜻으로, 명예(名譽. 세상 사람들로부터 받는 높은 평가와, 이에 따르는 영광. 또는 사람 또는 단체의 사회적 평가나 가치)나 명성(名聲. 세상에 널리 퍼져 평판 높은 이름)은 헛되이 얻을 수 있는 것이 아님을 이르는 말. 즉, 명예(名譽)나 명성(名聲)이 널리 알려진 데는 그럴만한 실력이나 사실이 있음을 이르는 말. 🔁 명불허전(名不虛傳). *헛되다: ①보람이나 실속이 없다. ②허황하다.

명-불-허전(名不虛傳 이름 **명**/아닐 **불**/헛될 **허**/전할 **전**) 이름은 헛되이 전해지는 (것이) 아니다. 즉, 명성(名聲. 세상에 널리 퍼져 평판 높은 이름)이나 명예(名譽. 세상 사람들로부터 받는 높은 평가와, 이에 따르는 영광. 또는 사람 또는 단체의 사회적 평가나 가치)가 헛되이 퍼진 것이 아니라는 뜻으로, 이름날 만한 까닭이 있음을 이르는 말. 즉, 명예(名譽)나 명성(名聲)이 널리 알려진 데는 그럴만한 실력이나 사실이 있음을 이르는 말. 🔁 명불허득(名不虛得). *허전(虛傳): 거짓말로 전함. 또는 그러한 말. *헛되다: ☞명불허득(名不虛得).

명산-대찰(名山大刹 이름 **명**/뫼 **산**/클 **대**/절 **찰**) 이름난 뫼('산'의 옛말)와 큰 절을 이르는 말. *명산(名山): 이름난 산. *대찰(大刹): 규모가 몹시 크거나 이름난 절.

명산-대처(名山大處 이름 **명**/뫼 **산**/클 **대**/곳 **처**) 이름이 난 뫼('산'의 옛말)의 큰 곳이라는 뜻으로, 산(山)의 경치가 아름다워 이름이 널리 알려진 고장을 이르는 말. *명산(名山): ☞명산대찰(名山大刹). *대처(大處): 도회지(都會地). 즉, 인구가 많고 번화한 지역을 일반적으로 이르는 말.

명산-대천(名山大川 이름 **명**/뫼 **산**/클 **대**/내 **천**) 이름난 뫼('산'의 옛말)와 큰 내를 일컫는 말. *명산(名山): ☞명산대찰(名山大刹). *대천(大川): 큰 내. 또는 이름난 내.

명세-지-재(命世之才 목숨 **명**/대 **세**/어조사 **지**/재주 **재**) (한) 대(代)의 목숨을 (위한) 재주가 (있는 사람)이라는 뜻으로, 세상을 바로잡고 민생(民生)을 건질만한 큰 인재(人材. 어떤 일을 할 수 있는 학식이나 능력을 갖춘 사람). 즉, 한 시대를 바로잡아 구원(救援. 어려움이나 위험에 빠진 사람을 구하여 줌)할 만한 큰 인재(人材)를 이르는 말. *명세(命世): 한 시대에 뛰어난 사람. *대(代): 부록 '세(世)' 참고. *재주: 순우리말로, 무엇을 잘할 수 있는, 타고난 능력과 슬기. 이 사자성어의 유래는 다음과 같다. 『삼국지(三國志)·위서(魏書)』「무제기(武帝紀)」편(篇)에 〈천하는 장차(張次. '앞으로'의 뜻으로, 미래의 어느 때를 나타내는 말) 혼란에 빠질 것인데, 세상을 구할 만한 재목(材木)이 아니면 이를 구제할 수 없을 것이오, (그리고) 천하를 안정시키는 일은, 아마도 그대에게 달려 있을 것이로다.(天下將亂, 非命世之才不能濟也, 能安之者, 其在君乎)〉라는 구절이 나오는데, '세상을 구할 만한 재목(材木)이 아니면 이를 구제할 수 없을 것이오(非命世之才不能濟也)'에서 '명세지재(命世之才)'가 유래했다. '명세재(命世才)'라고도 하며, 위(魏)나라를 창업(創業. 나라를 처음으로 세움)한 난세(亂世. 어지러운 세상. 즉, 정치가 문란하고 질서가 흐트러져 전쟁 따위가 그치지 않는 세상을 일컬음)의 영웅(英雄)인 조조(曹操)를 평가(評價)한 교현(橋玄)의 말이다. '교현(橋玄)'은 동한(東漢) 말기(末期)의 대신(大臣. 벼슬 이름)이었다. 어떤 자료에는 후한(後漢) 중기(中期)에서 말기(末期)의 관료(官僚)였다고 한다. 자(字. 본이름을 함부로 부르지 않던 시대에, 본이름 대신 부르던 이름)는 공조(公祖)이며 저양(睢陽) 사람이다. 또 어떤 자료에는 수양현(睢陽縣) 사람이라고 되어 있다. 참고하기 바람. 조정(朝廷. 임금이 나라의 정치를 신하들과 의논하거나 집행하는 곳. 또는 그런 기구)에서 삼공(三公. 삼정승. 즉, 영의정, 좌의정, 우의정을 일컬음)을 지내고, 청백리(淸白吏. 청렴결백한 관리)로 유명했던 관료(官僚. 정부의 관리. 특히, 정치적인 영향력을 지닌 고급 관리를 일컫는 말)였는데, 그가 무명(無名. 이름이 널리 알려져 있지 않음)이고, 나이가 어린 젊은 조조(曹操)에게 이런 평가를 내렸다. 그는 조조(曹操)가 후세(後世)의 불세출(不世出. 세상에 다시 없을 만큼 뛰어남)의 영웅(英雄)이 될 것을 미리 알아본 것이었는데. 과연 그의 예감(豫感. 무슨 일이 일어날 것 같다는 것을 사전·事前에 느끼는 일. 또는 그런 느낌)대로 조조(曹操)는 능력 위주의 인재(人材) 등용(登用. 인재를 뽑아 씀)과 냉철(冷徹. 감정에 좌우되지 않고, 사물을 내다보는 데 냉정하고 날카로움)한 경영 철학으로 위(魏)나라 건국(建國)의 기초를 닦았다. 참고로, 원문의 '天下將亂'에서, '天'은 하늘 '천'으로 읽고, '下'는 아래 '하'로 읽는다. '天下'는 온 세상. '將'은 장차(將次) '장'으로 읽고, '亂'은 어지러울 '란(난)'으로 읽는다. '天下將亂'을 직역(直譯)하면, 천하(天下)가 장차(將次) 어지러울 (것인데), '非命世之才不能濟也'에서, '非'는 아닐(부정하는 말) '비'로 읽고, '命'은 목숨 '명'으로 읽고, '世'는 대(代) '세'로 읽고, '之'는 어조사 '지'로 읽는다. '~의'를 나타내는 관형격 조사. '才'는 재주 '재'로 읽고, '不'은 아닐(부정하는 말) '불'로 읽고, '能'은 능히 할 수 있을 '능'으로 읽고, '濟'는 구제(救濟)할 '제'로 읽고, '也'는 어조사 '야'로 읽는다. '~이다(단정)'의 뜻을 나타냄. '非命世之才不能濟也'를 직역(直譯)하면, 명세지재(命世之才)가 아니면 능히 구제(救濟)할 수가 없다. 여기서, '명세지재(命世之才)'가 유래하였는데, (한) 대(代)의 목숨을 (위한) 재주라는 뜻으로, 세상을 바로잡고 민생을 건질만한 큰 인재. 즉, 한 시대를 바로잡아 구원(救援)할만한 큰 인재(人材)를 이르는 말. '能安之者'에서, '安'은 안존(安存. 아무 탈 없이 평안히 지냄)할 '안'으로 읽고, '者'는 것 '자'로 읽는다. 여기서는 '일'을 대신하는 말. '能安之者'를 직역(直譯)하면, (천하를) 능히 안정시킬 수 있는 일은, '其在君乎'에서, '其'는, 여기서는 아마도 '기'로 읽고, '在'는 있을 '재'로 읽고, '君'은, 여기서는 그대 '군'으로 읽고, '乎'는 어조사 '호'로 읽는다. '이다(추측)'의 뜻을 나타냄. '其在君乎'를 직역(直譯)하면, 아마도 그대에게 (달려) 있을 것이오. 여기서 그대는 '조조(曹操)'를 가리킨다.

명-수-죽백(名垂竹帛 이름 **명**/드리울 **수**/대 **죽**/비단 **백**) 이름이 대[竹]와 비단에 드리운다는 뜻으로, 이름이 청사(靑史)에 길이 빛남. 또는 이름을 역사(歷史)에 깊이 남김을 이르는 말. 여기서, '청사(靑史)'는 주로 '청사에'의 꼴로 쓰이어, 역사(歷史) 혹은 기록(記錄)을 뜻하는 말. 예전에 푸른빛과 기름을 뺀 대껍질에 사실(史實. 역사상에 실제로 있었던 일. 또는 역사상의 사실)을 적은 데서 유래함. *죽백(竹帛): 중국 고대에, 종이가 발명되기 전에 대쪽이나 명주(明紬. 명주실로 무늬 없이 짠 피륙)에 글을 적던 데서, 책 특히 사서(史書. 역사를 기록한 책)를 이르는 말.

명승-고적(名勝古跡·蹟 이름 **명**/경치 좋을 **승**/옛 **고**/발자취 **적**) 경치 좋기로 이름이 (있는 곳과) 옛 발자취라는 뜻으로, 훌륭한 경치와 역사적인 유적(遺跡·蹟)을 이르는 말. ***명승**(名勝): 경관(景觀. '경치'와 같은 뜻)이 뛰어나 이름난 곳. =명승지(名勝地). ***고적**(古跡·蹟): 남아 있는 옛적 건물이나 시설물. 또는 그런 것이 있었던 터. 또는 역사상의 유물(遺物).

명실-불-부(名實不符 이름 **명**/실제 **실**/아닐 **불**/들어맞을 **부**) 이름과 실제(實際)가 들어맞지 아니한다는 뜻으로, 이름과 실상(實相)이 서로 맞지 아니함을 이르는 말. 圀 명실상부(名實相符). ***명실**(名實): 겉에 드러난 이름과 속에 있는 실상(實相). ***실제**(實際): 있는 그대로의, 또는 나타나거나 당하는 그대로의 상태나 형편.

명실-상부(名實相符 이름 **명**/실제 **실**/서로 **상**/들어맞을 **부**) 이름과 실제(實際)가 서로 들어맞는다. 또는 이름과 사실이 부합(符合. 서로 조금도 틀림이 없이 꼭 들어맞음)된다는 뜻으로, ①이름과 실상(實相)이 서로 꼭 맞음을 이르는 말. ② 알려진 것과 실제의 상황이나 능력이 일치하여 차이가 없음을 이르는 말. 圀 명실불부(名實不符). ***명실**(名實): ☞명실불부(名實不符). ***상부**(相符): 서로 들어맞음. ***실제**(實際): ☞명실불부(名實不符).

명심-불망(銘心不忘 새길 **명**/마음 **심**/아닐 **불**/잊을 **망**) 마음에 새겨 잊지 아니한다는 뜻으로, 마음에 깊이 새겨 두어 오래오래 잊지 아니함을 이르는 말. ***명심**(銘心): 마음에 새기어 둠. ***불망**(不忘): 잊지 않음. ***새기다**: 부록 '명(銘)' 참고.

명-야-복-야(命也福也 명령 **명**/어조사 **야**/복 **복**/어조사 **야**) 복(福)이 (생기도록) (자꾸) 명령(命令)한다는 뜻으로, 연거푸 생기는 행복(幸福)을 이르는 말.

명-약-관화(明若觀火 밝을 **명**/같을 **약**/볼 **관**/불 **화**) 밝기가 불을 보듯 같다는 뜻으로, 불을 보듯 분명하고 뻔함을 이르는 말. 즉, 더할 나위 없이 분명하고 확실함을 이르는 말. ***관화**(觀火): ①=명약관화(明若觀火). ②조선 시대에, 궁중에서 벌이던 불꽃놀이. 《관련 속담》 하나를 보면 열을 안다.

명월-위-촉(明月爲燭 밝을 **명**/달 **월**/위할 **위**/촛불 **촉**) 밝은 달이 촛불을 위한다. 즉, 밝은 달이 촛불을 대신해서 한다(비춘다)는 뜻으로, 밝은 달빛으로 촛불을 대신함을 이르는 말. ***명월**(明月): ①밝은 달. ②보름달. 특히, 음력 팔월 보름달.

명월-청풍(明月淸風 밝을 **명**/달 **월**/맑을 **청**/바람 **풍**) 밝은 달과 맑은 바람이라는 뜻으로, 밝은 달과 맑고 시원한 바람. 또는 밝은 달밤에 부는 시원한 바람을 이르는 말. ***명월**(明月): ☞명월위촉(明月爲燭). ***청풍**(淸風): 맑은 바람.

명-재-경각(命在頃刻 목숨 **명**/있을 **재**/잠깐 **경**/시각 **각**) 목숨이 잠깐의 시각(時刻)에 있다는 뜻으로, 거의 죽게 되어 곧 숨이 끊어질 지경(地境)에 이름을 일컫는 말. 즉, 목숨이 경각(頃刻)에 있어 매우 위태로운 상황을 일컫는 말. =명재조석(命在朝夕). ***경각**(頃刻): 아주 짧은 동안. ***잠깐**: 부록 '경(頃)' 참고. ***시각**(時刻): ①시간의 흐름 속의 어느 순간. 또는 일정한 순간. ②짧은 동안. 《관련 속담》 발등에 불 떨어졌다.

명-재-명-간(明再明間 날 샐 **명**/거듭 **재**/날 샐 **명**/사이 **간**) 날 샐 때나 거듭 날 샐 때의 사이라는 뜻으로, 내일이나 모레 사이를 이르는 말. 여기서, 날 샐 때는 '내일'이고, 거듭 날 샐 때는 '모레'를 각각 의미한다.

명-정-언-순(名正言順 이름 **명**/바를 **정**/말씀 **언**/순할 **순**) 이름이 바르고 말씀이 순(順)하다는 뜻으로, 명분(名分)이 바르고 말이 사리(事理. 일의 이치)에 맞음을 이르는 말.

명정-월색(明淨月色 밝을 **명**/깨끗할 **정**/달 **월**/빛 **색**) 밝고 깨끗한 달의 빛이라는 뜻으로, 밝고 맑은 달빛을 이르는 말. ***명정**(明淨): 밝고 맑음. ***월색**(月色): =달빛. 즉, 달에서 비쳐 오는 빛.

명조-지-손(名祖之孫 이름 **명**/조상 **조**/어조사 **지**/자손 **손**) 이름난 조상(祖上)의 자손. ***명조**(名祖): =명조상(名祖上). 즉, 이름난 조상.

명-존-실-무(名存實無 이름 **명**/있을 **존**/실제 **실**/없을 **무**) 이름만 있고 실제(실상)는 없다. 즉, 이름뿐이고 실속은 없다는 뜻으로, 소문(所聞)만 높이 났을 뿐 실속은 대단치 않음을 이르는 말. =유명무실(有名無實) ***실제**(實際): ☞명실불부(名實不符).

명-졸-지-추(命卒之秋 목숨 **명**/죽을 **졸**/어조사 **지**/때 **추**) 목숨이 죽을 때라는 뜻으로, 거의 죽게 된 때를 이르는 말.

명주-암-투(明珠闇投 밝을 **명**/구슬 **주**/어두울 **암**/던질 **투**) 밝은 구슬을 어둠 (속에) 던진다. 즉, 명주(明珠)를 어둠속에서 남에게 던져 준다는 뜻으로, 귀중한 물건도 남에게 잘못 주면 오히려 원망(怨望. 남이 내게 한 일에 대하여 억울하게 여겨 탓하거나 분하게 여겨 미워함)을 듣게 됨을 비유적으로 이르는 말. 귀중한 물건을 남에게 주려면 밝을 때 떳떳하게 주어야 한다. 어둠 속에서 던지듯 남에게 건네주면 그 물건을 받는 이는 기분이 좋지 않을 것이다. 그래서 귀한 선물도 주는 때와 장소가 나쁘면 주고도 원망(怨望)을 듣는다는 의미다. ***명주**(明珠): ①빛이 고운 아름다운 구슬. ②대동강(大同江), 두만강(豆滿江) 등지(等地. 땅의 이름 뒤에 쓰이어, 앞에 말한 '그러한 곳들'의 뜻을 나타내는 말)에서 나는 방합(蚌蛤. 연체동물·軟體動物의 석패과·石貝科에 속한 민물조개) 속에서 생긴 진주(眞珠).

명지-적견(明智的見 밝을 **명**/지혜 **지**/적실할 **적**/볼 **견**) 밝은 지혜(智慧)로 적실(的實)하게 본다. 즉, 옳게 알고 정확히 본다는 뜻으로, ①환하게 또는 분명하게 알고 똑똑히 봄을 이르는 말. ② 밝은 지혜(智慧)와 적확(的確. 벗어남이 없이 정확함. 또는 틀림이 없음)한 견해(見解)를 이르는 말. ***명지**(明智): 밝은 지혜. ***적견**(的見): 아주 적확하게 봄. 또는 어김없이 봄. ***적실하다**(的實~): 부록 '적(的)' 참고.

명창-정궤(明窓淨几 밝을 **명**/창 **창**/깨끗할 **정**/책상 **궤**) 밝은 창(窓)에 깨끗한 책상(冊床)이라는 뜻으로, 검소(儉素)하고 깨끗하게 꾸민 서재(書齋. 서적을 갖추어 두고 책을 읽거나 글을 쓰는 방)나 방(房)을 비유적으로 이르는 말. ***명창**(明窓): 볕이 잘 드는 창. ***정궤**(淨几): 깨끗한 책상. 이 사자성어의 유래는 다음과 같다. 구양수(歐陽脩)의 「시필(試筆)」 편(篇)에, 〈소순흠(蘇舜欽)이 일컬은 말을 맛보자면(음미해 보자면), "밝은 창 정갈한 책상에, 붓, 벼루, 종이, 먹이 모두 지극히 좋은 것, (이) 또한 인생의 즐거움이다. 그러나 이러한 즐거움을 얻을 수 있는 사람은 드물다. 또한 부귀(富貴)와 명리(名利. '명예·名譽'와 '이익·利益'을 아울러 이르는 말)를 선택하지 않고 자기가 좋아하는 것으로 옮겨가는 것, 이 또한 매우 드물다." 라고 말하였다. 나는 늦게야 이러한 운치(韻致)를 알았지만, 글씨 쓰는 체제(體制)가 뛰어나지 못하여, 옛사람들의 잘 쓴 것에 이르지 못함을 한탄하였으나, 서예(書藝)를 즐거움으로 여긴다면, 운치(韻致)가 있다고 생각한다.(蘇子美嘗云, **明窓淨几, 筆硯紙墨皆极精良**, 亦自是人生一樂, 然能得此樂者甚稀, 其不爲外物移其好者, 又特稀也, 余晚知此趣, 恨字體不工, 不能倒古人佳處, 若以爲樂, 則自是有餘〉라는 이야기가 나오는데, '밝은 창 정갈한 책상에, 붓, 벼루, 종이, 먹이 모두 지극히 좋은 것(明窓淨几, 筆硯紙墨皆极精良)'에서, '명창정궤(明窓淨几)'가 유래했다. '창문은 햇살로 환하고, 책상 위는 먼지 하나 없이 깨끗하다'는 것은, 선비가 차분한 마음으로 공부할 수 있는 환경을 말한다. 구양수(歐陽脩)는 소순흠(蘇舜欽)의 말을 빌려 이 글을 썼다. 구양수(歐陽脩)는 중국 송(宋)나라 때의 정치가, 시인, 문학자,

역사학자이다. 시호(諡號. 제왕·帝王이나 재상·宰相, 또는 어진 유학자 따위가 죽은 뒤에 생전의 공덕·功德을 기리어 임금이 내리던 이름)는 문충(文忠)이며 당송팔대가(唐宋八大家)의 한 사람이다. 여기서, '재상(宰相)'은 임금을 보필하며 모든 관원을 지휘, 감독하는 자리에 있는 이품(二品) 이상의 벼슬을 통틀어 이르던 말. 참고로, 원문의 '蘇子美嘗云'에서, '蘇'는 되살아날 '소'로 읽고, '子'는 아들 '자'로 읽고, '美'는 아름다울 '미'로 읽는다. '蘇子美'는 송(宋)나라 시인(詩人)인 '소순흠(蘇舜欽)'을 가리킨다. 여기서 '子美'는 '소순흠(蘇舜欽)'의 자(字. 본이름을 함부로 부르지 않던 시대에, 본이름 대신 부르던 이름)이다. '嘗'은 맛볼 '상'으로 읽고, '云'은 이를 '운', 일컬을 '운'으로 읽는다. '蘇子美嘗云'을 직역(直譯)하면, '소순흠(蘇舜欽)'이 일컬은 말을 맛보자면(음미해보자면), '明窓淨几'에서, '明'은 밝을 '명'으로 읽고, '窓'은 창(窓) '창'으로 읽고, '淨'은 깨끗할 '정'으로 읽고, '几'는 책상 '궤'로 읽는다. 여기서, '明窓淨几'가 유래하였는데, 이것을 직역(直譯)하면, 밝은 창(窓)에 깨끗한 책상(冊床)이라는 뜻으로, 검소(儉素)하고 깨끗하게 꾸민 서재(書齋. 서적을 갖추어 두고 책을 읽거나 글을 쓰는 방)나 방(房)을 비유적으로 이르는 말. '筆硯紙墨皆極精良'에서, '筆'은 붓 '필'로 읽고, '硯'은 벼루 '연'으로 읽고, '紙'는 종이 '지'로 읽고, '墨'은 먹 '묵'으로 읽고, '皆'는 다 '개', 모두 '개'로 읽고, '極'은 지극할 '극'으로 읽고, '精'은 정교(精巧. 솜씨나 기술 따위가 정밀하고 교묘함)할 '정'으로 읽고, '良'은 훌륭할 '량(양)'으로 읽는다. '精良'은 매우 정교하고 훌륭함. 筆硯紙墨皆極精良을 직역(直譯)하면, 붓, 벼루, 종이, 먹 모두가 지극히 정교(精巧)한 (것은) 여기서 '지필연묵(紙筆硯墨)'이 유래하였는데, 이것을 직역(直譯)하면 종이[紙]와 붓[筆]과 벼루[硯]와 먹[墨]을 아울러 이르는 말. '亦自是人生一樂'에서, '亦'은 또 '역', 또한 '역'으로 읽고, '自'는, 여기서는 진실로 '자'로 읽고, '是'는 이 '시'로 읽는다. 여기서는 '~이다(단정)'의 뜻이 강함. '人'은 사람 '인'으로 읽고, '生'은 살 '생'으로 읽는다. '人生'은 사람이 세상을 살아가는 일. '一'은 한 '일'로 읽고, '樂'은 즐거울 '락(낙)'으로 읽는다. '亦自是人生一樂'을 직역(直譯)하면, 역시 진실로 인생의 한 가지 즐거움이다. '然能得此樂者甚稀'에서, '然'은 그러나 '연', 그렇지만 '연'으로 읽고, '能'은 능히 할 수 있을 '능'으로 읽고, '得'은 얻을 '득'으로 읽고, '此'는 이(지시하는 말) '차'로 읽고, '者'는 사람 '자'로 읽고, '甚'은 매우 '심', 몹시 '심'으로 읽고, '稀'는 드물 '희'로 읽는다. '然能得此樂者甚稀'를 직역(直譯)하면, 그러나 이러한 즐거움을 능히 얻을 수 있는 사람은 매우 드물다. '其不爲外物移其好者'에서, '其'는 그(지시하는 말) '기'로 읽고, '不'은 아닐(부정하는 말) '불'로 읽고, '爲'는 할 '위'로 읽고, '外'는 바깥 '외'로 읽고, '物'은 사물(事物) '물'로 읽는다. '外物'은 바깥 세계에 존재하는 사물. '移'는 옮길 '이'로 읽고, '好'는 좋아할 '호'로 읽고, '者'는, 여기서는 것(사물, 현상, 일 따위를 추상적으로 이르는 말) '자'로 읽는다. '其不爲外物移其好者'를 직역(直譯)하면, 그 외물(外物)을 (선택하지) 아니하고 그 좋아하는 것으로 옮긴다면, 즉, 외물(外物)이 추구하는 부귀(富貴)와 명리(名利. '명예·名譽'와 '이익·利益'을 아울러 이르는 말)를 선택하지 않고 자기가 좋아하는 것으로 옮겨가는 것. '又特稀也'에서, '又'는 또 '우', 또한 '우'로 읽고, '特'은 특별할 '특'으로 읽고, '也'는 어조사 '야'로 읽는다. '~이다(단정)'의 뜻을 나타냄. '又特稀也'를 직역(直譯)하면, (이것) 또한 특별히 드문 (것)이다. 여기까지가, 구양수(歐陽脩)가 소순흠(蘇舜欽)의 말을 옮긴 것이다. '余晩知此趣'에서, '余'는 나 '여'로 읽는다. '구양수(歐陽脩)' 자기 자신을 가리킨다. '晩'은 늦을 '만'으로 읽고, '知'는 알 '지'로 읽고, '趣'는 풍취(風趣. 격에 어울리는 멋. =운치·韻致) '취'로 읽는다. '余晩知此趣'를 직역(直譯)하면, 나(구양수)는 늦게 이러한 풍취(風趣)를 알았지만, '恨字體不工'에서, '恨'은 한탄(恨

嘆·歎)할 ‘한’으로 읽고, ‘字’는 글자 ‘자’로 읽고, ‘體’는 체제(體制) ‘체’로 읽는다. ‘字體’는 글자의 체(體). 글자의 모양. ‘工’은 뛰어날 ‘공’, 장할 ‘공’으로 읽는다. ‘恨字體不工’을 직역(直譯)하면, 글자의 체(體)가 뛰어나지 아니함을 한탄(恨嘆·歎)하고, ‘不能倒古人佳處’에서, ‘不能’은 능히 할 수 없음. ‘倒’는, 여기서는 바꿀 ‘도’로 읽고, ‘古’는 옛 ‘고’로 읽는다. ‘古人’은 옛날 사람. ‘佳’는, 여기서는 훌륭할 ‘가’로 읽고, ‘處’는, 여기서는 부분(部分) ‘처’로 읽는다. ‘不能倒古人佳處’를 직역(直譯)하면, (구양수 자신이) 옛 사람의 아름다운 부분(글씨체)으로 능히 바꿀 수 없음을 (한탄한다). 즉, 구양수(歐陽脩) 자신이 글씨 쓰는 체제(體制)가 뛰어나지 못하여 옛사람들의 잘 쓴 서예의 글씨체로 바꾸지 못함을 한탄(恨嘆·歎)한다는 뜻이다. ‘若以爲樂’에서, ‘若’은 만약 ‘약’으로 읽고, ‘以’는 써(그것을 가지고, 그것으로 인하여) ‘이’로 읽고, ‘爲’는, 여기서는 삼을 ‘위’로 읽는다. ‘若以爲樂’을 직역(直譯)하면, 만약에 그것(서예)을 가지고 즐거움을 삼는다면, ‘則自是有餘’에서, ‘則’은 곧 ‘즉’으로 읽고, ‘自’는, 여기서는 ~부터(체언이나 부사어에 붙어, ‘동작이 비롯되는 처음’의 뜻을 나타내는 보조사) ‘자’로 읽고, ‘有’는 있을 ‘유’로 읽고, ‘餘’는 남을 ‘여’, 여분(餘分) ‘여’로 읽는다. ‘有餘’는 여유(餘裕)가 있음. ‘則自是有餘’를 직역(直譯)하면, 곧 (이것)부터 여유(餘裕)가 있는 (것)이다. 즉, 자신이 서예를 즐거움으로 삼는다면 여유(餘裕)에서 비롯된 운치(韻致. 고상하고 우아한 품격을 갖춘 멋)가 있을 것이다.

명천-지-하(明天之下 밝을 명/하늘 천/어조사 지/아래 하) 밝은 하늘 아래[下]라는 뜻으로, 총명(聰明. 썩 영리하고 재주가 있음)한 임금이 다스리는 태평한 세상(世上)을 비유적으로 이르는 말. 여기서, ‘재주’는 순우리말로, 무엇을 잘 할 수 있는, 타고난 능력과 슬기. *명천(明天): ①밝은 하늘. ②모든 것을 똑똑히 살피는 하느님.

명철-보신(明哲保身 똑똑할 명/밝을 철/보호할 보/몸 신) 똑똑하고 밝게 몸을 보호(保護)한다. 즉, 사리(事理. 일의 이치)에 밝고 도리(道理. 사람이 마땅히 지켜야 할 바른 길)에 맞게 처신한다는 뜻으로, 총명(聰明. 썩 영리하고 재주가 있음)하고 사리(事理)에 밝아 일을 잘 처리하여 자기 몸을 잘 보존(保存)함을 이르는 말. 여기서, ‘재주’는 순우리말로, 무엇을 잘 할 수 있는, 타고난 능력과 슬기. 매사에 요령 있게 처신(處身. 남 앞에서의 몸가짐이나 행동)해 몸을 보전한다는 뜻이다. *명철(明哲): 총명(聰明)하고 사리(事理)에 밝음. 여기에서는 천하의 사리(事理)에 통하고 앞서 깨닫는 사람을 말함. *보신(保身): ①몸을 안전하게 지킴. 여기에서는 나오고 물러남에 있어 이치에 어긋남이 없음을 뜻함. ②자신의 지위(地位), 명성(名聲. 세상에 널리 퍼져 평판 높은 이름), 재물(財物) 따위를 잃지 않으려고 약게(자기에게 이롭지 않은 일에는 아예 나서지 않는, 꾀가 많은 데가 있게) 행동하는 일. 이 사자성어의 유래는 다음과 같다. 『시경(詩經)·대아(大雅)』의 「증민(蒸民)」 편(篇)에 〈지엄하신 왕의 명을 / 중산보(仲山甫)가 받들어 행하네. / 나라의 잘한 일, 못한 일 / 중산보(仲山甫)가 밝혔네. / 밝고 현명하게 처신하여 / 몸을 보전하였네. / 밤낮으로 게으름이 없이 / 오로지 한 분을 섬긴다네. (肅肅王命, 仲山甫將之, 我國若否, 仲山甫明之, 旣明且哲, 以保其身, 夙夜匪解, 以事一人.)〉라는 시구(詩句)가 나오는데, ‘밝고 현명하게 처신하여, 몸을 보전하였네.(旣明且哲, 以保其身)’에서, ‘명철보신(明哲保身)’이 유래했다. 이 시(詩)는 주(周)나라 선왕(宣王)을 잘 보필(輔弼. 윗사람의 일을 도움. 또는 그런 사람)한 명재상(名宰相. 이름난 재상·宰相)인 중산보(仲山甫)의 덕(德. 고매하고 너그러운 도덕적 품성)을 찬양한 것이다. 여기서, 재상(宰相)은 임금을 보필하며 모든 관원을 지휘, 감독하는 자리에 있는 이품(二品) 이상의 벼슬을 통틀어 이르던 말.

참고로, 원문의 '肅肅王命'에서, '肅'은 엄숙할 '숙', 엄할 '숙'으로 읽는다. '肅肅'은 삼가는 마음이 생길 만큼 분위기가 엄숙함. '王'은 임금 '왕'으로 읽고, '命'은 명령 '명'으로 읽는다. '肅肅王命'을 직역(直譯)하면, 엄숙한 왕의 명령. '仲山甫將之'에서, '仲'은 버금(으뜸의 바로 아래, 또는 그런 지위에 있는 사람이나 물건) '중'으로 읽고, '山'은 뫼(산의 옛말) '산'으로 읽고, '甫'는 클 '보'로 읽는다. '仲山甫'는 사람 이름. '將'은 여기서는 행(行)할 '장'으로 읽고, '之'는 어조사 '지'로 읽는다. '그것'을 나타내는 지시 대명사. '仲山甫將之'를 직역(直譯)하면, 중산보(仲山甫)가 그것(왕의 명령)을 행하네. '我國若否'에서, '我'는 나(1인칭 대명사) '아'로 읽고, '國'은 나라 '국'으로 읽고, '若'은 같을 '약'으로 읽고, '否'는 아닐(부정하는 말) '부'로 읽는다. '若否'를 직역(直譯)하면, 같음과 같지 않음. 즉, 잘한 일과 못한 일. 좋고 나쁨. '我國若否'를 직역(直譯)하면, 우리나라의 같음과 같지 않음을, 즉, 우리나라의 잘한 일과 못한 일. 좋고 나쁨을. '仲山甫明之'에서, '明'은 똑똑할 '명'으로 읽는다. '仲山甫明之'를 직역(直譯)하면, 중산보(仲山甫)는 그것을 똑똑히 (밝히고 있네). '旣明且哲'에서, '旣'는 이미(돌이킬 수 없이 된 지난 일을 일컬을 때 쓰는 말) '기'로 읽고, '且'는 또 '차', 또한 '차'로 읽고, '哲'은 밝을 '철', 슬기로울 '철'로 읽는다. '旣明且哲'을 직역(直譯)하면, 이미 똑똑히 (이치에) 밝고 또한 슬기로움으로. '以保其身'에서, '以'는 써(그것을 가지고, 그것으로 인하여) '이'로 읽고, '保'는 보호할 '보', 지킬 '보'로 읽고, '其'는 그(지시하는 말) '기'로 읽고, '身'은 몸 '신'으로 읽는다. '以保其身'을 직역(直譯)하면, 그것(이미 이치에 밝고 또한 슬기로움)을 가지고 그(자기) 몸을 지킴(보전함). 여기서, '明哲保身'이 유래하였는데, 이것을 직역(直譯)하면, 똑똑하고 밝게 몸을 보호(保護)한다는 뜻으로, 총명(聰明. 썩 영리하고 재주가 있음)하고 사리(事理. 일의 이치)에 밝아 일을 잘 처리하여 자기 몸을 잘 보존(保存)함을 이르는 말. 매사에 요령 있게 처신해 몸을 보전한다는 뜻이다. '夙夜匪解'에서, '夙'은 새벽 '숙'으로 읽고, '夜'는 밤 '야'로 읽는다. '夙夜'는 이른 아침과 늦은 밤. '匪'는 아닐(부정하는 말) '비'로 읽는다. '비(非)'와 같은 글자다. '解'는, 여기서는 게으를 '해'로 읽는다. '해(懈)'와 같은 글자이다. '夙夜匪解'를 직역(直譯)하면, 이른 아침과 늦은 밤에(밤 동안) 게으르지 아니하게, 즉, 부지런하게. '以事一人'에서, '事'는 섬길 '사'로 읽고, '一'은 한 '일'로 읽고, '人'은 사람 '인'으로 읽는다. '以事一人'을 직역(直譯)하면, 그것을 가지고 한 사람(임금)을 섬기도다.

모골-송연(毛骨悚然 털 **모**/뼈 **골**/두려워할 **송**/그러할 **연**) 털과 뼈까지 두려움이 그러하다(오싹하다). 즉, 온 몸에 소름이 오싹한다는 뜻으로, 몹시 놀랍고도 두려움을 이르는 말. 또는 무슨 일을 보거나 당하거나 했을 때 끔찍스러워서 몸이 오싹해짐을 이르는 말. *모골(毛骨): 털[毛]과 뼈[骨]를 아울러 이르는 말. *송연(悚然): 두려워 몸을 옹송거릴(궁상맞게 몸을 옹그릴) 정도로 오싹 소름이 끼침.

모략-중상(謀略中傷 꾀할 **모**/노략질할 **략**/가운데 **중**/해칠 **상**) 노략(擄掠)질할 (것을) 꾀하는 가운데 해친다는 뜻으로, 남을 모략(謀略)하여 명예(名譽. 세상 사람들로부터 받는 높은 평가와. 이에 따르는 영광. 또는 사람 또는 단체의 사회적 평가나 가치)를 손상시킴. 또는 그런 일을 이르는 말. =중상모략(中傷謀略). *모략(謀略): ①계책(計策. 어떤 일을 이루기 위하여 꾀나 방법을 생각해 냄. 또는 그 꾀나 방법)이나 책략(策略. 어떤 일을 꾸미고 이루어 나가는 교묘한 방법)을 이르는 말. ②사실을 왜곡(歪曲. 사실과 다르게 해석하거나 그릇되게 함)하거나 속임수를 써 남을 해롭게 함. 또는 그런 일. *중상(中傷): 터무니없는 말로 남을 헐뜯어 명예를 손상시킴. *꾀하다: 부록 '모(謀)' 참고. *노략질하다(擄掠~): 떼를 지어 돌아다니면서 사람이나 재물을 마구 빼앗아 가다.

모모-제인(某某諸人 아무 **모**/아무 **모**/여러 **제**/사람 **인**) 아무아무라는 여러 사람. *모모(某某): 아무아무. *제인(諸人): 모든 사람. 또는 많은 사람. *아무: 부록 '모(某)' 참고.

모몰-염치(冒沒廉恥 무릅쓸 **모**/빠질 **몰**/염치 **염**/부끄러울 **치**) 염치(廉恥)와 부끄러움을 무릅쓰고 빠진다는 뜻으로, 염치(廉恥)없는 줄 알면서도 이를 무릅쓰고 함. 또는 그런 일을 이르는 말. *모몰(冒沒): =모몰염치(冒沒廉恥). *염치(廉恥): 결백하고 정직하며 부끄러움을 아는 마음. *무릅쓰다: 부록 '모(冒)' 참고. *빠지다: 부록 '몰(沒)' 참고. 이 사자성어의 유래는 다음과 같다. 『당송팔대가(唐宋八大家)의 한 사람인 유종원(柳宗元)의 「당고급사중황태자시독육문통선생묘표(唐故給事中皇太子侍讀陸文通先生墓表)」에 〈(중국 춘추시대의 사상가이며 학자인) 공자(孔子)께서 『춘추(春秋)』를 지은 지 1,500년이 되었고, 『춘추전(春秋傳)』을 지은 사람이 다섯 사람인데, 지금 그 중 세 개의 전(傳)이 쓰인다. 죽간(竹簡. 중국에서 종이가 발명되기 전에 글자를 기록하던 대나무 조각. 또는 대나무 조각을 엮어서 만든 책)을 잡고 노심초사(勞心焦思. 본문 참고)하며 주석(註釋. 낱말이나 문장의 뜻을 쉽게 풀이함. 또는 그런 글)을 단 학자들이 일백천 명에 달한다. 그들은 성품이 뒤틀리고 굽은 사람들로, 말로써 서로 공격하고 숨은 일을 들추어내는 자(者)들이었다. 그들이 지은 책을 집에 두면 방에 가득 차고, 밖으로 내보내면 소와 말이 땀을 흘릴 정도이다. 공자(孔子)의 뜻에 맞는 책이 숨겨지고, 혹은 어긋나는 책이 세상에 드러나기도 했다. 후세의 학자들은 늙음을 다하고 기운을 다하여, 왼쪽을 보고 오른쪽을 돌아보아도 그 근본을 얻지 못한다. 여기서, '기운'은 순우리말로, 생물이 살아 움직이는 원기(元氣). 또는 거기서 나오는 힘.(孔子作春秋千五百年, 以名爲傳者五家, 今用其三焉, 秉觚牘, 焦思慮, 以爲論註疏說者百千人矣, 攻訐狠怒, **以詞氣相擊排冒沒者**, 其爲書, 處則充棟宇, 出則汗牛馬, 或合而隱, 或乘而顯, 後之學者, 窮老盡氣, 左視右顧, 莫得而本.)〉라는 이야기가 나오는데, '말로써 서로 공격하고 숨은 일을 들추어내는 자(者)들이었다.(以詞氣相擊排冒沒者)'에서, '모몰염치(冒沒廉恥)'가 유래했다. '冒沒'은 '모몰염치(冒沒廉恥)'의 준말이다. 위의 이야기는 공자가 『춘추(春秋)』를 지은 본래의 의도는 파악하지 못한 채, 자기의 생각만 주장하는 자(者)들이 쓴 책이 넘쳐나는 것을 개탄(慨歎·嘆. 분하거나 못마땅하게 여겨 한탄하거나 탄식함)한 글이다. 나머지 구체적인 내용은 ⇨노심초사(勞心焦思)(뒷부분).

모-산-지-배(謀算之輩 꾀 **모**/셈할 **산**/어조사 **지**/무리 **배**) 꾀를 셈하는 무리라는 뜻으로, 꾀를 내어 이해타산(利害打算. 본문 참고)을 일삼는 무리를 이르는 말. *꾀: 일을 그럴듯하게 꾸미는 교묘한 생각이나 수단. *셈하다: 부록 '산(算)' 참고. *무리: 부록 '배(輩)' 참고.

모색-창연(暮色蒼然 저물 **모**/빛 **색**/푸를 **창**/그러할 **연**) 저무는 빛이 그러하게 푸르다. 즉, 날이 저물 무렵의 빛이 푸르다는 뜻으로, 저녁 무렵의 경치가 어스레함(조금 어둑함)을 이르는 말. *모색(暮色): 날이 저물어 가는 어스레한 빛. *창연(蒼然): ①빛깔이 썩 푸름. ②(날이 저물어) 어둑어둑함. ③물건이 오래되어 예스러운 빛이 드러나 있음. *저물다: 부록 '모(暮)' 참고.

모수-자천(毛遂自薦 털 **모**/이룩할 **수**/스스로 **자**/천거할 **천**) 모수(毛遂)가 스스로를 천거(薦擧)한다는 뜻으로, 자기가 자기를 추천(推薦)하거나 자진(自進. 남이 시키는 것을 기다리지 아니하고 스스로 나섬)해 나서는 것을 이르는 말. 어려운 일을 당하여 스스로 그 일을 맡고 나선다는 뜻으로 사용되었으나, 차츰 의미가 바뀌어 일의 전후(前後)도 모르고 나서는 사람을 의미하기도 함. *모수(毛遂): 사람 이름. *자천(自薦): 자기가 자기를 추천함. *천거하다(薦擧~): 어떤 일을 맡아 할 수 있는 사람을 그 자리에 쓰도록 소개하거나 추천하다. 이 사자성어의 유래는 다음과 같다. 『사기(史記)』의 「평원군우경열전(平原君虞卿列傳)」 편(篇)에, 〈평원군(平原君)의 문하(門下. 여기서는 문하생·門下生이 드나드는 권세·權勢 있는 집)에 모수(毛遂)라는 사람이 있었는데, 앞으로 나와 자찬(自贊)하며 평원군(平原君)에게 말했다. "군(君)께서 초(楚)나라와 합종(合從·縱)을 하러 가시는데, 외부에서 찾지 않고 문하(門下)의 식객 20명과 함께 가기로 했다고 하는데, 한 사람이 모자란다고 들었습니다. 저를 수행원으로 데리고 가 주시기를 바랍니다." <u>門下有毛遂者</u>, 前, 自贊於平原君曰, 遂聞君將合縱於楚, 約與食客門下二十人偕, 不外索, 今少一人, <u>願君卽以遂備員而行矣</u>.〉라는 이야기가 나오는데, '문하에 모수(毛遂)라는 사람이 있었는데,(門下有毛遂者)'와, '저를 수행원으로 데리고 가 주시기를 바랍니다.(願君卽以遂備員而行矣)'에서, '모수자천(毛遂自薦)'이 유래했다. 이 글의 배경은 이렇다. 진(秦)나라가 조(趙)나라의 수도(首都)인 한단(邯鄲)을 공격하자, 조(趙)나라 왕은 평원군(平原君)을 초(楚)나라에 보내 합종(合從·縱)의 맹약(盟約. 여기서는 동맹국 사이의 조약)을 맺도록 했다. 평원군(平原君)은 식객(食客)들 중에서 문무(文武)를 겸비한 20명을 골라 함께 가기로 했는데, 19명을 고른 뒤에는 더 이상 고를 만한 사람이 없었다. 그때 모수(毛遂)가 이 사실을 알고 스스로 자기를 추천(推薦)한 것이다. 이 이야기는 '낭중지추(囊中之錐)'와 연결되어 있으니, 본문 '낭중지추(囊中之錐)' 참고 바람. 참고로, 원문의 '門下有毛遂者'에서, '門'은 문(門) '문'으로 읽고, '下'는 아래 '하'로 읽는다. '門下'는 가르침을 받는 스승의 아래. '有'는 있을 '유'로 읽고, '毛'는 털 '모'로 읽고, '遂'는 드디어 '수', 이룩할 '수'로 읽는다. '毛遂'는 사람 이름. '者'는 사람 '자'로 읽는다. '門下有毛遂者'를 직역(直譯)하면, 문하(門下)에 모수(毛遂)라는 사람이 있었다. '自贊於平原君曰'에서, '自'는 스스로 '자'로 읽고, '贊'은 기릴(잘하는 일과 좋은 점을 칭찬하여 말함) '찬'으로 읽는다. '자찬(自贊)'은 자기를 스스로 칭찬함. '자찬(自讚)'과 같은 뜻. '찬(贊)'과 '찬(讚)'은 둘 다 기릴 '찬'이기 때문이다. '於'는 어조사 '어'로 읽는다. '~에게(위치)'의 뜻을 나타냄. '平'은 평평할 '평'으로 읽고, '原'은 언덕 '원'으로 읽고, '君'은 임금 '군'으로 읽는다. '平原君'은 왕 이름. '自贊於平原君曰'을 직역(直譯)하면, 평원군(平原君)에게 자기 스스로 칭찬하며 말하기를, '遂聞君將合縱於楚'에서, '遂'는 '모수(毛遂)'를 가리킴. '聞'은 들을 '문'으로 읽는다. '君'은 '평원군(平原君)'을 가리킴. '將'은 장차(將次. <u>앞으로'의 뜻으로, 미래의 어느 때를 나타내는 말</u>) '장'으로 읽고, '合'은 합할 '합'으로 읽고, '縱'은 세로 '종'으로 읽는다. '合縱'은 세로로(<u>남북으로</u>) 합한다는 뜻으로, 중국 전국 시대에, 소진(蘇秦)이 주장한 외교 정책. 서쪽의 강국 진(秦)나라에 대항하기 위하여 남북(南北)으로 위치한 위(魏), 한(韓), 조(趙), 연(燕), 제(薺), 초(楚)의 여섯 나라가 동맹할 것을 주장하였다. '於'는 어조사 '어'로 읽는다. '~에(장소)'의 뜻을 나타냄. '楚'는 초(楚)나라 '초'로 읽는다. '遂聞君將合縱於楚'를 직역(直譯)하면, 모수(毛遂)는 평원군(平原君)께서 장차(將次) 초(楚)나라에(와) 합종(合從·縱)한다는 것을 들었습니다. '約與食客門下二十人偕'에서, '約'은 약속할 '약'으로 읽고, '與'는 더불어 '여'로 읽는다. '食'은 밥 '식', 먹을 '식'으로 읽고, '客'은 손님 '객', 나그네 '객'으로 읽는다. '食客'은 예전에, 세력 있는 대갓집에 얹혀 있으면서 문객(門客. <u>세력 있는 집에 머물면서 밥을 얻어먹고 지내는 사람. 또는 덕을 볼까 하고 수시로 그 집에 드나드는 사람</u>) 노릇을 하던 사람. '二'는 두 '이'로 읽고, '十'은 열 '십'으로 읽고, '人'은 사람 '인'으로 읽고, '偕'는 함께 '해'로 읽는다. '約與食客門下二十人偕'를 직역(直譯)하면, 식객(食客)과 더불어 문하의 20명과 함께 (가기로) 약속하시고, '不外索'에서, '不'은 아닐(부정하는 말) '불'로 읽고, '外'는 바깥 '외'로 읽고, '索'은 찾을 '색'으로 읽는다. '不外索'

를 직역(直譯)하면, 바깥에서 찾지 않았습니다. '今少一人'에서, '今'은 지금 '금'으로 읽고, '少'는 적을 '소'로 읽고, '一'은 한 '일'로 읽는다. '今少一人'을 직역(直譯)하면, 지금 한 사람이 적으니, '願君卽以遂備 員而行矣'에서, '願'은 원할 '원'으로 읽고, '卽'은 곧 '즉'으로 읽고, '以'는 써(그것을 가지고, 그것으로 인하여) '이'로 읽고, '遂'는 드디어 '수'로 읽는다. 여기서는 '모수(毛遂)'를 가리킴. '備'는 갖출 '비', 준비 (準備)할 '비'로 읽고, '員'은 인원(人員. 단체를 이루고 있는 사람들, 또는 그 수효) '원'으로 읽는다. '備員' 은, 여기서는 '수행원(隨行員)'을 의미함. '而'는 말 이을 '이'로 읽는다. '그리고'의 뜻을 나타냄. '行'은 길 갈 '행'으로 읽고, '矣'는 어조사 '의'로 읽는다. '~이다(단정)'의 뜻을 나타냄. '願君卽以遂備員而行矣'를 직역(直譯)하면, 평원군(平原君)께서 곧 모수(毛遂)를 수행원으로서 그리고 길을 가도록 (허락해 주시기 를) 원합니다. 여기서, '毛遂自薦'이 유래하였는데, 이것을 직역(直譯)하면, 모수(毛遂)가 스스로를 천거 (薦擧)한다는 뜻으로, 자기가 자기를 추천(推薦)하거나 자진(自進)해 나서는 것을 이르는 말.

모순-당착(矛盾撞着 창 모/방패 순/부딪칠 당/붙을 착) (어떤 때에는) 창(槍)과 방패(防牌)가 부딪치고 (있 다고 말하고), (어떤 때에는) 창(槍)과 방패(防牌)가 붙어 있다고 (말한다는) 뜻으로, 같은 사람의 말이나 행동이 앞뒤가 서로 맞지 아니하고 모순(矛盾)됨을 이르는 말. =자가당착(自家撞着). 자기모순(自己矛 盾). *모순(矛盾): ①말이나 행동의 앞뒤가 서로 맞지 않음. ②논리학(論理學)에서, 두 개의 개념이나 명제(命題. 참이나 거짓을 가리기 위해 어떤 논리적 판단의 내용을 언어, 기호·記號, 식·式 따위로 나타 낸 것. A는 B이다. 따위) 사이에 의미 내용이 서로 상반(相反. 서로 반대되거나 어긋남)되는 관계를 이르는 말. *당착(撞着): ①(말이나 행동이) 앞뒤가 서로 맞지 않음. ②서로 맞부딪침. *창(槍): 부록 '모(矛)' 참고. *방패(防牌): 부록 '순(盾)' 참고. 《관련 속담》 거지가 도승지(都承旨)를 불쌍타 한다. / 기둥보다 서까래가 더 굵다. / 바늘보다 실이 굵다. / 배보다 배꼽이 더 크다. (이 속담들은 모순적 표현 이다.) 이 사자성어의 유래는 다음과 같다. 『한비자(韓非子)』의 「난일(難一)」 편(篇)에 〈초(楚)나라에 방패 (防牌)와 창(槍)을 파는 한 사람이 있었다. 그는 (방패·防牌를 팔 때에는) 방패(防牌)를 자랑하며, "이 방패(防牌)는 굳고 단단해서, 무엇으로도 뚫을 수 없습니다."라고 하고, 또 (창槍을 팔 때에는) 창(槍)을 자랑하며, "이 창의 날카로움으로, 어떤 방패(防牌)든지 못 뚫는 것이 없습니다."라고 했다. 그러자 어떤 사람이 물었다. "그대의 창(槍. 공격용·攻擊用 무기)으로 그대의 방패(防牌. 방어용·防禦用 무기)를 찌르 면, 어떻게 되겠소?" 그 사람은 아무 대꾸도 하지 못했다. 무릇 뚫리지 않는 방패(防牌)와 못 뚫는 것이 없는 창(槍)은, 이 세상에 존재할 수가 없다.(楚人有鬻盾與矛者, 譽之曰, **吾盾之堅, 物莫能陷也, 又譽其 矛曰, 吾矛之利, 於物無不陷也,** 或曰, 以子之矛陷子之盾, 何如, 其人弗能應也, 夫不可陷之盾與無不陷之 矛, 不可同世而立)〉라는 이야기가 나오는 데, '이 방패(防牌)는 굳고 단단해서, 무엇으로도 뚫을 수 없습 니다."라고 하고, 또 창(槍)을 자랑하며, "이 창의 날카로움으로, 어떤 방패(防牌)든지 못 뚫는 것이 없습 니다.(吾盾之堅, 物莫能陷也, 又譽其矛曰, 吾矛之利, 於物無不陷也,)'에서, '모순(矛盾)'이 유래했고, 이 '모순(矛盾)'의 의미가 확장되어 '모순당착(矛盾撞着)'이 유래한 것이다. 사실 '당착(撞着)'도 '모순(矛盾)' 과는 의미가 비슷하다. 참고로, 원문의 '楚人有鬻盾與矛者'에서, 楚는 초(楚)나라 '초'로 읽고, '人'은 사람 '인'으로 읽고, '有'는 있을 '유'로 읽고, '鬻'은 죽(粥. 오래 끓여 알갱이가 흠씬 무르게 만든 음식) '죽', 팔(돈을 받고 물건 따위를 줌) '육'으로 읽는다. 여기서는 팔 '육'으로 읽는다. '盾'은 방패(防牌) '순'으로 읽고, '與'는 어조사 '여'로 읽는다. '~와', '~과(병렬)'의 뜻을 나타냄. '矛'는 창(槍) '모'로 읽고, '者'는 사람 '자'로 읽는다. '楚人有鬻盾與矛者'를 직역(直譯)하면, 초(楚)나라 사람으로서 방패(防牌)와 창(槍)을 파는 사람이 있었다. '譽之曰'에서, '譽'는 찬양(讚揚. 훌륭함을 기리어 드러냄)할 '예'로 읽는다. 여기서는 '자랑하다'의 뜻이 강함. '之'는 어조사 '지'로 읽는다. '그것'을 가리키는 지시 대명사. 여기서는 '방패(方牌)'를 가리킴. '曰'은 일컬을 '왈'로 읽는다. '譽之曰'을 직역(直譯)하면, (그는) 방패(防牌)를 자랑하며 일컫기를, '吾盾之堅'에서, '吾'는 나(1인칭 대명사) '오'로 읽고, '之'는 어조사 '지'로 읽는다. 여기서는 '~의'의 뜻을 나타내는 관형격 조사. '堅'은 굳셀 '견'으로 읽는다. 여기서는 '견고(堅固. 굳고 튼튼함)하다'의 뜻이 강함. '吾盾之堅'을 직역(直譯)하면, 나의 방패(防牌)의 견고(堅固)함은, '物莫能陷也'에서, '物'은 사물 '물'로 읽고, '莫'은 없을 '막'으로 읽고, '能'은 능히 할 수 있을 '능'으로 읽고, '陷'은 함락(陷落. 적·敵의 성·城, 요새·要塞, 진지·陣地 따위를 공격하여 무너뜨림)당할 '함'으로 읽는다. 여기서는 '뚫다'의 뜻이 강함. '也'는 어조사 '야'로 읽는다. '이다(단정)'의 뜻을 나타냄. '物莫能陷也'를 직역(直譯)하면, (어떠한) 사물도 능히 뚫을 수 없는 (것)입니다. (라고 말하고), 즉, 자기의 방패(防牌)는 아주 견고(堅固)하여 어떤 창(槍)도 방패(防牌) 구멍을 뚫을 수 없다는 뜻이다. '又譽其矛曰'에서, '又'는 또 '우'로 읽고, '其'는 그(지시하는 말) '기'로 읽는다. '又譽其矛曰'을 직역(直譯)하면, 또 그 창(槍)을 자랑하며 일컫기를, '吾矛之利'에서, '利'는 날카로울 '리(이)'로 읽는다. '吾矛之利'를 직역(直譯)하면, 나의 창(槍)의 날카로움은, '於物無不陷也'에서, '於'는 어조사 '어'로 읽는다. '~보다(비교)'의 뜻을 가짐. '無'는 없을 '무'로 읽고, '不'은 아닐(부정하는 말) '불'로 읽는다. 여기서 '無'와 '不'은 둘 다 부정(否定)하는 말이다. 그래서 '無不'은 부정(否定)하는 말과 부정(否定)하는 말이 합쳐져 있기 때문에 강한 긍정(肯定)의 뜻을 나타낸다. '於物無不陷也'를 직역(直譯)하면, (어떤) 사물보다 뚫지 않는 것이 없을 (정도)입니다.(라고 말했다.) 무엇이든지 뚫을 수 있다(긍정)는 뜻이다. 즉, 자기의 창(槍)은 아주 날카로워서 어떤 방패(防牌)도 뚫을 수 있다는 말이다. 결국 방패(防牌)를 팔 때는 창(槍)으로 구멍을 뚫을 수 없다고 말하고, 창(槍)을 팔 때는 어떤 방패(防牌)라도 구멍을 뚫을 수 있다고 말한 것이다. 여기서, '모순당착(矛盾撞着)'이 유래했는데, 이것을 설명하면, (어떤 때에는) 창(槍)과 방패(防牌)가 부딪치고 (있다고 말하고), (어떤 때에는) 창(槍)과 방패(防牌)가 붙어 있다고 (말한다는) 뜻으로, 같은 사람의 말이나 행동이 앞뒤가 서로 맞지 아니하고 모순(矛盾)됨을 이르는 말. '或曰'에서, '或'은 어떤 이 '혹'으로 읽는다. '或曰'을 직역(直譯)하면, (장사꾼이 하는 말을 다 듣고) 어떤 이가 말하기를, '以子之矛陷子之盾'에서, '以'는 써(그것을 가지고, 그것으로 인하여) '이'로 읽고, '子'는 여기서는 당신 '자', 그대 '자'로 읽고, '之'는 어조사 '지'로 읽는다. 여기서는 '그것'을 가리키는 지시 대명사. '以子之矛陷子之盾'을 직역(直譯)하면, 그대의 창(槍)을 가지고 그대의 방패(防牌)를 찌르면, '何如'에서, '何'는 어찌 '하'로 읽고, '如'는 여기서는 어떠할 '여'로 읽는다. '何如'는 한문(漢文) 구(句)의 하나로, 어떠한가? '何如'를 직역(直譯)하면, 어떠합니까? '其人弗能應也'에서, '弗'은 아닐(부정하는 말) '불'로 읽는다. '不'과 같은 뜻이다. '應'은 여기서는 대답할 '응'으로 읽는다. '其人弗能應也'를 직역(直譯)하면, 그 사람은 능히 대답하지 아니하였던 (것)이다. 즉, 장사꾼이, 자기가 한 말이 모순(矛盾)이라는 것을 알고 있기 때문에 아무 대답도 하지 않았다는 뜻이다. '夫不可陷之盾與無不陷之矛'에서, '夫'는 대저(大抵. 대체로 보아서) '부'로 읽는다. '可'는 가히 '가'로 읽는다. '不可'는 한문(漢文) 구(句)의 하나로, ~할 수 없다. '與'는 어조사 '여'로 읽는다. '~와', '~과(병렬)'의 뜻을 나타냄. '夫不可陷之盾與無不陷之矛'를 직역(直譯)하면, 대체로 보아서 그것을 뚫을 수 없는 방패(防牌. 방어용·

防禦用 무기)와 그것을 뚫지 아니함이 없는 창(槍. 공격용·攻擊用 무기)은, '不可同世而立'에서, '同'은 함께 '동'으로 읽고, '世'는 세상 '세'로 읽고, '而'는 말 이을 '이'로 읽는다. '그리고'의 뜻을 나타냄. '立'은 여기서는 존재할 '립(입)'으로 읽는다. '不可同世而立'을 직역(直譯)하면, (이) 세상에 함께 그리고 존재할 수가 없다. 즉, 한비자(韓非子. '한비·韓非'를 높여 이르는 말. 중국 춘추전국시대·春秋戰國時代 말기·末期의 법가·法家의 주창자·主唱者)는 여기서 어떤 창(槍)에도 절대로 뚫리지 않는 방패(防牌)와, 절대로 방패(防牌)를 뚫을 수 없는 창(槍)은 이 세상에 존재할 수가 없음을 말하고 있다. 그는 요순(堯舜. 요임금과 순임금) 같은 현자(賢者)와 걸주(桀紂. 하·夏나라의 마지막 임금인 걸왕·桀王과 은·殷나라의 마지막 임금인 주왕·紂王) 같은 폭군(暴君)은 한 세상에서 동시에 있을 수 없고, 각각으로 비교할 수도 없다. 다만 나라를 다스리는 데는 법도(法度. '법률·法律'과 '제도·制度'를 아울러 이르는 말) 이상(以上) 중요한 것이 없다는 것을 설명하기 위해 창(槍)과 방패(防牌)를 예(例)로 들어 설명한 것으로 전해지고 있다.

모-야-모-야(某也某也 아무 **모**/어조사 **야**/아무 **모**/어조사 **야**) 아무아무, 아무개 아무개의 뜻을 나타내는 말. =모야수야(某也誰也). *아무: 부록 '모(某)' 참고.

모야-무지(暮夜無知 저물 **모**/밤 **야**/없을 **무**/알 **지**) 저문 밤이라 (아무도) 아는 (것이) 없다는 뜻으로, 이슥한(밤이 매우 깊은) 밤에 하는 일이라서, 보고 듣는 사람이 없거나 알 사람이 없음을 이르는 말. 또는 몰래 뇌물(賂物. 어떤 직위에 있는 사람을 매수하여 사사로운 일에 이용하기 위하여 넌지시 건네는 부정한 돈이나 물건)이나 선물(膳物)을 주는 것을 비유적으로 이르는 말. 여기서, 이권(利權)은 이익을 얻을 수 있는 권리를 이르는 말. 업자가 공무원이나 정치인 따위와 결탁하여 얻는, 이익이 많은 권리 따위를 일컬음. *모야(暮夜): 이슥한 밤. *무지(無知): ①아는 것이 없음. ②미련하고 우악스러움(愚惡~. 어리석고 포악한 데가 있음)을 이르는 말. *저물다: 부록 '모(暮)' 참고. 이 사자성어의 유래는 다음과 같다. 『후한서(後漢書)』의 「양진전(楊震傳)」 편(篇)에 〈그['양진(楊震)'을 가리킴]가 동래(東萊)의 태수(太守. 벼슬 이름)가 되어 부임하는 중에 창읍(昌邑)을 지나게 되었다. 여기서, '태수(太守)'는 고대 중국에서 군(郡)의 으뜸 벼슬. 과거(過去) 그가 형주무재(荊州茂才. 형주·荊州 땅의 수재·秀才라는 뜻)로 추천했던 그곳의 현령(縣令)인 왕밀(王密)이 밤늦게 금 10근을 가지고 와 양진(楊震)에게 바쳤다. 여기서, '형주무재(荊州茂才)'의 형주(荊州)는 땅 이름. 무재(茂才)는 중국 한(漢)나라 때, 수재(秀才. 머리가 좋고 재주가 뛰어난 사람)를 달리 일컫던 말. 후한(後漢)의 광무제(光武帝. 중국 후한·後漢의 초대·初代 임금)인 유수(劉秀)의 이름을 피하기 위하여 무재(茂才)로 고친 것이다. 양진(楊震)이 말했다. "나는 그대를 잘 알고 있는데, 그대는 나를 잘 모르다니 웬일인가?" 왕밀(王密)이 말했다. "한밤중이라 아무도 보는 사람이 없습니다. 그러자 양진(楊震)이 말했다. "하늘이 알고, 신(神)이 알고, 내가 알고, 그대가 알고 있는데, 어찌 모른다고 말하는가?" 왕밀(王密)은 부끄러워하며 물러갔다. (東萊太守, 當之郡, 道經昌邑, 故所擧荊州茂才王密爲昌邑令, 謁見, 至夜懷金十斤以遺震, 震曰, 故人知君, 君不知故人, 何也, 密曰, **暮夜無知者**, 震曰, 天知, 神知, 我知, 子知, 何謂無知, 密愧而出.)〉라는 이야기가 나오는데, '한밤중이라 아무도 보는 사람이 없습니다.(暮夜無知者)'에서, '모야무지(暮夜無知)'가 유래했다. 후한(後漢) 때의 양진(楊震)은 인격이 훌륭한 선비였다. 그는 50세가 넘어서 벼슬길에 올랐다. 그때 왕밀(王密)이 몰래 금 10근을 뇌물(賂物)로 건네주면서 '한밤중이라 아무도 보는 사람이 없다'고 하면서 이것을 받으라고 말했다. 결국 양진(楊震)은 부드러우면서도 단호(斷乎. 결심한 것을 실행하는 태도가, 딱 끊은 듯이 매우 엄격함)하게 거절한 것이다. 참고로, 원문의 '東萊太守'에서, '東'은 동녘 '동'으로 읽고, '萊'는 명아주(명아줏과의 한해살이 풀) 래(내)로 읽는다. '東萊'는 땅 이름. '太'는 클 '태'로 읽고, '守'는 지킬 '수'로 읽는다. '太守'는 벼슬 이름. '東萊太守'를 직역(直譯)하면, 동래(東萊)의 태수(太守. 벼슬 이름)가 되어, '當之郡'에서, '當'은 (임무, 책임을) 맡을 '당'으로 읽고, '之'는 어조사 '지'로 읽는다. '그것'을 나타내는 지시 대명사. '郡'은 고을 '군'으로 읽는다. '當之郡'을 직역(直譯)하면, 군(郡)의 그것('동래태수·東萊太守'를 가리킴)을 맡음. '道經 昌邑'에서, '道'는, 여기서는 통할(通~) '도'로 읽고, '經'은 지날 '경'으로 읽고, '昌'은 창성할(昌盛~. 기세 가 크게 일어나 잘 뻗어 갈) '창'으로 읽고, '邑'은 고을 '읍'으로 읽는다. '昌邑'은 땅 이름. '道經昌邑'을 직역(直譯)하면, 창읍(昌邑)을 통하여 지나게 (되었다). '故所擧荊州茂才王密爲昌邑令'에서, '故'는 옛 '고' 로 읽고, '所' 바(앞에서 말한 내용 그 자체나 일 따위를 나타내는 말) '소'로 읽고, '擧'는 가려 뽑을 '거'로 읽고, '荊'은 땅의 이름 '형'으로 읽고, '州'는 고을 '주'로 읽는다. 여기서 '荊州'는 땅 이름. '茂'는 여기서는 뛰어날 '무', 빼어날 '무'로 읽고, '才'는 재주(순우리말로, 무엇을 잘할 수 있는, 타고난 능력과 슬기) '재'로 읽는다. '형주무재(荊州茂才)'를 직역(直譯)하면, '형주(荊州)'라는 고을의 '무재(茂才. 수재· 秀才를 달리 이르는 말)라는 뜻이다. '王'은 임금 '왕'으로 읽고, '密'은 빽빽할 '밀'로 읽는다. '王密'은 사람 이름. '爲'는 될 '위'로 읽고, '令'은, 여기서는 벼슬 '령(영)'으로 읽는다. '昌邑令'을 직역(直譯)하면, 창읍(昌邑)의 현령(縣令). '故所擧荊州茂才王密爲昌邑令'을 직역(直譯)하면, 옛날 형주(荊州)라는 고을의 무재(茂才)로 가려 뽑힌 바가 (있는) 창읍(昌邑)의 현령(縣令)이 된 왕밀(王密)이, '謁見'에서 '謁'은 뵈올 '알'로 읽고, '見'은 뵈올 '현'으로 읽는다. '謁見'은 지체가 높고 귀한 사람을 찾아가 뵘. 즉, 왕밀(王密)이 동래(東萊) 태수(太守)를 알현(謁見)하였다는 말이다. 여기서, '지체'는 순우리말로, 대대로 이어 내려오 는 사회적 신분이나 지위를 일컬음. '至夜懷金十斤以遺震'에서, '至'는 이를(어떤 장소나 시간에 닿을) '지'로 읽고, '夜'는 밤 '야'로 읽고, '懷'는 품을(남에게 보이지 않도록 품속에 넣어 지닐) '회'로 읽고, '金'은 금(金) '금'으로 읽고, '十'은 열 '십'으로 읽고, '斤'은 근(斤. 무게의 단위. 1근은 600g) '근'으로 읽고, '以'는 써(그것을 가지고, 그것으로 인하여) '이'로 읽고, '遺'는 줄(물건 따위를 남에게 건네어 줄) '유'로 읽고, '震'은 진동(震動. 물체가 몹시 울리어 흔들림. 또는 물체 따위를 흔듦)할 '진'으로 읽는다. 여기서는 사람 이름인 '양진(楊震)'을 가리킴. '至夜懷金十斤以遺震'을 직역(直譯)하면, 밤에 이르러 금 10근을 (가슴에) 품고 그것을 가지고 양진(楊震)에게 (건네어) 주었음. '震曰'에서, '震'은 진동(震動)할 '진', 우레 '진'으로 읽는다. 여기서는 사람 이름인 '양진(楊震)'을 가리킴. '震曰'을 직역(直譯)하면, 양진 (楊震)이 말하기를, '故人知君'에서, '故'는 연고(緣故) '고'로 읽고, '人'은 사람 '인'으로 읽는다. '故人'은 오래전부터 사귀어 온 친구. 여기서는 '양진(楊震)'을 가리킴. '知'는 알 '지'로 읽고, '君'은 그대 '군', 자네 '군'으로 읽는다. '故人知君'을 직역(直譯)하면, 옛 친구('양진·楊震'을 가리킴)는 그대('왕밀·王密'을 가리킴)를 알고 (있는데), '君不知故人'에서, '不'은 아닐(부정하는 말) '부'로 읽는다. '君不知故人'을 직역 (直譯)하면, 그대는 옛 친구를 알지 못함은, '何也'에서, '何'는 어찌(의문 부사) '하'로 읽고, '也'는 어조사 '야'로 읽는다. '~인가(의문)'의 뜻을 나타냄. '何也'를 직역(直譯)하면, 어찌된 일인가? '密曰'에서, '密'은 '왕밀(王密)'을 가리킴. '密曰'을 직역(直譯)하면, 왕밀(王密)이 말하기를, '暮夜無知者'에서, '暮'는 저물 '모'로 읽고, '夜'는 밤 '야'로 읽고, '無'는 없을 '무'로 읽고, '者'는 사람 '자'로 읽는다. '暮夜無知者'를 직역(直譯)하면, 저문 밤이라 아는 사람이 없습니다. 여기서, '暮夜無知'가 유래하였는데, 이것을 직역(直

譯)하면, 저문 밤이라 (아무도) 아는 (것이) 없다는 뜻으로, 이슥한(밤이 매우 깊은) 밤에 하는 일이라서, 보고 듣는 사람이 없거나 알 사람이 없음을 이르는 말. 또는 몰래 뇌물(賂物. 사사로이 이용하거나, 이권·利權을 얻을 목적으로, 일정한 직무에 종사하는 사람에게 주는, 부정한 돈이나 물품)이나 선물(膳物)을 주는 것을 비유적으로 이르는 말. 여기서, '이권(利權)'은 이익을 얻을 수 있는 권리를 이르는 말. 업자가 공무원이나 정치인 따위와 결탁하여 얻는, 이익이 많은 권리 따위를 일컬음. '天知'에서, '天'은 하늘 '천'으로 읽는다. '天知'를 직역(直譯)하면, 하늘이 알고, '神知'에서, '神'은 귀신 '신', 신(神) '신'으로 읽는다. '神知'를 직역(直譯)하면, 신(神)이 알고, '我知'에서, '我'는 나(1인칭 대명사) '아'로 읽는다. '我知'를 직역(直譯)하면, 내가 알고, '子知'에서, '子'는 당신 '자', 자네 '자'로 읽는다. '子知'를 직역(直譯)하면, 당신이 아는데, '何謂無知'에서, '何'는 어찌(의문 부사) '하'로 읽고, '謂'는 일컬을 '위'로 읽는다. '何謂無知'를 직역(直譯)하면, 어찌 아는 (사람이) 없다고 일컫는가? '密愧而出'에서, '密'은 '왕밀(王密)'을 가리킴. '愧'는 부끄러워할 '괴'로 읽고, '而'는 말 이을 '이'로 읽는다. '그리고'의 뜻을 나타냄. '出'은 나갈 '출', 떠날 '출'로 읽는다. '密愧而出'을 직역(直譯)하면, 왕밀(王密)은 부끄러워 (하면서) 그리고 떠났다(물러갔다).

모우-미성(毛羽未成 털 **모**/깃 **우**/아닐 **미**/이룰 **성**) 털과 깃이 (아직) 이루어지지 않았다. 즉, 어린 새가 아직 깃이 다 나지 않아 날지 못한다는 뜻으로, 사람이 아직 어림을 비유적으로 이르는 말. *모우(毛羽): ①길짐승(기어다니는 짐승을 통틀어 이르는 말)의 털과 날짐승(날아다니는 짐승. 곧 새 종류를 통틀어 이르는 말)의 깃을 아울러 이르는 말. ②길짐승과 날짐승을 아울러 이르는 말. *미성(未成): ①아직 성인(成人)이 못됨. ②아직 다 이루지 못함. *깃: 부록 '우(羽)' 참고.

모-의-초사(冒擬初仕 나아갈 **모**/흉내 낼 **의**/처음 **초**/벼슬 **사**) 흉내만 낼 (사람을) 처음 벼슬에 나아가게 (한다는) 뜻으로, 자격이 없는 사람을 벼슬자리에 함부로 천거(薦擧. 어떤 일을 맡아 할 수 있는 사람을 그 자리에 쓰도록 소개하거나 추천함)함을 이르는 말. *초사(初仕): 지난날, 처음으로 벼슬길에 오름을 이르던 말.

모-천-화-일(摹天畵·畫日 본뜰 **모**/하늘 **천**/그릴 **화**/해 **일**) 하늘과 해를 본떠 그린다는 뜻으로, 임금의 공덕(功德. 착한 일을 하여 쌓은 업적과 어진 덕)을 하늘과 해에 비유(比·譬喻. 어떤 사물의 모양이나 상태 따위를 보다 효과적으로 표현하기 위하여 그것과 비슷한 다른 사물에 빗대어 표현함. 또는 그 표현 방법)하여 칭송(稱頌. 공덕·功德 따위를 칭찬하여 일컬음. 또는 그런 말)하는 말. *본뜨다: 부록 '모(摹)' 참고.

모천-회귀(母川回歸 어미 **모**/내 **천**/돌아올 **회**/돌아올 **귀**) 어미가 내[川]로 돌아오고 돌아온다는 뜻으로, 연어, 송어 따위의 물고기가 바다에서 자란 후, 알을 낳기 위하여 자기가 태어난 내[川]나 강(江)으로 돌아오는 것, 또는 그런 성질을 이르는 말. *모천(母川): 물고기가 태어나서 바다로 내려갈 때까지 자란 하천(河川)을 이르는 말. *회귀(回歸): 한 바퀴 돌아 다시 본디의 자리로 돌아옴.

모화-사상(慕華思想 사모할 **모**/나라 이름 **화**/생각 **사**/생각할 **상**) 나라 이름인 화(華, 중국)를 사모(思慕)하는 생각과 생각이라는 뜻으로, 중국의 문물(文物)과 사상(思想)을 흠모(欽慕. 기쁜 마음으로 공경하며 사모함)하여 따르려는 사상(思想)을 이르는 말. *모화(慕華): 중국의 문물(文物)이나 사상(思想)을 우러러 사모함. *사상(思想): ①생각. ②사고 작용의 결과로 얻어진 체계적 의식 내용. ③사회나 정치에 대한 일정한 견해. *사모하다(思慕~): 부록 '모(慕)' 참고.

목-경-지-환(木梗之患 나무 **목**/인형 **경**/어조사 **지**/근심 **환**) 나무 인형의 근심이라는 뜻으로, 나무로 만든 인형이 화(禍)를 당하면 본래의 나무로 돌아갈 수 없듯이, 자기 본분(本分. <u>사람이 저마다 가지는 본디의 신분</u>)을 망각(忘却. <u>어떤 사실을 잊어버림</u>)하고 함부로 행동하면 돌아가지 못할 상황에 처하게 됨을 비유(比·譬喩. <u>어떤 사물의 모양이나 상태 따위를 보다 효과적으로 표현하기 위하여 그것과 비슷한 다른 사물에 빗대어 표현함. 또는 그 표현 방법</u>)하거나, 타향(他鄕)에서 객사(客死. <u>객지에서 죽음</u>)하여 고향으로 돌아오지 못하는 것을 이르는 말. 이 사자성어의 유래는 다음과 같다. 『사기(史記)』의 「맹상군열전(孟嘗君列傳)」 편(篇)에 〈소대(蘇代)가 (맹상군·孟嘗君에게) 이야기를 들려주었다. "오늘 아침에 제가 이곳으로 올 때, 나무 인형과 흙 인형이 이야기하는 것을 들었습니다. 나무 인형이 '비가 오면 그대는 이제 곧 무너져 버릴 것이다.'라고 하자, 흙 인형이 말했습니다. '나는 본래 흙에서 나왔으니, 무너지면 흙으로 돌아갈 뿐이다. 하지만, 그대는 비가 와서 떠내려가면 어디에서 그칠지 알 수가 없다.' 지금, 진(秦)나라는 호랑이와 같은 나라입니다. 군(君)께서 만약 가서 돌아오지 못하면 흙 인형의 웃음거리가 되지 않겠습니까?" 맹상군(孟嘗君)은 진(秦)나라로 가는 것을 단념했다.(蘇代謂曰, 今旦代從外來, <u>見木偶人與土偶人相與語</u>, 木偶人曰, 天雨, 子將敗矣, 土偶人曰, 我生於土, 敗則歸土, 今天雨, 流子而行, 未知所止息也, 今秦, 虎狼之國也, 而君欲往, 如有不得還, 君得無爲土偶人所笑乎. 孟嘗君乃止.)〉라는 이야기가 나오는데, '오늘 아침에 제가 이곳으로 올 때, 나무 인형과 흙 인형이 이야기하는 것을 들었습니다.(見木偶人與土偶人相與語)'에서, 나무 인형의 근심이란 뜻의 '목경지환(木梗之患)'이 유래했다. 소대(蘇代)는 이 우화(寓話. <u>인격화한 동식물이나 기타 사물을 주인공으로 하여 그들의 행동 속에 풍자와 교훈의 뜻을 나타내는 이야기</u>)에서 경양군(涇陽君)을 흙 인형으로, 맹상군(孟嘗君)을 각각 나무 인형으로 비유했다. 이 이야기가 생긴 배경은 이렇다. 전국(戰國) 시대 전국사공자(戰國四公子) 중의 한 사람인 제(齊)나라의 맹상군(孟嘗君)은 귀천(貴賤. <u>신분이나 일 따위의 귀함과 천함</u>)을 따지지 않고 천하의 인재(人材. <u>어떤 일을 할 수 있는 학식이나 능력을 갖춘 사람</u>)들을 불러 모아, 그 식객(食客. <u>예전에 세력 있는 대갓집에 얹혀 있으면서 밥을 얻어먹고 지내던 사람. 또는 덕을 볼까하고 수시로 그 집에 드나드는 사람</u>)이 무려 수천 명이 나 되었으며, 어질다는 소문이 천하에 퍼졌다. 여기서, '전국사공자(戰國四公子)'에 대해서 설명하면 이렇다. 전국(戰國) 시대 말기, 강대국인 진(秦)나라의 파상공세(波狀攻勢. <u>시간 간격을 두고 되풀이하여 공격하는 태세. 또는 그런 세력</u>)에 맞서 자기 나라를 지켜 냈던 네 명의 정치가(政治家)가 있다. 제(齊)나라의 맹상군(孟嘗君), 조(趙)나라의 평원군(平原君), 위(魏)나라의 신릉군(信陵君), 초(楚)나라의 춘신군(春申君)이 그들이다. '전국사군(戰國四君)' 또는 '전국사공자(戰國四公子)'라고 불렸던 네 사람은, 수천 명의 인재(人材. <u>어떤 일을 할 수 있는 학식이나 능력을 갖춘 사람</u>)를 거느리며 세력을 떨쳤다는 공통점이 있다. 진(秦)나라의 소왕(昭王)이 맹상군(孟嘗君)이 어질다는 소문을 듣고, 동생인 경양군(涇陽君)을 볼모(<u>순우리말로, 예전에 나라 사이에 조약 이행을 담보로 상대국에 억류하여 두던 왕자나 그 밖의 유력한 사람</u>)로 하여 제(齊)나라에 보내면서 맹상군(孟嘗君)을 초청했다. 맹상군(孟嘗君)이 진(秦)나라에 가려고 하자, 식객(食客)들이 모두 만류했다. 그래도 듣지 않자, 소대(蘇代)가 맹상군(孟嘗君)에게 위와 같이 우화(寓話)를 들려 준 것이다. 참고로, 원문의 '蘇代謂曰'에서, '蘇'는 깨어날 '소'로 읽고, '代'는 대신할 '대'로 읽는다. '蘇代'는 사람 이름. 제(齊)나라 맹상군(孟嘗君) 식객(食客)의 한 사람이다. '謂'는 일컬을 '위'로 읽는다. '蘇代謂曰'을 직역(直譯)하면, 소대(蘇代)가 일컬어 말하기를, '今旦代從外來'에서, '今'은 이제 '금', 지금 '금'으로 읽고, '旦'은 아침 '단'으로 읽는다. '今旦'은 '금조(今朝)'와 같은 말로, 오늘 아침. '代'는 '소대(蘇代)'를 가리킴. '從'은 좇을 '종'으로 읽고, '外'는 바깥 '외'로 읽고, '來'는 올 '래(<u>내</u>)'로 읽는다. '今旦代從外來'를 직역(直譯)하면, 오늘 아침 소대(蘇代)는 밖으로부터 오다가, '見木禺人與土禺人相與語'에서, 『표준국어대사전』에는 인형(人形)을 나타내는 말로 '우인(偶人)'이 있으나, 원문에는 '우인(禺人)'으로 나타냈다. 우(偶)는 허수아비 '우'이고, '우(禺)'는 짐승 이름 '우'이다. 혼용(混用)하고 있으니 참고하기 바람. '人'은 사람 '인'으로 읽는다. '木禺人'은 '목우인(木偶人)'과 같은 말로 쓰여, 나무를 깎아 만든 사람의 형상이다. '與'는 어조사 '여'로 읽는다. '~와', '~과(<u>병렬</u>)'의 뜻을 나타냄. '土'는 흙 '토'로 읽는다. '土禺人'은 '토우인(土偶人)'과 같은 말로 쓰여, 흙으로 만든 사람을 일컫는다. '相'은 서로 '상'으로 읽고, '與'는, 여기서는 더불어 '여'로 읽고, '語'는 말씀 '어'로 읽는다. '見木禺人與土禺人相與語'를 직역(直譯)하면, 나무를 깎아 만든 사람(<u>나무 인형</u>)과 흙으로 만든 사람(<u>흙 인형</u>)이 서로 더불어 말을 (하는 것을) 보았다. 여기서, '木梗之患'이 유래하였는데, 이것을 직역(直譯)하면, 나무 인형의 근심이라는 뜻으로, 나무로 만든 인형이 화(禍)를 당하면 본래의 나무로 돌아갈 수 없듯이, 자기 본분(本分)을 망각(忘却)하고 함부로 행동하면 돌아가지 못할 상황에 처하게 됨을 비유하거나, 타향(他鄕)에서 객사(客死)하여 고향으로 돌아오지 못하는 것을 이르는 말. '木禺人曰'에서, '木禺人曰'을 직역(直譯)하면, 나무 인형이 말하기를, '天雨'에서, '天'은 하늘 '천'으로 읽고, '雨'는 비 '우'로 읽는다. '天雨'를 직역(直譯)하면, 하늘에서 비가 내리면, '子將敗矣'에서, '子'는 당신 '자', 자네 '자'로 읽고, '將'은 장차(張次. <u>'앞으로'의 뜻으로, 미래의 어느 때를 나타내는 말</u>) '장'으로 읽고, '敗'는 무너질 '패'로 읽고, '矣'는 어조사 '의'로 읽는다. '~이다(<u>단정</u>)'의 뜻을 나타냄. '子將敗矣'를 직역(直譯)하면, 당신(<u>토우인·土偶人</u>'을 가리킴)은 장차 무너질 것이다. '土禺人曰'에서, '土禺人曰'을 직역(直譯)하면, 흙 인형이 말하기를, '我生於土'에서, '我'는 나(<u>1인칭 대명사</u>) '아'로 읽고, '生'은 날 '생'으로 읽고, '於'는 어조사 '어'로 읽는다. '~에서(<u>장소</u>)'의 뜻을 나타냄. '我生於土'를 직역(直譯)하면, 나는 흙에서 태어났으니, '敗則歸土'에서, '則'은 곧 '즉'으로 읽고, '歸'는 돌아갈 '귀'로 읽는다. '敗則歸土'를 직역(直譯)하면, 패하면 곧 흙으로 돌아간다. 즉, 토우인(土禺人) 자신은 흙에서 태어났기 때문에 패하면 비가 와서 무너지면 흙으로 돌아간다는 말이다. '今天雨'에서, '今'은 이제 '금', 지금 '금'으로 읽는다. '今天雨'를 직역(直譯)하면, 지금 하늘에는 비가 오면, '流子而行'에서, '流'는 (물이) 흐를 '류(<u>유</u>)'로 읽고, '而'는 말 이을 '이'로 읽는다. '그리고'의 뜻을 나타냄. '行'은 다닐 '행', 길 갈 '행'으로 읽는다. 여기서는 (물에) 떠내려 가다'의 뜻이 강함. '流子而行'을 직역(直譯)하면, 당신(<u>목우인·木偶人</u>'을 가리킴)은 (물이) 흘러 그리고 떠내려감. '未知所止息也'에서, '未'는 아닐(<u>부정하는 말</u>) '미'로 읽고, '知'는 알 '지'로 읽고, '所'는 곳 '소', 처소(處所. <u>사람이 기거·起居하거나 임시로 머무는 곳. 또는 어떤 일이 벌어지거나, 어떤 물건이 있는 곳</u>) '소'로 읽고, '止'는 그칠 '지', 멈출 '지'로 읽고, '息'은 쉴 '식', 그칠 '식'으로 읽고, '也'는 어조사 '야'로 읽는다. '~이다(<u>단정</u>)'의 뜻을 나타냄. '未知所止息也'를 직역(直譯)하면, 멈추고 그치는 곳(<u>장소</u>)을 알지 못함. <u>즉, 당신은 어디까지 가서 멈출지 알지 못할 것이다. '今秦'에서, '秦'은 진(秦)나라 '진'으로 읽는다. '今秦'</u>을 직역(直譯)하면, 지금 진(秦)나라는, '虎狼之國也'에서, '虎'는 범 '호', 호랑이 '호'로 읽고, '狼'은 이리(<u>갯과의 포유 동물</u>) '랑(<u>낭</u>)'으로 읽는다. '虎狼'은 '범과 이리'라는 뜻으로, 욕심이 많고 잔인한 사람을 비유적으로 이르는 말. '之'는 어조사 '지'로 읽는다. '~의'를 나타내는 관형격 조사. '國'은 나라 '국'으로 읽는다. '虎狼之國也'를 직역(直譯)하면, 호랑이와 이리의 나라이다. 즉, 진(秦)나라는 천하(天下)를 노리는 강한 나라이고, 호랑이와 이리와 같은 마음을 가지고 있다는 뜻이다. '而君欲往'에서, '而'는 말 이을 '이'로 읽는다. 여기서는 '그러므로'의 뜻을 나타냄. '君'은 임금 '군'으로 읽는다. 여기서는 '맹상군(孟嘗君)'을 가리킴. '欲'은 하고자 할 '욕'으로 읽고, '往'은 갈 '왕'으로 읽는다. '而君欲往'을 직역(直譯)하면, 그러므로 맹상군(孟嘗君)께서 (진나라로) 가고자 하시는데, '如有不得還'에서, '如'는, 여기서는 가령(假令) '여', 만일(萬一) '여'로 읽고, '有'는 있을 '유'로 읽고, '不'은 아닐(부정하는 말) '부'로 읽고, '得'은 얻을 '득'으로 읽는다. '不得'을 직역(直譯)하면, 얻지 못함. 또는 이루지 못함. '還'은 돌아올 '환'으로 읽는다. '如有不得還'을 직역(直譯)하면, 만약 돌아옴을 이루지 못함이 있으면, 즉, 만약 돌아오지 못하면, '君得無爲土禺人所笑乎'에서, '君'은 그대 '군', 자네 '군'으로 읽는다. 여기서는 '맹상군(孟嘗君)'을 가리킴. '無'는 없을 '무'로 읽는다. '得無'를 직역(直譯)하면, 얻지 못함. 또는 이루지 못함. '爲'는 될 '위'로 읽고, '所'는 바(앞에서 말한 내용 그 자체나 일 따위를 나타내는 말) '소'로 읽고, '笑'는 웃을 '소'로 읽고, '乎'는 어조사 '호'로 읽는다. '~는가?', '~인가?(의문)'의 뜻을 나타냄. '君得無爲土禺人所笑乎'를 직역(直譯)하면 맹상군(孟嘗君)께서 이루지 못하면 흙 인형의 웃는 바가 되지 않겠는가? 즉, 돌아오지 못하면 흙 인형의 웃음거리가 되지 않겠는가? '孟嘗君乃止'에서, '孟'은 맏('맏이'의 뜻을 더하는 접두사) '맹'으로 읽고, '嘗'은 일찍 '상'으로 읽고, '君'은 임금 '군'으로 읽는다. '孟嘗君'은 사람 이름. '乃'는 이에(이러하여서 곧) '내'로 읽는다. '孟嘗君乃止'를 직역(直譯)하면, 맹상군(孟嘗君)은 이에 멈추었다. 즉, 맹상군(孟嘗君)은 이 말을 듣고 진(秦)나라로 가는 것을 단념했다는 말이다.

목낭청-조(睦郎廳調 화목할 목/사내 낭/관청 청/가락 조) '목낭청(睦郎廳)'의 가락이라는 뜻으로, ①분명하지 않은 태도를 비유적으로 이르는 말. ②어름어름하면서 얼버무리는 말씨를 비유적으로 이르는 말. *목낭청(睦郎廳): 『춘향전(春香傳)』에 나오는 인물을 빗대어, 자기 주견(主見. 주된 의견) 없이 이래도 응, 저래도 응 하는 사람을 놀림조로 이르는 말. *가락: ①소리의 고저장단. 또는 고저장단이 이루는 조화. ②(춤이나 몸짓의) 일정한 움직임. ③(몸에 밴) 솜씨 또는 기분.

목로-주점(木壚酒店 나무 목/흑토 로/술 주/가게 점) 흑토(黑土)로 (된 집의) 나무(널빤지)가 (있는) 술 가게라는 뜻으로, 목로(木壚)를 차려놓고 술을 파는 집을 이르는 말. *목로(木壚): 주로 선술집에서 술잔을 놓기 위하여 쓰는, 널빤지로 좁고 기다랗게 만든 상(床)을 이르는 말. 여기서, '선술집'은 술청(선술집의 술을 파는 이가 술을 따라 놓는, 길고 높직한 상을 베풀어 놓은 곳) 앞에 선 채로 술을 마시게 된 술집을 이르는 말. *주점(酒店): =술집. 즉, 술을 파는 집. *흑토(黑土): 다량의 부식질(腐植質. 식물질의 부패로 생기는 갈색, 또는 암흑색의 물질)이 들어있는 검고 기름진 흙.

목민-지-관(牧民之官 기를 목/백성 민/어조사 지/벼슬 관) 백성을 (다스려) 기르는 벼슬아치라는 뜻으로, 고을의 원(員. 각 고을을 맡아 다스리던 지방관·地方官)이나 수령(守令. 각 고을을 맡아 다스리던 지방관·地方官) 등의 외직(外職. 지난날 지방 관아의 벼슬을 달리 이르던 말) 문관(文官)을 통틀어 이르는 말. 여기서 '지방관(地方官)'은 지난날, 지방의 으뜸(중요한 정도로 본, 어떤 사물의 첫째를 이르는 말) 벼슬을 이르던 말. 즉, 각 지방에 주재하면서 일반 행정 사무를 맡아보는 고급 공무원을 이르는 말. 우리나라의 '도지사' 따위를 일컬음. *목민(牧民): 임금이나 원(員)이 백성을 다스려 기름. *기르다: ①

(동식물을) 보살펴서 자라게 하다. ②(육체나 정신을) 단련하여 강하게 하다. ③(인재・人材를) 가르쳐 내다.

목-불-식-정(目不識丁 눈 목/못할 불/알 식/고무래 정) 눈으로 (보고도) 고무래를 알지 못한다. 즉, 아주 간단한 글자인 '丁'자를 눈으로 보고도 그것이 '고무래'인 줄을 알지 못한다는 뜻으로, 일자무식(一字無識. 본문 참고)한 사람. 즉, 글자를 전혀 모르는 사람이나, 아주 까막눈(글을 전혀 모르는 사람의 눈. 또는 어떤 부문에 대해서 무식한 사람)임을 비유적으로 이르는 말. 卪 일문부지(一文不知). 일문불통(一文不通). 일자무식(一字無識). *고무래: 곡식을 그러모으거나 펴거나, 또는 논밭의 흙을 고르거나 아궁이의 재를 긁어내는 데 쓰는, 나무로 만든 기구. '丁' 자 모양으로 되어 있음. 《관련 속담》 낫 놓고 기역자도 모른다. 이 사자성어의 유래는 다음과 같다. 『구당서(舊唐書)』의 「장홍정전(張弘靖傳)」 편(篇)에 〈지금 천하가 태평한데 너희 무리들이 포와 활을 당기는 것보다는 정(丁) 자(字) 하나라도 아는 것이 낫다.(今天下太平, 汝輩能挽兩石弓, <u>不如識一丁字</u>)〉라는 이야기가 나오는데, '정(丁) 자(字) 하나라도 아는 것이 낫다.(不如識一丁字)'에서, '정(丁) 자(字)도 모른다.'는 뜻의 '不識一丁'이 유래했고, 여기에서 다시 '목불식정(目不識丁)'이 나왔다. 이 이야기의 배경은 이렇다. 당(唐)나라 때 장홍정(張弘靖)은 부유한 집안에서 자라 성품이 오만불손(傲慢不遜. 본문 참고)하고 방자(放恣. 어려워하거나 조심스러워하는 태도가 없이 무례하고 건방짐)하였지만, 부친(父親)인 장연상(張延賞)이 조정(朝廷. 임금이 나라의 정치를 신하들과 의논하거나 집행하는 곳. 또는 그런 기구)에 끼친 공적이 많아 그 덕분으로 벼슬길에 나가게 되었다. 장홍정(張弘靖)은 노룡(盧龍. 땅 이름)의 절도사(節度使. 중국 당나라 때에, 변방에 설치하여 군대를 거느리고 그 지방을 다스리던 관아. 또는 그 으뜸 벼슬)로 부임한 뒤, 더욱 방자(放恣)하게 굴면서 부하들을 괴롭혔다. 여기서, '으뜸'은 중요한 정도로 본, 어떤 사물의 첫째를 이르는 말이다. 그를 따라 온 막료(幕僚. 사령부나 본부에서 지휘관이 행하는 작전의 수립 및 실시 따위의 일을 보좌하는 간부)들도 군사들에게 함부로 대하고 토착민(土着民. 대대로 그 땅에 살고 있는 백성)들을 능욕(凌・陵辱. 남을 업신여겨 욕보임)하기 일쑤여서 부하들의 불만이 터져 나오자, 오히려 '정(丁) 자(字) 하나라도 아는 것이 낫다.'라고 말하며 꾸짖었다는 것이다. 결국 참다못한 군사들이 반란(反・叛亂. 정부나 지배자에게 반항하여 내란을 일으킴)을 일으켜 중앙에서 파견된 막료(幕僚)들을 때려죽이고 장홍정(張弘靖)을 잡아 가두자, 이 소식을 들은 황제(皇帝)는 장홍정(張弘靖)의 직책을 박탈(剝奪. 지위나 자격 따위를 권력이나 힘으로 빼앗음)했다고 한다. 참고로, 원문의 '今天下太平'에서, '今'은 이제 '금', 지금 '금'으로 읽고, '天'은 하늘 '천'으로 읽고, '下'는 아래 '하'로 읽고, '太'는 클 '태'로 읽고, '平'은 편안할 '평'으로 읽는다. '天下太平'은 정치가 잘 되어 온 세상이 평화로움. '今天下太平'을 직역(直譯)하면, 지금은 천하태평(天下太平)이다. 즉, 지금은 천하(天下)가 태평(太平)하다는 뜻이다. 여기서, '天下太平'이 유래하였는데, 이것을 직역(直譯)하면, 하늘 아래에서의 편안(便安)하고 편안(便安)함이라는 뜻으로, ①정치(政治)가 잘되어 온 세상이 태평(泰・太平)하고 평화로움을 비유적으로 이르는 말. ②어떤 일에 무관심한 상태로 걱정 없이 편안하게 있는 태도를 가벼운 놀림조로 이르는 말. '汝輩能挽兩石弓'에서, '汝'는 너 '여', 당신 '여'로 읽고, '輩'는 무리 '배'로 읽는다. 여기서는 복수(複數. 둘 이상의 수)를 나타내는 말로 쓰이었음. '能'은 할 수 있을 '능'으로 읽고, '挽'은 당길(물건 따위를, 힘을 주어 자기 쪽이나 일정한 방향으로 가까이 오게 할) '만'으로 읽고, '兩'은 두 '량(양)'으로 읽고, '石'은 돌 '석'으로 읽고, '弓'은 활 '궁'으로 읽는다.

‘石弓’은 중세 유럽에서 쓰던 활의 하나. 돌을 쏘는 데에 썼음. ‘汝輩能挽兩石弓’을 직역(直譯)하면, 너희 무리들이 두 석궁(石弓)을 당길 수 있는 (것은), ‘不如識一丁字’에서, ‘不’은 못할(부정하는 말) ‘불’로 읽고, ‘如’는 같을 ‘여’로 읽는다. ‘不如’는 한문(漢文) 구(句)의 하나로, ~만 못하다, ~에는 미치지 못하다. ‘一’은 한 일로 읽고, ‘丁’은 고무래(곡식을 그러모으고 펴거나, 밭의 흙을 고르거나, 아궁이의 재를 긁어 모으는 데에 쓰는 ‘丁’자 모양의 기구) ‘정’으로 읽고, ‘字’는 글자 ‘자’로 읽는다. ‘不如識一丁字’를 직역(直譯)하면, (하지만 그것은) 한 개의 정(丁) 자(字)를 아는 것만 못하다. 즉, 정(丁) 자(字) 하나라도 아는 것이 낫다는 뜻이다. 여기서, ‘目不識丁’이 유래하였는데, 이것을 직역(直譯)하면, 눈으로 (보고도) 고무래를 알지 못한다. 즉, 아주 간단한 글자인 ‘丁’자를 눈으로 보고도 그것이 고무래인 줄을 알지 못한다는 뜻으로, 일자무식(一字無識. 본문 참고)한 사람. 즉, 글자를 전혀 모르는 사람이나, 아주 까막눈임을 비유적으로 이르는 말.

목-불-인-견(目不忍見 눈 **목**/못할 **불**/참을 **인**/볼 **견**) 눈으로 보고도 참지 못한다는 뜻으로, 눈앞에 벌어진, 몹시 딱하거나 참혹하기가 처참한 상황 따위를 눈뜨고 차마 볼 수 없음을 이르는 말.

목석-간장(木石肝腸 나무 **목**/돌 **석**/간 **간**/창자 **장**) 나무나 돌 (같은) 간(肝)과 창자라는 뜻으로, 나무나 돌처럼 아무런 감정도 없는 마음씨를 비유적으로 이르는 말. *목석(木石): ①나무[木]와 돌[石]을 아울러 이르는 말. ②나무나 돌처럼 아무런 감정도 없는 사람을 비유적으로 이르는 말. *간장(肝腸): ①간과 창자. ②마음. 애. 속.

목석-난득(木石難得 나무 **목**/돌 **석**/어려울 **난**/얻을 **득**) 나무에도, 돌에도 얻기가 어렵다는 뜻으로, 외롭고 가난하여 의지할 곳이 없는 처지(處地. 처하여 있는 사정이나 형편)를 비유적으로 이르는 말. =목석불부(木石不傅). 목석난부(木石難傅). *목석(木石): ☞목석간장(木石肝腸). *난득(難得): 구하기 어렵다. 또는 얻기 힘들다.

목석-난-부(木石難傅 나무 **목**/돌 **석**/어려울 **난**/붙을 **부**) 나무에도, 돌에도 붙이기가 어렵다는 뜻으로, 외롭고 가난하여 의지할 곳이 없는 처지(處地. 처하여 있는 사정이나 형편)를 비유적으로 이르는 말. =목석난득(木石難得). 목석불부(木石不傅). *목석(木石): ☞목석간장(木石肝腸). 《관련 속담》 낙동강 오리알.

목석-불-부(木石不傅 나무 **목**/돌 **석**/없을 **불**/붙을 **부**) 나무에도, 돌에도 붙을 (데가) 없다는 뜻으로, 외롭고 가난하여 의지할 곳이 없는 처지(處地. 처하여 있는 사정이나 형편)를 비유적으로 이르는 말. =목석난득(木石難得). 목석난부(木石難傅). *목석(木石): ☞목석간장(木石肝腸). 《관련 속담》 낙동강 오리알.

목-식-이-시(目食耳視 눈 **목**/먹을 **식**/귀 **이**/볼 **시**) 눈으로 먹고 귀로 본다. 즉, 눈으로 요기(療飢. 시장기를 면할 정도로 음식을 조금 먹음)하고 귀로 본다는 뜻으로, 맛있는 것보다 보기에 아름다운 음식을 좋아하고, 몸에 맞는 것보다 귀로 들은, 유행(流行. 어떠한 양식이나 현상 따위가 새로운 경향으로서 한동안 사회에 널리 퍼짐. 또는 그런 경향)하는 의복을 입음을 비유적으로 이르는 말. 곧, 외관(外觀. 겉모양. 겉보기)을 위해서 의식(衣食. 의복과 음식) 본래의 목적을 버리고 사치(奢侈. 필요 이상의 돈이나 물건을 쓰거나, 분수에 지나친 생활을 함)로 흐름을 두고 이르는 말.

목-왕-지-절(木旺之節 나무 **목**/왕성할 **왕**/어조사 **지**/철 **절**) 나무가 왕성(旺盛)한 철. 즉, 오행(五行)의 목기(木氣)가 성(盛)한 때라는 뜻으로, ‘봄철’을 달리 이르는 말. 여기서, ‘오행(五行)’은 동양 철학에서,

만물(萬物. 온갖 물건 또는 세상에 있는 모든 것)을 생성하고 만상(萬象. 온갖 사물. 또는 형상이 있는 온갖 물건과 세상의 모든 일)을 변화시키는 다섯 가지 원소인 금(金), 목(木), 수(水), 화(火), 토(土)를 이르는 말. 목기(木氣)는 오행(五行) 가운데 목(木)의 기운(순우리말로, 생물이 살아 움직이는 원기·元氣, 또는 거기서 나오는 힘)을 이르는 말. *왕성하다(旺盛~): 부록 '왕(旺)' 참고. *철: ①(자연현상에 따라) 한 해를 네 시기(時期)로 나눈 중의 한 시기(時期). =계절. 시절. ②한 해 가운데서 무엇을 하기에, 알맞거나 많이 하는 때(시기).

목욕-재계(沐浴齋戒 머리 감을 **목**/목욕할 **욕**/재계할 **재**/재계할 **계**) 머리 감아 목욕(沐浴)하고, 재계(齋戒)하고 재계(齋戒)한다는 뜻으로, 제사를 지내거나 신성(神聖. 신과 같이 성스러움)한 일 따위를 할 때 부정(不淨. 사람이 죽는 따위의 불길한 일)을 타지 않도록 깨끗이 목욕(沐浴)하고 몸가짐을 가다듬는 일을 이르는 말. 여기서, '부정(不淨)을 타다'는 관용어로, 부정(不淨)한 일로 해(害)를 입다. *목욕(沐浴): (머리를 감고 몸을 씻는다는 뜻으로) 온몸을 씻음. *재계(齋戒): 제(齋)를 지낼 사람이, 몸과 마음을 깨끗이 하고, 음식과 언행을 삼가며, 부정(不淨)을 멀리함.

목우-사자(木偶獅子 나무 **목**/짝 **우**/사자 **사**/접미사 **자**) 나무와 (한) 짝이 되는 사자(獅子)라는 뜻으로, 나무로 만든 사람 형상의 사자(獅子)를 이르는 말. 목우사자(木偶獅子)로 상대편을 위협하거나, 다른 나라를 정벌했다는 옛 이야기가 있다. *목우(木偶): 나무로 만든 사람의 형상. *사자(獅子): 고양잇과의 맹수. *짝: 부록 '우(偶)' 참고.

목우-석인(木偶石人 나무 **목**/짝 **우**/돌 **석**/사람 **인**) 나무로 (된) 짝과 돌로 (된) 사람이라는 뜻으로, 나무나 돌로 만든 사람의 형상(形狀. 물건이나 사람의, 생긴 모양)을 이르는 말. *목우(木偶): ☞목우사자(木偶獅子). *석인(石人): 무덤 앞에 세운, 돌로 만든 사람. 문관석(文官石)이나 무관석(武官石) 따위. 여기서, '문관석(文官石)'은 능(陵) 앞에 세우는, 문관(文官. 왕조 때, 문과 출신의 벼슬아치를 이르던 말)의 형상(形狀)으로 깎아 만든 돌이고, 무관석武官石)은 능(陵) 앞에 세우는, 무관(武官. 왕조 때, 무과 출신의 벼슬아치를 이르던 말)의 형상(形狀)으로 깎아 만든 돌이다. *짝: 부록 '우(偶)' 참고.

목인-석-심(木人石心 나무 **목**/사람 **인**/돌 **석**/마음 **심**) 나무 (같은) 사람에 돌 (같은) 마음. 즉, 나무 인형에 돌 같은 마음이라는 뜻으로, 나무나 돌처럼 마음이 굳어 감정이 전혀 없거나, 세상의 유혹(誘惑. 꾀어서 정신을 혼미하게 하거나 좋지 아니한 길로 이끎)에 넘어가지 않는 사람을 비유적으로 이르는 말. 또는 의지(意志. 어떠한 일을 이루고자 하는 마음)가 강하여 세속(世俗. 사람이 살고 있는 모든 사회를 통틀어 이르는 말)에 휩쓸리지 않는 사람을 비유적으로 이르는 말. *목인(木人): =목우(木偶). 즉, 나무로 만든 사람의 형상(形狀. 물건이나 사람의, 생긴 모양). 이 사자성어의 유래는 다음과 같다. 『진서(晉書)』의 「은일전(隱逸傳)·하통(夏統)」 편(篇)에 〈가충(賈充)은 자신이 데리고 온 문무(文武) 의장대(儀仗隊)를 하통(夏統)이 와서 보기를 바라는 마음에서 작별을 한 후, 붉은 기(旗)를 세우게 하고, 각종 의장(儀仗)을 높이 들게 하고, 기병(騎兵)들은 열을 맞추어 대오(隊伍)를 지어 엄숙하게 서 있게 했다. …… 하지만, 하통(夏統)은 여전히 단정하게 앉아 있는 것이 마치 아무것도 듣지 못한 것 같았다. 가충(賈充) 등(等)은 흩어지면서 말했다. "이 오(吳) 땅의 녀석들은 나무로 만든 사람에 돌을 만든 마음을 가진 놈이로구나."(充欲耀以文武鹵簿, 覬其來觀, 因而謝之, 遂命建朱旗, 擧幡校, 分羽騎爲隊, 軍伍肅然, …… 統危坐如故, 若無所聞, 充等各散曰, **此吳兒是木人石心也**.)〉라는 이야기가 나오는데, '이 오(吳) 땅의 녀석들은 나무로 만든 사람에 돌을 만든 마음을 가진 놈이로구나.(此吳兒是木人石心也)'에서, '목인석심(木人石心)'이 유래했다. 이 '목인석심'의 주인공은 하통(夏統)이고, 이 이야기를 끌고 가는 사람은 가충(賈充)이다. 번역문에서, '하통(夏統)'은 진(晉)나라 시대의 인물로, 자(字. 본이름을 함부로 부르지 않던 시대에, 본이름 대신 부르던 이름)가 중어(仲御)로, 회계(會稽) 영흥(永興) 사람이다. '가충(賈充)'은 진(晉)나라 시대 태위(太衛)라는 벼슬을 한 인물이다. 이 이야기의 배경은 이렇다. 하통(夏統)은 어려서 아버지를 여의고 가난했지만, 어머니에게 효도하고 형제간에 화목했다. 그는 변설(辯舌. 입담 좋게 잘하는 말. 또는 재치 있는 말솜씨)에 뛰어났기 때문에 친척들이 출사(出仕. 벼슬하여 관아에 나감)를 권하였다. 그러나 하통(夏統)은 "여러분은 어떻게 나에게 이런 식으로 대할 수 있습니까?" 버럭 화를 내며 다시는 친척들과 만나지 않았다. 후에 하통(夏統)의 어머니가 중병(重病. 목숨이 위태로울 정도로 몹시 앓는 병)이 들자, 하통(夏統)은 낙양(洛陽)으로 약을 사러 갔다. 하통(夏統)은 배[船] 위에서 햇볕에 약을 말리고 있었는데, 많은 지체(순우리말로, 대대로 이어 내려오는 사회적 신분이나 지위) 높은 사람들이 마차를 타고 구름처럼 몰려 왕래했다. 하지만 하통(夏統)은 그들을 본 척도 하지 않았다. 이 때 태위(太衛. 벼슬 이름)인 가충(賈充)이 이를 보고 괴이하게 여겨 하통(夏統)에게 (당신은) 누구냐?고 물었지만, 하통(夏統)은 대답하지 않았다. 가충(賈充)이 다시 묻자 겨우 대답했다. 이때 가충(賈充)은 하통(夏統)을 (자기 밑의) 관리로 만들고 싶었으나 하통(夏統)은 고개를 숙이고 대답하지 않았다. 가충(賈充)이 "그대 고향의 노래를 부를 수 있소?"라고 청하자, 하통(夏統)은 노래를 불렀다. 그 목소리는 청아할수록 더욱 높아졌다. 모든 사람들이 서로 바라보며 말했다. "만약 낙수(洛水. 중국 뤄허강의 옛 이름) 가[邊]에 놀러 오지 않았더라면 어떻게 이런 노래를 들을 수 있었겠는가?" 가충(賈充)은 계속해서 하통(夏統)을 관리로 삼기 위하여 문무(文武)의 의장대(儀仗隊. 국가 경축 행사나 외국 사절에 대한 환영, 환송 의식을 베풀기 위하여 특별히 조직, 훈련된 부대)로 하여금 붉은 기(旗)를 세우게 하고, 각종 의장(儀仗. 의식에 쓰는 무기·武器나 일산·日傘, 기·旗 따위의 가구를 일컫는 말)을 높이 들게 하고, 기병(騎兵. 말을 타고 싸우는 병사)들은 열을 맞추어 대오(隊伍. 옛날 중국 군대 편성의 한 단위. 5명을 한 조·組로 함)를 지어 엄숙하게 서 있게 하고, 가기(歌妓. 소리를 잘하는 기생)와 무녀(舞女. 춤을 추는 여자)를 보내 화려한 옷을 입고 눈부신 장신구(裝身具. 몸치장을 하는 데 쓰는 물건을 일컫는 말. 반지, 귀고리, 노리개, 목걸이 따위를 통틀어 일컫음)로 꾸며 하통(夏統)이 있는 배[船] 주변을 세 겹이나 빽빽하게 둘러싸게 했지만, 하통(夏統)은 세속(世俗. 사람이 살고 있는 모든 사회를 통틀어 이르는 말)의 유혹(誘惑)에 빠지지 않는, 심지(心志. 무엇을 하려고 하는 의지)가 굳은 사람이었다. 그래서 가충(賈充)의 무리들은 하통(夏統)을 '목인석심(木人石心)'이라고 칭한 것이다. 하통(夏統)은 회계(會稽. 땅 이름)로 돌아갔는데, 그의 마지막은 알 수가 없었다고 한다. 참고로, 원문의 '充欲耀以文武鹵簿'에서, '充'은 가득할 '충'으로 읽는다. 여기서는 '가충(賈充)'을 가리킴. '欲'은 하고자 할 '욕'으로 읽고, '耀'는 빛날 '요'로 읽고, '以'는 써(그것을 가지고, 그것으로 인하여) '이'로 읽고, '文'은 글월 '문'으로 읽고, '武'는 무인(武人) '무'로 읽는다. '文武'는 문관(文官)과 무관(武官)을 아울러 이르는 말. '鹵'는 의장(儀仗) '로(노)'로 읽고, '簿'는 의장(儀仗) '부'로 읽는다. '노부(鹵簿)'는 임금이 나들이할 때에 갖추던 의장(儀仗). 또는 의장(儀仗)을 갖춘 거둥의 행렬(行列. 여럿이 줄을 지어 감. 또는 그 줄). '充欲耀以文武鹵簿'를 직역(直譯)하면, 가충(賈充)은 문무(文武) 의장대(儀仗隊)로써 빛나고자 했다. 즉, 가충(賈充)은 평소 하통(夏統)에 대하여 소문을 듣고 있던 터라 그를 자기 수하(手下. 직책상 자기보다 더 낮은 자리에 있는 사람)에 둠으로써 자기의 위세(威勢, 위엄이 있는 기세)를 드높일 생각으로 문무(文武)의 의장대(儀仗隊)를 동원하여 자리를 빛나고자 계획한 것이다. '覬其來觀'에서, '覬'는 바랄 '기'로 읽고, '其'는 그(지시하는 말) '기'로 읽고, '來'는 올 '래(내)'로 읽고, '觀'은 볼 '관'으로 읽는다. '覬其來觀'을 직역(直譯)하면, (그래서) 그가(하통이) 와서 보기를 바라면서, '因而謝之'에서, '因'은 인할(因~. 어떤 사실로 말미암을) '인'으로 읽고, '而'는 말 이을 '이'로 읽는다. '그리고'의 뜻을 나타냄. '謝'는 물러갈 '사'로 읽고, '之'는 어조사 '지'로 읽는다. '그것'을 나타내는 지시 대명사. 여기서는 '낙수(洛水)의 가[邊]'를 가리킴. '因而謝之'를 직역(直譯)하면, 그리고 (그것으로) 인하여 낙수(洛水)의 가[邊]에서 (잠시) 물러감. '遂命建朱旗'에서, '遂'는 드디어 '수', 마침내 '수'로 읽고, '命'은 명령할 '명'으로 읽고, '建'은 세울 '건'으로 읽고, '朱'는 붉을 '주'로 읽고, '旗'는 기(旗) '기', 깃발 '기'로 읽는다. '遂命建朱旗'를 직역(直譯)하면, 가충은 (다시 낙수 가로 와서) 드디어 붉은 깃발을 세우도록 명령함. '舉幡校'에서, '舉'는 들 '거'로 읽고, '幡'은 깃발 '번', 기(旗) '번'으로 읽고, '校'는 부대(部隊) '교', 군영(軍營) '교'로 읽는다. '번교(幡校)'는 부대나 군영에서 사용하는 기(旗)인 듯(?) '舉幡校'를 직역(直譯)하면, 번교(幡校)를 들고, '分羽騎爲隊'에서, '分'은 나누일 '분'으로 읽고, '羽'는 도울 '우'로 읽고, '騎'는 말 탄 군사 '기'로 읽고, '爲'는 위할 '위'로 읽고, '隊'는 군대(軍隊) '대'로 읽는다. '分羽騎爲隊'를 직역(直譯)하면, 나누어서 말 탄 군사를 위한 군대를 도우니, '軍伍肅然'에서, '軍'은 군사(軍士) '군'으로 읽고, '伍'는 대오(隊伍. 옛날 중국 군대 편성의 한 단위. 5명을 한 조로 함) '오'로 읽고, '肅'은 엄숙할 '숙'으로 읽고, '然'은 그러할 '연'으로 읽는다. 상태를 나타내는 접미사. '軍伍肅然'을 직역(直譯)하면, 군사처럼 대오(隊伍)를 지어 엄숙하게 (서 있게 했다). '統危坐如故'에서, '統'은 거느릴 '통'으로 읽는다. 여기서는 '하통(夏統)'을 가리킴. '危'는, 여기서는 바를 '위', 똑바를 '위'로 읽고, '坐'는 앉을 '좌'로 읽는다. '危坐'는 '정좌(正坐)'와 같은 말로, 몸을 바르게 하고 앉음. '如'는 같을 '여'로 읽고, '故'는 옛 '고'로 읽는다. '統危坐如故'를 직역(直譯)하면 하통(夏統)은 예전과 같게 (몸을) 바르게 하고 앉아 (있는 것이), '若無所聞'에서, '若'은 같을 '약'으로 읽고, '無'는 없을 '무'로 읽고, '所'는 바(앞에서 말한 내용 그 자체나 일 따위를 나타내는 말) '소'로 읽고, '聞'은 들을 '문'으로 읽는다. '若無所聞'을 직역(直譯)하면, (아무것도) 들리는 바가 없는 것 같았다. '充等各散日'에서, '充'은 '가충(賈充)'을 가리킴. '等'은 무리 '등'으로 읽고, '各'은 제각기 '각', 따로따로 '각'으로 읽고, '散'은 흩어질 '산'으로 읽는다. '各散'은 저마다 따로따로 흩어짐. '充等各散日'을 직역(直譯)하면, 가충(賈充)의 무리들은 저마다 따로따로 흩어지며 말하기를, '此吳兒是木人石心也'에서, '此'는 이(지시하는 말) '차'로 읽고, '吳'는 땅 이름 '오'로 읽고, '兒'는 아이 '아'로 읽고, '是'는 이에(접속사) '시'로 읽고, '木'은 나무 '목'으로 읽고, '人'은 사람 '인'으로 읽고, '石'은 돌 '석'으로 읽고, '心'은 마음 '심'으로 읽고, '也'는 어조사 '야'로 읽는다. '~이로구나(영탄)'의 뜻을 나타냄. '此吳兒是木人石心也'를 직역(直譯)하면, 이 오(吳)나라 땅의 아이처럼 하통(夏統)은 이에 나무로 (된) 사람과 돌 (같은) 마음이로구나. 여기서 오(吳)나라는 하통(夏統)과 아무 관계가 없다. 그는 진(晉)나라 사람이기 때문이다. 여기서 오(吳)나라 땅의 아이는 '낯가림하는 아이' 또는 '목인(木人)'을 비유적으로 이르는 말이다. 결국, 가충(賈充)은 온갖 수단을 동원하여 하통(夏統)을 회유(懷柔. 어루만져 달램. 또는 잘 구슬려 따르게 함)했지만, 하통(夏統)은 낯가림하는 아이나 목인(木人)처럼 요지부동(搖之不動. 본문 참고)이었다. 그래서 가충(賈充)은 고개를 저으며 하통(夏統)은 '정말 나무로 (된) 사람이고 돌 (같은) 마음'의 소유자라고 탄식한 것이다. 여기서, '木人石心'이 유래하였는데, 이것을 직역(直譯)하면, 나무로 (된) 사람과 돌 (같은) 마음. 즉, 나무 인형에 돌 같은 마음이라는 뜻으로, 나무나 돌처럼 마음이 굳어 감정이 전혀 없거나, 세상의 유혹(誘惑)에 넘어가지 않는 사람을 비유적으로 이르는 말. 또는 의지(意志. 어떠한 일을 이루고자 하는 마음)가 강하여 세속(世俗)에 휩쓸리지 않는 사람을 비유적으로 이르는 말.

목전-지-계(目前之計 눈 **목**/앞 **전**/어조사 **지**/꾀 **계**) 눈앞의 꾀라는 뜻으로, 앞날을 내다보지 못하고 눈앞에 보이는 한때의 일만을 생각하는 꾀를 이르는 말. 囲 고식지계(姑息之計). *목전(目前): ①눈앞. ②지금 당장. *꾀: 일을 그럴듯하게 꾸미는 교묘한 생각이나 수단.

목탁-귀신(木鐸鬼神 나무 **목**/요령 **탁**/귀신 **귀**/귀신 **신**) 나무 요령(鐃·搖鈴)인 목탁(木鐸)만 (치다가 죽은) 귀신(鬼神)과 귀신(鬼神)이라는 뜻으로, ①목탁(木鐸)만 치다가 죽은 중(승려)의 귀신. 즉, 평생 목탁(木鐸)만 치다가 깨달음을 얻지 못한 채 죽은 중(승려)을 낮잡아 이르는 말. ②목탁(木鐸) 소리만 나면 모여든다는 귀신(鬼神)을 이르는 말. *목탁(木鐸): ①절에서 독경(讀經. 경문을 소리 내어 읽음)이나 염불(念佛. 부처의 모습이나 그 공덕을 생각하면서 부처의 이름을 외는 일. 특히, '나무아미타불'을 외는 일)을 할 때 치는 기구를 이르는 말. 나무를 둥글게 다듬고 속을 파서 방울처럼 만드는데, 고리 모양의 손잡이가 있음. ②세상 사람을 깨우쳐 지도하는 사람이나 기관(機關. 어떤 목적을 이루기 위하여 설치된 조직)을 비유적으로 이르는 말. *귀신(鬼神): ①사람이 죽은 뒤에 남는다고 하는 넋. =혼령(魂靈). ②미신(迷信)에서, 사람을 해친다고 하는 무서운 존재. ③주제나 생김새가 몹시 사나운 사람을 비유적으로 이르는 말. *요령(鐃鈴·搖鈴): ①손에 쥐고 흔들어 소리 내는 방울 모양의 작은 종(鐘). ②불가(佛家. 중·승려들이 불상을 모셔 놓고 불도를 닦는 집. =절[寺])에서 법요(法要. 불교의 가르침을 강론하고 설명하는 모임. 또는 죽은 이를 위하여 재·齋를 올리는 일. 또는 그 모임)를 행할 때, 흔드는 기구.

목후-이-관(沐猴而冠 머리 감을 **목**/원숭이 **후**/말 이을 **이**/갓 **관**) 목후(沐猴)가 갓[冠]을 (썼다는) 뜻으로, 의관(衣冠. 옷과 갓. 혹은 옷차림)은 갖추었으나 사람답지 못한 사람이나, 어리석은 사람을 비유적으로 이르는 말. *목후(沐猴): =원숭이. 또는 원숭이의 일종. *갓: 부록 '관(冠)' 참고. 이 사자성어의 유래는 다음과 같다. 『사기(史記)』의 「항우본기(項羽本紀)」 편(篇)에 〈며칠 후 항우(項羽)는 군사들을 이끌고 서쪽으로 가 함양(咸陽)을 도륙(屠戮. 사람이나 짐승을 함부로 참혹하게 마구 죽임)하고 항복한 진(秦)나라 왕(王)인 자영(子嬰)을 죽이고 진(秦)나라 궁실(宮室. '궁전·宮殿과 같은 말)을 불태웠는데, 석 달이 지나도록 꺼지지 않았다. 항우(項羽)는 보화(寶貨. 썩 드물고 귀한 가치가 있는 보배로운 물건)와 여자들을 거두어 동쪽으로 돌아가려 했다. …… "부귀(富貴)해져서 고향으로 돌아가지 않는 것은 비단옷을 입고 밤길을 가는 것과 같으니, 누가 알아주겠는가?" 세객(說客. 능란한 말솜씨로 자기의 의견을 선전하며 각지를 돌아다니는 사람)이 말했다. "사람들이 초(楚)나라 사람은 원숭이에게 관을 씌워 놓은 것 같다고들 하더니, 과연 그렇군." 항우(項羽)는 이 말을 듣고 세객(說客)을 삶아 죽여 버렸다.(居數日. 項羽引兵西屠咸陽. 殺秦降王子嬰. 燒秦宮室. 火三月不滅. 收其貨寶婦女而東. …… 曰. 富貴不歸故鄕. 如衣繡夜行. 誰知之者. 說者曰. <u>人言楚人沐猴而冠耳</u>. 果然. 項王聞之. 烹說者.)〉라는 이야기가 나오는데, '사람들이 초(楚)나라 사람은 원숭이에게 관을 씌워 놓은 것 같다고들 하더니.(人言楚人沐猴而冠耳)'에서, '목후이관(沐猴而冠)'이 유래했다. 이것은 당시에 간의대부(諫議大夫) 벼슬의 한생(韓生)이 항우(項羽)의 어리석음(보화와 여자들을 거두어 동쪽으로 돌아가려하는 것)을 꼬집은 말이다 항우(項羽)는 이처럼 고집이 세고 남의 말을 듣지 않으며, 불같이 화를 잘 내는 강퍅(剛愎. 성격이 까다롭고 고집이 셈)한 사람이었고, 이런 성격으로 인해 인재(人材. 어떤 일을 할 수 있는 학식이나 능력을 갖춘 사람)를 받아들이지 못하고 마지막에 가서는 천하(天下)를 잃게 된다. 나머지 구체적인 내용은 ⇨금의야행(錦衣夜行)(앞부분).

몰-가치-성(沒價値性 없을 **몰**/값 **가**/값 **치**/성질 **성**) 값과 값 즉, 가치(價値)가 없는 성질(性質)이라는 뜻으로, 경험 과학(經驗科學)이 객관성을 지니기 위해서는 가치 판단(價値判斷)으로부터 분리(分離)되어야 한다는 학문적 태도를 이르는 말. 즉, 어떤 사물을 대할 때, 자신의 주관적 가치 판단을 억압하고, 그것을 하나의 현실이나 사실로서 이해하고 파악하려는 학문상의 태도를 일컫는다. 독일의 사회학자 베버(Weber)의 주장으로, 이론의 실천적 의도 및 가치 판단(價値判斷)의 개입(介入)을 엄격하게 거부하였다. *몰(沒): 일부 명사 앞에 붙어, '그것이 전혀 없음'의 뜻을 더하는 접두사. *가치(價値): ①값. 값어치. ②어떤 사물이 지니고 있는 의의나 중요성. *성(性): (사람의) 천성. 본성. 성미.

몰-두-몰-미(沒頭沒尾 없을 **몰**/머리 **두**/없을 **몰**/꼬리 **미**) 머리도 없고 꼬리도 없다는 뜻으로, 밑도 끝도 없음을 비유적으로 이르는 말. =무두무미(無頭無尾). *'몰-두'는『국어사전(國語辭典)』에 등재(登載)된, '어떤 일에 온 정신을 다 기울여 열중함'인 '몰두(沒頭)'의 뜻과는 별개다.

몽-란-유-조(夢蘭有兆 꿈 **몽**/난초 **란**/있을 **유**/조짐 **조**) 난초(蘭草)의 꿈을 (꾼 후에 아이 낳을) 조짐(兆朕)이 있었다는 뜻으로, 여성이 아기를 배거나 아기를 밸 징조(徵兆. 어떤 일이 일어나려고 하는 조짐, 또는 어떤 일이 생겨날 것을 예상하게 하는 조짐)가 있음을 이르는 말. 중국 춘추 시대 정(鄭)나라 문공(文公)의 첩(妾)인 연길(燕姞)이, 하늘이 사람을 시켜 난초를 주면서 이 난초로 네 자식을 만들겠노라고 말한 꿈을 꾼 뒤에, 문공(文公)이 연길(燕姞)에게 내린 난초를 문공(文公)을 모신 증거로 삼아서 목공(穆公)을 낳고 이름을 난(蘭)이라 지었다는 데서 유래한다. *조짐(兆朕): 어떤 일이 일어날 징조.

몽롱-세계(朦朧世界 달빛 희미할 **몽**/달빛 흐릿할 **롱**/세상 **세**/세계 **계**) 달빛이 희미하고 달빛이 흐릿한 세상(世上)이나 세계(世界)라는 뜻으로, ①잠이나 술, 약에 취하여 똑똑하지 않고 어렴풋한 의식에 빠진 상태를 이르는 말. ②아는 것이 똑똑하지 아니하고 어렴풋한 상태를 이르는 말. *몽롱(朦朧): ①(무엇이) 흐리고 희미함. ②(정신이나 상황 따위가) 뚜렷하지 않고 흐릿함. *세계(世界): ①지구상의 모든 나라. 또는 인류 사회 전체. ②집단적 범위를 지닌 특정 사회나 영역. ③대상이나 현상의 모든 범위. ④불교에서, 널리 중생(衆生. 불교에서, 부처의 구제 대상이 되는, 이 세상의 모든 생물을 통틀어 이르는 말)의 삶을 영위하는 범위. *세상(世上): 사람이 살고 있는 모든 사회를 통틀어 이르는 말.

몽롱-창망(朦朧蒼茫 달빛 희미할 **몽**/달빛 흐릿할 **롱**/무성할 **창**/망망할 **망**) 달빛이 희미하고 달빛이 흐릿한 것이, (마치 초목이) 무성(茂盛)히 (자라 퍼지듯이) 망망(茫茫)하다는 뜻으로, 어슴푸레하고 넓고 멀어서 아득함을 이르는 말. *몽롱(朦朧): ☞몽롱세계. *창망(蒼·滄茫): 넓고 멀어서 아득함. *무성하다(茂盛~): (초목 따위가) 우거지다. *망망하다(茫茫~): 부록 '망(茫)' 참고.

몽-망-착-어(蒙網捉魚 뒤집어쓸 **몽**/그물 **망**/잡을 **착**/물고기 **어**) 그물을 (머리에) 뒤집어쓰고 물고기를 잡는다는 뜻으로, 우연히 운(運)이 좋았음을 비유적으로 이르는 말. *뒤집어쓰다: ①(이불 따위로) 몸이 보이지 않게 덮다. ②(머리에 덮거나 쓰는 것을) 되는대로 쓰다. ③남의 허물을 대신 맡다. *그물: 부록 '망(網)' 참고.

몽매-무지(蒙昧無知 어리석을 **몽**/어두울 **매**/없을 **무**/알 **지**) 어리석고 어두워서 아는 (것이) 없다는 뜻으로, 흐리멍덩하고, 어리석고, 둔하고, 미련해서 지각(知覺. 사물의 이치를 분별하는 능력)이 없음을 이르는 말. *몽매(蒙昧): 어리석고 사리에 어두움. *무지(無知): ①아는 것이 없음. ②미련하고 우악스러움(愚惡~. 어리석고 포악한 데가 있음)을 이르는 말.

몽매-지-간(夢寐之間 꿈 **몽**/잠잘 **매**/어조사 **지**/사이 **간**) 잠을 자면서 꿈을 (꾸는) 사이라는 뜻으로, 잠을 자며 꿈을 꾸는 동안을 일컫는 말. *몽매(夢寐): 잠을 자면서 꾸는 꿈. 또는 그 꿈.

몽외-지-사(夢外之事 꿈 **몽**/바깥 **외**/어조사 **지**/일 **사**) 꿈밖의 일이라는 뜻으로, 꿈에도 생각지 못했던 뜻밖의 일을 이르는 말. *몽외(夢外): 꿈에도 생각지 않았던 터. 여기서 '터'는 의존 명사로, '처지'나 '형편'의 뜻을 나타내는 말. =천만뜻밖(千萬~).

몽중-몽-설(夢中夢說 꿈 **몽**/가운데 **중**/꿈 **몽**/말씀 **설**) 꿈 가운데의 꿈에 대한 말[說]. 즉, 꿈속에서 꿈 이야기를 한다는 뜻으로, ①종잡을 수 없게 이야기함. 또는 그런 이야기를 이르는 말. ②무엇을 말하는 지 종잡을 수 없음을 이르는 말. =몽중설몽(夢中說夢). 여기서, '종잡다'는 대중으로(대강으로, 겉가량으로) 헤아려 잡다. *몽중(夢中): 꿈속. 즉, 꿈꾸는 동안. 또는 그 꿈의 장면.

몽중-설-몽(夢中說夢 꿈 **몽**/가운데 **중**/말씀 **설**/꿈 **몽**) 꿈 가운데의 꿈에 대한 말[說]. 즉, 꿈속에서 꿈 이야기를 한다는 뜻으로, ①종잡을 수 없게 이야기함. 또는 그런 이야기를 이르는 말. ②무엇을 말하는 지 종잡을 수 없음을 이르는 말. =몽중몽설(夢中夢說). 여기서, '종잡다'는 대중으로(대강으로, 겉가량으로) 헤아려 잡다. *몽중(夢中): ☞몽중몽설(夢中夢說).

몽학-훈장(蒙學訓長 어릴 **몽**/배울 **학**/가르칠 **훈**/어른 **장**) 배우는 어린아이와 가르치는 어른이라는 뜻으로, ①어린아이를 가르치는 훈장(訓長)을 이르는 말. ②겨우 어린아이나 가르칠 정도의 훈장(訓長)을 이르는 말. *몽학(蒙學): 어린이들의 공부. *훈장(訓長): 글방(~房. 예전에 한문을 사사·私私로이 가르치던 곳)의 선생. 여기서, '사사롭다(私私~)'는 공적(公的)이 아니고 개인적(個人的)인 성질을 띠고 있다.

몽환-포영(夢幻泡影 꿈 **몽**/허깨비 **환**/물거품 **포**/그림자 **영**) 꿈과, 허깨비(환상)와, 물거품과, 그림자라는 뜻으로, 인생이 헛되고 덧없음(보람이나 쓸모가 없어 헛되고 허전함)을 비유적으로 이르는 말. *몽환(夢幻): ①꿈과 환상이라는 뜻으로, 허황한 생각을 이르는 말. ②이 세상의 모든 사물이 덧없음을 비유적으로 이르는 말. *포영(泡影): 물거품과 그림자라는 뜻으로, 사물의 무상(無常. 일정하지 않고 늘 변하는 데가 있음)함을 이르는 말.

묘-계-현-화(妙契玄化 묘할 **묘**/맺을 **계**/오묘할 **현**/될 **화**) 묘(妙)하게 (서로) 맺으며 (깊고) 오묘(奧妙)한 것으로 된다는 뜻으로, 묘(妙)하게 서로 맞으며 깊고 오묘(奧妙)한 덕화(德化. 덕으로 교화함)를 이르는 말. 임금의 덕치(德治)를 칭송하는 말이다. *묘하다(妙~): 부록 '묘(妙)' 참고. *오묘하다(奧妙~): 심오하고 미묘하다.

묘-구-도적(墓丘盜賊 무덤 **묘**/언덕 **구**/도둑 **도**/도둑 **적**) 언덕에 (있는) 무덤을 (파헤치는) 도둑과 도둑이라는 뜻으로, ①무덤을 파헤치고 그 속의 물건을 훔쳐 가는 도둑. ②송장(순우리말로, 죽은 사람의 몸)을 파내어 감추고, 금품(金品. 돈과 물품)을 강요하는 도둑을 이르는 말. *도적(盜賊): =도둑. 즉, 남의 물건을 빼앗거나 훔치는 짓. 또는 그런 짓을 하는 사람.

묘기-백출(妙技百出 묘할 **묘**/기술 **기**/일백 **백**/날 **출**) 묘(妙)한 기술(技術)이 일백(一百) (가지나) 나온다는 뜻으로, 절묘(絶妙. 비할 데가 없을 만큼 아주 묘함)한 재주(순우리말로, 무엇을 잘할 수 있는, 타고난 능력과 슬기)나 기술이 연이어 많이 나옴. 또는 갖가지 묘기(妙技)가 쏟아져 나옴을 이르는 말. *묘기(妙

技): 절묘(絶妙)한 재주. 또는 절묘(絶妙)한 기술. *백출(百出): 여러 가지로 많이 나옴. 또는 수없이 많이 나타남. *묘하다(妙~): 부록 '묘(妙)' 참고.

묘두-현령(猫頭縣·懸鈴 고양이 **묘**/머리 **두**/매달 **현**/방울 **령**) 고양이 머리에 방울을 매달다. 즉, 쥐가 고양이 목에 방울을 단다는 뜻으로, 실행하기 어려운 공론(空論. 실제와는 동떨어진 쓸데없는 이론·理論)이나 실행(實行)할 수 없는 헛된 논의(論議)를 비유적으로 이르는 말. 우리 속담의 '고양이 목에 방울 달기'를 한자어(漢字語)로 번역(飜譯)한 것이다. 본문 '묘항현령(猫項懸鈴)' 참고. 쥐가 고양이의 습격을 미리 막기 위한 수단으로 고양이의 목에 방울을 다는 일을 의논하였으나, 실행 불가능으로 끝났다는 우화(寓話. 인격화한 동식물이나 기타 사물을 주인공으로 하여 그들의 행동 속에 풍자와 교훈의 뜻을 나타내는 이야기)에서 유래한다. 이 우화(寓話)는 조선 인조(仁祖) 때의 학자 홍만종(洪萬宗)의 『순오지(旬五志)』에 나온다. 이 책은 홍만종(洪萬宗)이 병석(病席. 병자가 앓아누워 있는 자리)에 누워있으면서 15일 만에 책을 완성했다고 해서 '순오지(旬五志)'라고 했다고 한다. 이 사자성어(四字成語)는 우리나라에만 사용된다. =묘항현령(猫項懸鈴). *묘두(猫頭): 고양이의 대가리. *현령(縣·懸鈴): 방울을 닮. 또는 그 방울. *방울: 부록 '령(鈴)' 참고. 《관련 속담》 고양이 목에 방울 달기.

묘-시-파-리(眇視跛履 애꾸눈 **묘**/볼 **시**/절름발이 **파**/밟을 **리**) 애꾸눈이('한쪽 눈이 먼 사람'을 낮추어 이르는 말)가 (환히) 보려고 (하고), 절름발이가 (먼 길을) 밟으려 (한다는) 뜻으로, 되지 않을 일을 무리하게 구(求)함. 또는 화(禍)를 불러서 분수(分數. 자기 신분에 맞는 한도. 또는 사람으로서 일정하게 이를 수 있는 한계) 밖의 일을 오게 함을 비유적으로 이르는 말. 사실, 애꾸눈이가 정상적인 사람처럼 사물을 환히 보기가 어렵고, 절름발이가 정상인처럼 먼 길을 걷기가 어려운 데서 나온 말이다. *애꾸눈: 부록 '묘(眇)' 참고. *절름발이: 부록 '파(跛)' 참고.

묘-항-현령(猫項縣·懸鈴 고양이 **묘**/목 **항**/매달 **현**/방울 **령**) (쥐가) 고양이 목에 방울을 매단다는 뜻으로, 생각은 좋으나 실행(實行)할 수 없는 헛된 논의(論議)를 비유적으로 이르는 말. 우리 속담의 '고양이 목에 방울 달기'를 한자어(漢字語)로 번역(飜譯)한 것이다. =묘두현령(猫頭縣鈴). *현령(縣·懸鈴): ☞ 묘두현령(猫頭縣鈴). *방울: 부록 '령(鈴)' 참고. 이 사자성어의 유래는 다음과 같다. 조선 인조(仁祖) 때의 학자 홍만종(洪萬宗)의 『순오지(旬五志)』에 〈고양이에게 시달려 온 쥐들이 모여 대책을 논의했다. 쥐 한 마리가 고양이의 목에 방울을 매달아 두면, 그 방울 소리를 듣고 고양이가 오는 것을 미리 알 수 있어서, 죽음을 면할 수 있을 것이라는 제안을 했다. 쥐들은 모두 좋은 의견이라고 기뻐했다. 그러자 늙은 쥐가 물었다. "누가 고양이의 목에다 방울을 달 수 있겠는가?" 쥐들이 모두 어쩔 줄을 몰라 했다.〉라는 이야기가 나오는데, "누가 고양이의 목에다 방울을 달 수 있겠는가?"를 한자어(漢字語)로 번역하면 '묘항현령(猫項懸鈴)'이 된다. 이 사자성어는 우리나라에서만 사용된다. 홍만종(洪萬宗)이 병석(病席. 병자가 앓아누워 있는 자리)에 누워 있으면서 15일 만에 책을 완성했다고 해서 『순오지(旬五志)』란 이름을 붙였다고 한다. 《관련 속담》 고양이 목에 방울 달기.

묘-호-류-견(描虎類犬 그릴 **묘**/호랑이 **호**/비슷할 **류**/개 **견**) 호랑이를 그리려다 (실패하여) 개와 비슷하게 (되었다는) 뜻으로, 높은 뜻을 갖고 어떤 일을 성취(成就. 목적한 바를 이룸)하려다가 중도(中途. 하던 일의 중간)에 그쳐 다른 사람의 조롱(嘲弄. 비웃거나 깔보면서 놀림)을 받는 것을 비유적으로 이르는 말.

무-가-내하(無可奈何 없을 **무**/가히 **가**/어찌 **내**/어찌 **하**) 가(可)히 어찌하고 어찌할 (수가) 없다는 뜻으로,

일을 감당(堪當. 일 따위를 맡아서 능히 해냄)할 방법이 없음을 이르는 말. 또는 몹시 고집을 부리거나 버티어서 어찌할 수가 없는 일을 이르는 말. 웹 막가내하(莫可奈何). 막무가내(莫無可奈). 무가여하(無可如何). 불가내하(不可奈何). *내하(奈何): 주로 한문 투의 문장 끝에서 '내하(奈何)오'의 꼴로 쓰여, 어찌함의 뜻을 나타내는 말. *가히(可~): '능히', '넉넉히'의 뜻. *어찌: 부록 '내(奈)', '하(何)' 참고. 이 사자성어의 유래는 다음과 같다. 『사기(史記)』의 「혹리열전(酷吏列傳)」편(篇)에 〈반란군(反・叛亂軍. 정부나 지배자에게 반항하여 내란을 일으키는 군대)은 대규모로 험한 산천을 끼고 고을에 웅거하여 어찌할 도리가 없었다.(復聚黨而阻山川者, 往往而郡居, 無可奈何.)〉라는 글귀가 나오는데, '어찌할 도리가 없었다. (無可奈何)'에서, '무가내하(無可奈何)'가 유래했다. 이 사자성어의 배경은 이렇다. 한(漢)나라 무제(武帝) 때 흉노(匈奴. 기원전 3~1세기경에 몽골 지방에서 활약하던 유목 민족) 정벌(征伐. 무력을 써서 적이나 죄 있는 무리를 치는 일)을 위해 대규모로 군사를 동원했다. 농민들의 부담이 점점 늘어나 백성들의 생활이 궁핍해지자, 도처(到處. 가는 곳, 또는 방방곡곡)에서 농민들의 봉기(蜂起. 벌 떼처럼 많은 사람이 한꺼번에 들고 일어남)가 일어났다. 조정(朝廷. 임금이 나라의 정치를 신하들과 의논하거나 집행하는 곳, 또는 그런 기구)에서는 관리들을 파견하고 군대를 보내 반란군(叛亂軍. 반란을 일으킨 군대)을 탄압하고 학살(虐殺. 가혹하게 마구 죽임)하는 식(式)으로 봉기(蜂起)를 진압(鎭壓. 강압적인 힘으로 억눌러 진정시킴)해 나갔으나 '반란군은 대규모로 험한 산천을 끼고 고을에 웅거(雄據. 일정한 지역을 차지하고 굳게 막아 지킴)하여 어찌할 도리가 없었다.'는 것이다. 참고로, 원문의 '復聚黨而阻山川者'에서, '復'는 다시 '부'로 읽고, '聚'는 모을 '취'로 읽고, '黨'은 무리 '당'으로 읽는다. '聚黨'은 목적, 의견, 행동 따위를 같이 하는 무리를 불러 모음. '而'는 말 이을 '이'로 읽는다. '그리고'의 뜻을 나타냄. '阻'는 험할 '조'로 읽고, '山'은 뫼('산'의 옛말) '산'으로 읽고, '川'은 내(시내보다는 크지만 강보다는 작은 물줄기) '천'으로 읽는다. '山川'은 산(山)과 내[川]를 아울러 이르는 말. '者'는, 여기서는 곳 '자', 장소 '자'로 읽는다. '復聚黨而阻山川者'를 직역(直譯)하면, 다시 무리(반란군)를 모아 그리고 험한 산과 내가 (있는) 곳에서, '往往而郡居'에서, '往'은 이따금 '왕'으로 읽는다. '왕왕(往往)'은 이따금. 때때로의 뜻이다. '郡'은 고을 '군'으로 읽고, '居'는 살 '거', 자리 잡을 '거'로 읽는다. '往往而郡居'를 직역(直譯)하면, (반란군이) 때때로 그리고 고을에서 자리 잡고 (있으니), 즉, 반란군이 고을에 자리를 잡아 굳게 막아 지키고 있다는 뜻이다. '無可奈何'에서, '無'는 없을 '무'로 읽고, '可'는 가히(可~. '능히', '넉넉히'의 뜻을 나타냄) '가'로 읽고, '奈'는 어찌(의문 부사) '내'로 읽고, '何'는 어찌(의문 부사) '하'로 읽는다. '無可奈何'를 직역(直譯)하면, 가(可)히 어찌하고 어찌할 (수가) 없다는 뜻으로, 일을 감당(堪當)할 방법이 없음을 이르는 말. 또는 몹시 고집을 부리거나 버티어서 어찌할 수가 없는 일을 이르는 말.

무-간-나락(無間那・奈落 없을 **무**/사이 **간**/어찌 **나**/떨어질 **락**) 어찌할 사이 없이 (계속) 떨어진다는 뜻으로, 팔열지옥(八熱地獄)의 하나를 이르는 말. 한 겁(劫. '천지가 한 번 개벽할 때부터 다음번에 개벽할 때까지의 동안'이란 뜻으로, 매우 길고 오랜 시간을 이르는 말) 동안 끊임없이 고통을 받는다는 지옥이다. =무간아비(無間阿鼻). 무간지옥(無間地獄). 여기서, '팔열지옥(八熱地獄)'은 불교에서 이르는 말로, 매우 뜨거운 불길로 고통을 받는 여덟 지옥. 즉, 등활지옥(等活地獄), 흑승지옥(黑繩地獄), 중합지옥(衆合地獄), 규환지옥(叫喚地獄), 대규환지옥(大叫喚地獄), 초열지옥(焦熱地獄), 대초열지옥(大焦熱地獄), 무간지옥(無間地獄) 따위를 일컫는다. =8대지옥. *무-간은 『국어사전(國語辭典)』에 등재(登載)된, '사귀며 지내는 사이가 썩 가까움'인 '무간(無間)'의 뜻과는 별개다. *나락(那·奈落): ①=지옥(地獄). 곧, ㉠불교에서, 이승(지금 살고 있는 이 세상)에서 악업(惡業)을 지은 사람이 죽어서 간다고 하는, 온갖 고통으로 가득 찬 세계를 이르는 말. ↔극락(極樂). 여기서, '악업(惡業)'은 불교에서 이르는, 고과(苦果. <u>불교에서, 고뇌를 받는 과보·果報. 또는 악업·惡業의 과보·果報로 받는 고뇌. 여기서, '과보·果報'는 인과응보·因果應報의 준말</u>)를 가져오는 원인이 되는 나쁜 짓. 또는 전생(前生. <u>이 세상에 태어나기 전의 세상</u>)의 나쁜 짓. ↔선업(善業). ㉡못 견딜 만큼 괴롭고 참담한 형편이나 환경을 비유적으로 이르는 말. ②도저히 벗어날 수 없는 극한 상황을 비유적으로 이르는 말. *어찌: 부록 '나(那·奈)' 참고.

무-간-아비(無間阿鼻 없을 **무**/사이 **간**/언덕 **아**/코 **비**) (쉽) 사이가 없는 아비(阿鼻)라는 뜻으로, 팔열지옥(八熱地獄)의 하나를 이르는 말. 한 겁(劫. <u>'천지가 한 번 개벽할 때부터 다음번에 개벽할 때까지의 동안'이란 뜻으로, 매우 길고 오랜 시간을 이르는 말</u>) 동안 끊임없이 고통을 받는다는 지옥이다. =무간나락(無間奈落). 무간지옥(無間地獄). 여기서, '팔열지옥(八熱地獄)'은 본문 '무간나락(無間奈落)' 참고. *무-간: ☞무간나락(無間奈落). *아비(阿鼻): 불교에서, =무간지옥(無間地獄). 즉, 팔열지옥(八熱地獄)의 하나. 한 겁(劫) 동안 끊임없이 고통을 받는다는 지옥(地獄)이다.

무-간-죄보(無間罪報 없을 **무**/사이 **간**/허물 **죄**/갚을 **보**) 허물을 갚을 사이가 없다는 뜻으로, 한없는 죄악(罪惡)에 대한 과보(果報. '인과응보·因果應報'의 준말로, 불교에서, 과거 또는 전생의 선악의 인연에 따라서 뒷날 길흉화복·吉凶禍福의 갚음을 받게 됨을 이르는 말)를 이르는 말. *무-간: ☞무간나락(無間奈落). *죄보(罪報): 불교에서, 죄업(罪業. 훗날 괴로움의 과보·果報를 부르는 인·因이 되는 죄악의 행위를 이르는 말)에 따른 과보(果報)를 이르는 말. *허물: 부록 '죄(罪)' 참고.

무-간-지옥(無間地獄 없을 **무**/사이 **간**/땅 **지**/감옥 **옥**) (쉽) 사이 없는 땅의 감옥(監獄). 즉, 지옥(地獄)이라는 뜻으로, 팔열지옥(八熱地獄)의 하나를 이르는 말. 한 겁(劫. <u>'천지가 한 번 개벽할 때부터 다음번에 개벽할 때까지의 동안'이란 뜻으로, 매우 길고 오랜 시간을 이르는 말</u>) 동안 끊임없이 고통을 받는다는 지옥이다. =무간나락(無間奈落). 무간아비(無間阿鼻). 아비세계(阿鼻世界). 아비지옥(阿鼻地獄). 여기서, '팔열지옥(八熱地獄)'은 본문 '무간나락(無間奈落)' 참고. *무-간: ☞무간나락(無間奈落). *지옥(地獄): ① 불교에서, 이승(지금 살고 있는 이 세상)에서 악업(惡業)을 지은 사람이 죽어서 간다고 하는, 온갖 고통으로 가득 찬 세계. ↔극락(極樂). 여기서, '악업(惡業)'은 불교에서 이르는, 고과(苦果. <u>불교에서, 고뇌를 받는 과보·果報. 또는 악업·惡業의 과보·果報로 받는 고뇌. 여기서, '과보·果報'는 인과응보·因果應報의 준말</u>)를 가져오는 원인이 되는 나쁜 짓. 또는 전생(前生. <u>이 세상에 태어나기 전의 세상</u>)의 나쁜 짓. ↔선업(善業). ②못 견딜 만큼 괴롭고 참담한 형편이나 환경을 비유적으로 이르는 말. *감옥(監獄): 죄인(罪人)을 가두어 두는 곳. 한때 형무소(刑務所)라고 부르다가 현재 교도소(矯導所)로 고쳤다. 이 사자성어는 '아비지옥(阿鼻地獄)'과 같은 뜻으로 쓰인다. 이 사자성어의 유래는 다음과 같다. 『법화경(法華經)』의 「법사공덕품(法師功德品)」 편(篇)에 〈'아비(阿鼻)'는 범어(梵語) 아비치(Avici)의 음역(音譯)이다. '아(阿)'는 무(無), '비(鼻)'는 구(救)로써 '아비(阿鼻)'는 전혀 구제받을 수 없다는 뜻이다. '아비지옥(阿鼻地獄)'은 불교에서 말하는 8대 지옥(地獄) 중 가장 아래에 있는 지옥(地獄)으로, 잠시도 고통이 쉴 날이 없다 하여 '무간지옥(無間地獄)'이라고도 한다. '무간(無間)'이라고 한 것은 그곳에서 받는 고통이 간극(間隙. <u>틈, 사이</u>)이 없이 계속되기 때문이다. 이곳은 부모를 살해한 자(者), 부처님 몸에 피를 낸 자(者),

삼보(三寶. 보물, 법물, 승보)를 훼손한 자(者). 여기서, '법물(法物)'은 법사(法師)로부터 물려받은 논밭이나 돈 따위의 재물(財物)을 이르는 말이고, '승보(僧寶)'는 부처의 가르침을 받들어 실천하는 사람들을 보배에 비유(譬·比喩. 어떤 사물의 모양이나 상태 따위를 보다 효과적으로 표현하기 위하여 그것과 비슷한 다른 사물에 빗대어 표현함. 또는 그 표현 방법)하여 이르는 말이다. 사찰(寺刹)의 물건을 훔친 자(者). 비구니(比丘尼. 출가하여 구족계·具足戒를 받은 여자 승려)를 범한 자(者) 따위의 오역죄(五逆罪. 불교의 다섯 가지 악행을 범한 죄)를 범한 자(者)들이 떨어지는 곳이다. 이곳에 떨어지면 옥졸(獄卒. 옥에 갇힌 사람을 맡아 지키던 사람)이 죄인의 살가죽을 벗겨, 그 가죽으로 죄인을 묶어 불[火] 수레[車]에 싣고, 훨훨 타는 불 속에 던져 태우기도 한다. 야차(夜叉. 불교에서, 얼굴 모습이나 몸의 생김새가 괴상하고 사나운 귀신을 이르는 말. 신통력을 가졌으며, 사람을 괴롭힌다고 함)들이 큰 쇠창을 달구어 입, 코, 배 따위를 꿰어 던지기도 한다. 이곳에서는 하루에 수천 번씩 죽고 되살아나는 고통을 받으며 잠시도 평온을 누릴 수 없다. 고통은 죄의 대가(代價)를 다 치른 후에야 끝난다.〉라는 이야기가 있는데, 여기서 '무간지옥(無間地獄)'이 유래했다.

무거-불측(無據不測 없을 **무**/근거 **거**/아닐 **불**/헤아릴 **측**) 근거(根據) 없이 헤아리지 아니 (한다는) 뜻으로, ①근거(根據)가 없어 헤아리기 어려움을 이르는 말. ②성질이 말할 수 없이 흉측(凶測. 몹시 흉악함)함을 비유적으로 이르는 말. *무거(無據): ①근거가 없음. 또는 터무니가 없음. ②의지할 데가 없음. *불측(不測): ①짐작하기 어려움. 또는 미루어 헤아릴 수 없음. ②마음보가 음흉함. 또는 생각이나 행동 따위가 괘씸하고 엉큼함. *근거(根據): ①어떠한 행동을 하는 데 터전이 되는 곳. ②어떤 의견(意見)이나 의론(議論) 따위의 이론(理論)이나 바탕이 됨. 또는 그런 것.

무고-지-민(無告之民 없을 **무**/알릴 **고**/어조사 **지**/백성 **민**) 알릴 (데가) 없는 백성(百姓)이라는 뜻으로, ①하소연하여 구원(救援. 어려움이나 위험에 빠진 사람을 구하여 줌)받을 데가 없는 백성. 또는 어디다 호소(呼訴. 억울하거나 딱한 사정을 남에게 간곡히 알림)할 데가 없는 어려운 백성(百姓)을 이르는 말. ②의지할 데 없는 늙은이나, 부모가 없는 어린이를 비유적으로 이르는 말. *무고(無告): 괴로운 처지를 하소연할 곳이 없음. 또는 그런 사람.

무골-호인(無骨好人 없을 **무**/뼈 **골**/좋을 **호**/사람 **인**) 뼈가 없는 좋은 사람이라는 뜻으로, 줏대(主~. 마음의 중심이 되는 생각이나 태도)가 없이 두루뭉술하고 순(順)하여 남의 비위(脾胃. 여기서는 아니꼽거나 언짢은 일을 잘 견디어 내는 힘)를 다 맞추는 사람을 비유적으로 이르는 말. '비위(脾胃)를 맞추다'는 관용구로, (어떤 사람이 다른 사람의) 심정을 만족스럽게 하다. *무골(無骨): ①뼈가 없음. ②줏대가 없음. *호인(好人): 성품이 좋은 사람.

무괴-어-심(無愧於心 없을 **무**/부끄러워할 **괴**/어조사 **어**/마음 **심**) 마음에 부끄러움이 없다는 뜻으로, 언행(言行)이 발라서 마음에 조금도 부끄러움이나 부끄러울 것이 없음을 이르는 말. *무괴(無愧): 다른 사람을 생각하지 않고 마음대로 악한 짓을 하면서도 부끄러워하거나 뉘우침이 없음. 또는 그런 사람. *어조사(語助辭): 한문에서 토(순우리말로, 읽을 때 구절 끝에 붙여서 문법적 관계를 나타내는 우리말 부분)가 되는 어(於), 의(矣), 언(焉), 야(也) 따위의 글자를 이르는 말. 실질적인 뜻이 없고 다른 글자를 돕기만 함.

무궁-무진(無窮無盡 없을 **무**/막힐 **궁**/없을 **무**/다할 **진**) 막힘이 없고 다함이 없다는 뜻으로, 한(限)이 없고 끝이 없다. 또는 끝이 없고 다함이 없음을 이르는 말. =무진무궁(無盡無窮). *무궁(無窮): 끝이 없음. 또는 한(限)이 없음. *무진(無盡): ①다함이 없음. 또는 한량(限量. 한도를 정한 분량)이 없음. ②=무궁무진(無窮無盡). *막히다: '막다'의 피동. 막음을 당하다. *다하다: 부록 '진(盡)' 참고.

무근-지-설(無根之說 없을 **무**/뿌리 **근**/어조사 **지**/말씀 **설**) 뿌리(근거)가 없는 말[說]이라는 뜻으로, 근거 없는 뜬소문이나, 근거(根據) 없이 떠도는 말을 비유적으로 이르는 말. *무근(無根): ①뿌리가 없음. ②근거가 없음.

무남-독녀(無男獨女 없을 **무**/사내 **남**/홀로 **독**/계집 **녀**) 사내 없이 홀로 된 계집이라는 뜻으로, 아들이 없는 집안의 외동딸을 이르는 말. 🈁 무매독자(無媒獨子). *무남(無男): 아들이 없음. *독녀(獨女): =외딸. 또는 외동딸. 즉, ①아들 없이 단 하나뿐인 딸. ②딸로는 하나뿐인 딸. ↔외아들.

무념-무상(無念無想 없을 **무**/생각 **념**/없을 **무**/생각할 **상**) 생각이 없고 생각함이 없다는 뜻으로, 무아(無我. 자기를 잊음. 곧, '무의식·無意識'을 이르는 말)의 경지(境地. 어떠한 단계에 이른 상태)에 이르러 일체(一切. 모든 것. 또는 온갖 것)의 상념(想念. 마음속에 떠오르는 생각)을 떠남을 이르는 말. =무상무념(無想無念). *무념(無念): 아무런 감정이나 생각하는 것이 없음. 즉, 무아(無我)의 경지(境地)에 이른 상태를 일컫는다. *무상(無想): 불교에서, 일체(一切)의 상념(想念)이 없음.

무능력-자(無能力者 없을 **무**/능히 할 **능**/힘 **력**/사람 **자**) 능(能)히 할 힘이 없는 사람이라는 뜻으로, ①일을 감당(堪當. 일 따위를 맡아서 능히 해냄)하거나 해결(解決)할 만한 능력(能力)이 없는 사람을 이르는 말. ②단독으로 유효(有效)한 법률 행위(法律行爲)를 할 수 없는 사람을 이르는 말. 미성년자, 금치산자, 한정 치산자 따위이며, 이들의 행위를 대리하고 보충하기 위하여 각각 친권자(親權者), 후견인(後見人), 보좌인(輔佐人)을 둔다. *무능력(無能力): ①무엇을 할 능력이 없음. ②법률상의 행위능력이 없음.

무능-무력(無能無力 없을 **무**/능할 **능**/없을 **무**/힘 **력**) 능(能)함이 없고 힘이 없다는 뜻으로, 아무런 능력(能力)이 없음을 이르는 말. *무능(無能): ①재능(才能. 어떤 일을 하는데 필요한 재주와 능력)이 없음. 여기서, '재주'는 순우리말로, 무엇을 잘할 수 있는, 타고난 능력과 슬기. ②=무능력(無能力). 즉, 무엇을 할 능력이 없음. 또는 법률상의 행위능력이 없음. *무력(無力): ①힘 또는 세력이 없거나 부침('부치다'의 명사형. 힘이 미치지 못함. 또는 힘이 감당하지 못함). ↔유력(有力). ②능력이나 활동력이 없음. *능하다(能~): 부록 '능(能)' 참고.

무단-가출(無斷家出 없을 **무**/결단할 **단**/집 **가**/날 **출**) 무단(無斷)으로 집을 나간다는 뜻으로, 사전에 허락을 받거나 사유(事由. 일의 까닭)를 말하지 않고 집을 나감을 이르는 말. *무단(無斷): 사전에 허락이 없음. 또는 사유를 말함이 없음. *가출(家出): (정신 질환이나 가정불화, 그 밖의 불평, 불만 따위로 해서) 자기 집을 뛰쳐나감. *결단하다(決斷~): 딱 잘라 결정하거나 단안(斷案. 어떤 사항에 대한 생각을 딱 잘라 결정함. 또는 그렇게 결정된 생각)을 내리다.

무단-결근(無斷缺勤 없을 **무**/결단할 **단**/궐할 **결**/근무할 **근**) 무단(無斷)으로 근무를 궐(闕)한다는 뜻으로, 사전에 허락을 받거나 사유(事由. 일의 까닭)를 말하지 않고 결근(缺勤)함. 또는 그런 결근(缺勤)을 이르는 말. *무단(無斷): ☞무단가출(無斷家出). *결근(缺勤): 근무해야 할 날에 나오지 않고 빠짐. *결단하다(決斷~): ☞무단가출(無斷家出). *궐하다(闕~): ①해야 할 일을 아니하다. ②참여(출석)할 차례를 건너뛰다.

무단-결석(無斷缺席 없을 **무**/결단할 **단**/빌 **결**/자리 **석**) 무단(無斷)으로 빈자리를 (만든다는) 뜻으로, 사전에 허락을 받거나 사유(事由. 일의 까닭)를 말하지 않고 결석(缺席)함. 또는 그런 결석(缺席)을 이르는 말. *무단(無斷): ☞무단가출(無斷家出). *결석(缺席): (출석해야 할 자리에) 출석하지 않음. ↔출석(出席). *결단하다(決斷~): ☞무단가출(無斷家出).

무단-이탈(無斷離脫 없을 **무**/결단할 **단**/떠날 **이**/벗을 **탈**) 무단(無斷)으로 떠나 벗어난다는 뜻으로, 사전(事前. 일이 일어나기 전. 또는 일을 시작하기 전)에 허락을 받거나 사유(事由. 일의 까닭)를 말하지 않고 소속 단체나 조직에서 벗어남을 이르는 말. *무단(無斷): ☞무단가출(無斷家出). *이탈(離脫): 떨어져 나가거나 떨어져 나옴. 또는 관계를 끊음. *결단하다(決斷~): ☞무단가출(無斷家出).

무단-출입(無斷出入 없을 **무**/결단할 **단**/날 **출**/들 **입**) 무단(無斷)으로 나가고 들어온다는 뜻으로, 사전(事前. 일이 일어나기 전. 또는 일을 시작하기 전)에 허락을 받거나 사유(事由. 일의 까닭)를 말하지 않고, 함부로 드나듦을 이르는 말. *무단(無斷): ☞무단가출(無斷家出). *출입(出入): ①드나듦. ②나들이. *결단하다(決斷~): ☞무단가출(無斷家出). *나다: 부록 '출(出)' 참고. *들다: 부록 '입(入)' 참고.

무단-향곡(武斷鄕曲 굳셀 **무**/결단할 **단**/시골 **향**/구석 **곡**) 시골의 구석에서 굳세게(무력으로) 결단(決斷)한다는 뜻으로, 시골에서 세도(勢道. 정치의 권세·權勢. 또는 그 권세·權勢를 마구 휘두르는 일)를 잡은 집안의 사람들이 백성(百姓)들을 억압(抑壓)하고 수탈(收奪. 강제로 빼앗음)하는 일을 이르는 말. *무단(武斷): 무력이나 억압을 써서 강제로 행함. *향곡(鄕曲): 시골구석. 즉, 아주 외딴 시골. *결단하다(決斷~): ☞무단가출(無斷家出).

무도-막심(無道莫甚 없을 **무**/도리 **도**/더할 수 없을 **막**/심할 **심**) 더할 수 없이 심하여 도리(道理)가 없다는 뜻으로, 말이나 행동이 더할 나위 없이 심하게 도리(道理)에 어긋나서 막됨(말이나 행동이 버릇없고 그침)을 이르는 말. 또는 무모하기 이를 데 없음을 이르는 말. *무도(無道): 말이나 행동이 인간으로서 지켜야 할 도리에 어긋나서 막됨. *막심(莫甚): 매우 심함. 또는 아주 대단함. *도리(道理): 사람이 마땅히 지켜야 할 바른 길.

무도-몰-륜(無道沒倫 없을 **무**/도리 **도**/없을 **몰**/인륜 **륜**) 도리(道理)도 없고 인륜(人倫)도 없다는 뜻으로, 사람이 마땅히 지켜야 할 도리(道理)와 인륜(人倫)이 없음을 이르는 말. *무도(無道): ☞무도막심(無道莫甚). *도리(道理): ☞무도막심(無道莫甚). *인륜(人倫): 부록 '륜(倫)' 참고.

무두-무-미(無頭無尾 없을 **무**/머리 **두**/없을 **무**/꼬리 **미**) 머리도 없고 꼬리도 없다는 뜻으로, 밑도 끝도 없음을 이르는 말. =몰두몰미(沒頭沒尾). *무두(無頭): 머리가 없음.

무-득-무-실(無得無失 없을 **무**/얻을 **득**/없을 **무**/잃을 **실**) 얻는 것도 없고 잃는 것도 없음. 🈁 무해무득(無害無得). *'무-실'은 『국어사전(國語辭典)』에 등재(登載)된, '야구에서, 실책이 없음'인 '무실(無失)'의 뜻과는 별개다.

무등-호인(無等好人 없을 **무**/같을 **등**/좋을 **호**/사람 **인**) 같음이 없는 좋은 사람. 즉, 더 이상 같지 않게 좋은 사람이라는 뜻으로, 더할 나위 없이 마음이나 사람됨(사람의 됨됨이)이 좋은 사람을 이르는 말. *무등(無等): 🈁 그 이상 더할 수 없을 정도로. *호인(好人): 성품이 좋은 사람.

무량-무변(無量無邊 없을 **무**/헤아릴 **량**/없을 **무**/가 **변**) 헤아림이 없고 가(끝)도 없다는 뜻으로, 헤아릴 수 없고 끝도 없이 많음을 이르는 말. *무량(無量): 헤아릴 수 없이 많거나 그지없음. =무한량(無限量).

*무변(無邊): 그지없음. 또는 끝이 없음.

무량-상수(無量上壽 없을 **무**/헤아릴 **량**/위 **상**/목숨 **수**) 위[上]의 (끝을) 헤아림이 없는 목숨. 즉, 위[上]의 (끝이) (어디인지) 헤아릴 수 없을 정도로 아주 위[上]에 (있는) 목숨이라는 뜻으로, 한없이 오래 사는 수명. 즉, 헤아릴 수 없이 오랜 수명(壽命)을 이르는 말. *무량(無量): ☞무량무변(無量無邊). *상수(上壽): ①나이 100세 또는 100세 이상을 일컬음. ②나이가 보통 사람보다 아주 많음. 또는 그 나이.

무량수-불(無量壽佛 없을 **무**/헤아릴 **량**/목숨 **수**/부처 **불**) 헤아림이 없는 목숨의 부처라는 뜻으로, '아미타불(阿彌陀佛)'을 달리 이르는 말. 수명(壽命)이 한(限)없다 하여 이렇게 일컫는다. *무량수(無量壽): ①한량(限量. 한도를 정한 분량)이 없는 수명. =무량상수(無量上壽). ②아미타불(阿彌陀佛. 서방 정토의 극락세계·極樂世界에 있다는 부처의 이름. 모든 중생을 구제한다는 큰 서원·誓願을 세운 부처로서, 이 부처를 믿고 염불하면 죽은 뒤에 곧 극락정토·極樂淨土에 태어나게 된다고 함)과 그 국토의 백성들의 수명이 한량(限量)이 없는 일. *헤아리다: 부록 '량(量)' 참고.

무력-소치(無力所致 없을 **무**/힘 **력**/바 **소**/이룰 **치**) 힘이나 이루는 바[所]가 없다는 뜻으로, 힘이나 능력(能力)이 없는 까닭을 이르는 말. 즉, 능력(能力)이 없는 탓, 또는 무력(無力)한 탓이라는 말이다. *무력(無力): ①힘 또는 세력이 없거나 부침('부치다'의 명사형. 힘이 미치지 못함. 또는 힘이 감당하지 못함)을 이르는 말. ②능력이나 활동력이 없음. *소치(所致): (무슨 까닭으로) 빚어진 일. *바: 부록 '소(所)' 참고.

무력-행사(武力行使 군사 **무**/힘 **력**/행할 **행**/부릴 **사**) 군사적인 힘으로 행(行)하고 부린다는 뜻으로, 무력(武力)을 사용하여 어떤 일을 꾀함을 이르는 말. *무력(武力): ①군사상의 위력. ②마구 육대기는(난폭하게 윽박질러 위협하는, 또는 억지를 부려 우겨서 제 마음대로 해내는) 힘. *행사(行使): ①부려서 씀. 또는 사용함. ②권리나 권력, 힘 따위를 실지로 사용하는 일. *군사(軍士): 군대(軍隊)에서 장교(將校)의 지휘를 받는 군인. *행하다(行~): (작정한 대로) 하여 나가다. *부리다: (사람을 시켜) 일을 하게 하다.

무릉-도원(武陵桃源 호반 **무**/언덕 **릉**/복숭아 **도**/근원 **원**) 무릉(武陵)의 복숭아 근원지(根源地)라는 뜻으로, ①신선(神仙. 도·道를 닦아서 현실의 인간 세계를 떠나 자연과 벗하며 산다는 상상·想像의 사람을 이르는 말. 세속적·世俗的인 상식·常識에 구애·拘碍되지 않고, 고통이나 질병도 없으며 죽지 않는다고 함)이 살았다는 전설적인 중국의 명승지(名勝地. 경치가 좋기로 이름난 곳)를 이르는 말. 중국 동진(東晉) 시대 대표적인 은거(隱居. 세상을 피하여 숨어 삶) 시인(詩人)인 도연명(陶淵明)의 『도화원기(桃花源記)』에 나오는 말로, 중국 진(晉)나라 때 호남(湖南)에 있는 무릉(武陵)의 한 어부(漁夫)가 배를 저어 복숭아꽃이 아름답게 핀 수원지(水源地. 강물이나 냇물이 흐르기 시작하는 곳)로 올라가, 굴속에서 진(秦)나라의 난리를 피하여 온 사람들을 만났는데, 그들은 하도 살기가 좋아 그동안 바깥세상의 변천(變遷. 세월이 흐르는 동안에, 변하여 달라짐)과 많은 세월이 지난 줄도 몰랐다고 한다. ②세상과 따로 떨어진 별천지(別天地. 속세·俗世와는 매우 다른, 좋은 세계)를 비유적으로 이르는 말. 사람들이 화목하고 행복하게 살 수 있는 이상향(理想鄕)이다. *무릉(武陵): 땅 이름. *도원(桃源): =무릉도원(武陵桃源). *호반(虎班): 부록 '무(武)' 참고. 여기에 도연명(陶淵明)의 「도화원기(桃花源記)」를 소개한다. 「도화원기(桃花源記)」는 도연명(陶淵明)이 꿈꾸는 이상세계(理想世界)가 어떤 곳인지 알 수 있는 글이며, 동시에 무릉도원(武陵桃源)이 탄생한 것이 바로 이 글이기 때문이다. 여기서, '도연명(陶淵明)'은 중국 동진(東晉)의 시인(詩人)을 일컫는다. 이름은 잠(潛)이고, 호(號)는 오류선생(五柳先生)이다. 그리고 연명(淵明)은 그의 자(字. 본이름을 함부로 부르지 않던 시대에, 본이름 대신 부르던 이름)이다. 그래서 무릉도원(武陵桃源)을 충분히 이해하기 위해서는 아래의 글을 읽어야 한다. 이 사자성어의 유래는 다음과 같다. 〈동진(東晉) 태원(太元. 중국 남북조 시대 동진·東晉 효무제·孝武帝 때의 두 번째 연호·年號. 서기 376년~396년) 연간(年間. 어느 왕이 왕위에 있는 동안) 무렵, 무릉군(武陵郡)에 고기잡이를 업(業. 직업과 같은 말)으로 삼는 사람이 있었다. 하루는 시냇물을 따라 거슬러 올라갔다가 그만 길을 잃어버리고 말았다. 그런데 난데없이 복숭아 꽃이 활짝 핀 숲[도화림(桃花林)]이 펼쳐져 있었다. 여기서, 무릉군(武陵郡)에 있는 도화림(桃花林)이 나오는데, 이 말에서 '무릉도원(武陵桃源)'이 생겨났음을 유추(類推. 어떠한 사실을 근거로 하여, 그것과 같은 조건 아래에 있는 다른 사실을 미루어 헤아리는 일)할 수 있다. 무릉(武陵) 고을의 복숭아 근원지(根源地)라는 뜻이다. 그리고 이 글의 제목이 「도화원기(桃花源記)」다. 「도화원기(桃花源記)」의 '도화원(桃花源)'이 '도화림(桃花林)'에서 나왔음을 추정(推定. 미루어 헤아려 판정함)할 수 있다. 냇물의 양쪽 기슭으로 수백 걸음 떨어진 곳에는 다른 나무가 한 그루도 없었다. 향기로운 풀이 싱싱하고 아름다웠으며, 떨어지는 꽃잎이 어지러이 나부끼고 있었다. 여기서 사람들이 복숭아 '도(桃)', 동산 '원(園)'의 '무릉도원(武陵桃園)'으로 쓰지 않았다. 그 이유는, 복숭아 동산[園]이 아니라, 복숭아 꽃잎이 물 위에 떠내려 오는 근원지(根源地)이기 때문이다. 그래서 복숭아 '도(桃)', 근원 '원(源)'의 무릉도원(武陵桃源)이라고 쓴 것이다. 우리가 꿈꾸어도 이르지 못하는 낙원(樂園), 그 근원지(根源地)라는 뜻으로, 영원성을 가지고 있는 말이다. 복숭아 꽃잎이 영원히 물 위에 떠내려 오는 곳이라는 것이다. 어부(漁夫)는 무척 기이(奇異. 보통과는 다르게 이상야릇함)하게 여겨 다시 앞으로 나아갔고, 숲의 끝까지 가보고자 했다. 숲은 물의 발원지(發源地. 흐르는 물줄기가 처음 시작한 곳)에서 끝나고 산이 앞을 가로 막았다. 산에는 자그마한 동굴이 있는데, 어렴풋이 빛이 새어나오는 것 같았다. 그('어부·漁夫'를 가리킴)는 배를 메어 두고 동굴 어귀(드나드는 목의 첫머리)로 들어갔다. 동굴 어귀는 겨우 한 사람이 드나들 만치 좁았다. 앞으로 몇 십 보를 더 들어갔더니 눈앞이 탁 트이는 것이었다. 땅은 평탄하면서도 넓었고, 가집(家什. 집에 있는 온갖 세간. 곧, 집안 살림에 쓰는 온갖 물건)들은 아담하게 줄지어 섰는데, 기름진 논과 밭, 아름다운 늪과 못(연못)이 있는가 하면 뽕나무, 대나무들이 늘어서고 논밭 가운데로 길이 동서남북(東西南北)으로 쭉 뻗어 있었고, 개와 닭 우는 소리가 여기저기서 들려왔다. 사람들은 그 곳을 오가며 농사를 짓고 있었다. 사내들과 여인들이 입은 옷은 모두 동굴 밖 사람들과 다를 바 없었는데, 늙은이나 어린이들은 모두 기꺼운(속마음에 썩 기쁜) 얼굴들이었다. 즉, 도연명(陶淵明)이 「도화원기(桃花源記)」에서 말하는 '도화원(桃花源)'의 사람들은 외부 세계와 단절(斷絶)한 채 신선(神仙. 도·道를 닦아서 현실의 인간 세계를 떠나 자연과 벗하며 산다는 상상·想像의 사람을 이르는 말. 세속적·世俗的인 상식·常識에 구애·拘礙되지 않고, 고통이나 질병도 없으며 죽지 않는다고 함)처럼 유유자적(悠悠自適. 본문 참고)하고 태평한 나날을 보내고 있음을 시사(示唆. 미리 암시하여 알려줌)하는 대목이다. 그래서 무릉도원(武陵桃源)은 세상과 멀리 떨어진 별천지(別天地)를 비유적으로 나타낸 것이라고 말할 수 있다. 어부(漁夫)를 본 그들은 몹시 놀라며 어디서 왔느냐고 물었다. 그들의 물음에 일일이 대답하자 곧 한 집에서 청(請. 초청·招請과 같은 말)해, 술을 갖추고 닭을 잡고 밥을 지어 잘 대접하는 것이었다. 이런 사람이 왔다는 소문을 듣고 마을 사람들이 모여들어 이것저것 물어보기 시작하였다. 그리고 그들은 조상들이 진(秦)나라의 난리를 피하여 처자(妻子. 아내와 자식)들을 데리고 고을 사람들과 함께 세상과 동떨어진 이곳에 들어온 후 다시 나가지 않았으므로,

결국 바깥사람들과는 갈라지게 되었다고 자기들의 내력(來歷. 어떤 사물의 지나온 자취)을 이야기하는 것이었다. 그러면서 그들은 지금이 어느 시대냐고 묻는데, 한(漢)나라가 세워진 것을 모르고 있으니, 위(魏)나라 진(晉)나라야 이를 데 없었다(말할 필요가 없었다). 그들이 묻는 말을 어부(漁夫)가 차근차근 대답해주자, 모두 감탄하며 놀라워했다. 즉, '도화원(桃花源)'의 사람들은 외부 세계의 흥망성쇠(興亡盛衰. 본문 참고)조차 모르고 있다는 뜻이다. 그리고 여기서 도연명(陶淵明)이 나열한 이 몇 가지는 당시(當時. 일이 있었던 바로 그때. 또는 이야기하고 있는 그 시기) 중국인들이 그리는 이상향(理想鄕)의 조건이었다. 삶을 위협하는 전란(戰亂. 전쟁으로 말미암은 난리) 따위가 없고, 나름대로 자족(自足. 스스로 만족하게 여김. 또는 그 만족)할 수 있는 물질적인 환경이 갖추어져야 하고, 원만하고 따뜻한 사람 사이의 인간관계가 형성되어 있는 곳이 이상향(理想鄕)이라는 것이었다. 그리고 이곳은 도연명(陶淵明)이 꿈꾸는 이상세계(理想世界)이기도 하다. 사실, 동서양(東西洋)을 막론하고 사람들은 고통스로운 현실 저 너머에 낙원(樂園)이 존재한다고 생각하였다. 서양(西洋)에서는 이를 '유토피아(Utopia)'라고 불렀고, 동양(東洋)에서는 신선(神仙)들이 사는 땅, 곧 이상향(理想鄕)이라고 해서 '무릉도원(武陵桃源)'이라고 말한 것이다. 다른 사람들도 이 어부(漁夫)를 자기 집에 청(請)해 술과 밥을 차려 대접하였다. 며칠간 머물다가 작별을 고하였는데, 그곳 사람들이 "이 고장 이야기를 바깥사람들에게 이야기하지 마십시오."라고 신신당부(申申當付)를 하는 것이었다. 즉, 어부(漁夫)는 '도화원(桃花源)'의 사람들의 환대(歡待)를 받고 아쉬운 이별을 했으며, 그리고 그들의 삶이 외부 세계에 알려지는 것을 원하지 않는다는 부탁을 받았다는 뜻이다. 세상 사람들과의 교류(交流. 문화나 사상 따위가 서로 오가며 섞임)는 신선(神仙)의 경지(境地)에 이르기 어렵다고 판단했기 때문이었다. 그곳을 나온 어부(漁夫)는 자기가 두고 간 배를 찾아서 오던 길로 되돌아오며 곳곳에 표시를 해 놓았다. 그는 군청(郡廳)에 찾아가 태수(太守. 벼슬 이름)를 뵈옵고 이 같은 일이 있었노라고 알렸다. 여기서, '태수(太守)'는 고대 중국에서 군(郡)의 으뜸 벼슬. 태수(太守)가 그 말을 듣고 곧 어부(漁夫)에게 사람을 딸려 보냈다. 시냇물을 거슬러 오른 어부(漁夫)는 자신이 해 둔 표지(標識. 다른 것과 구별하여 알게 하는데 필요한 표시나 특징)를 찾았으나 찾을 수 없어 끝내 길을 다시 찾지 못하고 말았다. 남양(南陽) 땅의 고결한 선비인 류자기(劉子驥)가 이 소문을 듣고 가보려고 했지만 끝내 가보지 못하고 오래지 않아 병(病)으로 죽었다. 그 후로는 아무도 길을 묻는 이가 없었다. 즉, 어부(漁夫) 한 사람이 도화원(桃花源)에 다녀온 후, 그곳 사람들은 어느 누구에게도 방문을 허락하지 않았다는 의미다. 도화원(桃花源)은 신선(神仙)만이 살았다는 전설적인 중국의 명승지(名勝地)임을 암시하는 대목이다.〉 이러한 이야기가 전해지는 무릉군(武陵郡)의 도화원(桃花源)에서 '무릉도원(武陵桃源)'이 유래했다고 보는 것이다.

무리-난제(無理難題 **없을 무/이치 리/어려울 난/문제 제**) 이치(理致)에 없는(맞지 않는) 어려운 문제(問題)라는 뜻으로, ①무리(無理)하여 해결하기 어려운 문제. 즉, 무리(無理)하게 떠맡기는 어렵고 까다로운 문제를 이르는 말. ②터무니없는 시비(是非. 옳고 그름. 즉, 잘잘못. 또는 옳고 그름을 따짐)를 이르는 말. *무리(無理): 도리나 이치에 맞지 않거나 정도에서 지나치게 벗어남. *난제(難題): ①시부(詩賦)의 짓기 어려운 제목. ②처리하기 어려운 일. 또는 해내기 어려운 문제. 여기서, '시부(詩賦)'는 시(詩)와 부(賦)를 아울러 이르는 말인데, '부(賦)'는 대구(對句)의 형식으로 각운(脚韻)을 가지는 한문 문체의 한 가지이다. *이치(理致): 사물에 정당한 조리(條理. 어떤 일이나 말, 글 따위에서, 앞뒤가 들어맞고 체계가 서는 것). 또는 도리(道理. 사람이 마땅히 지켜야 할 바른 길. 또는 마땅한 방법이나 길)에 맞는 근본 뜻.

무마-지-재(舞馬之災 춤출 **무**/말 **마**/어조사 **지**/재앙 **재**) 말[馬]이 춤추는 재앙(災殃). 즉, 말[馬]이 춤을 추는 꿈을 꾸면 불이 난다는 뜻으로, 화재(火災)를 달리 이르는 말. *무마(舞馬): 말을 훈련시켜 재주(순우리말로, 무엇을 잘할 수 있는, 타고난 능력과 슬기)를 부리게 하는 일. 또는 기마수(騎馬手. 말을 손질하고 운동시키며 마방·馬房의 청소, 주변 정리 따위의 일에 종사하는 사람)가 갖가지로 재주를 부리는 일. *재앙(災殃): 뜻하지 아니하게 생긴 불행한 변고·變故. 또는 천재지변·天災地變으로 인한 불행한 사고.

무-망-지-복(毋望之福 없을 **무**/바랄 **망**/어조사 **지**/복 **복**) 바람[望]이 없는 복(福). 즉, 바라지 않고 얻는 복(福)이라는 뜻으로, 뜻밖의 행복. 곧, 뜻하지 않게 얻는 복(福)을 이르는 말.

무-망-지-세(毋望之世 없을 **무**/바랄 **망**/어조사 **지**/세상 **세**) 바람[望]이 없는 세상(世上). 즉, 바라지 않는 세상(世上)이라는 뜻으로, 뜻하지 않은 화(禍)와 복(福)에 부딪히게 되는 세상(世上)을 이르는 말.

무-망-지-인(毋望之人 없을 **무**/바랄 **망**/어조사 **지**/사람 **인**) 바람[望]이 없는 사람. 즉, 바라지 않는 사람이라는 뜻으로, 급한 어려움에 처했을 때 뜻밖의 도움을 주는 사람을 이르는 말.

무-망-지-주(毋望之主 없을 **무**/바랄 **망**/어조사 **지**/임금 **주**) 바람[望]이 없는 임금. 즉, 바라지 않는 임금이라는 뜻으로, 장차(張次. '앞으로'의 뜻으로, 미래의 어느 때를 나타내는 말) 어떤 재앙(災殃. 뜻하지 아니하게 생긴 불행한 변고·變故. 또는 천재지변·天災地變으로 인한 불행한 사고)을 불러올지 알 수 없는 군주(君主. 세습적으로 나라를 다스리는 최고 지위에 있는 사람)를 이르는 말. 여기서, '재앙(災殃)'은 뜻하지 아니하게 생긴 불행한 변고(變故). 또는 천재지변(天災地變)으로 인한 불행한 사고(事故).

무-망-지-화(毋望之禍 없을 **무**/바랄 **망**/어조사 **지**/재앙 **화**) 바람[望]이 없는 재앙(災殃). 즉, 바라지 않는 재앙(災殃)이라는 뜻으로, 뜻하지 않게 닥친 화(禍)를 이르는 말. 또는 생각지도 않았던 화(禍)를 입는다는 말. *재앙(災殃): 뜻하지 아니하게 생긴 불행한 변고(變故). 또는 천재지변(天災地變)으로 인한 불행한 사고.

무-매-독신(無妹獨身 없을 **무**/누이 **매**/홀로 **독**/몸 **신**) 누이가 없는, 홀로 (된) 몸이라는 뜻으로, 누이도 형제도 없는 홑몸. 즉, 형제(兄弟) 자매(姉妹)가 없는 혼자인 몸(외로운 몸)을 이르는 말. *독신(獨身): ①형제자매(兄弟姉妹)가 없는 몸. ②배우자가 없는 사람. *누이: 남자에게 있어서 동기(同氣. 형제와 자매, 그리고 남매를 통틀어 이르는 말)인 여자. 보통 자기보다 나이가 적은 여자에 대하여 씀.

무-매-독자(無妹獨子 없을 **무**/누이 **매**/홀로 **독**/아들 **자**) 누이가 없는, 홀로 (있는) 아들이라는 뜻으로, 딸이 없는 집안의 외아들을 이르는 말. 囲 무남독녀(無男獨女). 참 무매독신(無媒獨身). *독자(獨子): 외아들. 즉, 형제가 없는 오직 하나뿐인 아들. *누이: ☞무매독신(無媒獨身).

무명-고지(無名高地 없을 **무**/이름 **명**/높을 **고**/땅 **지**) 이름 없는 높은 땅이라는 뜻으로, 이름이 없거나 알려지지 않은 고지(高地)를 이르는 말. *무명(無名): ①이름이 없음. ②이름이 널리 알려져 있지 않음. ↔유명(有名). *고지(高地): ①평지보다 높은 땅. ②전략적으로 유리한, 높은 곳의 진지(陣地). ③이루고자 하는 목표. 또는 그 수준에 이른 단계.

무명-소졸(無名小卒 없을 **무**/이름 **명**/작을 **소**/군사 **졸**) 이름 없는 작은, (말단) 군사(軍士). 즉, 이름 없는 하찮은 인간이라는 뜻으로, 세상에 이름이 알려지지 않은, 보잘것없거나 하찮은 사람을 비유적으로 이르는 말. *무명(無名): ☞무명고지(無名高地). *소졸(小卒): 힘없고 하찮은 졸병(卒兵)을 일컫는 말. *군
사(軍士): 부록 '졸(卒)' 참고.

무명-용사(無名勇士 없을 **무**/이름 **명**/용감할 **용**/군사 **사**) 이름 없는 용감한 군사(軍士)라는 뜻으로, 세상에
이름이 알려지지 않은 용사(勇士)를 이르는 말. *무명(無名): ☞무명고지(無名高地). *용사(勇士): ①용기(勇
氣)가 있는 사람. ②=용병(勇兵). 즉, 용감한 병사. *군사(軍士): 부록 '사(士)' 참고.

무명-작가(無名作家 없을 **무**/이름 **명**/지을 **작**/전문가 **가**) 이름 없는 작가(作家)라는 뜻으로, 세상에 이름이
널리 알려지지 않은 작가(作家)를 이르는 말. *무명(無名): ☞무명고지(無名高地). *작가(作家): ①문학
이나 예술의 창작 활동을 전문(專門)으로 하는 사람. ② 시가(詩歌), 소설(小說), 회화(繪畫), 조각(彫刻)
등(等) 예술품의 제작자. 특히, 소설가(小說家)를 일컬음. *전문가(專門家): 어떤 한 가지 일을 전문(專
門)으로 하거나, 한 가지 분야에 전문적(專門的)인 지식이나 기술을 가진 사람.

무명-장야(無明長夜 없을 **무**/밝을 **명**/길 **장**/밤 **야**) 밝음이 없는 긴 밤. 즉, 어두운 긴 밤이라는 뜻으로,
번뇌(煩惱. 마음이나 몸을 괴롭히는 노여움이나 욕망 따위의 헛된 생각)에 사로잡혀서 진리의 광명(光
明. 밝고 환함)을 보지 못함을 비유적으로 이르는 말. *무명(無明): 불교에서, 번뇌(煩惱)로 말미암아
진리에 어둡고 불법(佛法. 부처의 가르침)을 이해하지 못하는 마음의 상태. *장야(長夜): 가을이나 겨울
의 긴긴 밤.

무명-전사(無名戰士 없을 **무**/이름 **명**/싸울 **전**/군사 **사**) 이름 없이 싸움에 (나아가는) 군사(軍士)라는 뜻으
로, 세상에 이름이 알려지지 않은 전사(戰士)를 이르는 말. *무명(無名): ☞무명고지(無名高地). *전사(戰
士): ①싸우는 사람. ②작업 현장에서 땀 흘려 일하는 사람. *군사(軍士): 군대에서 장교의 지휘를 받는
군인.

무명-지-사(無名之士 없을 **무**/이름 **명**/어조사 **지**/선비 **사**) 이름 없는 선비라는 뜻으로, 세상(世上)에 이름이
널리 알려지지 않은 선비를 이르는 말. *무명(無名): ☞무명고지(無名高地). *선비: 부록 '사(士)' 참고.

무명-지-인(無名之人 없을 **무**/이름 **명**/어조사 **지**/사람 **인**) 이름 없는 사람이라는 뜻으로, 세상(世上)에
이름이 널리 알려지지 않은 사람을 이르는 말. *무명(無名): ☞무명고지(無名高地).

무문-곡필(舞文曲筆 춤출 **무**/글월 **문**/굽을 **곡**/붓 **필**) 붓이 굽은 (듯) 글이 춤춘다는 뜻으로, 붓을 함부로
놀리어 왜곡(歪曲. 사실과 다르게 해석하거나 그릇되게 함)된 글을 씀. 또는 그렇게 쓴 글을 비유적으로
이르는 말. ⽐ 무문농필(舞文弄筆). *무문(舞文): ①문서나 장부를 뜯어고침. ②=무문곡필(舞文曲筆).
*곡필(曲筆): 바른대로 쓰지 않고 사실을 그릇되게 씀. 또는 그 글. *굽다: 부록 '곡(曲)' 참고.

무문-농필(舞文弄筆 춤출 **무**/글월 **문**/희롱할 **농**/붓 **필**) 붓이 희롱하듯 글이 춤추듯 (한다는) 뜻으로, ①붓
을 함부로 놀리어 문사(文辭. 문장에 나타난 말)를 농락(籠絡. 남을 교묘한 꾀로 휘어잡아서 제 마음대로
놀리거나 이용함)함. 또는 그 문사(文辭)를 비유적으로 이르는 말. ②문서(文書)와 장부(帳簿)를 함부로
고치거나 법규(法規)의 적용(適用)을 농락(籠絡)함을 비유적으로 이르는 말. ⽐ 무문곡필(舞文曲筆). *무
문(舞文): ☞무문곡필(舞文曲筆). *농필(弄筆): ①참말과 거짓말을 섞어 희롱으로 글을 씀. 또는 그 글.
②글을 필요 이상으로 꾸며서 씀. 또는 그 글. ③사실과 다르게 씀. 또는 그 글. *희롱하다(戲弄~):
부록 '롱(弄)' 참고.

무-물-부-존(無物不存 없을 **무**/사물 **물**/아닐 **부**/있을 **존**) 있지 아니한 사물(事物)이 없다. 즉, 없는 것이

없이 다 있다는 뜻으로, 무엇이든지 없는 물건(物件)이 없음을 이르는 말.

무-물-불성(無物不成 없을 **무**/사물 **물**/아닐 **불**/이룰 **성**) 사물(事物)이 없이는 이루어지지 않는다. 즉, 물건이 없으면 아무 일도 안 된다는 뜻으로, 물질(物質)이나 돈이 없이는 아무 일도 이루어지지 않음을 이르는 말. *불성(不成): 이루어지지 못함.

무미-건조(無味乾燥 없을 **무**/맛 **미**/마를 **건**/마를 **조**) 맛이 없고 마르고 마르다(메마르다)는 뜻으로, 재미나 멋이 없이 메마름을 이르는 말. 글이나 그림, 또는 분위기(雰圍氣) 따위가 깔깔하거나(감촉 따위가 보드랍지 못하고 까칠까칠하거나) 딱딱하여 운치(韻致. 고상하고 우아한 멋)나 재미가 없음을 이르는 말. =건조무미(乾燥無味). *무미(無味): 맛이나 재미가 없음. *건조(乾燥): ①습기나 물기가 없는, 마른 상태. ②분위기, 정신, 환경 따위가 여유나 윤기가 없이 메마름.

무법-천지(無法天地 없을 **무**/법 **법**/하늘 **천**/땅 **지**) 법(法)이 없는 하늘과 땅. 즉, 법(法) 없는 세상이라는 뜻으로, ①법(法)이나 제도(制度)가 확립되지 않고 질서가 문란(紊亂. 도덕, 질서, 규범 따위가 어지러움)한 세상(世上)을 비유적으로 이르는 말. 즉, 제도와 질서가 문란(紊亂)하여 법이 없는 것과 같은 세상을 일컫는다. ②규율(規律. 질서나 제도를 유지하기 위하여 정하여 놓은, 행동의 준칙이 되는 본보기)과 기강(紀綱. 으뜸이 되는 중요한 규율과 질서)을 무시하는 판국(~局. 벌어져 있는 사태의 형편)을 이르는 말. 여기서 '으뜸'은 중요한 정도로 본, 어떤 사물의 첫째를 이르는 말이다. ③질서가 없는, 난폭한 행위가 행하여지는 판. *무법(無法): ①법이나 제도가 확립되지 않아 질서가 문란(紊亂)함. ②도리(道理. 사람이 마땅히 지켜야할 바른 길)나 도덕에 어긋나고 난폭함. *천지(天地): ①하늘과 땅. ②세상. 또는 우주(宇宙. 온 세계를 둘러싸고 있는 공간). ③(주로 '천지이다'의 꼴로 쓰여) 무척 많음을 뜻하는 말.

무변-광야(無邊曠野 없을 **무**/가 **변**/넓을 **광**/들 **야**) 가[邊] 없는(끝없는) 넓은 들이라는 뜻으로, 끝없이 넓은 들판을 이르는 말. =무변대야(無邊大野). *무변(無邊): 그지없음. 즉, 끝이 없음. *광야(曠野): 아득하게 너른 벌판.

무변-대양(無邊大洋 없을 **무**/가 **변**/클 **대**/큰 바다 **양**) 가[邊] 없는(끝없는) 큰 바다라는 뜻으로, 끝없이 넓은 바다를 이르는 말. =무변대해(無邊大海). *무변(無邊): ☞무변광야(無邊曠野). *대양(大洋): 넓고 큰 바다.

무변-대해(無邊大海 없을 **무**/가 **변**/클 **대**/바다 **해**) 가[邊] 없는(끝없는) 큰 바다라는 뜻으로, 끝없이 넓은 바다를 이르는 말. =무변대양(無邊大洋). *무변(無邊): ☞무변광야(無邊曠野). *대해(大海): 넓은 바다.

무변-세계(無邊世界 없을 **무**/가 **변**/세상 **세**/세계 **계**) 가[邊] 없는(끝없는) 세상(世上)이나 세계(世界)라는 뜻으로, 불교에서 이르는, 끝없이 넓고 큰 세계(世界)를 이르는 말. *무변(無邊): ☞무변광야(無邊曠野). *세계(世界): ①지구상의 모든 나라. 또는 인류 사회 전체. ②집단적 범위를 지닌 특정 사회나 영역. ③대상이나 현상의 모든 범위. ④불교에서, 널리 중생(衆生. 불교에서, 부처의 구제의 대상이 되는 이 세상의 모든 생물을 통틀어 일컫는 말)의 삶을 영위하는 범위. *세상(世上): 사람이 살고 있는 모든 사회를 통틀어 이르는 말.

무병-자-구(無病自灸 없을 **무**/병 **병**/스스로 **자**/뜸질할 **구**) 질병(疾病)이 없는데 스스로 뜸질을 한다는 뜻으로, 쓸데없는 일에 힘을 써 화(禍)를 부르거나, 불필요한 노력을 하여 정력(精力. 심신의 활동력)을 낭비함을 비유적으로 이르는 말. *무병(無病): 병이 없음. *'자-구'는 『국어사전(國語辭典)』에 등재(登載)된,

‘미나리아재비과의 여러해살이풀’인 ‘자구(自灸)’의 뜻과는 별개다. *뜸질하다: 뜸(한방에서, 뜸쑥을 경혈·經穴에 놓고 불을 붙이어 뜨겁게 하는 자극 요법의 한 가지)을 뜨는 일을 하다. 《관련 속담》 긁어 부스럼. 이 사자성어의 유래는 다음과 같다. 『장자(莊子)·잡편(雜篇)』의 「도척(盜跖)」 편(篇)에〈 유하계(柳下季)가 물었다. “그래 도척(盜跖)이 이전처럼 그대의 뜻을 거역하지 않던가?” (중국 춘추시대의 사상가이며 학자인) 공자(孔子)가 말했다. “맞네. 나는 이른바 병(病)도 없이 스스로 뜸질을 한 격이네. 허겁지겁 달려가 호랑이 머리를 쓰다듬고 호랑이 수염을 가지고 놀다가, 하마터면 호랑이 주둥이를 벗어나지 못할 뻔했네.”(柳下季曰, 跖得無逆汝意若前乎, 孔子曰, 然, **丘所謂無病而自灸也**, 疾走料虎頭, 編虎鬚, 幾不免虎口哉〉라는 이야기가 나오는데, ‘나는 이른바 병(病)도 없이 스스로 뜸질을 한 격이네.(丘所謂無病而自灸也)’에서, ‘무병자구(無病自灸)’가 유래했다. 이 이야기의 배경은 이렇다. 공자(孔子)와 유하계(柳下季)는 친구 사이이다. 유하계(柳下季)에게는 도척(盜跖)이라는 동생이 있다. 도척(盜跖)은 9,000명의 졸개(卒~. 남의 부하 노릇을 하면서 잔심부름을 하는 사람을 낮잡아 이르는 말)를 거느리고 온갖 잔인(殘忍. 인정이 없고 아주 모짊)하고 포악(暴惡. 사납고 악함)한 짓을 자행(恣行. 제멋대로 해 나감. 또는 삼가는 태도가 없이 건방지게 행동함)하였는데, 그가 지나가면 큰 나라에서는 성(城)을 지키고, 작은 나라에서는 농성(籠城. 적에게 둘러싸여 성문·城門을 굳게 닫고 성·城을 지킴)하여 난(亂. ‘난리·亂離의 준말. 전쟁이나 재변·災變 따위로 세상이 어지러워진 상태. 또는 그러한 전쟁이나 재변·災變)을 피할 정도였고, 백성들은 괴롭고 힘들어했다. 공자(孔子)는 천하에 도척(盜跖)이 있다는 것은 유하계(柳下季)의 수치(羞恥. 부끄러움)일 뿐만 아니라, 인의(仁義. 어짊과 의로움)와 도덕(道德)을 가르치는 자신에게도 큰 수치(羞恥)라고 생각하여 그를 설득하러 찾아갔다. 공자(孔子)가 도척(盜跖)의 산채(山寨/砦. 산적들의 소굴·巢窟)로 찾아가 만나기를 청(請)하자, 여기서, ‘소굴(巢窟)’은 나쁜 짓을 하는 도둑이나 악한·惡漢 따위의 무리가 활동의 본거지로 삼고 있는 곳을 일컫는다. 도척(盜跖)은 위선(僞善. 겉으로만 착한 체함. 또는 그런 짓이나 일)을 비웃으며 만나기를 거절했다. 공자(孔子)가 여러 차례 간청(懇請. 간절히 청함. 또는 그런 청)을 하고서야 만나기를 허락한 도척(盜跖)은, 공자(孔子)를 보고 “네가 말하는 것이 내 뜻에 맞으면 살아남을 것이고, 내 뜻에 거슬리면 죽음을 당할 것이다.”라고 말하며 눈을 부릅뜨고 소리를 질렀다. 공자(孔子)는 도척(盜跖)의 기세(氣勢. 기운차게 뻗치는 모양이나 상태)에 눌려 오히려 도척(盜跖)을 칭찬했다. 도척(盜跖)은 칼자루를 만지며 공자(孔子)의 비굴함을 꾸중했다. 놀란 공자(孔子)는 설득은커녕 오히려 목숨마저 위태롭게 되어 한달음(중도에 쉬지 않고 급히 뛰어감)에 그곳을 빠져 나왔다. 그는 수레에 올랐지만 세 번이나 고삐를 잡으려다 놓치고, 눈은 멍하여 보이지도 않았으며, 얼굴은 잿빛이 되었다. 수레 앞의 가로막대에 엎드린 채 숨도 쉬지 못할 정도였다. 그길로 돌아와 노(魯)나라 동문(東門. 동쪽으로 난 문·門) 밖에서 유하계(柳下季)를 만났다. 유하계(柳下季)가 물었다. “요즘 볼 수가 없더군. 거마(車馬. ‘수레[車]’와 ‘말[馬]’을 아울러 이르는 말)와 행색(行色. 겉으로 드러나는 차림이나 태도)을 보니 여행을 갔다 온 모양인데, 혹(或. ‘혹시’의 준말) 도척(盜跖)을 만나고 온 것은 아닌가?” 공자(孔子)가 하늘을 우러러 탄식하면서 그렇다고 대답했다. 위의 이야기는 공자(孔子)가 도척(盜跖)을 만나고 노(魯)나라로 돌아온 후 유하계(柳下季)와 대화하는 장면에서 ‘무병자구(無病自灸)’가 유래했다. 공자(孔子)가 도척(盜跖)을 만나는 것 자체가 쓸데없는 일에 화(禍)를 자초(自招. 어떠한 결과를 자기 스스로 불러들임)한 것이다. 도척(盜跖)은 말로 설득 당할 위인(爲人. 사람의 됨됨이, 또는 사람됨)이 아니다. '긁어 부스럼'이란 속담이 있다. '공연히 건드려서 만들어 낸 걱정거리'를 이르는 말이다. '무병자구(無病自灸)'와 같은 뜻이다. 우리는, 병이 없는데 스스로 뜸을 뜨는 바람에 걱정거리를 만드는 우(愚)를 범하는 일은 없어야 하겠다. 참고로, 원문의 '柳下季曰'에서, '柳'는 버들 '류(유)'로 읽고, '下'는 아래 '하'로 읽고, '季'는 계절 '계'로 읽는다. '柳下季'는 사람 이름. '柳下季曰'을 직역(直譯)하면, 유하계(柳下季)가 말하기를, '跖得無逆汝意若前乎'에서, '跖'은 도둑 이름 '척'으로 읽는다. 유하계(柳下季)의 동생 '도척(盜跖)'을 가리킨다. '도척(盜跖)'은 중국 춘추 시대의 큰 도둑의 실제 이름이고, 몹시 악한 사람을 비유적으로 이르는 말이기도 하다. '得'은 얻을 '득', 분명할 '득'으로 읽고, '無'는 없을 '무'로 읽고, '逆'은 거역할 '역'으로 읽고, '汝'는 너 '여', 당신 '여'로 읽고, '意'는 뜻 '의'로 읽고, '若'은 같을 '약'으로 읽고, '前'은 앞 '전'으로 읽고, '乎'는 어조사 '호'로 읽는다. '~는가?', '~인가(의문)'의 뜻을 나타냄. '跖得無逆汝意若前乎'를 직역(直譯)하면, 도척(盜跖)은 분명히 전(前)과 같이 너(그대)의 뜻을 거역하지 않던가? '孔子曰'에서, '孔'은 성씨(姓氏) '공'으로 읽고, '子'는 경칭(敬稱. <u>공경하는 뜻으로 부르는 칭호. 또는 존대하여 일컬음</u>) '자'로 읽는다. 학덕(學德)과 지위가 높은 남자의 경칭(敬稱)이다. '孔子'는 사람 이름. '孔子曰'을 직역(直譯)하면, 공자가 말하기를, '然'에서, '然'은 그러할 연으로 읽는다. '然'을 직역(直譯)하면, 그렇습니다. '丘所謂無病而自灸也'에서, '丘'는 언덕 '구'로 읽는다. '공자(孔子)'의 본명(本名)이다. 공자(孔子)의 어머니는 아들을 얻기 위하여 니구산(尼丘山)에서 신령님께 기도를 올리고 공자(孔子)를 낳았다. 그런 까닭에 공자의 이름 구(丘)를 니구산(尼丘山)의 구(丘) 자(字. <u>본이름을 함부로 부르지 않던 시대에, 본이름 대신 부르던 이름</u>)에서 따왔다고 한다. '所'는 바(<u>앞에서 말한 내용 그 자체나 일 따위를 나타내는 말</u>) '소'로 읽고, '謂'는 일컬을 '위'로 읽는다. '所謂'는 '이른바'와 같은 말로, 세상에서 말하는 바. '無'는 없을 '무'로 읽고, '病'은 병(病) '병'으로 읽고, '而'는 말 이을 '이'로 읽는다. '그리고'의 뜻을 나타냄. '自'는 스스로 '자'로 읽고, '灸'는 뜸질할 '구'로 읽고, '也'는 어조사 '야'로 읽는다. '~이다(단정)'의 뜻을 나타냄. '丘所謂無病而自灸也'를 직역(直譯)하면, 공자(孔子)는 이른바 질병이 없는데 그리고 스스로 뜸질을 하는 격(格)이네. 여기서, '無病自灸'가 유래하였는데, 이것을 직역(直譯)하면, 질병(疾病)이 없는데 스스로 뜸질을 한다는 뜻으로, 쓸데없는 일에 힘을 써 화(禍)를 부르거나, 불필요한 노력을 하여 정력(精力)을 낭비함을 비유적으로 이르는 말. '疾走料虎頭'에서, '疾'은 여기서는 빨리 '질', 급히 '질'로 읽고, '走'는 달릴 '주'로 읽는다. '疾走'는 빨리 달림을 이르는 말. '料'는 여기서는 다스릴(<u>사물을 일정한 목적에 따라 잘 다듬어 정리하거나 처리함</u>) '료(요)'로 읽고, '虎'는 범 '호', 호랑이 '호'로 읽고, '頭'는 머리 '두'로 읽는다. '疾走料虎頭'를 직역(直譯)하면, 빨리(허겁지겁) 달려가 범의 머리를 다스리고(쓰다듬고), '編虎鬚'에서, '編'은 엮을 편, 땋을(<u>머리털이나 실 따위를 둘 이상의 가닥으로 갈라서 어긋나게 엮어 한 가닥으로 함</u>) '변'으로 읽고, '鬚'는 수염 '수'로 읽는다. '編虎鬚'를 직역(直譯)하면, 범의 수염을 땋다가, '幾不免虎口哉'에서, '幾'는 몇 '기', 거의 '기'로 읽고, '不'은 아닐(<u>부정하는 말</u>) '불'로 읽고, '免'은 면할 '면'으로 읽고, '口'는 입 '구', 아가리 '구'로 읽는다. 사람일 때는 '입'이고, 짐승일 때에는 '아가리'다. '虎口'는 '범의 아가리'라는 뜻으로, 매우 위태로운 처지나 형편을 이르는 말. '哉'는 어조사 '재'로 읽는다. '~일 것인가(반문)'의 뜻을 나타냄. '幾不免虎口哉'를 직역(直譯)하면, 거의 범의 아가리를 면하지 못할 (뻔했습니다). 즉, 하마터면 범의 주둥이를 벗어나지 못할 뻔했다. 결국 범에게 잡혀 먹힐 뻔했다는 말이다.

무병-장수(無病長壽 없을 **무**/병 **병**/길 **장**/목숨 **수**) 병(病) 없는 긴 목숨이라는 뜻으로, 병(病) 없이 건강하게 오래 삶을 이르는 말. =무병장생(無病長生). *무병(無病): ☞무병자구(無病自灸). *장수(長壽): 목숨이 깊. 또는 오래 삶.

무복-지-친(無服之親 없을 **무**/복 입을 **복**/어조사 **지**/일가 **친**) 복(服)을 입을 (일이) 없는 일가(一家)라는 뜻으로, 상례(喪禮. 상중에 행하는 모든 예절)에서, 상복(喪服)을 입을 촌수(寸數. 친족 간의 멀고 가까운 관계를 나타내는 수)를 벗어난, 가까운 친척(親戚)을 이르는 말. *무복(無服): ①상복(喪服)을 입지 않음. ②옷이 없음. *일가(一家): 한집안. 한 가족.

무-본-대상(無本大商 없을 **무**/근본 **본**/클 **대**/장수 **상**) 근본(根本)이 없는 큰 장수. 즉, 밑천 없이 장사하는 큰 장수라는 뜻으로, 도둑을 놀림조로 이르는 말. *대상(大商): 장사를 크게 하는 사람. *근본(根本): 부록 '본(本)' 참고. *장수: 순우리말로, 장사하는 사람. =상인(商人).

무-부-무-군(無父無君 없을 **무**/아비 **부**/없을 **무**/임금 **군**) 아비도 없고 임금도 없다는 뜻으로, 어버이도 임금도 안중(眼中. 고려하거나 관심을 가지는 범위의 안)에 없이 행동이 막됨(말이나 행동이 버릇없고 거칠어지는 것)을 이르는 말. *아비: 부록 '부(父)' 참고.

무-불-간섭(無不干涉 없을 **무**/아닐 **불**/간여할 **간**/관계할 **섭**) 간여(干與)하고 관계(關係)하지 않음이 없다는 뜻으로, 무슨 일이고 간섭하지 않는 것이 없음. 즉, 함부로 참견(參見. 자기와 별로 관계없는 일이나 말 따위에 끼어들어 쓸데없이 아는 체하거나 이래라저래라 함)하고 간섭(干涉)하지 않는 일이 없음을 이르는 말. *간섭(干涉): 남의 일에 참견(參見)함. *간여하다(干與~): =관여(關與)하다. 즉, 어떤 일에 관계하다. *관계하다(關係~): 사람과 사람, 사람과 사물, 사물과 사물 따위의 둘 이상이 서로 걸리다.

무불-세계(無佛世界 없을 **무**/부처 **불**/세상 **세**/세계 **계**) 부처가 없는 세상(世上)이나 세계(世界)라는 뜻으로 ①석가모니가 입멸(入滅. 불교에서, 수도승·修道僧의 죽음을 이르는 말)하고, 미륵(彌勒. '미륵보살·彌勒菩薩'의 준말로, 도솔천·兜率天에 살며, 56억 7천만 년 후에 미륵불로 나타나 중생을 제도한다는 보살)이 아직 세상(世上)에 나오지 않은 동안의 시대를 이르는 말. 兜率天에서, '兜'는 투구(순우리말로, 옛날 전쟁 때에, 머리를 보호하기 위하여 쓰던 쇠 모자를 일컬음) '두', 투구 '도'로 읽는다. 따라서 '兜率'은 '두솔'에서 '도솔'로 바뀌었다. 범어(梵語)의 음역(音譯. 한자의 음·音을 빌려 외국어의 음·音을 나타내는 일을 일컫는 말)이다. ②교화(敎化. 불법으로 사람을 가르치어 착한 마음을 가지게 함)가 미치지 못하여 불법(佛法. 불교의 가르침)의 혜택을 받지 못한 변경(邊境. 나라와 나라의 경계가 되는 변두리 지역)을 이르는 말. *무불(無佛): 부처가 세상에 존재하지 않음. 또는 부처가 현세(現世. 지금 이 세상)에 나타나지 않음. *세계(世界): ①지구상의 모든 나라. 또는 인류 사회 전체. ②집단적 범위를 지닌 특정 사회나 영역. ③대상이나 현상의 모든 범위. ④불교에서, 널리 중생(衆生. 불교에서, 부처의 구제의 대상이 되는 이 세상의 모든 생물을 통틀어 일컫는 말)의 삶을 영위하는 범위. *세상(世上): 사람이 살고 있는 모든 사회를 통틀어 이르는 말.

무-불-통달(無不通達 없을 **무**/아닐 **불**/통할 **통**/통달할 **달**) 통(通)하여 통달(通達)하지 아니함이 없다는 뜻으로, 무슨 일이든지 환히 통(通)하여 모르는 것이 없음을 이르는 말. =무불통지(無不通知). *통달(通達): ①어떤 일이나 지식 따위에, 막힘이 없이 통하여 환히 앎. ②도(道)에 깊이 통함. *통하다(通~): 부록 '통(通)' 참고.

무-불-통-지(無不通知 없을 **무**/아닐 **불**/통할 **통**/알 **지**) 통(通)하여 알지 아니함이 없다는 뜻으로, 무슨

일이든지 환히 통(通)하여 모르는 것이 없음을 이르는 말. 즉, 무슨 일이든지 다 안다는 말이다. =무불통
달(無不通達). *'통-지'는 『국어사전(國語辭典)』에 등재(登載)된, '기별하여 알림'인 '통지(通知)'의 뜻과는
별개다. *통하다(通~): 부록 '통(通)' 참고.

무비-일색(無比一色 없을 **무**/견줄 **비**/한 **일**/얼굴빛 **색**) 견줄 (것) 없이 (아주 뛰어난) 하나의 얼굴빛이라는
뜻으로, 비길 데 없이 아주 뛰어난 미인을 비유적으로 이르는 말. 또는 세상에 드문, 뛰어난 미인을
비유적으로 이르는 말. *무비(無比): 아주 뛰어나서 비길 데가 없음. *일색(一色): 뛰어난 미인. *견주다:
어떠한 차이가 있는지 알기 위하여 서로 대어 보다.

무비판-적(無批判的 없을 **무**/비평할 **비**/판단할 **판**/접미사 **적**) 비평(批評)하고 판단(判斷)하는 (것이) 없다
는 뜻으로, 옳고 그름을 판단(判斷)하지 않고 무조건 받아들이는, 또는 그런 짓을 이르는 말. *무비판(無
批判): 옳고 그름을 가리지 않음. *비평하다(批評~): 부록 '비(批)' 참고.

무빙-가고(無憑可考 없을 **무**/의지할 **빙**/가히 **가**/상고할 **고**) 의지(依支)하고 가(可)히 상고(相考)할 (것이)
없다는 뜻으로, 증거(證據)로 삼아 상고(相考)할 만한 것이 없음을 이르는 말. *무빙(無憑): 증명할 수
있는 근거가 없음. *가고(可考): ①참고할 만함. ②생각해 볼 만함. *의지하다(依支~): 부록 '빙(憑)'
참고. *가히(可~): '능히', '넉넉히'의 뜻. *상고하다(相考~): 부록 '고(考)' 참고.

무-사-가-답(無辭可答 없을 **무**/말 **사**/가히 **가**/대답할 **답**) 가(可)히 대답할 말[辭]이 없다는 뜻으로, 사리
(事理. 일의 이치)가 옳아 감(敢)히 무어라고 대꾸할 말이나 대답할 말이 없음을 이르는 말. 즉, 사리(事
理)에 맞는 말에는 대답할 말이 없다는 말이다. *가히(可~): '능히', '넉넉히'의 뜻.

무-사-귀신(無祀鬼神 없을 **무**/제사 **사**/귀신 **귀**/귀신 **신**) 제사(祭祀)가 없는 귀신(鬼神)과 귀신(鬼神)이라는
뜻으로, 자손(子孫)이 모두 죽어 제사(祭祀)를 지내 줄 사람이 없는 귀신(鬼神)을 이르는 말. 웹 무주고혼
(無主孤魂). *귀신(鬼神): 사람이 죽은 뒤에 남는다고 하는 넋. =혼령(魂靈). *제사(祭祀): 부록 '사(祀)'
참고.

무-사-독학(無師獨學 없을 **무**/스승 **사**/홀로 **독**/배울 **학**) 스승이 없이 혼자 배움. 또는 스승이 없이 혼자서
학문을 익힘. *독학(獨學): 스승이 없이 혼자 힘으로 배움.

무-사-무려(無思無慮 없을 **무**/생각 **사**/없을 **무**/염려할 **려**) 생각이 없고 염려(念慮)할 (것이) 없다는 뜻으
로, 아무 생각이나 근심, 걱정이 없음을 이르는 말. *무려(無慮): 염려할 것이 없음. *염려하다(念慮~):
마음을 놓지 못하다. =걱정하다.

무사-분주(無事奔走 없을 **무**/일 **사**/분주할 **분**/달아날 **주**) (아무) 일이 없이 분주(奔走)하기도 (하고) 달아
나기도 (한다). 즉, 아무 일도 없이 분주(奔走)하기만 하다는 뜻으로, 하는 일 없이 공연히 바쁨을 이르
는 말. *무사(無事): ①아무 일이 없음. ②아무 탈이 없음. =무고(無故). *분주(奔走): 몹시 바쁘게 뛰어
다님.

무사-불참(無事不參 없을 **무**/일 **사**/아닐 **불**/참여할 **참**) 참여(參與)하지 아니한 일이 없다. 즉, 참견(參見.
자기와 별로 관계없는 일이나 말 따위에 끼어들어 쓸데없이 아는 체하거나 이래라저래라 함) 않는 일이
없다는 뜻으로, 아무 일이든지 참견(參見)하지 않는 일이 없음을 이르는 말. *무사(無事): ☞무사분주(無
事奔走). *불참(不參): 참가하거나 참석하지 않음. ↔참가(參加). 참석(參席). *참여하다(參與~): 부록
'참(參)' 참고.

무사-안일(無事安逸 없을 **무**/일 **사**/편안할 **안**/편안할 **일**) 일없이 편안(便安)하고 편안(便安)하다는 뜻으로, ①아무 일 없이 편안(便安)함을 이르는 말. ②아무 걱정도 하지 않고, 애도 쓰지 않고, 편안(便安)함만을 누리려 하는 것을 이르는 말. *무사(無事): ☞무사분주(無事奔走). *안일(安逸): ①편안하고 한가로움. ②편하고 쉬움.

무사-주의(無事主義 없을 **무**/일 **사**/주될 **주**/옳을 **의**) (아무) 일이 없는 (것을) 주된 (가치로 여기는) 주의(主義)라는 뜻으로, 모든 일에 말썽 없이 대강 무사히 지내려는 소극적인 태도(態度)나 경향(傾向)을 이르는 말. *무사(無事): ☞무사분주(無事奔走). *주의(主義): ①굳게 지키는 주장이나 방침. ②체계화된 이론이나 학설. *주되다(主~): 주장(主張)이나 중심(中心)이 되다.

무사-태평(無事泰・太平 없을 **무**/일 **사**/클 **태**/평평할 **평**) (나라나 집안이) 일이 없이 크게 평평(平平)하다는 뜻으로, ①아무런 탈 없이 편안(便安)함을 이르는 말. ②어떤 일에도 개의(介意. <u>어떤 일 따위를 마음에 두고 생각하거나 신경을 씀</u>)하지 않고 마음이 태평함. 즉, 어떤 일이든지 안일(安逸. <u>편하고 쉬움</u>)하게 생각하여 근심 걱정이 없음을 이르는 말. *무사(無事): ☞무사분주(無事奔走). *태평(泰・太平): ①세상이 안정되고 풍년(豊年. <u>농사가 잘된 해</u>)이 들어 아무 걱정이 없고 평안함. ②성격이 느긋하여 근심 걱정 없이 태연함. ③몸이나 마음이나 집안이 평안함. *평평하다(平平~): 부록 '평(平)' 참고.

무산-선녀(巫山仙女 무당 **무**/뫼 **산**/신선 **선**/계집 **녀**) 무산(巫山)에 산다는 신선(神仙)의 계집(선녀)이라는 뜻으로, 중국의 전설에서, 얼굴이 몹시 곱고 아름답다는 선녀(仙女)를 이르는 말. *무산(巫山): 중국 충칭[重慶]시 동쪽에 있는 현(縣) 이름. 이곳에는 무산십이봉(巫山十二峯)이 솟아 있는데, 기암(奇巖. <u>기이하게 생긴 바위</u>)과 절벽(絶壁. <u>바위가, 깎아 세운 것처럼 아주 높이 솟아 있는, 험한 낭떠러지</u>)으로 이루어진, 경치가 아름답기로 유명하다. *선녀(仙女): 선경(仙境. <u>신선이 산다는 곳</u>)에 산다는 여자. *무당: 귀신을 섬겨 길흉(吉凶)을 점치고 굿을 하는 것을 직업으로 하는 사람을 이르는 말. 주로 여자를 일컫는다. 남자는 '박수(<u>순우리말. 남자 무당</u>)'라고 일컫는다. 이것은 원래는 순우리말이나 한자(漢字)를 빌려 '巫堂'으로 적기도 한다. *신선(神仙): 부록 '선(仙)' 참고.

무산-지-몽(巫山之夢 무당 **무**/뫼 **산**/어조사 **지**/꿈 **몽**) 무산(巫山)의 꿈이라는 뜻으로, 남녀 간의 육체적인 관계를 비유적으로 이르는 말. 중국 초(楚)나라의 양왕(襄王)이 낮잠을 자다가 꿈속에서 무산(巫山)의 신녀(神女)를 만나 즐거움을 누렸다는 고사(故事)에서 유래한다. =무산지우(巫山之雨). 무산지운(巫山之雲). 웹 운우지교(雲雨之交). 운우지락(雲雨之樂). 운우지정(雲雨之情). 여기서, '양왕(襄王)'은 『표준국어대사전』(두산동아)에 등장하는 인물인데, 『고사성어대사전』(시대의창) 등(等) 그 외의 자료에는 '회왕(懷王)'으로 되어 있다. *무산(巫山): ☞무산선녀(巫山仙女). *무당: ☞무산선녀(巫山仙女). <u>이 사자성어의 유래는 다음과 같다. 『문선(文選)』의 「고당부병서(高唐賦幷序)」에 [옛날 초(楚)나라의 양왕(襄王)이 송옥(宋玉. '궁정시인・宮廷詩人'으로 알려져 있음)과 함께 운몽(雲夢. 땅 이름)의 누대(樓臺. '고당・高唐'이란 큰 누각을 가리킴)에서 노닐다가 고당관(高唐觀. 누각 이름. 도교・道敎의 사원・寺院이라는 설・說도 있음. 어떤 자료에는 '高唐館'으로 표기되어 있는데 잘못임. 원문에 '觀'으로 되어 있음. 여기서 '觀'은 도교의 사원・寺院을 뜻함)을 바라보니, 그(고당관・高唐觀을 가리킴) 위에만 구름이 몰려 있는데, 갑자기 하늘로 솟구치는가 싶더니 홀연히(忽然~. 뜻하지 아니하게 갑자기) 모양이 바뀌는 따위의 순식간에 변화가 끝이 없었다. 왕이 송옥(宋玉)에게 물었다. "저것은 무슨 기운인가?" 여기서, '기운'은 순우리말로, 생물이</u>

살아 움직이는 원기(元氣). 또는 거기서 나오는 힘. "저것이 바로 조운(朝雲. 아침의 구름)이라는 것입니다." "조운(朝雲)이 무엇인가?"]〈옛날 선왕(先王. 초·楚나라 '회왕·懷王'을 가리킴. '양왕·襄王'의 아버지) 께서 고당(高唐. 누각 이름)에서 노닐다가 피곤하여 잠시 낮잠을 자게 되었는데, 꿈속에 한 여인이 나타나 '저는 무산(巫山)에 사는 여인이온데, 고당(高唐. 누각 이름)에 손님으로 왔다가 왕께서 고당(高唐)에서 노닌다는 말을 듣고 잠자리를 받들고자 왔습니다.'라고 말했습니다. 왕은 그것으로 인하여 다행으로 생각했습니다. 그런데 이 구절에 대해서, 어떤 자료에는 '왕은 그녀와 잠자리를 함께 했습니다.'라고 풀이했는데, 직역(直譯)해 볼 때, 원문의 뜻과는 일치하지 않는다. 그녀는 떠나면서 감사하다고 말했습니 다. '저는 무산(巫山) 남쪽의 험준한 곳에 살고 있는데, 아침에는 구름이 되고, 저녁에는 비가 되어 아침저 녁으로 양대(陽臺) 아래에 있을 것입니다.' 아침에 보니, 그녀의 말과 같았습니다.(昔者先王嘗遊高唐. 怠而晝寢. 夢見一婦人. 曰. **妾巫山之女也**. 爲高唐之客. 聞君遊高唐. 願薦枕席. 王因幸之. 去而辭曰. 妾在巫 山之陽. 高丘之岨. 旦爲朝雲. 暮爲行雨. 朝朝暮暮. 陽臺之下. 旦朝視之如言)[그래서 그곳에 묘당(廟堂. 여기서는 '사당·祠堂'과 같은 뜻. 신주·神主를 모신 집)을 짓고 이름을 조운(朝雲)이라고 한 것입니다." 즉, 초나라 회왕(懷王)은 그녀와의 짧은 만남과 뜨거웠던 추억을 기념하여 고당(高唐) 근처에 '조운관(朝雲 觀)'이란 누각(樓閣)을 지어 그녀의 영혼을 달래었다고 한다.]라는 이야기가 나온다. '저는 무산(巫山)에 사는 여인이온데,(妾巫山之女也)'에서, '무산지몽(巫山之夢)'이 유래했다. 참고로, 원문의 '昔者先王嘗遊高 唐'에서, '昔'은 옛 '석', 옛날 '석'으로 읽고, '者'는 것(사물. 일. 현상 따위를 추상적으로 이르는 말) '자'로 읽는다. '昔者'는 '옛적'과 같은 말로, 이미(돌이킬 수 없이 된 지난 일을 일컬을 때 쓰는 말) 많은 세월이 지난, 오래전 때. '先'은 먼저 '선'으로 읽고, '王'은 임금 '왕'으로 읽는다. '先王'은 선대의 임금. 여기서는, 초(楚)나라 '회왕(懷王)'을 가리킴. '嘗'은 일찍 '상'으로 읽고, '遊'는 놀 '유'로 읽고, '高'는 높을 '고'로 읽고, '唐'은 정자(亭子. 경치가 좋은 곳에 놀거나 쉬기 위하여 지은 집. 벽이 없이 기둥과 지붕만 있음) '당'으로 읽는다. '高唐'은 누대(樓臺. 누각·樓閣과 대사·臺榭와 같이 높은 건물) 이름이다. '昔者先王嘗遊 高唐'을 직역(直譯)하면, 옛날 선왕(先王)께서 일찍이 고당(高唐)에서 노닐다가. '怠而晝寢'에서, '怠'는 피곤할 '태'로 읽고, '而'는 말 이을 '이'로 읽는다. '그리고'의 뜻을 나타냄. '晝'는 낮 '주'로 읽고, '寢'은 잘 '침'으로 읽는다. '晝寢'은 '낮잠'과 같은 말로, 낮에 자는 잠. '怠而晝寢'을 직역(直譯)하면, 피곤하여 그리고 낮잠을 (잤는데), '夢見一婦人'에서, '夢'은 꿈 '몽'으로 읽고, '見'은 볼 '견'으로 읽고, '一'은 한 '일'로 읽고, '婦'는 지어미('아내'를 예스럽게 이르는 말) '부', 여자 '부'로 읽고, '人'은 사람 '인'으로 읽는다. '婦人'은 결혼한 여자. '夢見一婦人'을 직역(直譯)하면, 꿈에 한 부인을 만났는데, '妾巫山之女也'에서, '妾' 은 첩(예전에. 여자가 자기 몸을 낮추어 이르던 말) '첩'으로 읽는다. '巫'는 무당(귀신을 섬겨 길흉·吉凶을 점치고 굿을 하는 것을 직업으로 하는 사람. 주로 여자를 일컬음) '무'로 읽고, '山'은 뫼('산'의 옛말) '산'으로 읽는다. '巫山'은 땅 이름. '之'는 어조사 '지'로 읽는다. '~의'를 나타내는 관형격 조사. '女'는 계집 '녀(여)'로 읽고, '也'는 어조사 '야'로 읽는다. '~이다(단정)'의 뜻을 나타냄. '妾巫山之女也'를 직역(直 譯)하면, 첩(妾)은 무산(巫山)의(에) (사는) 여인입니다. 여기서, '巫山之夢'이 유래하였는데, 이것을 직역 (直譯)하면, 무산(巫山)의 꿈이라는 뜻으로, 남녀 간의 육체적인 관계를 비유적으로 이르는 말. '爲高唐之 客'에서, '爲'는 될 '위'로 읽고, '之'는 어조사 '지'로 읽는다. '~의'를 나타내는 관형격 조사. '客'은 손님 '객'으로 읽는다. '爲高唐之客'을 직역(直譯)하면, 고당(高唐)의 손님이 되었는데, '聞君遊高唐'에서, '聞'은 들을 '문'으로 읽고, '君'은 임금 '군'으로 읽는다. '聞君遊高唐'을 직역(直譯)하면, 임금께서 고당(高唐)에서 노닌다는 (말을) 들었으니, '願薦枕席'에서, '願'은 원할 '원'으로 읽고, '薦'은 깔(바닥에 펴 놓을) '천'으로 읽고, '枕'은 베개 '침'으로 읽고, '席'은 자리 '석'으로 읽는다. '枕席'은 베개[枕]와 자리[席]를 아울러 이르는 말. 또는 '잠자리'와 같은 말로, 누워서 잠을 자는 곳. '願薦枕席'을 직역(直譯)하면, 베개와 자리를 (함께) 깔기를 원합니다. '王因幸之'에서, '王'은 임금 '왕'으로 읽고, '因'은 인할(因~. 어떤 사실로 말미암을) '인'으로 읽고, '幸'은 다행(多幸. 뜻밖에 일이 잘되어 운이 좋음) '행'으로 읽고, '之'는 어조사 '지'로 읽는다. 여기서 '그것'을 나타내는 지시 대명사. '王因幸之'를 직역(直譯)하면, 왕은 그것으로 인하여 다행이라고 (생각했습니다). '去而辭日'에서, '去'는 갈 '거'로 읽고, '辭'는 사례할 '사', 고마워할 '사'로 읽는다. '去而辭日'을 직역(直譯)하면, (그여자는) 가면서(떠나면서) 그리고 고맙다고 말했습니다. '妾在巫山之陽'에서, '在'는 있을 '재'로 읽고, '陽'은 볕 '양', 양지(陽地. 볕이 바로 드는 곳) '양'으로 읽는다. '妾在巫山之陽'을 직역(直譯)하면, 첩은 무산(巫山)의 양지(陽地)에 (살고) 있습니다. '高丘之岨'에서, '丘'는 언덕 '구'로 읽는다. '高丘'는 높은 언덕. '岨'는 돌산에 흙 덮일 '저' 또는 험할 '조'로 읽는다. '高丘之岨'를 직역(直譯)하면, 높은 언덕의 험한 (곳에 살고 있는데), '旦爲朝雲'에서, '旦'은 아침 '단', 새벽 '단'으로 읽고, '爲'는 될 '위'로 읽고, '朝'는 아침 '조'로 읽고, '雲'은 구름 '운'으로 읽는다. '旦爲朝雲'을 직역(直譯)하면, 새벽에는 아침 구름이 되고, '暮爲行雨'에서, '暮'는 저물 '모'로 읽고, '行'은 행할 '행'으로 읽고, '雨'는 비 '우'로 읽는다. '暮爲行雨'를 직역(直譯)하면, 저녁에는 행하는(내리는) 비가 되어, 여기서, '朝雲暮雨'가 유래하였는데, 이것을 직역(直譯)하면, 아침에는 구름이 (되고) 저물 (때에는) 비가 (된다는) 뜻으로, 남녀 간의 애정(愛情)이 깊음을 비유적으로 이르는 말. '朝朝暮暮'에서, '朝'는 아침 '조'로 읽는다. '朝朝'는 매일 아침. '暮暮'는 매일 저녁. '朝朝暮暮'는 '매일 아침과 매일 저녁'이라는 뜻으로, 아침, 저녁으로 언제나 변함이 없이. '陽臺之下'에서, '臺'는 대(臺. 흙이나 돌 따위로 높이 쌓아 올려 사방을 바라볼 수 있게 만든 곳) '대'로 읽는다. '양대(陽臺)'는 해가 잘 드는 누대(樓臺. 누각이나 정자·亭子처럼 높고 크게 세운 건물)를 뜻하는데, 여기서는 남녀 사이에 은밀하게 정(情)을 통하는 곳을 말한다. '之'는 어조사 '지'로 읽는다. '~의'를 나타내는 관형격 조사. '下'는 아래 '하'로 읽는다. '陽臺之下'를 직역(直譯)하면, 양대(陽臺)의 아래에 (있을 것입니다). 위의 '旦爲朝雲, 暮爲行雨, 朝朝暮暮, 陽臺之下'에서, 운우지락(雲雨之樂)이 유래하였는데, 이것을 직역(直譯)하면, 구름과 비의 즐거움이란 뜻으로, 남녀가 육체적으로 어울리거나 관계하는 즐거움을 비유적으로 이르는 말. '旦朝視之如言'에서, '視'는 볼 '시'로 읽고, '如'는 같을 '여'로 읽는다. '旦朝視之如言'을 직역(直譯)하면, 새벽(녘) 아침에 그것을 보니 (그 여자의) 말과 같았다. 무산지몽(巫山之夢)은 중국의 신화(神話)·전설(傳說)에 나오는 내용을 그 배경으로 하고 있다. 요희(瑤姬)는 남방(南方. 중국의 남쪽 지방)의 천제(天帝. 하늘을 다스리는 신)인 염제(炎帝. '炎'에서 알 수 있듯이, 염제·炎帝는 불과 태양의 신이다. 일명 '신농·神農 혹은 신농씨·神農氏'라고 불림)의 네 딸 중 한 명으로, 막 시집갈 나이가 되었지만 그만 요절(夭折. 젊어서 일찍 죽음)하고 말았다. 천제(天帝)는 요희(瑤姬)가 안쓰러워 그녀를 무산(巫山)으로 보내 무산(巫山)의 구름과 비의 신(神)으로 삼았다. 그러던 중 전국 시대 말, 초(楚)나라 회왕(懷王)이 운몽(雲夢) 지방을 여행하다가 고당(高唐)이라는 큰 누각에 머물다 낮잠이 들었다. 열정적인 요희(瑤姬)는 회왕(懷王)의 꿈에 나타나 사랑을 고백했다. 잠에서 깬 회왕(懷王)은 이상히 여기고 고당(高唐) 근처에 그녀를 위한 사당(祠堂. 신주를 모신 집)을 짓고 사당(祠堂)의 이름을 조운(朝雲. '아침의 구름'이라는 뜻)이라고 지었다. 훗날 회왕(懷王)의 아들 양왕(襄王)이 송옥(宋玉. 기원전 290년 추정~기원전 222년 추정)과 함께 이곳을 여행하다가 송옥(宋玉)으로부터 자신의 아버지('회왕·懷王'을 가리킴)에 대한 이야기를 듣는다. 마침 그날 밤 송옥(宋玉)이 신녀(神女. 불교를 믿는 세속의 여자)와 관련된 이상한 꿈을 꾸고 나서 양왕(襄王)에게 이야기를 들려주자, 양왕(襄王)이 작품으로 써 보라고 했다. 그리하여 송옥(宋玉)이 쓴 책이 「고당부(高唐賦)」, 「신녀부(神女賦)」이다. (어느 '중국 신화 전설'에 관한 자료에서 인용한 것임). 이 이야기의 출전인, 송옥(宋玉)의 「고당부병서(高唐賦并序)」는 「고당부(高唐賦)」의 서문(序文)으로, 초(楚)나라 회왕(懷王)이 운몽(雲夢)에 있는 고당관(高唐觀)에서 꿈에 무산(巫山)의 여신(女神)(일명 '무산신녀·巫山信女'라고도 함)과 운우지정(雲雨之情. 본문 참고)을 나누었다는 이야기를 내용으로 쓴 것이다. 여기에서 유래하여 '무산지몽(巫山之夢)'은 세상에 알려지게 되었으며, 남녀 간에 정(情)을 나누는 것을 의미하게 되었다.

무상-무념(無想無念 없을 **무**/생각할 **상**/없을 **무**/생각 **념**) (아무) 생각할 (것이) 없고, 생각이 없다는 뜻으로, 일체(一切. 모든 것. 또는 온갖 것)의 상념(想念. 마음속에 떠오르는 생각)을 떠남. 즉, 모든 생각에서 떠나 마음이 빈 상태를 이르는 말. =무념무상(無念無想). *무상(無想): 불교에서, 일체(一切. 모든 것. 또는 온갖 것)의 상념(想念)이 없음을 이르는 말. *무념(無念): 아무런 감정이나 생각하는 것이 없음. 즉, 무아(無我. 자기를 잊음. 즉, 무의식·無意識을 이르는 말)의 경지(境地. 어떠한 단계에 이른 상태)에 이른 상태를 일컫는다.

무상-왕래(無常往來 없을 **무**/항상 **상**/갈 **왕**/올 **래**) 항상(일정한 때) 없이 가고 온다는 뜻으로, 아무 때나 거리낌이 없이 오고 감을 이르는 말. *무상(無常): ①일정한 때가 없음. ②덧없음. ③불교에서, 생멸(生滅. 우주 만물의 생겨남과 없어짐) 변화(變化)에 상주(常住. 불교에서, 생멸·生滅의 변화가 없이 늘 존재함)함이 없음을 이르는 말. *왕래(往來): ①가고오고 함. ②(편지나 소식을) 주고받음. ③교제함.

무상-출입(無常出入 없을 **무**/항상 **상**/날 **출**/들 **입**) 항상(일정한 때) 없이 나가고 들어온다는 뜻으로, 아무 때나 거리낌 없이 드나듦을 이르는 말. *무상(無常): ☞무상왕래(無常往來). *출입(出入): ①드나듦. ② =나들이. 즉, 나가거나 들어오는 일. *항상(恒常): 䡸 언제나 변함없이. =늘. 매상(每常). 항용(恒用). *나다: 부록 '출(出)' 참고. *들다: '입(入)' 참고.

무-소-고기(無所顧忌 없을 **무**/바 **소**/돌아볼 **고**/꺼릴 **기**) (여기 저기) 돌아보아도 꺼릴 바가 없다는 뜻으로, 아무 것도 꺼릴 바가 없음을 이르는 말. =무소기탄(無所忌憚). *고기(顧忌): 뒷일을 염려하고 꺼림. *바: 부록 '소(所)' 참고. *꺼리다: 부록 '기(忌)' 참고.

무-소-기탄(無所忌憚 없을 **무**/바 **소**/꺼릴 **기**/꺼릴 **탄**) (아무것도) 꺼리고 꺼릴 바가 없다는 뜻으로, 아무 것도 꺼릴 바가 없음을 이르는 말. =무소고기(無所顧忌). *기탄(忌憚): 꺼림. 또는 어려워함. *바: 부록 '소(所)' 참고. *꺼리다: 부록 '기(忌)', '탄(憚)' 참고.

무-소-부재(無所不在 없을 **무**/바 **소**/아닐 **부**/있을 **재**) 있지 아니한 바가 없다는 뜻으로, 하느님의 적극적 품성(稟性. 타고난 성품)의 하나로, 존재하지 않는 곳이 없음. 즉, 그 존재와 섭리(攝理. 기독교에서, 세상의 모든 것을 다스려 나가는 신·神의 의지 또는 은혜)가 모든 피조물(被造物. 조물주에 의하여 만들어진 존재라는 관점에서, 우주의 삼라만상·森羅萬象을 이르는 말) 속에 미치고 있음을 이르는 말. *부재(不在): 그곳에 있지 아니함. *바: 부록 '소(所)' 참고.

무-소-부지(無所不知 없을 **무**/바 **소**/아닐 **부**/알 **지**) 알지 아니하는 바가 없음. 즉, 무슨 일이든지 모두 안다는 뜻으로, 모르는 바가 없음. 또는 모르는 것이 없음을 이르는 말. 즉, 모르는 것이 없을 만큼 매우 박학다식(博學多識. <u>본문 참고</u>)하다는 의미다. ***부지**(不知): 알지 못함. ***바**: 부록 '소(所)' 참고.

무-소-불능(無所不能 없을 **무**/바 **소**/아닐 **불**/능히 할 **능**) 능(能)히 하지 아니하는 바가 없다는 뜻으로, 무엇이든 잘하지 않는 것이 없음을 이르는 말. 또는 무엇이든지 못하는 것이 없음을 이르는 말. 곧, 무슨 일이든 할 수 있는 힘과 권력을 나타내는 말이다. 따라서 이 말은 때로는 부정적 의미로 쓰이기도 한다. =무소불위(無所不爲). ***불능**(不能): ①능력이 없음. ②할 수 없음. ***바**: 부록 '소(所)' 참고.

무-소-불-위(無所不爲 없을 **무**/바 **소**/아닐 **불**/할 **위**) 하지 아니하는 바가 없다는 뜻으로, 하지 못하는 일이 없음을 이르는 말. 즉, 무엇이든지 다 할 수 있다는 의미다. 힘을 과시하느라 절제를 잃는다는 부정적인 의미도 있다. 그런데 이 말은 사전적 의미를 기준으로 할 때 '무-소-불-위'로 읽어야 한다. 다만 내용적인 의미로 읽을 때는 '무-소불위'로 읽는 것이 맞다. 하지 않는 바가 없다는 뜻이기 때문이다. '소불위'는 국어사전에 없다. =무소불능(無所不能). ***바**: 부록 '소(所)' 참고.

무시-광겁(無始曠劫 없을 **무**/처음 **시**/넓을 **광**/겁 **겁**) 처음이 없는 넓은 겁(劫)이라는 뜻으로, 시작을 알 수 없을 정도로 먼 과거(過去)를 이르는 말. ***무시**(無始): ①아무리 돌아보아도 처음 비롯한 것이 없음. ②=무시광겁(無始曠劫). ***광겁**(曠劫): 불교에서, 아주 오랜 세월을 이르는 말. ***겁**(劫): '천지(天地)가 한 번 개벽(開闢. <u>천지가 처음 열림</u>)한 때부터 다음번에 개벽(開闢)할 때까지의 동안'이란 뜻으로, 매우 길고 오랜 시간을 이르는 말. =찰나(刹那).

무시-무종(無始無終 없을 **무**/처음 **시**/없을 **무**/마칠 **종**) 처음도 없고 마침도 없다는 뜻으로, ①시작도 없고 끝도 없음을 이르는 말. 즉, 불교에서, 진리나 윤회(輪廻. <u>'윤회생사·輪廻生死'의 준말. 본문 참고</u>)의 무한성(無限性)을 뜻한다. ②우주(宇宙. <u>온 세계를 둘러싸고 있는 공간</u>)의 근본 이치인 대아(大我)와 심체(心體. <u>'마음[心]'과 '몸[體]'을 아울러 이르는 말. =심신·心身</u>)는 시작도 끝도 없이 항상 존재함을 이르는 말. 여기서, '대아(大我)'는 우주(宇宙)의 유일(唯一), 절대적인 본체(本體)를 이르는 말. 또는 좁은 견해나 집착을 떠난 경지(境地. 곧, '참된 나'를 불가(佛家)에서 이르는 말. ↔소아(小我). 혹은 진리(眞理) 또는 진여(眞如)가 무한함을 이르는 말. 여기서, '진여(眞如)'는 '진실(眞實)함이 언제나 같다.'는 뜻으로, 대승불교(大乘佛敎)의 이상(理想) 개념의 한 가지를 이르는 말이다. 우주(宇宙) 만유(萬有. <u>우주에 존재하는 모든 것</u>)의 실체(實體)로서, 현실적이며 평등하고 무차별한 절대의 진리(眞理)를 이르는 말이기도 하다. =무거무래(無去無來). ***무시**(無始): ☞무시광겁(無始曠劫). ***무종**(無終): 끝이 없음.

무시-이래(無始以來 없을 **무**/처음 **시**/써 **이**/올 **래**) 처음이 없는 (아주 먼 과거) 써(에서) 온 (이후)라는 뜻으로, 불교에서 '아주 먼 과거(過去)로부터'를 이르는 말. ***무시**(無始): ☞무시광겁(無始曠劫). ***이래**(以來): 圀 지나간 일정한 때로부터 지금까지. ***써**: 부록 '이(以)' 참고.

무신-무의(無信無義 없을 **무**/믿을 **신**/없을 **무**/의리 **의**) 믿음성(신용)도 의리(義理)도 없음. =무의무신(無義無信). ***무신**(無信): ①신의(信義. <u>'믿음[信]'과 '의리(義理)'를 아울러 이르는 말</u>) 또는 믿음성이 없음. ②소식(消息.)이 없음. ***무의**(無義): ①무의미함. ②예의(禮儀)가 없음. ③신의(信義)나 의리(義理)가 없음. ***의리**(義理): ①사람으로서 마땅히 지켜야 할 바른 도리(道理. <u>사람이 마땅히 지켜야 할 바른 길</u>). ②남과 사귈 때 지켜야 할 바른 도리.

무-실-무-가(無室無家 없을 **무**/방 **실**/없을 **무**/집 **가**) 방(房)도 없고 집도 없다는 뜻으로, 매우 가난하여 들어 있을 만한 집도 없음을 이르는 말. 아주 가난하여 거처(居處. 한 군데 자리 잡고 삶. 또는 그곳)할 곳도 없을 때 쓰는 표현이다. 《관련 속담》 집도 절도 없다.

무실-역행(務實力行 힘쓸 **무**/실제 **실**/힘 **역**/행할 **행**) 실제적(實際的)인 일을 행(行)하는 (데에) 힘쓴다는 뜻으로, 공리공론(空理空論. 본문 참고)을 배척하고 참되고 실속(實~) 있도록 힘써 실행(實行)함을 이르는 말. *무실(務實): 참되고 실속 있도록 힘씀. *역행(力行): 힘써 행함. 또는 힘을 다하여서 함. 노력하여 행함. *힘쓰다: 부록 '무(務)' 참고. *실제(實際): 있는 그대로의, 또는 나타나거나 당하는 그대로의 상태나 형편. *행하다(行~): (작정한 대로) 하여 나가다.

무심중-간(無心中間 없을 **무**/마음 **심**/가운데 **중**/사이 **간**) 마음이 없는 가운데의 사이라는 뜻으로, 아무 생각이나 감정 따위가 없는 사이를 이르는 말. 또는 아무 생각 없는 동안(가운데)을 이르는 말. *무심중(無心中): 아무런 생각이 없이 스스로 깨닫지 못하는 사이.

무아-도취(無我陶醉 없을 **무**/나 **아**/즐길 **도**/술 취할 **취**) 나[我] 자신이 없다고 (생각할 만큼) 즐기고 술에 취(醉)한다는 뜻으로, 자신(自身)의 존재를 완전히 잊고 무엇에 흠뻑 취(醉)함을 이르는 말. *무아(無我): ①자기의 존재를 잊음. ②사심(私心. 사사로운 마음. 또는 자기 욕심을 채우려는 마음)이 없음. *도취(陶醉): ①거나하게 술이 취함. ②무엇에 홀린 듯이 열중하거나 기분이 좋아짐.

무아-몽중(無我夢中 없을 **무**/나 **아**/꿈 **몽**/가운데 **중**) 내가 (있다는 깨달음이) 없을 (정도로) 꿈 가운데에 (있다). 즉, 나조차 잊고 꿈속에만 있다는 뜻으로, ①마음이 외곬(단 하나의 방법이나 방향)으로 쏠리거나 넋을 잃어, 자기도 모르게 행동하는 지경(地境. 어떤 처지나 형편)을 이르는 말. ②어떤 사물에 열중하여 자기를 잊고 다른 사물을 돌아보지 않거나, 한 가지에 열중하여 다른 것은 모두 잊어버림을 이르는 말. *무아(無我): ☞무아도취(無我陶醉). *몽중(夢中): 꿈을 꾸는 동안.

무아-무심(無我無心 없을 **무**/나 **아**/없을 **무**/마음 **심**) 나[我]도 없고 (사사로이) (나를 생각하는) 마음도 없다는 뜻으로, 미혹(迷惑. 마음이 흐려서 무엇에 홀림. 또는 정신이 헷갈려 갈팡질팡 헤맴)하거나 사악(邪惡. 마음이나 생각이 간사하고 악독함)한 마음이 없음, 또는 그런 마음을 이르는 말. *무아(無我): ☞무아도취(無我陶醉). *무심(無心): ①아무런 생각이 없음. ②감정이 없음. ③마음을 두거나 걱정함이 없음.

무아-지-경(無我之境 없을 **무**/나 **아**/어조사 **지**/지경 **경**) 내[我]가 없는 지경(경지)이라는 뜻으로, 정신이 한곳에 온통 쏠려 스스로를 잊고 있는 경지(境地. 어떤 단계에 이른 상태)를 이르는 말. 또는 정신이 한곳에 통일되어 나를 잊고 있는 경지(境地)를 이르는 말. *무아(無我): ☞무아도취(無我陶醉). *지경(地境): 어떤 처지나 형편.

무언-용사(無言勇士 없을 **무**/말씀 **언**/날랠 **용**/선비 **사**) 말이 없는 용사(勇士)라는 뜻으로, 싸움터나 전쟁터에서 명예롭게 죽은 군인의 유골(遺骨. 죽은 사람의 몸을 태우고 남은 뼈. 또는 무덤 속에서 나온 뼈)을 비유적으로 이르는 말. *무언(無言): 말이 없음. *용사(勇士): ①용기가 있는 사람. ②=용병(勇兵). 즉, 용감한 병사. *선비: 부록 '사(士)' 참고.

무연-분묘(無緣墳墓 없을 **무**/인연 **연**/봉분 **분**/무덤 **묘**) 인연(因緣)이 없는 봉분(封墳)이나 무덤이라는 뜻으로, 자손(子孫)이나 관리해 줄 사람이 없는 무덤을 이르는 말. 阊 무연묘지(無緣墓地). *무연(無緣): ①인연이 없음. ②=무연고(無緣故). 즉, (일가친척이나 친구 따위) 연고(緣故. 혈연이나 인척 관계 또는 정분·情分 따위에 의한 특별한 관계)가 없음. ③전생(前生)에 부처 혹은 보살과 인연을 맺은 일이 없음. *분묘(墳墓): =무덤. *인연(因緣): 부록 '연(緣)' 참고. *봉분(封墳): 부록 '분(墳)' 참고.

무염-족-심(無厭足心 없을 **무**/싫을 **염**/넉넉할 **족**/마음 **심**) 싫증이 없는 넉넉한 마음이라는 뜻으로, 그칠 줄 모르는 열의(熱意. 무슨 일을 이루려고 열성을 다하는 마음)를 이르는 말. *무염(無厭): 물리거나 싫증이 나는 데가 없음. *'족-심'은『국어사전(國語辭典)』에 등재(登載)된, '발바닥에서 오목하게 들어간 부분'인 '족심(足心)'의 뜻과는 별개다.

무염-지-욕(無厭之慾 없을 **무**/싫어할 **염**/어조사 **지**/욕심 **욕**) 싫어함(싫증)이 없는 욕심(慾心)이라는 뜻으로, 물릴(다시 대하기 싫을 만큼 몹시 싫증이 날) 줄 모르는 욕심. 또는 만족(滿足)할 줄 모르는 끝없는 욕심(慾心)을 이르는 말. *무염(無厭): ☞무염족심(無厭足心). *욕심(慾心): 부록 '욕(慾)' 참고.

무예-불-치(蕪穢不治 거칠 **무**/거칠 **예**/아닐 **불**/다스릴 **치**) 거칠고 거칠어도 다스리지 아니 한다는 뜻으로, ①잡초(雜草)가 무성하여 거칠어진 전원(田園. 논밭과 동산)을 손질하지 않음을 이르는 말. ②사물(事物)이 정돈되어 있지 않음을 비유적으로 이르는 말. *무예(蕪穢): 잡초(雜草)가 무성하여 거칠고 지저분함. *'불-치'는『국어사전(國語辭典)』에 등재(登載)된, '①병이 잘 낫지 아니함. 또는 고칠 수 없음. ②정치가 잘못되어 어지러움.'인 '불치(不治)'의 뜻과는 별개다. *거칠다: 부록 '무(蕪)' 참고. *다스리다: 부록 '치(治)' 참고.

무용-장물(無用長物 없을 **무**/쓸 **용**/오랠 **장**/사물 **물**) 쓰임(쓸모)이 없는 오래된 사물(事物)이라는 뜻으로, 있어도 거치적거리기만 하고 아무 쓸모없는 물건을 이르는 말. *무용(無用): ①소용이 없음. 또는 쓸데없음. ②볼일이 없음. *장물(長物): ①긴 물건. ②쓸모가 없는 물건. *사물(事物): 일이나 물건.

무용-지-물(無用之物 없을 **무**/쓸 **용**/어조사 **지**/사물 **물**) 쓰임(쓸모)이 없는 사물(事物)이라는 뜻으로, 아무 짝에도 쓸모없는 물건이나 사람을 이르는 말. *무용(無用): ☞무용장물(無用長物). *사물(事物): ☞무용장물(無用長物).

무용-지-변(無用之辯 없을 **무**/쓸 **용**/어조사 **지**/말 잘할 **변**) 쓰임(쓸모)이 없는 말만 잘한다는 뜻으로, 쓸데없는 말을 이르는 말. *무용(無用): ☞무용장물(無用長物).

무용-지-용(無用之用 없을 **무**/쓸 **용**/어조사 **지**/쓸 **용**) 쓰임(쓸모)이 없는 (가운데서의) 쓰임(쓸모)이 (있다)는 뜻으로, 언뜻 보기에 쓸모없는 것이 어느 경우에는 오히려 큰 구실을 함을 이르는 말. *무용(無用): ☞무용장물(無用長物). 이 사자성어의 유래는 다음과 같다.『장자(莊子)·내편(內篇)』의「인간세(人間世)」편(篇)에 〈산의 나무는 스스로 해치고, 기름 등불은 스스로를 태운다. 계수나무는 먹을 수 있기 때문에 베이고, 옻나무는 칠로 쓰이기 때문에 잘린다. 사람들은 모두 쓸모 있는 것만 알지, 쓸모없는 가운데 쓸모가 있다는 것을 모른다. (山木自寇也, 膏火自煎也, 桂可食, 故伐之, 漆可用, 故割之, 人皆知有用之用, <u>而莫知無用之用也</u>.)〉라는 이야기가 나오는데, '쓸모없는 가운데 쓸모가 있다는 것을 모른다.(而莫知無用之用也)'에서, '무용지용(無用之用)'이 유래했다. 장자(莊子. 중국 전국시대·戰國時代의 사상가이며, 도가·道家 사상의 중심인물)는「인간세(人間世)」에서, 사람들은 유용지용(有用之用. '<u>유용함</u>'의 쓰임새)만 알지, 무용지용(無用之用. '<u>무용함</u>'의 쓰임새)에 대해서는 알지 못함을 비판하고 있는 것이다. 우리가 살아가기 위해서는 반드시 쓸모가 있어야 하며, 쓸모가 없으면 이 세상을 살아갈 수 없다고 생각할 수 있다. 장자(莊子)는 반드시 그렇지는 않다는 것이다. 어떤 경우에는 쓸모가 있음으로 인해 오히려 스스로를 망치는 경우도 있고, 쓸모가 없음으로 인해 자신을 지킬 수도 있다는 것을 말해 주고 있다. 참고로, 원문의 '山木自寇也'에서, '山'은 뫼('산'의 옛말) '산'으로 읽고, '木'은 나무 '목'으로 읽고, '自'는 스스로 '자'로 읽고, '寇'는 침범할 '구', 해칠 '구'로 읽고, '也'는 어조사 '야'로 읽는다. '~이다(단정)'의 뜻을 나타냄. '山木自寇也'를 직역(直譯)하면, 산의 나무는 스스로 해치고, 즉, 산의 나무는 스스로 자신을 해친다는 말이다. '膏火自煎也'에서, '膏'는 기름 '고'로 읽고, '火'는 불 '화'로 읽고, '煎'은 달일(약재·藥材 따위에 물을 부어 우러나도록 끓일) '전', 녹을 '전'으로 읽는다. 그런데 대부분의 자료에는 '煎'을 '태우다'로 풀이해 놓았는데, '(가슴을) 태우다', '(애를) 태우다'는 뜻이지, '(기름을) 태우다'는 의미는 아니다. '膏火自煎也'를 직역(直譯)하면, 기름을 (태우는) 불은 스스로 녹인다. 여기서, '기름을 태우는 불'은 '등잔불'을 가리킨다. 그리고 '스스로 녹인다.'는 말은, 스스로 약재(藥材)를 달이듯이 달여가며 어둠을 밝힌다는 뜻이다. '桂可食'에서, '桂'는 계수(桂樹)나무 '계'로 읽고, '可'는 가히(可~. '능히', '넉넉히'의 뜻을 나타냄) '가'로 읽고, '食'은 먹을 '식'으로 읽는다. '桂可食'을 직역(直譯)하면, 계수(桂樹)나무는 가히 먹을 (수 있다). 이 계수(桂樹)나무는 중국 남부 지방에 실제로 자라는 것으로 알려져 있다. 톡 쏘는 매운 맛을 내고, 껍질을 벗기면 계피(桂皮)가 되는데, 주로 과자의 원료, 또는 향료나 한약재로 쓰인다. '故伐之'에서, '故'는 그러므로 '고'로 읽고, '伐'은 벨(날이 있는 연장 따위로 무엇을 끊거나 자르거나 가를) '벌'로 읽는다. '之'는 어조사 '지'로 읽는다. '그것'을 나타내는 지시 대명사. '故伐之'를 직역(直譯)하면, 그러므로 그것('계수·桂樹나무'를 가리킴)이 베어진다. '漆可用'에서, '漆'은 옻나무 '칠', 옻칠할 '칠'로 읽고, '用'은 쓸 '용'으로 읽는다. '漆可用'을 직역(直譯)하면, 옻나무는 가히 (칠하는데) 쓸(사용할) (수 있다). '故割之'에서, '割'은 가를(날이 선 연장으로 벨) '할', 쪼갤 '할'로 읽는다. '故割之'를 직역(直譯)하면, 그러므로 그것('옻나무'를 가리킴)이 쪼개진다. '人皆知有用之用'에서, '人'은 사람 '인'으로 읽고, '皆'는 다 '개', 모두 '개'로 읽고, '知'는 알 '지'로 읽고, '有'는 있을 '유'로 읽고, '用'은 쓸 '용'으로 읽는다. '有用'은 쓸모가 있음. '有用之用'을 직역(直譯)하면, 쓸모가 있어 그것을 사용함. '人皆知有用之用'을 직역(直譯)하면, 사람들은 쓸모가 있어 그것을 사용함을 알지만, '而莫知無用之用也'에서, '而'는 말 이을 '이'로 읽는다. '그러나'의 뜻을 나타냄 '莫'은 아닐(부정하는 말) '막'으로 읽고, '無'는 없을 '무'로 읽는다. '而莫知無用之用'를 직역(直譯)하면, 그러나 쓰임이 없는 (가운데서의) 쓰임이 (있음)을 알지 못한다. 즉, 사람들은 무용(無用)이 쓸모 있다는 것을 아무도 모른다는 말이다. 언뜻 보기에는 쓸모없는 것이 어느 경우에는 오히려 큰 구실을 한다는 뜻. 여기서, '無用之用'이 유래하였는데, 이것을 직역(直譯)하면, 쓰임(쓸모)이 없는 (가운데서의) 쓰임(쓸모)이 (있다)는 뜻으로, 언뜻 보기에 쓸모없는 것이 어느 경우에는 오히려 큰 구실을 함을 이르는 말. 우리나라 속담(俗談)에 '굽은 나무가 선산(先山. 조상의 무덤, 또는 무덤이 있는 곳)을 지킨다.'는 말이 있다. 쓸모없이 보이는 것이 도리어 제구실을 제대로 한다는 뜻이다. '무용지용(無用之用)'의 의미와 부합(符合. 서로 조금도 틀림이 없이 꼭 들어맞음)된다.

무위-도식(無爲徒食 없을 **무**/할 **위**/헛될 **도**/먹을 **식**) (아무) 하는 (일) 없이 헛되게 먹는다는 뜻으로, 하는 일 없이 놀고먹음을 이르는 말. 즉, 일하지 않고 빈둥빈둥 놀고먹는 게으른 생활을 뜻한다. =유수도식(遊手徒食). 回 낭유도식(浪遊徒食). 젭 유의유식(遊衣遊·游食). *무위(無爲): ①아무것도 하는 일이 없음. ②사람의 지혜나 힘을 더하지 아니함. ③불교에서, 현상(現狀. 현재의 상태. 또는 지금의 형편)을

초월(超越. 어떤 한계나 표준을 뛰어넘음)하여 상주(常住. 불교에서, 생멸의 변화가 없이 늘 존재함)
불변(不變)하는 존재를 이르는 말. *도식(徒食): 놀고먹음. *헛되다: ①보람이나 실속(實~. 실제의 내용.
또는 실제로 알맹이가 되는 내용)이 없다. ②허황(虛荒. 거짓되고 근거가 없음)하다.

무위-무능(無爲無能 없을 무/할 위/없을 무/능력 능) 하는 (일도) 없고 능력(能力)도 없다는 뜻으로, 제대로
하는 일도 없고, 일할 능력(能力)도 없음을 이르는 말. *무위(無爲): ☞무위도식(無爲徒食). *무능(無能):
①재능(才能. 어떤 일을 하는데 필요한 재주와 능력)이 없음. 여기서, '재주'는 순우리말로, 무엇을 잘할
수 있는, 타고난 능력과 슬기. ②무엇을 할 능력이 없음. =무능력(無能力). *능력(能力): 어떤 일을 해낼
수 있는 힘.

무위-무책(無爲無策 없을 무/할 위/없을 무/계책 책) 하는 (일도) 없고 계책(計策)도 없다는 뜻으로, 제대로
하는 일도 없고 해볼 만하거나 취할 방책(方策. 방법과 꾀)도 없음을 이르는 말. *무위(無爲): ☞무위도
식(無爲徒食). *무책(無策): 계책(計策)이 없음. *계책(計策): 어떤 일을 이루기 위하여 꾀나 방법을 생각
해 냄. 또는 그 꾀나 방법.

무위-이-화(無爲而化 없을 무/할 위/말 이을 이/교화할 화) 하는 (일이) 없음으로써 교화(敎化)한다. 즉,
인위적(人爲的. 자연의 힘이 아닌, 사람의 힘으로 이루어지는)인 꾸밈이 없어야 백성(百姓)들이 진심(眞
心)으로 따르게 된다는 뜻으로, ①애써 공들이지 않아도 스스로 잘 이루어짐. 즉, 힘들이지 않아도 저절
로 변하여 잘 이루어짐을 이르는 말. ②노자(老子. 중국 춘추전국시대·春秋戰國時代의 사상가·思想家이
며, 도가·道家의 시조·始祖)의 사상으로, 성인(聖人. 지혜와 덕이 매우 뛰어나 길이 우러러 본받을 만한
사람)의 덕(德. 고매하고 너그러운 도덕적 품성)이 크면 클수록 백성(百姓)들이 스스로 따라 와서 잘
감화(感化. 좋은 영향을 받아, 생각이나 감정이 바람직하게 변화함)됨을 이르는 말. 웹 무위자화(無爲自
化). ③천도교(天道敎)에서, 한울님의 전지전능(全知全能. 본문 참고)으로 이룬 자존(自存. 자기의 존재.
또는 자기 힘으로 생존함) 자율(自律. 남의 지배나 구속을 받지 아니하고 스스로의 원칙에 따라 어떤
일을 하는 일. 또는 자기 스스로 자신을 통제하여 절제하는 일)의 우주(宇宙. 온 세계를 둘러싸고 있는
공간) 법칙을 이르는 말. *무위(無爲): ☞무위도식(無爲徒食). *교화하다(敎化~): ①(주로, 교양, 도덕
따위를) 가르치어 감화(感化)시키다. ②불교의 가르침으로 사람을 가르치어 착한 마음을 가지게 하다.
이 사자성어의 유래는 다음과 같다. 노자(老子)의 『도덕경(道德經)』「제57장(章)」에 〈나라는 바른 도리로
써 다스리고, 용병(用兵)은 기발한 전술로 해야 하지만, 천하(天下)를 다스림에 있어서는 무위(無爲)로써
해야 한다. …… 그러므로 성인(聖人)께서 "내가 아무것도 하지 않아도 백성들이 스스로 감화되고, 내가
고요하니 백성들이 저절로 바르게 되며, 내가 일을 만들지 않으니 백성들이 저절로 부유해지고, 내가
욕심이 없으니 백성들이 저절로 소박해진다."고 말씀하셨다.(以正治國, 以奇用兵, 以無事取天下, ……
故聖人云, **我無爲而民自化**, 我好靜而民自正, 我無事而民自富, 我無欲而民自朴.)〉라는 이야기가 나오는
데, '내가 아무것도 하지 않아도 백성들이 스스로 감화되고,(我無爲而民自化)'에서, '무위이화(無爲而化)'
가 유래했다. 노자(老子)는 이 책에서 '금지하는 일이 많으면 백성들이 가난해지고, 편리한 문명의 도구
가 많을수록 나라는 혼미해지며, 지혜와 기술이 향상될수록 도적이 많아진다.'고 말하면서, 인위(人爲.
사람의 힘으로 이루어지는 일)의 폐해(弊害. 폐단과 손해)를 지적하며, 자연의 순리(順理. 마땅한 도리나
이치)에 따르는 무위(無爲)의 교화(敎化)를 설명했다. 따라서, 이 '무위이화(無爲而化)'는 노자(老子)의

'무위사상(無爲思想)'의 핵심이다. 참고로, 원문의 '以正治國'에서, '以'는 써(그것으로 인하여, 그것을 가지고) '이'로 읽고, '正'은 바를 '정'으로 읽고, '治'는 다스릴 '치'로 읽고, '國'은 나라 '국'으로 읽는다. '以正治國'을 직역(直譯)하면, 나라는 그것('무위사상·無爲思想'을 가리킴)을 가지고 바르게 다스림. 즉, 나라는 바른 도리로써 다스리고, '以奇用兵'에서, '奇'는 기이(奇異. 기묘하고 이상함)할 '기'로 읽고, '用'은 쓸 '용', 부릴 '용'으로 읽고, '兵'은 군사(軍士) '병'으로 읽는다. '以奇用兵'을 직역(直譯)하면, 군사를 부림은 그것('무위사상·無爲思想'을 가리킴)을 가지고 기이하게 (해야 한다). 즉, 군사를 부림은 기이한 전술(戰術. 전쟁 또는 전투 상황에 대처하기 위한 기술과 방법)로 해야 한다. '以無事取天下'에서, '無'는 없을 '무'로 읽고, '事'는 일 '사'로 읽고, '取'는 취할 '취'로 읽고, '天'은 하늘 '천'으로 읽고, '下'는 아래 '하'로 읽는다. '天下'는 하늘 아래 온 세상. '以無事取天下'을 직역(直譯)하면, 천하(天下)를 취(取)할 때는 그것('무위 사상·無爲思想'을 가리킴)을 가지고 일이 없게 (한다). 즉, 천하(天下)를 취(取)할 때는 아무런 일이 없게 해야 한다. …… '故聖人云'에서, '故'는 그러므로 '고'로 읽고, '聖'은 성인(聖人) '성'으로 읽고, '人'은 사람 '인'으로 읽는다. '聖人'은 지혜와 덕(德. 고매하고 너그러운 도덕적 품성)이 매우 뛰어나 길이 우러러 본받을 만한 사람. '云'은 이를 '운', 말할 '운'으로 읽는다. '故聖人云'을 직역(直譯)하면, 그러므로 성인(聖人)께서 말하기를, '我無爲而民自化'에서, '我'는 나(1인칭 대명사) '아'로 읽고, '無'는 없을 '무'로 읽고, '爲'는 할 '위'로 읽고, '而'는 말 이을 '이'로 읽는다. '그리고'의 뜻을 나타냄. '民'은 백성 '민'으로 읽고, '自'는 스스로 '자', 저절로 '자'로 읽고, '化'는 교화할(敎化~) '화'로 읽는다. '我無爲而民自化'를 직역(直譯)하면, 내가 하는 (일이) 없어도 그리고 백성들은 스스로(저절로) 교화(敎化)한다. 여기서, '無爲而化'가 유래하였는데, 이것을 직역(直譯)하면, 하는 (일이) 없음으로써 교화(敎化)한다. 즉, 인위적(人爲的)인 꾸밈이 없어야 백성(百姓)들이 진심(眞心)으로 따르게 된다는 뜻으로, ①애써 공들이지 않아도 스스로 잘 이루어짐. 즉, 힘들이지 않아도 저절로 변하여 잘 이루어짐을 이르는 말. ②노자(老子)의 사상으로, 성인(聖人)의 덕(德. 고매하고 너그러운 도덕적 품성)이 크면 클수록 백성(百姓)들이 스스로 따라 와서 잘 감화(感化. 좋은 영향을 받아, 생각이나 감정이 바람직하게 변화함)됨을 이르는 말. '我好靜而民自正'에서, '好'는 좋아할 '호'로 읽고. '靜'은 고요할 '정'으로 읽고, '正'은 바를 '정'으로 읽는다. '我好靜而民自正'을 직역(直譯)하면, 내가 고요함을 좋아하니 그리고 백성들이 스스로 바르게 되었으며, '我無事而民自富'에서, '富'는 부유할 '부'로 읽는다. '我無事而民自富'를 직역(直譯)하면, 내가 일이 없으니(일을 만들지 않으니) 그리고 백성들이 스스로(저절로) 부유해졌고, '我無欲而民自朴'에서, '欲'은 욕심 '욕'으로 읽는다. '욕(慾)'과 같은 글자. '朴'은 순박(淳·醇朴. 거짓이나 꾸밈이 없이 순수하며 인정이 두터움)할 '박', 소박(素朴. 꾸밈이나 거짓이 없이 있는 그대로임)할 '박'으로 읽는다. '我無欲而民自朴'을 직역(直譯)하면, 내가 욕심이 없으니 그리고 백성들이 스스로(저절로) 소박해진다(순박해진다).

무위-자연(無爲自然 없을 **무**/할 **위**/저절로 **자**/그러할 **연**) (일부러) 하는 (일) 없이 저절로 그렇게 (된다는) 뜻으로, ①사람의 힘을 더하지 않은 본디 그대로의 자연(自然). 또는 그런 이상적(理想的)인 경지(境地. 어떠한 단계에 이른 상태)를 이르는 말. ②자연에 맡겨 부질없는 행위를 하지 않음을 이르는 말. *무위(無爲): ☞무위도식(無爲徒食). *자연(自然): ①사람의 힘이 더해지지 아니하고 세상에 스스로 존재하거나 우주(宇宙. 온 세계를 둘러싸고 있는 공간)에 저절로 이루어지는 모든 존재나 상태. ②사람의 힘이 더해지지 아니하고 저절로 생겨난 산, 강, 바다, 식물, 동물 따위의 존재. 또는 그것들이 이루는 지리적,

지질적 환경.

무위-지-치(無爲之治 없을 **무**/할 **위**/어조사 **지**/다스릴 **치**) 하는 (일) 없이 다스린다는 뜻으로, 성인(聖人. 지혜와 덕이 매우 뛰어나 길이 우러러 본받을 만한 사람)의 덕(德. 고매하고 너그러운 도덕적 품성)이 지극히 커서, 아무 일을 하지 않아도 천하(天下)가 저절로 잘 다스려짐을 이르는 말. *무위(無爲): ☞무위도식(無爲徒食). *다스리다: 부록 '치(治)' 참고.

무육-지-도(撫育之道 어루만질 **무**/기를 **육**/어조사 **지**/도리 **도**) 어루만지며 기르는 도리(道理)라는 뜻으로, 어루만지듯이 잘 돌보아 기르는 도리(道理)를 이르는 말. *무육(撫育): (윗사람이 아랫사람을) 잘 보살펴 기름. *도리(道理): 사람이 마땅히 지켜야 할 바른 길.

무육-지-은(撫育之恩 어루만질 **무**/기를 **육**/어조사 **지**/은혜 **은**) 어루만지며 기른 은혜(恩惠)라는 뜻으로, 잘 돌보아 고이 길러 준 은혜(恩惠)를 이르는 말. *무육(撫育): ☞무육지도(撫育之道).

무의-무신(無義無信 없을 **무**/의리 **의**/없을 **무**/믿을 **신**) 의리(義理)도 없고 믿음성도 없음. 또는 의리(義理)도 신용(信用)도 없음. =무신무의(無信無義). *무의(無義): ①=무의미함. 즉, 아무 값어치나 의의(意義. 어떤 사실이나 행위 따위가 갖는 중요성이나 가치)가 없음. ②예의(禮儀)가 없음. ③신의(信義. 믿음과 의리)나 의리(義理)가 없음. *무신(無信): ①신의(信義) 또는 믿음성이 없음. ②소식이 없음. *의리(義理): ①사람으로서 마땅히 지켜야 할 바른 도리(道理. 사람이 마땅히 지켜야 할 바른 길). ②남과 사귈 때 지켜야 할 바른 도리.

무의-무-탁(無依無托 없을 **무**/의지할 **의**/없을 **무**/맡길 **탁**) 의지할 (데도) 없고 맡길 (데도) 없다는 뜻으로, 몸을 의지하고 맡길 곳이 없음을 이르는 말. 곧, 살기가 어렵고 외로운 처지를 일컫는다. *무의(無依): ①사물에 집착하지 아니함. ②기대지 아니함.

무의식-적(無意識的 없을 **무**/뜻 **의**/알 **식**/접미사 **적**) (어떤) 뜻을 (깨달아) 앎이 없는 (것이라는) 뜻으로, ①의식(意識)이 없는 상태에서 일어나는, 또는 그런 것을 이르는 말. ②스스로 의식(意識)함이 없이 하는 (것)을 이르는 말. *무의식(無意識): ①의식(意識)이 없음. ② 일상의 정신에 영향을 끼치고 있는 마음의 심층(深層. 속의 깊은 층), 곧, 꿈이나 최면(催眠. 암시에 의하여 인위적으로 이끌어낸, 잠에 가까운 상태) 따위가 아니고는 의식(意識)되지 않는 상태. =잠재의식(潛在意識).

무인-궁도(無人窮途 없을 **무**/사람 **인**/막힐 **궁**/길 **도**) 사람이 없어 막힌 길이라는 뜻으로, 사람이 살지 않는 외딴곳(홀로 따로 떨어져 있는 곳)을 이르는 말. *무인(無人): ①사람이 없거나 살지 않음. ②일손이 모자람. ③(탈것이나 기계 따위에서) 운전하거나 작동(作動. 기계 따위가 작용을 받아 움직임. 또는 기계 따위를 움직이게 함)하는 사람이 없음. *궁도(窮途): 곤궁하게 된 처지. *막히다: '막다'의 피동. 막음을 당하다.

무인-부지(無人不知 없을 **무**/사람 **인**/아닐 **부**/알 **지**) 알지 아니한 사람이 없다는 뜻으로, 소문(所聞. 사람들 입에 오르내려 전하여 들리는 말)이 널리 퍼져서 모르는 사람이 없음을 이르는 말. *무인(無人): ☞무인궁도(無人窮途). *부지(不知): 알지 못함.

무인-절도(無人絕島 없을 **무**/사람 **인**/떨어질 **절**/섬 **도**) 사람이 없는, (육지와) 떨어진 섬이라는 뜻으로, 육지와 멀리 떨어져 있는, 사람이 살지 않는 외딴섬(홀로 따로 떨어져 있는 섬)을 이르는 말. =무인고도(無人孤島). *무인(無人): ☞무인궁도(無人窮途). *절도(絕島): =절해고도(絕海孤島). 즉, 육지에서 아주 멀리 떨어져 있는 외딴섬.

무인-지-경(無人之境 없을 **무**/사람 **인**/어조사 **지**/지경 **경**) 사람이 없는 지경(地境)이라는 뜻으로, ①사람이 없는 지역. 곧, 사람이 살고 있지 않는 외진 곳을 이르는 말. ②아무것도 거칠 것이 없는 판(의존 명사, 순우리말로, '처지', '판국', '형편' 따위의 뜻을 나타냄)을 비유적으로 이르는 말. ***무인**(無人): ☞무인궁도(無人窮途). ***지경**(地境): 부록 '경(境)' 참고.

무-일-가관(無一可觀 없을 **무**/한 **일**/가히 **가**/볼 **관**) 볼 (만한 것이) 가(可)히 하나도 없다. 즉, 하나라도 가(可)히 볼 (것이) 없다는 뜻으로, 어느 것 한 가지도 볼 만한 것이 없음을 이르는 말. ***가관**(可觀): ①가히 볼 만함. ②하는 짓이나 몰골(볼품없는 모양새) 따위가, 꼴불견(하는 짓이나 겉모습이 차마 볼 수 없을 정도로 우습고 거슬림)임. ***가히**(可~): '능히', '넉넉히'의 뜻.

무-일-가취(無一可取 없을 **무**/한 **일**/가히 **가**/취할 **취**) 하나라도 가(可)히 취(取)할 (것이) 없다는 뜻으로, 취(取)하거나 쓰일 만한 것이 하나도 없음. 또는 한 가지도 취(取)할 만한 것이 없음을 이르는 말. ***가취**(可取): 취(取)할 만함. 또는 쓸 만함. ***가히**(可~): ☞무일가관(無一可觀). ***취하다**(取~): 부록 '취(取)' 참고.

무-일-불성(無一不成 없을 **무**/한 **일**/못할 **불**/이룰 **성**) 이루지 못하는 일이 하나도 없음을 이르는 말. 모두 이루었다는 뜻이다. ***불성**(不成): 이루어지지 못함.

무-일-불-위(無日不爲 없을 **무**/날 **일**/아닐 **불**/할 **위**) 하지 아니한 날이 없다는 뜻으로, 날마다 하지 않는 날이 없음을 이르는 말. 날마다 일을 행하였다는 의미다.

무임-승차(無賃乘車 없을 **무**/품삯 **임**/탈 **승**/수레 **차**) 품삯 없이 수레를 탄다는 뜻으로, 차비(車費)를 내지 않고 차(車)를 탐을 이르는 말. ***무임**(無賃): ①임금(賃金. 근로자가 노동의 대가로 사용자에게 받는 보수)이 없음. ②값을 치르지 않음. ***승차**(乘車): 차를 탐. ↔하차(下車). ***품삯**: 품팔이에 대한 대가(代價).

무-장-공자(無腸公子 없을 **무**/창자 **장**/귀인 **공**/사람 **자**) 창자가 없는 귀인(貴人)의 사람이라는 뜻으로, ①(창자 없는) '게'를 달리 이르는 말. 여기서, '게'는 바다 또는 민물에 사는데, 몸이 납작하고 등(사람이나 동물의 몸통에서 뒤쪽이나 위로 향한 쪽, 곧 가슴이나 배의 반대쪽)과 배는 딱지로 싸였으며, 한 쌍의 집게발과 네 쌍의 발로 옆으로 기어 다님. 식용함. ②기개(氣槪. 어떤 어려움에도 굽히지 않는 강한 의지·意志. 또는 그러한 기상·氣像)나 담력(膽力. 사물을 두려워하지 않는 기력. 또는 겁이 없고 용감한 기운)이 없는 사람을 얕잡아 또는 놀림조로 이르는 말. 여기서, '기운'은 순우리말로, 생물이 살아 움직이는 원기(元氣). 또는 거기서 나오는 힘. ***공자**(公子): 지체(순우리말로, 대대로 이어 내려오는 사회적 신분이나 지위) 높은 집안의 젊은 자제(子弟. 남을 높여 그의 아들이나 그 집안의 젊은이를 이르는 말). ***창자**: 부록 '장(腸)' 참고. ***귀인**(貴人): 신분이나 지위가 높은 사람. ↔천인(賤人).

무-장-기-갱(無醬嗜羹 없을 **무**/장 **장**/즐길 **기**/국 **갱**) 장(醬)도 없는 (놈이) 국을 즐긴다는 뜻으로, 분수(分數. 자기 신분에 맞는 한도. 또는 사람으로서 일정하게 이를 수 있는 한계)에 넘쳐 힘겹거나 할 수 없는 일을 감(敢)히 바라는 어리석음을 이르는 말. 여기서, 嗜(즐길 '기') 대신에 『표준국어대사전』(두산동아)에는 耆(늙은이 '기')로 되어 있다. ***장**(醬): ①'간장(~醬)'의 준말. 즉, 음식의 간을 맞추는 데 쓰는, 짠맛이 있는 흑갈색의 액체. 소금물에 메주를 담가 만듦. ②간장, 된장, 고추장을 통틀어 이르는 말.

*국: 부록 '갱(羹)' 참고. 《관련 속담》 장(醬) 없는 놈이 국[羹] 즐긴다.

무-장-무애(無障無礙·碍 없을 **무**/막힐 **장**/없을 **무**/막힐 **애**) 막힘이 없고 막힘이 없다는 뜻으로, 아무런 장애가 없거나 아무런 거리낌이 없음을 이르는 말. *무애(無礙·碍): 막힘이나 거침이 없음. 또는 장애물이 없음.

무-장-지-졸(無將之卒 없을 **무**/장수 **장**/어조사 **지**/군사 **졸**) 장수(將帥)가 없는 군사(軍士)라는 뜻으로, ①지휘하는 장수(將帥)가 없는 군사(軍士)를 이르는 말. 즉, 지휘관이 없는 군대라는 말이다. ②주장(主張)할 사람. 또는 이끌어 갈 지도자(指導者)가 없는 무리를 이르는 말. *장수(將帥): 부록 '장(將)' 참고. *군사(軍士): 부록 '졸(卒)' 참고.

무재-무능(無才無能 없을 **무**/재주 **재**/없을 **무**/능력 **능**) 재주도 없고 능력도 없다는 뜻으로, 아무 재능(才能. 어떤 일을 하는데 필요한 재주와 능력)이 없음을 이르는 말. *무재(無才): 재주가 없음. *무능(無能): ①재능이 없음. ②무엇을 할 능력이 없음. =무능력(無能力). *재주: 순우리말로, 무엇을 잘할 수 있는, 타고난 능력과 슬기. *능력(能力): 어떤 일을 해낼 수 있는 힘.

무-재-아귀(無財餓鬼 없을 **무**/재물 **재**/주릴 **아**/귀신 **귀**) 재물(財物)이 없어 굶주리는 귀신(鬼神)이라는 뜻으로, 음식을 언제나 탐(貪. 어떤 것을 가지거나 차지하고 싶어 지나치게 욕심을 냄)하면서도 지극히 가난하여 먹지 못하는 사람을 비유적으로 이르는 말. *아귀(餓鬼): ①전생(前生. 이 세상에 태어나기 이전의 생애)에 지은 죄(罪)로 아귀도(餓鬼道)에 태어난 귀신(鬼神). 여기서, '아귀도(餓鬼道)'는 불교에서 이르는 삼악도(三惡道)의 하나이다. 이승(순우리말로, 지금 살고 있는 세상)에서 욕심꾸러기로 지낸 사람이 죽은 뒤에 태어나게 된다는 곳으로, 늘 굶주림과 목마름으로 괴로움을 겪는다고 함. 그런데 '삼악도(三惡道)'는 불교에서, 중생(衆生. 불교에서, 부처의 구제 대상이 되는, 이 세상의 모든 생물을 통틀어 이르는 말)이 악업(惡業)의 결과로 죽어서 가게 된다는 세 종류의 괴로운 세계. 즉, 지옥도(地獄道), 축생도(畜生道), 아귀도(餓鬼道)를 통틀어 일컫는 말. 여기서, '악업(惡業)'은 불교에서 이르는, 고과(苦果. 불교에서, 고뇌를 받는 과보·果報. 또는 악업·惡業의 과보·果報로 받는 고뇌. 여기서, '과보·果報'는 인과응보·因果應報의 준말)를 가져오는 원인이 되는 나쁜 짓. 또는 전생(前生. 이 세상에 태어나기 전의 세상)의 나쁜 짓. ↔선업(善業). ②염치(廉恥. 체면을 차릴 줄 알며 부끄러움을 아는 마음)없이 먹을 것이나 탐내는 사람을 욕(辱. 남의 인격을 무시하는 모욕적인 말. 또는 남을 저주하는 말)으로 이르는 말. *재물(財物): 부록 '재(財)' 참고. *주리다: 부록 '아(餓)' 참고.

무전-여행(無錢旅行 없을 **무**/돈 **전**/여행할 **여**/여행 **행**) 돈 없이 여행(旅行)하고 여행(旅行)한다는 뜻으로, 여비(旅費. 여행하는 데에 드는 비용) 없이 하는 여행(旅行). 즉, 여행(旅行)에 드는 비용을 가지지 아니하고, 길을 떠나 얻어먹으면서 다니는 여행(旅行)을 이르는 말. *무전(無錢): 돈이 없음. *여행(旅行): (일정 기간) 다른 고장이나 다른 나라에 가는 일.

무전-취식(無錢取食 없을 **무**/돈 **전**/취할 **취**/밥 **식**) 돈 없이 밥을 취(取)한다는 뜻으로, 음식 값을 낼 돈도 없이 남이 돈을 받고 파는 음식을 청해서 먹는 일. 곧, 값을 치를 돈도 없이, 남이 돈을 받고 파는 음식을 먹음을 이르는 말. *무전(無錢): ☞무전여행(無錢旅行). *취식(取食): ①밥을 먹음. ②남의 밥을 염치없이 먹음. 또는 그 일. *취하다(取~): 부록 '취(取)' 참고.

무정-세월(無情歲月 없을 **무**/정 **정**/세월 **세**/세월 **월**) 정(情) 없는 세월(歲月)과 세월(歲月)이라는 뜻으로,

덧없이 흘러가는 세월(歲月)을 이르는 말. *무정(無情): ①따뜻한 정(情)이 없이 쌀쌀맞고 인정이 없음. ②남의 사정에 아랑곳없음. *세월(歲月): ①흘러가는 시간. =광음(光陰). ②지내는 형편이나 사정 또는 재미. ③살아가는 세상.

무정-지-책(無情之責 없을 **무**/뜻 **정**/어조사 **지**/꾸짖을 **책**) (아무런) 뜻 없이 꾸짖는다는 뜻으로, 아무 까닭 없이 책망(責望. 잘못을 꾸짖거나 나무라며 못마땅하게 여김)함. 또는 아무 잘못도 없는 책망(責望)을 이르는 말. *무정(無情): ☞무정세월(無情歲月).

무-졸-지-장(無卒之將 없을 **무**/군사 **졸**/어조사 **지**/장수 **장**) 군사(軍士)가 없는 장수(將帥)라는 뜻으로, 거느릴 군졸(軍卒. 군대에서 장교의 지휘를 받는 군인)이 없는 장수(將帥)를 이르는 말. *군사(軍士): 부록 졸(卒) 참고. *장수(將帥): 부록 '장(將)' 참고.

무주-고총(無主古冢·塚 없을 **무**/주인 **주**/옛 **고**/무덤 **총**) 주인이 없는 옛 무덤이라는 뜻으로, 자손(子孫)이나 돌보는 이, 또는 거두어 주는 사람이 없는 옛 무덤을 이르는 말. *무주(無主): 임자가 없음. *고총(古冢·塚): 오래된 무덤.

무주-고혼(無主孤魂 없을 **무**/주인 **주**/외로울 **고**/넋 **혼**) 주인이 없는 외로운 넋이라는 뜻으로, 제사를 지낼 자손(子孫)이나 모셔줄 사람이 없어서 떠돌아다니는 외로운 혼령(魂靈. 죽은 사람의 넋)을 이르는 말. 圈 무사귀신(無祀鬼神). *무주(無主): ☞무주고총(無主古冢·塚). *고혼(孤魂): 의지할 곳 없는 외로운 넋. *넋: 부록 '혼(魂)' 참고.

무주-공산(無主空山 없을 **무**/주인 **주**/빌 **공**/뫼 **산**) 주인이 없는 빈 뫼('산'의 옛말)라는 뜻으로, ①임자 없는, 텅 비어 있는 산(山)을 이르는 말. ②인가(人家. 사람이 사는 집)도, 인기척(人~. 사람이 있음을 알 수 있게 내는 소리. 또는 사람이 있음을 짐작할 수 있을 만한 기미)도 전혀 없는 쓸쓸한 산(山)을 이르는 말. 圈 육리청산(陸里靑山). 적막공산(寂寞空山). *무주(無主): ☞무주고총(無主古冢). *공산(空山): 사람이 없는 산중(山中).

무주-공처(無主空處 없을 **무**/주인 **주**/빌 **공**/곳 **처**) 주인이 없어 비어 있는 곳이라는 뜻으로, 임자 없는 빈 곳을 이르는 말. *무주(無主): ☞무주고총(無主古冢). *공처(空處): ①임자 없는 빈 땅. ②빈 땅. 또는 빈 터.

무-중-생유(無中生有 없을 **무**/가운데 **중**/생길 **생**/있을 **유**) 없는 가운데 있거나 (존재함을) 생기게 (한다). 즉, 억지로 일을 만들어 낸다는 뜻으로, 중국의 고대 병법(兵法)인 삼십육계(三十六計)의 제7계로, 무(無)에서 유(有)를 창조하는 계책(計策. 어떤 일을 이루기 위하여 꾀나 방법을 생각해 냄. 또는 그 꾀나 방법)을 이르는 말. 적(敵)을 미혹(迷惑. 마음이 흐려서 무엇에 홀림. 또는 정신이 헷갈려 갈팡질팡 헤맴)시키는 허상(虛像. 실제 없는 것이 있는 것처럼 나타나 보이거나, 실제와는 다른 것으로 드러나 보이는 모습)을 만들어 적(敵)을 속이는 계책(計策)을 말한다. *생유(生有): 불교에서 이르는 사유(四有)의 하나. 모태(母胎. 어미의 태·胎 안)에 의탁하여 처음으로 생을 받는 순간을 일컫는다. 여기서, '사유(四有)'는 불교에서, 중생(衆生. 불교에서, 부처의 구제 대상이 되는, 이 세상의 모든 생물을 통틀어 이르는 말)이 나서 죽고 다시 태어날 때까지의 1기(期)를 넷으로 나눈 것. 곧, 생유(生有. 위 참고), 본유(本有. 나면서부터 죽을 때까지의 몸), 사유(死有. 중생·衆生이 속세·俗世에서 살다가 수명이 다하여 막 죽으려고 하는 찰나), 중유(中有. 사람이 죽어서 다음 생을 받을 때까지의 중간 존재)를 통틀어 이르는 말. 이 사자성어의 유래는 다음과 같다. 『삼십육계(三十六計)』의 「제7계」 편(篇)에 〈서기 756년에 당(唐)나라의 무장(武將)인 안녹산(安祿山. 사람 이름)이 난(亂. '난리·亂離'의 준말. 전쟁이나 재변·災變 따위로 세상이 어지러워진 상태. 또는 그러한 전쟁이나 재변·災變)을 일으켰다. 옹구(雍丘. 땅 이름)의 현령(縣令. 벼슬 이름)인 영호조(令狐潮 사람 이름)는 반군(叛軍. 반란을 일으킨 군대)에 투항(投降. 적에게 항복함)했다. 반면에 진원현(眞源顯. 땅 이름)의 현령(縣令)인 장순(張巡 사람 이름)은 1천여 장사(壯士. 몸이 우람하고 힘이 아주 센 사람)들을 모집하여 옹구성(雍丘城)을 탈환(奪還)했다. 그때 영호조(令狐潮)는 4만의 반군(叛軍)을 거느리고 옹구성(雍丘城)을 공격했다. 장순(張巡)은 2천명 밖에 안 되는 군사를 데리고 필사적으로 저항하면서, 반란군(反·叛亂軍. 정부나 지배자에게 반항하여 내란을 일으키는 군대)의 접근을 차단하기 위해 많은 화살을 사용했다. 결국 화살이 다 떨어지고 말았다. 장순(張巡)은 즉시 허수아비 천 개를 만들어 검은 옷을 입힌 다음, 새벽에 북을 울리고 함성을 지르며 허수아비를 성벽(城壁)에 매달았다. 반란군은 장순(張巡)의 군대가 줄을 타고 성벽(城壁)을 내려와 기습(奇襲. 적이 생각지 않았던 때에, 갑자기 들이쳐 공격함. 또는 그런 공격)하려는 것으로 착각하고 화살을 발사했다. 화살은 허수아비 몸에 고슴도치처럼 꽂혔다. 장순(張巡)의 군대는 이렇게 해서 많은 화살을 벌어들였다. 이어, 장순(張巡)은 새벽에 진짜 병사들을 내려 보냈다. 또 허수아비로 화살을 빼앗으려는 것으로 착각한 영호조(令狐潮)의 군대는 화살을 쏘지 아니 하였다. 그 사이 500여 명의 정예(精銳. 썩 날래고 용맹스러움. 또는 그런 군사) 부대(部隊)가 순식간에 성벽(城壁)을 내려와 반란군을 기습했다.〉 이처럼 허상(虛像)을 만들어 미혹(迷惑)시키는 계책(計策. 어떤 일을 이루기 위하여 꾀나 방법을 생각해 냄. 또는 그 꾀나 방법)을 '무중생유(無中生有)'라고 한다. 이 계책(計策)은 적군 지휘관의 기질을 잘 파악하고 이용하여야 한다. 즉, 두뇌가 단순한 사람이나 지나치게 신중한 사람일 경우에, 이 계책(計策)이 먹히기 쉽다. 단순한 사람은 쉽게 믿고, 신중한 사람은 쉽게 움직이지 않기 때문이다. 하지만, 이런 기만전술(欺瞞戰術. 상대편을 속이기 위하여 거짓으로 꾸민 전술)은, 같은 적(敵)에게 두 번 사용할 수 없는 방법이다. 그런데 이 전술의 철학적 토대는 노자(老子. 중국 춘추전국시대·春秋戰國時代의 사상가·思想家이며, 도가·道家의 시조·始祖)의 『도덕경(道德經)』이다. "천하의 모든 존재는 유(有)에서 나오지만, 그 유(有)는 결국 무(無)에서 나오는 것이다.(天下萬物生於有, **有生於無**.)"라는 구절이 나온다. '그 유(有)는 결국 무(無)에서 나오는 것이다.(有生於無)'에서, '유생어무(有生於無)'가 유래했다. 이것은 '무중생유(無中生有)'와 같은 뜻이다. 세상에 존재한 모든 사물은 결국 '없음'에서 시작되었다는 것이다. 여기서, '無中生有'가 유래하였는데, 이것을 직역(直譯)하면, 없는 가운데 있거나 (존재함을) 생기게 (한다는) 뜻으로, 중국의 고대 병법(兵法)인 삼십육계(三十六計)의 제7계로, 무(無)에서 유(有)를 창조하는 계책(計策)을 이르는 말. 적(敵)을 미혹(迷惑. 마음이 흐려서 무엇에 홀림. 또는 정신이 헷갈려 갈팡질팡 헤맴)시키는 허상(虛像)을 만들어 적(敵)을 속이는 계책(計策)을 말한다. 참고로, 원문의 '天下萬物生於有'에서, '天'은 하늘 '천'으로 읽고, '下'는 아래 '하'로 읽는다. '天下'는 온 세상. '萬'은 일만 '만'으로 읽고, '物'은 물건 '물'로 읽는다. '萬物'은 세상에 있는 모든 것. '生'은 날 '생', 생길 '생'으로 읽고, '於'는 어조사 '어'로 읽는다. '~에', '~에서(위치)'의 뜻을 나타냄. '有'는 있을 '유'로 읽는다. '天下萬物生於有'를 직역(直譯)하면, 천하(天下)의 만물(萬物. 온갖 물건 또는 세상에 있는 모든 것)은 유(有)에서 나오지만, '有生於無'에서, '無'는 없을 '무'로 읽는다. '有生於無'를 직역(直譯)하면, 유(有)는 무(無)에서 나온다. 거짓 모습으로 적을 속이지만 끝까지 속이는 것이 아니다. 허(虛)에서 실(實)로 변하여 적(敵)을 착각시키는 것이고, 크고 작은 거짓 모습으로 참 모습을 가려 숨기는 것이다. 없는 것을 있는 것처럼 보여 주는 것을 속이는 것이라고 한다. 속이는 것은 오래 가지 않는다. 언젠가는 적(敵)에게 탄로(綻露. 비밀 따위가 드러남. 또는 비밀 따위를 드러냄)되는 것이므로 무(無)의 상태를 처음부터 그대로 두어서는 안 된다. 유(有)의 상태로 바꾸는 것, 이것이 가짜에서 진짜로, 허(虛)에서 실(實)로 바뀌는 책략(策略. 어떤 일을 꾸미고 이루어 나가는 교묘한 방법)이다. 무(無)로서 적(敵)을 이길 수 없지만, 유(有)로 바뀌면 적(敵)을 이길 수 있다. 이렇게 무(無)에서 유(有)를 창조하는 전략(戰略. 전쟁을 전반적으로 이끌어가는 방법·方法이나 책략·策略을 이르는 말. 전술·戰術보다 상위의 개념이다)을 '무중생유(無中生有) 전략'이라고 한다. 무(無)에서 유(有)를 창조하라[生]. 이 세상에서 원래부터 존재하는 것은 없다. 불가능할 것 같은 상황 속에서도 반드시 길은 있다. 없다고 주저앉지 말고 신념을 가지고 방법을 찾으면 길이 보일 것이다. 이것이 '무중생유(無中生有)'가 우리에게 주는 교훈(敎訓. 앞으로의 행동이나 생활에 지침이 될 만한 것을 가르치는 일. 또는 그런 가르침)이다.

무지-막-식(無知莫識 없을 **무**/알 **지**/없을 **막**/알 **식**) 圈 아는 (것이) 없고, 아는 (것이) 없다는 뜻으로, 아무런 지식(知識)이나 식견(識見. 학식·學識과 견문·見聞이라는 뜻으로, 사물을 분별할 수 있는 능력을 이르는 말)이 없음을 이르는 말. *무지(無知): ①아는 것이 없음. ②미련하고 우악스러움(愚惡~. 어리석고 포악한 데가 있음)을 이르는 말.

무지-막-지(無知莫知 없을 **무**/알 **지**/없을 **막**/알 **지**) 아는 (것이) 없고, 아는 (것이) 없다. 즉, 무식(無識)하고 막돼먹었다는 뜻으로, ①하는 짓이 몹시 무지(無知)하고 상스러우며 포악(暴惡. 사납고 악함)함을 이르는 말. ②물건 따위가 지나치게 큼을 이르는 말. *무지(無知): ☞무지막식(無知莫識).

무지-망-작(無知妄作 없을 **무**/알 **지**/망령될 **망**/행할 **작**) 아는 (것이) 없이 망령(妄靈)되게 행(行)한다는 뜻으로, 아무것도 몰라 마구 덤벙거림을 이르는 말. *무지(無知): ☞무지막식(無知莫識). *망령되다(妄靈~): 부록 '망(妄)' 참고. *행하다(行~): (작정한 대로) 하여 나가다.

무지-몰각(無知沒覺 없을 **무**/알 **지**/없을 **몰**/깨달을 **각**) 아는 (것도) 없고 깨달음도 없다. 즉, 무식(無識)하고 지각(知覺. 알아서 깨달음. 또는 그런 능력)이 없다는 뜻으로, 지각(知覺)이나 상식(常識)이 도무지 없음을 이르는 말. 또는 상식이나 깨달아 아는 바가 없음을 이르는 말. *무지(無知): ☞무지막식(無知莫識). *몰각(沒覺): =무지몰각(無知沒覺).

무지-몽매(無知蒙昧 없을 **무**/알 **지**/어리석을 **몽**/어두울 **매**) 아는 (것도) 없이 어리석고 어둡다는 뜻으로, 세상 물정(物情. 세상의 이러저러한 실정이나 형편)에 대해서 아는 것이 없고 사리(事理. 일의 이치)에 어두움을 이르는 말. *무지(無知): ☞무지막식(無知莫識). *몽매(蒙昧): 사리에 어둡고 어리석음.

무지-무지(無知無知 없을 **무**/알 **지**/없을 **무**/알 **지**) 圐 아는 것도 없고 아는 것도 없다(알지 못하고 알지 못한다)는 뜻으로, ①몹시 놀랄 만큼 엄청나거나 대단히. ②몹시 거칠고 우악스럽게(愚惡~. 어리석고 포악한 데가 있게). *무지(無知): ☞무지막식(無知莫識).

무지-문맹(無知文盲 없을 **무**/알 **지**/글월 **문**/소경 **맹**) 아는 것도 없고 글월도 소경이라는 뜻으로, 아는 것도 없고 글도 모름. 또는 그런 사람을 이르는 말. *무지(無知): ☞무지막식(無知莫識). *문맹(文盲): ①무식하여 글을 읽지도 쓰지도 못하는 일. ②=문맹자(文盲者). 즉, 글을 모르는 사람. *소경: 부록

‘맹(盲)’ 참고.

무진-무궁(無盡無窮 없을 **무**/다할 **진**/없을 **무**/막힐 **궁**) 다함이 없고 막힘이 없다는 뜻으로, 끝이 없고 다함이 없음을 이르는 말. =무궁무진(無窮無盡). *무진(無盡): ①다함이 없음. 또는 한량(限量. 한도를 정한 분량)이 없음. ②=무궁무진(無窮無盡). 즉, 끝이 없고 다함이 없음. *무궁(無窮): 끝이 없음. 한(限)이 없음. *다하다: 부록 ‘진(盡)’ 참고. *막히다: ‘막다’의 피동. 막음을 당하다.

무-처-가고(無處可考 없을 **무**/곳 **처**/가히 **가**/상고할 **고**) 가(可)히 상고(相考)할 곳이 없다는 뜻으로, 서로 견주어서 볼 만한 곳이 없음을 이르는 말. =무타가계(無他可稽). *가고(可考): ①참고할 만함. ②생각해 볼 만함. *가히(可~): ‘능히’, ‘넉넉히’의 뜻. *상고하다(相考~): 부록 ‘고(考)’ 참고.

무-처-부당(無處不當 없을 **무**/처리할 **처**/아닐 **부**/마땅할 **당**) (무슨 일이든지) 처리함에 (있어서) 당하지(해내지) 못할 (것이) 없다는 뜻으로, 무슨 일이든지 감당(堪當. 일 따위를 맡아서 능히 해냄) 못할 것이 없음을 이르는 말. 즉, 능력이 뛰어나 무엇이든지 감당할 수 있다는 의미이다. *부당(不當): 도리(道理. 사람이 마땅히 지켜야 할 바른 길)에 벗어나서 정당하지 않음. 또는 사리(事理. 일의 이치)에 맞지 않음. *처리하다(處理~): ①(사무나 사건을) 정리하여 치우거나 마무리를 짓다. ②(어떤 결과를 얻으려고) 화학적, 물리적 작용을 일으키다.

무-천-매-귀(貿賤賣貴 몰아살 **무**/값쌀 **천**/팔 **매**/귀할 **귀**) 값쌀 (때) 몰아사서 귀(貴)할 (때) 판다는 뜻으로, 싼값에 사서 비싸게 팖을 이르는 말. *몰아사다: 한데 몰아서 사다.

무-축-단헌(無祝單獻 없을 **무**/축문 **축**/홑 **단**/드릴 **헌**) 축문(祝文)이 없이 홑으로(한번만) 드린다는 뜻으로, 제사(祭祀) 지낼 때 축문(祝文)은 읽지 아니하고 술만 한 잔 올림을 이르는 말. *단헌(單獻): 명절이나, 차례를 지낼 때, 또는 발인제(發靷祭), 반혼제(返魂祭), 고유제(告由祭) 때, 술을 한 번 올리는 일. 여기서, ‘발인제(發靷祭)’는 상여가 집을 떠날 때, 상여 앞에서 지내는 제사. ‘반혼제(返魂祭)’는 장사 지낸 뒤에 신주(神主)를 모셔 집으로 돌아올 때 지내는 제사. ‘고유제(告由祭)’는 중대한 일을 치른 뒤에 그 내용을 적어서 사당(祠堂. 신주·神主를 모신 집. 또는 신주·神主를 모시기 위하여 집처럼 자그마하게 만든 것)이나 신명(神明. 하늘과 땅의 신령)에게 알리는 제사. *축문(祝文): 제사 때, 신명(神明. 하늘과 땅의 신령)에게 읽어 고하는(告~. 아뢰는, 알리는, 말하는) 글.

무탈-허출(無頉許出 없을 **무**/탈 **탈**/허락할 **허**/날 **출**) 탈이 없으므로 나가는 (것을) 허락(許諾)한다는 뜻으로, 결함(缺陷. 부족하거나 완전하지 못하여 흠이 되는 부분)이 없으므로 관청(官廳)에 근무하는 것을 허락(許諾)함을 이르는 말. *무탈(無頉): ①병(病)이나 변고(變故. 갑작스러운 재앙이나 사고)가 없음. ②까다롭거나 스스럼(부끄러움을 타거나 낯을 가림)이 없음. ③탈을 잡힐 데가 없음. *허출(許出): 圈 예전에, 출근하여 일 보는 것을 허가하던 일. *탈(頉): 부록 ‘탈(頉)’ 참고.

무편-무-당(無偏無黨 없을 **무**/치우칠 **편**/없을 **무**/치우칠 **당**) 치우침이 없고 치우침이 없다는 뜻으로, 어느 한쪽으로 기울거나 치우치지 아니하고 아주 공평(公平. 어느 쪽으로도 치우치지 않고 고름)함. 또는 아주 공평(公平)하여 어느 한쪽으로 치우치지 아니함을 이르는 말. =불편부당(不偏不黨). *무편(無偏): 한쪽으로 치우침이 없음. *치우치다: 부록 ‘편(偏)’ 참고.

무풍-지대(無風地帶 없을 **무**/바람 **풍**/땅 **지**/띠 **대**) 바람이 없는 띠의 땅. 즉, 지대(地帶)라는 뜻으로, ①바람이 불지 아니하는 지역(地域)을 이르는 말. ②다른 곳의 재난(災難. 뜻밖에 일어난 재앙과 고난)이나 번거로움이 미치지 아니하는, 평화롭고 안전한 곳을 비유적으로 이르는 말. *무풍(無風): ①바람이 없음. 또는 기상 관측에서 풍속(風速)이 0~0.2미터(meter)의, 연기가 곧바로 올라가는 상태를 말함. ②다른 곳의 재난(災難)이 미치지 않아 평온함. *지대(地帶): ①(자연적 또는 인위적으로) 한정된 일정한 구역. ②자연 조건이 띠 모양을 이룬 지역. *띠: 부록 '대(帶)' 참고.

무학-무식(無學無識 없을 **무**/배울 **학**/없을 **무**/알 **식**) 배운 것이 없고, 아는 것이 없음을 일컫는 말. *무학(無學): 배운 것이 없음. *무식(無識): 학식(學識)이나 식견(識見. 학식·學識과 견문·見聞이라는 뜻으로, 사물을 분별할 수 있는 능력을 이르는 말)이 없음.

무학-문맹(無學文盲 없을 **무**/배울 **학**/글월 **문**/소경 **맹**) 배움이 없어 글월이 소경이라는 뜻으로, 배우지 못하여 글을 읽지 못함, 또는 그런 사람을 이르는 말. *무학(無學): ☞무학무식(無學無識). *문맹(文盲): ①무식(無識)하여 글을 읽지도 쓰지도 못하는 일. ②=문맹자(文盲者). 즉, 글을 모르는 사람. *소경: 부록 '맹(盲)' 참고.

무해-무-득(無害無得 없을 **무**/손해 **해**/없을 **무**/득 볼 **득**) 손해(損害)도 없고 득(得) 볼 (것도) 없다는 뜻으로, 손해도 없고 이득도 없음. 또는 해로울 것도 이로울 것도 없음을 이르는 말. 囲 무득무실(無得無失). *무해(無害): 해(害)가 없음. *득(得) 보다: 소득이나 이득을 보다.

무혈-입성(無血入城 없을 **무**/피 **혈**/들 **입**/성 **성**) 피 없이(피를 흘리지 않고) 성(城)에 들어간다는 뜻으로, 피를 흘려 싸우지 아니하고 성(城)을 점령(占領. 일정한 땅이나 대상을 차지하여 자기 것으로 함. 또는 다른 나라의 영토를 무력으로 빼앗아 자기 나라의 지배 아래 둠)하여 들어감을 이르는 말. *무혈(無血): 피를 흘리지 않음. 또는 싸우지 아니함. *입성(入城): ①성 안으로 들어감. ②싸움에서 이겨 점령지(占領地. 점령한 지역)에 진주(進駐. 남의 나라 영토에 군대가 적을 치러 나아가 머무름)함. *들다: 부록 입(入) 참고. *성(城): (적의 공격을 막기 위해) 높이 쌓은 큰 담이나 구조물.

무형-무-적(無形無迹 없을 **무**/형상 **형**/없을 **무**/자취 **적**) 형상(形象)도 자취도 없다는 뜻으로, 아무리 찾아보아도 아무 형태도 없고 흔적도 없음을 이르는 말. *무형(無形): 형체(形體)가 없음. 또는 형상(形象)으로 나타나지 않음. *형상(形象): 부록 '형(形)' 참고. 그런데 여기서, '형상(形象)'은 '형상(形像)', '형상(形狀)'과 같은 뜻이다. *자취: 순우리말로, 부록 '적(迹)' 참고.

무-훼-무-예(無毀無譽 없을 **무**/비방할 **훼**/없을 **무**/기릴 **예**) 비방(誹謗)할 것도 없고 기릴 것도 없다는 뜻으로, 남을 헐뜯는 일이나 훼방(毁謗. 남을 헐어서 비방함. 또는 남의 일을 방해함)할 일도 없으며 칭찬(稱讚)도 없음을 이르는 말. *비방하다(誹謗~): 남을 나쁘게 말하다. 또는 남을 헐뜯고 욕하다. *기리다: 부록 '예(譽)' 참고.

묵묵-무언(默默無言 말없을 **묵**/말없을 **묵**/없을 **무**/말씀 **언**) 말없고 말없는 (가운데) 말[言]이 없다는 뜻으로, 입을 다문 채 말[言]이 없음을 이르는 말. *묵묵(默默): 말없이 잠잠함. *무언(無言): 말이 없음.

묵묵-부답(默默不答 말없을 **묵**/말없을 **묵**/아닐 **부**/대답 **답**) 말없고 말없는 (가운데) 대답(對答)도 아니한다. 즉, 말없이 대답(對答)도 아니한다는 뜻으로, 입을 다문 채 아무 대답도 하지 않음. 또는 잠자코 아무 대답(對答)도 하지 않음을 이르는 말. *묵묵(默默): ☞묵묵무언(默默無言). *부답(不答): 대답하지 아니함. *대답(對答): ①묻는 말에 자기의 뜻을 나타냄. 또는 나타내는 그 말. ②부름에 응함. 또는 응하는 그 말.

묵색-임리(墨色淋漓 먹 **묵**/빛 **색**/물방울 떨어질 **임**/물 스밀 **리**) 먹[墨]의 빛에 물방울이 떨어져 물이 스민다는 뜻으로, ①그림이나 글씨의 먹빛에 윤기(潤氣. 반질반질하고 매끄러운 기운)가 있음을 이르는 말. ②호기(豪氣. 씩씩한 기상. 또는 호방한 기상) 있게 잘된 서화(書畵. 글씨와 그림)를 칭송(稱頌. 공덕・功德 따위를 칭찬하여 일컬음. 또는 그런 말)하여 이르는 말. 즉, 잘 쓴 글씨나 잘 그린 그림을 높이 평할 때 쓰는 말이다. *묵색(墨色): 먹물의 빛깔과 같이 검은색. *임리(淋漓): 피, 땀, 물 따위가 흥건하게 흐르거나 뚝뚝 떨어지는 모양.

묵색-창윤(墨色蒼潤 먹 **묵**/빛 **색**/푸를 **창**/윤택할 **윤**) 먹[墨]의 빛이 푸르고 윤택(潤澤)하다는 뜻으로, 붓으로 쓴 글씨나 묵화(墨畵. 먹으로 그린 동양화)의 먹빛이 썩 좋음. 즉, 그림이나 글씨의 먹빛이 썩 좋아, 예술적인 아름다움이 있음을 이르는 말. 여기서 '동양화(東洋畵)'는 한국, 중국, 일본 등지(等地. 땅의 이름 뒤에 쓰이어, 앞에 말한 '그러한 곳들'의 뜻을 나타내는 말)에서 발달한 독특한 화풍(畵風. 그림의 경향. 또는 그 특징)과 화법(畵法. 그림 그리는 방법)의 그림을 이르는 말. 주로 먹을 사용하며, 화선지(畵宣紙. 종이의 일종)나 비단(緋緞)에 산수(山水), 사군자(四君子) 따위를 제재(題材. 예술 작품이나 학술 연구 따위에서 주제의 재료가 되는 것)로 하여 그린 것이다. *묵색(墨色): ☞묵색임리(墨色淋漓). *창윤(蒼潤): 푸르고 물기가 촉촉함. *윤택하다(潤澤~): 부록 '윤(潤)' 참고.

묵연-부답(默然不答 말없을 **묵**/그러할 **연**/아닐 **부**/대답할 **답**) 말없이 그러하게 대답(對答)하지 아니한다는 뜻으로, 아무 말 없이 잠잠히 있을 뿐 대답이 없음을 이르는 말. *묵연(默然): 잠잠히 말이 없음. *부답(不答): 대답하지 않음. *대답하다(對答~): 부록 '답(答)' 참고.

묵자-비염(墨子悲染 먹 **묵**/경칭 **자**/슬플 **비**/물들일 **염**) 묵자(墨子. 사람 이름)가 (흰 실을 검게) 물들이는 것을 (보고) 슬퍼한다는 뜻으로, 즉, 좋은 성품이 환경에 따라 변하는 것을 슬퍼한다는 의미다. 따라서 사람은 습관(習慣)에 따라 그 성품의 좋고 나쁨이 결정됨을 비유적으로 이르는 말. 또는 습관(習慣)을 어떻게 들이느냐에 따라 사람의 성품과 인생의 승패(勝敗)가 결정된다는 것을 비유적으로 이르는 말. 묵자(墨子. 사람 이름)는 평소의 사소한 행실이 습관이 되어 병폐(病弊. 오랜 세월을 지나는 동안에, 그 사물의 내부에 생긴 폐해)로 굳어지면 작게는 망신(亡身. 말이나 행동을 잘못하여 자신의 체면이나 명예 따위를 손상되게 함)을 당하고, 크게는 목숨을 잃거나 나라를 망치지만, 반대로 좋은 행실이 습관이 되면 영화(榮華. 권력과 부귀를 마음껏 누리는 일)를 보게 된다고 생각했다. *묵자(墨子): 중국 춘추전국시대(春秋戰國時代)의 사상가(思想家)이며 철학자(哲學者). 묵가(墨家)의 시조(始祖). *경칭(敬稱): 공경하는 뜻으로 부르는 칭호. 또는 존대하여 일컬음. 이 사자성어의 유래는 다음과 같다. 『묵자(墨子)』의 「소염(所染)」 편(篇)에 〈어느 날 묵자(墨子)가 실을 물들이는 사람을 보고 탄식하며 말했다. "푸른색으로 물들이면 푸르게 되고, 노란색으로 물들이면 노랗게 되는구나. 이렇게 들어가는 색깔에 따라 빛깔도 변하여, 다섯 번 들어가면 다섯 가지 색이 되니, 물들이는 일이란 참으로 신중하지 않으면 안 되겠구나."(**見染絲者而歎曰**, 染於蒼則蒼, 染於黃則黃, 所入者變, 其色亦變, 五入必, 而已則爲五色矣, 故染不可不愼也)〉라는 이야기가 나오는데, '어느 날 묵자(墨子)가 실을 물들이는 사람을 보고 탄식하며 말했다.(見染絲者而歎曰)'에서, '묵자비염(墨子悲染)'이 유래했다. [묵자(墨子)는 이어 "실을 물들이는 것만 그런 게 아니라, 나라 역시 물들임이 있는 것이다."라고 말하며, 물들이는 일이 결코 실에만 국한되는 일이 아님을 지적하고 있다. 나라도 물들이는 방법에 따라 흥하기도 하고, 망하기도 한다면서, 인의(仁義.

어질고 의로움)로써 통치한 네 명의 제왕(帝王)과 불의(不義. 옳지 아니한 일. 또는 사람의 도리에서
벗어난 일)로써 통치한 네 명의 제왕(帝王)을 예로 들어 설명했다. 옛날 순(舜)임금은 허유(許由. 사람
이름)와 백양(伯陽. 사람 이름)에 물들었고, 우(禹)임금은 고요(皐陶. 사람 이름. '陶'는 원래 질그릇 '도'
로 읽으나, 여기서는 순 임금 신하 '요'로 읽음)와 백익(伯益. 사람 이름)에 물들었으며, 탕왕(湯王)은
이윤(伊尹. 사람 이름)과 중훼(仲虺. 사람 이름)에 물들었고, 무왕(武王)은 태공망(太公望. 사람 이름)과
주공(周公. 사람 이름)에 물들었다. 이 네 사람은 마땅히 물들 데에 물들었으므로 천하의 제왕(帝王)이
되었으며, 천자(天子)에 올랐고 공명(功名. 공을 세워 널리 알려진 이름)은 천지를 뒤덮었다. 여기서,
'천자(天子)'는 천제(天帝. 하늘을 다스리는 신. 또는 우주를 창조하고 주재한다고 믿어지는 초자연적인
절대자)의 아들이란 뜻으로, 천명(天命. 하늘의 명령)을 받아 천하(天下)를 다스리는 사람, 곧 중국에서
황제(皇帝)를 일컫던 말이다. 그러므로 천하에 인의(仁義)를 실현한 사람을 볼 때, 반드시 이 네 제왕(帝
王)을 말한다. 그런데 하(夏)나라의 걸왕(桀王)은 간신(幹辛. 사람 이름)과 추치(推哆. 사람 이름)에 물들
었고, 은(殷)나라 주왕(紂王)은 숭후(崇侯. 사람 이름)와 악래(惡來. 사람 이름)에 물들었으며, 주(周)나라
여왕(厲王)은 여공장보(厲公長父. 사람 이름. '父'는 원래 아비 '부'로 읽으나, 여기서는 남자 미칭·美稱
'보'로 읽음)와 영이종(榮夷終. 사람 이름)에 물들었고, 주(周)나라의 유왕(幽王)은 부공이(傅公夷. 사람
이름)와 채공곡(蔡公穀. 사람 이름)에 물들었다. 이 네 왕은 물들지 않을 데에 물들었으므로 나라를
잃고 그 몸은 죽임을 당했으며, 천하에 살육(殺戮. 많은 사람을 마구 죽임)을 당했다. 그러므로 천하에
불의(不義)를 행하고 악명(惡名. 악하기로 소문난 이름)을 떨친 사람을 들 때는 반드시 이 네 왕을 말한
다.] 여기서, 인의(仁義)로써 통치한 네 명의 제왕(帝王)을 물들게 한 인물을 소개하면 다음과 같다.
순(舜)임금을 물들게 한 '허유(許由)'는 요(堯)임금의 양위(讓位. 임금의 자리를 물려줌)를 거절하고 은둔
한 고대(古代)의 성인(聖人. 지혜와 덕이 매우 뛰어나 길이 우러러 본받을 만한 사람)이고, '백양(伯陽)'은
고대(古代)의 현인(賢人)으로 순(舜)임금의 일곱 친구 중의 하나이다. 우(禹)임금을 물들게 한 '고요(皐
陶)'는 순(舜)임금과 우(禹)임금 시대에 요즘의 법무장관 같은 직책으로 공정한 법관(法官.분쟁이나 이해
의 대립을 법률적으로 해결하고 조정하는 권한을 가진 사람)의 대명사가 되었고, '백익(伯益)'은 우(禹)임
금을 도와 치수(治水. 홍수나 가뭄의 피해를 막기 위해 수리 시설을 하여 물길을 바로잡음)를 성공시킨
사람이다. 탕왕(湯王)을 물들게 한 '이윤(伊尹)'은 원래 걸왕(桀王)의 선관(膳官. 궁궐의 주방을 맡은 관
리)이었으나, 충간(忠諫. 충성으로 간하는 말)을 듣지 않는 걸왕(桀王)을 버리고 탕왕(湯王)을 섬겨 하
(夏)나라를 멸망시키고 상(商)나라 창업(創業. 나라나 왕조 따위를 처음으로 세움)의 일등공신(一等功臣.
어떤 일에 대하여 공적이 가장 뛰어나거나 훌륭한 인물)이 되었고, '중훼(仲虺)'는 탕왕(湯王)의 대신(大
臣. 군주 국가에서 '장관'을 이르는 사람)으로 이윤(伊尹)과 더불어 탕왕(湯王)을 보좌하여 대업(大業.
나라를 세우는 큰 사업)을 이루게 했다. 무왕(武王)을 물들게 한 '태공망(太公望)'은 주(周)나라 문왕(文
王)에 의해 발탁(拔擢. 여러 사람 가운데서 쓸 사람을 뽑음)된 후 무왕(武王)을 보좌하여 폭군(暴君.
사납고 악한 임금)인 은(殷)나라 주왕(紂王)을 멸(滅)한 주(周)나라의 창업(創業) 공신(功臣. 나라에 공로
가 있는 신하)이고, '주공(周公)'은 무왕(武王) 사후(死後. 죽은 뒤) 어린 조카 성왕(成王)을 보좌하여 주
(周)나라를 반석(盤石. 사물, 사상, 기틀 따위가 아주 견고함을 비유적으로 이르는 말) 위에 올려 놓은
공신(功臣)이다. 반대로 불의(不義)로써 통치한 네 명의 제왕(帝王)을 물들게 한 인물을 소개하면 다음과

같다. 하(夏)나라의 걸왕(桀王)을 물들게 한 '간신(幹辛)'과 '추치(推哆)'는 하(夏)나라의 걸왕(桀王)을 도와 갖은 악행(惡行)을 저지른 사람이다. 은(殷)나라 주왕(紂王)을 물들게 한 '숭후(崇侯)'는 서백(西伯)의 창(昌. <u>무왕의 아버지</u>)이 덕(德. <u>고매하고 너그러운 도덕적 품성</u>)을 쌓아 제후(諸侯)들의 존경을 받자, 은(殷)나라 주왕(紂王)에게 "그렇게 되면 왕에게 불리하다"고 고자질(告者~. <u>남의 잘못이나 비밀을 몰래 일러바치거나 헐뜯어 말하는 짓</u>)하여 서백(西伯)의 창(昌)을 옥(獄)에 가두게 만든 사람으로, 중국 역사상 최초의 밀고자(密告者. <u>남몰래 넌지시 일러바치는 사람</u>)로 평가되고, '악래(惡來)'는 은(殷)나라 주왕(紂王) 때의 대신(大臣)으로 정확한 사적(事績. <u>어떤 사람이 이루어 놓은 실적. =업적·業績</u>)은 전해지지 않으나, 주왕(紂王)을 도와 악행(惡行)을 저지른 사람으로 알려져 있다. 주(周)나라 여왕(厲王)을 물들게 한 '여공장보(厲公長父)'는 주(周)나라 여왕(厲王) 때의 악인(惡人)으로 국인폭동(國人暴動)의 주모자(主謀者. <u>우두머리가 되어 어떤 일이나 음모 따위를 주장하여 꾸미는 사람</u>)였다. 여기서 '국인폭동(國人暴動)'은 서주(西周) 시대 중국의 수도(首都)인 호경(鎬京)의 주변에서 일어난 반란(反·叛亂. <u>정부나 지배자에게 반항하여 내란을 일으킴</u>)을 일컫는 말이다. '국인(國人)'이란 서주(西周) 시대와 춘추(春秋) 시대의 수도(首都)에 사는 주민을 집합적으로 일컫는 말이며, 고대(古代)에 수도(首都)의 주민들은 귀족(貴族)이었기 때문에 이 사건은 귀족(貴族) 폭동(暴動)의 성격도 갖고 있었다. '영이종(榮夷終)'은 주(周)나라의 여왕(厲王)이 조정(朝廷. <u>임금이 나라의 정치를 신하들과 의논하거나 집행하는 곳. 또는 그런 기구</u>)의 재정을 확충하기 위해 경사(卿士. <u>관직 이름</u>)로 임용한 사람으로, 토지와 산림, 소택(沼澤. <u>늪과 못</u>) 따위의 관리권을 회수(回收)해 그 이익을 독점하려고 하다가 백성들의 반발(反撥)을 사 폭동을 야기(惹起. <u>무슨 일이나 사건 따위를 일으킴</u>)했다. 주(周)나라의 유왕(幽王)을 물들게 한 '부공이(傅公夷)'는 주(周)나라 유왕(幽王) 때의 상경(上卿. <u>관직 이름</u>)으로, 아부(阿附. <u>남의 환심을 사기 위하여 알랑거리며 붙좇음</u>)에 능했으며, 특히 유왕(幽王)의 총희(寵姬. <u>총애를 받는 여자</u>)인 포사(褒姒)를 웃게 만들기 위해 봉화(烽火. <u>변란이나 전쟁 따위를 알리기 위하여 높은 데에서 올리는 횃불</u>)를 올리게 하여 서주(西周)의 멸망을 촉진(促進)했고, '채공곡(蔡公穀)'은 주(周)나라 여왕(厲王) 때의 사도(司徒. <u>관직 이름</u>)로 악정(惡政. <u>국민을 괴롭히고 나라를 그르치는 나쁜 정치</u>)을 펼쳐 백성들의 원망(怨望. <u>남을 못마땅하게 여겨 탓하거나, 불평을 품고 미워함</u>)을 샀다. 참고로, 원문의 '見染絲者而歎曰'에서, '見'은 볼 '견'으로 읽고, '染'은 물들일 '염', 염색할 '염'으로 읽고, '絲'는 실 '사'로 읽고, '者'는 사람 '자'로 읽고, '而'는 말 이을 '이'로 읽는다. '그리고'의 뜻을 나타냄. '歎'은 탄식할 '탄'으로 읽는다. '見染絲者而歎曰'을 직역(直譯)하면, 실을 물들이는 사람을 보고 그리고 탄식하며 말하기를, '染於蒼則蒼'에서, '於'는 어조사 '어'로 읽는다. '~에', '~에서(<u>위치</u>)'의 뜻을 나타냄. '蒼'은 푸를 '창'으로 읽고, '則'은 곧 '즉'으로 읽는다. '染於蒼則蒼'을 직역(直譯)하면, 푸른색에 물들이면 곧 푸르게 되고, '染於黃則黃'에서, '黃'은 누를 '황'으로 읽는다. '染於黃則黃'을 직역(直譯)하면, 누른색에 물들이면 곧 누르게 된다. '所入者變'에서, '所'는 바(<u>앞에서 말한 내용 그 자체나 일 따위를 나타내는 말</u>) '소'로 읽고, '入'은 들(<u>밖에서 속이나 안으로 향해 감</u>) '입'으로 읽고, '者'는 것(<u>사물, 현상, 일 따위를 추상적으로 이르는 말</u>) '자'로 읽고, '變'는 변할 '변'으로 읽는다. '所入者變'을 직역(直譯)하면, 들어가는 바의 것이 변하면, '其色亦變'에서, '其'는 그(<u>지시하는 말</u>) '기'로 읽고, '色'은 색채 '색'으로 읽고, '亦'은 또 '역', 또한 '역'으로 읽는다. '其色亦變'을 직역(直譯)하면, 그 색채 또한 변하니, '五入必'에서, '五'는 다섯 '오'로 읽고, '必'은 반드시 '필'로 읽는다. '五入必'을 직역(直

譯)하면, 5번 들어가면 반드시, '而已則爲五色矣'에서, '已'는 이미(돌이킬 수 없이 된 지난 일을 일컬을 때 쓰는 말) '이'로 읽고, '爲'는 될 '위'로 읽고, '五'는 다섯 '오'로 읽고, '色'은 빛 '색', 빛깔 '색'으로 읽는다. '五色'은 다섯 가지의 빛깔. 곧 파랑, 노랑, 빨강, 하양, 검정을 일컫는다. '矣'는 어조사 '의'로 읽는다. '~이다(단정)'의 뜻을 나타냄. '而已則爲五色矣'을 직역(直譯)하면, 그리고 이미 곧 다섯 가지의 빛깔이 된다. '故染不可不愼也'에서 '故'는 그러므로 '고'로 읽고, '染'은 물들 '염', 염색할 '염'으로 읽고, '不'은 아닐(부정하는 말) '불'로 읽고, '可'는 가히(可~. 능히, 넉넉히의 뜻을 나타냄) '가'로 읽고, '愼'은 조심할 '신', 삼갈 '신'으로 읽고, '也'는 어조사 '야'로 읽는다. '~도다', '~이로구나(영탄)'의 뜻을 나타냄. '故染不可不愼也'를 직역(直譯)하면, 그러므로 물들이는 (일은) 삼가지 않으면 가히 할 수 없는 것이로구나. 즉, 물들이는 일이란 참으로 신중하지 않으면 안 되겠구나. 여기서, '墨子悲染'이 유래하였는데, 이것을 직역(直譯)하면, 묵자(墨子)가 물들이는 것을 슬퍼한다는 뜻으로, 사람은 습관(習慣)에 따라 그 성품의 좋고 나쁨이 결정됨을 비유적으로 이르는 말. 또는 습관(習慣)을 어떻게 들이느냐에 따라 사람의 성품과 인생의 승패(勝敗)가 결정된다는 것을 비유적으로 이르는 말이다. 묵자(墨子)는 「소염(所染)」에서 물들이는 일이 결코 실에만 국한되는 일이 아님을 지적했다. 평소에 사소하다고 생각되는 일일지라도 그것이 계속되면 습관화되어 생각과 태도가 길들여지는 것이므로, '묵자비염(墨子悲染)'은 나쁜 습관이 들지 않도록 경계(警戒. 범죄나 사고 따위의 좋지 않은 일이 일어나지 않도록 미리 마음을 가다듬어 조심함)하자는 말이다.

묵적-지-수(墨翟之守 먹 **묵**/꿩 **적**/어조사 **지**/지킬 **수**) 묵적(墨翟)의 지킴. 곧, 자기주장(自己主張. 본문 참고)을 굳게 지켜나가는 것을 비유(比·譬喩. 어떤 사물의 모양이나 상태 따위를 보다 효과적으로 표현하기 위하여 그것과 비슷한 다른 사물에 빗대어 표현함. 또는 그 표현 방법)하는 말. 또는 융통성(融通性)이 없이 자기 의견(意見)이나 주장(主張)을 고집하는 일에도 곧 잘 비유된다. *묵적(墨翟): 사람 이름. '묵자(墨子)'의 본명이다. 여기서, '묵자(墨子)'는 중국 춘추전국시대(春秋戰國時代)의 사상가(思想家)이며 철학자(哲學者). 묵가(墨家)의 시조(始祖). *꿩: 부록 '적(翟)' 참고.

문경-지-교(刎頸之交 목 자를 **문**/목 **경**/어조사 **지**/사귈 **교**) (친구를 위해) 목을 자르거나 목을 (쳐도) (후회하지 않을) 사귐이라는 뜻으로, 생사(生死)를 같이 할 수 있는 아주 가까운 사이, 또는 그런 친구를 비유적으로 이르는 말. 즉, 죽고살기를 같이할 사람이라는 말이다. =문경지우(刎頸之友). 비 관포지교(管鮑之交). *문경(刎頸): ①목을 벰. ②해고(解雇. 보수를 주기로 하고 남을 채용하여 부리는 고용주가 고용당한 사람을 내보냄) 또는 해직(解職. 공무원에게 직무의 담당을 면제하는 일. 또는 공무원을 그 직위에서 물러나게 함)을 비유적으로 이르는 말. 이 사자성어의 유래는 다음과 같다. 『사기(史記)』의 「염파인상여열전(廉頗藺相如列傳)」편(篇)에, ⟨이 말을 전해들은 염파(廉頗)는 웃옷을 벗고 가시나무 회초리를 등(사람이나 동물의 몸통에서 뒤쪽이나 위로 향한 쪽. 곧 가슴이나 배의 반대쪽)에 지고 인상여(藺相如)의 집 문 앞에 이르러 사죄(謝罪. 지은 죄나 잘못에 대하여 용서를 빎)했다. "비천(鄙賤. 지위나 신분이 낮고 천함)한 사람이 장군께서 이토록 관대할 줄을 알지 못했소." 두 사람은 마침내 화해(和解. 싸움하던 것을 멈추고 서로 가지고 있던 안 좋은 감정을 풀어 없앰)를 하고 문경지교(刎頸之交)를 맺었다.(廉頗聞之, 肉袒負荊 因賓客至藺相如門謝罪, 曰, 鄙賤之人, 不知將軍寬之至此也, 卒相與驩, **爲刎頸之交**.)⟩라는 이야기가 나오는데, '문경지교(刎頸之交)를 맺었다.(爲刎頸之交)'에서, '문경지교(刎頸之交)'가

 그리고 이 이야기에서 부형청죄(負荊請罪), 육단부형(肉袒負荊)도 유래했다. 이 이야기의 배경은 이렇다. 전국 시대, 조(趙)나라 혜문왕(惠文王) 때에는 인상여(藺相如)와 장군인 염파(廉頗)가 있어 강국(强國)인 진(秦)나라도 감히 조(趙)나라를 넘보지 못했다. 그때 인상여(藺相如)는 원래 혜문왕(惠文王)의 환자령(宦者令. 조·趙나라 출신으로 환관·宦官의 우두머리)인 무현(繆賢)의 사인(舍人. 벼슬 이름)에 불과(不過)했지만, 조(趙)나라와 진(秦)나라 사이의 화씨벽(和氏璧. 본문 '화씨지벽' 참고) 문제를 해결함으로써 일약(一躍. 부사·副詞로, 지위나 등급, 가격 따위가, 대번에 뛰어 오르는 모양) 상대부(上大夫. 벼슬 이름)에 오르게 되었다. 그로부터 3년 후, 진왕(秦王. 진나라의 왕)이 조왕(趙王. 조나라의 왕)에게 면지(澠池)에서 회동(會同. 같은 목적으로 여럿이 모임)을 요청했다. 여기서, '澠'은 고을 이름 면이다. 조왕(趙王)은 진(秦)나라가 두려워 회동(會同)에 응하고 싶지 않았으나, 염파(廉頗)와 인상여(藺相如)의 권고로 응하게 되었다. 면지(澠池)의 회동(會同) 이후 인상여(藺相如)가 염파(廉頗)의 윗자리에 오르자, 염파(廉頗)는 매우 불쾌했다. "나는 조(趙)나라의 장군으로 전쟁에 큰 공(功)이 있었다. 그런데 인상여(藺相如)는 겨우 입과 혀를 수고롭게 했을 뿐인데, 나보다 윗자리에 있다. 게다가 상여(相如)는 본래 천(賤)한 출신이다. 부끄러워 도저히 그의 밑에 있을 수 없다." 그리고 "인상여(藺相如)를 만나면 기필코 모욕(侮辱. 깔보고 욕보임)을 주고 말겠다."는 말을 공공연히 하고 다녔다. 이 말을 전해 들은 인상여(藺相如)는 염파(廉頗)와 마주치지 않으려고 했다. 인상여(藺相如)의 사인(舍人. 벼슬아치 이름)들은 불평을 쏟아 놓았다. "저희가 친지(親知. 서로 잘 알고 가깝게 지내는 사람)를 떠나 당신을 모시는 것은 당신의 높은 의기(義氣. 정의감에서 우러나오는 기개)를 흠모(欽慕. 기쁜 마음으로 공경하며 사모함)하기 때문입니다. 지금 당신은 염파(廉頗)와 동렬(同列. 같은 수준이나 위치)에 있으면서 염파(廉頗)가 나쁜 소리를 하고 다니는데, 그가 두려워 피해 숨으시며 심히 두려워하십니다. 이는 평범한 사람들도 부끄러워하는 일이거늘, 하물며 재상(宰相. 임금을 보필하며 모든 관원을 지휘, 감독하는 자리에 있는 이품·二品 이상의 벼슬을 통틀어 이르던 말)에 있어서이겠습니까? 저희는 불초(不肖. 못나고 어리석음)하여 떠날까 합니다." 인상여(藺相如)가 만류(挽留. 붙잡고 말림. 또는 못하게 말림)하며 이렇게 말했다. "생각해 보건대, 강한 진(秦)나라가 조(趙)나라를 공격하지 못하는 것은 우리 두 사람이 있기 때문이다. 지금 두 마리 호랑이가 싸우게 되면 형세로 보아 둘 다 무시할 수 없을 것이다. 내가 이렇게 하는 것은 국가의 급한 것을 앞세우고 사사로운 원한(怨恨. 억울하고 원통한 일을 당하여 응어리진 마음)을 뒤로 하기 때문이다" 이 말을 전해 들은 염파(廉頗)는 인상여(藺相如)의 진심을 알고 감동하여 그를 찾아갔던 것이다. 참고로, 원문의 '廉頗聞之'에서, '廉'은 청렴할 '렴(염)'으로 읽고, '頗'는 자못(생각보다 매우) '파'로 읽는다. '廉頗'는 사람 이름. 조(趙)나라 장수이다. '聞'은 들을 '문'으로 읽고, '之'는 어조사 '지'로 읽는다. '그것'을 나타내는 지시 대명사. '廉頗聞之'를 직역(直譯)하면, 염파(廉頗)가 그것을 듣고, '肉袒負荊'에서, '肉'은 몸 '육'으로 읽고, '袒'은 웃통 벗을 '단'으로 읽는다. '肉袒'은 복종, 항복, 사죄(謝罪. 지은 죄나 잘못에 대하여 용서를 빎)의 표시로 윗옷의 한쪽을 벗어 상체(上體. 신체의 윗부분)의 일부를 드러내는 일. '負'는 짐질 '부'로 읽고, '荊'은 가시 '형', 가시나무 '형'으로 읽는다. '負荊'은 스스로 가시나무를 짊어진다는 뜻으로, 사죄(謝罪. 지은 죄나 잘못에 대하여 용서를 빎)함을 이르는 말. 여기서 '肉袒負荊'이 유래하였는데, 그것을 직역(直譯)하면, 몸에 (걸친) 웃통을 벗고 가시나무를 진다(짊어진다)는 뜻으로, 이 매(가시나무)를 맞으면서 사죄(謝罪. 자신이 지은 죄에 대하여 용서를 빎)하겠다는 뜻을 이르는 말.

또는 잘못을 크게 뉘우친다는 뜻을 이르는 말. '因賓客至藺相如門謝罪'에서, '因'은 인할(因~. 어떤 사실로 말미암을) '인'으로 읽고, '賓'은 손 '빈', 손님 '빈'으로 읽고, '客'은 손 '객', 손님 '객'으로 읽는다. '賓客'은 귀한 손님. '至'는 이를(어떤 장소나 시간에 닿을) '지', 다다를 '지'로 읽고, '藺'은 골풀(골풀과의 여러해살이풀) '린(인)'으로 읽고, '相'은 서로 '상'으로 읽고, '如'는 같을 '여'로 읽는다. '藺相如'는 사람 이름. 조(趙)나라 재상(宰相. 벼슬 이름)이다. '門'은 문(門) '문'으로 읽고, '謝'는 (잘못을) 빌 '사', 사죄(謝罪. 지은 죄나 잘못에 대하여 용서를 빎)할 '사'로 읽고, '罪'는 허물 '죄', 죄(罪) '죄'로 읽는다. '謝罪'는 지은 죄나 잘못에 대하여 용서를 빎. '因賓客至藺相如門謝罪'를 직역(直譯)하면, (염파는) (그것으로) 인하여 빈객(賓客)인 인상여(藺相如)의 (집) 문 (앞)에 이르러 사죄(謝罪)하며, 여기서, '負荊請罪'가 유래하였는데, 이것을 직역(直譯)하면, 가시나무를 (등에) 지고 허물에 (대한 벌을 주기를) 청(請)한다는 뜻으로, 자신의 잘못을 인정하고 사죄(謝罪)하면서 엄한 처벌(處罰)을 요구하는 것을 이르는 말. '鄙賤之人'에서, '鄙'는 품위 낮을 '비'로 읽고, '賤'은 천할(賤~. 지체나 지위가 낮을) '천'으로 읽고, 여기서, '지체'는 순우리말로, 대대로 이어 내려오는 사회적 신분이나 지위를 일컬음. '之'는 어조사 '지'로 읽는다. '~의'를 나타내는 관형격 조사. '人'은 사람 '인'으로 읽는다. '鄙賤之人'을 직역(直譯)하면, (이) 비천(鄙賤. 지위나 신분이 낮고 천함)한 사람이, '不知將軍寬之至此也'에서, '不'은 아닐(부정하는 말) '불'로 읽고, '知'는 알 '지'로 읽고, '將'은 장수(將帥) '장'으로 읽고, '軍'은 군사 '군', 병사 '군'으로 읽는다. '將軍'은 군(軍)의 우두머리로, 군(軍)을 지휘하고 통솔하는 무관(武官)을 일컬음. '寬'은 너그러울 '관'으로 읽고, '之'는 어조사 '지'로 읽는다. '~이', '~가(주격 조사)'의 뜻을 나타냄. '至'는 이를 '지'로 읽고, '此'는 이(지시하는 말) '차'로 읽고, '也'는 어조사 '야'로 읽는다. '~이다(단정)'의 뜻을 나타냄. '不知將軍寬之至此也'를 직역(直譯)하면 장군의 너그러움이 이에 이르렀음을 알지 못했습니다. 즉, 장군께서 이렇게 너그러우신 줄 미처 몰랐다는 말이다. '卒相與驩'에서, '卒'은 마침내 '졸'로 읽고, '相'은 서로 '상'으로 읽고, '與'는 더불어 '여'로 읽고, '驩'은 기뻐할 '환'으로 읽는다. '卒相與驩'을 직역(直譯)하면, 마침내 (두 사람은) 서로 더불어 기쁘게 (환대하며), 여기서 두 사람은 '염파(廉頗)'와 '인상여(藺相如)'를 가리킴. '爲刎頸之交'에서, '爲'는 될 '위'로 읽고, '刎'은 목 자를 '문'으로 읽고, '頸'은 목 '경'으로 읽고, '之'는 어조사 '지'로 읽고, '交'는 사귈 '교'로 읽는다. '爲刎頸之交'를 직역(直譯)하면, 목을 자르거나 목을 (쳐도) (후회하지 않을) 사귐의 (관계가) 되었다. 여기서, '刎頸之交'가 유래하였는데, 이것을 직역(直譯)하면, (친구를 위해) 목을 자르거나 목을 (쳐도) (후회하지 않을) 사귐이라는 뜻으로, 생사(生死)를 같이 할 수 있는 아주 가까운 사이, 또는 그런 친구를 비유적으로 이르는 말.

문경-지-우(刎頸之友 목 자를 **문**/목 **경**/어조사 **지**/벗 **우**) 목을 자르거나 목을 (베어도) (후회하지 않을) 벗이라는 뜻으로, 생사(生死)를 같이 할 수 있는 아주 가까운 사이. 또는 그런 친구를 비유적으로 이르는 말. 목을 찔러도 한(恨) 없을 만큼 친한 친구라는 말이다. =문경지교(刎頸之交). *문경(刎頸): ☞문경지교(刎頸之交).

문-과-기실(文過其實 꾸밀 **문**/지나칠 **과**/그 **기**/열매 **실**) 그(겉으로 드러난) 열매를 지나치게 꾸민다는 뜻으로, ①겉을 꾸미는 것이 자기 신분(身分)에 걸맞지 않게 지나침을 비유적으로 이르는 말. ②겉만 화려하고 속은 부실(不實. 내용이 충실하지 못함)한 경우를 가리키는 말. *기실(其實): (명사적 용법) 실제의 사정. (부사적 용법) 실제에 있어서. 《관련 속담》빛 좋은 개살구. / 속 빈 강정.

문-과-수-비(文過遂非 꾸밀 문/허물 과/이룰 수/아닐 비) 허물을 꾸미어 이루지(고치지) 아니한다는 뜻으로, 잘못된 허물을 잘못이 아닌 것처럼 꾸미어 고치지 아니함을 이르는 말. 또는 허물을 어물어물 숨기고 뉘우치지 아니함을 이르는 말. *꾸미다: 사실인 것처럼 거짓으로 둘러대다. *허물: =잘못. 즉, 옳게 하지 못한 일. 또는 제대로 되지못한 일. *이루다: ①어떤 상태나 결과가 되게 하다. ②일을 마무리 짓다. ③뜻한 바를 얻다. 또는 뜻대로 되게 하다.

문-과-즉-희(聞過則喜 들을 문/허물 과/곧 즉/기쁠 희) (자신의) 허물을 들으면 곧 기뻐한다는 뜻으로, 남의 비평(批評)을 진심으로 잘 받아들이는 것을 비유적으로 이르는 말. *허물: ☞문과수비(文過遂非). 이 사자성어의 유래는 다음과 같다. 『맹자(孟子)』의 「공손추(公孫丑) 장구(章句)」 상(上) 편(篇)에 〈맹자(孟子)가 말했다. "자로(子路)는 사람들이 그에게 잘못이 있다고 일러 주면 기뻐했고, 우(禹)임금은 좋은 말을 들으면 절을 했다. 위대한 순(舜)임금은 더 훌륭하였으니, 선(善)을 남과 더불어 행했다."(孟子曰, 子路, 人告之以有過則喜, 禹聞善言則拜, 大舜有大焉, 善與人同.)〉라는 이야기가 나오는데, '사람들이 그에게 잘못이 있다고 일러 주면 기뻐했고,(人告之以有過則喜)'에서, '문과즉희(聞過則喜)'가 유래했다. 윗글(出典)에 소개된, 사람 이름인 '공손추(公孫丑)'에 있어서, '公孫'은 중국에서 제후의 손자 또는 후손을 뜻하는 칭호이다. 그런데 공손(公孫)으로 불리는 일부(一部)가 씨(氏)를 공손(公孫)으로 정하면서 유래됐다. 고대 중국은 성(姓)과 씨(氏)가 달랐다. 성(姓)은 혈연(血緣)으로 정해지는 개념이고, 씨(氏)는 지연(地緣)으로 정해지는 개념이다. 즉, 고대 중국의 씨는 한국의 본관(本貫)과 같다. '丑'은 일반적으로 소 '축(丑)'으로 읽는데, 중국의 인명·지명 따위는 본음인 '추(丑)'로 읽는다. 참고로, 원문의 '孟子曰'에서, '孟'은 맏('맏이'의 뜻을 더하는 접두사) '맹'으로 읽고, '子'는 경칭(敬稱. 공경하는 뜻으로 부르는 칭호. 또는 존대하여 일컬음) '자'로 읽는다. 학덕(學德)과 지위가 높은 남자의 경칭(敬稱)이다. '孟子'는 사람 이름. 중국 전국시대(戰國時代)의 사상가의 한 사람이다. 성선설(性善說)을 주장하고 인의(仁義)의 정치를 권하였다. '孟子曰'을 직역(直譯)하면, 맹자(孟子)가 말하기를, '子路'에서, '子'는 아들 '자'로 읽고, '路'는 길 '로(노)'로 읽는다. '子路'는 사람 이름. 중국 춘추 시대 노(魯)나라의 학자. 중국 춘추시대의 사상가이며 학자인 공자(孔子)의 핵심 제자 중의 한 사람. '人告之以有過則喜'에서, '人'은 사람 '인'으로 읽고, '告'는 알릴 '고'로 읽고, '之'는 어조사 '지'로 읽는다. '그것'을 나타내는 지시 대명사. '以'는 써(그것을 가지고, 그것으로 인하여) '이'로 읽고, '有'는 있을 '유'로 읽고, '過'는 허물 '과', 실수 '과'로 읽고, '則'은 곧 '즉'으로 읽고, '喜'는 기쁠 '희'로 읽는다. '人告之以有過則喜'를 직역(直譯)하면, 사람들이 (그에게) 허물이 있다고 그것으로 인하여 그것을 알리면 곧 기뻐했고, 즉, 자로(子路)는 남들이 그에게 허물(잘못)이 있음을 알려주면 기뻐하였다는 말이다. 여기서, '聞過則喜'가 유래하였는데, 이것을 직역(直譯)하면, (자신의) 허물을 들으면 곧 기뻐한다는 뜻으로, 남의 비평(批評)을 진심으로 잘 받아들이는 것을 비유적으로 이르는 말. '禹聞善言則拜'에서, '禹'는 하우씨(夏禹氏. 중국 하·夏나라의 우·禹임금을 이르는 말) '우'로 읽고, '聞'은 들을 '문'으로 읽고, '善'은 착할 '선', 좋을 '선'으로 읽고, '言'은 말씀 '언'으로 읽는다. '善言'은 교훈(教訓. 앞으로의 행동이나 생활에 지침이 될 만한 것을 가르치는 일. 또는 그런 가르침)이 될 만한 좋은 말. '則'은 곧 '즉'으로 읽고, '拜'는 절 '배', 절할 '배'로 읽는다. '禹聞善言則拜'를 직역(直譯)하면, 우(禹) 임금은 좋은 말을 들으면 곧 절을 하였으며, '大舜有大焉'에서, '大'는 여기서는 훌륭할 '대', 뛰어날 '대'로 읽는다. '舜'은 순(舜)임금 '순'으로 읽고, '有'는 있을 '유'로 읽고, '焉'은 어조사

'언'으로 읽는다. '~이다(단정)'의 뜻을 나타냄. '大舜有大焉'을 직역(直譯)하면, 훌륭한 순(舜) 임금은 (더) 뛰어남이 있었으니, '善與人同'에서, '與'는 더불어 '여'로 읽고, '人'은, 여기서는 남(자기 이외의 다른 사람) '인', 딴 사람 '인'으로 읽고, '同'은 같을 '동', 함께 '동'으로 읽는다. '善與人同'을 직역(直譯)하면, 선(善)을 다른 사람과 더불어 같이(함께) (행하였다).

문-귀-무-천(文貴武賤 문예 **문**/귀할 **귀**/무예 **무**/천할 **천**) 문예를 귀(貴)하게 (여기고) 무예를 천(賤)하게 (여긴다는) 뜻으로, 예전에, 문인(文人)을 중(重)히 여기고, 무인(武人)을 천시(賤視. 업신여겨 낮게 보거나 천하게 여김)하던 일을 이르는 말.

문-념-무-희(文恬武嬉 문예 **문**/편안할 **념**/무예 **무**/즐길 **희**) 문예에 (해당하는 사람은) 편안(便安)하고, 무예에 (해당하는 사람은) 즐긴다. 즉, 문관(文官)들은 안일(安逸. 편안하고 한가로움. 또는 편하고 쉬움)하게 지내고, 무관(武官)들은 희롱(戲弄. 장난하며 놂)을 즐긴다는 뜻으로, 편히 놀기만을 일삼거나 안일(安逸. 편안하고 한가로움)에 빠져 제 직분(職分. 자기가 마땅히 해야 할 본분)을 다하지 않음을 이르는 말.

문-동-답-서(問東答西 물을 **문**/동녘 **동**/대답할 **답**/서녘 **서**) 동녘(동쪽)을 묻는데, 서녘(서쪽)을 (가리키며) 대답한다는 뜻으로, 물음과는 전혀 상관없는, 엉뚱한 대답(對答)을 이르는 말. =동문서답(東問西答). *묻다: 부록 '문(問)' 참고. *대답하다(對答~): 부록 '답(答)' 참고.

문맹-불학(文盲不學 글월 **문**/무지할 **맹**/아닐 **불**/배울 **학**) 글월이 무지(無知)하고 배우지 아니했다는 뜻으로, 전혀 학식(學識. 학문과 식견)이 없음을 이르는 말. *문맹(文盲): 배우지 못하여 글을 읽거나 쓸 줄을 모름. 또는 그런 사람. *불학(不學): ①배우지 못함. ②학문적 발전이나 성과가 없음. *무지하다(無知~): ①아는 바나 지식이 없다. ②하는 짓이 어리석고 우악(愚惡. 어리석고 포악한 데가 있음)하다.

문명-사회(文明社會 글월 **문**/밝을 **명**/단체 **사**/모일 **회**) 문명(文明)이 (성립된) 단체(團體)나 모임이라는 뜻으로, 문명(文明)이 발달한 사회(社會)를 이르는 말. 〔참〕 미개사회(未開社會). *문명(文明): 인지(人智. 사람의 슬기와 지식)가 발달하여 인간생활이 풍부하고 편리해진 상태. 즉, 정신문화(精神文化)에 대하여, 주로 인간의 외면적인 생활 조건이나 질서에 대한 물질문화(物質文化)를 이르는 말. 〔비〕 문화(文化). ↔미개(未開). 야만(野蠻). *사회(社會): 공동생활을 하는 인간의 집단.

문무-겸전(文武兼全 문예 **문**/무예 **무**/아우를 **겸**/모두 **전**) 문예와 무예를 모두 아우른다는 뜻으로, 문식(文識. '학문·學問'과 '지식·知識'을 아울러 이르는 말)과 무략(武略. 군사상의 책략·策略)을 다 갖추고 있음을 이르는 말. =문무쌍전(文武雙全). *문무(文武): ①문관(文官)과 무관(武官)을 아울러 이르는 말. ②문식(文識)과 무략(武略)을 아울러 이르는 말. *겸전(兼全): 이것저것을 온전히 갖춤. *아우르다: (둘 또는 여럿을) 한 덩어리나 한 판이 되게 하다.

문무-백관(文武百官 문예 **문**/무예 **무**/일백 **백**/벼슬 **관**) 문예와 무예의 일백(모든) 벼슬(벼슬아치)이라는 뜻으로, 모든 관원들. 즉, 모든 문관(文官)과 무관(武官)을 이르는 말. *문무(文武) ☞문무겸전(文武兼全). *백관(百官): 모든 벼슬아치.

문무-숭상(文武崇尙 문예 **문**/무예 **무**/높일 **숭**/숭상할 **상**) 문예와 무예를 높여 숭상(崇尙)한다는 뜻으로, 문무(文武)를 다 같이 높이어 소중(所重)하게 여김을 이르는 말. *문무(文武) ☞문무겸전(文武兼全). *숭상(崇尙): 높이어 소중하게 여김.

문무-쌍전(文武雙全 문예 문/무예 무/둘 쌍/온전할 전) 문예와 무예가 둘 (다) 온전(穩全)하다는 뜻으로, 문식(文識. ‘학문·學問’과 ‘지식·知識’을 아울러 이르는 말)과 무략(武略. 군사상의 책략·策略)을 다 갖추고 있음을 이르는 말. =문무겸전(文武兼全). *문무(文武) ☞문무겸전(文武兼全). *쌍전(雙全): 두 가지 일이나 두 쪽이 모두 온전함. *온전하다(穩全~): 부록 ‘전(全)’ 참고.

문묵-종사(文墨從事 글월 문/먹 묵/좇을 종/일 사) 글월과 먹[墨]으로 일을 좇는다는 뜻으로, 시문(詩文)과 서화(書畫. 글씨와 그림)로 일을 삼음을 이르는 말. *문묵(文墨): 시문(詩文)을 짓거나 글씨를 쓰거나 그림을 그리는 일. *종사(從事): 어떤 일을 일삼아서 함. *좇다: 부록 ‘종(從)’ 참고.

문물-제도(文物制度 글월 문/물건 물/규정 제/법도 도) 글월과 물건, (그리고) 규정(規定)과 법도(法度)라는 뜻으로, ①문물(文物)과 제도(制度)를 아울러 이르는 말. ②문물(文物)에 관한 제도(制度)를 이르는 말. *문물(文物): 법률, 학문, 예술, 종교 따위 문화의 산물. *제도(制度): 관습이나 도덕, 법률 따위의 규범이나 사회 구조의 체계. *규정(規定): ①어떤 일을 하나의 고정된 규칙으로 정함. ②어떤 사항을 법령(法令)의 조항(條項)으로 정함. 또는 그 정해진 조항(條項). *법도(法度): 부록 ‘도(度)’ 참고.

문방-사보(文房四寶 글월 문/방 방/넉 사/보배 보) 방(房)에서 글을 (쓰는) 네 (가지) 보배라는 뜻으로, 글을 쓰는 데 반드시 필요한, 또는 서재에 갖추어야 할 종이, 붓, 먹, 벼루의 네 가지 문방구(文房具. 붓, 종이, 먹, 벼루, 펜·pen, 잉크·ink, 연필 따위의 학용품과 사무용품의 총칭)를 이르는 말. =문방사우(文房四友). 지필연묵(紙筆硯墨). 필묵지연(筆墨紙硯). *문방(文房): ①=서재(書齋). 즉, 책을 갖추어 두고, 책을 읽거나 글을 쓰는 방. ②=문방구(文房具). *사보(四寶): ①붓, 먹, 종이, 벼루를 아울러 이르는 말. ②불교에서, 금, 은, 유리(瑠璃), 수정(水晶)의 네 보배를 이르는 말. *보배: 순우리말로, 부록 ‘보(寶)’ 참고.

문방-사우(文房四友 글월 문/방 방/넉 사/벗 우) 방(房)에서 글을 (쓰는) 네 벗이라는 뜻으로, 글을 쓰는 데 반드시 필요한, 또는 서재에 갖추어야 할 종이, 붓, 먹, 벼루의 네 가지 문방구(文房具. 붓, 종이, 먹, 벼루, 펜·pen, 잉크·ink, 연필 따위의 학용품과 사무용품의 총칭)를 이르는 말. =문방사보(文房四寶). 지필연묵(紙筆硯墨). 필묵지연(筆墨紙硯). *문방(文房): ☞문방사보(文房四寶). *사우(四友): ①=문방사우(文房四友). ②눈 속에서 피는 네 가지 꽃. 곧, 옥매(玉梅), 납매(臘梅), 동백꽃(산다화·山茶花), 수선(水仙)을 일컫는다.

문방-제구(文房諸具 글월 문/방 방/모두 제/갖출 구) 방(房)에서 글을 (쓰기 위하여) 모두 갖춤이라는 뜻으로, 서재(書齋. 책을 갖추어 두고, 책을 읽거나 글을 쓰는 방·房)에 갖추어야 할 학용품과 사무용품 따위를 통틀어 이르는 말. *문방(文房): ☞문방사보(文房四寶). *제구(諸具): 여러 가지의 기구.

문-불-가점(文不加點 글월 문/아닐 불/더할 가/점 점) 글월에 점(點)을 더하지 아니한다는 뜻으로, 글이 아주 잘되어서 흠잡을 곳이 없음을 비유적으로 이르는 말. *가점(加點): ①점수를 더함. 또는 그 점수. ②(특별히 드러내기 위하여) 글이나 글자에 점을 찍음.

문수-보살(文殊菩薩 글월 문/뛰어날 수/보살 보/보살 살) 글월(지혜)이 뛰어난 보살(菩薩)과 보살(菩薩)이라는 뜻으로, 석가모니여래(釋迦牟尼如來. ‘석가모니·釋迦牟尼’를 높여 이르는 말)의 왼쪽에 있는 보살(菩薩)을 이르는 말. 제불(諸佛. 모든 부처)의 지혜를 맡은 보살(菩薩)로, 오른쪽에 있는 보현보살(普賢菩

薩. 이지와 깨달음의 덕을 갖추고 석가의 포교를 돕는 보살)과 함께 삼존불(三尊佛)을 이룬다. 그 모양이
가지각색이나 보통 사자(獅子)를 타고, 오른손에 지검(智劍)을, 왼손에 연꽃을 들고 있다. 사보살(四菩
薩)의 하나이다. =길상금강(吉祥金剛). 문수사리(文殊師利). 그런데 위에 '보통 사자(獅子)를 타고'라는
말이 있다. 원래 '사자좌(獅子座)'라는 말이 있다. 석가모니(釋迦牟尼)의 좌석(座席)을 가리킨다. 부처는
인간 세계에서 존귀한 자리에 있으므로 모든 짐승의 왕(王)인 사자(獅子)에 비유(比·譬喻. 어떤 사물의
모양이나 상태 따위를 보다 효과적으로 표현하기 위하여 그것과 비슷한 다른 사물에 빗대어 표현함.
또는 그 표현 방법)하였다. 따라서 석가모니(釋迦牟尼)는 사람 중의 사자(獅子)가 되는 지라, 석가모니
(釋迦牟尼)가 앉는 바의 곳을 모두 사자좌(獅子座)로 일컫는다. 앞에서 '문수보살(文殊菩薩)이 사자(獅子)
를 탄다.'고 했는데, 이 말은 '문수보살(文殊菩薩)이 석가모니(釋迦牟尼)에 비유되고 있는 사자(獅子)의
등(사람이나 동물의 몸통에서 뒤쪽이나 위로 향한 쪽, 곧 가슴이나 배의 반대쪽) 위에 몸을 얹다.'라는
의미가 되겠다. 그리고 '지검(智劍)'은 '지혜검(智慧劍)'의 준말로, 불교에서 번뇌(煩惱. 마음이나 몸을
괴롭히는 노여움이나 욕망 따위의 헛된 생각)를 끊어 버리는 맑은 지혜의 힘을 칼에 비유하여 이르는
말. '사보살(四菩薩)'은 관세음보살(觀世音菩薩), 문수보살(文殊菩薩), 미륵보살(彌勒菩薩), 보현보살(普
賢菩薩) 따위를 일컫는다. 참 미륵보살(彌勒菩薩). *문수(文殊): 불교에서, 훌륭한 복덕과 반야 지혜를
지녔다는 뜻으로, 문수사리(文殊師利) 또는 문수시리(文殊尸利)의 준말이다. =문수보살(文殊菩薩). *보
살(菩薩): 부처에 버금가는 성인(聖人. 지혜와 덕이 매우 뛰어나 길이 우러러 본받을 만한 사람)을 이르
는 말.

문수-지-복(紋繡之服 무늬 **문**/수놓을 **수**/어조사 **지**/옷 **복**) 수(繡)놓은 무늬의 옷이라는 뜻으로, 무늬가
있고 아름다운 수(繡)가 놓인 비단으로 지은 옷을 이르는 말. *문수(紋繡): 비단의 무늬와 수(繡).

문아-풍류(文雅風流 글월 **문**/아담할 **아**/품격 **풍**/품격 **류**) 문아(文雅)의 풍류(風流)라는 뜻으로, 시문(詩文)
을 짓고 읊조리며 멋스럽게 노는 일을 이르는 말. *문아(文雅): ①시문(詩文)을 짓고 읊는 풍류(風流)의
도(道). ②풍치(風致. 훌륭하고 멋스러운 경치, 또는 격에 어울리는 멋)가 있고 아담함. *풍류(風流):
①속되지 않고 운치(韻致. 고상하고 우아한 품격을 갖춘 멋)가 있는 일. ②풍치(風致)를 찾아 즐기며
멋스럽게 노는 일. ③'음악'을 예스럽게 이르는 말. *아담하다(雅淡~): 부록 '아(雅)' 참고. *품격(品格):
사람이나 물건에서 느껴지는 품위.

문안-하인(問安下人 물을 **문**/편안할 **안**/아래 **하**/사람 **인**) 편안(便安)함을 묻는 아래[下]의 사람이라는 뜻으
로, 예전에, 출입(出入)이 자유롭지 못한 부녀자(婦女子) 사이에서, 정초(正初. 정월의 초순, 그 해의
맨 처음)에 새해 인사를 전하기 위하여 보내던 여자 하인을 이르는 말. *문안(問安): 웃어른께 안부를
여쭘. 또는 그런 인사(人事. 마주 대하거나 헤어질 때에 예를 표함). *하인(下人): ①=사내종. 즉, 남자
종을 이르는 말. ②사내종과 계집종을 통틀어 이르는 말.

문-양-지-마(問羊知馬 물을 **문**/양 **양**/알 **지**/말 **마**) 양(羊)에게 물어 말[馬]을 안다. 즉, 양(羊)의 값을
물어 말[馬]의 값을 짐작한다는 뜻으로, 유추(類推. 같은 종류의 것 또는 비슷한 것에 기초하여 다른
사물을 미루어 추측하는 일)하여 실상(實狀. 실제의 상태나 내용)을 알아냄을 비유적으로 이르는 말.
또는 주변 사실을 통해 핵심을 알아챌 수 있음을 비유적으로 이르는 말. 특히 이 말에는 유도 심문(誘導
審問. 특정인을 대상으로 하여, 무의식중에 심문하는 사람이 원하는 답변을 하도록 자세히 따져서 물음)

으로 약점을 잡아 꼼짝 못하게 한다는 뜻을 일컫기도 한다. =문우지마(問牛知馬).

문외-불출(門外不出 문 **문**/바깥 **외**/아닐 **불**/날 **출**) 문(門) 바깥으로 나가지 아니하게 (한다)는 뜻으로, 책(册)이나 귀중한 물건 따위를 남에게 보이거나 빌려 주지 아니하고, 아무도 모르게 감추어 간직함을 비유적으로 이르는 말. *문외(門外): ①문(門)의 바깥쪽. ②성문(城門. 성·城의 출입구에 만든 문·門)의 바깥쪽. ③전문 분야의 밖. ④문중(門中)의 밖. *불출(不出): ①밖에 나가지 아니함. ②못나고 어리석음. 또는 그 사람.

문-우-지-마(問牛知馬 물을 **문**/소 **우**/알 **지**/말 **마**) 소에게 물어 말[馬]을 안다. 즉, 소의 값을 물어 말의 값을 짐작한다는 뜻으로, 유추(類推. 같은 종류의 것 또는 비슷한 것에 기초하여 다른 사물을 미루어 추측하는 일)하여 실상(實狀. 실제의 상태나 내용)을 알아냄을 비유적으로 이르는 말. 또는 주변 사실을 통해 핵심을 알아챌 수 있음을 비유적으로 이르는 말. 특히 이 말에는 유도 심문(誘導審問. 특정인을 대상으로 하여, 무의식·無意識 중에 심문·審問하는 사람이 원하는 답변을 하도록 자세히 따져서 물음)으로 약점을 잡아 꼼짝 못하게 한다는 뜻을 일컫기도 한다. =문양지마(問羊知馬).

문-이-지-지(聞而知之 들을 **문**/말 이을 **이**/알 **지**/어조사 **지**) 들어서 앎. 여기서, '지(之)'는 '그것'을 나타내는 지시 대명사이다.

문-일-지-십(聞一知十 들을 **문**/한 **일**/알 **지**/열 **십**) 하나를 듣고 열 (가지를) (미루어) 안다는 뜻으로, 지극히 총명(聰明. 보고 들은 것에 대한 기억력이 좋음. 또는 영리하고 재주가 있음)함을 비유적으로 이르는 말. 여기서, '재주'는 순우리말로, 무엇을 잘할 수 있는, 타고난 능력과 슬기. 《관련 속담》 하나를 듣고 열을 안다. 이 사자성어의 유래는 다음과 같다. 『논어(論語)』의 「공야장(公冶長)」 편(篇)에 《(중국 춘추시대의 사상가이며 학자인) 공자(孔子)가 자공(子貢)에게 물었다. "너와 회(回) 중에서 누가 더 나으냐?" 대답하여 말하기를 "제가 어찌 회(回)를 넘볼 수 있겠습니까? 회(回)는 하나를 듣고도 열을 알지만, 저는 하나를 들으면 겨우 둘 정도만 알 수 있을 뿐입니다." 공자(孔子)가 말했다. "그렇다. 그만 못하다. 나와 너는 그만 못하다." (子謂子貢曰, 女與回也, 孰愈, 對曰, 賜也何敢望回, 回也, **聞一以知十**, 賜也, 聞一以知二, 子曰, 弗如也, 吾與女, 弗如也.)》라는 이야기가 나오는데, '하나를 듣고도 열을 알지만,(聞一以知十)'에서, '문일지십(聞一知十)'이 유래했다. 자공(子貢)은 공자(孔子)의 제자 중에서 변설(辯舌. 입담 좋게 잘하는 말. 또는 재치 있는 말솜씨)에 뛰어나, 공자(孔子)가 여러 나라를 주유(周遊. 여러 곳을 두루 다니며 구경함)할 때, 주로 외교 업무를 맡아 처리했으며, 재산을 모으는 재주(순우리말로, 무엇을 잘할 수 있는, 타고난 능력과 슬기)가 남달라 공자(孔子)의 주유(周遊)에 필요한 자금을 대부분 뒷받침한 사람이다. 그런데 위에 등장한 '회(回)'는 '안회(顏回)'이다. 성(姓)은 안(安)이고 이름은 회(回)이며, 자(字. 본이름을 함부로 부르지 않던 시대에, 본이름 대신 부르던 이름)는 자연(子淵)인데, 안연(顏淵)이라고 널리 불려진다. 공자(孔子)의 학문을 승계할 제자로 촉망(屬·囑望. 잘되기를 바라고 기대함. 또는 그런 대상)을 받았으나, 요절(夭折. 젊어서 일찍 죽음)했다. 그는 명예를 구하지 않고 질소(質素. 꾸밈이 없이 소박함. 잘박하고 검소함)한 생활로 스승인 공자(孔子)의 가르침을 이해하고 몸소 실천하였다. 하나를 들으면 열을 안다고 칭찬을 받았으며, 그가 죽었을 때, 공자(孔子)는 하늘이 나를 망하게 했다고 개탄(慨歎·嘆. 분하거나 못마땅하게 여겨 한탄함)했다고 한다. 참고로, 원문의 '子謂子貢曰'에서, '子'는 경칭(敬稱. 공경하는 뜻으로 부르는 칭호. 또는 존대하여 일컬음) '자'로 읽는다. 학덕(學德)과 지위가 높은 남자의 경칭(敬稱)이다.

여기서는 ‘공자(孔子)’를 가리킴. ‘謂’는 일컬을 ‘위’로 읽고, ‘子’는 여기서는 아들 ‘자’로 읽고, ‘貢’은 바칠 ‘공’으로 읽는다. ‘子貢’은 사람 이름. ‘子謂子貢曰’을 직역(直譯)하면, 공자(孔子)는 자공(子貢)에게 일컬어 말하기를, ‘女與回也’에서, ‘女’는 너(2인칭 대명사) ‘녀(여)’로 읽는다. ‘여(汝)’와 같은 글자이다. ‘與’는 어조사 ‘여’로 읽는다. ‘~와’, ‘~과(병렬)’의 뜻을 나타냄. ‘回’는 돌아올 ‘회’로 읽는다. 여기서는 ‘안회(顔回)’를 가리킴. ‘也’는 어조사 ‘야’로 읽는다. ‘~이냐(의문)’의 뜻을 나타냄. ‘女與回也’를 직역(直譯)하면 너와 안회(顔回) (중에서) ~이냐? ‘孰愈’에서, ‘孰’은 누구 ‘숙’으로 읽고, ‘愈’는 보다 나을 ‘유’로 읽는다. ‘孰愈’를 직역하면, 누가 보다 (더) 나으냐? ‘對曰’에서, ‘對’는 대답할 ‘대’로 읽는다. ‘對曰’을 직역(直譯)하면, 대답하여 말하기를, ‘賜也何敢望回’에서, ‘賜’는 (남에게) 줄 ‘사’, 하사할(下賜. 임금이 신하에게, 또는 윗사람이 아랫사람에게 물건을 줌) ‘사’로 읽는다. 여기서는 ‘단목사(端木賜)’를 가리킨다. 단목사(端木賜)는 자공(子貢)의 본 이름이고, 자(字. 본이름을 함부로 부르지 않던 시대에, 본이름 대신 부르던 이름)가 자공(子貢)이다. 그는 춘추 시대 말기 위(衛)나라 사람으로, 외교 방면에 뛰어난 수완을 발휘하였다. 그리고 그는 공자(孔子)가 아끼는 제자로, 말솜씨와 정치적 수완도 뛰어났다. ‘何’는 어찌(의문 부사) ‘하’로 읽고, ‘敢’은 감히(敢~. 주제넘게, 분수도 모르게) ‘감’, 함부로 ‘감’으로 읽고, ‘望’은 바라볼 ‘망’으로 읽고, ‘回’는 돌아올 ‘회’로 읽는다. 여기서는 ‘안회(顔回)’를 가리킨다. ‘賜也何敢望回’를 직역(直譯)하면, 자공(子貢)은 어찌 감히 안회(顔回)를 바라볼 수 있겠습니까? ‘回也’에서, ‘回也’를 직역(直譯)하면, 회(回)는 ~이다. ‘聞一以知十’에서, ‘聞’은 들을 ‘문’으로 읽고, ‘一’은 한 ‘일’로 읽고, ‘以’는 써(그것을 가지고, 그것으로 인하여) ‘이’로 읽고, ‘知’는 알 ‘지’로 읽고, ‘十’은 열 ‘십’으로 읽는다. ‘聞一以知十’을 직역(直譯)하면, 하나를 듣고 그것을 가지고 열 (가지를) (미루어) 안다는 뜻으로, 지극히 총명(聰明. 보고 들은 것에 대한 기억력이 좋음, 또는 영리하고 재주가 있음)함을 비유적으로 이르는 말. ‘賜也’에서, ‘賜也’를 직역(直譯)하면, 자공(子貢)은 ~이다. ‘聞一以知二’에서, ‘聞’은 들을 ‘문’으로 읽고, ‘聞一以知二’를 직역(直譯)하면, 저(‘자공·子貢’을 가리킴)는 하나를 들으면 그것으로 인하여 (겨우) 둘을 압니다. ‘弗如也’에서, ‘弗’은 아닐(부정하는 말) ‘불’로 읽는다. ‘불(不)’과 같은 글자이다. ‘如’는 같을 ‘여’로 읽고, ‘也’는 어조사 ‘야’로 읽는다. ‘弗如也’를 직역(直譯)하면, (회와) 같지 않음이다. 즉, 자공(子貢)은 회(回)보다 못하다는 말이다. ‘吾與女’에서, ‘吾’는 나(1인칭 대명사) ‘오’로 읽는다. ‘吾與女’를 직역(直譯)하면, 나(‘공자·孔子’를 가리킴)와 너(‘자공·子貢’을 가리킴)는, ‘弗如也’에서, ‘弗如也’를 직역(直譯)하면, 같지 않음이다. 즉, 공자(孔子)와 자공(子貢)은 회(回)보다 못하다는 말이다.

문전-걸식(門前乞食 문 **문**/앞 **전**/빌 **걸**/먹을 **식**) 문(門) 앞에서 빌어먹는다는 뜻으로, 이 집 저 집 돌아다니며 빌어먹음을 이르는 말. ***문전**(門前): 문 앞. ***걸식**(乞食): 음식을 남에게 빌어먹음. ***빌다**: 부록 ‘걸(乞)’ 참고.

문전-박대(門前薄待 문 **문**/앞 **전**/야박할 **박**/대접할 **대**) 문(門) 앞에서 (상대방을) 야박(野薄)하게 대접(待接)한다는 뜻으로, 문(門) 앞에서 상대방의 인격(人格)을 무시하고 모질게 구는 것을 이르는 말. ***문전**(門前): ☞문전걸식(門前乞食). ***박대**(薄待): ①정성을 들이지 않고 아무렇게나 하는 대접. =푸대접. ②인정 없이 모질게 대함. ***야박하다**(野薄~): 야멸치고(자기 생각만 하고 남의 사정은 아랑곳하지 아니하고) 인정이 없다.

문전-성시(門前成市 문 **문**/앞 **전**/이룰 **성**/저자 **시**) 문(門) 앞이 저자를 이룬다는 뜻으로, 찾아오는 사람이 많음을 이르는 말. 즉, 찾아오는 사람이 많아 집 문 앞이 시장(市場)을 이루다시피 함을 이르는 말.

㊁ 문정약시(門庭若市). *문전(門前): ☞문전걸식(門前乞食). *성시(成市): ①사람이 많이 모여 흥청거림. ②장(場)이 섬. 또는 시장을 이룸. *저자: 부록 '시(市)' 참고.

문전-옥답(門前沃畓 문 **문**/앞 **전**/기름질 **옥**/논 **답**) 문(門) 앞에 (있는) 기름진 논이라는 뜻으로, 집 앞 가까이에 있는 기름진 논을 이르는 말. *문전(門前): ☞문전걸식(門前乞食). *옥답(沃畓): 땅이 기름진 논. *기름지다: 부록 '옥(沃)' 참고.

문전-옥토(門前沃土 문 **문**/앞 **전**/기름질 **옥**/흙 **토**) 문(門) 앞에 (있는) 기름진 흙이라는 뜻으로, 집 앞 가까이에 있는 기름진 땅을 이르는 말. *문전(門前): ☞문전걸식(門前乞食). *옥토(沃土): (농작물이 잘 자라는) 기름진 땅. *기름지다: 부록 '옥(沃)' 참고.

문전-작라(門前雀羅 문 **문**/앞 **전**/참새 **작**/그물 **라**) 문(門) 앞의 참새 그물. 즉, 문 앞에 참새 떼가 많아 참새를 잡는 그물을 설치한다는 뜻으로, ①세도(勢道. 정치의 권세·權勢 또는 그 권세·權勢를 마구 휘두르는 일)가 몰락(沒落. 번영하던 것이 쇠하여 보잘것없이 됨)하여 새들이 모여들 정도로 사람들의 발걸음이 끊어져 한산(閑散. 인적이 드물어 한적하고 쓸쓸함)하다는 것을 비유적으로 이르는 말. ②문 앞에는 참새 떼가 놀고 새 잡는 그물이 처졌다. 즉, 방문객(訪問客)이 끊어져 한산(閑散)한 상태를 비유적으로 이르는 말. *문전(門前): ☞문전걸식(門前乞食). *작라(雀羅): =새그물. 즉, 새를 잡는데 쓰는 그물.

문-정-경중(問鼎輕重 물을 **문**/솥 **정**/가벼울 **경**/무거울 **중**) 솥의 가벼움과 무거움을 묻는다는 뜻으로, ①왕좌(王座)를 노리거나 상대방의 실력을 떠보는 마음을 비유적으로 이르는 말. ②천하를 빼앗으려는 속셈이나, 남의 실력을 의심하는 행위를 비유적으로 이르는 말. 원래 제왕(帝王. 황제와 국왕을 통틀어 이르는 말)의 자리를 엿보는 속셈을 은근히 표현해 보는 것에서 비롯된 말이다. 제왕(帝王)이 덕행(德行. 어질고 착한 행실)을 하면 구정(九鼎)이란 솥이 무거워 들 수 없고, 세상이 혼란하면 그것이 가벼워지니, 당시(當時. 일이 있었던 바로 그때. 또는 이야기하고 있는 그 시기) 제왕(帝王)의 약점(弱點. 모자라서 남에게 뒤떨어지거나 떳떳하지 못한 점)을 떠본다든지 정치적 상황을 파악하기 위해서 묻는다는 것이다. 오늘날에는 상대의 실력과 내부 사정을 살펴 그 약점(弱點)을 떠보는 것을 이르는 말. 혹은 그 약점(弱點)을 파악해서 공격하는 것을 이르는 말. 여기서, '구정(九鼎)'은 중국 하(夏)나라의 우왕(禹王) 때에, 전국의 아홉 주(州)에서 쇠붙이를 거두어서 만들었다는 아홉 개의 솥을 이르는 말. 이것은 주(周)나라 때까지 대대로 천자(天子)에게 전해진 보물이었다고 한다. 여기서, '천자(天子)'는 천제(天帝. 하늘을 다스리는 신. 또는 우주를 창조하고 주재한다고 믿어지는 초자연적인 절대자)의 아들이란 뜻으로, 천명(天命. 하늘의 명령)을 받아 천하(天下)를 다스리는 사람. 곧 중국에서 황제(皇帝)를 일컫던 말이다. *경중(輕重): ①가벼움과 무거움. 또는 가볍고 무거운 정도. ②중요함과 중요하지 않음. 이 사자성어의 유래는 다음과 같다. 『좌전(左傳)』의 「선공(宣公) 3년」 편(篇)에 〈초(楚)나라 장왕(莊王)은 왕손만(王孫滿)에게 구정(九鼎)의 대소경중(大小輕重)에 대해 물었다. 왕손만(王孫滿)이 말했다. "덕(德. 고매하고 너그러운 도덕적 품성)에 있는 것이지, 솥에 있는 게 아닙니다. 옛날 하(夏)나라에 덕(德)이 있을 때 먼 지역의 각종 기이(奇異)한 현상을 (그림으로) 그린 다음, 구주(九州)의 장(長)들이 바친 구리로 만든 것입니다. 솥의 표면에는 그렸던 물상(物象. 자연계 사물의 형태)들을 새겼습니다. 여기서, '자연계(自然界)'는 인간을 포함한 천지만물(天地萬物. 사람이 사는 세상의 영역에 있는 갖가지 모든 것)이 존재하는 범위. 또는 인간 세계를 둘러싸고 있는 천체(天體). 산천(山川). 식물(植物). 동물(動物) 따위의 모든 세계를 이르는 말. 거기에 온갖 사물을 새겨 놓음으로써 백성들에게 신령스러운 것과 간악한 것을 구별할 수 있도록 했습니다. 그러므로 백성들이 물에 들어가거나, 산에 들어가서 자신에게 해로운 것을 피할 수 있었고, 이매망량(魑魅魍魎. 본문 참고) 같은 귀신 도깨비들과 마주치지 않을 수 있었습니다.”(楚子問鼎之大小輕重焉, 對曰, 在德不在鼎, 昔夏之方有德也, 遠方圖物, 貢金九牧, 鑄鼎象物, 百物而爲之備, 使民知神姦, 故民人川澤山林, 不逢不若, 魑魅魍魎, 莫能逢之.)〉라는 이야기가 나오는데, ‘초(楚)나라 장왕(莊王)은 왕손만(王孫滿)에게 구정(九鼎)의 대소경중(大小輕重)에 대해 물었다.(楚子問鼎之大小輕重焉)’에서, ‘문정경중(問鼎輕重)’이 유래했다. 이 글에서 ‘정(鼎)’은 천자(天子)를 상징하는 보물이므로, 이의 크기와 무게를 묻는다는 것은 천자(天子)의 자리를 노린다는 의미를 가지고 있다. ‘정(鼎)’은 우(禹)임금이 만들어 대대로 전해 내려왔는데, 주(周)나라가 망하고, 천하(天下)의 새로운 주인이 된 진(秦)나라로 옮기는 과정에서 사수(泗水)에 빠져 버렸다고 전해지고 있다. 나머지 구체적인 내용은 ⇨대소경중(大小輕重).

문정-약-시(門庭若市 문 **문**/뜰 **정**/같을 **약**/저자 **시**) 문(門)의 뜰이 저자 같다. 즉, 대문(大門) 안 뜰이 시장(市場) 같다는 뜻으로, 집에 드나드는 사람이 많거나, 환심(歡心. 기뻐하고 즐거워하는 마음)을 사려는 자(者)가 많음을 비유적으로 이르는 말. 囘 문전성시(門前成市). *문정(門庭): 대문(大門)이나 중문(中門) 안에 있는 뜰. *뜰: 부록 ‘정(庭)’ 참고. *저자: 부록 ‘시(市)’ 참고. 이 사자성어의 유래는 다음과 같다. 『전국책(戰國策)』의 「제책(齊策)」 편(篇)에 [전국(戰國) 시대, 제(齊)나라의 국상(國相. 관직 이름)인 추기(鄒忌. 사람 이름)는 키가 8척(尺)이 넘고 생김새가 준수(俊秀. 재주와 슬기, 풍채가 빼어남)한 미남(美男)이었다. 여기서, ‘재주’는 순우리말로, 무엇을 잘할 수 있는, 타고난 능력과 슬기. 어느 날 아침, 의관(衣冠. 남자의 웃옷과 갓이라는 뜻으로, 남자가 정식으로 갖추어 입는 옷차림을 이르는 말)을 반듯이 차려 입고 조정(朝廷. 임금이 나라의 정치를 신하들과 의논하거나 집행하는 곳. 또는 그런 기구)에 나갈 채비를 하면서 거울을 보다가 부인에게 물었다. “나하고 성북(城北. 땅 이름)의 서공(徐公)하고 누가 더 잘생겼소?” “물론 당신이 더 잘생겼죠. 서공(徐公)이 어찌 당신을 따라올 수 있겠어요?” 서공(徐公)은 제(齊)나라에서 유명한 미남(美男)이었다. 추기(鄒忌)는 믿을 수가 없어서 첩(妾)에게 다시 물었다. “나와 서공(徐公) 중에서 누가 더 잘생겼소?” “서공(徐公)이 어찌 당신을 따라올 수 있겠습니까?” 이튿날 집에 손님이 찾아왔다. 추기(鄒忌)는 앉아서 이야기를 나누다가 또 그에게 물었다. “나와 서공(徐公) 가운데 누가 더 잘생겼소?” “물론 당신이 서공(徐公)보다 훨씬 미남(美男)이지요.” 다음날 서공(徐公)이 추기(鄒忌)의 집에 왔는데, 자세히 살펴보니 자신은 어림도 없었다. 거울에 비추어 보았지만, 비할 바도 못 되었다. 즉, 아내와 첩(妾)과 손님의 말이 거짓말임을 알게 되었다는 것이다. 추기(鄒忌)는 밤에 잠자리에 누워 이를 생각하다가 혼잣말을 했다. “아내가 나를 더 잘생겼다고 한 것은 나를 사랑하기 때문이고, 첩(妾)이 나를 추어올린 것은 나를 두려워하기 때문이고, 손님이 내가 더 잘생겼다고 한 것은 나에게 바라는 것이 있기 때문이다.” 추기(鄒忌)는 조정(朝廷)에 나가서 위왕(威王)에게 말했다. “신(臣. 신하가 임금에 대하여 자기를 일컫는 말)은 서공(徐公)보다 잘 생기지 못한 것을 잘 알고 있습니다. 그런데 아내는 저를 사랑하기 때문에, 첩(妾)은 저를 두려워하여, 손님은 저에게 부탁을 하려 했기 때문에 모두 제가 서공(徐公)보다 잘생겼다고 말합니다. 지금 제(齊)나라는 땅이 1,000리(里)에 120개의 성(城)을 가지고 있으며, 궁녀(宮女)들은 대왕(大王. 훌륭하고 업적이 뛰어난 임금을 높여 일컫는 말)을 사랑하지 않는 사람이 없고, 조정(朝廷)의 신하(臣下)들은 대왕(大王)을 두려워하지 않는 사람이 없으며, 온 백성들이 대왕(大王)에게 바라지 않는 사람이 없습니다. 이로써 보건대 대왕(大王)을(대왕의 눈을) 가리는(보이거나 통하지 못하도록 막을) 것이 많을 것입니다.” 즉, 이렇게 본다면 전하(殿下)의 깊은 뜻이 그러한 사람에 의해 전적으로 가려져 있다고 하지 않을 수 없다. 그러니까 ‘과감히 언로(言路. 신하가 임금에게 말씀을 올릴 수 있는 길)를 개방하고 허심탄회(虛心坦懷. 본문 참고)하게 각 방면의 비판과 의견을 받아들이는 조치를 취하시기 바란다.’는 의견을 우회적(迂廻·回的. 곧바로 가지 않고 멀리 돌아서 가는 것)으로 제시한 것이다.]〈제(齊)나라 왕(‘위왕·威王’을 가리킴)은 말하기를, (그의 말이) 일리가 있다고 치하(致賀)하고 조서(詔書. 임금의 명을 일반에게 알릴 목적으로 적은 문서)를 반포(頒布. 모든 사람이 알도록 세상에 널리 폄)했다. “무릇 제(齊)나라의 신민(臣民. 군주국에서 벼슬아치[臣]의 백성[民]을 아울러 이르는 말)으로서 직접 과인(寡人. 덕·德이 적은 사람이라는 뜻으로, 임금이 자기를 낮추어 일컫던 1인칭 대명사)의 과오(過誤. 잘못 또는 허물)를 지적하는 자(者)는 ‘상급(上級)의 상(賞)’을 받을 수 있고, 글을 올려서 과인(寡人)의 과오에 대해 직간(直諫. 임금이나 웃어른에게 거리끼는 일 없이 그의 잘못을 지적하여 충고하는 일)하는 자(者)는 ‘중급(中級)의 상(賞)’을 받을 것이며, 길거리에서 과인(寡人)의 과오에 비판을 가하는 자(者)는 ‘하급(下級)의 상(賞)’을 받게 될 것이다.” 이 조칙(詔勅. 조서·詔書와 같은 뜻)이 반포(頒布)되자, 많은 신하들이 간언(諫言. 웃어른이나 임금에게 옳지 못하거나 잘못된 일을 고치도록 하는 말)하러 모여들어 궁(宮)의 문(門)과 뜰이 시장과 같았다. (王曰, 善, 乃下令, 群臣吏民能面刺寡人之過者, 受上賞, 上書諫寡人者, 受中賞, 能謗議於市朝, 聞寡人之耳者, 受下賞, 令初下, 群臣進諫, **門庭若市**.)〉라는 이야기가 나오는데, ‘궁(宮)의 문(門)과 뜰이 시장과 같았다.(門庭若市)’에서, ‘문정약시(門庭若市)’가 유래했다. 조칙(詔勅)이 반포되자, 왕에게 간언(諫言)하기 위하여 모여든 사람들이 궁궐 문 앞과 뜰은 시장(市場)처럼 들끓었다. 이를 일컬어 ‘문정약시(門庭若市)’라고 하는 것이다. ‘문전성시(門前成市)’와 같은 뜻으로 쓰인다. [그러나 몇 달이 지나자, 가끔 간언(諫言)이 들어왔고, 일 년이 지난 후에는 할 말이 있어도 진언(進言. 윗사람에게 자기의 의견을 말함. 또는 그런 말)하러 오는 사람이 없었다.] 아무리 왕에게 간언(諫言)을 하려고 해도 왕의 과실(過失. 잘못이나 허물)이 없었던 탓에 간언(諫言)할 일이 없었기 때문이다. ‘문정약시(門庭若市)’의 상황이 고작 1년 만에 없어진 것이다. 높은 지위에 있는 사람일수록 언로(言路)의 문(門)을 열어, 많은 사람의 목소리에 귀 기울일 것을 ‘문정약시(門庭若市)’는 우리에게 일깨우고 있는 것이다. 참고로, 원문의 ‘王曰’에서 ‘王’은 임금 왕으로 읽는다. ‘王曰’을 직역(直譯)하면, 임금이 말하기를, ‘善’에서 ‘善’은, 여기서는 옳게 여길 ‘선’으로 읽는다. ‘乃下令’에서, ‘乃’는 이에(이러하여서 곧) ‘내’로 읽고, ‘下’는 아래 ‘하’, 내릴 ‘하’로 읽고, ‘令’은 명령 ‘령(영)’으로 읽는다. ‘下令’은 명령을 내림. =하명(下命). ‘乃下令’을 직역(直譯)하면, 이에 명령을 내렸다. ‘群臣吏民能面刺寡人之過者’에서, 群은 무리 ‘군’으로 읽고, ‘臣’은 신하(臣下) ‘신’으로 읽는다. ‘群臣’은 많은 신하. ‘吏’는 아전(衙前. 지방 관아에 딸렸던 하급 관원) ‘리(이)’로 읽고, ‘民’은 백성 ‘민’으로 읽는다. ‘吏民’는 지방의 아전(衙前. 벼슬 이름)과 백성. ‘能’은 할 수 있을 ‘능’으로 읽고, ‘面’은 얼굴 ‘면’으로 읽고, ‘刺’는 책망할 ‘자’. 헐뜯을 ‘자’로 읽고, ‘寡’는 적을 ‘과’로 읽는다. ‘寡人’은 ‘덕(德. 고매하고 너그러운 도덕적 품성)이 적은 사람’이란 뜻으로, 임금이 자신을 낮추어 일컫던 말. ‘之’는 어조사 ‘지’로 읽는다. ‘~의’를 나타내는 관형격 조사. ‘過’는 허물 ‘과’로 읽고, ‘者’는 사람 ‘자’로 읽는다. ‘群臣吏民能面刺寡人之過者’를 직역(直譯)하면, 많은 신하와 지방의 아전(衙前)과 백성들은 (내) 얼굴 (앞에서) 과인(寡人)의 허물을 책망할(꾸짖을) 수 있는 사람은, ‘受上賞’에서, ‘受’는 받을 ‘수’로 읽고, ‘上’은 높을 ‘상’으로 읽고, ‘賞’은 상(賞. 훌륭한 일이나 잘한 일을 기리기 위하여 주는 증서·證書나 돈이나 값어치 있는 물건) ‘상’, 상줄 ‘상’으로 읽는다. ‘受上賞’을 직역(直譯)하면, 높은(상급의) 상(賞)을 받고, ‘上書諫寡人者’에서, ‘上’은, 여기서는 임금 ‘상’으로 읽고, ‘書’는 글 ‘서’로 읽는다. ‘上書’는 신하가 임금에게 글을 올리던 일. 또는 그 글. ‘諫’은 간할(諫~. 웃어른이나 임금에게 옳지 못하거나 잘못된 일을 고치도록 말할) ‘간’으로 읽는다. ‘上書 諫寡人者’를 직역(直譯)하면, 상서(上書)로 과인(寡人)에게 간(諫)하는 사람은, ‘受中賞’에서, ‘中’은 가운 데 등급(等級)의 ‘중’으로 읽는다. ‘受中賞’을 직역(直譯)하면, 가운데 등급의(중급의) 상(賞)을 받으며, ‘能謗議於市朝’에서, ‘能’은 할 수 있을 ‘능’으로 읽고, ‘謗’은 헐뜯을 ‘방’으로 읽고, ‘議’는 의논할 ‘의’로 읽는다. ‘謗議’는 남을 헐뜯는 의논. ‘於’는 어조사 ‘어’로 읽는다. ‘~에서(위치)’의 뜻을 나타냄. ‘市’는 저자(물건을 팔고 사는 ‘시장’을 예스럽게 이르는 말) ‘시’, 시가(市街. 인가나 상가가 많이 늘어선 거리) ‘시’로 읽고, ‘朝’는 조정(朝廷) ‘조’로 읽는다. ‘市朝’는 시정(市井. 인가가 모인 곳. 중국 고대에, 우물이 있는 곳에서 사람이 모여 살았다는 데서 유래함)과 조정(朝廷. 임금이 나라의 정치를 신하들과 의논하거 나 집행하는 곳. 또는 그런 기구)을 아울러 이르는 말. ‘能謗議於市朝’를 직역(直譯)하면, 시정(市井)과 조정(朝廷)에서 남을 헐뜯는 의논을 할 수 있는 (사람에 대하여), ‘聞寡人之耳者’에서, ‘聞’은 들을 ‘문’으로 읽고, ‘耳’는 귀 ‘이’로 읽는다. ‘聞寡人之耳者’를 직역(直譯)하면, 과인(寡人)의 귀에 듣게 하는 사람은, ‘受下賞’에서. ‘下’는 하급 ‘하’로 읽는다. ‘受下賞’을 직역(直譯)하면, 하급(下級)의 상을 받는다. ‘令初下’에 서, ‘令’은 명령할 ‘령(영)’으로 읽고, ‘初’는 처음 ‘초’로 읽는다. ‘令初下’를 직역(直譯)하면, 처음 명령을 내릴 (때에), ‘群臣進諫’에서, ‘進’은 나아갈 ‘진’으로 읽는다. ‘群臣進諫’을 직역(直譯)하면, 많은 신하들이 간(諫)하러 나아갔는데, ‘門庭若市’에서, ‘門’은 문 ‘문’으로 읽고, ‘庭’은 뜰(집 안의 앞뒤나 좌우로 가까이 딸려 있는 빈터. 화초나 나무를 가꾸기도 하고, 푸성귀 따위를 심기도 함) ‘정’으로 읽고, ‘若’은 같을 ‘약’으로 읽고, ‘市’는 저자 ‘시’로 읽는다. ‘門庭若市’를 직역(直譯)하면, 문(門)의 뜰이 저자 같았다. 즉, 대문(大門) 안 뜰이 시장(市場) 같다는 뜻으로, 집에 드나드는 사람이 많거나, 환심(歡心. 기뻐하고 즐거 워하는 마음)을 사려는 자(者)가 많음을 비유적으로 이르는 말.

문질-빈빈(文質彬彬 글월 **문**/바탕 **질**/빛날 **빈**/빛날 **빈**) 글월과 바탕이 빛나고 빛난다는 뜻으로, 겉모양의 아름다움과 속내(사람이나 사물의, 겉으로 드러나지 않는 사정. =속)가 서로 잘 어울림을 이르는 말. *문질(文質): ①겉으로 드러난 모양과 실상의 바탕. ②겉으로 나타난 문체의 아름다움과 실상의 바탕. *빈빈(彬彬): ①외관(外觀. 겉모양. 또는 겉보기)과 내용이 고루 갖추어져 훌륭함. ②문물(文物)이 모두 성(盛)함.

문치-주의(文治主義 글월 **문**/다스릴 **치**/주될 **주**/옳을 **의**) 글월로 다스리는 (것을) 주된 (가치로 여기는) 주의(主義)라는 뜻으로, 무력(武力)을 배경으로 하는 무단 정치(武斷政治)와는 달리, 교화(敎化) 또는 학문(學問)과 법령(法令)에 따라 정치(政治)를 펴는 태도를 이르는 말. 중국의 한(漢)나라 때, 유교를 국교로 삼으면서부터 시작되었다. *문치(文治): 학문과 법령으로 세상을 다스림. 또는 그런 정치. *주의 (主義): ①굳게 지키는 주장이나 방침. ②체계화된 이론이나 학설. *다스리다: 부록 ‘치(治)’ 참고. *주되 다(主~): 주장(主張)이나 중심(中心)이 되다.

문필-쌍전(文筆雙全 글월 **문**/붓 **필**/둘 **쌍**/온전할 **전**) 글월과 붓 둘 (다) 온전(穩全)하다는 뜻으로, 글을 짓는 재주(순우리말로, 무엇을 잘할 수 있는, 타고난 능력과 슬기)와, 글씨를 쓰는 재주를 두루 갖춤을 이르는 말. *문필(文筆): ①글과 글씨. ②글을 짓거나 쓰는 일. *쌍전(雙全): 두 가지 일이나 두 쪽이 모두 온전함. *온전하다(穩全~): 부록 '전(全)' 참고.

물-각-유주(物各有主 물건 물/각각 각/있을 유/주인 주) (모든) 물건(物件)에는 각각 (그) 주인(임자)이 있다는 뜻으로, 어떤 물건(物件)이라도 아무 손에나 되는 대로 들어가는 것이 아님을 이르는 말. 즉, 주인 없는 물건은 없다는 말이다. *유주(有主): 임자가 있음.《관련 속담》참나무에서 떨어지는 도토리 멧돼지가 먹으면 멧돼지 것이고 다람쥐가 먹으면 다람쥐 것이다.

물-경-소사(勿輕小事 말 물/가벼울 경/작을 소/일 사) 작은(조그만) 일을 가벼이 (여기지) 마라는 뜻으로, 작은 일에도 정성(精誠)을 다하여야 함을 이르는 말. *소사(小事): 하찮은 일. 또는 작은 일. *말다: 부록 '물(勿)' 참고.

물-부-충-생(物腐蟲生 사물 물/썩을 부/벌레 충/생길 생) 사물(事物)이 썩으면 벌레가 생긴다는 뜻으로, 내부에 약점(弱點. 모자라서 남에게 뒤떨어지거나 떳떳하지 못한 점)이나 문제가 생기면 곧 외부의 침입이 있게 된다는 것을 비유적으로 이르는 말. 이 사자성어의 유래는 다음과 같다. 『순자(荀子)』의 「권학(勸學)」 편(篇)에 〈모든 사물의 발단에는 반드시 그 기인(起因. 무슨 일을 일으키는 원인이 됨. 또는 그 원인)이 있고, 영예(榮譽)와 오욕(汚辱)이 오는 것은 반드시 사람의 덕망(德望)에 의한다. 고기가 썩으면 벌레가 나오고, 물고기가 마르면 좀이 생기며, 게을러서 자신을 돌보는 것을 잊어버리면 재앙(災殃. 뜻하지 아니하게 생긴 불행한 변고·變故. 또는 천재지변·天災地變으로 인한 불행한 사고)이 생기게 된다.(物類之起, 必有所始, 榮辱之來, 必象其德, **肉腐生蟲**, 魚枯生蠹, 怠慢忘身, 禍災乃作.)〉[그렇기 때문에 과녁을 펼쳐 놓으면 화살이 날아오게 마련이고, 즉, 여기저기 과녁을 설치해 놓으면, 과녁이 설치되어 있는 곳마다 누군가 과녁을 향하여 화살을 쏘게 된다는 뜻이다. 나무숲이 무성하면 도끼가 이르게 마련이고, 즉, 나무숲이 무성하면 누군가 그 나무들을 도끼로 베게 된다는 뜻이다. 나무가 그늘을 이루면 새떼들이 와서 쉬게 마련이고, 식초가 시어지면 바구미(바구밋과의 곤충 이름)가 모여들게 마련이다. 그러므로 말은 화(禍)를 부를 수 있고, 행동은 치욕(恥辱. '수치·羞恥'와 '모욕·侮辱'을 아울러 이르는 말)을 부를 수 있으니, 군자(君子. 학문과 덕·德이 높고 행실·行實이 바르며 품위·品位를 갖춘 사람)는 처세(處世. 남들과 사귀면서 살아가는 일)에 신중해야 하는 것이다.]라는 이야기가 나오는데, '고기가 썩으면 벌레가 나오고,(肉腐生蟲)'에서, '물부충생(物腐蟲生)'이 유래했다. 어느 사회든 내부에 약점이 생기면 곧 외부의 침입이 있게 되고, 그러면 그 사회는 무너지게 된다는 것을 명심하고 '물부충생(物腐蟲生)'의 의미를 깨달아 경계심을 늦추지 말아야 하겠다. 특히 우리나라는 남북(南北)이 대치하고 있는 상황이라 더 '물부충생(物腐蟲生)'의 의미를 생각하지 않을 수 없다. 참고로, 원문의 '物類之起'에서, '物'은 사물 '물'로 읽고, '類'는 종류 '류(유)'로 읽고, '之'는 어조사 '지'로 읽는다. '~의' 뜻을 나타내는 관형격 조사. '起'는 일어날 '기'로 읽는다. '物類之起'를 직역(直譯)하면, 사물의 종류의 일어남은, 즉, 모든 사물의 종류마다 그 시작은, '必有所始'에서, '必'은 반드시 '필'로 읽고, '有'는 있을 '유'로 읽고, '所'는 바(앞에서 말한 내용 그 자체나 일 따위를 나타내는 말) '소'로 읽고, '始'는 시작할 '시'로 읽는다. '必有所始'를 직역(直譯)하면, 반드시 시작하는 바가 있고, 즉, 반드시 시작이 있고, '榮辱之來'에서, '榮'은 영화(榮華) '영'으로 읽고, '辱'은 욕될 '욕'으로 읽는다. '榮辱'은 영화(榮華)와 치욕(恥辱)을 아울러 이르는 말. '來'는 올 ‘래(내)’로 읽는다. ‘榮辱之來’를 직역(直譯)하면, 영화(榮華)와 치욕(恥辱)이 오는 것은, ‘必象其德’에서, ‘象’은 본뜰 ‘상’, 본받을 ‘상’으로 읽고, ‘其’는 그(지시하는 말) ‘기’로 읽고, ‘德’은 덕(德) ‘덕’으로 읽는다. ‘必象其德’을 직역(直譯)하면, 반드시 그 덕(德. 고매하고 너그러운 도덕적 품성)에서 본받는다. ‘肉腐生蟲’에서, ‘肉’은 고기 ‘육’으로 읽고, ‘腐’는 썩을 ‘부’로 읽고, ‘生’은 생길 ‘생’으로 읽고, ‘蟲’은 벌레 ‘충’으로 읽는다. ‘肉腐生蟲’을 직역(直譯)하면, 고기가 썩으면 벌레가 생기고, 여기서, ‘物腐蟲生’이 유래하였는데, 이것을 직역(直譯)하면, 사물(事物)이 썩으면 벌레가 생긴다는 뜻으로, 내부에 약점(弱點)이나 문제가 생기면 곧 외부의 침입이 있게 된다는 것을 비유적으로 이르는 말. ‘魚枯生蠹’에서, ‘魚’는 물고기 ‘어’로 읽고, ‘枯’는 마를 ‘고’로 읽고, ‘蠹’는 좀(좀과의 곤충) ‘두’로 읽는다. ‘魚枯生蠹’를 직역(直譯)하면, 물고기가 마르면 좀(좀벌레)이 생기며, ‘怠慢忘身’에서, ‘怠’는 게으를 ‘태’로 읽고, ‘慢’은 게으를 ‘만’으로 읽는다. ‘怠慢’은 열심히 하려는 마음이 없고 게으름. ‘忘’은 잊을 ‘망’으로 읽고, ‘身’은 몸 ‘신’으로 읽는다. ‘怠慢忘身’을 직역(直譯)하면, 태만(怠慢)하여 (자기) 몸을 잊으면(망각하면), ‘禍災乃作’에서, ‘禍’는 재앙(災殃) ‘화’로 읽고, ‘災’는 재앙(災殃) ‘재’로 읽는다. ‘乃’는 이에(이러하여서 곧) ‘내’로 읽고, ‘作’은 일어날 ‘작’으로 읽는다. ‘禍災乃作’을 직역(直譯)하면, 재앙이 이에 일어나게 된다.

물-비-소시(勿秘·祕昭示 말 **물**/숨길 **비**/밝힐 **소**/보일 **시**) 숨기지(감추지) 말고 밝히어 보이라는 뜻으로, 점쟁이가 외는 주문(呪文. 음양가·陰陽家나 점술·占術에 정통한 사람이 술법을 부리거나 귀신을 쫓을 때 외는 글귀)의 맨 끝에 부르는 말. *소시(昭示): 뚜렷이 나타내 보임. *말다: 부록 ‘물(勿)’ 참고.

물-상-객주(物商客主 물건 **물**/장사 **상**/손님 **객**/주인 **주**) 물건을 (팔거나) 장사하는 손님과 주인(主人)이라는 뜻으로, 조선 시대에 발달한 일종의 상업, 금융 기관의 한 가지로, ①장사치(‘장사하는 사람’을 홀하게 이르는 말)를 집에 머물러 묵게 하거나 그들의 물품(物品)을 소개하는 일을 이르는 말. ②흥정(순우리말로, 물건을 사고파는 일. 또는 물건을 사고팔기 위하여 값 따위를 따지고 의논하는 일)을 붙이는 일을 주로 하는 영업, 또는 그런 사람을 이르는 말. *객주(客主): 조선 시대에, 상인의 물품(物品)을 맡아 팔기도 하고, 매매(賣買. 무엇을 팔고 삼. 또는 파는 일과 사는 일)를 거간(居間. 사이에 들어 흥정을 붙임)하기도 하며, 또 그 상인(商人)들을 치기도(영업으로 나그네를 묵게 하기도) 하던 영업(營業). 또는 그런 영업(營業)을 하던 사람.

물신-숭배(物神崇拜 물건 **물**/귀신 **신**/높일 **숭**/절 **배**) 물건(物件)과 귀신(鬼神)에게 높여 절한다는 뜻으로, 어떠한 물건에 초자연적(超自然的. 자연을 초월한 그 어떤 존재나 힘에 의한)인 힘이 깃들어 있다고 믿어 이를 숭배(崇拜)하는 일을 이르는 말. 원시 종교의 공통적 현상으로, 깃털이나 나뭇조각, 돌조각 따위에 영험(靈驗. 사람의 기원대로 되는 신기한 징조나 징후가 있음)한 힘이 있다고 믿어, 그것을 숭배(崇拜)하고 재앙(災殃. 뜻하지 아니하게 생긴 불행한 변고·變故. 또는 천재지변·天災地變으로 인한 불행한 사고)을 면(免)하거나 병(病)을 고치려 한다. =서물숭배(庶物崇拜). 주물숭배(呪物崇拜). *물신(物神): 신령이 깃들어 있다고 생각하여 숭배하는 동, 식물이나 물건. *숭배(崇拜): ①(어떤 사람을) 훌륭히 여겨 마음으로부터 우러러 공경함. ②종교적 대상을 절대시하여 우러러 받듦.

물-실-호기(勿失好機 아닐 **물**/잃을 **실**/좋을 **호**/기회 **기**) 좋은 기회(機會)를 잃지 아니한다는 뜻으로, 좋은 기회(機會)를 놓치지 아니함을 이르는 말. *호기(好機): (무슨 일을 하는 데) 좋은 기회. 《관련 속담》 쇠뿔도 단김에 빼라.

물심-양면(物心兩面 사물 물/마음 심/두 양/얼굴 면) 사물(事物)과 마음의 두 얼굴이라는 뜻으로, 물질적(物質的)인 것과 정신적(精神的)인 것의 두 방면(方面)을 이르는 말. *물심(物心): 물질과 정신. *양면(兩面): ①양쪽 면. 또는 앞면과 뒷면. ②두 방향. 또는 두 방면.

물심-일여(物心一如 사물 물/마음 심/한 일/같을 여) 사물(事物)과 마음이 한 (가지로) 같다는 뜻으로, 자연물과 자아(自我. 자기 또는 자기 자신)가 하나가 된 상태. 또는 대상물에 완전히 몰입(沒入. 깊이 파고들거나 빠짐)된 경지를 이르는 말. 즉, 사물(事物)과 마음이 구분 없이 하나의 근본(根本)으로 통합됨을 이르는 말. =물아일체(物我一體). *물심(物心): ☞물심양면(物心兩面). *일여(一如): 진여(眞如. '진실함이 언제나 같다'는 뜻으로, 대승불교·大乘佛敎의 이상·理想 개념의 한 가지다. 우주 만유·萬有의 실체로서 현실적이며 평등하고 무차별한 절대의 진리를 일컬음)의 이치가 평등하고 차별이 없어 둘이 아니고 하나임. 여기서, '만유(萬有)'는 우주(宇宙. 온 세계를 둘러싸고 있는 공간)에 존재하는 모든 것을 일컫는다.

물아-일체(物我一體 사물 물/나 아/한 일/몸 체) 사물과 나[我]가 한 몸이라는 뜻으로, 자연물과 자아(自我. 자기 또는 자기 자신)가 하나가 된 상태. 또는 대상물에 완전히 몰입(沒入. 깊이 파고들거나 빠짐)된 경지를 이르는 말. 즉, 외물(外物. 외계에 존재하는 사물)과 자아(自我), 객관(客觀)과 주관(主觀), 또는 물질계(物質界)와 정신계(精神界)가 어울려 하나가 됨을 이르는 말. =물심일여(物心一如). *물아(物我): ①외물(外物)과 자아(自我). ②주관과 객관. ③물질계와 정신계. *일체(一體): ①한 몸. 또는 한 덩어리. ②전부. 또는 온통. ③한결같음.

물-약-자효(勿藥自效 아닐 물/약 약/스스로 자/효험 효) 약(藥)이 아니라도 스스로 효험(效驗)이 (있다는) 뜻으로, 약(藥)을 쓰지 않고도 병(病)이 저절로 나음을 이르는 말. *자효(自效): 자기의 정성을 다함. *효험(效驗): 일의 좋은 보람. 또는 효력(效力).

물외-한인(物外閒·閑人 사물 물/바깥 외/한가할 한/사람 인) 사물(事物)의 바깥에 (있는) 한가(閑暇)한 사람이라는 뜻으로, 세속(世俗. 사람이 살고 있는 모든 사회를 통틀어 이르는 말)의 번거로움을 피하여 한가(閑暇)롭게 지내는 사람. 또는 세상사(世上事. 세상에 있는 일. 또는 사회에서 일어나는 일들)에 관계하지 않고 한가(閑暇)롭게 지내는 사람을 이르는 말. *물외(物外): ①구체적인 현실 세계의 바깥세상. 또는 세상의 바깥. ②형체 있는 물건 이외의 세계. *한인(閒·閑人): ①한가(閑暇)한 사람. ②할 일이 없는 사람. ③고려, 조선 시대에 있었던, 토호(土豪. 그 지방의 토착민·土着民으로서 양반이, 돈이나 세력을 믿고 젠 체하며 억지를 쓰는 세력과 재산을 가진 사람) 출신의 무인(武人). *한가하다(閑暇~): 하는 일이 적거나 바쁘지 않아, 활용할 수 있는 시간이 많다.

물-위-거론(勿爲擧論 아닐 물/할 위/들 거/논의할 론) (어떤 사실을) 들어 논의(論議)하지 아니한다는 뜻으로, 이치(理致)에 닿지 않거나 상스러운(常~. 말씨나 하는 짓이 천한) 일이어서, 들어 말하지 아니함을 이르는 말. *거론(擧論): ①어떤 사항을 논제(論題)로 삼기 위하여 초들어(어떤 사물만을 입에 올려 말하여) 말함. ②어떤 것을 이야기의 주제나 문제로 삼음. *들다: 부록 '거(擧)' 참고. *논의하다(論議~): 부록 '론(論)' 참고.

물질-문명(物質文明 물건 물/바탕 질/글월 문/밝을 명) 물건(물질)을 바탕으로 이루어진 문명(文明)을 이르는 말. ↔정신문명(精神文明). *물질(物質): ①물건의 본바탕. ②철학에서, 정신에 대하여 인간의 의식 바깥에 존재하는 것. ↔정신(精神). *문명(文明): 인지(人智. 사람의 슬기와 지식)가 발달하여 인간생활이 풍부하고 편리해진 상태. 즉, 정신문화(精神文化)에 대하여, 주로 인간의 외면적인 생활조건이나 질서에 대한 물질문화(物質文化)를 이르는 말. 🅱 문화(文化). ↔미개(未開). 야만(野蠻).

물질-문화(物質文化 물건 **물**/바탕 **질**/글월 **문**/화할 **화**) 물건(물질)의 바탕 (위에 이루어진) 문화(文化)라는 뜻으로, 인간이 자연환경에 적응하며 생활해 나가기 위하여, 물질을 바탕으로 이루어 놓은 문화, 기계, 도구, 건조물, 교통통신 수단 따위를 이르는 말. ↔정신문화(精神文化). *물질(物質): ☞물질문명(物質文明). *문화(文化): ①자연 상태에서 벗어나 일정한 목적 또는 생활 이상을 실현하고자 사회 구성원에 의하여 습득, 공유, 전달되는 행동 양식이나 생활양식의 과정 및 그 과정에서 이룩하여 낸 물질적, 정신적, 소득을 통틀어 이르는 말. 의식주를 비롯하여 언어, 풍습, 종교, 학문, 예술, 제도 따위를 모두 포함한다. ②학문을 통하여 사람들의 인지(人智. <u>사람의 슬기와 지식</u>)가 깨어 밝게 되는 것.

물질-주의(物質主義 물건 **물**/바탕 **질**/주될 **주**/옳을 **의**) 물건(물질)을 주된 (가치로 삼는) 주의(主義)라는 뜻으로, ①물질적 만족을 최고의 가치로 삼는 윤리학(倫理學)의 한 경향(傾向)을 이르는 말. ②(정신적인 것을 무시하고) 의식주(衣食住. <u>인간 생활의 세 가지 기본 요소인 옷, 음식, 집을 통틀어 일컫는 말</u>) 따위 물질 문제를 중히 여기는 주의. ↔정신주의(精神主義). ③=유물론(唯物論). 즉, 영혼이나 정신 따위의 실재(實在. <u>실제로 존재함. 또는 관념론에서, 사물의 본질적 존재를 이르는 말</u>)를 부정하고, 우주(宇宙. <u>온 세계를 둘러싸고 있는 공간</u>) 만물(萬物. <u>온갖 물건 또는 세상에 있는 모든 것</u>)의 궁극적 실재(實在)는 물질(物質)뿐이라고 보는 이론. *물질(物質): ☞물질문명(物質文明). *주의(主義): ①굳게 지키는 주장이나 방침. ②체계화된 이론이나 학설. *주되다(主~): 주장(主張)이나 중심(中心)이 되다.

미-거-안-래(眉去眼來 눈썹 **미**/갈 **거**/눈 **안**/올 **래**) 눈썹이 가고 눈[眼]이 온다는 뜻으로, 서로 미소(微笑)를 보냄을 비유적으로 이르는 말. 사실, 눈썹이 가고 눈이 온다는 것은 미소(微笑)를 짓는 행위를 의미한다. 웃기 위해서는 먼저 눈썹이 움직여야 하고, 그 다음에 눈이 반가운 표정을 짓는다. 이것이 미소(微笑)가 이루어지는 과정이다.

미관-말직(微官末職 작을 **미**/벼슬 **관**/보잘것없을 **말**/벼슬 **직**) 작은 벼슬과 보잘것없는 벼슬이라는 뜻으로, 지위(地位)가 아주 낮은 관직(官職. <u>관리로서, 국가로부터 위임 받은 일정한 범위의 직무. 또는 그 직위</u>)이나 벼슬. 또는 그런 위치에 있는 사람을 이르는 말. =미말지직(微末之職). 🅱 고관대작(高官大爵). *미관(微官): ①보잘것없는 관직(官職). ②관리가 자기를 낮추어 이르는 말. *말직(末職): 맨 끝자리의 낮은 직위(職位).

미구-불원(未久不遠 아닐 **미**/오랠 **구**/아닐 **불**/멀 **원**) 오래지 아니하고 멀지 아니한다는 뜻으로, 그동안이 오래지 않음. 즉, 얼마 오래지 아니하고 가까움을 이르는 말. *미구(未久): 얼마 오래지 아니함. *불원(不遠): (거리나 시간이) 멀지 아니함.

미달-일-간(未達一間 아닐 **미**/이를 **달**/한 **일**/사이 **간**) 한 (군데) 사이에는 이르지 아니하였다는 뜻으로, 모든 일에 다 밝고 익숙하여도 오직 한 부분만은 서투름을 이르는 말. 즉, 모든 것이 능(能)해도 하나는 서투른 것이 있다는 말이다. *미달(未達): 어떤 한도에 이르거나 미치지 못함.

미대-난-도(尾大難掉 꼬리 **미**/클 **대**/어려울 **난**/흔들 **도**) 꼬리가 커서 흔들기가 어렵다는 뜻으로, 어떤 일의 끝이 크게 벌어져서 처리(處理)하기가 어려움을 비유적으로 이르는 말. =미대부도(尾大不掉). *미대(尾大): 꼬리가 큼.

미대-부-도(尾大不掉 꼬리 **미**/클 **대**/아닐 **부**/흔들 **도**) 꼬리가 (너무) 크면 흔들리지 않는다. 또는 꼬리가 커서 흔들기 어렵다는 뜻으로, 어떤 일의 끝이 크게 벌어져서 처리(處理)하기가 어려움을 비유적으로 이르는 말. =미대난도(尾大難掉). *미대(尾大): ☞미대난도(尾大難掉).

미-도-불원(迷道不遠 길 잘못 들 **미**/길 **도**/아닐 **불**/멀 **원**) 멀지 않은 (곳에서) 길을 잘못 들었다. 즉, (목적지가) 그리 멀지 않은 곳에서 길을 헤맨다는 뜻으로, 해결될 때가 멀지 않다는 말. 곧 (잘못된 길이 아닌) 본 길을 찾게 됨을 이르는 말. 제자리를 찾게 된다는 뜻이다. *불원(不遠): (거리나 시간이) 멀지 아니함.

미래-영겁(未來永劫 아닐 **미**/올 **래**/길 **영**/겁 **겁**) (아직) 오지 않은 영겁(永劫)이라는 뜻으로, 앞으로 닥쳐 올 영원한 세상(世上)을 이르는 말. =미래영영(未來永永). *미래(未來): ①(현재를 기준하여) 아직 다가 오지 않은 때. =장래(將來). ②불교에서, 삼세(三世)의 하나. 곧, 죽은 뒤의 세상. =내세(來世). 여기서, '삼세(三世)'는 불교에서, 전세(前世), 현세(現世), 내세(來世)를 아울러 이르는 말. ③앞으로 있을 동작이 나 상태를 나타내는 어법(語法). *영겁(永劫): 한없이 오랜 세월. 또는 영원한 세월. *길다: 부록 '영(永)' 참고. *겁(劫): '천지(天地)가 한 번 개벽(開闢. 세상이 처음으로 생겨 열림)한 때부터 다음번에 개벽(開闢)할 때까지의 동안'이란 뜻으로, 매우 길고 오랜 시간을 이르는 말. ↔찰나(刹那).

미말-지-직(微末之職 작을 **미**/끝 **말**/어조사 **지**/벼슬 **직**) 작고[微], 끝에 (있는) 벼슬이라는 뜻으로, 지위(地位)가 아주 낮은 관직(官職. 관리로서, 국가로부터 위임 받은 일정한 범위의 직무. 또는 그 직위)이나 벼슬. 또는 그런 위치에 있는 사람을 이르는 말. =미관말직(微官末職). *미말(微末): 아주 작음. 또는 아주 보잘것없음.

미목-수려(眉目秀麗 눈썹 **미**/눈 **목**/빼어날 **수**/아름다울 **려**) 눈썹과 눈[眼]이 빼어나게 아름답다는 뜻으로, 얼굴이 아주 아름다움을 비유적으로 이르는 말. *미목(眉目): ①눈썹[眉]과 눈[眼]을 아울러 이르는 말. ②얼굴 모습을 이르는 말. 눈썹과 눈[眼]이 얼굴 모습을 좌우한다고 하여 일컫는 말이다. *수려(秀麗): (경치나 용모가) 빼어나게 아름다움.

미문-여구(美文麗句 아름다울 **미**/글월 **문**/아름다울 **여**/글귀 **구**) 아름다운 글과 아름다운 글귀라는 뜻으로, 아름다운 말로 듣기 좋게 꾸민 글귀를 이르는 말. =미사여구(美辭麗句). *미문(美文): 아름다운 문장. 또는 아름다운 글귀. *여구(麗句): 아름답게 꾸민 글귀.

미복-잠행(微服潛行 숨을 **미**/옷 **복**/숨길 **잠**/다닐 **행**) 숨은(여기서는 '드러나지 않은'의 뜻임) 옷을 (입고) (몸을) 숨기면서 다닌다는 뜻으로, 지위(地位)가 높은 사람이, 무엇을 몰래 살피기 위하여 남루(襤褸. 옷 따위가 때 묻고 해어져 너절함)한 옷차림을 하고 남 모르게 다님을 이르는 말. *미복(微服): 지위가 높은 사람이 무엇을 몰래 살피러 다닐 때에 남의 눈을 피하려고 입는 남루(襤褸)한 옷차림. *숨다: ①보 이지 않게 몸을 감추다. ②(주로 '숨은'의 꼴로 쓰여) 드러나지 않다. *잠행(潛行): ①물속으로 잠기어 나아감. ②숨어서 남몰래 다님. ③비밀리(秘密裏)에 감.

미봉-만-환(彌縫漫漶 꿰맬 **미**/꿰맬 **봉**/흩어질 **만**/섞일 **환**) 꿰매고 꿰매어도 흩어지고 섞인다는 뜻으로, 그때그때 겨우 맞추어 나가던 일이 몹시 얽히고설킴(관계. 일. 감정 따위가 이리저리 복잡하게 됨)을 이르는 말. 또는 그때그때 겨우 맞추어 나가던 일이 모호하여 분별이 되지 않음을 이르는 말. *미봉(彌縫): 일의 빈 구석이나 잘못된 것을 임시변통(臨時變通. 본문 참고)으로 이리저리 주선(周旋. 일이 잘되도록 여러 가지 방법으로 <u>힘씀)</u>하여 꾸며 댐.

미봉-지-책(彌縫之策 꿰맬 **미**/꿰맬 **봉**/어조사 **지**/계책 **책**) 꿰매고 꿰맨 계책(計策)이라는 뜻으로, 임시로 꾸며 대어 눈가림(<u>겉만 꾸며 남의 눈을 속이는 짓</u>)만 하는 일시적인 계책(計策)을 이르는 말. *미봉(彌縫): ☞미봉만환(彌縫漫漶). *계책(計策): 어떤 일을 이루기 위하여 꾀나 방법을 생각해 냄. 또는 그 꾀나 방법.

미-불용-극(靡不用極 없을 **미**/아닐 **불**/쓸 **용**/다할 **극**) 쓰지 아니함이 없을 (정도로) 다함이라는 뜻으로, 마음과 힘을 다함을 이르는 말. *불용(不用): ①쓰지 아니함. ②소용이 없음. 또는 쓸데없음. *다하다: ①(있던 것이 없어져서) 더는 남아 있지 않거나 이어지지 않게 되다. =끝나다. ②(마음이나 힘, 또는 필요한 물자 따위를) 다 쏟거나 들이다.

미사-여구(美辭麗句 아름다울 **미**/말 **사**/고울 **여**/글귀 **구**) 아름다운 말과 고운 글귀라는 뜻으로, 아름다운 말로 듣기 좋게 꾸민 말과 글귀를 이르는 말. 또는 예쁘게 꾸민 말과 문장을 이르는 말. =미문여구(美文麗句). *미사(美辭): ①아름답게 표현된 말. ②교묘하게 꾸민 말. *여구(麗句): ☞미문여구(美文麗句). *글귀: 부록 '구(句)' 참고.

미생-지-신(尾生之信 꼬리 **미**/날 **생**/어조사 **지**/믿을 **신**) 미생(尾生)의 믿음(<u>신의</u>)이라는 뜻으로, 신의(信義)가 두터운 것을 가리키거나(<u>긍정적 측면</u>), 미련하고 우직(愚直)하여 융통성(融通性)이 없이 약속만을 굳게 지킴(<u>부정적 측면</u>)을 비유적으로 이르는 말. *미생(尾生): 사람 이름.《관련 속담》하나만 알고 둘은 모른다. 이 사자성어의 유래는 다음과 같다. 이 말은 각각 상반된 뜻을 보여 주는 두 개의 이야기가 있다. 『사기(史記)』의 「소진열전(蘇秦列傳)」 편(篇)에 [소진(蘇秦)이 연왕(燕王)에게 말했다. "왕께서 저를 믿지 않는 것은 필시(必是. <u>아마도 틀림없이</u>) 누군가 중상(中傷. <u>근거 없는 말로 남을 헐뜯어 명예나 지위를 손상함</u>)하는 사람이 있기 때문일 것입니다. 저는 증삼(曾參) 같은 효도(孝道. <u>부모를 정성껏 잘 섬기는 일</u>)도 없고, 백이(伯夷) 같은 청렴(淸廉. <u>성품과 행실이 높고 맑으며, 탐욕이 없음</u>)도 없고, 미생(尾生) 같은 신의(信義. <u>'믿음[信]'과 '의리(義理)'를 아울러 이르는 말</u>)도 없습니다. 그러니 왕께선 증삼(曾參) 같은 효도(孝道)와, 백이(伯夷) 같은 청렴(淸廉)과, 미생(尾生) 같은 신의(信義)가 있는 사람을 얻어 왕을 섬기도록 하면 어떻겠습니까?" "좋은 생각이오." "그렇지 않습니다. 효도(孝道)가 증삼(曾參) 같으면 하룻밤도 부모를 떠나 밖에서 자지 않을 텐데, 왕께서 어떻게 그를 걸어서 천 리길을 오게 할 수 있겠습니까? 백이(伯夷)는 무왕(武王)의 신하가 되는 것이 싫어 수양산(首陽山. <u>중국의 산 이름</u>)에서 굶어 죽고 말았는데, 어떻게 그런 사람을 천 리 길 제(齊)나라로 달려가게 할 수 있겠습니까?]〈신의(信義)가 미생(尾生) 같다면, 미생(尾生)은 어떤 여자와 다리 밑에서 만나기를 약속했으나, 여자가 오지 않자, 물이 불었는데도 떠나지 않고 다리 기둥을 안은 채 죽었는데.(**信如尾生**, 與女子期於梁下, 女子不來, 水至不去, 抱柱而死.)〉[이런 사람에게 천 리를 달려가 제(齊)나라와 강한 군사를 물리치게 할 수 있겠습니까? 저를 불효(不孝)하고 청렴(淸廉)하지 못하고, 신의(信義)가 없다고 중상(中傷)하는 사람이 있지만, 그렇기 때문에 저는 (주나라에서) 부모를 버리고 여기('<u>연·燕나라</u>'를 가리킴)까지 와서 약한 연(燕)나라를 도와 제(齊)나라를 달래어 빼앗긴 성(城)을 다시 바치게 한 것이 아니겠습니까?" 즉, 소진(蘇秦)은 이런 말로 연(燕)나라 왕을 달래어 합종(合從·縱)을 꾀하게 된다.] 라는 이야기가 나오는데, '신의가 미생(尾生) 같다면.(信如尾生)'에서, '미생지신(尾生之信)'이 유래했다. 소진(蘇秦)이 연(燕)나라 소왕

(昭王)을 설득하는 내용이다. 소진(蘇秦)은 여기에서 미생(尾生)을 신의 있는 사람의 본보기로 들고 있다. 참고로, 원문의 '信如尾生'에서, '信'은 믿을 '신'으로 읽고, '如'는 같을 '여'로 읽고, '尾'는 꼬리 '미'로 읽고, '生'은 날 '생'으로 읽는다. 여기서, '尾生'은 사람 이름. '信如尾生'을 직역(直譯)하면, 믿음(신의)은 미생(尾生)과 같아야 한다. 여기서, '尾生之信'이 유래하였는데, 이것을 직역(直譯)하면, 미생(尾生)의 믿음(신의)이라는 뜻으로, 신의(信義)가 두터운 것을 가리키거나(긍정적 측면), 미련하고 우직(愚直)하여 융통성(融通性)이 없이 약속만을 굳게 지킴(부정적 측면)을 비유적으로 이르는 말. '與女子期於梁下'에서, '與'는 어조사 '여'로 읽는다. '~와', '~과(병렬)'의 뜻을 나타냄. '女'는 여자(女子) '녀(여)'로 읽고, '子'는, 여기서는 접미사(接尾辭) '자'로 읽는다. 어떤 단어의 끝에 붙어서 의미를 첨가하여 한 개의 다른 단어를 이루는 말. '期'는 기약(期約. 때를 정하여 약속함. 또는 그런 약속)할 '기'로 읽고, '於'는 어조사 '어'로 읽는다. '~에서(장소)'의 뜻을 나타냄. '梁'은 다리(물을 건너다닐 수 있도록 만든 시설물) '량(양)'으로 읽고, '下'는 아래 '하'로 읽는다. '與女子期於梁下'를 직역(直譯)하면, 여자와 다리 아래에서 기약했는데, 즉, 미생(尾生)은 어느 여자와 다리 밑에서 만나기로 약속했는데, '女子不來'에서, '不'은 아닐(부정하는 말) '불'로 읽고, '來'는 올 '래(내)'로 읽음. '女子不來'를 직역(直譯)하면, 여자는 오지 않았다. '水至不去'에서, '水'는 물 '수'로 읽고, '至'는 이를(어떤 장소나 시간에 닿을) '지', 다다를 '지'로 읽고, '去'는 갈 '거'로 읽는다. '水至不去'를 직역(直譯)하면, 물이 다다라도 가지 않았다가, 즉, 물이 갑자기 불었는데도 다리 밑을 떠나지 않았다는 뜻이다. 그것은 여자와의 약속 때문이었다. '抱柱而死'에서, '抱'는 안을 '포'로 읽고, '柱'는 기둥 '주'로 읽고, '而'는 말 이을 '이'로 읽는다. '그리고'의 뜻을 나타냄. '死'는 죽을 '사'로 읽는다. '抱柱而死'를 직역(直譯)하면, (결국 미생은) (다리) 기둥을 안고 그리고 죽었다. 그런데 『장자(莊子)』의 「도척(盜跖. 중국 춘추시대·春秋時代의 큰 도적 이름)」편(篇)에 [세상에서 현사(賢士. 어진 선비)라고 말하는 백이(伯夷)와 숙제(叔齊)는 고죽국(孤竹國)의 임금을 그만두고 수양산(首陽山)에서 굶어 죽어 그 뼈도 묻히지 못했고, 포초(鮑焦)는 미친 척하며 세상을 비방(誹謗. 남을 나쁘게 말함. 또는 남을 헐뜯고 욕함)하다가 나무를 안은 채 죽었으며, 신도적(申徒狄)은 임금의 잘못을 간했으나(諫~. 웃어른이나 임금에게 옳지 못하거나 잘못된 일을 고치도록 말했으나) 받아들이지 않자, 돌을 지고 스스로 강물에 몸을 던져 물고기의 밥이 되었고, 개자추(介子推)는 충성(忠誠. 진정에서 우러나오는 정성. 특히 임금이나 국가에 대한 것을 일컬음)이 지극해서 (배고파하는 문공에게) 그 다리(자기 허벅지) 살을 베어 진문공(晉文公. 진나라의 문공)을 먹였지만, 후에 문공(文公)이 그를 배반하자 화(火. 몹시 언짢거나 못마땅하여 나는 성)가 나 산(山)에 들어가 나무를 안은 채 불에 타 죽었으며, 미생(尾生)은 어떤 여자와 다리 밑에서 만나기를 약속했으나 여자가 오지 않자 물이 불었는데도 떠나지 않고 다리 기둥을 안은 채 죽었다. 이 여섯 사람은 책형(磔刑. 기둥에 묶어세우고 창으로 찔러 죽이던 형벌)을 받은 개(잡아먹기 위해 매달아 놓은 개)나, 물에 떠내려간 돼지(제 스스로 강물에 던져진 돼지)와 같으며, 그 이름을 구하는 꼴은 쪽박(작은 바가지)을 들고 밥을 빌어먹는 거지와 다름없다. 이들 모두 이름에 구속(拘束. 행동이나 의사의 자유를 제한하거나 속박함)되어 죽음을 가벼이 여긴 사람으로서, 즉, 모두가 자기 명분(名分. 표면상의 이유나 구실)에 얽매여 죽음을 가벼이 한 사람이라는 뜻이다. 본성(本性. 사람이 본디부터 가진 성질)을 생각하고 목숨을 지키지 못했다. 즉, 근본으로 돌아가 목숨을 보전(保全. 온전하게 잘 지키거나 지님)할 생각을 하지 않은 사람들이라는 뜻이다.]〈……미생(尾生)이 물에 빠져

죽은 것은, 신의에 얽매인 데서 오는 비극이라 할 수 있다.(**尾生溺死, 信之患也.**)〉라는 구절이 나오는
데, 여기에서, '미생지신(尾生之信)'이 유래했다. 이 '미생지신(尾生之信)'은 융통성이 없는 우직한 사람을
말한다. 미생(尾生)이, 다리 밑에서 만나자고 한 약속 그것만을 믿고, 물이 자꾸만 불어나도 그대로
자리를 지키다가 죽었으니, 그는 변통을 모르는 바보짓을 했다는 뜻이다. 비록 다리 밑에서 만나자고
약속을 했을지라도, 물이 불어나면 다리 위로 장소를 바꾸어 만날 생각을 했으면 어떨까 생각해 보는
것이다. 이렇게 '미생지신(尾生之信)'은, 우리가 사람을 상대할 때에는 때에 따라 적당한 융통성이 필요
하다는 것을 깨우쳐 주는 말이기도 하다. 참고로, 원문의 '尾生溺死'에서, '溺'은 빠질 '닉(익)'으로 읽고,
'死'는 죽을 '사'로 읽는다. '尾生溺死'를 직역(直譯)하면, 미생이 물에 빠져 죽음. '信之患也'에서, '之'는
어조사 '지'로 읽는다. '~의'를 나타내는 관형격 조사. '患'은 재앙(災殃. <u>뜻하지 아니하게 생긴 불행한
변고·變故, 또는 천재지변·天災地變으로 인한 불행한 사고</u>) '환'으로 읽고, '也'는 어조사 '야'로 읽는다.
'~이다(단정)'의 뜻을 나타냄. '信之患也'를 직역(直譯)하면, 믿음의 재앙(災殃)이다. 즉, 믿음(신의) 때문
에 겪은 재앙(災殃)이다. 그리고 이 외에도 『전국책(戰國策)』의 「연책(燕策)」편(篇)과 『회남자(淮南子)』의
「설림훈(說林訓)」 편(篇)에도 미생(尾生)의 이야기가 전해지고 있다. 우리는 위의 '미생지신(尾生之信)'이
상반된 견해가 있음을 알았다. 전국시대(戰國時代)에, 합종책(合從·縱策)으로 유명한 주(周)나라의 소진
(蘇秦)이 자기 나라를 벗어나 연(燕)나라에 가서 합종책(合從·縱策)을 꾀하기 위해 연(燕)나라 왕을 설득
하는 장면을 보았다. 소진(蘇秦)은 미생(尾生)을 '신의(信義) 있는 사람의 본보기'로 들며 당시(當時. 일이
있었던 바로 그때. 또는 이야기하고 있는 그 시기) 연횡책(連衡策. 여기서, '衡'은 저울 '형'으로 읽고,
가로 '횡'으로도 읽음. '連衡'은 '가로로 잇는다.'는 뜻이다)을 폈던 위(魏)나라의 장의(張儀)보다는 자기가
더 신의(信義) 있는 사람임을 우회적(迂廻·回的. 곧바로 가지 않고 멀리 돌아서 가는 것)으로 나타낸
것이다. 그러나 '미생지신(尾生之信)'에 대해서 같은 전국시대(戰國時代)를 살았던 장자(莊子. 중국 전국
시대·戰國時代의 사상가, 도가·道家 사상의 중심인물)의 견해는 부정적이었다. 장자(莊子)는 춘추시대
(春秋時代)에 유명한 도적(盜賊. =도둑)인 도척(盜跖. 사람 이름)의 입을 통해서 미생(尾生)을 '고지식하
고 융통성이 없는 사람'이라고 비판하고 있는 것이다.

미성년-자(未成年者 아닐 **미**/이룰 **성**/나이 **년**/사람 **자**) (아직) 이루지 아니한 나이의 사람이라는 뜻으로,
아직 성년이 되지 않은 사람, 미성년인 사람, 법적인 권리를 행사할 수 없는 만 20세 미만의 사람을
이르는 말. *미성년(未成年): 법적인 권리를 행사할 수 없는 나이를 이르는 말. 만 20세 미만이다.

미숙련-공(未熟練工 아닐 **미**/익숙할 **숙**/익힐 **련**/장인 **공**) 익숙하게 익히지 아니한 장인(匠人)이라는 뜻으
로, 아직 일을 능숙하게 익히지 못한 직공(職工. 자기 기술로 물건 만드는 일을 업으로 하는 사람, 또는
공장에서 일하는 근로자)을 이르는 말. *미숙련(未熟練): 아직 일을 능숙하게 익히지 못함. *장인(匠人):
부록 '공(工)' 참고.

미시-기-의(微示其意 어렴풋할 **미**/보일 **시**/그 **기**/뜻 **의**) (밝히어 말을 하지 아니하고) 그 뜻만 어렴풋하게
보인다는 뜻으로, 분명히 말하지 않고 뜻만 약간 비쳐 보임. 또는 슬쩍 그 뜻을 비침을 이르는 말.
*미시(微示): =미시기의(微示其意).

미-실-미-가(靡室靡家 없을 **미**/방 **실**/없을 **미**/집 **가**) 방(房)도 없고 집도 없다는 뜻으로, 매우 가난하여
들어 있을 만한 집도 없음을 이르는 말. =무실무가(無室無家). 《관련 속담》 집도 절도 없다.

미안-지-심(未安之心 아닐 **미**/편안할 **안**/어조사 **지**/마음 **심**) 편안(便安)하지 아니하는 마음이라는 뜻으로, 미안(未安)하게 생각하는 마음을 이르는 말. *미안(未安): ①(남에게 폐를 끼쳐) 마음이 편하지 못하고 거북함. ②(남을 대하기가) 조금 부끄럽고 겸연쩍음.

미연-지-전(未然之前 아닐 **미**/그러할 **연**/어조사 **지**/앞 **전**) 아직 일이 그렇게 되기 전(前)을 이르는 말. *미연(未然): (주로 '미연에'의 꼴로 쓰여) 아직 그렇게 되지 않은 상태.

미음-완보(微吟緩步 작을 **미**/읊을 **음**/느릴 **완**/걸음 **보**) 작게 읊고 느리게 걷는다는 뜻으로, 작은 소리로 읊으며(읊조리며) 천천히 거닒을 이르는 말. *미음(微吟): 시가(詩歌)를 작은 소리로 읊음. *완보(緩步): 느리게 걸음. 또는 그런 걸음.

미인-박명(美人薄命 아름다울 **미**/사람 **인**/엷을 **박**/목숨 **명**) 아름다운 사람은 목숨이 엷다는 뜻으로, 아름다운 여자. 즉, 미인은 운명(運命)이 기박(奇薄. 이상하게도 운수가 사나워 일이 뒤틀리고 복이 없음)하여 불행하거나 병약(病弱. 병에 시달려 몸이 허약함. 또는 몸이 허약하여 병에 걸리기 쉬움)하여, 요절(夭折. 젊어서 일찍 죽음)하는 일이 많음을 이르는 말. 🗎 가인박명(佳人薄命). 🗎 홍안박명(紅顔薄命). *미인(美人): 얼굴이 아름다운 여자. *박명(薄命): ①운명이 기구(崎嶇. 사람의 세상살이가 순탄하지 못하고 가탈이 많음)함. ②목숨이 짧음. *엷다: 부록 '박(薄)' 참고.

미작-환지(米作換地 쌀 **미**/농사 **작**/바꿀 **환**/땅 **지**) 쌀농사로 바꿀 땅이라는 뜻으로, 이미(돌이킬 수 없이 된 지난 일을 일컬을 때 쓰는 말) 개간(開墾. 버려 둔 거친 땅을 새로 일구어 논밭을 만듦)되어 있어 논을 만들 수 있는 땅을 이르는 말. *미작(米作): =벼농사(~農事). 즉, 벼를 가꾸고 거두는 일. *환지(換地): 토지를 서로 바꿈. 또는 그 바꾼 땅.

미타-미타(未妥未妥 아닐 **미**/온당할 **타**/아닐 **미**/온당할 **타**) 온당(穩當)하지 아니하고 온당(穩當)하지 아니한다는 뜻으로, 아무래도 미심쩍은(未審~. 일이 분명하지 못하여 마음에 거리끼는) 모양을 이르는 말. *미타(未妥): ①온당하지 않음. ②🗎 든든하지 못하고 미심쩍은 데가 있음. *온당하다(穩當~): 부록 '타(妥)' 참고.

미풍-양속(美風良俗 아름다울 **미**/풍속 **풍**/좋을 **양**/풍속 **속**) 아름다운 풍속(風俗)과 좋은 풍속(風俗)이라는 뜻으로, 아름답고 좋은 풍속(風俗)이나 기풍(氣風. 어떤 집단이나 지역 사람들의 공통적인 기질)을 이르는 말. *미풍(美風): 아름다운 풍속(風俗) 또는 아름다운 기풍(氣風). *양속(良俗): 좋은 풍속(風俗). *풍속(風俗): 옛날부터 그 사회에 전해 오는 생활 전반에 걸친 습관 따위를 이르는 말. 또는 그 시대의 유행과 습관 따위를 이르는 말.

민궁-재-갈(民窮財渴 백성 **민**/궁할 **궁**/재물 **재**/마를 **갈**) 백성(百姓)은 궁(窮)하고 재물(財物)은 마르다는 뜻으로, 백성(百姓)은 곤궁(困窮)하고 나라의 재물(財物)은 바닥이 나 말라 없어짐을 이르는 말. *민궁(民窮): 백성이 곤궁함. 또는 그런 곤궁. *궁하다(窮~): 부록 '궁(窮)' 참고. *재물(財物): 부록 '재(財)' 참고.

민-아-무간(民我無間 백성 **민**/나 **아**/없을 **무**/사이 **간**) 백성과 나[我] 사이[間]에 (간격이) 없다는 뜻으로, 위정자(爲政者. 정치를 하는 사람)나 지도자(指導者)가 백성과 한마음이 됨을 이르는 말. 또는 민족(民族)과 자기 자신을 똑같이 생각함을 이르는 말. *무간(無間): 사귀며 지내는 사이가 썩 가까움.

민족-상잔(民族相殘 백성 **민**/겨레 **족**/서로 **상**/상하게 할 **잔**) (한) 백성(百姓)과 겨레(민족)가 서로 상(傷)하게 한다는 뜻으로, 같은 민족(民族)끼리 서로 다투고 싸움을 이르는 말. 🗎 동족상잔(同族相殘). 동족상쟁(同族相爭). *민족(民族): 같은 지역에서 오랫동안 공동생활을 함으로써 언어나 풍습 따위 문화 내용을 함께하는 인간 집단. *상잔(相殘): 서로 싸우고 해침. *겨레: 부록 ‘족(族)’ 참고.

민족-의식(民族意識 백성 **민**/겨레 **족**/뜻 **의**/알 **식**) (같은) 백성(百姓)과 겨레의 의식(意識)이라는 뜻으로, ①같은 민족에 속한다는 자각(自覺)을 이르는 말. ②자기 백성(百姓)과 겨레(민족)의 존엄(尊嚴. 인물이나 지위 따위가 감히 범할 수 없을 정도로 높고 엄숙함)과 권리(權利)를 지키고, 백성(百姓)과 겨레(민족)의 단결(團結)과 발전(發展)을 꾀하려는 집단적 의지(意志. 어떠한 일을 이루고자 하는 마음)나 감정을 이르는 말. *민족(民族): ☞민족상잔(民族相殘). *의식(意識): ①깨어 있을 때의 마음의 작용이나 상태. ②사회적 또는 역사적인 영향을 받아서 형성되는 감정, 견해, 사상, 이론 따위를 이르는 말. *겨레: 부록 ‘족(族)’ 참고.

민족-정신(民族精神 백성 **민**/겨레 **족**/깨끗할 **정**/정신 **신**) (한) 백성과 겨레(민족)의 정신(精神)이라는 뜻으로, ①한 백성(百姓)과 겨레(민족)가 공유(共有)하는 고유한 정신(精神)을 이르는 말. ②자기 민족을 문화적, 정치적으로 수호(守護. 중요한 사람이나 처소·處所 따위를 지키고 보호함)하려는 정신(精神)을 이르는 말. 여기서 ‘처소(處所)’는 사람이 기거(起居)하거나 임시로 머무는 곳. 또는 어떤 일이 벌어지거나, 어떤 물건이 있는 곳을 일컬음. *민족(民族): ☞민족상잔(民族相殘). *정신(精神): ①사고(思考)나 감정의 작용을 다스리는 인간의 마음. ↔육체(肉體). ②물질적인 것을 초월한 영적인 존재. =성령(聖靈). ↔물질(物質). ③사물에 대한 마음가짐. ④사물의 근본이 되는 의의나 목적. *겨레: 부록 ‘족(族)’ 참고.

민족-주의(民族主義 백성 **민**/겨레 **족**/주될 **주**/옳을 **의**) (한) 백성(百姓)과 겨레(민족)를 (가장 중시하는) 주된 주의(主義)라는 뜻으로, ①다른 민족의 지배를 벗어나 같은 민족으로써 나라를 이루려는 주의(主義). ②민족(民族)의 독립(獨立)과 통일(統一)을 가장 중시하는 사상(思想)을 이르는 말. 19세기 이래 근대 국가 형성의 기본 원리가 되었음. *민족(民族): ☞민족상잔(民族相殘). *주의(主義): ①군게 지키는 주장이나 방침. ②체계화된 이론이나 학설. *겨레: 부록 ‘족(族)’ 참고. *주되다(主~): 주장(主張)이나 중심(中心)이 되다.

민족-중흥(民族中興 백성 **민**/겨레 **족**/가운데 **중**/일어날 **흥**) 백성(百姓)과 겨레(민족)가 가운데에서 (다시) 일어난다는 뜻으로, 쇠잔(衰殘. 쇠하여 힘이나 세력이 점점 약해짐)하였던 민족(民族)이 다시 일어남을 이르는 말. 또는 쇠약해진 민족이 다시 번영을 이루는 일을 이르는 말. *민족(民族): ☞민족상잔(民族相殘). *중흥(中興): (집안이나 나라 따위가) 쇠하던 것이 중간에서 다시 일어남. 또는 다시 일어나게 함. *겨레: 부록 ‘족(族)’ 참고.

밀어-상통(密語相通 비밀할 **밀**/말씀 **어**/서로 **상**/통할 **통**) 비밀(秘密)한 말[語]로 서로 통한다는 뜻으로, 남몰래 서신(書信. 안부, 소식, 용무 따위를 적어 보내는 글)으로 서로 의사를 주고받으며 통(通)함을 이르는 말. *밀어(密語): 남이 못 알아듣게 비밀히 말함. 또는 그렇게 하는 말. *상통(相通): ①서로 길이 트임. ②서로 마음과 뜻이 통함. ③서로 공통됨.

밀운-불-우(密雲不雨 빽빽할 **밀**/구름 **운**/아닐 **불**/비 **우**) 구름만 빽빽하고(자욱이 끼고) 비가 (오지) 않는다는 뜻으로, 어떤 일의 조건은 모두 갖추었으나, 일이 이루어지지 않음. 또는 어떤 일의 징조(徵兆. 어떤 일이 일어나려고 하는 조짐. 또는 어떤 일이 생겨날 것을 예상하게 하는 조짐)만 있고 그 일은 이루어지지 않음을 비유(比·譬喩. 어떤 사물의 모양이나 상태 따위를 보다 효과적으로 표현하기 위하여 그것과 비슷한 다른 사물에 빗대어 표현함. 또는 그 표현 방법)하여 이르는 말. 여기서 '구름만 잔뜩 끼고 비가 오지 않는 것'은 음(陰)이 쌓이고, 음(陰)이 과하여(過~. 정도에 지나쳐. 또는 분에 넘쳐) 양기(陽氣. 만물이 생성하고 움직이려고 하는 기운. 즉, 양의 기운)가 은폐(隱蔽. 덮어 감추거나 가리어 숨김)되어 발동하지 못한 현상이라고 말할 수 있음. 그리고 '기운'은 순우리말로, 느낄 수는 있으나 볼 수 없는 현상을 일컬음. *밀운(密雲): 두껍게 낀 구름. 이 사자성어의 유래는 다음과 같다. 『주역(周易)』의 「소과 (小過)」 편(篇)에 〈육오, 먹구름이 가득하지만, 아직 비가 오지 않으니 나 스스로 서쪽 교외로 나간다. 공(公)이 줄을 맨 화살로 굴속에 있는 그것을 취한다.(六五, **密雲不雨**, 自我西郊, 公弋取彼在穴.)〉라는 글귀가 나오는데, '먹구름이 가득하지만, 아직 비가 오지 않으니.(密雲不雨)'에서, '밀운불우(密雲不雨)' 가 유래했다. 이 말이 뜻하는 것은 '군주(君主. 세습적으로 나라를 다스리는 최고 지위에 있는 사람)가 실력은 없으면서 지위만 높아졌다. 군주(君主)가 주살(화살의 머리를 활시위에 끼도록 칼로 도려낸 부분 에 줄을 매어 쏘는 화살)을 가지고, 나는 새를 쏘지 않고 바위틈에 엎드려 있는 새끼를 쏘아서 잡는다. 능력이 부족하기 때문이다.'라는 것이다. 이것은 주(周)나라의 문왕(文王)이 은(殷)나라 주왕(紂王)의 포 악(暴惡. 사납고 악함)한 정치를 간(諫. 웃어른이나 임금에게 옳지 못하거나 잘못된 일을 고치도록 말함) 하다가 오히려 박해(迫害. 힘이나 권력 따위로, 약한 처지의 사람을 괴롭히거나 해를 입힘)를 받자, '왕('주왕·紂王'을 가리킴)이 나라를 잘 다스리지 못하면 나('문왕·文王'을 가리킴) 스스로라도 백성을 위해 덕치(德治. 덕·德으로써 다스림. 또는 그런 정치)를 베풀겠다.'는 문왕(文王)의 의지(意志. 어떠한 일을 이루고자 하는 마음)를 보여 준 말이다. 여기에서 유래하여 '밀운불우(密雲不雨)'는 비가 오기 전에 먹구름만 자욱하듯이, 일의 징조만 나타나고 일이 완전히 성사되지 않은 것을 비유하는 말로 쓰이게 되었다. 참고로, 원문의 '육오(六五)'는 아래에서 다섯 번째 음효(陰爻)를 말한다. '음효(陰爻)'란 주역(周 易)의 육십사괘(64괘)를 구성하는, 가로 그은 획인 효(爻)의 하나이다. '密雲不雨'에서, '密'은 빽빽할 '밀' 로 읽고, '雲'은 구름 '운'으로 읽고, '不'은 아닐(부정하는 말) '불'로 읽고, '雨'는 비 '우'로 읽는다. '密雲不 雨'를 직역(直譯)하면, 구름만 빽빽하고(자욱이 끼고) 비가 (오지) 않는다는 뜻으로, 어떤 일의 조건은 모두 갖추었으나, 일이 이루어지지 않음. 또는 어떤 일의 징조(徵兆. 어떤 일이 일어나려고 하는 조짐. 또는 어떤 일이 생겨날 것을 예상하게 하는 조짐)만 있고 그 일은 이루어지지 않음을 비유하여 이르는 말. '自我西郊'에서, '自'는 스스로 '자'로 읽고, '我'는 나(1인칭 대명사) '아'로 읽고, '西'는 서녘 '서'로 읽고, '郊'는 교외(郊外. 도시의 주변 지역) '교'로 읽는다. '西郊'는 서쪽 교외(郊外). '自我西郊'를 직역(直 譯)하면, 나 스스로 서쪽 교외(郊外)로 (간다). '公弋取彼在穴'에서, '弋'은 주살 '익'으로 읽는다. '주살'은 실을 단 화살로, 새를 잡는 데에 쓴다. '取'는 취할 '취'로 읽고, '彼'는 저(지시하는 말) '피'로 읽고, '在'는 있을 '재'로 읽고, '穴'은 굴(窟. 자연적으로 땅이나 바위가 안으로 깊숙이 패어 들어간 곳) '혈'로 읽는다. '公弋取彼在穴'을 직역(直譯)하면, 공(公)은 주살로 저 굴에 있는 (그것을) 취(取)한다. 즉, 군주(君主)가 주살로 공중을 나는 새를 쏘지 않고, 굴속에 있는 새를 쏘아서 잡는다는 뜻이다. 날아다니는 새보다 굴속에 숨어 있는 새를 잡기가 더 쉽다. 군주(君主)는 새를 잡는 능력이 부족하기 때문에 굴속의 새를 잡는다는 의미다.

밀화-장도(蜜花粧刀 꿀 **밀**/꽃 **화**/단장할 **장**/칼 **도**) 밀화(蜜花)로 단장한 칼이라는 뜻으로, 밀화(蜜花)로 꾸민, 주머니 속에 넣거나 옷고름에 늘 차고 다니는 칼집이 있는 작은 칼을 이르는 말. *밀화(蜜花):

밀랍 같은 누런빛이 나고 젖송이(젖 안에 멍울멍울 엉긴 부분) 같은 무늬가 있는 호박(琥珀)을 이르는 말. 여기서, '호박(琥珀)'은 지질 시대의 수지(樹脂. 나무에서 나오는 진·津) 따위가 땅속에 파묻혀서 수소, 산소, 탄소 따위와 화합하여 돌처럼 굳어진 광물(鑛物)을 이르는 말. 황색으로 투명하여 장식용 따위로 씀. *장도(粧刀): 주머니 속에 넣거나 옷고름에 늘 차고 다니는, 칼집이 있는 작은 칼을 이르는 말. 칼집과 자루는 금, 은, 밀화(蜜花), 대모(玳瑁), 뿔, 나무 따위로 장식한다. 앞의 '대모(玳瑁)'는 원래 바다거북과의 하나이다. 그런데 여기서는 대모(玳瑁)의 등(사람이나 동물의 몸통에서 뒤쪽이나 위로 향한 쪽, 곧 가슴이나 배의 반대쪽)과 배를 싸고 있는 껍데기를 일컫는 말이다. 주로 장식품이나 공예품 을 만드는 데에 쓰인다. *단장하다(丹粧~): 부록 '장(粧)' 참고.

밀화-패영(蜜花貝纓 꿀 밀/꽃 화/조개 패/갓끈 영) 밀화(蜜花)로 (된), 패영(貝纓)이라는 뜻으로, 밀화(蜜 花) 구슬을 꿰어 단 갓끈을 이르는 말. *밀화(蜜花): ☞밀화장도(蜜花粧刀). *패영(貝纓): 밀화(蜜花), 산호(珊瑚), 호박(琥珀) 수정(水晶) 따위로 만든 갓끈. *갓끈: 부록 '영(纓)' 참고.

바라밀-다(波羅蜜多 범어 **바**/벌일 **라**/꿀 **밀**/많을 **다**) 불교에서, 태어나고 죽는 현실의 괴로움에서, 번뇌(煩惱. 마음이나 몸을 괴롭히는 노여움이나 욕망 따위의 헛된 생각)와 고통이 없는 경지(境地. 어떠한 단계에 이른 상태)인 피안(彼岸. 불교에서, 이승의 번뇌를 해탈하여 열반의 세계에 도달하는 일. 또는 그 경지를 이르는 말)으로 건넌다는 뜻으로, 열반(涅槃)에 이르고자 하는 보살의 수행을 이르는 말. 그런데 '바라밀(波羅蜜)'의 '波'는 물결 '파'이나, 범어(梵語)에서 따온 불교 용어이기 때문에 한자의 훈(訓)으로는 '波'의 뜻풀이가 어렵다. 여기서, 열반(涅槃)'은 일체의 번뇌(煩惱)에서 해탈(解脫. 불교에서, 속세·俗世의 번뇌와 속박을 벗어나 편안한 경지에 이르는 일)한 불생불멸(不生不滅. 본문 참고)의 높은 경지. 또는 '죽음'과 같은 뜻. 특히 석가(釋迦)나 고승(高僧. 덕이 높은 승려)의 입적(入寂. 불교에서 수도승·修道僧의 죽음을 이르는 말)을 이르는 말. *바라밀(波羅蜜): =바라밀다(波羅蜜多). *범어(梵語): 부록 '바(婆), 파(婆)' 참고.

박람-강기(博覽强記 넓을 **박**/볼 **람**/굳셀 **강**/기억할 **기**) (동서고금·東西古今의 서적을) 넓게 보고 굳세게 기억(記憶)한다는 뜻으로, 여러 가지의 책(冊)을 널리 많이 읽고 기억(記憶)을 잘함을 이르는 말. *박람(博覽): ①책을 두루 많이 읽음. ②사물(事物)을 널리 봄. *강기(强記): 오래도록 잘 기억함. 또는 기억력이 뛰어남. *굳세다: 부록 '강(强)' 참고.

박리-다매(薄利多賣 적을 **박**/이익 **리**/많을 **다**/팔 **매**) 적은 이익(利益)으로 많이 판다. 즉, 이익을 적게 남기고 팔기를 많이 판다는 뜻으로, 상품(商品)의 이익을 적게 보고 많이 팔아 이윤(利潤. 장사 따위를 하여 남은 돈)을 올리는 일을 이르는 말. *박리(薄利): 적은 이익. *다매(多賣): 많이 팖.

박리-주의(薄利主義 적을 **박**/이익 **리**/주될 **주**/옳을 **의**) 적은 이익(利益)을 주된 (가치로 여기는) 주의(主義)라는 뜻으로, 이익(利益)을 적게 보는 대신, 많이 팔려고 하는 경영 태도나 생각(방식)을 이르는 말. *박리(薄利): ☞박리다매(薄利多賣). *주의(主義): ①굳게 지키는 주장이나 방침. ②체계화된 이론이나 학설. *주되다(主~): 주장(主張)이나 중심(中心)이 되다.

박문-강기(博聞强記 넓을 **박**/들을 **문**/굳셀 **강**/기억할 **기**) 넓게 듣고 굳세게 기억(記憶)한다는 뜻으로, 사물에 대하여 널리 듣고 보고 알아 이를 잘 기억(記憶)함을 이르는 말. *박문(博聞): 사물(事物)을 널리 들어 많이 앎. *강기(强記): ☞박람강기(博覽强記). *굳세다: 부록 '강(强)' 참고.

박문-약례(博文約禮 넓을 **박**/글월 **문**/간추릴 **약**/예절 **례**) 넓게 글을 (익히고) 예절(禮節)로써 간추린다는 뜻으로, 널리 학문(學問)을 닦아 사리(事理. 일의 이치)에 밝고 예절(禮節)을 잘 지킴을 이르는 말. 여기서, '박문(博文)'은 문헌을 통해 널리 배우고 익힌다[博學於文]는 뜻이며, '약례(約禮)'는 이미(돌이킬 수 없이 된 지난 일을 일컬을 때 쓰는 말) 익힌 것을 다시 예(禮)로써 요약한다[約之以禮]는 뜻으로, 『논어(論語)』에 나온다. 여기에서 말하는 '문(文)'은 『시경(詩經)』, 『서경(書經)』, 『주역(周易)』, 『춘추(春秋)』 등(等) 주로 성현(聖賢. '성인·聖人'과 '현인·賢人'을 아울러 이르는 말)들의 경전(經典. 영원히 변치 않는 법식과 도리를 적은 서적이라는 뜻으로, 성인·聖人의 가르침이나 행실, 또는 종교의 교리를 적은 책)을 지칭(指稱)하고, '예(禮)'는 『주례(周禮)』, 『의례(儀禮)』, 『예기(禮記)』 따위에 명시되어 있는 생활상의 의절(儀節. 예의에 관한 모든 절차나 질서)과 행동상의 규범(規範)을 가리킨다. *박문(博文): 학문에 널리 통하여 밝음. *약례(約禮): 예법에 따라 조심성 있게 몸가짐을 바로 함. *간추리다: ①흐트러진 것을 가지런히 정돈하다. ②(글 따위에서) 중요한 점만 따서 줄이다. =요약하다.

박물-군자(博物君子 넓을 **박**/물건 **물**/군자 **군**/경칭 **자**) 물건(物件)을 넓게 아는 군자(君子)라는 뜻으로, 온갖 사물(事物)을 널리 잘 알아 정통(精通. 어떤 사물을 깊고 자세하게 앎)한 사람을 이르는 말. *박물(博物): ①여러 사물에 대하여 두루 많이 앎. ②여러 사물과 그에 관한 참고가 될 만한 물건. *군자(君子): 학문과 덕(德. 고매하고 너그러운 도덕적 품성)이 높고 행실이 바르며 품위를 갖춘 사람. *경칭(敬稱): 공경하는 뜻으로 부르는 칭호. 또는 존대하여 일컬음.

박-물-세고(薄物細故 적을 **박**/사물 **물**/가늘 **세**/오래될 **고**) 가늘고 오래되어 (가치가) 적은 사물(事物)이라는 뜻으로, 아주 자질구레하고 변변하지 못한 사물(事物)을 이르는 말. *세고(細故): 자그마한 사고(事故). 또는 작은 탈(頉. 뜻밖에 일어난, 걱정할 만한 사고·事故)을 이르는 말.

박-부득이(迫不得已 다가올 **박**/아닐 **부**/얻을 **득**/이미 **이**) 몜 (급하게) 다가와서 부득이(不得已)라는 뜻으로, 일이 매우 급하게 닥쳐와서 어찌할 수 없이. 즉, 일이 매우 급박(急迫)하여 어찌할 수가 없다는 말이다. =박어부득(迫於不得). 쳄 만부득이(萬不得已). *부득이(不得已): 몜 마지못하여 하는 수 없이. *이미: 돌이킬 수 없이 된 지난 일을 일컬을 때 쓰는 말.

박빙-여-림(薄氷如臨 엷을 **박**/얼음 **빙**/같을 **여**/임할 **림**) 엷은 얼음과 같이 임(臨)한다는 뜻으로, 살얼음(얇게 살짝 언 얼음)을 밟는 것처럼 대단히 위태(危殆. 어떤 형세가 마음을 놓을 수 없을 만큼 위험함)함을 이르는 말. *박빙(薄氷): ①=살얼음. ②'박빙(薄氷)의'의 꼴로 쓰여, 근소한 차이를 비유적으로 이르는 말. *엷다: 부록 '박(薄)' 참고. *임하다(臨~): 부록 '림(臨)' 참고. 《관련 속담》 살 얼음을 밟는 것 같다.

박수-갈채(拍手喝采 손뼉 칠 **박**/손 **수**/부를 **갈**/캘 **채**) 손뼉을 치며 갈채(喝采)를 (보낸다는) 뜻으로, 많은 사람이 일제히 손뼉을 치고 소리를 질러 환영(歡迎)하거나 칭찬하거나 찬성(贊成)함을 이르는 말. *박수(拍手): (환영, 축하, 격려, 찬성 따위의 뜻으로) 손뼉을 여러 번 치는 일. *갈채(喝采): 크게 소리치며 칭찬함.

박시-제중(博施濟衆 넓을 **박**/베풀 **시**/구제할 **제**/무리 **중**) 넓게 베풀어서 무리(여러 사람)를 구제(救濟)한다는 뜻으로, 널리 사랑과 은혜(恩惠)를 베풀어서 뭇사람을 구제(救濟)함을 이르는 말. *박시(博施): 많은 사람에게 널리 사랑과 은혜를 베풂. *제중(濟衆): 모든 사람을 구제함. *베풀다: 부록 '시(施)' 참고.
*구제하다(救濟~): ①어려운 처지에 있는 사람을 도와주다. ②불교에서, 고통 받는 사람들을 제도(濟度. 불교에서, 중생·衆生을 고해·苦海에서 건지어 극락·極樂으로 이끌어 주는 일을 이르는 말)하다. 여기서 '극락(極樂)'은 불교에서, 아미타불(阿彌陀佛)이 살고 있는 정토(淨土. 부처가 사는 청정한 곳)로, 괴로움이 없으며 지극히 안락하고 자유로운 세상을 일컬음. *무리: 부록 '중(衆)' 참고.

박안-대-질(拍案大叱 손뼉 칠 박/책상 안/클 대/꾸짖을 질) 손뼉으로 책상(册床)을 치며 크게 꾸짖음. *박안(拍案): 흥분하거나 노하거나 하여 주먹으로 책상을 침.

박애-주의(博愛主義 넓을 박/사랑 애/주될 주/옳을 의) 박애(博愛)를 (중시하는) 주된 주의(主義)라는 뜻으로, 인종(人種)에 대한 편견(偏見. 공정하지 못하고 한쪽으로 치우친 생각)이나 국가적 이기심, 또는 종교적 차별을 버리고 인류 전체의 복지 증진을 위하여, 온 인류가 서로 평등하게 사랑하여야 한다는 주의(主義)를 이르는 말. =사해동포주의(四海同胞主義). *박애(博愛): 모든 사람을 평등하게 사랑함. *주의(主義): ①굳게 지키는 주장이나 방침. ②체계화된 이론이나 학설. *주되다(主~): 주장(主張)이나 중심(中心)이 되다.

박-어-부-득(迫於不得 다가올 박/어조사 어/아닐 부/얻을 득) 〈불〉 (일이 급하게) 다가와서 부득이(不得已)라는 뜻으로, 일이 매우 급하게 닥쳐와서 어찌할 수 없이. 즉, 일이 매우 급박(急迫)하여 어찌할 수가 없다는 말이다. =박부득이(迫不得已).

박옥-혼-금(璞玉渾金 옥돌 박/구슬 옥/한데 섞일 혼/쇠 금) 옥돌과 (같은) 구슬과 한데 섞인 금(金). 즉, 아직 쪼지 아니한 옥(玉)과, 불리지(성질이나 모양 따위를 바꾸려고 쇠를 불에 달구어 무르게 하지) 아니한 금(金)이라는 뜻으로, 성품(性品. 사람의 성질이나 됨됨이)이 소박하고 꾸밈이 없음. 또는 순박하고 꾸밈이 없는 사람을 비유적으로 이르는 말. *박옥(璞玉): 쪼거나 갈지 아니한, 천연 그대로의 옥덩어리. *옥돌(玉~): 옥이 든 돌. 또는 가공하지 않은 옥. =옥석(玉石).

박-이-부-정(博而不精 넓을 박/말 이을 이/아닐 부/자세할 정) 넓지만 자세하지 아니하다는 뜻으로, 많은 것을 널리 알지만 정밀(精密. 아주 정교하고 치밀하여 빈틈이 없고 자세함)하지는 못함을 이르는 말. 즉, 여러 방면으로 많이 알기는 하지만, 자세하게 알지는 못함을 의미한다.

박인-방-증(博引旁證 넓을 박/당길 인/곁 방/증거 증) 넓게 끌어당겨(인용하여) 곁에 (있는) 증거(證據)를 (댄다)는 뜻으로, 널리 예(例)를 인용(引用)하고 두루 증거(證據)를 보여 논(論)함을 이르는 말. *박인(博引): 널리 예(例)를 인용하는 일. *증거(證據): 부록 '증(證)' 참고.

박장-대소(拍掌大笑 칠 박/손바닥 장/클 대/웃을 소) 손바닥을 치면서 크게 웃는다는 뜻으로, 몹시 우스워서 손뼉을 치며 한바탕 크게 웃음을 이르는 말. *박장(拍掌): 손바닥을 침. *대소(大笑): 소리 내어 크게 웃음.

박주-산채(薄酒山菜 엷을 박/술 주/뫼 산/나물 채) 엷은 술과 뫼('산'의 옛말)의 나물이라는 뜻으로, ①맛이 변변하지 못한 술과 산(山)나물을 이르는 말. ②남을 대접하기 위하여 자기가 내는 술과 안주를 겸손하게 이르는 말. *박주(薄酒): ①맛이 좋지 못한 술. ②남에게 대접하는 술을 겸손하게 이르는 말. *산채(山菜): 산(山)나물. 즉, 산에 나는 나물. *엷다: 부록 '박(薄)' 참고.

박지-약행(薄志弱行 엷을 박/뜻 지/약할 약/행할 행) 뜻이 엷고 행(行)함이 약(弱)하다. 즉, 의지(意志.

어떠한 일을 이루고자 하는 마음)와 행동이 약하다는 뜻으로, ①의지(意志. 어떠한 일을 이루고자 하는
마음)가 약하여 어려운 일을 이겨 내지 못함을 이르는 말. ②의지(意志)가 박약(薄弱. 의지나 체력 따위
가 굳세지 못하고 여림)하여 일을 단행할 결단성이 없음을 이르는 말. *박지(薄志): ①의지(意志)가 약
함. ②적은 사례(謝禮. 언행이나 선물 따위로 상대에게 고마운 뜻을 나타냄)라는 뜻으로, 남에게 보내는
예물을 겸손하게 이르는 말. *약행(弱行): 실행력이 약(弱)함. 또는 일을 하는 데 용기(勇氣)가 없음.
*엷다: 부록 '박(薄)' 참고. *행하다(行~): (작정한 대로) 하여 나가다.

박-지-우-박(薄之又薄 야박할 **박**/어조사 **지**/또 **우**/야박할 **박**) 야박(野薄)하고 또 야박(野薄)하다는 뜻으로,
더할 나위 없이 박(薄)함을 이르는 말. *야박하다(野薄~): 야멸치고(자기 생각만 하여 남의 사정을 아랑
곳하지 아니하고) 인정이 없다

박-지-타-지(縛之打之 묶을 **박**/어조사 **지**/때릴 **타**/어조사 **지**) 묶고 그것을 때린다는 뜻으로, 몸을 묶어
놓고 마구 때림을 이르는 말. 여기서, '지(之)'는 '그것'을 나타내는 지시 대명사이다.

박채-중의(博採衆議 넓을 **박**/가려낼 **채**/무리 **중**/의논할 **의**) (여러) 무리와 의논(議論)하여 넓게 가려낸다는
뜻으로, 널리 여러 사람의 의견(意見)을 들어 받아들이거나 채택(採擇. 골라서 씀)함을 이르는 말. *박채
(博採): 널리 찾아 모음. *중의(衆議): 여러 사람의 의론(議論. 어떤 문제에 대하여 서로 논의함)을 이르
는 말. *가려내다: ①추려 내다. 또는 골라내다. ②잘잘못(잘함과 잘못함. 또는 옳음과 그름)을 밝혀내
다. *무리: 부록 '중(衆)' 참고. *의논하다(議論~): 부록 '의(議)' 참고.

박학-다문(博學多聞 넓을 **박**/배울 **학**/많을 **다**/들을 **문**) 배운 (것이) 넓고 들은 (것이) 많다. 즉, 많이 알고
널리 듣는다는 뜻으로, 학식(學識. 학문과 식견)과 견문(見聞. 보고 들음. 또는 보고 들어서 얻은 지식)이
매우 넓음을 이르는 말. *박학(博學): 배운 것이 많고 학식(學識)이 넓음. 또는 그 학식(學識). *다문(多
聞): ①보고 들은 것이 많음. 또는 견문(見聞)이 넓음. ②불교에서, 많은 법문(法文. 불경의 글)을 외워
지닌 것이 많음.

박학-다식(博學多識 넓을 **박**/배울 **학**/많을 **다**/알 **식**) 배운 (것이) 넓고 아는 (것이) 많다는 뜻으로, 학식(學
識. 학문과 식견)이 넓고 아는 것이 많음을 이르는 말. *박학(博學): ☞박학다문(博學多聞). *다식(多識):
아는 것이 많음. 또는 지식(知識)이 많음.

박학-다재(博學多才 넓을 **박**/배울 **학**/많을 **다**/재주 **재**) 배운 (것이) 넓고 재주가 많다는 뜻으로, 학식(學識.
학문과 식견)이 넓고 재주가 많음을 이르는 말. *박학(博學): ☞박학다문(博學多聞). *다재(多才): 여러
방면에 재주가 많음. *재주: 순우리말로, 무엇을 잘할 수 있는, 타고난 능력과 슬기.

박학-상설(博學詳說 넓을 **박**/배울 **학**/자세할 **상**/말씀 **설**) 배운 (것이) 넓어 자세하게 말한다는 뜻으로,
널리 배우고 상세하게 해설함을 이르는 말. 또는 널리 알고 자세히 설명함을 이르는 말. *박학(博學):
☞박학다문(博學多聞). *상설(詳說): 자세하게 속속들이 풀이함. 또는 그 풀이.

반-계-곡경(盤溪曲徑 서릴 **반**/시내 **계**/굽을 **곡**/지름길 **경**) 서려 (있는) 시내(계곡)와 굽은(구불구불한) 지
름길이라는 뜻으로, 일을 순서대로 정당(正當)하게 하지 아니하고, 그릇된 방법이나 수단(手段)을 써서
무리하게 억지로 함을 이르는 말. 즉, 일반적으로 순탄하게 건널 수 있는 시냇물이 있고, 똑바른 길이
있음에도 불구하고, 그것을 따르지 않는 것은 정당한 방법이 아니다. 구불구불한 시내와 지름길을 선택
하는 것은 정당한 방법이 아닌, 그릇되고 억지스럽게 행함이라는 뜻이다. =방기곡경(旁岐曲徑). *곡경

(曲徑): ①꼬불꼬불한 좁은 길. ②사사로운 이익을 위한, 올바르지 못한 길. =사경(私徑). *서리다: ① (국수나 새끼 따위를) 헝클어지지 않게 빙빙 돌려서 포개어 감다. ②(뱀 따위가 몸을) 똬리처럼 감다. *굽다: 부록 '곡(曲)' 참고. *지름길: 부록 '경(徑)' 참고,

반관-반-민(半官半民 반 **반**/관가 **관**/반 **반**/백성 **민**) ①반(半)은 관가(官家)의 (몫이고), 반(半)은 백성(百姓)의 (몫이라는) 뜻으로, 어떤 사업을 정부와 민간 기업이 공동으로 출자(出資. <u>어떤 사업을 위하여 자금을 냄</u>)하여 경영하는 형태. 즉, 정부와 민간인이 공동으로 자본을 대어 회사, 시설, 단체 따위를 설립, 경영하는 일을 이르는 말. ②반관반민(半官半民) 형식을 이르는 말. 북한의 당국자와 미국 전문가가 만난다든지, 반대로 북한의 민간인과 미국의 당국자가 만나는 형식을 예로 들 수 있다. *반관(半官): =반관반민(半官半民). *관가(官家): ①지난날 나랏일을 보던 집. ②지방에서, 그 고을의 원(員)을 이르던 말. 여기서는 ①의 뜻.

반구-저-기(反求諸己 돌이킬 **반**/구할 **구**/어조사 **저**/자기 **기**) 돌이켜 자기(自己)에게 구(求)한다는 뜻으로, 돌이켜 자기에게서 책임(責任)을 구(求)함을 이르는 말. 즉, 어떤 일이 잘못 되었을 때 남의 탓을 하지 않고 그 일이 잘못된 원인을 자기 자신에게서 찾아 고쳐 나간다는 의미다. *반구(反求): 어떤 일의 원인 따위를 자신에게서 찾음. '諸'는 모든 '제', 여러 '제'로 읽으나, 여기서는 어조사 '저'로 읽는다. '~에', '~에서'의 뜻을 나타냄.

반근-착절(盤根錯節 서릴 **반**/뿌리 **근**/어긋날 **착**/마디 **절**) 서린 뿌리와 어긋난(얽힌) 마디. 즉, 구부러진 뿌리와 울퉁불퉁한 마디라는 뜻으로, 얽히고설켜 처리하기 곤란한 사물(事物)을 비유(比·譬喩. <u>어떤 사물의 모양이나 상태 따위를 보다 효과적으로 표현하기 위하여 그것과 비슷한 다른 사물에 빗대어 표현함. 또는 그 표현 방법</u>)하거나, 세상일에 난관(難關. <u>통과하기 어려운 관문, 또는 통과하기 매우 힘든 곳. 또는 뚫고 나가기 어려운 사태나 상황</u>)이 많음을 비유적으로 이르는 말. *반근(盤根): ①서려서 얽힌 나무의 뿌리. ②이리저리 얽혀 처리하기 곤란한 일. *착절(錯節): ①얼크러진 나무의 마디. ②복잡하게 뒤얽힌 문제를 비유적으로 이르는 말. *서리다: ☞반계곡경(盤溪曲徑). *마디: 부록 '절(節)' 참고. 이 사자성어의 유래는 다음과 같다. 『후한서(後漢書)』의 「우후전(虞詡傳)」 편(篇)에 [동한(東漢) 때의 우후(虞詡)는 어려서 고아가 되어 할머니의 손에서 자랐다. 현(懸)에서는 그를 관리로 추천했으나, 그는 할머니를 모시기 위해 사양(辭讓. <u>겸손하여 받지 아니하거나 응하지 아니함, 또는 남에게 양보함</u>)하다가 할머니가 90세를 일기(一期. <u>한평생 살아 있는 동안</u>)로 세상을 떠나자, 비로소 태위(太尉. <u>벼슬 이름</u>)인 이수(李修. <u>사람 이름</u>)의 천거(薦舉. <u>어떤 일을 맡아 할 수 있는 사람을 그 자리에 쓰도록 소개하거나 추천함</u>)로 낭중(郎中. 벼슬 이름) 벼슬을 했다. 영초(永初. <u>중국 후한·後漢 안제·安帝 때의 연호·年號. 서기 107년~113년</u>) 4년, 강족(羌族. <u>티베트계의 유목 민족으로 알려져 있음</u>)이 병주(并州)와 양주(凉州)를 침공(侵攻. <u>다른 나라를 침범하여 공격함</u>)했다. 대장군(大將軍. <u>벼슬 이름</u>)인 등즐(鄧騭. <u>사람 이름</u>)은 (군대를 둘로 나누어 병력을 약화시키느니) 차라리 양주(凉州)를 포기하고 북쪽 변방(邊方. <u>나라의 경계가 되는 변두리의 땅, 또는 중심지에서 멀리 떨어진 가장자리</u>)에 병력(兵力)을 집중시켜 수비를 강화하자고 주장하면서 말했다. 즉, 병력 약화(弱化)를 이유로 양주(凉州)를 포기하고 병주(并州)만 방어하자고 한 것이다. "비유(比·譬喩. <u>어떤 사물의 모양이나 상태 따위를 보다 효과적으로 표현하기 위하여 그것과 비슷한 다른 사물에 빗대어 표현함. 또는 그 표현 방법</u>)컨대, 옷이 해지면(<u>닳아서 구멍이 나거나 찢어지</u>

면) 하나를 버려 다른 옷을 기우면(원형은 '깁다', 해진 곳에 딴 조각을 대어 때우거나 그대로 꿰매면)
되는 것과 같습니다. 이렇게 하지 않으면 두 곳을 다 지킬 수 없게 됩니다." 모두들 등즐(鄧騭)의 의견에
동의(同意. 같은 뜻, 또는 의사나 의견을 같이 함)했지만, 즉, 모든 대신(大臣)들은 그에게 아부(阿附)하
느라고 찬동(贊同)했다는 뜻이다. 우후(虞詡)는 동의(同意)하지 않고 태위(太尉. 벼슬 이름)인 이수(李修)
에게 건의(建議. 어떤 문제에 대하여 의견이나 희망 사항을 냄, 또는 그 의견이나 희망 사항)했다. "옛날
말에 함곡관(函谷關. 중국의 허난성·河南省의 서북부에 있는 관문 이름) 서쪽은 장군(將軍. 벼슬 이름)을
내고, 동쪽은 재상(宰相. 임금을 보필하며 모든 관원을 지휘, 감독하는 자리에 있는 이품·二品 이상의
벼슬을 통틀어 이르던 말)을 낸다고 했습니다. 양주(凉州)의 백성들은 군사에 대하여 잘 알고 있을 뿐만
아니라, 모두 용감하여 전투에 능합니다. 지금 강족(羌族)들이 감히 관중(關中. '함곡관·函谷關'의 중심
지)에 침입하지 못하는 까닭도 사실은 양주(凉州)의 백성들을 두려워하기 때문입니다. 지금 양주(凉州)
를 포기하는 것은 좋은 계책(計策. 어떤 일을 이루기 위하여 꾀나 방법을 생각해 냄, 또는 그 꾀나 방법)
이 아닙니다." 즉, 전투에 능한 양주(凉州)를 이민족('강족·羌族'을 가리킴)에게 맡기기 위하여 포기한다
는 것은 당치 않은 일이라는 것이다. 등즐(鄧騭)은 우후(虞詡)의 말을 전해 듣고, 우후(虞詡)가 자기에게
맞서고 있다고 생각하고 우후(虞詡)에게 보복(報復. 남이 저에게 해를 준 대로 저도 그에게 해를 줌)할
생각을 했다. 얼마 후 조가(朝歌. 중국의 옛 지명이며, 상·商나라와 춘추 전국 시대 당시 위·魏나라의
수도였음)에서 민란(民亂. 포악한 정치 따위에 반대하여 백성들이 일으킨 폭동이나 소요)이 발생하여
고을의 관리들을 살해(殺害)하는 일이 일어났는데, 조정(朝廷. 임금이 나라의 정치를 신하들과 의논하거
나 집행하는 곳, 또는 그런 기구)에서도 여러 차례 관리를 파견하여 진압(鎭壓. 강압적인 힘으로 억눌러
진정시킴)하려고 하였지만 번번이 실패하였다. 등즐(鄧騭)은 이를 우후(虞詡)에게 보복(報復)할 수 있는
좋은 기회라고 생각하고, 우후(虞詡)를 천거(薦舉)하여 조가(朝歌. '조가현·朝歌縣'을 가리킴)의 현령(縣
令. 벼슬 이름)으로 부임하게 만들었다. 즉, 우후(虞詡)는 대장군(大將軍)인 등즐(鄧騭)의 미움을 받아
변방(邊方)으로 밀려 났다는 뜻인데, 누가 보아도 명백한 보복 인사였다. 이 소식을 듣고 우후(虞詡)의
친지(親知. 서로 잘 알고 가깝게 지내는 사람)들이 걱정하자, 즉, 지금 민란(民亂)이 일어나고 있는 조가
(朝歌. 땅 이름)의 현령(縣令. 벼슬 이름)으로 가는 것은 상당히 위험하다는 것이다. 우후(虞詡)는 웃음을
지어 보이며 말했다.]〈"쉬운 일만 구(求)하지 아니하고, 어려운 일을 피(避)하지 않는 것이 신하(臣下)의
직분이라네. 만약 구부러진 뿌리와 울퉁불퉁한 마디를 만나지 못하면, 어떻게 날카로운 무기를 구별할
수 있겠는가?"(志不求易, 事不避難, 臣之職也, **不遇盤根錯節**, 何以別利器乎.)[우후(虞詡)는 조가(朝歌)에
부임하여 민란(民亂)을 수습하였다. 즉, 태연히 부임하여 지혜와 용맹으로 민란(民亂)을 수습하였다는
뜻이다. 조정(朝廷)에서는 그의 능력을 높이 사 무도태수(武都太守. 벼슬 이름)에 임명했다. 여기서,
'태수(太守)'는 고대 중국에서 군(郡)의 으뜸 벼슬. 우후(虞詡)는 군대를 이끌고 강족(羌族)을 물리쳤다.]〉
라는 이야기가 나오는데, '만약 구부러진 뿌리와 울퉁불퉁한 마디를 만나지 못하면,(不遇盤根錯節)'에서,
'반근착절(盤根錯節)'이 유래했다. "만약 구부러진 뿌리와 울퉁불퉁한 마디를 만나지 못하면, 어떻게 날
카로운 무기를 구별할 수 있겠는가?"라는 우후(虞詡)의 말에서, '반근착절(盤根錯節)'이 유래했고, 그
말이 의미하는 바를 두 가지 측면에서 주목해 본다. 첫째, 자기의 생각을 끝까지 관철시키겠다는, 우후
(虞詡)의 강직한 성격을 엿볼 수 있다. 둘째, 어떠한 어려움이 있더라도 좌절하지 않고, 공직자로서

본연의 임무를 충실히 하겠다는 우후(虞詡)의 강한 의지(意志. 어떠한 일을 이루고자 하는 마음)를 보여 주고 있다. 일종의 도전(挑戰) 정신(精神)의 발로(發露. 겉으로 드러남)라고 하겠다. 따라서, '반근착절 (盤根錯節)'은, 어렵고 힘든 일일수록 피하지 않고 능동적으로 대처(對處)할 때, 인간의 능력이 제대로 평가(評價)될 수 있음을 우리에게 가르쳐 주고 있는 것이다. 참고로, 원문의 '志不求易'에서, '志'는 뜻 '지'로 읽고, '不'은 아닐(부정하는 말) '불'로 읽고, '求'는 구할 '구'로 읽고, '易'는 쉬울 '이'로 읽는다. '志不求易'를 직역(直譯)하면, 뜻은 쉬운 (일을) 구하지 않고, '事不避難'에서, '事'는 일 '사'로 읽고, '避'는 피할 '피'로 읽고, '難'은 어려울 '난'으로 읽는다. '事不避難'을 직역(直譯)하면, 어려운 일을 피하지 않는 (것이), '臣之職也'에서, 臣은 신하(臣下) '신'으로 읽고, '之'는 어조사 '지'로 읽는다. '~의'를 나타내는 관형격 조사. '職'은 직분(職分. 직무상의 본분. 또는 마땅히 하여야 할 부분) '직'으로 읽고, '也'는 어조사 '야'로 읽는다. '~이다(단정)'의 뜻을 나타냄. '臣之職也'를 직역(直譯)하면, 신하(臣下)의 직분이다. '不遇 盤根錯節'에서, '遇'는 만날 '우'로 읽고, '盤'은 서릴(국수, 새끼, 실 따위를 헝클어지지 아니하도록 둥그렇게 포개어 감을) '반'으로 읽고, '根'은 뿌리 '근'으로 읽고, '錯'은 어긋날 '착'으로 읽고, '節'은 마디 '절'로 읽는다. '不遇盤根錯節'을 직역(直譯)하면, (만약에) 서린 뿌리와 어긋난 마디, 즉, 구부러진 뿌리와 울퉁 불퉁한 마디를 만나지 못하면. 여기서, '盤根錯節'이 유래하였는데, 이것을 직역(直譯)하면, 서린 뿌리와 섞인 마디. 즉, 구부러진 뿌리와 울퉁불퉁한 마디라는 뜻으로, 얽히고설켜 처리하기 곤란한 사물(事物) 을 비유하거나, 세상일에 난관(難關. 통과하기 어려운 관문이나 통과하기 매우 힘든 곳. 또는 뚫고 나가 기 어려운 사태나 상황)이 많음을 비유적으로 이르는 말. '何以別利器乎'에서, '何'는 어찌(의문 부사) '하'로 읽고, '以'는 써(그것을 가지고, 그것으로 인하여) '이'로 읽고, '別'은 나눌 '별', 분별할 '별'로 읽고, '利'는 날카로울 '리(이)'로 읽고, '器'는 기계(器械) '기', 기구(器具) '기'로 읽는다. '利器'는 ①실제로 쓰기 에 편리한 기계나 기구. ②썩 잘 드는 연모. 또는 아주 날카로운 병기(兵器. 전쟁에 쓰는 기구를 통틀어 이르는 말)를 일컬음. '乎'는 어조사 '호'로 읽는다. '~는가?', '~인가?(의문)'의 뜻을 나타냄. '何以別利器 乎'를 직역(直譯)하면, 어찌 그것으로 인하여 날카로운 병기(兵器)를 구별할 수 있겠는가? 그런데 이 외에 송(宋)나라 유청지(劉淸之)의 『계자통록(戒子通錄)』에 〈얽히고 설킨 복잡한 일을 만나면, 나의 재능 (才能. 어떤 일을 하는데 필요한 재주와 능력)을 시험할 수 있고, 여기서, '재주'는 순우리말로, 무엇을 잘할 수 있는, 타고난 능력과 슬기. 많은 사람이 바람에 쏠리듯 쫓아가는 일을 만나면, 나의 지조를 시험할 수 있으며, 어렵고 힘든 일을 만나면, 나의 사유 능력을 시험할 수 있고, 흔들림을 만나고 적과 싸워 이기면, 나의 힘을 시험할 수 있으며, 훼방과 모욕을 만나면, 나의 도량(度量. 사물을 너그럽게 용납하여 처리할 수 있는 넓은 마음과 깊은 생각)을 시험할 수 있다.(**盤根錯節**, 可以驗我之才, 波流風靡, 可以驗我之操, 艱難險阻, 可以驗我之思, 震撼折衝, 可以驗我之力, 含垢忍辱, 可以驗我之量.)〉라는 글귀가 나오는데, '얽히고 설킨 복잡한 일을 만나면,(盤根錯節)'에서, '반근착절(盤根錯節)'이 유래했다. 참고로, 원문의 '盤'은 서릴(국수, 새끼, 실 따위를 헝클어지지 아니하도록 둥그렇게 포개어 감을) '반'으로 읽고, '根'은 뿌리 '근'으로 읽고, '錯'은 어긋날 '착'으로 읽고, '節'은 마디 '절'로 읽는다. '盤根錯節'을 직역(直譯) 하면, 서린 뿌리와 어긋난 마디. 즉, 구부러진 뿌리와 울퉁불퉁한 마디라는 뜻으로, 얽히고설켜 처리하 기 곤란한 사물(事物)을 비유하거나, 세상일에 난관(難關)이 많음을 비유적으로 이르는 말. '可以驗我之 才'에서, '可'는 가히(可~. '능히', '넉넉히'의 뜻을 나타냄) '가'로 읽고, '以'는 써(그것을 가지고, 그것으로 인하여) ‘이’로 읽고, ‘驗’은 시험할 ‘험’으로 읽고, ‘之’는 어조사 ‘지’로 읽는다. ‘~의’를 나타내는 관형격 조사. ‘才’는 재주(순우리말로, 무엇을 잘할 수 있는, 타고난 능력과 슬기) ‘재’로 읽는다. ‘可以驗我之才’를 직역(直譯)하면, 가히 그것으로 인하여 나의 재능을 시험할 수 있고, ‘波流風靡’에서, ‘波’는 물결 ‘파’로 읽고, ‘流’는 흐를 ‘류(유)’로 읽고, ‘風’은 바람 ‘풍’으로 읽고, ‘靡’는 쏠릴(한쪽으로 기울어지거나 몰림) ‘미’로 읽는다. ‘風靡’는 바람에 초목이 (쏠리듯) 쓰러진다는 뜻으로, 어떤 사회적 현상이나 사조(思潮. 한 시대의 일반적인 사상의 흐름) 따위가 널리 사회에 퍼짐. ‘波流風靡’를 직역(直譯)하면, 바람에 쏠리듯 물결이 흐름은, ‘可以驗我之操’에서, ‘操’는 지조(志操. 원칙과 신념을 굽히지 아니하고 끝까지 지켜 나가는 꿋꿋한 의지·意志, 또는 그런 기개·氣槪) ‘조’로 읽는다. ‘可以驗我之操’를 직역(直譯)하면, 가히 그것으로 인하여 나의 지조를 시험할 수 있음. ‘艱難險阻’에서, ‘艱’은 어려운 ‘간’, 괴로울 ‘간’으로 읽고, ‘難’은 어려울 ‘난’으로 읽는다. ‘艱難’은 몹시 힘들고 고생스러움. ‘險’은 험할 ‘험’으로 읽고, ‘阻’는 험할 ‘조’로 읽는다, ‘險阻’는 지세(地勢. 깊고, 얕고, 넓고, 좁고, 울퉁불퉁한 땅의 생긴 모양이나 형세)가 가파르거나 험하여 막히거나 끊어져 있음. ‘艱難險阻’를 직역(直譯)하면, (또) 몹시 힘들고 고생스러우며 가파르거나 험하여 막히거나 끊어져 있음은, ‘可以驗我之思’에서, ‘思’는 생각 ‘사’로 읽는다. ‘可以驗我之思’를 직역(直譯)하면, 가히 그것으로 인하여 나의 생각을 시험할 수 있고, ‘震撼折衝’에서, ‘震’은 진동(震動. 물체가 몹시 울리어 흔들림, 또는 물체 따위를 흔듦)할 ‘진’으로 읽고, ‘撼’은 흔들 ‘감’, 움직일 ‘감’으로 읽는다. ‘震撼’은 울리어 흔들림. 또는 울리어 흔듦. ‘折’은 꺾을 ‘절’, 꺾일 ‘절’로 읽고, ‘衝’은 목(다른 곳으로는 빠져나갈 수 없는, 중요한 통로의 좁은 곳) ‘충’, 요긴(要緊)한 곳 ‘충’으로 읽는다. ‘震撼折衝’을 직역(直譯)하면, 요긴(要緊)한 곳이 꺾이어 진동하고 흔들림은, ‘可以驗我之力’에서, ‘力’은 힘 ‘력(역)’으로 읽는다. ‘可以驗我之力’를 직역(直譯)하면, 가히 그것으로 인하여 나의 힘을 시험할 수 있으며, ‘含垢忍辱’에서, ‘含’은 참을 ‘함’, 견디어 낼 ‘함’으로 읽고, ‘垢’는 수치(羞恥) ‘구’, 부끄러움 ‘구’로 읽고, ‘忍’은 참을 ‘인’으로 읽고, ‘辱’은 욕될 ‘욕’으로 읽는다. ‘含垢忍辱’을 직역(直譯)하면, 수치(수치스러움)를 견디어 내고 욕됨을 참는 (것은), ‘可以驗我之量’에서, ‘量’은 헤아릴 ‘량(양)’으로 읽는다. 여기서는 ‘도량(度量. 사물을 너그럽게 용납하여 처리할 수 있는 넓은 마음과 깊은 생각)’이라는 의미(意味)이기도 하다. ‘可以驗我之量’을 직역(直譯)하면, 가히 그것으로 인하여 나의 헤아림(도량)을 시험할 수 있다.

반기-조례(半旗弔禮 반 **반**/기 **기**/조상할 **조**/예절 **례**) 반기(半旗)로 조상(弔喪)하는 예절(禮節)이라는 뜻으로, 반기(半旗)를 달아 조의(弔意. 남의 죽음을 슬퍼하는 마음)를 표(表)함을 이르는 말. *반기(半旗): 조의(弔意)를 표하기 위하여 깃봉에서 기(旗)의 한 폭 만큼 내려서 다는 국기(國旗. 한 나라를 상징하는 기·旗). *조례(弔禮): ①조상(弔喪)하는 예절. ②조상(弔喪)의 뜻으로 하는 인사. *조상하다(弔喪~): 부록 ‘조(弔)’ 참고.

반낭-주-대(飯囊酒袋 밥 **반**/주머니 **낭**/술 **주**/자루 **대**) 밥을 (담는) 주머니와 술을 (담는) 자루(부대)라는 뜻으로, 음식과 술을 축내며(縮~. 일정한 수·數나 양·量에서 모자람이 생기게 하며), 일은 아니하는 사람을 비유적으로 이르는 말. =주낭반대(酒囊飯袋). 주대반낭(酒袋飯囊). 비 의가반낭(衣架飯囊). *반낭(飯囊): =밥주머니. 즉, ‘밥이나 축내고 아무 일도 하지 않는 사람’을 조롱하여 이르는 말. *주머니: 부록 ‘낭(囊)’ 참고.

반도-이-폐(半途而廢 반 **반**/길 **도**/말 이을 **이**/그칠 **폐**) 길을 반쯤 (가다가) 그친다. 즉, 중간에서 그만둔다는 뜻으로, 일을 하다가 중도(中途. 일이 되어 가는 동안. 또는 하던 일의 중간)에서 그침을 이르는 말. =중도이폐(中途而廢). *반도(半途): ①어떤 길의 반 정도 되는 거리. ②=중도(中途). *그치다: (움직임이) 멈추다. 또는 멈추게 하다. 이 사자성어의 유래는 다음과 같다. 주희(朱熹)의 『중용장구(中庸章句)』11장(章)에, 〈(중국 춘추시대의 사상가이며 학자인) 공자(孔子)께서 말씀하시기를, "은밀한 바탕을 밝히려고 괴이한 짓을 행함은, 후세에 말이 있을 것이지만, 나는 그런 짓을 하지 않겠다. 군자(君子)가 도(道)를 좇아 행하다가, 중도(中途)에 그만두는데, 나는 그만 두지 않을 것이다. 군자(君子)는 중용(中庸)에 의지하여, 세상에서 숨어 있어 알아주지 않는다 하더라도 후회하지 않으니, (이는) 오직 성자(聖者)라야 그렇게 할 수 있다."(子曰, 素隱行怪, 後世有述焉, 吾弗爲之矣, 君子遵道而行 半途而廢 吾弗能已矣, 君子依乎中庸, 遯世不見知而不悔, 唯聖者能之)〉라는 이야기가 나오는데, '중도(中途)에 그만두는데.(半途而廢)'에서 '반도이폐(半途而廢)'가 유래했다. 참고로 원문의 '子曰'에서, '子'는 경칭(敬稱. 공경하는 뜻으로 부르는 칭호. 또는 존대하여 일컬음) '자'로 읽는다. 학덕(學德)과 지위가 높은 남자의 경칭(敬稱)이다. 여기서는 '공자(孔子)'를 가리킴. '曰'은 일컬을 '왈'로 읽는다. '子曰'을 직역(直譯)하면, 공자(孔子)가 일컫기를, '素隱行怪'에서, '素'는 바탕 '소'로 읽고, '隱'은 숨을 '은'으로 읽고, '行'은 행할 '행'으로 읽고, '怪'는 괴이(怪異. 이상야릇함 또는 이상야릇하여 알 수 없음)할 '괴'로 읽는다. '素隱行怪'를 직역(直譯)하면, 은밀(隱密. 생각이나 행동 따위를 숨겨서 흔적이 드러나지 아니함)하게 숨은 바탕을 (찾으려고) 괴이(怪異)한 (짓을) 행함은, '後世有述焉'에서, '後'는 뒤 '후'로 읽고, '世'는 세상(世上) '세'로 읽는다. '後世'는 뒷세상. 즉, 다음에 오는 세상(世上). 또는 다음 세대(世代)의 사람들. '有'는 있을 '유'로 읽고, '述'은, 여기서는 언설(言舌. 말을 잘하는 재주) '술'로 읽고, 여기서, '재주'는 순우리말로, 무엇을 잘할 수 있는, 타고난 능력과 슬기. '焉'은 어조사 '언'으로 읽는다. '~이다(단정)'의 뜻을 나타냄. '後世有述焉'을 직역(直譯)하면, 후세(後世)에 언설(言舌)이 (있다고 말하는 사람이) 있을 (것)이지만, '吾弗爲之矣'에서, '吾'는 나(1인칭 대명사) '오'로 읽고, '弗'은 아닐(부정하는 말) '불'로 읽는다. '不'과 같은 뜻이다. '爲'는 할 '위'로 읽고, '之'는 어조사 '지'로 읽는다. '그것'을 나타내는 지시 대명사. 矣는 어조사 '의'로 읽는다. '~이다(단정)'의 뜻을 나타냄. '吾弗爲之矣'를 직역(直譯)하면, 나는 그것을 하지 않을 (것)이다. '君子遵道而行'에서, '君'은 임금 '군'으로 읽고, '子'는 경칭(敬稱. 공경하는 뜻으로 부르는 칭호. 또는 존대하여 일컬음) '자'로 읽는다. 학덕(學德)과 지위가 높은 남자의 경칭(敬稱)이다. '君子'는 행실이 점잖고 어질며 덕(德. 고매하고 너그러운 도덕적 품성)과 학식이 높은 사람. '遵'은 좇을 '준'으로 읽고, '道'는 길 '도', 도리(道理. 사람이 마땅히 지켜야 할 바른 길) '도'로 읽고, '而'는 말 이을 '이'로 읽는다. '그리고'의 뜻을 나타냄. '君子遵道而行'을 직역(直譯)하면, 군자(君子)가 도(道)를 좇아 그리고 행하다가, 여기서 '도(道)를 따라 행함'은 능히 선(善)을 택한 행위라는 말이다. '半途而廢'에서 '半'은 반(半) '반'으로 읽고, '途'는 길 '도'로 읽고, '而'는 말 이을 '이'로 읽고 '廢'는 그칠 '폐'로 읽는다. 여기서 '半途而廢'가 유래하였는데, 이를 직역(直譯)하면, 길을 반쯤 (가다가) 그친다는 뜻으로, 일을 하다가 중도(中途. 일이 되어 가는 동안. 또는 하던 일의 중간)에서 그침을 이르는 말. 결국 이 말은, 끝까지 해내지 못해 그동안의 노력마저 헛수고로 만드는 경우를 가리킬 때 주로 쓰인다. '吾弗能已矣'에서, '能'은 능(能)히 할 수 있을 '능'으로 읽고, '已'는 그칠 '이', 그만 둘 '이'로 읽는다. '吾弗能已矣'를 직역(直譯)하면, 나는 능(能)히 그치지(그만두지) 않을 (것)이다. 즉, 나는 실천하던 것을 결코 멈추거나 그만 둘 수가 없다는 말이다. 이것은 선(善)한 도(道)를 따르는 올바른 행위를 행하면서, 남들이 알아주지 않아도 어떤 시련(試鍊)이나 유혹(誘惑)이 다가와도 흔들리지 않고 꾸준히 자기 길을 가겠다는 공자(孔子)의 다짐의 말이다. '君子依乎·中庸'에서, '依'는 의지(依支. 무엇에 마음을 붙여 도움을 받음)할 '의'로 읽고, '乎'는 어조사 '호'로 읽는다. '~에(위치)'의 뜻을 나타냄. '中'은 가운데 '중'으로 읽고, '庸'은 떳떳할 '용'으로 읽는다. '中庸'은 지나치거나 모자라지 아니하고, 한쪽으로 치우치지 아니한, 떳떳하며 변함이 없는 상태나 정도. 여기서는 '중용(中庸)의 도(道)'. 또는 '중용(中庸)의 사상(思想)'을 가리킴. '君子依乎·中庸'을 직역(直譯)하면, 군자(君子)는 중용(中庸)에 (기대고) 의지(依支)하여, '遯世不見知而不悔'에서, '遯'은 숨을 '돈'으로 읽고, '不'은 아닐(부정하는 말) '불'로 읽고, '見'은 볼 '견'으로 읽고, '知'는 알 '지'로 읽고, '悔'는 후회(後悔)할 '회'로 읽는다. '遯世不見知而不悔'를 직역(直譯)하면, 세상에서 숨어 (있어) (남이 나를) 보고 알아주지 않아도 그리고 후회(後悔)하지 않으니, 즉, 속세(俗世. 세속의 사람들이 사는 일반의 사회)를 피해 은둔(隱遁. 세상을 피하여 숨음)하여 숨어 지내므로 남이 알아주지 않아도 후회(後悔)하지 않는다는 말이다. '唯聖者能之'에서, '唯'는 오직 '유'로 읽고, '聖'은 성스러울 '성'으로 읽고, '者'는 사람 '자'로 읽는다. '聖者'는 지혜와 덕(德. 고매하고 너그러운 도덕적 품성)이 매우 뛰어나 길이 우러러 본받을 만한 사람. '唯聖者能之'를 직역(直譯)하면, (이는) 오직 성자(聖者)(만이) 그것을 할 수 있다. 즉, 오로지 성인(聖人. 지혜와 덕이 매우 뛰어나 길이 우러러 본받을 만한 사람)이어야만 그렇게 하는 것이 가능하다는 말이다.

반동-분자(反動分子 반대할 **반**/움직일 **동**/나눌 **분**/사람 **자**) 반대하는 움직임에 (따라) 나누어진 사람이라는 뜻으로, 반동적(反動的. 어떤 작동에 대하여 그 반대로 작동하는)인 행위를 하는 자(者)를 이르는 말. *반동(反動): ①어떤 작용에 대하여 그 반대로 작용함. ②진보적이거나 발전적인 움직임을 반대하여 강압적으로 가로막음. *분자(分子): 어떤 집단을 이루는 각각의 구성원.

반룡-부-봉(攀龍附鳳 더위잡을 **반**/용 **룡**/붙을 **부**/봉황 **봉**) 용(龍)에 더위잡기도 (하고) 봉황(鳳凰)에 붙기도 (한다는) 뜻으로, 훌륭한 임금을 좇아서 공명(功名. 공·功을 세워 널리 알려진 이름. 또는 공·功을 세워 널리 이름을 떨치는 일)을 세움을 비유적으로 이르는 말. '용(龍)'과 '봉(鳳)'은 임금을 비유적으로 이르는 말이다. *반룡(攀龍): 용의 비늘(물고기나 뱀 따위의 표피·表皮를 덮고 있는 얇고 단단하게 생긴 작은 조각)을 끌어 잡는다는 뜻으로, 세력이 있는 사람의 도움으로 출세함을 이르는 말. *더위잡다: 부록 '반(攀)' 참고. *붙다: 부록 '부(附)' 참고. *봉황(鳳凰): 고대 중국에서, 상서로운(祥瑞~. 복되고 길한 일이 일어날 조짐이 있는) 새[鳥]로 여기던 상상(想像)의 새. 머리는 뱀, 턱은 제비, 등(사람이나 동물의 몸통에서 뒤쪽이나 위로 향한 쪽, 곧 가슴이나 배의 반대쪽)은 거북, 꼬리는 물고기 모양이며, 깃에는 오색(五色. 다섯 가지 빛깔)의 무늬가 있다고 함.

반면-교사(反面教師 돌이킬 **반**/낯 **면**/가르칠 **교**/스승 **사**) 낯을 돌이켜(반대쪽으로 돌려) 가르치는 스승이라는 뜻으로. ①극히 나쁜 면(面)만을 가르쳐 주는 선생, 즉, 중국에서 제국주의자, 반동파, 수정주의자를 이르는 말. ②다른 사람이나 사물의 부정적인 측면(側面. 사물이나 현상의 한쪽 면)에서 가르침을 얻음을 이르는 말. 여기서, 반면(反面)을 직역(直譯)하면, 낯(얼굴)을 반대쪽으로 돌린다는 뜻이고 정면(正面)을 직역(直譯)하면, 낯(얼굴)을 바로본다는 뜻이다. 따라서 반면교사(反面教師)는 부정적인 면에서 가르침을 주는 대상이고, 정면교사(正面教師)는 긍정적인 면에서 바른 길을 제시해 주는 대상이다. *반

ㅂ

면(反面): 사물의 어느 한쪽 면. 상대되는 다른 한쪽 면. *교사(敎師): 유치원, 초등학교, 중학교, 고등학교 따위에서, 소정의 자격을 가지고 학생을 가르치거나 돌보는 사람. =교원(敎員). *돌이키다: 부록 '반(反)' 참고. *낯: 부록 '면(面)' 참고.

반면-미인(半面美人 반 **반**/낯 **면**/아름다울 **미**/사람 **인**) 낯의 반쪽만 아름다운 사람이라는 뜻으로, 측면(側面. 사물이나 현상의 한쪽 면)에서 얼굴의 한쪽 면(面)만을 그린 미인(美人)의 그림을 이르는 말. *반면(半面): ①한 면의 절반. ②양쪽 면의 절반. ③얼굴의 좌우 어느 한쪽. *미인(美人): 용모가 아름다운 여자. =미녀(美女). 미희(美姬). *낯: 부록 '면(面)' 참고.

반면-지-분(半面之分 반 **반**/낯 **면**/어조사 **지**/나눌 **분**) 낯의 반쪽만 나눈다는 뜻으로, 얼굴만 약간 알 정도의, 교분(交分. 친구 사이의 사귐. 정이 도타워진 정도)이 아직 두텁지 못한 사이를 이르는 말. 즉, 안면(顔面)은 있어도 가까이 지내는 처지는 아니라는 말이다. =반면지식(半面之識). *반면(半面): ☞반면미인(半面美人). *낯: 부록 '면(面)' 참고. 이 사자성어의 유래는 다음과 같다. 『후한서(後漢書)』의 「응봉전(應奉傳)」 편(篇)에 〈그가 스무 살 되던 해의 어느 날, 팽성(彭城)에 있는 원하(袁賀)를 찾아갔는데, 마침 원하(袁賀)는 외출 중이었고, 수레를 만드는 장인(匠人. 목공이나 도공 따위와 같이 손으로 물건 만드는 일을 업으로 하는 사람)이 나와 반(半)쯤 얼굴을 내밀고 응봉(應奉)을 바라보았다. 응봉(應奉)도 돌아보지도 않고 그냥 가 버렸다. 수십 년이 흐른 어느 날, 응봉(應奉)은 우연히 길에서 수레를 만드는 그 장인(匠人)을 만나 알아보고 그를 불렀다.(奉年二十時, 嘗詣彭城相袁賀, 賀時出行閉門, **造車匠於內開扇出半面視奉**, 奉即委去, 後數十年於路見車匠, 識而呼之.)〉라는 이야기가 나오는데, '수레를 만드는 장인(匠人)이 나와 반(半)쯤 얼굴을 내밀고 응봉(應奉)을 바라보았다.(造車匠於內開扇出半面視奉)'에서, '반면지분(半面之分)'이 유래했다. 여남(汝南. 땅이름) 사람인 응봉(應奉)은 기억력이 매우 좋아, 한 번 보거나 겪은 일은 절대 잊어버리지 않았다. 그가 스무 살 때 만난 장인(匠人)을 수십 년이 흐른 때에 만나 부르니, 그 장인(匠人)은 처음에는 어리둥절해하다가 응봉(應奉)의 이야기를 듣고 비로소 옛날 일을 기억해 냈다고 한다. 참고로, 원문의 '奉年二十時'에서, '奉'은 받들 '봉'으로 읽는다. 여기서는 사람 이름인 '응봉(應奉)'을 가리킴. '年'은 나이 '년(연)'으로 읽고, '二'는 두 '이'로 읽고, '十'은 열 '십'으로 읽고, '時'는 때 '시'로 읽는다. '奉年二十時'을 직역(直譯)하면, 응봉(應奉)의 나이가 20이 (되던) 때에, '嘗詣彭城相袁賀'에서, '嘗'은 일찍 '상'으로 읽고, '詣'는 나아갈 '예', 이를(어떤 장소나 시간에 닿을) '예'로 읽고, '彭'은 많을 '팽', 부풀 '팽'으로 읽고, '城'은 재(높은 산의 고개) '성', 성(城. 예전에 적을 막기 위하여 흙이나 돌 따위로 높이 쌓아 만든 담) '성'으로 읽는다. 여기서 '彭城'은 땅 이름. '相'은 여기서는 정승(政丞. 벼슬 이름) '상'으로 읽고, '袁'은 옷길('옷기장'의 옛말. 옷의 길이) '원'으로 읽고, '賀'는 하례(賀禮. 축하하여 예를 차림)할 '하'로 읽는다. '袁賀'는 사람 이름. '嘗詣彭城相袁賀'를 직역(直譯)하면, 일찍이 팽성(彭城)의 정승(政丞. 벼슬 이름)인 원하(袁賀)를 (찾아) 나아갔는데, '賀時出行閉門'에서, '賀'는 '원하(袁賀)'를 가리킴. '出'은 여기서는 떠날 '출'로 읽고, '行'은 길 '행'으로 읽는다. '出行'은 먼 길을 떠남. '閉'는 닫을 '폐'로 읽고, '門'은 문(門) '문'으로 읽는다. '閉門'은 문(門)을 닫음. '賀時出行閉門'을 직역(直譯)하면, 원하(袁賀)는 (그) 때 길을 떠나 문(門)을 닫았다. '造車匠於內開扇出半面視奉'에서, '造'는 만들 '조'로 읽고, '車'는 수레 '거'로 읽고, '匠'은 장인(匠人) '장'으로 읽는다. '造車匠'을 직역(直譯)하면, 수레를 만드는 장인(匠人). '於'는 어조사 '어'로 읽는다. '~에', '~에서(위치)'의 뜻을 나타냄. '內'는 안 '내'로 읽고, '開'는, 여기서는 펼 ‘개’로 읽고, ‘扇’은 부채 ‘선’으로 읽는다. ‘於內開扇’을 직역(直譯)하면, 안에서 부채를 펴다. ‘出’은, 여기서는 드러낼 ‘출’로 읽고, ‘半’은 반(半) ‘반’, 절반(折半) ‘반’으로 읽고, ‘面’은 낯 ‘면’으로 읽는다. ‘出半面’을 직역(直譯)하면, 반쯤 낯을 드러내다(내밀다). ‘視’는 볼 ‘시’로 읽고, ‘奉’은 받들 ‘봉’으로 읽는다. 여기서는 ‘응봉(應奉)’을 가리킴. ‘造車匠於內開扇出半面視奉’을 직역(直譯)하면, 수레를 만드는 장인(匠 人)은 안에서 부채를 펴면서 반쯤 낯을 드러내어(내밀어) 응봉(應奉)을 보았다. 여기서, ‘半面之分’이 유래하였는데, 이것을 직역(直譯)하면, 낯의 반쪽만 나눈다는 뜻으로, 얼굴만 약간 알 정도의, 교분(交分. 친구 사이의 사귐, 정이 도타워진 정도)이 아직 두텁지 못한 사이를 이르는 말. ‘奉卽委去’에서, ‘卽’은 곧 ‘즉’으로 읽고, ‘委’는 맡길 ‘위’, 버릴 ‘위’로 읽고, ‘去’는 갈 ‘거’로 읽는다. ‘委去’는 버리거나 버리고 감. ‘奉卽委去’을 직역(直譯)하면, 응봉(應奉)은 곧 (그 장인을) 버리고 갔다. ‘後數十年於路見車匠’에서, ‘後’는 뒤 ‘후’로 읽고, ‘數’는 몇(그리 많지 않은 얼마만큼의 수를 막연하게 이르는 말) ‘수’로 읽고, ‘十’은 열 ‘십’으로 읽고, ‘年’은 해 ‘년(연)’으로 읽고, ‘路’는 길 ‘로(노)’로 읽고, ‘見’은 볼 ‘견’으로 읽는다. ‘後數十年 於路見車匠’을 직역(直譯)하면, (그) 뒤 몇 10년이 (지나), 길에서 수레를 만드는 (그) 장인(匠人)을 보았다. ‘識而呼之’에서, ‘識’은 알 ‘식’으로 읽고, ‘而’는 말 이을 ‘이’로 읽는다. ‘그리고’의 뜻을 나타냄. ‘呼’는 부를 ‘호’로 읽고, ‘之’는 어조사 ‘지’로 읽는다. ‘그것’을 나타내는 지시 대명사. ‘識而呼之’를 직역(直譯)하 면, (응봉은) (수레를 만드는 장인임을) 알고 그리고 그것(‘수레를 만드는 장인’을 가리킴)을 불렀다.

반면-지-식(半面之識 반 **반**/낯 **면**/어조사 **지**/알 **식**) 낯의 반쪽만 안다는 뜻으로, 얼굴만 약간 알 정도의, 교분(交分. 친구 사이의 사귐, 정이 도타워진 정도)이 두텁지 못한 사이를 이르는 말. =반면지분(半面之 分). *반면(反面): ☞반면미인(半面美人). *낯: 부록 ‘면(面)’ 참고.

반목-질시(反目嫉視 반대할 **반**/눈 **목**/미워할 **질**/볼 **시**) 반대하는 눈[目]으로 밉게 본다는 뜻으로, 서로 미워하고 시기(猜忌. 샘하여 미워함)하거나 질투(嫉妬)하는 눈으로 봄을 이르는 말. *반목(反目): 서로서 로 시기(猜忌)하고 미워함. *질시(嫉視): 시기(猜忌)하여 봄. 또는 시새워서 봄. 여기서, ‘시새우다’는 자기보다 잘되거나 나은 이를 공연히 미워하고 싫어하다.

반-문-농-부(班門弄斧 나눌 **반**/문 **문**/희롱할 **농**/도끼 **부**) 노반(魯班)의 문(門) (앞에서) 도끼로 희롱(戲弄) 한다(도끼를 놀린다)는 뜻으로, 큰 재주(순우리말로, 무엇을 잘할 수 있는, 타고난 능력과 슬기)가 있는 사람 앞에서 작은 재주를 뽐내는 것을 비유적으로 이르는 말. 또는 자신의 실력도 헤아리지 아니하고, 어떤 일을 하려고 당치 아니하게 덤비는 일을 비유적으로 이르는 말. *희롱하다(戲弄~): 부록 ‘농(弄)’ 참고. *도끼: 부록 ‘부(斧)’ 참고. 이 사자성어의 유래는 다음과 같다. 명(明)나라 말기의 시인 매지환(梅 之渙)의 「제이백묘시(題李白墓詩)」에 〈채석(采石) 강변(江邊)의 흙 한 무더기 / 이백(李白)의 이름은 천고 에 드높네. / 오가는 사람마다 시 한 수씩 / 노반(魯班)의 집 문 앞에서 도끼를 놀렸네.(采石江邊一堆土, 李白之名高千古, 來來往往一首詩, 魯班門前弄大斧.)〉라는 시(詩)가 나오는데, ‘노반(魯班)의 집 문 앞에 서 도끼를 놀렸네.(魯班門前弄大斧)’에서, ‘반문농부(班門弄斧)’가 유래했다. 이 시(詩)의 마지막 구절에 나오는 노반(魯班)은 춘추시대(春秋時代) 노(魯)나라의 장인(匠人. 손으로 물건을 만드는 일을 직업으로 하는 사람)인 공수반(公輸班. 사람 이름)으로, 대들보나 기둥을 만드는 데도 꽃을 새기고 문자를 파는 따위의 못하는 재주가 없을 정도로 도끼를 사용하는 기술이 뛰어난 사람이다. ‘공수반(公輸班)’은 춘추시 대 말기 노(魯)나라 사람이라고 해서 노반(魯班)이라 불렀으며, 후세에 건축의 신(神), 노반선사(魯班禪

師)라는 불리는 전설적인 공학자(工學者)다. 기계를 다루는 솜씨가 뛰어나 목재와 대나무만으로 만든 새가 3일간 하늘에 떠 있었다고 한다. 그런데 어떤 자료에는 '공수반(公輸般)'으로 표기 되어 있다. 옛적에 '반(班)'과 '반(般)'이 같은 발음이었기에 혼용(混用)해 쓴다는 설(說)이 있다. 참고로, 원문의 '采石江邊一堆土'에서, '采'는 풍채(風采. <u>드러나 보이는 사람의 겉모양</u>) '채'로 읽고, '石'은 돌 '석'으로 읽고, '江'은 강(江) '강'으로 읽는다. 여기서 '采石江'은 중국 당(唐)나라의 시선(詩仙. <u>신선·神仙의 기풍·氣風이 있는 천재적인 시인</u>)인 이태백(이백)이 술에 취해 뱃놀이 중에 강물에 비친 달을 따려다, 물에 빠져 죽었던 강의 이름. '邊'은 가 '변'으로 읽고, '一'은 한 '일'로 읽고, '堆'는 쌓을 '퇴', 흙무더기 '퇴'로 읽는다. '采石江邊一堆土'를 직역(直譯)하면, 채석강(采石江) 가의 한 무더기 흙이여, '李白之名高千古'에서, '李'는 오얏 '이(리)', 성씨(姓氏) '이(리)'로 읽고, '白'은 흰 '백'으로 읽는다. '李白'은 중국 당나라의 시인(詩人)을 일컬음. 자(字. <u>본이름을 함부로 부르지 않던 시대에, 본이름 대신 부르던 이름</u>)는 태백(太白)이다. '之'는 어조사 '지'로 읽는다. '~의'를 나타내는 관형격 조사. '名'은 이름 '명'으로 읽고, '高'는 높을 '고'로 읽고, '千'은 일천 '천'으로 읽고, '古'는 옛 '고', 오래될 '고'로 읽는다. '千古'는 아주 오랜 세월 동안. '李白之名高千古'를 직역(直譯)하면, 이백(李白)의 이름은 아주 오랜 세월 동안 높도다. '來來往往一首詩'에서, '來'는 올 '래(내)'로 읽고, '往'은 갈 '왕'으로 읽고, '首'는 편(篇. <u>시문·詩文의 수효를 세는 말</u>) '수'로 읽고, '詩'는 시(詩) '시'로 읽는다. '來來往往一首詩'을 직역(直譯)하면, 오면서 가면서 시(詩) 한 편(篇)을 (남기나니), '魯班門前弄大斧'에서, '魯'는 성씨(姓氏) '로(노)'로 읽고, '班'은 나눌 '반'으로 읽는다. '魯班'은 사람 이름. '門'은 문(門) '문'으로 읽고, '前'은 앞 '전'으로 읽고, '弄'은 희롱할 '롱(농)'으로 읽고, '大'는 클 '대'로 읽고, '斧'는 도끼(<u>나무를 찍거나 패는 연장의 하나</u>) '부'로 읽는다. '魯班門前弄大斧'를 직역(直譯)하면, (마치) 노반(魯班)의 문(門) 앞에서 큰 도끼를 가지고 희롱하구나. 여기서, '班門弄斧'가 유래하였는데, 이것을 직역(直譯)하면, 노반(魯班)의 문(門) (앞에서) 도끼로 희롱(戲弄)한다(<u>도끼를 놀린다</u>)는 뜻으로, 큰 재주가 있는 사람 앞에서 작은 재주를 뽐내는 것을 비유적으로 이르는 말. 또는 자신의 실력도 헤아리지 아니하고, 어떤 일을 하려고 당치 아니하게 덤비는 일을 비유적으로 이르는 말. 이 시의 배경은 이렇다. 채석강(采石江) 부근에는 이백(李白)의 무덤이 있다. 중국의 많은 문인들이 이곳에서 시흥(詩興. <u>시를 짓고 싶은 마음, 또는 시에 도취되어 일어나는 흥취</u>)을 느꼈다. 이렇다보니 시(詩)를 잘 모르는 사람까지도 저마다 시 한 수(首)씩을 읊었다. 시인 매지환(梅之渙)은 나무공예, 즉, 목장(木匠. <u>나무를 다루는 일을 맡아 하던 사람</u>)의 시조(始祖. <u>어떤 학문이나 기술 따위를 처음으로 연 사람</u>)라는 노반(魯班)의 고사(故事)를 인용하여 이러한 사람들을 풍자(諷刺. <u>문학 작품 따위에서, 현실의 부정적 현상이나 모순 따위를 빗대어 비웃으면서 비판함</u>)한 것이다. 오고가는 사람마다 시 한 수씩을 읊조리니 노반(魯班)의 문 앞에서 도끼 자랑하도다. 마치 큰 재주가 있는 사람(<u>'노반·魯班'을 가리킴</u>) 앞에서 작은 재주(<u>'시 한 수를 읊조리는 것'을 가리킴</u>)를 뽐내는 것 같음을 풍자(諷刺. <u>문학 작품 따위에서, 현실의 부정적 현상이나 모순 따위를 빗대어 비웃으면서 씀</u>)하고 있는 것이다.

반박-지-탄(斑駁之歎·嘆 얼룩질 **반**/뒤섞일 **박**/어조사 **지**/탄식할 **탄**) 얼룩지고 뒤섞임에 (대한) 탄식(歎·嘆息)이라는 뜻으로, 한편으로 치우치는 불공정한 처사(處事. <u>일을 처리함, 또는 그 처리</u>)에 대한 개탄(慨歎·嘆. <u>분하거나 못마땅하게 여겨 한탄함</u>). 또는 편파적(偏頗的. <u>공정하지 못하고 어느 한쪽으로 치우침</u>)이고 공정(公正)하지 못함에 대한 한탄(恨歎·嘆. <u>뉘우치거나 원통하여 한숨을 지음, 또는 그 한숨</u>)을 이르는 말. *반박(斑駁): ①여러 빛깔이 뒤섞여 아롱진 모양. ②여러 가지의 것이 한데 섞이어 서로 같지 아니한 모양. *얼룩지다: 부록 '박(駁)' 참고. *뒤섞이다: '뒤섞다'의 피동으로, 뒤섞음(사람이나 물건을 한데 마구 섞음)을 당하다. *탄식하다(歎·嘆息~): 부록 '탄(歎·嘆)' 참고.

반-벽-강산(半壁江山 반 **반**/바람벽 **벽**/강 **강**/뫼 **산**) 바람벽의 반쯤 (둘러싸인) 강(江)과 뫼('산'의 옛말)라는 뜻으로, ①절벽(絕壁)에 둘러싸인 산수(山水. 산과 물이라는 뜻으로, 자연의 경치를 이르는 말)를 이르는 말. ②[높] 한쪽 구석에 치우쳐 있는 외진 고장을 비유적으로 이르는 말. =반벽산하(半壁山河). *강산(江山): ①(강과 산이라는 뜻으로) 자연의 경치를 이르는 말. ②=강토(疆土). 즉, 나라의 영토. 또는 국경 안에 있는 땅. *바람벽(~壁): 부록 '벽(壁)' 참고.

반복-무상(反覆無常 되풀이할 **반**/되풀이할 **복**/없을 **무**/항상 **상**) 되풀이하고 되풀이하는 (일이) 항상(恒常) 없다는 뜻으로, 언행(言行)이 이랬다저랬다 일정하지 아니하여, 종잡을 수 없음을 이르는 말. 여기서, '항상(恒常) 없다'는 것은 늘 일정하지 않다는 뜻이다. *반복(反覆): ①언행이나 일 따위를 이랬다저랬다 하여 자꾸 고침. ②본래 상태로 되돌림. *무상(無常): ①일정한 때가 없음. ②덧없음. 즉, 세월의 흐름이 허무하게 빠름. ③불교에서, 생멸(生滅. 우주 만물의 생겨남과 없어짐)의 변화가 없이 늘 존재함을 이르는 말. *항상(恒常): [부] 언제나 변함없이. =늘. 매상(每常). 항용(恒用).

반복-소인(反覆小人 되풀이할 **반**/되풀이할 **복**/작을 **소**/사람 **인**) 되풀이하고 되풀이하는, 작은 사람이라는 뜻으로, 줏대(主~. 마음의 중심이 되는 생각이나 태도) 없이 언행(言行. 말과 행동)을 이랬다저랬다 하여, 그 마음을 헤아릴 수 없는 변변치 못한 사람이나, 옹졸(壅拙. 성질이 너그럽지 못하고 소견이 좁음)한 사람을 이르는 말. *반복(反覆): ☞반복무상(反覆無常). *소인(小人): ①나이 어린 아이. ②키나 몸집이 작은 사람. ③도량(度量. 사물을 너그럽게 용납하여 처리할 수 있는 넓은 마음과 깊은 생각)이 좁고 간사한 사람.

반-불-여-초(反不如初 도리어 **반**/못할 **불**/같을 **여**/처음 **초**) 처음과 같지 못하고 도리어 (나빠진다는) 뜻으로, 그대로 두는 것이 오히려 나음을 이르는 말.

반사-반-생(半死半生 반 **반**/죽을 **사**/반 **반**/살 **생**) 반쯤 죽고 반쯤 살아있다는 뜻으로, 거의 죽게 되어 죽을지 살지 모를 지경(地境. 어떤 처지나 형편)에 이름(도달함)을 이르는 말. =반생반사(半生半死). *반사(半死): =반죽음. 즉, 몹시 맞거나 어려움을 겪어서 거의 죽게 된 상태.

반사-지-경(半死之境 반 **반**/죽을 **사**/어조사 **지**/지경 **경**) 반쯤 죽은 지경(地境)이라는 뜻으로, 반죽음이 된 상태(狀態)를 이르는 말. *반사(半死): ☞반사반생(半死半生). *지경(地境): 부록 '경(境)' 참고.

반-상-낙하(半上落下 반 **반**/위 **상**/떨어질 **낙**/아래 **하**) 위[上]의 반쯤 (올라갔다가) 아래[下]로 떨어진다는 뜻으로, 처음에는 성의껏 하다가 중도(中途. 하던 일의 중간)에 그만두어 이루지 못함을 이르는 말. *낙하(落下): 높은 곳에서 떨어짐.

반-상-반-하(半上半下 반 **반**/위 **상**/반 **반**/아래 **하**) 반(半)은 위[上]이고, 반(半)은 아래[下]라는 뜻으로, 태도나 성질이 위[上]나 아래[下] 어느 쪽에도 붙지 아니하고 모호(模糊. 흐릿함. 또는 분명하지 않음)함을 이르는 말.

반-생-반사(半生半死 반 **반**/살 **생**/반 **반**/죽을 **사**) 반(半)쯤 살고 반(半)쯤 죽었다는 뜻으로, 거의 죽게 되어 죽을지 살지 모를 지경(地境. 어떤 처지나 형편)에 이름(도달함). 또는 거의 죽게 되어 생사(生死)를 알 수 없는 지경(地境)에 이름(도달함). =반사반생(半死半生). *'반-생'은『국어사전(國語辭典)』에 등재(登載)된, '한평생의 반(半)'인 '반생(半生)'의 뜻과는 별개다. *반사(半死): ☞반사반생(半死半生).

반-생-반숙(半生半熟 반 **반**/설 **생**/반 **반**/익을 **숙**) 반(半)은 설고 반(半)은 익었다는 뜻으로, ①음식이 반쯤은 설고 반쯤은 익음을 이르는 말. ②어떤 기예(技藝. <u>미술, 공예 따위에 관한 기술</u>)가 아직 완숙(完熟. <u>재주나 기술 따위가 아주 능숙함</u>)하지 못함을 비유적으로 이르는 말. 여기서, '재주'는 순우리말로, 무엇을 잘할 수 있는, 타고난 능력과 슬기. *반-생: ☞반생반사(半生半死). *반숙(半熟): 반쯤만 익힘. 또는 그렇게 익힌 것. *설다: 덜 익다. *익다: 부록 '숙(熟)' 참고.

반수-반성(半睡半醒 반 **반**/잠잘 **수**/반 **반**/잠깰 **성**) 반(半)은 잠자고 반(半)은 잠에서 깬 (상태라는) 뜻으로, 깊이 잠들지 못하고 반쯤 깨어 있음. 즉, 자는 둥 마는 둥 아주 얕은 잠을 자는 것을 이르는 말. *반수(半睡): =반수반성(半睡半醒). *반성(半醒): 술기운이나 졸음이 반쯤 깸.

반승-반-속(半僧半俗 반 **반**/중 **승**/반 **반**/인간 세상 **속**) ①반(半)은 중(僧侶)이고, 반(半)은 인간(人間) 세상(世上)에 (있다는) 뜻으로, 반(半)은 중(僧侶)이고, 반(半)은 속인(俗人. <u>세속의 사람</u>)인 사람을 이르는 말. ②중(僧侶)도 아니고 속인(俗人)도 아니라는 뜻으로, 이것도 아니고 저것도 아니어서, 어중간하거나 뚜렷한 명목(名目. <u>겉으로 내세우는 이름, 또는 구실이나 이유</u>)을 붙이기 어려움을 비유적으로 이르는 말. 참 비승비속(非僧非俗). *반승(半僧): =반승반속(半僧半俗).

반식-재상(伴食宰相 짝 **반**/밥 먹을 **식**/재상 **재**/재상 **상**) 짝[伴]으로서 밥만 먹는 재상(宰相)과 재상(宰相). 즉, 함께 자리하여 밥만 먹는 재상(宰相)이라는 뜻으로, 주빈(主賓. <u>여러 손님 가운데서 주되는 손님</u>) 옆에서 그 덕(德. <u>여기서는 베풀어 준 은혜나 도움</u>)에 대접을 받는 격(格)이 된 재상(宰相)을 가리킨다. 능력이 있는 사람 덕(德)에 자리만 차지하고 있는 무능한 재상(宰相)을 비꼬아 이르는 말. *반식(伴食): ①웃어른을 모시고 함께 음식을 먹음. ②아무 능력도 없이 어떠한 직(職)에 앉아 자리만 지키고 있음을 이르는 말. *재상(宰相): <u>임금을 보필하며 모든 관원을 지휘, 감독하는 자리에 있는 이품(二品) 이상의 벼슬을 통틀어 이르던 말</u>. *짝: 부록 '반(伴)' 참고. 이 사자성어의 유래는 다음과 같다.『구당서(舊唐書)』의「노회신전(盧懷愼傳)」편(篇)에 [중국 역사상 최고의 전성시대(全盛時代. <u>형세나 세력 따위가 한창 왕성한 시대</u>)로 꼽히는 것은 당(唐)나라 때이고, 당(唐)나라 시대의 최고 전성기(全盛期. <u>형세나 세력 따위가 한창 왕성한 시기</u>)는 현종(玄宗)이 황제의 자리에 있었던 개원(開元. <u>중국 당나라 현종·玄宗 때의 연호·年號, 서기 713년~741년</u>) 연간(年間. <u>어느 왕이 왕위에 있는 동안</u>)부터 천보(天寶. <u>중국 당나라 현종·玄宗 때의 연호·年號, 서기 740년~756년</u>) 연간(年間) 초(初)까지로 알려져 있다. 이 시기의 인구는 900만 호, 5천 3백 명에 달했으며, 수도(首都)인 장안(長安)에는 아시아(Asia) 각국은 물론 멀리 페르시아(Persia), 사라센(Saracen) 등지(等地. <u>땅의 이름 뒤에 쓰이어, 앞에 말한 '그러한 곳들'의 뜻을 나타내는 말</u>)에서 온 외교 사절과 상인들로 북적댔다. 현종(玄宗)의 치세(治世. <u>여기서는, 주로 어떤 임금이 다스리는 때나 세상</u>)가 이처럼 성공할 수 있었던 것은 요숭(姚崇. <u>사람 이름</u>), 송경(宋璟. <u>사람 이름</u>)과 같은 훌륭한 재상(宰相)들의 충실한 보좌(補佐. <u>윗사람 곁에서 사무를 도움</u>) 덕분이었다. 당시(當時. <u>일이 있었던 바로 그때, 또는 이야기하고 있는 그 시기</u>) 노회신(盧懷愼)도 재상(宰相)으로 있었는데, 청렴결백(淸廉潔白. <u>본문 참고</u>)하고 근면검소(勤勉儉素. <u>부지런히 일하며 힘쓰고, 사치하지 않고 꾸밈없이 수수함</u>)한 사람이었으나 업무 능력은 좀 부족했다. 어느 날 요숭(姚崇)이 아들이 죽어 열흘간의 휴가

(休暇)를 받았는데, 이때 노회신(盧懷愼)이 요숭(姚崇)의 직무(職務)를 대행(代行. 남을 대신하여 어떤 권한이나 직무를 행함)하게 되었다. 그런데 중요한 문제들을 제대로 처리하지 못해 정무(政務. 정치나 국가 행정에 관계되는 사무)가 정체(停滯. 사물 따위가 발전하여 나아가지 못하고 한자리에 머물러 그침)되고 말았고, 결국 요숭(姚崇)이 돌아와 산적(山積. 물건이나 일이 산더미같이 쌓임)한 문제들을 해결했다.〈노회신(盧懷愼)은 자신의 재주(순우리말로, 무엇을 잘할 수 있는, 타고난 능력과 슬기)가 (요숭·姚崇에게 크게) 미치지 못한다는 것을 알고, 매사를 요숭(姚崇)에게 미루었다. 당시 사람들은 노회신(盧懷愼)을 반식재상(伴食宰相)이라고 했다.(懷愼知才不及, 每事皆推讓之. 時人謂之伴食宰相.〉라는 이야기가 나오는데, '당시 사람들은 노회신(盧懷愼)을 반식재상(伴食宰相)이라고 했다.(時人謂之伴食宰相)'에서, '반식재상(伴食宰相)'이 유래했다. 요즘 공직 사회에서, 능력이나 전문 지식과는 관계없이 학연(學緣), 혈연(血緣), 지연(地緣)에 따라 인사가 이루어짐으로써 '반식재상(伴食宰相)'을 양산(量産. 많이 만들어 냄)하는 측면도 있다. 매우 우려할 만한 일이다. 참고로, 원문의 '懷愼知才不及'에서, '懷'는 품을 '회'로 읽고, '愼'은 삼갈(몸가짐이나 언행을 조심함) '신'으로 읽는다. 여기서 '懷愼'은 '노회신(盧懷愼)'을 가리킴. '知'는 알 '지'로 읽고, '才'는 재주 '재'로 읽고, '不'은 아닐(부정하는 말) '불'로 읽고, '及'은 미칠(영향이나 작용 따위가 대상에 가하여질) '급', 이를(어떤 정도나 범위에 미칠) '급'으로 읽는다. '不及'은 일정한 수준이나 정도에 이르지 못함. '懷愼知才不及'을 직역(直譯)하면, 노회신(盧懷愼)은 (자기의) 재주가 일정한 수준이나 정도에 이르지 못함을 알고, '每事皆推讓之'에서, '每'는 매양(每樣) '매', 마다('낱낱이', '모두'의 뜻을 나타내는 보조사) '매'로 읽고, '事'는 일 '사'로 읽는다. '每事'는 하나하나의 일마다. '皆'는 다 '개', 모두 '개'로 읽고, '推'는 밀(일정한 방향으로 움직이도록 반대쪽에서 힘을 가함) '추', 추천할 '추'로 읽고, '讓'은 사양(辭讓. 겸손하여 받지 아니하거나 응하지 아니함. 또는 남에게 양보함)할 '양'으로 읽는다. '推讓'은 남을 추천하고 스스로는 사양함. '之'는 어조사 '지'로 읽는다. '그것'을 나타내는 지시 대명사. 여기서는 '노회신(盧懷愼)'을 가리킴. '每事皆推讓之'를 직역(直譯)하면, 하나하나의 일마다 모두 (요숭을) 추천하고 그것('노회신·盧懷愼'을 가리킴)은 사양(辭讓)하였다. '時人謂之伴食宰相'에서, '時'는 때 '시'로 읽고, '人'은 사람 '인'으로 읽는다. '時人'은 그 당시의 사람들. '謂'는 일컬을 '위'로 읽고, '伴'은 짝 '반'으로 읽는다. 여기서는 짝이 되는 동무의 뜻을 나타냄. '食'은 밥 먹을 '식'으로 읽고, '宰'는 재상(宰相. 벼슬 이름) '재'로 읽고, '相'은 여기서는 재상(宰相) '상'으로 읽는다. '時人謂之伴食宰相'를 직역(直譯)하면, 그 당시의 사람들은 (노회신·盧懷愼을) '짝으로서 밥만 먹는 재상(宰相)'이라고 일컬었다. 즉, 당시의 사람들은 노회신(盧懷愼)을 남의 곁에서 주빈(主賓)의 짝이 되는 동무로서 밥만 축내는 무능한 재상(宰相)이라고 조롱하였다는 뜻이다. 여기서, '伴食宰相'이 유래하였는데, 이것을 직역(直譯)하면, 짝[伴]으로서 밥만 먹는 재상(宰相)과 재상(宰相). 즉, 함께 자리하여 밥만 먹는 재상(宰相)이라는 뜻으로, 주빈(主賓. 여러 손님 가운데서 주되는 손님) 옆에서 그 덕(德)에 대접을 받는 격(格)이 된 재상(宰相)을 가리킨다. 능력이 있는 사람 덕(德)에 자리만 차지하고 있는 무능한 재상(宰相)을 비꼬아 이르는 말.

반신-반-의(半信半疑 반 **반**/믿을 **신**/반 **반**/의심할 **의**) 반(半)은 믿고 반(半)은 의심(疑心)한다는 뜻으로, 얼마쯤 믿으면서도 한편으로는 의심(疑心)함을 이르는 말. 즉, 믿어지기도 하고 의심스럽기도 하다는 말이다. 圓 차신차의(且信且疑). *반신(半信): 아주 믿지는 아니하고 반(半) 정도만 믿음.

반-신-반-인(半神半人 반 **반**/신 **신**/반 **반**/사람 **인**) 반(半)은 신(神)이고 반(半)은 사람이라는 뜻으로, 반은 신(神)인 사람, 또는 아주 영묘(靈妙. <u>사람의 지혜로는 짐작할 수 없을 만큼 훌륭하고 신비스러움</u>)한 사람을 이르는 말.

반신-불수(半身不隨 반 반/몸 신/아닐 불/따를 수) 몸의 반(半)은 따르지 아니한다(<u>따라 움직이지 않는다</u>)는 뜻으로, 뇌출혈(腦出血) 따위의 병(病)이나 어떤 사고(事故)로 반신(半身)이 마비되는 일, 또는 그런 사람을 이르는 말. ＝일체편고(一體偏枯). 웹 편측마비(片側麻痺). *반신(半身): 온 몸의 절반. *불수(不隨): (병 따위로) 몸이 마음대로 움직이지 아니하는 일. *따르다: 부록 '수(隨)' 참고.

반의-지-희(斑衣之戲 얼룩질 반/옷 의/어조사 지/놀 희) 얼룩진 옷을 (입고) 논다. 즉, 나이를 먹었음에도 불구하고 늙으신 부모님을 기쁘게 해 드리기 위해 때때옷(<u>알록달록한 빛깔로 곱게 지은 어린아이의 옷</u>)을 입고 재롱(才弄. <u>어린아이의 슬기롭고 귀여운 말과 짓</u>)을 부린다는 뜻으로, 늙어서도 부모에게 효성(孝誠)을 다하는 것을 비유적으로 이르는 말. 웹 노래반의(老萊斑衣). 노래지희(老萊之戲). 반의희채(斑衣戲彩). *반의(斑衣): 여러 빛깔의 옷감으로 지어 만든 어린아이의 옷. *얼룩지다: 부록 '반(斑)' 참고. 이 사자성어의 유래는 다음과 같다. 당(唐)나라 이한(李瀚)의 『몽구(蒙求)』의 「고사전(高士傳)」 편(篇)에 〈노래자(老萊子)는 초(楚)나라 사람으로, 어려서부터 효성이 지극하여 부모에게 맛있고 부드러운 음식으로 봉양했는데, 나이 70에도 부모가 생존해 계셨다. 노래자(老萊子)는 늘 알록달록한 때때옷을 입고 부모님 앞에서 어린아이처럼 재롱을 피웠으며, 늙었다는 말을 하지 않았다.(老萊子楚人, 少以孝行, 養親極甘脆, 年七十, 父母猶存, **萊子服荊蘭之衣, 爲嬰兒戲於親前**, 言不稱老.)〉라는 이야기가 나오는데, '노래자(老萊子)는 늘 알록달록한[斑] 때때옷[衣]을 입고, 부모님 앞에서 어린아이처럼 재롱을 피웠으며[戲],(萊子服荊蘭之衣, 爲嬰兒戲於親前)'에서, '반의지희(斑衣之戲)'가 유래했다. 참고로, 원문의 '老萊子楚人'에서, '老'는 늙을 '로(노)'로 읽고, '萊'는 명아주(<u>명아줏과의 한해살이풀</u>) '래(내)'로 읽고, '子'는 아들 '자'로 읽는다. 여기서, '老萊子'는 사람 이름. '楚'는 초(楚)나라 '초'로 읽고, '人'은 사람 '인'으로 읽는다. '老萊子楚人'을 직역(直譯)하면, 노래자(老萊子)는 초(楚)나라 사람으로서, '少以孝行'에서, '少'는 젊을 '소'로 읽고, '以'는 써(<u>그것을 가지고, 그것으로 인하여</u>) '이'로 읽고, '孝'는 효도 '효'로 읽고, '行'은 행실(行實) '행', 행위(行爲) '행'으로 읽는다. '孝行'은 부모를 잘 섬기는 행실. '少以孝行'을 직역(直譯)하면, 젊을 때는 그것('젊음'을 가리킴)을 가지고 효행했고, '養親極甘脆'에서, '養'은 봉양할(奉養~. <u>부모나 조부모와 같은 웃어른을 받들어 모실</u>) '양'으로 읽고, '親'은 어버이 '친'으로 읽는다. '養親'은 부모를 봉양함. '極'은 지극할 '극'으로 읽고, '甘'은 맛좋을 '감'으로 읽고, '脆'는 연할(軟~. <u>재질·材質이 무르고 부드러움</u>) '취'로 읽는다. '養親極甘脆'를 직역(直譯)하면, 지극히 맛좋고 연한 (음식으로) 부모를 봉양(奉養)하였다. '年七十'에서, '年'은 나이 '년(연)'으로 읽고, '七'은 일곱 '칠'로 읽고, '十'은 열 '십'으로 읽는다. '年七十'을 직역(直譯)하면, (노래자가) 나이 70에도, '父母猶存'에서, '父'는 아버지 '부'로 읽고, '母'는 어머니 '모'로 읽고, '猶'는 오히려 '유'로 읽고, '存'은 살아 있을 '존'으로 읽는다. '父母猶存'을 직역(直譯)하면, 그 부모는 오히려 살아 있었다. '萊子服荊蘭之衣'에서, '萊子'는 '老萊子'를 가리킴. '服'은 옷 입을 '복'으로 읽고, '荊'은 가시나무 '형'으로 읽고, '蘭'은 난초 '란(난)'으로 읽고, '之'는 어조사 '지'로 읽는다. '~의'를 나타내는 관형격 조사. '衣'는 옷 '의', (옷) 입을 '의'로 읽는다. '萊子服荊蘭之衣'를 직역(直譯)하면, 노래자(老萊子)는 가시나무와 난초 (무늬)의 옷을 입고, '爲嬰兒戲於親前'에서, '爲'는 할 '위'로 읽고, '嬰'은 어릴 '영'으로 읽고, '兒'는 아이 '아'로 읽는다. '嬰兒'는 '젖먹이'와 같은 말로, 젖을 먹는 어린아이를 이르는 말. '戱'는 놀 '희'로 읽고, '於'는 어조사 '어'로 읽는다. '~에서(장소)'의 뜻을 나타냄. '前'은
앞 '전'으로 읽는다. '爲嬰兒戱於親前'을 직역(直譯)하면, 어버이 앞에서 젖을 먹는 어린아이가 하듯이
놀았으며, 노래자(老萊子)가 이렇게 한 이유는, 살아 계신 어버이가 행여나 자신이 늙었다는 사실을
알지 못하게 하기 위한 효심(孝心) 때문이었다. 여기서, '斑衣之戱'가 유래하였는데, 이것을 직역(直譯)하
면, 얼룩진 옷을 (입고) 논다. 즉, 나이를 먹었음에도 불구하고 늙으신 부모님을 기쁘게 해 드리기 위해
때때옷을 입고 재롱(才弄. 어린아이의 슬기롭고 귀여운 말과 짓)을 부린다는 뜻으로, 늙어서도 부모에게
효성(孝誠)을 다하는 것을 비유적으로 이르는 말. '言不稱老'에서, '言'은 말씀 '언'으로 읽고, '不'은 아닐
(부정하는 말) '불'로 읽고, '稱'은 일컬을 '칭'으로 읽고, '老'는 늙을 '로(노)'로 읽는다. '言不稱老'를 직역
(直譯)하면, 늙음을 일컫는 말을 하지 않았다. 즉, 늙었다는 말을 하지 않았다.

반-인-반-수(半人半獸 반 **반**/사람 **인**/반 **반**/짐승 **수**) 반(半)은 사람이고, 반(半)은 짐승이라는 뜻으로,
반(半)은 인간이고, 반(半)은 짐승인 괴물(怪物. 괴상한 사람을 비유적으로 이르는 말)을 이르는 말. 또는
몸의 반(半)은 인간이고, 몸의 반(半)은 짐승인 생명체를 이르는 말.

반자-지-명(半子之名 반 **반**/아들 **자**/어조사 **지**/이름 지을 **명**) 반(半)은 아들로 이름 짓는다. 즉, 반(半)은
아들이나 다름없이 여긴다는 뜻으로, 사위(딸의 남편)를 달리 이르는 말. *반자(半子): =반자지명(半子
之名).

반조-반미(半租半米 반 **반**/벼 **조**/반 **반**/쌀 **미**) 반(半)은 벼이고 반(半)은 쌀이다. 즉, 쌀이 반(半), 뉘(쌀
속에 섞여 있는 겉껍질이 벗겨지지 않은 벼의 낟알)가 반(半)이라는 뜻으로, 쌀에 뉘가 아주 많이 섞여
있음을 과장(誇張. 사실보다 지나치게 떠벌려 나타냄)하여 이르는 말. *반조(半租): =반조반미(半租半
米). *반미(半米): =반도미(半搗米). 즉, 속겨(곡식의 겉겨가 벗겨진 다음에 나오는 고운 겨 ↔ 겉겨)에
포함되어 있는 양분을 버리지 않으려고 반 정도만 찧은 쌀.

반청-반담(半晴半曇 반 **반**/맑을 **청**/반 **반**/흐릴 **담**) 날씨가 반(半)쯤은 맑고 반(半)쯤은 흐림. *반청(半晴):
날씨가 반쯤 갬. *반담(半曇): 날씨가 반쯤 흐림.

반취-반성(半醉半醒 반 **반**/술 취할 **취**/반 **반**/술 깰 **성**) 반(半)쯤 술에 취하고 반(半)쯤 술이 깨어 (있다는)
뜻으로, 술이 덜 깬 상태를 이르는 말. *반취(半醉): 술에 반쯤 취함. 또는 술에 웬만큼 취한 것을 일컫는
다. *반성(半醒): 술기운이나 졸음이 반쯤 깸.

반포-보은(反哺報恩 돌이킬 **반**/먹일 **포**/갚을 **보**/은혜 **은**) 돌이켜 먹임으로서 은혜(恩惠)를 갚는다는 뜻으
로, 자식이 부모가 길러준 은혜(恩惠)에 보답(報答)함을 이르는 말. 까마귀는 자란 뒤에 어미에게 먹이를
물어다 준다는 속설(俗說. 민간·民間에 전하여 내려오는 설·說)에서 유래하였음. 🆚 반포지효(反哺之
孝), 혼정신성(昏定晨省). *반포(反哺): =안갚음. 즉, 자식이 어버이의 은혜를 갚는 일. *보은(報恩):
은혜를 갚음. *돌이키다: 부록 '반(反)' 참고.

반포-지-효(反哺之孝 돌이킬 **반**/먹일 **포**/어조사 **지**/효도 **효**) 돌이켜 (부모에게) 먹이는 효도(孝道). 즉,
까마귀 새끼가 자라서 늙은 어미에게 먹이를 물어다 주는 효(孝)라는 뜻으로, 자식이 자란 후에 어버이
의 은혜(恩惠)를 갚는 효성(孝誠)을 이르는 말. 까마귀는 자란 뒤에 늙은 부모에게 먹이를 물어다 주면서
은혜에 보답하고 효성을 발휘하는 습성을 지녔다고 한다. *반포(反哺): ☞반포보은(反哺報恩). *돌이키
다: 부록 '반(反)' 참고.

반-후-농다(飯後濃茶 밥 **반**/뒤 **후**/진할 **농**/차 **다**) 밥을 (먹은) 뒤의 진(津)한 차(茶)라는 뜻으로, 식사 후에 진(津)한 차(茶)를 마시는 일을 이르는 말. *농다(濃茶): =농차(濃茶). 즉, 진하게 끓인 차. *진하다 (津~): ①액체가 묽지 않고 되직하다(묽지 않고 좀 된 듯하다). ②빛깔이나 화장(化粧. 화장품을 바르거나 문질러 얼굴을 곱게 꾸밈) 따위가 짙다. ③감정의 정도가 보통보다 더 깊다.

반-흉-반-길(半凶半吉 반 **반**/흉할 **흉**/반 **반**/길할 **길**) 반(半)은 흉(凶)하고 반(半)은 길(吉)하다는 뜻으로, 한편으로는 흉(凶)하기도 하고, 한편으로는 길(吉)하기도 함. 또는 그런 일을 이르는 말. *흉하다(凶~): 부록 '흉(凶)' 참고. *길하다(吉~): 부록 '길(吉)' 참고.

발-간-적-복(發奸摘伏 밝힐 **발**/간사할 **간**/들추어낼 **적**/숨을 **복**) 숨은(숨겨져 있는) (것을) 들추어내거나, 간사(奸詐)한 (것을) 밝힌다는 뜻으로, 숨겨져 있는, 죄상(罪狀. 범죄의 구체적인 사실)을 들추어내서나 정당하지 못한 일을 밝혀냄을 이르는 말. *밝히다: '밝다'의 사동. 일의 옳고 그름을 가려 분명하게 하다. *간사하다(奸詐~): 부록 '간(奸)' 참고. *들추어내다: 들추어서 나오게 하다. 여기서, '들추다'는 드러나지 않은 사실을 일부러 드러나게 하다.

발-단-심-장(髮短心長 털 **발**/짧을 **단**/마음 **심**/길 **장**) 털은 짧지만 마음은 길다. 즉, 늙어 머리털은 빠져 짧지만 마음은 길다(깊다)는 뜻으로, 몸은 늙었으나 일 처리는 잘함을 이르는 말. 또는 노인이 지혜(智慧)가 많음을 비유적으로 이르는 말. 『춘추좌씨전(春秋左氏傳)』에 제(齊)나라의 자아(子雅)가 나이가 들어 머리카락은 짧아도 마음으로는 심원(深遠. 생각이나 사상, 뜻 따위가 매우 깊음)한 계책(計策. 어떤 일을 이루기 위하여 꾀나 방법을 생각해 냄. 또는 그 꾀나 방법)을 세운 노포별(盧蒲嫳)을 평(評)한 데서 유래하였음. 그런데 어떤 자료에는 '노포별(盧蒲嫳)'을 '노포별(盧蒲瞥)'로 표기되어 있다. 발끈한 '별(嫳)'을 눈 깜작할 '별(瞥)'로 바뀌어져 있는 것이다. '노포별(盧蒲嫳)'에 대해서는 '단장취의(斷章取義)' 참고. 이 사자성어의 유래는 다음과 같다. 『춘추좌씨전(春秋左氏傳)』의 「소공(昭公) 3년」 편(篇)에 〈8월에 크게 기우제(祈雨祭)를 (지냈는데), (이것은) 날이 가물었기 (때문)이다. 제(齊)나라 군주(君主. 세습적으로 나라를 다스리는 최고 지위에 있는 사람)가 거(莒. 땅 이름. '제·齊나라 동쪽 변방·邊方'을 가리킴)에서 사냥을 했다. 이 지방에서 추방(追放)되어 살던 대부(大夫. 벼슬 이름)인 노포별(盧蒲瞥)이 와서 뵙고, 울면서 청하여 말하기를, "신(臣. 신하가 임금에 대하여 자기를 일컫는 말)의 머리털이 이처럼 짧아졌는데(늙었는데), 이제 더 무엇을 할 수가 있겠습니까?"하니, 제(齊)나라 군주(君主)가 말했다. "알았소. 두 사람(두 아들인 '자미·子尾'와 '자아·子雅'를 가리킴. 제·齊나라의 실력자로 알려져 있음)에게 말하겠소." 제후(諸侯)가 돌아와 두 사람에게 노포별(盧蒲嫳)의 이야기를 하니, 자미(子尾)는 노포별(盧蒲嫳)이 돌아오는 것을 허락(許諾)하려 했으나, 자아(子雅)가 반대하면서 말했다. "노포별(盧蒲嫳)은 비록 머리털이 짧아졌지만, (그의 복수할) 마음은 더욱 깊어졌습니다. (안심·安心을 했다가는) 우리를 죽여 처리할 (짓밟을) 것입니다." 그리고 9월에, 자아(子雅)는 노포별(盧蒲嫳)을 북연(北燕)으로 추방(追放)했다.〈八月, 大雩, 旱也, 齊侯田於莒, 盧蒲嫳見, 泣且請曰, 余髮如此種種, 余奚能爲, 公曰, 諾, 吾告二子, 歸而告之, 子尾欲復之, 子雅不可, 曰, **彼其髮短而心甚長**, 其或寢處我矣, 九月, 子雅放盧蒲嫳于北燕〉라는 이야기가 나오는데, '노포별(盧蒲嫳)은 비록 머리털이 짧아졌지만, (그의 복수할) 마음은 더욱 깊어졌습니다.(彼其髮短而心甚長)'에서, '발단심장(髮短心長)'이 유래했다. 제(齊)나라의 자아(子雅)가 나이가 들어 머리카락은 짧아도 마음으로는 심원(深遠. 생각이나 사상, 뜻 따위가 매우 깊음)한 계책(計策. 꾀나 방책을 생각해 냄, 또는 그 꾀나 방책)을 세운 노포별(盧蒲嫳)을 한 마디로 평(評)한 것이다. 참고로, 원문의
'八月'에서, '八'은 여덟 '팔'로 읽고, '月'은 달 '월'로 읽는다. '八月'을 직역(直譯)하면, 8월에, '大雩'에서,
'大'는 큰 '대'로 읽고, '雩'는 기우제(祈雨祭. 하지·夏至가 지나도록 비가 오지 않을 때에 비가 오기를
비는 제사) '우'로 읽는다. '大雩'를 직역(直譯)하면, 크게 기우제를 (지냈는데), '旱也'에서, '旱'은 가물
'한'으로 읽고, '也'는 어조사 '야'로 읽는다. ~이다(단정)의 뜻을 나타냄. '旱也'를 직역(直譯)하면, (날씨
가) 가물었기 (때문)이다. '齊侯田於莒'에서, '齊'는 제(齊)나라 '제'로 읽고, '侯'는 제후 '후', 임금 '후'로
읽고, '田'은, 여기서는 사냥할 '전'으로 읽고, '於'는 어조사 '어'로 읽는다. '~에', '~에서(장소)'의 뜻을
나타냄. '莒'는 나라 이름 '거'로 읽는다. 여기서는 '땅 이름'의 뜻을 나타냄. '齊侯田於莒'를 직역(直譯)하
면, 제(齊)나라 임금이 거·莒 지방에서 사냥을 했다. '盧蒲嫳見'에서, '盧'는 성씨 '로(노)'로 읽고, '蒲'는
부들(부들과의 여러해살이 풀) '포'로 읽고, '嫳'은 발끈할(참을성 없이 갑자기 성을 냄) '별'로 읽는다.
여기서 '盧蒲嫳'은 사람 이름. '見'은, 여기서는 뵈올 '현'으로 읽는다. '盧蒲嫳見'을 직역(直譯)하면, 노포
별(盧蒲嫳)이 (임금을) 뵙고, '泣且請曰'에서, '泣'은 울 '읍'으로 읽고, '且'는 또 '차'로 읽고, '請'은 청할
'청'으로 읽고, '曰'은 일컬을 '왈'로 읽는다. '泣且請曰'을 직역(直譯)하면, 울며 또 청하여 일컫기를, '余髮
如此種種'에서, '余'는 나 '여'로 읽는다. 여기서는 '신(臣)'과 같은 뜻으로, '노포별(盧蒲嫳)'을 가리킴 '髮'
은 머리털 '발'로 읽고, '如'는 같을 '여'로 읽고, '此'는 이 '차'로 읽고, '種'은 종류 '종'으로 읽는다. '種種'은
모양이나 성질이 서로 다른 물건의, 가지가지. 또는 여러 가지. '余髮如此種種'을 직역(直譯)하면, 신(臣)
의 머리털은 여러 가지로 이와 같습니다. '余奚能爲'에서, '奚'는 어찌 '해', 무슨 '해'로 읽고, '能'은 능히
할 수 있을 '능'으로 읽고, '爲'는 할 '위'로 읽는다. '余奚能爲'을 직역(直譯)하면, 신(臣)은 어찌 능히 할
수 있다고 하겠습니까? '公曰, 諾'에서, '公'은 제후(諸侯) 공으로 읽는다. 여기서는 임금의 뜻이 강함.
'諾'은 동의(同意. 제기된 주장, 의견 따위에 대하여, 의견을 같이 함)할 락(낙)으로 읽는다. '公曰, 諾'을
직역(直譯)하면, 임금이 동의(同意)한다고 말했다. 즉, 임금이 잘 알았다고 말한 것이다. '吾告二子'에서,
'吾'는 나 '오'로 읽는다. 여기서는 '짐(朕. 임금이 '나'라는 뜻으로, 자기를 일컫던 말)'의 뜻이 강함. '告'는
알릴 '고'로 읽고, '二'는 두 '이'로 읽고, '子'는 아들 '자'로 읽는다. '吾告二子'를 직역(直譯)하면, 짐(朕)이
두 아들에게 알리겠소. '歸而告之'에서, '歸'는 돌아올 '귀'로 읽고, '而'는 말 이을 '이'로 읽는다. '그리고'의
뜻을 나타냄. '之'는 어조사 '지'로 읽는다. '그것'을 나타내는 지시 대명사. '歸而告之'를 직역(直譯)하면,
(사냥터에서) 돌아와서 그리고 그것을 (두 아들에게) 알렸다. '子尾欲復之'에서, '尾'는 꼬리 '미'로 읽는
다. '子尾'는 사람 이름. '欲'은 하고자 할 '욕'으로 읽고, '復'은 회복할 '복'으로 읽는다. '子尾欲復之'를
직역(直譯)하면, 자미(子尾)는 그것을 회복하려고 했다. 즉, 자미(子尾)는 노포별(盧蒲嫳)이 돌아오는
것을 허락하려고 했다는 것이다. '子雅不可'에서, '雅'는 아담할 아로 읽는다. '子雅'는 사람 이름. '不'은
아닐(부정하는 말) '불'로 읽고, '可'는 가히 '가', 넉넉히 '가'로 읽는다. '不可'는 가능하지 않음. 여기서는
찬성과 반대를 결정할 때에, 반대를 표시하는 말. '子雅不可'를 직역(直譯)하면, 자아(子雅)는 반대하였
다. '彼其髮短而心甚長'에서, '彼'는 저(지시하는 말) 피로 읽는다. 여기서는 '노포별(盧蒲嫳)'을 지시함.
'其'는 그(지시하는 말) '기'로 읽는다. 여기서는 '노포별(盧蒲嫳)'을 지시함. '髮'은 머리털 '발'로 읽고,
'短'은 짧을 '단'으로 읽는다. 여기서는 늙어서 머리털이 빠져 아주 짧다는 뜻에서, '늙다'의 의미가 강함
'而'는 말 이을 '이'로 읽는다. 여기서는 '그러나'의 뜻을 나타냄. '心'은 마음 '심'으로 읽고, '甚'은 매우

'심', 몹시 '심'으로 읽고, '長'은 길 '장'으로 읽는다. 여기서는 '깊다'의 의미가 강함. '彼其髮短而心甚長'을 직역(直譯)하면, 노포별(盧蒲嫳)의 머리털은 (비록) 짧지만(늙었지만), 그러나 (우리를 복수할) 마음은 매우(몹시) 길다(깊다). 여기서, '발단심장(髮短心長)'이 유래하였는데, 이것을 직역(直譯)하면, 털은 짧지만 마음은 길다. 즉, 늙어 머리털은 빠져 짧지만 마음은 길다는 뜻으로, 몸은 늙었으나 일 처리는 잘함을 이르는 말. 또는 노인이 지혜(智慧)가 많음을 비유적으로 이르는 말. '其或寢處我矣'에서, '或'은 혹시(或是. 만일에) '혹'으로 읽고, '寢'은 (잠을) 잘 '침'으로 읽고, '處'는, 여기서는 처리(處理)할 '처'로 읽고, '我'는 나 '아', 우리 '아'로 읽고, '矣'는 어조사 '의'로 읽는다. '~이다(단정)'의 뜻을 나타냄. '其或寢處我矣'를 직역(直譯)하면, 노포별(盧蒲嫳)이 혹시(或是) 우리를 잠을 자도록 처리(處理)할 것이다. 즉, 우리를 죽일 것이다. '九月'에서, '九'는 아홉 '구'로 읽는다. '九月'을 직역(直譯)하면, 9월에, '子雅放盧蒲嫳于北燕'에서, '放'은, 여기서는 내쫓을 '방'으로 읽고, '于'는 어조사 '우'로 읽는다. '~으로(장소, 위치)'의 뜻을 나타냄. '北'은 북녘 '북'으로 읽고, '燕'은 제비 '연'으로 읽는다. '北燕'은 땅 이름. 중국의 오호(五胡) 십육국(十六國)의 하나이다. '오호(五胡) 십육국(十六國)'은 중국 동한(東漢)에서 남북조(南北朝) 시대에 이르기까지, 오호(五胡)가 세운 13나라와 한족(漢族)이 세운 3나라를 일컫는다. 예를 들면, 동북부(東北部) 지방의 전조(前趙), 후조(後趙), 전연(前燕), 후연(後燕), 남연(南燕), 북연(北燕), 관중(關中) 지방의 전진(前秦), 후진(後秦), 서진(西秦), 하투(河套) 지방의 하(夏), 사천(四川) 지방의 성한(成漢), 하서(河西) 지방의 전량(前涼), 후량(後涼), 북량(北涼), 남량(南涼), 서량(西涼) 따위를 일컫는다. 그중, 한족(漢族)이 세운 3나라는 전량(前涼), 서량(西涼), 북연(北燕)이다. '子雅放盧蒲嫳于北燕'을 직역(直譯)하면, 자아(子雅)는 노포별(盧蒲嫳)을 북연(北燕)으로 내쫓았다.

발란-반정(撥亂反正 다스릴 **발**/난리 **란**/돌이킬 **반**/바를 **정**) 난리(亂離)를 다스려 바르게 돌이킨다는 뜻으로, 난리(亂離)를 평정(平定. 반란이나 소요를 누르고 평온하게 진정함)하여 질서 있는 세상을 회복(回復)함을 이르는 말. *발란(撥亂): 난리(亂離)를 평정(平定)함. *반정(反正): 정도(正道. 올바른 길. 또는 바른 도리)로 돌아감. 또는 돌이킴의 뜻으로, ①난리(亂離)를 바로 잡음. ②지난날, 나쁜 임금을 폐(廢. 어떤 지위에서 몰아냄)하고 새 임금이 들어서던 일. *다스리다: 부록 '발(撥)' 참고. *난리(亂離): ①전쟁이나 재변(災變. 재앙으로 말미암은 사고·事故) 따위로 세상이 어지러워진 상태. 또는 그러한 전쟁이나 재변(災變). ②큰 사고나 다툼 따위로 질서가 무너져 어지러워진 상태. *돌이키다: 부록 '반(反)' 참고. *바르다: 부록 '정(正)' 참고.

발명-무-로(發明無路 드러낼 **발**/밝을 **명**/없을 **무**/길 **로**) 밝게 드러내게 (할) 길이 없다는 뜻으로, 죄(罪)나 잘못이 없음을 말하여 밝힐 길이 없음을 이르는 말. 또는 무죄(無罪. 아무 잘못이나 죄가 없음)를 변명할 방법이 없음을 이르는 말. *발명(發明): ①죄나 잘못이 없음을 말하여 밝힘. 또는 그리하여 발뺌(책임을 면하려고 슬슬 피함)하려 함. ②경서(經書. 『사서오경·四書五經』따위 유교의 가르침을 적은 서적) 및 사서(史書. 역사를 기록한 책)의 뜻을 스스로 깨달아서 밝힘. *드러내다: '드러나다'의 사동. 드러나게 하다. 즉, ①(가려져 안 보이던 것이) 나타나 보이게 하다. ②(알려지지 않던 것이) 알려지게 하다.

발복-지-지(發福之地 일어날 **발**/복 **복**/어조사 **지**/땅 **지**) 복(福)이 일어나게 (하는) 땅이라는 뜻으로, 자손(子孫)이 복(福)을 받게 되는, 좋은 집터나 묏자리를 이르는 말. *발복(發福): 운이 틔어서 복이 닥침.

발본-색원(拔本塞源 뽑아낼 **발**/근본 **본**/막을 **색**/근원 **원**) 근본(根本)을 뽑아내고 근원(根源)을 막는다. 또는 뿌리를 뽑고 근원(根源)을 막는다는 뜻으로, 폐단(弊端. 어떤 일이나 행동에서 나타나는 옳지 못한 경향이나 해로운 현상)의 근본 원인을 아주 없앰. 즉, 좋지 않은 일의 근본(根本) 원인이 되는 요소를 완전히 없애 버려서, 다시는 그러한 일이 생길 수 없도록 함을 비유적으로 이르는 말. 사물의 폐단을 없애기 위하여 원천 봉쇄함을 이르는 말. *발본(拔本): ①장사에서 이익을 남겨 밑천을 뽑아냄. ②좋지 않은 일의 근본 원인이 되는 요소를 완전히 없애버림. *색원(塞源): 근원을 아주 없애 버림. *근본(根本): 부록 '본(本)' 참고. *근원(根源): 부록 '원(源)' 참고. 이 사자성어의 유래는 다음과 같다. 『좌전(左傳)』의 「소공(昭公) 9년」편(篇)에 [나는 백부(伯父. 큰아버지)에게 있어서 마치 의복에 갓과 면류관(冕旒冠. 임금이 정복·正服에 갖추어 쓰건 관·冠)이 있고, 나무와 물에 뿌리와 근원(根源)이 있으며 백성들에게 지혜로운 군주(君主. 세습적으로 나라를 다스리는 최고 지위에 있는 사람)가 있는 것과 같다.]〈백부(伯父)께서 만약 갓을 찢고, 면류관(冕旒冠)을 부수며, 뿌리를 뽑고 근원(根源)을 막고, 지혜로운 군주(君主)를 버린다면, 비록 오랑캐라고 한들 어찌 한 사람이라도 남아 있겠는가?(伯父若裂冠毁冕, **拔本塞源**, 專棄謀主, 雖戎狄其何有餘一人.)〉라는 이야기가 나오는데, '뿌리를 뽑고 근원(根源)을 막고, (拔本塞源)'에서, '발본색원(拔本塞源)'이 유래했다. 춘추(春秋) 말기에 주(周)나라 왕실은 갈수록 쇠퇴해졌다. 당시(當時. 일이 있었던 바로 그때, 또는 이야기하고 있는 그 시기) 국경 지역인 주(周)나라 왕실의 땅 감지(甘地)와 진(晉)나라의 땅 염지(閻地) 사이에 국경 분쟁이 벌어졌다. 위의 이야기는 진(晉)나라가 병력을 동원해 주(周)나라를 공격하자, 주(周)나라의 경왕(景王)이 대부(大夫. 벼슬 이름)인 첨환백(詹桓伯)을 보내 국경을 침범한 진(晉)나라를 점잖게 꾸짖는 장면이다. 당시 주(周)나라와 진(晉)나라의 관계는 군주(君主)와 제후(諸侯)의 관계였다. 따라서 진(晉)나라는 주(周)나라를 섬겨야 하는 관계인데, 진(晉)나라가 성장하여 주(周)나라를 넘보는 것이었다. 그래서 주(周)나라 왕은 진(晉)나라 왕에게 사신(使臣)을 보내 이 사실을 다시 한 번 깨우치도록 한 것이다. 참고로, 원문의 '伯父若裂冠毁冕'에서, '伯'은 맏('맏이'의 뜻을 더하는 접두사) '백'으로 읽고, '父'는 아버지 '부'로 읽는다. 여기서, '伯父'는 '큰아버지'의 뜻이다. 그런데 여기서 '백부(伯父)'에 대한 구체적인 인물이 누구냐를 밝혀야 하는데, 『춘추좌씨전(春秋左氏傳)』에 의하면, 그 백부(伯父)는 진(晉)나라 20대 '혜공(惠公)'을 가리킨다. 주(周)나라 경왕(景王)이 진(晉)나라의 혜공(惠公)에게 백부(伯父)라고 지칭(指稱. 가리켜 일컬음)한 것은, 둘 다 성(姓)이 희씨(姬氏)인 까닭에 집안 어른을 대접하여 부르는 호칭(呼稱)이다. 진짜 백부(伯父) 사이는 아니다. 김원중 교수의 『고사성어 역사문화사전』에는 '평공(平公)'을 가리킨다고 서술되어 있다. '若'은 만약 '약'으로 읽고, '裂'은 찢을 '렬(열)'로 읽고, '冠'은 갓 '관'으로 읽고, '毁'는 부술 '훼'로 읽고, '冕'은 면류관(冕旒冠. 임금의 정복·正服에 갖추어 쓰던 관·冠) '면'으로 읽는다. '伯父若裂冠毁冕'을 직역(直譯)하면, 만약에 백부(伯父)께서 갓을 찢고, 면류관(冕旒冠)을 부수고, '拔本塞源'에서, '拔'은 뽑아낼 '발'로 읽고, '本'은 근본 '본'으로 읽고, '塞'은 막을 '색'으로 읽고, '源'은 근원 '원'으로 읽는다. '拔本塞源'을 직역(直譯)하면, 근본(根本)을 뽑아내고 근원(根源)을 막는다는 뜻으로, 폐단(弊端)의 근본 원인을 아주 없앰. 즉, 좋지 않은 일의 근본(根本) 원인이 되는 요소를 완전히 없애 버려서, 다시는 그러한 일이 생길 수 없도록 함을 비유적으로 이르는 말. 사물의 폐단(弊端)을 없애기 위하여 원천 봉쇄함을 이르는 말. '專棄謀主'에서, '專'은 오로지 '전'으로 읽고, '棄'는 버릴 '기'로 읽고, '謀'는 꾀할 '모'로 읽고, '主'는 임금 '주'로 읽는다. '專棄謀主'를 직역(直譯)하면, 오로지 (지혜로운) 임금을 버리는 것을 꾀한다면. 즉, '오로지 지혜로운 임금을 버린다면'은, 여기서, 갓을 찢고, 면류관(冕旒冠)을 부수고, 임금을 버리는 것을 꾀하는 것은 포악(暴惡)한 정치를 말한다. '雖戎狄其何有餘一人'에서, '雖'는 비록 '수'로 읽고, '戎'은 오랑캐 '융'으로 읽고, '狄'은 오랑캐 '적'으로 읽는다. '戎狄'은 미개(未開)한 나라 또는 그러한 민족. 중국에서 서쪽 오랑캐[戎]와 북쪽 오랑캐[狄]를 아울러 이르던 말. 여기서, '戎'은 중국 서쪽에 있는 미개 민족, '狄'은 중국 북쪽에 있는 미개 민족을 가리킴. '其'는 그(지시하는 말) '기'로 읽고, '何'는 어찌(의문 부사) '하'로 읽고, '有'는 있을 '유'로 읽고, '餘'는 남을 '여'로 읽고, '一'은 한 '일'로 읽고, '人'는 사람 '인'으로 읽는다. '雖戎狄其何有餘一人'을 직역(直譯)하면, 비록 오랑캐가 (있다 할지라도) 그 어찌 한 사람이라도 남아 있겠는가? 즉, 비록 모두가 오랑캐 무리라고 할지라도 그 누가 백부(伯父) 곁에 남아 있겠는가?

발분-망-식(發憤忘食 드러낼 **발**/떨쳐 일어날 **분**/잊을 **망**/밥 **식**) (어떤 일을) 드러내려고 떨쳐 일어나 밥을 (먹는 것조차) 잊는다. 즉, 발분(發憤)하여 끼니를 챙겨 먹는 것조차 잊는다는 뜻으로, 끼니까지도 잊을 정도로 어떤 일에 열중하여 노력함을 비유적으로 이르는 말. *발분(發憤): 마음과 힘을 다하여 떨쳐 일어남. 이 사자성어의 유래는 다음과 같다. 『논어(論語)』의 「술이(述而)」 편(篇)에 〈초(楚)나라 섭현(葉縣. 땅 이름)의 심제량(沈諸梁)이 자로(子路)에게 (중국 춘추시대의 사상가이며 학자인) 공자(孔子)가 어떤 인물인가를 물었다. 자로(子路)는 대답을 하지 못했다. 이 사실을 들은 공자(孔子)가 자로(子路)에게 말했다. "너는 어찌 '그 사람됨이 어떤 일에 열중하면, 끼니를 챙겨 밥을 먹는 것조차 잊고, 이를 즐거워하여 근심을 잊어버려 늙어가는 것도 모른다.'고 말하지 않았느냐?"(葉公問孔子於子路, 子路不對, 子曰, **汝奚不曰其爲人也發憤忘食**, 樂以忘憂, 不知老人將至云爾.)〉라는 이야기가 나오는데, '너는 어찌 그 사람됨이 어떤 일에 열중하면, 끼니를 챙겨 밥을 먹는 것조차 잊고,(汝奚不曰其爲人也發憤忘食)'에서, '발분망식(發憤忘食)'이 유래했다. 나머지 구체적인 내용은 ⇨낙이망우(樂而忘憂).

발산-개세(拔山蓋世 뽑아낼 **발**/뫼 **산**/덮을 **개**/세상 **세**) 뫼('산'의 옛말)를 뽑아내고 세상(世上)을 덮는다는 뜻으로, 힘은 산(山)을 뽑을 만큼 매우 세고, 기개(氣槪. 어떤 어려움에도 굽히지 않는 강한 의지·意志. 또는 그러한 기상·氣像을 이르는 말)는 세상(世上)을 덮을 만큼 웅대(雄大. 웅장하고 큼)함을 비유적으로 이르는 말. 『사기(史記)』의 「항우본기(項羽本紀)」에 나오는 말로, 항우(項羽)가 가이샤[垓下]에서 한(漢)나라 군사에게 포위(包圍. 둘레를 에워쌈. 또는 주위를 에워쌈)되었을 때, 적군들이 사방에서 초(楚)나라 노래를 부르는 것을 듣고 읊었다는 시(詩)의 한 구절이다. 초패왕(楚覇王. 초·楚나라의 패왕·覇王이라는 뜻으로, '항우·項羽'를 높여 부르는 말) 항우(項羽)의 빼어난 힘과 기개(氣槪)를 표현하였다. =역발산기개세(力拔山氣蓋世). *발산(拔山): 산을 뽑을 만한 정도로 강한 힘과 기세(氣勢. 기운차게 내뻗는 형세 또는 내뻗는 힘찬 기운)를 이르는 말. 여기서, '기운'은 순우리말로, 생물이 살아 움직이는 원기(元氣). 또는 거기서 나오는 힘. *개세(蓋世): 기개(氣槪)나 기력(氣力. 일을 감당할 수 있는 정신과 육체의 힘)이 온 세상을 뒤덮음. *세상(世上): 사람이 살고 있는 모든 사회를 통틀어 이르는 말. 이 사자성어의 유래는 다음과 같다. 『사기(史記)』의 「항우본기(項羽本紀)」 편(篇)에 [진(秦)나라가 멸망한 후, 초패왕(楚覇王)인 항우(項羽)와 한왕(漢王. 한나라의 고조. 또는 한나라의 왕)인 유방(劉邦)이 천하를 다투면서 5년 동안 싸움을 했다. 지칠 대로 지친 쌍방은 싸운 지 4년째 되는 해의 가을, 홍구(鴻溝. 땅 이름)의 동쪽을 초(楚)나라의 영토로, 서쪽을 한(漢)나라의 영토로 정하며, 항우(項羽)가 인질(人質. 어떤 일을 자신에게 유리하게 흥정하기 위하여 상대편 쪽의 사람을 자기 쪽에서 감금하는 일)로 잡고 있던 유방(劉邦)의 가족들을 돌려보내는 것을 조건으로 하는 휴전협정(休戰協定)을 맺었다. 항우(項羽)는 약속대로 동쪽으로 철수(撤收)하기 시작했지만, 유방(劉邦)은 장량(張良)과 진평(陳平)의 계책(計策. 어떤 일을 이루기 위하여 꾀나 방법을 생각해 냄. 또는 그 꾀나 방법)에 따라 협정(協定)을 위반(違反)하고 항우(項羽)를 공격했다. 항우(項羽)는 해하(垓下. 땅 이름)에 진을 치고 한군(漢軍. 한·漢나라 군대)과 대치했다. 이때 항우(項羽)의 군사는 10만이었고, 반면에 한(漢)나라의 군사는 명장(名將. 뛰어난 장수. 또는 이름난 장수)인 한신(韓信)이 이끄는 30만 대군(大軍. 병사의 수효가 많은 군대), 유방(劉邦)이 20만 대군, 팽월(彭越)의 3만 군사, 그리고 경포(黥布)와 유가(劉賈)의 군사를 합쳐 약 60만 대군(大軍)이었는데, 주력(主力. 중심이 되는 세력)은 한신(韓信)의 30만 군대였다. 천하를 놓고 진검승부(眞劍勝負. 본문 참고)를 펼치는 건곤일척(乾坤一擲. 본문 참고)의 순간이 다가오고 있었다. 한(漢)나라 군대는 항우(項羽)의 군대를 여러 겹으로 에워쌌다. 항우(項羽)의 군대는 한군(漢軍)에 물샐틈없이 포위된 데다가 군량(軍糧. 군대의 양식)마저 떨어져 말할 수 없는 어려움을 겪고 있었다. 어느 날 밤, 사방(四方)에서 초(楚)나라의 노랫소리가 들려 왔다. 즉, 한(漢)나라 군사들이 사방(四方)에서 초(楚)나라 노래를 불렀다는 것이다. 한(漢)나라 군사들이 펼친 심리전(心理戰)이었다. 자세한 내용은 본문 '사면초가(四面楚歌)' 참고. 항우(項羽)는 자신의 운(運)이 다 했음을 직감(直感)했는지 비탄(悲嘆·歎)에 젖어 노래를 불렀다. 이 노래가 유명한 항우(項羽. '항왕(項王)'과 같은 말)의 '해하가(垓下歌. 해하·垓下에서 부른 노래)'이다. 옆에는 항상 그를 따르던 사랑하는 여인 우미인(虞美人)과 명마(名馬. 이름난 말. 또는 훌륭한 말)인 추(騅)가 있었다. 여기서, '우미인(虞美人)'은 초(楚)나라 때 인물로 항우(項羽)의 첩(妾. 본처 외에, 혼인을 하지 않고 데리고 사는 여자)이며, 서시(西施), 왕소군(王昭君), 양귀비(楊貴妃)와 함께 중국 4대 미녀(美女)로 손꼽힌다.]⟨(해하가·垓下歌의 전문·全文은 이렇다.) 힘은 산을 뽑고, 기개는 세상을 덮을 만한데, 즉, 기력이 뛰어난 모양을 일컫는다. / 때가 불리함이여, 추(騅)도 달리지 않누나. 즉, 시운(時運)이 없으니, 추(騅)마저 달리려 하지 않는구나. / 추(騅)마저 달리지 않으니 어찌할거냐? 즉, 추(騅)가 달리지 못하니 나는 어떻게 해야 할까? / 우(虞)여, 우(虞)여, 너를 어찌해야 할꼬? 즉, 우(虞)여, 우(虞)여, 너는 어떻게 해야 할까? (**力拔山兮氣蓋世**, 時不利兮騅不逝, 騅不逝兮可奈何, 虞兮虞兮奈若何)⟩ [항왕(項王)이 여러 번 노래를 부르니, 우미인(虞美人)이 화답(和答. 시·詩나 노래로 맞받아 답함)하였는데, 항왕(項王)이 눈물을 흘리며 울자, 좌우(左右) 모두가 눈물을 흘리며 차마 고개를 들어 쳐다보지 못했다.]라는 이야기가 나오는데, '힘은 산을 뽑고, 기개는 세상을 덮을 만한데.(力拔山兮氣蓋世)'에서, '발산개세(拔山蓋世)'가 유래했다. 즉, 항우(項羽)의 '해하가(垓下歌)'에서, '역발산기개세(力拔山氣蓋世)'가 나왔고, '역발산기개세(力拔山氣蓋世)'에서 '발산개세(拔山蓋世)'가 나왔다. 항우(項羽)의 '해하가(垓下歌)'는 칠언절구(七言絕句)로, 중국 초(楚)나라 항우(項羽)가 해하(垓下)에서 한(漢)나라 고조(高祖)인 유방(劉邦)에게 포위(包圍. 둘레를 에워쌈)되었을 때, 형세(形勢. 어떠한 일의 형편이나 상태)가 이미(돌이킬 수 없이 된 지난 일을 일컬을 때 쓰는 말) 기울어져 앞날이 다한 것을 슬퍼하며 지은 것이다. 따라서, 해하가(垓下歌)는 비극적인 영웅(英雄)의 노래이면서, 동시에 원치 않은 이별을 앞둔 연인(戀人. '애인·愛人'과 같은 말)의 애끓는 노래이기도 하다. 항우(項羽)는 사랑하는 여인(女人)인 우(虞)와, 늘 타고 다녔던 준마(駿馬. 썩 잘 달리는 좋은 말)를 노래로 현재의 안타까움을 나타냈으며, 이겨낼 가망이 없는 상황을 괴로워하였다. 항우(項羽)는 몇 번 노래를 부르더니 말에 올라 타 휘하(麾下. 장군의 지휘 아래. 또는 그 지휘 아래에 딸린 군사) 병사(兵士)를 이끌고 남쪽으로 달아났지만, 곧, 한(漢)나라 장수(將帥)인 관영(灌嬰)에게 포위
(包圍)당하였고, 결국 오강(吳江) 근처에서 자결(自決. 의분을 참지 못하거나 지조를 지키기 위해 스스로
목숨을 끊음)하였다. 항우(項羽)의 죽음과 함께 초(楚)나라는 멸망하였다. 그리고 항우(項羽)의 사망과
더불어 한(漢)나라 고조(高祖)인 유방(劉邦)은 천하(天下)를 통일하였다. 위에 소개된 이야기는 항우(項
羽) 최후의 비참한 결말로 유명한데, 특히 이 항우(項羽)의 침통한 심경(心境. 마음의 상태)이 담겨 있는
해하가(垓下歌)는 후대(後代)에 많이 회자(膾炙. '회·膾와 구운 고기'라는 뜻으로, 널리 사람의 입에 오르
내림을 이르는 말)되었다. 노래의 첫번째 구절인 '역발산기개세(力拔山氣蓋世)', 일명 '발산개세(拔山蓋
世)'는, 항우(項羽)가 스스로 뛰어난 군사력과 용맹한 기운을 말한 것으로, 그럼에도 불구하고 벗어날
수 없는 패배(敗北. 싸움이나 겨루기에서 짐)의 형세(形勢)에 도달한 것에 대한 괴로움이 뒷구절에 절절
하게 묻어나 있음을 볼 수 있다. 그런데 항우(項羽)가 사랑한 우미인(虞美人)은 어떻게 되었을까? 사마천
(司馬遷)은 『사기(史記)』의 「항우본기(項羽本紀)」에, 그녀에 대해서 '화답(和答)하였다는 것' 외에 더 이상
(以上) 기록하지 않음으로써 그 뒤의 행적에 침묵하고 있다. 다만 다른 자료에, 우미인(虞美人)은 '화항왕
가(和項王歌)'를 노래한 뒤, 자신이 항우(項羽)에게 걸림돌이 될 것임을 알고 스스로 죽음을 택했다고
전해진다. '화항왕가(和項王歌)'는 오언절구(五言絕句)로, 항왕(項王. '항우·項羽'를 가리킴)의 노래('해하
가·垓下歌'를 가리킴)에 대한 답가(答歌)라는 뜻이다. 여기에 '화항왕가(和項王歌)' 전문(全文)을 소개한
다. 어떤 자료에는 지은이를 '우미인(虞美人)' 대신에 '우희(虞姬)'로 소개했다. 같은 인물이다. 〈한(漢)나
라 병사(兵士)가 이미 초(楚)나라 땅을 차지했고 / 사면(四面)에서 들리는 것은 초(楚)나라 노랫소리 /
대왕(大王. '항우·項羽'를 가리킴)의 의기(義氣. 정의감에서 일어나는 기개·氣槪)가 다했으니(끝났으니)
/ 천첩(賤妾. 기생이나 종으로서 남의 첩이 된 여자. 또는 지난날, 부녀자가 '자기'를 낮추어 이르는
말)이 어찌 살리오.(漢兵已略地, 四面楚歌聲, 大王義氣盡, 賤妾何聊生)〉 스스로 죽음을 암시하는 내용이
다. 세상을 뒤엎을 힘으로 중국의 천하(天下)를 거의 차지할 뻔했지만, 이제는 죽기 직전까지 항우(項羽)
를 따라다니던 여인(女人)은, 항우(項羽)가 망할 것을 생각하니 차마 어찌할 바를 모르고 목숨을 초개(草
芥. 지푸라기, 곧 '하찮은 것'을 비유하여 이르는 말)처럼 여기고 세상을 등지게 되었다. 그리하여 항우
(項羽)와 생사(生死)를 같이 한 것이다. 참고로, 원문의 '力拔山兮氣蓋世'에서, '力'은 힘 '력(역)'으로 읽
고, '拔'은 뽑아낼 '발'로 읽고, '山'은 뫼('산'의 옛말) '산'으로 읽고, '兮'는 어조사 '혜'로 읽는다. 음조(音
調)를 고르는 데 쓴다. '氣'는 기운 '기'로 읽고, '蓋'는 덮을 '개'로 읽고, '世'는 세상 '세'로 읽는다. '力拔山
兮氣蓋世'를 직역(直譯)하면, 힘은 산(山)을 뽑아내고, 기운은 세상을 덮음이로다. 여기서, '발산개세(拔
山蓋世)'가 유래했는데, 이것을 직역(直譯)하면, 뫼('산'의 옛말)를 뽑아내고 세상(世上)을 덮는다는 뜻으
로, 힘은 산(山)을 뽑을 만큼 매우 세고, 기개(氣槪. 어떤 어려움에도 굽히지 않는 강한 의지·意志. 또는
그러한 기상)는 세상(世上)을 덮을 만큼 웅대(雄大. 웅장하고 큼)함을 비유적으로 이르는 말. '時不利兮騅
不逝'에서, '時'는 때 '시'로 읽고, '不'은 아닐(부정하는 말) '불'로 읽고, '利'는 이로울 '리(이)'로 읽는다.
'不利'는 이롭지 아니함. '騅'는 오추마(烏騅馬. 검푸른 털에 흰 털이 섞인 말) '추'로 읽는다. 항우(項羽)의
애마(愛馬. 자기가 사랑하는 말) 이름[名]이다. '逝'는 갈 '서', 지나갈 '서'로 읽는다. 여기서는 '달리다'의
의미가 강함. '時不利兮騅不逝'를 직역(直譯)하면, 때는 불리(不利)하고, 추(騅)는 달리지 않는 (것)이다.
'騅不逝兮可奈何'에서, '可'는, 여기서는 어찌할 '가'로 읽고, '奈'는 어찌 '내'로 읽고, '何'는 어찌 '하'로

읽는다. '可奈何'는 한문(漢文) 구(句)의 하나로, 어찌 해야 하나. '騅不逝兮可奈何'를 직역(直譯)하면, 추(騅)가 달리려고 하지 않으니, 어찌 해야 하나? '虞兮虞兮奈若何'에서, '虞'는 염려할 '우'로 읽는다. 여기서는 사람 이름인 '우미인(虞美人)'을 가리킴. 늘 항우(項羽)를 따라 다녔다는 절세(絕世. <u>세상에 견줄 데가 없을 정도로 아주 뛰어남</u>)의 미인(美人)이었다. '우희(虞姬)'라고도 한다. 그런데 '우미인(虞美人)'의 '미인(美人)'은 아름다운 여인이 아니라, 왕비(王妃)를 달리 부르는 용어이다. '兮'는 어조사 '혜'로 읽는다. 여기서는 '∼이여(<u>감탄</u>)'의 뜻을 나타냄. '若'은 같을 '약'으로 읽는다. '奈若何'는 한문(漢文) 구(句)의 하나로, 이를 어쩌란 말이야. '虞兮虞兮奈若何'를 직역(直譯)하면, 우미인(虞美人)이여, 우미인(虞美人)이여, 이를 어쩌란 말이야.

발-설-지옥(拔舌地獄 뺄 **발**/혀 **설**/땅 **지**/감옥 **옥**) 혀를 빼고 (간다는) 땅의 감옥(監獄). 즉, 지옥(地獄)이라는 뜻으로, 말로써 죄를 지은 사람이 죽어서 간다는 지옥(地獄)을 이르는 말. 보습으로 혀를 가는 고통을 준다. 여기서, '보습'은 쟁기나 극쟁이의 술바닥에 맞추는 삽 모양의 쇳조각. 땅을 갈아 일으키는데 쓰임. 쟁기 날이라고도 한다. ***지옥**(地獄): ①불교에서, 이승(지금 살고 있는 이 세상)에서 악업(惡業)을 지은 사람이 죽어서 간다고 하는, 온갖 고통으로 가득 찬 세계. ↔극락(極樂). 여기서, '악업(惡業)'은 불교에서 이르는, 고과(苦果. <u>불교에서, 고뇌를 받는 과보·果報, 또는 악업·惡業의 과보·果報로 받는 고뇌. 여기서, '과보·果報'는 인과응보·因果應報의 준말</u>)를 가져오는 원인이 되는 나쁜 짓. 또는 전생(前生. <u>이 세상에 태어나기 전의 세상</u>)의 나쁜 짓. ↔선업(善業). ②못 견딜 만큼 괴롭고 참담한 형편이나 환경을 비유적으로 이르는 말. ***감옥**(監獄): 죄인(罪人)을 가두어 두는 곳. 한때 형무소(刑務所)라고 부르다가 현재 교도소(矯導所)로 고쳤다.

발연-대로(勃然大怒 발끈 **발**/그러할 **연**/클 **대**/성낼 **로**) 발끈하여 그러하도록 크게 성낸다는 뜻으로, 발끈하여 몹시 성을 냄. 또는 갑자기 성을 내듯이 크게 노(怒)하여 왈칵 성을 냄을 이르는 말. ***발연**(勃然): 왈칵 성을 내는 태도가 세차고 갑작스러움. ***대로**(大怒): 크게 성냄. 또는 몹시 화냄. ***발끈**: 참을성 없이 갑자기 성을 내는 모양.

발연-변색(勃然變色 발끈 **발**/그러할 **연**/변할 **변**/얼굴 **색**) 발끈하여 그러하게 얼굴의 (빛이) 변(變)한다는 뜻으로, 발끈 또는 왈칵 성을 내며 얼굴빛이 달라짐을 이르는 말. 즉, 갑자기 안색(顏色)이 변하면서 성을 낸다는 말이다. =발연작색(勃然作色). ***발연**(勃然): ☞발연대로(勃然大怒). ***변색**(變色): ①빛깔이 달라짐. ②(화가 나서) 얼굴빛이 달라짐. ③동물이 주위의 빛깔에 따라 몸빛을 바꿈. ***발끈**: ☞발연대로(勃然大怒).

발종-지시(發蹤指示 드러낼 **발**/자취 **종**/가리킬 **지**/보일 **시**) 자취가 (있는 곳을) 드러내어 가리켜 보이다. 즉, 매어 놓았던 사냥개를 풀어, 짐승이 있는 곳을 가리켜 잡게 한다는 뜻으로, 어떻게 하라고 방법을 가르쳐 보임을 이르는 말. ***발종**(發蹤): 매어 놓았던 사냥개를 풀어 놓음. ***지시**(指示): ①가리켜 보임. ②(무엇을 하라고) 일러서 시킴. ***드러내다**: '드러나다'의 사동. 드러나게 하다. 즉, ①(가려져 안 보이던 것이) 나타나 보이게 하다. ②(알려지지 않던 것이) 알려지게 하다.

발췌-초록(拔萃抄録 뽑아낼 **발**/모을 **췌**/베낄 **초**/기록할 **록**) (모든 것 중에서) 뽑아내어 모으고, 베끼고 기록한다는 뜻으로, 여럿 속에서 뛰어난 것을 뽑아 간단히 적어둔 것을 이르는 말. ***발췌**(拔萃): ①책, 글 따위에서 필요하거나 중요한 부분을 가려 뽑아냄. 또는 그런 내용. ②여럿 가운데서 특별히 뛰어남.

=발군(拔群) *초록(抄錄): 필요한 부분만을 뽑아서 적음. 또는 그런 기록.

발호-시-령(發號施令 드러낼 **발**/명령 **호**/행할 **시**/명령 **령**) 명령을 드러내어 (그) 명령을 행하도록 (한다는) 뜻으로, 명령을 내려서 그대로 시행하거나 시행하게 함을 이르는 말. *발호(發號): 호령(號令. 지배자 따위가 사람을 움직이기 위하여 명령함. 또는 큰소리로 꾸짖음)을 내림. *드러내다: '드러나다'의 사동. 드러나게 하다.

발호-장군(跋扈將軍 사나울 **발**/떨칠 **호**/장수 **장**/군사 **군**) 사납게 떨쳐 (나가는) 장수(將帥)나 군사(軍士). 즉, 통발(筒~. 물고기를 잡는 데 쓰는 도구의 한 가지. 가는 댓조각이나 싸리 따위로 엮어서 통처럼 만듦)을 뛰어넘는 장군(將軍)이라는 뜻으로, 통발(筒~)을 뛰어넘는 큰 물고기처럼 제어(制御. 감정, 충동, 생각 따위를 막거나 누름)할 수 없을 정도로 제멋대로 날뛰거나 세력이 강해져, 감당하기 어려운 상태나 그런 사람을 이르는 말. *발호(跋扈): '발(跋)'은 뛰어넘는다는 뜻이고, '호(扈)'는 대나무로 엮은 통발을 의미한다. 따라서 '발호(跋扈)'는 작은 물고기들은 통발에 남지만, 큰 물고기들은 그것을 뛰어넘어 도망쳐버린다는 뜻에서, 함부로 세력을 휘두르거나 제멋대로 날뜀을 이르는 말. *장군(將軍): ①군(軍)의 우두머리로 군(軍)을 지휘하고 통솔하는 무관(武官). ②힘이 아주 센 사람을 비유적으로 이르는 말. ③준장(准將), 소장(少將), 중장(中將), 대장(大將)을 통틀어 이르는 말. *떨치다: ①(자동사)(위세나 명성 따위를) 널리 드날리게 하거나 드날리다. ②(타동사) 세게 흔들어서 떨어지게 하다. 또는 명예나 욕심 따위를 버리다. *장수(將帥): 부록 '장(將)' 참고. *군사(軍士): 부록 '군(軍)' 참고. 이 사자성어의 유래는 다음과 같다. 『후한서(後漢書)』의 「양기전(梁冀傳)」 편(篇)에 〈충제(沖帝)는 즉위한 지 5개월 만에 죽었다. 조정(朝廷. 임금이 나라의 정치를 신하들과 의논하거나 집행하는 곳. 또는 그런 기구)에 있는 대신(大臣. 벼슬 이름)들의 반대를 물리치고 양기(梁冀)는 여덟 살의 어린 유찬(劉纘)을 황제로 올렸는데, 이 사람이 질제(質帝)이다. 질제(質帝)는 어린 나이지만 총명하여, 양기(梁冀)가 전횡(專橫. 권세·權勢를 오로지 제 마음대로 휘두름)하는 것을 알고 못마땅하게 생각했다. 어느 날 조정(朝廷) 대신들과 조회(朝會. 모든 벼슬아치가 함께 정전·正殿 앞에 모여 임금에게 문안·問安을 드리고 정사·政事를 아뢰던 일)하는 자리에서 질제(質帝)가 양기(梁冀)를 보면서 "이 분이 발호장군(跋扈將軍)이시군."이라고 비꼬아 말하였다. 이 말을 들은 양기(梁冀)는 질제(質帝)를 심히 미워했고, 측근을 시켜 짐독(鴆毒)을 넣게 했다. 질제(質帝)는 그날로 죽었다.(沖帝又崩, 冀立質帝, 帝少而聰慧, 知冀驕橫, 嘗朝群臣, 目冀曰, **此跋扈將軍也**, 冀聞, 深惡之, 遂令左右進鴆加煮餅, 帝卽日崩.)〉라는 이야기가 나오는데, '이 분이 발호장군(跋扈將軍)이시군.(此跋扈將軍也)'에서, '발호장군(跋扈將軍)'이 유래했다. 이 이야기의 배경은 이렇다. 후한(後漢)이 멸망하게 된 주요 원인은 권력을 전횡(專橫. 권세·權勢를 혼자 쥐고 자기 마음대로 함)하고 온갖 횡포(橫暴. 제멋대로 굴며 몹시 난폭함)를 부린 외척(外戚. 외가 쪽의 친척)과 환관(宦官. 조선 시대 내시·內侍와 같은 벼슬아치)에 있었다. 그중(~中. 범위가 정해진 여럿 가운데) 대표적인 외척(外戚)은, 여동생이 순제(順帝)의 왕후(王后. 임금의 아내)가 되자, 권력을 장악하기 시작하여 충제(沖帝), 질제(質帝), 환제(桓帝) 따위의 4대 20년에 걸쳐 무소불위(無所不爲. 본문 참고)의 막강한 권력을 휘둘렀던 양기(梁冀)다. 특히 그는 부친인 양상(梁商)의 힘으로 여러 관직(官職. 관리로서, 국가로부터 위임받은 일정한 범위의 직무. 또는 그 직위)을 두루 거치며 전권(全權. 맡겨진 일을 책임지고 처리할 수 있는 일체의 권한)을 장악하다가 마침 질제(質帝)까지 죽이게 된다. 그 과정이 윗글에 나타나 있다.

후에 양기(梁冀)는 환제(桓帝)에 의해 제거되었다. 환제(桓帝)는 환관(宦官. 조선 시대 내시·內侍와 같은 벼슬아치)들의 힘을 빌려 양기(梁冀)를 없애고 그의 재산을 몰수(沒收. 범죄 행위에 제공한 물건이나 범죄 행위의 결과로 얻은 물건 따위를 국가가 강제로 빼앗는 일)했으며, 그의 일족(一族. 조상이 같은 겨레붙이. 또는 같은 조상의 친척)과 친척(親戚)들까지 모두 죽여 버렸다. 결국 양기(梁冀)의 전횡(專橫)은 비극으로 끝나고 말았다. 참고로, 원문의 '沖帝又崩'에서, '沖'은 화할(和~. 날씨나 마음, 태도 따위가 따뜻하고 부드러움) '충'으로 읽고, '帝'는 임금 '제'로 읽는다. '沖帝'는 임금 이름. '又'는 또 '우', 또한 '우'로 읽고, '崩'은 천자(天子) 죽을 '붕', 임금 죽을 '붕'으로 읽는다. 여기서, '천자(天子)'는 천제(天帝. 하늘을 다스리는 신. 또는 우주를 창조하고 주재한다고 믿어지는 초자연적인 절대자)의 아들이란 뜻으로, 천명(天命. 하늘의 명령)을 받아 천하(天下)를 다스리는 사람. 곧 중국에서 황제(皇帝)를 일컫던 말이다. '沖帝又崩'을 직역(直譯)하면, 충제(沖帝)가 또 죽었다. '冀立質帝'에서, '冀'는 바랄 '기'로 읽는다. 여기서는 '양기(梁冀)'를 가리킴. '立'은 여기서는 즉위(卽位)할 '립(입)'으로 읽고, '質'은 바탕 '질'로 읽는다. '質帝'는 임금의 이름. '冀立質帝'를 직역(直譯)하면, 양기(梁冀)는 질제(質帝)를 즉위(卽位. 임금의 자리에 오름)(하도록) 했다. '帝少而聰慧'에서, '帝'는 임금 '제'로 읽는다. 여기서는 '질제(質帝)'를 가리킴. '少'는 (나이) 어릴 '소'로 읽고, '而'는 말 이을 '이'로 읽는다. '그리고'의 뜻을 나타냄. '聰'은 총명(聰明. 보고 들은 것에 대한 기억력이 좋음. 또는 영리하고 재주가 있음)할 '총'으로 읽고, 여기서, '재주'는 순우리말로, 무엇을 잘할 수 있는, 타고난 능력과 슬기. '慧'는 지혜 '혜', 슬기로울 '혜'로 읽는다. '聰慧'는 총명(聰明)하고 슬기로움을 이르는 말. '帝少而聰慧'을 직역(直譯)하면, 질제(質帝)는 어릴 때 그리고 총명(聰明)하고 지혜가 있었다. '知冀驕橫'에서, '知'는 알 '지'로 읽고, '驕'는 교만(驕慢. 잘난 체하며 뽐내고 건방짐)할 교, 잘난 체 할 '교'로 읽고, '橫'은 제멋대로 할 '횡'으로 읽는다. '驕橫'은 교만하고 제멋대로 행동함. '知冀驕橫'을 직역(直譯)하면, 양기(梁冀)가 교만하고 제멋대로 행동함을 알았다. '嘗朝群臣'에서, '嘗'은 일찍 '상'으로 읽고, '朝'는 조정(朝廷. 임금이나 나라의 정치를 신하들과 의논하거나 집행하는 곳. 또는 그런 기구) '조'로 읽고, '群'은 많은 '군', 여럿의 '군'으로 읽고, '臣'은 신하(臣下) '신'으로 읽는다. '群臣'은 많은 신하(臣下). 또는 여러 신하(臣下). '嘗朝群臣'을 직역(直譯)하면, 일찍이 조정(朝廷)에서 여러 신하(臣下)들과 (있었다). '目冀曰'에서, '目'은 (눈으로) 볼 '목'으로 읽는다. '目冀曰'을 직역(直譯)하면, 양기(梁冀)를 보고 말하기를, '此跋扈將軍也'에서, '此'는 이(지시하는 말) '차'로 읽고, '跋'은 사나울 '발'로 읽고, '扈'는 떨칠 '호'로 읽고, '將'은 장수 '장'으로 읽고, '軍'은 군사 '군'으로 읽고, '也'는 어조사 '야'로 읽는다. '~이다(단정)'의 뜻을 나타냄. '此跋扈將軍也'을 직역(直譯)하면, 이 (사람은) 발호장군(跋扈將軍)이다(이구나). 여기서 '跋扈將軍'이 유래하였는데, 이것을 직역(直譯)하면, 사납게 떨쳐 (나가는) 장수(將帥)나 군사(軍士). 즉, 통발(筒~. 물고기를 잡는 데 쓰는 도구의 한 가지. 가는 댓조각이나 싸리 따위로 엮어서 통처럼 만듦)을 뛰어넘는 장군(將軍)이라는 뜻으로, 통발(筒~)을 뛰어넘는 큰 물고기처럼 제어(制御)할 수 없을 정도로 제멋대로 날뛰거나 세력이 강해져, 감당하기 어려운 상태나 그런 사람을 이르는 말. '冀聞'에서, '冀'는 바랄 '기'로 읽는다. 여기서는 사람 이름 '양기(梁冀)'를 가리킴. '聞'은 들을 '문'으로 읽는다. '冀聞'을 직역(直譯)하면, 양기(梁冀)는 (이 말을) 듣고, '深惡之'에서, '深'은 깊을 '심'으로 읽고, '惡'는 미워할 '오'로 읽고, '之'는 어조사 '지'로 읽는다. '그것'을 나타내는 지시 대명사. 여기서는 '질제(質帝)'를 가리킴. '深惡之'를 직역(直譯)하면, (양기는) 깊게 그것('질제·質帝'를 가리킴)을 미워하였다. '遂令左右進鴆加煮餠'에서, '遂'는 드디어 '수', 마침내 '수'로 읽고, '令'은 명령할 '령(영)'으로 읽고, '左'는 왼쪽 '좌'로 읽고, '右'는 오른쪽 '우'로 읽는다. '左右'는 주위에 거느리고 있는 사람. '進'은 나아갈 '진'으로 읽고, '鴆'은 짐독(鴆毒) '짐', 짐새(鴆~) '짐'으로 읽는다. '짐독(鴆毒)'은 ①짐새의 깃에 있는 맹렬한 독(毒). 또는 그 기운(순우리말로, 생물이 살아 움직이는 원기·元氣, 또는 거기서 나오는 힘). ②짐새의 털을 술에 담가서 만든 독(毒). '짐새(鴆~)'는 중국 남방(중국의 '광동성·廣東省'을 가리킴)에 사는, 올빼미 비슷한 독조(毒鳥. 독이 있는 새)를 일컫는다. 그 깃을 담근 술을 사람이 마시면 죽게 됨. '加'는 더할(더 보태어 늘리거나 많게 함) '가'로 읽고, '煮'는 삶을 '자', 익힐 '자'로 읽고, '餠'은 떡(곡식 가루를 찌거나, 그 찐 것을 치거나 빚어서 만든 음식을 통틀어 이르는 말) '병'으로 읽는다. '遂令左右進鴆加煮餠'을 직역(直譯)하면, 드디어(마침내) 좌우(左右)에게 나아가도록 명령하여, 짐독(鴆毒)을 더하여(넣어) 익힌 떡을 (질제·質帝에게) (바치게 하니), '帝卽日崩'에서, '卽'은 곧 '즉'으로 읽고, '日'은 날 '일'로 읽는다. '卽日'은 일이 있는 바로 그날. '帝卽日崩'을 직역(直譯)하면, 질제(質帝)는 그날 죽었다.

방가위-지(方可謂之 바야흐로 **방**/가히 **가**/일컬을 **위**/어조사 **지**) 🈂 바야흐로 가(可)히 그것을 일컬을 (만하게)라는 뜻으로, 과연 또는 진실로 그렇다고 이를 만하게. 여기서, '지(之)'는 '그것'을 나타내는 지시 대명사이다. *방가위(方可謂): =방가위지(方可謂之). *바야흐로: ①이제 한창. ②이제 막. 지금 바로. *가히(可~): '능히', '넉넉히'의 뜻. *일컫다: ①(무엇이라고) 일러 부르다. ②(무엇이라고) 이름 지어 부르다.

방-기-곡경(旁岐曲徑 곁 **방**/갈림길 **기**/굽을 **곡**/지름길 **경**) 곁이 갈림길이기도 하고 굽은 지름길이기도 하다. 즉, 옆으로 난 길이 갈라지고 구불구불한 길이라는 뜻으로, 일을 순서대로 정당하게 하지 아니하고, 그릇된 수단을 써서 억지로 함을 이르는 말. =반계곡경(盤溪曲徑). *곡경(曲徑): ①꼬불꼬불한 좁은 길. ②사사로운 이익을 위한, 올바르지 못한 길. =사경(私徑). *곁: 부록 '방(旁)' 참고. *갈림길: 갈라진 길. *굽다: 부록 '곡(曲)' 참고. *지름길: 부록 '경(徑)' 참고.

방면-대-이(方面大耳 네모 **방**/얼굴 **면**/클 **대**/귀 **이**) 네모진 얼굴에 매우 큰 귀. *방면(方面): 네모반듯한 얼굴.

방면-지-임(方面之任 방향 **방**/면 **면**/어조사 **지**/맡을 **임**) 방면(方面)을 맡는다는 뜻으로, 관찰사(觀察使)의 소임(所任. 맡은 바 직책)을 이르는 말. 여기서, '관찰사(觀察使)'는 조선 시대에, 외직(外職. 지난날, '지방 관아의 벼슬'을 달리 이르던 말) 문과(文科)의 종이품(從二品) 벼슬로, 각 도(道)의 장관(長官)을 일컫던 말. *방면(方面): 역사 용어로, 지난날, 관찰사(觀察使)가 다스리던 행정구역을 이르는 말. *맡다: ①어떤 일이나 책임을 넘겨받다. ②물건을 넘겨받아 간수하다.

방미-두-점(防微杜漸 막을 **방**/작을 **미**/막을 **두**/번질 **점**) 번지는 (것이) 작을 (때) 막고 막는다는 뜻으로, 어떤 일이 커지기 전에 미리 막음을 이르는 말. *방미(防微): =방미두점(防微杜漸). *번지다: 부록 '점(漸)' 참고.

방방-곡곡(坊坊曲曲 동네 **방**/동네 **방**/굽을 **곡**/굽을 **곡**) 동네와 동네마다 굽이굽이라는 뜻으로, 한 군데도 빼놓거나 빠짐이 없는 모든 곳을 이르는 말. =면면촌촌(面面村村). *방방(坊坊): 🈂 =곳곳. 즉, 군데군데. 이곳저곳. 여기저기. *곡곡(曲曲): ①(굴곡이 많은 산, 내, 길 따위의) 굽이굽이. 즉, 여러 개의 굽이. ②=방방곡곡(坊坊曲曲). *굽다: 부록 '곡(曲)' 참고.

방-부-차-빈(放富差貧 내버려둘 **방**/넉넉할 **부**/부릴 **차**/가난할 **빈**) 넉넉한 (자는) 내버려두고 가난한 (자는) 부린다는 뜻으로, 부유한 사람은 제외하고 가난한 사람에게 부역(賦役. 국가나 공공 단체가 특정한 공익 사업을 위하여 보수 없이 국민에게 의무적으로 책임을 지우는 노역·勞役을 이르는 말)을 지움을 이르는 말. *부리다: (사람을 시켜) 일을 하게 하다.

방성-대곡(放聲大哭 놓을 **방**/소리 **성**/클 **대**/울 **곡**) 소리를 놓아 크게 운다는 뜻으로, 목을 놓아 크게 욺. 또는 큰 소리로 몹시 슬프게 곡(哭. 사람이 죽었을 때나 제사 때에 소리 내어 우는 일. 또는 그 울음)을 함을 이르는 말. =대성통곡(大聲痛哭). 방성통곡(放聲痛哭). *방성(放聲): 소리를 크게 지름. 또는 그 소리. *대곡(大哭): 큰 소리로 욺.

방성-통곡(放聲痛·慟哭 놓을 **방**/소리 **성**/아플 **통**/울 **곡**) (몸의 어느 부분이 다친듯) 소리를 놓아 아프게 운다는 뜻으로, 목을 놓아 크게 욺. 또는 큰소리로 몹시 슬프게 곡(哭. 사람이 죽었을 때나 제사 때에 소리 내어 우는 일. 또는 그 울음)을 함을 이르는 말. =대성통곡(大聲痛哭). 방성대곡(放聲大哭). *방성(放聲): ☞방성대곡(放聲大哭). *통곡(痛·慟哭): 목 놓아 큰 소리로 욺.

방-약-무인(傍若無人 곁 **방**/같을 **약**/없을 **무**/사람 **인**) 곁에 사람이 없는 (것과) 같다. 즉, 곁에 사람이 없는 것처럼 여긴다는 뜻으로, 주위의 다른 사람을 전혀 의식하지 않고, 아무 거리낌 없이 함부로 말하고 행동하는 태도가 있음을 이르는 말. 즉, 마치 자신만이 이 세상에 존재하는 것처럼 거리낌 없이 함부로 말하거나 행동함을 일컫는다. *무인(無人): ①사람이 없거나 살지 않음. ②일손이 모자람. ③(탈 것이나 기계 따위에서) 운전하거나 작동하는 사람이 없음을 이르는 말. *곁: 부록 '방(旁)' 참고. 이 사자성어의 유래는 다음과 같다. 『사기(史記)』의 「자객열전(刺客列傳)」 편(篇)에 〈형가(荊軻)는 술을 즐겨 날마다 개 백정[狗屠]과 고점리(高漸離)와 함께 연(燕)나라 장터에 나가 술을 마셨다. 술이 취하면 고점 리(高漸離)가 축(筑)을 울리고, 형가(荊軻)가 거기 맞추어 노래를 불러 여러 사람들과 함께 즐기는가 하면, 나중엔 함께 울며 옆에 사람들이 없다는 듯이 (행동했다). 형가(荊軻)는 술꾼들과 섞이어 놀았으 나, 그 사람됨은 침착하고 독서를 좋아했다.(荊軻嗜酒, 日與狗屠, 及高漸離飲於燕市, 酒酣以往, 高漸離擊 筑, 荊軻和而歌於市中, 相樂也, 已而相泣, **傍若無人者**, 荊軻雖遊於酒人乎, 然其爲人沈深好書,)〉라는 이 야기가 나오는데, '옆에 사람들이 없다는 듯이 행동했다.(傍若無人者)'에서, '방약무인(傍若無人)'이 유래 했다. '형가(荊軻)'는 위(衛)나라 사람으로, 나중에는 연(燕)나라로 갔다. 그의 선조(先祖)는 제(齊)나라 사람이었다. '형가(荊軻)'는 독서(讀書)와 검술(劍術. 칼을 쓰는 기술)을 좋아했다고 알려져 있다. 참고로, 원문의 '荊軻嗜酒'에서, '荊'은 가시(바늘처럼 뾰족하게 돋친 것) '형'으로 읽고, '軻'는 불우할(不遇~. 포부 나 재능은 있어도 좋은 때를 만나지 못함) '가'로 읽는다. '荊軻'는 사람 이름. '嗜'는 즐길 '기'로 읽고, '酒'는 술 '주'로 읽는다. '荊軻嗜酒'를 직역(直譯)하면, 형가(荊軻)는 술 마시는 것을 즐겨, '日與狗屠'에서, '日'은 날 '일'로 읽고, '與'는 더불어 '여'로 읽고, '狗'는 개 '구'로 읽고, '屠'는 죽일 '도'로 읽는다. '狗屠'는 개를 잡음. 또는 그 일을 하는 사람. '日與狗屠'를 직역(直譯)하면, 날마다 개를 잡는 사람과 더불어, '及高漸離飲於燕市'에서, '及'은 및 '급', 와(과) '급'으로 읽는다. 접속사로 쓰임. '高'는 높을 '고'로 읽고, '漸'은 점점 '점'으로 읽고, '離'는 떠날 '리(이)'로 읽는다. '高漸離'는 사람 이름. '飲'은 마실 '음'으로 읽고, '於'는 어조사 '어'로 읽는다. '~에서(장소)'의 뜻을 나타냄. '燕'은 나라 이름 '연'으로 읽고, '市'는 저자(물 건을 파는 시장을 예스럽게 이르는 말) '시'로 읽는다. '及高漸離飲於燕市'를 직역(直譯)하면, 고점리(高漸

離)와 (함께) 연(燕)나라 저자(시장)에서 (술을) 마셨다. '酒酣以往'에서, '酣'은 술 즐길 '감'으로 읽는다.
'酒酣'은 술판이 한창 벌어지고 있는 상태. 또는 술에 거나하게 취한 상태. '以'는 써(그것을 가지고.
그것으로 인하여) '이'로 읽고, '往'은 이따금 '왕'으로 읽는다. '酒酣以往'을 직역(直譯)하면, 술에 거나하
게 취한 상태가 (되면) 그것으로 인하여 이따금, '高漸離擊筑'에서, '擊'은 칠 '격', 두드릴 '격'으로 읽고,
'筑'은 비파(琵琶. 동양 현악기의 하나) '축'으로 읽는다. '高漸離擊筑'을 직역(直譯)하면, 고점리(高漸離)
가 비파(琵琶)를 두드리고(연주하고), 여기서 '고점리(高漸離)'는 축(筑. 악기의 하나인 '비파·琵琶'를 이
르는 말)의 명수(名手. 기능이나 기술 따위에서, 뛰어난 솜씨를 가진 사람)로 알려진 인물. '荊軻和而歌於
市中'에서, '和'는 화답(和答)할 '화'로 읽고, '而'는 말 이을 '이'로 읽는다. '그리고'의 뜻을 나타냄. '歌'는
노래 '가'로 읽고, '中'은 가운데 '중'으로 읽는다. '荊軻和而歌於市中'을 직역(直譯)하면, 형가(荊軻)는 화
답(和答)하면서 저자(시장) 가운데에서 노래 부르며, '相樂也'에서, '相'은 서로 '상'으로 읽고, '樂'은 즐길
'락(낙)'으로 읽고, '也'는 어조사 '야'로 읽는다. '~이다(단정)'의 뜻을 나타냄. '相樂也'를 직역(直譯)하면,
서로 즐기다가, '已而相泣'에서, '已'는 뿐 '이', 따름 '이'로 읽는다. '已而'는 한문(漢文) 구(句)의 하나로,
'오직 ~뿐'의 뜻을 나타냄. '泣'은 울 '읍'으로 읽는다. '已而相泣'을 직역(直譯)하면, (오직) 서로 울 뿐이
다. '傍若無人者'에서, '傍'은 곁 '방'으로 읽고, '若'은 같을 '약'으로 읽고, '無'는 없을 '무'로 읽고, '人'은
사람 '인'으로 읽고, '者'는, 여기서는 무리 '자', 여러 '자'로 읽는다. 여기서 '傍若無人'이 유래하였는데,
이것을 직역(直譯)하면, 곁에 사람이 없는 (것과) 같다. 즉, 곁에 사람이 없는 것처럼 여긴다는 뜻으로,
주위의 다른 사람을 전혀 의식하지 않고, 아무 거리낌 없이 함부로 말하고 행동하는 태도가 있음을
이르는 말. 또는 마치 자신만이 이 세상에 존재하는 것처럼 거리낌 없이 함부로 말하거나 행동함을
이르는 말. '荊軻雖遊於酒人乎'에서, '雖'는 비록 '수'로 읽고, '遊'는 놀 '유'로 읽고, '於'는 어조사 '어'로
읽는다. '~와(과) 함께'의 뜻을 나타냄. '人'은 사람 '인'으로 읽는다. '酒人'은 '주호(酒豪. 술을 잘 마시는
사람)'와 같은 말. '乎'는 어조사 '호'로 읽는다. '~ㄹ지라도', '~지마는(가정)'의 뜻을 나타냄. '荊軻雖遊於
酒人乎'를 직역(直譯)하면 형가(荊軻)는 비록 술을 잘 마시는 사람과 함께 놀았지만, '然其爲人沈深好書'
에서, '然'은, 여기서는 그러나(접속사) '연'으로 읽고, '其'는 그(지시하는 말) '기'로 읽고, '爲'는 될 '위'로
읽는다. '爲人'은 사람의 됨됨이. '沈'은 잠길 '침', 빠질 '침'으로 읽고, '深'은 깊을 '심'으로 읽는다. '沈深'
은 한 가지 생각에 골몰하여 있음. '好'는 좋아할 '호'로 읽고, '書'는 책 '서'로 읽는다. '然其爲人沈深好書'
를 직역(直譯)하면, 그러나 그 사람의 됨됨이는 한 가지 생각에 골몰하여 있고, 책을 좋아하였다.

방언-고론(放言高論 놓을 **방**/말씀 **언**/높을 **고**/말할 **론**) 말[言]을 (드러내) 놓고 높이(높은 소리로) 말한다는
뜻으로, 생각하는 대로 아무 거리낌 없이 드러내 놓고 큰 소리로 논의(論議)함. 또는 그 말을 이르는
말. *방언(放言): 거리낌 없이 함부로 말을 함. 또는 그 말. *고론(高論): ①정도나 내용이 높은 차원의
언론(言論. 말이나 글로 자기의 사상을 발표하는 일. 또는 그 말이나 글)을 이르는 말. ②상대편을 높이
어 그의 언론(言論)을 이르는 말.

방예-원조(方枘圓鑿 모 **방**/장부 **예**/둥글 **원**/구멍 **조**) 네모난 장부에 둥근 구멍. 즉, 네모난 장부(건축에서,
한쪽 끝을 다른 한쪽 구멍에 맞추기 위하여, 그 몸피보다 가늘게 만든 부분)를 둥근 구멍에 밀어 넣어도
서로 맞지 않는다는 뜻으로, 사물이 서로 맞지 않음을 이르는 말. 또는 충신(忠臣. 충성스러운 신하.
또는 충성을 다하는 신하)과 간신(奸臣. 성질이 교묘하게 잘 둘러대고 행실이 바르지 못한 신하)은 서로

의견이 일치할 수 없다는 것을 비유적으로 이르는 말. =원공방목(圓孔方木). 원조방예(圓鑿方枘). 圓
방저원개(方底圓蓋). *방예(方枘): 모가 난 자루. *원조(圓鑿): ①둥근 구멍. ②圀 둥근 구멍을 파는 데
쓰는 끌. 여기서 '끌'은 망치로 이것의 한쪽 끝을 때려서 나무에 구멍을 뚫거나 겉면을 깎고 다듬는
데 쓰는 연장을 말함. *모: 부록 '방(方)' 참고. 이 사자성어의 유래는 다음과 같다. 송옥(宋玉)의 「구변(九
辯)」 편(篇)에 〈둥근 구멍과 네모난 장부여 / 나는 그것이 서로 맞지 않아 들어갈 수 없다는 것을 알고
있다네.(圓鑿而方枘兮, 我固知其鉏鋙而難入)〉라는 시구(詩句)가 나오는데, '둥근 구멍과 네모난 장부
여,(圓鑿而方枘兮)'에서, '방예원조(方枘圓鑿)'가 유래했다. 진(秦)나라가 초(楚)나라를 위협하자, 굴원(屈
原)은 회왕(懷王)에게 제(齊)나라와 동맹하여 진(秦)나라의 공격에 대항할 것을 건의(建議. 어떤 문제에
대하여 의견이나 희망 사항을 냄. 또는 그 의견이나 희망 사항)했다. 하지만 정적(政敵. 정치상으로
적대의 처지에 있는 사람)들의 중상모략(中傷謀略. 본문 참고)으로, 굴원(屈原)은 오히려 왕의 미움을
받아 관직(官職. 관리로서, 국가로부터 위임 받은 일정한 범위의 직무. 또는 그 직위)을 박탈(剝奪. 지위
나 자격 따위를 권력이나 힘으로 빼앗음)당하고 유배(流配. 죄인을 고향이 아닌 먼 변방이나 외딴 섬
같은 데로 보냄)되고 말았다. 굴원(屈原)의 제자이자 초(楚)나라의 궁정시인(宮廷詩人. 17세기 영국의
왕당파에 속해 있던 서정 시인을 일컫는 말. 그들의 작품은 경쾌하면서도 퇴폐적이었음)인 송옥(宋玉)은
이 시(詩)를 지어 충신(忠臣)인 굴원(屈原)의 식견(識見. 학식·學識과 견문·見聞이라는 뜻으로, 사물을
분별할 수 있는 능력을 이르는 말)과 간신(奸臣. 성질이 교묘하게 잘 둘러대고 행실이 바르지 못한 신하)
들의 의견이 본질적으로 맞지 않아 서로 융화(融和. 서로 어울려 화목하게 됨)될 수 없다는 것을 풍자(諷
刺. 문학 작품 따위에서, 현실의 부정적 현상이나 모순 따위를 빗대어 비웃으면서 씀)했다. 참고로,
원문의 '圓鑿而方枘兮'에서, '圓'은 둥글 '원'으로 읽고, '鑿'는 구멍 '조'로 읽고, '而'는 말 이을 '이'로 읽는
다. '그리고'의 뜻을 나타냄. '方'은 모 '방', 네모 '방'으로 읽고, '枘'는 장부(건축에서, 한쪽 끝을 다른
한쪽 구멍에 맞추기 위하여, 그 몸피보다 가늘게 만든 부분) '예'로 읽고, '兮'는 어조사 '혜'로 읽는다.
'~이여(감탄조로 부름)'의 뜻을 나타냄. '圓鑿而方枘兮'를 직역(直譯)하면, 둥근 구멍과 네모난 장부여.
여기서, '方枘圓鑿'가 유래하였는데, 이것을 직역(直譯)하면, 네모난 장부에 둥근 구멍. 즉, 네모난 장부
를 둥근 구멍에 밀어 넣어도 서로 맞지 않는다는 뜻으로, 사물이 서로 맞지 않음을 이르는 말. 또는
충신(忠臣. 충성스러운 신하. 또는 충성을 다하는 신하)과 간신(奸臣)은 서로 의견이 일치할 수 없다는
것을 비유적으로 이르는 말. '我固知其鉏鋙而難入'에서, '我'는 나(1인칭 대명사) '아'로 읽고, '固'는 진실
로 '고'로 읽고, '知'는 알 '지'로 읽고, '其'는 그(지시하는 말) '기'로 읽고, '鉏'는 어긋날 '저'로 읽고,
'鋙'는 어긋날 '어'로 읽고, '而'는 말 이을 '이'로 읽는다. '그리고'의 뜻을 나타냄. '難'은 어려울 '난'으로
읽고, '入'은 들 '입'으로 읽는다. '我固知其鉏鋙而難入'을 직역(直譯)하면, 나는 진실로 그것('둥근 구멍과
네모난 장부'를 가리킴)이 어긋나고 어긋나 그리고 들어갈 수 없다는 것을 알고 있다네. 즉, 둥근 구멍에
는 둥근 장부가 들어가고, 네모난 구멍에는 네모난 장부가 들어갈 수 있는데, 둥근 구멍에는 네모난
장부가 어긋나서 들어갈 수 없다는 말이다. 따라서 이 구절에서, 송옥(宋玉)은 충신(忠臣)인 굴원(屈原)
의 식견(識見)과 간신(奸臣)들의 의견이 '방예원조(方枘圓鑿)'처럼 본질적으로 맞지 않아 서로 융화(融和)
할 수 없다는 것을 풍자(諷刺)한 것이다.
방외-범색(房外犯色 방 **방**/바깥 **외**/범할 **범**/예쁜 계집 **색**) 방(집) 바깥에 (있는) (남의) 예쁜 계집을 범(犯

한다는 뜻으로, 자기 아내 이외의 여자와 육체관계를 맺음을 이르는 말. ***방외**(房外): 방의 바깥. ***범색**(犯色): 함부로 색(色)을 씀. ***범하다**(犯∼): 부록 '범(犯)' 참고.

방외-지-지(方外之志 모 **방**/바깥 **외**/어조사 **지**/뜻 **지**) 방외(方外)의 뜻[志]이라는 말로, 속세(俗世. <u>세속의 사람들이 사는 일반의 사회</u>)를 떠나 불문(佛門. 불교를 믿는 사회)에 들어가고자 하는 뜻을 이르는 말. ***방외**(方外): ①범위의 밖. ②세속(世俗. <u>사람이 살고 있는 모든 사회를 통틀어 이르는 말</u>)을 벗어난 곳. ③고향에서 멀리 떨어져 있는 곳. ④유가(儒家)에서, 불가(佛家)나 도가(道家)를 이르는 말. 여기서, '유가(儒家)'는 중국 춘추시대의 사상가이며 학자인 공자(孔子)의 학설(學說), 학풍(學風) 따위를 신봉(信奉. <u>옳다고 믿고 받듦</u>)하고 연구하는 학자나 학파를 일컬음. '불가(佛家)'는 불교를 믿는 사람. 또는 그 사회를 이르는 말. '도가(道家)'는 중국의 선진시대(先秦時代. <u>'춘추전국시대·春秋戰國時代'를 달리 이르는 말. 진·秦나라의 시황제·始皇帝가 중국을 통일한 기원전 221년 이전의 시대라는 뜻이다</u>)이래 노자(老子. <u>중국 춘추전국시대·春秋戰國時代의 사상가·思想家. 도가·道家의 시조·始祖</u>)의 무위자연(無爲自然. 본문 참고)의 사상을 따르던 학자를 통틀어 이르는 말. *모: 부록 '방(方)' 참고.

방임-주의(放任主義 내버려둘 **방**/마음대로 할 **임**/주될 **주**/옳을 **의**) 마음대로 내버려두는 (것을) 주된 (가치로 여기는) 주의(主義)라는 뜻으로, ①간섭을 하지 않고 마음대로 하게 하는 주의. 또는 돌보거나 간섭하지 않고 내버려두는 태도를 이르는 말. ②윤리학에서, 선악(善惡)의 구별에 대하여 갖가지 상이(相異. <u>서로 다름</u>)한 의견을 허용하는, 타협적(妥協的. <u>어떤 일을 서로 양보하는 마음으로 협의해서 하거나 협의하려는 태도를 보이는 것</u>)이고 포용적(包容的. <u>남을 너그럽게 감싸주거나 받아들이는 것</u>)인 태도를 이르는 말. 웹 엄숙주의(嚴肅主義). ***방임**(放任): 간섭하지 아니하고 내버려 둠. ***주의**(主義): ①굳게 지키는 주장이나 방침. ②체계화된 이론이나 학설. ***주되다**(主∼): 주장(主張)이나 중심(中心)이 되다.

방자-무-기(放恣無忌 방자할 **방**/방자할 **자**/없을 **무**/꺼릴 **기**) 방자(放恣)하고 방자(放恣)하여 꺼리는 (것이) 없다는 뜻으로, 건방지고 거리낌이 없음을 이르는 말. ***방자**(放恣): ①어려워하거나 조심스러워하는 태도가 없이 무례(無禮. <u>태도나 말에 예의가 없음</u>)하고 건방짐. ②제멋대로 거리낌 없이 놂. *꺼리다: 부록 '기(忌)' 참고.

방장-부-절(方長不折 바야흐로 **방**/자랄 **장**/아닐 **부**/꺾을 **절**) 바야흐로 자라나는 (것을) 꺾지 아니한다. 즉, 한창 자라는 풀이나 나무의 순을 꺾지 아니한다는 뜻으로, 장래성이 없거나 앞길이 유망(有望. <u>앞으로 잘될 듯함. 또는 희망이 있음</u>)한 사람이나 사업에 대하여 헤살(<u>짓궂게 훼방함. 또는 그 짓</u>)을 놓지 않음을 비유적으로 이르는 말. ***방장**(方長): 한창 자라고 있음. ***바야흐로**: ①이제 한창. ②이제 막. 지금 바로.

방장-지-년(方壯之年 바야흐로 **방**/씩씩할 **장**/어조사 **지**/나이 **년**) 바야흐로 씩씩할 나이라는 뜻으로, 한창 때의 나이를 이르는 말. ***방장**(方壯): 바야흐로 한창임. ***바야흐로**: ☞방장부절(方長不折).

방저-원개(方底圓蓋 네모 **방**/밑 **저**/둥글 **원**/덮을 **개**) 네모 밑을 둥글게 덮는다. 즉, 네모진 바닥에 둥근 뚜껑이라는 뜻으로, 사물이 서로 맞지 않음을 비유적으로 이르는 말. 바닥이 네모난 그릇에 둥근 뚜껑으로 완전히 덮는 것은 불가능한 일이다. 위 방예원조(方枘圓鑿). ***방저**(方底): 네모진 바닥. ***원개**(圓蓋): ①반구형(半球形. <u>공 모양으로 생긴 물체를 반·半으로 가른 모양</u>)으로 된 지붕이나 천장. ②사원(寺院. <u>절. 사찰</u>) 따위의 큰 건축물.

방적-지-책(防敵之策 막을 **방**/원수 **적**/어조사 **지**/계책 **책**) 원수(怨讐)(적)를 막을 계책(計策)이라는 뜻으로, 적(敵)을 막을 수 있는 계책(計策)이나 방책(方策. 방법과 꾀)을 이르는 말. *방적(防敵): 침입하거나 공격하는 적을 막음. *원수(怨讐): 자기 또는 자기 집이나 나라에 해를 끼쳐 원한(怨恨. 억울하고 원통한 일을 당하여 응어리진 마음)이 맺힌 사람. *계책(計策): 어떤 일을 이루기 위하여 꾀나 방법을 생각해 냄. 또는 그 꾀나 방법.

방청-용기(房廳用器 방 **방**/마루 **청**/쓸 **용**/그릇 **기**) 방(房)과 마루에 쓸 그릇이라는 뜻으로, 내실(內室. 안주인이 거처하는 방)에 두고 쓰는 살림살이를 이르는 말. 장롱(欌籠), 반닫이, 문갑(文匣), 함(函), 경대(鏡臺), 화로(火爐) 따위를 일컫는다. 〓 재중용기(齋中用器). 주중잡물(廚中雜物). *방청(房廳): 안방(~房)과 대청(大廳)을 아울러 이르는 말. *용기(用器): 어떤 일을 하는데 쓰는 기구. *쓰다: 부록 '용(用)' 참고.

방촌-이-란(方寸已亂 네모 **방**/치 **촌**/이미 **이**/어지러울 **란**) 네모 (한) 치[寸]의 (마음이) 이미 어지러워졌다. 즉, 사방 한 치[寸]의 마음이 이미 혼란(混亂)하게 되었다는 뜻으로, 마음이 흔들린 상태에서는 어떠한 일도 계속할 수 없음을 비유적으로 이르는 말. *방촌(方寸): ①사방 한 치[寸]의 넓이라는 뜻으로, 좁은 땅을 비유적으로 이르는 말. ②마음이 한 치[寸] 사방의 심장에 깃들인다는 뜻으로, 가슴속. 곧, 마음을 비유적으로 이르는 말. *치[寸]: 길이의 단위. 한 자[尺]의 10분의 1. 약 3㎝에 해당함. *이미: 돌이킬 수 없이 된 지난 일을 일컬을 때 쓰는 말. *어지럽다: 부록 '란(亂)' 참고.

방축-향리(放逐鄉里 내쫓을 **방**/쫓을 **축**/시골 **향**/마을 **리**) 시골 마을로 쫓고 내쫓는다는 뜻으로, 조선 시대에, 벼슬을 삭탈(削奪. 〓삭탈관직. 죄를 지은 사람의 벼슬과 품계를 빼앗고 벼슬아치의 명부에서 그 이름을 지우던 일)하고 제 고향으로 내쫓던 형벌(刑罰)을 이르는 말. 유배(流配. 죄인을 귀양 보냄)보다 한 등급 가벼운 형벌(刑罰)이다. 〓방귀전리(放歸田里). *방축(放逐): 〓방축향리(放逐鄉里). *향리(鄉里): 자기가 태어나서 자란 곳. 〓고향(故鄉). *내쫓다: (있던 자리에서) 억지로 내보내다. *쫓다: 부록 '축(逐)' 참고.

방춘-화-시(方春和時 바야흐로 **방**/봄 **춘**/온화할 **화**/때 **시**) 바야흐로 봄이 (와) 온화(溫和)한 때라는 뜻으로, 바야흐로 봄이 한창 화창(和暢. 날씨나 바람이 온화하고 맑음)한 때를 이르는 말. *방춘(方春): 바야흐로 한창인 봄. *바야흐로: ①이제 한창. ②이제 막. 또는 지금 바로. *온화하다(溫和~): ①날씨가 따뜻하고 바람결이 부드럽다. ②마음이 온순하고 부드럽다. 여기서는 ①의 뜻.

방-출-궁인(放出宮人 놓을 **방**/날 **출**/궁궐 **궁**/사람 **인**) (궁궐에서) 놓여 (밖에) 나와 (있는) 궁궐의 사람이라는 뜻으로, 왕조 때, 궁인(宮人)으로 있다가 대궐 밖에 나와 살게 된 여자를 이르는 말. 이들은 궁궐 밖에 나와도 남자(男子)와 정(情)을 맺지 못하게 되어 있다. 따라서, 궁인(宮人. 〓궁녀·宮女)은 평생 궁궐 안에 갇혀 살아야 하고, 무서운 분위기 속에 고된 노동을 하는 것도 힘들고 고된 직업인 데다가, 평생 독신(獨身. 배우자가 없는 사람)으로 살아야 하는 자리였다. 특히 '독신(獨身)의 의무'에는 '성관계 금지의 의무'도 포함되어 있다. 이런 의무는 궁인(宮人)을 그만 둔 후에도 계속 부과(賦課. 일정한 책임이나 일을 부담하여 맡게 함)되었다. 이 의무를 위반한 대가(代價. 어떤 일을 함으로써 생기는 희생이나 손해. 또는 그것으로 하여 얻어진 결과)는 사형(死刑. 범죄인의 생명을 끊는 형벌)이었다. *'방-출'은 『국어사전(國語辭典)』에 등재(登載)된, '①입자나 전자기파의 형태로 에너지를 내놓음. ②비축(備蓄. 만

일의 경우에 대비하여 미리 모아둠)해 둔 물자(物資. 어떤 활동에 필요한 여러 가지 물건이나 재료)나 자금을 풀어서 일반에게 제공함'인 '방출(放出)'의 뜻과는 별개다. *궁인(宮人): 고려, 조선 시대에, 궁궐 안에서 대전(大殿), 내전(內殿)을 가까이 모시는 내명부(內命婦)를 통틀어 이르는 말. =나인. *궁궐(宮闕): 임금이 거처하는 집.

방휼-지-세(蚌鷸之勢 조개 **방**/도요새 **휼**/어조사 **지**/형세 **세**) 조개와 도요새의 형세(形勢). 즉, 도요새가 조개를 쪼아 먹으려고 껍데기 속에 부리를 넣는 순간, 조개가 껍데기를 닫고 놓지 아니하는 형세(形勢)라는 뜻으로, 서로 물러섬이 없이 맞서서 다투는 형세(形勢). 즉, 대립(對立)하는 두 세력(勢力)이 잔뜩 버티고 맞서 겨루면서, 조금도 양보하지 아니하는 형세(形勢)를 비유적으로 이르는 말. =휼방지세(鷸蚌之勢). 유래는 '방휼지쟁(蚌鷸之爭)' 참고. *방휼(蚌鷸): 조개와 도요새. *도요새: 부록 '휼(鷸)' 참고. *형세(形勢): 어떠한 일의 형편이나 상태.

방휼-지-쟁(蚌鷸之爭 조개 **방**/도요새 **휼**/어조사 **지**/다툴 **쟁**) 조개와 도요새의 다툼. 즉, 도요새가 조개와 다투다가 다 같이 어부(漁夫)에게 잡히고 말았다는 뜻으로, 대립(對立)하는 두 세력(勢力)이 다투다가 결국은 구경하는 다른 사람에게 득(得)을 주는 싸움을 비유적으로 이르는 말. 즉, 제3자만 이롭게 하는 다툼을 이르는 말. =휼방지쟁(鷸蚌之爭). 참 견토지쟁(犬免之爭). 어부지리(漁父之利). 전부지공(田夫之功). 휼방상쟁(鷸蚌相爭). *방휼(蚌鷸): ☞방휼지세(蚌鷸之勢). *도요새: 부록 '휼(鷸)' 참고. *다투다: 부록 '쟁(爭)' 참고. 《관련 속담》 조개와 황새의 싸움. 이 사자성어의 유래는 다음과 같다. 『전국책(戰國策)』의 「연책(燕策)」 편(篇)에 〈오늘 오면서 역수(易水)를 지났는데, 민물조개가 입을 벌리고, 햇볕을 쪼이고 있었습니다. 황새가 조갯살을 쪼아 먹으려 하자, 조개가 입을 오므려 황새의 주둥이를 물어버렸습니다. 황새가 말했습니다. "오늘도 비가 안 오고, 내일도 비가 안 오면 죽고 만다." 조개 역시 황새에게 말했습니다. "오늘도 못 빠져 나가고, 내일도 못 빠져 나가면 너도 역시 죽고 만다." 황새와 조개가 (말싸움만 하면서) 둘이 서로 놔주려고 하지 않자, 마침 지나가던 어부(漁父)가 그 둘을 한꺼번에 잡아버렸습니다.(今者臣來, 過易水, **蚌方出曝, 而鷸啄其肉, 蚌合而鉗其喙**, 鷸曰, 今日不雨, 明日不雨, 卽有死蚌, 蚌亦謂鷸曰, 今日不出, 明日不出, 卽有死鷸, 兩者不肯相舍, 漁者得而并禽之)〉라는 이야기가 나오는데, '민물조개[蚌]가 입을 벌리고, 햇볕을 쪼이고 있었습니다. 황새[鷸]가 조갯살을 쪼아 먹으려 하자, 조개가 입을 오므려 황새의 주둥이를 물어버렸습니다.(蚌方出曝, 而鷸啄其肉, 蚌合而鉗其喙)'에서, '방휼지쟁(蚌鷸之爭)'과 '휼방지쟁(鷸蚌之爭)'이 유래했다. 조(趙)나라가 연(燕)나라를 치려 하자, 때마침 소대(蘇代. 사람 이름)는 연(燕)나라 왕의 부탁을 받고 조(趙)나라의 혜문왕(惠文王)을 찾아가 "지금 조(趙)나라가 연(燕)나라를 쳐 두 나라가 오래 대치(對峙. 서로 맞서서 버팀)하면 백성들을 피폐(疲弊. 지치고 쇠약하여짐)하게 만듭니다. 신(臣. 신하가 임금에 대하여 자기를 일컫는 말)은 강한 진(秦)나라가 어부(漁父)처럼 두 나라를 한꺼번에 취하는 이득을 얻게 될까 우려가 됩니다. 그러므로 왕께서는 연(燕)나라를 치는 문제를 심사숙고(深思熟考. 본문 참고)하시기 바랍니다."라는 말을 전하기 위해서 황새와 조개의 싸움을 예로 든 것이다. 결국 혜문왕(惠文王)은 과연 옳은 말이라 하여 연(燕)나라 공격 계획을 중지하였다고 한다. 참고로, 원문의 '今者臣來'에서, '今'은 이제 '금', 지금 '금'으로 읽고, '者'는 것(사물, 현상, 일 따위를 추상적으로 이르는 말) '자'로 읽는다. '今者'는 '요사이'를 이르는 말. 여기서는 '오늘'을 가리킴. '臣'은 신하(臣下) '신'으로 읽고, '來'는 올 '래(내)'로 읽는다. '今者臣來'를 직역(直譯)

하면, 요사이(오늘) 신하가 오면서, '過易水'에서, '過'는 지날 '과', 지나칠 '과'로 읽는다. '易'은 바꿀 '역'으로 읽고, '水'는 물 '수'로 읽는다. '易水'는 강(江) 이름. '過易水'를 직역(直譯)하면, 역수(易水)를 지났는데, '蚌方出曝'에서, '蚌'은 조개 또는 방합(蚌蛤. 연체동물·軟體動物의 석패과·石貝科에 속한 민물조개) '방'으로 읽고, '方'은 바야흐로(이제 한창, 또는 지금 바로) '방'으로 읽고, '出'은 날 '출'로 읽고, '曝'은 (햇볕 따위를) 쬘 '폭'으로 읽는다. '蚌方出曝'를 직역(直譯)하면, 조개가 바야흐로 햇볕을 쬐려고 나왔습니다. '而鷸啄其肉'에서, '而'는 말 이을 '이'로 읽는다. '그리고'의 뜻을 나타냄. '鷸'은 도요새 '휼'로 읽고, '啄'은 쪼을 '탁'으로 읽고, '其'는 그(지시하는 말) '기'로 읽고, '肉'은 고기 '육'으로 읽는다. 여기서는 '조갯살'을 가리킴. '而鷸啄其肉'을 직역(直譯)하면, 그리고 도요새는 조갯살을 쪼아 (먹으려고 하자), '蚌合而鉗其喙'에서, '合'은 모을 '합'으로 읽는다. 여기서는 입을 오므리다. '鉗'은 다물(입술이나 입술처럼 두 쪽으로 마주 보는 물건을 꼭 맞댐) '겸'으로 읽고, '喙'는 주둥이 '훼', 부리(새나 일부 짐승의 주둥이) '훼'로 읽는다. '蚌合而鉗其喙'를 직역(直譯)하면, 조개는 (입을) 모으고 그리고 그 부리를 다물었다. 여기서, '蚌鷸之爭'과 '鷸蚌之爭'이 유래하였는데, 이것을 직역(直譯)하면, 조개와 도요새의 다툼. 즉, 도요새가 조개를 쪼아 먹으려고 부리를 넣는 순간, 조개가 껍데기를 닫으면서 놓지 아니하고 다투다가 다 같이 어부(漁夫)에게 잡히고 말았다는 뜻으로, 대립(對立)하는 두 세력(勢力)이 다투다가 결국은 구경하는 다른 사람에게 득(得)을 주는 싸움을 비유적으로 이르는 말. 즉, 제3자만 이롭게 하는 다툼을 이르는 말. '今日不雨'에서, '今'은 이제 '금', 지금 '금'으로 읽고, '日'은 날 '일'로 읽는다. '今日'은 오늘 또는 요사이. '不'은 아닐(부정하는 말) '불'로 읽고, '雨'는 비 '우'로 읽는다. '今日不雨'를 직역(直譯)하면, 오늘은 비가 오지 않고, '明日不雨'에서, '明'은 밝을 '명'으로 읽는다. '明日'은 '내일'과 같은 말로, 오늘의 바로 다음 날. '明日不雨'를 직역(直譯)하면, 내일도 비가 오지 않으면, '卽有死蚌'에서, '卽'은 곧 '즉'으로 읽고, '有'는 있을 '유'로 읽고, '死'는 죽을 '사'로 읽는다. '卽有死蚌'를 직역(直譯)하면, (그러면) 곧 조개에게는 죽음이 있을 (뿐이다). '蚌亦謂鷸曰'에서, '亦'은 또 '역', 또한 '역'으로 읽고, '謂'는 일컬을 '위'로 읽는다. '蚌亦謂鷸曰'을 직역(直譯)하면, 조개 역시 도요새에게 일컬어 말하기를, '今日不出'에서, '今日不出'을 직역(直譯)하면, 오늘은 나오지(탈출하지) 않고, '明日不出'에서, '明日不出'을 직역(直譯)하면, 내일도 나오지(탈출하지) 않으면, '卽有死鷸'에서, '卽有死鷸'을 직역(直譯)하면, (그러면) 곧 도요새에게는 죽음이 있을 (뿐이다). '兩者不肯相舍'에서, '兩'은 두 '량(양)'으로 읽고, '者'는 것(사물, 현상, 일 따위를 추상적으로 이르는 말) '자'로 읽는다. '兩者'는 일정한 관계에 있는 두 사람이나 두 개의 사물. '肯'은 즐길 '긍'으로 읽는다. '不肯'은 요구 따위를 즐겨 받아들이지 아니함. '相'은 서로 '상'으로 읽고, '舍'는 놓을 '사'로 읽는다. '兩者不肯相舍'를 직역(直譯)하면, 양자(兩者)는 서로 놓는 것을 받아들이지 아니하다가, '漁者得而并禽之'에서, '漁'는 고기 잡을 '어'로 읽고, '者'는 여기서는 사람 '자'로 읽고, '得'은 얻을 '득'으로 읽고, '并'은 합할 '병'으로 읽고, '禽'은 사로잡을(사람이나 짐승 따위를 산 채로 잡을) '금'으로 읽고, '之'는 어조사 '지'로 읽는다. '그것'을 나타내는 지시 대명사. '漁者得而并禽之'를 직역(直譯)하면, (마침 그 옆을 지나가던) 고기 잡는 사람이 (기회를) 얻어 그리고 그것('조개'와 '도요새'를 가리킴)을 합하여 사로잡았다.

배금-사상(拜金思想 절 **배**/돈 **금**/생각 **사**/생각할 **상**) 돈에게 절하는(돈을 숭배하는) 사상(思想)이라는 뜻으로, 돈을 최고의 가치로 여기고 숭배(崇拜. 우러러 공경함)하는 사상을 이르는 말. 🆚 배금주의(拜金主

義). *배금(拜金): 돈을 최고의 가치로 여기고 숭배(崇拜)함. ***사상**(思想): ①생각. ②사고 작용의 결과로 얻어진 체계적 의식 내용. ③사회나 정치에 대한 일정한 견해.

배금-주의(拜金主義 절 **배**/돈 **금**/주될 **주**/옳을 **의**) 돈에게 절하는(돈을 숭배하는) (것을) 주된 (가치로 여기는) 주의(主義)라는 뜻으로, 돈이나 돈의 힘을 가장 소중한 것으로 여기어, 그것에 집착하는 주의. 또는 돈을 최고의 가치로 여기고 숭배(崇拜. 우러러 공경함)하여, 삶의 목적을 돈 모으기에 두는 경향이나 태도를 이르는 말. 囲 배금사상(拜金思想). *배금(拜金): ☞배금사상(拜金思想). ***주의**(主義): ①굳게 지키는 주장이나 방침. ②체계화된 이론이나 학설. ***주되다**(主~): 주장(主張)이나 중심(中心)이 되다.

배도-겸행(倍道兼行 갑절 **배**/길 **도**/겸할 **겸**/행할 **행**) 갑절이나 (되는) 길을 겸(兼)하여 행(行)한다. 즉, 갑절로 갈 길을 한 번에 겸(兼)하여 행(行)한다는 뜻으로, 이틀에 갈 길을 하루에 걸음을 이르는 말. *배도(倍道): =배도겸행(倍道兼行). ***겸행**(兼行): ①쉴 시간이나 쉬지 않을 시간이나 가리지 않고 계속 일함. ②여러 가지 일을 겸하여 함. *갑절: 어떤 수(數)나 양(量)을 두 번 합친 것. ***겸하다**(兼~): 부록 '겸(兼)' 참고. ***행하다**(行~): (작정한 대로) 하여 나가다.

배반-낭자(杯盤狼藉 잔 **배**/쟁반 **반**/어지러울 **낭**/어지러울 **자**) 잔(盞)과 쟁반이 어지럽고 어지럽다. 즉, 술잔과 안주를 담은 쟁반이 질서 없이 뒤섞여 있다는 뜻으로, 술을 마시며 흥겹게 노는 모습이나, 연회(宴會. 여러 사람이 모여 술을 마시거나 음식을 먹으면서 즐기는 모임)가 끝난 후 술잔과 접시가 어지럽게 흩어져 있는 광경을 이르는 말. *배반(杯盤): ①술상에 차려 놓은 그릇. 또는 거기에 담긴 음식. ②흥취(興趣. 즐거운 멋과 취미) 있게 노는 잔치. *낭자(狼藉): 물건 따위가 마구 흩어져 있어 어지러움. *잔(盞): 부록 "배(杯)" 참고. *쟁반(錚盤): 부록 '반(盤)' 참고. ***어지럽다**: ①몸을 제대로 가눌 수 없을 만큼 정신이 아뜩아뜩하다. ②질서 없이 뒤섞여 있어 어수선하다. 이 사자성어의 유래는 다음과 같다. 『사기(史記)』의「골계열전(滑稽列傳)」편(篇)에 〈날이 저물어 술자리가 파(罷)해 술통을 모으고 자리를 좁혀서 남녀가 동석하고, 신발이 서로 뒤섞이며, 술잔과 그릇이 어지럽게 흩어지고, 마루 위의 촛불이 꺼지고, 주인이 저만 머물게 하고 다른 손님들을 배웅합니다. 그리고 엷은 비단 속옷의 옷깃이 열리면 은은한 향기가 풍깁니다. 이런 때를 당하면 저의 마음이 가장 기뻐하며, 한 섬은 마실 수 있게 됩니다.(日暮酒闌, 合尊促坐, 男女同席, 履鳥交錯, **杯盤狼藉**, 堂上燭滅, 主人留髡而送客, 羅襦襟解, 微聞薌澤, 當此之時. 髡心最歡, 能飲一石.)〉라는 이야기가 나오는데, '술잔과 그릇이 어지럽게 흩어지고, (杯盤狼藉)'에서, '배반낭자(杯盤狼藉)'가 유래했다. 이 이야기의 배경은 이렇다. 제(齊)나라 위왕(威王) 8년, 초(楚)나라가 제(齊)나라를 침입했다. 위왕(威王)은 순우곤(淳于髡)을 조(趙)나라에 사자(使者. 명령이나 부탁을 받고 심부름하는 사람)로 파견하여 원병(援兵. 전투에서 자기편을 도와주는 군대)을 요청했다. 조(趙)나라 왕은 정예(精銳. 썩 날래고 용맹스러움. 또는 그런 군사) 10만 명과 전차(戰車) 100승(乘)을 지원했다. 초(楚)나라는 이 소식을 듣고 그날 밤으로 철군(撤軍. 주둔하던 군대를 철수함)했다. 그때 위왕(威王)은 크게 기뻐하여 후궁(後宮. 주되는 궁궐의 뒤쪽에 있는 궁궐)에 술자리를 마련하고 순우곤(淳于髡)을 불러서 술을 내리며 물었다. "선생은 얼마나 술을 마셔야 취할 수 있소?" "신(臣. 신하가 임금에 대하여 자기를 일컫던 말)은 한 말[斗]을 마셔도 취하고, 한 섬[石]을 마셔도 취합니다." "한 말[斗]을 마시고 취한다면, 어찌 한 섬[石]을 마실 수 있소? 그 이유를 들을 수 있겠소?" "대왕이 계신 앞에서 술을 내려 주신다면 법을 집행하는 관원(官員. 관청에 나가서 나랏일을 맡아보는 사람)이 곁에 있고, 어사(御史. 왕명·王命으로 특별한 사명을 띠고 지방에 파견되던 임시 벼슬)가 뒤에 있어 두려운 나머지 엎드려서 마시게 되니 한 말[斗]도 못 마셔서 취합니다 ……(생략)"라고 말하면서, 한 섬[石]을 마실 수 있는 상황을 위와 같이 말한 것이다. 참고로, 원문의 '日暮酒闌'에서, '日'은 날 '일'로 읽고, '暮'는 저물 '모'로 읽는다. '日暮'는 날이 저묾. '酒'는 술 '주'로 읽고, '闌'은 쇠퇴할 '란(난)'으로 읽는다. '日暮酒闌'을 직역(直譯)하면, 날이 저물어 술 (자리가) 쇠퇴하자, 즉, 술손님이 거의 다 떠나자. '合尊促坐'에서, '合'은 합할 '합', 모을 '합'으로 읽고, '尊'은 술통 '준'으로 읽고, '促'은 다가올(어떤 대상이 있는 쪽으로 더 가까이 옮기어 옴) '촉'으로 읽고, '坐'는 앉을 '좌'로 읽는다. '合尊促坐'를 직역(直譯)하면, 술통을 모으고, 앉는 (자리를) 더 가까이 다가오게 하였다. 즉, 술통을 모으고 자리를 좁혔다는 뜻이다. '男女同席'에서, '男'은 사내 '남'으로 읽고, '女'는 계집 '녀(여)'로 읽고, '同'은 같을 '동'으로 읽고, '席'은 자리 '석'으로 읽는다. '同席'은 자리를 같이함. 또는 같은 자리. '男女同席'을 직역(直譯)하면, (그리고) 남녀가 자리를 같이 하였는데, '履舃交錯'에서, '履'은 신 '리(이)'로 읽고, '舃'은 신 '석', 신발 '석'으로 읽고, '交'는 엇걸릴(서로 마주 걸림) '교'로 읽고, '錯'은 섞일 '착'으로 읽는다. '交錯'은 이리저리 엇걸려 뒤섞임. '履舃交錯'을 직역(直譯)하면, 신발이 이리저리 엇걸려 뒤섞이고, '杯盤狼藉'에서, '杯'는 잔(盞. 여기서는, 술을 따라 마시는 그릇) '배'로 읽고, '盤'은 쟁반 '반'으로 읽고, '狼'은 이리 '랑(낭)', 어지러울 '랑(낭)'으로 읽고, '藉'는 어지러울 '자'로 읽는다. '杯盤狼藉'를 직역(直譯)하면, 술잔(~盞)과 쟁반이 어지럽고 어지럽다. 즉, 술잔과 안주를 담은 쟁반이 질서 없이 뒤섞여 있다는 뜻으로, 술을 마시며 흥겹게 노는 모습이나, 연회(宴會. 여러 사람이 모여 술을 마시거나 음식을 먹으면서 즐기는 모임)가 끝난 후 술잔과 접시가 어지럽게 흩어져 있는 광경을 이르는 말. '堂上燭滅'에서, '堂'은 집 '당', 대청 '당'으로 읽고, '上'은 위 '상'으로 읽는다. '堂上'은 대청 위. '燭'은 촛불 '촉'으로 읽고, '滅'은 불 꺼질 '멸'로 읽는다. '堂上燭滅'을 직역(直譯)하면, 대청 위의 촛불은 꺼졌다. '主人留髡而送客'에서, '主'는 주인 '주'로 읽고, '人'은 사람 '인'으로 읽고, '留'는 머무를 '류(유)'로 읽고, '곤(髡)'은 머리 깎을 '곤'으로 읽는다. 여기서는 '순우곤(淳于髡)'을 가리킴. '而'는 말 이을 '이'로 읽는다. '그리고'의 뜻을 나냄. '送'은 보낼 '송'으로 읽고, '客'은 손님 '객'으로 읽는다. '送客'은 떠나는 손님을 작별하여 보냄. '主人留髡而送客'을 직역(直譯)하면, (그때) (여자) 주인(主人)은 순우곤(淳于髡)은 머무르게 하고 그리고 (다른) 손님은 작별하여 보낸 (뒤에), '羅襦襟解'에서, '羅'는 비단 '라(나)'로 읽고, '襦'는 저고리 '유', 속옷 '유'로 읽고, '襟'은 옷깃(저고리나 두루마기의 목에 둘러대어 앞으로 여미게 된 부분) '금'으로 읽고, '解'는 풀어질 '해'로 읽는다. '羅襦襟解'를 직역(直譯)하면, (여자 주인의) 비단 속옷의 옷깃이 풀어지고, '微聞薌澤'에서, '微'는 어렴풋할 '미'로 읽고, '聞'은 냄새 맡을 '문'으로 읽고, '薌'은 향기 '향'으로 읽고, '澤'은 자취(어떤 것이 남긴 표시나 자리) '택'으로 읽는다. '微聞薌澤'을 직역(直譯)하면, 어렴풋한 향기의 자취를 냄새 맡게 (되니), 즉, 어렴풋한 향기가 풍겨온다는 뜻이다. '當此之時'에서, '當'은 당할 '당', 맡을 '당'으로 읽고, '此'는 이(지시하는 말) '차'로 읽고, '之'는 어조사 '지'로 읽는다. '~의'를 나타내는 관형격 조사. '時'는 때 '시'로 읽는다. '當此之時'를 직역(直譯)하면, 이러한 때를 당하면, '髡心最歡'에서, '곤(髡)'은 머리 깎을 '곤'으로 읽는다. 여기서는 '순우곤(淳于髡)'을 가리킴. '心'은 마음 '심'으로 읽고, '最'는 가장 '최'로 읽고, '歡'은 감탄(感歎. 마음에 깊이 느끼어 탄복함)할 '탄'으로 읽는다. '髡心最歡'을 직역(直譯)하면, 순우곤(淳于髡)의 마음은 가장 감탄해서, '能飲一石'에서, '能'은 할 수 있을 '능'으로 읽고, '飮'은 마실 '음'으로 읽고, '一'은 한 '일'로 읽고, '石'은 섬(곡식이나 액체의 용량을 나타내는 단위, 한 말의 열 곱절) '석'으로 읽는다. '能飮一石'을 직역(直譯)하면, (술) 한 섬[石]도 (거뜬히) 마실 수 있습니다. 그런데 이 외에 소식(蘇軾)의 「적벽부(赤壁賦)」에 〈객(客)이 즐거이 웃으며/ 잔을 씻어 다시 술을 따랐다./ 안주도 다했고/ 술잔과 소반이 어지러이 널려 있으며/ 배 안에서 서로 베고 깔고 드러누워/ (잠이 들어) 동쪽이 이미 밝아 온 것도 알지 못했다.(客喜而笑, 洗盞更酌, 肴核旣盡, **杯盤狼藉**, 相與枕藉乎舟中, 不知東方之旣白)〉라는 이야기가 나오는데, '술잔과 소반이 어지러이 널려 있으며.(杯盤狼藉)'에서, '배반낭자(杯盤狼藉)'가 유래했다. 참고로, 원문의 '客喜而笑'에서, '客'은 손님 '객'으로 읽고, '喜'는 기쁠 '희'로 읽고, '而'는 말 이을 '이'로 읽는다. '그리고'의 뜻을 나타냄. '笑'는 웃을 '소'로 읽는다. '客喜而笑'를 직역(直譯)하면, 손님은 기뻐하여 그리고 웃는다. '洗盞更酌'에서, '洗'는 씻을 세로 읽고, '盞'은 잔(盞. 술잔, 등잔 따위) '잔'으로 읽고, '更'은 다시 '갱'으로 읽고, '酌'은 술 따를 '작'으로 읽는다. '洗盞更酌'을 직역(直譯)하면, 술잔을 (물에) 씻고 다시 술을 따르니, '肴核旣盡'에서, '肴'는 안주(按酒. 술을 마실 때에 곁들여 먹는 음식) '효'로 읽고, '核'은 씨(식물의 열매 속에 있는, 단단한 물질) '핵'으로 읽는다. '肴核'은 술안주[肴]와 과일[核]을 아울러 이르는 말. '旣'는 이미 '기'로 읽고, '盡'은 다 될 '진'으로 읽는다. '肴核旣盡'을 직역(直譯)하면, 술안주와 과일은 이미 다 되었고, 즉, 술안주와 과일은 이미 떨어져서 남아 있는 것이 없다는 말이다. '相與枕藉乎舟中'에서, '相'은 서로 '상'으로 읽고, '與'는 더불어 '여'로 읽고, '枕'은 베개 '침', 벨 '침'으로 읽고, '藉'는 자리를 깔 '자'로 읽고, '乎'는 어조사 '호'로 읽는다. '~에(위치)'의 뜻을 나타냄. '舟'는 배 '주'로 읽고, '中'은 안 '중', 가운데 '중'으로 읽는다. '相與枕藉乎舟中'을 직역(直譯)하면, 배 안에 서로 더불어 베고 깔고 (누워서 잠이 들어). '不知東方之旣白'에서, '不'는 아닐(부정하는 말) '부'로 읽고, '知'는 알 '지'로 읽는다. '東'은 동녘 '동'으로 읽고, '方'은 방위 '방', 방향 '방'으로 읽는다. '東方'은 동쪽. 또는 동쪽 지방. '之'는 어조사 '지'로 읽는다. '~이', '가(주격 조사)' 뜻을 나타냄. '旣'는 이미 '기'로 읽고, '白'은 밝을 '백'으로 읽는다. '不知東方之旣白'을 직역(直譯)하면, 동쪽이 이미 밝음을 알지 못했다. 즉, 동쪽에는 해가 이미 떠 있는 데도 불구하고, 날이 밝음을 잘 알지 못했다는 말이다.

배부-개가(背夫改嫁 배반할 배/남편 부/고칠 개/시집갈 가) 남편을 배반(背反·叛)하고 (다시 마음을) 고쳐 시집간다는 뜻으로, 여자가 남편을 배반(背反·叛)하고 다른 곳으로 시집감을 이르는 말. *배부(背夫): 남편을 배반(背反·叛)함. *개가(改嫁): 시집갔던 여자가, 남편이 죽거나 남편과 이혼하거나 하여 다른 남자에게 다시 시집가는 일. *배반하다(背反·叛~): 신의(信義. 믿음[信]과 '의리(義理)'를 아울러 이르는 말)를 저버리고 돌아서다. 또는 등지고 나서다.

배부-도주(背夫逃走 배반할 배/남편 부/도망할 도/달아날 주) 남편을 배반(背反·叛)하고 도망하거나 달아난다는 뜻으로, 아내가 남편을 배반(背反·叛)하고 도망감을 이르는 말. *배부(背夫): ☞배부개가(背夫改嫁). *도주(逃走): =도망(逃亡). 즉, 쫓기어 달아남. *배반하다(背反·叛~): ☞배부개가(背夫改嫁).

배-산-임-수(背山臨水 등질 배/뫼 산/임할 임/물 수) 뫼('산'의 옛말)를 등지고 물에 임하여 (있다는) 뜻으로, 지세(地勢. 깊고, 얕고, 넓고, 좁고, 울퉁불퉁한 땅의 생긴 모양이나 형세)가 뒤로는 산을 등지고, 앞으로는 물에 면(面)하여 있음을 이르는 말. 즉, 뒤에는 산이 있고, 앞에는 물이 있어, 살기에 아주 좋은 곳을 이르는 말. 여기서, '면(面)하다'는 (어떤 대상이나 방향을) 똑바로 향하다. *등지다: ①무엇을 등(사람이나 동물의 몸통에서 뒤쪽이나 위로 향한 쪽, 곧 가슴이나 배의 반대쪽)에 기대어 의지하다. ②무엇을 등에 두다. *임하다(臨~): 부록 '임(臨)' 참고.

배수-지-진(背水之陣 등질 **배**/물 **수**/어조사 **지**/진 칠 **진**) 물을 등지고 진(陣)을 친다는 뜻으로, 강이나 바다를 등지고 치는 진(陣)을 이르는 말. 또는 목숨을 걸고 일을 도모(圖謀. 어떤 일을 이루려고 수단과 방법을 꾀함)하는 결연(決然. 마음가짐이나 행동에 결의에 찬 꿋꿋한 태도가 있음)한 자세를 비유적으로 이르는 말. *배수(背水): 바다, 강, 호수 따위의 큰물을 뒤에 등지고 있음. 또는 그 물. *등지다: ☞배산임수(背山臨水). *진(陣) 치다: 부록 '진(陣)' 참고. 이 사자성어의 유래는 다음과 같다. 『사기(史記)』의 「회음후열전(淮陰侯列傳)」 편(篇)에 [(기원전 204년, 한신·韓信은 초패왕·楚霸王인 항우·項羽에 밀려 한중·韓中 땅으로 쫓겨난 유방·劉邦의 명령으로 장이·張耳와 함께 2만 여 병사를 거느리고 조·趙나라를 공격했다.) 한신(韓信)이 조(趙)나라의 동향(動向. 사람의 마음이나 어떤 사물의 정세, 상태 따위의 움직임. 또는 그것들이 움직여 가는 방향)을 탐지(探知. 드러나지 않은 물건이나 사실을 더듬어 찾아내거나 알아냄)하기 위해 풀어놓은 첩자(諜者. '간첩(間諜)'과 같은 말)가 돌아와 이좌거(李左車)의 계책(計策. 어떤 일을 이루기 위하여 꾀나 방법을 생각해 냄. 또는 그 꾀나 방법)이 채택(採擇. 골라서 씀)되지 않았다는 사실을 보고했다. 여기에서, '이좌거(李左車)의 계책(計策)'을 간단하게 설명하면 이렇다. 대장군(大將軍. 벼슬 이름)인 한신(韓信)이 조(趙)나라를 공격할 준비를 하였다. 이 소식을 들은 조(趙)나라 왕(王)인 헐(歇)과 성안군(成安君)인 진여(陳餘)는 20만 대군을 정형(井陘. 땅 이름)에 집결(集結. 한 곳으로 모임. 또는 모음)시키고 전투태세에 들어갔다. 이때 조(趙)나라의 군사(軍士) 전략가(戰略家)인 이좌거(李左車)가 성안군(成安君)인 진여(陳餘)에게 정형(井陘. 땅 이름)으로 통하는 길목에서 기다리고 있다가 지나가는 한(漢)나라 군사를 공격하자고 건의(建議. 어떤 문제에 대하여 의견이나 희망 사항을 냄. 또는 그 의견이나 희망 사항)했다. 그러나 기습(奇襲. 적이 생각지 않았던 때에, 갑자기 들이쳐 공격함. 또는 그런 공격)을 좋아하지 않는 진여(陳餘)에 의해 묵살(黙殺. 의견이나 제언을 듣고도 못들은 체하고 문제 삼지 않음)되었다. 한신(韓信)은 가슴을 쓸어내리는 한편, 크게 기뻐하며 과감히 군대를 이끌고 (이좌거·李左車가 건의한) 정형(井陘. 땅 이름)의 좁은 길로 내려가 정형구(井陘口. 정형·井陘의 입구)에서 30리 떨어진 곳에 막사(幕舍. 군대가 거주하는 건물)를 쳤다. 한신(韓信)은 먼저 가볍게 무장한 기병(騎兵. 말을 타고 싸우는 군사) 2,000명을 뽑아 각각 붉은 기(旗)를 가지고 샛길로 나아가 조(趙)나라 진지(陣地. 전투 부대의 공격이나 방어를 위한 준비로 구축해 놓은 지역)를 바라보는 산속에 숨어 있도록 했다. 이들의 임무는 조(趙)나라 군대가 진지(陣地)를 비워 두고 거짓으로 패주(敗走. 전쟁에 져서 달아남)하는 한군(漢軍. 한신韓信의 군대)을 뒤쫓으면 재빨리 조(趙)나라 진지(陣地)로 뛰어들어 조(趙)나라의 기(旗)를 뽑아 버리고 한(漢)나라의 붉은 기(旗)를 세우는 것이었다.]〈한신(韓信)은 병사 1만을 내보내 물을 등지고 진(陣)을 치도록 했다. 조(趙)나라 군사들은 이것을 바라보고 크게 웃었다. 왜냐하면 병법(兵法. 군사 작전의 방법)에 산(山)과 구릉(丘陵. 언덕)을 등지고 진(陣)을 치라고 하였는데, 한신(韓信)은 오히려 물을 등지고 진(陣)을 치라고 했으니 웃음거리가 될 수밖에 없었기 때문이다. 그러나 한신(韓信)의 '배수지진(背水之陣)'은 신(神)의 한 수(手. 바둑이나 장기 따위에서의 두는 기술)였다.(信乃使萬人先行, 出, **背水陣**, 趙軍望見而大笑.)[이튿날 새벽, 한신(韓信)과 장이(張耳)는 군대를 이끌고 조(趙)나라 진영(陣營. 군사가 진을 치고 있는 일정한 구역)으로 쳐들어갔다. 조(趙)나라 군대는 진문

(陣門. 진영·陣營으로 드나드는 문)을 열어젖히고 한(漢)나라 군대를 맹렬히 공격했다. 한신(韓信)의 군대는 잠시 격전(激戰. 격렬하게 싸움. 또는 그런 전투)을 벌인 다음, 거짓으로 북(타악기의 한 가지)과 기(旗)를 버리고 강(江)까지 퇴각(退却. 주로 전투 따위에 져서 뒤로 물러감)하여 배수진(背水陣)을 치고 기다리고 있는 부대와 합류(合流. 합하여 행동을 같이 함)했다. 한신(韓信)의 예상대로 조(趙)나라 군사는 본진(本陣. 총지휘관이 있는, 군대가 주둔하여 있는 곳)을 비워 두고 한신(韓信)의 군대를 뒤쫓았다. 한(漢)나라의 군사들은 더 이상 물러설 수 없음을 알고 죽을힘을 다하여 싸웠다. '한(漢)나라의 군사들은 더 이상 물러설 수 없음을 알고 죽을힘을 다하여 싸웠다.'라는 말은 배수지진(背水之陣. =배수진·背水陣)의 크나큰 효력(效力. 어떤 사물에 대하여 효과나 효험을 나타내는 힘)이었다. '배수지진(背水之陣)'은 적과 싸울 때 강이나 바다를 등진 상태로 싸워야 이긴다는 말이다. 강이나 바다를 등졌으니, 그 군대는 더 이상 뒤로 물러설 수 없기 때문에 사지(死地. 살아날 길이 없는 매우 위험한 곳)에 놓여 있는 셈이다. 따라서 그들은 더 이상 물러설 수가 없다는 것을 잘 알고 있기에, 죽을 각오로 싸울 수밖에 없다. 그리고 그렇게 함으로써 싸움에 이길 수 있는 것이다. 한신(韓信)이 사용한 배수지진(背水之陣)은 바로 병사들을 사지(死地. 죽을 지경의 매우 위험하고 위태한 곳)에 몰아넣어 그들이 살기 위해 목숨을 걸고 싸우게 만드는 전략(戰略. 전쟁을 전반적으로 이끌어가는 방법·方法이나 책략·策略을 이르는 말. 전술·戰術보다 상위의 개념이다)이었다. 한신(韓信)은 기존의 병법(兵法)과 다른, 배수지진(背水之陣)이라는 새로운 병법(兵法)을 이용하여, 소위 말하는 '정형 전투(井陘戰鬪)'를 승리로 이끈 것이다. 한편, 산속에 숨어 때를 기다리던 2,000명은 이 기회를 틈타 일제히 조(趙)나라의 진지(陣地)로 달려 들어가 조(趙)나라의 기(旗)를 뽑아 버리고, 한(漢)나라의 붉은 기(旗) 3,000여 개를 세웠다. 배수진(背水陣)을 친 한(漢)나라 군대의 맹렬한 저항으로 조(趙)나라 군대는 싸움에 이기지 못하고 할 수 없이 진지(陣地)로 되돌아갔지만, 진지(陣地)의 성벽(城壁. 성곽의 벽) 위쪽이 온통 붉은색의 한(漢)나라 깃발뿐인 것을 보고, 한(漢)나라가 벌써 조(趙)나라의 장군들을 모두 사로잡은 것으로 생각하고 정신을 잃고 달아나기 시작했다. 조(趙)나라 장수들이 도망하는 (자기 나라) 군사들의 목을 베며 독전(督戰. 전투를 독려함)을 하였으나, 달아나는 군사들을 막을 방법이 없었다. 한(漢)나라 군대는 조(趙)나라 군대를 양쪽에서 협공(挾攻. 사이에 끼워 놓고, 양쪽에서 들이침)하여 대파(大破. 크게 쳐부숨)하고 군사들을 포로(捕虜. 전투에서 적에게 사로잡힌 군인)로 잡았으며, 성안군(成安君)인 진여(陳餘)의 목을 베고, 조(趙)나라 왕(王)인 헐(歇)을 사로잡았다. 이로써 조(趙)나라 땅은 한(漢)나라 군(軍)의 차지가 되었다. 한신(韓信)은 광무군(廣武軍)인 이좌거(李左車)를 죽이지 않고 스승으로 모셔 여러 가지 계책(計策)을 들었다. 유방(劉邦)은 장이(張耳)를 조(趙)나라 왕(王)에 봉(封)했다.])라는 구절이 나오는데, '물을 등지고 진(陣)을 치도록 했다.(背水陣)' 에서, '배수지진(背水之陣)'이 유래했다. 원문의 '배수진(背水陣)'은 '배수지진(背水之陣)'과 같은 뜻이다. 참고로, 원문의 '信乃使萬人先行'에서, '信'은 믿을 '신'으로 읽는다. 여기서는 '한신(韓信)'을 가리킴. '乃' 는 이에(이러하여서 곧) '내'로 읽고, '使'는 하여금(누구를 시키어) '사'로 읽고, '萬'은 일만 '만'으로 읽고, '人'은 사람 '인'으로 읽는다. '萬人'은 병사 1만 명을 일컫는 말. '先'은 먼저 '선'으로 읽고 '行'은 행할 '행'으로 읽는다. '先行'은 딴 일에 앞서 행함. 또는 그런 행위. '信乃使萬人先行'을 직역(直譯)하면, 한신 (韓信)은 이에 (병사) 1만 명으로 하여금 앞서 행하도록 했다. '背'는 등질 '배'로 읽고, '水'는 물 '수'로 읽고, '陣'은 진 칠 '진'으로 읽는다. 여기서, '背水之陣'이 유래하였는데, 이것을 직역(直譯)하면, 물을

등지고 진(陣)을 친다는 뜻으로, 강이나 바다를 등지고 치는 진(陣)을 이르는 말. 또는 목숨을 걸고 일을 도모(圖謀)하는 결연(決然)한 자세를 비유적으로 이르는 말. '趙軍望見而大笑'에서, '趙'는 조(趙)나라 '조'로 읽고, '軍'은 군사(軍士) '군'으로 읽고, '望'은 바라볼 '망'으로 읽고, '見'은 볼 '견'으로 읽는다. '望見'은 멀리 바라봄. '而'는 말 이을 '이'로 읽는다. '그리고'의 뜻을 나타냄. '大'는 클 '대'로 읽고, '笑'는 웃음 '소'로 읽는다. '趙軍望見而大笑'를 직역(直譯)하면, 조(趙)나라 군사(軍士)는 (이것을) 멀리서 바라보고 그리고 크게 웃었다. 그런데 또 같은 책에 〈한신(韓信)의 부하들이 물었다. "병법(兵法)에 오른쪽으로 산과 구릉을 등지고, 앞이나 왼편에 물이나 못을 두라 하였는데, 이제 장군께서 신(臣. 신하가 임금에 대하여 자기를 일컫는 말) 등(等)에게 오히려 물을 등지고 진(陣)을 치게 하여 우리가 불복(不服)했는데, 오히려 승리를 거두었습니다. 이는 무슨 병법(兵法)인지요?"(諸將問信曰, 兵法, 右背山陵, 前左水澤, 今者將軍令臣等反背水陣, 臣等不服, 竟以勝, 此何術也.)〉라는 이야기가 나오는데, '이제 장군께서 신(臣) 등(等)에게 오히려 물을 등지고 진(陣)을 치게 하여,(今者將軍令臣等反背水陣)'에서, '배수지진(背水之陣)'이 유래했다. 참고로, 원문의 '諸將問信曰'에서, '諸'는 모두 '제', 여러 '제'로 읽고, '將'은 장수(將帥) '장'으로 읽고, '問'은 물을 '문'으로 읽고, '信'은 믿을 '신'으로 읽는다. 여기서는 '한신(韓信)'을 가리킴. '諸將問信曰'을 직역(直譯)하면, 여러 장수(將帥)가 한신(韓信)에게 물어 말하기를, '兵法'에서, '兵'은 군사(軍士) '병', 병사(兵士) '병'으로 읽고, '法'은 법(法) '법', 방법(方法) '법'으로 읽는다. '兵法'은 군사를 지휘하여 전쟁하는 방법. '右背山陵'에서, '右'는 왼쪽 '우'로 읽고, '背'는 등질(등 뒤에 둘) '배'로 읽고, '山'은 뫼('산'의 옛말) '산'으로 읽고, '陵'은 언덕 '릉(능)'으로 읽는다. '山陵'은 산과 언덕을 통틀어 이르는 말. '右背山陵'을 직역(直譯)하면, 오른쪽에는 산과 언덕을 등지고, '前左水澤'에서, '前'은 앞 '전'으로 읽고, '左'는 왼쪽 '좌'로 읽고, '水'는 물 '수'로 읽고, '澤'은 못(넓고 깊게 팬 땅에 늘 물이 괴어 있는 곳) '택'으로 읽는다. '前左水澤'을 직역(直譯)하면, 앞이나 왼쪽에는 물이나 못을 (만들어 둔다고 하였는데), '今者將軍令臣等反背水陣'에서, '今'은 이제 '금', 지금 '금'으로 읽고, '者'는 것(사물, 현상 일 따위를 추상적으로 이르는 말) '자'로 읽는다. '今者'는 요사이. '將'은 장수(將帥) '장'으로 읽고, '軍'은 군사(軍士) '군'으로 읽는다. '將軍'은 군(軍)의 우두머리로, 군(軍)을 지휘하고 통솔하는 무관(武官). '令'은 명령할 '령(영)'으로 읽고, '臣'은 신하(臣下) '신'으로 읽고, '等'은 무리 '등'으로 읽는다. 다수(多數)를 나타내는 접미사. '反'은 반대로 '반'으로 읽고, '背'는 등질 또는 등(사람이나 동물의 몸통에서 뒤쪽이나 위로 향한 쪽, 곧 가슴이나 배의 반대쪽) '배'로 읽고, '水'는 물 '수'로 읽고, '陣'은 진 칠 '진'으로 읽는다. '今者將軍令臣等反背水陣'을 직역(直譯)하면, 요사이 장군께서 신(臣) 등(等)에게 반대로 물을 등지고 진을 치게 명령하셨기에, 여기서, '背水之陣'이 유래하였는데, 이것을 직역(直譯)하면, 물을 등지고 진(陣)을 친다는 뜻으로, 강이나 바다를 등지고 치는 진(陣)을 이르는 말. 또는 목숨을 걸고 일을 도모(圖謀. 어떤 일을 이루려고 수단과 방법을 꾀함)하는 결연(決然. 마음가짐이나 행동에 결의에 찬 꿋꿋한 태도가 있음)한 자세를 비유적으로 이르는 말. '臣等不服'에서, '不'은 아닐(부정하는 말) '불'로 읽고, '服'은 복종할 '복'으로 읽는다. '臣等不服'을 직역(直譯)하면, 신(臣) 등(等)은 복종하지 않았음에도 (불구하고), '竟以勝'에서, '竟'은 마침내 '경'으로 읽고, '以'는 써(그것을 가지고, 그것으로 인하여) '이'로 읽고, '勝'은 이길 '승'으로 읽는다. '竟以勝'을 직역(直譯)하면, 마침내 그것으로 인하여 승리하였으니, '此何術也'에서, '此'는 이(지시하는 말) '차'로 읽고, '何'는 무엇 '하'로 읽고, '術'은 꾀 '술', 책략(策略. 어떤 일을 꾸미고 이루어 나가는 교묘한 방법) '술'로 읽는다. 여기서는 '병법(兵法)'을 가리킴. '也'는 어조사 '야'로 읽는다. '～이냐(의문)'
의 뜻을 나타냄. '此何術也'를 직역(直譯)하면, 이것은 무슨 책략(병법)인가요?

배신-행위(背信行爲 배반할 배/믿을 신/행할 행/할 위) 믿음을 배반(背反·叛)하는 행위(行爲)라는 뜻으로,
믿음이나 의리(義理. 사람으로서 마땅히 지켜야 할 바른 도리)를 저버리는 행위(行爲)를 이르는 말. *배
신(背信): 신의(信義. 믿음과 의리)를 저버림. *행위(行爲): (사람이) 행하는 짓. 특히 자유의사에 따라서
하는 행동. *배반하다(背反·叛~): ☞배부개가(背夫改嫁). *행하다(行~): (작정한 대로) 하여 나가다.

배-암-투-명(背暗投明 등질 배/어두울 암/던질 투/밝을 명) 어두운 (것을) 등지고 밝은 (것에) (몸을) 던진
다. 즉, 어두운 것을 등지고 밝은 것에 나아가거나 들어선다는 뜻으로, 그릇된 길을 버리고 바른길로
나아가거나 들어감을 이르는 말. *등지다: ☞배산임수(背山臨水).

배외-사상(排外思想 물리칠 배/바깥 외/생각 사/생각할 상) 바깥을 물리치는(배척하는) 사상(思想)이라는
뜻으로, 외국 사람이나 외국의 문화, 물건, 사상 따위를 배척(排斥. 반대하여 물리침)하고, 자기 나라의
것만 존중하는 생각이나 태도를 이르는 말. *배외(排外): 외국 사람이나 외국의 문화, 물건, 사상 따위를
배척(排斥)하여 물리침. *사상(思想): ①생각. ②사고 작용의 결과로 얻어진 체계적 의식 내용. ③사회나
정치에 대한 일정한 견해. *물리치다: 부록 '배(排)' 참고.

배외-주의(排外主義 물리칠 배/바깥 외/주될 주/옳을 의) 바깥을 물리치는(배척하는) (것을) 주된 (가치로
여기는) 주의(主義)라는 뜻으로, 외국 사람이나 외국의 문화, 물건, 사상 따위를 배척(排斥. 반대하여
물리침)하는 사상이나 주장(主張)을 이르는 말. *배외(排外): ☞배외사상(排外思想). *주의(主義): ①굳
게 지키는 주장이나 방침. ②체계화된 이론이나 학설. *물리치다: 부록 '배(排)' 참고. *주되다(主~):
주장(主張)이나 중심(中心)이 되다.

배은-망-덕(背恩忘德 배반할 배/은혜 은/잊을 망/덕 덕) (남의) 은혜(恩惠)를 배반(背反·叛)하고 덕(德)을
잊는다는 뜻으로, 남에게 입은 은덕(恩德. 은혜와 덕, 또는 은혜를 입은 신세)을 저버리고 배반(背反·叛)
하거나 배신(背信. 믿음이나 의리를 저버림)함. 또는 그런 태도가 있음을 이르는 말. *배은(背恩): 은혜
를 저버림. ↔보은(報恩). *배반하다(背反·叛~): ☞배부개가(背夫改嫁).《관련 속담》믿는 도끼에 발등
찍힌다.

배-중-사-영(杯中蛇影 술잔 배/가운데 중/뱀 사/그림자 영) 술잔 가운데(속)에 (비친) 뱀의 그림자라는
뜻으로, 아무것도 아닌 일에 의심(疑心. 확실히 알 수 없어서 믿지 못하는 마음)을 품으면서 쓸데없는
걱정을 하게 된다는 말. 사실 우리가, 술잔 가운데에 뱀의 그림자가 있다는 것은 상상(想像)할 수 없는
일이다. 그럼에도 불구하고 아무것도 아닌 일에 의심(疑心)을 품으면서 쓸데없는 걱정을 하게 된다는
말이다. 문설주(문의 양쪽에 세워 문짝을 끼워 달게 한 기둥)에 걸려 있는 활에 뱀이 그려져 있었는데,
그 밑에서 술을 마시다가 잔(盞) 속에 비친 뱀의 그림자에 놀라 병(病)을 앓게 되었다는 옛 일에서 나온
말. 웹 배궁사영(杯弓蛇影). 이 사자성어의 유래는 다음과 같다. 『진서(晉書)』의 「악광전(樂廣傳)」 편(篇)
에 〈자주 놀러오던 친구가 웬일인지 발을 딱 끊고 찾아오지 않았다. 악광(樂廣)은 이상하다는 생각이
들어 그에게 까닭을 물어보았다. 그 친구가 답했다. "저번에 우리가 술을 마실 때 말일세. 술을 막 마시
려는데, 잔속에 뱀이 보이는 게 아니겠나. 기분이 언짢았지만, 그냥 마셨는데 그 후로 몸이 좋지 않다
네."(嘗有親客, 久闊不復來, 廣問其故, 答曰, 前在坐蒙賜酒, 方欲飮, 見杯中有蛇, 意甚惡之, 旣飮而疾.)〉

 위 이야기를 재구성하면 다음과 같다. 진(晉)나라에, 어린 시절에 아버지를 잃고 생활이 어렵지만 한눈팔지 않고 학문에 전념하여 벼슬길에 오른 악광(樂廣)이 있었다. 지혜로운 악광(樂廣)은 관리(官吏)가 되어서도 매사에 신중하게 처리하였다. 악광(樂廣)이 하남(河南. 땅 이름)의 태수(太守. 벼슬 이름)로 있을 때의 일이다. 여기서, '태수(太守)'는 고대 중국에서 군(郡)의 으뜸 벼슬. 악광(樂廣)에게는 친한 친구 한 명이 있었다. 그 친구는 악광(樂廣)에게 자주 놀러와 술자리를 같이 하였다. 그런데 어느 날 한동안 그 친구의 발걸음이 뜸해진 것을 이상하게 생각한 악광(樂廣)은, 몸소(자기 스스로, 또는 직접) 친구에게 찾아가 보니 얼굴이 매우 좋지 않아 보였다. 그래서 "요사이 어째서 놀러 오지 않나?"라고 물었더니, 친구가 "전에 자네와 술을 마실 때, 내 잔 속에 뱀이 보이지 않겠나?[杯中蛇影], 기분이 언짢았지만 그냥 마셨는데, 즉, 벽에 걸린 활 그림자가 술잔에 비친 것을 뱀으로 잘못 알고 뱀을 삼켰다고 생각한 것이다. 그 후로 몸이 좋지 않다네."라고 대답하였다는 것이다. 이상하다고 생각한 악광(樂廣)은 지난 번 술을 마신 그곳으로 다시 가 보았다. 그 방의 벽에는 뱀이 그려진 활이 걸려 있었다. 비로소 악광(樂廣)은 친구가 이야기한 뱀의 정체(正體. 본디의 참모습)를 알게 되었다. 친구의 술잔에, 활에 그려진 뱀이 비추어진 것이었다. 이후 악광(樂廣)은 친구를 다시 초대(招待)해 같은 장소에서 술자리를 같이 하였다. 친구에게 술을 따르며 물었다. "어떤가? 뭐가 보이나?" "응, 전번과 마찬가지네" 악광(樂廣)이 그 이유를 설명해 주자, 그 친구는 그제야 깨닫고 병이 씻은 듯이 나았다. 그 친구는 술잔에 비친 활 그림자를 뱀으로 착각했던 것이다. 술잔 속의 활 그림자를 뱀으로 보고 병(病)이 났던 악광(樂廣)의 친구처럼 헛것을 사실로 믿거나, 아무 일도 아닌 것을 가지고 공공연히 걱정과 근심에 사로잡혀 마음의 병을 얻는 것을 보고 '배중사영(杯中蛇影)'이라고 한다. 남을 무턱대고 믿는 일도 안 될 일이지만, 의심부터 앞세우는 것도 못할 일이다. 우리나라 속담에 '자라보고 놀란 가슴 솥뚜껑 보고 놀란다.'라는 말이 있다. 언제, 어디서, 무슨 일이 일어날지 모르는 현대 사회이지만, 지나치게 그리고 쓸데없이 걱정하는 것은 오히려 해(害)가 된다는 것을 암시(暗示)하는 사자성어. 참고로, 원문의 '嘗有親客'에서, '嘗'은 일찍 '상'으로 읽고, '有'는 있을 '유'로 읽고, '親'은 친할 '친'으로 읽고, '客'은 사람 '객'으로 읽는다. '嘗有親客'을 직역(直譯)하면, 일찍이 친한 사람이 있었는데, '久闊不復來'에서, 久는 오랠 '구'로 읽고, '闊'은 소식 뜸할 '활'로 읽고, '不'은 아닐(부정하는 말) '불'로 읽고, '復'는 다시 '부'로 읽고, '來'는 올 '래(내)'로 읽는다. '久闊不復來'를 직역(直譯)하면, (그 사람은) 오랫동안 소식 뜸하고 다시 오지 않았다. '廣問其故'에서, '廣'은 넓을 '광'으로 읽는다. 여기서는 '악광(樂廣)'을 가리킴. '問'은 물을 '문'으로 읽고, '其'는 그(지시하는 말) '기'로 읽고, '故'는 까닭 '고', 이유 '고'로 읽는다. '廣問其故'를 직역(直譯)하면, 악광(樂廣)은 그 이유를 (그 사람에게) 물었다. '答曰'에서, '答'은 대답할 '답'으로 읽는다. '答曰'을 직역(直譯)하면, 대답하여 말하기를, '前在坐蒙賜酒'에서, '前'은 앞 '전'으로 읽고, '在'는 있을 '재'로 읽고, '坐'는 앉을 '좌'로 읽고, '蒙'은 입을 '몽', 받을 '몽'으로 읽고, '賜'는 하사(下賜. 왕이나 국가 원수 따위가 아랫사람에게 금품을 줌)할 '사'로 읽고, '酒'는 술 '주'로 읽는다. '賜酒'는 임금이 공훈(功勳. 나라나 회사를 위하여 두드러지게 세운 공로)을 세운 신하(臣下)에게 그 공로(功勞)를 위로하기 위하여 술을 내리던 일. 또는 그 술. '前在坐蒙賜酒'를 직역(直譯)하면, 전(前)에 임금이 하사(下賜)한 술을 받아 앉아 있을 (때에). '方欲飮'에서, '方'은 바야흐로 '방', 장차(將次. '앞으로'의 뜻으로, 미래의 어느 때를 나타내는 말) '방'으로 읽고, '欲'은 하고자 할 '욕'으로 읽고, '飮'은 마실 '음'으로 읽는다. '方欲飮'을 직역(直譯)하면, 바야흐로 (술을) 마시려고 하였는데, '見杯中有蛇'에서, '見'은 볼 '견'으로 읽고, '杯'는 술잔 '배'로 읽고, '中'은 가운데 '중'으로 읽고, '有'는 있을 '유'로 읽고, '蛇'는 뱀 '사'로 읽는다. '見杯中有蛇'를 직역(直譯)하면, 술잔 가운데에 뱀이 있는 (것을) 보았소. 여기서, '杯中蛇影'이 유래하였는데, 이것을 직역(直譯)하면, 술잔 가운데(속)에 (비친) 뱀의 그림자라는 뜻으로, 아무것도 아닌 일에 의심(疑心)을 품으면서 쓸데없는 걱정을 하게 된다는 말. '意甚惡之'에서, '意'는 생각 '의'로 읽는다. 여기서는 '기분'의 뜻이 강함. '甚'는 심할(甚~. 정도가 지나칠) '심'으로 읽고, '惡'은 나쁠 '악'으로 읽고, '之'는 어조사 '지'로 읽는다. '그것'을 나타내는 지시 대명사. '意甚惡之'를 직역(直譯)하면, 생각(기분)이 그것 (때문에) 심히 나빴는데, '旣飮而疾'에서, '旣'는 이미(돌이킬 수 없이 된 지난 일을 일컬을 때 쓰는 말) '기'로 읽고, '而'는 말 이을 '이'로 읽는다. '그리고'의 뜻을 나타냄. '疾'은, 여기서는 (병을) 앓을 '질'로 읽는다. '旣飮而疾'을 직역(直譯)하면, 이미 마시고 난 후 그리고 병을 앓았다네.

배타-주의(排他主義 물리칠 **배**/남 **타**/주될 **주**/옳을 **의**) 남을 물리치는(배척하는) 것을 주된 (가치로 여기는) 주의(主義)라는 뜻으로, 남을 배척(排斥. 반대하여 물리침)하는 사상의 경향. 즉, 다른 사람이나 다른 사상, 생각 따위를 배척(排斥)하여 받아들이려 하지 않는 사상 및 경향을 이르는 말. *배타(排他): 남이나 다른 생각 따위를 배척(排斥)함. *주의(主義): ①굳게 지키는 주장이나 방침. ②체계화된 이론이나 학설. *물리치다: 부록 '배(排)' 참고. *주되다(主~): 주장(主張)이나 중심(中心)이 되다.

배풍-어-기(排風禦氣 물리칠 **배**/바람 **풍**/막을 **어**/기운 **기**) 바람을 물리치고 기운을 막는다(다스린다)는 뜻으로, 자연현상을 마음대로 다스림을 비유적으로 이르는 말. *배풍(排風): 바람을 뽑아냄. *물리치다: 부록 '배(排)' 참고. *기운: 순우리말로, 생물이 살아 움직이는 원기(元氣). 또는 거기서 나오는 힘.

배회-고면(徘徊顧眄 어정거릴 **배**/어정거릴 **회**/돌아볼 **고**/곁눈질할 **면**) 어정거리고 어정거리며, 곁눈질하며 돌아본다는 뜻으로, 아무 목적도 없이 이리저리 거닐면서 여기저기 기웃거리거나 돌아봄을 이르는 말. *배회(徘徊): 아무 목적도 없이 어떤 곳을 중심으로 어슬렁거리며 이리저리 돌아다님. *고면(顧眄): 돌아다 봄. 또는 돌이켜 봄. *어정거리다: 부록 '배(徘)', '회(徊)' 참고. *곁눈질하다: 부록 '면(眄)' 참고.

백가-쟁-명(百家爭鳴 일백 **백**/전문가 **가**/다툴 **쟁**/말할 **명**) 일백(一百) (명의) 전문가(專門家)가 말하며 다툰다는 뜻으로, 많은 학자나 문화인 등(等)이 자기의 학설이나 주장을 자유롭게 발표하여, 논쟁(論爭)하고 토론(討論)하는 일을 비유적으로 이르는 말. 즉, 여러 사람이 서로 자신의 주장을 내세움을 이르는 말이다. 여기에 대해서 좀 더 설명하면 다음과 같다. 세계 역사상 그 유래를 찾아보기 힘들 만큼 다양한 국가와 문화, 인물과 철학이 다툰 시대가 바로 중국의 춘추전국시대(春秋戰國時代)이다. 그리고 수많은 영웅(英雄)과 호걸(豪傑)들이 권력을 다투며 경쟁하기도 했지만, 또 그만큼 다양한 종류의 학문과 철학이 경쟁한 시대이기도 했다. 이러한 학파와 학자들을 가리켜 '제자백가(諸子百家)'라고 한다. 또한 이렇게 다양한 학문과 철학의 분파(分派)가 토론하고 경쟁하는 모습을 일컬어 '백가쟁명(百家爭鳴)'이라 한다. 이들의 대표적인 학파로 중국 춘추시대의 사상가이며 학자인 공자(孔子)가 중심인 유가(儒家), 노자(老子. 중국 춘추전국시대·春秋戰國時代의 사상가·思想家이며, 도가·道家의 시조·始祖)와 장자(莊子. 중국 전국시대·戰國時代의 사상가이며, 도가·道家 사상의 중심인물)가 중심인 도가(道家), 한비자(韓非子. '한비·韓非'를 높여 이르는 말. 중국 춘추전국시대·春秋戰國時代 말기·末期의 법가·法家의 주창자·主唱

者)와 순자(荀子. 중국 전국시대·戰國時代의 유학자. 맹자·孟子의 성선설·性善說에 대하여 성악설·性惡說을 주창·主唱함)가 중심인 법가(法家), 묵자(墨子. 중국 춘추전국시대·春秋戰國時代의 사상가·思想家이며 철학자·哲學者. 묵가·墨家의 시조·始祖)가 중심인 묵가(墨家), 그 외에 계절의 변화와 만물(萬物. 온갖 물건 또는 세상에 있는 모든 것)의 순환을 주장하는 음양가(陰陽家), 명분과 논리를 중시하는 명가(名家) 따위가 있었다. 참 백화제방(百花齊放). *백가(百家): ①여러 가지 학설이나 주장을 내세우는 많은 학자 또는 작자(作者). ②=백가서(百家書). 즉, 여러 학자의 저서(著書). *다투다: 부록 '쟁(爭)' 참고.

백계-무책(百計無策 일백 **백**/꾀 **계**/없을 **무**/계책 **책**) 일백(一百) (가지의) 꾀를 (다 써도) 계책(計策)이 없다. 또는 백 가지 꾀에 하나도 쓸 꾀가 없다는 뜻으로, 온갖 계책(計策)이 다 소용없음. 즉, 어려운 일을 당하여, 온갖 계교(計巧. 이리저리 생각하여 짜낸 꾀)를 다 써도 해결할 방도(方道·途. 어떤 일을 치러 나갈 길이나 방법)를 찾지 못함을 이르는 말. =계무소출(計無所出). *백계(百計): 여러 가지의 꾀. 또는 온갖 계교(計巧). *무책(無策): 계책(計策)이 없음. *꾀: 일을 그럴듯하게 꾸미는 교묘한 생각이나 수단. *계책(計策): 어떤 일을 이루기 위하여 꾀나 방법을 생각해 냄. 또는 그 꾀나 방법.

백-고-천-난(百苦千難 일백 **백**/괴로울 **고**/일천 **천**/어려울 **난**) 일백(一百) (가지의) 괴로움(고통)과 일천(一千) (가지의) 어려움이라는 뜻으로, 온갖 고난(苦難)과 고통(苦痛). 또는 헤아릴 수 없는 많은 고난(苦難)과 고통(苦痛)을 이르는 말.

백골-난망(白骨難忘 흰 **백**/뼈 **골**/어려울 **난**/잊을 **망**) (죽어서) 흰 뼈. 즉, (죽어) 백골(白骨)이 (되어도) 잊기 어렵다(잊을 수 없다)는 뜻으로, 남에게 큰 은덕(恩德. 은혜와 덕. 또는 은혜를 입은 신세)을 입었을 때 고마움의 뜻으로 이르는 말. 참 난망지은(難忘之恩). *백골(白骨): 죽은 사람의 몸이 썩고 남은 뼈. *난망(難忘): 잊기 어려움. 또는 잊지 못함. 잊을 수 없음.

백-공-천-창(百孔千瘡 일백 **백**/구멍 **공**/일천 **천**/부스럼 **창**) 일백(一百) 개의 구멍과 일천(一千) (곳의) 부스럼. 즉, 온통 구멍과 상처투성이라는 뜻으로, ①온갖 폐단(弊端. 어떤 일이나 행동에서 나타나는 옳지 못한 경향이나 해로운 현상)과 결함(缺陷. 부족하거나 완전하지 못하여 흠이 되는 부분)으로 엉망진창이 된 상태나 모양을 비유적으로 이르는 말. ②옷이 여기저기 구멍이 나고 갈기갈기 찢어져 못쓰게 된 상태를 이르는 말. 참 천창만공(千瘡萬孔). *부스럼: '창(瘡)' 참고. 이 사자성어의 유래는 다음과 같다. 『고문진보후집(古文眞寶後集)』에 실려 있는 한유(韓愈)의 「여맹간상서서(與盟簡尙書書」 편(篇)에, 〈한(漢)나라 이래로, 여러 유학자들이 조금씩 수정하고 보완하였으나, 백 개의 뚫린 구멍과 천 군데의 상처가, 이내 어지러워지고 이내 유실(遺失. 가지고 있던 돈이나 물건을 잃어버림)되어, 그 위태로움이 마치 한 올의 머리카락으로 천 균(鈞)의 물건을 끄는 것과 같아, 끊어지지 않고 겨우 이어오면서, 점점 미약(微弱)해져서 소멸(消滅)될 지경에 이르렀습니다. 이러한 때에, 그 사이에서 불교(佛敎)와 도교(道敎)를 제창(提唱. 어떤 일을 내세워 주장함)하여, 천하(天下) 사람들을 부추겨 이를 따르게 한다면, 아, 그건 또한 불인(不仁. 어질지 못함)함이 심하다고 하겠습니다.(漢氏以來, 群儒區區修補, **百孔千瘡**, 隨亂隨失, 其危如一髮引千鈞, 綿綿延延, 浸以微滅, 於是時也, 而唱釋老於其間, 鼓天下之衆而從之, 嗚呼, 其亦不仁甚矣)〉라는 이야기가 나오는데, '백 개의 뚫린 구멍과 천 군데의 상처(百孔千瘡)'에서, '백공천창(百孔千瘡)'이 유래했다. 참고로, 원문의 '漢氏以來'에서, '漢'은 한(漢)나라 '한'으로 읽고, '氏'는 여기서는 나라 이름 '지'로 읽는다. 예를 들면 '月氏'를 우리는 '월지(月氏)'로 읽는다. '월지(月氏)'는 기원전 5세기 중엽, 중앙

아시아(中央Asia)의 아무강(Amu江) 유역에 터키(Turkey. '튀르키예'의 옛 이름) 계통의 민족이 세운 나라를 일컫는다. 따라서 위의 '한지(漢氏)'는 '한(漢)나라'를 일컫는다. '以'는 써(그것을 가지고, 그것으로 인하여) '이'로 읽고, '來'는 올 '래(내)'로 읽는다. '이래(以來)'는 지나간 어느 일정한 때로부터 지금까지. 또는 그 뒤를 이르는 말. '漢氏以來'를 직역(直譯)하면, 한(漢)나라 이래(以來)로, '群儒區區修補'에서, '群'은 무리(모여서 뭉친, 하나의 동아리) '군'으로 읽고, '儒'는 유교(儒敎) '유'로 읽고, '區'는 나눌 '구', 구분(區分)할 '구'로 읽고, '修'는 고칠 '수', 손질할 '수'로 읽고, '補'는 보탤 '보'로 읽는다. 여기서는 '보완(補完. 모자라는 것을 더하여 완전하게 함)하다'의 뜻이 강함. '群儒區區修補'를 직역(直譯)하면, (여러) 무리의 유교(儒敎)를 (믿는 사람이) (조금씩) 나누고 나누어 손질하고 보완(補完)하였으나, 즉, 한(漢)나라 바로 이전의 진(秦)나라 때 진시황제(秦始皇帝)가 선왕(先王. 선대·先代의 임금)의 법도(法道. 법률 따위를 지켜야 할 도리)를 없애고, 유교(儒敎)의 경서(經書) 따위를 태워버렸으며, 선비들을 산 채로 묻어 죽인 '분서갱유(焚書坑儒. 본문 참고)' 사건이 있었다. 이후에, 일부 남은 성인(聖人)의 대경(大經)과 대법(大法)을 한(漢)나라 이후부터 여러 유학자들이 조금씩 수정하고 보완했다는 뜻이다. 여기서 '대경(大經)'은 사람이 지켜야 할 큰 도리(道理. 사람이 마땅히 지켜야 할 바른 길). 또는 큰 법칙을 일컫는다. '대법(大法)'은 생활상의 예법과 제도 따위의 가장 중요한 법규를 이르는 말로, 이제삼왕(二帝三王)의 도(道)를 가리킨다. '이제(二帝)'는 '요(堯)임금'과 '순(舜)임금'을 가리키며, '삼왕(三王)'은 하(夏)나라의 우왕(禹王), 상(商)나라의 탕왕(湯王), 주(周)나라의 문왕(文王), 또는 무왕(武王)을 가리킨다. '百孔千瘡'에서, '百'은 일백(一百) '백'으로 읽고, '孔'은 구멍 '공'으로 읽고, '千'은 일천(一千) '천'으로 읽고, '瘡'은 부스럼 '창'으로 읽는다. 여기서 '백공천창(百孔千瘡)'이 유래했는데, 이것을 직역(直譯)하면, 일백(一百) 개의 구멍과 일천(一千) (곳의) 부스럼. 즉, 온통 구멍과 상처투성이라는 뜻으로, ①온갖 폐단과 결함으로 엉망진창이 된 상태나 모양을 비유적으로 이르는 말. ②옷이 여기저기 구멍이 나고 갈기갈기 찢어져 못쓰게 된 상태를 이르는 말. 결국 '백공천창(百孔千瘡)'은 대경(大經)과 대법(大法)이 백 개의 구멍이 나고 천 개의 상처투성이로 만신창이(滿身瘡痍. 본문 참고)가 되어 여지없이 무너진 것을 비유(比·譬喩. 어떤 사물의 모양이나 상태 따위를 보다 효과적으로 표현하기 위하여 그것과 비슷한 다른 사물에 빗대어 표현함. 또는 그 표현 방법)하는 뜻으로 쓰였다. '隨亂隨失'에서, '隨'는 여기서는 즉시(卽時) '수', 곧 바로 '수'로 읽고, '亂'은 어지러울 '란(난)'으로 읽고, '失'은 잃을 '실', 잃어버릴 '실'로 읽는다. '隨亂隨失'을 직역(直譯)하면, 곧 바로 어지러워지고 곧 바로 잃어버리게 되어, 즉, 대경(大經)과 대법(大法)을 수정(修訂. 서적 따위의, 내용의 잘못을 바로잡음)하자마자 이내 혼란스럽고, 보완(補完)하자마자 이내 내용을 잃어버릴 정도로 복잡하다는 뜻이다. '其危如一髮引千鈞'에서, '其'는 그 '기'로 읽고, '危'는 위태할 '위'로 읽고, '如'는 같을 '여'로 읽고, '一'은 한 '일'로 읽고, '髮'은 머리털 '발'로 읽는다. 그런데 어떤 자료에는 '發'로 되어 있다. 잘못 적힌 글자이다. '引'은 끌 '인'으로 읽고, '千'은 일천(一千) '천'으로 읽고, '鈞'은 서른(30) 근(斤. 저울로 다는 무게의 단위) '균'으로 읽는다. 1균(鈞)은 30근(斤)이다. 따라서, '천균(千鈞)'은 3만 근(斤)을 일컫는다. '其危如一髮引千鈞'을 직역(直譯)하면, 그 위태함이 (마치) 한 (올의) 머리카락으로 천 균(鈞)의 (물건을) 끄는 (것과) 같아, 즉, 한 가닥의 머리카락으로 무거운 3만 근(斤)의 물건을 끄는 것처럼 그 형세(形勢. 어떠한 일의 형편이나 상태)가 매우 위험함을 비유한 것이다. 대경(大經)과 대법(大法)이 한 가닥의 머리카락으로 무거운 3만 근(斤)의 물건을 끌면, 당장에 그 머리카락이 끊어지는 듯한, 매우 위험한 형세(形勢)를 맞이했다는 의미다. 여기서 '위여일발(危如一髮)'이 유래했다. 이것을 직역(直譯)하면, 위태(危殆)함이 하나의 머리털 같다는 뜻으로, 조금도 마음을 놓을 수 없는 매우 위험한 순간. 또는 여유(餘裕)가 조금도 없이 몹시 절박(切迫. 어떤 일이나 때가 가까이 닥쳐서 몹시 급함)한 위기의 순간을 비유적으로 이르는 말. 綿綿延延'에서, '綿'은 이어질 '면'으로 읽는다. '면면(綿綿)' 은 끊어지지 않고 죽 잇따라 있음. 또는 끊임없이 이어짐. '延'은 늘일 '연', 이을 '연'으로 읽는다. '綿綿延 延'을 직역(直譯)하면, 끊어지지 않고 (겨우) 이어오면서, 그럼에도 불구하고 유학(儒學)에서 중요시하고 있는 대경(大經)과 대법(大法)이 끊어지지 않고 죽 이어왔다는 것이다. '浸以微滅'에서, '浸'은 (물에) 잠길 '침'으로 읽고, '微'는 작을 '미'로 읽는다. 여기서는 '미약(微弱. 보잘것없음)하다'의 뜻이 강함. '滅'은 멸(滅)할 '멸'로 읽는다. 여기서는 '소멸(消滅. 사라져 없어짐)하다'의 뜻이 강함. '浸以微滅'을 직역(直譯) 하면, (이제는 점점) 미약(微弱)해지고 소멸(消滅)됨으로써 (물에) 잠길 (지경에 있습니다). 즉, 이제는 유학(儒學)의 대경(大經)과 대법(大法)이 사라질 처지에 놓여 있다는 말이다. '於是時也'에서, '於'는 어조 사 '어'로 읽는다. '~에', '~에서(접속)'의 뜻을 나타냄. '是'는 이(지시하는 말) '시'로 읽는다. '於是'는 한문(漢文) 구(句)의 하나로. 이 때에. '時'는 때 '시'로 읽고, '也'는 어조사 '야'로 읽는다. '~이다(단정)'의 뜻을 나타냄. '於是時也'를 직역(直譯)하면, 이러한 때에 (이른 것)입니다. '而唱釋老於其間'에서, '而'는 말 이을 '이'로 읽는다. '그리고'의 뜻을 나타냄. '唱'은 먼저 부를 '창'으로 읽는다. 여기서는 '제창(提唱. 어떤 일을 내세워 주장함)하다'의 뜻이 강함. 그런데 어떤 자료에는 광대(지난날 줄타기나 판소리, 가면 극 따위를 하던 사람을 통틀어 이르던 말. 이 말은 원래 순우리말인데, 요즘에는 한자를 빌려 '廣大'로 적기도 함. =배우·俳優) '倡'으로 되어 있다. 이것은 문맥상 맞지 않다. '釋'은 석가(釋迦) 석, 불교(佛敎) '석'으로 읽고, '老'는 여기서는 노자(老子) '로(노)'로 읽는다. 여기에서는 노자(老子)가 주장한 '도교(道 敎)'를 가리킴. '노자(老子)'는 중국 춘추전국시대(春秋戰國時代)의 사상가(思想家)이다. 초(楚)나라 사람 으로, 성(姓)은 이(李), 이름은 이(耳), 자(字. 본이름을 함부로 부르지 않던 시대에, 본이름 대신 부르던 이름)는 백양(伯陽)이다. 도가(道家)의 시조(始祖. 한 겨레나 가계·家系의 맨 처음이 되는 조상)로서, 상식적인 인의(仁義. 어짊과 의로움)와 도덕에 구애(拘碍. 거리끼거나 얽매임)되지 않고 만물(萬物. 온갖 물건 또는 세상에 있는 모든 것)의 근원인 도(道)를 좇아서 살 것을 역설(力說. 힘주어 말함. 또는 강하게 주장함)하고, 무위자연(無爲自然. 사람의 힘을 더하지 않은 그대로의 자연. 또는 그런 이상적인 경지)을 존중하였다. '其'는 그 '기'로 읽고, '間'은 사이 '간'으로 읽는다. '而倡釋老於其間'을 직역(直譯)하면, 그 사이에서 불교(佛敎)와 도교(道敎)를 제창(提唱)하여, 즉, 대경(大經)과 대법(大法)이 사라질 처지에 놓여 있는 그 틈새에 불교(佛敎)와 도교(道敎)를 제창한다는 뜻이다. '鼓天下之衆而從之'에서, '鼓'는 부추길 '고', 선동(煽動. 남을 부추겨 어떤 일이나 행동에 나서도록 함)할 '고'로 읽고, '天'은 하늘 '천'으로 읽고, '下'는 아래 '하'로 읽고, '之'는 어조사 '지'로 읽는다. '~의'를 나타내는 관형격 조사. '從'은 좇을 '종', 따를 '종'으로 읽고, '之'는 어조사 '지'로 읽는다. 여기서는 '그것'을 가리키는 지시 대명사. '불교(佛敎)'와 '도교(道敎)'를 가리킴. '鼓天下之衆而從之'를 직역(直譯)하면, 천하(天下)의 무리를 부추겨 그리고 그것 (불교·佛敎와 도교·道敎)을 따르게 (한다면), '嗚呼'에서, '嗚'는 슬플 '오', 탄식(嘆·歎息. 한탄하여 한숨 을 쉼)할 '오'로 읽고, '呼'는 슬플 '호'로 읽는다. '嗚呼'를 직역(直譯)하면, 슬프고 슬프도다. 이 말은 슬플 때나 탄식(嘆·歎息)할 때 내는 소리를 일컫는다. '其亦不仁甚矣'에서 '亦'은 또 '역', 또한 '역'으로 읽고, '不'은 아닐(부정하는 말) '불'로 읽고, '仁'은 어질 '인'으로 읽는다. '불인(不仁)'은 어질지 못함. '甚'은 심할 '심'으로 읽고, '矣'는 어조사 '의'로 읽는다. '~이다(단정)'의 뜻을 나타냄. '其亦不仁甚矣'를 직역(直譯)하면, 그 또한 어질지 못함이 심한 (것)입니다. 즉, 한유(韓愈)의 입장에서는 성인(聖人)의 '대경(大經)'과 '대법(大法)' 즉, 유교(儒敎)가 사라질 위기에 있다고 하더라도 이것을 따르지 않고 불교(佛敎)와 도교(道敎)를 따른다는 것은 어질지 못한 행위라는 것이다.

백과-사전(百科事典 일백 **백**/조목 **과**/일 **사**/책 **전**) 일백(一百) (가지의) 조목(條目)으로 (구성된), 일에 (관한) 책이라는 뜻으로, 학문, 예술을 비롯한 모든 분야에 걸친 사항을 사전(事典) 형식으로 분류 배열하여 해석해 놓은 책. 즉, 학문, 예술, 문화, 사회, 경제 따위의 과학과 자연 및 인간의 활동에 관련된 모든 지식을 압축하여 부문별, 또는 자모순(字母順. 자음과 모음의 배열 순서를 이르는 말. ㄱ, ㄴ 순·順, 알파벳순·alphabet順 따위도 있음)으로 배열하여 풀이한 책을 이르는 말. =백과사서(百科辭書). 백과사휘(百科事彙). 백과전서(百科全書). *백과(百科): 많은 학과(學科). 또는 학문의 모든 분과(分科). *사전(事典): 여러 가지 사항을 모아 일정한 순서로 배열하여 설명, 해설한 책. *조목(條目): 정해 놓은 법률이나 규정 따위의, 낱낱의 조항이나 항목.

백과-전서(百科全書 일백 **백**/조목 **과**/모두 **전**/책 **서**) 일백(一百) (가지의) 조목(條目)을 모두 (다룬) 책이라는 뜻으로, ①학문, 예술을 비롯한 모든 분야에 걸친 사항을 사전(事典) 형식으로 분류 배열하여 해석해 놓은 책. 즉, 학문, 예술, 문화, 사회, 경제 따위의 과학과, 자연 및 인간의 활동에 관련된 모든 지식을 압축하여 부문별 또는 자모순(字母順. 자음과 모음의 배열 순서를 이르는 말. ㄱ, ㄴ 순·順, 알파벳순·alphabet順 따위도 있음)으로 배열하고 풀이한 책을 이르는 말. =백과사서(百科辭書). 백과사전(百科事典). 백과사휘(百科事彙). ②지식의 각 분야를 일정한 체계 아래 한데 모아 부문별로 해설한 총서(叢書. 같은 제목이나 형식 체재를 통일하여 편집, 간행한 여러 권의 서적. 또는 갖가지의 책을 한데 모아 놓은 서적)를 이르는 말. *백과(百科): ☞백과사전(百科事典). *전서(全書): ①어떤 한 사람의 저작물(著作物. 사상 또는 감정을 창작하여 표현한 것으로, 문예, 학술, 미술, 음악 따위의 범위에 드는 것을 일컬음) 전부를 모아 한 질(帙. 여러 권으로 된 책의 한 벌을 세는 단위)로 만든 책. ②어떤 종류나 부문의 것을 전부 모아서 체계적으로 만든 책. *조목(條目): ☞백과사전(百科事典).

백관-유사(百官有司 일백 **백**/벼슬 **관**/있을 **유**/벼슬 **사**) 일백 (가지의) 벼슬과 유사(有司)라는 뜻으로, 조정(朝廷. 임금이 나라의 정치를 신하들과 의논하거나 집행하는 곳. 또는 그런 기구)의 많은 벼슬아치, 또는 모든 관리(官吏)를 이르는 말. *백관(百官): 모든 벼슬아치. *유사(有司): 어떤 단체의 사무를 맡아 보는 직무. 또는 그 사람.

백구-과-극(白駒過隙 흰 **백**/망아지 **구**/지날 **과**/틈 **극**) 흰 망아지가 틈(문틈)으로 지나간다는 뜻으로, 흰 망아지가 지나가는 것을 문틈으로 보듯이, 세월(歲月)이 빨리 지나가거나, 인생이나 세월이 덧없이 짧음을 비유적으로 이르는 말. *백구(白駒): 빛깔이 흰 망아지. *망아지: 부록 '구(駒)' 참고. 이 사자성어의 유래는 다음과 같다. 『장자(莊子)·외편(外篇)』의 「지북유(知北遊)」 편(篇)에, 〈사람이, 하늘과 땅 사이에 나서 산다는 것은, 마치 흰말이 문틈으로 지나가는 것처럼, 순간일 뿐입니다. 모든 사물들은 물이 솟듯 문득 생각나서, 물이 흐르듯 아득하게 사라져 가는 것입니다.(人生天地之間, **若白駒之過隙**, 忽然而已, 注然勃然, 莫不出焉, 油然漻然, 莫不入焉.)〉라는 이야기가 나오는데, '마치 흰말이 문틈으로 지나가는 것처럼,(若白駒之過隙)'에서, '백구과극(白駒過隙)'이 유래했다. 참고로, 원문의 '人生天地之間'에서, '人'은 사람 '인'으로 읽고, '生'은 살 '생'으로 읽는다. '人生'을 직역(直譯)하면, 사람은 산다. '天'은 하늘 '천'으로 읽고, '地'는 땅 '지'로 읽고, '之'는 어조사 '지'로 읽는다. '~의'를 나타내는 관형격 조사. '間'은 사이 '간'으로 읽는다. '人生天地之間'을 직역(直譯)하면, 사람이 하늘과 땅의 사이에 (태어나서) 산다는 (것은). 여기서, '天地之間'이 유래하였는데, 이것을 직역(直譯)하면, 하늘과 땅의 사이라는 뜻으로, 이 세상(世上) 을 이르는 말. '若白駒之過隙'에서, '若'은 같을 '약'으로 읽고, '白'은 흰 '백'으로 읽고, '駒'는 망아지(말의 새끼) '구'로 읽고, '之'는 어조사 '지'로 읽는다. 여기서는 '~이', '~가(주격 조사)'의 뜻을 나타냄. '過'는 지날 '과'로 읽고, '隙'은 틈(벌어져 사이가 난 자리) '극'으로 읽는다. '若白駒之過隙'을 직역(直譯)하면, 흰 망아지가 틈(문틈)으로 지나가는 것과 같이, 여기서, '白駒過隙'이 유래하였는데, 이것을 직역(直譯)하 면, 흰 망아지가 틈(문틈)으로 지나간다는 뜻으로, 흰 망아지가 지나가는 것을 문틈으로 보듯이, 세월(歲 月)이 빨리 지나가거나, 인생이나 세월이 덧없이 짧음을 비유적으로 이르는 말. '忽然而已'에서, '忽'은 문득 '홀', 갑자기 '홀'로 읽고, '然'은 그러할 '연'으로 읽고, '而'는 어조사 '이'로 읽는다. '그리고'의 뜻을 나타냄. '已'는 이미(돌이킬 수 없이 된 지난 일을 일컬을 때 쓰는 말) '이'로 읽는다. '而已'는 한문(漢文) 구(句)의 하나로, '오직 ~일 뿐', '오직 ~에 지나지 않는다.' '忽然而已'를 직역(直譯)하면, 오직 갑자기 그렇게 (지나갈) 뿐입니다. '注然勃然'에서, '注'는 물 댈 '주'로 읽고, '勃'은 우쩍(갑자기 힘을 쓰거나, 기세나 기운 따위가 갑자기 늘거나 줄어드는 모양) 일어날 '발'로 읽는다. 여기서, '기운'은 순우리말로, 생물이 살아 움직이는 원기(元氣). 또는 거기서 나오는 힘. '注然勃然'을 직역(直譯)하면, (모든 사물들은) 물댈 듯이 그렇게 우쩍 일어나서, '莫不出焉'에서, '莫'은 아닐(부정하는 말) '막'으로 읽고, '不'은 아닐(부정 하는 말) '불'로 읽는다. '莫不'은 부정(否定)과 부정(否定)이 겹친 이중부정(二重否定)으로, 내용적으로는 강한 긍정(肯定)이다. '出'은 날 '출', 나갈 '출'로 읽고, '焉'은 어조사 '언'으로 읽는다. '~이다(단정)'의 뜻을 나타냄. '莫不出焉'을 직역(直譯)하면, 밖으로 나가지 않는 것이 아니고, 즉, 다 (순식간에) 밖으로 나간다는 것이다. '油然澟然'에서, '油'는 성(盛)하게 일어나는 모양 '유'로 읽고, '澟'는 맑고 깊을 '료(요)'로 읽고, 맑고 깊은 '류(유)'로도 읽는다. '油然澟然'을 직역(直譯)하면, (물이) 맑고 깊은 곳에 그렇게 성(盛)하 게 일어난다. '莫不入焉'에서, '入'은 들 '입', 들일 '입'으로 읽는다. '莫不入焉'을 직역(直譯)하면, (안으로) 들어가지 않는 것이 없습니다. 즉, 다 (순식간에) (안으로) 들어가듯이 (사라진다)는 말이다. 그런데 이 외에 『사기(史記)』의 「유후세가(留侯世家)」 편(篇)에, 〈인생의 한 세상은 마치 흰말이 달려가는 것을 문틈으로 보는 것처럼 순식간이다. 어찌 스스로 괴로워하는 데 이르는 것이 이와 같은가?(人生一世間, 如白駒過隙, 何至自苦如此乎.)〉라는 구절이 나오는데, '마치 흰말이 달려가는 것을 문틈으로 보는 것처럼 순식간이다.(如白駒過隙)'에서, '백구과극(白駒過隙)'이 유래했다. 참고로, 원문의 '人生一世間'에서, '人'은 사람 '인'으로 읽고, '生'은 살 '생'으로 읽는다. '人生'을 직역(直譯)하면, 사람은 산다. '一'은 한 '일'로 읽고, '世'는 세상 '세'로 읽고, '間'은 사이 '간'으로 읽는다. '世間'은 사람들이 살아가는 곳. =세상(世上). '人生一世間'을 직역(直譯)하면, 사람이 한 세상 사이에 (태어나서) 산다는 (것은), '如白駒過隙'에서, '如'는 같을 '여'로 읽고, '白'은 흰 '백'으로 읽고, '駒'는 망아지 '구'로 읽고, '過'는 지날 '과'로 읽고, '隙'은 틈 '극'으로 읽는다. '如白駒過隙'를 직역(直譯)하면, 흰 망아지가 틈(문틈)으로 지나가는 것과 같은데, 여기 서, '白駒過隙'이 유래하였는데, 이것을 직역(直譯)하면, 흰 망아지가 틈(문틈)으로 지나간다는 뜻으로,

흰 망아지가 지나가는 것을 문틈으로 보듯이, 세월(歲月)이 빨리 지나가거나, 인생이나 세월이 덧없이 짧음을 비유적으로 이르는 말. '何至自苦如此乎'에서, '何'는 어찌(의문 부사) '하'로 읽고, '至'는 이를(어떤 정도나 범위에 미칠) '지'로 읽고, '自'는 스스로 '자'로 읽고, '苦'는 괴로울 '고'로 읽고, '如'는 같을 '여'로 읽고, '此'는 이(지시하는 말) '차'로 읽고, '乎'는 어조사 '호'로 읽는다. '~는가?', '~인가?(의문)'의 뜻을 나타냄. '何至自苦如此乎'를 직역(直譯)하면, 어찌 스스로 괴로워함에 이르는 (것이) 이와 같은가? 즉, 어찌하여 이처럼 스스로 고통스럽게 지내십니까? 이 말의 배경은 이렇다. 한(漢)나라 고조(高祖)인 유방(劉邦)의 황후(皇后. 황제가 정식으로 혼인하여 맞은 아내)인 여후(呂后)가 유방(劉邦)이 죽은 직후 유방(劉邦)의 책사(策士. 꾀를 써서 일이 잘 이루어지게 하는 사람. 또는 남을 도와 꾀를 내는 사람)인 장량(張良)에게 한 말이다. 당시(當時. 일이 있었던 바로 그때. 또는 이야기하고 있는 그 시기) 장량(張良)은 곡식을 끊고 지냈는데, 여후(呂后)가 장량(張良)의 은덕(恩德. 은혜와 덕. 또는 은혜로운 덕)에 감격하여 억지로 음식을 먹게 하면서 '인간 세상사라는 것은 흰 말이 문틈을 지나가는 것과 같은데, (음식도 먹지 않고) 이렇게 사서 고생을 하십니까?'라고 말한 것이다. 장량(張良)은 여후(呂后)의 이 한마디 말을 듣고 하는 수없이, 여후(呂后)의 명령에 따라 음식을 먹었다고 한다.

백귀-야행(百鬼夜行 일백 **백**/귀신 **귀**/밤 **야**/다닐 **행**) 일백(一百) (가지의) 귀신(온갖 잡귀)이 밤에 다닌다. 즉, 도깨비가 밤에 싸다닌다는 뜻으로, 괴상(怪狀. 보통과 달리 괴이하고 이상함)한 꼴을 하고, 해괴(駭怪. 매우 괴상함)한 짓을 하는, 아주 흉악한 무리가 웅성거리며 돌아다님을 이르는 말. *백귀(百鬼): 온갖 귀신. *야행(夜行): ①밤에 길을 감. ②밤에 나다니거나 활동함.

백난-지-중(百難之中 일백 **백**/어려울 **난**/어조사 **지**/가운데 **중**) 일백(온갖) 어려움의 가운데라는 뜻으로, 온갖 괴로움과 어려움을 겪는 가운데를 이르는 말. *백난(百難): 온갖 고난.

백년-가약(百年佳約 일백 **백**/해 **년**/아름다울 **가**/약속할 **약**) 일백(一百) 해(평생)의 아름다운 약속(約束)이라는 뜻으로, 젊은 남녀가 부부가 되어 평생을 같이 지낼 것을 굳게 다짐하는 아름다운 언약(言約. 말로 약속함. 또는 그 약속)을 이르는 말. 즉, 한평생 같이 살 것을 약속한다는 말이다. =백년가기(百年佳期). 백년언약(百年言約). 백년지약(百年之約). *백년(百年): ①오랜 세월. 또는 많은 해. ②한평생. *가약(佳約): ①좋은 언약. ②가인(佳人. 사랑의 대상자인 이성·異性을 이르는 말)과 만날 약속. ③부부가 되기로 한 약속.

백년-교-객(百年驕客 일백 **백**/해 **년**/교만할 **교**/손님 **객**) 일백(一百) 해[年]의 교만(驕慢)한 손님. 즉, 한평생을 두고 교만(驕慢)한 듯 보여 늘 어려운 손님으로 맞이한다는 뜻으로, 사위(순우리말로, 딸의 남편을 일컫는 말)를 이르는 말. =백년지객(百年之客). *백년(百年): ☞백년가약(百年佳約). *교만하다(驕慢~): 부록 '교(驕)' 참고.

백년-대계(百年大計 일백 **백**/해 **년**/클 **대**/셈할 **계**) 일백(一百) 해[年]의 큰 셈(계획)이라는 뜻으로, 먼 앞날까지 미리 내다보고 세우는, 크고 중요한 계획(計劃)을 이르는 말. *백년(百年): ☞백년가약(百年佳約). *대계(大計): 큰 계획(計劃). *셈하다: 부록 '계(計)' 참고.

백년-지-객(百年之客 일백 **백**/해 **년**/어조사 **지**/손님 **객**) 일백(一百) 해[年]의 손님. 즉, 한평생을 두고 늘 어려운 손님으로 맞이한다는 뜻으로, 처가(妻家)에서 사위(순우리말로, 딸의 남편을 일컫는 말)를 이르는 말. =백년교객(百年驕客). *백년(百年): ☞백년가약(百年佳約).

백년-지-계(百年之計 일백 **백**/해 **년**/어조사 **지**/셈할 **계**) 일백(一百) 해[年]의 셈(계획)이라는 뜻으로, 먼 앞날까지 미리 내다보고 세우는 계획(計劃)을 이르는 말. 囲 백년대계(百年大計). *백년(百年): ☞백년가약(百年佳約). *셈하다: 부록 '계(計)' 참고.

백년-하청(百年河淸 일백 **백**/해 **년**/물 **하**/맑을 **청**) 물이 맑으려면 일백(一百) 해[年]가 걸린다. 즉, 중국의 황허 강[黃河江]이 늘 흐려 맑을 때가 없다는 뜻으로, 아무리 오랜 시일(時日)이 지나도 어떤 일이 이루어지기 어려움을 비유적으로 이르는 말. 즉, 세월이 흘러도 문제가 해결될 가망이 없음. 또는 오랫동안 기다려도 바라는 것이 이루어질 수 없음을 이르는 말. 囲 하청난사(河淸難俟). *백년(百年): ☞백년가약(百年佳約). *하청(河淸): 항상 흐려 있는 황하(黃河. <u>중국 문명의 요람이자, 중국에서 두 번째로 큰 강</u>)의 물이 맑아진다는 뜻으로, 기대할 수 없는 일을 비유적으로 이르는 말. 이 사자성어의 유래는 다음과 같다. 『좌전(左傳)』의 「양공(襄公) 8년」 편(篇)에 〈(이때 화친을 주장하던) 자사(子駟)가 말했다. "주시(周詩. 주·周나라의 시(詩)에 이런 말이 있습니다. '황하(黃河)의 물이 맑기를 기다리지만, 사람 수명은 얼마나 되는가? 이렇게 저렇게 점을 치지만, 그물에 얽힌 듯 갈피를 잡지 못하네.' 우선 초(楚)나라와 강화(講和. 서로 전쟁 상태에 있던 나라가 전투를 중지하고, 조약을 맺어 평화로운 상태로 되돌아가는 일)를 해서 백성들을 위험에서 구하고, 그 다음에 진(晉)나라가 오면 따르는 것이 좋을 것입니다."(子駟曰, 周詩有之曰, **俟河之淸**, 人壽幾何, 兆云詢多, 職競作羅, 姑從楚, 以紓吾民, 晉師至, 吾又從之.)〉라는 이야기가 나오는데, '황하(黃河)의 물이 맑기를 기다리지만,(俟河之淸)'에서, '백년하청(百年河淸)'이 유래했다. 자사(子駟)가 황하(黃河)가 맑아지기를 기다린다는 구절을 인용한 것은 진(晉)나라의 원병(援兵. <u>싸움을 도와주는 군사</u>)을 기다리는 것은 황하(黃河)가 맑아지기를 기다리는 것처럼 불가능한 일이란 것을 비유적으로 설명한 것이다. 이 이야기의 배경은 이렇다. 소국(小國. <u>국력이 약하거나 국토가 작은 나라</u>)인 정(鄭)나라는 북방의 강국(强國)인 진(晉)나라와 남방의 강국(强國)인 초(楚)나라 등(等) 대국(大國)의 틈바구니에서 나름대로의 생존 전략(戰略. <u>전쟁을 전반적으로 이끌어가는 방법·方法이나 책략·策略을 이르는 말. 전술·戰術보다 상위의 개념이다</u>)을 펼치며 국가의 명맥을 유지하고 있었다. 그런데 주(周)나라 영왕(靈王) 7년(<u>기원전 565년</u>), 정(鄭)나라는 초(楚)나라의 속국(屬國. <u>법적으로는 독립국이지만, 실제로는 정치나 경제, 군사 면에서 다른 나라에 지배되고 있는 나라를 일컬음</u>)인 채(蔡)나라를 침공하여 공자(公子. <u>지체 높은 집안의 젊은 자제</u>)인 섭(燮)을 포로로 잡아가면서 화(禍)를 자초(自招. <u>어떤 결과를 자기 스스로 불러들임</u>)하고 말았다. 여기서, '지체'는 순우리말로, 대대로 이어 내려오는 사회적 신분이나 지위를 일컬음. 초(楚)나라는 이를 자국(自國. <u>자기 나라</u>)에 대한 도전(挑戰. <u>싸움을 걺</u>)으로 간주하여 자낭(子囊)에게 정(鄭)나라를 공격하라고 명했다. 정(鄭)나라에서는 경대부(卿大夫. <u>벼슬 이름</u>) 6명이 대책을 강구하기 위한 회의를 열었는데, 진(晉)나라에 원병(援兵. <u>전투에서 자기편을 도와주는 군대</u>)을 요청하자는 주장과 초(楚)나라와 강화(講和. <u>서로 전쟁 상태에 있던 나라가 전투를 중지하고, 조약을 맺어 평화로운 상태로 되돌아가는 일</u>)하자는 주장이 반반으로 나뉘어 팽팽하게 맞섰다. 이때 화친(和親. <u>나라와 나라가 우호적으로 지냄. 또는 그러한 관계</u>)을 주장하는 자사(子駟)가 주시(周詩. <u>주나라의 시·詩</u>)를 예(例)를 들어 위와 같이 말했던 것이다. 결국 정(鄭)나라는 자사(子駟)의 말에 따라 초(楚)나라와 화친(和親)하여 위기를 모면(謀免. <u>어떤 일이나 책임을 꾀를 쓰거나 운이 좋아서 벗어남</u>)했다. 참고로, 원문의 '子駟曰'에서, '子'는 아들 '자'로 읽고, '駟'는 사마(駟馬. <u>한 채의 수레를 끄는 네 필의 말</u>) '사'로 읽는다. '子駟'는 사람 이름. '子駟曰'을 직역(直譯)하면, 자사(子駟)가 말하기를, '周詩有之曰'에서, '周'는
나라 이름 '주'로 읽고, '詩'는 시(詩) '시'로 읽고, '有'는 있을 '유'로 읽고, '之'는 어조사 '지'로 읽는다.
'그것'을 나타내는 지시 대명사. '曰'은 여기서는 일컬을 '왈'로 읽는다. '周詩有之曰'을 직역(直譯)하면,
주(周)나라 시(詩)에 그것에 (대한) 일컬음이 있습니다. '俟河之淸'에서, '俟'는 기다릴 '사'로 읽고, '河'는
물 '하'로 읽는다. 여기서는 중국의 '황하(黃河)'를 가리킴. '之'는 어조사 '지'로 읽는다. 여기서는 '~의'를
나타내는 관형격 조사. '淸'은 맑을 '청'으로 읽는다. '俟河之淸'을 직역(直譯)하면, 황하(黃河)의 (물이)
맑기를 기다리거나, 여기서, '百年河淸'이 유래하였는데, 이것을 직역(直譯)하면, 물이 맑으려면 일백(一
百) 해[年]가 걸린다. 즉, 중국의 황허 강[黃河江]이 늘 흐려 맑을 때가 없다는 뜻으로, 아무리 오랜
시일(時日)이 지나도 어떤 일이 이루어지기 어려움을 비유적으로 이르는 말. 즉, 세월이 흘러도 문제가
해결될 가망이 없음. 또는 오랫동안 기다려도 바라는 것이 이루어질 수 없음을 이르는 말. '人壽幾何'에서,
'人'은 사람 '인'으로 읽고, '壽'는 목숨 '수', 수명(壽命. <u>생물이 살아 있는 연한</u>) '수'로 읽는다. '人壽'는
사람의 수명(壽命). '幾'는 몇 '기', 얼마 '기'로 읽고, '何'는 어찌(<u>의문 부사</u>) '하'로 읽는다. '幾何'는 '얼마'와
같은 말. 잘 모르는 수량이나 정도. '人壽幾何'를 직역(直譯)하면, 사람의 수명(壽命)은 얼마인가? '兆云詢
多'에서, '兆'는 여기서는 점칠(占~) '조'로 읽고, '云'은 말할 '운', 일컬을 '운'으로 읽고, '詢'은 물을 '순',
상의(相議. <u>어떤 일을 서로 의논함</u>)할 '순'으로 읽고, '多'는 많을 '다'로 읽는다. '兆云詢多'를 직역(直譯)하
면, 점(占)을 치며 말하거나 많은 상의(相議)를 하면, 즉, 이렇게 저렇게 점(占)을 치며 말을 한다는
뜻이다. '職競作羅'에서, '職'은 일 '직', 사업(事業) '직'으로 읽고, '競'은 다툴 '경', 겨룰(<u>서로 버티어 승부를</u>
<u>다툼</u>) '경'으로 읽고, '作'은 지을 '작', 만들 '작'으로 읽고, '羅'는 그물(<u>물고기나 새를 잡기 위하여 실이나</u>
<u>노끈 따위로 여러 코의 구멍이 나게 얽은 물건</u>) '라(나)'로 읽는다. '作羅'를 직역(直譯)하면, 그물을 만듦.
'職競作羅'를 직역(直譯)하면, 그 일은 (마치) 그물을 만드는 것을 (가지고) 다투듯 한다. '姑從楚'에서,
'姑'는 잠깐 '고'로 읽고, '從'은 좇을 '종', 따를 '종'으로 읽고, '楚'는 초(楚)나라 '초'로 읽는다. '姑從楚'를
직역(直譯)하면, 잠깐 초(楚)나라를 따르고, '以紓吾民'에서, '以'는 써(<u>그것을 가지고, 그것으로 인하여</u>)
'이'로 읽고, '紓'는 화해(和解. <u>싸움하던 것을 멈추고 서로 가지고 있던 안 좋은 감정을 풀어 없앰</u>)할
'서'로 읽고, '吾'는 나(<u>1인칭 대명사</u>) '오'로 읽고, '民'은 백성 '민'으로 읽는다. '以紓吾民'을 직역(直譯)하면,
그것으로써 화해(和解)하여 나(<u>우리</u>)의 백성을 (위험에서 구하고), '晉師至'에서, '晉'은 나라 이름 '진'으로
읽고, '師'는 군사(軍士) '사', 군대(軍隊) '사'로 읽고, '至'는 이를(<u>어떤 곳에 닿음, 도착함</u>) '지'로 읽는다.
'晉師至'를 직역(直譯)하면, 진(晉)나라 군사가 이르면(<u>도착하면</u>), '吾又從之'에서, '又'는 또 '우', 또한 '우'
로 읽고, '從'은 좇을 '종'으로 읽고, '之'는 어조사 '지'로 읽는다. '그것'을 나타내는 지시 대명사. '吾又從之'
를 직역(直譯)하면, 나(<u>우리</u>) 또한 그것을 좇는(<u>따르는</u>) 것이 (좋을 것입니다).

백년-해락(百年偕樂 일백 **백**/해 년/함께 **해**/즐거울 **락**) 일백(一百) 해[年]를 함께 즐겁게 (지낸다는) 뜻으
로, 부부(夫婦)가 되어 한평생을 같이 즐겁게 지냄을 이르는 말. 비 백년동락(百年同樂). 백년해로(百年
偕老). 참 해로동혈(偕老同穴). *백년(百年): ☞백년가약(百年佳約). *해락(偕樂): 여럿이 함께 즐김.

백년-해로(百年偕老 일백 **백**/해 년/함께 **해**/늙을 **로**) 일백(一百) 해[年]를 함께 늙는다는 뜻으로, 부부(夫
婦)가 되어 한평생을 사이좋게 지내고 즐겁게 함께 늙음을 이르는 말. 비 백년동락(百年同樂). 백년해락
(百年偕樂). 참 해로동혈(偕老同穴). *백년(百年): ☞백년가약(百年佳約). *해로(偕老): 부부가 한평생 같

이 지내고 늙음. 《관련 속담》 검은 머리 파뿌리 되도록(될 때까지). 이 사자성어의 유래는 다음과 같다. 『시경(詩經)·국풍(國風)·패풍(邶風)』의 「격고(擊鼓)」편(篇)에 〈돌아갈 기약 없기에 / 근심스런 마음 그지없네. / 아, 이곳에 머무는 몸은 / 말[馬]마저 잃었으니 (답답한 마음) / 어디 가 찾으랴. (눈을 두리번거리네). / 숲 아래를 (헤매네). / 죽거나 살거나 함께 고생하자던 / 그대와 굳고 굳은 언약이었네. / 그대의 고운 손을 힘주어 잡고서 / 그대와 함께 늙어가자고.(不我以歸, 憂心有忡, 爰居爰處, 爰喪其馬, 於以求之, 於林之下, 死生契闊, 與子成說, 執子之手, 與子偕老)〉라는 이야기가 나오는데, '그대와 함께 늙어가자고.(與子偕老)'에서, '백년해로(百年偕老)'가 유래했다. 이 시(詩)는, 전쟁에 나간 군인이 고향에 돌아갈 기약(期約. 때를 정하여 약속함. 또는 그런 약속)도 없는 마당에 말[馬]까지 죽고 없어지자, 고향에 있는 연인(戀人. 서로 연애하는 관계에 있는 두 사람. 또는 몹시 그리며 사랑하는 사람)을 그리워하며 부른 노래다. 참고로, 원문의 '不我以歸'에서, '不'은, 여기서는 없을 '불'로 읽고, '我'는 나(1인칭 대명사) '아'로 읽고, '以'는 써(그것을 가지고, 그것으로 인하여) '이'로 읽고, '歸'는 돌아갈 '귀'로 읽는다. '不我以歸'를 직역(直譯)하면, 나에게는 그것('전쟁·戰爭'을 가리킴)으로 인하여 돌아갈 (기약이) 없기에, '憂心有忡'에서, '憂'는 근심 '우', 걱정 '우'로 읽고, '心'은 마음 '심'으로 읽고, '有'는 있을 '유'로 읽고, '忡'은 근심할 '충'으로 읽는다. '憂心有忡'을 직역(直譯)하면, 근심하는 마음에다 근심함이 (더하여) 있네. 즉, 근심이 끝없이 이어져 있다는 뜻이다. '爰居爰處'에서, '爰'은 바꿀 '원'으로 읽고, '居'는 살 '거'로 읽고, '處'는 곳 '처'로 읽는다. '爰居爰處'를 직역(直譯)하면, 사는 (곳을) 바꾸고, (생활하는) 곳을 바꾼다는 뜻으로, 여기저기 옮겨 삶을 이르는 말. '爰喪其馬'에서, '喪'은 잃을 '상'으로 읽고, '其'는 그(지시하는 말) '기'로 읽고, '馬'는 말 '마'로 읽는다. '爰喪其馬'를 직역(直譯)하면, (거처를) 바꾸다 보니 그 말[馬]까지 잃었는데, '於以求之'에서, '於'는 어조사 '어'로 읽는다. '~에', '~에서(장소)'를 나타냄. '求'는 구할 '구'로 읽고, '之'는 어조사 '지'로 읽는다. '그것'을 나타내는 지시 대명사. '於以求之'를 직역(直譯)하면 (어디)에 (가서) 그것('말[馬]'을 가리킴)으로 인하여 그것('말[馬]'을 가리킴)을 구하겠는가? '於林之下'에서, '林'은 수풀 '림(임)'으로 읽고, '之'는 어조사 '지'로 읽는다. 여기서는 '~의'를 나타내는 관형격 조사. '下'는 아래 '하'로 읽는다. '於林之下'를 직역(直譯)하면, 숲의 아래에서 (그것을 구하려고 하네). '死生契闊'에서, '死'는 죽을 '사'로 읽고, '生'은 살 '생'으로 읽고, '契'는 맺을 '계'로 읽고, '闊'은 넓을 '활'로 읽는다. '死生契闊'을 직역(直譯)하면, 죽고 사는 (것을) 넓게 맺는다는 뜻으로, 죽고 사는 것을 같이하기로 약속하고 동고동락(同苦同樂. 본문 참고)함을 이르는 말. '與子成說'에서, '與'는 더불어 '여'로 읽고, '子'는 당신 '자', 자네 '자'로 읽고, '成'은 이룰 '성'으로 읽고, '說'은 말씀 '설'로 읽는다. 여기서는 '굳은 언약'의 뜻이 강함. '與子成說'을 직역(直譯)하면, 당신과 더불어 말씀(굳은 언약)을 이루었다. 즉, 당신과 굳은 언약(言約)을 했다는 뜻이다. '執子之手'에서, '執'은 잡을 '집'으로 읽고, '手'는 손 '수'로 읽는다. '執子之手'를 직역(直譯)하면 당신의 손을 (힘 있게) 잡고, '與子偕老'에서, '偕'는 함께 '해'로 읽고, '老'는 늙을 '로(노)'로 읽는다. '與子偕老'를 직역하면, 당신과 더불어 함께 늙어가자고. 여기서, '百年偕老'가 유래하였는데, 이것을 직역(直譯)하면, 일백(一百) 해[年]를 함께 늙는다는 뜻으로, 부부(夫婦)가 되어 한평생을 사이좋게 지내고 즐겁게 함께 늙음을 이르는 말.

백년-행락(百年行樂 일백 **백**/해 **년**/행할 **행**/즐길 **락**) 일백(一百) 해[年] (동안) 행(行)하고(놀고) 즐긴다는 뜻으로, 한평생 잘 놀고 즐겁게 지냄을 이르는 말. *백년(百年): ☞ 백년가약(百年佳約). *행락(行樂):

재미있게 놀고 즐겁게 지냄. *행하다(行~): (작정한 대로) 하여 나가다.

백대-지-친(百代之親 일백 **백**/대 **대**/어조사 **지**/친할 **친**) 일백(一百) 대(代)부터 친(親)하다는 뜻으로, 여러 대(代)에 걸쳐, 또는 먼 조상 때부터 가까이 지내 온 집안 사이의 친분(親分. 사귀어서 아주 가깝고 정이 두터운 정도)을 이르는 말. *백대(百代): 오랜 세월.

백두-여신(白頭如新 흰 **백**/머리 **두**/같을 **여**/새 **신**) 흰 머리가 (될 때까지 사귀어도 마음을 알지 못하면) 새로 (사귄 것이나) 같다는 뜻으로, ①머리가 희어질 때까지 교제(交際. 서로 사귀어 가까이 지냄)하더라도 마음이 안 통(通)하면 새로 사귀기 시작한 사람과 마찬가지라는 뜻이다. ②오랫동안 사귀어 온 사이지만 서로 간의 정(情)이 두텁지 못함을 비유적으로 이르는 말. *백두(白頭): =백수(白首). 즉, 허옇게 센 머리. *여신(如新): 새로운 것과 같음. 이 사자성어의 유래는 다음과 같다. 『사기(史記)』의 「노중련추양열전(魯仲連鄒陽列傳)」 편(篇)에 [전한(前漢) 초기 사람인 추양(鄒陽)은 양(梁)나라에 (놀러가서 참언을 받아) 억울하게 죄를 뒤집어쓰고 사형(死刑) 선고(宣告)를 받았는데, 옥중(獄中)에서 양(梁)나라의 왕에게 (억울함을 호소하는) 상서(上書)를 올렸다. 충성(忠誠. 진정에서 우러나오는 정성. 특히 임금이나 국가에 대한 것을 일컬음)은 보답을 받지 못함이 없고, 믿음은 의심을 받지 않는다고 들었습니다. 즉, 충성된 사람은 군주(君主. 세습적으로 나라를 다스리는 최고 지위에 있는 사람)에게 반드시 보답을 받고, 신실(信實)한 사람은 의심을 받지 않는다고 들었습니다. 그런데 다 그렇지 않습니다. 예를 들면, 옛날 형가(荊軻)는 연(燕)나라 태자(太子)인 단(丹)의 의협심(義俠心)을 존경했지만, 여기서, '의협심(義俠心)'은 자기를 희생(犧牲)하는 일이 있다 하더라도 불의(不義. 사람의 도리에서 벗어나는 일)의 강자(强者)를 누르고, 정의(正義. 사람으로서 지켜야 할 바른 도리)의 약자(弱者)를 도우려 하는 의로운 마음을 일컫는다. 흰 무지개('형가·荊軻의 칼'을 가리킴)가 태양('군주·君主'를 가리킴)을 뚫고 침범하자(군주·君主가 해를 입는 것을 말함) 태자가 (형가·荊軻를) 두려워했습니다. 즉, 연(燕)나라 태자(太子)인 단(丹)은 오히려 형가(荊軻)를 의심했다는 뜻이다. …… 지금 신(臣. 신하가 임금에 대하여 자기를 일컫던 말)은 충성(忠誠. 진정에서 우러나오는 정성. 특히 임금이나 국가에 대한 것을 일컬음)을 다하고 정성을 다해 대왕(大王)께서 알아주시기를 바랐으나, 대왕(大王)의 좌우(左右)가 밝지 못해 오히려 옥리(獄吏. 감옥에서 죄수를 감시하던 벼슬아치)에게 심문을 당하고 세상의 의심을 받게 되어 버렸습니다. …… 옛날 변화(卞和. 사람 이름)는 보옥(寶玉. 보배로운 구슬)의 원석(原石. 파낸 그대로의 광석. 또는 가공하기 전의 보석)을 초왕(楚王. 초나라의 왕)에게 바쳤지만, 초왕(楚王)은 오히려 변화(卞和)를 월형(刖刑. 지난날, 범죄인의 발꿈치를 베던 형벌)에 처했으며(본문 '화씨지벽(和氏之璧)' 참고), 이사(李斯. 사람 이름)는 충성(忠誠)을 다했지만 2세 황제(皇帝)인 호해(胡亥)는 그를 극형(極刑. 가장 무거운 형벌이라는 뜻으로, 사형을 일컫는 말)에 처했습니다. 즉, 위 예(例)의 주된 요지(要旨. 말이나 글의 중요한 뜻)는 사람이 사람을 아는 것이 쉽지 않다는 것이었다.]〈……속담에 '머리가 희어질 때까지 오랫동안 교제하더라도 마음이 안 통하면 새로 사귄 사람과 같고, 첫 만남이 마치 오랜 친구를 대하는 것과 같기도 하다.'고 했는데, 이는 왜입니까? 바로 아는 것과 알지 못하는 것의 차이 때문입니다.(諺曰, **有白頭如新**, 傾蓋如故, 何則, 知與不知也.)〉라는 이야기가 나오는데, '머리가 희어질 때까지 오랫동안 교제하더라도 마음이 안 통하면 새로 사귄 사람과 같고,(有白頭如新)'에서, '백두여신(白頭如新)'이 유래했다. 아무리 머리가 희어질 때까지 사귀더라도 서로를 알지 못하면 백두여신(白頭如新)일 뿐인 것이다. 추양(鄒陽)이 양(梁)

나라 왕에게 상서(上書)를 올린 이유는, 양(梁)나라 친구들과 사귀었지만, 그들 때문에 사형 선고를 받고 보니, 사람이 사람을 아는 것이 쉽지 않을 뿐만 아니라, 아무리 오래 사귀어도 서로를 알지 못하면 헛수고한 것과 마찬가지라는 것을 강조하기 위해서였다. 따라서 '백두여신(白頭如新)'은 사람과의 사귐에 대한 사자성어다. 우리는 살아가면서 수많은 인연을 쌓게 된다. 단 한 번을 만나도 믿음이 가는 사람이 있는가 하면, 아무리 오랜 세월 동안 만나도 정(情)이 가지 않는 사람이 있다. 추양(鄒陽)은 '아는 것과 알지 못하는 마음의 차이가 이를 결정한다.'고 했다. 우리는 각자의 살아온 삶을 하나로 엮을 것이 아니라, '백두여신(白頭如新)'을 이해하고 서로 인정하면서 받아들이는 지혜가 필요하다고 하겠다. 참고로, 원문의 '諺曰'에서, '諺'은 속담 '언'으로 읽는다. '諺曰'을 직역(直譯)하면, 속담에서 말하기를, '有白頭如新'에서. '有'는 있을 '유'로 읽고, '白'은 흰 '백'으로 읽고, '頭'는 머리 '두'로 읽고, '如'는 같을 '여'로 읽고, '新'은 새 '신'으로 읽는다. '有白頭如新'을 직역(直譯)하면, 흰 머리가 (될 때까지 사귀어 온 마음이) 있다 (하더라도) (그 마음을 알지 못하면) 새로 (사귄 것이나) 같다. 여기서, '白頭如新'이 유래하였는데, 이것을 직역(直譯)하면, 흰 머리가 (될 때까지 사귀어도 마음을 알지 못하면) 새로 (사귄 것이나) 같다는 뜻으로, ①머리가 희어질 때까지 교제(交際)하더라도 마음이 안 통(通)하면 새로 사귀기 시작한 사람과 마찬가지라는 뜻이다. ②오랫동안 사귀어 온 사이지만 서로 간의 정(情)이 두텁지 못함을 비유적으로 이르는 말. '傾蓋如故'에서, '傾'은 기울 '경', 기울어질 '경'으로 읽고, '蓋'는 덮을 '개'로 읽는다. '傾蓋'는 수레를 멈추고 덮개를 기울인다는 뜻으로, 우연히 한 번 보고 서로 친해짐을 이르는 말. 중국 춘추시대의 사상가이며 학자인 공자(孔子)가 길을 가다 정본(程本)을 만나 수레의 덮개를 젖히고 정답게 이야기를 나누었다는 데서 유래한다. '如'는 같을 '여'로 읽고, '故'는 옛 '고', 오래 될 '고'로 읽는다. '경개여고(傾蓋如故)'는 길을 가는 도중에 만나, 서로 수레의 덮개를 젖히고 정답게 잠깐 이야기를 나눌 정도로 서로 마음이 통하면, 길에서 처음 만나 인사하여도 오랜 친구와 같음. '何則'에서, '何'는 무슨 '하'로 읽고, '則'은 법칙(法則) '칙'으로 읽는다. '何則'을 직역(直譯)하면, 무슨 법칙(法則)인가? '知與不知也'에서, '知'는 알 '지'로 읽고, '與'는 어조사 '여'로 읽는다. '~와', '~과'의 뜻을 나타냄. '不'은 아닐(부정하는 말) '부'로 읽고, '也'는 어조사 '야'로 읽는다. '~이다(단정)'의 뜻을 나타냄. '知與不知也'를 직역(直譯)하면, 아는 것과 알지 아니함입니다. 즉, 아는 것과 모르는 것의 (차이)입니다.

백락-일고(伯樂一顧 맏 **백**/즐거울 **락**/한 **일**/돌아볼 **고**) (명마가) 백락(伯樂)을 (만나) (세상을) 한번 돌아본다는 뜻으로, 명마(名馬. 이름난 말. 또는 훌륭한 말)가 백락(伯樂)을 만나 세상(世上)에 알려지듯이, 재능(才能. 어떤 일을 하는데 필요한 재주와 능력) 있는 사람이 그 재능(才能)을 알아주는 사람을 만나 인정(認定)을 받는 것을 비유적으로 이르는 말. 여기서, '재주'는 순우리말로, 무엇을 잘할 수 있는, 타고난 능력과 슬기. 또는 자기의 재능(才能)을 알아주는 사람을 만나 대접을 잘 받음을 이르는 말. 집 일고지영(一顧之榮). *백락(伯樂): 원래, 별의 이름이다. 어떤 자료에는 전설에 나오는 천마(天馬. 옥황상제·玉皇上帝가 하늘에서 타고 다닌다는 말)를 주관하는 신선(神仙)이라고 주장하고 있다. 여기서 '신선(神仙)'은 도(道)를 닦아서 현실의 인간세계를 떠나 자연과 벗하며 산다는 상상의 사람을 일컫는 말. 세속적(世俗的. 세속의 범주를 벗어나지 못한 것)인 상식(常識)에 구애되지 않고, 고통이나 질병도 없으며 죽지 않는다고 함. 이 별은 하늘에서 말[馬]을 다스리는 일을 맡고 있기 때문에, 남의 말[馬]의 좋고 나쁨을 잘 아는 사람을 백락(伯樂)이라고 부르게 되었다. 여기서, 백락(伯樂)은 고유명사로, 주(周)나라 사람이며, 본명은 손양(孫陽)이다. 중국 춘추시대 손양(孫陽)이란 사람이 말[馬]을 잘 알아보았기 때문에, 세상 사람들은 그를 백락(伯樂)이라고 불렀다고 한다. 췀 일고지영(一顧之榮). *일고(一顧): ①잠깐 돌아봄. ②(관심을 두고) 조금 생각하여 봄. *말: 부록 '백(伯)' 참고. *돌아보다: 부록 '고(顧)' 참고. 이 사자성어의 유래는 다음과 같다. 『전국책(戰國策)』의 「연책(燕策)」 편(篇)에 [소대(蘇代)가 순우곤(淳于髡)에게 다음과 같은 말로 유세(遊說. 각처로 돌아다니며 자기의 의견이나 주장 따위를 설명함)했다.]〈어떤 사람이 백락(伯樂)을 만나 말했습니다. '제게 준마(駿馬)가 한 필(匹) 있는데, 이를 팔려고 시장에 내놓았지만, 사흘이 지나도 아무도 거들떠보지를 않습니다. 사례(謝禮. 언행이나 금품으로 고마운 뜻을 나타내는 인사)는 충분히 하겠으니, 제 말[馬]을 한 번 살펴 봐 주시기 바랍니다.' 백락(伯樂)이 가서 그 말[馬]의 주위를 돌면서 살피고, 가면서도 되돌아보자, 하루아침에 말[馬] 값이 열 배로 치솟았습니다."(人有告伯樂曰. 臣有駿馬欲賣. 連三旦立於市. 人莫與言. 願子一顧之. 請獻一朝之費. **伯樂乃環而視之. 去而顧之.** 一旦而馬價十倍.)〉라는 이야기가 나오는데, '백락(伯樂)이 가서 그 말[馬]의 주위를 돌면서 살피고, 가면서도 되돌아보자,(伯樂乃環而視之. 去而顧之)'에서, '백락일고(伯樂一顧)'가 유래했다. 당시(當時. 일이 있었던 바로 그때. 또는 이야기하고 있는 그 시기)의 말[馬]은 교통수단이기도 했지만, 무엇보다도 전쟁에서 중요한 무기(武器. 적을 치거나 막는 데 쓰이는 온갖 도구)의 하나였다. 그러니 좋은 말[馬]을 찾아내는 감정사(鑑定士)의 역할은 더 말할 나위 없이 소중하였다. 여기서, '감정사(鑑定士)'는 보석 따위에 대하여 진위(眞僞. 참과 거짓)나 가치(價値)를 감별(鑑別. 잘 살펴보고 값어치. 참과 거짓. 종류 따위를 판단하여 구별함)하고 평가하는 사람을 일컫는 말. 백락(伯樂)은 이때 감정사(鑑定士)의 역할을 한 것이다. 천리마(千里馬)는 백락(伯樂)이 있으므로 해서 존재하게 된 것이고, 현명한 인재(人材. 어떤 일을 할 수 있는 학식이나 능력을 갖춘 사람)는 현명한 군주(君主. 세습적으로 나라를 다스리는 최고 지위에 있는 사람)가 있으므로 해서 존재하게 되는 것이다. '가장 뛰어난 재능은 재능을 알아주는 재능'이라는 말이 있다. 천리마(千里馬)가 있어도 알아볼 수 있는 백락(伯樂)이 없다면, 하찮은 주인을 만나 천대받고 혹사(酷使. 혹독하게 일을 시킴)당하다가 결국에는 마구간에서 쓸쓸히 죽게 될 것이다. 따라서 우리 인생에 있어서도 자신의 참모습을 알아주는 누군가가 있다는 것은 삶의 큰 행운이 아닐 수 없다. 그런데 이 '백락일고(伯樂一顧)'를 소개하면서, 행운을 바라며 도움의 손길을 내미는 사람이 있었다. 바로 소대(蘇代)였다. 소대(蘇代)는 연(燕)나라 사람으로, '어부지리(漁父之利)'를 예로 들어, 조(趙)나라의 혜문왕(惠文王)을 설득시킨 인물이다. 본문 '어부지리(漁父之利)' 참고. 그리고 춘추전국시대(春秋戰國時代)에 합종론(合從·縱論)을 주장한 소진(蘇秦)의 동생으로도 유명하다, 그는 이번에는 연(燕)나라의 사신(使臣. 지난날. 나라의 명·命을 받아 외국에 파견되던 신하)으로 제(齊)나라에 갔다. 제(齊)나라 민왕(湣王)을 뵙기 전에 당시 제(齊)나라 왕의 신뢰를 받고 있는 순우곤(淳于髡)을 먼저 찾아 갔다. 그 곳에서 '백락일고(伯樂一顧)'를 예로 들어 순우곤(淳于髡)에게 백락(伯樂)과 같은 역할을 해 달라고 청했던 것이다. 다시 『전국책(戰國策)』의 「연책(燕策)」 편(篇)에 ["지금 제가(소대·蘇代가) 그 준마(駿馬)가 되어 제왕(齊王. 제나라의 왕) 앞에 나타났는데, 앞뒤에서 저를 살펴보아 줄 사람이 없습니다. (타국에 와 있으니 아무도 소대(蘇代. 사람 이름)를 알아주는 사람이 없다는 뜻이다.) 선생('순우곤·淳于髡'을 가리킴)께서 그 백락(伯樂)과 같은 역할을 해 주실 수 없겠습니까? 제가 성공하면 백벽(白璧. 희고 아름다운 구슬 이름) 한 쌍(雙)과 황금 1천 일(鎰. 무게 단위 '일'로 읽는다. 금화·金貨의 무게 단위. 20냥이나 24냥의

정도의 무게)을 바쳐 말먹이 값 정도를 사례(謝禮. 언행이나 선물 따위로 상대에게 고마운 뜻을 나타냄)
하겠습니다. 순우곤(淳于髡)이 말하였다. "삼가 명령하신 대로 하겠습니다." 그리고 먼저 들어가 왕을
만난 후 소대(蘇代)로 하여금 만나보게 하였다. 제왕(齊王)은 소대(蘇代)를 크게 기뻐하여 맞았다.]라는
이야기가 나온다. 결국 소대(蘇代)는 백락일고(伯樂一顧)를 유세(遊說)의 대상으로 삼은 것이 성공적이
었다. 참고로, 원문의 '人有告伯樂曰'에서, '人'은 사람 '인'으로 읽고, '有'는 있을 '유', 어떤 '유'로 읽고,
'告'는 알릴 '고'로 읽고, '伯'은 맏('맏이'의 뜻을 더하는 접두사) '백'으로 읽고, '樂'은 즐거울 '락(낙)'으로
읽는다. 여기서 '伯樂'은 사람 이름. '人有告伯樂曰'을 직역(直譯)하면, 어떤 사람이 백락(伯樂)을 (만나)
알리며 말하기를, '臣有駿馬欲賣'에서, '臣'은 신하(臣下) '신'으로 읽고, '駿'은 준마(駿馬. 빠르게 잘 달리
는 말) '준'으로 읽고, '馬'는 말 '마'로 읽고, '欲'은 하고자 할 '욕'으로 읽고, '賣'는 팔 '매'로 읽는다.
'臣有駿馬欲賣'를 직역(直譯)하면, 신(臣. 여기서는, 신하가 임금에 대하여 자기를 일컫는 말)은 준마(駿
馬)가 있는데, 팔고자 합니다. '連三旦立於市'에서, '連'은 이을 '련(연)'으로 읽고, '三'은 석 '삼'으로 읽고,
'旦'은 아침 '단'으로 읽는다. '連三旦'을 직역(直譯)하면, 연달아 세 번의 아침(3일). '立'은 설 '립(입)'으로
읽고, '於'는 어조사 '어'로 읽는다. '~에, ~에서(장소)'의 뜻을 나타냄. '市'는 저자('시장·市場'의 옛말)
'시'로 읽는다. '連三旦立於市'를 직역(直譯)하면, 연달아 세 번의 아침(3일)마다 저자(시장)에 서 있게
(하였지만), '人莫與言'에서, '莫'은 아닐(부정하는 말) '막'으로 읽고, '與'는 더불어 '여'로 읽고, '言'은
말씀 '언'으로 읽는다. '人莫與言'을 직역(直譯)하면, (말에 대해서) 사람들이 더불어 말을 하지 않았습니
다. '願子一顧之'에서, '願'은 원할 '원'으로 읽고, '子'는 당신 '자', 자네 '자'로 읽고, '一'은 한 '일'로 읽고,
'顧'는 돌아볼 '고'로 읽고, '之'는 어조사 '지'로 읽는다. '그것'을 나타내는 지시 대명사. 여기서는 '준마(駿
馬)'를 가리킴. '願子一顧之'를 직역(直譯)하면, 당신이 한번 그것(준마)을 돌아보기를 원합니다. '請獻一
朝之費'에서, '請'은 청할 '청'으로 읽고, '獻'은 드릴 '헌'으로 읽고, '朝'는 아침 '조'로 읽는다. '一朝'는
하루아침. '之'는 어조사 '지'로 읽는다. 여기서는 '~의'를 나타내는 관형격 조사. '費'는 비용(費用. 무엇
을 사거나 어떤 일을 하는 데 드는 돈) '비'로 읽는다. '請獻一朝之費'를 직역(直譯)하면, 청(請)하면 하루
아침의 비용(費用)을 드리겠습니다. 즉, 요청(要請)하면 사례(謝禮)는 충분히 드리겠다는 말이다. '伯樂乃
環而視之'에서, '乃'는 이에(이러하여서 곧) '내'로 읽고, '環'은 두를 '환'으로 읽고, '而'는 말 이을 '이'로
읽는다. '그리고'의 뜻을 나타냄. '視'는 볼 '시'로 읽는다. '伯樂乃環而視之'를 직역(直譯)하면, 백락(伯樂)
은 이에 둘러보고 그리고 그것(준마)을 보다가, '去而顧之'에서, '去'는 갈 '거'로 읽고, '顧'는 돌아볼 '고'로
읽는다. '去而顧之'를 직역(直譯)하면, (백락이) 가면서 그리고 그것(준마)을 (다시) 돌아보니, 즉, 백락
(伯樂)이 가면서도 말을 뒤돌아보니, 여기서, '伯樂一顧'가 유래하였는데, 이것을 직역(直譯)하면, (명마
가) 백락(伯樂)을 (만나) (세상을) 한번 돌아본다는 뜻으로, 명마(名馬. 이름난 말. 또는 훌륭한 말)가
백락(伯樂)을 만나 세상(世上)에 알려지듯이, 재능(才能) 있는 사람이 그 재능(才能)을 알아주는 사람을
만나 인정(認定)을 받는 것을 비유적으로 이르는 말. 또는 자기의 재능(才能)을 알아주는 사람을 만나
대접을 잘 받음을 이르는 말. '一旦而馬價十倍'에서, '旦'은 아침 '단'으로 읽고, '價'는 값 '가'로 읽고,
'十'은 열 '십'으로 읽고, '倍'는 곱 '배', 갑절 '배'로 읽는다. '一旦而馬價十倍'를 직역(直譯)하면, 하루아침
에 그리고 말[馬]의 값이 10갑절이었다.

백-령-백-리(百伶百俐 일백 **백**/영리할 **령**/일백 **백**/영리할 **리**) 일백(一百) (가지나) 영리(伶俐·怜悧)하고

일백(一百) (가지나) 영리(伶俐·怜悧)하다는 뜻으로, 여러 가지 일에 매우 영리(伶俐·怜悧)하고 민첩(敏捷. 재빠르고 날쌤)함을 이르는 말. *영리하다(伶俐·怜悧~): 부록 '영(伶)', '리(俐)' 참고.

백룡-어-복(白龍魚服 흰 **백**/용 **룡**/물고기 **어**/입을 **복**) 흰 용(龍)이 물고기의 (옷을) 입었다는 뜻으로, ①신분(身分)이 높고 귀한 사람(백룡)이 권위(權威)를 버리고 민중(民衆)들과 어울리는 것(물고기의 옷을 입는 것)을 비유적으로 이르는 말. ②높은 지위에 있는 사람이 남 모르게 나다니다가 뜻하지 않게 재난(災難. 뜻밖의 불행한 일)을 당하거나 욕(辱)을 봄을 비유적으로 이르는 말. *백룡(白龍): 빛깔이 흰 용. 천제(天帝. 하늘을 다스리는 신. =하느님)의 사자(使者. 명령이나 부탁을 받고 심부름하는 사람)라고 한다. *어-복은『국어사전(國語辭典)』에 등재(登載)된, '물고기의 가죽을 입힌, 화살을 넣는 통'인 '어복(魚服)'의 뜻과는 별개다. *입다: 옷을 몸에 꿰다. 이 사자성어의 유래는 다음과 같다.『설원(說苑)』의 「정간(正諫)」편(篇)에, 〈오(吳)나라 왕이 백성들과 함께 어울려 술을 마시려고 하자, 오자서(伍子胥)가 간(諫)했다. "안 됩니다. 즉, 오(吳)나라 왕이 백성들의 살림살이를 현장에서 살피기 위해 술을 마시는 데 대해서 오자서(伍子胥)는 단호하게 반대 의사를 나타내고 있는 것이다. 옛날에 흰 용(龍)이 차가운 연못으로 내려와 물고기로 모습을 바꾸었습니다. 즉, 옛날에 하늘에 있던 흰 용(龍)이 지상(地上. 땅의 위를 이르는 말. 즉, 이 세상 또는 현실 세계를 일컬음)으로 내려와 차가운 연못에서 물고기로 변해 있었다는 뜻이다. 이 말은 신령스러운 흰 용(龍)이 물고기의 옷을 입었다는 뜻인데, 신분이 높은 사람이 백성의 허름한 옷으로 갈아입었다는 것이다. 이유는 미행(尾行. 다른 사람의 행동을 감시하거나 증거를 잡기 위하여 그 사람 몰래 뒤를 밟음)하여 백성들의 살림살이를 살피기 위해서다. 어부(漁夫)인 예저(豫且)가 그 눈[目]을 쏘아 맞추자, 흰 용(龍)은 하늘 위로 올라가 천제(天帝. 하느님. 하늘을 다스리는 신)에게 하소연을 하였습니다." 즉, 어부가 흰 용(龍)의 눈을 쏘아 맞추니, 흰 용(龍)은 하늘로 올라가 하느님에게 이를 고(告)하였다는 것이다. 신분이 높은 사람이 뜻하지 않은 봉변을 당했다는 뜻이다. (吳王欲從民飮酒, 伍子胥諫曰, 不可, **昔白龍下淸冷之淵, 化爲魚**, 漁者豫且射中其目, 白龍上訴天帝.)〉["그러자 천제(天帝)가 '당시(當時. 일이 있었던 바로 그때. 또는 이야기하고 있는 그 시기) 어느 곳에서 어떤 모습을 하고 있었느냐?'고 물었습니다." 흰 용(龍)이 대답했습니다. "차가운 연못('백성이 사는 냉혹한 세상'을 가리킴)으로 내려가 물고기로 변해 있었습니다." 즉, 백성의 옷으로 갈아입었다는 뜻이다. 그러자 천제(天帝)가 말했습니다. "물고기는 사람들이 쏘아 잡을 수 있는 것이다. 그러니 예저(豫且)에게 무슨 죄가 있겠는가?" 즉, 물고기는 잡으라고 있는 것이며, 그 어부(漁夫)인 예저(豫且)에게는 잘못이 없다는 것이다. 오자서(伍子胥)가 말하기를, "무릇 흰 용(龍)은 천제(天帝)의 귀한 동물이고, 예저(豫且)는 송(宋)나라의 미천(微賤)한 신하(臣下)입니다. 여기서, '흰 용(龍)'은 신분(身分)이 높은 사람을, '어부(漁夫)'는 평민(平民)을 각각 상징한다는 뜻이다. 흰 용(龍)이 모습을 바꾸지 않았다면 예저(豫且) 또한 쏘지 않았을 것입니다. 즉, 흰 용(龍)이 물고기의 옷을 입지 않았다면, 어부(漁夫)가 그 물고기를 잡지 않았을 것임을 말하고 있는 것이다. 지금 만승(萬乘)의 지위를 버리고, 즉, 오(吳)나라 왕이 임금의 지위를 버리고, 여기서, '만승(萬乘)'은 만대(萬臺)의 병거(兵車. 전쟁에 쓰는 수레)라는 뜻으로, 천자(天子) 또는 천자(天子)의 자리를 이르는 말이다. '천자(天子)'는 천제(天帝. 하늘을 다스리는 신. 또는 우주를 창조하고 주재한다고 믿어지는 초자연적인 절대자)의 아들이란 뜻으로, 천명(天命. 하늘의 명령)을 받아 천하(天下)를 다스리는 사람. 곧 중국에서 황제(皇帝)를 일컫던 말이다. 그리고 '만승(萬乘)'은 중국 주(周)나라 때에 천자(天子)가 병거(兵車) 일만 대(臺. 자동차나 비행기, 또는 기계 따위를 세는 단위)를 즈리[直隸] 지방에서 출동시켰던 데서 유래한다. 여기서 '승(乘)'은 수레를 세는 단위이다. 주(周)나라 때, 전시(戰時. 전쟁을 하고 있는 때)에 천자(天子)는 만승(萬乘)을, 제후(諸侯)는 천승(千乘)을 내도록 되어 있었다. 또 '만승(萬乘)'과 '천승(千乘)'은 부역(賦役. 국가나 공공 단체가 특정한 공익사업을 위하여 보수 없이 국민에게 의무적으로 책임을 지우는 노역·勞役을 이르는 말)에 동원할 수 있는 병력(兵力)의 규모를 나타내는 단위이기도 함. 그리고 포의(布衣. '베로 지은 옷'이라는 뜻으로, 벼슬이 없는 선비를 이르는 말)의 선비들을 따라 술을 마시려고 하시니, 신(臣. 신하가 임금에 대하여 자기를 일컫던 말. 여기서는 '오자서·伍子胥'를 가리킴)은 예저(豫且)의 후환(後患. 어떤 일로 말미암아 뒷날에 생기는 걱정이나 근심)이 있을까 두렵습니다." 즉, 왕께서 그래도 모든 것을 버리시고 미천(微賤)한 백성들과 어울려 술을 마시다가, 예저(豫且)와 같은 이가 나와 해(害)를 입힐까 두렵다는 것이다. 신분이 높은 사람이 현지 백성의 살림살이를 살피기 위해 미행(尾行)하다가 위험한 일을 당할까봐 신하(臣下)로서 걱정하는 마음을 표현한 것이다. 왕은 (술 마시는 일을) 그만두었다. 즉, 왕은 오자서(伍子胥)의 간언(諫言)을 듣고 술을 마시지 않았다는 뜻이다.]라는 이야기가 나온다. '옛날에 흰 용(龍)이 차가운 연못으로 내려와 물고기로 모습을 바꾸었습니다.(昔白龍下淸冷之淵, 化爲魚)'에서, '백룡어복(白龍魚服)'이 유래했다. '백룡어복(白龍魚服)'은, 위의 이야기에 나타난 대로 두 가지의 의미가 존재한다. 첫째, 흰 용(龍)이 물고기의 옷을 입은 일이다. 여기서, '백룡어복(白龍魚服)'은 신분이 높은 사람이 권위를 버리고 민중들과 어울리는 것을 비유(比·譬喻. 어떤 사물의 모양이나 상태 따위를 보다 효과적으로 표현하기 위하여 그것과 비슷한 다른 사물에 빗대어 표현함. 또는 그 표현 방법)하는 말이 된 것이다. 둘째, 흰 용(龍)이 물고기로 변하여 다니다가 어부(漁夫)에게 잡힌 일이다. 후한(後漢)의 장형(張衡)은 이 고사(故事)를 인용하여 「동경부(東京賦)」에서 〈백룡이 물고기의 옷을 입었다가 예저(豫且)에게 곤욕을 당했다.(白龍魚服, 見困豫且.)〉라는 말을 했는데, 여기서, '신분이 높은 귀인(貴人. 사회적 지위가 높고 귀한 사람)이 일반 백성들의 행색(行色. 나그네 따위의, 차림새 또는 모습)으로 민간(民間. 일반 서민의 사회)으로 출행(出行. 먼 길을 떠남)한다'는 '백룡어복(白龍魚服)'이 유래했다. 백성들의 살림살이를 현장에서 알아보기 위해, 때로는 통치자들의 '백룡어복(白龍魚服)'이 필요하다. 다만 잘못하다가는 어부(漁夫)에게 잡히듯, 뜻하지 않은 봉변(逢變. 남에게 욕을 당함. 또는 뜻밖에 화를 입음)을 당할 수도 있다. 이를 남용(濫用. 함부로 씀. 또는 마구 씀)하는 것은 크게 바람직한 일이 아니다. '오자서(伍子胥)'는 중국 춘추시대 오(吳)나라의 재상(宰相. 임금을 보필하며 모든 관원을 지휘, 감독하는 자리에 있는 이품·二品 이상의 벼슬을 통틀어 이르던 말)이다. '장형(張衡)'은 허난성[河南省] 난양[南陽] 사람으로, 학문이 넓고 다재다능(多才多能. 본문 참고)했으며, 낭중(郎中. 벼슬 이름) 상서시랑(尙書侍郎. 벼슬 이름) 따위를 역임(歷任. 차례로 여러 관직·官職을 거침)했다. 참고로, 원문의 '吳王欲從民飮酒'에서, '吳'는 나라 이름 '오'로 읽고, '王'은 임금 '왕'으로 읽고, '欲'은 하고자 할 '욕'으로 읽고, '從'은 좇을 '종', 따를 '종'으로 읽고, '民'은 백성 '민'으로 읽고, '飮'은 마실 '음'으로 읽고, '酒'는 술 '주'로 읽는다. '吳王欲從民飮酒'를 직역(直譯)하면, 오(吳)나라 왕은 백성들을 따라(백성들과 함께 어울려) 술을 마시려고 하자, '伍子胥諫曰'에서, '伍'는 대오(隊伍. 편성된 대열) '오'로 읽고, '子'는 아들 '자'로 읽고, '胥'는 서로 '서'로 읽는다. 여기서 '伍子胥'는 사람 이름. '諫'은 간할(諫~. 웃어른이나 임금에게 옳지 못하거나 잘못된 일을 고치도록 말함) '간'으로 읽는다. ‘伍子胥諫曰’을 직역(直譯)하면, 오자서(伍子胥)는 간(諫)하며 말하기를, ‘不可’에서, ‘不’은 아닐(부정하는 말) ‘불’로 읽고, ‘可’는 가히(可~. ‘능히’, ‘넉넉히’의 뜻을 나타냄) ‘가’로 읽는다. ‘不可’를 직역(直譯)하면, 가히 할 수 없습니다. ‘昔白龍下淸冷之淵’에서, ‘昔’은 옛날 ‘석’으로 읽고, ‘白’은 흰 ‘백’으로 읽고, ‘龍’은 용 ‘룡(용)’으로 읽고, ‘下’는 여기서는 내릴(높은 데서 낮은 데로 옮아가거나 옮아앉을) ‘하’로 읽고, ‘淸’은 맑을 ‘청’으로 읽고, ‘冷’은 찰 ‘랭(냉)’으로 읽고, ‘之’는 어조사 ‘지’로 읽는다. ‘~의’ 뜻을 나타내는 관형격 조사. ‘淵’은 못(넓고 오목하게 팬 땅에 물이 괴어 있는 곳) ‘연’으로 읽는다. ‘昔白龍下淸冷之淵’을 직역(直譯)하면, 옛날 흰 용이 맑고 차가운 연못으로 내려와, ‘化爲魚’에서, ‘化’는 변화(變化) ‘화’로 읽고, ‘爲’는 될 ‘위’로 읽고, ‘魚’는 물고기 ‘어’로 읽는다. ‘化爲魚’를 직역(直譯)하면, 변화하여 물고기가 되었는데, 즉, 물고기로 모습을 바꾸었다는 말이다. 여기서, ‘白龍魚服’이 유래하였는데, 이것을 직역(直譯)하면, 흰 용(龍)이 물고기의 (옷을) 입었다는 뜻으로, ①신분(身分)이 높고 귀한 사람(백룡)이 권위(權威. 남을 지휘하거나 통솔하여 따르게 하는 힘)를 버리고 민중(民衆. 국가나 사회를 구성하는 일반 국민을 일컫는 말. 피지배계급으로서의 일반 대중을 일컬음)들과 어울리는 것(물고기의 옷을 입는 것)을 비유적으로 이르는 말. ②높은 지위에 있는 사람이 남 모르게 나다니다가 뜻하지 않게 재난을 당하거나 욕(辱)을 봄을 비유적으로 이르는 말. ‘漁者豫且射中其目’에서, 漁는 고기 잡을 ‘어’로 읽고, ‘者’는 사람 ‘자’로 읽고, ‘豫’는 미리 ‘예’로 읽고, ‘且’는 많을 ‘저’로 읽는다. 여기서 ‘예저(豫且)’는 사람 이름. ‘射’는 쏠 ‘사’로 읽고, ‘中’은, 여기서는 맞을 ‘중’으로 읽고, ‘其’는 그(지시하는 말) ‘기’로 읽는다. 여기서는 ‘백룡(白龍)’을 가리킴. ‘目’은 눈 ‘목’으로 읽는다. ‘漁者豫且射中其目’을 직역(直譯)하면, 고기 잡는 사람 예저(豫且)는 그(백룡의) 눈을 쏘아 맞추었다. ‘白龍上訴天帝’에서, ‘上’은 오를(낮은 데서 높은 데로. 아래에서 위로 움직이어 갈) ‘상’으로 읽고, ‘訴’는 하소연할 ‘소’로 읽고, ‘天’은 하늘 ‘천’으로 읽고, ‘帝’는 다스릴 ‘재’로 읽는다. ‘天帝’는 ‘하느님’과 같은 말. 우주(宇宙. 온 세계를 둘러싸고 있는 공간)를 창조하고 주재한다고 믿어지는 초자연적인 절대자. ‘白龍上訴天帝’를 직역(直譯)하면, (그때) 흰 용(龍)은 (위로) 올라가 천재(天帝)에게 하소연했습니다.

백-리-부-미(百里負米 일백 백/이수 리/짐 질 부/쌀 미) 일백(一百) 이수(里數)나 (떨어진 먼 곳에서) 쌀을 짐 진다는 뜻으로, 가난하게 살면서도 효성(孝誠. 마음을 다하여 부모를 섬기는 정성)이 지극하여, 갖은 고생을 하며 부모의 봉양(奉養. 부모나 조부모와 같은 웃어른을 받들어 모심)을 잘하는 것을 비유적으로 이르는 말. *이수(里數): ①거리를 리(里)의 단위로 헤아린 수. ②마을의 수효. 이 사자성어의 유래는 다음과 같다. 『공자가어(孔子家語)』의 「치사(致思)」 편(篇)에 〈자로(子路)가 (중국 춘추시대의 사상가이며 학자인) 공자(孔子) 앞에서 말했다. “무거운 짐을 지고 먼 길을 갈 때는 땅을 가려서 쉬지를 않고, 집이 가난하여 부모를 섬길 때는 월급이 많고 적음을 가리지 않고 벼슬을 합니다. 지난날 제가 양친(兩親. ‘부친·父親’과 ‘모친·母親’을 아울러 이르는 말)을 섬기던 때에는 늘 명아주와 콩잎 같은 음식을 대접하였는데, 부모님을 위하여 백 리 밖에서 쌀을 지고 왔습니다.”(子路見於孔子曰, 負重涉遠, 不擇地而休, 家貧親老, 不擇祿而仕, 昔者由也, 事二親之時, 常食藜藿之實, **爲親負米百里之外**)〉라는 이야기가 나오는데, ‘부모님을 위하여 백 리 밖에서 쌀을 지고 왔습니다.(爲親負米百里之外)’에서, ‘백리부미(百里負米)’가 유래했다. ‘백리부미(百里負米)’는 백 리 먼 길에 쌀을 지고 갔다는 말로, 공자(孔子)의 제자(弟子)인 자로(子路. ‘중유·仲由’와 같은 이름)가 한 말이다. 그래서 자로부미(子路負米)라고도 한다. 공자(孔子)의 제자(弟子) 중에 효(孝)를 실천한 사람으로, 『효경(孝經)』을 저술했다는 증자(曾子)가 있는데, 자로(子路)도 그 안에 들어간다. 자로(子路)는 집안이 가난하여 조악(粗惡. <u>음식 따위의 질이 거칠고 나쁨</u>)한 음식을 먹으면서 자랐다. 하지만 조그만 벼슬자리를 얻게 되자 봉록(俸祿. <u>벼슬아치에게 연봉·年俸으로 주는 곡식, 피륙, 돈 따위를 통틀어 이르는 말</u>)으로 받은 쌀을 지고 백 여리나 떨어진 집에 가 부모를 봉양(奉養)했다는 효자(孝子)였다. 그리고 부모가 돌아가신 후, 높은 관직(官職. <u>관리로서, 국가로부터 위임 받은 일정한 범위의 직무, 또는 그 직위</u>)에 올랐을 때는 호화로운 음식을 앞에 두고도 옛날 쌀을 지고 가 어버이를 봉양(奉養)했을 때가 가장 행복했다고 이야기한 바가 있다. 참고로, 원문의 '子路見於孔子曰'에서, '子'는 아들 '자'로 읽고, '路'는 길 '로(노)'로 읽는다. '子路'는 사람 이름. '見'은 뵈올 '현'으로 읽고, '於'는 어조사 '어'로 읽는다. '~에', '~에서(<u>위치</u>)'의 뜻을 나타냄. '孔'은 성(姓) '공'으로 읽고, '子'는 경칭(敬稱. <u>공경하는 뜻으로 부르는 칭호, 또는 존대하여 일컬음</u>) '자'로 읽는다. 학덕(學德)과 지위가 높은 남자의 경칭(敬稱)이다. 孔子'는 사람 이름. '曰'은 일컬을 '왈'로 읽는다. '子路見於孔子曰'을 직역(直譯)하면, 자로(子路)가 공자(孔子)를 뵙고 (그의 앞)에서 일컫기를, '負重涉遠'에서, '負'는 (짐) 질 '부'로 읽고, '重'은 무거울 '중'으로 읽고, '涉'은 (길을) 떠날 '섭'으로 읽고, '遠'은 멀 '원'으로 읽는다. '負重涉遠'을 직역(直譯)하면, 무거운 짐을 지고 먼 길을 떠날 (때에는), '不擇地而休'에서, '不'은 아닐(<u>부정하는 말</u>) '불'로 읽고, '擇'은 가릴 '택'으로 읽고, '地'는 땅 '지'로 읽고, '而'는 말 이을 '이'로 읽는다. '그리고'의 뜻을 나타냄. '休'는 쉴 '휴'로 읽는다. '不擇地而休'를 직역(直譯)하면, 땅을 가리지 않고 그리고 쉬고, 즉, 이것저것 땅을 가려서 쉬지를 않았다는 뜻이다. '家貧親老'에서, '家'는 집 '가'로 읽고, '貧'은 가난할 '빈'으로 읽고, '親'은 어버이 '친'으로 읽고, '老'는 늙을 '로(노)'로 읽는다. '家貧親老'를 직역(直譯)하면, 집이 가난하고 어버이가 늙었을 때는, 여기서, '家貧親老'가 유래하였는데, 집이 가난하고 어버이가 늙었다는 뜻으로, 집이 가난하고 부모가 늙었을 때는 마음에 들지 않은 자리라도 얻어서 어버이를 봉양(奉養. <u>부모나 조부모를 받들어 모심</u>)해야 한다는 말, 또는 집안의 사정이 여의(如意)치 못하여 마땅치 않은 일이라도 해야 하는 상태를 비유적으로 이르는 말. '不擇祿而仕'에서, '祿'은 녹(祿. <u>관리의 봉급</u>) '록(녹)'으로 읽고, '仕'는 벼슬 '사', 벼슬할 '사'로 읽는다. '不擇祿而仕'를 직역(直譯)하면, 녹(祿)을 가리지 않고 벼슬합니다. 즉, 월급이 많고 적음을 가리지 않고 벼슬살이에 충실했다는 뜻이다. '昔者由也'에서, '昔'은 예(<u>옛날</u>) '석', 어제 '석'으로 읽고, '者'는 것(<u>사물, 현상, 일 따위를 추상적으로 이르는 말</u>) '자'로 읽는다. '昔者'는 이미(<u>돌이킬 수 없이 된 지난 일을 일컬을 때 쓰는 말</u>) 많은 세월이 지나 오래전 때(<u>옛날</u>). '由'는 말미암을 '유'로 읽는다. 여기서는 '중유(仲由)'를 가리킴. 중국 춘추 시대 노(魯)나라의 학자이자 관료(官僚)로, 자(字. <u>본이름을 함부로 부르지 않던 시대에, 본이름 대신 부르던 이름</u>)는 자로(子路), 또는 계로(季路)이며, 변(卞) 땅의 사람이다. 흔히 자로(子路)라고 불린다. '也'는 어조사 '야'로 읽는다. '~인 때에는(<u>제시</u>)'의 뜻을 나타냄. '昔者由也'를 직역(直譯)하면, 옛날의 중유(仲由)인 때에는, 즉, 지난날의 '중유(仲由. <u>자로·子路와 같은 이름</u>)'인 저는, '事二親之時'에서, '事'는 섬길 '사'로 읽고, '二'는 두 '이'로 읽고, '之'는 어조사 '지'로 읽는다. '~의'를 나타내는 관형격 조사. '時'는 때 '시'로 읽는다. '事二親之時'를 직역(直譯)하면, 두 어버이를 섬김의 때에는, 즉, 두 어버이를 섬기던 때에는, '常食藜藿之實'에서, '常'은 항상 '상', 늘 '상'으로 읽고, '食'은 먹을 '식'으로 읽고, '藜'는 명아주(<u>명아줏과의 한해살이풀</u>) '려(여)'로 읽고, '藿'은 콩잎 '곽'으로 읽는다. '藜藿'는 명아주 잎과 콩잎이란 뜻으로, 아주 변변치 못한 음식을 비유적으로 이르는 말. '實'은, 여기서는 곡식이 익을 '실'로 읽는다. '常食藜藿之實'을 직역
(直譯)하면, 항상 명아주 잎과 콩잎 (따위의) 익은 곡식을 먹게 했으며, 즉, 항상 변변치 못한 음식이라도
불에 익혀서 부모님께 대접했다는 뜻이다. '爲親負米百里之外'에서, '爲'는 위할 '위'로 읽고, '米'는 쌀
'미'로 읽고, '百'은 일백 '백'으로 읽고, '里'는 이수(里數. 거리를 리·里의 단위로 헤아린 수) '리(이)'로
읽고, '外'는 밖 '외', 바깥 '외'로 읽는다. '爲親負米百里之外'를 직역(直譯)하면, 어버이를 위하여 백 리의
밖에 (있는) 쌀을 지고 (왔습니다.) 여기서, '백리부미(百里負米)'가 유래하였는데, 이것을 직역(直譯)하
면, 일백(一百) 이수(里數)나 (떨어진 먼 곳에서) 쌀을 짐 진다는 뜻으로, 가난하게 살면서도 효성(孝誠)
이 지극하여, 갖은 고생을 하며 부모의 봉양(奉養)을 잘하는 것을 비유적으로 이르는 말.

백-리-지-명(百里之命 일백 **백**/이수 **리**/어조사 **지**/운수 **명**) 일백(一百) 이수(里數)나 되는 면적의 운수(運
數)라는 뜻으로, 한 나라의 정치를 이르는 말. 여기서 '일백(一百) 리(里). 또는 일백(一百) 이수(里數)'는
중국 주(周)나라 때 제후(諸侯. 봉건시대에, 군주로부터 받은 영토와 그 영내에 사는 백성을 다스리던
사람)가 다스렸던 나라의 면적을 뜻한다. *이수(里數): ☞백리부미(百里負米).

백-리-지-재(百里之才 일백 **백**/이수 **리**/어조사 **지**/재주 **재**) 일백(一百) 이수(里數)의 재주. 즉, 일백(一百)
리(里)쯤 되는 땅을 다스릴 만한 재주라는 뜻으로, ①유능하고 도량(度量. 사물을 너그럽게 받아들여
처리할 수 있는 넓은 마음과 깊은 생각)이 큼을 이르는 말. ②사람됨과 수완(手腕. 일을 꾸미거나 치러
나가는 재간)이 보통 사람보다 크기는 하나, 썩 크지는 못함을 비유적으로 이르는 말. 여기서 '일백(一百)
리(里). 또는 일백(一百) 이수(里數)'는 중국 주(周)나라 때 제후(諸侯. 봉건시대에, 군주로부터 받은 영토
와 그 영내에 사는 백성을 다스리던 사람)가 다스렸던 나라의 면적을 뜻한다. *이수(里數): ☞백리부미
(百里負米). *재주: 순우리말로, 무엇을 잘할 수 있는, 타고난 능력과 슬기.

백-만-교태(百萬嬌態 일백 **백**/일만 **만**/아리따울 **교**/태도 **태**) 일백(一百) 일만(一萬)(여러 가지)의 아리따운
태도라는 뜻으로, 사람의 마음을 끌기 위하여 부리는 온갖 아양스러운(아양을 부리는) 태도를 이르는
말. *교태(嬌態): 여자의 요염(妖艶. 사람을 호릴 만큼 아리따움)한 자태(姿態. 어떤 모습이나 모양을
일컫는 말. 주로 여성의 고운 맵시나 태도에 대하여 일컬으며, 식물, 건축물, 강, 산 따위를 사람에
비유하여 일컫기도 한다)를 이르는 말. *아리땁다: 부록 '교(嬌)' 참고.

백-만-장자(百萬長者 일백 **백**/일만 **만**/어른 **장**/사람 **자**) (재산이) 일만(一萬)의 일백(一百) (배나) 되는
장자(長者)라는 뜻으로, 재산이 매우 많은 사람, 또는 아주 큰 부자(富者)를 이르는 말. *장자(長者):
①나이나 지위, 항렬(行列) 따위가 자기보다 위인 사람. 여기서, '항렬(行列)'은 같은 혈족(血族)의 직계
(直系. 친족 사이의 핏줄이 할아버지, 아버지, 아들, 손자 따위로 곧게 이어지는 계통)에서 갈라져 나간
계통 사이의 대수(代數. 세대의 수효. 즉, 1세대, 2세대 따위의 수효를 말함) 관계를 나타내는 말. 형제자
매(兄弟姉妹. 본문 참고) 관계는 같은 항렬(行列)로 같은 돌림자(항렬을 나타내기 위하여 이름자 속에
넣는 글자. 예를 들어 어느 형제의 이름이 채원·采垣과 채웅·采雄이라고 할 때, 돌림자는 '채·采'이다.)를
쓴다. ②큰 부자(富者)를 점잖게 이르는 말. ③덕망(德望)이 있고 노성(老成)한 사람. 여기서, '덕망(德
望)'은 덕행(德行). 즉, 어질고 착한 행실로 얻은 명망(名望). 즉, 명성(名聲. 세상에 널리 퍼져 평판 높은
이름)과 인망(人望. 세상 사람이 우러러 믿고 따르는 덕망·德望)을 아울러 이르는 말. '노성(老成)하다'는
노련하고 원숙하다. 또는 (나이에 비하여) 어른스럽다. 또는 숙성하다.

백면-서생(白面書生 흰 **백**/얼굴 **면**/글 **서**/살 **생**) (바깥 활동을 하지 않고 집안에서) 얼굴이 희도록 글만 (읽고) 사는 (사람). 즉, 얼굴이 하얀 선비라는 뜻으로, 한갓 글만 읽어 세상(世上)의 물정(物情. 세상의 이러저러한 실정이나 형편)에는 어둡고 경험이 없는 사람을 비유적으로 이르는 말. ⨆ 책상퇴물(册床退物). *백면(白面): ①하얀 얼굴. ②나이가 어려 경험이 모자람. 또는 그런 사람. *서생(書生): ①학업을 닦는 젊은이. ②유학(儒學)을 공부하는 사람. ③세상일에 어두운 선비. 이 사자성어의 유래는 다음과 같다. 『송서(宋書)』의 「심경지전(沈慶之傳)」 편(篇)에 [남북조(南北朝) 시대(時代)에, 서기 449년 북위(北魏. 왕조 이름. 서기 386년~534년)의 태무제(太武帝)가 북방(北方)의 이민족(異民族)인 유연(柔然. 4C 중엽부터 5C 중엽에 걸쳐 지금의 몽골 지역에서 수렵과 유목을 주산업으로 삼았던 종족 이름)을 공격하자, 송(宋)나라의 문제(文帝)는 이때가 숙적(宿敵. 오래전부터의 원수)인 북위(北魏. 중국 5호 16국 시대에, 선비족 탁발부에 의해 화북에 건국된 나라 이름)를 칠 절호(絶好. 무엇을 하기에, 기회나 시기 따위가 더할 수 없이 좋음)의 기회라 생각하고, 문신(文臣. 문관·文官인 신하)들과 더불어 북위(北魏)를 공격할 방법을 논의하였다. 무관(武官)인 심경지(沈慶之)는 북벌(北伐. 무력으로 북쪽 지방을 치는 일) 실패의 전례(前例. 이전부터 있었던 사례. 또는 예로부터 전하여 내려오는 일 처리의 관습)를 들어 출병(出兵. 군대를 싸움터로 내보내는 일)을 반대하면서 이렇게 말했다.]〈국가를 다스리는 일은 집안일에 비유(比·譬喩. 어떤 사물의 모양이나 상태 따위를 보다 효과적으로 표현하기 위하여 그것과 비슷한 다른 사물에 빗대어 표현함. 또는 그 표현 방법)할 수 있습니다. 밭가는 일은 농부(農夫)에게 물어보고, 베짜는 일은 하녀(下女. 여자 하인 =계집종)에게 물어보아야 합니다. 즉, 밭을 갈고 베를 짜는 일은, 풍부한 경험을 가진 전문가에게 물어야 한다는 뜻이다. 전문가는 비전문가보다 실무 능력이 뛰어나기 때문이다. 지금 폐하(陛下)께서는 적국(敵國)을 치려고 하면서 얼굴 허연 선비들과 도모하시려고 하니, 일을 어떻게 이룰 수 있겠습니까? 여기서, '얼굴 허연 선비'는 전쟁터에서 전혀 경험이 없는 '백면서생(白面書生)'을 가리킴. 적과의 싸움에 있어서, 이러한 백면서생(白面書生)과 의논하여 강행한다면 절대로 이길 수 없다는 뜻이다.(爲國譬如家. 田事可問奴. 織事可問婢. 今陛下將欲攻敵國. **與白面書生輩謀之**. 事何由濟.)〉[하지만 문제(文帝)는 심경지(沈慶之)의 말을 듣지 않고 문인들('백면서생·白面書生의 집단'을 가리킴)의 의견을 받아들여 출병(出兵)을 강행(强行)하였다가 대패(大敗. 싸움에 크게 짐)하고 말았다.]라는 이야기가 나오는데, '얼굴 허연 선비들과 도모하시려고 하니.(與白面書生輩謀之)'에서, '백면서생(白面書生)'이 유래했다. 이렇게 '백면서생(白面書生)'은 심경지(沈慶之)의 말에서 유래한 것이다. '백면서생(白面書生)'은 야전(野戰. 산이나 들 따위에서 벌이는 전투)을 누비며 햇볕에 얼굴을 그을린 검은 얼굴의 무관(武官)과 대비되는, 실내에서 책만 읽어 얼굴이 창백하고 실전(實戰. 실제의 싸움) 경험이 전혀 없는 문신(文臣)들을 비꼬아 한 말이다. 참고로, 원문의 '爲國譬如家'에서, '爲'는 여기서는 다스릴 '위'로 읽고, '國'은 나라 '국'으로 읽고, '譬'는 비유(比·譬喩. 어떤 사물의 모양이나 상태 따위를 보다 효과적으로 표현하기 위하여 그것과 비슷한 다른 사물에 빗대어 표현함. 또는 그 표현 방법)할 '비'로 읽고, '如'는 같을 '여'로 읽고, '家'는 집 '가'로 읽는다. '爲國譬如家'를 직역(直譯)하면, 나라를 다스림은 비유하건대 집을 (다스리는 것과) 같다 '田事可問奴'에서, '田'은 밭 '전'으로 읽고, '事'는 일 '사'로 읽고, '可'는 가히(可~. '능히', '넉넉히'의 뜻을 나타냄) '가'로 읽고, '問'은 물을 '문'으로 읽고, '奴'는 종 '노'로 읽는다. '田事可問奴'를 직역(直譯)하면, 밭을 (가는) 일은 가히 종에게 물을 (수 있고), 즉, 밭을 가는 일은 농부에게 물어보아야 한다는 말이다. '織事可問婢'에서, '織'은 짤(실이나 끈 따위로 천을 만들) '직'으로 읽고, '婢'는 계집종 '비'로 읽는다. '織事可問婢'를 직역(直譯)하면, (베를) 짜는 일은 가히 계집종에게 물을 (수 있습니다). 즉, 베를 짜는 일은 계집종(하녀)에게 물어보아야 한다는 말이다. '今陛下將欲攻敵國'에서, '今'은 이제 '금', 지금 '금'으로 읽고, '陛'는 섬돌(집채의 앞뒤에 오르내릴 수 있게 놓은 돌층계) '폐'로 읽고, '下'는 아래 '하'로 읽는다. '陛下'는 황제(皇帝)나 황후(皇后. 황제가 정식으로 혼인하여 맞은 아내)에 대한 경칭(敬稱. 공경하는 뜻으로 부르는 칭호. 또는 존대하여 일컬음)이다. '將'은 장차(張次. '앞으로'의 뜻으로, 미래의 어느 때를 나타내는 말) '장'으로 읽고, '欲'은 하고자 할 '욕'으로 읽고, '攻'은 칠 '공', 공격할 '공'으로 읽고, '敵'은 대적(對敵. 적과 맞서 겨룸)할 '적'으로 읽는다. '敵國'은 전쟁 상대국이나 적대 관계에 있는 나라. '今陛下將欲攻敵國'을 직역(直譯)하면, 지금 폐하(陛下)는 장차 적국(敵國)을 공격하고자 함에, '與白面書生輩謀之'에서, '與'는 더불어 '여'로 읽고, '白'은 흰 '백'으로 읽고, '面'은 얼굴 '면'으로 읽고, '書'는 글 '서'로 읽고, '生'은 살 '생'으로 읽고, '輩'는 무리 '배'로 읽고, '謀'는 꾀할 '모', 도모할 '모'로 읽고, '之'는 어조사 '지'로 읽는다. '그것'을 가리키는 지시 대명사. '與白面書生輩謀之'를 직역(直譯)하면, 얼굴이 희도록 글만 (읽고) 사는 (사람)의 무리들과 더불어 꾀하려고(도모하려고) 하시니. 여기서, '白面書生'이 유래하였는데, 이것을 직역(直譯)하면, 얼굴이 희도록 글만 (읽고) 사는 (사람). 즉, 얼굴이 하얀 선비라는 뜻으로, 한갓 글만 읽어 세상(世上) 물정(物情)에는 어둡고 경험이 없는 사람을 비유적으로 이르는 말. '事何由濟'에서, '事'는 일 '사'로 읽고, '何'는 무슨 '하'로 읽고, '由'는 까닭 '유'로 읽고, '濟'는 이룰 '제'로 읽는다. '事何由濟'를 직역(直譯)하면, 일이 무슨 까닭으로(어떤 연유로) 이루어지겠습니까?

백무-가관(百無可觀 일백 **백**/없을 **무**/가히 **가**/볼 **관**) 일백(一百) (개 중에서) 가(可)히 볼 만한 (것이) 없다는 뜻으로, 눈에 띄는 것마다, 또는 많은 것 가운데에서 볼 만한 것이 하나도 없음을 이르는 말. 사람이나 물건 따위가 많기는 하나, 마음에 차는 것이 없음을 이르는 말이다. *백무(百無): 아무것도 없는 것. *가관(可觀): ①가히 볼 만함. ②(하는 짓이나 몰골 따위가) 꼴불견(하는 짓이나 겉모습이 차마 볼 수 없을 정도로 우습고 거슬림)임. *가히(可~): '능히', '넉넉히'의 뜻.

백무-소-성(百無所成 일백 **백**/없을 **무**/바 **소**/이룰 **성**) 일백(一百) (개 중에서) (하나도) 이루어진 바[所]가 없다는 뜻으로, 하는 일마다 이루어지는 것이 하나도 없음을 이르는 말. *백무(百無): ☞백무가관(百無可觀). *바: 부록 '소(所)' 참고.

백무-일-실(百無一失 일백 **백**/없을 **무**/한 **일**/잃을 **실**) 일백(一百) (개 중에서) 하나라도 잃은 (것이) 없다는 뜻으로, 무슨 일이든지 실수나 실패(失敗)하는 것이 하나도 없음을 이르는 말. *백무(百無): ☞백무가관(百無可觀).

백무-일-취(百無一取 일백 **백**/없을 **무**/한 **일**/취할 **취**) 일백(一百) (개 중에서) 하나라도 취(取)할 (것이) 없다는 뜻으로, 온갖 말과 행실(行實. 실지로 드러나는 행동) 가운데에 무엇 하나 쓸 만한 것이 하나도 없음을 이르는 말. *백무(百無): ☞백무가관(百無可觀). *취하다(取~): 부록 '취(取)' 참고.

백무-일-행(百無一幸 일백 **백**/없을 **무**/한 **일**/요행 **행**) 일백(一百) (번 중에서) 하나의 요행(僥倖)도 없다는 뜻으로, 단 하나의 요행(僥倖)도 없음을 이르는 말. *백무(百無): ☞백무가관(百無可觀). *'일-행'은 『국어사전(國語辭典)』에 등재(登載)된, '①한 번 총애를 받음. ②한 번 임금이 궁궐 밖으로 나들이함'인 '일행

(一幸)’의 뜻과는 별개다. *요행(僥倖): 뜻밖의 행운. 또는 행운을 바람.

백무-일-흠(百無一欠 일백 백/없을 무/한 일/결점 흠) 일백(一百) (가지 중에서) 하나의 결점(缺點)도 없다는 뜻으로, 단 하나의 작은 흠도 없음을 이르는 말. *백무(百無): ☞백무가관(百無可觀). *결점(缺點): 잘못되거나 완전하지 못한 점. =단점(短點). 결함(缺陷).

백반-곽탕(白飯藿湯 흰 백/밥 반/콩잎 곽/끓일 탕) 흰 밥과 콩잎을 (넣어) 끓인 (국이라는) 뜻으로, 흰밥[白飯]과 미역국[藿湯]을 아울러 이르는 말. 재래 풍속으로 생일(生日)에 흔히 먹는 음식이다. *백반(白飯): ①=흰밥. 즉, 쌀로만 지은 밥. ②음식점에서 흰밥에 국과 몇 가지 반찬을 끼워 파는 한 상(床)의 음식. *곽탕(藿湯): =미역국. 원래 콩잎을 넣어 끓인 국이었는데, 나중에 미역을 넣어 끓인 국으로 바뀐 듯(?)

백반-총탕(白飯葱湯 흰 백/밥 반/파 총/끓일 탕) 흰 밥과 파를 (넣어) 끓인 (국). 즉, 흰 쌀 밥에, (아무것도 넣지 않고) 파만 (넣어) 끓인 (국이라는) 뜻으로, 반찬이 변변찮거나 적은, 검소(儉素. <u>사치하지 않고 꾸밈없이 수수함</u>)한 음식을 비유적으로 이르는 말. *백반(白飯): ☞백반곽탕(白飯藿湯). *총탕(葱湯): ①=팟국. 즉, 맑은장국에, 파와 약간의 콩나물을 넣고 고추장을 풀어서 끓인 국. ②=파장국. 즉, 파를 넣어 끓인 맑은장국.

백발-노인(白髮老人 흰 백/머리털 발/늙을 노/사람 인) 머리털이 흰 늙은 사람이라는 뜻으로, 머리털이 하얗게 센 늙은이를 이르는 말. *백발(白髮): 하얗게 센 머리털. =은발(銀髮). *노인(老人): 나이가 많은 사람. =늙은이.

백-발-백중(百發百中 일백 백/쏠 발/일백 백/맞을 중) 일백(一百) (번) 쏘아 일백(一百) (번) 맞힌다는 뜻으로, ①총이나 활 따위를 쏠 때마다 겨눈 곳에 어김없이 다 맞음을 비유적으로 이르는 말. ②일 또는 계획한 것이 예정대로 들어맞거나, 하는 일마다 실패 없이 잘되는 것을 비유적으로 이르는 말. 〈참〉 백보천양(百步穿楊). 일발필중(一發必中). *백중(百中): 총이나 포, 활 따위가 쏘는 족족 들어맞음. 이 사자성어의 유래는 다음과 같다. 『전국책(戰國策)』의 「서주책(西周策)」 편(篇)에 [진(秦)나라 장군(將軍)인 백기(白起)가 한(韓)나라를 격파(擊破 쳐부숨)한 후 위(魏)나라의 수도(首都)인 대량(大梁)을 공격하려고 하였다. (주·周나라의) 소려(蘇厲)는 만일 대량(大梁)이 진(秦)나라의 수중(手中. <u>손 안</u>)에 떨어지면 주(周)나라도 위험하다고 판단하고 난왕(赧王)에게 백기(白起)의 출병(出兵. <u>군사를 싸움터로 내보냄</u>)을 막아야 한다고 말해 주었다. 난왕(赧王)은 소려(蘇厲)를 진(秦)나라에 파견(派遣)했다. 소려(蘇厲)는 백기(白起)를 만나 설득(說得)하기 시작했다.]〈초(楚)나라에 활을 아주 잘 쏘는 양유기(養由基)라는 사람이 있었는데, 백 보나 떨어진 곳에서 버드나무 잎을 쏘아도 백발백중(百發百中)이었으므로, 이를 지켜 본 사람들 수천 명이 모두 그가 활을 잘 쏜다고 칭찬했습니다. <u>이때부터 ‘백발백중(百發百中)’이란 말이 널리 퍼지게 되었는데, 하는 일마다 실패 없이 잘 되는 것을 비유(比·譬喩. 어떤 사물의 모양이나 상태 따위를 보다 효과적으로 표현하기 위하여 그것과 비슷한 다른 사물에 빗대어 표현함. 또는 그 표현 방법)한 말이 된 것이다.</u> (楚有養由基者, 善射者也, <u>**去柳葉百步而射之,**</u> <u>**百發而百中**</u>, 左右觀者數千人皆曰, 善射.)〉[이때 어떤 사람이 양유기(養由基)의 옆에 가서 ‘잘한다. 활을 가르쳐 줄 만하다.’고 말했습니다. 즉, 당신은 활을 잘 쏘는 군요. 당신에게 활 쏘는 법을 가르칠 만하겠어요. 백발백중(百發百中)에 너무 집착하지 말라는 뜻이다. 양유기(養由基)는 이 말을 듣고 기분이 상해 ‘모두 나보고 활을 잘 쏜다고 하는데, 당신은 (오히려) 나를 가르칠 수 있다고 하다니, 그렇다면 당신이 버들잎을 쏘아 보시오’라고 말했습니다. 즉, 양유기(養由基)는 그 사람의 말을 오해(誤解)하고 있는 것이다. 그러자 그 사람이 말했습니다. '나는 어떻게 왼팔을 펴고 오른팔을 구부리는가 하는 재주(순우리말로, 무엇을 잘할 수 있는, 타고난 능력과 슬기)를 가르칠 수는 없소. 즉, 내가 한 말은 당신에게 활 쏘는 기술을 가르쳐 준다는 것이 아니었다는 뜻이다. 하지만 당신은 버들잎을 백발백중(百發百中) 맞히는 것만 알지, 휴식(休息)하는 것을 모르고 있소. 잠시 후 피로(疲勞)하여 한 발을 못 맞추게 되면 앞서의 공(功)은 다 날아가는 것 아니오?'" 즉, 100보 떨어진 곳에 있는 버들잎에 100발의 화살을 쏘아 100발 모두 명중시킨다(百發百中)고 해도, 이제는 더 이상 사람들이 잘 쏜다고 말하기 전에 그만 두는 것이 좋겠다. 백발백중(百發百中)에 너무 집착하지 말라는 뜻이다. 왜냐하면 만약 무리하게 계속 활을 쏘다가 기운(순우리말로, 생물이 살아 움직이는 원기·元氣, 또는 거기서 나오는 힘)이 떨어지고 팔 힘도 없어지면, 활도 기울고 화살도 빗나가게 될 것이다. 그러다가 하나라도 빗나가게 된다면 지금까지 백발백중(百發百中)이던 명성(名聲, 세상에 널리 퍼져 평판 높은 이름)이 다 소용이 없게 된다는 뜻이다. (백기·白起에게 말하기를) "당신은 이미(돌이킬 수 없이 된 지난 일을 일컬을 때 쓰는 말) 한(韓)나라와 조(趙)나라를 쳐 많은 땅을 빼앗고 큰 공(功)을 세웠습니다. 그런데 또 군사를 거느리고 나아가 주(周)나라 왕실(王室. 왕의 집안)의 땅을 지나서 대량(大梁)을 공격하려고 하고 있습니다. 만약 이 전쟁에서 이기지 못하면 앞서 세운 공(功)은 다 날아가게 되지 않습니까? 차라리 병(病)을 칭(稱)하고(병·病을 핑계대고) 출병(出兵)을 하지 않는 것이 좋을 것 같습니다." 즉, 이 부분은 앞에서 소려(蘇厲)가 백기(白起) 장군에게 양유기(養由基)의 이야기를 한 이유가 되겠다. 백기(白起) 장군이 지금까지 승승장구(乘勝長驅. 본문 참고)하면서 다시 위(魏)나라의 수도(首都)인 대량(大梁)을 공격해 빼앗으려고 하지만, 만약 단번에 빼앗지 못하면 지금까지 공로(功勞)가 수포(水泡. 물 위에 떠 있는 거품이라는 뜻으로, 공들인 일이 헛되이 되는 것을 비유하여 이르는 말)로 돌아갈 것이니, 전쟁을 여기서 그치는 것이 좋다고 권유(勸誘. 어떤 일을 하도록 권함)하기 위한 것이었다. 이 말을 들은 백기(白起)는 자기를 대적(對敵. 적이나 어떤 세력, 힘 따위가 서로 맞서 겨룸)할 자(者)가 없으므로 승리하지 못할 일이 없다고 말하고, 군사를 거느리고 위(魏)나라를 쳐 대승(大勝. 싸움이나 경기에서 크게 이김)을 거두고 십여 개의 성(城)을 빼앗았다.]라는 이야기가 나오는데, '백 보나 떨어진 곳에서 버드나무 잎을 쏘아도 백발백중(百發百中)이었으므로,(去柳葉百步而射之, 百發而百中)'에서, '백발백중(百發百中)'이 유래했다. 여기에 등장하는 '양유기(養由基)'는 춘추시대 초(楚)나라의 명장(名將. 이름난 장수)으로, 중국의 전설적인 명사수(名射手. 총이나 활 따위를 썩 잘 쏘는 사람)이었지만, 결국 그도 전쟁터에서 활에 맞아 죽었다. 그럼에도 불구하고, 양유기(養由基)는 신궁(神宮. 귀신같은 활이라는 뜻으로, 활을 잘 쏘는 사람이나 그 활을 일컫는 말)으로 유명하며, 활과 관련된 수많은 일화(逸話. 어떤 사람이나 어떤 사건에 관련된, 아직 세상에 널리 알려지지 않은 이야기)를 남겼다. 여기에 나오는 백발백중(百發百中)은 활의 명수(名手. 기능이나 기술 따위에서, 뛰어난 솜씨를 가진 사람)인 양유기(養由基)에 관해 언급하는 부분에 나오는 사자성어로, 그의 신묘(神妙. 신통하고 묘함)한 활쏘기 실력을 짧게 서술한 말이다. 오늘날에는 하는 일이나 계획한 모든 것이 실패 없이 잘 들어맞는다는 의미로 쓰이고 있다. 그런데 이 이야기의 결말 부분은 자료에 따라 다르다. 어떤 자료에는 위에 소개한 바와 같이, '군사를 거느리고 위(魏)나라를 쳐 대승(大勝. 싸움이나 경기에서 크게 이김)을 거두고 십여 개의 성(城)을 빼앗았다.'라고 기술하고 있다. 또 다른 자료에는 '백기(白起)는 공격을 포기했다고 한다.' 또 어떤 자료에는 '백기(白起) 장군은 병(病)을 핑계대고 출정(出征)하지 않아 주(周)나라를 구했다
는 설화(說話)가 있다'고 했다. 참고로, 원문의 '楚有養由基者'에서, '楚'는 초(楚)나라 '초'로 읽고, '有'는
있을 '유'로 읽고, '養'은 기를 '양', 봉양(奉養)할 '양'으로 읽고, '由'는 말미암을 '유'로 읽고, '基'는 터(<u>활동
의 토대나 일이 이루어지는 밑바탕</u>) '기', 바탕 '기'로 읽는다. 여기서 '養由基'는 사람 이름. '者'는 사람
'자'로 읽는다. '楚有養由基者'를 직역(直譯)하면, 초(楚)나라에 양유기(養由基)라는 사람이 있었는데, '善
射者也'에서, '善'은, 여기서는 훌륭할 '선'으로 읽고, '射'는 쏠 '사'로 읽는다. '善射'는 총이나 활을 잘
쏨. '也'는 어조사 '야'로 읽는다. '~이다(<u>단정</u>)'의 뜻을 나타냄. '善射者也'를 직역(直譯)하면, (그는) 총이
나 활을 잘 쏘는 사람이었다. '去柳葉百步而射之'에서, '去'는 갈 '거'로 읽고. '柳'는 버들 '류(<u>유</u>)'로 읽고,
'葉'은 잎 '엽'으로 읽고, '百'은 일백 '백'으로 읽고, '步'는 걸음 '보'로 읽고, '而'는 말 이을 '이'로 읽는다.
'그리고'의 뜻을 나타냄. '之'는 어조사 '지'로 읽는다. '그것'을 가리키는 지시 대명사. '去柳葉百步而射之'
를 직역(直譯)하면, 백 걸음이나 (떨어진 곳에) 가서 버들잎을 (보고) 그리고 그것(버들잎)을 (향하여)
쏘았는데, '百發而百中'에서, '發'은 여기서는 쏠(<u>활이나 총, 대포 따위를 일정한 목표를 향하여 발사할</u>)
'발'로 읽고, '中'은 맞을(<u>쏘거나 던지거나 한 물체가 어떤 물체에 닿을</u>) '중', 맞힐 '중', 적중(的中)시킬
'중'으로 읽는다. '百發而百中'을 직역(直譯)하면, (양유기는) (화살을) 일백 번 쏘아 그리고 일백 번 (다)
맞힌다. 여기서, '百發百中'이 유래하였는데, 이것을 직역(直譯)하면, 일백(一百) 번 쏘아 일백(一百) 번
맞힌다는 뜻으로, ①총이나 활 따위를 쏠 때마다 겨눈 곳에 어김없이 다 맞음을 비유적으로 이르는
말. ②일 또는 계획한 것이 예정대로 들어맞거나, 하는 일마다 실패 없이 잘되는 것을 비유적으로 이르
는 말. 그리고 여기서, '百步穿楊'도 유래했는데, 이것을 직역(直譯)하면, 일백(一百) 걸음 (떨어진 곳에
서) 버들잎을 뚫었다는 뜻으로, 활 쏘는 솜씨가 매우 뛰어남을 비유적으로 이르는 말. '左右觀者數千人皆
曰'에서, '左'는 왼쪽 '좌'로 읽고, '右'는 오른쪽 '우'로 읽고, '觀'은 볼 '관'으로 읽고, '者'는 사람 '자'로
읽고, '數'는 셈 '수', 셈할 '수'로 읽고, '千'은 일천 '천'으로 읽는다. '數千'은 천(千)의 여러 배가 되는
수(數). '人'은 사람 '인'으로 읽고, '皆'는 다 '개', 모두 '개'로 읽는다. '左右觀者數千人皆曰'을 직역(直譯)하
면, 왼쪽과 오른쪽에서 (이를 지켜) 본 사람 수천 명이 다 말하기를, '善射'에서, '善射'를 직역(直譯)하면,
(그가) 활을 잘 쏜다고 (칭찬했습니다).

백발-성성(白髮星星 흰 **백**/머리털 **발**/별 **성**/별 **성**) 흰 머리털이 별처럼 (반짝인다)는 뜻으로, 머리털이
희끗희끗함을 비유적으로 이르는 말. *백발(白髮): ☞백발노인(白髮老人). *성성(星星): 센 머리털이 희
끗희끗함.

백발-홍안(白髮紅顏 흰 **백**/머리털 **발**/붉을 **홍**/얼굴 **안**) 흰 머리털에 붉은 얼굴. 즉, 머리털은 허옇게 세었
으나 얼굴은 소년처럼 붉다는 뜻으로, 흰 머리에 소년처럼 불그레한 얼굴. 또는 나이는 많은데 매우
젊어 보이는 사람을 비유적으로 이르는 말. =백발동안(白髮童顏). *백발(白髮): ☞백발노인(白髮老人).
*홍안(紅顏): (젊어서) 혈색이 좋은 얼굴.

백발-환-흑(白髮還黑 흰 **백**/머리털 **발**/돌아올 **환**/검을 **흑**) 흰 머리털이 검게 돌아왔다는 뜻으로, ①허옇게
센 머리에 검은 머리털이 다시 남을 이르는 말. ②늙은 나이에 도로 젊어짐을 이르는 말. *백발(白髮):
☞백발노인(白髮老人).

백-방-사-주(白紡絲紬 흰 **백**/실 뽑을 **방**/실 **사**/명주 **주**) 흰 (것에서) 실과 실을 뽑아 (짠) 명주(明紬)라는

뜻으로, 흰 누에꼬치만으로 실을 켜서(누에고치에서 실을 뽑아) 짠 명주(明紬)를 이르는 말. *명주(明紬): 부록 '주(紬)' 참고.

백방-천-계(百方千計 일백 **백**/방법 **방**/일천 **천**/꾀 **계**) 일백(一百) (가지의) 방법과 일천(一千) (가지의) 꾀라는 뜻으로, 여러 가지 방법과 온갖 계책(計策. 어떤 일을 이루기 위하여 꾀나 방법을 생각해 냄. 또는 그 꾀나 방법)이나 계교(計巧. 이리저리 생각하여 짜낸 꾀)를 이르는 말. *백방(百方): (주로 '백방으로'의 꼴로 쓰여) ①온갖 방법. ②여러 방면. *꾀: 그럴듯하게 꾸미는 교묘한 생각이나 수단.

백배-사례(百拜謝禮 일백 **백**/절 **배**/사례할 **사**/예절 **례**) (몹시 고마워) 일백(一百) (번이나) 절하며 사례(謝禮)하는 예절(禮節)이라는 뜻으로, 매우 고마워서 거듭거듭 사례함. 또는 거듭 절을 하며 고맙다는 뜻을 나타내는 말. =백배치사(百拜致謝). *백배(百拜): 여러 번 절을 함. 또는 그 절. *사례(謝禮): (언행이나 금품으로) 고마운 뜻을 나타내는 인사.

백배-사죄(百拜謝罪 일백 **백**/절 **배**/사죄할 **사**/허물 **죄**) 일백(一百) (번이나) 절하며 허물에 (대하여) 사죄(謝罪)한다는 뜻으로, 거듭 절을 하며 잘못한 일에 대해 용서(容恕)를 비는 것을 이르는 말. *백배(百拜): ☞백배사례(百拜謝禮). *사죄(謝罪): 지은 죄나 잘못에 대하여 용서를 빎. *허물: 옳게 하지 못한 일. 또는 제대로 되지 못한 일

백배-치사(百拜致謝 일백 **백**/절 **배**/드릴 **치**/사례할 **사**) 일백(一百) (번이나) 절하며 사례(謝禮)의 (인사를) 드린다는 뜻으로, 매우 고마워서 거듭거듭 사례함. 또는 거듭 절을 하며 고맙다는 뜻을 나타냄을 이르는 말. =백배사례(百拜謝禮). *백배(百拜): ☞백배사례(百拜謝禮). *치사(致謝): 고맙다는 뜻을 나타냄. *드리다: ①'주다'의 높임말. ②(신이나 부처에게 정성을) 바치다. ③(인사 따위를) 여쭈다. *사례하다(謝禮~): 부록 '사(謝)' 참고.

백배-치하(百拜致賀 일백 **백**/절 **배**/드릴 **치**/하례할 **하**) 일백(一百) (번이나) 절하며 하례(賀禮)의 (인사를) 드린다는 뜻으로, 거듭 절을 하며, 칭찬(稱讚)하여 축하(祝賀) 인사를 함을 이르는 말. *백배(百拜): ☞백배사례(百拜謝禮). *치하(致賀): 칭찬하거나 축하하는 뜻을 나타냄. 주로 윗사람이 아랫사람에게, 또는 평교간(平交間. 나이가 서로 비슷한 벗 사이. 또는 같은 연배의 벗 사이)에 쓰는 말. *드리다: ☞백배치사(百拜致謝). *하례하다(賀禮~): 부록 '하(賀)' 참고.

백-백-홍-홍(白白紅紅 흰 **백**/흰 **백**/붉을 **홍**/붉을 **홍**) 희고 희면서 붉고 붉다는 뜻으로, 희끗희끗하고 불긋불긋한 모양을 이르는 말.

백-벽-미하(白璧微瑕 흰 **백**/둥근 옥 **벽**/작을 **미**/티 **하**) 흰 둥근 옥(옥구슬)에 (있는) 작은 티(흠)라는 뜻으로, 거의 완전하지만 약간의 흠이 있거나, 아주 작은 결점이 있음을 비유적으로 이르는 말. *미하(微瑕): 작은 결점. 또는 약간의 흠. *티: 부록 '하(瑕)' 참고.

백-보-천양(百步穿楊 일백 **백**/걸음 **보**/뚫을 **천**/버들 **양**) 일백(一百) 걸음 (떨어진 곳에서) 버들잎을 뚫었다는 뜻으로, 활 쏘는 솜씨가 매우 뛰어남을 비유적으로 이르는 말. 웹 백발백중(百發百中). *천양(穿楊): 웹 활을 썩 잘 쏨을 비유적으로 이르는 말. 예전에, 활쏘기의 명수(名手. 기능이나 기술 따위에서 뛰어난 솜씨를 가진 사람)가 백 발자국 밖에 있는 버들잎을 하나하나 꿰뚫어 맞추었다는 데에서 유래한다. 이 사자성어의 유래는 다음과 같다. 『전국책(戰國策)』의 「서주책(西周策)」 편(篇)에 〈초(楚)나라에 활을 아주 잘 쏘는 양유기(養由基)라는 사람이 있었는데, 백 보나 떨어진 곳에서 버드나무 잎을 쏘아도 백발

백중(百發百中)이었으므로, 이를 지켜 본 사람들 수천 명이 모두 그가 활을 잘 쏜다고 칭찬했습니다. (楚有養由基者, 善射者也, <u>去柳葉百步而射之</u>, <u>百發而百中</u>, 左右觀者數千人皆曰, 善射.)〉라는 이야기가 나오는데, '백 보나 떨어진 곳에서 버드나무 잎을 쏘아도 백발백중(百發百中)이었으므로,(去柳葉百步而 射之, 百發而百中)'에서, '백보천양(百步穿楊)'이 유래했다. 이 말은 글의 뜻으로 보아 '백 보 밖에서 버들 잎을 뚫었다.'는 뜻이기에 '백보천양(百步穿楊)'이라고 할 수 있는 것이다. '양유기(養由基)'는 춘추시대 초(楚)나라의 명장(名將)으로, 중국의 전설적인 명사수(名射手. <u>총이나 활 따위를 썩 잘 쏘는 사람</u>)이었 지만, 결국 그도 전쟁터에서 활에 맞아 죽었다. 나머지 구체적인 내용은 ⇨백발백중(百發百中).

백-불-유-인(百不猶人 일백 **백**/아닐 **불**/같을 **유**/사람 **인**) 일백(一百) (가지가) 사람(남, 혹은 타인)과 같지 아니하다는 뜻으로, 백(百)이면 백(百) 가지 모든 면에서 남보다 못함을 이르는 말.

백사-불리(百事不利 일백 **백**/일 **사**/아닐 **불**/이로울 **리**) 일백(一百) (가지의) 일이 이롭지 아니하다는 뜻으로, 모든 일이 다 이롭지 못함을 이르는 말. *백사(百事): 여러 가지 일. 또는 온갖 일. =만사(萬事). *불리(不利): 이롭지 아니함. ↔유리(有利). *이롭다: 부록 '리(利)' 참고.

백사-불성(百事不成 일백 **백**/일 **사**/아닐 **불**/이룰 **성**) 일백(一百) (가지의) 일이 이루어지지 아니하다는 뜻으로, 여러 가지 일이 하나도 이루어지지 않음. 또는 하는 일마다 실패(失敗)하여 되는 일이 아무것도 없음을 이르는 말. *백사(百事): ☞백사불리(百事不利). *불성(不成): 이루어지지 못함.

백사-여의(百事如意 일백 **백**/일 **사**/같을 **여**/뜻 **의**) 일백(一百) (가지의) 일이 뜻과 같다는 뜻으로, 모든 일이 뜻한 대로, 또는 마음먹은 대로 이루어짐을 이르는 말. *백사(百事): ☞백사불리(百事不利). *여의 (如意): 일이 뜻대로 됨.

백-사-일-생(百死一生 일백 **백**/죽을 **사**/한 **일**/살 **생**) 일백(一百) (번) 죽을 (뻔하다가) 한 (번) 살아난다는 뜻으로, 죽을 고비를 여러 차례 넘기고 겨우 살아남을 이르는 말. =구사일생(九死一生). *'일-생'은 『국 어사전(國語辭典)』에 등재(登載)된, '살아 있는 동안. =평생(平生)'인 '일생(一生)'의 뜻과는 별개다.

백사-청송(白沙靑松 흰 **백**/모래 **사**/푸를 **청**/솔 **송**) 흰 모래와 푸른 솔(소나무)이라는 뜻으로, 흰 모래밭에 푸른 소나무가 어우러진 해안(海岸)이나 강변(江邊)의 아름다운 경치를 이르는 말. 즉, 바닷가의 아름다 운 경치를 비유적으로 이르는 말. *백사(白沙): 흰 모래. *청송(靑松): 푸른 솔(소나무).

백석-청탄(白石淸灘 흰 **백**/돌 **석**/맑을 **청**/여울 **탄**) 흰 돌과 맑은 여울이라는 뜻으로, 바닥에 흰 돌이 깔려 있고, 그 위로 맑은 물결이 흐르는 경치 좋은 여울. 혹은 바닷가의 아름다운 경치를 이르는 말. *백석(白 石): 흰 돌. *청탄(淸灘): 맑고 깨끗한 여울. *여울: 부록 '탄(灘)' 참고.

백설-애애(白雪皚皚 흰 **백**/눈 **설**/흴 **애**/흴 **애**) 흰 눈이 희고 희다는 뜻으로, 흰 눈이 내려 희고 깨끗함을 이르는 말. *백설(白雪): 흰 눈 *애애(皚皚): (서리나 눈이 내려) 일대(一帶. <u>어떤 지역의 전부</u>)가 모두 흼.

백세-지-사(百世之師 일백 **백**/대 **세**/어조사 **지**/스승 **사**) 일백(一百) 대(代)까지 (이어진) 스승이라는 뜻으 로, 후세(後世)까지 모든 사람의 스승으로 우러름을 받을 만하거나, 존경(尊敬)을 받을 만한 훌륭한 사람 을 이르는 말. *백세(百世): 오랜 세대.

백세-지-후(百歲之後 일백 **백**/해 **세**/어조사 **지**/뒤 **후**) 일백(一百) 해[歲]의 뒤[後]라는 뜻으로, ①백년 뒤 사람의 사후(死後) 등을 이르는 말. ②남을 높여 그의 죽은 뒤를 높여 이르는 말. 사람이 인생 백년(百年)

을 사는 일이 드문 데서 이르는 말. 어떤 『국어사전(國語辭典)』에는 사람이 죽은 뒤를 에둘러서 이르는 말이라고 되어 있다. *백세(百歲): 긴 세월.

백수-건달(白手乾達 빌 **백**/손 **수**/건성 **건**/방자할 **달**) 손이 비어 (있는) 건달(乾達)이라는 뜻으로, 돈 한 푼 없이 빈둥거리며 놀고먹는 건달(乾達)을 이르는 말. *백수(白手): ①=맨손. 즉, 아무것도 가지지 않은 손. ②=백수건달(白手乾達). *건달(乾達): ①하는 일 없이 빈둥거리고 돌아다니며, 남의 일에 트집(공연히 조그만 흠을 들추어내어 불평을 하거나 말썽을 부림. 또는 그 불평이나 말썽) 잡기를 잘하는 짓. 또는 그런 사람. ②밑천을 다 잃고 빈털터리가 된 사람. *건성: 순우리말로, ①진심으로 하지 아니하고 겉으로만 함. ②진지한 자세나 성의 없이 대충하는 태도. *방자하다(放恣~): 꺼리거나 삼가는 태도가 보이지 않고 교만스럽다.

백-수-백복(百壽百福 일백 **백**/목숨 **수**/일백 **백**/복 **복**) 일백(一百) (해의) 목숨과 일백(一百) (가지의) 복(福)이라는 뜻으로, ①긴 수명(壽命)과 온갖 복(福)을 이르는 말. ②여러 가지의 전자(篆字)로 써 놓은 '수복(壽福. 오래 사는 일과 복을 누리는 일)' 글자를 이르는 말. 여기서, '전자(篆字)'는 한자 서체(書體)의 한 가지. 수복(壽福)을 기원하기 위하여 지게문(마루나 부엌 같은 데서 방으로 드나드는 외짝 문)이나 두껍닫이(미닫이를 열었을 때, 그 문짝이 들어가 가리어지게 된 곳) 따위에 써 붙였음. *백복(百福) :온갖 복.

백수-북면(白首北面 흰 **백**/머리 **수**/북녘 **북**/방향 **면**) 흰 머리가 북녘 방향(方向)이라는 뜻으로, 재주(순우리말로, 무엇을 잘할 수 있는, 타고난 능력과 슬기)와 덕(德. 고매하고 너그러운 도덕적 품성)이 없는 사람은 늙어서도 북쪽을 향하여 스승의 가르침을 받음이 마땅함을 이르는 말. 배움에는 나이 제한(制限)이 없으므로, 백발(白髮. 하얗게 센 머리털)의 노인이 되어서도 배워야 함을 이르는 말이다. *백수(白首): 허옇게 센 머리. *북면(北面): ①북쪽의 면. ②북쪽을 향함.

백수-습복(百獸慴伏 일백 **백**/짐승 **수**/두려워할 **습**/엎드릴 **복**) 일백 (一百) (마리의) 짐승이 두려워하며 엎드린다는 뜻으로, 온갖 짐승이 두려워하며 엎드림, 또는 숨어 버림을 이르는 말. *백수(百獸): 온갖 짐승. 또는 뭇짐승. *습복(慴伏): 세력에 눌려서 복종(服從)함. 또는 두려워서 엎드림.

백수-잔년(白首殘年 흰 **백**/머리 **수**/남을 **잔**/나이 **년**) 흰 머리의 남은 나이라는 뜻으로, 늙어서 머리가 세고 살날(앞으로 살아 있을 날)이 얼마 남지 않음을 이르는 말. *백수(白首) :☞백수북면(白首北面). *잔년(殘年): 명(命)이 다할 때까지의 얼마 남지 않은 나이. =여생(餘生).

백수-지-년(白首之年 흰 **백**/머리 **수**/어조사 **지**/나이 **년**) 흰 머리의 나이라는 뜻으로, 머리가 허옇게 센 늙은 나이를 이르는 말. *백수(白首): ☞백수북면(白首北面).

백수-지-심(白首之心 흰 **백**/머리 **수**/어조사 **지**/마음 **심**) 흰 머리의 마음이라는 뜻으로, 늙은이의 마음을 이르는 말. *백수(白首): ☞백수북면(白首北面). 이 사자성어의 유래는 다음과 같다. 왕발(王勃)의 「등왕각시서(藤王閣詩序)」에 〈믿는 바는, 군자(君子. 학문과 덕·德이 높고 행실·行實이 바르며 품위·品位를 갖춘 사람)는 가난을 평안하게 여기고, 달인(達人)은 천명(天命)을 안다는 것이다. 늙을수록 더욱 강해진다면, 어찌 노인의 마음을 알겠는가? 가난할수록 더욱 굳건해진다면, 청운(靑雲)의 뜻을 떨어뜨리지 않을 것이다.(所賴君子安貧, 達人知明, 老當益壯, **寧知白首之心**, 窮且益堅, 不墮靑雲之志.)〉라는 글귀가 나오는데, '어찌 노인의 마음을 알겠는가?(寧知白首之心)'에서, '백수지심(白首之心)'이 유래했다. 나머지 구체적인 내용은 ⇨노당익장(老當益壯).

백수-풍신(白首風神 흰 **백**/머리 **수**/풍채 **풍**/신 **신**) 흰 머리에 풍채(風采)의 신(神)이라는 뜻으로, 머리가 센 늙은이의 점잖고 위엄 있는 풍채(風采)를 이르는 말. *백수(白首): ☞백수북면(白首北面). *풍신(風神): ①바람을 맡아 다스리는 신(神). ②사람의, 드러나 보이는 의젓한 겉모양. 여기서는 ②의 뜻. *풍채(風采): 사람의, 드러나 보이는 의젓한 모양.

백수-풍진(白首風塵 흰 **백**/머리 **수**/바람 **풍**/티끌 **진**) 흰 머리의 바람과 티끌이라는 뜻으로, 늙바탕(늙어서 노인이 된 처지)에 치르는 온갖 고생. 즉, 늘그막(늙어가는 무렵)에 세상의 어지러운 일이나 온갖 곤란(困難)을 겪게 됨을 이르는 말. *백수(白首): ☞백수북면(白首北面). *풍진(風塵): ①바람과 티끌. ②세상의 속된 일. 또는 속세(俗世. 세속의 사람들이 사는 일반의 사회). ③전진(戰塵). 즉, 싸움터의 소란. *티끌: 공기 속에 섞여 날리거나 물체 위에 쌓이는, 매우 잘고 가벼운 물질을 이르는 말. 먼지 따위가 있음.

백승-지-가(百乘之家 일백 **백**/수레 **승**/어조사 **지**/집안 **가**) 일백(一百) (대) 수레의 집안. 즉, 전쟁(戰爭)이 일어나면 수레 백(百) 대(臺. 자동차나 비행기 또는 기계 따위를 세는 단위)를 내놓을 수 있는 집이라는 뜻으로, 경대부(卿大夫)의 집을 이르던 말. 여기서, '경대부(卿大夫)'란 높은 관직(官職. 관리로서, 국가로부터 위임 받은 일정한 범위의 직무. 또는 그 직위)에 있는 벼슬아치를 이르는 말. 경(卿)과 대부(大夫)로 대표된다. 참 만승지국(萬乘之國). *백승(百乘): 백 대의 수레. 이 사자성어의 유래는 다음과 같다. 『맹자(孟子)』의 「양혜왕(梁惠王) 장구(章句)」 상(上) 편(篇)에 〈만승(萬乘)의 나라에서 그 임금을 죽이는 자(者)는 반드시 천승(千乘)을 가진 봉읍(封邑)(의 제후)이요, 천승(千乘)의 나라에서 그 임금을 죽이는 자(者)는 반드시 백승(百乘)을 가진 봉읍(封邑)(의 대부)입니다. 만(萬)에서 천(千)을 취(取)하고, 천(千)에서 백을 취(取)하는 것은 많지 않은 것은 아니지만, 만약 의(義)를 뒤로 하고 이익(利益)을 앞세우면 모두 빼앗지 않고는 만족하지 못하게 됩니다.(萬乘之國弑其君者, 必千乘之家, 千乘之國弑其君者, **必百乘之家**, 萬取千焉, 千取百焉, 不爲不多矣, 苟爲後義而先利, 不奪不饜.)〉라는 이야기가 나오는데, '반드시 백승(百乘)을 가진 봉읍(封邑)(의 대부)입니다.(必百乘之家)'에서, '백승지가(百乘之家)'가 유래했다. 이 이야기의 배경은 이렇다. 맹자(孟子. 중국 전국시대·戰國時代의 사상가의 한 사람이다. 성선설·性善說을 주장하고 인의·仁義의 정치를 권하였다)가 양혜왕(梁惠王)을 찾아뵈었더니 왕(王)이 말했다. 여기서, '양혜왕(梁惠王)'은 중국 전국(戰國) 시대 위(魏)나라의 3대 군주(君主. 세습적으로 나라를 다스리는 최고 지위에 있는 사람)인 위혜왕(魏惠王)의 다른 이름이다. 성(姓)은 희(姬)이고, 씨(氏)가 위(魏)이다. 『맹자(孟子)』에는 '양혜왕(梁惠王)'으로 불리어졌고, 『장자(莊子)』에는 '문혜군(文惠君)'으로 기록되어 있다. "선생께서는 천 리를 멀다 하지 않고 오셨으니, 장차(張次. '앞으로'의 뜻으로, 미래의 어느 때를 나타내는 말) 내 나라를 이롭게 함이 있겠습니까?" 맹자(孟子)가 말했다. "왕께서는 어찌 이로움만 말씀하십니까? 오직 인(仁)과 의(義)가 있을 따름입니다. 왕께서 어떻게 하면 내 나라를 이롭게 할까를 말씀하시면, 대부(大夫. 중국에서 벼슬아치를 세 등급으로 나눈 품계의 하나)들은 어떻게 하면 봉읍(封邑. 제후를 봉하여 땅을 내줌. 또는 그 땅)을 이롭게 할까 말하며, 선비와 평민(平民)들은 어떻게 하면 내 몸을 이롭게 할까 말할 것이니, 위와 아래가 서로 이익을 취하려고 하면, 나라는 위태로워질 것입니다."라고 말하는 가운데 위의 이야기를 예로 들면서, 만약에 천승지가(千乘之家)는 천승지가(千乘之家)대로 백승지가(百乘之家)는 백승지가(百乘之家)대로 의(義)를 뒤로 하고 이익만을 앞세우면, 얻을 수 없을 뿐만 아니라 모두 그 이익을 빼앗기게 된다는 것이다. 오로지 인(仁)과 의(義)에 입각해서 일을 해야만 이익을 추구하지 않더라도 이익이 돌아온다는 말이다. 나머지 구체적인 내용은 ⇨만승지국(萬乘之國).

백아-절현(伯牙絶絃 맏 백/어금니 아/끊을 절/악기 줄 현) 백아(伯牙)가 (거문고) 악기 줄을 끊었다는 뜻으로, 자기를 알아주는 참다운 벗의 죽음을 슬퍼함을 이르는 말. *백아(伯牙): 사람 이름. *절현(絶絃): 지기(知己. '지기지우·知己之友'의 준말로, 자기를 잘 알아주는 친구, 또는 자기를 잘 이해해 주는 참다운 친구를 이르는 말)와의 사별(死別. 죽어서 이별함)을 비유적으로 이르는 말. '절현(絶絃)'의 유래는 '백아절현(伯牙絶絃)'에서 나왔다. *맏: 부록 '백(伯)' 참고. *어금니: 부록 '아(牙)' 참고. 이 사자성어의 유래는 다음과 같다. 『열자(列子)』의 「탕문(湯問)」편(篇)에 [백아(伯牙)는 거문고를 잘 연주했고, 종자기(鍾子期)는 (백아의 연주를) 잘 감상했다. 백아(伯牙)가 거문고를 탈 때 그 뜻이 높은 산에 있으면 종자기(鍾子期)는 "훌륭하다. 우뚝 솟은 그 느낌이 태산 같구나."라고 했고, 그 뜻이 흐르는 물에 있으면 종자기(鍾子期)는 "멋있다. 넘칠 듯이 흘러가는 그 느낌은 마치 강과 같군."이라고 했다.]〈백아(伯牙)가 뜻하는 바를 종자기(鍾子期)는 다 알아맞혔다. 즉, 백아(伯牙)가 거문고를 연주할 때, 종자기(鍾子期)는 백아(伯牙)의 뜻(속마음. 즉, 거문고를 연주하려는 의도나 그 목적)이 높은 산에 있는지, 흐르는 물에 있는지 모두 알아맞혔다는 말이다. (그러한 친구인) 종자기(鍾子期)가 죽자, 백아(伯牙)는 더 이상 세상에 잘 알아주는 사람[知音]이 없다고 말하고, 거문고를 부수고, 줄을 끊고 종신토록 연주하지 않았다.(伯牙所念, 鍾子期必得之, 子斯死, **伯牙謂世再無知音, 乃破琴絶絃**, 終身不復鼓.)〉라는 이야기가 나오는데, '백아(伯牙)는 더 이상 세상에 잘 알아주는 사람[知音]이 없다고 말하고, 거문고를 부수고, 줄을 끊고,(伯牙謂世再無知音, 乃破琴絶絃)'에서, '백아절현(伯牙絶絃)'이 유래했다. 참고로, 원문의 '伯牙所念'에서, '伯'은 맏('맏이'의 뜻을 더하는 접두사) '백'으로 읽고, '牙'는 어금니 '아'로 읽는다. 여기서, '伯牙'는 사람 이름. '所'는 바(앞에서 말한 내용 그 자체나 일 따위를 나타내는 말) '소'로 읽고. '念'은 생각 '념(염)', 생각할 '념(염)'으로 읽는다. '伯牙所念'을 직역(直譯)하면, 백아(伯牙)가 생각하는 바를, '鍾子期必得之'에서, '鍾'은 쇠북(예전에 쇠로 된 북이라는 뜻으로, 종·鍾을 이르던 말) '종'으로 읽고, '子'는 아들 '자'로 읽고, '期'는 기약할 '기'로 읽는다. 여기서, '鍾子期'는 사람 이름. '必'은 반드시 '필'로 읽고, '得'은, 여기서는 깨달을 '득', 알 '득'으로 읽고, '之'는 어조사 '지'로 읽는다. '그것'을 나타내는 지시 대명사. '鍾子期必得之'를 직역(直譯)하면, 종자기(鍾子期)는 반드시 그것(백아·伯牙가 생각하는 바)을 알아맞혔다. '子斯死'에서, '子'는 '종자기(鍾子期)'를 가리킴. '斯'는 이(지시하는 말) '사'로 읽고, '死'는 죽을 '사'로 읽는다. '子斯死'를 직역(直譯)하면, (그렇게 하다가) 종자기(鍾子期)가 이에 죽었다. '伯牙謂世再無知音'에서, '謂'는 일컬을 '위'로 읽고, '世'는 세상 '세'로 읽고, '再'는 거듭 '재', 재차 '재'로 읽고, '無'는 없을 '무'로 읽고, '知'는 알 '지'로 읽고, '音'은 소리 '음'으로 읽는다. '知音'은 마음이 서로 통하는, 친한 벗을 비유적으로 이르는 말. '伯牙謂世再無知音'을 직역(直譯)하면, 백아(伯牙)는 (이) 세상에서 재차 지음(知音), 즉, 마음이 서로 통하는, 친한 벗이 없음을 일컫고, '乃破琴絶絃'에서, '乃'는 이에(이러하여서 곧) '내'로 읽고, '破'는 깨뜨릴 '파', 부술(조각이 나게 두드려 깨뜨림) '파'로 읽고, '琴'은 거문고 '금'으로 읽고, '絶'은 끊을 '절'로 읽고, '絃'은 악기 줄 '현'으로 읽는다. '乃破琴絶絃'을 직역(直譯)하면, (백아는) 이에 거문고를 부수고 줄을 끊었다. 여기서, '伯牙絶絃'이 유래하였는데, 이것을 직역(直譯)하면, 백아(伯牙)가 (거문고) 악기 줄을 끊었다는 뜻으로, 자기를 알아주는 참다운 벗의 죽음을 슬퍼함을 이르는 말. 진정한 벗은 대화가 필요 없다. 형식이 아니다. 마음이 중요하다. 마음으로 느끼고 마음으로 스치면 족(足)할 뿐이다. 종자기(鍾子期)는 백아(伯牙)가 연주하는 소리만 듣고도 벗의 속마음이 어디에 있다는 것을 알아낼 정도로 절친한 친구다. 자기의 가치나 처지를 잘 알아주는 친구가 참다운 친구라는 말이 있다. 그런데 나를 이해해 주고 나의 마음을 알아 주는 벗이 죽었다는 것은 그 무엇보다 슬픈 일이다. 그래서 거문고 악기 줄을 끊고 종신토록 연주를 하지 않았다는 것이다. '終身不復鼓'에서, '終'은 마칠 '종', 끝낼 '종'으로 읽고, '身'은 몸 '신'으로 읽는다. '終身'은 목숨을 다하기까지의 동안. '不'은 아닐(부정하는 말) '불'로 읽고, '復'는 다시 '부'로 읽고, '鼓'는 여기서는 악기를 탈 '고', 연주(演奏)할 '고'로 읽는다. '終身不復鼓'를 직역(直譯)하면, 목숨을 다하기까지의 동안 다시 연주하지 않았다. 그런데 백아(伯牙)와 종자기(鍾子期) 의 이야기는 『여씨춘추(呂氏春秋)』의 「본미(本味)」편(篇)에도 나온다. 〈종자기(鍾子期)가 죽자, 백아(伯牙)는 거문고를 던져 버리고, 줄을 끊고, 종신토록 다시 거문고를 연주하지 않았다. 세상에 거문고 연주를 들려줄 사람이 다시는 없다고 생각했기 때문이다.(鍾子期死, 伯牙摔琴絕絃, 終身不復鼓琴, 以爲世無足復爲鼓琴者.)〉라는 이야기가 그것이다. '백아(伯牙)는 거문고를 던져 버리고 줄을 끊고.(伯牙摔琴絕絃)'에서, '백아절현(伯牙絕絃)'이 유래했다. 참고로, 원문의 '鍾子期死'에서, '鍾'은 쇠북(예전에 쇠로 된 북이라는 뜻으로, 종·鍾을 이르던 말) '종'으로 읽고, '子'는 아들 '자'로 읽고, '期'는 기약할 '기'로 읽는다. 여기서, '鍾子期'는 사람 이름. '鍾子期死'를 직역(直譯)하면, 종자기가 죽자. '伯牙摔琴絕絃'에서, '伯'은 맏(맏이'의 뜻을 더하는 접두사) '백'으로 읽고, '牙'는 어금니 '아'로 읽는다. 여기서, '伯牙'는 사람 이름. '摔'은 땅에 버릴 '솔'로 읽고, '琴'은 거문고 '금'으로 읽고, '絕'은 끊을 '절'로 읽고, '絃'은 악기 줄 '현'으로 읽는다. '伯牙摔琴絕絃'을 직역(直譯)하면, 백아(伯牙)는 거문고를 땅에 버리고 줄을 끊어, 여기서, '伯牙絕絃'이 유래하였는데, 이것을 직역(直譯)하면, 백아(伯牙)가 (거문고) 악기 줄을 끊었다는 뜻으로, 자기를 알아주는 참다운 벗의 죽음을 슬퍼함을 이르는 말. '終身不復鼓琴'에서, '終身不復鼓琴'을 직역(直譯)하면, 목숨을 다하기까지의 동안 다시 거문고를 연주하지 않았으니, '以爲世無足復爲鼓琴者'에서, '以'는 써(그것을 가지고, 그것으로 인하여) '이'로 읽고, '爲'는 될 '위'로 읽고, '世'는 세상 '세'로 읽고, '無'는 없을 '무'로 읽고, '足'은 넉넉할 '족'으로 읽는다. '爲世無足'을 직역(直譯)하면, (이) 세상은 ~이 되기에 넉넉함이 없다(넉넉하지 않다). '復'는, 여기서는 다시 '부'로 읽고, '爲'는, 여기서는 할 '위'로 읽고, '者'는 사람 '자'로 읽는다. '爲世無足復爲鼓琴者'를 직역(直譯)하면, 이 세상은 (다른 사람을) 위하여 다시 거문고를 연주하려는 사람이 되기에 넉넉함이 없다(넉넉하지 않다고 생각했기 때문이다). 즉, 이 세상에는 북과 거문고 연주를 이해해줄 만한 사람이 다시는 없을 것이라고 생각했다는 뜻이다.

백악-구비(百惡具備 일백 **백**/악할 **악**/갖출 **구**/갖출 **비**) 일백(一百) (가지의) 악(惡)을 갖추고 갖추어 있다. 즉, 온갖 못된 짓을 다 갖추고 있다는 뜻으로, 사람의 됨됨이가 고약하여 온갖 나쁜 점은 다 갖추고 있음을 이르는 말. *백악(百惡): 온갖 못된 짓. 또는 모든 악(惡). *구비(具備): (필요한 것을) 빠짐없이 갖춤. 또는 두루 갖춤. *갖추다: 부록 '구(具)', '비(備)' 참고.

백액-대호(白額大虎 흰 **백**/이마 **액**/클 **대**/범 **호**) 이마가 희고 큰 범(호랑이)이라는 뜻으로, 이마와 눈썹의 털이 허옇게 센 늙은 호랑이를 이르는 말. *백액(白額): 흰 이마. *대호(大虎): 큰 호랑이.

백약-지-장(百藥之長 일백 **백**/약 **약**/어조사 **지**/뛰어날 **장**) 일백(一百) (가지의) 약(藥) (중) 뛰어난 (것).

즉, 온갖 뛰어난 약(藥) 가운데서 가장 으뜸(중요한 정도로 본, 어떤 사물의 첫째를 이르는 말)이라는 뜻으로, 술[酒]을 달리 이르는 말. *백약(百藥): 온갖 약(藥). 이 사자성어의 유래는 다음과 같다. 『한서(漢書)』의 「식화지(食貨志)」 편(篇)에, 〈무릇 소금은 음식의 장수이고, 술은 모든 약 가운데 으뜸이자, 좋은 모임을 즐겁게 해 주는 것이며, 철(鐵)은 밭농사의 근본이다. 명산(名山)과 소택(沼澤)은 부유함의 보고(寶庫)이다.(夫鹽, 食肴之將, 酒, 百藥之長, 嘉會之好, 鐵, 田農之本, 名山大澤, 饒衍之藏.)〉라는 이야기가 나오는데, '술은 모든 약 가운데 으뜸이자.(酒, 百藥之長)'에서, '백약지장(百藥之長)'이 유래했다. 이 이야기의 배경은 이렇다. 왕망(王莽)은 한(漢) 왕조(王朝)의 황위(皇位. 황제의 지위)를 찬탈(簒奪. 왕위나 국가의 주권 따위를 억지로 빼앗음)하고 신(新)나라를 세운 후 대대적인 개혁에 착수했는데, 그것은 바로 오균육관정책(五均六筦政策)이다. 여기서, '오균육관정책(五均六筦政策)'은 다섯 가지[五]를 균등[均]하게 하고, 여섯 가지[六] 경제(經濟) 업무를 관리하는[筦] 정책(政策)을 일컫는다. '筦'은 '맡아 다스리다', '관리하다'의 뜻임. 왕망(王莽)은 상인들의 겸병(兼倂. 둘 이상의 것을 하나로 합치어 가짐)을 제한하고 물가 파동과 고리대금(高利貸金. 부당하게 비싼 이자를 받는 돈놀이)의 폐해(弊害. 폐단으로 생기는 해로움) 따위를 막기 위해 건국 2년 되던 해인 서기 10년, 오균육관정책(五均六筦政策)을 시행했다. 그 중 '육관(六筦)'이란 관청에서 여섯 가지 경제(經濟) 업무를 관리하는 것을 말한다. 즉, 국가에서 소금, 쇠[鐵], 술을 전매(專賣. 어떤 물건을 독점하여 팖)하고, 주전(鑄錢. 돈을 주조함. 또는 그 돈)을 직접 관리하며, 산림(山林)과 소택(沼澤. '늪[沼]'과 '못[澤]'을 아울러 이르는 말)에서 생산되는 물품의 세금을 징수하고, 대출(貸出. 돈이나 물건 따위를 빌려주거나 빌림)을 취급했다. 이런 정책은 서민들을 구제하고 거상(巨商. 밑천을 많이 가지고 크게 하는 장사. 또는 그런 장수)들의 겸병(兼倂. 둘 이상의 것을 하나로 합치어 가짐)을 억제하기 위한 것이었다. 왕망(王莽)은 육관(六筦) 실시에 대한 조서(詔書. 임금의 명령을 일반에게 알릴 목적으로 적은 문서)를 내렸는데, 윗글은 그 내용의 일부분이다. 결국 왕망(王莽)의 이상적(理想的)인 이 정책은 당시(當時. 일이 있었던 바로 그때. 또는 이야기하고 있는 그 시기)의 정치적 부패 상황에서 관리들의 배를 불리고, 백성들의 고혈(膏血. 사람의 기름과 피. 몹시 고생하여 얻은 이익이나 재산을 비유적으로 이르는 말)을 짜내는 제도로 변질되어, 오히려 백성들에게 재난(災難. 뜻밖에 일어난 재앙과 고난)만 안겨 주고 말았다. 참고로, 원문의 '夫鹽'에서, '夫'는 발어사(發語辭) '부'로 읽는다. '발어사(發語辭)'는 문장의 서두에 놓여 '대저', 또는 '대체로'의 뜻을 나타냄. '鹽'은 소금 '염'으로 읽는다. '夫鹽'을 직역(直譯)하면, 대체로 소금은, '食肴之將'에서, '食'은 밥 '식'으로 읽고, '肴'는 안주(고기 안주) '효'로 읽는다. '食肴'는, 직역(直譯)하면 밥과 안주. 여기서는 '음식'을 가리킴. '之'는 어조사 '지'로 읽는다. '~의'를 나타내는 관형격 조사. '將'은 장수(將帥) '장'으로 읽는다. '食肴之將'을 직역(直譯)하면, 밥과 안주의 장수(將帥)이다. 즉, 소금은 밥과 안주에 있어서는, 전쟁에서 꼭 필요한 장수(將帥)와 같다는 뜻이다. '百藥之長'에서, '百'은 일백 '백'으로 읽고, '藥'은 약 '약'으로 읽고, '之'는 어조사 '지'로 읽는다. '~의'의 뜻을 나타내는 관형격 조사. '長'은, 여기서는 뛰어날 '장'으로 읽는다. '百藥之長'을 직역(直譯)하면, 일백(一百) (개의) 약(藥) (중) 뛰어난 (것). 즉, 온갖 뛰어난 약(藥) 가운데서 가장 으뜸이라는 뜻으로, 술[酒]을 달리 이르는 말. '嘉會之好'에서, '嘉'는 좋을 '가'로 읽고, '會'는 모을 '회', 모일 '회'로 읽는다. '嘉會'는 기쁘고 즐거운 모임. '好'는 좋을 '호', 좋아할 '호'로 읽는다. '嘉會之好'를 직역(直譯)하면, (술은) 좋은 모임의 좋아함이요, 즉, 좋은 모임을 더 좋아하게 한다는 뜻이다.

‘鐵, 田農之本’에서, ‘鐵’은 쇠 ‘철’로 읽는다. ‘田’은 밭 ‘전’으로 읽고, ‘農’은 농사 ‘농’으로 읽고, ‘本’은 근본 ‘본’으로 읽는다. ‘鐵, 田農之本’을 직역(直譯)하면, 쇠는 밭농사의 근본이며, 즉, 쇠(여기서는, ‘쇠로 만든 농기구’를 가리킴)는 밭에서 농사짓는데 없어서는 아니 되는, 근본적인 도구가 되는 것이다. ‘名山大澤’에서, ‘名’은 이름날 ‘명’으로 읽고, ‘山’은 뫼(‘산’의 옛말) ‘산’으로 읽고, ‘大’는 클 ‘대’로 읽고, ‘澤’은 못(넓고 오목하게 팬 땅에 물이 괴어 있는 곳) ‘택’으로 읽는다. ‘名山大澤’을 직역(直譯)하면, 이름난 산과 큰 못은, ‘饒衍之藏’에서 ‘饒’는 넉넉할 ‘요’, 풍족할 ‘요’로 읽고, ‘衍’은 넉넉할 ‘연’, 풍부할 ‘연’으로 읽고, ‘藏’은 곳집(예전에, 물건을 간직하여 두는 곳으로 쓰려고 지은 집) ‘장’으로 읽는다. ‘饒衍之藏’을 직역(直譯)하면, 넉넉함과 풍부함의 곳집(저장소·貯藏所)이다. 즉, 부유함의 보고(寶庫, 귀중한 물건을 간수해 두는 창고, 또는 귀중한 것이 많이 나거나 간직되어 있는 곳을 비유적으로 이르는 말)이다. 신(新)나라를 세운 왕망(王莽)은 국고(國庫, 여기서는 나라의 재산인 곡식이나 돈 따위를 넣어 보관하던 창고)를 충당(充當, 모자라는 것을 알맞게 채워서 메움)하기 위해 고심(苦心)하다가 위와 같은 이유로 소금과 술과 쇠를 전매품(專賣品, 국가나 특정 회사가 어떠한 물건을 독점하여 판매할 수 있는 권리를 가지고 만들어서 파는 물품)으로 독점하는 묘안(妙案, 뛰어나게 좋은 생각)을 창출(創出, 전에 없던 것을 처음으로 생각하여 지어내거나 만들어 냄)해 낸 것이다.

백어-입-주(白魚入舟 흰 **백**/물고기 **어**/들 **입**/배 **주**) 흰 물고기가 배[舟]에 들다(들어 왔다)는 뜻으로, 적(敵)이 항복(降伏·服)함을 비유적으로 이르는 말. 중국 주(周)나라 무왕(武王)이 은(殷)나라(상·商나라를 주·周나라를 비롯한 다른 나라에서는 은·殷이라고 불렀음)의 주왕(紂王)을 치려고 강(江)을 건널 때, 백어(白魚)가 배에 뛰어들어 은(殷)나라가 항복(降伏·服)할 조짐(兆朕, 어떤 일이 일어날 징조)을 보였다는 데서 유래한다. 백(白)은 은(殷)나라를 상징하는 빛깔이었다. *백어(白魚): ‘뱅어’를 달리 이르는 말. 몸의 길이는 10㎝ 정도이고 가늘며, 반투명한 흰색이고 배에는 작은 흰색 점이 있다. *들다: 부록 ‘입(入)’ 참고. 이 사자성어의 유래는 다음과 같다. 『사기(史記)』의 「주본기(周本紀)」 편(篇)에 〈(무왕이) 마침내 군사를 일으켰는데, 원수(元帥)인 태공망(太公望, ‘강태공·姜太公’을 일컫는 말) 상보(尚父)가 (각 제후·諸侯들에게) 명령하여 말하길, “그대들이여 모두 배를 타고 건너시오. 늦은(나중에 도착하는) 자(者)는 참(斬, 목을 벰)할 것이오.” 무왕(武王)이 강을 건너는 중간(中間) 지점에 하얀 물고기가 배 안으로 뛰어드니, 무왕(武王)이 몸을 굽혀 잡아 제(祭, 신령이나 죽은 사람의 넋에게 음식을 바치어 정성을 나타냄, 또는 그런 의식)를 지내고, 즉, 무왕(武王)은, 백어(白魚)가 배에 떨어진 것은 승리(勝利)의 징조라고 말하며, 그 백어(白魚)를 잡아 신(神)에게 제사(祭祀)를 지냈다는 뜻이다. ‘백(白)’은 ‘은(殷)’을 상징하는 색깔이고, ‘물고기의 비늘’은 ‘군인(軍人)’을 상징한다. 때문에 백어(白魚)가 배 안에 뛰어든 것은 은(殷)이 스스로 다가와 무왕(武王)에게 항복(降伏·服, 전쟁 따위에서 자신이 진 것을 인정하고, 상대편에게 굴복·屈伏함)하는 징조라는 것이다. 강(江)을 건너자, 불이 (마중하듯) 아래로 그리고 왕의 군막(軍幕, 군대(軍隊) 진지·陣地에서 쓰는, 볕 또는 비바람을 피할 수 있도록 둘러치는 막·幕)에 까마귀처럼 날아드는데, 그 색은 붉고, 그 소리는 귀신(鬼神) 소리 같더라.(遂興師, 師尙父號曰, 總爾衆庶, 與爾舟楫, 後至者斬, **武王渡河, 中流白魚躍入王舟中**, 武王俯取以祭, 旣渡, 有火自上復于下, 至于王屋, 流爲烏, 其色赤, 其聲魄云.)〉라는 이야기가 나오는데, ‘무왕(武王)이 강을 건너는 중간(中間) 지점에 하얀 물고기가 배 안으로 뛰어드니, (武王渡河, 中流白魚躍入王舟中)’에서, ‘백어입주(白魚入舟)’가 유래했다. 이 이야기의 역사적 배경은 상

(商. 주·周나라를 비롯한 다른 나라에서는 은·殷이라고 불렀음)나라와 주(周)나라의 싸움인 '목야대전(牧野大戰)'이다. '목야대전(牧野大戰)'을 설명하면 다음과 같다. 『사기(史記)』에 따르면, 상(商)나라의 마지막 왕(王)인 제신(帝辛)은 흉악(凶惡)한 폭군(暴君)이었다. 여기서, '제신(帝辛)'은 '주왕(紂王)'으로 더 잘 알려져 있으며, 상(商)나라의 제31대 왕으로 마지막 군주(君主. 세습적으로 나라를 다스리는 최고 지위에 있는 사람)이다. 제신(帝辛)은 주지육림(酒池肉林. 본문 참고), 포락지형(炮烙之刑. 본문 참고) 따위의 혹형(酷刑. 가혹하게 벌함. 또는 그런 형벌)을 만들며, 주(周)나라의 제후(諸侯)인 희창(姬昌)을 잡아 가두고, 그의 장자(長子. 맏아들)인 백읍고(伯邑考)를 요리해서 먹게 하는 따위의 잔악(殘惡. 잔인하고 악독함)한 행동을 벌였다. 여기서, '희창(姬昌)'은 주(周)나라 '문왕(文王)'을 가리킨다. 중국 상(商)나라 말기 주(周) 씨족(氏族)의 수령(首領. 한 당파나 무리의 우두머리)이다. 성(姓)은 희(姬), 이름은 창(昌)이다. 둘째 아들인 서주(西周)의 무왕(武王)이 주(周)나라를 세운 후 문왕(文王)으로 추숭(追崇. 왕위에 오르지 못하고 죽은 이에게 임금의 칭호를 주던 일)했다. 그리고 '백읍고(伯邑考)'는 문왕(文王)인 희창(姬昌)의 맏아들이자 무왕(武王)의 형(兄)이다. 성(姓)은 희(姬), 이름은 읍고(邑考)이다. 백(伯)은 문왕(文王)의 직위(職位. 직무상의 지위)인 '서백(西伯)'에서 유래했다. '서백(西伯)'은 문왕(文王)이 주(周)나라를 세우기 전에 은(殷)나라의 서백(西伯)으로 있었다. 은(殷)나라의 마지막 왕(王)인 주왕(紂王)에 의해 서백(西伯)에 봉(封)해졌다. 또한 각지(各地)를 정벌(征伐. 적 또는 죄있는 무리를 무력·武力으로써 침)하여 원성(怨聲. 원망의 소리)이 가득했다. 희창(姬昌)은 주(周)나라에 돌아온 후, 인근 국가를 병탄(竝·倂呑. 남의 재물이나 다른 나라의 영토를 한데 아울러서 제 것으로 만듦)하여 국력(國力)을 강화(强化. 모자라는 점을 보완하여 이제까지보다 더 튼튼하게 함)하고, 또한 상(商)나라에 원한(怨恨. 억울하고 원통한 일을 당하여 응어리진 마음)이 깊은 제후(諸侯)들에게 손을 써서 주(周)나라의 국력(國力)을 강화(强化)시킨다. 하지만 희창(姬昌)은 노령(老齡. 늙은 나이)이었고, 그가 죽은 뒤 아들인 발(發)이 주(周)나라의 왕위(王位. 임금의 자리)에 오르게 되는데, 그가 무왕(武王)이다. 혁명(革命. 이전의 관습이나 제도, 방식 따위를 단번에 깨뜨리고, 질적으로 새로운 것을 급격하게 세우는 일)을 선언한 무왕(武王)의 군대는 상(商)나라의 허(虛. 대비가 되어 있지 않은 약점)를 찔러 공격을 시작하고, 여러 제후(諸侯)들이 가세(加勢. 힘을 보탬)하여 순식간에 대군(大軍. 병사의 수효가 많은 군대)이 되었다. 상(商)나라는 멸망할 듯이 보였지만, 무왕(武王)은 아직 때가 아니라며 한 차례 군사를 물렸다(기한·期限을 뒤로 더 멀게 하였다). 즉, 한 차례 공격을 연기했다는 뜻이다. 몇 년 후, 무왕(武王)은 다시 상(商)나라를 공격했다. 주(周)나라 무왕(武王)은 주원(周原. 땅 이름)에서 시작해 풍호(豊鎬. 땅 이름)를 통해 관중(關中. 땅 이름)의 분지(盆地. 산이나 높은 대지·臺地로 둘러싸인, 평평한 땅)를 지나고, 이후 중원(中原. 땅 이름)으로 들어가 낙양(洛陽. 땅 이름)을 지나 맹진(孟津. 땅 이름)에 도달했다. 주(周)나라 군대는 맹진(孟津)에서 황하(黃河. 중국 문명의 요람이자, 중국에서 두 번째로 큰 강)를 건너려 했으나, 폭풍(暴風. 몹시 세차게 부는 바람)이 불어와 강을 건널 수 없었다. 무왕(武王)은 분노(憤怒. 분하여 몹시 성을 냄)하여 황하(黃河)의 신(神)인 하백(河伯. 중국의 신화·神話에 등장하는, 강·江을 다스리는 신·神의 이름)에게 "천명(天命. 하늘의 명령)은 이미(돌이킬 수 없이 된 지난 일을 일컬을 때 쓰는 말) 내려졌다. 어째서 방해(妨害)하는가?" 하고 크게 소리를 질렀는데, 그러자 폭풍우(暴風雨. 사나운 비바람)가 멎어 주(周)나라 군대는 강(江)을 건널 수 있었다. 이 때 배 안에 백어(白魚)가 뛰어들어 왔는데, 흰색인 백어(白魚)는 상(商)나라를 상징하는 색이므로

상서롭게(祥瑞~. 복스럽고 길한 일이 있을 듯하게) 여겨졌다. 무왕(武王)은 여기서 황하(黃河)를 건너며, 이후 쭉 하북(河北. 땅 이름)의 평원(平原. 평평하고 넓은 땅)을 따라 진군(進軍. 군대가 앞으로 나아감)하여 목야(牧野. 땅 이름)에 이르렀다. 결국 목야(牧野)에서의 전투(戰鬪)는 상(商)나라의 참담한 패배(敗北)로 끝났고, 이 한 번의 싸움으로 상(商)나라는 궤멸(潰滅. 조직이나 기구 따위가 무너져서 완전히 없어짐)되었다. 참고로, 원문의 '遂興師'에서, '遂'는 드디어 '수'로 읽고, '興'는 일으킬 '흥'으로 읽고, '師'는 군사(軍士) '사'로 읽는다. '遂興師'를 직역(直譯)하면, (무왕이) 드디어 군사를 일으켰는데, '師尙父號曰'에서, '師'는, 여기서는 벼슬아치 '사'로 읽는다. 군대의 최고 계급인 원수(元帥)를 일컬음. '尙'은 오히려 '상'으로 읽고, '父'는 남자 미칭(美稱. 아름답게 일컫는 이름) '보'로 읽는다. '尙父'는 임금이 특별한 대우(待遇)로, 신하(臣下)에게 내린 칭호(稱號)의 한 가지. 여기서는 사람 이름인 여망(呂望. '강태공·姜太公'의 다른 이름)을 일컫는 말. 주무왕(周武王. 주나라의 무왕)이 여망(呂望)에게 준 칭호(稱號)로, '존경하는 아버지뻘'이라는 뜻이다. 그 후로 황제가 대신(大臣)을 존중할 경우, '상보(尙父)'라는 칭호(稱號)를 내린 것이다. '號'는, 여기서는 명령할 '호'로 읽고, '曰'은 일컬을 '왈'로 읽는다. '師尙父號曰'을 직역(直譯)하면, 원수(元帥)인 상보(尙父)가 명령하여 일컫기를, '總爾衆庶'에서, '總'은 모두 '총'으로 읽고, '爾'는 너(2인칭 대명사) '이'로 읽는다. 여기서는 '그대'의 뜻이 강함. '衆'은, 여기서는 군신(群臣. 많은 신하) '중'으로 읽고, '庶'는 무리(모여서 뭉친 한 덩어리) '서'로 읽는다. '總爾衆庶'를 직역(直譯)하면, 그대들 군신(群臣)의 무리 모두는, '與爾舟楫'에서, '與'는 더불어 '여'로 읽고, '舟'는, 여기서는 배 타고 건널 '주'로 읽고, '楫'은 배 '집'으로 읽는다. '與爾舟楫'을 직역(直譯)하면, 그대들은 더불어 배를 타고 건너라. '後至者斬'에서, '後'는, 여기서는 뒤질(뒤떨어질) '후'로 읽고, '至'는 이를(어떤 장소나 시간에 닿을) '지'로 읽고, '者'는 사람 '자'로 읽고, '斬'은 벨(날이 있는 연장으로 자르거나 끊을) '참'으로 읽는다. '後至者斬'을 직역(直譯)하면, 뒤져서(뒤떨어져서) 이르는(도착하는) 사람은 목을 베겠다. '武王渡河'에서, '武'는 호반(虎班. 무관·武官의 반열·班列) '무'로 읽고, '王'은 임금 '왕'으로 읽는다. '武王'은 주(周)나라 초대(初代) 왕이다. '渡'는 건널 '도'로 읽고, '河'는 물 '하'로 읽는다. 여기서는 '황하(黃河)'를 가리킨다. '武王渡河'를 직역(直譯)하면, 무왕(武王)이 강(江)을 건너는데, '中流白魚躍入王舟中'에서, '中'은 가운데 '중'으로 읽고, '流'는 흐를 '류(유)'로 읽고, '白'은 흰 '백'으로 읽고, '魚'는 물고기 '어'로 읽고, '躍'은 뛸 '약'으로 읽고, '入'은 들 '입'으로 읽는다. '中流白魚躍入王舟中'을 직역(直譯)하면, 가운데(중간)에 흐르는 (물에서) 흰 물고기가 무왕(武王)의 배 가운데로 뛰어 들어왔다. 여기에서, '백어입주(白魚入舟)'가 유래했는데, 이것을 직역(直譯)하면, 흰 물고기가 배[舟]에 들다(들어 왔다)는 뜻으로, 적(敵)이 항복(降伏·服)함을 비유적으로 이르는 말. '武王俯取以祭'에서, '俯'는 구부릴(한쪽으로 굽은 듯하게 굽힐) '부'로 읽고, '取'는 가질 '취', 취할 '취'로 읽고, '以'는 써(그것을 가지고) '이'로 읽고, '祭'는 제사 '제', 제사 지낼 '제'로 읽는다. '武王俯取以祭'를 직역(直譯)하면, 무왕(武王)이 (몸을) 구부려 (흰 물고기를) 취(取)하여 그것을 가지고 제사(祭祀)를 지냈다. '旣渡'에서, '旣'는 이미 '기'로 읽는다. '旣渡'를 직역(直譯)하면, (무왕·武王이) 이미 (강을) 건너자, '有火自上復于下'에서, '有'는 있을 '유'로 읽고, '火'는 불 '화'로 읽고, '自'는 부터(체언이나 부사어에 붙어, '동작이 비롯되는 처음'의 뜻을 나타내는 보조사) '자'로 읽고, '上'은 위 '상'으로 읽고, '復'는 다시 '부'로 읽고, '于'는 어조사 '우'로 읽는다. '~로', '~으로(위치)'의 뜻을 나타냄. '下'는 아래 '하'로 읽는다. '有火自上復于下'를 직역(直譯)하면, 불(불덩이)이 있었는데, 위로부터 (치솟더니) 다시 아래로 (떨어지더니), '至于王屋'에서, '于'는 어조사 ‘우’로 읽는다. 여기서는 ‘~에’, ‘~에서(장소, 위치)’의 뜻을 나타냄. ‘屋’은 장막(帳幕) ‘옥’으로 읽는다. ‘至于王屋’을 직역(直譯)하면, (그리고) 임금이 있는 장막(帳幕)에 이르러, ‘流爲鳥’에서, ‘流’는, 여기서는 떠돌 ‘류(㳂)’로 읽고, ‘爲’는 될 ‘위’로 읽고, ‘鳥’는 까마귀 ‘오’로 읽는다. ‘流爲鳥’를 직역(直譯)하면, (공중으로) 떠돌더니 까마귀가 되었다. ‘其色赤’에서, ‘其’는 그(지시하는 말) ‘기’로 읽는다. 여기서는 ‘까마귀’를 가리킴. ‘色’은 빛깔 ‘색’으로 읽고, ‘赤’은 붉을 ‘적’으로 읽는다. ‘其色赤’을 직역(直譯)하면, 까마귀의 색깔은 붉고, 즉, 까마귀는 원래 온몸이 검은색이다. 그런데 여기서 ‘붉다’라고 한 것은 이 까마귀가 신비로운 새임을 나타냄. ‘其聲魄云’에서, ‘聲’은 소리 ‘성’으로 읽고, ‘魄’은 넋(혼백) ‘백’으로 읽는다. 여기서는 ‘귀신(鬼神)’의 뜻이 강함. ‘云’은 같을 ‘운’, 이와 같을 ‘운’으로 읽는다. ‘其聲魄云’을 직역(直譯)하면, 그(까마귀) 소리는 귀신(鬼神) 같더라. 그런데 이 사자성어는 『삼국지(三國志)』 「제270화 두번째 공명을 만나러 가는 길」에서도 나온다. 〈8백명의 제후(諸侯)들이 기약 없이 모여들었고, 맹진(孟津)을 건널 때에는 백어(白魚)가 뛰어들었네.(八百諸侯不期會, 白魚入舟涉孟津)〉에서도 ‘백어입주(白魚入舟)’가 유래했다.

백옥-무하(白玉無瑕 흰 백/구슬 옥/없을 무/티 하) 흰 구슬. 즉, 백옥(白玉)에 티(흠)가 없다. 또는 티(흠) 없는 백옥(白玉)이라는 뜻으로, 아무런 흠이나 결점이 없거나 그런 사람을 비유적으로 이르는 말. *백옥(白玉): 흰 구슬. *무하(無瑕): 흠이나 티가 없음. *티: 부록 ‘하(瑕)’ 참고.

백옥-진-잠(白玉珍簪 흰 백/구슬 옥/보배 진/비녀 잠) 흰 옥(玉)으로 만든 보배롭고 귀중(貴重)한 비녀를 이르는 말. *백옥(白玉): ☞백옥무하(白玉無瑕). *보배: 순우리말로, 부록 ‘진(珍)’ 참고. *비녀: 부록 ‘잠(簪)’ 참고.

백운-고-비(白雲孤飛 흰 백/구름 운/외로울 고/날 비) 흰 구름이 (높이) 외롭게 난다는 뜻으로, ①타향에서 고향에 계신 부모를 생각함을 비유적으로 이르는 말. ②멀리 떠나온 자식이 어버이를 사모하여 그리는 정(情)을 비유적으로 이르는 말. *백운(白雲): 흰 구름. ↔ 흑운(黑雲). 이 사자성어의 유래는 다음과 같다. 『신당서(新唐書)』의 「적인걸전(狄仁傑傳)」 편(篇)에 〈적인걸(狄仁傑)은 (부모님이 그리울 때마다) 태항산(太行山)에 올라 외롭게 떠다니는 흰 구름을 보면서, 주변 사람들에게 이야기했다. ‘태항산(太行山)’에서 ‘行’은 ‘항렬(行列)’, ‘줄’ 따위의 의미일 때는 ‘항’으로 읽는다. 태항산(太行山)은 하남성(河南省), 하북성(河北省), 산서성(山西省) 따위의 3개의 성(省)에 걸쳐 남북 600km, 동서 250km로 뻗어 있는 거대한 산의 무리[山群]다. 그래서 ‘태항산(太行山)’은 커다란[太] 산(山)이 줄지어[行] 있다는 의미다. “우리 부모님의 집이 저 아래 있겠지?” 그렇게 오랫동안 슬픈 모습으로 구름을 쳐다보다가, 구름이 걷히면 그곳을 떠났다.(仁傑登太行山, 反顧, **見白雲孤飛**, 謂左右曰, 吾親舍其下, 瞻悵久之, 雲移乃得去.)〉라는 이야기가 나오는데, ‘외롭게 떠다니는 흰 구름을 보면서,(見白雲孤飛)’에서, ‘백운고비(白雲孤飛)’가 유래했다. 나머지 구체적인 내용은 ⇨망운지정(望雲之情).

백유-지-효(伯兪之孝 맏 백/성 유/어조사 지/효도 효) 백유(伯兪)의 효도라는 뜻으로, 어버이에 대한 지극한 효심을 비유적으로 이르는 말. *백유(伯兪): 사람 이름. 중국 전한(前漢) 때의 ‘한유(韓愈)’를 가리키는 말. ‘백(伯)’은 장남(長男)을 의미하기 때문에, ‘백유(伯兪)’는 장남(長男) 한유(韓愈)라는 뜻이다. *맏: 부록 ‘백(伯)’ 참고. *성(姓): 한 줄기의 혈통(血統. 같은 핏줄의 계통)끼리 가지는 칭호. 囿 성씨(姓氏). 이 사자성어의 유래는 다음과 같다. 유향의 설화집 『설원(說苑)』의 「건본(建本)」 편(篇)에 〈백유(伯兪)가 잘못을 저질러 그 어머니가 매질을 하자, 백유(伯兪)가 울었다. 어머니가 "다른 날(지난 날)에 매를 들 때는 일찍이 운 적이 없었거늘, 지금 우는 (까닭은) 무엇이냐?"고 물었다. 백유(伯兪)가 "전(前)에 죄를 지어 매를 맞을 때는 언제나 그 매가 아팠는데, 지금은 어머니의 힘이 모자라 능히 저를 아프게 하지 못합니다. 이런 까닭으로 울었습니다."하고 대답하였다.(伯兪有過. 其母笞之. 泣. 其母曰, 他日笞, 子未嘗泣, 今泣, 何也, 對曰, 兪得罪, 笞常痛, **今母之力不能使痛, 是以泣**)〉라는 이야기가 나오는데, '지금은 어머니의 힘이 모자라 능히 저를 아프게 하지 못합니다. 이런 까닭으로 울었습니다.(今母之力不能使痛, 是以泣)'에서, '백유지효(伯兪之孝)'가 유래했다. 중국 한(漢)나라 때 효자(孝子)로 알려진 한백유(韓伯兪)와 관련된 고사(故事)에서 유래한 말로, 백유(伯兪)가 매를 맞으면 운다는 뜻에서 백유(伯兪)의 효도(孝道)란 것이다. 여기서 '백유지효(伯兪之孝)'가 유래하였는데, 백유(伯兪)가 잘 운다는 뜻에서 '백유지읍(伯兪之泣)'이라고도 한다. 백유(伯兪)는 본래 성격이 순진하고 부모에게 효성스러웠다. 그리고 그의 모친(母親)은 그를 엄격하게 가르쳐, 조그마한 잘못을 해도 매를 때렸다고 한다. 따라서, '백유지효(伯兪之孝)'와 '백유지읍(伯兪之泣)'은 효성(孝誠)의 본보기로 여길만한 말이다. 참고로, 원문의 '伯兪有過'에서, '伯'은 맏(접두사로, 같은 항렬·行列 따위에서의, 손위로서 첫째임을 뜻하는 말) '백'으로 읽고, '兪'는 성(姓) '유'로 읽는다. '伯兪'는 사람 이름. '有'는 있을 '유'로 읽고, '過'는 허물 '과', 잘못 '과'로 읽는다. '伯兪有過'를 직역(直譯)하면, 백유(伯兪)가 잘못이 있어서, '其母笞之'에서, '其'는 그(지시하는 말) '기'로 읽고, '母'는 어미 '모'로 읽고, '笞'는 매질할 '태'로 읽고, '之'는 어조사 '지'로 읽는다. '그것'을 나타내는 지시 대명사. '其母笞之'를 직역(直譯)하면, 그 어머니는 그것('잘못'을 가리킴)을 (가지고) 매질했을 (때), '泣'은 울 '읍'으로 읽는다. '백유(伯兪)가 울었다.'는 뜻이다. '其母曰'에서, '曰'은 일컬을 '왈'로 읽는다. '其母曰'을 직역(直譯)하면, 그의 어머니가 일컫기를, '他日笞'에서, '他'는, 여기서는 다른 '타'로 읽고, '日'은 날 '일'로 읽는다. '他日'은 다른 날. '他日笞'를 직역(直譯)하면, 다른 날에 매질하면, '子未嘗泣'에서, '子'는, 여기서는 당신 '자', 자네 '자'로 읽고, '未'는 아닐(부정하는 말) '미'로 읽고, '嘗'은 일찍 '상'으로 읽는다. '子未嘗泣'을 직역(直譯)하면, 자네는 일찍 울지 않았다. 즉, 일찍이 운 적이 없었다는 뜻이다. '今泣'에서, '今'은 이제 '금', 지금(只今) '금'으로 읽는다. '今泣'을 직역(直譯)하면, 지금 우는 (것은), '何也'에서, '何'는 무엇 '하'로 읽고, '也'는 어조사 '야'로 읽는다. '~냐(의문)'의 뜻을 나타냄. '何也'를 직역(直譯)하면, (까닭은) 무엇이냐? '對曰'에서, '對'는 대답할 '대'로 읽는다. '對曰'을 직역(直譯)하면, (백유·伯兪가) 대답하여 일컫기를, '兪得罪'에서, '兪'는 성(姓) '유'로 읽는데, 여기서는 '백유(伯兪) 자신'을 가리킴. '得'은 얻을 '득'으로 읽고, '罪'는 허물 '죄', 잘못 '죄'로 읽는다. '兪得罪'를 직역(直譯)하면, 제('백유·伯兪 자신'을 가리킴)가 (과거에) 잘못을 얻었을(저질렀을) (때는), '笞常痛'에서, '常'은 늘 '상', 언제나 '상'으로 읽고, '痛'은 아플 '통'으로 읽는다. '笞常痛'을 직역(直譯)하면, (어머니께서 저에게) 매질하면 언제나 아팠습니다. '今母之力不能使痛'에서, '之'는 어조사 지로 읽는다. 여기서는 관형격 조사. '力'은 힘 력(역)으로 읽고, '不'은 아닐(부정하는 말) '불'로 읽고, '能'은 능히 할 수 있을 '능'으로 읽는다. '不能'은 할 수 없음. '使'는 하여금(누구를 시키어) '사'로 읽는다. '今母之力不能使痛'을 직역(直譯)하면, 지금 어머니의 힘은 누구를 시키어 아프게 할 수 없습니다. 즉, 지금은 어머니의 힘이 모자라 저를 아프게 할 수 없다는 뜻이다. '是以泣'에서, '是'는 이(지시하는 말) '시'로 읽고, '以'는 써(그것을 가지고, 그것으로 인하여) '이'로 읽는다. '是以泣'을 직역(直譯)하면, 이것이 그것으로 인하여 우는 (까닭입니다.) 즉, 백유(伯

俞)는 부모가 늙지 않았을 때는, 매질이 아무리 매섭고 아파도 자식을 걱정해 때리는 부모의 마음을 헤아려, 자신의 얼굴에 눈물을 드러내지 않았다. 그러나 부모가 늙고 쇠약해져서 매를 들었을 때는, 때리는 힘이 없어 전혀 아프지 않았음에도 불구하고 부모의 늙음이 안타깝고 못내 서러워, 자신도 모르게 눈물이 흘러내렸던 것이다. 여기서 '백유지효(伯俞之孝)'가 유래하였는데, 이것을 직역(直譯)하면, 백유(伯俞)의 효도라는 뜻으로, 어버이에 대한 지극한 효심을 비유적으로 이르는 말.

백의-민족(白衣民族 흰 백/옷 의/백성 민/겨레 족) 흰옷을 (입은) 백성과 겨레(민족)라는 뜻으로, 한민족 (韓民族)을 이르는 말. 예로부터 우리 민족이 흰옷을 즐겨 입은 데서 유래한다. =백의동포(白衣同胞). *백의(白衣): ①흰 옷. ②벼슬이 없는 선비. *민족(民族): 일정한 지역에서 오랜 세월 동안 공동생활을 하면서 언어와 문화의 공통성에 기초하여 역사적으로 형성된 사회 집단을 일컫는 말. 인종(人種)이나 국가(國家) 단위인 국민(國民)과 반드시 일치하는 것은 아니다. *겨레: 부록 '족(族)' 참고.

백의-용사(白衣勇士 흰 백/옷 의/날랠 용/군사 사) 흰 옷('병원에서 입는 환자복'을 가리킴)을 (입은) 날랜 군사(軍士)라는 뜻으로, 전투나 군사상 공무 중에 몸을 다친 군인(軍人)을 이르는 말. 치료 중에 흰 옷을 입은 데서 생긴 말이다. =상이군인(傷痍軍人). *백의(白衣): ☞백의민족(白衣民族). *용사(勇士): ①용기 가 있는 사람. ②=용병(勇兵). 즉, 용감한 병사. *날래다: 부록 '용(勇)' 참고. *군사(軍士): 군대에서 장교의 지휘를 받는 군인.

백의-재상(白衣宰相 흰 백/옷 의/재상 재/재상 상) 흰 옷을 (입은) 재상(宰相)과 재상(宰相)이라는 뜻으로, 지난날, 유생(儒生. 유가·儒家의 도·道를 닦는 선비, 혹은 유학·儒學을 공부하는 선비)으로 있다가 단번 에 재상(宰相) 벼슬에 오른 사람을 이르는 말. 여기서, '백의(白衣)'는 『국어사전(國語辭典)』의 뜻과는 달리, '포의(布衣. 베로 지은 옷, 또는 벼슬이 없는 선비)'와 같은 말로, 벼슬이 없는 사람을 뜻한다. 따라서 '백의재상(白衣宰相)'은 벼슬이 없는 사람이 단번에 재상 벼슬에 오른 사람이라는 의미다. =백의 정승(白衣政丞). *백의(白衣): ☞백의민족(白衣民族). *재상(宰相): 임금을 보필(輔弼. 윗사람의 일을 도 움, 또는 그런 사람)하며 모든 관원을 지휘, 감독하는 자리에 있는 이품(二品) 이상의 벼슬을 통틀어 이르던 말.

백의-정승(白衣政丞 흰 백/옷 의/다스릴 정/정승 승) 흰 옷을 (입고) (백성을) 다스리는 정승(政丞)이라는 뜻으로, 지난날, 유생(儒生. 유가·儒家의 도·道를 닦는 선비, 혹은 유학·儒學을 공부하는 선비)으로 있다 가 단번에 정승(政丞) 벼슬에 오른 사람을 이르는 말. 여기서, '백의(白衣)'는 '포의(布衣. 베로 지은 옷, 또는 벼슬이 없는 선비)'와 같은 말로 벼슬이 없는 사람을 뜻한다. 따라서, '백의정승(白衣政丞)'은 벼슬 이 없는 사람이 단번에 정승 벼슬에 오른 사람이라는 의미다. =백의재상(白衣宰相). *백의(白衣): ☞백 의민족(白衣民族). *정승(政丞): 조선 시대에, 의정부(議政府)의 영의정(領議政), 좌의정(左議政), 우의정 (右議政)을 일컫던 말.

백의-종군(白衣從軍 흰 백/옷 의/좇을 종/군사 군) 흰 옷을 (입고) 군사(軍士)를 좇는다는 뜻으로, 벼슬 없이 군대(軍隊)를 따라 싸움터로 나아감을 이르는 말. *백의(白衣): ☞백의민족(白衣民族). *종군(從 軍): ①부대를 따라 싸움터에 감. ②싸우러 싸움터에 나감. *좇다: 부록 '종(從)' 참고. *군사(軍士): 부록 '군(軍)' 참고.

백의-천사(白衣天使 흰 백/옷 의/하늘 천/사신 사) 흰 옷을 (입은) 하늘의 사신(使臣)(천사)이라는 뜻으로,

간호사(看護師)를 아름답게 이르는 말. *백의(白衣): ☞백의민족(白衣民族). *천사(天使): ①천자(天子)의 사신(使臣. 지난날, 나라의 명·命을 받아 외국에 파견되던 신하를 이르는 말)을 제후국(諸侯國. 제후의 나라. 즉, 봉건시대에, 군주로부터 받은 영토와 그 영내에 사는 백성을 다스리던 사람이 다스리는 나라를 이르는 말)에서 일컫던 말. 여기서, '천자(天子)'는 천제(天帝. 하늘을 다스리는 신. 또는 우주를 창조하고 주재한다고 믿어지는 초자연적인 절대자)의 아들이란 뜻으로, 천명(天命. 하늘의 명령)을 받아 천하(天下)를 다스리는 사람. 곧 중국에서 황제(皇帝)를 일컫던 말이다. ②기독교에서, 하느님의 사자(使者. 명령이나 부탁을 받고 심부름하는 사람)로서 하느님과 인간의 중개 역할을 하는 존재를 이르는 말. ③마음씨 곱고 어진 사람을 비유적으로 이르는 말.

백-이-군자(百爾君子 일백 **백**/어조사 **이**/군자 **군**/경칭 **자**) 일백(一百) (명의) 군자(君子)라는 뜻으로, 온갖 벼슬아치를 비유적으로 이르는 말. *군자(君子): 학문과 덕(德. 고매하고 너그러운 도덕적 품성)이 높고 행실(行實)이 바르며 품위(品位. 사람이 갖추어야 할 위엄이나 기품)를 갖춘 사람. *경칭(敬稱): 공경하는 뜻으로 부르는 칭호. 또는 존대하여 일컬음. 이 사자성어의 유래는 다음과 같다. 『시경(詩經)·국풍(國風)·패풍(邶風)』「웅치(雄雉)」편(篇)에서 '백이군자(百爾君子)'가 나온다. 여기에 '웅치(雄雉)'라는 시의 전문(全文)을 소개한다. 〈장끼가 날아가네. / 그 날개를 퍼덕이네. / 내가 그걸 생각하면 / 내 마음만 괴롭네. / 장끼가 날아가네. / 위아래서 울어대네. / 진실로 임께서는 / 실로 내 마음을 괴롭게 하네. / 저 해와 달을 쳐다보며 / 내 생각은 끝이 없네. / 길은 멀거니 / 언제 임이 돌아올까? / 여러 벼슬아치는 / 덕행을 모르시오? / 해롭게도 아니하고 탐하지도 아니하면 / 어찌 착하지 않으리오? (雄雉于飛, 泄泄其羽, 我之懷矣, 自詒伊阻. 雄雉于飛, 下上其音. 展矣君子, 實勞我心. 瞻彼日月, 悠悠我思. 道之云遠, 曷云能來. **百爾君子**, 不知德行, 不忮不求, 何用不臧.)〉라는 이야기가 나오는데, '여러 벼슬아치는,(百爾君子)'에서, '백이군자(百爾君子)'가 유래했다. 이 시(詩)는 4언 절구로, 4연으로 이루어져 있다. 그리고 이것은 떠나간 장끼(꿩의 수컷)를 그리워하는 까투리의 마음에 의탁(依托·託. 어떤 것에 몸이나 마음을 의지하여 맡김)해 군역(軍役. 군대의 진영·陣營에서 복역·服役하는 일)에 동원돼 멀리 떠나가 있는 지아비(남편)를 그리워하는 아낙네의 심정을 노래한 것이다. 참고로, 원문의 '雄雉于飛'에서, '雄'은 수컷 '웅'으로 읽고, '雉'는 꿩 '치'로 읽는다. '雄雉'는 꿩의 수컷. 순우리말로 '장끼'라고도 함. 반대말은 '까투리(꿩의 암컷)'이다. '于'는, 여기서는 향하여 갈 '우'로 읽고, '飛'는 날 '비'로 읽는다. '雄雉于飛'를 직역(直譯)하면, 장끼는 (공중을) 향하여 날아가네. '泄泄其羽'에서, '泄'은 샐(비밀이 외부에 알려질) '설', 날개를 칠 '예'로 읽는다. 여기서는 '예'로 읽는다. '泄泄'는, 어떤 자료에는 '천천히 나는 모양'이라고 풀이해 놓았다. '其'는 그(지시하는 말) '기'로 읽고, '羽'는 깃 '우', 깃털 '우'로 읽는다. '泄泄其羽'를 직역(直譯)하면, 그 날개를 (푸드득푸드득) 치며 천천히 날아가네. 즉, 공중을 나는 장끼를 그리워하는 까투리의 마음을 나타낸 것이다. '我之懷矣'에서, '我'는 나 '아'로 읽고, '之'는 어조사 '지'로 읽는다. '~의'를 나타내는 관형격 조사. '懷'는, 여기서는 생각할 '회'로 읽고, '矣'는 어조사 '의'로 읽는다. 여기서는 문맥상 '~은', '~는(주격)'의 뜻을 나타냄. '我之懷矣'를 직역(直譯)하면, 나의 생각함은, '自詒伊阻'에서, '自'는 스스로'자'로 읽고, '詒'는 끼칠 '이', 남길 '이'로 읽고, '伊'는 이(지시하는 말) '이'로 읽고, '阻'는, 여기서는 고난(苦難) '조'로 읽는다. '自詒伊阻'를 직역(直譯)하면, 스스로 이 고난(苦難)을 (마음에) 남긴다. 즉, 사무치는 이 마음은 지아비를 먼 곳에 보내고, 마음에 저절로 남아 있는 고통(苦痛)이라는 것이다. '下上其音'에서, '下'는 아래 '하'로 읽고, '上'은 위 '상'으로 읽고, '音'은 소리 '음'으로 읽는다. '下上其音'을 직역(直譯)하면, 아래 위에서 그 소리가 (나네). 즉, 오르락내리락 울어대며 장끼를 그리워하는 까투리의 마음을 나타낸 것이다. '展矣君子'에서, '展'은, 여기서는 참으로 '전', 진실로 '전'으로 읽고, '矣'는 어조사 '의'로 읽는다. 문맥상 '~이여(호격 조사)'의 뜻을 나타냄. '君'은 그대 '군', 자네 '군'으로 읽고, '子'는 경칭(敬稱. 공경하는 뜻으로 부르는 칭호. 또는 존대하여 일컬음) '자'로 읽는다. 학덕(學德)과 지위가 높은 남자의 경칭(敬稱)이다. '君子'는, 여기서는 아내가 자기 남편을 높여 일컫는 말. '展矣君子'를 직역(直譯)하면, 참으로 그대여, '實勞我心'에서, '實'은, 여기서는 참으로 '실', 진실로 '실'로 읽고, '勞'는 힘들일 '로(노)', 괴로워할 '로(노)'로 읽고, '心'은 마음 '심'으로 읽는다. '實勞我心'을 직역(直譯)하면, 진실로 내 마음을 괴롭게 (하네). 즉, 나를 두고 부역(賦役. 국가나 공공 단체가 특정한 공익사업을 위하여 보수 없이 국민에게 의무적으로 책임을 지우는 노역·勞役을 이르는 말) 가신 그대는 참으로 내 속을 다 태운다는 뜻이다. 그만큼 괴로움이 크다는 것을 나타내고 있다. '瞻彼日月'에서, '瞻'은 볼 '첨', 바라볼 '첨'으로 읽고, '彼'는 저(지시하는 말) '피'로 읽고, '日'은 해 '일'로 읽고, '月'은 달 '월'로 읽는다. '瞻彼日月'을 직역(直譯)하면, 저 해와 달을 바라보면, '悠悠我思'에서, '悠'는 멀 '유'로 읽는다. '悠悠'는 아득하게 멀거나 오래 되다. '思'는 생각 '사'로 읽는다. '悠悠我思'를 직역(直譯)하면, 나의 생각이 아득하네. 즉, 해와 달이 가고 오는 것을 바라보면, 지아비에 대한 나의 생각이 하염없이 아득하다는 뜻이다. 전쟁터에 끌려간 지아비를 그리워하는 아낙네의 마음은 늘 노심초사(勞心焦思. 본문 참고) 그 자체다. '道之云遠'에서, '道'는 길 '도'로 읽고, '之'는 어조사 '지'로 읽는다. 여기서는 '~이', '~은(주격 조사)'의 뜻을 나타냄. '云'은 일컬을 '운'으로 읽고, '遠'은 멀 '원'으로 읽는다. '道之云遠'을 직역(直譯)하면, 길은 멀다고 일컫는데, '曷云能來'에서, '曷'은 어찌(의문 부사) '갈'로 읽고, '能'은 능히 할 수 있을 '능'으로 읽고, '來'는 올 '래(내)'로 읽는다. '曷云能來'를 직역(直譯)하면, 어찌(언제) 온다고 능히 일컬을 수 있을까? 즉, 길은 천 리 만 리 먼 데, 언제 다시 만날 수 있을지 모른다는 안타까운 아낙네의 심정이 담겨 있는 것이다. '百爾君子'에서, '百'은 일백 '백'으로 읽고, '爾'는 어조사 '이'로 읽는다. '~의(관형격 조사)'의 뜻을 나타냄. '君'은 군자 '군'으로 읽고, '子'는 경칭(敬稱. 공경하는 뜻으로 부르는 칭호. 또는 존대하여 일컬음) '자'로 읽는다. 학덕(學德)과 지위가 높은 남자의 경칭(敬稱)이다. '君子'는 학문과 덕(德. 고매하고 너그러운 도덕적 품성)이 높고 행실(行實)이 바르며 품위(品位. 사람이 갖추어야 할 위엄이나 기품)를 갖춘 사람. 여기서 '百爾君子'가 유래하였는데, 이것을 직역(直譯)하면, 일백(一百) 명의 군자(君子)라는 뜻으로, 온갖 벼슬아치를 비유적으로 이르는 말. '不知德行'에서, '不'는 아닐(부정하는 말) '부'로 읽고, '知'는 알 '지'로 읽고, '德'은 덕(德) '덕'으로 읽고, '行'은 행할 '행'으로 읽는다. '德行'은 어질고 너그러운 행실. '不知德行'을 직역(直譯)하면, 덕행(德行)을 알지 못하네. '不忮不求'에서, '不'은, 여기서는 아닐(부정하는 말) '불'로 읽고, '忮'는 해(害)칠 '기'로 읽고, '求'는, 여기서는 탐(貪)할 '구', 욕심을 부릴 '구'로 읽는다. '不忮不求'를 직역(直譯)하면, 해(害)치지도 아니하고 탐(貪)하지도 아니하면, '何用不臧'에서, '何'는 어찌(의문 부사) '하'로 읽고, '用'은, 여기서는 써(그것으로 인하여, 그것을 가지고) '용'으로 읽는다. '以'와 같은 뜻. '臧'은 착할 '장'으로 읽는다. '善'과 같은 뜻. '何用不臧'을 직역(直譯)하면, 그것으로 인하여 어찌 착하지 않으리오? 즉, 위의 두 구절은 나랏일 하는 벼슬아치들에 대한 항변(抗辯. 대항하여 변론·辯論함. 즉, 사리·事理를 밝혀 옳고 그름을 따짐)이 담겨 있다. 당시(當時. 일이 있었던 바로 그때. 또는 이야기하고 있는 그 시기)의 아낙네들은, 지아비를 차출(差出. 어떤 일을 시키기 위하여 인원을 선발하여 냄)한 것은 나라에서 군대를 일으 킨 것 때문인데, 그 밑바탕에는 다른 나라 영토에 대한 탐욕(貪慾. 지나치게 탐하는 욕심)이 작용한 것으로 보고 있다. 그러니 지아비를 차출(差出)한 온갖 벼슬아치[百爾君子]들이 어찌 착한 일을 할 수 있겠느냐고 질타(叱咤. 성을 내어 큰소리로 꾸짖음)하는 것이다.

백-이-사-지(百爾思之 일백 **백**/어조사 **이**/생각 **사**/어조사 **지**) 일백(一百) (번이나) 그것을 생각한다. 즉, 갖가지로 생각해 본다는 뜻으로, 이리저리 여러 가지로 많이 생각함을 이르는 말. 여기서, '지(之)'는 '그것'을 나타내는 지시 대명사.

백이-숙제(伯夷叔齊 맏 **백**/평평할 **이**/아재비 **숙**/가지런할 **제**) 백이(伯夷)와 숙제(叔齊)라는 뜻으로, ①백이(伯夷)와 숙제(叔齊)를 아울러 이르는 말. ②區 고지식하고 변통성이 없거나, 혼자서 청렴한 체 하는 사람을 비유적으로 이르는 말. *백이(伯夷): 사람 이름. 숙제(叔齊)의 친형. *숙제(叔齊): 사람 이름. 백이(伯夷)의 친동생. 图 백이(伯夷)와 숙제(叔齊)는 상(商)나라 말기[은(殷)나라/주(周)나라]의 형제로, 끝까지 군주(君主. 세습적으로 나라를 다스리는 최고 지위에 있는 사람)에 대한 충성(忠誠. 진정에서 우러나오는 정성, 특히 임금이나 국가에 대한 것을 일컬음)을 지킨 의인(義人. 의로운 사람)으로 알려져 있다. *맏: 부록 '백(伯)' 참고. *아재비: 부록 '숙(叔)' 참고. *가지런하다: 부록 '제(齊)' 참고. 이 사자성 어의 유래는 다음과 같다. 『논어(論語)』의 「미자(微子)」 편(篇)에 〈뛰어난 재주(순우리말로, 무엇을 잘할 수 있는, 타고난 능력과 슬기)를 가지고도 숨어 산 사람이 백이(伯夷), 숙제(叔齊), 우중(虞仲), 이일(夷 逸), 주장(朱張), 유하혜(柳下惠), 소련(少連) 등(等)이 있었다. (중국 춘추시대의 사상가이며 학자인) 공 자(孔子)가 말했다. "그 뜻을 굽히지 않고 그 몸을 더럽히지 않은 사람은, 백이(伯夷)와 숙제(叔齊)이다." 유하혜(柳下惠)와 소련(少連)을 일컬어서는 "뜻을 굽히고 몸도 더럽혔으나, 말은 조리에 맞았고, 행동은 생각한 바와 일치했으니, 다만 이러할 뿐이었다."고 하였다. 우중(虞仲)과 이일(夷逸)을 일컬어서는 "숨 어 살며 기탄없이 말했지만, 몸가짐이 깨끗하였고, 세상을 버리는 것이 권도(權道)에 맞았다."고 하였다. 여기서 '권도(權道)'는 수단은 옳지 않으나 결과로 보아 정도(正道. 올바른 길, 또는 바른 도리)에 맞는 처리 방법을 이르는 말. 즉, 목적 달성을 위하여 그때그때의 형편에 따라 임기응변(臨機應變. 본문 참고) 으로 일을 처리하는 방법을 일컫는다.(逸民. 伯夷. 叔齊. 虞仲. 夷逸. 朱張. 柳下惠. 少連. 子曰. **不降其 志. 不辱其身. 伯夷叔齊與**. 謂. 柳下惠. 少連. 降志辱身矣. 言中倫. 行中慮. 其斯而已矣. 謂. 虞仲. 夷逸. 隱居放言. 身中淸. 廢中權.)〉라는 이야기가 나오는데, '그 뜻을 굽히지 않고 그 몸을 더럽히지 않은 사람 은, 백이(伯夷)와 숙제(叔齊)이다.(不降其志. 不辱其身. 伯夷叔齊與)'에서, '백이숙제(伯夷叔齊)'가 유래했 다. 참고로, 원문의 '逸民'에서, '逸'은 편안할 '일', 숨을 '일'로 읽고, '民'은 백성 '민'으로 읽는다. '일민(逸 民)'은 벼슬을 하지 않고 숨어사는 현인(賢人. 어질고 총명하여 성인에 다음가는 사람)을 일컫는 말. '伯夷'에서, '伯'은 맏('맏이'의 뜻을 더하는 접두사) '백'으로 읽고, '夷'는 평평할 '이'로 읽는다. '伯夷'는 사람 이름. '叔齊'에서, '叔'은 아재비('아저씨'의 낮춤말) '숙'으로 읽고, '齊'는 가지런할 '제'로 읽는다. '叔齊'는 사람 이름. '虞仲'에서, '虞'는 염려할 '우'로 읽고, '仲'은 버금(서열이나 차례에서, 으뜸의 다음) '중'으로 읽는다. '虞仲'은 사람 이름. '夷逸'에서, '夷'는 오랑캐 '이'로 읽고, '逸'은 편안할 '일', 숨을 '일'로 읽는다. '夷逸'은 사람 이름. '朱張'에서, '朱'는 붉을 '주'로 읽고, '張'은 베풀 '장'으로 읽는다. '朱張'은 사람 이름. '柳下惠'에서, '柳'는 '버들 류(유)'로 읽고, '下'는 아래 '하'로 읽고, '惠'는 은혜 '혜'로 읽는다.

'柳下惠'는 사람 이름. '少連'에서, '少'는 적을 '소'로 읽고, '連'은 이을 '련(연)'으로 읽는다. '少連'은 사람 이름. '子曰'에서, '子'는 경칭(敬稱. 공경하는 뜻으로 부르는 칭호, 또는 존대하여 일컬음)' 자로 읽는다. 학덕(學德)과 지위가 높은 남자의 경칭(敬稱)이다. 여기서는 '공자(孔子)'를 가리킴. '子曰'을 직역(直譯) 하면, 공자(孔子)가 말하기를, '不降其志'에서, '不'은 아닐(부정하는 말) '불'로 읽고, '降'은 항복(降服)할 '항'으로 읽고, '其'는 그(지시하는 말) '기'로 읽고, '志'는 뜻 '지'로 읽는다. '不降其志'를 직역(直譯)하면, 그 뜻에 항복하지 않고, '不辱其身'에서, '辱'은 욕될 '욕', 더럽힐 '욕'으로 읽고, '身'은 몸 '신'으로 읽는다. '不辱其身'을 직역(直譯)하면, 그 몸을 더럽히지 않은 (이는), '伯夷叔齊與'에서, '與'는 어조사 '여'로 읽는 다. '~(이)구나(영탄)'의 뜻을 나타냄. '伯夷叔齊與'를 직역(直譯)하면, 백이숙제(伯夷叔齊)이구나. 여기 서, '伯夷叔齊'가 유래하였는데, 이것을 직역(直譯)하면, 백이(伯夷)와 숙제(叔齊)라는 뜻으로, ①백이(伯 夷)와 숙제(叔齊)를 아울러 이르는 말. ②困 고지식하고 변통성이 없거나, 혼자서 청렴한 체 하는 사람을 비유적으로 이르는 말. '謂'에서, '謂'는 직접적인 대화 형식이 아닐 때에는 '평하다'로 풀이한다. '降志辱 身矣'에서, '矣'는 어조사 '의'로 읽는다. '~이다(단정)'의 뜻을 나타냄. '降志辱身矣'를 직역(直譯)하면, 뜻에 항복하고 몸을 더럽히게 하였으나, '言中倫'에서, '言'은 말씀 '언'으로 읽고, '中'은 맞을 '중'으로 읽고, '倫'은 윤리(倫理. 사람이 지켜야 할 도리와 규범) '륜(윤)'으로 읽는다. '言中倫'을 직역(直譯)하면, (하지만) 말은 윤리에 들어맞았고, '行中慮'에서, '行'은 행실 '행', 행위 '행'으로 읽고, '慮'는 생각할 '려 (여)' 염려할 '려(여)'로 읽는다. '行中慮'를 직역(直譯)하면, 행위는 생각한 것에 들어맞았다. 즉, 행동은 생각한 것과 일치한다는 것이다. '其斯而已矣'에서, '其'는 그(지시 대명사) '기'로 읽고, '斯'는 이 '사'로 읽고, '而'는 말 이을 '이'로 읽는다. '그리고'의 뜻을 나타냄. '已'는 뿐 '이', 따름 '이'로 읽고, '矣'는 어조사 '의'로 읽는다. '~이다(단정)'의 뜻을 나타냄. '而已矣'는 한문(漢文) 구(句)의 하나로, '오직 ~뿐', '오직 ~에 지나지 않는다'의 뜻을 나타냄. '其斯而已矣'를 직역(直譯)하면, 그것은 오직 이러할 뿐이다. 즉, 그들에게 취할 점은 이뿐이다. '隱居放言'에서, '隱'은 숨을 '은'으로 읽고, '居'는 살 '거'로 읽는다. '隱居'는 세상을 피하여 숨어서 삶. '放'은 방자(放恣. 꺼리거나 삼가는 태도가 보이지 않고 교만스러움)할 '방'으로 읽고, '言'은 말씀 '언'으로 읽는다. '放言'은 거리낌 없이 함부로 말을 함. '隱居放言'을 직역(直譯)하면, 숨어 살면서 방자(放恣)하게 말하였지만, 즉, 세상을 등지고 숨어 살면서 할 말은 기탄(忌憚. 어렵게 여겨 꺼림)없이 한다는 뜻으로, 은거(隱居. 세상을 피하여 숨어서 삶)하며 살면서 마음속에 품고 있는 생각을 털어놓음을 이르는 말. '身中清'에서, '清'은 깨끗할 '청'으로 읽는다. '身中清'을 직역(直譯)하면, 몸은 깨끗함에 들어맞았고, 즉, 몸가짐은 깨끗하다는 말이다. '廢中權'에서, '廢'는 버릴 '폐'로 읽는다. 여기서는 '세속(世俗. 사람이 살고 있는 모든 사회를 통틀어 이르는 말)을 떠나다', '벼슬을 버리다', '벼슬 을 하지 않다'의 뜻을 나타냄. '權'은 여기서는 '권도(權道. 수단은 옳지 않으나, 결과로 보아 정도에 맞는 처리 방법을 이르는 말)'를 일컫는다. '廢中權'은 직역(直譯)하면, (세상을 또는 벼슬을) 버리는 것은 권도(權道)에 들어맞았다. 즉, 스스로 벼슬을 하지 않은 것은 시의적절(時宜適切. 본문 참고)하였다는 뜻이다.

백인-백색(百人百色 일백 **백**/사람 **인**/일백 **백**/낯빛 **색**) 일백(一百) 사람의 일백(一百)의 낯빛이라는 뜻으 로, 사람마다 달리 가지는 특색. 또는 사람들이 저마다 다른 특색(特色)이 있음을 이르는 말. *백인(百 人): (제각기 성질이 다른) 많은 사람. *백색(百色): 여러 가지 특색. *낯빛: 얼굴빛. 또는 안색(顔色).

백-일-기도(百日祈禱 일백 **백**/날 **일**/빌 **기**/빌 **도**) 일백(一百) 날을 빌고 빈다는 뜻으로, 어떤 목적을 가지고 백(百) 일 동안 기도(祈禱)를 드림. 또는 그렇게 드리는 기도(祈禱)를 이르는 말. ㊫ 백일치성(百日致誠). *백-일은 『국어사전(國語辭典)』에 등재(登載)된, '아이가 난 지 백 번째가 되는 날'인 '백일(百日)'의 뜻과는 별개다. *기도(祈禱): (바라는 바가 이루어지기를) 신불(神佛. '신령·神靈'과 '부처[佛]'를 아울러 이르는 말)에게 빎. 또는 그 의식.

백일-승천(白日昇天 흰 **백**/해 **일**/오를 **승**/하늘 **천**) 흰 해[白日]가 (떠 있는 낮에) 하늘로 오른다는 뜻으로, 정성스럽게 도(道)를 극진히 닦아 육신(肉身. 사람의 산 몸뚱이)을 가진 채 신선(神仙. 도를 닦아서 현실의 인간 세계를 떠나 자연과 벗하며 산다는 상상의 사람을 이르는 말. 세속적인 상식에 구애되지 않고, 고통이나 질병도 없으며 죽지 않는다고 함)이 되어, 대낮에 하늘로 올라가는 일을 이르는 말. =백일비승(白日飛昇). 육신승천(肉身昇天). *백일(白日): ①구름이 끼지 않아 밝게 빛나는 해. ②=대낮. 즉, 환히 밝은 낮. *승천(昇天): ①하늘에 오름. ②가톨릭(Catholic)에서, 죽음을 이르는 말. *해: ①태양(太陽). 즉, 태양계의 중심을 이루는 항성(恒星). ②햇빛. 또는 햇볕.

백-일-일수(百日日收 일백 **백**/날 **일**/날 **일**/거둘 **수**) 일백(一百) 날 (동안) 날마다 거둔다는 뜻으로, 빚의 본전(本錢. 밑천으로 들인 돈. 또는 꾸어준 돈에서 이자를 붙이지 아니한 본디의 돈. =원금·元金)과 이자를 백일(百日)에 나누어, 일정한 액수를 날마다 거두어들이는 일. 또는 그 빚을 이르는 말. *백-일: ☞백일기도(百日祈禱). *일수(日收): ①하루의 수입. ②본전과 이자를 일정한 날짜로 나눠 날마다 갚아 나가는 일. 또는 그 빚.

백-일-천하(百日天下 일백 **백**/날 **일**/하늘 **천**/아래 **하**) 일백(一百) 날 (동안) 하늘 아래에서의 (지배라는) 뜻으로, ①서기 1815년 3월에 엘바(Elba) 섬을 탈출한 나폴레옹(Napoleon) 일세(一世)가 파리(Paris)에 들어가 제정(帝政. 황제가 다스리는 군주제도의 정치. 또는 제국주의의 정치)을 부활한 후부터, 워털루(Waterloo) 전투에서 패배하여 퇴위(退位. 군주 따위의 자리에서 물러남)할 때까지, 약 100일 간의 지배를 이르는 말. 여기서 '제국주의(帝國主義)'는 군사적, 경제적으로 남의 나라나 후진(後進) 민족(民族)을 정복하여 자기 나라의 영토와 권력을 넓히려는 주의(主義)를 일컬음. ②짧은 기간 동안 전권(全權. 맡겨진 일을 책임지고 처리할 수 있는 일체의 권한)을 장악했다가 물러나는 경우를 비유적으로 이르는 말. *백-일: ☞백일기도(百日祈禱). *천하(天下): ①온 세상. 또는 하늘 밑. ②한 나라, 또는 정권. ③(관형사적 용법) 세상에 드묾. 또는 세상에 다시없음.

백일-청천(白日靑天 흰 **백**/해 **일**/푸를 **청**/하늘 **천**) 흰 해[日]와 푸른 하늘이라는 뜻으로, 해가 비치고 맑게 갠 푸른 하늘을 이르는 말. *백일(白日): ①구름이 끼지 않아 밝게 빛나는 해. ②=대낮. 즉, 환히 밝은 낮. *청천(靑天): 푸른 하늘. *해: ①태양(太陽). 즉, 태양계의 중심을 이루는 항성(恒星). ②햇빛. 또는 햇볕.

백-자-천-손(百子千孫 일백 **백**/아들 **자**/일천 **천**/손자 **손**) 일백(一百) (명의) 아들에 일천(一千) (명의) 손자(孫子)라는 뜻으로, 헤아릴 수 없이 많은 자손(子孫)을 이르는 말. *백-자는 『국어사전(國語辭典)』에 등재(登載)된, '여러 가지 학설이나 주장을 내세우는 많은 학자 또는 작자(作者)'인 백자(百子)의 뜻과는 별개다.

백전-노장(百戰老將 일백 **백**/싸울 **전**/늙을 **노**/장수 **장**) 일백(一百) (번이나) 싸운 늙은 장수(將帥). 즉,

백 번 싸운 노장(老將)이라는 뜻으로, ①수많은 싸움을 치른 노련(老鍊. <u>많은 경험으로 익숙하고 능란함</u>)한 장수(將帥)를 이르는 말. ②온갖 어려운 일을 많이 겪은 노련(老鍊)한 사람을 비유적으로 이르는 말. =백전노졸(百戰老卒). 囲 유연노장(幽燕老將). *백전(百戰): 수많은 싸움. *노장(老將): ①늙은 장군. ②경험이 많은 노련한 장군. ③어떤 분야에서, 많은 경험을 쌓아 노련한 사람을 비유적으로 이르는 말. *장수(將帥): 부록 '장(將)' 참고,

백전-노졸(百戰老卒 일백 **백**/싸울 **전**/늙을 **노**/군사 **졸**) 일백(一百) (번이나) 싸운 늙은 군사(軍士)라는 뜻으로, ①수많은 싸움을 치른 노련(老鍊. <u>많은 경험으로 익숙하고 능란함</u>)한 병사(兵士)를 이르는 말. ②온갖 어려운 일을 많이 겪은 노련(老鍊)한 사람을 비유적으로 이르는 말. =백전노장(百戰老將). *백전(百戰): ☞백전노장(百戰老將). *노졸(老卒): =노병(老兵). 즉, ①늙은 병사. ②경험이 많아 노련한 병사. *군사(軍士): 부록 '졸(卒)' 참고.

백전-백승(百戰百勝 일백 **백**/싸울 **전**/일백 **백**/이길 **승**) 일백(一百) (번) 싸워 일백(一百) (번) 이긴다는 뜻으로, 싸울 때마다 번번이 다 이김을 이르는 말. =백전불패(百戰不敗). *백전(百戰): ☞백전노장(百戰老將). *백승(百勝): 수많은 싸움에서 언제나 이김.

백전-백-패(百戰百敗 일백 **백**/싸울 **전**/일백 **백**/패할 **패**) 일백(一百) (번) 싸워 일백(一百) (번) 패(敗)한다는 뜻으로, 싸울 때마다 다 짐을 이르는 말. =연전연패(連戰連敗). *백전(百戰): ☞백전노장(百戰老將).

백전-불태(百戰不殆 일백 **백**/싸울 **전**/아닐 **불**/위태할 **태**) (상대를 알고 자신을 알면) 일백 (번) 싸워도 위태롭지 않다는 뜻으로, 상대편과 자신의 장단점을 잘 알고, 승산(勝算. <u>이길 가망</u>)이 있을 때 싸움에 임(臨)할 것을 이르는 말. *백전(百戰): ☞백전노장(百戰老將). *불태(不殆): 위태롭지 않음. *위태하다(危殆~): ①형세(형편)가 어려운 지경이다. ②마음을 놓을 수 없다. ③위험하다. 이 사자성어의 유래는 다음과 같다. 『손자(孫子)』의 「모공(謀攻)」 편(篇)에 [그런 까닭에 전쟁의 승리(勝利)를 알 수 있는 것이 다섯 가지가 있다. 더불어 싸울 것인가와 더불어 싸우지 않을 것인가를 아는 쪽은 승리(勝利)하고, 병력의 많고 적음에 따라 용병(用兵. <u>군사를 부림</u>)할 줄 아는 쪽은 승리(勝利)하고, 위아래가 일치단결하여 함께하려고 하는 쪽은 승리(勝利)하고, 만반(萬般. <u>마련할 수 있는 모든 것</u>)의 태세(態勢. <u>어떤 일이나 상황을 앞둔 태도나 자세</u>)를 갖추고 상대의 미비(未備. <u>완전하지 못함, 또는 제대로 갖추어져 있지 아니함</u>)함을 기다리는 쪽은 승리(勝利)하고, 장수(將帥)가 유능하고 군주(君主. <u>세습적으로 나라를 다스리는 최고 지위에 있는 사람</u>)는 간섭하지 않는 쪽이 승리(勝利)한다.]〈이 다섯 가지는 승리(勝利)를 아는 방법이다. 그러므로 상대를 알고 자신을 알면 백 번 싸워도 위태하지 않으며, 상대를 알지 못하고 자신을 알면 한 번 이기고 한 번 지며,(此五者, 知勝之道也, 故曰, **知彼知己**, **百戰不殆**, 不知彼而知己, 一勝一負)〉[상대를 알지 못하고 자신도 알지 못하면 싸울 때마다 반드시 위태롭다고 하는 것이다.]라는 이야기가 나오는데, '상대를 알고 자신을 알면 백 번 싸워도 위태하지 않으며,(知彼知己, 百戰不殆)'에서, '백전불태(百戰不殆)'가 유래했다. 손자(孫子. <u>사람 이름. '손자병법·孫子兵法'의 저자인 '손무·孫武'를 높여 이르는 말</u>)는 이 책에서 여러 가지 승리(勝利)의 방법을 이야기했는데, 전쟁에서 이기는 요체(要諦. <u>중요한 점</u>)는, 지피지기(知彼知己), 곧, 바로 적을 알고, 나를 알면 '백전불태(百戰不殆)'라고 설명하고 있다. 나머지 구체적인 내용은 ⇨지피지기(知彼知己).

백전-불패(百戰不敗 일백 **백**/싸울 **전**/아닐 **불**/패할 **패**) 일백(一百) (번) 싸워도 패(敗)하지 아니한다는 뜻으

로, 싸울 때마다 다 이김을 이르는 말. =백전백승(百戰百勝). *백전(百戰): ☞백전노장(百戰老將). *불패
(不敗): 지지 아니함.

백절-불굴(百折不屈 일백 **백**/꺾을 **절**/아닐 **불**/굽을 **굴**) 일백(一百) (번) 꺾여도 굽지 아니한다는 뜻으로,
어떠한 어려움이나 난관(難關. 뚫고 나가기 어려운 사태나 상황)에도 결코 굽히지 않음을 비유적으로
이르는 말. 즉, 수없이 실패해도 굴복하지 않고 이겨나감을 이르는 말. =백절불요(百折不撓). 圖 백절불
회(百折不回). 불요불굴(不撓不屈). 위무불굴(威武不屈). *백절(百折): 여러 번 꺾임. *불굴(不屈): 어려
움에 부닥쳐도 굽히지 않고 끝까지 해냄.

백절-불요(百折不撓 일백 **백**/꺾을 **절**/아닐 **불**/휘어질 **요**) 일백(一百) (번) 꺾여도 휘어지지 아니한다. 즉,
백 번 꺾여도 굽히지 않는다는 뜻으로, ①어떠한 어려움이나 난관(難關. 뚫고 나가기 어려운 사태나
상황)에도 결코 굽히지 않는 강인한 정신력과 꿋꿋한 자세를 비유적으로 이르는 말. ②수없이 실패해도
굴복하지 않고 이겨나감을 비유적으로 이르는 말. =백절불굴(百折不屈). 여기서, '요(撓)'의 원음은 휘어
질 '뇨'이다. 圖 백절불회(百折不回). 불요불굴(不撓不屈). 위무불굴(威武不屈). *백절(百折): ☞백절불굴
(百折不屈). *불요(不撓): 마음이 흔들리지 아니함. *휘어지다: 부록 '요(撓)' 참고. 이 사자성어의 유래는
다음과 같다. 『후한서(後漢書)』「교현전(喬玄傳)」에 [교현(喬玄)은 죽으면서 남긴 유산(遺産. 죽은 이가
남겨 놓은 재산)이 전혀 없었으며, 장례(葬禮)도 극히 간소하게 치러졌다. 조조(曹操. 위·魏, 촉·蜀, 오·
吳의 삼국 시대 때 위·魏나라를 세운 인물)도 교현(喬玄)의 무덤을 찾아가 제사를 지내 주었으며, 여기
서, 교현(喬玄)과 조조(曹操)와의 인연은 이렇다. 당시(當時. 일이 있었던 바로 그때, 또는 이야기하고
있는 그 시기) 태위(太衛. 벼슬 이름)인 교현(喬玄)이 조조(曹操)를 만난 후 "나는 세상의 인재(人材.
어떤 일을 할 수 있는 학식이나 능력을 갖춘 사람)들을 많이 만나 보았지만, 자네처럼 뛰어난 인물은
아직 보질 못했네."라고 극찬한 바가 있다. 채옹(蔡邕. 사람 이름)은 교현(喬玄)을 위하여 「태위교현비(太
尉喬玄碑)」라는 비문(碑文. 비석에 새긴 글)을 지어,]〈그 성격은 엄격했으며, 화려함을 미워하고 소박함
을 숭상했다. 백 번 꺾일지언정 휘어지지 않았고, 큰 절개(節槪·介. 옳은 일을 지키어 뜻을 굽히지 않는
굳건한 마음이나 태도)에 임하여서는 빼앗을 수 없는 풍도(風度. '풍채(風采)'와 '태도(態度)'를 아울러
이르는 말)를 지녔다. (其性莊. 疾華尚朴, **有百折不撓**. 臨大節而不可奪之風.)〉라고 칭송(稱頌. 공덕·功德
따위를 칭찬하여 일컬음, 또는 그런 말)하였는데, '백 번 꺾일지언정 휘어지지 않았고,(有百折不撓)'에서,
'백절불요(百折不撓)'가 유래했다. 백절불요(百折不撓), 이외에도 비슷한 말로, 백절불굴(百折不屈), 백절
불회(百折不回), 불요불굴(不撓不屈), 위무불굴(威武不屈) 따위가 있다. 이 비(碑)의 주인공인 '교현(喬
玄)'은 후한(後漢) 때 사람으로, 청렴하고 강직했으며, 항상 그릇된 일과 맞서 싸웠다고 한다. '채옹(蔡
邕)'은 후한(後漢) 때의 문인이고 서예가였다. 채옹(蔡邕)이 태위교현비(太尉喬玄碑)」라는 비문(碑文)에
서 '백절불요(百折不撓)'가 유래한 셈이다. 참고로, 원문의 '其性莊'에서, '其'는 그(지시하는 말) '기'로
읽으며, '性'은 성품(性品. 사람의 성질이나 됨됨이) '성'으로 읽고, '莊'은 장중(莊重. 장엄하고 무게가
있음)할 '장', 엄할(嚴~. 매우 철저하고 바름) '장'으로 읽는다. '其性莊'을 직역(直譯)하면, 그의 성품은
엄(嚴)하였으며, '疾華尚朴'에서, '疾'은 미워할 '질'로 읽고, '華'는 빛날 '화', 화려할 '화'로 읽고, '尚'은
숭상할 '상'으로 읽고, '朴'은 순박할(淳朴~. 거짓이나 꾸밈이 없이 순수하며, 인정이 두터움) '박', 소박할
(素朴~. 꾸밈이나 거짓이 없고 수수함) '박'으로 읽는다. '疾華尚朴'을 직역(直譯)하면, 화려함을 미워하

고 소박함을 숭상했다. '有百折不撓'에서, '有'는 있을 '유'로 읽고, '百'은 일백 '백'으로 읽고, '折'은 꺾을 '절'로 읽고, '不'은 아닐(부정하는 말) '불'로 읽고, '撓'는 휘어질 '요(뇨)'로 읽는다. '有百折不撓'를 직역 (直譯)하면, 일백 (번) 꺾여도 휘어지지 아니함이 있다. 여기서, '百折不撓'가 유래하였는데, 이것을 직역 (直譯)하면, 일백(一百) (번) 꺾여도 휘어지지 아니한다. 즉, 백 번 꺾여도 굽히지 않는다는 뜻으로, ①어 떠한 어려움이나 난관(難關. 뚫고 나가기 어려운 사태나 상황)에도 결코 굽히지 않는 강인한 정신력과 꿋꿋한 자세를 비유적으로 이르는 말. ②수없이 실패해도 굴복하지 않고 이겨나감을 비유적으로 이르는 말. 여기서 또, '不撓不屈'이 유래하였는데, 이것을 직역(直譯)하면, 휘어지지 아니하고 굽히지 아니한다 는 뜻으로, 한번 먹은 마음이 흔들리거나 굽힘이 없음을 이르는 말. 즉, 어떤 어려움도 꿋꿋이 견디어 나감. 또는 꺾이거나 굽히지 않는 꿋꿋한 정신을 이르는 말. '臨大節而不可奪之風'에서, '臨'은 임할(臨~. 어떤 사태나 일을 대함) '림(임)'으로 읽고, '大'는 클 '대'로 읽고, '節'은 절개 '절'로 읽는다. '大節'은 대의(大義. 사람으로서, 특히 국민으로서 마땅히 행하거나 지켜야 할 도리)를 위하여 목숨을 바쳐 지키 는 절개. '而'는 말 이을 '이'로 읽는다. '그리고'의 뜻을 나타냄. '可'는 가히(可~. '능히', '넉넉히'의 뜻을 나타냄) '가'로 읽는다. '奪'은 빼앗을 '탈'로 읽고, '之'는 어조사 '지'로 읽는다. '~의'를 나타내는 관형격 조사. '風'은 풍도(風度. '풍채(風采)'와 '태도(態度)'를 아울러 이르는 말) '풍'으로 읽는다. '臨大節而不可奪 之風'을 직역(直譯)하면, 큰 절개에 임해서는 그리고 가히 빼앗지 못함의(못하는) 풍도(風度)를 (지녔다).

백주-발검(白晝拔劍 흰 **백**/낮 **주**/뺄 **발**/칼 **검**) 흰(하얀) 낮에 칼을 뺀다는 뜻으로, 대낮에 칼을 빼어들고 함부로 날뜀을 이르는 말. *백주(白晝): =대낮. 즉, 환히 밝은 낮. *발검(拔劍): 검(칼)을 칼집에서 뺌.

백-주-지-조(栢舟之操 잣나무 **백**/배 **주**/어조사 **지**/지조 **조**) 잣나무로 만든 배[舟]의 지조(志操)라는 뜻으로, 잣나무처럼 굳은 과부(寡婦. 남편이 죽어 혼자 사는 여자)의 정조(貞操. 여자의 곧고 깨끗한 절개). 곧, 남편을 일찍 여읜 아내가 정절(貞節)을 지켜 다른 남자에게 다시 시집가지 않는 절개(節槪·介. 옳은 일을 지키어 뜻을 굽히지 않는 굳건한 마음이나 태도))를 비유적으로 이르는 말. 여기서, '여의다'는 부모나 사랑하는 사람이 죽어서 이별하다. 圐 백주지서(栢舟之誓). 백주지절(栢舟之節). *지조(志操): 부록 '조(操)' 참고. 이 사자성어의 유래는 다음과 같다. 『시경(詩經)·국풍(國風)·용풍(鄘風)』의 「백주(柏舟)」 편(篇)에 〈저기 잣나무 배는 / 황하 복판에 떠있네. / 양 갈래 더벅머리 / 진실로 내 짝일세. / 죽어도 다른 마음 갖지 않고 따르리.(汎彼栢舟, 在彼中河, 髧彼兩髦, 實維我儀, 之死矢靡他.)〉[어머니는 하늘 같지만 / 남의 마음 헤아리지 못해 / 저기 잣나무 배[舟]는 / 저 황하 기슭에 있네. / 양 갈래 더벅머리 / 진실로 내 배필일세. / 죽어도 다른 생각 갖지 않고 좋으리. / 어머니는 하늘같지만 / 남의 마음 헤아리지 못해.]라는 시구(詩句)가 나오는데, '저기 잣나무 배는,(汎彼栢舟)'와, '죽어도 다른 마음 갖지 않고 따르 리.(之死矢靡他)'에서, '백주지조(栢舟之操)'가 유래했다. 즉, 잣나무 배[栢舟]와 죽어도 다른 마음 갖지 않겠다는 지조(志操)가 합하여 '백주지조(栢舟之操)'가 된 것이다. 잣나무 배를 향하여 '죽어도 다른 마음 갖지 않고 따르겠다.'는 말은, 일생을, 죽은 남편을 위해 살면서 수절(守節. 정절을 지킴)하겠다는 굳은 의지(意志. 어떠한 일을 이루고자 하는 마음)를 나타낸 말이다. 이 시(詩)의 주인공은 공강(共姜)이다. 그녀는 주(周)나라 여왕(厲王) 때 사람으로, 위(魏)나라 희후(僖侯)의 세자(世子)인 공백(共伯)과 결혼하였 는데, 남편이 갑작스레 요절(夭折. 젊어서 일찍 죽음)하고 말았다. 공강(共姜)은 이 시(詩)를 지어서 '백주 지조(栢舟之操)'의 의지(意志. 어떠한 일을 이루고자 하는 마음)를 다른 사람들에게 알린 것이다. 여기서,

'양 갈래 더벅머리'라는 시구(詩句)가 있다. 죽은 남편이 살아 있을 때의 외모를 표현한 것이다. 또한 죽은 남편에 대한 그리움을 나타낸 말이기도 하다. '어머니는 하늘 같지만 남의 마음 헤아리지 못해'라는 시구(詩句)가 있다. 이것은 친정어머니가 청상과부(靑孀寡婦. <u>본문 참고</u>)가 된 딸의 앞날이 걱정되어 딸에게 여러 차례 재가(再嫁. <u>시집갔던 여자가, 남편이 죽거나 남편과 이혼하거나 하여 다른 남자에게 시집가는 일</u>)할 것을 권한 일에서 비롯된 말이다. 어머니는 하늘 같은 존재이다. 하지만 나는 '백주지조(栢舟之操)'로 살고 싶은데, 어머니는 내 마음을 헤아리지 못함을 서운하게 생각하고 있다는 것이다. 또 '죽어도 다른 생각 갖지 않고 좇으리.'라는 시구(詩句)는, 일생을 죽은 남편을 위해 '백주지조(栢舟之操)'로 살고 싶다는 강한 의지(意志. <u>어떠한 일을 이루고자 하는 마음</u>)의 표현이다. 참고로 원문의 '汎彼栢舟'에서, '汎'은 (물에) 뜰 '범'으로 읽고, '彼'는 저(<u>지시하는 말</u>) '피'로 읽고, '栢'은 잣나무 '백'으로 읽고, '舟'는 배 '주'로 읽는다. '汎彼栢舟'를 직역(直譯)하면, 떠 있는 저 잣나무 배여, '在彼中河'에서, '在'는 있을 '재'로 읽고, '中'은 가운데 '중'으로 읽고, '河'는 물 '하'로 읽는다. 여기서는 '황하(黃河. <u>중국 문명의 요람이자, 중국에서 두 번째로 큰 강</u>)'를 가리킴. '在彼中河'를 직역(直譯)하면, 저 황하(黃河) 가운데에 있네. '髧彼兩髦'에서, '髧'은 머리 깎을 '곤'으로 읽고, '兩'은 두 량(<u>양</u>)으로 읽고, '髦'은 다팔머리(<u>다팔다팔 날리는 머리털. 즉, 다보록한 물건 따위가 조금 길게 늘어져 바람에 자꾸 흔들리는 모양으로 날리는 머리털</u>) '담', 늘어질 '담'으로 읽는다. '髧彼兩髦'을 직역(直譯)하면, 저 두 (갈래로) 깎은(<u>늘어뜨린</u>) 다팔머리, '實維我儀'에서, '實'은 참으로 '실', 진실로 '실'로 읽고, '維'는 오직 '유'로 읽고, '我'는 나(<u>1인칭 대명사</u>) '아'로 읽는다. '儀'는 짝(<u>한 쌍 중의 하나를 이르는 말</u>) '의'로 읽는다. '實維我儀'를 직역(直譯)하면, (잣나무 배는) 진실로 오직 나의 짝이로다. '之死矢靡他'에서, '之'는 어조사 '지'로 읽는다. '~하여도(<u>강조</u>)'를 나타냄. '死'는 죽을 '사'로 읽고, '矢'는 맹세할 '시'로 읽고, '靡'는 없을 '미'로 읽고, '他'는 다를 '타'로 읽는다. '之死矢靡他'를 직역(直譯)하면, 죽어도 다른 (마음이) 없음을 (잣나무 배에) 맹세한다. 여기서, '栢舟之操'가 유래하였는데, 이것을 직역(直譯)하면, 잣나무로 만든 배[舟]의 지조(志操)라는 뜻으로, 잣나무처럼 굳은 과부(寡婦. <u>남편이 죽어 혼자 사는 여자</u>)의 정조(貞操. <u>여자의 곧고 깨끗한 절개</u>). 곧, 남편을 일찍 여읜 아내가 정절(貞節)을 지켜 다른 남자에게 다시 시집가지 않는 절개(節槪·介)를 비유적으로 이르는 말. 여기서, '여의다'는 부모나 사랑하는 사람이 죽어서 이별하다.

백주-창탈(白晝搶奪 흰 백/낮 주/빼앗을 창/빼앗을 탈) 흰(<u>하얀</u>) 낮에 빼앗고 빼앗는다는 뜻으로, 대낮에 남의 물건을 강제로 빼앗음을 이르는 말. *백주(白晝): ☞백주발검(白晝拔劍). *창탈(搶奪): 폭력으로 빼앗음. =약탈(掠奪).

백중-불공(百中佛供 일백 백/가운데 중/부처 불/바칠 공) 백중(百中)에 부처 (앞에) 바친다는 뜻으로, 백중(百中)에 불공(佛供)을 드림. 또는 그 불공(佛供)을 이르는 말. *백중(百中): =백중 날. 즉, 명일(名日. <u>명절. 국경일 따위를 두루 이르는 말</u>)의 하나로, 음력 칠월 보름날(<u>음력 7월 15일</u>)을 일컫는다. *불공(佛供): 부처 앞에 공양하는 일. *바치다: ①(웃어른 따위에게) 드리다. ②자기의 정성이나 힘, 목숨 따위를 남을 위해서 아낌없이 다하다.

백중-숙-계(伯仲叔季 맏 백/버금 중/셋째 아우 숙/막내 계) 백(伯)은 맏이, 중(仲)은 버금(둘째), 숙(叔)은 셋째, 계(季)는 막내라는 뜻으로, 사형제(四兄弟)의 차례를 이르는 말. 여기서 '숙(叔)'은 셋째 아재비를 뜻하기 때문에 셋째 아우로 풀이했다. 고대 중국에서, 사람들이 아들을 낳으면 일반적으로 백(伯), 중(仲),

숙(叔), 계(季)의 순서로 자(字. <u>본이름을 함부로 부르지 않던 시대에, 본이름 대신 부르던 이름</u>)를 붙였다. 예를 들면 유백(劉伯)은 유(劉)의 첫째 아들이고, 유중(劉仲)은 유(劉)의 둘째 아들이고, 유숙(劉叔)은 유(劉)의 셋째 아들이고, 유계(劉季)는 유(劉)의 넷째 아들이다. *백중(伯仲): ①맏이[伯]와 둘째[仲]를 아울러 이르는 말. ②재주(<u>순우리말로, 무엇을 잘 할 수 있는, 타고난 능력과 슬기</u>)나 실력, 기술 따위가 서로 비슷하여 낫고 못함이 없음. 또는 그런 형세(形勢). *'숙-계'는 『국어사전(國語辭典)』에 등재(登載)된, '막내아우'인 '숙계(叔季)'의 뜻과는 별개다. *맏: 부록 '백(伯)' 참고. *버금: 부록 '중(仲)' 참고.

백중-지-간(伯仲之間 맏 **백**/버금 **중**/어조사 **지**/사이 **간**) 맏(<u>맏이</u>)과 버금(<u>둘째</u>)의 사이. 즉, 첫째 형과 둘째 형의 사이라는 뜻으로, 서로 어금지금하여 맞서는 사이. 또는 세력(勢力)이 엇비슷해 서로 우열(優劣. <u>나음과 못함. 우수함과 열등함</u>)을 가리기 힘든 형세(形勢)를 비유적으로 이르는 말. =백중지세(伯仲之勢). *백중(伯仲): ☞백중지간(伯仲之間). *맏: 부록 '백(伯)' 참고. *버금: 부록 '중(仲)' 참고. 이 사자성어의 유래는 다음과 같다. 조비(曹丕)의 『전론(典論)』「논문(論文)」에 〈문인(文人)들이 서로 경시하는 것은 옛날부터 그러했다. 부의(傅毅)가 반고(班固)에게는 백중지간(伯仲之間)일 뿐이다.(文人相輕, 自古而然, 傅毅之於班固, <u>伯仲之間耳</u>.)〉라는 이야기가 나오는데, '백중지간(伯仲之間)일 뿐이다.(伯仲之間耳)'에서, '백중지간(伯仲之間)'이 유래했다. '부의(傅毅)'는 후한(後漢) 장제(章帝) 때 반고(班固)와 함께 난대영사(蘭臺令史. <u>벼슬 이름</u>)를 지냈다. '난대영사(蘭臺令史)'란 궁중에 있는 장서(藏書)를 보관하던 난대(蘭臺)를 관장하는 관직(官職. <u>관리로서, 국가로부터 위임 받은 일정한 범위의 직무. 또는 그 직위</u>)이다. 또 '반고(班固)'는 후한(後漢) 초기의 문학가이자 역사가로, 『한서(漢書)』를 지었다. 참고로, 원문의 '文人相輕'에서, '文'은 글월 '문'으로 읽고, '人'은 사람 '인'으로 읽는다. '文人'은 문필이나 문예 창작에 종사하는 사람. 또는 지난날, '학문으로써 입신(立身. <u>사회적으로 인정을 받고 높이 됨. 또는 기반을 닦고 출세함</u>)한 사람'을 이르던 말. '相'은 서로 '상'으로 읽고, '輕'은 가벼이 여길 '경'으로 읽는다. '文人相輕'을 직역(直譯)하면, 문인들이 서로서로 가볍게 여기는 것은, '自古而然'에서, '自'는 부터(<u>체언이나 부사어에 붙어, '동작이 비롯되는 처음'의 뜻을 나타내는 보조사</u>) '자'로 읽고, '古'는 옛 '고'로 읽고, '而'는 말 이을 '이'로 읽는다. '그리고'의 뜻을 나타냄. '然'은 그러할 '연'으로 읽는다. '自古而然'을 직역(直譯)하면, 옛날부터 그리고 (계속하여) 그러했다. '傅毅之於班固'에서, '傅'는 스승 '부'로 읽고, '毅'는 굳셀 '의'로 읽는다. 여기서, '傅毅'는 사람 이름. '之'는 어조사 '지'로 읽는다. '~이(<u>가</u>)'를 나타내는 주격 조사. '於'는 어조사 '어'로 읽는다. '~에게'의 뜻을 나타냄. '班'은 나눌 '반'으로 읽고, '固'는 굳을 '고'로 읽는다. '班固'는 사람 이름. '傅毅之於班固'를 직역(直譯)하면, 부의(傅毅)가 반고(班固)에게는, '伯仲之間耳'에서, '伯'은 맏(<u>'맏이'의 뜻을 더하는 접두사</u>) '백'으로 읽고, '仲'은 버금(<u>으뜸의 바로 아래. 또는 그런 지위에 있는 사람이나 물건</u>) '중'으로 읽고, '之'는 어조사 '지'로 읽는다. '~의'를 나타내는 관형격 조사. '間'은 사이 '간'으로 읽고, '耳'는 따름 '이', 뿐 '이'로 읽는다. '~일 뿐이다(<u>한정</u>)'의 뜻을 나타냄. '伯仲之間耳'를 직역(直譯)하면, 맏(<u>맏이</u>)과 버금(<u>둘째</u>)의 사이일 뿐이다. 즉, 부의(傅毅)와 반고(班固)는 서로 엇비슷하여 누가 더 낫고 못함을 가리기 힘든 사이라는 뜻이다. 여기서, '伯仲之間'이 유래하였는데, 이것을 직역(直譯)하면, 맏(<u>맏이</u>)과 버금(<u>둘째</u>)의 사이. 즉, 첫째 형과 둘째 형의 사이라는 뜻으로, 서로 어금지금하여 맞서는 사이. 또는 세력(勢力)이 엇비슷해 서로 우열(優劣. <u>나음과 못함. 우수함과 열등함</u>)을 가리기 힘든 형세(形勢)를 비유적으로 이르는 말.

백중-지-세(伯仲之勢 맏 **백**/버금 **중**/어조사 **지**/형세 **세**) 맏(맏이)과 버금(둘째)의 형세(形勢). 즉, 첫째 형과 둘째 형의 형세(形勢)라는 뜻으로, 서로 어금지금하여 맞서는 사이. 또는 세력(勢力)이 엇비슷해 서로 우열(優劣)을 가리기 힘든 형세(形勢)를 비유적으로 이르는 말. =백중지간(伯仲之間). *백중(伯仲): ☞백중지간(伯仲之間). *맏: 부록 '백(伯)' 참고. *버금: 부록 '중(仲)' 참고. *형세(形勢): 어떠한 일의 형편이나 상태.

백지-동맹(白紙同盟 흰 **백**/종이 **지**/함께 **동**/맹세할 **맹**) 흰 종이를 (내며) 함께 (행동을 하기로) 맹세한다는 뜻으로, 답을 제대로 쓰지 않은 채 답안지(答案紙. 문제의 해답을 쓰는 종이)를 그냥 내는 일을 이르는 말. 학생들이 시험을 볼 때, 교사나 학교 당국에 대항(對抗. 굽히거나 지지 않으려고 맞서서 버티거나 항거함)하기 위해서 하는 단체 행동이다. *백지(白紙): ①닥나무 껍질로 만든 흰빛의 종이. ②아무것도 적지 않은 비어 있는 종이. *동맹(同盟): 둘 이상의 개인이나 단체, 또는 국가가 서로의 이익이나 목적을 위하여 동일하게 행동하기로 맹세하여 맺는 약속이나 조직체. 또는 그런 관계를 맺음. *맹세하다: 부록 '맹(盟)' 참고.

백지-상태(白紙狀態 흰 **백**/종이 **지**/형상 **상**/모양 **태**) 흰 종이의 형상(形狀)과 모양(模樣)이라는 뜻으로, ①종이에 아무것도 쓰지 않은 상태를 이르는 말. ②어떠한 대상에 대하여 아무것도 모르는 상태를 이르는 말. ③어떠한 일을 하기 이전의 상태를 이르는 말. ④잡념(雜念. 여러 가지 잡스러운 생각)이나 선입관(先入觀. 어떤 대상에 대하여 이미 마음속에 가지고 있는 고정적인 관념이나 관점) 따위가 없는 상태를 이르는 말. *백지(白紙): ☞백지동맹(白紙同盟). *상태(狀態): 사물이나 현상이 처해 있는 현재의 모양. 또는 형편. *형상(形狀): 부록 '상(狀)' 참고. 그런데 여기서, '형상(形狀)'은 '형상(形象)', 형상(形像)과 같은 뜻이다.

백지-애매(白地曖昧 흰 **백**/땅 **지**/흐릴 **애**/어두울 **매**) (까닭 없이) 흰(하얀) 땅이 흐리기도 (하고) 어둡기도 (하다는) 뜻으로, 까닭 없이 죄(罪)를 뒤집어쓰고 재앙(災殃. 뜻하지 아니하게 생긴 불행한 변고·變故. 또는 천재지변·天災地變으로 인한 불행한 사고)을 당하여 억울함을 비유적으로 이르는 말. *백지(白地): 정해진 근거가 없는 상태. *애매(曖昧): 이것인지 저것인지 분명하지 못함.

백-척-간두(百尺竿頭 일백 **백**/자 **척**/장대 **간**/머리 **두**) 일백(一百) 자[尺]나 (되는) 장대(長~)의 머리. 즉, 일백(一百) 자나 되는 높은 장대(長~)의 끝에 올라섰다는 뜻으로, 몹시 어렵고 위태로운 지경(地境. 어떤 처지나 형편)을 비유적으로 이르는 말. *간두(竿頭): ①장대(長~)나 막대기의 끝. ②=백척간두(百尺竿頭). *장대(長~): 부록 '간(竿)' 참고. 《관련 속담》 바람 앞의 등불.

백-천-만겁(百千萬劫 일백 **백**/일천 **천**/일만 **만**/겁 **겁**) 일백(一百)도 (아니고) 일천(一千)도 (아닌) 일만(一萬)의 겁(劫)이라는 뜻으로, 무한한 햇수. 또는 영원한 시간을 이르는 말. *만겁(萬劫): 지극히 오랜 세월. 또는 한(限)없이 긴 시간. *겁(劫): '천지가 한 번 개벽(開闢. 세상이 처음으로 생겨 열림)한 때부터 다음번에 개벽(開闢)할 때까지의 동안'이라는 뜻으로, 매우 길고 오랜 시간을 이르는 말.

백-천-만사(百千萬事 일백 **백**/일천 **천**/일만 **만**/일 **사**) 일백(一百)도 (아니고) 일천(一千)도 (아닌) 일만(一萬) (가지의) 일이라는 뜻으로, 온갖 일을 이르는 말. *만사(萬事): 모든 일. 또는 온갖 일.

백-천-학해(百川學海 일백 **백**/내 **천**/배울 **학**/바다 **해**) 일백 (곳의) 내(시내)는 바다를 배우며 (흐른다는) 뜻으로, 바다나 강은 같은 물이지만, 강은 바다를 배우며 흘러 마침내 바다로 들어감을 이르는 말. 여기서 모든 내(시내)가 바다를 배운다는 것은 그것이 바다를 향하여 더 낮은 곳으로 나아간다는 의미다. 결국 배운다는 것은 자기를 낮추는 행위다. 즉, 사람이 학문을 배우고 익히는데 있어서 가져야 할 자세를 강조한 말이다. *학해(學海): 학문의 바다라는 뜻으로, 학문의 세계를 비유적으로 이르는 말. 또는 냇물이 끊임없이 흘러 바다에 들어가듯이, 사람도 꾸준히 학문에 힘써서 끝내 대성(大成. 크게 이룸)함을 이르는 말. 이 사자성어의 유래는 다음과 같다. 『양자법언(揚子法言)』의 『학행(學行)』 「제일(第一)」편(篇)에, [혹자(或者. 어떤 사람)가 물었다. "『오경(五經)』 이외에 『논어(論語)』, 『맹자(孟子)』 같은 책도 『오경(五經)』과 똑같이 도(道)에 근본을 두었는데, 여기서 『논어(論語)』, 맹자(孟子)는 『사서(四書)』에 해당되지, 『오경(五經)』에 들어가지 않는다. 여기서, 『사서(四書)』는 『논어(論語)』, 『맹자(孟子)』, 『중용(中庸)』, 『대학(大學)』을 통틀어 이르는 말이고 『오경(五經)』은 『시경(詩經)』, 『춘추(春秋)』, 『예기(禮記)』 따위를 일컫는다. 세상에서 이런 책(『오경·五經』을 일컬음)을 중시(重視. 중요하게 보거나 여김)하지 않으니, 즉, 당시(當時. 일이 있었던 바로 그때. 또는 이야기하고 있는 그 시기)에 『오경(五經)』을 읽지 않은 사람은 관원(官員. 벼슬아치)이 될 수 없었기 때문에 『오경(五經)』 이외의 일반 서적은 세상에서 중시(重視)하지 않는다고 말한 것이다. 이런 책을 연구해도 됩니까?" 양자(揚子)가 말하였다. "된다." 혹자(或者. 어떤 사람)가 웃으며 말하였다. "(그런 책을 연구하는 것은) 모름지기 (과거·科擧에 응시하여) 책문(策問)의 답안을 지어 올리고 과거(科擧. 예전에 우리나라와 중국에서 관리를 뽑을 때 실시하던 시험을 이르는 말)에 급제(及第. 지난날 과거에 합격하던 일)하여 (관원이 되고자 해서입니다.) 여기서 '책문(策問)'은 정치에 관한 계책(計策. 어떤 일을 이루기 위하여 꾀나 방법을 생각해 냄. 또는 그 꾀나 방법)을 물어서 답하게 하던 과거(科擧) 시험의 과목(科目)을 일컫는다. '책문(策問)'에서 '책(策)'은 옛날에 글자를 기록하던 죽간(竹簡. 고대 중국에서, 글자를 적던 대나무의 조각. 또는 대나무의 조각을 엮어서 만든 책)을 일컫는다. '문(問)'은 물을 '문'으로 읽는다. 따라서 '책문(策問)'은 과거 시험 응시자에게 죽간(竹簡)에 제시된 문제의 답을 묻는다는 뜻이다." 양자(揚子)가 말하였다. "대인(大人)의 배움은 도(道)를 위한 것이고, 소인(小人)의 배움은 이익(利益)을 위한 것이니, 그대는 도(道)를 위해서 배우는가? 아니면 이익(利益)을 위해서 배우는가?" 혹자(或者)가 말하였다. "농사를 지어도 수확(收穫. 농작물을 거두어들임)이 없고, 사냥을 해도 제물(祭物. 제사·祭祀에 쓰는 음식)을 바치지 못하는 것과 같으니, (이러함에도 불구하고) 농사짓고 사냥합니까?, 즉, 도(道)를 위해서 배우는 것은 삶에 아무런 쓸모가 없음을 우회적(迂廻·回的. 곧바로 가지 않고 멀리 돌아서 가는 것)으로 표현한 것이다." 양자(揚子)가 말하였다. "도(道)를 경작(耕作. 논밭을 갈아 농사를 지음)하여 도(道)를 얻고, 덕(德. 고매하고 너그러운 도덕적 품성)을 사냥하여 덕(德)을 얻으면 이것이 바로 농사짓고 사냥한 것이다. 그러나 나는 삼성(參星. 이십팔수 가운데 21번째 별자리의 별들)과 진성(辰星. 행성·行星 가운데서 가장 작고 태양에 가장 가까이 있는 별. =수성·水星)이 (하늘에) 나란히 뜬 것을 보지 못하였다. 즉, 삼성(參星)과 진성(辰星)이 양립(兩立. 두 가지가 동시에 따로 성립함)할 수 없듯이, 도(道)를 위해서 배우는 것과 이익(利益)을 위해서 배우는 것을 동시에 할 수는 없다는 뜻이다. 이 때문에 군자(君子. 학문과 덕이 높고 행실이 바르며 품위를 갖춘 사람)는 선(善)으로 옮겨 가는 것을 귀(貴)하게 여기니, 선(善)으로 옮겨 가는 것은 성인(聖人. 지혜와 덕이 매우 뛰어나 길이 우러러 본받을 만한 사람)의 무리[聖人之徒]일 것이다. 즉, 선(善)을 행하는 것은 성인(聖人. 지혜와 덕이 매우 뛰어나 길이 우러러 본받을 만한 사람)의 대열(隊列. 어떤 활동을 목적으로 이루어진 무리)에 끼일 수 있다는 뜻이다.]〈(양자·揚子의 말은 계속된다) 모든 하천은 바다를 본받아 (쉬지 않고 흘러가서) 큰 바다에 이르는 데, (반대로) 구릉(丘陵. 땅이 비탈지고 조금 높은 곳. =언덕)은 높은 산을 본받지만 (제 자리에 머물러 있고 앞으로 나아가지 않아서) 높은 산에 이르지 못한다. 이 때문에 (나는 힘을 다하지도 않고) 스스로 멈추는 것을 싫어한다.(百川學海而至于海. 丘陵學山而不至于山, 是故, 惡夫畫也)"〉라는 이야기가 나오는데, '모든 하천은 바다를 본받아 (쉬지 않고 흘러가서) 큰 바다에 이르는 데,(百川學海而至于海)'에서, '백천학해(百川學海)'가 유래했다. 참고로, 원문의 '百川學海而至于海'에서, '百'은 일백 '백'으로 읽고, '川'은 내(시내보다는 크고, 강·江보다는 조금 작은 물줄기) '천'으로 읽고, '學'은 배울 '학'으로 읽는다. 여기서 '學'은 문맥상 '무엇을 본받기 위해 배운다.'는 뜻이기에, '본받다'의 뜻이 강함. '海'는 바다 '해'로 읽고, '而'는 말 이을 '이'로 읽는다. '그리고'의 뜻을 나타냄. '至'는 이를(어떤 곳에 닿을) '지'로 읽고, '于'는 어조사 '우'로 읽는다. '~에', '~에서(장소, 대상)'의 뜻을 나타냄. '百川學海而至于海'를 직역(直譯)하면, 일백 개의 내는 바다를 배워(본받아) (쉬지 않고 흘러가서) 바다에 이르는 데, 여기서, '백천학해(百川學海)'가 유래했는데, 이것을 직역(直譯)하면, 일백 개의 내(시내)는 바다를 배운다는 뜻으로, 바다나 냇물은 같은 물이지만, 특히 냇물은 바다를 배우며 흘러 마침내 바다로 들어감을 이르는 말이 되었다. '丘陵學山而不至于山'에서, '丘'는 언덕 '구'로 읽고, '陵'은 언덕 '릉(능)'으로 읽고, '山'은 메('산·山'의 옛말) '산'으로 읽고, '而'는 말 이을 '이'로 읽는다. '그러나'의 뜻을 나타냄. '不'는 아닐(부정하는 말) '부'로 읽는다. '丘陵學山而不至于山'을 직역(直譯)하면, 구릉(丘陵)은 산을 배운다(본받는다). 그러나 산에 이르지 못한다. '是故'에서, '是'는 이(지시하는 말) '시'로 읽고, '故'는 까닭 '고', 이유(理由) '고'로 읽는다. '是故'를 직역(直譯)하면, 이러한 까닭으로, '惡夫畫也'에서, '惡'는 싫어할 '오'로 읽고, '夫'는 대저(大抵. 대체로 보아서) '부'로 읽고, '畫'은 (선을) 그을 '획'으로 읽는다. 이것은 아예 시도(試圖. 무엇을 시험 삼아 꾀하여 봄. 또는 그 꾀한 바를 시험해 봄)하지 않고 선을 긋는다는 말에서, 스스로 멈춘다는 의미를 갖고 있음. '也'는 어조사 '야'로 읽는다. '~이다(단정)'의 뜻을 나타낸다. '惡夫畫也'를 직역(直譯)하면, 대체로 선을 긋듯이 (스스로 멈추는 것을) 싫어함이다. 즉, 냇물은 쉴 새 없이 노력하여 흘러가서 바다에 이르는 데, 구릉(丘陵)은 조금도 노력하지 않은 채 움직이지 않고 가만히 있기 때문에 산에 이르지 못한다. 그래서 양자(揚子)는 내를 좋아하고 구릉(丘陵)을 싫어한다는 뜻이다. '백천학해(百川學海)'는, 배우는 자(者)는 바다를 향하는 냇물처럼 날마다 꾸준히 노력해야 목적지에 도달한다는 것을 일깨워주는 말이다. 결국 '백천학해(百川學海)'는 사람이 학문을 익히는 데 있어 가져야 할 자세를 비유적으로 이르는 말이다.

백치-천재(白癡天才 흰 **백**/어리석을 **치**/하늘 **천**/재주 **재**) 백치(白癡)가 하늘로부터 (받은) 재주라는 뜻으로, 백치(白癡)이면서도 어떤 한 가지 일에는 뛰어난 재주를 가진 사람을 이르는 말. *백치(白癡): 뇌에 장애나 질환이 있어 지능이 아주 낮고 정신이 박약(薄弱. 지능 따위가 정상적이지 못한 상태)한 것. 또는 그런 사람. *천재(天才): 태어날 때부터 갖춘 뛰어난 재주. 또는 그런 재주를 가진 사람. *재주: 순우리말로, 무엇을 잘할 수 있는, 타고난 능력과 슬기.

백태-천-광(百態千光 일백 **백**/모양 **태**/일천 **천**/빛 **광**) 일백(一百) (가지의) 모양과 일천(一千) (가지의) 빛이라는 뜻으로, 온갖 아름다움을 갖춘 자태(姿態)를 이르는 말. 여기서, '자태(姿態)'는 어떤 모습이나 모양을 일컫는 말. 주로 여성의 고운 맵시나 태도에 대하여 일컬으며, 식물, 건축물, 강, 산 따위를

사람에 비유하여 일컫기도 한다. 그런데『표준국어대사전』에 나오는 '백태천광'에서 일백 백(百)이 아닌
흰 백(白)을 쓴 '백태(白態)'는 잘못된 표현이다. *백태(百態): 여러 가지 자태. 또는 온갖 자태.

백팔-번뇌(百八煩惱 일백 **백**/여덟 **팔**/걱정거리 **번**/괴로워할 **뇌**) 불교에서, 108가지의 걱정거리와 괴로움이
라는 뜻으로, 사람이 지닌 108가지의 번뇌(煩惱)를 이르는 말. 6근(根. 어떤 작용을 일으키는 강력한
힘. 6근·六根의 능력을 일컬음)에 각기 고(苦), 락(樂), 불고불락(不苦不樂. 괴롭지도 즐겁지도 않음)이
있어 18가지가 되고, 이에 탐(貪. 육번뇌·六煩惱의 하나. 자기의 뜻에 잘 맞는 사물에 집착하는 번뇌임)
과 무탐(無貪. 세간·世間의 존재나 대상에 대해 애착하거나 집착하지 않는 마음 작용)이 있어 36가지가
되며, 이것을 다시 과거, 현재, 미래로 각각 풀면 108가지가 된다. 일반적으로 사람의 마음속에 있는
엄청난 번뇌(煩惱)를 일컫는다. *백팔(百八): =백팔번뇌(百八煩惱). *번뇌(煩惱): 마음이나 몸을 괴롭히
는 노여움이나 욕망 따위의 헛된 생각.

백팔-염주(百八念珠 일백 **백**/여덟 **팔**/생각 **염**/구슬 **주**) 108(개의) 염주(念珠)라는 뜻으로, 작은 구슬 108개를
꿴 염주(念珠)를 이르는 말. 백팔번뇌(百八煩惱)를 상징한다. 이것을 돌리며 염불(念佛)을 외면 번뇌(煩惱.
마음이나 몸을 괴롭히는 노여움이나 욕망 따위의 헛된 생각)를 물리쳐 무상(無想)의 경지(境地. 어떤
처지나 형편)에 이른다고 한다. 여기서, '무상(無想)'은 불교에서, 일정한 형태나 모습이 없는 것. 공(空.
불교에서, 세상의 모든 것은 인연·因緣에 따라 생긴 가상·假相이며, 영구불변·永久不變의 실체·實體가
없음을 이르는 말)의 모습. 또는 모든 집착(執着)에서 떠나 초연(超然)해 있음을 일컫는다. *백팔(百八):
= 백팔번뇌(百八煩惱). *염주(念珠): 보리자(菩提子. 보리수의 열매), 모감주(순우리말로, 모감주나무의
열매) 따위를 여러 개 실에 꿰어서 둥글게 만든 것. 부처에게 절하거나 염불(念佛. 부처의 모습이나
그 공덕을 생각하면서 부처의 이름을 욈)할 때, 손가락 끝으로 한 알씩 넘기면서 그 횟수를 세거나 함.

백폐-구-존(百弊俱存 일백 **백**/폐단 **폐**/함께 **구**/있을 **존**) 일백(一百) (가지의) 폐단(弊端)이 함께 있다는
뜻으로, 온갖 폐단(弊端)이 모두 있음을 이르는 말. *백폐(百弊): 온갖 폐단(弊端)을 이르는 말. *'구-존'
은『국어사전(國語辭典)』에 등재(登載)된, '부모가 모두 살아계심'인 '구존(俱存)'의 뜻과는 별개다. *폐단
(弊端): 어떤 일이나 행동에서 나타나는 옳지 못한 경향이나 해로운 현상.

백폐-구-흥(百廢俱興 일백 **백**/폐할 **폐**/함께 **구**/일어날 **흥**) 일백(一百) (가지나) 폐(廢)한 (것이) 함께 일어
난다는 뜻으로, 쇠(衰)하여 없어진 온갖 일이 다시 일어남을 이르는 말. *백폐(百廢): 쇠하여 없어진
많은 행사(行事). *폐하다(廢~): 부록 '폐(廢)' 참고.

백해-구-통(百骸俱痛 일백 **백**/뼈 **해**/함께 **구**/아플 **통**) 일백(一百) (개의) 뼈가 함께 아프다. 즉, 온 몸이
다 아프다는 뜻으로, 온몸이 아프지 않은 곳이 없이 다 아픔을 이르는 말. *백해(百骸): 온 몸을 이루고
있는 모든 뼈.

백해-무익(百害無益 일백 **백**/손해 **해**/없을 **무**/이익 **익**) 일백(一百) (가지의) 손해(損害)만 (있고) 이익(利益)은
없다는 뜻으로, 백 가지 해롭기만 하고 하나도 이로운 바가 없음을 이르는 말. 즉, 손해(損害)는 백
가지고 이득(利得)은 한 가지도 없다는 뜻이다. *백해(百害): 온갖 해로움. *무익(無益): 이로움이 없음.

백행-지-본(百行之本 일백 **백**/행할 **행**/어조사 **지**/근본 **본**) 일백(一百) (번) 행(行)함의 근본(根本)이라는
뜻으로, 온갖 행실(行實)의 근본(根本). 또는 모든 행실(行實)의 근본(根本)을 이르는 말. *백행(百行):
온갖 행동. *행하다(行~): (작정한 대로) 하여 나가다. *근본(根本): 부록 '본(本)' 참고.

백홍-관-일(白虹貫日 흰 **백**/무지개 **홍**/꿰뚫을 **관**/해 **일**) 흰 무지개가 해[日]를 꿰뚫는다. 즉, 흰 무지개가 태양(太陽)을 뚫고 지나간다는 뜻으로, ①정성이 지극하여 하늘이 감응(感應. 마음에 느끼어 반응함. 또는 신심·信心이 부처나 신령·神靈에게 통합)함을 비유적으로 이르는 말. ②임금의 신상(身上. 한 사람의 신변에 관련된 형편)에 해로움이 가하여짐을 비유적으로 이르는 말. *백홍(白虹): 빛깔이 흰 무지개. *무지개: 부록 '홍(虹)' 참고. *꿰뚫다: ①꿰어서 뚫다. ②일을 속속들이 잘 알다. *해: ①태양(太陽). 즉, 태양계의 중심을 이루는 항성(恒星). ②햇빛. 또는 햇볕.

백화-난만(百花爛漫 일백 **백**/꽃 **화**/빛날 **난**/흩어질 **만**) 일백(一百) (송이의) 꽃이 빛나고 흩어진다는 뜻으로, 온갖 꽃이 활짝 피어서 아름답게 흐드러짐을 이르는 말. 圓 백화만발(百花滿發). 백화요란(百花燎亂. *백화(百花): 온갖 꽃. 또는 여러 가지 꽃. *난만(爛漫): ①꽃이 활짝 피어 화려함. ②환하게 나타나 뚜렷함. *흩어지다: 사물이나 소문 따위가 여러 곳으로 퍼지다.

백화-만발(百花滿發 일백 **백**/꽃 **화**/찰 **만**/필 **발**) 일백(一百) (송이의) 꽃이 (꽉) 차게 피어 (있다는) 뜻으로, 온갖 꽃이 흐드러지게 활짝 핌을 이르는 말. 또는 온갖 꽃이 활짝 피어 아름답게 흐드러진 상태를 이르는 말. *백화(百花): ☞백화난만(百花爛漫). *만발(滿發): 꽃이 활짝 다 핌.

백화-요란(百花燎亂 일백 **백**/꽃 **화**/불 놓을 **요**/어지러울 **란**) 일백(一百) (송이의) 꽃이 불을 놓은 (듯이) 어지럽다는 뜻으로, 온갖 꽃이 불이 타오르듯이 피어 찬란하거나 화려하게 핌을 이르는 말. 圓 백화난만(百花爛漫). 백화만발(百花滿發). *백화(百花): ☞백화난만(百花爛漫). *요란(燎亂): 불이 붙어서 어지러움. *어지럽다: 부록 '란(亂)' 참고.

백화-제-방(百花齊放 일백 **백**/꽃 **화**/가지런할 **제**/놓을 **방**) 일백(一百) (송이의) 꽃이 가지런히 놓여 있다는 뜻으로, ①많은 꽃이 일제히 핌을 이르는 말. ②온갖 학문이나 예술, 사상 따위가 각기 자기주장(自己主張. 본문 참고)을 폄을 비유적으로 이르는 말. 중국의 예술 정책으로 한때 고창(高唱. 자신의 의견 따위를 강하게 내세움)되던 말이다. *백화(百花): ☞백화난만(百花爛漫). *가지런하다: 부록 '제(齊)' 참고.

백흑-지-변(白黑之辨 흰 **백**/검을 **흑**/어조사 **지**/분별할 **변**) 흰 (것과) 검은 (것의) 분별(分別)함. 즉, 희고 검은 것을 가린다는 뜻으로, 옳고 그름이나 참과 거짓, 바른 일과 사악(邪惡. 마음이나 생각이 간사하고 악함)한 일을 구별(區別)하여 가려내는 일을 이르는 말. *백흑(白黑): 옳고 그름. 또는 바른 일과 사악한 일. *분별하다(分別~): 부록 '변(辨)' 참고.

번례-다-의(煩禮多儀 번거로울 **번**/예절 **례**/많을 **다**/거동 **의**) 번거로운 예절(禮節)과 많은 거동(擧動)이라는 뜻으로, 번거로운 예절(禮節)과 많은 의식(儀式)을 이르는 말. *번례(煩禮): 번거로운 예법. *번거롭다: 부록 '번(煩)' 참고. *거동(擧動): 부록 '의(儀)' 참고.

번-문-욕례(繁文縟禮 번거로울 **번**/글월 **문**/번거로울 **욕**/예절 **례**) 번거로운 글과 번거로운 예절(禮節)이라는 뜻으로, 번거롭고 까다로운 규칙(規則)과 예절(禮節)을 이르는 말. *욕례(縟禮): 복잡하고 까다로운 예절. *번거롭다: 부록 번(繁) 참고.

번연-개오(幡然開悟 변할 **번**/그러할 **연**/열 **개**/깨달을 **오**) 그러하게 변한 (것을) 갑자기 열어 깨닫는다는 뜻으로, 이제까지 모르던 일을 갑자기 깨달음을 이르는 말. *번연(幡然): 깨달음이 갑작스러움. *개오(開悟): 지혜를 열어 불도(佛道. 부처의 가르침)를 깨달음.

번-옥-환-포(反獄還捕 뒤집어엎을 **번**/감옥 **옥**/돌릴 **환**/잡을 **포**) (불법으로) 뒤집어엎은 (죄인을) 잡아서 감옥(監獄)으로 돌려 (놓는다)는 뜻으로, 도망가거나 빼앗긴 죄인(罪人)을 도로 잡아 가둠을 이르는 말.
*뒤집어엎다: ①'뒤집다'의 힘줌말. 즉, 일의 순서 따위를 뒤바꾸다. 또는 형세(形勢. 일의 되어 가는
형편)를 역전(逆轉. 형세가 뒤집힘. 또는 형세를 뒤집음) 시키다. ②(속에 담긴 것을) 엎지르다. *감옥(監
獄): 죄인(罪人)을 가두어 두는 곳. 한때 형무소(刑務所)라고 부르다가 현재 교도소(矯導所)로 고쳤다.
*돌리다: '돌려주다'와 같은 뜻.

벌빙-지-가(伐氷之家 벨 **벌**/얼음 **빙**/어조사 **지**/집안 **가**) 얼음을 베는 집안이라는 뜻으로, 부유하고 권세
(權勢. '권력·權力'과 '세력·勢力'을 아울러 이르는 말) 있는 집안을 비유적으로 이르는 말. 상당히 높은
벼슬인 경대부(卿大夫. 높은 관직에 있는 벼슬아치를 이르던 말. 경·卿과 대부·大夫로 대표된다.) 이상
(以上)의 집안에서 제사를 지낼 때, 얼음을 사용한 데서 나온 말이다. *벌빙(伐氷): (간직해 두었다가)
쓰려고) 강이나 호수에서 얼음장을 떠냄.

벌-성-지-부(伐性之斧 벨 **벌**/성품 **성**/어조사 **지**/도끼 **부**) 성품(목숨)을 베는 도끼. 즉, 여색(女色. 여자의
성적인 매력)은 목숨을 끊는 도끼와 같다는 뜻으로, 여색(女色)에 지나치게 빠지면 사람의 생명에 해로
울 수 있으니, 여색(女色)을 경계(警戒. 잘못을 저지르지 않도록 미리 타일러 조심하게 함)해야 함을
비유적으로 이르는 말.

벌-제-위-명(伐齊爲名 칠 **벌**/제나라 **제**/삼을 **위**/명분 **명**) 명분(名分)으로 삼아 제(齊)나라를 치려고 (한다
는) 뜻으로, 겉으로는 어떤 일을 하는 체하고, 속으로는 딴전(어떤 일을 하는 데 그 일과는 전혀 관계가
없는 일이나 행동)을 부리거나 딴 짓을 함을 비유적으로 이르는 말. 이 사자성어의 유래는 다음과 같다.
사마천(司馬遷)의 『사기(史記)』「전단열전(田單列傳)」에 〈얼마 후 연(燕)나라 소왕(昭王)이 죽고 혜왕(惠
王)이 즉위(卽位)하면서 악의(樂毅)와 틈이 있었다. 전단(田單)이 듣고 이에 연(燕)나라에 반간계(反間計.
두 사람이나 두 나라 따위의 중간에서 서로를 멀어지게 하는 술책)를 써서 소문(所聞)을 퍼트려 말하기
를, 제(齊)나라 왕이 이미(돌이킬 수 없이 된 지난 일을 일컬을 때 쓰는 말) 죽고, 성(城)의 두 개만이
함락(陷落)되지 않았을 뿐이다. 악의(樂毅)가 죽음을 당할 것은 두려워하여 감히 돌아가지 못하고 제(齊)
나라를 치는 것으로써 명분을 삼으나, 실제로는 군대를 이어서(군대를 한 군데로 끌어들여) 남면(南面.
여기서는 임금의 자리에 오르거나 임금이 되어 나라를 다스림을 이르는 말. 임금이 남쪽을 향하여 신하
와 대면·對面한 일에서 유래한다)하여 제(齊)나라에서 왕 노릇 하려 한다.(頃之, 燕昭王卒, 惠王立, 與樂
毅有隙, 田單聞之, 乃縱反間於燕, 宣言曰, 齊王已死, 城之不拔者二耳, 樂毅畏誅而不敢歸, **以伐齊爲名**, 實
欲連兵南面而王齊)〉라는 이야기가 나오는데, '제(齊)나라를 치는 것으로써 명분을 삼으나,(以伐齊爲名)'
에서, '벌제위명(伐齊爲名)'이 유래했다. 다시 말하면, 중국의 전국 시대에 연(燕)나라 장수인 악의(樂毅)
가 제(齊)나라를 칠 때에 제(齊)나라의 장수인 전단(田單)이, 악의(樂毅)가 제(齊)나라를 정복한 뒤에
제(齊)나라의 왕이 되려고 한다는 헛소문을 퍼뜨리자, 연(燕)나라 혜왕(惠王)이 의심하여 악의(樂毅)를
전쟁 도중에 불러들여 파면(罷免. 신분을 박탈하는 일)을 시켰다는 데서 유래한 것이다. 이 이야기의
배경은 이렇다. 중국 전국(戰國) 시대 말기(末期)에 연(燕)나라의 명재상(名宰相. 이름난 재상·宰相)인
악의(樂毅)는 진(秦), 초(楚), 연(燕), 한(韓), 조(趙), 위(魏)의 연합군을 이끌고 제(齊)나라를 공격하여
5년 동안에 제(齊)나라의 70여 성(城)을 항복 받고 제(齊)나라의 민왕(湣王)을 망명(亡命. 정치적인 이유
따위로 자기 나라에 있지 못하고 남의 나라로 몸을 피하는 일)시켰지만, 즉, 제(齊)나라는 당시(當時.

일이 있었던 바로 그때, 또는 이야기하고 있는 그 시기) 민왕(湣王)의 실정(失政. 정치를 잘못함. 또는 잘못된 정치)으로 주변국의 침략을 받게 된 것이다. 그때 민왕(湣王)은 연(燕)나라의 공격을 받고 항복하여 망명했다는 뜻이다. 즉묵(卽墨)과 거(莒) 두 성(城)만 항복을 받지 못하고 있었다. 그때 즉묵(卽墨)을 지키던 제(齊)나라의 전단(田單)은 연(燕)나라의 소왕(昭王)이 죽고 혜왕(惠王)이 즉위(卽位)하자, 첩자(諜者. '간첩·間諜'과 같은 말)를 보내어 혜왕(惠王)과 악의(樂毅)를 이간(離間. 두 사람이나 두 나라 따위의 사이를 헐뜯어 서로 멀어지게 함)시키는 데 성공한다. 혜왕(惠王)에게는 벌제위명(伐齊爲名)이라는 말로 이간(離間)하고, 악의(樂毅)에게는 혜왕(惠王)이 당신('악의·樂毅'를 가리킴)을 의심하고 있다고 소문을 퍼뜨린 것이다. 그리하여 이에 속아 넘어간 연(燕)의 혜왕(惠王)은 한창 싸우고 있는 악의(樂毅)를 불러들여 파면(罷免. 신분을 박탈하는 일)시켰다. 결국 악의(樂毅)는 혜왕(惠王)의 처신(處身. 남 앞에서의 몸가짐이나 행동)에 불만을 품고, 조(趙)나라로 망명(亡命)하였다. 참고로, 원문의 '頃之'에서, '頃'은 잠깐 '경', 잠시 '경'으로 읽고, '之'는 갈 '지'로 읽는다. '頃之'를 직역(直譯)하면, 잠시 (시간이) 간 (후), '燕昭王卒'에서, '燕'은 연(燕)나라 '연'으로 읽고, '昭'는 밝을 '소'로 읽고, '王'은 임금 '왕'으로 읽는다. '昭王'은 임금 이름. '卒'은 죽을 '졸'로 읽는다. '燕昭王卒'을 직역(直譯)하면, 연(燕)나라 소왕(昭王)이 죽고, '惠王立'에서, '惠'는 은혜(恩惠) '혜'로 읽고, '立'은, 여기서 즉위(卽位. 임금의 자리에 오름)할 '립(입)'으로 읽는다. '惠王立'을 직역(直譯)하면, (그의 아들)인 혜왕(惠王)이 즉위(卽位)하였는데, '與樂毅有隙'에서, '與'는 어조사 '여'로 읽는다. '~와', '~과(병렬)'의 뜻을 나타냄. '樂'은 즐길 '악(락)'으로 읽고, '毅'는 굳셀 '의'로 읽는다. '樂毅'는 사람 이름. '有'는 있을 '유'로 읽고, '隙'은 틈(서로 벌어진 사이의 거리. '불화·不和'와 같은 뜻) '극', 구멍 '극'으로 읽는다. '與樂毅有隙'을 직역(直譯)하면, 악의(樂毅)와 틈이 있었다. 즉, 연(燕)나라 혜왕(惠王)은, 본래 혜왕(惠王)이 태자(太子) 시절부터 악의(樂毅)와 사이가 나빴기 때문에 틈이 있었던 것이다. '田單聞之'에서, '田'은 밭 '전'으로 읽고, '單'은 홑 '단'으로 읽는다. '田單'은 사람 이름. '聞'은 들을 '문'으로 읽고, '之'는, 여기서는 어조사 '지'로 읽는다. '그것'을 나타내는 지시대명사. '田單聞之'를 직역(直譯)하면, 전단(田單)이 그것(악의·樂毅와 틈이 있다는 사실)을 듣고, '乃縱反間於燕'에서, '乃'는 이에(이리하여 곧) '내'로 읽고, '縱'은, 여기서는 권(勸)할 '종'으로 읽고, '反'은 배반(背反·叛. 신의·信義를 저버리고 돌아섬)할 '반'으로 읽고, '間'은 한가(閒暇)할 '한', 사이 '간'으로 읽는다. 여기서는 사이 '간'으로 읽는다. '간(間)'과 같은 뜻. '反間'은 반간계(反間計)를 뜻함. '반간계(反間計)'는 두 사람이나 두 나라의 중간에서 서로를 멀어지게 하는 술책(術策. 남을 속이기 위한 꾀)을 일컫는 말. '於'는 어조사 '어'로 읽는다. ~에(위치)의 뜻을 나타냄. '乃縱反間於燕'을 직역(直譯)하면, 이에 연(燕)나라에 반간계(反間計)를 권(勸)하며, '宣言曰'에서, '宣'은 펼 '선'으로 읽고, '言'은 말씀 '언'으로 읽는다. '宣言'은 자신의 뜻을 널리 펴서 나타냄. '曰'은 일컬을 '왈'로 읽는다. '宣言曰'을 직역(直譯)하면, 선언(宣言)하며 일컫기를, '齊王已死'에서, '齊'는 제(齊)나라 '제'로 읽고, '已'는 이미(벌써) '이'로 읽고, '死'는 죽을 '사'로 읽는다. '齊王已死'를 직역(直譯)하면, 제(齊)나라 임금은 죽고, '城之不拔者二耳'에서, '城'은 성(城) '성'으로 읽고, '之'는 어조사 '지'로 읽는다. '~의'를 나타내는 관형격 조사. '不'은 아닐(부정하는 말) '불'로 읽고, '拔'은 쳐서 빼앗을 '발', 공략(攻略. 적의 영토 따위를 공격하여 빼앗음)할 '발'로 읽고, '者'는 것(사물, 현상, 일 따위를 추상적으로 일컫는 말) '자'로 읽고, '二'는 두 '이'로 읽고, '耳'는, 여기서는 따름 '이', 뿐 '이'로 읽는다. ~할 뿐이다(한정 또는 결정의 뜻을 나타냄)의 뜻을 나타냄. '城之不拔者二

833

耳'를 직역(直譯)하면, 성(城)의 빼앗지 못한 것이 두 개일 뿐이다. '樂毅畏誅而不敢歸'에서, '畏'는 두려워할 '외'로 읽고, '誅'는 (목을) 벨 '주'로 읽고, '而'는 말 이을 '이'로 읽는다. '그리고'의 뜻을 나타냄. '敢'은 감히 '감'으로 읽고, '歸'는 돌아올 '귀'로 읽는다. '樂毅畏誅而不敢歸'를 직역(直譯)하면, 악의(樂毅)가 목이 벨 것을 두려워하여 그리고 감히 돌아오지를 못한다. '以伐齊爲名'에서, '以'는 써(그것을 가지고, 그것으로 인하여) '이'로 읽고, '伐'은 칠 '벌'로 읽고, '齊'는 제(齊)나라 '제'로 읽고, '爲'는 삼을 '위'로 읽고, '名'은 명분(名分. 표면상의 이유나 구실) '명'으로 읽는다. '以伐齊爲名'을 직역(直譯)하면, 그것을 가지고 명분(名分)으로 삼아 제(齊)나라를 쳤으니, 여기서 '벌제위명(伐齊爲名)'이 유래했는데, 그것을 직역(直譯)하면, 명분(名分)으로 삼아 제(齊) 나라를 치려고 (한다는) 뜻으로, 겉으로는 어떤 일을 하는 체하고, 속으로는 딴전을 부리거나 딴 짓을 함을 비유적으로 이르는 말. '實欲連兵南面而王齊'에서, '實'은 실제로 행할 '실'로 읽고, '欲'은 하고자 할 '욕'으로 읽고, '連'은 이을 '련(연)'으로 읽고, '兵'은 병사(兵士) '병'으로 읽고, '南'은 남녘 '남'으로 읽고, '面'은 향(向)할 '면'으로 읽는다. '南面'은 예전에 임금이 남쪽을 향하여 앉아서 여러 신하(臣下)의 조례(朝禮. 업무를 보기 전에 행하는 아침 인사)를 받았다는 데서, 군주(君主. 세습적으로 나라를 다스리는 최고 지위에 있는 사람)가 됨. 또는 임금이 앉던 자리의 방향을 일컫는 말. '實欲連兵南面而王齊'를 직역(直譯)하면, 실제로 병사(兵士)를 잇게 하고, 즉, 병사(兵士)를 하나로 규합(糾合. 어떤 목적 아래 많은 사람을 한데 끌어 모음)한다는 뜻이다. 남면(南面)하여 제(齊)나라에서 임금을 하고자 한다. 즉, 제(齊)나라 장군(將軍)인 전단(田單)은 일부러 '악의(樂毅)가 아직도 즉묵성(卽墨城)을 함락(陷落)시키지 않은 것은 사실 제(齊)나라의 왕이 되려고 하기 때문이다.'라는 소문을 퍼뜨린 것이다.

벌책-처분(罰責處分 벌줄 **벌**/꾸짖을 **책**/처리할 **처**/분별할 **분**) 꾸짖어 벌줄 (것을) 분별(分別)하여 처리(處理)한다는 뜻으로, 가볍게 벌하여 처분(處分)함을 이르는 말. *벌책(罰責): 조그마한 잘못을 저지른 사람을 꾸짖어서 가볍게 벌함. *처분(處分): ①처리하여 치움. ②일정한 대상을 어떻게 처리할 것인가에 대하여 지시하거나 결정함. 또는 그런 지시나 결정. *처리하다(處理~): ①(사무나 사건을) 정리하여 치우거나 마무리를 짓다. ②(어떤 결과를 얻으려고) 화학적, 물리적 작용을 일으키다. *분별하다(分別~): (무슨 일을) 사리에 맞게 판단하다.

범백-사물(凡百事物 무릇 **범**/일백 **백**/일 **사**/물건 **물**) 무릇 일백(一百) (가지의) 일이나 물건이라는 뜻으로, 갖가지의 모든 사물(事物)을 이르는 말. *범백(凡百): ①갖가지의 모든 것. ②상궤(常軌. 항상 따라야 할 바른 길)에 벗어나지 않는 보통의 행동이나 말. *사물(事物): 일이나 물건.

범월-죄인(犯越罪人 범할 **범**/넘을 **월**/허물 **죄**/사람 **인**) 범하거나 넘어간 허물이 (있는) 사람이라는 뜻으로, 남의 국경을 침범하거나, 남의 나라에 몰래 들어가는 죄를 지은 사람을 이르는 말. *범월(犯越): 남의 국경을 침범하거나 남의 나라에 몰래 들어감. *죄인(罪人): ①죄를 지은 사람. ②부모의 상중(喪中. 상·喪을 당하고부터 장례를 치를 때까지의 동안)인 사람이 자기를 이르는 말.

범칙-물자(犯則物資 어길 **범**/법 **칙**/사물 **물**/재물 **자**) 법(法)을 어기면서 (취득한) 사물(事物)이나 재물(財物)이라는 뜻으로, 규칙을 어기거나 불법적으로 몰래 거래되는 물자(物資)를 이르는 말. *범칙(犯則): 규칙을 어김. *물자(物資): 어떤 활동에 필요한 여러 가지 물건이나 재료. *재물(財物): 부록 '자(資)' 참고.

범-태-육신(凡胎肉身 평범할 **범**/아이 밸 **태**/고기 **육**/몸 **신**) 평범(平凡)하게 아이를 배어 (태어난) 육신(肉身)이라는 뜻으로, 사람의 몸에서 태어난 평범(平凡)한 사람의 몸을 이르는 말. 환골탈태(換骨奪胎. <u>본문 참고</u>)나 화신(化身. 부처가 중생을 구하기 위하여 사람이나 악귀의 모습을 하고 나타나는 일. 또는 추상적인 특질이 구체적인 것으로 바꾸는 일)이 아닌 몸을 일컫는다. *육신(肉身): 사람의 산 몸뚱이.

법-구-폐-생(法久弊生 법 **법**/오랠 **구**/폐단 **폐**/생길 **생**) 법(法)도 오래되면 폐단(弊端)이 생긴다는 뜻으로, 좋은 법(法)도 오랜 세월이 지나면 폐단(弊端)이 생김을 이르는 말. 즉, 좋은 법(法)도 오래 되면 피해(被害)가 생긴다는 말이다. *폐단(弊端): 어떤 일이나 행동에서 나타나는 옳지 못한 경향이나 해로운 현상.

법-원-권-근(法遠拳近 법 **법**/멀 **원**/주먹 **권**/가까울 **근**) 법은 멀고 주먹은 가깝다는 뜻으로, 일이 급박(急迫. <u>일의 형세가 급하고, 숨결이 가쁨</u>)할 때는 이치(理致)보다 완력(腕力. <u>육체적으로 상대편을 억누르는 힘</u>)에 호소(呼訴. <u>억울하거나 딱한 사정을 남에게 간곡히 알림</u>)하기 쉬움을 비유적으로 이르는 말. 《관련 속담》법은 멀고 주먹은 가깝다.

법치-국가(法治國家 법 **법**/다스릴 **치**/나라 **국**/집 **가**) 법으로 다스리는 국가(國家)라는 뜻으로, 국민의 의사(意思. <u>무엇을 하고자 하는 생각</u>)에 따라 만든 법률에 의하여 국가 권력을 행사하거나 다스려지는 나라를 이르는 말. 일반적으로 국민의 기본적 인권이 보장됨을 원칙으로 하여, 권력 분립주의와 자유주의적 원리를 따르는 나라를 일컫는다. ⚑ 경찰국가(警察國家). *법치(法治): 법률에 따라 다스림. 또는 그 정치(政治). *국가(國家): 일정한 영토와 거기에 사는 사람들로 구성되고, 주권(主權)에 의한 하나의 통치 조직을 가지고 있는 사회 집단이다. 국가(國家)는 국민(國民), 영토(領土), 주권(主權)의 삼요소를 필요로 한다.

법치-주의(法治主義 법 **법**/다스릴 **치**/주될 **주**/옳을 **의**) 법으로 다스리는 (것을) 주된 (기본으로 한다는) 주의(主義)라는 뜻으로, ①권력자의 전제(專制. <u>다른 사람의 의사는 존중하지 않고 제 생각대로만 일을 결정함</u>)를 배격하고, 국가 권력의 행사가 법률에 따를 것을 주장하는 근대 입헌 국가(立憲國家. <u>국가의 삼권, 즉, 입법권, 행정권, 사법권을 담당하는 국회, 행정부, 법원 가운데, 다른 권력에 비하여 국회의 우월한 지위가 인정되는 국가를 일컫는 말</u>)의 정치 원리. 즉, 국민의 의사(意思. <u>무엇을 하고자 하는 생각</u>)를 대표하는 국회에서 만든 법률에 따르지 아니하고는, 나라나 권력자가 국민의 자유나 권리를 제한하거나 의무를 지울 수 없다는, 근대 입헌 국가의 정치 원리를 이르는 말. ②사람의 본성을 악(惡)하다고 생각하여, 덕치주의(德治主義. <u>본문 참고</u>)를 배격하고 법률로써 백성을 다스려야 한다는 사상을 이르는 말. *법치(法治): ☞ 법치국가(法治國家). *주의(主義): ①굳게 지키는 주장이나 방침. ②체계화된 이론이나 학설. *주되다(主~): 주장(主張)이나 중심(中心)이 되다.

벽사-진경(辟邪進慶 물리칠 **벽**/간사할 **사**/나아갈 **진**/경사 **경**) 간사(奸邪)한 (것을) 물리치고 경사(慶事)스러운 (곳으로) 나아간다는 뜻으로, 요사(妖邪. <u>요망하고 간사함</u>)스러운 귀신을 물리치고 기뻐할 만한 일을 끌어 들임을 이르는 말. *벽사(辟邪): 요사스러운 귀신을 물리침. *진경(進慶): 경사스러운 일을 끌어들이는 일. *간사하다(奸邪~): 부록 '사(邪)' 참고. *경사(慶事): 부록 '경(慶)' 참고.

벽안-자염(碧眼紫髯 푸를 **벽**/눈 **안**/자줏빛 **자**/수염 **염**) 푸른(파란) 눈과 자줏빛(검붉은) 수염이라는 뜻으로, 서양 사람의 모습을 이르는 말. *벽안(碧眼): ①눈동자가 파란 눈. ②서양 사람을 이르는 말. *자염(紫髯): 자줏빛 수염.

벽암-유-석(碧巖·岩幽石 푸를 벽/바위 암/그윽할 유/돌 석) 푸른 바위와 그윽한 돌이라는 뜻으로, 푸른 이끼가 낀 바위와 그윽한 돌을 이르는 말. *벽암(碧巖·岩): 푸른 이끼가 낀 바위. *그윽하다: 부록 '유(幽)' 참고.

벽재-일우(僻在一隅 궁벽할 벽/있을 재/한 일/모퉁이 우) 궁벽(窮僻)한 (곳) 한 모퉁이에 있다는 뜻으로, 외진 곳의 한구석에 외따로 있음. 또는 후미지고 으슥한 구석에 뚝 떨어져 있음을 이르는 말. 여기서, '후미지다'는 산길이나 물길 따위가 매우 깊이 굽어 들어 있다. 또는 자리가 매우 구석지고 으슥하다. '으슥하다'는 무서운 느낌이 들 만큼 구석지고 조용하다. 또는 몹시 고요하다. *벽재(僻在): 벽지(僻地. 외따로 뚝 떨어져 있는 궁벽한 땅. 도시에서 멀리 떨어져 있어, 교통이 불편하고 문화의 혜택이 적은 곳을 일컬음)에 외따로 있음. *일우(一隅): 한 구석. 또는 한 모퉁이. *궁벽하다(窮僻~): 부록 '벽(僻)' 참고. *모퉁이: 부록 '우(隅)' 참고.

벽토-척지(闢土拓地 개간할 벽/땅 토/넓힐 척/땅 지) 땅을 개간하여 땅을 넓힌다는 뜻으로, 버려두었던 땅을 갈아 쓸모 있게 만듦을 이르는 말. *벽토(闢土): 땅을 갈아 쓸모 있게 만듦. *척지(拓地): ①땅을 개척함. 또는 개척한 그 땅. ②땅의 경계(境界)를 넓힘.

벽파-문벌(劈破門閥 쪼갤 벽/깨뜨릴 파/집안 문/문벌 벌) 집안이나 문벌(門閥)을 쪼개고 깨뜨린다는 뜻으로, 인재(人材. 어떤 일을 할 수 있는 학식이나 능력을 갖춘 사람)를 등용(登用. 인재를 뽑아 씀)할 때 문벌(門閥)을 가리지 아니함을 비유적으로 이르는 말. *벽파(劈破): ①쪼개어 깨뜨림. ②잘게 찢어발김. *문벌(門閥): 대대로 내려오는 그 집안의 사회적 신분이나 지위.

벽항-궁촌(僻巷窮村 궁벽할 벽/거리 항/궁할 궁/마을 촌) 궁벽(窮僻)한 거리에 (있는) 궁(窮)한 마을이라는 뜻으로, 외진 곳에 있는 가난한 마을. 또는 궁벽(窮僻)한 곳에 외따로 떨어져 있는, 가난한 마을을 이르는 말. *벽항(僻巷): 외따로 떨어져 있는 궁벽한 동네. *궁촌(窮村): 가난한 사람들이 사는 마을. *궁벽하다(窮僻~): 부록 '벽(僻)' 참고. *궁하다(窮~): 부록 '궁(窮)' 참고.

벽해-상전(碧海桑田 푸를 벽/바다 해/뽕나무 상/밭 전) 뽕나무 밭에 푸른 바다. 즉, 뽕나무의 밭이 변하여 푸른 바다가 된다는 뜻으로, 세상일이 덧없이 바뀜. 또는 세상일의 변천(變遷. 세월의 흐름에 따라 바뀌고 변함)이 심함을 비유적으로 이르는 말. =상전벽해(桑田碧海). 창상지변(滄桑之變). 창해상전(滄海桑田). *벽해(碧海): 짙푸른 바다. *상전(桑田): 뽕나무 밭.

변명-무-로(辨明無路 분별할 변/밝을 명/없을 무/길 로) (너무나) 분별(分別)하여 밝게 (할) 길이 없다는 뜻으로, (남의 오해에 대하여) 변명(辨明)할 길이 없음을 이르는 말. *변명(辨明): ①사리(事理. 일의 이치)를 가려내어 똑똑히 밝힘. ②(자신의 언행 따위에 대하여) 남이 납득할 수 있도록 설명함. *분별하다(分別~): 부록 '변(辨)' 참고.

변법-자강(變法自彊 고칠 변/법 법/스스로 자/굳셀 강) 법(法)을 고쳐 스스로 굳세게 (한다는) 뜻으로, 시대에 맞지 않는, 낡은 법과 제도를 고쳐 스스로 나라를 강하게 함을 이르는 말. 정치 체제와 교육 제도를 통한 부국강병(富國强兵. 본문 참고)을 목표로 두었다. 중국 청(淸)나라 말기에 캉유웨이(康有爲), 량치차오(梁啓超) 등(等)의 혁신파가 내세웠던 개혁 운동의 표어. 참 무술정변(戊戌政變). *변법(變法): ①법률을 고침. 또는 그 법률. ②변칙적인 방식이나 방법. *자강(自彊): 스스로 가다듬어 힘씀.

변-상-중지(邊上重地 변방 변/위 상/중요할 중/땅 지) 위쪽에 (있는) 변방(邊方)의 중요한 땅이라는 뜻으로, 변경(邊境. 나라와 나라의 경계가 되는 변두리 지역)의 중요한 땅을 이르는 말. *중지(重地): 중요한 땅.

변-출-불의(變出不意 재앙 변/날 출/아닐 불/뜻 의) 뜻하지 아니하게 재앙(災殃)이 난다. 즉, 뜻밖에 변(變)이 생긴다는 뜻으로, 생각지도 않은 괴이(怪異. 이상야릇함. 또는 이상야릇하여 알 수 없음)하거나 괴상(怪狀. 보통과 달리 괴이하고 이상함)한 일이 뜻밖에 일어나거나 생김을 이르는 말. *불의(不意): =뜻밖. 즉, 생각 밖. 또는 예상외. *재앙(災殃): 뜻하지 아니하게 생긴 불행한 변고(變故). 또는 천재지변(天災地變)으로 인한 불행한 사고(事故).

변화-난측(變化難測 변할 변/될 화/어려울 난/헤아릴 측) 변화(變化)가 헤아리기 어렵다는 뜻으로, 변화(變化)가 몹시 심하고 많아 이루 다 헤아리기 어려움을 이르는 말. *변화(變化): 사물의 모양, 성질, 상태 따위가 달라짐. *난측(難測): 헤아리기 어려움. 또는 짐작하기 어려움. *헤아리다: ①(수량을) 세다. 또는 셈하다. ②짐작으로 가늠하여 살피다. 또는 미루어 짐작하다.

변화-무궁(變化無窮 변할 변/화할 화/없을 무/다할 궁) 변화(變化)가 다함이 없다는 뜻으로, 변화가 한없이 많음. 또는 변화가 끝이 없음을 이르는 말. *변화(變化): ☞변화난측(變化難測). *무궁(無窮): 끝이 없음. 또는 한(限)이 없음. *다하다: ①(있던 것이 없어져서) 더는 남아 있지 않거나 이어지지 않게 되다. =끝나다. ②(마음이나 힘. 또는 필요한 물자 따위를) 다 쏟거나 들이다.

변화-무상(變化無常 변할 변/화할 화/없을 무/항상 상) 변화(變化)가 항상 (종잡을 수) 없다는 뜻으로, 변화가 많거나 심하여 종잡을 수 없음을 이르는 말. 즉, 변화(變化)가 이루 헤아릴 수 없다는 말이다. 여기서, '종잡다'는 겉가량으로 헤아려 잡다. 또는 대중 잡아 알다. 주로 '~을 수 없다' 또는 '~기 어렵다'의 꼴로 쓰임. *변화(變化): ☞변화난측(變化難測). *무상(無常): ①일정한 때가 없음. ②덧없음. 즉, 세월의 흐름이 허무하게 빠름. ③불교에서, 생멸(生滅. 우주 만물의 생겨남과 없어짐)의 변화가 없이 늘 존재함을 이르는 말. *항상(恒常): 匣 언제나 변함없이. =늘. 매상(每常). 항용(恒用). 이 사자성어의 유래는 다음과 같다. 『장자(莊子)·잡편(雜篇)』의 「천하(天下)」편(篇)에 〈황홀하고 적막하여 아무 형체도 없고, 변화는 일정하지 않다. 죽은 것인지 산 것인지 알 수 없지만, 천지(天地)와 함께 나란히 존재하고 신명(神明. 하늘과 땅의 신령·神靈을 이르는 말. 준말은 신·神이다)에 따라 움직인다. 망연히(茫然~. 아무 생각 없이 멍한 태도로) 어디로 가는 것인가? 홀연히 어디로 가는 것인가? 만물(萬物. 온갖 물건 또는 세상에 있는 모든 것)을 망라(網羅. 물고기나 새를 잡는 그물이라는 뜻으로, 널리 받아들여 모두 포함함을 이르는 말)하고 있지만, 족(足)히 귀일(歸一. 여러 갈래로 나뉘거나 갈린 것이 하나로 합쳐짐. 또는 여러 가지 현상이 한 가지 결말이나 결과로 돌아감)할 곳이 없다. 옛날의 도술(道術. 도·道를 닦아 여러 가지 조화를 부리는 요술이나 술법)에는 이러한 경향이 있었다. 장주(莊周)가 그 말을 듣고 기뻐하였다. 그는 아득한 이론에 광대무변(廣大無邊. 본문 참고)한 말과, 끝이 없는 말로 (이를 논하였다.) 때로는 마음대로 논하였지만 치우치는 일이 없었고, 한 가지에만 치우친 견해를 주장하지는 않았다. (芴漠無形, 變化無常, 死與生與, 天地竝與, 神明往與, 芒乎何之, 忽乎何適, 萬物畢羅, 莫足以歸, 古之道術有於是者, 莊周聞其風而悅之, 以謬悠之說, 荒唐之言, 無端崖之辭, 時恣縱而不儻, 不以觭見之也.)〉라는 이야기가 나오는데, '변화는 일정하지 않다.(變化無常)'에서, '변화무상(變化無常)'이 유래했다. 윗글의 마지막 부분에 나오는 유유지설(謬悠之說), 황당지언(荒唐之言), 무단애지사(無端崖之辭) 따위는 모두 광대하고 끝이 없는 말이란 뜻으로, 과장되면서도 사실에 벗어났다는 뜻을 내포하고 있다. 참고로, 원문의 '芴漠無形'에서, '芴'는 황홀할 '혼'으로 읽고, '漠'은 고요할 '막'으로 읽고, '無'는 없을 '무'로 읽고, '形'은 모양 '형', 형상(形狀) '형'으로 읽는다. '芴漠無形'을 직역(直譯)하면, 황홀함과 고요함 (그 자체는) 형상(形狀)이 없고, '變化無常'에서, '變'은 변할 '변'으로 읽고, '化'는 화할 '화'로 읽고, '無'는 없을 '무'로 읽고, '常'은 항상(恒常) '상'으로 읽는다. '變化無常'을 직역(直譯)하면, 변화(變化)가 항상 없다는 뜻으로, 변화가 많거나 심하여 종잡을 수 없음을 이르는 말. '死與生與'에서, '死'는 죽을 '사'로 읽고, '與'는 어조사 '여'로 읽는다. '~인가(의문, 반어)'의 뜻을 나타냄. 여기서, '반어(反語)'는 표현의 효과를 높이기 위하여 실제와 반대되는 뜻의 말을 하는 것을 일컫는다. 못난 사람을 보고 '잘났어' 라고 말하는 것 따위이다. '生'은 삶 '생'으로 읽는다. '死與生與'를 직역(直譯)하면, 죽은 것인가? 산 것인가? '天地竝與'에서, '天'은 하늘 '천'으로 읽고, '地'는 땅 '지'로 읽고, '竝'은 나란히 할 '병'으로 읽고, '與'는, 여기서는 함께할 '여'로 읽는다. '天地竝與'를 직역(直譯)하면, 하늘과 땅은 나란히 함께하고, '神明往與'에서, '神'은 귀신(鬼神) '신', 신령(神靈. 신기하고 영묘함) '신'으로 읽고, '明'은 밝을 '명'으로 읽는다. '神明'은 하늘과 땅의 신령(神靈). '往'은 갈 '왕'으로 읽고, '與'는, 여기서는 더불어 '여'로 읽는다. '神明往與'를 직역(直譯)하면, 신명(神明)과 더불어 간다(움직인다). '芒乎何之'에서, '芒'은 망연(茫然. 매우 넓고 멀어서 아득함)할 '망'으로 읽고, '乎'는 어조사 '호'로 읽는다. '~는가?', '~인가?(반어)'의 뜻을 나타냄. '何'는 어찌(의문 부사) '하'로 읽고, '之'는 갈 '지'로 읽는다. '芒乎何之'를 직역(直譯)하면, 망연히 어찌(어디로) 갈 것인가? '忽乎何適'에서, '忽'은 문득 '홀'로 읽고, '適'은 갈 '적'으로 읽는다. '忽乎何適'을 직역(直譯)하면, 문득 어찌(어디로) 갈 것인가? '萬物畢羅'에서, '萬'은 일만 '만'으로 읽고, '物'은 사물(事物) '물'로 읽는다. '萬物'은 세상에 있는 모든 것. '畢'은 모두 '필', 죄다(남김없이 모조리) '필'로 읽고, '羅'는 망라(網羅. 물고기를 잡는 그물과 날짐승을 잡는 그물이란 뜻에서, 널리 빠짐없이 모음) '라(나)'로 읽는다. '萬物畢羅'를 직역(直譯)하면, 만물(萬物)은 (다) 망라(網羅)되어 (있으나), '莫足以歸'에서, '莫'은 없을 '막'으로 읽고, '足'은 넉넉할 '족'으로 읽고, '以'는 써(그것을 가지고, 그것으로 인하여) '이'로 읽고, '歸'는 돌아올 '귀', 돌아갈 '귀'로 읽는다. '莫足以歸'를 직역(直譯)하면, 넉넉히 그것을 가지고 돌아갈 (곳이) 없다. '古之道術有於是者'에서, '古'는 옛 '고'로 읽고, '之'는 여기서는 어조사 '지'로 읽는다. '~의'를 나타내는 관형격 조사. '道'는 도리(道理. 어떤 일을 해나갈 방도) '도', 이치(理致. 도리에 맞는 근본 뜻) '도'로 읽고, '術'은 재주(순우리말로, 무엇을 잘할 수 있는, 타고난 능력과 슬기) '술', 꾀 '술'로 읽는다. '道術'은 도(道)를 닦아 여러 가지 조화(調和. 서로 잘 어울림)를 부리는 요술(妖術. 초자연적 능력으로 괴이한 일을 행함. 또는 그런 술법)이나 술법(術法. 복술·卜術, 둔갑술·遁甲術, 축지법·縮地法따위의 방법이나 그 기술)을 이르는 말. '有'는 있을 '유'로 읽고, '於'는 어조사 '어'로 읽는다. '~에(위치)'의 뜻을 나타냄. '是'는 이(지시하는 말) '시'로 읽고, '者'는 것(사물, 일, 현상 따위를 추상적으로 이르는 말) '자'로 읽는다. '古之道術有於是者'를 직역(直譯)하면, 옛날의 도술(道術)에는 이러한 것(경향)이 있었다. '莊周聞其風而悅之'에서, '莊'은 씩씩할 '장'으로 읽고, '周'는 두루 '주'로 읽는다. '莊周'는 사람 이름. '장자(莊子)'의 본 이름. 중국 전국(戰國時代)의 사상가이다. 그가 노자(老子. 중국 춘추전국시대·春秋戰國時代의 사상가·思想家이며, 도가·道家의 시조·始祖)의 사상을 이어받아 도가사상(道家思想)을 완성하였다. 그를 높여서 장자(莊子. 중국 전국시대·戰國時代의 사상가, 도가·道家 사상의 중심인물)라고 한다. 저서(著書)로 『장자(莊子)』가 있다. '聞'은 들을 '문'으로 읽고, '其'는 그(지시하는 말) '기'로 읽고, '風'은, 여기서는 소식(消息. 안부 따위에 대한 기별이나 편지 따위) '풍', 풍문(風聞. 바람결에 들리는 소문) '풍'으로 읽고, '而'는 말 이을 '이'로 읽는다. '그리고'의 뜻을 나타냄. '悅'은 기뻐할 '열'로 읽는다. '莊周聞其風而悅之'를 직역(直譯)하 면, 장주(莊周)는 그 풍문(風聞)을 듣고 그리고 그것에 대하여 기뻐했다. '以謬悠之說'에서, '謬'는 그릇될 '류(유)'로 읽고, '悠'는 멀 '유'로 읽고, '說'은 말씀 '설', 이야기할 '설'로 읽는다. '以謬悠之說'을 직역(直譯) 하면, 그릇되고 (거리가) 먼 이야기로써, '荒唐之言'에서, '荒'은 허황(虛荒)할 '황'으로 읽고, '唐'은 황당 (荒唐)할 '당'으로 읽는다. '荒唐'은 말이나 행동 따위가 참되지 않고 터무니없음. '言'은 말씀 '언'으로 읽는다. '荒唐之言'을 직역(直譯)하면, 황당(荒唐)한 말과, 여기서, '荒唐無稽'가 유래하였는데, 이것을 직역(直譯)하면, 거칠고 황당(荒唐)하여 헤아림이 없다는 뜻으로, 언행(言行)이 터무니없고 믿을 수 없는 것을 이르는 말. 또는 말이나 행동 따위가 참되지 않고 터무니없음을 이르는 말. '無端崖之辭'에서, '無'는 없을 '무'로 읽고, '端'은 끝 '단'으로 읽고, '崖'는 낭떠러지 '애'로 읽고, '辭'는 말[辭] '사'로 읽는다. '無端崖 之辭'를 직역(直譯)하면 끝이 없는 낭떠러지의 말[辭]로 (논하였다). '時恣縱而不儻'에서, '時'는 때 '시'로 읽고, '恣'는 마음대로 '자'로 읽고, '縱'은 멋대로 할 '종'으로 읽고, '而'는 말 이을 '이'로 읽는다. '그러나' 의 뜻을 나타냄. '不'은 아닐(부정하는 말) '부'로 읽고, '儻'은 마음대로 '당', 멋대로 '당'으로 읽는다. 여기서는 '치우치다[偏]'의 뜻이 강함. '時恣縱而不儻'을 직역(直譯)하면, 때로는 마음대로, 멋대로 (논하 였지만) 그러나 치우치지 않았고, '不以觭見之也'에서, '不'은 아닐(부정하는 말) '불'로 읽고, '以'는 써(그 것을 가지고, 그것으로 인하여) '이'로 읽고, '觭'는 기이(奇異. 보통과는 달리 이상야릇함. 또는 유별나고 이상함)할 '기'로 읽고, '見'은 볼 '견'으로 읽고, '之'는 어조사 '지'로 읽는다. '그것'을 나타내는 지시 대명 사. '也'는 어조사 '야'로 읽는다. '이다(단정)'의 뜻을 나타냄. '不以觭見之也'를 직역(直譯)하면, 기이(奇 異)함으로써 그것을 보이지(보이게 하지) 않았다. 즉, 기이(奇異)한 말로 한가지에만 치우친 견해를 보이 지 않았다는 것이다.

변화-무쌍(變化無雙 변할 **변**/될 **화**/없을 **무**/짝 **쌍**) 변화(變化)가 (견줄 만한) 짝이 없다는 뜻으로, 변화가 더할 수 없이 많거나 심함. 또는 비할 데 없이 변화(變化)가 심함을 이르는 말. *변화(變化): ☞변화난측(變化 難測). *무쌍(無雙): 견줄 만한 짝이 없음. 또는 둘도 없이 썩 뛰어남. *짝: ①한 쌍 중의 하나를 이르는 말. ②(주로 '～기 짝이 없다'의 꼴로 쓰여) 비할 데 없이 대단함을 나타내는 말. 여기서는 ②의 뜻.

변화-불측(變化不測 변할 **변**/될 **화**/아닐 **불**/헤아릴 **측**) 변화(變化)가 헤아리기 어렵다는 뜻으로, 변화가 심하여, 또는 끊임없이 달라져서 이루 다 헤아릴 수가 없음을 이르는 말. =변화막측(變化莫測). *변화(變 化): ☞변화난측(變化難測). *불측(不測): ①짐작하기 어려움. 또는 미루어 헤아릴 수 없음. ②마음보(마 음을 쓰는 속 바탕)가 음흉(陰凶. 겉으로는 부드러워 보이나 속으로는 엉큼하고 흉악함)함. 또는 생각이 나 행동 따위가 괘씸하고 엉큼함. *헤아리다: ①수량을 세다. 또는 셈하다. ②짐작으로 가늠하여 살피 다. 또는 미루어 짐작하다. 여기서는 ②의 뜻.

별-개-생면(別開生面 다를 **별**/열 **개**/날 **생**/낯 **면**) 낯이 나게 다른 (것을) 연다. 즉, 다른 새로운 면모(面貌. 얼굴의 모양. 또는 사물의 겉모습)를 연다는 뜻으로, 새로운 형식을 만들어 다른 것과 구별되는 독특한 것을 만드는 것을 비유적으로 이르는 말. *생면(生面): ①낯선 얼굴. 또는 처음 대하는 얼굴. ②생색(生 色. 남에게 어떤 도움을 준 일로 말미암아 떳떳해지는 체면)을 냄. 이 사자성어의 유래는 다음과 같다.

두보(杜甫)의 「단청인증조패장군(丹靑引贈曹覇將軍)」에, 〈장군은 위무제(魏武帝. 위나라의 무제)인 조조(曹操)의 자손인데 / 지금은 서민 되고 가난한 집안 되었다. / 영웅할거(英雄割據)의 시대는 이미(돌이킬 수 없이 된 지난 일을 일컬을 때 쓰는 말) 다 지나갔지만 / 문채(文采)와 풍류(風流)는 아직도 남아 있네. / 글씨를 배우기는 처음 위부인(衛夫人)에게서 배웠는데 / 왕우군(王右軍)을 넘지 못한 것이 한이 되었다. / 단청(丹靑)에 자신이 늙는 줄도 모르고 / 부귀(富貴)는 나에게 뜬구름 같다고 했지. / 개원(開元) 연간(年間. 어느 왕이 왕위에 있는 동안)에는 항상 불려 가 / 황제의 은혜 입어 몇 번이나 남훈전(南熏殿)에 올랐다네. / 능연각(凌煙閣. 중국 당·唐나라 때에, 개국 공신 24명의 초상·肖像을 그려 걸었던 누각 이름)의 공신(功臣)들 얼굴색 낡았는데 / 장군이 붓질하니 얼굴에 생기가 도네. / 훌륭한 재상(宰相. 임금을 보필하며 모든 관원을 지휘, 감독하는 자리에 있는 이품·二品 이상의 벼슬을 통틀어 이르던 말)의 머리에는 진현관(進賢冠)이요 / 용맹한 장군의 허리에는 대우전(大羽箭)이네.(將軍魏武之子孫, 於今爲庶爲靑門, 英雄割據雖已矣, 文采風流今尚存, 學書初學衛夫人, 但恨無過王右軍, 丹靑不知老將至, 富貴於我如浮雲, 開元之中常引見, 承恩數上南熏殿, 凌煙功臣少顔色, **將軍下筆開生面**, 良相頭上進賢冠, 猛將腰間大羽箭.)〉라는 시(詩)가 나오는데, '장군이 붓질하니 얼굴에 생기가 도네.(將軍下筆開生面)'에서, '별개생면(別開生面)'이 유래했다. 이 시(詩)의 배경은 이렇다. 당(唐)나라 현종(玄宗) 때의 화가인 조패(曹覇)는 인물과 말[馬]을 아주 잘 그렸다. 현종(玄宗)은 수시로 조패(曹覇)를 궁중으로 불러들여 그림을 그리게 하고 푸짐한 상을 내렸다. 조패(曹覇)가 현종(玄宗)의 총애(寵愛. 남달리 귀여워하고 사랑함)를 받자, 왕족(王族)과 벼슬아치들은 조패(曹覇)의 그림을 소유하는 것을 영광으로 여기게 되었다. 그래서 그의 그림이 아주 비싼 값에 거래되기도 했다. 장안(長安. 한나라, 당나라 때 도읍지) 북쪽의 태극궁(太極宮. 궁궐 이름)에 있는 능연각(凌煙閣. 누각 이름)의 네 벽면에는 염지본(閻之本)이라는 화가(畵家)가 그린 당(唐)나라의 개국공신(開國功臣. 본문 참고) 24명의 초상(肖像. 사진 그림 따위에 나타낸, 사람의 얼굴이나 모습)이 있었는데, 그린 지 이미 70년이 지나면서 퇴색(退·褪色. 빛이나 색이 바램)되어, 어떤 것들은 잘 알아보지 못할 정도가 되어 있었다. 당시(當時. 일이 있었던 바로 그때. 또는 이야기하고 있는 그 시기)의 당태종(唐太宗. 당나라 태종)은 능연각(凌煙閣)을 지어 개국 때부터의 공신(功臣. 나라를 위하여 특별한 공·功을 세운 신하)들 초상화(肖像畵)를 그려 걸어 놓게 했다. 현종(玄宗)은 조패(曹覇)를 불러 그 초상화(肖像畵)를 다시 손보게 했다. 조패(曹覇)는 먼저 역사책을 정독(精讀. 여러모로 살피어, 자세히 읽음)하고 이미 잘 알아 볼 수 있을 만큼 희미해진 초상(肖像)의 인물을 사료(史料. 역사 연구에 필요한 문헌이나 유물, 문서, 기록, 건축, 조각 따위를 일컬음)와 대조하고 자세히 만져 본 후 정신을 집중하여 초상화(肖像畵)를 다시 그리기 시작하였다. 얼마 지나지 않아 공신(功臣)들의 초상화(肖像畵)는 조패(曹覇)의 붓끝에서 새로 빛을 발하며 새로운 모습으로 나타났다. 현종(玄宗)은 또 조패(曹覇)를 궁(宮)으로 불러서 자신의 애마(愛馬. 자기가 사랑하는 말)인 옥화총(玉花驄. 말 이름)을 그리게 했다. 조패(曹覇)는 아주 큰 비단 한 장을 가져달라고 한 뒤, 말[馬]을 한참 동안 관찰한 후 몸을 돌려 순식간에 그 말[馬]을 화폭(畵幅. 그림을 그려놓을 천이나 종이의 조각)에 담았다. 현종(玄宗)은 아주 기분이 좋아 조패(曹覇)에게 금은보화(金銀寶貨. 본문 참고)를 상(賞)으로 내리고 좌무위장군(左武衛將軍. 벼슬 이름)에 봉했다. 그러나 이러한 호시절(好時節. 좋은 때)도 오래가지 못했다. 조패(曹覇)는 조그마한 잘못을 저질러 관직(官職. 관리로서, 국가로부터 위임 받은 일정한 범위의 직무. 또는 그 직위)을 박탈당하고 평민이 되어 장안(長安)을 떠나게 되었다. 이때 조패(曹霸)는 사천(四川. 땅 이름)의 성도(省都. 성·省의 정치, 문화 따위의 중심 도시) 땅에서 사람들의 초상화(肖像畫)를 그려 주며 겨우 연명(延命. 목숨을 겨우 이어 살아감)하고 있었다. 이때 두보(杜甫)가 성도(省都)에 오게 되었는데, 지인(知人. 아는 사람)의 집에서 조패(曹霸)가 그린 구마도(九馬圖)를 보았다. 두보(杜甫)는 조패(曹霸)가 성도(省都)에 있다는 것을 알고는 여기저기 수소문(搜所聞. 세상에 떠도는 소문을 두루 찾아 살핌)하여, 길거리에서 그림을 그리고 있는 조패(曹霸)를 발견하였다. 조패(曹霸)의 신세와 역경(逆境. 일이 순조롭지 않아 매우 어렵게 된 처지나 환경)을 알게 된 두보(杜甫)는, 이를 안타까워하며 시(詩) 한 수(首)를 지어 그에게 바쳤는데, 그 시(詩)가 바로 「단청인증조패장군(丹靑引贈曹霸將軍)」이다. 참고로, 원문의 '將軍魏武之子孫'에서, '將'은 장수(將帥) '장'으로 읽고, '軍'은 군사(軍士) '군'으로 읽는다. '將軍'은 '좌무위장군(左武衛將軍)'의 줄인 말로, 조패(曹霸)의 당시 직책을 일컬음. '魏'는 위(魏)나라 '위'로 읽고, '武'는 무인(武人) '무'로 읽는다. '魏武'는 '위무제(魏武帝. 위나라의 무제)'를 가리킴. 중국 삼국시대(三國時代) 위(魏)나라의 시조(始祖)인 조조(曹操)를 일컬음. '之'는 어조사 '지'로 읽는다. '~의'를 나타내는 관형격 조사. '子'는 자식(子息) '자'로 읽고, '孫'은 손자(孫子) '손'으로 읽는다. '子孫'은 자식(子息)과 손자(孫子)를 아울러 이르는 말. 또는 자신의 세대(世代)에서 여러 세대(世代)가 지난 뒤의 자녀(子女)를 통틀어 이르는 말. '將軍魏武之子孫'을 직역(直譯)하면, 장군(將軍)은 위무제(魏武帝)의 자손(子孫)인데, '於今爲庶爲靑門'에서, '於'는 어조사 '어'로 읽는다. '~에(위치)'의 뜻을 나타냄. '今'은 이제 '금', 지금 '금'으로 읽고, '爲'는 될 '위'로 읽고, '庶'는, 여기서는 벼슬 없는 사람 '서'로 읽는다. '서민(庶民)'을 가리킴. '靑'은 푸를 '청'으로 읽고, '門'은, 여기서는 집안 '문'으로 읽는다. '靑門'은 가난한 집안. '於今爲庶爲靑門'을 직역(直譯)하면, 지금에 (이르러) 벼슬 없는 사람이 되어 가난한 집안이 되었다. '英雄割據雖已矣'에서, '英'은 재주(순우리말로, 무엇을 잘할 수 있는, 타고난 능력과 슬기)가 뛰어날 '영'으로 읽고, '雄'은, 여기서는 용감할 '웅'으로 읽는다. '英雄'은 지혜와 재능(才能. 어떤 일을 하는데 필요한 재주와 능력)이 뛰어나고 용맹하여, 보통 사람이 하기 어려운 일을 해내는 사람. '割'은 나눌 '할', 쪼갤 '할'로 읽고, '據'는 웅거(雄據. 일정한 지역을 차지하고 굳게 막아 지킴)할 '거'로 읽는다. '割據'는 땅을 나누어 차지하고 굳게 지킴. '雖'는 비록 '수'로 읽고, '已'는 이미 '이'로 읽고, '矣'는 어조사 '의'로 읽는다. '~이다(단정)'의 뜻을 나타냄. '英雄割據雖已矣'를 직역(直譯)하면, 비록 영웅(英雄)이 할거(割據. 땅을 나누어 차지하고 굳게 지킴)하던 (시대는) 이미 (지나갔지만), '文采風流今尙存'에서, '文'은 글월 '문', 문장(文章) '문'으로 읽고, '采'는 빛깔 '채', 무늬 '채'로 읽는다. '채(彩)'와 같은 글자. '文采'는 문장의 멋. '風'은 바람 '풍'으로 읽고, '流'는 흐를 '류(유)'로 읽는다. '風流'는 멋스럽고 풍치가 있는 일. 또는 그렇게 노는 일. '尙'은 오히려 '상', 아직 '상'으로 읽고, '存'은 있을 '존', 존재할 '존'으로 읽는다. '尙存'은 언제나 존재함. '文采風流今尙存'을 직역(直譯)하면, 문채(文采)와 풍류(風流)는 지금도 오히려 존재한다. '學書初學衛夫人'에서, '學'은 배울 '학'으로 읽고, '書'는 글 '서', 글씨 '서'로 읽고, '初'는 처음 '초'로 읽는다. '初學'은 학문을 처음으로 배움. '衛'는 성씨(姓氏) '위'로 읽고, '夫'는 사내 '부'로 읽고, '人'은 사람 '인'으로 읽는다. '衛夫人'은 사람 이름. 동진(東晉)의 여성 서예가로, 왕희지(王羲之)의 스승으로 전해짐. '學書初學衛夫人'을 직역(直譯)하면, 글씨를 배우기는 처음 위부인(衛夫人)에게서 배웠는데, '但恨無過王右軍'에서, '但'은 다만 '단', 단지 '단'으로 읽고, '恨'은 한(恨. 몹시 원망스럽고, 억울하거나 안타깝고 슬퍼 응어리진 마음) '한'으로 읽고,

'無'는 없을 '무'로 읽고, '過'는 지날 '과', 지나칠 '과'로 읽는다. 한도나 표준을 넘음을 나타냄. '恨無過'를 직역(直譯)하면, 넘지 못한 것이 한(恨)이 됨. '王'은 임금 '왕'으로 읽고, '右'는 오른쪽 '우'로 읽고, '軍'은 군사(軍士) '군'으로 읽는다. '王右軍'은 사람 이름. 중국 진(晉)나라의 서예가인 '왕희지(王羲之)'를 가리킴. 해서(楷書), 행서(行書), 초서(草書)의 3체(體)를 예술적 완성의 영역까지 끌어올려 서성(書聖)이라고 불린다. 작품에 『난정서(蘭亭書)』 따위가 있다. 그는 일찍이 우군장군(右軍將軍)을 지냈기 때문에, 세상에서는 그를 '왕우군(王右軍)'이라고 불렀다. '但恨無過王右軍'을 직역(直譯)하면, 단지 왕우군(王右軍)을 넘지 못한 것이 한(恨)이 되었다. '丹青不知老將至'에서, '丹'은 붉을 '단'으로 읽고, '青'은 푸를 '청'으로 읽는다. '丹青'은 옛날식 집의 벽, 기둥, 천장 따위에 여러 가지 빛깔로 그림이나 무늬를 그림. 또는 그 그림이나 무늬. '不'는 아닐(부정하는 말) '부'로 읽고, '知'는 알 '지'로 읽고, '老'는 늙을 '로(노)'로 읽고, '將'은 장차(張次. 앞으로'의 뜻으로, 미래의 어느 때를 나타내는 말) '장'으로 읽고, '至'는 이를(어떤 정도나 범위에 미칠) '지'로 읽는다. '丹青不知老將至'을 직역(直譯)하면, 단청(丹青)에 (자신이) 장차 늙는 것이 이르게 (됨을) 알지 못하고, 즉, 단청(丹青)에 몰두하다가 늙어가는 것도 알지 못하고, '富貴於我如浮雲'에서, '富'는 부유할 '부'로 읽고, '貴'는 신분이 높을 '귀'로 읽는다. '富貴'는 재산이 많고 지위가 높음. '於'는 어조사 '어'로 읽는다. '~에게(위치)'의 뜻을 나타냄. '我'는 나(1인칭 대명사) '아'로 읽고, '如'는 같을 '여'로 읽고, '浮'는 뜰(물속이나 지면 따위에서 가라앉거나 내려앉지 않고, 물 위나 공중에 있거나 위쪽으로 솟아 오를) '부'로 읽고, '雲'은 구름 '운'으로 읽는다. '富貴於我如浮雲'을 직역(直譯)하면, 부귀(富貴)는 나에게 뜬 구름과 같았다. '開元之中常引見'에서, '開'는 열 '개', 열릴 '개'로 읽고, '元'은 으뜸(중요한 정도로 본, 어떤 사물의 첫째를 이르는 말) '원', 처음 '원'으로 읽는다. '開元'은 중국 당(唐)나라 현종(玄宗) 때의 연호(年號. 서기 713년~741년). '中'은 사이(한때로부터 다른 때까지의 동안) '중'으로 읽는다. 여기서는 '연간(年間. 어느 왕이 왕위에 있는 동안)'을 가리킴. '常'은 항상 '상', 늘 '상'으로 읽고, '引'은 이끌 '인', 인도(引導)할 '인'으로 읽고, '見'은 볼 '견'으로 읽는다. '引見'은 윗사람이 아랫사람을 불러 만나 봄. '開元之中常引見'을 직역(直譯)하면, 개원(開元)의 사이(중간)에는 항상 불려 가 만나 보았다. 즉, 개원(開元) 연간(年間)에 조패(曹覇)는 황제에게 항상 불리어 가 만나 보았다는 말이다. '承恩數上南熏殿'에서, '承'은 받을 '승'으로 읽고, '恩'은 은혜 '은'으로 읽는다. '承恩'은 신하가 임금에게서 특별한 은혜를 받음. '數'는 몇 '수', 두서너 '수'로 읽고, '上'은 여기서는 오를 '상'으로 읽고, '南'은 남녘 '남'으로 읽고, '熏'은 불길 '훈'으로 읽고, '殿'은 궁궐 '전'으로 읽는다. 여기서 '南熏殿'은 당(唐)나라 때의 궁전 이름. '承恩數上南熏殿'을 직역(直譯)하면, 황제의 은혜를 받아 남훈전(南熏殿)에 몇 번 올랐다네. '凌煙功臣少顔色'에서, '凌'은 능가할(凌駕. 능력이나 수준 따위가 비교 대상을 훨씬 넘어섬) '릉(능)'으로 읽고, '煙'은 연기(煙氣) '연'으로 읽는다. '凌煙'은 '능연각(凌煙閣)'을 가리킴. 이것은 중국 당(唐)나라 때의 태종(太宗)인 이세민(李世民) 때에, 당(唐)나라 개국공신(開國功臣. 본문 참고) 24명의 초상화(肖像畫)를 걸어 두었던 누각(樓閣) 이름이다. '功'은 공(功. 어떠한 일에 이바지한 공적과 노력) '공', 공로(功勞) '공'으로 읽고, '臣'은 신하(臣下) '신'으로 읽는다. '功臣'은 나라를 위하여 특별한 공을 세운 신하. '凌煙功臣'은 능연각(凌煙閣)의 공신(功臣)들을 일컬음. '少'는 여기서는 빠질(기운이나 살 따위가 줄거나 없어짐) '소'로 읽고, 여기서, '기운'은 순우리말로, 생물이 살아 움직이는 원기(元氣). 또는 거기서 나오는 힘. '顔'은 얼굴 '안'으로 읽고, '色'은 기색(氣色. 마음의 작용으로 얼굴에 드러나는 빛) '색'으로 읽는다. '顔色'은 얼굴에 나타나는 표정이나 빛깔. '凌煙功臣少顔色'을 직역(直譯)하면, 능연각(凌煙閣)의 공신(功臣)들은 얼굴 기색이 빠짐. 여기서 '얼굴 기색이 빠짐'은 얼굴 색깔이 바래졌다는 뜻이다. '將軍下筆開生面'에서, '下'는 아래 '하', 손댈(어떤 사물에 손을 닿게 함) '하'로 읽고, '筆'은 붓 '필'로 읽는다. '下筆'은 '붓을 대어 쓴다'는 뜻으로, 시(詩)나 글을 짓는 것을 이르는 말. '生'은 날 '생'으로 읽고, '面'은 낯 '면', 얼굴 '면'으로 읽는다. '將軍下筆開生面'을 직역(直譯)하면, 장군이 붓을 대어 쓰니 낯이 나게 열린다(돋다). 즉, 조패(曹覇)장군의 붓질 한번에 얼굴이 살아 움직이듯 한다는 말이다. 여기서, '別開生面'이 유래하였는데, 이것을 직역(直譯)하면, 낯이 나게 다른 (것을) 연다. 즉, 다른 새로운 면모(面貌)를 연다는 뜻으로, 새로운 형식을 만들어 다른 것과 구별되는 독특한 것을 만드는 것을 비유적으로 이르는 말. '良相頭上進賢冠'에서, '良'은, 여기서는 훌륭할 '량(양)'으로 읽고, '相'은, 여기서는 정승(政丞) '상'으로 읽는다. '良相'은 훌륭한 재상. '頭'는 머리 '두'로 읽고, '上'은 위 '상'으로 읽는다. '頭上'은 머리의 위. '進'은 나아갈 '진'으로 읽고, '賢'은 어질 '현'으로 읽고, '冠'은 갓(예전에, 어른이 된 남자가 머리에 쓰던 의관의 하나) '관'으로 읽는다. '進賢冠'은 입신양명(立身揚名. 본문 참고)한 유학자들의 의복. '良相頭上進賢冠'을 직역(直譯)하면, 훌륭한 정승(재상)의 머리 위에는 진현관(進賢冠)이요, 즉, 어진 재상 머리에는 진현관(進賢冠)을 올렸다(썼다)는 말이다. '猛將腰間大羽箭'에서, '猛'은 용감할 '맹'으로 읽는다. '猛將'은 용맹(勇猛. 용감하고 사나움)한 장수. '腰'는 허리 '요'로 읽고, '間'은 사이 '간'으로 읽는다. '腰間'은 허리의 둘레. 또는 허리의 언저리. '大'는 클 '대'로 읽고, '羽'는 깃(화살에서 세 갈래로 붙인 새 날개의 털) '우'로 읽고, '箭'은 화살 '전'으로 읽는다. '大羽箭'은 큰 화살. '猛將腰間大羽箭'을 직역(直譯)하면, 용맹(勇猛)한 장수(장군)의 허리 사이(둘레)에는 큰 화살이 (달려 있네). 즉, 용맹(勇猛)한 장군은 허리에 큰 화살(대우전)을 찼다는 말이다.

별-무-가관(別無可觀 다를 **별**/없을 **무**/가히 **가**/볼 **관**) (그다지) 다르게 가(可)히 볼 (것이) 없다는 뜻으로, 특별히 또는 별로 볼 만한 것이 없음을 이르는 말. *가관(可觀): ①가히 볼 만함. ②(하는 짓이나 몰골 따위가) 꼴불견(하는 짓이나 겉모습이 차마 볼 수 없을 정도로 우습고 거슬림)임. *가히(可~): '능히', '넉넉히'의 뜻.

별-무-신통(別無神通 다를 **별**/없을 **무**/귀신 **신**/통할 **통**) (그다지) 다르게 귀신(鬼神)처럼 통(通)하는 (것이) 없다는 뜻으로, 별로 신통(神通)할 것이 없음을 이르는 말. *신통(神通): ①점(占)이나 약효 따위가 아주 영묘(靈妙. 사람의 지혜로는 짐작할 수 없을 만큼, 훌륭하고 신비스러움)함. ②대견하고 훌륭함. ③마음에 들게 싹싹함.

별반-거조(別般擧措 다를 **별**/일반 **반**/행할 **거**/둘 **조**) 일반적으로 다르게 행(行)함을 둔다는 뜻으로, ①보통과 다른 행동을 이르는 말. ②특별히 다르게 취하는 조치(措置. 벌어지는 사태를 잘 살펴서 필요한 대책을 세워 행함. 또는 그 대책)를 이르는 말. *별반(別般): ①명 보통과 다름. ②부 따로 별다르게. *거조(擧措): 말이나 행동의 태도. =행동거지. *행하다(行~): (작정한 대로) 하여 나가다.

별반-조처(別般措處 다를 **별**/일반 **반**/둘 **조**/처리할 **처**) 일반적으로 다르게 처리(處理)하여 둔다는 뜻으로, 특별히 다르게 하는 조처(措處)를 이르는 말. *별반(別般): ☞별반거조(別般擧措). *조처(措處): 어떤 문제나 사태를 해결하기 위하여 필요한 대책을 강구함. 또는 그 대책. *처리하다(處理~): ①(사무나 사건을) 정리하여 치우거나 마무리를 짓다. ②(어떤 결과를 얻으려고) 화학적, 물리적 작용을 일으키다.

별사-배달(別使配達 다를 **별**/시킬 **사**/배정할 **배**/이를 **달**) 다른 (사람을) 시켜 배달(配達)한다는 뜻으로, ①특별히 따로 사람을 시켜 전하는 배달(配達)을 이르는 말. ②특수 전보(電報. <u>전류나 전파를 이용하여 단시간에 보내는 통신</u>)의 하나를 이르는 말. 직접 배달(配達) 구역(區域) 밖으로 특별히 사람을 따로 시켜서 배달(配達)하는 전보(電報)이다. ***별사**(別使): ①특별한 사명을 띤 사신(使臣. <u>지난날 나라의 명·命을 받아 외국에 파견되던 신하</u>). ②따로 보내는 사신(使臣). ***배달**(配達): (물품을) 가져다가 돌아가며 나누어 줌. ***배정하다**(配定~): 나누어 몫을 정하다. ***이르다**: ①어떤 곳에 닿다. =도착(到着)하다. ②일정한 시간에 미치다. ③어느 정도나 범위에 미치다.

별성-마마(別星媽媽 다를 **별**/별 **성**/존칭 **마**/존칭 **마**) 별성(別星)의 마마(媽媽). 즉, 마마(媽媽)라는 다른 (사명을 가진) 별[星]이라는 뜻으로, '호구별성(戶口別星)'을 높여 이르는 말. 즉, 집집마다 찾아다니며 천연두(天然痘. <u>바이러스·virus가 일으키는 법정 전염병</u>)를 앓게 한다는 여신(女神)을 일컫는다. 강남(江南)에서 특별한 사명을 띠고 주기적으로 찾아온다고 한다. 그래서 '강남호구별성(江南戶口別星)'이라는 말이 있음. =강남별성(江南別星). 두신호귀(痘神胡鬼). 호구별성(戶口別星). 호귀별성(胡鬼別星). 여기서 '마(媽)'는 의미상 존칭의 뜻을 갖고 있음. ***별성**(別星): =호구별성(戶口別星). ***마마**(媽媽): ①'천연두(天然痘)'를 달리 이르는 말. ②=역신마마(疫神媽媽). 즉, '역신(疫神)'을 높여 이르는 말. 민속(民俗)에서, 천연두(天然痘)를 집집마다 가져다주어 앓게 한다는 여신(女神). 또는 천연두(天然痘) 그 자체를 이르는 말.

별-유-건곤(別有乾坤 다를 **별**/있을 **유**/하늘 **건**/땅 **곤**) (특별히) 다르게 있는 하늘과 땅이라는 뜻으로, 좀처럼 볼 수 없는 아주 좋은 세상(世上). 또는 딴 세상(世上)을 이르는 말. ***건곤**(乾坤): 하늘과 땅. =천지(天地).

별-유-선경(別有仙境 다를 **별**/있을 **유**/신선 **선**/지경 **경**) (특별히) 다르게 있는 신선(神仙)의 지경(地境)(<u>경지</u>). 즉, 사람이 사는 세상(世上)과는 별도인, 신선(神仙)이 사는 곳이라는 뜻으로, 경치가 매우 아름다운 곳을 이르는 말. ***선경**(仙境): ①신선(神仙)이 산다는 곳. ②속세(俗世. <u>세속의 사람들이 사는 일반의 사회</u>)를 떠난 깨끗한 곳. ***신선**(神仙): 부록 '선(仙)' 참고.

별-유-천지(別有天地 다를 **별**/있을 **유**/하늘 **천**/땅 **지**) (특별히) 다르게 있는 하늘과 땅이라는 뜻으로, ①특별히 경치(景致)가 좋거나 분위기(雰圍氣)가 좋은 곳을 비유적으로 이르는 말. ②속세(俗世. <u>세속의 사람들이 사는 일반의 사회</u>)와는 매우 다른, 좋은 세계를 비유적으로 이르는 말. ***천지**(天地): ①하늘과 땅. ②세상. 또는 우주(宇宙. <u>온 세계를 둘러싸고 있는 공간</u>). ③(주로 '천지이다'의 꼴로 쓰여) 무척 많음을 뜻하는 말. 이 사자성어의 유래는 다음과 같다. 이백(李白)의 「산중문답(山中問答)」에 〈어찌하여 푸른 산에 사느냐고 묻기에 / 웃으며 대답하지 않았지만, 마음 절로 한가롭네. / 복사꽃 물 따라 아득히 흘러가며 / 별천지에 인간 세상이 아닐세.(問余何事棲碧山, 笑而不答心自閑, 桃花流水杳然去, **別有天地非人間**.)〉라는 시구(詩句)가 나오는데, '별천지에 인간 세상이 아닐세.(別有天地非人間)'에서, '별유천지(別有天地)'가 유래했다. 이 시(詩)의 배경은 이렇다. 천재적인 시인 이백(李白)은 원래 정계(政界. <u>정치에 관계되는 분야</u>)에 투신(投身. <u>어떤 일에 몸을 던짐</u>)하여 자신의 포부를 일거(一擧. <u>한 번의 행동. 또는 한 번의 동작</u>)에 크게 펼쳐 보려는 야망(野望. <u>크게 무엇을 이루어 보겠다는 희망</u>)을 가지고 있었다. 25세부터 42세까지 호남(湖南), 강소(江蘇) 등지(等地. <u>땅의 이름 뒤에 쓰이어, 앞에 말한 '그러한 곳들'의 뜻을 나타내는 말</u>)를 유람(遊覽. <u>돌아다니며 구경함</u>)하는 생활을 하면서 한편으로는 자신을 황제

(皇帝)에게 연결 시켜 줄 사람을 찾아다니다가, 서기 742년(천보 2년)에, 당현종(唐玄宗. 당나라 현종)의 여동생인 옥진(玉眞) 공주(公主)를 통해 당현종(唐玄宗)에게 발탁(拔擢. 많은 사람 가운데서 특별히 사람을 뽑아 씀)되었다. 당현종(唐玄宗)은 그를 중용(重用. 중요한 자리에 임명하여 씀)하긴 하였으되, 이백(李白)의 야망(野望)과는 달리 정치적인 동반자(同伴者)가 아닌 오락(娛樂)의 동반자(同伴者. 어떤 행동을 할 때 짝이 되어 함께하는 사람)로 중용(重用. 중요한 자리에 임용함)했다. 아마도 이백(李白)에게서 정치적인 재능(才能. 어떤 일을 하는데 필요한 재주와 능력)이나 그릇을 발견하지 못했기 때문이리라. 여기서, '재주'는 순우리말로, 무엇을 잘할 수 있는, 타고난 능력과 슬기. 이백(李白)의 직책은 한림대조(翰林待詔. 벼슬 이름) 중(中)의 시문대조(詩文待詔. 벼슬 이름), 즉, 황제(皇帝)의 부름을 기다리다가 부름이 있으면 달려가 황제(皇帝)와 시문(詩文)으로서 오락(娛樂)을 함께하는 일종의 어용문인(御用文人. 임금이 쓰는, 문관의 직에 있는 사람)이었다. 이는 황제(皇帝)의 조서(詔書. 임금의 명령을 일반 사람에게 알릴 목적으로 적은 문서)를 기초(起草. 글의 초안을 씀)하는 한림학사(翰林學士)와는 천양지차(天壤之差. 본문 참고)가 있는 직책(職責)이었다. 정치적 포부를 펼 기회조차 가질 수 없었던 이백(李白)은 마음에 가득한 불평과 불만을 술로 풀었는데, 황제(皇帝)의 부름을 받을 때마다 술에 취해 제정신인 적이 거의 없었다고 한다. 하지만, 술에 만취(滿醉. 술에 잔뜩 취함)한 상태에서도 거침 없이 시문(詩文)을 지어 내는 그의 문학 재능을 아끼고 사랑했던 현종(玄宗)은 이백(李白)에 대해 아주 관대(寬大. 마음이 너그러움)했다. 이백(李白)은 서기 744년(천보 4년)에, 당(唐)나라 현종(玄宗)의 곁을 떠났다. 「산중문답(山中問答)」은 이백(李白)이 당(唐)나라 현종(玄宗)을 떠난 후에 지은 시(詩)로, 자연에 묻혀 사는 즐거움을 노래한, 소박하면서도 도가적(道家的. 만물의 근원으로서의 자연을 숭배하는)인 풍류(風流. 속되지 않고 운치가 있는 일)가 스며있는 시(詩)다. 참고로, 원문의 '問余何事棲碧山'에서, '問'은 물을 '문'으로 읽고, '余'는 나(1인칭 대명사) '여'로 읽고, '何'는 무엇 '하', 어떤 '하'로 읽고, '事'는 일 '사'로 읽는다. '何事'는 무슨 일. 또는 어떠한 일. '棲'는 깃들일 '서', 살 '서'로 읽고, '碧'은 푸를 '벽'으로 읽고, '山'은 뫼('산'의 옛말) '산'으로 읽는다. '碧山'은 '청산(靑山)'과 같은 말로, 풀과 나무가 무성한, 푸른 산을 일컫는다. '問余何事棲碧山'을 직역(直譯)하면, 나에게 무슨 일로 푸른 산에 사느냐고 묻는다면, '笑而不答心自閑'에서, '笑'는 웃을 '소'로 읽고, '而'는 말 이을 '이'로 읽는다. '그리고'의 뜻을 나타냄. '不'은 아닐(부정하는 말) '부'로 읽고, '答'은 대답할 '답'으로 읽고, '心'은 마음 '심'으로 읽고, '自'는 스스로 '자'로 읽고, '閑'은 한가(閑暇)할 '한'으로 읽는다. '笑而不答心自閑'을 직역(直譯)하면, 웃으며 그리고 대답하지 않지만, 마음은 스스로 한가(閑暇)하네. '桃花流水杳然去'에서, '桃'는 복숭아 '도'로 읽고, '花'는 꽃 '화'로 읽고, '流'는 흐를 '류(유)'로 읽고, '水'는 물 '수'로 읽고, '杳'는 아득할 '묘'로 읽고, '然'은 그러할 '연'으로 읽는다. 여기서는 '상태'를 나타내는 접미사. '杳然'은 그윽하고 멀어서 눈에 아물아물함. '去'는 갈 '거'로 읽는다. '桃花流水杳然去'를 직역(直譯)하면, 복숭아꽃은 흐르는 물에 아득히 가니(떠내려가니). '別有天地非人間'에서, '別'은 다를 '별'로 읽고, '有'는 있을 '유'로 읽고, '天'은 하늘 '천'으로 읽고, '地'는 땅 '지'로 읽고, '非'는 아닐(부정하는 말) '비'로 읽고, '人'은 사람 '인'으로 읽고, '間'은 사이 '간'으로 읽는다. '人間'은 사람이 사는 세상. '別有天地非人間'을 직역(直譯)하면, (특별히) 다르게 있는 하늘과 땅이지 사람이 사는 세상이 아니로다. 여기서, '別有天地'가 유래하였는데, 이것을 직역(直譯)하면, (특별히) 다르게 있는 하늘과 땅이라는 뜻으로, ①특별히 경치(景致)가 좋거나 분위기(雰圍氣)가 좋은 곳을

비유적으로 이르는 말. ②속세(俗世)와는 매우 다른, 좋은 세계. 여기서 '속세(俗世)'는 불가(佛家)에서, 속인(俗人. 불교에 귀의하지 않은 사람)들이 사는 일반 사회를 일컫는다.

별-유-풍경(別有風景 다를 **별**/있을 **유**/바람 **풍**/경치 **경**) (특별히) 다르게 있는 바람과 경치(景致)라는 뜻으로, 좀처럼 볼 수 없는 아주 좋은 풍경(風景). 즉, 세상에서 흔히 볼 수 없는, 썩 좋은 경치(景致)를 이르는 말. *풍경(風景): =경치(景致). 즉, (산이나 강 따위) 자연의 아름다운 모습.

병가-상사(兵家常事 군사 **병**/전문가 **가**/항상 **상**/일 **사**) 병가(兵家)에서 항상(恒常) (있는) 일. 즉, 이기기도 하고, 지기도 하는 것은 전쟁이나 병가(兵家)에서 항상(恒常) 또는 흔히 있는 일이라는 뜻으로, 한 번의 실패에 절망하지 말라는 뜻. 즉, 싸움에서 이기기도 하고 지기도 하는 것처럼 일에도 성공(成功)과 실패(失敗)가 있으므로, 승패(勝敗)에 크게 개의(介意. 언짢은 일 따위를 마음에 두어 생각함)하지 말고 최선(最善)을 다하는 것이 중요함을 비유적으로 이르는 말. *병가(兵家): ①병학(兵學. 병법이나 군사에 관한 학문)의 전문가. ②군대, 군비, 전쟁 따위의 군에 관한 일에 종사하는 사람. *상사(常事): 보통으로 있는 일. 또는 별다른 것이 없는 일. *전문가(專門家): 어떤 한 가지 일을 전문으로 하거나, 한 가지 분야에 전문적인 지식이나 기술을 가진 사람. *항상(恒常): 🈁 언제나 변함없이. =늘. 매상(每常). 항용(恒用). 이 사자성어의 유래는 다음과 같다. 당(唐)나라 시인 두목(杜牧)의 「제오강정(題烏江亭)」이란 시(詩)에 〈이기고 지는 것은 병가(兵家)의 일로 뜻대로 되지 않는 것 / 수치(羞恥)를 끌어안고 부끄러움을 견디는 것이 대장부(大丈夫)지 / 강동(江東)의 자제들 뛰어난 이 많았으니 / 땅을 말아 다시 올 수 있었을지 어찌 알겠소?(**勝敗兵家事不期**. 包羞忍恥是男兒. 江東子弟多才俊. 捲土重來未可知.)〉라는 내용이 나오는데, '이기고 지는 것은 병가(兵家)의 일로 뜻대로 되지 않는 것.(勝敗兵家事不期)'에서, '병가상사(兵家常事)'가 유래했다. 오강(烏江)은 초패왕(楚覇王. 초·楚나라의 패왕·覇王이라는 뜻으로, '항우·項羽'를 높여 부르는 말)인 항우(項羽)가 한왕(漢王. 한나라의 고조. 또는 한나라의 왕)인 유방(劉邦)에게 패(敗)하여 최후를 맞이한 곳이다. 두 사람은 '홍구(鴻溝. 땅 이름)'를 경계(境界)로 천하를 나누기로 했었으나, 유방(劉邦)은 "항우(項羽)를 살려두면 후환(後患. 어떤 일로 말미암아 뒷날에 생기는 걱정이나 근심)이 되니, 그를 습격해서 죽여야 한다."는 장량(張良)과 진평(陳平)의 진언(進言. 윗사람에게 자기의 의견을 말함. 또는 그런 말)에 따라 화의(和議. 화해하는 의논)를 깨고 해하(垓下. 땅 이름) 전투(戰鬪)에서 항우(項羽)를 추격(追擊. 도망하는 적을 뒤쫓아 가면서 공격함)해 포위(包圍. 둘레를 에워쌈. 또는 주위를 에워쌈)했다.(본문 '사면초가·四面楚歌' 참고) 항우(項羽)는 오강(烏江)으로 도망쳤는데, 이때 배를 끌고 온 오강(烏江) 지역의 정장(亭長. 지금의 면장·面長에 해당되는 벼슬)이 "고향(故鄕)인 강동(江東)으로 돌아가서 재기(再起. 한번 망하거나 실패했다가 다시 일어나는 일)하시죠?" 하고 권(勸)했으니, 항우(項羽)는 "강동(江東)에서 함께 일어난 8천 장정(壯丁. 성년·成年에 이른, 혈기 왕성한 남자)들이 모두 죽었는데, 무슨 낯으로 강동(江東)으로 돌아가나?"라면서 유방(劉邦)의 포위망(包圍網. 치밀하고 조직적인 포위·包圍를 비유하여 이르는 말)으로 뛰어들어, 31세의 나이에 최후를 맞이했다.(본문 '권토중래·捲土重來' 참고) 그로부터 천여 년이 지나 당(唐)나라 후기(後期)에 두목(杜牧)이라는 시인(詩人)이 오강(烏江)의 객사(客舍. 객지에서 묵는 집)에 머무르다가 항우(項羽)와 오강(烏江) 지역의 정장(亭長) 이야기를 떠올리고 '제오강정(題烏江亭)'이란 시(詩)를 지었다. 유방(劉邦)에게 패(敗)한 항우(項羽)의 죽음을 애도(哀悼. 사람의 죽음을 슬퍼하고 애석해 함)하며 지은 시(詩)다. 항우(項羽)가 한 번만 수치스러움을 참고 권토중래

(捲土重來)했더라면 천하(天下)를 차지할 수 있었을 것인데, 인생(人生)엔 병가상사(兵家常事)가 얼마든지 있을 수 있는 일이라며 애도(哀悼)한 것이다. 참고로, 원문의 '勝敗兵家事不期'에서, '勝'은 이길 '승'으로 읽고, '敗'는 질 '패'로 읽는다. '勝敗'는 승리(勝利)와 패배(敗北)를 아울러 이르는 말. '兵'는 병사(兵士) 병, 군사(軍士) '병'으로 읽고, '家'는 전문가(專門家) '가'로 읽고, '事'는 일 '사'로 읽고, '期'는 기약할(期約~. <u>때를 정하여 약속함)</u> '기'로 읽는다. '勝敗兵家事不期'를 직역(直譯)하면, 승리(勝利)와 패배(敗北)는 군사(軍事)에 종사하는 사람의 일로 기약(期約)함이 없으니, 즉, 전쟁에서 승패(勝敗)는 예측할 수 없다는 뜻이다. 여기서, '兵家事' 혹은 '兵家常事'가 유래하였는데, 이것을 직역(直譯)하면, 병가(兵家)에서 항상 있는 일, 즉, 이기기도 하고, 지기도 하는 것은 병가(兵家)에서 항상 있는 일이라는 뜻으로, 싸움에서 이기기도 하고 지기도 하는 것처럼 일에도 성공과 실패가 있으므로, 승패(勝敗)에 크게 개의(介意. <u>언짢은 일 따위를 마음에 두어 생각함)</u>하지 말고, 최선을 다라는 것이 중요함을 비유적으로 이르는 말. '包羞忍恥是男兒'에서, '包'는 <u>감쌀(흉이나 허물을 덮어 줌)</u> 포', 너그럽게 받아들일 '포'로 읽고, '羞'는 부끄러워할 '수'로 읽고, '忍'은 참을 '인'으로 읽는다. '恥'는 부끄러울 '치(恥)'의 약자(略字)이다. '是'는 이(지시하는 말) '시'로 읽는다. '男兒'는 남자다운 남자. '包羞忍恥是男兒'를 직역(直譯)하면, 부끄러움을 감싸고, 부끄러움을 참는 것, 이것이 남자다운 남자다. 즉, 부끄러움과 치욕(恥辱. <u>'수치·羞恥'와 '모욕·侮辱'을 아울러 이르는 말)</u>을 참는 자(者)가 진정한 남자라는 뜻이다. '江東子弟多才俊'에서, '江'은 강 '강'으로 읽고, '東'은 동녘 '동'으로 읽는다. '江東'은 땅 이름. '子'는 아들 '자'로 읽고, '弟'는, 여기서는 공경(恭敬. <u>공손히 받들어 모심)</u>할 '제'로 읽는다. '子弟'는 남을 높여 그 집안의 젊은이를 이르는 말. '多'는 많을 '다'로 읽고, '才'는 재주(<u>순우리말로, 무엇을 잘할 수 있는, 타고난 능력과 슬기)</u> '재'로 읽고, '俊'은 뛰어날 '준'으로 읽는다. '才俊'은 재주가 뛰어남. 또는 그런 사람. '江東子弟多才俊'을 직역(直譯)하면, 강동(江東)의 자제(子弟. <u>남을 높여 그의 아들이나 그 집안의 젊은이를 이르는 말)</u>들에게는 재주가 뛰어난 사람이 많으니, 즉, 항우(項羽)의 고향인 강동(江東)에는 젊은이 중에 뛰어난 인물이 많다는 뜻이다. '捲土重來未可知'에서, '捲'은 말(<u>종이나 천 따위 얇고 넓적한 물건을, 한쪽 끝이 안쪽으로 들어가게 돌돌 감아 제 몸을 싸고돌게 함)</u> '권'으로 읽고, '土'는 흙 '토'로 읽고, '重'은 거듭할 '중'으로 읽고, '來'는 올 '래(내)'로 읽고, '未'는 아닐(<u>부정하는 말)</u> '미'로 읽는다. 여기서는 '어찌 ~ 하느냐'의 뜻을 나타냄. '可'는 가히(可~. <u>'능히', '넉넉히'의 뜻을 나타냄)</u> '가'로 읽고, '知'는 알 '지'로 읽는다. '捲土重來未可知'를 직역(直譯)하면, 흙을 말아 거듭해서 오는 것을 어찌 가히 알겠느냐? 흙을 말아 일으킬 것 같은 기세로 다시 오는 것을 어찌 가히 알겠느냐? 즉, 권토중래(捲土重來)하였다면 그 결과는 아무도 몰랐을 것이다. 여기서, '捲土重來'를 직역(直譯)하면, 흙을 말아 거듭해서 온다. 즉, 흙을 말아 일으킬 것 같은 기세로 다시 온다는 뜻으로, 한 번 실패했으나 힘을 회복하여 다시 쳐들어옴을 이르는 말. 그런데 이 외에 『신당서(新唐書)』의 「배도전(裵度傳)」 편(篇)에, 〈다른 신하들은 황제(중국 당·唐나라의 제11대 황제인 '헌종(憲宗)'을 가리킴)가 전쟁을 싫어하여 적(賊)들을 용서하려 한다는 것을 헤아리고, 황제의 뜻을 (휴전·休戰하는 쪽으로) 끌어당기려고 했다. 그러나 황제가 말했다. "한 번 이기고, 한 번 지는 것은 병가(兵家)에서 늘 있는 일이오."(它相揣帝厭兵, 欲赦賊, 鉤上指, 帝曰, **一勝一負, 兵家常勢.**)〉라는 이야기가 나오는데, '한 번 이기고, 한 번 지는 것은 병가(兵家)에서 늘 있는 일이오.(一勝一負, 兵家常勢.)'에서, '병가상사(兵家常事)'가 유래했다. 원래 '병가상세(兵家常勢. <u>병가의 항상 있는 형세)</u>'인데, 나중에 '병가

상사(兵家常事. <u>병가의 항상 있는 일</u>)'로 바뀌었다. 이 말은, 전쟁에서 패(敗)한 장군에게 용기를 북돋아 주기 위해 자주 인용(引用)되는 것으로, 현대에 와서는 주로 사업에 실패하거나 경쟁에서 밀린 사람을 위로하는 데 많이 쓰인다. 참고로, 원문의 '它相揣帝厭兵'에서 '它'는 다를 '타', '相'은 재상(宰相. <u>임금을 보필하며 모든 관원을 지휘, 감독하는 자리에 있는 이품·二品 이상의 벼슬을 통틀어 이르던 말</u>) '상'으로 읽고, '揣'는 헤아릴 '췌'로 읽고, '帝'는 임금 '제'로 읽고, '厭'은 싫어할 '염'으로 읽고, '兵'은 전쟁(戰爭) '병'으로 읽는다. '它相揣帝厭兵'을 직역(直譯)하면, 다른 재상(宰相)들은, 임금이 전쟁을 싫어함을 헤아려, '欲赦賊'에서, '欲'은 하고자 할 '욕'으로 읽고, '赦'는 용서할 '사'로 읽고, '賊'은 도둑 '적'으로 읽는다. '欲赦賊'을 직역(直譯)하면, 도둑(<u>적</u>)들을 용서하고자 했으며, '鉤上指'에서, '鉤'는 끌어당길 '구'로 읽고, '上'은 임금 '상'으로 읽고, '指'는 마음 '지', 뜻 '지'로 읽는다. '上指'는 임금의 뜻이나 명령. '鉤上指'를 직역(直譯)하면, 임금의 뜻을 (휴전·休戰하는 쪽으로) 끌어당기려고 했다. '帝曰'에서, '帝曰'을 직역(直譯)하면, 임금이 말하기를, '一勝一負'에서, '一'은 한 '일'로 읽고, '勝'은 이길 '승'으로 읽고, '負'는 질 '부'로 읽는다. '一勝一負'를 직역(直譯)하면, 한 번 이기고 한 번 짐. 여기서 '一勝一敗'가 유래하였는데, 이것을 직역(直譯)하면, '一勝一負'와 같음. '兵家常勢'에서, '兵'은 군사 '병'으로 읽고, '家'는 전문가 '가'로 읽고, '常'은 항상 '상'으로 읽고, '勢'는 형세(形勢. <u>일이 되어 가는 형편</u>) '세'로 읽는다. '兵家常勢'를 직역(直譯)하면, 병가(兵家)의 항상 있는 형세(形勢)이다. 즉, 병가(兵家)에서 늘 있는 일이다. 여기서, '兵家常事'가 유래하였는데, 이것을 직역(直譯)하면, 병가(兵家)에서 항상 있는 일, 즉, 이기기도 하고, 지기도 하는 것은 병가(兵家)에서 항상 있는 일이라는 뜻으로, 싸움에서 이기기도 하고 지기도 하는 것처럼 일에도 성공과 실패가 있으므로, 승패(勝敗)에 크게 개의(介意)하지 말고, 최선을 다하라는 것이 중요함을 비유적으로 이르는 말.

병마-지-권(兵馬之權 군사 **병**/말 **마**/어조사 **지**/권세 **권**) 군사(軍士)와 말[馬]. 즉, 병마(兵馬)에 (관한) 권세(權勢)라는 뜻으로, 군(軍)을 편제(編制. <u>낱낱의 구성원을 일정한 체계에 맞게 짜서 조직을 이룸</u>), 통수(統帥. <u>일체를 통하여 거느림</u>)할 수 있는 권능(權能. <u>권력과 능력. 또는 권리를 주장하고 행사할 수 있는 능력</u>)이나 권력(權力)을 이르는 말. *병마(兵馬): ①병사(兵士)와 군마(軍馬)를 아울러 이르는 말. ②군대, 무기, 군비(軍備. <u>전쟁을 수행하기 위하여 갖춘 군사 시설이나 장비</u>) 따위의 전쟁에 관한 모든 일을 통틀어 이르는 말. *군사(軍士): 부록 '병(兵)' 참고. *권세(權勢): 권력(權力)과 세력(勢力)을 아울러 이르는 말.

병-문-졸속(兵聞拙速 전쟁 **병**/들을 **문**/솜씨 서투를 **졸**/빠를 **속**) 전쟁은 솜씨가 서투르다는 (말을 들어도) 빠른 (것이) (좋다는) 뜻으로, 전쟁은 졸렬(拙劣. <u>서투르고 보잘것없음</u>)하다는 소식을 들어도 빨리 끝내야 함을 이르는 말. 중국 춘추시대 제(齊)나라의 손자(孫子. <u>사람 이름. '손자병법·孫子兵法'의 저자인 '손무·孫武'를 높여 이르는 말</u>)는, 싸움에 있어서는 지구전(持久戰)보다는 속전속결(速戰速決. <u>본문 참고</u>)을 주장한 병법가(兵法家. <u>군사 작전의 방법에 통달한 사람. 또는 그 전문가</u>)이다. 손자(孫子)가 신속한 싸움을 주장하게 된 이유는 지구전(持久戰)을 벌일 때의 불리한 점을 누구보다도 잘 알고 있었기 때문이다. 따라서 전쟁이 장기전(長期戰. <u>오랜 기간에 걸친 전쟁. =지구전·持久戰</u>)으로 접어들면 인적, 물적 피해가 엄청나게 발생하여, 설령 전쟁에 이긴다고 해도 그 피해가 너무 막중하므로 빨리 끝낼수록 좋다는 것이다. 여기서, '지구전(持久戰)'은 군(軍)에서 적을 지치게 하거나 아군(我軍)의 구원병(救援兵. <u>어려</u>

움이나 위험에 빠진 사람을 구하여 주기 위하여 파견하는 군대나 병사)이 도착하기를 기다리기 위하여 빨리 결판을 내지 않고 오래 끌고 가는 싸움을 이르는 말. 또는 오래도록 상대편의 동향을 살펴 가며 기다리는 일을 비유(比·譬喩. 어떤 사물의 모양이나 상태 따위를 보다 효과적으로 표현하기 위하여 그것과 비슷한 다른 사물에 빗대어 표현함. 또는 그 표현 방법)하여 이르는 말. =장기전(長期戰). *졸속(拙速): 서투르지만 빠르다는 뜻으로, 지나치게 서둘러 함으로써 그 결과나 성과가 바람직하지 못함을 이르는 말. 이 사자성어의 유래는 다음과 같다. 『손자병법(孫子兵法)』의 「작전(作戰)」편(篇)에 [손자(孫子)가 말했다. "용병(用兵. 군사를 부림)을 하는 방법은 수레 천 대, 수송차 천 대, 병사 십만 명으로 천 리나 떨어진 먼 곳까지 식량을 수송해야 하는데, (이처럼 큰 규모의 전쟁을 하려면) 조정(朝廷. 임금이 나라의 정치를 신하들과 의논하거나 집행하는 곳. 또는 그런 기구) 안팎의 경비(經費), 빈객(賓客. 여기서는 '외교사절·外交使節'을 가리킴)의 접대, 군수 물자, 무기 보충 따위의 하루 천금(千金. 많은 돈을 비유하여 이르는 말)이나 되는 막대한 비용을 쓴 후, 십만의 군대가 출전(出戰. 싸우러 나감)하게 된다.]〈용병(用兵)은 승리를 귀히 여기지만, 장기간의 전쟁은 무기를 무디게 하고 병사들의 사기(士氣)를 떨어뜨린다. (이런 상태에서 성(城)을 공격하면 힘이 약화(弱化)되고, 병사들을 오랫동안 주둔시키면 국가의 재정은 부족해진다. 무기가 무뎌지고 힘이 약화(弱化)되고, 물자(物資. 어떤 활동에 필요한 여러 가지 물건이나 재료)가 소모되면 제후들이 그 틈을 타고 침략해 온다. 이렇게 되면 아무리 지혜로운 자(者)가 나와도 뒷수습을 할 수가 없다.) 그래서 전쟁을 할 때는 졸렬하더라도 빨리 매듭을 지어야 한다는 말은 들었어도, 교묘한 술책으로 오래 끄는 것을 본 적이 없다. 전쟁을 오래 끌어 국가에 이로운 것은 없다."(其用戰也貴勝, 久則鈍兵挫銳 …… 故兵聞拙速, 未睹巧之久也. 夫兵久而國利者未之有也.) 그러므로 용병(用兵)의 해(害)를 충분히 알지 못하는 자(者)는 용병(用兵)의 이점(利點. 이로운 점)을 알지 못한다.〉라는 이야기가 나오는데, '그래서 전쟁을 할 때는 졸렬(拙劣. 서투르고 보잘것없음)하더라도 빨리 매듭을 지어야 한다는 말은 들었어도,(故兵聞拙速)'에서, '병문졸속(兵聞拙速)'이 유래했다. 참고로, 원문의 '其用戰也貴勝'에서, '其'는 그(지시하는 말) '기'로 읽고, '用'은 쓸 '용'으로 읽고, '戰'은 싸움 '전'으로 읽는다. '用戰'을 직역(直譯)하면, 각종 싸움에 이용함. '也'는 어조사 '야'로 읽는다. '~이다(단정)'의 뜻을 나타냄. '貴'는 귀할 '귀', 귀중할 '귀'로 읽고, '勝'은 이길 '승'으로 읽는다. '其用戰也貴勝'을 직역(直譯)하면, 그것을 각종 싸움에 이용하는 것은 이기는 것을 귀하게 (여기나), '久則鈍兵挫銳'에서, '久'는 오랠 '구'로 읽고, '則'은 곧 '즉'으로 읽고, '鈍'은 무딜(칼이나 송곳 따위의, 끝이나 날이 날카롭지 못함) '둔'으로 읽고, '兵'은 병기(兵器. 전쟁에 쓰는 기구를 통틀어 이르는 말) '병', 무기(武器) '병'으로 읽고, '挫'는 꺾을 '좌', 꺾일 '좌'로 읽고, '銳'는 날카로울 '예'로 읽는다. '久則鈍兵挫銳'를 직역(直譯)하면, 오랜 (싸움을 하면) 곧 병기(兵器)가 무디고 (병사들의) 날카로움이 꺾인다. 여기서, '병사들의 날카로움이 꺾인다'는 것은, 병사들의 사기(士氣. 의욕이나 자신감 따위로 충만하여 굽힐 줄 모르는 기세)가 떨어진다는 뜻이다. '故兵聞拙速'에서, '故'는 그러므로 '고'로 읽고, '兵'은 여기서는 군사(軍士) '병', 전쟁 '병'으로 읽고, '聞'은 들을 '문'으로 읽고, '拙'은 솜씨 서투를 '졸'로 읽고, '速'은 빠를 '속'으로 읽는다. '故兵聞拙速'을 직역(直譯)하면, 그러므로 전쟁은 솜씨가 서툴러도 빠른 (것이) (좋다는 것을) 듣고 (있다). 여기서, '兵聞拙速'이 유래하였는데, 이것을 직역(直譯)하면, 전쟁은 솜씨가 서투르다는 (말을 들어도) 빠른 (것이) (좋다는) 뜻으로, 전쟁은 졸렬(拙劣)하다는 소식을 들어도 빨리 끝내야 함을 이르는 말. '未睹巧之久也'에서, '未'는 아닐(부정하는 말) '미'로 읽고, '賭'는 볼 '도'로 읽고, '巧'는 교묘할 '교'로 읽고, '之'는 어조사 '지'로 읽는다. ~이(가)의 뜻을 나타내는 주격 조사. '久'는 오랠 '구'로 읽는다. '未賭巧之久也'를 직역(直譯)하면, 교묘한 (술책)으로 오래 (끄는 것을) 보지 않았다(본 적이 없다). '夫兵久而國利者未之有也'에서, '夫'는 발어사(發語辭) '부'로 읽는다. '발어사(發語辭)'는 문장의 서두에 놓여 '대저', 또는 '대체로'의 뜻을 나타냄. '兵'은 전쟁 '병'으로 읽고, '而'는 말 이을 '이'로 읽는다. '또한'의 뜻을 나타냄. '國'은 나라 '국'으로 읽고, '利'는 이로울 '리(이)', 이익(利益) '리(이)'로 읽는다. '國利'는 '국익(國益)'과 같은 말로, 나라의 이익을 일컫는다. '者'는 것(사물, 현상, 일 따위를 추상적으로 이르는 말) '자'로 읽고, '有'는 있을 '유'로 읽는다. '夫兵久而國利者未之有也'를 직역(直譯)하면 무릇 전쟁을 오래하면 또한 국가에 이로운 것은 있지 아니하다. 즉, 전쟁을 오래 끌어 국가에 이익이 되는 것은 없다는 말이다. 그래서 손자(孫子)는 『손자병법(孫子兵法)』에서 '병문졸속(兵聞拙速)'을 주장하는 것이다.

병-불-염-사(兵不厭詐 전쟁 **병**/아닐 **불**/싫어할 **염**/속일 **사**) 전쟁에서는 속이는 (것을) 싫어하지 않는다는 뜻으로, 전쟁에서는 적을 속이는 간사(奸邪. <u>자기의 이익을 위하여 나쁜 꾀를 부리는 따위의 마음이 바르지 않음</u>)한 꾀도 꺼리지 아니함을 이르는 말. 이 사자성어의 유래는 다음과 같다. 『한비자(韓非子)』의 「난일(難一)」 편(篇)에, 〈진(晉)나라의 문공(文公)이 초(楚)나라와의 전쟁을 하기로 하고, 구범(舅犯)을 불러 물었다. "초(楚)나라 사람들과 전쟁을 하려고 하는데, 초(楚)나라는 수(數)가 많고 우리는 적으니 어찌해야 되겠는가?" "예절을 중시하는 군자(君子. <u>학문과 덕·德이 높고 행실·行實이 바르며 품위·品位를 갖춘 사람</u>)는 충성(忠誠)과 신의(信義. '<u>믿음[信]'과 '의리(義理)'를 아울러 이르는 말</u>)를 꺼리지 않고, 전쟁에서는 속임수를 꺼리지 않는다고 들었습니다. 왕께서는 적을 속이는 술책을 써야 할 것입니다."(晉文公將與楚人戰, 召舅犯問之, 曰, 吾將與楚人戰, 彼衆我寡爲之奈何, 舅犯曰, 臣聞之, 繁禮君子, 不厭忠信, **戰陣之間, 不厭詐僞**, 君其詐之而已矣.)〉라는 이야기가 나오는데, '전쟁에서는 속임수를 꺼리지 않는다.(戰陣之間, 不厭詐僞)'에서, '병불염사(兵不厭詐)'가 유래했다. 여기서 '兵'은 전쟁이나 군사를 뜻하는 말이다. 말은 '구범(舅犯)'이 한 말인데, '구범(舅犯)'의 인물에 대해서는 알려진 바가 없다. "예절을 중시하는 군자(君子)는 충성과 신의를 꺼리지 않고, 전쟁에서는 속임수를 꺼리지 않는다고 들었습니다." 이 말은 구범(舅犯)이 한비자(韓非子. '<u>한비·韓非'를 높여 이르는 말. 중국 춘추전국시대·春秋戰國時代 말기·末期의 법가·法家의 주창자·主唱者</u>)의 말을 인용한 것이다. 법가(法家. <u>중국 전국 시대에, 천하를 다스리는 데는 덕치·德治보다 법치·法治가 근본이라고 주장한 관자·管子, 상앙·商鞅, 한비자·韓非子 따위의 학파를 일컬음</u>)의 대가(大家. <u>학문·學問이나 기예·技藝 따위의 전문 분야에 조예가 깊은 사람</u>)인 한비자(韓非子)는, 군자(君子)는 충성과 신의를 지키지 않는 것이 부끄러운 일이다. 하지만, 전쟁에 임하는 장수는 적을 이겨야 하므로 속임수는 부끄러운 일은 아니라고 했다. '병불염사(兵不厭詐)'를 염두(念頭. <u>마음이나 생각</u>)에 두고 한 말이다. 손자병법(孫子兵法)에 '병불염사(兵不厭詐)'란 말이 나온다. "왕께서는 적을 속이는 술책을 써야 할 것입니다." 이는 왕(王)의 물음에 대한 구범(舅犯)의 대답이다. 결국 구범(舅犯)은, 전쟁에서는 수단과 방법을 가리지 않고 이기는 것이 중요하다는 뜻으로, '병불염사(兵不厭詐)' 술책을 써야 한다고 대답한 것이다. 그런데 전쟁이라는 특수한 상황에서, 전쟁에서 승리하기 위해서는 전략(戰略. <u>전쟁을 전반적으로 이끌어가는 방법·方法이나 책략·策略을 이르는 말. 전술·戰術보다 상위의 개념이다</u>)·전술(戰術)의 일환으로 속임수가 부끄럽지 않다는 것이지, 우리의 일상생활에서는 거짓이나 속임수가 정당화될 수 없다.

이것은 범죄 행위이거나 부도덕한 짓이기에 부끄러운 일이 아닐 수 없다. 병가(兵家. 중국 전국 시대, 제자백가·諸子百家의 하나로, 병술·兵術을 논하던 학파)는 중국이 자랑할 수 있는 독특한 사고 체계다. 이 사고 체계의 핵심은 속이는 일이다. 따라서 중국에는 남을 제대로 속이는 기술이 축적되어 있다. 일단 상대국과 전쟁을 치르게 되면 반드시 승리해야 한다. 패배하면 모든 것이 헛수고가 되므로, 승리하기 위해서는 수단과 방법을 가리지 않는다. 전쟁의 상황에 따라 적을 교묘히 속이는 '병불염사(兵不厭詐)'도 그 중의 하나다. 전쟁은 사전(事前)에 막는 것이 최상(最上)이지만, 피할 수 없는 경우에는 싸워서 이겨야 한다. 그래서 예로부터 '싸움에서는 남을 속일 수밖에 없다.'는 '병불염사(兵不厭詐)'가 전해지고 있는 것이다. 그리고 '병불염사(兵不厭詐)'의 출전인 『한비자(韓非子)』의 「난일(難一)」 편에서, '難'은 여기서는, 힐난(詰難. 캐고 따져서 비난함)할 '난', 나무랄 '난'으로 읽는다. '반박(反駁. 남의 의견이나 비난에 대하여 맞서 공격하여 말함)하다'의 뜻이 강하다. '난일(難一)'은 법가(法家)가 아닌 다른 제자백가(諸子百家. 본문 참고)의 이론을 반박한다는 의미를 가지고 있다. 따라서 『한비자(韓非子)』에는 「난일(難一)」「난이(難二)」「난삼(難三)」「난사(難四)」 편(篇)을 두어, 여타 학파의 이론에 대하여 법가적인 입장에서 반론을 펴고 있다. 참고로, 원문의 '晉文公將與楚人戰'에서, '晉'은 나라 이름 '진'으로 읽고, '文'은 글월 '문'으로 읽고, '公'은 존칭(尊稱) '공'으로 읽는다. '晉文公'은 임금 이름. '將'은 장차(張次. 앞으로'의 뜻으로, 미래의 어느 때를 나타내는 말) '장'으로 읽고, '與'는 어조사 '여'로 읽는다. '~와', '~과(병렬)'의 뜻을 나타냄. '楚'는 초(楚)나라 '초'로 읽고, '人'은 사람 '인'으로 읽고, '戰'은 싸움 '전', 전쟁 '전'으로 읽는다. '晉文公將與楚人戰'을 직역(直譯)하면, 진문공(晉文公. 진나라의 문공)은 장차 초(楚)나라 사람과 전쟁하려 (할 적에). '召舅犯問之'에서, '召'는 부를 '소'로 읽고, '舅'는 시아비('시아버지'의 낮춤말) '구'로 읽고, '犯'은 범할 '범'으로 읽는다. 여기서, '舅犯'은 사람 이름. '問'은 물을 '문'으로 읽고, '之'는 어조사 '지'로 읽는다. '그것'을 가리키는 지시 대명사. '召舅犯問之'를 직역(直譯)하면, 구범(舅犯)을 불러 그것(전쟁)에 대하여 묻기를, '吾將與楚人戰'에서, '吾'는 나(1인칭 대명사) '오'로 읽는다. '吾將與楚人戰'을 직역(直譯)하면, 나는 장차 초(楚)나라 사람과 더불어 싸우고자 한다. '彼衆我寡爲之奈何'에서, '彼'는 저(지시하는 말) '피'로 읽고, '衆'은, 여기서는 많을 '중'으로 읽는다. '我'는 나(1인칭 대명사) '아'로 읽고, '寡'는 적을(수효나 분량, 정도가 일정한 기준에 미치지 못함) '과'로 읽고, '爲'는 할 '위'로 읽고, '奈'는 어찌(의문 부사) '내'로 읽고, '何'는 어찌(의문 부사) '하', 어떻게 '하'로 읽는다. '奈何'는 어찌함. 또는 어떠함의 뜻을 나타내는 말. '彼衆我寡爲之奈何'를 직역(直譯)하면, 저쪽(초·楚나라'를 가리킴)은 많고 내 쪽('진·晉나라' 를 가리킴)은 적으니 그것을 어떻게 할까? '舅犯曰'에서 '舅犯曰'을 직역(直譯)하면, 구범(舅犯)이 말하기를, '臣聞之'에서, '臣'은 신(臣. 신하가 임금에게 자기를 일컫는 말) '신'으로 읽고, '聞'은 들을 '문'으로 읽는다. '臣聞之'를 직역(直譯)하면, 신(臣. 신하가 임금에 대하여 자기를 일컫는 말)은 그것에 대하여 들었습니다. '繁禮君子'에서, '繁'은 번성할(繁盛. 한창 성하게 일어나 퍼질) '번'으로 읽고, '禮'는 예절 '례(예)'로 읽고, '君'은 군자(君子) '군'으로 읽고, '子'는 경칭(敬稱. 공경하는 뜻으로 부르는 칭호. 또는 존대하여 일컬음) '자'로 읽는다. 학덕(學德)과 지위가 높은 남자의 경칭(敬稱)이다. '君子'는 행실이 점잖고 어질며 덕(德. 고매하고 너그러운 도덕적 품성)과 학식이 높은 사람. '繁禮君子'를 직역(直譯)하면, 예절(禮節)을 번성(繁盛)하게 하는 군자(君子)는, '不厭忠信'에서, '不'은 아닐(부정하는 말) '불'로 읽고, '厭'은 싫어할 '염'으로 읽고, '忠'은 충성(忠誠. 진정에서 우러나오는 정성. 특히 임금이나 국가에 대한 것을 일컬음) '충'으로 읽고, '信'은 믿을 '신', 신의(信義. '믿음[信]'과 '의리(義理)'를 아울러 이르는 말) '신'으로 읽는다. '不厭忠信'을 직역(直譯)하면, 충성(忠誠)과 신의(信義)를 싫어하지 않고, '戰陣之閒'에서, '戰'은 싸움 '전', 전쟁 '전'으로 읽고, '陣'은 진(陣. 전투를 하거나 야영을 할 때 군사가 머물러 있는 곳) '진', 진(陣)을 칠 '진'으로 읽는다. '戰陣'은 전투를 하려고 벌여 친 진(陣). 또는 진(陣)을 치고 싸우는 곳. '之'는 어조사 '지'로 읽는다. '~이(가)'를 나타내는 주격 조사. '閒'은 보통 한가(閑暇)할 '한'으로 읽으나, 여기서는 사이 '간'으로 읽는다. '間'과 같은 말이다. '戰陣之閒'을 직역(直譯)하면, 전쟁의 진영(陣營) 사이에서는, '不厭詐僞'에서, '詐'는 속일 '사', 거짓 '사'로 읽고, '僞'는 거짓 '위', 속일 '위'로 읽는다. '詐僞'는 양심을 속이고 거짓을 꾸며 속임. '不厭詐僞'를 직역(直譯)하면, 속임과 거짓을 싫어하지 않는다. 즉, 전쟁을 할 때는 승리가 목적이기 때문에 속임과 거짓도 상관이 없다는 뜻이다. 여기서, '兵不厭詐'가 유래하였는데, 이것을 직역(直譯)하면, 전쟁에서 속이는 (것을) 싫어하지 않는다는 뜻으로, 전쟁에서는 적을 속이는 간사(奸邪)한 꾀도 꺼리지 아니함을 이르는 말. '君其詐之而已矣'에서, '君'은 임금 '군'으로 읽고, '其'는 그(지시하는 말) '기'로 읽고, '之'는 어조사 '지'로 읽는다. 여기서는, '~의'를 나타내는 관형격 조사. '而'는 말 이을 '이'로 읽는다. '그리고'의 뜻을 나타냄. '已'는 뿐 '이', 따름 '이'로 읽는다. '而已'는 한문(漢文) 구(句)의 하나로, 그뿐임, 그것뿐. '矣'는 어조사 '의'로 읽는다. '~이다(단정)'의 뜻을 나타냄. '君其詐之而已矣'를 직역(直譯)하면, 임금께서는 그 속임의 그것뿐입니다. 여기서 '그것뿐입니다'는 다른 것이 없다는 말이다. 따라서, 임금은 적을 속이는 수밖에 다른 방법이 없다는 뜻이다.

병-불-이-신(病不離身 병 **병**/아닐 **불**/떠날 **이**/몸 **신**) 병(病)이 몸에서 떠나지 아니한다는 뜻으로, 몸에 병(病)이 떠날 날이 없음을 이르는 말.

병-불-혈-인(兵不血刃 군사 **병**/아닐 **불**/피 **혈**/칼날 **인**) 군사(軍士)들은 칼날에 피를 (묻히지) 아니하였다. 즉, 병사(兵士. =군사·軍士. 군대에서 장교의 지휘를 받는 군인. 또는 사병. 즉, 하사관 및 병·兵 ↔장교·將校)나 병장기(兵仗器. 병기·兵器와 같은 말로, 전투에 쓰는 여러 가지 기구를 통틀어 이르는 말)의 칼에 피를 묻히지 아니하였다는 뜻으로, 피를 흘릴 만한 싸움도 하지 아니하고 쉽게 이김을 비유적으로 이르는 말. 이 사자성어의 유래는 다음과 같다. 『순자(荀子)』의 「의병(議兵)」 편(篇)에 〈전쟁이란 포악함을 막고 해악을 제거하는 것이니, 싸우되 빼앗는 것은 아니라오. …… 요(堯)임금은 환두(驩兜)를 치고, 순(舜)임금은 유묘(有苗)를 쳤으며, 우(禹)임금은 공공(共工)을 토벌(討伐)하였고, 탕(湯)임금은 하(夏)나라를, 문왕(文王)은 숭(崇)나라를 치고, 무왕(武王)은 주왕(紂王)을 쳤지만, 이 네 명의 제(帝)와 두 명의 왕(王)은 모두 인의(仁義. 어짊과 의로움)의 군사로서 천하를 누볐던 것이라오. 그리하여 가까운 곳에 있는 자(者)들은 그 선(善)을 따랐고, 멀리 있는 자(者)들은 그 덕(德. 고매하고 너그러운 도덕적 품성)을 사모하였으며, 병장기(兵仗器)의 날에 피를 묻히지 않았는데도 멀고 가까운 데서 모두 귀복(歸服) 하였다오. 여기서, '귀복(歸服)'은 적(敵)이었던 사람이 반항심을 버리고 스스로 돌아서서 복종(服從)하여 붙좇음을 이르는 말. '귀(歸)'는 귀순(歸順)을 뜻하고, '복(服)'은 복종(服從)을 뜻함. (彼兵者, 所以禁暴除害也, 非爭奪也, …… 是以堯伐驩兜, 舜伐有苗, 禹伐共工, 湯伐有夏, 文王伐崇, 武王伐紂, 此四帝, 兩王皆以仁義之兵行於天下也, 故近者親其善, 遠方慕其德, **兵不血刃**, 遠邇來服)〉라는 이야기가 나오는데, '병장기(兵仗器)의 날에 피를 묻히지 않았는데도,(兵不血刃)'에서, '병불혈인(兵不血刃)'이 유래했다. 윗글에 나오는 '환두(驩兜)', '유묘(有苗)', '공공(共工)' 등(等)은 중국 고대 북쪽 전설상의 수령(首領. 한 당파나

무리의 우두머리)들이다. 이 이야기의 배경은 이렇다. 순자(荀子. 중국 전국시대·戰國時代의 유학자, 맹자·孟子의 성선설·性善說에 대하여 성악설·性惡說을 주창·主唱함)의 제자(弟子)인 진효(陳囂)가 순자(荀子)에게 물었다. "선생께서는 전쟁을 논할 때 항상 인의(仁義)를 근본으로 했습니다. 인(仁)은 사람을 사랑하는 것이며, 의(義)는 도리(道理. 사람이 마땅히 지켜야 할 바른 길)에 따르는 것인데, 어떻게 그것으로 전쟁을 할 수 있겠습니까? 전쟁이란 빼앗는 것이 아닙니까?" 순자(荀子)가 대답했다. "그대가 알지 못하는 것이 있소. 인(仁)이란 사람을 사랑하는 것으로, 사람을 사랑하므로 곧 해치는 것을 미워하는 것이며, 의(義)란 예(禮)에 따르는 것으로, 예(禮)에 따르므로 곧 어지럽히는 것을 미워하는 것이라오." 라고 말하면서, 인의(仁義)의 전쟁을 하면 그 결과는 '병불혈인(兵不血刃)'이라는 것이다. 참고로, 원문의 '彼兵者'에서, '彼'는 저(지시하는 말) '피'로 읽고, '兵'은 전쟁 '병'으로 읽고, '者'는 것(사물, 현상, 일 따위를 추상적으로 이르는 말) '자'로 읽는다. '彼兵者'를 직역(直譯)하면, 저 전쟁이라는 것은, '所以禁暴除害也'에서, '所'는 바(앞에서 말한 내용 그 자체나 일 따위를 나타내는 말) '소'로 읽고, '以'는 써(그것을 가지고, 그것으로 인하여) '이'로 읽는다. '所以'는 일이 생기게 된 원인이나 조건을 이르는 말. '禁'은 금할 '금'으로 읽고, '暴'은 사나울 '포(폭)'로 읽고, '除'는 덜 '제', 없앨 '제'로 읽고, '害'는 해로울 '해'로 읽고, '也'는 어조사 '야'로 읽는다. '~이다(단정)'의 뜻을 나타냄. '所以禁暴除害也'를 직역(直譯)하면, 사나움을 금(禁)하고 해로움을 없애는 원인이나 조건이지, '非爭奪也'에서, '非'는 아닐(부정하는 말) '비'로 읽고, '爭'은 다툴 '쟁'으로 읽고, '奪'은 빼앗을 '탈'로 읽는다. '非爭奪也'를 직역(直譯)하면, 빼앗고 다투는 것이 아니다. '是以堯伐驩兜'에서, '是'는 이(지시하는 말) '시'로 읽고, '以'는 써(그것을 가지고, 그것으로 인하여) '이'로 읽는다. '是以'를 직역(直譯)하면, 이(앞의 말) 까닭으로, 이(앞의 말) 때문에, '堯'는 요(堯) 임금 '요'로 읽고, '伐'은 칠 '벌'로 읽는다. 따라서 '伐'은 무기를 가지고 적, 도둑 따위를 치고 징벌(懲罰. 옳지 아니한 일을 하거나 죄를 지은 데 대하여 벌을 줌. 또는 그 벌)한다는 뜻이다. '驩'은 기뻐할 '환'으로 읽고, '兜'는 투구(순우리말로, 예전에 군인이 전투할 때에 적의 화살이나 칼날로부터 머리를 보호하기 위하여 쓰던, 쇠로 만든 모자) '도', 투구 '두'로 읽는다. 여기서는, 투구 '두'로 읽는다. '驩兜'는 고대 북쪽 전설상의 수령(首領. 한 당파나 무리의 우두머리) 이름. '是以堯伐驩兜'를 직역(直譯)하면, 이 까닭으로 요(堯)임금은 환두(驩兜)를 치고(공격하고), '舜伐有苗'에서, '舜'은 순(舜) 임금 '순'으로 읽고, '有'는 있을 '유'로 읽고, '苗'는 모(옮겨심기 위하여 씨앗을 뿌려 가꾼, 어린 식물) '묘', 모종(옮겨심기 위하여 씨앗을 뿌려 가꾼, 어린 식물) '묘'로 읽는다. 여기서, '有苗'는 고대 북쪽 전설상의 수령(首領. 한 당파나 무리의 우두머리) 이름. '舜伐有苗'를 직역(直譯)하면, 순(舜) 임금은 유묘(有苗)를 침(공격함). '禹伐共工'에서, '禹'는 하우씨(중국 하·夏나라의 우·禹임금을 이르는 말) '우'로 읽고, '共'은 함께 '공', 한 가지 '공'으로 읽고, '工'은 장인(匠人. 손으로 물건을 만드는 일을 직업으로 하는 사람) '공'으로 읽는다. '共工'은 고대 북쪽 전설상의 수령(首領. 한 당파나 무리의 우두머리) 이름. '禹伐共工'을 직역(直譯)하면, 우(禹) 임금은 공공(共工)을 치고(공격하고), '湯伐有夏'에서, '湯'은 끓일 '탕'으로 읽는다. 여기서는 임금 이름. '湯'은 상(商. =은나라)의 건국자(建國者)이다. '탕(湯)'은 하(夏)의 우(禹), 주(周)의 문왕(文王), 무왕(武王)과 함께 성군(聖君. 덕·德으로 나라를 다스린, 어질고 훌륭한 임금)으로서 후세(後世)에까지 숭상(崇尙. 높여 소중히 여김)되고 있다. '有'는 있을 '유'로 읽고, '夏'는 여름 '하'로 읽는다. '有夏'는 '하우(夏禹)'와 함께 하(夏)나라 우(禹)임금의 성(姓)으로 알려져 있는데, 기원전 2000년 전의 구전(口傳. 말로 전함, 또는 말로전해 옴)이므로 확실하지 않다. '湯伐有夏'를 직역(直譯)하면, 탕왕(湯王)은 유하(有夏)를 치고(공격하고), '文王伐崇'에서, '文'은 글월 '문'으로 읽고, '王'은 임금 '왕'으로 읽는다. '文王'은 왕 이름. '崇'은 여기서는 나라 이름 '숭'으로 읽는다. '文王伐崇'을 직역(直譯)하면, 문왕(文王)은 숭(崇)을 치고(공격하고), '武王伐紂'에서, '武'는 무인(武人) '무'로 읽고, '王'은 임금 '왕'으로 읽는다. '武王'은 왕 이름. '紂'는 임금 이름 '주'로 읽는다. '武王伐紂'를 직역(直譯)하면, 무왕(武王)은 주(紂)를 쳤지만(공격하였지만), '此四帝'에서, '此'는 이(지시하는 말) '차'로 읽고, '帝'는 임금 '제'로 읽는다. '此四帝'를 직역(直譯)하면, 이 4명의 임금과, 여기서, 4명의 임금은 요(堯)임금, 순(舜)임금, 우(禹)임금, 탕(湯)임금을 가리킨다. '兩王皆以仁義之兵行於天下也'에서, '皆'는 다 '개', 모두 '개'로 읽고, '仁'은 어질 '인'으로 읽고, '義'는 옳을 '의'로 읽는다. '仁義'는 어짊과 의로움. '兵'은 군사 '병'으로 읽는다. '仁義之兵'을 직역(直譯)하면, 인의(仁義)의 군사. '行'은 다닐 '행'으로 읽고, '於'는 어조사 '어'로 읽는다. '~을(를)'의 뜻을 나타냄. '天'은 하늘 '천'으로 읽고, '下'는 아래 '하'로 읽는다. '天下'는 하늘 아래 온 세상. '也'는 어조사 '야'로 읽는다. '~이다(단정)'의 뜻을 나타냄. '兩王皆以仁義之兵行於天下也'를 직역(直譯)하면, 2명의 왕은 모두 인의(仁義)를 (갖춘) 군사로써 천하를 다녔던(누볐던) 것이오. 여기서 2명의 왕은 '문왕(文王)'과 '무왕(武王)'을 가리킨다. '故近者親其善'에서, '故'는 '그러므로' '고'로 읽고, '近'은 가까울 '근'으로 읽고, '者'는 사람 '자'로 읽고, '親'은 친할 '친'으로 읽고, '其'는 그(지시하는 말) '기'로 읽고, '善'은 착할 '선'으로 읽는다. '故近者親其善'을 직역(直譯)하면, 그러므로 가까이 있는 (곳의) 사람은 그 선(善)과 친하고, 즉, 그 선(善)을 따른다는 뜻이다. '遠方慕其德'에서, '遠'은 멀 '원'으로 읽고, '方'은 방위(方位) '방', 방향(方向) '방'으로 읽는다. '遠方'은 먼 지방. 또는 먼 곳. '慕'는 그리워할 '모', 사모(思慕. 애틋하게 생각하고 그리워함)할 '모'로 읽고, '德'은 덕(德. 고매하고 너그러운 도덕적 품성) '덕'으로 읽는다. '遠方慕其德'을 직역(直譯)하면, 먼 지방 (사람들)은 그 덕(德)을 사모하여, '兵不血刃'에서, '兵'은 군사(軍士) '병'으로 읽고, '不'은 아닐(부정하는 말) '불'로 읽고, '血'은 피 '혈'로 읽고, '刃'은 칼날 '인'으로 읽는다. '兵不血刃'을 직역(直譯)하면, 군사(軍士)들은 칼날에 피를 (묻히지) 아니하였다. 즉, 병사(兵士. =군사·軍士. 군대에서 장교의 지휘를 받는 군인. 또는 사병. 즉, 하사관 및 병·兵 ↔장교·將校)나 병장기(兵仗器. '병기·兵器'와 같은 말로, 전투에 쓰는 여러 가지 기구를 통틀어 이르는 말)의 칼에 피를 묻히지 아니하였다는 뜻으로, 피를 흘릴 만한 싸움도 하지 아니하고 쉽게 이김을 비유적으로 이르는 말. '遠邇來服'에서, '邇'는 가까울 '이'로 읽는다. '遠邇'는 '원근(遠近)'과 같은 말로, 먼 곳과 가까운 곳. '來'는 올 '래(내)'로 읽고, '服'은 좇을 '복', 복종할 '복'으로 읽는다. '遠邇來服'을 직역(直譯)하면, (그럼에도 불구하고) 먼 곳과 가까운 곳의 (나라 사람들이) 와서 복종하였다오.

병-사지-야(兵死地也 전쟁 병/죽을 사/땅 지/어조사 야) 전쟁은 죽음의 땅이다. 즉, 전쟁(戰爭)은 죽음의 땅이요, 사람이 죽는 곳이라는 뜻으로, 전쟁(戰爭)에 나가서는 목숨을 걸고 싸워야 함을 이르는 말. 전쟁(戰爭)은 목숨을 던질 각오를 하고 해야 된다는 말이다. *사지(死地): ①죽을 곳. ②살아갈 길이 없는, 매우 위험한 곳. 이 사자성어의 유래는 다음과 같다. 『사기(史記)』의 「염파인상여열전(廉頗藺相如列傳)」편(篇)에, 〈전쟁이란 죽음의 땅이다. 그런데 괄(括)은 그것을 가볍게 말한다. 조(趙)나라가 괄(括)을 장군에 임명하는 일이 없다면 다행이겠지만, 만약 그 애가 장군이 되면 조(趙)나라 군대를 망칠 자(者)는 괄(括)이 될 것이다.(兵, 死地也, 而括易言之, 使趙不將括卽已, 若必將之, 破趙軍者必括也,)〉라는

 이
이야기는 조괄(趙括)의 아버지 조사(趙奢)가 조괄(趙括)의 어머니에게 한 말이다. 조괄(趙括)이 조(趙)나
라의 장군에 임명되는 것을 그의 아버지는 반대한다는 것이다. 참고로, 원문의 '死地也'에서, '死'는 죽을
'사'로 읽고, '地'는 땅 '지'로 읽고, '也'는 어조사 '야'로 읽는다. '~이다(단정)'의 뜻을 나타냄. '死地也'를
직역(直譯)하면, 죽음의 땅이다. 여기서, '兵死地也'가 유래하였는데, 이것을 직역(直譯)하면, 전쟁은 죽
음의 땅이다. 즉, 전쟁(戰爭)은 죽음의 땅이요, 사람이 죽는 곳이라는 뜻으로, 전쟁(戰爭)에 나가서는
목숨을 걸고 싸워야 함을 이르는 말. 전쟁(戰爭)은 목숨을 던질 각오를 하고 해야 된다는 말이다. '而括易
言之'에서, '而'는 말 이을 '이'로 읽는다. '그런데'의 뜻을 나타냄. '括'은 쌀(어떤 물체의 주위를 가리거나
막을) '괄'로 읽는다. 여기서는, '조괄(趙括)'을 가리킴. '조괄(趙括)'은 중국 전국 시대(戰國時代) 조(趙)나
라의 장군(將軍)이다. 명장(名將, 뛰어난 장수)으로 알려진 조사(趙奢)의 아들이다. 그는 병법(兵法, 군사
작전의 방법)에 통달(通達, 어떤 일이나 지식 따위에 막힘이 없이 통하여 환히 앎)한 것으로 이름을
날렸으나, 장평전투(長平戰鬪)에서 진(秦)나라의 백기(白起)에게 패(敗)해 전사(戰死)했다. '易'는 쉬울
'이'로 읽고, '言'은 말씀 '언'으로 읽고, '之'는 어조사 '지'로 읽는다. '그것'을 나타내는 지시 대명사. '而括
易言之'를 직역(直譯)하면 그런데 (그럼에도 불구하고) 조괄(趙括)은 그것을 쉽게 말한다. '使趙不將括卽
己'에서, '使'는 하여금(누구를 시키어) '사'로 읽고, '趙'는 조(趙)나라 '조'로 읽고, '不'은 아닐(부정하는
말) '부'로 읽고, '將'은 장군 '장'으로 읽고, '卽'은 곧 '즉'으로 읽고, 己는 이미(돌이킬 수 없이 된 지난
일을 일컫을 때 쓰는 말) '이'로 읽는다. '使趙不將括卽己'을 직역(直譯)하면, 조(趙)나라로 하여금 이미
조괄(趙括)을 즉시 장군으로 (임명하지) 않으면 (그만이거니와), '若必將之'에서, '若'은 만약 '약'으로 읽
고, '必'은 반드시 '필'로 읽는다. '若必將之'를 직역(直譯)하면, 만약에 반드시 그것('조괄·趙括'을 가리킴)
을 장군으로 (임명하면), '破趙軍者必括也'에서, '破'는, 여기서는 일을 망칠 '파'로 읽는다. '趙軍'은 '조
(趙)나라 군대'를 이르는 말. '者'는 사람 '자'로 읽는다. '破趙軍者必括也'를 직역(直譯)하면 조(趙)나라
군대를 망치게 하는 사람은 반드시 조괄(趙括)이 될 것이다.

병-상-첨병(病上添病 병 **병**/위 **상**/더할 **첨**/병 **병**) 병(病) 위에 병(病)이 더하였다는 뜻으로, 앓는 중에
또 다른 병(病)이 겹쳐 생김을 이르는 말. 즉, 앓는 데 딴 병이 또 덮친다는 말이다. *첨병(添病): 어떤
병에 덮쳐서 또 다른 병이 겹침.《관련 속담》갈수록 태산.

병이-지-성(秉彝之性 잡을 **병**/떳떳할 **이**/어조사 **지**/바탕 **성**) 병이(秉彝)의 바탕이라는 뜻으로, (인간으로
서의 떳떳한 길을 지켜 나가려는) 타고난 천성(天性)을 이르는 말. ***병이**(秉彝): 타고난 천성을 그대로
지킴.

병-입-고황(病入膏肓 병 **병**/들 **입**/명치끝 **고**/명치끝 **황**) 병(病)이 명치끝과 명치끝에 든다. 즉, 병(病)이
고치기 어렵게 몸속 깊이 듦의 뜻으로, 병이 깊어져 더 이상 치료(治療)가 불가능한 것을 비유적으로
이르는 말. 즉, 병(病)이 뼈의 속까지 스며들었다는 말이다. 回 병입골수(病入骨髓). ***고황**(膏肓): 심장과
횡경막의 사이를 이르는 말. 그런데 '고(膏)'는 심장의 아랫부분이고, '황(肓)'은 횡격막의 윗부분으로,
이 사이에 병이 생기면 낫기 어렵다고 한다. *명치끝: 부록 '고(膏)', '황(肓)' 참고.

경공(景公)에게 "나의 자손들을 죽인 것은 불의(不義. 옳지 아니한 일. 또는 사람의 도리에서 벗어난 일)한 짓이므로 천제(天帝. 하늘을 다스리는 신. 하느님)께 청하여 그대에게 벌을 주도록 허락을 받았느니라."라고 말하면서, 즉, 이 말은, 너는 무고(無故. 아무런 까닭이 없음)한 나의 자손(子孫)을 죽였으니, 내가 반드시 너를 복수하겠다는 뜻이다. 대문과 침실의 문을 부수고 들어왔다. 경공(景公)이 무서워 거실(居室. 거처하는 방)로 피하자, 유령(幽靈)은 다시 방문을 부수었다. 꿈에서 깨어난 경공(景公)이 무당을 불러 물어보니, 그 무당도 경공(景公)이 꾼 꿈을 딱 알아맞히며, 햇보리(그해에 처음 난 보리)를 먹지 못하게 될 것이라고 말했다. 즉, 경공(景公)이 더 이상 햇보리를 먹지 못한다는 것은, 머지않아 죽는다는 것을 암시하고 있다. 경공(景公)은 그날로 병이 들어, 즉, 경공(景公)은 병이 들어 위독한 상태가 되었다는 뜻이다. 사람을 보내 진(秦)나라의 명의(名醫. 병을 잘 고치는 이름난 의사)를 모셔 오게 했다. 진(秦)나라의 환공(桓公)은 (진·晉나라와 좋은 관계를 유지하기 위해) 진(秦)나라의 최고의 명의(名醫)인 완(緩)을 보내 주었다. 그런데 완(緩)이 진(晉)나라에 도착하기 전에, 경공(景公)은 또 이상한 꿈을 꾸었다. 꿈에 병(病)이란 (놈이) 두 명의 더벅머리 소년(少年)으로 변하더니, 그 중 하나가 말했다. "그 사람은 용한 의원(醫員)이어서 우리들을 상(傷)하게 할 텐데 어디로 도망하지?" 즉, 그 의원(醫員)의 의술(醫術)이 매우 뛰어나서 우리를 해칠 수 있어, 어디로 도망해야겠다는 뜻이다. 다른 하나가 대꾸했다. "황(肓)의 위와 고(膏)의 아래 사이에 가 있으면 우리를 어떻게 하겠어?" 즉, 우리가 횡격막 위와 심장 아래에 숨는다면 절대로 의원이 우리를 해칠 수 없다는 뜻이다. 의원(醫員)이 와서 (경공을 진맥하고) 말했다.]〈"이 병(病)은 다스릴 수 없습니다. 병(病)이 황(肓)의 위와 고(膏)의 아래 사이에 있어, (침·鍼을 놓아도) 이르지 못하고, 약(藥)을 써도 미치지 못하니, 치료할 수가 없습니다." 즉, 이 병(病)은 고칠 방법이 없다는 뜻이다. 병(病)이 횡격막의 위, 심장의 밑에 있기 때문이다. 이는 뜸으로 고칠 수 없고, 침도 닿지 않을 뿐더러 탕약(湯藥. 달여서 먹는 한약) 역시 소용이 없으니, 어찌할 도리가 없다는 뜻이다. (疾不可爲也. 在肓之上, 膏之下, 攻之不可, 達之不及, 藥不至焉, 不可爲也.)〉[경공(景公)은 의원(醫員)을 명의(名醫)라고 치하(致賀. 남이 한 일에 대하여 고마움이나 칭찬의 뜻을 표시함. 주로 윗사람이 아랫사람에게 한다)하며 후한 상(賞)을 내리고 돌려보냈다. 6월, 경공(景公)이 새로 난 보리를 먹고 싶어 하여 새 보리로 요리한 음식을 상(床)에 올렸다. 경공(景公)은 무당(원래 순우리말인데, 한자·漢字를 빌려 '巫堂'이라고 적기도 함. 귀신을 섬기면서 길흉·吉凶을 점치고 굿을 하는 여자)을 불러 이를 보여주고 무당을 죽여 버렸다. 즉, 무당이 이전에 '햇보리를 먹지 못하게 될 것'이라고 예언한 데 대하여 보복한 것이다. 그리고 막 음식을 먹으려고 하는데 배가 부풀어 올랐다. 즉, 아직 먹지도 않았는데, 배[腹]가 탈이 났다는 뜻이다. 경공(景公)은 급히 변소로 달려갔다가 그만 (변소에) 빠져 죽고 말았다. 즉, 경공(景公)은 결국 새로 난 보리를 먹지 못하고 죽었다는 뜻이다. 한편 이날 새벽 경공(景公)을 업고 하늘로 올라가는 꿈을 꾸었다는 한 신하(臣下)는 정오 무렵, 경공(景公)을 변소(便所)에서 업고 나온 후 순사(殉死. 왕이나 남편의 뒤를 따라 죽음)했다.]라는 이야기가 나오는데, '병(病)이 황(肓)의 위와 고(膏)의 아래 사이에 있어,(有肓之上, 膏之下)'에서, '병입고황(病入膏肓)'이 유래했다. 이렇게 진(晉)나라의 최고 명의(名醫) 완(緩)이 경공(景公)에게 한 말에서 '병입고황(病入膏肓)'이 유래했던 것이다. 병(病)이 고황(膏肓)에 들어 더 이상 치료가 불가능하다는 것은, 죽음을 암시하는 말이기도 하다. 실제로 진(晉)나라 경공(景公)은 '병입고황(病入膏肓)'으로 죽었다. 참고로, 원문의 '疾不可爲也'에서, '疾'은 병

(病) ‘질’로 읽고, ‘不’은 아닐(부정하는 말) ‘불’로 읽고, ‘可’는 가히(可~, 능히, 넉넉히’의 뜻을 나타냄)
‘가’로 읽고, ‘爲’는 다스릴 ‘위’로 읽고, ‘也’는 어조사 ‘야’로 읽는다. ‘~이다(단정)’의 뜻을 나타냄. ‘疾不可
爲也’를 직역(直譯)하면, (이) 병(病)은 가히 다스릴 수 없는 (것)입니다. ‘在肓之上’에서, ‘在’는 있을 ‘재’
로 읽고, ‘肓’은 명치끝 ‘황’으로 읽고, ‘之’는 어조사 ‘지’로 읽는다. ‘~의(관형격 조사)’를 나타냄. ‘上’은
위 ‘상’으로 읽는다. ‘在肓之上’을 직역(直譯)하면, 명치끝의 위에 있어, ‘膏之下’에서, ‘膏’는 명치끝 ‘고’로
읽고, ‘下’는 아래 ‘하’로 읽는다. ‘膏之下’를 직역(直譯)하면, 명치끝의 아래에 (있다). 여기서, ‘病入膏肓’
이 유래하였는데, 이것을 직역(直譯)하면, 병(病)이 명치끝과 명치끝에 든다. 즉, 병(病)이 고치기 어렵게
몸속 깊이 듦의 뜻으로, 병이 깊어져 더 이상 치료(治療)가 불가능한 것을 비유적으로 이르는 말. ‘攻之不
可’에서, ‘攻’은 여기서는 치료할 ‘공’으로 읽는다. ‘침(鍼)을 놓음’의 뜻이 강함. ‘之’는 어조사 ‘지’로 읽는
다. ‘~이’, ‘~가(주격 조사)’의 뜻을 나타냄. ‘攻之不可’를 직역(直譯)하면, 치료하는 것이 가히 할 수
없고, 즉, 치료하려고 해도 안 된다는 말이다. ‘達之不及’에서, ‘達’은 이를(어떤 정도나 범위에 미칠)
‘달’로 읽는다. ‘及’은 미칠 ‘급’, 이를(어떤 정도나 범위에 미칠) ‘급’으로 읽는다. ‘達之不及’을 직역(直譯)
하면, (침·鍼의 효과에) 이르는 것은 미치지 못함. 즉, 침을 놓아도 효과에 이르지 못한다는 말이다.
‘藥不至焉’에서, ‘藥’은 약(藥) ‘약’으로 읽고, ‘不’는 아닐(부정하는 말) ‘부’로 읽고, ‘至’는 이를(어떤 정도
나 범위에 미칠) ‘지’로 읽고, ‘焉’은 어조사 ‘언’으로 읽는다. ‘~이다(단정)’의 뜻을 나타냄. ‘藥不至焉’을
직역(直譯)하면, 약(藥)도 (효과에) 이르지 못하니, ‘不可爲也’에서, ‘爲’는 여기서는 다스릴 ‘위’로 읽는다.
‘不可爲也’를 직역(直譯)하면, 가히 (병을) 다스릴 수 없습니다.

병-입-골수(病入骨髓 병 **병**/들 **입**/뼈 골/골수 **수**) 병(病)이 뼈의 골수(骨髓)에까지 들었다는 뜻으로, 병(病)
이 뼛속 깊이 스며들 정도로 뿌리 깊고 중(重)함을 이르는 말. 비 병입고황(病入膏肓). *골수(骨髓):
①뼈의 내강(內腔)에 차 있는 누른 빛. 또는 붉은 빛의 연한 조직. 여기서 ‘내강(內腔)’은 몸 안의 관형(管
形. 대롱 모양) 구조의 비어 있는 부분. ②마음속 깊은 곳을 비유적으로 이르는 말. ③요점(要點)이나
골자(骨子. 말이나 일의 내용에서 중심이 되는 줄기를 이루는 것)를 비유적으로 이르는 말. ④어떤 사상
이나 종교, 또는 어떤 일에 철저하거나 골몰(汨沒. 다른 생각을 할 겨를이 없이 오로지 어떤 한 가지
일에만 파묻힘)한 사람을 비유적으로 이르는 말.

병자-국치(丙子國恥 셋째 천간 **병**/아들 **자**/나라 **국**/부끄러울 **치**) 병자년(丙子年)에 일어난, 나라의 부끄러
움(수치·羞恥)이라는 뜻으로, ‘병자호란(丙子胡亂)’을 달리 이르는 말. 여기서, ‘병자호란(丙子胡亂)’은
조선 인조 14년(서기 1636년 병자년)에 청(淸)나라가 우리나라에 침입해 온 난리를 이르는 말. 이듬해
정월에 청(淸)나라와 굴욕적(屈辱的. 굴욕을 당하거나 느끼게 하는)인 화약(和約. 평화조약의 준말)을
맺음. *병자(丙子): 육십갑자(六十甲子. 본문 참고)의 열셋째. *국치(國恥): 나라의 부끄러움. 또는 국가
적인 수치(羞恥. 다른 사람들을 볼 낯이 없거나 스스로 떳떳하지 못함. 또는 그런 일). *천간(天干):
육십갑자(六十甲子)의 윗부분을 이루는 요소, 즉, 갑(甲), 을(乙), 병(丙), 정(丁), 무(戊), 기(己), 경(庚),
신(辛), 임(壬) 계(癸)를 일컬음. 따라서 ‘병(丙)’은 셋째 천간(天干)이 되는 것이다.

병조-적간(兵曹摘奸 군사 **병**/관청 **조**/들추어낼 **적**/간사할 **간**) 병조(兵曹)가 간사(奸邪)한 (것을) 들추어낸
다. 즉, 병조(兵曹)가 간신(奸臣. 성질이 교묘하게 잘 둘러대고 행실이 바르지 못한 신하)을 적발한다는
뜻으로, 흠을 찾아내기 위하여 엄격하고 철저한 분석·조사. 또는 사물을 세밀히 분석하고 조사함을

이르는 말. ***병조**(兵曹): 고려와 조선 시대의 육조(六曹)의 하나. ***적간**(摘奸): 부정한 일이 있나 살피어 캐냄. ***군사**(軍士): 부록 '병(兵)' 참고. ***관청**(官廳): ①법률로 정해진 국가적인 사무를 취급하는 국가 기관. ②국가 기관의 사무를 실제로 맡아보는 곳. ***들추어내다**: 들추어서 나오게 하다. 여기서, '들추다' 는 드러나지 않은 사실을 일부러 드러나게 하다. ***간사하다**(奸邪~): 부록 '간(奸)' 참고.

병주-고향(竝州故鄕 나란할 **병**/고을 **주**/연고 **고**/고향 **향**) 병주(竝州)가 연고가 (있는) 고향(故鄕)이라는 뜻으로, 오래 살아서 고향처럼 정든 타향을 고향에 비유(比・譬喩. <u>어떤 사물의 모양이나 상태 따위를 보다 효과적으로 표현하기 위하여 그것과 비슷한 다른 사물에 빗대어 표현함. 또는 그 표현 방법</u>)하여 이르는 말. 중국 당(唐)나라의 시인 가도(賈島)가 병주(竝州)에 오래 살다가 떠나면서 한 말에서 유래한 다. ***병주**(竝州): 땅 이름. ***고향**(故鄕): ①태어나서 자란 곳. ②조상 때부터 대대로 살아 온 곳. ***나란하 다**: 줄지어 있는 모양이 들쑥날쑥함이 없이 가지런하다. ***고을**: 부록 '주(州)' 참고. ***연고**(緣故): 부록 '고(故)' 참고. 이 사자성어의 유래는 다음과 같다. 가도(賈島)의 시(詩) 「도상건(度桑乾)」에 〈병주(竝州) 땅에 객이 된 지 이미(돌이킬 수 없이 된 지난 일을 일컬을 때 쓰는 말) 십 년 / 돌아갈 마음에 날마다 함양(咸陽)을 그리워했네. / 생각 없이 상건수(桑乾水. <u>땅 이름</u>)를 다시 건너와서 / 도리어 병주(竝州)를 바라보니 이 또한 고향 같구나.(客舍竝州已十霜, 歸心日夜憶咸陽, 無端更渡桑乾水, <u>**却望竝州是故鄕**</u>.)〉라 는 이야기가 나오는데, '도리어 병주(竝州)를 바라보니 이 또한 고향 같구나.(却望竝州是故鄕)'에서, '병 주고향(竝州故鄕)'이 유래했다. 위의 시(詩)는 칠언절구(七言絶句)로, 중국 당(唐)나라 가도(賈島)라는 사 람이 병주(竝州) 땅에 오랫동안 살면서 고향인 함양(咸陽)을 그리워하다가, 다시 다른 곳으로 와 보니, 병주(竝州) 또한 정(情)이 들어서 못내 그리워함을 나타낸 것이다. 참고로, 원문의 '客舍竝州已十霜'에서, '客'은 나그네 '객'으로 읽고, '舍'는 집 '사'인데, 여기서는 쉴 '사', 휴식할 '사'로 읽는다. 동사(動詞)로 쓰였다. '지내다', '머물다'의 뜻이 강함. '竝'은 나란할 또는 아우를(<u>하나로 되게 함</u>) '병'으로 읽는다. 어떤 자료에는 '幷'으로 표기되어 있다. 같은 글자다. '州'는 고을 '주'로 읽는다. '竝州'는 땅 이름. '已'는 이미 '이'로 읽고, '十'은 열 '십'으로 읽고, '霜'은, 여기서는 세월(歲月) '상'으로 읽는다. '성상(星霜. <u>별[星] 은 일 년에 하늘을 한 바퀴 돌고, 서리[霜]는 해마다 내린다는 뜻에서, '세월・歲月', 또는 '일 년 동안의 세월・歲月'을 비유하여 일컫는 말</u>)'을 뜻함. 보통 일 년(一年)을 '일상(一霜)'이라고 한다. '십상(十霜)'은 십 년(十年)이다. '客舍竝州已十霜'을 직역(直譯)하면, 병주(竝州)에서 나그네로 머문 지 이미 십 년이 (되었는데), '歸心日夜憶咸陽'에서, '歸'는 돌아갈 '귀'로 읽고, '心'은 마음 '심'으로 읽고, '日'은 날 '일'로 읽고, '夜'는 밤 '야'로 읽는다. '日夜'는 밤과 낮. 또는 밤낮. '憶'은 생각할 '억'으로 읽고, '咸'은 다 '함'으로 읽고, '陽'은 볕(<u>햇볕</u>) '양'으로 읽는다. '咸陽'은 땅 이름. '歸心日夜憶咸陽'을 직역(直譯)하면, (고향으로) 돌아갈 마음으로 밤낮 함양(咸陽)을 생각했네. <u>즉, 이 10년 중에 밤낮으로 고향인 함양(咸陽)에 돌아갈 생각을 하지 않은 적이 없다는 것이다.</u> '無端更渡桑乾水'에서, '無'는 없을 '무'로 읽고, '端'은 끝 '단'으로 읽는다. '無端'은 사전(事前)에 허락 없음. 또는 아무 사유가 없음. '무단(無斷)'과 같은 뜻임. 그런데 여기 서는 '아무런 이유 없이', '까닭 없이', '생각지 않게' 따위로 쓰였다. '更'은 다시 '갱'으로 읽고, '渡'는 건널 '도'로 읽고, '桑'은 뽕나무 '상'으로 읽고, '乾'은 마를 '건'으로 읽는다. '桑乾'은 강(江) 이름. '水'는 물 '수'로 읽는다. '無端更渡桑乾水'를 직역(直譯)하면, 아무런 이유 없이(<u>생각지 않게</u>) 다시 상건수(桑乾 水)를 건너서, 즉, 뜻하지 않게 상건강(桑乾江)을 건너 병주(竝州)보다 더 먼 곳으로 가게 되었다는 말이다. 참고로 말하면, 함양(咸陽)보다 먼 곳이 병주(竝州)인데, 이제 병주(竝州)보다 더 먼 곳으로 간다는 것이다. '却望竝州是故鄕'에서, '却'은 반대로 '각'으로 읽고, '望'은 바라볼 '망'으로 읽고, '是'는 이(지시하는 말) '시'로 읽고, '故'는 연고(緣故. 혈연·血緣이나 인척 관계·姻戚關係, 정분·情分 따위에 의한 특별한 관계) '고'로 읽고, '鄕'은 고향 또는 시골 '향'으로 읽는다. '故鄕'은 연고(緣故)가 있는 시골이라는 뜻으로, 자기가 태어나고 자란 고장, 또는 조상 때부터 대대로 살아온 곳을 일컫는 말. '却望竝州是故鄕'을 직역(直譯)하면, 반대로 병주(竝州) 땅을 바라보니 이 (또한) 고향(故鄕)이네. 즉, 가다가 반대로 돌아서서 병주(竝州) 쪽을 바라보니, 오히려 10년 동안 나그네로 머물렀던 그곳이 나의 고향 같다는 말이다. 이로부터 '살면서 정든 제2의 고향'을 '병주고향(竝州故鄕)'이라 하고, 그러한 정황(情況. 어떤 일을 에워싼, 그 당시의 환경이나 상태)을 병주지정(竝州之情)이라고 하게 되었다.

병-풍-상서(病風傷暑 병들 병/바람 풍/상할 상/더위 서) 바람에 병(病)들고 더위에 상(傷)하였다는 뜻으로, 고생스러운 세상살이에 쪼들리거나 시달림을 비유적으로 이르는 말. *상서(傷暑): 여름철에 더위로 인하여 생긴 병(病)을 이르는 말. 땀이 많이 나고, 열(熱)이 있으며, 가슴이 답답하고 갈증(渴症. 목이 말라 물을 마시고 싶은 느낌)이 난다. *병들다(病~): 부록 '병(病)' 참고. *상하다(傷~): 부록 '상(傷)' 참고.

병-풍-상성(病風喪性 병 병/병 이름 풍/잃을 상/성품 성) 풍(風)이라는 병(病)에 걸려 성품(性品)을 잃었다. 즉, 병(病)으로 본성(本性. 사람이 본디부터 가진 성질)을 잃었다는 뜻으로, 병(病)으로 말미암아 마음이 상하여, 또는 병(病)에 시달려 본성(本性)을 잃어버림을 이르는 말. 여기서, '풍(風)'은 한방(韓方)에서, ①중풍(中風), 경풍(驚風) 따위와 같이, 정신이나 근육 감각에 탈이 생기는 병(病). ②풍병(風病). 즉, 신경(神經)의 탈로 생기는 병(病)을 통틀어 이르는 말. *상성(喪性): 본성(本性)을 잃어버리고 마치 딴사람같이 변함. *성품(性品): 사람의 성질이나 됨됨이.

병-필-지-임(秉筆之任 잡을 병/붓 필/어조사 지/맡을 임) 붓을 잡는 (일을) 맡음. 즉, 사필(史筆. 역사를 기록하는 붓)을 잡은 소임(所任. 맡은 바 직책)이라는 뜻으로, 예문관(藝文館. 벼슬 이름)의 검열(檢閱. 어떤 행위나 사업 따위를 살펴 조사하는 일)을 이르던 말. *맡다: ①어떤 일이나 책임을 넘겨받다. ②물건을 넘겨받아 간수하다.

병행-불-패(竝行不悖 나란할 병/행할 행/아닐 불/어그러질 패) 나란히 행(行)하여도 어그러지지 아니한다는 뜻으로, 두 가지 일을 한꺼번에 치르더라도 사리(事理. 일의 이치)에 어긋나지 아니함을 이르는 말. *병행(竝行): ①둘 이상의 사물이 나란히 감. ②둘 이상의 일을 한꺼번에 행함. *나란하다: 줄지어 있는 모양이 들쑥날쑥함이 없이 가지런하다. *행하다(行~): (작정한 대로) 하여 나가다. *어그러지다: ①(짜여 있어야 할 것이) 각각 제자리에서 물러나 서로 맞지 아니하다. ②(생각했던 일이나 기대했던 일이) 그대로 되지 아니하다. ③사이가 좋지 않게 되다.

보거-상의(輔車相依 덧방나무 보/바퀴 거/서로 상/의지할 의) 덧방나무와 바퀴는 서로 의지한다. 즉, 수레에서, 덧방나무와 바퀴는 뗄 수 없다는 뜻으로, (수레의 덧방나무와 바퀴처럼) 떨어질 수 없는 긴밀(緊密)한 관계를 맺으면서 서로 돕고 의지(依支)함을 이르는 말. 즉, 수레바퀴처럼 서로 의지(依支)한다는 말이다. *보거(輔車): 수레의 덧방나무와 바퀴라는 뜻으로, 뗄 수 없을 정도로 긴밀(緊密)한 관계에 있음을 이르는 말. *상의(相依): 서로 의지함. *덧방나무: 수레의 양쪽 변죽. 즉, 가장자리에 대는 나무.

이 사자성어의 유래는 다음과 같다.『좌전(左傳)』의「희공(僖公) 5년」편(篇)에 〈진헌공(晉獻公. 진나라의 헌공)이 재차 우(虞)나라에 가서 길을 빌려 괵(虢)나라를 치려고 하자, 궁지기(宮之奇)가 간(諫)하여 말했다. "괵(虢)나라는 우(虞)나라의 보호벽입니다. 괵(虢)나라가 망하면 우(虞)나라도 괵(虢)나라를 따르게 됩니다. 진(晉)나라의 야심(野心. 무엇을 이루어 보겠다고 마음속에 품고 있는 욕망이나 소망)을 조장하면 안 되며, 외적을 가볍게 봐서는 안 됩니다. 한 번 길을 빌려 준 것도 심한데, 또 빌려주다니요. 속담에 '광대뼈와 잇몸은 서로 의지하고, 입술이 없어지면 이가 시리다.'고 했는데, 바로 괵(虢)과 우(虞)의 관계를 말한 것입니다."(晉侯復假道於虞以伐虢, 宮之奇諫曰. 虢, 虞之表也. 虢亡, 虞必從之, 晉不可啓, 寇不可玩, 一之謂甚, 其可再乎. 諺所謂輔車相依, 脣亡齒寒者, 其虞虢之謂也.)〉라는 이야기가 나오는데, '속담에 광대뼈와 잇몸은 서로 의지하고,(諺所謂輔車相依)'에서, '보거상의(輔車相依)'가 유래했다. 궁지기(宮之奇)가 속담을 이용하여 말한 것이다. '보거상의(輔車相依)'의 '보(輔)'는 수레의 덧방나무라는 뜻 외에 '광대뼈'라는 뜻이 있고, '거(車)'는 수레바퀴라는 뜻 외에 '잇몸'이란 뜻이 있다. 나머지 구체적인 내용은 ⇨가도멸괵(假道滅虢)(뒷부분).

보-과-습유(補過拾遺 기울 **보**/허물 **과**/주울 **습**/남길 **유**) 남긴 (것을) 주워 허물을 깁는다는 뜻으로, 임금의 잘못을 바로잡아 고치게 함을 비유적으로 이르는 말. 비 습유보과(拾遺補過). *습유(拾遺): ①남이 잃어버린 것을 주움. ②(어떤 책에 실리지 아니한) 빠진 작품이나 글을 모음. 또는 그것을 모아 엮은 책. *깁다: 부록 '보(補)' 참고. *허물: 옳게 하지 못한 일. 또는 제대로 되지 못한 일. =잘못. *줍다: 부록 '습(拾)' 참고.

보국-안민(輔國安民 도울 **보**/나라 **국**/편안할 **안**/백성 **민**) 나랏일을 돕고 백성을 편안하게 함. 또는 나라를 보호하고 국민들을 편안하게 함. *보국(輔國): 충성(忠誠. 진정에서 우러나오는 정성. 특히 임금이나 국가에 대한 것을 일컬음)을 다하여 나랏일을 도움. *안민(安民): ①민심을 어루만져 안정시킴. ②백성이 편안히 살 수 있도록 함.

보무-당당(步武堂堂 걸음 **보**/굳셀 **무**/번듯할 **당**/번듯할 **당**) 걸음이 굳세고 번듯하고(당당하고) 번듯하다(당당하다)는 뜻으로, (행진하는) 걸음걸이가 씩씩하고 위엄(威嚴. 의젓하고 엄숙함. 또는 그러한 태도나 기세)이 있음을 이르는 말. *보무(步武): 위엄 있고 활기 있게 걷는 걸음. *당당(堂堂): 남 앞에서 내세울 만큼 떳떳한 모습이나 태도. *굳세다: ①뜻한 바를 굽힘이 없이 굳고 세차다. ②힘차고 튼튼하다. *번듯하다: ①기울거나 굽거나 찌그러지지 않고 바르다. ②생김새가 아담하고 말끔하다.

보-무-타려(保無他慮 책임질 **보**/없을 **무**/다를 **타**/생각할 **려**) 책임을 지기 (때문에) 다른 생각이 없다. 즉, 조금도 의심할 여지가 없다는 뜻으로, 아주 확실(確實)하여 의심(疑心)할 나위(더 할 수 있는 여유나 더 해야 할 필요)가 전혀 없음을 이르는 말. *타려(他慮): 다른 염려.

보보-행진(步步行進 걸음 **보**/걸음 **보**/갈 **행**/나아갈 **진**) (한) 걸음 (한) 걸음 나아간다는 뜻으로, 많은 사람이 발을 맞추어 한 걸음 한 걸음 나아감을 이르는 말. *보보(步步): ①=걸음걸이. 즉, 걸음을 걷는 모양새. ②한 걸음 한 걸음. *행진(行進): (여럿이 줄을 지어) 앞으로 나아감.

보복-지-리(報復之理 갚을 **보**/갚을 **복**/어조사 **지**/이치 **리**) 갚고 갚는 이치(理致)라는 뜻으로, 대갚음(對~. 남에게서 받은 은혜나 원한·怨恨을 그대로 갚는 일)이 되는 자연의 이치(理致)를 이르는 말. *보복(報復): =앙갚음. 즉, 어떤 해를 일을 한(恨)을 풀기 위하여 상대편에게 그만한 해를 입힘. 또는 그런 행동.

＊갚다: 부록 ‘보(報)’ 참고. ＊이치(理致): 사물의 정당한 조리(條理. 말이나 글 또는 일이나 행동에서 앞뒤가 들어맞고 체계가 서는 갈피). 또는 도리(道理)에 맞는 근본 뜻.

보본-반시(報本反始 갚을 **보**/근본 **본**/돌이킬 **반**/처음 **시**) 처음을 돌이켜 근본(根本)을 갚는다(근본에 보답한다)는 뜻으로, 조상(祖上)의 은혜에 보답함을 이르는 말. ＊**보본**(報本): 생겨나거나 자라난 근본(根本)을 잊지 아니하고 그 은혜를 갚음. ＊**반시**(反始): 조상(祖上)을 회고하여 공경함. ＊**갚다**: 부록 ‘보(報)’ 참고. ＊**근본**(根本): 부록 ‘본(本)’ 참고. ＊**돌이키다**: ①(몸이나 고개를) 돌리다. 또는 돌리게 하다. ②본디의 모습으로 돌아가다. 여기서는 ②의 뜻.

보본-추원(報本追遠 갚을 **보**/근본 **본**/따를 **추**/멀 **원**) 먼 (것을) 따르면서 근본(根本)을 갚는다. 즉, 조상(祖上)의 은혜에 보답한다는 뜻으로, 그 음덕(蔭德. 조상의 드러나지 않게 베푸는 덕)을 추모(追慕. 죽은 이를 생각하고 그리워함)함을 이르는 말. ＊**보본**(報本): ☞보본반시(報本反始). ＊**추원**(追遠): ①옛일을 그리워함. ②조상(祖上)의 덕(德. 베풀어 준 은혜나 도움)을 추모(追慕)함. 또는 조상(祖上)의 제사(祭祀)에 정성을 다함. ＊**갚다**: 부록 ‘보(報)’ 참고. ＊**근본**(根本): 부록 ‘본(本)’ 참고. ＊**따르다**: 부록 ‘추(追)’ 참고.

보수-주의(保守主義 지킬 **보**/지킬 **수**/주될 **주**/옳을 **의**) 보수(保守)를 (최고의) 주된 (가치로 여기는) 주의(主義)라는 뜻으로, 급격한 변화를 반대하고 전통의 옹호나 현상 유지, 또는 점진적 개혁을 주장하는 경향이나 태도를 이르는 말. 〔참〕진보주의(進步主義). 혁신주의(革新主義). ＊**보수**(保守): 오랜 습관, 제도, 방법 따위를 소중히 여겨 그대로 지킴. ↔혁신(革新). ＊**주의**(主義): ①굳게 지키는 주장이나 방침. ②체계화된 이론이나 학설. ＊**주되다**(主〜): 주장(主張)이나 중심(中心)이 되다.

보신-지-책(保身之策 보전할 **보**/몸 **신**/어조사 **지**/계책 **책**) 몸을 보전(保全)하기 (위한) 계책(計策)이라는 뜻으로, 자신의 안전을 지켜 나가는 계책(計策). 또는 자신의 몸을 온전히 지키기 위한 꾀를 이르는 말. ＊**보신**(保身): ①몸을 안전하게 지킴. ②자신의 지위(地位), 명성(名聲. 세상에 널리 퍼져 평판 높은 이름), 재물(財物) 따위를 잃지 않으려고 약게(자신에게만 이롭게 꾀를 부리며) 행동하는 일. ＊**보전하다**(保全〜): 온전하게 잘 지키거나 지니다. ＊**계책**(計策): 어떤 일을 이루기 위하여 꾀나 방법을 생각해 냄. 또는 그 꾀나 방법.

보-우-지-차(鴇羽之嗟 너새 **보**/깃 **우**/어조사 **지**/탄식할 **차**) 너새 깃(날개)의 탄식(歎·嘆息)이라는 뜻으로, 신하(臣下)나 백성(百姓)이 전쟁터나 부역(賦役. 국가나 공공 단체가 특정한 공익사업을 위하여 보수 없이 국민에게 의무적으로 책임을 지우는 노역·勞役을 이르는 말)에 끌려 나가 있어서 부모님을 보살피지 못하는 것을 탄식(歎·嘆息)함을 비유적으로 이르는 말. 또는 백성(百姓)이 싸움터에 나가 있어 그 어버이를 봉양(奉養. 부모나 조부모와 같은 웃어른을 받들어 모심)하지 못하는 것을 비유적으로 이르는 말. 〔참〕보우지탄(鴇羽之嘆·歎). ＊**너새**: ‘느시’와 같은 말. 느싯과의 겨울새. ＝능에. ＊**깃**: 부록 ‘우(羽)’ 참고. ＊**탄식하다**(歎·嘆息〜): 부록 ‘탄(歎·嘆)’ 참고.

보-우-지-탄(鴇羽之歎·嘆 너새 **보**/깃 **우**/어조사 **지**/탄식할 **탄**) 너새 깃(날개)의 탄식(歎·嘆息)이란 뜻으로, 신하나 백성이 전쟁터나 부역(賦役. 국가나 공공 단체가 특정한 공익사업을 위하여 보수 없이 국민에게 의무적으로 책임을 지우는 노역·勞役을 이르는 말)에 끌려 나가 있어서 부모님을 보살피지 못하는 것을 탄식(歎·嘆息)함을 비유적으로 이르는 말. 또는 백성(百姓)이 싸움터에 나가 있어 그 어버이를 봉양(奉養. 부모나 조부모와 같은 웃어른을 받들어 모심)하지 못하는 것을 비유적으로 이르는 말. 〔참〕보우지차(鴇羽

之嗟. *너새: ☞보우지차(鴇羽之嗟). *깃: 부록 '우(羽)' 참고. *탄식하다(歎・嘆息~): 부록 '탄(歎・嘆)' 참고. 이 사자성어의 유래는 다음과 같다. 『시경(詩經)・국풍(國風)・당풍(唐風)』의 「보우(鴇羽)」편(篇)에 〈푸드덕 너새 깃 날리며 상수리나무 떨기에 내려앉네. / 나랏일로 쉴 새 없어 찰기장 메기장 못 심었으니 / 부모님은 무얼 잡숫고 사시나 …… 푸드덕 너새 줄지어 날아 뽕나무 떨기에 내려앉네 / 나랏일로 쉴 새 없어 벼 수수 못 심었으니 / 부모님은 무얼 잡숫고 지내시나 / 아득한 푸른 하늘이여, 언제 옛날로 되돌아갈 것인가(肅肅鴇羽, 集於苞栩, 王事靡鹽, 不能蓺稷黍, 父母何怙 …… 肅肅鴇行, 集於苞桑, 王事靡鹽, 不能蓺稻粱, 父母何嘗, 悠悠蒼天 曷其有所.)〉라는 이야기가 나오는데, '푸드덕 너새 깃 날리며,(肅肅鴇羽)'에서, '보우지탄(鴇羽之歎・嘆)'이 유래했다. 진(晉)나라는 소공(昭公) 이후 정치가 어지러워져 병사(兵士)들의 출정(出征. 싸움터로 나감)이 빈번(頻繁. 일이 매우 잦음)해졌는데, 이 시(詩)는 전쟁터에 나간 병사들이 고향에 계신, 연로(年老. 나이가 많음)한 부모님을 봉양(奉養)하지 못해 애타는 마음을 너새를 빌려 읊은 노래이다. '보우지탄(鴇羽之歎・嘆)'은 '보우지차(鴇羽之嗟)'라고도 한다. 참고로, 원문의 '肅肅鴇羽'에서, '肅'은 가지런한 모양 '숙'으로 읽고, '鴇'는 너새 '보'로 읽고, '羽'는 깃(조류의 몸 표면을 덮고 있는 털. 또는 새의 날개) '우'로 읽는다. '肅肅鴇羽'을 직역(直譯)하면, 가지런하게 너새 깃이 (날리며), 여기서, '鴇羽之歎・嘆'이 유래하였는데, 이것을 직역(直譯)하면, 너새 깃(날개)의 탄식(歎・嘆息)이란 뜻으로, 신하나 백성이 전쟁터나 부역(賦役)에 끌려 나가 있어서 부모님을 보살피지 못하는 것을 탄식(歎・嘆息)함을 비유적으로 이르는 말. 또는 백성(百姓)이 싸움터에 나가 있어 그 어버이를 봉양(奉養)하지 못하는 것을 비유적으로 이르는 말. '集於苞栩'에서, '集'은 모일 '집'으로 읽고, '於'는 어조사 '어'로 읽는다. '~에', '~에서(위치)'의 뜻을 나타냄. '苞'는 쌀(물건을 안에 넣고 보이지 않게 씌워 가리거나 둘러 맘) '포'로 읽고, '栩'는 상수리나무 '후'로 읽는다. '苞栩'는 여기서는 상수리나무 떨기(식물의 한 뿌리에서 여러 개의 줄기가 나와 더부룩하게 된 무더기)로 풀이했다. '集於苞栩'를 직역(直譯)하면, 상수리나무 떨기에 모였네(내려앉았네). '王事靡鹽'에서, '王'은 임금 '왕'으로 읽고, '事'는 일 '사'로 읽는다. '王事'는 임금이 나라를 위하여 하는 일. '靡'는 쓰러질 '미'로 읽고, '鹽'은 소금 '염'으로 읽으나, 여기에는 후렴(後斂) '염'으로 읽는다. '후렴(後斂)'은 노래의 곡조 끝에 붙여, 같은 가락으로 되풀이하여 부르는 짧은 몇 마디의 가사를 이르는 말. 따라서, '후렴(後斂)'은 따로 뜻풀이를 하지 않는다. '王事靡鹽'을 직역(直譯)하면, 왕의 일을 (살피다가) 쓰러짐. 즉, 나랏일을 살피다가 쓰러질 정도로 쉴 새 없다는 뜻이다. '不能蓺稷黍'에서, '不'은 아닐(부정하는 말) '불'로 읽고, '能'은 할 수 있을 '능'으로 읽고, '蓺'는 심을 '예'로 읽고, '稷'은 메기장 '직'으로 읽는다. '메기장'은 차지지 아니하고 메진(밥, 떡, 반죽 따위가, 끈기가 적은) 기장(볏과의 한해살이 풀)을 일컬음. '黍'는 기장 '서'로 읽는다. 여기서는 '찰기장'을 가리킴. '찰기장'은 찰기(퍼석퍼석하지 않고 끈기가 많은 기운)가 있는 기장을 일컬음. '不能蓺稷黍'를 직역(直譯)하면, 메기장과 찰기장을 심을 수 없도다. '父母何怙'에서, '父'는 아버지 '부'로 읽고, '母'는 어머니 '모'로 읽고, '何'는 무엇 '하'로 읽고, '怙'는 믿고 의지할 '호'로 읽는다. '父母何怙'을 직역(直譯)하면, 부모님은 무엇을 믿고 의지하시는지? 즉, 여기서는 부모님은 무엇을 잡숫고 사시는지? …… '肅肅鴇行'에서, '行'은 길 갈 '행'으로 읽는다. '肅肅鴇行'을 직역(直譯)하면, 너새가 가지런하게 (줄지어) 길 가네. '集於苞桑'에서, '集'은 모일 '집'으로 읽고, '於'는 어조사 '어'로 읽는다. '~에', '~에서(위치)'의 뜻을 나타냄. '苞'는 쌀(물건을 안에 넣고 보이지 않게 씌워 가리거나 둘러 맘) '포'로 읽고, '桑'은 뽕나무 '상'으로 읽는다. '苞桑'은 여기서는 '뽕나무 떨기'를 가리킴. 뽕나무 잎이 무엇으로 둘러서 감싼 것처럼 더부룩하게 된 무더기를 뜻한다. '떨기'는 식물의 한 뿌리에서 여러 개의 줄기가 나와 더부룩하게 된 무더기를 일컬음. '集於苞桑'을 직역(直譯)하면, 뽕나무 떨기에 모이도다(내려앉도다). '不能藝稻粱'에서, '藝'는 심을 '예'로 읽고, '稻'는 벼 '도'로 읽고, '粱'은 기장 '량(양)', 조 '량(양)'으로 읽는다. 그런데 '량(梁)'과 '량(粱)'은 구분되어야 한다. '량(梁)'은 나무 '목' 부(部)이고, 들보 '량(양)'으로 읽고, '량(粱)'은 쌀 '미(米)' 부(部)이고, 조 '량(양)'으로 읽는다. 지난날, '조'는 중국에서 귀한 대접을 받는 곡식이었다고 한다. '不能藝稻粱'을 직역(直譯)하면, 벼와 조를 심을 수 없도다. '父母何嘗'에서, '嘗'은 맛볼 '상'으로 읽는다. '何嘗'은, 직역(直譯)하면 무엇을 맛볼 것인가? '父母何嘗'을 직역(直譯)하면, 부모님은 무엇을 맛보고(잡숫고) 계시는지? '悠悠蒼天'에서, '悠'는 멀 '유'로 읽는다. '悠悠'는 움직임이 한가하고, 여유가 있고 느림. 또는 아득하게 멀거나 오래됨. '蒼'은 푸를 '창'으로 읽고, '天'은 하늘 '천'으로 읽는다. '悠悠蒼天'을 직역(直譯)하면, 멀고 먼 푸른 하늘이라는 뜻으로, 가마득히 또는 한없이 멀고 푸른 하늘을 이르는 말. '曷其有所'에서, '曷'은 언제 '갈'로 읽는다. '언제 ~게 할 것인가'의 뜻을 나타내는 의문사(疑問詞). '其'는 그(지시하는 말) '기'로 읽고, '有'는 있을 '유'로 읽고, '所'는 곳 '소'로 읽는다. '有所'을 직역(直譯)하면 (한) 곳에 있음. '曷其有所'를 직역(直譯)하면, 언제 그것이 (한) 곳에 있게 할 것인가' 즉, 언제 전쟁이 없는 옛날로 되돌아갈 것인가?

보원-이-덕(報怨以德 갚을 **보**/원한 **원**/써 **이**/덕 **덕**) 덕(德. 베풀어 준 은혜나 도움)으로써 원한(怨恨)을 갚는다는 뜻으로, 원한(怨恨)을 원한(怨恨)으로 갚지 않고 오히려 덕(德)을 베푸는 것을 이르는 말. *보원(報怨): =앙갚음. 즉, 어떤 해(害)를 입은 한(恨)을 풀기 위하여 상대편에게 그만한 해(害)를 입힘. *갚다: 부록 '보(報)' 참고. *원한(怨恨): 억울하고 원통한 일을 당하여 응어리진 마음. *써: 부록 '이(以)' 참고. 이 사자성어의 유래는 다음과 같다. 노자(老子. 중국 춘추전국시대·春秋戰國時代의 사상가·思想家이며, 도가·道家의 시조·始祖)의 『도덕경(道德經)』 「제63장(章)」에 〈작위(作爲. 마음먹고 벌인 짓이나 행동)가 없음[(無爲]을 행하고, 일이 없음[無事]을 일하며, 맛이 없음[無味]을 맛본다. 큰 것은 작은 것이고, 많은 것은 작은 것이니, 원수를 덕(德)으로 갚는다. 어려운 것을 꾀하려면 쉬운 것부터 하고, 큰 것을 하려면 작은 것부터 한다. 천하의 어려운 일은 반드시 쉬운 일에서 만들어지고, 천하의 큰 일은 반드시 작은 일에서 만들어진다.(爲無爲. 事無事. 味無味. 大小多少. **報怨以德**. 圖難於其易. 爲大於其細. 天下難事. 必作於易. 天下大事. 必作於細.)〉라는 이야기가 나오는데, '원수를 덕(德)으로 갚는다.(報怨以德)'에서, '보원이덕(報怨以德)'이 유래했다. 참고로, 원문의 '爲無爲'에서, '爲'는 할 '위'로 읽고, '無'는 없을 '무'로 읽는다. '無爲'는 아무것도 하는 일이 없음. 또는 이룬 것이 없음. '爲無爲'를 직역(直譯)하면, 하는 일이 없음을 행하고, 즉, 하는 일이 없는데도 행하고, '事無事'에서, '事'는 일 '사'로 읽는다. '無事'는 아무런 일이 없음. '事無事'를 직역(直譯)하면, 아무런 일이 없음을 일삼고, 즉, 아무런 일이 없는데도 일을 하고, '味無味'에서, '味'는 맛 '미'로 읽는다. '無味'는 맛이 없음. '味無味'를 직역(直譯)하면, 맛이 없음을 맛본다. 즉, 맛이 없는데도 맛을 본다는 뜻이다. '大小多少'에서, '大'는 클 '대'로 읽고, '小'는 작을 '소'로 읽는다. '大小'는 크고 작음. '多'는 많을 '다'로 읽고, '少'는 적을 '소'로 읽는다. '多少'는 분량이나 정도의 많음과 적음. '大小多少'를 직역(直譯)하면, 큰 것은 작은 것이고, 많은 것은 적은 것이니. 즉, 큰 것은 작게 생각하고, 많은 것은 적게 생각하면서, '報怨以德'에서, '報'는 갚을 '보'로 읽고, '怨'은 원한 '원'으로 읽고, '以'는 써 '이'로 읽고, '德'은 덕(德. 고매하고 너그러운 도덕적 품성) '덕'으로 읽는다. '報怨以德'을 직역(直譯)

하면, 덕(德)으로써 원한(怨恨)을 갚는다는 뜻으로, 원한(怨恨)을 원한(怨恨)으로 갚지 않고 오히려 덕(德)을 베푸는 것을 이르는 말. '圖難於其易'에서, '圖'는 꾀할 '도'로 읽고, '難'은 어려울 '난'으로 읽고, '於'는 어조사 '어'로 읽는다. '~부터(<u>위치</u>)'의 뜻을 나타냄. '其'는 그(<u>지시하는 말</u>) '기'로 읽고, '易'는 쉬울 '이'로 읽는다. '圖難於其易'를 직역(直譯)하면, 어려운 것을 꾀하려면 그것이 쉬운 것부터 (하고). '爲大於其細'에 서, '爲'는 할 '위'로 읽고, '細'는 작을 '세'로 읽는다. '爲大於其細'를 직역(直譯)하면, 큰 것을 하려면 그것이 작은 것부터 (한다). '天下難事'에서, '天'은 하늘 '천'으로 읽고, '下'는 아래 '하'로 읽는다. '天下'는 하늘 아래 온 세상. '難'은 어려울 '난'으로 읽고, '事'는 일 '사'로 읽는다. '難事'는 처리하기 어려운 일이나 사건. '天下難事'를 직역(直譯)하면, 천하의 어려운 일은, '必作於易'에서, '必'은 반드시 '필'로 읽고, '作'은 지을 '작', 만들 '작'으로 읽고, '於'는 어조사 '어'로 읽는다. '~에', '~에서(<u>위치</u>)'의 뜻을 나타냄. '易'는 쉬울 '이'로 읽는다. '必作於易'를 직역(直譯)하면, 반드시 쉬운 (일에서) 만들어지고, '天下大事'에서, '大事' 는 '큰일'과 같은 말로, 다루는 데 힘이 많이 들고 범위가 넓은 일. '天下大事'를 직역(直譯)하면, 천하의 큰일은, '必作於細'에서, '必作於細'를 직역(直譯)하면, 반드시 작은 일에서 만들어진다.

보-이-국사(報以國士 갚을 보/써 이/나라 국/선비 사) (다른 사람이) 나라의 선비 (그것)으로써 갚아 (준다). 즉, 남을 국사(國士)로 대우(待遇)하면, 자기도 또한 국사(國士)로서 대접(待接)을 받는다는 뜻으로, 지기(知 己)의 은혜(恩惠)에 감동(感動)함을 이르는 말. 여기서, '지기(知己)'는 '지기지우(知己之友)'의 준말로, 자기를 잘 알아주는 친구. 혹은 자기를 잘 이해해주는 참다운 친구를 이르는 말. *국사(國士): 온 나라에서 높이 받드는 선비. *갚다: 부록 '보(報)' 참고. *써: 부록 '이(以)' 참고. *선비: 부록 '사(士)' 참고.

보천-솔토(普天率土 넓을 보/하늘 천/거느릴 솔/땅 토) 넓은 하늘과 거느리는 땅. 즉, 온 하늘의 아래와 온 땅의 끝이라는 뜻으로, 온 천하(天下)를 이르는 말. 또는 온 세상(世上)을 이르는 말. *보천(普天): =천하(天下). 즉, ①하늘 아래 온 세상. ②한 나라 전체. *솔토(率土): ①온 천하. ②국경까지의 온 나라. 또는 그 경계(境界). *거느리다: 부록 '솔(率)' 참고. 이 사자성어의 유래는 다음과 같다. 『시경(詩經)·소아(小雅)』의 「북산(北山)」 편(篇)에 〈저쪽을 건너서 북쪽 산에 올라서 뜯는 것은 구기자(枸杞子) / 건장한 사나이들 아침저녁 일일세. / 나랏일 끊임없어 부모님 걱정시키네. / 하늘 밑에 왕의 땅 아닌 곳 없고 / 어느 땅에 왕의 신하 아닌 사람 있으리.(陟彼北山, 言采其杞, 偕偕士子, 朝夕從事, 王事靡監, 憂我父母, **普天之下, 莫非王土, 率土之濱, 莫非王臣**.)〉라는 시구(詩句)가 나오는데, '하늘 밑에 왕의 땅 아닌 곳 없고, 어느 땅에 왕의 신하 아닌 사람 있으리.(普天之下, 莫非王土, 率土之濱, 莫非王臣)'에서, '보천솔토(普天率土)'가 유래했다. '普天之下'의 '普天'과 '率土之濱'의 '率土'를 합하여 이루어진 말이다. 이 시(詩)는 주(周)나라 유왕(幽王) 때 백성들이 부역(賦役. 국가나 공공 단체가 특정한 공익사업을 위하여 보수 없이 국민에게 의무적으로 책임을 지우는 노역·勞役을 이르는 말)에 끌려 나가, 부모를 봉양(奉養)할 수 없음을 탄식한 노래로, 모두 6장으로 되어 있다. 그런데 어떤 자료에는 출전의 원문에 '보천지하(普天之下)'에서 '보(普)' 대신에 '보(溥)'로 표기되어 있다고 한다. '溥'는 '普'와 훈과 음이 같아 혼용하고 있다. 여기서는 출전의 원문과 달리 사자성어로는 '普天之下'로 쓴다. 나머지 구체적인 내용은 ⇨막비왕신(莫非王臣).

보천-지-하(普天之下 넓을 보/하늘 천/어조사 지/아래 하) 넓은 하늘 아래. 즉, 온 하늘의 아래라는 뜻으로, 온 세상(世上)이나 넓은 세상(世上)을 이르는 말. *보천(普天): ☞보천솔토(普天率土). 이 사자성어의 유래는 다음과 같다. 『시경(詩經)·소아(小雅)』의 「북산(北山)」 편(篇)에 〈저쪽을 건너서 북쪽 산에 올라서 뜯는 것은 구기자(枸杞子) / 건장한 사나이들 아침저녁 일일세. / 나랏일 끊임없어 부모님 걱정시키네. / 하늘 밑에 왕의 땅 아닌 곳 없고 / 어느 땅에 왕의 신하 아닌 사람 있으리.(陟彼北山, 言采其杞, 偕偕士子, 朝夕從事, 王事靡盬, 憂我父母, 普天之下, 莫非王土, 率土之濱, 莫非王臣.)〉라는 시구(詩句)가 나오는데, '하늘 밑에 왕의 땅 아닌 곳 없고.(普天之下, 莫非王土)'에서, '보천지하(普天之下)'가 유래했다. 이 시(詩)는 주(周)나라 유왕(幽王) 때 백성들이 부역(賦役. 국가나 공공 단체가 특정한 공익사업을 위하여 보수 없이 국민에게 의무적으로 책임을 지우는 노역·勞役을 이르는 말)에 끌려 나가, 부모를 봉양(奉養)할 수 없음을 탄식한 노래로, 모두 6장으로 되어 있다. 그런데 어떤 자료에는 출전의 원문에 '보천지하(普天之下)'에서 '보(普)' 대신에 '보(溥)'로 표기되어 있다고 한다. '溥'는 '普'와 훈과 음이 같아 혼용하고 있다. 여기서는 출전의 원문과 달리 사자성어로는 '普天之下'로 쓴다. 나머지 구체적인 내용은 ⇨막비왕신(莫非王臣).

보편-주의(普遍主義 두루 보/두루 편/주될 주/옳을 의) 보편성(普遍性)을 (중히 여기는) 주된 주의(主義)라는 뜻으로, 모든 개별적 사물의 밑바탕은 보편적 일반성이 지배하고 있으므로, 개별적 현상보다는 보편(普遍)이 참된 실재(實在. 실제로 존재함. 또는 관념론에서, 사물의 본질적 존재를 이르는 말)라고 보는 입장을 이르는 말. 참 개체주의(個體主義). *보편(普遍): ①두루 널리 미침. ②모든 것에 공통되거나 들어맞음. 또는 그런 것. *주의(主義): ①굳게 지키는 주장이나 방침. ②체계화된 이론이나 학설. *주되다(主~): 주장(主張)이나 중심(中心)이 되다.

보편-타당(普遍妥當 두루 보/두루 편/온당할 타/마땅할 당) 두루두루 온당(穩當)하고 마땅하다는 뜻으로, 특별하지 않고 사리(事理. 일의 이치)에 맞아 타당(妥當)함을 이르는 말. *보편(普遍): ☞ 보편주의(普遍主義). *타당(妥當): 사리(事理)에 마땅하고 온당(穩當)함. *온당하다(穩當~): 부록 '타(妥)' 참고.

보필-지-신(輔弼之臣 도울 보/도울 필/어조사 지/신하 신) 도와주고 도와주는 신하(臣下)라는 뜻으로, 임금을 보필(輔弼)하는 신하(臣下). 또는 임금의 덕업(德業. 덕스러운 사업이나 업적)을 돕는 신하(臣下)를 이르는 말. *보필(輔弼): 윗사람의 일을 도움. 또는 그런 사람.

보필-지-임(輔弼之任 도울 보/도울 필/어조사 지/맡을 임) 돕고 돕는 (직책을) 맡는다는 뜻으로, 임금을 보필(輔弼)하는 임무. 즉, 임금을 보좌(補佐. 상관·上官을 도와 일을 처리함)하는 책임, 또는 그런 직임(職任. 직무상 맡은 책임)을 이르는 말. *보필(輔弼): ☞ 보필지신(輔弼之臣). *맡다: ①어떤 일이나 책임을 넘겨받다. ②물건을 넘겨받아 간수하다.

보필-지-재(輔弼之才 도울 보/도울 필/어조사 지/재주 재) 돕고 돕는 재주라는 뜻으로, 임금을 보필(輔弼)하거나 보좌(補佐. 상관·上官을 도와 일을 처리함)할 만한 재능(才能. 어떤 일을 하는데 필요한 재주와 능력). 또는 그런 사람을 이르는 말. *보필(輔弼): ☞ 보필지신(輔弼之臣). *재주: 순우리말로, 무엇을 잘할 수 있는, 타고난 능력과 슬기.

보행-객주(步行客主 걸음 보/행할 행/나그네 객/주인 주) 걸음을 행(行)하는 나그네를 (치르던) 주인(主人)이라는 뜻으로, 지난날, 보행객(步行客. 걸어 다니는 사람)만을 치르던 집. 즉, 걸어서 길을 가는, 나그네만을 치르던 객줏집(客主~)을 이르는 말. *보행(步行): ①걸어가는 일. 또는 걷기. ②먼 길에 보내는 급한 심부름. 또는 그 심부름꾼. *객주(客主): 조선 시대에, 상인의 물품을 맡아 팔기도 하고, 매매를 거간(居間. 사이에 들어 흥정을 붙임)하기도 하며, 또 그 상인들을 치기도 하던 영업. 또는 그런 영업을 하던 사람. *행하다(行~): (작정한 대로) 하여 나가다.

보화-난-수(寶貨難售 보배 **보**/재물 **화**/어려울 **난**/팔아넘길 **수**) 보배로 (여길) 재물(財物)은 팔아넘기기 어렵다. 즉, 값비싼 보물은 팔리지 않는다는 뜻으로, 훌륭한 사람은 기량(器量. <u>사람의 재능과 도량</u>)이 크므로 남에게 등용(登用·庸. <u>인재를 뽑아서 씀</u>)되기 어려움을 비유적으로 이르는 말. 너무 귀한 보물은 값이 비싸 쉽사리 팔리지 않는 것처럼, 훌륭한 사람은 기량(器量)이 크므로 남에게 등용(登用·庸)되기 힘들다는 것이다. 자기보다 나은 사람을 어려워하고 시기(猜忌. <u>남이 잘되는 것을 샘하여 미워함</u>)하기 때문이다. *보화(寶貨): 썩 드물고 귀한 가치가 있는 보배로운 물건. *보배: 순우리말로, 아주 귀하고 소중한 물건. 또는 아주 귀하고 소중하며 꼭 필요한 사람이나 물건 따위를 비유적으로 이르는 말. *재물(財物): 돈이나 그 밖의 값나가는 모든 물건.

복-거-지-계(覆車之戒 뒤집힐 **복**/수레 **거**/어조사 **지**/경계할 **계**) 뒤집힌 수레의 경계(교훈), 즉, 앞의 수레가 엎어지는 것을 보고, 뒤의 수레는 미리 경계(警戒)하여 엎어지지 않도록 조심한다는 뜻으로, 앞사람의 실패가 뒷사람에게는 경계(警戒)가 됨. 또는 남의 실패를 거울삼아 자기를 경계(警戒)함을 이르는 말. 圈 전거가감(前車可鑑). 전거복철(前車覆轍). 전거지감(前車之鑑). 여기서, '車'는 수레 '거(車)'이기도 하고, 수레 '차(車)'이기도 하다. *뒤집히다: '뒤집다'의 피동. 뒤집음(안이 겉으로 드러나고, 겉은 속으로 들어가게 함. 또는 일의 순서를 뒤바꾸거나, 일이나 계획을 변경하거나 취소함)을 당하다. *경계하다(警戒~): 부록 '계(戒)' 참고. 이 사자성어의 유래는 다음과 같다. 『한서(漢書)』의 「가의전(賈誼傳)」 편(篇)에 [한(漢)나라 문제(文帝) 때의 문인(文人)인 가의(賈誼)는 일찍이 번국(藩國. 번藩을 받은 제후·諸侯라는 뜻으로, 제후·諸侯가 다스리는 나라를 뜻함)인 양(梁)나라의 태부(太傅. 벼슬 이름)를 지냈는데, 자주 상소(上疏. 임금에게 글을 올림. 또는 그 글)하여 자신의 견해를 밝히곤 했다. 그의 상소(上疏) 중에 다음과 같은 글이 있다.]〈속담에 말하기를 '관리가 되어 익숙하지 않거든, 이미(돌이킬 수 없이 된 지난 일을 일컬을 때 쓰는 말) 이루어진 일을 보라.'고 했고, 즉, 관리(官吏)로서 직무(職務)를 익히지 못할 때에는 마음을 다하여 지난 예(例)를 조사해 보라는 말이 있다는 뜻이다. 혹시 지나간 때의 일이 잘못된 것이 있는가를 살펴보라는 것이다. 또 '앞 수레가 넘어진 것은 뒤의 수레에 경계가 된다.'고 했습니다. 즉, 앞의 수레가 뒤집힌 것을 보고, 뒤의 수레는 미리 경계(警戒)한다는 뜻으로, 앞사람의 실패(失敗)를 본보기로 하여 윗사람이 똑같은 실패(失敗)를 하지 않도록 조심함을 이르는 말이다. 대개 하(夏), 은(殷), 주(周)의 삼대(三代)가 오래도록 번영할 수 있었던 것은 지난날을 잘 검토하여 알고 있었기 때문입니다. 즉, 하(夏), 은(殷), 주(周) 시대는 태평성대(太平聖代. 본문 참고)를 누린 나라이다. 지난날을 검토하여 정치에 힘쓰는 것을 본받지 않는 나라는 오래 버틸 수 없다. 우리는 이것을 경계(警戒)해야 한다는 말이다.(鄙諺曰. 不習爲吏, 視已成事, 又曰. **前車覆, 後車誡,** 夫三代之所以長久者, 其已事可知也.)〉[진(秦)나라가 빨리 망(亡)한 것을 통해 그 수레바퀴 자국을 볼 수 있습니다. 즉, 진(秦)나라의 멸망(滅亡)을 우리는 눈앞에서 보았다. 이를 경계(警戒)해야 한다는 뜻이다. 그런데도 그 수레바퀴의 자국을 피(避)하지 않는다면, 뒤의 수레는 곧 넘어지고 말 것입니다. 대개 존망(存亡. '존속·存續과 '멸망·滅亡', 또는 '생존·生存과 '사망·死亡'을 아울러 이르는 말)의 변화(變化)와 치란(治亂. 잘 다스려진 세상과 어지러운 세상, 또는 혼란에 빠진 세상을 다스림)의 기미(幾·機微. 어떤 일을 알아차릴 수 있는 눈치, 또는 일이 되어가는 야릇한 분위기)는 바로 여기에 있는 것입니다. 즉, 전(前) 왕조(王朝. 왕이 직접 다스리는 나라)인 진(秦)나라가 일찍 멸망(滅亡)한 까닭은 잘 알려진 일이온데, 만약 우리가 진(秦)나라가 범(犯)한 과오(過誤)를 피(避)하지 않으면 그 전철(前

轍. 앞서 지나간 수레바퀴의 자국이라는 뜻으로, 앞사람의 실패의 경험)을 밝게 될 것이다. 국가(國家)의 존망(存亡)이나 치란(治亂)의 열쇠가 실로 여기에 있으니, 문제(文帝)께서는 통촉(洞燭, 웃어른의 행동에 관하여 쓰는 말로, 사정이나 형편을 헤아려 살핌)해 달라는 뜻이다. 문제(文帝)는 이후 국정(國政, 나라의 정치)을 쇄신(刷新, 그릇된 것이나 묵은 것을 버리고 새롭게 함)하는 데에 힘써 마침내 태평성대(太平聖代, 본문 참고)를 이룩했다고 한다.]라는 이야기가 나오는데, '앞 수레가 넘어진 것은 뒤의 수레에 경계가 된다.(前車覆, 後車誡)'에서, '복거지계(覆車之戒)'와 '전거가감(前車可鑑)', '전거복철(前車覆轍)'이 유래했다. 그런데 여기서, '後車誡'의 誡와 '복거지계(覆車之戒)'의 戒는 둘 다 경계할 '계'로 읽는다. 이처럼 '복거지계(覆車之戒)', '전거가감(前車可鑑)', '전거복철(前車覆轍)'은 이전에 실패(失敗)한 전철(前轍)을 다시는 되풀이하지 않겠다는 뜻이며, 역(逆)으로 생각하면 이전(以前)의 좋고 훌륭한 점을 귀감(龜鑑, 본받을 만한 모범)으로 삼는다는 뜻도 포함되어 있다. 그런데 한(漢)나라의 문제(文帝, '전한·前漢의 효문제·孝文帝'라고도 불린다. 중국 전한·前漢의 5대 임금)는 제후(諸侯)로서 황제(皇帝)가 된 사람이다. 그러자 세력이 강성(強盛, 세력이 강하고 왕성함)한 제후(諸侯)들은 문제(文帝)를 우습게 여겼다. 이를 염려한 문제(文帝)는 가의(賈誼), 진평(陳平), 주발(周勃) 등(等)의 어진 신하(臣下)를 중용(重用, 중요한 자리에 임명하여 부림)하여 국정(國政)을 쇄신(刷新)하고자 노력하였다. 특히 가의(賈誼)는 문제(文帝)를 도와 자주 정사(政事, 정치에 관한 일)에 대한 의견을 제시(提示)하였는데, 위의 이야기는 그 가운데 하나이다. 참고로, 원문의 '鄙諺曰'에서, '鄙'는 더러울 '비', 품위 낮을 '비'로 읽고, '諺'은 속담 '언'으로 읽는다. '비언(鄙諺)'은 상스러운 말. 또는 저속한 속담. '鄙諺曰'을 직역(直譯)하면, 속담에서 말하기를, '不習爲吏'에서, '不'은 아닐(부정하는 말) '불'로 읽고, '習'은 익숙할 '습'으로 읽고, '爲'는 될 '위'로 읽고, '吏'는 관리 '리(이)'로 읽는다. '不習爲吏'를 직역(直譯)하면, 관리가 됨이 익숙하지 않으면, '視已成事'에서, '視'는 보일 '시'로 읽고, '已'는 이미(다 끝나거나 지난 일을 이를 때 쓰는 말) '이'로 읽고, '成'은 이룰 '성'으로 읽고, '事'는 일 '사'로 읽는다. '視已成事'를 직역(直譯)하면, 이미 이루어진(이룩한) 일을 (살펴) 본다. '又曰'에서, '又'는 또 '우'로 읽는다. '又曰'을 직역(直譯)하면, 또 말하기를, '前車覆'에서, '前'은 앞 '전'으로 읽고, '車'는 수레 '거'로 읽고, '覆'은 뒤집힐 '복'으로 읽는다. '前車覆'을 직역(直譯)하면, 앞의 수레가 뒤집힘(넘어짐)이, '後車誡'에서, '後'는 뒤 '후'로 읽고, '誡'는 경계할 '계'로 읽는다. '後車誡'를 직역(直譯)하면, 뒤의 수레가 경계가 (된다). 여기서, '覆車之戒'와 '前車可鑑', '前車覆轍'이 유래하였는데, 이것을 직역(直譯)하면, 뒤집힌 수레의 경계(교훈), 즉, 앞의 수레가 엎어지는 것을 보고, 뒤의 수레는 미리 경계(警戒)하여 엎어지지 않도록 조심한다는 뜻으로, 앞사람의 실패가 뒷사람에게는 경계(警戒)가 됨. 또는 남의 실패를 거울삼아 자기를 경계(警戒)함을 이르는 말. '夫三代之所以長久者'에서, '夫'는 발어사(發語辭) '부'로 읽는다. '발어사(發語辭)'는 문장의 서두에 놓여 '대저', 또는 '대체로'의 뜻을 나타냄. '三'은 석 '삼'으로 읽고, '代'는 시대(時代) '대'로 읽는다. '三代'는 여기서 하(夏), 은(殷), 주(周)의 3대(代)를 가리킴. '之'는 어조사 '지'로 읽는다. '~가', '~이(주격 조사)'의 뜻을 나타냄. '所'는 바(앞에서 말한 내용 그 자체나 일 따위를 나타내는 말) '소'로 읽고, '以'는 써(그것을 가지고, 그것으로 인하여) '이'로 읽는다. '所以'는 '까닭'과 같은 말로, 일이 생기게 된 원인이나 조건. '長'은 길 '장'으로 읽고, '久'는 오랠 '구'로 읽는다. '長久'는 매우 길고 오램. '者'는 것(사물, 현상, 일 따위를 추상적으로 이르는 말) '자'로 읽는다. '夫三代之所以長久者'를 직역(直譯)하면, 대체로 3대가 매우 길고 오랜 것이 (되는) 까닭은, 즉, 하(夏), 은(殷), 주(周)의 3대(代)가 매우 길고 오래도록 번영할 수 있었던 까닭은, '其己事可知也'에서, '其'는 그(지시하는 말) '기'로 읽는다.
'其己事'를 직역(直譯)하면, 그것이 이미 (지나간) 일. '可'는 가히(可~. '능히', '넉넉히'의 뜻을 나타냄)
'가'로 읽고, '知'는 알 '지'로 읽고, '也'는 어조사 '야'로 읽는다. '~이다(단정)'의 뜻을 나타냄. '其己事可知也'
를 직역(直譯)하면, 그것(3대·代가 매우 길고 오래도록 번영할 수 있었던 까닭)은 이미 (실패한) 일을
(거울삼아 자기를 경계함을) 가히 알 수 있기 (때문이다).

복고-사상(復古思想 회복할 **복**/옛 **고**/생각 **사**/생각할 **상**) 옛것을 회복하려는 (방향으로 기울어지고 있는)
사상(思想)이라는 뜻으로, 복고적(復古的)인 경향(傾向)이 있는 사상(思想)을 이르는 말. *복고(復古):
과거(過去)의 모양, 정치, 사상, 제도, 풍습 따위로 돌아감. *사상(思想): ①생각. ②사고 작용의 결과로
얻어진 체계적 의식 내용. ③사회나 정치에 대한 일정한 견해.

복-고-여-산(腹高如山 배 **복**/높을 **고**/같을 **여**/뫼 **산**) 배[腹]의 높이가 뫼('산'의 옛말)와 같다는 뜻으로,
①아이 밴 여자의 배부른 모양을 비유적으로 이르는 말. ②부자(富者. 재물이 많아 살림이 넉넉한 사람)
의 거만(倨慢. 잘난 체하며 남을 업신여기는 데가 있음)스러운 모습을 비유적으로 이르는 말. *배: 부록
'복(腹)' 참고.

복고-주의(復古主義 돌아갈 **복**/옛 **고**/주될 **주**/옳을 **의**) 옛것으로 돌아가는 (것을) 주된 (가치로 여기는)
주의(主義)라는 뜻으로, ①과거(過去)의 정치, 사상, 문화, 제도, 풍습 따위로 되돌아가려는 주의(主義)나
태도를 이르는 말. ②자기 나라의 고전(古典), 고사(古史. 옛날 역사)를 중요하게 여기고, 외래사상(外來
思想. 외국에서 전해 온 사상)을 배척하는 사고방식을 이르는 말. *복고(復古): ☞복고사상(復古思想).
*주의(主義): ①굳게 지키는 주장이나 방침. ②체계화된 이론이나 학설. *주되다(主~): 주장(主張)이나
중심(中心)이 되다.

복-과-재-생(福過災生 복 **복**/허물 **과**/재앙 **재**/생길 **생**) 복(福)이 허물이 (되면) 재앙(災殃)이 생긴다는
뜻으로, 복(福)이 너무 지나치면 도리어 재앙(災殃)이 생김을 이르는 말. *허물: =잘못. 즉, 옳게 하지
못한 일. 또는 제대로 되지 못한 일. *재앙(災殃): 뜻하지 아니하게 생긴 불행한 변고·變故. 또는 천재지
변·天災地變으로 인한 불행한 사고.

복모-구구(伏慕區區 엎드릴 **복**/사모할 **모**/조그마할 **구**/조그마할 **구**) 조그마하고 조그마할 지라도 엎드려
사모(思慕)한다는 뜻으로, 편지 글에서, '엎드려 그리워하는 정이 그지없나이다.' 또는 '삼가 사모(思慕)
하는 마음 그지없습니다.'의 뜻으로 쓰는 말. *복모(伏慕): 웃어른을 공손히 사모(思慕)함. =복모불임(伏
慕不任). *구구(區區): ①각각 다름. ②잘고 구차함. *엎드리다: 부록 '복(伏)' 참고. *사모하다(思慕~):
부록 '모(慕)' 참고.

복모-무-임(伏慕無任 엎드릴 **복**/사모할 **모**/없을 **무**/마음대로 할 **임**) 마음대로 할 (수) 없도록 엎드려 사모
(思慕)한다는 뜻으로, 편지에서, '엎드려 그리워하는 정이 그지없나이다.' 또는 '삼가 사모(思慕)하는 마
음 그지없어, 어찌할 바를 모르겠습니다.'의 뜻으로 쓰는 말. *복모(伏慕): ☞복모구구(伏慕區區). *'무-
임'은 『국어사전(國語辭典)』에 등재(登載)된, '공통적인 직무상의 책임 이외에 따로 맡은 임무가 없음'인
'무임(無任)'의 뜻과는 별개다. *엎드리다: 부록 '복(伏)' 참고. *사모하다(思慕~): 부록 '모(慕)' 참고.

복모-불-임(伏慕不任 엎드릴 **복**/사모할 **모**/아닐 **불**/마음대로 할 **임**) 마음대로 하지 (않고) 엎드려 사모(思
慕)한다는 뜻으로, 편지에서, '엎드려 그리워하는 정이 그지없나이다.' 또는 '삼가 사모(思慕)하여 아뢰나

이다.’의 뜻으로 쓰는 말. 복모구구(伏慕區區). *복모(伏慕): ☞복모구구(伏慕區區). *엎드리다: 부록 ‘복(伏)’ 참고. *사모하다(思慕~): 부록 ‘모(慕)’ 참고.

복-배-지-수(覆杯之水 뒤집힐 **복**/잔 **배**/어조사 **지**/물 **수**) 잔(盞)이 뒤집힌 물. 즉, 엎지른 물이라는 뜻으로, 다시 수습(收拾)하기 곤란한 상황을 이르는 말. 또는 다시 바로잡거나 돌이킬 수 없는 일을 비유적으로 이르는 말. *뒤집히다: ‘뒤집다’의 피동. 뒤집음(안이 겉으로 드러나고, 겉은 속으로 들어가게 함, 또는 일의 순서를 뒤바꾸거나, 일이나 계획을 변경하거나 취소함)을 당하다. 《관련 속담》 쏘아 놓은 살이요 엎지른(엎질러진) 물이다. / 엎지른(엎질러진) 물.

복-복-장자(福福長者 복 **복**/복 **복**/어른 **장**/사람 **자**) 복(福)과 복(福)의 장자(長者)라는 뜻으로, 복(福)이 많은 부자(富者. 재물이 많아 살림이 넉넉한 사람). 또는 매우 행복한 부자(富者)를 이르는 말. *장자(長者): ①나이나 지위, 항렬 따위가 자기보다 위인 사람. ②큰 부자(富者)를 점잖게 이르는 말. ③덕망(德望)이 있고 노성(老成)한 사람. 여기서, ‘덕망(德望)’은 덕행(德行). 즉, 어질고 착한 행실로 얻은 명망(名望). 즉, 명성(名聲. 세상에 널리 퍼져 평판·評判 높은 이름)과 인망(人望. 세상 사람이 우러러 믿고 따르는 덕망·德望)을 아울러 이르는 말. ‘노성(老成)하다’는 노련하고 원숙하다. 또는 (나이에 비하여) 어른스럽거나 숙성하다.

복수-난-수(覆水難收 뒤집힐 **복**/물 **수**/어려울 **난**/거둘 **수**) 뒤집힌 물은 (다시) 거두기 어렵다. 즉, 엎지른 물은 다시 담을 수 없다는 뜻으로, 한 번 저지른 일은 어찌할 수 없음을 비유적으로 이르는 말. 상황이 더 이상 만회(挽回. 잃은 것이나 뒤떨어진 것을 바로잡아 회복함, 또는 처음 상태로 돌이킴)할 수 없는 지경에 이르렀을 때 쓰는 표현이다. *복수(覆水): 엎지른 물. 또는 그릇이 넘어져 쏟아진 물. *뒤집히다: ☞복배지수(覆杯之水).《관련 속담》 쏘아 놓은 살이요 엎지른(엎질러진) 물이다. / 엎지른(엎질러진) 물. 이 사자성어의 유래는 다음과 같다. 송(宋)나라 왕무(王楙)의 『야객총서(野客叢書)』에, [주(周)나라 시조(始祖)인 무왕(武王)의 아버지 서백(西伯) 창(昌)이 사냥을 나가기 전에 점(占)을 쳤더니 다음과 같은 점괘(占卦)가 나왔다. ‘얻는 것은 용(龍)도 이무기도 아니며, 호랑이도 곰도 아니다. 패왕(覇王. 제후들의 우두머리)의 보좌(輔佐. 윗사람 곁에서 사무를 도움)를 얻게 된다.’ 서백(西伯)은 사냥을 나갔다가 위수(渭水)에서 낚시질을 하고 있는 80세의 초라한 노인을 만나게 되었다. 이 노인의 이름은 ‘강상(姜尙)’, ‘여상(呂尙)’, 강태공(姜太公) 등(等)으로 불리어진다. 그는 늙도록 열심히 공부했으나, 그를 알아주는 사람이 없어 관직(官職. 관리로서, 국가로부터 위임 받은 일정한 범위의 직무, 또는 그 직위)에 진출하지 못했다. 설상가상(雪上加霜. 본문 참고)으로 그의 아내 마씨(馬氏)는 가난 속에서도 열심히 이 노인을 먹여 살렸으나, 생활고(生活苦)를 견디지 못하고 집을 나가 친정(親庭)으로 도망갔다. 이후 그 노인은 자신을 알아주는 사람을 기다리며 빈 낚싯대로 세월을 낚으며 시간을 보냈고, 결국 서백(西伯)에게 발탁되어 임금의 스승이 되었다는 이야기다. 서백(西伯)은 이 노인이야말로 아버지 태공(太公)이 바라고 기다리던, 주(周)나라를 일으켜 줄 바로 그 인물이라 믿고 그를 스승으로 삼았으며, 태공망(太公望)이라 칭했다. ‘태공망(太公望)’에서 ‘望’은 바랄 ‘망’으로 읽는다. 따라서 ‘태공망(太公望)’은 태공(太公)이 되기를 바란다는 뜻이다. 원래 ‘태공(太公)’은 국왕(國王)의 생부(生父. 자기를 낳은 아버지)를 가리키는 별칭(別稱. 달리 부르는 이름)이다. 대표적인 인물이 한(漢)나라 고조(高祖)인 유방(劉邦)의 아버지인 ‘유태공((劉太公)’이다. 그런데 태공(太公)이란 호칭이 그대로 ‘강상(姜尙)’, ‘여상(呂尙)’, 강태공(姜太公) 등(等)

을 가리키는 칭호가 되어 버렸다. 태공망(太公望)인 여상(呂尙)은 서백(西伯)의 스승이 되었다가, 서백(西伯) 사후(死後. 죽은 뒤)에는 무왕(武王)의 태부(太傅. 벼슬 이름) 겸 재상(宰相. 임금을 보필하며 모든 관원을 지휘, 감독하는 자리에 있는 이품·二品 이상의 벼슬을 통틀어 이르던 말)을 역임(歷任)한 뒤 제(齊)나라의 제후(諸侯)로 봉해졌다. 태공망(太公望)인 여상(呂尙)은 이처럼 입신출세(立身出世. 본문 참고)를 했지만, 서백(西伯)을 만나기 전(前)까지는 끼니조차 제대로 잇지 못하던 가난한 서생(書生. 세상일에 어두운 선비)이었다. 그래서 결혼초부터 굶기를 밥 먹듯 하던 아내 마씨(馬氏)는 가난의 고통을 참지 못하고 그만 친정(親庭)으로 도망가고 말았던 것이다. 여상(呂尙)이 제(齊)나라 제후(諸侯)로 봉해져 호위병(護衛兵. 호위·護衛하는 병사)들의 호위(護衛. 따라다니면서 신변을 경호함)를 받으며 제(齊)나라로 들어갈 때, 옛 부인이었던 마씨(馬氏)가 길 한복판에 꿇어앉아 울면서 다시 옛날의 부부(夫婦) 사이로 돌아가자고 애걸(哀乞)했다. 여상(呂尙)은 부인(婦人)을 받아들이지 않았다.]〈강태공(姜太公)의 처(妻) 마씨(馬氏)는 가난을 견디지 못하고 떠나갔다가 태공(太公)이 귀(貴)하게 되자, 다시 돌아왔다. 태공(太公)은 물을 한 단지 가져다가 땅에 쏟고는 부인(婦人)을 보고 다시 주워 담아보라고 하면서 말했다. "그대는 헤어졌다가 다시 합칠 수 있을지 모르지만, 쏟아진 물은 다시 담을 수 없는 것이라오."(姜太公妻馬氏, 不堪其貧而去, 及太公旣貴, 再來, 太公取一壺水傾於地, 令妻收入, 乃語之曰, 若能離更合, **覆水定難收**)〉라는 이야기가 나오는데, '쏟아진 물은 다시 담을 수 없는 것이라오.(覆水定難收)'에서, 복수난수(覆水難收)가 유래했다. 참고로, 원문의 '姜太公妻馬氏'에서, '姜'은 성씨(姓氏) '강'으로 읽고, '太'는 클 '태'로 읽고, '公'은 존칭(尊稱. 존경하여 높이어 부름. 또는 그 일컬음) '공'으로 읽는다. '姜太公'은 사람 이름. '妻'는 아내 '처'로 읽고, '馬'는 말 '마'로 읽고, '氏'는 존칭(尊稱) '씨'로 읽는다. '姜太公妻馬氏'를 직역(直譯)하면, 강태공(姜太公)의 아내 마씨(馬氏)는, '不堪其貧而去'에서, '不'은 아닐(부정하는 말) '불'로 읽고, '堪'은 견딜 '감'으로 읽고, '其'는 그(지시하는 말) '기'로 읽고, '貧'은 가난할 '빈'으로 읽고, '而'는 말 이을 '이'로 읽는다. 여기서는, '그리고'의 뜻을 나타냄. '去'는 갈 '거'로 읽는다. '不堪其貧而去'를 직역(直譯)하면, 그 가난을 견디지 아니하고 그리고 (친정으로) 갔다가, '及太公旣貴'에서, '及'은 미칠(영향이나 작용 따위가 대상에 가하여질) '급'으로 읽고, '旣'는 이윽고(얼마쯤 있다가) '기'로 읽고, '貴'는 귀할 '귀'로 읽는다. '及太公旣貴'를 직역(直譯)하면, 태공(太公)이 이윽고 귀(貴)하여 미치자(귀하게 되자), '再來'에서, '再'는 다시 '재'로 읽고, '來'는 올 '래(내)'로 읽는다. '再來'를 직역(直譯)하면, 다시 (태공·太公의 곁으로) 돌아왔다. '太公取一壺水傾於地'에서, '取'는 가질 '취'로 읽고, '一'은 한 '일'로 읽고, '壺'는 병(瓶) '호', 단지(목이 짧고 배가 부른, 작은 항아리) '호'로 읽고, '水'는 물 '수'로 읽고, '傾'은 기울 '경'으로 읽고, '於'는 어조사 '어'로 읽는다. '~에', '~에서(장소, 위치)'의 뜻을 나타냄. '地'는 땅 '지'로 읽는다. '太公取一壺水傾於地'를 직역(直譯)하면, 태공(太公)은 물을 한 단지 가져다가 땅에 기울어지게(쏟아지도록) 하고, '令妻收入'에서, '令'은 명령할 령(영)으로 읽고, '收'는 거둘 '수'로 읽고, '入'은 들일 '입'으로 읽는다. '令妻收入'을 직역(直譯)하면, 부인(婦人)에게 (그 물을) 거두어들이라고 (다시 주워 담아보라고) 명령하면서, '乃語之曰'에서, '乃'는 이에(이러하여서 곧) '내'로 읽고, '語'는 말씀 '어'로 읽고, '之'는 어조사 '지'로 읽는다. '그것'을 가리키는 지시 대명사. '曰'은 일컬을 '왈'로 읽는다. '乃語之曰'을 직역(直譯)하면, 이에 그것에 대하여 말하면서 일컫기를, '若能離更合'에서, '若'은 만약(萬若) '약'으로 읽고, '能'은 능히 할 수 있을 '능'으로 읽고, '離'는 떠날 '리(이)'로 읽고, '更'은 다시 '갱'으로 읽고, '合'은 합할 '합'으로 읽는다. ‘若能離更合’을 직역(直譯)하면, (그대는) 만약에 떠났다가(헤어졌다가) 다시 합하는 것을 능히 할 수 있다고 (하겠지만), ‘覆水定難收’에서, ‘覆’은 뒤집힐 ‘복’으로 읽고, ‘定’은 여기서는 바로잡을 ‘정’으로 읽고, ‘難’은 어려울 ‘난’으로 읽는다. ‘覆水定難收’를 직역(直譯)하면, 뒤집힌 물은 바로잡아 거두기 어렵다. 여기서, ‘복수난수(覆水難收)’가 유래했는데, 이것을 직역(直譯)하면, 뒤집힌 물은 (다시) 거두기 어렵다. 즉, 엎지른 물은 다시 담을 수 없다는 뜻으로, 한 번 저지른 일은 어찌할 수 없음을 비유적으로 이르는 말. 상황이 더 이상 만회(挽回. 잃은 것이나 뒤떨어진 것을 바로잡아 회복함. 또는 처음 상태로 돌이킴)할 수 없는 지경에 이르렀을 때 쓰는 표현이다.

복수-불-반(覆水不返 뒤집힐 **복**/물 **수**/없을 **불**/돌이킬 **반**) 뒤집힌 물은 돌이킬 (수) 없다. 즉, 엎지른 물을 돌이켜 담을 수 없다는 뜻으로, 일단 저지른 일을 되돌릴 수 없음을 이르는 말. *복수(覆水): ☞복수난수(覆水難收). *뒤집히다: ☞복배지수(覆杯之水). *돌이키다: 부록 ‘반(返)’ 참고. 유래는 본문 ‘복수난수(覆水難收)’ 참고. 《관련 속담》쏘아 놓은 살이요 엎지른(엎질러진) 물이다.

복수-불-수(覆水不收 뒤집힐 **복**/물 **수**/없을 **불**/거둘 **수**) 뒤집힌 물은 (다시) 거둘 (수) 없다. 즉, 엎지른 물은 다시 담을 수 없다는 뜻으로, 한 번 저지른 일은 어찌할 수 없음을 비유적으로 이르는 말. 상황이 더 이상 만회(挽回. 잃은 것이나 뒤떨어진 것을 바로잡아 회복함. 또는 처음 상태로 돌이킴)할 수 없는 지경에 이르렀을 때 쓰는 표현이다. *복수(覆水): ☞복수난수(覆水難收). *뒤집히다: ☞복배지수(覆杯之水). 유래는 본문 ‘복수난수(覆水難收)’ 참고. 《관련 속담》쏘아 놓은 살이요 엎지른(엎질러진) 물이다. / 엎지른(엎질러진) 물.

복심-지-신(腹心之臣 배 **복**/가슴 **심**/어조사 **지**/신하 **신**) 🈺 배(마음)와 가슴(뜻)이 (같은) 신하(臣下)라는 뜻으로, 마음과 뜻을 같이하는 가까운 신하(臣下)를 이르는 말. *복심(腹心): ①배[腹]와 가슴[心]을 아울러 이르는 말. ②마음속 깊은 곳. 또는 그곳에 품고 있는 심정. *배: 부록 ‘복(腹)’ 참고.

복심-지-질(腹心之疾 배 **복**/가슴 **심**/어조사 **지**/병 **질**) 배와 가슴의 병(病)이라는 뜻으로, ①배나 가슴을 앓는 고치기 어려운 병(病)을 이르는 말. ②떨쳐 버릴 수 없는 근심이나 걱정을 비유적으로 이르는 말. *복심(腹心): ☞복심지신(腹心之臣). *배: 부록 ‘복(腹)’ 참고. 이 사자성어의 유래는 다음과 같다. 『좌전(左傳)』의 「애공(哀公) 11년」편(篇)에 〈오(吳)나라가 제(齊)나라를 치려고 하자, 월왕(越王. 월나라의 왕)이 군사들을 거느리고서 (오·吳나라 왕을) 알현(謁見)하고 축하를 올렸다. 그리고 (그는 오·吳나라) 왕으로부터 모든 신하에 이르기까지 선물을 안겨 주었다. 오(吳)나라 사람들은 모두들 기뻐하였지만, 오직 오자서(伍子胥)만은 불안해하여 말했다. “이는 오(吳)나라를 해(害)하는 것이다.” 그러고는 오왕(吳王. 오나라의 왕)에게 간언(諫言. 웃어른이나 임금에게 옳지 못하거나 잘못된 일을 고치도록 하는 말)을 올렸다. “월(越)나라는 우리에게 가슴이나 배에 생긴 질병과 같은 존재입니다. 땅이 서로 인접해 있을 뿐만 아니라, 우리를 노리고 있습니다. 그들이 복종하는 것은 제(齊)나라를 치는 것을 도움으로써 우리를 노리는 것입니다. 일찌감치 멸(滅)해 버리는 것이 낫습니다.”(吳將伐齊, 越子率其衆以朝焉, 王及列士, 皆有饋賂, 吳人皆喜, 惟子胥懼, 曰, 是荄吳也夫, 諫曰, **越在我, 心腹之疾也**, 壞地同, 而有欲於我, 夫其柔服, 求齊其欲也, 不如毋從事焉.)〉라는 이야기가 나오는데, ‘월(越)나라는 우리에게 가슴이나 배에 생긴 질병과 같은 존재입니다.(越在我, 心腹之疾也)’에서, ‘복심지질(腹心之疾)’이 유래했다. ‘복심지질(腹心之疾)’은 심복지질(心腹之疾), 심복지환(心腹之患)이라고도 한다. 춘추 시대에 오(吳)나라 왕(王)인 합려(闔

閭)는 월(越)나라의 왕(王)인 구천(勾踐)과 싸우다 입은 상처가 도져 죽었다. 합려(闔閭)의 아들 부차(夫差)는 실력을 키워 월(越)나라를 정벌(征伐. <u>무력을 써서 적이나 죄 있는 무리를 치는 일</u>)함으로써 아버지의 원한(怨恨. <u>억울하고 원통한 일을 당하여 응어리진 마음</u>)을 갚으려고 했다. 부차(夫差)는 패자(霸者. <u>예전에 황제·皇帝로부터 일정한 지역을 다스릴 권한을 부여받은 제후·諸侯들의 우두머리</u>)가 되기 위해 제(齊)나라를 공격하려고 하자, 월왕(越王. <u>월나라의 왕</u>)이 군사를 거느리고 나타났다. 그때 오자서(伍子胥)가 부차(夫差)에게 월왕(越王)인 구천(勾踐)을 죽이려고 간(諫)한 이야기다. 그리고 월(越)나라 왕 '구천(勾踐)'과 '구천(句踐)'은 동일인이다. 『고사성어대사전』에는 '구천(勾踐)'으로, 다른 자료에는 '구천(句踐)'으로 표기되어 있다. 결국 부차(夫差)는 오자서(伍子胥)의 간언(諫言)을 듣지 않았고, 오(吳)나라는 나중에 월(越)나라에게 멸망당하고 말았다. 참고로, 원문의 '吳將伐齊'에서, '吳'는 나라 이름 '오'로 읽고, '將'은 장차(張次. <u>'앞으로'의 뜻으로, 미래의 어느 때를 나타내는 말</u>) '장'으로 읽고, '伐'은 칠 '벌'로 읽고, '齊'는 제(齊)나라 '제'로 읽는다. '吳將伐齊'를 직역(直譯)하면, 오(吳)나라가 장차 제(齊)나라를 치려고 하자, '越子率其衆以朝焉'에서, '越'은 나라 이름 '월'로 읽고, '子'는 경칭(敬稱. <u>공경하는 뜻으로 부르는 칭호. 또는 존대하여 일컬음</u>) '자'로 읽는다. 학덕(學德)과 지위가 높은 남자의 경칭(敬稱)이다. '越子'는 '월왕(越王)'을 가리킴. '率'은 거느릴 '솔'로 읽고, '其'는 그(<u>지시하는 말</u>) '기'로 읽고, '衆'은 무리 '중'으로 읽고, '以'는 써(<u>그것을 가지고, 그것으로 인하여</u>) '이'로 읽고, '朝'는 임금 뵐 '조'로 읽고, '焉'은 어조사 '언'으로 읽는다. '~이다(단정)'의 뜻을 나타냄. '越子率其衆以朝焉'을 직역(直譯)하면, 월(越)나라 왕이 그 무리들(<u>신하들</u>)을 거느리고 그것으로 인하여 임금을 뵈었다. '王及列士'에서, '王'은 임금 '왕'으로 읽고, '及'은 미칠(<u>영향이나 작용 따위가 대상에 가하여지는</u>) '급'으로 읽는다. 여기서는, 문장에서 같은 종류의 성분을 연결할 때 쓰는 것으로, '그리고', '그 밖에', '또' 따위의 의미를 나타낸다. '列'은 여러 '렬(열)' 나란히 설 '렬(열)'로 읽고, '士'는 선비 '사'로 읽는다. '王及列士'를 직역(直譯)하면, 왕(<u>오나라 왕</u>)과 나란히 서 있는 선비(<u>관리</u>). '皆有饋賂'에서, '皆'는 다 '개', 모두 '개'로 읽고, '有'는 가질 '유'로 읽는다. '보유(保有)'의 '유(有)'가 가질 '유'의 뜻이 있다. '饋'는 선사(膳賜. <u>존경, 친근, 애정의 뜻을 나타내기 위하여 남에게 선물을 줌</u>)할 '궤'로 읽고, '賂'는 선사(膳賜)할 '뢰(뇌)'로 읽는다. '皆有饋賂'를 직역(直譯)하면, 모두에게 선물(膳物)을 가지게 했다. '吳人皆喜'에서, '吳'는 나라 이름 '오'로 읽고, '人'은 사람 '인'으로 읽는다. '吳人'을 직역(直譯)하면 오(吳)나라 사람. '喜'는 기쁠 '희'로 읽는다. '吳人皆喜'를 직역(直譯)하면, 오(吳)나라 사람 모두가 기뻐했지만, '惟子胥懼'에서, '惟'는 오직 '유'로 읽고, '子'는 아들 '자'로 읽고, '胥'는 서로 '서', 함께 '서'로 읽는다. '子胥'는 '오자서(伍子胥)'를 가리킴. '懼'는 두려워할 '구'로 읽는다. '惟子胥懼'를 직역하면, 오직 오자서(伍子胥)는 두려워하였다. '是豢吳也夫'에서, '是'는 이(<u>지시하는 말</u>) '시'로 읽고, '豢'은 (미끼로) 꾈 '환'으로 읽고, '也'는 어조사 '야'로 읽고, '夫'는 어조사 '부'로 읽는다. 문장의 중간이나 끝에 놓여 감탄(<u>~도다. ~구나</u>) 또는 의문을 나타냄. '是豢吳也夫'를 직역(直譯)하면, 이것이 오(吳)나라를 (미끼로) 꾀는 것이구나. '諫曰'에서, '諫'은 간할(諫~. <u>웃어른이나 임금에게 옳지 못하거나 잘못된 일을 고치도록 말함</u>) '간'으로 읽는다. '諫曰'을 직역(直譯)하면, 간(諫)하여 말하기를, '越在我'에서, '越'은 나라 이름 '월'로 읽고, '在'는 있을 '재'로 읽고, '我'는 나(<u>1인칭 대명사</u>) '아', 우리 '아'로 읽는다. '越在我'를 직역(直譯)하면, 월(越)나라는 우리(<u>'오·吳나라'를 가리킴</u>)에게 있어서, '心腹之疾也'에서, '心'은 마음 '심', 가슴 '심'으로 읽고, '腹'은 배 '복'으로 읽고, '之'는 어조사 '지'로 읽는다. '~에', '~에서(위치)'의 뜻을 나타냄. '疾'은 병 '질'로 읽고, '也'는 어조사 '야'로 읽는다. '~이다(단정)'의 뜻을 나타냄. 여기서, '腹心之疾'이 유래하였는데, 이것을 직역(直譯)하면, 배와 가슴의 병(病)이라는 뜻으로, ①배나 가슴을 앓는 고치기 어려운 병(病)을 이르는 말. ②떨쳐 버릴 수 없는 근심이나 걱정을 비유적으로 이르는 말. '壤地同'에서, '壤'은 흙 '양'으로 읽고, '地'는 땅 '지'로 읽는다. '양지(壤地)'는 나라의 경계 안에 있는 땅을 일컬음. '同'은 함께 '동', 같을 '동'으로 읽는다. '壤地同'을 직역(直譯)하면, 나라의 경계에 있는 땅이 함께 (인접해 있어), '而有欲於我'에서, '而'는 말 이을 '이'로 읽는다. '그리고'의 뜻을 나타냄. '有'는 있을 '유'로 읽고, '欲'은 하고자 할 '욕'으로 읽고, '於'는 어조사 '어'로 읽는다. '~에게(위치)'의 뜻을 나타냄. '我'는 나(1인칭 대명사) '아', 우리 '아'로 읽는다. '而有欲於我'를 직역(直譯)하면, (월나라는) 그리고 우리에게 하고자 하는 것이 있음. 즉, 우리에게 노리는 것이 있다는 말이다. '夫其柔服'에서, '夫'는 발어사(發語辭) '부'로 읽는다. '발어사(發語辭)'는 문장의 서두에 놓여 '대저', 또는 '대체로'의 뜻을 나타냄. '柔'는 부드러울 '유', 순할 '유'로 읽고, '服'은 좇을 '복', 복종할 '복'으로 읽는다. '夫其柔服'은 직역(直譯)하면, 대체로 그가(그들이) (우리에게) 부드럽게 복종함은, '求齊其欲也'에서, '求'는 구(求)할 '구'로 읽는다. 여기서는 구(救)의 뜻으로 쓰였다. 어렵거나 위태로운 처지에 있는 사람을 그곳에서 벗어나도록 도와줌. '齊'는 제(齊)나라 '제'로 읽는다. '求齊其欲也'를 직역(直譯)하면, 제(齊)나라를 구(求)함으로써 그것을 (얻으려) 하고자 함입니다. 즉, 제(齊)나라를 치는 것을 도움으로써 우리를 노리는 것입니다. '不如無從事焉'에서, '不'은 아닐(부정하는 말) '불'로 읽고, '如'는 같을 '여'로 읽고, '無'는 일찍 '조'로 읽고, '從'은 좇을 '종'으로 읽고, '事'는 일 '사'로 읽는다. '從事'는 어떤 일에 마음과 힘을 다함. 여기서는 '적을 멸(滅)함'을 뜻함. '不如無從事焉'을 직역(直譯)하면, 일찍이 어떤 일(적·敵을 멸·滅하는 일)을 좇는 것만 같지 못합니다. 그런데 이 외에 『후한서(後漢書)』의 「진번전(陳蕃傳)」 편(篇)에 〈나라 밖에 도적이 있는 것은 사지(四支)에 든 병과 같지만, 나라 안의 정치가 잘 다스려지지 않는 것은 가슴이나 배에 생긴 병과 같다.(寇賊在外, 四支之疾, 內政不理, 心腹之疾也.)〉라는 이야기가 나오는데, '가슴이나 배에 생긴 병과 같다.(心腹之疾)'에서, '복심지질(腹心之疾)'이 유래했다. 참고로, 원문의 '寇賊在外'에서, '寇'는 도둑 '구'로 읽고, '賊'은 도둑 '적'으로 읽고, '在'는 있을 '재'로 읽고, '外'는 바깥 '외'로 읽는다. '寇賊在外'를 직역(直譯)하면 (나라) 밖에 도둑이 있음은, '四支之疾'에서, '四'는 넉 '사'로 읽고, '支'는 지탱할 '지'로 읽는다. '사지(四支)'는 사람의 두 팔과 두 다리를 통틀어 이르는 '사지(四肢)'와 같은 뜻으로 쓰였음. '之'는 어조사 '지'로 읽는다. '~의'를 나타내는 관형격 조사. '疾'은 병 '질'로 읽는다. '四支之疾'은 사지(四肢)의 병과 (같지만), '內政不理'에서, '內'는 안 '내'로 읽고, '政'은 정사(政事. 정치 또는 행정에 관한 일) '정'으로 읽는다. '內政'은 국내의 정치. '不'은 아닐(부정하는 말) '불'로 읽고, '理'는 다스릴 '리(이)'로 읽는다. '內政不理'를 직역(直譯)하면, 국내의 정치가 (잘) 다스려지지 않음은, '心腹之疾也'에서, '心'은 마음 '심', 가슴 '심'으로 읽고, '腹'은 배 '복'으로 읽고, '之'는 어조사 '지'로 읽는다. '~에', '~에서(위치)'의 뜻을 나타냄. '疾'은 병 '질'로 읽고, '也'는 어조사 '야'로 읽는다. '~이다(단정)'의 뜻을 나타냄. '心腹之疾也'를 직역(直譯)하면, 가슴과 배의 병과 (같다). 즉, 가슴과 배에 생긴 병과 같다는 뜻이다. 여기서, '腹心之疾'을 직역(直譯)하면, 배와 가슴의 병(病)이라는 뜻으로, ①배나 가슴을 앓는 고치기 어려운 병(病)을 이르는 말. ②떨쳐 버릴 수 없는 근심이나 걱정을 비유적으로 이르는 말.

복인-복-과(福因福果 복 **복**/인할 **인**/복 **복**/결과 **과**) 복(福)으로 인하여 복(福)을 (얻는) 결과(結果)라는 뜻으로, 불교에서, 복덕(福德. <u>타고난 복과 후한 마음, 또는 타고난 행복</u>)의 인(因)으로 말미암아 복덕(福德)의 과보(果報)를 얻음을 이르는 말. 즉, 선행(善行)으로 말미암아 행복한 과보(果報)를 누리게 됨을 뜻하는 말. 달리 말하면 원인이 좋으면 결과도 좋다는 말이다. =선인선과(善人善果). 여기서, '과보(果報)'는 '인과응보(因果應報. <u>본문 참고</u>)'의 준말로, 전생(前生. <u>이 세상에 태어나기 이전의 생애</u>)에 지은 선악(善惡)에 따라 현재의 행(幸)과 불행(不幸)이 있고, 현세(現世. <u>지금 이 세상</u>)에서의 선악(善惡)의 결과에 따라 내세(來世. <u>죽은 뒤에 다시 태어나 산다는 미래의 세상</u>)에서 행(幸)과 불행(不幸)이 있는 일을 이르는 말. *복인(福因): 행복을 가져오는 원인. *인하다(因~): 부록 '인(因)' 참고.

복잡-괴기(複雜怪奇 겹칠 **복**/섞일 **잡**/괴이할 **괴**/기이할 **기**) 겹치고 섞이어 괴이(怪異)하며 기이(奇異)하다는 뜻으로, 복잡(複雜)하고, 괴상(怪狀)하며, 이상(異常)함을 이르는 말. =복잡기괴(複雜奇怪). *복잡(複雜): (여러 가지 사물이나 사정 따위가) 겹치고 뒤섞여 어수선함. *괴기(怪奇): 괴상(怪狀)하고 기이(奇異)함. 또는 기괴(奇怪)함. *괴이하다(怪異~): 부록 '괴(怪)' 참고. *기이하다(奇異~): 부록 '기(奇)' 참고.

복잡-기괴(複雜奇怪 겹칠 **복**/섞일 **잡**/기이할 **기**/괴이할 **괴**) 겹치고 섞이어 기이(奇異)하며 괴이(怪異)하다는 뜻으로, 복잡(複雜)하고, 괴상(怪狀)하며, 이상(異常)함을 이르는 말. =복잡괴기(複雜怪奇). *복잡(複雜): ☞복잡괴기(複雜怪奇). *기괴(奇怪): ①괴기하고 끔찍스러움. ②이상야릇함. *기이하다(奇異~): 부록 '기(奇)' 참고. *괴이하다(怪異~): 부록 '괴(怪)' 참고.

복잡-다기(複雜多岐 겹칠 **복**/섞일 **잡**/많을 **다**/가닥 나뉠 **기**) 겹치고 섞이거나 가닥 나뉜 (것이) 많다는 뜻으로, 일이 여러 가지가 얽혀 있거나, 어수선하여 갈피(<u>일이나 사물의 갈래가 구별되는 어름. 즉, 두 사물의 끝이 맞닿은 자리 또는 물건과 물건 사이의 한가운데</u>)를 잡기 어려움을 이르는 말. =복잡다단(複雜多端). *복잡(複雜): ☞복잡괴기(複雜怪奇). *다기(多岐): ①갈래가 많음. ②여러 방면에 걸침. *가닥 나뉘다: 부록 '기(岐)' 참고.

복잡-다단(複雜多端 겹칠 **복**/섞일 **잡**/많을 **다**/실마리 **단**) 겹치고 섞이어 실마리가 많다는 뜻으로, 일이 여러 가지가 얽혀 있거나 어수선하여 갈피를 잡기 어려움을 이르는 말. =복잡다기(複雜多岐). *복잡(複雜): ☞복잡괴기(複雜怪奇). *다단(多端): ①일의 가닥이 많음. ②볼일이 많음. 또는 일이 바쁨. *실마리: ①감았거나 헝클어진 실의 첫머리. ②일, 사건의 첫머리. =단서(端緒).

복잡-미묘(複雜微妙 겹칠 **복**/섞일 **잡**/정묘할 **미**/묘할 **묘**) 겹치고 섞이어 정묘(精妙)하고 묘(妙)하다는 뜻으로, 사물의 상태나 사정 따위가 말로 나타낼 수 없을 만큼 야릇하고(<u>무엇이라 표현할 수 없이 묘하거나 이상하고</u>) 복잡함을 이르는 말. *복잡(複雜): ☞복잡괴기(複雜怪奇). *미묘(微妙): ①섬세하고 묘함. ②섬세하고 야릇하여 무엇이라고 딱 잘라 말할 수 없음. *정묘하다(精妙~): 정교(精巧. <u>솜씨나 기술 따위가 정밀하고 교묘함. 또는 내용이나 구성 따위가 정확하고 치밀함</u>)하고 아주 묘(妙)하다. *묘하다(妙~): 부록 '묘(妙)' 참고.

복지-국가(福祉國家 복 **복**/복 **지**/나라 **국**/집 **가**) (국민의) 복지(福祉) (향상에) (힘쓰는) 국가(國家)라는 뜻으로, 국가의 기본 목표를 국민의 생존권의 보장과 생활상의 행복을 늘려 나가는 데 두는 국가(國家). 즉, 국민의 복지 증진을 국가의 중심 사명으로 보고, 국가 기관이 사회 보장 제도, 최저 임금 따위의 복지 정책을 펴는 국가를 이르는 말. 제이차(第二次) 세계 대전(世界大戰) 후 서유럽(西 Europe) 여러

나라가 내건 이상적 국가 형태로서, 자본주의의 장점을 유지하면서 빈부 격차와 생활 불안 따위의 단점을 시정한 것이다. 웹 야경국가(夜警國家). 직능국가(職能國家). *복지(福祉): 행복한 삶. *국가(國家): 일정한 영토와 거기에 사는 사람들로 구성되고, 주권(主權)에 의한 하나의 통치 조직을 가지고 있는 사회 집단. 국민(國民), 영토(領土), 주권(主權)의 3요소(要素)를 필요로 한다.

복지-부동(伏地不動 엎드릴 **복**/땅 **지**/아닐 **부**/움직일 **동**) 땅에 엎드려 움직이지 아니한다는 뜻으로, 주어진 일이나 업무를 처리하는 데 몸을 사림('<u>사리다. 즉, 몸을 아끼다'의 명사형</u>)을 비유적으로 이르는 말. *복지(伏地): 땅에 엎드림. *부동(不動): ①움직이지 않음. ②마음이 안정되어 흔들리지 않음. *엎드리다: 부록 '복(伏)' 참고.

복지-사례(伏地謝禮 엎드릴 **복**/땅 **지**/사례할 **사**/예절 **례**) 땅에 엎드려 예절(禮節)로써 사례(謝禮)한다는 뜻으로, ①땅에 엎드려 공손히 고마움에 대한 사례(謝禮)를 표함을 이르는 말. ②땅에 엎드려 공손히 용서를 빎을 이르는 말. *복지(伏地): ☞복지부동(伏地不動). *사례(謝禮): (언행이나 금품으로) 고마운 뜻을 나타내는 인사. *엎드리다: 부록 '복(伏)' 참고.

복지-사회(福祉社會 복 **복**/복 **지**/단체 **사**/모일 **회**) 복지(福祉)가 (보장된) 사회(社會)라는 뜻으로, ①사회 보장 제도가 잘 운영되어 사회 구성원의 생활이 향상되고 행복하게 생존권을 누리는 사회(社會). ②모든 사회 구성원이 빈곤과 곤궁(困窮. <u>가난하고 구차함</u>)에서 벗어나, 최저 생활권을 적극적으로 보장 받는 사회(社會)를 이르는 말. *복지(福祉): ☞복지국가(福祉國家). *사회(社會): 공동생활을 하는 인간의 집단.

복지-유체(伏地流涕 엎드릴 **복**/땅 **지**/흐를 **유**/눈물 **체**) 땅에 엎드려 눈물을 흘림. *복지(伏地): ☞복지부동(伏地不動). *유체(流涕): 눈물을 흘림. 또는 그 눈물. *엎드리다: 부록 '복(伏)' 참고.

복-차-지-계(覆車之戒 뒤집힐 **복**/수레 **차**/어조사 **지**/경계할 **계**) 수레가 뒤집힘을 (보고) 경계(警戒)한다. 즉, 앞의 수레가 엎어지는 것을 보고, 뒤의 수레는 미리 경계(警戒)하여 엎어지지 않도록 한다는 뜻으로, 이전 사람이 실패(失敗)한 것을 거울삼아 조심하고 경계(警戒)하라는 것을 비유적으로 이르는 말. 남[他]이나 자기(自己)가 이전에 실패한 자취에 대한 경계(警戒)를 일컫는다. =복철지계. 웹 복거지계(覆車之戒). 전거가감(前車可鑑). 전거복철(前車覆轍). 전거지감(前車之鑑). 여기서, '車'는 수레 '거(車)'이기도 하고, 수레 '차(車)'이기도 하다. *뒤집히다: '뒤집다'의 피동. 즉, 뒤집음(<u>안이 겉으로 드러나고, 겉은 속으로 들어가게 함. 일의 순서를 뒤바꾸거나 일이나 계획을 변경하거나 취소함</u>)을 당하다. *경계하다(警戒~): 부록 '계(戒)' 참고.

복철-지-계(覆轍之戒 뒤집힐 **복**/바큇자국 **철**/어조사 **지**/경계할 **계**) 수레의 바큇자국이 뒤집힘을 (보고) 경계(警戒)한다. 즉, 앞의 수레가 엎어지는 것을 보고, 뒤의 수레는 미리 경계(警戒)하여 엎어지지 않도록 한다는 뜻으로, 이전(以前) 사람이 실패(失敗)한 것을 거울삼아 조심하고 경계(警戒)하라는 것을 비유적으로 이르는 말. 남[他]이나 자기(自己)가 이전에 실패한 자취에 대한 경계(警戒)를 일컫는다. =복차지계(覆車之戒). 웹 복거지계(覆車之戒). 전거가감(前車可鑑). 전거복철(前車覆轍). 전거지감(前車之鑑). 여기서, '車'는 수레 '거(車)'이기도 하고, 수레 '차(車)'이기도 하다. *복철(覆轍): (앞서 가던 수레의 엎어진 자취라는 뜻으로) 앞 사람이나 남의 실패의 전례(前例. <u>이전부터 있었던 사례. 또는 예로부터 전하여 내려오는 일 처리의 관습</u>)를 이르는 말. =전철(前轍). *뒤집히다: ☞복차지계(覆車之戒). *경계하다(警戒~): 부록 '계(戒)' 참고.

본능-주의(本能主義 근본 **본**/능히 할 **능**/주될 **주**/옳을 **의**) 본능(本能)을 (제일로 삼는) 주된 주의(主義)라는 뜻으로, 본능(本能)을 충족시키는 일을 인생의 최대 목적으로 삼는 주의(主義). 즉, 본능(本能)의 욕구를 제일(第一)로 삼고, 그것을 만족시키는 것이 인생의 진정한 목적이라고 하는 태도나 경향(傾向)을 이르는 말. *본능(本能): ①(동물이, 경험이나 학습 따위를 통하여 후천적으로 터득한 것이 아닌) 선천적으로 타고난 성질이나 능력. ②동물의 종(種)에 따라 고유한 행동 양식. *주의(主義): ①굳게 지키는 주장이나 방침. ②체계화된 이론이나 학설. *주되다(主~): 주장(主張)이나 중심(中心)이 되다.

본말-전도(本末顚倒 근본 **본**/끝 **말**/거꾸로 **전**/넘어질 **도**) 근본(根本)과 끝이 넘어져 거꾸로 된다는 뜻으로, 중요한 것과 중요하지 않은 것이 뒤바뀌어 구별되지 않거나, 일의 순서가 잘못 바뀐 상태가 됨을 이르는 말. *본말(本末): ①사물이나 일의 처음과 끝. ②사물이나 일의 중요한 부분과 중요하지 않은 부분. *전도(顚倒): ①엎어지고 넘어짐. 또는 엎어지게 넘어뜨림. ②(위치나 차례가) 거꾸로 뒤바뀜. *근본(根本): 부록 '본(本)' 참고. 《관련 속담》 우물에 가서 숭늉 찾는다(찾기).

본-비-아-물(本非我物 근본 **본**/아닐 **비**/나 **아**/물건 **물**) 근본적(根本的)으로 (그것은) 나의 물건이 아니다. 즉, 본디 내 것이 아니라는 뜻으로, 뜻밖에 얻은 물건은 잃어버려도, 과히 섭섭할 것이 없음을 이르는 말. =본비아토(本非我土). *근본(根本): 부록 '본(本)' 참고.

본연-지-성(本然之性 근본 **본**/그러할 **연**/어조사 **지**/성품 **성**) 인간의 성질을 본연지성(本然之性. <u>본문 참고</u>)과 기품지성(氣稟之性. <u>본문 참고</u>)으로 나누는데, '본연지성(本然之性)'은, 근본(根本)이 그러한 성품(性品). 즉, 모든 사람이 본디부터 가지고 있는 심성(心性)이라는 뜻으로, 착하고 사리사욕(私利私慾. <u>본문 참고</u>)이 조금도 없는 천부자연(天賦自然. <u>본문 참고</u>)의 심성(心性)을 이르는 말. *본연(本然): ①인공(人工)을 가하지 아니한 본디 그대로의 자연. ②본디 생긴 그대로의 타고난 상태. *근본(根本): 부록 '본(本)' 참고. *성품(性品): 부록 '성(性)' 참고. 이 사자성어의 유래는 다음과 같다. 『주자어류(朱子語類)』에 〈천지지성(天地之性)이 있고, 기질지성(氣質之性)이 있다. 천지지성(天地之性)은 태극 본연의 오묘함으로 만(萬) 가지로 다르지만, 근본은 하나이다. 기질지성(氣質之性)은 두 가지 기운이 뒤섞여 생겨나는 것으로, 근본은 하나이지만, 만(萬) 가지로 서로 다르다. 여기서, '기운'은 순우리말로, 생물이 살아 움직이는 원기(元氣). 또는 거기서 나오는 힘.(有天地之性, 有氣質之性, 天地之性, **則太極本然之妙**, 萬殊而一本也, 氣質之性, 則二氣交運而生, 一本而萬殊也.)〉라는 이야기가 나오는데, '태극 본연의 오묘함.(則太極本然之妙)'에서, '본연지성(本然之性)'이 유래했다. 결국 '천지지성(天地之性)'은 '본연지성(本然之性)'과 같은 뜻인 셈이다. 성리학(性理學)에서 위의 이야기대로 사람의 성(性)을 본연지성(本然之性)과 기질지성(氣質之性)으로 나눈다. 참고로, 원문의 '有天地之性'에서, '有'는 있을 '유'로 읽고, '天'은 하늘 '천'으로 읽고, '地'는 땅 '지'로 읽고, '之'는 어조사 '지'로 읽는다. '~의'를 나타내는 관형격 조사. '性'은 성품 '성'으로 읽는다. '有天地之性'을 직역(直譯)하면, 하늘과 땅의 성품이 있고, '有氣質之性'에서, '氣'는 기운 '기'로 읽고, '質'은 바탕 '질'로 읽는다. '氣質'은 기력(氣力. <u>일을 감당할 수 있는 정신과 육체의 힘</u>)과 체질(體質. <u>날 때부터 지니고 있는, 몸의 생긴 바탕</u>)을 아울러 이르는 말. '有氣質之性'을 직역(直譯)하면, 기운(기력)과 바탕(체질)의 성품이 있다. '則太極本然之妙'에서, '則'은 곧 '즉'으로 읽고, '太'는 클 '태'로 읽고, '極'은 다할 '극'으로 읽는다, '太極'은 중국 철학에서, 우주(宇宙. <u>온 세계를 둘러싸고 있는 공간</u>) 만물(萬物. <u>온갖 물건 또는 세상에 있는 모든 것</u>)의 근원이 되는 실체. '本'은 근본 '본'으로 읽고, '然'은 그러할

'연'으로 읽는다. 여기서는 상태를 나타내는 접미사. '本然'은 인공을 가하지 않은 본디 그대로의 자연. 또는 본디 생긴 그대로의, 타고난 상태. '妙'는 묘할(妙~. 모양이나 동작이 색다름) '묘', 오묘(奧妙. 심오하고 묘함)할 '묘'로 읽는다. '則太極本然之妙'를 직역(直譯)하면, 즉, 태극(太極) 본연의 오묘함이 (있어). 여기서, '本然之性'이 유래하였는데, 이것을 직역(直譯)하면, 근본(根本)이 그러한 성품(性品). 즉, 모든 사람이 본디부터 가지고 있는 심성(心性)이라는 뜻으로, 착하고 사리사욕(私利私慾. 본문 참고)이 조금도 없는 천부자연(天賦自然. 본문 참고)의 심성(心性)을 이르는 말. '萬殊而一本也'에서, '萬'은 일만 '만'으로 읽고, '殊'는 다를 '수'로 읽는다. '萬殊'는 모든 것이 여러 가지로 다름. '而'는 말 이을 '이'로 읽는다. '그러나'의 뜻을 나타냄. '一'은 한 '일'로 읽고, '本'은 근본(根本. 사물의 본질이나 본바탕) '본'으로 읽고, '也'는 어조사 '야'로 읽는다. '~이다(단정)'의 뜻을 나타냄. '萬殊而一本也'를 직역(直譯)하면, 모든 것이 일만 가지로 다를 수 있지만, 그러나 근본은 하나임. '則二氣交運而生'에서, '二'는 두 '이'로 읽고, '氣'는 기운 '기'로 읽는다. '二氣'는 '음양(陰陽)'과 같은 말로, 우주 만물의 서로 반대되는 두 가지 기운으로서, 이원적 대립 관계를 나타내는 것. '交'는 섞일 '교'로 읽고, '運'은 움직일 '운', 돌 '운'으로 읽고, '而'는 말 이을 '이'로 읽는다. 여기서는 '그리고'의 뜻을 나타냄. '生'은 날 '생'으로 읽는다. '則二氣交運而生'을 직역(直譯)하면, 즉, 이기(二氣)는 섞이어 돌고, 그리고 생겨나니, '一本而萬殊也'에서, '一本而萬殊也'를 직역(直譯)하면, 근본은 하나인데, 그러나 모든 것이 일만(一萬) 가지로 다르다.

본원-왕생(本願往生 근본 본/원할 원/갈 왕/살 생) 근본적(根本的)으로 원(願)하는 (일은) (극락정토에) 가서 사는 (것이라는) 뜻으로, 불교에서, 아미타불(阿彌陀佛)의 본원(本願)에 따라 극락정토(極樂淨土. 본문 참고)에 왕생(往生)하는 일. 즉, 부처의 발원(發願. 신이나 부처에게 소원을 빎)으로 구제(救濟. 자연적인 재해나 사회적인 피해를 당하여 어려운 처지에 있는 사람을 도와줌)를 받아 극락(極樂)에 왕생(往生)하는 일을 이르는 말. 여기서 '극락(極樂)'은 불교에서, 아미타불(阿彌陀佛)이 살고 있는 정토(淨土. 부처가 사는 청정한 곳)로, 괴로움이 없으며 지극히 안락하고 자유로운 세상을 일컬음. *본원(本願): ①본디부터 가진 큰 소원. ②부처가 되기 이전. 즉, 보살로서 수행할 때에 세운 서원(誓願)을 이르는 말. 여기서, '서원(誓願)'은 부처나 보살이 중생(衆生. 불교에서, 부처의 구제 대상이 되는, 이 세상의 모든 생물을 통틀어 이르는 말)을 제도(濟度. 불교에서, 중생·衆生을 고해·苦海에서 건지어 극락·極樂으로 이끌어 주는 일을 이르는 말)하려는 소원이 이루어지도록 기원하는 말. *왕생(往生): (불교에서) ①목숨이 다하여 다른 세계에 가서 태어남. 이승(지금 살고 있는 이 세상)을 떠나 저승(사람이 죽은 뒤에 그 혼·魂이 가서 산다고 하는 세상. =저세상)에 다시 태어남. ②=왕생극락(往生極樂). 즉, 불교에서 죽어서 극락세계에 태어남을 이르는 말. *근본(根本): 부록 '본(本)' 참고.

본제-입납(本第入納 자기 자신 본/집 제/들 입/들일 납) 자기 자신의 집에 들고 들인다. 즉, 본집으로 들어가는 편지(便紙)라는 뜻으로, 자기 집으로 편지할 때에 편지 겉봉에 자기 이름을 쓰고 그 밑에 쓰는 말. *본제(本第): ①고향에 있는 본집. ②말하는 이가 자기의 동생을 이르는 말. *입납(入納): 편지의 겉봉에 '삼가 편지를 드림'의 뜻으로 쓰는 말. *들다: 부록 '입(入)' 참고. *들이다: 부록 '납(納)' 참고.

본토-지-인(本土之人 근본 본/흙 토/어조사 지/사람 인) 근본(根本)인 흙에서 (사는) 사람이라는 뜻으로, 그 고장에서 대대로 살아 내려온 사람. 또는 대대로 그 고장에서 붙박이(한곳에 꽉 들어박혀 움직이지 아니하거나 움직일 수 없는 것. 또는 정해져 있어 변하지 아니하는 일)로 사는 사람을 이르는 말. =본토지민(本土之民). *본토(本土): 자기가 사는 고장. 또는 본디 살던 고장. *근본(根本): 부록 '본(本)' 참고.

봉건-사상(封建思想 제후 봉할 **봉**/세울 **건**/생각 **사**/생각할 **상**) 제후(諸侯. 봉건시대에, 군주로부터 받은 영토와 그 영내에 사는 백성을 다스리던 사람)를 봉(封)하여 세우는 사상(思想)이라는 뜻으로, 봉건제도(封建制度. 군주와 제후 사이의 주종관계를 바탕으로 하여 확립되었던 정치제도를 이르는 말)에 젖어, 개방적 또는 개인 중심적인 현대(現代)의 사조(思潮. 한 시대의 일반적인 사상의 흐름)를 무시하고, 옛날의 폐쇄적(閉鎖的), 가족적(家族的), 인습적(因襲的. 이전부터 전해 내려와 몸에 익은 관습적인 것)인 태도를 고집하는 사상을 이르는 말. *봉건(封建): ①봉토(封土. 제후를 통하여 땅을 내줌. 또는 그 땅)를 나누어 제후(諸侯)를 세운다는 뜻으로, 군주(君主. 세습적으로 나라를 다스리는 최고 지위에 있는 사람)가 직접 관할(管轄. 권한을 가지고 지배함)하는 땅 이외의 땅을 제후(諸侯)에게 나누어 주어 그 봉토(封土)를 다스리게 하던 일. ②=봉건제도(封建制度). 즉, 군주(君主)와 제후(諸侯) 사이의 주종 관계를 바탕으로 하여 확립되었던 정치 제도. *사상(思想): ①생각. ②사고 작용의 결과로 얻어진 체계적 의식 내용. ③사회나 정치에 대한 일정한 견해. *봉하다(封~): 천자(天子)가 영지(領地. 영토와 같은 말로, 점령하여 소유하고 있는 땅)를 주어 제후(諸侯)로 삼다. 여기서, '천자(天子)'는 천제(天帝. 하늘을 다스리는 신. 또는 우주를 창조하고 주재한다고 믿어지는 초자연적인 절대자)의 아들이란 뜻으로, 천명(天命. 하늘의 명령)을 받아 천하(天下)를 다스리는 사람. 곧 중국에서 황제(皇帝)를 일컫던 말이다.

봉건-사회(封建社會 제후 봉할 **봉**/세울 **건**/단체 **사**/모일 **회**) 제후(諸侯. 봉건시대에, 군주로부터 받은 영토와 그 영내에 사는 백성을 다스리던 사람)를 봉(封)하여 세우는 사회(社會)라는 뜻으로, 중세 시대에, 봉건 제도나 봉건적 생산 양식을 바탕으로 한 사회를 이르는 말. 영주(領主)와 농노(農奴)를 기본 계급으로 하며, 노예제 사회와 자본주의 사회의 중간 단계에 위치한다. 여기서, '영주(領主)'는 영지(領地. '영토'와 같은 말로, 점령하여 소유하고 있는 땅)나 장원(莊園. 서양의 중세 봉건 사회에서, 귀족이나 승려, 교회 따위에 의해 이루어졌던 토지 소유의 한 형태)의 주인을 이르는 말. '농노(農奴)'는 중세 유럽의 봉건 사회에서, 평생 영주(領主)에 예속되어 농사를 짓던 농민을 이르는 말. 노예(奴隷)와 자작농(自作農. 자기 땅에 자기가 직접 짓는 농사. 또는 그러한 농민)의 중간에 속하는 계층이었음. *봉건(封建): ☞봉건사상(封建思想). *사회(社會): 공동생활을 하는 인간의 집단. *봉하다(封~): ☞봉건사상(封建思想).

봉건-주의(封建主義 제후 봉할 **봉**/세울 **건**/주될 **주**/옳을 **의**) 제후(諸侯. 봉건시대에, 군주로부터 받은 영토와 그 영내에 사는 백성을 다스리던 사람)를 봉(封)하여 세우는 (것을) (중히 여기는) 주된 주의(主義)라는 뜻으로, ①봉건 사회의 지배 이념을 이르는 말. 상위(上位. 높은 지위. 또는 높은 순위)에 있는 자(者)가 절대적 권력을 가지고 하위(下位. 낮은 지위. 또는 낮은 순위)에 있는 자(者)를 종속시켜 다스리는 방식이다. ②봉건적인 의식이나 문화의 성격을 이르는 말. *봉건(封建): ☞봉건사상(封建思想). *주의(主義): ①굳게 지키는 주장이나 방침. ②체계화 된 이론이나 학설. *봉하다(封~): ☞봉건사상(封建思想). *주되다(主~): 주장(主張)이나 중심(中心)이 되다.

봉고-파직(封庫罷職 봉할 **봉**/창고 **고**/파할 **파**/벼슬 **직**) 창고(倉庫)를 봉(封)하고 벼슬을 파(罷)한다는 뜻으로, 왕조(王朝. 왕이 직접 다스리는 나라) 때, 어사(御使. 왕의 명령으로 특별한 사명을 띠고 지방에 파견되던 임시 벼슬)나 감사(監司. 조선 시대에 둔 각 도·道의 으뜸 벼슬)가 부정을 저지르거나 못된 짓을 많이 한 고을의 원(員)을 파면(罷免. 공무원의 징계 처분의 한 가지. 즉, 공무원의 신분을 박탈하는 일)하고 관가(官家. 나랏일을 보던 집. 또는 지방에서, 그 고을의 원·員을 이르던 말)의 창고(倉庫. 곳집. 즉, 물건을 간직해 두기 위해 지은 집)를 봉(封)하여 잠그던 일을 이르는 말. =봉고파출(封庫罷黜). **봉고**(封庫): =봉고파직(封庫罷職). ***파직**(罷職): 관직(官職. 관리로서, 국가로부터 위임 받은 일정한 범위의 직무. 또는 그 직위)에서 물러나게 함. ***봉하다**(封~): 부록 '봉(封)' 참고. ***창고**(倉庫): 물건이나 자재(資材)를 저장하거나 보관하는 건물. ***파하다**(罷~): 부록 '파(罷)' 참고.

봉고-파출(封庫罷黜 봉할 **봉**/창고 **고**/파할 **파**/물리칠 **출**) 창고를 봉(封)하고 (벼슬을) 물리치고 파(罷)한다는 뜻으로, 왕조(王朝. 왕이 직접 다스리는 나라) 때, 어사(御使. 왕의 명령으로 특별한 사명을 띠고 지방에 파견되던 임시 벼슬)나 감사(監司. 조선 시대에 둔 각 도·道의 으뜸 벼슬)가, 부정을 저지르거나 못된 짓을 많이 한 고을의 원(員)을 파면(罷免. 공무원의 징계 처분의 한 가지, 즉, 공무원의 신분을 박탈하는 일)하고 관가(官家. 나랏일을 보던 집. 또는 지방에서, 그 고을의 원·員을 이르던 말)의 창고(倉庫. 곳집, 즉, 물건을 간직해 두기 위해 지은 집)를 봉(封)하여 잠그던 일을 이르는 말. =봉고파직(封庫罷職). ***봉고**(封庫): ☞봉고파직(封庫罷職). ***파출**(罷黜): (직무를) 그만두고 물러나게 함. ***봉하다**(封~): 부록 '봉(封)' 참고. ***창고**(倉庫): ☞봉고파직(封庫罷職). ***파하다**(罷~): 부록 '파(罷)' 참고. ***물리치다:** ①거절하여 받지 아니하다. ②적을 쳐서 물러나게 하다.

봉두-구면(蓬頭垢面 쑥 **봉**/머리 **두**/때 **구**/얼굴 **면**) 쑥같이 (생긴) 머리와 때(몸이나 옷에 묻은 더러운 것. 또는 피부의 분비물과 먼지 따위가 섞이어 엉은 것을 이르는 말)가 (묻은) 얼굴. 즉, 쑥같이 흐트러진 머리와 때 묻은 얼굴이라는 뜻으로, 성질이 털털하여 외양(外樣. 겉으로 보이는 모양)에 개의(介意. 어떤 일 따위를 마음에 두고 생각하거나 신경을 씀)하지 아니함을 비유적으로 이르는 말. 回 봉수구면(蓬首垢面). ***봉두**(蓬頭): =쑥대강이. 즉, 머리털이 마구 흐트러져 어지럽게 된 머리. ***구면**(垢面): 때가 묻은 얼굴. ***쑥:** 부록 '봉(蓬)' 참고.

봉두-난발(蓬頭亂髮 쑥 **봉**/머리 **두**/어지러울 **난**/머리털 **발**) 쑥 (같은) 머리와 어지러운 머리털이라는 뜻으로, 쑥대머리로 더부룩하게 엉클어진 머리털. 즉, 머리털이 쑥대강이(머리털이 마구 흐트러져 어지럽게 된 머리)같이 협수룩하게 마구 흐트러짐. 또는 그 머리털을 비유적으로 이르는 말. =봉두돌빈(蓬頭突鬢). ***봉두**(蓬頭): ☞봉두구면(蓬首垢面). ***난발**(亂髮): 어수선하거나 마구 헝클어진 머리. ***쑥:** 부록 '봉(蓬)' 참고. ***어지럽다:** 부록 '난(亂)' 참고.

봉두-역-치(蓬頭歷齒 쑥 **봉**/머리 **두**/차례차례 **역**/이 **치**) 쑥 (같은) 머리와 차례차례 (빠진) 이[齒]. 즉, 쑥대강이(머리털이 마구 흐트러져 어지럽게 된 머리)같이 협수룩하게 흐트러진 머리털에, 성긴 이[齒]라는 뜻으로, 노인의 용모(容貌. 사람의 얼굴 모양)를 비유적으로 이르는 말. ***봉두**(蓬頭): ☞봉두구면(蓬首垢面). ***쑥:** 부록 '봉(蓬)' 참고.

봉모-인각(鳳毛麟角 봉황 **봉**/털 **모**/기린 **인**/뿔 **각**) 봉황(鳳凰)의 털(깃털)과 기린(麒麟)의 뿔이라는 뜻으로, 봉황(鳳凰)의 털과 기린(麒麟)의 뿔은 매우 드물듯이, 보기 힘든 매우 희귀(稀貴. 드물고 진귀함)한 물건이나 아주 뛰어난 인물을 비유적으로 이르는 말. ***봉모**(鳳毛): ①봉황의 깃털이라는 뜻으로, 진귀(珍貴. 보배롭고 귀중함)하고 희소(稀少. 드물고 적음)한 물건을 이르는 말. ②자식의 재주(순우리말로, 무엇을 잘할 수 있는, 타고난 능력과 슬기)가 아버지와 할아버지에 뒤지지 아니함을 이르는 말. ③뛰어난 풍채(風采. 사람의, 드러나 보이는 의젓한 겉모양) 또는 글재주를 칭찬하여 이르는 말. ***인각**(麟角):

879

기린의 뿔이라는 뜻으로, 지극히 드문 사물을 비유적으로 이르는 말. *봉황(鳳凰): 고대 중국에서 상서로운 새로 여기던 상상의 새. 머리는 뱀, 턱은 제비, 등은 거북, 꼬리는 물고기 모양이며, 깃에는 오색(五色)의 무늬가 있다고 함. *기린(麒麟): 부록 '린(麟)' 참고. *뿔: 부록 '각(角)' 참고. 이 사자성어의 유래는 다음과 같다. 이 말은 '봉모(鳳毛)'와 '인각(麟角)'이 합쳐진 말이다. 『남사(南史)』의 「사초종전(謝超宗傳)」편(篇)에는 봉모(鳳毛)가 나온다. [남북조(南北朝) 시대 남조(南朝)의 송(宋)나라 사람 사초종(謝超宗)은 산수시인(山水詩人. 산과 물이 어우러진 자연의 아름다움을 노래한 시인)인 사령운(謝靈運)의 손자(孫子)로서, 총명한 데다 글재주가 뛰어나 (송나라 황제인) 효무제(孝武帝)의 총애(寵愛. 남달리 귀여워하고 사랑함)를 한 몸에 받았다. 사초종(謝超宗)은 일찍이 효무제(孝武帝)의 여덟 째 아들인 신안왕(新安王)의 (측근) 상시(常侍. 벼슬 이름)로 있을 때 부중(府中. 중국에서, 재상·宰相이 집무하던 관아)의 중요한 서류들을 친히(親~. 몸소, 손수) 작성하면서 크게 이름을 떨쳤다. 여기서, '재상(宰相)'은 임금을 보필하며 모든 관원을 지휘, 감독하는 자리에 있는 이품(二品) 이상의 벼슬을 통틀어 이르던 말.]〈신안왕(新安王)의 어머니 은숙의(殷淑儀)가 세상을 떠났을 때, 초종(超宗)은 그녀의 생전의 덕행을 칭송(稱頌. 공덕·功德 따위를 칭찬하여 일컬음, 또는 그런 말)하는 뇌사(誄詞)를 지어 올렸는데, 여기서, '뇌사(誄詞)'는 죽은 이의 일상을 기록하여 추모하는 글을 말한다. 이 글이 어찌나 훌륭했던지 효무제(孝武帝)가 탄복하여 사장(謝莊)에게 말했다. "초종(超宗)에게는 특별히 봉모(鳳毛)가 있어, 사령운(謝靈運)이 다시 나타났구나."(王母殷淑儀卒. 超宗作誄奏之, 帝大嗟賞, 謂謝莊曰, **超宗殊有鳳毛**, 靈運復出.)〉라는 이야기가 나오는데, '초종(超宗)에게는 특별히 봉모(鳳毛)가 있어,(超宗殊有鳳毛)'에서, '봉모(鳳毛)'가 유래했다. 참고로, 원문의 '王母殷淑儀卒'에서, '王'은 임금 '왕'으로 읽고, '母'는 어머니 '모'로 읽는다. '王母'는 '신안왕(新安王)의 어머니'를 가리킴. '殷'은 은(殷)나라 '은'으로 읽고, '淑'은 맑을 '숙'으로 읽고, '儀'는 거동(몸을 움직임, 또는 그런 짓이나 행동) '의'로 읽는다. '殷淑儀'는 사람 이름. '卒'은 죽을 '졸'로 읽는다. '王母殷淑儀卒'을 직역(直譯)하면, 신안왕(新安王)의 어머니 은숙의(殷淑儀)가 죽었을 때, '超宗作誄奏之'에서, '超'는 뛰어넘을 '초'로 읽고, '宗'은 마루(어떤 사물의 첫째, 또는 어떤 일의 기준) '종'으로 읽는다. '超宗'은 사람 이름. 여기서는 '사초종(謝超宗)'을 가리킴. '作'은 지을 '작'으로 읽고, '誄'는 뇌사(誄詞. 죽은 이의 일상을 기록하여 추모하는 글) '뢰(뇌)'로 읽고, '奏'는 아뢸 '주'로 읽고, '之'는 어조사 '지'로 읽는다. '그것'을 나타내는 지시 대명사. '超宗作誄奏之'를 직역(直譯)하면, 초종(超宗)은 뇌사(誄詞)를 지어 그것(그녀의 생전의 덕행)을 아뢰었는데, '帝大嗟賞'에서, '帝'는 임금 '제'로 읽는다. 여기서는 '효무제(孝武帝)'를 가리킴. '大'는 클 '대'로 읽고, '嗟'는 감탄할 '차'로 읽고, '賞'은 칭찬할 '상'으로 읽는다. '嗟賞'은 탄복하여 몹시 칭찬함. '帝大嗟賞'을 직역(直譯)하면, 효무제(孝武帝)가 크게 감탄하여 칭찬하였다. '謂謝莊曰'에서, '謂'는 일컬을 '위'로 읽고, '謝'는 사례할(謝禮~. 언행이나 선물 따위로 상대에게 고마운 뜻을 나타냄) '사'로 읽고, '莊'은 씩씩할 '장'으로 읽는다. '謝莊'은 사람 이름. 구체적으로 어떤 인물인지는 밝혀져 있지 않다. '謂謝莊曰'을 직역(直譯)하면, 사장(謝莊)에게 (사초종·謝超宗을) 일컬어 말하기를, '超宗殊有鳳毛'에서, '殊'는 특히 '수', 유달리 '수'로 읽고, '有'는 있을 '유'로 읽고, '鳳'은 봉황(鳳凰) '봉'으로 읽고, '毛'는 털 '모'로 읽는다. '超宗殊有鳳毛'를 직역(直譯)하면, 초종(超宗)에게는 유달리 봉황의 털이 있어, 즉, 사초종(謝超宗)은 뛰어난 글재주가 있다는 말이다. '靈運復出'에서, '靈'은 신령(神靈. 신으로 받들어지는 영혼, 또는 자연물) '령(영)'으로 읽고, '運'은 운전할 '운'으로 읽는다. '靈運'은 사람 이름.

사초종(謝超宗)의 할아버지이며 산수시인(山水詩人)인 ‘사령운(謝靈運)’을 가리킴. ‘復’는 다시 ‘부’로 읽고 ‘出’은 날 ‘출’로 읽는다. ‘靈運復出’을 직역(直譯)하면, 사령운(謝靈運)이 다시 나타났구나. 즉, 사초종(謝超宗)은 뛰어난 글재주가 있어, 마치 그의 할아버지인 사령운(謝靈運)이 다시 나타나 글을 쓴 것 같다는 말이다. 그만큼 손자[謝超宗]의 글 재주가 할아버지[謝靈運]에 뒤지지 아니함을 강조한 것이다. 그런데 이 외에, 『북사(北史)』의 「문원전(文苑傳)」 편(篇)에는 ‘인각(麟角)’이 나온다. 〈배우는 사람은 소의 털만큼 많지만, 성공하는 사람은 기린의 뿔같이 드물다.(學者如牛毛, **成者如麟角**.)〉라는 구절이 나오는데, ‘성공하는 사람은 기린의 뿔같이 드물다.(成者如麟角)’에서, ‘인각(麟角)’이 유래했다. ‘봉모인각(鳳毛麟角)’은 이처럼 ‘봉모(鳳毛)’와 ‘인각(麟角)’이 합쳐진 말이다. 참고로, 원문의 ‘學者如牛毛’에서, ‘學’은 배울 ‘학’으로 읽고, ‘者’는 사람 ‘자’로 읽고, ‘如’는 같을 ‘여’로 읽고, ‘牛’는 소 ‘우’로 읽고, ‘毛’는 털 ‘모’로 읽는다. ‘學者如牛毛’를 직역(直譯)하면, 배우는 사람은 소의 털과 같을 (만큼 수효가 많다). ‘成者如麟角’에서, ‘成’은 이룰 ‘성’으로 읽고, ‘麟’은 기린 ‘인’으로 읽고, ‘角’은 뿔 ‘각’으로 읽는다. ‘成者如麟角’을 직역(直譯)하면, (어떤 일을) 이루는 사람은 기린(麒麟)의 뿔과 같다. 즉, 성공하는 사람은 기린(麒麟)의 뿔과 같이 지극히 드물다는 말이다. 여기서, ‘鳳毛麟角’이 유래하였는데, 이것을 직역(直譯)하면, 봉황(鳳凰)의 털(깃털)과 기린(麒麟)의 뿔이라는 뜻으로, 봉황(鳳凰)의 털과 기린(麒麟)의 뿔은 매우 드물듯이, 보기 힘든 매우 희귀(稀貴. 드물어 보배롭고 귀함)한 물건이나 아주 뛰어난 인물을 비유적으로 이르는 말이다. 봉황(鳳凰)의 털을 뜻하는 ‘봉모(鳳毛)’와 기린(麒麟)의 뿔을 나타내는 ‘인각(麟角)’은 실제로 존재하지 않는다. ‘봉황(鳳凰)’은 고대 중국에서, 상서로운 새로 여기던 상상의 새이다. 그리고 ‘기린(麒麟)’은 우리가 흔히 알고 있는, 초원지대에 떼지어 사는 포유동물이 아니라, 성인(聖人. 지혜와 덕이 매우 뛰어나 길이 우러러 본받을 만한 사람)이 이 세상에 나올 전조(前兆. 미리 나타나 보이는 조짐. 징조)로 나타난다는 상상의 동물을 가리킨다. 따라서 이들은, 구경조차 한 사람이 없을 만큼 매우 드물고 적기 때문에, 뛰어난 인재(人材. 어떤 일을 할 수 있는 학식이나 능력을 갖춘 사람)나 희귀(稀貴)한 물건을 비유(比·譬喩. 어떤 사물의 모양이나 상태 따위를 보다 효과적으로 표현하기 위하여 그것과 비슷한 다른 사물에 빗대어 표현함. 또는 그 표현 방법)한 것이다.

봉-목-시-성(蜂目豺聲 벌 **봉**/눈 **목**/승냥이 **시**/소리 **성**) 벌[蜂]과 (같은) 눈[目]과 승냥이 (같은) 소리(목소리)라는 뜻으로, 흉악(凶惡. 성질이 악하고 모짊)한 인상(人相. 사람의 얼굴 생김새와 골격)을 이르는 말. *벌: 부록 ‘봉(蜂)’ 참고. *승냥이: 부록 ‘시(豺)’ 참고.

봉-복-절도(捧腹絕倒 받들 **봉**/배 **복**/끊을 **절**/넘어질 **도**) 배[腹]를 받들고(받쳐 들고) 넘어져 (창자가) 끊어질 (듯이 웃는다)는 뜻으로, 배[腹]를 움켜잡고 넘어질 정도로 몹시 웃음을 형용하여 이르는 말. 즉, 배를 안고 넘어질 정도로 우습다는 뜻이다. =포복절도(抱腹絕倒). *절도(絕倒): =포복절도(抱腹絕倒). 즉, 배를 그러안고(두 팔로 싸잡아 안고) 넘어질 정도로 몹시 웃음. *받들다: 부록 ‘봉(捧)’ 참고. *배: 부록 ‘복(腹)’ 참고.

봉수-구면(蓬首垢面 쑥 **봉**/머리 **수**/때 **구**/얼굴 **면**) 쑥의 머리와 때의 얼굴이라는 뜻으로, 쑥과 같은, 흩어진(헝클어진) 머리와 때가 낀 얼굴을 이르는 말. 回 봉두구면(蓬首垢面). *봉수(蓬首): =쑥대강이. 즉, 머리털이 마구 흐트러져 어지럽게 된 머리. *구면(垢面): 때가 묻은 얼굴. *쑥: 부록 ‘봉(蓬)’ 참고. *때: 부록 ‘구(垢)’ 참고.

봉시-장사(封豕長蛇 봉할 **봉**/돼지 **시**/길 **장**/뱀 **사**) '봉시(封豕)'라는 (큰) 돼지와 '장사(長蛇)'라는 긴 뱀(구렁이)이라는 뜻으로, 돼지처럼 먹기를 탐(貪)내는 사람이나 긴 뱀처럼 음험(陰險. 겉으로는 부드럽고 솔직한 체하나, 속은 내숭스럽고 음흉함)한 사람을 비유적으로 이르는 말. 욕심(慾心)이 많고 잔인(殘忍. 인정이 없고 아주 모짊)한 사람을 일컫기도 한다. *봉시(封豕): 큰 돼지를 이르는 말. 중국 상림(桑林)에 살았는데, 이빨이 길고 발톱이 예리하며 힘은 소보다 센, 흉측한 짐승이라고 한다. *장사(長蛇): ①크고 긴 뱀을 이르는 말. 중국(中國) 동정호(洞庭湖)에 살았는데, 길이가 백 자[尺]나 되고, 등에는 가시 같은 털이 돋았으며, 울음소리는 목탁(木鐸. 절에서 독경이나 염불을 할 때 치는 기구. 나무를 둥글게 다듬고 속을 파서 방울처럼 만드는데, 고리 모양의 손잡이가 있음)을 두들기는 것 같았다고 한다. ②열차나 긴 행렬을 비유적으로 이르는 말. *봉하다(封~): 부록 '봉(封)' 참고. 이 사자성어의 유래는 다음과 같다. 『좌전(左傳)』의 「정공(定公) 4년」 편(篇)에 〈신포서(申包胥)는 진(秦)나라에 가 구원병(救援兵. 어려움이나 위험에 빠진 사람을 구하여 주기 위하여 파견하는 군대나 병사)을 요청하며 말했다. "오(吳)나라는 탐욕스러운, 큰 돼지와 긴 뱀같이 줄곧 중원(中原)의 제후국들을 침략하여 삼키려고 합니다. 여기서, '중원(中原)'은 중국의 황허강[黃河] 중류(中流)의 남부지역을 이르는 말. 흔히 한때 군웅(群雄. 같은 시대에 여기저기에서 일어난 영웅들)이 할거(割據. 땅을 나누어 차지하고 굳게 지킴)했던 중국의 중심부나 중국 땅을 일컫는다. 가장 먼저 침해를 받은 것은 초(楚)나라로, 초(楚)나라의 군주('소왕·昭王'을 가리킴)는 나라를 지키지 못하고 풀이 우거진 들판에 있습니다."(申包胥如秦乞師, 曰, **吳爲封豕長蛇**, 以薦食上國, 虐始於楚, 寡君失守社稷, 越在草莽.)〉라는 이야기가 나오는데, '오(吳)나라는 탐욕스러운, 큰 돼지와 긴 뱀같이,(吳爲封豕長蛇)'에서, '봉시장사(封豕長蛇)'가 유래했다. '신포서(申包胥)'는 중국 춘추시대 초(楚)나라의 정치가이다. 이 이야기의 배경은 이렇다. 오자서(吳子胥)는 초(楚)나라 평왕(平王)에게 아버지와 형(兄)이 살해되자, 초(楚)나라를 멸망시켜 복수하겠다고 맹세하였다. 오자서(吳子胥)의 친구인 신포서(申包胥)는 사사로운 원한(怨恨. 억울하고 원통한 일을 당하여 응어리진 마음) 때문에 조국을 배반하여서는 안 된다면, 만약 오자서(吳子胥)가 초(楚)나라를 멸망시킨다면 자신이 반드시 나라를 부흥(復興. 쇠퇴하였던 것이 다시 일어남. 또는 그렇게 되게 함)시키겠다고 맹세하였다. 오자서(吳子胥)는 오(吳)나라에 망명하여 합려(闔閭)를 도와 왕위에 오르게 한 뒤, 초(楚)나라를 공격하여 수도 영(郢)까지 진격하였다. 이때 평왕(平王)은 이미(돌이킬 수 없이 된 지난 일을 일컬을 때 쓰는 말) 죽은 뒤였고, 평왕(平王)의 아들인 소왕(昭王)은 탈출하여 도망했다. 오자서(吳子胥)는 소왕(昭王)을 잡지 못하게 되자, 대신 평왕(平王)의 무덤을 파헤쳐 시신에 300번이나 매질을 함으로써 원한을 풀었다. ('도행역시', '일모도원' 참고) 신포서(申包胥)는 이 소식을 듣고 격분(激忿. 몹시 분하고 노여운 감정이 북받쳐 오름)하여 소왕(昭王)을 찾아가서 나라를 부흥시킬 계획을 상의하였으나 소왕(昭王)은 힘이 없었다. 그래서 신포서(申包胥)는 진(秦)나라에 가 소왕(昭王)의 외할아버지인 진(秦)나라의 애공(哀公)에게 구원병(救援兵)을 요청하였던 것이다. 그 후 진(秦)나라 애공(哀公)은 "과인(寡人. 덕·德이 적은 사람이라는 뜻으로, 임금이 자기를 낮추어 이르던 1인칭 대명사)은 그대의 말에 따르겠소. 우선 잠시 객관(客館. 나그네를 치거나 묵게 하는 집)에서 쉬도록 하시오. 고려(考慮. 생각하고 헤아려 봄)를 해 본 후에 다시 알려 주리다." 신포서(申包胥)가 대답했다. "우리 군주(君主. 세습적으로 나라를 다스리는 최고 지위에 있는 사람)는 풀이 우거진 들판에 있으면서 쉴 곳도 얻지 못하고 있는데, 신하된 사람이 어찌 편안히 있겠습니까?” 그리고 조정(朝廷. <u>임금이 나라의 정치를 신하들과 의논하거나 집행하는 곳. 또는 그런 기구</u>)의 담에 기대어 곡하기를 밤낮으로 계속하여 이레(<u>일곱 날</u>) 동안 물도 마시지 않으며 버텼다. 진(秦)나라는 출병(出兵. <u>군대를 싸움터로 내보내는 일</u>)하였다. 참고로, 원문의 ‘申包胥如秦乞師’에서, ‘申’은 납(‘<u>원숭이</u>’의 옛말) ‘신’으로 읽고, ‘包’는 쌀(<u>물건을 안에 넣고 보이지 않게 씌워 가리거나 둘러 말</u>) ‘포’로 읽고, ‘胥’는 서로 ‘서’로 읽는다. ‘申包胥’는 사람 이름. ‘如’는 같을 ‘여’로 읽고, ‘秦’은 진(秦)나라 ‘진(秦)’으로 읽고, ‘乞’은 구걸할 ‘걸’로 읽고, ‘師’는 군사(軍士) ‘사’, 군대(軍隊) ‘사’로 읽는다. ‘申包胥如秦乞師’를 직역(直譯)하면, 신포서(申包胥)가 진(秦)나라에 가서 군사를 구걸하는 (것과) 같이 (하면서) (말하기를), ‘吳爲封豕長蛇’에서, ‘吳’는 나라 이름 ‘오’로 읽고, ‘爲’는 될 ‘위’로 읽고, ‘封’은 봉할 ‘봉’으로 읽고, ‘豕’는 돼지 ‘시’로 읽고, ‘長’은 길 ‘장’으로 읽고, ‘蛇’는 뱀 ‘사’로 읽는다. ‘吳爲封豕長蛇’를 직역(直譯)하면, 오(吳)나라는 봉시(封豕)라는 (큰) 돼지와 장사(長蛇)라는 긴 뱀이 되었다. 즉, 오(吳)나라는 봉시(封豕)와 장사(長蛇)처럼 욕심이 많고 잔인한 나라이다. 여기서, ‘封豕長蛇’가 유래하였는데, 이것을 직역(直譯)하면, ‘봉시(封豕)’라는 (큰) 돼지와 ‘장사(長蛇)’라는 긴 뱀(<u>구렁이</u>)이라는 뜻으로, 돼지처럼 먹기를 탐(貪)내는 사람이나 긴 뱀처럼 음험(陰險. <u>겉으로는 부드럽고 솔직한 체하나, 속은 내숭스럽고 음흉함</u>)한 사람을 비유적으로 이르는 말. 욕심(慾心)이 많고 잔인(殘忍)한 사람을 이르기도 한다. ‘以薦食上國’에서, ‘以’는 써(<u>그것을 가지고, 그것으로 인하여</u>) ‘이’로 읽고, ‘薦’은 줄곧 ‘천’, 계속(繼續) ‘천’으로 읽고, ‘食’은 먹을 ‘식’으로 읽고, ‘上’은 위 ‘상’으로 읽고, ‘國’은 나라 ‘국’으로 읽는다. ‘上國’은 작은 나라로부터 조공(朝貢. <u>종속국이 종주국에 때를 맞추어 예물을 바치던 일. 또는 그 예물</u>)을 받은 큰 나라. ‘以薦食上國’을 직역(直譯)하면 그것으로 인하여 상국(上國)을 줄곧 먹으려 (합니다). ‘虐始於楚’에서, ‘虐’은 학대할(虐待~. <u>심하게 괴롭힐, 혹독하게 대우함</u>) ‘학’으로 읽고, ‘始’는 먼저 ‘시’, 앞서서 ‘시’로 읽고, ‘於’는 어조사 ‘어’로 읽는다. ‘~에서(<u>위치</u>)’의 뜻을 나타냄. ‘楚’는 초(楚)나라 ‘초’로 읽는다. ‘虐始於楚’를 직역(直譯)하면, 학대(虐待)는 초(楚)나라에서 시작될 (것이니), ‘寡君失守社稷’에서, ‘寡’는 적을 ‘과’로 읽고, ‘君’은 임금 ‘군’으로 읽는다. ‘寡君’은 다른 나라의 임금이나 고관(高官. <u>지위가 높은 벼슬이나 관리</u>)을 상대하여, 자기 나라의 왕을 가리키던 말. 여기서는 ‘초(楚)나라의 왕’을 가리킴. ‘失’은 잃을 ‘실’로 읽고, ‘守’는 지킬 ‘수’로 읽고, ‘社’는 토지신(土地神. <u>땅을 맡은 신</u>) ‘사’로 읽고, ‘稷’은 곡신(穀神. <u>곡식을 맡아 다스린다는 신</u>) ‘직’으로 읽는다. ‘社稷’은 나라 또는 조정(朝廷. <u>임금이 나라의 정치를 신하들과 의논하거나 집행하는 곳. 또는 그런 기구</u>)을 이르는 말. ‘寡君失守社稷’을 직역(直譯)하면, 초(楚)나라의 왕께서는 사직(社稷)을 지킬 (능력을) 잃고, ‘越在草莽’에서, ‘越’은 넘을 ‘월’로 읽고, ‘在’는 있을 ‘재’로 읽고, ‘草’는 풀 ‘초’로 읽고, ‘莽’은 우거질 ‘망’으로 읽는다. ‘越在草莽’을 직역(直譯)하면, (고개를 넘듯이) 넘어 풀이 우거진 (들판에) (와) 있습니다.

봉액-지-의(縫掖之衣 꿰맬 **봉**/낄 **액**/어조사 **지**/옷 **의**) 꿰매고 끼어 (입을 정도로 넓은) 옷이라는 뜻으로, 예전에 선비가 입던, 옆이 넓게 터진 도포(道袍. <u>지난날, 남자의 통상 예복으로 입던 옷. 옷 길이가 길어 거의 발등에 미치고, 소매는 넓고, 뒷길의 중심선이 틔었으며, 그 위에 한 폭의 헝겊이 덧붙었음</u>)를 이르는 말. *봉액(縫掖): =봉액지의(縫掖之衣). *꿰매다: 부록 ‘봉(縫)’ 참고. *끼다: 부록 ‘액(掖)’ 참고.

봉-의-군신(蜂蟻君臣 벌 **봉**/개미 **의**/임금 **군**/신하 **신**) 벌과 개미와 임금과 신하(臣下). 즉, 벌과 개미에게도 임금과 신하(臣下)의 구별이 있다는 뜻으로, 신분(身分) 관계의 질서가 중요함을 이르는 말. 위계질서

(位階秩序. 관리나 벼슬의 등급이나 직책의 상하 관계에서, 마땅히 있어야 하는 차례와 순서)를 말할 때 앞세우는 말이다. *군신(君臣): 임금과 신하.

봉-장-풍월(逢場風月 만날 **봉**/마당 **장**/바람 **풍**/달 **월**) (아무 때나) 만날 (수 있는) 마당에서 바람과 달을 (노래한다는) 뜻으로, 아무 때나 어느 자리에서나 즉흥적(卽興的. 그 자리에서 일어나는 감흥·感興이나 기분에 따라 하는)으로 시(詩)를 지음을 이르는 말. *풍월(風月): ①청풍(淸風)과 명월(明月). 곧 자연의 아름다움을 이르는 말. ②=음풍농월(吟風弄月). 즉, 맑은 바람과 밝은 달을 대하여 시(詩)를 지어 읊으며 즐김.

봉필-생-휘(蓬蓽生輝 쑥 **봉**/잡목 **필**/생길 **생**/빛날 **휘**) 쑥과 잡목(雜木)으로 (지은 집에) (한 가닥) 빛날 (일이) 생겼다는 뜻으로, 가난한 사람의 집에 귀인(貴人. 사회적 지위가 높고 귀한 사람)이나 고귀(高貴. 훌륭하고 귀함)한 사람이 찾아온 것을 영광(榮光)으로 생각함을 이르는 말. =봉필생광(蓬蓽生光). *봉필(蓬蓽): 쑥이나 가시덤불(가시가 많은 덤불. 즉, 엉클어진 얕은 수풀)로 지붕을 이었다는 뜻으로, 가난한 사람의 집을 일컬음. *쑥: 부록 '봉(蓬)' 참고. *잡목(雜木): 부록 '필(蓽)' 참고.

봉함-엽서(封緘葉書 봉할 **봉**/봉할 **함**/잎 **엽**/글 **서**) 봉(封)하고 봉(封)한 엽서(葉書)라는 뜻으로, 우편엽서(郵便葉書)의 하나를 이르는 말. 사연을 적은 쪽을 보이지 않게 겹쳐서 접으면, 크기가 보통 엽서(葉書)와 같게 되며, 편지처럼 봉(封)할 수 있다. *봉함(封緘): 편지를 봉투에 넣고 봉함. 또는 그 편지. *엽서(葉書): =우편엽서(郵便葉書). 즉, 정보 통신부가 일정한 규격의 용지에다 우편 요금의 증표(證票. 증명이나 증거가 될 만한 표)를 인쇄하여 발행하는 편지 용지. *봉하다(封~): 부록 '봉(封)', '함(緘)' 참고.

부-가-범택(浮家泛宅 뜰 **부**/집 **가**/뜰 **범**/집 **택**) 떠 (있는) 집과 떠 (있는) 집이라는 뜻으로, 물에 떠다니는 배[船]에서 하는 살림살이. 또는 그 배[船]를 이르는 말. *범택(泛宅): 뜨는 집이라는 뜻으로, '배[船]'를 달리 이르는 말. *뜨다: 부록 '부(浮)', '범(泛)' 참고.

부-간-부-담(附肝附膽 붙을 **부**/간 **간**/붙을 **부**/쓸개 **담**) 간(肝)에 붙었다 쓸개에 붙었다 (한다는) 뜻으로, 아무 줏대(主~. 마음의 중심이 되는 생각이나 태도) 없이 형세(形勢. 어떠한 일의 형편이나 상태)에 따라 이리 붙었다, 저리 붙었다 하는 기회주의자(機會主義者. 일관된 입장을 지니지 못하고 그때그때의 정세에 따라 이로운 쪽으로 행동하는 사람)를 이르는 말. *붙다: '부(附)' 참고. *쓸개: '담(膽)' 참고. 《관련 속담》 간에 가 붙고 쓸개에 가 붙는다. / 간에 붙었다 쓸개에 붙었다 한다. / 간에 가 붙고 염통에 가 붙는다.

부-관-참시(剖棺斬屍 쪼갤 **부**/널 **관**/벨 **참**/주검 **시**) 널을 쪼개어 주검을 벤다는 뜻으로, 죽은 뒤에 큰 죄(罪)가 드러난 사람을 극형(極刑. 가장 무서운 형벌이라는 뜻으로, 사형·死刑을 이르는 말)에 처하던 일을 이르는 말. 무덤을 파고 관(棺. 시체를 담는 궤)을 꺼내어 시체(屍體)를 (칼 따위로) 베거나 목을 잘라 거리에 내걸었다. *참시(斬屍): =부관참시(剖棺斬屍). *쪼개다: '부(剖)' 참고. *널: 시체를 넣는 궤(櫃). 즉, 나무로 상자처럼 만든 그릇. *베다: '참(斬)' 참고. *주검: '시(屍)' 참고.

부국-강병(富國强兵 넉넉할 **부**/나라 **국**/강할 **강**/군사 **병**) 나라를 넉넉하게 (하고) 군사(軍士)를 강(强)하게 (한다는) 뜻으로, 나라의 경제력을 넉넉하게 하고 군사력을 튼튼하게 하는 일. 즉, 나라를 부유(富裕)하게 만들고 군대를 강(强)하게 함. 또는 그 나라나 군대(軍隊)를 이르는 말. *부국(富國): ①경제력이 넉넉한 나라. ↔빈국(貧國). ②국가 경제를 넉넉하게 하는 일. *강병(强兵): 굳센 병정. 또는 강한 군대. *군사(軍士) :부록 '병(兵)' 참고.

부귀-공명(富貴功名 넉넉할 **부**/귀할 **귀**/공 **공**/이름 **명**) 넉넉하고 귀(貴)하며, 공(功)과 이름[名]이라는 뜻으로, 재산(財産)이 많고 지위(地位)가 높으며, 공(功)을 세워 이름이 드러나거나 이름을 떨침을 이르는 말. =공명부귀(功名富貴). *부귀(富貴): 재산이 많고 사회적 지위가 높음. *공명(功名): ①공(功)을 세워 널리 알려진 이름. ②공(功)을 세워 널리 이름을 떨치는 일. *공(功): 부록 '공(功)' 참고.

부귀-궁달(富貴窮達 넉넉할 **부**/귀할 **귀**/궁할 **궁**/출세할 **달**) 넉넉하고 귀(貴)하며 궁(窮)하고 출세(出世)한다는 뜻으로, 부귀(富貴)와 궁달(窮達)을 아울러 이르는 말. *부귀(富貴): ☞부귀공명(富貴功名). *궁달(窮達): 빈궁(貧窮. 가난하여 생활이 몹시 어려움)과 영달(榮達. 높은 지위에 오르고 귀하게 됨)을 이르는 말. *궁하다(窮~): 부록 '궁(窮)' 참고. *출세하다(出世~): 사회적으로 높이 되거나 유명해지다.

부귀-다남(富貴多男 넉넉할 **부**/귀할 **귀**/많을 **다**/사내 **남**) 넉넉하고 귀(貴)하며 많은 사내라는 뜻으로, 재산이 많고, 지위가 높으며, 아들이 많음을 이르는 말. *부귀(富貴): ☞부귀공명(富貴功名). *다남(多男): 아들이 많음. 또는 많은 아들.

부귀-영달(富貴榮達 넉넉할 **부**/귀할 **귀**/영화로울 **영**/통달할 **달**) 부귀(富貴)와 영달(榮達)을 (누린다는) 뜻으로, 재산이 많고 지위가 높으며 귀하게 됨을 이르는 말. *부귀(富貴): ☞부귀공명(富貴功名). *영달(榮達): 사회적 지위가 높고 귀하게 됨.

부귀-영화(富貴榮華 넉넉할 **부**/귀할 **귀**/영화로울 **영**/번성할 **화**) 넉넉하고 귀하며 영화(榮華)롭고 번성(繁盛)한다는 뜻으로, 재산이 많고 지위가 높으며 귀하게 되어서, 이름이 세상에 드러나 온갖 영광(榮光)을 누림을 이르는 말. *부귀(富貴): ☞부귀공명(富貴功名). *영화(榮華): 권력(權力)과 부귀(富貴)를 마음껏 누리는 일. *영화롭다(榮華~): 부록 '영(榮)' 참고. *번성하다(繁盛~): ①(붇거나 늘어나거나 하여) 한창 잘되어 성하다. ②초목이 무성하다.

부귀-재천(富貴在天 넉넉할 **부**/귀할 **귀**/있을 **재**/하늘 **천**) 넉넉하고 귀(貴)함은 하늘에 있다. 즉, 부귀(富貴)는 재천(在天)에 있다는 뜻으로, 부귀(富貴)를 누리는 일은 하늘의 뜻에 달려 있어, 사람의 힘으로는 어찌할 수 없음을 이르는 말. *부귀(富貴): ☞부귀공명(富貴功名). *재천(在天): ①하늘에 있음. ②하늘에 달려 있음. 이 사자성어의 유래는 다음과 같다. 『논어(論語)』의 「안연(顔淵)」 편(篇)에, 〈사마우(司馬牛. 사람 이름)가 근심하면서 말했다. "사람들은 모두 형제가 있는데, 유독 저만 없습니다." 자하(子夏)가 말했다. "죽음과 삶에는 명(命)이 있고, 부유함과 귀함은 하늘에 달려 있다고 들었습니다. 군자(君子. 학문과 덕·德이 높고 행실·行實이 바르며 품위·品位를 갖춘 사람)가 공경하면 실수하지 않고, 남과 접촉하는 데 공손하고 예우가 있으면, 온 세상 사람들이 모두 형제입니다. 군자(君子)가 어찌 형제가 없는 것을 걱정하겠습니까?"(司馬牛憂曰. 人皆有兄弟. 我獨亡. 子夏曰. 商聞之矣. 死生有命. **富貴在天**. 君子敬而無失. 與人恭而有禮. 四海之內. 皆兄弟也. 君子何患乎無兄弟也.)〉라는 이야기가 나오는데, '부유함과 귀함은 하늘에 달려 있다.(富貴在天)'에서, '부귀재천(富貴在天)'이 유래했다. 이것은 자하(子夏)가 한 말이다. 참고로, 원문의 '司馬牛憂曰'에서, '司'는 맡을 '사', 벼슬 '사'로 읽고, '馬'는 말 '마'로 읽고, '牛'는 소 '우'로 읽는다. '司馬牛'는 사람 이름. '憂'는 근심할 '우'로 읽는다. '司馬牛憂曰'을 직역(直譯)하면, 사마우(司馬牛)가 근심하여 말하기를, '人皆有兄弟'에서, '人'은 사람 '인'으로 읽고, '皆'는 다 '개', 모두 '개'로 읽고, '有'는 있을 '유'로 읽고, '兄'은 형(兄) '형'으로 읽고, '弟'는 아우 '제'로 읽는다. '人皆有兄弟'를 직역(直譯)하면, 사람은 다 형과 아우가 있는데, '我獨亡'에서, '我'는 나(1인칭 대명사) '아'로 읽고, '獨'은 홀로 '독'으로 읽고, '亡'는 여기서는 없을 '무'로 읽는다. '無'와 같은 글자다. '我獨亡'을 직역(直譯)하면, 나만 홀로 (형제가) 없습니다. '子夏日'에서, '子'는 아들 '자'로 읽고, '夏'는 여름 '하'로 읽는다. '子夏'는 사람 이름. '子夏日'을 직역(直譯)하면, 자하(子夏)가 말하기를, '商聞之矣'에서, '商'은 장사 '상'으로 읽는다. 여기서는 '자하(子夏)'의 이름. 성(姓)은 복(卜)이며, 자(字. <u>본이름을 함부로 부르지 않던 시대에, 본이름 대신 부르던 이름</u>)가 자하(子夏)이다. '聞'은 들을 '문'으로 읽고, '之'는 어조사 '지'로 읽는다. '그것'을 나타내는 지시 대명사. '矣'는 어조사 '의'로 읽는다. '~이다(<u>단정</u>)'의 뜻을 나타냄. '商聞之矣'를 직역(直譯)하면, 자하(子夏)는 그것을 듣건대, '死生有命'에서, '死'는 죽을 '사'로 읽고, '生'은 살 '생'으로 읽고, '命'은 운명(運命) '명'으로 읽는다. '死生有命'을 직역(直譯)하면, (사람이) 죽고 사는 것이 운명(運命)에 (달려) 있다는 뜻으로, ①사람의 생사(生死)는 다 천명(天命. <u>타고난 운명. 또는 하늘의 명령</u>)에 달려 있어, 사람의 힘으로 어찌할 수 없음을 이르는 말. ②의리(義理. <u>사람으로서 마땅히 지켜야 할 바른 도리</u>)를 위하여 죽음을 피하지 않음을 이르는 말. '富貴在天'에서, '富'는 넉넉할 '부'로 읽고, '貴'는 귀할 '귀'로 읽고, '在'는 있을 '재'로 읽고, '天'은 하늘 '천'으로 읽는다. '富貴在天'을 직역(直譯)하면, 넉넉하고 귀(貴)함은 하늘에 있다는 뜻으로, 부귀(富貴)를 누리는 일은 하늘의 뜻에 달려 있어, 사람의 힘으로는 어찌할 수 없음을 이르는 말. '君子敬而無失'에서, '君'은 군자(君子) '군'으로 읽고, '子'는 경칭(敬稱. <u>공경하는 뜻으로 부르는 칭호. 또는 존대하여 일컬음</u>) '자'로 읽는다. 학덕(學德)과 지위가 높은 남자의 경칭(敬稱)이다. '君子'는 행실이 점잖고 어질며, 덕(德. <u>베풀어 준 은혜나 도움</u>)과 학식이 높은 사람. '敬'은 공경할(恭敬~. <u>남을 대할 때 몸가짐을 공손히 하고 존경할</u>) '경'으로 읽고, '而'는 말 이을 '이'로 읽는다. '그리고'의 뜻을 나타냄. '無'는 없을 '무'로 읽고, '失'은 그르칠 '실', 잘못할 '실'로 읽는다. '君子敬而無失'을 직역(直譯)하면, 군자(君子)는 공경하고 그리고 잘못함이 없으며, '與人恭而有禮'에서, '與'는 함께할 '여'로 읽고, '人'은 사람 '인'으로 읽는다. '남'을 나타냄. '恭'은 공손할 '공'으로 읽고, '禮'는 예절(禮節) '례(예)'로 읽는다. '與人恭而有禮'를 직역(直譯)하면, 남과 함께하여 공손하고 그리고 예절이 있으면, '四海之內'에서, '四'는 넉 '사'로 읽고, '海'는 바다 '해'로 읽는다. '四海'는 사방의 바다. 또는 온 세상. '之'는 어조사 '지'로 읽는다. '~의'를 나타내는 관형격 조사. '內'는 안 '내'로 읽는다. '四海之內'를 직역(直譯)하면, 온 세상의 안은. '皆兄弟也'에서, '皆'는 다 '개', 모두 '개'로 읽고, '兄'은 형(兄) '형'으로 읽고, '弟'는 아우 '제'로 읽고, '也'는 어조사 '야'로 읽는다. '~이다(<u>단정</u>)'의 뜻을 나타냄. '皆兄弟也'를 직역(直譯)하면, 모두 형과 아우이다. 여기서, '四海兄弟'가 유래하였는데, 이것을 직역(直譯)하면, 넷(<u>사방</u>)의 바다가 형(兄)과 아우이다. 즉, 세상의 모든 사람이 형제(兄弟)라는 뜻으로, 세상의 모든 사람을 친밀(親密. <u>지내는 사이가 매우 친하고 가까움</u>)하게 이르는 말. 즉, 천하(天下) 사람들이 마음과 뜻을 같이한다면 누구나 형제처럼 친밀(親密)하게 지낼 수 있음을 이르는 말. '君子何患乎無兄弟也'에서, '何'는 어찌(<u>의문 부사</u>) '하'로 읽고, '患'은 근심 '환', 근심할 '환'으로 읽고, '乎'는 어조사 '호'로 읽는다. '~는가?, ~인가?(<u>의문</u>)'의 뜻을 나타냄. '君子何患乎無兄弟也'를 직역(直譯)하면, 군자(君子)가 어찌 형과 아우가 없음을 근심하겠는가?

부급-종-사(負笈從師 짐 질 **부**/책 상자 **급**/좇을 **종**/스승 **사**) 책 상자를 짐 지고 스승을 좇는다(<u>따른다</u>)는 뜻으로, 먼 곳에 있는 스승을 찾아서 공부하러 감을 이르는 말. *부급(負笈): 책 상자를 진다는 뜻으로, 타향으로 공부하러 감을 이르는 말. *책(册) 상자(箱子): 부록 '급(笈)' 참고. *좇다: 부록 '종(從)' 참고.

부-다-일-내(不多日內 아닐 **부**/많을 **다**/날 **일**/안 **내**) 많은 (날이) 아닌, 날 안(며칠 내)이라는 뜻으로, 여러 날이 걸리지 않고 며칠 이내(以內)를 이르는 말.

부-달-시의(不達時宜 아닐 **부**/이를 **달**/때 **시**/형편 좋을 **의**) 형편 좋은 때에 이르게 (하려고) (힘쓰지) 아니한다는 뜻으로, 매우 완고(頑固. 성질이 완강하고 고루함)하여 시대의 흐름에 적응하려는 융통성이 없거나, 시대의 흐름을 따르려는 변통성(變通性. 이리저리 융통성 있게 처리하는 성질)이 없음을 이르는 말. =부달시변(不達時變). *시의(時宜): 그때의 사정에 알맞음. *이르다: ①어떤 곳에 닿다. =도착(到着)하다. ②일정한 시간에 미치다. ③어느 정도나 범위에 미치다.

부-답-복철(不踏覆轍 아닐 **부**/밟을 **답**/다시 할 **복**/바큇자국 **철**) 다시 바큇자국을 밟지 아니 한다. 즉, 전철(前轍. 앞에 지나간 수레바퀴의 자국이라는 뜻으로, 이전 사람의 그릇된 일이나 행동의 자취를 이르는 말)을 밟지 않는다는 뜻으로, 앞사람의 실패(失敗)를 다시 되풀이하지 않음을 이르는 말. *복철(覆轍): 앞서 가던 수레의 엎어진 자취라는 뜻으로, 앞 사람이나 남의 실패의 전례(前例. 이전부터 있었던 사례. 또는 예로부터 전하여 내려오는 일 처리의 관습)를 이르는 말. =전철(前轍). *바큇자국: 부록 '철(轍)' 참고.

부당-이득(不當利得 아닐 **부**/마땅할 **당**/이익 **이**/얻을 **득**) 마땅하지 아니한 (방법으로) 이익(利益)을 얻는다는 뜻으로, 정당하지 않은 방법으로 얻는 이익. 또는 법령(法令. 법률이나 명령)을 위반하는 부당한 방법으로 남에게 손해(損害)를 주면서 얻는 이익(利益)을 이르는 말. *부당(不當): 도리(道理)에 벗어나서 정당하지 않음. 또는 사리(事理. 일의 이치)에 맞지 아니함. *이득(利得): 이익을 얻는 일. 또는 그 이익. *마땅하다: 부록 '당(當)' 참고.

부당-지-사(不當之事 아닐 **부**/마땅할 **당**/어조사 **지**/일 **사**) 마땅하지 아니한 일이라는 뜻으로, 정당하지 아니한 일. 또는 이치(理致. 사물의 정당한 체계. 또는 도리에 맞는 취지)에 맞지 아니한 일을 이르는 말. *부당(不當): ☞부당이득(不當利得). *마땅하다: 부록 '당(當)' 참고..

부당-지-설(不當之說 아닐 **부**/마땅할 **당**/어조사 **지**/말씀 **설**) 마땅하지 아니한 말씀이라는 뜻으로, 사리(事理. 일의 이치)에 맞지 않은 말. 또는 이치(理致. 사물의 정당한 체계. 또는 도리에 맞는 취지)에 맞지 아니하는 말을 이르는 말. *부당(不當): ☞부당이득(不當利得). *마땅하다: 부록 '당(當)' 참고.

부-대-불-소(不大不小 아닐 **부**/클 **대**/아닐 **불**/작을 **소**) 크지도 아니하고 작지도 아니하다. 즉, 크지도 작지도 않다는 뜻으로, 크지도 작지도 아니하고 알맞음을 이르는 말.

부대-시설(附帶施設 붙을 **부**/띠 **대**/베풀 **시**/베풀 **설**) (어떤) 띠에 붙어 (있는) 시설(施設)이라는 뜻으로, 기본이 되는 건축물 따위에 덧붙어 있는 시설(施設)을 이르는 말. *부대(附帶): (일부 명사 앞에 쓰이어) 주된 일에 곁달아서 덧붙임. *시설(施設): (도구나 장치 따위를) 베풀어서 차림. 또는 그 차린 설비. *붙다: 부록 '부(附)' 참고. *띠: 부록 '대(帶)' 참고. *베풀다: 부록 '시(施)', '설(設)' 참고.

부-득-기-소(不得其所 못할 **부**/얻을 **득**/그 **기**/바 **소**) 그 (바라는) 바를 얻지 못한다는 뜻으로, (훌륭한 능력을 지니고도) 그 능력을 펴 볼 만한 자리를 얻지 못함. 즉, 좋은 소질(素質. 날 때부터 지니고 있는, 성격이나 능력 따위의 바탕이 되는 것)과 충분한 실력(實力)을 가지고도 알맞은 지위(地位. 개인의 사회적 신분에 따르는 위치나 자리)를 얻지 못함을 이르는 말. =부득기위(不得其位). *바: 부록 '소(所)' 참고.

부-득-기-위(不得其位 못할 **부**/얻을 **득**/그 **기**/자리 **위**) 그 자리를 얻지 못한다는 뜻으로, (훌륭한 능력을 지니고도) 그 능력을 펴 볼 만한 자리를 얻지 못함. 즉, 좋은 소질(素質. 날 때부터 지니고 있는, 성격이

ㅂ

나 능력 따위의 바탕이 되는 것)과 충분한 실력(實力)을 가지고도 알맞은 지위(地位. 개인의 사회적 신분에 따르는 위치나 자리)를 얻지 못함을 이르는 말. =부득기소(不得其所).

부-득-요령(不得要領 못할 **부**/얻을 **득**/요긴할 **요**/거느릴 **령**) 요긴(要緊)한 거느림을 얻지 못한다. 즉, 말이나 글 따위의 요령(要領)을 잡지 못하거나 얻을 수가 없다는 뜻으로, 핵심(核心. 사물의 중심이 되는 가장 요긴한 부분. =알맹이)이나 요점(要點)을 파악하거나 터득(攄得. 연구하거나 생각하여 사물의 이치를 깨달아 앎)하지 못하는 것을 이르는 말. =요령부득(要領不得). *요령(要領): ①사물의 요긴하고 으뜸(중요한 정도로 본, 어떤 사물의 첫째를 이르는 말)이 되는 점. 또는 그 줄거리. ②경험으로부터 얻은 묘한 이치. ③적당히 꾀를 부려 하는 짓. *요긴하다(要緊~): =긴요하다(緊要~). 즉, 매우 중요하다. 또는 꼭 필요하다. 이 사자성어의 유래는 다음과 같다. 『사기(史記)』의 「대원열전(大苑列傳)」 편(篇)과 『한서(漢書)』의 「장건전(張騫傳)」 편(篇)에, 〈그런데 월지(月氏)에서는 왕이 흉노(匈奴. 기원전 3~1세기경에 몽골 지방에서 활약하던 유목 민족)에게 피살된 후 태자를 왕으로 세웠으며, 대하(大夏)를 정복하여 통치하고 있었는데, 땅이 기름져 생산물이 풍부하고, 침략하는 나라도 거의 없어 안락한 생활을 하고 있었다. 또한 한(漢)나라를 먼 나라로 여겼으며, 흉노(匈奴. 기원전 3~1세기경에 몽골 지방에서 활약하던 유목 민족)에게 보복할 마음을 가지고 있지도 않았다. 장건(張騫)은 월지(月氏)를 떠나 대하(大夏)에 이르렀지만, 끝내 월지(月氏)의 진의(眞意. 참뜻, 곧 거짓이 없는 본 마음)를 파악할 수가 없었다. (大月氏王已爲胡所殺, 立其太子爲王, 旣臣大夏而居, 地肥饒, 少寇, 志安樂, 又自以遠漢, 殊無報胡之心, 騫從月氏至大夏, **竟不能得月氏要領**.)〉라는 이야기가 나오는데, '끝내 월지(月氏)의 진의를 파악할 수가 없었다.(竟不能得月氏要領)'에서, '부득요령(不得要領)'이 유래했다. '부득요령(不得要領)'의 '요(要)'는 '허리'라는 뜻의 '요(腰)'이며, '령(領)'은 '옷깃'의 뜻이나 여기서는 관건(關鍵. 문빗장 또는 문제를 해결하기 위하여 꼭 있어야 하는 것)이나 핵심(核心. 사물의 중심이 되는 가장 요긴한 부분. =알맹이)을 뜻한다. 중국에서는 일반적으로 '부득요령(不得要領)'이라 하고, 우리나라에서는 '요령부득(要領不得)'이라고 한다. 그런데 원문의 '월지(月氏. 月支)'는 고대 중앙아시아(中央Asia)의 국가이다. 기원전 3세기 중반 경~기원전 1세기 중반 경, 중앙아시아(中央Asia)와 북아시아((北Asia)에 존재했던 유목(遊牧) 민족(民族)이며, 그 국가(國家)를 부르는 말이다. 여기서, '유목(遊牧)'은 일정한 거처(居處. 한 군데 자리 잡고 삶)를 정하지 않고 물과 풀밭을 찾아 옮겨 다니면서 목축(牧畜. 소, 말, 양 따위의 가축을 길러 번식시키는 일)을 하면서 삶. 그런데 월지(月氏)의 '氏'는 여기서는 나라 이름 '지'로 읽는다. '대하(大夏)'는 한대(漢代. 한나라의 시대)의 서역(西域) 지방의, 나라 이름이다. 이 이야기의 배경은 이렇다. 한(漢)나라 무제(武帝) 때 한(漢)나라 숙적(宿敵. 오래전부터의 원수)인 흉노(匈奴)를 멸하기 위하여 쓴 방책(方策. 방법과 꾀)이 월지(月氏 =대월지국·大月氏國)와 손잡는 일이었다. 월지(月氏)는 지리적으로 서역(西域. 중국의 서쪽 지역)에 위치하고 있었다. 그래서 월지(月氏)에 사신(使臣. 지난날, 나라의 명·命을 받아 외국에 파견되던 신하)으로 갈 사람을 모집하게 되어 장건(張騫)이 이 일을 맡고 나섰다. 월지(月氏)로 가려면 흉노(匈奴) 땅을 지나야만 했다. 장건(張騫)은 농서(隴西)를 지나 흉노(匈奴)의 영토를 통과하다가 그만 흉노(匈奴)의 포로(捕虜. 전투에서 적에게 사로잡힌 군인)가 되고 말았다. 장건(張騫)은 10여 년 동안이나 붙잡혀 있으면서 현지 여자와 결혼도 하고 자식까지 두었다. 그러나 그는 한(漢)나라 사자(使者. 명령이나 부탁을 받고 심부름하는 사람)로서의 직책만큼은 굳게 지키고 투항(投降. 적에게 항복함)하지 않았다. 포로(捕虜)로 잡힌 지 10년이 지나 흉노(匈奴)의 감시가 느슨해지자, 장건(張騫)은 처자(妻子. 아내와 자식)를 데리고 서방(西方)으로 탈출하여 월지(月氏)로 향했다. 장건(張騫)은 수십 일 후에 대원(大宛)에 도착했다. 그런데 대원(大宛)의 '宛'은 굽을 '완', 완연할 '완'으로 읽으나, 여기서는 고을 이름 '원'으로 읽는다. 한(漢)나라가 물자(物資. 어떤 활동에 필요한 여러 가지 물건이나 재료)가 풍부하다는 것을 알고 교류(交流. 문화나 사상 따위가 서로 오가며 섞임)를 하고 싶었던 대원(大宛)의 왕은 장건(張騫) 일행을 월지(月氏)까지 안내해 주었다. 장건(張騫)은 곧 월지(月氏)의 왕을 알현(謁見. 지체가 높고 귀한 사람을 찾아가 뵘)하고 한무제(漢武帝. 한나라의 무제)의 뜻을 전했다. 여기서, '지체'는 순우리말로, 대대로 이어 내려오는 사회적 신분이나 지위를 일컬음. 그것은 한(漢)나라와 국교(國交. 나라와 나라 사이에 맺는 외교관계)를 맺고 흉노(匈奴)를 같이 치자는 것이었다. 그러나 월지(月氏) 왕의 대답은 의외로 부정적이었다. "월지(月氏)는 서천(西遷. 서쪽으로 옮김) 이후 기름진 이 땅에서 평화롭게 살아왔소. 그러니 백성들은 이제 구원(舊怨. 예부터 쌓인 오래된 원한·怨恨을 일컬음)을 씻기 위한 그런 전쟁은 원치 않을 것이오." 장건(張騫)은 월지(月氏)를 떠나 월지(月氏)의 속국(屬國. 법적으로는 독립국이지만, 실제로는 정치나 경제, 군사 면에서 다른 나라에 지배되고 있는 나라)인 대하(大夏)에 이르렀다. 월지(月氏)를 움직이기 위함이었다. '끝내 월지(月氏)의 진의(眞意. 참뜻, 곧 거짓이 없는 본 마음)를 파악할 수가 없었다(竟不能得月氏要領)'고 말하는 것이었다. 장건(張騫)은 소득 없이 귀국할 수밖에 없었다. 그러나 돌아오는 길에 다시 흉노(匈奴)에게 잡혀 1년 남짓 머무르다가 귀국길에 올랐다. 결국 소기의 목적은 부득요령(不得要領)으로 끝난 것이다. 그러나 비록 목숨을 건 험난한 사신(使臣)의 길이었지만, 그 과정에서 장건(張騫)에 의해 알려진 동서 교통로는 이후 당나라 시대에 비단길(Silk Road)의 중요한 무역로(貿易路)가 됨으로써 서역(西域) 문명을 소개한 자(者)로서는 역사에 길이 남을 업적이었다. 참고로, 원문의 '大月氏王已爲胡所殺'에서, '大'는 여기서는, 대강 '대', 대체 '대'로 읽고, '月'은 달 '월'로 읽는다. '월지(月氏)'의 '氏'는 각시 '씨', 성 '씨' 따위로 읽기도 하지만, 나라 이름 '지'로도 읽는다. '王'은 임금 '왕'으로 읽고, '已'는 이미(돌이킬 수 없이 된 지난 일을 일컬을 때 쓰는 말) '이'로 읽고, '爲'는 될 '위'로 읽고, '胡'는 오랑캐 '호'로 읽는다. 중국 북방 민족을 넓은 범위로 부르는 이름. '所'는 바(앞에서 말한 내용 그 자체나 일 따위를 나타내는 말) '소'로 읽고, '殺'은 죽일 '살'로 읽는다. '大月氏王已爲胡所殺'을 직역(直譯)하면, 대체로 월지(月氏)에서는 왕이 이미 오랑캐로 하여금 죽는 바가 되었다. 즉, 월지(月氏)에서는 왕이 흉노(匈奴)에게 피살(被殺)되었다는 뜻이다. '立其太子爲王'에서, '立'은 설 '립(입)', 세울 '립(입)'으로 읽는다. '其'는 그(지시하는 말) '기'로 읽고, '太'는 클 '태'로 읽고, '子'는 아들 '자'로 읽는다. '太子'는 임금의 자리를 이을 임금의 아들. '爲'는, 여기서는 삼을 '위'로 읽고, '王'은 임금 '왕'으로 읽는다. '立其太子爲王'을 직역(直譯)하면, (그 후) 그 태자(太子)를 세워 임금으로 삼았다. '旣臣大夏而居'에서, '旣'는 이미(다 끝나거나 지난 일을 이를 때 쓰는 말. '벌써', '앞서'의 뜻을 나타냄) '기'로 읽고, '臣'은 신하(臣下) '신'으로 읽고, '大'는 클 '대'로 읽고, '夏'는 여름 '하'로 읽는다. '大夏'는 서역(西域)의 나라 이름. '而'는 말 이을 '이'로 읽는다. '그리고'의 뜻을 나타냄. '居'는 살 '거'로 읽는다. '旣臣大夏而居'를 직역(直譯)하면, 이미 신하(臣下)들은 대하(大夏)를 (정복하고) 그리고 (그 땅에) 살고 있었다. '地肥饒'에서, '地'는 땅 '지'로 읽고, '肥'는 기름질 '비'로 읽고, '饒'는 넉넉할 '요', 풍족할 '요'로 읽는다. '地肥饒'를 직역(直譯)하면, 땅은 기름지고 (식량은) 넉넉했다. '少寇'에서, '少'는 적을 '소'로 읽고, '寇'는 침범할

‘구’로 읽는다. ‘少寇’를 직역(直譯)하면, (외적이) 침범하는 (일이) 적었다. ‘志安樂’에서, ‘志’는 뜻 ‘지’로 읽고, ‘安’은 편안할 ‘안’으로 읽고, ‘樂’은 즐거울 ‘락(낙)’으로 읽는다. ‘安樂’은 몸과 마음이 편안하고 즐거움. ‘志安樂’을 직역(直譯)하면, 뜻을 안락함에 (두었다). ‘又自以遠漢’에서, ‘又’는 또 ‘우’로 읽고, ‘自’는 스스로 ‘자’로 읽고, ‘以’는 써(그것을 가지고, 그것으로 인하여) ‘이’로 읽고, ‘遠’은 멀 ‘원’으로 읽고, ‘漢’은 나라 이름 ‘한’으로 읽는다. ‘又自以遠漢’을 직역(直譯)하면, 또 스스로 그것으로 인하여 한 (漢)나라를 멀리 (떨어진 곳에 있는 나라로 여겨). ‘殊無報胡之心’에서, ‘殊’는 다를 ‘수’, 특히 ‘수’로 읽고, ‘無’는 없을 ‘무’로 읽고, ‘報’는 갚을 ‘보’로 읽고, ‘胡’는 오랑캐 ‘호’로 읽는다. ‘胡’는 중국 북방 민족의 범칭(汎稱. 넓은 범위로 부르는 이름. 또는 두루 쓰이는 이름)이다. ‘之’는 어조사 ‘지’로 읽는다. ‘~의’를 나타내는 관형격 조사. ‘心’은 마음 ‘심’으로 읽는다. ‘殊無報胡之心’을 직역(直譯)하면, 특히 오랑캐에게 갚음의 마음(오랑캐를 보복할 마음)이 없었다. 즉, 흉노(匈奴)에게 보복할 마음을 가지고 있지도 않았다는 뜻이다. ‘騫從月氏至大夏’에서, ‘騫’은 이지러질 ‘건’으로 읽는다. 여기서는, ‘장건(張騫)’을 가리킴. ‘從’은 좇을 ‘종’으로 읽고, ‘至’는 이를(어떤 장소나 시간에 닿을) ‘지’, 다다를 ‘지’로 읽는다. ‘騫從月氏至大夏’를, 직역(直譯)하면, (그래서) 장건(張騫)은 월지(月氏)를 좇아(어떤 자리에서 떠나) 대하(大夏)에 다다랐으나, ‘竟不能得月氏要領’에서, ‘竟’은 마침내(드디어 마지막에는) ‘경’으로 읽고, ‘不’은 못할(부정하는 말) ‘불’로 읽고, ‘能’은 할 수 있을 ‘능’으로 읽고, ‘得’은 얻을 ‘득’으로 읽고, ‘要’는 요긴(要緊. 매우 중요함. 또는 꼭 필요함)할 ‘요’로 읽고, ‘領’은 거느릴 ‘령(영)’으로 읽는다. ‘竟不能得月氏要領’을 직역(直譯)하면, 마침내(결국은) 월지(月氏)의 요령(要領)을 얻을 수 없었다. ‘월지(月氏)의 요령(要領)’은 월지(月氏)의 한(漢)나라에 대한 태도를 이르는 말. 여기서, ‘不得要領’이 유래하였는데, 이것을 직역(直譯)하면, 요긴 (要緊)한 거느림을 얻지 못한다. 즉, 말이나 글 따위의 요령(要領)을 잡지 못하거나 얻을 수가 없다는 뜻으로, 핵심이나 요점을 파악하거나 터득하지 못하는 것을 이르는 말. 그리고 ‘요령부득(要領不得)’도 여기서 유래하였는데, 이것을 직역(直譯)하면, 요령(要領)을 얻지 아니하다는 뜻으로, 말이나 글 따위의 요령(要領)을 잡을 수가 없음을 이르는 말.

부랑-자제(浮浪子弟 떠다닐 **부**/방랑할 **랑**/아들 **자**/아우 **제**) 떠돌아다니며 방랑(放浪)하는 자제(子弟)라는 뜻으로, 떠돌아다니며 방탕(放蕩. 주색에 빠져, 행실이 추저분함)한 생활을 하는 청소년을 완곡(婉曲. 말이나 행동을 드러내지 않고 빙 돌려서 나타냄)하게 이르는 말. *부랑(浮浪): 일정하게 사는 곳과 하는 일 없이 이리저리 떠돌아다님. *자제(子弟): 남을 높여 그의 아들이나 그 집안의 젊은이를 이르는 말. *방랑하다(放浪~): 정한 곳 없이 이곳저곳을 떠돌아다니다.

부랑-패류(浮浪悖類 떠다닐 **부**/방랑할 **랑**/거스를 **패**/무리 **류**) 떠돌아다니고 방랑(放浪)하며 뜻을 거스르는 무리라는 뜻으로, 일정한 주거(住居)나 직업(職業)이 없이 떠돌아다니며 못된 짓이나 하는 무리를 이르는 말. *부랑(浮浪): ☞부랑자제(浮浪子弟). *패류(悖類): 말이나 행동이 도리(道理. 사람이 마땅히 지켜야 할 바른 길)에 어긋나고 사나움. *방랑하다(放浪~): ☞부랑자제(浮浪子弟). *거스르다: ①자연스러운 형세(形勢)나 흐름에 반대되는 방향을 취하다. ②자연의 뜻이나 남의 뜻을 거역(拒逆. 윗사람의 뜻이나 지시 따위를 따르지 않고 거스름)하다.

부-로-위-고(婦老爲姑 며느리 **부**/늙을 **로**/될 **위**/시어머니 **고**) 며느리가 늙으면 시어머니가 된다는 뜻으로, 나이가 어리다고 함부로 무시하면 안 됨을 이르는 말. 즉, 나이가 어리다고 업신여기지 말라는 말.《관련 속담》 며느리 늙어 시어미 된다.

부마-도위(駙馬都尉 부마 부/말 마/도읍 도/벼슬 이름 위) 부마(駙馬)의 (칭호를 받은) 도위(都尉)라는 뜻으로, 임금의 사위(딸의 남편)를 이르는 말. 또는 임금의 사위에게 주던 칭호를 이르는 말. 여기서, '부마(駙馬)'는 원래 벼슬 이름이었음. 그런데 유방(劉邦)이 천하를 차지하고 황제가 된 후, 자기 목숨을 구해 준 부마(副馬. 주로 부리는 말 대신에 쓰기 위하여 예비로 함께 끌고 다니는 말)[원래는 마부(馬夫)가 정마(正馬)와 부마(副馬)로 나뉘어 서로 교대로 마차를 몰았다고 함]를 탄 마부(馬夫. 말을 부려 마차나 수레를 모는 사람)를 수소문(搜所聞. 세상에 떠도는 소문을 더듬어 찾음)하여 찾아내 도위(都尉. 임금의 사위에게 주던 칭호)에 봉(封)하고 딸을 그에게 시집보냈다고 한다. 여기서, 버금 부(副)의 '부마도위(副馬都尉)'가 나중에 부마 부(駙)의 '부마도위(駙馬都尉)'로 바뀌었다. *부마(駙馬): 임금의 사위. *도위(都尉): =부마도위(駙馬都尉). *도읍(都邑): 한 나라의 중앙 정부가 있는 곳. =서울. 이 사자성어의 유래는 다음과 같다. 진(晉)나라 간보(干寶)의 『수신기(搜神記)』에, 〈진(秦)나라 왕비는 이를 믿고 탄식하며 말했다. "내 딸이 죽은 지 23년이 지났는데도 산 사람과 부부(夫婦)의 인연을 맺었으니, 이 사람이야말로 진짜 내 사위이다." 그리고 신도탁(辛道度. '度'는 원래 법도 '도'로 읽으나, 여기서는 헤아릴 '탁'으로 읽음)을 부마도위(駙馬都尉)에 임명하고, 보물과 거마(車馬. 수레와 말)를 제공하고 본국(本國)으로 돌아갈 수 있도록 해 주었다. 이로부터 후세(後世) 사람들은 사위를 부마도위(駙馬都尉)라고 부르게 되었는데, 오늘날의 국서(國婿. 황제의 사위)도 역시 부마(駙馬)이다.(秦妃始信之, 嘆曰. 我女大聖. 死經二十三年, 猶能與生人交往, 此是我眞女婿也. **遂封度爲駙馬都尉**, 賜金帛車馬, 令還本國, 因此以來, 後人名女婿爲駙馬, 今之國婿, 亦爲駙馬矣)〉라는 이야기가 나오는데, '그리고 신도탁(辛道度)을 부마도위(駙馬都尉)에 임명하고.(遂封度爲駙馬都尉)'에서, '부마도위(駙馬都尉)'가 유래했다. 이 이야기의 배경은 이렇다. 농서(隴西) 땅의 신도탁(辛道度)이란 젊은이가 공부하러 옹주(雍州)에 가다가 4, 5리쯤 앞에서, 큰 저택(邸宅. 규모가 아주 큰 집) 앞에 푸른 옷을 입은 하녀(下女)가 서 있는 것을 발견하고 문 앞으로 가 저녁 식사를 부탁했다. 하녀(下女)가 집으로 들어가 진녀(秦女. 사람 이름)에게 고(告)하자, 여자가 들어오게 하라고 명을 내렸다. 식사를 마치자, 여자가 말했다. "저는 진(秦)나라 민왕(閔王)의 딸로 조(曹)나라에 시집갔는데, 그만 불행히도 남편과 사별(死別. 죽어서 이별함)을 하고 지금까지 23년 동안 이 집에서 혼자 살고 있습니다. 오늘 이처럼 찾아 주셨으니, 저와 부부(夫婦)의 인연을 맺어 사흘 동안만 함께 있어 주십시오." 사흘 후, 여자가 말했다. "이렇게 사흘이나 함께 있었지만, 애틋한 사랑의 정(情)을 다 나누지 못하고 헤어져야 하는데, 무엇으로 그대에게 사랑의 표시를 하지요?" 여인은 침대(寢臺) 뒤의 상자를 열게 하여 금 베개[金枕]를 꺼내 신도탁(辛道度)에게 신표(信標. 뒷날에 보고 표적이 되게 하기 위해 서로 주고받는 물건)로 주었다. 대문(大門)을 나선 신도탁(辛道度)이 몇 발자국 가지도 않았는데, 집은 간데없고 무덤만 하나 덜렁 있을 뿐이었다. 진(秦)나라에 도착한 신도탁(辛道度)은 시장(市場)에 가 금 베개[金枕]를 팔았다. 그런데 마침 진(秦)나라 왕비가 구경하러 나왔다가, 신도탁(辛道度)이 금 베개를 파는 것을 보고 신도탁(辛道度)을 조사하며, 그 물건을 어디에서 얻었는지 물었다. 신도탁(辛道度)이 모든 사실을 이야기하자, 왕비는 슬픔에 눈물을 흘리면서도 여전히 믿을 수가 없어 사람들을 시켜 공주의 무덤을 파고 관(棺. 시체를 넣는 궤)을 열어보았다. 다른 부장품(副葬品. 죽은 이를 묻을 때, 시체와 함께 묻는 물건)은 다 있었으나 금 베개만 없는 것이었다. 그리고 시신(屍身. 죽은 사람의 몸)을 조사해보니 정교(情交. 남녀 간의 육체관계)한 흔적이 역력(歷歷. 또렷함)했다. 진(秦)나라 왕비는 이를 믿고 탄식(嘆·歎息. 한탄하며 한숨을 쉼. 또는 그 한숨)하며 위와 같이 말했다는 것이다. 참고로, 원문의 '秦妃始信之'에서, '秦'은 진(秦)나라 '진'으로 읽고, '妃'는 왕비 '비'로 읽고, '始'는 비로소 '시'로 읽고, '信'은 믿을 '신'으로 읽고, '之'는 어조사 '지'로 읽는다. '그것'을 나타내는 지시 대명사. '秦妃始信之'를 직역(直譯)하면, 진(秦)나라 왕비는 비로소 그것을 믿고, '嘆曰'에서 '嘆'은 탄식할 탄으로 읽는다. '嘆曰' 을 직역(直譯)하면, (그리고) 탄식(嘆·歎息)하여 말하기를, '我女大聖'에서, '我'는 나(1인칭 대명사) '아'로 읽고, '女'는 계집 '녀(여)', 딸 '녀(여)'로 읽고, '大'는 큰 '대'로 읽고, '聖'은 성인(聖人. 지혜와 덕이 매우 뛰어나 길이 우러러 본받을 만한 사람) '성'으로 읽는다. '我女大聖'을 직역(直譯)하면, 내 딸은 큰 성인(聖人)이로다. '死經二十三年'에서, '死'는 죽을 '사'로 읽고, '經'은 지날 '경', 지낼 '경'으로 읽는다. '死經'을 직역(直譯)하면, 죽은 지 ~가 지났음. '二'는 두 '이'로 읽고, '十'은 열 '십'으로 읽고, '三'은 석 '삼'으로 읽고, '年'은 해 '년(연)'으로 읽는다. '死經二十三年'을 직역(直譯)하면, 죽은 지 23년이 지났는데, '猶能與 生人交往'에서, '猶'는 오히려 '유'로 읽고, '能'은 능히 할 '능'으로 읽고, '與'는 어조사 '여'로 읽는다. '~와', '~과(병렬)'의 뜻을 나타냄. '生'은 살 '생'으로 읽고, '人'은 사람 '인'으로 읽는다. '生人'은 살아 있는 사람. '交'는 사귈 '교', 교제(交際)할 '교'로 읽고, '往'은 갈 '왕'으로 읽는다. '猶能與生人交往'을 직역 (直譯)하면, 오히려 살아 있는 사람과 능히 교제(交際)를 하면서 (저 세상으로) 갔으니, 즉, 산 사람과 부부(夫婦)의 인연을 맺으면서 죽었으니, '此是我眞女婿也'에서, '此'는 이(지시하는 말) '차'로 읽고, '是' 는 이(지시하는 말) '시'로 읽고, '我'는 나(1인칭 대명사) '아'로 읽고, '眞'은 진짜 '진'으로 읽고 '女'은 계집 '녀(여)', 딸 '녀(여)'로 읽고, '婿'는 사위 '서'로 읽는다. '女婿'는 딸의 남편. 또는 사위. '也'는 어조사 '야'로 읽는다. '~이다(단정)'의 뜻을 나타냄. '此是我眞女婿也'를 직역(直譯)하면, 이 (사람이야말로) 나 의 진짜 사위이다. '遂封度爲駙馬都尉'에서, '遂'는 드디어 '수', 마침내 '수'로 읽고, '封'은 봉할(封~. 임금 이 신하에게 일정 정도의 영지·領地를 내려주고 영주·領主로 삼음) '봉'으로 읽고, '度'는 법도(法度. 생활 상의 '예법·禮法'과 '제도·制度'를 아울러 이르는 말) '도'로 읽는다. 여기서는 농서(隴西) 땅에 사는 '신도 탁(辛道度)'을 가리킴. '爲'는, 여기서는 삼을(어떤 대상과 인연을 맺어 자기와 관계있는 사람으로 만들) '위'로 읽고, '駙'는 부마(駙馬) '부'로 읽고, '馬'는 말 '마'로 읽고, '都'는 도읍(都邑. '서울'을 일컫는 말) '도'로 읽고, '尉'는 벼슬 이름 '위'로 읽는다. '遂封度爲駙馬都尉'를 직역(直譯)하면, 마침내 신도탁(辛道 度)을 봉(封)하여 부마도위(駙馬都尉)로 삼았다. 여기서, '駙馬都尉'가 유래하였는데, 이것을 직역(直譯) 하면, 부마(駙馬)로 (받은) 도위(都尉)라는 뜻으로, 임금의 사위(딸의 남편)를 이르는 말. 또는 임금의 사위에게 주던 칭호를 이르는 말. '賜金帛車馬'에서 '賜'는 줄 '사', 하사(下賜. 임금이 신하에게, 또는 윗사람이 아랫사람에게 물건을 줌)할 '사'로 읽고, '金'은 금(金) '금'으로 읽고, '帛'은 비단 '백'으로 읽고, '車'는 수레 '거'로 읽고, '馬'는 말 '마'로 읽는다. '賜金帛車馬'를 직역(直譯)하면, (그리고) 금과 비단, 수레와 말을 하사(下賜)하여, '令還本國'에서, '令'은 명령할 '령(영)', ~하게 할 '령(영)'으로 읽고, '還'은 돌아올 '환', 돌아갈 '환'으로 읽고, '本'은 근본 '본'으로 읽고, '國'은 나라 '국'으로 읽는다. '本國'은 자기의 국적(國籍. 국가의 구성원으로서의 자격이나 신분)이 있는 나라. '令還本國'을 직역(直譯)하면, 본국(本 國)으로 돌아가게 하였다. '因此以來'에서, '因'은 인할(因~. 어떤 사실로 말미암을) '인', 말미암을(어떤 현상이나 사물 따위가 원인이나 이유가 됨) '인'으로 읽고, '此'는 이(지시하는 말) '차'로 읽고, '以'는 써(그것을 가지고, 그것으로 인하여) '이'로 읽고, '來'는 올 '래(내)'로 읽는다. '以來'는 지나간 어느 일정한 때로부터 지금까지. 또는 그 뒤. '因此以來'를 직역(直譯)하면, 이로 인하여 그 뒤. '後人名女婿爲駙馬'에서, '後'는 뒤 '후'로 읽고, '人'은 사람 '인'으로 읽는다. '後人'은 후대(後代)의 사람. '名'은 이름 지을 '명'으로 읽고, '婿'는 사위 '서'로 읽고, '爲'는 할 '위'로 읽고, '駙'는 부마(駙馬) '부'로 읽고, '馬'는 말 '마'로 읽는다. '後人名女婿爲駙馬'를 직역(直譯)하면, 후대(後代)의 사람은 사위를 이름지어 부마(駙馬)라고 하였다. '今之國婿'에서, '今'은 이제 '금'. 오늘 '금'으로 읽고, '之'는 어조사 '지'로 읽는다. '~의'를 나타내는 관형격 조사. '國'은 나라 '국'으로 읽고, '婿'는 사위 '서'로 읽는다. '國婿'는 임금의 사위. '今之國婿'를 직역(直譯)하면, 오늘의 임금 사위를. '亦爲駙馬矣'에서, '亦'은 또 '역'. 또한 '역'으로 읽고, '爲'는, 여기서는 할 '위'로 읽고, '矣'는 어조사 '의'로 읽는다. '~이다(단정)'의 뜻을 나타냄. '亦爲駙馬矣'를 직역(直譯)하면, 또한 부마(駙馬)라고 했다.

부모-처자(父母妻子 아비 **부**/어미 **모**/아내 **처**/아들 **자**) 아비와 어미와 아내와 자식을 아울러 이르는 말. *부모(父母): 아버지와 어머니. *처자(妻子): 아내와 자식. *아비: 부록 '부(父)' 참고. *어미: 부록 '모(母)' 참고.

부부-유별(夫婦有別 남편 **부**/아내 **부**/있을 **유**/분별할 **별**) 남편과 아내는 분별(分別)함이 있다는 뜻으로, 부부 사이에는 엄격히 지켜야 할 인륜(人倫. 군신, 부자, 형제, 부부 따위에서, 사람으로서 마땅히 지켜야 할 도리)의 구별이 있음. 즉, 남편과 아내 사이의 도리(道理. 사람이 마땅히 지켜야 할 바른 길)는 서로 침범(侵犯)하지 않음에 있음을 이르는 말. 오륜(五倫)의 하나이다. 여기서, '오륜(五倫)'은 유교에서 이르는 다섯 가지의 인륜(人倫)을 이르는 말. 곧, 부자(父子) 사이의 친애(親愛. 친근하게 사랑함), 군신(君臣. '임금[君]'과 '신하·臣下'를 아울러 이르는 말) 사이의 의리(義理), 부부(夫婦) 사이의 분별(分別. 무슨 일을 사리에 맞게 판단함. 또는 그 판단력). 장유(長幼. 어른과 어린이, 또는 연상과 연하) 사이의 차서(次序. 차례. 즉, 둘 이상의 것을 일정하게 하나씩 벌여 나가는 순서, 또는 그 순서에서 차지하는 위치), 붕우(朋友. 벗. 즉, 나이나 처지 따위가 비슷하여 서로 가까이 사귀는 사람) 사이의 신의(信義)를 일컫는다. *부부(夫婦): 남편과 아내. *유별(有別): 구별이 있음. 또는 다름이 있음. *분별하다(分別~): ①사물을 종류에 따라 나누어 가르다. ②(무슨 일을) 사리에 맞게 판단하다. 《관련 속담》 암탉이 울면 집안이 망한다. 이 사자성어의 유래는 다음과 같다. 『맹자(孟子)』의 「등문공 상(滕文公上)」 편(篇)에 〈사람에게도 도(道)가 있으니, 배불리 먹고 따뜻하게 입고 편안하게 산다고 해도, 가르침이 없으면, 금수(禽獸)에 가까워진다. 성인(聖人. 지혜와 덕이 매우 뛰어나 길이 우러러 본받을 만한 사람)이 이것을 근심하여 설(契)을 사도(司徒)로 삼아 인륜(人倫)으로써 가르치게 하니, 이것이 바로 아버지와 자식은 친함이 있으며, 임금과 신하는 의가 있으며, 지아비와 지어미는 분별이 있으며, 어른과 아이는 차례가 있으며, 친구는 믿음이 있다는 것이다.(人之有道也, 飽食暖衣逸居而無敎, 則近於禽獸. 聖人有憂之, 使契爲司徒, 敎以人倫, 此之謂五倫. 父子有親, 君臣有義, **夫婦有別**, 長幼有序, 朋友有信)〉라는 이야기가 나오는데, 맹자(孟子)가 말한 '지아비와 지어미는 분별이 있으며(夫婦有別)'에서, '부부유별(夫婦有別)'이 유래했다. 여기서 '맹자(孟子)'는 중국 전국시대(戰國時代)의 사상가의 한 사람이다. 성선설(性善說)을 주장하고 인의(仁義)의 정치를 권하였다. 이처럼 맹자(孟子)가 오륜(五倫)을 인용한 의도는, 난의포식(暖衣飽食. 본문 참고)만으로 산다는 것은 금수(禽獸. 날짐승과 길짐승이란 뜻으로, 모든 짐승을 이르는 말)에 가깝지,

사람다운 사람이 될 수 없다는 것을 지적하기 위해서였다. 사람다운 삶을 살기 위해서는 반드시 가르침
이 있어야 하고, 그 가르침은 도덕규범인 오륜(五倫)부터 시작되어야 함을 강조하고 있는 것이다. 오륜
(五倫)은 인간의 기본 도덕을 설명하고 있기 때문이다. 나머지 구체적인 내용은 ⇨군신유의(君臣有義).

부부-일신(夫婦一身 남편 **부**/아내 **부**/한 **일**/몸 **신**) 남편과 아내는 한 몸. 즉, 부부(夫婦)는 한 몸이라는
뜻으로, 부부(夫婦) 사이가 매우 가까운 관계임을 이르는 말. *부부(夫婦): ☞부부유별(夫婦有別). *일신
(一身): ①자기 한 몸. ②온몸.

부부-지-간(夫婦之間 남편 **부**/아내 **부**/어조사 **지**/사이 **간**) 부부(夫婦) 사이를 이르는 말. *부부(夫婦):
☞부부유별(夫婦有別).

부부-지-약(夫婦之約 남편 **부**/아내 **부**/어조사 **지**/약속할 **약**) 남편과 아내가 (부부가 되기로 한) 약속이라
는 뜻으로, 혼인하기로 함. 또는 그 약속을 이르는 말. *부부(夫婦): ☞부부유별(夫婦有別).

부부-지-정(夫婦之情 남편 **부**/아내 **부**/어조사 **지**/정 **정**) 남편과 아내의 정(情)이라는 뜻으로, 남편과 아내
사이의 애정(愛情)을 이르는 말. *부부(夫婦): ☞부부유별(夫婦有別).

부-생-모-육(父生母育 아비 **부**/날 **생**/어미 **모**/기를 **육**) 아비가 낳고 어미가 기른다는 뜻으로, 어버이가
(나를) 낳아 길러 줌을 이르는 말. 또는 부모가 낳고 기름을 이르는 말. *아비: 부록 '부(父)' 참고. *어미:
부록 '모(母)' 참고.

부-생-지-론(傅生之論 도울 **부**/살 **생**/어조사 **지**/논의할 **론**) (다시) 살도록 도와주는 논의(論議)라는 뜻으
로, 사형(死刑. 범죄인의 생명을 끊는 형벌)이라는 형벌(刑罰)에 대하여 이의(異議. 다른 의견이나 논의)
가 있을 때. 즉, 이미(돌이킬 수 없이 된 지난 일을 일컬을 때 쓰는 말) 내린 사형(死刑) 선고에 대하여
다른 의견이 있을 때에 감형(減刑. 형벌을 감하여 가볍게 함)을 주장하는 변론(辯論. 사리를 밝혀 옳고
그름을 말함. 또는 소송 당사자나 변호인이 법정에서 하는 진술)을 이르는 말. *돕다: ①남을 위하여
힘쓰다. ②(남을) 위험이나 괴로움에서 벗어나게 하다. *논의하다(論議~): 부록 '론(論)' 참고.

부-수-청령(俯首聽令 구푸릴 **부**/머리 **수**/들을 **청**/명령 **령**) 머리를 구푸려(굽혀) (윗사람의) 명령(命令)을
듣는다는 뜻으로, 윗사람의 위엄(威嚴. 의젓하고 엄숙함. 또는 그러한 태도나 기세)에 눌려 다소곳하게
고분고분 명령(命令)대로 좇아 행(行)함을 이르는 말. =부수청명(俯首聽命). *청령(聽令): ①명령을 주의
깊게 들음. ②=심부름. *구푸리다: 부록 '부(俯)' 참고.

부식-강상(扶植綱常 도울 **부**/심을 **식**/벼리 **강**/항상 **상**) 삼강(三綱)과 오상(五常). 즉, 강상(綱常)을 도와서
심게(세우게) 한다는 뜻으로, 인륜(人倫. 사람으로서 마땅히 지켜야 할 도리)의 길을 바로 세움을 이르는
말. 여기서, '삼강(三綱)'은 유교의 도덕에서 기본이 되는 세 가지의 강령(綱領. 정당이나 사회단체 따위
가 그 기본 입장이나 방침, 운동 규범 따위를 열거한 것)을 이르는 말. 즉, 임금과 신하, 부모와 자식,
남편과 아내 사이에 마땅히 지켜야 할 도리(道理. 사람이 마땅히 지켜야 할 바른 길)로, 군위신강(君爲臣
綱), 부위자강(父爲子綱), 부위부강(夫爲婦綱)을 일컫는다. '오상(五常)은 유교에서, 사람으로서 마땅히
지켜야할 다섯 가지 도리. 곧, 인(仁), 의(義), 예(禮), 지(智), 신(信) 따위를 일컬음. 또는 부(父), 모(母),
형(兄), 제(弟), 자식(子息)이 저마다 지켜야 할 도리(道理). 즉, 아버지는 의리(義理), 어머니는 자애(慈
愛), 형은 우애(友愛), 아우는 공경(恭敬), 자식은 효도(孝道)를 일컫는다. *부식(扶植): 초목을 뿌리를
박아 심는다는 뜻으로, ①힘이나 영향을 미치어 사상이나 세력 따위를 뿌리박게 함. ②도와서 서게

함. ***강상**(綱常): 삼강(三綱)과 오상(五常)을 아울러 이르는 말. 곧 사람이 지켜야 할 도리(道理)를 일컫는다. ***벼리**: 일이나 글의 가장 중심 되는 줄거리. ***항상**(恒常): 㝡 언제나 변함없이. =늘. 매상(每常). 항용(恒用).

부신-입-화(負薪入火 짐 질 **부**/섶나무 **신**/들어갈 **입**/불 **화**) (불에 잘 타는) 섶나무를 짐 지고, 불로 들어간다는 뜻으로, ①어떤 일에 한 술 더 떠서 사태(事態. 일이 되어가는 형편이나 상황. 또는 벌어진 일의 상태)를 더욱 걷잡을 수 없게 함을 비유적으로 이르는 말. ②짐짓 그릇된 짓을 하여 화(禍)를 자초(自招. 어떤 결과를 자기 스스로 불러들임)하려 함을 비유적으로 이르는 말. ***부신**(負薪): ①땔나무를 짐. ②비천(卑賤. 지위나 신분이 낮고 천함)한 태생(胎生. 어떠한 곳에 태어남)을 비유적으로 이르는 말 =부신지자(負薪之資). ③=부신지우(負薪之憂). 채신지우(採薪之憂). ***섶나무**: 부록 '신(薪)' 참고. 《관련 속담》 섶을 지고 불로 들어가려 한다.

부신-지-우(負薪之憂 짐 질 **부**/섶나무 **신**/어조사 **지**/근심 **우**) (불에 잘 타는) 섶나무를 짐 질 근심. 즉, 병(病)이 들어서 땔나무를 할 수 없는 근심이라는 뜻으로, 자신의 병(病)을 겸손하게 이르는 말. =채신지우(採薪之憂). ***부신**(負薪): ☞부신입하(負薪入火). ***섶나무**: 부록 '신(薪)' 참고.

부신-지-자(負薪之資 짐 질 **부**/섶나무 **신**/어조사 **지**/신분 **자**) (불에 잘 타는) 섶나무를 짐 질 (하찮은) 신분(身分)이라는 뜻으로, ①보잘것없는, 천(賤)한 출신(出身). 또는 비천(卑賤. 지위나 신분이 낮고 천함)한 태생(胎生. 어떠한 곳에 태어남)을 비유적으로 이르는 말. ②자기의 타고난 자질(資質)을 겸손하게 이르는 말. ***부신**(負薪): ☞부신입하(負薪入火). ***섶나무**: 부록 '신(薪)' 참고. ***신분**(身分): ①개인의 사회적 지위. ②사람의 법률상 지위나 자격.

부앙-무괴(俯仰無愧 구푸릴 **부**/우러러볼 **앙**/없을 **무**/부끄러워할 **괴**) 구푸리고 우러러보나 부끄러워함이 없다는 뜻으로, 하늘을 우러러보나, 세상을 굽어보나 양심(良心)에 조금도 부끄럽거나 거리낄 것이 없음을 이르는 말. ***부앙**(俯仰): 아래를 굽어보고 위를 우러러봄. ***무괴**(無愧): 불교에서, 다른 사람을 생각하지 않고 마음대로 악한 짓을 하면서도 부끄러워하거나 뉘우침이 없음. 또는 그런 사람을 이르는 말. ***구푸리다**: 부록 '부(俯)' 참고. ***우러러보다**: 얼굴을 위로하여 쳐다보다.

부앙-천지(俯仰天地 구푸릴 **부**/우러러볼 **앙**/하늘 **천**/땅 **지**) 하늘과 땅을 구푸리고 우러러본다는 뜻으로, 하늘을 우러러보고 땅을 굽어봄을 이르는 말. =앙천부지(仰天俯地). ***부앙**(俯仰): ☞부앙무괴(俯仰無愧). ***천지**(天地): ①하늘과 땅. ②세상. 또는 우주(宇宙. 온 세계를 둘러싸고 있는 공간). ③(주로 '천지이다'의 꼴로 쓰여) 무척 많음을 뜻하는 말. ***구푸리다**: 부록 '부(俯)' 참고. ***우러러보다**: ☞부앙무괴(俯仰無愧).

부언-시-용(婦言是用 아내 **부**/말씀 **언**/옳을 **시**/쓸 **용**) 아내의 말을 (무조건) 옳게 쓴다는 뜻으로, 줏대(主~. 마음의 중심이 되는 생각이나 태도) 없이 여자의 말은 무조건 옳다고 여기고 잘 들음을 이르는 말. ***부언**(婦言): 부녀자의 말씨. 또는 여성의 말씨. 이 사자성어의 유래는 다음과 같다. 『서경(書經)·주서(周書)』의 「목서(牧誓)」 편(篇)에 〈옛 사람들이 말하기를 암탉은 새벽을 알리지 않으며, 암탉이 새벽에 울면 집안이 망한다고 했다. 지금 상(商) 나라의 왕은 오직 부녀자의 말만 옳다고 여겨서 따르고 있다.(古人有言曰, 牝鷄無晨. 牝鷄之晨, 惟家之索. 今商王受, **惟婦言是用**.)〉라는 이야기가 나오는데, '오직 부녀자의 말만 옳다고 여겨서 따르고 있다.(惟婦言是用)'에서, '부언시용(婦言是用)'이 유래했다. 이는 은(殷)나라의 주왕

(紂王)이 달기(妲己)와의 환락(歡樂. <u>아주 즐거워함. 또는 아주 즐거운 것</u>)에 빠져 사치와 낭비를 일삼고 폭정(暴政. <u>포악한 정치</u>)을 저지르자(일삼자), 주(周)나라의 무왕(武王)은 도탄(塗炭. <u>진구렁에 빠지고 숯불에 탄다는 뜻으로, 몹시 곤궁하여 고통스러운 지경을 이르는 말</u>)에 빠진 은(殷)나라의 백성들을 구한다는 명분을 가지고 은(殷)나라의 목야(牧野. <u>땅 이름</u>)까지 진출하여 주왕(紂王)의 죄를 밝혀 말하는 대목이다. 여기서 암탉과 부녀자는 바로 '달기(妲己)'를 가리킴. 그리고 윗글에 '상(商)나라'가 등장하는데, 이는 중국 고대의 왕조로서 '은(殷)나라'라고도 부른다. 참고로, 원문의 '古人有言曰'에서, '古'는 옛 '고'로 읽고, '人'은 사람 '인'으로 읽는다. '古人'은 옛날 사람. '有'는 있을 '유'로 읽고, '言'은 말씀 '언'으로 읽는다. '古人有言曰'을 직역(直譯)하면, 옛날 사람이 (한) 말이 있는데 말하자면, '牝鷄無晨'에서, '牝'은 암컷 '빈'으로 읽고, '鷄'는 닭 '계'로 읽고, '無'는 없을 '무'로 읽고, '晨'은 새벽 '신'으로 읽는다. '牝鷄無晨'을 직역(直譯)하면, 암컷의 닭은 새벽이 없으며, 즉, 암탉은 새벽에 울지 않으며, '牝鷄之晨'에서, '之'는 어조사 '지'로 읽는다. '~이', '가(<u>주격</u>)'를 나타냄. 여기서, '牝鷄之晨'과 '牝鷄司晨'이 유래하였는데, 이것들을 직역(直譯)하면, 암컷의 닭이 (울어) 새벽을 (알리면). 곧, 암탉이 새벽을 알리느라고 먼저 운다는 뜻으로, 부인(婦人)이 남편을 젖혀놓고 집안일을 마음대로 처리함을 이르는 말. 또는 암탉이 울면 집안이 망한다는 것을 비유적으로 이르는 말. '惟家之索'에서, '惟'는 오직 '유'로 읽고, '家'는 집 '가', 집안 '가'로 읽고, '索'은 헤어질 '삭', 흩어질 '삭'으로 읽는다. '惟家之索'을 직역(直譯)하면, 오직 집(집안)이 흩어진다(<u>망한다</u>). 즉, '암탉은 새벽에 울지 않는다. 암탉이 새벽에 (울면) 오직 집(<u>집안</u>)이 흩어진다(<u>망한다</u>)'고 했는데, 이 말은 당시(當時. <u>일이 있었던 바로 그때. 또는 이야기하고 있는 그 시기</u>)의 무왕(武王)이 옛날 사람의 말을 인용하여 주왕(紂王)이 달기(妲己)라는 여인을 멀리하라는 뜻으로 말한 것이다. '今商王受'에서, '今'은 이제 '금', 지금 '금'으로 읽고, '商'은 나라 이름 '상'으로 읽고, '王'은 임금 '왕'으로 읽고, '受'는 받아들일 '수'로 읽는다. 여기서는 상(商)나라 왕의 이름. '今商王受'를 직역(直譯)하면, 지금 상(商)나라 왕(王)인 수(受)는, '惟婦言是用'에서, '惟'는 오직 '유'로 읽고, '婦'는 아내 '부'로 읽고, '言'은 말씀 '언'으로 읽고, '是'는 옳을 '시'로 읽고, '用'은 쓸 '용'으로 읽는다. '惟婦言是用'을 직역(直譯)하면, 오직 아내의 말을 (무조건) 옳게 쓴다. 즉, 상(商)나라의 주왕(紂王)은 달기(妲己)라는 요부(妖婦. <u>요망하고 간사스러운 계집</u>)에 빠져 그녀의 말이라면 무엇이든지 들어주었다는 말이다. 여기서, '婦言是用'이 유래하였는데, 이것을 직역(直譯)하면, 아내의 말을 (무조건) 옳게 쓴다는 뜻으로, 줏대(主~. <u>마음의 중심이 되는 생각이나 태도</u>) 없이 여자의 말은 무조건 옳다고 여기고 잘 들음을 이르는 말.

부-염-기-한(附炎棄寒 붙을 **부**/불꽃 **염**/버릴 **기**/찰 **한**) 불꽃(권세·權勢)에 붙어 (있다가) 찰[寒] 때(<u>권세가 쇠할 때</u>) 버린다. 즉, 권세(權勢. '<u>권력·權力</u>'과 '<u>세력·勢力</u>'을 아울러 이르는 말)를 떨칠 때에는 가까이 붙어 있다가, 그 권세(權勢)가 쇠하면 버리고 떠난다는 뜻으로, 인정(人情. <u>사람이 본디 지니고 있는 온갖 감정</u>)의 경박(輕薄. <u>사람됨이 진중하지 못하고 가벼움</u>)함을 비유적으로 이르는 말. 달리 표현하면 더우면 들어붙고 식으면 떨어진다는 말이다.

부운-부귀(浮雲富貴 뜰 **부**/구름 **운**/넉넉할 **부**/귀할 **귀**) 떠 있는 구름 (같은) 넉넉함과 귀(貴)함. 즉, 뜬구름 같이 덧없는 부귀(富貴)라는 뜻으로, 옳지 못한 방법으로 얻은 부귀(富貴)를 비유적으로 이르는 말. *부운(浮雲): ①뜬구름. ②덧없는 인생이나 세상을 비유적으로 이르는 말. *부귀(富貴): 재산이 많고 사회적 지위가 높음.

부운-지-지(浮雲之志 뜰 부/구름 운/어조사 지/뜻 지) 떠 있는 구름 (같은) 뜻이라는 뜻으로, 뜬구름과 같은 일시적인 부귀공명(富貴功名. 본문 참고)을 바라는 마음을 비유적으로 이르는 말. *부운(浮雲): ☞부운부귀(浮雲富貴).

부월-당전(斧鉞當前 도끼 부/도끼 월/당할 당/앞 전) (옛날 중국에서 권력의 상징으로 삼았던) (작은) 도끼와 (큰) 도끼로 (인하여) 눈앞에서 (험한 꼴을) 당하게 (생겼다는) 뜻으로, 극형(極刑. 가장 무거운 형벌·刑罰이라는 뜻으로, 사형·死刑을 이르는 말)으로 죽음이 눈앞에 닥쳤음을 비유적으로 이르는 말. 또는 중형(重刑. 크고 무거운 형벌)을 받고 곧 죽게 되었음을 비유적으로 이르는 말. *부월(斧鉞): ①구석(九錫)의 하나. 생살권(生殺權. 살리고 죽이는 권리)의 상징으로서 주던 작은 도끼와 큰 도끼이다. 여기서, ‘구석(九錫)’은 중국에서 특히 공로(功勞. 어떤 일에 이바지한 공적과 노력)가 큰 제후(諸侯)와 대신(大臣)에게 하사(下賜. 임금이 신하에게, 또는 윗사람이 아랫사람에게 금품·金品을 줌)하던 아홉 가지 물품을 이르는 말. 거마(車馬), 의복(衣服), 악칙(樂則), 주호(朱戶), 납폐(納陛), 호분(虎賁), 궁시(弓矢), 부월(斧鉞), 울창주(鬱鬯酒) 따위의 아홉 가지이다. ‘錫’은 원래 주석(朱錫) ‘석’으로 읽으나, 여기에서는 줄 ‘석’, 하사(下賜)할 ‘석’으로 읽는다. ②출정(出征. 싸움터로 나감)하는 대장(大將)에게 통솔권(統率權. 무리를 거느려 다스리는 권한)의 상징으로 임금이 주던 작은 도끼와 큰 도끼. *당전(當前): =당면(當面). 즉, 바로 눈앞에 당함. *도끼: 부록 ‘부(斧)’, ‘월(鉞)’ 참고. *당하다(當~): ①일을 만나다. =겪다. ②능히 이겨 내다. =대적(對敵)하다. 해내다. 감내(堪耐)하다.

부월-지-하(斧鉞之下 도끼 부/도끼 월/어조사 지/아래 하) (옛날 중국에서, 권력의 상징으로 삼았던) (작은) 도끼와 (큰) 도끼의 아래[下]라는 뜻으로, 천자(天子)나 제왕(帝王. 황제와 국왕을 통틀어 이르는 말)의 위엄(威嚴. 의젓하고 엄숙함. 또는 그러한 태도나 기세)을 비유적으로 이르는 말. 여기서, ‘천자(天子)’는 천제(天帝. 하늘을 다스리는 신. 또는 우주를 창조하고 주재한다고 믿어지는 초자연적인 절대자)의 아들이란 뜻으로, 천명(天命. 하늘의 명령)을 받아 천하(天下)를 다스리는 사람. 곧 중국에서 황제(皇帝)를 일컫던 말이다. *부월(斧鉞): ☞부월당전(斧鉞當前). *도끼: 부록 ‘부(斧)’, ‘월(鉞)’ 참고.

부-위-부-강(夫爲婦綱 남편 부/될 위/아내 부/벼리 강) 남편은 아내의 벼리가 된다(되어야 한다)는 뜻으로, 삼강(三綱)의 하나. 아내는 남편을 섬기는 것이 근본임을 일컫는다. 부부(夫婦)의 도리(道理. 사람이 마땅히 지켜야 할 바른 길)를 말하며, 한 마디로 정조(貞操. 여자의 곧은 절개. 또는 이성·異性 관계에서 순결을 지키는 일) ‘정(貞)’, 절개(節槪·介. 여기서는, 지조와 정조를 깨끗하게 지키는 여자의 품성) ‘절(節)’이다. *벼리: 부록 ‘강(綱)’ 참고. 이 사자성어의 유래는 다음과 같다. 『소학(小學)』에 〈임금은 신하의 벼리가 되고, 아버지는 자식의 벼리가 되고, 남편은 아내의 벼리가 되니, 이것을 삼강(三綱)이라 한다. (君爲臣綱. 父爲子綱. 夫爲婦綱. 是謂三綱)〉에서 부위부강(夫爲婦綱)이 유래했다. 어느 자료에 의하면, ‘綱’은 ‘벼리’를 뜻한다고 되어 있다. 벼리는 그물의 코를 꿰어 연결한, 그물에 있어서 근본이 되는 굵은 줄이며, 그물을 던져서 벼리를 잡아당기면 그물 전체가 딸려 오는 중심 역할을 한다. 마찬가지로 군신(君臣), 부자(父子), 부부(夫婦)의 관계도 마치 그물에 있는 벼리와 그물코의 관계에 비유하여 그 관계를 ‘綱’이라는 말로 표현한 것이다. 그러므로 벼리를 현대적 의미로 풀이하면, 근본(根本. 사물이 생겨나는 데 바탕이 되는 것), 중추(中樞. 사물의 중심이 되는, 중요한 부분이나 자리), 핵심(核心. 사물의 중심이 되는 가장 요긴한 부분. =알맹이)이다.

부-위-자-강(父爲子綱 아버지 **부**/될 **위**/아들 **자**/벼리 **강**) 아버지는 아들(자식)의 벼리가 된다(되어야 한다)는 뜻으로, 아들(자식)은 아버지를 섬기는 것이 근본임을 이르는 말. 부자(父子)의 도리(道理. 사람이 마땅히 지켜야 할 바른 길)를 말하는 것으로, 한 마디로 효도(孝道) '효(孝)'이다. 삼강(三綱)의 하나. *벼리: 부록 '강(綱)' 참고. 이 사자성어의 유래는 다음과 같다.『소학(小學)』에 〈임금은 신하의 벼리가 되고, 아버지는 자식의 벼리가 되고, 남편은 아내의 벼리가 되니, 이것을 삼강(三綱)이라 한다.(君爲臣綱, **父爲子綱**, 夫爲婦綱, 是謂三綱)〉에서 '부위자강(父爲子綱)'이 유래했다. 나머지 구체적인 내용은 ⇨부위부강(夫爲婦綱).

부유-인생(蜉蝣人生 하루살이 **부**/하루살이 **유**/사람 **인**/살 **생**) 하루살이와 하루살이 (같은) 인생(人生)이라는 뜻으로, 허무하고 덧없는 인생을 비유적으로 이르는 말. *부유(蜉蝣): =하루살이. 즉, 하루살잇과의 곤충. 생김새는 잠자리와 비슷하나 날개와 몸이 매우 작음. 여름철 저녁에 떼 지어 다님. 알을 낳은 지 몇 시간 만에 죽음. *인생(人生): ①사람이 세상을 살아가는 일. ②어떤 사람과 그의 삶 모두를 낮잡아 이르는 말. 여기서 '낮잡다'는 실제의 값어치보다 낮게 치다. 또는 남을 대수롭지 않게 여기다. ③사람이 살아 있는 기간. *하루살이: 부록 '부(蜉)', '유(蝣)' 참고.

부유-일생(蜉蝣一生 하루살이 **부**/하루살이 **유**/한 **일**/살 **생**) 하루살이와 하루살이 (같은) 하나의 삶(한평생)이라는 뜻으로, 사람의 생애(生涯. 살아 있는 한평생의 기간)가 짧고 덧없음을 비유적으로 이르는 말. 하루밖에 못산다고 하는 하루살이는 아침에 났다가 저녁에 죽는데, 사람의 한평생도 그와 같이 허무(虛無. 무가치하고 무의미하게 느껴져 매우 허전하고 쓸쓸함)하다는 뜻이다. *부유(蜉蝣): ☞부유인생(蜉蝣人生). *일생(一生): 살아 있는 동안. =평생. 한평생. *하루살이: 부록 '부(蜉)', '유(蝣)' 참고.

부유-천하(富有天下 넉넉할 **부**/있을 **유**/하늘 **천**/아래 **하**) 하늘 아래에 (혼자만의) 넉넉함이 있다. 즉, 온 천하의 재부(財富. 재물이 많거나 그런 사람. 또는 가치 있고 소중한 것)를 혼자 차지했다는 뜻으로, 천자(天子)의 부력(富力. 재산을 지닌 정도. 또는 많은 재산으로 인하여 생기는 힘)을 이르는 말. 여기서, '천자(天子)'는 천제(天帝. 하늘을 다스리는 신. 또는 우주를 창조하고 주재한다고 믿어지는 초자연적인 절대자)의 아들이란 뜻으로, 천명(天命. 하늘의 명령)을 받아 천하(天下)를 다스리는 사람. 곧 중국에서 황제(皇帝)를 일컫던 말이다. *부유(富有): 재물을 풍부하게 가지고 있음. *천하(天下): ①온 세상. 또는 하늘 밑. ②한 나라. 또는 정권. ③(관형사적 용법) 세상에 드묾. 또는 세상에 다시없음.

부자-상전(父子相傳 아비 **부**/아들 **자**/서로 **상**/전할 **전**) 아비가 아들에게 서로 전(傳)한다는 뜻으로, 아버지가 아들에게 대대(代代)로 전(傳)함을 이르는 말. =부승(父傳子承). 부전자전(父傳子傳). *부자(父子): 아버지와 아들. *상전(相傳): 대대로 서로 전함. *아비: 부록 '부(父)' 참고.

부자-유-친(父子有親 아비 **부**/아들 **자**/있을 **유**/친할 **친**) 아비와 아들은 친(親)함이 있다는 뜻으로, 아버지와 아들 사이의 도리(道理. 사람이 마땅히 지켜야 할 바른 길)는 친애(親愛. 친근하게 사랑함)에 있음을 이르는 말. 오륜(五倫)의 하나이다. 여기서, '오륜'은 유교에서 이르는 다섯 가지의 인륜(人倫. 사람으로서 마땅히 지켜야 할 도리)을 이르는 말. 곧, 부자(父子) 사이의 친애(親愛. 친근하게 사랑함), 군신(君臣. '임금[君]'과 '신하(臣下)'를 아울러 이르는 말) 사이의 의리(義理. 사람과의 관계에서 지켜야 할 바른 도리), 부부(夫婦) 사이의 분별(分別. 무슨 일을 사리에 맞게 판단함. 또는 그 판단력). 장유(長幼. 어른과 어린이. 또는 연상과 연하) 사이의 차서(次序. 차례. 즉, 둘 이상의 것을 일정하게 하나씩 벌여 나가는 순서, 또는 그 순서에서 차지하는 위치), 붕우(朋友. 벗. 즉, 나이나 처지 따위가 비슷하여 서로 가까이 사귀는 사람) 사이의 신의(信義. 믿음과 의리)를 일컫는다. *부자(父子): ☞부자상전(父子相傳). *아비: 부록 '부(父)' 참고. 이 사자성어의 유래는 다음과 같다. 『맹자(孟子)』의 「등문공 상(滕文公上)」 편(篇)에 〈사람에게도 도(道)가 있으니, 배불리 먹고 따뜻하게 입고 편안하게 산다고 해도, 가르침이 없으면, 금수(禽獸)에 가까워진다. 성인(聖人. 지혜와 덕이 매우 뛰어나 길이 우러러 본받을 만한 사람)이 이것을 근심하여 설(契)을 사도(司徒)로 삼아 인륜(人倫)으로써 가르치게 하니, 이것이 바로 아버지와 자식은 친함이 있으며, 임금과 신하는 의가 있으며, 지아비와 지어미는 분별이 있으며, 어른과 아이는 차례가 있으며, 친구는 믿음이 있다는 것이다.(人之有道也, 飽食暖衣逸居而無敎, 則近於禽獸. 聖人有憂之, 使契爲 司徒, 敎以人倫, 此之謂五倫. 父子有親, 君臣有義, 夫婦有別, 長幼有序, 朋友有信)〉라는 이야기가 나오는데, 맹자(孟子)가 말한 '아버지와 자식은 친함이 있으며(父子有親)'에서, '부자유친(父子有親)'이 유래했다. 여기서 '맹자(孟子)'는 중국 전국시대(戰國時代)의 사상가의 한 사람이다. 성선설(性善說)을 주장하고 인의 (仁義)의 정치를 권하였다. 이처럼 맹자(孟子)가 오륜(五倫)을 인용한 의도는, 난의포식(暖衣飽食. 본문 참고)만으로 산다는 것은 금수(禽獸. 날짐승과 길짐승이란 뜻으로, 모든 짐승을 이르는 말)에 가깝지, 사람다운 사람이 될 수 없다는 것을 지적하기 위해서였다. 사람다운 삶을 살기 위해서는 반드시 가르침이 있어야 하고, 그 가르침은 도덕규범인 오륜(五倫)부터 시작되어야 함을 강조하고 있는 것이다. 오륜(五倫)은 인간의 기본 도덕을 설명하고 있기 때문이다. 나머지 구체적인 내용은 ⇨군신유의(君臣有義).

부-자-자-효(父慈子孝 아비 **부**/사랑 **자**/자식 **자**/효도 **효**) 아비(어버이)는 자식에게 사랑을 (베풀고) 자식은 (어버이에게) 효도한다는 뜻으로, 어버이는 자식에게 도타운(인정이나 사랑이 깊고 많은) 사랑을 베풀고 자식은 부모를 잘 섬기는 일을 이르는 말. 또는 부모는 자녀에게 자애(慈愛. 아랫사람에게 베푸는 도타운 사랑)로워야 하고 자녀는 부모에게 효성스러워야 함을 이르는 말.

부재-다언(不在多言 아닐 **부**/있을 **재**/많을 **다**/말씀 **언**) 많은 말[言]이 있지 아니하다는 뜻으로, 여러 말 할 것 없음을 이르는 말. *부재(不在): 그곳에 있지 아니함. *다언(多言): 말이 많음. 또는 많은 말. 여러 말.

부-재-모상(父在母喪 아비 **부**/있을 **재**/어미 **모**/죽을 **상**) 아비는 있고 어미가 죽었다는 뜻으로, 아버지는 살아 있고 어머니가 먼저 죽음, 또는 그런 상사(喪事. 집안의 사람이 죽은 불행한 일)를 이르는 말. *모상(母喪): =모친상(母親喪). 즉, 어머니의 상사(喪事)를 이르는 말. *아비: 부록 '부(父)' 참고. *어미: 부록 '모(母)' 참고.

부재-차한(不在此限 아닐 **부**/있을 **재**/이 **차**/한정 **한**) (어떤 것은) 이 한정(限定)에 있지 아니하다는 뜻으로, 어떤 경우에 한해서만은 규정(規定. 어떤 일을 하나의 고정된 규칙으로 정함. 또는 그 정해진 규칙)이나 한계(限界)에 얽매이지 아니하고 벗어남을 이르는 말. *부재(不在): ☞부재다언(不在多言). *차한(此限): 이 한정. 또는 이 한계. *한정(限定): 부록 '한(限)' 참고.

부전-자승(不戰自勝 아닐 **부**/싸울 **전**/스스로 **자**/이길 **승**) 싸우지 아니하고 스스로 이긴다는 뜻으로, 적(敵) 이나 상대편의 기권(棄權. 자기가 가지고 있는 투표, 의결, 참가 따위의 권리를 버리고 행사하지 아니함) 이나 투항(投降. 적에게 항복함)으로 싸우지 아니하고 저절로 이김을 이르는 말. 웹 부전자패(不戰自敗). *부전(不戰): 전쟁이나 경기를 하지 않음. *자승(自勝): ①스스로 자기가 남보다 나은 줄로만 여김. ②스스로 욕망을 억누름.

부-전-자-전(父傳子傳 아비 **부**/전할 **전**/아들 **자**/전할 **전**) 아비가 전(傳)하고 아들이 전(傳)한다는 뜻으로, 아버지가 아들에게 대대(代代)로 전(傳)함을 이르는 말. =부자상전(父子相傳). 부전자승(父傳子承). *아비: 부록 '부(父)' 참고. 《관련 속담》 씨 도둑은 못한다. / 콩 심은 데 콩 나고 팥 심은 데 팥 난다. / 콩 심은 데서 팥 나올 리 없다. / 피는 물보다 진하다. / 호랑이가 호랑이를 낳고 개가 개를 낳 는다.

부전-자-패(不戰自敗 아닐 **부**/싸울 **전**/스스로 **자**/패할 **패**) 싸우지도 아니하고(못하고) 스스로 패(敗)함. 참 부전자승(父戰自勝). *부전(不戰): ☞부전자승(父戰自勝). *패하다(敗~): 부록 '패(敗)' 참고.

부절-여-루(不絶如縷 아닐 **부**/끊을 **절**/같을 **여**/실 **루**) 실같이 끊어지지 아니한다는 뜻으로, 실처럼 가늘면서도 끊어지지 아니하고 계속 이어가거나 이어짐을 이르는 말. *부절(不絶): 끊이지 않음.

부-정-모혈(父精母血 아버지 **부**/정기 **정**/어머니 **모**/피 **혈**) 아버지의 정기(精氣)와 어머니의 피[血]란 뜻으로, 자식은 부모에게서 몸과 정신을 물려받았으므로 자기 몸을 아껴야 하며, 부모님의 은혜(恩惠)를 잊으면 안 된다는 것을 이르는 말. *모혈(母血): ①아이 어머니의 피. 어린이들의 일부 전염병을 예방하거나 치료하는 데 쓴다. ②=모혈주사(母血注射). 즉, 홍역(紅疫. 급성 전염병 이름) 같은 어린아이들의 전염병을 예방하기 위하여 그 어머니의 피를 어린아이에게 주사함. 또는 그런 주사. *정기(精氣): ①만물(萬物. 온갖 물건 또는 세상에 있는 모든 것)에 갖추어져 있는 순수한 기운(순우리말로, 생물이 살아 움직이는 원기·元氣. 또는 거기서 나오는 힘)을 이르는 말. ②심신 활동의 근본이 되는 힘. 이 사자성어의 유래는 다음과 같다. 『삼국연의(三國演義)』의 「제18회」 편(篇)에 〈진중(陣中. 군대의 진영 안. 또는 전쟁터)에 있던 조성(曹性)이 이를 보고 암암리(暗暗裡. 남이 모르는 사이)에 활을 당겨 친절하게 엿본 후, 한 개의 화살을 날렸는데, 화살이 하후돈(夏候惇)의 왼쪽 눈에 박혔다. 하후돈(夏候惇)은 큰 소리를 지르며 즉시 손으로 화살을 뽑았는데, 화살에 눈알이 붙어 나왔다. 그러자 하후돈(夏候惇)은 큰 소리로 "내 몸은 아버지의 정기(精氣)와 어머니의 혈액(血液)으로 만들어졌으므로 버릴 수가 없다."고 말하며, (눈알을 입에 넣어 삼켜 버렸다).(陣上曹性看見, 暗地拈弓搭箭, 覷得親切, 一箭射去, 正中夏候惇左目, 惇大叫一聲, 急用手拔箭, 不想連眼珠撥出, 乃大呼曰, **父精母血**, 不可棄也.)〉라는 이야기가 나오는데, '내 몸은 아버지의 정기(精氣)와 어머니의 혈액(血液)으로 만들어졌으므로, (父精母血)'에서, '부정모혈(父精母血)'이 유래했다. 그런데 윗글의 '조성(曹性)'은 후한말(後漢末)의 인물로서, 여포(呂布. 중국 후한말의 장군) 휘하(麾下. 어떤 장군의 지휘 아래. 또는 그 지휘 아래에 딸린 군사)의 장수다. '하후돈(夏候惇)'은 중국 후한말(後漢末) 조조(曹操) 휘하의 장군 겸 정치가이다. 조조(曹操)와 한 집안 사람으로, 창술(槍術. 창을 쓰는 기술)에 뛰어났으며, 성격이 강직했다. 중국의 삼국 시대 위(魏)나라 왕조(王朝)를 세운 조조(曹操)가 군사를 일으켰을 때, 하후돈(夏候惇)이 참가하였다. 조조(曹操)가 후한말(後漢末)의 무장(武將)인 여포(呂布)를 공격할 무렵, 하후돈(夏候惇)은 여포(呂布)의 부하(部下)인 고순(高順)과 승부(勝負. 이김과 짐)를 결판내는 싸움을 벌였는데, 하후돈(夏候惇)을 당해내지 못한 고순(高順)이 달아나자, 장수(將帥)인 조성(曹性)은 고순(高順)을 구하려고 화살을 쏘았는데, 하후돈(夏候惇)의 눈에 꽂히게 되었다는 것이다. 참고로, 원문의 '陣上曹性看見'에서, '陣'은 진(陣) 칠 '진'으로 읽고, '上'은 위 '상'으로 읽는다. '陣上'은 '진중(陣中)'과 같은 말로, 군대의 진영 안. 또는 전쟁터. '曹'는 성씨 '조'로 읽고, '性'은 성품 '성'으로 읽는다. '曹性'은 사람 이름. '看'은 볼 '간'으로 읽고, '見'은 볼 '견'으로 읽는다. '陣上曹性看見'을 직역(直譯)하면, 진중(陣中)에 있던 조성(曹性)이 (이를) 보고 '暗地拈弓搭箭'에서, '暗'은 남몰래 '암'으로 읽고, '地'는 땅 '지'로 읽고, '拈'은 집을 '념(염)'으로 읽고, '弓'은 활 '궁'으로 읽고, '搭'은 걸을(<u>벽의 못 따위에 어떤 물체를 떨어지지 않도록 매달아 올려 놓을. 원형은 '걸다'이다</u>) '탑', 매달(<u>줄이나 끈, 실 따위로 잡아매어서 달려 있게 할. 원형은 '매달다'이다</u>) '탑'으로 읽고, '箭'은 화살 '전'으로 읽는다. '暗地 拈弓搭箭'을 직역(直譯)하면, 남몰래 땅에서 활을 집어 화살을 걸어 (쏘았다). '覷得親切'에서, '覷'는 엿볼 '처'로 읽고, '得'은, 여기서는 이루어질 '득'으로 읽고, '親'은 친할 '친'으로 읽고, '切'은, 여기서는 정성스러울 '절'로 읽는다. '親切'은 대하는 태도가 매우 정겹고 고분고분함. 또는 그런 태도. '覷得親切'을 직역(直譯)하면, 이루어지도록 친절하게 엿본 (후에), '一箭射去'에서, '一'은 한 '일'로 읽고, '箭'은 화살 '전'으로 읽고, '射'는 쏠 '사'로 읽고, '去'는 갈 '거'로 읽는다. '一箭射去'를 직역(直譯)하면, 한 개의 화살로 쏘아 (날아)가게 했다. '正中夏候惇左目'에서, '正'은 여기서는 과녁(<u>활이나 총 따위를 쏠 때 표적으로 만들어 놓은 물건</u>) '정'으로 읽고, '中'은, 여기서는 맞힐 '중', 적중(<u>的中. 화살 따위가 목표물에 맞음</u>)시킬 '중'으로 읽고, '夏'는 여름 '하'로 읽고, '候'는 기후(氣候) '후'로 읽고, '惇'은 도타울(<u>서로의 관계에 사랑이나 인정이 많고 깊을</u>) '돈'으로 읽는다. '夏候惇'은 사람 이름. '左'는 왼쪽 '좌'로 읽고, '目'은 눈 '목'으로 읽는다. '正中夏候惇左目'을 직역(直譯)하면, 하후돈(夏候惇)의 왼쪽 눈 과녁에 맞혔다. '惇大叫一聲'에서, '惇'은 '하후돈(夏候惇)'을 가리킴. '大'는 클 '대'로 읽고, '叫'는 부르짖을 '규'로 읽고, '一'은 한 '일'로 읽고, '聲'은 소리 '성'으로 읽는다. '大叫一聲'은 '대갈일성(大喝一聲)'과 같은 말로, 크게 외쳐 꾸짖는 한마디의 소리. '惇大叫一聲'을 직역(直譯)하면, 하후돈(夏候惇)이 외마디 소리로 부르짖으며, '急用手拔箭'에서, '急'은 급할 '급'으로 읽고, '用'은 쓸 '용'으로 읽고, '手'는 손 '수'로 읽고, '拔'은 뺄 '발', 뽑아낼 '발'로 읽고, '箭'은 화살 '전'으로 읽는다. '急用手拔箭'을 직역(直譯)하면, 급히 손을 써서 화살을 뺐다(<u>뽑아냈다</u>). '不想連眼珠撥出'에서, '不'은 아닐(<u>부정하는 말</u>) '불'로 읽고, '想'은 생각할 '상'으로 읽고, '連'이을 '련(연)'으로 읽고, '眼'은 눈 '안'으로 읽고, '珠'는 구슬 '주'로 읽는다. '眼珠'는 '눈망울'과 같은 말로, 눈알 앞쪽의 도톰한 곳. '撥'은 제거할(除去~) '발'로 읽고, '出'은 날 '출'로 읽는다. '不想連眼珠撥出'을 직역(直譯)하면, 이어서 눈망울이 제거되어(<u>뽑혀</u>) 나옴을 생각지도 않았다. '乃大呼曰'에서, '乃'는 이에(<u>이러하여서 곧</u>) '내'로 읽고, '大'는 클 '대'로 읽고, '呼'는 부르짖을 '호'로 읽는다. '乃大呼曰'을 직역(直譯)하면, 이에 (하후돈은) 큰 소리로 부르짖으며 말하기를, '父精母血'에서, '父'는 아비 '부', 아버지 '부'로 읽고, '精'은 정기(精氣) '정'으로 읽고, '母'는 어미 '모', 어머니 '모'로 읽고, '血'은 피 '혈'로 읽는다. '父精母血'을 직역(直譯)하면, 아버지의 정기(精氣)와 어머니의 피[血]란 뜻으로, 자식은 부모에게서 몸과 정신을 물려받았으므로 자기 몸을 아끼고, 부모님의 은혜(恩惠)를 잊으면 안 된다는 것을 이르는 말. '不可棄也'에서, '可'는 가히(可~. <u>'능히', '넉넉히'의 뜻을 나타냄</u>) '가'로 읽고, '棄'는 버릴 '기'로 읽고, '也'는 어조사 '야'로 읽는다. '~이다(<u>단정</u>)'의 뜻을 나타냄. '不可棄也'를 직역(直譯)하면, 가히 (그 눈을) 버릴 수 없다. 즉, 하후돈(夏候惇)은 결국 이 눈알은 아버지와 어머니로부터 물려 받은 것이니, 함부로 버릴 수 없었다. 그래서 그 눈알을 입에 넣어 삼켜 버렸다고 한다. 이러한 행동은 바로 효(孝) 사상에서 나온 것이다.

부정-부패(不淨腐敗 아닐 **부**/깨끗할 **정**/썩을 **부**/썩을 **패**) 깨끗하지 아니한 (데다가) 썩고 썩었다는 뜻으로, 생활이 깨끗하지 못하고 썩을 대로 썩음을 이르는 말. *부정(不淨): ①깨끗하지 못함. ②(꺼리고 피해야 할 때) 사람이 죽거나 아이를 낳는 일이 생김. ***부패**(腐敗): ①썩음. 즉, 미생물의 작용으로, 유기물 특히 단백질이 악취(惡臭. <u>불쾌한 냄새, 또는 고약한 냄새</u>)를 내면서 분해되는 현상. ②정신적으로 타락(墮落. <u>품행이 바르지 못하여 나쁜 길로 빠짐</u>)함.

부정-축재(不正蓄財 아닐 **부**/바를 **정**/쌓을 **축**/재물 **재**) 바르지 아니한 (방법으로) 재물(財物)을 쌓는다는 뜻으로, 부정한 수단과 방법으로 재물(財物)을 모음을 이르는 말. ***부정**(不正): 바르지 않음. ***축재**(蓄財): 재물(財物)을 모음. 또는 모은 재산. ***재물**(財物): 부록 '재(財)' 참고.

부정-행위(不正行爲 아닐 **부**/바를 **정**/행할 **행**/할 **위**) 바르지 아니한 행위(行爲)라는 뜻으로, 올바르지 못한 행위(行爲)를 이르는 말. ***부정**(不正): ☞부정축재(不正蓄財). ***행위**(行爲): (사람이) 행하는 짓. 특히 자유의사(自由意思. <u>본문 참고</u>)에 따라서 하는 행동. ***행하다**(行~): (작정한 대로) 하여 나가다.

부조-전래(父祖傳來 아비 **부**/조상 **조**/전할 **전**/올 **래**) 아비의 조상(祖上)으로부터 전(傳)하여 온다는 뜻으로, 선조(先祖)로부터 전하여 내려옴. 즉, 조상(祖上) 대대(代代)로 자손에게 전(傳)해 내려옴을 이르는 말. ***부조**(父祖): 아버지[父]와 할아버지[祖]를 아울러 이르는 말. ***전래**(傳來): ①(예부터) 전하여 내려옴. ②(외국으로부터) 전하여 들어옴. ***아비**: 부록 '부(父)' 참고.

부족-가론(不足可論 아닐 **부**/넉넉할 **족**/가히 **가**/논의할 **론**) 가(可)히 논의(論議)할 (것이) 넉넉하지 않다는 뜻으로, 함께 이야기할 거리가 되지 못함을 이르는 말. ***부족**(不足): 어떤 한도에 모자람. 또는 넉넉하지 않음. ***가론**(可論): 圖 논하거나 논할 수 있음. ***가히**(可~): '능히', '넉넉히'의 뜻. ***논의하다**(論議~): 부록 '론(論)' 참고.

부족-지-탄(不足之歎·嘆 아닐 **부**/넉넉할 **족**/어조사 **지**/탄식할 **탄**) 넉넉하지 아니한 (것의) 탄식(歎·嘆息)이라는 뜻으로, 넉넉하지 못한 데 대한 탄식(한탄)을 이르는 말. ***부족**(不足): ☞부족가론(不足可論). ***탄식하다**(歎·嘆息~): 부록 '탄(歎·嘆)' 참고.

부존-자원(賦存資源 타고날 **부**/있을 **존**/재물 **자**/근원 **원**) 타고날 (때부터) (실제로) 있는 자원(資源)이라는 뜻으로, 경제적 목적에 이용할 수 있는 모든 천연자원(天然資源. <u>본문 참고</u>)이나 지각(地殼. <u>지구의 표층. 즉, 겉을 이루는 층의 단단한 부분</u>) 안의 지질학적(地質學的) 자원(資源)을 이르는 말. ***부존**(賦存): 천부적(天賦的. <u>선천적으로 타고난 것</u>)으로 존재하는 일. ***자원**(資源): ①생산의 바탕이 되는 여러 가지 물자(物資. <u>어떤 활동에 필요한 여러 가지 물건이나 재료</u>)를 이르는 말. ②어떤 목적에 이용할 수 있는 물자(物資)나 인재(人材. <u>어떤 일을 할 수 있는 학식이나 능력을 갖춘 사람</u>)를 이르는 말. ***타고나다**: (복이나 재주, 마음 따위를) 본디부터 지니고 태어나다. 여기서, '재주'는 순우리말로, 무엇을 잘할 수 있는, 타고난 능력과 슬기. ***재물**(財物): 부록 '자(資)' 참고. ***근원**(根源): 부록 '원(源)' 참고.

부-중-생어(釜中生魚 가마 **부**/가운데 **중**/생길 **생**/물고기 **어**) 가마솥 가운데에 물고기가 생겼다. 즉, 오랫동안 밥을 하지 못하여 솥 안에 물고기가 생겼다는 뜻으로, 매우 가난함을 비유적으로 이르는 말. 『후한서(後漢書)』의 「범염전(范冉傳)」에 나오는 말로, 후한(後漢) 때 범염(范冉)이란 사람이 가난하여 자주 밥을 짓지 못하자, 가마 속에서 물고기가 생겼다는 고사(故事)에서 온 말. ***생어**(生魚): ①살아있는 물고기. ②=생선(生鮮). 즉, 말리거나 절이지 않은, 잡은 그대로의 신선한 물고기. ***가마**: 순우리말로, '가마솥'의 준말.

부-중-지-어(釜中之魚 가마 **부**/가운데 **중**/어조사 **지**/물고기 **어**) 가마솥 가운데의 물고기라는 뜻으로, 생명

(生命)이 오래 남지 않은 사람. 또는 목숨이 매우 위험(危險)함을 비유적으로 이르는 말. *가마: 순우리말로, '가마솥'의 준말. 《관련 속담》 가마솥에 든 고기. 이 사자성어의 유래는 다음과 같다. 『후한서(後漢書)』의 「장강전(張綱傳)」과 『자치통감(自治通鑑)』의 「한기(漢紀)」 편(篇)에 〈장영(張嬰)이 듣고 울면서 말했다. "어리석은 백성들이 스스로 조정(朝廷. 임금이 나라의 정치를 신하들과 의논하거나 집행하는 곳. 또는 그런 기구)과 통하지 못하고 벼슬아치들의 가혹한 처사에 견디다 못해 모두가 모여서 도적이 되었습니다. 마치 솥 안에서 물고기가 헤엄치는 것과 같아 결코 오래갈 수는 없다는 것을 알고 있습니다."(嬰聞, 泣下曰, 荒裔愚民, 不能自通朝廷, 不堪侵枉, 遂復相聚偸生, 若魚游釜中, 喘息須臾間耳.)〉라는 이야기가 나오는데, '마치 솥 안에서 물고기가 헤엄치는 것과 같다.(若魚游釜中)'에서, '부중지어(釜中之魚)'가 유래했다. 도둑의 두목인 장영(張嬰)이 자신들의 행위를 두고 한 말이다. 이 이야기의 배경을 요약해서 설명하면 다음과 같다. 후한(後漢) 순제(順帝) 때 장강(張綱)은 당시(當時. 일이 있었던 바로 그때. 또는 이야기하고 있는 그 시기)의 세력가인 양기(梁冀) 형제를 탄핵(彈劾. 공직에 있는 사람의 부정이나 비행 따위를 조사하여 그 책임을 추궁함. 또는 그 절차)하는 상소문(上疏文. 임금에게 글을 올리던 그 글)을 올렸다. 여기서 '탄핵(彈劾)'은 공직(公職)에 있는 사람의 부정(不正. 바르지 않음. 또는 바르지 못한 일)이나 비행(非行. 도리나 도덕 또는 법규에 어긋나는 행위) 따위를 조사하여 그 책임을 추궁함. 또는 그 절차를 이르는 말. 이 때문에 그들에게 미움을 사 장영(張嬰)이라는 도적이 10년 동안 휩쓸고 다니던, 도적떼의 소굴(巢窟. 나쁜 짓을 하는 도둑이나 악한·惡漢 따위의 무리가 활동의 본거지로 삼고 있는 곳)이 있는 광릉군(廣陵郡)의 태수(太守. 벼슬 이름)로 쫓겨났다. 여기서, '태수(太守)'는 고대 중국에서 군(郡)의 으뜸 벼슬. 장강(張綱)은 이곳에 부임하자마자 이졸(吏卒. 낮은 벼슬아치) 10여 명을 데리고 도둑의 소굴(巢窟)로 장영(張嬰)을 찾아 갔다. 그때 장영(張嬰)이 "어리석은 백성들이 스스로 조정과 통하지 못하고 벼슬아치들의 가혹한 처사에 견디다 못해 모두가 모여서 도적이 되었습니다. 마치 솥 안에서 물고기가 헤엄치는 것과 같아 결코 오래갈 수는 없다는 것을 알고 있습니다."라는 말을 한 것이다. 장영(張嬰)의 말은 곧 항복(降伏·服. 적이나 상대편의 힘에 눌리어 굴복함)의 말이었다. 장영(張嬰)은 비리와 부패를 발판 삼아 세상을 휘젓는 도둑떼들을 스스로 '부중지어(釜中之魚)' 신세라고 말한다. 권력을 가진 자들, 남을 다스리는 자들이 온갖 횡포(橫暴. 제멋대로 굴며 몹시 난폭함)를 부리고, 비리와 부패를 일삼으면, '솥 속의 물고기는 아무리 설쳐대도 오래가지 못한다.'는 뜻이다. 공정(公正)과 정의(定義)에 따라 백성들을 이끄는, 존경받는 벼슬아치가 많다면 이 세상은 그런대로 살만한 곳일지도 모르겠다는 생각을 해 보는 것이다. 참고로, 원문의 '嬰聞, 泣下曰'에서, '嬰'은 어릴 '영'으로 읽는다. 여기서는, '장영(張嬰)'을 가리킴. '聞'은 들을 '문'으로 읽고, '泣'은 울 '읍', 눈물 '읍'으로 읽고, '下'는 떨어질 '하'로 읽는다. '嬰聞, 泣下曰'을 직역(直譯)하면, 장영(張嬰)은 (이를) 듣고 눈물을 떨구며(원형 '떨구다'는 '떨어뜨리다'와 같은 뜻으로 복수표준어로 지정) 말하기를, '荒裔愚民'에서, '荒'은 거칠(산이나 들이나 농토 따위가 가꾸지 아니하여 메마를) '황'으로 읽고, '裔'는 변방(邊方. 중심지에서 멀리 떨어진 가장자리 지역) '예'로 읽고, '愚'는 어리석을 '우'로 읽고, '民'은 백성 '민'으로 읽는다. '荒裔愚民'을 직역(直譯)하면, 거친 변방(邊方)의 어리석은 백성이니, '不能自通朝廷'에서, '不'은 아닐(부정하는 말) '불'로 읽고, '能'은 할 수 있을 '능'으로 읽고, '自'는 스스로 '자'로 읽고, '通'은 통할 '통'으로 읽는다. '自通'은 남의 가르침을 받지 아니하고 스스로 사리(事理. 일의 이치)를 깨달음. 또는 저절로 통함. '朝'는 조정(朝廷) '조'로 읽고, '廷'은 조정(朝廷) '정'으로 읽는다. '조정(朝廷)'은

임금이 나라의 정치를 신하들과 의논하거나 집행하는 곳. 또는 그런 기구. '不能自通朝廷'을 직역(直譯)하면, 스스로는 조정(朝廷)과 (말이) 통할 수 없어, '不堪侵枉'에서, '堪'은 견딜 '감'으로 읽는다. '不堪'은 견디어 내지 못함. 또는 '불감당(不堪當)'과 같은 말로, 감당하지 못함. '侵'은 범할(犯~) '침', 어길 '침'으로 읽고, '枉'은 억울할 '왕', 원통할 '왕'으로 읽는다. '不堪侵枉'을 직역(直譯)하면, (벼슬아치가 갖가지 부정을) 범하여 억울함을 견디어 내지 못하여, 즉, 벼슬아치로부터 억울하게 침해당하는 일을 참지 못하여, '遂復相聚偸生'에서, '遂'는 드디어 '수', 마침내 '수'로 읽고, '復'는 다시 '부'로 읽고, '相'은 서로 '상'으로 읽고, '聚'는 모일 '취'로 읽고, '偸'는 도둑질할 '투'로 읽고, '生'은 살 '생'으로 읽는다. '遂復相聚偸生'을 직역(直譯)하면, 드디어 다시 서로 모여 도둑질하며 살려고 (한 것이니), '若魚游釜中'에서, '若'은 같을 '약'으로 읽고, '魚'는 물고기 '어'로 읽고, '游'는 헤엄칠 '유'로 읽고, '釜'는 가마(아주 크고 우묵한 솥) '부'로 읽고, '中'은 가운데 '중'으로 읽는다. '若魚游釜中'을 직역(直譯)하면, (마치) 물고기가 가마솥 가운데에서 헤엄치는 것과 같아, 여기서, '魚游釜中'이 유래하였는데, 이것을 직역(直譯)하면, 물고기가 가마(솥) 가운데(안)에서 논다는 뜻으로, 지금은 살아 있기는 하여도 생명이 얼마 남지 아니하였음을 비유적으로 이르는 말. 마찬가지로 여기서 '釜中之魚'가 유래하였는데, 이것을 직역(直譯)하면, 가마솥 가운데의 물고기라는 뜻으로, 생명(生命)이 오래 남지 않은 사람, 또는 목숨이 매우 위험(危險)함을 비유적으로 이르는 말. '喘息須臾間耳'에서, '喘'은 헐떡일 '천'으로 읽고 '息'은 숨 '식', 숨 쉴 '식'으로 읽고, '須'는 잠깐 '수'로 읽고, '臾'는 잠깐 '유'로 읽는다. '수유(須臾)'는 잠시, 잠시 동안. '間'은 사이 '간'으로 읽는다. '須臾間'도 잠시 동안. '耳'는 따름 '이', 뿐 '이'로 읽는다. '~일 뿐이다(한정)'의 뜻을 나타냄. '喘息須臾間耳'를 직역(直譯)하면, 잠시 동안 숨을 헐떡일 뿐입니다. 즉, 극히 짧은 시간일 뿐입니다.

부-즉-다사(富則多事 넉넉할 **부**/곧 **즉**/많을 **다**/일 **사**) 넉넉하면 곧 일이 많다는 뜻으로, 재물(財物. 돈과 값나가는 물건)이 많으면 일도 많아짐을 이르는 말. *다사(多事): ①일이 많음. ②일이 많아 매우 바쁨. ③참견(參見. 자기와 별로 관계없는 일이나 말 따위에 끼어들어 쓸데없이 아는 체하거나 이래라저래라 함)하기 좋아하여 공연스레(空然~. 까닭이나 실속이 없이) 바쁨.

부-즉-불-리(不卽不離 아닐 **부**/곧 **즉**/아닐 **불**/떨어질 **리**) (붙지도) 아니하고 곧 떨어지지도 아니한다는 뜻으로, ①두 관계가 붙지도 아니하고 떨어지지도 아니함을 이르는 말. =불리부즉(不離不卽). ②찬성도 아니 하고 반대도 아니 함을 이르는 말. =불리부즉(不離不卽).

부지-거처(不知去處 못할 **부**/알 **지**/갈 **거**/곳 **처**) 간 곳을 알지 못함. 또는 간 곳을 모름. 즉, 어디로 간 지도 모른다는 말이다. *부지(不知): 알지 못함. *거처(去處): ①간 곳. ②갈 곳.

부지-기수(不知其數 못할 **부**/알 **지**/그 **기**/셈 **수**) 그 셈이 (너무나 많아 다) 알지 못한다는 뜻으로, 헤아릴 수가 없을 만큼 많음. 또는 그렇게 많은 수효(數爻)를 이르는 말. *부지(不知): ☞부지거처(不知去處). *기수(其數): 그 수(數).

부지-불각(不知不覺 못할 **부**/알 **지**/못할 **불**/깨달을 **각**) 알지도 못하고 깨닫지도 못한다는 뜻으로, 미처 깨닫지도 못하는 결(사이나 때를 이르는 말)이나 자신도 모르는 결을 이르는 말. *부지(不知): ☞부지거처(不知去處). *불각(不覺): ①깨닫지 못함. ②불교에서, 본디부터 사람의 마음속에 있는 미망(迷妄. 사리에 어두워, 실제로는 없는 것을 있는 것처럼 생각하는 일. 또는 그런 잘못된 생각)을 이르는 말.

부지-불-식(不知不識 못할 **부**/알 **지**/못할 **불**/알 **식**) 알지도 못하고 알지도 못한다는 뜻으로, 생각하지도 못하고 알지도 못함을 이르는 말. *부지(不知): ☞부지거처(不知去處). 이 사자성어의 유래는 다음과 같다. 『십팔사략(十八史略)』의 「제요편(帝堯篇)」에 [요(堯)임금이 천하(天下)를 다스리기 시작한 지 50년이 되었으나, 천하(天下)가 잘 다스려지고 있는 지, 다스려지고 있지 않는 지, 천하(天下)의 백성들이 자신을 받들고 있는 지, 자신을 받들기를 원하지 않는 지를 알지 못하였다. 그래서 백성의 복장으로 갈아입고 넓은 거리로 나가 거닐다가 아이들의 노래 소리를 들었다. 즉, 요(堯)임금은 어질고 지혜로운 데다가 근검(勤儉, 부지런하고 검소함)하여, 백성들이 그를 하늘 같이 우러러보았다. 천하(天下)를 다스리기 시작한지 50년이 되는 해 요(堯)임금은 평복(平服, 평상시에 입는 옷. =평상복·平常服)으로 갈아입고 거리로 나가 실제로 천하(天下)가 태평스러운 지를 살펴보았다는 것이다.]〈"우리 백성들이 살아감은/그 분의 은덕(恩德, 은혜로운 덕)이 아님이 없네./깨닫지도 알지도 못하는 사이에/임금의 법칙(임금이 정하신 것) 따르네." 이 노래를 우리는 강구요(康衢謠)라고 한다. 요(堯)임금 때에, 태평성세(太平聖歲, 어진 임금이 잘 다스리어 태평한 세상이나 시대)를 칭송(稱頌, 공덕·功德 따위를 칭찬하여 일컬음. 또는 그런 말)한 동요(童謠)이다. 어떤 노인이, 무언가를 마음껏 먹고서 불룩해진 배를 두드리면서, 격양가(擊壤歌)를 부르고 있었다. "해 뜨면 일을 하고/해 지면 돌아와 쉬누나./우물 파서 물을 마시고/밭 갈아서 밥을 먹네./임금 힘이야 내게 무슨 필요 있겠는가"(立我烝民, 莫匪爾極, **不識不知**, 順帝之則, 有老人, 含哺鼓腹, 擊壤而歌曰, 日出而作, 日入而息, 鑿井而飲, 耕田而食, 帝力于我何有哉)〉라는 이야기가 나오는데, '깨닫지도 알지도 못하는 사이에(不識不知)'에서 '부지불식(不知不識)'이 유래했다. 나머지 구체적인 내용은 ⇨함포고복(含哺鼓腹).

부지-세상(不知世上 못할 **부**/알 **지**/세상 **세**/위 **상**) 세상(世上)의 위[上]를 알지 못한다. 즉, 세상을 모른다는 뜻으로, 세상(世上)일이 돌아가는 형편을 알지 못함을 이르는 말. *부지(不知): ☞부지거처(不知去處). *세상(世上): ①모든 사람이 살고 있는 사회의 통칭. =천하(天下). 사회(社會). 세간(世間). ②사는 동안. =한평생. 일생. ③(특정의) 시대. 동안. 시절.

부지-세월(不知歲月 못할 **부**/알 **지**/세월 **세**/세월 **월**) 세월(歲月)과 세월(歲月)을 알지 못한다는 뜻으로, 세월(歲月)이 가는 줄을 알지 못함을 이르는 말. *부지(不知): ☞부지거처(不知去處). *세월(歲月): ①흘러가는 시간. =광음(光陰). ②지내는 형편이나 사정 또는 재미. ③살아가는 세상.

부지-소-운(不知所云 못할 **부**/알 **지**/바 **소**/말할 **운**) 말할 바[所]를 알지 못한다는 뜻으로, 뭐라고 말하여야 좋을지 모름을 이르는 말. *부지(不知): ☞부지거처(不知去處). *바: 부록 '소(所)' 참고.

부지-소향(不知所向 못할 **부**/알 **지**/바 **소**/향할 **향**) 향(向)할 바[所]를 알지 못한다는 뜻으로, 가야 할 곳을 모름을 이르는 말. 또는 향(向)하여 갈 곳을 알지 못함을 이르는 말. *부지(不知): ☞부지거처(不知去處). *소향(所向): 향하여 가는 곳. *바: 부록 '소(所)' 참고. *향하다(向~): 부록 '향(向)' 참고.

부지-체면(不知體面 못할 **부**/알 **지**/몸 **체**/얼굴 **면**) 몸과 얼굴 즉, 체면(體面)을 알지 못한다는 뜻으로, 체면(體面)을 돌아보지 아니함. 또는 체면(體面)을 생각하지 아니함을 이르는 말. =불고체면(不顧體面). *부지(不知): ☞부지거처(不知去處). *체면(體面): 남을 대하기에 번듯한 면목(面目. 남을 대할 만한 체면).

부지-하-경(不知何境 못할 **부**/알 **지**/어느 **하**/지경 **경**) 어느 지경(地境)인지 알지 못한다는 뜻으로, 어느 경우에 이를지를 알지 못함을 이르는 말. *부지(不知): ☞부지거처(不知去處). *지경(地境): 부록 '경(境)'

참고.

부지-하락(不知下落 못할 **부**/알 **지**/아래 **하**/떨어질 **락**) 아래로 떨어지는 것을 알지 못한다는 뜻으로, 어디로 가서 어떻게 되었는지를 알지 못함을 이르는 말. *부지(不知): ☞부지거처(不知去處). *하락(下落): ①아래로 떨어짐. ②물건 값이 떨어짐. ③등급이나 가치가 떨어짐.

부진-즉-퇴(不進則退 아닐 **부**/나아갈 **진**/곧 **즉**/물러날 **퇴**) 나아가지 아니하면 곧 물러나게 된다는 뜻으로, ①승부(勝負. <u>이김과 짐</u>)를 가르지 않으면 제자리에 머무는 것이 아니라 뒤로 물러난 것과 같음을 이르는 말. ②공부나 학문(學問)에 힘쓰지 않으면 제자리에 머무는 것이 아니라 뒤로 물러난 것과 같음을 이르는 말. 기술이 앞선 나라가 강국(强國)이다. 세계 각국은 총과 칼이 아니라 기술로 싸운다. 옛말에 '부진즉퇴(不進則退)'라 했다. 기술 시대에는 잠깐만 한눈을 팔아도 경쟁자가 앞으로 치고 나간다. 절대로 발걸음을 늦추지 말아야 한다. '學如逆水行舟, 不進則退[학문은 마치 강물을 거슬러 배를 모는 경우와 같아서, 앞으로 나아가지 않으면 곧 뒤로 물러나게(<u>밀려가게</u>) 된다.]'에서 나왔음. *부진(不進): 앞으로 나아가지 못함.

부집-존장(父執尊長 아비 **부**/벗 **집**/높을 **존**/어른 **장**) 아비의 벗(<u>친구</u>)으로서 높은 어른이라는 뜻으로, 아버지의 벗(<u>친구</u>)으로서, 나이가 아버지와 비슷한 어른을 높여 이르는 말. *부집(父執): =부집존장(父執尊長). *존장(尊長): (존대해야 할) 나이가 많은 어른을 이르는 말. *아비: 부록 '부(父)' 참고. *벗: (나이나 처지 따위가 비슷하여) 서로 가까이 사귀는 사람.

부찰-앙관(俯察仰觀 구푸릴 **부**/살필 **찰**/우러러볼 **앙**/볼 **관**) 구푸려(<u>굽어</u>) 살피고 우러러보듯이 본다는 뜻으로, 아랫사람의 형편(形便)을 구푸려(<u>굽어</u>) 살피고, 윗사람을 존경(尊敬)하는 마음으로 우러러봄을 이르는 말. *부찰(俯察): 아랫사람의 형편을 두루 굽어 살핌. *앙관(仰觀): 우러러 봄. *구푸리다: 부록 '부(俯)' 참고. *우러러보다: ①얼굴을 위로 향하여 쳐다보다. ②훌륭한 사람을 존경하는 마음으로 대하거나 그리다.

부-창-부-수(夫唱婦隨 남편 **부**/노래 **창**/아내 **부**/따를 **수**) 남편이 노래를 (부를 때) 아내가 따라한다는 뜻으로, 남편이 주장(主張)하고 아내가 이에 잘 따름. 또는 부부(夫婦) 화합의 도리(道理. <u>사람이 마땅히 지켜야 할 바른 길</u>)를 이르는 말. 웹 남창여수(男唱女隨). *따르다: 부록 '수(隨)' 참고. 《관련 속담》

부채-여-산(負債如山 질 **부**/빚 **채**/같을 **여**/뫼 **산**) 진 빚이 뫼('<u>산</u>'의 옛말)와 같다. 즉, 빚이 산더미 같다는 뜻으로, 남에게 진 빚이 산더미처럼 많음을 이르는 말. *부채(負債): 남에게 빚을 짐. 또는 그 빚.

부처-반목(夫妻反目 지아비 **부**/아내 **처**/돌이킬 **반**/눈 **목**) 지아비와 아내가 (서로) 눈을 돌이킨다는 뜻으로, 부부(夫婦)가 서로 눈을 부라리며 싸움을 이르는 말. 또는 남편과 아내가 서로 뜻이 맞지 않아 눈을 흘겨 가며 싸우는 것을 이르는 말. *부처(夫妻): 남편과 아내. =부부(夫婦) *반목(反目): 서로 맞서서 미워함. *지아비: 아내 있는 남자를 예스럽게 이르는 말. *돌이키다: 부록 '반(反)' 참고.

부-탕-도-화(赴湯蹈火 다다를 **부**/끓일 **탕**/밟을 **도**/불 **화**) 끓인 (물에) 다다라도 (개의치 않고) (타는) 불을 (발로) 밟는다. 즉, 끓는 물이나 뜨거운 불도 가리지 아니하고 밟고 간다는 뜻으로, 아주 어렵고 힘겨운 일이나 수난(受難. <u>재난을 당함. 또는 어려운 일을 당함</u>)을 겪거나, 어려운 일이나 위험을 가리지 않고 용감하게 나아가는 것을 비유적으로 이르는 말. *다다르다: 부록 '부(赴)' 참고. 《관련 속담》 물불을 가리지(헤아리지) 않다. 이 사자성어의 유래는 다음과 같다. 『한서(漢書)』의 「조조전(晁錯傳)」 편(篇)에,

그런데 어떤 자료에는「조조전(晁錯傳)」으로, 한자(漢字) 표기가 다르게 되어 있음. [조조(晁錯)는 한(漢)나라 문제(文帝) 때 태상장고(太常掌故)라는 벼슬을 하면서 복승(伏勝. 사람 이름, 아래 내용 참고)의 구술(口述. 입으로 말함)을 근거로 진시황(秦始皇)의 분서갱유(焚書坑儒. 본문 참고) 때 실전(失傳. 무덤이나 고적 따위의 대대로 전해온 사실을 알 수 없게 됨)된『상서(尙書)』를 기록하고 정리하였다. 그는 태자(太子)인 유계(劉啓. 나중에 즉위하여 경제·景帝가 됨)의 스승을 지내기도 하였는데, 사람됨이 몰인정(沒人情. 인정이 전혀 없음)할 정도로 강직(剛直. 굳세고 꼿꼿함)하고 준엄(峻嚴. 매우 엄함)했지만, 뛰어난 구변(口辯. 말솜씨)과 지식(知識)으로 태자(太子)의 총애(寵愛. 남달리 귀여워하고 사랑함)를 받았으며, 태자궁(太子宮)안에서 지낭(智囊. 지혜 주머니)이라 불리었다. 태자가 즉위(卽位)하여 황제(皇帝)가 되자, 조조(晁錯)는 어사대부(御史大夫. 벼슬 이름)를 맡게 되었는데, 그의 권력(權力)은 문무백관(文武百官. 본문 참고)들의 위에 있었고, 그('조조·晁錯'를 가리킴)의 건의(建議. 어떤 문제에 대하여 의견이나 희망 사항을 냄. 또는 그 의견이나 희망 사항)는 (조정에서) 받아들여지지 않는 게 없었다. 조조(晁錯)는 황제(皇帝)의 지지(支持)하에 죄를 범(犯)한 제후(諸侯)들의 영지(領地. 제후를 봉하여 내준 땅)를 삭감(削減. 깎아서 줄임)하고, 많은 법령(法令. 법률과 명령)을 개정하는 따위의 개혁을 단행했다. 제후(諸侯)들 사이에서는 조조(晁錯)를 미워하는 소리가 날로 높아 갔다. ……조조(晁錯)는 한(漢)나라 왕실(王室. 임금의 집안)에 대하여 충성(忠誠. 진정에서 우러나오는 정성, 특히 임금이나 국가에 대한 것을 일컬음)을 다했는데, 생전(生前)에 30여 편의 글을 올려 중요한 사항들을 건의(建議)하였다. 그가 건의(建議)한 글 가운데에는 다음과 같은 내용이 있다.] 여기서, 이 이야기의 주인공인 '晁錯'의 우리말 발음이, 두 가지가 있다는 점을 이해할 필요가 있다. 하나는 '조조'이고, 또 하나는 '조착'이다. '錯'의 우리말 발음이 둘(일정한 곳에 있게 함) '조'로도 읽고, 어긋날(서로 꼭 맞지 아니할) '착'으로 읽기 때문이다. 본문에서는『고사성어대사전(故事成語大辭典)』(시대의창)에 따라 '조조'로 표기했다. 그리고 우리는 위에 소개된 '복승(伏勝)'에 대하여 주목할 필요가 있다. '복승(伏勝)'은 진(秦)나라에서 전한(前漢. 일명 서한·西漢) 초(初)의 학자로 알려져 있다. 자(字. 본이름을 함부로 부르지 않던 시대에, 본이름 대신 부르던 이름)는 자천(子賤)이다.『사기(史記)』에는 복생(伏生)이라는 이름으로 기록되어 있는데, 여기서 '생(生)'은 학자를 높여 부르는 명칭이다. 진(秦)나라 때 사상(思想) 통제(統制)를 위하여 나라에서 책을 거두어 불살랐는데(본문 '분서갱유·焚書坑儒' 참고), 복승(伏勝)은 이때 벽(壁) 속에『상서(尙書)』를 파묻어 이를 숨겼다. 훗날 진(秦)나라가 망하고 전한(前漢)이 건국된 후 다시 벽(壁)을 파 보았는데, 수십 편이 유실(遺失. 잃어버림)되고 29편만 남아 있었다. 복승(伏勝)은 이 책('상서·尙書'를 가리킴)으로 제(齊)나라와 노(魯)나라에서『상서(尙書)』를 가르쳤고, 덕분에 학자들은 자못『상서(尙書)』에 대해 논(論)할 수 있게 되었다. 당시(當時. 일이 있었던 바로 그때, 또는 이야기하고 있는 그 시기) 산동(山東. 지역 이름. 일명 '관동·關東'이라고도 함)의 학자들 가운데『상서(尙書)』를 익히지 않은 자(者)가 없었다고 한다. 그리고 '서한(西漢)'에 대해서 설명하고자 한다. 전한(前漢)은 한(漢)나라 고조(高祖) 유방(劉邦)이 초(楚)나라의 항우(項羽)와 대륙 쟁탈 뒤에 세운 왕조(王朝. 왕이 직접 나라를 다스리는 나라)로써, 진(秦)나라에 이어서 중국을 두 번째로 통일한 왕조(王朝)이다. 수도(首都)는 장안(長安)이었는데, 그('장안·長安'을 가리킴) 위치가 뒤에 세워진 후한(後漢)의 수도(首都)인 낙양(洛陽)보다 서쪽에 있어서 '서한(西漢)'이라고 불리어졌다고 한다. 〈그러므로 싸움에 이기거나 진지(陣地)를 고수(固守)하면 마땅히 작위

(爵位)를 상(賞)으로 주어야 하며, 적(敵)의 성(城)과 진지(陣地)를 공략하여 빼앗는 자(者)는 그 재물을 얻어 집 안을 부(富)하게 해 주어야 합니다. 그래야만 장병들을, 쏟아지는 화살과 돌을 무릅쓰고 끓는 물과 타는 불 속으로 뛰어들게 할 수 있으며, 죽음을 삶과 같이 여기게 할 수 있는 것입니다.(故戰勝守固則有拜爵之賞, 攻城屠邑則得其財鹵以富家室, 故能使其衆蒙矢石, <u>赴湯火</u>, 視死如生.)〉라는 이야기가 나오는데, '끓는 물과 타는 불 속으로 뛰어들게 할 수 있으며,(赴湯火)'에서, '부탕도화(赴湯蹈火)'가 유래했다. '끓는 물과 타는 불 속으로 뛰어들게 할 수 있으며,' 즉, '부탕도화(赴湯蹈火)'는 어려움이나 위험을 가리지 않는 자세, 목숨을 걸고 어떤 일에 뛰어드는 자세나, 장병(將兵)들이 목숨을 내놓고 싸우는 자세 따위를 일컫는다. 따라서 '부탕도화(赴湯蹈火)'는 장병들에 있어서, 대단한 충성심(忠誠心)이라고 평가하지 않을 수 없다. 나라와 임금을 위해서 '부탕도화(赴湯蹈火)'도 마다하지 않는 마음이 '충(忠)'이고, 그런 사람이 바로 '충신(忠臣)'이다. 그런데 조조(晁錯)는 본문에서, 적군들과 싸울 때, 장병들이 '부탕도화(赴湯蹈火)'하기 위해서는 동기부여(動機附與. <u>자극을 주어 사람으로 하여금 행동을 하게 만드는 일</u>)가 필요하다고 주장하고 있다. 첫째는 장병들이 용맹스럽게 작전(作戰)에 임(臨)하여 후퇴하지 않고 승리를 거둘 수 있게 하려면, 마땅히 작위(爵位)를 상(賞)으로 주어야 한다. 둘째는 적(敵)들의 성(城)과 진지(陣地)를 격파(擊破. <u>쳐부숨</u>)할 수 있게 하려면, 장병들의 집안을 부유(富裕)하게 해 주어야 한다. 이는 매우 당연한 말이다. 인간은 희생의 대가를 따진 후 행동하는 존재라고도 말할 수 있기 때문이다. 정치 지도자나 사회 지도자가 아주 어려운 일을 해결해 나가야 할 일이 있을 때, 이렇게 동기부여(動機附與)를 함으로써 목적을 달성하는 지혜도 필요한 것이다. 참고로, 원문의 '故戰勝守固則有拜爵之賞'에서, '故'는 그러므로 '고'로 읽고, '戰'은 싸울 '전'으로 읽고, '勝'은 이길 '승'으로 읽는다. '戰勝'은 '승전(勝戰)'과 같은 말로, 싸움에서 이김. '守'는 지킬 '수'로 읽고, '固'는 굳을 '고'로 읽는다. '守固'는 '固守'와 같은 말로, 차지한 물건이나 형세 따위를 굳게 지킴을 이르는 말. '則'은 곧 '즉'으로 읽고, '有'는 있을 '유'로 읽고, '拜'는, 여기서는 벼슬 줄 '배', 벼슬을 받을 '배'로 읽고, '爵'은 벼슬 '작', 작위(爵位. <u>공작, 후작, 백작, 자작, 남작의 다섯 등급으로 나눈 귀족의 계급</u>) '작'으로 읽고, '之'는 어조사 '지'로 읽는다. '~의(<u>관형격 조사</u>)' 뜻을 나타냄. '賞'은 상 줄 '상'으로 읽는다. '故戰勝守固則有拜爵之賞'을 직역(直譯)하면, 그러므로 싸움에 이기고, (진지를) 굳게 지키면 곧 작위(爵位)의 상(賞)을 벼슬로 주는 것이 있어야 (하고), '攻城屠邑則得其財鹵以富家室'에서, '攻'은 칠 '공', 공격할 '공'으로 읽고, '城'은 성(城. <u>예전에, 적을 막기 위하여 흙이나 돌 따위로 높이 쌓아 만든 담, 또는 그런 담으로 둘러싼 구역</u>) '성'으로 읽는다. '攻城'은 성(城)이나 요새(要塞. <u>국방상 중요한 지점에 마련해 놓은 군사적 방어 시설</u>)를 공격함. '屠'는 죽일 '도'로 읽고, '邑'은 고을 '읍'으로 읽고, '得'은 얻을 '득'으로 읽고, '其'는 그(<u>지시하는 말</u>) '기'로 읽고, '財'는 재물(財物) '재'로 읽고, '鹵'는 빼앗을 '로(<u>노</u>)'로 읽고, '以'는 써(<u>그것을 가지고, 그것으로 인하여</u>) '이'로 읽고, '富'는 넉넉할 '부'로 읽고, '家'는 집 '가'로 읽고, '室'은 집 '실'로 읽는다. '家室'은 집 안이나 안방. 또는 그곳에 거처하는 가족. '攻城屠邑則得其財鹵以富家室'을 직역(直譯)하면, (적의) 성(城)을 공격하고, 고을의 (사람을) 죽이면, 곧, 그 재물을 얻거나 빼앗아 그것을 가지고 집 안을 넉넉하게 (해 주어야 합니다). '故能使其衆蒙矢石'에서, '能'은 할 수 있을 '능'으로 읽고, '使'는 하여금(<u>누구를 시키어</u>) '사'로 읽고, '衆'은 무리 '중'으로 읽고, '蒙'은 무릅쓸 '몽'으로 읽고, '矢'는 화살 '시'로 읽고, '石'은 돌 '석'으로 읽는다. '矢石'은 예전에, 전쟁에 쓰던 화살과 돌. '故能使其衆蒙矢石'을, 직역(直譯)하면, 그러므로 (그렇

게 해야만) 그 무리(장병의 무리)로 하여금 (쏟아지는) 화살과 돌을 무릅쓰게 할 수 있고, '赴湯火'에서, '赴'는 다다를 '부'로 읽고, '湯'은 끓일 '탕'으로 읽고, '火'는 불 '화'로 읽는다. '赴湯火'를 직역(直譯)하면, 끓는 (물과) (타는) 불에 다다를 (수 있으며), 여기서, '赴湯蹈火'가 유래하였는데, 이것을 직역(直譯)하면, 끓인 (물에) 다다라도 (개의치 않고) (타는) 불을 (발로) 밟는다. 즉, 끓는 물이나 뜨거운 불도 가리지 아니하고 밟고 간다는 뜻으로, 아주 어렵고 힘겨운 일이나 수난(受難. 재난을 당함. 또는 어려운 일을 당함)을 겪거나, 어려운 일이나 위험을 가리지 않고 용감하게 나아가는 것을 비유적으로 이르는 말. '視死如生'에서, '視'는 보일 '시', 볼 '시'로 읽고, '死'는 죽을 '사'로 읽고, '如'는 같을 '여'로 읽고, '生'은 살 '생'으로 읽는다. '視死如生'을 직역(直譯)하면, 죽음을 삶같이 본다는 뜻으로, 죽음을 삶같이 여기고 두려워하지 아니함을 이르는 말.

부-풍-모-습(父風母習 아비 **부**/모습 **풍**/어미 **모**/버릇 **습**) 아비의 모습과 어미의 버릇이라는 뜻으로, 모습이나 언행(言行. 말과 행동)이 아버지와 어머니를 고루 닮음을 이르는 말. *아비: 부록 '부(父)' 참고. *어미: 부록 '모(母)' 참고.

부허-지-설(浮虛之說 떠다닐 **부**/빌 **허**/어조사 **지**/말씀 **설**) 떠다니며 비어 (있는) 말[說]이라는 뜻으로, 떠돌아다니는 허황(虛荒. 거짓되고 근거가 없음. 또는 들떠서 황당함)한 말[說]을 이르는 말. *부허(浮虛): 마음이 들떠 있어 미덥지 못함. *떠다니다: ①(하늘이나 물 위를) 떠서 오가다. ②정처 없이 이리저리 다니다.

부형-청죄(負荊請罪 질 **부**/가시나무 **형**/청할 **청**/허물 **죄**) 가시나무를 (등에) 지고 허물에 (대한 벌을 주기를) 청(請)한다는 뜻으로, 자신의 잘못을 인정하고 사죄(謝罪. 지은 죄나 잘못에 대하여 용서를 빎)하면서 엄한 처벌(處罰)을 요구하는 것을 이르는 말. 囹 육단부형(肉袒負荊). *부형(負荊): 가시나무를 등에 지고 매질하여 주기를 바란다는 뜻으로, 깊이 사죄(謝罪)함을 이르는 말. *청죄(請罪): 죄 주기를 스스로 청함. 또는 자기의 죄를 자수(自首. 죄를 지은 사람이, 경찰의 조사나 수사를 받기 전에 자기의 범죄를 경찰 따위의 수사 기관에 신고하는 일)함을 이르는 말. *가시나무: 식물의 줄기나 잎에 가시가 돋친 나무를 통틀어 이르는 말. *허물: 부록 '죄(罪)' 참고. 이 사자성어의 유래는 다음과 같다. 『사기(史記)』의 「염파인상여열전(廉頗藺相如列傳)」 편(篇)에, 〈이 말을 전해들은 염파(廉頗)는 웃옷을 벗고 가시나무 회초리를 등에 지고 인상여(藺相如)의 집 문 앞에 이르러 사죄(謝罪. 지은 죄나 잘못에 대하여 용서를 빎)했다. "비천(鄙賤. 지위나 신분이 낮고 천함)한 사람이 장군께서 이토록 관대할 줄을 알지 못했소." 두 사람은 마침내 화해(和解. 싸움하던 것을 멈추고 서로 가지고 있던 안 좋은 감정을 풀어 없앰)를 하고 문경지교(刎頸之交)를 맺었다.(廉頗聞之, **肉袒負荊**, **因賓客至藺相如門謝罪**, 曰, 鄙賤之人, 不知將軍寬之至此也, 卒相與驩, 爲刎頸之交.)〉라는 이야기가 나오는데, '염파(廉頗)가 웃옷을 벗고 가시나무[荊] 회초리를 등에 지고[負] 인상여(藺相如)의 집 문 앞에 이르러 사죄(謝罪)했다[請罪].(肉袒負荊, 因賓客至藺相如門謝罪)'에서, '부형청죄(負荊請罪)'가 유래했다. '육단부형(肉袒負荊)'이라고도 한다. 나머지 구체적인 내용은 ⇨문경지교(刎頸之交).

부화-뇌동(附和雷同 가까이할 **부**/합칠 **화**/우뢰 **뇌**/함께 **동**) 우레와 함께 가까이하고 합친다. 즉, 우레 소리에 맞춰 함께한다는 뜻으로, 줏대 없이(자신의 뚜렷한 소신 없이) 남이 하는 대로 따라 움직이거나 남의 의견에 따라 움직임을 이르는 말. 즉, 자신의 생각 없이 남이 하는 대로 그저 무턱대고 같이 움직이는 행동이나 태도를 이르는 말. =뇌동부화(雷同附和). 부부뇌동(附付雷同). 비 부화수행(附和隨行). 수중축대(隨衆逐隊). 여진여퇴(旅進旅退). *부화(附和): 주견(主見. 주된 의견)이 없이 경솔하게 남의 의견에 따름. *뇌동(雷同): 주견(主見)이 없이 남의 의견에 무턱대고 동조함. 《관련 속담》 남이 친 장단에 궁둥이 춤(엉덩춤) 춘다. / 녹비에 가로왈. / 동무 따라 강남 간다. / 잉어 숭어가 오니 물고기라고 송사리도 온다. / 잉어(숭어)가 뛰니까 망둥이도 뛴다. 이 사자성어의 유래는 다음과 같다. 『예기(禮記)』의 「곡례(曲禮)」 편(篇)에 〈너의 용모를 바르게 하고, 말씀을 들을 때는 반드시 공손히 하라. 다른 사람의 주장을 취하여 자기의 주장인 것처럼 말하지 말고, 다른 사람의 말을 듣고 자기의 생각 없이 무조건 따라 하지 말라. 반드시 옛것을 본받고 선왕(先王)의 일을 본받아라.(正爾容, 聽必恭, 毌勦說, 毌雷同, 必則古昔, 稱先王.)〉라는 이야기가 나오는데, '다른 사람의 말을 듣고 자기의 생각 없이 무조건 따라 하지 말라.(毌雷同)'에서, '뇌동(雷同)'이 유래했다. '부화뇌동(附和雷同)'은 원래 '뇌동(雷同)'이었는데, 후에 '부화(附和)'란 말이 첨가된 것이다. 참고로, 원문의 '正爾容'에서, '正'은 바를 '정'으로 읽고, '爾'는 너(2인칭 대명사) '이'로 읽고, '容'은 얼굴 '용', 몸가짐(몸의 움직임, 또는 몸을 거두는 일) '용'으로 읽는다. '正爾容'을 직역(直譯)하면, 너의 몸가짐을 바르게 하고, '聽必恭'에서, '聽'은 들을 '청'으로 읽고, '必'은 반드시 '필'로 읽고, '恭'은 공손할 '공'으로 읽는다. '聽必恭'을 직역(直譯)하면, (남의 말을) 들을 때 반드시 공손히 하고, '毌勦說'에서, '毌'는 말(앞말이 뜻하는 행동을 하지 못하게 함) '무'로 읽는다. '不'과 같은 뜻. '勦'는 훔칠 '초'로 읽고, '說'은 말씀 '설'로 읽는다. '勦說'은 남의 학설을 훔치어 자기의 것으로 만듦. '毌勦說'을 직역(直譯)하면, 남의 학설을 훔치어 자기의 것으로 만들지 말며, '毌雷同'에서, '雷'는 우레 '뢰(뇌)'로 읽고, '同'은 함께 '동'으로 읽는다. '雷同'은 줏대 없이(자신의 뚜렷한 소신 없이) 남의 의견에 따라 움직임. '毌雷同'을 직역(直譯)하면, 줏대 없이 남의 의견에 따라 움직이지 말며, 즉, 우레가 울리면 만물(萬物. 온갖 물건. 또는 세상에 있는 모든 것)이 이에 따라 함께 울리듯이, 주견(主見. 자기의 주장이 있는 의견)이 없이 남의 의견에 무턱대고 동조(同調. 남의 의견이나 주장 따위에 찬동하여 따름. 또는 보조를 같이함)하지 말라는 뜻이다. 여기서, '附和雷同'이 유래하였는데, 이것을 직역(直譯)하면, 우레와 함께 가까이하고 합친다. 즉, 우레 소리에 맞춰 함께한다는 뜻으로, 줏대 없이 남이 하는 대로 따라 움직이거나 남의 의견에 따라 움직임을 이르는 말. 또는 자신의 생각 없이 남이 하는 대로 그저 무턱대고 같이 움직이는 행동이나 태도를 이르는 말. '必則古昔'에서, '必'은 반드시 '필'로 읽고, '則'은, 여기서는 본받을 '칙'으로 읽고, '古'는 옛 '고'로 읽고, '昔'은 옛 '석', 옛날 '석'으로 읽는다. '古昔'은 오랜 옛날. '必則古昔'을 직역(直譯)하면, 반드시 오랜 옛날의 것을 본받고, '稱先王'에서, '稱'은 일컬을 '칭'으로 읽고, '先'은 먼저 '선'으로 읽고, '王'은 임금 '왕'으로 읽는다. '先王'은 선대(先代)의 임금. '稱先王'을 직역(直譯)하면, 선대(先代)의 임금의 (일을) 일컬으면서 (본받아), 그런데 이 외에 『논어(論語)』에서도 찾아 볼 수 있다. 〈(중국 춘추시대의 사상가이며 학자인) 공자(孔子)가 말했다. "군자(君子. 학문과 덕·德이 높고 행실·行實이 바르며 품위·品位를 갖춘 사람)는 화합하지만, 부화뇌동(附和雷同)하지 않고, 소인(小人)은 부화뇌동(附和雷同)하지만, 화합하지 않는다."(子曰, 君子和而不同, 小人同而不和.)〉라는 글귀가 나오는데, '군자(君子)는 화합하지만, 부화뇌동(附和雷同)하지 않고, 소인(小人)은 부화뇌동(附和雷同)하지만, 화합하지 않는다.(君子和而不同, 小人同而不和)'에서, '부화뇌동(附和雷同)'이 유래했다. 위의 밑줄 친 '同'은 '부화뇌동(附和雷同)'을 뜻한다. 참고로, 원문의 '子曰'에서, '子'는 경칭(敬

稱. 공경하는 뜻으로 부르는 칭호. 또는 존대하여 일컬음) '자'로 읽는다. 학덕(學德)과 지위가 높은 남자의 경칭(敬稱)이다. 여기서는 '공자(孔子)'를 가리킴. '子曰'을 직역(直譯)하면, 공자(孔子)가 말하기를, '君子和而不同'에서, '君'은 군자(君子) '군'으로 읽는다. '君子'는 행실이 점잖고 어질며 덕(德. 베풀어 준 은혜나 도움)과 학식이 높은 사람. '和'는 화할 '화'로 읽고, '而'는 말 이을 '이'로 읽는다. '그러나'의 뜻을 나타냄. '不'는 아닐(부정하는 말) '부'로 읽고, '同'은 함께 '동'으로 읽는다. '君子和而不同'을 직역하면 군자(君子)는 남과 사이좋게 지내기는 하나 무턱대고 어울리지 아니함. '和而不同'을 직역(直譯)하면, 화(和)하나(화합하나) 함께 (하지) 아니한다. 즉, 화합(和合)하지만 부화뇌동(附和雷同)하지 않는다는 뜻으로, 남과 사이좋게 지내기는 하나 무턱대고 어울리지는 아니함을 이르는 말. 남과 화목하게, 또는 사이좋게 지내기는 하지만, 자기의 중심과 원칙은 잃지 않는다는 말이다. '小人同而不和'에서, '小'는 작을 '소'로 읽고, '人'은 사람 '인'으로 읽는다. '小人'은 나이가 어린 사람. 또는 키나 몸집 따위가 작은 사람. '不'은 아닐(부정하는 말) '불'로 읽고, '和'는 화할(和~. 무엇을 타거나 섞을) '화'로 읽는다. '不和'는 서로 화합하지 아니함. 또는 서로 사이좋게 지내지 못함. '同而不和'를 직역(直譯)하면, 같으면서 화하지(화합하지) 아니한다는 뜻으로, 소인(小人. 도량이 좁고 간사한 사람)은 같은 짓을 하면서도 어울릴 줄을 모름을 이르는 말. '小人同而不和'를 직역(直譯)하면, 소인은 무턱대고 어울리지만 화합하지 않는다. 여기서, '附和雷同'이 유래한 것이다.

부화-방탕(浮華放蕩 진실성이 없을 **부**/빛날 **화**/방자할 **방**/방탕할 **탕**) 진실성이 없이 (겉만) 빛나고 방자(放恣)하고 방탕(放蕩)하다는 뜻으로, 실속은 없이 겉만 화려(華麗)하고 행실(行實)이 좋지 못함을 이르는 말. *부화(浮華): 실속은 없고 겉만 화려함. *방탕(放蕩): 주색(酒色. 술과 여자)에 빠져 행실이 추저분함(醜~). 여기서 '추저분하다(醜~)'는 더럽고 지저분하다. *방자하다(放恣~): 꺼리거나 삼가는 태도가 보이지 않고 교만스럽다.

부-화-부-순(夫和婦順 남편 **부**/화목할 **화**/아내 **부**/순할 **순**) 남편이 화목(和睦)하면 아내는 순(順)하다. 즉, 남편이 화목한 가정을 만들면, 아내는 순한 사람이 되어 잘 따른다는 뜻으로, 부부(夫婦) 사이가 화목(和睦)함을 이르는 말. =부화처순(夫和妻順). *순하다(順~): 부록 '순(順)' 참고.

북두-칠성(北斗七星 북녘 **북**/별 이름 **두**/일곱 **칠**/별 **성**) 북녘의 별 이름인 일곱 별이라는 뜻으로, 큰곰자리에서 국자(순우리말로, 긴 자루가 달린, 죽을 뜨는 기구) 모양을 이루며 가장 뚜렷하게 보이는 일곱 개의 별을 이르는 말. *북두(北斗): =북두칠성(北斗七星). *칠성(七星): =북두칠성(北斗七星).

북로-남-왜(北虜南倭 북녘 **북**/오랑캐 **로**/남녘 **남**/왜구 **왜**) 북녘의 오랑캐와 남녘의 왜구(왜놈)라는 뜻으로, 북쪽의 오랑캐와 남쪽의 왜적. 즉, 중국 명(明)나라 중기(中期) 이후 나타난 남북(南北)의 외환(外患. 외적이 침범해 오는 근심)을 이르던 말. *북로(北虜): 북쪽에 있는 오랑캐(야만스러운 종족이라는 뜻으로, '침략자'를 업신여겨 이르던 말. 또는 15세기, 중국 동북 지방에 분포하여 살던 여진족을 이르던 말)를 이르는 말. *오랑캐: ①(야만스러운 종족이란 뜻으로) '침략자'를 업신여겨 이르던 말. ②15세기, 중국 동북 지방에 분포하여 살던 여진족(女眞族)을 이르던 말. *왜구(倭寇): 지난날, 일본의 해적(海賊. 배를 타고 다니면서, 다른 배나 해안 지방을 습격하여 재물을 빼앗는 강도·强盜)을 이르는 말.

북-마-남-선(北馬南船 북녘 **북**/말 **마**/남녘 **남**/배 **선**) 북녘의 말[馬]과 남녘의 배[船]. 즉, 중국의 북쪽은 산과 사막이 많아서 말[馬]을 이용하고, 남쪽은 강이 많아서 배[船]를 이용한다는 뜻으로, ①옛날의 교통

수단을 이르던 말. ②늘 쉬지 않고 여기저기 여행(旅行)을 하거나 돌아다님을 비유적으로 이르는 말. =남선북마(南船北馬). *'북-마'는 『국어사전(國語辭典)』에 등재(登載)된, '지난날, 함경북도에서 나는 말'인 '북마(北馬)'의 뜻과는 별개다.

북망산-천(北邙山川 북녘 **북**/산 이름 **망**/뫼 **산**/내 **천**) 북망산(北邙山)과 내[川]라는 뜻으로, 무덤이 많은 곳이나 사람이 죽어서 묻히는 곳을 이르는 말. 중국의 베이망[北邙] 산에 제왕(帝王. '황제·皇帝'와 '국왕·國王'을 아울러 이르는 말), 귀인(貴人. 사회적 지위가 높고 귀한 사람), 명사(名士. 이름난 선비)들의 무덤이 많았다는 데서 유래한다. *북망산(北邙山): =북망산천(北邙山川).

북문-지-탄(北門之歎·嘆 북녘 **북**/문 **문**/어조사 **지**/탄식할 **탄**) 북녘 문(門)의 탄식(한탄)이라는 뜻으로, 벼슬자리에 나가기는 하였으나 뜻대로 성공(成功)하지 못하여 그 곤궁(困窮. 처지가 이러지도 저러지도 못하게 난처하고 딱함)함을 한탄(恨歎·嘆)함을 이르는 말. 여기서, '북문(北門)'은 궁궐의 상징어이다. 중국의 한 인물이 북문(北門)으로 나아가 큰 일을 이루고자 했으나, 결과적으로 실패하여 다시 고향으로 돌아오는 길에 북문(北門) 쪽을 바라보며 자신의 좌절을 한탄했다는 이야기가 전해진다. *북문(北門): 북쪽으로 낸 문(門). *탄식하다(歎·嘆息~): 부록 '탄(歎·嘆)' 참고.

북산-지-감(北山之感 북녘 **북**/뫼 **산**/어조사 **지**/느낄 **감**) 북녘 뫼('산'의 옛말)의 느낌. 즉, 북산(北山)에 깊이 감격(感激)하여 마음속에 사무치는 느낌이라는 뜻으로, 나라 일로 인해 부모님을 제대로 봉양(奉養. 부모나 조부모와 같은 웃어른을 받들어 모심)하지 못하는 자식(子息)의 안타까운 마음을 비유적으로 이르는 말. *북산(北山): 북쪽에 있는 산. 주로 성곽의 북쪽에 있는 산을 일컫는다. 이 사자성어의 유래는 다음과 같다. 『시경(詩經)·소아(小雅)』의 「북산(北山)」 편(篇)에 〈북쪽 산에 올라서 뜯는 것은 구기자(枸杞子) / 건장한 사나이들 아침저녁 일일세. / 나랏일 끊임없어 부모님 걱정시키네. / 하늘 밑에 왕의 땅 아닌 곳 없고 / 어느 땅에 왕의 신하 아닌 사람 있으리.(陟彼北山, 言采其杞, 偕偕士子, 朝夕從事, 王事靡盬, 憂我父母, 溥天之下, 莫非王土, 率土之濱, 莫非王臣.)〉라는 시구(詩句)가 나오는데, '북쪽 산에 올라서 뜯는 것은 구기자(枸杞子).(陟彼北山, 言采其杞)'에서, '북산지감(北山之感)'이 유래했다. 이 시(詩)는 주(周)나라 유왕(幽王) 때 백성들이 부역(賦役. 국가나 공공 단체가 특정한 공익사업을 위하여 보수 없이 국민에게 의무적으로 책임을 지우는 노역·勞役을 이르는 말)에 끌려 나가, 부모를 봉양(奉養)할 수 없음을 탄식한 노래로, 모두 6장으로 되어 있다. 그런데 '溥'는 '普'와 훈과 음이 같아 혼용하고 있다. 여기서는 출전의 원문과 달리 사자성어로는 '普天之下'로 쓴다. 나머지 구체적인 내용은 ⇨막비왕신(莫非王臣).

북창-삼우(北窓三友 북녘 **북**/창 **창**/석 **삼**/벗 **우**) 북녘 창문 (쪽에 있는) 세 벗이라는 뜻으로, 거문고, 술, 시(詩)를 아울러 이르는 말. *북창(北窓): 북쪽으로 낸 창문. ↔남창(南窓). *삼우(三友): ①당(唐)나라의 시인 백거이(白居易)의 「북창삼우시(北窓三友詩)」에 나오는 말로, 함께 어울리는 세 가지 운치(韻致. 고아한 품격을 갖춘 멋). 즉, 시와 술과 거문고를 이르는 말. ②세한삼우(歲寒三友)인 송(松), 죽(竹), 매(梅)를 이르는 말. ③산수(山水. 산과 물), 송죽(松竹. 소나무와 대나무), 금주(琴酒. 거문고와 술)를 이르는 말. ④삼익우(三益友)와 삼손우(三損友). 여기서, '삼익우(三益友)'는 사귀어서 유익한 세 가지 유형의 벗. 곧, 정직한 벗, 성실한 벗, 견문(見聞. 보고 들어서 얻은 지식)이 넓은 벗을 일컬음. '삼손우(三損友)'는 사귀어서 손해가 되는 세 가지 유형의 벗. 곧, 편벽(便辟. 남에게 알랑거리며 그 비위를 잘 맞추는

일. 또는 그런 사람)된 벗. 착하기만 하고 줏대(主~. 마음의 중심이 되는 생각이나 태도)가 없는 벗,
말만 잘하고 성실하지 못한 벗을 일컬음.

북풍-한설(北風寒雪 북녘 **북**/바람 **풍**/찰 **한**/눈 **설**) 북녘에서 (불어오는) 바람과 차가운 눈[雪]이라는 뜻으
로, 바람이 불고 눈[雪]이 내리는, 몹시 추운 겨울을 이르는 말. ***북풍**(北風): 북쪽에서 불어오는 바람.
=된바람. 삭풍(朔風). 호풍(胡風). ↔남풍(南風). ***한설**(寒雪): 차가운 눈.

북향-재배(北向再拜 북녘 **북**/향할 **향**/두 **재**/절 **배**) 북녘을 향(向)하여 두 번 절함. 임금이 남쪽을 향하여
앉아 있기 때문에 임금을 우러르거나 임금의 지시를 받을 때에는 북쪽을 향(向)하게 되어 있는 데서
유래한다. ***북향**(北向): 북쪽을 향함. ↔남향(南向). ***재배**(再拜): ①두 번 절함. 또는 그 절. ②'두 번
절하여 올립니다.'라는 뜻으로, 손윗사람에게 보내는 편지글 끝에 흔히 쓰는 말. ***향하다**(向~): 부록
'향(向)' 참고.

분골-보효(粉骨報效 가루 **분**/뼈 **골**/갚을 **보**/힘쓸 **효**) 뼈가 가루가 (되도록) 힘써 (은혜를) 갚는다는 뜻으로,
있는 힘을 다하여 은혜(恩惠)를 갚음. 또는 힘들여 은혜(恩惠)를 갚음을 이르는 말. ***분골**(粉骨): =분골
쇄신(粉骨碎身). 즉, 뼈를 가루로 (만들고) 몸을 부순다는 뜻으로, 정성으로 노력함을 비유적으로 이르는
말. 또는 그렇게 하여 뼈가 가루가 되고 몸이 부서짐을 비유적으로 이르는 말. ***보효**(報效): 은혜에
보답하려고 정성을 다함.

분골-쇄신(粉骨碎身 가루 **분**/뼈 **골**/부술 **쇄**/몸 **신**) 뼈가 가루가 (되고) 몸이 부스러지도록 (일한다)는 뜻으
로, ①자기 몸을 돌보지 않고 있는 힘을 다하여, 정성으로 노력함을 비유적으로 이르는 말. 또는 그렇게
하여 뼈가 가루가 되고 몸이 부서짐을 비유적으로 이르는 말. =분신쇄골(粉身碎骨). 쇄골분신(碎骨粉
身). 쇄신분골(碎身粉骨). ②참혹하게 죽음. 또는 그렇게 죽임을 이르는 말. ***분골**(粉骨): ☞분골보효(粉
骨報效). ***쇄신**(碎身): =분골쇄신(粉骨碎身).

분기-등등(憤氣騰騰 분할 **분**/기운 **기**/오를 **등**/오를 **등**) 분(憤)한 기운이 오르고 오른다는 뜻으로, 분(憤)한
마음이 몹시 세차게 치밀어 오름을 이르는 말. 囲 분기충천(憤氣衝天). ***분기**(憤氣): 분한 기운. 또는
원통한 생각. ***등등**(騰騰): 부리는 기세(氣勢. 기운차게 내뻗는 형세. 또는 내뻗는 힘찬 기운)가 상대의
기(氣)를 누를 만큼 꼴사납게 높고 당참. 서슬이 푸름. 여기서, '서슬'은 (칼날 따위의) 날카로운 끝 부분.
또는 언행(言行. 말과 행동)의 날카로운 기세(氣勢)를 이르는 말. 그리고 '서슬이 푸르다'는 관용어(慣用
語)로, 칼날 따위가 날카롭게 빛나다. 또는 기세(氣勢)가 등등하다. ***분하다**(憤~): 부록 '분(憤)' 참고.
***기운**: 순우리말로, 생물이 살아 움직이는 원기(元氣). 또는 거기서 나오는 힘.

분기-충천(憤氣衝天 분할 **분**/기운 **기**/찌를 **충**/하늘 **천**) 분(憤)한 기운이 하늘을 찌른다. 즉, 분한 마음이
하늘까지 치민다는 뜻으로, 분(憤)한 마음이 하늘을 찌를 듯 솟구쳐 오르거나 격렬(激烈. 말이나 행동이
세차고 사나움)하게 북받쳐 오름을 이르는 말. =분기등천(憤氣騰天). 분기탱천(憤氣撑天). 囲 분기등등
(憤氣騰騰). ***분기**(憤氣): ☞분기등등(憤氣騰騰). ***충천**(衝天): ①높이 솟아 하늘을 찌름. ②기세 따위가
북받쳐 오름. ***분하다**(憤~): 부록 '분(憤)' 참고. ***기운**: ☞분기등등(憤氣騰騰).

분기-탱천(憤氣撑天 분할 **분**/기운 **기**/버틸 **탱**/하늘 **천**) 분(憤)한 기운이 하늘까지 버티다. 즉, 분한 마음
이 하늘까지 치민다는 뜻으로, 분(憤)한 마음이 하늘을 찌를 듯 솟구쳐 오르거나 격렬(激烈. 말이나
행동이 세차고 사나움)하게 북받쳐 오름을 비유적으로 이르는 말. =분기등천(憤氣騰天). 분기충천(憤氣

衝天). 힌 분기등등(憤氣騰騰). *분기(憤氣): ☞분기등등(憤氣騰騰). *탱천(撑天): =충천(衝天). 즉, 높이 솟아 하늘을 찌름. *분하다(憤~): 부록 ‘분(憤)’ 참고. *버티다: 부록 ‘탱(撑)’ 참고. *기운: ☞분기등등(憤氣騰騰).

분단-국가(分斷國家 나눌 **분**/끊을 **단**/나라 **국**/집 **가**) 나누어 끊어진 국가(國家)라는 뜻으로, 본래는 하나의 국가(國家)였으나, 전쟁 또는 외국의 지배 따위로 인하여 둘 이상으로 갈라진 국가(國家)를 이르는 말. *분단(分斷): 끊어서 동강을 냄. *국가(國家): 일정한 영토와 거기에 사는 사람들로 구성되고, 주권(主權)에 의한 하나의 통치 조직을 가지고 있는 사회 집단. 국민(國民), 영토(領土), 주권(主權)의 삼요소를 필요로 한다.

분-막-심-언(忿莫甚焉 분할 **분**/없을 **막**/더욱 **심**/어조사 **언**) 분(忿)함이 더욱 없다는 뜻으로, 분(忿)한 마음이 더할 수 없음(대단히 심함)을 이르는 말. 또는 분하기 짝이 없음을 이르는 말. *분하다(忿~): 부록 ‘분(忿)’ 참고.

분-문-열-호(分門裂戶 나눌 **분**/집안 **문**/찢어질 **열**/집 **호**) 집안이 나누어지고 집(집안의 지체)이 찢어진다는 뜻으로, 한 민족이나 한 친척, 한 당파 따위가 서로 패가 갈림을 이르는 말. 또는 그 패가 각각 따로 문호(門戶)를 세움을 이르는 말. 여기서, ‘문호(門戶)’란 집으로 드나드는 문. 또는 출입구가 되는 긴요한 곳. ‘문호(門戶)를 세우다’는 집으로 드나드는 문(門)을 세우다. 즉, 계획, 방안, 따위를 정하거나 짜다.

분방-자재(奔放自在 달아날 **분**/놓을 **방**/스스로 **자**/있을 **재**) 놓으면 달아나 스스로 있다는 뜻으로, 생각이나 행동하는 것이 거리낌 없고 마음대로임. 또는 일상적인 규율(規律. 질서나 제도를 유지하기 위하여 정하여 놓은, 행동의 준칙이 되는 본보기)이나 어떤 틀에 따르지 아니하고, 마음대로 행동함을 이르는 말. *분방(奔放): 규칙이나 규범 따위에 구애받지 아니하고 제멋대로임. *자재(自在): ①저절로 있음. 또는 스스로 있음. ②구속이나 방해가 없이 마음대로임.

분백-대-록(粉白黛綠 분 바를 **분**/흰 **백**/눈썹먹 **대**/푸를 **록**) 희게 분(粉)을 바르고 눈썹먹으로 (그림을 그리듯) 푸르게 (한다). 즉, 얼굴에 분(粉)을 희게 바르고, 눈썹을 푸르게 그린다는 뜻으로, 여인이 곱게 화장(化粧. 화장품을 바르거나 문질러 얼굴을 곱게 꾸밈)하는 일이나, 곱게 화장(化粧)한 여인을 이르는 말. 힌 분백대흑(粉白黛黑). *분백(粉白): 분을 칠하여 희게 함. *눈썹먹: 부록 ‘대(黛)’ 참고.

분백-대흑(粉白黛黑 분 바를 **분**/흰 **백**/눈썹먹 **대**/검을 **흑**) 희게 분(粉)을 바르고 눈썹먹으로 (그림을 그리듯) 검게 (한다). 즉, 얼굴에 분(粉)을 희게 바르고, 눈썹을 검게 그린다는 뜻으로, 여인이 곱게 화장(化粧. 화장품을 바르거나 문질러 얼굴을 곱게 꾸밈)하는 일이나, 곱게 화장(化粧)한 여인을 이르는 말. 힌 분백대록(粉白黛綠). *분백(粉白): ☞분백대록(粉白黛綠). *대흑(黛黑): 눈썹을 그리는 먹. *눈썹먹: 부록 ‘대(黛)’ 참고.

분벽-사창(粉壁紗窓 흴 **분**/벽 **벽**/비단 **사**/창 **창**) 희게 (꾸민) 벽(壁)과 비단(緋緞)으로 (바른) 창(窓)이라는 뜻으로, 여자가 거처하며 아름답게 꾸민 방(房)을 이르는 말. *분벽(粉壁): 하얗게 꾸민 벽. *사창(紗窓): 사(紗. 얇고 발이 성긴 비단을 이르는 말. 여름 옷감으로 많이 쓰임)로 바른 창(窓). *비단(緋緞): 명주실로 두껍고 광택이 나게 짠 피륙을 통틀어 이르는 말.

분서-갱유(焚書坑·阬儒 불사를 **분**/책 **서**/구덩이에 넣을 **갱**/선비 **유**) 책을 불사르고 선비(유생)를 구덩이에 넣는다는 뜻으로, 상황을 고려하지 않고 무조건 발본색원(拔本塞源. 본문 참고)을 하거나 폭정(暴政. 포악한 정치)을 저지르는(일삼는) 것을 비유적으로 이르는 말. 또는 가혹한 정치, 엄격한 사상 통제를 비유적으로 이르는 말. 중국 진(秦)나라의 시황제(始皇帝)가, 학자들의 정치적 비판을 막기 위하여 민간의 책 가운데 의약(醫藥), 복서(卜筮. 점치는 일), 농업(農業)에 관한 것만을 제외하고, 모든 서적을 불태우고 수많은 유생(儒生. 유가의 도를 닦는 선비)을 구덩이에 묻어 죽인 일을 두고 이르는 말. =갱유분서(坑儒焚書). *분서(焚書): 책을 불살라 버림. 흔히 학문이나 지식인을 탄압하는 수단으로 행하였다. *갱유(坑·阬儒): 진(秦)나라 시황제(始皇帝)가 수많은 학자를 산 채로 구덩이에 묻어 죽인 일. *선비: 부록 '사(士)' 참고. 이 사자성어의 유래는 다음과 같다. 공안국(孔安國)의 『상서(尙書)』의 「서(序)」편(篇)에 〈진시황(秦始皇)이 선대(先代)의 전적(典籍)을 없애고, 서적을 불사르고, 유학자들을 산 채로 묻어 버리자, 천하의 학사(學士)들이 모두 난(亂. '난리·亂離의 준말. 전쟁이나 재변·災變 따위로 세상이 어지러워진 상태. 또는 그러한 전쟁이나 재변·災變)을 피해 흩어져 버렸다.(及秦始皇滅先代典籍, 焚書坑儒, 天下學士逃難解散.)〉라는 이야기가 나오는데, '서적을 불사르고, 유학자들을 산 채로 묻어 버리자,(焚書坑儒)'에서, '분서갱유(焚書坑儒)'가 유래했다. 참고로, 원문의 '及秦始皇滅先代典籍'에서, '及'은 미칠(영향이나 작용 따위가 대상에 가하여질) '급'으로 읽는다. 여기서는 문장에서 같은 종류의 성분을 연결할 때 쓰는 것으로, '그리고', '그밖에', '또'의 의미를 나타낸다. '秦'은 진(秦)나라 '진'으로 읽고, '始'는 처음 '시', 시초(始初) '시'로 읽고, '皇'은 임금 '황'으로 읽는다. '秦始皇'은 중국 진(秦)나라의 1대 황제 이름. 중국 최초의 통일 국가를 수립했다. '滅'은 다할 '멸', 없어질 '멸'로 읽고, '先'은 먼저 '선'으로 읽고, '代'는 세대(世代) '대'로 읽는다. '先代'는 조상의 세대를 이르는 말. '典'은 책(册) '전', 서적(書籍) '전'으로 읽고, '籍'은 문서(文書) '적', 서적(書籍) '적'으로 읽는다. '典籍'은 '책(册)'과 같은 말. 일정한 목적, 내용, 체재에 맞추어 사상, 감정, 지식 따위를 글이나 그림으로 표현하여 적거나 인쇄하여 묶어 놓은 것. 及秦始皇滅先代典籍을 직역(直譯)하면, 그리고 진시황(秦始皇)이 선대(先代)의 전적(典籍)을 없애고, '焚書坑儒'에서, '焚'은 불사를 '분'으로 읽고, '書'는 책(册) '서'로 읽고, '坑'은 구덩이에 넣을 '갱'으로 읽고, '儒'는 선비 '유'로 읽는다. '焚書坑儒'를 직역(直譯)하면, 책을 불사르고 선비(유생)를 구덩이에 넣는다는 뜻으로, 상황을 고려하지 않고 무조건 발본색원(拔本塞源. 본문 참고)을 하거나 폭정(暴政. 포악한 정치)을 저지르는(일삼는) 것을 비유적으로 이르는 말. 즉, 가혹한 정치, 엄격한 사상 통제를 이르는 말. '天下學士逃難解散'에서, '天'은 하늘 '천'으로 읽고, '下'는 아래 '하'로 읽는다. '天下'는 하늘 아래 온 세상. '學'은 배울 '학'으로 읽고, '士'는 선비 '사'로 읽는다. '學士'는 학술 연구에 전념하는 사람. '逃'는 달아날 '도', 도망할 '도'로 읽고, '難'은 난리 '난'으로 읽는다. '逃難'은 재난을 피하여 멀리 옮겨 감. '解'는 흩을 '해', 흩어질 '해'로 읽고, '散'은 흩을 '산', 흩어질 '산'으로 읽는다. '解散'은 모였던 사람이 흩어짐. 또는 집단, 조직, 단체 따위가 해체하여 없어짐. '天下學士逃難解散'을 직역(直譯)하면, 천하(天下)의 학사(學士)들은 난리(재난)을 (피하여) 달아나고 해체하여 없어졌다.

분-수-상별(分袖相別 나눌 **분**/소매 **수**/서로 **상**/헤어질 **별**) 소매(소맷자락)를 나누고(떼고) 서로 헤어진다는 뜻으로, 작별(作別. 서로 헤어짐. 또는 이별의 인사를 나눔)을 이르는 말. 또는 함께 있던 사람과 헤어짐을 이르는 말. 町 분수작별(分手作別). *상별(相別): =이별(離別). 즉, (오랫동안 떨어져 있어야 할 일로 해서) 서로 헤어짐. *소매: 부록 '수(袖)' 참고.

분수-작별(分手作別 나눌 **분**/손 **수**/행할 **작**/헤어질 **별**) 손을 나누고(떼고) 헤어짐을 행(行)한다는 뜻으로, 손을 놓고 작별(作別)함을 이르는 말. ⑪ 분수상별(分袖相別). *분수(分手): =분몌(分袂). 즉, 서로 작별함. *작별(作別): 서로 헤어짐. 또는 이별의 인사를 나눔. *행하다(行~): (작정한 대로) 하여 나가다.

분-신-쇄골(粉身碎骨 가루 **분**/몸 **신**/부술 **쇄**/뼈 **골**) 몸을 가루로 (만들고) 뼈를 부순다는 뜻으로, 자기 몸을 돌보지 않고 있는 힘을 다하여 정성으로 노력함을 이르는 말. 또는 그렇게 하여 몸이 가루가 되고, 뼈가 부서짐을 이르는 말. =분골쇄신(粉骨碎身). 쇄골분신(碎骨粉身). 쇄신분골(碎身粉骨). *쇄골(碎骨): 뼈를 부숨. *부수다: 부록 '쇄(碎)' 참고.

분신-자살(焚身自殺 불사를 **분**/몸 **신**/스스로 **자**/죽을 **살**) 몸을 불사르고 스스로 죽는다는 뜻으로, 자기의 몸에 불을 질러 스스로 목숨을 끊음을 이르는 말. *분신(焚身): (스스로) 몸을 불사름. =소신(燒燼). *자살(自殺): 스스로 자기의 목숨을 끊음. *불사르다: 부록 '분(焚)' 참고.

분전-입미(分錢粒米 나눌 **분**/돈 **전**/낟알 **입**/쌀 **미**) (많은 것을 따로 따로) 나눈 돈과 낟알로 (된) 쌀이라는 뜻으로, 아주 적은 돈과 곡식을 이르는 말. =분전승량(分錢升量). *분전(分錢): =푼돈. 즉, 많지 않은 몇 푼의 돈. *입미(粒米): =낟알. 즉, 껍질을 벗기지 아니한 곡식의 알. *낟알: 부록 '입(粒)' 참고.

분주-다사(奔走多事 분주할 **분**/달릴 **주**/많을 **다**/일 **사**) 분주하게(바쁘게) 달려야 (하듯이) 일이 많다는 뜻으로, 몹시 바쁘고 일이 많음을 이르는 말. *분주(奔走): 몹시 바쁘게 뛰어 다님. *다사(多事): ①일이 많음. ②일이 많아 매우 바쁨. ③참견(參見. <u>자기와 별로 관계없는 일이나 말 따위에 끼어들어 쓸데없이 아는 체하거나 이래라저래라 함</u>)하기 좋아하여 공연스레 바쁨.

분주-불-가(奔走不暇 분주할 **분**/달릴 **주**/없을 **불**/겨를 **가**) 분주하게(바쁘게) 달리다 (보니) (쉴) 겨를이 없다는 뜻으로, 몹시 바빠서 쉴 겨를이 없음을 이르는 말. *분주(奔走): ☞분주다사(奔走多事). *겨를: 부록 '가(暇)' 참고.

분토-지-언(糞土之言 더러울 **분**/흙 **토**/어조사 **지**/말씀 **언**) 더러운 흙과 (같은) 말[言]이라는 뜻으로, 쓸모가 없는 말, 이치(理致)에 닿지 않는 말, 더러운 말 따위를 이르는 말. *분토(糞土): 썩은 흙.

분투-노력(奮鬪努力 힘쓸 **분**/싸울 **투**/힘쓸 **노**/힘 **력**) 힘써 싸우고 힘써 힘낸다는 뜻으로, 있는 힘을 다하여 노력(努力)함을 이르는 말. *분투(奮鬪): 있는 힘을 다하여 싸우거나 노력함. *노력(努力): (어떤 일을 이루기 위해서) 힘을 다하여 애씀. 또는 그 힘.

분투-쟁선(奮鬪爭先 힘쓸 **분**/싸울 **투**/다툴 **쟁**/먼저 **선**) (남보다) 먼저 (하기 위하여) 다투어 힘써 싸운다는 뜻으로, 앞서기 위하여 있는 힘을 다하여 다툼을 이르는 말. *분투(奮鬪): ☞분투노력(奮鬪努力). *쟁선(爭先): 서로 앞서기를 다툼.

분파-주의(分派主義 나눌 **분**/갈래 **파**/주될 **주**/옳을 **의**) 갈래로 나누는 것(<u>분파를 일삼거나 노리는 것</u>)을 주된 (가치로 여기는) 주의(主義)라는 뜻으로, 분파(分派)를 일삼거나 분파(分派)의 이익 따위만 노리는 태도를 이르는 말. *분파(分派): ①여러 갈래로 나뉘어 갈라짐. 또는 갈라져 나온 것. ②중심 세력에서 갈라져 한 파(派)를 이룸. 또는 그 파벌(派閥. <u>이해관계에 따라 따로따로 갈라진 사람들의 집단</u>)이나 유파(流波. <u>예술·藝術이나 기예·技藝 따위의, 으뜸 되는 계통에서 어떤 독자적인 주의나 수법을 가지고 갈려 나온 한 파</u>)를 이르는 말. ③한 조직체 안에서, 한 파(派)가 자기 파(派)의 주장만을 내세워, 남의 주장을 물리치는 태도. =지류(支流). *주의(主義): ①굳게 지키는 주장이나 방침. ②체계화된 이론이나 학설. *주되다(主~): 주장(主張)이나 중심(中心)이 되다.

불가-구약(不可救藥 없을 **불**/가히 **가**/구원할 **구**/약 **약**) 가(可)히 약으로 (치료해도) 구원(救援)할 (수) 없다는 뜻으로, 일이 처음 상태로 돌이킬 수 없는 처지(處地. 처하여 있는 사정이나 형편)에 이르거나, 일이 만회(挽回. 잃은 것이나 뒤떨어진 것을 바로잡아 회복함. 또는 처음 상태로 돌이킴)할 수 없을 지경(地境. 어떤 처지나 형편)에 도달(到達)하였음을 비유적으로 이르는 말. *불가(不可): ①옳지 않음. 좋지 않음. ②가능하지 않음. ③찬성과 반대를 결정할 때에, 반대를 표시하는 말. *구약(救藥): =구료(救療). 즉, 병을 치료할 능력이 없는 가난한 병자(病者)를 구원하여 치료 해 줌. *가히(可~): '능히', '넉넉히'의 뜻. *구원하다(救援~): 부록 '구(救)' 참고. 이 사자성어의 유래는 다음과 같다. 『시경(詩經)·대아(大雅)』「판(板)」의 네 번째 장(章)에 〈하늘이 벌(罰)을 내리려 하는 데도 / 시시덕거리고만 있다니 / 늙은이가 정성으로 말을 하여도 / 젊은 것이 잘난 체 들으려 않네. / 내 말이 망령된 말은 아닌데 / 그대는 농(弄)으로 처 웃어넘기네. / 활활 타오르는 불꽃과 같아 / 치료해도 고칠 수 없네.(天之方虐, 無然謔謔, 老夫灌灌, 小子蹻蹻, 匪我言耄, 爾用憂謔, 多將熇熇, **不可救藥**.)〉라는 이야기가 나오는데, '치료해도 고칠 수 없네.(不可救藥)'에서, '불가구약(不可救藥)'이 유래했다. 주(周)나라 여왕(厲王)이 폭정(暴政. 포악한 정치)을 계속하자, 대신(大臣. 군주 국가에서 장관·長官 급에 해당하는 벼슬아치)들도 불만을 품었으며, 백성들은 왕을 저주(詛·咀呪. 미운 이에게 재앙이나 불행이 닥치기를 빌고 바람)하였다. 범백(凡伯)은 여왕(厲王)에게 어진 정치를 베풀도록 간언(諫言. 웃어른이나 임금에게 옳지 못하거나 잘못된 일을 고치도록 하는 말)하였으나, 간신(諫臣. 임금에게 옳은 말만 하는 신하)들의 비웃음만 사고 말았다. 범백(凡伯)은 이 시(詩)를 지어 답답한 심정을 노래했다. 참고로, 원문의 '天之方虐'에서, '天'은 하늘 '천'으로 읽고, '之'는 어조사 '지'로 읽는다. '~이', '~가(주격 조사)'의 뜻을 나타냄, '方'은 바야흐로(이제 한창. 또는 지금 바로) '방'으로 읽고, '虐'은 가혹(苛酷. 몹시 모질고 혹독함)할 '학'으로 읽는다. '天之方虐'을 직역(直譯)하면, 하늘이 바야흐로 가혹(苛酷)하게 (하는 데도), '無然謔謔'에서, '無'는 말 '무', 금지할 '무'로 읽고, '然'은 그러할 '연'으로 읽는다. 여기서는 상태를 나타내는 접미사. '謔'은 희롱(戲弄. 말이나 행동으로 실없이 놀림)할 '학', 농담(弄談. 실없이 놀리거나 장난으로 하는 말)할 '학'으로 읽는다. '無然謔謔'을, 직역(直譯)하면 그렇게 희롱(戲弄)하지 마십시오. '老夫灌灌'에서, '老'는 늙을 '로(노)'로 읽고, '夫'는 사내 '부'로 읽는다. '老夫'는 늙은 남자. 여기서는 시인(詩人) 자신인 범백(凡伯)을 일컫는다. '灌'은 물 댈 '관', 정성스러운 모양 '관'으로 읽는다. '老夫灌灌'을 직역(直譯)하면 늙은 남자가 정성으로 대하여도, 즉, 늙은이가 진심으로 말하여도, '小子蹻蹻'에서, '小'는 작을 '소', 젊을 '소'로 읽고, '子'는 아들 '자', 사람 '자'로 읽고, '蹻'은 교만(驕慢. 잘난 체하며 뽐내고 건방짐)할 '교'로 읽는다. '小子蹻蹻'를 직역(直譯)하면 젊은 사람은 교만(驕慢)하다. '匪我言耄'에서, '匪'는 아닐(부정하는 말) '비'로 읽고, '我'는 나(1인칭 대명사) '아'로 읽고, '言'은 말씀 '언'으로 읽고, '耄'는 늙은이 '모'로 읽는다. '匪我言耄'를 직역(直譯)하면, 나의 말[言]은 늙은이 (말이) 아니다. 즉, 내 말은 망령(妄靈. 늙거나 정신이 흐리어 말이나 행동이 정상적인 상태가 아님. 또는 그러한 말이나 행동)된 말이 아니라는 뜻이다. '爾用憂謔'에서, '爾'는 너(2인칭 대명사) '이'로 읽고, '用'은 여기서는 작용(作用)할 '용'으로 읽고, '憂'는 근심 '우', 걱정 '우'로 읽는다. '爾用憂謔'을 직역(直譯)하면, 너(그대)는 근심을 희롱하는 것으로 작용하고 있다. 즉, 너는 근심해야 할 일을 장난으로 여기고 있다는 뜻이다. '多將熇熇'에서, '多'는 많을 '다'로 읽고, '將'은 장차(將次. '앞으로'의 뜻으로, 미래의 어느 때를 나타내는 말) '장'으로 읽고, '熇'은 불꽃 이글이글할 '혹'으로 읽는다. '多將熇熇'을 직역(直譯)하면, 장차 많은 (것들이) 불꽃 이글이글하듯 (타오르려고 하네). 즉, 장차 많은 (것들이) 불이 확 일어난 것과 같게 된다는 뜻이다. '不可救藥'에서, '不'은 없을(부정하는 말) '불'로 읽고, '可'는 가히(可~. '능히', '넉넉히'의 뜻을 나타냄) '가'로 읽고, '救'는 구원할 '구'로 읽고, '藥'은 약(藥) '약'으로 읽는다. '不可救藥'을 직역(直譯)하면, 가(可)히 약으로 (치료해도) 구원(救援)할 (수) 없다는 뜻으로, 일이 처음 상태로 돌이킬 수 없는 처지(處地)에 이르거나, 일이 만회(挽回. 잃은 것이나 뒤떨어진 것을 바로잡아 회복함. 또는 처음 상태로 돌이킴)할 수 없을 지경(地境)에 달하였음을 비유적으로 이르는 말.

불가-부-득(不可不得 없을 **불**/가히 **가**/아닐 **부**/얻을 **득**) 图 가(可)히 얻지 아니함이 없다는 뜻으로, 마지못하여 하는 수 없이. *불가(不可): ☞불가구약(不可救藥). *가히(可~): ☞불가구약(不可救藥).

불가-분리(不可分離 못할 **불**/가히 **가**/나눌 **분**/떠날 **리**) 가(可)히 나누어 떠나지 못한다는 뜻으로, 떼려고 해도 뗄 수 없음을 이르는 말. *불가(不可): ☞불가구약(不可救藥). *분리(分離): 따로 나뉘어 떨어짐. 또는 그렇게 되게 함. *가히(可~): ☞불가구약(不可救藥).

불가분-물(不可分物 없을 **불**/가히 **가**/나눌 **분**/물건 **물**) 가(可)히 나눌 (수) 없는 물건(物件)이라는 뜻으로, (한 채의 건물 따위와 같이) 그 성질과 가치를 훼손(毁損. 헐거나 깨뜨려 못 쓰게 됨)하지 않고서는 나눌 수 없는 물건(物件)을 이르는 말. 건물, 보석(寶石. 아주 단단하고, 빛깔과 광택이 아름다우며, 희귀한 광물) 따위이다. *불가분(不可分): 나눌 수가 없음. *가히(可~): ☞불가구약(不可救藥).

불가-사의(不可思議 없을 **불**/가히 **가**/생각 **사**/의논할 **의**) 생각이나 의논을 가(可)히 (할 수) 없다는 뜻으로, 사람의 생각으로 미루어 헤아릴 수 없이 이상하고 야릇함(무엇이라 표현할 수 없이 묘하고 이상함)을 이르는 말. 또는 말로 나타낼 수 없고 마음으로 헤아릴 수도 없는 오묘(奧妙. 심오하고 묘함)한 이치(理致. 도리에 맞는 근본 뜻) 또는 가르침을 이르는 말. *불가(不可): ☞불가구약(不可救藥). *사의(思議): 생각하여 헤아림. *가히(可~): ☞불가구약(不可救藥).

불가-승-수(不可勝數 없을 **불**/가히 **가**/모두 **승**/셈할 **수**) 가(可)히 모두 (그 수효를) 셈할 (수) 없다는 뜻으로, 수효(數爻. 사물의 낱낱의 수)가 너무 많아서 셀 수 없음을 이르는 말. *불가(不可): ☞불가구약(不可救藥). *가히(可~): ☞불가구약(不可救藥). *셈하다: 수효를 세다. 이 사자성어의 유래는 다음과 같다. 『삼국지(三國志) 오서(吳書)』의 「오주손권전(吳主孫權傳)」 편(篇)에, 〈조비(曹丕)가 또 말했다. "오(吳)나라에는 그대와 같은 사람들이 얼마나 있는가?" 조자(趙咨)가 말하기를 "특히 총명하고 뛰어난 인재(人材. 어떤 일을 할 수 있는 학식이나 능력을 갖춘 사람)는 80~90명 될 것이고, 저와 같은 사람은 수레에 싣고 말[斗]로 되어도 그 수를 이루 헤아릴 수 없습니다." 조비(曹丕)는 조자(趙咨)의 말을 듣고 탄식하며 말했다.(又曰, 吳如大夫者幾人, 咨曰, 聰明特達者八九十人, **如臣之比**, **車載斗量**, **不可勝數**, 曹丕嘆曰)〉라는 이야기가 나오는데, '저와 같은 사람은 수레에 싣고 말[斗]로 되어도 그 수를 이루 헤아릴 수 없습니다.(如臣之比, 車載斗量, 不可勝數)'에서, '불가승수(不可勝數)'가 유래했다. '조비(曹丕)'는 위(魏)나라 황제이고, '조자(趙咨)'는 오(吳)나라 손권(孫權)이 위(魏)나라에 보낸 사신(使臣. 지난날, 나라의 명·命을 받고 외국에 파견되던 신하)이다. 나머지 구체적인 내용은 ⇨거재두량(車載斗量).

불가-제-항(不可制抗 없을 **불**/가히 **가**/제어할 **제**/막을 **항**) 가(可)히 제어(制御)하여 막을 수 없음. *불가(不可):

☞불가구약(不可救藥). *가히(可~): ☞불가구약(不可救藥). *제어하다(制御~): 억눌러 따르게 하다.

불가피-성(不可避性 없을 **불**/가히 **가**/피할 **피**/성품 **성**) 가(可)히 피(避)할 수 없는 성질. *불가피(不可避): 피할 수 없음. *성(性): (사람의) 천성(天性. 선천적으로 타고난 성질). 본성(本性. 사람의 본디의 성질. 또는 타고난 성질). 성미(性味. 성질. 마음씨. 비위·脾胃. 버릇 따위를 통틀어 이르는 말). *가히(可~): ☞불가구약(不可救藥).

불가-항력(不可抗力 없을 **불**/가히 **가**/대항할 **항**/힘 **력**) 가(可)히 힘으로 대항할 (수) 없다(겨룰 수 없다)는 뜻으로, (천재지변이나 우발적인 사고 따위와 같이) 사람의 힘으로는 저항(抵抗)할 수 없는 힘을 이르는 말. 즉, 사람의 능력으로 어찌할 수 없는 힘이나 사태(事態. 일의 되어 가는 형편이나 상태)를 이르는 말. *불가(不可): ☞불가구약(不可救藥). *항력(抗力): 저항하는 힘. *가히(可~): ☞불가구약(不可救藥).

불가-형언(不可形言 없을 **불**/가히 **가**/형상 **형**/말씀 **언**) 가(可)히 형상(形象)을 말할 (수) 없다. 즉, 말로 형용(形容. 사물의 어떠함을 어떠한 표현 수단을 써서 나타냄)할 수 없다는 뜻으로, 말로는 가(可)히 다 나타낼 수 없음을 이르는 말. *불가(不可): ☞불가구약(不可救藥). *형언(形言): 형용(形容)하여 말함. *가히(可~): ☞불가구약(不可救藥). *형상(形象): 부록 '형(形)' 참고. 그런데 여기서, '형상(形象)'은 '형상(形像)', '형상(形狀)'과 같은 뜻이다.

불-간-지-서(不刊之書 아닐 **불**/책 펴낼 **간**/어조사 **지**/책 **서**) (없어지지) 아니하게 책을 펴낸 책이라는 뜻으로, 영원히 전하여 없어지지 않을 양서(良書). 즉, 길이길이 전할 불후(不朽. 썩지 아니함. 곧 영원히 없어지지 아니함)의 양서(良書. 내용이 좋은 책. 또는 유익한 책)를 이르는 말.

불감-생심(不敢生心 없을 **불**/감히 **감**/생길 **생**/마음 **심**) 감(敢)히 마음에 생기도록 (할 수) 없다는 뜻으로, 힘에 부쳐서 감(敢)히 엄두를 내지 못하거나, 할 생각을 내지 못함을 이르는 말. =불감생의(不敢生意). *불감(不敢): 감히 할 수 없음. *생심(生心): 하려는 마음을 냄. 또는 그 마음. *감히(敢~): 부록 '감(敢)' 참고.

불감-생의(不敢生意 없을 **불**/감히 **감**/생길 **생**/뜻 **의**) 감(敢)히 (할) 뜻이 생기도록 (할 수) 없다는 뜻으로, 힘에 부쳐서 감(敢)히 엄두를 내지 못하거나, 할 생각을 내지 못함을 이르는 말. =불감생심(不敢生心). *불감(不敢): ☞불감생의(不敢生意). *생의(生意): 하려는 마음을 냄. 또는 그 마음. *감히(敢~): 부록 '감(敢)' 참고.

불감-앙시(不敢仰視 없을 **불**/감히 **감**/우러러볼 **앙**/볼 **시**) 감(敢)히 우러러볼 (수) 없다는 뜻으로, 두려워서 감(敢)히 쳐다보지 못함을 이르는 말. *불감(不敢): ☞불감생의(不敢生意). *앙시(仰視): 우러러봄. *감히(敢~): 부록 '감(敢)' 참고. *우러러보다: ①얼굴을 위로 향하여 쳐다보다. ②훌륭한 사람을 존경하는 마음으로 대하거나 그리다. 이 사자성어의 유래는 다음과 같다. 『사기(史記)』의 「소진열전(蘇秦列傳)」과 『전국책(戰國策)』의 「진책(秦策)」 편(篇)에 〈소진(蘇秦)의 형제. 처. 형수는 곁눈으로 볼 뿐 감히 정면으로 바라보지도 못했다. 고개를 숙이고 엎드려 있다가 음식을 취하여 먹을 때까지 기다렸다. 소진(蘇秦)이 웃으며 형수에게 말했다. "전에는 그렇게 거만(倨慢)하더니, 지금은 이렇게도 공손(恭遜)하니 웬일입니까?" 형수는 시든 뱀이나 부들처럼 좇아 넙죽 엎드려서 얼굴을 땅에 대고 사과하며 말했다. "도련님의 지위가 높고 재산이 많기 때문입니다." 소진(蘇秦)은 한숨을 쉬듯 탄식하며 말했다. "사람은 같은 사람인데, 부귀(富貴)하면 친척(親戚)도 무서워하고, 두려워하고, 빈천(貧賤)하면 업신여긴다. 하물며 남이야 더 말할 수 있겠는가?"(**蘇秦之昆弟妻嫂側目不敢仰視**. 俯伏侍取食. 蘇秦笑謂其嫂曰. 何前倨而後恭也. 嫂委蛇蒲服. 以面掩地而謝曰. 見季子位高金多也. 蘇秦喟然歎曰. 此一人之身. 富貴則親戚畏懼之. 貧賤則輕易之. 況衆人乎.))라는 이야기가 나오는데, '소진(蘇秦)의 형제, 처, 형수는 곁눈으로 볼 뿐 감히 정면으로 바라보지도 못했다.(蘇秦之昆弟妻嫂側目不敢仰視)'에서, '불감앙시(不敢仰視)'가 유래했다.

중국의 전국시대(戰國時代) 후반기는 침략을 그칠 줄 모르는 막강한 진(秦)나라와 연(燕), 조(趙), 한(韓), 위(魏), 제(齊), 초(楚) 등(等) 나머지 여섯 나라의 대결 국면이 펼쳐진 시기라고 할 수 있다. 상앙(商鞅)이라는 불세출(不世出. 좀처럼 세상에 나타나지 아니할 만큼 뛰어남)의 인물이 등용(登用. 인재를 뽑아 씀)되어 변법(變法. 법률을 고침. 또는 그 법률)으로 진(秦)나라를 강하게 만든 후에 소진(蘇秦)이란 인물이 출현(出現. 없던 것이나 숨겨져 있던 것이 나타남)했다. 소진(蘇秦)은 큰 뜻을 품고 고향을 떠나 스승을 찾아 공부했지만, 몇 년의 방랑(放浪. 정처 없이 이곳저곳을 떠돌아다님)으로 매우 곤궁(困窮. 가난하고 구차함)해진 끝에 고향으로 돌아왔다. 하지만, 그를 기다리는 것은 식구들의 조소(嘲笑. 흥을 보듯이 빈정거리거나 업신여기는 일. 또는 그렇게 웃는 웃음)와 냉대(冷待. 정성을 들이지 않고 아무렇게나 하는 대접. = 푸대접) 뿐이었다. 소진(蘇秦)은 부끄러운 나머지 틀어박혀 열심히 책과 씨름한 결과, 1년이 지나자 췌마술(揣摩術)을 터득(攄得. 연구하거나 생각하여 사물의 이치를 깨달아 앎)하게 되었다. 여기서 '췌마술(揣摩術)'은 상대의 마음을 읽는 독심술(讀心術. 상대편의 얼굴, 표정, 얼굴 근육의 움직임 따위로 속마음을 알아내는 기술)을 일컫는다. 그러고는 당대의 군주(君主. 세습적으로 나라를 다스리는 최고 지위에 있는 사람)들을 설득할 수 있을 것을 확신하고 유세(遊說. 자기의 의견을 선전하며 돌아다님)를 시작했다. 그 결과 합종(合從·縱)에 성공하고 여섯 나라의 재상(宰相. 임금을 보필하며 모든 관원을 지휘, 감독하는 자리에 있는 이품·二品 이상의 벼슬을 통틀어 이르던 말)이 되었다. 여기서, '합종(合從·縱)'은 중국 전국(戰國) 시대에, 소진(蘇秦)이 주장한 외교 정책을 말함. 서쪽의 강국(强國) 진(秦)나라에 대항하기 위하여 남북(南北)으로 위치한 한(漢), 위(魏), 조(趙), 연(燕), 제(齊), 초(楚)의 6나라가 동맹(同盟. 둘 이상의 개인이나 단체가 동일한 목적을 이루거나 이해를 함께 하기 위하여 공동 행동을 취하기로 하는 맹세)할 것을 주장하였다. 그때 '소진(蘇秦)의 형제, 처, 형수는 곁눈으로 볼 뿐 감히 정면으로 바라보지도 못했다.'는 것이다. '사람은 같은 사람인데, 부귀(富貴)하면 친척(親戚)도 무서워하고 두려워하고, 빈천(貧賤)하면 업신여긴다.'는 것을 한탄하는 것이다. 참고로, 원문의 '蘇秦之昆弟妻嫂側目不敢仰視'에서, '蘇'는 되살아날 '소'로 읽고, '秦'은 진(秦)나라 '진'으로 읽는다. '蘇秦'은 사람 이름. '之'는 어조사 '지'로 읽는다. '~의'를 나타내는 관형격 조사. '昆'은 맏('맏이'의 뜻을 더하는 접두사) '곤', 형(兄) '곤'으로 읽고, '弟'는 아우 '제'로 읽는다. '昆弟'는 '형제(兄弟)'와 같은 말로, 형(兄)과 아우[弟]를 아울러 이르는 말. '妻'는 아내 '처'로 읽고, '嫂'는 형수(兄嫂) '수'로 읽고, '側'은 곁 '측'으로 읽고, '目'은 눈 '목'으로 읽는다. '側目'은 곁눈질(곁눈으로 보는 일)을 함. 또는 무섭고 두려워서 바로 보지 못함. '不'은 없을(부정하는 말) '불'로 읽고, '敢'은 감히(敢~. 두려움이나 송구함을 무릅쓰고) '감'으로 읽고, '仰'은 우러러볼(위를 향하여 쳐다볼) '앙'으로 읽고, '視'는 볼 '시'로 읽는다. '蘇秦之昆弟妻嫂側目不敢仰視'를, 직역(直譯)하면 소진(蘇秦)의 형제(兄弟), 처(妻)와 형수(兄嫂)는 곁눈질만 할 뿐 감히 우러러볼 수 없었다. 여기서, '不敢仰視'가 유래하였는데, 이것을 직역(直譯)하면, 감(敢)히 우러러볼

(수) 없다는 뜻으로, 두려워서 감(敢)히 쳐다보지 못함을 이르는 말. '俯伏侍取食'에서, '俯'는 구부릴 '부', (고개를) 숙일 '부'로 읽고, '伏'은 엎드릴 '복'으로 읽고, '侍'는 기다릴 '대'로 읽고, '取'는 취(取)할 '취'로 읽고, '食'은 먹을 '식'으로 읽는다. '取食'은 음식을 취하여 먹음. 또는 남의 밥을 염치없이 먹는 일. '俯伏侍取食'을 직역(直譯)하면, (그리고) 고개를 숙이고 엎드려 (있다가), (소진이) 음식을 취하여 먹는 것을 기다렸다. '蘇秦笑謂其嫂曰'에서, '笑'는 웃을 '소'로 읽고, '謂'은 일컬을 '위'로 읽고, '其'는 그(지시하는 말) '기'로 읽는다. '蘇秦笑謂其嫂曰'을 직역(直譯)하면, 소진(蘇秦)이 웃으며 그 형수(兄嫂)에게 일컬어 말하기를, '何前倨而後恭也'에서, '何'는 어찌(의문 부사) '하'로 읽고, '前'은 앞 '전'으로 읽고, '倨'는 거만할 '거'로 읽고, '而'는 말 이을 '이'로 읽는다. '그러나'의 뜻을 나타냄. '後'는 뒤 '후'로 읽고, '恭'은 공손할 '공'으로 읽고, '也'는 어조사 '야'로 읽는다. '~이냐?(의문)'의 뜻을 나타냄. '何前倨而後恭也'를 직역(直譯)하면, 어찌하여 전(前)에는 거만(倨慢)하였는데 그러나 그 후(後)에는 공손(恭遜)합니까? 여기서, '前倨後恭'이 유래하였는데, 이것을 직역(直譯)하면, 앞에서는 거만(倨慢)하다가 뒤에서는 공손(恭遜)하다. 즉, 이전에는 거만(倨慢)하다가 나중에는 공손(恭遜)하다는 뜻으로, 상대편의 형편이나 환경에 따라 대(對)하는 태도가 어긋나는 것(달라지는 것)을 비유적으로 이르는 말. '嫂委蛇蒲服'에서, '委'는 시들 '위'로 읽고, '蛇'는 뱀 '사'로 읽고, '蒲'는 부들(부들과의 여러해살이 풀) '포'로 읽고, '服'은, 여기서는 좇을 '복'으로 읽는다. '嫂委蛇蒲服'을 직역(直譯)하면, 형수(兄嫂)는 시든 뱀이나 부들처럼 좇아 (엎드려서), '以面掩地而謝曰'에서, '以'는 써(그것을 가지고, 그것으로 인하여) '이'로 읽고, '面'은 낯 '면', 얼굴 '면'으로 읽고, '掩'은 숨길 '엄'으로 읽고, '地'는 땅 '지'로 읽고, '而'는 말 이을 '이'로 읽는다. '그리고'의 뜻을 나타냄. '謝'는 사죄(謝罪, 지은 죄나 잘못에 대하여 용서를 빎)할 '사'로 읽는다. '以面掩地而謝曰'을 직역(直譯)하면, 그것으로 인하여 얼굴을 땅에 숨기고, 그리고 사죄(謝罪)하여 말하기를, '見季子位高金多也'에서, '見'은 볼 '견'으로 읽고, '季'는 끝 '계', 막내 '계'로 읽고, '子'는 아들 '자'로 읽는다. '季子'는 여기서는 '도련님(형수가 미혼·未婚의 시동생을 일컫는 말)'을 뜻한다. '位'는 자리 '위', 지위(地位) '위'로 읽고, '高'는 높을 '고'로 읽고, '金'은 금(金) '금', 돈 '금'으로 읽고, '多'는 많을 '다'로 읽는다. '位高金多'를 직역(直譯)하면, 지위가 높고 재산이 많음. '見季子位高金多也'를 직역(直譯)하면, 도련님을 보니 지위가 높고 돈이 많기 (때문입니다). '蘇秦喟然歎曰'에서, '喟'는 한숨 쉴 '위'로 읽고, '然'은 그러할 '연'으로 읽는다. 여기서는 '상태'를 나타내는 접미사. '喟然'은 한숨을 쉼. 탄식함의 뜻이다. '歎'은 탄식할 '탄'으로 읽는다. '蘇秦喟然歎曰'을 직역(直譯)하면, 소진(蘇秦)은 한숨을 쉬며 탄식하여 말하기를, '此一人之身'에서, '此'는 이(지시하는 말) '차'로 읽고, '一'은 한 '일'로 읽고, '人'은 사람 '인'으로 읽고, '之'는 어조사 '지'로 읽는다. '~의'를 나타내는 관형격 조사. '身'은 몸 '신'으로 읽는다. '此一人之身'을 직역(直譯)하면, 이것('사람'을 가리킴)은 한 사람의 몸이다(같은 사람이다). '富貴則親戚畏懼之'에서, '富'는 부유(富裕)할 '부', 부자(富者) '부'로 읽고, '貴'는 (신분이) 높을 '귀'로 읽는다. '富貴'는 재산이 많고 지위가 높음. '則'은 곧 '즉'으로 읽고, '親'은 친척(親戚) '친'으로 읽고, '戚'은 친척(親戚) '척'으로 읽는다. '親戚'은 친족(親族)과 외척(外戚)을 아울러 이르는 말. '畏'는 두려워할 '외'로 읽고, '懼'는 두려워할 '구'로 읽는다. '畏懼'는 무서워하고 두려워함을 이르는 말. '之'는 어조사 '지'로 읽는다. 여기서는 '그것'을 나타내는 지시 대명사. '富貴則親戚畏懼之'를 직역(直譯)하면, 재산이 많고 지위가 높으면 곧 친척들이 그것을 무서워 두려워하고, '貧賤則輕易之'에서, '貧'은 가난할 '빈'으로 읽고, '賤'은

천(賤)할 '천'으로 읽고, '輕'은 가볍게 여길 '경'으로 읽고, '易'는 쉬울 '이'로 읽는다. '輕易'는 일 따위가 힘들지 않고 쉬움. 또는 대수롭지 않음. '貧賤則輕易之'를 직역(直譯)하면, 가난하고 천하면 곧 그것(그 사람)을 가볍고 쉽게 (여긴다). '況衆人乎'에서, '況'은 하물며 '황'으로 읽고, '衆'은 무리 '중'으로 읽는다. '衆人'은 '뭇사람'과 같은 말로, 많은 사람. '人'은 사람 '인'으로 읽고, '乎'는 어조사 '호'로 읽는다. '~는가?', '~인가?(의문)'의 뜻을 나타냄. '況衆人乎'를 직역(直譯)하면, 하물며 뭇사람에게는 (더 말해서 무엇하겠는가)?

불감-출두(不敢出頭 못할 **불**/감히 **감**/날 **출**/머리 **두**) 감(敢)히 머리를 내지 못한다는 뜻으로, 두려워서 감(敢)히 머리를 내밀지 못함을 이르는 말. *불감(不敢): ☞불감생의(不敢生意). *출두(出頭): ①(관청 같은 곳에) 몸소 나감. ②=어사출두(御使出頭). 즉, 조선 시대, 암행어사(暗行御史)가 지방의 관아(官衙. 지난날 관원·官員이 모여서 공무·公務를 보던 곳)에 이르러, 사무를 처리하기 위하여 자기 신분을 밝히던 일. 여기서, '암행어사(暗行御史)'는 조선 시대에, 지방 관원(官員. 벼슬아치)들의 치적(治績. 나라나 고을을 잘 다스린 공적)과 민생(民生. 국민의 생활)을 살피기 위하여 왕명(王命. 임금의 명령)으로 비밀히 파견되던 특사(特使. 특별히 따로 보낸 사자·使者)를 이르는 말. *감히(敢~): 부록 '감(敢)' 참고. *나다: 부록 '출(出)' 참고.

불감-출-성(不敢出聲 못할 **불**/감히 **감**/날 **출**/소리 **성**) 감(敢)히 소리를 내지 못한다는 뜻으로, 위엄(威嚴. 의젓하고 엄숙함. 또는 그러한 태도나 기세)에 눌리거나 두려워서 감(敢)히 아무 소리도 내지 못함을 이르는 말. *불감(不敢): ☞불감생의(不敢生意). *감히(敢~): 부록 '감(敢)' 참고. *나다: 부록 '출(出)' 참고.

불-경-이-부(不更二夫 아닐 **불**/바꿀 **경**/두 **이**/남편 **부**) 두 (번) 남편을 바꾸지 아니한다는 뜻으로, 여자가 정절(貞節. 여자의 곧은 절개)을 굳게 지키어, 두 남편을 섬기지 아니함을 이르는 말.

불경-지-설(不敬之說 못할 **불**/공경할 **경**/어조사 **지**/말씀 **설**) 공경(恭敬)하지 못할 말씀. 즉, 공경스럽지 못한 말이라는 뜻으로, 무례(無禮. 예의가 없거나 예의에 맞지 않음. =버릇없음)한 말, 허망(虛妄. 거짓이 많아 미덥지 않음. 또는 거짓되고 망령됨)하고 간사(奸詐. 간교·奸巧하여 남을 잘 속이는 데가 있음)한 말, 간교(奸巧. 간사하고 교활함)하여 미덥지 못한 말 따위를 이르는 말. *불경(不敬): (마땅히 경의를 표해야 할 사람에게) 예의가 없음. *공경하다(恭敬~): 부록 '경(敬)' 참고.

불경-지-습(不敬之習 못할 **불**/공경할 **경**/어조사 **지**/버릇 **습**) 공경(恭敬)하지 못한 버릇이라는 뜻으로, 윗사람에게 무례(無禮. 예의가 없거나 예의에 맞지 않음. =버릇없음)하게 구는 버릇을 이르는 말. *불경(不敬): ☞불경지설(不敬之說). *공경하다(恭敬~): 부록 '경(敬)' 참고.

불-계-지-주(不繫之舟 아닐 **불**/맬 **계**/어조사 **지**/배 **주**) 매어 (있지) 않는 배[舟]라는 뜻으로, ①속세(俗世. 세속의 사람들이 사는 일반의 사회)를 초월한 무념무상(無念無想. 본문 참고)의 경지(境地. 어떠한 단계에 이른 상태)를 비유적으로 이르는 말. ②정처(定處. 정한 곳. 또는 일정한 곳) 없이 방랑(放浪. 정처 없이 이곳저곳 떠돌아다님)하는 사람을 비유적으로 이르는 말. *매다: 부록 '계(繫)' 참고.

불고-가사(不顧家事 아닐 **불**/돌아볼 **고**/집안 **가**/일 **사**) 집안일(가정)을 돌보지 아니함. *불고(不顧): 돌보지 않음. 또는 돌아보지 않음. *가사(家事): ①집안 살림에 관한 일. ②한 집안의 내부의 일.

불고-염치(不顧廉恥 아닐 **불**/돌아볼 **고**/살필 **염**/부끄러울 **치**) 부끄러움을 살피고 돌아보지 아니한다. 즉,

염치(廉恥)를 돌보지 않는다는 뜻으로, 염치(廉恥)를 생각하지 않거나 돌아보지 아니함을 이르는 말. *불고(不顧): ☞불고가사(不顧家事). *염치(廉恥): 부끄러움을 살핌.

불고-이-거(不告而去 아닐 **불**/알릴 **고**/말 이을 **이**/갈 **거**) 알리지 아니하고 간다는 뜻으로, 가겠다는 말도 아니하고 감을 이르는 말. 또는 말없이 사라짐을 이르는 말. *불고(不告): 알리지 않음.

불고-이해(不顧利害 아닐 **불**/돌아볼 **고**/이익 **이**/손해 **해**) 이익과 손해를 돌아보지 아니한다는 뜻으로, 이로움과 해로움을 돌아보지 아니함. 또는 이익과 손해를 가려 생각하지(따지지) 아니함을 이르는 말. *불고(不顧): ☞불고가사(不顧家事). *이해(利害): 이익과 손해.

불고-전후(不顧前後 아닐 **불**/돌아볼 **고**/앞 **전**/뒤 **후**) 일의 앞뒤를 돌아보지 아니함. *불고(不顧): ☞불고가사(不顧家事). *전후(前後): ①앞뒤. ②(시각이나 일의) 먼저와 나중. ③(두 가지 이상의 일이) 거의 사이를 두지 않고 이어짐.

불고-지-죄(不告之罪 아닐 **불**/알릴 **고**/어조사 **지**/허물 **죄**) 알리지 아니한 허물이라는 뜻으로, 법(法)을 위반(違反)한 자(者)를 알고 있으면서도 이를 수사 기관에 알리지 않음으로써 성립하는 범죄(犯罪)를 이르는 말. *불고(不告): ☞불고이거(不告而去). *허물: 부록 '죄(罪)' 참고.

불고-체면(不顧體面 아닐 **불**/돌아볼 **고**/몸 **체**/얼굴 **면**) 몸과 얼굴을 돌아보지 아니한다. 즉, 체면(體面)을 돌보지 않는다는 뜻으로, 체면(體面)을 생각하지 아니하거나 돌아보지 아니함을 이르는 말. =부지체면(不知體面). *불고(不顧): ☞불고가사(不顧家事). *체면(體面): 남을 대하기에 번듯한 면목(面目. 얼굴. 또는 얼굴의 생김새)을 이르는 말.

불-공-대천(不共戴天 없을 **불**/함께 **공**/일 **대**/하늘 **천**) 하늘을 (머리에) 이는 (것을) 함께 할 (수) 없다는 뜻으로, 부모를 죽인 원수(怨讐. 원한·怨恨이 맺힐 정도로 자기에게 해를 끼친 사람이나 집단)나 이 세상에서 같이 살 수 없을 만큼 사무친 원한(怨恨. 억울하고 원통한 일을 당하여 응어리진 마음)을 가짐을 비유적으로 이르는 말. 또는 도저히 그냥 둘 수 없을 만큼 원한(怨恨)이 깊이 사무침을 비유적으로 이르는 말. 지극히 사이가 좋지 않은 관계의 사람을 일컫는다. =대천지수(戴天之讐). 불구대천(不俱戴天). *대천(戴天): (하늘을 머리에 인다는 뜻에서) 세상에 살아있음을 비유적으로 이르는 말. *이다: 부록 '대(戴)' 참고. 이 사자성어의 유래는 다음과 같다. 『예기(禮記)』의 「곡례(曲禮)」 편(篇)에 〈아버지의 원수는 함께 하늘을 이고 살 수 없으며, 형제의 원수는 병기(兵器. 전쟁에 쓰는 기구를 통틀어 이르는 말)를 도로 거두지 않으며, 친구의 원수는 나라를 같이하여 살지 않는다.(父之讐, 弗與共戴天, 兄弟之讐, 不反兵, 交遊之讐, 不同國.)〉라는 이야기가 나오는데, '함께 하늘을 이고 살 수 없으며,(弗與共戴天)'에서, '불공대천(不共戴天)'이 유래했다. 참고로, 원문의 '父之讐'에서, '父'는 아버지 '부'로 읽고, '之'는 어조사 '지'로 읽는다. '~의'를 나타내는 관형격 조사. '讐'는 원수(怨讐. 원한이 맺힐 정도로 자기에게 해를 끼친 사람이나 집단) '수'로 읽는다. '父之讐'를 직역(直譯)하면, 아버지의 원수는, '弗與共戴天'에서, '弗'은 없을(부정하는 말) '불'로 읽는다. '不'과 같은 뜻. '與'는 더불어 '여'로 읽고, '共'은 함께 '공'으로 읽고, '戴'는 일(물건을 머리에 얹을) '대'로 읽고, '天'은 하늘 '천'으로 읽는다. '弗與共戴天'을 직역(直譯)하면, 더불어 함께 하늘을 (머리에) 일 수 없다. 즉, 아버지를 죽인 원수는, 함께 하늘을 이고 살 수 없다는 뜻이다. 여기서, '不共戴天'과 不俱戴天이 유래하였는데, 이것들을 직역(直譯)하면, 하늘을 (머리에) 이는 (것을) 함께 할 (수) 없다는 뜻으로, 부모를 죽인 원수(怨讐)나 이 세상에서 같이 살 수 없을 만큼 사무친 원한(怨恨. 억울하고 원통한 일을 당하여 응어리진 마음)을 가짐을 비유적으로 이르는 말. 또는 도저히 그냥 둘 수 없을 만큼 원한(怨恨)이 깊이 사무침을 비유적으로 이르는 말. 지극히 사이가 좋지 않은 관계의 사람을 일컫는다. '兄弟之讐'에서, '兄'은 맏('맏이'의 뜻을 더하는 접두사) '형'으로 읽고, '弟'는 아우 '제'로 읽는다. '兄弟之讐'를 직역(直譯)하면, 형과 아우의 원수는, '不反兵'에서, '不'은 아닐(부정하는 말) '불'로 읽고, '反'은 뒤집을(위가 밑으로 되고 밑이 위로 되게 할) '반'으로 읽고, '兵'은 병기(兵器. 전쟁에 쓰는 기구를 통틀어 이르는 말) '병', 무기(武器. 전쟁이나 싸움에 사용되는 기구를 통틀어 이르는 말) '병'으로 읽는다. '不反兵'을 직역(直譯)하면, 병기(兵器)를 뒤집지 않는다. 즉, 원수를 죽이려는 병기(兵器)를 도로 거두지 않는다는 뜻이다. '交遊之讐'에서, '交'는 사귈 '교'로 읽고, '遊'는 놀 '유', 즐길 '유'로 읽는다. '交遊'는 서로 사귀어 놀거나 왕래함. '交遊之讐'를 직역(直譯)하면, 서로 사귀어 노는 (친구의) 원수는, '不同國'에서, '同'은 같을 '동'으로 읽고, '國'은 나라 '국'으로 읽는다. '不同國'을 직역(直譯)하면, 나라를 서로 같게 하지 않는다. 즉, 이 모든 원수는 용서하거나 서로 화해(和解. 싸움하던 것을 멈추고 서로 가지고 있던 안 좋은 감정을 풀어 없앰)할 수 없으므로 같은 공간을 공유하기는 어렵다는 뜻이다.

불공-불손(不恭不遜 아닐 불/공손할 공/아닐 불/겸손할 손) 공손(恭遜)하지 아니하고 겸손(謙遜)하지 아니한다는 뜻으로, 언행(言行)이 공손(恭遜)하지 아니하고 건방지며, 버릇이 없음을 이르는 말. *불공(不恭): 공손하지 않음. 또는 고분고분하지 않음. *불손(不遜): 공손하지 아니함. =거만함. *공손하다(恭遜~): 부록 '공(恭)' 참고. *겸손하다(謙遜~): 부록 '손(遜)' 참고.

불공-설-화(不恭說話 아닐 불/공손할 공/말씀 설/말할 화) 공손(恭遜)하지 아니하게 하는 말씀이라는 뜻으로, 공손(恭遜)하지 아니하게 함부로 말하는 것을 이르는 말. 즉, 공손하지 않은 태도로 함부로 하는 말을 일컫는다. =불공지설(不恭之說). *불공(不恭): ☞불공불손(不恭不遜). *'설-화'는『국어사전(國語辭典)』에 등재(登載)된, '①한 민족 사이에 전승(傳乘. 문화, 풍속, 제도 따위를 이어 받아 계승함. 또는 그것을 물려주어 잇게 함)되어 온 이야기를 통틀어 이르는 말. 신화(神話), 전설(傳說), 민담(民譚)으로 구분됨. ②이야기. 옛날이야기인 '설화(說話)'의 뜻과는 별개다. *공손하다(恭遜~): 부록 '공(恭)' 참고.

불공-자-파(不攻自破 아닐 불/칠 공/스스로 자/깨어질 파) 치지(공격하지) 아니하여도 스스로 깨어진다는 뜻으로, ①(적의 진지나 성 따위가) 치지(공격하지) 아니하여도 제 스스로 깨어짐 ②圈 일이 스스로 해결됨을 비유적으로 이르는 말. *불공(不攻): 공격하지 않음. 또는 치지(공격하지) 않음. *치다: 부록 '공(攻)' 참고.

불공-함락(不攻陷落 아닐 불/칠 공/무너뜨릴 함/떨어질 락) 치지(공격하지) 아니하고도 무너뜨리게 한다든지 떨어지게 한다는 뜻으로, 적의 성(城)이나 진지(陣地) 따위를 공격하지 아니하고 함락(陷落)하거나 함락(陷落)시킴을 이르는 말. *불공(不攻): ☞불공자파(不攻自破). *함락(陷落): ①(땅이) 꺼져서 내려앉음. =함몰(陷沒). ②성(城)이나 요소(要所) 따위를 무너뜨림. *치다: 부록 '공(攻)' 참고.

불관-지-사(不關之事 없을 불/관계할 관/어조사 지/일 사) 관계가 없는 일이라는 뜻으로, 아무 관계가 없는 일을 이르는 말. 또는 관계하지 않은 일을 이르는 말. *불관(不關): 관계하지 아니함. *관계하다(關係~): 어떠한 부분이나 방면에 관련이 있다.

불-괴-옥루(不愧屋漏 아닐 불/부끄러워할 괴/집 옥/샐 루) 집이 새는 (것에) 부끄러워하지 아니한다는 뜻으로, ①사람이 보지 아니하는 곳에서도 행동을 경계(警戒. 옳지 않은 일이나 잘못된 일들을 하지 않도록 타일러서 주의하게 함)하고 신중히 하여, 부끄럽지 아니함을 비유적으로 이르는 말. ②군자(君子. 학문과 덕·德이 높고 행실·行實이 바르며 품위·品位를 갖춘 사람)는 남이 보지 않는 곳에서도 부끄러운 행동을 하지 아니 함을 이르는 말. *옥루(屋漏): ①지붕이 샘. ②방의 서북쪽 구석이라는 뜻으로, 집안에서 가장 어둡고 구석진 곳을 이르는 말. ③사람이 잘 안 보는 곳.

불구-공졸(不拘工拙 아닐 **불**/거리낄 **구**/공교할 **공**/재주 없을 **졸**) 공교(工巧)함이나, 재주(순우리말로, 무엇을 잘할 수 있는, 타고난 능력과 슬기)가 없음이나, 거리끼지 아니한다는 뜻으로, 기교(技巧. 기술이나 솜씨가 아주 교묘함. 또는 그런 기술이나 솜씨. 특히 예술 작품 따위에서, 표현이나 제작상의 수완이나 기술을 이르는 말)의 있고 없음에 구애(拘礙. 거리끼거나 얽매임)되지 아니함을 이르는 말. *불구(不拘): 얽매여 거리끼지 아니함. *공졸(工拙): =교졸(巧拙). 즉, 익숙함과 서투름을 이르는 말. *공교하다(工巧~): ①솜씨 따위가 재치 있고 교묘(巧妙)하다. ②공교(工巧)롭다.

불-구-대천(不俱戴天 없을 **불**/함께 **구**/일 **대**/하늘 **천**) 하늘을 (머리에) 이는 것을 함께 할 (수) 없다는 뜻으로, 이 세상에서 같이 살 수 없을 만큼 큰 원한(怨恨. 억울하고 원통한 일을 당하여 응어리진 마음)을 가짐을 비유적으로 이르는 말. 또는 도저히 그냥 둘 수 없을 만큼 원한(怨恨)이 깊이 사무침을 비유적으로 이르는 말. 지극히 사이가 좋지 않은 관계의 사람을 일컫는다. =대천지수(戴天之讐). 불공대천(不共戴天). *대천(戴天): (하늘을 머리에 인다는 뜻에서) 세상에 살아있음을 비유적으로 이르는 말. *이다: 부록 '대(戴)' 참고. 이 사자성어의 유래는 다음과 같다. 『예기(禮記)』의 「곡례(曲禮)」 편(篇)에 〈아버지의 원수는 함께 하늘을 이고 살 수 없으며, 형제의 원수는 병기(兵器. 전쟁에 쓰는 기구를 통틀어 이르는 말)를 도로 거두지 않으며, 친구의 원수는 나라를 같이하여 살지 않는다.(父之讐, **弗與共戴天**, 兄弟之讐, 不反兵, 交遊之讐, 不同國.)〉라는 이야기가 나오는데, '함께 하늘을 이고 살 수 없으며,(弗與共戴天)'에서, '불구대천(不俱戴天)'이 유래했다. '불구대천지수(不俱戴天之讐)', '불구대천지구(不俱戴天之仇)', '불공대천지수(不共戴天之讐)'라고도 한다. 나머지 구체적인 내용은 ⇨불공대천(不共戴天).

불-구-문달(不求聞達 아닐 **불**/구할 **구**/들을 **문**/출세할 **달**) 출세(出世)했다는 (소문을) 들음을 구(求)하지 아니한다. 즉, 이름이 널리 알려져 현달(顯達. 벼슬이나 덕망이 높아서 이름을 세상에 널리 떨침. 또는 입신출세함)하기를 구(求)하지 않거나, 출세(出世)하여 세상에 이름을 떨치기를 구(求)하지 아니한다는 뜻으로, 유명해지기를 바라지 않음. 명예를 구하지 않음. 그리고 다른 사람이 자기를 알아주는 것을 바라지 않거나, 명예나 지위를 쫓지 않는 것을 이르는 말. *문달(聞達): 이름이 세상에 널리 알려짐. 또는 명성(名聲)이 높아짐. 여기서, '문(聞)'은 명성(名聲)이나 명망(名望. 명성·名聲. 곧, 세상에 널리 퍼져 평판 높은 이름과, 인망·人望. 곧, 세상 사람이 우러르고 따르는 덕망·德望을 아울러 이르는 말)이 널리 알려지는 것을 뜻하고, '달(達)'은 현달(顯達)을 뜻한다. *구하다(求~): 부록 '구(求)' 참고. *출세하다(出世~): 사회적으로 높이 되거나 유명해지다. 이 사자성어의 유래는 다음과 같다. 제갈량(諸葛亮)의 「출사표(出師表)」에, 〈신(臣. 신하·臣下가 임금에 대하여 자기를 일컫던 말. 여기서는 '제갈량(諸葛亮)' 자신을 가리킴)은 본래 평민으로, 몸소 남양(南陽)에서 경작을 하면서, 난세(亂世)에 구차히 성명(性命)을 보전하면서, 제후(諸侯)들에게 이름이 널리 알려져, 현달(顯達. 벼슬이나 덕망이 높아서 이름을 세상에 들날림. 또는 입신출세함)하기를 구하지 아니하였는데, 선제(先帝. '유비·劉備'를 가리킴)께서 신(臣)

을 낮고 천하다 여기시지 아니하시고, 외람되이 스스로 몸을 굽히어 초가집에 신(臣)을 세 번 찾아오시어, 신(臣)에게 당세(當世)의 일을 자문하셨습니다. 이로 인해 감격하여 드디어 선제(先帝)를 위해 열심히 뛰어 다닐 것을 허락했던 것입니다.(臣本布衣, 躬耕於南陽, 苟全性命於亂世, **不求聞達於諸侯**, 先帝不以臣卑鄙, 猥自枉屈, 三顧臣於草廬之中, 諮臣以當世之事, 由是感激, 遂許先帝以驅馳.)〉라는 이야기가 나오는데, '제후(諸侯)들에게 이름이 널리 알려져, 현달(顯達)하기를 구하지 아니하였는데,(不求聞達於諸侯)'에서, '불구문달(不求聞達)'이 유래했다. 나머지 구체적인 내용은 ⇨구전성명(苟全性命).

불구-소절(不拘小節 아닐 **불**/거리낄 **구**/적을 **소**/예절 **절**) 적은 예절(禮節)에 거리끼지 아니한다는 뜻으로, 사소한 예의범절(禮儀凡節. 본문 참고)에 얽매이지 않거나 거리끼지 아니함을 이르는 말. *불구(不拘): 얽매여 거리끼지 아니함. *소절(小節): ①사소한 절조(節操. 절개와 지조)나 의리(義理). ②문장의 짧은 구절. ③악보(樂譜)에서 세로줄과 세로줄로 구분된 마디. *거리끼다: 부록 '구(拘)' 참고.

불-권-불식(不倦不息 아닐 **불**/싫증낼 **권**/아닐 **불**/쉴 **식**) 싫증내지도 아니하고 쉬지도 아니함. *불식(不息): 쉬지 아니함.

불-권-불-해(不倦不懈 아닐 **불**/싫증 낼 **권**/아닐 **불**/게으를 **해**) 싫증내지도 아니하고 게을리 하지도 아니함.

불궤-지-심(不軌之心 아닐 **불**/법 **궤**/어조사 **지**/마음 **심**) 법(法)을 (지키지) 아니하는 마음이라는 뜻으로, ①법(法)이나 도리(道理. 사람이 마땅히 지켜야 할 바른 길)에 벗어나거나 어긋나는 마음을 이르는 말. ②모반(謀叛. 자기 나라를 배반하고 남의 나라를 좇기를 꾀함)이나 반역(反·叛逆. 배반하여 돌아섬)을 꾀하는 마음을 이르는 말. *불궤(不軌): ①법이나 도리를 지키지 아니함. ②반역(反·叛逆)을 꾀함.

불근-인정(不近人情 아닐 **불**/가까울 **근**/사람 **인**/정 **정**) 사람의 정(情)에 가깝지 아니한다는 뜻으로, 인정(人情)에 어그러짐(생각했던 일이나 기대했던 일이 그대로 되지 아니함. 또는 사이가 좋지 않게 됨)을 이르는 말. *불근(不近): 가깝지 아니함. *인정(人情): ①사람이 본래 가지고 있는 감정이나 심정. ②남을 동정하는 따뜻한 마음. ③세상 사람들의 마음.

불긍-저의(不肯底意 아닐 **불**/즐길 **긍**/밑 **저**/뜻 **의**) (마음의) 밑에 (있는) 뜻을 즐기지 아니한다는 뜻으로, 마음속으로 즐기지 아니함. 또는 마음에 즐기거나 달가워하지 아니함을 이르는 말. 여기서, '달갑다'는 마음에 들어 흐뭇하다. 또는 거리낌 없다. 또는 불만이 없다. *불긍(不肯): ①즐겨 하고자 아니함. ②요구 따위를 즐겨 받아들이지 아니함. *저의(底意): (드러내지 않고) 속에 품고 있는 뜻[意]을 나타내는 말.

불-기-이-회(不期而會 아닐 **불**/기약할 **기**/말 이을 **이**/모일 **회**) 기약(期約)하지 아니한 (때에) 모인다. 즉, 기약(期約. 때를 정하여 약속함. 또는 그런 약속)하지 않고 우연히 만난다는 뜻으로, 뜻하지 아니한 기회나 때에 우연히 서로 만남을 이르는 말.

불긴-지-사(不緊之事 아닐 **불**/긴요할 **긴**/어조사 **지**/일 **사**) 긴요(緊要)하지 아니한 일. 즉, 긴급(緊急)하지 않은 일이라는 뜻으로, 꼭 필요(必要)하지 아니한 일을 이르는 말. *불긴(不緊): 꼭 있어야 하는 것이 아님. 또는 긴요하지 않음. *긴요하다(緊要~): 부록 '긴(緊)' 참고.

불길-지-사(不吉之事 아닐 **불**/길할 **길**/어조사 **지**/일 **사**) 길(吉)하지 아니한 일이라는 뜻으로, 운수(運數) 따위가 좋지 아니하거나, 예사롭지 아니한 일을 이르는 말. *불길(不吉): 길(吉)하지 않음. 또는 좋지 못함. *길하다(吉~): 부록 '길(吉)' 참고.

불길-지-조(不吉之兆 아닐 **불**/길할 **길**/어조사 **지**/조짐 **조**) 길(吉)하지 아니할 조짐(兆朕). 즉, 불길(不吉)한 징조(徵兆)라는 뜻으로, 운수(運數) 따위가 좋지 아니하거나, 예사롭지 아니한 일이 일어날 징조(徵兆)를 이르는 말. =불상지조(不祥之兆). *불길(不吉): ☞불길지사(不吉之事). *길하다(吉~): 부록 '길(吉)' 참고. *조짐(兆朕): 어떤 일이 일어날 징조(徵兆).

불-농-불-상(不農不商 아닐 **불**/농사 **농**/아닐 **불**/장사 **상**) 농사(農事)도 아니고 장사도 아니라는 뜻으로, 농사(農事)도 짓지 않고, 장사도 하지 않고, 그저 놀고 지냄을 이르는 말. *장사: 순우리말로, 물건을 사고팔고 하는 일.

불량-소년(不良少年 아닐 **불**/어질 **량**/적을 **소**/나이 **년**) 어질지 아니한, 적은 나이라는 뜻으로, 불량(不良)한 행위를 일삼아 하는 소년. 즉, 행실(行實. 실지로 드러나는 행동)이나 성품(性品. 사람의 성질이나 됨됨이)이 나쁜 소년을 이르는 말. *불량(不良): ①질(質)이나 상태 따위가 좋지 않음. ②품행(品行. 성품과 행실)이 좋지 않음. *소년(少年): 아주 어리지도 않고, 완전히 자라지도 않은 남자 아이. ↔소녀(少女).

불령-분자(不逞分子 못할 **불**/마음대로 할 **령**/나눌 **분**/사람 **자**) 마음대로 하는 (것을) (하지) 못하여 (불만인) 분자(分子)는 뜻으로, 나라나 체제(體制. 사회적인 제도와 조직의 양식)에 대하여 불만(不滿)이나 불평(不平)을 품고 제 마음대로 행동하는 무리를 이르는 말. =불령지도(不逞之徒). *불령(不逞): 마음대로 하지 못하여(뜻을 이루지 못하여) 불만이 가득하다는 뜻에서 나온 말로, 원한(怨恨. 억울하고 원통한 일을 당하여 응어리진 마음), 불만(不滿), 불평(不平) 따위를 품고서, 어떠한 구속도 받지 아니하고 제 마음대로 행동함. 또는 그런 사람. *분자(分子): 어떤 집단을 이루는 각각의 구성원.

불령-선인(不逞鮮人 못할 **불**/마음대로 할 **령**/고울 **선**/사람 **인**) 마음대로 하는 (것을) 하지 못하여 (불만인) 조선인(朝鮮人). 즉, 일제 강점기에, 불온하고 불량한 조선 사람이라는 뜻으로, 일본 제국주의자(帝國主義者)들이 자기네 말을 따르지 않는 한국 사람을 이르던 말. 여기서 '제국주의자(帝國主義者)'는 제국주의(帝國主義)를 따르거나 주장하는 사람. 그리고 '제국주의(帝國主義)'는 군사적, 경제적으로 남의 나라나 후진(後進) 민족(民族)을 정복하여 자기 나라의 영토와 권력을 넓히려는 주의(主義)를 일컬음. 다시 말하면 '불령선인(不逞鮮人)'은 일제 강점기에 일본의 입장에서 볼 때, 식민통치 행위에 비협조적인 자(者) 및 사회주의 사상을 가진 자(者)들을 이르던 말. *불령(不逞): ☞불령분자(不逞分子). *선인(鮮人): [북] 일제 강점기에, 일본 사람이 우리나라 사람을 낮잡는 뜻으로 이르던 말.

불령-지-도(不逞之徒 못할 **불**/마음대로 할 **령**/어조사 **지**/무리 **도**) 마음대로 하는 (것을) (하지) 못하여 (불만인) 무리라는 뜻으로, 불령분자(不逞分子. 본문 참고)의 무리. 즉, 나라나 체제에 대하여 불만(不滿)이나 불평(不平)을 품고, 제 마음대로 행동하는 무리를 이르는 말. =불령분자(不逞分子). *불령(不逞): ☞불령분자(不逞分子).

불로-불사(不老不死 아닐 **불**/늙을 **로**/아닐 **불**/죽을 **사**) 늙지도 아니하고 죽지도 아니함. *불로(不老): 늙지 아니함. *불사(不死): ①죽지 않음. ②속인(俗人. 세속·世俗의 사람. 또는 중에 상대하여, '불교에 귀의하지 않은 사람'을 이르는 말)으로서 염불(念佛. 부처의 모습이나 그 공덕을 생각하면서 부처의 이름을 외는 일. 특히 '나무아미타불'을 외는 일)을 하다가 죽은 사람의 혼령(魂靈. 죽은 사람의 넋)을 무당을 이르는 말. 여기서 '무당'은 귀신을 섬겨 길흉(吉凶)을 점치고 굿을 하는 것을 직업으로 하는 사람을 이르는 말. 주로 여자를 일컫는다. 남자는 '박수(순우리말. 남자 무당)'라고 일컫는다. 이것은 원래는 순우리말이나 한자(漢字)을 빌려 '巫堂'으로 적기도 한다.

불로-불-소(不老不少 아닐 **불**/늙을 **로**/아닐 **불**/젊을 **소**) 늙지도 아니하고 젊지도 아니함. *불로(不老):
☞불로불사(不老不死). *'불-소'는 『국어사전(國語辭典)』에 등재(登載)된, '적지 아니함'인 '불소(不少)'의
뜻과는 별개다.

불로-소득(不勞所得 아닐 **불**/수고로울 **로**/바 **소**/얻을 **득**) 수고롭지 아니하고 얻는 바[所]. 즉, 힘 안들이고
얻는다는 뜻으로, 노동의 대가로 얻는 소득이 아닌 소득. 즉, 직접 일을 하지 아니하고 얻는 수익(收益)
을 이르는 말. 이자, 배당금, 부동산 임대료, 지대(地代) 따위를 통틀어 일컫는다. 여기서, '지대(地代)'는
남의 토지를 빌린 사람이 빌려 준 사람에게 무는 세(貰)를 이르는 말. 囵 근로소득(勤勞所得). *불로(不
勞): 일하지 않음. *소득(所得): 어떤 일의 결과로 얻는 것. *수고롭다: 순우리말로, 부록 '로(勞)' 참고.
*바: 부록 '소(所)' 참고.

불로-장생(不老長生 아닐 **불**/늙을 **로**/길 **장**/살 **생**) 늙지 아니하고 길게 산다는 뜻으로, 늙지 아니하고
오래오래 삶을 이르는 말. =불로장수(不老長壽). 장생불로(長生不老). 囲 장생불사(長生不死). 囵 불로불
사(不老不死). *불로(不老): ☞불로불사(不老不死). *장생(長生): 오래도록 삶.

불-리-부-즉(不離不卽 아닐 **불**/떨어질 **리**/아닐 **부**/곧 **즉**) 떨어지지 아니하고 곧 (붙지도) 아니한다는 뜻으
로, ①두 관계가 붙지도 아니하고 떨어지지도 아니함을 이르는 말. 여기서, '아니하다'는 보조동사이다.
앞에 동사가 있기 때문이다. ②찬성도 아니 하고 반대도 아니 함. =부즉불리(不卽不離). 여기서 '아니'는
부사이고, '하다'는 동사이다. 앞에 명사가 있기 때문이다.

불-립-문자(不立文字 아닐 **불**/설 **립**/글월 **문**/글자 **자**) 글월이나 글자로는 서지 않는다는 뜻으로, 부처의
가르침이나 불도(佛道. <u>부처의 깨달음에 이르기까지의 가르침이나 수행</u>)의 깨달음은 마음에서 마음으로
전(傳)하는 것이므로, 말이나 문자(文字)로 전해지는 것이 아님. 또는 말이나 글에 의하지 않음을 이르는
말. 囵 교외별전(敎外別傳). 직지인심(直指人心). *문자(文字): ①글자. ②예로부터 전하여 오는 어려운
문구. 또는 한자(漢字)로 된 숙어(熟語)나 성구(成句). ③하찮게 여기는 뜻으로, 학식(學識. <u>학문으로
얻은 식견·識見. 또는 학문상의 식견·識見</u>)을 속되게 이르는 말. 이 사자성어의 유래는 다음과 같다.
『조정사원(祖庭事苑)』에 〈여러 조사(祖師)들에게 법(法)을 전하는데, 처음에는 삼승(三乘)과 교승(敎乘)
을 겸하여 행하다가, 후에 달마(達磨) 조사(祖師)가 오직 심인(心印)과 파집(破執)을 현종(顯宗)에만 전했
는데, 이른바 교외별전(敎外別傳), 불립문자(不立文字), 직지인심(直指人心), 견성성불(見性成佛)이다.
(傳法諸祖, 初以三乘敎乘兼行, 後達磨祖師單傳心印破執顯宗, 所謂敎外別傳, **不立文字**, 直指人心, 見性成
佛.)〉라는 이야기가 나오는데, 여기서, '불립문자(不立文字)'가 유래했다. 달마(達磨)에 의해 중국에 전해
진 조사선(祖師禪)에서는 '불교의 진수(眞髓. <u>사물이나 현상의 가장 중요하고 본질적인 부분</u>)는 어떤
경전(經典. <u>영원히 변치 않는 법칙과 도리를 적은 서적이라는 뜻으로, 성인·聖人의 가르침이나 행실.
또는 종교의 교리들을 적은 책</u>)의 문구(文句)에도 의하지 않고 마음에서 마음으로 직접 체험에 의해서만
전해진다.'고 말한다. 여기서, '조사선(祖師禪)'은 조사(祖師. <u>어떤 학파를 처음 세운 사람</u>)들이 이룩한
선(禪) 사상(思想)을 이르는 말. 글자의 뜻풀이에 매이지 아니하고 이심전심(以心傳心. <u>본문 참고</u>)으로
전하는 선법(禪法)을 일컬음. 책 제목 『조정사원(祖庭事苑)』은 중국 송(宋)나라 목암선경(睦庵善卿)이
편찬한 자서[字書. <u>한자(漢字)를 모아 일정한 순서로 배열하여 그 한 자(字) 한 자(字)의 음(音), 훈(訓).</u>

운(韻), 자원(字源) 따위를 해설한 책. =옥편(玉篇), 자전(字典)]이다. 각종 선종(禪宗) 관계 서적 중에서 숙어(熟語) 2400여 개를 추려내어 출전(出典)을 밝히고 주석(註釋)을 붙였다. 1100년경에 간행되었으며, 모두 8권이다. 나머지 구체적인 내용은 ⇨견성성불(見性成佛).

불면-불휴(不眠不休 아닐 **불**/잘 **면**/아닐 **불**/쉴 **휴**) (잠을) 자지도 않고 쉬지도 않는다는 뜻으로, 조금도 쉬지 않고 힘써 일함을 이르는 말. *불면(不眠): 잠을 자지 않음. 또는 잠을 자지 못함. *불휴(不休): 쉬지 아니함.

불-모-이-동(不謀而同 아닐 **불**/꾀할 **모**/말 이을 **이**/같을 **동**) 꾀하지 아니하고도 같다는 뜻으로, 미리 짜거나 의논(議論. 어떤 일에 대하여 서로 의견을 주고받음)하지 아니하고도 의견(意見)이 서로 같음을 이르는 말. *꾀하다: 부록 '모(謀)' 참고.

불모-지대(不毛地帶 아닐 **불**/털 **모**/땅 **지**/띠 **대**) 털이 (나지) 않는 땅의 띠라는 뜻으로, ①식물이 자라지 못하는 거칠고 메마른 지역을 이르는 말. ②어떠한 사물이나 현상이 발달되어 있지 않은 지역. 또는 그런 상태를 비유적으로 이르는 말. *불모(不毛): ①땅이 거칠고 메말라 식물이 나거나 자라지 아니함. ②아무런 발전(發展)이나 결실(結實)이 없는 상태를 비유적으로 이르는 말. *지대(地帶): ①(자연적 또는 인위적으로) 한정된 일정한 구역. ②자연 조건이 띠 모양을 이룬 지역. *띠: 부록 '대(帶)' 참고.

불모-지-지(不毛之地 아닐 **불**/털 **모**/어조사 **지**/땅 **지**) 털이 (나지) 않는 땅이라는 뜻으로, 식물(植物)이 자라지 못하는, 거칠고 메마른 땅을 이르는 말. *불모(不毛): ☞불모지대(不毛地帶).

불문-가지(不問可知 아닐 **불**/물을 **문**/가히 **가**/알 **지**) 묻지 아니하여도 가(可)히 알 (만하다)는 뜻으로, 굳이 묻지 않아도 옳고 그름을 가히 알 수 있을 만큼 쉽고도 분명함을 이르는 말. 囲 불언가상(不言可想). 불언가지(不言可知). *불문(不問): ①묻지 아니함. ②밝히지 않고 덮어 둠. 또는 캐묻지 아니함. ③가리지 아니함. *가지(可知): ①알 만함. ②알 수 있음. *가히(可~): '능히', '넉넉히'의 뜻.

불문-곡절(不問曲折 아닐 **불**/물을 **문**/굽을 **곡**/꺾을 **절**) 굽은 (것인지) 꺾인 (것인지) 묻지 아니한다는 뜻으로, 어떻게 된 영문(순우리말로, 일이 돌아가는 형편이나 그 까닭)인지를 묻지 아니함. 또는 어찌 된 사정(事情)인지를 묻지 아니함을 이르는 말. 囲 불문곡직(不問曲直). *불문(不問): ☞불문가지(不問可知). *곡절(曲折): ①복잡한 사연이나 내용. ②까닭. ③(문맥 따위가) 단조롭지 않고 변화가 많은 것. *굽다: 부록 '곡(曲)' 참고.

불문-곡직(不問曲直 아닐 **불**/물을 **문**/굽을 **곡**/곧을 **직**) 굽은 (것인지) 곧은 (것인지) 묻지 아니한다. 즉, 옳고 그름을 묻지 않는다는 뜻으로, 일의 옳고 그름을 묻거나 따지지 아니함을 이르는 말. 또는 잘잘못(잘함과 잘못함. 또는 옳음과 그릇)을 묻지 않음을 이르는 말. =곡직불문(曲直不問). 囲 불문곡절(不問曲折). *불문(不問): ☞불문가지(不問可知). *곡직(曲直): ①굽음과 곧음. ②사리(事理. 일의 이치)의 옳고 그름. *굽다: 부록 '곡(曲)' 참고.

불변-숙맥(不辨菽麥 못할 **불**/분별할 **변**/콩 **숙**/보리 **맥**) 콩인지 보리인지를 분별하지 못한다는 뜻으로, 아주 쉬운 것도 모르는, 어리석고 못난 사람을 비유적으로 이르는 말. =숙맥불변(菽麥不辨). *불변(不辨): 가려서 구별하지 못함. *숙맥(菽麥): ①콩[菽]과 보리[麥]를 아울러 이르는 말. ②=숙맥불변(菽麥不辨). 즉, 콩인지 보리인지를 구별하지 못한다는 뜻으로, 사리(事理. 일의 이치)를 분별(分別)하지 못하는, 모자라고 어리석은 사람을 이르는 말. *분별하다(分別~): 부록 '변(辨)' 참고. 《관련 속담》 콩과 보리도 분간하지 못한다. 이 사자성어의 유래는 다음과 같다.『좌전(左傳)』의「성공(成公) 18년」편(篇)에 [춘추 (春秋) 시대, 진(晉)나라의 귀족(貴族)들이 치열한 권력(權力) 쟁탈전(爭奪戰. 서로 다투어 빼앗는 싸움) 을 벌였다. 당시(當時. 일이 있었던 바로 그때, 또는 이야기하고 있는 그 시기)의 진(晉)나라 왕(王)인 여공(厲公)은 서동(胥童)을 편애(偏愛. 어느 한 사람이나 한쪽만을 유달리 사랑함)하여 국권(國權) 그에 게 일임(一任. 모조리 맡김)했다. 서동(胥童)이 전권(全權. 단체, 국가 따위를 대표하여, 맡겨진 일을 처리할 수 있는 일체의 권한)을 휘두르자, 대신(大臣)들의 불만이 점점 커졌고, 결국 난서(欒書. 사람 이름), 중항언(中行偃. 사람 이름, 여기서, '行'은 항렬·行列 '항'으로 읽음) 등(等)의 대신(大臣)들이 서동 (胥童)을 죽인 다음, 여공(厲公)까지 죽여 버리고 말았다. 그리고 양공(襄公)의 증손자(曾孫子)인 나이가 14세(歲)의 주자(周子)를 왕위(王位. 임금의 자리)에 앉혔는데, 이이가 바로 도공(悼公)이다. 난서(欒書) 등(等)은 이처럼 주자(周子)를 꼭두각시('남의 조종에 의하여 움직이는 사람'을 비유하여 이르는 사람) 왕(王)으로 세워놓고 주자(周子)가 총명(聰明. 영리하고 재주가 있음)하고 여기서, '재주'는 순우리말로, 무엇을 잘할 수 있는, 타고난 능력과 슬기. 출중(出衆. 여러 사람 가운데서 특별히 두드러짐)하다고 칭찬하는 한편, 주자(周子)의 형은 아둔(슬기롭지 못하고 머리가 둔함)해서 왕으로 세울 수가 없었다고 소문(所聞)을 내고 다녔다.]〈주자(周子)에게는 형이 있었지만, 지혜(智慧)가 없어서 콩과 보리도 분간하 지 못하였으므로, 임금으로 세울 수 없었다.(周子有兄而無慧, **不能辨菽麥**, 故不可立.)〉라는 이야기가 나오는데, '콩과 보리도 분간하지 못하였으므로,(不能辨菽麥)'에서, '불변숙맥(不辨菽麥)'이 유래했다. '숙 맥불변(菽麥不辨)'이라고도 한다. 앞에서 밝혔듯이, 춘추(春秋) 시대에 진(晉)나라의 주자(周子)에게는 형(兄)이 있었는데, 우둔하여 아무 일도 맡길 수 없었다. 사람들은 그를 두고 콩과 보리도 분간하지 못할 만큼 세상 물정에 어둡다, 사리 분별을 못하고 세상 물정을 잘 모른다 하여 불변숙맥(不辨菽麥), 숙맥불변(菽麥不辨)이라고 하였던 것이다. 특히 '숙맥(菽麥)'은 불변숙맥(不辨菽麥), 숙맥불변(菽麥不辨) 을 줄인 말이다. 참고로, 원문의 '周子有兄而無慧'에서, '周'는 두루 '주'로 읽고, '子'는 경칭(敬稱. 공경하 는 뜻으로 부르는 칭호, 또는 존대하여 일컬음) '자'로 읽는다. 학덕(學德)과 지위가 높은 남자의 경칭(敬 稱)이다. '周子'는 사람 이름. '有'는 있을 '유'로 읽고, '兄'은 형(兄) '형'으로 읽고, '而'는 말 이을 이로 읽는다. '그러나'의 뜻을 나타냄. '無'는 없을 '무'로 읽고, '慧'는 지혜(智慧) '혜'로 읽는다. '周子有兄而無 慧'를 직역(直譯)하면, 주자(周子)는 형(兄)이 있지만, 그러나 지혜(智慧)는 없다. 즉, 주자(周子)의 형(兄) 이 지혜가 없을 정도로 어리석었다는 말이다. '不能辨菽麥'에서, '不'은 못할(부정하는 말) '불'로 읽고, '能'은 할 수 있을 '능'으로 읽고, '辨'은 분별할 '변'으로 읽고, '菽'은 콩 '숙'으로 읽고, '麥'은 보리 '맥'으로 읽는다. '不能辨菽麥'을 직역(直譯)하면, [주자(周子)의 형(兄)이] (그래서) 콩인지 보리인지를 분별(分別) 할 수 없었다. 여기서, '不辨菽麥'과 '菽麥不辨'이 유래하였는데, 이것을 직역(直譯)하면, 콩인지 보리인지 를 분별하지 못한다는 뜻으로, 아주 쉬운 것도 모르는, 어리석고 못난 사람을 비유적으로 이르는 말. '故不可立'에서, '故'는 그러므로 '고'로 읽는다. '可'는 가히(可~. 능히', '넉넉히'의 뜻을 나타냄) '가'로 읽고, '立'은 세울 '립(입)'으로 읽는다. '故不可立'을 직역(直譯)하면, 그러므로 [주자(周子)의 형(兄)을] 가히 (임금으로) 세울 수 없었다. 그렇다면 주자(周子)의 형(兄)은 실제로 어리석은 사람이었을까? 사실 은 그 반대였을 가능성이 크다고 주장하는 사람도 있다. 주자(周子)의 형(兄)이 정말 어리석었다면 진 (晉)나라의 귀족들은 굳이 서열(序列. 일정한 기준에 따라 순서대로 늘어섬, 또는 그 순서)을 무시한다는 비난(非難, 남의 잘못이나 흠 따위를 책잡아 나쁘게 말함)을 감수(甘受, 질책, 고통, 모욕 따위를 군말 없이 달게 받음)하면서까지 주자(周子)를 왕위에 앉히기보다는 주자(周子)의 형(兄)을 옹립(擁立, 임금으로 받들어 모심)해 국정을 농단(隴·壟斷, 이익이나 권리를 독차지함)하는 것이 더 쉬웠을 것이기 때문이다. 주자(周子)의 형은 자칫 권력 다툼으로 인하여 죽을 수도 있는 왕 자리를 피하기 위해, 일부러 바보 노릇을 했을 것이라고 주장하는 것이다.

불분-동서(不分東西 못할 **불**/구별할 **분**/동녘 **동**/서녘 **서**) 동쪽인지 서쪽인지 구별(區別)하지 못한다. 즉, 동서(東西) 방향을 가리지 못한다는 뜻으로, 동쪽과 서쪽을 가리지 못할 만큼 사람이 어리석음을 비유적으로 이르는 말. *불분(不分): 분간하지 못함. *동서(東西): ①=동서쪽. ②동쪽에서 서쪽으로 향하는 방향. ③동양(東洋)과 서양(西洋)을 아울러 이르는 말. ④공산주의 진영과 자유주의 진영을 아울러 이르는 말.

불분-상하(不分上下 못할 **불**/구별할 **분**/위 **상**/아래 **하**) 위아래를 구분하지 못함. 또는 위아래를 가리지 못함. *불분(不分): ☞불분동서(不分東西). *상하(上下): ①위와 아래. =위아래. ②낮고 못함. ③윗사람과 아랫사람. ④높고 낮음. ⑤오르고 내림.

불분-승부(不分勝負 못할 **불**/구별할 **분**/이길 **승**/질 **부**) 이길 (지) 질 (지) 구별하지 못한다. 즉, 승부(勝負)가 나지 않는다는 뜻으로, 승부(勝負)를 가리지 못함. 또는 경기나 싸움 따위에서 이길 지 질 지를 가릴 수 없음을 이르는 말. *불분(不分): ☞불분동서(不分東西). *승부(勝負): 이김과 짐. =승패(勝敗).

불분-조백(不分皁白 못할 **불**/분간할 **분**/검을 **조**/흰 **백**) 검고 흰 (것을) 분간(分揀)하지 못한다는 뜻으로, ①선악(善惡)과 우열(優劣)이 가려지지 않음을 이르는 말. ②옳은 것이 옳고, 그른 것이 그르다는 한계를 분명히 가리지 않은 채 남의 의사대로 좇아 함을 비유적으로 이르는 말. *불분(不分): ☞불분동서(不分東西). *조백(皁白): ①검은색[皁]과 흰색[白]을 아울러 이르는 말. ②옳고 그름을 비유적으로 이르는 말. *분간하다(分揀~): 서로 같지 아니함을 가려서 알다.

불분-주야(不分晝夜 못할 **불**/구별할 **분**/낮 **주**/밤 **야**) 낮과 밤을 구별(區別)하지(가리지) 못한다는 뜻으로, 밤낮을 가리지 아니하고 힘써 노력함을 이르는 말. *불분(不分): ☞불분동서(不分東西). *주야(晝夜): =밤낮. 즉, 밤과 낮을 이르는 말.

불-비-불-명(不飛不鳴 아닐 **불**/날 **비**/아닐 **불**/울 **명**) 날지도 않고 울지도 않는다. 즉, 새가 더욱 멀리 오래 날기 위해 오랫동안 때를 기다린다는 뜻인데, 무슨 큰일을 해내기 위해 오랫동안 조용히 때를 기다리는 것을 비유적으로 이르는 말. 이 말은 원래 '새가 삼 년 동안 날지도 않고 울지도 않는다.(三年不飛不鳴)'는 말에서 나온 것이다. 이 사자성어의 유래는 다음과 같다. 『사기(史記)』의 「초세가(楚世家)」와 『여씨춘추(呂氏春秋)』의 「심응람(審應覽)」 편(篇)에 〈오거(伍擧)가 말했다. "전하(殿下), 신(臣, 신하·臣下가 임금에 대하여 자기를 일컫던 말)이 수수께끼 하나를 내겠습니다. 언덕 위에 새가 한 마리 있사온데, 3년 동안 날지도 않고 울지도 않습니다. 이 새는 무슨 새이겠습니까?" 장왕(莊王)이 대답했다. "3년이나 날지 않았으니, 날면 장차(張次, '앞으로'의 뜻으로, 미래의 어느 때를 나타내는 말) 하늘까지 차고 오를 것이오, 3년이나 울지 않았으니, 한 번 울면 세상 사람들을 놀라게 할 것이오."(伍擧曰, 願有進隱, 曰, 有鳥在於阜, 三年不蜚不鳴, 是何鳥也, 莊王曰, 三年不蜚, 蜚將衝天, 三年不鳴, 鳴將驚人.)〉라는 이야기가 나오는데, '3년 동안 날지도 않고 울지도 않습니다.(三年不蜚不鳴)'에서, '불비불명(不飛不鳴)'과 '삼년불비(三年不蜚)'가 유래했다. 초(楚)나라 장왕(莊王)이 즉위(卽位) 3년이 되도록 영(令)을 내리지 않고 밤낮으로 즐기기만 했다. 그러고는 나라 사람들에게 영(令)을 내렸다. "감히 과인(寡人. 덕·德이 적은 사람이라는 뜻으로, 임금이 자기를 낮추어 이르던 1인칭 대명사)에게 간(諫)하는 자(者)는 사형(死刑)에 처할 것이오." 이때 오거(伍擧)가 죽음을 각오하고 장왕(莊王)에게 간(諫)한 것이다. 사실 장왕(莊王)이 3년 동안 음락(淫樂)에 빠져 주색(酒色)을 가까이 했던 것은 충신(忠臣)과 간신(奸臣. 성질이 교묘하게 잘 둘러대고 행실이 바르지 못한 신하)을 선별하기 위한 사전(事前. 일이 일어나기 전. 또는 일을 시작하기 전)의 공작(工作. 어떤 목적을 위하여 미리 일을 꾸밈)이었던 것이다. 나중에 오거(伍擧)는 장왕(莊王)이 정사(政事)를 맡길 정도의 충신(忠臣)이었다. 나머지 구체적인 내용은 ⇨삼년불비(三年不蜚).

불-비-지-혜(不費之惠 아닐 **불**/소비할 **비**/어조사 **지**/은혜 **혜**) (남이 나의 것을) 소비하지 않아도 (내가 베풀어 주는) 은혜(恩惠)라는 뜻으로, 자기에게는 손해됨이 없고, 남에게는 보탬이 되는 은혜. 즉, 자기에게는 해(害)가 될 것이 없으면서, 남에게는 이익(利益)이 될 만하게 베풀어 주는 은혜(恩惠)를 이르는 말.

불사-불멸(不死不滅 아닐 **불**/죽을 **사**/아닐 **불**/없어질 **멸**) 죽지도 않고 없어지지도 않는다는 뜻으로, ①죽지도 않고 없어지지도 않은 채 영원함을 이르는 말. ②죽지도 않고 없어지지도 않는 하느님의 특성을 이르는 말. *불사(不死): 죽지 아니함. *불멸(不滅): 영원히 없어지지 않음. 또는 멸망하지 않음.

불사-영생(不死永生 아닐 **불**/죽을 **사**/오랠 **영**/살 **생**) 죽지도 않고 오래 산다는 뜻으로, 죽지 아니하고 영원토록 삶을 이르는 말. *불사(不死): ☞불사불멸(不死不滅). *영생(永生): ①영원히 삶. 또는 영원한 생명. ②기독교에서, 천국의 복락(福樂. 행복과 즐거움)을 같이 누리는 생활을 이르는 말.

불-사-이-군(不事二君 아닐 **불**/섬길 **사**/두 **이**/임금 **군**) 두 임금을 섬기지 아니한다. 즉, 한 사람이 두 임금을 섬기지 아니함을 이르는 말. 충신(忠臣. 나라와 임금을 위하여 충성을 다하는 신하)으로서의 도리(道理. 사람이 마땅히 지켜야 할 바른 길)를 이르는 말이다. *섬기다: ①윗사람이나 어른을 모시어 받들다. ②남을 아끼다.

불상-지-언(不祥之言 아닐 **불**/상서로울 **상**/어조사 **지**/말씀 **언**) 상서(祥瑞)롭지 않은 말. 또는 상서(祥瑞)롭지 못한 말. *불상(不祥): 상서(祥瑞)롭지 못함. 또는 경사(慶事)스럽지 아니함. 여기서, '경사(慶事)스럽다'는 (어떤 일이) 즐겁고 기뻐할 만하다. *상서롭다(祥瑞~): 부록 '상(祥)' 참고.

불상-지-조(不祥之兆 아닐 **불**/상서로울 **상**/어조사 **지**/조짐 **조**) 상서(祥瑞)롭지 아니할 조짐(兆朕)이라는 뜻으로, 운수(運數) 따위가 좋지 아니하거나, 예사(例事. 보통 있는 일)롭지 아니한 일이 일어날 징조(徵兆)를 이르는 말. =불길지조(不吉之兆). *불상(不祥): ☞불상지언(不祥之言). *상서롭다(祥瑞~): 부록 '상(祥)' 참고. *조짐(兆朕): 어떤 일이 일어날 징조(徵兆).

불생-불멸(不生不滅 아닐 **불**/살 **생**/아닐 **불**/없어질 **멸**) 살지도 아니하고 없어지지도 아니한다는 뜻으로, ①죽지도, 살지도, 아니하고, 겨우 목숨만 붙어 있음을 이르는 말. =불생불사(不生不死). ②생겨나지도 않고, 없어지지도 않고, 항상 그대로 변함이 없음을 이르는 말. 모든 존재의 실상을 일컫는다. *불생(不生): 불교에서, ①모든 현상은 진여(眞如. '진실함이 언제나 같다.'는 뜻으로, 대승불교의 이상 개념의 한 가지이다. 우주 만유의 실체로서, 현실적이며 평등하고 무차별한 절대의 진리를 이르는 말) 그대로의 모양이며, 늘 존재하는 것으로, 갑자기 생긴 것이 아님을 뜻하는 말. ②늘 그대로 나지도, 죽지도 않는다는 뜻으로, 여래(如來)를 이르는 말. 여기서, '여래(如來)'는 교화(敎化)를 위하여 진여(眞如)에서 이 세상으로 왔다는 뜻으로, 부처를 높여 이르는 말. 그리고 '교화(敎化)'는 불법(佛法). 즉, 부처의 가르침으로 사람을 가르치어 착한 마음을 가지게 함. *불멸(不滅): 영원히 없어지지 않음. 또는 멸망하지 않음.

불생-불사(不生不死 아닐 **불**/살 **생**/아닐 **불**/죽을 **사**) 살지도 아니하고 죽지도 아니한다는 뜻으로, 살지도 죽지도 아니하고 겨우 목숨만 붙어 있음을 이르는 말. =불생불멸(不生不滅). *불생(不生): ☞불생불멸(不生不滅). *불사(不死): ①죽지 않음. ②속인(俗人. 세속·世俗의 사람. 또는 중에 상대하여, '불교에 귀의하지 않은 사람'을 이르는 말)으로서 염불(念佛. 부처의 모습이나 그 공덕을 생각하면서 부처의 이름을 외는 일. 특히 '나무아미타불'을 외는 일)을 하다가 죽은 사람의 혼령(魂靈. 죽은 사람의 넋)을 무당이 이르는 말. 여기서 '무당'은 귀신을 섬겨 길흉(吉凶)을 점치고 굿을 하는 것을 직업으로 하는 사람을 이르는 말. 주로 여자를 일컫는다. 남자는 '박수(순우리말. 남자 무당)'라고 일컫는다. 이것은 원래는 순우리말이나 한자(漢字)을 빌려 '巫堂'으로 적기도 한다.

불석-신명(不惜身命 아닐 **불**/아낄 **석**/몸 **신**/목숨 **명**) 몸과 목숨을 아끼지 아니한다. 즉, 생명을 아끼지 않는다는 뜻으로, ①불법(佛法. 부처의 가르침. 또는 '불교'를 달리 이르는 말)을 위하여 목숨을 아끼지 아니함을 이르는 말. ②몸이나 목숨을 아끼지 않고 수행(修行. 행실을 바르게 닦음. 또는 불도를 닦음), 교화(敎化. 주로 교양, 도덕 따위를 가르치어 감화시킴. 또는 부처의 가르침으로 사람을 가르치어 착한 마음을 가지게 함), 보시('布施'에서 온 말로, 절이나 중 또는 가난한 사람들에게 돈이나 물품을 베풂. 또는 베푸는 그 돈이나 물품)하는 일을 이르는 말. *불석(不惜): 아끼지 아니함. *신명(身命): 몸과 목숨. *아끼다: 부록 '석(惜)' 참고.

불석-천금(不惜千金 아닐 **불**/아낄 **석**/일천 **천**/금 **금**) 일천(一千) 금(金)을 아끼지 아니한다는 뜻으로, 많은 돈을 아끼지 아니함을 이르는 말. *불석(不惜): ☞불석신명(不惜身命). *천금(千金): (엽전 천 냥이라는 뜻으로) ①많은 돈을 비유적으로 이르는 말. ②매우 귀중한 가치를 비유적으로 이르는 말. *아끼다: 부록 '석(惜)' 참고.

불선-거행(不善擧行 못할 **불**/잘할 **선**/행할 **거**/행할 **행**) 행(行)하고 행(行)할 (것을) 잘하지 못한다는 뜻으로, 자기 맡은 일을 잘 해내거나 이행(履行. 실제로 행함)하지 못함을 이르는 말. *불선(不善): ①착하지 아니함. ②좋지 못함. ③잘하지 못함. *거행(擧行): ①명령에 따라 시행함. ②행사나 의식(예식)을 차리어 치름. *행하다(行~): (작정한 대로) 하여 나가다.

불-선-불-후(不先不後 아닐 **불**/먼저 **선**/아닐 **불**/뒤 **후**) 먼저도 아니고 뒤도 아닌, (적절하지 않은 때)라는 뜻으로, 공교롭게도 꼭 좋지 못한 때를 당함을 비유적으로 이르는 말.

불성-모양(不成模樣 아닐 **불**/이룰 **성**/본보기 **모**/모양 **양**) 본보기나 모양이 이루어지지 아니 한다는 뜻으로, ①형체(形體)나 모양이 제대로 이루어지지 아니함을 이르는 말. ②꼴이 아니라는 뜻으로, 몹시 가난하여 살림이나 복색(服色. 옷의 모양과 빛깔) 따위가 허술하거나 말이 아님을 비유적으로 이르는 말. 여기서, '말이 아니다'는 관용구(慣用句)이다. 사정이나 형편 따위가 몹시 어렵거나 딱하다. *불성(不成): 이루어지지 못함. *모양(模樣): ①겉으로 본 생김새나 형상. ②(차림새나 단장 따위를) 곱게 구민 꾸밈새. ③어떤 형편이나 상태. 또는 되어 가는 꼴. *본보기(本~): 본(本)을 받을 만한 것. 또는 본(本)으로 보여줄 만한 것.

불-성-인사(不省人事 못할 **불**/살필 **성**/사람 **인**/일 **사**) 사람으로서의 일을 살피지 못한다는 뜻으로, ①제 몸에 벌어지는 일을 모를 만큼 정신을 잃은 상태를 이르는 말. =인사불성(人事不省). ②사람으로서의 예절(禮節. 예의에 관한 모든 절차나 질서)을 차릴 줄 모름을 이르는 말. =인사불성(人事不省). *인사(人事): 안부(安否. 어떤 사람이 편안하게 잘 지내고 있는지 그렇지 아니한지에 대한 소식 또는 인사로, 그것을 전하거나 묻는 일)를 묻거나 공경(恭敬. 공손히 받들어 모심)하는 뜻을 나타낼 때 하는 예(禮). *살피다: 부록 '성(省)' 참고.

불-세-지-공(不世之功 아닐 **불**/세상 세/어조사 **지**/공 공) 세상(世上)에 (있지) 아니한 공(功)이라는 뜻으로, 세상(世上)에 보기 드문 큰 공로(功勞. 어떤 일에 이바지한 공적과 노력)를 이르는 말. *세상(世上): 사람이 살고 있는 모든 사회를 통틀어 이르는 말. *공(功): 부록 '공(功)' 참고.

불-세-지-재(不世之才 아닐 **불**/세상 세/어조사 **지**/재주 재) 세상에 (있지) 아니한 재주라는 뜻으로, 세상에 보기 드문 큰 재주, 또는 그런 재주를 가진 사람을 이르는 말. *세상(世上): ☞불세지공(不世之功). *재주: 순우리말로, 무엇을 잘할 수 있는, 타고난 능력과 슬기.

불-속-지-객(不速之客 아닐 **불**/빠를 속/어조사 **지**/손님 객) (초청하지) 아니하였는데 빠르게 (찾아온) 손님이라는 뜻으로, 오라고 청하지 않았는데도 스스로 불쑥 찾아온 손님을 이르는 말.

불-수-다-언(不須多言 아닐 **불**/모름지기 수/많을 다/말씀 언) 모름지기 많은 말씀을 아니하여도 (된다는) 뜻으로, 여러 말을 할 필요가 없음을 이르는 말. *다언(多言): 말이 많음. 또는 많은 말. 여러 말. *모름지기: 부록 '수(須)' 참고. 이 사자성어의 유래는 다음과 같다. 송(宋)나라 양억(楊億)의 『담원(談苑)』을 인용한 『유설(類說)』에 〈조광윤(趙匡胤)이 말했다. "더 이상 말하지 말자. 강남(江南. 땅 이름) 역시 무슨 죄가 있겠나? 하지만 천하(天下)는 한 집안인데, 침대 곁에서 다른 사람이 코골며 자는 것을 어떻게 용납할 수 있겠는가"(太祖曰, **不須多言**, 江南亦何罪, 但天下一家, 臥榻之側, 豈容他人鼾睡乎.)〉라는 이야기가 나오는데, '더 이상 말하지 말자.(不須多言)'에서, '불수다언(不須多言)'이 유래했다. 이 이야기의 배경은 이렇다. 송태조(宋太祖. 송나라 태조)인 조광윤(趙匡胤)은 장강(長江. '양쯔 강·揚子江'을 달리 이르는 말. 중국의 중심부를 흐르는 중국에서 제일 큰 강)의 남쪽에 분포되어 있던 나라들(10국)을 하나씩 흡수했다. 당시(當時. 일이 있었던 바로 그때, 또는 이야기하고 있는 그 시기) 남당(南唐. 나라 이름. 중국의 5대10국의 하나)의 후주(後主. 뒤를 이은 임금)인 이욱(李煜)은 금릉(金陵. 땅 이름)을 근거지로 하여 마지막까지 버티고 있었는데, 조광윤(趙匡胤)이 군사를 이끌고 금릉(金陵)을 포위(包圍. 둘레를 에워쌈. 또는 주위를 에워쌈)하자, 이욱(李煜)은 서현(徐鉉)을 사신(使臣. 지난날, 나라의 명·命을 받고 외국에 파견되던 신하)으로 보내, 장강(長江)의 남쪽. 즉, 강남(江南)에 있는 대국(大國. '송·宋나라'를 가리킴)을 아주 공손히 섬겼으며, 자신이 병(病)이 들어 입조(入朝. 조정의 회의에 들어가거나 참여하던 일)하지 못하는 것이라며, 강남(江南. 장강의 남쪽)은 죄가 없으니 공격하지 말아 달라고 요청해 왔다. 이때 조광윤(趙匡胤)이 한 마디로 '불수다언(不須多言)'을 강조했다. 강남(江南)의 땅이 죄가 없는 것은 알고 있으나, 강남(江南) 땅 역시 송(宋)나라 영토인데, 그곳에 다른 세력을 그냥 묵과(黙過. 잘못을 알고도 모르는 체하고 그대로 넘김)할 수 없다는 뜻을 내포하고 있는 것이다. 조광윤(趙匡胤)이 말한 '타인한수(他人鼾睡)'는 여기에서 유래하였는데, 이 말은 다른 사람이 (우리 지역에 와서) 코 고는 소리를 (내며)잔다는 뜻으로, 자신의 세력이나 이익을 침범하는 일. 혹은 자기에게 방해가 되거나 눈에 거슬리는 일을 비유(比·譬喩. 어떤 사물의 모양이나 상태 따위를 보다 효과적으로 표현하기 위하여 그것과 비슷한 다른 사물에 빗대어 표현함. 또는 그 표현 방법)하는 말이다. 또한 자기 영토 안의 다른 세력을 그냥 둘 수 없음을 비유하는 말로 쓰이게 되었다. 서현(徐鉉)은 이 말에 겁을 먹고 물러갔고, 남당(南唐. <u>나라 이름</u>)은 송(宋)나라의 대군(大軍. <u>병사의 수가 많은 군대</u>) 앞에 항복하고 말았다. 참고로, 원문의 '太祖曰'에서, '太'는 클 '태'로 읽고, '祖'는 조상(祖上) '조', 선조(先祖) '조'로 읽는다. '太祖'는 송(宋)나라의 태조(太祖)인 '조광윤(趙匡胤)'을 가리킴. '太祖曰'을 직역(直譯)하면, 태조(太祖)가 말하기를, '不須多言'에서, '不'은 아닐(부정하는 말) '불'로 읽고, '須'는 모름지기 '수'로 읽고, '多'는 많은 '다'로 읽고, '言'은 말씀 '언'으로 읽는다. '不須多言'을 직역(直譯)하면, 모름지기 많은 말씀을 (하지) 아니하여도 (된다는) 뜻으로, 여러 말을 할 필요가 없음을 이르는 말. '江南亦何罪'에서, '江'은 강(江) '강'으로 읽고, '南'은 남녘 '남'으로 읽는다. '江南'은 땅 이름. '亦'은 또 '역', 또한 '역'으로 읽고, '何'는 무슨 '하'로 읽고, '罪'는 허물 '죄', 죄(罪) '죄'로 읽는다. '江南亦何罪'를 직역(直譯)하면, 강남(江南)이 또 무슨 죄가 있겠느냐? '但天下一家'에서, '但'은 다만 '단'으로 읽고, '天'은 하늘 '천'으로 읽고, '下'는 아래 '하'로 읽는다. '天下'는 하늘 아래 온 세상. '一'은 한 '일'로 읽고, '家'는 집 '가'로 읽는다. '但天下一家'를 직역(直譯)하면, 다만 천하(天下)는 한집에 (사는 가족인데), '臥榻之側'에서 '臥'는 누울 '와'로 읽고, '榻'은 긴 상(床) '탑'으로 읽고, '之'는 어조사 '지'로 읽는다. '~의'를 나타내는 관형격 조사. '側'은 곁 '측', 옆 '측'으로 읽는다, '臥榻之側'을 직역(直譯)하면, 눕게 (되어 있는) 긴 상(床)의 곁. 즉, '침상(寢牀. <u>누워서 잘 수 있도록 만든 가구</u>)의 옆'이라는 뜻으로, 영역(領域. <u>활동, 기능, 효과, 관심 따위가 미치는, 일정한 범위</u>)의 안. 또는 이웃을 비유적으로 이르는 말. '豈容他人鼾睡乎'에서, '豈'는 어찌(의문 부사) '기'로 읽고, '容'은 용납할 '용'으로 읽고, '他'는 다를 '타'로 읽고, '人'은 사람 '인'으로 읽고, '鼾'은 코 고는 소리 '한'으로 읽고, '睡'는 잠 잘 '수'로 읽는다. '鼾睡'는 코를 골며 잠을 잠. '乎'는 어조사 '호'로 읽는다. '~는가?', '~인가?(<u>의문</u>)'의 뜻을 나타냄. '豈容他人鼾睡乎'을 직역(直譯)하면, 어찌 다른 사람이 코를 골며 잠을 자는 것을 용납하겠는가? 여기서, '타인한수(他人鼾睡)'가 유래하였는데, 다른 사람이 (우리 지역에 와서) 코 고는 소리를 (내며) 잔다는 뜻으로, ①다른 사람이 자신의 세력이나 이익을 침범하는 일. 또는 자기에게 방해가 되거나 눈에 거슬리는 일을 비유하여 이르는 말. ②자기 영토 안의 다른 세력을 그냥 둘 수 없음을 비유하며 이르는 말.

불순-분자(不純分子 아닐 **불**/순수할 **순**/나눌 **분**/사람 **자**) 순수하지 않은 분자(分子)라는 뜻으로, 사상(思想)이나 이념(理念. <u>이상적인 것으로 여겨지는 생각이나 견해</u>)이 그 조직 안의 것과 달라서 비판적으로 지적되는 사람을 이르는 말. *불순(不純): ①물질 따위가 순수하지 아니함. ②딴 속셈이 있어 참되지 못함. *분자(分子): 어떤 집단을 이루는 각각의 구성원.

불승-흠탄(不勝欽歎·嘆 없을 **불**/나을 **승**/공경할 **흠**/감탄할 **탄**) 공경(恭敬)함이나 감탄(感歎·嘆)함보다 (더) 나은(훌륭한) (것이) 없다는 뜻으로, 찬탄(讚歎·嘆. <u>깊이 감동하여 찬양함</u>)하여 마지아니함을 이르는 말. *불승(不勝): 어떤 감정이나 느낌을 억눌러 참아내지 못함. *흠탄(欽歎·嘆): 아름다움을 탄상(歎·嘆賞)함. 즉, 아름다움에 대하여 탄복(嘆·歎服)하여 크게 칭찬함. 또는 크게 감탄(感歎·嘆)함. *공경하다(恭敬~): 부록 '흠(欽)' 참고. *감탄하다(感歎·嘆~): 감동(<u>감격</u>)하여 찬탄(讚歎·嘆)하다. 또는 마음에 깊이 느끼어 탄복(嘆·歎服)하다.

불시-지-수(不時之需 아닐 **불**/때 **시**/어조사 **지**/쓸 **수**) (뜻하지) 아니한 때의 쓰임(<u>음식</u>)이라는 뜻으로, 제때(<u>정해 놓은 그 시각. 또는 알맞은 때</u>)가 아닌 때에 먹게 된 음식을 이르는 말. *불시(不時): ①제철이 아닌 때. ②뜻하지 아니한 때.

불시-풍우(不時風雨 아닐 **불**/때 **시**/바람 **풍**/비 **우**) 뤼 (뜻하지) 아니한 때의 바람과 비라는 뜻으로, ①갑자기 몰아치는 비바람을 이르는 말. ②갑자기 닥쳐온 뜻하지 않은 재난(災難. 뜻밖의 불행한 일)을 비유적으로 이르는 말. *불시(不時): ☞불시지수(不時之需). *풍우(風雨): ①바람과 비. ②비바람. 즉, 비와 바람. 또는 비를 몰아오면서 부는 바람.

불-식-일-정(不識一丁 못할 **불**/알 **식**/한 **일**/고무래 **정**) 하나의 고무래를 알지 못한다는 뜻으로, 글자를 한 자(字)도 모를 정도로 무식함. 또는 그런 사람을 비유적으로 이르는 말. *고무래: 곡식을 그러모으거나 펴거나, 밭의 흙을 고르거나 아궁이의 재를 긁어모으는 데에 쓰는 '丁' 자 모양의 기구. 《관련 속담》 낫놓고 기역자도 모른다.

불식-자-포(不食自逋 아닐 **불**/먹을 **식**/스스로 **자**/도망갈 **포**) 먹지도 아니하였는데 스스로 도망간다(축난다)는 뜻으로, 사사로이 떼어먹지 않았는데도 공금(公金. 국가나 공공 단체의 소유로 되어 있는 돈, 또는 단체나 회사의 돈) 따위가 저절로 축남(일정한 수나 양에서 모자람이 생김)을 비유적으로 이르는 말. *불식(不食): 먹지 아니함.

불식-지-공(不息之工 아닐 **불**/쉴 **식**/어조사 **지**/장인 **공**) (조금도) 쉬지 않는 장인(匠人)이라는 뜻으로, 비록 천천히 하더라도, 쉬지 않고 꾸준하게 하는 일을 비유적으로 이르는 말. *불식(不息): 쉬지 아니함. *장인(匠人): 부록 '공(工)' 참고.

불-식-지-무(不識之無 못할 **불**/알 **식**/갈 **지**/없을 **무**) (쉬운) 갈 지(之) 자(字)와 (쉬운) 없을 무(無) 자(字)를 알지 못한다는 뜻으로, 글자를 한 자(字)도 모를 정도로 무식함. 또는 그런 사람을 비유적으로 이르는 말. 《관련 속담》 낫 놓고 기역자도 모른다. 이 사자성어의 유래는 다음과 같다. 『신당서(新唐書)』「백거이전(白居易傳)」에 〈백거이(白居易)가 생후(生後) 일곱 달쯤 되었을 때, 유모(乳母)가 글이 쓰여진 병풍(屏風) 앞에서, 병풍(屏風)에 있는 之와 無 자(字)를 가리키며 백여 차례나 물어보았는데, 정확하게 두 글자를 가려냈다. 아홉 살 때에는 성률(聲律)을 알았다.(其始生七月能展書, **姆指之无兩字, 雖試百數不差**, 九歲暗識聲律)〉라는 이야기가 나오는데, '유모(乳母)가 글이 쓰여진 병풍(屏風) 앞에서, 병풍(屏風)에 있는 之와 無 자(字)를 가리키며 백여 차례나 물어보았는데, 정확하게 두 글자를 가려냈다.(姆指之无兩字, 雖試百數不差)'에서, '불식지무(不識之无)'가 유래했다. 그런데 원문에는 '不'과 '識'은 나오지 않고 '之'와 '无'만 나온다. 생후(生後) 일곱 달 된 아이도 가장 간단한 글자인 '之'와 '无'를 아는데, 다른 사람이 이것을 모른다면 일자무식(一字無識. 본문 참고)이 아니겠느냐?의 뜻에서 '無識'과 같은 글자인 '不識'을 따와 '불식지무(不識之无)'라는 사자성어가 이루어진 것으로 추측된다. 여기서 '无'는 '無'와 같은 뜻으로 혼용(混用)하고 있다. 『국어사전(國語辭典)』에는 '无' 대신에 '無'를 쓰고 있다. 참고로 원문의 '其始生七月能展書'에서, '其'는 그(지시하는 말) '기'로 읽고, '始'는 시작할 '시'로 읽고, '生'은 날 '생'으로 읽고, '七'은 일곱 '칠'로 읽고, '月'은 달 '월'로 읽고, '能'은 능히 할 수 있을 '능'으로 읽고, '展'은 펼 '전'으로 읽고, '書'는 글 '서'로 읽는다. '其始生七月能展書'를 직역(直譯)하면, 그('백거이·白居易'를 가리킴)가 생후(生後) 일곱 달이 시작되었을 때, 펴 (있는) (병풍·屏風의) 글을 읽을 수 있었다. 여기서 '병풍(屏風)'은 바람을 막거나 무엇을 가리거나 또는 장식용으로 방 안에 치는 물건을 일컫는다. '姆指之无兩字'에서, '姆'는 유모(乳母. 어머니를 대신하여 젖을 먹여 길러주는 여자) '모'로 읽고, '指'는 가리킬 '지'로 읽고, '之'는 갈 '지'로 읽고, '无'는 없을 '무'로 읽고, '兩'은 두 '량(양)'으로 읽고, '字'는 글자 '자'로 읽는다. 姆指之无兩字'를 직역(直譯)하면, 유모(乳母)가 (병풍·屏風에 씌어져 있는) '之'와 '无' 두 글자를 가리키며, '雖試百數不差'에서, '雖'는 아무리 ~하여도 '수'로 읽고, '試'는 시험(試驗)할 '시'로 읽고, '百'은 일백 '백'으로 읽고, '數'는 셈할 '수'로 읽고, '不'은 아닐(부정하는 말) '불'로 읽고, '差'는 다를 '차'로 읽는다. '雖試百數不差'를 직역(直譯)하면, 아무리 백 번이나 셈하여 시험(試驗)하여도 다르지 않았다. 즉, 정확하게 두 글자를 가려냈다는 뜻이다. 여기서 '불식지무(不識之無)'가 유래했는데, 이것을 직역(直譯)하면, (쉬운) 갈 지(之) 자(字)와 (쉬운) 없을 무(無) 자(字)를 알지 못한다는 뜻으로, 글자를 한 자(字)도 모를 정도로 무식함. 또는 그런 사람을 비유적으로 이르는 말. '九歲暗識聲律'에서, '九'는 아홉 '구'로 읽고, '歲'는 나이 '세'로 읽고, '暗'은 외울 '암'으로 읽고 '識'은 알 '식'으로 읽는다. '암식(暗識)'은 외워 앎. 또는 암기함을 이르는 말. '聲'은 소리 '성'으로 읽고, '律'은 법칙(法則) '률(율)'로 읽는다. '성률(聲律)'은 『국어사전(國語辭典)』에 의하면, 한자(漢字)의 성조(聲調)인 사성(四聲)의 규율(規律. 질서나 제도를 유지하기 위하여 정하여 놓은. 행동의 준칙이 되는 본보기). 즉, 한자(漢字)의 발음에 대하여 성조(聲調)를 평성(平聲), 상성(上聲), 거성(去聲), 입성(入聲)의 네 가지를 나누어 놓은 규율(規律)을 이르는 말이다. '九歲暗識聲律'을 직역(直譯)하면, 아홉 살 (때에는) 성률(聲律)을 외워 알았다. 위의 이야기에서 보았듯이, 백거이(白居易)는 어렸을 적인 생후(生後) 7개월 때 '지(之)'와 '무(无)'라는 글자를 알았고, 9살 때 성률(聲律)을 암기할 정도로 그 총명(聰明. 보고 들은 것에 대한 기억력이 좋음)함이 특출(特出. 특별히 뛰어남)하였다고 전해진다. 또 백거이(白居易)의 「여원구서(與元九書)」에는 백거이(白居易) 자신의 총명(聰明)함이 언급되어 있다. 여기서 '여원구서(與元九書)'는 원구(元九)에게 주는(보내는) 편지란 뜻이다. 〈제가 태어난 지 육칠 개월 되었을 때. 유모(乳母)가 글이 쓰여 진 병풍(屏風) 앞에서 저를 안고 어르면서 무(无) 자(字)와 지(之) 자(字)를 가리키면서 저에게 보여 주었습니다. 저는 비록 입으로 말은 하지 못했지만, 마음속으로는 알고 있었습니다.(僕始生六七月時, **乳母抱弄於書屏下, 有指无字之字示僕者**, 僕雖口未能言, 心已默識)〉라는 이야기가 나오는데, '유모(乳母)가 글이 쓰여 진 병풍(屏風) 앞에서 저를 안고 어르면서 무(无) 자(字)와 지(之) 자(字)를 가리키면서 저에게 보여 주었습니다.(乳母抱弄於書屏下, 有指无字之字示僕者)'에서 '불식지무(不識之无)'가 유래했다. '무(无) 자(字)와 지(之) 자(字)를 가리키면서 저에게 보여 주었다.' 는 말을 역(逆)으로 생각하면, 그 때 무(无) 자(字)와 지(之) 자(字)를 알았다는 뜻이다. 참고로, 원문의 '僕始生六七月時'에서, '僕'은 저(자기의 겸칭·謙稱) '복'으로 읽고, '始'는 시작할 '시'로 읽고, '生'은 날 '생'으로 읽고, '六'은 여섯 '륙(육)'으로 읽고, '七'은 일곱 '칠'로 읽고, '月'은 달 '월'로 읽고, '時'는 때 '시'로 읽는다. '僕始生六七月時'를 직역(直譯)하면, 제가 태어나 육칠 개월이 시작 (되었을) 때, '乳母抱弄於書屏下'에서, '乳'는 젖 '유'로 읽고, '母'는 어미 '모'로 읽는다. 유모(乳母)는 어머니를 대신하여 젖을 먹여 길러주는 여자를 이르는 말. '抱'는 안을 '포'로 읽고, '弄'은 놀 '롱(농)'으로 읽고, '於'는 어조사 '어'로 읽는다. '~에', '~에서(장소, 위치)'의 뜻을 나타냄. '書'는 글 '서'로 읽고, '屏'은 병풍(屏風. 바람을 막거나 무엇을 가리거나 또는 장식용으로 방 안에 치는 물건) '병'으로 읽고, '下'는 아래 '하'로 읽는다. '乳母抱弄於書屏下'를 직역(直譯)하면, 유모(乳母)가 글이 쓰여진 병풍(屏風) 아래에서 (저를) 안고 놀면서, '有指无字之字示僕者'에서, '有'는 있을 '유'로 읽고, '指'는 가리킬 '지'로 읽고, '无'는 없을 '무'로 읽고, '字'는 글자 '자'로 읽고, '之'는 갈 '지'로 읽고, '示'는 보일 '시'로 읽고, '者'는 것(사물, 현상, 일 따위를 추상적으로 이르는 말) '자'로 읽는다. 여기서는 '그것'으로 풀이한다. '有指无字之字示僕者'를 직역(直譯)하면, 무(无) 자(字)와 지(之) 자(字)를 가리키면서 저에게 그것을 보여 주는 (일이) 있었습니다. 여기서 '불식지무(不識之無)'가 유래했는데, 이것을 직역(直譯)하면, (쉬운) 갈 지(之) 자(字)와 (쉬운) 없을 무(無) 자(字)를 알지 못한다는 뜻으로, 글자를 한 자(字)도 모를 정도로 무식함. 또는 그런 사람을 비유적으로 이르는 말. '僕雖口未能言'에서, '雖'는 여기서는 비록 '수'로 읽고, '口'는 입 '구'로 읽고, '未'는 아닐(부정하는 말) '미'로 읽고, '能'은 능히 할 수 있을 '능'으로 읽고, '言'은 말씀 '언'으로 읽는다. '僕雖口未能言'을 직역(直譯)하면, 저는 비록 입으로 말을 능히 하지 못했지만, '心已默識'에서, '心'은 마음 '심'으로 읽고, '已'는 이미(돌이킬 수 없이 된 지난 일을 일컬을 때 쓰는 말) '이'로 읽고, '默'은 잠잠할 '묵'으로 읽고, '識'은 알 '식'으로 읽는다. '묵식(黙識)'은 말없이 마음속으로 앎. 또는 말없이 속으로 깊이 이해함을 이르는 말. '心已默識'을 직역(直譯)하면, 마음으로는 이미 묵식(黙識)하고 (있었습니다).

불식-지-보(不食之報 아닐 **불**/먹을 **식**/어조사 **지**/갚을 **보**) (조상이 남긴 것을) 먹지 아니하여도 (그 은혜를) 갚는다는 뜻으로, 조상의 음덕(蔭德. 조상의 드러나지 않게 베푸는 덕)으로 그 자손이 부귀(富貴. 재산이 많고 지위가 높음)를 누리며 잘되는 보응(報應. 선악·善惡의 행위에 따라 받게 되는 길흉화복·吉凶禍福의 갚음)을 비유적으로 이르는 말. *불식(不食): ☞불식자포(不食自逋). *갚다: 부록 '보(報)' 참고.

불-식-태산(不識泰山 못할 **불**/알 **식**/클 **태**/뫼 **산**) 태산(泰山)(여기서는 사람 이름)을 알지 못한다는 뜻으로, 인재(人材. 어떤 일을 할 수 있는 학식이나 능력을 갖춘 사람)를 알아볼 줄 모르는 것을 비유적으로 이르는 말. *태산(泰山): 두 가지 설(說)이 있다. ①산 이름이다. ②산 이름이 아니라, 춘추 시대 노(魯)나라 사람이며 세공(細工)으로 이름난 노반(魯班)의 제자 이름이다. 여기서는 ②의 뜻이다. 이 사자성어의 유래는 다음과 같다. 〈내가 눈이 있어도 태산을 제대로 알지 못했구나.(有眼**不識泰山**.)〉라는 말이 있다. 이 말은 민간에 널리 전해져 온 것인데, 여기서, '불식태산(不識泰山)'이 유래했다. 참고로, 원문의 '有眼不識泰山'에서, '有'는 있을 '유'로 읽고, '眼'은 눈 '안'으로 읽고, '不'은 아닐(부정하는 말) '불'로 읽는다. 여기서는 '못하다'의 의미가 강함. '識'은 알 '식'으로 읽고, '泰'는 클 '태'로 읽고, '山'은 뫼('산'의 옛말) '산'으로 읽는다. '泰山'은 보통 중국 산동성에 있는 오악(五嶽) 중의 하나인 동악(東嶽) 태산(泰山)을 의미하는 것으로 알고 있다. 하지만 여기서 '태산(泰山)'은 사람 이름이다. 오악(五嶽)은 중국의 다섯 영산(靈山), 곧, 동쪽의 동악(東嶽) 태산(泰山), 서쪽의 서악(西嶽) 화산(華山), 남쪽의 남악(南嶽) 형산(衡山), 북쪽의 북악(北嶽) 항산(恒山), 중앙의 중악(中嶽) 숭산(嵩山)을 두고 하는 말이다. '有眼不識泰山'을 직역(直譯)하면, (내가) 눈이 있어도 태산(泰山)(여기서는 사람 이름)을 알지 못한다는 뜻으로, 인재(人材. 어떤 일을 할 수 있는 학식이나 능력을 갖춘 사람)를 알아볼 줄 모르는 것을 비유적으로 이르는 말. 그런데 태산(泰山)이 인명(人名)이라고 중국의 모든 공구서(工具書)에 설명하고 있으나, 출전은 없다. 보통 문헌상에 나타난 '태산(泰山)'은 모두 인명(人名)이 아니라, 오악(五岳)중의 동악(東岳)인 태산(泰山)이다. 예를 들면 『맹자(孟子)』에 〈태산에 오르니, 천하가 작게 보인다(登泰山以小天下.)〉라고 했는데, 여기서, 태산(泰山)은 산 이름이다. 다만, 우리는 전혀 문헌의 근거가 없는 민간의 전설을 믿을 수밖에 없다고 본다. '불식태산(不識泰山)'이 나온 배경은 이렇다. 전해지는 바에 따르면, 죽공예(竹工藝. 대나무를 재료로 하는 공예)의 비조(鼻祖. 어떤 일을 가장 먼저 시작한 사람)라고 불리는 태산(泰山)은 춘추시대(春秋時代) 노(魯)나라 사람이며, 세공(細工. 섬세한 잔손질이 많이 가는 수공)으로 이름난 장인(匠人.

목공이나 도공 등·等과 같이 손으로 물건 만드는 일을 업으로 하는 사람)인 노반(魯班)의 제자이다. 노반(魯班)은 중국에서 목수(木手)의 신(神)으로 일컬어지는 사람이다. 태산(泰山)은 처음에 목공(木工) 일을 열심히 배워, 스승인 노반(魯班)의 총애(寵愛. 남달리 귀여워하고 사랑함)를 받았다. 하지만, 얼마 후부터는 시간만 나면 근처의 대나무 숲에 들어가 오랫동안 나오지 않으면서 점점 목공예(木工藝. 나무를 재료로 하는 공예 기술) 배우는 것을 게을리 하였다. 노반(魯班)이 연말(年末) 시험(試驗)으로 제자들에게 탁자(卓子. 물건을 올려놓기 위하여 책상 모양으로 만든 가구를 통틀어 이르는 말. 식탁·食卓, 원탁·圓卓 따위가 있음)를 만들게 했는데, 모두 잘 만들었으나 태산(泰山)은 엉망이었다. 노반(魯班)은 화가 나 태산(泰山)을 쫓아내고 말았다. 10여 년 뒤 노반(魯班)은 시장(市場)에서 아주 정밀하게 만들어진 대나무 가구(家具. 집안 살림에 쓰는 기구를 이르는 말. 주로 장롱, 책장, 탁자 따위와 같이 비교적 큰 제품을 일컬음)를 발견하고 그것을 만든 사람을 찾았는데, 바로 실력이 부족하다고 자기가 쫓아낸 태산(泰山)이었다. 태산(泰山)은 노반(魯班)에게 처음 기술을 배울 무렵부터 대나무의 여러 가지 특성에 주목하고 대나무 공예를 스스로 연구하기 시작했는데, 노반(魯班)이 보통 나무로 만든 것만 가르치자, 혼자 대나무 숲에 들어가 스스로 기술을 터득하였던 것이다. 노반(魯班)은 부끄러움을 감추지 못하고 말했다. "내가 눈이 있어도 태산을 제대로 알지 못했구나." 이상(以上)의 이야기는 민간에 널리 전해지고 있는 이야기라, 출전(出典)은 알 수가 없다.

불신-지-심(不信之心 못할 **불**/믿을 **신**/어조사 **지**/마음 **심**) 믿지 못하는 마음이라는 뜻으로, 미덥지 못한 마음씨를 이르는 말. *불신(不信): 믿지 아니함.

불신-행위(不信行爲 없을 **불**/믿을 **신**/행할 **행**/할 **위**) 믿음이 없는 행위(行爲). 즉, 믿을 수 없는 행동이라는 뜻으로, 신의(信義. 믿음과 의리)에 어긋나는 행위. 또는 믿지 않거나 믿을 수 없는 행위(行爲)를 이르는 말. *불신(不信): ☞불신지심(不信之心). *행위(行爲): (사람이) 행하는 짓. 특히 자유의사(自由意思. 본문 참고)에 따라서 하는 행동을 이르는 말. *행하다(行~): (작정한 대로) 하여 나가다.

불실-기본(不失基本 아닐 **불**/잃을 **실**/바탕 **기**/근본 **본**) 바탕의 근본(根本)을 잃지 아니한다는 뜻으로, 본분(本分. 그 사람이 마땅히 하여야 할 본디의 의무)을 잃지 아니함을 이르는 말. *불실(不失): 잃지 아니함. *기본(基本): 사물의 가장 중요한 밑바탕. =근본(根本). *바탕: ①사람의 타고난 성질이나 체질(體質. 날 때부터 지니고 있는, 몸의 생긴 바탕) 또는 재질(才質. 날 때부터 지니고 있는, 재주와 기질). 여기서, '재주'는 순우리말로, 무엇을 잘할 수 있는, 타고난 능력과 슬기. ②어떤 물건의 재료(材料) 또는 품질(品質. 물품의 성질과 바탕). ③직물(織物. 섬유로 짠 물건)이나 물체(物體)의 바닥 또는 빛깔. *근본(根本): 부록 '본(本)' 참고.

불실-본색(不失本色 아닐 **불**/잃을 **실**/근본 **본**/빛 **색**) 근본(根本)의 빛을 잃지 아니한다는 뜻으로, 본색(本色)을 잃지 아니함. 즉, 본디의 특색(特色)이나 빛깔을 잃지 아니함을 이르는 말. *불실(不失): ☞불실기본(不失基本). *본색(本色): ①본디의 빛깔. ②본디의 성질. *근본(根本): 부록 '본(本)' 참고.

불실-척촌(不失尺寸 아닐 **불**/잃을 **실**/자 **척**/마디 **촌**) (한) 자[尺] (한) 마디[寸]조차 잃지 아니한다는 뜻으로, 일상생활에서 조금도 법도(法度. 생활상의 예법이나 제도)에 어그러지거나 법도(法度)를 어기지 아니함을 이르는 말. *불실(不失): ☞불실기본(不失基本). *척촌(尺寸): ①자[尺]와 치. =촌척(寸尺). ②(얼마 안 되는) 작은 것을 이르는 말. *자: 부록 '척(尺)' 참고. *마디: 부록 '촌(寸)' 참고.

불심-검문(不審檢問 아닐 **불**/살필 **심**/검사할 **검**/물을 **문**) (수상한 사람이) 아닌 지 살펴 검사(檢査)하고 묻는다는 뜻으로, 경찰관(警察官)이, 수상(殊常. <u>보통과는 달리 이상하여 의심스러움</u>)한 거동(擧動. <u>몸을 움직임. 또는 그런 짓이나 태도</u>)을 하거나, 죄(罪)를 범하였거나, 범하려고 하여 의심받을 만한 사람을 길거리 같은 곳에서 정지(停止)시켜 질문(質問)하는 일을 이르는 말. 주로 범인 체포, 범죄 예방, 정보수집 따위를 목적으로 행한다. *불심(不審): 자세히 알지 못하거나 의심스러움. *검문(檢問): (범법자가 아닌가를) 검사하고 심문(審問)함. *살피다: 부록 '심(審)' 참고. *검사하다(檢査~): 부록 '검(檢)' 참고.

불-심-상관(不甚相關 아닐 **불**/심할 **심**/서로 **상**/관계할 **관**) 심하게 서로 관계할 (것이) 아니라는 뜻으로, 크게 관계될 것이 아님. 또는 크게 상관(相關)할 것이 아님을 이르는 말. *상관(相關): 서로 관련을 가짐. 또는 그런 관계. *심하다(甚~): 부록 '심(甚)' 참고. *관계하다(關係~): 어떠한 부분이나 방면(方面. <u>어떠한 분야</u>)에 관련이 있다.

불-심-상-원(不甚相遠 아닐 **불**/심할 **심**/서로 **상**/어긋날 **원**) 서로 심하게 어긋나지 아니하다는 뜻으로, 크게 틀리거나 다르지 아니하고 거의 같음을 이르는 말. *심하다(甚~): 부록 '심(甚)' 참고.

불언-가지(不言可知 아닐 **불**/말씀 **언**/가히 **가**/알 **지**) 말하지 아니하여도 가(可)히 알 (수) 있다. 즉, 말하지 않아도 죄다(<u>모조리 다. 또는 빠짐없이 온통 다</u>) 안다는 뜻으로, 아무 말을 하지 않아도 능히 알 수가 있음을 이르는 말. 囘 불문가지(不問可知). 불언가상(不言可想). *불언(不言): 말을 하지 아니함. *가지(可知): ①알 만함. ②알 수 있음. *가히(可~): '능히', '넉넉히'의 뜻.

불언-불-면(不言不面 아닐 **불**/말씀 **언**/아닐 **불**/얼굴 **면**) 말[言]도 아니고 얼굴도 아니라는 뜻으로, 말[言]도 하지 아니하고 얼굴도 대하지도 아니함을 이르는 말. *불언(不言): ☞불언가지(不言可知).

불언-불-소(不言不笑 아닐 **불**/말씀 **언**/아닐 **불**/웃을 **소**) 말[言]도 하지 아니하고, 웃지도 아니함. *불언(不言): ☞불언가지(不言可知).

불언-불-어(不言不語 아닐 **불**/말씀 **언**/아닐 **불**/말씀 **어**) 말[言]을 하지 아니함. *불언(不言): ☞불언가지(不言可知).

불언-실행(不言實行 아닐 **불**/말씀 **언**/실제 **실**/행할 **행**) 말[言]하지 아니하고 실제(實際)로 행(行)한다. 즉, 아무 말하지 않고 실행(實行)한다는 뜻으로, 말없이 실제로 행하여짐. 또는 말없이 실제로 행함을 이르는 말. 囹 불언직행(不言直行). *불언(不言): ☞불언가지(不言可知). *실행(實行): 실지로 행함. *실제(實際): 있는 그대로의, 또는 나타나거나 당하는 그대로의 상태나 형편. *행하다(行~): (작정한 대로) 하여 나가다.

불언-장단(不言長短 아닐 **불**/말씀 **언**/길 **장**/짧을 **단**) 긴 (것과) 짧은 (것을) 말하지 않는다는 뜻으로, 남의 장점(長點)과 단점(短點)을 함부로 말하지 않음을 이르는 말. *불언(不言): ☞불언가지(不言可知). *장단(長短): 길고 짧음. 또는 좋은 점과 나쁜 점.

불역-지-론(不易之論 아닐 **불**/바꿀 **역**/어조사 **지**/논의할 **론**) 바뀌지 아니하는 논의(論議)라는 뜻으로, 어느 시대에도 변하지 아니하는 정론(正論. <u>당당하고 이치에 합당한 의견이나 주장</u>). 또는 달리 고칠 수 없거나, 고칠 필요가 없는, 바른 이론(理論)을 이르는 말. *불역(不易): 바뀌지 않음. 또는 고칠 수 없음. *논의하다(論議~): 어떤 문제에 대하여 서로 의견을 말하며 의논하다.

불역-지-전(不易之典 아닐 **불**/바꿀 **역**/어조사 **지**/법 **전**) 바뀌지 아니하는 법(法)이라는 뜻으로, ①쉽게 고칠 수 없는, 기본이 되는 규정(規定)을 이르는 말. ②하지 않을 수 없는 일을 이르는 말. 🚲 불역지법(不易之法). *불역(不易): ☞불역지론(不易之論).

불연-지-단(不然之端 아닐 **불**/그러할 **연**/어조사 **지**/실마리 **단**) 그러하지 아니한 실마리라는 뜻으로, 어떤 일의, 그렇지 않은 사건의 실마리를 이르는 말. *불연(不然): 그렇지 아니함. *실마리: 일이나 사건의 첫머리. =단서(端緒).

불요-불굴(不撓不屈 아닐 **불**/휘어질 **요**/아닐 **불**/굽힐 **굴**) 휘어지지 아니하고 굽히지 아니한다는 뜻으로, 한번 먹은 마음이 흔들리거나 굽힘이 없음을 이르는 말. 즉, 어떤 어려움도 꿋꿋이 견디어 나감. 또는 꺾이거나 굽히지 않는 꿋꿋한 정신을 이르는 말. 🚲 백절불굴(百折不屈). 백절불요(百折不撓). 백절불회(百折不回). 위무불굴(威武不屈). *불요(不撓): 마음이 흔들리지 아니함. *불굴(不屈): 어려움에 부닥쳐도 굽히지 않고 끝까지 해냄. *휘어지다: 부록 '요(撓)' 참고.

불요-불급(不要不急 아닐 **불**/요긴할 **요**/아닐 **불**/급할 **급**) 요긴(要緊)하지도 아니하고 급(急)하지도 아니한다는 뜻으로, 꼭 필요(必要)하지도 않고 급(急)하지도 않음을 이르는 말. *불요(不要): 필요하지 아니함. *불급(不急): 급하지 아니함. 또는 빠르지 아니함. *요긴하다(要緊~): 매우 중요하다. 또는 꼭 필요하다. 이 사자성어의 유래는 다음과 같다. 채옹(蔡邕)은 교현(喬玄)을 위하여「태위교현비(太尉喬玄碑)」라는 비문(碑文)을 지었는데, 거기에 〈그 성격은 엄격했으며, 화려함을 미워하고 소박함을 숭상했다. 백 번 꺾일지언정 휘어지지 않았고, 큰 절개(節槪·介. <u>옳은 일을 지키어 뜻을 굽히지 않는 굳건한 마음이나 태도</u>)에 임하여서는 빼앗을 수 없는 풍도(風度. <u>풍채와 태도</u>)를 지녔다.(其性莊, 疾華尙朴, **有百折不撓**, 臨大節而不可奪之風.)〉라는 이야기가 나오는데, '백 번 꺾일지언정 휘어지지 않았고,(有百折不撓)'에서, '불요불굴(不撓不屈)'이 유래했다. 백절불요(百折不撓), 불요불굴(不撓不屈) 이외에도 비슷한 말로, 백절불굴(百折不屈), 백절불회(百折不回), 위무불굴(威武不屈) 따위가 있다. 교현(喬玄)에 대한 이야기는『후한서(後漢書)』「교현전(喬玄傳)」에 나온다. 교현(喬玄)은 죽으면서 남긴 유산이 전혀 없었으며, 장례도 극히 간소하게 치러졌다. 조조(曹操)가 교현(喬玄)의 무덤을 찾아가 제사를 지내 주었으며, 채옹(蔡邕)은 교현(喬玄)을 위하여「태위교현비(太尉喬玄碑)」라는 비문(碑文)을 지어, 그를 칭송(稱頌. <u>공덕·功德 따위를 칭찬하여 일컬음. 또는 그런 말</u>)한 것이다. 나머지 구체적인 내용은 ⇨백절불요(百折不撓).

불우-지-변(不虞之變 아닐 **불**/염려할 **우**/어조사 **지**/재앙 **변**) (평소에) 염려(念慮)하지 아니한 재앙(災殃)이라는 뜻으로, 뜻밖에 일어난 변고(變故)를 이르는 말. 여기서, '변고(變故)'는 갑작스러운 재앙(災殃)이나 사고(事故)를 일컬음. *불우(不虞): 미처 생각하지 못함. 또는 그런 일. *염려하다(念慮~): 부록 '우(虞)' 참고. *재앙(災殃): 뜻하지 아니하게 생긴 불행한 변고(變故). 또는 천재지변(天災地變. <u>본문 참고</u>)으로 인한 불행한 사고(事故)를 이르는 말.

불우-지-비(不虞之備 아닐 **불**/염려할 **우**/어조사 **지**/준비할 **비**) (평소에) 염려(念慮)하지 아니한 (일의) 준비(準備)라는 뜻으로, 뜻밖에 일어나는 일에 대한 준비(準備)를 이르는 말. *불우(不虞): ☞불우지변(不虞之變). *염려하다(念慮~): 부록 '우(虞)' 참고.

불우-지-탄(不遇之歎·嘆 못할 **불**/만날 **우**/어조사 **지**/탄식할 **탄**) (때를) 만나지 못한 탄식(歎·嘆息)이라는 뜻으로, 불우(不遇)한 데 대한 한탄(恨歎·嘆. <u>원통하거나 뉘우치는 일이 있을 때 한숨을 쉬며 탄식함. 또는 그 한숨</u>). 또는 좋은 때를 만나지 못한 것에 대한 한탄(恨歎·嘆)을 이르는 말. *불우(不遇): ①(포부나 재능은 있어도) 좋은 때를 만나지 못함. ②(일부 명사 앞에 쓰이어) 살림이나 형편이 딱하고 어려움. *탄식하다(歎·嘆息~): 부록 '탄(歎·嘆)' 참고.

불우-지-환(不虞之患 아닐 **불**/염려할 **우**/어조사 **지**/근심 **환**) (평소에) 염려(念慮)하지 아니한 근심이라는 뜻으로, 뜻밖의 환난(患難. 근심과 재난)이나 뜻밖에 생긴 근심을 이르는 말. *불우(不虞): ☞불우지변(不虞之變). *염려하다(念慮~): 부록 '우(虞)' 참고.

불원-만-리(不遠萬里 아닐 **불**/멀 **원**/일만 **만**/이수 **리**) 일만(一萬) 이수(里數)도 멀지 아니한다. 즉, 만(萬) 길도 멀다 하지 않는다는 뜻으로, 만(萬) 리(里) 길도 멀다고 여기지 않음을 이르는 말. 圓 불원천리(不遠千里). *불원(不遠): ①명 (거리나 시간이) 멀지 아니함. ②튄 오래지 않아서. *이수(里數): ①거리를 리(里)의 단위로 헤아린 수(數). ②마을의 수효(數爻).

불원-장래(不遠將來 아닐 **불**/멀 **원**/장차 **장**/올 래) 멀지 아니한 장차(將次)에 온다는 뜻으로, 멀지 아니한 장래(將來)를 이르는 말. *불원(不遠): ☞불원만리(不遠萬里). *장래(將來): ①앞으로 닥쳐올 날. =앞날. 미래. ②앞날의 전망(展望. 앞날을 헤아려 내다봄. 또는 내다보이는 장래의 상황)이나 전도(前途. 앞으로 나아갈 길. 또는 앞으로의 가능성이나 전망)를 이르는 말. *장차(將次): '앞으로'의 뜻으로, 미래의 어느 때를 나타내는 말.

불원-천-리(不遠千里 아닐 **불**/멀 **원**/일천 **천**/이수 **리**) 일천(一千) 이수(里數)도 멀지 아니한다. 즉, 천(千) 리(里) 길도 멀다고 여기지 않는다는 뜻으로, ①먼 길을 오는 수고도 마다하지 않는 정성(精誠. 온갖 성의를 다하려는, 참되고 거짓이 없는 마음)을 비유적으로 이르는 말. ②먼 길을 달려가는 것을 형용하여 이르는 말. 圓 불원만리(不遠萬里). *불원(不遠): ☞불원만리(不遠萬里). *이수(里數): ☞불원만리(不遠萬里). 이 사자성어의 유래는 다음과 같다. 『맹자(孟子)』의 「양혜왕(梁惠王) 장구(章句)」 상(上) 편(篇)에 〈맹자(孟子)가 양혜왕(梁惠王)을 찾아뵈었더니, 왕이 말했다. 여기서 '맹자(孟子)'는 중국 전국시대(戰國時代)의 사상가의 한 사람이다. 성선설(性善說)을 주장하고 인의(仁義)의 정치를 권하였다. 그리고 '양혜왕(梁惠王)'은 중국 전국(戰國) 시대 위(魏)나라의 3대 군주(君主. 세습적으로 나라를 다스리는 최고 지위에 있는 사람)인 위혜왕(魏惠王)의 다른 이름이다. 성(姓)은 희(姬)이고, 씨(氏)가 위(魏)이다. 『맹자(孟子)』에는 '양혜왕(梁惠王)'으로 불리어졌고, 『장자(莊子)』에는 '문혜군(文惠君)'으로 기록되어 있다. "선생께서 천 리를 멀다 하지 않고 오셨으니, 역시 장차(張次. '앞으로'의 뜻으로, 미래의 어느 때를 나타내는 말) 내 나라를 이롭게 함이 있겠습니까?" 맹자(孟子)가 말했다. "왕께서는 어찌 이로움만을 말씀하십니까? 오직 인(仁)과 의(義)가 있을 따름입니다. ……"(孟子見梁惠王, 王曰, **叟不遠千里以來**, 亦將有以利吾國乎. 孟子對曰, 王何必曰利, 亦有仁義而已矣.)〉라는 이야기가 나오는데, '선생께서 천 리를 멀다 하지 않고 오셨으니,(叟不遠千里以來)'에서, '불원천리(不遠千里)'가 유래했다. 맹자(孟子)가 불원천리(不遠千里)하고 양혜왕(梁惠王)을 만난 것은, 맹자(孟子) 자신이 주장하는 인의(仁義)를 말하기 위한 것인데, 하필이면 나라의 이익(利益)을 말하느냐고 질책하는 대목이다. 맹자(孟子)는 중국 춘추시대의 사상가이며 학자인 공자(孔子)가 말한 '인(仁)'에 '의(義)'를 더해 왕도(王道. 임금은 마땅히 인덕·仁德을 근본으로 천하를 다스려야 한다는 정치사상)정치(政治)를 주장하는 인물이다. 그가 말하는 왕도정치(王道政治)란, 한 사람이 도덕적으로 완성되면 그것이 주위 사람들을 교화(敎化. 가르치고 이끌어서 좋은 방향으로 나아가게 함)해 선정(善政. 백성을 바르고 어질게 다스리는 정치)으로 나타나는 것이며, 나아가 모든 백성이 안정된 생활과 풍부한 교양을 지니고 도덕적 질서를 지켜 나간다면, 왕도정치(王道政治)가 실현될 수 있다는 것이다. 당연한 말이지만, 이것은 이상적(理想的)인 생각에 불과(不過)하고, 인간의 본성을 지나치게 긍정적이고 낙관적으로 파악했다는 단점이 있다. 그렇기 때문에 공자(孔子)와 맹자(孟子)를 비롯한 유가(儒家. 공자의 학설이나 학풍 따위를 신봉하고 연구하는 학자나 학풍)의 주장은, 당시(當時. 일이 있었던 바로 그때, 또는 이야기하고 있는 그 시기)에는 제후(諸侯)들에게 받아들여지지 않았다. 맹자(孟子)의 노력은 실패로 끝난 셈이다. 제후(諸侯)들은 오히려 패도(覇道. 유가·儒家에서 이르는 인의·仁義를 무시하고 무력·武力이나 권모술수·權謀術數로써 다스리는 일)의 정치(政治)를 선호했다. 그리고 '맹자(孟子)가 불원천리(不遠千里)하고 양혜왕(梁惠王)을 찾아뵈었다.'고 했다. 맹자(孟子) 역시 스승인 공자(孔子)와 마찬가지로 자신의 주장을 펼치기 위해 여러 나라를 돌아다녔다는 사실을 뒷받침하고 있는 것이다. 그런데 '불원천리(不遠千里)'는 아무리 먼 길이라도 마다하지 않고 달려간다는 뜻으로, 가까운 벗이나 친한 사람을 만나는 데에는 먼 거리도 문제가 되지 않는다는 말이다. 만나고 싶은 사람을 만나는데 거리가 무슨 문제가 되겠느냐는 말이다. 따라서 이 말은 긍정적이고, 적극적인 뜻을 담고 있다. 우리 인생에 있어서 '불원천리(不遠千里)'할 사람이 있다는 것은, 정말 소중한 인연이 아닐 수 없다. 참고로, 원문의 '孟子見梁惠王'에서, '孟'은 맏('맏이'의 뜻을 더하는 접두사) '맹'으로 읽고, '子'는 경칭(敬稱. 공경하는 뜻으로 부르는 칭호, 또는 존대하여 일컬음) '자'로 읽는다. 학덕(學德)과 지위가 높은 남자의 경칭(敬稱)이다. '孟子'는 사람 이름. '見'은 볼 '견'으로 읽는다. 여기서는 '찾아뵙다'의 뜻이 강하다. '梁'은 성씨(姓氏) '량(양)'으로 읽고, '惠'는 은혜 '혜'로 읽고, '王'은 임금 '왕'으로 읽는다. '梁惠王'은 왕 이름. '孟子見梁惠王'을 직역(直譯)하면, 맹자(孟子)는 양혜왕(梁惠王)을 보았다(찾아뵈었다). '王曰'에서. '王曰'을 직역(直譯)하면, 왕이 말하기를, '叟不遠千里以來'에서, '叟'는 늙은이 '수'라고 읽는다. 늙은이를 대접하여 이르는 말이다. 여기서는 '어른'의 뜻이 강하다. '不'은 아닐(부정하는 말) '불'로 읽고, '遠'은 멀 '원'으로 읽고, '千'은 일천 '천'으로 읽고, '里'는 이수(里數) '리(이)'로 읽고, '以'는 여기서는 어조사 '이'로 읽는다. '그리고'의 뜻을 나타냄. '來'는 올 '래(내)'로 읽는다. '叟不遠千里以來'를 직역(直譯)하면, 선생('맹자'를 가리키는 말)께서 천(千) 리(里)를 멀다고 (생각하지) 않으시고 그리고 오셨습니다. 여기서, '不遠千里'가 유래하였는데, 이것을 직역(直譯)하면, 일천(一千) 리(里)도 멀지 아니한다. 즉, 천(千) 리(里) 길도 멀다고 여기지 않는다는 뜻으로, ①먼 길을 오는 수고도 마다하지 않는 정성을 비유적으로 이르는 말. ②먼 길을 달려가는 것을 형용하여 이르는 말. '亦將有以利吾國乎'에서, '亦'은 또 '역', 또한 '역'으로 읽고, '將'은 장차(將次. 앞으로'의 뜻으로, 미래의 어느 때를 나타내는 말) '장'으로 읽고, '有'는 있을 '유'로 읽고, '以'는 여기서는 써(그것을 가지고, 그것으로 인하여) '이'로 읽고, '利'는 이로울 '리(이)'로 읽고, '吾'는 나(1인칭 대명사) '오', 우리 '오'로 읽고, '國'은 나라 '국'으로 읽고, '乎'는 어조사 '호'로 읽는다. '~는가?', '~인가?(의문)'의 뜻을 나타냄. '亦將有以利吾國乎'를 직역(直譯)하면, 또한 장차(將次) 그것으로 인하여 우리나라를 이롭게 함이 있겠습니까? '孟子對曰'에서, '對'는 대답할 '대'로 읽는다. '孟子對曰'을 직역(直譯)하면, 맹자(孟子)가 대답하여 말하기를, '王何必曰利'에서, '何'는 어찌(의문 부사) '하'로 읽고, '必'은 반드시 '필'로 읽는다. '何必'은 부사(副詞)로, 다른 방도를 취하지 아니하고 어찌하여 꼭. '曰'은 일컬을 '왈'로 읽는다. '王何必曰利'를 직역(直譯)하면, 왕께서는 하필(何必) 이로움에 대해서만 일컫습니까? '亦有仁義而已矣'에서, '仁'은 어질 '인'으로 읽고, '義'는 옳을 '의', 의로울 '의'로 읽는다. '仁義'는 어짊과 의로움. '而'는 말 이을 이로 읽는다. '그리고'의 뜻을 나타냄. '已'는 이미(돌이킬 수 없이 된 지난 일을 일컬을 때 쓰는 말) '이'로 읽고, '矣'는 어조사 '의'로 읽는다. '~이다(단정)'의 뜻을 나타냄. '而已矣'는 한문의 구(句)로 오직 ~뿐, 오직 ~에 지나지 않는다. '亦有仁義而已矣'를 직역(直譯)하면 (그것은) 또한 오직 인(仁)과 의(義)가 있을 뿐입니다. 즉, 정치(政治)는 오직 인(仁)과 의(義)에 근본을 두어야 한다는 것을 강조한 말이다.

불-위-주곤(不爲酒困 아닐 **불**/할 **위**/술 **주**/어려울 **곤**) 술[酒] (때문에) 어려움을 (겪는 일은) 하지 아니한다는 뜻으로, 술[酒] 때문에 곤경(困境. 곤란한 처지, 또는 딱한 사정)을 겪는 일을 하지 않음을 이르는 말. 술로 인하여 주정(酒酊. 술에 취하여 정신없이 마구 하는 난잡한 말이나 짓)을 하거나, 정신을 잃어 곤욕(困辱. 심한 모욕, 또는 참기 힘든 일)을 치르는 일은 하지 않는다는 말이다. *주곤(酒困): 술을 마셔서 마음이 산란(散亂. 어수선하고 뒤숭숭함)하여지는 일.

불-유-여력(不遺餘力 아닐 **불**/남길 **유**/남을 **여**/힘 **력**) 남은 힘을 남기지 않는다는 뜻으로, ①있는 힘을 남기지 아니하고 다 씀을 이르는 말. ②모든 힘을 다하는 것을 이르는 말. *여력(餘力): 어떤 일을 하고 또 다른 일을 할 수 있는 힘. 또는 남은 힘. 이 사자성어의 유래는 다음과 같다. 『전국책(戰國策)』의 「조책(趙策)」과 『사기(史記)』의 「평원군우경열전(平原君虞卿列傳)」 편(篇)에, 〈우경(虞卿)이 왕에게 물었다. "진(秦)나라가 조(趙)나라를 공격했다가 철수한 것은 군대가 지쳐서 그런 것이라고 생각하십니까? 아니면 그 힘으로 진격할 수 있지만, 왕을 아끼기 때문에 공격하지 않는 것이라고 생각하십니까?" 조(趙)왕이 대답했다. "진(秦)나라는 우리를 공격하는데 여력을 남기지 않았으니, 지쳐서 실수한 것이 틀림없소."(虞卿曰, 秦之攻趙也, 倦而歸乎. 王以其力尙能進, 愛王而不攻乎. 王曰, **秦之攻我也, 不遺餘力矣,** 必以倦而歸也.)〉라는 이야기가 나오는데, '진(秦)나라는 우리를 공격하는데 여력을 남기지 않았으니, (秦之攻我也, 不遺餘力矣)'에서, '불유여력(不遺餘力)'이 유래했다. 이 이야기의 배경은 이렇다. 중국 전국시대(戰國時代) 때 진(秦)나라와 조(趙)나라의 장평(長平) 전투(戰鬪)는 조(趙)나라의 40만 대군이 몰살(沒殺. 모조리 다 죽거나 죽임, 또는 그런 죽음)함으로써, 조(趙)나라의 패배(敗北)로 끝났다. 2년 후 진(秦)나라는 다시 대군(大軍)으로 국경을 압박해 들어오면서 조(趙)나라의 수도(首都)인 한단(邯鄲)을 1년 동안 포위(包圍. 둘레를 에워쌈, 또는 주위를 에워쌈)하였는데, 조(趙)나라는 위(魏)나라와 초(楚)나라의 원병(援兵. 싸움을 도와주는 군사) 때문에 겨우 진(秦)나라의 군대를 격퇴(擊退. 적을 쳐서 물리침)할 수 있었다. 이 두 차례의 전투(戰鬪)를 치르면서 조(趙)나라는 국력을 크게 손실하였지만, 진(秦)나라의 손실도 적지 않았다. 하지만 진(秦)나라는 여전히 조(趙)나라를 압박하여 강화(講和. 서로 전쟁 상태에 있던 나라가 전투를 중지하고, 조약을 맺어 평화로운 상태로 되돌아가는 일)의 조건으로 조(趙)나라의 6개 성(城)을 진(秦)나라에 넘겨 줄 것을 요구했다. 조왕(趙王. 조나라의 왕)은 우경(虞卿. 사람 이름)과 누완(樓緩. 사람 이름)을 불러 상의하였다. 누완(樓緩)은 화의(和議. 화해하는 의논)하도록 조언(助言. 곁에서 말을 거들거나 일깨워줌, 또는 그 말. =도움말)하였으나, 우경(虞卿)은 이를 적극적으로 반대하였다. 위의 이야기는 조왕(趙王)과 우경(虞卿)과의 대화의 일부분인데, 여기에서 조왕(趙王)의 말을 통하여 '불유여력(不遺餘力)'이 유래된 것이다. 이 이야기에 이어서 우경(虞卿)은 진(秦)나라에 끝까지 저항할 것을 요구한 대목이 나온다. 결국 조왕(趙王)은 우경(虞卿)의 말을 받아들였다. 오늘날에도 우리나라를 예로 들면, 국내외 사정이 복잡다단(複雜多端. 본문 참고)하다. 상황을 잘 판단하여 국익(國益)에 우선하는 일과 온 국민의 지혜를 모으는 데에 '불유여력(不遺餘力)'하여야 국가의 난관을 극복할 수 있다는 교훈(教訓. <u>앞으로의 행동이나 생활에 지침이 될 만한 것을 가르치는 일. 또는 그런 가르침</u>)을 우리에게 주는 것이다. 참고로, 원문의 '虞卿曰'에서, '虞'는 염려할 '우'로 읽고, '卿'은 벼슬 '경'으로 읽는다. '虞卿'은 사람 이름. '虞卿曰'을 직역(直譯)하면, 우경(虞卿)이 말하기를, '秦之攻趙也'에서, '秦'은 진(秦)나라 진(秦)으로 읽고, '之'는 어조사 '지'로 읽는다. '~이', '~가(<u>주격</u>)'의 뜻을 나타냄. '攻'은 칠 '공', 공격할 '공'으로 읽고, '趙'는 조(趙)나라 '조'로 읽고, '也'는 어조사 '야'로 읽는다. '~이다(<u>단정</u>)'의 뜻을 나타냄. '秦之攻趙也'를 직역(直譯)하면, 진(秦)나라가 조(趙)나라를 공격했다가 (철수한 것은), '倦而歸乎'에서, '倦'은 게으를 '권', 진력날(盡力~. <u>오랫동안 또는 여러 번 하여 힘이 다 빠지고 싫증이 날</u>) '권'으로 읽고, '而'는 말 이을 '이'로 읽는다. '그리고'의 뜻을 나타냄. '歸'는 돌아갈 '귀', 돌아올 '귀'로 읽고, '乎'는 어조사 '호'로 읽는다. '~는가?', '~인가?(<u>의문</u>)'의 뜻을 나타냄. '倦而歸乎'를 직역(直譯)하면, (군대가) 진력(盡力)이 나서 그리고 돌아간 것입니까? '王以其力尚能進'에서, '王'은 임금 '왕'으로 읽고, '以'는 써(<u>그것을 가지고, 그것으로 인하여</u>) '이'로 읽고, '其'는 그(<u>지시하는 말</u>) '기'로 읽고, '力'은 힘 '력(<u>역</u>)'으로 읽고, '尚'은 오히려 '상'으로 읽고, '能'은 할 수 있을 '능'으로 읽고, '進'은 나아갈 '진'으로 읽는다. '王以其力尚能進'을 직역(直譯)하면, 왕께서는 그 힘을 가지고 오히려 나아갈 수 있었지만, '愛王而不攻乎'에서, '愛'는, 여기서는 아낄 '애'로 읽는다. '愛王而不攻乎'를 직역(直譯)하면, 왕을 아끼기 (때문에) 그래서 공격하지 않았습니까? '秦之攻我也'에서, '我'는 나(<u>1인칭 대명사</u>) '아', 우리 '아'로 읽는다. '秦之攻我也'를 직역(直譯)하면, 진(秦)나라는 우리를 공격하는데, '不遺餘力矣'에서, '不'은 아닐(<u>부정하는 말</u>) '불'로 읽고, '遺'는 남길 '유'로 읽고, '餘'는 남을 '여'로 일고, '矣'는 어조사 '의'로 읽는다. '~이다(<u>단정</u>)'의 뜻을 나타냄. '不遺餘力矣'를 직역(直譯)하면, 남은 힘을 남기지 않았다. 즉, 더 이상 싸울 힘이 없다는 말이다. 여기서, '不遺餘力'이 유래하였는데, 이것을 직역(直譯)하면, 남은 힘을 남기지 않는다는 뜻으로, ①있는 힘을 남기지 아니하고 다 씀을 이르는 말. ②모든 힘을 다하는 것을 이르는 말. '必以倦而歸也'에서, '必'은 반드시 '필', 틀림없이 '필'로 읽고, '倦'은 게으를 '권', 진력날(盡力~. <u>오랫동안 또는 여러 번 하여 힘이 다 빠지고 싫증이 날</u>) '권'으로 읽는다. '必以倦而歸也'를 직역(直譯)하면, 틀림없이 그것(<u>더 이상 싸울 힘이 없음</u>)으로 인하여 (군대가) 진력(盡力)이 나서 그리고 돌아갔을 것입니다.

불음-주계(不飮酒戒 아닐 불/마실 음/술 주/경계할 계) 마시지 아니할 술[酒]의 경계(警戒). 즉, 술[酒]을 마시지 말라는 계(戒)라는 뜻으로, 불도(佛道. <u>부처의 깨달음에 이르기까지의 가르침이나 수행. 또는 부처의 가르침</u>)를 수행(修行. <u>불도를 닦는 사람</u>)하는 사람에게 술을 마시지 못하게 하는 계율(戒律. <u>중이 지켜야 할 규율</u>)을 이르는 말. 오계(五戒) 또는 십계(十戒. <u>오계·五戒 외에 다섯 가지 계율·戒律을 더하여 이르는 말</u>)의 한 가지이다. 여기서, '오계(五戒)'는 속세(俗世. <u>세속의 사람들이 사는 일반의 사회</u>)에 있는 신자(信者. <u>어떤 종교를 믿는 사람</u>)가 지켜야 할 다섯 가지 계율(戒律)을 이르는 말이다. 예를 들면 살생(殺生. <u>사람이나 동물 따위의 산 것을 죽임</u>)하지 말라, 훔치지 말라, 음행(淫行. <u>음란한 짓을 함. 또는 그런 행실</u>)하지 말라, 거짓말하지 말라, 술 마시지 말라 따위의 다섯 가지가 그것이다. *불음(不飮): 마시지 않음. *주계(酒戒): 술 마실 때 삼가고 지켜야 할 일. *경계하다(警戒~): 부록 '계(戒)' 참고.

불의-영리(不義榮利 아닐 불/의리 의/영화로울 영/이로울 리) 의리(義理)가 아닌 (방법으로 누리는) 영화로움과 이로움이라는 뜻으로, 옳지 못한 방법이나 의롭지 못한 방법으로 누리는 영화(榮華. <u>권력과 부귀를</u>

마음껏 누리는 일)나 명리(名利. 명예와 이익)를 이르는 말. *불의(不義): 의리(義理), 도의(道義. 사람이 마땅히 지키고 행하여야 할 도덕적 의리), 정의(正義. 사람으로서 지켜야 할 바른 도리. 또는 진리에 맞는 올바른 도리) 따위에 어긋남. *영리(榮利): 영예와 이익. 또는 번영과 이득. *의리(義理): ①사람으로서 마땅히 지켜야 할 바른 도리(道理. 사람이 마땅히 지켜야 할 바른 길). ②남과 사귈 때 지켜야 할 바른 도리. *영화롭다(榮華~): 부록 '영(榮)' 참고.

불의-지-변(不意之變 아닐 **불**/뜻 **의**/어조사 **지**/재앙 **변**) 뜻하지 아니한 재앙(災殃). 즉, 뜻밖에 일어난 변(變)이라는 뜻으로, 뜻밖에 당한 변고(變故)나 봉변(逢變. 뜻밖에 화를 입음)을 이르는 말. 여기서, '변고(變故)'는 갑작스러운 재앙(災殃)이나 사고(事故). *불의(不意): 미처 생각하지 않았던 판. *재앙(災殃): 뜻하지 아니하게 생긴 불행한 변고(變故). 또는 천재지변(天災地變. 본문 참고)으로 인한 불행한 사고(事故)를 이르는 말.

불의-지-사(不義之事 아닐 **불**/의리 **의**/어조사 **지**/일 **사**) 의리(義理)를 (지키지) 아니하는 일이라는 뜻으로, 의리(義理), 도의(道義. 사람이 마땅히 지키고 행하여야 할 도덕적 의리), 정의(正義. 사람으로서 지켜야 할 바른 도리. 또는 진리에 맞는 올바른 도리) 따위에 어긋나는 일을 이르는 말. *불의(不義): ☞불의영리(不義榮利). *의리(義理): ☞불의영리(不義榮利).

불의-지-인(不義之人 아닐 **불**/의리 **의**/어조사 **지**/사람 **인**) 의리(義理)를 (지키지) 아니하는 사람이라는 뜻으로, 의리(義理), 도의(道義. 사람이 마땅히 지키고 행하여야 할 도덕적 의리), 정의(正義. 사람으로서 지켜야 할 바른 도리. 또는 진리에 맞는 올바른 도리) 따위에 어긋나는 일을 하는 사람을 이르는 말. *불의(不義): ☞불의영리(不義榮利). *의리(義理): ☞불의영리(不義榮利).

불의-지-재(不意之災 아닐 **불**/뜻 **의**/어조사 **지**/재앙 **재**) 뜻하지 아니한 재앙(災殃)이라는 뜻으로, 뜻밖에 당한 재해(災害. 재앙으로 말미암아 받는 피해. 즉, 지진, 태풍, 홍수, 가뭄, 해일, 화재, 전염병 따위에 의하여 받게 되는 피해를 일컬음)를 이르는 말. *불의(不意): ☞불의지변(不意之變). *재앙(災殃): 뜻하지 아니하게 생긴 불행한 변고·變故. 또는 천재지변·天災地變으로 인한 불행한 사고.

불-의-출행(不宜出行 아닐 **불**/마땅할 **의**/날 **출**/길 갈 **행**) (그날의 운수가) (밖을) 나와 길을 가는 (것이) 마땅하지 아니하다는 뜻으로, 그날의 운수(運數)가 먼 길을 떠나기에 적당(適當)하지 아니함을 이르는 말. 여기서, '운수(運數)'는 이미(돌이킬 수 없이 된 지난 일을 일컬을 때 쓰는 말) 정하여져 있어 인간의 힘으로는 어쩔 수 없는 천운(天運. 하늘이 정한 운수)과 기수(氣數. 저절로 오고 가고 한다는 길흉화복·吉凶禍福의 운수)를 일컬음. *출행(出行): 먼 길을 떠남. *마땅하다: 부록 '의(宜)' 참고. *나다: 부록 '출(出)' 참고.

불의-행세(不義行勢 아닐 **불**/의리 **의**/행할 **행**/권세 **세**) 의리(義理)가 아닌 권세(權勢)를 행(行)한다는 뜻으로, 의리(義理), 도의(道義. 사람이 마땅히 지키고 행하여야 할 도덕적 의리), 정의(正義. 사람으로서 지켜야 할 바른 도리. 진리에 맞는 올바른 도리) 따위에 벗어나거나 어긋나는 짓을 이르는 말. *불의(不義): ☞불의영리(不義榮利). *행세(行勢): 권세(權勢)를 부림. 또는 그 태도. *의리(義理): ☞불의영리(不義榮利) *행하다(行~): (작정한 대로) 하여 나가다. *권세(權勢): 권력(權力)과 세력(勢力)을 아울러 이르는 말.

불인-지-심(不忍之心 없을 **불**/참을 **인**/어조사 **지**/마음 **심**) 참지 (못하여 지나칠 수) 없는 마음. 즉, 차마 하지 못하는 마음이란 뜻으로, 차마 할 수 없는 마음이나 남의 불행(不幸. 행복하지 아니함)을 모르는 척하고 지나칠 수 없는 마음을 이르는 말. *불인(不忍): 차마 하기 어려움. 이 사자성어의 유래는 다음과 같다. 『맹자(孟子)』의 「공손추(公孫丑) 장구(章句) 상(上) 편(篇)에 〈맹자(孟子)가 말했다. "사람에게는 차마 하지 못하는 마음이 있다. 선왕(先王)에게도 차마 하지 못하는 마음이 있었기 때문에, 차마 못 본 척할 수 없는 정치를 할 수 있었던 것이다. 차마 하지 못하는 마음으로 차마 못 본 척할 수 없는 정치를 행하면, 천하를 다스리는 것은 손바닥에서 움직이는 것과 같을 것이다."(孟子曰. 人皆有不忍人之心. 先王有不忍人之心, 斯有不忍人之政矣. 以不忍人之心, 行不忍人之政, 治天下, 可運之掌上.)〉라는 이야기가 나오는데, '사람에게는 차마 하지 못하는 마음이 있다.(人皆有不忍人之心)'에서, '불인지심(不忍之心)'이 유래했다. 이 이야기는 맹자(孟子)가 제(齊)나라에 머물렀을 때, 혹독한 정치를 펼치는 군주(君主. 세습적으로 나라를 다스리는 최고 지위에 있는 사람)들에게 각성(覺醒. 깨어나 정신을 차린다는 뜻에서, 잘못을 깨달아 정신을 차림)을 촉구(促求. 무엇을 하기를, 재촉하여 요구함)하면서 한 말이다. 사람 이름인 '공손추(公孫丑)'에 있어서, '丑'은 일반적으로 소 '축(丑)'으로 읽는데, 중국의 인명·지명 따위는 본음인 '추(丑)'로 읽는다. 그리고 '공손추(公孫丑)'의 '公孫'은 중국에서 제후(諸侯)의 손자(孫子) 또는 후손(後孫)을 뜻하는 칭호이다. 그런데 공손(公孫)으로 불리는 일부(一部)가 씨(氏)를 공손(公孫)으로 정하면서 유래됐다. 고대 중국은 성(姓)과 씨(氏)가 달랐다. 성(姓)은 혈연(血緣)으로 정해지는 개념이고, 씨(氏)는 지연(地緣)으로 정해지는 개념이다. 즉, 고대 중국의 씨는 한국의 본관(本貫. 시조·始祖가 난 곳)과 같다. 참고로, 원문의 '孟子曰'에서, '孟'은 맏('맏이'의 뜻을 더하는 접두사) '맹'으로 읽고, '子'는 경칭(敬稱. 공경하는 뜻으로 부르는 칭호, 또는 존대하여 일컬음) '자'로 읽는다. 학덕(學德)과 지위가 높은 남자의 경칭(敬稱)이다. '孟子'는 사람 이름. 중국 전국시대(戰國時代)의 사상가의 한 사람이다. 성선설(性善說)을 주장하고 인의(仁義)의 정치를 권하였다. '孟子曰'을 직역(直譯)하면, 맹자(孟子)가 말하기를, 皆有不忍人之心'에서, '皆'는 다 '개', 모두 '개'로 읽고, '有'는 있을 '유'로 읽고, '不'은 없을(부정하는 말) '불'로 읽고, '忍'은 참을 '인'으로 읽고, '人'은 남(타인) '인', 딴 사람 '인'으로 읽고, '之'는 어조사 '지'로 읽는다. '~의'를 나타내는 관형격 조사. '心'은 마음 '심'으로 읽는다. 皆有不忍人之心'을 직역(直譯)하면, (사람들은) 모두 남에게 (대하여) 참지 (못하여 지나칠 수) 없는 마음(차마 하지 못하는 마음)이 있다. 즉, 사람들은 모두 다른 사람의 불행을 참으면서 두고 보지 못하는 마음을 갖고 있다는 말이다. 여기서, '不忍之心'이 유래하였는데, 이것을 직역(直譯)하면, 참지 (못하여 지나칠 수) 없는 마음. 즉, 차마 하지 못하는 마음이란 뜻으로, 차마 할 수 없는 마음이나 남의 불행(不幸)을 모르는 척하고 지나칠 수 없는 마음을 이르는 말. '先王有不忍人之心'에서, '先'은 먼저 '선'으로 읽고, '王'은 임금 '왕'으로 읽는다. '先王'은 선대(先代. 조상의 대·代. 또는 그 시대)의 임금. '先王有不忍人之心'을 직역(直譯)하면, 선왕(先王)에게도 남에게 (대하여) 참음이 아닌 마음(차마 하지 못하는 마음)이 있다. '斯有不忍人之政矣'에서, '斯'는 이(지시하는 말) '사', 이것 '사'로 읽고, '政'은 정사(政事. 정치에 관한 일. 행정에 관한 일) '정'으로 읽고, '矣'는 어조사 '의'로 읽는다. '~이다(단정)'의 뜻을 나타냄. '斯有不忍人之政矣'를 직역(直譯)하면, 이것은 남에게 차마 하지 못할 정치(政治)가 있었다. 즉, 다른 사람의 불행을 참으면서 두고 보지 못하는 마음으로 어진 정치(政治)를 할 수 있었다는 말이다. 맹자(孟子)의 정치 사상의 핵심은 왕도정치(王道政治)인데 이 왕도정치(王道政治)가 가능한 것은 사람의 본성(本性)이 어질고 선(善)하기 때문에 가능하다는 것이다. 이 본성(本性)이 확대하여 나가면 인의예지(仁義禮智)의 네 가지 덕(德. 고매하고 너그러운 도덕적 품성)이 완성되고, 다시 이 덕행(德行)으로 천하의 백성들을 교화(敎化. 가르치고 이끌어서 좋은 방향으로 나아가게 함)시킴으로써 왕도정치(王道政治)가 실현된다고 보았다. '以不忍人之心'에서, '以'는 써(그것을 가지고, 그것으로 인하여) '이'로 읽는다. '以不忍人之心'을 직역(直譯)하면, 남에게 (대하여) 차마 (부끄럽거나 안타까워서 감히) 못함이 아닌 마음을 가지고, '行不忍人之政'에서, '行'은 행할 '행'으로 읽는다. '行不忍人之政'을 직역(直譯)하면, 남에게 대하여 차마 (부끄럽거나 안타까워서 감히) 못함이 아닌 정치(政治)를 행한다면, 즉, 다른 사람의 불행을 참으면서 두고 보지 못하는 마음으로, 어진 정치를 베푼다는 뜻이다. 이것[行不忍人之政]이 맹자(孟子)가 주장하는 왕도정치(王道政治)의 정신이다. '治天下'에서, '治'는 다스릴 '치'로 읽고, '天'은 하늘 '천'으로 읽고, '下'는 아래 '하'로 읽는다. '天下'는 하늘 아래 온 세상. '治天下'를 직역(直譯)하면, 천하(天下)를 다스리는 것은, '可運之掌上'에서, '可'는 가히 (可~. '능히', '넉넉히'의 뜻을 나타냄) '가'로 읽고, '運'은 움직일 '운'으로 읽는다. '動'과 같은 뜻이다. '之'는 어조사 '지'로 읽는다. '그것'을 나타내는 지시 대명사. '掌'은 손바닥 '장'으로 읽고, '上'은 위 '상'으로 읽는다. '可運之掌上'을 직역(直譯)하면, 가히 손바닥 위에 (올려놓고) 그것('천하·天下'를 가리킴)을 (마음대로) 움직이는 (것 같이 할 수 있을 것이다). 즉, 군주(君主. 세습적으로 나라를 다스리는 최고 지위에 있는 사람)가 백성에게 해(害)를 가(加)하는 것을 차마 하지 못하고, 백성의 불행(不幸)을 차마 보지 못하는 마음으로 왕도정치(王道政治)를 행하면, 천하(天下) 다스리기를 손바닥 위에서 움직이는 것과 같이 할 수 있다는 뜻이다. 마치 손바닥 위에서 물건을 다루듯이 아주 쉽게 왕도정치(王道政治)를 실현(實現)할 수 있음을 강조하고 있는 것이다.

불인-지-정(不忍之政 없을 **불**/참을 **인**/어조사 **지**/정사 **정**) 참을 (수가) 없는 정사(政事)라는 뜻으로, 참을 수가 없는 아주 가혹(苛酷. 몹시 모질고 혹독함)한 정치를 이르는 말. *불인(不忍): ☞불인지심(不忍之心). *정사(政事): 부록 '정(政)' 참고.

불일-기-단(不一其端 아닐 **불**/한 **일**/그 **기**/실마리 **단**) 그 실마리가 하나 (뿐만이) 아니라는 뜻으로, 일의 가닥이나 실마리가 한둘이 아님을 이르는 말. *불일(不一): ①고르지 아니함. ②=불일치(不一致). 즉, 일치하지 아니함. *실마리: ①(감았거나 헝클어진) 실의 첫머리. ②일이나 사건의 첫머리. =단서(端緒).

불일-성-지(不日成之 아닐 **불**/날 **일**/이룰 **성**/어조사 **지**) (며칠 걸리지) 아니한 날에 그것을 이룬다는 뜻으로, 며칠 안으로, 또는 며칠 안 걸려서 이룸을 이르는 말. 여기서, '지(之)'는 '그것'을 나타내는 지시 대명사이다. *불일(不日): =불일내(不日內). 곧 며칠 걸리지 아니하는 동안.

불일-송-지(不日送之 아닐 **불**/날 **일**/보낼 **송**/어조사 **지**) (며칠 걸리지) 아니한 날에 그것을 보낸다는 뜻으로, 며칠 안으로 곧 보냄을 이르는 말. 여기서, '지(之)'는 '그것'을 나타내는 지시 대명사이다. *불일(不日): ☞불일성지(不日成之).

불-천-지-위(不遷之位 없을 **불**/옮길 **천**/어조사 **지**/자리 **위**) (영원히) 옮길 (수) 없는 자리라는 뜻으로, 예전에, 나라에 끼친 큰 공훈(功勳. 나라나 회사 따위에 드러나게 세운 공로)이 있어 영원히 사당(祠堂)에 모시기를 나라에서 허락한 신위(神位. 죽은 이의 영혼이 의지할 자리. 곧, 신주(神主)나 지방(紙榜) 같은 것)를 이르는 말. 여기서, '사당(祠堂)'은 조상의 신주(神主. 죽은 사람의 위패)를 모셔 놓은 집

불철저-성(不徹底性 아닐 **불**/뚫을 **철**/밑 **저**/성품 **성**) 철저하지 않은 성질. *불철저(不徹底): 철저하지 아니

함. *성(性): (사람의) 천성(天性). 본성(本性). 성미(性味). *성품(性品): 부록 ‘성(性)’ 참고.

불-철-주야(不撤晝夜 아닐 불/걷을 철/낮 주/밤 야) 낮이나 밤이나 걷지(치우지) 아니한다. 즉, 밤낮을 가리지 않는다는 뜻으로, 어떤 일에 몰두(沒頭. 어떤 일에 온 정신을 다 기울여 열중함)하여, 조금도 쉴 사이 없이 밤낮을 가리지 아니함을 이르는 말. =야이계주(夜以繼晝). 주이계야(晝而繼夜). 回 주야골몰(晝夜汨沒). *주야(晝夜): 밤낮. 즉, 밤과 낮을 이르는 말. *걷다: 부록 ‘철(撤)’ 참고.

불초-자식(不肖子息 아닐 불/닮을 초/아들 자/자식 식) (부모를) 닮지 않은 자식(子息)이라는 뜻으로, 어버이의 덕행(德行. 어질고 착한 행실)이나 사업을 이어받지 못한 자손(子孫)을 이르는 말. =불초자제(不肖子弟). *불초(不肖): ①어버이의 덕망(德望. 덕행으로 얻은 명망)이나 유업(遺業. 선대로부터 물려받은 사업)을 이어받지 못함. 또는 그렇게 못나고 어리석은 사람. ②=불초자(不肖子). 즉, 아들이 부모를 상대하여 자기를 낮추어 이르는, 일인칭 대명사. *자식(子息): ①아들과 딸. ②남자를 욕하여 이르는 말. ③어린아이를 귀엽게 이르는 말.

불초-자제(不肖子弟 아닐 불/닮을 초/아들 자/아우 제) (부모를) 닮지 않은 자제(子弟)라는 뜻으로, ①어버이의 덕행(德行. 어질고 착한 행실)이나 사업을 이어받지 못한 자손(子孫)을 이르는 말. ②어버이의 덕행(德行)이나 업적을 이어받을 만한 자질(資質. 타고난 성품이나 소질)이 없는 자손(子孫)을 이르는 말. =불초자식(不肖子息). *불초(不肖): ☞불초자식(不肖子息). *자제(子弟): 남을 높여 그의 아들이나 그 집안의 젊은이를 이르는 말.

불초-지-부(不肖之父 아닐 불/닮을 초/어조사 지/아비 부) (조상을) 닮지 아니한 아비라는 뜻으로, 선대(先代. 조상의 대·代. 또는 그 시대)의 덕망(德望. 덕행으로 얻은 명망)을 닮지 못한 어리석은 아버지를 이르는 말. *불초(不肖): ☞불초자식(不肖子息). *아비: 부록 ‘부(父)’ 참고.

불출-범안(不出凡眼 아닐 불/뛰어날 출/평범할 범/눈 안) 뛰어나지 아니한, 평범한 (사람의) 눈[眼]이라는 뜻으로, 보통 사람의 눈[眼]으로 보아도 선악(善惡)이 분명히 판단됨을 이르는 말. 즉, 보통 사람의 눈으로도 알 수 있을 만큼 선악(善惡)이 분명함을 이르는 말. *불출(不出): ①밖으로 나가지 아니함. ②어리석고 못난 사람을 낮잡아 이르는 말. *범안(凡眼): 보통 사람의 안목(眼目. 사물을 보아서 분별할 수 있는 식견. 또는 사물의 가치를 판별할 수 있는 능력)과 식견(識見. 학식·學識과 견문·見聞이라는 뜻으로, 사물을 분별할 수 있는 능력을 이르는 말)을 이르는 말. *평범하다(平凡~): 뛰어나거나 색다른 점이 없이 보통이다. ↔비범하다(非凡~).

불출-소료(不出所料 아닐 불/날 출/바 소/헤아릴 료) (미리) 헤아린 바[所]와 (같이) 나아가지 아니한다는 뜻으로, 미리 짐작했던 바와 같음. 또는 미리 생각한 바와 틀리지 아니함을 이르는 말. *불출(不出): ☞불출범안(不出凡眼). *소료(所料): 요량(料量. 앞일을 잘 헤아려 생각함. 또는 그런 생각)한 바[所]. 또는 생각하여 헤아린 바[所]. *바: 부록 ‘소(所)’ 참고. *헤아리다: 부록 ‘료(料)’ 참고.

불충-불효(不忠不孝 아닐 불/충성 충/아닐 불/효도 효) 충성(忠誠)도 (하지) 아니하고 효도(孝道)도 (하지) 아니한다는 뜻으로, 충성스럽지 못하고 효성스럽지 못함. 즉, 충효(忠孝)를 다하지 아니함을 이르는 말. *불충(不忠): 충성을 다하지 아니함. *불효(不孝): ①효도를 하지 아니함. ②효성스럽지 아니함. *충성(忠誠): 진정에서 우러나오는 정성. 특히, 임금이나 국가에 대한 것을 일컬음.

불-취-동성(不娶同姓 아닐 불/장가들 취/같을 동/성 성) 같은 성(姓)에 장가들지 아니한다는 뜻으로, 같은 성(姓)을 가진 사람끼리는 결혼(結婚)을 하지 아니함을 이르는 말. *동성(同姓): 같은 성씨.

불측-지-변(不測之變 못할 **불**/헤아릴 **측**/어조사 **지**/변고 **변**) 헤아리지 못한 변고(變故). 즉, 예측하지 못한 변(變)이라는 뜻으로, 뜻밖에 일어나는 변고(變故)나 사고(事故). 또는 미리 생각하지 못하였던 재앙(災殃)이나 사고(事故)를 이르는 말. 여기서, '재앙(災殃)'은 뜻하지 아니하게 생긴 불행한 변고(變故). 또는 천재지변(天災地變. 본문 참고)으로 인한 불행한 사고(事故)를 이르는 말. *불측(不測): ①짐작하기 어려움. ②마음보(마음을 쓰는 본새. 즉, 몸놀림이나 버릇의 됨됨이)가 음흉(陰凶. 마음속이 음침하고 흉악함)함. *헤아리다: ①수량을 세다. 또는 셈하다. ②짐작으로 가늠하여 살피다. 또는 미루어 짐작하다. 여기서는 ②의 뜻. *변고(變故): 갑작스러운 재앙(災殃)이나 사고(事故).

불-치-불-검(不侈不儉 아닐 **불**/사치할 **치**/아닐 **불**/검소할 **검**) 사치(奢侈)하지도 않고 검소(儉素)하지도 않는다는 뜻으로, 사치(奢侈)하지도, 검소(儉素)하지도 아니하고 수수함을 이르는 말. 즉, 사치(奢侈)하지도 않고 지나치게 검소(儉素)하지도 않고 알맞게 생활한다는 말이다. *사치하다(奢侈~): 부록 '치(侈)' 참고. *검소하다(儉素~): 부록 '검(儉)' 참고.

불치-인류(不齒人類 못할 **불**/이 **치**/사람 **인**/무리 **류**) 사람 무리의 이[齒]에 (끼지) 못한다는 뜻으로, 사람 축에 들지 못함을 비유적으로 이르는 말. *불치(不齒): =불치인류(不齒人類). *인류(人類): ①사람을 다른 동물과 구별하여 이르는 말. =인간(人間). ②세계의 모든 사람. *무리: 부록 '류(類)' 참고. 이 사자성어의 유래는 다음과 같다. 노포(魯褒)의 「전신론(錢神論)」에, 〈사공공자(司空公子)라는 부귀(富貴. 재산이 많고 사회적 지위가 높음)하지만 사람 축에 들지 못하는 사람이 있었는데, 옷을 잘 차려 입고 서울을 유람(遊覽. 구경하며 돌아다님)하다가, 시장(市場) 안에서 수레를 멈추고, 머리가 반쯤 하얗게 센 기무선생(綦毋先生)이 걸어서 가는 것을 보았다.(有司空公子, 富貴不齒, 盛服而遊京邑, 駐駕平市裏, 顧見綦毋先生班白而徒行)〉[사공공자(司空公子)가 말하기를, "아, 선생(先生)은 나이가 이토록 많은데, 빈손으로 걸어서 어디를 가십니까?" 하였다. 기무선생(綦毋先生)이 "귀인(貴人. 신분이나 지위가 높은 사람)을 찾아가오." 하였다.]라는 이야기가 나오는 데, '사공공자(司空公子)라는 부귀(富貴)하지만 사람 축에 들지 못하는 사람이 있었는데,(有司空公子, 富貴不齒,)'에서, '불치인류(不齒人類)'가 유래했다. 그런데 원전(原典)에 '불치(不齒)'는 보이는데, '인류(人類)'는 보이지 않는다. 『국어사전(國語辭典)』에 의하면, '불치(不齒)'는 '불치인류(不齒人類)'의 준말로 되어 있다. 그래서 원전(原典)의 '불치(不齒)'가 그 의미가 확대되어 '불치인류(不齒人類)'가 유래했다고 보는 것이다. 참고로, 원문의 '有司空公子'에서, '有'는 있을 '유'로 읽고, '司'는 맡을 '사'로 읽고, '空'은 빌 '공'으로 읽는다. '사공(司空)'은 중국 성씨(姓氏)의 하나이다. '公'은 존칭(尊稱. 존경하여 높이어 부름. 또는 그 일컬음) '공'으로 읽고, '子'는 접미사 '자'로 읽는다. '공자(公子)'는 지체(순우리말로, 대대로 이어 내려오는 사회적 신분이나 지위)가 높은 집안의 아들을 일컫는다. '有司空公子'를 직역(直譯)하면, 사공공자(司空公子. 사공·司空의 성씨·姓氏를 가진 공자·公子라는 뜻)라는 (사람이) 있었는데, '富貴不齒'에서, '富'는 부유(富裕)할 '부'로 읽고, '貴'는 귀(貴)할 '귀'로 읽는다. '부귀(富貴)'는 재산이 많고 지위가 높음을 이르는 말. '不'은 못할(부정하는 말) '불'로 읽고, '齒'는 이 '치'로 읽는다. '富貴不齒'를 직역(直譯)하면, (그 사람은) 부귀(富貴)하지만 이[齒]에 끼지 못하는 사람이었다. 여기서 '불치인류(不齒人類)'가 유래했는데, 이것을 직역(直譯)하면, 사람의 무리가 이[齒]에 (끼지) 못한다는 뜻으로, 사람 축에 들지 못함을 비유적으로 이르는 말. '盛服而遊京邑'에서, '盛'은 성대(盛大. 행사의 규모 따위가 풍성하고 큼)할 '성'으로 읽고, '服'은 옷 '복'으로 읽고, '而'는 말 이을 '이'로 읽는다. '그리고'의 뜻을 나타냄. '遊'는 놀 '유'로 읽고, '京'은 서울 '경'으로 읽고, '邑'은 고을 '읍'으로 읽는다. '경읍(京邑)'은 한 나라의 중앙 정부가 있는 곳을 이르는 말. '서울'과 같은 뜻이다. '盛服而遊京邑'을 직역(直譯)하면, (사공공자·司空公子는 '불치인류·不齒人類'임에도 불구하고) 옷을 성대(盛大)하게 (차려입고) 그리고 서울을 (구경하며) 놀러 다니다가, '駐駕平市裏'에서, '駐'는 머무를 '주'로 읽고, '駕'는 탈것(사람이 타고 다니는 물건을 통틀어 이르는 말. 예를 들면, 말이나 가마, 배, 자동차, 비행기 따위가 있음) '가'로 읽는다. 여기서는 '수레'의 뜻이 강함. '平'은 평평할 '평'으로 읽고, '市'는 저자(물건을 팔고 사는 시장) '시'로 읽고, '裏'는 속 '리(이)', 사물의 안쪽 '리(이)'로 읽는다. '駐駕平市裏'를 직역(直譯)하면, 평평한 시장(市場) 안에서 수레를 머무르게 하고(멈추고), '顧見綦母先生班白而徒行'에서, '顧'는 돌아 볼 '고'로 읽고, '見'은 볼 '견'으로 읽고, '綦'는 연둣빛 비단 '기'로 읽고, '母'는 말 '무'로 읽고, '先'은 먼저 '선'으로 읽고, '生'은 날 '생'으로 읽는다. '기무선생(綦母先生)'은 이 이야기의 등장인물을 가리킨다. '班'은 나눌 '반'으로 읽고, '白'은 흰 '백'으로 읽는다. '반백(班白)'은 흑백(黑白)이 반씩 섞인 머리털을 이르는 말. '徒'는 걸어 다닐 '도'로 읽고, '行'은 다닐 '행'으로 읽는다. '도행(徒行)'은 걸어서 (길을) 감을 이르는 말. '顧見綦母先生班白而徒行'을 직역(直譯)하면, 기무선생(綦母先生)이 반백(班白)을 하고 그리고 걸어서 가는 것을 보았다. 이 이야기는 노포(魯褒)가 지은 「전신론(錢神論)」의 첫 부분이다. 「전신론(錢神論)」은 처음부터 끝까지 사공공자(司空公子)와 기무선생(綦母先生)의 대화로 이루어져 있는데, 이 이야기는 그것이 시작되는 부분이다. 여기서 '사공공자(司空公子)'는 '불치인류(不齒人類)'이다. 즉, 사람 같지 않은 사람, 사람 축에 들지 못하는 사람이다. 노포(魯褒)는 이 '불치인류(不齒人類)'를 통하여 자기의 생각을 드러내고자 하였는데, 이 이야기에는 그것이 드러나지 않고 있다. 그런데 「전신론(錢神論)」을 끝까지 읽어보면, 노포(魯褒)는 '불치인류(不齒人類)'인 사공공자(司空公子)를 통하여 당시(當時. 일이 있었던 바로 그때. 또는 이야기하고 있는 그 시기)의 중국 사회에 만연(蔓延. 널리 퍼짐)하고 있는 배금사상(拜金思想. 돈을 최고의 가치로 여기고 숭배하는 사상)을 강도(強度. 센 정도 또는 강한 정도)가 높게 비판하고 있음을 알 수 있다. 이것은 하나의 모순(矛盾. 말이나 행동의 앞뒤가 서로 맞지 않음)일 수 있다. 다시 말하면, '불치인류(不齒人類)'가 어떻게 시대상(時代相. 그 시대의 모습. 또는 그 시대의 사회상)을 신랄(辛辣. 사물의 분석이나 비평 따위가 매우 날카롭고 예리함)하게 비판할 수 있느냐 하는 문제이다. 그러나 실제로 사공공자(司空公子)는 지혜로운 사람이다. 노포(魯褒)는 이 사회의 비리(非理. 올바른 이치나 도리에서 어그러짐)를 풍자(諷刺. 문학 작품 따위에서, 현실의 부정적 현상이나 모순 따위를 빗대어 비웃으면서 비판함)하기 위해서 사공공자(司空公子)를 '불치인류(不齒人類)'로 꾸민(사실인 것처럼 거짓으로 둘러댄) 것이다. 본문 '전가사귀(錢可使鬼)'에는 속담(俗談)을 인용(引用)하여 돈의 위력(威力. 사람을 위압·威壓하는 힘. 또는 강대·強大한 힘이나 권력)을 비판하는 내용이 나온다. 독자께서 본문 '전가사귀(錢可使鬼)'를 꼭 참고하기 바란다.

불-치-하문(不恥下問 아닐 **불**/부끄러울 **치**/아래 **하**/물을 **문**) 아래[下]의 (사람에게) 묻는 (것을) 부끄러워하지 않는다는 뜻으로, 손아랫사람이나 또는 지위(地位)나 학식(學識. 학문과 식견)이 자기만 못한 사람에게 모르는 것을 묻는 일을 부끄러워하지 아니함을 이르는 말. 즉, 모르는 것은 누구에든 물어 식견 (識見. 학식·學識과 견문·見聞이라는 뜻으로, 사물을 분별할 수 있는 능력을 이르는 말)을 넓히는 것이 현명하다는 말이다. *하문(下問): ①윗사람이 아랫사람에게 물음. ②윗사람이 묻는 물음을 높이어 이르는 말. 이 사자성어의 유래는 다음과 같다. 『논어(論語)』의 「공야장(公冶長)」 편(篇)에 〈자공(子貢)이 물었다. "공문자(孔文子)는 어떻게 시호(諡號)를 문(文)이라고 했습니까?" (중국 춘추시대의 사상가이며 학자인) 공자(孔子)가 대답했다. "그는 일을 민첩하게 처리하고 공부하기를 좋아했으며, 아랫사람에게 묻는 것을 부끄러워하지 않았다. 그래서 문(文)이라고 한 것이다."(子貢問曰, 孔文子何以謂之文也, 子曰, 敏而好學, **不恥下問**, 是以謂之文也.)〉라는 이야기가 나오는데, '아랫사람에게 묻는 것을 부끄러워하지 않았다.(不恥下問)'에서, '불치하문(不恥下問)'이 유래했다. '공문자(孔文子)'는 위(衛)나라의 대부 (大夫. 벼슬 품계에 붙이던 칭호)였으며, 공자(孔子)와 동시대의 인물로 알려져 있다. 그런데 '공문자(孔文子)'는 친구의 부인을 빼앗아 아내로 삼은 부도덕한 사람이다. 그렇기 때문에 자공(子貢)이 이러한 부도덕한 사람을 어찌하여 문(文)이란 훌륭한 시호(諡號. 제왕·帝王이나 재상·宰相, 유현·儒賢들이 죽은 뒤에 그들의 공덕을 칭송하여 붙인 이름)를 받게 되었는지 궁금했던 것이다. 여기서, '재상(宰相)'은 임금을 보필하며 모든 관원을 지휘, 감독하는 자리에 있는 이품(二品) 이상의 벼슬을 통틀어 이르던 말. 하지만, 공자(孔子)는 공문자(孔文子)가 불치하문(不恥下問)을 실천했기 때문에 마땅히 문(文)이라는 시호(諡號)를 받을 만하다고도 변호(辯護. 남의 이익을 위하여 변명하고 감싸서 도와줌)하는 것이다. 참고로 원문의 '子貢問曰'에서, '子'는 아들 '자'로 읽고, '貢'은 바칠 '공'으로 읽는다. '子貢'은 사람 이름. '問'은 물을 '문'으로 읽는다. '子貢問曰'을 직역(直譯)하면, 자공(子貢)이 물어 말하기를, '孔文子何以謂之文也'에서, '孔'은 성씨(姓氏) '공'으로 읽고, '文'은 글월 '문'으로 읽고, '子'는 아들 '자'로 읽는다. '孔文子'는 사람 이름. '何'는 무엇 '하'로 읽고, '以'는 써(그것을 가지고, 그것으로 인하여) '이'로 읽고, '謂'는 일컬을 '위'로 읽고, '之'는 어조사 '지'로 읽는다. '그것'을 나타내는 지시 대명사. '也'는 어조사 '야'로 읽는다. '~이냐?(의문)'의 뜻을 나타냄. '孔文子何以謂之文也'를 직역(直譯)하면, 공문자(孔文子)는 무엇으로 인하여 그것('공문자·孔文子'를 가리킴)을 일컬음으로써 문(文)이라고 했습니까? 즉, 공문자(孔文子)는 친구의 부인을 빼앗아 자기 아내로 삼은 부도덕한 사람임에도 불구하고 어찌하여 시호(諡號)를 문(文)이라고 부르게 되었습니까? '子曰'에서, '子'는 경칭(敬稱. 공경하는 뜻으로 부르는 칭호. 또는 존대하여 일컬음) '자'로 읽는다. 학덕(學德)과 지위가 높은 남자의 경칭(敬稱)이다. 여기서는 '공자(孔子)'를 가리킴. '子曰'을 직역(直譯)하면, 공자(孔子)가 말하기를, '敏而好學'에서, '敏'은 민첩할(敏捷~. 재빠르고 날쌤) '민'으로 읽고, '而'는 말 이을 '이'로 읽는다. '그리고'의 뜻을 나타냄. '好'는 좋을 '호'로 읽고, '學'은 학문 '학'으로 읽는다. '敏而好學'을 직역(直譯)하면, (공문자는) 민첩(敏捷)하고 그리고 학문을 좋아해서 (늘 배우려고 노력하였으며), '不恥下問'에서, '不'은 아닐(부정하는 말) '불'로 읽고, '恥'는 부끄러울 '치'로 읽고, '下'는 아래 '하'로 읽고, '問'은 물을 '문'으로 읽는다. '不恥下問'을 직역(直譯)하면, 아래[下]의 (사람에게) 묻는 (것을) 부끄러워하지 않는다는 뜻으로, 손아랫사람이나, 지위(地位)나 학식(學識)이 자기만 못한 사람에게 모르는 것을 묻는 일을 부끄러워하지 아니함을 이르는 말. 즉, 모르는 것은 누구에든 물어 식견(識見)을 넓히는 것이 현명하다는 말이다. '是以謂之文也'에서, '是'는 이(지시하는 말) '시'로 읽는다. '是以謂之文也'를 직역(直譯)하면 이것으로 인하여 그것('공문자·孔文

子'를 가리킴)을 문(文)이라고 일컫는 (까닭)이다.

불친화-성(不親和性 아닐 **불**/친할 **친**/화할 **화**/성질 **성**) 친(親)하게 화(和)하지 아니하는 성질이라는 뜻으로, 다른 종류의 물질과 서로 화합하지 아니하거나, 상호 작용을 하지 아니하는 성질을 이르는 말. *불친화(不親和): 서로 가까이하여 화합하지 아니함. ***성**(性): (사람의) 천성(天性), 본성(本性), 성미(性味) 등을 이르는 말. ***화하다**(和~): 부록 '화(和)' 참고.

불쾌-지수(不快指數 아닐 **불**/쾌할 **쾌**/가리킬 **지**/셈 **수**) 쾌(快)하지 아니함을 가리키는 셈이라는 뜻으로, 날씨에 따라 사람이 느끼는 쾌(快. 상쾌하고 즐거운 느낌), 불쾌(不快. 못마땅하여 기분이 좋지 아니함)의 정도를 기온과 습도의 관계로 나타내는 수치. 즉, 기온(氣溫)과 습도(濕度) 따위의 기상요소를 자료로, 무더위에 대하여 몸이 느끼는 쾌(快), 불쾌(不快)의 정도를 나타내는 지수(指數)를 이르는 말. =온습지수(溫濕指數). 여기서, '온습지수(溫濕指數)'를 국립국어연구원에서 발간한『표준국어대사전』(두산동아)에는 '온습지수(溫習指數)'로 표기되어 있는데, 이것은 잘못된 표기이다. ***불쾌**(不快): ①(어떤 일로 기분이 상하여) 마음이 상쾌하지 않음. ②몸이 찌뿌드드하여 편하지 않음. ***지수**(指數): 물가나 임금 따위의 변동(變動. 상태 따위가 변하여 움직임. 또는 바뀌어 달라짐)을 알기 쉽게 나타내기 위하여 일정한 때를 100으로 기준하여 비교하는 숫자. ***쾌하다**(快~): ①상쾌하고 기분이 좋다. 또는 마음이 유쾌하다. ②병이 나아 몸이 가뿐하다. ③하는 짓이 시원스럽다. ④빠르다. 여기서는 ①의 뜻이다.

불-택-지-필(不擇之筆 아닐 **불**/가릴 **택**/어조사 **지**/붓 **필**) 가리지 않는 붓이라는 뜻으로, 명필가(名筆家. 글씨 잘 쓰기로 이름난 사람)는, 사용하는 붓 따위는 고르지 않고도 능란(能爛. 어떤 일에 썩 익숙함)하게 쓸 수 있음을 이르는 말. ***가리다**: 부록 '택(擇)' 참고.

불편-부-당(不偏不黨 아닐 **불**/치우칠 **편**/아닐 **부**/무리 **당**) 무리를 (짓지도) 않고 치우치지도 아니한다는 뜻으로, 어느 한쪽으로 기울거나 치우치지 아니하고 아주 공평함. 즉, 아주 공평하여 어느 한쪽으로 치우치지 아니함을 이르는 말. 또는 어느 한쪽으로 치우치지 않는 공정한 태도를 일컫는다. =무편무당(無偏無黨). ***불편**(不偏): 어느 한쪽으로 치우치지 아니함. ***치우치다**: 부록 '편(偏)' 참고. ***무리**: 부록 '당(黨)' 참고. 《관련 속담》흥 각각 정 각각.

불평-만만(不平滿滿 아닐 **불**/편안할 **평**/가득할 **만**/가득할 **만**) (마음이) 편안하지 않은 (것으로) 가득하고 가득하다는 뜻으로, 마음이 불평(不平)으로 가득 차 있음을 이르는 말. ***불평**(不平): ①마음에 들지 않아 못마땅하게 여김. 또는 그것을 말이나 행동으로 나타냄. ②=불편(不便). 즉, 편하지 아니함. 거북스러움. ***만만**(滿滿): 넘칠 정도로 가득함. 또는 부족함이 없이 넉넉함.

불평-분자(不平分子 아닐 **불**/편안할 **평**/나눌 **분**/사람 **자**) (마음이) 편한하지 아니한 분자(分子)라는 뜻으로, 어떤 조직체에서, 그 시책(施策. 어떤 직책을 시행함. 또는 그 정책)이나 운영 따위에 대하여 불만(不滿)을 품고 있거나 투덜거리는 사람을 이르는 말. ***불평**(不平): ☞불평만만(不平滿滿). ***분자**(分子): 어떤 집단을 이루는 각각의 구성원.

불-폐-풍우(不蔽風雨 못할 **불**/가릴 **폐**/바람 **풍**/비 **우**) 바람과 비를 가리지 못한다는 뜻으로, 집이 헐거나 허술하여서 바람과 비를 가리지 못함을 이르는 말. ***풍우**(風雨): ①바람과 비. ②=비바람. 즉, 비를 몰아오면서 부는 바람. ***가리다**: 부록 '폐(蔽)' 참고.

불피-풍우(不避風雨 아닐 **불**/피할 **피**/바람 **풍**/비 **우**) 바람과 비를 피(避)하지 아니한다. 즉, 비바람도 피(避)하지 않는다는 뜻으로, 비바람을 무릅쓰고 한결같이 일을 함을 이르는 말. *불피(不避): 圈 피하지 못하거나 피하지 아니함. *풍우(風雨): ①바람과 비. ②비바람. 즉, 비와 바람. 또는 비를 몰아오면서 부는 바람.

불피-한서(不避寒暑 아닐 **불**/피할 **피**/찰 **한**/더울 **서**) 차가움과 더움을 피(避)하지 아니한다는 뜻으로, 추위나 더위를 피하지 아니하고 그대로 견딤을 이르는 말. *불피(不避): ☞불피풍우(不避風雨). *한서(寒暑): ①추위와 더위. ②겨울과 여름.

불필-다언(不必多言 아닐 **불**/반드시 **필**/많을 **다**/말씀 **언**) 반드시 많은 말을 (하지) 않는다는 뜻으로, 여러 말을 굳이 할 필요가 없음을 이르는 말. *불필(不必): 필요가 없음. *다언(多言): 말이 많음. 또는 많은 말. 여러 말.

불필-장황(不必張皇 아닐 **불**/반드시 **필**/벌일 **장**/클 **황**) 반드시 크게 벌이지 않는다. 즉, 말은 장황(張皇)하게 할 필요가 없다는 뜻으로, 말을 번거롭고 길게 늘어놓을 필요가 없음을 이르는 말. *불필(不必): ☞불필다언(不必多言). *장황(張皇): 번거롭고 긺. *벌이다: ①일을 베풀어 놓다. ②여러 개의 물건을 죽 늘어놓다. ③(영업을 목적으로) 시설(施設. 도구, 기계, 장치 따위를 베풀어 설비함. 또는 그런 설비)을 차리다.

불필-재언(不必再言 아닐 **불**/반드시 **필**/두 **재**/말씀 **언**) 반드시 두 (번) 말하지 않는다. 즉, 다시 두말할 필요가 없다는 뜻으로, 두 번 다시 말할 필요가 없음을 이르는 말. *불필(不必): ☞불필다언(不必多言). *재언(再言): (한 번 말한 것을) 다시 말함.

불필-타-구(不必他求 아닐 **불**/반드시 **필**/남 **타**/구할 **구**) 반드시 남에게서 구(求)하지 않는다는 뜻으로, 달리 더 구할 필요가 없음. 곧, 자기 것만으로도 넉넉함을 이르는 말. *불필(不必): ☞불필다언(不必多言). *구하다(求~): 부록 '구(求)' 참고.

불하-일-장(不下一杖 아닐 **불**/아래 **하**/한 **일**/몽둥이 **장**) 몽둥이 한 (대라도) (몸의) 아래[下]를 (때리지) 아니한다는 뜻으로, ①죄인(罪人)에게 매 한 대도 치기 전에 스스로 죄상(罪狀)을 자백(自白)함을 이르는 말. ②죄(罪)를 순순히 자백(自白)하므로 매를 한 대도 때리지 아니함을 이르는 말. *불하(不下): ①못하지 아니하거나 적지 아니함. ②항복(降伏·服. 전쟁 따위에서, 자신이 진 것을 인정하고 상대편에게 굴복함)하지 아니함.

불학-무식(不學無識 못할 **불**/배울 **학**/없을 **무**/알 **식**) 배우지 못하여 아는 것이 없음. *불학(不學): ①배우지 못함. ②학문적 발전이나 성과가 없음. *무식(無識): 학식(學識. 학문으로 얻은 식견. 또는 학문상의 식견)이나 식견(識見. 학식과 의견. 곧, 사물을 올바르게 판단할 수 있는 능력)이 없음. 《관련 속담》 낫 놓고 기역자도 모른다.

불-한-불-열(不寒不熱 아닐 **불**/추울 **한**/아닐 **불**/더울 **열**) 춥지도 아니하고 덥지도 아니한다. 즉, 춥지도 덥지도 않다는 뜻으로, 날씨가 춥지도 덥지도 아니하고, 알맞게 따뜻함을 이르는 말.

불-한-이-율(不寒而慄 아닐 **불**/추울 **한**/말 이을 **이**/겁나 떨 **율**) (날씨가) 춥지 않아도 겁나 떤다는 뜻으로, 포악(暴惡. 사납고 악함)한 정치(政治)로 백성들이 공포(恐怖)에 떨며 두려워하는 것을 이르는 말. 이 사자성어의 유래는 다음과 같다. 『사기(史記)』의 「혹리열전(酷吏列傳)」 편(篇)에 [한(漢)나라 무제(武帝)

때 하동(河東) 사람인 의종(義縱)은 소년 시절에 장차공(張次公. 사람 이름)과 함께 길에서 강도질을 하다가 도적패가 되었다. 의종(義縱)에게 의후(義姁)라는 누나가 있었는데, 의술(醫術. 병이나 상처를 고치는 기술. 또는 의학에 관련된 기술)이 뛰어나 왕태후(王太后. 황제의 살아 있는 어머니)의 총애(寵愛. 남달리 귀여워하고 사랑함)를 받게 되었다. 즉, 왕태후(王太后)의 병(病)을 치료해준 인연으로 총애를 받았다는 뜻이다. 왕태후(王太后)가 의후(義姁)에게 물었다. "형제 중에 관직(官職. 관리로서, 국가로부터 위임 받은 일정한 범위의 직무. 또는 그 직위)에 있는 자(者)가 있느냐?" "동생이 있는데, 행실이 좋지 않아 관리가 될 수 없습니다." 태후(太后)가 황제(皇帝)에게 말하여 의후(義姁)의 동생 의종(義縱)을 중랑(中郎. 벼슬 이름)에 임명하여 상당군(上黨郡. 땅 이름) 내(內) 어느 현(縣)의 현령(縣令. 벼슬 이름)을 보좌하도록 했다. 즉, 왕태후(王太后)의 추천으로 의종(義縱)은 상당군(上黨郡)의 작은 현(縣)의 현령(縣令)을 보좌하는 중랑(中郎)이 되었다는 뜻이다. 의종(義縱)은 (그 현을) 다스리는 데 과단성(果斷性. 일을 딱 잘라서 결정하는 성질)이 있었고, 인정(人情. 남을 생각하고 도와주는 따뜻한 마음씨)을 베풀지 않아 일 처리에 소홀하거나 해결하지 못한 것이 없었으므로, 치적(治績. 잘 다스린 공적. 또는 정치상의 업적)이 으뜸(중요한 정도로 본, 어떤 사물의 첫째를 이르는 말)으로 꼽혀 장릉(長陵. 땅 이름)과 장안(長安. 땅 이름)의 현령(縣令)을 거쳐 승진(昇進)을 거듭하게 되었다. 즉, 의종(義縱)은 백성들을 엄하고 냉정하게 다스리고, 온정을 베푸는 일이 적었다. 그만큼 법 집행이 엄격하기로 유명하였다는 뜻이다. 그리고 그가 다스리는 현(縣)의 내(內)에는 처리하지 못하고 쌓여 있는 일이 전혀 없었기에 그는 군(郡)의 내(內)에서 제일가는 관리로 뽑히게 되었다는 뜻이다. 의종(義縱)은 그 후 하내(河內. 땅 이름)의 도위(都尉. 벼슬 이름)로 영전(榮轉. 전보다 더 좋은 자리나 직위로 옮김)되었는데, 부임하자마자 그 지방의 호족(豪族. 재산이 많고 세력이 강한 집안)이었던 양씨(穰氏) 일족(一族. 조상이 같은 겨레붙이. 또는 같은 조상의 친척)을 모두 잡아 죽여 버렸다. 즉, 이때부터 의종(義縱)은 백성들을 참혹하게 탄압하고, 지방 토호(土豪. 그 지방의 토착민으로서 양반으로서의 세력과 재산을 가진 사람)들을 사정없이 죽임으로써 악명(惡名. 악하다는 소문이 세상에 널리 퍼짐) 높은 벼슬아치로 변했다는 뜻이다. 그 후로 하내(河內)의 사람들은 그('의종·義縱'을 가리킴)를 무서워한 나머지, 길에 떨어진 물건을 줍는 사람이 없었다. 의종(義縱)이 하내(河內)에서 남양(南陽. 땅 이름)의 태수(太守)로 부임했을 때, 여기서, '태수(太守)'는 고대 중국에서 군(郡)의 으뜸 벼슬. 과거(過去)에 혹리(酷吏. 혹독하고 무자비한 관리)로 악명(惡名)을 떨쳤던 영성(寧成. 사람 이름)이 벼슬에서 물러나 남양(南陽. 땅 이름)의 집에서 한거(閑居. 한가하게 집에 있음)하고 있었다. 의종(義縱)은 부임하자마자 영씨(寧氏)들의 비행(非行. 잘못되거나 그릇된 행위)을 들추어 집안을 쑥밭(쑥이 무성하게 우거져 있는 거친 땅. 여기서는 매우 어지럽거나 못 쓰게 된 모양을 비유적으로 이르는 말)으로 만들어 버렸고, 영성(寧成)을 죄인(罪人)으로 다스렸다. 영성(寧成)은 관리들 사이에서 '차라리 새끼에게 젖을 먹이는 호랑이를 만날지언정 영성(寧成)의 노여움을 사지 말라.'는 말이 돌 정도로 가혹(苛酷. 몹시 모질고 혹독함)한 사람이었다.]〈(그 뒤 의종·義縱은 정양·定襄 태수·太守로 임명되었는데), 즉, 처음에는 조그마한 현(縣)의 현령(縣令)으로 있다가, 순풍(順風. 배가 가는 쪽으로 부는 바람)에 돛을 달듯, 승진(昇進)의 가도(街道. '막힘이 없이 나아가기에 탄탄한 길'을 하여 비유하여 이르는 말)를 달려 정양군(定襄郡)의 태수·(太守)로 임명되었다는 뜻이다. 부임하자마자 정양군(定襄郡)의 감옥에 갇힌 중죄인(重罪人. 무거운 죄를 지은 사람)과 경범자(輕犯者. 일상 생활에서 일어날 수 있는 가벼운 위법 행위를 저지른 사람) 200여 명과, 빈객(賓客. 귀한 손님)이나 형제(兄弟)로 사사로이 감옥에 들어와 면회한 200여 명을 모두 불시에 붙잡아 심문(審問. 자세히 따져서 물음)하고 이렇게 논고(論告. 형사 재판 절차에서, 검사가 공소 사실이나 법률의 적용에 대한 의견을 말하고 구형함)했다. "이 자(者)들은 죽을죄를 지은 죄인을 탈출시키려 했다." 즉, 사형(死刑)에 처할 죄인을 풀어주려고 했다는 뜻이다. 그리고 그날 중(中)으로 400여 명을 모두 죽였다. 그 뒤 정양군(定襄郡)의 백성은 춥지도 않은데 덜덜 떨었다. 즉, 옥(獄)에 갇혀 있는 200명과 그를 찾아온 친지(親知)를 합쳐 400여 명을 죽였다는 소문을 듣고, 정양군(定襄郡)의 백성들은 춥지도 않은데 공포(恐怖)에 몸을 떨었다는 뜻이다. 그리고 교활한 백성은 관리에게 빌붙어 통치(統治. 나라나 지역을 도맡아 다스림)를 도왔다. 여기서 '빌붙다'는 권력이나 경제적 이득을 얻기 위해 남에게 기대다. (縱至, 掩定襄獄中重罪輕繫二百餘人, 及賓客昆弟私相視亦二百餘人, 縱一捕鞠, 曰, 爲死罪解脫, 是日皆報殺四百餘人, **郡中不寒而慄**, 猾民佐吏爲治.)라는 이야기가 나오는데, '정양군(定襄郡)의 백성은 춥지도 않은데 덜덜 떨었다.(郡中不寒而慄)'에서, '불한이율(不寒而慄)'이 유래했다. 위의 이야기에 등장하는 의종(義縱)은 새로운 임지(任地. 관원이 부임하는 곳)에 가는 곳마다 선정(善政. 백성을 바르고 어질게 잘 다스리는 정치)을 베풀지 못하고, 백성들을 참혹하게 죽이는 따위의 사람됨이 매우 흉포(凶暴. 매우 흉악하고 난폭함)하고 잔인(殘忍. 인정이 없고 몹시 모짊)하였다. 그렇기 때문에 백성들은 그를 두려워하여 '불한이율(不寒而慄)'했다는 것이다. 결국 '불한이율(不寒而慄)'은, 백성들을 잔혹(殘酷. 잔인하고 혹독함)하게 죽이고 탄압하여, 무고(無辜. 아무런 잘못이나 허물이 없음)한 백성들이 매우 두려워하며 공포에 떠는 것을 비유(比·譬喩. 어떤 사물의 모양이나 상태 따위를 보다 효과적으로 표현하기 위하여 그것과 비슷한 다른 사물에 빗대어 표현함. 또는 그 표현 방법)하는 말이 되었다. 참고로, 원문의 '縱至'에서, '縱'은 세로 '종'으로 읽는다. 여기서는 '의종(義縱)'을 가리킴. '至'는 이를(어떤 장소나 시간에 닿을) '지', 다다를 '지'로 읽는다. '縱至'를 직역(直譯)하면, 의종(義縱)이 (정양·定襄에) 이르자마자, '掩定襄獄中重罪輕繫二百餘人'에서, '掩'은 가릴(보이거나 통하지 못하도록 막을) '엄'으로 읽고, '定'은 정할 '정'으로 읽고, '襄'은 오를(사람이나 동물 따위가 아래에서 위쪽으로 움직여 갈) '양'으로 읽는다. 여기서 '定襄'은 땅 이름. '獄'은 옥(獄) '옥', 감옥 '옥'으로 읽고, '中'은 안 '중', 속 '중'으로 읽는다. '獄中'은 감옥의 안. '重'은 무거울 '중'으로 읽고, '罪'는 죄(罪) '죄', 허물 '죄'로 읽는다. '重罪'는 무거운 죄. '輕'은 가벼울 '경'으로 읽고, '繫'는 구속(拘束)할 '계'로 읽는다. '輕繫'는 가벼운 죄를 짓고 옥에 갇힌 죄인(罪人). '二'는 두 '이'로 읽고, '百'은 일백 '백'으로 읽고, '餘'는 남을 '여'로 읽고, '人'은 사람 '인'으로 읽는다. '掩定襄獄中重罪輕繫二百餘人'을 직역(直譯)하면, 정양(定襄) 감옥의 안에 가리어져 있는 무거운 죄와 가벼운 죄를 짓고 옥에 갇힌 죄인(罪人)이 200여 명이다. '及賓客昆弟私入相視亦二百餘人'에서, '及'은 미칠(영향이나 작용 따위가 대상에 가하여 질) '급'으로 읽는다. 여기서는 '급기야(及其也. 필경에 가서는, 마지막에는)'의 뜻으로 쓰임. '賓'은 손 '빈', 손님 '빈'으로 읽고, 客은 손 '객', 손님 '객'으로 읽는다. '賓客'은 귀한 손님. '昆'은 맏('맏이'의 뜻을 더하는 접두사) '곤'으로 읽고, '弟'는 아우 '제'로 읽는다. '昆弟'는 '형제(兄弟)'와 같은 말로, 형(兄)과 아우[弟]를 아울러 이르는 말. '私'는 사사(私事. 개인의 사사로운 일) '사'로 읽고, '入'은 들 '입'으로 읽고, '相'은 서로 '상'으로 읽고, '視'는 볼 '시', 엿볼 '시'로 읽고, '亦'은 또 '역', 또한 '역'으로 읽는다. '及賓客昆弟私入相視亦二百餘人'을 직역(直譯)하면, 급기야 귀한 손님, 형과 아우, 사사로이 들어온 (사람) 또한 200여 명이 서로 엿보고 (있다가), '縱一捕鞫'에서, '縱'은 세로 '종'으로 읽는다. 여기서는 '의종(義縱)'을 가리킴. '一'은 한 '일'로 읽고, '捕'는 잡을 '포', 붙잡을 '포'로 읽고, '鞫'은 국문(鞫問. <u>중죄인·重罪人을 심문·審問함</u>)할 '국'으로 읽는다. '縱一捕鞫'을 직역(直譯)하면 의종(義縱)은 한 번에 붙잡아 국문(鞫問)하면서 (이렇게 논고했다). '爲死罪解脫'에서, '爲'는 위할 '위'로 읽고, '死'는 죽을 '사'로 읽는다. '死罪'는 죽을 죄. 죽어 마땅한 죄. '解'는 풀 '해', 벗을 '해'로 읽고, '脫'은 벗을 '탈', 벗어날 '탈'로 읽는다. '爲死罪解脫'을 직역(直譯)하면 (이 자·者들은) 죽어 마땅한 죄인을 위하여 (감옥에서) 벗어나게 했다. '是日皆報殺四百餘人'에서, '是'는 이(지시하는 말) '시'로 읽고, '日'은 날 '일'로 읽는다. '是日'은 이날. '皆'는 다 '개', 모두 '개'로 읽고, '報'는 갚을 '보'로 읽는다. 여기서 '<u>갚다</u>'는 벌(罰)을 받아 죗값을 치른다는 뜻이다. '殺'은 죽일 '살'로 읽고, '四'는 넉 '사'로 읽고, '百'은 일백 '백'으로 읽고, '餘'는 남을 '여'로 읽고, '人'은 사람 '인'으로 읽는다. '是日皆報殺四百餘人'을 직역(直譯)하면, (의종·義縱은) 이날 400여 명을 모두 죽임으로써 다 갚게 했다(<u>죗값을 치르게 했다</u>). '郡中不寒而慄'에서, '郡'은 고을 '군'으로 읽는다. 여기서는 땅 이름인 '정양군(定襄郡)'을 가리킴. '中'은 가운데 '중'으로 읽고, '不'은 아닐(<u>부정하는 말</u>) '불'로 읽고, '寒'은 추울 '한'으로 읽고, '而'는 말 이을 '이'로 읽는다. '그리고'의 뜻을 나타냄. '慄'은 겁나 떨 률(<u>율</u>)로 읽는다. '郡中不寒而慄'을 직역(直譯)하면, (그 뒤) 정양군(定襄郡) 가운데에 (사는 백성은) (날씨가) 춥지 않아도 겁이 나 떨었다. 여기서, '不寒而慄'이 유래하였는데, 이것을 직역(直譯)하면, (날씨가) 춥지 않아도 겁나 떤다는 뜻으로, 포악(暴惡. <u>사납고 악함</u>)한 정치(政治)로 공포(恐怖)에 떨며 두려워하는 것을 비유적으로 이르는 말. '猾民佐吏爲治'에서, '猾'은 교활(狡猾. <u>간사하고 꾀가 많음</u>)할 '활'로 읽고, '民'은 백성 '민'으로 읽고, '佐'는 도울 '좌'로 읽고, '吏'는 관리 '리(<u>이</u>)'로 읽고, '爲'는 위할 '위'로 읽고, '治'는 다스릴 '치'로 읽는다. '猾民佐吏爲治'를 직역(直譯)하면, 교활한 백성은 관리가 다스림을 위하여 돕다. 즉, <u>교활한 백성들은 관리에게 빌붙어 그가 다스리는 것을 도왔다는 뜻이다.</u>

불-험-불-이(不險不夷 아닐 **불**/험할 **험**/아닐 **불**/평탄할 **이**) 험(險)한 (것도) 아니고 평탄(平坦)한 (것도) 아니라는 뜻으로, 지형(地形)이 험악(險惡)하지도 아니하고 평탄(平坦)하지도 아니함을 이르는 말. *험하다(險~): 부록 '험(險)' 참고. *평탄하다(平坦~): 땅바닥이 평평하다.

불협화-음(不協和音 아닐 **불**/힘 합할 **협**/합칠 **화**/소리 **음**) 힘을 합하여도 합치지 아니하는 소리라는 뜻으로, ①둘 이상의 음(音)이 동시에 날 때, 서로 어울리지 아니하여 불안정한 느낌을 주는 음(音)을 이르는 말. ②잘 조화되지 않은 상태나 관계를 비유적으로 이르는 말. ③어떤 집단 내의 사람들 사이가 원만(圓滿. <u>성격이 모난 데가 없이 부드럽고 너그러움</u>)하지 않음을 비유적으로 이르는 말. *불협화(不協和): 잘 어울리지 아니함. 또는 그 사이가 좋지 아니함.

불호-광경(不好光景 아닐 **불**/좋을 **호**/빛 **광**/경치 **경**) 좋지 아니한 빛과 경치라는 뜻으로, 보기에 사납거나 좋지 못한 광경을 이르는 말. 또는 서로 사이가 나빠 다투는 광경을 이르는 말. *불호(不好): ①좋아하지 아니함. ②상황이나 형세(形勢. <u>어떤 일의 형편이나 상태</u>) 따위가 좋지 아니함. *광경(光景): 눈에 보이는 경치. 또는 어떤 장면의 모습.

불혹-지-년(不惑之年 아닐 **불**/미혹할 **혹**/어조사 **지**/나이 **년**) 미혹(迷惑)하지 아니한 나이. 즉, 불혹(不惑)의 나이라는 뜻으로, 마흔 살의 나이를 이르는 말.『논어(論語)』의 '四十而不惑'에서 나온 말. =불혹지세(不惑之歲). *불혹(不惑): ①미혹되지 아니함. ②'마흔 살'을 이르는 말. *미혹하다(迷惑~): 부록 '혹(惑)'

957

참고. 이 사자성어의 유래는 다음과 같다. 『논어(論語)』의 「위정(爲政)」편(篇)에, 〈(중국 춘추시대의 사상가이며 학자인) 공자(孔子)가 말하기를, “나는 열다섯 살에 학문에 뜻을 두었고, 서른 살에 인생관이 확립되었고, 마흔 살에 미혹(迷惑)되지 않았고, 쉰 살에 천명(天命)을 알았고, 예순 살에 귀로 들으면 그대로 이해되었고, 일흔 살에 마음에서 하고자 하는 바를 따라 법도(法度)를 넘지 않았다.”(子曰, 吾十有五而志于學, 三十而立, <u>四十而不惑</u>, 五十而知天命, 六十而耳順, 七十而從心所欲不踰矩)〉라는 이야기가 나오는데, ‘마흔 살에 미혹(迷惑)되지 않았고,(四十而不惑)’에서, ‘불혹지년(不惑之年)’이 유래했다. 불혹(不惑)의 나이라는 뜻으로, 마흔 살의 나이를 이르는 말이 된 것이다. 위의 이야기는, 중국 춘추 시대의 사상가이며 학자인 공자(孔子)가 나이 70이 넘은 후에 살아온 삶(<u>학문 수양 과정</u>)을 회고(回顧. <u>지나간 일을 돌이켜 생각함</u>)하면서, 자기 자신이 나이에 따라 깨닫게 된 바를 제자들에게 전해준 것이다. 참고로, 원문의 ‘子曰’에서, ‘子’는 경칭(敬稱. <u>공경하는 뜻으로 부르는 칭호, 또는 존대하여 일컬음</u>) ‘자’로 읽는다. 학덕(學德)과 지위가 높은 남자의 경칭(敬稱)이다. 여기서는 ‘공자(孔子)’를 가리킴. ‘曰’은 일컬을 ‘왈’로 읽는다. ‘子曰’을 직역(直譯)하면, 공자(孔子)가 일컫기를, ‘吾十有五而志于學’에서, ‘吾’는 나(<u>1인칭 대명사</u>) ‘오’로 읽고, ‘十’은 열 ‘십’으로 읽고, ‘有’는 있을 ‘유’로 읽고, ‘五’는 다섯 ‘오’로 읽고, ‘而’는 말 이을 ‘이’로 읽는다. ‘그리고’의 뜻을 나타냄. ‘志’는 뜻 ‘지’로 읽고, ‘于’은 어조사 ‘우’로 읽는다. ‘~에(<u>위치, 방향</u>)’의 뜻을 나타냄. ‘學’은 배울 ‘학’으로 읽는다. 여기서는 ‘학문(學問)’의 뜻이 강함. ‘吾十有五而志于學’을 직역(直譯)하면, 나(‘<u>공자·孔子 자신</u>’을 가리킴)는 열이 있고 다섯(<u>열다섯 살</u>)에 그리고 학문에 뜻을 (두었고), 즉, 공자(孔子)는 다른 사람보다 비교적 늦게 학문에 뜻을 두고 공부를 시작하였다는 것이다. ‘三十而立’에서, ‘三’은 석 ‘삼’으로 읽고, ‘立’은 설 립(<u>입</u>)으로 읽는다. ‘三十而立’을 직역(直譯)하면, 삼십에 그리고 (뜻이 확고하게) 섰고, 즉, 자립(自立)했다는 뜻이다. 인생관이나 세계관을 확립했다는 의미로 풀이할 수도 있다. ‘四十而不惑’에서, ‘四’는 넉 ‘사’로 읽고, ‘不’은 아닐(<u>부정하는 말</u>) ‘불’로 읽고, ‘惑’은 미혹(迷惑. <u>무엇에 홀려 정신을 차리지 못함</u>)할 ‘혹’으로 읽는다. 四十而不惑을 직역(直譯)하면, 사십이면 그리고 미혹(迷惑)하지 않고, 즉, 마흔에 인생관이 확립되어 마음에 혼란(混亂)이나 유혹(誘惑)이 없었다는 뜻이다. 여기에서, ‘불혹지년(不惑之年)’이 유래했다. 이것을 직역(直譯)하면, 미혹(迷惑)하지 아니한 나이. 즉, 불혹(不惑)의 나이라는 뜻으로, 마흔 살의 나이를 이르는 말이다. 마흔 살이면 쉽게 세상일에 홀리지 않고 또렷한 판단을 할 수 있는 나이가 됐음을 의미한다. ‘五十而知天命’,에서, ‘五’는 다섯 ‘오’로 읽고, ‘知’는 알 ‘지’로 읽고, ‘天’은 하늘 ‘천’으로 읽고, ‘命’은 명령 ‘명’으로 읽는다. ‘知天命’은 하늘의 뜻을 앎. ‘五十而知天命’을 직역(直譯)하면, 오십이면 그리고 하늘의 명령(<u>뜻</u>)을 알고, 즉, 하늘의 뜻을 깨달아 알게 되었다는 뜻이다. 여기서 지명지년(知命之年)이 유래하였는데, 이것을 직역(直譯)하면, (하늘의) 명령을 아는 나이라는 뜻으로, 쉰 살의 나이를 달리 이르는 말. ‘六十而耳順’에서, ‘六’은 여섯 ‘육’으로 읽고, ‘耳’는 귀 ‘이’로 읽고, ‘順’은 순할 ‘순’으로 읽는다. 여기서는 ‘도리(道理. <u>사람이 마땅히 지켜야 할 바른 길</u>)에 따르다’. ‘순응(順應)하다’의 뜻이 강함. ‘耳順’은 생각하는 것이 원만(圓滿. <u>성격이 모난 데가 없이 부드럽고 너그러움</u>)하여 어떤 일을 들으면 곧 이해(理解)가 된다는 뜻. 또는 천지만물(天地萬物. <u>사람이 사는 세상의 영역에 있는 갖가지 모든 것</u>)의 이치에 통달(通達. <u>막힘없이 환히 통함</u>)하게 되고, 듣는 대로 모두 이해하게 된다는 뜻. ‘六十而耳順’을 직역(直譯)하면, 육십이면 그리고 귀가 순(順)하고, 즉, 어떠한 말을 들어도 그 이치를 깨달아 저절로 이해를 할 수 있었고, 그것을 통하여 인생의 의미를 알았다는 뜻이다. '七十而從心所欲不踰矩'에서, '七'은 일곱 '칠'로 읽고, '從'은 좇을 '종'으로 읽고, '心'은 마음 '심'으로 읽는다. '從心'은 마음대로 한다는 뜻. '所'는 바(앞에서 말한 내용 그 자체나 일 따위를 나타내는 말) '소'로 읽고, '欲'은 하고자 할 '욕'으로 읽고, '踰'는 넘을 '유'로 읽고, '矩'는 법도(法度. 생활상의 예법·禮法과 제도·制度) '구'로 읽는다. '七十而從心所欲不踰矩'를 직역(直譯) 하면, 칠십이면 그리고 마음을 좇아 하고자 할 바에 법도(法度)를 넘지 않았다. 즉, 내가 마음먹은 대로 또는 마음 내키는 대로 행동을 하여도 법도(法度)에 어긋나는 일이 없었다는 뜻이다. 여기서, '從心所欲' 이 유래하였는데, 이것을 직역(直譯)하면, 마음을 좇아 하고자 할 바[所]라는 뜻으로, 마음에 원하는 대로 함. 또는 마음에 하고 싶은 대로 좇아서 함을 이르는 말.

불혹-지-세(不惑之歲 아닐 **불**/미혹할 **혹**/어조사 **지**/나이 **세**) 미혹(迷惑)하지 아니한 나이. 즉, 불혹(不惑) 의 나이라는 뜻으로, 마흔 살의 나이를 이르는 말. =불혹지년(不惑之年). *불혹(不惑): ☞불혹지년(不惑 之年). *미혹하다(迷惑~): 부록 '혹(惑)' 참고. 그 외 자세한 내용은 '불혹지년(不惑之年)' 참고.

불효-막심(不孝莫甚 아닐 **불**/효도 **효**/더할 수 없을 **막**/심할 **심**) 효도하지 아니함이 더할 수 없이 심하다는 뜻으로, 부모에게 효성스럽지 아니함이 매우 심함을 이르는 말. *불효(不孝): ①효도를 하지 아니함. ②효성스럽지 아니함. *막심(莫甚): 매우 심함. 또는 아주 대단함.

불효-부제(不孝不悌 아닐 **불**/효도 **효**/아닐 **부**/공손할 **제**) 효도하지 아니하고 공손(恭遜)하지 아니하다는 뜻으로, 부모에게 효성스럽지 못하고 어른에게 공손(恭遜)하지 못함. 즉, 어버이를 효성스럽게 잘 섬기 지도 못하고 어른에게 공손(恭遜)하지도 못함을 이르는 말. *불효(不孝): ☞불효막심(不孝莫甚). *부제 (不悌): 연장자(年長者. 나이가 많은 사람)에 대하여 공손(恭遜)하지 못함. *공손하다(恭遜~): 부록 '제 (悌)' 참고.

불후-지-공(不朽之功 아닐 **불**/썩을 **후**/어조사 **지**/공 **공**) (영원히) 썩지 아니할 공(功)이라는 뜻으로, 오래 도록 남아 빛날 큰 공로(功勞. 어떤 일에 이바지한 공적과 노력). 즉, 영원히 없어지지 아니하고 빛날 큰 공로(功勞)를 이르는 말. *불후(不朽): '썩지 아니함'이라는 뜻으로, 영원토록 변하거나 없어지지 아니 함을 비유적으로 이르는 말. *공(功): 부록 '공(功)' 참고.

붕-성-지-통(崩城之痛 산 무너질 **붕**/성 **성**/어조사 **지**/아플 **통**) 산(山)이 무너지고 성(城)이 (무너지는) 아 픔(슬픔)이라는 뜻으로, 남편이 죽은 슬픔을 이르는 말. 웹 고분지통(叩盆之痛). 붕천지통(崩天之痛).

붕우-유신(朋友有信 벗 **붕**/벗 **우**/있을 **유**/믿을 **신**) 벗과 벗의 (도리는) 믿음에 있음. 즉, 벗 사이에는 믿음 이 있어야 함을 이르는 말. 오륜(五倫)의 하나. 여기서, '오륜(五倫)'은 유교에서 이르는 다섯 가지의 인륜(人倫. 사람으로서 마땅히 지켜야 할 도리)을 이르는 말. 곧, 부자(父子) 사이의 친애(親愛. 친근하게 사랑함), 군신(君臣. '임금[君]'과 '신하·臣下'를 아울러 이르는 말) 사이의 의리(義理. 사람과의 관계에서 지켜야 할 바른 도리), 부부(夫婦) 사이의 분별(分別. 무슨 일을 사리에 맞게 판단함. 또는 그 판단력), 장유(長幼. 어른과 어린이. 또는 연상과 연하) 사이의 차서(次序. 차례. 즉, 둘 이상의 것을 일정하게 하나씩 벌여 나가는 순서. 또는 그 순서에서 차지하는 위치), 붕우(朋友. 벗. 즉, 나이나 처지 따위가 비슷하여 서로 가까이 사귀는 사람) 사이의 신의(信義. 믿음과 의리)를 일컫는다. *붕우(朋友): =벗. 즉, (나이나 처지 따위가 비슷하여) 서로 가까이 사귀는 사람. *유신(有信): 믿음성이 있음. 또는 신의(信 義)가 있음. 이 사자성어의 유래는 다음과 같다. 『맹자(孟子)』의 「등문공 상(滕文公上)」 편(篇)에 〈사람에게도 도(道)가 있으니, 배불리 먹고 따뜻하게 입고 편안하게 산다고 해도, 가르침이 없으면, 금수(禽獸. 날짐승과 길짐승이라는 뜻으로, 모든 짐승을 이르는 말)에 가까워진다. 성인(聖人. 지혜와 덕이 매우 뛰어나 길이 우러러 본받을 만한 사람)이 이것을 근심하여 설(契. 사람 이름)을 사도(司徒. 벼슬 이름)로 삼아 인륜(人倫. 군신, 부자, 형제, 부부 따위에서, 사람으로서 지켜야 할 도리)으로써 가르치게 하니, 이것이 바로 아버지와 자식은 친함이 있으며, 임금과 신하는 의가 있으며, 지아비와 지어미는 분별이 있으며, 어른과 아이는 차례가 있으며, 친구는 믿음이 있다는 것이다.(人之有道也, 飽食暖衣逸居而無敎, 則近於禽獸. 聖人有憂之, 使契爲司徒, 敎以人倫, 此之謂五倫, 父子有親, 君臣有義, 夫婦有別, 長幼有序, **朋友有信**)〉라는 이야기가 나오는데, 맹자(孟子)가 말한 '친구는 믿음이 있다는 것이다.(朋友有信)'에서, '붕우유신(朋友有信)'이 유래했다. 여기서 '맹자(孟子)'는 중국 전국시대(戰國時代)의 사상가의 한 사람이다. 성선설(性善說)을 주장하고 인의(仁義)의 정치를 권하였다. 이처럼 맹자(孟子)가 오륜(五倫)을 인용한 의도는, 난의포식(暖衣飽食. 본문 참고)만으로 산다는 것은 금수(禽獸)에 가깝지, 사람다운 사람이 될 수 없다는 것을 지적하기 위해서였다. 사람다운 삶을 살기 위해서는 반드시 가르침이 있어야 하고, 그 가르침은 도덕규범인 오륜(五倫)부터 시작되어야 함을 강조하고 있는 것이다. 오륜(五倫)은 인간의 기본 도덕을 설명하고 있기 때문이다. 나머지 구체적인 내용은 ⇨군신유의(君臣有義).

붕우-지-도(朋友之道 벗 붕/벗 우/어조사 지/도리 도) 벗과 벗의 도리(道理)라는 뜻으로, 벗을 사귀는 도리(道理)를 이르는 말. *붕우(朋友): ☞붕우유신(朋友有信). *도리(道理): 사람이 마땅히 지켜야 할 바른 길. 이 사자성어의 유래는 다음과 같다. 『맹자(孟子)』의 「이루(離婁) 장구(章句)」 하(下) 편(篇)에 [공도자(公都子)가 말하길, "광장(匡章. 사람 이름)은 온 나라 사람들 모두가 불효자(不孝子)라 칭(稱)하는데, 선생님께서는 그와 더불어 교유(交遊. 서로 사귀어 놀거나 왕래함)하시고, 또 그를 따르고 예우(禮遇. 예로써 대접함. 또는 예의를 다하여 대우함)도 하시니, 감히 그 이유를 묻고자 합니다." 했다. 맹자(孟子)가 말하기를, "세속(世俗. 사람이 살고 있는 모든 사회를 통틀어 이르는 말)에서 말하는바 불효(不孝)는 다섯 가지이다. 사지(四支. 원문에는 '四支'로 되어 있는데, 이 말은 『국어사전·國語辭典』에 등재되어 있지 않다. 여기서는 '사지·四肢'의 뜻으로 쓰였다. 사람의 두 팔과 두 다리를 통틀어 이르는 말)를 게을리 하여, 부모의 봉양(奉養. 부모나 조부모를 받들어 모심)을 돌보지 않는 것이, 첫 번째 불효(不孝)이고, 노름이나 하고 술 마시기를 좋아하여, 부모의 봉양(奉養)을 돌보지 않는 것이, 두 번째 불효(不孝)이고, 재물을 좋아하고, 처자(妻子. 아내와 자식)만 편애(偏愛. 어느 한 사람이나 한쪽만을 유달리 사랑함)하여, 부모의 봉양(奉養)을 돌보지 않는 것이 세 번째 불효(不孝)이고, 귀와 눈이 좋아하는 것을 쫓아서, 이로써 부모를 욕보이는 것이, 네 번째 불효(不孝)이고, 만용(蠻勇. 사리를 분별함이 없이 함부로 날뛰는 용맹)을 좋아하여 싸우고 말다툼을 하여 이로써 부모를 불안하게 하는 것이, 다섯 번째 불효(不孝)이다. 광장(匡章)이 이러한 것 중에 하나라도 (해당되는 것이) 있는가?" 라고 했다.]〈"광장(匡章)은, 자식으로서 아버지에게 책선(責善)을 했지만 아버지의 뜻과는 맞지 않았다. (원래) 책선(責善)은, 친구들 (사이에서 하는 게) 도리(道理)인데, 부자간(父子間)에 책선(責善)을 함으로써, (부자간에) 사랑을 크게 해쳤던 것이다. (夫章子, 子父責善而不相遇也, **責善朋友之道也**, 父子責善, 賊恩之大者)〉[광장(匡章)이, 어찌 부부(夫婦)와 자모(子母. 아들과 어머니)라는 가족관계를 원하지 않았겠느냐만, 아버지께 죄를 얻게 되어, (가족들과) 가까이 할 수 없었던 것이다. (그래서) (광장·匡章이) 아내를 내보내고 자식을 물리쳐서,

(그 역시) 종신토록(終身~. 살아서 목숨이 다할 때까지) (처자식의) 봉양(奉養)을 받지 않기로 했던 것이다. 그 마음먹기를, '이와 같이 하지 않으면, 그것은 곧 죄를 짓는 것이다' (라고 했으니), 어느 자료(資料)에 의하면, 광장(匡章)은 나라의 장수(將帥)인데, 그의 어머니가 아버지에게 죄를 지었다 하여 아버지가 그의 어머니를 죽여 마구간(馬廐間. 말을 기르는 집)에 묻었다. 그러자 광장(匡章)이 그의 아버지에게 어머니를 용서하고 이장(移葬. 무덤을 옮김)할 것을 권하였다. 아버지는 그의 말을 듣지 않았다. 그러자 광장(匡章)은 아버지를 멀리하고 봉양(奉養)을 하지 않는 동시에, 자신은 아버지에게 죄를 지은 몸이기에, 자기 스스로도 처자식의 봉양(奉養)을 받지 않겠다고 작심(作心. 마음을 단단히 먹음. 또는 그 마음)하며 그들과도 별거(別居. 부부 또는 한 가족이 따로 떨어져 삶)하며 살았다고 전해지고 있다. 바로 이런 사람이 곧 광장(匡章)이다.]라는 이야기가 나오는데, '(원래) 책선(責善)은, 친구들 사이(에서 하는 게) 도리(道理)인데,(責善朋友之道也)'에서 '책선지도(責善之道)'와 '붕우지도(朋友之道)'가 유래했다. '책선지도(責善之道)'와 '붕우지도(朋友之道)'는 독립해서 쓰이는 것이 아니라, 서로 연결되어 쓰이는 말이다. '책선(責善)'은 잘못된 점을 꾸짖어서 착하게 한다는 뜻[責善之道]인데, 이것은 벗들 사이서만 해야 할 일[朋友之道]이라는 것이다. 아버지가 아들에게, 스승이 제자에게, 형이 아우에게, 어른이 어린 아이에게 책선(責善)하는 것은 도리(道理)에 어긋난다는 것이다. 벗 사이에서만 이루어지는 것이 진정한 책선(責善)이라는 뜻이다. 죄악(罪惡. 죄가 될 만한 나쁜 짓)이라고 할 만한 일이 아닌데도 너무 쉽게 사람을 책선(責善)하는 경향이 있다. 그러다보니 서로 나쁜 감정이 쌓이고 등을 돌리며, 심지어 싸움까지 하게 되어 많은 문제를 일으킨다. 특히 부부간의 갈등(葛藤)이나 이혼(離婚)도, 책선(責善)의 남발(濫發. 어떤 말이나 행동을 함부로 함)이 하나의 원인일 수도 있다. 우리는 책선(責善)에 대해서 신중하게 생각할 필요가 있음을, '책선지도(責善之道)'와 '붕우지도(朋友之道)'를 통해서 깨달았으면 좋겠다. 나머지 구체적인 내용은 ⇨책선지도(責善之道).

붕우-책선(朋友責善 벗 **붕**/벗 **우**/권할 **책**/착할 **선**) 벗과 벗에게 착함을 권(勸)한다는 뜻으로, 벗끼리 서로 좋은 일을 하도록 권(勸)함을 이르는 말. *붕우(朋友): ☞붕우유신(朋友有信). *책선(責善): 친구끼리 착한 일을 서로 권함. *권하다(勸~): 남에게 어떤 일을 하도록 부추기다.

붕정-만-리(鵬程萬里 붕새 **붕**/길의 거리 **정**/일만 **만**/이수 **리**) 붕새가 (날아갈) 길이 일만(一萬) 이수(里數)라는 뜻으로, ①머나먼 노정(路程. 어떤 지점에서 목적지까지의 거리, 또는 목적지까지 걸리는 시간)을 이르는 말. ②훤히 펼쳐진 긴 앞길. 즉, 앞날이 밝고 창창(蒼蒼. 앞길이 멀고 멀어서 아득함)함. ③원대(遠大. 계획이나 희망 따위의 장래성과 규모가 큼)한 계획이나 사업을 비유적으로 이르는 말. *붕정(鵬程): 한 번에 구만(九萬) 리(里)를 난다는 상상의 붕새가 날아갈 길이라는 뜻으로, 가야 할 멀고 먼 길을 비유적으로 이르는 말. *붕새(鵬~): 부록 '붕(鵬)' 참고. 이 사자성어의 유래는 다음과 같다. 『장자(莊子)·내편(內篇)』의 「소요유(逍遙遊)」편(篇)에 〈북쪽 바다에 고기가 있으니, 그 이름을 곤(鯤)이라 한다. 곤(鯤)의 크기는 그 길이가 몇 천 리가 되는지 알 수가 없다. 그것이 변해서 새가 되는데, 그 이름을 붕(鵬)이라 한다. 붕(鵬)의 등덜미(등의 윗부분)는 그 길이가 몇 천 리나 되는지 알 수가 없으며, 치고 날아오르면 그 날개는 하늘에 드리운 구름과 같다. …… 붕(鵬)이 남쪽 바다를 건널 때는 물결을 삼천 리나 치고, 회오리바람을 타고 구만 리를 올라가서, 여섯 달 동안 난 다음에 쉰다. 여기서, '회오리바람'은 나선(螺線. 평면 위에 있어서의 소용돌이 모양의 곡선) 모양으로 도는 바람을 일컫는다. 지면(地面)

ㅂ

가까이의 대기(大氣, 공기)가 불안정하여 일어나는데, 먼지나 모래알 따위가 딸려 올라가 기둥모양으로 선회(旋回, 둘레를 빙글빙글 돎)함. 일명 돌개바람이라고도 한다. (北冥有魚, 其名爲鯤, 鯤之大, 不知其幾 千里也, 化而爲鳥, 其名爲鵬, 鵬之背, 不知其幾千里也, 怒而飛, 其翼若垂天之雲, …… **鵬之徙於南冥也**, 水擊三千里, **搏扶搖而上者九萬里**, 去以六月息者也.))라는 이야기가 나오는데, '붕(鵬)이 남쪽 바다를 건 널 때는,(鵬之徙於南冥也)'와, '회오리바람을 타고 구만 리를 올라가서,(搏扶搖而上者九萬里)'에서, '붕정 만리(鵬程萬里)'가 유래했다. 참고로, 원문의 '北冥有魚'에서, '北'은 북녘 '북'으로 읽고, '冥'은 바다 '명'으 로 읽고, '有'는 있을 '유'로 읽고, '魚'는 물고기 '어'로 읽는다. '北冥有魚'를 직역(直譯)하면, 북쪽 바다에 물고기가 있었는데, '其名爲鯤'에서, '其'는 그(지시하는 말) '기'로 읽고, '名'은 이름 '명'으로 읽고, '爲'는 할 '위'로 읽고, '鯤'은 물고기 알 '곤'으로 읽는다. '其名爲鯤'을 직역(直譯)하면, 그 이름을 곤(鯤)이라고 했다. '鯤之大'에서, '之'는 어조사 '지'로 읽는다. '~의'를 나타내는 관형격 조사. '大'는 클 '대'로 읽는다. 여기서는 '크기'의 뜻. '鯤之大'를 직역(直譯)하면 곤(鯤)의 크기는, '不知其幾千里也'에서, '不'는 아닐(부 정하는 말) '부'로 읽고, '知'는 알 '지'로 읽고, '其'는 그(지시하는 말) '기'로 읽고, '幾'는 몇 '기', 얼마 '기'로 읽고, '千'은 일천 '천'으로 읽고, '里'는 이수(里數) '리(이)'로 읽고, '也'는 어조사 '야'로 읽는다. '~이다(단정)'의 뜻을 나타냄. '不知其幾千里也'를 직역(直譯)하면, 그것이 몇 천 이수(里數)인지 알지 못한다. '化而爲鳥'에서, '化'는 변화(變化) '화'로 읽고, '而'는 말 이을 '이'로 읽는다. '그리고'의 뜻을 나타 냄. '爲'는 될 '위'로 읽고, '鳥'는 새 '조'로 읽는다. '化而爲鳥'를 직역(直譯)하면, 그것('곤·鯤'을 가리킴)이 변화하여 그리고 새가 되었는데, '其名爲鵬'에서, '鵬'은 붕새(하루에 구만 리를 날아간다는, 매우 큰 상상의 새) '붕'으로 읽는다. 其名爲鵬'을 직역(直譯)하면 그 이름은 붕(鵬)이라고 한다. '鵬之背'에서, '背'는 등 '배'로 읽는다. '鵬之背'를 직역(直譯)하면, 붕(鵬)의 등은, '怒而飛'에서, '怒'는 여기서는 세찰(기 세나 형세 따위가 힘 있고 억셈) '로(노)'로 읽고, '飛'는 날 '비'로 읽는다. '怒而飛'를 직역(直譯)하면, 세차게 그리고 날면, '其翼若垂天之雲'에서, '翼'은 날개 '익'으로 읽고, '若'은 같을 '약'으로 읽고, '垂'는 드리울(한쪽이 위에 고정된 천이나 줄 따위가 아래로 늘어진) '수'로 읽고, '天'은 하늘 '천'으로 읽고, '雲'은 구름 '운'으로 읽는다. '其翼若垂天之雲'을 직역(直譯)하면, 그 날개는 하늘에 드리운 구름 같았다. '鵬之徙於南冥也'에서, '之'는 어조사 '지'로 읽는다. 여기서는 '~이', '~가(주격)'의 뜻을 나타냄. '徙'는 옮길 '사'로 읽고, '於'는 어조사 '어'로 읽는다. '~에', '~에서(장소)'의 뜻을 나타냄. '南'은 남녘 '남'으로 읽고, '冥'은 어두울 '명', 바다 '명'으로 읽는다. '南冥'은 남쪽에 있다고 하는 큰 바다. …… '鵬之徙於南冥 也'를 직역(直譯)하면, 붕(鵬)이 남쪽 바다에 옮겨 갈 때는, '水擊三千里'에서, '水'는 물 '수'로 읽고, '擊'은 칠 '격'으로 읽고, '三'은 석 삼으로 읽고, '千'은 일천 '천'으로 읽고, '里'는 이수(里數) '리(이)'로 읽는다. '水擊三千里'를 직역(直譯)하면, 물(물결)이 삼천 이수(里數)나 치고, '搏扶搖而上者九萬里'에서, '搏'은 뭉 칠(한데 합쳐서 한 덩어리가 됨) '단'으로 읽고, '扶'는 도울 '부'로 읽고, '搖'는 회오리바람 불 '요'로 읽고, '上'은 오를 '상'으로 읽고, '者'는 것(사물, 현상, 일 따위를 추상적으로 이르는 말) '자'로 읽고, '九'는 아홉 '구'로 읽고, '萬'은 일만 '만'으로 읽는다. '搏扶搖而上者九萬里'를 직역(直譯)하면, (한 덩어리로) 뭉쳐진 회오리바람의 도움으로 그리고 9만 이수(里數)를 오르는 것이다. 여기서, '鵬程萬里'가 유래하였 는데, 이것을 직역(直譯)하면, 붕새가 (날아갈) 길이 일만(一萬) 이수(里數)라는 뜻으로, ①머나먼 노정 (路程. 어떤 지점에서 목적지까지의 거리. 또는 목적지까지 걸리는 시간)을 이르는 말. ②훤히 펼쳐진 긴 앞길. 즉, 앞날이 밝고 창창(蒼蒼. 앞길이 멀고 멀어서 아득함)함. ③원대(遠大. 계획이나 희망 따위의 규모가 크고 깊음)한 계획이나 사업을 비유적으로 이르는 말. '去以六月息者也'에서, '去'는 갈 '거'로 읽고, '以'는 써(그것을 가지고, 그것으로 인하여) '이'로 읽고, '六'은 여섯 '륙(육)'으로 읽고, '月'은 달 '월'로 읽고, '息'은 쉴 '식', 그칠 '식'으로 읽는다. '去以六月息者也'를 직역(直譯)하면, (그리고) (날아) 가서 그것으로 인하여 6개월을 쉬는 것이다.

붕-천-지-통(崩天之痛 산 무너질 **붕**/하늘 **천**/어조사 **지**/아플 **통**) 산(山)이 무너지고 하늘이 (무너지는) 아픔(슬픔)이라는 뜻으로, 아버지가 돌아가신 슬픔을 이르는 말. 참 고분지통(叩盆之痛). 붕성지통(崩城之痛).

비견-계종(比肩繼踵 견줄 **비**/어깨 **견**/이을 **계**/발꿈치 **종**) 어깨를 견주고 발꿈치를 잇는다. 즉, 어깨를 견주 듯이 어깨가 서로 닿고, 발꿈치가 서로 잇듯이 다리가 부딪친다는 뜻으로, 많은 사람으로 북적거리거나 잇따라 끊어지지 않는 것을 비유적으로 이르는 말. 비 인산인해(人山人海). 참 비견접종(比肩接踵). *비견(比肩): 어깨를 나란히 한다는 뜻으로, 낮고 못함이 없이 서로 비슷함. *계종(繼踵): 뒤를 이음. *견주다: 부록 '비(比)' 참고. 이 사자성어의 유래는 다음과 같다. 『안자춘추(晏子春秋)』「내편잡하(內篇雜下)」에 〈이튿날 안영(晏嬰)은 왕궁으로 가 영왕(靈王)을 알현(謁見. 지체가 높고 귀한 사람을 찾아가 뵘)했다. 여기서, '지체'는 순우리말로, 대대로 이어 내려오는 사회적 신분이나 지위를 일컬음. 영왕(靈王)이 입을 열었다. "제(齊)나라에는 사람이 없소? 그대 같은 사람을 사신(使臣. 지난날, 나라의 명·命을 받고 외국에 파견되던 신하)으로 보내다니." 안영(晏嬰)이 대답했다. "제(齊)나라 도성(都城. 임금이나 황제가 있던 도읍지·都邑地가 성·城으로 이루어졌다는 데서, '서울'을 이르던 말)의 임치(臨淄. 땅 이름)는 3백호에, 길 가는 사람들이 서로 어깨를 부딪치고, 팔을 들어 올리면 해가 가려지고, 땀을 흘리면 비가 내릴 정도로 많습니다. 어찌 사람이 없다 하십니까?" "그런데 어째서 경(卿. 임금이 2품 이상의 신하를 가리키던 2인칭 대명사)과 같은 사람을 사신(使臣)으로 보냈단 말이오?" 안영(晏嬰)이 대답했다. "제(齊)나라에서는 사신을 보낼 때 상대국에 맞게 사람을 보냅니다. 현명한 자(者)는 현명한 왕에게 보내고, 무능한 자(者)는 무능한 왕에게 보냅니다. 저는 가장 무능하기 때문에 초(楚)나라로 오게 된 것입니다."(見楚王. 王曰, 齊無人耶, 使子爲使, 晏子對曰, 齊之臨淄三百閭, 張袂成陰, 揮汗成雨, **比肩繼踵而在**, 何爲無人, 王曰, 然則何爲使子, 晏子對曰, 齊命使, 各有所主, 其賢者使使賢王, 不肖者使使不肖王, 嬰最不肖, 故宜使楚矣.〉라는 이야기가 나오는데, '길 가는 사람들이 서로 어깨를 부딪치고,(比肩繼踵而在)'에서, '비견계종(比肩繼踵)'이 유래했다. 이 이야기의 배경은 이렇다. 춘추시대 제(齊)나라의 안영(晏嬰)은 세 명의 왕(영공·靈公, 장공·莊公, 경공·景公) 밑에서 재상(宰相. 임금을 보필하며 모든 관원을 지휘, 감독하는 자리에 있는 이품·二品 이상의 벼슬을 통틀어 이르던 말)을 지냈으며, 평생 절검(節儉. 절약하고 검소하게 함)과 역행(力行. 노력하여 행함. 또는 힘을 다하여서 함)의 삶을 살았다. 그는 재상(宰相)이 된 뒤에도 밥상에는 고기반찬을 올리지 않았고, 아내에게는 비단옷을 입히지 않았으며, 조정(朝廷. 임금이 나라의 정치를 신하들과 의논하거나 집행하는 곳. 또는 그런 기구)에 들어가면 임금께서 묻는 말에만 대답할 정도로 스스로 품행(品行. '품성·品性'과 '행실·行實'을 아울러 이르는 말)을 조심하였다. 또한 달변(達辯. 막히는 데 없이 말을 술술 잘함. 또는 그런 말)과 임기응변(臨機應變. 본문 참고)으로도 유명했다. 그러나 외모는 볼품없고 키는 아주 작았다. 어느 해, 그는 초(楚)나라에 사신(使臣. 지난날, 나라의 명·命을 받아 외국에 파견되던 신하)으로 가게 되었다. 평소 안영(晏嬰)이 뛰어난 지모(智謀. 슬기로운 꾀)의 소유자라는 소문을 들은 초(楚)의 영왕(靈王)은 안영(晏嬰)을 시험하기 위해 대문(大門) 옆에 작은 대문(大門)을 내어 안영(晏嬰)을 그리로 안내하도록 했다. 안영(晏嬰)은 들어가기를 거부하면서 말했다. "개나라[狗國] 사신(使臣)이니 개문[狗門]으로 드나들게 해야지. 나는 초(楚)나라의 사신(使臣)이니 이 문(門)으로 들어갈 수 없다." 영왕(靈王)은 이 말을 듣고 성문(城門. 성·城의 출입구에 만든 문·門)을 열고 안영(晏嬰)을 맞이하게 했다. 그 후 안영(晏嬰)과 영왕(靈王)의 대화 속에 '비견계종(比肩繼踵)'이 나온 것이다. 참고로, 원문의 '見楚王'에서, '見'은 볼 '견'으로 읽고, '楚'는 초(楚)나라 '초'로 읽고, '王'은 임금 '왕'으로 읽는다. '見楚王'을 직역(直譯)하면, 초(楚)나라 왕을 뵈었다. '齊無人耶'에서, '齊'는 제(齊)나라 '제'로 읽고, '無'는 없을 '무'로 읽고, '人'은 사람 '인'으로 읽고, '耶'는 어조사 '야'로 읽는다. '~는가?', '~인가?(의문)'의 뜻을 나타냄. '齊無人耶'를 직역(直譯)하면, "제(齊)나라에는 사람이 없는가? '使子爲使'에서, '使'는 하여금(누구를 시키어) '사'로 읽고, '子'는 너 '자', 당신 '자'로 읽고, '爲'는 삼을(무엇을 무엇이 되게 하거나 여길) '위'로 읽고, '使'는 사신(使臣. 지난날, 나라의 명·命을 받아 외국에 파견되던 신하) '사'로 읽는다. '使子爲使'를 직역(直譯)하면, 당신으로 하여금 사신(使臣)으로 삼으니까 (말이지), '晏子對曰'에서 '晏'은 늦을 '안'으로 읽고, '子'는 경칭(敬稱. 공경하는 뜻으로 부르는 칭호, 또는 존대하여 일컬음) '자'로 읽는다. 학덕(學德)과 지위가 높은 남자의 경칭(敬稱)이다. '晏子'는 중국 춘추시대(春秋時代) 제(齊)나라의 정치가인 '안영(晏嬰)'을 높여 이르는 말. '對'는 대답할 '대'로 읽는다. '晏子對曰'을 직역(直譯)하면, 안자(晏子)가 대답하여 말하기를, '齊之臨淄三百閭'에서, '齊'는 제(齊)나라 '제'로 읽고, '之'는 어조사 '지'로 읽는다. '~의'를 나타내는 관형격 조사. '臨'은 임할 '림(임)'으로 읽고, '淄'는 검은 빛 '치', 현(縣)의 이름 '치'로 읽는다. '臨淄'는 땅 이름. 제(齊)나라의 도읍지(都邑地. 한 나라의 서울로 삼은 곳)로 알려져 있음. '三'은 석 '삼'으로 읽고, '百'은 일백 '백'으로 읽고, '閭'는 마을 '려(여)'로 읽는다. '齊之臨淄三百閭'를 직역(直譯)하면, 제(齊)나라의 임치(臨淄)는 300개의 마을에, '張袂成陰'에서, '張'은 늘일 '장'으로 읽고, '袂'는 소매 '메'로 읽고, '成'은 이룰 '성'으로 읽고, '陰'은 그늘 '음'으로 읽는다. '張袂成陰'을 직역(直譯)하면, 소매를 늘이면 그늘을 이루고, 즉, 사람의 옷 소매가 태양을 가려 그늘을 만들 정도로 사람이 많다는 뜻. '揮汗成雨'에서, '揮'는 뿌릴 '휘'로 읽고, '汗'은 땀 '한'으로 읽고, '成'은 이룰 '성'으로 읽고, '雨'는 비 '우'로 읽는다. '揮汗成雨'를 직역(直譯)하면, 땀을 뿌리면 비를 이룹니다. 즉, 사람이 흘린 땀이 비가 되어 내릴 정도로 사람이 많다는 뜻. '比肩繼踵而在'에서, '比'는 견줄 '비'로 읽고, '肩'은 어깨 '견'으로 읽고, '繼'는 이을 '계'로 읽고, '踵'은 팔꿈치 '종'으로 읽고, '而'는 말 이을 '이'로 읽는다. '그리고'의 뜻을 나타냄. '在'는 있을 '재'로 읽는다. '比肩繼踵而在'를 직역(直譯)하면, (그리고) 어깨를 견주고 발꿈치를 이을 (정도로) 그리고 (사람이 많이) 있습니다. 여기서, '比肩繼踵'이 유래하였는데, 이것을 직역(直譯)하면, 어깨를 견주고 발꿈치를 잇는다. 즉, 어깨를 견주듯이 어깨가 서로 닿고, 발꿈치가 서로 잇듯이 다리가 부딪친다는 뜻으로, 많은 사람으로 북적거리거나 잇따라 끊어지지 않는 것을 비유적으로 이르는 말. '何爲無人'에서, '何'는 어찌(의문 부사) '하'로 읽고, '爲'는 할 '위'로 읽고, '無'는 없을 '무'로 읽고, '人'은 사람 '인'으로 읽는다. '何爲無人'을 직역(直譯)하면, 어찌 사람이 없다고 하십니까? '然則何爲使子'에서, '然'은 그러할 '연'으로 읽고, '則'은 곧 '즉'으로 읽는다. '然則'은 '그러면', '그런즉'의 뜻을 나타내는 접속 부사. '然則何爲使子'를 직역(直譯)하면, 그러면 어찌 당신을 사신(使臣)으로 삼았느냐? '齊命使'에서, '命'은 명령할 '명'으로 읽는다. '齊命使'를 직역(直譯)하면, 제(齊)나라에서는 사신(使臣)에게 명령할 (때), '各有所主'에서, '各'은 다를 '각'으로 읽고, '有'는 있을 '유'로 읽고, '所'는 바(앞에서 말한 내용 그 자체나 일 따위를 나타냄) '소'로 읽고, '主'는 임금 '주'로 읽는다. '各有所主'를 직역(直譯)하면, (나라마다) 임금이 하는 바에 따라 다름이 있습니다. 즉, 상대국에 맞게 사람을 보낸다는 뜻이다. '其賢者使使賢王'에서, '其'는 그(지시하는 말) '기'로 읽고, '賢'은 어질 '현'으로 읽고, '者'는 사람 '자'로 읽는다. '賢者'는 어질고 총명하여 성인(聖人. 지혜와 덕이 매우 뛰어나 길이 우러러 본받을 만한 사람)에 다음 가는 사람. '使使'는 사신(앞의 使)으로 부리다(뒤의 使). 또는 사신(앞의 使)으로 시키다(뒤의 使). '賢王'은 어진 임금. '其賢者使使賢王'을 직역(直譯)하면, 그 현명한 사람은 현명한 왕에게 사신(使臣)으로 부립니다(보냅니다). '不肖者使使不肖王'에서, '不'은 아닐(부정하는 말) '불'로 읽고, '肖'는 닮을 '초'로 읽는다. '不肖者'는 아들이 부모를 상대하여, 자기를 낮추어 이르는 1인칭 대명사. 여기서는 '무능한 자(者)'를 뜻한다. '안영(晏嬰)'을 가리킴. '不肖王'은 여기서는 '무능한 왕(王)'을 뜻한다. '영왕(靈王)'을 가리킴. '不肖者使使不肖王'을 직역(直譯)하면, 불초자(不肖者)는 불초(不肖)한 왕에게 사신으로 부립니다(보냅니다). '嬰最不肖'에서, '嬰'은 어릴 '영'으로 읽는다. 여기서는 '안영(晏嬰)'을 가리킴. '最'는 가장(여럿 가운데 어느 것보다 정도가 높거나 세게) '최'로 읽는다. '不肖'는 ①부모를 닮지 않았다는 뜻으로, 부모를 따를 수 없는 못난 자식. ②아들이 부모를 상대하여 자기를 낮추어 이르는 1인칭 대명사. '嬰最不肖'를 직역(直譯)하면, 안영(晏嬰)은 가장 불초한(무능한) (사람이기 때문에), '故宜使楚矣'에서, '故'는 그러므로 '고'로 읽고, '宜'는 마땅할 '의', 마땅히 '의'로 읽고, '矣'는 어조사 '의'로 읽는다. '~이다(단정)'의 뜻을 나타냄. '故宜使楚矣'을 직역(直譯)하면, 그러므로 (제가) 초(楚)나라에 사신으로 (온 것은) 마땅한 (것입니다).

비관-주의(悲觀主義 슬플 **비**/볼 **관**/주될 **주**/옳을 **의**) 비관(悲觀)을 (일삼는) 주된 주의(主義)라는 뜻으로, ①인생을 어둡게만 보아 슬퍼하거나 절망스럽게 여기는 태도를 이르는 말. ②앞으로의 일이 잘 안 될 것이라고 보는 태도를 이르는 말. 웹 염세주의(厭世主義). *비관(悲觀): ①일이 뜻대로 되지 않아 슬퍼하거나 실망함. ②인생은 괴로움과 악(惡)뿐이므로 바랄 것이 없다는 염세관(厭世觀. 염세주의·厭世主義와 같은 뜻으로, 세상이나 인생에 실망하여 이를 싫어하는 생각. 곧, 세상이나 인생에는 살아갈 만한 값어치가 없다고 하는 생각)을 이르는 말. ↔낙관(樂觀). *주의(主義): ①굳게 지키는 주장이나 방침. ②체계화된 이론이나 학설. *주되다(主~): 주장(主張)이나 중심(中心)이 되다.

비-금-비-석(非今非昔 아닐 **비**/오늘 **금**/아닐 **비**/어제 **석**) 오늘도 아니고 어제도 아니라는 뜻으로, 어제오늘 일이 아니고 언제나 그러함을 이르는 말.

비금-주수(飛禽走獸 날 **비**/날짐승 **금**/달아날 **주**/길짐승 **수**) 나는 날짐승과 달아나는 길짐승이라는 뜻으로, 날짐승과 길짐승을 통틀어 이르는 말. *비금(飛禽): =날짐승. 즉, 날아다니는 짐승으로, 새 종류를 통틀어 이르는 말. *주수(走獸): =길짐승. 즉, 기어 다니는 짐승을 통틀어 이르는 말.

비기-윤신(肥己潤身 살찔 **비**/몸 **기**/윤택할 **윤**/몸 **신**) 몸을 살찌게 (하고) 몸을 윤택(潤澤)하게 (한다는) 뜻으로, 자기 몸만 이롭게 함을 이르는 말. *비기(肥己): =비기윤신(肥己潤身). *윤신(潤身): (몸에 광채를 입힌다는 뜻으로) 덕(德. 고매하고 너그러운 도덕적 품성)을 쌓아서 훌륭하게 되는 것을 이르는 말. *윤택하다(潤澤~): 부록 '윤(潤)' 참고.

비기-지-욕(肥己之慾 살찔 **비**/몸 **기**/어조사 **지**/욕심 **욕**) 몸을 살찌게 (하려는) 욕심. 즉, 자기 몸만 아는 욕심쟁이(慾心~. 욕심이 많은 사람을 낮추어 이르는 말)라는 뜻으로, 자기 몸만 이롭게 하려는 욕심을 이르는 말. *비기(肥己): ☞비기윤신(肥己潤身).

비-내구재(非耐久財 아닐 **비**/견딜 **내**/오랠 **구**/재화 **재**) 오랫동안 견디는 재화(財貨)가 아니라는 뜻으로, (견딜힘이 약하거나 변질되거나 하여) 오랫동안 사용할 수 없는 재화(財貨)를 이르는 말. *내구재(耐久財): 오래도록 쓸 수 있는 재물(財物). *재화(財貨): 돈과 값나가는 물건. 또는 사람이 바라는 바를 충족시켜 주는 모든 물건.

비-논리적(非論理的 아닐 **비**/논의할 **논**/이치 **리**/접미사 **적**) 논의(論議)할 이치(理致)가 아니라는 뜻으로, ①관 논리적(論理的)이지 않는. 명 논리적(論理的)이지 않는 것. ②관 조리(條理)에 닿지 않는. 명 조리(條理)에 닿지 않는 것. *논리적(論理的): 관명 ①논리에 맞는. 논리에 맞는 것. ②생각하는 방법이나 이야기의 줄거리 따위가 이치(理致)에 맞는. 또는 생각하는 방법이나 이야기의 줄거리 따위가 이치(理致)에 맞는 것. *논의하다(論議~): 부록 '논(論)' 참고. *이치(理致): 사물에 정당한 조리(條理. 어떤 일이나 말, 글 따위에서, 앞뒤가 들어맞고 체계가 서는 것). 또는 도리(道理. 여기서는 마땅한 방법이나 길)에 맞는 근본 뜻.

비도-산-고(悲悼酸苦 슬플 **비**/슬퍼할 **도**/실 **산**/괴로울 **고**) 슬프고 슬퍼, 시고 괴롭다는 뜻으로, 손아랫사람의 죽음을 당해, 몹시 슬프고 마음이 쓰림을 이르는 말. *비도(悲悼): 사람의 죽음을 몹시 슬퍼하고 애석(哀惜. 슬프고 아까움)하게 여김. *시다: 부록 '산(酸)' 참고.

비-렴-급제(飛簾及第 날 **비**/발 **렴**/미칠 **급**/과거 **제**) 발[簾]을 (들어 내다보는 동안 새가) 날듯이 과거(科擧. 예전에 우리나라와 중국에서 관리를 뽑을 때 실시하던 시험을 이르는 말) (합격)에 미친다(급제한다)는 뜻으로, 지난날, 과거(科擧)에서 소과(小科), 즉, 진사(進士)나 생원과(生員科)를 거치지 아니하고 대번에 대과(大科)에 급제(及第)하는 일을 이르는 말. 매우 드문 일이어서, 옛날에 이런 사람이 길을 갈 때면 사람들이 그를 보려고 발[簾]을 들어 내다본다고 해서 생긴 말이다. 여기서, '진사(進士)'는 조선 시대에, 소과(小科)와 진사과(進士科)에 급제(及第)한 사람을 일컫던 말. '생원과(生員科)'는 조선 시대에, 소과(小科) 가운데 '사서오경(四書五經. 본문 참고)'을 시험 보이던 과목(科目)을 이르는 말. 초시(初試. 과거·科擧의 첫 시험. 또는 그 시험에 급제한 사람)와 복시(覆試. 과거·科擧에서 초시·初試에 합격한 사람이 2차로 시험을 보던 일. 또는 그 시험)가 있었다. '대과(大科)'는 지난날, 과거(科擧)의 문과(文科)를 소과(小科)에 대하여 이르던 말. ↔소과(小科). *급제(及第): ①시험이나 검사 따위에 합격함. ②지난날, 과거(科擧)에 합격하던 일. *발: 부록 '렴(簾)' 참고.

비례-물-시(非禮勿視 아닐 **비**/예절 **례**/말 **물**/볼 **시**) 예절(예)이 아니면 보지도 말라는 뜻으로. 예절에 맞지 않는 일이라면 쳐다보지도 말아야 함을 이르는 말. 즉, 예절을 지키는 것이 무엇보다 중요하다는 말이다. *비례(非禮): 예의에 어긋나는 일. *말다: 부록 '물(勿)' 참고. 이 사자성어의 유래는 다음과 같다. 『논어(論語)』의 「안연(顏淵)」 편(篇)에 〈안연(顏淵)이 인(仁)에 대하여 묻자, (중국 춘추시대의 사상가이며 학자인) 공자(孔子)가 대답했다. "나를 이기고 예(禮)로 돌아가는 것이 인(仁)이다. 즉, 자기의 사욕(私慾)을 이겨내고 본연의 예(禮)로 돌아가는 것이 인(仁)이라는 뜻이다. 하루라도 나를 이기고 예(禮)로 돌아가면 천하(天下)가 인(仁)으로 돌아갈 것이다. 즉, 하루라도 자기의 사욕(私慾)을 이겨내고 본연의 예(禮)로 돌아간다면, 천하(天下)가 그의 인(仁)을 인정할 것이라는 뜻이다. 인(仁)을 향하는 것은 나로부터 나오는 것이지, 어찌 다른 사람에게서 나오는 것이겠느냐?” 즉, 인(仁)을 행하는 것은 자기에게서 나오는 것이지, 어찌 남이 간여할 수 있는 것이겠는가? 라는 뜻이다. 안연(顔淵)이 물었다. “그 조목(條目. 정해 놓은 법률이나 규정 따위의, 낱낱의 조항이나 항목)을 묻고 싶습니다.” 즉, 그 실천 조목(條目)을 묻겠다는 말이다. 공자(孔子)가 말씀하였다. “예(禮)가 아니면 보지도 말고, 예(禮)가 아니면 듣지도 말며, 예(禮)가 아니면 말하지도 말고, 예(禮)가 아니면 행동하지도 말아라.” 안연(顔淵)이 말했다. “제가 비록 불민(不敏. 어리석고 둔하여 재빠르지 못함)합니다만 이 말씀을 실천하도록 하겠습니다.” 즉, 제가 비록 총명(聰明)하지 못하나 이 말씀을 따르겠다는 뜻이다. 〈顔淵問仁, 子曰, 克己復禮爲仁, 一日克己復禮, 天下歸仁焉, 爲仁由己, 而由人乎哉. 顔淵曰, 請問其目, 子曰, **非禮勿視**, 非禮勿聽, 非禮勿言, 非禮勿動, 顔淵曰, 回雖不敏, 請事斯語矣.〉라는 이야기가 나오는데, ‘예(禮)가 아니면 보지도 말고,(非禮勿視)’에서, ‘비례물시(非禮勿視)’가 유래했다. 위에서 언급한 대로 안연(顔淵)이 인(仁)에 대해 묻자, 공자(孔子)는 극기복례(克己復禮)가 인(仁)이라고 했다. 다시 안연(顔淵)이 극기복례(克己復禮)를 실천하기 위한 조목(條目)에 대해서 묻자, 공자(孔子)는 네 가지 물(勿), 즉, 사물(四勿)을 말했다. ‘비례물시(非禮勿視)’는 그 사물(四勿)의 하나이다. ‘비례물시(非禮勿視)’는 한 마디로 말하면, 눈앞의 일이 예법(禮法)이나 예의(禮儀)에 부합(符合. 서로 조금도 틀림이 없이 꼭 들어맞음)되지 않는다면 너(‘안연·顔淵’을 가리킴)는 그것을 보지 말라는 뜻이다. 공자(孔子)는 예(禮)에 부합하지 않는 일은 보려고도 들으려고도 하지 말고, 말하려고도 행(行)하려고도 하지 말라고 했다. 이것이 유명한 공자(孔子)의 사물(四勿)의 가르침이다. 나머지 구체적인 내용은 ⇨극기복례(克己復禮).

비룡-승-운(飛龍乘雲 날 **비**/용 **룡**/탈 **승**/구름 **운**) 용(龍)이 구름을 타고 (하늘을) 난다는 뜻으로, 현자(賢者. 어진 사람, 또는 덕행의 뛰어남이 성인 다음 가는 사람. =현인·賢人)나 영웅(英雄. 지혜와 재능이 뛰어나고 용맹하여 보통 사람이 하기 어려운 일을 해내는 사람)이 시운(時運. 시대나 때의 운수)을 타고 자신의 재능(才能. 어떤 일을 하는데 필요한 재주와 능력)을 마음껏 발휘함을 비유적으로 이르는 말. 여기서, ‘재주’는 순우리말로, 무엇을 잘 할 수 있는, 타고난 능력과 슬기. *비룡(飛龍): ①하늘을 나는 용(龍). ②성인(聖人. 지혜와 덕이 매우 뛰어나 길이 우러러 본받을 만한 사람)이나 영웅(英雄)이 천자(天子)의 지위(地位)에 있음을 비유적으로 이르는 말. 여기서, ‘천자(天子)’는 천제(天帝. 하늘을 다스리는 신. 또는 우주를 창조하고 주재한다고 믿어지는 초자연적인 절대자)의 아들이란 뜻으로, 천명(天命. 하늘의 명령)을 받아 천하(天下)를 다스리는 사람. 곧 중국에서 황제(皇帝)를 일컫던 말이다.

비룡-재천(飛龍在天 날 **비**/용 **룡**/있을 **재**/하늘 **천**) 용(龍)이 날아 하늘에 있다는 뜻으로, 성인(聖人. 지혜와 덕이 매우 뛰어나 길이 우러러 본받을 만한 사람)이나 영웅(英雄. 지혜와 재능이 뛰어나고 용맹하여 보통 사람이 하기 어려운 일을 해내는 사람)이 가장 높은 지위(地位)에 올라 있음을 비유적으로 이르는 말. 세상의 이치를 궁구(窮究. 속 깊이 연구함)했던 옛날 사람들의 이론(理論. 어떠한 문제에 관한 특정한 학자의 견해나 학설)은 크게 틀리는 법이 없다. 인간의 삶을 상징적 영물(靈物. 신령스러운 물건이나 짐승)인 용(龍)에 비유(比·譬喻. 어떤 사물의 모양이나 상태 따위를 보다 효과적으로 표현하기 위하여 그것과 비슷한 다른 사물에 빗대어 표현함. 또는 그 표현 방법)한 것도 대게 틀리지 않는다. ‘잠룡(潛龍)’이니 ‘비룡(飛龍)’이니 하는 것 말이다. 이는 역경(易經. 유교 경전의 하나. =주역·周易) 건괘(乾卦. 팔괘·八卦의 하나. 하늘을 상징함)의 용(龍)을 인간에 비유해, 한 인간의 성장(成長)과 몰락(沒落. 번영하던 것이 쇠하여 보잘것없이 됨) 과정을 설명한 것이다. 용(龍)이 물속에서 때를 기다리며 힘을 비축(備蓄. 만일의 경우에 대비하여 미리 모아 둠)하는 것을 '잠룡(潛龍)'이라고 하고, 때를 만나 세상 밖으로 나와 자신의 능력을 본격 발휘하는 것을 '현룡(見龍. 여기서 '見'은 나타날 '현', 드러날 '현'으로 읽음)'이라고 한다. 또 어느 순간 일약(一躍. 대번에 높이 뛰어오름) 새로운 모습으로 도약(跳躍. 몸을 날려 위로 뛰어 오름)하는 것을 '약룡(躍龍)'이라 하고, 하늘 높이 날이 올라 정상(頂上. 산의 꼭대기)에 이르는 것을 '비룡(飛龍)'이라 한다. 마지막으로 끝까지 올라간 용(龍)은 더 이상 올라갈 데가 없는 것은 '항룡(亢龍)'이 다. *비룡(飛龍): ☞비룡승운(飛龍乘雲). *재천(在天): ①하늘에 있음. ②하늘에 달려 있음.

비류-직하(飛流直下 날 **비**/흐를 **류**/바로 **직**/아래 **하**) (물이) 바로 아래[下]로 날듯이 (곧게) 흐른다는 뜻으로, 물이 밑으로 곧바로 흘러내림을 이르는 말. ㉝ 비류직하삼천척(飛流直下三千尺). *비류(飛流): ①날듯이 빠르게 흐름. ②=폭포수(瀑布水). 즉, 낭떠러지에서 곧장 쏟아져 내리는 물. *직하(直下): ①바로 그 아래. 또는 곧장 그 밑. ②곧바로 내려감. 이 사자성어의 유래는 다음과 같다. 이백(李白)의 「망여산폭포(望廬山瀑布)」에 〈향로봉(香爐峰)에 햇살 드리우니 보랏빛 안개 일고 / 멀리 보이는 폭포는 앞의 내에 걸려 있네. / 물줄기 날아 떨어지길 삼천 척 / 은하수(銀河水)가 구천(九天)에서 떨어지는 듯.(日照香爐生紫煙, 遙看瀑布掛前川, **飛流直下三千尺**, 疑是銀河落九天.)〉라는 시구(詩句)가 나오는데, '물줄기 날아 떨어지길 삼천 척.(飛流直下三千尺)'에서, '비류직하(飛流直下)'가 유래했다. 이백(李白)은 여산폭포(廬山瀑布)를 보고 그 느낌을 비류직하삼천척(飛流直下三千尺)이라고 읊은 것이다. 참고로, 원문의 '日照香爐生紫煙'에서, '日'은 해 '일'로 읽고, '照'는 비출 '조'로 읽고, '香'은 향기 '향'으로 읽고, '爐'는 화로(火爐) '로(노)'로 읽는다. '香爐'는 '향로봉(香爐峰)'을 가리킴. 이백(李白)이 일찍이 여산폭포(廬山瀑布)를 바라보고 '향로봉(香爐峰)에 햇살을 드리우니 보랏빛 안개 일고'라고 노래한 것으로 보아 '향로봉(香爐峰)'은 여산폭포(廬山瀑布) 근처에 있는 산(山)으로 추정된다. '生'은 날 '생', 생길 '생'으로 읽고, '紫'는 자줏빛 '자'로 읽고, '煙'은 연기 '연', 안개 '연'으로 읽는다. '紫煙'은 보랏빛 안개. 그런데 자줏빛과 보랏빛은 색이 비슷하다. '자줏빛'은 짙은 남색을 띤 붉은 빛이고, '보랏빛'은 파랑과 빨강의 중간 빛이다. '日照香爐生紫煙'을 직역(直譯)하면, 향로봉에 해가 비치니, 보랏빛 안개가 생기고, '遙看瀑布掛前川'에서, '遙'는 멀 '요'로 읽고, '看'은 볼 '간'으로 읽고, '瀑'은 폭포(瀑布) '폭'으로 읽고, '布'는 베(삼실, 무명실, 명주실 따위로 짠 피륙) '포'로 읽는다. '瀑布'는 '폭포수(瀑布水)'와 같은 말로, 절벽에서 곧장 떨어져 내리는 물줄기를 이르는 말. '掛'는 걸(벽의 못 따위에 어떤 물체를 떨어지지 않도록 매달아 올려놓을) '괘'로 읽고, '前'은 앞 '전'으로 읽고, '川'은 내(시내보다는 크지만 강보다는 작은 물줄기) '천'으로 읽는다. '遙看瀑布掛前川'을 직역(直譯)하면 멀리 보이는 폭포수는 앞의 내에 걸려 있네. 즉, 멀리 폭포를 바라보니 냇물을 벽에 걸어 놓은 듯하다는 뜻이다. '飛流直下三千尺'에서, '飛'는 날 '비'로 읽고, '流'는 흐를 '류(유)'로 읽고, '直'은 바로 '직'으로 읽고, '下'는 아래 '하'로 읽고, '三'은 석 '삼'으로 읽고, '千'은 일천 '천'으로 읽고, '尺'은 자(길이를 재는 단위) '척'으로 읽는다. '飛流直下三千尺'을 직역(直譯)하면, 바로 아래로 날듯이 흐르는 것이 3000자[尺]다. 즉, 그 폭포가 밑으로 곧바로 흐르는데, 길이가 무려 3000자(약 1km)가 되는 것 같다. 여기서, '飛流直下'가 유래하였는데, 이것을 직역(直譯)하면, 바로 아래[下]로 날듯이 흐른다는 뜻으로, 물이 밑으로 곧바로 흘러내림을 이르는 말. '疑是銀河落九天'에서, '疑'는, 여기서는 아마도('아마'를 강조하여 이르는 말. 단정할 수 없지만 미루어 짐작하거나 생각하여 볼 때 그럴 가능성이 크다는 것을 나타냄) '의'로 읽고, '是'는 이(지시하는 말) '시'로 읽고, '銀'은 은(銀) '은'으로 읽고, '河'는 물 '하'로 읽는다. '銀河'는 은빛 물이라는 뜻인데, 맑은 날 밤, 흰 구름 모양으로 길게 남북으로 보이는 수많은 행성의 무리. '落'은 떨어질 '락(낙)'으로 읽고, '九'는 아홉 '구'로 읽고, '天'은 하늘 '천'으로 읽는다. '九天'은 하늘의 가장 높은 곳. '疑是銀河落九天'을 직역(直譯)하면 아마도 이 은하(銀河)는 구천(九天)에서 떨어지는 듯하네. 즉, 하늘의 가장 높은 곳에서 은하수(銀河水)가 쏟아지는 것 같다는 뜻이다.

비마-경구(肥馬輕裘 살찔 비/말 마/가벼울 경/갖옷 구) 살찐 말[馬]과 가벼운 갖옷(가죽옷)이라는 뜻으로, 부귀(富貴. 재산이 많고 지위가 높음)한 사람들의 나들이(가벼운 볼일로 집을 나서 이웃이나 다른 곳에 갔다가 오는 일) 차림새(옷이나 몸치장을 차리어 갖춘 모양새)를 비유적으로 이르는 말. =경구비마(輕裘肥馬). *비마(肥馬): 살찐 말. *경구(輕裘): 가벼운 가죽옷. 가죽 처리를 잘하여 품질이 좋음. *갖옷: 부록 '구(裘)' 참고.

비명-횡사(非命橫死 아닐 비/목숨 명/가로 횡/죽을 사) 목숨을 (다하지) 아니하고 가로(의 방향으로 누워서) 죽는다(횡사한다)는 뜻으로, 뜻밖의 재난(災難. 뜻밖의 불행한 일)이나 사고(事故)를 당하여 제명(~命. 타고난 자기의 목숨)대로 살지 못하고 죽음을 이르는 말. *비명(非命): 제명(~命)대로 다 살지 못하고 죽음. *횡사(橫死): 뜻밖의 재앙(災殃. 뜻하지 아니하게 생긴 불행한 변고·變故, 또는 천재지변·天災地變으로 인한 불행한 사고)을 당해 죽음. =변사(變死). 여기서, '재앙(災殃)'은 뜻하지 아니하게 생긴 불행한 변고(變故). 또는 천재지변(天災地變. 본문 참고)으로 인한 불행한 사고(事故)를 이르는 말. *가로: 부록 '횡(橫)' 참고.

비-몽-사-몽(非夢似夢 아닐 비/꿈 몽/같을 사/꿈 몽) 꿈이 아닌데 꿈같다. 즉, 꿈이 아닌 것 같기도 하고, 꿈인 것 같기도 하다는 뜻으로, 완전히 잠이 들지도, 잠에서 깨어나지도 않은 어렴풋한 상태를 이르는 말. =사몽비몽(似夢非夢).

비-무량-심(悲無量心 슬플 비/없을 무/헤아릴 량/마음 심) 슬픔을 (달래는), 헤아림이 없는 마음이라는 뜻으로, 보살(菩薩. 부처의 버금가는 성인)이 자비심(慈悲心. 부처가 중생(衆生)을 불쌍히 여겨 고통을 덜어 주고 안락하게 해 주려는 마음)으로 중생(衆生. 불교에서, 부처의 구제의 대상이 되는 이 세상의 모든 생물을 통틀어 이르는 말)을 제도(濟度. 불교에서, 중생·衆生을 고해·苦海에서 건지어 극락으로 이끌어 주는 일을 이르는 말)하여, 해탈(解脫. 불교에서, 속세·俗世의 번뇌와 속박을 벗어나 편안한 경지에 이르는 일)의 기쁨을 얻게 하려는 한량(限量. 한도를 정한 분량)없는 마음을 이르는 말. 사무량심(四無量心)의 하나이다. 여기서, '사무량심(四無量心)'은 모든 원한(怨恨. 억울하고 원통한 일을 당하여 응어리진 마음)을 버리고 중생을 차별하지 않는 보살의 4가지 마음. 즉, 비무량심(悲無量心). 사무량심(捨無量心). 자무량심(慈無量心). 희무량심(喜無量心) 따위를 일컫는다. *무량(無量): 헤아릴 수 없이 많거나 그지없음. =무한량(無限量). *헤아리다: 부록 '량(量)' 참고.

비방-지-목(誹謗之木 비방할 비/헐뜯을 방/어조사 지/나무 목) 비방(誹謗)하고 헐뜯는 나무. 즉, 나중에 비방(誹謗)하고 헐뜯을 만한 일을 알리는 나무, 불만(不滿)을 알리는 나무, 백성(百姓)이 왕(王)에게 고통을 호소(呼訴. 억울하거나 딱한 사정을 남에게 간곡히 알림)하고 소원(所願)을 고(告)하는 나무 기둥이라는 뜻으로, 훌륭한 정치의 표본(標本. 본보기로 삼을 만한 것)이 되는 물건이나 사건을 비유적으로 이르는 말. 곧, 요(堯)임금이 나무 기둥을 세워 놓고 백성들에게 자신의 정치의 잘못을 거론하라고 했던 것에서 비롯된 말로, 이 나무는 열린 마음으로 민의(民意. 국민의 의사)를 파악해서 바른 정치를 하고자 하는 태도를 나타내는 표시(表示)이다. *비방(誹謗): 남을 나쁘게 말함. 또는 남을 헐뜯고 욕함. *헐뜯다: 부록 '방(謗)' 참고. 이 사자성어의 유래는 다음과 같다. 『사기(史記)』의 「효문본기(孝文本紀)」편(篇)에 〈한(漢)나라의 효문제(孝文帝. 중국 전한·前漢의 5대 임금)가 말했다. "옛날에 천하를 다스리는 방법에는 진선지정(進善之旌), 감간지고(敢諫之鼓), 비방지목(誹謗之木)이 있었다. 지금 법(法)에 비방요언(誹謗妖言)의 죄가 있는 것은 잘못이다."(漢孝文皇帝曰, **古之治天下**, **朝有進善之旌**, **敢諫之鼓**, **誹謗之木**, 今法有誹謗妖言之罪, 謬矣.)〉라는 이야기가 나오는데, '옛날에 천하를 다스리는 방법에는 진선지정(進善之旌), 감간지고(敢諫之鼓), 비방지목(誹謗之木)이 있었다.(古之治天下, 朝有進善之旌, 敢諫之鼓, 誹謗之木)'에서, '비방지목(誹謗之木)'이 유래했다. 참고로, 원문의 '漢孝文皇帝曰'에서, '漢'은 나라 이름 '한'으로 읽고, '孝'는 효도 '효'로 읽고, '文'은 글월 '문'으로 읽고, '皇'은 임금 '황'으로 읽고, '帝'는 임금 '제'로 읽는다. '孝文皇帝'는 황제 이름. '皇帝'는 왕이나 제후(諸侯)를 거느리고 나라를 통치하는 임금을, 왕이나 제후(諸侯)와 구별하여 이르는 말. '漢孝文皇帝曰'을 직역(直譯)하면, 한(漢)나라의 효문(孝文) 황제(皇帝)는 말하기를, '古之治天下'에서, '古'는 옛 '고'로 읽고, '之'는 어조사 '지'로 읽는다. '~의'를 나타내는 관형격 조사. '治'는 다스릴 '치'로 읽고, '天'은 하늘 '천'으로 읽고, '下'는 아래 '하'로 읽는다. '天下'는 하늘 아래 온 세상. '古之治天下'를 직역(直譯)하면, 옛날의 천하를 다스림(다스리는 방법)은, '朝有進善之旌'에서, '朝'는 조정(朝廷. 임금이 나라의 정치를 신하들과 의논하거나 집행하는 곳. 또는 그런 기구) '조'로 읽고, '有'는 있을 '유'로 읽고, '進'은 나아갈 '진'으로 읽고, '善'은 착할 '선'으로 읽는다. '進善'은 착한 것을 권함. '之'는 어조사 '지'로 읽는다. '~의'를 나타내는 관형격 조사. '旌'은 기(旗. 깃대 끝을 깃으로 꾸민 기) '정'으로 읽는다. '進善之旌'을 직역(直譯)하면, 착한 (곳으로) 나아가게 (하는) 기(旗). 즉, 요순(堯舜. 중국의 전설상의 임금인 요·堯임금과 순·舜임금을 말함)시절에, 정치에 대해 좋은 의견을 자유롭게 발언하도록 세웠다는 깃발을 일컬음. '朝有進善之旌'을 직역(直譯)하면, 조정(朝廷)에는 진선지정(進善之旌)이 있었다. '敢諫之鼓'에서, '敢'은 감히(敢~) '감'으로 읽고, '諫'은 간할(諫~. 웃어른이나 임금에게 옳지 못하거나 잘못된 일을 고치도록 말함) '간'으로 읽고, '之'는 어조사 '지'로 읽는다. '~의'를 나타내는 관형격 조사. '鼓'는 북 '고'로 읽는다. '敢諫之鼓'를 직역(直譯)하면, 감히(敢~) 간할(諫~) 수 있는 북[鼓]. 즉, 고대 중국에서, 요(堯)임금이 잘못된 정치가 있으면 지위고하를 막론하고 두드리도록, 궁궐 문 앞에 설치한 북[鼓]을 일컬음. '誹謗之木'에서, '誹'는 헐뜯을 '비', 비방할 '비'로 읽고, '謗'은 헐뜯을 '방', 비방할 '방'으로 읽는다. '誹謗'은 남을 비웃고 헐뜯어서 말함. '之'는 어조사 '지'로 읽는다. '~의'를 나타내는 관형격 조사. '木'은 나무 '목'으로 읽는다. '誹謗之木'을 직역(直譯)하면, 비방(誹謗)하고 헐뜯는 나무. 즉, 나중에 비방(誹謗)하고 헐뜯을 만한 일을 알리는 나무, 불만(不滿)을 알리는 나무, 백성(百姓)이 왕(王)에게 고통을 호소(呼訴)하고 소원(所願)을 고(告)하는 나무기둥이라는 뜻으로, 훌륭한 정치의 표본(標本)이 되는 물건이나 사건을 비유적으로 이르는 말. '今法有誹謗妖言之罪'에서, '今'은 이제 '금', 지금 '금'으로 읽고, '法'은 법(法. 국가나 종교 따위에서 강제력이 따르는 온갖 규범) '법'으로 읽고, '妖'는 요사스러울(妖邪~. 요망하고 간사한 데가 있는) '요'로 읽고, '言'은 말씀 '언'으로 읽는다. '妖言'은 인심(人心)을 혼란스럽게 만드는 요사스러운 말. '之'는 어조사 '지'로 읽는다. '~의'를 나타내는 관형격 조사. '罪'는 허물 죄, 죄(罪) 죄로 읽는다. '비방요언(誹謗妖言)'을 직역(直譯)하면,

남을 헐뜯고 요사스러운 말. '今法有誹謗妖言之罪'를 직역(直譯)하면, 지금 법(法)에 비방요언(誹謗妖言)의 죄가 있는 (것은), '謬矣'에서, '謬'는 그릇될 '류(유)'로 읽고 '矣'는 어조사 '의'로 읽는다. '~이다(단정)'의 뜻을 나타냄. '謬矣'를 직역(直譯)하면 (그것은) 잘못된 것이다. 즉, 비방요언(誹謗妖言)의 죄가 있는 것은 잘못된 것이다. 사마천(司馬遷)이 비방(誹謗)하는 자들을 용서하고 언로(言路. 신하들이 임금에게 말을 올릴 수 있는 길)를 열어야 함을 강조한 말이다.

비-백-불-난(非帛不煖·暖 아닐 비/비단 백/아닐 불/따뜻할 난) 비단(비단옷)이 아니면 따뜻하지 않다는 뜻으로, 노인의 쇠약한 지경(地境. 어떤 처지나 형편)을 이르는 말. *비단(緋緞): 부록 '백(帛)' 참고. 이 사자성어의 유래는 다음과 같다. 『맹자(孟子)』의 「진심(盡心) 장구(章句)」 상(上) 편(篇)에, [맹자(孟子)가 말하기를, 여기서 '맹자(孟子)'는 중국 전국시대(戰國時代)의 사상가의 한 사람이다. 성선설(性善說)을 주장하고 인의(仁義)의 정치를 권하였다. 백이(伯夷. 상·商나라 말기의 사람. 동생인 숙제·叔齊와 함께 끝까지 군주·君主에 대한 충성·忠誠을 지킨 의인·義人으로 알려져 있음. 본문 '백이숙제(伯夷叔齊)' 참고)가 주왕(紂王. 은·殷나라의 마지막 군주·君主. 폭군·暴君으로 잘 알려져 있음)을 피(避)하여 북해(北海) 기슭에서 살더니, 문왕(文王)이 일어났다(군대를 일으켰다)는 소문(所聞)을 듣고 '어찌 그이를 따르지 않을 수 있나. 나는 들었다. 서백(西伯. '문왕·文王'을 가리킴)은 늙은이를 잘 북돋아준다(여기서는 '봉양·奉養하다'의 뜻).' 태공(太公. 태공망·太公望. 강태공·姜太公으로 불리어 지고 있음. 주·周나라의 문왕·文王을 도와 주·周나라를 세운 일등공신·一等功臣으로 알려진 인물)이 주왕(紂王)을 피(避)하여 동해(東海) 기슭에서 살더니, 문왕(文王)이 일어섰다는 소문(所聞)을 듣고, '어찌 그이를 따르지 않을 수 있나. 나는 들었다. 서백(西伯)은 늙은이를 잘 북돋아준다.' 천하(天下)에 늙은이를 잘 북돋아주는 이가 있다면, 어진 사람들이 자기의 돌아갈 곳으로 여기는 것이다. 즉, 천하(天下)에 노인을 잘 봉양(奉養)하는 사람이 있으면, 어진 이들이 그를 귀의처(歸依處. 돌아가 몸을 의지할 곳)로 삼는다는 뜻이다. 그래서 문왕(文王)은 나라를 잘 다스리는 사람이고, 백이(伯夷)와 태공(太公)은 이 문왕(文王)이 나라를 일으켰다는 소식을 듣고 오랫동안의 칩거(蟄居. 밖에 잘 나가지 않고 거처·居處에 들어박혀 있음) 생활(生活)을 끝내고 문왕(文王)과 함께 일하기 위해 나섰다는 것이다. 농사를 짓는 집 담 곁에 뽕나무를 심어서 한 사람의 여인이 누에를 치면, 늙은이도 명주옷을 입기에 넉넉할 것이며, 암탉 다섯 마리와 암퇘지 두 마리를 철따라 잡고 철따라 깨이면(알을 품었던 새끼가 껍질을 깨고 나오게 하면) 늙은이도 고기를 먹기에 부족함이 없을 것이며, 백 묘(畝. 논밭의 넓이의 단위)지기 논 밭갈이를 한 사내가 (논밭을) 간다면 여덟 식구쯤은 굶주리지 않게 하기에 넉넉할 것이다. 여기서 '-지기'는 되, 말, 섬 따위에 붙어, 그만한 양의 곡식을 심을 수 있는 논밭의 넓이를 나타냄. 닷 말지기, 두 섬지기 따위로 쓰임.]〈이른바 서백(西伯)이 노인을 잘 봉양(奉養. 부모나 조부모를 받들어 모심)한다는 것은, 백성들의 경지(耕地. 논밭을 갈아 농사를 짓는 땅)와 택지(宅地. 주택을 짓기 위한 땅)를 제대로 제정(制定. 제도나 법률 따위를 만들어서 정함)해 주어 거기에 뽕나무를 심고 가축(家畜)을 기르게끔 가르쳐주고, 그들이 처자(妻子)를 잘 가르쳐 그들이 늙은이를 봉양(奉養)하게 만드는 것이다. 즉, 서백(西伯)은 백성들의 가정 경제가 자급자족(自給自足. 본문 참고)이 되도록 유도(誘導. 사람 등·等을 어떠한 방향으로 꾀어 이끎)했고, 그것(자급자족)이 튼튼하여 일정한 상태가 유지되도록 처자(妻子)에게도 가르치게 하여 늙은이를 꾸준히 봉양(奉養)하도록 이끌었다는 것이다. 사람이 50대가 되면 비단옷이 아니면 따뜻하지 않고, 70

971

대의 노인은 고기가 아니면 배부르지 않는다. 따뜻하지 않고 배부르지 않는 것을 얼고 굶주린다고 한다. 문왕(文王)이 백성들 중에 굶주리는 노인은 없었다고 하는 것은, 이것을 두고 하는 말이다. 즉, 그 성과는 백성들에게 자급자족(自給自足)의 경제를 유도했기 때문이라는 것이다. (所謂西伯善養老者, 制其田里, 敎之樹畜, 道其妻子, 使養其老, **五十非帛不煖**, 七十非肉不飽, 不煖不飽, 謂之凍餒, 文王之民, 無凍餒之老者, 此之爲也.)〉라는 이야기가 나오는데, '사람이 50대가 되면 비단옷이 아니면 따뜻하지 않고(五十非帛不煖)'에서, '비백불난(非帛不煖)'이 유래했다. 백이(伯夷)와 태공(太公)은 은(殷)나라(상나라) 말기 존경받던 원로 정치인들이다. 이들은 은(殷)나라 주왕(紂王)의 폭정(暴政)을 피해 숨어 살다가 어진 정치를 실현하는 문왕(文王)에게로 모여들었다. 맹자(孟子)는 문왕(文王)의 이러한 어진 정치를 왕도정치(王道政治. 임금은 마땅히 어진 덕을 근본으로 천하를 다스려야 한다는 정치사상을 이르는 말. 유학에서 이상으로 하는 정치사상임)의 좋은 본보기로 삼고 있다는 것을, 위의 이야기를 통하여 나타낸 셈이다. 참고로, 원문의 '所謂西伯善養老者'에서, '所'는 바(앞에서 말한 내용 그 자체나 일 따위를 나타내는 말) '소'로 읽고, '謂'는 일컬을 '위'로 읽는다. '所謂'는 세상에서 말하는 바. '西'는 서녘 '서'로 읽고, '伯'은 맏('맏이'를 뜻하는 접두사) '백'으로 읽는다. '西伯'은 주(周)나라 문왕(文王)으로, 이름은 창(昌)이다. 문왕(文王)이 주(周)나라를 세우기 전에 은(殷)나라의 서백(西伯)으로 있었다. 은(殷)나라의 마지막 왕(王)인 주왕(紂王)에 의해 서백(西伯)에 봉(封)해지고, 그의 아들인 주무왕(周武王)에 이르자, 주(周)나라가 은(殷)나라를 멸(滅)하고, 서백(西伯)이 천하(天下)의 주인이 되었던 것이다. '善'은 잘(부사) '선', 알맞게(부사) '선'으로 읽고, '養'은 봉양(奉養)할 '양'으로 읽고, '老'는 늙을 '로(노)'로 읽고, '者'는 것(사물, 현상, 일 따위를 추상적으로 이르는 말) '자'로 읽는다. '所謂西伯善養老者'를 직역(直譯)하면, 세상에서 말하는 바 서백(西伯)이 노인을 잘 봉양(奉養)한다는 것은, '制其田里'에서, '制'는 지을 '제', 만들 '제'로 읽고, '其'는 그(지시하는 말) '기'로 읽고, '田'은 밭 '전'으로 읽고, '里'는 마을 '리(이)'로 읽는다. '制其田里'를 직역(直譯)하면, 그 밭과 마을을 (잘) 만들어서, '敎之樹畜'에서, '敎'는 가르칠 '교'로 읽고, '之'는 어조사 '지'로 읽는다. '그것'을 나타내는 지시 대명사. 여기서는 '백성(百姓)'을 가리킴. '樹'는 (수목을) 심을 '수'로 읽고, '畜'은 짐승 '축'으로 읽는다. '敎之樹畜'을 직역(直譯)하면, 백성들에게 (뽕나무를) 심고, 짐승을 (기르도록) 가르쳐주고, 즉, 서백(西伯. 문왕)이 백성들의 전지(田地. 농경지)와 마을에 흩어져 있는 택지(宅地. 주택을 짓기 위한 땅) 면적(面積)을 제정(制定)하여서 (담장 아래) 뽕나무를 심고, (닭과 돼지 따위의 가축을) 기르는 것을 가르치며, '道其妻子'에서, '道'는, 여기서는 가르칠 '도'로 읽고, '妻'는 아내 '처'로 읽고, '子'는 아들 '자', 자식 '자'로 읽는다. '妻子'는 아내[妻]와 자식(子息)을 아울러 이르는 말. '道其妻子'를 직역(直譯)하면, (그들이) 그 아내와 자식을 (잘) 가르쳐, '使養其老'에서, '使'는 부릴(사람을 시켜 일을 하게 할) '사'로 읽는다. '使養其老'를 직역(直譯)하면, 그 노인을 봉양(奉養)하게 부리는 (것이다). 즉, 자기 처자(妻子)를 잘 가르쳐서 그들로 하여금 노인을 봉양(奉養)하게 하는 것이니, '五十非帛不煖'에서, '五'는 다섯 '오'로 읽고, '十'은 열 '십'으로 읽고, '非'는 아닐(부정하는 말) '비'로 읽고, '帛'은 비단 '백'으로 읽고, '不'은 아닐(부정하는 말) '불'로 읽고, '煖'은 따뜻할 '난'으로 읽는다. '五十非帛不煖'을 직역(直譯)하면, 나이가 50이면 비단이 아니면 따뜻하지 않고, 즉, 비단(비단 옷)이 아니면 몸이 따뜻하지 않을 정도로 몸이 쇠약해진다는 뜻이다. 여기서, '비백불난(非帛不煖)'이 유래하였는데, 이것을 직역(直譯)하면, 비단(비단옷)이 아니면 따뜻하지 않다는 뜻으로, 노인의 쇠약한 지경(地境. 어떤 처지나 형편)을 이르는 말. ‘七十非肉不飽’에서, ‘七’은 일곱 ‘칠’로 읽고, ‘肉’은 고기 ‘육’으로 읽고, ‘飽’는 배부를
‘포’로 읽는다. ‘七十非肉不飽’를 직역(直譯)하면, 70이 (되면) 고기가 아니면 배부르지 않는다. 즉, 고기
를 먹지 아니하면 배가 부르지 않을 정도로 몸이 쇠약해진다는 뜻이다. 그러므로 노인을 섬기는 데는
그 연령에 따라 그것에 맞게 해야 한다는 것을 말한다. 여기서 ‘비육불포(非肉不飽)’가 유래하였는데,
이것을 직역(直譯)하면, 고기가 아니면 배부르지 아니하다는 뜻으로, 늙은이가 쇠약해진 지경(地境. 어
떤 처지나 형편)을 이르는 말. ‘不煖不飽’에서, ‘不煖不飽’를 직역(直譯)하면, 따뜻하지 않고 배부르지
않는 (것을), ‘謂之凍餒’에서, ‘凍’은 (얼음이) 얼 ‘동’으로 읽고, ‘餒’는 주릴(제대로 먹지 못하여 배를 곯을)
‘뇌’로 읽는다. ‘謂之凍餒’을 직역(直譯)하면, 그것(‘따뜻하지 않고 배부르지 않는 것’을 가리킴)을 얼고
굶주린다고 일컫는다. 즉, 불난불포(不煖不飽. 옷을 따뜻하게 입지 못하고, 음식을 배불리 먹지 못하는
것)를 동뇌(凍餒. 추위와 굶주림)라고 일컫는다는 것이다. ‘文王之民’에서, ‘文’은 글월 ‘문’으로 읽고,
‘王’은 임금 ‘왕’으로 읽고, ‘之’는 어조사 ‘지’로 읽는다. 여기서는 ‘~의’를 나타내는 관형격 조사. ‘民’은
백성 ‘민’으로 읽는다. ‘文王之民’을 직역(直譯)하면, 문왕(文王) (시대)의 백성은, ‘無凍餒之老者’에서, ‘無’
는 없을 ‘무’로 읽고, ‘者’는, 여기서는 사람 ‘자’로 읽는다. ‘凍餒之老者’를 직역(直譯)하면, 얼고 굶주리는,
늙은 사람은 없었다. ‘此之爲也’에서, ‘此’는 이(지시하는 말) ‘차’로 읽고, ‘之’는 ‘그것’을 가리키는 지시
대명사. ‘爲’는 할 ‘위’로 읽고, ‘也’는 어조사 ‘야’로 읽는다. ‘~이다(단정)’의 뜻을 나타냄. ‘此之爲也’를
직역(直譯)하면, 그것은 이를 (두고) 하는 (말)이다. 즉, 주(周)나라 시조(始祖)로, 성군(聖君)인 문왕(文
王) 시대의 백성 가운데에는 헐벗고(추위에 떨고) 굶주리는 노자(老子. 늙은이. 또는 노인)가 없었다는
것은, 이를(이와 같은 일을) 두고 한 말이다. 즉, 그 성과는 백성들에게 자급자족(自給自足. 본문 참고)의
경제(經濟)를 유도(誘導)했기 때문이라는 것이다.

비-백-비-연(非白非煙 아닐 **비**/흰 **백**/아닐 **비**/연기 **연**) 흰 (것도) 아니고 연기(煙氣)의 (색깔도) 아니라는
뜻으로, 아주 엷은 자수정(紫水晶)의 빛깔을 이르는 말. 즉, 자수정(紫水晶)으로 된 안경알의 빛깔이
너무 엷어서, 그 알의 빛이 흰빛을 띤 것도 아니고 검은빛을 띤 것도 아님을 이르는 말. *연기(煙氣):
부록 ‘연(煙)’ 참고.

비분-강개(悲憤慷慨 슬플 **비**/분할 **분**/강개할 **강**/슬퍼할 **개**) 슬프고 분(憤)하여 강개(慷慨)하다는 뜻으로,
(의롭지 못한 일이나 잘못되어 가는 세태 따위가) 슬프고 분(憤)하여 의분(義憤. 의로운 마음에서 우러나
오는 분노)이 북받침을 이르는 말. 즉, 슬프고, 성나고, 원통하고, 분한 느낌이 마음속에 가득 차 있음을
일컫는다. =비가강개(悲歌慷慨). *비분(悲憤): 슬프고 분함. *강개(慷慨): (불의나 불법을 보고) 의기(義
氣. 정의감에서 우러나오는 기개·氣槪)가 북받치어 원통(冤痛)하고 슬픔. 또는 그 마음. *분하다(憤~):
부록 ‘분(憤)’ 참고.

비분-총-탁(非分寵擢 아닐 **비**/분별할 **분**/사랑할 **총**/뽑을 **탁**) 분별(分別)하지 아니하고 (다만) 사랑으로
뽑혔다는 뜻으로, 분에 넘치는 총애(寵愛. 남달리 귀여워하고 사랑함)를 받고 벼슬자리에 등용(登用.
인재를 뽑아 씀)되는 일을 이르는 말. 또는 제 분수(分數. 자기 신분에 맞는 한도, 또는 사람으로서
일정하게 이를 수 있는 한계)에 넘치는 사랑을 받아 벼슬자리에 등용(登用)됨을 이르는 말. *비분(非分):
①분수(分數)에 맞지 않음. ②도리(道理. 사람이 마땅히 지켜야 할 바른 길)에 어긋남. *분별하다(分
別~): ①사물을 종류에 따라 나누어 가르다. ②(무슨 일을) 사리(事理. 일의 이치)에 맞게 판단하다.

*뽑다: 부록 '탁(擢)' 참고.

비-불-발설(祕不發說 숨길 비/아닐 불/드러낼 발/말씀 설) 숨기어 말[說]을 드러내지 아니한다는 뜻으로, 비밀(祕密)에 붙여 두고 일체(一切)의 말을 내지 아니함. 즉, 비밀(祕密)을 지켜서 밖으로 말을 내지 않음을 이르는 말. *발설(發說): 말을 입 밖에 냄. *숨기다: 부록 '비(祕)' 참고. *드러내다: '드러나다'의 사동. 드러나게 하다. 즉, ①(가려져 안 보이던 것이) 나타나 보이게 하다. ②(알려지지 않던 것이) 알려지게 하다.

비-불-외-곡(臂不外曲 팔 비/아닐 불/바깥 외/굽을 곡) 팔은 바깥으로 굽지 아니한다. 즉, 팔을 내굽지(밖으로 굽지) 않는다는 뜻으로, 팔은 안으로 굽지, 밖으로 굽지 않음을 이르는 말. 속담 '팔이 들이굽지(안으로 굽지) 내굽나(밖으로 굽나)'와 같은 말로, 자기 혹은 자기와 가까운 사람에게 정(情)이 더 쏠리거나 유리(有利)하게 일을 처리함은 인지상정(人之常情. <u>본문 참고</u>)이라는 말. 《관련 속담》 팔이 들이굽지 내굽나. / 팔이 안으로 굽지 밖으로 굽나.

비비-개-연(比比皆然 견줄 비/견줄 비/다 개/그러할 연) 견주고 견주어도 다 그러하다는 뜻으로, 어느 것이나 다 그러함을 이르는 말. *비비(比比): ㊂ ① 어느 것이나. ②흔하거나 자주 있는 모양. *견주다: 부록 '비(比)' 참고.

비비-유-지(比比有之 견줄 비/견줄 비/있을 유/어조사 지) 견주고 견주어 (보면) 그것이 있다는 뜻으로, 어떤 일이나 현상(現像)이 드물지 않고, 흔히 있음을 이르는 말. 여기서, '지(之)'는 '그것'을 나타내는 지시 대명사이다. *비비(比比): ☞비비개연(比比皆然). *견주다: 부록 '비(比)' 참고.

비사-주-석(飛沙走石 날 비/모래 사/달아날 주/돌 석) 모래가 날리고 돌이 달아난다(<u>구른다</u>)는 뜻으로, 모래가 날리고 돌이 달아날 정도로, 바람이 세차게 붊을 이르는 말. =양사주석(揚沙走石). *비사(飛沙): 모래사장(~沙場. <u>강가나 바닷가에 있는 모래벌판</u>)이나 사막(沙漠) 따위에서 모래가 바람에 날려 이동함. 또는 그 모래.

비-산-비-야(非山非野 아닐 비/뫼 산/아닐 비/들 야) 뫼('산'의 옛말)도 아니고 들(<u>평야</u>)도 아니라는 뜻으로, 산(山)도 아니고 들도 아닌 땅을 이르는 말.

비상-간고(備嘗艱苦 갖출 비/맛볼 상/어려울 간/괴로울 고) 어려움과 괴로움을 (다) 갖추어 맛본다는 뜻으로, 온갖 고생을 두루 겪음을 이르는 말. *비상(備嘗): 여러 가지 어려움을 두루 맛보아 겪음. *간고(艱苦): 가난하고 고생스러움. 또는 몹시 고생스러움. *맛보다: 부록 '상(嘗)' 참고. 이 사자성어의 유래는 다음과 같다. 『정관정요(貞觀政要)』에 [수(隋)나라는 양제(煬帝) 때에 이르러, 고구려(高句麗) 정벌과 무리한 토목 공사, 폭정(暴政)으로 민생(民生. <u>일반 국민의 생활 및 생계</u>)이 피폐(疲弊. <u>지치고 쇠약해짐</u>)해지자, 각지에서 반란(反·叛亂. <u>정부나 지배자에게 반항하여 내란을 일으킴</u>)이 일어났다. 이연(李淵)은 관중(關中. <u>중국 북부의 산시성·陝西省 웨이수이강·渭水江 분지·盆地의 일대</u>)의 치안(治安. <u>국가 사회의 안녕과 질서를 유지하고 보전함</u>)을 맡고 있다가 민란(民亂. <u>포악한 정치 따위에 반대하여 백성들이 일으킨 폭동이나 소요</u>)을 진압(鎭壓. <u>강압적인 힘으로 억눌러 진정시킴</u>)하라는 명령을 받들어 둘째 아들 이세민(李世民)과 함께 산서(山西), 하동(河東) 등지(等地. <u>땅의 이름 뒤에 쓰이어, 앞에 말한 '그러한 곳들'의 뜻을 나타내는 말</u>)의 곳곳에서 민란(民亂)을 진압(鎭壓)했다. …… 한편 의기(意氣. <u>적극적으로 무엇을 하려고 하는 마음</u>)가 완전히 꺾인 양제(煬帝)는 마치 모든 것을 포기한 것처럼 강도(江都. 땅의름)의 이궁(离宮. 임금이 거둥할 때에 묵던 별궁·別宮)에서 미녀들에게 둘러싸여 유흥(遊興. 흥겹게 놂)에 젖어 살다가, 불만이 쌓여 쿠데타(군사적 힘을 동원하여 정권을 빼앗으려고 갑자기 벌이는 행동)를 일으킨 친위군(親衛軍. 임금이나 국가 원수 따위의 신변·身邊을 안전하게 지키기 위한 목적으로 편성된 군대)에게 의해 죽고 말았다. 양제(煬帝)가 강도(江都)에서 시해(弒害. 부모나 임금을 죽임)되었다는 소식이 장안(長安)에 전해지자, 이연(李淵)은 그해 5월, 선양(禪讓. 임금이 다음 임금에게 왕위를 물려줌)의 형식을 빌려 장안(長安)에서 황제의 자리에 오르고, 나라 이름을 당(唐)이라 했다. 이 과정에서 이세민(李世民)은 뛰어난 활약을 보였으며, 아버지('이연·李淵'을 가리킴)로부터 "천하(天下)는 모두 네가 이룩하여 놓은 것"이라는 말을 들었다. 이세민(李世民)이 아버지를 도와 천하(天下)를 통일할 수 있었던 것은 그와 생사(生死)를 같이한 많은 인재(人材. 어떤 일을 할 수 있는 학식이나 능력을 갖춘 사람)들의 도움이 있었기 때문이었다. 그 후 이세민(李世民)은 궁전(宮殿)의 북문(北門)인 현무문(玄武門)에서 형제(兄弟)들을 살해하고 이연(李淵)의 뒤를 이어 황제가 되었는데, 이이가 태종(太宗)이다. (아버지) 이연(李淵)은 퇴위(退位. 임금의 자리에서 물러남)하여 태상왕(太上王. '상왕·上王'을 높여 이르는 말. 여기서 '상왕·上王'은 자리를 물려주고 들어앉은 임금)이 되었다. 태종(太宗)은 그 후 지방에 할거(割據. 땅을 나누어 차지하고 굳게 지킴)하던 군웅(群雄. 같은 시대에 여기저기에서 일어난 영웅들)을 복속(服屬. 복종하여 따름)시키고, 학문을 장려하여 민심을 가라앉혔다. 그는 또 능연각(凌煙閣. 중국 당·唐나라 때에, 개국 공신 24명의 초상·肖像을 그려 걸었던 누각 이름)을 지어 개국(開國) 때부터의 공신(功臣) 20여 명의 초상화를 그려 걸어 놓게 했다. 정관(貞觀. 중국 당나라 태종 때의 연호. 서기 627년~649년) 10년, 태종(太宗)이 시신(侍臣. 임금을 가까이에서 모시던 신하)에게 말했다. "제왕(帝王. '황제·皇帝'와 '국왕·國王'을 아울러 이르는 말)의 업(業)에 창업(創業)과 수성(守成) 중에서 어떤 것이 어렵소?" 상서좌복야(尙書左僕射. 관직 이름. 그런데 '射'는 화살 따위를 쏠 '사'로도 읽고, 벼슬 '야'로도 읽음)인 방현령(房玄齡)이 대답했다. "천지(天地)가 혼돈스러울 때 여러 영웅이 다투어 일어나, 공격하여 깨뜨려야 항복하며, 전쟁에서 이겨야 극복할 수 있습니다. 이로써 말하자면 창업(創業)이 어렵습니다."〈……태종(太宗)이 말했다. "옛날에 방현령(房玄齡)은 나를 따라 나라를 평정하느라고 고생했는데, 만 번의 죽을 고비에서 살아나오기도 했소. 그래서 창업(創業)의 어려움을 보았소."(太宗曰, **玄齡昔從我定天下, 備嘗艱苦,** 出萬死而遇一生, 所以見草創之難也.)〉라는 이야기가 나오는데, '옛날에 방현령은 나를 따라 나라를 평정하느라고 고생했는데(玄齡昔從我定天下, 備嘗艱苦)'에서, '비상간고(備嘗艱苦)'가 유래했다. 나머지 구체적인 내용은 ⇨만사일생(萬死一生).

비상-근무(非常勤務 아닐 **비**/떳떳할 **상**/부지런할 **근**/힘쓸 **무**) 떳떳하지 아니한 (때에) 부지런히 힘쓴다는 뜻으로, 뜻밖의 긴급(緊急)한 사태가 발생했을 때, 이를 해결하기 위하여 평소보다 강화(强化. 수준이나 정도를 더 높임)하여 하는 근무(勤務)를 이르는 말. *비상(非常): ①정상적인 상태가 아닌 일. 또는 예사로운 일이 아닌 긴급 사태. ②보통이 아님. 또는 정도가 심함. *근무(勤務): ①(직장에 적을 두고) 일을 맡아 봄. 또는 일을 맡아 함. ②경비(警備. 만일에 대비하여 경계하고 지킴)나 보초(步哨. 군대에서, 경비를 하거나 망을 보는 임무. 또는 그런 임무를 띤 병사) 따위의 일을 맡아 함. *떳떳하다: 부록 '상(常)' 참고.

비상-지-원(飛霜之怨 날 **비**/서리 **상**/어조사 **지**/원망할 **원**) (하늘에서) 서리가 내릴 (정도의) 원망(怨望)이라는 뜻으로, 억울한 옥살이를 통한, 뼈에 사무치는 원한(怨恨. 억울하고 원통한 일을 당하여 응어리진 마음)을 이르는 말. 중국 연(燕)나라의 추연(鄒衍)이 억울하게 하옥(下獄. 죄인을 옥에 가둠)되었을 때 하늘을 우러르며 통곡하자, 한여름인데도 서리가 내렸다는 고사(故事)에서 유래한다. *비상(飛霜): 하늘에서 내리는 서리. *날다: 부록 '비(飛)' 참고. *서리: 부록 '상(霜)' 참고.

비-소-가론(非所可論 아닐 **비**/바 **소**/가히 **가**/논의할 **론**) 가(可)히 논의(論議)할 바가 아니라는 뜻으로, (소문 따위 남의 말을) 들어서 말할 거리(말할 필요. 또는 말할 가치)가 되지 못함을 이르는 말. *가론(可論): 閱 논하거나 논할 수 있음. *가히(可~): '능히', '넉넉히'의 뜻. *논의하다(論議~): 부록 '론(論)' 참고.

비-소비물(非消費物 아닐 **비**/사라질 **소**/쓸 **비**/물건 **물**) 쓰고 (나면) 사라지는 물건이 아니라는 뜻으로, 한 번 사용하여도 없어지지 아니하고, 두 번 이상 같은 용도(用途. 쓰이는 길. 또는 쓰이는 곳)로 사용할 수 있는 물건을 이르는 말. *소비물(消費物): 쓰고 나면 그만큼 없어지는 물건을 통틀어 이르는 말. 식료품, 석유, 석탄 따위가 있다.

비-승-비-속(非僧非俗 아닐 **비**/중 **승**/아닐 **비**/속될 **속**) 중(승려)도 아니고 속됨(속인·俗人)도 아니라는 뜻으로, 이것도 저것도 아닌 어중간하거나 어중간한 것을 비유적으로 이르는 말. 閱 반승반속(半僧半俗). *속되다(俗~): ①품위가 없고 고상하지 못하다. ②세속적(世俗的. 세속의 범주를 벗어나지 못한 것)이다.

비아-부-화(飛蛾赴火 날 **비**/나방 **아**/다다를 **부**/불 **화**) 나방이 날아서 불에 다다른다(나아간다). 즉, 불을 향해 날아드는 나방이라는 뜻으로, 스스로 자멸(自滅. 저절로 멸망함. 또는 자기의 행동이 원인이 되어 자기가 멸망함)의 길로 들어가거나, 불나방(불나방과의 곤충 이름)이 불에 덤비듯, 재앙(災殃) 속으로 몸을 던지는 것을 비유적으로 이르는 말. 여기서, '재앙(災殃)'은 뜻하지 아니하게 생긴 불행한 변고(變故). 또는 천재지변(天災地變. 본문 참고)으로 인한 불행한 사고(事故)를 일컬음. 閱 비아투화(飛蛾投火). 야아부화(夜蛾赴火). *비아(飛蛾): 날아다니는 나방. 밤 나방이나 독나방 따위를 일컫는다. *나방: 나비목(~目) 나방아목(~亞目)에 딸린 곤충을 통틀어 이르는 말. 모양은 나비와 비슷하나, 몸통이 굵고, 앉아 쉴 때 날개를 수평으로 펴는 것이 다름. 촉각(觸角. 거미 이외의 절지동물·節肢動物의 머리에 있는 감각 기관을 이르는 말. 냄새를 맡고, 온도나 아픔 따위를 느끼며, 먹이를 찾거나 적을 막는 데도 씀. =더듬이)은 빗살모양이거나 실 모양임. 대개 야행성(夜行性. 낮에는 쉬고 밤에 활동하는 동물의 습성)이며, 유충(幼蟲. 알에서 나온 후, 아직 다 자라지 아니한 벌레)은 식물의 잎이나 줄기를 갉아 먹고 사는 해충(害蟲. 인간의 생활에 해를 끼치는 벌레를 통틀어 이르는 말)임. *다다르다: 부록 '부(赴)' 참고. 이 사자성어의 유래는 다음과 같다. 『양서(梁書)』의 「도개전(到漑傳)」 편(篇)에 [남북조 시대 때 남조(南朝) 양(梁) 나라의 무제(武帝)는 도개(到漑)를 신임(信任. 믿고 일을 맡김. 또는 그 믿음)하여 늘 곁에 두고 함께 국정(國政. 나라의 정치)을 논의했다. 도개(到漑)의 아들 도경(到鏡)은 일찍 죽고 손자(孫子)인 도신(到藎)이 할아버지 도개(到漑)를 도와 무제(武帝)를 위해 일했는데, 문장에 능하고 총명(聰明. 썩 영리하고 재주가 있음)하여 역시 무제(武帝)의 사랑을 받았다. 여기서, '재주'는 순우리말로, 무엇을 잘할 수 있는, 타고난 능력과 슬기. 어느 날 도개(到漑)가 손자(孫子)인 도신(到藎)과 함께 무제(武帝)를 수행하여 경구(京口. 땅 이름)의 북고루(北顧樓. 누각 이름)에 올랐는데, 무제(武帝)가 그 자리에서 도신(到藎)에게 시(詩)를 지으라고 명(命)했다. 도신(到藎)은 즉시 시(詩)를 한 수(首) 지어 무제(武帝)에게 바쳤다. 무제(武帝)는 도신(到藎)의 시(詩)를 읽은 후 도개(到漑)에게 주면서 이렇게 말했다. "도신(到藎)은 정말 뛰어난 인재(人材. 어떤 일을 할 수 있는 학식이나 능력을 갖춘 사람)요. 그런데 혹시 그동안 경(卿. 임금이 이품 이상의 신하를 가리키던 2인칭 대명사)이 쓴 문장이 모두 손자(孫子)가 지은 것은 아니오?" 그러면서 무제(武帝)는 도개(到漑)에게 다음과 같은 시(詩) 한 편을 주었다.]〈벼루는 먹을 갈아 글을 짓고 / 붓은 터럭을 날려 편지를 쓰네. / 나방이 날아서 불 속으로 뛰어드는 것처럼 / 몸을 사르는 것을 어찌 아깝다 하리.(研磨墨以騰文. 筆飛毫以書信. 如飛蛾之赴火. 豈焚身之可吝.)〉[여든 아흔 나이가 되었으니, / 어린 도신에게 손 빌릴 수 있겠네.)]라는 시구(詩句)였다. 여기서 '나방이 날아서 불 속으로 뛰어드는 것처럼.(如飛蛾之赴火)'에서, '비아부화(飛蛾赴火)'가 유래했다. 이것은 도개(到漑. 사람 이름)가 마치 나방이 불에 뛰어들어 몸을 사르듯이(飛蛾赴火), 벼루와 붓이 조금도 자신을 아끼지 않는 것처럼 일을 열심히 했는데(몸을 사르는 것을 어찌 아깝다 하리), 이제 나이를 많이 먹었으니(여든이나 아흔의 나이가 되었으니), 손자에게 글을 대신 쓰게 할 수도 있겠다(어린 도신·到藎에게 손 빌릴 수 있겠네)는 뜻의 시(詩)이다. 참고로, 원문의 '研磨墨以騰文'에서, '硏'은 갈(먹을 풀기 위하여 벼루에 대고 문지를) '연', 벼루 '연'으로 읽는다. '磨'는 갈 '마'로 읽고, '墨'은 먹 '묵'으로 읽는다. '硏磨墨'을 직역(直譯)하면, 벼루에 먹을 갈다. '以'는 써(그것을 가지고, 그것으로 인하여) '이'로 읽고, '騰'은 물 솟아오를 '등'으로 읽고, '文'은 글월 '문'으로 읽는다. '硏磨墨以騰文'을 직역(直譯)하면, 벼루에 먹을 갈아, 그것을 가지고 물 솟아오르듯이 글을 (힘차게 쓰고), '筆飛毫以書信'에서, '筆'은 붓 '필'로 읽고, '飛'는 날 '비'로 읽고, '毫'는 가는 털 '호'로 읽고, '書'는 글 '서', 편지 '서'로 읽고, '信'은 편지(便紙) '신', 서신(書信) '신'으로 읽는다. '書信'은 '편지(便紙)'와 같은 말로, 안부(安否), 소식(消息), 용무(用務) 따위를 적어 보내는 글. '筆飛毫以書信'을 직역(直譯)하면 붓은 가는 털을 날려 그것을 가지고 편지를 (쓰네). '如飛蛾之赴火'에서, '如'는 같을 '여'로 읽고, '飛'는 날 '비'로 읽고, '蛾'는 나방(나비 목·目의 나방 아목·亞目에 딸린 곤충을 통틀어 이르는 말. 모양은 나비와 비슷함) '아'로 읽고, '之'는 어조사 '지'로 읽는다. '~의'를 나타내는 관형격 조사. '赴'는 다다를 '부'로 읽고, '火'는 불 '화'로 읽는다. '如飛蛾之赴火'를 직역(直譯)하면, 나방이 날아서 불에 다다르는(나아가는) 것 같은데. 여기서, '飛蛾赴火'가 유래하였는데, 이것을 직역(直譯)하면, 나방이 날아서 불에 다다른다(나아간다). 즉, 불을 향해 날아드는 나방이라는 뜻으로, 스스로 자멸(自滅. 저절로 멸망함. 또는 자기의 행동이 원인이 되어 자기가 멸망함)의 길로 들어가거나, 재앙(災殃) 속으로 몸을 던지는 것을 비유적으로 이르는 말. '豈焚身之可吝'에서, '豈'는 어찌(의문 부사) '기'로 읽고, '焚'은 불사를 '분'으로 읽고, '身'은 몸 '신'으로 읽는다. '焚身'은 자기 몸을 스스로 불사름. '之'는 어조사 '지'로 읽는다. 여기서는 '~이', '~가(주격)'의 뜻을 나타냄. '可'는 가히(可~. 능히', '넉넉히'의 뜻을 나타냄) '가'로 읽고, '吝'은 인색(吝嗇. 어떤 일을 하는 데 대하여 지나치게 박함)할 '린(인)', 아낄 '린(인)'으로 읽는다. '豈焚身之可吝'을 직역(直譯)하면, 어찌 몸을 불사르는 것이 가히 아낄 수 있겠는가? 즉, 어찌 스스로 몸을 태우는 것을 마다하겠는가?

비-옥-가-봉(比屋可封 견줄 비/집 옥/가히 가/봉할 봉) 집에 견주어 가(可)히 봉(封)할 만하다. 즉, 중국의 요순(堯舜. 중국의 전설상의 임금인 요·堯임금과 순·舜임금을 말함) 시대에 사람들이 모두 착하여 집집마다 표창(表彰. 남의 공적이나 선행을 세상에 드러내어 밝힘)할 만하였다는 뜻으로, 나라에 착하고 어진 사람이 많음을 비유적으로 이르는 말. *견주다: 부록 '비(比)' 참고. *가히(可~): '능히', '넉넉히'의 뜻. *봉하다(封~): 부록 '봉(封)' 참고.

비위-난정(脾胃難定 지라 비/밥통 위/어려울 난/안정시킬 정) 지라와 밥통 즉, 비위(脾胃) 때문에 (마음을) 안정시키기가 어렵다는 뜻으로, ①비위(脾胃)가 뒤집혀 가라앉지 아니함을 이르는 말. ②밉살스러운 꼴을 보고 마음이 아니꼬움을 이르는 말. *비위(脾胃): ①비장(脾臟)과 위(胃). ②음식 맛이나 어떤 사물에 대하여 좋고 언짢음을 느끼는 기분. ③아니꼽거나 언짢은 일을 잘 견디어 내는 힘. *난정(難定): 정하기 어려움. 여기서는 안정시키기 어려움. *지라: 부록 '비(脾)' 참고. *밥통: 부록 '위(胃)' 참고.

비-육-불-포(非肉不飽 아닐 비/고기 육/아닐 불/배부를 포) 고기가 아니면 배부르지 아니하다는 뜻으로, 늙은이가 쇠약해진 지경(地境. 어떤 처지나 형편)을 이르는 말. 이 사자성어의 유래는 다음과 같다. 『맹자(孟子)』의 「진심(盡心) 장구(章句)」 상(上) 편(上)에, [맹자(孟子)가 말하기를, 백이(伯夷. 상·商나라 말기의 사람, 동생인 숙제·叔齊와 함께 끝까지 군주·君主에 대한 충성·忠誠을 지킨 의인·義人으로 알려져 있음. 본문 '백이숙제(伯夷叔齊)' 참고)가 주왕(紂王. 은·殷나라의 마지막 군주·君主, 폭군·暴君으로 잘 알려져 있음)을 피(避)하여 북해(北海) 기슭에서 살더니, 문왕(文王)이 일어났다(군대를 일으켰다)는 소문(所聞)을 듣고 '어찌 그이를 따르지 않을 수 있나. 나는 들었다. 서백(西伯. '문왕·文王'을 가리킴)은 늙은이를 잘 북돋아준다(여기서는 '봉양·奉養하다'의 뜻).' 태공(太公. 태공망·太公望, 강태공·姜太公으로 불리어 지고 있음. 주·周나라의 문왕·文王을 도와 주·周나라를 세운 일등공신·一等功臣으로 알려진 인물)이 주왕(紂王)을 피(避)하여 동해(東海) 기슭에서 살더니, 문왕(文王)이 일어섰다는 소문(所聞)을 듣고, '어찌 그이를 따르지 않을 수 있나. 나는 들었다. 서백(西伯)은 늙은이를 잘 북돋아준다.' 천하(天下)에 늙은이를 잘 북돋아주는 이가 있다면, 어진 사람들이 자기의 돌아갈 곳으로 여기는 것이다. 즉, 천하(天下)에 노인을 잘 봉양(奉養)하는 사람이 있으면, 어진 이들이 그를 귀의처(歸依處. 돌아가 몸을 의지할 곳)로 삼는다는 뜻이다. 그래서 문왕(文王)은 나라를 잘 다스리는 사람이고, 백이(伯夷)와 태공(太公)은 이 문왕(文王)이 나라를 일으켰다는 소식을 듣고 오랫동안의 칩거(蟄居. 밖에 잘 나가지 않고 거처·居處에 들어박혀 있음) 생활(生活)을 끝내고 문왕(文王)과 함께 일하기 위해 나섰다는 것이다. 농사를 짓는 집 담 곁에 뽕나무를 심어서 한 사람의 여인이 누에를 치면, 늙은이도 명주옷을 입기에 넉넉할 것이며, 암탉 다섯 마리와 암퇘지 두 마리를 철따라 잡고 철따라 깨이면(알을 품었던 새끼가 껍질을 깨고 나오게 하면) 늙은이도 고기를 먹기에 부족함이 없을 것이며, 백 묘(畝. 논밭의 넓이의 단위)지기 논 밭갈이를 한 사내가 (논밭을) 간다면 여덟 식구쯤은 굶주리지 않게 하기에 넉넉할 것이다. 여기서 '-지기'는 되, 말, 섬 따위에 붙어, 그만한 양의 곡식을 심을 수 있는 논밭의 넓이를 나타냄. 닷 말지기, 두 섬지기 따위로 쓰임.]〈이른바 서백(西伯)이 노인을 잘 봉양(奉養. 부모나 조부모를 받들어 모심)한다는 것은, 백성들의 경지(耕地. 논밭을 갈아 농사를 짓는 땅)와 택지(宅地. 주택을 짓기 위한 땅)를 제대로 제정(制定. 제도나 법률 따위를 만들어서 정함)해 주어 거기에 뽕나무를 심고 가축(家畜)을 기르게끔 가르쳐주고, 그들이 처자(妻子)를 잘 가르쳐 그들이 늙은이를 봉양(奉養)하게 만드는 것이다. 즉, 서백(西伯)은 백성들의 가정 경제가 자급자족(自給自足. 본문 참고)이 되도록 유도(誘導. 사람 등·等을 어떠한 방향으로 꾀어 이끎)했고, 그것(자급자족)이 튼튼하여 일정한 상태가 유지되도록 처자(妻子)에게도 가르치게 하여 늙은이를 꾸준히 봉양(奉養)하도록 이끌었다는 것이다. 사람이 50대가 되면 비단옷이 아니면 따뜻하지 않고, 70대의 노인은 고기가 아니면 배부르지 않는다. 따뜻하지 않고 배부르지 않는 것을 얼고 굶주린다고 한다.

문왕(文王)이 백성들 중에 굶주리는 노인은 없었다고 하는 것은, 이것을 두고 하는 말이다. 즉, 그 성과는 백성들에게 자급자족(自給自足)의 경제를 유도했기 때문이라는 것이다. (所謂西伯善養老者, 制其田里, 敎之樹畜, 道其妻子, 使養其老, 五十非帛不煖, 七十非肉不飽, 不煖不飽, 謂之凍餒, 文王之民, 無凍餒之老者, 此之爲也.)》라는 이야기가 나오는데, '70대의 노인은 고기가 아니면 배부르지 않는다.(七十非肉不飽)'에서, '비육불포(非肉不飽)'가 유래했다. 나머지 구체적인 내용은 ⇨비백불난(非帛不煖).

비-육-지-탄(髀肉之歎·嘆 넓적다리 **비**/살 **육**/어조사 **지**/탄식할 **탄**) 넓적다리(허벅지) 살에 대한 탄식(歎·嘆息)이라는 뜻으로, ①별로 하는 일 없이 허송세월(虛送歲月. **본문 참고**)하면서 능력(能力)을 발휘하지 못하거나, ②재능(才能. 어떤 일을 하는데 필요한 재주와 능력)을 발휘할 때를 얻지 못하여 헛되이 세월만 보내는 것을 한탄(恨歎·嘆)함을 비유적으로 이르는 말. 여기서, '재주'는 순우리말로, 무엇을 잘할 수 있는, 타고난 능력과 슬기. 慘 비육부생(髀肉復生). *넓적다리: 부록 '비(髀)' 참고. *살: 동물체를 이루고 있는 조직의 한 가지를 이르는 말. 피부 아래에 있어, 근육과 더불어 뼈를 싸고 있는 연한 부분. *탄식하다(歎·嘆息~): 부록 '탄(歎·嘆)' 참고. 이 사자성어의 유래는 다음과 같다. 『삼국지(三國志)·촉서(蜀書)』의 「선주전(先主傳)」 편(篇)에 〈(어느 날 유비·劉備가 유표·劉表의 초대(招待)를 받아 연회·宴會에 참석하였는데) 변소에 갔다가 자기 넓적다리에 살이 붙은 것을 보게 되었다. 순간 그는 슬픔에 잠겨 눈물을 주르르 흘렸다. 자리에 돌아온 뒤, 유비(劉備)의 눈물 자국을 본 유표(劉表)가 그 연유를 묻자, 유비(劉備)가 대답했다. "언제나 몸이 말안장을 떠나지 않아 넓적다리에 살이 붙을 겨를이 없었는데, 요즘은 말을 타지 않았더니 넓적다리에 다시 살이 붙었습니다. 세월은 사정없이 달려서 머지않아 늙음이 닥쳐올 텐데, 아무런 공업(功業. 공적이 뚜렷한 큰 사업)도 이룬 것이 없어 그것을 슬퍼한 것입니다."(嘗於表坐起至厠, 見髀裏肉生, 慨然流涕, 還坐, 表怪問備, 備曰, 吾常身不離鞍, 髀肉皆消, 今不復騎, 髀裏肉生, 日月若馳, 老將至矣而功業不建, 是以悲耳.)》라는 이야기가 나오는데, '자기 넓적다리에 살이 붙은 것을 보게 되었다. 순간 그는 슬픔에 잠겨 눈물을 주르르 흘렸다.(見髀裏肉生, 慨然流涕)'에서, '비육지탄(髀肉之嘆·歎)'이 유래했다. 이 이야기의 배경은 이렇다. 유비(劉備)가 군사를 일으킨 후 여남(汝南. 땅 이름)에서 조조(曹操)와 싸워 크게 패(敗)하고 말았다. 남은 병력은 천 명도 안 되었고, 딱히 갈 곳도 없었던 유비(劉備)는 잠시 형주(荊州. 땅 이름)의 자사(刺史. 벼슬 이름)인 유표(劉表)에게 의지하기로 하였다. 여기서, '자사(刺史)'는 중국 한(漢)나라 때에 군(郡), 국(國. '왕국·王國'의 줄임말로, 태수·太守가 아닌, 황자·皇子가 다스리는 군·郡을 일컬음. 황자·皇子를 왕·王이라고 하며, 왕·王은 명예직이고, 실질적으로 국·國을 다스리는 사람은 국상·國相이다)을 감독하기 위하여 각 주(州)에 둔 감찰관을 이르는 말. 당(唐)나라, 송(宋)나라를 거쳐 명(明)나라 때 없앴다. 유표(劉表)는 유비(劉備)에게 병사(兵士)를 더해주어 신야(新野. 땅 이름)에 주둔하도록 했다. 그런데 형주(荊州) 지역의 많은 인재(人材. 어떤 일을 할 수 있는 학식이나 능력을 갖춘 사람)들이 유비(劉備)에게 귀복(歸復. 다시 돌아옴)하자, 유표(劉表)는 유비(劉備)를 의심하기 시작했다. 위의 이야기는 그 후 어느 날 유비(劉備)가 유표(劉表)의 초대(招待)를 받아 연회(宴會. 여러 사람이 모여 술을 마시거나 음식을 먹으면서 즐기는 모임)에 참석하여 일어난 일에서 비육지탄(髀肉之嘆·歎)이 유래하였음을 보여주고 있다. 유비(劉備)는 오랫동안 전쟁터에 나가지 못해 허벅지가 살찜을 한탄(恨嘆·歎. 뉘우치거나 원통하여, 한숨을 지음. 또는 그 한숨)하고 있는 것이다. 또한 비육지탄(髀肉之嘆·歎)은 유비(劉備)가 아직 두각(頭角. '머리의 끝'이란 뜻에서, '여럿 중에서 특히 뛰어난 학식이나 재능'을 이르는 말)을 나타내지 못하고 세력이 강한 제후들 틈바구니에서 이리저리 떠돌며 고생하던 시절의 이야기이기도 하다. 반면에 유비의 비육지탄(髀肉之嘆·歎)에서, 현실에 안주(安住. 현재의 상황이나 처지에 만족함)하기보다는 자신의 큰 뜻을 펼치고 싶은 영웅의 마음이 느껴진다. 결국 유비(劉備)는 이렇게 비육지탄(髀肉之嘆·歎)하며 자신을 채찍질하여 나중에 촉(蜀)나라를 세운 것이다. 우리는 비육지탄(髀肉之嘆·歎)을 통하여, 현실에 안주(安住)하는 삶은 편안함이 있을지언정 발전을 기대하기는 어렵다는 교훈(敎訓. 앞으로의 행동이나 생활에 지침이 될 만한 것을 가르치는 일. 또는 그런 가르침)을 얻을 수 있겠다. 참고로, 원문의 '嘗於表坐起至厠'에서, '嘗'은 일찍 '상'으로 읽고, '於'는 어조사 '어'로 읽는다. '~로부터(위치)'의 뜻을 나타냄. '表'는 겉 '표'로 읽는다. 여기서는 사람 이름인 '유표(劉表)'를 가리킴. '坐'는 앉을 '좌'로 읽고, '起'는 일어날 '기'로 읽는다. '坐起'는 관아(官衙. 지난날, 관원이 모여서 공무를 보던 곳)의 으뜸(중요한 정도로 본, 어떤 사물의 첫째를 이르는 말) 벼슬에 있던 이가 출근하여 일을 시작함. '至'는 이를(어떤 장소나 시간에 닿을) '지', 다다를 '지'로 읽고, '厠'은 뒷간(~間. 변소·便所를 완곡하게 이르는 말) '측'으로 읽는다. '嘗於表坐起至厠'을 직역(直譯)하면, 일찍이 (유비)로부터 (초청받은) 유표(劉表)는 출근하여 일을 시작하고 변소(便所)에 이르렀을 (때). '見髀裏肉生'에서, '見'은 볼 '견'으로 읽고, '髀'는 넓적다리 '비'로 읽고, '裏'는 속 '리(이)'로 읽고, '肉'은 살 '육'으로 읽고, '生'은 날 '생', 생길 '생'으로 읽는다. '見髀裏肉生'을 직역(直譯)하면, 넓적다리 속에 살이 생기는 것을 보고, '慨然流涕'에서, '慨'는 슬퍼할 '개'로 읽고, '然'은 그러할 '연'으로 읽는다. 여기서는 '상태'를 나타내는 접미사. '慨然'은 억울하고 원통하여 몹시 분함. '流'는 흐를 '류(유)'로 읽고, '涕'는 눈물 '체'로 읽는다. '流涕'는 눈물을 흘림. 또는 그 눈물. '慨然流涕'를 직역(直譯)하면 슬퍼하여 눈물을 흘렸다. 여기서 '髀肉之嘆·歎'이 유래하였는데, 이것을 직역(直譯)하면, 넓적다리(허벅지) 살에 대한 탄식(歎·嘆息)이라는 뜻으로, ①별로 하는 일 없이 허송세월(虛送歲月. 본문 참고)하면서 능력(能力)을 발휘하지 못하거나, ②재능(才能. 어떤 일을 하는데 필요한 재주와 능력)을 발휘할 때를 얻지 못하여 헛되이 세월만 보내는 것을 한탄(恨歎·嘆)함을 비유적으로 이르는 말. '還坐'에서, '還'은 돌아올 '환'으로 읽고, '坐'는 앉을 '좌'로 읽는다. '還坐'를 직역(直譯)하면, 앉는 곳으로 돌아온 뒤, '表怪問備'에서, '表'는 겉 '표'로 읽는다. 여기서는 사람 이름인 '유표(劉表)'를 가리킴. '怪'는 괴이(怪異. 정상적이지 않고 별나며 괴상함)할 '괴'로 읽고, '問'은 물을 '문'으로 읽고, '備'는 갖출 '비'로 읽는다. 여기서는 사람 이름인 '유비(劉備)'를 가리킴. '表怪問備'를 직역(直譯)하면, 유표(劉表)는 괴이하여 유비(劉備)에게 물었다. '備曰'에서, '備曰'을 직역(直譯)하면, 유비(劉備)가 말하기를, '吾常身不離鞍'에서, '吾'는 나(1인칭 대명사) '오'로 읽고, '常'은 항상 '상', 늘 '상'으로 읽고, '身'은 몸 '신'으로 읽고, '不'은 아닐(부정하는 말) '불'로 읽고, '離'는 떠날 '리(이)'로 읽고, '鞍'은 안장(鞍裝. 말, 나귀 따위의 등에 얹어서 사람이 타기에 편리하도록 만든 도구) '안'으로 읽는다. '吾常身不離鞍'을 직역(直譯)하면, 저는 항상 몸이 안장(鞍裝)을 떠나지 않아, '髀肉皆消'에서, '髀'는 넓적다리 '비'로 읽고, '肉'은 살 '육'으로 읽고, '皆'는 다 '개', 모두 '개'로 읽고, '消'는 쇠하여 줄어들 '소'로 읽는다. '髀肉皆消'을 직역(直譯)하면, 넓적다리에 살이 모두 쇠하여 줄어들었는데, '今不復騎'에서, '今'은 이제 '금', 지금 '금'으로 읽고, '復'는 다시 '부'로 읽고, '騎'는 말 탈 '기'로 읽는다. '今不復騎'를 직역(直譯)하면, 지금은 말을 다시 타지 않으니, '日月若馳'에서, '日'은 해 '일'로 읽고, '月'은 달 '월'로 읽고, '若'은 같을 '약'으로 읽고, '馳'는 달릴 '치'로 읽는다. '日月若馳'를 직역(直譯)하면, 해와 달은 곧,

세월(歲月)은 말을 타고 달리는 것 같습니다. 즉, 세월(歲月)은 빨리 지나간다는 말이다. '老將至矣而功業
不建'에서, '老'는 늙을 '로(노)'로 읽고, '將'은 장차(張次. '앞으로'의 뜻으로, 미래의 어느 때를 나타내는
말) '장'으로 읽고, '至'는 이를 '지', 다다를 '지'로 읽고, '矣'는 어조사 '의'로 읽는다. '~이다(단정)'의
뜻을 나타냄. '而'는 말 이을 '이'로 읽는다. '그러나'의 뜻을 나타냄. '功'은 공(功. 어떠한 일에 이바지한
공적과 노력) '공', 공로(功勞. 어떠한 일에 이바지한 공적과 노력) '공'으로 읽고, '業'은 업(業. 부여된
과업) '업'으로 읽는다. '功業'은 공적이 뚜렷한 큰 사업을 일컬음. '建'은 세울 '건'으로 읽는다. '老將至矣而
功業不建'을 직역(直譯)하면, 늙음이 장차 다다를 것인데. 그러나 공적이 뚜렷한 큰 사업을 세우지 못하고
있으니, 즉, 금방 늙은이가 될 것인데. 아직까지 큰 공로(功勞)를 세우지 못했다는 뜻이다. '是以悲耳'에서,
'是'는 이(지시하는 말) '시'로 읽고, '以'는 써(그것을 가지고, 그것으로 인하여) '이'로 읽고, '悲'는 슬플
'비'로 읽고, '耳'는 따름 '이', 뿐 '이'로 읽는다. '~할 뿐이다(한정)'의 뜻을 나타냄. '是以悲耳'를 직역(直譯)
하면, 이것이 그것(공적이 뚜렷한 큰 사업을 세우지 못한 일)으로 인하여 슬플 뿐입니다.

비-이-장-목(飛耳長目 날 **비**/귀 **이**/멀 **장**/눈 **목**) 나는[飛] (소리를 듣는) 귀나, 먼 (곳을 보는) 눈[目]이라
는 뜻으로, ①먼 데서 일어나는 일을 능히 듣고 보는, 귀와 눈을 이르는 말. 널리 여러 가지 정보(情報.
사물의 내용이나 형편에 관한 소식이나 자료)를 모아 사물을 명확하게 판단하는 능력을 일컫는다. ②견
문(見聞. 보고 들음. 또는 보거나 듣거나 하여 깨달아 얻은 지식)을 넓히는 서적(書籍)을 비유적으로
이르는 말.

비익-연리(比翼連理 견줄 **비**/날개 **익**/잇닿을 **연**/다스릴 **리**) 비익조(比翼鳥)와 연리지(連理枝)라는 뜻으로,
부부 사이의 금실(금슬)이 썩 좋음. 또는 부부(夫婦)가 아주 화목(和睦. 서로 뜻이 맞고 정다움)함을
비유적으로 이르는 말. =연리비익(連理比翼). *비익(比翼): ①두 마리의 새가 서로 날개를 가지런히 함.
②=비익조(比翼鳥). 즉, 암수의 눈과 날개가 하나씩이라서, 짝을 짓지 않으면 날지 못한다는 전설상의
새를 이르는 말. 남녀나 부부 사이의 지극한 정(情)을 비유적으로 이르는 말. *연리(連理): ①여러 가지
이치(理致)를 논함. ②=연리지(連理枝). 즉, 한 나무의 가지가 다른 나무의 가지와 맞닿아 결이 서로
통하는 것으로, 화목한 부부 또는 남녀 사이를 비유적으로 이르는 말. *견주다: 부록 '비(比)' 참고.
*잇닿다: 뒤에 이어 닿다. 이 사자성어의 유래는 다음과 같다. 백거이(白居易)의 「장한가(長恨歌)」에,
〈칠월칠석 장생전(長生殿)에서, / 깊은 밤 남몰래 속삭인 말, / 하늘에서는 비익조(比翼鳥)가 되고, / 땅
에서는 연리지(連理枝)가 되자. / 장구한 천지도 다할 때가 있지만, / 이 한(恨)은 면면히 끊일 날 없으리
라.(七月七日長生殿, 夜半無人私語時, **在天願作比翼鳥, 在地願爲連理枝,** 天長地久有時盡, 此恨綿綿無絕
期.)〉라는 시구(詩句)가 나오는데, '하늘에서는 비익조(比翼鳥)가 되고, 땅에서는 연리지(連理枝)가 되
자.(在天願作比翼鳥, 在地願爲連理枝)'에서, '비익연리(比翼連理)'가 유래했다. 「장한가(長恨歌)」는 전단
(前段. 앞의 단락)과 후단(後段. 뒤의 단락)으로 나누어지는데, 전단(前段)은 총 74구로, 현종(玄宗)이
양귀비(楊貴妃)를 만나 지극한 사랑을 나누다가 안녹산(安祿山. 사람 이름)의 난(亂. '난리·亂離의 준말.
전쟁이나 재변·災變 따위로 세상이 어지러워진 상태. 또는 그러한 전쟁이나 재변·災變)으로 양귀비(楊貴
妃)가 죽은 후, 밤낮으로 양귀비(楊貴妃)를 그리워하며 창자가 끊기듯 마음 아파하는 현종(玄宗)의 고독
한 모습을 그렸다. 후단(後段) 46구는 현종(玄宗)이 양귀비(楊貴妃)를 못 잊어하는 것을 안타깝게 여긴
한 도사(道士. 도를 닦는 사람)가, 선계(仙界. 신선이 산다는 곳)로 가 선녀(仙女. 선경·仙境 곧, 신선이

산다는 곳에 사는 여자)가 되어 있는 양귀비(楊貴妃)를 만나, 그녀의 입을 통해 현종(玄宗)을 그리워하는 양귀비(楊貴妃)의 마음과 두 사람이 나눈 사랑의 맹약(盟約. 굳게 맹세하여 약속함. 또는 그 약속)을 들은 내용이다. 위에 인용된 시(詩)는 선녀(仙女)가 된 양귀비(楊貴妃)가 도사(道士)에게 이야기해 준, 천보(天寶. 중국 당나라 현종·玄宗의 연호·年號) 10년(서기 751년) 칠월(七月) 칠석(七夕)에 현종(玄宗)과 양귀비(楊貴妃)가 화청궁(華淸宮. 중국 당나라 현종·玄宗이 양귀비·楊貴妃를 위하여 지은 궁전)에 거동하여 노닐다가 장생전(長生殿. 전각 이름)에서 나눈 사랑의 맹약(盟約)이다. 「장한가(長恨歌)」는 수많은 사람들에게 애창(愛唱. 어떤 노래를 즐겨 부름)되었으며, 시가(詩歌)와 소설(小說)과 희곡(戲曲)으로 윤색(潤色. 시문·詩文 따위의 초고·草稿를 다듬어 좋게 꾸밈. 또는 그 일)되는 따위, 중국 문학에 많은 영향을 끼쳤다. 참고로, 원문의 '七月七日長生殿'에서, '七'은 일곱 '칠'로 읽고, '月'은 달 '월'로 읽고, '日'은 날 '일'로 읽고, '長'은 길 '장'으로 읽고, '生'은 살 '생'으로 읽고, '殿'은 대궐(大闕. 궁궐과 같은 말로, 임금이 거처하는 집) '전'으로 읽는다. '長生殿'은 대궐 이름. '七月七日長生殿'을 직역(直譯)하면, 7월 7일 장생전(長生殿)에서, '夜半無人私語時'에서, '夜'는 밤 '야'로 읽고, '半'은 반(半) '반'으로 읽는다. '夜半'은 '밤중'과 같은 말로, 밤이 깊은 때. '無'는 없을 '무'로 읽고, '人'은 사람 '인'으로 읽고, '私'는 사사(私事. 개인의 사사로운 일) '사'로 읽고, '語'는 말씀 '어'로 읽는다. '私語'는 드러나지 아니하게 가만히 속삭임. 또는 그런 말. 그런데 어떤 자료에는 '私' 대신에 '和'로 표기되어 있다. 이것은 문맥상 맞지 않다. '時'는 때 '시'로 읽는다. '夜半無人私語時'를 직역(直譯)하면, 밤중에 사람이 없이 드러나지 아니하게 가만히 속삭이는 말을 할 때, '在天願作比翼鳥'에서, '在'는 있을 '재'로 읽고, '天'은 하늘 '천'으로 읽고, '願'은 원할 '원'으로 읽고, '作'은 삼을(남을 자기와의 어떤 관계자가 되게 함) '작'으로 읽고, '比'는 견줄 '비'로 읽고, '翼'은 날개 '익'으로 읽고, '鳥'는 새 '조'로 읽는다. 여기서 '비익조(比翼鳥)'는 암컷과 수컷의 눈과 날개가 하나씩이어서, 짝을 짓지 아니하면 날지 못한다는 전설상의 새 이름. 남녀나 부부 사이의 두터운 정(情)을 비유적으로 이르는 말. '在天願作比翼鳥'을 직역(直譯)하면, 하늘에 있는 것은 비익조(比翼鳥)로 삼기를 원하고, '在地願爲連理枝'에서, '地'는 땅 '지'로 읽고, '爲'는 될 '위'로 읽고, '連'은 잇닿을 '련(연)'으로 읽고, '理'는 다스릴 '리(이)'로 읽고, '枝'는 가지 '지'로 읽는다. 여기서, '연리지(連理枝)'는 두 나무의 가지가 서로 맞닿아서 결이 서로 통한 것을 이르는 말. 또는 화목한 부부나 남녀 사이를 비유적으로 이르는 말. '在地願爲連理枝'를 직역(直譯)하면, 땅에 있는 것은 연리지(連理枝)가 되기를 원함. 여기서, 비익연리(比翼連理)와 연리비익(連理比翼)이 유래하였는데, 이것을 직역(直譯)하면, 비익조(比翼鳥)와 연리지(連理枝) 또는 연리지(連理枝)와 비익조(比翼鳥)라는 뜻으로, 부부 사이의 금실(琴瑟)이 썩 좋음. 또는 부부(夫婦)가 아주 화목(和睦. 서로 뜻이 맞고 정다움)함을 비유적으로 이르는 말. '天長地久有時盡'에서, '天'은 하늘 '천'으로 읽고, '長'은 길 '장'으로 읽고, '地'는 땅 '지'로 읽고, '久'는 오랠 '구'로 읽고, '有'는 있을 '유'로 읽고, '時'는 때 '시'로 읽고, '盡'은 다할(어떤 현상이 끝날) '진'으로 읽는다. '天長地久有時盡'을 직역(直譯)하면, 하늘과 땅이 영원함도 다할 때가 있지만, 여기서, '天長地久'가 유래하였는데, 이것을 직역(直譯)하면, 하늘만큼 길고 땅만큼 오래되다. 즉, 하늘과 땅이 존재했던 시간만큼 길고 오래된다는 뜻으로, ①하늘과 땅은 영원함을 비유적으로 이르는 말. ②하늘과 땅처럼 (애정이) 영원히 변함이 없음을 비유적으로 이르는 말. ③흔히 장수(長壽. 오래도록 삶)하기를 빌 때 하는 말로, (하늘과 땅처럼) 오래고 변함이 없음을 비유적으로 이르는 말. '此恨綿綿無絶期'에서, '此'는 이(지시하는 말) '차'로 읽고, '恨'은 한(恨) '한', 한탄(恨歎) '한'으로 읽고, '綿'은 이을 '면'으로 읽는다. '綿綿'은 끊어지지 않고 죽 잇따라 있음. '無'는 없을 '무'로 읽고, '絶'은 끊을 '절'로 읽고, '期'는 기간(期間. 어느 일정한 시기에서 다른 일정한 시기까지의 사이) '기'로 읽는다. '此恨綿綿無絶期'를 직역(直譯)하면, 이 한(恨)은 끊어지지 않고 죽 잇따라 있어 끊어지는 기간(期間)이 없으리라.

비인간-적(非人間的 아닐 **비**/사람 **인**/사이 **간**/접미사 **적**) 사람 사이가 아닌, 비인간(非人間)의 (것이라는) 뜻으로, 사람답지 아니하거나, 사람으로서는 차마 할 수 없는, 또는 그런 것을 이르는 말. *비인간(非人間): ①사람답지 아니한 사람. ②인간 세상이 아니라는 뜻으로, 뛰어나게 아름다운 경치를 이르는 말.

비-일-비-재(非一非再 아닐 **비**/한 **일**/아닐 **비**/두 **재**) 한 (번도) 아니고 두 (번도) 아니라는 뜻으로, 같은 현상(現象)이나 일이 한두 번이나 한둘이 아니고 많음을 이르는 말.

비-잠-주-복(飛潛走伏 날 **비**/자맥질할 **잠**/달아날 **주**/엎드릴 **복**) 날고, 자맥질하고(헤엄치고), 달아나고, 엎드리는(기는) (것이란) 뜻으로, 새, 물고기, 짐승, 벌레 따위를 통틀어 이르는 말. 여기서, 나는 것은 '새'이고, 자맥질하는 것은 '물고기'이고, 달아나는 것은 '짐승'이고, 엎드리는 것은 '벌레'에 해당된다고 말할 수 있다. *자맥질하다: 물속에 들어가서 팔다리를 놀리며 떴다 잠겼다 하다. *엎드리다: 부록 '복(伏)' 참고.

비-장-필-천(轡長必踐 고삐 **비**/길 **장**/반드시 **필**/밟을 **천**) 고삐가 길면 반드시 밟힌다는 뜻으로, 옳지 못한 일을 오랫동안 계속하면 반드시 탄로(綻露. 비밀 따위가 드러남. 또는 비밀 따위를 드러냄)가 남을 이르는 말. *고삐: 부록 '비(轡)' 참고. 《관련 속담》 꼬리가 길면 밟힌다(잡힌다).

비절-참절(悲絶慘絶 슬플 **비**/다시없을 **절**/참혹할 **참**/다시없을 **절**) 다시없을 (만큼) 슬프고, 다시없을 (만큼) 참혹(慘酷)하다는 뜻으로, 더할 수 없이 비참(悲慘. 차마 눈 뜨고 볼 수 없을 만큼 슬프고 참혹함)함. 또는 말할 수 없이 비참(悲慘)함을 이르는 말. =참절비절(慘絶悲絶). *비절(悲絶): 더 할 수 없이 슬픔. *참절(慘絶): 끔찍하기가 이를 데 없음. *참혹하다(慘酷~): 부록 '참(慘)' 참고.

비정상-적(非正常的 아닐 **비**/바를 **정**/떳떳할 **상**/접미사 **적**) 바르고 떳떳한 (것이) 아닌 (것이라는) 뜻으로, 정상적(正常的)이 아닌, 또는 그런 것을 이르는 말. *비정상(非正常): 정상이 아님. *떳떳하다: 부록 '상(常)' 참고.

비조-불-입(飛鳥不入 날 **비**/새 **조**/아닐 **불**/들 **입**) 나는 새도 들지 아니한다. 즉, 날아다니는 새도 들어갈 수 없다는 뜻으로, (새도 날아들지 못할 만큼) 성(城)이나 진지(陣地. 전투 부대의 공격이나 방어를 위한 준비를 구축해 놓은 지역) 따위의 방비(防備. 적의 침공이나 재해를 막을 준비를 함. 또는 그 준비)가 빈틈없이 또는 물샐틈없이 튼튼하거나 완벽(完璧. 흠이 없는 구슬이라는 뜻으로, 결함이 없이 완전함을 이르는 말)함을 비유적으로 이르는 말. *비조(飛鳥): 하늘을 나는 새. =날짐승. *날다: 부록 '비(飛)' 참고. *들다: 부록 '입(入)' 참고.

비-조-즉-석(非朝卽夕 아닐 **비**/아침 **조**/곧 **즉**/저녁 **석**) 아침이 아니면 곧 저녁이라는 뜻으로, 시기(時期)가 매우 임박(臨迫. 어떤 때가 가까이 닥쳐 옴)함. 즉, 시기(時期)가 가까이 닥침을 비유적으로 이르는 말.

비-지-중-물(非池中物 아닐 **비**/못 **지**/가운데 **중**/사물 **물**) (용은) 못(연못) 가운데의 사물이 아니다. 용(龍)은 못(연못)에만 있는 것이 아니라 때를 만나면 하늘로 오른다는 것이다. 따라서, 용(龍)이 때를 만나면 못(연못)을 벗어나 하늘로 오르듯이, 영웅(英雄. 지혜와 재능이 뛰어나고 용맹하여 보통 사람이 하기 어려운 일을 해내는 사람)도 때를 만나면 세상(世上)에 나와 큰 뜻을 편다는 뜻으로, 비범(非凡. <u>보통 수준보다 훨씬 뛰어남</u>)한 인물이나 장차(將次. '<u>앞으로</u>'의 뜻으로, 미래의 어느 때를 나타내는 말) 대성(大成. <u>크게 이룸. 또는 크게 성공함</u>)할 사람을 비유적으로 이르는 말.

비취-장도(翡翠粧刀 비취 **비**/비취 **취**/단장할 **장**/칼 **도**) 비취(翡翠)와 비취(翡翠)로 단장(丹粧)한 칼이라는 뜻으로, 칼자루와 칼집을 비취(翡翠)로 장식한 장도(粧刀)를 이르는 말. *비취(翡翠): =비취옥(翡翠玉). 즉, 반투명체로 된 짙은 푸른색의 윤이 나는 구슬을 일컫는다. 보석으로 장신구(裝身具. <u>몸치장을 하는 데 쓰는 제구를 이르는 말. 비녀, 목걸이, 반지, 귀고리 따위가 있다.</u>)에 쓴다. *장도(粧刀): 주머니 속에 넣거나 옷고름에 늘 차고 다니는, 칼집이 있는 작은 칼을 이르는 말. 칼집과 자루는 금(金), 은(銀), 밀화(蜜花), 대모(玳瑁), 뿔, 나무 따위로 장식한다. *단장하다(丹粧~): 부록 '장(粧)' 참고.

비풍-참-우(悲風慘雨 슬플 **비**/바람 **풍**/참혹할 **참**/비 **우**) 슬픈 바람과 참혹(慘酷)한 비. 즉, 구슬픈 느낌을 주는 바람과 모진 비라는 뜻으로, 슬프고 비참(悲慘)한 처지(處地)나 상황(狀況)을 비유적으로 이르는 말. *비풍(悲風): ①몹시 쓸쓸하고 구슬픈 느낌을 주는 바람. ②늦가을의 쓸쓸한 바람. *참혹하다(慘酷~): 부록 '참(慘)' 참고.

비-하-공사(鼻下公事 코 **비**/아래 **하**/관청 **공**/일 **사**) 코 아래에만 (있는) 관청(官廳)의 일. 즉, 코밑에 닥친 일만 그때그때 처리하는 정사(政事. <u>정치에 관한 일. 또는 행정에 관한 일</u>)라는 뜻으로, 겨우 먹고 살아 가는 일을 비유적으로 이르는 말. 여기서, '코 밑'은 입[口]을 이르는 말이다. =비하정사(鼻下政事). *공사(公事): 관청의 일. 또는 공공에 관계되는 일. *관청(官廳): ①법률로 정해진 국가적인 사무를 취급하는 국가 기관. ②국가 기관의 사무를 실제로 맡아보는 곳.

비-하-정사(鼻下政事 코 **비**/아래 **하**/정사 **정**/일 **사**) 코 아래에만 (있는) 정사(政事). 즉, 코 밑에 닥친 일[事]만 그때그때 처리하는 정사(政事)라는 뜻으로, 겨우 먹고 살아가는 일을 비유적으로 이르는 말. 여기서, '코 밑'은 입[口]을 이르는 말이다. =비하공사(鼻下公事). *정사(政事): 정치에 관한 일. 또는 행정에 관한 일.

비-합리성(非合理性 아닐 **비**/맞을 **합**/이치 **리**/성품 **성**) 이치(理致)에 맞는 성품(<u>성질</u>)이 아닌 (것이라는) 뜻으로, ①비합리적(非合理的)인 성질. 또는 그런 요소(要素)를 이르는 말. ②이성(理性. <u>사물의 이치를 논리적으로 생각하고 판단하는 마음의 작용. 또는 도리에 따라 판단하거나 행동하는 능력</u>)에 의하여 파악할 수 없는, 논리(論理)를 초월하고 있는 성질을 이르는 말. ⑪ 불합리성(不合理性). *합리성(合理性): ①도리(道理. <u>사람이 마땅히 지켜야 할 바른 길</u>)에 맞는 성질. ②논리(論理)의 법칙이나 과학적 인식에 들어맞는 성질. ③행위가 능률적으로 행하여지거나, 사태가 목적에 적합한 성질. *맞다: 한쪽이 다른 것에 꼭 알맞다. =적합하다. *이치(理致): 사물에 정당한 조리(條理. <u>어떤 일이나 말, 글 따위에서, 앞뒤가 들어맞고 체계가 서는 것</u>). 또는 도리(道理)에 맞는 근본 뜻. *성품(性品): 부록 '성(性)' 참고.

비-합리적(非合理的 아닐 **비**/맞을 **합**/이치 **리**/접미사 **적**) 이치에 맞는 (것이) 아닌 (것이라는) 뜻으로, ①합리적이 아닌 것. 곧, 이론이나 이치에 맞지 않는 것. 또는 그런 것을 이르는 말. =불합리적(不合理的). ②이성(理性. <u>사물의 이치를 논리적으로 생각하고 판단하는 마음의 작용. 또는 도리·道理에 따라 판단하거나 행동하는 능력</u>)이나 오성(悟性. <u>사물에 대하여 논리적으로 이해하고 판단하는 능력</u>)으로 파악할 수 없는, 또는 그런 것을 이르는 말. *합리적(合理的): ①관명 도리(道理. <u>사람이 마땅히 지켜야 할 바른</u>

길)에 맞아 정당한. 또는 도리(道理)에 맞아 정당한 것. ②[관][명] 논리적으로 필연성(必然性. 어떤 사물의 그렇게 될 수밖에 없는 성질)에 들어맞는. 또는 논리적으로 필연성(必然性)에 들어맞는 것. *맞다: 한쪽이 다른 것에 꼭 알맞다. =적합하다. *이치(理致): 사물에 정당한 조리(條理. 어떤 일이나 말, 글 따위에서, 앞뒤가 들어맞고 체계가 서는 것). 또는 도리(道理)에 맞는 근본 뜻.

비황-저곡(備荒貯穀 갖출 **비**/흉년들 **황**/쌓을 **저**/곡식 **곡**) 흉년(凶年. 농작물이 예년에 비하여 잘되지 아니하여 굶주리게 된 해) 들 때 갖추어 쌓은 곡식(穀食)이라는 뜻으로, 흉년(凶年)에 대비하여 곡식(穀食)을 미리 저장해 둠. 또는 그 곡식(穀食)을 이르는 말. *비황(備荒): 흉년이나 재액(災厄. 재앙으로 인한 불운) 따위에 대비하여 미리 준비함. 또는 그 준비. *저곡(貯穀): 곡식을 저축한다는 뜻으로, 곡식을 갈무리(잘 챙기어 간수함)하여 둠. *갖추다: 부록 '비(備)' 참고. *곡식(穀食): 부록 '곡(穀)' 참고.

비황-저축(備荒貯蓄 갖출 **비**/흉년들 **황**/쌓을 **저**/쌓을 **축**) 흉년(凶年. 농작물이 예년에 비하여 잘되지 아니하여 굶주리게 된 해)이 들 때 갖추어 쌓는다는 뜻으로, 흉년(凶年)이나 어려운 때를 대비(對備)하여 미리 저축(貯蓄)함을 이르는 말. *비황(備荒): ☞비황저곡(備荒貯穀). *저축(貯蓄): ①절약해 모아 둠. ②소득의 일부를 아껴 금융기관에 맡겨둠. 또는 그 돈. *갖추다: 부록 '비(備)' 참고.

비희-교집(悲喜交集 슬플 **비**/기쁠 **희**/오고 갈 **교**/모을 **집**) 슬픔과 기쁨이 오고가는 (것이) (한곳에) 모인다는 뜻으로, 슬픈 일과 기쁜 일이 한꺼번에 닥침. 또는 슬픔과 기쁨이 한꺼번에 닥침을 이르는 말. *비희(悲喜): =희비(喜悲). 즉, 기쁨[喜]과 슬픔[悲]을 아울러 이르는 말. *교집(交集): 이런저런 생각이 뒤얽히어 서림('서리다'의 명사형으로, 어떤 생각이 마음에 자리 잡음)을 이르는 말.

빈계-사신(牝鷄司晨 암컷 **빈**/닭 **계**/맡을 **사**/새벽 **신**) 암컷의 닭이 (울어) 새벽을 (알리는 일을) 맡다. 즉, 암탉이 새벽을 알리는 일을 맡아 먼저 운다는 뜻으로, 내주장(內主張. 남편 대신 아내가 집안일을 맡아 봄)을 비꼬아 이르는 말. 즉, 부인(婦人)이 남편을 젖혀놓고 집안일을 마음대로 처리함을 이르는 말. 또는 암탉이 울면 집안이 망한다는 것을 비유적으로 이르는 말. =빈계지신(牝鷄之晨). *빈계(牝鷄): =암탉. *사신(司晨): 새벽을 알리는 일을 맡는다는 뜻으로, '닭'을 달리 이르는 말. *맡다: 부록 '사(司)' 참고. 이 사자성어의 유래는 다음과 같다. 『서경(書經)·주서(周書)』의 「목서(牧誓)」 편(篇)에 〈옛 사람들이 말하기를 암탉은 새벽을 알리지 않으며, 암탉이 새벽에 울면 집안이 망한다고 했다. 지금 상(商)나라의 왕은 오직 부녀자의 말만 옳다고 여겨서 따르고 있다.(古人有言曰, 牝鷄無晨, **牝鷄之晨, 惟家之索**, 今商王受, 惟婦言是用.)〉라는 이야기가 나오는데, '암탉이 새벽에 울면 집안이 망한다고 했다.(牝鷄之晨, 惟家之索)'에서, '빈계지신(牝鷄之晨)'이 유래했다. 그리고 '빈계지신(牝鷄之晨)'에서 '빈계사신(牝鷄司晨)'이 유래했다. 왜냐하면 '빈계사신(牝鷄司晨)'과 '빈계지신(牝鷄之晨)'은 같은 말이기 때문이다. 이는 은(殷)나라의 주왕(紂王)이 달기(妲己)와의 환락(歡樂. 기뻐하고 즐거워함)에 빠져 사치와 낭비를 일삼고 폭정(暴政. 포악한 정치)을 저지르자(일삼자), 주(周)나라의 무왕(武王)은 도탄(塗炭. 진구렁이나 숯불에 빠졌다는 뜻으로, 생활이 몹시 곤궁하거나 비참한 경지를 이르는 말)에 빠진 은(殷)나라의 백성들을 구한다는 명분을 가지고 은(殷)나라의 목야(牧野)까지 진출하여 주왕(紂王)의 죄를 밝혀 말하는 대목이다. 여기서 암탉과 부녀자는 바로 '달기(妲己)'를 가리킨다. 그리고 윗글에서 '상(商)나라'가 등장하는데, 이는 중국 고대의 왕조로서 은(殷)나라라고도 부른다. 나머지 구체적인 내용은 ⇨부언시용(婦言是用).

빈계-지-신(牝鷄之晨 암컷 **빈**/닭 **계**/어조사 **지**/새벽 **신**) 암컷의 닭이 (울어) 새벽을 (알린다). 즉, 암탉이 새벽을 알리느라고 먼저 운다는 뜻으로, 부인(婦人)이 남편을 젖혀놓고 집안일을 마음대로 처리함을 이르는 말. 또는 암탉이 울면 집안이 망한다는 것을 비유적으로 이르는 말. =빈계사신(牝鷄司晨). *빈계(牝鷄): ☞빈계사신(牝鷄司晨). 이 사자성어의 유래는 다음과 같다. 『서경(書經)·주서(周書)』의 「목서(牧誓)」편(篇)에 〈옛 사람들이 말하기를 암탉은 새벽을 알리지 않으며, 암탉이 새벽에 울면 집안이 망한다고 했다. 지금 상(商) 나라의 왕은 오직 부녀자의 말만 옳다고 여겨서 따르고 있다.(古人有言曰, 牝鷄無晨. **牝鷄之晨, 惟家之索**, 今商王受, 惟婦言是用.)〉라는 이야기가 나오는데, '암탉이 새벽에 울면 집안이 망한다고 했다.(牝鷄之晨, 惟家之索)'에서, '빈계지신(牝鷄之晨)'이 유래했다. 이는 은(殷)나라의 주왕(紂王)이 달기(妲己)와의 환락(歡樂. 기뻐하고 즐거워함)에 빠져 사치와 낭비를 일삼고 폭정(暴政. 포악한 정치)을 저지르자(일삼자), 주(周)나라의 무왕(武王)은 도탄(塗炭. 진구렁이나 숯불에 빠졌다는 뜻으로, 생활이 몹시 곤궁하거나 비참한 경지를 이르는 말)에 빠진 은(殷)나라의 백성들을 구한다는 명분을 가지고 은(殷)나라의 목야(牧野)까지 진출하여 주왕(紂王)의 죄를 밝혀 말하는 대목이다. 여기서 암탉과 부녀자는 바로 '달기(妲己)'를 가리킨다. 그리고 윗글에서 '상(商)나라'가 등장하는데, 이는 중국 고대의 왕조로서 은(殷)나라라고도 부른다. 나머지 구체적인 내용은 ⇨부언시용(婦言是用).

빈부-귀천(貧富貴賤 가난할 **빈**/넉넉할 **부**/귀할 **귀**/천할 **천**) 가난함과 넉넉함(부유함), 귀함(貴~)과 천함(賤~)을 아울러 이르는 말. *빈부(貧富): 가난함과 넉넉함. 또는 빈자(貧者. 가난한 사람)와 부자(富者. 재물이 많아 넉넉한 사람)를 이르는 말. *귀천(貴賤): 신분이나 일 따위의 귀함과 천함.

빈-불-여-언(擯不與言 물리칠 **빈**/아닐 **불**/더불어 **여**/말씀 **언**) 물리치고 더불어 말하지 아니한다는 뜻으로, 아주 멀리하여 아는 체도 하지 아니함을 이르는 말. *물리치다: 부록 '빈(擯)' 참고.

빈사-지경(瀕死地境 다가올 **빈**/죽을 **사**/처지 **지**/지경 **경**) 죽음이 다가올 처지(處地)나 지경(地境)이라는 뜻으로, 거의 죽게 된 처지(處地)나 형편(形便)을 이르는 말. *빈사(瀕死): =반죽음. 즉, 거의 죽을 지경에 도달함. *지경(地境): 어떤 처지나 형편. *처지(處地): ①처하여 있는 형편이나 사정. ②서로 사귀어 지내는 관계.

빈-이-무-원(貧而無怨 가난할 **빈**/말 이을 **이**/없을 **무**/원망할 **원**) 가난하지만 그러나 원망함이 없다. 즉, 가난하면서도 원망하지 않는다는 뜻으로, 가난해도 세상에 대한 원망이 없음을 이르는 말. *원망하다(怨望~): 부록 '원(怨)' 참고. 이 사자성어의 유래는 다음과 같다. 『논어(論語)』의 「헌문(憲問)」편(篇) 제14장에, 〈(중국 춘추시대의 사상가이며 학자인) 공자(孔子)가 말하기를, "가난하면서도 원망(怨望)이 없기는 어렵고, 부유(富裕)하면서도 교만(驕慢)이 없기는 쉽다."라고 했다.(子曰, **貧而無怨難**, 富而無驕易)〉라는 말이 나오는데, '가난하면서도 원망(怨望)이 없기는 어렵고.(貧而無怨難)'에서 '빈이무원(貧而無怨)'이 유래했다. 참고로, 원문의 '子曰'에서, '子'는 경칭(敬稱. 공경하는 뜻으로 부르는 칭호. 또는 존대하여 일컬음) '자'로 읽는다. 학덕(學德)과 지위가 높은 남자의 경칭(敬稱)이다. 여기서는 '공자(孔子)'를 가리킴. '曰'은 일컬을 '왈'로 읽는다. '子曰'을 직역(直譯)하면, 공자(孔子)가 일컫기를, '貧而無怨難'에서, '貧'은 가난할 '빈'으로 읽고, '而'는 말 이을 '이'로 읽는다. '그러나'의 뜻을 나타냄. '無'는 없을 '무'로 읽고, '怨'은 원망(怨望. 못마땅하게 여기어 탓하거나 불평을 품고 미워함)할 '원'으로 읽고, '難'은 어려울 '난'으로 읽는다. '貧而無怨難'을 직역(直譯)하면, 가난하지만 그러나 원망(怨望)이 없기는 어렵고, 여기서 '貧而無怨'이 유래하였는데, 이것을 직역(直譯)하면, 가난하지만 그러나 원망함이 없다는 뜻으로, 가난해도 세상에 대한 원망이 없음을 이르는 말. '富而無驕易'에서, '富'는 부유(富裕. 재물·財物, 즉, 돈이나 그 밖의 값나가는 물건이 풍부함)할 '부'로 읽고, '驕'는 교만(驕慢. 잘난 체하며 뽐내고 건방짐)할 '교'로 읽고, '易'는 쉬울 '이'로 읽는다. '富而無驕易'를 직역(直譯)하면, 부유(富裕)하지만 그러나 교만(驕慢)이 없기는 쉽다. 이 사자성어의 유래는 앞뒤 단락(段落. 긴 문장에서, 내용상으로 일단 끊어지는 곳)이 없이 달랑 한 문장으로만 되어 있어 눈길을 끈다. 그렇기 때문에 사람마다 해석이 다양하다. '가난하면서도 원망(怨望)이 없기는 어렵고'는 가난하면 입을 옷이 없고, 먹을 양식이 없다. 그래서 세상을 원망(怨望)하지 않기는 어렵다는 것이다. 다시 말하면, 가난하여 먹고 살길이 아득하기 때문에 자기의 처지를 비관하거나 위정자(爲政者. 정치를 하는 사람)나 세상을 원망(怨望)하고 탓하지 않는 것은 참으로 어렵고 힘든 일임을 뜻한다. 소위 안빈낙도(安貧樂道. 본문 참고)는 군자(君子. 학문과 덕·德이 높고 행실·行實이 바르며 품위·品位를 갖춘 사람)의 이상(理想)일 뿐 보통 사람으로서는 흉내를 낼 있는 일이 아니다. '부유(富裕)하면서도 교만(驕慢)이 없기는 쉽다.'는 부자(富者. 살림이 넉넉한 사람. 또는 재산이 많은 사람)가 되기는 어렵지만, 부자(富者)로 살기는 쉽다는 것을 뜻한다. 부유(富裕)하면 의식주(衣食住)가 충분하니 삶의 도리(道理. 사람이 마땅히 지켜야 할 바른 길)를 알고 분수(分數. 자기 신분에 맞는 한도. 또는 사람으로서 일정하게 이를 수 있는 한계)를 지키니까 교만(驕慢)과는 오히려 거리가 멀게 된다는 뜻으로 해석된다. 또 다르게 해석하면, 부유(富裕)하여 재산이 많지만 젠체하고 뽐내며 우쭐대지 않는 것은 조금의 자기 수양(修養. 몸과 마음을 단련하여 품성, 지혜, 도덕을 닦음)만 있으면 쉬운 일이라는 의미다. 문제는 가난하면서도 원망(怨望)하지 않는 것과 부자(富者)이면서도 교만(驕慢)하지 않는 것 가운데, 어느 것이 더 어렵고 쉬운가 하는 것이다. 가난하고 부자(富者)가 되는 것은 자기의 의지(意志. 어떠한 일을 이루고자 하는 마음)만으로 되는 것이 아니다. 그러나 원망(怨望)하고 교만(驕慢)하지 않는 것은 자신의 의지(意志)에 달려 있다. 곤경(困境. 곤란한 처지. 또는 착한 처지)에 처한 사람보다 편안한 처지의 사람이 자기의 의지(意志)대로 실천하기가 쉽다. 그런 까닭에 공자(孔子)는 부자(富者)이면서도 교만(驕慢)하지 않는 것이 쉽다고 말한 것이다. 빈궁(貧窮. 가난하여 생활이 몹시 어려움)하면 원망(怨望)하게 되고, 부유(富裕)하면 교만(驕慢)하게 되는데, 공자(孔子)는 이 원망(怨望)과 교만(驕慢)에 대해 조심할 것을 당부하는 것이다. 특히 부유(富裕)하면서 교만(驕慢)하게 행동하면 부(富. 많은 재물)를 잃을 수도 있으니 조심하라는 충고(忠告)의 말이기도 하다.

빈자-소인(貧者小人 가난할 **빈**/사람 **자**/작을 **소**/사람 **인**) 가난한 사람은 작은 사람이라는 뜻으로, 가난한 사람은 굽히는 일이 많아, 떳떳하게 기(氣)를 펴지 못하므로 저절로 옹졸(壅拙. 성질이 너그럽지 못하고 소견이 좁음)하거나 낮은 사람이 됨을 이르는 말. 즉, 가난하면 등신 된다. 또는 돈이 없으면 못 난 놈 된다는 말이다. *빈자(貧者): 가난한 사람. ↔부자(富者). *소인(小人): ①나이 어린 아이. ②키나 몸집이 작은 사람. ③도량(度量. 사물을 너그럽게 용납하여 처리할 수 있는 넓은 마음과 깊은 생각)이 좁고 간사(奸邪. 교묘하게 잘 둘러대고 행실이 바르지 못함)한 사람.

빈자-일-등(貧者一燈 가난할 **빈**/사람 **자**/한 **일**/등불 **등**) 가난한 사람이 (바치는) 하나의 등불이라는 뜻으로, 물질의 많고 적음보다 참된 마음이 소중하고, 정성(精誠. 온갖 힘을 다하려는, 참되고 성실한 마음)이 중요함을 비유적으로 이르는 말. *빈자(貧者): ☞빈자소인(貧者小人). 이 사자성어의 유래는 다음과 같다. 『현우경(賢愚經)』의 「빈녀난타품(貧女難陀品)」 편(篇)에 〈코살라국의 사위(舍衛)라는 곳에 난타(難

陀)라는 가난한 여인이 살고 있었는데, 구걸로 겨우 목숨을 이어갈 정도로 가난했다. 어느 날 석가(釋迦)가 사위성(舍衛省)에 온다는 소식이 전해지자, 난타(難陀)는 비록 가난하였지만, 이 세상에서 가장 존귀한 분을 위한 등불 공양을 올리기 위해 거리에서 하루 종일 구걸해 얻은 돈 두 닢을 들고 기름집으로 달려갔다. 기름집 주인은 여인의 갸륵한 마음에 감동하여 기름을 갑절이나 주었다. 난타(難陀)는 기쁨에 넘쳐 등(燈) 하나에 불을 밝혀 석가모니께 바쳤다. 밤이 깊어가고 세찬 바람이 불어 다른 등불은 다 꺼졌으나, 난타(難陀)의 등불만은 밝게 빛나고 있었다.〉라는 이야기가 나오는데, 가난한 여인이 등(燈) 하나를 석가모니에게 바친 데서 '빈자일등(貧者一燈)'이 유래했다. 참고로, 한자로 된 원문은 알 수 없음.

빈주-지-간(賓主之間 손 **빈**/주인 **주**/어조사 **지**/사이 **간**) 손(손님)과 주인의 사이를 이르는 말. *빈주(賓主): 손님[賓]과 주인(主人)을 아울러 이르는 말.

빈주-지-례(賓主之禮 손 **빈**/주인 **주**/어조사 **지**/예절 **례**) 손(손님)과 주인의 예절(禮節)이라는 뜻으로, 손(손님)과 주인의 사이에 지켜야 할 예의(禮儀). 또는 예절(禮節)을 이르는 말. *빈주(賓主): ☞빈주지간(賓主之間).

빈-즉-다사(貧則多事 가난할 **빈**/곧 **즉**/많을 **다**/일 **사**) 가난한데 곧 일은 많다. 즉, 가난하면 일이 많다는 뜻으로, 가난한 집에 번거로운 일이 많음. 또는 가난하면 살림에 시달리고 번거로운 일이 많아서 바쁨을 이르는 말. *다사(多事): ①일이 많음. ②일이 많아 매우 바쁨. ③참견(參見. <u>자기와 별로 관계없는 일이나 말 따위에 끼어들어 쓸데없이 아는 체하거나 이래라저래라 함</u>)하기 좋아하여 공연스레 바쁨.《관련 속담》가난한 집 제사(제삿날, 젯날) 돌아오듯 한다.

빈천-지-교(貧賤之交 가난할 **빈**/천할 **천**/어조사 **지**/사귈 **교**) 가난하고 천(賤)할 (때의) 사귐. 즉, 가난했을 때 사귄 친구라는 뜻으로, 가난하고 어려운 때의 사귐. 또는 그러한 때에 사귄 친구(벗)를 이르는 말. *빈천(貧賤): 가난하고 천함. ↔부귀(富貴). <u>이 사자성어의 유래는 다음과 같다. 『후한서(後漢書)』의 「송홍전(宋弘傳)」 편(篇)에 [후한(後漢)의 창업자(創業者. 회사 따위를 처음으로 세워 사업을 시작한 사람. 여기서는 '건국자·建國者'와 같은 말로, 나라를 세운 사람)인 광무제(光武帝. 중국 후한·後漢의 초대·初代 임금)가 아끼는 신하(臣下) 가운데는 신중(愼重. 매우 조심스러움)하고 근후(謹厚. 조심스럽고, 태도 따위가 정중하고 무게가 있음)한 사람들이 많았다. 그 중에 송홍(宋弘)이란 사람이 있었는데, 미망인(未亡人. 남편을 여읜 여자)이 된 광무제(光武帝)의 누이 호양공주(湖陽公主)가 그를 흠모(欽慕. 기쁜 마음으로 공경하며 사모함)했다. '남편을 여읜 여자'에서, '여의다'는 부모나 사랑하는 사람이 죽어서 이별하다. 광무제(光武帝)는 누이의 심정을 알아차리고, 두 사람을 맺어 주기 위해 송홍(宋弘)과 대화를 나누었다. 호양공주(湖陽公主)는 병풍(屛風) 뒤에 숨어 있었다.]〈광무제(光武帝)가 송홍(宋弘)에게 말했다. "속담에 사람이 귀(貴)해지면 친구를 바꾸고, 즉, 고귀(高貴)해지면 천(賤)할 때의 친구를 배신(背信. 신의를 저버림)할 수 있다는 뜻이다. 부(富)해지면 아내를 바꾼다고 하는데, 즉, 부유해지면 가난한 아내를 버릴 수도 있다는 뜻이다. 이것이 인지상정(人之常情. 본문 참고)이 아니겠소?" (송홍이 말하기를,) "가난할 때 사귄 친구는 잊어서는 안 되고, 즉, 빈천지교·貧賤之交를 잊지 말아야 하며, 어려울 때 함께 고생을 하여 집안을 일으킨 아내는 절대로 내쳐서는 안 된다고 신(臣. 신하가 임금에 대하여 자기를 일컫는 말)은 들었습니다. 즉, 조강지처·糟糠之妻는 버리지 말아야 한다고 들었사온데, 이는 인간의 도리(道理. 사람이 마땅히 지켜야 할 바른 길)입니다."(謂弘曰, 諺言, 貴易交, 富易妻, 人情乎, 弘曰, 臣聞, **貧賤之交不**</u>

可忘, 糟糠之妻不下堂.) (이렇게 송홍·宋弘이 단호하게 한 말을 들은) 광무제(光武帝)와 호양공주(湖陽公主)는 (크게 실망하여) 마음을 바꿀 수밖에 없었다. 즉, 포기할 수밖에 없었다는 뜻이다. 송홍·宋弘의 조강지처·糟糠之妻를 억지로 내쫓게 하고, 누이의 바람(어떤 일이 이루어지기를 기다리는 간절한 마음)을 채워 줄 수는 없었기 때문이다.〉라는 이야기가 나오는데, '가난할 때 사귄 친구는 잊어서는 안 되고,(貧賤之交不可忘)'에서, '빈천지교(貧賤之交)'가 유래했다. 참고로, 원문의 '謂弘曰'에서, '謂'는 일컬을 '위'로 읽고, '弘'은 넓을 '홍'으로 읽는다. 여기서는 사람 이름 '송홍(宋弘)'을 가리킴. '謂弘曰'을 직역하면, 송홍(宋弘)에게 일컬어 말하기를, '諺言'에서, '諺'은 속담(俗談) '언'으로 읽고, '言'은 말씀 '언'으로 읽는다. '諺言'을 직역(直譯)하면, 속담(俗談)에 말하기를, '貴易交'에서, '貴'는 귀할 '귀'로 읽고, '易'은 바꿀 '역'으로 읽고, '交'는 벗 '교', 친구(親舊) '교'로 읽는다. '貴易交'를 직역(直譯)하면, (사람이) 귀(貴)해지면 친구를 바꿈, '富易妻'에서, '富'는 부유할 '부'로 읽고, '妻'는 아내 '처'로 읽는다. '富易妻'를 직역(直譯)하면, (사람이) 부유(富裕)해지면 아내를 바꿈. 'ㅅ情乎'에서, 'ㅅ'은 사람 '인'으로 읽고, '情'은 뜻 '정'으로 읽는다. 'ㅅ情'은 사람이 본래 가지고 있는 감정이나 심정. '乎'는 어조사 '호'로 읽는다. '~이 아니겠는가?(반문)'의 뜻을 나타냄. 'ㅅ情乎'를 직역(直譯)하면, (그것이) 사람의 정(情)이 아니겠는가? '弘曰'에서, '弘曰'을 직역(直譯)하면, 송홍(宋弘)이 말하기를, '臣聞, 貧賤之交不可忘'에서, '臣'은 신(臣). 신하가 임금에 대하여 자기를 일컫던 말) '신'으로 읽고, '聞'은 들을 '문'으로 읽고, '貧'은 가난할 '빈'으로 읽고, '賤'은 천할 '천'으로 읽고, '之'는 어조사 '지'로 읽는다. '~의' 뜻을 나타냄. '交'는 사귈 '교'로 읽고, '不'은 아닐(부정하는 말) '불'로 읽고, '可'는 가히(可~. 능히', '넉넉히'의 뜻을 나타냄) '가'로 읽고, '忘'은 잊을 '망'으로 읽는다. '臣聞, 貧賤之交不可忘'을 직역(直譯)하면 가난하고 천할 때의 사귐은 가히 잊을 수 없다는 (말을) 신(臣)은 들었습니다. 즉, 가난하고 천할 때 사귄 친구는 잊어서는 안 된다는 말이다. 여기서, '貧賤之交'가 유래하였는데, 이것을 직역(直譯)하면, 가난하고 천(賤)할 (때의) 사귐이란 뜻으로, 가난하고 어려운 때의 사귐. 또는 그러한 때에 사귄 친구(벗)를 이르는 말. '糟糠之妻不下堂'에서, '糟'는 지게미 '조'로 읽고, '糠'은 쌀겨 '강'으로 읽는다. '糟糠'은 지게미와 쌀겨라는 뜻으로, 가난한 사람이 먹는 변변치 못한 음식을 이르는 말. '妻'는 아내 '처'로 읽고, '不'은 아닐(부정하는 말) '불'로 읽고, '下'는 아래 '하'로 읽고, '堂'은 집 '당', 마루 '당'으로 읽는다. '下堂'은 방이나 마루에서 뜰로 내려옴. 여기서는 문맥으로 볼 때, 방이나 마루에서 뜰로 내려감. '糟糠之妻不下堂'을 직역(直譯)하면, 지게미와 쌀겨로 끼니를 이을 때의 아내를 방이나 마루에서 뜰로 내려오게 (해서는) 안 된다는 (말도 들었습니다). 즉, 어려울 때 고락(苦樂, 괴로움과 즐거움)을 함께한 아내는 집에서 내쫓아서는 안 된다는 말이다. 여기서, '糟糠之妻'가 유래하였는데, 이것을 직역(直譯)하면, 지게미와 쌀겨로 (끼니를 이을 때의) 아내라는 뜻으로, 몹시 가난하고 천(賤)할 때에 고생을 함께하며 겪어온 아내를 비유적으로 이르는 말.

빈한-도골(貧寒到骨 가난할 **빈**/찰 **한**/이를 **도**/뼈 **골**) 가난하여 차가움(쓸쓸함)이 뼈에 이른다. 즉, 가난하여 쓸쓸함이 뼛속까지 스며든다는 뜻으로, 몹시 가난함을 이르는 말. *빈한(貧寒): 살림이 가난하여 집안이 쓸쓸함. *도골(到骨): 뼈 속에 이르렀다는 뜻으로, 골수(骨髓. 원래는 뼈의 내강(內腔)에 차 있는 누른 빛 또는 붉은빛의 연한 조직이나, 여기서는 '마음속'의 뜻)에 사무침을 이르는 말. *이르다: 부록 '도(到)' 참고.

빈한-막심(貧寒莫甚 가난할 **빈**/찰 **한**/더할 수 없을 **막**/심할 **심**) 가난함과 차가움(쓸쓸함)이 더할 수 없이 심하다는 뜻으로, 매우 가난하여 몹시 쓸쓸함을 이르는 말. *빈한(貧寒): ☞빈한도골(貧寒到骨). *막심(莫甚): 매우 심함. 또는 아주 대단함.

빈한-소치(貧寒所致 가난할 **빈**/찰 **한**/바 **소**/이를 **치**) 가난함과 차가움(쓸쓸함)으로 이르게 (된) 바[所]라는 뜻으로, 어떤 일이 가난한 탓으로 생김을 이르는 말. *빈한(貧寒): ☞빈한도골(貧寒到骨). *소치(所致): (무슨 까닭으로) 빚어진 일. *바: 부록 '소(所)' 참고. *이르다: ①어떤 곳에 닿다. =도착(到着)하다. ②일정한 시간에 미치다. ③어느 정도나 범위에 미치다.

빙-공-영사(憑公營私 빙자할 **빙**/벼슬 **공**/경영할 **영**/사사로이 할 **사**) 벼슬을 빙자(憑藉)하여 사사로이 경영(經營)한다. 즉, 공사(公事. 국가나 공공 단체의 일)를 빙자(憑藉)하고 사욕(私慾. 자기의 이익만을 채우려고 하는 욕망)만 채운다는 뜻으로, 공적인 것을 빙자(憑藉)하여 사적(私的)인 이득(利得)을 꾀함을 이르는 말. 공적인 일을 이용하여 개인의 이익을 추구함. =가공영사(假公營私). *영사(營私): 🅱 자기 개인의 이익만을 꾀함. *빙자하다(憑藉~): ①남의 힘을 빌려 그것에 의지하다. ②말막음으로 내세워 핑계를 대다. *경영하다(經營~): 부록 '영(營)' 참고.

빙기-옥골(氷肌玉骨 얼음 **빙**/살 **기**/구슬 **옥**/뼈 **골**) 얼음 (같은) 살결과 구슬 (같은) 뼈대라는 뜻으로, ①살결이 맑고 깨끗한 미인(美人)을 비유적으로 이르는 말. ②매화(梅花)의 곱고 깨끗함을 비유적으로 이르는 말. =빙자옥질(氷姿玉質). *빙기(氷肌): ①얼음처럼 맑고 깨끗한 살결. ②매화의 깨끗함을 비유적으로 이르는 말. *옥골(玉骨): ①살빛이 희고 고결(高潔. 고상하고 깨끗함)한 풍채(風采. 사람의, 드러나 보이는 의젓한 겉모양)를 이르는 말. ②매화나무를 달리 이르는 말. *살: 부록 '기(肌)' 참고.

빙부-거-자(氷夫車者 얼음 **빙**/사내 **부**/수레 **거**/사람 **자**) 얼음을 (싣는) 사내와 수레를 (끄는) 사람이라는 뜻으로, 얼음을 실어 나르는 일을 직업(職業)으로 하는 사람을 이르는 말. *빙부(氷夫): 예전에, 강에서 얼음을 떠내는 일을 직업(職業)으로 하던 사람.

빙-빙-과거(氷氷過去 얼음 **빙**/얼음 **빙**/지날 **과**/지날 **거**) 얼음이 얼다가 (녹는 사이에) 지나가고 지나갔다는 뜻으로, 세상을 어름어름(부사로써, 말이나 행동을 똑똑히 하지 않고 우물거리는 모양. 또는 일을 건성으로 하며 눈을 속이는 모양) 지냄을 이르는 말. 즉, 어름어름하는 사이에 어느덧 세월(歲月)을 다 보냈다거나, 진실 되지 못하게 어름어름 살아옴을 익살스럽게 이르는 말. *과거(過去): ①지나간 때. 또는 지난날. ②지난 일. 또는 지난날의 생활.

빙산-일각(氷山一角 얼음 **빙**/뫼 **산**/한 **일**/뿔 **각**) 얼음 뫼('산'의 옛말)에 (있는) 한 (개의) 뿔이라는 뜻으로, 대부분이 숨겨져 있고, 외부로 나타나 있는 것은 극히 일부분에 지나지 않음을 비유적으로 이르는 말. *빙산(氷山): 남극(南極)이나 북극(北極)의 바다에 떠 있는 거대한 얼음덩이를 이르는 말. 바다로 밀려 내려온 빙하(氷河)가 갈라져 생긴 것임. 여기서, '빙하(氷河)'는 높은 산이나 위도(緯度)가 높은 지방의 만년설(萬年雪. 높은 산이나, 남극과 북극에 가까운 위도·緯度 지방에서의, 언제나 눈이 녹지 않고 쌓여 있는 눈)이 그 무게의 압력으로 얼음덩이가 되어, 천천히 비탈면을 흘러 내려와 강을 이룬 것. *일각(一角): 한 귀퉁이. 또는 한 모서리. 한 부분. *뿔: 부록 '각(角)' 참고.

빙-소-와해(氷消瓦解 얼음 **빙**/사라질 **소**/기와 **와**/흩어질 **해**) 얼음이 사라지고(녹고) 기와가 흩어진다(깨진다)는 뜻으로, 얼음이 녹고 기와가 산산이 깨지듯이, 자취도 없이 사라짐을 비유적으로 이르는 말. *와해(瓦解): 조직이나 기능 따위가 무너져 흩어짐. *기와: 부록 '와(瓦)' 참고.

빙심-옥호(氷心玉壺 얼음 **빙**/마음 **심**/구슬 **옥**/항아리 **호**) 얼음같이 (맑은) 마음과 구슬같이 (티 없는) 항아리라는 뜻으로, 얼음이나 옥같이 깨끗하고 고운 마음. 또는 마음이 맑고 티 없이 깨끗함을 비유적으로 이르는 말. *빙심(氷心): 얼음같이 맑고 깨끗한 마음. *옥호(玉壺): 옥(玉)으로 만든 작은 병(瓶). *항아리: 좁고 배가 약간 부른 질그릇.

빙자-옥질(氷姿玉質 얼음 **빙**/바탕 **자**/구슬 **옥**/바탕 **질**) 얼음의 바탕과 구슬의 바탕이라는 뜻으로, ①얼음같이 맑고 깨끗한 살결과, 구슬같이 아름다운 자질(資質. 타고난 성품이나 소질)을 비유적으로 이르는 말. ②'매화(梅花)'를 달리 이르는 말. =빙기옥골(氷肌玉骨). *빙자(氷姿): ①얼음처럼 맑고 깨끗한 살결. ②매화의 깨끗함을 비유적으로 이르는 말. *옥질(玉質): 구슬같이 아름다운 자질(資質). *바탕: 부록 '질(質)' 참고.

빙-정-옥-결(氷貞玉潔 얼음 **빙**/절개 **정**/구슬 **옥**/깨끗할 **결**) 얼음 (같은) 절개(節槪·介)와 구슬 (같은) 깨끗함이라는 뜻으로, 절개(節槪·介)가 얼음이나 옥(玉)과 같이 깨끗하고, 조금도 흠이 없고 순결함을 비유적으로 이르는 말. *절개(節槪·介): 옳은 일을 지키어 뜻을 굽히지 않는 굳건한 마음이나 태도.

빙-청-옥-결(氷淸玉潔 얼음 **빙**/맑을 **청**/구슬 **옥**/깨끗할 **결**) 얼음 (같은) 맑음과 구슬 (같은) 깨끗함이라는 뜻으로, 얼음같이 맑고 옥(玉)같이 깨끗한 심성(心性. 본디부터 타고난 마음씨)을 비유적으로 이르는 말.

빙-청-옥윤(氷淸玉潤 얼음 **빙**/맑을 **청**/구슬 **옥**/윤 **윤**) 얼음과 (같이) 맑고, 구슬과 (같이) 윤(潤)이 (난다는) 뜻으로, 장인(丈人. 아내의 아버지)과 사위(딸의 남편)의 인물됨이 다 같이 뛰어남을 이르는 말. 이 사자성어의 유래는 다음과 같다. 『진서(晉書)』「위개열전(衛玠列傳)」에는 위개(衛玠)가 장인(丈人)인 낙광(樂廣)과 함께 안팎으로 이름이 나 있어, 말하는 사람들이 이르기를 "장인(丈人)은 얼음처럼 맑고, 사위는 구슬처럼 빛이 난다."(婦公氷淸 女婿玉潤)라고 했다. 여기서 '빙청옥윤(氷淸玉潤)'이 유래했다. 그런데, 위개(衛玠)는 서진(西晉) 하동(河東) 사람인데, 마치 보석이 주위를 감싸고 빛나는 것과 같다고 하여 벽인(璧人. 옥같이 아름다운 사람)이란 평(評)을 들은 절세(絕世. 세상에 견줄 데가 없을 정도로 아주 뛰어남) 미남이었고, 그가 다섯 살 때에는 너무나 예뻐 사람마다 옥인(玉人. 용모와 마음씨가 아름다운 사람)이라고 칭송(稱頌. 공덕·功德 따위를 칭찬하여 일컬음. 또는 그런 말)했다고 한다. *옥윤(玉潤): ①윤기가 있는 아름다운 얼굴. ②사위(딸의 남편)를 아름답게 이르는 말. *윤(潤): '윤기(潤氣)'의 준말로, 반질반질하고 매끄러운 기운.

빙탄-불용(氷炭不容 얼음 **빙**/숯 **탄**/아닐 **불**/용납할 **용**) 얼음과 숯은 용납(容納)하지 아니한다는 뜻으로, (얼음과 숯처럼) 두 사물이 서로 화합(和合. 화목하게 어울림)할 수 없음을 비유적으로 이르는 말. 비 수화불용(水火不容). 유여수화(有如水火). 여기서, '수화불용'(水火不容)은 '수화불상용'(水火不相容)'을 줄여 쓴 말이다. 참 빙탄불상용(氷炭不相容). *빙탄(氷炭): 얼음과 숯이라는 뜻으로, 서로 정반대가 되어 용납하지 못하는 관계를 이르는 말. *불용(不容): 받아들이지 아니함. 또는 용납하지 아니함. *숯: 부록 '탄(炭)' 참고. *용납하다(容納~): 남의 언행을 너그러운 마음으로 받아들이다.《관련 속담》시앗을 보면 길가의 돌부처도 돌아앉는다. 이 사자성어의 유래는 다음과 같다. 동방삭(東方朔)의 「칠간(七諫)」에, 〈얼음과 숯이 서로 같이할 수 없음이여. / 내 본디 목숨이 길지 못한 것을 알았노라. / 홀로 고생하다 죽어 낙(樂)이 없음이여. / 그대 연수(年數. 햇수)를 다하지 못함을 안타까워하노라.(氷炭不可以相幷兮. 吾固

수 없음이여.(氷炭不可以相幷兮)'에서, '빙탄불용(氷炭不容)'이 유래했다. '빙탄불상용(氷炭不相容)'이라
고도 한다. 한(漢)나라 무제(武帝) 때의 동방삭(東方朔)은 초(楚)나라의 우국(憂國. <u>나랏일을 근심하고</u>
<u>염려함</u>) 시인(詩人)인 굴원(屈原)을 추모(追慕. <u>죽은 이를 생각하고 그리워함</u>)하여 「칠간(七諫)」 7수를
지었는데, 그 중 「자비(自悲)」에 위와 같은 내용이 들어 있다. 이 시(詩)의 배경은 이렇다. 굴원(屈原)은
초(楚)나라의 왕족으로 태어나 초(楚)나라 회왕(懷王) 때 좌도(左徒)(<u>왕의 정사를 돕고, 법령을 만드는</u>
<u>직책</u>)에 임명되어 내정(內政)과 외교(外交)에서 활약하였으며, 삼려대부(三閭大夫. <u>소·昭, 굴·屈, 경·景</u>
<u>의 세 귀족 집안을 다스리던 벼슬</u>)에 올랐으나, 법령을 입안(立案. <u>실행에 앞서, 안을 세움</u>)할 때 근상(靳
尙. <u>사람 이름</u>) 등(等) 정적(政敵. <u>정치상으로 적대·敵對의 처지에 있는 사람</u>)들의 중상모략(中傷謀略.
<u>본문 참고</u>)으로 왕의 곁에서 멀어지게 되었다. 굴원(屈原)은 제(齊)나라와 동맹(同盟. <u>둘 이상의 개인이</u>
<u>나 단체가 동일한 목적을 이루거나 이해를 함께 하기 위하여 공동 행동을 취하기로 하는 맹세</u>)하여
진(秦)나라에 대항해야 한다는 합종책(合從·縱策)을 주장했으나, 회왕(懷王)은 연횡책(連橫策)을 받아들
여 제(齊)나라와 단교(斷交. <u>국가 간의 외교 관계를 끊음</u>)하고 진(秦)나라와 화친(和親. <u>나라와 나라가</u>
<u>우호적·友好的으로 지냄. 또는 그러한 관계</u>)하려고 했다가 오히려 진(秦)나라에 기만(欺瞞. <u>남을 그럴듯</u>
<u>하게 속임</u>)당했으며, 양국의 강화(講和. <u>서로 전쟁 상태에 있던 나라가 전투를 중지하고, 조약을 맺어</u>
<u>평화로운 상태로 되돌아가는 일</u>)를 위해 자진(自進. <u>남이 시키기 전에 제 스스로 나섬</u>)하여 초(楚)나라의
인질(人質. <u>어떤 일을 자기에게 유리하게 흥정하기 위하여 상대편 쪽의 사람을 자기 쪽에서 감금하는</u>
<u>일. 또는 감금당해 있는 사람</u>)이 된 장의(張儀)마저 석방하였다. 그 후 진(秦)나라의 소왕(昭王)이 회왕
(懷王)에게 진(秦)나라 방문을 요청했다. 굴원(屈原)은 이를 반대했지만, 회왕(懷王)은 막내아들 자란(子
蘭)의 권유에 따라 진(秦)나라를 방문했다가 억류(抑留. <u>마음대로 행동하지 못하게 강제로 붙잡아 둠</u>)
당해 결국 돌아오지 못하고 객사(客死. <u>자기 집을 떠나 임시로 있는 곳에서 죽음</u>)하고 말았다. 굴원(屈
原)은, 자란(子蘭)이 그의 아버지를 객사(客死)하게 한 장본인(張本人. <u>못된 일을 저지르거나 물의를 일</u>
<u>으킨 바로 그 사람</u>)이라고 비난하다가 또다시 모함(謀陷. <u>꾀를 써서 남을 어려운 처지에 빠뜨림</u>)을 받아
장강(長江. <u>'양쯔 강·揚子江'을 달리 이르는 말. 중국의 중심부를 흐르는 중국에서 제일 큰 강</u>) 이남(以南)
의 소택지(沼澤地. <u>늪과 못이 많은 습한 땅</u>)로 추방(追放. <u>일정한 지역이나 조직 밖으로 쫓아냄</u>)되었다.
굴원은 멱라(汨羅. <u>강물 이름</u>)에 몸을 던져 죽었다. '빙탄불용(氷炭不容)'은 이처럼 굴원(屈原)의 강직한
충성(忠誠. <u>진정에서 우러나오는 정성. 특히 임금이나 국가에 대한 것을 일컬음</u>)과 간신(奸臣. <u>성질이</u>
<u>교묘하게 잘 둘러대고 행실이 바르지 못한 신하</u>)들의 아첨이 서로 용납될 수 없음을 비유(比·譬喩. <u>어떤</u>
<u>사물의 모양이나 상태 따위를 보다 효과적으로 표현하기 위하여 그것과 비슷한 다른 사물에 빗대어</u>
<u>표현함. 또는 그 표현 방법</u>)하여 쓴 말이다. 그런데 어떤 책에는 '멱라(汨羅)'를 율라'(汩羅)'로 잘못 기재
되어 있는데 이는 물 이름 '멱(汨)' 자(字)와 흐를 '율(汩)' 자(字)의 자형(字形)이 너무 비슷해서 그런
것이다. 그리고 '멱라(汨羅)'의 '멱(汨)'은 빠질 '골', 다스릴 '골', 골몰(汨沒. <u>다른 생각을 할 겨를이 없이</u>
<u>오로지 어떤 한 가지 일에만 파묻힘</u>)할 '골'로 읽기도 하는데, 이 경우에도 흐를 '율(汩)' 자(字)와 혼용하
기도 한다. 참고로, 원문의 '氷炭不可以相幷兮'에서, '氷'은 얼음 '빙'으로 읽고, '炭'은 숯 '탄'으로 읽고,
'不'은 아닐(<u>부정하는 말</u>) '불'로 읽고, '可'는 가히(可~. <u>'능히', '넉넉히'의 뜻을 나타냄</u>) '가'로 읽고, '以'는

써(그것으로 인하여, 그것을 가지고) '이'로 읽고, '相'은 서로 '상'으로 읽고, '幷'은 아우를(여럿을 모아 한 덩어리나 한 판이 되게 할) '병', 합할 '병'으로 읽고, '兮'는 어조사 '혜'로 읽는다. '~도다', '~이로다(영탄)'의 뜻을 나타냄. '氷炭不可以相幷兮'를 직역(直譯)하면, 얼음과 숯은 그것을 가지고 서로 합할(함께할) 수는 없음이여. 여기서, '氷炭不容'이 유래하였는데, 이것을 직역(直譯)하면, 얼음과 숯은 용납(容納. 어떤 물건이나 상황을 받아들임)하지 아니한다는 뜻으로, (얼음과 숯처럼) 두 사물이 서로 화합(和合. 화목하게 어울림)할 수 없음을 비유적으로 이르는 말. '吾固知乎命之不長'에서, '吾'는 나(1인칭 대명사) '오'로 읽고, '固'는, 여기서는 진실로 '고'로 읽고, '知'는 알 '지'로 읽고, '乎'는 어조사 '호'로 읽는다. 여기서는 문장의 중간에 있어, '~을', '~를(목적격 조사)'의 뜻을 나타냄. '命'은 목숨 '명'으로 읽고, '之'는 어조사 '지'로 읽는다. '~이', '~가(주격 조사)'의 뜻을 나타냄. '長'은 길 '장'으로 읽는다. '命之不長'을 직역(直譯)하면, 목숨이 길지 않음. '吾固知乎命之不長'을 직역(直譯)하면, 나는 진실로 목숨이 길지 않음을 알았도다. '哀獨苦死之無樂兮'에서, '哀'는 슬플 '애', 슬퍼할 '애'로 읽고, '獨'은 홀로 '독'으로 읽고, '苦'는 괴로울 '고'로 읽고, '死'는 죽을 '사'로 읽는다. '哀獨苦死'는, 직역(直譯)하면 홀로 괴로워하다가 죽음을 슬퍼한다. '無'는 없을 '무'로 읽고, '樂'은 즐거울 '락(낙)'으로 읽고, '兮'는 어조사 '혜'로 읽는다. '~이다(강조)'나 '~로구나', '~이구나(감탄)'을 나타냄. '哀獨苦死之無樂兮'를 직역(直譯)하면, 홀로 괴로워하다가 죽음의 즐거움이 없음(즐겁지 않음)을 슬퍼하도다. '惜子年之未央'에서, '惜'은 아깝게 여길 '석', 애석할(哀惜~. 슬프고 아까움) '석'으로 읽고, '子'는, 여기서는 그대 '자', 당신 '자'로 읽고, '年'은 나이 '년(연)'으로 읽고, '未'는 아닐(부정하는 말) '미'로 읽고, '央'은 오랠 '앙'으로 읽는다. '惜子年之未央'을 직역(直譯)하면, 그대의 나이가 오래지 않음을 아깝게(애석하게) 여기도다. 그런데 위의 '자(子)'는 자료마다 '여(余)', '여(予)'. '모(矛)' 등(等) 다양하게 표기되어 있는데, 여기에서는 『고사성어대사전』(시대의창)을 따랐다.

빙탄-지-간(氷炭之間 얼음 **빙**/숯 **탄**/어조사 **지**/사이 **간**) 얼음과 숯의 사이라는 뜻으로, (얼음과 숯처럼) 서로 조화(調和)될 수 없는 사이를 비유적으로 이르는 말. 또는 얼음과 숯처럼 두 사물이 서로 화합(和合)할 수 없음을 비유적으로 이르는 말. *빙탄(氷炭): ☞빙탄불용(氷炭不容). *숯: 부록 '탄(炭)' 참고. 《관련 속담》 시앗을 보면 길가의 돌부처도 돌아앉는다.

빙하-계류(氷河溪流 얼음 **빙**/물 **하**/시내 **계**/흐를 **류**) 얼음과 물이 흐르는 시내라는 뜻으로, 빙하(氷河) 때문에 생긴, 산골짜기에 흐르는 시냇물을 이르는 말. *빙하(氷河): 높은 산이나 고위도(高緯度. 남극과 북극에 가까운 위도) 지방의 만년설(萬年雪. 아주 추운 지방이나 높은 산지에, 언제나 녹지 않고 쌓여 있는 눈)이 그 무게의 압력으로 얼음덩이가 되어, 천천히 비탈면을 흘러 내려와 강을 이룬 것. *계류(溪流): 산골짜기에 흐르는 시냇물.

빙호-지-심(氷壺之心 얼음 **빙**/항아리 **호**/어조사 **지**/마음 **심**) 얼음을 (넣은) 항아리의 마음. 즉, 마음씨가 얼음 항아리 같다. 또는 백옥(白玉)으로 만든 항아리에, 얼음 한 조각을 넣은 것 같은 마음이란 뜻으로, 지극히 청렴결백(淸廉潔白. 본문 참고)하고 깨끗한 심성(心性. 본디부터 타고난 마음씨)을 비유적으로 이르는 말. *빙호(氷壺): 얼음을 넣은 항아리라는 뜻으로, 아주 깨끗하고 맑은 마음을 이르는 말. *항아리: 좁고 배가 약간 부른 질그릇.

사가-기-욕(捨家棄慾 버릴 **사**/집 **가**/버릴 **기**/욕심 **욕**) 집을 버리고 욕심을 버린다는 뜻으로, 집과 세속적(世俗的. 세속의 범주를 벗어나지 못한 것)인 욕망(慾望)을 버리고 불문(佛門. '절'과 같은 뜻으로, 중들이 불상을 모셔놓고 불도를 닦는 집)에 들어감을 이르는 말. *사가(捨家): 집을 버리고 불문(佛門)에 들어감.

사가-독서(賜暇讀書 줄 **사**/겨를 **가**/읽을 **독**/글 **서**) 글을 읽을 겨를을 준다는 뜻으로, 조선 시대에, 유능한 젊은 문신(文臣)들을 뽑아 휴가(休暇)를 주어 독서당(讀書堂. 오로지 글을 읽게 하던 곳)에서 공부하게 하던 일을 이르는 말. 세종 8년(서기 1426년)에 시작하여 세조 때 없앴다가, 성종 24년(서기 1493년)에 다시 실시하였다. *사가(賜暇): 휴가를 줌. *독서(讀書): 책을 읽음. *겨를: 부록 '가(暇)' 참고.

사-가-망-처(徙家忘妻 옮길 **사**/집 **가**/잊을 **망**/아내 **처**) 집을 옮길 (때) 아내를 잊는다. 즉, 이사(移徙. 사는 곳을 다른 데로 옮김)를 갈 때 아내를 잊고 두고 간다는 뜻으로, 무엇을 잘 잊음을 비유적으로 이르는 말.

사각-팔방(四角八方 넉 **사**/뿔 **각**/여덟 **팔**/방위 **방**) 네 (개의) 뿔과 여덟 (방향의) 방위(方位)라는 뜻으로, 여기저기 모든 방향(方向)이나 방면(方面)을 이르는 말. =사면팔방(四面八方). 사방팔방(四方八方). *사각(四角): ①네 개의 각. ②네 개의 각이 있는 모양. *팔방(八方): ①사방(四方)과 사우(四隅)의 여덟 방위를 이르는 말. 즉, 사방(四方)인 동, 서, 남, 북과 사우(四隅)인 동북, 동남, 서북, 서남 의 여덟 방위를 일컫는다. ②이곳저곳. 여러 방향. 또는 여러 방면. *뿔: 부록 '각(角)' 참고. *방위(方位): 동서남북을 기준으로 하여 정한 방향.

사고-무인(四顧無人 넉 **사**/돌아볼 **고**/없을 **무**/사람 **인**) (동, 서, 남, 북의) 네 (곳을) 돌아보아도 사람이 없다는 뜻으로, 주위에 사람이 없음. 또는 주위에 사람이 없어 쓸쓸함을 이르는 말. *사고(四顧): ①사방을 둘러 봄. ②=사방(四方). 즉, 동, 서, 남, 북의 네 방향. 또는 둘레의 모든 방향. *무인(無人): ①사람이 없거나 살지 않음. ②일손이 모자람. ③(탈것이나 기계 따위에서) 운전하거나 작동하는 사람이 없음을 이르는 말. *돌아보다: 부록 '고(顧)' 참고.

사고-무-친(四顧無親 넉 **사**/돌아볼 **고**/없을 **무**/친할 **친**) (동, 서, 남, 북의) 네 (곳을) 돌아 보아도 친(親)한 (사람이) 없다. 즉, 사방(四方)을 둘러보아도 가까운 사람은 없다는 뜻으로, 주위에 의지(依支)할만한 데가 전혀 없거나, 의지(依支)할만한 사람이 아무도 없음을 이르는 말. 凪 사고무탁(四顧無託). *사고(四顧): ☞사고무인(四顧無人). *돌아보다: 부록 '고(顧)' 참고. *친하다(親~): 부록 '친(親)' 참고. 《관련 속담》 낙동강 오리알.

사고-무-탁(四顧無託 넉 **사**/돌아볼 **고**/없을 **무**/부탁할 **탁**) (동, 서, 남, 북의) 네 (곳을) 돌아 보아도 부탁(付託)할 (사람이) 없다는 뜻으로, 의탁(依託. 남에게 맡기어 부탁함)할 만한 사람이 아무도 없음을 이르는 말. 凪 사고무친(四顧無親). *사고(四顧): ☞사고무인(四顧無人). *돌아보다: 부록 '고(顧)' 참고. *부탁하다(付託~): 부록 '탁(託)' 참고.

사고-방식(思考方式 생각할 **사**/상고할 **고**/방법 **방**/형식 **식**) (어떠한 문제를) 생각하거나 상고(詳考)할 방법(方法)이나 형식(形式)이라는 뜻으로, 어떤 문제에 대하여 생각하고 궁리(窮理. 사물의 이치를 깊이 연구함)하는 방법이나 태도를 이르는 말. *사고(思考): ①생각함. 또는 궁리(窮理)함. ②=사유(思惟). 즉, 논리적으로 생각함. ③문제 해결의 과정에서, 그 결론에 이르기까지의 심리 작용. *방식(方式): 어떤 일정한 형식이나 방법. *상고하다(詳考~): 부록 '고(考)' 참고.

사고-팔고(四苦八苦 넉 **사**/괴로울 **고**/여덟 **팔**/괴로울 **고**) 네 (가지의) 괴로움과 여덟 (가지의) 괴로움이라는 뜻으로, ①온갖 심한 고통과 괴로움을 통틀어 이르는 말. ②사고(四苦)와 팔고(八苦)를 아울러 이르는 말. *사고(四苦): 인생의 네 가지 고통(苦痛). 즉, 나는(태어나는) 것[生苦], 늙는 것[老苦], 병드는 것[病苦], 죽는 것[死苦] 따위를 일컫는다. *팔고(八苦): 불교에서 이르는, 인생의 여덟 가지 괴로움. 곧, 생로병사(生老病死. 불교에서 이르는 네 가지 고통. 나고, 늙고, 병들고, 죽는 일)의 사고(四苦)에, 애별리고(愛別離苦. 부모, 형제, 처자, 애인 등과 생이별 또는 사별의 고통), 원증회고(怨憎會苦. 원망하거나 미워하는 사람과 만나 살아야 하는 고통), 구부득고(求不得苦. 얻으려고 하여도 얻지 못하는 고통)에, 오음성고(五陰盛苦)를 더한 것이다. 여기서, '오음성고(五陰盛苦)'는 오음(五陰)이 불같이 일어나서 생기는 고통을 일컫는다. '오음(五陰)'은 불교에서, 정신과 물질을 오분(五分. 다섯 부분으로 나누거나 가름)한 것으로써 색(色), 수(受), 상(想), 행(行), 식(識) 따위가 있다.

사-공-중-곡(射空中鵠 쏠 **사**/빌 **공**/맞을 **중**/과녁 **곡**) 빈 (곳에) 쏘았는데 과녁에 맞았다. 즉, 무턱대고 쏜 화살이 과녁을 맞추었다는 뜻으로, 멋모르고 한 일이 우연히 들어맞아 성공(成功)하였음을 비유적으로 이르는 말. *과녁: 부록 '곡(鵠)' 참고. 《관련 속담》 황소 뒷걸음에 잡힌 개구리. / 황소 뒷걸음치다(가) 쥐 잡는다.

사광-지-총(師曠之聰 스승 **사**/넓을 **광**/어조사 **지**/귀밝을 **총**) 사광(師曠)의 귀밝음이라는 뜻으로, 귀가 예민(銳敏)함을 비유적으로 이르는 말. 중국 진(晉)나라의 악사(樂士. 악기로 음악을 연주하는 사람)인 사광(師曠)이 음조(音調. 소리의 높낮이와 강약 및 빠르기. 또는 음악이나 시가의 가락)를 듣고 잘 판단하였다는 데서 유래한다. *사광(師曠): 사람 이름. 이 사자성어의 유래는 다음과 같다. 『맹자(孟子)』의 「이루(離婁) 장구(章句)」 상(上) 편(篇)에 〈맹자(孟子)가 말하기를, "이루(離婁)의 밝음과 공수자(公輸子)의 정교함도 규구(規矩. 목수가 쓰는 걸음쇠, 곱자, 수준기, 다림줄을 통틀어 이르는 말)로써 하지 않으면, 네모와 원(員. 동그라미)을 그릴 수 없었고, 즉, 아무리 이루(離婁)의 시력(視力)이 있고, 공수자(公輸子)의 기교(技巧)가 있다 하더라도 규구(規矩)에 의존하지 않으면, 정밀한 사각형이나 원형(圓形)을 만들 수 없다는 뜻이다. 사광(師曠)의 예민한 귀도 육율(六律)을 사용하지 않으면 오음(五音)이 바르지 않았으며, 즉, 아무리 사광(師曠)의 놀라운 청력(聽力)과 음감(音感)이 있다 하더라도 육률(六律, 십이율·十二律 가운데 양성·陽聲에 속하는 여섯 가지 소리를 일컬음)에 의존하지 않으면, 오음(五音)을 바르게 할 수 없다는 뜻이다. 여기서, '오음(五音)'은 궁(宮), 상(商), 각(角), 치(徵, 일반적으로 부를 '징'으로 읽는데, 여기서는 음률 이름 '치'로 읽음), 우(羽)의 다섯 음률(音律)을 일컬음. 요순(堯舜)의 도(道)가 있어도 어진 정치를 하지 않으면 천하를 태평하게 다스릴 수 없었다. 즉, 아무리 요(堯)와 순(舜)의 위대한 치세(治世, 여기서는, 주로 어떤 임금이 다스리는 때나 세상) 방법(方法)이 있다 할지라도 인정(仁政, 어진 정치)에 의거하지 않으면, 천하(天下)를 태평스럽게 다스릴 수 없다는 뜻이다."(孟子曰, 離婁之明, 公輸子之巧, 不以規矩, 不能成方員, **師曠之聰**, **不以六律**, 不能正五音, 堯舜之道, 不以仁政, 不能平治天下)〉라는 이야기가 나오는데, '사광(師曠)의 예민한 귀도 육율(六律)을 사용하지 않으면(師曠之聰, 不以六律)'에서, '사광지총(師曠之聰)'이 유래했다. 맹자(孟子)는 선(善)한 의지(意志. 어떠한 일을 이루고자 하는 마음)와 그에 부합(符合. 서로 조금도 틀림이 없이 꼭 들어맞음)하는 제도(制度)를 둘 다 중시(重視)하였다. 의지(意志. 어떠한 일을 이루고자 하는 마음)가 선(善)해도 그것을 제도화(制度化)하지 못하면 한계가 있다고 보았다. 반대로 형식적 제도(制度)가 아무리 잘되어 있어도, 담고 있는 내용이 좋지 않으면 그 제도(制度)는 오히려 좋지 않은 내용을 증폭(增幅. 사물의 범위가 늘어나 커짐. 또는 사물의 범위를 넓혀 크게 함)시킨다고 보았다. 그런 취지를 염두(念頭)에 두고 예(例)를 든 인물이 이루(離婁)와 사광(師曠)이다. 이루(離婁)는 눈이 밝은 사람이었고, 사광(師曠)은 귀가 밝은 사람이었다. 이루(離婁)가 아무리 눈이 밝아도 규구(規矩)라는 도구를 사용하지 않으면, 정확한 네모나 둥근 원을 그릴 수 없다고 하였다. 사광(師曠)처럼 귀가 밝은 사람도 육률(六律)을 사용하지 않으면, 궁(宮), 상(商), 각(角), 치(徵), 우(羽)의 오음(五音)을 바로 잡을 수가 없다고 하였다. 마찬가지로 군주(君主. 세습적으로 나라를 다스리는 최고 지위에 있는 사람)가 인정(仁政. 어진 정치)을 베풀지 않으면 천하(天下)를 태평하게 다스릴 수 없다고 한 것이다. 궁극적으로 맹자(孟子)는 '인정(仁政)'을 강조한 셈이다. 참고로, 원문의 '孟子曰'에서, '孟'은 맏('맏이'의 뜻을 더하는 접두사) '맹'으로 읽고, '子'는 경칭(敬稱. 공경하는 뜻으로 부르는 칭호. 또는 존대하여 일컬음) '자'로 읽는다. 학덕(學德)과 지위가 높은 남자의 경칭(敬稱)이다. '孟子'는 사람 이름. 중국 전국시대(戰國時代)의 사상가(思想家)이다. (중국 춘추시대의 사상가이며 학자인) 공자(孔子)의 인(仁) 사상을 발전시켜 성선설(性善說)을 주장하였으며, 인의(仁義. 어짊과 의로움)의 정치를 권하였다. '曰'은 일컬을 '왈'로 읽는다. '孟子曰'을 직역(直譯)하면, 맹자(孟子)가 일컫기(말하기)를, '離婁之明'에서, '離'는 떠날 '리(이)'로 읽고, '婁'는 끌(바닥에 닿은 채 자리를 옮기도록 잡아당길) '루(누)'로 읽는다. '離婁'는 사람 이름. 춘추시대(春秋時代)의 사람이다. 그는 백보(百步) 떨어진 거리에서 추호(秋毫. 가을철에 가늘어진 짐승의 털)의 끝을 볼 수 있을 정도로 눈이 밝은 사람으로 전해지고 있음. '之'는 어조사 '지'로 읽는다. '~의'를 나타내는 관형격 조사. '明'은 밝을 '명'으로 읽는다. 여기서, '離婁之明'이 유래하였는데, 이것을 직역(直譯)하면, 이루(離婁)의 밝음이라는 뜻으로, 눈이 몹시 밝음을 비유적으로 이르는 말. '公輸子之巧'에서, '公'은 공평할 '공'으로 읽고, '輸'는 보낼 '수'로 읽고, '子'는 경칭(敬稱. 공경하는 뜻으로 부르는 칭호. 또는 존대하여 일컬음) ‘자’로 읽는다. 학덕(學德)과 지위가 높은 남자의 경칭(敬稱)이다. ‘公輸子’는 사람 이름이다. 중국의 춘추시대 사람으로, 이름은 반(班. ‘般’으로 쓰기도 함)이다. 노(魯)나라 사람이므로 노반(魯班. 또는 魯般)이라고 한다. 나무를 잘 다루던 유명한 목수(木手)로 알려져 있음. ‘巧’는 솜씨가 있을 ‘교’로 읽는다. 여기서는 ‘정교(精巧. 솜씨나 기술 따위가 정밀하고 교묘함)함’의 뜻이 강하다. ‘公輸子之巧’를 직역(直譯)하면, 공수자(公輸子)의 정교(精巧)함도, ‘不以規矩’에서, ‘不’은 아닐 ‘불’로 읽고, ‘以’는 써(그것을 가지고, 그것으로 인하여) ‘이’로 읽는다. ‘規’는, 여기서는 그림쇠(원형을 그리는 제구. 일명 컴퍼스·compasses) ‘규’로 읽는다. 목수(木手)가 원(圓)을 그릴 때 쓰는 도구이다. ‘矩’는 곱자(‘ㄱ’자·字 모양의 자·尺) ‘구’로 읽는다. 목수(木手)가 네모 모양을 그릴 때 쓰는 도구이다. ‘規矩’는 목수가 쓰는 걸음쇠, 곱자, 수준기(水準器), 먹줄, 다림줄 따위를 통틀어 이르는 말. ‘不以規矩’를 직역(直譯)하면, 규구(規矩)로써 하지 않으면, ‘不能成方員’에서, ‘能’은 능히 할 수 있을 ‘능’으로 읽고, ‘成’은 이룰 ‘성’으로 읽는다. ‘不能’은 할 수 없음. ‘方’은 네모 ‘방’으로 읽고, ‘員’은 동그라미 ‘원’, 둥글 ‘원’으로 읽는다. ‘圓’과 같은 뜻. 여기서는 ‘원형(圓形. 둥근 모양)’의 뜻이 강함. ‘不能成方員’을 직역(直譯)하면, 네모와 원형(圓形)을 능히 이룰 수 없다. 즉, 네모와 원형(圓形)을 그릴 수 없다는 뜻이다. ‘師曠之聰’에서, ‘師’는 스승 ‘사’로 읽고, ‘曠’은 넓을 ‘광’으로 읽는다. ‘師曠’은 사람 이름. 진(晉)나라의 악사(樂士. 악기로 음악을 연주하는 사람) 이름. 음(音)을 아는 자(者)이다. 어느 자료에는 사광(師曠)에 대해서 이렇게 설명하고 있다. 그는 어렸을 때부터 음악에 심취(心醉. 어떤 사물에 깊이 빠져 마음을 빼앗김)하여 열심히 하였으나, 깨우칠 수가 없어 이렇게 한탄(恨嘆·歎)하였다. “내가 아직 음악에 통달(通達. 어느 일이나 지식 따위에, 막힘이 없이 통하여 환히 앎)하지 못한 것은 잡다한 생각을 가지고 마음을 통일하지 못하기 때문이다. 마음이 하나로 통일되지 않는 것은 보이는 것이 많기 때문이다.” 그는 자기 눈을 멀게 하였다. 또 하나의 자료에 의하면, 그는 쑥 잎을 태운 연기로 눈에 씌어 눈을 멀게 했다고 한다. 그러고는 음악에만 전념(專念)하였다. 그런 노력 끝에 얼마 안 있어 (달 따위가) 차고 (달 따위의 한쪽이) 비는 천도(天道. 천체가 운행하는 길)의 이치를 살필 수 있게 되었고, 여기서 ‘달이 차다’는 보름달을 생각할 수 있고, ‘달의 한 쪽이 비다’는 초승달이나 그믐달을 생각할 수 있다. (소리가) 생겨나고 (소리가) 없어지는 음양(陰陽)의 이치를 통(通)했다(어느 분야에 능하여 환히 알았다)고 한다. 즉, 마침내 소리만 듣고도 기후의 변화를 살피고, 미래의 길흉(吉凶. 운이 좋고 나쁨)까지 예측할 수 있는 능력을 갖추게 되었다는 것이다. ‘聰’은 귀밝을 ‘총’으로 읽는다. 여기서, ‘사광지총(師曠之聰)’이 유래하였는데, 이것을 직역(直譯)하면, 사광(師曠)의 귀밝음이라는 뜻으로, 귀가 예민(銳敏)함을 비유적으로 이르는 말. 즉, 진(晉)나라의 악사(樂士)인 사광(師曠)이 앞이 안 보이지만, 음조(音調)를 듣고 가락을 잘 판단하였다는 데서, 귀가 예민(銳敏)함을 말하는 것이다. ‘不以六律’에서, ‘六’은 여섯 ‘육’으로 읽고, ‘律’은 음률 ‘률(율)’로 읽는다. ‘육률(六律)’은 중국의 십이율(十二律) 가운데 양성(陽聲. 양·陽의 소리)에 속하는 여섯 가지 소리를 뜻함. 어떤 자료에는 ‘육율(六律)’은 대나무를 잘라 통을 만들어 음(陰)과 양(陽)이 각각 여섯 종(種)으로서, 오음(五音)의 높고 낮음을 조절하는 것이라고 설명하고 있다. ‘不以六律’을 직역(直譯)하면, 육률(六律)로써 하지 않으면, ‘不能正五音’에서, ‘正’은 바를 ‘정’으로 읽고, ‘五’는 다섯 ‘오’로 읽고, ‘音’은 소리 ‘음’으로 읽는다. ‘오음(五音)’은 국악(國樂)에서, 궁(宮), 상(商), 각(角), 치(徵. 여기서 ‘徵’은 일반적으로, 부를 ‘징’으로 읽으나, 음률·音律의 이름 ‘치’로 읽기도 함), 우(羽)의 다섯

음(音)을 뜻함. '不能正五音'을 직역(直譯)하면, 능히 오음(五音)을 바르게 할 수 없으며, 즉, 사광(師曠)의 예민(銳敏)한 귀도 육율(六律)을 사용하지 않으면 오음(五音)이 바르지 않다는 뜻이다. '堯舜之道'에서, '堯'는 요(堯)임금 '요'로 읽고, '舜'은 순(舜)임금 '순'으로 읽고, '道'는 도리(道理. 사람이 마땅히 지켜야 할 바른 길) '도'로 읽는다. '堯舜之道'를 직역(直譯)하면, 요순(堯舜. 고대 중국의 '요·堯임금'과 '순·舜임금'을 아울러 이르는 말)의 도(道)가 (있어도), 즉, 맹자(孟子)는 일찌기 "군주(君主. 세습적으로 나라를 다스리는 최고 지위에 있는 사람)가 되려고 하면 군주(君主)의 도리를 다해야 하고, 신하(臣下)가 되려고 하면 신하(臣下)의 도리를 다해야 한다. 이 두 가지는 모두 '요순(堯舜)의 도(道)'를 본받으면 될 뿐"이라고 했다. '不以仁政'에서, '仁'은 어질 '인'으로 읽고, '政'은 정사(政事. 정치에 관한 일. 또는 행정에 관한 일) '정'으로 읽는다. '不以仁政'을 직역(直譯)하면, 어진 정치(政治)로써 하지 않으면, 즉, 『맹자(孟子)』의 「공손추(公孫丑) 상(上)」 편(篇)에서, 맹자(孟子)는 제(齊)나라의 여러 가지 조건을 고려할 때 왕도(王道. 임금은 마땅히 어진 덕을 근본으로 천하를 다스려야 한다는 정치사상을 이르는 말. 유학에서 이상으로 하는 정치사상임) 정치(政治)를 추진하고 인정(仁政. 어진 정치)을 베푼다면 (옛날의) 문왕(文王) 때보다 훨씬 쉽게 패업(霸業. 남을 정복하여 무력으로 천하를 다스리는 일)을 이룰 것이라고 생각하고 제(齊)나라 출신의 제자(弟子)인 공손추(公孫丑)에게 사반공배(事半功倍)를 주장한 바 있다. 더 자세한 내용은 본문 '사반공배(事半功倍)' 참고. '不能平治天下'에서, '平'은 편안(便安) '평'으로 읽고, '治'는 다스릴 '치'로 읽고, '天'은 하늘 '천'으로 읽고, '下'는 아래 '하'로 읽는다. '不能平治天下'를 직역(直譯)하면, 천하를 편안하게 다스릴 수 없다. 즉, '인정(仁政)'은 천하(天下)를 다스리는 법도(法度. 법률·法律과 제도·制度)임을 말한 것이다.

사-구-일-생(四俱一生 넉 **사**/함께 **구**/한 **일**/생길 **생**) 넷이 함께하여 하나를 생기게 (했다는) 뜻으로, ①넷이 모여 하나가 되는 일. 또는 넷이 모여 하나를 이룸을 이르는 말. 목화 네 근(斤)이 솜 한 근(斤)이 되고, 수삼(水蔘. 말리지 않은 인삼. =생삼) 네 근(斤)이 건삼(乾蔘. 잔뿌리와 줄기를 자르고 겉껍질을 벗기어 말린 인삼) 한 근(斤)이 되는 것 따위를 일컫는다. =사귀일성(四歸一成). ②이랬다저랬다 하여 걷잡을 수 없는 모양을 비유적으로 이르는 말. *'일-생'은 『국어사전(國語辭典)』에 등재(登載)된, '살아 있는 동안. =평생(平生)'인 '일생(一生)'의 뜻과는 별개다.

사군-이-충(事君以忠 섬길 **사**/임금 **군**/써 **이**/충성 **충**) 세속오계(世俗五戒)의 하나. 충성(忠誠)으로써 임금을 섬김. 또는 임금을 충성(忠誠)으로써 섬겨야 한다는 계율(戒律). 여기서, '세속오계(世俗五戒)'는 신라 진평왕(眞平王) 때 원광법사(圓光法師)가 지은 화랑의 계명(誡命. 도덕상 또는 종교상 지켜야 하는 규정)을 일컫는 말. 교우이신(交友以信), 사군이충(事君以忠), 사친이효(事親以孝), 살생유택(殺生有擇), 임전무퇴(臨戰無退)의 다섯 가지를 일컬음. *사군(事君): 임금을 섬김. *섬기다: ①윗사람이나 어른을 모시어 받들다. ②남을 아끼다. *충성(忠誠): 진정에서 우러나오는 정성. 특히 임금이나 국가에 대한 것을 일컬음.

사군-지-도(事君之道 섬길 **사**/임금 **군**/어조사 **지**/도리 **도**) 임금을 섬기는 도리(道理)를 이르는 말. *사군(事君): ☞사군이충(事君以忠). *섬기다: ☞사군이충(事君以忠). *도리(道理): 사람이 마땅히 지켜야 할 바른 길.

사군-지-사(事君之事 섬길 **사**/임금 **군**/어조사 **지**/일 **사**) 임금을 섬기는 일이라는 뜻으로, 신하(臣下)가 임금을 섬기는 일을 이르는 말. *사군(事君): ☞사군이충(事君以忠). *섬기다: ☞사군이충(事君以忠).

사궁-지-수(四窮之首 넉 **사**/궁할 **궁**/어조사 **지**/머리 **수**) 네 (가지) 궁(窮)함의 머리(첫째)라는 뜻으로, 늙은 홀아비를 이르는 말. *사궁(四窮): 네 가지의 궁한 처지라는 뜻으로, 늙은 홀아비와 늙은 홀어미, 부모 없는 어린이, 자식 없는 늙은이를 통틀어 이르는 말. *궁하다(窮~): 부록 '궁(窮)' 참고.

사-귀-신속(事貴神速 일 **사**/귀할 **귀**/영묘할 **신**/빠를 **속**) 일은 귀하게, 영묘(靈妙)하게, 빠르게 (한다는) 뜻으로, ①일을 할 때는 빠르게 하는 것이 가장 좋음을 이르는 말. ②일을 하는 데는 신속(神速)함을 중히 여김을 이르는 말. *신속(神速): (사람의 능력을 뛰어넘어) 몹시 빠름. *영묘하다(靈妙~): 재주(순우리 말로, 무엇을 잘할 수 있는, 타고난 능력과 슬기)가 뛰어나다.

사-귀-일-성(四歸一成 넉 **사**/돌아갈 **귀**/한 **일**/이룰 **성**) 넷이 돌아가 하나를 이룬다는 뜻으로, 넷이 모여 하나가 되는 일. 또는 넷이 모여 하나를 이룸을 이르는 말. 목화 네 근(斤)이 솜 한 근(斤)이 되고, 수삼(水蔘. 말리지 않은 인삼. =생삼) 네 근(斤)이 건삼(乾蔘. 잔뿌리와 줄기를 자르고 겉껍질을 벗기어 말린 인삼) 한 근(斤)이 되는 것 따위를 일컫는다.

사-근-취-원(捨近取遠 버릴 **사**/가까울 **근**/취할 **취**/멀 **원**) 가까운 (것을) 버리고 먼 (것을) 취한다. 즉, 먼데 것을 얻으려고 가까운 것을 버린다는 뜻으로, 가까운 것을 버리고 먼 것을 취하듯이, 일의 순서나 차례를 바꾸어서 함을 이르는 말. *취하다(取~): 부록 '취(取)' 참고.

사-기-종인(舍己從人 버릴 **사**/자기 **기**/좇을 **종**/다른 사람 **인**) 자기(自己)를 버리고 다른 사람을 좇는다. 즉, 나의 잘못을 버리고 남의 좋은 점을 따른다는 뜻으로, 자기의 이전(以前) 행위를 버리고 타인(他人)의 선행(善行. 착한 행동. 또는 선량한 행실)을 본떠 행함을 이르는 말. *종인(從人): 남에게 종속되어 따라다니는 사람. 이 사자성어의 유래는 다음과 같다. 『서경(書經)·우서(虞書)』의 「대우모(大禹謨)」 편(篇)에 [우(禹)의 덕(德. 고매하고 너그러운 도덕적 품성)을 상고(相考. 서로 견주어 고찰함)하여 이르되, "문명(文命. 임금이 학문의 덕으로 가르쳐 타이르며 명령함)을 사해(四海. 사방의 바다라는 뜻으로, 온 천하를 이르는 말)에 펴시고 제(帝. 임금)를 이으시다." 우(禹)가 순(舜)에게 말하였다. "임금의 자리에 서는 사람은 그 임금 됨을 어렵게 여기지 않으면 안 되며, 신하(臣下)된 자(者)는 그 신하(臣下) 됨을 어렵게 생각하지 않으면 안 됩니다. 그렇게 되면 정사(政事. 정치에 관한 일)는 잘 다스려지고 백성들은 덕(德)을 숭상(崇尙. 높이어 소중하게 여김)하기에 힘쓸 것입니다."]〈그러자 순(舜)임금이 말했다. "그렇소. 진실로 그렇게 하면 좋은 말[言]이 숨겨질 리가 없고, 어진 이가 초야(草野. 풀이 난 들이란 뜻으로, 궁벽한 시골을 이르는 말)에 묻혀 지내지 않게 되어 온 나라가 더 평안하게 될 것이오. 여러 사람에게 의논하여 자기를 버리고 남을 따르며, 의지할 곳 없는 이를 학대(虐待. 몹시 괴롭히거나 가혹하게 대우함. 또는 그런 대우)하지 않고 곤궁(困窮. 가난하여 살림이 구차함)한 이들을 내버려 두지 않는 일들은 오직 임금 된 사람만이 할 일이라 할 수 있는 것이오."(帝曰. 俞. 允若茲. 嘉言罔攸伏. 野無遺賢. 萬邦咸寧. 稽於衆. **舍己從人**. 不虐無告. 不廢困窮. 惟帝時克)〉라는 이야기가 나오는데, '자기를 버리고 남을 따르며,(舍己從人)'에서, '사기종인(舍己從人)'이 유래했다. 참고로 원문의 '帝曰'에서, '帝'는 임금 '제'로 읽고, '曰'은 일컬을 '왈'로 읽는다. '帝曰'을 직역(直譯)하면, 임금이 일컫기를, '俞'에서, '俞'는 대답할 '유'로 읽는다. '俞'를 직역(直譯)하면, 대답했다. 즉, "그렇다."라고 대답했다는 뜻이다. '允若茲'에서, '允'은 진실로 '윤'으로 읽고, '若'은 같을 '약'으로 읽고, '茲'는 이(지시하는 말) '자'로 읽는다. '允若茲'를 직역(直譯)하면, 진실로 이와 같으면, 즉, 진실로 이와 같이 하면, '嘉言罔攸伏'에서, '嘉'는 아름다울 '가'로 읽고, '言'은 말씀 '언'으로 읽고, '罔'은 없을 '망'으로 읽고, '攸'는 바(앞에서 말한 내용 그 자체나 일 따위를 나타내는 말) '유'로 읽는다. '所'와 같은 뜻으로 쓰이는 어조사. '伏'은 숨을 '복'으로 읽는다. '嘉言罔攸伏'을 직역(直譯)하면, 좋은 말[言]이 숨을 바가 없고, '野無遺賢'에서, '野'는 들 '야'로 읽고, '無'는 없을 '무'로 읽고, '遺'는 남을 '유'로 읽고, '賢'은 어진 사람 '현'으로 읽는다. '野無遺賢'을 직역(直譯)하면, 어진 사람이 들[野]에 남지 않게 되어, 즉, 어진 이가 초야(草野)에 묻혀 지내지 않게 되어, '萬邦咸寧'에서, '萬'은 일만(一萬) '만'으로 읽고, '邦'은 나라 '방'으로 읽는다. '萬邦'은 세계의 모든 나라를 이르는 말. '咸'은 다 '함', 모두 '함'으로 읽고, '寧'은 편안할 '녕(영)'으로 읽는다. '萬邦咸寧'을 직역(直譯)하면, 세계의 모든 나라가 모두 편안하게 (될 것이오). '稽於衆'에서, '稽'는 논의(論議)할 '계'로 읽고, '於'는 어조사 '어'로 읽는다. '~에', '~에서(위치, 장소)'의 뜻을 나타냄. '衆'은 무리(모여서 뭉친 한 덩어리) '중'으로 읽는다. '稽於衆'을 직역(直譯)하면, 무리에게서 논의(論議)하여, 즉, 여러 사람에게 의논하여, '舍己從人'에서, '舍'는 버릴 '사'로 읽고, '己'는 자기(自己) '기'로 읽고, '從'은 좇을 '종'으로 읽고, '人'은 다른 사람 '인'으로 읽는다. 여기서 '舍己從人'이 유래하였는데, 이것을 직역(直譯)하면, 자기(自己)를 버리고 다른 사람을 좇는다는 뜻으로, 자기의 이전(以前) 행위를 버리고 타인(他人)의 선행(善行. 착한 행동, 또는 선량한 행실)을 본떠 행함을 이르는 말이 된 것이다. 결국 자기를 버리고 남의 선행(善行)을 본떠 따른다는 뜻이다, 자기의 나쁜 행위를 버리고 타인(他人)의 선행(善行)을 거울삼아 행동한다는 의미다. 또는 자기 자신의 생각이나 의견만을 내세우는, 나쁜 행위를 버리고 다른 사람의 언행(言行)을 거울삼아 따른다는 것으로, 타인(他人)의 말과 행동을 본받아 자신의 언행(言行)을 바로잡는다는 말이다. '不虐無告'에서, '不'은 아닐(부정하는 말) '불'로 읽고, '虐'은 학대(虐待)할 '학'으로 읽고, '告'는 여기서는 하소연할 '고'로 읽는다. '不虐無告'를 직역(直譯)하면, 하소연할 (곳이) 없는 (사람을) 학대(虐待)하지 않고, 즉, 의지할 곳 없는 이를 학대(虐待)하지 않고, '不廢困窮'에서, '廢'는 폐할(廢~. 사람을 어떤 지위에서 몰아낼) '폐'로 읽고, '困'은 가난할 '곤'으로 읽고, '窮'은 궁할(窮~. 가난하고 어려울) '궁'으로 읽는다. '不廢困窮'을 직역(直譯)하면, 곤궁(困窮)한 사람들을 폐(廢)하지 않음은, 즉, 곤궁(困窮)한 이들을 내버려 두지 않는다는 의미다. '惟帝時克'에서, '惟'는 오직 '유'로 읽고, '時'는 때 '시', 때를 맞출 '시'로 읽고, '克'은 해낼 '극', 이룰 '극'으로 읽는다. '惟帝時克'을 직역(直譯)하면, 오직 임금만이 때를 맞추어 해낼 (일이오). 즉, 오직 임금만이 할 수 있는 일이라는 것이다. 또 '사기종인(舍己從人)'은 『맹자(孟子)』의 「공손추(公孫丑) 장구(章句) 상(上)」에도 나온다. 〈맹자(孟子)가 말했다. "자로(子路)는 사람들이 그에게 잘못이 있다고 일러 주면 기뻐하였고, 우(禹)임금은 옳은 말을 들으면 절을 하였다. 위대한 순(舜)임금께서는 더 훌륭하셨으니, 남과 더불어 선(善)을 행했다. 자기를 버리고 남을 따르며, 남에게서 취(取)하여 선(善)을 행하기를 즐겼다.(孟子曰, 子路, 人告之以有過則喜, 禹聞善言則拜, 大舜有大焉, 善與人同, <u>舍己從人</u>, 樂取於人以爲善)〉[농사짓고 질그릇을 굽고 고기 잡는 일에서부터 제왕(帝王. 황제·皇帝와 국왕·國王을 통틀어 이르는 말)이 되기까지 남에게서 취(取)하지 않은 것이 없다. 남에게서 취(取)하여 선(善)을 행하는 것, 이것이 남과 더불어 선(善)을 행하는 것이다. 그러므로 군자(君子. 학문과 덕·德이 높고 행실·行實이 바르며 품위·品位를 갖춘 사람)에게는 다른 사람들과 더불어 선(善)을 행하는 것보다 더 중요한 일은 없다."]라는 이야기가 나오는데, '자기를 버리고 남을 따르며,(舍己從

 참고로, 원문의 '孟子曰'에서, '孟'은 맏 '맹'으로 읽고, '子'는 존칭(尊稱. 존경하여 높이어 부름. 또는 그 일컬음) '자'로 읽는다. '맹자(孟子. 기원전 372년~ 289년)'는 중국 전국시대(戰國時代)의 사상가이다. 자(字. 본이름을 함부로 부르지 않던 시대에, 본이름 대신 부르던 이름)는 '자여(子興)', 또는 '자거(子車)'로 일컫는다. 중국 춘추시대의 사상가이며 학자인 공자(孔子)의 인(仁) 사상을 발전시켜 성선설(性善說)을 주장하였으며, 인의(人義)의 정치를 권하였다. '曰'은 일컬을 '왈'로 읽는다. '孟子曰'을 직역(直譯)하면, 맹자(孟子)가 일컫기를, '子路'에서, '子'는 아들 '자'로 읽고, '路'는 길 '로(노)'로 읽는다. '子路'는 사람 이름. '子路'를 직역(直譯)하면, 자로(子路)는, 여기서 '자로(子路. 기원전 543년~480년)'는 중국 춘추시대(春秋時代) 노(魯)나라의 유학자이다. 성은 '중(仲)'이고, 이름은 '유(由)'이다. '자로(子路)'는 그의 자(字)이다. 공자(孔子)의 제자(弟子)로, 정사(政事. 정치에 관한 일. 또는 행정에 관한 일)에 뛰어났으며, 공자(孔子)를 제일 잘 섬겼다고 한다. '人告之以有過則喜'에서, '人'은 다른 사람 '인'으로 읽고, '告'는 알릴 '고'로 읽고, '之'는 어조사 '지'로 읽는다. '그것'을 가리키는 지시 대명사. '以'은 써(그것을 가지고, 그것으로 인하여) '이'로 읽고, '有'는 있을 '유'로 읽고, '過'는 허물 '과', 잘못 '과'로 읽고, '則'은 곧 '즉'으로 읽고, '喜'는 기뻐할 '희'로 읽는다. '人告之以有過則喜'를 직역(直譯)하면, 다른 사람이 (그에게) 잘못이 있는 것을 가지고 그것을 알리면 곧 기뻐하였고, '禹聞善言則拜'에서, '禹'는 우(禹)임금 '우'로 읽는다. 여기서 '우(禹)'는 중국 고대의 전설상의 임금이다. 곤(鯀)의 아들로서 치수(治水. 홍수나 가뭄의 피해를 막기 위한 수리시설을 하여 물길을 바로잡음)에 공적(功績. 쌓은 공로)이 있어서 순(舜)임금으로부터 왕위(王位. 임금의 자리)를 물려 받아 하(夏)나라를 세웠다고 한다. 따라서 '우(禹)임금'은 중국 하(夏)나라의 시조(始祖. 한 겨레나 가계·家系의 맨 처음이 되는 조상)인 우(禹)를 임금으로 일컫는 말이다. '聞'은 들을 '문'으로 읽고, '善'은 착할 '선'으로 읽고, '言'은 말씀 '언'으로 읽고, '拜'는 절할 '배'로 읽는다. '禹聞善言則拜'를 직역(直譯)하면, 우(禹)임금은 착한 말(옳은 말)을 들으면 곧 절을 하였다. '大舜有大焉'에서, '大'는 여기서는 존귀(尊貴)할 '대'로 읽고, '舜'은 순(舜)임금 '순'으로 읽는다. '순(舜)'은 중국 신화(神話) 속 군주(君主. 세습적으로 나라를 다스리는 최고 지위에 있는 사람)의 이름으로, 중국의 삼황오제(三皇五帝) 신화(神話) 가운데 오제(五帝)의 마지막 군주(君主)이다. 주로 선대(先代. 조상의 대·代. 또는 그 시대)의 요(堯)와 함께 이른바 '요순(堯舜)'이라 하여 성군(聖君. 덕·德으로 나라를 다스린 어질고 훌륭한 임금)의 대명사로 일컬어진다. '焉'은 어조사 '언'으로 읽는다. '~이다(단정)'의 뜻을 나타냄. '大舜有大焉'을 직역(直譯)하면, 존귀(尊貴. 지위나 신분 따위가 높고 귀함) 한 순(舜)임금께서는 (더) 존귀(尊貴)함이 있었으니, '善與人同'에서, '與'는 더불어 '여'로 읽고, '同'은 여기서는 함께 '동'으로 읽는다. '善與人同'을 직역(直譯)하면, 다른 사람과 더불어 함께 착함을 (행했다). 즉, 남과 더불어 선(善)을 행했다는 뜻이다. '舍己從人'에서, '舍己從人'은 위 참고. '樂取於人以爲善'에서, '樂'은 즐길 '락(낙)'으로 읽고, '取'는 취(取)할 '취'로 읽고, '於'는 어조사 '어'로 읽는다. '~에', '~에서(위치, 장소)'의 뜻을 나타냄. '爲'는 할 '위'로 읽는다. '樂取於人以爲善'을 직역(直譯)하면, 다른 사람에게서 취(取)하여 그것을 가지고 착한 (행동을) 하기를 즐겼다. 즉, 남에게서 취(取)하여 선(善)을 행하기를 즐겼다는 뜻이다.

사기-충천(士氣衝天 군사 **사**/기운 **기**/찌를 **충**/하늘 **천**) 군사(병사)의 기운이 하늘을 찌른다는 뜻으로, 사기(士氣)가 하늘을 찌를 듯이 높음을 비유적으로 이르는 말. *사기(士氣): ①싸우려 하는 병사들의 씩씩한 기개(氣槪. 어떤 어려움에도 굽히지 않는 강한 의지·意志. 또는 그러한 기상·氣像을 이르는 말). ②사람들의 일을 이룩하려는 기개(氣槪). *충천(衝天): ①높이 솟아 하늘을 찌름. ②기세(氣勢) 따위가 북받쳐 오름. *군사(軍士): 군대에서 장교의 지휘를 받는 군인. *기운: 순우리말로, 생물이 살아 움직이는 원기(元氣). 또는 거기서 나오는 힘. *찌르다: 부록 '충(衝)' 참고.

사기-횡령(詐欺橫領 속일 **사**/속일 **기**/사나울 **횡**/차지할 **령**) 속이고 속여서 (재물을) 사납게(난폭하게) 차지한다는 뜻으로, 남의 재물(財物)을 속여서 빼앗음을 이르는 말. *사기(詐欺): ①못된 목적으로 남을 속임. ②남을 속여 착오에 빠지도록 하는 범죄 행위. *횡령(橫領): 남의 재물을 불법으로 가로챔. *속이다: 부록 '사(詐)', '기(欺)' 참고. *사납다: 부록 '횡(橫)' 참고. *차지하다: ①사물이나 공간, 지위 따위를 자기 몫으로 가지다. ②비율, 비중 따위를 이루다.

사-농-공상(士農工商 선비 **사**/농사 **농**/장인 **공**/장사 **상**) 선비, 농사, 장인(匠人), 장사라는 뜻으로, 예전에, 백성을 나누던 네 가지 계급을 이르는 말. 즉, 선비, 농부(農夫), 공장(工匠. 공방에서 연장을 가지고 물품 만드는 일을 전문으로 하는 사람), 상인(商人)의 네 가지 신분을 아울러 이르던 말이다. *공상(工商): ①공업과 상업. ②장인(匠人)과 장수. *선비: 부록 '사(士)' 참고. *장인(匠人): 부록 '공(工)' 참고. *장사: 순우리말로, 부록 '상(商)' 참고.

사단-주속(紗緞紬屬 깁 **사**/비단 **단**/명주 **주**/무리 **속**) 깁과 비단과 명주의 무리(종류)라는 뜻으로, 얇은 사(紗)와 두꺼운 단(緞) 따위의 비단(緋緞)을 아울러 이르는 말. 사(紗)와 견(絹) 따위가 있음. =사라능단(紗羅綾緞). *사단(紗緞): 사(紗)와 비단(緋緞)을 아울러 이르는 말. *주속(紬屬): =명주붙이(明紬~). 즉, 명주실로 짠 여러 가지 피륙. *깁: 부록 '사(絲)' 참고. *비단(緋緞): 부록 '단(緞)' 참고. *명주(明紬): 부록 '주(紬)' 참고. *무리: 순우리말로, ①어떤 관계로 한데 모인 여러 사람. ②짐승이나 새의 떼. 여기서는, '종류(種類)'와 같은 뜻으로, 어떤 기준에 따라 나눈 갈래를 이르는 말.

사-대-봉사(四代奉祀 넉 **사**/대 **대**/받들 **봉**/제사 **사**) 사대(四代)를 받드는 제사라는 뜻으로, 고조(高祖), 증조(曾祖), 조부(祖父), 아버지의 사대(四代) 신주(神主. 죽은 이의 위패·位牌)를 집안 사당(祠堂. 신주를 모신 집. 또는 신주를 모시기 위하여 집처럼 자그마하게 만든 것)에 모시는 일을 이르는 말. *봉사(奉祀): 조상의 제사를 받들어 모심. *받들다: 부록 '봉(奉)' 참고.

사대-사상(事大思想 섬길 **사**/클 **대**/생각 **사**/생각할 **상**) 큰 (나라를) 섬기는 생각(사상)이라는 뜻으로, ①주견(主見. 주된 의견)이나 자주성이 없이 강한 세력을 붙좇아 안전을 꾀하는 사상을 이르는 말. 여기서 '붙좇다'는 공경하는 마음이나 섬기는 뜻으로, 가까이하며 따르다. ②주체성(主體性)이 없이 세력이 강한 나라나 사람을 받들어 섬기는 사상을 이르는 말. *사대(事大): 약자(弱者)가 강자(强者)를 섬김. *사상(思想): ①생각. ②사고 작용의 결과로 얻어진 체계적 의식 내용. ③사회나 정치에 대한 일정한 견해. *섬기다: ①윗사람이나 어른을 모시어 받들다. ②남을 아끼다.

사대-육신(四大肉身 넉 **사**/클 **대**/고기 **육**/몸 **신**) 네 (부분의) 큰 육신(肉身). 즉, 두 팔, 두 다리, 머리, 몸뚱이라는 뜻으로, 온몸을 이르는 말. *사대(四大): 팔, 다리, 머리, 몸통의 네 부분. 곧 사람의 육신. *육신(肉身): 사람의 산 몸뚱이.

사대-주의(事大主義 섬길 **사**/클 **대**/주될 **주**/옳을 **의**) 큰 (나라를) 섬기는 (것을) 주된 (가치로 여기는) 주의(主義)라는 뜻으로, 사대사상(事大思想)에 따라 자신의 존립(存立. 국가나 단체 따위가 망하거나 없어지지 않고 존재함)만을 유지하려는 주의. 또는 주체성(主體性. 자기의 의지·意志나 판단·判斷에 바탕을 둔 태도나 성질)이 없이, 세력이 강한 나라나 사람을 받들어 섬기는 태도를 이르는 말. *사대(事大): ☞사대사상(事大思想). *주의(主義): ①굳게 지키는 주장이나 방침. ②체계화된 이론이나 학설. *섬기다: ☞사대사상(事大思想). *주되다(主~): 주장(主張)이나 중심(中心)이 되다.

사도-팔도(四都八道 넉 **사**/도읍 **도**/여덟 **팔**/도 **도**) 네 (개의) 도읍과 여덟 (개의) 도(道)라는 뜻으로, 조선 시대에 한반도(韓半島) 전체를 이르던 말. *사도(四都): 조선 시대에, 유수(留守)를 두었던 네 곳의 도읍지(都邑地. 한 나라의 서울로 삼은 곳)를 이르는 말. 개성(開城), 광주(廣州), 수원(水原), 강화(江華)를 일컫는다. 여기서, '유수(留守)'는 조선 시대에, 수도(首都) 이외의 요긴한 지역을 맡아 다스리던 정이품(正二品)의 특수 외관직(外官職). 즉, 지방에 있던 각 관아(官衙)의 벼슬을 이르는 말. *팔도(八道): ①조선 시대에, 국토를 여덟 개의 도(道)로 나눈 행정 구역. 곧, 경기도, 충청도, 전라도, 경상도, 강원도, 황해도, 평안도, 함경도 따위. ②우리나라의 전국(全國)을 달리 이르는 말. *도읍(都邑): 한 나라의 중앙 정부가 있는 곳. =서울.

사라-능단(紗羅綾緞 비단 **사**/비단 **라**/비단 **능**/비단 **단**) 사라(紗羅)와 능단(綾緞) 즉, 얇은 사(紗)와 두꺼운 단(緞) 따위의 비단(緋緞)을 통틀어 이르는 말. =사단주속(紗緞紬屬). *사라(紗羅): =깁. 즉, 명주실로 바탕을 조금 거칠게 짠 비단. *능단(綾緞): =능라(綾羅). 즉, 두꺼운 비단[綾]과 얇은 비단[羅]. *비단(緋緞): 부록 '단(緞)' 참고.

사랑-양반(舍廊兩班 집 **사**/행랑 **랑**/두 **양**/나눌 **반**) 집의 행랑(사랑)에 (거처하는) 양반(兩班)이라는 뜻으로, ①집안의 남자 주인을 높이거나 스스럼없이(조심스럽거나 부끄러운 마음이 없이) 이르는 말. ②그 집의 남자 주인을 하인 앞에서 이르는 말. ③남의 남편을 그의 아내 앞에서 높이어 이르는 말. *사랑(舍廊): 바깥주인이 거처하며 손님을 대접하는 곳을 이르는 말. 안채와 떨어져 있음. *양반(兩班): ①조선 중엽, 지체(순우리말로, 대대로 이어 내려오는 사회적 신분이나 지위)나 신분이 높은 상류 계급의 사람. ↔상민(常民). ②점잖고 예의바른 사람. ③자기 남편을 제삼자에게 지칭하는 말. ④남자를 높이거나 홀하게(대수롭지 아니하게) 이르는 말. *행랑(行廊): 부록 '랑(廊)' 참고.

사-리-부-재(詞俚不載 말 **사**/속될 **리**/아닐 **부**/실을 **재**) 말[詞]이 속되어 싣지 아니한다. 즉, 가사(歌詞. =노랫말. 즉, 노래의 내용이 되는 글)가 속된 말이라 (책에) 싣지 않는다는 뜻으로, 고려 시대의 속요(俗謠. 민간에서 널리 떠도는 속된 노래)인 고려가요(高麗歌謠)가 속되어 (책에) 싣지 않음을 이르는 말. *속되다(俗~): 부록 '리(俚)' 참고. *싣다: 부록 '재(載)' 참고.

사리-사욕(私利私慾 사사로이 할 **사**/이익 **리**/사사로이 할 **사**/욕심 **욕**) 사사로운 이익(利益)과 사사로운 욕심(慾心)이라는 뜻으로, 개인의 이익(利益)과 욕심(慾心)을 이르는 말. =사리사복(私利私腹). *사리(私利): 사사로운 이익. *사욕(私慾): 자기의 이익만을 채우려고 하는 욕망. *사사로이(私私~) 하다: 공적(公的)이 아니고, 개인적인 성격을 띠고 (무엇을) 하다.

사마-난-추(駟馬難追 네 마리 말이 끄는 수레 **사**/말 **마**/어려울 **난**/따를 **추**) 네 마리의 말[馬]이 끄는 수레[車]인 사마(駟馬)라도 따르기 어렵다. 즉, 사마(駟馬)가 따라갈 수 없을 정도로 빠르다는 뜻으로, 입조심을 하라는 말이다. 중국 속담 '한 마디의 말[言]이라도 한 번 입[口]을 떠나면 네 필의 말[馬]이 끄는 수레로도 좇기 어렵다.(一言既出 駟馬難追)'에서 나왔다. *사마(駟馬): ①네 필의 말[馬]이 끄는 수레.

또는 그 네 필의 말[馬]. ②엄청나게 빠른 것을 비유(比·譬喩. 어떤 사물의 모양이나 상태 따위를 보다 효과적으로 표현하기 위하여 그것과 비슷한 다른 사물에 빗대어 표현함. 또는 그 표현 방법)함. *따르 다: 부록 '추(追)' 참고.

사망-교-연(四望皎然 넉 **사**/바랄 **망**/환할 **교**/그럴 **연**) 넷(사방 또는 사면)을 바라니(바라보니) 그렇게 환하 다. 즉, 사면을 바라보니 모두 환함을 이르는 말. *사망(四望): 사방을 바라봄. *환하다: ①매우 밝다. ②앞이 탁 틔어서 막힌 데가 없다.

사망-지-환(死亡之患 죽을 **사**/죽을 **망**/어조사 **지**/근심 **환**) 죽고 죽음에 (대한) 근심이라는 뜻으로, 죽음의 재앙(災殃)을 이르는 말. 여기서, '재앙(災殃.)'은 뜻하지 아니하게 생긴 불행한 변고(變故). 또는 천재지 변(天災地變. 본문 참고)으로 인한 불행한 사고(事故). *사망(死亡): (사람의) 죽음.

사면-초가(四面楚歌 넉 **사**/방향 **면**/초나라 **초**/노래 **가**) (전·후·좌·우의) 네 방향에서(사방에서) (들리는) 초(楚)나라의 노랫소리라는 뜻으로, 아무에게도 도움을 받지 못하는, 외롭고 곤란한 지경(地境)에 빠진 형편을 비유적으로 이르는 말. 적군(敵軍)에게 완전히 포위(包圍. 둘레를 에워쌈. 또는 주위를 에워쌈) 되어 누구의 도움도 받을 수 없는 위태로운 상황을 비유적으로 이르는 말. *사면(四面): ①전후좌우의 모든 방면. =사방(四方). ②네 쪽의 면. 또는 네 면. *초가(楚歌): =사면초가(四面楚歌). 《관련 속담》 닉동깅 오리알. 이 사자성어의 유래는 다음과 같다. 『사기(史記)』의 「항우본기(項羽本紀)」 편(篇)에 〈항 왕(項王)의 군대는 해하(垓下)에 주둔하고 있었는데, 병력은 부족했고, 식량도 떨어진 상황에서 한(漢) 나라 군대와 제후(諸侯)의 군사들에게 여러 겹으로 에워싸여 있었다. 그런데 밤에 한(漢)나라 군대가 있는 사면(四面)에서 초(楚)나라의 노래[歌]가 들려왔다. "한(漢)나라가 이미(돌이킬 수 없이 된 지난 일을 일컬을 때 쓰는 말) 초(楚)나라를 빼앗았단 말인가? 어찌 초(楚)나라 사람이 이리 많단 말인가?"(項 王軍壁垓下, 兵少食盡, 漢軍及諸侯兵圍之數重, **夜聞漢軍四面皆楚歌**, 項王乃大驚曰, 漢皆已得楚乎, 是何 楚人之多也.)〉라는 이야기가 나오는데, '밤에 한(漢)나라 군대가 있는 사면(四面)에서 초(楚)나라의 노래 [歌]가 들려왔다.(夜聞漢軍四面皆楚歌)'에서, '사면초가(四面楚歌)'가 유래했다. 윗글의 항왕(項王)은 초 패왕(楚覇王. 초·楚나라의 패왕·覇王이라는 뜻으로, '항우·項羽'를 높여 부르는 말)인 항우(項羽)를 가리 킨다. 당시(當時. 일이 있었던 바로 그때. 또는 이야기하고 있는 그 시기) 진(秦)나라가 멸망한 후 초패 왕(楚覇王)인 항우(項羽)가 한왕(漢王. 한나라의 고조. 또는 한나라의 왕)인 유방(劉邦)과 천하를 다투면 서 5년 동안 싸움을 했다. 위의 이야기는 한(漢)나라 군사들이 펼친 심리전(초나라 노랫소리를 들리게 한 것)에 말려든 항우(項羽)는 초(楚)나라 군사들이 한군(漢軍. 한나라 군대)에게 모두 항복한 줄 알고 그만 낙담(落膽. 바라던 일이 뜻대로 되지 않아 마음이 몹시 상함)하고 만 내용이다. 항우(項羽)는 이 싸움에서 대패(大敗. 싸움이나 경기에서 크게 짐)했고, 계속 쫓기다가 오강(烏江. 강 이름)에 이르러 자살하고 말았다. 그리고 초패왕(楚覇王)인 항우(項羽)나 한왕(漢王. 한나라의 고조. 또는 한나라의 왕) 인 유방(劉邦)의 군대들은 모두 남방(南方. 남쪽 지방)의 초(楚)나라 출신이다. 이 초(楚)나라를 중심으 로 한 남방(南方)의 노래를 초가(楚歌. 초나라의 노래)라고 하는데, 감상적이고 애잔하다는 특징을 지니 고 있어, 구슬프기 짝이 없다. 참고로, 원문의 '項王軍壁垓下'에서, '項'은 항목 '항'으로 읽고, '王'은 임금 '왕'으로 읽는다. '項王'은 왕의 이름. '軍'은 군사(軍士)·'군', 군대(軍隊)·'군'으로 읽고, '壁'은 (진지를) 굳게 지킬 '벽'으로 읽고, '垓'는 지경(地境. 나라나 지역 따위의 구간을 가르는 경계) '해'로 읽고, '下'는 아래 '하'로 읽는다. '垓下'는 땅의 이름. '項王軍壁垓下'를 직역(直譯)하면, 항왕(項王)의 군대는 해하(垓下)에서 (진지를) 굳게 지키고 있었다. '兵少食盡'에서, '兵'은 병사(兵士) '병'으로 읽고, '少'는 적을 '소'로 읽고, '食'은 먹을 '식'으로 읽고, '盡'은 다할(어떤 현상이 끝남) '진'으로 읽는다. '兵少食盡'을 직역(直譯)하면, 병사(兵士)도 적고 먹을 것도 다하였다. '漢軍及諸侯兵圍之數重'에서, '漢'은 나라 이름 '한'으로 읽고, '軍'은 군사(軍士) '군', 군대(軍隊) '군'으로 읽는다. '漢軍'은 '한(漢)나라 군대'를 가리킴. '及'은 미칠(영향이나 작용 따위가 대상에 가하여질) '급'으로 읽는다. 여기서는 문장에서 같은 종류의 성분을 연결할 때 쓰는 것으로, '그리고', '그 밖에', '또' 따위의 의미를 나타냄. '諸'는 모두 '제'로 읽고, '侯'는 제후(諸侯) '후'로 읽고, '兵'은 병사(兵士) '병'으로 읽는다. '諸侯兵'은 제후(諸侯)의 군사. '圍'는 둘러쌀 '위'로 읽고, '之'는 어조사 '지'로 읽는다. '~이', '~가(주격)'의 뜻을 나타냄. '數'는 셈 '수', 수효(數爻. 낱낱의 수) '수'로 읽고, '重'은 거듭할 '중'으로 읽는다. '漢軍及諸侯兵圍之數重'을 직역(直譯)하면, (거기다가) 한(漢)나라 군대와 또 제후(諸侯)의 군사들에게 둘러싸여 (있는 것)이 그 수효(數爻)가 거듭하였다. 즉, 항왕(項王)의 부대는 한(漢)나라 군대와 또 제후(諸侯)의 군사들에게 포위되어 있었고, 초(楚)나라의 군사 수효(數爻)는 몇 명 남지 않았다는 뜻이다. '夜聞漢軍四面皆楚歌'에서, '夜'는 밤 '야'로 읽고, '聞'은 들을 '문'으로 읽고, '四'는 넉 '사'로 읽고, '面'은 방향 '면'으로 읽고, '皆'는 모두 '개', 다 '개'로 읽고, '楚'는 초(楚)나라 '초'로 읽고, '歌'는 노래 '가'로 읽는다. '夜聞漢軍四面皆楚歌'를 직역(直譯)하면, 밤에는 한(漢)나라 군사가 네 방향에서 모두 (고향인) 초(楚)나라 노래를 들을 (수 있었다). 즉, 초(楚)나라의 항왕(項王)의 부대는 한(漢)나라 유방(劉邦)의 대군(大軍. 병사의 수가 많은 군대)에 의하여 해하(垓下)에서 포위되어 그렇지 않아도 서글픈데, 밤이 되면 어디선지 모르게 고향인 초(楚)나라의 노래가 들려온다는 뜻이다. 여기서, '四面楚歌'가 유래하였는데, 이것을 직역(直譯)하면, (전·후·좌·우의) 네 방향에서(사방에서) (들리는) 초(楚)나라의 노랫소리라는 뜻으로, 아무에게도 도움을 받지 못하는, 외롭고 곤란한 지경(地境)에 빠진 형편을 비유적으로 이르는 말. 적군에게 완전히 포위되어 누구의 도움도 받을 수 없는 위태로운 상황을 비유적으로 이르는 말. '項王乃大驚曰'에서, '乃'는 이에(이러하여서 곧) '내'로 읽고, '大'는 클 '대'로 읽고, '驚'은 놀랄 '경'으로 읽는다. '大驚'은 크게 놀람. '項王乃大驚曰'을 직역(直譯)하면, 항왕(項王)이 이에 크게 놀라 말하기를, '漢皆已得楚乎'에서, '已'는 이미(다 끝나거나 지난 일을 이를 때 쓰는 말. '벌써', '앞서'의 뜻을 나타냄) '이'로 읽고, '得'은 얻을 '득'으로 읽고, '乎'는 어조사 '호'로 읽는다. '~는가?', '~인가?(의문)'의 뜻을 나타냄. '漢皆已得楚乎'를 직역(直譯)하면, 한(漢)나라가 모두 이미 초(楚)나라를 얻었는가? 즉, 항왕(項王)은, 이제 초(楚)나라가 이미 한(漢)나라의 것이 되어 버렸음을 시인(是認. 옳다고 또는 그러하다고 인정함)하고, 낙담(落膽)하고 있는 것이다. '是何楚人之多也'에서, '是'는 이(지시하는 말) '시'로 읽고, '何'는 어찌(의문 부사) '하'로 읽고, '楚'는 초(楚)나라 '초'로 읽고, '人'은 사람 '인'으로 읽고, '多'는 많을 '다'로 읽고, '也'는 어조사 '야'로 읽는다. '~는가?', '~인가?(의문)'의 뜻을 나타냄. '是何楚人之多也'를 직역(直譯)하면, 어찌 이렇게 초(楚)나라의 사람이 많은가?

사면-춘풍(四面春風 넉 **사**/면 **면**/봄 **춘**/바람 풍) (전·후·좌·우의) 네 면에서(사면에서) (불어오는) 봄의 바람이라는 뜻으로, 누구에게나 좋게 대하는 일. 또는 그런 사람을 비유적으로 이르는 말. 혹은 누구에게나 늘 좋은 낯으로 대하여 무사태평(無事泰平. 본문 참고)한 사람을 비유적으로 이르는 말. =도처춘풍

(到處春風). 사시춘풍(四時春風). *사면(四面): ☞사면초가(四面楚歌). *춘풍(春風): =봄바람. 즉, 봄철에 동쪽이나 남쪽에서 불어오는 바람.

사면-팔방(四面八方 넉 **사**/면 **면**/여덟 **팔**/방위 **방**) 네 (개의) 면과 여덟 (개의) 방위(方位)라는 뜻으로, 여기저기 모든 방향(方向)이나 방면(方面)을 이르는 말. =사방팔방(四方八方). *사면(四面): ☞사면초가 (四面楚歌). *팔방(八方): ①사방(四方)과 사우(四隅)의 여덟 방위를 이르는 말. 즉, 사방(四方)인 동, 서, 남, 북과 사우(四隅)인 동북, 동남, 서북, 서남 따위의 여덟 방위를 일컫는다. ②이곳저곳. 여러 방향. 또는 여러 방면. *방위(方位): 동서남북을 기준으로 하여 정한 방향.

사모-관대(紗帽冠帶 비단 **사**/모자 **모**/갓 **관**/띠 **대**) 사모(紗帽)와 관대(冠帶)를 아울러 이르는 말. 본디 벼슬아치의 복장이었으나, 지금은 전통 혼례에서 착용(着用. <u>의복, 모자, 신발 따위를 입거나 쓰거나 신거나 함</u>)한다. *사모(紗帽): 지난날, 관원(官員. <u>관청에 나가서 나랏일을 맡아 보는 사람</u>)이 관복(官服. <u>벼슬아치가 입던 정복·正服</u>)을 입을 때 쓰던, 검은 사(紗)로 만든 모자를 이르는 말. 오늘날에는 흔히 전통 혼례 때 신랑이 씀. *관대(冠帶): 지난날, 벼슬아치들이 입던 공복(公服. <u>지난날 벼슬아치의 제복</u>)을 이르는 말. 오늘날에는 전통 혼례 때 신랑이 예복(禮服. <u>의식을 치르거나 특별히 예절을 차릴 때에 입는 옷</u>)으로 입음. *비단(緋緞): 명주실로 두껍고 광택(光澤. <u>빛의 반사로 물체의 표면에 서 빈찍거리는 빛</u>)이 나게 짠 피륙을 통틀어 이르는 말. *갓: 부록 '관(冠)' 참고. *띠: 부록 '대(帶)' 참고.

사모-불망(思慕不忘 생각 **사**/사모할 **모**/못할 **불**/잊을 **망**) 생각하고 사모(思慕)하여 잊지 못함. *사모(思慕): ①마음에 두고 몹시 그리워함. ②우러러 받들며 마음으로 따름. *불망(不忘): 잊지 않음. *사모하다 (思慕~): 부록 '모(慕)' 참고.

사-목-지-신(徙木之信 옮길 **사**/나무 **목**/어조사 **지**/믿을 **신**) 나무를 옮길 믿음이라는 뜻으로, 나라를 다스리는 사람은 백성에 대한 약속을 어기지 아니함을 밝힌다거나, 백성(百姓)을 속이지 않는다는 데에서, 백성(百姓)에 대한 신임(信任. <u>믿고 일을 맡김. 또는 그 믿음</u>)을 밝히는 일을 비유적으로 이르는 말. 뗍 이목지신(移木之信). 이 사자성어의 유래는 다음과 같다. 『사기(史記)』의 「상군열전(商君列傳)」 편(篇) 에 〈하지만 백성이 신임을 하지 않을까 염려하여 법을 공포하기 전에 (국가가 신임을 먼저 보여 주는 작업을 했다.) 높이가 세 발[丈] 되는 나무를 남문(南門)에 세우고, 이를 북문(北門)에 옮겨 놓는 사람에게 10금(金)을 상(賞)으로 준다고 공시했다. 하지만, 모두들 이상히 여기기만 할 뿐, 아무도 옮기려는 사람이 없었다. 그래서 다시 상금을 50금(金)으로 올려 공시하였다. 어떤 사람이 이것을 옮기자, 약속대로 50금(金)을 주었다. 이처럼 나라가 백성을 속이지 않는다는 것을 밝혀 알린 다음, 마침내 법령을 공포하였다.(令旣具, 未布, 恐民之不信, **己乃立三丈之木於國都市南門, 募民有能徙置北門者予十金**. 民怪之, 莫敢徙, 復曰能徙者予五十金, 有一人徙之, 輒予五十金, 以明不欺, 卒下令.)〉라는 이야기가 나오는데, '높이가 세 발 되는 나무를 남문(南門)에 세우고, 이를 북문(北門)에 옮겨 놓는 사람에게 10금을 상(賞)으로 준다고 공시했다.(己乃立三丈之木於國都市南門, 募民有能徙置北門者予十金)'에서, '사목지신 (徙木之信)'이 유래했다. 상앙(商鞅)이 상(賞)을 걸고 나무를 남문(南門)에서 북문(北門)까지 옮기게 한 데서 생긴 말이다. 또 다른 말로, '이목지신(移木之信)'이라고도 한다. '徙'와 '移'는 각각 옮길 '사', 옮길 '이'라고 읽기 때문이다. 진(秦)나라가 육국(六國)을 멸하고 춘추전국시대(春秋戰國時代)를 통일할 정도로 강성해진 것은, 상앙(商鞅)이라는 인물이 부국강병(富國强兵. <u>본문 참고</u>)의 기초를 잘 세운 덕분이었다. 상앙(商鞅)의 본명은 공손앙(公孫鞅)이다. 여기서, '상(商)'은 상오(商於) 땅을 가리킴. 그리고 '於'는 어조사 '어'로도 읽고, 탄식하는 소리 '오'로도 읽는다. 그는 원래 위(魏)나라를 섬겼으나, 나중에 진(秦)나라의 효공(孝公)을 섬겼다. 효공(孝公)은 그의 계책(計策. <u>어떤 일을 이루기 위하여 꾀나 방법을 생각해 냄. 또는 그 꾀나 방법</u>)을 받아들여 변법(變法. <u>법률을 고침. 또는 그 법률</u>)을 단행하려고 법령을 제정했다. 번역문에 '법령을 공포하였다.'고 했는데, 그 법령이 변법(變法)이다. 법을 시행하고 10년 후 진(秦)나라는 공손앙(公孫鞅)의 변법(變法)을 통해 가장 막강한 나라가 되었다. 그는 상오(商於) 땅을 식읍(食邑)을 받고 상군(商君)에 봉해졌다. 이로부터 상앙(商鞅)이라 불리게 되었다. 위의 '변법(變法)'은 법률을 고침. 또는 그 법률을 말하고, 그리고 '식읍(食邑)'은 지난날, 나라에서 공신(功臣. <u>나라를 위하여 특별한 공·功을 세운 신하</u>) 등(等)에게 내리어, 그곳의 군세(郡稅. <u>군·郡에서 부과하고 징수하는 세금</u>)를 개인이 받아쓰게 하던 고을을 말한다. 다시 말하면, 고대 중국에서, 왕족(王族), 공신(功臣), 대신(大臣)들에게 공로(功勞)에 대한 특별 보상으로 주는 영지(領地. <u>제후·諸侯를 봉·封하여 땅을 내줌. 또는 그 땅</u>)를 이르는 말. 그 지역의 조세(租稅. <u>국가나 지방 자치 단체가 필요한 경비를 마련하기 위하여 국민으로부터 강제로 거두어들이는 돈</u>)를 받아먹게 하였고, 봉작(封爵. <u>제후(諸侯)로 봉(封)하고 관작(官爵)을 줌</u>)과 함께 대대로 상속되었다. 그런데 위의 상앙(商鞅)의 본명인 '공손앙(公孫鞅)'에 있어서 '公孫'은 중국에서 제후(諸侯)의 손자(孫子) 또는 후손(後孫)을 뜻하는 칭호이다. 그런데 공손(公孫)으로 불리는 일부(一部)가 씨(氏)를 공손(公孫)으로 정하면서 유래됐다. 고대 중국은 성(姓)과 씨(氏)가 달랐다. 성(姓)은 혈연(血緣)으로 정해지는 개념이고, 씨(氏)는 지연(地緣)으로 정해지는 개념이다. 즉, 고대 중국의 씨는 한국의 본관(本貫)과 같다. 참고로, 원문의 '令旣具'에서, '令'은 법률 '령(영)'으로 읽고, '旣'는 이미(<u>돌이킬 수 없이 된 지난 일을 일컬을 때 쓰는 말</u>) '기'로 읽고, '具'는 갖출 '구'로 읽는다. '令旣具'를 직역(直譯)하면, 법령은 이미 갖추어지고, '未布'에서, '未'는 아닐(<u>부정하는 말</u>) '미'로 읽고, '布'는 널리 알릴 '포'로 읽는다. '未布'를 직역하면, (아직) 널리 알리지 않았다. '己乃立三丈之木於國都市南門'에서, '己'는 자기(自己) '기'로 읽고, '乃'는 이에(<u>이러하여서 곧</u>) '내'로 읽고, '立'은 세울 '립(입)'으로 읽고, '丈'은 장(<u>길이의 단위</u>) '장'으로 읽고, '之'는 어조사 '지'로 읽는다. '~의'를 나타내는 관형격 조사. '木'은 나무 '목'으로 읽는다. '三丈之木'은, 직역(直譯)하면 3장 (높이의 큰) 나무. '於'는 어조사 '어'로 읽는다. '~에서, ~에(<u>장소</u>)'의 뜻을 나타냄. '國'은 나라 '국'으로 읽고, '都'는 도읍(都邑. <u>한 나라의 중앙 정부가 있는 곳. =서울</u>) '도', 서울 '도'로 읽는다. '國都'는 나라의 수도(首都). '市'는 행정 구획의 단위 '시'로 읽고, '南'은 남녘 '남'으로 읽고, '門'은 문 '문'으로 읽는다. '國都市南門'은, 직역(直譯)하면 나라의 수도(首都)인 시내(市內) 남문. '恐民之不信'에서, '恐'은 두려울 '공', 염려할 '공'으로 읽고, '民'은 백성 '민'으로 읽고, '之'는 어조사 '지'로 읽는다. '~이', '~가(<u>주격 조사</u>)'의 뜻을 나타냄. '不'은 아닐(<u>부정하는 말</u>) '불'로 읽고, '信'은 믿을 '신'으로 읽는다. '恐民之不信'을 직역(直譯)하면, 백성들이 믿지 않을까 염려하여, '己乃立三丈之木於國都市南門'을 직역(直譯)하면 (백성들이) 자기(自己)를 (믿지 않을까 염려하여) 이에 3장(丈) (높이의 큰) 나무를 나라의 수도(首都)인 시내(市內) 남문에 세웠다. '募民有能徙置北門者子十金'에서, '募'는 모을 '모'로 읽고, '民'은 백성 '민'으로 읽고, '有'는 있을 '유'로 읽고, '能'은 할 수 있을 '능'으로 읽고, '徙'는 옮길 '사'로 읽고, '置'는 둘 '치', 배치할 '치'로 읽고, '北'은 북녘 '북'으로 읽고,

‘門’은 문(門) ‘문’으로 읽고, ‘者’는 사람 ‘자’로 읽는다. ‘有能徙置北門者’를 직역(直譯)하면, 북문(北門)에 옮겨 배치할 수 있는 능력이 있는 사람. ‘子’는 줄 ‘여’로 읽고, ‘十’은 열 ‘십’으로 읽고, ‘金’은 금(金) ‘금’으로 읽는다. ‘募民有能徙置北門者子十金’을 직역(直譯)하면 (그리고) 백성을 모아 놓고 북문(北門)에 옮겨 배치할 수 있는 능력이 있는 사람에게 (상금) 10금(金)을 주겠다고 (말했다). 여기서, ‘徙木之信’과 ‘移木之信’이 유래하였는데, ‘徙木之信’을 직역(直譯)하면, 나무를 옮길 믿음이라는 뜻으로, 나라를 다스리는 사람은 백성에 대한 약속을 어기지 아니함을 밝힌다거나, 백성(百姓)을 속이지 않는다는 데에서, 백성(百姓)에 대한 신임(信任)을 밝히는 일을 비유적으로 이르는 말이고, ‘移木之信’을 직역(直譯)하면, 나무를 옮기는 믿음. 즉, 위정자(爲政者. <u>정치를 하는 사람</u>)가 나무를 옮긴 사람에게 상(賞)을 주어 백성을 믿게 한다는 뜻으로, 남을 속이지 않거나 약속은 반드시 지켜 실행한다는 것을 비유적으로 이르는 말이다. ‘民怪之’에서, ‘怪’는 괴이(怪異. <u>정상적이지 않고 별나며 괴상함</u>)할 ‘괴’로 읽고, ‘之’는 어조사 ‘지’로 읽는다. ‘그것’을 나타내는 지시 대명사. ‘民怪之’를 직역(直譯)하면, 백성들은 그것을 괴이하게 (생각했기 때문이다). ‘莫敢徙’에서, ‘莫’은 없을 ‘막’으로 읽고, ‘敢’은 감히(<u>두려움이나 송구함을 무릅쓰고</u>) ‘감’으로 읽고, ‘徙’는 옮길 ‘사’로 읽는다. ‘莫敢徙’을 직역(直譯)하면, 감히 옮길 (마음이) 없었다. ‘復日能徙者子五十金’에서, ‘復’는 다시 ‘부’로 읽고, ‘日’은 일컬을 ‘왈’로 읽고, ‘五’는 다섯 ‘오’로 읽는다. ‘復日能徙者子五十金’을 직역(直譯)하면, (결국) 옮길 수 있는 사람에게 (상금) 50금(金)을 주겠다고 다시 일컬어 (말했다). ‘有一人徙之’에서, ‘有’는, 여기서는 어느 ‘유’, 어떤 ‘유’로 읽고, ‘一’은 한 ‘일’로 읽고, ‘人’은 사람 ‘인’으로 읽는다. ‘有一人徙之’를 직역(直譯)하면, 어떤 한 사람이 그것을 옮겼다. ‘輒子五十金’에서, ‘輒’은 곧 ‘첩’으로 읽는다. ‘輒子五十金’을 직역(直譯)하면, 곧 (그 사람에게) 50금(金)을 주었다. ‘以明不欺’에서, ‘以’는 써(<u>그것을 가지고, 그것으로 인하여</u>) ‘이’로 읽고, ‘明’은 밝힐 ‘명’으로 읽고, ‘不’은 아닐(<u>부정하는 말</u>) ‘불’로 읽고, ‘欺’는 속일 ‘기’, 거짓말할 ‘기’로 읽는다. ‘以明不欺’를 직역(直譯)하면, 그것으로 인하여 속이지 아니함을 밝히고, ‘卒下令’에서, ‘卒’은 마침내 ‘졸’, 드디어 ‘졸’로 읽고, ‘下’는 아래 ‘하’로 읽고, ‘令’은 명령 ‘령(영)’으로 읽는다. ‘下令’은 명령을 내림. ‘卒下令’을 직역(直譯)하면, 마침내 명령을 내렸다(법령을 공포하였다).

사-몽-비-몽(似夢非夢 같을 **사**/꿈 **몽**/아닐 **비**/꿈 **몽**) 꿈같기도 (하고) 꿈이 아닌 (것 같기도 하다는) 뜻으로, 꿈속 같기도 하고 생시(生時. <u>잠자지 않는 동안. 또는 살아 있는 동안</u>) 같기도 한, 어렴풋한 상태. 즉, 완전히 잠이 들지도, 잠에서 깨어나지도 않은 어렴풋한 상태를 이르는 말. =비몽사몽(非夢似夢).

사-무-삼-결(四無三缺 넉 **사**/없을 **무**/석 **삼**/이지러질 **결**) 네 (가지는) 없고, 세 (가지는) 이지러졌다는 뜻으로, 사무(四無)와 삼결(三缺)을 통틀어 이르는 말. 삼수갑산(三水甲山. <u>본문 참고</u>)이나 개마고원의 풍토(風土)가 지배하는 함경도 사람들의 기질(氣質)을 표현한 말로, 사무(四無), 즉, 기생(妓生. <u>지난날,</u> <u>잔치나 술자리에 나가 노래, 춤 따위로 흥을 돕는 일을 직업으로 삼던 여자</u>)이 없고, 거지가 없고, 식모가 없고, 글 모르는 이가 없다는 점과, 삼결(三缺), 즉, 아첨(阿諂)이 결(缺)하고, 화해(和解. <u>싸움하던</u> <u>것을 멈추고 서로 가지고 있던 안 좋은 감정을 풀어 없앰</u>)가 결(缺)하고, 적당함이 결(缺)하다는 점을 이르는 말이다. *이지러지다: 부록 ‘결(缺)’ 참고.

사-무-여한(死無餘恨 죽을 **사**/없을 **무**/남을 **여**/한할 **한**) 죽을지라도 남은 한(恨)이 없음. 또는 죽어도 한(恨)이 없음. *여한(餘恨): 풀지 못하고 남은 원한(怨恨. <u>억울하고 원통한 일을 당하여 응어리진 마음</u>).

*한하다(恨~): 부록 '한(恨)' 참고.

사문-결박(私門結縛 사사로이 할 **사**/집안 **문**/묶을 **결**/묶을 **박**) (권세를) 사사로이 행(行)하는(부리는) 집안에서 (사사로이) 묶고 묶는다는 뜻으로, 지난날, 권세(權勢. '권력·權力'과 '세력·勢力'을 아울러 이르는 말)가 있는 집안에서 사사로이 사람을 잡아다가 결박(結縛)하거나 자유를 얽매던 일을 이르는 말. ***사문(私門)**: 남에게 자기 개인의 집이나 가문(家門. 가족 또는 가까운 일가로 이루어진 공동체. 또는 그 사회적 지위)을 낮추어 이르는 말. ***결박(結縛)**: 몸이나 손 따위를 마음대로 움직이지 못하게 단단히 동이어 묶음. ***사사로이(私私~) 하다**: 공적(公的)이 아니고, 개인적인 성격을 띠고 (무엇을) 하다.

사문-난적(斯文亂賊 이 **사**/글월 **문**/어지러울 **난**/도둑 **적**) 이 글(학문)을 어지럽게 (하는) 도둑. 즉, 유교(儒教)를 더럽히는 도둑이라는 뜻으로, 교리(教理. 종교상의 원리나 이치)에 어긋나는 언동(言動. 말하고 행동함. 또는 말과 행동)으로 유교(儒教)를 어지럽히는 사람을 이르는 말. 또는 성리학(性理學)에서, 교리(教理. 종교상의 원리나 이치)를 어지럽히고 사상(思想)에 어긋나는 언행(言行)을 하는 사람을 이르는 말. 여기서, '성리학(性理學)'은 중국 송대(宋代. 송나라의 시대)에 일어난 유학의 한 계통을 가리키는 말. 그 이전의 훈고학(訓詁學)에 만족하지 않고, 인간 본연의 성(性)을 발현(發現·顯)하기 위하여 물(物)에 대한 이(理)를 참고(參考)하지 않으면 안 된다는 것이 그 철학적 주지(主旨. 주되는 뜻. 또는 근본이 되는 뜻)이다. =주자학(朱子學). 이학(理學). ***사문(斯文)**: 원래 선왕(先王)의 도(道)를 일컫는 말인데, 여기서 의미가 확대되어 ①유학(儒學)의 도의(道義. 사람이 마땅히 행해야 할 도리와 의로운 일)나 문화를 이르는 말. ②'유학자(儒學者)'를 높여 이르는 말. ***난적(亂賊)**: 세상을 어지럽히는 도둑의 무리. ***어지럽다**: 부록 '난(亂)' 참고. 이 사자성어의 유래는 다음과 같다. 이 사자성어(四字成語)는 '사문(斯文)'과 '난적(亂賊)'이 합하여 이루어진 말이다. 우선 '사문(斯文)'은 『논어(論語)』의 「자한(子罕)」 편(篇)에 나온다. 〈(중국 춘추시대의 사상가이며 학자인) 공자(孔子)가 광(匡) 땅에서 위태로운 처지에 빠졌을 때 말하였다. "문왕(文王)이 이미(돌이킬 수 없이 된 지난 일을 일컬을 때 쓰는 말) 돌아가셨지만, 그가 남긴 문화가 나에게 있지 않겠는가? 만일 하늘이 장차(張次. '앞으로'의 뜻으로, 미래의 어느 때를 나타내는 말) 이 문화를 없애려 하셨다면 뒤에 죽은 사람이 이 문화에 참여하지 못하였을 것이다. 그러나 하늘이 이 문화를 없애려 하지 않으셨으니, 광(匡) 사람들이 나를 어떻게 하겠는가?"(子畏於匡. 曰. 文王既沒. 文不在茲乎. 天之將喪斯文也. 後死者不得與於斯文也. **天之未喪斯文也, 匡人其如子何**.)〉라는 이야기가 나오는데, '그러나 하늘이 이 문화를 없애려 하지 않으셨으니, 광(匡) 사람들이 나를 어떻게 하겠는가?(天之未喪斯文也, 匡人其如子何.)'에서, '사문(斯文)'이 유래했다. 이 이야기의 배경은 이렇다. 공자(孔子)는 자신의 뜻을 펼치기 위하여 제자들과 함께 중원(中原)을 두루 돌아다녔다. 위(衛)나라를 떠나 진(陳)나라로 가는 도중에 광(匡)이라는 지방을 지나가다가 그 지역 사람들에게 곤란한 일을 당하게 되었다. 광(匡) 지방의 사람들이 이전(以前)에 양호(陽虎)라는 관리의 가혹(苛酷)한 통치(統治)에 시달린 적이 있었는데, 공자(孔子)가 양호(陽虎)와 생김새가 비슷했기 때문이었다. 결국 공자(孔子)의 일행은 광(匡) 지방 사람들에게 붙잡혀 5일 동안 억류(抑留)를 당했다. 상황이 좋지 않다고 느낀 제자들은 두려움에 떨었다. 그러자 공자(孔子)가 '하늘이 이 문화를 없애려 하지 않으셨으니, 광(匡) 사람들이 나를 어떻게 하겠는가?'라고 말하면서 '사문(斯文)'을 강조했다. 공자(孔子)는 이런 위기 속에서도 문왕(文王)과 주공(周公)이 남긴 학문과 사상을 자신이 이어받아야 할 천명(天命. 하늘의 명령)이 자기에게 있으므로 결코

ㅅ

위험에 빠지지 않을 것이라는 확신을 가지게 되었고, 그 확신이 사문(斯文)의 배경이 된 것이고, 여기에서 '사문(斯文)'이 유래했다. '사문(斯文)'이란 선왕(先王)의 도(道)를 일컫는다. 구체적으로 말하면 주(周)나라 문왕(文王)이 기틀을 다져 놓은 문물제도를 말한다. 공자(孔子)는 이 선왕(先王)의 도(道)를 후세에 전해야겠다는 역사적 사명(使命)을 가지고 평생을 살았는데, 자신의 사명(使命)이 정당한 것이라면, 하늘도 자신이 광(匡)지역 사람들에 의해 그냥 죽도록 내버려두지 않을 것이란 신념을 가지고 있었던 것이다. 참고로, 원문의 '子畏於匡'에서, '子'는 경칭(敬稱. <u>공경하는 뜻으로 부르는 칭호. 또는 존대하여 일컬음</u>) '자'로 읽는다. 학덕(學德)과 지위가 높은 남자의 경칭(敬稱)이다. 여기서는 '공자(孔子)'를 가리킴. '畏'는 두려워할 '외'로 읽고, '於'는 어조사 '어'로 읽는다. '~에', '~에서(<u>장소</u>)'의 뜻을 나타냄. '匡'은 바룰(<u>비뚤어지거나 구부러지지 않도록 바르게 할</u>) '광', 바로 잡을 '광'으로 읽는다. 여기서는 땅 이름. '子畏於匡'을 직역(直譯)하면, 공자(孔子)는 광(匡) 지역에서 두려워하면서, '文王旣沒'에서, '文'은 글월 '문'으로 읽고, '王'은 임금 '왕'으로 읽는다. '文王'은 왕 이름. '旣'는 이미(<u>다 끝나거나 지난 일을 이를 때 쓰는 말. '벌써', '앞서'의 뜻을 나타냄</u>) '기'로 읽고, '沒'은 죽을 '몰'로 읽는다. '文王旣沒'을 직역(直譯)하면, 문왕(文王)은 이미 죽었지만, '文不在兹乎'에서, '文'은 글월 '문'으로 읽고, '不'은 아닐(<u>부정하는 말</u>) '불'로 읽고, '在'는 있을 '재'로 읽는다. '不在'는 이곳에 있지 아니함. '兹'는 이(<u>지시하는 말</u>) 자, 이에 '자'로 읽고, '乎'는 어조사 '호'로 읽는다. '~는가?', '~인가?(<u>의문</u>)'의 뜻을 나타냄. '文不在兹乎'를 직역(直譯)하면, (그의) 글월(<u>여기서는 '유학·儒學의 도의·道義나 문화·文化'를 가리킴</u>)은 이곳에 (남아) 있지 않은가? 즉, 이제 유학의 도의(道義)나 문화(文化)의 핵심은 모두 나('<u>공자·孔子'를 가리킴</u>)에게 <u>있다는 뜻이다.</u> '天之將喪斯文也'에서, '天'은 하늘 '천'으로 읽고, '之'는 어조사 '지'로 잃는다. '~이', '~가(<u>주격 조사</u>)'의 뜻을 나타냄. '將'은 장차(將次) '장'으로 읽고, '喪'은 잃을 '상', 잃어버릴 '상'으로 읽는다. 여기서는 '없애다'의 뜻이 강함. '也'는 어조사 '야로 읽는다. '~이다(<u>단정</u>)'의 뜻을 나타냄. '天之將喪斯文也'를 직역(直譯)하면, 하늘이 장차 이 글월(<u>여기서는 '유학(儒學)의 도의·道義나 문화·文化'를 가리킴</u>)을 잃어버리게 하였다면, 즉, 만약 하늘이 장차 이 도의(道義)나 문화(文化)를 없애려 하였다면, '後死者不得與於斯文也'에서, '後'는 뒤 '후'로 읽고, '死'는 죽을 '사'로 읽고, '者'는 사람 '자'로 읽는다. '後死者'를 직역(直譯)하면, 그 뒤에 죽은 사람은, '得'은 얻을 '득'으로 읽고, '與'는 참여할(參與. <u>어떤 일에 끼어들어 관계할</u>) '여'로 읽고, '斯'는 이(<u>지시하는 말</u>) '사'로 읽는다. '不得與斯文也'를 직역(直譯)하면, 이 글월에 참여할 (기회를) 얻지 못할 (것)이다. '後死者不得與於斯文也'을 직역(直譯)하면, 그 뒤에 죽은 사람은 이 글월(<u>여기서는 '유학(儒學)의 도의·道義나 문화·文化'를 가리킴</u>)에 참여할 (기회를) 얻지 못하였을 (것)이다. 즉, 그 뒤에 죽은 사람은 도의(道義)나 문화(文化)에 참여하지 못했을 것이다. '天之未喪斯文也'에서, '未'는 아닐 '미'로 읽는다. '天之未喪斯文也'를 직역(直譯)하면, (그러나) 하늘이 이 글월(<u>여기서는 '유학의 도의·道義나 문화·文化를 가리킴</u>)을 잃어버리지 않게 했다. 즉, 하늘이 이 도의(道義)나 문화(文化)를 없애려 하지 않았다는 뜻이다. '匡人其如子何'에서, '匡'은 바룰(<u>비뚤어지거나 구부러지지 않도록 바르게 할</u>) '광', 바로 잡을 '광'으로 읽는다. 여기서는 땅 이름. '人'은 사람 '인'으로 읽는다. '匡人'을 직역(直譯)하면, 광(匡) 지역의 사람들. '其'는 그(<u>지시하는 사람</u>) '기'로 읽고, '如'는 같을 '여'로 읽고, '子'는 나(<u>1인칭 대명사</u>) '여'로 읽고, '何'는 어찌(<u>의문 부사</u>) '하'로 읽는다. '匡人其如子何'를 직역(直譯)하면, 광(匡) 지역의 사람들이 그와 같다면 나를 어찌 (할 수 있겠는가?) 이 말은 어떠한 위기에 처하여도 굴하지 않고 맡은 사명을 완수하겠다는 의지를 표현한 것이다. 운명(運命)에 대한 자신감이나 맡은 사명(使命)에 대한 떳떳한 신념(信念)을 표현할 때 쓰는 말이다. 그리고 '난적(亂賊)'은 『맹자(孟子)』의 「등문공(滕文公) 장구(章句)」 하(下) 편(篇)에 나온다. 〈옛날에 우(禹)가 홍수를 막아내니 천하가 화평해졌고, 주공(周公)이 겸(兼)하여 이적(夷狄. 예전에, 두만강 일대의 만주 지방에 살던 여진족을 멸시하여 이르던 말)을 정복하고 맹수(猛獸. 주로 육식·肉食을 하는 사나운 짐승을 이르는 말. 사자·獅子·나 범·호랑이 따위를 일컫는다)를 몰아내니 백성들이 편안해졌으며, 공자(孔子)가 『춘추(春秋)』를 완성하자, 나라를 어지럽히는 신하들과 부모를 해치는 자식들이 두려워하게 되었다.(昔者, 禹抑洪水而天下平. 周公兼夷狄驅猛獸而百姓寧. 孔子成春秋而亂臣賊子懼.)〉라는 이야기가 나오는데, '공자(孔子)가 『춘추(春秋)』를 완성하자, 나라를 어지럽히는 신하들과 부모를 해치는 자식들이 두려워하게 되었다.(孔子成春秋而亂臣賊子懼)'에서, '난신적자(亂臣賊子)'의 줄인 말인 '난적(亂賊)'이 유래했다. '난적(亂賊)'은 반란(反·叛亂. 정부나 지배자에게 반항하여 내란을 일으킴)을 일으키는 신하와 부모에게 패역(悖逆. 인륜에 어긋나고 불순함)한 자식이란 뜻이다. 맹자(孟子)와 그의 제자인 공도자(公都子)의 대화 가운데 위와 같은 맹자(孟子)의 말이 전해지고 있는 것이다. 여기서 '맹자(孟子)'는 중국 전국시대(戰國時代)의 사상가의 한 사람이다. 성선설(性善說)을 주장하고 인의(仁義)의 정치를 권하였다. 참고로, 원문의 '昔者'는 '옛적'과 같은 말로, 이미 많은 세월이 지난, 오래전 때. '禹抑洪水而天下平'에서, '禹'는 하우씨(중국 하·夏나라의 우·禹 임금을 이르는 말) '우'로 읽고, '抑'은 막을 '억', 다스릴 '억'으로 읽고, '洪'은 홍수(洪水. 비가 많이 와서 강이나 개천에 갑자기 크게 불은 물) '홍'으로 읽고, '而'는 말 이을 '이'로 읽는다. '그리고'의 뜻을 나타냄. '天下'는 하늘 아래 온 세상. '平'은 편안할 '평'으로 읽는다. '禹抑洪水而天下平'을 직역(直譯)하면, 우왕(禹王)은 홍수(洪水)를 (잘) 다스려서 그리고 천하(天下)가 편안하였다. '周公兼夷狄驅猛獸而百姓寧'에서, '周'는 주(周)나라 '주'로 읽는다. '周公'은 사람 이름. '兼'은 겸할 '겸'으로 읽고, '夷'는 오랑캐 '이'로 읽고, '狄'은 오랑캐 '적'으로 읽는다. '夷狄'은 '오랑캐'와 같은 말로, 예전에 두만강 일대의 만주 지방에 살던 여진족(女眞族)을 멸시(蔑視. 남을 업신여김. 또는 깔봄)하여 이르던 말. '驅'는 몰아낼 '구'로 읽고, '猛'은 사나울 '맹'으로 읽고, '獸'는 짐승 '수'로 읽는다. '猛獸'는 주로 육식(肉食. 짐승의 고기를 먹음)을 하는 사나운 짐승을 이르는 말. 사자(獅子)나 범(호랑이) 따위를 일컫는다. '百'은 일백 '백'으로 읽고, '姓'은 백성 '성'으로 읽는다. '百姓'은 예전에, 사대부(士大夫)가 아닌 일반 평민을 이르던 말. '寧'은 편안할 '녕(영)'으로 읽는다. '周公兼夷狄驅猛獸而百姓寧'을 직역(直譯)하면, 주공(周公)이 이적(夷狄)과 겸하여 사나운 짐승을 몰아내고 나서 그리고 백성들은 편안하였다. '孔子成春秋而亂臣賊子懼'에서, '孔'은 성씨(姓氏) '공'으로 읽고, '子'는 경칭(敬稱. 공경하는 뜻으로 부르는 칭호. 또는 존대하여 일컬음) '자'로 읽는다. 학덕(學德)과 지위가 높은 남자의 경칭(敬稱)이다. '孔子'는 사람 이름. '成'은 이룰 '성', 완성할 '성'으로 읽고, '春'은 봄 '춘'으로 읽고, '秋'는 가을 '추'로 읽는다. '春秋'는 책 이름. '而'는 말 이을 '이'로 읽고, '亂'은 어지러운 '란(난)'으로 읽고, '臣'은 신하(臣下) '신'으로 읽고, '賊'은 도둑 '적', 해칠 '적'으로 읽고, '子'는 아들 '자'로 읽고, '懼'는 두려워할 '구'로 읽는다. '孔子成春秋而亂臣賊子懼'를 직역(直譯)하면, 공자(孔子)가 『춘추(春秋)』를 완성하고 나서 그리고 (나라를) 어지럽히는 신하와 (부모를) 해치는 아들이 (그 책을) 두려워하게 (되었다). 여기서, '亂臣賊子'의 줄임말인 '난적(亂賊)'이 유래했다. 이렇게 '사문난적(斯文亂賊)'은 위의 '사문(斯文)'과 '난적(亂賊)'이 합하여 이루어진 말이다. 여기서, '사문난적(斯

文亂賊'이 유래하였는데, 이것을 직역(直譯)하면, 사문(斯文)을 어지럽게 (하는) 도둑. 즉, 선왕(先王)의 도(道)를 더럽히는 도둑이라는 뜻으로, 교리(敎理. 종교상의 원리나 이치)에 어긋나는 언동(言動. 말하고 행동함. 또는 말과 행동)으로 유교(儒敎)를 어지럽히는 사람을 이르는 말. 또는 성리학(性理學)에서, 교리(敎理. 종교상의 원리나 이치)를 어지럽히고 사상(思想)에 어긋나는 언행(言行)을 하는 사람을 이르는 말. 한편, '사문난적(斯文亂賊)'은 중국뿐만 아니라 우리나라에서도 유래했다. 우리나라에서 생긴 유래는 다음과 같다. 송(宋)나라 때 나타난 주자학(朱子學. 일명 성리학)이 고려 말에 한반도에 전래되어 조선의 건국이념이 된 후, 주자학(朱子學)은 조선의 문화, 사상, 정치 따위의 사회 전반을 지배하게 되었다. 당시(當時. 일이 있었던 바로 그때. 또는 이야기하고 있는 그 시기) 명(明)나라 때에, 대륙에서는 주자학(朱子學)의 지나친 철리주의(哲理主義. 철학의 이치를 굳게 지키고자 하는 주장이나 방침)에 반대하여 지행합일(知行合一. 지식과 행위는 원래 하나이므로, 알고 행하지 아니하면 진짜 아는 것이 아니라는 학설. 중국 명·明나라의 왕양명·王陽明이 주장한 수양법)을 강조하는 양명학(陽明學)이 등장했다. 이 양명학(陽明學)이 조선에 들어와 당시 강화도(江華島)에 유배(流配)되어 있던 일부 몰락(沒落. 번영하던 것이 쇠하여 보잘것없이 됨)한 종친(宗親. 동성동본으로, 초상 때 상복을 입어야 하는 가까운 친척 안에 들지 않는 일가붙이)들에게 받아들여져 강화학파(江華學派)가 형성되었고, 그들의 학풍(學風)은 주자학(朱子學)에 도전하는 새로운 학문으로 부상(浮上. 어떤 능력이나 정도가 드러나거나 오르는 일)하게 된다. 성리학자(性理學者)들은 이런 양명학자(陽明學者)들을 유학(儒學)을 어지럽히는 무리들로 규정했는데, 여기에서 '사문난적(斯文亂賊)'이 유래했다.

사문-용형(私門用刑 사사로이 할 **사**/집안 **문**/시행할 **용**/형벌 **형**) 사사로이 하는 집안에서 형벌(刑罰)을 시행한다(준다)는 뜻으로, 지난날, 권세(權勢. '권력·權力'과 '세력·勢力'을 아울러 이르는 말)가 있는 집안에서, 사사로이 사람을 잡아 감금(監禁. 가두어서 신체의 자유를 속박함)하거나 형벌(刑罰)을 줌을 이르던 말. *사문(私門): ☞사문결박(私門結縛). *용형(用刑): 형벌을 적용함. *사사로이(私私~) 하다: 공적(公的)이 아니고, 개인적인 성격을 띠고 (무엇을) 하다. *형벌(刑罰): 부록 '형(刑)' 참고.

사민-평등(四民平等 넉 **사**/백성 **민**/평평할 **평**/같을 **등**) 네 (부류의) 백성(百姓)이 평평(平平)하고 같다는 뜻으로, ①사농공상(士農工商)의 모든 백성을 평등하게 다루거나 취급하는 일을 이르는 말. ②모든 백성(百姓)이 평등(平等)하게 자유와 권리를 가지는 일을 이르는 말. *사민(四民): ①사(士), 농(農), 공(工), 상(商) 네 가지의 신분이나 계급의 백성. ②온 백성. *평등(平等): 치우침이 없이 모두가 한결같음. 또는 차별이 없는 동등함. *평평하다(平平~): 부록 '평(平)' 참고.

사바-세계(娑婆世界 춤출 **사**/할미 **바**/세상 **세**/세계 **계**) 사바(娑婆)의 세상(世上)이나 세계(世界)라는 뜻으로, 불교에서, 중생(衆生. 불교에서, 부처의 구제 대상이 되는, 이 세상의 모든 생물을 통틀어 이르는 말)이 갖가지 고통을 참고 견뎌야 하는, 괴로움이 많은 인간세계(人間世界)를 이르는 말. 석가모니불(釋迦牟尼佛. 석가모니·釋迦牟尼를 부처로 모시어 이르는 말)이 교화(敎化. 부처의 가르침으로 사람을 가르치어 착한 마음을 가지게 함)하는 세계(世界)를 일컫는다. =감인세계(堪忍世界). 웹 홍진세계(紅塵世界). *사바(娑婆): 불교에서, 중생(衆生)이 갖가지 고통을 참고 견뎌야하는 괴로움이 많은 이 세상. =사바세계(娑婆世界). 속세(俗世. 세속의 사람들이 사는 일반의 사회). 인간세계(人間世界). *세계(世界): ①지구상의 모든 나라. 또는 인류 사회 전체. ②집단적 범위를 지닌 특정 사회나 영역. ③대상이나 현상의 모든 범위. ④불교에서, 널리 중생(衆生)의 삶을 영위하는 범위. *할미: ①늙은 여자. ②'할머니'를 낮추어서 이르는 말. *세상(世上): 사람이 살고 있는 모든 사회를 통틀어 이르는 말.

사-반-공-배(事半功倍 일 사/반 반/공 공/갑절 배) 일은 반(半)이고 공(功)은 갑절(순우리말로, 어떤 수·數나 양·量을 두 번 합친 것. =배·倍)이다. 즉, 들인 노력(努力)은 적은 데 비해 얻은 성과(成果)는 크다는 뜻으로, 노력(努力)은 적게 들었지만 성과(成果)는 많음을 이르는 말. 또는 일은 반절(半折. 하나를 반·半으로 가름. 또는 그렇게 가른 반·半)하고 공로(功勞)는 갑절이라는 뜻으로, 힘은 덜 들이고, 일의 성과(成果)는 매우 큰 것을 이르는 말. 凹 사배공소(事倍功少). 이 사자성어의 유래는 다음과 같다. 『맹자(孟子)』의 「공손추(公孫丑) 장구(章句)」 상(上) 편(篇)에 [맹자(孟子)는 제(齊)나라의 여러 가지 조건을 고려할 때 왕도(王道. 임금은 마땅히 어진 덕을 근본으로 천하를 다스려야 한다는 정치사상을 이르는 말. 유학·儒學에서 이상·理想으로 하는 정치사상임) 정치(政治)를 추진하고 인정(仁政. 어진 정치)을 베푼다면 (옛날의) 문왕(文王) 때보다 훨씬 쉽게 패업(覇業. 남을 정복하여 무력으로 천하를 다스리는 일)을 이룰 것이라고 생각하고 제(齊)나라 출신 제자(弟子)인 공손추(公孫丑)에게 다음과 같은 이야기를 했다.]〈(중국 춘추시대의 사상가이며 학자인) 공자(孔子)께서 말씀하시기를, '덕(德. 고매하고 너그러운 도덕적 품성)이 퍼져 나가는 것은 역마(驛馬)로 명(命)을 전달하는 것보다 빠르다.'고 하셨다. 지금 같은 때를 만나서, '만승(萬乘)'의 나라에서 인정을 베푼다면 백성들이 기뻐할 것이니, 이는 마치 거꾸로 매달린 데서 풀려난 것 같은 것이다. 여기서, '만승(萬乘)'은 만대(萬臺)의 병거(兵車. 전쟁에 쓰는 수레)라는 뜻으로, 천자(天子. 중국에서는 '황제'를 일컫던 말) 또는 천자(天子)의 자리를 이르는 말이다. 중국 주(周)나라 때에 천자(天子)가 병거(兵車) 일만 대(臺. 자동차나 비행기, 또는 기계 따위를 세는 단위)를 즈리[直隸] 지방에서 출동시켰던 데서 유래한다. 여기서 '승(乘)'은 수레를 세는 단위이다. 주(周)나라 때, 전시(戰時. 전쟁을 하고 있는 때)에 천자(天子)는 만승(萬乘)을, 제후(諸侯)는 천승(千乘)을 내도록 되어 있었다. 또 '만승(萬乘)'과 '천승(千乘)'은 부역(賦役. 국가나 공공 단체가 특정한 공익사업을 위하여 보수 없이 국민에게 의무적으로 책임을 지우는 노역·勞役을 이르는 말)에 동원할 수 있는 병력(兵力)의 규모를 나타내는 단위이기도 함. 그러므로 하는 일[事]은 옛사람들이 한 것의 반(半)만 하고도 그 공(功)은 반드시 곱절[倍]이 될 것이니, 오직 이 시기만이 그렇게 할 수 있는 때이다.(孔子曰, 德之流行, 速於置郵而傳命, 當今之時, 萬乘之國行仁政, 民之悅之, 猶解倒縣也. **故事半古之人, 功必倍之**, 惟此時爲然.)〉라는 이야기가 나오는데, '그러므로 하는 일[事]은 옛사람들이 한 것의 반(半)만 하고도 그 공(功)은 반드시 곱절[倍]이 될 것이니,(故事半古之人, 功必倍之)'에서, '사반공배(事半功倍)'가 유래했다. 위의 인용하는 글에 맹자(孟子)의 왕도(王道) 정치(政治)가 나온다. 맹자(孟子)는 공자(孔子)가 말한 '인(仁)'에 '의(義)'를 더해 왕도(王道)정치(政治)를 주장하는 인물이다. 그가 말하는 왕도정치(王道政治)란, 한 사람이 도덕적으로 완성되면 그것이 주위 사람들을 교화(敎化. 가르치고 이끌어서 좋은 방향으로 나아가게 함)해 선정(善政. 백성을 바르고 어질게 잘 다스리는 정치)으로 나타나는 것이며, 나아가 모든 백성이 안정된 생활과 풍부한 교양을 지니고 도덕적 질서를 지켜 나간다면, 왕도정치(王道政治)가 실현될 수 있다는 것이다. 당연한 말이지만, 이것은 이상적인 생각에 불과(不過)하고, 인간의 본성을 지나치게 긍정적이고 낙관적으로 파악했다는 단점이 있다. 그렇기 때문에 공자(孔子)와 맹자(孟子)를 비롯한 유가(儒家. 공자의 학설이나 학풍 따위를 신봉하고 연구하는 학자나 학풍)의 주장은, 당시(當時. 일이 있었던 바로 그때,

또는 이야기하고 있는 그 시기)에는 제후(諸侯)들에게 받아들여지지 않았다. 맹자(孟子)의 노력은 실패로 끝난 셈이다. 제후(諸侯)들은 오히려 패도(霸道. 유가·儒家에서 이르는 인의·仁義를 무시하고 무력·武力이나 권모술수·權謀術數로써 다스리는 일) 정치(政治)를 선호했다. 전국(戰國) 시대 맹자(孟子)가 활동한 시기는 여러 제후국(諸侯國)이 천하(天下)를 차지하기 위해 전쟁이 끊이지 않아 백성들은 이 와중(渦中. 물이 소용돌이치는 가운데라는 뜻으로, 복잡한 일이 벌어진 가운데)에서 깊이 신음하고 있을 무렵이었다. 맹자(孟子)는 이 같은 상황에서 제(齊)나라와 같은 대국(大國. 세력이 강한 나라)이 왕도(王道) 정치(政治)를 실시하고 인정(仁政)을 베푼다면 천하(天下)를 통일하기가 옛날 문왕(文王) 시절보다 쉬울 것이라고 생각했다. 그래서 맹자(孟子)는 어느 날 제자(弟子)인 공손추(公孫丑)에게 이렇게 말했다. 제(齊)나라가 만승(萬乘)의 나라로서 어진 정치만 편다면, 옛날 문왕(文王)이 이룩하였던 패업(霸業)을 손쉽게 이룩할 수 있으니, 그것은 바로 '사반공배(事半功倍)'의 성과일 것이라고 말했던 것이다. 그리고 지금이 바로 그러한 때이라고 말했다. 그런데 이 글의 출전(出典)인 「공손추(公孫丑) 상(上)」의 '丑'은 보통 소 '축'으로 읽는다. 다만 중국의 인명·지명 따위는 본음 '추'로 읽는다. 그리고 '공손추(公孫丑)'에 있어서 '公孫'은 중국에서 제후(諸侯)의 손자(孫子) 또는 후손(後孫)을 뜻하는 칭호이다. 그런데 공손(公孫)으로 불리는 일부(一部)가 씨(氏)를 공손(公孫)으로 정하면서 유래됐다. 고대 중국은 성(姓)과 씨(氏)가 달랐다. 성(姓)은 혈연(血緣)으로 정해지는 개념이고, 씨(氏)는 지연(地緣)으로 정해지는 개념이다. 즉, 고대 중국의 씨는 한국의 본관(本貫)과 같다. 참고로, 원문의 '孔子曰'에서, '孔'은 성씨(姓氏) '공'으로 읽고, '子'는 경칭(敬稱. 공경하는 뜻으로 부르는 칭호, 또는 존대하여 일컬음) '자'로 읽는다. 학덕(學德)과 지위가 높은 남자의 경칭(敬稱)이다. '孔子'는 사람 이름이다. '孔子曰'을 직역(直譯)하면, 공자(孔子)가 말하기를, '德之流行'에서, '德'은 덕(德) '덕'으로 읽고, '之'는 어조사 '지'로 읽는다. '~의'를 나타내는 관형격 조사. '流'는 흐를 '류(유)'로 읽고, '行'은 다닐 '행'으로 읽는다. '流行'은 특정한 행동 양식이나 사상 따위가 일시적으로 많은 사람의 추종(追從. 남의 뒤를 따라서 좇음)을 받아서 널리 퍼짐. 또는 그런 사회적 동조(同調. 남의 주장에 자기의 의견을 일치시키거나 보조를 맞춤) 현상이나 경향을 이르는 말. '德之流行'을 직역(直譯)하면, 덕(德. 고매하고 너그러운 도덕적 품성)의 유행(流行)이 즉, 덕(德)이 널리 행해지는 것은, '速於置郵而傳命'에서, '速'은 빠를 '속'으로 읽고, '於'는 어조사 '어'로 읽는다. '~보다(비교)'의 뜻을 나타냄. '置'는 둘 '치'로 읽고, '郵'는 역참(驛站. 옛적에 역마를 바꿔 타던 곳) '우'로 읽고, '而'는 말 이을 '이'로 읽는다. '그리고'의 뜻을 나타냄. '傳'은 전할 '전'으로 읽고, '命'은 명령(命令) '명'으로 읽는다. '傳命'은 '전령(傳令)'과 같은 말로, 명령(命令)이나 훈령(訓令), 고시(告示) 따위를 전하여 보냄. '速於置郵而傳命'을 직역(直譯)하면, 역참(驛站. 옛날에 역마·驛馬를 바꾸어 타던 곳)에 두어 그리고 명령을 전하는 것보다 빠르다(라고 말씀하셨으니), '當今之時'에서, '當'은 마땅 '당'으로 읽고, '今'은 이제 '금', 지금 '금'으로 읽는다. '當今'은 일이 있는 바로 지금. '時'는 때 '시'로 읽는다. '當今之時'를 직역(直譯)하면, 일이 있는 바로 지금의 때에. 즉, 지금과 같은 때를 당하여, '萬乘之國行仁政'에서, '萬'은 일만 '만'으로 읽고, '乘'은 탈 '승'으로 읽고, '國'은 나라 '국'으로 읽는다. '萬乘之國'은 병거(兵車) 일만 채를 갖출 만한 힘이 있는 나라라는 뜻으로, 천자(天子)가 다스리는 나라를 이르는 말. '行'은 행할 '행'으로 읽고, '仁'은 어질 '인'으로 읽고, '政'은 정사(政事) '정'으로 읽는다. '仁政'은 어진 정치. '萬乘之國行仁政'을 직역(直譯)하면, 만승(萬乘)의 나라에서 어진 정치를 행한다면. 즉, 바로 지금 만승지국(萬乘之

國)인 제(齊)나라가 어진 정치를 행한다면, '民之悅之'에서, '民'은 백성 '민'으로 읽고, '之'는 어조사 '지'로 읽는다. 여기서는 '~이', '~가(주격 조사)'를 나타냄. '悅'은 기쁠 '열'로 읽고, '之'는 어조사 '지'로 읽는다. 여기서는 '그것'을 나타내는 지시 대명사. '民之悅之'를 직역(直譯)하면, 백성이 그것을 기뻐하기를, '猶解倒縣也'에서, '猶'는 오히려 '유'로 읽고, '解'는 풀 '해', 풀어질 '해'로 읽고, '倒'는 거꾸로 '도'로 읽고, '縣'은 매달 '현'으로 읽는다. '倒縣'은 거꾸로 매달림. '也'는 어조사 '야'로 읽는다. '~이다(단정)'의 뜻을 나타냄. '猶解倒縣也'를 직역(直譯)하면, 오히려 거꾸로 매달린 것에서 풀어질 (것이다). 즉, 오히려 거꾸로 매달린 것을 풀어준 듯한 (느낌일 것이다). 또는 백성들은 천장(天障)에 거꾸로 매달려 있다가 풀려난 것처럼 기뻐할 것이다. 이 말의 배경은 이렇다. 앞에서 말했듯이, 당시에는 전쟁이 끊이지 않은 시기라, 백성들은 전쟁터로 내몰리거나 학정(虐政. 백성을 괴롭히는, 포악한 정치)에 시달리고 있었다. 맹자(孟子)는, 이때야말로 군주(君主. 세습적으로 나라를 다스리는 최고 지위에 있는 사람)가 전쟁을 좋아하지 않고 백성들에게 인정(仁政. 어진 정치)을 베풀면, 백성들은 정말 거꾸로 매달린 것과 같은 괴로운 생활에서 해방된 것 같은 느낌을 받을 것이라고 단언(斷言. 딱 잘라서 말함)하고 있는 것이다. '故事半古之人'에서, '故'는 그러므로 '고'로 읽고, '事'는 일 '사'로 읽고, '半'은 반(半) '반'으로 읽고, '古'는 옛 '고'로 읽고, '之'는 어조사 '지'로 읽는다. '~의'를 나타내는 관형격 조사. '人'은 사람 '인'으로 읽는다. '故事半古之人'을 직역(直譯)하면, 그러므로 (하는) 일은 옛 사람의 반(半)만 (하고), '功必倍之'에서, '功'은 공(功. 어떠한 일에 이바지한 공적과 노력) '공'으로 읽고, '必'은 반드시 '필'로 읽고, '倍'는 곱('곱절'의 준말로, 일정한 수나 양이 그 수나 양만큼 거듭됨을 이르는 말) '배', 갑절(어떤 수나 양을 두 번 합친 것) '배'로 읽고, '之'는 어조사 '지'로 읽는다. '그것'을 나타내는 지시 대명사. '功必倍之'를 직역하면, (그) 공(功)은 반드시 그것의 갑절이 (될 것이니), 여기서, '事半功倍'가 유래하였는데, 이것을 직역(直譯)하면, 일은 반(半)이고 공(功)은 갑절(배)이다. 즉, 들인 노력(努力)은 적은 데 비해 얻은 성과(成果)는 크다는 뜻으로, 노력(努力)은 적게 들었지만 성과(成果)는 많음을 이르는 말. 또는 힘은 덜 들이고, 일의 성과(成果)는 매우 큰 것을 이르는 말. '惟此時爲然'에서, '惟'는 오직 '유'로 읽고, '此'는 이(지시하는 말) '차'로 읽고, '時'는 때 '시'로 읽는다. '此時'는 '이때'와 같은 말로, 바로 지금의 때. '爲'는 할 '위'로 읽고, '然'은 그러할 '연'으로 읽는다. '惟此時爲然'을 직역(直譯)하면, 오직 이 때만이 그렇게 할 (수 있을 것이다).

사발-농사(沙鉢農事 모래 **사**/바리때 **발**/농사 **농**/일 **사**) 사발(沙鉢)로 농사(農事) (짓는) 일이라는 뜻으로, 일을 하지 아니하고 밥을 빌어먹는(먹고 살 길이 없어, 남에게 거저 얻어먹는) 일을 비유적으로 이르는 말. 즉, 일은 하지 않고 사발(沙鉢)을 갖고 남이 농사지은 것을 빌어먹는다는 의미다. *사발(沙鉢): 사기로 만든 밥그릇이나 죽 그릇. 아래는 좁고 위는 넓은 모양임. *농사(農事): ①논이나 밭에 곡류, 채소, 과일 따위를 심어 가꾸는 일. ②농업에 관한 온갖 일. *바리때: 부록 '발(鉢)' 참고.

사발-통문(沙鉢通文 모래 **사**/바리때 **발**/알릴 **통**/글월 **문**) 사발(沙鉢) 모양의, 알리는 글이라는 뜻으로, 호소문(呼訴文)이나 격문(檄文. 널리 세상 사람들을 선동·煽動하거나 의분·義憤을 고취시키려고 쓴 글, 또는 급히 여러 사람에게 알리려고 여러 곳에서 보내는 글) 따위를 쓸 때에, 주동자(主動者. 어떤 일에 주장이 되어 행동하는 사람)가 누구인지, 누가 주모자(主謀者. 모략이나 음모 따위를 주장하여 꾸미는 사람)인가를 알지 못하도록, 발기인(發起人. 앞장서서 어떤 일을 할 것을 주장하고 그 방안을 마련하는 사람) 또는 서명(署名. 자기의 이름을 문서에 적음. 또는 그 이름)에 참여한 사람들의 이름을 사발(沙鉢)

모양으로 둥글게 삥 둘러 적은 통문(通文)을 이르는 말. *사발(沙鉢): ☞사발농사(沙鉢農事). *통문(通文): 여러 사람의 이름을 적어, 차례로 돌려보는 통지문. *바리때: 부록 '발(鉢)' 참고.

사방-정면(四方正面 넉 **사**/방위 **방**/바를 **정**/방향 **면**) 네 방위(方位)와 (바로 보이는) 바른 방향(方向)이라는 뜻으로, ①동서남북의 사방(四方)과, 자기가 향(向)하고 있는 정면(正面)을 이르는 말. ②사방(四方)의 어느 쪽으로 보아도 정면(正面)으로 보이는 일, 또는 그런 건축, 무대, 정원, 조각 따위의 형식을 이르는 말. *사방(四方): ①동, 서, 남, 북의 네 방향. ②둘레의 모든 방향. 여러 곳. *정면(正面): ①똑바로 마주 보이는 쪽. ②에두르지(둘러막지) 않고 직접 마주 대함. *방위(方位): 동서남북을 기준으로 하여 정한 방향.

사방-지-지(四方之志 넉 **사**/방위 **방**/어조사 **지**/뜻 **지**) 네 방위(방향)의 뜻이라는 말로, 천하(天下)의 사방(四方)을 돌아다니며 다스리려는 큰 뜻을 이르는 말. *사방(四方): ☞사방정면(四方正面). *방위(方位): ☞사방정면(四方正面). 이 사자성어의 유래는 다음과 같다. 『좌전(左傳)』의 「희공(僖公) 23년」 편(篇)에 〈제(齊)나라로 피신(避身. 위험을 피하여 몸을 숨김)하여 있을 때 환공(桓公)은 그를 잘 대접하고 강씨(姜氏)라는 아내까지 얻게 해 주었으며, 20승(乘. 수레 따위를 세는 단위)의 말[馬]을 주었다. 중이(重耳)는 호화로운 생활에 만족하여 예전의 원대한 포부(抱負. 마음속에 지니고 있는, 미래에 대한 계획이나 희망)를 차츰 상실하게 되었다. 그의 이런 태도에 불만을 느낀 측근들은 뽕나무밭에 모여 중이(重耳)를 제(齊)나라에서 떠나게 할 방도(方道. 어떤 일을 하거나 문제를 풀어가기 위한 방법과 도리)를 궁리하였다. 마침 양잠(養蠶. 누에를 기름. 또는 그 일)을 담당한 노비(奴婢. '사내종[奴]'과 '계집종[婢]'을 아울러 이르는 말)가 그 말을 엿듣고는 강씨(姜氏)에게 보고했다. 강씨(姜氏)는 곧바로 그 노비(奴婢)를 죽여 버린 후, 중이(重耳)에게 말했다. "당신은 사방(四方)에 뜻을 두셨군요. 밀담(密談. 남몰래 이야기함. 또는 그렇게 하는 이야기)을 엿들은 사람을 내가 죽여 버렸습니다." 중이(重耳)가 그런 일이 없다고 말하자, 강씨(姜氏)가 말했다. "떠나십시오. 안락한 생활에 젖어 만족하면 공명(功名. 공을 세워서 자기의 이름을 널리 드러냄. 또는 그 이름)을 해치게 됩니다."(及齊, 齊桓公妻之, 有馬二十乘, 公子安之, 從者以爲不可, 將行, 謀於桑下, 蠶妾在其上, 以告姜氏, 姜氏殺之, 而謂公子曰, **子有四方之志**, 其聞之者, 吾殺之矣, 公子曰, 無之, 姜曰, 行也, 懷與安, 實敗名.)〉라는 이야기가 나오는데, '당신은 사방(四方)에 뜻을 두셨군요.(子有四方之志)'에서, '사방지지(四方之志)'가 유래했다. 이 이야기의 배경은 이렇다. 중국 춘추시대 진(晉)나라 헌공(獻公)의 아들인 중이(重耳)는 아버지의 총희(寵姬. 특별한 귀염과 사랑을 받는 여자)인 여희(驪姬)가 자기 소생(所生. 자기가 낳은 아들이나 딸)을 태자(太子)로 세우기 위해 꾸민 음모로 말미암아 19년 동안이나 여러 나라를 떠돌아다니면서 망명(亡命. 정치적인 이유 따위로 자기 나라에 있지 못하고 남의 나라로 몸을 피하는 일) 생활을 했다. 한편 중이(重耳)의 아내 강씨(姜氏)가 위의 이야기처럼 '사방지지(四方之志)'를 강조하며 제(齊)나라를 떠나라고 해도 떠나려하지 않자, 강씨(姜氏)는 중이(重耳)의 측근인 자범(子犯)과 짜고 중이(重耳)를 술에 취하게 한 뒤에 수레에 태워 제(齊)나라 밖으로 보내 버렸다. 중이(重耳)는 술에서 깨어나 무기(武器)를 들고 자범(子犯)을 쫓아 버렸다. 중이(重耳)는 어쩔 수 없이 조(曹), 송(宋), 정(鄭), 초(楚), 진(秦) 따위의 여러 나라를 떠돌다가 진(晉)나라로 돌아가 군주(君主. 세습적으로 나라를 다스리는 최고 지위에 있는 사람)의 자리에 올랐는데, 그가 바로 춘추오패(春秋五覇. 본문 참고)의 한 사람인 진문공(晉文公. 진나라의 문공)이다. 참고로, 원문의 '及齊'에서, '及'은 이를(어떤 장소나 시간에 닿을) '급'으로 읽고, '齊'는 제(齊)나라 '제'로 읽는다. '及齊'를 직역(直譯)

하면, 제(齊)나라에 (피신하여) 이를 (때). '齊桓公妻之'에서, '桓'은 굳셀 '환'으로 읽고, '公'은 존칭(尊稱) '공'으로 읽고, '妻'는 아내 '처', 아내로 삼을 '처'로 읽고, '之'는 어조사 '지'로 읽는다. '그것'을 나타내는 지시 대명사. '齊桓公妻之'를 직역(直譯)하면, 제(齊)나라 환공(桓公)은 그것('강씨·姜氏'를 가리킴)을 아내로 삼고, '有馬二十乘'에서, '有'는 가질 '유', 소지할 '유'로 읽고, '馬'는 말 '마'로 읽고, '二'는 두 '이'로 읽고, '十'은 열 '십'으로 읽고, '乘'은 수레 '승'으로 읽는다. '有馬二十乘'을 직역(直譯)하면, 20수레(20×4=80마리)의 말을 갖게 했다. '公子安之'에서, '公'은 존칭(尊稱) '공'으로 읽고, '子'는 아들 '자'로 읽는다. '公子'는 지체(순우리말로, 대대로 이어 내려오는 사회적 신분이나 지위)가 높은 집안의 아들. 여기서는 '중이(重耳)'를 가리킴. '安'은 편안할 '안'으로 읽는다. '公子安之'을 직역(直譯)하면, 공자(公子)는 그것으로 편안했다(편안하게 지냈다). '從者以爲不可'에서, '從'은 좇을 '종'으로 읽고, '者'는 사람 '자'로 읽는다. '從者'는 남에게 종속되어 따라다니는 사람. '以'는 써(그것을 가지고, 그것으로 인하여) '이'로 읽고, '爲'는 할 '위'로 읽고, '不'은 아닐(부정하는 말) '불'로 읽고, '可'는 옳을 '가'로 읽는다. '從者以爲不可'를 직역(直譯)하면, 종자(從者. 측근을 이르는 말)는 그것을 가지고 옳지 않다고 하였다. 즉, 종자(從者)는 중이(重耳)가 야망(野望. 크게 무엇을 이루어 보겠다는 희망)을 버리고 이국(異國. 다른 나라)의 땅에서 안주(安住. 현재의 상황이나 처지에 만족함)하게 할 수는 없었다는 뜻이다. '將行'에서, '將'은 장차(將次. 앞으로'의 뜻으로, 미래의 어느 때를 나타내는 말) '장'으로 읽고, '行'은 갈 '행'으로 읽는다. '將行'을 직역(直譯)하면, 장차 (이곳을 떠나) 가려고, 즉, 중이(重耳)가 이국 땅을 떠나가게 하려고, '謀於桑下'에서, '謀'는 꾀할 '모', 도모할 '모'로 읽고, '於'는 어조사 '어'로 읽는다. '~에', '~에서(위치)'의 뜻을 나타냄. '桑'은 뽕나무 '상'으로 읽고, '下'는 아래 '하'로 읽는다. '謀於桑下'를 직역(直譯)하면, (결국 측근들은) 뽕나무 아래에서 도모하였다(모의하였다). '蠶妾在其上'에서, '蠶'은 누에 '잠'으로 읽고, '妾'은 시비(侍婢. 곁에서 시중을 드는 계집종) '첩'으로 읽는다. '蠶妾'을 직역(直譯)하면, 누에를 담당하는 시비(侍婢)가, '在'는 있을 '재'로 읽고, '其'는 그(지시하는 말. 여기서는 '뽕나무'를 가리킴) '기'로 읽고, '上'은 위 '상'으로 읽는다. '蠶妾在其上'을 직역(直譯)하면, 누에를 담당하는 시비(侍婢)가 그 (뽕나무) 위에서 (밀담을 듣고) 있다가, '以告姜氏'에서, '告'는 알릴 '고'로 읽고, '姜'은 성씨(姓氏) '강'으로 읽고, '氏'는 씨(氏. 사람의 호칭) '씨'로 읽는다. '以告姜氏'를 직역(直譯)하면, 그것을 가지고 강씨(姜氏)에게 알렸다. '姜氏殺之'에서, 죽일 '살'로 읽는다. '姜氏殺之'를 직역(直譯)하면, 강씨는 그것('시비·侍婢'를 가리킴)을 죽였다. '而謂公子曰'에서, '而'는 말 이을 '이'로 읽는다. '그리고'의 뜻을 나타냄. '謂'는 일컬을 '위'로 읽는다. '而謂公子曰'을 직역(直譯)하면, 그리고 공자(公子)에게 일컬어 말하기를, '子有四方之志'에서 '子'는 당신 '자', 자네 '자'로 읽고, '有'는 있을 '유'로 읽고, '四'는 넉 '사'로 읽고, '方'은 방위(方位) '방'으로 읽고, '之'는 어조사 '지'로 읽는다. '~의'를 나타내는 관형격 조사. '志'는 뜻 '지'로 읽는다. '子有四方之志'을 직역(直譯)하면, 당신은 네 방위를 (다스릴) 뜻을 (두고) 있다. 즉, 당신은 천하(天下)에 뜻을 두고 있으니 (아무 걱정 말고 떠나십시오). 여기서, '四方之志'가 유래하였는데, 이것을 직역(直譯)하면, 네 방위(방향)의 뜻이라는 말로, 천하(天下)의 사방(四方)을 돌아다니며 다스리려는 큰 뜻을 이르는 말. '其聞之者'에서, '聞'은 들을 '문'으로 읽는다. '其聞之者'를 직역(直譯)하면, 그것을 들은(엿들은) 사람을, 즉, 밀담(密談. 남몰래 이야기함. 또는 그렇게 하는 이야기)을 엿들은 사람을, '吾殺之矣'에서, '吾'는 나(1인칭 대명사) '오'로 읽고, '矣'는 어조사 '의'로 읽는다. '~이다(단정)'의 뜻을 나타냄. '吾殺之矣'를 직역(直譯)

하면, 제가 그것('시비·侍婢'를 가리킴)을 죽였습니다. '公子曰'에서, '公子曰'을 직역(直譯)하면, 공자(公子)인 중이(重耳)가 말하기를, '無之'에서, '無'는 없을 '무'로 읽는다. '無之'를 직역(直譯)하면, 그것이 없소. 즉, 그런(떠날) 마음이 없소. '姜曰'에서, '姜曰'을 직역(直譯)하면, 강씨(姜氏)가 말하기를, '行也'에서 '也'는 '~하시오(명령)'의 뜻을 나타냄. '行也'를 직역(直譯)하면, (제나라를 떠나) 가십시오. '懷與安'에서, '懷'는 품을 '회'로 읽고, '與'는 함께할 '여'로 읽고, '安'은 편안 '안', 안존할(安存~. 아무런 탈 없이 편안히 지냄) '안'으로 읽는다. '懷與安'을 직역(直譯)하면, 함께 안존할 (생각을) 품으면, 즉, (사랑에 빠지는 것과) 더불어 안락에만 만족하는 것은, '實敗名'에서, '實'은 진실(眞實)로 '실', 참으로 '실'로 읽고, '敗'는 무너질 '패', 해칠 '패'로 읽고, '名'은 이름날 '명'으로 읽는다. '實敗名'을 직역(直譯)하면, 참으로(진실로) 이름난 것이 해치게 됩니다. 즉, 실로 공명(功名. 공을 세워 자기의 이름을 널리 드러냄)을 이루지 못하게 된다는 뜻이다. 결국 강씨(姜氏)는 중이(重耳)의 측근인 자범(子犯)과 짜고 중이(重耳)를 술에 취하게 한 뒤에 수레에 태워 제(齊)나라 밖으로 보내 버렸다.

사방-탁자(四方卓子 넉 **사**/방위 **방**/책상 **탁**/접미사 **자**) 네 방위(방향)로 (된) 책상이라는 뜻으로, 네 기둥에 선반(순우리말로, 벽에 매여서 물건을 얹어 두는 널빤지)이 네다섯 층 있는 네모반듯한 탁자(卓子)를 이르는 말. 다과(茶菓. '차[茶]'와 '과자[菓]'를 아울러 이르는 말), 책(冊), 꽃병 따위를 올려놓는다. 탁자(卓子)의 사방(四方)이 터져 있기 때문에 붙여진 이름이다. *사방(四方): ☞사방정면(四方正面). *탁자(卓子): 서랍이 없이 책상 모양으로 만든, 물건을 올려놓게 된 세간(순우리말로, 집안 살림에 쓰는 온갖 물건. =살림살이)을 통틀어 이르는 말. 식탁(食卓. 음식을 차려 놓고 둘러앉아 먹게 만든 탁자), 원탁(圓卓. 둥근 탁자) 따위. *방위(方位): ☞사방정면(四方正面).

사방-팔방(四方八方 넉 **사**/방위 **방**/여덟 **팔**/방위 **방**) 네 방위와 여덟 방위라는 뜻으로, 여기저기 모든 방향(方向)이나 방면(方面)을 이르는 말. =사각팔방(四角八方). 사면팔방(四面八方). ***사방**(四方): ☞사방정면(四方正面). *팔방(八方): ①사방(四方)과 사우(四隅)의 여덟 방위를 이르는 말. 즉, 사방(四方)인 동, 서, 남, 북과 사우(四隅)인 동북, 동남, 서북, 서남 따위의 여덟 방위를 일컫는다. ②이곳저곳. 여러 방향. 또는 여러 방면. *방위(方位): ☞사방정면(四方正面).

사-배-공-소(事倍功少 일 **사**/갑절 **배**/공 **공**/적을 **소**) 일은 갑절이고 공(功)은 적다는 뜻으로, 들인 노력(努力)은 많고 공(功)은 적음을 이르는 말. 凾 사반공배(事半功倍). *공(功): 부록 '공(功)' 참고.

사배-하직(四拜下直 넉 **사**/절 **배**/아래 **하**/바로 **직**) 네 (번) 절하고 바로 아래로 (내려간다는) 뜻으로, 네 번 절하고 작별(作別. 인사를 나누고 헤어짐. 또는 그 인사)을 고함(告~. 어떤 사실을 알리거나 말함)을 이르는 말. *사배(四拜): 네 번 절함. *하직(下直): ①(먼 길을 떠날 때) 웃어른에게 작별(作別)을 고(告)함. ②왕조 때, 서울을 떠나는 관원(官員. 관청에 나가 나랏일을 맡아보는 사람)이 임금에게 작별(作別) 인사를 올리던 일. ③어떤 일이 마지막이 됨을 이르는 말.

사-백-사-병(四百四病 넉 **사**/일백 **백**/넉 **사**/병 **병**) 404가지의 병(病)이라는 뜻으로, ①사람이 걸릴 수 있는 모든 병. 즉, 사람의 오장(五臟. 한방에서, 다섯 가지 내장을 통틀어 이르는 말. 곧, 간장, 심장, 비장, 폐장, 신장 따위가 있음)에 있는 405종의 병(病) 중에서 죽는 병을 제외한 404종의 병(病)을 이르는 말. ②사람의 몸에서 땅, 물, 불, 바람[地水火風]의 네 요소가 조화(調和. 서로 잘 어울림)를 이루지 못하여 얻는 병(病)을 이르는 말. 한 요소마다 101가지이므로 404가지가 된다.

사변-무궁(事變無窮 일 **사**/변할 **변**/없을 **무**/다할 **궁**) 일(事件)의 변함이 다함이 없다는 뜻으로, 사건(事件)의 변동(變動. 상태 따위가 변하여 움직임, 또는 바뀌어 달라짐)이 끝없이 많음. 또는 여러 가지 사변(事變)이 자꾸 일어나 끝이 없음을 이르는 말. ***사변**(事變): 사람의 힘으로는 피할 수 없는 천재(天災. 지진, 홍수 따위의 자연 현상으로 일어나는 재난)나 그 밖의 큰 사건. ***무궁**(無窮): 끝이 없음. 또는 한(限)이 없음. ***다하다**: (있던 것이 없어져서) 더는 남아 있지 않거나 이어지지 않게 되다. =끝나다.

사분-오-열(四分五裂 넉 **사**/나눌 **분**/다섯 **오**/찢어질 **열**) 네 갈래로 나뉘고 다섯 갈래로 찢어진다는 뜻으로, ①의견이나 지역이 여러 갈래로 갈기갈기 갈라지거나 세력(勢力)이 여러 갈래로 찢어져 약화(弱化)되는 것을 이르는 말. ②여러 갈래로 분열되어 질서 없이 어지럽게 흩어지거나 헤어짐을 이르는 말. ③천하(天下)가 심히 어지러워짐을 이르는 말. 圓 삼분오열(三分五裂). ***사분**(四分): 네 부분으로 나눔. 이 사자성어의 유래는 다음과 같다. 『전국책(戰國策)』의 「위책(魏策)」 편(篇)에 〈위(魏)나라가 남쪽으로 초(楚)나라와 연합하고, 제(齊)나라와는 연합하지 않으면, 제(齊)나라가 동쪽을 치고, 동쪽으로 제(齊)나라와 연합하고 조(趙)나라와는 연합하지 않으면, 조(趙)나라가 북쪽을 치며, 한(韓)나라와 연합하지 않으면 한(韓)나라가 서쪽을 치고, 초(楚)나라와 친하지 않으면, 초(楚)나라는 남쪽을 공격할 것입니다. 이것을 바로 '사분오열(四分五裂)의 도(道)'라고 하는 것입니다.(魏南與楚而不與齊, 齊攻其東, 東與齊而不與趙, 則趙攻其北, 不合於韓, 是韓攻其西, 不親於楚, 則楚攻其南, **此所謂四分五裂之道也**.)〉라는 이야기가 나오는데, '이것을 바로 사분오열(四分五裂)의 도(道)'라고 하는 것입니다.(此所謂四分五裂之道也)'에서, '사분오열(四分五裂)'이 유래했다. 이 이야기의 배경은 이렇다. 전국 시대 중기(中期) 때, 진(秦)나라의 세력이 점차로 커지면서 위(魏), 한(韓), 조(趙), 연(燕), 제(薺), 초(楚)의 나머지 여섯 나라를 압박하기 시작했다. 이에 두려움을 느꼈던 나머지 여섯 나라는 진(秦)나라에 대항하기 위해 상호간에 외교적인 동맹(同盟. 둘 이상의 개인이나 단체가 동일한 목적·目的을 이루거나 이해·理解를 함께하기 위하여 공동 행동을 취하기로 하는 맹세) 관계를 맺으려는 움직임이 있었고, 이를 주도(主導. 주장·主張이 되어 이끌거나 지도함)한 사람이 바로 합종책(合從·縱策. 본문의 '합종연횡·合從·縱連橫' 참고)을 주장했던 소진(蘇秦)이었다. 소진(蘇秦)은 이 여섯 나라를 돌면서 유세(遊說. 자기의 의견을 선전하며 돌아다님)를 하고 다녔는데, 그중 위(魏)나라의 애왕(哀王)에게는 위와 같은 이유를 들어 합종(合從·縱)을 주장했는데, 여기서 사분오열(四分五裂)이 유래한 것이다. 소진(蘇秦)은 여섯 나라를 돌면서 각국이 처한 상황과 왕들의 성격을 완전히 파악한 것을 바탕으로 논리적인 유세를 진행하여 결국 여섯 나라를 합종(合從·縱)하여 하나로 묶는 데 성공하였다. 참고로, 원문의 '魏南與楚而不與齊'에서, '魏'는 위(魏)나라 '위'로 읽고, '南'은 남녘 '남'으로 읽고, '與'는 함께할 '여'로 읽고, '楚'는 초(楚)나라 '초'로 읽는다. '魏南與楚'는, 직역(直譯)하면 위(魏)나라가 남쪽으로 초(楚)나라와 함께하고, '而'는 말 이을 '이'로 읽는다. '그러나'의 뜻을 나타냄. '不'은 아닐(부정하는 말) '불'로 읽고, '齊'는 제(齊)나라 '제'로 읽는다. '魏南與楚而不與齊'를 직역(直譯)하면, 남쪽으로 초(楚)나라와 더불어 (지냈다) 그러나 제(齊)나라와 함께 (지내지) 않았다. '齊攻其東'에서, '攻'은 칠 '공', 공격할 '공'으로 읽고, '其'는 그(지시하는 말) '기'로 읽고, '東'은 동녘 '동'으로 읽는다. '齊攻其東'을 직역(直譯)하면, 제(齊)나라가 그 동쪽을 공격하고, '東與齊而不與趙'에서, '東與齊'는, 직역(直譯)하면 (또) 동쪽으로 제(齊)나라와 함께 (지내고), '東與齊而不與趙'를 직역(直譯)하면, 동쪽으로 제(齊)나라와 함께 (지내고), 그러나 조(趙)나라와 함께 (지내지) 않으면, '則趙攻其北'에서, '則'은 곧 ‘즉’으로 읽고, ‘北’은 북녘 ‘북’으로 읽는다. ‘則趙攻其北’을 직역(直譯)하면, 곧 조(趙)나라는 그 북쪽을 공격하였다. ‘不合於韓’에서, ‘合’은 합할 ‘합’으로 읽고, ‘於’는 어조사 ‘어’로 읽는다. ~로부터(위치)의 뜻을 나타냄. ‘韓’은 나라 이름 ‘한’으로 읽는다. ‘不合於韓’을 직역(直譯)하면, 한(漢)나라로부터 합하지 아니하면, ‘是韓攻其西’에서, ‘是’는 이에(이러하여서 곧) ‘시’로 읽고, ‘西’는 서녘 ‘서’로 읽는다. ‘是韓攻其西’를 직역(直譯)하면, 이에 한(漢)나라는 그 서쪽을 공격하였습니다. ‘不親於楚’에서, ‘親’은 친할 ‘친’으로 읽는다. ‘不親於楚’를 직역(直譯)하면, (한나라가) 초(楚)나라에 친하지 않으면, ‘則楚攻其南’에서, ‘則楚攻其南’을 직역(直譯)하면 (그러면) 초(楚)나라가 그 남쪽을 공격할 것입니다. ‘此所謂四分五裂之道也’에서, ‘此’는 이(지시하는 말) ‘차’로 읽고, ‘所’는 바(앞에서 말한 내용 그 자체나 일 따위를 나타내는 말) ‘소’로 읽고, ‘謂’는 일컬을 ‘위’로 읽는다. ‘所謂’는 ‘이른바’라는 뜻으로, 세상에서 말하는 바. ‘四’는 넉 ‘사’로 읽고, ‘分’은 나눌 ‘분’으로 읽고, ‘五’는 다섯 ‘오’로 읽고, ‘裂’은 찢어질 ‘렬(열)’로 읽고, ‘之’는 어조사 ‘지’로 읽는다. ‘~의’를 나타내는 관형격 조사. ‘道’는 도리(道理) ‘도’, 이치(理致) ‘도’로 읽고, ‘也’는 어조사 ‘야’로 읽는다. ‘~이다(단정)’의 뜻을 나타냄. ‘此所謂四分五裂之道也’를 직역(直譯)하면, 이것이 이른바 넷으로 나뉘고 다섯으로 찢어진다는 이치(理致)입니다. 곧 세력이 여러 갈래로 흩어져 약화되는 것을 강조한 말이다. 여기서, ‘四分五裂’이 유래하였는데, 이것을 직역(直譯)하면, 넷으로 나뉘고 다섯으로 찢어진다는 뜻으로, ①의견이나 지역이 여러 갈래로 갈기갈기 갈라지거나 세력(勢力)이 여러 갈래로 찢어져 약화(弱化)되는 것을 이르는 말. ②여러 갈래로 분열되어 질서 없이 어지럽게 흩어지거나 헤어짐을 이르는 말. ③천하(天下)가 심히 어지러워짐을 이르는 말. 그런데 ‘사분오열(四分五裂)’은 춘추시대에 사용했던 군사 전술 중의 하나로, 여러 기록에 나온다. 『육도(六韜)』의 「기병(奇兵)」 편(篇)에 〈넷으로 나뉘고 다섯으로 찢긴 것은 원(圓)을 치고 네모[方]를 부수었기 때문이다.(四分五裂者, 所以擊圓破方也.)〉라는 데서, 또 『사기(史記)』의 「장의열전(張儀列傳)」 편(篇)에 〈천하가 사분오열되었다.(天下四分五裂)〉라는 데서, 또 『삼국지(三國志)·위지(魏志)』의 「사마랑전(司馬朗傳)」 편(篇)에 〈사분오열이 되어 전쟁을 하는 땅이 되었다.(乃四分五裂, 戰爭之地.)〉라는 데서, 또 『북사(北史)』의 「주법상전(周法尚傳)」 편(篇)에 〈마침내 방비(防備)가 없어지니, 사분오열이 되었다.(卒有不虞 四分五裂.)〉라는 데서 ‘사분오열(四分五裂)’이 각각 유래했다.

사-불급-설(駟不及舌 네 필의 말이 끄는 수레 **사**/아닐 **불**/미칠 **급**/혀 **설**) 네 필의 말[馬]이 끄는 수레[車]라도 (사람의) 혀[舌]에는 미치지 아니한다. 즉, 네 마리의 말이 끄는 수레 속도로도 사람의 입을 빠져나간 소문을 쫓아가지 못한다. 또는 아무리 빠른 사마(駟馬. 네 필의 말이 끄는 수레. 또는 그 네 필의 말)라도 혀[舌]를 놀려서 하는 말[言]을 따르지 못한다는 뜻으로, 소문(所聞)은 순식간에 퍼지는 것이므로, 말[言]을 조심하여야 함을 비유적으로 이르는 말. 또는 한 번 내뱉은 말[言]은 되돌릴 수 없으므로 말[言]을 할 때는 신중하게 해야 함을 비유적으로 이르는 말. 웹 사마난추(駟馬難追). *불급(不及): ①약속하거나 기약한 시간에 미치지 못함. ②일정한 수준이나 정도에 이르지 못함. *미치다: 부록 ‘급(及)’ 참고. 이 사자성어의 유래는 다음과 같다. 『논어(論語)』의 「안연(顏淵)」 편(篇)에, 〈위(衛)나라의 대부(大夫. 벼슬 이름)인 극자성(棘子成)이 말했다. “군자(君子. 학문과 덕·德이 높고 행실·行實이 바르며 품위·品位를 갖춘 사람)는 질박(質樸·朴. 꾸민 데가 없이 수수함)하기만 하면 된다. 문채(文彩. 아름다운 광채 또는 무늬)가 있으면 무엇하겠는가?” 자공(子貢)이 말했다. “안타깝도다. 그대가 이런 식(式)으로 군자(君子)

를 말하는 것이 퍼져 나가면 네 마리 말이 모는 수레라도 따라가기 어려울 것이오. 문채(교양)가 바로 질박함(본바탕)이고, 질박함이 바로 문채라고 말하는 것은 털을 다 뽑아 버린 호랑이나, 표범의 가죽이 털을 다 뽑아 버린 개나 양의 가죽과 같다는 것이오.”(棘子成曰. 君子質而已矣, 何以文爲, 子貢曰, 惜乎, 夫子之說君子也, **駟不及舌**, 文猶質也, 質猶文也, 虎豹之鞟, 猶犬羊之鞟)〉라는 이야기가 나오는데, ‘네 마리 말[馬]이 모는 수레라도 따라가기 어려울 것이오.(駟不及舌)’에서, ‘사불급설(駟不及舌)’이 유래했다. 말[言]은 한 번 하면 다시 주워 담을 수 없으므로, 말[言]을 할 때에는 신중하게 생각하라는 뜻이다. ‘사불급설(駟不及舌)’은 ‘사마난추(駟馬難追)’라고도 하는데, 이는 원래 ‘한 마디의 말[言]이라도 한 번 입을 떠나면 네 필의 말[馬]이 끄는 수레라도 쫓기 어렵다.(一言旣出, 駟馬難追.)’라는 말에서 나왔다. 참고로, 원문의 ‘棘子成曰’에서, ‘棘’은 가시나무 ‘극’으로 읽고, ‘子’는 아들 ‘자’로 읽고, ‘成’은 이룰 ‘성’으로 읽는다. ‘棘子成’은 사람 이름. 위(衛)나라 대부(大夫. 벼슬 이름)의 이름. ‘棘子成曰’을 직역(直譯)하면, 극자성(棘子成)이 말하기를, ‘君子質而已矣’에서, ‘君’은 군자(君子) ‘군’으로 읽고, ‘子’는 경칭(敬稱. 공경하는 뜻으로 부르는 칭호. 또는 존대하여 일컬음) ‘자’로 읽는다. 학덕(學德)과 지위가 높은 사람의 경칭(敬稱)이다. ‘君子’는 행실이 점잖고 어질며, 덕(德. 고매하고 너그러운 도덕적 품성)과 학식이 높은 사람. ‘質’은 질박(質朴. 꾸민 데가 없이 수수함)할 ‘질’로 읽고, ‘而’는 말 이을 ‘이’로 읽는다. ‘그리고’의 뜻을 나타냄. ‘已’는 이미(돌이킬 수 없이 된 지난 일을 일컬을 때 쓰는 말) ‘이’로 읽고, ‘矣’는 어조사 ‘의’로 읽는다. ‘~이다(단정)’의 뜻을 나타냄. ‘而已矣’는 한문(漢文) 구(句)의 하나로, ‘오직 ~뿐, 오직 ~에 지나지 않는다.’의 뜻을 나타냄. ‘君子質而已矣’를 직역(直譯)하면, 군자(君子)는 오직 질박(質樸·朴)할 뿐이다. 즉, 군자(君子)는 그 자질(資質)이 질박(質樸·朴)하면 그 뿐이다. ‘何以文爲’에서, ‘何’는 무엇 ‘하’로 읽고, ‘以’는 써(그것을 가지고, 그것으로 인하여) ‘이’로 읽고, ‘文’는 문채(文彩. 아름다운 광채 또는 무늬) ‘문’으로 읽고, ‘爲’는 할 ‘위’로 읽는다. ‘何以文爲’를 직역(直譯)하면, (그러니) 문채(文彩)를 가지고 무엇을 하려고 하느냐? 즉, 왜 실속 없이 문채(文彩)로 겉모양을 꾸미려고 하는가? ‘子貢曰’에서, ‘子’는 아들 ‘자’로 읽고, ‘貢’은 바칠 ‘공’으로 읽는다. ‘子貢’은 사람 이름. ‘子貢曰’을 직역(直譯)하면, 자공(子貢)이 말하기를, ‘惜乎’에서, ‘惜’은 아깝게 여길 ‘석’으로 읽고, ‘乎’는 어조사 ‘호’로 읽는다. ‘~도다’, ‘~이로구나(영탄)’의 뜻을 나타냄. ‘惜乎’를 직역(直譯)하면, 아깝게(애석하게) 여길 (일)입니다. ‘夫子之說君子也’에서, ‘夫’는 지아비 ‘부’로 읽고, ‘子’는 아들 ‘자’로 읽는다. ‘夫子’는, 여기서는 ‘극자성(棘子成)’을 가리킴. ‘之’는 어조사 ‘지’로 읽는다. ‘~의’를 나타내는 관형격 조사. ‘說’은 말씀 ‘설’로 읽고, ‘也’는 어조사 ‘야’로 읽는다. ‘~이다(단정)’의 뜻을 나타냄. ‘夫子之說君子也’를 직역(直譯)하면, 극자성(棘子成)의 말씀이 군자(君子)이다. 즉, 극자성(棘子成)의 말씀이 군자(君子)답다는 뜻이다. ‘駟不及舌’에서, ‘駟’는 네 필의 말이 끄는 수레 ‘사’로 읽고, ‘不’은 아닐(부정하는 말) ‘불’로 읽고, ‘及’은 미칠(영향이나 작용 따위가 대상에 가하여질) ‘급’으로 읽고, ‘舌’은 혀 ‘설’로 읽는다. ‘駟不及舌’을 직역(直譯)하면, 네 필의 말[馬]이 끄는 수레[車]라도 (사람의) 혀[舌]에는 미치지 아니한다. 즉, 네 마리 말이 끄는 수레 속도로는 사람의 입을 빠져나간 소문을 쫓아가지 못한다. 또는 아무리 빠른 사마(駟馬. 네 필의 말이 끄는 수레. 또는 그 네 필의 말)라도 혀[舌]를 놀려서 하는 말[言]을 따르지 못한다는 뜻으로, 소문(所聞)은 순식간에 퍼지는 것이므로, 말[言]을 조심하여야 함을 비유적으로 이르는 말. 또는 한 번 내뱉은 말[言]은 되돌릴 수 없으므로 말[言]을 할 때는 신중하게 해야 함을 비유적으로 이르는 말. ‘文猶質也’에서, ‘猶’는 같을

'유', 비슷할 '유'로 읽는다. '文猶質也'를 직역(直譯)하면, 문채(文彩)는 질박함과 같아야 (한다). 즉, 겉으로 꾸밈과 타고난 바탕은 같아야 한다는 뜻이다. '質猶文也'에서, '質猶文也'를 직역(直譯)하면, 질박함은 문채(文彩)와 같아야 한다(라고 말하는 것은), '虎豹之鞟'에서, '虎'는 범 '호'로 읽고, '豹'는 표범 '표'로 읽고, '鞟'은 무두질할 가죽 '곽'으로 읽는다. 여기서, '무두질하다'는 짐승의 날가죽(무두질을 하지 않은 동물의 가죽, =생가죽)에서 털과 기름을 뽑아 가죽을 부드럽게 만들다. '虎豹之鞟'을 직역(直譯)하면, (털을 다 뽑아 버린) 범(호랑이)이나 표범의 가죽이, '猶犬羊之鞟'에서, '犬'은 개 '견'으로 읽고, '羊'은 양(羊) '양'으로 읽는다. '犬羊'은 보잘것없거나 하찮은 것을 비유하여 이르는 말. '之'는 어조사 '지'로 읽는다. '~의' 뜻을 지닌 관형격 조사. '猶犬羊之鞟'을 직역(直譯)하면, (털을 다 뽑아 버린) 개나 양(羊)의 가죽과 같다는 것입니다.

사-불-명목(死不瞑目 죽을 **사**/못할 **불**/눈감을 **명**/눈 **목**) 죽어도 눈을 감지 못한다는는 뜻으로, 근심이나 한(恨)이 남아 있어, 죽어서도 눈을 편히 감지 못함을 이르는 말. *명목(瞑目): ①눈을 감음. ②죽음.

사-불-범-정(邪不犯正 올바르지 않을 **사**/아닐 **불**/범할 **범**/바를 **정**) 올바르지 않음이 바른 (것을) 범(犯)하지 아니한다. 즉, 간악(奸惡)한 것이나 불의(不義)는 정의(正義)를 침범하지 못한다는 뜻으로, 바르지 못하고 요사(妖邪. 요망스럽고 간사함)스러운 것이 바른 것을 건드리지 못함을 이르는 말. 곧, 정의(正義)가 반드시 이김을 이르는 말이다. 囹 사필귀정(事必歸正). *범하다(犯~): 부록 '범(犯)' 참고. 《관련 속담》 콩 심은 데 콩 나고 팥 심은 데 팥 난다. / 콩 심은 데서 팥 나올 리 없다.

사-불여의(事不如意 일 **사**/아닐 **불**/같을 **여**/뜻 **의**) 일이 뜻과 같지 아니하다는 뜻으로, 일이 뜻대로 되지 아니함을 이르는 말. *불여의(不如意): 일이 뜻과 같이 잘되지 아니함. *뜻: 부록 '의(意)' 참고.

사-불-이-실(詐不以實 속일 **사**/아닐 **불**/써 **이**/사실 **실**) (남을) 속이고 사실로써 (말을 하지) 아니한다는 뜻으로, 속여서 사실대로 진술(陳述. 일이나 상황에 대하여 자세하게 이야기함. 또는 그런 이야기)하지 아니함을 이르는 말. *써: 부록 '이(以)' 참고.

사-비-팔-산(四飛八散 넉 **사**/날 **비**/여덟 **팔**/흩어질 **산**) 넷(사방)으로 날리고, 여덟(팔방)으로 흩어진다는 뜻으로, 사면팔방(四面八方. 본문 참고)으로 날리어 이리저리 흩어짐을 이르는 말.

사사-건-건(事事件件 일 **사**/일 **사**/사건 **건**/사건 **건**) (이) 일 (저) 일과 (이) 사건(事件) (저) 사건(事件)이라는 뜻으로, ①囹 해당되는 모든 일. 또는 온갖 사건을 이르는 말. =건건사사(件件事事). ②囝 해당되는 모든 일마다. 또는 매사에. =건건사사(件件事事). *사사(事事): 이 일 저 일이라는 뜻으로, 모든 일을 이르는 말.

사-사-망념(私思妄念 사사로이 할 **사**/생각 **사**/망령될 **망**/생각 **념**) 사사로이 생각하는 망령(妄靈)된 생각이라는 뜻으로, 몰래 사사로이 품은 망령(妄靈)된 생각을 이르는 말. *망념(妄念): 있지도 않은 사실을 상상하여 마치 사실인 양 굳게 믿는 일. 또는 그러한 생각. =망상(妄想). *사사로이(私私~) **하다**: 공적(公的)이 아니고, 개인적인 성격을 띠고 (무엇을) 하다. *망령되다(妄靈~): 부록 '망(妄)' 참고.

사사-물물(事事物物 일 **사**/일 **사**/사물 **물**/사물 **물**) (이) 일 (저) 일과 (이) 사물(事物) (저) 사물(事物)이라는 뜻으로, 모든 일과 모든 물건(物件), 또는 모든 현상(現象)을 이르는 말. *사사(事事): ☞사사건건(事事件件). *물물(物物): ①물건과 물건. ②여러 가지 물건.

사사-불성(事事不成 일 **사**/일 **사**/아닐 **불**/이룰 **성**) (이) 일 (저) 일이 이루어지지 아니한다는 뜻으로, 일마다 이루어지지 않음을 이르는 말. 또는 모든 일이 이루어지지 않음을 이르는 말. *사사(事事): ☞사사건건(事事件件). *불성(不成): 이루어지지 못함.

사사-언-청(事事言聽 일 **사**/일 **사**/말씀 **언**/들을 **청**) 일하고 일할 (때마다) (남의) 말[言]을 듣는다는 뜻으로, 일마다 남이 말하는 대로 잘 들어줌을 이르는 말. 또는 일마다 남의 말만 듣고 그대로 함을 이르는 말. *사사(事事): ☞사사건건(事事件件).

사-사-여-생(事死如生 섬길 **사**/죽을 **사**/같을 **여**/살 **생**) 죽은 (이를) 섬김을 산 (사람과) 같게 (한다는) 뜻으로, 죽은 이 섬기기를 산 사람 섬기듯 함을 이르는 말. *섬기다: ①윗사람이나 어른을 모시어 받들다. ②남을 아끼다.

사사-여의(事事如意 일 **사**/일 **사**/같을 **여**/뜻 **의**) (이) 일 (저) 일 (일마다) 뜻하는 (대로) 같이 (된다는) 뜻으로, 일마다 다 뜻대로 됨을 이르는 말. *사사(事事): ☞사사건건(事事件件). *여의(如意): 일이 뜻대로 됨.

사-사-오-입(四捨五入 넉 **사**/버릴 **사**/다섯 **오**/들 **입**) 4 (이하는) 버리고 5 (이상은) 들인다는 뜻으로, 근삿값(어떤 수치·數値 대신에 사용하는, 그 수치·數値에 충분히 가까운 수치·數値)을 구할 때 4 이하의 수는 버리고, 5 이상의 수는 그 윗자리에 1을 더하여 주는 방법을 이르는 말. 반올림의 옛 용어. 예를 들어 10.4를 사사오입(四捨五入)하면 10이 되고, 10.6을 사사오입(四捨五入)하면 11이 된다.

사산-분궤(四散奔潰 넉 **사**/흩어질 **산**/달아날 **분**/흩어질 **궤**) 넷(사방)으로 흩어지고, 달아나 흩어진다는 뜻으로, 사방(四方)으로 흩어져 재빨리 달아남을 이르는 말. =사산분주(四散奔走). 사산분찬(四散奔竄). *사산(四散): 사방으로 흩어짐. *분궤(奔潰): 전투에 져서 뿔뿔이 흩어져 달아남.

사산-분리(四散分離 넉 **사**/흩어질 **산**/나눌 **분**/떨어질 **리**) 넷(사방)으로 흩어지고 나뉘어 떨어진다는 뜻으로, 사방(四方)으로 흩어져 서로 따로따로 떨어짐. 또는 그렇게 떼어 놓음을 이르는 말. *사산(四散): ☞사산분궤(四散奔潰). *분리(分離): 따로 나뉘어 떨어짐. 또는 그렇게 되게 함.

사산-분주(四散奔走 넉 **사**/흩어질 **산**/분주할 **분**/달아날 **주**) 넷(사방)으로 흩어져 분주(奔走)하게 달아난다는 뜻으로, 사방(四方)으로 뿔뿔이 흩어져 재빨리 달아남을 이르는 말. =사산분궤(四散奔潰). 사산분찬(四散奔竄). *사산(四散): ☞사산분궤(四散奔潰). *분주(奔走): 몹시 바쁘게 뛰어다님.

사상-누각(沙·砂上樓閣 모래 **사**/위 **상**/다락 **누**/누각 **각**) 모래 위[上]에 (세운) 다락이나 누각(樓閣)이라는 뜻으로, 겉모양은 번듯하나 기초(基礎)가 튼튼하지 못하여, 오래 견디지 못할 일이나 물건(物件)을 비유적으로 이르는 말. 또는 실현 불가능한 일 따위를 비유적으로 이르는 말. *사상(沙·砂上): 모래 위. *누각(樓閣): 사방이 탁 트이게 높이 지은 다락집. *다락: 부록 '누(樓)' 참고. 《관련 속담》 모래 위에 성 쌓기.

사상-제자(泗上弟子 물 이름 **사**/위 **상**/제자 **제**/접미사 **자**) 사상(泗上)의 제자(弟子)라는 뜻으로, 중국 춘추 시대의 사상가이며 학자인 공자(孔子)의 제자(弟子)를 이르는 말. *사상(泗上): 공자(孔子)의 문(門). 또는 그 학파(學派)를 이르는 말. 공자(孔子)가 회수(淮水. 땅 이름)의 지류인 사수(泗水. 땅 이름)의 변(邊. 물체나 장소 따위의 가장 자리)에서 제자(弟子)를 가르쳤다는 데에서 유래한다. 여기서, '사(泗)'는 '사수(泗水)'를 일컫는 말로, 중국 산동성(山東省)을 흐르는 강(江)이며, 공자(孔子)의 고향인 곡부(曲阜)와 가까움. '곡부(曲阜)'는 춘추 시대(春秋時代) 노(魯)나라의 수도(首都)였다. 유교(儒敎)의 발상지(發祥地.

역사적인 일 따위가 처음으로 일어난 곳)이자, 공자(孔子)의 고향이기도 하다. *제자(弟子): 스승의 가르침을 받거나 받은 사람.

사-상-지-도(事上之道 섬길 **사**/위 **상**/어조사 **지**/도리 **도**) 위[上]를 섬기는 도리(道理)라는 뜻으로, 웃어른을 받들고 섬기는 도리(道理)를 이르는 말. *섬기다: ①윗사람이나 어른을 모시어 받들다. ②남을 아끼다. *도리(道理): 사람이 마땅히 지켜야 할 바른 길.

사색-불변(辭色不變 말씀 **사**/낯빛 **색**/아닐 **불**/변할 **변**) 말[辭]과 낯빛이 변하지 아니한다는 뜻으로, (어려운 일을 당하여도) 너무 태연(泰然. 태도나 기색이 아무렇지 않고 예사로움)하여 말[辭]과 얼굴빛이 조금도 변하지 아니함을 이르는 말. *사색(辭色): 말[辭]과 얼굴빛[色]을 아울러 이르는 말. *불변(不變): 변하지 아니함. 또는 변하게 하지 아니함. *낯빛: 얼굴빛 또는 안색(顔色).

사색-지-지(四塞之地 넉 **사**/막힐 **색**/어조사 **지**/땅 **지**) 넷(사방)이 막힌 땅이라는 뜻으로, 사방(四方)이 산이나 강 따위로 둘러싸여 있는 요충지(要衝地). 즉, 사방(四方)의 지세(地勢. 깊고, 얕고, 좁고, 울퉁불퉁한 땅의 생긴 모양이나 형세)가 험(險)하여서 쉽게 넘보지 못하는 땅을 이르는 말. *사색(四塞): ①사방이 산(山)이나 내(시내보다는 크지만 강보다는 작은 물줄기)로 둘러싸여서 외적(外敵. 외국이나 외부로부터 쳐들어오는 적)이 침입하기 어려운 곳. ②사방이 막힘. 또는 사방을 막음.

사생-가-판(死生可判 죽을 **사**/살 **생**/가히 **가**/판단할 **판**) 죽느냐 사느냐를 가히(능히) 판단할 (만하다는) 뜻으로, 죽고 사는 것을 따지어 판단할 수 있음을 이르는 말. =생사가판(生死可判). *사생(死生): 죽음과 삶. *가히(可~): ‘능히’, ‘넉넉히’의 뜻.

사생-결단(死生決斷 죽을 **사**/살 **생**/정할 **결**/결단할 **단**) 죽고 사는 (것을) 정(定)하여 결단(決斷)한다. 즉, 죽고 사는 결단(決斷)을 내린다는 뜻으로, 죽고 삶을 돌보지 않고 끝장을 내려고 함을 이르는 말. *사생(死生): ☞사생가판(死生可判). *결단(決斷): 딱 잘라 결정하거나 단안을 내림. 또는 그 결정이나 단안.

사생-계-활(死生契闊 죽을 **사**/살 **생**/맺을 **계**/넓을 **활**) 죽고 사는 (관계를) 넓게 맺는다는 뜻으로, 죽고 사는 것을 같이하기로 약속하고 동고동락(同苦同樂. 본문 참고)함을 이르는 말. 囘 사생동고(死生同苦). *사생(死生): ☞사생가판(死生可判). *맺다: 부록 ‘계(契)’ 참고. 이 사자성어의 유래는 다음과 같다. 『시경(詩經)·국풍(國風)·패풍(邶風)』의 「격고(擊鼓)」 편(篇)에, 〈돌아갈 기약 없기에 / 근심스런 마음 그지없네. / 아, 이곳에 머무는 몸은 / 말[馬]마저 잃었으니 답답한 마음 / 어디 가 찾으랴. / (눈을 두리번거리며) 숲 아래를 헤매네. / 죽거나 살거나 함께 고생하자던 / 그대와 굳고 굳은 언약이었네. / 그대의 고운 손을 힘주어 잡고서 / 그대와 함께 늙어가자고.(不我以歸, 憂心有忡, 爰居爰處, 爰喪其馬, 於以求之, 於林之下, **死生契闊**, 與子成說, 執子之手, 與子偕老)〉라는 시구(詩句)가 나오는데, ‘죽거나 살거나 함께 고생하자던.(死生契闊)’에서, ‘사생계활(死生契闊)’이 유래했다. 이 시(詩)는, 전쟁에 나간 군인이 고향에 돌아갈 기약도 없는 마당에 말[馬]까지 죽고 없어지자, 고향에 있는 연인(戀人. 서로 연애하는 관계에 있는 두 사람. 또는 몹시 그리며 사랑하는 사람을 이르는 말)을 그리워하며 부른 노래다. 참고로, 원문의 ‘不我以歸’에서, ‘不’은, 여기서는 없을 ‘불’로 읽는다. ‘我’는 나(1인칭 대명사) ‘아’로 읽고, ‘以’는 써(그것을 가지고, 그것으로 인하여) ‘이’로 읽고, ‘歸’는 돌아갈 ‘귀’로 읽는다. ‘不我以歸’를 직역(直譯)하면, 나에게는 그것(‘전쟁·戰爭’을 가리킴)으로 인하여 돌아갈 (기약이) 없음. ‘憂心有忡’에서, ‘憂’는 근심 ‘우’, 걱정 ‘우’로 읽고, ‘心’은 마음 ‘심’으로 읽고, ‘有’는 있을 ‘유’로 읽고, ‘忡’은 근심할 ‘충’으로 읽는다. ‘憂心有

忡'을 직역(直譯)하면, 근심하는 마음에다 근심함이 (더하여) 있음. 즉, 근심이 끝없이 이어져 없다는 뜻이다. '爰居爰處'에서, '爰'은 이에 '원'으로 읽고, '居'는 살 '거'로 읽고, '處'는 곳 '처', 머무를 '처'로 읽는다. '爰居爰處'를 직역(直譯)하면, 이에(여기에서) 살고, 이에(여기에서) 머무른다는 뜻으로, 여기저기 옮겨 삶을 이르는 말. '爰喪其馬'에서, '喪'은 잃을 '상'으로 읽고, '其'는 그(지시하는 말) '기'로 읽고, '馬'는 말 '마'로 읽는다. '爰喪其馬'를 직역(直譯)하면, 이에(여기에서) 그 말[馬]까지 잃었으니, '於以求之'에서, '於'는 어조사 '어'로 읽는다. '~에', '~에서(장소)'를 나타냄. '求'는 구할 '구'로 읽고, '之'는 어조사 '지'로 읽는다. '그것'을 나타내는 지시 대명사. '於以求之'를 직역(直譯)하면 (어디)에 (가서) 그것('말'을 잃어버림)으로 인하여 그것('말'을 가리킴)을 구하겠는가? '於林之下'에서, '林'은 수풀 '림(임)'으로 읽고, '之'는 어조사 '지'로 읽는다. 여기서는 '~의'를 나타내는 관형격 조사. '下'는 아래 '하'로 읽는다. '於林之下'를 직역(直譯)하면, 숲의 아래에서 (그것을 구하려고 하네). '死生契闊'에서, '死'는 죽을 '사'로 읽고, '生'은 살 '생'으로 읽고, '契'는 맺을 '계'로 읽고, '闊'은 넓을 '활'로 읽는다. '死生契闊'을 직역(直譯)하면, 죽고 사는 (것을) 넓게 맺는다는 뜻으로, 죽고 사는 것을 같이하기로 약속하고 동고동락(同苦同樂. 본문 참고)함을 이르는 말. '與子成說'에서, '與'는 더불어 '여'로 읽고, '子'는 당신 '자', 자네 '자'로 읽고, '成'은 이룰 '성'으로 읽고, '說'은 말씀 '설'로 읽는다. 여기서는 '굳은 언약(言約)'을 가리킴. '與子成說'을 직역(直譯)하면, 당신과 더불어 말씀(굳은 언약)을 이루었네. 즉, 당신과 굳은 언약(言約)을 했네. '執子之手'에서, '執'은 잡을 '집'으로 읽고, '手'는 손 '수'로 읽는다. '執子之手'를 직역(直譯)하면 당신의 손을 (힘 있게) 잡고, '與子偕老'에서, '偕'는 함께 '해'로 읽고, '老'는 늙을 '로(노)'로 읽는다. '與子偕老'를 직역(直譯)하면, 당신과 함께 늙어가자고.

사생-관두(死生關頭 죽을 **사**/살 **생**/관계할 **관**/꼭대기 **두**) 죽고 사는 (것이) 관계되어 (있는) (맨) 꼭대기라는 뜻으로, 죽고 사는 것이 달린 매우 위태로운 고비를 비유적으로 이르는 말. 즉, 죽고 사는 것이 결정되는 고비라는 말이다. =생사관두(生死關頭). *사생(死生): ☞사생가판(死生可判). *관두(關頭): 가장 중요한 갈림길. =고비. *관계하다(關係~): 어떠한 부분이나 방면에 관련이 있다.

사생-동거(死生同居 죽을 **사**/살 **생**/같을 **동**/살 **거**) 죽거나 살거나 같이 산다. 즉, 죽어서나 살아서나 늘 함께 있다는 뜻으로, 다정한 부부(夫婦) 사이를 이르는 말. *사생(死生): ☞사생가판(死生可判). *동거(同居): ①한집에서 같이 삶. ②정식으로 혼인하지 않은 남녀가 부부생활을 함.

사생-동고(死生同苦 죽을 **사**/살 **생**/같을 **동**/괴로울 **고**) 죽거나 살거나 같이 괴로워한다. 즉, 죽고 사는 것을 함께 한다는 뜻으로, 어떤 어려운 고생(苦生)도 같이함을 이르는 말. =사지동고(死地同苦). 回 사생계활(死生契闊). *사생(死生): ☞사생가판(死生可判). *동고(同苦): 고생을 같이 함.

사생-유-명(死生有命 죽을 **사**/살 **생**/있을 **유**/운명 **명**) (사람이) 죽고 사는 것은 (그) 운명(運命)에 (달려) 있다는 뜻으로, ①사람의 생사(生死)는 다 천명(天命. 하늘의 명령)에 달려 있어, 사람의 힘으로 어찌할 수 없음을 이르는 말. ②의리(義理. 사람으로서 마땅히 지켜야 할 바른 도리)를 위하여 죽음을 피하지 않음을 이르는 말. *사생(死生): ☞사생가판(死生可判). *'유-명'은 『국어사전(國語辭典)』에 등재(登載) 된, '이름이 있음, 이름이 널리 알려져 있음'인 '유명(有名)'의 뜻과는 별개다. *운명(運命): ①인간을 지배하는 필연적이고 초월적인 힘. 또는 그 힘으로 말미암아 생기는 길흉화복(吉凶禍福. 본문 참고). ②타고난 운수(運數)나 수명(壽命). 이 사자성어의 유래는 다음과 같다. 『논어(論語)』의 「안연(顏淵)」편

(篇)에 〈사마우(司馬牛)가 근심하면서 말했다. "사람들은 모두 형제가 있는데, 유독 저만 없습니다." 자하(子夏)가 말했다. "죽음과 삶에는 명(命)이 있고, 부유함과 귀함은 하늘에 달려 있다고 들었습니다. 군자(君子. 학문과 덕·德이 높고 행실·行實이 바르며 품위·品位를 갖춘 사람)가 공경하며 실수하지 않고, 남과 접촉하는 데 공손하고 예우가 있으면, 온 세상 사람들이 모두 형제입니다. 군자(君子)가 어찌 형제가 없는 것을 걱정하겠습니까?"(司馬牛憂曰, 人皆有兄弟, 我獨亡, 子夏曰, 商聞之矣, **死生有命**, 富貴在天, 君子敬而無失, 與人恭而有禮, 四海之內, 皆兄弟也. 君子何患乎無兄弟也.)〉라는 이야기가 나오는데, '죽음과 삶에는 명(命)이 있고,(死生有命)'에서, '사생유명(死生有命)'이 유래했다. 자하(子夏)가 한 말이다. 나머지 구체적인 내용은 ⇨부귀재천(富貴在天).

사생-존망(死生存亡 죽을 사/살 생/있을 존/망할 망) 죽음과 삶, (그리고) 있음과 망함이라는 뜻으로, 죽어 없어짐과 살아있음. 즉, 죽어서 없어지는 것과 살아서 존재(存在)하는 것을 이르는 말. =사생존몰(死生存沒). 사생출몰(死生出沒). 생사존망(生死存亡). 생사존몰(生死存沒). ***사생**(死生): ☞사생가판(死生可判). ***존망**(存亡): 존속과 멸망. 또는 삶과 죽음.

사생-출몰(死生出沒 죽을 사/살 생/날 출/잠길 몰) 죽음과 삶이 나갔다가 (나타났다가) 잠기었다(숨었다) (한다는) 뜻으로, 죽어서 없어지는 것과 살아서 존재(存在)하는 것을 아울러 이르는 말. =사생존망(死生存亡). 사생존몰(死生存沒). 생사존망(生死存亡). 생사존몰(生死存沒). ***사생**(死生): ☞사생가판(死生可判). ***출몰**(出沒): (괴상한 것이) 나타났다 숨었다 함. ***잠기다**: 가라앉다. 즉, 어떤 물체가 액체 속의 바닥으로 내려앉다.

사-생-취의(捨生取義 버릴 사/살 생/취할 취/옳을 의) 삶(목숨)을 버리고 옳음을 취(取)한다. 즉, 목숨은 버려도 정의(正義)는 지킨다는 뜻으로, 목숨을 버릴지언정 옳은 일을 함을 이르는 말. 또는 목숨을 버리고서라도 옳은 일을 하겠다는 의지(意志. 어떠한 일을 이루고자 하는 마음)를 보이는 말. 다시 말하면 정의(正義)를 위해서는 목숨을 아끼지 않는다는 말이다. ***취의**(取義): ①의(義)를 취함. ②뜻을 취함. ***취하다**(取~): 부록 '취(取)' 참고. 이 사자성어의 유래는 다음과 같다. 『맹자(孟子)』의 「고자(告子) 장구(章句)」 상(上) 편(篇)에 〈맹자(孟子)가 말하기를, 물고기도 내가 바라는 것이고, 곰발바닥도 또한 내가 바라는 것이다. 이 두 가지를 모두 얻을 수 없다면, 물고기를 버리고 곰발바닥을 취할 것이다. 삶[生]도 역시 내가 바라는 것이고, 의(義)도 또한 내가 바라는 것이다. 이 두 가지를 모두 얻을 수 없다면, 사는 것을 버리고 의(義)를 취할 것이다. 사는 것도 내가 역시 바라는 것이지만, 사는 것보다 더 바라는 것이 있기 때문에, 구차하게 삶을 얻으려 하지 않는다. 죽음 또한 내가 싫어하는 것이지만, 죽음보다 더 싫어하는 것이 있기 때문에, 환난(患難. 근심과 재난을 통틀어 이르는 말)을 만나도 피하지 않을 때가 있다. (孟子曰, 魚我所欲也, 熊掌亦我所欲也, 二者不可得兼, 舍魚而取熊掌者也, 生亦我所欲也, 義亦我所欲也, 二者不可得兼, **舍生而取義者也**, 生亦我所欲也, 所欲有甚於生者, 故不爲苟得也, 死亦我所惡, 所惡有甚於死者, 故患有所辟也)〉라는 이야기가 나오는데, '사는 것을 버리고 의(義)를 취할 것이다.(舍生而取義者也)'에서, '사생취의(捨生取義)'가 유래했다. 맹자(孟子)는 인의정치(仁義政治)와 왕도정치(王道政治. 임금은 마땅히 어진 덕을 근본으로 천하를 다스려야 한다는 정치사상을 이르는 말. 유학·儒學에서 이상·理想으로 하는 정치사상임)로 춘추전국시대(春秋戰國時代)의 혼란을 바로잡기 위해 노력한 사상가(思想家)이다. 어느 날, 맹자(孟子)는 삶[生]과 의(義)의 관계에 대해 말했다. 맹자(孟子)는 구차(苟且. 살림이 매우 가난함)하게 살기보다는 어떠한 어려움이 닥치더라도 옳음(의로움)을 택하겠다고 하여 의(義)를 향한 강한 의지(意志. 어떠한 일을 이루고자 하는 마음)를 밝혔다. 세상에 목숨보다 더 중요한 것이 없지만, 옳음(의로움)을 좇다보면 때로는 목숨을 버릴 것을 각오해야 하는 경우도 있다. '사생취의(捨生取義)'는 정의(正義)나 진리(眞理)를 위해서는 자신의 목숨도 아끼지 않아야 한다는 것이다. 자신의 생명보다 대의(大義. 사람으로서 마땅히 지키고 행하여야 할 큰 도리)를 중시한다는 말이다. 중국 춘추시대의 사상가이며 학자인 공자(孔子)가 말한 '살신성인(殺身成仁. 본문 참고)'과 같은 뜻으로, 목숨보다는 인(仁)과 의(義)를 더 중시하여 정의(正義)를 위하여 목숨까지도 희생(犧牲)한다는 유교사상(儒敎思想)을 담고 있다. 참고로, 원문의 '孟子曰'에서, '孟'은 맏('맏이'의 뜻을 더하는 접두사) '맹'으로 읽고, '子'는 경칭(敬稱. 공경하는 뜻으로 부르는 칭호. 또는 존대하여 일컬음) '자'로 읽는다. 학덕(學德)과 지위가 높은 남자의 경칭(敬稱)이다. '孟子'는 사람 이름. 중국 전국시대(戰國時代)의 사상가의 한 사람이다. 성선설(性善說)을 주장하고 인의(仁義)의 정치를 권하였다. '曰'은 일컬을 '왈'로 읽는다. '孟子曰'을 직역(直譯)하면, 맹자(孟子)가 일컫기를(말하기를), '魚我所欲也'에서, '魚'는 물고기(물속에 사는 동물의 통칭) '어'로 읽고, '我'는 나 '아'로 읽고, '所'는 바(앞에서 말한 내용 그 자체나 일 따위를 나타내는 말) '소'로 읽고, '欲'은 하고자 할 '욕', 바랄 '욕'으로 읽고, '也'는 어조사 '야'로 읽는다. '~이다(단정)'의 뜻을 나타냄. '魚我所欲也'를 직역(直譯)하면, 물고기도 내가 바라는 바의 (것)이고, '熊掌亦我所欲也'에서, '熊'은 곰 '웅'으로 읽고, '掌'은 (동물의) 발바닥 '장'으로 읽는다. '熊掌'은 곰의 발바닥을 이르는 말. 팔진미(八珍味)의 하나로, 이것을 먹으면 추위나 감기를 이긴다고 한다. '팔진미(八珍味)'는 중국에서 성대한 음식상에 갖춘다고 하는 진귀(珍貴. 보배롭고 귀중한)한 8가지의 음식인데, 아주 좋은 맛을 낸다고 함. 그것에는 웅장(熊掌)을 비롯하여 용간(龍肝. 용·龍의 간·肝), 봉수(鳳髓. 봉황새의 골수·骨髓), 토태(兎胎. 토끼의 태반·胎盤), 이미(鯉尾. 잉어의 꼬리) 따위가 있다. '亦'은 또 '역', 또한 '역'으로 읽는다. '熊掌亦我所欲也'를 직역(直譯)하면, 곰의 발바닥 또한 내가 바라는 바의 (것)이다. '二者不可得兼'에서, '二'는 두 '이'로 읽고, '者'는 것(사물, 현상, 일 따위를 추상적으로 이르는 말) '자'로 읽고, '不'은 아닐(부정하는 말) '불'로 읽고, '可'는 가히(可~. '능히', '넉넉히'의 뜻) '가'로 읽는다. '不可'는 가능하지 않음. '得'은 얻을 '득'으로 읽고, '兼'은 겸(兼)할 '겸'으로 읽는다. '二者不可得兼'을 직역(直譯)하면, (이) 두 (가지의) 것을 겸(兼)하여 얻는 (것이) 가능하지 않다면, '舍魚而取熊掌者也'에서, '舍'는 버릴 '사'로 읽고, '而'는 말 이을 '이'로 읽는다. '그리고'의 뜻을 나타냄. '取'는 가질 '취', 취할 '취'로 읽는다. '舍魚而取熊掌者也'를 직역(直譯)하면, 물고기를 버리고 그리고 곰의 발바닥을 취(取)할 것이다. '生亦我所欲也'에서, '生'은 살 '생', 삶 '생'으로 읽는다. '生亦我所欲也'를 직역(直譯)하면, 삶(목숨) 또한 내가 바라는 바의 (것)이고, '義亦我所欲也'에서, '義'는 옳을 '의', 의로울 '의'로 읽는다. '義亦我所欲也'를 직역(直譯)하면, 의(義) 또한 내가 바라는 바의 (것)이다. '舍生而取義者也'에서, '舍生而取義者也'를 직역(直譯)하면, 삶을 버리고 그리고 의(義)를 취(取)할 것이다. 여기서, '사생취의(捨生取義)'가 유래하였는데, 이것을 직역(直譯)하면, 삶(목숨)을 버리고 옳음을 취(取)한다는 뜻으로, 목숨을 버릴지언정 옳은 일을 함을 이르는 말. 또는 목숨을 버리고서라도 옳은 일을 하겠다는 의지(意志. 어떠한 일을 이루고자 하는 마음)를 보이는 말. '所欲有甚於生者'에서, '有'는 있을 '유'로 읽고, '甚'은 매우 '심', 몹시 '심'으로 읽고, '於'는 어조사 '어'로 읽는다. '~보다(비교)'의 뜻을 나타냄. '所欲有甚於生者'를 직역(直譯)하면, 삶보다 매우(더) 바라는 바가 있기

(때문에), 즉, 여기서 삶보다 매우(더) 바라는 것은 의(義)를 실천하는 것이다. '故不爲苟得也'에서, '故'는 그러므로 '고'로 읽고, '爲'는 할 '위'로 읽고, '苟'는 구차(苟且. 살림이 매우 가난함)할 '구'로 읽는다. '故不爲苟得也'를 직역(直譯)하면, 그러므로 (삶을) 구차(苟且)하게 얻으려 하지 않는다. '死亦我所惡'에서, '死'는 죽을 '사'로 읽고, '惡'는 싫어할 '오'로 읽는다. '死亦我所惡'를 직역(直譯)하면, 죽음 또한 내가 싫어하는 바(이지만), '所惡有甚於死者'에서, '所惡有甚於死者'를 직역(直譯)하면, 죽음보다 매우 싫어하는 바가 있기 (때문에), 즉, 여기서 죽음보다 더 싫어하는 것은 불의(不義. 의롭지 못한 짓)다. '故患有所辟也'에서, '患'은 근심 '환', 재앙(災殃. 뜻하지 아니하게 생긴 불행한 변고·變故, 또는 천재지변·天災地變으로 인한 불행한 사고) '환'으로 읽고, '辟'는 피(避)할 '피'로 읽는다. '避'와 같은 뜻. 故患有所不辟也를 직역(直譯)하면, 그러므로 재앙(災殃)을 (만나도) 피(避)하지 않는 바가 있다. 즉, 환난(患難)이나 재앙(災殃)을 만나도 피(避)하지 않겠다는 의지(意志)를 나타낸 것이다.

사서-삼경(四書三經 넉 **사**/책 **서**/석 **삼**/경서 **경**) 유교의 경전(經典. 영원히 변치 않는 법식과 도리를 적은 서적이라는 뜻으로, 성인·聖人의 가르침이나 행실, 또는 종교의 교리를 적은 책)인 사서(四書)와 삼경(三經)을 아울러 이르는 말. 곧 『논어(論語)』, 『맹자(孟子)』, 『중용(中庸)』, 『대학(大學)』의 네 경전(經典. 영원히 변치 않는 법식과 도리를 적은 서적이라는 뜻으로, 성인의 가르침이나 행실, 또는 종교의 교리들을 지은 책)과, 『시경(詩經)』, 『서경(書經)』, 『주역(周易)』의 세 경서(經書. 사서오경 따위 유교의 가르침을 적은 서적)를 일컫는다. *사서(四書): 유교의 경전(經典)인 『논어(論語)』, 『맹자(孟子)』, 『중용(中庸)』, 『대학(大學)』의 네 가지 책을 아울러 이르는 말. *삼경(三經): 『시경(詩經)』, 『서경(書經)』, 『주역(周易)』의 세 경서(經書)를 이르는 말.

사서-오경(四書五經 넉 **사**/책 **서**/다섯 **오**/경서 **경**) 유교의 경전(經典. 영원히 변치 않는 법식과 도리를 적은 서적이라는 뜻으로, 성인의 가르침이나 행실, 또는 종교의 교리들을 지은 책)인 사서(四書)와 오경(五經)을 아울러 이르는 말. 곧 『논어(論語)』, 『맹자(孟子)』, 『중용(中庸)』, 『대학(大學)』의 네 경전(經典)과, 『시경(詩經)』, 『서경(書經)』, 『주역(周易)』, 『예기(禮記)』, 『춘추(春秋)』의 다섯 경서(經書. 사서오경 따위 유교의 가르침을 적은 서적)를 일컫는다. *사서(四書): ☞사서삼경. *오경(五經): 『시경(詩經)』, 『서경(書經)』, 『주역(周易)』, 『예기(禮記)』, 『춘추(春秋)』의 다섯 경서(經書)를 이르는 말.

사-석-위-호(射石爲虎 쏠 **사**/돌 **석**/위할 **위**/범 **호**) 범(호랑이)을 (죽이기) 위하여 (화살을) 돌에 쏘았더니 (돌에 그 화살이 꽂혔다)는 뜻으로, 어떤 일에나 성심껏 죽을힘을 다하면 초인적(超人的. 보통 사람으로는 생각할 수 없을 만큼 뛰어난)인 힘이 생김을 비유적으로 이르는 말. 돌을 범(호랑이)인 줄 알고 쏘았더니 화살이 그 돌에 들어가 박혔던 바, 다른 날 다시 아무리 힘껏 쏘아도 화살이 박히지 않았다는 옛 일에서 유래한다. *쏘다: 부록 '사(射)' 참고.

사석-지-지(沙·砂石之地 모래 **사**/돌 **석**/어조사 **지**/땅 **지**) 모래와 돌이 있는 땅이라는 뜻으로, 모래와 돌이 많은 거칠고 메마른 땅을 이르는 말. *사석(沙·砂石): 모래와 돌.

사세-고연(事勢固然 일 **사**/형세 **세**/진실로 **고**/그러할 **연**) 일의 형세(形勢)가 진실로 (본디) 그러함이라는 뜻으로, 일의 형세(形勢)가 진실로 그러함이 당연(當然)하고 조금도 이상(異常)할 것이 없음을 이르는 말. =사세당연(事勢當然). *사세(事勢): 일의 되어 가는 형편. *고연(固然): 본디부터 그러함. *형세(形勢): 어떤 일의 형편이나 상태. *진실로(眞實~): 참으로. 정말로. 거짓 없이. *그러하다: (모양이나 모습이) 그와 같다.

사세-난처(事勢難處 일 **사**/형세 **세**/어려울 **난**/처리할 **처**) 일의 형세(形勢)가 처리하기 어렵다는 뜻으로, 일이 잘 풀리지 않고 어렵게만 됨을 이르는 말. =사세난연(事勢難然). ***사세**(事勢): ☞사세고연(事勢固然). *난처(難處): 이럴 수도 없고 저럴 수도 없이 딱함. =난감(難堪). ***형세**(形勢): ☞사세고연(事勢固然).

사세-당연(事勢當然 일 **사**/형세 **세**/마땅할 **당**/그러할 **연**) 일의 형세(形勢)가 마땅하고 그러하다는 뜻으로, 일의 형세(形勢)가 본디 그러함을 이르는 말. =사세고연(事勢固然). ***사세**(事勢): ☞사세고연(事勢固然). *당연(當然): 마땅함. ***형세**(形勢): ☞사세고연(事勢固然).

사-소-취-대(捨小取大 버릴 **사**/작을 **소**/취할 **취**/클 **대**) 작은 (것을) 버리고 큰 (것을) 취(取)한다는 뜻으로, 작은 것을 버리고 큰 것을 가짐을 이르는 말. 즉, 모든 것을 다 가지려는 욕심을 버리고 큰 목적을 위해서는 작은 욕심을 버려야 함을 일컫는다. ***취하다**(取~): 부록 '취(取)' 참고.

사속-지-망(嗣續之望 대 이을 **사**/이을 **속**/어조사 **지**/바랄 **망**) 대(代)를 잇고 잇기를 바란다는 뜻으로, 대(代)를 이을 희망(希望). 곧 대(代)를 이을 자식을 바라는 것을 이르는 말. ***사속**(嗣續): (집안이나 아버지의) 대(代)를 이음. *바라다: 부록 '망(望)' 참고.

사숙-제인(私淑諸人 사사로이 할 **사**/사모할 **숙**/모든 **제**/사람 **인**) 모든 사람을 사사로이 사모(思慕)한다는 뜻으로, 존경(尊敬)하는 사람에게 직접 가르침을 받을 수는 없으나, 마음속으로 그 사람을 본받아서 배우거나 따름을 이르는 말. ***사숙**(私淑): 존경하는 사람에게, 직접 가르침을 받을 수는 없으나, 그 사람의 인격이나 학문을 본(本. 모범이 될 만한 일)으로 삼고 배움. *제인(諸人): 모든 사람. 또는 많은 사람. ***사사로이**(私私~) 하다: 공적(公的)이 아니고, 개인적인 성격을 띠고 (무엇을) 하다. ***사모하다**(思慕~): ①마음에 두고 몹시 그리워하다. ②우러러 받들며 마음으로 따르다. 이 사자성어의 유래는 다음과 같다. 『맹자(孟子)』의 「이루(離婁) 장구(章句)」 하(下) 편(篇)에 〈군자(君子. 학문과 덕·德이 높고 행실·行實이 바르며 품위·品位를 갖춘 사람)가 끼친 은택(恩澤. 은혜로운 덕택)도 5대가 지나면 끊기고, 소인(小人)이 남긴 은택(恩澤)도 5대가 지나면 끊긴다. 내('맹자·孟子 자기 자신'을 가리킴)가 (중국 춘추시대의 사상가이며 학자인) 공자(孔子)의 제자가 되지는 못했지만, 나는 그분의 정신을 여러 사람에게서 사숙(私淑)했다. (君子之澤, 五世而斬, 小人之澤, 五世而斬, 予未得爲孔子徒也, 予私淑諸人.)〉라는 이야기가 나오는데, '나는 그분의 정신을 여러 사람에게서 사숙(私淑)했다.(予私淑諸人)'에서, '사숙제인(私淑諸人)'이 유래했다. 원래 '諸'는 '之於'의 축약형으로, '~에게'로 풀이될 때는 어조사 '저'로 읽는다. 다만, 여기서는 '제'로 굳은 말이다. 참고로, 원문의 '君子之澤'에서, '君'은 군자(君子) '군'으로 읽고, '子'는 경칭(敬稱. 공경하는 뜻으로 부르는 칭호. 또는 존대하여 일컬음) '자'로 읽는다. 학덕(學德)과 지위가 높은 남자의 경칭(敬稱)이다. '君子'는 행실이 점잖고 어질며, 덕(德. 고매하고 너그러운 도덕적 품성)과 학식이 높은 사람. '之'는 어조사 '지'로 읽는다. '~의'를 나타내는 관형격 조사. '澤'은 은혜 '택', 덕택 '택'으로 읽는다. '君子之澤'을 직역(直譯)하면, 군자의 은혜(恩惠 =은택·恩澤)은, '五世而斬'에서, '五'는 다섯 '오'로 읽고, '世'는 대(代) '세', 세대(世代) '세'로 읽고, '而'는 말 이을 '이'로 읽는다. '그리고'의 뜻을 나타냄. '斬'은 벨 '참', 끊을 '참'으로 읽는다. '五世而斬'을 직역(直譯)하면, 5대가 (지나면) 그리고 끊어진다. '小人之澤'에서, '小'는 소인(小人) '소'로 읽고, '人'은 사람 '인'으로 읽는다. '小人'은 도량(度量. 사물을 너그럽게 용납하여 처리할 수 있는 넓은 마음과 깊은 생각)이 좁고 간사한 사람. '小人之澤'을 직역(直譯)하면, 소인(小人)의 은혜(은택)도, '予未得爲

孔子徒也'에서, '子'는 나(1인칭 대명사) '여'로 읽고, '未'는 아닐(부정하는 말) '미'로 읽고, '得'은 얻을 '득'으로 읽는다. '未得'은 아직 얻지 못함. '爲'는 될 '위'로 읽고, '孔'은 성씨(姓氏) '공'으로 읽고, '子'는 경칭(敬稱. 공경하는 뜻으로 부르는 칭호, 또는 존대하여 일컬음) '자'로 읽는다. 학덕(學德)과 지위가 높은 남자의 경칭(敬稱)이다. '孔子'는 중국 춘추 시대의 사상가. 학자. 노(魯)나라 사람. '徒'는 제자(弟子) '도', 문하생(門下生. 가르침을 받는 스승의 아래에서 배우는 제자) '도'로 읽고, '也'는 어조사 '야'로 읽는다. '~이다(단정)'의 뜻을 나타냄. '子未得爲孔子徒也'를 직역(直譯)하면, 나('맹자·孟子'를 가리킴)는 공자(孔子)의 제자가 되는데 (자격을) 얻지 못했다. 즉, 맹자(孟子) 자신은 직접 공자(孔子)의 제자가 되어 가르침을 받지는 못했다는 뜻이다. 여기서 '맹자(孟子)'는 중국 전국시대(戰國時代)의 사상가의 한 사람이다. 성선설(性善說)을 주장하고 인의(仁義)의 정치를 권하였다. '子私淑諸人'에서, '子'는 나(1인칭 대명사) '여'로 읽고, '私'는 사사로이 할 '사'로 읽고, '淑'은 사모(思慕. 마음에 두고 몹시 그리워함, 또는 우러러 받들며 마음으로 따름)할 '숙'으로 읽고, '諸'는 모든 '제'로 읽고, '人'은 사람 '인'으로 읽는다. '子私淑諸人'을 직역(直譯)하면, (하지만) 나는 모든 사람에게서 사사로이 사모(思慕)하면서 (학문을 본으로 삼고 배웠다). 즉, 맹자(孟子) 자신은 공자(孔子)의 정신을 여러 사람에게서 사숙(私淑. 존경하는 사람에게, 직접 가르침을 받을 수는 없으나, 그 사람의 인격이나 학문을 본으로 삼고 배움)했다. 공자(孔子)와 맹자(孟子)는 100년의 시차(時差. 시간의 차이가 나게 하는 일)를 두고 태어났다. 그러니 맹자(孟子)는 공자(孔子)를 직접 만날 수는 없었다. 하지만 공자(孔子)를 공부한 제자(弟子)의 제자(弟子)들에게서 공자(孔子)에 대한 것을 듣고 그것을 자기 나름대로 익혔다는 것이다. 여기서, '私淑諸人'이 유래하였는데, 이것을 직역(直譯)하면, 모든 사람에게서 사사로이 사모(思慕)한다는 뜻으로, 존경(尊敬)하는 사람에게 직접 가르침을 받을 수는 없으나, 마음속으로 그 사람을 본받아서 배우거나 따름을 이르는 말.

사-승-습-장(死僧習杖 죽을 **사**/중 **승**/버릇 **습**/몽둥이 **장**) 죽은 중(승려)에게 버릇 (없이) 몽둥이로 (때린다). 즉, 죽은 중(승려)의 볼기(궁둥이의 살이 두두룩한 부분)를 친다는 뜻으로, 저항(抵抗. 어떤 힘이나 권위 따위에 맞서서 버팀)할 힘이 없는 사람에게 폭행(暴行)을 가하거나 위엄(威嚴. 의젓하고 엄숙함. 또는 그러한 태도나 기세)을 부림을 비유적으로 이르는 말. *몽둥이: 조금 굵고 긴 듯한 막대기를 이르는 말. 흔히 땅을 짚거나 무엇을 때리거나 하는 데 씀.

사시-가절(四時佳節 넉 **사**/때 **시**/아름다울 **가**/철 **절**) 네 때의 아름다운 철이라는 뜻으로, 봄, 여름, 가을, 겨울 네 철의 명절(名節)을 이르는 말. *사시(四時): =사철(四~). 즉, 봄, 여름, 가을, 겨울의 네 철. *가절(佳節): ①좋은 때(시절). ②좋은 명절. *철: ①(자연현상에 따라) 한 해를 네 시기(時期)로 나눈 중의 한 시기(時期). =계절(季節). 시절(時節). ②한 해 가운데서 무엇을 하기에, 알맞거나 많이 하는 때(시기).

사-시-이-비(似是而非 비슷할 **사**/이 **시**/말 이을 **이**/아닐 **비**) 이와 비슷하나 (속은) 아니라는 뜻으로, 겉으로는 비슷하나(그럴듯하나) 속은 완전히 다름. 또는 그런 것을 이르는 말.

사시-장-청(四時長靑 넉 **사**/때 **시**/길 **장**/푸를 **청**) 네 때(사 계절)가 (내내) 길고 푸르다는 뜻으로, 소나무나 대나무같이 식물(植物)의 잎이 일 년 내내 푸름을 이르는 말. *사시(四時): ☞사시가절(四時佳節).

사시-장춘(四時長春 넉 **사**/때 **시**/길 **장**/봄 **춘**) 네 때(사 계절) (내내) 긴 봄이라는 뜻으로, ①일 년 내내 어느 때나 늘 봄과 같음을 이르는 말. ②늘 잘 지냄을 비유적으로 이르는 말. *사시(四時): ☞사시가절

(四時佳節). *장춘(長春): =사시장춘(四時長春).

사시-춘풍(四時春風 넉 **사**/때 **시**/봄 **춘**/바람 **풍**) 네 때(<u>사</u> 계절) (내내 부는) 봄의 바람이라는 뜻으로, ①누구에게나 늘 좋은 낯으로 대하여 무사태평(無事泰平. <u>본문 참고</u>)한 사람을 비유적으로 이르는 말. ②누구에게나 좋게 대하는 일, 또는 그런 사람을 비유적으로 이르는 말. =도처춘풍(到處春風). 두루춘풍(~春風). 사면춘풍(四面春風). *사시(四時): ☞사시가절(四時佳節). *춘풍(春風): =봄바람. 즉, 봄철에 불어오는 바람.

사시-풍류(四時風流 넉 **사**/때 **시**/품격 **풍**/품격 **류**) 네 때(<u>사</u> 계절) (내내) 풍류(風流)라는 뜻으로, ①사철 내내 늘 풍류(風流)임. 또는 늘 풍류(風流)로 지냄을 이르는 말. ②철에 따라 멋스러움을 이르는 말. *사시(四時): ☞사시가절(四時佳節). *풍류(風流): ①속되지 않고 운치(韻致. <u>고상하고 우아한 품격을 갖춘 멋</u>)가 있는 일. ②풍치(風致. <u>훌륭하고 멋스러운 경치</u>)를 찾아 즐기며 멋스럽게 노는 일. ③음악(音樂)을 예스럽게 이르는 말. *품격(品格): 사람이나 물건에서 느껴지는 품위.

사-신-곡-복(絲身穀腹 실 **사**/몸 **신**/곡식 **곡**/배 **복**) 몸을 (가리는) 실[絲]과, 배를 (채우는) 곡식(穀食)이라는 뜻으로, 입는 것과 먹는 것을 비유적으로 이르는 말. =곡복사신(穀腹絲身).

사신-공양(捨身供養 버릴 **사**/몸 **신**/바칠 **공**/봉양할 **양**) 몸을 버리고 바쳐 봉양(奉養)한다는 뜻으로, 수행(修行. <u>불도를 닦음</u>)이나 보은(報恩. <u>은혜를 갚음</u>)을 위하여 부처나 보살에게 온몸을 바쳐 공양(供養)함. 또는 불사(佛事. <u>불가·佛家, 즉, 절에서 하는 일</u>)를 이루기 위해서나 깨달음을 얻기 위하여 손, 발 따위의 신체의 일부, 또는 온몸을 부처나 보살에게 바침을 이르는 말. *사신(捨身): ①수행(修行)과 보은(報恩)을 위하여 속계(俗界. <u>속인이 사는 세계라는 뜻으로, 현실 세계를 이르는 말</u>)의 몸을 버리고 불문(佛門. <u>불가·佛家, 즉, '절'을 이르는 말</u>)에 들어감. ②불사(佛事) 또는 불도(佛道. <u>부처의 깨달음에 이르기까지의 가르침</u>)의 수행을 위하여 자기의 몸과 목숨을 버림. *공양(供養): ①웃어른에게 음식을 드림. ②불교에서, 부처나 보살에게 음식물이나 꽃 따위를 바치는 일. ③불교에서, 중(<u>승려</u>)이 하루 세 끼 음식을 먹는 일. ④불교에서, 절에서 식사하는 일. *바치다: ①(웃어른 따위에게) 드리다. ②자기의 정성이나 힘, 목숨 따위를 남을 위해서 아낌없이 다하다. *봉양하다(奉養~): 부록 '양(養)' 참고.

사신-사-호(捨身飼虎 버릴 **사**/몸 **신**/먹일 **사**/범 **호**) 몸을 버리고 범(<u>호랑이</u>)에게 먹힌다는 뜻으로, 부처가 전생(前生. <u>이 세상에 태어나기 전의 세상</u>)에 자기 몸을 희생(犧牲)하여, 굶주린 호랑이에게 먹히었다는 고사(故事)를 이르는 말. *사신(捨身): ☞사신공양(捨身供養). 이 사자성어의 유래는 다음과 같다. 불교 경전(經典. 영원히 변치 않는 법식과 도리를 적은 서적이라는 뜻으로, 성인·聖人의 가르침이나 행실, 또는 종교의 교리를 적은 책)에 사신사호(捨身飼虎)라는 이야기가 있다. 부처의 전생(前生) 설화(說話)를 담은 내용이다. 그래서 이를 흔히 '사신사호(捨身飼虎) 설화'라고 한다. 여러 경전(經典)에 실린 이야기는 크게 두 종류로 나눌 수 있다. 첫 번째 '현우경(賢愚經)'에 나오는, 대략적인 내용이다. 〈아주 오랜 옛날에 잠부드이파에 큰 국가가 있었는데, 국왕의 이름이 마하라다나이고, 그는 작은 나라 5000개 이상을 다스리고 있었다. 그에게는 아들이 셋이 있었는데, 첫째는 마하부나영, 둘째는 마하데바, 셋째는 마하살타이다. 그중에서도 막내아들은 어려서부터 자비를 행하여 일체(一切) 중생(衆生. 불교에서, 부처의 구제 대상이 되는, 이 세상의 모든 생물을 통틀어 이르는 말)을 가엾이 여겼다. 어느 날 왕은 신하들과 부인 그리고 태자들을 데리고 동산 구경을 나갔었다. 왕이 피로하여 잠시 쉬고 있을 때, 세 아들은 숲속에서 놀다가 어미 호랑이가 새끼 두 마리에게 젖을 먹이려다가 주림(굶주림)을 못 견디어 자신의 새끼를 도로 먹으려는 것을 보았다. 법(法. 부처의 가르침. =불법·佛法)을 위해 몸을 보시(布施. 절이나 중 또는 가난한 이들에게 자비심으로 돈이나 물품을 베풂. 또는 베푸는 그 돈이나 물품)하기로 결심한 막내 태자는 두 형을 먼저 보낸 후 호랑이가 있는 곳에 이르러 그 옆에 몸을 던졌다. 그러나 주린 호랑이는 입을 다물고 먹지 못하였다. 그 때 태자는 날카로운 나무 꼬챙이로 자기 몸을 찔러 피를 내었다. 호랑이는 그 피를 핥다가 그제야 입을 벌려 곧 그 몸을 먹었다. 두 형은 오래 기다렸으나 아우가 돌아오지 않아 그 자취를 따라 찾아가면서 조금 전에 나누던 아우와의 말을 생각하였다. "반드시 그 호랑이에게 몸을 주었을 것이다." 하고 언덕에 올라 마하살타가 호랑이 앞에 죽어 있는 것을 보았다. 호랑이는 벌써 그것을 먹고 있는데 피와 살이 낭자(狼藉. 여기저기 흩어져 어지러움)하였다.〉 이번에는 두 번째 '금강명경(金光明經)'에 나오는 내용을 요약한 것이다. 〈지나간 세상에 마하라타라는 임금이 있어, 선한 법(法)을 닦았으며 나라를 잘 다스려서 원수나 대적(大敵. 큰 원수)이 없었다. 이 임금이 아들 삼형제를 두었는데, 모두 얼굴이 단정하고 아름다우며 몸매가 훌륭하고 위엄과 덕행이 놀라웠다. 맏태자(~太子)는 이름이 마하파나라이고, 둘째는 마하제바이고, 막내는 마하살타였느니라. 어느 날 이 왕자들은 동산을 노닐면서 구경하다가 차츰차츰 큰 대숲에 이르러 쉬고 있었는데, 범 한 마리가 있는 것을 발견하였다. 이 범은 새끼를 낳은 지 이레가 되었는데, 일곱 마리 새끼들에게 둘러싸여 먹을 것을 먹지 못하여 지쳤고, 몸이 야위어서 머잖아 죽을 것 같았다. 맏태자(~太子)가 이 범을 보고 "이 범은 새끼 낳은 지 이레가 지났는데, 일곱 마리 새끼에게 에워싸여 먹을 것도 구하지 못하고 있으니 이러다가 배가 몹시 고프면 반드시 저 새끼라도 잡아먹겠구나."라고 말하였다. 막내 왕자는 이제 이 몸을 버릴 때가 돌아왔음을 깨닫고 용맹한 결단으로 큰 원(願. 무엇을 바라거나 하고자 함. 또는 그런 일)을 세웠으며, 훌륭한 자비심으로 마음을 닦았다.〉(2022. 6. 27. '현대불교신문'에서) 여기서 '사신사호(捨身飼虎)'가 유래했다. 그런데 '현우경(賢愚經)'과 '금강명경(金光明經)'에서 그 내용을 살펴보면, 3형제 이름 중 첫째와 둘째는 이름이 각각 다르나, 셋째만은 '마하살타'로 같다. 또, 새끼 호랑이의 숫자가 하나는 두 마리이고, 하나는 일곱 마리로, 다르다. 그러나 마하살타 태자의 보시(布施)를 기록한 사신사호(捨身飼虎)의 본생담(本生譚. 석가모니·釋迦牟尼의 전생·前生에 관한 이야기)으로써, 큰 줄거리는 대동소이(大同小異. 본문 참고)함을 알 수 있다. 부처가 전생(前生)에 몸을 희생하여 굶주린 호랑이에게 먹히었다는 이야기와 자신을 희생하여 다른 생명을 구하는 태자의 이야기다. 석가모니의 이 본생담(本生譚)은 많은 이들에게 감동을 주었으며, '사신사호(捨身飼虎)'라는 제목으로 수많은 그림이 그려져 전해지고 있다고 한다. '사신사호(捨身飼虎)'는 설화(說話. 있지 아니한 일에 대하여 사실처럼 재미있게 말함. 또는 그런 이야기)인 만큼 사실 여부를 따지는 논쟁(論爭. 서로 다른 의견을 가진 사람들이 각각 자기의 주장을 말이나 글로 논하여 다툼)은 무의미하다. 우리가 취할 것은 이 설화(說話)가 주는 교훈(敎訓. 앞으로의 행동이나 생활에 지침이 될 만한 것을 가르치는 일. 또는 그런 가르침)이다. 동물에게까지 자비(慈悲)를 발휘하는 것이 수행자(修行者)가 가져야 할 자세라는 것이다. 자비(慈悲)와 선행(善行)은 백 마디 말보다 한 번의 실천이 중요하다. 이것이 '사신사호(捨身飼虎)'가 전하는 깨달음이다.

사신-인수(蛇身人首 뱀 사/몸 신/사람 인/머리 수) 뱀의 몸에 사람의 머리라는 뜻으로, 중국 상고(上古) 시대의 제왕(帝王. 황제와 국왕을 통틀어 이르는 말)인 복희씨(伏羲氏)의 괴상(怪狀)한 모양을 이르는 말. 즉, 당시(當時. 일이 있었던 바로 그때, 또는 이야기하고 있는 그 시기) 복희씨(伏犧氏)의 모습이 몸은 뱀이고, 머리는 사람의 형상이었다고 함. *사신(蛇身): 뱀의 몸. 또는 뱀과 같은 몸. *인수(人首): 사람의 머리.

사실-무근(事實無根 일 **사**/실제 **실**/없을 **무**/근본 **근**) 실제(實際)의 일에 대한 근본(根本)이 없다는 뜻으로, 사실이라는 근거(根據)가 없음, 전혀 사실과 다름, 또는 터무니없음을 이르는 말. *사실(事實): 실제로 있거나 실제로 있었던 일. *무근(無根): ①뿌리가 없음. ②근거가 없음. *실제(實際): 있는 그대로의, 또는 나타나거나 당하는 그대로의 상태나 형편. *근본(根本): ①사물이 생겨나는 데 바탕이 되는 것. ②자라온 환경이나 경력.

사실-주의(寫實主義 베낄 **사**/사실 **실**/주될 **주**/옳을 **의**) 사실(寫實)을 (중시하는) 주된 주의(主義)라는 뜻으로, 객관적인 사물을 있는 그대로 정확하게 그려 내려고 하는 문학, 미술상의 주의(主義)를 이르는 말. 일반적으로 현실을 있는 그대로 묘사(描寫. 눈으로 보거나 마음으로 느낀 것 따위를 그림으로 그리듯이 객관적으로 표현함)·재현(再現. 다시 나타남, 또는 다시 나타냄)하려고 하는 창작 태도를 일컫는다. 19세기 중엽에 유럽(Europe)에서 일어난 예술 사조로, 현실을 존중하고, 주관에 의한 개변(改變. 생각 따위를 고쳐 바꿈, 또는 사회나 제도 따위를 근본적으로 바꾸어 아주 달라지게 함), 장식(裝飾. 겉모양을 아름답게 꾸밈, 또는 그 꾸밈새나 장식물)을 배제한 채 객관적으로 관찰하여, 그 개성적 특질을 있는 그대로 그려 내려고 하는 경향(傾向. 현상이나 사상, 행동 따위가 어떤 방향으로 기울어짐) 또는 양식(樣式. 시대나 부류에 따라 각기 독특하게 지니는 문학, 예술 따위의 형식)이다. *사실(寫實): 사물을 있는 그대로 그려냄. 또는 사물의 실제의 모습을 있는 그대로 나타냄. *주의(主義): ①굳게 지키는 주장이나 방침. ②체계화된 이론이나 학설. *주되다(主~): 주장(主張)이나 중심(中心)이 되다.

사심-불-구(蛇心佛口 뱀 **사**/마음 **심**/부처 **불**/입 **구**) 마음은 뱀이요, 입은 부처. 또는 뱀의 마음에 부처의 입[口]이라는 뜻으로, 속으로는 뱀처럼 음험(陰險. 마음씨가 음충맞고, 사나움)하거나, 간악(奸惡. 자기의 이익을 위하여 나쁜 꾀를 부리는 따위의 마음이 바르지 않음)한 마음을 품고 있으면서 입[口]으로는 부처같이 착한 말을 하는 행동(行動)이나, 그런 행동(行動)을 하는 사람을 비유적으로 이르는 말. *사심(蛇心): 뱀과 같이 간사(奸邪)하고 흉악(凶惡. 성질이 악하고 모짊)한 마음.

사심-탑-지(死心榻地 죽을 **사**/마음 **심**/긴 걸상 **탑**/땅 **지**) 죽을(죽고자 하는) 마음이, 긴 걸상이 땅에 (떨어진 듯하다는) 뜻으로, 실망(失望. 바라던 일이 뜻대로 되지 아니하여 마음이 몹시 상함)하여 갑자기 마음이 언짢아짐을 이르는 말. 여기서, '긴 걸상이 땅에 떨어진다'는 것은 마음이 언짢음을 비유적으로 표현한 것이다. 걸상이 갑자기 땅에 떨어졌는데 기분이 좋을 리가 없기 때문이다 *사심(死心): 죽음을 각오한 굳은 마음.

사십-구-일(四十九日 넉 **사**/열 **십**/아홉 **구**/날 **일**) 사십에 구일을 (더한 날이라는) 뜻으로, 사람이 죽은 지 49일이 되는 날을 이르는 말. 또는 사람이 죽고 나서 다음 생(生)을 얻을 때까지의 날수(~數. 날의 수)를 이르는 말. 죽은 영혼이 중음(中陰)으로 있는 기간을 일컫는다. 여기서, '중음(中陰)'은 불교에서 이르는 중유(中有) 같은 말로 사유(四有)의 하나. 즉, 사람이 죽어서 다음 생을 받을 때까지의 중간 존재를 이르는 말. '사유(四有)'는 불교에서, 중생(衆生. 불교에서, 부처의 구제 대상이 되는, 이 세상의 모든 생물을 통틀어 이르는 말)이 나서 죽고, 다시 태어날 때까지의 1기(期)를 넷으로 나눈 것을 일컫는다.

곧, 생유(生有), 본유(本有), 사유(死有), 중유(中有)가 그것이다. 그동안 매번 7일째마다 다음 생의 과보 (果報. '인과응보·因果應報'의 준말. 불교에서, 과거 또는 전생의 선악의 인연에 따라서 뒷날 길흉화복· 吉凶禍福의 갚음을 받게 됨을 이르는 말)가 결정되는 데, 늦더라도 일곱 번째의 7일이 되는 날에는 반드 시 어느 곳에 태어난다 하여 사십구일재(四十九日齋)를 지낸다. *사십(四十): ①㈜ 마흔. ②㈜ 그 수량이 마흔임을 나타내는 말. 또는 순서가 마흔 번째임을 나타내는 말. *구─일은 『국어사전(國語辭典)』에 등재(登載)된, '세시 명절의 하나로 음력 9월 9일을 이르는 말'인 '구일(九日)'의 뜻과는 별개다.

사양-지-심(辭讓之心 말 **사**/사양할 **양**/어조사 **지**/마음 **심**) (겸손하여) 말로 사양(辭讓)하는 마음이라는 뜻으로, 사람의 본성(本性)에서 우러나오는 네 가지 마음씨 중의 하나로, 겸손하여 남에게 사양(辭讓)할 줄 아는 마음. 또는 겸손히 남에게 사양(辭讓)하는 마음을 이르는 말. 사단(四端)의 하나이다. 인의예지 (仁義禮智) 가운데 예(禮)에서 우러나온다. ㈜ 수오지심(羞惡之心). 시비지심(是非之心). 측은지심(惻隱 之心). 여기서, '사단(四端)'은 사람의 본성인 인(仁), 의(義), 예(禮), 지(智)에서 우러나오는 사양(辭讓), 수오(羞惡), 시비(是非), 측은(惻隱)의 네 가지 마음씨를 일컫는다. 『맹자(孟子)』에서 유래함. *사양(辭 讓): 겸손하여 받지 않거나 응하지 아니함. 이 사자성어의 유래는 다음과 같다. 『맹자(孟子)』의 「공손추 (公孫丑) 장구(章句)」 상(上) 편(篇)에, [맹자(孟子)가 말했다. 여기서 '맹자(孟子)'는 중국 전국시대(戰國時 代)의 사상가의 한 사람이다. 성선설(性善說)을 주장하고 인의(仁義)의 정치를 권하였다. "사람에게는 차마 하지 못하는 마음이 있다.(人皆有不忍人之心. 자세한 것은 본문 '불인지심(不忍之心)' 참고) 선왕(先 王. 선대의 임금)에게도 차마 하지 못하는 마음이 있었기 때문에, 차마 못 본 척할 수 없는 정치를 할 수 있었던 것이다. 차마 하지 못하는 마음으로 차마 못 본 척할 수 없는 정치를 행하면, 천하(天下)를 다스리는 것은 손바닥에서 움직이는 것과 같을 것이다. (내가) 사람들 모두가 '남에게 차마 하지 못하는 마음'이 있다고 말하는 까닭은, 지금 어떤 사람이 어린아이가 갑자기 우물로 들어가는 것을 순간적으로 본다면, 모두 두려워 놀라고 안타까워하는 마음이 생기는데, (그 마음은) 어린아이의 부모를 내밀(內密. 밖으로 드러나지 않음)하게 사귀려는 까닭이 아니며, 고을 붕당(朋黨. 뜻이 같은 사람들끼리 모인 단체) 과 친구들에게 칭찬이 필요한 까닭도 아니고, 그 소리가 나는 것을 싫어해서도 아니다. 이로 말미암아 살펴보면,]〈불쌍히 여기는 마음이 없는 것은 사람이 아니고, 부끄러운 마음이 없으면 사람이 아니며, 사양하는 마음이 없으면 사람이 아니며, 옳고 그름을 아는 마음이 없으면 사람이 아니다. 불쌍히 여기는 마음은 어짊의 극치(極致. 극도·極度에 이른 경지·境地. 즉, 그 이상 더할 수 없을 만한, 최고의 경지나 상태)이고, 부끄러움을 아는 마음은 옳음의 극치(極致)이고, 사양하는 마음은 예절의 극치(極致)이고, 옳고 그름을 아는 마음은 지혜의 극치(極致)이다.(無惻隱之心, 非人也, 無羞惡之心, 非人也, **無辭讓之心, 非人也**, 無是非之心, 非人也, 惻隱之心, 仁之端也, 羞惡之心, 義之端也, **辭讓之心, 禮之端也,** 是非之心, 智之端也.)〉[사람이 이 사단(四端)이 있음은 사지(四肢. 사람의 팔다리)가 있음과 같다. 이 사단(四端)이 있는데도 스스로 잘 할 수 없다고 말하는 자(者)는 자신을 해치는 자(者)이고, 그 군주(君主. 세습적으로 나라를 다스리는 최고 지위에 있는 사람)가 잘 할 수 없다고 말하는 자(者)는 그 군주(君主)를 해치는 자(者)이다."]라는 이야기가 나오는데, '사양하는 마음이 없으면 사람이 아니며,(無辭讓之心, 非人也)'와, '사양하는 마음은 예절의 극치(極致)이고,(辭讓之心, 禮之端也,)'에서, '사양지심(辭讓之心)'이 유래했다. 참고로, 원문의 '無惻隱之心'에서, '無'는 없을 '무'로 읽고, '惻'은 가엾게 여길 '측'으로 읽고, '隱'은 불쌍히 여길 ‘은’으로 읽는다. ‘惻隱’은 가엾고 불쌍함. ‘之’는 어조사 ‘지’로 읽는다. ‘~의’를 나타내는 관형격
조사. ‘心’은 마음 ‘심’으로 읽는다. ‘無惻隱之心’을 직역(直譯)하면, 가엾고 불쌍히 여기는 마음이 없으면,
‘非人也’에서, ‘非’는 아닐 ‘비’로 읽고, ‘人’은 사람 ‘인’으로 읽고, ‘也’는 어조사 ‘야’로 읽는다. ‘~이다(단
정)’의 뜻을 나타냄. ‘非人也’를 직역(直譯)하면, 사람이 아니다. ‘無羞惡之心’에서, ‘羞’는 부끄러워할 ‘수’
로 읽고, ‘惡’는 미워할 ‘오’로 읽는다. ‘羞惡’는 옳지 못함을 부끄러워하고 착하지 못함을 미워함. ‘無羞惡
之心’을 직역(直譯)하면, 옳지 못함을 부끄러워하고 착하지 못함을 미워하는 마음이 없으면, ‘無辭讓之心’
에서, ‘辭’는 말 ‘사’로 읽고, ‘讓’은 사양(辭讓)할 ‘양’으로 읽는다. ‘辭讓’은 겸손하여 받지 아니하거나
응하지 아니함. 또는 남에게 양보함. ‘無辭讓之心’을 직역(直譯)하면, 말로 사양(辭讓)하는 마음이 없으
면, ‘無是非之心’에서, ‘是’는 옳을 ‘시’로 읽고, ‘非’는 아닐 ‘비’로 읽는다. ‘是非’는 옳음과 그름. ‘無是非之
心’을 직역(直譯)하면, 옳고 그름을 (가릴 줄 아는) 마음이 없으면, ‘仁之端也’에서, ‘仁’은 어질 ‘인’으로
읽고, ‘端’은 끝 ‘단’으로 읽는다. 그런데 ‘端’을 여러 가지로 풀이할 수 있다. ‘단서(端緖)’로 풀이할 수도
있고, ‘실마리’로 풀이할 수도 있다. 여기서는 ‘극치(極致. 극도·極度에 이른 경지·境地. 즉, 그 이상
더할 수 없을 만한, 최고의 경지나 상태)’로 풀이하였음. ‘惻隱之心’을 직역(直譯)하면, 가엾게 여기고
불쌍히 여기는 마음이라는 뜻으로, 불쌍히 여겨 언짢아하는 마음, 또는 남을 불쌍하게 여기는, 타고난
착한 마음을 일컫는다. 仁之端也을 직역(直譯)하면, 어짊의 극치(極致)이다. ‘羞惡之心’을 직역(直譯)하
면, 부끄러워하고 미워하는 마음이라는 뜻으로, 자신의 옳지 못함을 부끄러워하고, 남이 옳지 못하고
착하지 못함을 미워하는 마음을 이르는 말. ‘義之端也’에서, ‘義’는 옳을 ‘의’로 읽는다. ‘義之端也’를 직역
(直譯)하면, 옳음의 극치(極致)이고, ‘辭讓之心’을 직역(直譯)하면, 겸손하여 말로 사양(辭讓)하는 마음이
라는 뜻으로, 사람의 본성(本性)에서 우러나오는 네 가지 마음씨 중의 하나로, 겸손하여 남에게 사양(辭
讓)할 줄 아는 마음. 또는 겸손히 남에게 사양(辭讓)하는 마음을 이르는 말. ‘禮之端也’에서, ‘禮’는 예절
(禮節) ‘예’로 읽는다. ‘禮之端也’를 직역(直譯)하면, 예절(禮節)의 극치(極致)이고, ‘是非之心’을 직역(直
譯)하면, 옳고 그름의 마음이라는 뜻으로, 시비(是非). 곧 옳고 그름을 가릴 줄 아는 마음을 이르는 말.
‘智之端也’에서, ‘智’는 지혜(知·智慧) ‘지’로 읽는다. ‘智之端也’를 직역(直譯)하면, 지혜(知·智慧)의 극치
(極致)이다. 맹자(孟子)에 의하면, 사단(四端), 즉, ‘측은지심(惻隱之心)’, ‘수오지심(羞惡之心)’, ‘사양지심
(辭讓之心)’, ‘시비지심(是非之心)’은 모든 사람이 다 가지고 있는 것으로, 일종의 선천적인, 도덕적 능력
이다. 그러므로 맹자(孟子)는 이것을 확충(擴充)함으로써 인(仁), 의(義), 예(禮), 지(智)의 덕(德)을 실현
(實現)할 수 있다고 하였다. 예를 들면, ‘측은지심(惻隱之心)’의 경우, 어린아이가 우물에 빠지려고 할
때 누구나 아무 조건 없이 그 아이를 끌어안고 구하려는 마음이 순수하게 나타나는 것을 볼 수 있다.
이와 같이 인간의 소박하고 자발적인 행위를 보면, 인간의 본성(本性)이 착하다는 것을 알 수 있다는
것이다. 『맹자(孟子)』의 「공손추(公孫丑) 상(上)」 편(篇)에 나오는 이 사단(四端), 즉, 사람이 마땅히 갖추
어야 할 4가지 덕목은 맹자(孟子)의 성선설(性善說)의 근본으로, 인간의 도덕적 주체 내지 규범의 근거를
이루고 있는 것이다. 그리고 여기서 나온 사단설(四端說)은 맹자(孟子)가 독창적으로 주장한 인성론(人
性論)으로서 ‘성선설(性善說)’이라고도 한다. ‘성선설(性善說)’이란 사람의 본성(本性)은 ‘선(善)’이라고 보
는 학설(學說)이다.

사-염-승-거(寺厭僧去 절 **사**/싫어할 **염**/중 **승**/갈 **거**) 절이 싫으면 중이 간다(떠난다)는 뜻으로, 자기가

속한 조직이 마음에 들지 않으면 자기 스스로 알아서 떠나야 함을 비유적으로 이르는 말. 또는 어떤 곳이나 그 곳이 싫거나 대상이 싫어지면, 싫은 그 사람이 떠나야 마땅함을 비유적으로 이르는 말. =승염이사(僧厭離寺). 《관련 속담》 중이 절 보기 싫으면 떠나야지.

사은-숙배(謝恩肅拜 사례할 **사**/은혜 **은**/공경할 **숙**/절 **배**) 은혜에 사례(謝禮)하며 공경(恭敬)하여 절을 한다는 뜻으로, 예전에, 임금의 은혜(恩惠)에 감사(感謝)하며, 공손(恭遜)하고 경건(敬虔. 공경하는 마음으로 삼가며 조심성이 있음)하게 절을 올리던 일을 이르는 말. =사은숙사(謝恩肅謝). *사은(謝恩): 입은 은혜에 대하여 감사함. *숙배(肅拜): ①한문 투의 편지 끝에 상대편을 공경하여, ‘삼가 인사를 드립니다’의 뜻으로, 쓰는 말. ②왕조(王朝. 왕이 직접 다스리는 나라) 때, 서울을 떠나 임지(任地. 관원이 부임하는 곳)로 향하는 관원(官員. 관청에 나가서 나랏일을 맡아보는 사람)이 임금에게 작별을 아뢰던 일. *사례하다(謝禮~): 부록 ‘사(謝)’ 참고. *공경하다(恭敬~): (남을 대할 때) 몸가짐을 공손히 하고 존경하다.

사-이-지-차(事已至此 일 **사**/이미 **이**/이를 **지**/이 **차**) 일이 이미 이에 이르렀다는 뜻으로, 후회(後悔)하여도 미치지 못함을 이르는 말. 또는 이미 일이 여기에 이르렀다는 뜻으로, 후회해도 소용없다는 말이다. *이미: 돌이킬 수 없이 된 지난 일을 일컬을 때 쓰는 말. *이르다: 부록 ‘지(至)’ 참고.

사이-팔만(四夷八蠻 넉 **사**/오랑캐 **이**/여덟 **팔**/오랑캐 **만**) 네 오랑캐인 사이(四夷)와 여덟 오랑캐인 팔만(八蠻)을 아울러 이르는 말. 예전에 중국에서 자기 나라 이외의 다른 나라와 민족들을 미개(未開. 문명이 깨지 못한 상태에 있음)한 야만인(野蠻人. 미개하여 문화 수준이 낮은 사람)으로 여겨 이르던 말이다. *사이(四夷): 지난날, 중국에서 주변의 민족들을 사방의 오랑캐라 하여 낮추어 이르던 말. 곧 동이(東夷), 서융(西戎), 남만(南蠻), 북적(北狄) 따위를 일컫는다. *팔만(八蠻): 중국인들이 자기 나라의 남방(南方. 남녘이나 남쪽. 또는 남쪽 지방)에 있는 여덟 이민족(異民族)을 미개한 야만인으로 여겨 낮잡는(실제의 값어치보다 낮게 치는) 뜻으로 이르던 말. 곧, 구지(狗軹), 담이(儋耳), 방척(旁脊), 천축(天竺), 천흉(穿胸), 초요(僬僥), 파종(跛踵), 해수(咳首) 따위를 일컫는다. *오랑캐: 부록 ‘이(夷)’, ‘만(蠻)’ 참고.

사-이-후-이(死而後已 죽을 **사**/말 이을 **이**/뒤 **후**/그칠 **이**) 죽고 (나서) (그) 뒤에(죽은 뒤에야) (일을) 그친다(그만둔다)는 뜻으로, 죽을 때까지 열심히 노력하여 그치지 아니함. 또는 있는 힘을 다하여 그 일에 끝까지 힘씀을 이르는 말. *그치다: (움직임이) 멈추다. 또는 멈추게 하다. 이 사자성어의 유래는 다음과 같다. 제갈량(諸葛亮)의 「후출사표(後出師表)」에 〈무릇 일이 이와 같아 미리 헤아려 살피기가 어려운 것입니다. 신(臣. 신하가 임금에 대하여 자기를 일컫는 말)은 다만 엎드려 몸을 돌보지 않고 죽을 때까지 애쓸 뿐, 그 이룸과 이루지 못함, 순조로움과 순조롭지 못함에 대해서는 신(臣)의 지혜로 미리 예측할 수 있는 바가 아닙니다.(凡事如是. 難可逆見. 臣鞠躬盡瘁, **死而後已**, 至於成敗利鈍, 非臣之明, 所能逆覩也.)〉라는 이야기가 나오는데, ‘죽을 때까지 애쓸 뿐.(死而後已)’에서, ‘사이후이(死而後已)’가 유래했다. 나머지 구체적인 내용은 ⇨국궁진췌(鞠躬盡瘁).

사-인-남여(四人藍輿 넉 **사**/사람 **인**/대바구니 **남**/가마 **여**) 네 사람의 남여(藍輿)라는 뜻으로, 네 사람이 사인교(四人轎. 앞뒤에 각각 두 사람씩 모두 네 사람이 메는 가마)를 메듯이 앞뒤에서 메는 남여(藍輿)를 이르는 말. *남여(藍輿): 뚜껑이 없이 의자처럼 생긴 가마의 한 가지. *대바구니: 부록 ‘남(藍)’ 참고. *가마: 지난날의 탈것의 한 가지. 한 사람이 들어앉고, 두 사람 또는 네 사람이 메고 다니게 된 것.

사-인-대-참(使人大慚 하여금 **사**/사람 **인**/클 **대**/부끄러워할 **참**) 사람으로 하여금 크게 부끄러워할 (만하다는) 뜻으로, 하는 짓이, 옆에서 보는 사람이 부끄럽게 여길 만함을 이르는 말. *'사-인'은 『국어사전(國語辭典)』에 등재(登載)된, '심부름꾼을 이르는 말'인 '사인(使人)'의 뜻과는 별개다.

사-인-방-상(四人方牀 넉 **사**/사람 **인**/네모 **방**/평상 **상**) 네 사람이 (메는) 네모의 평상(平牀·床)이라는 뜻으로, 앞뒤 두 사람씩 모두 네 사람이 사인교(四人轎. 앞뒤에 각각 두 사람씩 모두 네 사람이 메는 가마)를 메듯이 메는 상여(喪輿. 시체를 묘지까지 나르는 제구. 가마같이 생긴 것으로 상여꾼이 메고 감)를 이르는 말.

사-인-여-천(事人如天 섬길 **사**/사람 **인**/같을 **여**/하늘 **천**) 하늘과 같이 사람을 섬긴다는 뜻으로, 천도교(天道敎)에서, 한울님(천도교·天道敎의 신앙의 대상을 이르는 말. 천도교·天道敎에서 한울님은 '우주의 크나큰 정신·精神을 인격화·人格化한 신·神'으로 우주를 주재·主宰하고 섭리·攝理한다고 함)을 공경하듯이 사람도 그와 똑같이 공경하고 존경하여야 한다는 윤리 행위를 이르는 말. 여기서, '천도교(天道敎)'는 수운(水雲) 최제우(崔濟愚)를 교조(敎祖. 어떤 종교나 종파를 처음으로 일으킨 사람)로 하는 종교이다. 인내천(人乃天. 천도교의 근본 교의·敎義로, 사람이 곧 한울님이라는 뜻이다. 사람마다 한울님을 모시고 있으므로 사람을 하늘과 같이 여겨야 한다고 실천 요강에서 일컫고 있다.)을 종지(宗旨. 한 종교나 종파의 중심이 되는 가르침)로 함. *섬기다: ①윗사람이나 어른을 모시어 받들다. ②남을 아끼다.

사자-분신(獅子奮迅 사자 **사**/접미사 **자**/떨칠 **분**/빠를 **신**) 사자(獅子)가 빠르게 떨친다는 뜻으로, ①사자(獅子)가 미쳐 날뛰듯이, 무슨 일을 하는 데 그 기세가 매우 격렬함을 비유적으로 이르는 말. 또는 사자(獅子)가 성낸 듯 그 기세가 거세고 날램을 비유적으로 이르는 말. ②부처의 위엄(威嚴. 의젓하고 엄숙함. 또는 그러한 태도나 기세)을 비유적으로 이르는 말. *사자(獅子): 고양잇과의 맹수. 포유동물로 몸의 길이 2m, 꼬리 90㎝, 어깨높이 1m 가량. 몸빛은 황갈색이고, 수컷은 머리에 긴 갈기(말이나 사자 따위의 목덜미에 난 긴 털)가 있으며, 울음소리가 우렁참. 뭇짐승의 왕으로 불림. *분신(奮迅): 맹렬한 기세로 일어남. *떨치다: 부록 '분(奮)' 참고.

사자-상승(師資相承 스승 **사**/근본 **자**/서로 **상**/이을 **승**) 스승의 근본(根本)을 서로 잇는다는 뜻으로, 스승이 제자에게 학예(學藝. 학문과 예술 또는 기예)를 이어 전(傳)함을 이르는 말. *사자(師資): ①스승과 제자의 관계. ②학문이나 덕행을 닦는 데 도움을 주는 사람이나 스승. *상승(相承): ①서로 계승함. ②불교에서, 사승(師僧. 스승인 중, 또는 중의 스승)이 전해 준 교법(敎法. 교의·敎義, 특히 부처의 가르침)을 제자가 그대로 이어 가는 일. *근본(根本): ①사물이 생겨나는 데 바탕이 되는 것. ②자라온 환경이나 경력.

사정-사정(事情事情 일 **사**/형편 **정**/일 **사**/형편 **정**) (이) 일의 형편과 (저) 일의 형편이라는 뜻으로, 남에게 여러 가지를 부탁하고 애원하는 모양. 또는 남에게 자신의 딱한 일의 형편이나 까닭을 간곡히 하소연하거나 비는 모양. *사정(事情): ①일의 형편이나 그렇게 된 까닭. ②일의 형편이나 그렇게 된 까닭을 말하고 무엇을 간청(懇請. 간곡히 청함)함.

사제-동행(師弟同行 스승 **사**/제자 **제**/함께 **동**/다닐 **행**) 스승과 제자(弟子)가 함께 다닌다는 뜻으로, ①스승과 제자(弟子)가 함께 길을 감을 이르는 말. ②스승과 제자가 한마음으로 연구하여 나아감을 이르는 말. *사제(師弟): 스승[師]과 제자(弟子)를 아울러 이르는 말. *동행(同行): 같이 길을 감.

사제-삼세(師弟三世 스승 **사**/제자 **제**/석 **삼**/세대 **세**) 스승과 제자의 삼 세대(世代). 즉, 스승과 제자의 인연은 전세(前世), 현세(現世), 내세(來世)의 삼세(三世)까지 계속된다는 뜻으로, 스승과 제자의 관계는 매우 깊고 밀접함을 비유적으로 이르는 말. *사제(師弟): ①스승과 제자. ②불교에서, 한 스승의 불법(佛法. 부처의 가르침)을 이어받은 후배를 이르는 말. *삼세(三世): ①=삼대(三代). 즉, 아버지와 아들, 손자(孫子)의 세 대(代). ②불교에서, 전세(前世), 현세(現世), 내세(來世)를 아울러 이르는 말.

사주-단자(四柱單子 넉 **사**/기둥 **주**/단자 **단**/접미사 **자**) 사주(四柱)를 (적은) 단자(單子)라는 뜻으로, 혼인이 정해진 뒤 신랑 집에서 신부 집으로 신랑의 사주(四柱)를 적어서 보내는 종이를 이르는 말. *사주(四柱): ①사람이 태어난 연월일시(年月日時)의 네 간지(干支)를 이르는 말. 또는 이에 근거하여 사람의 길흉화복(吉凶禍福. 본문 참고)을 알아보는 점(占)을 이르는 말. ②=사주단자(四柱單子). 여기서, '간지(干支)'는 천간(天干)과 지지(地支). 또는 십간(十干)과 십이지(十二支)를 합하여 이르는 말. '천간(天干)'은 육십갑자(六十甲子. 본문 참고)의 윗부분을 이루는 요소. 즉, 갑(甲), 을(乙), 병(丙), 정(丁), 무(戊), 기(己), 경(庚), 신(辛), 임(壬), 계(癸)의 십간(十干)을 일컫는다. 반면에, '지지(地支)'는 육십갑자(六十甲子. 본문 참고)의 아랫부분을 이루는 요소. 즉, 자(子), 축(丑), 인(寅), 묘(卯), 진(辰), 사(巳), 오(午), 미(未), 신(申), 유(酉), 술(戌), 해(亥)의 십이지(十二支)를 일컫는다. *단자(單子): ①부조(扶助. 잔칫집이나 상가 따위에 물건이나 돈을 보냄. 또는 그 물건이나 돈)나 선사(膳賜. 친근, 애정, 존경의 뜻을 나타내기 위하여 남에게 물품을 줌) 따위, 남에게 보내는 물품의 품목과 수량을 적은 종이. ②사주(四柱)나 폐백(幣帛. 혼인 때, 신랑이 신부에게 보내는 채단·采緞)을 보낼 때, 그 내용물을 적은 종이. 여기서 '채단(采緞)'은 혼인 때, 신랑 집에서 신부 집으로 미리 보내는 청색과 홍색의 두 가지 비단(緋緞). *기둥: 부록 '주(柱)' 참고.

사주-팔자(四柱八字 넉 **사**/기둥 **주**/여덟 **팔**/글자 **자**) 사주(四柱)와 (관련이 있는) 여덟 글자라는 뜻으로, ①사주(四柱)의 간지(干支)가 되는 여덟 글자를 이르는 말. 예를 들면 '갑자년(甲子年), 무진월(戊辰月), 임신일(壬申日), 갑인시(甲寅時)'에 태어난 경우, '갑자(甲子), 무진(戊辰), 임신(壬申), 갑인(甲寅)'의 여덟 글자를 말한다. ②타고난 운수를 이르는 말. 여기서, '간지(干支)'는 천간(天干)과 지지(地支). 또는 십간(十干)과 십이지(十二支)를 합하여 이르는 말. '천간(天干)'은 육십갑자(六十甲子. 본문 참고)의 윗부분을 이루는 요소. 즉, 갑(甲), 을(乙), 병(丙), 정(丁), 무(戊), 기(己), 경(庚), 신(辛), 임(壬), 계(癸)의 십간(十干)을 일컫는다. 반면에, '지지(地支)'는 육십갑자(六十甲子. 본문 참고)의 아랫부분을 이루는 요소. 즉, 자(子), 축(丑), 인(寅), 묘(卯), 진(辰), 사(巳), 오(午), 미(未), 신(申), 유(酉), 술(戌), 해(亥)의 십이지(十二支)를 일컫는다. *사주(四柱): ☞사주단자(四柱單子). *팔자(八字): 사람의 한 평생의 운수를 이르는 말. '사주팔자(四柱八字)'에서 유래한 말로, 사람이 태어난 해와 달과 시각을 간지(干支)로 나타내면 여덟 글자가 되는데, 이 속에 일생의 운명이 정해져 있다고 본다. *기둥: 부록 '주(柱)' 참고.

사중-구생(死中求生 죽을 **사**/가운데 **중**/구할 **구**/살 **생**) 죽는 가운데 삶을 구(求)한다. 즉, 죽음 속에서 살 길을 구한다는 뜻으로, 죽을 수밖에 없는 처지(處地)나 고비에서 한 가닥 살길을 찾음을 이르는 말. =사중구활(死中求活). *사중(死中): 죽음을 기다릴 수밖에 없는 궁(窮)한 처지. 여기서, '궁(窮)하다'는 가난하다, 사정이 딱하다, 벗어날 도리가 없게 막히다 따위의 뜻임. *구생(求生): 생명의 안전을 구함. *구하다(求~): 부록 '구(求)' 참고.

사중-구-활(死中求活 죽을 **사**/가운데 **중**/구할 **구**/살 **활**) 죽는 가운데 삶을 구(求)한다. 즉, 죽음 속에서 살 길을 구한다는 뜻으로, 죽을 수밖에 없는 처지(處地)나 고비에서 한 가닥 살길을 찾음을 이르는 말.
=사중구생(死中求生). *사중(死中): ☞사중구생(死中求生). *구하다(求~): 부록 '구(求)' 참고.

사중-우어(沙·砂中偶語 모래 **사**/가운데 **중**/대할 **우**/말씀 **어**) 모래 가운데에서 (남모르게) 대(對)하는 말
[語]. 즉, 모래땅 위에서 남모르게 주고받는 말이라는 뜻으로, 신하가 몰래 모반(謀反. <u>나라나 임금을
배반하여 군사를 일으킴</u>)하려고 계책(計策. <u>어떤 일을 이루기 위하여 꾀나 방법을 생각해 냄. 또는 그
꾀나 방법</u>)을 꾸미는 일을 비유적으로 이르는 말. 중국 한고조(漢高祖. <u>한·漢나라의 고조·高祖라는 뜻으
로 '유방·劉邦'을 가리키는 말</u>)인 유방(劉邦)이 공신(功臣. <u>나라에 공로가 있는 신하</u>) 이십여 명에게 큰
벼슬을 주자, 벼슬을 받지 못한 다른 여러 장수(將帥)가 모래땅에 모여 모반(謀反)을 의논하였다는 데서
유래한다. *사중(沙·砂中): 모래의 속. 또는 모래벌판의 가운데. *우어(偶語): 두 사람이 마주 대하여
이야기함. *대하다(對~): ①마주 보다. ②어떤 태도로 상대하다. 이 사자성어의 유래는 다음과 같다.
『사기(史記)』의 「유후세가(留侯世家)」 편(篇)에 〈상(上. '한고조·漢高祖인 유방·劉邦'을 가리킴)이 공신(功
臣) 20여 명을 크게 봉(封)한 후, 그 나머지는 밤낮으로 공(功)을 다투어 결단하지 못하였다. (결국 여러
사람이 아직도) 봉(封)함이 행(行)하는 것을 얻지 못하였다. 상(上)이 낙양(洛陽. 땅 이름)의 남궁(南宮.
궁궐 이름)에 있을 때, 구름다리 위에서 여러 장수를 바라보니, 종종 백사장(白沙場) 가운데 앉아서
서로 함께 짝지어 말하였다. 상(上)이 말하기를, "이들이 무슨 말을 하는가?" (라고 묻자) 유후(留侯)가
말하기를, "폐하(陛下)께서는 모르고 계셨습니까? 이들은 반역을 모의할 뿐입니다."(라고 하였다.) (上已
封大功臣二十餘人, 其餘日夜爭功不決, 未得行封, 上在洛陽南宮, 從復道, 望見諸將, **往往相與坐沙中語**,
上曰, 此何語, 留侯曰, 陛下不知乎, 此謀反耳.)〉라는 이야기가 나오는데, '종종 백사장 가운데 앉아서
서로 함께 짝지어 말하였다.(往往相與坐沙中偶語)'에서, '사중우어(沙中偶語)'가 유래했다. 참고로, 원문
의 '上已封大功臣二十餘人'에서, '上'은 임금 '상', 군주(君主. <u>세습적으로 나라를 다스리는 최고 지위에
있는 사람</u>) '상'으로 읽는다. 여기서는 한고조(漢高祖. <u>한·漢나라의 고조·高祖라는 뜻으로 '유방·劉邦'을
가리키는 말</u>)인 유방(劉邦)을 일컫는다. '已'는 이미(<u>돌이킬 수 없이 된 지난 일을 일컬을 때 쓰는 말</u>)
'이'로 읽고, '封'은 봉할 '봉'으로 읽고, '大'는 큰 '대'로 읽고, '功'은 공(功) '공', 공로(功勞) '공'으로 읽고,
'臣'은 신하(臣下) '신'으로 읽는다. '功臣'은 나라를 위하여 특별한 공(功)을 세운 신하. '二'는 두 '이'로
읽고, '十'은 열 '십'으로 읽고, '餘'는 남을 '여'로 읽고, '人'은 사람 '인'으로 읽는다. '上已封大功臣二十餘
人'을 직역(直譯)하면, 임금은 이미 큰 공(功)을 (세운) 신하(臣下) 20여 사람을 (제후에) 봉(封)하였다.
즉, 중국 한(漢)나라의 제1대 황제(皇帝)인 고조(高祖) 유방(劉邦)은 해하(垓下. 땅 이름)의 결전(決戰.
승부를 결판내는 싸움)에서 초(楚)나라의 항우(項羽)를 대파(大破. <u>크게 쳐부숨</u>)하고 천하통일을 이룬
뒤, 공신(功臣) 20여명에게 큰 벼슬을 내렸다는 뜻이다. '其餘日夜爭功不決'에서, '其'는 그(<u>지시하는 말</u>)
'기'로 읽고, '日'은 해 '일', 낮 '일'로 읽고, '夜'는 밤 '야'로 읽는다. '日夜'는 낮[日]과 밤[夜]을 아울러
이르는 말. '爭'은 다툴 '쟁'으로 읽고, '不'은 아닐(<u>부정하는 말</u>) '불'로 읽고, '決'은 결정할 '결'로 읽는다.
'其餘日夜爭功不決'을 직역(直譯)하면, 그 나머지는 낮과 밤으로 공(功)을 다투어 결정하지 않았다(<u>못했
다</u>). 즉, 그 나머지는 공로(功勞)를 더 조사하여 상(賞)을 주려고 했으나, 밤이 되도록 논공행상(論功行
賞. 본문 참고)이 결정되지 않았다는 뜻이다. '未得行封'에서, '未'는 아닐(<u>부정하는 말</u>) '미'로 읽고, '得'은
얻을 '득'으로 읽고, '行'은 행할 '행'으로 읽는다. '未得行封'을 직역(直譯)하면, 봉(封)함이 행(行)하는

것을 얻지 못하였다. 즉, 결국 그들을 아직 봉(封)하지 못하고 있었다는 말이다. 다시 말하면, 유방(劉邦)이 가장 미워하던 옹치(雍齒. 사람 이름)를 포함하여 관직(官職. 관리로서, 국가로부터 위임 받은 일정한 범위의 직무. 또는 그 직위)을 받지 못한 자(者)들이 있었다는 뜻이다. '上在洛陽南宮'에서, '在'는 있을 '재'로 읽고, '洛'은 물의 이름 '락(낙)'으로 읽는다. 어떤 자료에는 '洛'대신에 강(江)의 이름 '락(낙)'인 '雒'으로 표시하였다. 같은 뜻이다. '陽'은 볕 '양'으로 읽고, '南'은 남녘 '남'으로 읽고, '宮'은 대궐 '궁', 궁궐 '궁'으로 읽는다. '上在洛陽南宮'을 직역(直譯)하면, 임금이 남양(南陽. 땅 이름)의 남궁(南宮. 궁궐 이름)에 있을 (때), '從複道'에서, '從'은 부터(체언이나 부사어에 붙어, '동작이 비롯되는 처음'의 뜻을 나타내는 보조사) '종'으로 읽는다. '~에서(위치)'의 뜻이 강함. '複'은 겹칠 '복'으로 읽고, '道'는 길 '도'로 읽는다. '複道'는 겹쳐 있는 길이라는 뜻에서, 구름다리(도로나 계곡 따위를 건너질러 공중에 걸쳐 놓은 다리)를 나타냄. '從複道'를 직역(直譯)하면, 구름다리에서, '望見諸將'에서, '望'은 바라볼 '망'으로 읽고, '見'은 볼 '견'으로 읽고, '諸'는 여러 '제'로 읽고, '將'은 장수(將帥) '장'으로 읽는다. '望見諸將'을 직역(直譯)하면, 여러 장수(將帥)를 바라보고 있는데, '往往相與坐沙中語'에서, '往'은 이따금 '왕', 가끔 '왕'으로 읽는다. '往往'은 시간의 간격을 두고 이따금. '相'은 서로 '상'으로 읽고, '與'는 더불어 '여'로 읽고, '坐'는 앉을 '좌'로 읽고, '沙'는 모래 '사'로 읽고, '中'은 가운데 '중'으로 읽고, '語'는 말 '어', 말씀 '어'로 읽는다. '往往相與坐沙中語'를 직역(直譯)하면, 이따금 서로 모래 가운데에 더불어 앉아서 말을 (하였다.) 여기서, '사중우어(沙中偶語)'가 유래했는데 이것을 직역(直譯)하면, 모래 가운데에서 (마주) 대(對)하는 말[語]. 즉, 모래땅 위에서 남모르게 주고받는 말이라는 뜻으로, 신하가 몰래 모반(謀反. 나라나 임금을 배반하여 군사를 일으킴)하려고 계책(計策. 어떤 일을 이루기 위하여 꾀나 방법을 생각해 냄. 또는 그 꾀나 방법)을 꾸미는 일을 비유적으로 이르는 말. '上曰'에서, '曰'은 일컬을 '왈'로 읽는다. '上曰'을 직역(直譯)하면, 임금이 일컫기를(말하기를), '此何語'에서, '此'는 이(지시하는 말) '차'로 읽고, '何'는 어찌 '하', 무슨 '하'로 읽는다. '此何語'를 직역(直譯)하면, 이 (사람들이) 무슨 말을 (하는가)? '留侯曰'에서, '留'는 머무를 '류(유)'로 읽는다. 여기서 땅 이름. '侯'는 제후(諸侯) '후'로 읽는다. '留侯'는 유(留) 땅의 제후(諸侯)라는 뜻. '장량(張良)'을 가리킴. '留侯曰'을 직역(直譯)하면, 유후(留侯)가 말하기를, '陛下不知乎'에서, '陛'는 섬돌 '폐'로 읽고, '下'는 아래 '하'로 읽는다. '陛下'는 황제(皇帝)나 황후(皇后. 황제가 정식으로 혼인하여 맞은 아내)를 높여 일컫던 말. '知'는 알 '지'로 읽고, '乎'는 어조사 '호'로 읽는다. '~느냐(의문)'의 뜻을 나타냄. '陛下不知乎'를 직역(直譯)하면, 임금께서는 알지 못하고 계십니까? '此謀反耳'에서, '謀'는 꾀 '모'로 읽고, '反'은 반역(反逆. 배반하여 돌아섬) '반'으로 읽고, '耳'는 뿐(따름) '이'로 읽는다. ~뿐(따름)이다. '此謀反耳'를 직역(直譯)하면, 이 (사람들은) 반역(反逆)을 꾀할 뿐입니다. 즉, 옹치(雍齒. 사람 이름)를 비롯하여 관직(官職)을 받지 못한 다른 장수들이 모래 위에 무리지어 앉아서 반역(反·叛逆. 배반하여 돌아섬)을 꾀하고 의논하였다는 것이다. 결국 한고조(漢高祖)인 유방(劉邦)은 옹치(雍齒)를 제후(諸侯)로 삼아 다른 장수들의 불만을 누그러뜨렸다고 전해진다. 위의 이야기에서, '사중우어(沙中偶語)'는 '모래벌판 한 가운데에서 무리지어 마주보며 이야기한다.'라는 뜻으로, 신하(臣下)들이 남모르게 나라나 임금을 배반(背反·叛. 신의를 저버리고 돌아섬)하여 군사를 일으키려고 논의(論議)하는 것을 말한다. '사중어(沙中語)'라고도 한다.

사-즉-동혈(死則同穴 죽을 **사**/곧 **즉**/같을 **동**/구멍 **혈**) 죽으면 곧 같은 구멍에 (들어간다). 즉, 부부(夫婦)가 죽은 뒤에 한 무덤에 묻힌다는 뜻으로, 부부(夫婦)의 사이가 매우 좋음을 비유적으로 이르는 말. *동혈(同穴): ①같은 구멍. 또는 같은 구덩이. ②부부(夫婦)가 죽은 뒤 한 구덩이에 묻히는 일. 이 사자성어의 유래는 다음과 같다. 『시경(詩經)·국풍(國風)·왕풍(王風)』의 「대거(大車)」편(篇)에 〈큰 수레 덜커덩덜커덩 가는데 / 부드러운 붉은 털옷 입은 이 타고 있네. / 어찌 그대 생각 않으랴. / 그대 두려워 감히 달아나지 못하지. / 살아서는 한 집에 못 살아도 / 죽어서는 같은 구덩이에 묻히리라. / 내 말이 미덥지 않으면 / 밝은 해를 두고 맹세하리라.(大車檻檻, 毳衣如璊, 豈不爾思, 畏子不奔, 穀則異室, 死則同穴, 謂子不信, 有如皦日)〉라는 시구(詩句)가 나오는데, '죽어서는 같은 구덩이에 묻히리라.(死則同穴)'에서, '사즉동혈(死則同穴)'이 유래했다. 초(楚)나라의 왕(王)이 식(息)나라를 점령하고, 식(息)나라 왕의 부인을 빼앗아 버렸다. 부인은 어느 날 초(楚)나라 왕이 외출한 틈을 타서, 감옥에 있는 남편에게 찾아가 절개(節槪·介. 여기서는, 지조와 정조를 깨끗하게 지키는 여자의 품성)를 꺾을 수 없다고 하소연하고는 자살(自殺)해 버렸다. 남편도 아내의 뒤를 따라 자결(自決. '자살·自殺'과 같은 말)하고 말았다. 이 시(詩)는 왕풍(王風)이 지은 「대거(大車)」로, 이런 슬픈 전설을 노래했다. 참고로, 원문의 '大車檻檻'에서, '大'는 클 '대'로 읽고, '車'는 수레 '거'로 읽는다. '大車'는 두 사람 이상이 미는 큰 수레. '檻'은 느릿할(동작이 재빠르지 못하고 느린 듯함) '톤'으로 읽는다. '大車檻檻'를 직역하면, 큰 수레가 느릿느릿하다(느릿느릿 가다). '毳衣如璊'에서, '毳'는 솜털 '취'로 읽고, '衣'는 옷 '의'로 읽고, '如'는 같을 '여'로 읽고, '璊'은 붉은 옥(玉) '문'으로 읽는다. '毳衣如璊'을 직역(直譯)하면, (수행하는 관원들의 관복이) 붉은 옥 같은 솜털 옷 (입었네). '豈不爾思'에서, '豈'는 어찌(의문 부사) '기'로 읽고, '不'은 못할(부정하는 말) '불'로 읽고, '爾'는 너(2인칭 대명사) '이'로 읽고, '思'는 생각 '사'로 읽는다. '豈不爾思'을 직역(直譯)하면, 어찌 그대를 생각하지 않겠는가? '畏子不奔'에서, '畏'는 두려워 할 '외'로 읽고, '子'는 당신 '자', 자네 '자'로 읽고, '不'은, 여기서는 아닐(부정하는 말) '불'로 읽고, '奔'은 달아날 '분', 달릴 '분'으로 읽는다. '畏子不奔'을 직역(直譯)하면, (저 사람들이) 두려워 그대에게 달려가지 못하겠네. '穀則異室'에서, '穀'은 여기서는 생장(生長. 나서 자람. 또는 그런 과정)할 '곡', 살 '곡'으로 읽고, '則'은 곧 '즉'으로 읽고, '異'는 다를 '이'로 읽고, '室'은 집 '실'로 읽는다. '穀則異室'을 직역(直譯)하면, 살아서는 곧 다른 집에 (살더라도), 즉, 살아서는 부부가 다른 집에 사는 경우가 있다 하더라도, 이 말은 초(楚)나라에 의해 멸망한 식(息)나라의 왕과 그 부인은 함께 살지 못하고 있음을 보여주고 있는 것이다. 식(息)나라의 왕은 포로가 되어 있고, 그 부인은 초(楚)나라 왕의 아내로 지목되어 궁(宮)으로 끌려갔기 때문이다. '死則同穴'에서, '死'는 죽을 '사'로 읽고, '則'은 곧 '즉'으로 읽고, '同'은 같을 '동'으로 읽고, '穴'은 구멍 '혈'로 읽는다. '死則同穴'을 직역(直譯)하면, 죽으면 곧 같은 구멍(구덩이)에 (들어간다). 즉, 부부(夫婦)가 죽은 뒤에 한 무덤에 묻힌다는 뜻으로, 부부(夫婦)의 사이가 매우 좋음을 비유적으로 나타내는 말. '謂子不信'에서, '謂'는 일컬을 '위'로 읽고, '子'는 당신 '자', 자네 '자'로 읽고, '不'은 아닐(부정하는 말) '불'로 읽고, '信'은 믿을 '신'으로 읽는다. '謂子不信'을 직역(直譯)하면, 그대가 (나를) 믿지 아니한다고 일컬으면, '有如皦日'에서, '有'는 있을 '유'로 읽고, '如'는 같을 '여'로 읽고, '皦'는 밝을 '교'로 읽고, '日'은 해 '일'로 읽는다. '皦日'은 하늘에 맹세함을 비유적으로 이르는 말. '有如皦日'을 직역(直譯)하면, 밝은 해같이 (보이고) 있겠다. 즉, 저 하늘의 밝은 해를 두고 맹세하겠다는 뜻이다. 해를 두고 맹세할 때 흔히 쓰는 말. 앞에서 소개했지만, 이 노래는 초(楚)나라에 의해 멸망한 식(息)나라의 슬픈 이야기다.

사-지-곡직(事之曲直 일 **사**/어조사 **지**/굽을 **곡**/곧을 **직**) 일의 굽음과 곧음이라는 뜻으로, 일의 옳고 그름을 이르는 말. *곡직(曲直): ①굽음과 곧음. ②사리(事理. 일의 이치)의 옳고 그름. *굽다: 부록 '곡(曲)' 참고. *곧다: 부록 '직(直)' 참고.

사지-동고(死地同苦 죽을 **사**/땅 **지**/같을 **동**/괴로울 **고**) 죽을 땅(살다가 죽을 때까지의 땅)에서 같이 괴로워한다. 즉, 죽고 사는 것을 함께 한다는 뜻으로, 어떤 어려운 고생(苦生)도 같이함을 비유적으로 이르는 말. =사생동고(死生同苦). 回 사생계활(死生契闊). *사지(死地): ①죽을 곳. ②살아날 길이 없는 매우 위험한 곳. *동고(同苦): 고생을 같이 함.

사지-동물(四肢動物 넉 **사**/팔다리 **지**/움직일 **동**/물건 **물**) 네 팔다리를 (가진) 동물(動物)이라는 뜻으로, 발이 넷인 짐승을 통틀어 이르는 말. *사지(四肢): 두 팔과 두 다리를 통틀어 이르는 말. *동물(動物): ①생물을 둘로 나눌 때의 하나. 새, 짐승, 물고기 따위의 총칭. 운동, 감각, 신경 따위의 기능이 발달하고, 주로 유기물(有機物. 생물에서, 생물의 몸 또는 살아있는 몸을 이루고, 그 기관을 조직하는 물질)을 섭취하며 소화(消化. 먹은 음식을 삭임), 배설(排泄. 생물체가 몸 안에서 생긴 노폐물을 몸 밖으로 내보내는 일), 호흡(呼吸. 생물이 몸 밖에서 산소를 들이마시고 신진대사로 생긴 이산화탄소를 밖으로 내보내는 작용), 순환(循環. 한차례 돌아서 다시 먼저의 자리로 돌아옴. 또는 그것을 되풀이함), 생식(生殖. 생물의 자기와 같은 종류의 생물을 새로이 만들어 내는 일. 유성 생식과 무성 생식으로 나뉨) 따위의 각 기관이 분화됨. ↔식물(植物). ②특히, 사람을 제외한 길짐승, 날짐승, 집짐승 따위를 통틀어 이르는 말.

사-지-문-지(使之聞之 하여금 **사**/어조사 **지**/들을 **문**/어조사 **지**) 그것(남)으로 하여금 그것을 듣게 (한다는) 뜻으로, 자기(自己)의 뜻을 남을 시키거나 다른 사람을 통하여 간접적(間接的)으로 남에게 전(傳)함을 이르는 말. 여기서, '지(之)'는 '그것'을 나타내는 지시 대명사이다.

사-지-오등(死之五等 죽을 **사**/어조사 **지**/다섯 **오**/등급 **등**) 죽음의 다섯 등급(等級)이라는 뜻으로, 신분(身分)에 따른 죽음의 다섯 가지 호칭(呼稱)이나 등급(等級)을 이르는 말. 천자(天子)는 '붕(崩)', 제후(諸侯)는 '훙(薨)', 대부(大夫)는 '졸(卒)', 선비는 '불록(不祿)', 서인(庶人)은 '사(死)'라 한다. 여기서, '천자(天子)'는 천제(天帝. 하늘을 다스리는 신. 또는 우주를 창조하고 주재한다고 믿어지는 초자연적인 절대자)의 아들이란 뜻으로, 천명(天命. 하늘의 명령)을 받아 천하(天下)를 다스리는 사람. 곧 중국에서 황제(皇帝)를 일컫던 말이다. *오등(五等): ①=오등작(五等爵). 즉, 공작(公爵), 후작(侯爵), 백작(伯爵), 자작(子爵), 남작(男爵) 등(等) 다섯 등분한 작위(爵位) 따위를 일컫는다. ②죽음을 신분에 따라 구분하던 다섯 등급. 즉, 붕(崩), 훙(薨), 졸(卒), 불록(不祿), 사(死) 따위를 일컫는다. *등급(等級): 값, 품질, 신분 따위의 높고 낮음이나 좋고 나쁨의 차(差)를 여러 층(層)으로 나눈 급수(級數).

사-지-유무(事之有無 일 **사**/어조사 **지**/있을 **유**/없을 **무**) 일의 있음과 없음. *유무(有無): 있음과 없음.

사지-육신(四肢肉身 넉 **사**/팔다리 **지**/고기 **육**/몸 **신**) 네 팔다리를 (가진) 육신(肉身). 즉, 두 팔, 두 다리, 머리, 몸뚱이라는 뜻으로, 온몸을 이르는 말. *사지(四肢): 두 팔과 두 다리를 통틀어 이르는 말. *육신(肉身): 사람의 산 몸뚱이.

사지-육-체(四肢六體 넉 **사**/팔다리 **지**/여섯 **육**/몸 **체**) 네 팔다리를 (가진) 육체(六體). 즉, 두 팔과 두 다리인 사체(四體)에, 상체(上體. 신체의 윗부분)와 하체(下體. 신체의 아랫부분)인 이체(二體)를 더하여 육체(六體)라는 뜻으로, 몸 전체(全體)를 이르는 말. =사지백체(四肢百體). *사지(四肢): ☞ 사지육신(四

肢(枝身). *'육-체'는『국어사전(國語辭典)』에 등재(登載)된, '①=육서(六書). ②지난날, 과거(科擧. 예전에 우리나라와 중국에서 관리를 뽑을 때 실시하던 시험을 이르는 말)에 보이던 여섯 가지 시험과목'인 '육체(六體)'의 뜻과는 별개다.

사직-위-허(社稷爲墟 토지의 신 **사**/곡식의 신 **직**/될 **위**/옛터 **허**) 사직(社稷)이 옛터(폐허)가 되었다는 뜻으로, 나라가 망(亡)함을 비유적으로 이르는 말. *사직(社稷): ①나라 또는 조정(朝廷. 임금이 나라의 정치를 신하들과 의논하거나 집행하는 곳. 또는 그런 기구)을 이르는 말. ②고대 중국에서, 새로 나라를 세울 때 천자(天子)나 제후(諸侯. 봉건 시대에, 군주·君主로부터 받은 영토와 그 영내에 사는 백성을 다스리던 사람)가 제사를 지내던 토지의 신[社]과 곡식의 신[稷]을 아울러 이르는 말. 여기서, '천자(天子)'는 천제(天帝. 하늘을 다스리는 신. 또는 우주를 창조하고 주재한다고 믿어지는 초자연적인 절대자)의 아들이란 뜻으로, 천명(天命. 하늘의 명령)을 받아 천하(天下)를 다스리는 사람. 곧 중국에서 황제(皇帝)를 일컫던 말이다.

사직-지-신(社稷之神 토지의 신 **사**/곡식의 신 **직**/어조사 **지**/신령 **신**) 토지의 신(神)과 곡식의 신(神)의 신령(神靈)이라는 뜻으로, 임금이 사직단(社稷壇. 임금이 토지의 신과 곡식의 신에게 제사 지내던 제단)에서 제사 지내는 토신(土神)과 곡신(穀神)을 이르는 말. 比 주석지신(柱石之臣). *사직(社稷): ☞사직위허(社稷爲墟). *신령(神靈): 신앙의 대상이 되는 초자연적인 정령(精靈. 원시 종교에서, 산천, 초목, 무생물 따위에 붙어 있다고 믿던 혼령)을 이르는 말.

사직-청원(辭職請願 물러날 **사**/직책 **직**/청할 **청**/바랄 **원**) 직책(職責)에서 물러나기를 바라고 (들어달라고) 청(請)한다는 뜻으로, 맡은 직무(職務)를 내놓고 물러날 것을 청원(請願)함을 이르는 말. *사직(辭職): 직무를 그만 두고 물러남. *청원(請願): ①바라는 바를 말하고 이루어지게 해 달라고 청함. ②(국가 기관이나 지방 자치 단체에 대하여) 국민이 문서(文書)로서 희망 사항을 진술(陳述)함. *직책(職責): 직무상의 책임.

사-차-불후(死且不朽 죽을 **사**/또 **차**/아닐 **불**/썩을 **후**) 또 죽어도 썩지 않는다. 즉, 몸은 죽을망정 이름은 영원히 남는다는 뜻으로, 몸은 죽어 없어져도 그 명성(名聲. 세상에 널리 퍼져 평판 높은 이름)만은 영원히 남거나 그대로 후세(後世)에 길이 전(傳)함을 비유적으로 이르는 말. *불후(不朽): 썩지 아니함. 곧, 영원히 없어지지 아니함. 이 사자성어의 유래는 다음과 같다.『춘추좌씨전(春秋左氏傳)』의 「성공(成公) 3년(年)」 편(篇)에 〈공왕(共王. 초·楚나라의 임금)은 "그대가 귀국(歸國)하면 무엇으로 나에게 보답하겠는가?"라고 하자, (지앵·知罃이) 대답하기를, "저는 임금님으로부터 원망을 받을 수도 없지만, 임금님도 역시 저로부터 덕(德)을 받을 까닭이 없습니다. 원망도 없고 덕(德)도 없으므로, 보답할 바를 모르겠습니다."라고 대답하였다. 공왕(共王)이 말하기를, "아무리 그렇다 하더라도, 꼭 나에게 말하라."고 하자, (지앵·知罃이) 대답하여 말하기를, "임금님 덕택에, 묶여 있던 제가 진(晉)나라로 돌아가 뼈만이라도 묻게 되었으니, 저희 임금께서 저를 처형(處刑. 형벌에 처함. 또는 사형에 처함)하신다고 한다면, 죽어도 또한 이름은 썩어 없어지지 않을 것입니다. 만약 임금님의 은혜(恩惠)에 힘입어 용서를 받고, 저희 아버지 순수(荀首)에게 저를 넘겨주시고, 아버지가 저희 임금에게 청(請)하여, 저를 선조(先祖)의 사당(祠堂)에서 죽인다면, 그것도 역시 죽어도 또한 이름은 썩지 않을 것입니다.(王曰. 子歸何以報我. 對曰. 臣不任受怨. 君亦不任受德. 無怨無德. 不知所報. 王曰. 雖然. 必告不穀. 對曰. 以君之靈. 纍臣得歸骨於晉. **寡君**

之以爲戮, 死且不朽, 若從君之惠而免之, 以賜君之外臣首, 首其請於寡君, _而以戮於宗, 亦死且不朽_〉[만약 저희 임금님의 용서하라는 명령을 받지 못하면, 즉, 저의 아버지인 순수(荀首)가 저희 군주(君主. 세습적으로 나라를 다스리는 최고 지위에 있는 사람)로부터 저를 용서하든지, 아니면 죽이라는 명(命)을 받지 못하면, 아버지의 직(職)을 (대대로) 잇게 하고, 즉, 지앵(知罃. 사람 이름)이 아버지의 직(職)을 잇겠다는 뜻이다. 다음 차례에도 국사(國事)에 관여하고, 약간의 군대를 거느리고 국경을 지키게 된다면, 비록 초(楚)나라의 장수(將帥)들을 만난다고 하더라도, 감히 피(避)하지는 않을 것입니다. 즉, 용기를 내어 정정당당하게 싸우겠다는 뜻이다. 힘을 다하고 목숨을 바쳐 싸우며, 즉, 조국을 위하여 힘을 다해 싸우다가 죽을 것이라는 뜻이다. 두 마음을 품지 않고, 신하의 예(禮)를 다할 뿐입니다. 그렇게 함으로써 (신하의 예를 다함으로써) 임금님께 보답하려고 합니다."(라고 대답하였다.) 이 말을 들은 공왕(共王)은 (지앵·知罃의 신하·臣下다운 용맹함을 높이 사) "진(晉)나라는 아직 함께 다툴 수가 없다. 즉, 초(楚)나라는 아직 진(晉)나라와 서로 맞서 싸울 수 있는 힘이 없다는 뜻이다."라고 말하고, (지앵·知罃에게 잘 보이기 위해서) 융숭하게 대접하고 진(晉)나라로 돌려보냈다.]라는 이야기가 나오는데, '저희 임금께서 저를 처형(處刑)하신다고 한다면, 죽어도 또한 이름은 썩어 없어지지 않을 것입니다.(寡君之以爲戮, 死且不朽)'와, '아버지가 저희 임금에게 청(請)하여, 저를 선조(先祖)의 사당(祠堂)에서 죽인다면, 그것도 역시 죽어도 또한 이름은 썩지 않을 것입니다.(而以戮於宗, 亦死且不朽)'에서, '사차불후(死且不朽)'가 유래했다. 이 이야기의 배경은 이렇다. 기원전 597년, 진(晉)나라가 필(邲) 땅에서 초(楚)나라와 전투를 벌였을 때, 진(晉)나라의 지앵(知罃)이 초(楚)나라의 대부(大夫. 벼슬 이름)인 웅부기(熊負羈)에게 사로잡혔다(포로捕虜로 잡혔다). 지앵(知罃)의 아버지인 순수(荀首)는 아들을 되찾기 위하여 초(楚)나라의 연윤(連尹. 초나라의 관직명)인 양로(襄老. 사람 이름)를 죽이고, 공자(公子. 지체 높은 집안의 젊은 자제)인 곡신(谷臣. 초·楚나라 장왕·莊王의 아들)을 사로잡아, 여기서, '지체'는 순우리말로, 대대로 이어 내려오는 사회적 신분이나 지위를 일컬음. 양로(襄老)의 시신(屍身. 죽은 사람의 몸뚱이)과 공자(公子)인 곡신(谷臣)을 데리고 귀환(歸還. 돌아옴. 특히 전쟁터에서 돌아옴)했다. 몇 년 후에 진(晉)나라는 이들을 돌려주고 진(晉)나라 사람인 지앵(知罃)도 돌려주기를 청(請)했다. 즉, 진(晉)나라 사람인 곡신(谷臣)과 초(超)나라 사람인 지앵(知罃)을 동시에 돌려주기를 청(請)했다는 뜻이다. 당시(當時. 일이 있었던 바로 그때. 또는 이야기하고 있는 그 시기) 초(楚)나라도 지앵(知罃)의 아버지인 순수(荀首)가 한때 진(晉)나라의 중군(中軍. 관직 이름) 부장(副將. 벼슬 이름. 대장·大將이나 주장·主將 즉, 우두머리 장수를 보좌하는 장수)이었으므로 이를 승낙(承諾)하여 지앵(知罃)이 고국(故國)으로 돌아갈 수 있었다. 지앵(知罃)은 고국(故國)으로 돌아가는 길에 초(楚)나라 공왕(共王)을 뵈었고, 서로 묻고 대답하던 중에 공왕(共王)이 "무엇으로 보답하겠는가"라고 묻자, 혹시 귀국(歸國)해서 군사를 이끌고 초(楚)나라와 교전(交戰. 서로 병력을 동원하여 전투를 함)할 일이 있거든, 힘을 다하고 목숨을 바치며 싸워 신하(臣下)의 예(禮)를 다함으로써 보답하겠다고 답했다. 공왕(共王)은 이 대답에 감탄하고 융숭하게 대접해서 지앵(知罃)을 돌려 보냈다. 참고로, 원문의 '王曰'에서, '王'은 임금 '왕'으로 읽는다. 여기서는 초(楚)나라 '공왕(共王)'을 가리킴. '曰'은 일컬을 '왈'으로 읽는다. '王曰'을 직역(直譯)하면, '공왕(共王)'이 일컫기를, '子歸何以報我'에서, '子'는 그대 '자', 자네 '자'로 읽는다. 진(晉)나라의 '지앵(知罃)'을 가리킴. '歸'는 돌아갈 '귀'로 읽고, '何'는 어찌 '하', 무엇 '하'로 읽고, '以'는 써(그것을 가지고, 그것으로 인하여) '이'로 읽는다. '何以'는 한문(漢文)

구(句)의 하나로, 어찌 ~할 것인가? '報'는 (은혜 등을) 갚을 '보'로 읽고, '我'는 나 '아'로 읽는다. 초(楚)나라 '공왕(共王)' 자신을 가리킴. '子歸何以報我'를 직역(直譯)하면, 그대가 돌아가면(귀국하면) 어찌 나에게 (은혜를) 갚을 것인가? '對曰'에서, '對'는 대답할 '대'로 읽는다. '對曰'을 직역(直譯)하면, (지앵·知罃이) 대답하여 일컫기를, '臣不任受怨'에서, '臣'은 신하(臣下) '신'으로 읽는다. 여기서는 신하(臣下)로서 자기를 낮추는 말. '지앵(知罃)' 자신을 가리킴. '不'은 아닐(부정하는 말) '불', 없을 '불'로 읽고, '任'은, 여기서는 마음대로 '임', 멋대로 '임'으로 읽고, '受'는 받을 '수'로 읽고, '怨'은 원한(怨恨. 억울하고 원통한 일을 당하여 응어리진 마음) '원', 원망(怨望)할 '원'으로 읽는다. '臣不任受怨'을 직역(直譯)하면, 신하로서 (임금님에게) 마음대로 원한(怨恨)을 받을 (수도) 없고, '君亦不任受德'에서, '君'은 임금 '군'으로 읽고, '亦'은 또 '역', ~도 역시(亦是) '역'으로 읽고, '德'은 덕(德) '덕'으로 읽는다. '君亦不任受德'을 직역(直譯)하면, 임금께서도 역시(亦是) (저로부터) 마음대로 덕(德)을 받을 수 없습니다. '無怨無德'에서, '無'는 없을 '무'로 읽는다. '無怨無德'을 직역(直譯)하면, 원한(怨恨)도 없고 덕(德)도 없으므로, '不知所報'에서, '知'는 알 '지'로 읽는다. '不知'는 알지 못함. '所'는 바(앞에서 말한 내용 그 자체나 일 따위를 나타내는 말) '소'로 읽는다. '不知所報'을 직역(直譯)하면, (은혜를) 갚을 바를 알지 못합니다. '雖然'에서, '雖'는 비록 '수', 아무리 하여도 '수'로 읽고, '然'은 그러할 '연'으로 읽는다. '雖然'을 직역(直譯)하면, 아무리 그렇더라도. '必告不穀'에서, '必'은 반드시 '필'로 읽고, '告'는 고(告)할 '고', 알릴 '고'로 읽고, '穀'은 곡식 '곡'으로 읽는데, 여기서는 길(吉)할 '곡'으로 읽는다. '좋은 일'이란 뜻이 강함. '必告不穀'을 직역(直譯)하면, 반드시 좋은 일이 아닌 (것도) 알려라. 즉, 좋은 일이든, 나쁜 일이든 그대의 생각을 반드시 나에게 알려 달라는 뜻이다. '以君之靈'에서, '之'는 어조사 '지'로 읽는다. '~의'를 나타내는 관형격 조사. '靈'은, 여기서는 복(福) '령(영)', 도움 '령(영)'으로 읽는다. 以君之靈을 직역(直譯)하면, 임금의 도움 그것으로 인하여, '纍臣得歸骨於晉'에서, '纍'는 가둘 루(노), 구금(拘禁. 피고인 또는 피의자를 구치소 또는 교도소 따위에 가두어 신체의 자유를 구속하는 일)할 루(노)로 읽는다. '纍臣'은 지앵(知罃) 자신을 말함. '得'은, 여기서는 손에 넣을 '득'으로 읽고, '骨'은 뼈 '골'로 읽고, '於'는 어조사 '어'로 읽는다. '~에서(위치)'의 뜻을 나타냄. '晉'은 나라 이름 '진'으로 읽는다. '纍臣得歸骨於晉'을 직역(直譯)하면, 구금(拘禁)되어 있는 신하(臣下)가 진(晉)나라에 돌아가 뼈를 손에 넣게 되었으니, 즉, 포로(捕虜)가 된 신하가 임금의 은총으로 몸을 보존해 진(晉)나라로 돌아가게 되었다는 뜻이다. '寡君之以爲戮'에서, '寡'는 적을 '과'로 읽는다. 여기서는 자기가 섬기는 임금을 다른 나라에 대하여 일컫는 겸칭(謙稱. 겸손하게 일컬음) '과'로 읽음. '寡君'은 '저희 임금'으로 풀이함. '之'는 어조사 '지'로 읽는다. '그것'을 나타내는 지시 대명사. '爲'는 할 '위'로 읽는다. '以爲'는 한문(漢文) 구(句)의 하나로, ~라고 생각한다. '戮'은 죽일 륙(육)으로 읽는다. '寡君之以爲戮'을 직역(直譯)하면, 저희 임금께서 그것 (때문에) (저를) 죽이겠다고 생각한다면, 즉, 우리 군주(君主. 세습적으로 나라를 다스리는 최고 지위에 있는 사람)께서 저를 죽이더라도, '死且不朽'에서, '死'는 죽을 '사'로 읽고, '且'는 또 '차'로 읽고, '不'은 아닐(부정하는 말) '불'로 읽고, '朽'는 썩을 '후'로 읽는다. 여기서 '死且不朽'가 유래하였는데, 이를 직역(直譯)하면, 죽어도 또 썩지 않는다는 뜻으로, 몸은 죽어 없어져도 그 명성(名聲. 좋은 평판. 또는 명예로운 평판)만은 영원히 남거나 그대로 후세(後世)에 길이 전(傳)함을 비유적으로 이르는 말. 즉, 여기서는, 몸은 죽어도 임금의 은혜는 영원히 잊지 않을 것이라는 뜻이 내포되어 있다. '若從君之惠而免之'에서, '若'은 만약 '약'으로 읽고, '從'은 좇을 '종'으로 읽고, '之'는 어조사 '지'로 읽는다. '~의'를 나타내는 관형격 조사. '惠'는 은혜(恩惠. 자연이나 남에게서 받는, 고마운 혜택) '혜'로 읽고, '而'는 말 이을 '이'로 읽는다. '그리고'의 뜻을 나타냄. '免'은 용서(容恕)하여 놓아 줄 '면'으로 읽고, '之'는, 여기서는 '그것'을 나타내는 지시 대명사다. '若從君之惠而免之'를 직역(直譯)하면, 만약에 임금의 은혜를 좇아 그리고 그것을 용서하여 놓아주시고, 즉, 만약 우리 군주(君主)께서 임금의 은혜를 생각해 저를 사면(赦免. 죄를 용서하여 형벌을 면제함)해주시고, '以賜君之外臣首'에서, '以'는 써 '이'로 읽는다. 여기서는 ~에게 ~을 주다. '賜'는, 여기서는 은혜(恩惠)를 베풀 '사'로 읽고, '外'는 바깥 '외'로 읽는다. '外臣'은 남의 나라에 대하여 저기 나라의 신하(臣下)를 일컫는 말. '首'는 머리 '수'로 읽는다. 여기서는 지앵(知罃)의 아버지 '순수(荀首)'를 가리킴. 以賜君之外臣首을 직역(直譯)하면, 저의 (아버지) 순수(荀首)에게 그것을 주어 임금께서 은혜(恩惠)를 베풀어주시고, 즉, 임금께서 저를 저의 아버지인 순수(荀首)에게 넘겨 주시는 은혜를 베푸시고, '首其請於寡君'에서, '其'는 그 '기'로 읽고, '請'은 청(請)할 '청'으로 읽고, '於'는 어조사 '어'로 읽는다. '~에게(위치)'의 뜻을 나타냄. '首其請於寡君'을 직역(直譯)하면, (저의 아버지) 순수(荀首)가 저희 임금에게 그것을 청하여, '而以戮於宗'에서, '宗'은, 여기서는 사당(祠堂. 신주·神主를 모신 집. 또는 신주·神主를 모시기 위하여 집처럼 자그마하게 만든 것) '종'으로 읽는다. '而以戮於宗'을 직역(直譯)하면, 그리고 그것으로 인하여 (선조의) 사당(祠堂)에서 (저를) 죽인다면, 즉, 저의 아버지인 순수(荀首)가 저희 군주(君主)에게 청하여, 저를 사당(祠堂)에서 죽이더라도, '亦死且不朽'에서, '亦死且不朽'를 직역(直譯)하면, 역시 죽어도 또 썩지 않을 (것입니다). 즉, 역시 임금의 은혜는 영원히 잊지 않겠다는 뜻이다.

사친-이-효(事親以孝 섬길 사/어버이 친/써 이/효도 효) 어버이를 섬기기를 효도로써 함. 또는 어버이를 효도로써 섬겨야 한다는 계율(戒律. 지켜야 할 규범을 이르는 말)을 이르는 말. 세속오계(世俗五戒)의 하나이다. 여기서, '세속오계(世俗五戒)'는 신라 진평왕(眞平王) 때 원광법사(圓光法師)가 지은 화랑의 계명(誠命. 도덕상 또는 종교상 지켜야 하는 규정)을 일컫는 말. 교우이신(交友以信), 사군이충(事君以忠), 사친이효(事親以孝), 살생유택(殺生有擇), 임전무퇴(臨戰無退)의 다섯 가지를 일컬음. *사친(事親): 어버이를 섬김. *섬기다: ①윗사람이나 어른을 모시어 받들다. ②남을 아끼다. *어버이: 아버지와 어머니를 아울러 이르는 말.

사친-지-도(事親之道 섬길 사/어버이 친/어조사 지/도리 도) 어버이를 섬기는 도리(道理)를 이르는 말. *사친(事親): ☞사친이효(事親以孝). *섬기다: ☞사친이효(事親以孝). *어버이: ☞사친이효(事親以孝). *도리(道理): 사람이 마땅히 지켜야 할 바른 길.

사통-오달(四通五達 넉 사/통할 통/다섯 오/통할 달) 넷(사방)으로도 통(通)하고 다섯 (군데에도) 통한다는 뜻으로, 길이 여러 군데로 막힘없이 통함. 즉, 도로(道路)나 교통망(交通網), 통신망(通信網) 따위가 이리저리 사방(四方)으로 통(通)함을 이르는 말. =사달오통(四達五通). 사통팔달(四通八達). *사통(四通): (도로 따위가) 사방으로 통함. 또는 이리저리 통함. *오달(五達): 길이 동, 서, 남, 북, 중앙의 다섯 군데로 통함. *통하다(通~): 부록 '통(通)', '달(達)' 참고.

사통-팔달(四通八達 넉 사/통할 통/여덟 팔/통할 달) 넷(사방)으로도 통하고 여덟 (군데에도) 통한다. 즉, 길이 사면팔방(四面八方. 본문 참고)으로 통한다는 뜻으로, 길이 여러 군데로 막힘없이 통함. 즉, 도로(道路)나 교통망(交通網), 통신망(通信網) 따위가 이리저리 사방(四方)으로 통함을 이르는 말. =사달오통(四

達五通). 사통오달(四通五達). *사통(四通): ☞사통오달(四通五達). *팔달(八達): ①길이 팔방(八方)으로 통하여 있음. ②모든 일에 정통함. 여기서, '팔방(八方)'은 사방(四方)과 사우(四隅)의 여덟 방위를 이르는 말. 즉, 사방(四方)인 동, 서, 남, 북과, 사우(四隅)인 동북, 동남, 서북, 서남 따위의 여덟 방위를 일컫는다. 이곳저곳. 여러 방향. 또는 여러 방면. *통하다(通~): 부록 '통(通)' 참고.

사패-기지(賜牌基地 내릴 **사**/패 **패**/터 **기**/땅 **지**) 패(牌)를 내린 터나 땅이라는 뜻으로, 임금이 내려 준 터를 이르는 말. *사패(賜牌): ①고려, 조선 시대에, 궁가(宮家. 지난날, 왕족이 살던 궁전)나 공신(功臣. 나라에 공로가 있는 신하)에게 나라에서 살림, 토지, 노비(奴婢. 사내종과 계집종을 통틀어 이르는 말) 따위를 내려주며 그 소유에 관한 문서를 주던 일. 또는 그 문서. ②고려, 조선 시대에, 공로가 있는 시골 아전(衙前)에게 나라에서 부역(賦役)을 면제하여 주던 일. 여기서, '부역(賦役)'은 국가나 공공 단체 가 특정한 공익사업을 위하여 보수 없이 국민에게 의무적으로 책임을 지우는 노역·勞役을 이르는 말. *기지(基地): 군대나 탐험대 따위의 활동의 기점이 되는 근거지. *내리다: (벌이나 상 따위를) 아랫사람 에게 주다. *패(牌): 부록 '패(牌)' 참고. *터: 부록 '기(基)' 참고.

사패-지-지(賜牌之地 내릴 **사**/패 **패**/어조사 **지**/땅 **지**) 패(牌)를 내린 땅이라는 뜻으로, 고려, 조선 시대에, 임금이 내려 준 논밭을 이르는 말. 주로 외교와 국방 따위의 분야에서, 나라에 큰 공을 세운 왕족이나 벼슬아치에게 내려 주었으며, 세습(世襲. 신분, 작위, 업무, 재산 따위를, 대·代를 이어 물려주거나 받는 일)이 되는 토지와 안 되는 토지가 있었다. *사패(賜牌): ☞사패기지(賜牌基地). *내리다: ☞사패기지(賜牌基地). *패(牌): 부록 '패(牌)' 참고.

사-포도청(私捕盜廳 사사로이 할 **사**/잡을 **포**/도둑 **도**/관청 **청**) 사사로이 하는, 즉, 사적(私的)인 도둑을 잡는 관청(官廳)이라는 뜻으로, 예전에, 백성을 함부로 잡아다가 형벌하는, 권세(權勢. '권력·權力'과 '세력·勢力'을 아울러 이르는 말) 있는 집을 놀림조로 이르던 말. *포도청(捕盜廳): 조선 시대에, 도둑이 나 그 밖의 범죄자를 잡기 위하여 설치한 관청. *사사로이(私私~) 하다: 공적(公的)이 아니고, 개인적인 성격을 띠고 (무엇을) 하다. *관청(官廳): 부록 '청(廳)' 참고.

사풍-세우(斜風細雨 비낄 **사**/바람 **풍**/가늘 **세**/비 **우**) 비끼는 바람과 가는 비라는 뜻으로, 비껴 부는 바람과 가늘게 내리는 비를 이르는 말. =세우사풍(細雨斜風). 세풍사우(細風斜雨). *사풍(斜風): 비껴 부는 바 람. *세우(細雨): =가랑비. 즉, 이슬비보다는 좀 굵은, 가늘게 내리는 비. *비끼다: 부록 '사(斜)' 참고. 이 사자성어의 유래는 다음과 같다. 중국 당(唐)나라 시인(詩人)인 장지화(張志和)의 「어가자(漁歌子) 제1수」 편(篇)에 '사풍세우(斜風細雨)'가 나온다. 이 시의 전문(全文)을 소개한다. 〈서새산 앞에 백로가 날고 / 복사꽃 흐르는 물엔 살 오른 쏘가리. / 나를 사랑하고 좋아하는 이 / 푸른 댓잎 삿갓 쓰고 / 초록빛 도롱이 입고 / 비끼는 바람에 가는 비 내려도 돌아가지 않네.(西塞山前白鷺飛, 桃花流水鱖魚肥, 靑箬笠, 綠蓑衣, 斜風細雨不須歸)〉라는 이야기가 나오는데, '비끼는 바람에 가는 비 내려도 돌아가지 않네.(斜風 細雨不須歸)'에서, '사풍세우(斜風細雨)'가 유래했다. 이 시(詩)는 중국 당(唐)나라 때, 장지화(張志和)의 「어가자(漁歌子)」 5수(首) 중에서 첫 수(首)다. '歌子'는 '노래'라는 뜻이고, '漁歌子'는 '어부(漁父)의 노래' 라는 뜻이다. 이 노래를 「어부가(漁父歌)」, 「어부사(漁父詞)」로도 불리어지고 있다. 「어가자(漁歌子)」는 중국의 「어부가(漁父歌)」 중 가장 대표적인 작품으로 알려져 있다. 장지화(張志和)는 중국 당(唐)나라 때의 선인(仙人. '신선·神仙'과 같은 말. 도·道를 닦아서 현실의 인간 세계를 떠나 자연과 벗하며 산다는 상상의 사람. 세속적인 상식에 구애되지 않고, 고통이나 질병도 없으며 죽지 않는다고 함)이었다. 그가 물 위에 자리를 깔고 그 위에서 술을 마시면, 머리 위에서 학(鶴)이 춤추었다고 한다. 어떤 자료에는 그를 두고 신선(神仙)이 되어 하늘로 날아간 도사(道士. <u>도를 닦는 사람</u>)라고 했다. 참고로, 원문의 '西塞山前白鷺飛'에서, '西'는 서녘 '서'로 읽고, '塞'는 변방(邊方. <u>중심지에서 멀리 떨어진 가장자리 지역</u>) '새'로 읽고, '山'은 뫼(<u>'산'의 옛말</u>) '산'으로 읽는다. '西塞山'은 지금 중국의 절강성(浙江省) 호주시(湖州市)의 서편에 있는 산 이름. '前'은 앞 '전'으로 읽고, '白'은 흰 '백'으로 읽고, '鷺'는 백로(白鷺. <u>왜가릿과의 새 가운데 몸빛이 흰 새를 통틀어 이르는 말</u>) '로(노)'로 읽고, '飛'는 날 '비'로 읽는다. '西塞山前白鷺飛'를 직역(直譯)하면, 서새산(西塞山) 앞에는 백로(白鷺)가 날고, 즉, 이 시구(詩句)는 뒤로 서새산(西塞山)을 배경으로 그 앞쪽으로 백로(白鷺)가 나는 모습을 그리고 있다. 여기서, 백로(白鷺)는 한적한 모습을 상징하고 있다. '桃花流水鱖魚肥'에서, '桃'는 복숭아 '도'로 읽고, '花'는 꽃 '화'로 읽는다. '桃花'는 복사나무의 꽃을 이르는 말. 복숭아꽃, 복사꽃으로 불리기도 한다. 이 꽃은 신선(神仙)의 꽃으로 알려져 있다. '流'는 흐를 '류(유)'로 읽고, '水'는 물 '수'로 읽는다. '流水'는 흐르는 물. '鱖'은 쏘가리(<u>꺽짓과의 물고기 이름</u>) '궐'로 읽고, '魚'는 물고기(<u>물속에 사는 동물의 전체를 일컫는 말</u>) '어'로 읽고, '肥'는 살찔 '비'로 읽는다. 桃花流水鱖魚肥를 직역(直譯)하면, 복사꽃이 물에 흐르고 쏘가리가 살쪄 (있네). 즉, '복사꽃이 물에 흐르고'는 속세(俗世. <u>세속의 사람들이 사는 일반의 사회</u>)와 떨어진 선계(仙界. <u>신선·神仙이 산다는 곳</u>)에 온 느낌을 주는 시구(詩句)이다. '靑箬笠'에서, '靑'은 푸를 '청'으로 읽고, '箬'은 대껍질(<u>대나무의 순·筍을 싸고 있는 껍질</u>) '약'으로 읽고, '笠'은 삿갓(<u>비나 햇볕을 막기 위하여 대오리나 갈대로 거칠게 엮어서 만든 갓</u>) '립(입)'으로 읽는다. '靑箬笠'을 직역(直譯)하면, 푸른 대껍질로 (만든) 삿갓을 (쓰고), '綠蓑衣'에서, '綠'은 푸를 '록(녹)'으로 읽고, '蓑'는 도롱이(<u>짚, 띠 따위로 엮어 허리나 어깨에 걸쳐 두르는 비옷</u>) '사'로 읽고, '衣'는 (옷) 입을 '의'로 읽는다. '蓑衣'는 '도롱이'와 같은 뜻. 예전에 주로 농촌에서 일할 때 비가 오면 사용하던 것으로, 안쪽은 엮고 겉은 줄거리로 드리워 끝이 너덜너덜하게 만든다. '綠蓑衣'를 직역(直譯)하면, 푸른 도롱이를 입고, 즉, 이 시(詩)의 주인공은 대껍질로 만든 삿갓을 쓰고, 푸른 도롱이를 입음으로써 비바람에 대한 대비를 충분히 했다는 뜻이다. '斜風細雨不須歸'에서, '斜'는 비낄(<u>비스듬히 비침</u>) '사'로 읽고, '風'은 바람 '풍'으로 읽는다. '斜風'은 비껴 부는 바람. '細'는 가늘 '세'로 읽고, '雨'는 비 '우'로 읽는다. '細雨'는 가늘게 내리는 비. 이슬비보다 좀 굵다. '가랑비'와 같음. '不'은 아닐(<u>부정하는 말</u>) '불'로 읽고, '須'는 모름지기(<u>사리를 따져 보건대 마땅히</u>) '수'로 읽고, '歸'는 돌아갈 '귀'로 읽는다. 斜風細雨不須歸 를 직역(直譯)하면, 비껴 부는 바람에 가랑비가 내려도 모름지기 (집으로 돌아가야 하는데) 돌아가지 않네. 즉, 앞에서 시(詩)의 주인공이 비바람에 대한 대비를 충분히 했으니, 아무리 비바람이 불어도 계속 낚시를 하겠다는 의지(意志. <u>어떠한 일을 이루고자 하는 마음</u>)를 나타냄과 동시에, 비바람 속에서도 스스로 즐거워서 집으로 돌아감을 잊고 있음을 나타낸 것이라고 할 수 있다. 이 시 전체에는 화려한 복사꽃이 만발한 아름다운 봄날에, 청약립(靑箬笠)과 녹사의(綠蓑衣)를 걸치고 물가에서 유유자적(悠悠自適. <u>본문 참고</u>)하게 낚시질하는 어부(漁父)의 모습이 그려져 있다. 물아일체(物我一體. <u>본문 참고</u>), 곧 자연과 내가 하나가 된 경지가 느껴지는 시(詩)다.

사-필-귀정(事必歸正 일 **사**/반드시 **필**/돌아올 **귀**/바를 **정**) (모든) 일은 반드시 바르게 돌아온다는 뜻으로, 모든 잘잘못(<u>잘함과 잘못함. 또는 옳음과 그릇</u>)은 반드시 바른길로 돌아옴을 이르는 말. 圈 사불범정(邪

不犯正). *귀정(歸正): (그릇되었던) 일이 바른길로 돌아옴.《관련 속담》콩 심은 데 콩 나고 팥 심은 데 팥 난다. / 콩 심은 데서 팥 나올 리 없다.

사해-동포(四海同胞 넉 **사**/바다 **해**/같을 **동**/태보 **포**) 넷(사방)의 바다가 태보(胎褓)와 같다. 즉, 온 세상 사람들이 모두 동포(同胞)와 같다는 뜻으로, 세상의 모든 사람을 친밀(親密)하게 이르는 말. =사해형제(四海兄弟). *사해(四海): ①사방의 바다. ②온 세상. *동포(同胞): 같은 어머니에게서 태어난 형제, 자매의 뜻으로, 한 겨레, 같은 민족을 이르는 말. *태보(胎褓): 부록 '포(胞)' 참고.

사해-용왕(四海龍王 넉 **사**/바다 **해**/용 **용**/임금 **왕**) 넷(사방)의 바다에 (있는) 용(龍)의 임금이라는 뜻으로, 전설(傳說)에서, 동서남북의 네 바다 가운데 있다고 하는 용왕(龍王)을 이르는 말. *사해(四海): ☞사해동포(四海同胞). *용왕(龍王): ①용궁(龍宮)의 임금. ②불교에서 이르는, 용족(龍族)을 거느리는 여덟 왕. 불법(佛法. 부처의 가르침)을 수호(守護. 지키고 보호함)한다고 함.

사해-형제(四海兄弟 넉 **사**/바다 **해**/형 **형**/아우 **제**) 넷(사방)의 바다가 형(兄)과 아우이다. 즉, 세상의 모든 사람이 형제(兄弟)라는 뜻으로, 세상의 모든 사람을 친밀(親密)하게 이르는 말. 즉, 천하(天下) 사람들이 마음과 뜻을 같이한다면 누구나 형제처럼 친밀(親密)하게 지낼 수 있음을 이르는 말. =사해동포(四海同胞). *사해(四海): ☞사해동포(四海同胞). *형제(兄弟): ①형과 아우. ② =동기(同氣). 즉, 형제자매를 통틀어 이르는 말. 이 사자성어의 유래는 다음과 같다. 『논어(論語)』의 「안연(顏淵)」 편(篇)에 〈사마우(司馬牛)가 근심하면서 말했다. "사람들은 모두 형제가 있는데, 유독 저만 없습니다." 자하(子夏)가 말했다. "죽음과 삶에는 명(命)이 있고, 부유함과 귀함은 하늘에 달려 있다고 들었습니다. 군자(君子. 학문과 덕·德이 높고 행실·行實이 바르며 품위·品位를 갖춘 사람)가 공경하며 실수하지 않고, 남과 접촉하는 데 공손하고 예우가 있으면, 온 세상 사람들이 모두 형제입니다. 군자(君子)가 어찌 형제가 없는 것을 걱정하겠습니까?"(司馬牛憂曰, 人皆有兄弟, 我獨亡, 子夏曰, 商聞之矣, 死生有命, 富貴在天, 君子敬而無失, 與人恭而有禮, 四海之內, 皆兄弟也. 君子何患乎無兄弟也.)〉라는 이야기가 나오는데, '온 세상 사람들이 모두 형제입니다.(四海之內, 皆兄弟也)'에서, '사해형제(四海兄弟)'가 유래했다. 자하(子夏)가 한 말이다. 나머지 구체적인 내용은 ⇨부귀재천(富貴在天).

사회-부-연(死灰復燃 죽을 **사**/재 **회**/다시 **부**/불탈 **연**) 죽은(사그라진) 재[灰]에 다시 불이 탄다(붙다). 즉, 탄 재[灰]가 다시 불이 붙었다는 뜻으로, 세력(勢力)을 잃었던 사람이 다시 세력(勢力)을 잡음. 또는 곤경(困境)에 처해 있던 사람이 어려움을 극복(克服)하고 다시 일어나거나 훌륭하게 됨을 비유적으로 이르는 말. *사회(死灰): 불이 꺼진 재. *재: 부록 '회(灰)' 참고. 이 사자성어의 유래는 다음과 같다. 『사기(史記)』의 「한장유열전(韓長孺列傳)」 편(篇)에, 〈한(漢)나라 문제(文帝)의 둘째 아들인 양(梁)나라 효왕(孝王)의 신하인 한안국(韓安國)이 법(法)을 어겨 감옥에 갇혔는데, 몽현(蒙縣. 땅 이름)의 옥리(獄吏. 지난날 감옥에 딸리어 있던 아전·衙前을 이르는 말)인 전갑(田甲)이 한안국(韓安國)을 모욕(侮辱)하자, 한안국(韓安國)이 말했다. "다 타 버린 재에서도 다시 불길이 살아나지 않는가?" 그러자, 전갑(田甲)이 말했다. "다시 불이 타오르면 거기에다 오줌을 싸겠다."(其後安國坐法抵罪, 蒙獄吏田甲辱安國, 安國曰, 死灰獨不復燃乎, 田甲曰, 然卽溺之.)〉[얼마 후에 양(梁)나라의 내사(內史. 중국 진한·秦漢 시대에, 수도·首都 서울을 다스리는 일을 맡아보던 벼슬) 자리가 비었다. 한(漢)나라에서 사자(使者. 심부름을 하는 사람)를 보내 한안국(韓安國)을 양(梁)나라의 내사(內史)에 제수(除授. 추천을 받지 않고 임금이 바로 벼슬을 줌)하자, 한안국(韓安國)은 죄인(罪人)의 몸(신분)에서 2,000석의 봉록(俸祿. 벼슬아치에게 연봉·年俸으로 주는 곡식, 피륙, 돈 따위를 통틀어 이르는 말)을 받는 고관(高官. 높은 지위에 있는 관리)이 되었다. 즉, 그 뒤 감옥에서 풀려 나온 한안국(韓安國)은 양(梁)나라의 내사(內史)로 다시 벼슬자리에 올랐다는 뜻이다. 전갑(田甲)은 달아나 버렸다. 즉, 이 소식을 전해들은 전갑(田甲)이 놀라 도망쳤다는 뜻이다. 그러자 한안국(韓安國)이 말했다. "전갑(田甲)아, 돌아와 직책(職責)을 지키지 않으면 너의 집안을 멸족(滅族. 한 가족이나 종족을 멸하여 없앰)해 버리겠다." 즉, 관직(官職. 관리로서, 국가로부터 위임 받은 일정한 범위의 직무. 또는 그 직위)에 복귀(復歸)하지 않으면 그의 일족(一族)을 멸하겠다는 뜻이다. 전갑(田甲)이 웃옷을 벗고 사죄(謝罪. 지은 죄나 잘못에 대하여 용서를 빎)하자, 한안국(韓安國)은 웃으면서 "오줌을 누워보지 그래. 너 같은 것들을 굳이 다스릴 것까지야 있겠느냐?"(네가 말한 대로 오줌을 누어 보거라. 너희 같은 무리들을 문책할 필요가 있겠느냐?)고 말하고는 전갑(田甲)을 후대(厚待. 후하게 대접함)해 주었다.]라는 이야기가 나오는데, '다 타 버린 재에서도 다시 불길이 살아나지 않는가?(死灰獨不復燃乎·)'에서, '사회부연(死灰復燃)'이 유래했다. 이 이야기의 마지막 부분에 '전갑(田甲)을 후대(厚待)해 주었다.'는 말이 나온다. 한안국(韓安國)은 자신을 모욕(侮辱)하였던 전갑(田甲)의 잘못을 용서해 주었다는 뜻이다. 결국 '사회부연(死灰復燃)'은 한안국(韓安國)처럼 세력을 잃은 사람이 다시 활동하거나 득세(得勢. 세력을 얻음)하는 것을 비유(比·譬喩. 어떤 사물의 모양이나 상태 따위를 보다 효과적으로 표현하기 위하여 그것과 비슷한 다른 사물에 빗대어 표현함. 또는 그 표현 방법)하는 말이 되었다. '사회부연(死灰復燃)'은 한안국(韓安國)의 말에서 유래했다. 참고로, 원문의 '其後安國坐法抵罪'에서, '其'는 그(지시하는 말) '기'로 읽고, '後'는 뒤 '후'로 읽고, '安'은 편안할 '안'으로 읽고, '國'은 나라 '국'으로 읽는다. '安國'은 사람 이름. '한안국(韓安國)'을 가리킴. '坐'는 죄(罪) 입을 '좌', 죄(罪) 받을 '좌'로 읽고, '法'은 법(法. 국가나 종교 따위에서 강제력이 따르는 온갖 규범) '법'으로 읽고, '抵'는 거스를 '저', 당할 '저'로 읽고, '罪'는 허물 '죄', 죄(罪) '죄'로 읽는다. '其後安國坐法抵罪'를 직역(直譯)하면, 그 후에 한안국(韓安國)은 법을 거슬러 죄를 입어 (감옥에 있는데). '蒙獄吏田甲辱安國'에서, '蒙'은 어두울 '몽'으로 읽는다. 여기서는 땅 이름 '몽현(蒙縣)'을 가리킴. '獄'은 옥(獄) '옥', 감옥(監獄) '옥'으로 읽고, '吏'는 벼슬아치 '리(이)', 관리 '리(이)'로 읽는다. '옥리(獄吏)'는 지난날 감옥에 딸리어 있던 아전(衙前)을 이르는 말. '田'은 밭 '전'으로 읽고, '甲'은 갑옷(예전에, 싸움을 할 때 적의 창, 칼, 화살 따위를 막기 위하여 입던 옷) '갑'으로 읽는다. 여기서 '田甲'은 사람 이름. '辱'은 욕(辱) '욕', 욕보일 '욕'으로 읽는다. '蒙獄吏田甲辱安國'을 직역(直譯)하면, 몽현(蒙縣)의 옥리(獄吏)인 전갑(田甲)이 한안국(韓安國)을 욕보이자, '安國曰'을 직역(直譯)하면, 한안국(韓安國)이 말하기를, '死灰獨不復燃乎'에서, '死'는 죽을 '사'로 읽고, '灰'는 재(물질이 불에 다 타 버린 뒤에 남는 것) '회'로 읽고, '獨'은 홀로 '독'으로 읽고, '不'은 아닐(부정하는 말) '불'로 읽고, '復'는 다시 '부'로 읽고, '燃'은 불탈 '연', 불 태울 '연'으로 읽는다. 그런데 어떤 자료에는 그러할 '然'으로 표기되어 있다. 이것은 문맥상 맞지 않아, 여기서는 '燃'을 따르기로 했다. '乎'는 어조사 '호'로 읽는다. '~는가?', '~인가?(의문)'의 뜻을 나타냄. '獨不~乎'를 직역(直譯)하면, 홀로 ~하지 않는가? '死灰獨不復燃乎'를 직역(直譯)하면, 죽은(다 타 버린) 재[灰]가 홀로 다시 불타지 않는가? 즉, 한안국(韓安國)은 잃어버린 권력과 세력을 다시 찾겠다는 의지(意志. 어떠한 일을 이루고자 하는 마음)를 밝힌 것이다. 여기서, '死灰復燃'이 유래하였는데, 이것을 직역(直譯)하면, 죽은(사그라진)

재[灰]에 다시 불이 탄다(붙다). 즉, 탄 재[灰]가 다시 불이 붙었다는 뜻으로, 세력(勢力)을 잃었던 사람이 다시 세력(勢力)을 잡음. 또는 곤경(困境)에 처해 있던 사람이 어려움을 극복(克服)하고 다시 일어나거나 훌륭하게 됨을 비유적으로 이르는 말. '田甲曰'에서, '田甲曰'을 직역(直譯)하면, 전갑(田甲)이 말하기를, 然卽溺之에서, '然'은 그러할 '연'으로 읽고, '卽'은 곧 '즉'으로 읽는다. '然卽'은 '그러하니', '그러면'의 뜻을 나타내는 접속 부사. '溺'은 오줌 '뇨(요)'로 읽는다. '尿'와 같은 뜻. '之'는 어조사 '지'로 읽는다. '그것'을 나타내는 지시 대명사. '然卽溺之'를 직역(直譯)하면, 그러면 그것('생기 없을 재'를 가리킴)에다 오줌을 (누어 불을 꺼겠다). 즉, 한안국(韓安國)을 비웃는 말로써, 전갑(田甲)이 잃어버린 권력과 세력을 다시 찾겠다는 한안국(韓安國)의 의지(意志)를 꺾고 말겠다는 뜻이다.

사회-주의(社會主義 모일 **사**/모일 **회**/주될 **주**/옳을 **의**) 사회(사회제도)를 (중시하는) 주된 주의(主義)라는 뜻으로, ①사유 재산 제도를 폐지하고, 생산 수단을 사회화하여, 자본주의 제도의 사회적·경제적 모순을 극복한 사회 제도를 실현(實現)하려는 사상, 또는 그 운동을 이르는 말. 공산주의, 무정부주의, 사회 민주주의 따위를 포함하는 넓은 개념이다. ②자본주의에서 공산주의로 이행하여 가는 과도기적 단계를 이르는 말. ***사회**(社會): ①공동생활을 하는 인간의 집단. ②(역사적으로) 어떤 특정한 발전 단계를 이룬 집단. ***주의**(主義): ①굳게 지키는 주장이나 방침. ②체계화된 이론이나 학설. ***주되다**(主~): 주장(主張)이나 중심(中心)이 되다.

사후-공명(死後功名 죽을 **사**/뒤 **후**/공 **공**/이름 **명**) 죽은 뒤의 공(功)과 이름이라는 뜻으로, 죽은 뒤에 내리는 벼슬이나 시호(諡號)를 이르는 말. 여기서, '시호(諡號)'는 현신(賢臣. 어진 신하)이나 유현(儒賢. 경학·經學에 정통하고 언행이 바른 선비)들이 죽은 뒤에 생전의 공덕(功德. 공적과 덕행)을 기리어 임금이 추증(追贈)하던 이름이다. 여기서, '경학(經學)'은 사서오경(四書五經)을 연구하는 학문이고, '추증(追贈)'은 공(功)이 많은 벼슬아치가 죽은 뒤에 나라에서 그의 관위(官位. 예전에, 벼슬자리 또는 직위를 이르던 말)를 높여 주던 일을 뜻한다. ***사후**(死後): 죽은 뒤. ↔생전(生前). ***공명**(功名): ①공(功)을 세워 널리 알려진 이름. ②공(功)을 세워 널리 이름을 떨치는 일. ***공**(功): 부록 '공(功)' 참고.

삭망-고조(朔望高潮 초하루 **삭**/보름 **망**/높을 **고**/조수 **조**) 초하루에서 보름 (사이의) 높은 조수(潮水)라는 뜻으로, 음력 초하룻날에서 보름날 사이의 만조(滿潮. 밀물이 가장 높은 해면·海面까지 꽉 차게 들어오는 현상. 또는 그런 때)를 이르는 말. ***삭망**(朔望): 음력 초하룻날[朔]과 보름날[望]을 아울러 이르는 말. ***고조**(高潮): ①밀물이 들어차서 해면(海面. 바다의 표면 또는 바닷물의 표면)의 높이가 가장 높아지는 상태. =만조(滿潮). 여기서 '밀물'은 밀려들어오는 물이란 뜻으로, 바닷물이 일정한 때에 해안으로 밀려들어오는 현상. 하루에 두 번씩 밀려들어온다. ↔썰물. ②감정이나 기세(氣勢. 기운차게 내뻗는 형세. 또는 내뻗는 힘찬 기운)가 가장 고양(高揚. 정신이나 기분 따위를 북돋워서 높임)된 상태를 비유적으로 이르는 말. 여기서, '기운'은 순우리말로, 생물이 살아 움직이는 원기(元氣). 또는 거기서 나오는 힘. ***조수**(潮水): 부록 '조(潮)' 참고.

삭발-염의(削髮染衣 깎을 **삭**/머리털 **발**/물들일 **염**/옷 **의**) 깎은 머리털과 물들인 옷이라는 뜻으로, 머리털을 깎고 (검게) 물들인 옷을 (입음)을 이르는 말. 즉, 불문(佛門. 불교를 믿는 사회나, 중들이 불상을 모셔놓고 불도를 닦는 절)에 들어섬을 일컫는 말이다. =낙발염의(落髮染衣). ***삭발**(削髮): ①길렀던 머리를 박박 깎음. 또는 그러한 머리. ②출가(出家)함. 즉, 중(승려)이 됨. ***염의**(染衣): 불교에서, 출가(出

家)한 사람의 옷을 이르는 말. 화려한 색깔이 아닌 흐린 색깔로 물들인 옷을 입는 데서 유래한다. *물들이다: 부록 '염(染)' 참고.

삭발-위-승(削髮爲僧 깎을 **삭**/머리털 **발**/될 **위**/중 **승**) 머리털을 깎고 중(僧侶)이 된다는 뜻으로, 속세(俗世)를 떠나 절에 가서 중(僧侶)이 됨을 이르는 말. =낙발위승(落髮爲僧). 삭발입도(削髮入道). *삭발(削髮): ☞삭발염의(削髮染衣).

삭삭-왕래(數數往來 자주 **삭**/자주 **삭**/갈 **왕**/올 **래**) 자주 자주 가고 온다는 뜻으로, 자주 왕래(往來)함을 이르는 말. *삭삭(數數): 자주자주. *왕래(往來): ①가고 오고 함. ②(편지나 소식을) 주고받음. ③교제함.

삭탈-관작(削奪官爵 빼앗을 **삭**/빼앗을 **탈**/벼슬 **관**/벼슬 **작**) (이) 벼슬 (저) 벼슬을 빼앗고 빼앗는다는 뜻으로, 지난날, 죄(罪)를 지은 자(者)의 벼슬과 품계(品階. 왕조 때 벼슬의 등급)를 빼앗고, 벼슬아치의 명부(名簿. 어떤 일에 관련된 사람의 이름, 주소, 직업 따위를 적어 놓은 장부)에서 그 이름을 지우던 일을 이르는 말. =삭탈관직(削奪官職). *삭탈(削奪): =삭탈관직(削奪官職). *관작(官爵): 관직(官職. 관리로서, 국가로부터 위임 받은 일정한 범위의 직무. 또는 그 직위)과 작위(爵位).

삭탈-관직(削奪官職 빼앗을 **삭**/빼앗을 **탈**/벼슬 **관**/직분 **직**) 벼슬의 직분(職分)을 빼앗고 빼앗는다는 뜻으로, 지난날, 죄(罪)를 지은 자(者)의 벼슬과 품계(品階. 왕조 때 벼슬의 등급)를 빼앗고, 벼슬아치의 명부(名簿. 어떤 일에 관련된 사람의 이름, 주소, 직업 따위를 적어 놓은 장부)에서 그 이름을 지우던 일을 이르는 말. =삭탈관작(削奪官爵). *삭탈(削奪): ☞삭탈관작(削奪官爵). *관직(官職): (관리로서) 국가로부터 위임받은 일정한 범위의 직무. 또는 그 직위. *직분(職分): 부록 '직(職)' 참고.

산-가-야-창(山歌野唱 뫼 **산**/노래 **가**/들 **야**/노래 **창**) 뫼('산'의 옛말)의 노래와 들의 노래라는 뜻으로, 시골에서 부르는 소박한 노래를 이르는 말.

산간-벽지(山間僻地 뫼 **산**/사이 **간**/궁벽할 **벽**/땅 **지**) 뫼('산'의 옛말) 사이의 궁벽(窮僻)한 땅이라는 뜻으로, 산간(山間)의 외진 곳. 즉, 산간(山間) 지대의 구석지고 후미진(산길이나 물길 따위가 매우 깊이 굽어 들어 가 있는. 또는 자리가 매우 구석지고 으슥한) 산골을 이르는 말. *산간(山間): 산과 산 사이에 산골짜기가 많은 곳. *벽지(僻地): (도시에서 멀리 떨어진) 으슥하고 한적한 곳. 또는 외진 곳. =두메. *궁벽하다(窮僻~): 부록 '벽(僻)' 참고.

산간-벽촌(山間僻村 뫼 **산**/사이 **간**/궁벽할 **벽**/마을 **촌**) 뫼('산'의 옛말) 사이의 궁벽(窮僻)한 마을이라는 뜻으로, 산간(山間)의 외진 마을. 즉, 구석지고 후미진(산길이나 물길 따위가 매우 깊이 굽어 들어 가 있는. 또는 자리가 매우 구석지고 으슥한) 산골의 마을을 이르는 말. *산간(山間): ☞산간벽지(山間僻地). *벽촌(僻村): 외진 곳에 있는 마을. *궁벽하다(窮僻~): 부록 '벽(僻)' 참고.

산계-야목(山鷄野鶩 뫼 **산**/닭 **계**/들 **야**/집오리 **목**) 뫼('산'의 옛말)의 닭(산 꿩)과 들의 집오리(청둥오리)라는 뜻으로, 성미가 괄괄하거나 성질이 사납고 거칠어서, 제 마음대로만 하며, 다잡을 수 없는 사람을 비유적으로 이르는 말. 여기서, '다잡다'는 다그쳐 붙들어 잡다. 단단히 잡도리(잘못되지 않도록 엄하게 단속하는 일)하여 엄하게 다스리다. (들뜨거나 어지러운 마음을) 다그쳐 바로잡다. *산계(山鷄): =꿩. *야목(野鶩): =청둥오리. *집오리: 집에서 기르는 오릿과의 새. 물오리보다 크고 날개는 약함. 고기나 알 따위를 취하기 위하여 기름.

산-고-곡-심(山高谷深 뫼 **산**/높을 **고**/골 **곡**/깊을 **심**) 뫼('산'의 옛말)는 높고 골짜기는 깊다. 또는 산이 높아야 골도 깊다는 뜻으로, 사람됨이 커야 그가 생각하는 것도 크다는 것을 비유적으로 이르는 말.

산-고-수-장(山高水長 뫼 **산**/높을 **고**/물 **수**/길 **장**) 뫼('산'의 옛말)는 높이 (솟고) 물(강)은 길게 (흐른다는) 뜻으로, 인자(仁者. 어진 사람)나 군자(君子. 학문과 덕이 높고 행실이 바르며, 품위를 갖춘 사람)의 덕행(德行. 어질고 너그러운 행실)이 높고 한(限)없이 오래 전(傳)하여 내려오는 것을 비유적으로 이르는 말.

산-고-수-청(山高水淸 뫼 **산**/높을 **고**/물 **수**/맑을 **청**) 뫼('산'의 옛말)는 높고 물은 맑다는 뜻으로, 자연의 경관(景觀. 경치·景致와 같은 뜻)이 뛰어나거나 경치(景致)가 좋음을 비유적으로 이르는 말.

산궁-수진(山窮水盡 뫼 **산**/궁할 **궁**/물 **수**/다할 **진**) 뫼('산'의 옛말)가 궁(窮)하고(막히고) 물줄기가 다하다(끊어져 더 갈 길이 없다)는 뜻으로, 피해 나갈 도리가 없는 아주 막다른 지경에 이름을 이르는 말. =산진수궁(山盡水窮). 산진해갈(山盡海渴). *산궁(山窮): 산이 막힘. *수진(水盡): 물의 흐름이 끊어짐. 또는 물이 다 떨어짐. *궁하다(窮~): 부록 '궁(窮)' 참고. *다하다: 부록 '진(盡)' 참고.

산림-녹화(山林綠化 뫼 **산**/수풀 **림**/푸를 **녹**/될 **화**) 뫼('산'의 옛말)의 수풀이 푸르게 되도록 (한다)는 뜻으로, 황폐(荒廢. 집이나 땅 따위를 거두지 않고 그냥 버려 두어 거칠고 못 쓰게 됨)한 산(山)에 나무를 심고 보호(保護)하며, 사방공사(沙防工事) 따위를 하여 초목(草木)을 무성하게 하는 일. 또는 그런 운동을 이르는 말. *산림(山林): ①산과 숲. 산에 있는 숲. ②도회지에서 멀리 떨어져 있는 산야(山野). ③=산장(山長). 즉, 초야(草野)에 묻혀 사는 학덕(學德. 학식과 덕행)이 높은 선비. *녹화(綠化): 나무를 심어, 산이나 들을 푸르게 함.

산림-처사(山林處士 뫼 **산**/수풀 **림**/처할 **처**/선비 **사**) 뫼('산'의 옛말)의 수풀에서 (벼슬 안 하고 집에) 처하여 (있는) 선비라는 뜻으로, 벼슬을 하지 않고 세속(世俗. 사람이 살고 있는 모든 사회를 통틀어 이르는 말)을 떠나 산골에 파묻혀 글이나 읽고 지내는 사람이나 선비를 이르는 말. =산림학사(山林學士). *산림(山林): ☞산림녹화(山林綠化). *처사(處士): ①세상 밖에 나서지 않고 조용히 묻혀 사는 선비. ②속인(俗人. 세속의 사람)으로서 불교의 법명(法名. 중이 되는 사람에게 속세·俗世의 이름 대신에 새로 지어 주는 이름)을 가진 남자. =거사(居士). 여기서 '속세(俗世)'는 세속의 사람들이 사는 일반의 사회를 일컫는다. ③절에서 임시로 지내는 도사(道士). *처하다(處~): 어떤 처지에 놓이다. *선비: 부록 '사(士)' 참고.

산림-천택(山林川澤 뫼 **산**/수풀 **림**/내 **천**/못 **택**) 뫼('산'의 옛말)와 숲[林]과 내[川]와 못[澤]을 아울러 이르는 말. 즉, 자연(自然)을 이르는 말. *산림(山林): ☞산림녹화(山林綠化). *천택(川澤): 내와 연못. *내: 부록 '천(川)' 참고. *못: 부록 '택(澤)' 참고. 이 사자성어의 유래는 다음과 같다. 『좌전(左傳)』의 「선공(宣公) 3년」 편(篇)에 〈초(楚)나라 장왕(莊王)은 왕손만(王孫滿)에게 구정(九鼎)의 대소경중(大小輕重)에 대해 물었다. 왕손만(王孫滿)이 말했다. "덕(德. 고매하고 너그러운 도덕적 품성)에 있는 것이지, 솥에 있는 게 아닙니다. 옛날 하(夏)나라에 덕(德)이 있을 때 먼 지역의 각종 기이한 현상을 그린 다음, 구주(九州)의 장(長)들이 바친 구리로 만든 것입니다. 솥의 표면에는 그렸던 물상(物象)들을 새겼습니다. 거기에 온갖 사물을 새겨 놓음으로써 백성들에게 신령스러운 것과 간악한 것을 구별할 수 있도록 했습니다. 그러므로 백성들이 물에 들어가거나, 산에 들어가서 자신에게 해로운 것을 피할 수 있었고, 이매망량(魑魅魍魎) 같은 귀신 도깨비들과 마주치지 않을 수 있었습니다."(楚子問鼎之大小輕重焉, 對曰, 在德不在鼎, 昔夏之方有德也, 遠方圖物, 貢金九牧, 鑄鼎象物, 百物而爲之備, 使民知神姦, <u>故民入川澤山林</u>, 不逢不若,

魑魅魍魎, 莫能逢之.)〉라는 이야기가 나오는데, ‘그러므로 백성들이 물에 들어가거나, 산에 들어가서, (故民入川澤山林)’에서, ‘산림천택(山林川澤)’이 유래했다. 이 글에서, ‘정(鼎)’은 천자(天子)를 상징하는 보물이므로, 이의 크기와 무게를 묻는다는 것은 천자(天子)의 자리를 노린다는 의미를 가지고 있다. 여기서, ‘천자(天子)’는 천제(天帝, 하늘을 다스리는 신, 또는 우주를 창조하고 주재한다고 믿어지는 초자연적인 절대자)의 아들이란 뜻으로, 천명(天命, 하늘의 명령)을 받아 천하(天下)를 다스리는 사람, 곧 중국에서 황제(皇帝)를 일컫던 말이다. ‘정(鼎)’은 우(禹)임금이 만들어 대대로 전해 내려왔는데, 주(周)나라가 망하고, 천하(天下)의 새로운 주인이 된 진(秦)나라로 옮기는 과정에서 사수(泗水)에 빠져 버렸다고 전해지고 있다. 그런데 위에 언급된 ‘구정(九鼎)’은 중국 하(夏)나라의 우왕(禹王) 때에, 전국의 아홉 주(州)에서 쇠붙이를 거두어서 만들었다는 아홉 개의 솥(쇠붙이나 오지 따위로 만들어, 밥을 짓거나 음식을 끓이는 데 쓰는 그릇)을 말한다. 주(周)나라 때까지 대대로 천자(天子)에게 전해진 보물이었다고 한다. 나머지 구체적인 내용은 ⇨대소경중(大小輕重).

산명-곡-응(山鳴谷應 **뫼 산**/**울 명**/**골 곡**/**응할 응**) 뫼(‘산’의 옛말)가 울면 골짜기가 응(應)한다는 뜻으로, 소리가 산(山)과 골짜기에 울림을 이르는 말. *산명(山鳴): ①땅속의 변화로 산이 울리는 소리. ②=메아리. 즉, 소리가 산이나 골짜기에 부딪히어 되울려(도로 울리거나 다시 울려) 오는 현상. 또는 그 소리. *울다: 부록 ‘명(鳴)’ 참고. *골: 부록 ‘곡(谷)’ 참고. *응하다(應~): 부록 ‘응(應)’ 참고. 이 사자성어의 유래는 다음과 같다. 소식(蘇軾)의 「후적벽부(後赤壁賦)」에, [이에 술과 고기를 가지고 / 다시 적벽(赤壁) 아래로 가서 놀았다. 여기서 ‘赤壁’은 땅 이름, 중국 삼국 시대인 서기 208년에 손권(孫權)·유비(劉備)의 소수 연합군이 조조(曹操)의 대군(大軍)을 크게 무찌른 장소로써, ‘적벽대전(赤壁大戰)’으로 유명함. 강물은 소리 내어 흐르고 / 깎아지른 절벽은 천척(千尺, 매우 높은 높이)이나 되었다. / 산은 높고 달은 작은데 / 수위(水位, 강, 바다, 호수, 저수지 따위의 물의 높이)가 낮아져 돌들이 드러나 있었다. / 세월이 얼마나 지났다고 / 강과 산을 다시 알아 볼 수 없단 말인가? / 나는 곧 옷자락을 걷고 올라가 / 험준한 바위를 걸으며 / 무성한 풀을 헤치고 / 호랑이나 표범 같은 바위에 걸터앉기도 하고 / 용같이 구불구불한 나무에 올라보기도 하였다. / 송골매[鶻, 매 ‘골’로 읽음, 맷과의 새 이름]가 사는 높은 새둥지에 오르기도 하고 / 풍이(馮夷, 물을 맡아 다스린다는 신, =하백·河伯)가 사는 물속 깊은 궁전(宮殿, 임금이 거처하는 집)을 내려다보았다. / 아마 두 명의 손님은 따라오지 못할 것이다.]〈갑자기 긴 휘파람 소리가 들리더니/초목이 진동(震動, 물체가 몹시 울리어 흔들림, 또는 물체 따위를 흔듦)하였고/산이 울리자 골짜기가 응답(應答, 부름이나 물음에 응하여 답함)하였으며/바람이 일고 강물이 솟구쳤다./나 또한 쓸쓸하여 슬퍼지며/엄숙하여 두려워져/오싹해지면서 더 이상 머무를 수 없었다./돌아와서 배[舟]에 올라/물 한가운데 놓아두고서는/배[舟]가 멈추는 곳을 따라서 그곳에서 쉬었다./때는 거의 한밤중으로/사방을 둘러보니 고요하고 적막한데/마침 학(鶴) 한 마리가 외롭게/강을 가로질러 동쪽에서 날아오는데/날개는 수레바퀴처럼 둥글게 보이고/검정 치마 흰 저고리 입은 듯한 모습인데/끼륵끼륵 길게 소리 내어 울며/우리 배[舟]를 스치듯이 지나 서쪽으로 날아갔다.(劃然長嘯, 草木震動, **山鳴谷應**, 風起水湧, 予亦悄然而悲, 肅然而恐, 凜乎其不可留也, 反而登舟, 放乎中流, 聽其所止而休焉, 時夜將半, 四顧寂寥, 適有孤鶴, 橫江東來, 翅如車輪, 玄裳縞衣, 戛然長鳴, 掠予舟而西也)〉라는 시구(詩句)가 나오는데, ‘산이 울리자 골짜기가 응답(應答, 부름이나 물음에 응하여 답함)하였으며,(山鳴谷應)’에서 ‘산명곡응(山鳴谷應)’이 유래했다. 나머지 구체적인 내용은 ⇨호의현상(縞衣玄裳).

산-명-수-려(山明水麗 뫼 **산**/밝을 **명**/물 **수**/고울 **려**) 뫼('산'의 옛말)가 밝고 물이 곱다는 뜻으로, 산수(山水. 산과 물이라는 뜻으로, 자연의 경치를 이르는 말)의 경치가 아름다움을 비유적으로 이르는 말. 곧, 자연의 경치가 아름다움을 이르는 말. ㊠ 산명수자(山明水紫). 산명수청(山明水淸). 산자수려(山紫水麗). 산자수명(山紫水明). *수려(水麗): (경치나 용모가) 빼어나게 아름다움. *곱다: 부록 '려(麗)' 참고.

산-명-수-자(山明水紫 뫼 **산**/밝을 **명**/물 **수**/자줏빛 **자**) 뫼('산'의 옛말)가 밝고 물이 자줏빛이라는 뜻으로, 산수(山水. 산과 물이라는 뜻으로, 자연의 경치를 이르는 말)의 경치가 매우 맑고 아름다움을 비유적으로 이르는 말. ㊠ 산명수려(山明水麗). 산명수청(山明水淸). 산자수려(山紫水麗). 산자수명(山紫水明).

산-명-수-청(山明水淸 뫼 **산**/밝을 **명**/물 **수**/맑을 **청**) 뫼('산'의 옛말)의 (색깔이) 밝고 물의 (색깔이) 맑다는 뜻으로, 산수(山水. 산과 물이라는 뜻으로, 자연의 경치를 이르는 말)가 맑고 깨끗함을 비유적으로 이르는 말. 곧, 자연의 경치가 좋음을 이르는 말. ㊠ 산명수려(山明水麗). 산명수자(山明水紫). 산자수려(山紫水麗). 산자수명(山紫水明).

산명-진동(山鳴震動 뫼 **산**/울 **명**/진동할 **진**/움직일 **동**) 뫼('산'의 옛말)가 울고 진동(震動)하듯 움직인다는 뜻으로, 산이 울고 땅이 흔들림을 이르는 말. *산명(山鳴): ①땅속의 변화로 산이 울리는 소리. ②=메아리. 즉, 소리가 산이나 골짜기에 부딪히어 되울려 오는 현상. 또는 그 소리. *진동(震動): (큰 물체가) 몹시 울려서 흔들리거나 떨림. *울다: 부록 '명(鳴)' 참고.

산상-수훈(山上垂訓 뫼 **산**/위 **상**/드리울 **수**/가르칠 **훈**) 뫼('산'의 옛말) 위에서 드리워진 가르침이라는 뜻으로, 예수(Jesus)가 갈릴리(Galilee) 호숫가의 산 위에서 기독교인으로서의 덕(德. 고매하고 너그러운 도덕적 품성)에 관하여 행한 설교. 또는 신약 성경 가운데(마태복음) 5~7장에 실려 있는 예수(Jesus)의 가르침을 이르는 말. 신앙생활의 근본 원리가 간명하게 정리, 기술되어 있다. =산상보훈(山上寶訓). 산상설교(山上說敎). *산상(山上): ①산 위. ②뫼(사람의 무덤)를 쓰는 일을 하는 곳. *수훈(垂訓): 후세(後世)에 전하는 교훈(敎訓. 앞으로의 행동이나 생활에 지침이 될 만한 것을 가르치는 일. 또는 그런 가르침)을 이르는 말. *드리우다: 부록 '수(垂)' 참고.

산수-경-석(山水景石 뫼 **산**/물 **수**/경치 **경**/돌 **석**) 뫼('산'의 옛말)와 물의 경치가 드러나 (있는) 돌이라는 뜻으로, 산, 골짜기, 폭포 따위의 자연 경치가 축소된 듯한 모습을 갖춘 수석(壽石. 주로 실내에서 보고 즐기는 관상용의, 자연적으로 생긴 돌)을 이르는 말. *산수(山水): (산과 물이라는 뜻으로) ①자연의 경치. ②산에서 흘러내리는 물. ③=산수화(山水畵). 즉, 동양화(東洋畵)에서, 자연의 풍경을 제재(題材. 예술 작품이나 학술 연구 따위에서 주제의 재료가 되는 것)로 하여 그린 그림. 여기서 '동양화(東洋畵)'는 한국, 중국, 일본 등지(等地. 땅의 이름 뒤에 쓰이어, 앞에 말한 '그러한 곳들'의 뜻을 나타내는 말)에서 발달한 독특한 화풍(畵風. 그림의 경향. 또는 그 특징)과 화법(畵法. 그림 그리는 방법)의 그림을 이르는 말. 주로 먹을 사용하며, 화선지(畵宣紙. 종이의 일종)나 비단(緋緞)에 산수(山水), 사군자(四君子) 따위를 제재(題材. 예술 작품이나 학술 연구 따위에서 주제의 재료가 되는 것)로 하여 그린 것이다.

산악-숭배(山岳崇拜 뫼 **산**/큰 산 **악**/높일 **숭**/절 **배**) 뫼('산'의 옛말)와 큰 산(山)을 높이 (여겨) 절한다는 뜻으로, 산악(山岳)에 종교적인 의미를 부여한다든가 산악(山岳)을 신성한 존재나 영적인 존재로 믿고 숭배(崇拜)하는 일을 이르는 말. =산악신앙(山岳信仰). *산악(山岳): 높고 험준하게 솟은 산들. *숭배(崇拜): ①(어떤 사람을) 훌륭히 여겨 마음으로부터 우러러 공경함. ②종교적 대상을 절대시하여 우러러 받듦. *높이다: 부록 '숭(崇)' 참고. *절: 부록 '배(拜)' 참고.

산용-수-상(山容水相 뫼 산/모양 용/물 수/모양 상) 뫼('산'의 옛말)가 (솟은) 모양(模樣)과 물이 (흐르는) 모양(模樣)이라는 뜻으로, 산천(山川. 산과 내. 또는 자연 또는 자연의 경치)의 형세(形勢. 풍수지리에서, 산의 생김새와 땅의 생긴 모양을 이르는 말)를 이르는 말. =산용수태(山容水態). *산용(山容): =산형(山形). 즉, 산의 형상. 또는 산의 모습. *모양(模樣): ①겉으로 본 생김새나 형상. ②(차림새나 단장 따위를) 곱게 꾸민 꾸밈새.

산용-수-태(山容水態 뫼 산/모양 용/물 수/모양 태) 뫼('산'의 옛말)가 (솟은) 모양과 물이 (흐르는) 모양이라는 뜻으로, 산천(山川. 산과 내. 또는 자연 또는 자연의 경치)의 형세(形勢. 풍수지리에서, 산의 생김새와 땅의 생긴 모양을 이르는 말)를 이르는 말. =산용수상(山容水相). *산용(山容): ☞산용수상(山容水相). *모양(模樣): ☞산용수상(山容水相).

산-은-해-덕(山恩海德 뫼 산/은혜 은/바다 해/덕 덕) 뫼('산'의 옛말)의 은혜(恩惠)와 바다의 덕(德)이라는 뜻으로, 산(山)처럼 높고 바다처럼 깊은 은덕(恩德. 은혜와 덕. 또는 은혜로운 덕)을 비유적으로 이르는 말.

산-자-수려(山紫水麗 뫼 산/자줏빛 자/물 수/고울 려) 자줏빛 뫼('산'의 옛말)와 고운 물. 즉, 산(山)은 자줏빛으로 선명(鮮明)하고, 물은 깨끗하다는 뜻으로, 경치가 아름다움을 비유적으로 이르는 말. 圓 산명수려(山明水麗). 산명수자(山明水紫). 산명수청(山明水淸). 산자수명(山紫水明). *수려(水麗): (경치나 용모가) 빼어나게 아름다움.

산-자-수명(山紫水明 뫼 산/자줏빛 자/물 수/맑을 명) 자줏빛 뫼('산'의 옛말)와 맑은 물. 즉, 산(山)은 자줏빛으로 선명(鮮明)하고 물은 맑다는 뜻으로, 산수의 경치가 썩 아름다움을 비유적으로 이르는 말. 圓 산명수려(山明水麗). 산명수자(山明水紫). 산자수려(山紫水麗). 산명수청(山明水淸). *수명(水明): 맑은 물이 햇빛에 비쳐 뚜렷이 보임.

산전-수전(山戰水戰 뫼 산/싸울 전/물 수/싸울 전) 뫼('산'의 옛말)에서도 싸우고 물에서도 싸웠다는 뜻으로, 세상일의 온갖 고난을 겪은 경험(經驗). 즉, 세상의 온갖 고생(苦生)과 어려움을 다 겪어 경험(經驗)이 많음을 비유적으로 이르는 말. *산전(山戰): =산악전(山岳戰). 즉, 산악지대에서 하는 전투. *수전(水戰): 물 위에서 전투를 함. 또는 물 위에서 하는 싸움. 이 사자성어의 유래는 다음과 같다. 그런데 이 말은 '산전(山戰)'과 '수전(水戰)'이 합하여 이루어진 성어(成語)이다. 그러므로 따로 따로 떼어 유래를 살펴보아야 한다. 『백전기략(百戰奇略)』의 「산전(山戰)」 편(篇)에, 〈무릇 적과 싸울 때에는 산림에 있든, 평지에 있든, 반드시 높은 언덕을 차지하여 유리한 지형에 의지하여야, 치기에 유리하고, 적에게 쳐들어가기에 유리하여, 싸워 이길 수 있다.(凡與敵戰, 或居山林, 或在平陵, 須居高阜, 恃於形勢, 順於擊刺, 便於奔衝, 以戰則勝.)〉라는 이야기가 나오는데, '무릇 적과 싸울 때에는 산림에 있든,(凡與敵戰, 或居山林)'에서, '산전(山戰)'이 유래했다. 참고로, 원문의 '凡與敵戰'에서, '凡'은 무릇(대체로 헤아려 생각하건대, 대체로 보아) '범'으로 읽고, '與'는 어조사 '여'로 읽는다. '~와', '~과(병렬)'의 뜻을 나타냄. 敵은 대적(對敵)할 '적', 원수(怨讐) '적'으로 읽고, '戰'은 싸움 '전', 전쟁(戰爭) '전'으로 읽는다. '敵戰'은 적과 맞서 싸움. '凡與敵戰'을 직역(直譯)하면, 무릇 적과 맞서 싸울 때에, '或居山林'에서, '或'은 혹(惑. 만일에) '혹'으로 읽고, '居'는 있을 '거'로 읽고, '山'은 뫼('산'의 옛말) '산'으로 읽고, '林'은 수풀 '림(임)'으로 읽는다. '山林'은 산에 있는 숲. '或居山林'을 직역(直譯)하면, 혹시 산림(山林)에 있든, '或在平陵'에서, '在'는 있을 '재'로 읽고, '平'은 평평할 '평'으로 읽고, '陵'은 언덕 '릉(능)'으로 읽는다. '或在平陵'을 직역 (直譯)하면, 혹시 평평한 언덕에 있든, '須居高阜'에서, '須'는 모름지기(사리를 따져 보건대. 마땅히 또는 반드시) '수'로 읽고, '居'는 여기서는 있을 '거', 차지할 '거'로 읽고, '高'는 높을 '고'로 읽고, '阜'는 언덕 '부'로 읽는다. '須居高阜'를 직역(直譯)하면, 모름지기 높은 언덕을 차지하여, '恃於形勢'에서, '恃'는 믿고 의지할 '시'로 읽고, '於'는 어조사 '어'로 읽는다. '~에', '~에서(위치)'의 뜻을 나타냄. '形'은 형세(形勢) '형'으로 읽고, '勢'는 형세(形勢) '세'로 읽는다. '形勢'는 '정세(情勢)'와 같은 말로, 일이 되어 가는 형편. '恃於形勢'를 직역(直譯)하면, (유리한) 형세(形勢)에 의지하여야, '順於擊刺'에서, '順'은 편안(便安)할 '순' 으로 읽고, '擊'은 칠 '격'으로 읽고, '刺'는 찌를 '자'로 읽는다. '擊刺'는 칼이나 창 따위로 때리고 찌름. '順於擊刺'를 직역(直譯)하면, (그러면) 치고 찌르는 데에 편안하다(유리하다). '便於奔衝'에서, '便'은 편 할 '편', 편리할 '편'으로 읽고, '奔'은 달릴 '분'으로 읽고, '衝'은 부딪칠 '충', 찌를 '충'으로 읽는다. '便於奔 衝'을 직역(直譯)하면, (그리고) 달려가 찌르는 데에 편하며(유리하며), '以戰則勝'에서, '以'는 써(그것을 가지고, 그것으로 인하여) '이'로 읽고, '則'은 곧 '즉'으로 읽고, '勝'은 이길 '승'으로 읽는다. '以戰則勝'은 직역(直譯)하면 그것을 가지고 전쟁을 하면 곧 이긴다. 그런데 이 외에 『백전기략(百戰奇略)』의 「수전(水 戰)」 편(篇)에 〈무릇 적과 싸울 때에는 혹은 강 언덕 가에 진(陣)을 치고, 혹은 물 위에 배를 정박(碇泊. 배가 닻을 내리고 머무름)시키는데, 이를 모두 수전(水戰)이라고 한다. 물에 가까운 언덕에서 싸울 때는 반드시 물에서 약간 멀리 떨어져야 하는데, 이는 한편으로는 적이 도하(渡河. 강이나 내를 건넘)를 하도 록 유인하는 것이고, 한편으로는 적이 의심을 하지 않도록 하기 위함이다.(凡與敵戰, 或岸邊爲陣, 或水 上泊舟, 皆爲之水戰, 若近水爲戰, 須去水稍遠, 一則誘敵便渡, 一則示敵無疑.)〉라는 이야기가 나오는데, '무릇 적과 싸울 때에는 혹은 강 언덕 가에 진(陣)을 치고, 혹은 물 위에 배를 정박(碇泊)시키는데, 이를 모두 수전(水戰)이라고 한다.(凡與敵戰, 或岸邊爲陣, 或水上泊舟, 皆爲之水戰)'에서, '수전(水戰)'이 유래 했다. 따라서, '산전수전(山戰水戰)'은 '산전(山戰)'과 '수전(水戰)'이 합하여 이루어진 성어(成語)이다. 원 래 '산전수전(山戰水戰)'은 이처럼 전술적(戰術的. 전쟁 또는 전투 상황에 대처하기 위한 기술과 방법에 관련된)인 측면에서 나왔지만, 나중에는 모든 풍파(風波. 세찬 바람과 험한 물결이라는 뜻으로, 세상살 이의 어려움이나 고통)를 다 겪거나, 경험이 풍부한 것을 비유(比·譬喩. 어떤 사물의 모양이나 상태 따위를 보다 효과적으로 표현하기 위하여 그것과 비슷한 다른 사물에 빗대어 표현함. 또는 그 표현 방법)하는 말로 쓰이게 되었다. 참고로, 원문의 '或岸邊爲陣'에서, '或'은 혹(或. 혹시'의 준말. 만일에. 어쩌다가) '혹'으로 읽고, '岸'은 언덕(물가의 언덕) '안'으로 읽고, '邊'은 가 '변', 가장자리 '변'으로 읽는 다. '岸邊'은 언덕 가, 언덕 부근. '爲'는 위할 '위'로 읽고, '陣'은 진칠 '진'으로 읽는다. '或岸邊爲陣'을 직역(直譯)하면, 혹은 (우리 쪽을) 위하여 언덕 가에 진(陣)을 치거나, '或水上泊舟'에서, '水'는 물 '수'로 읽고, '上'은 위 '상'으로 읽는다. '水上'은 물 위. 또는 흐르는 물의 상류. '泊'은 배 댈(정해진 시간에 닿거나 맞춤) '박'으로 읽고, '舟'는 배 '주', 선박(船舶) '주'로 읽는다. '或水上泊舟'를 직역(直譯)하면, 혹은 물 위에 배를 대는데, '皆爲之水戰'에서, '皆'는 다 '개', 모두 '개'로 읽고, '爲'는 할 '위'로 읽고,

‘之’는 어조사 ‘지’로 읽는다. ‘그것’을 나타내는 지시 대명사. ‘水’는 물 ‘수’로 읽고, ‘戰’은 싸움 ‘전’, 전쟁 (戰爭) ‘전’으로 읽는다. ‘皆爲之水戰’을 직역(直譯)하면 그것을 모두 수전(水戰)이라고 한다. ‘若近水爲戰’ 에서, ‘若’은 만약 ‘약’으로 읽고, ‘近’은 가까울 ‘근’으로 읽는다. ‘若近水爲戰’을 직역(直譯)하면, 만약 물 가까이에서 싸움을 한다면, ‘須去水稍遠’에서, ‘須’는 모름지기(사리를 따져 보건대 마땅히, 또는 반드시) ‘수’로 읽고, ‘去’는 갈 ‘거’로 읽고, ‘稍’는 점점 ‘초’로 읽고, ‘遠’은 멀 ‘원’으로 읽는다. ‘須去水稍遠’을 직역(直譯)하면, 모름지기 물에 (가까이) 가는 (것보다는) 점점 멀어져야 한다. ‘一則誘敵便渡’에서, ‘一’은 한 ‘일’로 읽고, ‘則’은 곧 ‘즉’으로 읽는다. ‘一則’은 ‘한편’과 같은 말로, 어떤 일의 한 측면. ‘誘’는 꾈 ‘유’, 유인(誘引. 남을 꾀어냄)할 ‘유’로 읽고, ‘便’은 편할 ‘편’, 편리할 ‘편’으로 읽고, ‘渡’는 건널 ‘도’로 읽는다. ‘一則誘敵便渡’을 직역(直譯)하면, (왜냐하면) 한 편으로 적(敵)이 건너기에 편리하도록 유인(誘 引)하는 (것이고), ‘一則示敵無疑’에서, ‘示’는 보일 ‘시’로 읽고, ‘無’는 없을 ‘무’로 읽고, ‘疑’는 의심할 ‘의’로 읽는다. ‘一則示敵無疑’을 직역(直譯)하면, 한 편으로 적(敵)이 의심하지 않도록 보여주기 (위함이 다). 여기서, ‘山戰水戰’이 유래하였는데, 이것을 직역(直譯)하면, 뫼(‘산’의 옛말)에서도 싸우고 물에서도 싸웠다는 뜻으로, 세상일의 온갖 고난을 겪은 경험(經驗). 즉, 세상의 온갖 고생(苦生)과 어려움을 다 겪어 경험(經驗)이 많음을 비유적으로 이르는 말.

산정-무한(山情無限 뫼 산/정 정/없을 무/한정 한) 뫼(‘산’의 옛말)의 정(情)이 한정(限定)이 없다는 뜻으로, 산(山)에서 느끼는 정취(情趣. 정감을 불러일으키는 흥취, 또는 깊은 정서를 자아내는 흥취)가 한(限. 범위·範圍, 수량·數量, 정도·程度의 끝. =한도·限度)이 없음을 이르는 말. *산정(山情): ①산의 정경(情 景. 정서를 자아내는 흥취와 경치). ②산에서 느끼는 정취(情趣). *무한(無限): 한(限)이 없음. *한정(限 定): 부록 ‘한(限)’ 참고.

산-준-수-급(山峻水急 뫼 산/높을 준/물 수/급할 급) 뫼(‘산’의 옛말)가 높고 물이 급(急)하다는 뜻으로, 산(山)의 형세(形勢. 풍수지리에서, 산의 생김새와 땅의 생긴 모양을 이르는 말)가 험(險)하고 물살이 빠름을 이르는 말.

산중-개-야(山中開野 뫼 산/가운데 중/열 개/들 야) 뫼(‘산’의 옛말) 가운데에 열려 (있는) 들이라는 뜻으 로, 산속에 넓게 자리 잡은 편평(扁平. 넓고 평평함)한 평야(平野. 넓게 펼쳐진 들)를 이르는 말. *산중(山 中): =산속(山~). 즉, 산(山)의 속.

산중-귀물(山中貴物 뫼 산/가운데 중/귀할 귀/사물 물) 뫼(‘산’의 옛말) 가운데의 귀한 사물(事物). 또는 산중(山中)에서만 나는 귀물(貴物)이라는 뜻으로, ①산속에서만 나는 귀한 물건을 이르는 말. ②그 고장 에서는 나지 않는 귀한 물건을 이르는 말. *산중(山中): ☞산중개야(山中開野). *귀물(貴物): ①얻기 어 려운 귀한 물건. ②귀중한 물건.

산중-재상(山中宰相 뫼 산/가운데 중/재상 재/재상 상) 뫼(‘산’의 옛말) 가운데의 재상(宰相)과 재상(宰相). 즉, 산중(山中)에 있는 재상(宰相)이라는 뜻으로, 산중(山中)에 은거(隱居. 세상을 피하여 숨어서 삶)하면 서, 나라에 중대한 일이 있을 때만 나와 나라의 자문(諮問. 정부나 기업체 따위에서, 학식과 경험이 풍부한 전문가에게 의견을 물음)에 응하거나 나라의 일을 보는 사람을 비유적으로 이르는 말. 중국 양(梁)나라의 도홍경(陶弘景)이 산속에 살면서, 나라에 대사(大事. =큰일. 즉, 중대한 일)가 있을 때는 늘 참여했다는 데서 유래한다. *산중(山中): ☞산중개야(山中開野). *재상(宰相): 임금을 보필(輔弼. 윗사람의 일을 도움. 또는 그런 사람)하며 모든 관원을 지휘, 감독하는 자리에 있는 이품(二品) 이상의 벼슬을 통틀어 이르던 말.

산중-호걸(山中豪傑 뫼 **산**/가운데 **중**/호걸 **호**/뛰어날 **걸**) 뫼('산'의 옛말) 가운데(산속)에 (사는) 뛰어난 호걸(豪傑)이라는 뜻으로, 호랑이나 호랑이의 기상(氣象. 사람이 타고난 꿋꿋한 바탕이나 올곧은 마음씨. 또는 그것이 드러난 모습)을 이르는 말. *산중(山中): ☞산중개야(山中開野). *호걸(豪傑): 지용(智勇. 슬기와 용기)이 뛰어나고 도량(度量. 사물을 너그럽게 용납하여 처리할 수 있는 넓은 마음과 깊은 생각)과 기개(氣槪. 어떤 어려움에도 굽히지 않는 강한 의지·意志, 또는 그러한 기상·氣像을 이르는 말)를 갖춘 사람.

산-지-사방(散之四方 흩어질 **산**/어조사 **지**/녁 **사**/방향 **방**) 네 방향으로 흩어짐이라는 뜻으로, 여기저기 사방으로 흩어짐. 또는 흩어져 있는 각 방향(方向)을 이르는 말. =산지사처(散之四處). *사방(四方): ① 동, 서, 남, 북의 네 방향. ②둘레의 모든 방향. 또는 여러 곳.

산-지-사처(散之四處 흩어질 **산**/어조사 **지**/녁 **사**/곳 **처**) 네 곳으로 흩어짐이라는 뜻으로, 사방(四方)으로 흩어짐. 또는 흩어져 있는 각 방향(方向)을 이르는 말. =산지사방(散之四方). *사처(四處): 여러 곳. =사방(四方).

산-진-수-궁(山盡水窮 뫼 **산**/다할 **진**/물 **수**/궁할 **궁**) 뫼('산'의 옛말)가 다하고(막히고) 물이 궁(窮)하다(끊어져 더 갈 길이 없다)는 뜻으로, 피해 나갈 도리가 없는 아주 막다른 지경에 이름(도달함)을 비유적으로 이르는 말. =산궁수진(山窮水盡). 산진해갈(山盡海渴). *다하다: 부록 '진(盡)' 참고. *궁하다(窮~): 부록 '궁(窮)' 참고.

산-진-해-갈(山盡海渴 뫼 **산**/다할 **진**/바다 **해**/마를 **갈**) 뫼('산'의 옛말)가 다하고(막히고) 바닷물이 마르다는 뜻으로, 막다른 경우에 이름(도달함)을 비유적으로 이르는 말. =산궁수진(山窮水盡). 산진수궁(山盡水窮) *다하다: 부록 '진(盡)' 참고.

산-진-해미(山珍海味 뫼 **산**/보배 **진**/바다 **해**/맛 **미**) 뫼('산'의 옛말)의 보배와 바다의 맛이라는 뜻으로, 산(山)과 바다에서 나는 온갖 진귀(珍貴)한 물건으로 차린, 맛이 좋은 음식을 이르는 말. =산진해갈(山珍海渴). 산진해착(山珍海錯). 산진해찬(山珍海饌). 산해진미(山海珍味). 수륙진미(水陸珍味). 수륙진찬(水陸珍饌). 해륙진미(海陸珍味). *해미(海味): 해산물로 만든, 맛이 좋은 반찬.

산-진-해착(山珍海錯 뫼 **산**/보배 **진**/바다 **해**/섞일 **착**) 뫼('산'의 옛말)의 보배와 바다에 섞여 (있는 해산물)이라는 뜻으로, 산(山)과 바다에서 나는 온갖 진귀(珍貴)한 물건으로 차린, 맛이 좋은 음식을 이르는 말. 여기서, '바다의 섞임'이란 바다에서 나는 여러 가지가 섞여 있다는 뜻. =산진해갈(山珍海渴). 산진해미(山珍海味). 산진해찬(山珍海饌). 산해진미(山海珍味). 수륙진미(水陸珍味). 수륙진찬(水陸珍饌). 해륙진미(海陸珍味). *해착(海錯): 여러 가지 풍부한 해산물. *섞이다: 부록 '착(錯)' 참고.

산천-경개(山川景槪 뫼 **산**/내 **천**/경치 **경**/대개 **개**) 뫼('산'의 옛말)와 내[川]의 대개(大槪)의 경치(景致)라는 뜻으로, 자연의 경치(景致)를 이르는 말. =산천물색(山川物色). *산천(山川): ①산과 내. ②자연 또는 자연의 경치(景致). *경개(景槪): =경치(景致). 즉, 산이나 강 따위 자연의 아름다운 모습. *대개(大槪): 부록 '개(槪)' 참고.

산천-만-리(山川萬里 뫼 **산**/내 **천**/일만 **만**/이수 **리**) 뫼('산'의 옛말)와 내[川]가 일만(一萬) 이수(里數)라는 뜻으로, 산(山)을 넘고 내[川]를 건너 아주 멂을 이르는 말. =붕정만리(鵬程萬里). *산천(山川): ☞산천경
개(山川景槪). *내: 부록 '천(川)' 참고. *이수(里數): ①거리를 리(里)의 단위로 헤아린 수(數). ②마을의
수효(數爻).

산천-물색(山川物色 뫼 산/내 천/사물 물/빛 색) 뫼('산'의 옛말)와 내[川]가 (비치는) 사물(事物)의 빛이라
는 뜻으로, 자연의 경치(景致)를 비유적으로 이르는 말. =산천경개(山川景槪). *산천(山川): ☞산천경개
(山川景槪). *물색(物色): ①물건의 빛깔. ②(생김새나 복색·服色으로 찾는다는 뜻에서) 어떤 기준에 맞
는 사람이나 물건을 고름(선택함). 여기서, '복색(服色)'은 신분이나 직업에 따라 달리 입는 옷의 모양이
나 빛깔을 일컬음. ③까닭이나 형편. *내: 부록 '천(川)' 참고.

산천-의구(山川依舊 뫼 산/내 천/전과 같을 의/옛 구) 뫼('산'의 옛말)와 내[川](냇물)는 옛 (모양으로) 전
(前)과 같다는 뜻으로, 산과 내(냇물) 곧 자연은 옛날과 같이 변함이 없음을 이르는 말. *산천(山川):
☞산천경개(山川景槪). *의구(依舊): 옛 모양과 다름이 없음. 또는 옛날 그대로 변함이 없음. *내: 부록
'천(川)' 참고.

산천-초목(山川草木 뫼 산/내 천/풀 초/나무 목) 뫼('산'의 옛말)와 내[川]의 풀과 나무라는 뜻으로, 자연을
비유적으로 이르는 말. *산천(山川): ☞산천경개(山川景槪). *초목(草木): ①풀과 나무. ②'식물(植物)'을
달리 이르는 말. *내: 부록 '천(川)' 참고. 이 사자성어의 유래는 다음과 같다. 한유(韓愈)의 「원인(原人)」
에, [위에 형상(形象)을 이루어 나타나 있는 것을 하늘이라 하고, 아래에 형상(形象)을 이루어 나타나
있는 것을 땅이라 하고, 명(命)을 받아 하늘과 땅 사이에 있는 것을 사람이라 한다. 위에 있는 해, 달,
별, 따위는 모두 하늘에 속하는 것이요, 아래에 있는 풀, 나무, 산, 강들은 모두 땅에 속하는 것들이다.
하늘과 땅 사이에 있는 여러 오랑캐와 온갖 짐승들은 모두 사람에 속하는 것들이다. 그렇다면 우리가
짐승을 사람이라 말해도 되겠는가? 안 된다고 할 것이다. 산을 가리켜 산이냐고 물으면 산이라고 말해도
된다. 산에는 풀과 나무, 짐승이 있는데 모두 함께 들어 말한 것이다. 산의 풀 한 포기를 가리켜 산이냐
고 물으면 산이라고 말하면 안 된다. 그러므로 하늘의 도리(道理)가 어지러워지면 일월성신(日月星辰.
본문 참고)이 그 바른 운행(運行. 천체가 궤도를 따라 운동함)을 하지 못하며, 땅의 도리(道理)가 어지러
워지면 초목(草木)과 산천(山川)이 그 평정(平靜. 평안하고 고요함)을 잃으며, 사람의 도(道)가 어지러워
지면 오랑캐와 짐승이 성정(性情. 타고난 성질)을 얻지 못한다.]〈하늘은 해·달·별의 주인이고, 땅은
풀·나무·산·강의 주인이며, 사람은 오랑캐와 새, 그리고 짐승의 주인이다. 주인이면서 난폭(亂暴. 행동
이 몹시 거칠고 사나움)하면 주인의 도리(道理)를 잃게 된다. 그러므로 성인(聖人. 지혜와 덕이 매우
뛰어나 길이 우러러 본받을 만한 사람)은 하나로 보고, 똑같이 사랑하고, 가까운 것을 돈독히(敦篤~.
도탑고 성실하게) 하고, 먼 것도 거두어들인다.(天者日月星辰之主也, **地者草木山川之主也**, 人者夷狄禽
獸之主也, 主而暴之, 不得其爲主之道矣, 是故聖人一視而同仁, 篤近而擧遠.)〉라는 글귀가 나오는데, '땅은
풀·나무·산·강의 주인이며,(地者草木山川之主也)'이라는 말에서, '산천초목(山川草木)'이 유래했다. 참
고로, 원문의 '天者日月星辰之主也'에서, '天'은 하늘 '천'으로 읽고, '者'는 것(사물, 현상, 일 따위를 추상
적으로 이르는 말) '자'로 읽는다. '天者'는, 직역(直譯)하면 하늘이라고 하는 것. '日'은 해 '일'로 읽고,
'月'은 달 '월'로 읽고, '星'은 별 '성'으로 읽고, '辰'은 별 '신'으로 읽고, '之'는 어조사 '지'로 읽는다. '~의'
를 나타내는 관형격 조사. '主'는 주인(主人) '주'로 읽고, '也'는 어조사 '야'로 읽는다. '~이다(단정)'의

뜻을 나타냄. '天者日月星辰之主也'를 직역(直譯)하면, 하늘이라고 하는 것은 해와 달과 별의 주인이요, 여기서, '日月星辰'이 유래하였는데, 이것을 직역(直譯)하면, 해와 달과 별을 통틀어 이르는 말. '地者草木山川之主也'에서, '地'는 땅 '지'로 읽는다. '地者'를 직역(直譯)하면, 땅이라고 하는 것. '草'는 풀 '초'로 읽고, '木'은 나무 '목'으로 읽고, '山'은 뫼('산'의 옛말) '산'으로 읽고, '川'은 내(시내보다는 크지만 강보다는 작은 물줄기) '천'으로 읽는다. '地者草木山川之主也'를 직역(直譯)하면, 땅이라고 하는 것은 풀과 나무와 산과 내의 주인이며, 여기서, '山川草木'이 유래하였는데, 이것을 직역(直譯)하면, 뫼('산'의 옛말)와 내[川]의 풀과 나무라는 뜻으로, 자연을 비유적으로 이르는 말. '人者夷狄禽獸之主也'에서, '人'은 사람 '인'으로 읽고, '者'는 것(사물, 현상, 일 따위를 추상적으로 이르는 말) '자'로 읽는다. '人者'는, 직역(直譯)하면 사람이라고 하는 것은, '夷'는 오랑캐 '이'로 읽고, '狄'은 오랑캐 '적'으로 읽는다. '夷狄'은 '오랑캐'와 같은 말로 예전에, 두만강 일대의 만주 지방에 살던 여진족을 멸시하여 이르던 말, '禽'은 날짐승(새처럼 날아다니는 짐승을 통틀어 이르는 말) '금'으로 읽고, '獸'는 짐승 '수', 길짐승(땅에 기어 다니는 짐승을 통틀어 이르는 말) '수'로 읽는다. '禽獸'는 날짐승과 길짐승이라는 뜻으로, 모든 짐승을 이르는 말. '人者夷狄禽獸之主也'를 직역(直譯)하면, 사람이라고 하는 것은 오랑캐와 날짐승과 길짐승의 주인이다. '主而暴之'에서, '而'는 말 이을 '이'로 읽는다. '그리고'의 뜻을 나타냄. '暴'은 사나울 '폭'으로 읽는다. '之'는 어조사 '지'로 읽는다. 여기서는 '그것'을 나타내는 지시 대명사. '主而暴之'를 직역(直譯)하면, (그런데) 주인이면서 그리고 그것을 사납게 하면, '不得其爲主之道矣'에서, '不'는 아닐(부정하는 말) '부'로 읽고, '得'은 얻을 '득'으로 읽고, '其'는 그(지시하는 말) '기'로 읽고, '爲'는 위할 '위'로 읽고, '之'는 어조사 '지'로 읽는다. 여기서는 '~의'를 나타내는 관형격 조사. '道'는 도리(道理) '도', 이치(理致) '도'로 읽고, '矣'는 어조사 '의'로 읽는다. '~이다(단정)'의 뜻을 나타냄. '不得其爲主之道矣'를 직역(直譯)하면, 그 주인을 위함의 도리를 얻지 못한다. 즉, 주인의 도리를 잃게 된다는 뜻이다. '是故聖人一視而同仁'에서, '是'는 이(지시하는 말) '시'로 읽고, '故'는 그러므로 '고'로 읽는다. '是故'는 한문(漢文) 구(句)의 하나로, '그러므로'의 뜻을 나타냄. '聖'은 성인(聖人) '성'으로 읽고, '人'은 사람 '인'으로 읽는다. '聖人'은 지혜와 덕(德. 고매하고 너그러운 도덕적 품성)이 매우 뛰어나 길이 우러러 본받을 만한 사람. '一'은 한 '일'로 읽고, '視'는 볼 '시'로 읽고, '而'는 말 이을 '이'로 읽는다. '그리고'의 뜻을 나타냄. '同'은 같을 '동'으로 읽고, '仁'은 사랑할 '인'으로 읽는다. '是故聖人一視而同仁'을 직역(直譯)하면, 그러므로 성인(聖人. 지혜와 덕이 매우 뛰어나 길이 우러러 본받을 만한 사람)은 하나로 보고, 그리고 똑같이 사랑한다. 즉, 그러므로 성인(聖人)은 모든 사람을 똑같이 보고 똑같이 어질게 사랑한다. 여기서, '一視同仁'을 직역(直譯)하면, (모든 사람을) 하나로 (평등하게) 보아 같게(똑같이) 사랑한다. 즉, 멀고 가까운 사람을 친(親)함에 관계없이, 똑같이 대(對)하여 준다는 뜻으로, 성인(聖人)이 누구나 차별 없이 평등하게 똑같이 사랑함을 이르는 말. 사람 위에 사람 없다는 말이 있듯이, 같은 사람끼리는 평등하다는 의미이다. '篤近而擧遠'에서, '篤'은 도타울(서로의 관계에 사랑이나 인정이 많고 깊을) '독', 독실(篤實. 믿음이 두텁고 성실함)할 '독'으로 읽고, '近'은 가까울 '근'으로 읽고, '擧'는 낱낱이 들 '거'로 읽고, '遠'은 멀 '원'으로 읽는다. '篤近而擧遠'을 직역(直譯)하면, 가까운 것을 돈독하게 여기고 그리고 먼 것까지 낱낱이 (거두어) 들인다. 즉, 가까운 사람에게도 돈독하게 여기고, 먼 데 있는 사람까지도 낱낱이 거두어들인다는 뜻이다.

산촌-수곽(山村水廓 뫼 산/마을 촌/물 수/둘레 곽) 뫼('산'의 옛말)의 마을과 물의 둘레에 (있는 마을)이라는 뜻으로, 산속이나 산기슭의 마을과 바닷가나 냇가의 마을을 이르는 말. 또는 시골의 여러 마을을 이르는 말. *산촌(山村): 산속에 자리한 마을. =두메. *수곽(水廓): 물가나 바닷가의 마을. *둘레: 부록 '곽(廓)' 참고.

산해-진미(山海珍味 뫼 산/바다 해/보배 진/맛 미) 뫼('산'의 옛말)와 바다의 보배로운 맛이라는 뜻으로, 산(山)과 바다에서 나는 온갖 진귀(珍貴)한 물건으로 차린, 맛이 좋은 음식을 비유적으로 이르는 말. =산진해갈(山珍海渴). 산진해미(山珍海味). 산진해착(山珍海錯). 산진해찬(山珍海饌). 수륙진미(水陸珍味). 수륙진찬(水陸珍饌). 해륙진미(海陸珍味). 回 고량진미(膏粱珍味). 용미봉탕(龍味鳳湯). *산해(山海): 산과 바다. *진미(珍味): 음식의 썩 좋은 맛. 또는 그런 음식물.

산호-만세(山呼萬歲 뫼 산/부를 호/일만 만/나이 세) 뫼('산'의 옛말)에서 만세(萬歲)를 부른다는 뜻으로, 지난날, 임금에게 축하하는 뜻으로 부르던 만세. 즉, 나라의 중요 의식에서, 신하(臣下)들이 임금의 만수무강(萬壽無疆. 본문 참고)을 축원(祝願. 희망하는 대로 이루어지기를 마음속으로 원함)하여 두 손을 치켜들고 만세(萬歲)를 부르던 일을 이르는 말. 중국 한(漢)나라의 무제(武帝)가 쑹산[嵩山]에서 제사 지낼 때, 신민(臣民. 군주국의 벼슬아치와 백성)들이 만세를 삼창(三唱. 세 번 되풀이해서 외침)한 데서 유래한다. 어떤 자료에는 이렇게 설명하고 있다. '만세(萬歲)'는 중국의 천추만세(千秋萬歲. 본문 참고)라는 단어에서 왔다. 천추(千秋)의 추(秋)는 가을이 아니라 해[年]를 뜻하며, 천추(千秋)는 천년(千年)이라는 의미가 된다. 만세(萬歲)의 '세(歲)'도 해[年]라는 뜻이므로, 만세(萬歲)는 만년(萬年)이라는 의미가 된다. '천추만세(千秋萬歲)'는 천년만년(千年萬年), 즉, 영원(永遠)이나 장수(長壽)의 의미를 지닌다. '만세삼창(萬歲三唱)'은 산호만세(山呼萬歲)라는 단어에서 유래한다. 중국 한(漢)나라의 무제(武帝)가 숭산(嵩山)에 올라 하늘에 제사를 지낼 때 백성들이 만세! 하고 외쳤다. 만세 소리가 메아리가 되어 모든 산이 '만세'라고 소리치는 듯하여 '산호(山呼)'라고도 한다. 메아리가 '만세, 만세, 만만세'로 들렸다 하여 '삼호(三呼)'라고도 부른다. =산호천세(山呼千歲). *산호(山呼): =산호만세(山呼萬歲). *만세(萬歲): ①오랜 세월. ②오래도록 삶. 또는 영원히 살아 번영함. ③축복(祝福. 행복을 빎. 또는 그 행복)하는 뜻으로, 또는 승리(勝利)를 기뻐하는 뜻으로 외치는 소리.

산화-공덕(散花·華功德 흩어질 산/꽃 화/공 공/덕 덕) 꽃을 흩어지게 (하여) 공(功)과 덕(德)을 (쌓는다)는 뜻으로, 부처에 대한 공양(供養. 불교에서, 부처나 보살에게 음식물이나 꽃 따위를 바치는 일)을 이르는 말. 또는 부처 앞에 꽃을 뿌리는 것을 이르는 말. *산화(散花·華): ①(꽃처럼 떨어진다는 뜻으로) '전사(戰死. 전쟁터에서 적과 싸우다 죽음)함'을 미화(美化. 아름답게 꾸미는 일)하여 이르는 말. 또는 어떤 목적을 위하여 목숨을 바침. ②부처에 대한 공양(供養)으로 부처 앞에 꽃을 뿌림. 또는 그 일. ③꽃은 피는데 열매를 맺지 못하는 꽃. *공덕(功德): ①공적과 덕행. ②불교에서, 현재 또는 미래에 행복을 가져올 선행(善行. 착한 행동. 또는 착하고 어진 행실)을 이르는 말.

살-계-취-란(殺鷄取卵 죽일 살/닭 계/취할 취/알 란) 알을 취(取)하려고 닭을 죽인다. 즉, 닭을 잡아 달걀을 얻는다(달걀을 얻으려고 닭의 배를 가른다)는 뜻으로, ①눈앞의 이득(利得. 이익을 얻음. 또는 그 이익)에 눈이 어두워 장래의 더 큰 이익을 해침을 비유적으로 이르는 말. 당장 눈앞의 성과(成果. 이루어 내거나 이루어진 결과. 또는 이루어 낸 결실)에 눈이 어두워 두고두고 거둘 이익을 걷어찬다는 의미다. ②눈에 보이는 성과(成果)를 보이기 위해 장기적인 이익을 희생하는 어리석은 사람을 비유적으로 이르는 말. =소탐대실(小貪大失). 《관련 속담》 기와 한 장 아끼다가 대들보 썩힌다. / 모시 고르다 베 고른다. / 아끼다 똥 된다 / 아끼다가 개 좋은 일만 한다. / 한 푼 아끼다 백 냥 잃는다.

살기-담-성(殺氣膽盛 죽일 **살**/기운 **기**/담력 **담**/성할 **성**) 죽일 기운의 담력(膽力)이 성(盛)하다는 뜻으로, 살기(殺氣)가 있어서 무서움을 타지 않음. 또는 무엇이라도 무섭지 않음을 이르는 말. *살기(殺氣): ①독살스러운 기운. ②남을 해치거나 죽이려는 무시무시한 기운. *기운: 순우리말로, 생물이 살아 움직이는 원기(元氣). 또는 거기서 나오는 힘. *담력(膽力): 사물을 두려워하지 않는 기력(氣力. 일을 감당할 수 있는 정신과 육체의 힘). 또는 겁이 없고 용감한 기운.

살기-등등(殺氣騰騰 죽일 **살**/기운 **기**/오를 **등**/오를 **등**) 죽일 기운이 오르고 오른다는 뜻으로, 살기(殺氣)가 표정이나 행동 따위에 잔뜩 올라 있거나 나타나고 있음을 이르는 말. *살기(殺氣): ☞살기담성(殺氣膽盛). *등등(騰騰): 부리는 기세(氣勢)가 상대의 기(氣)를 누를 만큼 꼴사납게 높고 당참. 또는 서슬(순우리말로, 칼날 따위의 날카로운 끝 부분)이 푸름. 여기서, '서슬이 푸르다'는 관용어로, 기세(氣勢)가 등등(騰騰)하다. *기운: ☞살기담성(殺氣膽盛).

살기-충천(殺氣衝天 죽일 **살**/기운 **기**/찌를 **충**/하늘 **천**) 죽일 기운이 하늘을 찌른다. 즉, 살기(殺氣)가 하늘을 찌른다는 뜻으로, 살기(殺氣)가 가득 차서 하늘을 찌를 듯함을 이르는 말. *살기(殺氣): ☞살기담성(殺氣膽盛). *충천(衝天): ①높이 솟아 하늘을 찌름. ②기세(氣勢) 따위가 북받쳐 오름. *기운: ☞살기담성(殺氣膽盛). *찌르다: 부록 '충(衝)' 참고.

살-부-지-수(殺父之讐 죽일 **살**/아비 **부**/어조사 **지**/원수 **수**) 아버지를 죽인 원수. *아비: 부록 '부(父)' 참고. *원수(怨讐): 부록 '수(讐)' 참고.

살생-금단(殺生禁斷 죽일 **살**/살 **생**/금할 **금**/끊을 **단**) 살아 (있는) (것을) 죽임을 금(禁)하거나 끊는다는 뜻으로, 불교에서, 자비(慈悲. 부처가 중생을 불쌍히 여겨 고통을 덜어주고 안락하게 해 주려고 함)의 정신으로 생물을 애호(愛護. 사랑하고 소중히 보호함)하기 위하여 새, 짐승 따위의 사냥을 금하는 일. 즉, 생물을 죽이지 못하게 금지(禁止)하는 일을 이르는 말. *살생(殺生): 사람이나 짐승 따위의 생물을 죽임. *금단(禁斷): (어떤 행동을 해서는 안 된다고) 엄하게 금함.

살생-유-택(殺生有擇 죽일 **살**/살 **생**/있을 **유**/가릴 **택**) 살아 (있는) (것을) 죽임에 가림(여럿 가운데서 골라내거나 구별해 냄)이 있어야 (한다). 즉, 살생(殺生)하는 데에 가림이 있어야 한다는 뜻으로, 살생(殺生)을 함부로 하지 말고 가려서 해야 함을 이르는 말. 세속오계(世俗五戒)의 하나이다. 여기서, '세속오계(世俗五戒)'는 신라 진평왕(眞平王) 때 원광법사(圓光法師)가 지은 화랑의 계명(誡命. 도덕상 또는 종교상 지켜야 하는 규정)을 일컫는 말. 교우이신(交友以信), 사군이충(事君以忠), 사친이효(事親以孝), 살생유택(殺生有擇), 임전무퇴(臨戰無退)의 다섯 가지를 이름. *살생(殺生): ☞살생금단(殺生禁斷). *가리다: 부록 '택(擇)' 참고.

살-신-성인(殺身成仁 죽일 **살**/몸 **신**/이룰 **성**/어질 **인**) (자기의) 몸을 죽여 어짊을 이룬다. 즉, 올바른 일을 위해서는 목숨도 바친다는 뜻으로, 옳은 일을 위해 자기 몸을 희생하거나 자기 목숨을 버리는 것을 이르는 말. =살신입절(殺身立節). *성인(成仁): 인(仁)을 이룸. 또는 덕(德. 고매하고 너그러운 도덕적 품성)을 갖춤. *이루다: 부록 '성(成)' 참고. *어질다: 부록 '인(仁)' 참고. 이 사자성어의 유래는 다음과 같다. 『논어(論語)』의 「위령공(衛靈公)」 편(篇)에 ⟨⟨(중국 춘추시대의 사상가이며 학자인) 공자(孔子)가 말했다. "뜻있는 선비와 어진 사람은 살기 위하여 인(仁)을 해치는 일이 없고, 오히려 자신의 목숨을 바쳐

인(仁)을 행할 뿐이다.”(子曰, 志士仁人, 無求生以害仁, **有殺身以成仁**.)〉라는 이야기가 나오는데, ‘오히려 자신의 목숨을 바쳐 인(仁)을 행할 뿐이다.(有殺身以成仁)’에서, ‘살신성인(殺身成仁)’이 유래했다. 참고로, 원문의 ‘子曰’에서, ‘子’는 경칭(敬稱. 공경하는 뜻으로 부르는 칭호. 또는 존대하여 일컬음) ‘자’로 읽는다. 학덕(學德)과 지위가 높은 남자의 경칭(敬稱)이다. 여기서는 ‘공자(孔子)’를 가리킴. ‘子曰’을 직역(直譯)하면, 공자(孔子)가 말하기를, ‘志士仁人’에서, ‘志’는 뜻 ‘지’로 읽고, ‘士’는 선비 ‘사’로 읽는다. ‘志士’는 나라와 민족을 위해 제 몸을 바쳐 일하려는 뜻을 가진 사람. ‘仁’은 어질 ‘인’으로 읽고, ‘人’은 사람 ‘인’으로 읽는다. ‘仁人’은 마음이 어진 사람. ‘志士仁人’을 직역(直譯)하면, 뜻있는 선비와 어진 사람들은, ‘無求生以害仁’에서, ‘無’는 없을 ‘무’로 읽고, ‘求’는 구할 ‘구’로 읽고, ‘生’은 살 ‘생’, 삶 ‘생’으로 읽는다. ‘求生’은 생명의 안전을 구함. ‘以’는 써(그것으로 인하여, 그것을 가지고) ‘이’로 읽고, ‘害’는 해할 ‘해’, 해로울 ‘해’로 읽고, ‘仁’은 어질 ‘인’으로 읽는다. ‘害仁’을 직역(直譯)하면, 인(仁)을 해침. 또는 그렇게 하는 사람. ‘無求生以害仁’을 직역(直譯)하면, 삶을 구하기 (위하여) 그것을 가지고 어짊을 해하는 (일은) 없으며, 즉, 살기 위하여 인(仁)을 해치는 일이 없으며, ‘有殺身以成仁’에서, ‘有’는 있을 ‘유’로 읽고, ‘殺’은 죽일 ‘살’로 읽고, ‘身’은 몸 ‘신’으로 읽고, ‘成’은 이룰 ‘성’으로 읽고, ‘仁’은 어질 ‘인’으로 읽는다. ‘有殺身以成仁’을 직역(直譯)하면, (자기의) 몸을 죽여 그것을 가지고 어짊을 이룸이 있을 (뿐이다). 즉, 오히려 자신의 목숨을 바쳐 인(仁)을 행할 뿐이다. 여기서, ‘殺身成仁’이 유래하였는데, 이것을 직역(直譯)하면, (자기의) 몸을 죽여 어짊을 이룬다는 뜻으로, 옳은 일을 위해 자기 몸을 희생하거나 자기 목숨을 버리는 것을 이르는 말.

살육-지-변(殺戮之變 죽일 **살**/죽일 **육**/어조사 **지**/재앙 **변**) 죽이고 죽이는 재앙(災殃)이라는 뜻으로, 무엇을 트집 잡아 많은 사람을 마구 죽이는 변고(變故)를 이르는 말. 여기서, ‘변고(變故)’는 갑작스러운 재앙이나 사고(事故). *살육(殺戮): (많은 사람을) 마구 죽임. *재앙(災殃): 뜻하지 아니하게 생긴 불행한 변고(變故). 또는 천재지변(天災地變. 본문 참고)으로 인한 불행한 사고(事故).

살인-강도(殺人強盜 죽일 **살**/사람 **인**/강제할 **강**/도둑질할 **도**) 사람을 죽이고 강제로 도둑질을 한다는 뜻으로, 사람을 죽이고 재물을 빼앗는 도둑. 즉, 재물을 빼앗기 위하여 사람을 죽이는 도둑을 이르는 말. *살인(殺人): 사람을 죽임. *강도(強盜): 폭행, 협박 따위의 강제수단으로 남의 금품을 빼앗는 일. 또는 그러한 도둑. *강제하다(強制~): 본인의 의사를 무시하고 우격으로 따르게 하다.

살-지-무-석(殺之無惜 죽일 **살**/어조사 **지**/없을 **무**/아깝게 여길 **석**) 죽여도 아깝게 여길 (것이) 없다. 또는 죽여도 아깝지 않다는 뜻으로, 죽여도 아깝지 아니할 정도로 지은 죄(罪)가 매우 무거움을 이르는 말.

살활-지-권(殺活之權 죽일 **살**/살 **활**/어조사 **지**/권리 **권**) 죽이고 살릴 수 있는 권리. =생살지권(生殺之權). *살활(殺活): ①사람을 죽이고 살리는 것. ②사람을 마음대로 다룸.

삼간-두옥(三間斗屋 석 **삼**/간 **간**/말 **두**/집 **옥**) 세 칸에 해당되는, (한) 말[斗]의 (곡식을 놓아두는) 집이라는 뜻으로, 몇 칸 되지 않는 작은 오막살이집(사람이 겨우 들어가 살 만큼 작고 허술한 집)을 이르는 말. *삼간(三間): 세 칸. *두옥(斗屋): ①아주 작은 집. ②아주 작은 방. *간(間): 방 넓이의 단위. *말: 부록 ‘두(斗)’ 참고.

삼간-초가(三間草家 석 **삼**/간 **간**/풀 **초**/집 **가**) 세 칸에 해당되는, 풀로 (된) 집. 즉, 세 칸밖에 안 되는 초가(草家)라는 뜻으로, 보잘것없거나 아주 작은 집을 이르는 말. =삼간초옥(三間草屋). 초가삼간(草家

三間). *삼간(三間): ☞삼간두옥(三間斗屋). *초가(草家): 볏짚이나 밀짚, 갈대 따위로 이엉(초가집의 지붕이나 담을 이기 위하여 엮은 짚)을 엮어 지붕을 인 집. =초옥(草屋). *간(間): ☞삼간두옥(三間斗屋).

삼간-초옥(三間草屋 석 **삼**/간 **간**/풀 **초**/집 **옥**) 세 칸에 해당되는, 풀로 (된) 집. 즉, 세 칸밖에 안 되는 초가(草家)라는 뜻으로, 보잘것없거나 아주 작은 집을 이르는 말. =삼간초가(三間草家). 초가삼간(草家三間). *삼간(三間): ☞삼간두옥(三間斗屋). *초옥(草屋): 볏짚이나 밀짚, 갈대 따위로 이엉(초가집의 지붕이나 담을 이기 위하여 엮은 짚)을 엮어 지붕을 인 집. =초가(草家). *간(間): ☞삼간두옥(三間斗屋).

삼강-오륜(三綱五倫 석 **삼**/벼리 **강**/다섯 **오**/인륜 **륜**) 세 (가지의) 벼리와 다섯 (가지의) 인륜(人倫)이라는 뜻으로, 삼강(三綱)과 오륜(五倫). 즉, 유교(儒敎)의 도덕에서 기본이 되는 세 가지의 강령(綱領. 일의 으뜸이 되는 줄거리)과, 지켜야 할 다섯 가지의 도리(道理. 사람이 마땅히 지켜야 할 바른 길)를 이르는 말. 여기서, '으뜸'은 중요한 정도로 본, 어떤 사물의 첫째를 이르는 말이다. *삼강(三綱): 유교의 도덕에서 기본이 되는 세 가지의 강령(綱領). 즉, 임금과 신하, 부모와 자식, 남편과 아내 사이에 마땅히 지켜야 할 도리(道理)로, 군위신강(君爲臣綱), 부위자강(父爲子綱), 부위부강(夫爲婦綱)을 일컫는다. *오륜(五倫): 유교에서 이르는 다섯 가지의 인륜(人倫). 곧, 부자(父子) 사이의 친애(親愛), 군신(君臣) 사이의 의리(義理), 부부(夫婦) 사이의 분별(分別), 장유(長幼) 사이의 차서(次序), 붕우(朋友) 사이의 신의(信義) 따위를 일컬음. *벼리: 부록 '강(綱)' 참고. *인륜(人倫): 부록 '륜(倫)' 참고.

삼강-오상(三綱五常 석 **삼**/벼리 **강**/다섯 **오**/법 **상**) 세 가지 벼리와 다섯 가지 법(法)이라는 뜻으로, 삼강(三綱)과 오상(五常)을 아울러 이르는 말. 곧, 사람이 지켜야 할 도리(道理. 사람이 마땅히 지켜야 할 바른 길)를 일컫는다. *삼강(三綱): ☞삼강오륜(三綱五倫). *오상(五常): 유교에서, ①사람으로서 마땅히 지켜야 할 다섯 가지 도리(道理). 곧, 인(仁), 의(義), 예(禮), 지(智), 신(信) 따위를 일컬음. ②부(父), 모(母), 형(兄), 제(弟), 자식(子息)이 저마다 지켜야 할 도리(道理). 즉, 아버지는 의리(義理. 사람으로서 마땅히 지켜야 할 도리), 어머니는 자애(慈愛. 아랫사람에게 베푸는 도타운 사랑), 형은 우애(友愛. 형제간. 또는 친구 사이의 사랑이나 정분), 아우는 공경(恭敬. 공손히 받들어 모심), 자식은 효도(孝道. 부모를 정성껏 잘 섬기는 일)를 일컫는다. *벼리: 부록 '강(綱)' 참고.

삼계-유심(三界唯心 석 **삼**/세계 **계**/오직 **유**/마음 **심**) 세 (가지의) 세계(世界)는 오직 마음에만 (있다는) 뜻으로, 불교에서, 삼계(三界)는 오직 마음에서 이룩된 것이며, 마음만이 유일한 실재(實在. 실제로 존재함. 또는 관념론에서, 사물의 본질적 존재)임을 이르는 말. 즉, 삼계(三界)의 삼라만상(森羅萬象. 본문 참고)은 모두 자기 마음에 반영(反映. 어떤 영향이 다른 것에 미쳐 나타남)된 현상(現象)이므로, 마음 밖에 따로 삼계(三界)가 없음을 이르는 말. =삼계일심(三界一心). *삼계(三界): ①중생(衆生. 불교에서, 부처의 구제 대상이 되는, 이 세상의 모든 생물을 통틀어 이르는 말)이 생사(生死) 왕래(往來. 가고 오고 함)하는 세 가지 세계. 곧, 욕계(欲界), 색계(色界), 무색계(無色界)를 일컬음. ②불계(佛界), 중생계(衆生界), 심계(心界)의 세 가지. ③전세(前世), 현세(現世), 내세(來世)의 세 가지. ④하늘, 땅, 사람의 세 가지 세계. *유심(唯心): ①오직 정신만이 존재한다고 생각하는 일. ↔유물(唯物). ②불교에서, 일체의 제법(諸法. 모든 법. 또는 불교에서, 우주 사이에 있는 유형·무형의 온갖 사물을 이르는 말)은 그것을 인식하는 마음의 나타남이며, 존재(存在)의 본체(本體)는 오직 마음뿐이라는 말. 화엄경(華嚴經. 석가모니·釋迦牟尼가 도·道를 이룬 후, 그 깨달음의 내용을 설법한 가르침을 담은 경전)의 중심 사상임.

삼계-일심(三界一心 석 **삼**/세계 **계**/한 **일**/마음 **심**) 세 (가지) 세계(世界)는 하나의 마음뿐이라는 뜻으로, 불교에서, 삼계(三界)는 오직 마음에서 이룩된 것이며, 마음만이 유일한 실재(實在. 실제로 존재함. 또는 관념론에서, 사물의 본질적 존재)임을 이르는 말. 즉, 삼계(三界)의 삼라만상(森羅萬象. 나무가 빽빽하게 벌여 있는 일만 형상이라는 뜻으로, 우주에 있는 온갖 사물과 현상을 비유적으로 이르는 말)은 모두 자기 마음에 반영된 형상이므로, 마음밖에 따로 삼계(三界)가 없음을 이르는 말. =삼계유심(三界唯心). *삼계(三界): ☞삼계유심(三界唯心). *일심(一心): ①한마음. ②마음을 한쪽으로만 씀. 또는 그 마음. ③여러 사람이 한마음으로 일치함.

삼계-제천(三界諸天 석 **삼**/세계 **계**/모든 **제**/하늘 **천**) 세 (가지) 세계(世界)가 (있는) 모든 하늘이라는 뜻으로, (불교에서) 욕계(欲界), 색계(色界), 무색계(無色界)에 있는 모든 하늘을 이르는 말. *삼계(三界): ☞삼계유심(三界唯心). *제천(諸天): 모든 하늘. 곧, 불교에서 이르는, 마음을 수양하는 경계(境界. 사물이 어떠한 기준에 의하여 분간되는 한계)를 따라 나눈 여덟 하늘.

삼계-팔고(三界八苦 석 **삼**/세계 **계**/여덟 **팔**/괴로울 **고**) 세 (가지) 세계(世界)와 여덟 (가지) 괴로움이라는 뜻으로, (불교에서) 삼계(三界)의 중생(衆生. 불교에서, 부처의 구제 대상이 되는, 이 세상의 모든 생물을 통틀어 이르는 말)이 겪는다고 하는 여덟 가지 고통. 즉, 중생(衆生)이 생사(生死) 왕래(往來. 가고 오고 함)한다는, 삼계(三界)에서 가장 힘이 드는 여덟 가지의 고통(苦痛)을 이르는 말. *삼계(三界): ☞삼계유심(三界唯心). *팔고(八苦): 불교에서 이르는, 인생의 여덟 가지 괴로움. 곧, 생로병사(生老病死. 본문 참고)의 사고(四苦)에, 애별리고(愛別離苦. 본문 참고), 원증회고(怨憎會苦 본문 참고), 구부득고(求不得苦. 본문 참고)에, 오음성고(五陰盛苦)를 더한 것이다. 여기서, '오음성고(五陰盛苦)'는 오음(五陰)이 불같이 일어나서 생기는 고통을 일컫는다. '오음(五陰)'은 불교에서, 정신과 물질을 오분(五分)한 것으로써 색(色), 수(受), 상(想), 행(行), 식(識) 따위가 있다.

삼계-화택(三界火宅 석 **삼**/세계 **계**/불 **화**/집 **택**) 세 (가지) 세계(世界)와 불타는 집이라는 뜻으로, (불교에서) 삼계(三界)의 번뇌(煩惱. 마음이나 몸을 괴롭히는 노여움이나 욕망 따위의 헛된 생각)가 마치 불타는 집 속에 있는 것과 같음을 이르는 말. 즉, 삼계(三界)의 괴로움을 불난 집에 비유(比·譬喩. 어떤 사물의 모양이나 상태 따위를 보다 효과적으로 표현하기 위하여 그것과 비슷한 다른 사물에 빗대어 표현함. 또는 그 표현 방법)한 말로, '고뇌(苦惱. 괴로워하고 번뇌함)가 가득한 세계'를 이르는 말. *삼계(三界): ☞삼계유심(三界唯心). *화택(火宅): 불교에서, 사바세계(娑婆世界. 본문 참고)인 속세(俗世. 세속·世俗의 사람들이 사는 일반의 세계)를 이르는 말.

삼고-초려(三顧草廬 석 **삼**/돌아볼 **고**/풀 **초**/오두막집 **려**) 풀을 (엮은) 오두막집을 세 (번)이나 돌아본다는 뜻으로, 유능한 인재(人材. 어떤 일을 할 수 있는 학식이나 능력을 갖춘 사람)를 맞아들이기 위하여 여러 번 찾아가서 예(禮)를 다하거나, 참을성 있게 노력하는 것을 비유적으로 이르는 말. =초려삼고(草廬三顧). *삼고(三顧): ①세 번 찾아봄. ②(삼고초려의 고사에서) 임금이나 윗사람이 특별히 신임하거나 우대하는 일을 이르는 말. *초려(草廬): ①=초가(草家). 즉, 볏짚이나 밀짚, 갈대 따위로 이엉을 엮어 지붕을 인 집. ②자기의 집을 낮추어 이르는 말. *돌아보다: ①몸이나 고개를 뒤로 돌려서 보다. ②지난 일을 다시 머리에 떠올리다. ③두루 다니며 살피다. *오두막집: 부록 '려(廬)' 참고. 이 사자성어의 유래는 다음과 같다. 제갈량(諸葛亮)의 「출사표(出師表)」에 〈신(臣. 신하가 임금에 대하여 자기를 일컫던 말.

'제갈량·諸葛亮 자신'을 가리킴)은 본래 평민으로 몸소 남양(南陽)에서 경작을 하면서 난세(亂世)에 구차히 성명(性命)을 보전하면서 제후(諸侯)들에게 이름이 널리 알려져 현달(顯達. 벼슬이나 덕망이 높아서 이름을 세상에 들날림. 또는 입신출세함)하기를 구하지 아니하였는데, 선제(先帝. '유비·劉備'를 가리킴)께서 신(臣)을 낮고 천하다 여기시지 아니하시고, 외람되이 스스로 몸을 굽히어 초가집에 신(臣)을 세 번 찾아오시어 신(臣)에게 당세(當世)의 일을 자문하셨습니다. 이로 인해 감격하여 드디어 선제(先帝)를 위해 열심히 뛰어 다닐 것을 허락했던 것입니다.(臣本布衣, 躬耕於南陽, 苟全性命於亂世, 不求聞達於諸侯, 先帝不以臣卑鄙, 猥自枉屈, 三顧臣於草廬之中, 諮臣以當世之事, 由是感激, 遂許先帝以驅馳.)〉라는 이야기가 나오는데, '초가집에 신(臣)을 세 번 찾아오시어.(三顧臣於草廬之中)'에서, '삼고초려(三顧草廬)', 초려삼고(草廬三顧)가 유래했다. 이 이야기의 배경은 이렇다. 후한 말(後漢末), 유능한 참모(參謀. 윗사람을 도와 어떤 일을 꾀하고 꾸미는 데에 참여함. 또는 그런 사람)의 필요성을 절감한 유비(劉備)는 여러 사람들을 통해 남양(南陽)에 은거하는 제갈량(諸葛亮)의 존재를 알게 되었고, 관우(關羽), 장비(張飛)와 함께 예물(禮物. 고마움을 나타내거나 예의를 갖추기 위하여 보내는 돈이나 물건)을 싣고, 남양(南陽)의 양양(襄陽. 후한 말, 조조에 의해 설치된 중국의 옛 군·郡의 이름) 땅에 있는 그의 초가집을 세 번이나 방문한 끝에, 그를 군사(軍師. 교묘한 책략과 수단을 잘 꾸며 내는 사람)로 모실 수 있었다. 이때 제갈량(諸葛亮)은 27세, 유비(劉備)는 47세였다. 이렇게 유비(劉備)가 제갈량(諸葛亮)을 세 번 방문한 것을 이르러 '삼고초려(三顧草廬)', '초려삼고(草廬三顧)'라고 한다. 나머지 구체적인 내용은 ⇨구전성명(苟全性命).

삼공-육경(三公六卿 석 **삼**/벼슬 **공**/여섯 **육**/벼슬 **경**) 삼공(三公)과 육경(六卿)이라는 뜻으로, ①조선 시대에, 삼정승(三政丞. 아래 '삼공' 참고)과 육조(六曹) 판서(判書)를 통틀어 이르던 말. =삼태육경(三台六卿). ②중국 주(周)나라 때에, 삼공(三公)과 총재(冢宰), 사도(司徒), 종백(宗伯), 사마(司馬), 사구(司寇), 사공(司空)을 통틀어 이르던 말. 여기서, '육조(六曹)'는 고려, 조선 시대에 기능에 따라 나랏일을 분담하여 집행하던 여섯 개의 중앙 관청을 이르는 말. 예를 들면 이조(吏曹), 호조(戶曹), 예조(禮曹), 병조(兵曹), 형조(刑曹), 공조(工曹) 따위가 있다. '판서(判書)'는 조선 시대에, 육조(六曹)의 으뜸(중요한 정도로 본. 어떤 사물의 첫째를 이르는 말) 벼슬을 이르던 말. 정이품(正二品)에 해당됨. *삼공(三公): =삼정승(三政丞). 즉, 조선 시대에, 영의정(領議政), 좌의정(左議政), 우의정(右議政)을 아울러 이르던 말. *육경(六卿): '육조(六曹)의 판서(判書)'를 예스럽게 이르던 말.

삼-년-부-조(三年不弔 석 **삼**/해 **년**/아닐 **부**/조상할 **조**) 세 해[年] (동안) 조상(弔喪)하지 아니한다는 뜻으로, 삼년상(三年喪)을 치르는 상제(喪制. 부모나 조부모의 거상·居喪 중에 있는 사람)는 상기(喪期) 삼년 동안 남의 상사(喪事. 집안의 사람이 죽은 불행한 일)에 조상(弔喪)하지 못하거나 아니함을 이르는 말. =삼상불문(三喪不問). ***삼-년**은『국어사전(國語辭典)』에 등재(登載)된, '삼학년을 줄인 말'인 '삼년(三年)'의 뜻과는 별개다. *조상하다(弔喪~): 부록 '조(弔)' 참고.

삼-년-불-비(三年不蜚·飛 석 **삼**/해 **년**/아닐 **불**/날 **비**) 세 해[年] (동안) 날지 않는다는 뜻으로, 훗날 웅비(雄飛. 힘차고 씩씩하게 뻗어 나아감)할 기회를 기다림을 비유적으로 이르는 말. '삼년불비(三年不蜚·飛)'의 '비'는『표준국어대사전』(두산동아)에는 '蜚'로 되어 있고,『고사성어 대사전』(시대의창)에는 '飛'로 되어 있다. '蜚'와 '飛'는 둘 다 '날 비'로, 같은 뜻이다. 囹 삼년불비우불명(三年不飛又不鳴). ***삼-년**:

☞삼년부조(三年不弔). 이 사자성어의 유래는 다음과 같다. 『사기(史記)』의 「초세가(楚世家)」와 『여씨춘추(呂氏春秋)·심응람(審應覽)』의 「심응(審應)」 편(篇)에 〈오거(伍擧)가 말했다. "전하(殿下), 신(臣. 신하가 임금에 대하여 자기를 일컫는 말)이 수수께끼 하나를 내겠습니다. 언덕 위에 새가 한 마리 있사온데, 3년 동안 날지도 않고 울지도 않습니다. 이 새는 무슨 새이겠습니까?" 장왕(莊王. 초·楚나라 왕)이 대답했다. "3년이나 날지 않았으니, 날면 장차(張次. '앞으로'의 뜻으로, 미래의 어느 때를 나타내는 말) 하늘까지 차고 오를 것이오, 3년이나 울지 않았으니, 한 번 울면 세상 사람들을 놀라게 할 것이오."(伍擧曰, 願有進隱, 曰, 有鳥在於阜, **三年不蜚不鳴**, 是何鳥也, 莊王曰, 三年不蜚, 蜚將衝天, 三年不鳴, 鳴將驚人.)〉라는 이야기가 나오는데, '3년 동안 날지도 않고 울지도 않습니다.(三年不蜚不鳴)'에서, '불비불명(不飛不鳴)'과 '삼년불비(三年不蜚)'가 유래했다. 초(楚)나라의 장왕(莊王)이 즉위(卽位) 3년이 되도록 영(令)을 내리지 않고 밤낮으로 즐기기만 했다. 그러고는 나라 사람들에게 영(令)을 내렸다. "감히 과인(寡人. 덕·德이 적은 사람이라는 뜻으로, 임금이 자기를 낮추어 이르던 1인칭 대명사)에게 간(諫)하는 자(者)는 사형(死刑)에 처할 것이오." 이때 오거(伍擧)가 죽음을 각오하고 장왕(莊王)에게 간(諫)한 것이다. 사실 장왕(莊王)이 3년 동안 음락(淫樂)에 빠져 주색(酒色)을 가까이 했던 것은 충신(忠臣)과 간신(奸臣. 성질이 교묘하게 잘 둘러대고 행실이 바르지 못한 신하)을 선별하기 위한 사전(事前. 일이 일어나기 전, 또는 일을 시작하기 전) 공작(工作. 어떤 목적을 위하여 미리 일을 꾸밈)이었던 것이다. 나중에 오거(伍擧)는 장왕(莊王)이 정사(政事)를 맡길 정도의 충신(忠臣)이었다. 참고로, 원문의 '伍擧曰'에서, '伍'는 대오(隊伍. 편성된 대열) '오'로 읽고, '擧'는 들 '거'로 읽는다. '伍擧'는 사람 이름. '伍擧曰'을 직역(直譯)하면, 오거(伍擧)가 말하기를, '願有進隱'에서, '願'은 원할 '원'으로 읽고, '有'는 있을 '유'로 읽고, '進'은 올릴 '진', 바칠 '진'으로 읽고, '隱'은, 여기서는 수수께끼 '은'으로 읽는다. '願有進隱'을 직역(直譯)하면, 수수께끼를 바칠 수 있기를 원함. 즉, 수수께끼를 내고 싶다는 뜻이다. '有鳥在於阜'에서, '有'는 어떤 '유'로 읽고, '鳥'는 새 '조'로 읽고, '在'는 있을 '재'로 읽고, '於'는 어조사 '어'로 읽는다. '~에', '~에서(위치)'의 뜻을 나타냄. '阜'는 언덕 '부'로 읽는다. '有鳥在於阜'를 직역(直譯)하면, 어떤 새 (한 마리가) 언덕에 있었습니다. '三年不蜚不鳴'에서, '三'은 석 '삼'으로 읽고, '年'은 해 '년'으로 읽고, '不'은 아닐(부정하는 말) '불'로 읽고, '蜚'는 날 '비'로 읽고, '鳴'은 울 '명'으로 읽는다. '三年不蜚不鳴'을 직역(直譯)하면, 3년(동안) 날지 않고 울지 않았습니다. 여기서, '三年不蜚·飛'가 유래하였는데, 이것을 직역(直譯)하면, 세 해[年] (동안) 날지 않는다는 뜻으로, 훗날 웅비(雄飛. 힘차고 씩씩하게 뻗어 나아감)할 기회를 기다림을 비유적으로 이르는 말. 또, 여기서 '불비불명(不飛不鳴)'이 유래하였는데, 이것을 직역(直譯)하면, 날지도 않고 울지도 않는다. 즉, 새가 더욱 멀리 오래 날기 위해 오랫동안 때를 기다린다는 뜻인데, 무슨 큰일을 해내기 위해 오랫동안 조용히 때를 기다리는 것을 비유적으로 이르는 말. '是何鳥也'에서, '是'는 이(지시하는 말) '시'로 읽고, '何'는 무슨 '하'로 읽고, '鳥'는 새 '조'로 읽고, '也'는 어조사 '야'로 읽는다. '~이냐? (의문)'의 뜻을 나타냄. '是何鳥也'는, 직역(直譯)하면 이것은 무슨 새이겠습니까? '莊王曰'에서, '莊'은 장중(莊重. 장엄하고 무게가 있음)할 '장'으로 읽고, '王'은 임금 '왕'으로 읽는다. '莊王'은 왕의 이름. '莊王曰'을 직역(直譯)하면, 장왕(莊王)이 말하기를, '蜚將衝天'에서, '蜚'는 날 '비'로 읽고, '將'은 장차(將次) '장'으로 읽고, '衝'은 찌를 '충'으로 읽고, '天'은 하늘 '천'으로 읽는다. '衝天'은 하늘을 찌를 듯이 공중으로 높이 솟아오름. '蜚將衝天'을 직역(直譯)하면, (만약 이 새가) 날면 장차 하늘을 찌를 듯이 공중

으로 높이 솟아오를 (것입니다). '鳴將驚人'에서, '鳴'은 울 '명'으로 읽고, '驚'은 놀랄 '경'으로 읽고, '人'은 사람 '인'으로 읽는다. '鳴將驚人'을 직역(直譯)하면, (만약 이 새가) 울면 장차 사람들을 놀라게 할 (것입니다). 그런데 이 외에, 『사기(史記)』의 「골계열전(滑稽列傳)」 편(篇)에 〈이때 순우곤(淳于髡)이 위왕(威王)에게 수수께끼를 내어 물었다. "나라 안에 큰 새가 있는데, 왕의 뜰에 멈추어 있으면서 삼 년이 지나도록 날지도 않고 울지도 않고 있습니다. 이 새가 무슨 새인지를 모르겠습니다." 왕이 대답했다. "이 새는 날지 않으면 그만이지만, 한번 날았다 하면 하늘 높이 날아오르고, 울지 않으면 그만이지만, 한번 울었다 하면, 사람들을 놀라게 할 것이다."(淳于髡說之以隱曰, 國中有大鳥, 止王之庭, <u>三年不蜚又不鳴</u>, 不知此鳥何也, 王曰, 此鳥不飛則已, 一飛沖天, 不鳴則已, 一鳴驚人.)〉라는 이야기가 나오는데, '삼 년이 지나도록 날지도 않고 울지도 않고 있습니다.(三年不蜚又不鳴)'에서, '삼년불비(三年不蜚)'가 유래했다. 윗글의 '비(蜚)'는 '비(飛)'와 같은 뜻. '순우곤(淳于髡)'은 전국 시대 제(齊)나라의 관료이자 학자이다. 제(齊)나라 사람의 데릴사위(<u>처가·妻家에서 데리고 사는 사위</u>)였으며, 익살스럽고 변설(辯舌. 말을 잘하는 재주)에 뛰어난 인물이다. 여기서, '재주'는 순우리말로, 무엇을 잘할 수 있는, 타고난 능력과 슬기. '위왕(威王)'은 제(齊)나라의 4대 군주(君主. <u>세습적으로 나라를 다스리는 최고 지위에 있는 사람</u>)로서 수수께끼를 좋아하고, 음탕(淫蕩. <u>주색·酒色에 마음을 빼앗기어 행실이 온당하지 못함</u>)하게 밤새도록 술 마시기를 즐겨했다. 심지어 술에 빠져 나랏일을 돌보지 않고 정치를 경대부(卿大夫. <u>높은 관직에 있는 벼슬아치. '경·卿'과 '대부·大夫'로 대표됨</u>)에게 맡길 정도였다. 참고로, 원문의 '淳于髡說之以隱曰'에서, '淳'은 순박할 '순'으로 읽고, '于'는 어조사 '우'로 읽고, '髡'은 머리 깎을 '곤'으로 읽는다. 여기서 '淳于髡'은 사람 이름. '說'은 말씀 '설', 이야기할 '설'로 읽고, '之'는 어조사 '지'로 읽는다. '그것'을 나타내는 지시 대명사. '以'는 써(<u>그것을 가지고, 그것으로 인하여</u>) '이'로 읽고, '隱'은 수수께끼 '은'으로 읽는다. '淳于髡說之以隱曰'을 직역(直譯)하면, 순우곤(淳于髡)이 수수께끼를 가지고 그것을 (빗대어) 이야기하며 (왕에게) 말하기를(간언하기를), '國中有大鳥'에서, '國'은 나라 국으로 읽고, '中'은 속 '중', 안 '중'으로 읽는다. '國中'은 나라의 안. '有'는 있을 '유'로 읽고, '大'는 큰 '대'로 읽고, '鳥'는 새 '조'로 읽는다. '國中有大鳥'를 직역(直譯)하면, 나라의 안에 큰 새가 있어, '止王之庭'에서, '止'는 멈출 '지'로 읽고, '王'은 임금 '왕'으로 읽고, '之'는 어조사 '지'로 읽는다. 여기서는 '~의'를 나타내는 관형격 조사. '庭'은 뜰(<u>집 안의 앞뒤나 좌우로 가까이 딸려있는 빈터</u>) '정'으로 읽는다. '止王之庭'을 직역(直譯)하면, (그 새가) 왕의 뜰에 멈추어 있으면서, '三年不蜚又不鳴'에서, '三'은 석 삼으로 읽고, '年'은 해 년(연)으로 읽고, '不'은 아닐(<u>부정하는 말</u>) '불'로 읽고, '蜚'는 날 '비'로 읽고, '又'는 또 '우', 또한 '우'로 읽고, '鳴'은 울 '명'으로 읽는다. '三年不蜚又不鳴'을 직역(直譯)하면, 3년 (동안) 날지 않고 또한 울지 않고 (있습니다). 여기서, '三年不蜚·飛'가 유래하였는데, 이것을 직역(直譯)하면, 세 해[年] (동안) 날지 않는다는 뜻으로, 훗날 웅비(雄飛. <u>힘차고 씩씩하게 뻗어 나아감</u>)할 기회를 기다림을 비유적으로 이르는 말. 또 여기서, '불비불명(不飛不鳴)'이 유래하였는데, 이것을 직역(直譯)하면, 날지도 않고 울지도 않는다. 즉, 새가 더욱 멀리 오래 날기 위해 오랫동안 때를 기다린다는 뜻인데, 무슨 큰일을 해내기 위해 오랫동안 조용히 때를 기다리는 것을 비유적으로 이르는 말. '不知此鳥何也'에서, '知'는 알 '지'로 읽고, '此'는 이(<u>지시하는 말</u>) '차'로 읽고, '何'는 무엇 '하'로 읽고, '也'는 어조사 '야'로 읽는다. 여기서는 '~이다(단정)'의 뜻을 나타냄. '不知此鳥何也'를 직역(直譯)하면, 이 새는 무엇인지 알지 못합니다. 즉, 이 새가 무슨 새인지 알지 못한다는 뜻이다. '王曰'에서, '王曰'을 직역(直譯)하면, 왕이 말하기를, '此鳥不飛則已'에서, '則'은 곧 '즉'으로 읽고, '已'는 뿐 '이', 따름 '이'로 읽는다. 잘라서 끊는 뜻을 나타내는 조사. '則已'를 직역(直譯)하면 그것뿐. 그뿐임. '이이(而已)'와 같은 뜻. '此鳥不飛則已'를 직역(直譯)하면, 이 새는 날지 않을 뿐이다. '一飛沖天'에서, '一'은 한 '일'로 읽고, '飛'는 날 '비'로 읽고, '沖'은 날아오를 '충'으로 읽는다. 어떤 자료에는 '衝'으로 표기되어 있다. 참고하기 바람. '天'은 하늘 '천'으로 읽는다. '一飛沖天'을 직역(直譯)하면, (그런데) 한 (번) 날면 하늘을 (높이) 날아오른다는 뜻으로, 한 번 분발(奮發. <u>마음과 힘을 다하여 떨쳐 일어남</u>)하면 대업(大業. <u>큰 사업</u>)을 성취(成就. <u>목적한 바를 이룸</u>)함을 비유적으로 이르는 말. '不鳴則已'에서, '不鳴則已'를 직역(直譯)하면, (또한 이 새는) 울지 않을 뿐이지만, '一鳴驚人'에서, '一'은 한 '일'로 읽고, '鳴'은 울 '명'으로 읽고, '驚'은 놀랄 '경'으로 읽고, '人'은 사람 '인'으로 읽는다. '一鳴驚人'을 직역(直譯)하면, 한번 울면 사람을 놀라게 (한다는) 뜻으로, 한 마디 말로 뭇사람을 놀라게 함. 또는 한번 시작하면 사람을 놀라게 할 정도의 대사업(大事業)을 이룩함을 이르는 말.

삼-년-초토(三年草土 석 **삼**/해 **년**/풀 **초**/흙 **토**) 세 해[年] (동안) 풀과 흙을 (돌본다)는 뜻으로, 부모의 상(喪)을 당해 삼 년 동안 거상(居喪. <u>상중·喪中에 있음</u>)하는 일을 이르는 말. *삼-년: ☞삼년부조. *초토(草土): 거적자리와 흙 베개라는 뜻으로, 거상(居喪) 중(中)임을 이르는 말.

삼동-설한(三冬雪寒 석 **삼**/겨울 **동**/눈 **설**/찰 **한**) 석 (달) 겨울에 눈이 차다는 뜻으로, 눈 내리고 추운 겨울의 석 달 동안을 이르는 말. 🖻 엄동설한(嚴冬雪寒). *삼동(三冬): ①겨울의 석 달. ②세 해의 겨울. *설한(雪寒): 눈이 오거나 온 뒤의 추위.

삼-두-육-비(三頭六臂 석 **삼**/머리 **두**/여섯 **육**/팔 **비**) 머리가 셋, 팔이 여섯. 즉, 머리가 셋, 팔이 여섯이나 되어 세 사람[三人] 몫을 하는 괴물(怪物. <u>괴상하게 생긴 사람이나 동물</u>)이라는 뜻으로, 힘이 몹시 또는 엄청나게 센 사람을 비유적으로 이르는 말. 🖻 삼면육비(三面六臂).

삼라-만상(森羅萬象 나무 빽빽할 **삼**/벌일 **라**/일만 **만**/형상 **상**) 나무가 빽빽하게 벌여 (있는) 일만(一萬) (가지) 형상(形象)이라는 뜻으로, 우주(宇宙. <u>온 세계를 둘러싸고 있는 공간</u>) 속에 있는 온갖 사물(事物)과 모든 현상(現象)을 비유적으로 이르는 말. =만휘군상(萬彙群象). *삼라(森羅): 벌여 있는 현상이 숲의 나무처럼 많음. *만상(萬象): 온갖 사물. 또는 형상이 있는 온갖 물건과, 세상의 모든 일. *벌이다: 부록 '라(羅)' 참고. *형상(形象): (물건이나 사람의) 생긴 모양. 그런데 여기서, '형상(形象)'은 '형상(形像)', '형상(形狀)'과 같은 뜻이다.

삼-령-오-신(三令五申 석 **삼**/명령할 **령**/다섯 **오**/밝혀 알릴 **신**) 세 (번) 명령하고 다섯 (번) 밝혀 알린다(<u>거듭 말한다</u>)는 뜻으로, 군령(軍令. <u>군사상의 명령</u>)을 여러 번 되풀이하여 자세히 명령하거나, 말하거나, 설명하는 것을 이르는 말. 이 사자성어의 유래는 다음과 같다. 『사기(史記)』의 「손자오기열전(孫子吳起列傳)」 편(篇)에 〈손무(孫武. <u>손자병법·孫子兵法'의 저자인 손자·孫子의 본 이름</u>)는 이렇게 군령(軍令)을 결정하고, 부월(鈇鉞)을 갖추고, 세 번 군령(軍令)을 들려주고, 다섯 번 설명을 했다. 손무(孫武)는 북을 치며 "오른쪽으로!"라고 명령을 내렸다. 그러나 여자들은 크게 웃기만 했다. 손무(孫武)가 말했다. "군령(軍令)이 분명하지 못하고, 전달이 충분하지 못한 것은 장수(將帥)의 책임이다." 다시 세 번 군령(軍令)을 들려주고 다섯 번 설명을 한 다음, 북을 치며 "왼쪽으로!"라는 명령을 내렸다. 이번에도 여자들은 크게 웃기만 할 뿐이었다.(約束既布, 乃設鈇鉞, **則三令五申之**, 於是鼓之右, 婦人大笑, 孫子曰, 約束不明, 申令

不熟, 將之罪也, 後三令五申而鼓之左, 婦人復大笑.〉라는 이야기가 나오는데, '세 번 군령(軍令)을 들려주고, 다섯 번 설명을 했다.(則三令五申之)'에서, '삼령오신(三令五申)'이 유래했다. 춘추(春秋) 시대 제(齊)나라 사람인 손무(孫武)는 병법('孫子兵法'을 가리킴)으로 인하여 오왕(吳王. 오나라의 왕)인 합려(闔閭)에게도 알려지게 되었다. 오왕(吳王)인 합려(闔閭)는 손무(孫武)를 초빙해서 여자들에게도 실제로 군대를 훈련시키듯, 훈련시키기로 하고, 궁중의 미녀 180명을 나오게 하여 훈련시키는 과정을 이야기한 것이다. 참고로, 원문의 '約束旣布'에서, '約'은 맺을 '약', 약속할 '약'으로 읽고, '束'은 묶을 '속', 약속할 '속'으로 읽는다. '約束'은 다른 사람과 앞으로의 일을 어떻게 할 것인가를 미리 정하여 둠, 또는 그렇게 정한 내용. 여기서는 '군령(軍令)에 대한 약속'을 가리킴. '旣'는 이미(돌이킬 수 없이 된 지난 일을 일컬을 때 쓰는 말) '기'로 읽고, '布'는 벌여놓을 '포'로 읽는다. '約束旣布'를 직역(直譯)하면, (군령에 대하여) 약속한 (것을) 이미 벌여놓고, '乃設鈇鉞'에서, '乃'는 이에(이러하여서 곧) '내'로 읽고, '設'은 갖추어질 '설'로 읽고, '鈇'는 도끼(나무를 찍거나 패는 연장의 하나) '부'로 읽고, '鉞'는 도끼 '월'로 읽는다. '부월(鈇鉞)'은 출정(出征)하는 대장(大將)에게 통솔권(統率權)의 상징으로 임금이 손수 주던, 작은 도끼와 큰 도끼. '乃設鈇鉞'을 직역(直譯)하면, 이에 부월(鈇鉞)(까지) 갖추고, '則三令五申之'에서, '則'은 곧 '즉'으로 읽고, '三'은 석 '삼'으로 읽고, '令'은 명령할 '령(영)'으로 읽고, '五'는 다섯 '오'로 읽고, '申'은 밝혀 알릴 '신'으로 읽고, '之'는 어조사 '지'로 읽는다. '그것'을 뜻하는 지시 대명사. '則三令五申之'를 직역(直譯)하면, 곧, 세 (번) 명령하고 다섯 (번) 그것('군령·軍令'을 가리킴)을 밝혀 알림. 여기서, '三令五申'이 유래하였는데, 이것을 직역(直譯)하면, 세 (번) 명령하고 다섯 (번) 밝혀 알린다(거듭 말한다)는 뜻으로, 군령(軍令. 군사상의 명령)을 여러 번 되풀이하여 자세히 명령하거나, 말하거나, 설명하는 것을 이르는 말. '於是鼓之右'에서, '於'는 어조사 '어'로 읽는다. '~에(위치)'의 뜻을 나타냄. '是'는 이(지시하는 말) '시'로 읽는다. '於是'는 한문(漢文) 구(句)의 하나로, 이때에, '鼓'는 북 '고'로 읽고, '之'는 갈 '지'로 읽고, '右'는 오른쪽 '우'로 읽는다. '於是鼓之右'를 직역하면, 이때에 [손무(孫武)는] 북을 치며 "오른쪽으로 가라"고 (명령했다). '婦人大笑'에서, '婦'는 며느리 '부'로 읽고, '人'은 사람 '인'으로 읽는다. '婦人'은 결혼한 여자. '大'는 클 '대'로 읽고, '笑'는 웃을 '소'로 읽는다. '婦人大笑'를 직역(直譯)하면, 부인들은 크게 웃었다. '孫子曰'에서, '孫'은 손자(孫子) '손', 성씨(姓氏) '손'으로 읽고, '子'는 경칭(敬稱. 공경하는 뜻으로 부르는 칭호. 또는 존대하여 일컬음) '자'로 읽는다. 학덕(學德)과 지위가 높은 남자의 경칭(敬稱)이다. '孫子'는 '손무(孫武)'를 가리킴. 손무(孫武)를 높여 일컫는 말이다. '孫子曰'을 직역(直譯)하면, 손무(孫武)가 말하기를, '約束不明'에서, '約'은 맺을 '약', 약속할 '약'으로 읽고, '束'은 묶을 '속', 약속할 '속'으로 읽고, '不'은 아닐(부정하는 말) '불'로 읽고, '明'은 밝을 '명'으로 읽는다. '不明'은 분명하지 않음. '約束不明'을 직역(直譯)하면, 약속한 것이 분명하지 않고, '申令不熟'에서, '申'은 밝혀 알릴 '신'으로 읽고, '令'은 법률 '령(영)', 규칙 '령(영)'으로 읽고, '熟'은 익을 '숙', 여물(과일이나 곡식 따위가 알이 들어 충분히 익을) '숙'으로 읽는다. '不熟'은 곡식, 과일 따위가 익지 않은 상태에 있음. 또는 논의(論議)나 일 따위가 아직 서툴러서 익숙하지 못함. '申令不熟'을 직역(直譯)하면, 법률을 밝혀 알리는 것이 익숙하지 못하였다. '將之罪也'에서, '將'은 장수(將帥) '장'으로 읽는다. '之'는 어조사 '지'로 읽는다. 여기서는 '~의'를 뜻하는 관형격 조사. '罪'는 허물 '죄', 죄(罪) '죄'로 읽고, '也'는 어조사 '야'로 읽는다. '~이다(단정)'의 뜻을 나타냄. '將之罪也'를 직역(直譯)하면, (이러한 상황에 이르게 된 것은) 장수의 허물(잘못)이다. '後三令五

申而鼓之左'에서, '後'는 뒤 '후'로 읽고, '而'는 말 이을 '이'로 읽는다. '그리고'의 뜻을 나타냄. '左'는 왼쪽 '좌'로 읽는다. '後三令五申而鼓之左'를 직역(直譯)하면, 그 뒤에 세 (번) 명령하고 다섯 (번) 그것('군령·軍令'을 가리킴)을 밝혀 알리고 나서 그리고 북을 쳐 "왼쪽으로 가라."고 (하였는데), '婦人復大笑'에서, '復'는 다시 '부'로 읽는다. '婦人復大笑'를 직역(直譯)하면, 부인들은 다시 크게 웃었다.

삼-마-태수(三馬太守 석 **삼**/말 **마**/클 **태**/지킬 **수**) 세 (마리의) 말만 (타고 오는) 태수(太守)라는 뜻으로, 재물(財物)을 탐(貪)하지 않는 청백리(淸白吏. <u>청백한 관리, 또는 조선 시대에, 각 관아에서 천거하여 뽑힌, 부정이 없는 깨끗한 관리를 이르던 말</u>)를 비유적으로 이르는 말. *태수(太守): 고대 중국에서 군(郡)의 으뜸 벼슬. 이 사자성어의 유래는 다음과 같다. 『연려실기술(燃藜室記述)·중종조(中宗朝)』의 「명신(名臣)」 편(篇)에 〈송흠(宋欽)이 매번 지방에 수령(守令. <u>각 고을을 맡아 다스리던 지방관·地方官</u>)으로 부임할 때에, 신영(新迎. <u>새로 맞이함</u>)하는 말이 세 필밖에 안 되었다. 여기서 '지방관(地方官)'은 지난날, 지방의 으뜸 벼슬을 이르던 말. 즉, 각 지방에 주재하면서 일반 행정 사무를 맡아보는 고급 공무원을 이르는 말. 우리나라의 '도지사' 따위를 일컬음. 공(公)이 타는 말이 한 필이고, 그의 어머니와 아내가 각각 한 필씩 탔다. 당시(當時. <u>일이 있었던 바로 그때, 또는 이야기하고 있는 그 시기</u>)의 사람들은 그를 '삼마태수'라고 불렀다.(宋孝憲公欽, 每出宰赴任, 新迎馬只三匹, 蓋公之所乘者一馬, 而母與妻各一馬, **時人謂之三馬太守**.)〉라는 이야기가 나오는데, '당시 사람들은 그를 '삼마태수'라고 불렀다.(時人謂之三馬太守)'에서, '삼마태수(三馬太守)'가 유래했다. 이 이야기의 배경은 이렇다. 송흠(宋欽)은 우리나라 사람으로, 조선 성종(成宗) 때인 서기 1492년에 그는 식년과(式年科)에 급제하여 승문원(承文院)에서 근무하던 중에 연산군(燕山君)의 폭정을 비판하다가 관직(官職. <u>관리로서, 국가로부터 위임 받은 일정한 범위의 직무, 또는 그 직위</u>)에서 물러났다. 여기서, '식년과(式年科)'는 식년(式年), 즉, 자(子), 묘(卯), 오(午), 유(酉) 따위의 간지(干支)가 들어 있는 해에 보이던 과거(科擧. <u>예전에 우리나라와 중국에서 관리를 뽑을 때 실시하던 시험을 이르는 말</u>)를 통틀어 이르던 말. 그러나 중종(中宗)의 반정(反正. <u>옳지 못한 임금을 폐위·廢位하고 새 임금을 세워 나라를 바로 잡음, 또는 그런 일</u>) 뒤인 서기 1516년에 복직하여 장흥부사(長興府使), 전주부윤(全州府尹), 전라도(全羅道) 관찰사(觀察使), 등(等) 지방의 외직(外職)을 오랜 기간 역임하였다. 당시 조정(朝廷. <u>임금이 나라의 정치를 신하들과 의논하거나 집행하는 곳, 또는 그런 기구</u>)에서는 지방관(地方官)이 사용할 수 있는 역마(役馬)의 수를 관직에 따라 법으로 정해 놓고 있었다. 『경국대전(經國大典)』에 따르면, 부사(府使)의 경우에는 짐을 운반하는 태마(駄馬) 1필을 포함하여 3필의 말을 쓸 수 있고, 수행하는 사람을 위해 4필의 말을 쓸 수 있도록 되어 있었다. 그 때문에 대부분의 지방관은 7~8필 이상(以上)의 말을 타고 떠들썩하게 부임하기 일쑤였다. 하지만, 송흠(宋欽)은 늘 세 필의 말만 사용하여 검소하게 행차(行次)하였으며, 짐도 단출하였다. 이로써 그는 재물을 탐(貪)하지 않는 청렴한 관리로 백성들에게 존경을 받았으며, 삼마태수(三馬太守)라고 불렸다. 여기에서 유래하여 삼마태수(三馬太守)는 청백리(淸白吏)를 뜻하는 말로 쓰이게 되었다. 이 사자성어는 우리나라에서만 사용된다. 참고로, 원문의 '宋孝憲公欽'에서, '宋'은 성씨(姓氏) '송'으로 읽는다. 여기서는 송흠(宋欽)의 성씨(姓氏)를 가리킨다. '孝'는 효도(孝道) '효'로 읽고, '憲'은 법(法. <u>국가나 종교 따위에서 강제력이 따르는 온갖 규범</u>) '헌'으로 읽고, '公'은 존칭 '공'으로 읽는다. '孝憲公'은 송흠(宋欽)의 시호(諡號. <u>제왕·帝王이나 재상·宰相 등·等이 죽은 뒤에 그들의 공덕을 칭송하여 붙인 이름</u>). 여기서, '재상(宰相)'은 임금을 보필하며 모든 관원을 지휘, 감독하는 자리에 있는 이품·二品 이상의 벼슬을 통틀어 이르던 말. ‘欽’은 공경할 ‘흠’으로 읽는다. 여기서는 ‘송흠(宋欽)’을 가리킴. ‘宋孝憲公欽’을 직역(直譯)하면, 효헌공(孝憲公)인 송흠(宋欽)은. ‘每出宰赴任’에서, ‘每’는 매양 ‘매’, 늘 ‘매’로 읽고, ‘出’은 나갈 ‘출’, 떠날 ‘출’로 읽고, ‘宰’는 벼슬아치 ‘재’, 우두머리 ‘재’로 읽는다. ‘出宰’는 고을의 원(員)으로 나감. ‘赴’는 다다를 ‘부’, 향할 ‘부’로 읽고, ‘任’은 맡길 ‘임’, 임지(任地. <u>임무를 받아 근무하는 곳</u>) ‘임’으로 읽는다. ‘赴任’은 임명이나 발령을 받아 근무할 곳으로 나감. ‘每出宰赴任’을 직역(直譯)하면, 매양 고을의 원(員)으로 나가기 위하여 임지로 향할 (때). ‘新迎馬只三匹’에서, ‘新’은 새 ‘신’, 새로울 ‘신’으로 읽고, ‘迎’은 맞을 ‘영’, 맞이할 ‘영’으로 읽는다. ‘新迎’은 새로 맞이함. ‘馬’는 말 ‘마’로 읽고, ‘只’는 다만 ‘지’, 단지 ‘지’로 읽고, ‘三’은 석 ‘삼’으로 읽고, ‘匹’은 필(匹. <u>말이나 소를 세는 단위</u>) ‘필’로 읽는다. ‘新迎馬只三匹’을 직역(直譯)하면, 새로 맞이하는 말은 단지 3필뿐이었다. ‘蓋公之所乘者一馬’에서, ‘蓋’는 대략(大略) ‘개’, 대개(大概. <u>대부분</u>) ‘개’로 읽는다. 여기서는 ‘수레의 덮개’를 가리킴. ‘公’은 효헌공(孝憲公)인 송흠(宋欽)을 가리킨다. ‘之’는 어조사 ‘지’로 읽는다. ‘~이’, ‘~가’를 나타내는 주격 조사. ‘所’는 바(<u>앞에서 말한 내용 그 자체나 일 따위를 나타내는 말</u>) ‘소’로 읽는다. ‘蓋公之所’를 직역(直譯)하면, 대개 공(公)이 (탄) 바, ‘乘’은 탈 ‘승’으로 읽고, ‘者’는 것 ‘자’로 읽는다. ‘乘者’를 직역(直譯)하면, 타는 것. ‘一’은 한 ‘일’로 읽고, ‘馬’는 말 ‘마’로 읽는다. ‘蓋公之所乘者一馬’을 직역(直譯)하면, 대개 공(公)이 탄 바의 것은 한 (필)의 말이고, ‘而母與妻各一馬’에서, ‘而’는 말 이을 ‘이’로 읽는다. ‘그리고’의 뜻을 나타냄. ‘母’는 어미 ‘모’로 읽고, ‘與’는 어조사 ‘여’로 읽는다. ~와, ~과(<u>병렬</u>)의 뜻을 나타냄. ‘妻’는 아내 ‘처’로 읽고, ‘各’은 각각 ‘각’, 제각기 ‘각’으로 읽는다. ‘而母與妻各一馬’을 직역(直譯)하면, 그리고 어머니와 아내가 각각 말 한 (필)의 말이었다. ‘時人謂之三馬太守’에서, ‘時’는 때 ‘시’, 당시 ‘시’로 읽고, ‘人’은 사람 ‘인’으로 읽는다. ‘時人’은 그 당시의 사람들. ‘謂’는 일컬을 ‘위’로 읽고, ‘之’는 어조사 ‘지’로 읽는다. ‘그것’을 나타내는 지시 대명사. ‘時人謂之三馬太守’를 직역(直譯)하면, 그 당시의 사람들은 그것(<u>효헌공·孝憲公 송흠·宋欽’을 가리킴</u>)을 세 (마리의) 말만 (타고 오는) 태수(太守)라고 일컬었다. 즉, 당시 사람들은 그를 ‘삼마태수(三馬太守)’라고 불렀다. 여기서, ‘三馬太守’가 유래하였는데, 이것을 직역(直譯)하면, 세 (마리의) 말만 (타고 오는) 태수(太守)라는 뜻으로, 재물(財物)을 탐(貪)하지 않는 청백리(清白吏)를 비유적으로 이르는 말.

삼망-단자(三望單子 석 **삼**/우러러볼 **망**/단자 **단**/접미사 **자**) 우러러볼 세 (사람의) 단자(單子)라는 뜻으로, 물망(物望. <u>여러 사람이 우러러보는 명망·名望</u>)에 오른 세 사람의 이름을 적은 종이를 이르는 말. *삼망(三望): ①벼슬아치를 발탁할 때 공정한 인사 행정을 위하여 세 사람의 후보자를 임금에게 추천하던 일. ②시호(諡號)를 정할 때 세 가지를 들어 그 가운데 하나를 택하던 일. 여기서, ‘시호(諡號)’는 현신(賢臣. <u>어진 신하</u>)이나 유현(儒賢. <u>경학·經學에 정통하고 언행이 바른 선비</u>)들이 죽은 뒤에 생전의 공덕(功德. <u>공적과 덕행</u>)을 기리어 임금이 추증(追贈)하던 이름이다. 여기서, ‘추증(追贈)’은 공(功)이 많은 벼슬아치가 죽은 뒤에 나라에서 그의 관위(官位. <u>예전에 벼슬자리 또는 직위를 이르던 말</u>)를 높여 주던 일을 일컫는다. *단자(單子): ①부조(扶助. <u>잔칫집이나 상가 따위에 물건이나 돈을 보냄. 또는 그 물건이나 돈</u>)나 선사(膳賜. <u>친근, 애정, 존경의 뜻을 나타내기 위하여 남에게 물품을 줌</u>) 따위, 남에게 보내는 물품의 품목과 수량을 적은 종이. ②사주(四柱)나 폐백(幣帛. <u>혼인 때, 신랑이 신부에게 보내는 채단·采緞</u>)을 보낼 때, 그 내용물을 적은 종이. 여기서, ‘채단(采緞)’은 혼인 때에 신랑 집에서 신부 집으로 미리 보내는 푸른색과 붉은색의 비단. 치마나 저고릿감으로 쓴다. *우러러보다: ①얼굴을 위로 향하여 쳐다보다. ②훌륭한 사람을 존경하는 마음으로 대하거나 그리다.

삼면-육-비(三面六臂 석 **삼**/얼굴 **면**/여섯 **육**/팔 **비**) 세 (개의) 얼굴과 여섯 (개의) 팔이라는 뜻으로, 한 사람이 또는 혼자서 여러 사람 몫의 일을 함을 비유적으로 이르는 말. 삼두육비(三頭六臂). *삼면(三面): 세 방면.

삼목-지-형(三木之刑 석 **삼**/나무 **목**/어조사 **지**/형벌 **형**) 삼목(三木)의 형벌(刑罰)이라는 뜻으로, 지난날, 죄인(罪人)의 목에 칼을 씌우고, 손에 수갑(手匣)을 채우고, 발에 차꼬를 채우던 형벌(刑罰)을 이르는 말. 여기서, '차꼬'는 지난날, 중죄인(重罪人. <u>무거운 죄를 지은 사람</u>)을 가두어 둘 때 쓰던 형구(形具)의 한 가지. 두 개의 긴 나무토막으로 두 발목을 고정시켜 자물쇠로 채우게 되어 있음. *삼목(三木): 죄인의 목, 손, 발에 각각 채우던 세 형구(形具. <u>죄인의 처형이나 고문 따위에 쓰이는 도구</u>). 즉, 칼, 수갑, 차꼬를 일컫는다. *형벌(刑罰): 부록 '형(刑)' 참고.

삼-무-오-다(三無五多 석 **삼**/없을 **무**/다섯 **오**/많을 **다**) 세 (가지는) 없고 다섯 (가지는) 많다는 뜻으로, 울릉도(鬱陵島)에는 도둑, 거지, 수레의 세 가지가 없는 반면에 눈, 바람, 오징어, 미녀, 향나무의 다섯 가지가 많음을 이르는 말. *'삼-무'는 『국어사전(國語辭典)』에 등재(登載)된, '①무성(無聲)의 음악(音樂)과, 무체(無體)의 예(禮)와, 무복(無服)의 상(喪). 곧, 형체는 없고 그 정신만 있음을 일컫는다. ②(불) 무기(無記), 무리(無利), 무익(無益)의 세 가지'인 '삼무(三無)'의 뜻과는 별개다.

삼-배-지-치(三北之恥 석 **삼**/달아날 **배**/어조사 **지**/부끄러울 **치**) 세 (번의) 달아나는 부끄러움. 즉, 세 번 싸워서 세 번 패배(敗北)하는 부끄러움이라는 뜻으로, 싸울 때마다 지는 부끄러움. 또는 싸움에서 번번이 지는 수치스러움을 이르는 말.

삼복-백규(三復白圭 석 **삼**/되풀이할 **복**/흰 **백**/홀 **규**) 백규(白圭)를 세 (번) 되풀이한다는 뜻으로, 말을 할 때는 신중(愼重)하게 생각하고 말을 가려야 함을 비유적으로 이르는 말. *삼복(三復): 세 번 되풀이함. *백규(白圭): ①빛깔이 희고 맑은 옥(玉). ②말을 가려서 삼가야 함을 비유적으로 이르는 말. *되풀이하다: 같은 말이나 행동을 거듭하다. *홀(笏): 부록 '규(圭)' 참고. 이 사자성어의 유래는 다음과 같다. 『논어(論語)』의 「선진(先進)」 편(篇)에, 〈남용(南容)이 항상 백규(白圭)를 하루에 여러 번 반복하여 외우니, (중국 춘추시대의 사상가이며 학자인) 공자(孔子)께서 자신의 형님의 딸을 그의 아내로 삼도록 했다.(<u>南容三復白圭, 孔子以其兄之子妻之.</u>)〉라는 이야기가 나오는데, '남용(南容)이 항상 백규(白圭)를 하루에 여러 번 반복하여 외우니,(南容三復白圭)'에서, '삼복백규(三復白圭)'가 유래했다. 참고로, 원문의 '南容三復白圭'에서, '南'은 남녘 '남'으로 읽고, '容'은 얼굴 '용'으로 읽는다. '南容'은 사람 이름. '三'은 석 '삼'으로 읽고, '復'은 되풀이할 '복'으로 읽고, '白'은 흰 '백'으로 읽고, '圭'는 홀(笏. <u>천자·天子가 제후를 봉할 때 주던 신표</u>) '규'로 읽는다. <u>여기서, '천자(天子)'는 천제(天帝. 하늘을 다스리는 신. 또는 우주를 창조하고 주재한다고 믿어지는 초자연적인 절대자)의 아들이란 뜻으로, 천명(天命. 하늘의 명령)을 받아 천하(天下)를 다스리는 사람. 곧 중국에서</u> 황제(皇帝)를 일컫던 말이다. '南容三復白圭'를 직역(直譯)하면, 남용(南容)이 (항상) 백규(白圭)를 세 번이나 되풀이하니, 여기서, 三復白圭'가 유래하였는데, 이것을 직역(直譯)하면, 백규(白圭)를 세 (번) 되풀이한다는 뜻으로, 말을 할 때는 신중(愼重)하게 생각하고 말을 가려야 함을 비유적으로 이르는 말. '孔子以其兄之子妻之'에서, '孔'은 성씨(姓氏) '공'으로 읽고, '子'는 경칭(敬稱. <u>공경하는 뜻으로 부르는 칭호. 또는 존대하여</u>

일컬음) ‘자’로 읽는다. 학덕(學德)과 지위가 높은 남자의 경칭(敬稱)이다. ‘孔子’는 사람 이름. ‘以’는 써(그것을 가지고, 그것으로 인하여) ‘이’로 읽고, ‘其’는 그(지시하는 말) ‘기’로 읽고, ‘兄’은 형(兄) ‘형’으로 읽고, ‘之’는 어조사 ‘지’로 읽는다. ‘~의’를 나타내는 관형격 조사. ‘子’는 여기서는 자식(子息) ‘자’로 읽고, ‘妻’는 아내 ‘처’로 읽고, ‘之’는 어조사 ‘지’로 읽는다. 여기서는 ‘그것’을 가리키는 지시 대명사. 孔子以其兄之子妻之를 직역(直譯)하면, 공자(孔子)는 그(‘공자·孔子’를 가리킴) 형님의 자식(여기서는 ‘딸’을 가리킴)으로서 그것(제자인 ‘남용·南容’을 가리킴)의 아내로 (삼도록 했다). 그런데 ‘백규(白圭)’는 『시경(詩經)·대아(大雅)』에 〈말[話] 하나 내는 데도 조심을 하고 / 행여 위의(威儀) 잃을까 삼가면 / 화평(和平)하고 아름답지 않음 없으리. / 흰 구슬의 흠은 / 갈아낼 수 있지만 / 말[話]의 흠은 / 어찌할 수가 없다네. (愼爾出話, 敬爾威儀, 無不柔嘉, **白圭之玷**, **尙可磨也**, 斯言之玷, 不可爲也.)〉라는 시(詩)의 구절이 나오는데, ‘흰 구슬의 흠은, 갈아낼 수 있지만,(白圭之玷, 尙可磨也)’에서, ‘백규(白圭)’가 유래했다. ‘남용(南容)’은 공자(孔子)의 제자였는데, 이 시구(詩句)를 하루에도 여러 번씩이나 되풀이해 낭송(朗誦)했다니, 말을 신중하게 하기 위한 그 노력이 얼마나 지극했던가를 알 수 있다. 그래서 공자(孔子)는 남용(南容)을 조카사위로 삼았다. 참고로, 원문의 ‘愼爾出話’에서, ‘愼’은 삼갈 ‘신’으로 읽고, ‘爾’는 어조사 ‘이’로 읽는다. ‘~이다(단정)’의 뜻을 나타냄. ‘出’은 날 ‘출’, 나갈 ‘출’로 읽고, ‘話’는 말 ‘화’, 말할 ‘화’로 읽는다. ‘愼爾出話’를 직역(直譯)하면, 말을 (밖으로) 내는 것을 삼가고, ‘敬爾威儀’에서, ‘敬’은 삼갈 ‘경’으로 읽고, ‘爾’는 어조사 ‘이’로 읽고, ‘威’는 위엄 ‘위’로 읽고, ‘儀’는 거동(擧動. 몸을 움직임 또는 그런 짓이나 태도) ‘의’로 읽는다. ‘威儀’는 위엄이 있는 몸가짐이나 차림새. ‘敬爾威儀’를 직역(直譯)하면, (행여) 위엄이 있는 몸가짐이나 차림새를 (잃을까) 삼가면, ‘無不柔嘉’에서, ‘無’는 없을 ‘무’로 읽고, ‘不’은 아닐(부정하는 말) ‘불’로 읽는다. ‘無不’은 부정 + 부정의 구조로 되어 있다. 뜻은 긍정이다. 아님이 없다. 즉, ‘있다’는 의미다. ‘柔’는, 여기서는 편안(便安)하게 할 ‘유’로 읽고, ‘嘉’는 아름다울 ‘가’로 읽는다. ‘無不柔嘉’를 직역(直譯)하면, 편안하고 아름답지 않음이 없을지어다. ‘白圭之玷’에서, ‘白’은 흰 ‘백’으로 읽고, ‘圭’는 홀(笏. 천자가 제후를 봉할 때 주던 신표) ‘규’로 읽고, ‘之’는 어조사 ‘지’로 읽는다. ‘~의’를 나타내는 관형격 조사. ‘玷’은 옥의 티 ‘점’으로 읽는다. ‘白圭之玷’을 직역(直譯)하면, 흰 구슬의 티는, ‘尙可磨也’에서, ‘尙’은 오히려 ‘상’으로 읽고, ‘可’는 가히(可~. ‘능히’, ‘넉넉히’의 뜻을 나타냄) ‘가’로 읽고, ‘磨’는 갈(날카롭게 날을 세우거나 표면을 매끄럽게 하기 위하여 다른 물건에 대고 문지름) ‘마’로 읽고, ‘也’는 어조사 ‘야’로 읽는다. ‘~이다(단정)’의 뜻을 나타냄. ‘尙可磨也’를 직역(直譯)하면, 오히려 가히 갈 수 있지만, 여기서, 三復白圭가 유래하였는데, 이것을 직역(直譯)하면, 백규(白圭)를 세 (번) 되풀이한다는 뜻으로, 말을 할 때는 신중(愼重)하게 생각하고 말을 가려야 함을 비유적으로 이르는 말. ‘斯言之玷’에서, ‘斯’는 이(지시하는 말) ‘사’로 읽고, ‘言’은 말씀 ‘언’으로 읽는다. ‘斯言之玷’을 직역(直譯)하면, 이 말[言]의 티는, ‘不可爲也’에서, ‘爲’는 할 ‘위’로 읽고, ‘也’는 어조사 ‘야’로 읽는다. ‘~이다(단정)’의 뜻을 나타냄. ‘不可爲也’를 직역(直譯)하면, 가히 (어찌) 할 수 없는 (것)이네.

삼복-염천(三伏炎天 석 **삼**/절후 **복**/더울 **염**/하늘 **천**) 삼복(三伏) (기간의) 더운 하늘이라는 뜻으로, 삼복(三伏) 기간의 몹시 심한 더위를 이르는 말. *삼복(三伏): ①초복(初伏), 중복(中伏), 말복(末伏)을 통틀어 이르는 말. 여기서, ‘복(伏)’의 의미는 이렇다. 매년 가을을 맡은 서쪽의 신(神)인 백제(白帝)가 가을을 몰고 오기에 앞서 형편을 살피러 세 번을 나타난다고 한다. 그때마다 ‘여름의 신(神)인 염제(炎帝)의 기세(氣勢)에 눌려 고개를 들지 못하고 엎드린다[伏]'의 뜻이다. ②여름철의 몹시 더운 기간. *염천(炎天): ①타는 듯이 더운 한여름의 하늘. 또는 그런 날씨. ②구천(九天)의 하나. 남쪽 하늘을 이르는 말. 여기서, '구천(九天)'은 ㉠하늘의 가장 높은 곳. ㉡고대 중국에서, 하늘을 아홉 방위(方位)로 나누어 이르던 말. 중앙을 균천(釣天), 동쪽을 창천(蒼天), 동북쪽을 변천(變天), 북쪽을 현천(玄天), 서북쪽을 유천(幽天), 서쪽을 호천(昊天), 서남쪽을 주천(朱天), 남쪽을 염천(炎天), 동남쪽을 양천(陽天)이라 일컬었음. ㉢불교에서, 대지(大地. <u>대자연의 넓고 큰 땅</u>)를 중심으로 하여 도는 아홉 천계(天界. <u>하늘의 세계</u>)를 이르는 말. *절후(節候): '절기(節氣)'와 같은 뜻으로, 한 해를 스물넷으로 나눈, 계절의 표준이 되는 것.

삼복-증염(三伏蒸炎 석 **삼**/절후 **복**/찔 **증**/더울 **염**) 삼복(三伏)의 찌는 (듯한) 더위라는 뜻으로, 삼복(三伏) 기간의 찌는 듯한, 또는 몹시 심한 더위를 이르는 말. *삼복(三伏): ☞삼복염천(三伏炎天). *증염(蒸炎): =무더위. 즉, 무더운 더위. 또는 찌는 듯한 더위. *절후(節候): ☞삼복염천(三伏炎天). *찌다: 부록 '증(蒸)' 참고.

삼분-오-열(三分五裂 석 **삼**/나눌 **분**/다섯 **오**/찢어질 **열**) 세 (가지로) 나뉘고 다섯 (가지로) 찢어진다는 뜻으로, 여러 갈래로 갈려 흩어짐을 비유적으로 이르는 말. ⑪ 사분오열(四分五裂). *삼분(三分): 셋으로 나눔.

삼분-정립(三分鼎立 석 **삼**/나눌 **분**/솥 **정**/설 **립**) 세 (가지로) 나뉘어 솥처럼 서 (있다는) 뜻으로, 천하(天下)를 셋으로 나누어 세 나라가 정립(鼎立)함을 이르는 말. *삼분(三分): ☞삼분오열(三分五裂). *정립(鼎立): (솥발 모양으로) 셋이 벌여 섬. *솥: 부록 '정(鼎)' 참고.

삼분-천하(三分天下 석 **삼**/나눌 **분**/하늘 **천**/아래 **하**) 하늘 아래(천하)를 세 (지역으로) 나눈다는 뜻으로, 한 나라를 세 사람의 군주(君主. <u>세습적으로 나라를 다스리는 최고 지위에 있는 사람</u>)나 영걸(英傑. <u>큰일을 이룰 수 있을 만큼 용기와 재주와 지혜가 뛰어남. 또는 그런 큰 인물</u>)이 나누어 차지함을 이르는 말. 여기서, '재주'는 순우리말로, 무엇을 잘할 수 있는, 타고난 능력과 슬기. *삼분(三分): ☞삼분오열(三分五裂). *천하(天下): ①온 세상. 또는 하늘 밑. ②한 나라. 또는 정권. ③(관형사적 용법) 세상에 드문. 또는 세상에 다시없는.

삼-삼-오-오(三三五五 석 **삼**/석 **삼**/다섯 **오**/다섯 **오**) 셋과 셋 또는 다섯과 다섯이라는 뜻으로, 서너 사람 또는 대여섯 사람이 무리를 짓거나, 떼를 지어 다니거나, 무슨 일을 함. 또는 그런 모양을 이르는 말. =삼오삼오(三五三五). *'삼–삼'은 『국어사전(國語辭典)』에 등재(登載)된, '바둑판의 가로 세로 각각 제3선이 만나는 네 귀의 네 점'인 '삼삼(三三)'의 뜻과는 별개다.

삼상-지-탄(參商之歎·嘆 석 **삼**/장사 **상**/어조사 **지**/탄식할 **탄**) 삼상(參商)의 탄식(한탄)이라는 뜻으로, 삼성(參星)과 상성(商星)이 동서(東西)로 멀리 떨어져 있는 데서, 두 사람이 떨어져 있어서, 또는 헤어져 있어서 만나기 어려움을 탄식(한탄)함을 이르는 말. *삼상(參商): 삼성(參星)과 상성(商星)이 동서(東西)로 멀리 떨어져 있는 데서, 멀리 떨어져서 그리워함을 이르는 말. 여기서, '삼성(參星)'은 이십팔수(二十八宿)의 하나. 서쪽의 일곱째 별자리. '상성(商星)'은 이십팔수(二十八宿)의 하나. 동쪽에 있는 일곱 개 별자리 중 다섯 번째 별자리를 이르는 말. *장사: 부록 '상(商)' 참고. *탄식하다(歎·嘆息~): 부록 '탄(歎·嘆)' 참고.

삼색-과실(三色果實 석 **삼**/빛 **색**/과실 **과**/열매 **실**) 세 (가지) 빛의 과실이라는 뜻으로, 제사 지낼 때에, 상(床)에 올려놓는 세 가지 과실을 이르는 말. 밤, 대추, 잣, 또는 밤, 대추, 감을 일컫는다. =삼색실과(三

色實果). *삼색(三色): 세 가지의 빛깔. *과실(果實): 과일. 열매. 즉, 관혼상제(冠婚喪祭. 본문 참고) 때 쓰이는, 흰색의 깎은 밤, 붉게 익은 대추, 검은 잣을 일컬었으나, 근래에는 잣 대신 검게 말린 곶감을 널리 쓴다.

삼생-가약(三生佳約 석 **삼**/날 **생**/아름다울 **가**/약속할 **약**) 삼생(三生)의 아름다운 약속이라는 뜻으로, 삼생(三生)을 두고 끊어지지 않을, 아름다운 언약(言約)이라는 뜻으로, 약혼(約婚)을 달리 이르는 말. 참 삼생연분(三生緣分). *삼생(三生): 전생(前生. 이 세상에 태어나기 전의 세상)과 금생(今生. 지금 살고 있는 이 세상), 후생(後生. 죽은 뒤의 세상)을 이르는 말. *가약(佳約): ①좋은 언약. ②가인(佳人)과 만날 약속. ③부부가 되기로 한 약속. 여기서, '가인(佳人)'은 아름다운 여자. =미인(美人). 또는 사랑의 대상 자인 이성(異性. 성·性이 다른 것을 이르는 말이다. 남성 쪽에선 여성을, 여성 쪽에선 남성을 가리킴)을 이르는 말.

삼생-연분(三生緣分 석 **삼**/날 **생**/인연 **연**/나눌 **분**) 삼생(三生)으로 나누어지는 인연(因緣)이라는 뜻으로, 삼생(三生)을 두고 끊어지지 않을 깊은 인연(因緣)을 이르는 말. 또는 부부간의 인연(因緣)을 일컫는다. =삼생지연(三生之緣). *삼생(三生): ☞삼생가약(三生佳約). *연분(緣分): ①서로 관계를 가지게 되는 인연. ②부부가 될 수 있는 인연.

삼생-원수(三生怨讐·讎 석 **삼**/날 **생**/원수 **원**/원수 **수**) 삼생(三生)의 원수(怨讐)이고 원수(怨讐)라는 뜻으로, 삼생(三生)에 걸쳐 끊을 수 없는 깊은 원수(怨讐)를 이르는 말. *삼생(三生): ☞삼생가약(三生佳約). *원수(怨讐·讎): 자기 또는 자기 집이나 나라에 해를 끼쳐 원한(怨恨. 억울하고 원통한 일을 당하여 응어리진 마음)이 맺힌 사람.

삼생-유-행(三生有幸 석 **삼**/날 **생**/있을 **유**/다행할 **행**) 삼생(三生)에 다행(多幸)함이 있다. 삼생(三生). 즉, 전생(前生. 이 세상에 태어나기 전의 세상), 현생(現生. 지금 살고 있는 이 세상), 후생(後生. 죽은 뒤의 세상)에 (인연이 되는) 행운(幸運)이 있다는 뜻으로, 서로 남다른 인연(因緣)이 있음을 비유적으로 이르는 말. *삼생(三生): ☞삼생가약(三生佳約). 이 사자성어의 유래는 다음과 같다. 소식(蘇軾)의 「승원택전(僧圓澤傳)」편(篇)에, 〈삼생석(三生石) 위에 옛정 서린 영혼이여 / 달 구경 시 읊는 것 말하지 마세. / 정든 사람 멀리서 찾아오니 부끄러워 / 몸은 다른 몸이나 마음은 영원하리.(三生石上舊情魂, 賞月吟風不要論, 慚愧情人遠相訪, 此身雖異性長存.)〉라는 시(詩)가 나오는데, '삼생석 위에 옛정 서린 영혼이여, (三生石上舊情魂)'에서, '삼생유행(三生有幸)'이 유래했다. 이 시(詩)의 배경은 이렇다. 중국 당(唐)나라 때 원택(圓澤)이란 화상(和尙. 승려를 높여 이르는 말)이 있었다. 그는 불학(佛學. 불교에 관한 학문)에 조예가 깊었고, 남다른 우정을 나누는 이원선(李源善)이란 친구가 있었다. 어느 날, 두 사람이 함께 여행을 하게 되었는데, 어느 마을을 지나가다 만삭(滿朔. 아이 낳을 달이 다 참. 또는 달이 차서 배가 몹시 부름)이 된 여인이 물을 긷고 있는 것을 보게 되었다. 원택(圓澤)은 그 부인을 가리키면서 이원선(李源善)에게 말했다. "저 부인은 임신한 지가 3년이 되었소. 그녀는 내가 환생(還生. 죽은 사람이 다시 태어남)하여 그녀의 아들이 되기를 기다리고 있다네. 나는 그동안에 환생(還生)을 피해 왔는데, 오늘 그녀를 만났으니 더 이상 피할 수가 없게 되었네. 3일이 지나면 저 부인은 아들을 낳을 테니 그녀의 집에 한 번 가 보게. 만약 아이가 자네를 보고 웃으면 바로 나일세. 그리고 13년 뒤의 중추절(仲秋節. 음력 팔월에 있는 명절이라는 뜻으로, '추석·秋夕'을 달리 이르는 말)에 나는 항주(杭州)의 천축사(天竺

寺. 절 이름)에서 자네를 기다리겠으니, 그때 가서 우리 다시 만나세." 이원선(李源善)은 원택(圓澤)의 말을 듣고 웃었다. 아기가 3년이나 뱃속에 있었다는 것이 말도 안 되거니와, 그 아이가 원택(圓澤)이라는 것은 아무리 생각해도 황당무계(荒唐無稽. 본문 참고)한 것이었다. 그러나 원택(圓澤) 화상(和尚)이 입적(入寂. 승려가 죽음)했다는 소식을 듣고 화들짝 놀라 원택(圓澤)의 말을 상기(想起. 지난 일을 생각해 냄)하였다. 3일째 날, 만삭(滿朔. 아이 낳을 달이 다 참. 또는 달이 차서 배가 몹시 부름)이었던 부인의 집으로 가서 아기를 보자, 그 아기는 자기를 보고 빙그레 미소를 짓는 게 아닌가? 그로부터 13년의 세월이 흘러 이원선(李源善)은 약속에 따라 항주(杭州)의 천축사(天竺寺)를 찾아갔다. 그가 막 절 문(門)에 도착하였을 때, 목동(牧童. 풀을 뜯으며 가축을 치는 아이)이 소[牛]의 등 위에 올라앉아서 "삼생(三生)의 인연으로 맺어진 영혼인데, 멀리서 찾아 왔구려."라고 말하면서 위의 시(詩)를 읊조렸다고 한다. 이원선(李源善)은 목동(牧童)을 알아보고 인사를 했다. 목동(牧童)은 원택(圓澤)이었다. "원택공(圓澤公)은 건강하신가?" 목동(牧童)이 대답했다. "이공(李公. '이원선·李源善'을 가리킴)은 정말 약속을 지켰구려. 그런데 내가 속세(俗世. 세속의 사람들이 사는 일반의 사회)의 인연이 끝이나 더 이상 그대와 가까이 할 수가 없게 되었다네. 나는 수행을 해야 한다네. 앞으로 우리 만날 날이 있을 걸세." 원택(圓澤)은 또다시 노래를 한 수(首) 부르고는 떠나가 버렸다. 결국 이원선(李源善)은 원택(圓澤)의 삼생(三生), 즉, 여인의 뱃속에 있는 아이(전생). 목동(금생), 죽어서 다시 만남(내생)에 인연이 되는 행운이 있다는 것이다. 두 사람이 만났다는 삼생석(三生石)은 항주(杭州)의 천축사(天竺寺)에 있다고 한다. 참고로, 원문의 '三生石上舊情魂'에서, '三'은 석 '삼'으로 읽고, '生'은 날 '생'으로 읽는다. '三生'은 전생(前生), 현생(現生), 내생(來生)을 통틀어 이르는 말. '石'은 돌 '석'으로 읽고, '上'은 위 '상'으로 읽는다. '三生石上'을 직역(直譯)하면, 삼생(三生)을 나타내는 돌의 위쪽. '舊'는 옛 '구'로 읽고, '情'은 뜻 '정'으로 읽는다. '舊情'은 지난날에 사귄 정(情). '魂'은 넋 '혼', 마음 '혼'으로 읽는다. '三生石上舊情魂'을 직역(直譯)하면, 삼생석(三生石) 위의 옛 정(情)과 혼(魂)이여. 즉, 삼생(三生)을 나타내는 돌의 위쪽에 (서린) 지난날에 사귄 정(情)과 영혼이여. 여기서, '三生有幸'이 유래하였는데, 이것을 직역(直譯)하면, 삼생(三生)에 다행(多幸)함이 있다. 즉, 삼생(三生). 즉, 전생(前生. 이 세상에 태어나기 전의 세상), 현생(現生. 지금 살고 있는 이 세상), 후생(後生. 죽은 뒤의 세상)에 (인연이 되는) 행운(幸運)이 있다는 뜻으로, 서로 남다른 인연(因緣)이 있음을 비유적으로 이르는 말. '賞月吟風不要論'에서, '賞'은 구경할 '상'으로 읽고, '月'은 달 '월'로 읽고, '吟'은 읊을 '음'으로 읽고, '風'은 바람 '풍'으로 읽는다. '賞月吟風'을 직역(直譯)하면, 달을 구경하고 바람을 (대상으로 시를) 읊음. '不'은 아닐(부정하는 말) '불'로 읽고, '要'는 중요할 '요'로 읽고, '論'은 논할 '론(논)', 논의할 '론(논)'으로 읽는다. '賞月吟風不要論'을 직역(直譯)하면, 달을 구경하고 바람을 (대상으로 시를) 읊음(에 있어서) 논의하는 것은 중요하지 않네. 즉, 달을 구경하고 바람을 대상으로 시를 읊는 것에 대하여 논의를 하지 말자는 뜻이다. '慚愧情人遠相訪'에서 '慚'은 부끄러워할 '참'으로 읽고, '愧'는 부끄러워할 '괴'로 읽는다. '慚愧'를 직역(直譯)하면, 매우 부끄러워함. '情'은 뜻 '정'으로 읽고, '人'은 사람 '인'으로 읽는다. '情人'은 마음이 통하는, 친한 친구. '遠'은 멀 '원', 먼데 '원'으로 읽고, '相'은 서로 '상'으로 읽고, '訪'은 찾을 '방'으로 읽는다. '慚愧情人遠相訪'을 직역(直譯)하면, 마음이 통하는, 친한 친구가 먼데서 서로 찾아 (오니) 매우 부끄러웠다. '此身雖異性長存'에서, '此'는 이(지시하는 말) '차'로 읽고, '身'은 몸 '신'으로 읽고, '雖'는 비록 '수'로 읽고, '異'는 다를 '이'로 읽는다. '此身雖異'를 직역(直譯)하면, 이 몸은 비록 다르지만. '性'은 성품 '성', 마음 '성'으로 읽고, '長'은 길 '장'으로 읽고, '存'은 있을 '존'으로 읽는다. '長存'은 길게(오래) (남아) 있음. '此身雖異性長存'을 직역(直譯)하면, 이 몸은 비록 다르지만 성품이나 마음은 길게(오래) (남아) 있으리라. 즉, 몸은 비록 다른 몸이나 성품이나 마음은 영원하다는 뜻이다.

삼생-지-연(三生之緣 석 **삼**/날 **생**/어조사 **지**/인연 **연**) 삼생(三生)의 인연(因緣)이라는 뜻으로, 삼생(三生)을 두고 끊어지지 않을 깊은 인연(因緣). 즉, 부부간의 인연(因緣)을 이르는 말. =삼생연분(三生緣分). *삼생(三生): ☞삼생가약(三生佳約).

삼성-오-신(三省吾身 석 **삼**/살필 **성**/나 **오**/몸 **신**) 내 몸을 세 (번이나) 살핀다. 즉, 매일(날마다) 세 번씩 자신을 살핀다는 뜻으로, 하루에 여러 번씩 자신의 행동(行動)을 반성(反省)하는 것을 이르는 말. *삼성(三省): =삼성오신(三省吾身). 이 사자성어의 유래는 다음과 같다. 『논어(論語)』의 「학이(學而)」 편(篇)에. 〈증자(曾子)가 말했다. "나는 매일 여러 차례 자신을 반성한다. 남을 위해 일을 도모하면서 불충(不忠)하지는 않았나? 친구와 사귀면서 신의(信義)가 없지는 않았는가? 전(傳)해 받은 학문을 제대로 못 익히지는 않았는가?"(曾子曰, **吾日三省吾身**, 爲人謀而不忠乎, 與朋友交而不信乎, 傳不習乎.)〉라는 이야기가 나오는데, '나는 매일 여러 차례 자신을 반성한다.(吾日三省吾身)'에서, '삼성오신(三省吾身)'이 유래했다. 3이란 수(數)는 단순히 숫자 3만을 가리키는 것이 아니라, '여러 차례', '많은', '오랜' 따위의 뜻도 가지고 있다. 그러므로 '삼성오신(三省吾身)'은 하루에 세 차례 반성한다고 풀이하기보다는 하루에 여러 차례 반성한다고 풀이해야 한다. 참고로, 원문의 '曾子曰'에서, '曾'은 일찍 '증'으로 읽고, '子'는 경칭(敬稱. 공경하는 뜻으로 부르는 칭호, 또는 존대하여 일컬음) '자'로 읽는다. 학덕(學德)과 지위가 높은 남자의 경칭(敬稱)이다. '曾子'는 사람 이름. '曾子曰'을 직역(直譯)하면, 증자(曾子)가 말하기를, '吾日三省吾身'에서, '吾'는 나(1인칭 대명사) '오'로 읽고, '日'은 나날이 '일', 매일(每日) '일'로 읽고, '三'은 석 '삼'으로 읽고, '省'은 살필 '성'으로 읽는다. 여기서는 '반성하다'의 뜻이 강함. '吾'는 나(1인칭 대명사) '오'로 읽고, '身'은 몸 '신'으로 읽는다. '吾日三省吾身'을 직역(直譯)하면, 나는 매일 내 몸을 세 번 살핀다. 여기서, '三省吾身'이 유래하였는데, 이것을 직역(直譯)하면, 내 몸을 세 (번이나) 살핀다. 즉, 매일 세 번 자신을 살핀다는 뜻으로, 하루에 여러 번씩 자신의 행동(行動)을 반성(反省)하는 것을 이르는 말. '爲人謀而不忠乎'에서, '爲'는 위할 '위'로 읽고, '人'은 사람 '인'으로 읽는다. '타인(他人)'을 가리킴. '謀'는 꾀할 '모', 도모할 '모'로 읽고, '而'는 말 이을 '이'로 읽는다. '그러나'의 뜻을 나타냄. '不'은 아닐(부정하는 말) '불'로 읽고, '忠'은 충성(忠誠. 진정에서 우러나오는 정성. 특히 임금이나 국가에 대한 것을 일컬음) '충'으로 읽고, '乎'는 어조사 '호'로 읽는다. '~는가?', '~인가?(의문)'의 뜻을 나타냄. '爲人謀而不忠乎'를 직역(直譯)하면, 타인을 위하여 꾀하면서 그러나 (혹시) 충성(忠誠)스럽지 아니함이 아닌가? 즉, 충성(忠誠)스럽지 아니함이 없었는가? '與朋友交而不信乎'에서, '與'는 어조사 '여'로 읽는다. '~와', '~과(병렬)'의 뜻을 나타냄. '朋'은 벗 '붕'으로 읽고, '友'는 벗 '우'로 읽는다. '朋友'는 '벗'과 같은 말로, 비슷한 또래로서 서로 친하게 사귀는 사람. '交'는 사귈 '교'로 읽고, '而'는 말 이을 '이'로 읽는다. '그러나'의 뜻을 나타냄. '不'은 아닐(부정하는 말) '불'로 읽고, '信'은 믿을 '신'으로 읽고, '乎'는 어조사 '호'로 읽는다. '~는가?', '~인가?(의문)'의 뜻을 나타냄. '與朋友交而不信乎'를 직역(直譯)하면, 벗과 사귀면서 그러나 믿지 아니함이 아닌가? 즉, 벗과 사귀면서 믿음이 없지 않았는가? '傳不習乎'에서, '傳'은 전(傳)할 '전'으로 읽고,

‘習’은 익힐 ‘습’으로 읽는다. ‘傳不習乎’를 직역(直譯)하면, (학문을 남에게) 전(傳)해 (받은 것이) (제대로) 익히지 아니함이 아닌가? 즉, 남에게 전해 받은 학문을 제대로 익히지 않은 것은 없지 않았는가?

삼수-갑산(三水甲山 석 **삼**/물 **수**/첫째 천간 **갑**/뫼 **산**) 삼수(三水)와 갑산(甲山). 즉, 함경남도에 있는 삼수 (三水)와 갑산(甲山)이 지세(地勢. 깊고, 얕고, 넓고, 좁고, 울퉁불퉁한 땅의 생긴 모양이나 형세)가 험하 고 교통이 불편하여 가기 어려운 곳이란 뜻으로, ①우리나라에서 가장 험한 산골이라 이르던, 함경남도 에 있는 삼수(三水)와 갑산(甲山)을 이르는 말. 삼수(三水)와 갑산(甲山)은 조선 시대에 귀양지(~地. 귀양 살이하는 곳)의 하나였다. ②몹시 어려운 지경(地境. 어떤 처지나 형편)을 비유적으로 이르는 말. *삼수 (三水): 땅 이름. *갑산(甲山): 땅 이름.

삼순-구-식(三旬九食 석 **삼**/열흘 순/아홉 **구**/먹을 **식**) 세 (번의) 열흘에 아홉 (번) 먹는다. 즉, 삼십 일 동안 아홉 끼니밖에 먹지 못한다는 뜻으로, 가난하여 끼니를 많이 거름(‘정해진 차례를 빼고 그 다음 차례로 건너뛰다’의 뜻을 가진 ‘거르다’의 명사형)을 이르는 말. 또는 몹시 가난함을 비유적으로 이르는 말. *삼순(三旬): ①상순(上旬. 초하루부터 초열흘까지의 동안), 중순(中旬. 그달의 11일부터 20일까지의 동안), 하순(下旬. 한 달 중에서 스무하룻날부터 그믐날까지의 동안)을 통틀어 이르는 말. ②서른 날. 《관련 속담》 찢어지게 가난하다. / 책력(册曆) 보아 가며 밥 먹는다.

삼신-상제(三神上帝 석 **삼**/신 **신**/위 **상**/임금 **제**) 삼신(三神)은 상제(上帝)라는 뜻으로, ‘삼신(三神)’을 높 여 이르는 말. 아기를 점지(순우리말로, 신이나 부처가 사람에게 자식이 생기게 하여 주는 일)하고, 산모(産母. 아기를 갓 낳은 여자)와 산아(産兒. 태어난 아이)를 돌보는 세 신령(神靈. 신앙의 대상이 되는 초자연적인 정령·精靈)을 이르는 말. =삼신제석(三神帝釋). 삼신제왕(三神帝王). *삼신(三神): 아 기를 점지하고 산모(産母)와 산아(産兒)를 돌보는 세 신령(神靈). *상제(上帝): 하느님. 천제(天帝).

삼신-제왕(三神帝王 석 **삼**/신 **신**/임금 **제**/임금 **왕**) 삼신(三神)은 제왕(帝王)이라는 뜻으로, 삼신(三神)을 높여 이르는 말. =삼신상제(三神上帝). 삼신제석(三神帝釋). 삼신제왕(三神帝王). *삼신(三神): ☞삼신상 제(三神上帝). *제왕(帝王): 황제(皇帝)와 국왕(國王)을 통틀어 이르는 말.

삼십육-계(三十六計 석 **삼**/열 **십**/여섯 **육**/꾀 **계**) 서른여섯 (가지의) 꾀라는 뜻으로, ①더 이상 해볼 방법이 없는 곤란한 상황에 처했을 때는 즉시 피(避)하는 것이 가장 좋은 방법이라는 것을 비유적으로 이르는 말. ‘삼십육계 주위상(三十六計, 走爲上). 즉, 서른여섯 번째의 계책(計策. 어떤 일을 이루기 위하여 꾀나 방법을 생각해 냄. 또는 그 꾀나 방법)은 달아나는 것이 상책(上策. 가장 좋은 꾀)이다’의 준말이다. ②물주(物主. 노름판에서, 아기패를 상대로 승부를 다투는 사람)가 맞힌 사람에게 살돈(노름의 밑천이 되는 돈)의 서른여섯 배(倍)를 주는 노름을 이르는 말. 여기서, ‘아기패(~牌)’는 노름판에서, 물주(物主)를 상대로 승부를 다투는 사람이나 패거리를 이르는 말. ③형편이 불리할 때, 달아나는 일을 속되게 이르는 말. *삼십육(三十六):『국어사전(國語辭典)』에 등재(登載) 되어 있지 않으나, 여기서는 서른여섯으로 굳어 진 말. *꾀: 일을 그럴듯하게 꾸미는 교묘한 생각이나 수단. 이 사자성어의 유래는 다음과 같다. 『남사(南 史)』의 「왕경칙전(王敬則傳)」 편(篇)에, [남북조(南北朝) 시대 때 남조(南朝)의 송(宋)나라 장군(將軍)인 소도성(蕭道成)은 부장(副將. 벼슬 이름. 대장·大將이나 주장·主將 즉, 우두머리 장수를 보좌하는 장수)인 왕경칙(王敬則. 소동성의 심복으로 알려져 있음)을 시켜 폭군(暴君)인 후폐제(後廢帝. 송나라 제7대 황제 이름. ‘전폐제(前廢帝)’는 제5대 황제였음)인 유욱(劉昱)을 살해(殺害)하고 유준(劉準)을 황제로 세운 다음,

순제(順帝. 제8대 황제. 앞의 '유준·劉準'을 가리킴)에게 선양(禪讓. 임금의 자리를 물려줌)을 받는 형식으로 제위(帝位. 제왕의 자리)에 오르고 국명(國名. 나라 이름)을 제(齊)라고 했는데, 이이가 바로 제(齊)나라 고제(高帝)이다. 고제(高帝)인 소도성(蕭道成)은 재위(在位. 임금의 자리에 있음. 또는 임금의 자리에 있는 동안) 3년 만에 죽었는데, 임종(臨終. 죽음을 맞이함) 때 자손들에게 피비린내 나는 골육상잔(骨肉相殘. 본문 참고)이 되풀이된 송(宋)나라의 멸망(滅亡)을 거울삼아 서로 화목하고 협조하여 송(宋)나라의 역사를 되풀이하지 말 것을 유언(遺言)으로 남겼다. 태자(太子. '황태자·皇太子'의 준말. 황제의 아들)인 소적(蕭蹟)이 소도성(蕭道成)의 뒤를 이었는데, 이이가 무제(武帝)이다. 그리고 소소업(蕭昭業)과 소소문(蕭昭文)이 그 뒤를 이었다가, 무제(武帝)인 소도성(蕭道成)의 사촌인 소란(蕭鸞)이 다시 뒤를 이었는데, 이이가 바로 명제(明帝)이다. 명제(明帝)는 황제(皇帝)에 즉위(卽位. 임금의 자리에 오름)한 이후 반란(反·叛亂. 정부나 지배자에게 반항하여 내란을 일으킴)과 보복이 두려워 무제(武帝)의 아들 17명, 형제(兄弟) 12명, 그리고 여러 명의 손자(孫子)들을 모조리 죽여 버렸다. 그러자 (송나라 때 소도성을 도와 제나라를 세우게 한, 제나라의) 개국공신(開國功臣. 본문 참고)인 회계(會稽. 땅 이름)의 태수(太守. 벼슬 이름)인 왕경칙(王敬則)이 생명의 위협을 느껴 반란을 일으켰다. 여기서, '태수(太守)'는 고대 중국에서 군(郡)의 으뜸 벼슬. 왕경칙(王敬則)은 (명제가 자기를 없애려는 것을 눈치 채고 먼저) 군사 1만 명을 이끌고 수도(首都)인 건강(健康. 땅 이름)을 향해 진격(進擊)하였는데, 명제(明帝)의 학정(虐政. 포악하고 가혹한 정치)에 불만을 품은 농민들이 중도(中途. 일이 진행되어 가는 동안)에 가세(加勢. 힘을 보태거나 거듦)하여 군사가 10만으로 불어났다. 당시(當時. 일이 있었던 바로 그때. 또는 이야기하고 있는 그 시기)에 명제(明帝)는 병이 위독(危篤)한 상태였는데, 왕경칙(王敬則)이 창졸지간(倉卒之間. 본문 참고)에 동쪽에서 들고 일어나자, 조정(朝廷. 임금이 나라의 정치를 신하들과 의논하거나 집행하는 곳. 또는 그런 기구)이 모두 두려움에 떨었다. (그때 병석·病席에 누워 있던 명제 대신에 정사·政事를 살피고 있던) 명제(明帝)의 둘째 아들인 소보권(蕭寶卷)은 동궁(東宮. 태자나 세자가 거처하는 곳. 임금이 거처하는 궁궐의 동쪽에 있던 데서 유래함)에서 반란 진압(鎭壓. 강압적인 힘으로 억눌러 진정시킴)을 논의하면서 사람을 시켜 지붕에 올라 살펴보게 했는데, 정로정(征虜亭. 정자 이름)에 불이 붙은 것을 보고 왕경칙(王敬則)이 이르렀다고 말하자, 소보권(蕭寶卷)은 급히 행장(行裝. 여행할 때 쓰는 물건과 차림)을 꾸려 도망갈 준비를 했다. 즉, 왕경칙(王敬則)과 싸워 졌다는 것을 예상하고 도망갈 준비를 했다는 것이다.]〈누군가가 왕경칙(王敬則)에게 이를(태자가 도망갈 준비를 하고 있다는 것을) 보고하자, 왕경칙(王敬則)이 말했다. "단공(檀公)의 서른여섯 가지 계책(計策) 가운데 도망이 최고의 계책(計策)이라 했거늘, 너희 부자(父子)는 서둘러 도망하는 게 좋겠지."(有告敬則者, 敬則曰. **檀公三十六策. 走爲上計.** 汝父子唯應急走耳.)〉라는 이야기가 나오는데, '단공(檀公)의 서른여섯 가지 계책(計策) 가운데 도망이 최고의 계책(計策)이라 했거늘,(檀公三十六策, 走爲上計)'에서, '삼십육계(三十六計)'가 유래했다. 원문의 삼십육책(三十六策), 주위상계(走爲上計)의 준말이 '삼십육계(三十六計)'다. 그리고 왕경칙(王敬則)이 말한 '단공(檀公)'은 남북조(南北朝) 때 송(宋)나라 무제(武帝)의 개국공신(開國功臣. 본문 참고)인 단도제(檀道濟) 장군을 지칭(指稱. 가리켜 일컬음)한다. 참고로, 원문의 '有告敬則者'에서, '有'는 있을 '유'로 읽고, '告'는 알릴 '고'로 읽고, '敬'은 공경(恭敬) '경'으로 읽고, '則'은 법칙(法則) '칙'으로 읽는다. '敬則'은 '왕경칙(王敬則)'을 가리킴. '者'는 사람 '자'로 읽는다. '有告敬則者'를 직역(直譯)하면, (누군가) 왕경칙(王敬則)에게 보고하는 사람이 있었는데,

'敬則曰'에서, '敬則曰'을 직역(直譯)하면, 왕경칙(王敬則)이 말하기를, '檀公三十六策'에서, '檀'은 박달나무 '단'으로 읽고, '公'은 존칭(尊稱) '공'으로 읽는다. '檀公'은 사람 이름. '三'은 석 '삼'으로 읽고, '十'은 열 '십'으로 읽고, '六'은 여섯 '륙(육)'으로 읽고, '策'은 꾀 '책', 계책(計策. <u>어떤 일을 이루기 위하여 꾀나 방법을 생각해 냄. 또는 그 꾀나 방법</u>) '책'으로 읽는다. '檀公三十六策'을 직역(直譯)하면, "단공(檀公)의 36가지 계책(計策) (가운데), 여기서, '三十六計'가 유래하였는데, 이것을 직역(直譯)하면, 서른여섯(가지의) 꾀라는 뜻으로, 서른여섯 번째 계책(計策)이라는 말이다. 더 이상 해볼 방법이 없는 곤란한 상황에 처했을 때는 즉시 피(避)하는 것이 가장 좋은 방법이라는 것을 비유적으로 이르는 말. '走爲上計'에서, '走'는 달아날 '주'로 읽고, '爲'는 할 '위'로 읽고, '上'은 위 '상', 첫째 '상'으로 읽고, '計'는 셈 '계', 꾀할 '계'로 읽는다. '上計'는 일을 풀어 나가는 데 제일 좋은 방법. '走爲上計'를 직역(直譯)하면, 달아나는 것이 위(최고)의 꾀라고 (했다). 여기서, '走爲上策'이 유래하였는데, 이것을 직역(直譯)하면, 달아나는 것이 위[上]의 계책(計策)이라는 뜻으로, 피해(被害)를 입지 아니하려면 달아나는 것이 제일 좋은 수(순우리말로, <u>일을 처리하는 방법이나 수단</u>)나 나은 꾀임을 이르는 말. '走爲上計'와 '走爲上策'은 같은 뜻이다. 주위상(走爲上)의 계책(計策)을 구사(驅使. <u>마음대로 다루어 씀</u>)하는 것은 기본적으로 전쟁의 기회를 모색(摸索. <u>더듬어 찾음</u>)하려는 취지(趣旨. <u>어떤 일의 근본 목적이나 의도</u>)에서 나온 것이다. 심기일전(心機一轉. <u>본문 참고</u>)의 취지(趣旨)와 같다. 전쟁의 상황이 아군(我軍. <u>우리 편 군대</u>)에게 불리할 때에는 망설이지 말고 일단 현장(現場)을 피해 달아난 후, 전쟁의 기회를 다시 모색(摸索. <u>일이나 사건 따위를 해결할 수 있는 방법이나 실마리를 더듬어 찾음</u>)하는 것이다. '汝父子唯應急走耳'에서, '汝'는 너 '여', 당신 '여'로 읽고, '父'는 아버지 '부'로 읽고, '子'는 아들 '자'로 읽고, '唯'는 오직 '유'로 읽고, '應'은 응할 '응', 응당(應當) '응'으로 읽고, '急'은 급할 '급'으로 읽고, '走'는 달아날 '주'로 읽고, '耳'는 따름 '이', 뿐 '이'로 읽는다. '~할 뿐이다(<u>한정</u>)'의 뜻을 나타냄. '汝父子唯應急走耳'를 직역(直譯)하면, (그러니) 너희 부자(父子)는 오직 응당 급히 달아날 뿐이다(<u>달아나는 것이 좋겠다</u>). 여기서, 너희 부자(父子)는 제(齊)나라 임금 '명제(明帝)'와 그의 둘째 아들 '소보권(蕭寶卷)'을 가리킴.

삼십육-궁(三十六宮 석 **삼**/열 **십**/여섯 **육**/궁궐 **궁**) 서른여섯 (개의) 궁궐(宮殿)이라는 뜻으로, 중국 전한(前漢) 때에 있었다고 하는 서른여섯 개의 궁전(宮殿. <u>임금이 거처하는 집</u>)을 이르는 말. 제왕(帝王. <u>황제·皇帝와 국왕·國王을 통틀어 이르는 말</u>)의 궁전(宮殿)이 많음을 비유적으로 이르는 말이다. ***삼십육**(三十六): ☞삼십육계(三十六計). ***궁궐**(宮闕): '궁전(宮殿)'과 같은 말로, 임금이 거처하는 집.

삼십육-금(三十六禽 석 **삼**/열 **십**/여섯 **육**/날짐승 **금**) 서른여섯 (종류의) 날짐승이라는 뜻으로, 오행(五行)에서, 십이지(十二支)에 각각 셋씩 배분한 서른여섯 가지의 짐승을 이르는 말. 예를 들면 자(子)에 제비·쥐·박쥐, 축(丑)에 소·게·자라, 인(寅)에 너구리·표범·호랑이, 묘(卯)에 고슴도치·토끼·오소리, 진(辰)에 용·교룡·물고기, 사(巳)에 드렁허리·지렁이·뱀, 오(午)에 사슴·말·노루, 미(未)에 양·기러기·매, 신(申)에 고양이·원숭이·긴팔원숭이[猴], 유(酉)에 까마귀·닭·꿩, 술(戌)에 개·이리·승냥이, 해(亥)에 돼지[豕]·암퇘지[猪]·멧돼지가 있다. 여기서, '십이지(十二支)'는 육십갑자(六十甲子. <u>본문 참고</u>)의 아랫부분을 이루는 12개의 지지(地支)를 이르는 말. 즉, 자(子), 축(丑), 인(寅), 묘(卯), 진(辰), 사(巳), 오(午), 미(未), 신(申). 유(酉), 술(戌), 해(亥)를 통틀어 일컫는다. ***삼십육**(三十六): ☞삼십육계(三十六計). ***날짐승**: 날아다니는 짐승. 곧, 새 종류를 통틀어 이르는 말.

삼위-일체(三位一體 석 **삼**/자리 **위**/한 **일**/몸 **체**) 세 자리가 한 몸이라는 뜻으로, ①세 가지의 것이 하나의 목적(目的)을 위하여 통일되거나 통합(統合)되는 일을 이르는 말. 또는 삼자(三者. 세 사람)가 뜻을 모아 하나가 되는 일을 이르는 말. ②기독교(천주교 포함)에서, 성부(聖父)와 성자(聖子)와 성신(聖神)은 신(神)이 3가지 모습이 되어 나타난 것으로, 원래는 한 몸이라는 생각을 이르는 말. *삼위(三位): 기독교(천주교 포함)에서 성부(聖父), 성자(聖子), 성신(聖神)을 아울러 이르는 말. *일체(一體): ①한 몸. 또는 한 덩어리. ②전부. 온통. ③한결같음.

삼-인-성-호(三人成虎 석 **삼**/사람 **인**/이루어질 **성**/범 **호**) 세 사람이 (거리에) 범[虎]이 (나왔다고 말하면) (거짓말도 참말로) 이루어진다. 즉, 세 사람이 짜면(계획하면, 구상하면) 거리에 범이 나왔다는 거짓말도 꾸밀 수 있다. 또는 세 사람만 우겨대면 없는 호랑이도 만들어낸다는 뜻으로, 근거 없는 말이라도 여러 사람이 말하면 진실인 것처럼 곧이듣게 됨을 비유적으로 이르는 말. *이루어지다: 뜻한 바대로 되다. 참 삼인시호(三人市虎).《관련 속담》세 사람만 우겨대면(우기면) 없는 호랑이도 만들어낸다(만든다). 이 사자성어의 유래는 다음과 같다. 『한비자(韓非子)』의 「내저설(內儲說) 상(上)」과 『전국책(戰國策)』의 「위책(魏策)」편(篇)에 [전국(戰國) 시대(時代)의 위(魏)나라 혜왕(惠王) 때, 방공(龐恭. 사람 이름)이 태자(太子. 임금의 아들)와 함께 인질(人質. 어떤 일을 자기에게 유리하게 흥정하기 위하여 상대편 쪽의 사람을 자기 쪽에서 감금하는 일. 또는 감금당해 있는 사람)로 조(趙)나라의 (수도·首都인) 한단(邯鄲)으로 가면서 위혜왕(魏惠王. 위나라의 혜왕)에게 말했다. (여기서, '방공·龐恭'은 태자의 수행원으로 외교 관례상 조나라의 한단으로, 인질이 되어 가야 할 상황이었다) "지금 어떤 사람이 저잣거리(물건을 벌여 놓고 파는, 가게가 죽 늘어서 있는 거리)에 호랑이가 나타났다고 한다면 믿으시겠습니까?" "믿지 못하겠지." "두 사람이 저잣거리에 호랑이가 나타났다고 한다면 믿으십니까?" "역시 믿지 못하겠지."]〈"여러 사람(세 사람)이 저잣거리에 호랑이가 나타났다고 하면 믿으시겠습니까?" "과인(寡人. 덕·德이 적은 사람이라는 뜻으로, 임금이 자기를 낮추어 이르던 일인칭 대명사)은 믿게 될 것이오." 즉, 한 두 사람이 아니고 여러 사람(세 사람)이 호랑이가 나타났다고 하면 믿을 수밖에 없다는 뜻이다. 그러자 방공(龐恭)이 말했다. "저잣거리에 호랑이가 나타날 수 없다는 것은 명백한 일입니다. 그러나 여러 사람(세 사람)이 말한다면, 호랑이가 되는 것입니다. 즉, 저잣거리에 호랑이가 나타난다는 것은 있을 수 없는 일이다. 그런데 여러 사람(세 사람)이 함께 그런 소리를 하게 되면, 누구나 저잣거리에 정말 호랑이가 나온 것으로 믿게 된다는 것이다.(三人言市有虎, 王信之乎. 王曰, 寡人信之, 龐恭曰, 夫市之無虎也明矣, **然而三人言而成虎**)〉[한단(邯鄲)은 위(魏)나라에서 저잣거리보다 멀리 떨어져 있습니다. 그리고 신(臣. 신하가 임금에 대하여 자기를 일컫던 말)에 대해 말하는 사람은 여러 사람이 넘습니다. 왕께서 잘 살피시기 바랍니다." 즉, 우리들은 이제 위(魏)나라에서 조(趙)나라로 가게 되었으나, 위(魏)나라와 조(趙)나라까지의 거리는 위(魏)나라에서 저잣거리까지의 거리보다 아주 먼 곳이다. 더구나 우리들이 떠난 후에 우리들에 대해서 이러니저러니 말할 사람은 세 사람 뿐이 아니고 더 많을 것이다. 그러니 '왕께서는 부디 그들의 말을 귀담아 듣지 마십시오.'라는 부탁의 말을 하는 것이다. "과인(寡人)이 스스로 알아서 판단할 것이오." 방공(龐恭)은 작별 인사를 하고 출발했다. 그런데 방공(龐恭)이 한단(邯鄲)에 도착하기 전에 혜왕(惠王)의 귀에 참언(讒言. 거짓으로 꾸며서 남을 헐뜯어 윗사람에게 고하여 바침. 또는 그런 말)이 먼저 들어왔다. 수년 후 인질(人質. 어떤 일을 자기에게 유리하게 흥정하기 위하여 상대편 쪽의 사람을 자기 쪽에서 감금하는 일. 또는 감금당해 있는 사람)에서 풀려난 태자(太子)와 방공(龐恭)은 한단(邯鄲)에서 돌아왔으나, 결국 왕을 알현(謁見. 지체가 높고 귀한 사람을 찾아가 뵘)하지 못하고 말았다. 즉, 위(魏)나라 혜왕(惠王)은 주위에서 말한 참언(讒言)을 그대로 믿고 태자(太子)와 방공(龐恭)을 만나주지 않았다는 뜻이다.]라는 이야기가 나오는데, '그러나 여러 사람이 말한다면, 호랑이가 되는 것입니다.(然而三人言而成虎)'에서, '삼인성호(三人成虎)'가 유래했다. 방공(龐恭)은 자기가 없는 동안 위(魏)나라의 혜왕(惠王)이 다른 신하들의 꾐에 넘어갈까 염려가 되어 '삼인성호(三人成虎)'를 말한 것인데, 결국 예상대로 방공(龐恭)을 모함하는 신하들이 많아지자, 왕은 그들의 말을 믿고 방공(龐恭)을 의심하고 있는 상황이 되고 말았다. 반복의 효과는 이래서 무섭다. 다수결의 원칙은 만능(萬能. 온갖 것을 다 할 수 있음)도 아니고, 옳은 것은 더욱 아니다. '삼인성호(三人成虎)' 는 여러 사람이 가짜 호랑이를 만들어 남을 믿게 하는 것이니, 우리 주변 인물에 대해서 조심할 수밖에 없다. 방공(龐恭)은 『전국책(戰國策)』에는 '방총(龐葱)'으로 되어 있다. 참고로, 원문의 '三人言市有虎'에서, '三'은 석 '삼'으로 읽고, '人'은 사람 '인'으로 읽고, '言'은 말씀 '언'으로 읽고, '市'는 저자(여러 가지 물건을 사고파는 시장·市場을 예스럽게 이르는 말) '시'로 읽고, '有'는 있을 '유'로 읽고, '虎'는 범 '호'로 읽는다. '三人言市有虎'를 직역(直譯)하면, 세 사람(여러 사람)이 저자(저잣거리)에 범(호랑이)이 있다고 말하면, '王信之乎'에서, '王'은 임금 '왕'으로 읽고, '信'은 믿을 '신'으로 읽고, '之'는 어조사 '지'로 읽는다. '그것'을 나타내는 지시 대명사. '乎'는 어조사 '호'로 읽는다. '~인가', '~는가(의문)'의 뜻을 나타냄. '王信之乎'는, 직역(直譯)하면 왕께서는 그것을 믿으시겠습니까? '寡人信之'에서, '寡'는 적을 '과'로 읽고, '人'은 사람 '인'으로 읽는다. '寡人'은 '덕(德. 고매하고 너그러운 도덕적 품성)이 적은 사람'이라는 뜻으로, 임금이 자기를 낮추어 이르던 1인칭 대명사. '寡人信之'를 직역(直譯)하면, 과인(寡人)은 그것을 믿을 (것이오). '龐恭曰'에서, '龐'은 클(넓이, 높이, 부피 따위가 큼) '방'으로 읽고, '恭'은 공손할 '공'으로 읽는다. '龐恭'은 사람 이름. '龐恭曰'을 직역(直譯)하면, 방공(龐恭)이 말하기를, '夫市之無虎也明矣'에서, '夫'는 발어사(發語辭) '부'로 읽는다. '발어사(發語辭)'는 문장의 서두에 놓여 '대저', 또는 '대체로'의 뜻을 나타냄. '市'는 저자(물건을 팔고 사는 '시장'을 예스럽게 이르는 말) '시'로 읽고, '之'는 어조사 '지'로 읽는다. '~이', '~가(주격)'의 뜻을 나타냄. '無'는 없을 '무'로 읽고, '虎'는 범 '호'로 읽고, '也'는 어조사 '야'로 읽는다. '~이다(단정)'의 뜻을 나타냄. '明'은, 여기서는 명료(明瞭. 뚜렷하고 분명함)하게 드러날 '명'으로 읽고, '矣'는 어조사 '의'로 읽는다. '~이다(단정)'의 뜻을 나타냄. '夫市之無虎也明矣'를 직역(直譯)하면, 대체로 저자에는 범(호랑이)이 없다는 것이 명료(明瞭)하게 드러났다. '然而三人言而成虎'에서, '然'은 그러할 '연'으로 읽고, '而'는 말 이을 '이'로 읽는다. '그러나'의 뜻을 나타냄. '然而'는 한문(漢文) 구(句)의 하나로, 그러나 또는 그러고 나서, '三'은 석 '삼'으로 읽고, '人'은 사람 '인'으로 읽고, '言'은 말씀 '언'으로 읽고, '而'는 말 이을 '이'로 읽는다. 여기서는 '그리고'의 뜻을 나타냄. '成'은 이루어질 '성', 완성될 '성'으로 읽고, '虎'는 범 '호'로 읽는다. '然而三人言而成虎'를 직역(直譯)하면, 그러나 세 사람(여러 사람)이 말하면 그리고 범(호랑이)이 이루어집니다. 여기서, '三人成虎'가 유래하였는데, 이것을 직역(直譯)하면, 세 사람이 (거리에) 범이 (나왔다고 말하면) (거짓말도 참말로) 이루어진다. 즉, 세 사람이 짜면 거리에 범이 나왔다는 거짓말도 꾸밀 수 있다는 뜻으로, 근거 없는 말이라도 여러 사람이 말하면 진실인 것처럼 곧이듣게 됨을 비유적으로 이르는 말.

삼일-신행(三日新行 석 **삼**/날 **일**/새 **신**/길 갈 **행**) 세 날[日] (만에) 새 길을 간다는 뜻으로, 혼례식(婚禮式)을 치르고 사흘 만에 하는 혼행(婚行. 혼인 때, 신랑이 신부 집으로 가거나, 신부가 신랑 집으로 가는 일)을 이르는 말. *삼일(三日): ①혼인한 지 사흘 째 되는 날. ②해산(解産. 아이를 낳음)한 지 사흘째 되는 날. *신행(新行): 혼인 때, 신랑이 신부 집으로 가거나, 신부가 신랑 집으로 가는 일. =혼행(婚行).

삼-일-유가(三日遊街 석 **삼**/날 **일**/놀 **유**/거리 **가**) 삼일 동안 거리에서 논다는 뜻으로, 지난날 과거(科擧. 예전에 우리나라와 중국에서 관리를 뽑을 때 실시하던 시험을 이르는 말)에 급제(及第)한 사람이 사흘 동안 시험관(試驗官. 시험장의 감독이나 시험 문제의 출제 및 채점 따위를 하는 사람)과 선배 급제자(及第者. 지난날, 과거에 합격한 사람)와 친척(親戚)을 방문하던 일을 이르는 말. *'삼-일'은 『국어사전(國語辭典)』에 등재(登載)된, '①혼인한 지 사흘째 되는 날. ②해산(解産)한 지 사흘째 되는 날'인 '삼일(三日)'의 뜻과는 별개다. *유가(遊街): 지난날, 과거의 급제자가 좌주(座主. 고려 시대에, 과거의 급제자가 과거 시험에 관계되는 모든 관원을 이르던 말), 선진(先進. 어느 한 분야에서, 연령, 지위, 기량 따위가 앞선 사람), 친척(親戚)들을 찾아보기 위해 풍악(風樂. 예부터 전해 오는 우리나라 고유의 악기, 주로 기악·器樂을 일컫는다)을 울리며 시가(市街. 도시의 큰 거리, 또는 번화한 거리 =시가지, 즉, 도시의, 주택이나 가게가 많이 늘어서 있는 지역)를 행진(行進. 여럿이 줄을 지어 앞으로 나아감)하던 일.

삼-일-천하(三日天下 석 **삼**/날 **일**/하늘 **천**/아래 **하**) 하늘 아래(천하)에서의 세 (번의) 날[日]이라는 뜻으로, ①사흘 동안 천하(天下)를 얻었듯이, 개화당(開化黨)이 갑신정변(甲申政變)으로 3일 동안 정권(政權)을 잡은 일을 이르는 말. ②정권(政權)을 잡았다가 짧은 기간 내에 밀려나게 됨을 이르는 말. ③어떤 지위에 발탁·기용되었다가 며칠 못가서 떨어지는 일을 비유적으로 이르는 말. 참 오일경조(五日京兆). 여기서, '개화당(開化黨)'은 조선 고종 때, 민씨(閔氏) 일족(一族)의 수구파(守舊派)에 대항하여 개혁을 주장하던 당파(黨派)를 이르는 말. 김옥균(金玉均)을 중심으로 갑신정변(甲申政變)을 일으켰으나, 삼일천하(三日天下)로 끝남. 반면에, '갑신정변(甲申政變)'은 조선 고종 21(서기 1884년, 갑신년)에, 김옥균(金玉均), 박영효(朴泳孝) 등(等)의 개화당(開化黨)이 민씨(閔氏) 일파의 사대당(事大黨)을 물리치고 혁신 정부를 세우기 위해 일으킨 정변(政變. 혁명이나 쿠데타 따위의 비합법적인 수단으로 생긴 정치상의 큰 변동)을 이르는 말. *삼-일: ☞삼일유가(三日遊街). *천하 (天下): ①온 세상. 또는 하늘 밑. ②한 나라, 또는 정권. ③(관형사적 용법) 세상에 드묾. 또는 세상에 다시없음.

삼재-팔난(三災八難 석 **삼**/재앙 **재**/여덟 **팔**/어려울 **난**) 세 (가지) 재앙(災殃)인 삼재(三災)와 여덟 (가지) 어려움인 팔난(八難)이라는 뜻으로, 모든 재앙(災殃)과 곤란(困難)을 이르는 말. *삼재(三災): 불교에서, 세계가 파멸할 때 일어난다는 세 가지 재해(災害)를 이르는 말. 곧, 전란(戰亂), 질병(疾病), 기근(饑饉)의 소삼재(小三災)와 화재(火災), 수재(水災), 풍재(風災)의 대삼재(大三災)가 있음. *팔난(八難): 여덟 가지의 재난. 곧 배고픔, 목마름, 추위, 더위, 물, 불, 병란(兵亂. 나라 안에서 싸움질하는 난리), 칼 따위를 일컫는다. *재앙(災殃): 뜻하지 아니하게 생긴 불행한 변고·變故. 또는 천재지변·天災地變으로 인한 불행한 사고.

삼종-의탁(三從依托·託 석 **삼**/좇을 **종**/의지할 **의**/의지할 **탁**) 세 (가지를) 좇으며 의지(依支)하고 의지(依支)한다는 뜻으로, 예전에, 여자가 지키고 따라야 할 세 가지 도리(道理. 사람이 마땅히 지켜야 할 바른 길)를 이르던 말. 어려서는 아버지를, 결혼해서는 남편을, 남편이 죽은 후에는 자식을 따라야 했다. =삼종지덕(三從之德). 삼종지도(三從之道). 삼종지례(三從之禮). 삼종지법(三從之法). 삼종지의(三從之義). 삼종지탁(三從之托·託). *삼종(三從): =삼종지도(三從之道). *의탁(依托·託): 남에게 맡기어 부탁함. *좇다: 부록 '종(從)' 참고.

삼종-지-덕(三從之德 석 **삼**/좇을 **종**/어조사 **지**/덕 **덕**) 세 (가지를) 좇을 덕(德)이라는 뜻으로, 예전에, 여자가 지키고 따라야 할 세 가지 도리(道理. <u>사람이 마땅히 지켜야 할 바른 길</u>)를 이르던 말. 어려서는 아버지를, 결혼해서는 남편을, 남편이 죽은 후에는 자식을 따라야 했다. =삼종의탁(三從依托·託). 삼종지도(三從之道). 삼종지례(三從之禮). 삼종지법(三從之法). 삼종지의(三從之義). 삼종지탁(三從之托·託). *삼종(三從): ☞삼종의탁(三從依托·託). *좇다: 부록 '종(從)' 참고.

삼종-지-도(三從之道 석 **삼**/좇을 **종**/어조사 **지**/도리 **도**) 세 (가지를) 좇는 도리(道理)라는 뜻으로, 예전에, 여자가 지키고 따라야 할 세 가지 도리(道理)를 이르던 말. 어려서는 아버지를, 결혼해서는 남편을, 남편이 죽은 후에는 자식을 따라야 했다. =삼종의탁(三從依托·託). 삼종지덕(三從之德). 삼종지례(三從之禮). 삼종지법(三從之法). 삼종지의(三從之義). 삼종지탁(三從之托·託). *삼종(三從): ☞삼종의탁(三從依托·託). *좇다: 부록 '종(從)' 참고. *도리(道理): ①사람이 마땅히 지켜야 할 바른 길. 이 사자성어의 유래는 다음과 같다. 『의례(儀禮)』의 「상복전(喪服傳)」 편(篇)에, 〈부인(婦人)에게는 세 가지 따라야 할 의(義)가 있으며, 자기 마음대로 할 수 있는 도(道)는 없다. 그러므로 시집가기 전에는 아버지를 따르고, 시집을 간 후에는 지아비를 따르고, 지아비가 죽으면 아들을 따라야 한다.(<u>婦人有三從之義</u>, 無專用之道, 故未嫁從父, 旣嫁從夫, 夫死從子.)〉라는 이야기가 나오는데, '부인(婦人)에게는 세 가지 따라야 할 의(義)가 있으며,(婦人有三從之義)'에서, '삼종지의(三從之義)'와 '삼종지도(三從之道)'가 유래했다. 참고로, 원문의 '婦人有三從之義'에서, '婦'는 며느리 '부'로 읽고, '人'은 사람 '인'으로 읽는다. '婦人'은 결혼한 여자. '有'는 있을 '유'로 읽고, '三'은 석 '삼'으로 읽고, '從'은 좇을 '종', 따를 '종'으로 읽고, '之'는 어조사 '지'로 읽는다. '~의'를 나타내는 관형격 조사. '義'는 의리(義理) '의'로 읽는다. '婦人有三從之義'를 직역(直譯)하면, 결혼한 여자는 세 가지 따라야 할 의(義)가 있다. 여기서, '삼종지의(三從之義)'와 '三從之道'가 유래하였는데, 이것을 직역(直譯)하면, 세 (가지를) 좇는 '의(義)' 혹은 '도리(道理)'라는 뜻으로, 예전에, 여자가 지키고 따라야 할 세 가지 도리(道理)를 이르던 말. 어려서는 아버지를, 결혼해서는 남편을, 남편이 죽은 후에는 자식을 따라야 했다. '無專用之道'에서, '無'는 없을 '무'로 읽고, '專'은 오로지 '전'으로 읽고, '用'은 쓸 '용'으로 읽고, '之'는 어조사 '지'로 읽는다. '~의'를 나타내는 관형격 조사. '道'는 도리(道理) '도', 이치(理致) '도'로 읽는다. '無專用之道'를 직역(直譯)하면, 오로지 (혼자만) 쓰는 (것)의 도(道)는 없다. 즉, <u>혼자서 자기 마음대로 할 수 있는 도(道)는 없다는 것이다.</u> '故未嫁從父'에서, '故'는 그러므로 '고'로 읽고, '未'는 아닐(<u>부정하는 말</u>) '미'로 읽고, '嫁'는 시집갈 '가'로 읽고, '從'은 좇을 '종', 따를 '종'으로 읽고, '父'는 아버지 '부'로 읽는다. '故未嫁從父'를 직역(直譯)하면, 그러므로 시집을 아니 갈 (때에는) 아버지를 따른다. '旣嫁從夫'에서, '旣'는 이미(<u>돌이킬 수 없이 된 지난 일을 일컬을 때 쓰는 말</u>) '기'로 읽는다. '夫'는 지아비(<u>'남편'을 예스럽게 이르는 말</u>) '부'로 읽는다. '旣嫁從夫'를 직역(直譯)하면, 이미 시집을 갈 (때에는) 지아비(<u>남편</u>)를 따른다. '夫死從子'에서, '死'는 죽을 '사'로 읽고, '子'는 아들 '자'로 읽는다. '夫死從子'는, 직역(直譯)하면 지아비(<u>남편</u>)가 죽으면 아들을 따른다.

삼종-지-의(三從之義 석 **삼**/좇을 **종**/어조사 **지**/의리 **의**) 세 (가지를) 좇는 의리(義理)라는 뜻으로, 예전에, 여자가 지키고 따라야 할 세 가지 도리(道理. <u>사람이 마땅히 지켜야 할 바른 길</u>)를 이르던 말. 어려서는 아버지를, 결혼해서는 남편을, 남편이 죽은 후에는 자식을 따라야 했다. =삼종의탁(三從依托·託). 삼종지덕(三從之德). 삼종지례(三從之禮). 삼종지법(三從之法). 삼종지탁(三從之托·託). *삼종(三從): ☞삼종의탁(三從依托·託). *좇다: 부록 '종(從)' 참고. *의리(義理): 사람으로서 마땅히 지켜야 할 바른 도리. 이 사자성어의 유래는 다음과 같다. 『의례(儀禮)』의 「상복전(喪服傳)」 편(篇)에 〈부인(婦人)에게는 세 가지 따라야 할 의(義)가 있으며, 자기 마음대로 할 수 있는 도(道)는 없다. 그러므로 시집가기 전에는 아버지를 따르고, 시집을 간 후에는 지아비를 따르고, 지아비가 죽으면 아들을 따라야 한다.(婦人有三從之義, 無專用之道, 故未嫁從父, 旣嫁從夫, 夫死從子.)〉라는 이야기가 나오는데, '부인(婦人)에게는 세 가지 따라야 할 의(義)가 있으며,(婦人有三從之義)'에서, '삼종지의(三從之義)'가 유래했다. 나머지 구체적인 내용은 ⇨삼종지도(三從之道).

삼-진-삼-퇴(三進三退 석 **삼**/나아갈 **진**/석 **삼**/물러날 **퇴**) 세 (번) 나아가고 세 (번) 물러난다는 뜻으로, ①지난날 과거(科擧. 예전에 우리나라와 중국에서 관리를 뽑을 때 실시하던 시험을 이르는 말)에 급제及第. 지난날, 과거에 합격하던 일)한 사람을 축하하기 위해서, 급제(及第)한 선배들이 찾아와서 새로 급제(及第)한 사람을 부릴 때에, 세 번 앞으로 나오고 세 번 뒤로 물러가게 하던 일을 이르는 말. ②승전무(勝戰舞)나 호남(湖南)의 농악(農樂. 농촌에서, 농부들 사이에 행하여지는 우리나라 고유의 음악) 따위에서, 세 번 앞으로 가고 세 번 뒤로 가는 춤사위(민속 무용에서, 춤 동작의 기본이 되는 낱낱의 일정한 움직임)를 이르는 말. 여기서, 승전무(勝戰舞)는 고려 시대부터 향악(鄕樂. 예부터 발달해 온 우리나라 고유의 음악)에 속하여 내려온 궁중 무용을 이르는 말. 임진왜란(壬辰倭亂) 때 이순신(李舜臣) 장군의 승전(勝戰. 싸움에서 이김)과 관련하여 붙인 이름이다.

삼-징-칠-벽(三徵七辟 석 **삼**/부를 **징**/일곱 **칠**/부를 **벽**) 세 (번) 부르고 일곱 (번) 부른다는 뜻으로, 예전에, 초야(草野. 풀이 난 들이라는 뜻으로, 궁벽한 시골을 이르는 말)에 묻혀 사는 인재(人材. 어떤 일을 할 수 있는 학식이나 능력을 갖춘 사람)나 선비에게 임금이 벼슬을 주겠다고 자주 또는 여러 차례 부르던 일을 이르는 말. 여기서, '삼징(三徵)'은 임금이 세 번 부르는 일이고, '칠벽(七辟)'은 주군(州郡)에서 일곱 번 부르는 것이다. 단, 두 단어는 『국어사전(國語辭典)』에 등재(登載)되어 있지 않다. 그런데 '주군(州郡)은 주(州)와 군(郡)을 아울러 이르는 말. 또는 '지방(地方)'을 달리 이르는 말.

삼척-동자(三尺童子 석 **삼**/자 **척**/아이 **동**/아들 **자**) (키가) 석 자[尺] (정도밖에 되지 않는) 어린아이나 아들이라는 뜻으로, ①철부지, 즉, 철이 없는 어리석은 어린아이를 이르는 말. ②무식(無識. 학식이나 식견이 없음)한 사람을 비유적으로 이르는 말. *삼척(三尺): ①석 자[尺]. ②=삼척검(三尺劍. 길이가 석 자 되는 긴 칼). ③=삼척법(三尺法). 즉, 고대 중국에서, 석 자 길이의 죽간(竹簡. 고대 중국에서 글자를 적던 댓조각, 또는 그 댓조각을 엮어서 만든 책)에 법률을 적은 데서, 명문화된 법률을 이르는 말. *동자(童子): 나이 어린 사내아이. 이 사자성어의 유래는 다음과 같다. 중국 송(宋)나라 때 호전(胡銓)이 지은 「상고종봉사(上高宗封事)」에 〈키가 석자 밖에 안 되는 어린아이는 아무것도 모르는 데도 그에게 개와 돼지를 가리키며 절을 하도록 시키면 바로 발끈 성을 냅니다. 지금 추노(醜虜)는 개나 돼지입니다.(夫三尺童子至無知也, 指犬豕而使之拜則怫然怒, 今醜虜則犬豕也.)〉라는 이야기가 나오는데, '키가 석자 밖에 안 되는 어린아이는 아무것도 모르는 데도,(夫三尺童子至無知也)'에서, '삼척동자(三尺童子)'가 유래했다. 이 이야기의 배경은 이렇다. 문치주의(文治主義. 무력을 배경으로 하는 무단 정치와는 달리, 교화 또는 학문과 법령에 따라 정치를 펴는 태도를 이르는 말. 중국의 한·漢나라 때 유교를 국교로 삼으면서부터 시작되었음)를 표방(標榜. 어떤 명목·名目을 붙여 주의·主義나 주장·主張 또는 처지·處地를 앞에 내세움)한 송(宋)나라 때에는 교육과 상업이 발달하고, 학문과 문화가 꽃을 피웠다. 하지만 문인(文人)의 관료제(官僚制. 특권을 가진 관료가 국가 권력을 장악하고 지배하는 정치 제도)로 인한 군사력의 약화(弱化)와 외교상의 실책으로 왕조 내내 위기에서 빠져나오지를 못하고, 이민족(異民族)인 거란족의 요(遼)나라, 당항족(當項族)의 서하(西夏), 여진족(女眞族)의 금(金)나라 그리고 몽고족(蒙古族)의 원(元)나라에 차례로 굴욕(屈辱. 남에게 억눌리어 업신여김을 받음)을 당했다. 결국 이이제이(以夷制夷. 본문 참고)의 수법으로 요(遼)나라에 대항하기 위하여 금(金)나라와 연합을 하였으나, 요(遼)나라가 망한 후 금(金)나라에 시달리다가 결국 항복하여 황제는 금(金)나라로 연행(連行. 강제로 데리고 감)되고, 나라는 문을 닫고 말았다. 그 후 북송(北宋)이 금(金)나라에 멸망을 당하고, 항주(抗州)의 남송(南宋) 시대가 막을 올렸지만, 문약(文弱. 글에만 열중하여 정신적으로나 신체적으로 나약함)한 남송(南宋)의 황제와 강화파(講和派. 싸우던 두 편이 싸움을 그치고 평화로운 상태가 되도록 하자는 집단) 대신(大臣)들은 여전히 금(金)나라와 강화(講和. 싸우던 두 편이 싸움을 그치고 평화로운 상태가 됨) 교섭을 추진하는 데에만 급급했다. 서기 1138년, 금(金)나라가 사자(使者. 명령이나 부탁을 받고 심부름하는 사람)를 파견하여 남송(南宋)이 칭신(稱臣. 스스로 신하라고 자처함. 또는 신하로서 임금에게 복종함)하는 조건으로 강화(講和)를 요청했다. 진회(秦檜. 사람 이름. 남송·南宋의 재상·宰相이며 금·金나라와의 외교정책에 있어 강화를 주창한 인물)는 이 조건을 받아들일 것을 적극적으로 검토했다. 여기서, '재상(宰相)'은 임금을 보필하며 모든 관원을 지휘, 감독하는 자리에 있는 이품(二品) 이상의 벼슬을 통틀어 이르던 말. 그런데 무주군사판관(撫州軍事判官. 벼슬 이름)인 호전(胡銓)이 반대 상서(上書. 신하가 임금에게 글을 올리던 일. 또는 그 글)를 올렸다. 위의 이야기가 그 반대 상서(上書)의 내용이다. 참고로, 원문의 '夫三尺童子至無知也'에서, '夫'는 발어사(發語辭) '부'로 읽는다. '발어사(發語辭)'는 문장의 서두에 놓여 '대저', 또는 '대체로'의 뜻을 나타냄. '三'은 석 '삼'으로 읽고, '尺'은 자(길이를 재는 데 쓰는 도구) '척'으로 읽고, '童'은 아이 '동'으로 읽고, '子'는 아들 '자'로 읽고, '至'는 이를(어떤 정도나 범위에 미칠) '지', 지극히 '지'로 읽고, '無'는 없을 '무'로 읽고, '知'는 알 '지'로 읽고, '也'는 어조사 '야'로 읽는다. '~이다(단정)'의 뜻을 나타냄. '夫三尺童子至無知也'를 직역(直譯)하면, 대체로 (키가) 석 자의 아이는 지극히 아는 것이 없다. 즉, 대체로 키가 석 자밖에 안 되는 아이는 아무것도 모른다는 말이다. 여기서, '三尺童子'가 유래하였는데, 이것을 직역(直譯)하면, (키가) 석 자[尺] (정도밖에 되지 않는) 어린아이나 아들이라는 뜻으로, ①철부지, 즉, 철이 없는 어리석은 어린아이를 이르는 말. ②무식(無識)한 사람을 비유적으로 이르는 말. '指犬豕而使之拜則怫然怒'에서, '指'는 가리킬 '지'로 읽고, '犬'은 개 '견'으로 읽고, '豕'는 돼지 '시'로 읽고, '而'는 말 이을 '이'로 읽는다. '그리고'의 뜻을 나타냄. '使'는 시킬 '사'로 읽고, '之'는 어조사 '지'로 읽는다. '그것'을 나타내는 지시 대명사. '拜'는 절 '배'로 읽고, '則'은 곧 '즉'으로 읽고, '怫'는 여기서는 발끈할 '비'로 읽는다. '然'은 그러할 '연'으로 읽는다. '怫然'은 발끈 성내는 모양을 이르는 말이다. '怒'는 성낼 '로(노)'로 읽는다. '指犬豕而使之拜則怫然怒'를 직역(直譯)하면, 개와 돼지를 가리키고 그리고 그것에게 절하도록 시키면 곧 발끈하게 성냅니다. 즉, 그에게 개와 돼지를 가리키며 절을 하도록 시키면 곧 성을 낼 것이다. '今醜虜則犬豕也'에서, '今'은 이제 '금', 지금 '금'으로 읽고, '醜'는 더러울 '추'로 읽고, '虜'는 오랑캐 '로(노)'로 읽는다. '醜虜'는 '더러운 오랑캐'라는 뜻으로, 적군(敵軍. 적의 군대나 군사)을 멸시하여 부르는 호칭(呼稱)을 일컫는다. 여기서는 금(金)나라를 지칭(指稱)하고 있음. '今醜虜則犬豕也'를 직역(直譯)하면, 지금 추노(醜虜)는 곧 개나 돼지입니다. 즉, 금(金)나라가 '개나 돼지'(미련하고 못난 사람, 또는 사람답지 않은 사람을 욕할 때 이르는 말)라고 하는 것은 '삼척동자(三尺童子)'라도 다 아는 사실이기 때문에, 호전(胡銓)은 금(金)나라와의 강화(講和)를 반대한다는 뜻이다. 남송(南宋)은 후에 새로 일어난 세력인 몽고족(蒙古族)을 끌어들여 금(金)나라를 멸망시켰지만, 결국 몽고족(蒙古族)에 국토를 모두 내어 주고 역사의 뒤안길로 사라지고 말았다.

삼척-장검(三尺長劍 석 **삼**/자 **척**/길 **장**/칼 **검**) 석 자[尺]나 (되는) 긴 칼이라는 뜻으로, 길고 큰 칼을 비유적으로 이르는 말. *삼척(三尺): ☞삼척동자(三尺童子). *장검(長劍): 지난날, 무기로 쓰던 긴 칼.

삼척-추수(三尺秋水 석 **삼**/자 **척**/가을 **추**/물 **수**) 석 자[尺]나 (되는) 가을 물이라는 뜻으로, 날(무엇을 자르거나, 베거나, 깎거나, 파거나, 뚫거나 하는 데 쓰는 기구, 또는 연장의 가장 얇고 날카로운 부분)이 가을의 물처럼 시퍼렇게 선, 긴 칼을 비유적으로 이르는 말. *삼척(三尺): ☞삼척동자(三尺童子). *추수(秋水): ①가을철의 맑은 물. ②시퍼렇게 날이 선 칼을 비유적으로 이르는 말. ③신색(神色. '안색'의 높임말. 얼굴빛, 또는 낯빛)이 맑고 깨끗함을 비유적으로 이르는 말.

삼-천-갑자(三千甲子 석 **삼**/일천 **천**/첫째 천간 **갑**/첫째 지지 **자**) 삼천(三千)이나 (되는) 갑자(甲子)라는 뜻으로, 육십갑자(六十甲子. 본문 참고)의 삼천(三千) 배(倍). 곧, 18만(萬) 년(年)을 이르는 말 60년×3,000=180,000년이 된다. 동방삭(東方朔. 사람 이름)이 저승사자(~使者. 저승에서 염라대왕·閻羅大王의 명·命을 받고 죽은 사람의 넋을 데리러 온다는 심부름꾼)를 잘 대접해서 18만(萬) 년(年)에 이르는 삼천갑자(三千甲子)의 시간 동안 살았다고 한다. *'삼-천'은 『국어사전(國語辭典)』에 등재(登載)된, '천태종(天台宗)에서, 모든 만물(萬物. 온갖 물건 또는 세상에 있는 모든 것)을 통틀어 이르는 말'인 삼천(三千)의 뜻과는 별개다. *갑자(甲子): 육십갑자(六十甲子. 본문 참고)의 첫째를 이르는 말. *천간(天干): 육십갑자(六十甲子. 본문 참고)의 윗부분을 이루는 요소. 곧, 갑(甲), 을(乙), 병(丙), 정(丁), 무(戊), 기(己), 경(庚), 신(辛), 임(壬), 계(癸)의 십간(十干)을 일컫는다. 따라서, '갑(甲)'은 첫째 천간(天干)이 되는 것이다. *지지(地支): 육십갑자(六十甲子)의 아랫부분을 이루는 요소. 즉, 자(子), 축(丑), 인(寅), 묘(卯), 진(辰), 사(巳), 오(午), 미(未), 신(申), 유(酉), 술(戌), 해(亥)의 십이지(十二支)를 일컫는다. 따라서, '자(子)'는 첫째 지지(地支) 자(子)가 되는 것이다.

삼천-지-교(三遷之敎 석 **삼**/옮길 **천**/어조사 **지**/가르칠 **교**) 세 (번이나) 옮긴(이사한) 가르침, 즉, 맹자(孟子)의 어머니가 자식을 위해 세 번이나 이사하면서 가르쳤다는 뜻으로, 어머니가 자식을 훌륭하게 가르치기 위해 노력하는 것을 비유(比·譬喩. 어떤 사물의 모양이나 상태 따위를 보다 효과적으로 표현하기 위하여 그것과 비슷한 다른 사물에 빗대어 표현함. 또는 그 표현 방법)하거나, 어린아이의 교육이나 인간의 성장에서 환경(環境)이 매우 중요하다는 것을 가리키는 말. =맹모삼천(孟母三遷). *삼천(三遷): ①세 번 옮기거나 이사함. ②=삼천지교(三遷之敎). 이 사자성어의 유래는 다음과 같다. 유향(劉向)의 『열녀전(列女傳)』에 〈맹자(孟子)가 어렸을 때 일찍 아버지를 여의자, 어머니 장(仉)씨는 수절(守節. 정절을 지킴)을 했다. 묘지 근처에서 살았는데, 맹자(孟子)는 장사지내는 일이나 (보면서) 앉았다 일어났다 하며 우는 것을 흉내 냈다. 어머니는 "이곳은 아이를 살게 할 곳이 못 되는구나."라고 말하고 그곳을 떠나 시장 근처 도살장(屠殺場. 행정 당국의 허가 아래, 일정한 시설을 갖추어, 소나 돼지의 가축을 잡는 곳)이 가까운 곳에 집을 정했다. 맹자(孟子)는 장사하는 것과 도살(屠殺. <u>소나 돼지 따위를 잡아 죽임</u>)하는 일을 흉내 냈다. 어머니는 또 "이곳 역시 아이를 살게 할 곳이 못 되는구나"라고 말하고, 이어 학교 옆으로 이사를 했다. 매월 초하루가 되면 관원(官員)들이 문묘(文廟. <u>공자를 모신 사당</u>)에 들어와 예(禮)를 행하고, 무릎을 꿇고 절을 하며 읍(揖. <u>인사하는 예·禮의 하나. 두 손을 맞잡아 얼굴 앞으로 들어 올리고 허리를 앞으로 공손히 구부렸다가 몸을 펴면서 손을 내림</u>)하고 사양(辭讓. <u>겸손하여 받지 아니하거나 응하지 아니함. 또는 남에게 양보함</u>)하며 나아가고 물러가는 예(禮)를 행했다. 맹자(孟子)는 그것을 보고, 일일이 익히고 기억했다. 맹자(孟子)의 어머니는 "이곳은 정말 아이를 살게 할 만한 곳이구나."라고 말하고, 드디어 그곳에 살았다.(昔孟子少時, 父早喪, 母仉氏守節, **居住之所近於墓**, 孟子 學爲喪葬, 蹄踊痛哭之事, 母曰, 此非所以居子也, 乃去, **舍市**, 近於屠, 孟子學爲買賣屠殺之事, 母又曰, 亦 非所以居子也, **繼而遷於學宮之旁**, 每月朔望, 官員入文廟, 行禮跪拜, 揖讓進退, 孟子見了, 一一習記, 孟母 曰, 此眞可以居子也, 遂居於此.)〉라는 이야기가 나오는데, 위에 밑줄을 그어 표시한 대로 맹자(孟子)의 어머니가 세 번 이사를 했다(居住之所近於墓, 舍市, 繼而遷於學宮之旁)는 데서, '삼천지교(三遷之敎)'가 유래했다. '맹모삼천(孟母三遷)' 또는 '맹모삼천지교(孟母三遷之敎)'라고도 한다. 나머지 구체적인 내용은 ⇨맹모삼천(孟母三遷).

삼청-냉돌(三廳冷堗 석 **삼**/관청 **청**/찰 **냉**/굴뚝 **돌**) 삼청(三廳)의 찬 굴뚝이라는 뜻으로, 금군(禁軍. <u>고려· 조선 시대에 궁중을 지키고 임금을 호위하던 군대</u>)의 삼청(三廳)은 불을 때지 않아서 차다는 뜻으로, 몹시 찬 방(房)을 비유적으로 이르는 말. ***삼청**(三廳): 조선 시대에 금군(禁軍)이 일을 맡아보던 관아(官 衙. <u>예전에, 벼슬아치들이 모여 나랏일을 처리하던 곳</u>). 곧, 방에 불을 때지 않던 금군(禁軍)의 삼청(三 廳)에서 유래한 말이다. ***냉돌**(冷堗): 불을 때지 않은 온돌 방. =냉방(冷房). ***관청**(官廳): 부록 '청(廳)' 참고. ***굴뚝**: 불을 땔 때, 연기가 빠져 나가도록 만든 구조물.

삼촌-불-률(三寸不律 석 **삼**/치 **촌**/아닐 **불**/법률 **률**) 세 치[寸]의 불률(不律)이라는 뜻으로, 길이가 세 치 [寸]밖에 안 되는 짧은 붓을 이르는 말. 여기서, '불률(不律)'은 『국어사전(國語辭典)』에 등재(登載)되어 있지 않은 말로, 붓[筆]의 다른 이름이며, 불률(不律)의 반절(半切. <u>한자의 음을 두 개의 한자로 표현하는 방법</u>)이 붓[筆]의 음(音)이 되는 것에서 온 말이라는 설(說)이 있음. ***삼촌**(三寸): ①세 치[寸]를 이르는 말. ②아버지의 형제, 특히 결혼하지 않은 남자 형제를 일컫는 말. ***치**[寸]: 길이의 단위. 1척(尺)의 10분의 1.

삼춘-가절(三春佳節 석 **삼**/봄 **춘**/좋을 **가**/철 **절**) 세 (달의) 봄의 좋은 철이라는 뜻으로, 봄철 석 달의 좋은 시절(時節)을 이르는 말. ***삼춘**(三春): ①봄의 석 달. 맹춘(孟春. <u>음력 1월을 달리 이르는 말</u>), 중춘 (仲春. <u>봄이 한창 때라는 뜻으로, 음력 2월을 달리 이르는 말</u>), 계춘(季春. <u>늦은 봄이라는 뜻으로 음력 3월을 이르는 말</u>)을 일컬음. ②세 해의 봄을 이르는 말. ***가절**(佳節): ①좋은 때(시절). ②좋은 명절. ***철**: ①(자연현상에 따라) 한 해를 네 시기(時期)로 나눈 중의 한 시기(時期). =계절(季節). 시절(時節). ②한 해 가운데서 무엇을 하기에, 알맞거나 많이 하는 때(<u>시기</u>).

삼-한-사온(三寒四溫 석 **삼**/찰 **한**/녁 **사**/따뜻할 **온**) 3일은 차고 4일은 따뜻하다는 뜻으로, 한국을 비롯하 여 아시아(Asia)의 동부, 북부에서 나타나는 겨울의 주기적 기후 현상이나 기온의 변화 현상을 이르는 말. 7일을 주기(週期. <u>한 바퀴 도는 시기. 또는 어떤 현상이 일정한 시간마다 똑같은 변화를 되풀이할</u>

때, 그 일정한 시간을 이르는 말)로 사흘 동안 춥고, 나흘 동안 따뜻하다. *사온(四溫): =사온일(四溫日). 즉, 삼한사온(三寒四溫)의 날씨에서, 비교적 따뜻한 나흘 동안.

삼현-육각(三絃六角 석 **삼**/악기 줄 **현**/여섯 **육**/뿔피리 **각**) 세 (개의) 악기 줄인 삼현(三絃)과 여섯 (개의) 뿔피리인 육각(六角)이라는 뜻으로, ①삼현(三絃)과 육각(六角)의 갖가지 악기를 이르는 말. 즉, 거문고, 가야금, 향비파와 북, 장구, 해금, 피리와 한 쌍의 태평소로 된 기악(器樂. 악기로 연주하는 음악) 편성(編成. 흩어져 있는 것을 모아서 하나의 체계를 갖춘 것으로 만듦)을 이르는 말이다. ②피리가 둘, 대금, 해금, 장구, 북이 각각 하나씩 편성(編成)되는 풍류(風流. '음악·音樂'을 예스럽게 이르는 말)를 이르는 말. *삼현(三絃): 거문고, 가야금, 향비파의 세 가지 현악기를 통틀어 이르는 말. *육각(六角): 국악에서, 북, 장구, 해금, 피리 및 태평소(太平簫) 한 쌍을 통틀어 이르는 말. *뿔피리: 뿔(소, 염소, 사슴 따위 동물의 머리에 난 단단하고 뾰족한 것)로 만든 피리.

삼혼-칠백(三魂七魄 석 **삼**/넋 **혼**/일곱 **칠**/넋 **백**) 세 (가지의) 넋과 일곱 (가지의) 넋이라는 뜻으로, 사람의 혼백(魂魄. 사람의 육체 속에 깃들어 있어 정신 작용을 다스리고 있는 것으로 생각되는 것. =넋)을 통틀어 이르는 말. *삼혼(三魂): ①대승기신론(大乘起信論)에 나오는 세 가지 미세한 정신 작용. 즉, 업상(業相), 전상(轉相), 현상(現相)을 일컬음. ②사람의 마음에 있는 세 가지 영혼. 즉, 태광(台光), 상령(爽靈), 유정(幽精)을 일컫는다. *칠백(七魄): 죽은 사람의 몸에 남아 있는 일곱 가지의 정령(精靈. 원시 종교에서, 산천, 초목, 무생물 따위에 붙어 있다고 믿던 혼령). 즉, 귀, 눈, 콧구멍이 각기 둘이고, 입이 하나임을 가리킨다. *넋: 부록 '혼(魂)', '백(魄)' 참고.

삼황-오제(三皇五帝 석 **삼**/임금 **황**/다섯 **오**/임금 **제**) 세 임금과 다섯 임금이라는 뜻으로, 중국 고대 전설에 나오는 삼황(三皇)과 오제(五帝)를 아울러 이르는 말. *삼황(三皇): 중국 고대 전설에 나오는 세 명의 임금을 이르는 말. 천황씨(天皇氏), 지황씨(地皇氏), 인황씨(人皇氏)로 보는 설(說)과 수인씨(燧人氏), 복희씨(伏羲氏), 신농씨(神農氏)로 보는 설(說)이 있으며, 복희씨(伏羲氏), 신농씨(神農氏), 헌원씨(軒轅氏. 일명 '황제·黃帝'를 가리킴)로 보는 설(說) 따위의 여러 학설(學說)이 있음. *오제(五帝): 중국 고대 전설상의 다섯 성군(聖君. 덕·德으로 나라를 다스린, 어질고 훌륭한 임금)을 이르는 말. 소호(少昊), 전욱(顓頊), 제곡(帝嚳), 요(堯), 순(舜)을 이르는데, 소호(少昊) 대신에 황제(黃帝. 일명 '헌원씨·軒轅氏'를 가리킴)를 넣기도 함.

상가-지-구(喪家之狗 초상 **상**/집 **가**/어조사 **지**/개 **구**) 초상난 집의 개. 즉, 주인이 죽어 먹지도 못하는 개라는 뜻으로, ①여위고 지칠 대로 지쳐 수척한 사람을 비유적으로 이르는 말. ②여위고 기운이 없이 초라한 모습으로, 이곳저곳 얻어먹을 것만 찾아 기웃거리며 다니는 사람을 빈정거리어 이르는 말. 여기서, '기운'은 순우리말로, 생물이 살아 움직이는 원기(元氣). 또는 거기서 나오는 힘. *상가(喪家): ①초상집. ②상제(喪制)의 집. *초상(初喪): ①사람이 죽어서 장사 지내기까지의 일. ②사람이 죽은 일. 《관련 속담》 상갓집 개 (노릇). / 초상집 개. 이 사자성어의 유래는 다음과 같다. 『사기(史記)』의 「공자세가(孔子世家)」 편(篇)과 『공자가어(孔子家語)』에 〈동문(東門)에 어떤 사람이 있는데, 이마는 요(堯)임금과 같았고, 목은 고요(皋陶)와 같았으며, 어깨는 자산(子産)과 같았습니다. 그러나 허리 밑으로는 우(禹)임금보다 세 치나 짧았고, 그 초췌한 모습은 마치 상갓집 개와 같았습니다.(東門有人, 其顙似堯, 其項類皋陶, 其肩類子産, 然自要以下不及禹三寸, 累累若喪家之狗.)〉라는 이야기가 나오는데, '그 초췌한 모습은 마치

 참고로, 원문의 '東門有人'에서, '東'은 동녘 '동'으로 읽고, '門'은 문(門) '문'으로 읽는다. '東門'은 동쪽 문. 동쪽으로 난 문. '有'는 있을 '유'로 읽고, '人'은 사람 '인'으로 읽는다. '東門有人'을 직역(直譯)하면, 동쪽 문에 (어떤) 사람이 있었는데, '其顙似堯'에서, '其'는 그(지시하는 말) '기'로 읽고, '顙'은 이마(눈썹 위로부터 머리털이 난 부분까지의 사이) '상'으로 읽고, '似'는, 같을 '사'로 읽고, '堯'는 요(堯)임금 '요'로 읽는다. '其顙似堯'를 직역(直譯)하면 그의 이마는 요임금과 같았다. '其項類皐陶'에서, '項'은, 여기서는 목(척추동물의 머리와 몸통을 잇는 잘록한 부분) '항'으로 읽고, '類'는 비슷할 '류(유)'로 읽고, '고(皐)'는 언덕 '고'로 읽고, '陶'는 일반적으로 질그릇 '도'로 읽는데, 여기서는 사람 이름 '요'로 읽는다. '皐陶'는 사람 이름. 요순(堯舜) 때의 신하로, 법리(法理. 법률의 원리)에 밝아 법을 만들고 형벌 제도를 제정한 사람. '其項類皐陶'를 직역(直譯)하면, (그리고) 그 목은 고요(皐陶)와 비슷하였고, '其肩類子產'에서, '肩'은 어깨 '견'으로 읽고, '子'는 아들 '자'로 읽고, '產'은 낳을 '산'으로 읽는다. '子產'은 사람 이름. 춘추 시대 정(鄭)나라 정치가였다. 성(姓)은 공손(公孫)이고, 이름은 교(僑)이고, 자(字)가 자산(子產)이다. 그런데 어떤 자료에는 성(姓)은 희(姬)로 소개되어 있다. '其肩類子產'을 직역(直譯)하면, 그 어깨는 자산(子產)과 비슷합니다. '然自要以下不及禹三寸'에서, '然'은 그러나 '연'으로 읽고, '自'는 부터(체언이나 부사어에 붙어, '동작이 비롯되는 처음'의 뜻을 나타내는 보조사) '자'로 읽고, '要'는, 여기서는 허리 '요'로 읽는다. '腰'와 같은 글자. '以'는 여기서는 써(그것을 가지고, 그것으로 인하여) '이'로 읽고, '下'는 아래 '하'로 읽는다. '以下'는 수량이나 정도가 일정한 기준보다 더 적거나 모자람. '不'은 아닐(부정하는 말) '불'로 읽고, '及'은 이를(어떤 정도나 범위에 미칠) '급'으로 읽는다. '不及'은 일정한 수준이나 정도에 이르지 못함. '禹'는 하우씨(夏禹氏. 중국 하·夏나라의 우·禹임금을 이르는 말) '우'로 읽고, '三'은 석 '삼'으로 읽고, '寸'은 치(길이의 단위) '촌'으로 읽는다. 치[寸]는 길이의 단위. 1척(尺)의 10분의 1. '然自要以下不及禹三寸'을 직역(直譯)하면, 그러나 허리 이하(以下)부터는 우(禹) 임금의 세 치[寸]에 이르지 못하고, 즉, 우(禹)임금보다 키의 길이가 세 치[寸]보다 짧다는 뜻이다. '累累若喪家之狗'에서, 앞의 '累'는 포갤 '루(누)'로 읽고, 뒤의 '累'는 더러울 '루(누)'로 읽는다. '累累'는, 직역(直譯)하면, (상갓집 개가 못 먹어서 외모가) 더러움이 포개어져 (있음). '若'은 같을 '약'으로 읽고, '喪'은 초상(初喪. 사람이 죽어서 장사 지낼 때까지의 일) '상'으로 읽고, '家'는 집 '가'로 읽고, '之'는 어조사 '지'로 읽는다. '~의'를 나타내는 관형격 조사. '狗'는 개 '구'로 읽는다. '累累若喪家之狗'를 직역(直譯)하면, 그(동쪽 문(門)에 사는 어떤 사람의) 더러움이 포개어져 (있음은) 초상난 집의 개와 같습니다. 여기서, '喪家之狗'가 유래하였는데, 이것을 직역(直譯)하면, 초상난 집의 개. 즉, 주인이 죽어 먹지도 못하는 개라는 뜻으로, ①여위고 지칠대로 지쳐 수척한 사람을 비유적으로 이르는 말. ②여위고 기운이 없이 초라한 모습으로, 이곳저곳 얻어먹을 것만 찾아 기웃거리며 다니는 사람을 빈정거리어 이르는 말. 이 이야기의 배경은 이렇다. 중국 춘추시대의 사상가이며 학자인 공자(孔子)는 노(魯)나라 정공(定公) 때 대사구(大司寇. 오늘날 우리나라의 '법무부 장관'에 해당되는 벼슬 이름)가 되었지만, 왕족(王族)인 삼환(三桓)에게 배척당해 노(魯)나라를 떠났다. 삼환(三桓)은 당시(當時. 일이 있었던 바로 그때, 또는 이야기하고 있는 그 시기) 노(魯)나라를 좌지우지(左之右之. 본문 참고)했던 세[三] 귀족 가문(家門)이었다. 이후 공자(孔子)는 자신의 이상(理想)을 실현하기 위해 십 수년(數年) 동안 여러 나라를 돌아다녔지만, 어떤 군주(君主. 세습적으로 나라를 다스리는 최고 지위에 있는 사람)도 그를 받아주지 않았다. 공자(孔子)는 56세에 정(鄭)나라에 갔는데, 제자들과 길이 어긋나 동문(東門)에서 제자들이 찾아오기만을 막연히 기다리고 있었다. 이때 정(鄭)나라 사람들이 스승을 찾아다니고 있는 자공(子貢)에게 자신이 본 공자(孔子)의 모습을 위와 같이 말했는데, 특히 오랫동안 떠돌아다닌 바람에 정치적으로 실의(失意. 뜻이나 의욕을 잃음)에 빠진 공자(孔子)의 처량한 모습이 다른 사람들 눈에는 상갓집 개의 모습 그대로였던 것이다.

상-간-복-상(桑間濮上 뽕나무 상/사이 간/강 이름 복/위 상) 복수(濮水)의 위[上]쪽에 있는 뽕나무 (숲의) 사이라는 뜻으로, 복수(濮水. 땅 이름) 주변의 뽕나무 숲에서 나온, 음란(淫亂. 음탕하고 난잡함)한 음악을 이르는 말. 여기서, '복(濮)'은 '복수(濮水)'를 가리키는 말이다. 뽕나무 밭이 남녀가 몰래 만나기 쉬운 장소였기 때문에 나온 말로, 망국(亡國. 나라를 망침)의 음악(音樂)을 이르기도 한다. =복상지음(濮上之音). 상간지음(桑間之音). 상복지음(桑濮之音).

상-간-지-음(桑間之音 뽕나무 상/사이 간/어조사 지/음악 음) 뽕나무 사이의 음악(音樂)이라는 뜻으로, 복수(濮水. 땅 이름) 주변의 뽕나무 숲에서 나온 음란(淫亂. 음탕하고 난잡함)한 음악을 이르는 말. 뽕나무밭이 남녀가 몰래 만나기 쉬운 장소였기 때문에 나온 말로, 망국(亡國. 나라를 망침)의 음악(音樂)을 이르기도 한다. =복상지음(濮上之音). 상간복상(桑間濮上). 상복지음(桑濮之音).

상감-마마(上監媽媽 위 상/벼슬 이름 감/존칭 마/존칭 마) 상감(上監)의 마마(媽媽)라는 뜻으로, 상감(上監), 즉, 임금을 높여 이르는 말. 여기서 '마(媽)'는 의미상 존칭의 뜻을 갖고 있음. *상감(上監): 임금의 높임말. *마마(媽媽): ①지난 날, 지체(순우리말로, 대대로 이어 내려오는 사회적 신분이나 지위) 높은 사람의 칭호 밑에 붙여 쓰던 말. ②'벼슬아치의 첩'을 높여 부르던 말.

상감-청자(象嵌靑瓷 형상 상/아로새길 감/푸를 청/사기그릇 자) (어떤) 형상(形象)을 아로새긴 푸른 사기그릇이라는 뜻으로, 장식 무늬를 상감으로 세공(細工. 잔손을 많이 들여 정밀하게 만듦)하여 만든 청자(靑瓷). 또는 상감(象嵌) 기법(技法)을 이용하여 무늬를 넣은 청자(靑瓷)를 이르는 말. *상감(象嵌): 금속, 도자기, 목재 따위의 표면에 무늬를 파고 그 속에 금, 은 따위를 넣어 채우는 기술. 또는 그 작품. *청자(靑瓷): 철분을 함유한 청록색 유약(釉·沰藥)을 입힌 자기(瓷器)를 두루 이르는 말. 여기서, '유약(釉·沰藥)'은 도자기의 몸에 덧씌우는 약을 이르는 말. 도자기에 액체나 기체가 스며들지 못하게 하며, 겉면에 광택이 나게 한다. *형상(形象): (물건이나 사람의) 생긴 모양. 그런데 여기서, '형상(形象)'은 '형상(形像)', '형상(形狀)'과 같은 뜻이다. *아로새기다: 부록 '감(嵌)' 참고. *사기그릇(沙器~): 부록 '자(瓷)' 참고.

상-궁-지-조(傷弓之鳥 다칠 상/활 궁/어조사 지/새 조) (누군가 쏜) 활에 다쳐 (상처를 입은) 새[鳥]. 즉, 한 번 화살에 맞은 새는 구부러진 나무만 보아도 놀란다는 뜻으로, 한 번 혼이 난 일로 크게 놀라 그 뒤로는 무슨 일이든 항상 두려워하고 경계(警戒. 범죄나 사고 따위의 좋지 않은 일이 일어나지 않도록 미리 마음을 가다듬어 조심함)하거나, 작은 일에도 늘 의심과 두려운 마음을 품는 것을 비유적으로 이르는 말. =경궁지조(驚弓之鳥). *활: 부록 '궁(弓)' 참고. 《관련 속담》 자라 보고 놀란 가슴 소댕(솥뚜껑) 보고 놀란다. 이 사자성어의 유래는 다음과 같다. 『전국책(戰國策)』의 「초책(楚策)」 편(篇)에 〈위가(魏加)가 말했다. "신(臣. 신하가 임금에 대하여 자기를 일컫는 말)이 어릴 때부터 활쏘기를 좋아했는데, 활쏘기를 비유(比·譬喩. 어떤 사물의 모양이나 상태 따위를 보다 효과적으로 표현하기 위하여 그것과 비슷한 다른 사물에 빗대어 표현함. 또는 그 표현 방법)로 말씀드려도 되겠습니까?" 춘신군(春申君)이 말하기를, "그러시죠." "옛날에 경영(更羸)이 위왕(魏王. <u>위나라의 왕</u>)과 경대(京臺) 아래에서 대화를 나누다가 새가 나는 것을 보고 말했습니다. '대왕, 저는 빈 활을 쏘아 새를 떨어뜨릴 수 있습니다.'"(魏加 曰, 臣少之時好射, 臣願以射譬之, 可乎. 春申君曰, 可. 加曰, 異日者, 更羸與魏王處京臺之下, 仰見飛鳥, 更羸謂魏王曰, <u>臣爲王引弓虛發而下鳥</u>.)〉라는 이야기가 나오는데, '저는 빈 활을 쏘아 새를 떨어뜨릴 수 있습니다.(臣爲王引弓虛發而下鳥)'에서, '상궁지조(傷弓之鳥)'가 유래했다. 이 이야기의 배경은 이렇다. 전국 시대 말엽, 초(楚), 조(趙), 연(燕), 제(齊), 한(韓), 위(魏) 따위의 여섯 나라가 합종(合從·縱)의 맹약(盟約. <u>동맹국 사이의 조약</u>)을 맺고 진(秦)나라와 대치하고 있을 때의 일이다. 여기서 '합종(合從·縱)'은 중국 전국 시대에, 소진(蘇秦)이 주장한 외교 정책을 이르는 말. 소진(蘇秦)은 이때 서쪽의 강국(强國) 진(秦)나라에 대항하기 위하여 남북(南北)으로 위치한, 앞에 열거한 여섯 나라와 동맹(同盟)할 것을 주장하였다. 조(趙)나라의 왕이 위가(魏加)를 초(楚)나라에 보내 초(楚)나라 승상(丞相. <u>벼슬 이름</u>)인 춘신군(春申君)과 군사 동맹 문제를 협의하게 했다. 춘신군(春申君)을 만난 위가(魏加)가 물었다. "맡길 만한 장군이 있습니까?", "있고말고요. 우리는 임무군(臨武君)을 장군으로 삼으려고 합니다."라고 말하자, 위가(魏加)가 위의 이야기처럼 활쏘기를 비유로 들어 임무군(臨武君)은 일찍이 진(秦)나라와 싸워서 졌으므로 진(秦)나라를 막는 장군이 될 수 없음을 말하는 대목이다. 참고로, 원문의 '魏加曰'에서, '魏'는 위(魏)나라 '위'로 읽고, '加'는 더할 '가'로 읽는다. '魏加'는 사람 이름. '魏加曰'을 직역하면, 위가(魏加)가 말하기를, '臣少之時好射'에서, '臣'은 신(臣. <u>신하가 임금에 대하여 자기를 일컫던 말</u>) '신'으로 읽고, '少'는 젊을 '소'로 읽고, '之'는 어조사 '지'로 읽는다. '~의'를 나타내는 관형격 조사. '時'는 때 '시'로 읽고, '好'는 좋아할 '호'로 읽고, '射'는 쏠 '사'로 읽는다. '臣少之時好射'을 직역(直譯)하면, 신(臣)은 젊음의 때에 활쏘기를 좋아했는데, '臣願以射譬之'에서, '願'은 원할 '원'으로 읽고, '以'는 써(<u>그것을 가지고, 그것으로 인하여</u>) '이'로 읽고, '譬'는 비유(比·譬喩. <u>어떤 사물의 모양이나 상태 따위를 보다 효과적으로 표현하기 위하여 그것과 비슷한, 다른 사물에 빗대어 표현함, 또는 그 표현 방법</u>)할 '비'로 읽고, '之'는 어조사 '지'로 읽는다. 여기서는 '그것'을 가리키는 지시 대명사. '臣願以射譬之'를 직역(直譯)하면, 신(臣)은 활쏘기를 가지고 그것을 비유(比·譬喩)하기를 원(願)합니다. '可乎'에서, '可'는 허락할 '가'로 읽고, '乎'는 어조사 '호'로 읽는다. '~는가?', '~인가?(<u>의문</u>)'의 뜻을 나타냄. '可乎'를 직역(直譯)하면 허락하시겠습니까? '春申君曰'에서, '春'은 봄 '춘'으로 읽고, '申'은 납(<u>'원숭이'의 옛말</u>) '신'으로 읽고, '君'은 임금 '군'으로 읽는다. '春申君'은 사람 이름. '春申君曰'을 직역(直譯)하면, 춘신군(春申君)이 말하기를, '加曰'에서, '加'는 '魏加'를 가리킨다. '加曰'을 직역(直譯)하면, 위가(魏加)가 말하기를, '異日者'에서, '異'는 다를 '이'로 읽고, '日'은 날 '일'로 읽는다. '異日'은 과거(過去)나 미래(未來)의 어떤 날. 또는 다른 날. '者'는 것(<u>사물, 현상, 일 따위를 추상적으로 이르는 말</u>) '자'로 읽는다. '異日者'를 직역(直譯)하면, (과거) 어떤 날에 (있었던) 것인데, '更羸與魏王處京臺之下'에서, '更'은 고칠 '경'으로 읽고, '羸'은 가득할 '영', 찰 '영'으로 읽는다. '更羸'은 사람 이름. '與'는 어조사 '여'로 읽는다. '~와', '~과(<u>병렬</u>)'의 뜻을 나타냄. '魏'는 나라 이름 '위'로 읽고, '王'은 임금 '왕'으로 읽는다. '魏王'은 왕의 이름. '處'는 곳 '처', 장소 '처'로 읽고, '京'은, 여기서는 언덕 '경'으로 읽고, '臺'는 대(臺. <u>흙이나 돌 따위로 높이 쌓아 올려 사방을 바라볼 수 있게 만든 곳</u>) '대'로 읽는다. '京臺'는 장소 이름. '之'는 어조사 '지'로 읽는다. '~의'를 나타내는 관형격 조사. '下'는 아래 '하'로 읽는다. '更羸與魏王處京臺之下'를 직역(直譯)하면, 경영(更羸)이 위왕(魏王)

과 경대(京臺)라는 곳의 아래에서, '仰見飛鳥'에서, '仰'은 우러러볼 '앙'으로 읽고, '見'은 볼 '견'으로 읽고, '飛'는 날 '비'로 읽고, '鳥'는 새 '조'로 읽는다. '仰見飛鳥'를 직역(直譯)하면, 우러러보니 새가 날고 (있었습니다). '更嬴謂魏王曰'에서, '謂'는 일컬을 '위'로 읽는다. '更嬴謂魏王曰'을 직역(直譯)하면, 경영(更嬴)은 위왕(魏王)에게 일컬어 말하기를, '臣爲王引弓虛發而下鳥'에서, '爲'는 위할 '위'로 읽고, '王'은 임금 '왕'으로 읽고, '引'은 (수레 따위를) 끌 '인', (무엇을) 당길 '인'으로 읽고, '弓'은 활 '궁'으로 읽고, '虛'는 빌 '허'로 읽고, '發'은 (꽃 따위가) 필 '발', (화살 따위를) 쏠 '발'로 읽는다. '虛發'을 직역(直譯)하면, 빈 활을 쏘다. '而'는 말 이을 '이'로 읽는다. '그리고'의 뜻을 나타냄. '下'는, 여기서는 떨어질 '하'로 읽고, '鳥'는 새 '조'로 읽는다. '臣爲王引弓虛發而下鳥'를 직역(直譯)하면, 신(臣)은 왕을 위하여 화살을 끌어당겨 빈 활을 쏘고 그리고 새를 떨어뜨리겠습니다. 이 말의 배경은 이렇다. 경영(更嬴)이 위왕(魏王)을 위하여 빈 활을 쏘아 새를 떨어뜨릴 수 있다고 말했다. 그리고 나서 마침 한 마리의 기러기가 동쪽에서 날아오다가 경영(更嬴)이 쏜 빈 활의 시위('활시위'의 준말. 활대에 걸어서 켕기는 줄. 화살을 여기에 걸어서 잡아당겼다가 놓으면 화살이 날아감)에 기러기가 땅에 떨어진 것이다. 경영(更嬴)은 이 때 위왕(魏王)에게 '이 기러기는 과거(過去)의 상처가 아물지 않았고, 놀란 마음도 없어지지 않았기 때문에 빈 시위 소리만 들어도 상처가 도져 땅에 떨어진 것'이라고 설명한다. 결국 임무군(臨武君)은 땅에 떨어진 기러기와 같은 신세이기 때문에 진(秦)나라를 막는 장군이 될 수 없다는 것이다. 여기서, '傷弓之鳥'가 유래하였는데, 이것을 직역(直譯)하면, 활에 다쳐 (상처를 입은) 새[鳥]. 즉, 한 번 화살에 맞은 새는 구부러진 나무만 보아도 놀란다는 뜻으로, 한 번 혼이 난 일로 크게 놀라 그 뒤로는 무슨 일이든 항상 두려워하고 경계(警戒)하거나. 작은 일에도 늘 의심과 두려운 마음을 품는 것을 비유적으로 이르는 말이 되었다.

상대-여-빈(相對如賓 서로 **상**/대할 **대**/같을 **여**/손 **빈**) 손(손님)같이 서로 대(對)한다는 뜻으로, 상대편(相對便)을 손님처럼 극진히 대(對)함을 이르는 말. *상대(相對): ①서로 마주 대함. ②서로 겨룸. 또는 겨룰 만한 대상. ③=상대자(相對者). 즉, 서로 상대가 되는 사람. ④철학에서, 서로 관계하고 있어 그것과 떨어져서는 존재할 수 없는 것을 이르는 말. ↔절대(絶對). *대하다(對~): ①마주 보다. ②어떤 태도로 상대하다.

상련-지-정(相憐之情 서로 **상**/불쌍히 여길 **련**/어조사 **지**/정 **정**) 서로 불쌍히 여기는 정(情)이라는 뜻으로, 서로 가엾게 여겨 보살피는 정(情)을 이르는 말. *상련(相憐): 서로 가엾게 여겨 동정함.

상록-관목(常綠灌木 항상 **상**/푸를 **록**/떨기나무 **관**/나무 **목**) 항상 푸른 떨기나무의 나무라는 뜻으로, 사철 내내 잎이 푸른 관목(灌木)을 이르는 말. =늘푸른떨기나무. *상록(常綠): 겨울에도 잎이 떨어지지 않고 사철 푸른 상태. *관목(灌木): =떨기나무. *떨기나무: 나무의 키가 작고, 원줄기가 분명하지 않으며, 밑동에서 가지를 많이 치는 나무를 이르는 말. 무궁화, 진달래, 앵두나무 따위가 있음.

상록-교목(常綠喬木 항상 **상**/푸를 **록**/높이 솟을 **교**/나무 **목**) 항상 푸르고 높이 솟은 나무라는 뜻으로, 사철 내내 잎이 푸른 교목(喬木)을 이르는 말. =늘푸른떨기나무. *상록(常綠): ☞상록관목(常綠灌木). *교목(喬木): 줄기가 곧고 굵으며, 높이 자라고, 비교적 위쪽에서 가지가 퍼지는 나무를 이르는 말. 느티나무, 감나무, 소나무, 전나무 따위가 있음. =큰키나무.

상-루-하습(上漏下濕 위 **상**/샐 **루**/아래 **하**/젖을 **습**) 위[上]에는 새고 아래[下]는 젖어 있다. 즉, 위에서는 비가 새고, 아래(밑)에서는 습기(濕氣)가 차오른다는 뜻으로, 매우 허술하고 가난한 집을 비유적으로 이르는 말. *하습(下濕): 땅이 낮고 습함. *새다: 부록 '루(漏)' 참고. *젖다: 부록 '습(濕)' 참고.

상류-계급(上流階級 위 **상**/계층 **류**/차례 **계**/등급 **급**) 위[上]의 계층(階層)에 (있는) 차례(次例)나 등급(等級)이라는 뜻으로, 사회적 신분이나 지위, 생활수준(生活水準), 교양(教養) 따위가 높은 사람들의 계급(階級)을 이르는 말. ⑪ 중류계급(中流階級). 하류계급(下流階級). *상류(上流): ①강물 따위가 흘러내리는 위쪽. 또는 그 지역. ②사회적 지위나 생활수준(生活水準), 교양 따위가 높은 계급. *계급(階級): ①지위나 관직(官職. 관리로서, 국가로부터 위임 받은 일정한 범위의 직무. 또는 그 직위) 따위의 계급. ②신분이나 직업, 재산 따위가 비슷한 사람들로 이루어진 사회적 집단. 또는 그것을 기준으로 구분되는 계층. *계층(階層): 사회를 형성하는 여러 층(層). *차례(次例): ①순서 있게 구분하여 벌여 나가는 관계. 또는 그 구분에 따라 각각에게 돌아오는 기회. ②책이나 글 따위에서 벌여 적어 놓은 항목. *등급(等級): 부록 '급(級)' 참고.

상류-사회(上流社會 위 **상**/계층 **류**/단체 **사**/모일 **회**) 위[上]의 계층(階層)에 (있는) 단체(團體)나 모임이라는 뜻으로, 상류 계급에 속하는 사람들의 사회. 즉, 사회적 신분이나 지위, 생활수준, 교양 따위가 높은 사람들의 사회(社會)를 이르는 말. =상층사회(上層社會). ⑪ 중류사회(中流社會). 하류사회(下流社會). *상류(上流): ☞상류계급(上流階級). *사회(社會): 공동생활을 하는 인간의 집단. *계층(階層): ☞상류계급(上流階級).

상림-도-사(桑林禱辭 뽕나무 **상**/수풀 **림**/빌 **도**/말 **사**) 뽕나무 수풀 (밑에서) 빌고 말한다는 뜻으로, 중국 은(殷)나라의 탕왕(湯王)이 비를 내려 달라고 하늘에 빌면서 불렀다는 노래를 이르는 말. *상림(桑林): 중국 은(殷)나라 탕왕(湯王) 때에, 7년 동안 가뭄이 계속되자, 탕왕(湯王)이 기우제(祈雨祭. 하지·夏至가 지나도록 비가 오지 않을 때, 비가 오기를 비는 제사)를 지냈다는 수풀.

상마-잠-적(桑麻蠶積 뽕나무 **상**/삼 **마**/누에 **잠**/모을 **적**) 뽕나무와 삼[麻]을 (가지고) 누에를 (기르고) (삼을) (한곳에) 모아 (실을 뽑는다는) 뜻으로, 뽕을 따서 누에를 기르고, 삼[麻]을 심어 실을 뽑아 길쌈(민간에서, 자연 섬유를 원료로 하여 피륙을 짜는 일)하는 일을 이르는 말. *상마(桑麻): 뽕나무[桑]와 삼[麻]을 아울러 이르는 말. *삼: 부록 '마(麻)' 참고. *누에: 부록 '잠(蠶)' 참고.

상마-지-교(桑麻之交 뽕나무 **상**/삼 **마**/어조사 **지**/사귈 **교**) 뽕나무와 삼[麻]의 사귐. 즉, 뽕나무와 삼나무를 벗 삼아 지낸다는 뜻으로, 전원(田園. 논밭과 동산. 또는 시골이나 도시의 교외)에 은거(隱居. 세상을 피하여 숨어 삶)하여 한가로이 지내는 사람이나, 시골 사람들끼리 수수하게 사귀며 지냄을 비유적으로 이르는 말. *상마(桑麻): ☞상마잠적(桑麻蠶積). *삼: 부록 '마(麻)' 참고.

상망-지-지(相望之地 서로 **상**/바라볼 **망**/어조사 **지**/땅 **지**) 서로 바라볼 (수 있는) 땅이라는 뜻으로, 서로 바라볼 수 있을 만큼 가까운 곳, 또는 그 거리를 이르는 말. *상망(相望): 서로 바라봄.

상명-지-통(喪明之痛 잃을 **상**/밝을 **명**/어조사 **지**/아플 **통**) 밝음을 잃을 (정도로) 아프다. 즉, 눈이 멀 정도로 슬프다는 뜻으로, 아들이 죽은 슬픔을 비유적으로 이르는 말. 옛날 중국의 자하(子夏)가 아들을 잃고 슬피 운 끝에 눈이 멀었다는 데서 유래한다. *상명(喪明): ①아들의 죽음을 당함. ②=실명(失明). 즉, 눈이 어두워짐. 또는 시력을 잃음. 장님이 됨. 이 사자성어의 유래는 다음과 같다. 『예기(禮記)』의 「단궁(檀弓) 상(上)」 편(篇)에, 〈자하(子夏)가 그 아들을 잃고 심히 울어서 그 시력을 상실하였다. 증자(曾子)가 말하기를, "내가 들으니, 벗이 시력을 잃고 상실하면 그를 위하여 곡(哭)했다고 하였다."라고 하고, 증자 (曾子)가 곡(哭)하니, 자하(子夏) 또한 곡(哭)하며 말하기를, "하늘이여!, 나에겐 아무 죄도 없습니다." 하니, 증자(曾子)가 성내어 말하기를, "상(商)아, 네가 어째서 죄가 없단 말이냐? 나와 네가 수사(洙泗, 땅 이름)의 사이에서 부자(夫子. 남편이나 스승을 높여 이르는 말인데, 여기서는 '공자·孔子'를 높여 이르는 말)를 섬기었다. '공자(孔子)'는 중국 춘추시대의 사상가이며 학자이다. 그러다가 물러나와 서하 (西河)의 가에서 늙어갔다. 그런데 서하(西河)의 백성들로 하여금 너를 부자(夫子)로 의심하게 하였다. 이것이 너의 죄의 하나이다. 네가 너의 친상(親喪. 부모가 죽은 불행한 일)을 당하였을 때에, 백성들로 하여금 들은 일이 없게 하였다. 이것이 너의 죄의 둘째다. 너의 아들을 잃고는, 너의 시력을 상실할 만큼 슬퍼하였으니, 이것이 너의 죄의 셋째다. 그런데 네가 어찌 죄가 없다고 말하느냐?"고 했다. 자하 (子夏)가 그의 지팡이를 던지고 절하며 말하기를, "내가 잘못했다. 내가 잘못했다. 내가 벗들과 떠나서 흩어져 외로이 산 것이 이미(돌이킬 수 없이 된 지난 일을 일컬을 때 쓰는 말) 오래이기 때문이다"라고 했다.(子夏喪其子而喪其明, 曾子弔之日, 吾聞之也, 朋友喪明則哭之, 曾子哭, 子夏亦哭日, 天乎予之無罪 也, 曾子怒日, 商女何無罪也, 吾與女事夫子於洙泗之間, 退而老於西河之上, 使西河之民疑女於夫子, 爾罪 一也, 喪爾親, 使民未有聞焉, 爾罪二也, 喪爾子, 喪爾明, 爾罪三也, 而日女何無罪與, 子夏投其杖而拜日, 吾過矣, 吾過矣, 吾離羣而索居亦已久矣))라는 이야기가 나오는데, '자하(子夏)가 그 아들을 잃고 심히 울어서 그 시력을 상실하였다.(子夏喪其子而喪其明)'에서, '상명지통(喪明之痛)'이 유래했다. 옛날 중국 서하(西河)에 살던 자하(子夏)는 아들을 잃고 너무 슬프게 운 나머지 눈이 멀었다고 한다. 거기서 유래한 말이 '서하지통(西河之痛)', '상명지통(喪明之痛)'이다. 아들을 잃은 슬픔을 의미한다. 자식이 죽으면 마치 눈이 먼 듯이 앞이 캄캄해진다는 것이다. 따라서, 자식의 죽음은 눈이 머는 상명(喪明)의 고통(苦痛)이 며, 창자가 끊어지는 단장(斷腸. 몹시 슬퍼서 창자가 끊어지는 듯함)의 비애(悲哀. 슬퍼하고 서러워함. 또는 그런 것)다. 어떤 자료에 의하면, '상명(喪明)'이란 눈이 죽는다는 뜻이다. '실명(失明)'이란 말이 있다. 실명(失明)은 시력(視力)을 잃는다는 뜻이지만, 상명(喪明)은 실명(失明)보다 더 눈앞이 캄캄한 아픔이다. 그래서 자식을 잃은 부모의 슬픔을 상명지통(喪明之痛)이라고 하는 것이다. 참고로, 원문의 '子夏喪其子而喪其明'에서, '子'는 아들 '자'로 읽고, '夏'는 여름 '하'로 읽는다. '子夏'는 사람 이름. 그의 자(字. 본이름을 함부로 부르지 않던 시대에, 본이름 대신 부르던 이름)는 복상(卜商)이다. 성(姓)은 복 (卜)이고 이름은 상(商)이다. 자(字)가 자하(子夏)인 것이다. 공자(孔子)의 제자 중 후배에 속하는 인물이 다. 공자(孔子)가 가르친 유학(儒學)의 전승(傳承. 계통을 대대로 전하여 이어 감)과 발전(發展)에 크게 기여한 인물로 평가된다. '喪'은 잃을 '상'으로 읽고, '其'는 그(지시하는 말) '기'로 읽고, '而'는 말 이을 '이'로 읽는다. '그리고'의 뜻을 나타냄. '明'은 밝을 '명'으로 읽는다. 子夏喪其子而喪其明을 직역(直譯)하 면, 자하(子夏)는 그의 아들을 잃고, 그리고 그 밝음을 잃었다. 즉, 자하(子夏)가 그 아들을 잃고 자식을 보낸 슬픔이 너무나 커서 그 시력(視力)을 상실하였다는 뜻이다. 여기서 '상명지통(喪明之痛)'이 유래하 였는데, 이것을 직역(直譯)하면, 밝음을 잃을 (정도로) 아프다. 즉, 눈이 멀 정도로 슬프다는 뜻으로, 아들이 죽은 슬픔을 비유적으로 이르는 말. '曾子弔之日'에서, '曾'은 일찍 '증'으로 읽고, '子'는, 여기서는 경칭(敬稱. 공경하는 뜻으로 부르는 칭호. 또는 존대하여 일컬음) '자'로 읽는다. 학덕(學德)과 지위가 높은 남자의 경칭(敬稱)이다. '曾子'는 사람 이름. 공자(孔子)의 제자 가운데 효성이 뛰어난 인물이다.

'증삼(曾參)', '증자(曾子)'로 불린다. 자(字)는 '자여(子輿)'이다. 공자(孔子)의 손자(孫子)인 자사(子思)에
게 공자(孔子)의 사상을 전수(傳授. 기술이나 지식 따위를 전하여 줌)하기도 하였음. '弔'는 조상(弔喪.
남의 죽음에 대하여 애도·哀悼의 뜻을 표함)할 '조', 조문(弔問. 남의 죽음에 대하여 슬퍼하는 뜻을 드러
내며 상주·喪主를 방문하여 위로함)할 '조'로 읽고, '之'는 어조사 '지'로 읽는다. '그것'을 나타내는 지시
대명사. '曰'은 일컬을 '왈'로 읽는다. '曾子弔之曰'을 직역(直譯)하면, 증자(曾子)는 그것에 (대하여) 조문
(弔問)하며 일컫기를, 즉, 증자(曾子)가 조문(弔問)하러 가서 말하기를, '吾聞之也'에서, '吾'는 나 '오'로
읽고, '聞'은 들을 '문'으로 읽고, '也'는 어조사 '야'로 읽는다. '~이다(단정)'의 뜻을 나타냄. '吾聞之也'를
직역(直譯)하면, 나는 그것에 대하여 듣기를, '朋友喪明則哭之'에서, '朋'은 벗 '붕'으로 읽고, '友'는 벗
'우'로 읽는다. '朋友'는 비슷한 또래로서 서로 친하게 사귀는 사람. '則'은 곧 '즉'으로 읽고, '哭'은 울
'곡'으로 읽는다. '朋友喪明則哭之'를 직역(直譯)하면, 벗이 밝음을 잃으면, 곧 그것에 (대하여) 울어야
한다. (라고 들었다). '曾子哭'에서, '曾子哭'을 직역(直譯)하면, 증자(曾子)가 우니까, 즉, "내(증자)가 듣
기에 친구가 시력을 잃으면 곡(哭)한다고 한다."라면서 곡(哭)을 했다는 뜻이다. '子夏亦哭曰'에서, '亦'은
또 '역', 또한 '역'으로 읽는다. '子夏亦哭曰'을 직역(直譯)하면, 자하(子夏)가 또한 울며 일컫기를, '天乎子
之無罪也'에서, '天'은 하늘 '천'으로 읽고, '乎'는 어조사 '호'로 읽는다. 여기서는 '~이여(호격 조사)'의
뜻을 나타냄. '子'는 나(1인칭 대명사) '여'로 읽고, '無'는 없을 '무'로 읽고, '罪'는 허물 '죄', 잘못 '죄'로
읽는다. '無罪'는 아무 잘못이나 죄가 없음. '天乎子之無罪也'를 직역(直譯)하면, 하늘이여. 나는 그것에
(대하여) 잘못이 없습니다. 즉, 증자(曾子)가 문상(問喪)하고 난 후의 일이었다. 자하(子夏)는 더욱 서러
워하며 울다가 자기는 죄(罪)도 없는데, 아들이 죽었다고 하늘을 원망했다는 뜻이다. '曾子怒曰'에서,
'怒'는 성낼 '로(노)'로 읽는다. '曾子怒曰'을 직역(直譯)하면, 증자(曾子)가 성을 내며 일컫기를, '商女何無
罪也'에서, '商'은 장사 '상'으로 읽는다. 여기서는 위에서 밝힌 대로 '자하(子夏)'를 가리킴. '女'는, 여기서
는 너(2인칭 대명사) '여'로 읽는다. '汝'와 같은 뜻. '何'는 어찌(의문 부사) '하'로 읽는다. '商女何無罪也'
를 직역(直譯)하면, 상(자하)아, 너는 어찌하여 잘못이 없느냐? '吾與女事夫子於洙泗之間'에서, '吾'는 나
(1인칭 대명사) '오'로 읽고, '與'는 더불어 '여'로 읽고, '事'는, 여기서는 섬길 '사'로 읽고, '夫'는, 여기서는
선생(先生) '부'로 읽고, '子'는, 여기서는 경칭(敬稱. 공경하는 뜻으로 부르는 칭호, 또는 존대하여 일컬
음) '자'로 읽는다. 학덕(學德)과 지위가 높은 남자의 경칭(敬稱)이다. '夫子'는 공자(孔子)를 높여 이르는
말. '於'는 어조사 '어'로 읽는다. '~에', '~에서(위치)'의 뜻을 나타냄. '洙'는 물가(물이 있는 곳의 가장자
리) '수'로 읽고, '泗'는 물 이름 '사'로 읽는다. '洙泗'는 땅 이름. '之'는, 여기서는 '~의'를 나타내는 관형격
조사. '間'은 사이 '간'으로 읽는다. '吾與女事夫子於洙泗之間'을 직역(直譯)하면, 나와 더불어(함께) 너는
수사(洙泗. 땅 이름)의 사이에서 공자(孔子)를 섬겼다. 즉, 자하(子夏)와 증자(曾子)는 젊었을 때, 동학(同
學. 같은 학교나 같은 스승 밑에서 공부함. 또는 그런 사람)으로서, 수사(洙泗) 지역에서 공자(孔子)를
스승으로 섬기며 학문을 닦았다는 뜻이다. '退而老於西河之上'에서, '退'는 물러날 '퇴'로 읽고, '老'는 늙
을 '로(노)'로 읽고, '西'는 서녘 '서'로 읽고, '河'는 물 '하'로 읽는다. '西河'는 땅 이름. '之'는 어조사
'지'로 읽는다. 여기서는 '~의'를 나타내는 관형격 조사. '上'은 위 '상'으로 읽는다. '退而老於西河之上'을
직역(直譯)하면, 물러나서는 그리고 서하(西河)의 위에서 늙어간다. 즉, 배움에서 물러난 이후에는, 서하
(西河) 지방에서 유학(儒學)을 전승(傳承)하기 위하여 가르치는 일을 하면서 노년(老年)을 보내고 있다는

뜻이다. 특히 자하(子夏)는 제자들을 많이 길렀고, 위(魏)나라의 문후(文侯, 위나라의 전성기를 이끈 임금 이름)의 스승으로 알려져 있다. '使西河之民疑女於夫子'에서, '使'는 하여금(누구를 시키어) '사'로 읽고, '民'은 백성 '민'으로 읽고, '疑'는 의심할 '의'로 읽고, '於'는 어조사 '어'로 읽는다. '~로', '~으로(방향)'의 뜻을 나타냄. '使西河之民疑女於夫子'를 직역(直譯)하면, 서하(西河)의 백성으로 하여금 너를 공자(孔子)로 의심하게 하였다. 즉, 공자(孔子)인 척 행동했다는 뜻이다. '爾罪一也'에서, '爾'는 여기서는 이(지시하는 말) '이'로 읽는다. '此'의 뜻과 같음. '一'은 한 '일'로 읽는다. '爾罪一也'를 직역(直譯)하면, 이것이 (너의) 잘못의 하나이다. 즉, 이것이 첫 번째 잘못이라는 것이다. '喪爾親'에서, '爾'는, 여기서는 너 '이'로 읽는다. '汝'의 뜻과 같음. '親'은 어버이('아버지'와 '어머니'를 아울러 이르는 말) '친'으로 읽는다. '喪爾親'을 직역(直譯)하면, 너의 어버이를 잃었을 때, 즉, 어버이의 상(喪)을 당하였을 때, '使民未有聞焉'에서, '未'는 아닐(부정하는 말) '미'로 읽고, '有'는 있을 '유'로 읽고, '聞'은 들을 '문'으로 읽고, '焉'은 어조사 '언'으로 읽는다. '~이다(단정)'의 뜻을 나타냄. '使民未有聞焉'을 직역(直譯)하면, (서하·西河의) 백성들로 하여금 듣는 것이 있음이 아니었다. 즉, 서하(西河)의 백성들에게 알리지 않아 부음(訃音, 사람의 죽음을 알리는 기별)을 듣지 못하게 하였다는 뜻이다. '爾罪二也'에서, '二'는 두 '이'로 읽는다. '爾罪二也'를 직역(直譯)하면, 이것이 (너의) 잘못의 둘이다. 즉, 이것이 두 번째 잘못이라는 것이다. '喪爾子'에서, '爾'는 여기서는 너 '이'로 읽는다. '汝'의 뜻과 같음. '子'는 아들 '자'로 읽는다. '喪爾子'를 직역(直譯)하면, 너의 아들을 잃고, '喪爾明'에서, '喪爾明'을 직역(直譯)하면, 너의 밝음을 잃은 것은, '爾罪三也'에서, '三'은 석(수량이 '셋'을 가리킴) '삼'으로 읽는다. '爾罪三也'를 직역(直譯)하면, 이것이 (너의) 잘못의 셋이다. 즉, 이것이 세 번째 잘못이라는 것이다. 증자(曾子)가 어찌 자하(子夏)의 슬픔을 모를 리가 있겠는가? 그러나 그 슬픔 때문에 눈까지 멀게 한 것은 큰 잘못이라는 뜻이다. 증자(曾子)는 큰 아픔에 처한 친구에게 절제(節制, 방종·放縱에 흐르지 않도록 감성적 욕구를 이성·理性으로써 제어하는 일)의 미덕(美德)을 강조한 것이다. 여기서, '이성(理性)'은 사물의 이치를 논리적으로 생각하고 판단하는 마음의 작용, 또는 도리(道理)에 따라 판단하거나 행동하는 능력을 일컬음. '而曰女何無罪與'에서, '而'는 말 이을 '이'로 읽는다. 여기서는 '그런데'의 뜻을 나타냄. '何'는 어찌(의문 부사) '하'로 읽고, '與'는, 여기서는 어조사 '여'로 읽는다. '~냐?', '~는가?(의문)'의 뜻을 나타냄. '而曰女何無罪與'를 직역(直譯)하면, 그런데 네가 어찌 잘못이 없다고 일컫는가? '子夏投其杖而拜曰'에서, '投'는 던질 '투'로 읽고, '杖'은 지팡이 '장'으로 읽고, '拜'는 절할 '배'로 읽는다. '子夏投其杖而拜曰'을 직역(直譯)하면, 자하(子夏)는 그의 지팡이를 던지고 그리고 절을 하며 일컫기를, '吾過矣'에서, '過'는 허물 '과', 잘못 '과'로 읽는다. '吾過矣'를 직역(直譯)하면, 나의 잘못이다. 증자(曾子)가 지적한 세 가지 잘못을 모두 시인(是認, 옳다고 또는 그러하다고 인정함)한다는 뜻이다. '吾離羣而索居亦已久矣'에서, '離'는 떠날 '리(이)'로 읽고, '羣'은 무리(모여서 뭉친 한 동아리) '군'으로 읽는다. '群'과 같은 뜻. 여기서는 '벗'의 뜻이 강함. '索'은, 여기서는 쓸쓸할 '삭'으로 읽고, '居'는 살 '거'로 읽고, '已'는 이미(돌이킬 수 없이 된 지난 일을 말할 때 쓰이는 말) '이'로 읽고, '久'는 오랠 '구'로 읽는다. '吾離羣而索居亦已久矣'를 직역(直譯)하면, 내가 무리(벗)들과 떠나서 그리고 쓸쓸하게 산 (것이) 또한 이미 오래이기 (때문)이다. (라고 말했다.) 즉, 내가 여러 사람의 곁을 떠나 혼자 생활하던(離羣索居) 시간이 너무 길어 사람들의 충고를 듣지 못하였기 때문에, 자신의 잘못을 미처 알지 못했다는 뜻이다. 여기서 '이군삭거(離羣·群索居)'가 유래했다. 이것을 직역(直譯)하면, 무리를 떠나 쓸쓸하게 산다는 뜻으로, 벗들의 곁을 떠나 홀로 쓸쓸하게 지냄을 이르는 말.

상명-하-복(上命下服 위 **상**/명령 **명**/아래 **하**/복종할 **복**) 위[上]의 명령(命令)에 아래[下]에서 복종(服從)한 다는 뜻으로, 윗사람의 명령(命令)에 아랫사람이 그대로 따름을 이르는 말. *상명(上命): ①상사(上司)의 명령. 또는 상부(上部)의 명령. ②임금의 명령. *하-복은 『국어사전(國語辭典)』에 등재(登載)된, ‘버선이 나 속옷 따위의 깨끗하지 못한 옷’인 ‘하복(下服)’의 뜻과는 별개다.

상-목-재-지(常目在之 항상 **상**/눈 **목**/있을 **재**/어조사 **지**) 항상 눈[目]이 그것(그곳)에 있다. 즉, 늘 주의 깊게 본다는 뜻으로, 늘 눈여겨보게 됨을 이르는 말. 여기서, ‘지(之)’는 ‘그것’을 나타내는 지시 대명사이다.

상-봉-지-지(桑蓬之志 뽕나무 **상**/쑥 **봉**/어조사 **지**/뜻 **지**) 뽕나무와 쑥에 (담긴) 뜻이라는 말로, 남자(男子) 가 세상(世上)을 위하여 공(功)을 세우고자 하는 큰 뜻을 비유적으로 이르는 말. 옛날 중국에서 남자가 태어나면 뽕나무로 만든 활과, 쑥대(쑥의 줄기)로 만든 살(‘화살’의 준말)을 천지(天地. 하늘과 땅) 사방 (四方. 동, 서, 남, 북의 네 방향)에 쏘아, 큰 뜻을 이루기를 빌던 풍속에서 유래한다. 찹 상호봉시(桑弧蓬 矢). *쑥: 부록 ‘봉(蓬)’ 참고.

상봉-하솔(上奉下率 위 **상**/받들 **봉**/아래 **하**/거느릴 **솔**) 위[上]로는 받들고 아래[下]로는 거느린다는 뜻으 로, 위로는 부모님을 모시고 아래로는 아내와 자식. 즉, 처자식(妻子息)을 거느림을 이르는 말. *상봉(上 奉): 윗사람을 받들어 섬김. *하솔(下率): ①=하인배(下人輩). 즉, 하인의 무리. ②불 손아래 식구들을 데리고 사는 일. 또는 그 식구. *받들다: 부록 ‘봉(奉)’ 참고. *거느리다: 부록 ‘솔(率)’ 참고.

상부-상조(相扶相助 서로 **상**/도울 **부**/서로 **상**/도울 **조**) 서로 돕고 서로 돕는다는 뜻으로, 서로서로 도우면 서 생활함을 이르는 말. *상부(相扶): 서로 부축함. 또는 서로 도움. *상조(相助): 서로 도움.

상분-지-도(嘗糞之徒 맛볼 **상**/똥 **분**/어조사 **지**/무리 **도**) 똥을 (핥으면서) 맛보는 무리라는 뜻으로, 대변(大 便)이라도 맛볼 듯이 남에게 아첨하여 어떤 부끄러운 것도 마다하지 않는 사람. 또는 부끄러움을 돌아보 지 않고 몹시 아첨(阿諂. 남에게 잘 보이려고 알랑거리며 비위를 맞춤. 또는 그렇게 하는 짓)하는 사람들 을 낮잡아 이르는 말. *상분(嘗糞): ①부모의 형세(形勢. 일이 되어가는 형편)를 살피려고 그 대변(大便. ‘똥’을 점잖게 이르는 말)을 맛봄. ②몹시 아첨함을 비유적으로 이르는 말. *무리: 부록 ‘도(徒)’ 참고.

상사-불-견(相思不見 서로 **상**/그리워할 **사**/없을 **불**/볼 **견**) 서로 그리워하면서 볼 (수) 없다는 뜻으로, 서로 그리워하면서도 만나지 못함을 이르는 말. *상사(相思): 서로 생각하고 그리워함.

상사-불망(相思不忘 서로 **상**/그리워할 **사**/못할 **불**/잊을 **망**) 서로 그리워하여 잊지 못함. *상사(相思): ☞상 사불견(相思不見). *불망(不忘): 잊지 않음.

상사-일념(相思一念 서로 **상**/그리워할 **사**/한 **일**/생각 **념**) 서로 그리워하는 하나의 생각이라는 뜻으로, 서로 그리워하는 한결같은 생각이나 마음을 이르는 말. *상사(相思): ☞상사불견(相思不見). *일념(一 念): ①한결같은 마음. 또는 한 가지의 생각. ②불교에서, 온 정신을 기울여 염불(念佛. 부처의 모습이나 그 공덕·功德을 생각하면서 부처의 이름을 외는 일. 특히 ‘나무아미타불’을 외는 일)하는 일.

상사-지-회(相思之懷 서로 **상**/그리워할 **사**/어조사 **지**/마음 **회**) 서로 그리워하는 마음이라는 뜻으로, 멀리 떨어져서 서로 그리워하는 마음을 이르는 말. *상사(相思): ☞상사불견(相思不見).

상-산-구-어(上山求魚 위 **상**/뫼 **산**/구할 **구**/물고기 **어**) 뫼(‘산’의 옛말)의 위[上]에서(산에 올라가서) 물고 기를 구(求)한다는 뜻으로, 도저히 불가능한 일을 굳이 하려 함을 비유적으로 이르는 말. =연목구어(緣

木求魚). *'상-산'은 『국어사전(國語辭典)』에 등재(登載)된, '중부 지방의 굿 가운데 산신령과 마을의 부군(府君. 경기 지역에서, 마을을 지키는 신·神을 이르는 말)을 모시는 굿거리(무당이 굿할 때에 치는 9박자의 장단)'인 '상산(上山)'의 뜻과는 별개다. 여기서 '무당'은 귀신을 섬겨 길흉(吉凶)을 점치고 굿을 하는 것을 직업으로 하는 사람을 이르는 말. 주로 여자를 일컫는다. 남자는 '박수(순우리말. 남자 무당)'라고 일컫는다. 이것은 원래는 순우리말이나 한자(漢字)을 빌려 '巫堂'으로 적기도 한다. *구하다(求~): 부록 '구(求)' 참고.

상생-상극(相生相剋 서로 **상**/살 **생**/서로 **상**/이길 **극**) 서로 살고 서로 이긴다는 뜻으로, 오행설(五行說)에서, 화(火), 수(水), 목(木), 금(金), 토(土)의 오행(五行)이 운행(運行)함에 있어서, 서로 조화를 이루는 일과 조화될 수 없어 서로 충돌하는 관계나 일을 이르는 말. *상생(相生): 음양오행설(陰陽五行說)에서, 금(金)은 수(水)와, 수(水)는 목(木)과, 목(木)은 화(火)와, 화(火)는 토(土)와, 토(土)는 금(金)과 조화를 이룰 수 있다는 말. *상극(相剋): 오행설(五行說)에서, 목(木)은 토(土)를, 토(土)는 수(水)를, 수(水)는 화(火)를, 화(火)는 금(金)을, 금(金)은 목(木)을 이기는 일을 이르는 말.

상생-지-리(相生之理 서로 **상**/살 **생**/어조사 **지**/이치 **리**) 서로 사는 이치(理致)라는 뜻으로, 금(金), 수(水), 목(木), 화(火), 토(土)의 오행(五行)이 상생하는 이치(理致)를 이르는 말. *상생(相生): ☞상생상극(相生相剋). *이치(理致): 사물의 정당한 조리(條理. 말이나 글 또는 일이나 행동에서 앞뒤가 들어맞고 체계가 서는 갈피). 또는 도리(道理)에 맞는 근본 뜻.

상석-하-대(上石下臺 위 **상**/돌 **석**/아래 **하**/대 **대**) 위[上]의 돌을 대(臺) 아래[下]에 (둔다.) 즉, 윗돌 빼서 아랫돌 괴고, 아랫돌 빼서 윗돌 괸다는 뜻으로, 임시변통(臨時變通. 본문 참고)으로 이리저리 둘러맞춤을 비유적으로 이르는 말. =하석상대(下石上臺). *상석(上石): =덮개돌. 즉, 고인돌(선사 시대의 유물인 무덤의 한 가지를 일컫는다. 큰 돌을 두서너 개 세우고, 그 위에 넓적한 돌을 얹었음)에서, 굄돌(밑을 괴는 돌)이나 받침돌 위에 올려진 큰 돌. *대(臺): 사방을 볼 수 있게 높이 쌓아 만든 곳.

상선-약-수(上善若水 첫째 **상**/좋을 **선**/같을 **약**/물 **수**) 첫째로 좋은 (것은)(마치) 물과 같다. 즉, 진실한 선(善)은 물과 같다는 뜻으로, 몸을 낮추어 겸손(謙遜)하며 남에게 이로움을 주는 삶을 비유적으로 이르는 말. 물은 온갖 것을 이롭게 하며, 모든 사람이 싫어하는, 낮은 곳에 머문다. 노자(老子. 중국 춘추전국 시대·春秋戰國時代의 사상가·思想家. 도가·道家의 시조·始祖)의 사상에서, 물은 만물(萬物. 온갖 물건 또는 세상에 있는 모든 것)을 이롭게 하면서도 다투지 아니하는, 이 세상의 으뜸가는 선(善)의 표본으로 여기어 이르던 말. *상선(上善): 가장 뛰어난 선(善). 이 사자성어의 유래는 다음과 같다. 노자(老子)의 『도덕경(道德經)』 「제8장(章)」에 〈가장 좋은 것은 물과 같다. 물은 온갖 것을 잘 이롭게 하면서도 다투지 않고, 모든 사람이 싫어하는, 낮은 곳에 머문다. 그러므로 도(道)에 가깝다.(**上善若水**. 水善利萬物而不爭, 處衆人之所惡, 故幾於道.)〉라는 이야기가 나오는데, '가장 좋은 것은 물과 같다.(上善若水)'에서, '상선약수(上善若水)'가 유래했다. 참고로, 원문의 '上善若水'에서, '上'은 위 '상', 첫째 '상'으로 읽고, '善'은 착할 '선', 좋을 '선'으로 읽고, '若'은 같을 '약'으로 읽고, '水'는 물 '수'로 읽는다. '上善若水'를 직역(直譯)하면, 첫째로 좋은 (것은)(마치) 물과 같다는 뜻으로, 몸을 낮추어 겸손(謙遜)하며 남에게 이로움을 주는 삶을 비유적으로 이르는 말. 노자(老子)의 사상에서, 물은 만물을 이롭게 하면서도 다투지 아니하는, 이 세상의 으뜸가는 선(善)의 표본으로 여기어 이르던 말. '水善利萬物而不爭'에서, '利'는 이로울 '리(이)'

로 읽고, '萬'은 일만 '만'으로 읽고, '物'은 물건 '물', 사물 '물'로 읽는다. '萬物'은 이 세상에 있는 모든
것. '而'는 말 이을 '이'로 읽는다. '그리고'의 뜻을 나타냄. '不'은 아닐(부정하는 말) '부'로 읽고, '爭'은
다툴 '쟁'으로 읽는다. '水善利萬物而不爭'을 직역(直譯)하면, 물의 좋은 (점)은 세상에 있는 모든 것을
이롭게 하고 그리고 다투지 않는다. '處衆人之所惡'에서, '處'는 살 '처', 머무를 '처'로 읽고, '衆'은 무리
'중'으로 읽고, '人'은 사람 '인'으로 읽는다. '衆人'은 '뭇사람'과 같은 말로, 많은 사람. '之'는 어조사 '지'로
읽는다. '~이', '~가(주격)'의 뜻을 나타냄. '所'는 곳 '소', 처소(處所. <u>사람이 기거·起居하거나 임시로
머무는 곳, 또는 어떤 일이 벌어지거나, 어떤 물건이 있는 곳</u>) '소'로 읽고, '惡'는 싫어할 '오'로 읽는다.
'處衆人之所惡'를 직역(直譯)하면, (물은) 많은 사람이 싫어하는 곳에 머무른다. '故幾於道'에서, '故'는
그러므로 '고'로 읽고, '幾'는 가까울 '기'로 읽고, '於'는 어조사 '어'로 읽는다. '~에', '~에서(위치)'의
뜻을 나타냄. '道'는 도리(道理) '도', 이치(理致) '도'로 읽는다. '故幾於道'를 직역(直譯)하면, 그러므로
(물은) 도(道)에 가깝다.

상승-기류(上昇氣流 위 **상**/오를 **승**/기운 **기**/흐를 **류**) 위[上]로 올라가는 기운의 흐름이라는 뜻으로, 대기
(大氣. <u>지구 중력에 의해 지구 둘레를 싸고 있는 기체. =공기</u>) 중에서 위로 올라가는 공기의 흐름을
이르는 말. 구름이나 비의 원인이 됨. 즉, 단열팽창(斷熱膨脹)으로 인하여 공기 중의 수증기가 응결(凝
結. <u>한데 엉기어 뭉침</u>)됨에 따라, 구름이 만들어지고 비가 내리게 되는 경우가 많다. 웹 상승수류(上昇水
流). 하강기류(下降氣流). *상승(上昇): 낮은 데서 위로 올라감. *기류(氣流): 대기(大氣) 중에서 일어나
는 공기의 흐름. 주로 높은 공중의 바람이나, 상승(上昇) 또는 하강(下降)하는 공기의 흐름을 가리킴.
*기운: 순우리말로, 느낄 수는 있으나 눈으로 볼 수 없는 현상.

상-승-상-부(相勝相負 서로 **상**/이길 **승**/서로 **상**/질 **부**) 서로 이기고 서로 진다. 즉, 서로 이겼다 졌다
한다는 뜻으로, (싸움이나 내기 따위의) 서로 이기고 진 횟수가 서로 같아 비김(<u>서로 어금지금하여 승부
를 내지 못함</u>)을 이르는 말.

상승-일로(上昇一路 위 **상**/오를 **승**/한 **일**/길 **로**) 한 길 (위로) 오른다는 뜻으로, 오로지 한 길로 계속
올라감을 이르는 말. *상승(上昇): 낮은 데서 위로 올라감. *일로(一路): 한 방향으로 곧장 뻗어 나가
는 길.

상승-장군(常勝將軍 항상 **상**/이길 **승**/장수 **장**/군사 **군**) 항상 이기는 장수나 군사(將軍)라는 뜻으로, 적(敵)
과 싸울 때마다 늘 이기는 장군(將軍)을 이르는 말. *상승(常勝): 늘 이김. *장군(將軍): ①군(軍)의 우두
머리로 군(軍)을 지휘하고 통솔하는 무관(武官). ②힘이 아주 센 사람을 비유적으로 이르는 말. ③준장
(准將), 소장(少將), 중장(中將), 대장(大將)을 통틀어 이르는 말. *장수(將帥): 부록 '장(將)' 참고. *군사
(軍士): 부록 '군(軍)' 참고.

상시-지-계(嘗試之計 맛볼 **상**/시험할 **시**/어조사 **지**/꾀 **계**) 맛보고 시험(試驗)하는 꾀라는 뜻으로, 남의
뜻을 시험(試驗)하여 떠보는 꾀를 이르는 말. *상시(嘗試): 시험하여 봄. *시험하다(試驗~): 부록 '시(試)'
참고. *꾀: 일을 그럴듯하게 꾸미는 교묘한 생각이나 수단.

상애-상조(相愛相助 서로 **상**/사랑 **애**/서로 **상**/도울 **조**) 서로의 사랑과 서로의 도움이라는 뜻으로, 서로
사랑하며 도움을 이르는 말. 웹 상부상조(相扶相助). *상애(相愛): 서로 사랑함. *상조(相助): 서로 도움.

상애-지-도(相愛之道 서로 **상**/사랑 **애**/어조사 **지**/도리 **도**) 서로 사랑하는 도리(道理)를 이르는 말. *상애

(相愛): ☞상애상조(相愛相助). *도리(道理): 여기서는 마땅한 방법이나 길.

상양-고무(商羊鼓舞 장사 **상**/양 **양**/북칠 **고**/춤출 **무**) 상양(商羊)이 북치며 춤을 춘다는 뜻으로, 홍수(洪水. 비가 많이 와서 강이나 개천에 갑자기 크게 불은 물)나 수해(水害. 장마나 홍수로 인한 피해)의 조짐(兆 朕. 좋거나 나쁜 일이 생길 기미가 보이는 현상)을 이르는 말. *상양(商羊): 다리가 하나뿐인 전설상의 새[鳥]로, 큰비가 내릴 것을 예측하는 새다. 이 새가 춤을 추듯이 날면 비가 많이 내린다고 한다. *고무 (鼓舞): (북을 쳐서 춤을 추게 한다는 뜻으로) 남을 격려하여 힘이 나게 함. *장사: 순우리말로, 부록 '상(商)' 참고.

상욕-상투(相辱相鬪 서로 **상**/욕 **욕**/서로 **상**/싸울 **투**) 서로의 욕(辱)과 서로의 싸움이라는 뜻으로, 서로 욕(辱)을 하며 맞붙어 싸움을 이르는 말. *상욕(相辱): 서로 욕함. *상투(相鬪): 서로 싸움.

상의-하달(上意下達 위 **상**/뜻 **의**/아래 **하**/통달할 **달**) 위[上]의 뜻이 아래[下]에 통달(通達)하게 (한다는) 뜻으로, 윗사람의 뜻이나 명령(命令)을 아랫사람에게 전(傳)함을 이르는 말. 🔁 하의상달(下意上達). *상 의(上意): ①임금의 뜻. ②윗사람의 뜻. ↔하의(下意). *하달(下達): 윗사람의 뜻이나 명령 따위가 아랫 사람에게 미침. 또는 미치도록 알림. *통달하다(通達~): 부록 '달(達)' 참고.

상의-하-상(上衣下裳 위 **상**/옷 **의**/아래 **하**/치마 **상**) 위[上]의 옷과 아래[下]의 치마라는 뜻으로, 윗옷과 아래옷. 즉, 위에 입는 옷과 아래에 입는 옷. 또는 저고리와 치마를 이르는 말. *상의(上衣): 윗옷. ↔하 의(下衣).

상이-군인(傷痍軍人 다칠 **상**/상처 날 **이**/군사 **군**/사람 **인**) 다치거나 상처 난 군사와 (관계되는) 사람이라는 뜻으로, 전투(戰鬪)나 군사상 공무(公務) 중에 상처를 입거나 몸을 다친 군인(軍人)을 이르는 말. =백의 용사(白衣勇士). *상이(傷痍): 부상을 당함. *군인(軍人): 군적(軍籍. 군인의 소속과 신원을 적은 명부)에 있는 육, 해, 공군의 장교, 하사관, 병졸을 통틀어 이르는 말. *군사(軍士): 부록 '군(軍)' 참고.

상이-용사(傷痍勇士 다칠 **상**/상처 날 **이**/날랠 **용**/군사 **사**) (예전에 군에서) 다치거나 상처 난, 날랜 군사(軍 士)이었던 (사람이라는) 뜻으로, 군(軍)에서 복무(服務. 어떤 직무나 임무에 힘씀. 또는 직무를 맡아 일 함)하다가 부상(負傷. 몸에 상처를 입음)을 입고 제대(除隊)한 병사(兵士)를 이르는 말. *상이(傷痍): ☞상이군인(傷痍軍人). *용사(勇士): ①용기가 있는 사람. ②=용병(勇兵). 즉, 용감한 병사. *날래다: 부록 '용(勇)' 참고. *군사(軍士): 부록 '사(士)' 참고.

상-인-해-물(傷人害物 해칠 **상**/사람 **인**/해칠 **해**/사물 **물**) 사람을 해치고 사물을 해친다는 뜻으로, 마음이 음흉(陰凶. 마음속이 음침하고 흉악함)하여 사람을 해치고 물건에 손해(損害)를 끼침을 이르는 말.

상-자(재)-지-향(桑梓之鄉 뽕나무 **상**/가래나무 **자·재**/어조사 **지**/고향 **향**) 뽕나무와 가래나무의 고향이라 는 뜻으로, 여러 대(代)의 조상의 무덤이 있는 고향을 비유적으로 이르는 말. 또는 조상 대대(代代. 거듭 된 세대)의 고향을 이르는 말. 즉, 선조(先祖)의 자취가 남아 있는 고향을 이르는 말. 여기서, '梓'는 '가래나무 자' 또는 '가래나무 재'로 읽혀진다. 『시경(詩經)』에 나오는 말로, 옛날 중국에서 울타리에 뽕나 무와 가래나무를 심어 자손에게 남겼다는 데서 유래함. 또 부모님이 자식의 장래를 생각하여 누에를 기른 뽕나무와 오동나무를 심은 양친(兩親. 아버지와 어머니. =부모·父母)의 사랑이 깃든 고향을 이르는 말. 딸을 낳으면 밭가에 오동나무를 심어 시집보낼 때에 대비했다고 하여 생긴 말. *가래나무: 가래나뭇 과 낙엽 활엽 교목.

상-재-지-탄(傷哉之歎·嘆 상할 **상**/어조사 **재**/어조사 **지**/탄식할 **탄**) 상(傷)하여 탄식(歎·嘆息)한다는 뜻으로, 살림이 궁색(窮塞. <u>아주 가난함</u>)한 데 대한 한탄(恨歎·嘆. <u>원통하거나 뉘우치는 일이 있을 때 한숨을 쉬며 탄식함. 또는 그 한숨</u>)을 이르는 말. ***상하다**(傷~): 부록 '상(傷)' 참고. ***탄식하다**(歎·嘆息~): 부록 '탄(歎·嘆)' 참고.

상-적광토(常寂光土 항상 **상**/고요할 **적**/빛 **광**/흙 **토**) 항상(恒常) (존재하는) 고요한 빛의 흙이라는 뜻으로, 사토(四土)의 하나를 이르는 말. ①불교에서, 부처의 처소(處所. <u>사람이 기거·起居하거나 임시로 머무는 곳. 또는 어떤 일이 벌어지거나, 어떤 물건이 있는 곳</u>)나 빛나는 마음의 세계를 이르는 말. ②천태종(天台宗. <u>법화경·法華經을 기본 경전으로 하는 대승불교·大乘佛敎의 한 파. 고려 시대에 성하였음</u>)에서 세운 교의(敎義. <u>그 종교에서 진리로 여기고 있는 종교상의 가르침</u>)로, 부처가 머무는 진리의 세계, 또는 깨달음의 세계를 일컫는다. =적광정토(寂光淨土). 여기서, '사토(四土)'는 천태종(天台宗)에서, 모든 미계(迷界. <u>번뇌에 시달려서 삼계·三界를 헤매는 중생들의 미망·迷妄의 세계</u>)를 네 가지로 나눈 땅을 이르는 말. 즉, 동거토(同居土), 방편토(方便土), 과보토(果報土), 상적광토(常寂光土)가 그것이다. 여기서 '번뇌(煩惱)'는 마음이나 몸을 괴롭히는 노여움이나 욕망 따위의 헛된 생각. ***적광토**(寂光土): 사토(四土)의 하나. 법신불(法身佛. <u>삼신불·三神佛의 하나. 영겁·永劫하도록 변하지 않는 만유의 본체·本體에 인격적 의미를 붙인, 빛도 형상도 없는 부처를 일컬음</u>)이 사는 정토(淨土). 곧 부처가 사는 세계.

상전-벽해(桑田碧海 뽕나무 **상**/밭 **전**/푸를 **벽**/바다 **해**) 뽕나무 밭이 (변하여) 푸른 바다가 (된다)는 뜻으로, 세상이 덧없이(<u>알지 못하는 가운데 지나가는 시간이 매우 빠르게</u>), 또는 몰라볼 정도로 바뀌거나, 세상일의 변천(變遷. <u>세월의 흐름에 따라 바뀌고 변함</u>)이 심함을 비유적으로 이르는 말. =벽해상전(碧海桑田). 상전창해(桑田滄海). 상해지변(桑海之變). 창해상전(滄海桑田). 🔟 상창지변(桑滄之變). 창상지변(滄桑之變). 🔠 고안심곡(高岸深谷). 능곡지변(陵谷之變). ***상전**(桑田): 뽕나무 밭. ***벽해**(碧海): 짙푸른 바다. 《관련 속담》 십 년이면 강산(산천)도 변한다. 이 사자성어의 유래는 다음과 같다. 갈홍(葛洪)의 『신선전(神仙傳)』에 [한(漢)나라 환제(桓帝) 때, 자(字. <u>본이름을 함부로 부르지 않던 시대에, 본이름 대신 부르던 이름</u>)를 방평(方平)이라고 하는 신선(神仙. <u>현실의 인간세계를 떠나, 도·道를 닦으며 자연과 벗하며 산다는 상상의 사람. 세속적인 상식에 구애되지 않고, 고통이나 질병도 없으며 죽지 않는다고 한다</u>)인 왕원(王遠)이 채경(蔡經)의 집에 강림(降臨. <u>신이 하늘에서 인간 세상으로 내려옴</u>)했다. …… (방평은) 채경(蔡經)의 부모(父母), 형제(兄弟)와 서로 인사한 후, 오랫동안 홀로 앉아 있다가 사람을 시켜 (마고를) 오게 했다. 얼마 후에 마고(麻姑)가 오자, 채경(蔡經)의 전 가족이 그녀를 맞이했다. 마고(麻姑)는 아름다운 아가씨로 나이는 18,19세 정도였고 머리에 쪽(<u>시집간 여자가 뒤통수에 땋아 틀어 올려서 비녀를 꽂은 머리털</u>)을 쪘는데 머리카락이 허리까지 내려 왔다. 옷에는 채색(彩色. <u>여러 가지 고운 빛깔</u>)의 무늬가 있었는데, 비단은 아니었지만 광채(光彩. <u>아름답고 찬란한 빛</u>)가 눈부셨으며, 그녀의 형태(形態. <u>사물의 생긴 모양. 생김새</u>)를 형용(形容. <u>사물의 어떠함을 어떠한 표현 수단을 써서 나타냄</u>)하기가 어려웠다. 마고(麻姑)에 대한 내용은 본문 '마고소양(麻姑搔痒)'에도 나오니 참고할 것. 마고(麻姑)는 들어와 왕방평(王方平)에게 절을 했고, 왕방평(王方平)은 일어나 그녀를 맞이했다. 자리에 앉은 다음 마고(麻姑)는 지니고 온 음식물을 가져오게 했는데, 금 쟁반에 옥(玉)으로 만든 잔(盞)이었고, 음식은 모두 과일 종류로 그 향기가 실내에 가득 퍼졌다. 그녀는 고기 말린 것을 모두에게 나누어주면서 기린(麒麟. <u>성인·聖人이</u>

이 세상에 나올 징조로 나타난다는 상상 속의 짐승. 몸은 사슴 같고, 꼬리는 소 같고, 발굽과 갈기는 말과 같으며, 빛깔은 오색·五色이라고 함)의 포(脯. 얇게 저미어서 양념을 하여 말린 고기)라고 했는데, 마치 측백나무 열매 같았다.]〈마고(麻姑)가 (왕방평이라고 하는 신선 왕원에게) 말했다. "제가 신선님('왕방평·王方平'을 가리킴)을 모신 이래로 동해(東海)가 세 번이나 뽕나무 밭으로 변하는 것을 보았습니다. 즉, 동해(東海)가 세 번이나 육지로 변했다는 뜻이다. 여기서 '동해(東海)'는 중국에서 바라본 동쪽 바다이다. 우리나라에서 바라볼 때에는 서해(西海)가 된다. 지난번에 봉래(蓬萊)에 갔더니, 바다가 이전의 반 정도로 얕아져 있었습니다. 다시 육지(陸地)가 되려는 것일까요?" 즉, 중국의 봉래산(蓬萊山)에 올라가서 바라보았더니 또 다시 바다가 육지가 되었다는 뜻이다. (麻姑請王方平曰, 自接待以來, **見東海三變爲桑田**, 向到蓬萊, 水乃淺於往者略半也, 豈復爲陵乎.)[왕방평(王方平)이 말했다. "동해(東海)는 다시 흙먼지를 일으킬 것이라고 성인(聖人. 지혜와 덕이 매우 뛰어나 길이 우러러 본받을 만한 사람)들이 말씀하셨소." 여기서, '흙먼지를 일으킬 것'이라고 한 말은 또다시 육지가 된다는 뜻이다. 바다에서는 흙먼지가 일어나지 않기 때문이다. 즉, 동해(東海)는 다시 육지가 된다는 것을 성인(聖人. 지혜와 덕이 매우 뛰어나 길이 우러러 본받을 만한 사람)도 예언하고 있다는 것이다.]〉라는 이야기가 나오는데, '동해(東海)가 세 번이나 뽕나무 밭으로 변하는 것을 보았습니다.(見東海三變爲桑田)'에서, '상전벽해(桑田碧海)'가 유래했다. 이것은 마고(麻姑)의 말이다. 이처럼 동해(東海)는, 바다가 되었다가 육지가 되기를 여러 번 반복하여 바뀌었다는 것이다. 결국 '상전벽해(桑田碧海)'는 세상이 몰라볼 정도로 바뀐 것을 비유(比·譬喩. 어떤 사물의 모양이나 상태 따위를 보다 효과적으로 표현하기 위하여 그것과 비슷한 다른 사물에 빗대어 표현함. 또는 그 표현 방법)하는 말이 된 것이다. 참고로, 원문의 '麻姑請王方平曰'에서, '麻'는 삼(뽕나뭇과에 속하는, 긴 섬유가 채취되는 식물을 통틀어 이르는 말) '마'로 읽고, '姑'는 시어미 '고'로 읽는다. '麻姑'는 사람 이름. '請'는 일컬을 '위'로 읽고, '王'은 임금 '왕'으로 읽는다. 여기서는 '왕원(王遠)'을 가리킴. '方'은 방위(方位) '방'으로 읽고, '平'은 평평할 '평'으로 읽는다. '方平'은 사람 이름. '麻姑請王方平曰'을 직역(直譯)하면, 마고(麻姑)라는 (선녀가) 왕방평(王方平)이라는 (신선에게) 말하기를, '自接待以來'에서, '自'는 몸소(자기 스스로 직접) '자'로 읽고, '接'은 대접할 '접'으로 읽고, '待'는 대접할 '대'로 읽는다. '接待'는 손님을 맞아서 시중을 듦. '以'는 써(그것을 가지고, 그것으로 인하여) '이'로 읽고, '來'는 올 '래(내)'로 읽는다. '以來'는 지나간 어느 일정한 때로부터 지금까지. 또는 그 뒤. '自接待以來'를 직역(直譯)하면, 몸소 (신선님을) 접대한 이래로, '見東海三變爲桑田'에서, '見'은 볼 '견'으로 읽고, '東'은 동녘 '동'으로 읽고, '海'는 바다 '해'로 읽고, '三'은 석 '삼'으로 읽고, '變'은 변할 '변'으로 읽고, '爲'는 될 '위'로 읽고, '桑'은 뽕나무 '상'으로 읽고, '田'은 밭 '전'으로 읽는다. '見東海三變爲桑田'을 직역(直譯)하면, 동쪽 바다가 3번이나 변하여 뽕나무 밭이 되는 것을 보았습니다. 여기서, '桑田碧海'와 '滄海桑田'이 유래하였는데, 이것을 직역(直譯)하면, 뽕나무 밭이 (변하여) 푸른 바다가 (된다)는 뜻으로, 세상이 덧없이, 또는 몰라볼 정도로 바뀌거나, 세상일의 변천(變遷)이 심함을 비유적으로 이르는 말. '向到蓬萊'에서, '向'은 접때(오래지 아니한 과거의 어느 때) '향', 이전 '향'으로 읽고, '到'는 이를(어떤 장소나 시간에 닿을) '도'로 읽고, '蓬'은 쑥(국화과의 여러해살이풀) '봉'으로 읽고, '萊'는 명아주(명아줏과의 한해살이풀) '래(내)'로 읽는다. '蓬萊'는 땅 이름. '向到蓬萊'를 직역(直譯)하면, 접때 봉래(蓬萊)에 이르렀더니(갔었더니), '水乃淺於往者略半也'에서, '水'는 물 '수'로 읽고, '乃'는 이에(이러하여서 곧) '내'로 읽고, '淺'은 (물이) 얕을 '천'으로 읽고, ‘於’는 어조사 ‘어’로 읽는다. ‘~보다(비교)’의 뜻을 나타냄. ‘往’은 갈 ‘왕’으로 읽고, ‘者’는 것(사물, 현상, 일 따위를 추상적으로 이르는 말) ‘자’로 읽는다. ‘往者’는 ‘지난번’과 같은 말. 말하는 때 이전의 지나간 차례나 때. ‘略’은 대강 ‘략(약)’, 대략 ‘략(약)’으로 읽고, ‘半’은 반(半) ‘반’으로 읽고, ‘也’는 어조사 ‘야’로 읽는다. ‘~이다(단정)’의 뜻을 나타냄. ‘水乃淺於往者略半也’를 직역(直譯)하면, 물(바닷물)이 이에 지난번보다 대략 반(半) (정도) 얕아졌습니다. ‘豈復爲陵乎’에서, ‘豈’는 어찌(의문 부사) ‘기’로 읽고, ‘復’는 다시 ‘부’로 읽고, ‘爲’는 될 ‘위’로 읽고, ‘陵’은 언덕 ‘릉(능)’으로 읽고, ‘乎’는 어조사 ‘호’로 읽는다. ‘~는 가?’, ‘~인가?(의문)’의 뜻을 나타냄. ‘豈復爲陵乎’를 직역(直譯)하면, 어찌 다시 언덕(육지)이 되려는 (것일까요)? 즉, 이전에는 (바다가 다시 얕아져서 이전의 반밖에 되지 않은 것을 떠올리며) 뽕나무 밭이 변하여 바다가 되었는데, 이번에는 바다가 다시 얕아져서 언덕(육지)이 되려는 것일까요? 이에 대해서 왕방평(王方平)은 ‘동해(東海)가 다시 흙먼지를 일으킬 뿐일세. (東海行復揚塵耳)’라고 대답했다고 한다.

상전-옥답(上田沃畓 첫째 **상**/밭 **전**/기름질 **옥**/논 **답**) (소출이) 첫째인 밭과 기름진 논이라는 뜻으로, 소출(所出. 논밭에서 생산되는 곡식. 또는 그 곡식의 양)이 많거나 수확(收穫. 농작물을 거두어들임. 또는 그 농작물)이 많은 좋은 밭과 기름진 논을 이르는 말. *상전(上田): 수확이 많은 좋은 밭. *옥답(沃畓): 땅이 기름진 논. *기름지다: 부록 ‘옥(沃)’ 참고.

상전-창해(桑田滄海 뽕나무 **상**/밭 **전**/푸를 **창**/바다 **해**) 뽕나무 밭이 (변하여) 푸른 바다가 (된다는) 뜻으로, 세상일의 변천(變遷. 세월의 흐름에 따라 바뀌고 변함)이 심함을 비유적으로 이르는 말. =벽해상전(碧海桑田). 상전벽해(桑田碧海). 상해지변(桑海之變). 창해상전(滄海桑田). 凹 상창지변(桑滄之變). 창상지변(滄桑之變). 챔 고안심곡(高岸深谷). 능곡지변(陵谷之變). *상전(桑田): ☞상전벽해(桑田碧海). *창해(滄海): 넓고 푸른 바다.

상주-불멸(常住不滅 늘 **상**/살 **주**/아닐 **불**/없어질 **멸**) 없어지지 아니하고 늘 (그대로) 산다는 뜻으로, 본연(本然. 인공을 가하지 않은 자연 그대로의 상태. 또는 본디 그대로의 모습) 그대로의 진심(眞心)이 사라지거나 없어지지 아니하고 영원히 있음을 이르는 말. =상주부단(常住不斷). *상주(常住): ①늘 일정하게 살고 있음. ②생멸(生滅. 우주 만물의 생겨남과 없어짐)의 변화가 없이 늘 그대로 있음. *불멸(不滅): 영원히 없어지지 않음. 또는 멸망하지 않음.

상주-좌와(常住坐臥 늘 **상**/살 **주**/앉을 **좌**/누울 **와**) 앉았다 누웠다 (하면서) 늘 (그대로) 산다는 뜻으로, ①앉고 눕고 하는 일상생활의 거동(擧動. 몸을 움직임. 또는 그런 짓이나 태도)을 이르는 말. ②언제나 특별한 일이 없는 평범한 일상(日常), 즉, 특별한 일이 없는 보통 때를 이르는 말. *상주(常住): ☞상주불멸(常住不滅). *좌와(坐臥): 앉는 것[坐]과 눕는 것[臥]을 아울러 이르는 말.

상중-지-희(桑中之喜 뽕나무 **상**/가운데 **중**/어조사 **지**/기쁠 **희**) 뽕나무 가운데의 기쁨이라는 뜻으로, 남녀 간의 불의(不義. 윤리에서 벗어난 남녀 관계)의 쾌락(快樂)이나, 풍속(風俗)의 퇴폐(頹廢. 도덕이나 건전한 기풍 따위가 문란해짐)를 풍자(諷刺. 문학 작품 따위에서, 현실의 부정적 현상이나 모순 따위를 빗대어 비웃으면서 씀)하여 이르는 말. 중국 위(衛)나라의 공실(公室. 사람 이름)이 음탕(淫蕩. 주색에 마음을 빼앗기어 행실이 온당하지 못함)하여 뽕나무 밭에서 정(情)을 통하였다는 데서 유래한다. *상중(桑中): =상중지희(桑中之喜).

상-창-지-변(桑滄之變 뽕나무 **상**/푸를 **창**/어조사 **지**/변할 **변**) 뽕나무가 푸르게 (되는) 변화(變化). 즉, 뽕나무 밭이 푸른 바다로 뒤바뀐다는 뜻으로, 세상일이 극심하게 뒤바뀜을 비유적으로 이르는 말. =능곡지변(陵谷之變).

상천-하지(上天下地 위 **상**/하늘 **천**/아래 **하**/땅 **지**) 위[上]에 (있는) 하늘과 아래[下]에 (있는) 땅이라는 뜻으로, 온 천지(天地)를 이르는 말. ***상천**(上天): ①=하늘. ↔하토(下土). ②=하느님. ③사천(四天)의 하나인 겨울 하늘. 여기서, '사천(四天)'은 사철의 하늘을 이르는 말. 곧 봄의 창천(蒼天), 여름의 호천(昊天), 가을의 민천(旻天), 겨울의 상천(上天)을 통틀어 일컬음. ***하지**(下地): ①=하계(下界). 즉, 천상계(天上界. 불교에서 일컫는 십계·十界의 하나를 이르는 말. 하늘 위의 세계를 일컬음)에 상대하여 사람이 사는 이 세상을 이르는 말. ②불교에서, 낮은 지위(地位)를 이르는 말. ③수행(修行. 불도를 닦음) 도중(途中. 어떤 일을 하는 때나 그 중간)에 있는 보살(菩薩. 부처에 버금가는 성인)의 낮은 지위(地位)를 이르는 말.

상-토-하-사(上吐下瀉 위 **상**/토할 **토**/아래 **하**/설사할 **사**) 위[上]로는 토(吐)하고 아래[下]로는 설사(泄瀉)함. ***토하다**(吐~): 부록 '토(吐)' 참고. ***설사하다**(泄瀉~): 배탈 따위로 인하여 묽은 똥을 누다.

상통-천문(上通天文 위 **상**/통할 **통**/하늘 **천**/글월 **문**) 위[上]로 통(通)하는 천문(天文)이라는 뜻으로, 천문(天文)에 대하여 잘 앎을 이르는 말. 🈁 하달지리(下達地理). ***상통**(上通): 윗사람에게 의사(意思)를 통하는 일. ***천문**(天文): ①천체(天體. 우주 공간에 떠 있는 온갖 물체를 통틀어 이르는 말)와 기상(氣象)의 현상. ②=천문학(天文學). 즉, 천체(天體)에 관한 온갖 사항을 연구하는 학문. ③천체(天體)의 운행에 따라 역법(曆法. 책력을 제정하는 데에 기준이 되는 법칙)을 연구하거나, 길흉(吉凶. 운이 좋고 나쁨)을 예언하는 일. ***통하다**(通~): 부록 '통(通)' 참고.

상투-수단(常套手段 항상 **상**/버릇 **투**/수단 **수**/수단 **단**) 항상(恒常) 버릇이 (된) 수단(手段)과 수단(手段)이라는 뜻으로, 버릇이 되어 예사(例事. 보통으로 있는 일. 또는 별다를 것이 없는 일)로 쓰는 수단(手段)이나 솜씨를 이르는 말. ***상투**(常套): 보통으로 하는 투(套. 말이나 글. 행동 따위에서 버릇처럼 일정하게 굳어진 본새나 방식). 또는 예사(例事)의 버릇. ***수단**(手段): ①어떤 목적을 이루기 위한 방법. 또는 그 도구. ②일을 처리하여 나가는 솜씨와 꾀.

상-풍-고절(霜風高節 서리 **상**/바람 **풍**/높을 **고**/절개 **절**) 서리와 바람과 높은 절개(節槪·介)라는 뜻으로, 어떠한 곤경이나 어려움에 처하여도 굽히지 아니하는, 서릿발(땅 속의 물이 얼어 기둥 모양으로 솟아오른 것. 또는 그것이 뻗는 기운) 같은 높은 절개(節槪·介)를 비유적으로 이르는 말. 여기서, '기운'은 순우리말로, 생물이 살아 움직이는 원기(元氣). 또는 거기서 나오는 힘. ***고절**(高節): 고고(孤高. 홀로 세속에 초연하여 고상함)한 절개. ***절개**(節槪·介): 옳은 일을 지키어 뜻을 굽히지 않는 굳건한 마음이나 태도.

상-풍-패속(傷風敗俗 해칠 **상**/풍속 **풍**/무너질 **패**/풍속 **속**) 풍속(風俗)을 해치고 풍속(風俗)을 무너지게 한다는 뜻으로, 풍속(風俗)을 문란(紊亂. 도덕, 질서, 규범 따위가 어지러움)하게 함. 또는 부패(腐敗. 정치, 사상, 의식 따위가 타락함)하고, 어지럽거나 문란(紊亂)한 풍속(風俗)을 이르는 말. ***상-풍**은 『국어사전(國語辭典)』에 등재(登載)된, '한방에서, 바람기(~氣. 바람이 부는 기운)로 말미암아 생기는 모든 병증(病症. 병의 증상)을 이르는 말'인 '상풍(傷風)'의 뜻과는 별개다. ***패속**(敗俗): 쇠퇴하여 사라진 풍속. ***풍속**(風俗): 부록 '풍(風)', '속(俗)' 참고.

상하-노소(上下老少 위 **상**/아래 **하**/늙을 **노**/젊을 **소**) 윗사람과 아랫사람, 늙은이와 젊은이를 통틀어 이르는 말. 곧 모든 사람을 이르는 말이다. *상하(上下): ①위와 아래. =위아래. ②낮고 못함. ③윗사람과 아랫사람. ④높고 낮음. ⑤오르고 내림. *노소(老少): 늙은이와 젊은이.

상하-불급(上下不及 위 **상**/아래 **하**/아닐 **불**/미칠 **급**) 위[上]로도, 아래[下]로도 모두 미치지 못함. 또는 두 가지 일이 모두 실패(失敗)하게 됨. 즉, 양쪽 일에 다 실패(失敗)했음을 이르는 말이다. *상하(上下): ☞상하노소(上下老少). *불급(不及): 미치지 못함. *미치다: 부록 '급(及)' 참고.

상하-상-몽(上下相蒙 위 **상**/아래 **하**/서로 **상**/어리석을 **몽**) 위[上]와 아래[下]가 서로 어리석게도 (속인다)는 뜻으로, 윗사람과 아랫사람이 서로 속임을 이르는 말. *상하(上下): ☞상하노소(上下老少). *어리석다: 슬기롭지 못하고 둔하다.

상하-순설(上下脣舌 위 **상**/아래 **하**/입술 **순**/혀 **설**) 입술의 혀가 위[上]에도 (있고) 아래[下]에도 (있다는) 뜻으로, 남의 입에 자꾸 오르내림. 또는 남의 비평(批評. <u>여기서는 남의 잘못을 드러내어 이러쿵저러쿵 좋지 아니하게 말하여 퍼뜨림</u>)을 받음을 비유적으로 이르는 말. *상하(上下): ☞상하노소(上下老少). *순설(脣舌): ①입술과 혀. ②수다(<u>순우리말로, 쓸데없이 말이 많음. 또는 그 말</u>)를 비유적으로 이르는 말.

상하-지-분(上下之分 위 **상**/아래 **하**/어조사 **지**/분별할 **분**) 위[上]와 아래[下]의 분별(分別)을 이르는 말. *상하(上下): ☞상하노소(上下老少). *분별하다(分別~): ①사물을 종류에 따라 나누어 가르다. ②무슨 일을 사리(事理. <u>일의 이치</u>)에 맞게 판단하다.

상하-탱-석(上下撑石 위 **상**/아래 **하**/버틸 **탱**/돌 **석**) 위[上]와 아래[下]로 돌을 버티게 (한다.) 즉, 아랫돌 빼서 윗돌 괴고, 윗돌 빼서 아랫돌 괸다는 뜻으로, 몹시 꼬이거나 다급(多急. <u>미처 어떻게 할 여유가 없을 만큼 일이 바싹 닥쳐서 몹시 급함</u>)한 일을 당하여 임시변통(臨時變通. <u>본문 참고</u>)으로 이리저리 맞추어서 견디어 나가거나 겨우 유지해 감을 비유적으로 이르는 말. 圓 상석하대(上石下臺). 하석상대(下石上臺). *상하(上下): ☞상하노소(上下老少). *'탱-석'은『국어사전(國語辭典)』에 등재(登載)된, '선사 시대의 무덤인 고인돌(<u>선사 시대의 유물인 무덤의 한 가지를 일컫는다. 큰 돌을 두서너 개 세우고, 그 위에 넓적한 돌을 얹었음</u>)'인 '탱석(撑石)'의 뜻과는 별개다. *버티다: 부록 '탱(撑)' 참고. 《관련 속담》 윗돌 빼서 아랫돌 괴고 아랫돌 빼서 윗돌 괴기.

상하-화목(上下和睦 위 **상**/아래 **하**/화목할 **화**/화목할 **목**) 위[上]와 아래[下]가 화목(和睦)하고 화목(和睦)하다. 즉, 상하(上下)가 모두 화목(和睦)하다는 뜻으로, 상하(上下)가 서로 뜻이 맞아 화목(和睦)하게 지내거나 정답게 지냄을 이르는 말. *상하(上下): ☞상하노소(上下老少). *화목(和睦): 뜻이 맞고 정다움.

상하-화순(上下和順 위 **상**/아래 **하**/온화할 **화**/순할 **순**) 위[上]와 아래[下]가 온화(溫和)하고 순(順)하다는 뜻으로, 상하(上下)가 서로 뜻이 맞아 부드럽고 온화(溫和)함을 이르는 말. *상하(上下): ☞상하노소(上下老少). *화순(和順): ①온화하고 양순(良順. <u>어질고 온순함</u>)함. ②시키는 대로 잘 따르고 고분고분함. *온화하다(溫和~): ①날씨가 따뜻하고 바람결이 부드럽다. ②마음이 온순하고 부드럽다. *순하다(順~): 부록 '순(順)' 참고.

상-행-하-효(上行下效 위 **상**/행할 **행**/아래 **하**/본받을 **효**) 위[上]가 행함(<u>행하는 것</u>)을 아래[下]가 본받는다는 뜻으로, 윗사람이 하는 일을 아랫사람이 본받음을 이르는 말. *'상-행'은『국어사전(國語辭典)』에 등재(登載)된, '①위쪽으로 올라감. ②지방에서 서울로 올라감'인 '상행(上行)'의 뜻과는 별개다. *행하다

(行~): (작정한 대로) 하여 나가다. *본받다(本~): 부록 '효(效)' 참고.

상호-봉시(桑弧蓬矢 뽕나무 **상**/나무 활 **호**/쑥 **봉**/화살 **시**) 뽕나무로 (만든) 나무 활과 쑥(쑥대 곧 쑥의 줄기)으로 만든 화살이라는 뜻으로, 남자가 큰 뜻을 세움을 비유적으로 이르는 말. 옛날 중국에서 남자가 태어나면 뽕나무로 만든 활과, 쑥대(쑥의 줄기)로 만든 살('화살'의 준말)을 천지 사방에 쏘아, 큰 뜻을 이루기를 빌던 풍속에서 유래한다. 참 상봉지지(桑蓬之志). *상호(桑弧): ①뽕나무로 만든 활. ②=상호봉시(桑弧蓬矢). *봉시(蓬矢): 쑥대로 만든 화살을 이르는 말. 사기(邪氣. 요사스럽고 나쁜 기운)를 물리친다고 한다. 여기서 '기운'은 순우리말로, 생물이 살아 움직이는 원기(元氣). 또는 거기서 나오는 힘. *나무 활: 부록 '호(弧)' 참고. *쑥: 부록 '봉(蓬)' 참고. *화살: 부록 '시(矢)' 참고.

상혼-낙담(喪魂落膽 잃을 **상**/넋 **혼**/떨어질 **낙**/쓸개 **담**) 쓸개가 떨어질 (듯이) 넋을 잃는다는 뜻으로, 몹시 놀라거나 마음이 상해서 넋을 잃음을 비유적으로 이르는 말. =낙담상혼(落膽喪魂). *상혼(喪魂): 몹시 놀라거나 혼이 나서 얼이 빠짐. *낙담(落膽): ①일이 뜻대로 되지 않거나 실패로 돌아가, 갑자기 기운(순우리말로, 생물이 살아 움직이는 원기·元氣. 또는 거기서 나오는 힘)이 풀림. ②몹시 놀라서 간(肝)이라도 떨어질 듯이 느낌. *넋: 부록 '혼(魂)' 참고. *쓸개: 부록 '담(膽)' 참고.

상후-하박(上厚下薄 위 **상**/두터울 **후**/아래 **하**/야박할 **박**) 위[上]에는 두텁고 아래[下]에는 야박(野薄)하다는 뜻으로, 윗사람에게는 후(厚)하고 아랫사람에게는 박(薄)함을 이르는 말. 반 하후상박(下厚上薄). *상후(上厚): 아랫사람보다 윗사람에게 후함. *하박(下薄): 아랫사람에게 박함. *두텁다: 부록 '후(厚)' 참고. *야박하다(野薄~): 야멸치고(자기 생각만 하고 남의 사정은 아랑곳하지 아니하고) 인정이 없다.

새신-만명(賽神萬明 푸닥거리할 **새**/귀신 **신**/일만 **만**/밝을 **명**) 일만(一萬) (지역을) 밝게 (하는) 귀신(鬼神)에게 푸닥거리한다는 뜻으로, ①굿이나 푸닥거리를 하는 무당을 이르는 말. 여기서 '무당'은 귀신을 섬겨 길흉(吉凶)을 점치고 굿을 하는 것을 직업으로 하는 사람을 이르는 말. 주로 여자를 일컫는다. 남자는 '박수(순우리말. 남자 무당)'라고 일컫는다. 이것은 원래는 순우리말이나 한자(漢字)을 빌려 '巫堂'으로 적기도 한다. ②경솔(輕率. 말이나 행동이 조심성 없이 가벼움)하거나 경망(輕妄. 행동이나 말이 가볍고 조심성이 없음)스럽고 방정맞은(순우리말로, 말이나 하는 짓이 몹시 경망스럽고 주책없는) 사람을 비유적으로 이르는 말. *새신(賽神): 굿이나 푸닥거리를 하는 일. *만명(萬明): 무당이 섬기는 신(神)을 이르는 말. *푸닥거리하다: 무당이 간단하게 음식을 차려 놓고 잡귀를 풀어먹이는 굿을 하다.

새옹-득실(塞翁得失 변방 **새**/늙은이 **옹**/얻을 **득**/잃을 **실**) 변방(邊方)의 늙은이가 얻는 (것과) 잃는 (것이라는) 뜻으로, 한때의 이익(利益)이 장차(張次. '앞으로'의 뜻으로, 미래의 어느 때를 나타내는 말) 손해(損害)가 될 수도 있고, 한때의 화(禍)가 장차(張次) 복(福)을 불러올 수도 있음을 비유적으로 이르는 말. '새옹(塞翁)'에 대한 유래는 '새옹지마(塞翁之馬)' 참고. =새옹화복(塞翁禍福). 참 새옹지마(塞翁之馬). *새옹(塞翁): ①사람 이름. ②중국 변방(邊方)에 사는 노인. *득실(得失): ①얻음과 잃음. ②이익과 손해. ③성공과 실패. ④장점과 단점. *변방(邊方): 부록 '새(塞)' 참고.

새옹-지-마(塞翁之馬 변방 **새**/늙은이 **옹**/어조사 **지**/말 **마**) 변방에 (사는) 늙은이의 말[馬]이라는 뜻으로, 화(禍)가 복(福)이 되고, 복(福)이 화(禍)가 되는 등(等) 인생의 길흉화복(吉凶禍福. 본문 참고)은 변화(變化)가 많아서 미리 헤아릴 수가 없거나 예측(豫測)하기가 어려움을 비유적으로 이르는 말. 옛날에 변방(邊方)에 사는 노인 새옹(塞翁)이 기르던 말이 오랑캐 땅으로 달아나서 노인이 낙심(落心. 바라던 일을 이루지 못하여 맥이 빠지고 마음이 상함)하였는데, 그 후에 달아났던 말이 준마(駿馬. 썩 잘 달리는, 좋은 말)를 한 필(匹) 끌고 와서 그 덕분에 훌륭한 말을 얻게 되었으나, 아들이 그 준마(駿馬)를 타다가 떨어져서 다리가 부러졌으므로 노인이 다시 낙심(落心)하였는데, 그로 인하여 아들이 전쟁에 끌려 나가지 아니하고 죽음을 면할 수 있었다는 이야기에서 유래한다. *새옹(塞翁): ☞새옹득실(塞翁得失). *변방(邊方): 부록 '새(塞)' 참고. 《관련 속담》 달도 차면 기운다. / 화가 복(이) 된다. 이 사자성어의 유래는 다음과 같다. 『회남자(淮南子)』「인간훈(人間訓)」에 〈변방 근처에 점을 잘 치는 한 사람이 살았다. 어느 날, 그의 말이 까닭도 없이 오랑캐 땅으로 도망쳐 버렸다. 사람들이 모두 이를 위로하자 노인이 말했다. "이것이 무슨 복(福)이 되는지 어찌 알겠소?" 몇 달이 지난 후, 말이 오랑캐의 준마(駿馬)를 데리고 돌아왔다. 사람들이 이를 축하하였다. 그러자 노인이 말했다. "그것이 무슨 화(禍)가 되는지 어찌 알겠소?" 집에 좋은 말이 생기자, 말 타기를 좋아하던 노인의 아들이 그 말을 타고 달리다가 말에서 떨어져 다리가 부러졌다. 사람들이 모두 이를 위로했다. "이것이 혹시 복(福)이 되는지 어찌 알겠소?" 1년이 지난 후, 오랑캐들이 대거 요새(要塞. 군사적으로 중요한 곳에 튼튼하게 만들어 놓은 방어 시설. 또는 그런 시설을 한 곳)에 쳐들어오자, 장정(壯丁. 성년·成年에 이른, 혈기가 왕성한 남자)들이 활을 들고 싸움터에 나갔다. 변방 근처의 사람들은 열에 아홉이 죽었는데, 이 사람은 다리가 병신인 까닭에 부자(父子)가 모두 무사할 수 있었다.(**近塞上之人**, 有善術者, **馬無故亡而入胡**, 人皆弔之, 其父曰, 此何遽不爲福乎, 居數月, **其馬將胡駿馬而歸**, 人皆賀之, 其父曰, 此何遽不能爲禍乎, 家富良馬, 其子好騎, 墮而折其髀, 人皆弔之, 其父曰, 此何遽不爲福乎, 居一年, 胡人大入塞, 丁壯者引弦而戰, **近塞之人**, 死者十九, 此獨以跛之故, 父子相保.)〉라는 이야기가 나오는데, '밑줄 친 구절,(近塞上之人, 馬無故亡而入胡, 其馬將胡駿馬而歸, 近塞之人)'에서, '새옹지마(塞翁之馬)'가 유래했다. 참고로, 원문의 '近塞上之人'에서, '近'은 가까울 '근'으로 읽고, '塞'는 변방(邊方. 나라의 경계가 되는 변두리의 땅) '새'로 읽고, '上'은 위 '상'으로 읽고, '之'는 어조사 '지'로 읽는다. '~의'를 나타내는 관형격 조사. '人'은 사람 '인'으로 읽는다. '近塞上之人'을 직역(直譯)하면, 가까운 변방(邊方) 위의 사람으로, 즉, 변방(邊方) 근처의 사람으로, '有善術者'에서, '有'는 있을 '유'로 읽고, '善'은 잘할 '선'으로 읽고, '術'은 재주(순우리말로, 무엇을 잘할 수 있는, 타고난 능력과 슬기) '술', 꾀 '술'로 읽는다. 여기서는 '점(占)을 치다'의 뜻이 강하다. '者'는 사람 '자'로 읽는다. '有善術者'를 직역(直譯)하면, 재주(순우리말로, 교묘한 솜씨나 기술을 이르는 말. 여기서는 '점·占'을 일컬음)를 잘하는(치는) 사람이 있었다. '馬無故亡而入胡'에서, '馬'는 말 '마'로 읽고, '無'는 없을 '무'로 읽고, '故'는 까닭 '고', 이유 '고'로 읽는다. '無故'는, 아무런 까닭이 없음. '亡'은 달아날 '망'으로 읽고, '而'는 말 이을 '이'로 읽는다. '그리고'의 뜻을 나타냄. '入'은 들 '입'으로 읽고, '胡'는 오랑캐 '호'로 읽는다. 중국의 북방 민족을 두루 일컫는 말. '馬無故亡而入胡'를 직역(直譯)하면, 그 말은 까닭 없이 달아나 그리고 오랑캐 땅으로 들어갔다. '人皆弔之'에서, '人'은 사람 '인'으로 읽고, '皆'는 다 '개', 모두 '개'로 읽고, '弔'는 불쌍히 여길 '조'로 읽고, '之'는 어조사 '지'로 읽는다. 여기서는 '그것'을 나타내는 지시대명사. '人皆弔之'를 직역(直譯)하면, 사람들은 모두 그것('변방 근처의 사람'을 가리킴)을 불쌍히 여겼다. '其父曰'에서, '其'는 그(지시하는 말) '기'로 읽고, '父'는 아버지 '부'로 읽는다. '其父曰'을 직역(直譯)하면, 그의 아버지('노인'을 가리킴)가 말하기를, '此何遽不爲福乎'에서 '此'는 이(지시하는 말) '차'로 읽고, '何'는 어찌(의문 부사) '하'로 읽고, '遽'는 어찌(의문 부사) '거'로 읽고, '不'은 아닐(부정하는 말) '불'로 읽고, '爲'는 될 '위'로 읽고, ‘福’은 복(福) ‘복’으로 읽고, ‘乎’는 어조사 ‘호’로 읽는다. ‘~는가’, ‘~인가(의문)’의 뜻을 나타냄. ‘此何遽不爲福乎’를 직역(直譯)하면, 이것이 어찌 복(福)이 되지 않겠는가? 즉, 이것(말이 오랑캐 땅으로 도망친 것)이 혹시 복(福)이 될 지 어찌 알겠소? ‘居數月’에서, ‘居’는 있을 ‘거’로 읽고, ‘數’는 몇 ‘수’, 두서너 ‘수’로 읽고, ‘月’은 달 ‘월’로 읽는다. ‘數月’은 두서너 달. ‘居數月’을 직역(直譯)하면, 두서너 달 있을 (동안). ‘其馬將胡駿馬而歸’에서, ‘將’은, 여기서는 ~을 가지고 ‘장’으로 읽는다. ‘駿’은 준마(駿馬) ‘준’으로 읽고, ‘馬’는 말 ‘마’로 읽는다. ‘준마(駿馬)’는 빠르게 잘 달리는 말. ‘歸’는 돌아갈 ‘귀’, 돌아올 ‘귀’로 읽는다. ‘其馬將胡駿馬而歸’를 직역(直譯)하면, 그 말[馬]이 오랑캐의 준마(駿馬)를 가지고(데리고) 그리고 (집으로) 돌아왔다. ‘人皆賀之’에서, ‘賀’는 경축(慶祝. 경사스러운 일을 축하함)할 ‘하’로 읽는다. ‘人皆賀之’를 직역(直譯)하면, 사람들은 모두 그것을 축하했다. ‘此何遽不能爲禍乎’에서, ‘能’은 능할 ‘능’, 능히 할 ‘능’으로 읽고, ‘爲’는 될 위로 읽고, ‘禍’는 재앙(災殃. 뜻하지 아니하게 생긴 불행한 변고·變故. 또는 천재지변·天災地變으로 인한 불행한 사고) 화로 읽고, ‘乎’는 어조사 ‘호’로 읽는다. ‘~는가?’, ‘~인가?(의문)’의 뜻을 나타냄. ‘此何遽不能爲禍乎’를 직역(直譯)하면, 이것이 어찌 능히 재앙(災殃)이 되지 않겠는가? 즉, 이것(말이 오랑캐의 준마를 데리고 온 것)이 혹시 재앙(災殃)이 될 지 어찌 알겠소? ‘家富良馬’에서, ‘家’는 집 ‘가’로 읽고, ‘富’는 넉넉할 ‘부’로 읽고, ‘良’은 좋을 ‘량(양)’, 훌륭할 ‘량(양)’으로 읽는다. ‘家富良馬’를 직역(直譯)하면, 집에 좋은 말이 생겨 (생활이) 넉넉해지자, ‘其子好騎’에서, ‘子’는 아들 ‘자’로 읽고, ‘好’는 좋아할 ‘호’로 읽고, ‘騎’는 말 탈 ‘기’로 읽는다. ‘其子好騎’를 직역(直譯)하면, 그(‘노인’을 가리킴)의 아들은 말 타기를 좋아했다. ‘墮而折其髀’에서 ‘墮’는 떨어질 ‘타’로 읽고, ‘折’은 꺾을 ‘절’, 부러질 ‘절’로 읽고, ‘髀’는 넓적다리 ‘비’로 읽는다. ‘墮而折其髀’를 직역(直譯)하면, (그러다가) (말에서) 떨어져서 그리고 그 넓적다리가 부러졌다. ‘居一年’에서, ‘一’은 한 ‘일’로 읽고, ‘年’은 해 ‘년(연)’으로 읽는다. ‘居一年’을 직역(直譯)하면, 일 년 있을 (동안). ‘胡人大入塞’에서, ‘胡人’은 만주 사람. 오랑캐 사람. ‘大’는, 여기서는 수효(數爻. 낱낱의 수)가 많을 ‘대’로 읽고, ‘入’은 들 ‘입’으로 읽는다. ‘塞’는 여기서는 요새(要塞. 군사적으로 중요한 곳에, 튼튼하게 만들어 놓은 방어 시설. 또는 그런 시설을 한 곳) ‘새’로 읽는다. ‘胡人大入塞’를 직역(直譯)하면, 오랑캐 사람 (중에서) 많은 수효(數爻)가 요새(要塞)에 들어왔다(쳐들어왔다). ‘丁壯者引弦而戰’에서, ‘丁’은 장정(壯丁. 성년·成年에 이른, 혈기가 왕성한 남자) ‘정’으로 읽고, ‘壯’은 굳셀 ‘장’으로 읽는다. ‘丁壯’은 나이가 젊고 기운(순우리말로, 생물이 살아 움직이는 원기·元氣. 또는 거기서 나오는 힘)이 좋은 남자. ‘者’는 사람 ‘자’로 읽고, ‘引’은 이끌 ‘인’으로 읽고, ‘弦’은 활시위 ‘현’으로 읽는다. ‘활시위’는 활대에 걸어서 켕기는 줄을 이르는 말. 화살을 여기에 걸어서 잡아당기었다가 놓으면 화살이 날아간다. ‘戰’은 싸울 ‘전’, 전쟁(戰爭) ‘전’으로 읽는다. ‘丁壯者引弦而戰’을 직역(直譯)하면, (그러자) 굳센 장정(壯丁)의 사람들이 활시위를 이끌고 그리고 전쟁터에 (갔다). 즉, 장정(壯丁)들이 제각기 활을 들고 싸움터로 나갔다는 뜻이다. ‘近塞之人’에서, ‘近’은 가까울 ‘근’으로 읽고, ‘塞’는 변방(邊方. 나라의 경계가 되는 변두리의 땅) ‘새’로 읽고, ‘之’는 어조사 ‘지’로 읽는다. ‘~의’를 나타내는 관형격 조사. ‘人’은 사람 ‘인’으로 읽는다. ‘近塞之人’을 직역(直譯)하면, 가까운 변방(邊方)의 사람들 (중에서), ‘死者十九’에서, ‘死’는 죽을 ‘사’로 읽고, ‘者’는 사람 ‘자’로 읽고, ‘十’은 열 ‘십’으로 읽고, ‘九’는 아홉 ‘구’로 읽는다. ‘死者十九’를 직역(直譯)하면, 죽은 사람은 열에 아홉이었다. ‘此獨以跛之故’에서, ‘獨’은 홀로 ‘독’, 혼자 ‘독’으로 읽고, ‘以’는 써(그것을 가지고, 그것으로 인하여) ‘이’로 읽고, ‘跛’는 절름발이(한쪽 다리가 짧거나 다치거나 하여 걷거나 뛸 때에, 몸이 한쪽으로 자꾸 가볍게 기우뚱거리는 사람을 낮잡아 이르는 말) ‘파’로 읽고, ‘故’는 까닭 ‘고’, 이유(理由) ‘고’로 읽는다. ‘跛之故’를 직역(直譯)하면, 절름발이의 까닭(이유). ‘此獨以跛之故’를 직역(直譯)하면, 이 (사람) 혼자(‘노인의 아들’을 가리킴) 그것으로 인하여 절름발이의 까닭(이유)에. 즉, 노인의 아들은 말에서 떨어져 다리가 병신인 까닭에 싸움터에 나갈 수 없었다는 뜻이다. ‘父子相保’에서, ‘父’는 아버지 ‘부’로 읽고, ‘子’는 아들 ‘자’로 읽고, ‘相’은 서로 ‘상’으로 읽고, ‘保’는 보존할 ‘보’, 유지할 ‘보’로 읽는다. ‘父子相保’을 직역(直譯)하면, 아버지와 아들은 서로 (생명을) 보존할 수 있었다. 즉, 그 노인과 아들은 싸움터에 나가지 않았기 때문에 서로 무사(無事)할 수 있었다는 뜻이다. 노인은 당연히 장정(壯丁)이 아니기 때문에 싸움터에 나가지 않았다. 여기서, ‘塞翁之馬’가 유래하였는데, 이것을 직역(直譯)하면, 변방에 (사는) 늙은이의 말[馬]이라는 뜻으로, 화(禍)가 복(福)이 되고, 복(福)이 화(禍)가 되는 등(等) 인생의 길흉화복(吉凶禍福)은 변화(變化)가 많아서 미리 헤아릴 수가 없거나 예측(豫測)하기가 어려움을 비유적으로 이르는 말.

새옹-화복(塞翁禍福 변방 새/늙은이 옹/재앙 화/복 복) 변방 늙은이의 재앙(災殃)과 복(福)이라는 뜻으로, 한때의 이익(利益)이 장차(張次. ‘앞으로’의 뜻으로, 미래의 어느 때를 나타내는 말) 손해(損害)가 될 수도 있고, 한때의 화(禍)가 장차 복(福)을 불러올 수도 있음을 비유적으로 이르는 말. ‘새옹(塞翁)’에 대한 유래는 ‘새옹지마(塞翁之馬)’ 참고. =새옹득실(塞翁得失). 줸 새옹지마(塞翁之馬). *새옹(塞翁): ☞새옹득실(塞翁得失). *화복(禍福): 재화(災禍)와 복록(福祿). 즉, 재액(災厄. 재앙으로 인한 불운)과 환난(患難. 근심과 재난을 통틀어 이르는 말), 복(福)과 녹(祿. 벼슬아치에게 일 년 또는 계절 단위로 나누어 주던 금품을 통틀어 이르는 말)을 아울러 이르는 말. *변방(邊方): 부록 ‘새(塞)’ 참고. *재앙(災殃): 부록 ‘화(禍)’ 참고.

색-쇠-애-이(色衰愛弛 낯빛 색/쇠잔할 쇠/사랑 애/느슨할 이) 낯빛이 쇠잔(衰殘)하면 사랑이 느슨하다는 뜻으로, 젊어서 사랑을 받던 아름다운 여자도 나이가 들어서 늙으면 그 사랑을 잃어버림을 비유적으로 이르는 말. *낯빛: 얼굴빛 또는 안색(顏色). *쇠잔하다(衰殘~): 부록 ‘쇠(衰)’ 참고. *느슨하다: ①잡아맨 끈이나 줄 따위가 늘어져 헐겁다. ②나사 따위가 헐겁게 죄어져 있다. ③마음이 풀어져 긴장됨이 없다. 이 사자성어의 유래는 다음과 같다. 『한비자(韓非子)』의 「세난(說難)」 편(篇)에, 〈미자하(彌子瑕)의 자태(姿態. 어떤 모습이나 모양을 일컫는 말. 주로 여성의 고운 맵시나 태도에 대하여 일컬으며, 식물, 건축물, 강, 산 따위를 사람에 비유하여 일컫기도 한다)가 점점 빛을 잃었고, 왕의 총애(寵愛. 남달리 귀여워하고 사랑함)도 엷어졌다. 어느 날, 미자하(彌子瑕)가 왕에게 죄를 짓자, 왕이 말했다. “이놈은 언젠가 몰래 과인(寡人. 덕·德이 적은 사람이라는 뜻으로, 임금이 자기를 낮추어 이르던 1인칭 대명사)의 수레를 탔고, 또 한 번은 먹다 남은 복숭아를 나에게 먹였다.” 미자하(彌子瑕)의 행동에는 처음과 다름이 없었다. 그러나 이전에는 어질다는 소리를 들었고 나중에는 죄를 얻었던 까닭은, 사랑이 미움으로 바뀌었기 때문이다.(**及彌子色衰愛弛**, 得罪於君, 君曰, 是固嘗矯駕吾車, 又嘗我以餘桃, 故彌子之行未變於初也, 而以前之所以見賢而後獲罪者, 愛憎之變也.)〉라는 이야기가 나오는데, ‘미자하(彌子瑕)의 자태가 점점 빛을 잃었고, 왕의 총애도 엷어졌다.(及彌子色衰愛弛)’에서, ‘색쇠애이(色衰愛弛)’가 유래했다. 옛날 미자하(彌子瑕)가 위령공(衛靈公)의 총애(寵愛)를 받았다. 그러나 왕에게 미움을 받게 되면, 지혜를 짜내어도 왕의 마음에 들지 않고 죄가 되며, 더욱 소원(疏遠. 친분이 가깝지 못하고 멂)해지기만 하는 것이다.

그래서 사랑을 받던 아름다운 여자가 나이가 들어서 그 사랑을 잃는다기보다 남에게 미움을 받아 자태(姿態)가 점점 빛을 잃음을 비유(比・譬喩. <u>어떤 사물의 모양이나 상태 따위를 보다 효과적으로 표현하기 위하여 그것과 비슷한 다른 사물에 빗대어 표현함. 또는 그 표현 방법</u>)하는 말이 된 것이다. 참고로, 원문의 '及彌子色衰愛弛'에서, '及'은 미칠(<u>영향이나 작용 따위가 대상에 가하여질</u>) '급', 이를(<u>어떤 장소나 시간에 닿을</u>) '급'으로 읽는다. '彌'는 두루(<u>빠짐없이 골고루</u>) '미'로 읽고, '子'는 아들 '자'로 읽는다. '彌子'는 '미자하(彌子瑕)'를 가리킴. '色'은 낯빛 '색'으로 읽고, '衰'는 쇠잔(衰殘)할 '쇠'로 읽고, '愛'는 사랑 '애'로 읽고, '弛'는 느슨할 '이'로 읽는다. '及彌子色衰愛弛'를 직역(直譯)하면, 미자하(彌子瑕)의 낯빛이 쇠잔(衰殘)하고 사랑이 느슨함에 이르자, 즉, 미자하(彌子瑕)의 용모가 쇠퇴하여 왕의 총애(寵愛)가 엷어지게 되자. 여기서, '色衰愛弛'가 유래하였는데, 이것을 직역(直譯)하면, 낯빛이 쇠잔(衰殘)하면 사랑이 느슨하다는 뜻으로, 젊어서 사랑을 받던 아름다운 여자도 나이가 들어서 늙으면 그 사랑을 잃어버림을 비유적으로 이르는 말. '得罪於君'에서, '得'은 얻을 '득'으로 읽는다. '罪'는 허물 '죄', 죄(罪) '죄'로 읽는다. '得罪'는 남에게 큰 잘못을 저질러 죄를 얻음. '於'는 어조사 '어'로 읽는다. '~로부터(<u>위치</u>)'의 뜻을 나타냄. '君'은 임금 '군'으로 읽는다. '得罪於君'을 직역(直譯)하면 (그때 미자하는) 임금으로부터 죄를 얻었다(지었다). '是固嘗矯駕吾車'에서, '是'는 이(<u>지시하는 말</u>) '시'로 읽고, '固'는, 여기서는 처음부터 '고'로 읽고, '嘗'은 일찍 '상'으로 읽고, '矯'는 거짓 '교', 속일 '교'로 읽고, '駕'는 수레 '가'로 읽고, '吾'는 나(<u>1인칭 대명사</u>) '오'로 읽고, '車'는 수레 '거'로 읽는다. '是固嘗矯駕吾車'를 직역(直譯)하면, 이(<u>미자하・彌子瑕'를 가리킴</u>)는 처음부터 일찍 속여서 나('<u>왕・王'을 가리킴</u>)의 수레를 탔고, '又嘗我以餘桃'에서, '又'는 또 '우', 또한 '우'로 읽고, '我'는 나(<u>1인칭 대명사</u>) '아'로 읽고, '以'는 ~에게 ~을 줄 '이'로 읽는다. '餘'는 남을 '여'로 읽고, '桃'는 복숭아 '도'로 읽는다. 여기서, '餘桃之罪'가 유래하였는데, 이것을 직역(直譯)하면, (먹다) 남은 복숭아를 (먹인) 허물(죄)이라는 뜻으로, ①애증(愛憎. <u>사랑과 미움</u>)의 변화를 예측하기 어렵다는 것을 비유적으로 이르는 말. ②같은 행동이라도 사랑을 받을 때와 미움을 받을 때가 각기 다르게 받아들여질 수 있다는 것을 비유적으로 이르는 말. ③본디 가상(嘉尙. <u>착하고 기특하게 여김</u>)히 여겼던 일이, 사랑이 식은 후에는 거꾸로 죄(罪)가 되어 버린 경우를 비유적으로 이르는 말. ④임금의 총애(寵愛. <u>남달리 귀여워하고 사랑함</u>)가 덧없어 믿을 수 없는 것임을 비유적으로 이르는 말. '又嘗我以餘桃'를 직역(直譯)하면, 또 (미자하가) 일찍 나에게 (먹다) 남은 복숭아를 주었다. '故彌子之行未變於初也'에서, '故'는 옛날부터 '고'로 읽고, '之'는 어조사 '지'로 읽는다. '~의'를 나타내는 관형격 조사. '行'은 행할 '행'으로 읽고, '未'는 아닐(<u>부정하는 말</u>) '미'로 읽고, '變'은 변할 '변'으로 읽고, '於'는 어조사 '어'로 읽는다. '~와', '~과(<u>비교</u>)'의 뜻을 나타냄. '初'는 처음 '초'로 읽고, '也'는 어조사 '야'로 읽는다. '~이다(<u>단정</u>)'의 뜻을 나타냄. '故彌子之行未變於初也'를 직역(直譯)하면, 옛날부터 미자하(彌子瑕)의 행함은 처음과 변하지 않았다. 즉, 그렇지만 미자하(彌子瑕)의 (왕을 위한) 행동은 처음과 변함이 없었다는 뜻이다. '而以前之所以見賢而後獲罪者'에서, '而'는 말 이을 '이'로 읽는다. '그러나'의 뜻을 나타냄. '以'는 여기서는 써(<u>그것을 가지고, 그것으로 인하여</u>) '이'로 읽고, '前'은 앞 '전'으로 읽는다. '以前'은 이제보다 전. 또는 기준이 되는 때를 포함하여 그보다 앞. '所'는 바(<u>앞에서 말한 내용 그 자체나 일 따위를 나타내는 말</u>) '소'로 읽는다. '所以'는 '까닭'과 같은 말로, 일이 생기게 된 원인이나 조건. '見'은 볼 '견'으로 읽고, '賢'은 어질 '현'으로 읽고, '而'는 말 이을 '이'로 읽는다. '그리고'의 뜻을 나타냄. '後'는 뒤 '후'로 읽고, '獲'은 얻을 '획'으로 읽고, '罪'는 허물 '죄', 죄(罪) '죄'로 읽는다. '獲罪'는 죄를 지음. '者'는 것(사물, 현상, 일 따위를 추상적으로 이르는 말) '자'로 읽는다. '而以前之所以見賢而後獲罪者'를 직역(直譯)하면, 그러나 이전의 어질게 보임과 그리고 후(後)의 죄를 짓게 되는 것의 까닭은, 즉, (왕으로부터) 전에는 어질다는 칭찬을 들었고, 그 후에 책망을 듣게 된 까닭은, '愛憎之變也'에서, '愛'는 사랑 '애'로 읽고, '憎'은 미울 '증'으로 읽는다. '愛憎'은 사랑[愛]과 미움[憎]을 아울러 이르는 말. '之'는 어조사 '지'로 읽는다. '~이', '~가(주격)'의 뜻을 나타냄. '變'은 변할 '변'으로 읽는다. '愛憎之變也'를 직역(直譯)하면, 사랑과 미움이 변하였기 (때문)이다.

색-즉-시-공(色卽是空 빛 색/곧 즉/이 시/빌 공) 빛은 곧 비어 (있는 것)이라는 뜻으로, 현실(現實)의 물질적 존재는 모두 인연(因緣. 여기서는 어떤 사물과 관계되는 연줄)에 따라 만들어진 것으로서, 공(空. 불교에서, 세상의 모든 것은 인연·因緣에 따라 생긴 가상·假相이며, 영구불변·永久不變의 실체·實體가 없음을 이르는 말)이기 때문에 불변(不變)하는 고유(固有)의 존재성이 없음을 이르는 말. 곧, 형상은 일시적인 모습일 뿐, 실체(實體)는 없어진다는 것이다. 『반야심경(般若心經)』에 나오는 말이다. 참 공즉시색(空卽是色).

색채-상징(色彩象徵 빛 색/채색 채/형상 상/나타낼 징) 빛이나 채색(彩色)으로 형상(形象)을 나타낸다는 뜻으로, 색깔로써 어떤 사상(思想)을 상징(象徵)하는 것을 이르는 말. 예를 들면, 빨강은 정열이나 사랑을, 파랑은 젊음이나 성실을, 초록은 희망을 상징하는 따위이다. 또는 신호등을 색채로써 직진(直進. 곧게 나아감), 대기(待機. 때나 기회를 기다림) 따위를 나타내는 경우이다. *색채(色彩): ①빛깔. ②어떤 사물이 지닌 경향이나 성질을 비유적으로 이르는 말. *상징(象徵): 어떠한 사상이나 개념 따위에 대하여, 그것을 상기(想起)시키거나 연상(聯想)시키는 구체적인 사물이나 감각적인 말로 바꾸어 나타내는 일. 또는 그 사물이나 말. 예를 들면, 비둘기는 평화의 상징이라 할 때의 '비둘기', 백색은 순결의 상징이라 할 때의 '백색' 따위. *채색(彩色): ①그림 따위에 색을 칠함. ②여러 가지 고운 빛깔. *형상(形象): (물건이나 사람의) 생긴 모양. 그런데 여기서, '형상(形象)'은 '형상(形像)', '형상(形狀)'과 같은 뜻이다.

생경-지-폐(生梗之弊 설 생/막힐 경/어조사 지/폐단 폐) 설고 막힘의 폐단(弊端)이라는 뜻으로, 두 사람 사이의 불화(不和. 서로 화합하지 못함. 또는 서로 사이좋게 지내지 못함) 때문에 일어난 폐단(弊端)을 비유적으로 이르는 말. *생경(生梗): 두 사람 사이에 불화(不和)가 생김. *설다: ①덜 익다. ②=서투르다. 즉, 낯익지 못하여 서먹서먹하거나 어색하다. *막히다: '막다'의 피동으로, 막음을 당하다. *폐단(弊端): 어떤 일이나 행동에서 나타나는 옳지 못한 경향이나 해로운 현상.

생계-무책(生計無策 살 생/꾀 계/없을 무/계책 책) 살아갈 꾀나 계책(計策)이 없다는 뜻으로, 살아나갈 방법(方法)이 전혀 없음을 이르는 말. *생계(生計): (의식주·衣食住의 면에서) 살아갈 방도(方道·途. 어떤 일을 치러 나갈 길이나 방법)를 이르는 말. *무책(無策): 계책(計策)이 없음. *꾀: 일을 그럴듯하게 꾸미는 교묘한 생각이나 수단. *계책(計策): 어떤 일을 이루기 위하여 꾀나 방법을 생각해 냄. 또는 그 꾀나 방법.

생-구-불-망(生口不網 살 생/입 구/아닐 불/그물 망) 산 입[口]에 그물(거미줄)을 (치지) 않는다는 뜻으로, 아무리 곤궁(困窮. 가난하고 구차함)하여도 그럭저럭 먹고살 수 있음을 비유적으로 이르는 말. *'생-구'는 『국어사전(國語辭典)』에 등재(登載)된, '포로(捕虜) 또는 가축(家畜)을 이르는 말'인 '생구(生口)'의 뜻과는 별개다. *그물: 부록 '망(網)' 참고.《관련 속담》산 사람 목구멍(입)에 거미줄 치랴. / 산 입에 거미 줄 치랴.

생-기-사-귀(生寄死歸 살 **생**/임시로 얹혀살 **기**/죽을 **사**/돌아갈 **귀**) 삶은 임시로 얹혀사는 것이며, 죽음은 돌아가는 것이라는 뜻으로, 사람이 이 세상(世上)에 사는 것은 잠시 머무는 것일 뿐이며, 죽는 것은 원래 자기가 있던 본집으로 되돌아가는 것임을 비유적으로 이르는 말. 이 사자성어의 유래는 다음과 같다.『회남자(淮南子)』「정신훈(精神訓)」과『십팔사략(十八史略)』에 〈우(禹)임금은 하늘을 우러러 탄식하면서 말했다. "나는 하늘로부터 명(命)을 받아 백성들을 위해 온 힘을 다했다. 삶은 붙어사는 것이며, 죽음은 돌아가는 것이라 하였으니, 내 어찌 용(龍)을 두려워하랴." (禹仰天嘆日, 吾受命於天, 竭力以勞萬民, 生寄也, 死歸也, 余何憂於龍焉.)〉라는 이야기가 나오는데, '삶은 붙어사는 것이며, 죽음은 돌아가는 것이라 하였으니,(生寄也, 死歸也)'에서, '생기사귀(生寄死歸)'가 유래했다. 하(夏)나라의 우(禹)임금이 제후(諸侯)들과 함께 회식(會食. 여러 사람이 모여 함께 음식을 먹음. 또는 그런 모임)을 마치고, 강을 건너려는 순간, 갑자기 황룡(黃龍. 누런 빛의 용)이 배를 등에 지고 물 위에 오르자, 배에 타고 있던 사람들이 모두 두려워하였다. 그때 우(禹)임금이 황룡(黃龍)에게 한 말이다. 참고로, 원문의 '禹仰天嘆日'에서, '禹'는 하우씨(夏禹氏. 중국 하·夏나라의 우·禹임금을 이르는 말) '우'로 읽고, '仰'은 우러를 '앙'으로 읽고, '天'은 하늘 '천'으로 읽고, '嘆'은 탄식할 '탄'으로 읽는다. '禹仰天嘆日'을 직역(直譯)하면, 우(禹)임금은 하늘을 우러러보고 탄식하면서 말하기를, '吾受命於天'에서 '吾'는 나(1인칭 대명사) '오'로 읽고, '受'는 받을 '수'로 읽고, '命'은 명령 '명'으로 읽고, '於'은 어조사 '어'로 읽는다. '~에게', '~에게서(위치)'의 뜻을 나타냄. '吾受命於天'은, 직역(直譯)하면 나는 하늘에게서 명령을 받았다. '竭力以勞萬民'에서, '竭'은 다할 '갈'로 읽고, '力'은 힘 '력(역)'으로 읽는다. '竭力'은 있는 힘을 다함. '以'는 써(그것을 가지고, 그것으로 인하여) '이'로 읽고, '勞'는 수고로울 '로(노)', 일할 '로(노)'로 읽고, '萬'은 일만 '만'으로 읽고, '民'은 백성 '민'으로 읽는다. '竭力以勞萬民'을 직역(直譯)하면, (그리고) 모든 백성을 (위하여) 일함으로써 있는 힘을 다하였다. 즉, 백성들을 위해 온 힘을 바쳤다는 뜻이다. '生寄也'에서, '生'은 살 '생'으로 읽고, '寄'는 부쳐(어떤 자연물 따위에 마음을 의탁하여) 살 '기', 임시로 얹혀살 '기'로 읽고, '也'는 어조사 '야'로 읽는다. '~이다(단정)'의 뜻을 나타냄. '生寄也'를 직역(直譯)하면, 삶은 임시로 얹혀사는 것이다. 즉, 인간의 삶은 이 세상에 잠시 머물며 사는 것이다. '死歸也'에서, '死'는 죽을 '사'로 읽고, '歸'는 돌아갈 '귀'로 읽는다. '死歸也'를 직역(直譯)하면, 죽으면 (원래의 자기 자리로) 돌아가는 것이다. 여기서, '生寄死歸'가 유래하였는데, 이것을 직역(直譯)하면, 삶은 부쳐 사는 것이며, 죽음은 돌아가는 것이라는 뜻으로, 사람이 이 세상(世上)에 사는 것은 잠시 머무는 것일 뿐이며, 죽는 것은 원래 자기가 있던 본집으로 되돌아가는 것임을 비유적으로 이르는 말. '余何憂於龍焉'에서, '余'는 나(1인칭 대명사) '여'로 읽고, '何'는 어찌(의문 부사) '하'로 읽고, '憂'는 근심 '우', 두려워할 '우'로 읽고, '於'는 어조사 '어'로 읽는다. '~에게, ~에게서(위치)'의 뜻을 나타냄. '龍'은 용(龍) '룡(용)'으로 읽고, '焉'은 어조사 '언'으로 읽는다. '~는가?', '~인가?(의문)'의 뜻을 나타냄. '余何憂於龍焉'을 직역(直譯)하면, 내가 어찌 용(龍)에게 두려워하겠는가? 즉, 내('우·禹임금' 자신을 가리킴)가 어찌 황룡(黃龍)을 두려워하고 (근심하겠는가)? 이렇게 우(禹)임금이 자신을 두려워하지도 않고 태연하며, 흔들림이 없이 위엄 있게 대응하자, 황룡(黃龍)은 기가 꺾여 고개를 숙이고 꼬리를 낮추더니 다시 하늘로 올라가 버렸다고 한다.

생도-지-방(生道之方 살 **생**/길 **도**/어조사 **지**/방법 **방**) 살 길이 (있는) 방법(方法)이라는 뜻으로, 생계(生計)를 꾸려 나갈 방법(方法) 또는 살아나갈 방도(方道·途. <u>어떤 일을 치러 나갈 길이나 방법</u>)를 이르는 말. *생도(生道): (의식주·衣食住의 면에서) 살아갈 방도(方道·途). =생계(生計).

생랭-지-물(生冷之物 살 **생**/찰 **랭**/어조사 **지**/사물 **물**) 살아있거나[生] 찬[冷] 사물(事物)이라는 뜻으로, 살아있는 것(날것)과 찬 것을 이르는 말. *생랭(生冷): =생랭지물(生冷之物). *사물(事物): 일이나 물건.

생-로-병사(生老病死 날 **생**/늙을 **로**/병들 **병**/죽을 **사**) (불교에서) 사람이 나고, 늙고, 병들고, 죽는 네 가지 고통(苦痛)을 이르는 말. 팔고(八苦)의 하나이다. 여기서, '팔고(八苦)'는 불교에서 일컫는, 인생의 여덟 가지 괴로움을 이르는 말. 곧, 생로병사(生老病死)의 사고(四苦)에 구부득고(求不得苦), 애별리고(哀別離苦), 오음성고(五陰盛苦), 원증회고(怨憎會苦)의 사고(四苦)를 더한 것이다. *병사(病死): 병으로 죽음.

생-리-사별(生離死別 살 **생**/떨어질 **리**/죽을 **사**/헤어질 **별**) 살아서는 떨어져 있고, 죽어서는 헤어진다(이별한다)는 뜻으로, 살아 있을 때에는 멀리 떨어져 있고, 죽어서는 영원히 헤어짐을 이르는 말. *사별(死別): 죽어서 이별함. *떨어지다: ①붙은 것의 사이가 갈라지다. 또는 벌어지다. ②헤어지다. 또는 이별하다.

생면-강산(生面江山 서투를 **생**/낯 **면**/강 **강**/뫼 **산**) 서투른 낯으로 (보는) 강(江)과 뫼('산'의 옛말)라는 뜻으로, ①처음으로 보는 낯선 강산(江山)을 이르는 말. ②난생 처음으로 보고 듣는 것을 비유적으로 이르는 말. *생면(生面): ①처음으로 대하는 얼굴. ②생색(生色. <u>남에게 어떤 도움을 준 일로 말미암아 떳떳해지는 체면</u>)을 냄. *강산(江山): ①(강과 산이라는 뜻으로) 자연의 경치를 이르는 말. ②=강토(疆土). 즉, 나라의 영토. 또는 국경 안에 있는 땅. *서투르다: ①일에 익숙하지 못하다. ②낯이 익지 않아서 어색하고 서먹하다. *낯: 부록 '면(面)' 참고.

생면-대책(生面大責 서투를 **생**/낯 **면**/클 **대**/꾸짖을 **책**) 서투른 낯으로 크게 꾸짖는다는 뜻으로, 내막(內幕. <u>밖에서는 알 수 없는, 내부의 사정. 또는 일의 속내</u>)도 잘 모르면서 관계없는 사람을 그릇(<u>어떤 일이 사리에 맞지 아니하게. 또는 어떤 일이나 형편이 잘못되게</u>) 책망(責望. <u>잘못을 들어 꾸짖음. 또는 그 일</u>)함. 즉, 어떠한 일의 상황(狀況)을 잘 알지도 못하면서 잘못이 없는 사람을 호되게(매우 심하게) 꾸짖음을 이르는 말. *생면(生面): ☞생면강산(生面江山). *대책(大責): 크게 꾸짖음. 또는 큰 꾸지람. *서투르다: ☞생면강산(生面江山). *낯: 부록 '면(面)' 참고.

생면-부지(生面不知 서투를 **생**/낯 **면**/못할 **부**/알 **지**) 알지 못하는 서투른 낯이라는 뜻으로, 이전에 서로 한 번도 만난 적이 없어서 전혀 알지 못하는 사람, 또는 그런 관계를 이르는 말. *생면(生面): ☞생면강산(生面江山). *부지(不知): 알지 못함. *서투르다: ☞생면강산(生面江山). *낯: 부록 '면(面)' 참고.

생-무-살인(生巫殺人 서투를 **생**/무당 **무**/죽일 **살**/사람 **인**) 〔俗〕 서투른 무당(선무당)이 사람을 죽인다(<u>잡는다</u>)는 뜻으로, 미숙(未熟. <u>일 따위에 익숙하지 못하여 서투름</u>)한 사람이 일을 그르침을 비유적으로 이르는 말. *살인(殺人): 사람을 죽임. *서투르다: ☞생면강산(生面江山). *무당: 귀신을 섬겨 길흉(吉凶)을 점치고 굿을 하는 것을 직업으로 하는 사람을 이르는 말. 주로 여자를 일컫는다. 남자는 '박수(<u>순우리말. 남자 무당</u>)'라고 일컫는다. 이것은 원래는 순우리말이나 한자(漢字)를 빌려 '巫堂'으로 적기도 한다. 《관련 속담》 선무당이 사람 잡는다(죽인다).

생-불-여-사(生不如死 살 **생**/아닐 **불**/같을 **여**/죽을 **사**) 삶이 죽음과 같지 아니하다. 즉, 살아 있음이 차라리 죽는 것만 못하다는 뜻으로, 몹시 곤란한 지경에 빠져 있거나 어려운 형편(形便)에 있음을 비유적으로 이르는 말.

생사-가-판(生死可判 살 **생**/죽을 **사**/가히 **가**/판단할 **판**) 사느냐 죽느냐를 가히(능히) 판단할 (만하다는) 뜻으로, 사느냐 죽느냐를 따지어 판단함을 이르는 말. =사생가판(死生可判). *생사(生死): ①삶과 죽음. ②태어남과 죽음. *가히(可~): '능히', '넉넉히'의 뜻.

생사-고락(生死苦樂 살 **생**/죽을 **사**/괴로울 **고**/즐거울 **락**) 삶과 죽음, 괴로움과 즐거움을 통틀어 이르는 말. *생사(生死): ☞생사가판(生死可判). *고락(苦樂): 괴로움과 즐거움.

생사-고해(生死苦海 살 **생**/죽을 **사**/괴로울 **고**/바다 **해**) 삶과 죽음은 괴로운 바다라는 뜻으로, 생사(生死)가 육도(六道)에 윤회(輪廻. 차례로 돌아감)하여 끝이 없음을, 가없는(끝이 없는, 또는 한이 없는) 바다에 비유(比·譬喩. 어떤 사물의 모양이나 상태 따위를 보다 효과적으로 표현하기 위하여 그것과 비슷한 다른 사물에 빗대어 표현함. 또는 그 표현 방법)하여 이르는 말. =생사대해(生死大海). 여기서, '육도(六道)'는 불교에서, 중생(衆生. 불교에서, 부처의 구제 대상이 되는, 이 세상의 모든 생물을 통틀어 이르는 말)이 생전(生前. 살아 있는 동안)에 한 행위에 따라서 저마다 가서 살게 된다는 지옥도(地獄道), 아귀도(餓鬼道), 축생도(畜生道), 아수라도(阿修羅道), 인간도(人間道), 천상도(天上道) 따위를 이르는 말. *생사(生死): ☞생사가판(生死可判). *고해(苦海): 불교에서, 괴로움이 많은 속세(俗世. 세속의 사람들이 사는 일반의 사회)를 바다에 비유하여 이르는 말.

생사-골육(生死骨肉 살 **생**/죽을 **사**/뼈 **골**/살 **육**) 죽은 (사람을) 살려내어 뼈에 살을 (붙인다)는 뜻으로, 큰 은혜(恩惠)를 베풂을 비유적으로 이르는 말. =생사육골(生死肉骨). *생사(生死): ☞생사가판(生死可判). *골육(骨肉): ①뼈[骨]와 살[肉]을 아울러 이르는 말. ②부자(父子), 형제 따위의 육친(肉親. 부모, 형제, 처자를 통틀어 이르는 말)을 이르는 말. =골육지친(骨肉之親).

생사-관두(生死關頭 살 **생**/죽을 **사**/관계할 **관**/머리 **두**) 삶과 죽음과 관계되는 머리라는 뜻으로, 살고 죽는 것이 달린 매우 위태(危殆)로운 고비를 이르는 말. =사생관두(死生關頭). *생사(生死): ☞생사가판(生死可判). *관두(關頭): 가장 중요한 갈림길. =고비. *관계하다(關係~): 어떠한 부분이나 방면에 관련이 있다.

생사-기로(生死岐路 살 **생**/죽을 **사**/가닥 나눌 **기**/길 **로**) 삶과 죽음으로 가닥 나뉘는 길이라는 뜻으로, ①사느냐 죽느냐 하는 갈림길을 이르는 말. ②[북] 존속(存續. 계속 존재함. 또는 그대로 있음)하느냐, 없어지느냐 하는 갈림길을 이르는 말. *생사(生死): ☞생사가판(生死可判). *기로(岐路): =갈림길. 즉, 갈라진 길.

생사-대해(生死大海 살 **생**/죽을 **사**/클 **대**/바다 **해**) 삶과 죽음은 큰 바다라는 뜻으로, 생사(生死)가 육도(六道)에 윤회(輪廻. 차례로 돌아감)하여 끝이 없음을, 가없는(끝이 없는, 한이 없는) 바다에 비유(比·譬喩. 어떤 사물의 모양이나 상태 따위를 보다 효과적으로 표현하기 위하여 그것과 비슷한 다른 사물에 빗대어 표현함. 또는 그 표현 방법)하여 이르는 말. =생사고해(生死苦海). 여기서, '육도(六道)'는 불교에서, 중생(衆生. 불교에서, 부처의 구제 대상이 되는, 이 세상의 모든 생물을 통틀어 이르는 말)이 생전(生前. 살아 있는 동안)에 한 행위에 따라서 저마다 가서 살게 된다는 지옥도(地獄道), 아귀도(餓鬼道), 축생도

(畜生道), 아수라도(阿修羅道), 인간도(人間道), 천상도(天上道) 따위를 이르는 말. *생사(生死): ☞생사가판(生死可判). *대해(大海): 넓은 바다.

생사-여탈(生死與奪 살 **생**/죽을 **사**/줄 **여**/빼앗을 **탈**) 살고 죽는 (것과) 주고 빼앗는 (일이라는) 뜻으로, 마음대로 살리고 죽이거나, 또는 마음대로 주고 빼앗는 행위를 이르는 말. *생사(生死): ☞생사가판(生死可判). *여탈(與奪): 주는 일과 빼앗는 일.

생사-육골(生死肉骨 살 **생**/죽을 **사**/살 **육**/뼈 **골**) 죽은 (사람을) 살려내어 뼈에 살을 (붙인다는) 뜻으로, 큰 은혜(恩惠)를 베풂을 비유적으로 이르는 말. =생사골육(生死骨肉). *생사(生死): ☞생사가판(生死可判). *육골(肉骨): ①뼈[骨]와 살[肉]을 아울러 이르는 말. =골육(骨肉). ②뼈에 살을 붙인다는 뜻으로, 다시 살아나게 함을 비유적으로 이르는 말. ③사람의 몸을 비유적으로 이르는 말.

생사-윤회(生死輪廻 살 **생**/죽을 **사**/바퀴 **윤**/돌 **회**) 삶과 죽음은 (수레바퀴처럼) 도는 바퀴라는 뜻으로, 수레바퀴가 끊임없이 구르는 것과 같이, 중생(衆生. 불교에서, 부처의 구제 대상이 되는, 이 세상의 모든 생물을 통틀어 이르는 말)이 번뇌(煩惱. 마음이나 몸을 괴롭히는 노여움이나 욕망 따위의 헛된 생각)와 업(業. 불교에서, 전세·前世에 지은 악행이나 선행으로 말미암아 현세·現世에서 받는 길흉화복·吉凶禍福의 갚음을 이르는 말)에 의하여, 삼계육도(三界六道)의 생사(生死) 세계(世界)를 그치지 아니하고 돌고 도는 일을 이르는 말. =윤회생사(輪廻生死). 윤회전생(輪廻轉生). 여기서, '삼계육도(三界六道)'는 중생(衆生)이 생사(生死)를 왕래(往來)하는 세 가지 세계, 즉, 욕계(欲界), 색계(色界), 무색계(無色界)와 삼악도(三惡道)와 삼선도(三善道), 즉, 중생(衆生)이 선악(善惡)의 원인에 의하여 윤회(輪廻)하는 여섯 가지의 세계(世界)를 아울러 이르는 말이다. 반면에, '삼악도(三惡道)'는 악인(惡人)이 죽어서 가는 세 가지의 괴로운 세계, 즉, 지옥도(地獄道), 축생도(畜生道), 아귀도(餓鬼道)이고, '삼선도(三善道)'는 선인(善人)이 죽어서 가는 세 가지의 세계, 즉, 천도(天道), 인도(人道), 아수라도(阿修羅道)이다. *생사(生死): ☞생사가판(生死可判). *윤회(輪廻): ①차례로 돌아감. ②수레바퀴가 끊임없이 구르는 것과 같이, 중생(衆生)이 번뇌(煩惱. 마음이나 몸을 괴롭히는 노여움이나 욕망 따위의 헛된 생각)와 업(業)에 의하여 삼계육도(三界六道)의 생사(生死) 세계(世界)를 그치지 아니하고 돌고 도는 일. *바퀴: 부록 '윤(輪)' 참고.

생사-입-판(生死立判 살 **생**/죽을 **사**/바로 **입**/판결할 **판**) 삶과 죽음이 바로 판결(判決)된다는 뜻으로, 사느냐 죽느냐가 당장에 결정(決定)됨을 이르는 말. *생사(生死): ☞생사가판(生死可判). *판결하다(判決~): 일의 옳고 그름을 판단하여 결정하다.

생사-존망(生死存亡 살 **생**/죽을 **사**/있을 **존**/망할 **망**) 삶과 죽음, 있음과 망(亡)함이라는 뜻으로, 살아서 존재(存在)하는 것과 죽어서 없어지는 것. 또는 살아 있음과 죽어 없어짐을 이르는 말. =사생존망(死生存亡). 사생존몰(死生存沒). 사생출몰(死生出沒). 생사존몰(生死存沒). *생사(生死): ☞생사가판(生死可判). *존망(存亡): 존속과 멸망. 또는 삶과 죽음.

생살-여탈(生殺與奪 살 **생**/죽일 **살**/줄 **여**/빼앗을 **탈**) 살리고 죽이고, 주고 빼앗는다. 즉, 살리기도 하고, 죽이기도 하고, 주기도 하고, 빼앗기도 한다는 뜻으로, 남의 목숨이나 재물(財物)을 마음대로 쥐고 흔듦을 비유적으로 이르는 말. 団 생지살지(生之殺之). *생살(生殺): 살리는 일과 죽이는 일. *여탈(與奪): 주는 일과 빼앗는 일. 이 사자성어의 유래는 다음과 같다. 『한비자(韓非子)』의 「삼수(三守)」 편(篇)에, 〈군주(君主. 세습적으로 나라를 다스리는 최고 지위에 있는 사람)에게는 세 가지 지켜야 할 것이 있다.

이를 완수하면 나라가 편안하고, 군주(君主) 자신도 영화를 누리지만, 이를 완수하지 못하면 나라는 위태로워지며 자신도 위험에 처하게 된다. 무엇을 가리켜 세 가지 지켜야 할 일이라고 하는가 …… 군주(君主) 자신이 직접 다스리는 노고가 싫어서 신하들을 정사(政事)를 맡는 일로 모여들게 한다면, 그로 인해 모든 권한이 옮겨 가, 살리고 죽이는 기틀이나, 벼슬을 주고 빼앗는 요체(要諦. <u>사물의 가장 중요한 점. =요점·要點</u>)가 대신들에게 있게 된다. 그렇게 군주(君主)는 신하들에게 침해당하고 만다. 이를 이르러 세 가지 지켜야 할 것을 완수하지 못했다고 한다. 이를 완수하지 못하면 군주가 협박받거나 살해당하는 징후가 된다.(人主有三守, 三守完, 則國安身榮. 三守不完, 則國危身殆, 何謂三守, …… 惡自治之勞憚, 使群臣輻湊用事, 因傳柄移藉, <u>**使殺生之機, 奪予之要在大臣**</u>, 如是者侵, 此謂三守不完. 三守不完, 則劫殺之徵也.))라는 이야기가 나오는데, '살리고 죽이는 기틀이나, 벼슬을 주고 빼앗는 요체(要諦)가 대신들에게 있게 된다.(使殺生之機, 奪予之要在大臣)'에서, '생살여탈(生殺與奪)'이 유래했다. '생살여탈'을 한자(漢字)로 '生殺與奪'과 '生殺予奪'을 함께 쓴다. '여(與)'와 '여(予)'는 다같이 (남에게) '주다'의 의미다. 참고로, 원문의 '人主有三守'에서, '人'은 사람 '인'으로 읽고, '主'는 임금 '주'로 읽는다. '人主'는 '임금'과 같은 말로, 군주 국가에서 나라를 다스리는 우두머리. '有'는 있을 '유'로 읽고, '三'은 석 '삼'으로 읽고, '守'는 지킬 '수'로 읽는다. '人主有三守'를 직역(直譯)하면, 임금에게는 세 (가지) 지켜야 (할 것이) 있으니, '三守完'에서, '完'은 끝낼 '완', 일을 완결 지을 '완'으로 읽는다. '三守完'을 직역(直譯)하면, 세 가지 지켜야 할 것을 완결 지으면, '則國安身榮'에서, '則'은 곧 '즉'으로 읽고, '國'은 나라 '국'으로 읽고, '安'은 편안할 '안'으로 읽고. '身'은 몸 '신'으로 읽고, '榮'은 영화로울 '영'으로 읽는다. '則國安身榮'을 직역(直譯)하면, 곧 나라가 편안하고 몸(<u>'임금 자신'을 가리키는 말</u>)이 영화로워진다. '三守不完'에서, '三守不完'을 직역(直譯)하면, 세 (가지) 지켜야 (할 것을) 완결 짓지 않으면, '則國危身殆'에서, '危'는 위태(危殆)할 '위'로 읽고, '殆'는 위태(危殆)로울 '태'로 읽는다. '則國危身殆'를 직역(直譯)하면, 곧, 나라가 위태하고 몸(<u>'임금 자신'을 가리키는 말</u>)도 위태로워진다. '何謂三守'에서, '何'는 무엇 '하'로 읽고, '謂'는 일컬을 '위'로 읽는다. '何謂三守'를 직역(直譯)하면, 무엇을 세 가지 지켜야 할 것이라고 일컫는가? …… '惡自治之勞憚'에서, '惡'는 싫어할 '오'로 읽고, '自'는 스스로 '자'로 읽고, '治'는 다스릴 '치'로 읽는다. '自治'는 자기 일을 스스로 다스림. '之'는 어조사 '지'로 읽는다. '~의'를 나타내는 관형격 조사. '勞'는 수고로울 '로(<u>노</u>)', 일할 '로(<u>노</u>)'로 읽고, '憚'은 꺼릴 '탄'으로 읽는다. '惡自治之勞憚'을 직역(直譯)하면, (군주 자신이) 스스로 다스림의 수고로움을 싫어하고 꺼리어, '使群臣輻湊用事'에서, '使'는 하여금(<u>노구를 시키어</u>) '사'로 읽고, '群'은 무리 '군', 여럿의 '군'으로 읽고, '臣'은 신하(臣下) '신'으로 읽는다. '群臣'은 많은 신하. '輻'은 모여들 '복'으로 읽고, '湊'는 몰려들 '주'로 읽는다. 그런데 '輻湊'는 복주→폭주로 음이 바뀌었다. '十月'이 십월→시월로 바뀐 것과 같음. '輻湊'는 수레의 바퀴살이 바퀴통으로 쏠려 모이듯이, 사물이 한곳으로 많이 몰려듦. '用'은 쓸 '용', 부릴 '용'으로 읽고, '事'는 일 '사'로 읽는다. '用事'는 권세(權勢. <u>권력·權力과 '세력·勢力'을 아울러 이르는 말</u>)를 부림. '使群臣輻湊用事'를 직역(直譯)하면, 많은 신하로 하여금 권세(權勢)를 부리는 (일에) 많이 몰려들게 한다면, '因傳柄移藉'에서, '因'은 인(因)할 '인'으로 읽고, '傳'은 전할 '전'으로 읽고, '柄'은 권세(權勢) '병'으로 읽고, '移'는 옮길 '이'로 읽고, '藉'는 빙자(憑藉. <u>남의 힘을 빌려서 의지함. 또는 말막음을 위하여 핑계로 내세움</u>)할 '자'로 읽는다. '因傳柄移藉'를 직역(直譯)하면, 그것으로 인하여 (대신들이) 권세(權勢)를 빙자(憑藉)하여 (아래로) 전하여 옮겨져, '使

殺生之機'에서, '使'는 하여금 '사', ~하게 할 '사'로 읽고, '殺'은 죽일 '살'로 읽고, '生'은 살 '생'으로 읽고, '之'는 어조사 '지'로 읽는다. '~의'를 나타내는 관형격 조사. '機'는 기틀(어떤 일의 가장 중요한 계기나 조건) '기'로 읽는다. '使殺生之機'를 직역(直譯)하면, (백성들을) 죽이고 살리는 (것)의 기틀로 하게하고, 즉, 신하로 하여금 죽이고 살리는 기회로 (삼게 하고), '奪予之要在大臣'에서, '奪'은 빼앗을 '탈'로 읽고, '予'는 줄 '여'로 읽고, '要'는 중요할 '요'로 읽고, '在'는 있을 '재'로 읽고, '大'는 클 '대'로 읽고, '臣'은 신하 '신'으로 읽는다. '大臣'은 군주 국가에서 장관(長官) 계급(階級)의 벼슬아치를 이르는 말. '奪予之要在大臣'을 직역(直譯)하면, 빼앗고 주는 것의 중요함이 대신(大臣)들에게 있게 하면, 즉, 관직(官職, 관리로서, 국가로부터 위임 받은 일정한 범위의 직무, 또는 그 직위)을 빼앗거나 주는 것의 중요함이 대신들의 수중(手中, 손의 안, 또는 자기가 소유할 수 있거나 권력을 행사할 수 있는 범위)에 있게 하면, '如是者侵'에서, '如'는 같을 '여'로 읽고, '是'는 이(지시하는 말) '시'로 읽는다. '如是'는 한문(漢文) 구(句)의 하나로, 이와 같이. 이처럼. '者'는 사람 '자'로 읽고, '侵'은 침노(侵擄, 남의 나라를 불법으로 쳐들어가거나 쳐들어옴)할 '침'으로 읽는다. '如是者侵'를 직역(直譯)하면, 이와 같이 (되면) (임금은) (신하들에게) 침노(侵擄)당하는 사람이 (될 것이다). 여기서, '生殺與奪'이 유래하였는데, 이것을 직역(直譯)하면, 살리고 죽이고, 주고 빼앗는다. 즉, 살리기도 하고, 죽이기도 하고, 주기도 하고, 빼앗기도 한다는 뜻으로, 남의 목숨이나 재물(財物)을 마음대로 쥐고 흔듦을 비유적으로 이르는 말. '此謂三守不完'에서, '此'는 이(지시하는 말) '차'로 읽고, '謂'는 일컬을 '위'로 읽는다. '此謂三守不完'을 직역(直譯)하면, 이것을 일컬어 세 가지 지켜야 (할 것을) 완결 짓지 못했다고 (한다). '三守不完'에서, '三守不完'을 직역(直譯)하면, 세 가지 지켜야 (할 것을) 완결 짓지 못하면, '則劫殺之徵也'에서, '劫'은 겁탈할(劫奪~. 위협하거나 폭력을 써서 빼앗을) '겁', 위협할 '겁'으로 읽고, '徵'은 조짐(좋거나 나쁜 일이 생길 기미가 보이는 현상) '징', 나타낼 '징'으로 읽고, '也'는 어조사 '야'로 읽는다. '~이다(단정)'의 뜻을 나타낸다. '則劫殺之徵也'를 직역(直譯) 하면, 즉, 임금이 위협을 받거나 죽게 되는 조짐이 (생길) 것이다. 즉, '임금은 이 세 가지를 지키면서 전횡(專橫, 권세·權勢를 혼자 쥐고 제 마음대로 함)의 권리를 휘둘러야 한다. 그렇게 해야만 위협을 받거나 죽게 되는 조짐이 (생기지) 않을 것이다.'라고 한비자(韓非子, '한비·韓非'를 높여 이르는 말. 중국 춘추전국시대·春秋戰國時代 말기·末期의 법가·法家의 주창자·主唱者)는 독재적인 군주제를 주장 하는 것이다. 한비자(韓非子)는 진시황(秦始皇)에게 상당한 영향력을 행사한 법가(法家)의 사상가로 꼽 히지만, '생살여탈(生殺與奪)'에서 나타나듯이 독재적인 군주제를 주장한 무자비한 법치(法治, 법률에 의하여 나라를 다스림. 또는 그런 정치)는 냉혹한 술책(術策)이란 비난도 동시에 받았다. 여기서, '법가 (法家)'는 중국 전국시대(戰國時代)에, 천하(天下)를 다스리는 데는 덕치(德治)보다 법치(法治)가 근본이 라고 주장한 관자(管子), 상앙(商鞅), 한비자(韓非子) 따위의 학파를 일컬음. 후일(後日), 그는 재상(宰相, 임금을 보필하며 모든 관원을 지휘, 감독하는 자리에 있는 이품·二品 이상의 벼슬을 통틀어 이르던 말)인 이사(李斯, 사람 이름)의 시기(猜忌, 남이 잘되는 것을 샘하여 미워함)로 말미암아 옥(獄)에 갇혔다 가 자살하게 된다.

생살-지-권(生殺之權 살 **생**/죽일 **살**/어조사 **지**/권세 **권**) 살리고 죽이는 권세(權勢)라는 뜻으로, 살리고 죽일 수 있는 권리(權利)를 이르는 말. =살활지권(殺活之權). *생살(生殺): ☞생살여탈(生殺與奪). *권세 (權勢): 권력(權力)과 세력(勢力)을 아울러 이르는 말.

생살-통색(生殺通塞 살 **생**/죽일 **살**/통할 **통**/막을 **색**) 살고 죽는 것과 통하고 막는 것이라는 뜻으로, 살리고 죽이는 일과 (앞길을) 통하게 하고(열고) 막는 일을 이르는 말. *생살(生殺): ☞생살여탈(生殺與奪). *통색(通塞): ①통함과 막힘. ②운수(運數. 이미 정하여져 있어 인간의 힘으로는 어쩔 수 없는 천운·天運과 기수·氣數를 이르는 말)가 잘 풀려 트임과 트이지 않음. *통하다(通~): 부록 '통(通)' 참고. *막다: 부록 '색(塞)' 참고.

생-삼-사-칠(生三死七 날 **생**/석 **삼**/죽을 **사**/일곱 **칠**) (사람이) 태어난 (뒤) 사흘 (동안과), 죽은 (뒤) 이레 (동안이라는) 뜻으로, 민간에서, 부정(不淨. 사람이 죽는 따위의 불길한 일)하다 하여 꺼리는 기간을 이르는 말.

생-생-지-리(生生之理 생길 **생**/생길 **생**/어조사 **지**/이치 **리**) 생기고 생기는 이치(理致)라는 뜻으로, 모든 생물(生物)이 생기고 퍼져 나가는 자연의 이치(理致)를 이르는 말. *이치(理致): 사물의 정당한 조리(條理. 말이나 글 또는 일이나 행동에서 앞뒤가 들어맞고 체계가 서는 갈피). 또는 도리(道理)에 맞는 근본 뜻.

생-생-화육(生生化育 날 **생**/날 **생**/교화할 **화**/기를 **육**) 낳고 낳아서 교화(敎化)하고 기른다는 뜻으로, 천지자연(天地自然. 본문 참고)이 만물(萬物. 온갖 물건 또는 세상에 있는 모든 것)을 낳고, 가꾸고, 길러서 우주(宇宙. 온 세계를 둘러싸고 있는 공간)를 경영(經營)함을 이르는 말. *화육(化育): 자연(自然)이 만물을 생성하여 기름. *교화하다(敎化~): (주로 교양, 도덕 따위를) 가르치어 감화시키다. 또는 가르쳐 이끌어 착한 사람이 되게 하다.

생성-화육(生成化育 생길 **생**/이룰 **성**/교화할 **화**/기를 **육**) (사물이) 생기고, 이루어지고, 교화(敎化)하고, 기른다는 뜻으로, 자연(自然)이 끊임없이 만물(萬物. 온갖 물건 또는 세상에 있는 모든 것)을 만들고 길러냄을 이르는 말. *생성(生成): ①사물이 생겨남. 또는 생겨 이루어지게 함. ②철학(哲學)에서, 사물이 어떤 상태로부터 변하여 다른 상태로 됨을 이르는 말. *화육(化育): ☞생생화육(生生化育). *교화하다(敎化~): ☞생생화육(生生化育).

생월-생시(生月生時 날 **생**/달 **월**/날 **생**/때 **시**) 난 달[月]과 난 때[時]라는 뜻으로, 태어난 달[月]과 태어난 시(時)를 아울러 이르는 말. ㊜ 생년월일(生年月日). *생월(生月): 태어난 달. *생시(生時): ①태어난 시간. ②잠자지 않는 동안. ③살아 있는 동안.

생-이-지-지(生而知之 날 **생**/말 이을 **이**/알 **지**/어조사 **지**) 날 (때부터) 그것을 안다. 즉, 태어나면서부터 저절로 그것을 안다는 뜻으로, 배우지 않아도 스스로 깨달아 앎을 이르는 말. 삼지(三知)의 하나. ㊜ 곤이지지(困而知之). 곤이학지(困而學之). 학이지지(學而知之). 여기서, '생이지지(生而知之)', '학이지지(學而知之)', '곤이지지(困而知之)'를 도(道)를 깨닫는 데 있어서의 천분(天分. 타고난 재질이나 복)의 세 층(層)인 삼지(三知)라고 한다. 곧, 나면서부터 아는 생지(生知), 배워서 아는 학지(學知), 애써서 아는 곤지(困知) 따위이다. 이 사자성어의 유래는 다음과 같다. 『논어(論語)』의 「계씨(季氏)」 편(篇)에 〈(중국 춘추시대의 사상가이며 학자인) 공자(孔子)가 말했다. "태어나면서부터 저절로 아는 사람이 최상이요, 배워서 아는 사람이 그 다음이며, 막힘이 있어 배우는 것은 그 다음이다. 막힘이 있어도 배우지 아니하는 것은 최하이다."(孔子曰, **生而知之者上也**, 學而知之者次也, 困而學之, 又其次也, 困而不學, 民斯爲下矣.)〉라는 이야기가 나오는데, '태어나면서부터 저절로 아는 사람이 최상이요.(生而知之者上也)'에서,

'생이지지(生而知之)'가 유래했다. 또 배워서 안다는 뜻의 '학이지지(學而知之)', 막힌 다음에야 비로소 안다는 뜻의 '곤이학지(困而學之)' 따위의 사자성어가 유래했다. 참고로, 원문의 '孔子曰'에서, '孔'은 성씨(姓氏) '공'으로 읽고, '子'는 경칭(敬稱. 공경하는 뜻으로 부르는 칭호, 또는 존대하여 일컬음) '자'로 읽는다. 학덕(學德)과 지위가 높은 남자의 경칭(敬稱)이다. '孔子'는 사람 이름. '孔子曰'을 직역(直譯)하면, 공자(孔子)가 말하기를, '生而知之者上也'에서, '生'은 날 '생'으로 읽고, '而'는 말 이을 '이'로 읽는다. '그리고'의 뜻을 나타냄. '知'는 알 '지'로 읽고, '之'는 어조사 '지'로 읽는다. '그것'을 나타내는 지시 대명사. '者'는 사람 '자'로 읽는다. '生而知之者'를 직역(直譯)하면, 태어나면서 그리고 그것을 아는 사람은, '上'은 위 '상'으로 읽고, '也'는 어조사 '야'로 읽는다. '~이다(단정)'의 뜻을 나타냄. '生而知之者上也'를 직역(直譯)하면, 태어나면서 그리고 그것을 아는 사람은 (가장) 위이다. 즉, 최상(最上)이라는 말이다. 여기서, '生而知之'가 유래하였는데, 이것을 직역(直譯)하면, 날 (때부터) 그것을 안다. 즉, 태어나면서부터 저절로 그것을 안다는 뜻으로, 배우지 않아도 스스로 깨달아 앎을 이르는 말. 삼지(三知)의 하나. '學而知之者次也'에서, '學'은 배울 '학'으로 읽고, '次'는 다음 '차'로 읽는다. '學而知之者次也'를 직역(直譯)하면, 배우고 나서 그리고 그것을 아는 사람은 다음이며, 여기서, '學而知之'가 유래하였는데, 이것을 직역(直譯)하면, 배우는 (것이) 그것을 아는 (것이라는) 뜻으로, 배워서 앎에 이르는 것임을 이르는 말. 삼지(三知)의 하나이다. '困而學之'에서, '困'은 괴로움을 겪을 '곤'으로 읽는다. '困而學之'를 직역(直譯)하면, 괴로움을 겪으며 그리고 그것을 배움은, '又其次也'에서, '又'는 또 '우', 또한 '우'로 읽고, '其'는 그(지시하는 말) '기'로 읽고, '次'는 다음 '차'로 읽는다. '又其次也'를 직역(直譯)하면, 또한 그 다음이다. '困而不學'에서, '不'은 아닐(부정하는 말) '불'로 읽는다. '困而不學'을 직역(直譯)하면, 괴로움을 겪으며 그리고 그것을 배우지 않는다면, '民斯爲下矣'에서, '民'은 백성 '민'으로 읽고, '斯'는 이(지시하는 말) '사'로 읽고, '爲'는 될 '위'로 읽고, '下'는 아래 '하'로 읽고, '矣'는 어조사 '의'로 읽는다. '~이다(단정)'의 뜻을 나타냄. '民斯爲下矣'는, 직역(直譯)하면 이 (백성들은) 최하(最下)가 된다. 그런데 이 외에 한유(韓愈)의 「사설(師說)」에, 〈옛날의 공부하는 사람들은 반드시 스승이 있었다. 스승이라는 사람은 이로써 도(道)를 전해주고, 학업을 전수(傳授. 기술이나 지식 따위를 전하여 줌)해 주며, 의혹(疑惑)을 풀어 주는 것이다. 사람은 태어나면서부터 아는 사람이 없으니, 누가 의혹(疑惑)이 없을 수 없겠는가? 의혹(疑惑)이 있으면서도 스승을 좇지 않으면 그 의혹(疑惑)됨이 끝내 풀리지 않는다.(古之學者必有師, 師者, 所以傳道受業解惑也, **人非生而知之者**, 孰能無惑, 惑而不從師, 其爲惑也, 終不解矣.)〉라는 이야기가 나오는데, '사람은 태어나면서부터 아는 사람이 없으니,(人非生而知之者)'에서, '생이지지(生而知之)'가 유래했다. 참고로, 원문의 '古之學者必有師'에서, '古'는 옛 '고'로 읽고, '之'는 어조사 '지'로 읽는다. '~의'를 나타내는 관형격 조사. '學'은 배울 '학'으로 읽고, '者'는 사람 '자'로 읽는다. '古之學者'를 직역(直譯)하면, 옛날의 배우는 사람들. '必'은 반드시 '필'로 읽고, '有'는 있을 '유'로 읽고, '師'는 스승 '사'로 읽는다. '古之學者必有師'를 직역(直譯)하면, 옛날에 배우는 사람들은 반드시 스승이 있었다. '師者'에서, '師者'를 직역(直譯)하면, 스승이라는 사람은, '所以傳道受業解惑也'에서, '所'는 바(앞에서 말한 내용 그 자체나 일 따위를 나타내는 말) '소'로 읽고, '以'는 써(그것을 가지고, 그것으로 인하여) '이'로 읽는다. '所以'는 '까닭'과 같은 말로, 일이 생기게 된 원인이나 조건. '傳'은 전할 '전'으로 읽고, '道'는 도리(道理. 사람이 마땅히 지켜야 할 바른 길) '도', 이치(理致) '도'로 읽는다. '傳道'는 도리를 세상에 널리 알림. '受'는 받을 '수'로 읽고, '業'은 업(業. '직업'의 준말) '업'으로 읽는다. '受業'은 기술이나 가르침을 받음. 또는 그런 일. '解'는 풀 '해'로 읽고, '惑'은 의혹(疑惑. 의심하여 수상히 여김. 또는 그런 마음) '혹'으로 읽는다. '解惑'은 의혹을 풀어 없앰. '所以傳道受業解惑也'를 직역(直譯)하면, 그것으로 인하여 도(道)를 전(傳)하고 업(학업)을 받게 하며, 의혹을 풀어 없애는 바이다. '人非生而知之者'에서, '人'은 사람 '인'으로 읽고, '非'는 아닐 '비', 없을 '비'로 읽고, '生'은 날 '생'으로 읽고, '而'는 말 이을 '이'로 읽는다. '그리고'의 뜻을 나타냄. '知'는 알 '지'로 읽고, '之'는 어조사 '지'로 읽는다. '그것'을 나타내는 지시 대명사. '者'는 사람 '자'로 읽는다. '人非生而知之者'를 직역(直譯)하면, 사람은 태어나고 그리고 그것을 아는 사람은 없다. 즉, 사람은 태어나면서부터 아는 사람은 없다는 뜻이다. 여기서, '生而知之'가 유래하였는데, 이것을 직역(直譯)하면, 날 (때부터) 그것을 안다. 즉, 태어나면서부터 저절로 그것을 안다는 뜻으로, 배우지 않아도 스스로 깨달아 앎을 이르는 말. 삼지(三知)의 하나. '孰能無惑'에서, '孰'은 누구 '숙'으로 읽고, '能'은 할 수 있을 '능'으로 읽고, '無'는 없을 '무'로 읽고, '惑'은 의혹(疑惑. 의심하여 수상히 여김. 또는 그런 마음) '혹'으로 읽는다. '孰能無惑'을 직역(直譯)하면, 누가 의혹(疑惑)이 없도록 할 수 있겠는가? 즉, 누가 의혹(疑惑)이 없을 수 있겠는가? '惑而不從師'에서, '不'은 아닐(부정하는 말) '부'로 읽고, '從'은 좇을 '종'으로 읽는다. '惑而不從師'를 직역(直譯)하면, 의혹(疑惑)이 있고, 그리고 스승을 좇지 않음은, 즉, 의혹(疑惑)이 있으면서 스승을 따르지 않는 것은. '其爲惑也'에서, '其'는 그(지시하는 말) '기'로 읽는다. '爲'는 될 '위'로 읽고, '也'는 어조사 '야'로 읽는다. '~이다(단정)'의 뜻을 나타냄. '其爲惑也'를 직역(直譯)하면, 그것이 의혹이 됨. '終不解矣'에서, '終'은 마침내 '종', 끝낼 '종'으로 읽고, '解'는 풀 '해'로 읽고, '矣'는 어조사 '의'로 읽는다. '~이다(단정)'의 뜻을 나타냄. '終不解矣'를 직역(直譯)하면, (그 의혹됨이) 마침내(끝내) 풀리지 않을 것이다.

생자-필멸(生者必滅 살 **생**/사람 **자**/반드시 **필**/죽을 **멸**) 산 사람은 반드시 죽는다. 즉, 생명체는 반드시 죽게 된다는 뜻으로, 불교에서, 생명(生命)이 있는 것은 반드시 죽음을 이르는 말. 존재(存在)의 무상(無常. 일정하지 않고 늘 변함)을 이르는 말이다. 참 성자필쇠(盛者必衰). *생자(生者): ①산 사람. ②생명이 있는 것. *필멸(必滅): 반드시 멸망함.

생재-지-방(生財之方 기를 **생**/재물 **재**/어조사 **지**/방법 **방**) 재물(財物)을 기르는 방법(方法)이라는 뜻으로, ①재물(財物)을 늘리는 방법을 이르는 말. ②살아나갈 방도(方道·途. 어떤 일을 치러 나갈 길이나 방법)나 생계(生計. 살림을 살아 나갈 방도. 또는 현재 살림을 살아가고 있는 형편)를 이어갈 방법을 이르는 말. *생재(生財): ①재물을 늘림. ②돈을 버는 데에 필요한 물건. *재물(財物): 부록 '재(財)' 참고.

생존-경쟁(生存競爭 살 **생**/있을 **존**/다툴 **경**/다툴 **쟁**) 살아 있기 (위하여) 다투고 다툰다는 뜻으로, ①(살아남기 위하여) 생물이 먹이 섭취(攝取. 생물체가 양분 따위를 몸속에 빨아들이는 일) 또는 서식(棲息. 생물 따위가 일정한 곳에 자리를 잡고 삶)의 장소 따위에서 보다 좋은 조건을 얻기 위해서, 서로 차지하려고 하는 생물 사이의 경쟁이나 다툼을 이르는 말. 다윈(Darwin)의 진화론(進化論. 모든 생물은 원시적인 종류의 생물로부터 진화해 왔다는 학설)의 중심 개념으로, 생물의 증식(增殖. 생물이나 조직 세포 따위의 수가 늘려감) 능력이 높아지는 반면, 필요한 먹이나 생활공간 따위가 부족하여 나타나는 현상이다. ②(생활이나 지위 따위를 둘러싸고) 인간 사회에서 일어나는 모든 경쟁을 이르는 말. *생존(生存): 살아 있음. 또는 끝까지 살아서 남음. *경쟁(競爭): 서로 앞서거나 이기려고 다툼. *다투다: 부록 '경

(競)’, ‘쟁(爭)’ 참고.

생-즉-무생(生卽無生 날 **생**/곧 **즉**/없을 **무**/날 **생**) 나는(태어나는) (것도) 곧 (사실은) (인연에 의하여) 나는 (태어나는) (것이므로 실제로는) 없다는 뜻으로, (불교에서) ①우리가 보통 태어난다고 생각하는 그 사실이나 생(生)도, 사실은 인연(因緣)에 의한 가생(假生. 가짜 생. 또는 거짓 생)에 불과(不過)한 것이므로, 실재(實在. 실제로 존재함. 또는 관념론에서, 사물의 본질적 존재를 이르는 말)로는 무생(無生)이라는 말. ②염불(念佛. 부처의 모습이나 그 공덕을 생각하면서 부처의 이름을 외는 일. 특히 ‘나무아미타불’을 외는 일)을 하며 불도(佛道. 부처의 깨달음에 이르기까지의 가르침이나 수행. 또는 부처의 가르침)를 닦는 이가 극락세계(極樂世界. 본문 참고)에 왕생(往生. 목숨이 다하여 다른 세계에 가서 태어남)하면, 그대로가 무생(無生)을 얻게 되어 대열반(大涅槃. 일체의 번뇌에서 해탈한 불생불멸·不生不滅의 높고 큰 경지)을 얻게 됨을 이르는 말. 여기서 ‘번뇌(煩惱)’는 마음이나 몸을 괴롭히는 노여움이나 욕망 따위의 헛된 생각. *무생(無生): 모든 사물과 현상이 공(空. 불교에서, 세상의 모든 것은 인연·因緣에 따라 생긴 가상·假相이며, 영구불변·永久不變의 실체·實體가 없음을 이르는 말)이므로, 생기고 사라짐의 변화(變化)란 있을 수 없음을 이르는 말.

생-지-살-지(生之殺之 살 **생**/어조사 **지**/죽일 **살**/어조사 **지**) 그것은 살고, 그것은 죽는다는 뜻으로, 살리고 죽임. 또는 살리는 일과 죽이는 일을 이르는 말. 여기서, ‘지(之)’는 ‘그것’을 나타내는 지시대명사이다. 🔤 생살여탈(生殺與奪).

생지-안행(生知安行 날 **생**/알 **지**/편안할 **안**/행할 **행**) 나면서부터 알아 편안하게(쉽게) 행(行)한다는 뜻으로, 천성(天性. 본래 타고난 성격이나 성품)이 총명(聰明. 썩 영리하고 재주가 있음)하여 배우지 않아도 사물의 이치(理致)를 깨달으며, 편안한 마음으로 쉽게 도(道)를 행(行)함을 이르는 말. 여기서, ‘재주’는 순우리말로, 무엇을 잘할 수 있는, 타고난 능력과 슬기. 그리고 ‘이치(理致)’는 사물의 정당한 조리(條理. 말이나 글 또는 일이나 행동에서 앞뒤가 들어맞고 체계가 서는 갈피). 또는 도리(道理)에 맞는 근본 뜻. *생지(生知): 삼지(三知)의 하나. 태어나면서부터 도(道)를 앎. 여기서, ‘생이지지(生而知之)’, ‘학이지지(學而知之)’, ‘곤이지지(困而知之)’를 도(道)를 깨닫는 데 있어서의 천분(天分. 타고난 재질이나 복)의 세 층(層)인 삼지(三知)라고 한다. 곧, 나면서부터 아는 생지(生知), 배워서 아는 학지(學知), 애써서 아는 곤지(困知) 따위이다. *안행(安行): ①천천히 걸어감. ②마음을 침착하게 가지고 행함. ③🔤 안심하고 편안히 감. *행하다(行~): (작정한 대로) 하여 나가다.

생지-지-자(生知之資 날 **생**/알 **지**/어조사 **지**/바탕 **자**) 나면서부터 아는 바탕이라는 뜻으로, 나면서부터 사물의 이치(理致)를 아는 자질(資質. 타고난 성품이나 소질)을 이르는 말. 여기서, ‘이치(理致)’는 사물의 정당한 조리(條理. 말이나 글 또는 일이나 행동에서 앞뒤가 들어맞고 체계가 서는 갈피). 또는 도리(道理)에 맞는 근본 뜻. *생지(生知): ☞생지안행(生知安行). *바탕: ①사람의 타고난 성질이나 체질(體質. 날 때부터 지니고 있는, 몸의 생긴 바탕) 또는 재질(才質. 재주와 기질). 여기서, ‘재주’는 순우리말로, 무엇을 잘할 수 있는, 타고난 능력과 슬기. ②어떤 물건의 재료(材料) 또는 품질(品質). ③직물(織物. 섬유로 짠 물건)이나 물체(物體)의 바닥 또는 빛깔.

서-간-충-비(鼠肝蟲臂 쥐 **서**/간 **간**/벌레 **충**/팔 **비**) 쥐의 간(肝)이나 벌레의 팔[臂]이라는 뜻으로, 쓸모없고 하찮은 사람이나 물건(物件)을 비유적으로 이르는 말. =충비서간(蟲臂鼠肝). *벌레: 부록 ‘충(蟲)’ 참고.

*팔: 부록 '비(臂)' 참고. 이 사자성어의 유래는 다음과 같다. 『장자(莊子)·내편(內篇)』「대종사(大宗師)」편(篇)에 〈얼마 안 있다가 자래(子來)가 병(病)이 났다. 숨을 헐떡거리며 곧 죽게 되자, 아내와 자식들이 둘러싸고 울고 있었다. 자려(子犁)가 문병(問病)을 가서, "쉬, 저리 비키시오. 변화를 슬퍼할 것 없소." 문(門)에 기대서 자래(子來)에게 말했다. "위대하구나, 조화(造化. =조물주·造物主)여, 또 자네를 무엇으로 만들려 하며, 어디로 가게 하려는 것일까? (자네를) 쥐의 간으로 만들 것인가?, 벌레의 팔(다리)로 만들 것인가?"(俄而子來有病, 喘喘然將死, 其妻子環而泣之, 子犁往問之, 曰叱, 避無怛化, 倚其戶與之語曰, 偉哉造化, 又將奚以汝爲, 將奚以汝適, **以汝爲鼠肝乎, 以汝爲蟲臂乎**)〉[자래(子來)가 말하기를, 부모는 자식에 대해, 동서남북(東西南北) 어디든, 그 명령을 따르게 한다. 음양(陰陽)의 자연의 변화가 사람을 따르게 함은, 부모가 자식을 대하는 정도의 것이 아니다. 조화(造化. =조물주)가 내 죽음을 바라는데 내가 듣지 않으면, 나는 곧 순종(順從. 순순히 따름)하지 않는 것이 된다. 조화(造化)에 무슨 죄가 있는가? 자연은 내게 모습을 주었다. 삶으로 나를 수고롭게 하고, 늙음으로 나를 편하게 하며, 죽음으로 나를 쉬게 해 준다. 그러므로 내 삶을 좋다 함은, 바로 내 죽음도 좋다고 하는 것이 된다.]라는 이야기가 나오는데, 쥐의 간(肝)으로 만들 것인가?, 벌레의 팔(다리)로 만들 것인가?(以汝爲鼠肝乎, 以汝爲蟲臂乎)에서 '서간충비(鼠肝蟲臂)', '충비서간(蟲臂鼠肝)'이 유래했다. 쥐의 간(肝)이고, 벌레의 팔(다리)이라는 뜻이다. 이것은 쥐에게도 중요하고 벌레에게도 역시 중요한 것이다. 하지만, 우리 인간의 입장에서는 매우 하찮은 것이라는 말이다. 이것들이 벌레들이나 쥐에게는 삶과 죽음에 있어서 매우 중요한 것이지만, 인간에게는 그야말로 쓰레기처럼 미천(微賤. 신분이나 사회적 지위가 보잘것없고 천함)한 것이라고 여긴다는 뜻이다. 다 상대적인 평가인 것이다. 인간이 다른 인간에 대하는 감정도 마찬가지다. 나에게는 고귀한 것이지만, 상대방에게는 거의 쓰레기와 같은 것도 있으니 말이다. 남의 아기 똥 기저귀는 더럽고 당장 버려야 할 쓰레기이지만, 내 아기의 그것은 그렇게 생각하지 않는다. 인간의 일은 매사에 이런 것이다. 그래서 옛날 사람들은 자신을 낮출 때 '서간충비(충비서간)'이라고 했다. 겸손(謙遜)의 표현이다. 자신의 문집(文集)을 '서간충비(鼠肝蟲臂)' 또는 '충비서간(蟲臂鼠肝)'이라 하고, 자신의 글을 그렇게 말하고, 자신의 인생을 그렇게 말하는 것이다. 한마디로 나의 인생이나 나의 생명은 '서간충비(충비서간)'이다. 인생이 뭐 그렇게 대단한 것 같지만, 대자연의 오묘(奧妙. 심오하고 묘함)하고 광대(廣大. 크고 넓음)한 것에 비하면, 그야말로 미천하기 짝이 없다. 그래서 겸손(謙遜. 남을 존중하고 자기를 내세우지 않는 태도가 있음)한 삶을 살아야 하는 것이다. 한편으로 우리 사회는 작고 보잘것없는 사람을 귀하게 여기는 풍토(風土. 여기서는 사회생활의 상태를 일컬음)가 이루어졌으면 좋겠다. 참고로, 원문의 '俄而子來有病'에서, '俄'는 잠시(暫時) '아'로 읽고, '而'는 말 이을 '이'로 읽는다. '그리고'의 뜻을 나타냄. '子'는 아들 '자'로 읽고, '來'는 올 '래(내)'로 읽는다. '子來'는 사람 이름. '有'는 있을 '유'로 읽고, '病'은 병(病) '병'으로 읽는다. '有病'은 몸에 병(病)이 있음. '俄而子來有病'을 직역(直譯)하면, 잠시(暫時) (뒤) 그리고 자래(子來)는 병(病)이 있었다. 즉, 얼마 안 있다가 자래(子來)가 병(病)이 났다는 뜻이다. '喘喘然將死'에서, '喘'은 숨찰 '천', 헐떡일 '천'으로 읽고, '然'은 그러할 '연'으로 읽는다. 여기서는 '상태'를 나타내는 접미사의 뜻을 가짐. '喘喘然'은 숨을 헐떡헐떡 몰아쉬는 모양. '將'은 장차(將次. '앞으로'의 뜻으로, 미래의 어느 때를 나타내는 말) '장'으로 읽고, '死'는 죽을 '사'로 읽는다. '喘喘然將死'를 직역(直譯)하면, 숨을 헐떡거리며 장차 죽게 (되자), 즉, 헐떡헐떡 숨을 몰아쉬며 곧 죽을 것 같았다는 뜻이다. '其妻子環而泣之'에서,

‘其'는 그(지시하는 말) ‘기'로 읽고, ‘妻'는 아내 ‘처'로 읽고, ‘子'는 여기서는 자식 ‘자'로 읽는다. ‘妻子'는 아내[妻]와 자식(子息)을 아울러 이르는 말. ‘環'은 둘러쌀 ‘환'으로 읽고, ‘泣'은 울 ‘읍'으로 읽고, ‘之'는 어조사 ‘지'로 읽는다. ‘그것'을 가리키는 지시 대명사. ‘其妻子環而泣之'를 직역(直譯)하면, 그 아내와 자식들이 둘러싸고 그리고 그것(장차 죽게 된 것) (때문에) 울고 (있었다). ‘子犁往問之'에서, ‘犁'는 밭갈 ‘려(여)'로 읽는다. ‘子犁'는 사람 이름. ‘往'은 갈 ‘왕'으로 읽고, ‘問'은 물을 ‘문'으로 읽는다. ‘子犁往問之'를 직역(直譯)하면, (그때) 자려(子犁)가 그것(병)에 대하여 물으러 가서, 즉, 자려(子犁)는 문병(問病)을 갔다는 뜻이다. ‘曰叱'에서, ‘曰'은 일컬을 ‘왈'로 읽고, ‘叱'은 소리칠 ‘질'로 읽는다. 여기서는 ‘쉬! 소리'의 형용을 나타냄. 즉, 소리 내어 울지 말고 조용히 하라는 뜻이다. ‘曰叱'을 직역(直譯)하면, 쉬! 하고 일컬으면서, ‘避無怛化'에서, ‘避'는 피(避)할 ‘피', 회피(回避)할 ‘피'로 읽고, ‘無'는 없을 ‘무'로 읽고, ‘怛'은 슬퍼할 ‘달'로 읽고, ‘化'는, 여기서는 변화(變化) ‘화'로 읽는다. ‘避無怛化'를 직역(直譯)하면, (죽음의) 변화(變化)를 피하여 슬퍼할 (것) 없소. 즉, 자래(子來)의 가족에게, ‘자래(子來)'의 죽음, 곧 엄숙한 변화(變化)의 작용을 피(避)하지 말라는 뜻이다. ‘倚其戶與之語曰'에서, ‘倚'는 의지할 ‘의', 기댈 ‘의'로 읽고, ‘戶'는 지게문(옛날식 가옥에서, 마루와 방 사이의 문이나 부엌의 바깥문) ‘호'로 읽고, ‘與'는 어조사 ‘여'로 읽는다. ‘~에게(위치)'의 뜻을 나타냄. ‘語'는 말씀 ‘어'로 읽는다. ‘倚其戶與之語曰'을 직역(直譯)하면, 그 지게문(門)에 기대어 그(‘자래·子來'를 가리킴)에게 일컬어 말하기를, ‘偉哉造化'에서, ‘偉'는 위대(偉大)할 ‘위'로 읽고, ‘哉'는 어조사 ‘재'로 읽는다. ‘~도다', ‘~구나(감탄)'의 뜻을 나타냄. ‘造'는 만들 ‘조'로 읽고, ‘化'는, 여기서는 조화(造化) ‘화'로 읽는다. ‘造化'는 만물(萬物. 온갖 물건 또는 세상에 있는 모든 것)을 창조하고 기르는 대자연의 이치. 또는 그런 이치에 따라 만들어진 우주(宇宙. 온 세계를 둘러싸고 있는 공간) 만물(萬物)을 이르는 말. ‘조물주(造物主. 우주 만물을 만들고 다스린다는 신)'와 같은 뜻. ‘偉哉造化'를 직역(直譯)하면, 위대(偉大)하구나, 조화(造化. =조물주·造物主)여, ‘又將奚以汝爲'에서, ‘又'는 또 ‘우'로 읽고, ‘奚'는 무엇 ‘해'로 읽고, ‘以'는 써(그것을 가지고, 그것으로 인하여) ‘이'로 읽고, ‘汝'는 너(2인칭 대명사) ‘여'로 읽고, ‘爲'는 할 ‘위'로 읽는다. ‘又將奚以汝爲'를 직역(直譯)하면, 또 장차(將次) 너(자네)를 무엇을 가지고 (만들려) 하며, ‘將奚以汝適'에서, ‘適'은, 여기서는 갈 ‘적'으로 읽는다. ‘將奚以汝適'을 직역(直譯)하면, 장차(將次) 너(자네)를 무엇을 가지고 (어디로) 가게 (하려는 것일까?) ‘以汝爲鼠肝乎'에서, ‘鼠'는 쥐 ‘서'로 읽고, ‘肝'은 간(肝) ‘간'으로 읽고, ‘乎'는 어조사 ‘호'로 읽는다. ‘~는가', ‘~인가(의문)'의 뜻을 나타냄. ‘以汝爲鼠肝乎'를 직역(直譯)하면, 너(자네)를 (무엇을) 가지고 쥐의 간(肝)으로 할 (것)인가? ‘以汝爲蟲臂乎'에서, ‘蟲'은 벌레 ‘충'으로 읽고, ‘臂'는 팔 ‘비'로 읽는다. 여기서는 벌레의 다리를 뜻한다. 벌레에게는 팔이 없기 때문이다. ‘以汝爲蟲臂乎'를 직역(直譯)하면, 너(자네)를 (무엇을) 가지고 벌레의 팔(다리)로 할 (것)인가? 여기서 ‘서간충비(鼠肝蟲臂)', ‘충비서간(蟲臂鼠肝)'이 유래했는데, 이것을 직역(直譯)하면, 벌레의 팔[臂]과 쥐의 간(肝)이라는 뜻으로, 쓸모없고 하찮은 사람이나 물건(物件)을 비유적으로 이르는 말.

서-고-동-저(西高東低 서녘 **서**/높을 **고**/동녘 **동**/낮을 **저**) 서녘은 높고 동녘은 낮다는 뜻으로, 겨울에 우리나라 부근에 형성되는 겨울의 전형적인 기압(氣壓) 배치(配置)를 이르는 말. 시베리아(Siberia) 남쪽 연안에 고기압(高氣壓)이, 태평양 쪽에 저기압(低氣壓)이 발달하는 현상이며, 북서 계절풍이 강하게 불면서 한파(寒波. 겨울철에 한랭 전선이 몰아 닥쳐 기온이 급격하게 떨어지는 현상)를 몰고 오며, 대체로 건조(乾燥)하고 맑은 겨울 날씨가 된다. 참 동고서저(東高西低).

서과-피-지(西瓜皮舐 서녘 **서**/오이 **과**/거죽 **피**/핥을 **지**) 서과(西瓜)의 거죽을 (혀로) 핥는다는 뜻으로, 어떤 일 또는 물건의 내용도 모르고 겉만 건드린다는 것을 비유적으로 이르는 말. 일을 충실하게 하지 않고 대충대충 건성으로 하여 실속이 없다는 뜻이다. *서과(西瓜): 박과의 한해살이 덩굴 풀. 또는 수박의 열매. *오이: 박과의 일년생 만초(蔓草. 덩굴져서 벋는 풀. =덩굴풀). *거죽: 물체의 겉 부분.《관련 속담》수박 겉 핥기. / 수박 껍질만 핥는다.

서관-대로(西關大路 서녘 **서**/빗장 **관**/클 **대**/길 **로**) 서관(西關)의 큰길이라는 뜻으로, 서울에서 의주(義州. 평안북도 의주군에 있는 읍)까지 가는 큰길을 이르는 말. *서관(西關): 황해도와 평안남북도 지방의 통칭. *대로(大路): 폭이 넓고 큰 길. *빗장: 부록 ‘관(關)’ 참고.

서기-지-망(庶幾之望 여러 **서**/몇 **기**/어조사 **지**/바랄 **망**) 몇을 (제외한) 여럿의 바람[望]이라는 뜻으로, 거의 이루어질 듯한 희망(希望)을 이르는 말. *서기(庶幾): =뷔 ‘거의’와 같은 말. 즉, 어느 한도에 가까울 정도로. *여러: 부록 ‘서(庶)’ 참고. *몇: 부록 ‘기(幾)’ 참고. *바라다: 부록 ‘망(望)’ 참고.

서-동-부언(胥動浮言 서로 **서**/움직일 **동**/뜰 **부**/말씀 **언**) 뜬 말[言]로 서로 움직이게 (한다). 즉, 거짓말로 인심(人心. 사람의 마음)을 동요(動搖. 움직이고 흔들림)하게 한다는 뜻으로, 일부러 거짓말을 퍼뜨려 인심(人心)을 꼬드기거나(어떠한 일을 하도록 남의 마음을 꾀어 부추기거나) 소란(騷亂. 시끄럽고 어수선함)하게 함을 이르는 말. *부언(浮言): 근거 없이 떠돌아다니는 말. *뜨다: 부록 ‘부(浮)’ 참고. 이 사자성어의 유래는 다음과 같다. 『서경(書經)·상서(商書)』의 「반경(盤庚)」 편(篇)에 〈너희는 어찌 나에게 고하지 않고서, 서로 뜬소문으로 부추겨 백성들을 공포에 잠기게 하는가? 마치 불이 들판에 붙은 것과 같아서, 가까이 갈 수조차 없는데, 어찌 그것을 박멸(撲滅. 모조리 때려잡아 없애 버림. 또는 쳐부수어 멸망시킴)할 수 있겠는가? 그러므로 오직 너희 무리가 스스로 편안하지 못하게 만든 것이지, 나에게 허물이 있는 것이 아니다.(汝曷弗告朕, **而胥動以浮言**, 恐沈於衆, 若火之燎於原, 不可嚮邇, 其猶可撲滅, 則惟爾衆, 自作弗靖, 非予有咎.)〉라는 이야기가 나오는데, ‘서로 뜬소문으로 부추겨 백성들을 공포에 잠기게 하는가?(而胥動以浮言)’에서, ‘서동부언(胥動浮言)’이 유래했다. 이 이야기의 주인공은 반경(盤庚)이다. ‘반경(盤庚)’은 제20대 은(殷)나라 왕이다. 그가 즉위(卽位)하면서부터 홍수(洪水)가 나 수해(水害)가 심했다. 그래서 그는 경(耿)에서 은(殷)으로 천도(遷都. 도읍을 옮김)를 결심했다. 그런데 사방에서 불평의 목소리가 높아지자, 반경(盤庚)은 그 불평을 진정시키기 위해 천도(遷都)의 취지를 설명하였다. 그리고 그것을 기록한 것이 「반경(盤庚)」이다. 위의 이야기는 반경(盤庚)이 천도(遷都)의 취지를 설명한 글이다. 참고로, 원문의 ‘汝曷弗告朕’에서, ‘汝’는 너 ‘여’, 당신 ‘여’로 읽고, ‘曷’은 어찌(의문 부사) ‘갈’로 읽는다. ‘어찌 ~하지 않으리오.’의 뜻을 나타내는 의문사(疑問詞)다. ‘弗’은 아닐(부정하는 말) ‘불’로 읽는다. ‘不’과 같은 말. ‘告’는 알릴 ‘고’로 읽고, ‘朕’은 나(1인칭 대명사) ‘짐’으로 읽는다. 임금이 자기를 이르는 말. ‘汝曷弗告朕’을 직역(直譯)하면, 너희는 어찌 짐(朕)에게 알리지 않으리오? ‘而胥動以浮言’에서, ‘而’는 말 이을 ‘이’로 읽는다. ‘그리고’의 뜻을 나타냄. ‘胥’는 서로 ‘서’로 읽고, ‘動’은 움직일 ‘동’으로 읽고, ‘以’는 써(그것을 가지고, 그것으로 인하여) ‘이’로 읽고, ‘浮’는 뜰 ‘부’로 읽고, ‘言’은 말씀 ‘언’으로 읽는다. ‘而胥動以浮言’ 그리고 뜬 말[言]로 그것을 가지고 서로 움직이게 하고, 즉, 뜬소문으로 서로 인심(人心. 사람의 마음)을 움직이게 한다는 뜻이다. 여기서, ‘胥動浮言’이 유래하였는데, 이것을 직역(直

譯)하면, 뜬 말[言]로 서로 움직이게 (한다는) 뜻으로, 일부러 거짓말을 퍼뜨려 인심(人心)을 꼬드기거나 소란(騷亂. <u>시끄럽고 어수선함</u>)하게 함을 이르는 말. '恐沈於衆'에서, '恐'은 두려울 '공'으로 읽고, '沈'은 잠길 '침'으로 읽고, '於'는 어조사 '어'로 읽는다. '~에게', '~에게서(<u>위치</u>)'의 뜻을 나타냄. '衆'은 무리 '중'으로 읽는다. '恐沈於衆'을 직역(直譯)하면, 무리(백성)들에게 두려워 잠기게 (하는가)? 즉, 백성들을 공포에 잠기게 한다는 뜻이다. '若火之燎於原'에서, '若'은 같을 '약'으로 읽고, '火'는 불 '화'로 읽고, '之'는 어조사 '지'로 읽는다. '~이', '~가(<u>주격</u>)'을 나타냄. '燎'는 불탈 '료(요)'로 읽고, '原'은 벌판 '원'으로 읽는다. '若火之燎於原'을 직역(直譯)하면 불이 벌판에서 불타오르는 것 같아, 여기서, '燎原之火'가 유래하였는데, 이것을 직역(直譯)하면, 불타는 벌판의 불. 즉, 무서운 형세로 타 나가는 벌판의 불이라는 뜻으로, 세력이 걷잡을 수 없이 커져 당할 수 없는 것을 비유적으로 이르는 말. 또는 세력이 무서운 기세로 번져가거나 매우 대단하여 막을 수 없음을 비유적으로 이르는 말. '不可嚮爾'에서, '不'은 아닐(<u>부정하는 말</u>) '불'로 읽고, '可'는 가히(可~. '<u>능히', '넉넉히'의 뜻을 나타냄</u>) '가'로 읽고, '嚮'은 향할(向~. <u>어느 한쪽을 목표로 하여 나아감</u>) '향'으로 읽고, '爾'는 가까울 '이'로 읽는다. '~이다(<u>단정</u>)'의 뜻을 나타냄. '不可嚮爾'을 직역(直譯)하면, 가히 가까이 향할 (수조차) 없는데, '其猶可撲滅'에서, '其'는 그(<u>지시하는 말</u>) '기'로 읽고, '猶'는 오히려 '유'로 읽고, '撲'은 두드릴 '박', 때릴 '박'으로 읽고, '滅'은 멸할(滅~. <u>망하여 죄다 없어지게 함</u>) '멸'로 읽는다. '撲滅'은 모조리 때려잡아 없애 버림. 또는 쳐부수어 멸망시킴. 그런데 어떤 자료에는 '樸'으로 되어 있는데, 이것은 순박할 '박'으로서 '撲'의 오류(誤謬. <u>생각이나 지식 따위의 그릇된 일</u>)이다. '其猶可撲滅'을 직역(直譯)하면, 그것을 오히려 가히 모조리 때려잡아 없애 버릴 수 있겠는가? '則惟爾衆'에서, '則'은 곧 '즉'으로 읽고, '惟'는 오직 '유'로 읽는다. '爾'는, 여기서 너 '이'로 읽고, '衆'은 무리 '중'으로 읽는다. '則惟爾衆'을 직역(直譯)하면, 곧 오직 너희 무리가. '自作弗靖'에서, '自'는 스스로 '자'로 읽고, '作'은 지을 '작', 만들 '작'으로 읽는다. '自作'은 자기 스스로 만들거나 지음. 또는 그렇게 만든 것. '靖'은 편안할 '정', 고요할 '정'으로 읽는다. '自作弗靖'을 직역(直譯)하면, 자기 스스로 편안함을 만들지 못한 (것이지), '非子有咎'에서, '非'는 아닐 '비', 없을 '비'로 읽고, '子'는 나(<u>1인칭 대명사</u>) '여'로 읽고, '有'는 있을 '유'로 읽고, '咎'는 허물 '구', 잘못 '구'로 읽는다. '非子有咎'를 직역(直譯)하면, 나(<u>반경·盤庚'을 가리킴</u>)에게 허물(잘못)이 있는 것은 아니다.

서리-지-탄(黍離之歎·嘆 기장 서/달라붙을 리/어조사 지/탄식할 탄) 달라붙은 기장에 (대한) 탄식(歎·嘆息)이라는 뜻으로, 무성(茂盛)한 기장에 대한 탄식(歎·嘆息)을 이르는 말. 즉, 나라가 멸망(滅亡)하여 옛 궁궐터에는 기장만이 무성(茂盛. <u>풀이나 나무 따위가 자라서 우거져 있음</u>)한 것을 보고 탄식(歎·嘆息)한다는 뜻으로, 세상의 영고성쇠(榮枯盛衰. <u>본문 참고</u>)와 부귀영화(富貴榮華. <u>본문 참고</u>)가 무상(無常. <u>일정하지 않고 늘 변함</u>)함을 탄식(歎·嘆息)하며 이르는 말. 웹 서리지비(黍離之悲). *서리(黍離): 망국(亡國)의 성터가 황폐(荒廢)해서 기장 같은 식물이 자라 쓸쓸한 광경(光景)을 이르는 말. 그런데 이 말은 『표준국어대사전』에는 '서리지탄(黍離之歎·嘆)'과 같은 뜻으로 되어 있음. *기장: 순우리말로, 부록 '서(黍)' 참고. *탄식하다(歎·嘆息~): 부록 '탄(歎·嘆)' 참고. 이 사자성어의 유래는 다음과 같다. 『시경(詩經)·국풍(國風)·왕풍(王風)』의 「서리(黍離)」 편(篇)에 〈저 기장 이삭이 무성하고 / 저 피에 싹이 났다. / 길 가는데 더디고 느리며 / 마음속은 흔들린다. / 나를 아는 사람은 / 마음속에 근심이 있다고 말하고 / 나를 알지 못하는 사람은 / 무엇을 찾는지 묻는다. / 아득한 저 푸른 하늘이여 / 누가 이렇게 하였는가?(**彼黍離離**, 彼稷之苗, 行邁靡靡, 中心搖搖, 知我者, 謂我心憂, 不知我者, 謂我何求, 悠悠蒼天, **此何人哉.**)〉라는 시(詩)가 나오는데, '저 기장 이삭이 무성하고,(彼黍離離)'와, '누가 이렇게 하였는가?(此何人哉)'라는 두 시구(詩句)에서, '서리지탄(黍離之歎·嘆)'이 유래했다. '서리지탄(黍離之歎·嘆)'은 '서리지비(黍離之悲)'라고도 한다. 이 시의 제목은 '서리(黍離)'다. 참고로, 원문의 '彼黍離離'에서, '彼'는 저(지시하는 말) '피'로 읽고, '黍'는 기장(볏과의 한해살이풀) '서'로 읽는다. 곡식 이름이다. '離'는 여기서는 (이삭 따위가) 붙을 '리', 달라붙을 '리'로 읽는다. 어떤 자료에는 '려'로 읽는다고 되어 있다. 참고하기 바람. '離離'는 무엇이 드리워진 모양. '彼黍離離'를 직역(直譯)하면, 저 기장의 (이삭이) 달라붙어 (드리워져 있고), '彼稷之苗'에서 '稷'은 기장(볏과의 한해살이풀) '직', 피(볏과의 한해살이풀) '직'으로 읽는다. '稷'은 '黍'와 마찬가지로 곡식 이름이다. '之'는 어조사 '지'로 읽는다. '~이', '~가(주격)'를 나타냄. '苗'는 싹(씨, 줄기, 뿌리 따위에서 처음 돋아나는 어린잎이나 줄기) '묘'로 읽는다. '彼稷之苗'를 직역(直譯)하면, 저 피에 싹이 (나 있구나). '行邁靡靡'에서, '行'은 걸을 '행'으로 읽고, '邁'는 갈(한 곳에서 다른 곳으로 장소를 이동함) '매'로 읽고, '靡'는 쓰러질 '미', 기진맥진(氣盡脈盡. 본문 참고)할 '미'로 읽는다. '靡靡'는 기진맥진(氣盡脈盡)하여 쓰러진다는 뜻으로, 움직임이 몹시 더딤을 이르는 말. '行邁靡靡'를 직역(直譯)하면, (길을) 걸으며 가다가 기진맥진(氣盡脈盡)하여 쓰러지니, '中心搖搖'에서, '中'은 가운데 '중'으로 읽고, '心'은 마음 '심'으로 읽고, '搖'는 흔들릴 '요'로 읽는다. '搖搖'는 흔들리고 흔들린다는 뜻으로, 마음 따위를 일정한 곳에 정한 곳이 없음. '中心搖搖'를 직역(直譯)하면, 마음 가운데가 흔들린다. '知我者'에서, '知'는 알 '지'로 읽고, '我'는 나(1인칭 대명사) '아'로 읽고, '者'는 사람 '자'로 읽는다. '知我者'를 직역(直譯)하면, 나를 아는(알아주는) 사람은, '謂我心憂'에서, '謂'는 일컬을 '위'로 읽고, '憂'는 근심 '우'로 읽는다. '謂我心憂'를 직역(直譯)하면, 내 마음속에 근심이 (있다고) 일컫고, '不知我者'에서, '不'은 아닐(부정하는 말) '부'로 읽는다. '不知我者'를 직역(直譯)하면, (그리고) 나를 알지 못하는(모르는) 사람은, '謂我何求'에서, '何'는 무엇 '하'로 읽고, '求'는 구할 '구'로 읽는다. '謂我何求'를 직역(直譯)하면, 내가 무엇을 구하는지(찾는지) 일컫는다(묻는다). '悠悠蒼天'에서, '悠'는 멀 '유', 아득할 '유'로 읽는다. '悠悠'는 아득하게 멀거나 오래됨. '蒼'은 푸를 '창'으로 읽고, '天'은 하늘 '천'으로 읽는다. '蒼天'은 맑고 푸른 하늘. '悠悠蒼天'을 직역(直譯)하면, 멀고 먼 푸른 하늘이라는 뜻으로, 가마득히 또는 한없이 멀고 푸른 하늘을 이르는 말. '此何人哉'에서, '此'는 이(지시하는 말) '차'로 읽고, '何'는, 여기서는 누구 '하'로 읽고, '人'은 사람 '인'으로 읽고, '哉'는 어조사 '재'로 읽는다. '~일 것인가?(반문)'의 뜻을 나타냄. '此何人哉'를 직역(直譯)하면, 이렇게 (하는) 사람은 누구일 것인가? 즉, 누가 이렇게 하였는가? 여기서, '黍離之歎·嘆'이 유래하였는데, 이것을 직역(直譯)하면, 달라붙은 기장에 (대한) 탄식(歎·嘆息)이라는 뜻으로, 무성(茂盛)한 기장에 대한 탄식(歎·嘆息)을 이르는 말. 즉, 나라가 멸망(滅亡)하여 옛 궁궐터에는 기장만이 무성(茂盛)한 것을 보고 탄식(歎·嘆息)한다는 뜻으로, 세상의 영고성쇠(榮枯盛衰. 본문 참고)와 부귀영화(富貴榮華. 본문 참고)가 무상(無常)함을 탄식(歎·嘆息)하며 이르는 말. 그런데 송(宋)나라 시대의 유학자인 주자(朱子)는 이 시(詩)에 대해 다음과 같이 설명했다. 「주(周)나라가 수도(首都)를 옮기고 나서 대부(大夫. 벼슬 이름)들이 부역(賦役. 국가나 공공 단체가 특정한 공익사업을 위하여 보수 없이 국민에게 의무적으로 책임을 지우는 노역·勞役을 이르는 말)을 나갔다가 옛 도읍(都邑. 한 나라의 중앙 정부가 있는 곳. =서울)에 이르러 보니, 종묘(宗廟. 역대 왕과 왕비의 위패·位牌를 모시던 사당)와 궁궐(宮闕)은 없어지고 그곳에 기장이 무성하게 자라 있었다. (그 대부들은) 이를 보며 주(周)나라 왕실(王室. 왕의 집안)의
권위가 땅에 떨어진 것을 슬피 여기면서 (옛 도읍을) 떠나지 못하고 한탄하였다.」

서방-극락(西方極樂 서녘 **서**/방위 **방**/지극할 **극**/즐거울 **락**) 서녘 방위(方位)에 (있는) 지극히 즐거운 (곳이
라는) 뜻으로, (불교에서) 서쪽으로 십만(十萬) 억(億)의 국토를 지나면 있는 극락세계(極樂世界. 본문
참고). 또는 아미타불(阿彌陀佛. 본문 참고)의 세계(世界)를 이르는 말. =서방세계(西方世界). 서방정토
(西方淨土). 서천극락(西天極樂). *서방(西方): ①서쪽. 또는 서쪽 방향. ②서쪽 지방. 또는 서부 지역.
③=서방국가(西方國家). ④=서방극락(西方極樂). *극락(極樂): 불교에서, 아미타불(阿彌陀佛)이 살고 있
는 정토(淨土. 부처가 사는 청정한 곳)로, 괴로움이 없으며 지극히 안락하고 자유로운 세상을 일컬음.
*방위(方位): 동서남북을 기준으로 하여 정한 방향. *지극하다(至極~): 부록 '극(極)' 참고.

서방-정토(西方淨土 서녘 **서**/방위 **방**/깨끗할 **정**/흙 **토**) 서녘 방위(方位)에 (있는) 깨끗한 흙이라는 뜻으로,
(불교에서) 서쪽으로 십만(十萬) 억(億)의 국토를 지나면 있는 극락세계(極樂世界. 본문 참고). 또는 아미
타불(阿彌陀佛. 본문 참고)의 세계를 이르는 말. =서방극락(西方極樂). 서방세계(西方世界). 서천극락(西
天極樂). *서방(西方): ☞서방극락(西方極樂). *정토(淨土): 부처가 사는 청정(淸淨. 불교에서, 죄가 없이
깨끗함을 일컬음)한 곳. *방위(方位): 동서남북을 기준으로 하여 정한 방향.

서-부-진언(書不盡言 글 **서**/아닐 **부**/다할 **진**/말씀 **언**) 글로는 말을 다하지 아니한다(못한다)는 뜻으로,
글로는 자기의 의사(意思)나 생각을 충분히 다 표현할 수 없음을 이르는 말. *진언(盡言): 생각한 바를
거리낌 없이 다 쏟아 놓은 말. *다하다: 부록 '진(盡)' 참고.

서북-송-탐(西北松耽 서녘 **서**/북녘 **북**/솔 **송**/즐길 **탐**) '서(西)'는 서도(西道), '북(北)'은 북관(北關), '송(松)'
은 송도(松島), '탐(耽)'은 탐라(耽羅)라는 뜻으로, (지난날) 서도(西道. 황해도와 평안도를 통틀어 이르는
말), 북관(北關. 함경도의 다른 이름), 송도(松都. 경기도 서북부에 있는 '개성'의 옛 이름), 탐라(耽羅.
'제주도'의 옛 이름)를 아울러 이르는 말. 지금의 평안도와 황해도, 함경도, 개성, 제주도를 가리킨다.
*서북(西北): ①서쪽과 북쪽. ②=서북간(西北間). 즉, 서쪽과 북쪽의 사이가 되는 방위. ③서도(西道)와
북관(北關)을 통틀어 이르는 말. *솔: 부록 '송(松)' 참고.

서사-왕복(書辭往復 글 **서**/말 **사**/갈 **왕**/돌아올 **복**) 글과 말[辭]이 가고 돌아온다는 뜻으로, 편지(便紙)가
가고 옴을 이르는 말. *서사(書辭): 편지에 쓰는 말. =편지글. *왕복(往復): 갔다가 돌아옴.

서산-낙일(西山落日 서녘 **서**/뫼 **산**/떨어질 **낙**/해 **일**) 서녘의 뫼('산'의 옛말)에 떨어지는 해라는 뜻으로,
①서산(西山)에 지는 해를 이르는 말. ②세력(勢力)이나 힘 따위가 기울어져 멸망(滅亡)하게 된 판국(~
局. 벌어져 있는 사태의 형편)을 비유적으로 이르는 말. 📖 일락서산(日落西山). 일락함지(日落咸池).
*서산(西山): 서쪽의 산. *낙일(落日): 지는 해.

서습-지-기(暑濕之氣 더울 **서**/축축할 **습**/어조사 **지**/기운 **기**) 덥고 축축한 기운이라는 뜻으로, 더운 기운과
습한 기운. 즉, 덥고 습한 기운을 이르는 말. *서습(暑濕): =서습지기(暑濕之氣). *기운: 순우리말로,
느낄 수는 있으나 눈으로 볼 수 없는 현상.

서시-빈-목(西施矉目 서녘 **서**/베풀 **시**/찡그릴 **빈**/눈 **목**) 서시(西施)가 눈을 찡그린다는 뜻으로, 무조건
남의 흉내를 내어 웃음거리가 됨을 비유적으로 이르는 말. *서시(西施): 사람 이름. *베풀다: 부록 '시
(施)' 참고. 《관련 속담》 잉어(숭어)가 뛰니까 망둥이도 뛴다. 이 사자성어의 유래는 다음과 같다. 『장자

(莊子)·외편(外篇)』의 「천운(天運)」 편(篇)에 〈옛날 서시(西施)는 가슴앓이 병이 있어서 언제나 손으로 가슴을 지그시 누르고 얼굴을 찡그리고 다녔다. 마을의 어떤 못생긴 사람이 그게 아름답게 보였는지, 자기도 손으로 가슴을 누르고, 얼굴을 찡그리고 마을을 돌아다녔다.<u>**(故西施病心而顰其里**, 其里之醜人 見而美之, 歸亦捧心而顰其里.)**</u>〉라는 이야기가 나오는데, '옛날 서시(西施)는 가슴앓이 병이 있어서 언제나 손으로 가슴을 지그시 누르고 얼굴을 찡그리고 다녔다.(故西施病心而顰其里)'에서, 유추(類推. 어떠한 사실을 근거로 하여, 그것과 같은 조건 아래에 있는, 다른 사실을 미루어 헤아리는 일)하여 '서시빈목(西施顰目)'이 유래했다. 서시(西施)는 후에 미인계(美人計. 얼굴이 예쁜 여성을 이용하여 남을 꾀는 계략)를 써 오왕(吳王. 오나라의 왕)인 부차(夫差)를 멸망시키려는 월왕(越王. 월나라의 왕)인 구천(句踐)의 계획에 따라 부차(夫差)에게 보내졌다. 그후 오(吳)나라를 멸망시키는 데 한 몫을 했던 인물이다. '서시빈목(西施顰目)'과 같은 의미로 '동시(東施)가, 서시(西施)가 찡그리는 것을 따라 하다.'라는 뜻의 동시효빈(東施效顰), '서시(西施)가 가슴을 손으로 감싸다.'라는 뜻의 '서시봉심(西施捧心)' 따위가 있다. 이 이야기의 배경은 이렇다. 이 이야기는 『장자(莊子)』에 나오는데, 원래는 노(魯)나라의 악사장(樂師長. <u>음악을 가르치고 연주하는 일을 맡아보던 벼슬</u>)인 사금(師金)이, 중국 춘추시대·春秋時代의 사상가이며 학자인 공자(孔子)의 제자 안연(顏淵)에게 한 말이다. 장자(莊子. <u>중국 전국시대·戰國時代의 사상가, 도가·道家 사상의 중심인물</u>)는 사금(師金)의 말을 빌려 시대의 변천에 따라 제도나 도덕도 변해야 한다는 것을 강조하며, 공자(孔子)가 그 옛날 주(周)나라의 이상적인 정치를 노(魯)나라와 위(衛)나라에서 재현(再現. <u>다시 나타남. 또는 다시 나타냄</u>)하려고 하는 것은 마치 추녀(醜女. <u>얼굴이 못생긴 여자</u>)가 자기의 생긴 모습은 생각지도 않고 무작정 서시(西施)를 흉내 내는 것과 다르지 않다고 하면서, 공자(孔子)의 상고주의(尚古主義. <u>옛날의 문물이나 사상, 제도 따위를 귀하게 여겨 모범으로 삼는 주의</u>)를 비판한 것이다. 참고로, 원문의 '故西施病心而顰其里'에서, '故'는 옛날 '고'로 읽고, '西'는 서녘 '서'로 읽고, '施'는 베풀 '시'로 읽는다. '西施'는 사람 이름. '病'은 병(病) '병'으로 읽고, '心'은 마음 '심'으로 읽는다. '病心'은 마음의 병. '而'는 말 이을 '이'로 읽는다. '그리고'의 뜻을 나타냄. '顰'은 찡그릴 '빈'으로 읽고, '其'는 그(<u>지시하는 말</u>) '기'로 읽고, '里'는 마을 '리(<u>이</u>)'로 읽는다. '故西施病心而顰其里'를 직역(直譯)하면, 옛날에 서시(西施)는 마음의 병이 있어, 그리고(<u>그래서</u>) 찡그리며 그 마을을 (다녔다). 여기서, '西施顰目'이 유래하였는데, 이것을 직역(直譯)하면, 서시(西施)가 눈을 찡그린다는 뜻으로, 무조건 남의 흉내를 내어 웃음거리가 됨을 비유적으로 이르는 말. '其里之醜人見而美之'에서, '之'는 어조사 '지'로 읽는다. '~의'를 나타내는 관형격 조사. '醜'는 추할 '추'로 읽고, '人'은 사람 '인'으로 읽고, '見'은 볼 '견'으로 읽는다. '其里之醜人見'을 직역(直譯)하면, 그 마을의 추한 사람이 본다. '而'는 말 이을 '이'로 읽는다. '그리고'의 뜻을 나타냄. '美'는 아름다울 '미'로 읽고, '之'는 어조사 '지'로 읽는다. 여기서는 '그것'을 나타내는 지시 대명사. '其里之醜人見而美之'를 직역(直譯)하면, 그 마을의 추한 사람은 (서시를) 보고 그리고 그것을 아름답게 (생각한다). '歸亦捧心而顰其里'에서, '歸'는 돌아갈 '귀'로 읽고, '亦'은 또 '역', 또한 '역'으로 읽고, '捧'은 끌어안을 '봉'으로 읽고, '心'은, 여기서는 가슴 '심'으로 읽는다. '歸亦捧心而顰其里'를 직역(直譯)하면, 돌아가서는 역시 가슴을 끌어안고 그리고 찡그리며 그 마을을 (돌아다녔다). 즉, 그 마을의 추한 사람은 서시(西施)를 보고 집으로 돌아가서는 서시(西施)처럼 찡그리며 마을을 돌아다녔다는 이야기다. 그 사람은 서시(西施)가 찡그리는 것이 아름답게만 보였지, 왜 서시(西施)가 찡그리고 있는지를 모르고 무작정 서

시(西施)를 흉내 내는 것을 장자(莊子)는 비판하고 있는 것이다.

서우-기한(暑雨祁寒 더울 서/비 우/성할 기/추위 한) 더울 (때의) 비와 성할(매서울) (때의) 추위라는 뜻으로, 더운 여름날에 내리는 비와, 겨울의 혹독(酷毒. <u>몹시 심함</u>)한 추위를 이르는 말. *서우(暑雨): 더운 여름날에 내리는 비 *기한(祁寒): =엄한(嚴寒). 즉, 매우 심한 추위. *성하다(盛~): 부록 '기(祁)' 참고.

서절-구-투(鼠竊狗偸 쥐 서/훔칠 절/개 구/훔칠 투) 쥐가 훔치고 개가 훔친다. 즉, 쥐나 개처럼 가만히 또는 몰래 물건을 훔친다는 뜻으로, 좀도둑(자질구레한 물건을 훔쳐 가는 도둑)을 비유적으로 이르는 말. *서절(鼠竊): =서절구투(鼠竊狗偸).

서정-쇄신(庶政刷新 여러 서/정사 정/솔질할 쇄/새 신) 여러 정사(政事)를 솔질하여 새롭게 (한다는) 뜻으로, 정사(政事)의 처리에서, 폐단(弊端. <u>어떤 일이나 행동에서 나타나는 옳지 못한 경향이나 해로운 현상</u>)을 없애고 면목(面目. <u>사물의 상태나 모양</u>)을 새로이 함. 즉, 여러 방면(方面)에서 정치 폐단(弊端)을 고쳐 새롭게 함을 이르는 말. *서정(庶政): 여러 방면에 걸친 정사(政事). *쇄신(刷新): 묵은 것이나 폐단(弊端)을 없애고 새롭고 좋게 함. *여러: 부록 '서(庶)' 참고. *정사(政事): 부록 '정(政)' 참고. *솔질하다: 솔로 먼지 따위를 털거나 문지르다.

서제-막급(噬臍莫及 물 서/배꼽 제/아닐 막/미칠 급) 배꼽을 물어도 미치지 아니한다. 즉, 배꼽을 물려고(<u>물어뜯으려고</u>) 해도 입이 미치지 않는다는 뜻으로, 한 번 기회를 잃으면 이미(<u>돌이킬 수 없이 된 지난 일을 일컬을 때 쓰는 말</u>) 저지른 잘못에 대하여 아무리 후회(後悔)하여도 소용(所用)이 없음을 비유적으로 이르는 말. 사람에게 잡힌 사향노루가 배꼽의 향내(香~) 때문에 잡혔다고 제 배꼽을 물어뜯었다는 데서 유래한다. 여기서, '향내(香~)'는 '향냄새(香~)'의 준말로, ①향기(香氣) 또는 향취(香臭). ②향(香)을 피울 때 나는 좋은 냄새. *서제(噬臍): 배꼽을 물어뜯으려 하여도 입이 닿지 아니한다는 뜻으로, 후회하여도 이미 때가 늦음을 이르는 말. *막급(莫及): 더 이상 이를 수 없음. *배꼽: 부록 '제(臍)' 참고. *미치다: 부록 '급(及)' 참고. 이 사자성어의 유래는 다음과 같다. 『좌전(左傳)』의 「장공(莊公) 6년」 편(篇)에 〈등(鄧)나라를 멸망시킬 사람은 이 사람(초·楚나라 문왕·文王을 가리킴)일 것입니다. 만약 일찍 도모하지 않는다면 앞으로 군(君. 등·鄧나라의 임금인 기후·祁侯를 가리킴)께서는 크게 후회하실 것입니다. 그러니 이때에 도모하십시오. 도모하려면 지금이 바로 그때입니다.(亡鄧國者, 必此人也, 若不早圖, **後君噬臍**, 其及圖之乎, 圖之, 此爲時矣,)〉라는 이야기가 나오는데, '군(君)께서는 크게 후회하실 것입니다.(後君噬臍)'에서, '서제막급(噬臍莫及)'이 유래했다. 이 이야기의 배경은 이렇다. 초(楚)나라 문왕(文王)이 신(申)나라를 토벌(討伐. <u>반란자 따위의 적·敵이 되어 맞서는 무리를 병력·兵力으로 공격하여 없앰</u>)하러 갈 때, 등(鄧)나라를 지났다. 등(鄧)나라의 임금인 기후(祁侯)는 조카가 왔다면서 초문왕(楚文王. 초나라의 문왕)을 맞이하고 연회(宴會. <u>여러 사람이 모여 술을 마시거나 음식을 먹으면서 즐기는 모임</u>)를 베풀어 접대(接待)했다. 추생(雛甥), 담생(聃甥), 양생(養甥) 등(等)이 초문왕(楚文王. <u>초나라의 문왕</u>)을 죽이라고 요청하였으나 등후(鄧侯. 등·鄧나라의 임금인 기후·祁侯)는 허락하지 않았다. 위의 이야기는, 이때 세 사람이 초문왕(楚文王)을 죽이라고 다시 요청한 내용이다. 그러자 등후(鄧侯)가 말했다. "내가 초문왕(楚文王)을 죽인다면 사람들은 내가 먹다 남긴 음식도 먹지 않을 것이다." 세 사람이 말했다. "만약 저희 세 신하(臣下)의 말을 따르지 않으신다면, 나라가 망하여 사직(社稷. <u>고대 중국에서, 새로 나라를 세울 때 천자·天子나 제후·諸侯가 제사를 지내던 토지신·土地神과 곡신·穀神</u>)의 제사를 받지 못할 것인데, 왕께서 무슨 남길 음식이 있겠습니까?" 여기서, '천자(天子)'는 천제(天帝, 하늘을 다스리는 신, 또는 우주를 창조하고 주재한다고 믿어지는 초자연적인 절대자)의 아들이란 뜻으로, 천명(天命, 하늘의 명령)을 받아 천하(天下)를 다스리는 사람, 곧 중국에서 황제(皇帝)를 일컫던 말이다. 하지만 등후(鄧侯)는 듣지 않았다. 신(申)나라를 토벌(討伐)하고 돌아오던 해에 초문왕(楚文王, 초나라 문왕)은 일찍이 세 사람이 예언한 대로 등(鄧)나라를 쳐 멸망시켰다. 참고로, 원문의 '亡鄧國者'에서, '亡'은 망할 '망', 멸망시킬 '망'으로 읽고, '鄧'은 나라 이름 '등'으로 읽고, '國'은 나라 '국'으로 읽고, '者'는 사람 '자'로 읽는다. '亡鄧國者'를 직역(直譯)하면, 등(鄧)나라를 멸망시킬 사람은, '必此人也'에서, '必'은 반드시 '필', 틀림없이 '필'로 읽고, '此'는 이(지시하는 말) '차'로 읽고, '人'은 사람 '인'으로 읽고, '也'는 어조사 '야'로 읽는다. '~이다(단정)'의 뜻을 나타냄. '必此人也'를 직역(直譯)하면, 틀림없이 이 사람일 (것이다). '若不 무圖'에서, '若'은 만약 '약'으로 읽고, '不'는 아닐(부정하는 말) '부'로 읽고, '무'는 일찍 '조'로 읽고, '圖'는 꾀할 '도', 일 꾸밀 '도'로 읽는다. '若不무圖'를 직역(直譯)하면, 만약에 일찍 꾀하지(도모하지) 않는다면, '後君噬臍'에서, '後'는 뒤 '후'로 읽고, '君'은 임금 '군'으로 읽고, '噬'는 물(윗니나 아랫니 또는 양 입술 사이에 끼운 상태로 떨어지거나 빠져 나가지 않도록 다소 세게 누를) '서'로 읽고, '臍'는 배꼽(탯줄이 떨어지면서 배의 한가운데에 생긴 자리) '제'로 읽는다. '後君噬臍'를 직역(直譯)하면, 그 뒤에 임금께서는 배꼽을 물려고 (해도), 여기서, '噬臍莫及'이 유래하였는데, 이것을 직역(直譯)하면, 배꼽을 물어도 미치지 아니한다. 즉, 배꼽을 물려고 해도 입이 미치지(닿지) 않는다는 뜻으로, 한 번 기회를 잃으면 이미 저지른 잘못에 대하여 아무리 후회(後悔)하여도 소용(所用)이 없음을 비유적으로 이르는 말. 결국 이 말은, 사람에게 붙잡힌 사향노루가 자신의 배꼽에서 나는 냄새 때문에 붙잡힌 줄 알고 자신의 배꼽을 물어뜯으려고 해도 입이 닿지 않는다는 뜻이다. '한번 기회를 잃는다'는 것은 사향노루가 자신의 배꼽에서 나는 냄새를 제거하지 못함을 비유(比·譬喩, 어떤 사물의 모양이나 상태 따위를 보다 효과적으로 표현하기 위하여 그것과 비슷한 다른 사물에 빗대어 표현함. 또는 그 표현 방법)한 것이고, '이미 저지른 잘못'은 사향노루가 사람에게 붙잡힌 일을 가리키는 것이다. '其及圖之乎'에서, '其'는 그(지시하는 말) '기'로 읽고, '及'은 미칠(영향이나 작용 따위가 대상에 가하여 질) '급'으로 읽는다. '圖'는 꾀할 '도', 일 꾸밀 '도'로 읽고, '之'는 어조사 '지'로 읽는다. '그것'을 나타내는 지시 대명사. '乎'는 어조사 '호'로 읽는다. '~는가', '~인가(의문)'의 뜻을 나타냄. '其及圖之乎'를 직역(直譯)하면, 그것(후회할 일)이 미칠 때에 그것(초문왕을 죽이려는 것)을 꾀하려고 합니까? '圖之'에서, '圖之'를 직역(直譯)하면 그것(초문왕을 죽이려는 것)을 꾀하십시오. '此爲時矣'에서, '爲'는 할 '위'로 읽고, '時'는 때 '시'로 읽고, '矣'는 어조사 '의'로 읽는다. '~이다(단정)'의 뜻을 나타냄. '此爲時矣'는, 직역(直譯)하면 이것이(이 때가) 할(꾀할) 때 입니다.

석간-토혈(石間土穴 돌 석/사이 간/흙 토/굴 혈) 돌 사이의 흙과 굴이라는 뜻으로, 바위틈에 무덤구덩이 (송장이나 유골을 땅에 묻기 위하여 판 구덩이)를 팔 만한 땅을 이르는 말. ***석간**(石間): 돌과 돌 사이. ***토혈**(土穴): 흙구덩이.

석-고-대명(席藁待命 돗자리 석/볏짚 고/기다릴 대/명령 명) 돗자리나 볏짚에 엎드려서 명령(命令)을 기다린다는 뜻으로, 거적(새끼로 날을 하여 짚으로 두툼하게 쳐서 자리처럼 만든 물건)을 깔고 엎드려서 임금의 처분(處分, 명령을 받거나 내려 일을 처리함)이나 명령(命令)을 기다리던 일을 이르는 말. =석고

대죄(席藁待罪). *대명(待命): ①잘못을 저지른 관리가 상부(上部. 더 높은 직위나 관청)의 처분(處分)을 기다림. ②=대기명령(待機命令). *돗자리: 왕골이나 골풀의 줄기를 잘게 쪼개서 친 자리. *볏짚: 부록 '고(藁)' 참고.

석-고-대죄(席藁待罪 돗자리 **석**/볏짚 **고**/기다릴 **대**/허물 **죄**) 돗자리나 볏짚에 앉아 허물에 (대한 처벌을) 기다린다는 뜻으로, 거적(새끼로 날을 하여 짚으로 두툼하게 쳐서 자리처럼 만든 물건)을 깔고 엎드려서 임금의 처분(處分. 명령을 받거나 내려 일을 처리함)이나 명령(命令)을 기다리던 일을 이르는 말. 즉, 저지른 죄에 대한 처벌을 기다림을 이르는 말. =석고대명(席藁待命). *대죄(待罪): 죄를 지은 사람이 처벌을 기다림. *돗자리: ☞석고대명(席藁待命). *볏짚: 부록 '고(藁)' 참고. *허물: 부록 '죄(罪)' 참고.

석-과-불식(碩果不食 클 **석**/과실 **과**/아닐 **불**/먹을 **식**) 큰 과실은 먹지 아니한다. 즉, 큰 과실(果實)을 다 먹지 아니하고 남긴다는 뜻으로, 자기만의 욕심(慾心)을 버리고 자손에게 복(福)을 끼쳐 줌을 비유적으로 이르는 말. *불식(不食): 먹지 아니함. *과실(果實): 부록 '과(果)' 참고.

석권-지-세(席卷·捲之勢 돗자리 **석**/말 **권**/어조사 **지**/형세 **세**) 돗자리를 (빠르게) 마는 형세(기세)라는 뜻으로, 돗자리를 둘둘 말듯이, 무서운 힘으로 세력(勢力)이 빠르고 거침없이 휩쓸어 나가는 형세(기세)를 비유적으로 이르는 말. *석권(席卷·捲): 돗자리를 만다는 뜻으로, 빠른 기세로 영토를 휩쓸거나 세력 범위를 넓힘을 이르는 말. *돗자리: ☞석고대명(席藁待命). *말다: (종이나 천 따위 얇고 넓적한 물건을) 한쪽 끝이 안쪽으로 들어가게 돌돌 감아 제 몸을 싸고 돌게 하다. *형세(形勢): 어떠한 일의 형편이나 상태를 이르는 말.

석권-천하(席卷·捲天下 돗자리 **석**/말 **권**/하늘 **천**/아래 **하**) 돗자리를 말듯이, 하늘 아래를 둘둘 만다는 뜻으로, 돗자리를 둘둘 말듯이, 천하(天下)를 주름잡아 너른 땅을 쉽사리 삼킬 듯한, 세차고 거침없는 형세(形勢. 어떠한 일의 형편이나 상태)를 비유적으로 이르는 말. *석권(席卷·捲): ☞석권지세(席卷·捲之勢). *천하(天下): ①온 세상. 또는 하늘 밑. ②한 나라. 또는 정권. ③(관형사적 용법) 세상에 드문. 또는 세상에 다시없는. *돗자리: ☞석고대명(席藁待命). *말다: ☞석권지세(席卷·捲之勢).

석별-지-정(惜別之情 아깝게 여길 **석**/헤어질 **별**/어조사 **지**/정 **정**) 헤어짐을 아깝게 여기는 정(情)이라는 뜻으로, 서로 헤어지는 것을 섭섭히 여기는 마음을 이르는 말. *석별(惜別): 서로 애틋하게 이별함. 또는 그런 이별.

석-불-가-난(席不暇暖 자리 **석**/없을 **불**/겨를 **가**/따듯할 **난**) (앉은) 자리가 따듯할 겨를이 없다는 뜻으로, 자리나 주소를 자주 옮기거나, 매우 바쁘게 활동하거나 돌아다님을 이르는 말.

석상-휘호(席上揮毫 자리 **석**/위 **상**/휘두를 **휘**/붓 **호**) 자리 위에서 붓을 휘두른다는 뜻으로, 앉은자리에서 휘둘러 쓴 글씨나 그림. 또는 그림이나 글씨를 앉은자리에서 즉시 그리거나 쓰는 일을 비유적으로 이르는 말. *석상(席上): 누구와 마주한 자리. 또는 여러 사람이 모인 자리. *휘호(揮毫): 붓을 휘둘러 글씨를 쓰거나 그림을 그림. *자리: 부록 '석(席)' 참고. *휘두르다: 부록 '휘(揮)' 참고.

석-수-침-류(石漱枕流 돌 **석**/양치질 **수**/베개 **침**/흐를 **류**) 돌로 양치질을 하고 흐르는 (물을) 베개로 (삼는다)는 뜻으로, 실수(失手. 부주의로 잘못을 저지름. 또는 그 잘못)를 인정하려 들지 않거나 남에게 지지 않으려고 억지를 부리는 것을 비유적으로 이르는 말. 남에게 물로 양치질하고 돌로 베개를 삼는다고 해야 할 것을, 돌로 양치질하고 흐르는 물로 베개를 삼는다고 하고서도 잘못이 아니라고 한 고사(故事.

유래가 있는, 옛날의 일)에서 나온 말. =수석침류(漱石枕流). 침류수석(枕流漱石). 나머지 구체적인 내용은 ⇨수석침류(漱石枕流).

석-안-유-심(釋眼儒心 부처 **석**/눈 **안**/선비 **유**/마음 **심**) 부처의 눈[眼]과 선비의 마음. 즉, 석가모니의 눈[眼]과 중국 춘추시대의 사상가이며 학자인 공자(孔子)의 마음이라는 뜻으로, 매우 자비(慈悲)스럽고 인자(仁慈. 마음이 어질고 자애로움)함. 즉, 매우 자비(慈悲)롭고 어진 마음으로 사랑함을 비유적으로 이르는 말. 여기서 '부처'는 석가모니를, '선비'는 공자(孔子)를 비유(比·譬喩. 어떤 사물의 모양이나 상태 따위를 보다 효과적으로 표현하기 위하여 그것과 비슷한 다른 사물에 빗대어 표현함. 또는 그 표현 방법)했음. *선비: 부록 '유(儒)' 참고.

석인-석마(石人石馬 돌 **석**/사람 **인**/돌 **석**/말 **마**) 돌로 (된) 사람과 돌로 (된) 말[馬]이라는 뜻으로, 돌로 만든 사람이나 말[馬]의 형상(形象)을 이르는 말. *석인(石人): 무덤 앞에 세우는, 돌로 만든 사람의 형상. 왕릉(王陵. 임금의 무덤)이나 지체(순우리말로, 대대로 이어 내려오는 사회적 신분이나 지위)가 높은 사람의 무덤 앞에 세우며, 문석인(文石人), 무석인(武石人), 동자석(童子石) 따위가 있다. *석마(石馬): 능침(陵寢. 임금이나 왕후의 무덤)의 문인석(文人石)과 무인석(武人石) 곁에 세우는, 돌로 만든 말[馬].

석인-석수(石人石獸 돌 **석**/사람 **인**/돌 **석**/짐승 **수**) 돌로 (된) 사람과 돌로 (된) 짐승이라는 뜻으로, 무덤 앞에 세우는, 돌로 만든 사람이나 짐승의 형상(形象)을 이르는 말. *석인(石人): ☞석인석마(石人石馬). *석수(石獸): 무덤 앞에 세운, 돌로 만든 짐승의 상(像).

석전-경우(石田耕牛 돌 **석**/밭 **전**/밭 갈 **경**/소 **우**) 돌이 (있는) 밭(자갈밭)을 가는 소[牛]라는 뜻으로, 황해도(黃海道) 사람의 인내심(忍耐心) 강하고 부지런한 성격을 비유적으로 이르는 말. 圐 맹호출림(猛虎出林). 암하고불(巖·岩下古佛). *석전(石田): 돌이 많은 밭. =자갈밭. *경우(耕牛): 논밭을 가는 데 부리는 소. 이 사자성어의 유래는 다음과 같다. 〈조선 태조(太祖)가 즉위 초에 정도전(鄭道傳)에게 명(命)하여 팔도(八道) 사람을 평(評)하라고 한 일이 있었다. 정도전(鄭道傳)은 다음과 같이 평(評)했다. "경기도는 경중미인(鏡中美人. 거울 속에 비친 여인), 충청도는 청풍명월(淸風明月. 맑은 바람과 밝은 달), 전라도는 풍전세류(風前細柳. 바람 앞에 하늘거리는, 가는 버들), 경상도는 송죽대절(松竹大節. 소나무나 대나무 같은 굳은 절개), 강원도는 암하노불(巖下老佛. 바위 아래 늙은 부처), 황해도는 춘파투석(春波投石. 봄 물결에 던져진 돌), 평안도는 산림맹호(山林猛虎. 삼림 속의 용맹한 호랑이)입니다." 그러자 정도전(鄭道傳)은 태조(太祖)의 출신지인 함경도에 대해서는 평(評)을 하지 못했다. 태조(太祖)가 아무 말도 좋으니 어서 말하라고 재촉하자, 정도전(鄭道傳)이 말했다. "함경도는 이전투구(泥田鬪狗. 진흙 밭에서 싸우는 개)입니다." 태조(太祖)의 안색이 변하자, 눈치 빠른 정도전(鄭道傳)이 곧 말을 고쳐 대답했다. "함경도는 또한 석전경우(石田耕牛, 돌밭에서 밭을 가는 소)이기도 합니다." 태조(太祖)는 그제야 용안(龍顏. '임금의 얼굴'을 높이어 이르는 말)에 희색(喜色)을 띠며 후한 상을 내렸다.〉 여기서, '석전경우(石田耕牛)'가 유래했다. 팔도(八道) 사람에 대한 이런 평(評)의 출전은 정확히 알 수 없는데, 아마 이전부터 전해 내려오는 말이 아닌가 추측된다. 이 사자성어는 우리나라에만 사용되고 있다.

석-지-실-목(惜枝失木 아낄 **석**/가지 **지**/잃을 **실**/나무 **목**) (초목의) 가지를 아끼려다가 (전체의) 나무를 잃는다는 뜻으로, 너무 인색(吝嗇. 재물을 아끼는 태도가 몹시 지나침)하게 굴다가 오히려 손해를 봄을 비유적으로 이르는 말. 《관련 속담》 기와 한 장 아끼다가 대들보 썩힌다. / 모시 고르다 베 고른다. / 아끼다 똥 된다. / 아끼다가 개 좋은 일만 한다. / 한 푼 아끼다 백 냥 잃는다.

석척-기우(蜥蜴祈雨 도마뱀 석/도마뱀 척/빌 기/비 우) 도마뱀과 도마뱀이 (들어있는 병·瓶에게) 비가 (오기를) (간절히) 빈다는 뜻으로, 예전에, 중국에서 지내던 기우제(祈雨祭. <u>하지·夏至가 지나도록 비가 오지 않을 때, 비가 오기를 비는 제사</u>)의 하나를 이르는 말. 도마뱀이 용(龍)과 비슷하다 하여, 이것을 잡아 병(瓶)에 넣어 냇물에 담가 두고 제사(祭祀)를 지냈다고 함. *석척(蜥蜴): =도마뱀. 즉, 도마뱀과의 동물을 통틀어 이르는 말. 몸은 가늘고 길며 허리는 통통함. 온몸이 비늘로 덮여 있고, 네 다리가 발달하였으며, 꼬리는 긴 원통형으로 끝이 뾰족한데, 적에게 잡히면 스스로 꼬리를 끊고 도망감. 대체로 돌 밑에서 살며, 몸빛을 쉽게 바꾸는 것도 있음. *기우(祈雨): 가물 때에 비 오기를 빎. *도마뱀: 부록 '석(蜥)', '척(蜴)' 참고.

석화-광음(石火光陰 돌 석/불 화/빛 광/그늘 음) 빛과 그늘이 돌의 불과 (같다.) 즉, 돌이 부딪칠 때, 불빛이 한 번 번쩍하고 곧 없어진다는 뜻으로, 몹시 빠른 세월. 즉, 세월(歲月)이 매우 빨리 지나감을 비유적으로 이르는 말. *석화(石火): ①부시(<u>부싯돌을 쳐서 불똥이 일어나게 하는 쇳조각</u>)로 부싯돌(<u>질이 단단하여 부시로 쳐서 불을 일으키는 데 쓰는 차돌의 하나</u>)을 쳤을 때 일어나는 불. ②돌이 서로 맞부딪치거나, 돌과 쇠가 맞부딪칠 때 순간적으로 일어나는 불. ③부싯돌의 불처럼 몹시 빠른 순간적인 동작 따위를 비유적으로 이르는 말. *광음(光陰): 햇빛과 그늘이라는 뜻으로, 시간. 또는 세월을 이르는 말.

선-건-전-곤(旋乾轉坤 돌 선/하늘 건/구를 전/땅 곤) 하늘을 돌게 (하고) 땅을 구르게 (한다). 즉, 천지(天地)를 뒤집는다는 뜻으로, ①나라의 난(亂. <u>전쟁 따위로 세상이 어지러운 상태</u>)을 평정(平定. <u>반란·叛亂이나 소요·騷擾를 누르고 평온하게 진정시킴</u>)함을 비유적으로 이르는 말. ②나라의 나쁜 풍습(風習)을 크게 고침을 비유적으로 이르는 말.

선견-지-명(先見之明 먼저 선/볼 견/어조사 지/밝을 명) 먼저 보는 밝음. 즉, 앞을 환히 내다본다는 뜻으로, 어떤 일이 일어나기 전에 미리 앞을 내다보고 아는 지혜(智慧. <u>사물의 이치나 선악 따위를 잘 분별하는 마음의 작용</u>). 즉, 닥쳐올 일을 미리 아는 슬기로움을 이르는 말. *선견(先見): 어떤 일이 일어나기 전에 미리 앞을 내다보고 앎.

선골-도-풍(仙骨道風 신선 선/뼈 골/도교 도/풍채 풍) 신선(神仙)의 뼈와 도교(<u>도인</u>)의 풍채(風采)라는 뜻으로, 세속(世俗. <u>사람이 살고 있는 모든 사회를 이르는 말</u>)을 초월한 신선(神仙) 같은, 의젓한 겉모양과 용모(容貌)를 이르는 말. 倒 선풍도골(仙風道骨). *선골(仙骨): 세속(世俗)을 초월한 신선(神仙) 같은 풍모(風貌. <u>풍채와 용모</u>). *신선(神仙): 부록 '선(仙)' 참고. *도교(道敎): 무위자연설(無爲自然說)을 근간으로 하는 중국의 다신적(多神的. <u>여러 신·神이 존재하는. 또는 그런 것</u>) 종교를 이르는 말. 황제(皇帝)와 노자(老子. <u>중국 춘추전국시대·春秋戰國時代의 사상가·思想家, 도가·道家의 시조·始祖</u>)를 신격화한 태상노군(太上老君. <u>중국 춘추시대의 사상가인 '노자·老子'를 높여 이르는 말</u>)을 숭배하며, 노장(老莊. <u>중국 고대의 사상가인 '노자·老子'와 '장자·莊子'를 아울러 이르는 말</u>) 철학을 받아들이고 여기에 음양오행설(陰陽五行說)과 신선사상(神仙思想)을 더하여 불로장생(不老長生. <u>본문 참고</u>)을 추구하였음. 여기서, '장자(莊子)'는 중국 전국시대·戰國時代의 사상가. 도가·道家 사상의 중심인물. *풍채(風采): 사람의, 드러나 보이는 의젓한 겉모양.

선-공-무덕(善供無德 잘할 선/바칠 공/없을 무/덕 덕) 바치는 (것을) 잘하여도 덕(德)이 없다. 즉, 부처에게 공양(供養. 불교에서, 부처나 보살에게 음식물이나 꽃 따위를 바치는 일)을 잘하여도 아무 공덕(功德. 착한 일을 하여 쌓은 업적과 어진 덕)이 없다는 뜻으로, 남을 위하여 힘을 썼으나 그것에 대한 아무런 보람이나 소득(所得)이 없음을 비유적으로 이르는 말. *무덕(無德): 덕(德)이나 덕망(德望)이 없음. *바치다: ①(웃어른 따위에게) 드리다. ②자기의 정성이나 힘, 목숨 따위를 남을 위해서 아낌없이 다하다.

선-공-후-사(先公後私 먼저 **선**/여러 **공**/뒤 **후**/사사로울 **사**) 여러 (사람의 일은) 먼저하고 사사로운 (일은) 뒤에 (한다는) 뜻으로, 공적(公的)인 일을 먼저하고 사사로운 일은 뒤로 미룸을 이르는 말. 즉, 사사로운 일보다 공적인 일을 중요하게 생각함을 이르는 말. *먼저: 부록 '선(先)' 참고. *여러: 팬 많은 수효의. *사사롭다(私私~): 공적(公的)이 아니고, 개인적인 성격을 띠고 있다.

선-기-후인(先己後人 먼저 **선**/자기 **기**/뒤 **후**/사람 **인**) 뒤의 사람보다 자기의 (일을) 먼저 (한다는) 뜻으로, 남의 일보다 자신(自身)의 일을 먼저 성실히 처리함을 이르는 말. *후인(後人): 뒷시대의 사람. 또는 후세(後世)의 사람. *먼저: 부록 '선(先)' 참고.

선나-후-주(先拿後奏 먼저 **선**/잡을 **나**/뒤 **후**/아뢸 **주**) 먼저 잡고 뒤에 아뢴다는 뜻으로, 죄인(罪人)을 먼저 잡아놓고, 나중에 임금에게 아뢰던 일을 이르는 말. 죄 있는 주임관(奏任官)을 체포하는 절차였다. 여기서, '주임관(奏任官)'은 갑오개혁(甲午改革) 이후에 제정된 관계(官階. 관리나 벼슬의 등급)의 한 가지. 여러 대신(大臣)이 추천하여 임금이 임명하였음. 일본식 관계(官階)를 본뜬 것임. 뀁 선주후나(先奏後拿). *선나(先拿): 죄인을 임금에게 아뢰기 전에 먼저 잡던 일. *'후-주'는 『국어사전(國語辭典)』에 등재(登載)된, '반주(伴奏)에서 독주나 독창이 끝난 뒤에 연주하는 부분'인 '후주(後奏)'의 뜻과는 별개다. *먼저: 부록 '선(先)' 참고. *아뢰다: 부록 '주(奏)' 참고.

선남-선녀(善男善女 착할 **선**/사내 **남**/착할 **선**/계집 **녀**) (성품이) 착한 사내(남자)와 (성품이) 착한 계집(여자)이라는 뜻으로, ①착하고 어진 사람들을 이르는 말. ②곱게 단장(丹粧. 얼굴, 머리, 옷차림 따위를 곱게 꾸밈)을 한 남자와 여자를 이르는 말. ③불교에 귀의(歸依. 불교의 가르침을 믿고 그에 의지함)한 사람들을 이르는 말. *선남(善男): ①성품이 착한 남자. ②불법(佛法. 부처의 가르침을 이르는 말. 여기서는 '불교'와 같은 뜻)에 귀의(歸依)한 남자. *선녀(善女): ①성품이 착한 여자. ②불법(佛法)에 귀의(歸依)한 여자.

선-대부인(先大夫人 먼저 **선**/클 **대**/사내 **부**/사람 **인**) 먼저 (가신) 대부인(大夫人)이라는 뜻으로, 돌아가신 남의 어머니를 높여 이르는 말. *대부인(大夫人): ①남의 어머니를 높여 이르는 말. ②천자(天子)를 낳은 부인. 여기서, '천자(天子)'는 천제(天帝. 하늘을 다스리는 신. 또는 우주를 창조하고 주재한다고 믿어지는 초자연적인 절대자)의 아들이란 뜻으로, 천명(天命. 하늘의 명령)을 받아 천하(天下)를 다스리는 사람. 곧 중국에서 황제(皇帝)를 일컫던 말이다. *먼저: 부록 '선(先)' 참고.

선-례-후-학(先禮後學 먼저 **선**/예절 **례**/뒤 **후**/배울 **학**) 먼저 예절(예의)을 (배우고) 뒤에 (학문을) 배운다는 뜻으로, 예의(禮儀)가 으뜸(중요한 정도로 본. 어떤 사물의 첫째를 이르는 말)이고 우선(優先. 다른 것보다 앞섬. 또는 남보다 앞서 행사함)임을 이르는 말. *먼저: 부록 '선(先)' 참고.

선-망-후-실(先忘後失 먼저 **선**/잊을 **망**/뒤 **후**/잃을 **실**) 먼저의 (것은) 잊고 뒤의 (것은) 잃는다는 뜻으로, 자꾸 잊어버리기를 잘함을 이르는 말. *먼저: 부록 '선(先)' 참고.

선민-사상(選民思想 뽑을 **선**/백성 **민**/생각 **사**/생각할 **상**) 뽑힌 백성의 사상(思想)이라는 뜻으로, ①한 사회

(社會)에서 남달리 특별한 혜택(惠澤)을 받고 잘사는 소수(少數. <u>적은 수효</u>)의 사람들이 가지는 우월감(優越感)을 이르는 말. =선민의식(選民意識). ②이스라엘(Israel) 사람들이 느끼는 종교적이고 민족적인 우월감(優越感)을 이르는 말. 곧 하느님이 세계의 모든 백성 가운데에서 유일신(唯一神. <u>오직 하나밖에 없는 신</u>)을 믿는 이스라엘(Israel) 백성만을 선택하였다고 믿는 사상이다. =선민의식(選民意識). *선민(選民): ①선택 받은 백성. ②이스라엘(Israel) 백성이, 스스로를 하느님의 선택을 받은 백성이라는 뜻으로 이르는 말. *사상(思想): ①생각. ②사고 작용의 결과로 얻어진 체계적 의식 내용. ③사회나 정치에 대한 일정한 견해.

선민-의식(選民意識 뽑을 선/백성 민/뜻 의/알 식) 뽑힌 백성의 의식(意識)이라는 뜻으로, ①한 사회(社會)에서 특별히 혜택(惠澤)을 받고 잘사는 소수(少數. <u>적은 수효</u>)의 사람들이 가지는 우월감(優越感). =선민사상(選民思想). ②이스라엘(Israel) 사람들이 느끼는 종교적이고 민족적인 우월감(優越感). 곧 하느님이 세계의 모든 백성 가운데서 유일신(唯一神. <u>오직 하나밖에 없는 신</u>)을 믿는 이스라엘(Israel) 백성만을 선택하였다고 믿는 의식이다. =선민사상(選民思想). *선민(選民): ☞ 선민사상(選民思想). *의식(意識): ①깨어 있을 때의 마음의 작용이나 상태. ②사회적 또는 역사적인 영향을 받아서 형성되는 감정, 견해, 사상, 이론 따위를 이르는 말.

선발-제-인(先發制人 먼저 선/드러낼 발/누를 제/사람 인) (자신을) 먼저 드러내고 (일이 생기기 전에) (다른) 사람을 누른다. 즉, 먼저 착수(着手. <u>어떤 일에 손을 댐. 또는 어떤 일을 시작함</u>)하면 다른 사람을 제압(制壓. <u>위력이나 위엄으로 세력이나 기세 따위를 억눌러서 통제함</u>)할 수 있다는 뜻으로, 남의 꾀를 사전(事前. <u>어떤 일이 일어나기 전. 또는 일을 시작하기 전</u>)에 알아차리고, 일이 일어나기 전에 미리 막아냄을 이르는 말. 선수(先手. <u>남이 하기 전에 앞서 하는 일</u>)를 쳐서 기선(機先. <u>어떤 일이 일어나려는 그 직전. 또는 어떤 일을 일으키려는 그 직전</u>)을 제압(制壓)한다는 말이다. *선발(先發): 남보다 먼저 어떤 일을 시작하거나 길을 떠남. *먼저: 부록 '선(先)' 참고. *드러내다: '드러나다'의 사동. 드러나게 하다. 즉, ①(가려져 안 보이던 것이) 나타나 보이게 하다. ②(알려지지 않던 것이) 알려지게 하다. *누르다: ①힘을 가하여 위에서 아래로 밀다. ②무거운 것을 얹어 놓다. ③어떤 심리 작용이 일어나지 못하게 하다. ④남을 꼼짝 못하게 윽박지르다. 이 사자성어의 유래는 다음과 같다. 『사기(史記)』의 「항우본기(項羽本紀)」 편(篇)에 〈(진·秦나라가 망할 날이 얼마 남지 않았다고 판단한) 회계(會稽)의 군수(郡守. <u>군·郡의 행정을 맡아보는 으뜸 직위에 있는 사람. 또는 그 직위</u>)인 은통(殷通)도 (군대를 일으켜 진·秦나라에 대항할 계획을 세우고, 초·楚나라 장수의 후예·後裔인) 항량(項梁)을 불러 (거병·擧兵할 뜻을 밝히면서) 말했다. "장강(長江. <u>'양쯔 강·揚子江'을 달리 이르는 말. 중국의 중심부를 흐르는 중국에서 제일 큰 강</u>) 서쪽이 다 반란(反·叛亂. <u>정부나 지배자에게 반항하여 내란을 일으킴</u>)을 일으켰으니, 이는 하늘이 진(秦)나라를 멸망시키는 때인 것 같소. '선수(先手)를 쓰면 기선(機先)을 제압할 수 있지만, 늦으면 남에게 제압을 당하게 된다.'고 들었소. 나도 군사를 일으킬 생각인데, 귀공(貴公)과 환초(桓楚)가 장군이 되어 주십시오."(會稽守通謂梁曰, 江西皆反, 此亦天亡秦之時也, 吾聞先卽制人, 後則爲人所制, 吾欲發兵, 使公及桓楚將.)〉라는 이야기가 나오는데, '선수(先手)를 쓰면 기선(機先)을 제압할 수 있지만, 늦으면 남에게 제압을 당하게 된다.고 들었소.(吾聞先卽制人, 後則爲人所制)'에서, '선발제인(先發制人)'이 유래했다. 위의 '선즉제인(先卽制人)'이나 '선발제인(先發制人)'은 같은 뜻이다. 『한서(漢書)』의 「항적전(項籍

傳)」에도 동일한 이야기가 나오는데. 여기에는 '선발제인, 후발제인(先發制人, 後發制人)'으로 기록되어 있다. 나머지 구체적인 내용은 ⇨선즉제인(先卽制人).

선봉-대장(先鋒大將 먼저 **선**/선봉 **봉**/클 **대**/장수 **장**) 먼저 선봉(先鋒)에 (서 있는) 큰 장수(將帥)라는 뜻으로, ①앞장선 군대(軍隊)를 거느리는 장수(將帥)를 이르는 말. ②제일 앞에 진(陣)을 친 부대(部隊)를 지휘(指揮)하는 장수(將帥)를 이르는 말. *선봉(先鋒): ①부대(部隊)의 맨 앞에 나서서 작전(作戰. 일정 기간에 집중적으로 벌이는 군사적 행동을 통틀어 이르는 말)을 수행하는 군대(軍隊). ②무리의 앞자리. 또는 그 자리에 선 사람. *대장(大將): ①국군의 장관(將官) 계급의 하나. 중장(中將) 위. ②조선 말기에, 도성(都城. 임금이나 황제가 있던 도읍지가 성·城으로 이루어져 있었다는 데서, '서울'을 이르던 말)에 상비(常備. 필요할 때에 쓸 수 있어 늘 갖추어 둠)하던 각 영(營. 병영·兵營의 문·門)의 장수(將帥). *먼저: 부록 '선(先)' 참고. *장수(將帥): 부록 '장(將)' 참고.

선-부-후-빈(先富後貧 먼저 **선**/넉넉할 **부**/뒤 **후**/가난할 **빈**) 먼저 넉넉하다가 뒤에 가난하다는 뜻으로, 처음에는 잘살던 사람이 나중에는 가난해짐을 이르는 말. 逆 선빈후부(先貧後富). *먼저: 부록 '선(先)' 참고.

선-빈-후-부(先貧後富 먼저 **선**/가난할 **빈**/뒤 **후**/넉넉할 **부**) 먼저 가난하다가 뒤에 넉넉하다는 뜻으로, 처음에는 가난하던 사람이 나중에는 부자(富者)가 됨을 이르는 말. 逆 선부후빈(先富後貧). *먼저: 부록 '선(先)' 참고.

선사-상관(善事上官 착할 **선**/섬길 **사**/위 **상**/벼슬 **관**) (나보다) 위[上]의 벼슬을 착하게 섬긴다는 뜻으로, 상관(上官)을 잘 섬김을 이르는 말. *선사(善事): ①윗사람을 잘 섬김. ②착한 일. 또는 좋은 일. ③신령(神靈. 신앙의 대상이 되는 초자연적인 정령·精靈)과 부처('석가모니·釋迦牟尼'의 다른 이름)에게 공양(供養. 불교에서, 부처나 보살에게 음식물이나 꽃 따위를 바치는 일)함을 이르는 말. *상관(上官): 직책이 어떤 사람보다 높은 자리에 있는 사람. *섬기다: ①윗사람이나 어른을 모시어 받들다. ②남을 아끼다.

선성-탈-인(先聲奪人 먼저 **선**/소리 **성**/빼앗을 **탈**/사람 **인**) 먼저 소리를 (내어) 사람의 (기세를) 빼앗는다는 뜻으로, ①먼저 소문(所聞)을 퍼뜨려 남의 기세(氣勢. 기운차게 뻗치는 모양이나 상태)를 꺾음을 이르는 말. ②먼저 소리를 질러 남의 기세(氣勢)를 꺾음을 이르는 말. *선성(先聲): ①전부터 알려져 있는 명성(名聲. 세상에 널리 퍼져 평판 높은 이름). ②미리 보내는 기별(奇別. 소식을 전하여 알려 줌. 또는 소식을 적은 종이)을 이르는 말. ③어떤 일이 일어나기 전에 미리 알려지는 소문. *먼저: 부록 '선(先)' 참고.

선-시-선-종(善始善終 착할 **선**/시작할 **시**/착할 **선**/마칠 **종**) 시작할 (때도) 착하고 마칠 (때도) 착하다. 즉, 시작(始作)도 잘하고 마무리도 잘한다는 뜻으로, 처음이나 끝이나 한결같이 잘함을 비유적으로 이르는 말. *'선-종'은 『국어사전(國語辭典)』에 등재(登載)된, 가톨릭(Catholic)에서 말하는 '선종(善終. 가톨릭·Catholic에서, 임종·臨終 때에 성사·聖事를 받아 큰 죄가 없는 상태에서 죽는 일)'의 의미와 다름.

선-시-어-외(先始於隗 먼저 **선**/시작할 **시**/어조사 **어**/높을 **외**) 먼저 외(隗)부터 시작하라. 곧 '인재(人材. 어떤 일을 할 수 있는 학식이나 능력을 갖춘 사람)를 구한다면 먼저 나[곽외(郭隗)]부터 등용(登用. 인재를 뽑아서 씀)하시오.'라고 한 말. 가까이 있는 자(者)부터, 또는 말을 꺼낸 자(者)부터 시작하라는 말. 여기서, '곽외(郭隗)'는 연(燕)나라 사람 이름. 盛 선종외시(先從隗始). *먼저: 부록 '선(先)' 참고. 이 사자성어의 유래는 다음과 같다. 『전국책(戰國策)』의 「연책(燕策)」 편(篇)에 〈이제 왕께서 선비들을 모으려

하신다면 먼저 이 외(隗)부터 시작하십시오. 제가 대우를 받는 것을 보면 저보다 현명한 사람들이 천 리를 멀다 하지 않고 몰려올 것입니다. 소왕(昭王)은 새로 궁실(宮室)을 짓고 곽외(郭隗)를 스승으로 모셨다.(今王誠欲致士, **先從隗始**, 隗且見事, 況賢於隗者乎, 豈遠千里哉, 於是昭王爲隗築宮而師之.)〉라 는 이야기가 나오는데, '먼저 이 외(隗)부터 시작하십시오.(先從隗始)'에서, '선시어외(先始於隗)'가 유래 했다. '선시어외(先始於隗)'는 '선종외시(先從隗始)'라고도 한다. 중국 전국시대(戰國時代) 연(燕)나라가 소왕(昭王)은, 안으로는 내분(內紛. 특정 조직이나 단체의 내부에서 자기편끼리 일으킨 분쟁)으로 혼란 스럽고, 밖으로는 제(齊)나라에 많은 영토를 빼앗겨 국력이 약해진 상태에서 왕위에 올랐다. 소왕(昭王) 은 재상(宰相. 임금을 보필하며 모든 관원을 지휘, 감독하는 자리에 있는 이품·二品 이상의 벼슬을 통틀 어 이르던 말)인 곽외(郭隗)에게 실지(失地. 빼앗겨 잃어버린 땅. 또는 잃어버린 자기의 세력 범위를 비유적으로 이르는 말) 회복에 필요한 인재(人材. 어떤 일을 할 수 있는 학식이나 능력을 갖춘 사람) 등용(登用. 인재를 뽑아서 씀)의 방책(方策. 방법과 꾀)을 물었을 때, 그가 대답한 말이다. 나머지 구체적 인 내용은 ⇨선종외시(先從隗始).

선-실-기-도(先失其道 먼저 선/잃을 실/그 기/도리 도) 먼저 그 도리(道理)를 잃는다는 뜻으로, 어떤 일을 하는데 있어 먼저 그 방법부터 잘못 되거나 방법을 그르침(잘못하여 그릇되게 함)을 이르는 말. *먼저: 부록 '선(先)' 참고. *도리(道理): 여기서는 마땅한 방법이나 길.

선악-불-이(善惡不二 착할 선/악할 악/아닐 불/두 이) 착하고 악함은 둘이 아니라는 뜻으로, ①(불교에서) 선(善)과 악(惡)은 모두 인연(因緣. 사람들 사이에서 맺어지는 관계)에 의하여 생긴 것으로, 각각 따로 있는 것이 아니라 평등, 무차별한 하나의 이치(理致)로 돌아간다는 것을 이르는 말. ②선(善)과 악(惡)은 둘이 아니고 한 가지로, 불법(佛法. 불교 또는 부처의 가르침)의 이치(理致)에 귀착(歸着. 의논이나 어떤 일의 경과 따위가 여러 과정을 거쳐 어떤 결말에 다다름)한다는 것을 이르는 말. *선악(善惡): 착함과 악함.

선악-상반(善惡相半 착할 선/악할 악/서로 상/반 반) 착함[善]과 악함[惡]은 서로 반(半). 즉, 선(善)과 악 (惡)이 반반(半半)이라는 뜻으로, 선(善)과 악(惡)이 서로 반(半)씩 섞여 있음을 이르는 말. *선악(善惡): ☞선악불이(善惡不二). *상반(相半): 서로 반반임. 또는 서로 어금지금함.

선악-수연(善惡隨緣 착할 선/악할 악/따를 수/인연 연) 착함[善]과 악함[惡]은 인연(因緣. 사람들 사이에서 맺어지는 관계)에 따른다는 뜻으로, 선(善)과 악(惡)이 모두 진여(眞如. '진실함이 언제나 같다'는 뜻으로, 우주 만유의 본체인 평등하고 차별이 없는 절대의 진리를 일컫는다)의 인연(因緣)에 따라 생김을 이르는 말. *선악(善惡): ☞선악불이(善惡不二). *수연(隨緣): 인연(因緣)에 따라서 현상을 일으킴. *따르다: 부 록 '수(隨)' 참고.

선악-지-보(善惡之報 착할 선/악할 악/어조사 지/갚을 보) 착함[善]과 악함[惡]에 대한 갚음이라는 뜻으로, 선악(善惡)에 대한 응보(應報. 선악·善惡의 행위에 따라 받게 되는 길흉화복·吉凶禍福의 갚음)를 이르는 말. *선악(善惡): ☞선악불이(善惡不二). *갚다: 부록 '보(報)' 참고.

선-여-인-교(善與人交 착할 선/더불어 여/사람 인/사귈 교) 착함[善]과 더불어 사람을 사귄다는 뜻으로, 남을 공경(恭敬. 공손히 받들어 모심)하여 오래도록 잘 사귐을 이르는 말.

선외-가작(選外佳作 가릴 선/바깥 외/훌륭할 가/작품 작) (입선) 바깥에 가려진 훌륭한 작품이라는 뜻으로, 입선(入選. 응모나 출품한 작품 따위가 뽑는 범위 안에 듦)은 되지 않았으나 꽤 잘된 작품을 이르는 말. *선외(選外): 입선(入選)에 들지 못함. *가작(佳作): ①잘된 작품. ②(현상 모집 따위에서) 당선(當選)에 버금가는 작품. *가리다: 부록 '선(選)' 참고.

선-우-후-락(先憂後樂 먼저 선/근심 우/뒤 후/즐거울 락) (다른 사람보다) 먼저 근심하고 (다른 사람보다) 뒤에 즐거워한다. 즉, 세상(世上)의 근심할 일은 남보다 먼저 근심하고, 즐거워할 일은 남보다 나중에 즐거워한다는 뜻으로, 지도자(指導者)로서 가져야 할 자세(姿勢)나, 자신보다 세상을 먼저 생각하는 지사(志士. 크고 높은 뜻을 가진 사람. 또는 국가, 민족, 사회를 위하여 자기 몸을 바쳐 일하려는 포부를 가진 사람)나, 어진 사람의 마음씨 따위를 이르는 말. *먼저: 부록 '선(先)' 참고. 이 사자성어의 유래는 다음과 같다. 북송(北宋)의 정치가 범중엄(范仲淹)의 「악양루기(岳陽樓記)에 [오호라, 내가 일찍이 옛날 어진 분들의 마음을 알아보았는데, 혹은 이 두 가지(즐거움과 근심)와 다르니 무엇 때문인가? 사물('지위나 명예'을 비유하는 말)로 인해 기뻐하지 않고, 자신으로 인해 슬퍼하지 않았다. 즉, 이 말은, 옛날 인자(仁者. 어진 사람)들은 사물('지위나 명예'를 비유하는 말) 때문에 기뻐하지 아니하며, 자기 자신 때문에 슬퍼하지 아니한다는 뜻이다. 묘당(廟堂. 여기서는 '조정·朝廷'을 달리 이르는 말)의 높은 곳에 있을 때는 백성들을 근심하고, 이 말은, 옛날 인자(仁者)들은 조정(朝廷. 임금이 나라의 정치를 신하들과 의논하거나 집행하는 곳. 또는 그런 기구)의 높은 지위에 있을 때에는 오로지 백성들의 노고를 걱정한다는 뜻이다. (벼슬에서 물러나) 강호(江湖)의 먼 곳에 있을 때에는 왕을 걱정했으니, 이 말은, 옛날 인자(仁者)들은 조정에서 물러나 있을 때는 오로지 나라 임금을 걱정하였다는 뜻이다. 나아가서도 걱정하고 물러나서도 걱정했다. 이 말은, 옛날 인자(仁者)들은 나아가서도 물러나도 항상 근심과 함께 있었다는 것이다.]〈그런즉, 어느 때에 즐거워했었겠는가? 이 말은, 옛날 인자(仁者)들에게 언제 즐거움이 있었느냐고 묻는다면, '틀림없이 이렇게 대답할 것이다.'라고 말한다는 뜻이다. 그들은 분명히 "천하가 근심하기 전에 먼저 근심하고, 천하가 즐거워한 후에 즐거워한다."고 말할(대답할) 것이다. 즉, 세상에 근심할 일은 남보다 내가 먼저 걱정하고, 즐거워할 일은 내가 남보다 나중에 즐긴다. 또, 좋지 않은 일은 남들보다 내가 먼저하고, 좋은 일은 나보다 남이 먼저 하게 한다. 이것은 어진 사람의 마음씨를 말하고 있는 것이다. 오호(嗚呼)라, 이런 사람이 아니라면 내 누구와 함께 돌아가겠는가? 즉, 아아! 그와 같은 어진 이들이 없었다면, 나('범중엄·范仲淹'을 가리킴)는 누구를 본받고 의지하며 살아갈 것인가?(然則何時而樂耶, 其必曰, **先天下之憂而憂, 後天下之樂而樂歟**. 噫, 微斯人, 吾誰與歸.)〉라는 이야기가 나오는데, '천하가 근심하기 전에 먼저 근심하고, 천하가 즐거워한 후에 즐거워한다.(先天下之憂而憂, 後天下之樂而樂歟)'에서, '선우후락(先憂後樂)'이 유래했다. 이 이야기의 배경은 이렇다. 경력(慶歷. 북송·北宋의 인종·仁宗인 조정·趙禎의 연호·年號) 4년 봄, 등자경(藤子京. 사람 이름)이 유배(流配)되어 파릉군(巴陵郡)의 군수(郡守. 군·郡의 행정을 맡아보는 으뜸 직위에 있는 사람. 또는 그 직위)가 되었다. 이듬해가 되자 정치(政治)가 통하고 사람들이 화합하며, 이전의 온갖 폐단(弊端. 어떤 일이나 행동에서 나타나는 옳지 못한 경향이나 해로운 현상)들이 잘 고쳐져 일어나게 되었다. 이에 악양루(岳陽樓. 누각 이름)를 중수(重修. 건축물 따위의 낡고 헌 것을 손질하여 고침)하였는데, 옛 규모를 늘리고 당대(當代)의 현인(賢人)들과 오늘날 사람들의 시부(詩賦)를 그 위에 새겨 넣었으며, 나('범중엄·范仲淹'을 가리킴)에게는 문장(文章)을 지어서 그 일을 기록해 달라고 하였다. 이 이야기가, 등자경(藤子京)이 범중엄(范仲淹)에게 글을 부탁함으로서 '악양루기(岳陽樓記)'라는 불후(不朽)의 명문(名文)이 나오게 된 배경이다. 등자경(藤

子京)과 범중엄(范仲淹)은 서로 친구로 알려져 있다. 그리고 '악양루(岳陽樓)'는 두보(杜甫)의 시(詩)로도 유명하며, 중국의 수많은 시인(詩人)과 묵객(墨客. 글씨를 쓰거나 그림을 그리는 사람. 또는 시문·詩文에 능한 사람)들이 찾아와 예술혼(藝術魂)을 불태우곤 했던 곳이다. 여기서, 두보(杜甫)는 중국 당(唐)나라 때의 시인(詩人)이다. 자(字. 본이름을 함부로 부르지 않던 시대에, 본이름 대신 부르던 이름)는 자미(子美)이고, 호(號)는 소릉(少陵), 공부(工部), 노두(老杜) 등(等)으로 불리어진다. 범중엄(范仲淹)은 '악양루기(岳陽樓記)'에서, 옛날 인자(仁者)들은 매사에 '선우후락(先憂後樂)'하였듯이, 오늘날 사람들도, 공직자로서 지녀야 할 덕목이며 마음가짐을 '선우후락(先憂後樂)'에 둔 옛날 사람들을 본받아 나랏일을 처리해야 된다는 것을 강조하고 있는 것이다. 참고로, 원문의 '然則何時而樂耶'에서, '然'은 그러할 '연'으로 읽고, '則'은 곧 '즉'으로 읽는다. '然則'은 '그러면', '그런즉'의 뜻을 나타내는 접속 부사. '何'는 어느 '하'로 읽고, '時'는 때 '시'로 읽고, '而'는 말 이을 '이'로 읽는다. '그리고'의 뜻을 나타냄. '樂'은 즐거울 '락(낙)'으로 읽고, '耶'는 어조사 '야'로 읽는다. '~는가?', '~인가?(의문)'의 뜻을 나타냄. '然則何時而樂耶'를 직역(直譯)하면, 그런즉, 어느 때에 그리고 즐거워했겠는가? '其必曰'에서, '其'는 그(지시하는 말) '기'로 읽고, '必'은 반드시 '필', 틀림없이 '필'로 읽는다. '其必曰'은, 직역(直譯)하면 그들은 ~을 틀림없이 말할 것이다. '先天下之憂而憂'에서, '先'은 먼저 '선'으로 읽고, '天'은 하늘 '천'으로 읽고, '下'는 아래 '하'로 읽고, '之'는 어조사 '지'로 읽는다. '~이', '~가(주격 조사)'의 뜻을 나타냄. '憂'는 근심 '우'로 읽는다. '先天下之憂而憂'를 직역(直譯)하면, 하늘 아래 (온 세상이) 근심을 (하기 전에) 먼저 그리고 근심한다. '後天下之樂而樂歟'에서, '後'는 뒤 '후'로 읽고, '歟'는 어조사 '여'로 읽는다. '~도다', '~이로구나(영탄)'의 뜻을 나타냄. '後天下之樂而樂歟'를 직역(直譯)하면, 하늘 아래 (온 세상이) 즐거움을 (갖고 난) 뒤에 그리고 (又) 즐거워하도다. 여기서, '先憂後樂'이 유래하였는데, 이것을 직역(直譯)하면, 먼저 근심하고 뒤에 즐거워한다. 즉, 세상(世上)의 근심할 일은 남보다 먼저 근심하고, 즐거워할 일은 남보다 나중에 즐거워한다는 뜻으로, 지도자(指導者)로서 가져야 할 자세(姿勢)나, 자신보다 세상을 먼저 생각하는 지사(志士. 크고 높은 뜻을 가진 사람. 또는 국가, 민족, 사회를 위하여 자기 몸을 바쳐 일하려는 포부를 가진 사람)나 어진 사람의 마음씨를 이르는 말. '噫, 微斯人'에서, '噫'는 탄식(歎息. 한탄하여 한숨을 쉼. 또는 그 한숨)할 '희'로 읽는다. '오호(嗚呼)라'의 뜻이다. 슬픈 일이 있을 때나 안타까워 탄식할 때 내는 말. '微'는, 여기서는 없을 '미'로 읽는다. '無'와 같은 말이다. '斯'는 이(지시하는 말) '사'로 읽고, '人'은 사람 '인'으로 읽는다. '噫, 微斯人'을 직역(直譯)하면, 오호(嗚呼)라, 이런 사람이 없다면, '吾誰與歸'에서 '吾'는 나(1인칭 대명사) '오'로 읽고, '誰'는 누구(인칭 대명사) '수'로 읽고, '與'는 더불어 '여'로 읽고, '歸'는 돌아갈 '귀'로 읽는다. '吾誰與歸'를 직역(直譯)하면, 나는 누구와 더불어 돌아갈 것인가?

선-유-자-익(善游者溺 잘할 **선**/헤엄칠 **유**/사람 **자**/빠질 **익**) 헤엄치기를 잘하는 사람이 빠진다. 즉, 헤엄치는 사람이 물에 빠지기 쉽다는 뜻으로, 자신의 재주(순우리말로, 무엇을 잘할 수 있는, 타고난 능력과 슬기)만 믿고 설치다가 오히려 화(禍)를 입음을 비유적으로 이르는 말.

선인-선과(善因善果 착할 **선**/인할 **인**/착할 **선**/결과 **과**) 착함으로 인(因)하여 착한 결과가 (온다는) 뜻으로, 불교에서, 착한 일을 하면 그로 말미암아 반드시 좋은 과보(果報)를 얻게 됨을 이르는 말. 또는 선업(善業. 불교에서 이르는, 좋은 과보·果報를 받을 일)을 쌓으면 반드시 좋은 과보(果報)가 따름을 이르는 말. =복인복과(福因福果). 참 악인악과(惡因惡果). 여기서, '과보(果報)'는 '인과응보(因果應報. 본문 참고)’의 준말로, 전생에 지은 선악(善惡)에 따라 현재의 행(幸)과 불행(不幸)이 있고, 현세(現世. 지금 이 세상)에서의 선악(善惡)의 결과에 따라 내세(來世. 죽은 뒤에 다시 태어나 산다는, 미래의 세상)에서 행(幸)과 불행(不幸)이 있는 일을 이르는 말. *선인(善因): 불교에서, 선과(善果)를 가져오는 원인이 되는 선행을 이르는 말. ↔악인(惡人). *선과(善果): 착한 일에 대하여 돌아오는 좋은 과보(果報). ↔악과(惡果). *인하다(因~): ①본디 그대로 하다. ②말미암다. 즉, 원인이나 이유가 되다. 계기가 되다. 인연이 되다.

선입-주견(先入主見 먼저 **선**/들 입/주될 **주**/의견 **견**) 먼저 들어있는 주된 의견(意見)이라는 뜻으로, 어떤 일이나 대상에 대하여 이전부터 머릿속에 들어 있는, 또는 이미(돌이킬 수 없이 된 지난 일을 일컬을 때 쓰는 말) 마음속에 가지고 있는 고정적인 관념이나 견해나 관점을 이르는 말. =선입관념(先入觀念). 선입지견(先入之見). *선입(先入): ①먼저 들어가거나 들어옴. ②(보통 단독으로 쓰이지 않고 뒤에 딴말이 붙어) 그런 것들이 머릿속에 자리 잡고 있는 일. *주견(主見): ①주된 의견. ②자주적인 의견. *먼저: 부록 ‘선(先)’ 참고.

선자-옥질(仙姿玉質 신선 **선**/맵시 **자**/구슬 **옥**/바탕 **질**) 신선(神仙)의 맵시(자태)에다가 구슬[玉]의 바탕이라는 뜻으로, 기품(氣稟. 타고난 기질과 성품)이 있고 맵시가 고운 미인을 형용하여 이르는 말. 또는 몸과 마음이 매우 아름다운 사람을 비유적으로 이르는 말. *선자(仙姿): 신선(神仙)과 같은 모습이라는 뜻으로, 속세(俗世. 세속의 사람들이 사는 일반의 사회)를 떠난 모습을 이르는 말. *옥질(玉質): 구슬같이 아름다운 자질. *신선(神仙): 부록 ‘선(仙)’ 참고. *맵시: 부록 ‘자(姿)’ 참고. *구슬: ①보석이나 진주 따위로 둥글게 만든 물건. 흔히 장신구(裝身具. 몸치장을 하는 데 쓰는 물건을 이르는 말. 반지, 귀고리, 노리개, 목걸이 따위가 있음)로 쓴다. ②유리(琉璃)나 사기(沙·砂器) 따위로 둥글게 만든 놀이 기구. *바탕: 부록 ‘질(質)’ 참고.

선제-공격(先制攻擊 먼저 **선**/억제할 **제**/칠 **공**/칠 **격**) (남을) 억제하기 (위하여) (자신이) 먼저 치고 친다는 뜻으로, 상대편을 견제(牽制. 지나치게 세력을 펴거나 자유행동을 하지 못하도록 억누름)하거나 제압(制壓. 위력이나 위엄으로 세력이나 기세 따위를 억눌러서 통제함)하기 위해 먼저 손을 써서, 또는 선수(先手. 남이 하기 전에 앞서 하는 일)를 쳐서 공격(攻擊)하는 일을 이르는 말. *선제(先制): 선수를 쳐서 상대편을 제압함. *공격(攻擊): ①나아가 적을 침. ②말로 상대편을 논박(論駁. 어떤 주장이나 의견에 대하여 그 잘못된 점을 조리 있게 공격하여 말함)하거나 비난(非難)함. ③운동 경기 따위에서, 상대편을 수세(守勢. 적을 맞이하여 지키는 태세. 또는 힘이 부쳐서 밀리는 형세)에 몰아넣고 강하게 밀어붙임. *먼저: 부록 ‘선(先)’ 참고. *치다: 부록 ‘공(攻)’, ‘격(擊)’ 참고.

선-종-외-시(先從隗始 먼저 **선**/부터 **종**/높을 **외**/시작할 **시**) 먼저 나[곽외·郭隗]부터 시작(始作)하라는 뜻으로, 가까이 있는 사람부터 시작하라는 말. 또는 큰일을 이루려면 우선 늘 보고 들을 수 있을 정도로 흔하고 가까운 일에서부터 시작하라는 말. 여기서 ‘곽외(郭隗)’는 연(燕)나라의 재상(宰相. 임금을 보필하며 모든 관원을 지휘, 감독하는 자리에 있는 이품·二品 이상의 벼슬을 통틀어 이르던 말)을 일컬음. 젤 선시어외(先始於隗). *먼저: 부록 ‘선(先)’ 참고. *부터: 체언이나 부사어에 붙어, ‘동작이 비롯되는 처음’의 뜻을 나타내는 보조사. 이 사자성어의 유래는 다음과 같다. 『전국책(戰國策)』의 「연책(燕策)」편(篇)에 [전국(戰國) 시대 때, 연(燕)나라의 소왕(昭王)은 안으로는 내분(內紛. 특정 조직이나 단체의 내부에서 자기편끼리 일으킨 분쟁)으로 혼란스럽고, 밖으로는 제(齊)나라에 많은 영토를 빼앗겨 국력(國力)이 약해진 상태에서 왕위(王位. 임금의 자리)에 올랐다. 소왕(昭王)은 재상(宰相. 벼슬 이름)인 곽외(郭隗)에게 실지(失地. 빼앗겨 잃어버린 땅. 또는 잃어버린 자기의 세력 범위를 비유적으로 이르는 말) 회복(回復)에 필요한 인재(人材. 어떤 일을 할 수 있는 학식이나 능력을 갖춘 사람) 등용(登用. 인재를 뽑아서 씀)의 방책(方策. 방법과 꾀)을 물었다. 곽외(郭隗)가 대답했다. "옛날에 어떤 왕이 천(千) 금(金)으로 천리마(千里馬. 하루에 천 리를 달릴 수 있을 정도로 좋은 말)를 구하려고 하였으나, 3년 동안이나 구하지 못하고 있었습니다. 그러자 하급 관리 하나가 천리마(千里馬)를 구해 오겠다고 했습니다. 왕은 그에게 말을 사 오라고 보냈습니다. 그는 석 달 뒤에 천리마(千里馬)가 있는 곳을 알아냈으나, 천리마(千里馬)는 이미(돌이킬 수 없이 된 지난 일을 일컬을 때 쓰는 말) 죽고 없었습니다. 그는 죽은 말의 뼈를 오백(五百) 금(金)을 주고 사 왔습니다. 왕은 대로(大怒. 크게 화를 냄)해 말했습니다. '산(살아있는) 말을 사오라고 했더니, 죽은 말만 오백(五百) 금(金)이나 주고 사다니……' 관리가 대답했습니다. '죽은 말의 뼈를 오백(五百) 금(金)이나 주고 샀으니, 천리마(千里馬)를 가진 자(者)들이 몰려들 것입니다.' 즉, 죽은 말도 오백 금(金)으로 사는데, 살아 있는 말이라면 더할 것입니다. 세간(世間. 사람들이 살아가는 곳. =세상·世上)에서는 임금께서 후한 값으로 말을 사들인다고 생각할 것이므로, 머지않아 좋은 말들이 얼마든지 찾아올 것입니다. 라는 뜻으로 곽외(郭隗)가 말한 것이다. 또한 이 말은, 작은 희생을 치르고 나면 언젠가는 처음 목표한 이상(以上)을 얻게 될 수 있다는 뜻으로 풀이 할 수 있다. 과연 1년도 지나지 않아 천리마(千里馬)가 세 필(匹. 말이나 소를 세는 단위)이나 이르렀다고 합니다.]〈이제 왕께서 선비들을 모으려 하신다면 먼저 이 외(隗)부터 시작하십시오. 제가 대우를 받는 것을 보면 저보다 현명한 사람들이 천 리를 멀다 하지 않고 몰려올 것입니다." 즉, 이 말을 풀이하면, 그러니 왕께서 어진 선비들을 불러들이고자 하는 것이 진심이라면 우선 저부터 채용해 주십시오. 왕께서 저 같은 것도 섬기고 있다는 것을 알면, 저보다 어진 선비들은 어찌 천 리를 멀다고 하겠습니까? 즉, 믿음을 앞세우고 실천하면 어떤 난관(難關. 일을 하여 나가면서 부딪치는 어려운 고비)도 뚫을 수 있고, 주위에서 도움을 주는 사람이 줄을 잇는다는 뜻이다. 소왕(昭王)은 새로 궁실(宮室. '궁전·宮殿'과 같은 말. 임금이 거처하는 집)을 짓고 곽외(郭隗)를 스승으로 모셨다. 즉, 이 말을 들은 소왕(昭王)은 곽외(郭隗)를 위해 궁전을 세우고 그를 스승으로 우대하자, 이 사실을 안 많은 인재(人材)들이 앞을 다투어 몰려들기 시작했다고 한다.(今王誠欲致士, **先從隗始**, 隗且見事, 況賢於隗者乎, 豈遠千里哉, 於是昭王爲隗築宮而師之.)〉 [소왕(昭王)이 어진 선비를 구(求)한다는 소문(所聞)은 천하(天下)에 두루 퍼졌다. 위(魏)나라에서는 명장(名將. 벼슬 이름)인 악의(樂毅. 사람 이름)가, 조(趙)나라에서는 극신(劇辛. 사람 이름)이, 주(周)나라에서는 소대(蘇代. 사람 이름)가, 제(齊)나라에서는 추연(鄒衍. 사람 이름)이 오는 등(等) 천하(天下)의 선비들이 연(燕)나라로 속속 모여들었다. 소왕(昭王)은 이들의 힘을 빌려 국가를 부강(富强)하게 만든 다음, 악의(樂毅)를 상장군(上將軍. 벼슬 이름)으로 삼고, 진(秦)나라, 초(楚)나라, 삼진(三晉. 중국 춘추시대·春秋時代 말기에 진·晉나라를 받든 세 명의 재상·宰相인 위사·魏斯, 조적·趙籍, 한건·韓虔이 각각 세운 위·魏나라, 조·趙나라, 한·韓나라 따위의 세 나라를 이르는 말) 따위의 나라와 연합(聯合)하여 제(齊)나라를 쳐 즉묵(卽墨. 땅 이름)을 제외한 70여 개 성(城)을 함락(陷落. 적·敵의 성·城, 요새·要塞, 진지·陣地 따위를 공격하여 무너뜨림)시키고 지난날의 원한(怨恨. 억울하고 원통한 일을 당하여 응어리진 마음)을 설욕(雪辱. 승부 따위에 이김으로써, 전에 패배했던 부끄러움을 씻어 내고 명예를 되찾음)했다.]라는 이야기가 나오는데, '먼저 이 외(隗)부터 시작하십시오.(先從隗始)'에서, '선종외시(先從隗始)'가 유래했다. '선종외시(先從隗始)'는 '선시어외(先始於隗)'라고도 한다. 곽외(郭隗)는 연(燕)나라의 소왕(昭王)에게, 옛날 어느 임금이 구(求)하려고 했다는 천리마(千里馬)의 일화(逸話. 어떤 사람이나 어떤 사건에 관련된, 아직 세상에 널리 알려지지 않은 이야기)부터 소개하면서, '선종외시(先從隗始)'를 제안했다. 인재(人材)를 모으고 싶으면 처음부터 멀리서 뛰어난 인재(人材)를 찾으려 하지 말고, 뛰어나지 못하지만 곁에 있는 신하부터 제대로 대우해 준다면, 저 정도의 능력으로 대우 받는 곳이라면 가 볼만하다고 생각하는 인재(人材)들이 몰려 들 것이라는 신념을 가지고 '선종외시(先從隗始)'를 제안(提案)하고 있는 것이다. 결국 곽외(郭隗)의 '선종외시(先從隗始)'는 좋은 인재(人材)들이 앞을 다투어 연(燕)나라로 몰려 들면서 연(燕)나라가 일어설 수 있는 기반이 되었다. 그의 제안(提案. 안이나 의견으로 내놓음, 또는 그 안이나 의견)은 성공적인 결실을 맺었던 것이다. 왕(王)이라고 해서 모두 마음대로 할 수 있는 것은 없다. 옆에 충신(忠臣)이 있기에 왕(王)이 존재하는 것이다. 참고로, 원문의 '今王誠欲致士'에서, '今'은 이제 '금', 지금 '금'으로 읽고, '王'은 임금 '왕'으로 읽고, '誠'은 진실로 '성', 참으로 '성'으로 읽고, '欲'은 하고자 할 '욕'으로 읽고, '致'는 부를 '치'로 읽고, '士'는 선비 '사'로 읽는다. '今王誠欲致士'를 직역(直譯)하면, 지금 왕께서 진실로 선비를 부르고자(불러 모으고자) 한다면, '先從隗始'에서, '先'은 먼저 '선'으로 읽고, '從'은, 여기서는 부터(체언이나 부사어에 붙어, '동작이 비롯되는 처음'의 뜻을 나타내는 보조사) '종'으로 읽고, '隗'는 높을 '외'로 읽는다. 여기서는 '곽외(郭隗)'를 가리킴. '始'는 비롯할 '시', 시작할 '시'로 읽는다. '先從隗始'를 직역(直譯)하면, 먼저 나(곽외·郭隗)부터 시작(始作)하라는 뜻으로, 가까이 있는 사람부터 시작하라는 말. 또는 큰일을 이루려면 우선 늘 보고 들을 수 있을 정도로 흔하고 가까운 일에서부터 시작하라는 말. 그리고 여기서 '先始於隗'도 유래하였는데, 이것을 직역(直譯)하면, 먼저 외(隗)부터 시작하라. 곧 '인재(人材)를 구한다면 먼저 나(곽외·郭隗)부터 등용(登用)하시오.'라고 한 말. 가까이 있는 자(者)부터, 또는 말을 꺼낸 자(者)부터 시작하라는 말. '隗且見事'에서, '且'는 또 '차', 장차(將次) '차'로 읽고, '見'은 볼 '견'으로 읽고, '事'는 일 '사'로 읽는다. '隗且見事'를 직역(直譯)하면, 장차 곽외(郭隗)가 (대우 받는) 일을 보면, 즉, 곽외(郭隗)인 제가 대우를 받는 것을 보면, '況賢於隗者乎'에서, '況'은 하물며 '황', 더구나 '황'으로 읽고, '賢'은 어질 '현', 현명할 '현'으로 읽고, '於'는 어조사 '어'로 읽는다. '~보다(비교)'의 뜻을 나타냄. '者'는 사람 '자'로 읽고, '乎'는 어조사 '호'로 읽는다. '~는가', '~인가(의문)'의 뜻을 나타냄. '況賢於隗者乎'를 직역(直譯)하면, 하물며 곽외(郭隗)보다 현명한 사람이 있겠습니까? 즉, 곽외(郭隗)보다 더 현명한 사람들이 없다는 뜻이다. '豈遠千里哉'에서, '豈'는 어찌 '기'로 읽고, '遠'은 멀 '원'으로 읽고, '千'은 일천 '천'으로 읽고, '里'는 리(里. 거리를 재는 단위) '리(이)'로 읽고, '哉'는 어조사 '재'로 읽는다. '~일 것인가?(반문)'의 뜻을 나타냄. '豈遠千里哉'를 직역(直譯)하면, (그 사람들이) 어찌 천 리가 먼 것입니까? 즉, 천 리(里)가 멀다하지 않고 사람들이 몰려온다는 말이다. '於是昭王爲隗築宮而師之'에서, '於'는 어조사 '어'로 읽는다. '그리고'의 뜻을 나타냄. '是'는 이(지시하는 말) '시'로 읽는다. '於是'는 한문(漢文) 구(句)의 하나로, 이때에, 이때가 되어. '昭'는 밝을 '소'로 읽고, '王'은 임금 '왕'으로 읽는다. '昭王'은 임금 이름. '爲'는 위할 '위'로 읽는다. '築'은 지을(재료를 들여 집 따위를 만들) '축'으로 읽고, '宮'은 궁궐 '궁'으로 읽고, '而'는 말 이을 '이'로 읽는다. '그리고'의 뜻을 나타냄. '師'는 스승 '사'로 읽고, '之'는 어조사 '지'로 읽는다. '그것'을 나타내는 지시 대명사. '於是昭王爲
隗築宮而師之'를 직역(直譯)하면, 이때에 소왕(昭王)은 곽외(郭隗)를 위하여 궁궐을 짓고 그리고 그것('곽
외·郭隗'를 가리킴)을 스승으로 (모셨다).

선-주-후-면(先酒後麪 먼저 **선**/술 **주**/뒤 **후**/국수 **면**) 먼저 술이고 뒤에 국수라는 뜻으로, 먼저 술을 마시
고 난 뒤에 국수를 먹음을 이르는 말. *먼저: 부록 '선(先)' 참고.

선-즉-제-인(先則制人 먼저 **선**/곧 **즉**/억제할 **제**/사람 **인**) 먼저 (나아가야) 곧 (다른) 사람을 억제(抑制)할
(수 있다). 즉, 선수(先手. 남이 하기 전에 앞서 하는 일)를 쳐야 남을 누르게 된다는 뜻으로, 선수(先手)
를 치면서 남을 제압(制壓. 위력이나 위엄으로 세력이나 기세 따위를 억눌러서 통제함)할 수 있음을
이르는 말. 또는 아무도 하지 않은 일을 선수(先手)를 쳐서 하면 유리(有利)함을 이르는 말. *먼저: 부록
'선(先)' 참고. 이 사자성어의 유래는 다음과 같다. 『사기(史記)』의 「항우본기(項羽本紀)」 편(篇)에 [진(秦)
나라 2세 원년(기원전 209년) 7월, 진승(陳勝. '진섭·陳涉'이라고도 함)과 오광(吳廣)이 대택(大澤. 땅
이름)에서 봉기(蜂起. 벌떼처럼 많은 사람이 한꺼번에 들고 일어남)하자, 많은 사람이 호응(呼應. 부르고
답한다는 뜻에서, 어떤 요구나 호소 같은 것에 응하여 따름)했다. 즉, 진(秦)나라의 시황제(始皇帝)가
죽고, 그의 아들인 호해(胡亥)가 즉위(卽位)한 해 7월에, 진승(陳勝)과 오광(吳廣)이 반란(反·叛亂. 정부
나 지배자에게 반항하여 내란을 일으킴)을 일으키자, 많은 사람이 동참(同參)했다는 뜻이다.]〈(진·秦나
라가 망할 날이 얼마 남지 않았다고 판단한) 회계(會稽. 땅 이름)의 군수(郡守. 군·郡의 행정을 맡아보는
으뜸 직위에 있는 사람, 또는 그 직위)인 은통(殷通)도 (군대를 일으켜 진·秦나라에 대항할 계획을 세우
고, 초·楚나라 장수의 후예·後裔인) 항량(項梁. '항우(項羽)'의 아버지)을 불러 (거병·擧兵할 뜻을 밝히면
서) 말했다. "장강(長江. '양쯔 강·揚子江'을 달리 이르는 말. 중국의 중심부를 흐르는 중국에서 제일
큰 강)의 서쪽이 다 반란을 일으켰으니, 이는 하늘이 진(秦)나라를 멸망시키는 때인 것 같소. '선수(先手)
를 쓰면 기선(機先)을 제압할 수 있지만, 늦으면 남에게 제압을 당하게 된다.'고 들었소. 나('은통·殷通'을
가리킴)도 군사를 일으킬 생각인데, 귀공(貴公. '항량·項梁'을 가리킴)과 환초(桓楚)가 장군이 되어 주십
시오." 여기서 '장군이 되어 달라'는 말은, 은통(殷通)이, 항량(項梁)과 환초(桓楚)를 부하(部下)로 부릴
심산(心算. 마음속으로 하는 요량이나 판단)이었다는 뜻이다. (會稽守通謂梁曰, 江西皆反, 此亦天亡秦之
時也, **吾聞先卽制人 後則爲人所制**, 吾欲發兵, 使公及桓楚將.)〉[당시 환초(桓楚)는 도망 다니고 있는 중
이었다. 항량(項梁)이 대답했다. "환초(桓楚)는 도망을 다니고 있는 중인데, 아무도 그가 어디에 있는지
알지 못하고, 오직 항적(項籍. '항우·項羽'를 달리 이르는 말)만이 알고 있습니다." 항량(項梁)은 밖으로
나와 항적(項籍)에게 검(劍. 무기·武器로 쓰이는 길고 큰 칼)을 가지고 밖에서 기다리라고 해 놓고, 다시
안으로 들어가 자리에 앉으며 말했다. "항적(項籍)을 시켜 환초(桓楚)를 찾아오게 하시면 어떻겠습니
까?" 은통(殷通)이 동의(同意)하자, 항량(項梁)은 항적(項籍)을 불러 들였다. 항적(項籍)이 들어오자, 항
량(項梁)이 (은통·殷通을) 해치우라고 눈짓했다. 항적(項籍)은 순식간에 칼을 뽑아 은통(殷通)의 목을
베어 버렸다. 즉, 항량(項梁)과 항적(項籍)이 이렇게 은통(殷通)을 죽인 것은 기막힌 '선즉제인(先則制人)'
이었다. 항량(項梁)과 항적(項籍)은, 은통(殷通)이 사리사욕(私利私慾. 본문 참고)이나 챙기는 탐관오리
(貪官汚吏. 본문 참고)임을 알고, 그들이 먼저 나서 은통(殷通)을 제압(制壓)한 것이다. 은통(殷通)이 '선
즉제인(先則制人)'을 제안(提案)했지만, 오히려 그가 '선즉제인(先則制人)'을 당한 꼴이 된 셈이다. 항량

(項梁)은 군수(郡守. ‘은통·殷通’을 가리킴)의 머리를 들고 그의 인수(印綬)를 차고 나왔다. 여기서, ‘인수(印綬)’는 병권(兵權. 군·軍을 편제·編制하여 통수·統帥할 수 있는 권력. =통수권·統帥權)을 가진 무관(武官)이 발병부(發兵符. 군대를 동원하는 표지로 쓰던, 둥글납작한 나무로 만든 패) 주머니를 매어 차던, 길고 넓적한 녹비(‘鹿皮’에서 나온 말. 사슴의 가죽) 끈을 이르는 말. 군수(郡守)의 부하들이 크게 놀라 우왕좌왕(右往左往. 본문 참고)하는 사이, 항적(項籍)은 (군수의 부하) 백 여 명을 쳐 죽였다. 모두들 두려워 감히 반항하지 못했다. 항량(項梁)은 옛날부터 알고 지내던 호족(豪族. 재산이 많고 세력이 강한 집안)들과 관리(官吏)들을 불러 대사(大事. 중대한 일. 여기서는 ‘전쟁·戰爭’을 가리킴)를 일으키겠다는 사실을 알리고, 오중(吳中. 땅 이름)에서 정병(精兵. 우수하고 강한 군사) 8천 명을 모았다. 여기서, ‘정병 8천 명을 모았다.’는 말은 거병(擧兵. 군사를 일으킴)하기 위하여 독자적으로 군사를 모았다는 뜻이다. 다시 말하면, 항량(項梁)과 항적(項籍)은 진(秦)나라를 뒤엎고 초(楚)나라를 복구(復舊)하기 위해 군사를 모은 것이다.]라는 이야기가 나오는데, 여기서, ‘선수(先手)’를 쓰면 기선(機先)을 제압할 수 있지만, 늦으면 남에게 제압을 당하게 된다.고 들었소.(吾聞先卽制人, 後則爲人所制)’에서, ‘선즉제인(先則制人)’이 유래했다. 그런데 위의 ‘선즉제인(先卽制人)’이나 ‘선즉제인(先則制人)’은 같은 뜻이다. 밑줄 친 ‘卽’과 ‘則’은 같은 말이다. 둘 다 곧 ‘즉’으로 읽는다. ‘~하면 곧 ~’와 같이 접속 조사로 씀. 싸움이나 협상을 할 때는 선즉제인(先則制人)이 가장 중요하다. 아무리 강(强)한 적(敵)이라도 반드시 약한 면이 있기 마련이고, 어떤 경쟁에서도 반드시 빈틈이 있기 마련이니, 상황을 정확히 판단해서 선즉제인(先則制人)하는 것이 승리(勝利)의 필수 요건이다. 상황을 정확하게 판단하지 못하면 위의 은통(殷通)처럼 선즉제인(先則制人)하기 전에 도리어 상대의 집중적인 표적(標的. 목표로 삼는 물건)이 되고 만다. 참고로 원문의 ‘會稽守通謂梁曰’에서, ‘會’는 모일 ‘회’, 모을 ‘회’로 읽고, ‘稽’는 생각할 ‘계’, 상고(詳考. 꼼꼼하게 따져서 검토하거나 참고함)할 ‘계’로 읽는다. ‘會稽’는 땅 이름. ‘守’는 지킬 ‘수’로 읽는다. 여기서는 ‘군수(郡守)’를 가리킴. ‘通’은 통할 ‘통’으로 읽는다. 여기서는 ‘은통(殷通)’을 가리킴. ‘謂’는 일컬을 ‘위’로 읽고, ‘梁’은 들보(건물의, 칸과 칸 사이의 두 기둥 위를 건너지른 나무) ‘량(양)’으로 읽는다. 여기서는, ‘항량(項梁)’을 가리킴. ‘會稽守通謂梁曰’을 직역(直譯)하면, 회계(會稽)의 군수(郡守)인 은통(殷通)이 항량(項梁)에게 일컬어 말하기를, ‘江西皆反’에서, ‘江’은 강(江) ‘강’으로 읽고, ‘西’는 서녘 ‘서’로 읽는다. ‘江西’는 ‘장강(長江. 양쯔 강·揚子江’을 달리 이르는 말. 중국의 중심부를 흐르는 중국에서 제일 큰 강) 서쪽’을 가리킴. ‘皆’는 모두 ‘개’, 다 ‘개’로 읽고, ‘反’은 반대(反對)할 ‘반’으로 읽는다. 여기서는, 반란(叛亂)을 일으키다. ‘江西皆反’을 직역(直譯)하면, 장강(長江) 서쪽이 다 반란(叛亂)을 일으켰으니, ‘此亦天亡秦之時也’에서, ‘此’는 이(지시하는 말) ‘차’로 읽고, ‘亦’은 또 ‘역’, 또한 ‘역’으로 읽고, ‘天’은 하늘 ‘천’으로 읽고, ‘亡’은 망할 ‘망’으로 읽고, ‘秦’은 진(秦)나라 ‘진’으로 읽는다. ‘天亡秦’을 직역(直譯)하면, 하늘이 진(秦)나라를 망하게 하다. ‘之’는 어조사 ‘지’로 읽는다. ‘~의’를 나타내는 관형격 조사. ‘時’는 때 ‘시’로 읽고, ‘也’는 어조사 ‘야’로 읽는다. ‘~이다(단정)’의 뜻을 나타냄. ‘此亦天亡秦之時也’를 직역(直譯)하면, 이 또한 하늘이 진(秦)나라를 망하게 함의 때이다. 즉, 이 또한 하늘이 진(秦)나라를 망하게 하려는 것이다. ‘吾聞先卽制人’에서, ‘吾’는 나(1인칭 대명사) ‘오’로 읽고, ‘聞’은 들을 ‘문’으로 읽고, ‘先’은 먼저 ‘선’으로 읽고, ‘卽’은 곧 ‘즉’, 나아갈 ‘즉’으로 읽고, ‘制’는 억제할 ‘제’로 읽고, ‘人’은, 사람 ‘인’으로 읽는다. ‘吾聞先卽制人’을 직역(直譯)하면, 내가 들으니, 먼저 나아가면 다른 사람들을 억제(제압)할 수 있고, 여기서, ‘先卽制

人'과 '先發制人'이 유래하였는데, '先卽制人'을 직역(直譯)하면, (나아가야) 곧 (다른) 사람들을 억제(抑制)할 (수 있다). 즉, 선수(先手)를 쳐야 남을 누르게 된다는 뜻으로, 선수(先手)를 치면서 남을 제압(制壓)할 수 있음을 이르는 말. 또는 아무도 하지 않은 일을 선수(先手)를 쳐서 하면 유리(有利)함을 이르는 말이고, '先發制人'을 직역(直譯)하면, 먼저 드러내고 사람을 누른다. 즉, 먼저 착수(着手)하면 다른 사람을 제압(制壓)할 수 있다는 뜻으로, 남의 꾀를 사전에 알아차리고, 일이 일어나기 전에 미리 막아냄을 이르는 말. 선수(先手)를 쳐서 기선(機先. 어떤 일이 일어나려는 그 직전, 또는 어떤 일을 일으키려는 그 직전)을 제압(制壓)한다는 말이다. '後則爲人所制'에서, '後'는, 여기서는 뒤로 미룰 '후', 뒤로 돌릴 '후'로 읽고, '則'은 곧 '즉'으로 읽고, '爲'는 될 '위'로 읽고, '所'는 바(앞에서 말한 내용 그 자체나 일 따위를 나타내는 말) '소'로 읽는다. '後則爲人所制'는, 직역(直譯)하면 뒤로 미루면 곧 다른 사람이 억제(抑制. =제압·制壓)하는 바가 된다. 즉, 늦으면 오히려 남에게 억제(抑制. =제압·制壓) 당한다는 뜻이다. '吾欲發兵'에서, '欲'은 하고자 할 '욕'으로 읽고, '發'은 일어날 '발'로 읽고, '兵'은 군사(軍士) '병', 병사(兵士) '병'으로 읽는다. '發兵'은 전쟁을 하기 위하여 군사를 일으킴. '吾欲發兵'을 직역(直譯)하면, 내가 군사를 일으키고자 하니, '使公及桓楚將'에서, '使'는 하여금(누구를 시키어) '사'로 읽고, '公'은 존칭 '공'으로 읽는다. 여기서는 '귀공(貴公. 듣는 이를 문어적·文語的으로 높여 이르는 2인칭 대명사)'을 가리킴. '及'은 미칠(영향이나 작용 따위가 대상에 가하여질) '급'으로 읽는다. 문장에서 같은 종류의 성분을 연결할 때 쓰는 것으로, '그리고', '그 밖에', '또' 따위의 의미를 나타낸다. '桓'은 굳셀 '환'으로 읽고, '楚'는 초(楚)나라 초로 읽는다. '桓楚'는 사람 이름. '將'은 장수(將帥) '장'으로 읽는다. '使公及桓楚將'을 직역(直譯)하면, 귀공(貴公)과 그리고 환초(桓楚)로 하여금 장수(將帥)가 (되어 주십시오). 즉, 그대와 환초(桓楚)를 장수(將帥)로 삼고자 한다는 말이다.

선풍-도-골(仙風道骨 신선 선/모습 풍/도교 도/뼈 골) 신선(神仙)의 모습과 도교(道敎)의 뼈. 즉, 신선(神仙)의 풍채(風采. 사람의, 드러나 보이는 의젓한 겉모양)와 도인(道人. 도를 닦는 사람)의 골격(骨格)이라는 뜻으로, 남달리 뛰어나고 고아(高雅. 고상하고 우아함)한 풍채(風采)를 비유적으로 이르는 말. *선풍(仙風): 선인(仙人. '신선·神仙'과 같은 말. 도·道를 닦아서 현실의 인간 세계를 떠나 자연과 벗하며 산다는 상상의 사람. 세속적인 상식에 구애되지 않고, 고통이나 질병도 없으며 죽지 않는다고 함)과 같은 뛰어난 기질(氣質. 기력과 체질)을 이르는 말. 또는 선인(仙人)과 같은 풍모(風貌. 풍채와 용모)를 이르는 말. *신선(神仙): 부록 '선(仙)' 참고. *도교(道敎): 무위자연설(無爲自然說)을 근간으로 하는 중국의 다신적(多神的. 여러 신·神이 존재하는, 또는 그런 것) 종교를 이르는 말. 황제(皇帝)와 노자(老子. 중국 춘추전국시대·春秋戰國時代의 사상가·思想家이며, 도가·道家의 시조·始祖)를 신격화한 태상노군(太上老君. 중국 춘추시대·春秋時代의 사상가인 '노자·老子'를 높여 이르는 말)을 숭배하며, 노장(老莊. 중국 고대의 사상가인 '노자·老子'와 '장자·莊子'를 아울러 이르는 말) 철학을 받아들이고 여기에 음양오행설(陰陽五行說)과 신선사상(神仙思想)을 더하여 불로장생(不老長生. 본문 참고)을 추구하였음. 여기서 '장자(莊子)'는 중국 전국시대·戰國時代의 사상가이며, 도가·道家 사상의 중심인물.

선-화-후-과(先花後果 먼저 선/꽃 화/뒤 후/과실 과) 먼저 꽃이 (피고) 뒤(나중)에 과실이 (맺힌다는) 뜻으로, 먼저 딸을 낳고 나중에 아들을 낳음을 비유적으로 이르는 말. 여기서, '꽃'은 딸을, '과실'은 아들을 비유(比·譬喩. 어떤 사물의 모양이나 상태 따위를 보다 효과적으로 표현하기 위하여 그것과 비슷한 다른 사물에 빗대어 표현함, 또는 그 표현 방법)한 것이다. *'후-과'는『국어사전(國語辭典)』에 등재(登載)된, '뒤에 나타나는 좋지 못한 결과'인 '후과(後果)'의 뜻과는 별개다. *먼저: 부록 '선(先)' 참고. *과실(果實): 부록 '과(果)' 참고.

선후-당착(先後撞着 먼저 **선**/뒤 **후**/부딪칠 **당**/붙을 **착**) 먼저와 뒤가 부딪치고 붙는다는 뜻으로, 한때는 먼저와 뒤가 부딪쳤다고 말하고, 한때는 먼저와 뒤가 붙었다고 말하듯 앞뒤가 서로 맞지 않고 모순(矛盾)됨을 비유적으로 이르는 말. *선후(先後): ①앞뒤. 또는 먼저와 나중. ②앞서거니 뒤서거니 함. *당착(撞着): ①(말이나 행동이) 앞뒤가 서로 맞지 않음. ②서로 맞부딪침. *먼저: 부록 '선(先)' 참고.

선후-도착(先後倒錯 먼저 **선**/뒤 **후**/거꾸로 **도**/어긋날 **착**) 먼저와 뒤가 거꾸로 (되어) 어긋난다는 뜻으로, 일의 앞뒤 순서가 뒤바뀜을 이르는 말. 또는 먼저 할 일과 나중에 할 일이 서로 뒤바뀜을 이르는 말. *선후(先後): ☞ 선후당착(先後撞着). *도착(倒錯): ①상하(上下)가 거꾸로 되어 서로 어긋남. ②본능, 감정 및 덕성의 이상(異常. 정상적인 상태와 다름. 또는 정상적이 아닌 상태나 현상)으로, 사회도덕에 어그러진 행동을 보이는 일. *먼저: 부록 '선(先)' 참고. *어긋나다: ①서로 꼭 맞지 아니하다. ②(사실이나 도리에) 맞지 않고 틀리다.

선후-지-책(善後之策 착할 **선**/뒤 **후**/어조사 **지**/계책 **책**) 뒤를 착하게 (하려는) 계책(計策)이라는 뜻으로, 뒷갈망(일이 벌어진 뒤에 그 뒤끝을 처리하는 일. =뒷감당)을 잘하려는 방책(方策. 방법과 꾀)이나 계책(計策)을 이르는 말. *선후(善後): 뒷날을 위해 잘 처리하는 일. 또는 뒷갈망을 잘하는 일. *계책(計策): 어떤 일을 이루기 위하여 꾀나 방법을 생각해 냄. 또는 그 꾀나 방법.

설니-홍조(雪泥鴻爪 눈 **설**/진흙 **니**/기러기 **홍**/손톱 **조**) 눈[雪]과 진흙이 (있는 곳의) 기러기의 손톱(발톱). 즉, 눈 위나 진흙 위에 난 기러기의 발자국이, 눈이 녹거나 시간이 지나면 없어진다는 뜻으로, 인생의 자취가 덧없음. 또는 무상(無常. 모든 것이 덧없음)함을 비유적으로 이르는 말. *설니(雪泥): ①눈[雪]과 진흙[泥]을 아울러 이르는 말. ②눈이 녹아 뒤범벅이 된, 진 땅. *홍조(鴻爪): ①(눈이나 진흙 위에 남긴) 기러기의 발자국. ②행적이 묘연(杳然. 알 길이 없이 감감함)하거나 자취를 찾기 어려움을 비유적으로 이르는 말. *진흙: 부록 '니(泥)' 참고. 이 사자성어의 유래는 다음과 같다. 소식(蘇軾)의 「화자유민·면지회구(和子由澠池懷舊)」에, 〈인생은 어디를 가나? 무엇과 같은지 아는가? / 날아가던 기러기가 눈밭을 밟는 것과 같다네. / 눈밭 위에 우연히 발자국을 남겼을 뿐, / 노스님은 이미(돌이킬 수 없이 된 지난 일을 일컬을 때 쓰는 말) 죽어 불탑 새로 지어졌고, / 벽은 무너져 옛날 적어 놓은 시 찾을 길 없네. / 지난날 힘들었던 일 아직 기억하는가? / 길은 멀고 사람은 지쳤는데, 나귀는 절뚝대며 울어댔었지.(人生到處知何似, **應似飛鴻踏雪泥, 泥上偶然留指爪**, 鴻飛那復計東西, 老僧已死成新塔, 壞壁無山見舊題, 往日岐嶇還記否, 路長人困蹇驢嘶)〉라는 이야기가 나오는데, '날아가던 기러기가 눈밭을 밟는 것과 같다네. / 눈밭 위에 우연히 발자국을 남겼을 뿐.(應似飛鴻踏雪泥, 泥上偶然留指爪)'에서 '설니홍조(雪泥鴻爪)'가 유래했다. 소동파(蘇東坡. 소식·蘇軾)는 동생인 자유(子由. 소철·蘇轍)의 시(詩)에 화답(和答. 시·詩나 노래로 맞받아 답함)하는 형식으로 쓴, 이 시(詩)의 제목인 '화자유민·면지회구(和子由澠池懷舊)'에서 덧없는 인생을 '설니홍조(雪泥鴻爪)'로 읊었다. 여기서 '민·면지(澠池)'는 중국 하남성(河南省) 서부에 있는 현(縣)의 이름으로 알려져 있음. 그런데 '澠'은 고을 이름 '민'으로 읽고, 고을 이름 '면'으로도 읽는다. 그래서 '澠池'는 어떤 자료에는 '민지', 또 어떤 자료에는 '면지'로 읽고 있는 것이다. 참고로, 원문의 '人生到處知何似'에서, '人'은 사람 '인'으로 읽고, '生'은 살 '생'으로 읽는다. '人生'은 사람이 세상을 살아가는 길. '到'는 이를(어떤 곳에 닿을) '도'로 읽고, '處'는 곳 '처'로 읽는다. '到處'는 이르는 곳. '知'는 알 '지'로 읽고, '何'는 무엇 '하', 어찌 '하'로 읽고, '似'는 비슷할 '사'로 읽는다. '人生到處知何似'를 직역(直譯)하면, 인생(人生. 사람이 세상을 살아가는 길)이 이르는 곳이 무엇과 비슷한지 아는가? '應似飛鴻踏雪泥'에서, '應'은 아마도(짐작하건대. 또는 대개) '응'으로 읽고, '飛'는 날 '비'로 읽고, '鴻'은 기러기 '홍'으로 읽고, '踏'은 (발로) 밟을 '답'으로 읽고, '雪'은 눈 '설'로 읽고, '泥'는 진흙 '니(이)'로 읽는다. '雪泥'는 눈[雪]과 진흙[泥]을 아울러 이르는 말. 또는 눈이 녹아 뒤범벅이 된, 진 땅. '應似飛鴻踏雪泥'를 직역(直譯)하면, 아마도 기러기가 눈과 진흙을 밟 았다가 날아가는 것과 같을 (것이다). 즉, 사람의 한 생(生)은 기러기가 눈 쌓인 진흙 밭에 잠깐 내려 앉아 발자국을 남기는 것과 같다는 뜻이다. '泥上偶然留指爪'에서, '上'은 위 '상'으로 읽고, '偶'는, 여 기서는 우연(偶然) '우'로 읽고, '然'은 그러할 '연'으로 읽는다. '偶然'은 아무런 일과 관계가 없이 뜻하 지 아니하게 일어난 일. '留'는 머무를 '류(유)'로 읽는다. 여기서는 '남기다'의 의미가 강함. '指'는 손가 락 '지'로 읽고, '爪'는 손톱 '조'로 읽는다. '指爪'는 손가락 끝에 붙어 있는, 딱딱하고 얇은 조각을 이 르는 말. 손가락 끝을 보호하는 역할을 함. 여기서는 '기러기의 발자국'을 뜻함. '泥上偶然留指爪'를 직 역(直譯)하면, 진흙 위에 우연히 기러기의 발자국이 남겨 있어도, 여기서 '설니홍조(雪泥鴻爪)'가 유래 했다. 눈[雪]과 진흙이 (있는 곳의) 기러기의 손톱(발톱). 즉, 눈 위나 진흙 위에 난 기러기의 발자국 이, 눈이 녹거나 시간이 지나면 없어진다는 뜻으로, 인생의 자취가 덧없음(여기서는, 보람이나 쓸모 가 없어 헛되고 허전함). 또는 무상(無常. 모든 것이 덧없음)함을 비유적으로 이르는 말. 눈 쌓인 진흙 밭에 있는 기러기는 발자국을 남기고 후루룩 날아갔다. 눈이 자꾸만 쌓이니까 그 발자국은 어디에도 남아 있지 않다. 돌아보니 발자국이 남아 있지 않아 덧없다. 한 치(尺) 앞을 내다보지 못하는 인간들 의 삶도 이와 같은 것이다. 오늘도 인간들은, 백 년의 수명(壽命)을 못 채우면서, 언제나 천 년 근심 지닌 채 아옹다옹(대수롭지 아니한 일로 서로 자꾸 다투는 모양). 옥신각신(서로 옳으니 그르니 하며 다투는 모양) 다투며 산다. '鴻飛那復計東西'에서, '那'는 어찌 '나'로 읽고, '復'는 다시 '부'로 읽고, '計' 는 헤아릴(짐작으로 가늠하여 살핌. 또는 미루어 짐작함) '계'로 읽고, '東'은 동녘 '동'으로 읽고, '西'는 서녘 '서'로 읽는다. '鴻飛那復計東西'를 직역(直譯)하면, 어찌 다시 (그) 기러기가 날아 동쪽과 남쪽을 헤아리겠는가? 즉, 우리 인간이, 기러기가 날아간 곳이 동쪽인지 서쪽인지 헤아린들 어찌 알겠는가? 이 모두가 부질없는 일이라는 것이다. '老僧已死成新塔'에서, '老'는 늙을 '로(노)'로 읽고, '僧'은 중 '승' 으로 읽는다. '老僧'은 나이가 많은 승려. '已'는 이미('벌써'와 같은 말. 돌이킬 수 없이 된 지난 일을 말할 때 쓰임) '이'로 읽고, '死'는 죽을 '사'로 읽고, '成'은 이룰 '성'으로 읽고, '新'은 새 '신', 새로울 '신'으로 읽고, '塔'은 탑(塔) '탑'으로 읽는다. 老僧已死成新塔을 직역(直譯)하면, 노승(老僧)은 이미 죽 고, 새로운 탑(塔)만 이루어졌네(생겼네). 즉, 예전에 소식(蘇軾)과 소철(蘇轍)이 과거(科擧. 예전에 우 리나라와 중국에서 관리를 뽑을 때 실시하던 시험을 이르는 말)를 보러 갈 때 들렀던 절집이 있었다. 그 절집의 거실(居室) 벽에 시(詩)를 적어 놓았었다. 그때 우리를 맞아주던 노승(老僧)은 그 사이에 세 상을 떠나고, 그의 행적을 기린답시고 새로 세운 탑만 남아 있을 뿐이다. 이 역시 안타까운 일이라는 것이다. '壞壁無由見舊題'에서, '壞'는 무너질 '괴', 허물어질 '괴'로 읽고, '壁'은 벽(壁) '벽'으로 읽고,

‘無’는 없을 ‘무’로 읽고, ‘由’는 말미암을(어떤 현상이나 사물 따위가 원인이나 이유가 됨) ‘유’로 읽는
다. 여기서는 소동파(蘇東坡)와 소식(蘇軾)의 동생인 ‘자유(子由)’를 가리킴. 소동파(蘇東坡)는 소식(蘇
軾)의 성(姓. 蘇氏)과 호(號. 東坡)를 함께 일컫는 이름이고, 자유(子由)는 소식(蘇軾)의 동생인 소철(蘇
轍)의 자(字. 본이름을 함부로 부르지 않던 시대에, 본이름 대신 부르던 이름)다. ‘見’은 볼 ‘견’으로 읽
고, ‘舊’는 옛 ‘구’로 읽고, ‘題’는 제목(題目) ‘제’로 읽는다. ‘壞壁無由見舊題’를 직역(直譯)하면, 허물어
진 벽에는 자유(子由)의 옛 제목의 시를 볼 (수가) 없네. 즉, 예전의 절집 벽에 적어둔 시(詩)는 벽이
무너져 이제 와서 찾을 길이 없다는 뜻이다. 이 역시 안타까운 일이 아니겠는가? ‘往日岐嶇還記否’에
서, ‘往’은 갈 ‘왕’으로 읽고, ‘日’은 날 ‘일’로 읽는다. ‘往日’은 지나온 과거(過去)의 날. ‘岐’는 (산세가)
험할 ‘기’로 읽고, ‘嶇’는 (산세가) 험할 ‘구’로 읽는다. ‘岐嶇’는 산길이 험함. ‘還’은, 여기서는 또 ‘환’으
로 읽는다. ‘여태’, ‘아직도’의 뜻이 강함. ‘記’는 기록(記錄)할 ‘기’, 기억(記憶)할 ‘기’로 읽고, ‘否’는, 여
기서는 어조사 ‘부’로 읽는다. ‘~느냐’, ‘~는가(의문)’의 뜻을 나타냄. ‘往日岐嶇還記否’를 직역(直譯)하
면, 지난날의 기구(崎嶇. 사람의 세상살이가 순탄하지 못하고 가탈이 많음)한 것이 아직도(여태) 기억
(記憶)하느냐? 즉, 지난날, 절집을 찾아오기 위하여 걷던 그 가파르던 산길을 기억하는가? ‘路長人困
蹇驢嘶’에서, ‘路’는 길(사람이 다닐 수 있도록 만들어진 곳) ‘로(노)’로 읽고, ‘長’은 (길이가) 길 ‘장’으
로 읽는다. 여기서는 ‘(길이) 멀다’의 의미가 강함. ‘人’은 사람 ‘인’으로 읽고, ‘困’은 지칠 ‘곤’으로 읽
고, ‘蹇’은 절뚝발이(한쪽 다리가 짧거나 탈이 나서 뒤뚝뒤뚝 저는 사람) ‘건’으로 읽고, ‘驢’는 당나귀
(말과의 짐승) ‘려(여)’로 읽고, ‘嘶’는 (말이나 소가) 울 ‘시’로 읽는다. ‘路長人困蹇驢嘶’를 직역(直譯)하
면, (가야할) 길은 멀고 사람은 지쳐 (있는데), 당나귀마저 절뚝발이처럼 (절뚝거리며) 울고 (있었네).
즉, 길은 끝없이 길고, 사람은 지쳐 있는데, 같이 간 당나귀마저 다리를 절룩거리고 배가 고프다며 울
어대던 그 길 말일세. 소동파(蘇東坡. ‘소식·蘇軾’의 다른 이름)는 이렇게 당시(當時. 일이 있었던 바로
그때. 또는 이야기하고 있는 그 시기)의 상황을 회상(回想)하면서 인생의 덧없음과 세월의 무상(無常.
여기서는 일정하지 않고 늘 변함을 일컬음)함을 노래하였다.

설-망-어-검(舌芒於劍 혀 **설**/칼날 **망**/어조사 **어**/칼 **검**) 혀는 칼날보다 (날카로운) 칼이라는 뜻으로, 혀는
칼보다 날카로움을 이르는 말. 말을 잘못하면 화(禍)를 불러일으키니, 말을 늘 삼가라는 말. *칼날:
칼의 얇고 날카로운 부분으로, 물건을 베는 쪽. ↔칼등.

설부-화용(雪膚花容 눈 **설**/살갗 **부**/꽃 **화**/얼굴 **용**) 눈[雪]처럼 (흰) 살갗과 꽃처럼 (고운) 얼굴이라는 뜻으
로, 미인의 용모(容貌. 사람의 얼굴 모양)를 비유적으로 이르는 말. *설부(雪膚): 눈처럼 흰 살갗이라는
뜻으로, 미인의 살결을 비유적으로 이르는 말. *화용(花容): (꽃같이 아름다운 얼굴이라는 뜻으로) 아름
다운 여자의 얼굴을 형용하여 이르는 말.

설분-신원(雪憤伸寃 씻을 **설**/분할 **분**/펼 **신**/원통할 **원**) 분함을 씻고 원통함을 편다는 뜻으로, 뒤집어쓴
죄의 억울함을 밝혀 원통함과 부끄러움을 씻어 버림. 곧, 가슴에 맺힌 원한(怨恨. 억울하고 원통한 일을
당하여 응어리진 마음)을 풀어버리고 창피스러운 일을 씻어 버림을 이르는 말. =신원설치(伸寃雪恥).
*설분(雪憤): 분한 마음을 풂. *신원(伸寃): 억울하게 뒤집어 쓴 죄를 씻음. *씻다: ①(물에 적시어) 더러
운 것을 없어지게 하다. ②묻은 것을 없어지게 닦아 내다. ③(누명 따위를) 벗다. *분하다(憤~): 부록
‘분(憤)’ 참고. *펴다: 부록 ‘신(伸)’ 참고. *원통하다(寃痛~): 부록 ‘원(寃)’ 참고. 여기서, ‘원통’은 어느

『국어사전(國語辭典)』에는 '원통(冤痛)'으로 되어 있고, 어느『국어사전(國語辭典)』에는 밑줄 친 바대로 '원통(寃痛)'으로 실려 있다. 뜻은 같다.

설상-가-상(雪上加霜 눈 **설**/위 **상**/더할 **가**/서리 **상**) 눈 위에 서리가 더하다(덮인다)는 뜻으로, 난처(難處. 이럴 수도 없고, 저럴 수도 없어 처신하기가 곤란함)한 일이나 불행(不幸)한 일이 잇따라 일어남을 이르는 말. 즉, 어려운 일이나 불행한 일이 엎친 데 덮친 격으로 거듭 생김을 이르는 말. =설상가설(雪上加雪). 비 전호후랑(前虎後狼). 쩝 금상첨화(錦上添花). *설상(雪上): 눈 위.《관련 속담》갈수록 태산. / 기침에 재채기. / 눈 위에 서리 친다. / 엎친 데 덮치기(덮친다). / 재수 없는 놈은 (뒤로) 자빠져도 코가 깨진다. / 재수 없는 포수는 곰을 잡아도 웅담(熊膽)이 없다. / 하품에 딸꾹질. / 흉년에 윤달.

설-안-형창(雪案螢窓 눈 **설**/책상 **안**/반딧불 **형**/창 **창**) 책상 (위의) 눈[雪]과 반딧불이 (비치는) 창(窓)이라는 뜻으로, 어려운 가운데서도 학문(學問)에 힘씀을 비유적으로 이르는 말. 옛날 진(秦)나라 때 손강(孫康)이란 사람이 눈빛으로(하얀 눈에서 비치는 반사를 이용하여) 글을 읽고, 차윤(車胤)이란 사람이 반딧불로(반딧불이를 잡아 그 불빛으로) 글을 읽었다는 데서 유래하였다. *형창(螢窓): ①(반딧불이 비치는 창가라는 뜻으로) 공부하는 방의 창(窓). ②학문을 닦는 곳. *반딧불: 밤에 개똥벌레의 꽁무니에서 반짝이는 불빛.

설-왕-설-래(說往說來 말씀 **설**/갈 **왕**/말씀 **설**/올 **래**) 말이 가고 말이 온다는 뜻으로, 무슨 일의 시비(是非. 옳음과 그름)를 따지느라고 서로 변론(辯論. 사실을 밝혀 옳고 그름을 말함)을 주고받으며 옥신각신(서로 옳으니 그르니 하며 다투는 모양)함. 또는 여러 말이 오고 감을 이르는 말. =언거언래(言去言來). 언삼어사(言三語四). 언왕설래(言往說來). 언왕언래(言往言來).

설-저-유-부(舌底有斧 혀 **설**/밑 **저**/있을 **유**/도끼 **부**) 혀 밑에 도끼가 있다. 즉, 혀 아래에 도끼가 들었다는 뜻으로, 말을 잘못하면 화(禍)를 불러일으키니, 말을 늘 삼가라는 말. *도끼: 부록 '부(斧)' 참고.《관련 속담》겉 다르고 속 다르다. / 양가죽을 뒤집어쓴 승냥이. / 웃고 사람 (뺨) 친다. / 혀 밑에 죽을 말 있다. / 혀 아래 도끼 들었다.

설중-사우(雪中四友 눈 **설**/가운데 **중**/넉 **사**/벗 **우**) 눈[雪] 가운데(속)의 네 벗이라는 뜻으로, 겨울에도 즐길 수 있는 네 가지 꽃을 이르는 말. 예를 들면, 옥매(玉梅), 납매(臘梅), 동백꽃(산다화), 수선(水仙)을 일컫는다. *설중(雪中): ①눈이 내리는 가운데. ②눈이 쌓인 속. *사우(四友): ①=문방사우(文房四友). 즉, 방에서 글을 (쓰는) 네 벗이라는 뜻으로, 종이, 붓, 먹, 벼루의 네 가지 문방구(文房具)를 이르는 말. ②눈 속에서 피는 네 가지 꽃. 곧, 옥매(玉梅), 납매(臘梅), 동백꽃(산다화), 수선(水仙)을 일컫는다.

설중-송백(雪中松柏 눈 **설**/가운데 **중**/솔 **송**/잣나무 **백**) 눈 가운데(속)의 솔(소나무)과 잣나무라는 뜻으로, 변하지 않는 굳은 절조(節操. '절개·節介'와 '지조·志操'를 아울러 이르는 말). 또는 높고 굳은 절개(節槪·介. 옳은 일을 지키어 뜻을 굽히지 않는 굳건한 마음이나 태도)를 비유적으로 이르는 말. *설중(雪中): ☞설중사우(雪中四友. *송백(松柏): 소나무와 잣나무.

설폐-구폐(說弊救弊 말씀 **설**/폐단 **폐**/고칠 **구**/폐단 **폐**) (먼저) 폐단(弊端)을 말하고 (그) 폐단(弊端)을 고친다는 뜻으로, 폐단(弊端)을 말하고 그 폐단(弊端)을 바로잡음. 또는 무엇이 폐단(弊端)인지를 밝혀 그것을 바로잡을 방법을 이르는 말. *설폐(說弊): 폐단에 대하여 말함. *구폐(救弊): 폐해(弊害. 폐단과 손해)를 바로잡음. *폐단(弊端): 어떤 일이나 행동에서 나타나는 옳지 못한 경향이나 해로운 현상.

섬섬-약골(纖纖弱骨 가늘 섬/가늘 섬/약할 약/뼈 골) 가늘고 가는 약한 뼈라는 뜻으로, 가냘프고 여리며 약한 체질(體質. 날 때부터 지니고 있는, 몸의 생긴 바탕)을 이르는 말. =섬섬약질(纖纖弱質). *섬섬(纖纖): 여리고 가냘픔. *약골(弱骨): 몸이 약한 사람. 또는 약한 몸.

섬섬-약질(纖纖弱質 가늘 섬/가늘 섬/약할 약/바탕 질) 가늘고 가는 약한 바탕이라는 뜻으로, 가냘프고 여리며 약한 체질(體質. 날 때부터 지니고 있는, 몸의 생긴 바탕)을 이르는 말. =섬섬약골(纖纖弱骨). *섬섬(纖纖): ☞섬섬약골(纖纖弱骨). *약질(弱質): 약한 체질(體質). 또는 약한 체질(體質)의 사람. *바탕: 부록 '질(質)' 참고.

섬섬-옥수(纖纖玉手 가늘 섬/가늘 섬/구슬 옥/손 수) 가늘고 가늘며 구슬 (같은) 손이라는 뜻으로, 가냘프고 고운 여자의 손을 비유적으로 이르는 말. *섬섬(纖纖): ☞섬섬약골(纖纖弱骨). *옥수(玉手): ①임금을 높이어 그의 손을 이르던 말. ②여성의 아름다운 손을 이르는 말. *구슬: ①보석이나 진주 따위로 둥글게 만든 물건. 흔히 장신구(裝身具. 몸치장을 하는 데 쓰는 물건. 반지, 귀고리, 목걸이 따위가 있음)로 쓴다. ②유리(琉璃)나 사기(沙·砂器) 따위로 둥글게 만든 놀이 기구.

섭-족-부이(躡足附耳 밟을 섭/발 족/붙일 부/귀 이) (사람의) 발을 밟고 (그리고) 귀에 (입을) 붙인다. 즉, 남이 알아차리지 않도록 상대방의 발을 밟아서 주의(注意)를 끈 뒤에, 귀에 입을 대고 살짝 귀띔(상대편이 눈치로 알아차릴 수 있도록 미리 슬그머니 일깨워 줌)한다는 뜻으로, 남몰래 상대방에게 주의(注意)나 충고(忠告)를 주는 것을 비유적으로 이르는 말. *부이(附耳): 귀에 대고 속삭임.

성공-무덕(聖供無德 성인 성/바칠 공/없을 무/덕 덕) 성인(聖人. 지혜와 덕이 매우 뛰어나 길이 우러러 본받을 만한 사람)에게 바쳤으나 덕(德)이 없다. 즉, 부처에게 공양(供養. 불교에서, 부처나 보살에게 음식물이나 꽃 따위를 바치는 일)하였으나 아무런 공덕(功德. 착한 일을 하여 쌓은 업적과 어진 덕)도 없다는 뜻으로, 남을 위하여 힘썼지만 아무 소용(所用)이 없음을 비유적으로 이르는 말. *성공(聖供): 삼보(三寶)의 공양물(供養物). 또는 부처에게 공양하는 일. 여기서, '삼보(三寶)'는 부처[佛]와, 부처의 가르침을 적은 경전(經典. 영원히 변치 않는 법식과 도리를 적은 서적이라는 뜻으로, 성인·聖人의 가르침이나 행실. 또는 종교의 교리를 적은 책), 즉, 법(法)과, 그 가르침을 펴는 중(승려), 곧 불(佛), 법(法), 승(僧)을 아울러 이르는 말. *무덕(無德): 덕(德)이나 덕망(德望. 덕으로 얻은 명망)이 없음. *바치다: ①(웃어른 따위에게) 드리다. ②자기의 정성이나 힘, 목숨 따위를 남을 위해서 아낌없이 다하다.

성군-작당(成群作黨 이룰 성/무리 군/지을 작/무리 당) 무리를 이루고 무리를 짓는다는 뜻으로, (여럿이 못된 짓을 하려고) 무리를 이루어 패거리(牌~. 몇 사람이 어울린 동아리)를 만듦, 또는 그 무리를 이르는 말. *성군(成群): 떼를 짓거나 무리를 이룸. *작당(作黨): 떼를 지음. 또는 동아리를 이룸. *무리: 부록 '군(群)', '당(黨)' 참고.

성기-상통(聲氣相通 소리 성/기운 기/서로 상/통할 통) 소리와 기운이 서로 통(通)한다는 뜻으로, ①소식이 서로 통함을 이르는 말. ②마음과 뜻이 서로 통함을 이르는 말. *성기(聲氣): ①목소리와 기운. ②말소리와 얼굴빛. ③음성과 기색(氣色. 마음의 작용으로 얼굴에 드러나는 빛). *상통(相通): ①서로 길이 트임. ②서로 마음과 뜻이 통함. ③서로 공통됨. *기운: 순우리말로, 생물이 살아 움직이는 원기(元氣). 또는 거기서 나오는 힘. *통하다(通~): 부록 '통(通)' 참고.

성대-모사(聲帶模寫 소리 **성**/띠 **대**/본뜰 **모**/베낄 **사**) 소리의 띠. 즉, 성대(聲帶)를 본뜨고 베낀다는 뜻으로, 자신의 목소리로 다른 사람의 목소리나 새, 짐승 따위의 울음소리를 흉내 내는 일을 이르는 말. *성대(聲帶): 후두(喉頭)의 중앙에 있는, 소리를 내는 기관. =목청. 여기서, '후두(喉頭)'는 인두(咽頭. <u>구강과 식도, 비강과 후두 사이에 있는 깔때기 모양의 근육</u>)에 이어져 기관(氣管. <u>척추동물의 목에서 폐로 이어지는 관. 숨을 쉴 때에 공기의 통로가 됨,</u> =숨통)을 잇는 호흡기의 한 부분을 이르는 말. 공기가 통하고 소리를 내는 기관(氣管)임. *모사(模寫): ①무엇을 흉내 내어 그대로 나타냄. ②어떤 그림을 보고 그대로 본떠서 그림. *띠: 부록 '대(帶)' 참고. *본뜨다(本~): ①무엇을 본보기로 하여 그대로 좇아 하다. ②어떤 일이나 물건을 본(本)으로 하여 그대로 꾸미거나 만들다. *베끼다: 부록 '사(寫)' 참고.

성덕-군자(成德君子 이룰 **성**/큰 **덕**/군자 **군**/경칭 **자**) 큰 (덕을) 이룬 군자(君子)라는 뜻으로, 덕(德)이 높고 인격이 훌륭한 사람. 또는 도덕(道德)을 갖춘 훌륭한 사람을 이르는 말. *성덕(成德): 덕성(德性. <u>어질고 너그러운 성질</u>)을 이룸. 또는 그 덕성(德性). *군자(君子): 학문과 덕이 높고 행실이 바르며 품위를 갖춘 사람. *경칭(敬稱): 공경하는 뜻으로 부르는 칭호. 또는 존대하여 일컬음.

성-동-격-서(聲東擊西 소리 **성**/동녘 **동**/칠 **격**/서녘 **서**) 동녘에서는 (적을 친다는) 소리만 (내고) 서녘에서는 (실제로 적을) 친다는 뜻으로, 동쪽을 공격하는 척하다가 실제로는 서쪽을 공격하는 병법(兵法. <u>군사 작전의 방법</u>)을 이르는 말. 즉, 서쪽을 공격(攻擊)하기 위해 동쪽에서 모사(謀事. <u>일을 꾀함. 또는 일의 해결을 위한 꾀를 냄</u>)를 꾸며 판단(判斷)을 흐리게 하여 적(敵)을 혼란에 빠뜨린 후, 불의(不意. <u>미처 생각하지 않았던 뜻밖</u>)에 기습(奇襲. <u>적이 생각지 않았던 때에, 갑자기 들이쳐 공격함. 또는 그런 공격</u>)을 하는 계책(計策. <u>어떤 일을 이루기 위하여 꾀나 방법을 생각해 냄. 또는 그 꾀나 방법</u>)을 이르는 말. 중국의 고대 병법(兵法)인 삼십육계(三十六計)의 제6계로, 적(敵)을 유인하여 이쪽을 공격하는 체하다가 그 반대쪽을 치는 전술(戰術. <u>전쟁 또는 전투 상황에 대처하기 위한 기술과 방법</u>)이다. 이 전략(戰略. <u>전쟁을 전반적으로 이끌어가는 방법·方法이나 책략·策略을 이르는 말. 전술·戰術보다 상위의 개념이다</u>)은 아주 민첩하게 운용해야 한다. 동쪽을 치러 가는 척하다가 갑자기 방향을 바꾸어 서쪽으로 진격하여 치고, 재빨리 공격하고 순식간에 떠나야 한다. *치다: 부록 '격(擊)' 참고. 《관련 속담》 고양이 쥐 생각. 이 사자성어의 유래는 다음과 같다. 『회남자(淮南子)』 「병략훈(兵略訓)」에 〈그러므로 용병(用兵)의 도(道)는 부드러운 것으로 적(敵)에게 보여주고, 강함으로 맞이하며, 약한 것으로 보여 주고 강함을 타며, 움츠리는 것처럼 했다가 펴는 것으로 대응하며, 서쪽을 도모하려면 동쪽으로써 보여준다.(故用兵之道, 示之以柔而迎之以剛, 示之以弱而乘之以强, 爲之以歙而應之以張, <u>**將欲西而示之以東**</u>.)〉라는 이야기가 나오는데, '서쪽을 도모하려면 동쪽으로써 보여준다.(將欲西而示之以東)'에서, '성동격서(聲東擊西)'가 유래했다. 참고로, 원문의 '故用兵之道'에서, '故'는 그러므로 '고'로 읽고, '用'은 쓸 '용'으로 읽고, '兵'은 군사(軍士) '병', 병사(兵士) '병'으로 읽는다. '用兵'은 군사(軍士)를 부림. '之'는 어조사 '지'로 읽는다. '~의'를 나타내는 관형격 조사. '道'는 도리(道理) '도', 이치(理致) '도'로 읽는다. '故用兵之道'를 직역(直譯)하면, 그러므로 군사(軍士)를 부림의 도(道)는, 즉, 병력(兵力)을 동원하여 전술의 전략을 구사(驅使. <u>마음대로 다루어 씀</u>)함에 있어서는, '示之以柔而迎之以剛'에서, '示'는 보일 '시'로 읽고, '之'는 어조사 '지'로 읽는다. 여기서는 '그것'을 나타내는 지시 대명사. '以'는 써(<u>그것으로 인하여, 그것을 가지고</u>) '이'로 읽고, '柔'는 부드러울 '유'로 읽는다. '示之以柔'를 직역(直譯)하면, 부드러움을 가지고 그것('적·敵'을 가리킴)에게 보여줌. '而'는 말 이을 '이'로 읽는다. '그리고'의 뜻을 나타냄. '迎'은 맞이할 '영'으로 읽고, '剛'은 강할 '강'으로 읽는다. '迎之以剛'을 직역(直譯)하면, 강함을 가지고 그것을 맞이함. '示之以柔而迎之以剛'을 직역(直譯)하면, 부드러움을 가지고 그것('적·敵'을 가리킴)에게 보여주고 그리고 강함을 가지고 그것을 맞이함. 즉, 부드러움을 내보이면서도 굳셈으로 대응(對應. 어떤 일이나 사태에 알맞은 조치를 취함)하고, '示之以弱而乘之以强'에서, '弱'은 약할 '약'으로 읽는다. '示之以弱'을 직역(直譯)하면, 약함을 가지고 그것('적·敵'을 가리킴)에게 보여줌. '乘'은 탈(여기서는 바람, 연기, 소리 따위에 실리어 퍼질) '승'으로 읽고 '强'은 강할 '강'으로 읽는다. '乘之以强'은, 직역(直譯)하면 강함을 가지고 그것(기운이나 분위기 따위)에 타다. 여기서, '기운'은 순우리말로, 생물이 살아 움직이는 원기(元氣). 또는 거기서 나오는 힘. '示之以弱而乘之以强'을 직역(直譯)하면, 약함을 가지고 그것('적·敵'을 가리킴)에게 보여주고 그리고 강함을 가지고 그것(기운이나 분위기 따위)에 타는 것이다. 즉, 연약(軟弱. 성질이 부드럽고 의지·意志가 굳지 못함)한 듯 내보이면서도 강함으로 분위기를 타게 하는 것이다. '爲之以歙而應之以張'에서, '爲'는 여기서는 가장(假裝. 태도를 거짓으로 꾸밈)할 '위'로 읽고, '歙'은 코막힐 '흡', 기운 거둘 '흡'으로 읽는다. '爲之以歙'을 직역(直譯)하면 기운 거두는 것을 가지고 그것을 가장(假裝)함. '應'은 응할 '응'으로 읽고, '張'은 펼(움츠리거나 구부리거나 오므라든 것을 벌리는) '장'으로 읽는다. 應之以張'을 직역(直譯)하면, 펴는 것을 가지고 그것에 응함. '爲之以歙而應之以張'을 직역(直譯)하면, 기운 거두는 것을 가지고 그것을 가장(假裝)하고 그리고 펴는 것을 가지고 그것에 응함. 즉, 움츠리는 것처럼 했다가 펴는 것으로 대응(對應)하고, '將欲西而示之以東'에서 '將'은 장차(張次. '앞으로'의 뜻으로, 미래의 어느 때를 나타내는 말) '장'으로 읽고, '欲'은 하고자 할 '욕'으로 읽고, '西'는 서녘 '서'로 읽고, '東'은 동녘 '동'으로 읽는다. '將欲西而示之以東'을 직역(直譯)하면, 장차 서쪽을 (공격)하고자 하면서 그리고(그러면) 동쪽을 가지고 그것을 보여준다. 즉, 서쪽을 도모(圖謀. 어떤 일을 이루려고 수단과 방법을 꾀함)하려면 동쪽을 가지고 보여준다. 여기서, '聲東擊西'가 유래하였는데, 이것을 직역(直譯)하면, 동녘에서 소리를 (내고) 서녘에서 (적을) 친다는 뜻으로, 동쪽을 공격하는 척하다가 실제로는 서쪽을 공격하는 병법(兵法. 군사 작전의 방법)을 이르는 말. 즉, 서쪽을 공격(攻擊)하기 위해 동쪽에서 모사(謀事. 일을 꾀함. 또는 일의 해결을 위한 꾀를 냄)를 꾸며 판단(判斷)을 흐리게 하여 적(敵)을 혼란에 빠뜨린 후, 불의(不意)에 기습(奇襲. 적이 생각지 않았던 때에, 갑자기 들이쳐 공격함. 또는 그런 공격)을 하는 계책(計策. 어떤 일을 이루기 위하여 꾀나 방법을 생각해 냄. 또는 그 꾀나 방법)을 이르는 말. 그런데 이 외에 두우(杜佑)『통전(通典)』의 「병육(兵六)」에 〈동쪽을 치겠다고 소리를 내는 것은, 사실은 서쪽을 치는 것이다.(聲言擊東, 其實擊西.)〉라는 구절이 있다. 여기서도 '성동격서(聲東擊西)'가 유래했다. 참고로 원문의 '聲言擊東'에서 '聲'은 소리 '성'으로 읽고, '言'은 말씀 '언'으로 읽고, '擊'은 칠 '격'으로 읽고, '東'은 동녘 '동'으로 읽는다. '聲言擊東'을 직역(直譯)하면, 소리로 말하고 동쪽을 치는 것은. '其實擊西'에서, '其'는 그(지시하는 말) '기'로 읽고, '實'은 참으로 '실', 진실(眞實)로 '실'로 읽고, '西'는 서녘 '서'로 읽는다. '其實擊西'를 직역(直譯)하면, 그것은 진실(眞實)로 서쪽을 치는 것이다. 여기서, '聲東擊西'가 유래하였는데, 이것을 직역(直譯)하면, 동녘에서 소리를 (내고) 서녘에서 (적을) 친다는 뜻으로, 동쪽을 공격하는 척하다가 실제로는 서쪽을 공격하는 병법(兵法. 군사 작전의 방법)을 이르는 말. 즉, 서쪽을 공격(攻擊)하기 위해 동쪽에서 모사(謀事. 일을 꾀함. 또는 일의 해결을 위한 꾀를 냄)를 꾸며 판단(判斷)을 흐리게 하여 적(敵)을 혼란에 빠뜨린 후, 불의(不意)에 기습(奇襲. 적이 생각지 않았던 때에, 갑자기 들이쳐 공격함. 또는 그런 공격)을 하는 계책(計策. 어떤 일을 이루기 위하여 꾀나 방법을 생각해 냄. 또는 그 꾀나 방법)을 이르는 말.

성라-기-도(星羅奇島 별 **성**/벌일 **라**/기이할 **기**/섬 **도**) 별처럼 벌이고 (있는) 기이(奇異)한 섬[島]이라는 뜻으로, 하늘에 있는 별처럼 널리 펼쳐져 있는 기이(奇異)한 섬들을 이르는 말. ***성라**(星羅): 별처럼 많이 펼쳐져 있음. ***벌이다**: 부록 '라(羅)' 참고. ***기이하다**(奇異~): 부록 '기(奇)' 참고.

성라-기포(星羅棋·碁布 별 **성**/벌일 **라**/바둑 **기**/펼 **포**) 별처럼 벌여 (있고) 바둑(바둑돌)마냥 펴 (있다.) 즉, 하늘의 별이나 바둑판의 바둑돌(바둑을 두는 데 쓰는 돌. 검은 돌과 흰 돌이 있음)이 넓게 펼쳐져 있다는 뜻으로, (별이나 바둑처럼) 물건이 많이 벌여 있음. 또는 그 모양을 비유적으로 이르는 말. ***성라**(星羅): ☞성라기도(星羅奇島). ***기포**(棋·碁布): 바둑판에 놓인 바둑돌과 같이 여기저기 무수히 흩어져 있음. ***벌이다**: 부록 '라(羅)' 참고. ***바둑**: 부록 '기(棋·碁)' 참고.

성명-부지(姓名不知 성 **성**/이름 **명**/못할 **부**/알 **지**) 성(姓)과 이름을 알지 못한다. 즉, 성(姓)도 모르고 이름도 모른다는 뜻으로, 전혀 아는 사이가 아님. 또는 아무 관계가 없음을 비유적으로 이르는 말. ***성명**(姓名): 성(姓)과 이름[名]을 아울러 이르는 말. '성(姓)'은 가계(家系. 대대로 이어온 한집안의 계통)의 이름이고, '명(名)'은 개인의 이름이다. ***부지**(不知): 알지 못함.

성명-철학(姓名哲學 성 **성**/이름 **명**/밝을 **철**/학문 **학**) 성(姓)과 이름을 밝히는 학문(學問)이라는 뜻으로, 성명(姓名)을 음양오행설(陰陽五行說. 음양·陰陽과 오행·五行 상호 관련으로 자연 현상이나 인간 생활에서의 길흉·吉凶을 설명하는 사상)로 풀어 길흉(吉凶)을 가리는 점(占)의 한 가지. 즉, 성명(姓名)의 좋고 나쁨이 운명(運命)과 관련이 있다고 하여, 이름을 짓거나 풀이하는 점술(占術. 점을 치는 술법)을 철학(哲學)에 빗대어 이르는 말. 여기서, '음양(陰陽)'은 ①음(陰)과 양(陽). ②역학(易學)에서 이르는, 만물(萬物. 온갖 물건 또는 세상에 있는 모든 것)의 근원이 되는 상반된 성질을 가진 두 가지 것. 예를 들면, 해와 달, 남성과 여성, 낮과 밤, 물과 불, 여름과 겨울 따위를 일컫는다. '오행(五行)'은 동양 철학에서, 만물을 생성하고 만상(萬象. 온갖 사물. 또는 형상이 있는 온갖 물건과 세상의 모든 일)을 변화 시키는 다섯 가지 원소인 금(金), 목(木), 수(水), 화(火), 토(土)를 이르는 말. ***성명**(姓名): ☞성명부지(姓名不知). ***철학**(哲學): ①세계, 인생, 지식에 관한 근본 원리를 연구하는 학문. ②세계관이나 인생관을 비유적으로 이르는 말. ***밝다**: 부록 '철(哲)' 참고.

성-붕-지-통(城崩之痛 성 **성**/산 무너질 **붕**/어조사 **지**/아플 **통**) 성(城)이 산(山)이 무너지듯 무너지는 아픔. 즉, 자기(自己)를 지켜 주던 성(城)이 무너지는 고통(苦痛)이라는 뜻으로, 남편의 죽음을 맞은 부인의 슬픔을 이르는 말. ***성**(城): (적의 공격을 막기 위해) 높이 쌓은 큰 담이나 구조물.

성사-재천(成事在天 이룰 **성**/일 **사**/있을 **재**/하늘 **천**) 일을 이루는 (것은) 하늘에 있다는 뜻으로, 일의 되고 못 됨은 천운(天運. 하늘이 정한 운명)에 달려 있음. 또는 일이 되고 안 됨은 하늘에 달려 있음을 이르는 말. 囹 모사재인(謀事在人). ***성사**(成事): 일을 이룸. 또는 일이 이루어짐. ***재천**(在天): ①하늘에 있음. ②하늘에 달려 있음. 이 사자성어의 유래는 다음과 같다. 나관중(羅貫中)의 『삼국연의(三國演義)』「103회」에 〈공명(孔明)은 산 위에서 위연(魏延)이 사마의(司馬懿)를 유인하여 골짜기로 들어가자, 삽시간에 화광(火光. 타는 불의 빛)이 크게 이는 것을 보고 마음속으로 심히 기뻐하며 사마의(司馬懿)가 이번에는 반드시 죽겠구나 하고 생각했다. 그런데 생각지도 못하던 큰비가 내려 불이 더 이상 붙지 않았다. 정찰

병(偵察兵)이 사마의(司馬懿) 부자(父子. 아버지와 아들)가 모두 달아났다고 보고하자, 여기서 '정찰병(偵察兵)'은 정찰(偵察. 작전·作戰에 필요한 자료를 얻으려고 적·敵의 정세·情勢나 지형·地形을 살피는 일)의 임무를 맡은 병사를 일컫는다. 공명(孔明)이 장탄식(長歎息. 긴 한숨을 지으며 깊이 탄식하는 일)을 했다. "계략을 꾸미는 것은 사람이지만, 그 일이 이루어지는 것은 하늘에 달려 있어서 억지로 할 수 없는 것이구나."(孔明在山上見魏延誘司馬懿入谷, 一霎時火光大起, 心中甚喜, 以爲司馬懿此番必死, 不期天降大雨, 火不能着, 哨馬報說司馬懿父子俱逃去了, 孔明嘆曰, 謀事在人, **成事在天, 不可强**也.))라는 이야기가 나오는데, '그 일이 이루어지는 것은 하늘에 달려 있어서 억지로 할 수 없는 것이구나.(成事在天, 不可强也)'에서, '성사재천(成事在天)'이 유래했다. 이 이야기의 배경은 이렇다. 촉한(蜀漢)의 초대(初代) 황제(皇帝)인 유비(劉備)가 죽은 후, 제갈량(諸葛亮·諸葛孔明)은 유비(劉備)의 유지(遺志. 죽은 이가 생전에 이루지 못하고 남긴 뜻)를 받들어 계속 북벌(北伐. 무력으로 북쪽 지방을 치는 일)을 감행했다. 제갈량(諸葛亮)에 대항해 공격을 막아 낸 위(魏)나라의 주장(主將. 우두머리가 되는 장수)은 사마의(司馬懿)였다. 서기 234년의 봄, 제갈량(諸葛亮)은 35만의 병력을 거느리고 기산(祁山)에 주둔했고, 사마의(司馬懿)는 40만 병력을 거느리고 장안(長安)의 서쪽 위수(渭水) 일대에 진(陣)을 치고 제갈량(諸葛亮)과의 일전(一戰. 한바탕 싸움)을 준비했다. 사마의(司馬懿)를 싸움에 끌어들일 계책(計策. 어떤 일을 이루기 위하여 꾀나 방법을 생각해 냄. 또는 그 꾀나 방법)을 연구하던 제갈량(諸葛亮)은 지형(地形. 땅의 생긴 모양이나 형세)을 살피다가 위수(渭水) 남쪽에 상방곡(上方谷)의 특수한 지형(地形)을 보고 마음속으로 기뻐하며 한 가지 묘계(妙計. 매우 교묘한 꾀)를 생각해 냈다. 제갈량(諸葛亮)은 병사들을 시켜 양쪽 산등성이에 정병(精兵. 우수하고 강한 군사) 수천 명을 매복(埋伏. 상대편의 동태를 살피거나 불시에 공격하려고 일정한 곳에 몰래 숨어 있음)시켰다. 그러고는 대장군(大將軍)인 위연(魏延)을 시켜 사마의(司馬懿)와 싸우다가 퇴각(退却. 뒤로 물러감)하면서 사마의(司馬懿)를 계곡(溪谷. 물이 흐르는 골짜기) 깊숙이 유인(誘引. 남을 꾀어냄)하도록 했다. 반골(反·叛骨. 어떤 권력이나 권위에 순응하거나 따르지 아니하고 저항하는 기골. 또는 그런 기골을 가진 사람)을 가진 위연(魏延)까지 사마의(司馬懿)와 함께 불태워버리겠다는 것이 제갈량(諸葛亮)의 계획이었다. 사마의(司馬懿)는 위연(魏延)의 계략(計略. 어떤 일을 이루기 위한 꾀나 수단)에 따라 호로곡(葫蘆谷. 표주박같이 생긴 골짜기)까지 추격해 왔다. 이 순간 산등성이에 매복(埋伏)을 하고 있던 제갈량(諸葛亮)의 군사들이 포성(砲聲. 대포를 쏠 때에 나는 소리)과 함께 산 위에서 돌덩어리와 나무들을 굴려 그 입구를 막아 버렸다. 그리고 불씨를 던져 이미(돌이킬 수 없이 된 지난 일을 일컬을 때 쓰는 말) 쌓아 두었던 염초(焰硝. 화약의 원료가 되는 '질산칼륨'을 흔히 이르는 말), 화약(火藥) 따위를 터뜨렸다. 호로곡(葫蘆谷)은 순식간에 불바다가 되었다. 사마의(司馬懿)는 아들 사마사(司馬師)와 사마소(司馬昭)를 껴안고 "우리 부자(父子)가 여기에서 죽는구나."라며 통곡을 했다. 바로 이때, 갑자기 광풍(狂風. 미친 듯이 사납게 휘몰아치는 거센 바람)이 크게 불면서 검은 구름이 몰려오더니 큰 비가 내리기 시작했고, 이 비에 맹렬하게 타오르던 불이 꺼지고 말았다. 사마의(司馬懿)는 병사들을 이끌고 돌진(突進. 세찬 기세로 거침없이 곧장 나아감)하여 제갈량(諸葛亮)의 포위망(包圍網. 빈틈없이 둘레를 에워싼 체계를 이르는 말)을 뚫었다. 이를 두고 제갈공명(諸葛孔明)이 "계략을 꾸미는 것은 사람이지만, 그 일이 이루어지는 것은 하늘에 달려 있어서 억지로 할 수 없는 것이구나." 라고 장탄식(長歎息. 긴 한숨을 지으며 깊이 탄식하는 일)을 했다는 것이다. 참고로, 원문의

‘孔明在山上見魏延誘司馬懿入谷’에서, ‘孔’은 구멍 ‘공’으로 읽고, ‘明’은 밝을 ‘명’으로 읽는다. ‘孔明’은 제갈량(諸葛亮)의 자(字. 본이름을 함부로 부르지 않던 시대에, 본이름 대신 부르던 이름)를 일컬음. ‘제갈(諸葛)’은 중국 성씨(姓氏)의 하나다. ‘在’는 있을 ‘재’로 읽고, ‘山’은 뫼(‘산’의 옛말) ‘산’으로 읽고, ‘上’은 위 ‘상’으로 읽고, ‘見’은 볼 ‘견’으로 읽고, ‘魏’는 높을 ‘위’, 빼어날 ‘위’로 읽고, ‘延’은 늘일 ‘연’으로 읽는다. ‘魏延’은 사람 이름. ‘誘’는 꾈(그럴듯한 말이나 행동으로 남을 속이거나 부추겨서 자기 생각대로 끌) ‘유’, 유인(誘引. 주의나 흥미를 일으켜 꾀어냄)할 ‘유’로 읽고, ‘司’는 맡을 ‘사’로 읽고, ‘馬’는 말 ‘마’로 읽고, ‘懿’는 아름다울 ‘의’로 읽는다. ‘司馬懿’는 사람 이름. ‘入’은 들 ‘입’으로 읽고, ‘谷’은 골 ‘곡’, 골짜기 ‘곡’으로 읽는다. ‘孔明在山上見魏延誘司馬懿入谷’을 직역(直譯)하면, 공명(孔明)이 산 위에 있으면서 위연(魏延)이 사마의(司馬懿)를 유인(誘引)하여 골짜기로 들어가는 것을 보고, ‘一霎時火光大起’에서, ‘一’은 한 ‘일’로 읽고, ‘霎’은 잠시 ‘삽’, 잠깐 ‘삽’으로 읽고, ‘時’는 때 ‘시’로 읽는다. ‘霎時’는 매우 짧은 시간. ‘火’는 불 ‘화’로 읽고, ‘光’은 빛 ‘광’으로 읽는다. ‘火光’은 타는 불의 빛. ‘大’는 큰 ‘대’로 읽고, ‘起’는 일어날 ‘기’로 읽는다. ‘一霎時火光大起’를 직역(直譯)하면, 하나의 매우 짧은 때에 타는 불의 빛이 크게 일어나, ‘心中甚喜’에서, ‘心’은 마음 ‘심’으로 읽고, ‘中’은 가운데 ‘중’으로 읽는다. ‘心中’은 마음의 속. ‘甚’은 더욱 ‘심’, 매우 ‘심’으로 읽고, ‘喜’는 기쁠 ‘희’로 읽는다. ‘心中甚喜’를 직역(直譯)하면, 마음속으로 매우 기뻐하며, ‘以爲司馬懿此番必死’에서, ‘以’는 써(그것을 가지고, 그것으로 인하여) ‘이’로 읽고, ‘爲’는 될 ‘위’로 읽고, ‘此’는 이(지시하는 말) ‘차’로 읽고, ‘番’은 차례(次例) ‘번’으로 읽는다. ‘此番’을 직역(直譯)하면, 이번 차례. ‘必’은 반드시 ‘필’로 읽고, ‘死’는 죽을 ‘사’로 읽는다. ‘以爲司馬懿此番必死’를 직역(直譯)하면, 그것으로 인하여 사마의(司馬懿)가 이번 차례에는 반드시 죽게 될 것이다(라고 생각했다). ‘不期天降大雨’에서, ‘不’은 아닐(부정하는 말) ‘불’로 읽고, ‘期’는 기대할 ‘기’로 읽고, ‘天’은 하늘 ‘천’으로 읽고, ‘降’은 내릴 ‘강’으로 읽고, ‘大’는 큰 ‘대’로 읽고, ‘雨’는 비 ‘우’로 읽는다. ‘大雨’는 상당한 기간에 걸쳐 많이 쏟아지는 비. ‘不期天降大雨’를 직역(直譯)하면, (그런데) 기대하지 않았는데, 하늘에서 큰 비가 내렸다. ‘火不能着’에서, ‘能’은 할 수 있을 ‘능’으로 읽고, ‘着’은 붙을 ‘착’으로 읽는다. ‘火不能着’을 직역(直譯)하면, (다행히) 불이 붙을 수 없었다. ‘哨馬報說司馬懿父子俱逃去了’에서, ‘哨’는 보초(步哨) 설 ‘초’로 읽는다. 여기서 ‘보초(步哨)’는 부대의 경계선이나 각종 출입문에서, 경계와 감시의 임무를 맡은 병사. ‘馬’는 말 ‘마’로 읽고, ‘報’는 알릴 ‘보’로 읽고, ‘說’은 말씀 ‘설’로 읽고, ‘父’는 아버지 ‘부’로 읽고, ‘子’는 아들 ‘자’로 읽고, ‘俱’는 함께 ‘구’로 읽고, ‘逃’는 달아날 ‘도’, 도망할 ‘도’로 읽고, ‘去’는 갈 ‘거’로 읽고, ‘了’는 마칠 ‘료(요)’로 읽는다. ‘哨馬報說司馬懿父子俱逃去了’를 직역(直譯)하면, 말[馬]을 감시하는 보초가 사마의(司馬懿) 부자(父子)가 함께 도망하여 가기를 마쳤음을 말[說]로 알리자, ‘孔明嘆曰’에서, ‘嘆’은 한탄할 ‘탄’으로 읽는다. ‘孔明嘆曰’을 직역(直譯)하면, 제갈량(諸葛亮)이 탄식하여 말하기를, ‘謀事在人’에서, ‘謀’는 꾀할 ‘모’, 도모(圖謀. 어떤 일을 이루기 위하여 대책과 방법을 세움)할 ‘모’로 읽고, ‘事’는 일 ‘사’로 읽는다. ‘謀事’는 일을 꾀함. 또는 그 일. ‘在’는 있을 ‘재’로 읽고, ‘人’은 사람 ‘인’으로 읽는다. ‘謀事在人’을 직역(直譯)하면, 일을 꾀함은 사람에게 (달려) 있으나, ‘成事在天’에서, ‘成’은 이룰 ‘성’으로 읽고, ‘事’는 일 ‘사’로 읽고, ‘在’는 있을 ‘재’로 읽고, ‘天’은 하늘 ‘천’으로 읽는다. ‘成事在天’을 직역(直譯)하면, 일을 이루는 (것은) 하늘에 (달려) 있다는 뜻으로, 일의 되고 못 됨은 천운(天運. 하늘이 정한 운명)에 달려 있음. 또는 일이 되고 안 됨은 하늘에 달려 있음을 이르는 말. ‘不可强也’에서,

‘不’은 아닐(부정하는 말) ‘불’로 읽고, ‘可’는 가히(可~. <u>‘능히’, ‘넉넉히’</u>의 뜻을 나타냄) ‘가’로 읽는다. ‘不可’는 가능하지 않음. ‘强’은 억지 쓸 ‘강’, 강제로 할 ‘강’으로 읽는다. ‘也’는 어조사 ‘야’로 읽는다. ‘~도다’, ‘~이로구나(<u>영탄</u>)’의 뜻을 나타냄. ‘不可强也’를 직역(直譯)하면, 억지를 쓰는 (것은) 가능하지 않구나. 즉, <u>억지로 할 수 없는 것이구나</u>.

성쇠-지-리(盛衰之理 성할 **성**/쇠할 **쇠**/어조사 **지**/이치 **리**) 성함과 쇠함의 이치(理致)라는 뜻으로, 성하고 쇠함이 끊임없이 잇달아 바뀌는 이치(理致)를 이르는 말. =승제지리(乘除之理). ***성쇠**(盛衰): 사물이 성하는 일과 쇠하는 일. ***이치**(理致): 사물의 정당한 조리(條理. <u>말이나 글 또는 일이나 행동에서 앞뒤가 들어맞고 체계가 서는 갈피</u>). 또는 도리(道理)에 맞는 근본(根本) 뜻.

성수-만세(聖壽萬歲 지존할 **성**/목숨 **수**/일만 **만**/해 **세**) 지존(至尊)한 목숨이 일만(一萬) 해[歲]. 즉, 임금의 나이가 일만(一萬) 해[歲]까지 이르기를 바란다는 뜻으로, 임금이 오래 살기를 기원(祈願. <u>바라는 일이 이루어지기를 빎</u>)함을 이르는 말. =성수무강(聖壽無疆). ***성수**(聖壽): 임금의 나이 또는 임금의 수명을 높여 이르는 말. ***만세**(萬歲): ①오랜 세월. ②오래도록 삶. 또는 영원히 살아 번영함. ③축복하는 뜻으로, 또는 승리를 기뻐하는 뜻으로 외치는 소리. ***지존하다**(至尊~): 더없이 존귀하다.

성수-무강(聖壽無疆 지존할 **성**/목숨 **수**/없을 **무**/지경 **강**) 지존(至尊)한 목숨은 지경(地境)이 없다. 즉, 임금의 나이가 끝이 없다는 뜻으로, 임금이 오래 살기를 기원(祈願. <u>바라는 일이 이루어지기를 빎</u>)함을 이르는 말. =성수만세(聖壽萬歲). ***성수**(聖壽): ☞성수만세(聖壽萬歲). ***무강**(無疆): 끝이 없음. ***지존하다**(至尊~): ☞성수만세(聖壽萬歲). ***지경**(地境): 부록 ‘강(疆)’ 참고.

성-수-불-루(盛水不漏 담을 **성**/물 **수**/아닐 **불**/샐 **루**) (가득) 담겨 (있는) 물이 (조금도) 새지 아니한다는 뜻으로, 사물이 빈틈없이 꽉 짜였거나 매우 정밀(精密. <u>아주 정교하고 치밀하여 빈틈이 없고 자세함</u>)함을 비유적으로 이르는 말. 또는 주의(注意. <u>어떤 한 곳이나 일에 관심을 집중하여 기울임</u>)가 구석구석까지 미쳐 빈틈이 없음을 이르는 말.

성심-성의(誠心誠意 정성 **성**/마음 **심**/정성 **성**/뜻 **의**) 정성(精誠)된 마음과 정성(精誠)된 뜻이라는 말로, 참되고 성실(誠實)한 마음과 뜻을 이르는 말. ***성심**(誠心): 정성스러운 마음. 또는 거짓 없는 참된 마음. ***성의**(誠意): 정성스러운 마음. 또는 참된 마음. ***정성**(精誠): 부록 ‘성(誠)’ 참고.

성인-군자(聖人君子 성인 **성**/사람 **인**/군자 **군**/경칭 **자**) 성인(聖人)과 군자(君子)를 아울러 이르는 말. ***성인**(聖人): 지혜와 덕이 매우 뛰어나 길이 우러러 본받을 만한 사람. ***군자**(君子): 학문과 덕이 높고 행실이 바르며 품위를 갖춘 사람. ***경칭**(敬稱): 공경하는 뜻으로 부르는 칭호. 또는 존대하여 일컬음.

성-인-지-미(成人之美 완성될 **성**/사람 **인**/어조사 **지**/아름다울 **미**) 사람을 완성(完成)되게 (하는) 아름다움이라는 뜻으로, 남의 뛰어난 점을 도와 더욱 빛나게 하는 일. 또는 남의 훌륭한 점을 도와 더욱 완전(完全)하게 함을 이르는 말. *‘성-인’은 『국어사전(國語辭典)』에 등재(登載)된, ‘이미(<u>돌이킬 수 없이 된 지난 일을 일컬을 때 쓰는 말</u>) 성년이 된 사람. =어른’인 ‘성인(成人)’의 뜻과는 별개다.

성자-성손(聖子聖孫 성인 **성**/아들 **자**/성인 **성**/손자 **손**) 성인(聖人)의 아들과 성인(聖人)의 손자(孫子)라는 뜻으로, 임금의 자손(子孫)을 높여 이르는 말. =성자신손(聖子神孫). ***성자**(聖子): 지덕(智德. <u>지혜와 덕</u>)이 가장 뛰어난 아들. ***성손**(聖孫): 임금의 손자나 자손. ***성인**(聖人): 부록 ‘성(聖)’ 참고.

성자-신-손(聖子神孫 성인 **성**/아들 **자**/신 **신**/손자 **손**) 성인(聖人. <u>지혜와 덕이 매우 뛰어나 길이 우러러</u>

본받을 만한 사람)의 아들이나 신(神)의 손자(孫子)라는 뜻으로, 역대(歷代. 대대로 이어 내려온 여러 대·代. 또는 그동안)의 임금이나 임금의 혈통(血統. 같은 핏줄의 계통)을 이르는 말. 또는 임금의 자손(子孫)을 높여 이르는 말. =성자성손(聖子聖孫). *성자(聖子): ☞성자성손(聖子聖孫).

성자-필-쇠(盛者必衰 성할 **성**/것 **자**/반드시 **필**/쇠할 **쇠**) 성(盛)한 것은 반드시 쇠(衰)한다는 뜻으로, 한 번 성(盛)한 것은 반드시 쇠(衰)하게 마련이라는 말. 또는 융성(隆盛. 매우 기운차게 일어나거나 대단히 번성함)하는 것은 결국 쇠퇴(衰退·頹)해짐을 이르는 말. 웹 생자필멸(生者必滅). *성자(盛者): 세력을 크게 떨치는 사람. *성하다(盛~): 부록 '성(盛)' 참고. *쇠하다(衰~): (힘이나 세력 따위가) 차차 줄어서 약해지다.

성제-명왕(聖帝明王 성인 **성**/임금 **제**/밝을 **명**/임금 **왕**) 성인(聖人. 지혜와 덕이 매우 뛰어나 길이 우러러 본받을 만한 사람)의 임금이면서 밝은 임금이라는 뜻으로, 덕(德)이 높고 지혜로운(지혜가 밝은) 임금을 이르는 말. *성제(聖帝): =성군(聖君). 즉, 어질고 덕(德)이 뛰어난 인물. *명왕(明王): 정사(政事. 정치에 관한 일. 또는 행정에 관한 일)에 밝고 현명한 임금.

성-중-형-외(誠中形外 정성 **성**/가운데 **중**/형상 **형**/바깥 **외**) (마음) 가운데에 정성(精誠)이 (있으면) (그) 형상(形象)이 바깥으로 (나온다). 즉, 마음속에 숨긴 것도 겉으로 나타나게 된다는 뜻으로, 속마음에 들어 있는 참된 것은 숨기려 해도 자연히 밖으로 나타나게 됨을 이르는 말. 또는 마음속에 정성(精誠)이 있으면 반드시 외형(外形)으로 나타남을 이르는 말. *정성(精誠): 부록 '성(誠)' 참고. *형상(形象): 부록 '형(形)' 참고. 그런데 여기서, '형상(形象)'은 '형상(形像)', '형상(形狀)'과 같은 뜻이다. 이 사자성어의 유래는 다음과 같다. 『대학(大學)』 전문6장(傳文六章) 「성의(誠意)」 편(篇)에 [뜻을 성실히 한다는 것은 스스로를 속이지 않는 것을 말한다. 여기서, '스스로 속이지 않는 것'은 양심(良心)을 일컫는다. (악·惡을 미워하기를) 악취(惡臭. 불쾌한 냄새. 고약한 냄새)를 싫어하는 것처럼 하며, (선·善을 좋아하기를) 미색(美色. 아름다운 빛깔)을 좋아하는 것처럼 하는 것을 일러 스스로 겸손하다고 한다. 즉, 사람들이 악취(惡臭)라는 악(惡)을 싫어하고, 미색(美色)이라는 선(善)을 좋아하는 것을 일러 겸손(謙遜)이라고 했는데, 이는 양심(良心)의 또 다른 표현이다. 그런 까닭에 군자(君子. 학문과 덕·德이 높고 행실·行實이 바르며 품위·品位를 갖춘 사람)는 반드시 혼자 있을 때 신중해야 하는 것이다. 즉, 군자(君子)는 남이 볼 때는 말할 것도 없고, 특히 남이 안 볼 때 양심(良心)을 지키기 위하여 속마음의 움직임을 신중하게 한다는 것이다. 소인(小人)은 한가(閑暇. 하는 일이 적거나 바쁘지 않아 겨를이 많음)하게 있을 때면 선(善)하지 못한 짓을 하여 이르지 않는 바가 없다가, 군자(君子)를 본 이후에야 슬그머니 그 선(善)하지 못한 것을 감추고 선(善)한 것을 드러낸다. 즉, 소인(小人)은 군자(君子)와 반대로 남이 안 볼 때나, 한가(閑暇)하게 있을 때(혼자 있을 때)는 선(善)하지 않는 짓(악한 짓)을 하다가, 군자(君子)를 본 이후(남이 볼 때)는 그것을 일시적으로 감추고 선(善)한 일을 하는 체 한다는 것이다.]〈사람들이 자기를 보기를 마치 폐(肺)나 간(肝)을 뚫어 보듯이 하니, 그런즉, 무슨 이익이 있겠는가? 즉, 간(肝)과 폐(肺)는 몸속에 있는 장기(臟器)이므로, 자기가 그것을 직접 볼 수가 없다는 것이다. 물론 타인 역시 나의 장기(臟器)를 볼 수 없다. 그러나 간(肝)이나 폐(肺) 따위의 장기(臟器)가 좋지 않으면 얼굴이 창백하거나 누런색을 뛰어 남들이 먼저 알아볼 수는 있다. 그것이 무슨 이익이 있겠는가? 이를 일러 안으로 성실하면 밖으로 드러난다고 하는 것이다. 즉, 사람은 기본적으로 양심(良心)이라는 것이 있어서, 자기 속내를 숨기고 남을

 여기서, 소인(小人)은 성실하지 않는 자(者)를
일컫는다. 또한 소인(小人)은 선(善)을 좋아하고 악(惡)을 싫어하는, 진정한 자기를 속이는 자(者)이다.
그는 남이 안 보는 곳에 혼자 있으면 온갖 나쁜 짓을 다 한다. 저 혼자만의 일이니 아무도 모르리라
생각하여 이르지 못할 바가 없이 행동한다. 그러다가 군자(君子)를 만나는 곳에서는 슬쩍 시침을 떼고는
이제까지의 나쁜 짓을 감추는 대신 거짓된 선(善)을 드러내 보이려고 한다. 자기의 행위가 나쁘다는
사실을 알기 때문에 그것이 부끄러워 감추는 것이다. 말할 것도 없이 소인(小人)도 인간이므로 당연히
인간으로서의 본성(本性, 사람이 본디부터 가진 성질)이 있는 것이다. 마땅히 따라야 할 것은 선(善)이
고, 마땅히 버려야 할 것은 악(惡)이다. 이것이 그 본성(本性)이다. 소인(小人)은 본성(本性)을 근심하지
도 고민(苦悶)하지도 않는다. 그래서 소인(小人)의 뜻은 성실하지 못한 것이다. 사람의 내재적(內在的,
어떤 현상이 안에 존재하는 것)인 정성(精誠)이나 돈독한 진실(眞實)은 자기도 모르는 사이에 밖으로
드러나게 마련인 것이다. 그러므로 군자(君子)는 '성중형외(誠中形外)'를 알기 때문에 본성(本性)을 조심
하는 것이다. 참고로, 원문의 '人之視己'에서, '人'은 사람 '인'으로 읽고, '之'는 어조사 '지'로 읽는다.
'~이', '~가(주격)'의 뜻을 나타냄. '視'는 볼 '시'로 읽고, '己'는 자기(自己) '기'로 읽는다. '人之視己'를
직역(直譯)하면, 사람들이 자기(自己)를 보기를, '如見其肺肝'에서, '如'는 같을 '여'로 읽고, '見'은 볼 '견'
으로 읽고, '其'는 그(지시하는 말) '기'로 읽고, '肺'는 허파 '폐'로 읽고, '肝'은 간(肝) '간'으로 읽는다.
'肺肝'은 폐(肺)와 간(肝)을 아울러 이르는 말. '如見其肺肝'을 직역(直譯)하면 그 폐(肺)와 간(肝)을 보는
것과 같이 (하니), '然則何益矣'에서, '然'은 그러할 '연'으로 읽고, '則'은 곧 '즉'으로 읽는다. '然則'은 '그러
면', '그런즉'의 뜻을 나타내는 접속 부사. '何'는 무슨 '하'로 읽고, '益'은 이로울 '익'으로 읽고, '矣'는
어조사 '의'로 읽는다. '~이다(단정)'의 뜻을 나타냄. '然則何益矣'을 직역(直譯)하면, 그러면 무슨 이로움
(이익)이겠는가? 즉, 무슨 이익이 있겠는가? '此謂誠於中形於外'에서, '此'는 이(지시하는 말) '차'로 읽고,
'謂'는 일컬을 '위'로 읽고, '誠'은 정성(精誠) '성'으로 읽고, '於'는 어조사 '어'로 읽는다. '~에서', '~에게
서(위치)'의 뜻을 나타냄. '中'은 가운데 '중'으로 읽고, '形'은 형상 '형'으로 읽고, '外'는 바깥 '외'로 읽는
다. '此謂誠於中形於外'를 직역(直譯)하면, 이를 일컬어 '(마음) 가운데에 정성이 (있으면) (그) 형상이
바깥에게서 (나온다).'라고 하는 것이다. 여기서, '誠中形外'가 유래하였는데, 이것을 직역(直譯)하면, (마
음) 가운데에 정성(精誠)이 (있으면) (그) 형상(形象)이 바깥으로 (나온다는) 뜻으로, 속마음에 들어 있는
참된 것은 숨기려 해도 자연히 밖으로 나타나게 됨을 이르는 말. 또는 마음속에 정성(精誠)이 있으면
반드시 외형(外形)으로 나타남을 이르는 말. '故君子必愼其獨也'에서, '故'는 그러므로 '고'로 읽고, '君'은
군자(君子) '군'으로 읽고, '子'는 경칭(敬稱, 공경하는 뜻으로 부르는 칭호, 또는 존대하여 일컬음) '자'로
읽는다. 학덕(學德)과 지위가 높은 남자의 경칭(敬稱)이다. '君子'는 행실이 점잖고 어질며, 덕(德)과 학식

이 높은 사람. ‘必’은 반드시 ‘필’로 읽고, ‘愼’은 삼갈(몸가짐이나 언행을 조심함) ‘신’으로 읽고, ‘其’는 그(지시하는 말) ‘기’로 읽고, ‘獨’은 홀로 ‘독’으로 읽고, ‘也’는 어조사 ‘야’로 읽는다. ‘~이다(단정)’의 뜻을 나타냄. ‘故君子必愼其獨也’를 직역(直譯)하면, 그러므로 군자(君子)는 반드시 홀로(혼자) (있을 때) 그것에 (대하여) 삼가야 (한다). 즉, 다른 사람이 보거나 듣는 사람이 없는 곳에 혼자 있을 때에도, 군자(君子)는 도리(道理. 사람이 마땅히 지켜야 할 바른 길)에 어긋나는 행동이나 생각을 하지 않는 마음과 태도를 가져야 하는 것이다. 유가(儒家. 공자의 학설과 학풍 따위를 신봉하고 연구하는 학자나 학파)들이 가장 중요한 수양 방법으로 여겨 온 말이다. ‘공자(孔子)’는 중국 춘추시대(春秋時代)의 사상가이며 학자이다.

성지-순례(聖地巡禮 거룩할 **성**/땅 **지**/돌아다닐 **순**/절 **례**) 거룩한 땅을 돌아다니며 절한다는 뜻으로, 순례자(巡禮者)가 종교적 의무를 지키거나, 신의 가호(加護. 신이나 부처가 돌보아 줌)와 은총(恩寵. 높은 사람에게서 받는 특별한 사랑. 또는 기독교에서, 하느님이 인간에게 내리는 은혜)을 구(求)하기 위하여, 성지(聖地) 또는 본산(本山)의 소재지를 차례로 찾아가 참배(參拜. 신·神이나 부처에게 절함)하는 일을 이르는 말. =성지순배(聖地巡拜). 여기서, ‘본산(本山)’은 ‘본사(本寺)’와 같은 말로, 관할 구역에 딸린 여러 말사(末寺. 불교에서, 일정한 교구·敎區의 본사·本寺에 딸린 작은 절을 이르는 말)를 통할(統轄. 모두 거느려 다스림)하는 큰절을 이르는 말. *성지(聖地): 종교와 깊은 관계가 있어, 신성시되는 땅. *순례(巡禮): 종교상의 여러 성지(聖地. 종교와 깊은 관계가 있어, 신성시되는 땅)나 영지(靈地. 신령스러운 땅) 따위를 차례로 찾아다니며 참배함. *거룩하다: 성스럽고 위대하다. 또는 위대하고 훌륭하다.

성천-포락(成川浦落 이룰 **성**/내 **천**/물가 **포**/떨어질 **락**) (논밭이) 내[川]를 이룬 물가에 (스쳐) 떨어져 (나간다는) 뜻으로, 논이나 밭 따위가 흐르는 냇물에 스쳐 떨어져 나감. 또는 그 일을 이르는 말. *성천(成川): 개울이나 내를 이룸. *포락(浦落): 논밭이 강물이나 냇물에 개먹어서(개개어서 닳거나 상하여) 무너져 떨어짐. *내: 부록 ‘천(川)’ 참고. *물가: 부록 포(浦) 참고.

성하-염열(盛夏炎熱 성할 **성**/여름 **하**/더울 **염**/더울 **열**) 성한 여름의 더위와 더위라는 뜻으로, 한여름의 몹시 심한 더위를 이르는 말. 回 성하지열(盛夏之熱). *성하(盛夏): =한여름. 즉, 더위가 한창인 여름. *염열(炎熱): 심한 더위. *성하다(盛~): 부록 ‘성(盛)’ 참고.

성하-지-맹(城下之盟 성 **성**/아래 **하**/어조사 **지**/맹세할 **맹**) 성(城) 아래에서 맹세함. 즉, 성(城) 밑까지 쳐들어온 적군(敵軍)과 항복하여 맺는 맹약(盟約. 굳게 맹세하여 약속함. 또는 그 약속)이라는 뜻으로, 힘에 굴복(屈服. 힘이 모자라서 복종함)하여 굴욕적(屈辱的. 남에게 억눌리거나 업신여김을 받거나 느끼게 하는)인 조약(條約. 국가 간의 권리와 의무를 국가 간의 합의에 따라 법적 구속을 받도록 규정하는 행위. 또는 그런 조문·條文)을 맺는 것을 비유적으로 이르는 말. *성하(城下): 성(城)의 아래. 또는 성(城) 밑에 있는 마을. *성(城): (적의 공격을 막기 위해) 높이 쌓은 큰 담이나 구조물. *맹세하다: 부록 ‘맹(盟)’ 참고. 이 사자성어의 유래는 다음과 같다. 『좌전(左傳)』의 「환공(桓公) 12년」 편(篇)에 [(춘추 전국시대에 강대한) 초(楚)나라가 (국력이 약한) 교(絞)나라를 침공하여, 교(絞)나라 도성(都城. 임금이나 황제가 있던 도읍지·都邑地가 성·城으로 이루어졌다는 데서, ‘서울’을 이르던 말)의 남문(南門)까지 육박(肉薄. 바싹 가까이 다가붙음)해 들어갔다. 교(絞)나라 군사들은 성문(城門. 성·城의 출입구에 만든 문·門)을 굳게 닫고 밖으로 나오지 않았다. 초(楚)나라의 굴하(屈瑕. 사람 이름)가 의견을 내었다. 즉, 장기전(長期戰. 오랜 기간에 걸친 전쟁)으로 들어가자, 초(楚)나라의 굴하(屈瑕)가 자기 나라 장수에게 계책(計策. 어떤 일을 이루기 위하여 꾀나 방법을 생각해 냄. 또는 그 꾀나 방법)을 말했다는 뜻이다. "교(絞)나라는 작고 사람들이 경솔한데, 경솔하면 지모(智謀. 슬기로운 꾀)가 부족합니다. 그러니 나무하는 사역병(使役兵. 본래의 임무 이외에 임시로 잡무에 복무하고 있는 병사)에게 호위병(護衛兵. 따라다니면서 신변을 보호하는 일을 맡은 군사)을 붙이지 말고 내보내어 저들(교·絞나라 군사)을 유인(誘引. 남을 꾀어냄)하십시오." 즉, 이 말을 덧붙여 설명하면 다음과 같다. 굴하(屈瑕)는 교(絞)나라 사람들이 경솔(輕率)하고 지략(智略)이 부족하므로 유인책(誘引策)을 건의(建議. 어떤 문제에 대하여 의견이나 희망 사항을 냄. 또는 그 의견이나 희망 사항)했다. 먼저 나무하는 병사들을 병사의 호위(護衛) 없이 산으로 보내면, 교(絞)나라 병사들이 성(城) 밖으로 나와 그들을 잡아갈 것이라고 말했던 것이다. 그 말대로 실행했더니, 교(絞)나라 사람들이 성(城)에서 나와 초(楚)나라 사람 30여 명을 잡아갔다. 다음날에도 병사(兵士)들을 나무꾼으로 가장(假裝. 얼굴이나 몸차림 따위를 알아보지 못하게 바꾸어 꾸밈)시켜 산에서 나무하는 척하게 했더니, 교(絞)나라 사람들이 다투어 나와 산중(山中. 산속)으로 그들을 추격했다. 즉, 다음번에도 초(楚)나라 병사들을 나무꾼으로 변장(變裝)시켜 나무하게 했더니, 역시 교(絞)나라 군사들이 다투어 나와 초(楚)나라 군사들을 추격했다는 뜻이다.]〈(그 틈을 타) (미리 매복·埋伏해 있던) 초(楚)나라 군사들이 (도성·都城의) 북문(北門)을 막고 교(絞)나라 군대가 있는 모든 산 아래를 뒤집어엎고 크게 쳐부순 다음, 도성(都城)의 성벽 아래에서 맹약(盟約)을 맺고 돌아갔다. 즉, 굴하(·屈瑕)의 말을 듣고 병사를 나무꾼으로 변장(變裝)시켜 유인(誘引)한 것이 성공의 요인(要因)이 된 셈이다.(楚人坐其北門. 而覆諸山下. 大敗之. **爲城下之盟而還**.)〉라는 이야기가 나오는데, '도성(都城)의 성벽 아래에서 맹약(盟約)을 맺고 돌아갔다.(爲城下之盟而還)'에서, '성하지맹(城下之盟)'이 유래했다. 전쟁은 평화를 위해서 존재한다. 다만 전쟁을 하지 않고 평화를 지키는 것이 가장 좋은 일이다. 위기(危機. 위험한 때나 고비)가 아니면 서로 싸우지 않아야 한다. 부득이하게 싸울 때가 왔다면 나라의 존망(存亡. 존속과 멸망. 또는 생존과 사망을 이르는 말)이 걸려 있는 문제이니 반드시 이겨야 한다. 계략(計略. 어떤 일을 이루기 위한 꾀나 수단)에 넘어간 교(絞)나라가 대패(大敗. 싸움이나 경기에서 크게 짐)하고, 남의 강한 힘의 논리에 눌려 강압적으로 '성하지맹(城下之盟)'을 맺은 것은 대단히 굴욕적(屈辱的. 남에게 억눌리어 업신여김을 당하거나 느끼게 하는 것)이고 수치스러운 일이다. 총성(銃聲. 총을 쏠 때에 나는 소리) 없는 전쟁이라는 오늘날의 외교전에서도 국력(國力)의 차이와 지략(智略. 어떤 일을 이루기 위한 슬기로운 꾀나 수단)의 유무(有無. 있음과 없음)에 따라 희비(喜悲. 기쁨과 슬픔)가 엇갈릴 수밖에 없다. 참고로, 원문의 '楚人坐其北門'에서, '楚'는 '楚'는 초(楚)나라 '초'로 읽고, '人'은 사람 '인'으로 읽고, '坐'는 앉을 '좌', 지킬 '좌'로 읽고, '北'은 북녘 '북'으로 읽고, '門'은 문(門) '문'으로 읽는다. '楚人坐其北門'을 직역(直譯)하면, 초(楚)나라 사람들은 그 북쪽 문을 지키고 (있었으며), '而覆諸山下'에서, '而'는 말 이을 '이'로 읽는다. '그리고'의 뜻을 나타냄. '覆'은 엎을 '복', 뒤집을 '복'으로 읽고, '諸'는 모든 '제'로 읽고, '山'은 뫼('산'의 옛말) '산'으로 읽고, '下'는 아래 '하'로 읽는다. '而覆諸山下'를 직역(直譯)하면, 그리고 (군대가 있는) 모든 산 아래를 뒤집어엎어, '大敗之'에서, '大'는 클 '대'로 읽고, '敗'는 패할 '패'로 읽는다. '大敗'는 싸움이나 경기에서 크게 짐. '之'는 어조사 '지'로 읽는다. '그것'을 나타내는 지시 대명사. '大敗之'를 직역(直譯)하면, 그것을 크게 패하게 (한 다음), '爲城下

1163

之盟而還'에서, '爲'는 할 '위'로 읽고, '城'은 성(城. <u>예전에, 적을 막기 위하여 흙이나 돌 따위로 높이</u> <u>쌓아 만든 담, 또는 그런 담으로 둘러싼 구역</u>) '성'으로 읽고, '之'는 어조사 '지'로 읽는다. '~의'를 나타내는 관형격 조사. '盟'은 맹세할 '맹'으로 읽고, '而'는 말 이을 '이'로 읽는다. '그리고'의 뜻을 나타냄. '還'은 돌아갈 '환'으로 읽는다. '爲城下之盟而還'을 직역(直譯)하면, 성(城) 아래에서 맹세를 하고 그리고 돌아갔다. 여기서, '城下之盟'이 유래하였는데, 이것을 직역(直譯)하면, 성(城) 아래에서 맹세함. 즉, 성(城) 밑까지 쳐들어온 적군(敵軍)과 항복하여 맺는 맹약(盟約. <u>굳게 맹세하여 약속함. 또는 그 약속</u>)이라는 뜻으로, 힘에 굴복(屈服)하여 굴욕적(屈辱的)인 조약(條約)을 맺는 것을 비유적으로 이르는 말.

성하-지-열(盛夏之熱 성할 **성**/여름 **하**/어조사 **지**/더울 **열**) 성(盛)한 여름의 더위라는 뜻으로, 한여름의 심한 더위를 이르는 말. 囲 성하염열(盛夏炎熱). *성하(盛夏): ☞성하지맹(城下之盟). ***성하다**(盛~): 부록 '성(盛)' 참고.

성호-사서(城狐社鼠 성 **성**/여우 **호**/토지의 신 **사**/쥐 **서**) 성(城) (안에 사는) 여우와, 토지의 신(神)을 (모신 사당에 사는) 쥐, 즉, 성(城) 안에 사는 여우와 사당(祠堂. <u>신주·神主를 모신 집, 또는 신주·神主를 모시</u> <u>기 위하여 집처럼 자그마하게 만든 것</u>)에 사는 쥐라는 뜻으로, 임금의 곁에 있는 간신(奸臣. <u>성질이</u> <u>교묘하게 잘 둘러대고 행실이 바르지 못한 신하</u>)의 무리나 권력(權力. <u>남을 지배하여 강제로 복종시키는</u> <u>힘</u>)에 기대어 사는 무리를 비유적으로 이르는 말. 참 직호사서(稷狐社鼠). ***성호**(城狐): 성안(城~)에 사는 여우라는 뜻으로, 임금의 곁에 있는 소인배(小人輩. <u>도량이 좁고 간사한 사람, 또는 그러한 무리</u>)를 이르는 말. ***사서**(社鼠): (사람이 함부로 손댈 수 없는 사당·祠堂에 숨어 사는 쥐라는 뜻으로) 권력층의 그늘에 숨어 사특(邪慝. <u>못되고 악함</u>)한 짓을 일삼는 사람을 비유적으로 이르는 말. ***성**(城): (적의 공격을 막기 위해) 높이 쌓은 큰 담이나 구조물. 이 사자성어의 유래는 다음과 같다. 『진서(晉書)』의 「사곤전(謝鯤傳)」 편(篇)에 〈왕돈(王敦)은 원제(元帝. '진·晉나라의 원제'를 가리킴)의 의중(意中. <u>드러내지 않거</u> <u>나 드러나지 않는, 마음의 속</u>)을 간파(看破. <u>속내를 꿰뚫어 알아차림</u>)하고, 반란(反·叛亂. <u>정부나 지배자</u> <u>에게 반항하여 내란을 일으킴</u>)을 일으킬 뜻을 품고 참모(參謀. <u>윗사람을 도와 어떤 일을 꾀하고 꾸미는</u> <u>데에 참여함, 또는 그런 사람</u>)인 사곤(謝鯤)에게 물었다. "유외(劉隗)는 간악한 자(者)로서 사직(社稷. <u>나라 또는 조정·朝廷을 이르는 말</u>)을 위태롭게 할 사람이다. 이 자(者)를 황제 곁에서 제거하여 군주(君 <u>主. 세습적으로 나라를 다스리는 최고 지위에 있는 사람</u>)를 바르게 하고, 나라를 구하고 싶은데, 어떻게 하면 좋겠는가?" 사곤(謝鯤)이 대답했다. "유외(劉隗)는 화를 불러 올 자(者)이기는 하지만, 성곽(城郭)에 사는 여우나 사당(祠堂)에 사는 쥐와 같습니다."(及敦將爲逆, 謂鯤曰, 劉隗奸邪, 將危社稷, 吾欲除君側之 惡, 匡主濟時, 何如, 對曰, 隗誠始禍, **然城狐社鼠也**.)〉라는 이야기가 나오는데, '성곽(城郭)에 사는 여우 나 사당(祠堂)에 사는 쥐와 같습니다.(然城狐社鼠也)'에서, '성호사서(城狐社鼠)'가 유래했다. 사곤(謝鯤) 이 말한 '성호사서(城狐社鼠)'는 '성벽(城壁)에 굴을 파고 사는 여우를 잡으려니, 성벽(城壁)이 무너질까 걱정되고, 사당(祠堂)에 사는 쥐를 잡으려니 사당(祠堂)이 무너질까 걱정된다.'의 뜻이다. 즉, 유외(劉隗) 는 황제의 측근으로서 황제의 비호(庇護. <u>편들어서 감싸 주고 보호함</u>)를 받고 있으며, 황제 또한 그를 의지하고 있으므로, 그를 제거하는 것이 쉽지 않을 것 같다는 말이다. 어느 자료에 의하면, 이 이야기의 배경은 이렇다. 사마염(司馬炎)이 세운 진(晉)나라는 귀족들의 사치와 부패, 그리고 내란으로 말미암아 소수민족들에 의해 서기 316년에 전복(顚覆. <u>사회 전체가 무너지거나 정권 따위를 뒤집어엎음</u>)되었고,

다음해인 서기 317년에 황족(皇族. 황제의 가까운 친족)인 사마예(司馬睿)가 건강(健康. '남경·南京 지방'을 가리킴)에서 다시 진(晉)나라를 세웠으니, 이것이 바로 동진(東晉)이다. 진(晉)나라 원제(元帝. 중국 남북조 시대 동진·東晉의 제1대 황제)인 사마예(司馬睿)는 낭야(琅邪) 지방의 유력한 호족(豪族. 재산이 많고 세력이 강한 집안)인 왕돈(王頓)과 왕도(王導)의 전폭적인 지원에 힘입어 황제가 되었으므로, 왕씨 집안을 극진히 떠받들었다. 왕돈(王頓)의 아내는 사마염(司馬炎)의 딸 양성공주(襄城公主)였다. 왕돈(王頓)은 대장군(大將軍. 벼슬 이름)이 되었고, 사촌형인 왕도(王導)는 승상(丞相. 벼슬 이름)의 자리에 있었는데, 당시(當時. 일이 있었던 바로 그때. 또는 이야기하고 있는 그 시기) 민간에는 '왕씨(王氏)와 마씨(馬氏. '사마씨·司馬氏'를 가리킴)가 천하를 함께 가지고 있다.(王與馬, 共天下.)'라는 노래가 불릴 정도로 왕씨(王氏) 집안의 세력은 막강했다. 왕돈(王頓)의 세력이 점점 커져서 장강(長江. '양쯔 강·揚子江'을 달리 이르는 말. 중국의 중심부를 흐르는 중국에서 제일 큰 강) 상류 지역을 장악하기에 이르자, 진(晉)나라의 원제(元帝)는 유외(劉隗. 사람 이름)와 대연(戴淵. 사람 이름)을 진북장군(鎭北將軍. 벼슬 이름)에 임명하여 왕돈(王頓)을 견제(牽制. 지나치게 세력을 펴거나 자유행동을 하지 못하도록 억누름)하도록 했다. 그때 왕돈(王頓)은 진(晉)나라 원제(元帝)의 의중(意中. 마음의 속)을 간파(看破. 속내를 꿰뚫어 알아차림)하고 반란(反·叛亂)을 일으킬 뜻을 품고, 참모(參謀)인 사곤(謝鯤)에게 위와 같이 물었던 것이다. 참고로, 원문의 '及敦將爲逆'에서 '及'은 미칠(영향이나 작용 따위가 대상에 가하여질) '급'으로 읽는다. 여기서는 접속사(接續詞)로 '급기야(及其也. 필경에 가서는. 마지막에는)'의 뜻으로 쓰임. '敦'은 도타울(서로의 관계에 사랑이나 인정이 많고 깊을) '돈'으로 읽는다. 여기서는 '왕돈(王頓)'을 가리킴. '將'은 장차(將次. '앞으로'의 뜻으로, 미래의 어느 때를 나타내는 말) '장'으로 읽고, '爲'는 여기서는 속일 '위'로 읽고, '逆'은 거스를 '역', 배반할 '역'으로 읽는다. '及敦將爲逆'을 직역(直譯)하면, 급기야 왕돈(王頓)은 장차 (원제·元帝. 晉元帝를) 속이고 배반하려고 (하면서), '謂鯤曰'에서, '謂'는 일컬을 '위'로 읽고, '鯤'은 곤이(鯤鮞. 물고기 배 속의 알) '곤'으로 읽는다. 여기서는, '사곤(謝鯤)'을 가리킴. '謂鯤曰'을 직역(直譯)하면, 사곤(謝鯤)에게 일컬어 말하기를, '劉隗奸邪'에서, '劉'는 성(姓) '유'로 읽고, '隗'는 높을 '외'로 읽는다. '劉隗'는 사람 이름. '奸'은 간사할 '간'으로 읽고, '邪'는 간사할 '사'로 읽는다. '奸邪'는 나쁜 꾀가 있어 거짓으로 남의 비위를 맞추는 태도가 있음. '劉隗奸邪'를 직역(直譯)하면, 유외(劉隗)는 간사하며, '將危社稷'에서, '將'은 장차 '장'으로 읽고, '危'는 위태(危殆. 어떤 형세가 마음을 놓을 수 없을 만큼 위험함)할 위로 읽고, '社'는 토지 신(神) '사'로 읽고, '稷'은 곡신(穀神. 곡식을 맡아 다스린다는 신) '직'으로 읽는다. '社稷'은 고대 중국에서, 새로 나라를 세울 때 천자(天子)나 제후(諸侯)가 제사를 지내던 토지 신(神)과 곡신(穀神)을 이르는 말. 그리고 나라 또는 조정(朝廷. 임금이 나라의 정치를 신하들과 의논하거나 집행하는 곳. 또는 그런 기구)을 이르는 말이기도 하다. 여기서, '천자(天子)'는 천제(天帝. 하늘을 다스리는 신. 또는 우주를 창조하고 주재한다고 믿어지는 초자연적인 절대자)의 아들이란 뜻으로, 천명(天命. 하늘의 명령)을 받아 천하(天下)를 다스리는 사람. 곧 중국에서 황제(皇帝)를 일컫던 말이다. '將危社稷'을 직역(直譯)하면, 장차 사직(社稷)을 위태롭게 (할 사람이다). '吾欲除君側之惡'에서, '吾'는 나(1인칭 대명사) '오'로 읽고, '欲'은 하고자 할 '욕'으로 읽고, '除'는 제거할 '제'로 읽고, '君'은 임금 '군'으로 읽고, '側'은 곁 '측'으로 읽고, '之'는 어조사 '지'로 읽는다. '~의'를 나타내는 관형격 조사. '惡'은 악할 '악'으로 읽는다. '吾欲除君側之惡'을 직역(直譯)하면, 내가 임금 곁의 악함을 제거하고자 하며, 즉, 내가 유외(劉隗)를 임금 곁에서 제거하겠다는 말이다. '匡主濟時'에서, '匡'은 바룰 '광', 바로잡을 '광'으로 읽
고, '主'는 임금 '주'로 읽고, '濟'는 구제할 '제'로 읽고, '時'는 때 '시'로 읽는다. '匡主濟時'를 직역(直譯)하
면, (그리고) 임금을 바로잡고 때(시국·時局)를 구제하고자 하니, '何如'에서, '何'는 어찌 '하'로 읽고,
'如'는 같을 '여'로 읽는다. '何如'는 어떻게. 또는 어찌. 여기서는, '어떻게 할까요?'의 뜻이다. '對曰'에서,
'對'는 대답할 '대'로 읽는다. '對曰'을 직역(直譯)하면, (사곤이) 대답하여 말하기를, '隗誠始禍'에서, '隗'
는 높을 '외'로 읽는다. 여기서는 '유외(劉隗)'를 가리킴. '誠'은 진실로 '성', 참으로 '성'으로 읽고, '始'는
비롯할 '시', 일으킬 '시'로 읽고, '禍'는 재앙(災殃. 뜻하지 아니하게 생긴 불행한 변고·變故, 또는 천재지
변·天災地變으로 인한 불행한 사고) '화'로 읽는다. '隗誠始禍'를 직역(直譯)하면, 유외(劉隗)는 진실로
재앙(災殃)을 일으킬 (사람이다). 즉, 유외(劉隗)는 진실로 재앙(災殃)을 불러올 사람이다. '然城狐社鼠也'
에서, '然'은 그러나 '연'으로 읽고, '城'은 성(城. 예전에, 적을 막기 위하여 흙이나 돌 따위로 높이 쌓아
만든 담. 또는 그런 담으로 둘러싼 구역) '성'으로 읽고, '狐'는 여우 '호'로 읽고, '社'는 토지의 신(神)
'사'로 읽고, '鼠'는 쥐 '서'로 읽고, '也'는 어조사 '야'로 읽는다. '~이다(단정)'의 뜻을 나타냄. '然城狐社鼠'
를 직역(直譯)하면, 그러나 성(城)안에 (사는) 여우와 토지의 신을 (모신 사당에 사는) 쥐이다. 즉, 유외
(劉隗)는 재앙(災殃)을 불러올 사람이고, 성호사서(城狐社鼠)와 같지만, 그를 제거하는 것은 쉬울 것
같지 않다는 말이다. 여기서, '城狐社鼠'가 유래하였는데, 이것을 직역(直譯)하면, 성(城) (안에 사는)
여우와, 토지의 신(神)을 (모신 사당에 사는) 쥐라는 뜻으로, 임금의 곁에 있는 간신(奸臣)의 무리나
권력(權力. 남을 지배하여 강제로 복종시키는 힘)에 기대어 사는 무리를 비유적으로 이르는 말.

성화-독촉(星火督促 별 **성**/불 **화**/재촉할 **독**/재촉할 **촉**) (급히 사라지는) 별의 불(불빛)처럼 재촉하고 재촉
한다는 뜻으로, 성화(星火)같이 몹시 급하고 심하게 재촉함을 비유적으로 이르는 말. *성화(星火): ①
=유성(流星). 즉, 우주(宇宙. 온 세계를 둘러싸고 있는 공간) 먼지가 지구의 대기권에 들어와 공기의
압축과 마찰로 빛을 내는 것. ②유성(流星)이 떨어질 때의 불빛. ③몹시 급한 일을 비유적으로 이르는
말. ④몹시 작은 숯불. *독촉(督促): 몹시 재촉함. *재촉하다: 순우리말로, 부록 '독(督)', '촉(促)' 참고.

성황-지-신(城隍之神 성 **성**/마른 도랑 **황**/어조사 **지**/신령 **신**) 성(城)과 마른 도랑(폭이 좁은 작은 개울)의
신령(神靈)이라는 뜻으로, 토지와 마을을 지켜 준다는 신(神)을 이르는 말. 여기서, '마른 도랑'은 물이
흐르지 않아 마른 흙이 드러나 보이는 개울이다. *성황(城隍): 서낭의 본딧말로, ①민간에서 서낭신(성
황신)이 붙어 있다는 나무. ②=서낭신(성황신·城隍神). 즉, 민간에서 이르는, 토지와 마을의 수호신(守
護神. 국가, 민족, 개인 따위를 지키고 보호하여 주는 신·神)을 이르는 말. *성(城): (적의 공격을 막기
위해) 높이 쌓은 큰 담이나 구조물. *신령(神靈): 신앙의 대상이 되는 초자연적인 정령(精靈. 원시 종교
에서, 산천, 초목, 무생물 따위에 붙어 있다고 믿던 혼령)을 이르는 말.

세가-소-탈(勢家所奪 권세 **세**/집 **가**/것 **소**/빼앗을 **탈**) 권세(權勢) (있는) 집(집안)에 (의하여) (자신이) (가
지고 있는) 것을 빼앗긴다는 뜻으로, 권세(權勢)를 쥐고 있는 사람에게 자신(自身)의 소유물(所有物. 자
기 것을 가지고 있는 물건) 따위를 빼앗기는 일을 이르는 말. *세가(勢家): ①권세 있는 집안. ②=세력가
(勢力家). 즉, 어떤 지역이나 어떤 사회 따위에서 세력을 가진 사람. *권세(權勢): 권력(權力)과 세력(勢
力)을 아울러 이르는 말.

세-가-월-증(歲加月增 해 **세**/더할 **가**/달 **월**/더할 **증**) 해[歲]가 더해지고 달[月]이 더해진다는 뜻으로, 시간

(時間)이 지날수록 점점 늘어남을 이르는 말.

세거-지-지(世居之地 대 **세**/살 **거**/어조사 **지**/땅 **지**) 대(代)로 살고 (있는) 땅이라는 뜻으로, 대대(代代)로 살고 있는 고장을 이르는 말. *세거(世居): 한 고장에 대대(代代)로 삶.

세계-고금(世界古今 세상 **세**/세계 **계**/옛 **고**/이제 **금**) 세상(世上)이나 세계(世界)를 (통한) 옛과 이제라는 뜻으로, 온 세계(世界)를 통하여 본 과거(過去)와 현재(現在)를 이르는 말. *세계(世界): ①지구 위의 모든 나라. 또는 온 세상. ②우주(宇宙. 온 세계를 둘러싸고 있는 공간), 곧, 모든 존재와 현상의 총체(總體. 있는 것들을 모두 하나로 합친 전부 또는 전체). ③객관적 현상의 모든 범위. *고금(古今): 옛날[古]과 지금(只今)을 아울러 이르는 말. *세상(世上): 사람이 살고 있는 모든 사회를 통틀어 이르는 말.

세계-만방(世界萬邦 세상 **세**/세계 **계**/일만 **만**/나라 **방**) 세상(世上)이나 세계(世界)의 일만(一萬) 나라라는 뜻으로, 온 세계(世界)의 모든 나라나 모든 곳을 이르는 말. *세계(世界): ☞세계고금. *만방(萬邦): 세계의 모든 나라. *세상(世上): 사람이 살고 있는 모든 사회를 통틀어 이르는 말.

세계-무대(世界舞臺 세상 **세**/세계 **계**/춤출 **무**/대 **대**) 세상(世上)이나 세계(世界)에서 (활동하는) 무대(舞臺)라는 뜻으로, 세계적인 범위에서의 활동 분야를 이르는 말. 国 국제무대(國際舞臺). *세계(世界): ☞세계고금(世界古今). *무대(舞臺): ①연극이나 무용, 음악 따위를 공연하기 위하여 관람석 앞에 특별히 좀 높게 마련한 자리. ②재능(才能. 어떤 일을 하는 데 필요한 재주와 능력)이나 역량(力量. 어떤 일을 해낼 수 있는 힘) 따위를 시험해 보거나 발휘할 수 있는 활동 분야. 여기서, '재주'는 순우리말로, 무엇을 잘할 수 있는, 타고난 능력과 슬기. *세상(世上): 사람이 살고 있는 모든 사회를 통틀어 이르는 말.

세계-열강(世界列強 세상 **세**/세계 **계**/여러 **열**/강할 **강**) 세상(世上)이나 세계(世界)의 여러 강(強)한 (나라라는) 뜻으로, 온 세계의 여러 강대국(強大國)을 이르는 말. *세계(世界): ☞세계고금(世界古今). *열강(列強): 여러 강국. 또는 강국들. *세상(世上): ☞세계무대(世界舞臺). *여러: 函 많은 수효의.

세-구-색-반(洗垢索瘢 씻을 **세**/때 **구**/찾을 **색**/흉터 **반**) 때를 씻어 내어 (남의) 흉터를 찾아낸다. 즉, 때를 씻어 가면서 흠을 찾아낸다는 뜻으로, 고의(故意. 딴 뜻을 가지고, 일부러 하는 생각이나 태도)로 남의 결점(缺點. 잘못되거나 부족하여 완전하지 못한 점)이나 과실(過失. 잘못이나 허물)을 찾아내려함을 비유적으로 이르는 말. =세구구반(洗垢求瘢). 国 취모구자(吹毛求疵). 취모구하(吹毛求瑕). 취모멱자(吹毛覓疵). *때: 부록 '구(垢)' 참고. *흉터: 상처가 아문 자리. 또는 부스럼 자리.

세-궁-역진(勢窮力盡 형세 **세**/궁할 **궁**/힘 **역**/다할 **진**) 형세(形勢)가 궁(窮)하고 힘이 다한다는 뜻으로, 기세(氣勢. 기운차게 뻗치는 모양이나 상태)가 꺾이고 힘이 다 빠짐. 또는 그것이 다 빠져 꼼짝할 수 없게 됨을 이르는 말. *역진(力盡): 힘이 다함. *형세(形勢): 어떠한 일의 형편이나 상태. *궁하다(窮~): 부록 '궁(窮)' 참고. *다하다: 부록 '진(盡)' 참고.

세-균-역-적(勢均力敵 기세 **세**/고를 **균**/힘 **역**/대등할 **적**) 기세(氣勢)가 고르고 힘이 대등(對等)하다는 뜻으로, 세력(勢力)이 서로 균등(均等. 고르고 가지런하여 차별이 없음)하고 힘이 엇비슷함을 이르는 말. *기세(氣勢): 부록 '세(勢)' 참고. *고르다: 부록 '균(均)' 참고. *대등하다(對等~): 낫고 못함이 없이 서로 걸맞다. 또는 양쪽이 비슷하다.

세답-족-백(洗踏足白 씻을 **세**/밟을 **답**/발 **족**/흰 **백**) (물에) 씻고 (발로) 밟느라고 발이 희다. 즉, 상전(上

典. '종'에 대하여 그 주인을 이르는 말)의 빨래를 하여 주느라 종의 발꿈치가 희게[白] 된다는 뜻으로, ①남을 위하여 한 일이 자신에게도 얼마간의 소득이 있거나 이득(利得. 이익을 얻음. 또는 그 이익)이 됨을 비유적으로 이르는 말. ②남을 위하여 일을 하고도 아무런 보수(報酬. 일한 대가로 주는 돈이나 물건)도 얻지 못함을 비유적으로 이르는 말. *세답(洗踏): =빨래. 즉, 때가 묻은 옷이나 또는 피륙 따위를 물에 빠는 일.

세대-교체(世代交替 세대 세/세대 대/바꿀 교/바꿀 체) 세대(世代)와 세대(世代)가 바꾸고 바꾸어진다는 뜻으로, ①신세대(新世代)가 구세대(舊世代)와 교대(交代)하여 어떤 일의 주역(主役. 주된 역할. 또는 주된 역할을 하는 사람)이 됨을 이르는 말. 즉, (어떤 일을 맡아서 하던) 나이든 사람들을 젊은 사람들로 바꾸는 일. 또는 앞의 세대가 하던 일을 뒤의 세대가 이어 받아 맡는 일을 이르는 말. ②무성 생식을 하는 무성 세대와, 유성 생식을 하는 유성 세대가 번갈아 나타나는 현상을 이르는 말. *세대(世代): ①어떤 연대(年代)를 갈라서 나눈 층. ②약 30년을 한 구분으로 하는 연령 층. 또는 그 사람들. ③어버이, 자식, 손자로 이어지는 대(代). *교체(交替): (자리나 구실 같은 것을) 다른 사람 또는 다른 것과 바꿈. 또는 바뀜.

세도-인심(世道人心 세상 세/도리 도/사람 인/마음 심) 세상(世上)의 도리(道理)와 사람의 마음이라는 뜻으로, 세상(世上)을 살아가는 데에 지켜야 할 도의(道義. 사람이 마땅히 행해야 할 도리와 의로운 일)와 사람의 마음을 이르는 말. *세도(世道): ①세상을 올바르게 다스리는 도리(道理). ②세상을 살아가는 데에 지켜야 할 도의(道義). *인심(人心): ①사람의 마음. ②백성의 마음. ③남의 딱한 사정을 헤아려주고 도와주는 마음. *세상(世上): 사람이 살고 있는 모든 사회를 통틀어 이르는 말. *도리(道理): 사람이 마땅히 지켜야 할 바른 길.

세도-재상(勢道宰相 권세 세/다스릴 도/재상 재/재상 상) 권세(權勢)를 (가지고) 다스리는 재상(宰相)과 재상(宰相)이라는 뜻으로, ①정치상의 권세(權勢)를 쥐고 나라의 대권(大權. 국가를 통치하는 권한)을 마음대로 움직이는 재상(宰相)을 이르는 말. ②세도(勢道)를 잡아 대권(大權)을 좌우하는 재상을 이르는 말. ③세도 정치를 하는 재상(宰相)을 이르는 말. *세도(勢道): 정치의 권세(權勢), 또는 그 권세(權勢)를 마구 휘두르는 일. *재상(宰相): 임금을 보필(輔弼. 윗사람의 일을 도움. 또는 그런 사람)하며 모든 관원(官員)을 지휘, 감독하는 자리에 있는 이품(二品) 이상의 벼슬을 통틀어 이르던 말. *권세(權勢): 권력(權力)과 세력(勢力)을 아울러 이르는 말.

세도-정치(勢道政治 권세 세/다스릴 도/정사 정/다스릴 치) 권세(權勢)를 (가지고) 다스리는 정치(政治)라는 뜻으로, 세도가(勢道家. 정치상의 권세·權勢를 휘두르는 사람, 또는 그런 집안)에 의하여 좌우되던 정치. 즉, 왕실(王室. 임금의 집안)의 근친(近親. 가까운 친족)이나 신하가, 강력한 권세(權勢)를 잡고 온갖 정사(政事)를 마음대로 하는 정치를 이르는 말. 조선의 정조 때 홍국영(洪國榮)에서 비롯하여 순조, 헌종, 철종의 3대 60여 년 동안 왕의 외척(外戚)인 안동 김씨, 풍양 조씨 가문에 의하여 이루어졌다. *세도(勢道): ☞세도재상(勢道宰相). *정치(政治): ①국가 권력을 획득하고 유지하며 행사하기 위하여 벌이는 여러 가지 활동을 이르는 말. ②통치자(統治者. 일정한 나라나 지역을 도맡아 다스리는 사람)나 위정자(爲政者. 정치를 하는 사람)가 국민을 위하여 시행하는 여러 가지의 일을 이르는 말. *권세(權勢): ☞세도재상(勢道宰相). *정사(政事): 부록 '정(政)' 참고.

세록-지-가(世祿之家 대대 **세**/녹 **록**/어조사 **지**/집안 **가**) 대대로 녹(祿)을 (받는) 집안이라는 뜻으로, 대대로 나라의 녹봉(祿俸. 벼슬아치들에게 연봉으로 주는 곡식, 피륙, 돈 따위를 통틀어 이르는 말)을 받는 집안을 이르는 말. *세록(世祿): 대대로 받는 녹봉. *대대(代代): 거듭된 세대. *녹(祿): 부록 '록(祿)' 참고.

세록-지-신(世祿之臣 대대 **세**/녹 **록**/어조사 **지**/신하 **신**) 대대로 녹(祿)을 (받는) 신하라는 뜻으로, 대대로 나라의 녹봉(祿俸. 벼슬아치들에게 연봉으로 주는 곡식, 피륙, 돈 따위를 통틀어 이르는 말)을 받는 신하를 이르는 말. *세록(世祿): ☞세록지가(世祿之家). *대대(代代): ☞세록지가(世祿之家). *녹(祿): 부록 '록(祿)' 참고.

세리-지-교(勢利之交 권세 **세**/이익 **리**/어조사 **지**/사귈 **교**) 권세(權勢)와 이익(利益)의 사귐이라는 뜻으로, 권세(權勢)와 이익(利益)을 얻을 목적으로 맺는 교제(交際)를 이르는 말. *세리(勢利): ①세력(勢力)과 권리(權利)를 아울러 이르는 말. ②권세(權勢)와 이익(利益)을 아울러 이르는 말. *권세(權勢): 권력(權力)과 세력(勢力)을 아울러 이르는 말.

세-무-십-년(勢無十年 권세 **세**/없을 **무**/열 **십**/해 **년**) 권세(權勢)는 열[十] 해(십 년)가 없다. 즉, 권세(權勢)나 세도(勢道. 정치의 권세·權勢. 또는 그 권세·權勢를 마구 휘두르는 일)가 십(十) 년(年)을 가지 못한다는 뜻으로, 사람의 권세(權勢)와 영화(榮華. 권력과 부귀를 마음껏 누리는 일)는 오래 계속되지 못함을 비유적으로 이르는 말. *권세(權勢): ☞세리지교(勢利之交)

세-불-양립(勢不兩立 형세 **세**/아닐 **불**/두 **양**/설 **립**) (이런) 형세(形勢)로는 두 (가지의 것이) 서지 않는다는 뜻으로, 서로 엇비슷한 힘을 지닌 두 세력(勢力)이 함께 존재(存在)할 수 없음을 이르는 말. 즉, 한 세력 권 안에서, 권력을 나눌 수 없거나 우두머리가 둘일 수 없다는 말이다. 또는 자웅(雌雄. 암컷과 수컷. 또는 이김과 짐)을 겨루는 두 세력 사이에 화친(和親. 서로 의좋게 지냄. 또는 다툼이 없이 가까이 지냄)이 있을 수 없음을 이르는 말. *양립(兩立): ①두 개의 것이 동시에 지장 없이 존립함. ②두 세력이 굽힘이 없이 서로 맞섬. *형세(形勢): 어떠한 일의 형편이나 상태.

세사-난측(世事難測 세상 **세**/일 **사**/어려울 **난**/헤아릴 **측**) 세상의 일은 헤아리기가 어렵다. 즉, 세상일은 예측(豫測. 미리 헤아려 짐작함)하기가 어렵다는 뜻으로, 세상의 일은 변화가 심하여 예측(豫測)하기 어려움을 이르는 말. *세사(世事): =세상사(世上事). 즉, 세상일을 이르는 말. *난측(難測): 헤아리기 어려움. 또는 짐작하기 어려움. *세상(世上): 사람이 살고 있는 모든 사회를 통틀어 이르는 말. *헤아리다: ①(수량을) 세다. 또는 셈하다. ②짐작으로 가늠하여 살피다. 또는 미루어 짐작하다.

세상-만사(世上萬事 세상 **세**/위 **상**/일만 **만**/일 **사**) 세상(世上) 위[上]의 일만(一萬) (가지) 일이라는 뜻으로, 세상(世上)에서 일어나는 온갖 일을 이르는 말. *세상(世上): 사람이 살고 있는 모든 사회를 통틀어 이르는 말. *만사(萬事): 모든 일. 또는 온갖 일.

세상-인심(世上人心 세상 **세**/위 **상**/사람 **인**/마음 **심**) 세상(世上) 위[上]의 사람의 마음이라는 뜻으로, 세상 사람들의 마음씨나 그 마음을 이르는 말. *세상(世上): ☞세상만사(世上萬事). *인심(人心): ①사람의 마음. ②백성의 마음. ③남의 딱한 사정을 헤아려주고 도와주는 마음.

세상-천지(世上天地 세상 **세**/위 **상**/하늘 **천**/땅 **지**) 세상 위[上]의 하늘과 땅이라는 뜻으로, '세상(世上)'을 강조하여 이르는 말. 사람이 살고 있는 모든 사회(社會)를 통틀어 이르는 말. *세상(世上): ☞세상만사(世上萬事). *천지(天地): ①하늘과 땅. ②세상(世上). 또는 우주(宇宙. 온 세계를 둘러싸고 있는 공간).

③(주로 '천지이다'의 꼴로 쓰여) 무척 많음을 뜻하는 말.

세서-성문(細書成文 가늘 **세**/글 **서**/이룰 **성**/글월 **문**) 가는 글씨로 글월(글)을 이룬다는 뜻으로, 가늘고 잔글씨로 글을 적음, 또는 그 글을 이르는 말. *세서(細書): 글씨를 잘게 씀. 또는 잘게 쓴 글씨. =잔글씨. *성문(成文): 문서나 문장으로 작성하여 나타냄. 또는 그 문서나 조문(條文. <u>규정이나 법률 따위를 조목조목 벌여 적은 글</u>)을 이르는 말.

세세-만년(歲歲萬年 해 **세**/해 **세**/일만 **만**/해 **년**) 해[歲]와 해[歲]가 일만(一萬) 해[歲]라는 뜻으로, 아주 길고 오랜 세월(歲月)을 비유적으로 이르는 말. *세세(歲歲): 여러 해를 끊이지 않고 계속함. *만년(萬年): 언제나 변함없이 같은 상태.

세세-사정(細細事情 자세할 **세**/자세할 **세**/일 **사**/사정 **정**) 자세(仔細)하고 자세(仔細)한 일의 사정(事情)이라는 뜻으로, 꼼꼼하고 자세(仔細)한 일의 형편이나 곡절(曲折. <u>복잡한 사연이나 내용</u>)을 이르는 말. *세세(細細): ①아주 자세함. ②자디잘아 보잘것없음. ③매우 가늘음. *사정(事情): ①일의 형편이나 그렇게 된 까닭. ②일의 형편이나 그렇게 된 까닭을 말하고 무엇을 간청함. *자세하다(仔細~): 아주 작고 하찮은 부분까지 구체적이고 분명하다.

세세-상전(世世相傳 대 **세**/대 **세**/서로 **상**/전할 **전**) 대[世]와 대[世]로 서로 전(傳)한다는 뜻으로, 대대(代代)로 이어 전(傳)하여 줌을 이르는 말. 여기서, '대[世]'는 '대(代)'와 같은 뜻이다. *세세(世世): =대대(代代). 즉, 거듭된 세대(世代). *상전(相傳): 대대(代代)로 서로 전함. *대(代): 부록 '세(世)' 참고.

세세-생-생(世世生生 대 **세**/대 **세**/날 **생**/날 **생**) 대[世]와 대[世]로 나고(태어나고) 난다(태어난다)는 뜻으로, (불교에서) 몇 번이든지 다시 환생(還生. <u>죽었다가 되살아남. 또는 다시 태어남</u>)하는 일, 또는 그런 때를 이르는 말. 중생(衆生. <u>불교에서, 부처의 구제 대상이 되는, 이 세상의 모든 생물을 통틀어 이르는 말</u>)이 나서 죽고, 죽어서 다시 태어나는 윤회(輪回)의 형태이다. =생생세세(生生世世). 여기서, '대[世]'와 '대(代)'는 같은 뜻이다. 그리고 '윤회(輪回)'는 ①차례로 돌아감. ②수레바퀴가 끊임없이 구르는 것과 같이, 중생(衆生)이 번뇌(煩惱. <u>마음이나 몸을 괴롭히는 노여움이나 욕망 따위의 헛된 생각</u>)와 업(業)에 의하여 삼계육도(三界六道)의 생사(生死) 세계(世界)를 그치지 아니하고 돌고 도는 일. 여기서, '삼계육도(三界六道)'는 중생(衆生)이 생사 왕래하는 세 가지 세계. 즉, 욕계(欲界), 색계(色界), 무색계(無色界)와 삼악도(三惡道)와 삼선도(三善道). 즉, 중생(衆生)이 선악(善惡)의 원인에 의하여 윤회(輪廻)하는 여섯 가지의 세계(世界)를 아울러 이르는 말이다. 반면에, '삼악도(三惡道)'는 악인(惡人)이 죽어서 가는 세 가지의 괴로운 세계. 즉, 지옥도(地獄道), 축생도(畜生道), 아귀도(餓鬼道)이고, '삼선도(三善道)'는 선인(善人)이 죽어서 가는 세 가지의 세계. 즉, 천도(天道), 인도(人道), 아수라도(阿修羅道)이다. *세세(世世): ☞세세상전(世世相傳). *대(代): 부록 '세(世)' 참고.

세세-손-손(世世孫孫 대 **세**/대 **세**/손자 **손**/손자 **손**) 대[世]와 대[世]로 (내려오는) 손자(孫子)의 손자(孫子)라는 뜻으로, 대대로 이어 내려오는 자손, 또는 오래도록 내려오는 여러 대(代)를 이르는 말. =대대손손(代代孫孫). 자손만대(子孫萬代). 자자손손(子子孫孫). 여기서, '대[世]'는 '대(代)'와 같은 뜻이다. *세세(世世): ☞세세상전(世世相傳). *대(代): 부록 '세(世)' 참고.

세세-연년(歲歲年年 해 **세**/해 **세**/해 **연**/해 **년**) '해[歲]와 해[歲]가 해[歲]와 해[歲]'라는 뜻으로, 여러 해[歲]를 거듭하여 계속 이어짐을 이르는 말. '매년(每年)'의 힘줌말이기도 하다. =연년세세(年年歲歲). *세세

(歲歲): 여러 해를 끊이지 않고 계속함. *연년(年年): =매년(每年). 즉, 매해(每~). 해마다. *해: 부록 '세(歲)', '년(年)' 참고. 이 사자성어의 유래는 다음과 같다. 유희이(劉希夷)의 「대비백두옹(代悲白頭翁)」 편(篇)에 〈옛 사람 자취 낙양 동쪽에 없는데 / 사람들은 여전히 꽃잎 떨어뜨리는 바람을 맞네. / 해마다 피는 꽃 다를 게 없건만 / 해마다 사람들은 같지가 않네.(古人無復洛城東, 今人還對落花風, **年年歲歲花相似, 歲歲年年人不同**.)〉라는 이야기가 나오는데, '해마다 피는 꽃 다를 게 없건만, 해마다 사람들은 같지가 않네.(年年歲歲花相似, 歲歲年年人不同)'에서, '세세연년(歲歲年年)'이 유래했다. 이 시(詩)는 칠언고시(七言古詩. 한시·漢詩에서 한 구·句가 일곱 글자로 이루어진 고시·古詩를 이르는 말) 형식의 26행으로 이루어져 있다. 이것은 그중 일부의 시(詩)다. 참고로, 원문의 '古人無復洛城東'에서, '古'는 옛날 '고'로 읽고 '人'은 사람 '인'으로 읽고, '無'는 없을 '무'로 읽고, '復'는 다시 '부'로 읽고, '洛'은 땅 이름 '락(낙)'으로 읽는다. 여기서는, '낙양(洛陽)'을 가리킴. '城'은 성(城. 예전에, 적을 막기 위하여 흙이나 돌 따위로 높이 쌓아 만든 담. 또는 그런 담으로 둘러싼 구역) '성'으로 읽고, '東'은 동녘 '동'으로 읽는다. '古人無復洛城東'을 직역(直譯)하면, 옛날 사람들의 (자취가) 다시 낙양 성(城)의 동쪽에 없는데, '今人還對落花風'에서, '今'은 이제 '금', 지금 '금'으로 읽는다. '還'은 돌아올 '환'으로 읽고, '對'는 대할(對~. 마주 향하여 있을) '대', 마주할 '대'로 읽고, '落'은 떨어질 '락(낙)'으로 읽고, '花'는 꽃 '화'로 읽고, '風'은 바람 '풍'으로 읽는다. '今人還對落花風'을 직역(直譯)하면, 지금 세상의 사람들은 (옛날로) 돌아와 꽃을 떨어뜨리는 바람을 마주하고 있네. '年年歲歲花相似'에서, '年'은 해 '년(연)'으로 읽고, '歲'는 해 '세'로 읽고, '花'는 꽃 '화'로 읽고, '相'은 서로 '상'으로 읽고, '似'는 같을 '사'로 읽는다. '年年歲歲花相似'를 직역(直譯)하면, 꽃은 여러 해를 거듭하여도 서로 (모양이) 같으나, 즉, 해마다 피는 꽃은 서로 같으나, 여기서, '年年歲歲'가 유래하였었는데, 이것을 직역(直譯)하면, 해[年]와 해[年] 그리고 해[年]와 해[年] 즉, 해와 해가 이어진다는 뜻으로, 여러 해를 거듭하여 계속 이어짐을 이르는 말. 또는 '매년(每年)'을 힘주어 이르는 말. '歲歲年年人不同'에서, '人'은 사람 '인'으로 읽고, '不'는 아닐(부정하는 말) '부'로 읽고, '同'은 같을 '동'으로 읽는다. '歲歲年年人不同'을 직역(直譯)하면, 사람은 여러 해를 거듭하여도 서로 같지 않다. 즉, 해마다 사람은 같지 않다는 말이다. 여기서, '歲歲年年'이 유래하였었는데, 이것을 직역(直譯)하면, '해[歲]와 해[歲]가 해[歲]와 해[歲]'라는 뜻으로, 여러 해[歲]를 거듭하여 계속 이어짐을 이르는 말. '매년(每年)'의 힘줌말이기도 하다.

세속-오계(世俗五戒 세상 세/풍속 속/다섯 오/경계할 계) 세상(世上) 풍속(風俗)의 다섯 (가지) 경계(警戒)할 (것이라는) 뜻으로, 신라 때에, 화랑(花郎. 신라 때, 민간 수양 단체로 조직되었던 청소년의 집단. 또는 그 중심인물)의 다섯 가지 계율(戒律. 중이 지켜야 할 규율)을 이르는 말. 진평왕(眞平王) 때에 원광법사(圓光法師)가 정한 것으로, 사군이충(事君以忠), 사친이효(事親以孝), 교우이신(交友以信), 임전무퇴(臨戰無退), 살생유택(殺生有擇) 따위를 일컫는다. *세속(世俗): 사람이 살고 있는 모든 사회를 통틀어 이르는 말. *오계(五戒): ①=세속오계(世俗五戒). ②불교에서, 신남(信男. 속세·俗世에 있으면서 불교를 믿는 남자), 신녀(信女. 속세·俗世에 있으면서 불교를 믿는 여자)들이 지켜야 할 다섯 가지 금계(禁戒. 하지 못하게 금하여 경계함. 또는 그 계율). 곧, 망어(妄語. 거짓말. 헛된 말), 사음(邪淫. 불교에서, 남녀 간의 음란한 짓을 이르는 말), 살생(殺生. 사람이나 동물 따위의 산 것을 죽임), 음주(飮酒. 술을 마심), 투도(偸盜. 남의 물건을 몰래 훔침) 따위를 일컫는다. *세상(世上): 사람이 살고 있는 모든 사회를

ㅅ

통틀어 이르는 말. *풍속(風俗): 부록 ‘속(俗)’ 참고. *경계하다(警戒~): 부록 ‘계(戒)’ 참고.

세쇄-지-담(細碎之談 가늘 **세**/자질구레할 **쇄**/어조사 **지**/말씀 **담**) 가늘고 자질구레한 말씀이라는 뜻으로, 시시하고 자질구레한 이야기를 이르는 말. *세쇄(細碎): 시시하고 자질구레함. *자질구레하다: 모두가 잘고 시시하여 대수롭지 않다.

세시-풍속(歲時風俗 해 **세**/때 **시**/풍속 **풍**/풍속 **속**) 해마다 때에 (맞추어 되풀이되는) 풍속(風俗)이라는 뜻으로, 해마다 일정한 시기에 되풀이하여 행해 온 고유의 풍속(風俗)을 이르는 말. *세시(歲時): 새해의 처음. 또는 한 해의 절기나 달, 계절에 따른 때. *풍속(風俗): 옛날부터 그 사회에 전해 오는 생활 전반에 걸친 습관 따위를 이르는 말. 또는 그 시대의 유행과 습관 따위를 이르는 말

세-여-파-죽(勢如破竹 기세 **세**/같을 **여**/깨뜨릴 **파**/대 **죽**) 기세(氣勢)가 대(대나무)를 깨뜨리는 (것과) 같다. 또는 기세(氣勢)가 대나무 쪼개지듯 한다는 뜻으로, 기세(氣勢)가 맹렬(猛烈)하거나 매우 대단하여 감히 대항(對抗)할 만한 적(敵)이 없음을 비유적으로 이르는 말. 참 파죽지세(破竹之勢). *기세(氣勢): 부록 ‘세(勢)’ 참고. 이 사자성어의 유래는 다음과 같다. 『진서(晉書)』의 「두예전(杜預傳)」 편(篇)에 〈지금 우리 군사들의 사기(士氣. 의욕이나 자신감 따위로 충만하여 굽힐 줄 모르는 기세)는 하늘을 찌를 듯이 높아, 대나무를 쪼개는 것에 비유(比·譬喩. 어떤 사물의 모양이나 상태 따위를 보다 효과적으로 표현하기 위하여 그것과 비슷한 다른 사물에 빗대어 표현함. 또는 그 표현 방법)할 수 있다. 몇 마디가 쪼개지기만 하면 그 다음부터는 칼날을 대기만 해도 저절로 쪼개져, 다시 손 댈 곳조차도 없게 된다.”(**今兵威已振**, **譬如破竹**, 數節之後, 皆迎刃而解, 無復著手處也.)〉라는 이야기가 나오는데, ‘지금 우리 군사들의 사기(士氣)는 하늘을 찌를 듯이 높아, 대나무를 쪼개는 것에 비유할 수 있다.(今兵威已振, 譬如破竹)’에서, ‘세여파죽(勢如破竹)’이 유래했다. 이 이야기의 배경은 이렇다. 위(魏)나라의 사마염(司馬炎)은 원제(元帝. 중국 남북조 시대 동진·東晉의 제1대 황제)를 폐(廢. 사람을 어떤 지위에서 몰아냄)한 뒤, 서기 265년에 스스로 제위(帝位. 제왕의 자리)에 올라 국호(國號. 나라의 이름)를 진(晉)이라 했으니, 이이가 바로 진(晉)나라의 무제(武帝)이다. 이제 위(魏), 촉(蜀), 오(吳) 삼국(三國) 가운데 남은 것은 오(吳)나라였다. 무제(武帝)는 진남대장군(鎭南大將軍. 벼슬 이름)인 두예(杜預) 등(等)에게 군사(軍士. 예전에 군인이나 군대를 이르던 말)를 주어 오(吳)나라를 치게 했다. 서기 279년, 두예(杜預)는 20만 대군을 거느리고 호북(湖北. 중국 동정호·洞庭湖 북쪽의 땅 이름)의 강릉(江陵. 땅 이름)으로 진격(進擊. 앞으로 나아가 적을 침)했고, 왕준(王濬)은 수군(水軍. 주로 바다에서 공격과 방어의 임무를 수행하는 군대)을 이끌고 장강(長江. ‘양쯔 강·揚子江’을 달리 이르는 말. 중국의 중심부를 흐르는 중국에서 제일 큰 강)을 거슬러 진격(進擊)했으며, 왕혼(王渾)은 오(吳)나라의 수도(首都)인 건업(建業)으로 진격(進擊)했다. 다음 해인 서기 280년 2월, 무창(武昌)을 공략(攻略. 군대의 힘으로 적·敵의 영토나 진지를 공격하여 빼앗음)한 두예(杜預)의 군대는 왕준(王濬)의 군대와 합류하여 전열(戰列. 전쟁에 참가하는 부대의 대열)을 정비하고 향후(向後. 이것에 뒤이어 오는 때나 자리. =이다음)의 공격 계획에 대해 회의를 했다. 한 장수가 곧 강물이 범람(汎·氾濫. 물이 차서 넘쳐흐름)할 시기가 다가오고, 또 언제 전염병이 발생할 지도 모르니 일단 후퇴했다가 겨울에 다시 공격하는 것이 어떻겠느냐는 의견을 내었다. 그때 두예(杜預)가 위의 이야기처럼 군사들의 사기가 ‘세여파죽(勢如破竹)’임을 예로 들어, 그 장수의 의견을 단호(斷乎. 결심이나 태도, 입장 따위가 과단성 있고 엄격함)하게 거절한 것이다. 그 후 두예(杜預)는 곧바로 군사를 재정비하여 오(吳)나라의 도읍(都邑.

한 나라의 중앙 정부가 있는 곳. =서울)인 건업(建業)으로 진격하여 단숨에 함락(陷落. 적·敵의 요새, 진지 따위를 공격하여 무너뜨림)시켰다. 오왕(吳王. 오나라의 왕)인 손호(孫晧)는 손을 뒤로 묶고 수레에 관(棺. 시체를 넣는 궤)을 싣고 항복해왔다. 두예(杜預)는 오(吳)나라를 평정(平定. 반란이나 소요를 누르고 평온하게 진정함. 또는 적을 쳐서 자기에게 예속되게 함)한 공(功)으로 당양후(當陽侯)에 봉해졌다. 두예(杜預)는 만년(晚年. 나이가 들어 늙어 가는 시기)에는 학자로서 학문(學問. 지식을 배워서 익힘. 또는 그 일)과 저술(著述. 책을 씀)에 힘을 기울였다. 참고로, 원문의 '今兵威已振'에서, '今'은 이제 '금', 지금 '금'으로 읽고, '兵'은 병사(兵士) '병', 군사(軍士) '병'으로 읽고, '威'는 세력(勢力) '위'로 읽는다. '兵威'를 직역(直譯)하면, 병사의 세력(勢力). '已'는 이미(돌이킬 수 없이 된 지난 일을 일컬을 때 쓰는 말) '이'로 읽고, '振'은 떨칠 '진', 떨쳐 일어날 '진'으로 읽는다. '今兵威已振'을 직역(直譯)하면, 지금 병사(兵士)의 세력은 이미 떨쳐 일어나고 있다. '譬如破竹'에서, '譬'는 비유할 '비'로 읽고, '如'는 같을 '여'로 읽고, '破'는 깨뜨릴 '파'로 읽고, '竹'은 대 '죽'으로 읽는다. '譬如破竹'을 직역(直譯)하면, 비유하건대, (그 세력은) 대나무를 깨뜨리는(쪼개는) (것과) 같아, 여기서, '勢如破竹'이 유래하였는데, 이것을 직역(直譯)하면, 기세(氣勢)가 대(대나무)를 깨뜨리는 (것과) 같다는 뜻으로, 기세(氣勢)가 맹렬(猛烈. 기세·氣勢가 몹시 사납고 세참)하거나 매우 대단하여 감히 대항(對抗)할 만한 적(敵)이 없음을 비유적으로 이르는 말. 여기서, '破竹之勢'도 유래하였는데, 이것을 직역(直譯)하면, 대(대나무)를 깨뜨리는(쪼개는) 기세(氣勢)라는 뜻으로, 감히 대적할 수 없을 정도로 세력이 강하여 적을 거침없이 물리치고 쳐들어가는 기세(氣勢). 또는 일이 거침없이 잘 풀리는 모양을 비유적으로 이르는 말. '數節之後'에서, '數'는 몇 '수'로 읽고, '節'은 마디 '절', 토막 '절'로 읽고, '之'는 어조사 '지'로 읽는다. '~의'를 나타내는 관형격 조사. '後'는 뒤 '후'로 읽는다. '數節之後'을 직역(直譯)하면, 몇 마디가 (깨뜨림)의 뒤에는. 즉, 몇 마디가 깨뜨리기만(쪼개지기만) 하면, '皆迎刃而解'에서, '皆'는 다 '개', 모두 '개'로 읽고, '迎'은 맞이할 '영'으로 읽고, '刃'은 칼날 '인'으로 읽고, '而'는 말 이을 '이'로 읽는다. '그리고'의 뜻을 나타냄. '解'는 여기서는 쪼갤 '해', 분열될 '해'로 읽는다. '皆迎刃而解'를 직역(直譯)하면, 모두 칼날을 맞이하여 그리고 쪼개지니, 즉, 칼날을 대기만 해도 저절로 쪼개진다는 말이다. '無復著手處也'에서, '無'는 없을 '무'로 읽고, '復'는 다시 '부'로 읽고, '著'는 나타날 '저'로 읽고, '手'는 손 '수'로 읽고, '處'는 곳 '처', 처소(處所. 사람이 기거·起居하거나 임시로 머무는 곳. 또는 어떤 일이 벌어지거나, 어떤 물건이 있는 곳) '처'로 읽는다. '手處'를 직역(直譯)하면, 손댈 곳. '也'는 어조사 '야'로 읽는다. '~이다(단정)'의 뜻을 나타냄. '無復著手處也'를 직역(直譯)하면, 다시 손댈 곳이 나타남이 없다. 즉, 다시는 손을 댈 곳이 없게 된다는 뜻이다.

세우-사풍(細雨斜風 가늘 세/비 우/비낄 사/바람 풍) 가늘게 내리는 비와 비껴 부는 바람. =사풍세우(斜風細雨). *세우(細雨): =가랑비. 즉, 가늘게 내리는 비. *사풍(斜風): 비껴 부는 바람. *비끼다: 부록 '사(斜)' 참고.

세월-여류(歲月如流 해 세/달 월/같을 여/흐를 류) 해[歲]와 달[月]. 즉, 세월(歲月)이 흐르는 (물과) 같다는 뜻으로, 세월(歲月)이 빠름. 또는 세월(歲月)이 매우 빨리 흘러감을 비유적으로 이르는 말. *세월(歲月): 흘러가는 시간. *여류(如流): 흐르는 물과 같다는 뜻으로, 세월이 빠름을 비유적으로 이르는 말. *해: 부록 '세(歲)' 참고. *달: 부록 '월(月)' 참고.

세-장-지-지(世葬之地 대 세/장사 장/어조사 지/땅 지) 대[世]로 장사(葬事)를 (지내는) 땅이라는 뜻으로,

대대(代代)로 집안에서 묘(墓)를 쓰고 있는 땅을 이르는 말. 여기서, '대[世]'는 '대(代)'와 같은 뜻이다. 그리고 '장사(葬事)를 지내다'의 '지내다'는 (혼인이나 제사 따위의 관혼상제 같은) 어떤 의식을 치르다. *대(代): 부록 '세(世)' 참고. *장사(葬事): 부록 '장(葬)' 참고.

세전-노비(世傳奴婢 대 **세**/전할 **전**/종 **노**/계집종 **비**) 대[世]로 전(傳)해지는 (사내)종과 계집종이라는 뜻으로, 지난날, 한 집안에서 대(代)를 이어 내려오던 종을 이르는 말. 여기서, '대[世]'는 '대(代)'와 같은 뜻이다. *세전(世傳): 대대(代代)로 전함. 또는 대대(代代)로 전하여 내려옴. *노비(奴婢): 사내종과 계집종을 통틀어 이르는 말. =비복(婢僕). *대(代): 부록 '세(世)' 참고.

세전-지-물(世傳之物 대 **세**/전할 **전**/어조사 **지**/사물 **물**) 대[世]에 전(傳)하는 사물(事物)이라는 뜻으로, 대대(代代)로 전하여 내려오는 사물(물건)을 이르는 말. 여기서, '대[世]'는 '대(代)'와 같은 뜻이다. *세전(世傳): ☞세전노비(世傳奴婢). *대(代): 부록 '세(世)' 참고. *사물(事物): 일이나 물건.

세전-지-보(世傳之寶 대 **세**/전할 **전**/어조사 **지**/보배 **보**) 대[世]에 전(傳)하는 보배라는 뜻으로, 대대(代代)로 전하여 내려오는 보물(寶物)을 이르는 말. 여기서, '대[世]'는 '대(代)'와 같은 뜻이다. *세전(世傳): ☞세전노비(世傳奴婢). *대(代): 부록 '세(世)' 참고. *보배: 순우리말로, 부록 '보(寶)' 참고.

세태-염량(世態炎凉 세상 **세**/모양 **태**/더울 **염**/서늘할 **량**) 세상(世上)의 모양이 덥다가 서늘하다. 즉, 더웠다가 서늘하여지는 세태(世態)라는 뜻으로, 세력(勢力)이 있을 때는 따르고, 세력(勢力)이 없어지면 푸대접(정성을 들이지 않고 아무렇게나 하는 대접)하는 세상(世上)의 인심(人心)을 비유적으로 이르는 말. =염량세태(炎凉世態). *세태(世態): 사람들의 일상생활, 풍습 따위에서 보이는 세상의 상태나 형편. *염량(炎凉): ①더위와 추위. ②선악(善惡)을 분별하는 슬기. ③융성함과 쇠퇴함. *세상(世上): 사람이 살고 있는 모든 사회를 통틀어 이르는 말. 《관련 속담》 간에 가 붙고 쓸개(염통)에 가 붙는다. / 간에 붙었다 쓸개(염통)에 붙었다 한다. 이 사자성어의 유래는 다음과 같다. 『송서(宋書)』의 「악지(樂志)」 편(篇)에 〈교화(敎化. 주로 교양, 도덕 따위를 가르치어 감화시킴)를 다듬는 것은 추우나 더우나 고르게 하고, 정치(政治)를 베푸는 것은 더우나 서늘하나 두루 한다.(裁化遍寒燠, 布政周炎凉.)〉라는 이야기가 나오는데, '정치(政治)를 베푸는 것은 더우나 서늘하나 두루 한다.(布政周炎凉)'에서, '세태염량(世態炎凉)'이 유래했다. 참고로, 원문의 '裁化遍寒燠'에서, '裁'는 헤아릴 '재'로 읽고, '化'는 교화(敎化)할 '화'로 읽고, '遍'은 두루 '편', 두루 미칠 '편'으로 읽고, '寒'은 찰 '한', 추울 '한'으로 읽고, '燠'은 더울 '욱', 따뜻할 '욱'으로 읽는다. '裁化遍寒燠'을 직역(直譯)하면, 교화(敎化)를 헤아림은 추우나 더우나 두루 미치게 (하고), '布政周炎凉'에서, '布'는 베풀 '포'로 읽고, '政'은 정사(政事. 나라를 다스리는 일) '정'으로 읽고, '周'는 두루 '주'로 읽고, '炎'은 더울 '염'으로 읽고, '凉'은 서늘할 '량(양)'으로 읽는다. '布政周炎凉'을 직역(直譯)하면, 정사(政事)를 베푸는 것은 더우나 서늘하나 두루 (한다). 여기서, '世態炎凉'이 유래하였는데, 이것을 직역(直譯)하면, 세상(世上)의 모양이 덥다가 서늘하다. 즉, 더웠다가 서늘하여지는 세태(世態)라는 뜻으로, 세력(勢力)이 있을 때는 따르고, 세력(勢力)이 없어지면 푸대접하는 세상(世上)의 인심(人心)을 비유적으로 이르는 말. 그런데 이 외에, 문천상(文天祥)의 『지남록(指南錄)』「두가각(杜架閣)」 편(篇)에 〈옛날에 위공자(魏公子)를 따르더니, 오늘날의 세상은 곽장군(霍將軍)이라, 염량세태(炎凉世態)가 심하고, 사귐의 정(情)은 귀천(貴賤. 신분이나 일 따위의 귀함과 천함)이 나뉘는구나.(昔趨魏公子, 今世霍將軍, 世態炎凉甚, 交情貴賤分.)〉라는 이야기가 나오는데, '오늘날의 세상은 곽장군(霍將軍)

이라, 염량세태(炎凉世態)가 심하고, (今世霍將軍，世態炎凉甚)'에서, '세태염량(世態炎凉)'이 유래했다.
참고로, 원문의 '昔趨魏公子'에서, '昔'은 옛 '석', 옛날 '석'으로 읽고, '趨'는 쫓아갈 '추'로 읽고, '魏'는
위(魏)나라 '위'로 읽고, '公'은 존칭 '공'으로 읽고, '子'는 아들 '자'로 읽는다. '魏公子'는 사람 이름. '昔趨
魏公子'를 직역(直譯)하면, 옛날에는 위공자(魏公子)를 쫓아가더니, '今世霍將軍'에서, '今'은 이제 '금'.
지금 '금'으로 읽고, '世'는 세상 '세'로 읽는다. '今世'는 지금 살고 있는 세상. '霍'은 빠를 '곽'으로 읽는다.
여기서는 성(姓)의 하나다. '將'은 장수(將帥) '장'으로 읽고, '軍'은 군사 '군'으로 읽는다. '將軍'은 군(軍)의
우두머리로, 군(軍)을 지휘하고 통솔하는 무관(武官). 또는 힘이 아주 센 사람을 비유적으로 이르는 말.
'霍將軍'은 사람 이름. '곽거병(霍去病)'을 가리킨다. 중국 전한(前漢) 무제(武帝) 때의 명장(名將)으로서,
흉노 토벌에 큰 공(功)을 세웠다. '今世霍將軍'을 직역(直譯)하면, 지금 살고 있는 세상(요즘 세상)은 곽장
군(霍將軍)이라, '世態炎凉甚'에서, '世'는 세상 '세'로 읽고, '態'는 모양 '태'로 읽고, '炎'은 더울 '염'으로
읽고, '凉'은 서늘할 '량(양)'으로 읽고, '甚'은 심할 '심'으로 읽는다. '世態炎凉甚'을 직역(直譯)하면, 세상
의 모양이 덥다가 서늘함이 심하다. 여기서, '世態炎凉'이 유래하였는데, 이것을 직역(直譯)하면, 세상(世
上)의 모양이 덥다가 서늘하다. 즉, 더웠다가 서늘하여지는 세태(世態)라는 뜻으로, 세력(勢力)이 있을
때는 따르고, 세력(勢力)이 없어지면 푸대접하는 세상(世上)의 인심(人心)을 비유적으로 이르는 말. '交情
貴賤分'에서, '交'는 사귈 '교'로 읽고, '情'은 뜻 '정', 정(情) '정'으로 읽는다. '交情'은 사귀는 정(情). 또는
사귀어 온 정(情). '貴'는 귀할 '귀'로 읽고, '賤'은 천할 '천'으로 읽는다. '貴賤'은 부귀(富貴)와 빈천(貧賤)
을 아울러 이르는 말. '分'은 나눌 '분'으로 읽는다. '交情貴賤分'을 직역(直譯)하면, 사귀는 정(情)은 부귀
(富貴)와 빈천(貧賤)으로 나누어지네. '세태염량(世態炎凉)'은 백거이(白居易)의 「화원진송시(和元稹松
詩)」에서도 찾아볼 수 있다.

세태-인정(世態人情 세상 세/모양 태/사람 인/정 정) 세상(世上) (형편의) 모양과 사람의 정(情)이라는 뜻으
로, 세상의 형편과 인심의 움직임. 또는 세상(世上) 사람들의 마음과 세상 물정을 이르는 말. =인심세태
(人心世態). 인정물태(人情物態). 인정세태(人情世態). *세태(世態): ☞세태염량(世態炎凉). *인정(人情):
①사람이 본래 가지고 있는 감정이나 심정. ②남을 동정하는 따뜻한 마음. ③세상 사람들의 마음. *세상
(世上): ☞세태염량(世態炎凉).

세풍-사우(細風斜雨 가늘 세/바람 풍/비낄 사/비 우) 가늘게 부는 바람과 비껴 내리는 비. =사풍세우(斜風
細雨). 세우사풍(細雨斜風). *세풍(細風): =미풍(微風). 즉, 솔솔 부는 약한 바람. *사우(斜雨): (바람에
날려) 비스듬히 흩날리며 내리는 비. *비끼다: 부록 '사(斜)' 참고.

세한-고절(歲寒孤節 해 세/찰 한/외로울 고/절개 절) 찬 해(한겨울 추위, 또는 추운 겨울철)의 외로운 절개
(節槪·介)라는 뜻으로, 겨울철에도 홀로 푸른 대나무를 비유적으로 이르는 말. *세한(歲寒): 설 전후(前
後)의 추위라는 뜻으로, 매우 심한 한겨울의 추위를 이르는 말. *고절(高節): 고고(孤高)한 절개. *해:
부록 '세(歲)' 참고. *절개(節槪·介): 옳은 일을 지키어 뜻을 굽히지 않는 굳건한 마음이나 태도.

세한-삼우(歲寒三友 해 세/찰 한/석 삼/벗 우) 찬 해(한겨울 추위, 또는 추운 겨울철)의 세 벗이라는 뜻으
로, 추위에 잘 견디는 소나무, 대나무, 매화나무를 통틀어 이르는 말. 흔히 이 세 벗을 한 폭의 그림에
그려서 '송죽매(松竹梅)'라고 한다. *세한(歲寒): ☞세한고절(歲寒孤節). *삼우(三友): ①당(唐)나라의 시
인 백거이(白居易)의 「북창삼우시(北窓三友詩)」에 나오는 말로, 함께 어울리는 세 가지 운치(韻致. 고아

한 품격을 갖춘 멋). 즉, 시와 술과 거문고를 이르는 말. ②세한삼우(歲寒三友)인 송(松), 죽(竹), 매(梅)를 이르는 말. ③산수(山水. 산과 물.), 송죽(松竹. 소나무와 대나무), 금주(琴酒. 거문고와 술). ④삼익우(三益友)와 삼손우(三損友)를 이르는 말. 여기서, '삼익우(三益友)'는 사귀어서 유익한 세 가지 유형의 벗. 곧, 정직한 벗, 성실한 벗, 견문(見聞. 보고 들어서 얻은 지식)이 넓은 벗을 일컬음. '삼손우(三損友)'는 사귀어서 손해가 되는 세 가지 유형의 벗. 곧, 편벽(便辟. 남에게 알랑거리며 그 비위를 잘 맞추는 일. 또는 그런 사람)된 벗. 착하기만 하고 줏대(主~. 마음의 중심이 되는 생각이나 태도)가 없는 벗, 말만 잘하고 성실하지 못한 벗을 일컬음. *해: 부록 '세(歲)' 참고.

세한-송백(歲寒松柏 해 세/찰 한/솔 송/잣나무 백) 圐 찬 해(한겨울 추위. 또는 추운 겨울철)의 솔(소나무)과 잣나무라는 뜻으로, 어떤 역경(逆境. 일이 순조롭지 않아 매우 어렵게 된 처지나 환경) 속에서도 지조(志操. 옳은 원칙과 신념을 지켜 끝까지 굽히지 않는 꿋꿋한 의지·意志. 또는 그러한 기개)를 굽히지 않음을 비유적으로 이르는 말. 또는 그런 지조(志操)를 비유적으로 이르는 말. *세한(歲寒): ☞세한고절(歲寒孤節). *송백(松柏): 소나무와 잣나무. *해: 부록 '세(歲)' 참고.

소견-세월(消遣歲月 삭일 소/보낼 견/해 세/달 월) (시름을) 삭이며 보내는 해[歲]와 달[月]이라는 뜻으로, 시름(늘 마음에 걸리는 근심이나 걱정. 또는 마음에 걸려 풀리지 않고 항상 남아 있는 근심과 걱정)을 달래거나 어떤 것에 마음을 붙이고 세월(歲月)을 보냄을 이르는 말. *소견(消遣): 어떠한 것에 재미를 붙여 심심하지 아니하게 세월을 보냄. *세월(歲月): ①흘러가는 시간. =광음(光陰). ②지내는 형편이나 사정 또는 재미. ③살아가는 세상. *삭이다: ('삭다'의 사동) 먹은 것을 소화시키다.

소국-과-민(小國寡民 작을 소/나라 국/적을 과/백성 민) 작은 나라와 적은 백성(百姓)이라는 뜻으로, 노자(老子. 중국 춘추전국시대·春秋戰國時代의 사상가·思想家이며, 도가·道家의 시조·始祖)가 이야기한 가장 이상적인 나라 형태를 이르는 말. 즉, '소국과민(小國寡民)'이 노자(老子)가 그린 이상적(理想的)인 사회요, 이상적(理想的)인 국가라는 것이다. *소국(小國): 작은 나라. 이 사자성어의 유래는 다음과 같다. 노자(老子)의 『도덕경(道德經)』「제80장(章)」편(篇)에 〈나라[國]는 작고, 백성도 적어서, 온갖 이기(利器)가 있어도, 이를 쓰지 못하게 하고, 백성들이 죽음을 무겁게 여겨, 멀리 옮겨 살지 않도록 하며, 비록 배와 수레가 있어도 타고 갈 곳이 없고, 갑옷과 군대가 있어도 펼칠 날이 없게 해야 한다.(小國寡民. 使有什佰之器而不用. 使民重死而不遠徙. 雖有舟輿. 無所乘之. 雖有甲兵. 無所陳之)〉라는 이야기가 나오는데, '나라[國]는 작고, 백성도 적어서.(小國寡民)'에서, '소국과민(小國寡民)'이 유래했다. '소국과민(小國寡民)'이란 이처럼 문명의 발달도 없고, 갑옷과 군대가 있어도 쓸 데가 없는 작은 나라에, 적은 백성들이 스스로의 삶에 만족하며 사는 이상적인 나라를 말한다. 참고로, 원문의 '小國寡民'에서, '小'는 작을 '소'로 읽고, '國'은 나라 '국'으로 읽고, '寡'는 적을 '과'로 읽고, '民'은 백성 '민'으로 읽는다. '小國寡民'을 직역(直譯)하면, 작은 나라와 적은 백성(百姓)이라는 뜻으로, 노자(老子)가 이야기한 가장 이상적인 나라 형태를 이르는 말. 즉, '소국과민(小國寡民)'이 노자(老子)가 그린 이상적(理想的)인 사회요, 이상적(理想的)인 국가라는 것이다. '使有什佰之器而不用'에서, '使'는 가령(假令. 가정하여 말한다면. '예컨대'의 뜻을 나타내는 접속 부사) '사'로 읽고, '有'는 있을 '유'로 읽고, '什'은 세간(순 우리말. 집안 살림에 쓰는 온갖 물건) '집'으로 읽고, '佰'은 일백 '백'으로 읽는다. '百'과 같은 말. '之'는 어조사 '지'로 읽는다. '~의'를 나타내는 관형격 조사. '器'는 그릇 '기'로 읽고, '而'는 말 이을 '이'로 읽는다. '그러나'의 뜻을 나타냄. '不'은 아닐(<u>부정하는 말</u>) '불'로 읽고, '用'은 쓸 '용'으로 읽는다. '使有什佰之器而不用'을 직역(直譯)하면, 가령 세간이 백 (개)의 그릇이 있어도 그러나 (그것을) 쓰지 못하게 하고, '使民重死而不遠徙'에서, '重'은 무거울 '중'으로 읽고, '死'는 죽을 '사'로 읽고, '遠'은 멀 '원'으로 읽고, '徙'는 옮길 '사'로 읽는다. '使民重死而不遠徙'를 직역(直譯)하면, 가령 백성들이 죽음을 무겁게 여기더라도 그러나 멀리 옮겨 (살지) 않도록 하며, 즉, 백성들은 생명을 중히 여겨 멀리 떠나는 일도 없다는 말이다. '雖有舟輿'에서, '雖'는 비록 '수'로 읽고, '舟'는 배 '주'로 읽고, '輿'는 수레 '여'로 읽는다. '雖有舟輿'를 직역(直譯)하면, 비록 배와 수레가 있다 하더라도, '無所乘之'에서, '所'는 곳 '소', 처소(處所. <u>사람이 기거·起居하거나 임시로 머무는 곳, 또는 어떤 일이 벌어지거나, 어떤 물건이 있는 곳</u>) '소'로 읽고, '乘'은 탈 '승'으로 읽고, '之'는 어조사 '지'로 읽는다. '그것'을 나타내는 지시 대명사. 여기서는 '배'와 '수레'를 가리킴. '無所乘之'를 직역(直譯)하면, 그것(배와 수레)을 타고 (갈) 곳이 없다. '雖有甲兵'에서, '甲'은 갑옷 '갑'으로 읽고, '兵'은 군사 '병'으로 읽는다. '雖有甲兵'을 직역(直譯)하면, 비록 갑옷과 군대가 있더라도, '無所陳之'에서, '陳'은 벌일(<u>일을 계획하여 시작하거나 펼쳐 놓을</u>) '진'으로 읽는다. '無所陳之'를 직역(直譯)하면, 그것(갑옷과 군사)을 벌일 곳이 없어야 한다. 이렇게 노자(老子)는 부드럽고 약한 것을 소중히 여기고, 무위(無爲)와 무욕(無慾. <u>욕심이 없음</u>)을 강조하고 있는 것이다. 여기서, '무위(無爲)'는 중국의 노장(老莊. <u>중국 고대의 사상가인 노자·老子와 장자·莊子를 일컫는 말</u>) 철학에서, 자연(自然)에 따라 행하고 인위(人爲. <u>사람의 힘으로 이루어지는 일. ↔자연</u>)를 가하지 않는 것을 일컫는다. 인간의 지식(知識)이나 욕심(慾心)이 오히려 세상을 혼란시킨다고 여기고, 자연(自然) 그대로를 최고의 경지로 본다. 여기서, '장자(莊子)'는 중국 전국시대·戰國時代의 사상가. 도가·道家 사상의 중심인물.

소극-침-주(小隙沈舟 작을 **소**/틈 **극**/잠길 **침**/배 **주**) 작은 틈에도 (물이 스며들면) 배가 잠긴다. 즉, 조그만 틈으로 물이 새어 들어와도 배가 가라앉는다는 뜻으로, 작은 일을 게을리 하면 큰 재앙(災殃. <u>뜻하지 아니하게 생긴 불행한 변고·變故, 또는 천재지변·天災地變으로 인한 불행한 사고</u>)이 닥치게 됨을 비유적으로 이르는 말. *소극(小隙): 작은 틈. 이 사자성어의 유래는 다음과 같다. 『관윤자(關尹子)』의 「구약(九藥)」 편(篇)에 〈작은 일이라고 가볍게 여기지 말라. 작은 틈새가 배를 가라앉힌다. 미물(微物. <u>작고 변변치 않은 물건</u>)이라고 가볍게 여기지 말라. 작은 벌레가 독(毒. <u>건강이나 생명에 해가 되는 성분</u>)을 품어 내 몸을 해(害)친다. 소인(小人. <u>나이가 어린 사람, 또는 키나 몸집 따위가 작은 사람</u>)이라고 가볍게 여기지 말라. 소인(小人)이 나라에 역적질(逆賊~. <u>자기 나라, 민족, 통치자 등·等을 반역하는 일을 낮잡아 이르는 말</u>)한다. 작은 일을 두루 살핀 뒤에라야 큰일을 이룰 수 있는 것이다.(勿輕小事. **小隙沈舟**, 勿輕小物, 小蟲毒身, 勿輕小人, 小人賊國, 能周小事, 然後能成大事)〉라는 이야기가 나오는데, '작은 틈새가 배를 가라앉힌다.(小隙沈舟)'에서, 소극침주(小隙沈舟)가 유래했다. 참고로, 원문의 '勿輕小事'에서, '勿'은 말 '물'로 읽고, '輕'은 가벼울 '경'으로 읽고, '小'는 작을 '소'로 읽고, '事'는 일 '사'로 읽는다. '勿輕小事'를 직역(直譯)하면, 작은 일이라고 가볍게 (여기지) 말라. '小隙沈舟'에서, '隙'은 틈 '극'으로 읽고, '沈'은 잠길 '침'으로 읽고, '舟'는 배 '주'로 읽는다. 여기서 '소극침주(小隙沈舟)'가 유래했다. 이것을 직역(直譯)하면, 작은 틈에도 (물이 스며들면) 배가 잠긴다. 즉, 조그만 틈으로 물이 새어 들어와도 배가 가라앉는다는 뜻으로, 작은 일을 게을리 하면 큰 재앙(災殃. <u>뜻하지 아니하게 생긴 불행한 변고·變故.</u>

또는 천재지변·天災地變으로 인한 불행한 사고)이 닥치게 됨을 비유적으로 이르는 말이 되었다. 이 말은 후대(後代. 뒤의 세대)에 많은 사람에게 큰 교훈(敎訓. 앞으로의 행동이나 생활에 지침이 될 만한 것을 가르치는 일. 또는 그런 가르침)을 주었다. 큰 둑이 터지는 것은 작은 구멍에서 시작되고, 한 나라가 망하고 없어지는 것은 작은 부정부패(不正腐敗)에서 시작된다. 사람이 큰 병(病)으로 죽기 전에는 반드시 사전(事前)에 전조(前兆. 미리 나타나 보이는 조짐)가 있기 마련이다. 그러므로 우리는 아무리 작은 일이라도 쉽게 여겨서는 안 되며, 항상 조심하고 대비(對備)할 때 다가올 재앙(災殃)을 벗어날 수 있는 것이다. 따라서 우리는 '소극침주(小隙沈舟)'를 통하여 이를 깨달아야 한다. '勿輕小物'에서, '物'은 사물(事物) '물'로 읽는다. '勿輕小物'을 직역(直譯)하면, 작은 사물(미물·微物)이라고 가볍게 (여기지) 말라. '小蟲毒身'에서, '蟲'은 벌레 '충'으로 읽고, '毒'은 독(毒) '독'으로 읽고, '身'은 몸 '신'으로 읽는다. '小蟲毒身'을 직역(直譯)하면, 작은 벌레가 독(毒)으로 몸을 (해·害친다). '勿輕小人'에서, '勿輕小人'을 직역(直譯)하면, 소인(小人)을 가볍게 (여기지) 말라. '小人賊國'에서, '賊'은 역적(逆賊. 자기 나라나 민족, 통치자를 반역한 사람) '적'으로 읽고, '國'은 나라 '국'으로 읽는다. '小人賊國'을 직역(直譯)하면, 소인(小人)이 나라의 역적(逆賊)이다. '能周小事'에서, '能'은 능히 할 수 있을 '능'으로 읽고, '周'는 두루 '주'로 읽는다. '能周小事'를 직역(直譯)하면, 작은 일을 두루 (살필) 수 있다. '然後能成大事'에서, '然'은 그러할 '연'으로 읽고, '後'는 뒤 '후'로 읽고, '成'은 이룰 '성'으로 읽고, '大'는 클 '대'로 읽는다. '然後能成大事'를 직역(直譯)하면, 그렇게 한 뒤에 큰일을 능히 이룰 수 있는 (것이다). 즉, 작은 일도 경시(輕視. 대수롭지 않게 보거나 업신여김)하지 말고, 정성(精誠)을 다해야 하며, 좁은 틈새를 무시하면 결국 물이 새어 배가 침몰(沈沒. 물속에 가라앉음)하니, 작은 것도 가볍게 보지 말고 잘 살펴야 한다는 말이다. 세상의 만사(萬事. 여러 가지의 온갖 일)가 알고 보면 작은 것 속에 큰 것이 들어 있다. 작은 씨앗이 자라나서 아름드리나무(둘레가 한 아름이 넘는 큰 나무)로 자라나게 되는 것과 같은 이치(理致)다.

소녀-취미(少女趣味 작을 소/계집 녀/취향 취/기분 미) 작은 계집의 취향(趣向)이나 기분(氣分)이라는 뜻으로, 아동기의 후반에 있는 소녀들이 공통적으로 가지는 취미(趣味)를 이르는 말. 감상적이고 몽상적(夢想的. 실현성이 없는 꿈같이 허황한 생각을 하는 것)인 정서(情緒. 사람의 마음에 일어나는 여러 가지 감정. 또는 감정을 불러일으키는 기분이나 분위기)나, 그것이 바탕이 되는 경향(傾向. 현상이나 사상, 행동 따위가 어떤 방향으로 기울어짐)을 일컫는다. *소녀(少女): 아주 어리지도 않고 성숙하지도 않은 여자 아이. ↔소년(少年). *취미(趣味): ①마음에 느껴 일어나는 멋이나 정취(情趣. 정감을 불러일으키는 흥취). ②아름다움이나 멋을 이해하고 감상하는 능력. ③(전문이나 본업은 아니나) 재미로 좋아하는 일(것). *취향(趣向): 하고 싶은 마음이 쏠리는 방향.

소년-등과(少年登科 젊을 소/나이 년/오를 등/과거 과) 젊은 나이에 과거(科擧)에 오른다는 뜻으로, 예전에, 젊은 나이에 과거(科擧)에 급제(及第. 지난날 과거에 합격하던 일)하던 일을 이르는 말. *소년(少年): 아주 어리지도 않고 완전히 자라지도 않은 남자 아이. *등과(登科): 과거에 급제(及第)함. *과거(科擧): 예전에 우리나라와 중국에서 관리를 뽑을 때 실시하던 시험을 이르는 말.

소-리-장-도(笑裏藏刀 웃음 소/속 리/감출 장/칼 도) 웃음 속에 칼을 감춘다. 즉, 웃는 마음속에 칼날을 품는다는 뜻으로, ①적(敵)으로 하여금 우리를 믿도록 안심시킨 후, 적(敵)의 긴장이 풀어졌을 때 신속히 일을 도모(圖謀. 어떤 일을 이루기 위하여 대책과 방법을 세움)함을 이르는 말. ②겉으로는 웃고 있으나,

마음속에는 해칠 마음을 품고 있음을 이르는 말. 중국의 고대(古代) 병법(兵法)인 삼십육계(三十六計)의 제10계로, 이 전략(戰略. 전쟁을 전반적으로 이끌어가는 방법·方法이나 책략·策略을 이르는 말. 전술·戰術보다 상위의 개념이다)은 음험(陰險. 겉으로는 부드럽고 솔직한 체하나, 속은 내숭스럽고 음흉함)하고 악랄(惡辣. 악독하고 잔인함)하며 신의(信義)를 완전히 저버리는 비인간적(非人間的)인 전략(戰略)이다. =소중유검(笑中有劍). 소중유도(笑中有刀). 〔참〕 구밀복검(口蜜腹劍). 《관련 속담》 겉 다르고 속 다르다. / 양가죽을 뒤집어쓴 승냥이. / 웃고 사람 (뺨) 친다. / 혀 아래 도끼 들었다. 이 사자성어의 유래는 다음과 같다. 『구당서(舊唐書)』의 「이의부전(李義府傳)」 편(篇)에 [당(唐)나라 태종(太宗) 때 이의부(李義府)는 아부(阿附. 남의 비위를 맞추어 알랑거림)하는 재주(순우리말로, 무엇을 잘할 수 있는, 타고난 능력과 슬기)가 뛰어나, 황제의 깊은 환심(歡心. 기뻐하고 즐거워하는 마음)을 산 덕분에, 벼슬이 계속 높아져 처음에는 태자사인(太子舍人)이었다가, 고조(高祖)때에는 이부상서(吏部尙書)가 되었으며, 나중에는 중서령(中書令)의 자리에까지 올랐다.]〈이의부(李義府)는 겉모습은 온화하고 공손했으며, 사람들과 이야기를 할 때는 즐겁게 미소를 띠었으나, 속이 좁고 음험(陰險)했다. 이미(돌이킬 수 없이 된 지난 일을 일컬을 때 쓰는 말) 요직(要職. 중요한 직위나 직무)에 있고 권세(權勢. '권력·權力'과 '세력·勢力'을 아울러 이르는 말)를 가지고 있으면서도, 다른 사람이 자기에게 붙기를 바랐으며, 즉, 이의부(李義府)는 실권(實權. 실제로 행사할 수 있는 권리나 권세·權勢)을 장악한 후부터는 누구에든 복종을 강요했다는 뜻이다. 자기 뜻을 조금이라도 거스르는(남의 말이나 가르침, 명령 따위와 어긋나는 태도를 취하는) 사람에게는 곧 함정(陷穽. 벗어날 수 없는 곤경이나 계략)에 기울어지게 하는 모해(謀害. 모략을 써서 남을 해침)를 가했다. 즉, 자신을 거스르는 사람은 수단과 방법을 가리지 않고 다른 사람에게 모해(謀害)를 가했다는 뜻이다. 그래서 당시(當時. 일이 있었던 바로 그때. 또는 이야기하고 있는 그 시기)의 사람들은 이의부(李義府)의 웃음 속에는 칼이 들어 있다고 말했다. 즉, 그는 일단 누군가를 해치려고 마음만 먹으면 웃으면서 대했다. 그의 미소를 본 사람은 반드시 피해를 입었다. 그래서 사람들은 그의 웃음 속에는 칼날이 들어 있다고 말했다는 뜻이다.(義府貌狀溫恭, 與人語必嬉怡微笑, 而褊忌陰賊, 旣處要權, 欲人附己, 微忤意者, 輒加傾陷, 故時人言義府笑中有刀.〉라는 이야기가 나오는데, '그래서 당시 사람들은 이의부(李義府)의 웃음 속에는 칼이 들어 있다고 말했다.(故時人言義府笑中有刀)'에서, '소중유도(笑中有刀)'가 유래했다. 그리고 소중유도(笑中有刀)에서, '소리장도(笑裏藏刀)'가 유래했다. '소리장도(笑裏藏刀)'는 앞에서 밝혔듯이 고대 중국의 병법(兵法)인 『삼십육계비본병법(三十六計秘本兵法)』의 10번째 계책(計策. 어떤 일을 이루기 위하여 꾀나 방법을 생각해 냄. 또는 그 꾀나 방법)이다. 이 병법(兵法)에서는 상대방으로 하여금 자신을 믿게 하여 안심시킨 뒤에 허(虛)를 찔러 공격하는 계책(計策)이다. 특별한 이유도 없는데, 나에게 웃는 모습을 보이는 사람이 있으면 이를 조심해야 한다. 웃음의 배후(背後. 사건 따위의, 표면에 드러나지 않는 부분)에는 호의(好意. 남에게 보이는 친절한 마음씨)만 있는 것이 아니기 때문이다. 참고로, 원문의 '義府貌狀溫恭'에서, '義'는 옳을 '의', 의로운 '의'로 읽고, '府'는 마을 '부'로 읽는다. '義府'는 사람 이름. '이의부(李義府)'를 가리킴. '貌'은 모양 '모'로 읽고, '狀'은 형상 '상'으로 읽고, '溫'은 부드러울 '온'으로 읽고, '恭'은 공손할 '공'으로 읽는다. '溫恭'은 성격, 태도 따위가 온화하고 공손함. '義府貌狀溫恭'을 직역(直譯)하면, 이의부(李義府)는 모양과 형상 즉, (겉모습)이 온화하고 공손하며, '與人語必嬉怡微笑'에서, '與'는 더불어 '여'로 읽고, '人'은 남 '인', 딴 사람 '인'으로 읽고, '語'는 말씀 '어',

말 '어'로 읽고, '必'은 반드시 '필', 틀림없이 '필'로 읽고, '嬉'는 즐길 '희'로 읽고, '怡'는 기쁠 '이'로 읽고, '微'는 작을 '미'로 읽고, '笑'는 웃을 '소'로 읽는다. '微笑'는 소리 없이 빙긋이 웃음. 또는 그런 웃음. '與人語必嬉怡微笑'를 직역(直譯)하면, 딴 사람과 더불어 말할 (때는) 반드시 즐기고 기뻐하며 미소를 띠었으나, '而褊忌陰賊'에서, '而'는 말 이을 '이'로 읽는다. 여기서는 '그러나'의 뜻을 나타냄. '褊'은 좁을 '편'으로 읽고, '忌'는 꺼릴 '기', 싫어할 '기'로 읽는다. '褊忌'는 좁은 소견으로 남을 시기함. '陰'은 음침(陰 沈. <u>성질이 그늘지고 엉큼함</u>)할 '음', 몰래 할 '음'으로 읽고, '賊'은 도둑 '적', 해칠 '적'으로 읽는다. '而褊 忌陰賊'을 직역(直譯)하면, 그러나 (속으로는) 좁은 소견으로 남을 시기하며 몰래 해치려고 (하였다). '旣處要權'에서, '旣'는 이미(다 끝나거나 지난 일을 이를 때 쓰는 말. '벌써', '앞서'의 뜻을 나타냄) '기'로 읽고, '處'는, 여기서는 지위(地位) '처', 신분(身分) '처'로 읽고, '要'는 근본 '요', 요긴할 '요'로 읽고, '權'은 권세(權勢. <u>권력·權力'과 '세력·勢力'을 아울러 이르는 말</u>) '권'으로 읽는다. '旣處要權'을 직역(直 譯)하면, 이미 근본 (직책)과 권세·權勢의 (지위에) (있음에도 불구하고), '欲人附己'에서, '欲'은 하고자 할 '욕', 바랄 '욕'으로 읽고, '附'는 붙을 '부'로 읽고, '己'는 자기(自己) '기'로 읽는다. '欲人附己'를 직역(直 譯)하면, 딴 사람이 자기에게 붙기를 바랐으며, '微忤意者'에서, '微'는 작을 '미', 조금 '미'로 읽고, '忤'는 거스를(<u>자연·自然의 뜻이나 남의 뜻을 거역함</u>) '오'로 읽고, '意'는 뜻 '의'로 읽고, '者'는 사람 '자'로 읽는 다. '微忤意者'를 직역(直譯)하면, 조금이라도 뜻을 거스르는 사람에게는, '輒加傾陷'에서, '輒'은 문득 '첩', 곧 '첩'으로 읽고, '加'는 더할 '가', 가할 '가'로 읽고, '傾'은 기울어질 '경'으로 읽고, '陷'은 함정(陷穽. <u>빠져나올 수 없는 상황이나 남을 해치기 위한 계략·計略을 비유적으로 이르는 말</u>) '함'으로 읽는다. '傾陷' 은 계략을 꾸며 함정에 빠뜨림. '輒加傾陷'을 직역(直譯)하면, (곧) 함정에 기울어지는 (계략을) 가하였다. '故時人言義府笑中有刀'에서, '故'는 그러므로 '고'로 읽고, '時'는 때 '시'로 읽고, '言'은 말씀 '언'으로 읽고, '笑'는 웃을 '소'로 읽고, '中'은 속 '중'으로 읽고, '有'는 있을 '유'로 읽고, '刀'는 칼 '도'로 읽는다. '故時人言 義府笑中有刀'를 직역(直譯)하면, 그러므로 그 때의 사람들은 "이의부(李義府)의 웃음 속(마음속)에는 칼이 (들어) 있다."라고 말하였다. 여기서, '笑裏藏刀'가 유래하였는데, 이것을 직역(直譯)하면, 웃음 속 에 칼을 감춘다. 즉, 웃는 마음속에 칼날을 품는다는 뜻으로, ①적(敵)으로 하여금 우리를 믿도록 안심시 킨 후, 적(敵)의 긴장이 풀어졌을 때 신속히 일을 도모(圖謀)함을 이르는 말. ②겉으로는 웃고 있으나, 마음속에는 해칠 마음을 품고 있음을 비유적으로 이르는 말. 그리고 여기서, '笑中有刀'도 유래하였는데, 이것을 직역(直譯)하면, 웃는 가운데(마음속)에 칼이 있다는 뜻으로, 겉으로는 웃고 있으나 마음속에는 해칠 마음을 품고 있음을 비유적으로 이르는 말.

소만-왕림(掃萬枉臨 버릴 **소**/일만 **만**/굽힐 **왕**/임할 **림**) 일만(一萬) (가지) (일을) 버리고 (남이) (자기의 귀한 몸을) 굽히어 임(臨)한다는 뜻으로, 모든 일을 제쳐놓고 왕림(枉臨)함을 이르는 말. 즉, 모든 일을 제쳐놓고 남이 자기가 있는 곳으로 찾아오심('찾아옴'의 경칭)을 일컫는다. *소만(掃萬): 모든 일을 제쳐 놓음. *왕림(枉臨): 남을 높이어 그가 자기를 찾아옴을 이르는 말. *버리다: ①쓰지 못할 것을 없애거나 처치하다. ②어떤 성격이나 나쁜 버릇 따위를 떼어 없애다. ③어떤 생각이나 소망 따위를 떨쳐 없애다. *임하다(臨~): 부록 '림(臨)' 참고.

소멸-시효(消滅時效 사라질 **소**/없어질 **멸**/때 **시**/다할 **효**) 때가 다하여 사라지고 없어진다는 뜻으로, 권리 자(權利者)가 자신의 권리(權利)를 행사할 수 있음에도 불구하고, 일정 기간 동안 권리(權利)를 행사하지 아니하는 경우에, 그 권리(權利)를 잃게 되거나 소멸(消滅)하는 제도를 이르는 말. *소멸(消滅): 사라져 없어짐. *시효(時效): ①어떤 사실 상태가 일정한 기간 동안 계속됨으로써 법률상으로 권리의 취득이나 권리의 소멸이 일어나게 되는 제도. ②어떤 효력이 지속되는 일정한 기간. *다하다: ①(있던 것이 없어져서) 더는 남아 있지 않거나 이어지지 않게 되다. =끝나다. ②(마음이나 힘, 또는 필요한 물자 따위를) 다 쓰거나 들이다.

소-미-지-급(燒眉之急 불 날 **소**/눈썹 **미**/어조사 **지**/급할 **급**) 눈썹에 불이 날 (정도의) 급(急)함이라는 뜻으로, 눈썹에 불이 붙을 만큼 매우 급(急)함을 이르는 말. =연미지급(燃眉之急). 초미지급(焦眉之急).《관련 속담》발등에 불 떨어졌다. 이 사자성어의 유래는 다음과 같다. 보제(普濟)의『오등회원(五燈會元)』에 〈어떤 중이 불혜선사(佛慧禪師)에게 물었다. "선사님, 어떤 것이 가장 다급(多急. 미처 어떻게 할 여유가 없을 만큼 일이 바싹 닥쳐서 몹시 급함)한 글귀입니까?" 선사(禪師)가 대답했다. "불이 눈썹을 태우는 것이지요."(問, 如何是急切一句, 師曰, 火燒眉毛.)〉라는 이야기가 나오는데, '불이 눈썹을 태우는 것이지요.(火燒眉毛)'에서, '소미지급(燒眉之急)'이 유래했다. '연미지급(燃眉之急)'이라고도 하며, '초미지급(焦眉之急)'이라고도 한다. 줄여서 '초미(焦眉)'라고 한다.《관련 속담》눈썹에 불이 붙는다. 참고로, 원문의 '如何是急切一句'에서, '如'는, 여기서는 어떠할 '여', 어찌(의문 부사) '여'로 읽고, '何'는 어찌(의문 부사) 하로 읽는다. '如何'는 '어떻게, 어찌하여'의 뜻을 나타내는 말. '是'는 이(지시하는 말) '시'로 읽고, '急'은 급할 '급'으로 읽고, '切'은 절실할 '절'로 읽고, '一'은 한 '일'로 읽고, '句'는 글귀 '구'로 읽는다. '一句'는 한 마디의 말이나 글. '如何是急切一句'를 직역(直譯)하면, 이 (중에서) 급하고 절실한, 한 마디의 말은 어떻게 어찌 (됩니까?) '師曰'에서, '師'는 스승 '사'로 읽는다. 여기서는, '불혜선사(佛慧禪師)'를 가리킴. '師曰'을 직역(直譯)하면, 불혜선사(佛慧禪師)가 대답하기를, '火燒眉毛'에서, '火'는 불 '화'로 읽고, '燒'는 불 날 '소'로 읽고, '眉'는 눈썹 '미'로 읽고, '毛'는 털 '모'로 읽는다. '火燒眉毛'를 직역(直譯)하면, 불이 눈썹의 털에 나다. 여기서, '燒眉之急'이 유래하였는데, 이것을 직역(直譯)하면, 눈썹에 불이 날 (정도의) 급(急)함이라는 뜻으로, 눈썹에 불이 붙을 만큼 매우 급(急)함을 이르는 말. 그리고 여기서, '焦眉之急'도 유래하였는데, 이것을 직역(直譯)하면, 그을린 눈썹의 급함(위급함). 즉, 눈썹에 불이 붙었다는 뜻으로, 매우 위급하거나 다급(多急)함을 비유적으로 이르는 말.

소복-단장(素服丹粧 흴 **소**/옷 **복**/붉을 **단**/단장할 **장**) (색깔이) 흰 옷을 (입고) 붉게 단장(丹粧)한다는 뜻으로, 아래위를 흰옷으로 하얗게 차려입고, 곱고 맵시 있게 몸을 꾸밈. 또는 그런 차림을 이르는 말. 웹 소복담장(素服淡粧). *소복(素服): 하얗게 차려 입은 옷. 흔히 상복(喪服)으로 입는다. *단장(丹粧): ①화장을 하고 머리나 옷차림 따위를 매만져서 맵시 있게 꾸밈. ②손을 대어 산뜻하게 꾸밈.

소복-담장(素服淡粧 흴 **소**/옷 **복**/묽을 **담**/단장할 **장**) 흰 옷을 (입고) 묽게 단장(丹粧)한다는 뜻으로, 아래위를 흰옷으로 하얗게 차려입고 엷게 화장함. 또는 그런 차림을 이르는 말. 웹 소복단장(素服丹粧). *소복(素服): ☞소복단장(素服丹粧). *담장(淡粧): 엷고 산뜻하게 화장함. 또는 그런 화장. *묽다: 부록 '담(淡)' 참고. *단장하다(丹粧~): ①화장을 하고 머리나 옷차림 따위를 매만져서 맵시 있게 꾸미다. ②손을 대어 산뜻하게 꾸미다.

소-북-간신(小北奸臣 작을 **소**/북녘 **북**/간사할 **간**/신하 **신**) 소북(小北)의 간사(奸邪)한 신하라는 뜻으로, 기회주의적이고 표리부동(表裏不同. 본문 참고)한 사람을 낮잡아 아르는 말. *간신(奸臣): 성질이 교묘하게 잘 둘러대고 행실이 바르지 못한 신하. ***간사하다**(奸邪~): 자기의 이익을 위하여 나쁜 꾀를 부리는 따위의 마음이 바르지 않다. 여기서 '소북(小北)'은 『국어사전(國語辭典)』에 등재(登載)되어 있지 않은 말로, 조선 14대 선조(宣祖) 32년(서기 1599년)에 사색(四色)의 하나인 북인(北人)에서 갈라진 당파(黨派)의 하나이다.

소-불-개의(少不介意 적을 **소**/아닐 **불**/끼일 **개**/마음 **의**) 적게라도 마음에 끼이지 아니한다는 뜻으로, 조금도 마음에 두지 아니함. 조금도 거리끼지 아니함. 조금도 개의(介意)하지 아니함을 이르는 말. =소불개회(少不介懷). ***개의**(介意): (언짢은 일 따위를) 마음에 두어 생각함. 또는 (어떤 일 따위를) 마음에 두고 생각하거나 신경을 씀. ***끼이다**: 부록 '개(介)' 참고.

소-불-개회(少不介懷 적을 **소**/아닐 **불**/끼일 **개**/품을 **회**) 적게라도 품는 (일에) 끼이지 아니 한다는 뜻으로, 조금도 마음에 두지 아니함. 조금도 거리끼지 아니함. 조금도 개의(介意)하지 아니함을 이르는 말. =소불개의(少不介意). ***개회**(介懷): =개의(介意). 즉, (언짢은 일 따위를) 마음에 두어 생각함. 또는 (어떤 일 따위를) 마음에 두고 생각하거나 신경을 씀. ***끼이다**: 부록 '개(介)' 참고. ***품다**: 부록 '회(懷)' 참고.

소-불-동-념(少不動念 적을 **소**/아닐 **불**/움직일 **동**/생각 **념**) 적은 (정도나 분량도) 생각이 움직이지 아니한다는 뜻으로, 조금도 생각이나 마음이 움직이지 아니함을 이르는 말.

소-불여의(少不如意 적을 **소**/아닐 **불**/같을 **여**/뜻 **의**) 적어도 뜻과 같지 아니하다. 즉, (하고자 하는 일의 분량이) 적어도 뜻과 같이 (잘 되지) 아니한다는 뜻으로, 조금도 뜻과 같지 아니함을 이르는 말. ***불여의**(不如意): 일이 뜻과 같이 잘되지 아니함을 이르는 말.

소상-반죽(瀟湘斑竹 물 이름 **소**/물 이름 **상**/아롱진 **반**/대 **죽**) 소상(瀟湘)의 아롱진 대(대나무)라는 뜻으로, 눈물자국 모양의 무늬가 박혀 있는 대나무의 이름을 이르는 말. ***소상**(瀟湘): 중국의 샤오샹[瀟湘] 지방을 가리킴. ***반죽**(斑竹): 소상(瀟湘)에서 나는, 아롱무늬가 있는 대(대나무)를 가리킴. ***아롱지다**: 아롱아롱한 무늬가 생기다. 여기서, '아롱아롱하다'는 어떤 바탕에 작은 점이나 무늬 따위가 고르게 촘촘히 무늬져 있다.

소소-곡절(小小曲折 작을 **소**/작을 **소**/굽을 **곡**/꺾일 **절**) 작고 작게 굽고 꺾인다는 뜻으로, 자질구레한 여러 가지 까닭이나 복잡한 사정(事情)을 비유적으로 이르는 말. ***소소**(小小): 대수롭지 아니하고 자질구레함. ***곡절**(曲折): ①복잡한 사연이나 내용. ②까닭. ③(문맥 따위가) 단조롭지 않고 변화가 많은 것. ***굽다**: 부록 '곡(曲)' 참고.

소소-명명(昭昭明明 밝을 **소**/밝을 **소**/밝을 **명**/밝을 **명**) 밝고 밝음이 밝고 밝다는 뜻으로, 일의 전말(顚末. 일의 처음부터 끝까지 진행되어 온 경위)이 밝게 드러나 분명함. 또는 아주 밝고 명백함을 이르는 말. ***소소**(昭昭): 사리(事理. 일의 이치)가 밝고 또렷함. ***명명**(明明): ①아주 환하게 밝음. ②너무나 분명하여 의심할 바가 없음.

소소-백발(昭昭白髮 밝을 **소**/밝을 **소**/흰 **백**/머리털 **발**) 밝고 밝은 흰 머리털이라는 뜻으로, 온통 하얗게 센 머리. 또는 그 머리를 한 늙은이를 이르는 말. =호호백발(皜皜白髮). ***소소**(昭昭): ☞소소명명(昭昭明明). ***백발**(白髮): 하얗게 센 머리털.

소시-지-과(少時之過 젊을 **소**/때 **시**/어조사 **지**/허물 **과**) 젊을 때의 허물이라는 뜻으로, 젊었을 때에 저지른 잘못을 이르는 말. ***소시**(少時): 젊었을 때. ***허물**: 옳게 하지 못한 일. 또는 제대로 되지 못한 일. =잘못.

소식-만-허(消息滿虛 사라질 **소**/쉴 **식**/찰 **만**/빌 **허**) 사라지고 쉬는 (시운이) 차고 비었다. 즉, 천지(天地)의 시운(時運. 시대의 때나 운수)이 차고 비었다는 뜻으로, 천지(天地)의 시운(時運)이 변하고 바뀜을 이르는 말. =소식영허(消息盈虛). *소식(消息): ①안부나 어떤 형세 따위를 알리거나 통지함. ②천지(天地. 하늘과 땅)의 시운(時運)이 끊임없이 변화하고 순환하는 일. *차다: 부록 '만(滿)' 참고. *비다: 부록 '허(虛)' 참고.

소식-불통(消息不通 사라질 **소**/쉴 **식**/아닐 **불**/통할 **통**) 소식(消息)이 통(通)하지 아니한다. 즉, 소식(消息)이 전혀 없다는 뜻으로, ①소식(消息)이 전혀 없는 일, 소식(消息)을 전혀 알지 못하는 일, 소식(消息)이 서로 끊김을 이르는 말. ②어떤 일이나 사정에 대하여 전혀 알지 못함을 이르는 말. 圓 음신불통(音信不通). *소식(消息): ☞소식만허(消息滿虛). *불통(不通): ①교통이나 통신 따위가 막혀 연락이 되지 아니함. ②의사(意思. 무엇을 하고자 하는 생각)가 통하지 아니함.

소식-주의(小食主義 적을 **소**/먹을 **식**/주될 **주**/옳을 **의**) 적게 먹는 (것을) 주된 (가치로 생각하는) 주의(主義)라는 뜻으로, 적게 먹으면 경제적인 이익은 물론 건강 증진과 두뇌 개발에 있어서도 도움이 된다는 이론을 이르는 말. 미국의 작가 플레처(Fletcher)가 주창(主唱. 앞장서서 부르짖음)하였다. *소식(小食): 음식을 적게 먹음. *주의(主義): ①굳게 지키는 주장이나 방침. ②체계화된 이론이나 학설. *주되다(主~): 주장(主張)이나 중심(中心)이 되다.

소신-공양(燒身供養 불사를 **소**/몸 **신**/바칠 **공**/봉양할 **양**) 몸을 불살라 바쳐 봉양(奉養)한다는 뜻으로, (불교에서) 자기 몸을 태워 부처에게 공양(供養)하거나 부처 앞에 바침. 또는 그런 일을 이르는 말. *소신(燒身): =분신(焚身). 즉, 종교(宗敎)나 정의(正義)를 위하여 몸을 불에 태움. 또는 스스로 몸을 불사름. *공양(供養): ①웃어른에게 음식을 드림. ②불교에서, 부처나 보살에게 음식물이나 꽃 따위를 바치는 일. ③불교에서, 중(승려)이 하루 세 끼 음식을 먹는 일. ④불교에서, 절에서 식사하는 일. *바치다: ①(웃어른 따위에게) 드리다. ②자기의 정성이나 힘, 목숨 따위를 남을 위해서 아낌없이 다하다. *봉양하다(奉養~): 부록 '양(養)' 참고.

소심-익-익(小心翼翼 작을 **소**/마음 **심**/날개 **익**/날개 **익**) 마음 (쓰는 것이) 날개와 날개처럼 작다. 즉, 마음을 세심하게 쓰고 조심한다는 뜻으로, 매사(每事)에 조심스럽고 겸손함을 이르는 말. 매사(每事)에 조심하고 삼간다는 말이다. *소심(小心): 대담하지 못하고 조심성이 지나치게 많음. 이 사자성어의 유래는 다음과 같다. 『시경(詩經)·대아(大雅)』의 「증민(蒸民)」 편(篇)에 〈중산보(仲山甫)의 덕(德. 고매하고 너그러운 도덕적 품성)은 / 훌륭하고 법도가 있네. / 이름다운 거동에 훌륭한 모습이요, / 조심하고 공경하며 / 옛 가르침을 본받으며 / 위의(威儀)를 갖추기에 힘쓰고 / 천자(天子)를 따르며 / 밝은 명령을 펴 드리네. 여기서, '천자(天子)'는 천제(天帝. 하늘을 다스리는 신. 또는 우주를 창조하고 주재한다고 믿어지는 초자연적인 절대자)의 아들이란 뜻으로, 천명(天命. 하늘의 명령)을 받아 천하(天下)를 다스리는 사람, 곧 중국에서 황제(皇帝)를 일컫던 말이다. (仲山甫之德. 柔嘉維則. 令儀令色. **小心翼翼**. 古訓是式. 威儀是力. 天子是若. 明命使賦.)〉라는 시구(詩句)가 나오는데, '조심하고 공경하며, (小心翼翼)'에서, '소심익익(小心翼翼)'이 유래했다. 이것은 주(周)나라의 선왕(宣王)을 잘 보필(輔弼. 윗사람의 일을 도움. 또는 그런 사람)한, 명재상(名宰相. 이름난 재상·宰相)인 중산보(仲山甫)의 덕(德)을 찬양한 시(詩)로써, 여기서, '재상(宰相)'은 임금을 보필하며 모든 관원을 지휘, 감독하는 자리에 있는 이품(二品) 이상의 벼슬을 통틀어 이르던 말. 그가 왕명(王命)을 받들어 제(齊)나라에 성(城)을 쌓으러 갈 때, 윤길보(尹吉甫)가 전송(餞送. 서운하여 잔치를 베풀고 보낸다는 뜻으로, 예를 갖추어 떠나보냄을 이르는 말)하면서 지은 것으로 전해진다. '소심익익(小心翼翼)'은 원래 매사에 공경하고 근신하는 것을 가리켰으나 현대에 와서는 그 뜻이 변하여 도량(度量. 사물을 너그럽게 용납하여 처리할 수 있는 넓은 마음과 깊은 생각)이 좁고 겁이 많은 것을 비유(比·譬喻. 어떤 사물의 모양이나 상태 따위를 보다 효과적으로 표현하기 위하여 그것과 비슷한 다른 사물에 빗대어 표현함. 또는 그 표현 방법)하는 말로도 사용된다. 참고로, 원문의 '仲山甫之德'에서, '仲'은 버금(으뜸의 바로 아래. 또는 그런 지위에 있는 사람이나 물건) '중'으로 읽고, '山'은 뫼('산'의 옛말) '산'으로 읽고, '甫'는 클 '보'로 읽는다. '仲山甫'는 사람 이름. '之'는 어조사 '지'로 읽는다. '~의'를 나타내는 관형격 조사. '德'은 큰 '덕', 덕(德. 고매하고 너그러운 도덕적 품성) '덕'으로 읽는다. '仲山甫之德'을 직역(直譯)하면, 중산보(仲山甫)의 덕(德)은, '柔嘉維則'에서, '柔'는 부드러울 '유'로 읽고, '嘉'는 아름다울 '가'로 읽고, '維'는 오직 '유'로 읽고, '則'은 법(法) '칙', 법칙(法則) '칙'으로 읽는다. '柔嘉維則'을 직역(直譯)하면, 부드럽고 아름다우며 오직 법(法 =법도·法度)이 (있네). '令儀令色'에서, '令'은 아름다울 '령(영)'으로 읽고, '儀'는 거동(擧動. 몸을 움직임. 또는 그런 짓이나 태도) '의'로 읽고, '色'은 낯빛 색으로 읽는다. '令儀令色'을 직역(直譯)하면, 아름다운 거동이고 아름다운 낯빛이요, '小心翼翼'에서, '小'는 작을 '소'로 읽고, '心'은 마음 '심'으로 읽고, '翼'은 날개 '익'으로 읽는다. '小心翼翼'을 직역(直譯)하면, 마음 (쓰는 것이) 날개와 날개처럼 작다. 즉, 마음을 세심하게 쓰고 조심한다는 뜻으로, 매사(每事)에 조심스럽고 겸손함을 이르는 말. 매사(每事)에 조심하고 삼간다는 말이다. '古訓是式'에서, '古'는 옛 '고'로 읽고, '訓'은 가르칠 '훈'으로 읽는다. '古訓'은 옛사람의 교훈(敎訓. 앞으로의 행동이나 생활에 지침이 될 만한 것을 가르치는 일. 또는 그런 가르침)을 이르는 말. '是'는 이(지시하는 말) '시'로 읽고, '式'은, 여기서는 본받을 '식'으로 읽는다. '古訓是式'을 직역(直譯)하면, 옛사람의 교훈을 이에 본받으며, '威儀是力'에서, '威'는 위엄(威嚴) '위', 권위(權威) '위'로 읽고, '儀'는 거동(擧動. 몸을 움직임. 또는 그런 짓이나 태도) '의'로 읽는다. '威儀'는 위엄이 있고 엄숙한 태도나 차림새. '力'은 힘 '력(역)'으로 읽는다. '威儀是力'을 직역(直譯)하면, 위의(威儀)로써 이에 힘을 (다하고). '天子是若'에서, '天'은 하늘 '천'으로 읽고, '子'는 아들 '자'로 읽는다. '天子'는 천제(天帝)의 아들. 즉, 하늘의 뜻을 받아 하늘을 대신하여 천하를 다스리는 사람. 또는 군주 국가의 최고 통치자를 이르는 말. '是'는 이(지시하는 말) '시'로 읽고, '若'은, 여기서는 좇을 '약'으로 읽는다. '天子是若'를 직역(直譯)하면, 이('중산보·仲山甫'를 가리킴)는 천자(天子)를 좇는다(따른다). 즉, 중산보(仲山甫)가 천자(天子)를 잘 따른다는 말이다. '明命使賦'에서, '明'은 밝을 '명'으로 읽고, '命'은 명령 '명'으로 읽고, '使'는 하여금(누구를 시키어) '사'로 읽고, '賦'는 줄 '부', 펼 '부'로 읽는다. '明命使賦'를 직역(直譯)하면, (중산보로 하여금) (임금의) 명령을 밝혀 펴게 하네. 즉, 임금의 어진 명령을 천하에 널리 펴게 한다는 말이다.

소양-지-간(霄壤之間 하늘 **소**/땅 **양**/어조사 **지**/사이 **간**) 하늘과 땅의 사이라는 뜻으로, 사물(事物)들이 서로 엄청나게 다름을 비유적으로 이르는 말. =소양지차(霄壤之差). 소양지판(霄壤之判). 回 운니지차(雲泥之差). 천양지차(天壤之差). 천양지판(天壤之判). 천연지차(天淵之差). *소양(霄壤): 천지(天地. 하늘과 땅을 이르는 말)를 달리 이르는 말. 높은 하늘과 넓은 땅이라는 뜻이다.

소양-지-별(霄壤之別 하늘 **소**/땅 **양**/어조사 **지**/다를 **별**) 圀 '소양지차(霄壤之差)'의 북한어. 하늘과 땅이

다르다. 즉, 하늘과 땅 사이의 차이라는 뜻으로, 사물(事物)들이 서로 엄청나게 다름을 비유적으로 이르는 말. =소양지간(霄壤之間). 소양지차(霄壤之差). 소양지판(霄壤之判). 问 운니지차(雲泥之差). 천양지차(天壤之差). 천양지판(天壤之判). 천연지차(天淵之差). *소양(霄壤): ☞소양지간(霄壤之間).

소양-지-차(霄壤之差 하늘 **소**/땅 **양**/어조사 **지**/차이 **차**) 하늘과 땅 (사이의) 차이라는 뜻으로, 사물(事物)들이 서로 엄청나게 다름을 비유적으로 이르는 말. =소양지간(霄壤之間). 소양지판(霄壤之判). 问 운니지차(雲泥之差). 천양지차(天壤之差). 천연지차(天淵之差). *소양(霄壤): ☞소양지간(霄壤之間).

소양-지-판(霄壤之判 하늘 **소**/땅 **양**/어조사 **지**/가를 **판**) 하늘과 땅을 가른다는 뜻으로, 하늘과 땅 사이의 차이(差異)를 이르는 말. 또는 사물(事物)들이 서로 엄청나게 다름을 비유적으로 이르는 말. =소양지간(霄壤之間). 소양지차(霄壤之差). 问 운니지차(雲泥之差). 천양지차(天壤之差). 천양지판(天壤之判). 천연지차(天淵之差). *소양(霄壤): ☞소양지간(霄壤之間). *가르다: 따로따로 나누다.

소요-음영(逍遙吟詠 노닐 **소**/노닐 **요**/읊을 **음**/읊을 **영**) (이리저리) 노닐고 노닐며 읊고 읊는다는 뜻으로, 자유롭게 이리저리 슬슬 거닐며 나지막이(소리가 꽤 낮게) 시(詩)를 읊조림을 이르는 말. *소요(逍遙): 자유롭게 이리저리 슬슬 거닐며 돌아다님. *음영(吟詠): 시가(詩歌)를 읊조림. *노니다: 부록 '소(逍)', '요(遙)' 참고.

소원-성취(所願成就 바 **소**/바랄 **원**/이룰 **성**/나아갈 **취**) 바라는 바를 나아가 이룬다, 즉, 소원(所願)이 이루어진다는 뜻으로, 소원을 달성함. 또는 바라던 바를 이룸을 이르는 말. *소원(所願): (무슨 일이 이루어지기를) 바람. 또는 바라는 바. =소망(所望). *성취(成就): 목적한 바를 이룸. *바: 부록 '소(所)' 참고. *이루다: 부록 '성(成)' 참고. *나아가다: 부록 '취(就)' 참고.

소의-간식(宵衣旰食 밤 **소**/옷 **의**/늦을 **간**/밥 **식**) '소의한식(宵衣旰▽食)'의 원말. 밤에 옷을 (입고) 늦게 밥을 (먹는다). 즉, 날이 채 밝기 전에 옷을 입고, 해가 진 후에 저녁밥을 먹는다는 뜻으로, 임금이 정사(政事. 정치에 관한 일. 또는 행정에 관한 일)에 바빠 겨를(어떤 일을 하다가 생각 따위를 다른 데로 돌릴 수 있는 시간적인 여유)이 없음을 비유적으로 이르는 말. 또는 임금이 정사(政事)에 부지런함을 이르는 말. *소의(宵衣): ①예전에, 부인들이 제사(祭祀. 신령이나 죽은 사람의 넋에게 음식을 차려놓고 정성을 나타냄. 또는 그런 의식)를 도울 때 입던 거무스름한 명주옷. ②날이 밝기 전에 일어나 옷을 입음. *간식(旰食): '한식(旰食)'의 원말. 즉, 늦게 먹는 밥. 또는 해가 진 후(後)에 먹는 저녁밥.

소인-묵객(騷人墨客 풍류 **소**/사람 **인**/먹 **묵**/손 **객**) 풍류(風流)를 (즐기는) 사람과 먹[墨]을 (사용하는) 손(손님)이라는 뜻으로, 시문(詩文. 시가·詩歌와 산문·散文을 통틀어 이르는 말)과 서화(書畵. '글씨[書]'와 '그림[畵]'을 아울러 이르는 말)를 일삼는 사람을 이르는 말. 또는 시문(詩文)과 서화(書畵)를 하는 풍류객(風流客. 풍류를 즐기는 사람)을 이르는 말. *소인(騷人): 시인(詩人)과 문사(文士. 문필·文筆에 종사하거나 시문·詩文에 능한 사람)를 통틀어 이르는 말. 중국 초(楚)나라의 굴원(屈原)이 지은 「이소부(離騷賦)」에서 나온 말이다. *묵객(墨客): 글씨를 쓰거나 그림을 그리는 사람. 또는 시문(詩文)에 능한 사람. *풍류(風流): ①속되지 않고 운치(韻致. 고상하고 우아한 멋)가 있는 일. ②풍치(風致. 훌륭하고 멋진 경치)를 찾아 즐기며 멋스럽게 노니는 일. ③'음악(音樂)'을 예스럽게 이르는 일.

소인-지-용(小人之勇 어릴 **소**/사람 **인**/어조사 **지**/날랠 **용**) 어린 사람의 날램이라는 뜻으로, 혈기(血氣)에서 나오는 소인(小人)의 용기(勇氣)를 이르는 말. 또는 혈기(血氣)에서 오는 필부(匹夫. 대수롭지 않은,

그저 평범한 남자)의 용기(勇氣), 객기(客氣. 객쩍게 부리는 혈기. 분수를 모르는 호탕한 기상)를 이르는 말. 囝 필부지용(匹夫之勇). 독자께서 본문에 나오는 '필부지용(匹夫之勇)'의 유래를 참고하면 좋겠음. *소인(小人): ①나이 어린 사람. ↔대인(大人). ②키 작은 사람. ③도량(度量. 사물을 너그럽게 용납하여 처리할 수 있는 넓은 마음과 깊은 생각)이 좁고 간사한 사람. ↔군자(君子. 학문과 덕·德이 높고 행실·行實이 바르며 품위·品位를 갖춘 사람). ④윗사람에 대한 자기의 겸칭. *날래다: 부록 '용(勇)' 참고.

소인-한거(小人閑·閒居 어릴 **소**/사람 **인**/한가할 **한**/살 **거**) 소인(小人)은 한가(閑·閒暇)하게 산다. 즉, 소인(小人)은 한가(閑·閒暇)로이 혼자 있으면, 좋지 못한 일을 한다는 뜻으로, 소인(小人)은 남이 보지 않는 것을 기화(奇貨. 요긴하게 이용할 수 있는 뜻밖의 물건이나 기회)로 못된 짓을 함을 이르는 말. *소인(小人): ☞소인지용(小人之勇). *한거(閑·閒居): 한가히 지냄. *한가하다(閑·閒~): 부록 '한(閑·閒)' 참고. 이 사자성어의 유래는 다음과 같다. 『대학(大學)』전문6장(傳文六章) 「성의(誠意)」편(篇)에 〈소인(小人)은 한가하게 있을 때면, 선(善)하지 못한 짓을 하여 이르지 않는 바가 없다가, 군자(君子. 학문과 덕·德이 높고 행실·行實이 바르며 품위·品位를 갖춘 사람)를 본 이후에야 슬그머니 그 선(善)하지 못한 것을 감추고, 선(善)한 것을 드러낸다.(小人閒居, 爲不善, 無所不至, 見君子而後, 厭然揜其不善, 而著其善.)〉 라는 이야기가 나오는데, '소인(小人)은 한가하게 있을 때면,(小人閒居)'에서, '소인한거(小人閒居)'가 유래했다. 참고로, 원문의 '小人閒居'에서, '小'는 어릴 '소'로 읽고, '人'은 사람 '인'으로 읽고 '閒'은 한가(閑·閒暇)할 '한'으로 읽고, '居'는 살 '거', 있을 '거'로 읽는다. '小人閒居'를 직역(直譯)하면, 소인(小人)은 한가(閑·閒暇)하게 있을 (때면) 즉, 소인(小人)은 한가로이 혼자 있으면, 좋지 못한 일을 한다는 뜻으로, 소인은 남이 보지 않는 것을 기화(奇貨. 요긴하게 이용할 수 있는 뜻밖의 물건이나 기회)로 못된 짓을 함을 이르는 말. '爲不善'에서, '爲'는 할 '위'로 읽고, '不'은 아닐(부정하는 말) '불'로 읽고, '善'은 착할 '선'으로 읽는다. '爲不善'을 직역(直譯)하면, 착하지 아니한 (짓을) 하여, '無所不至'에서, '無'는 없을 '무'로 읽고, '所'는 바(앞에서 말한 내용 그 자체나 일 따위를 나타내는 말) '소'로 읽고, '至'는 이를(어떤 정도나 범위에 미침) '지'로 읽는다. '無所不至'를 직역(直譯)하면, 이르지 아니한 바가 없다가, '見君子而後'에서, '見'은 볼 '견'으로 읽고, '君'은 군자(君子) '군'으로 읽고, '子'는 경칭(敬稱. 공경하는 뜻으로 부르는 칭호. 또는 존대하여 일컬음) '자'로 읽는다. 학덕(學德)과 지위가 높은 남자의 경칭(敬稱)이다. '君子'는 행실이 점잖고 어질며, 덕(德. 고매하고 너그러운 도덕적 품성)과 학식이 높은 사람. '而'는 말 이을 '이'로 읽는다. '그리고'의 뜻을 나타냄. '後'는 뒤 '후'로 읽는다. '見君子而後'를 직역(直譯)하면, 군자(君子)를 보고 그리고 그 뒤에야. '厭然揜其不善'에서, '厭'은 싫을 '염'으로 읽거나, 가릴(보이거나 통하지 못하도록 막을) '안'으로 읽거나, 누를(마음대로 행동하지 못하도록 힘이나 규제를 가함) '엽'으로 읽는다. 여기서는 '가리다'의 뜻이다. '然'은 그러할 '연'으로 읽는다. 상태를 나타내는 접미사. '厭然'은 가리거나 숨기는 모양. '揜'은 손으로 가릴 '암'으로 읽고, '其'는 그(지시하는 말) '기'로 읽는다. '厭然揜其不善'을 직역(直譯)하면, 그 착하지 아니한 (모습을) 가리거나 숨기고, '而著其善'에서, '著'는 나타날 '저'로 읽는다. '而著其善'을 직역(直譯)하면, 그리고 그 착함을 나타낸다.

소-자-난측(笑者難測 웃을 **소**/사람 **자**/어려울 **난**/헤아릴 **측**) 웃는 사람은 헤아리기 어렵다는 뜻으로, 언제나 웃고 있는 사람은 그 진의(眞意. 참뜻. 또는 거짓이 없는 본마음)가 어디에 있는지 알기 어려움을 이르는 말. *난측(難測): 헤아리기 어려움. 또는 짐작하기 어려움. *헤아리다: ①(수량을) 세다. 또는 셈하다. ②짐작으로 가늠하여 살피다. 또는 미루어 짐작하다.

소-장-지-란(蕭牆·墻之亂 쑥 **소**/담 **장**/어조사 **지**/난리 **란**) 담 (안에서) 쑥의 난리(亂離)라는 뜻으로, ①밖에서 남이 들어와 일으킨 것이 아니라, 내부에서 일어난 변란(變亂. <u>갑작스러운 재앙으로 말미암아 세상의 어지러움</u>)을 비유적으로 이르는 말. ②형제들 사이의 싸움을 비유적으로 이르는 말. =소장지변(蕭牆·墻之變). 소장지우(蕭牆·墻之憂). 〔참〕 자중지란(自中之亂). *쑥: 부록 '소(蕭)' 참고. *담: 부록 '장牆·墻' 참고. *난리(亂離): ①전쟁이나 재변(災變. <u>재앙으로 말미암은 사고</u>) 따위로 세상이 어지러워진 상태. 또는 그러한 전쟁이나 재변(災變). ②큰 사고나 다툼 따위로 질서가 무너져 어지러워진 상태.

소-장-지-변(蕭牆·墻之變 쑥 **소**/담 **장**/어조사 **지**/변고 **변**) 담 (안에서) 쑥의 변고(變故)라는 뜻으로, ①밖에서 남이 들어와 일으킨 것이 아니라, 내부에서 일어난 변란(變亂. <u>갑작스러운 재앙으로 말미암아 세상의 어지러움</u>)을 비유적으로 이르는 말. =소장지란(蕭牆·墻之亂). 소장지우(蕭牆·墻之憂). ②형제들 사이의 싸움을 비유적으로 이르는 말. =소장지란(蕭牆·墻之亂). 소장지우(蕭牆·墻之憂). 〔참〕 자중지란(自中之亂). *쑥: 부록 '소(蕭)' 참고. *담: 부록 '장(牆·墻)' 참고. *변고(變故): 갑작스러운 재앙(災殃. <u>뜻하지 아니하게 생긴 불행한 변고·變故. 또는 천재지변·天災地變으로 인한 불행한 사고</u>)이나 사고(事故).

소-장-지-우(蕭牆·墻之憂 쑥 **소**/담 **장**/어조사 **지**/근심 **우**) 담 (안에서) 쑥의 근심이라는 뜻으로, ①밖에서 남이 들어와 일으킨 것이 아니라, 내부에서 일어난 변란(變亂. <u>갑작스러운 재앙으로 말미암아 세상이 어지러움</u>)을 비유적으로 이르는 말. =소장지란(蕭牆·墻之亂). 소장지변(蕭牆·墻之變). ②형제들 사이의 싸움을 비유적으로 이르는 말. =소장지란(蕭牆·墻之亂). 소장지변(蕭牆·墻之變). 〔참〕 자중지란(自中之亂). *쑥: 부록 '소(蕭)' 참고. *담: 부록 '장(牆·墻)' 참고.

소-적-대성(小積大成 작을 **소**/쌓을 **적**/클 **대**/이룰 **성**) 작게 쌓고 크게 이룬다는 뜻으로, 작은 것이 쌓이고 쌓여 큰 것을 이룸을 이르는 말. *대성(大成): 크게 이룸. 또는 크게 성공(成功)함.

소중-유-검(笑中有劍 웃을 **소**/가운데 **중**/있을 **유**/칼 **검**) 웃는 가운데(<u>마음속</u>)에 칼이 있다는 뜻으로, 겉으로는 웃고 있으나 마음속에는 해칠 마음을 품고 있음을 비유적으로 이르는 말. =소리장도(笑裏藏刀). 소중유도(笑中有刀). 〔참〕 구밀복검(口蜜腹劍). 독자께서 본문에 나오는 '소리장도(笑裏藏刀)'의 유래를 참고하면 좋겠음. *소중(笑中): 웃는 마음속. 또는 웃는 가운데. 《관련 속담》 겉 다르고 속 다르다. / 양가죽을 뒤집어쓴 승냥이. / 웃고 사람 (뺨) 친다. / 혀 아래 도끼 들었다.

소중-유-도(笑中有刀 웃을 **소**/가운데 **중**/있을 **유**/칼 **도**) 웃는 가운데(<u>마음속</u>)에 칼이 있다는 뜻으로, 겉으로는 웃고 있으나 마음속에는 해칠 마음을 품고 있음을 비유적으로 이르는 말. =소리장도(笑裏藏刀). 소중유검(笑中有刀). 〔참〕 구밀복검(口蜜腹劍). *소중(笑中): ☞소중유검(笑中有劍). 관련 속담》 겉 다르고 속 다르다. / 양가죽을 뒤집어쓴 승냥이. / 웃고 사람 (뺨) 친다. / 혀 아래 도끼 들었다. 이 사자성어의 유래는 다음과 같다. 『구당서(舊唐書)』의 「이의부전(李義府傳)」 편(篇)에 〈이의부(李義府)는 겉모습은 온화하고 공손했으며, 사람들과 이야기를 할 때는 즐겁게 미소를 띠었으나, 속이 좁고 음험했다. 이미(<u>돌이킬 수 없이 된 지난 일을 일컬을 때 쓰는 말</u>) 요직에 있고 권세(權勢. '<u>권력·權力'과 '세력·勢力'을 아울러 이르는 말</u>)를 가지고 있으면서도, 다른 사람이 자기에게 붙기를 바랐으며, 자기 뜻을 조금이라도 거스르는 사람에게는 곧 함정에 기울어지는 모해(謀害. <u>모략·謀略을 써서 남을 해침</u>)를 가했다. 그래서 당시(當時. <u>일이 있었던 바로 그때. 또는 이야기하고 있는 그 시기</u>) 사람들은 이의부(李義府)의 웃음

속에는 칼이 들어 있다고 말했다. 〈義府貌狀溫恭, 與人語必嬉怡微笑, 而褊忌陰賊, 旣處要權, 欲人附己, 微忤意者, 輒加傾陷, <u>故時人言義府笑中有刀</u>.〉라는 이야기가 나오는데, '그래서 당시 사람들은 이의부(李義府)의 웃음 속에는 칼이 들어 있다고 말했다.(故時人言義府笑中有刀)'에서, '소중유도(笑中有刀)'가 유래했다. 나머지 구체적인 내용은 ⇨소리장도(笑裏藏刀).

소지-무-여(掃地無餘 쓸 **소**/땅 **지**/없을 **무**/남을 **여**) (비로) 땅을 쓸 (듯이) 쓸어버려 남은 (것이) 없다는 뜻으로, 깨끗하게 쓸어 낸 듯이 아무것도 없음. 또는 물건이 다 쓸어 낸 듯이 전혀 없음을 비유적으로 이르는 말. *소지(掃地): 땅을 쓺. *쓸다: 부록 '소(掃)' 참고.

소지-삼배(燒紙三拜 불사를 **소**/종이 **지**/석 **삼**/절 **배**) 종이를 불사르고 세 (번) 절한다는 뜻으로, 고사(告祀. <u>액운은 없어지고 풍요와 행운이 오도록 집안에 섬기는 신에게 음식을 차려놓고 비는 제사</u>)를 드릴 때에, 소지(燒紙)하고 나서 절을 세 번 하는 일을 이르는 말. *소지(燒紙): 부정(不淨. <u>깨끗하지 못함. 또는 더러운 것</u>)을 없애고 신(神)에게 소원을 빌기 위하여 흰 종이를 태워 공중으로 올리는 일. 또는 그런 종이. *삼배(三拜): ①세 번 절함. ②불교에서, 이마를 지면(地面. <u>땅의 표면. =땅바닥</u>)에 대고 세 번 무릎 꿇고 배례(拜禮. <u>머리 숙여 절을 함</u>)하는 예법(禮法). *불사르다: 부록 '소(燒)' 참고.

소-지-천만(笑止千萬 웃을 **소**/거동 **지**/일천 **천**/일만 **만**) 웃는 거동이 일천(一千) 일만(一萬) (가지라는) 뜻으로, 우습기 짝이 없음을 비유적으로 이르는 말. *천만(千萬): (일부 명사 뒤에 쓰이어) 이를 데 없음. 또는 짝이 없음을 이르는 말. *거동(擧動): 몸을 움직이는 짓이나 태도. =행동거지(行動擧止).

소진-장의(蘇秦張儀 깨어날 **소**/진나라 **진**/베풀 **장**/거동 **의**) 소진(蘇秦)과 장의(張儀)라는 뜻으로, 춘추 전국 시대의 소진(蘇秦)과 장의(張儀)처럼 말솜씨가 썩 좋은 사람을 비유적으로 이르는 말. *소진(蘇秦): 사람 이름. 합종책(合從・縱策)으로 유명함. *장의(張儀): 사람 이름. 연횡책(連橫策)으로 유명함. 독자께서 본문에 나오는 '합종연횡(合從・縱連橫)'의 유래를 참고하면 좋겠음. *깨어나다: 부록 '소(蘇)' 참고. *진(秦)나라: 부록 '진(秦)' 참고. *베풀다: 부록 '장(張)' 참고. *거동(擧動): 부록 '의(儀)' 참고.

소-탐-대실(小貪大失 작을 **소**/탐낼 **탐**/클 **대**/잃을 **실**) 작게 탐내고 크게 잃는다는 뜻으로, 욕심을 부려서 작은 것을 탐(貪)하다가 큰 것을 잃음을 이르는 말. *대실(大失): ①큰 손실. ②큰 잘못. *탐내다: 부록 '탐(貪)' 참고. 《관련 속담》 기와 한 장 아끼다가 대들보 썩힌다. / 모시 고르다 베 고른다. / 아끼다 똥 된다 / 아끼다가 개 좋은 일만 한다. / 한 푼 아끼다 백 냥 잃는다.

소택-초지(沼澤草地 늪 **소**/못 **택**/풀 **초**/땅 **지**) 늪과 못에 풀이 (있는) 땅이라는 뜻으로, 늪과 연못으로 둘러싸인 습한 풀밭을 이르는 말. *소택(沼澤): 늪[沼]과 못[澤]을 아울러 이르는 말. *초지(草地): ①방목(放牧. <u>소나 말, 양 따위의 가축을 놓아기름</u>)하기 좋은 넓은 풀밭. ②목초(牧草. <u>말이나 소에게 먹이는 풀</u>)를 가꾸어 놓은 땅. *늪: 부록 '소(沼)' 참고. *못: 부록 '택(澤)' 참고.

소-풍-농월(嘯風弄月 휘파람 불 **소**/바람 **풍**/희롱할 **농**/달 **월**) 바람 (소리를 들으면서) 휘파람 불고 달을 (쳐다보면서) 희롱(戲弄)한다는 뜻으로, 자연 풍경을 구경하며 즐김을 비유적으로 이르는 말. *농월(弄月): 달을 보며 즐김. *희롱하다(戲弄~): 부록 '농(弄)' 참고.

소향-무적(所向無敵 곳 **소**/향할 **향**/없을 **무**/대적할 **적**) 향하여 (나아가는) 곳에 대적(對敵)함이 없다는 뜻으로, 어디를 가든지 대적(對敵. <u>적을 마주 대하거나 적과 맞섬. 또는 적이나 어떤 세력, 힘 따위가 서로 맞서 겨룸</u>)할 만한 사람이 없음을 이르는 말. 가는 곳마다 당할 자(者)가 없는 것을 말한다. *소향

(所向): 향하여 가는 곳. *무적(無敵): 대적(對敵)할 상대가 없을 정도로 아주 셈. *향하다(向~): 부록 '향(向)' 참고. 이 사자성어의 유래는 다음과 같다. 『삼국지(三國志)·오서(吳書)』의 「주유전(周瑜傳)」에서, 「강표전(江表傳)」을 인용한 「배송지(裴松之)」 주(注)에 〈지금 장군께서는 부친과 형님이 남기신 영토를 계승하고, 강동(江東) 여섯 고을의 백성들을 겸하여 가지고 있는데, 군사들은 용맹하고 양식은 풍족하며, 장병들은 명령에 잘 따르고 있습니다. 산에서는 구리를 주조(鑄造)하고, 바다에서는 소금을 구어, 경내(境內)가 부유하고, 민심은 안정되어 있으며, (교통은 편리하여) 배를 타고 나가면 아침에 출발하여 저녁이면 도달할 수 있습니다. 병사들은 강맹(强猛. 아주 굳세고 사나움)하여 가는 곳마다 적(敵)이 없습니다. 압력(壓力. 사람에게 심리적으로 압박을 가하는 일)에 못 이겨 인질(人質. 어떤 일을 자기에게 유리하게 흥정하기 위하여 상대편 쪽의 사람을 자기 쪽에서 감금하는 일, 또는 감금당해 있는 사람)을 보낼 까닭이 어디에 있습니까?(今將軍承父兄餘資, 兼六郡之衆, 兵精粮多, 將士用命, 鑄山爲銅, 煮海爲鹽, 境內富饒, 人不思亂, 汎舟舉帆, 朝發夕到, 土風勁勇, **所向無敵**, 有何偪迫, 而欲送質.)〉라는 이야기가 나오는데, '가는 곳마다 적(敵)이 없습니다.(所向無敵)'에서, '소향무적(所向無敵)'이 유래했다. 동한(東漢) 말, 조조(曹操)는 원소(袁紹)와 싸워 이긴 후, 북방(北方)을 통일하고 점차 그 세력을 키워 갔다. 건안(建安) 7년(서기 202년), 조조(曹操)는 오(吳)나라 손권(孫權)에게 서신을 보내, 그의 아들을 인질(人質)로 보낼 것을 요구하였다. 이때 손권(孫權)은 문무백관(文武百官. 본문 참고) 중 한 사람인 주유(周瑜)를 따로 불러 대책을 논의할 때, 윗글은 주유(周瑜)가 손권(孫權)에게 한 말이다. 결국 손권(孫權)은 주유(周瑜)의 의견을 받아들여 인질(人質)을 보내지 않았다. 참고로, 원문의 '今將軍承父兄餘資'에서, '今'은 이제 '금', 지금 '금'으로 읽고, '將'은 장수(將帥) '장'으로 읽고, '軍'은 군사 '군'으로 읽는다. '將軍'은 군(軍)의 우두머리로 군(軍)을 지휘하고 통솔하는 무관(武官). '承'은 이을 '승'으로 읽고, '父'는 아버지 '부'로 읽고, '兄'은 형(兄) '형'으로 읽고, '餘'는 남을 '여'로 읽고, '資'는 재물(財物) '자', 자본(資本) '자'로 읽는다. '今將軍承父兄餘資'를 직역(直譯)하면, 지금 장군께서는 아버지와 형이 남기신 자본(영토)을 이어받아(계승하여), '兼六郡之衆'에서, '兼'은 겸할 '겸', 아우를(여럿을 모아 한 덩어리나 한 판이 되게 할) '겸'으로 읽고, '六'은 여섯 '육'으로 읽고, '郡'은 고을 '군'으로 읽고, '之'는 어조사 '지'로 읽는다. '~의'를 나타내는 관형격 조사. '衆'은 무리 '중', 백성 '중'으로 읽는다. '兼六郡之衆'을 직역(直譯)하면, 여섯 고을의 무리들을 겸하여 (가지고 있으니), '兵精粮多'에서, '兵'은 병사(兵士) '병', 군사(軍士) '병'으로 읽고, '精'은 날랠(사람이나 동물의 움직임이 나는 듯이 빠를) '정'으로 읽고, '粮'은 양식 '량(양)'으로 읽고, '多'는 많을 '다'로 읽는다. '兵精粮多'를 직역(直譯)하면, 병사(군사)는 날래고 양식은 많으며, '將士用命'에서, '將'은 장수 '장'으로 읽고, '士'는 병사(兵士) '사', 군사(軍士) '사'로 읽는다. '將士'는 '장졸(將卒)'과 같은 말로, 예전에, 장수(將帥)와 병졸(兵卒)을 아울러 이르던 말. '用'은 쓸 '용', 행할 '용'으로 읽고, '命'은 명령 '명'으로 읽는다. '用命'은 윗사람의 명령을 받듦. '將士用命'을 직역(直譯)하면, 장수와 병사들은 (임금의) 명령을 잘 받들고 (있습니다). '鑄山爲銅'에서, '鑄'는 부어 만들 '주'로 읽고, '山'은 뫼('산'의 옛말) '산'으로 읽고, '爲'는 위할 '위'로 읽고, '銅'은 구리 '동'으로 읽는다. '鑄山爲銅'을 직역(直譯)하면, 산에서는 구리를 (생산하기) 위하여 (거푸집에) 부어 만들고, 여기서, '거푸집'은 만들려는 물건의 모양대로 속이 비어 있어 거기에 쇠붙이를 녹여 붓도록 되어 있는 틀을 일컫는다. '煮海爲鹽'에서, '煮'는 삶을 '자', 끓일 '자'로 읽고, '海'는 바다 '해'로 읽고, '鹽'은 소금 '염'으로 읽는다. '煮海爲鹽'을 직역(直譯)하면, 바다

에서는 소금을 (생산하기) 위하여 (바닷물을) 끓입니다. '境內富饒'에서, '境'은 지경(地境. 일정한 테두리 안의 땅) '경'으로 읽고, '內'는 안 '내'로 읽는다. '境內'는 일정한 지역의 안. '富'는 부유(富裕)할 '부'로 읽고, '饒'는 넉넉할 '요', 풍족(豊足)할 '요'로 읽는다. '富饒'는 재물을 풍부하게 가지고 있음. '境內富饒'를 직역(直譯)하면, 경내(境內)가 부유하고 풍족하여, '人不思亂'에서, '人'은 사람 '인'으로 읽고, '不'은 아닐 (부정하는 말) '불'로 읽고, '思'는 생각할 '사'로 읽고, '亂'은 난리(亂離. 전쟁이나 전쟁으로 입는 재난) '란(난)'으로 읽는다. '人不思亂'을 직역(直譯)하면, 사람들은 난리를 생각하지 않습니다. 즉, 민심(民心)은 안정되어 있다는 뜻이다. '汎舟擧帆'에서, '汎'은 뜰 '범'으로 읽고, '舟'는 뱀 '주'로 읽는다. '汎舟'는 배를 물에 띄움, 또는 그 배. '擧'는 들(아래에 있는 것을 위로 올림) '거'로 읽고, '帆'은 돛(배 바닥에 세운 기둥에 매어, 펴서 올리고 내리고 할 수 있도록 만든 넓은 천. 바람을 받아 배를 가게 함) '범'으로 읽는다. '汎舟擧帆'을 직역(直譯)하면, 배를 물에 띄우고 돛을 들어 (올리면), '朝發夕到'에서, '朝'는 아침 '조'로 읽고, '發'은 떠날 '발'로 읽고, '夕'은 저녁 '석'으로 읽고, '到'는 이를(어떤 시간이나 장소에 닿음) '도', 도달(到達)할 '도'로 읽는다. '朝發夕到'를 직역(直譯)하면, 아침에 떠나 저녁에 이릅니다(도달합니다). 여기서, '朝發夕至'가 유래하였는데, 이것을 직역(直譯)하면, '朝發夕到'와 뜻이 같다. '士風勁勇'에서, '士'는 병사(兵士) '사', 군사(軍士) '사'로 읽고, '風'은 풍도(風度. 풍채(風采)'와 '태도(態度)'를 아울러 이르는 말) '풍'으로 읽고, '勁'은 굳셀 '경'으로 읽고, '勇'은 날랠 '용', 용감할 '용'으로 읽는다. '士風勁勇'을 직역(直譯)하면, 병사(兵士)의 풍도(風度)가 굳세고 용감하며, '所向無敵'에서, '所'는 곳 '소'로 읽고, '向'은 향할 '향'으로 읽고, '無'는 없을 '무'로 읽고, '敵'은 대적할 '적'으로 읽는다. '所向無敵'을 직역(直譯)하면, 향하여 (나아가는) 곳에 대적(對敵)함이 없다는 뜻으로, 어디를 가든지 대적(對敵. 적을 마주 대하거나 적과 맞섬. 또는 적이나 어떤 세력, 힘 따위가 서로 맞서 겨룸)할 만한 사람이 없음을 이르는 말. 가는 곳마다 당할 자(者)가 없는 것을 말한다. '有何偪迫'에서, '有'는 있을 '유'로 읽고, '何'는 무엇 '하'로 읽고, '偪'은 핍박(逼迫)할 '핍'으로 읽는다. '逼'과 같은 말이다. '迫'은 핍박(逼迫)할 '박'으로 읽는다. '偪迫'은 형세가 절박함. 또는 바싹 죄어서 몹시 괴롭게 굶. '有何偪迫'을 직역(直譯)하면, 무슨 핍박(逼迫)이 있어서, '而欲送質'에서, '而'는 말 이을 '이'로 읽는다. '그리고'의 뜻을 나타냄. '欲'은 하고자 할 '욕'으로 읽고, '送'은 보낼 '송'으로 읽고, '質'은, 여기서는 볼모(순우리말. 약속 이행의 담보로 상대편에 잡혀 두는 사람이나 물건) '질'로 읽는다. '而欲送質'을 직역(直譯)하면, 그리고 인질(人質. 볼모'와 같은 말)을 보내고자 합니까? 즉, 무슨 핍박(逼迫)이 있어서 인질(人質)을 보내려 하십니까? 조조(曹操)가 손권(孫權)에게 인질(人質)을 요구하자 주유(周瑜)가 분명히 반대하는 것이다. 그런데 이 외에, 제갈량(諸葛亮)의 『심서(心書)』에, 〈훌륭한 장수는 하늘이 준 때를 인(因)하고(말미암고, 계기로 삼고), 유리한 지세(地勢. 깊고, 얕고, 넓고, 좁고, 울퉁불퉁한 땅의 생긴 모양이나 형세)에 의지하고, 인화(人和. 여러 사람의 마음이 서로 화합함)의 이로움에 의하니, 가는 곳마다 적(敵)이 없으며, 치는[擊] 곳마다 절대로 안전하게 승리한다.(善將者, 因天之時, 就地之勢, 依人之利, 則向無敵, 所擊者萬全矣.)〉라는 이야기가 나오는데, '가는 곳마다 적(敵)이 없으며,(則向無敵)'에서, '소향무적(所向無敵)'이 유래했다. 참고로, 원문의 '善將者'에서, '善'은 착할 '선', 훌륭할 '선'으로 읽고, '將'은 장수(將帥) '장'으로 읽고, '者'는 것(사물, 현상, 일 따위를 추상적으로 이르는 말) '자'로 읽는다. '善將者'를 직역(直譯)하면, 훌륭한 장수라고 (하는) 것은, '因天之時'에서, '因'은 인할(因~, 어떤 원인이나 계기가 될) '인'으로 읽고, '天'은 하늘 '천'으로 읽고, '之'는 어조사 '지'로 읽는다. '~의'를 나타내는 관형격 조사. '時'는 때 '시'로 읽는다. '因天之時'를
직역(直譯)하면, 하늘의 때를 원인이나 계기로 (삼고), '就地之勢'에서, '就'는 따를 '취'로 읽고, '地'는
땅 '지'로 읽고, '勢'는 기세(氣勢. 기운차게 뻗치는 모양이나 상태) '세'로 읽는다. '就地之勢'를 직역(直譯)
하면, 땅의 기세(氣勢)를 (잘) 따르고, '依人之利'에서, '依'는 의지할 '의'로 읽고, '人'은 사람 '인'으로
읽고, '利'는 이로울 '이'로 읽는다. '依人之利'를 직역(直譯)하면, 사람들의 이로움에 의지하면, 여기서,
'사람의 이로움'이란, 군주(君主. 세습적으로 나라를 다스리는 최고 지위에 있는 사람)와 장수(將帥)와
병사(兵士)들의 인화(人和. 여러 사람이 서로 화합함)로 얻어지는 이로움을 뜻한다고 하겠다. '則向無敵'
에서, '則'은 곧 '즉'으로 읽고, '向'은 향할 '향'으로 읽고, '無'는 없을 '무'로 읽고, '敵'은 대적할 '적'으로
읽는다. '則向無敵'을 직역(直譯)하면, 곧 향하는 (곳마다) 대적함이 없으며, '所擊者萬全矣'에서, '所'는
곳 '소', 처소(處所. 사람이 기거·起居하거나 임시로 머무는 곳. 또는 어떤 일이 벌어지거나, 어떤 물건이
있는 곳) '소'로 읽고, '擊'은 칠 '격', 공격할 '격'으로 읽고, '者'는 사람 '자'로 읽고, '萬'은 일만 '만'으로
읽고, '全'은 온전할 '전'으로 읽는다. '萬全'은 조금도 허술함이나 위험이 없이 아주 안전함. '矣'는 어조사
'의'로 읽는다. '~이다(단정)'의 뜻을 나타냄. '所擊者萬全矣'를 직역(直譯)하면, 치는(공격하는) 곳마다
사람들은 조금도 허술함이나 위험이 없이 아주 안전할 것이다. 즉, 공격할 때마다 완벽한 승리를 거둘수
있을 것이다.

소혼-단장(消魂斷腸 사라질 **소**/넋 **혼**/끊어질 **단**/창자 **장**) 넋이 사라지고(빠지고) 창자가 끊어지는 (것 같
다)는 뜻으로, 넋이 나가고 애가 끊어지듯, 몹시 슬퍼함. 또는 근심과 슬픔으로 넋이 빠지고 창자가
끊어지는 듯함을 이르는 말. *소혼(消魂): 몹시 근심하여 넋이 빠짐. *단장(斷腸): 창자가 끊어질 듯한
슬픔이나 괴로움을 이르는 말. *넋: 부록 '혼(魂)' 참고.

속-거-천-리(速去千里 빠를 **속**/갈 **거**/일천 **천**/이수 **리**) 빨리 일천(一千) 이수(里數)를 가라. 즉, '어서 멀리
가라.'는 뜻으로, ①귀신(鬼神) 따위를 쫓을 때 쓰는 말. ②노래기를 없앤다고 하여 서까래에 써 붙이는
글의 끝마디를 이르는 말. 여기서, '노래기'는 노래기강(~綱)의 절지동물을 통틀어 이르는 말. 건드리면
둥글게 말리며 고약한 노린내를 풍김. 주로 습한 곳에 모여 삶. *이수(里數): ①거리를 리(里)의 단위로
헤아린 수(數). ②마을의 수효(數爻).

속물-근성(俗物根性 속될 **속**/사물 **물**/근본 **근**/성질 **성**) 속된 사물(事物)만 (생각하는) 근본(根本) 성질(性
質)이라는 뜻으로, 금전(金錢)이나 명예(名譽)를 제일로 치고, 눈앞의 이익에만 관심을 가지는 생각이나
성질을 이르는 말. *속물(俗物): ①속된 물건. ②교양이 없거나 식견(識見. 학식·學識과 견문·見聞이라
는 뜻으로, 사물을 분별할 수 있는 능력을 이르는 말)이 좁고, 세속적(世俗的. 세속의 범주를 벗어나지
못한 것)인 일에만 신경을 쓰는 사람을 속되게 이르는 말. *근성(根性): ①뿌리 깊이 박힌 성질. ②어떤
일을 끝까지 해내려고 하는 끈질긴 성질. *속되다(俗~): ①품위가 없고 고상하지 못하다. ②세속적(世俗
的)이다. *근본(根本): ①사물이 생겨나는 데 바탕이 되는 것. ②자라온 환경이나 경력.

속성-속패(速成速敗 빠를 **속**/이룰 **성**/빠를 **속**/패할 **패**) 빠르게 이룬 것은 빠르게 패(敗)한다. 즉, 급히
이루어진 것은 급히 결딴난다는 뜻으로, 급하게 이루어진 것은 쉽게 결딴(어떤 일이나 물건이 완전히
망가져서 아주 쓸모없이 된 상태)이 남을 이르는 말. =속성질망(速成疾亡). *속성(速成): 빨리 이루어짐.
또는 빨리 깨우침. *속패(速敗): 빨리 패함. *이루다: 부록 '성(成)' 참고. *패하다(敗~): 부록 '패(敗)'

참고.

속수-무책(束手無策 묶을 **속**/손 **수**/없을 **무**/계책 **책**) 손이 묶여 (있어) 계책(計策)이 없다. 또는 꾀도 없고 손도 묶였다는 뜻으로, 손을 묶은 것처럼 어찌할 도리가 없어 꼼짝 못함을 비유적으로 이르는 말. *속수(束手): ①손을 묶음. ②팔짱(두 손을 각각 다른 쪽 소매 속에 마주 넣거나, 두 팔을 마주 끼어 손을 두 겨드랑이 밑으로 각각 두는 일)을 끼고 가만히 있음. ③=속수무책(束手無策). *무책(無策): 계책(計策)이 없음. *묶다: 부록 '속(束)' 참고. *계책(計策): 어떤 일을 이루기 위하여 꾀나 방법을 생각해 냄. 또는 그 꾀나 방법. 《관련 속담》 달고 치는데 안 맞는 장사(壯士)가 있나.

속수-지-례(束脩之禮 묶을 **속**/포 **수**/어조사 **지**/예물 **례**) 포(육포) 묶음의 예물이라는 뜻으로, 제자(弟子)가 되려고 스승을 처음 뵐 때에 드리는 예물(禮物)을 이르는 말. 예전에, 스승에게 가르침을 청할 때에 중국에서는 열 조각의 육포(肉脯. 쇠고기를 얇게 저며 말린 포)를 묶어 드렸다는 데서 유래한다. *속수(束脩): ①포개어 묶은 육포(肉脯). 예전에 예물(禮物)로 썼다. 여기서 '속(束)'은 열 개 묶음 한 다발을 말하며, '수(脩)'는 말린 고기 조각인 육포(肉脯)를 말한다. 원래 속수(束脩)는 열 조각의 육포(肉脯)로, 예물(禮物) 가운데 가장 약소(略少. 적고 변변하지 못함)한 것이다. ②=속수지례(束脩之禮). *묶다: 부록 '속(束)' 참고. *포(脯): 부록 '수(脩)' 참고. 이 사자성어의 유래는 다음과 같다. 『논어(論語)』의 「술이(述而)」 편(篇)에 〈(중국 춘추시대의 사상가이며 학자인) 공자(孔子)가 말했다. "속수(束脩) 이상(以上)을 행한 자(者)부터 내 일찍이 가르치지 않은 적이 없었다."(子曰, **自行束脩之以上**, 吾未嘗無誨焉.)〉라는 이야기가 나오는데, '속수(束脩) 이상(以上)을 행한 자(者)부터.(自行束脩之以上)'에서, '속수지례(束脩之禮)'가 유래했다. 공자(孔子)는 모든 가르침은 예(禮)에서 시작된다고 보았다. 그래서 제자(弟子)들에게 속수(束脩) 이상의 예물을 가지고 오도록 함으로써 예(禮)를 지키도록 만들었다. 참고로, 원문의 '子曰'에서, '子'는 경칭(敬稱. 공경하는 뜻으로 부르는 칭호, 또는 존대하여 일컬음) '자'로 읽는다. 학덕(學德)과 지위가 높은 남자의 경칭(敬稱)이다. 여기서는 '공자(孔子)'를 가리킴. '子曰'을 직역(直譯)하면, 공자(孔子)가 말하기를, '自行束脩之以上'에서, '自'는 부터(체언이나 부사어에 붙어, '동작이 비롯되는 처음'의 뜻을 나타내는 보조사) '자'로 읽고, '行'은 행할 '행'으로 읽고, '束'은 묶을 '속'으로 읽고, '脩'는 포(脯. 얇게 저미어서 양념을 하여 말린 고기) '수'로 읽고, '之'는 어조사 '지'로 읽는다. '~의'를 나타내는 관형격조사. '以'는 써(그것으로 인하여, 그것을 가지고) '이'로 읽고, '上'은 위 '상'으로 읽는다. '以上'은 어떤 수량, 단계 따위를 나타내는 말 뒤에 쓰이어, '그것을 포함하여, 그것보다 많거나 위[上]임'을 나타냄. '自行束脩之以上'을 직역(直譯)하면, 스스로 속수(束脩)의 (예물) 이상(以上)을 행한 (사람)부터, 즉, 스스로 속수(束脩)만 가지고 와서 예(禮)를 행한 (사람)부터, 여기서, '束脩之禮'가 유래하였는데, 이것을 직역(直譯)하면, 포(脯. =육포·肉脯) 묶음의 예절이라는 뜻으로, 제자(弟子)가 되려고 스승을 처음 뵐 때에 드리는 예물을 이르는 말. 예전에, 스승에게 가르침을 청할 때에 중국에서는 열 조각의 육포(肉脯. 쇠고기를 얇게 저며 말린 포·脯)를 묶어 드렸다는 데서 유래한다. '吾未嘗無誨焉'에서, '吾'는 나(1인칭 대명사) '오'로 읽고, '未'는 아닐(부정하는 말) '미'로 읽고, '嘗'은 일찍 '상'으로 읽고, '無'는 없을 '무'로 읽고, '誨'는 가르칠 '회'로 읽고, '焉'은 어조사 '언'으로 읽는다. '~이다(단정)'의 뜻을 나타냄. '吾未嘗無誨焉'을 직역(直譯)하면, 나는 일찍이 가르침이 없는 (것을) 아니하였다. 즉, 나는 일찍이 가르치지 않은 적이 없었다. 모두 가르쳤다는 말이다. 다시 말하면, 속수(束脩)의 예(禮)를 행한 사람에게는 누구나 가르침을 주었다는 뜻이다.

속인-주의(屬人主義 붙을 **속**/사람 **인**/주될 **주**/옳을 **의**) 속인(屬人)에 (중점을 두는) 주된 주의(主義)라는 뜻으로, 출생할 때 부모의 국적(國籍. 한 나라의 구성원이 되는 자격)에 따라서 국적(國籍)을 결정하는 원칙을 이르는 말. =혈통주의(血統主義). *속인(屬人): 그 사람에게 속함. *주의(主義): ①굳게 지키는 주장이나 방침. ②체계화된 이론이나 학설. *붙다: 부록 '속(屬)' 참고. *주되다(主~): 주장(主張)이나 중심(中心)이 되다.

속-적-여-산(粟積如山 조 **속**/쌓을 **적**/같을 **여**/뫼 **산**) 조를 쌓은 (것이) 뫼('산'의 옛말)와 같다는 뜻으로, 곡식(穀食)을 산더미처럼 쌓아 놓음을 비유적으로 이르는 말. *조: 부록 '속(粟)' 참고.

속전-속결(速戰速決 빠를 **속**/싸울 **전**/빠를 **속**/결단할 **결**) 빨리 싸우고 빨리 결단(決斷)한다는 뜻으로, ①싸움을 오래 끌지 아니하고 빨리 끝장을 내거나 몰아쳐, 이기고 짐을 결정함을 이르는 말. =속전즉결(速戰卽決). ②어떤 일을 빨리 진행하여 빨리 끝냄을 이르는 말. 圓 속진속결(速進速決). *속전(速戰): 운동 경기나 전투 따위에서, 재빨리 몰아쳐 싸움. *속결(速決): 빨리 끝을 맺음. 또는 얼른 결단함. *결단하다(決斷~): 딱 잘라 결정하거나 단안(斷案. 어떤 일에 대한 생각을 마지막으로 결정함. 또는 그 결정된 생각)을 내리다.

속-지-고각(束之高閣 묶을 **속**/어조사 **지**/높을 **고**/누각 **각**) 높은 누각(樓閣)에 있는 묶음. 즉, (물건을) 묶어서 높은 누각(곳)에 (얹어 둔다는) 뜻으로, 어떤 물건을 한쪽에 치워 놓고 쓰지 아니함을 비유적으로 이르는 말. 圈 속저고각(束諸高閣) 여기서, '저(諸)'는 '말 잘할 제(諸)'의 속음(俗音)이다. 여기서 '속음(俗音)'은 한자(漢字)의 음(音)을 읽을 때, 본음(本音)과는 달리, 일부 단어에서 굳어져 쓰이는 음(音)을 이르는 말. 예를 들어 '六月'을 '육월'로 읽지 않고 '유월'로 읽는다든지, '初八日'을 '초팔일'로 읽지 않고 '초파일'로 읽는 따위이다. *고각(高閣): 높은 누각(집). *묶다: 부록 '속(束)' 참고. *누각(樓閣): 부록 '각(閣)' 참고. 이 사자성어의 유래는 다음과 같다. 『진서(晉書)』의 「유익전(庾翼傳)」 편(篇)에 〈이런 무리들은 시렁에 꽁꽁 묶어 두었다가 천하가 태평해지기를 기다려, 그때 가서 그들이 할 일을 논해야 한다.(此輩宜束之高閣. 候天下太平, 然後議其任耳.)〉라는 이야기가 나오는데, '이런 무리들은 시렁에 꽁꽁 묶어 두었다가,(此輩宜束之高閣)'에서, '속지고각(束之高閣)'이 유래했다. 동진(東晉) 때의 유능한 장수였던 유익(庾翼)은 무창(武昌. 땅 이름)을 지키는 임무를 맡게 되었다. 당시(當時. 일이 있었던 바로 그때, 또는 이야기하고 있는 그 시기) 장강(長江. '양쯔 강·揚子江'을 달리 이르는 말. 중국의 중심부를 흐르는 중국에서 제일 큰 강) 상류의 황하(黃河. 중국 문명의 요람이자, 중국에서 두 번째로 큰 강) 유역은 오호십육국(五胡十六國)의 지배하에 있었는데, 유익(庾翼)은 이들의 침입을 막는 데 많은 공(功)을 세웠다. 여기서, '오호십육국(五胡十六國)'은 중국 동한(東漢)에서 남북조 시대에 이르기까지, 오호(五胡)가 세운 13나라와 한족(漢族)이 세운 3나라를 일컫는 말. 동북부의 전조(前趙), 후조(後趙), 전연(前燕), 후연(後燕), 남연(南燕), 북연(北燕), 관중(關中)의 전진(前秦), 후진(後秦), 서진(西秦), 하투(河套)의 하(夏), 사천(四川)의 성한(成漢), 하서(河西)의 전량(前涼), 후량(後涼), 북량(北涼), 남량(南涼), 서량(西涼)을 일컫는다. 그런데 선비 출신인 임의(林義), 은호(殷浩) 등(等)은 공담(空談. 쓸데없는 이야기, 또는 실행이 불가능한 이야기)만 일삼으면서 국가의 안위(安危. 편안함과 위태함)에 대해서는 조금도 신경을 쓰지 않았다. 유익(庾翼)은 이런 선비들을 증오(憎惡. 아주 사무치게 미워함, 또는 그런 마음)하면서 이렇게 말하곤 하였다. 참고로, 원문의 '此輩宜束之高閣'에서, '此'는 이(지시하는 말) '차'로 읽고, '輩'는 무리(사람이나 짐승, 사물 따위가 모여서 뭉친 한 동아리) '배'로 읽고, '宜'은 널리 펼 '선'으로 읽고, '束'은 묶을 '속'으로 읽고, '之'는 어조사 '지'로 읽는다. '~의'를 나타내는 관형격 조사. '高'는 높을 '고'로 읽고, '閣'은 누각(樓閣) '각'으로 읽는다. '此輩宜束之高閣'을 직역(直譯)하면, 이런 무리들('임의·林義, 은호·殷浩 등·等'을 가리킴)은 널리 펴서 높은 누각에 묶었다가, 여기서, '束之高閣'이 유래하였는데, 이것을 직역(直譯)하면, 높은 누각(樓閣)에 있는 묶음. 즉, (물건을) 묶어서 높은 누각(곳)에 (얹어 둔다는) 뜻으로, 어떤 물건을 한쪽에 치워 놓고 쓰지 아니함을 비유적으로 이르는 말. '候天下太平'에서, '候'는 기다릴 '후'로 읽고, '天'은 하늘 '천'으로 읽고, '下'는 아래 '하'로 읽고, '太'는 편안할 '태'로 읽고, '平'은 편안할 '평'으로 읽는다. '候天下太平'을 직역(直譯)하면, 천하태평(天下泰平. 본문 참고)을 기다린 후에. 여기서, '天下太平'을 직역(直譯)하면, 하늘 아래에서의 편안(便安)하고 편안(便安)함이라는 뜻으로, ①정치(政治)가 잘 되어 온 세상이 태평(泰·太平)하고 평화로움을 비유적으로 이르는 말. ②어떤 일에 무관심한 상태로 걱정 없이 편안하게 있는 태도를 가벼운 놀림조로 이르는 말. '然後議其任耳'에서, '然'은 그러할 '연'으로 읽고, '後'는 뒤 '후'로 읽는다. '然後'는 그런 뒤. '議'는 의논할 '의'로 읽고, '其'는 그(지시대명사) '기'로 읽고, '任'은 맡은 일 '임'으로 읽고, '耳'는 따름 '이', 뿐 '이'로 읽는다. '~할 뿐이다(한정)'의 뜻을 나타냄. '然後議其任耳'를 직역(直譯)하면 그런 뒤 그 맡을 일을 의논할 뿐이다. 즉, 이런 무리들('임의·林義, 은호·殷浩 등·等'을 가리킴)은 높은 누각에 묶어서 올려놓았다가 천하가 태평한 뒤에 그들의 임무를 다시 논의해야 한다는 뜻이다. 결국 '속지고각(束之高閣)'은 물건을 그대로 버려둔 채 쓰지 않거나 한쪽에 제쳐 두고 관심을 기울이지 않는 것을 비유(比·譬喩. 어떤 사물의 모양이나 상태 따위를 보다 효과적으로 표현하기 위하여 그것과 비슷한 다른 사물에 빗대어 표현함. 또는 그 표현 방법)하는 말로 쓰였다.

속지-주의(屬地主義 붙을 속/땅 지/주될 주/옳을 의) 속지(屬地)에 (중점을 두는) 주된 주의(主義)라는 뜻으로, 국적(國籍. 한 나라의 구성원이 되는 자격)에 관계없이 거주하고 있는 국가의 법률을 따라야 한다는 주의(主義). 또는 어떤 나라의 영토 안에서 태어난 사람은, 그 출생지의 국적(國籍)을 얻게 된다는 입장을 이르는 말. =생지주의(生地主義). 속인주의(屬人主義). 웹 혈통주의(血統主義). *속지(屬地): 어느 나라에 속하여 있는 땅. *주의(主義): ①굳게 지키는 주장이나 방침. ②체계화된 이론이나 학설. *붙다: 부록 '속(屬)' 참고. *주되다(主~): 주장(主張)이나 중심(中心)이 되다.

손강-영-설(孫康映雪 손자 손/편안 강/비출 영/눈 설) 손강(孫康)이 (책을) 눈빛에 비추어 (읽었다)는 뜻으로, 어려운 가운데 또는 고생 속에서, 열심히 공부함을 이르는 말. 중국 진(晉)나라 때의 학자 손강(孫康)은 집이 가난하여 등잔 기름을 사기 어려워서 겨울밤에는 책을 눈빛에 비쳐 읽으며 공부하였다는 데서 유래함. *손강(孫康): 사람 이름.

손-상-박-하(損上剝下 덜 손/위 상/벗길 박/아래 하) 위[上]로는 덜고 아래[下]로는 벗긴다. 즉, 위에는 손해를 끼치고 아래에는 빼앗는다는 뜻으로, 관리(官吏)가 나라에 해를 끼치고 백성의 재물을 빼앗음을 비유적으로 이르는 말. *덜다: 부록 '손(損)' 참고. *벗기다: 부록 '박(剝)' 참고.

손-상-익-하(損上益下 덜 손/위 상/더할 익/아래 하) 위[上]로는 덜어서 아래[下]에 더한다는 뜻으로, 윗사람에게 해를 끼쳐서 아랫사람을 이롭게 함을 비유적으로 이르는 말. *덜다: 부록 '손(損)' 참고.

손-여-지-언(巽與之言 사양할 손/더불어 여/어조사 지/말씀 언) 더불어 사양(辭讓)하는 말씀이라는 뜻으

로, 남의 마음을 거스르지 아니하는 부드러운 말을 이르는 말. *사양하다(辭讓~): 겸손하여 받지 않거나
응하지 아니하다.

손-자-삼요(損者三樂 상할 손/사람 자/석 삼/좋아할 요) 사람을 상(傷)하게 (하는) 세 (가지) 좋아하는
것이란 뜻으로, 사람에게 손해(損害)되는 것 세 가지 좋아하는 것을 이르는 말. 『논어(論語)』에 있는
말로, 분에 넘치게 즐기는 것. 일하지 아니하고 노는 것을 즐기는 것. 주색(酒色. 술과 여자)을 좋아
하는 것을 일컫는다. 凹 익자삼요(益者三樂). *삼요(三樂): 『논어(論語)』에 나오는, 사람이 좋아하는
세 가지를 이르는 말. 손자삼요(損者三樂)와 익자삼요(益者三樂)가 있다. *상하다(傷~): ①자동사(自
動詞)로, (몸의 어느 부위가) 다치거나 헐거나 하다. ②타동사(他動詞)로, (근심이나 슬픔 따위로) 마
음이 언짢게 되다.

손-자-삼우(損者三友 상할 손/사람 자/석 삼/벗 우) 사람을 상(傷)하게 (하는) 세 벗이라는 뜻으로, 사귀면
손해(損害)가 되는 세 종류의 벗을 이르는 말. 편벽(便辟. <u>남에게 알랑거리며 그 비위를 잘 맞추는 일.
또는 그런 사람</u>)한 벗, 착하기만 하고 줏대(主~. <u>마음의 중심이 되는 생각이나 태도</u>)가 없는 벗, 말만
잘하고 성실하지 못한 벗을 일컫는다. 凹 익자삼우(益者三友). *삼우(三友): ①당(唐)나라의 시인 백거이
(白居易)의 「북창삼우시(北窓三友詩)」에 나오는 말로, 함께 어울리는 세 가지 운치(韻致. <u>고아한 품격을
갖춘 멋</u>). 즉, 시와 술과 거문고를 이르는 말. ②세한삼우(歲寒三友)인 송(松), 죽(竹), 매(梅)를 이르는
말. ③산수(山水. <u>산과 물</u>), 송죽(松竹. <u>소나무와 대나무</u>), 금주(琴酒. <u>거문고와 술</u>). ④삼익우(三益友)와
삼손우(三損友)를 이르는 말. 여기서, '삼익우(三益友)'는 사귀어서 유익한 세 가지 유형의 벗. 곧, 정직한
벗, 성실한 벗, 견문(見聞. <u>보고 들어서 얻은 지식</u>)이 넓은 벗을 일컬음. '삼손우(三損友)'는 사귀어서
손해가 되는 세 가지 유형의 벗. 곧, 편벽(便辟)된 벗. 착하기만 하고 줏대(主~)가 없는 벗, 말만 잘하고
성실하지 못한 벗을 일컬음. *상하다(傷~): ☞손자삼요(損者三樂).

솔선-수범(率先垂範 앞장설 솔/먼저 선/드리울 수/본보기 범) 앞장서서 먼저 본보기를 드리운다는 뜻으로,
남보다 앞장서서 행동해서, 모범(模範)을 보이거나 몸소 다른 사람의 본보기가 됨을 이르는 말. *솔선(率
先): 남보다 앞장서서 함. *수범(垂範): 모범을 보임. *드리우다: 부록 '수(垂)' 참고. *본보기(本~): 본
(本)을 받을 만한 것. 또는 본(本)을 보여 줄 만한 것.

솔토-지-민(率土之民 거느릴 솔/땅 토/어조사 지/백성 민) 땅을 거느리는(지배 아래 두는) 백성(百姓)이라
는 뜻으로, 온 나라 안의 일반 백성(百姓)을 이르는 말. *솔토(率土): =솔토지민(率土之民).

솔토-지-빈(率土之濱 거느릴 솔/땅 토/어조사 지/물가 빈) 땅을 거느리는(지배 아래 두는) 물가. 또는 바다
에 이르는 땅의 끝이라는 뜻으로, ①온 나라의 영토 안을 이르는 말. ②국경까지의 온 나라. 또는 그
경계(境界)를 이르는 말. *솔토(率土): =솔토지민(率土之民). *물가: 순우리말로, 부록 '빈(濱)' 참고. 이
사자성어의 유래는 다음과 같다. 『시경(詩經)·소아(小雅)』의 「북산(北山)」 편(篇)에 〈저쪽을 건너서 북쪽
산에 올라서 뜯는 것은 구기자(枸杞子) / 건장한 사나이들 아침저녁 일일세. / 나랏일 끊임없어 부모님
걱정시키네. / 하늘 밑에 왕의 땅 아닌 곳 없고 / 어느 땅에 왕의 신하 아닌 사람 있으리.(陟彼北山, 言采
其杞, 偕偕士子, 朝夕從事, 王事靡盬, 憂我父母, 溥天之下, 莫非王土, <u>率土之濱</u>, <u>莫非王臣</u>.)〉라는 시구
(詩句)가 나오는데, '어느 땅에 왕의 신하 아닌 사람 있으리.(率土之濱, 莫非王臣)'에서, '솔토지빈(率土之
濱)'이 유래했다. 이 시(詩)는 주(周)나라 유왕(幽王) 때 백성들이 부역(賦役. <u>국가나 공공 단체가 특정한</u>

공익사업을 위하여 보수 없이 국민에게 의무적으로 책임을 지우는 노역·勞役을 이르는 말)에 끌려 나가, 부모를 봉양(奉養. 부모나 조부모를 받들어 모심)할 수 없음을 탄식한 노래로, 모두 6장으로 되어 있다. 그런데 '溥'는 '普'와 훈과 음이 같아 혼용하고 있다. 여기서는 출전의 원문과 달리 사자성어로는 '普天之下'로 쓴다. 나머지 구체적인 내용은 ⇨막비왕신(莫非王臣).

송구-영신(送舊迎新 보낼 **송**/옛 **구**/맞이할 **영**/새로울 **신**) 옛것을 보내고 새로운 (것을) 맞이한다는 뜻으로, 묵은해를 보내고 새해를 맞음을 이르는 말. *송구(送舊): 묵은해를 보냄. *영신(迎新): 새해를 맞이함.

송도-삼절(松都三絕 솔 **송**/도읍 **도**/석 **삼**/뛰어날 **절**) 송도(松都)의 세 (가지) 뛰어난 (것이라는) 뜻으로, 조선 시대에, 송도(松都)의 세 가지 유명한 것을 이르는 말. 서경덕(徐敬德), 황진이(黃眞伊), 박연폭포(朴淵瀑布)를 일컫는다. *송도(松都): '개성(開城)'의 옛 이름. 고려의 수도(首都)였다. *삼절(三絕): ① =위편삼절(韋編三絕). 중국 춘추시대의 사상가이며 학자인 공자(孔子)가 『주역(周易)』을 즐겨 읽어, 책의 가죽 끈이 세 번이나 끊어졌다는 뜻으로, 책을 열심히 읽음을 이르는 말. ②뛰어난 존재 세 가지. ③세 가지의 뛰어난 재주(순우리말로, 무엇을 잘할 수 있는, 타고난 능력과 슬기)를 가진 사람. ④세 수(首)의 절구(絕句). *솔: 부록 '송(松)' 참고. *도읍(都邑): 한 나라의 중앙 정부가 있는 곳. =서울.

송-무-백-열(松茂栢悅 솔 **송**/무성할 **무**/잣나무 **백**/기뻐할 **열**) 솔(소나무)이 무성(茂盛)하면 잣나무가 기뻐한다는 뜻으로, 벗이 잘되는 것을 기뻐함을 비유적으로 이르는 말. 图 혜분난비(蕙焚蘭悲). *솔: 부록 '송(松)' 참고. *무성하다(茂盛~): 부록 '무(茂)' 참고. *잣나무: 소나뭇과의 상록 교목. 꽃은 5월경에 피고, 가을에 솔방울보다 큰 잣송이가 익음. 씨는 '잣'이라 하여 먹고, 나무는 건축재나 가구재 따위로 쓰임. 《관련 속담》 소나무가 무성하면 잣나무도 기뻐한다. 이 사자성어의 유래는 다음과 같다. 진(晉. 혹은 서진·西晉)나라 때 육기(陸機)의 「탄서부(歎逝賦)」에 [옛날에 나이든 사람들이 어릴 적에 친했던 이들을 손꼽으며, '아무개는 벌써 죽었고, 보이는 이는 얼마 안 되는구나!'라고 이야기하는 것을 들었다. 내가 이제 마흔인데, 친한 친척 중 죽은 이가 많고, 살아있는 사람은 적고, 가까운 친구들 역시 절반도 안 남았구나. 일찍이 함께 놀던 무리들, 한 방(房)에서 함께 연회(宴會. 여러 사람이 모여 술을 마시거나 음식을 먹으면서 즐기는 모임)하던 이들도 10년이 지나면 모두 죽을 테니, 슬픈 생각이 들어, 시를 짓노라. …… 아 인생의 짧음이여! / 뉘라서 장수(長壽. 목숨이 긺. 또는 오래 삶)를 누릴 수 있나? /시간은 질풍(疾風. 몹시 빠르고 세게 부는 바람)처럼 지나가 다시 오지 않건만 / 늙음은 더딘 듯하나 오게 마련이다. ……]〈한 해 한 해 몇 해인가? / 어디 가고 남은 해는 없는고?/누군 이미(돌이킬 수 없이 된 지난 일을 일컬을 때 쓰는 말) 다하여 보이지 않고 / 누군 반쯤 남은 몰골(볼품이 없는 얼굴 꼴이나 모양새)이네./참으로 소나무가 무성하면 잣나무가 기뻐하고 / 아! 지초(芝草)가 불에 타면 혜초(蕙草)가 한탄하네. / 생명에 차이가 없다면 / 어찌 같은 세상 또 다른 세상을 살 수 있나?(彌年時其詎幾, 夫何往而不殘, 或冥邈而旣盡, 或寥廓而僅半, **信松茂而栢悅**, 嗟芝焚而蕙歎, 苟性命之弗殊, 豈同波而異瀾)〉라는 이야기가 나오는데, '참으로 소나무가 무성하면 잣나무가 기뻐하고,(信松茂而栢悅)'에서, '송무백열(松茂栢悅)'이 유래했다. 참고로 원문의 '彌年時其詎幾'에서, '彌'는 오랠 '미'로 읽고, '年'은 해 '년(연)'으로 읽고, '時'는 때 '시', 계절 '시'로 읽고, '其'는 그(지시하는 말) '기'로 읽고, '詎'는 몇 '거'로 읽고, '幾'는 몇 '기'로 읽는다. '彌年時其詎幾'를 직역(直譯)하면, 오랜 해와 때(계절) 그것은 몇이고 몇인가? 즉, 지나간 한 해 한 해와 계절은 얼마이었던가? 세월의 빠름을 한탄하고 있다. '夫何往而不殘'에서, '夫'는 대저(大

抵. 대체로 보아서) ‘부’로 읽고, ‘何’는 언제 ‘하’로 읽고, ‘往’은 갈 ‘왕’으로 읽고, ‘而’는 말 이을 ‘이’로 읽는다. ‘그리고’의 뜻을 나타냄. ‘不’은 아닐(부정하는 말) ‘불’로 읽고, ‘殘’은 남을 ‘잔’으로 읽는다. ‘夫何 往而不殘’을 직역(直譯)하면, 대체로 보아서 해(세월)가 언제 갔는지 그리고 남은(남아 있는) 해(세월)는 없는가? 즉, 그 많은 세월이 언제 갔는지 다 지나버리고, 이제 남아 있는 세월은 없는가? 즉, 세월의 빠름을 아쉬워하고 있다. ‘或冥邈而旣盡’에서, ‘或’은, 여기서는 어떤 이 ‘혹’으로 읽고, ‘冥’은 저승(사람이 죽은 뒤에 그 혼·魂이 가서 산다고 하는 세상. =저세상) ‘명’으로 읽고, ‘邈’은 (거리가) 멀 ‘막’으로 읽고, ‘而’는 말 이을 ‘이’로 읽는다. 여기서는 문맥상 ‘혹은’의 뜻을 나타냄. ‘旣’는 이미 ‘기’로 읽고, ‘盡’은 다할(있던 것이 없어져서, 더는 남아 있지 않거나 이어지지 않게 될) ‘진’으로 읽는다. ‘或冥邈而旣盡’을 직역(直譯)하면, 어떤 이(사람)는 먼 저승에 (갔는가) 혹은 이미 (수명이) 다하였는가 (보이지 않고), 즉, 이 구절은 덧없는(보람이나 쓸모가 없어 헛되고 허전한) 인생을 한탄하고 있는 것이다. ‘或寥廓而僅 半’에서, ‘寥’는 텅 빌 ‘료(요)’, 공허(空虛. 속이 텅 빔)할 ‘료(요)’로 읽고, ‘廓’은 둘레 ‘곽’으로 읽고, ‘而’는 말 이을 ‘이’로 읽는다. 문맥상 ‘그렇지 않으면’의 뜻을 나타냄. ‘僅’은 겨우 ‘근’으로 읽고 ‘半’은 반(半) ‘반’으로 읽는다. ‘或寥廓而僅半’을 직역(直譯)하면, 어떤 이(사람)는 (얼굴의) 둘레가 텅 비어있거나 그렇 지 않으면 (얼굴의 둘레가) 겨우 반 정도 남았네. 즉, 이 시(詩)를 의역(意譯. 낱낱의 단어나 구절의 뜻에 너무 얽매이지 않고 문장 전체의 뜻을 살리는 번역)한 이는 얼굴의 둘레를 ‘몰골’로 나타낸 것이다. 그리고 이 시(詩)의 주인공은, 살아 있는 사람도 완전히 말라 살이 없고 뼈대만 남아 있는 정도이거나, 그렇지 않으면 반쯤이나 살이 빠진 채 하루하루를 살고 있음을 마음 아프게 생각하고 있는 것이다. ‘信松茂而柏悅’에서, ‘信’은, 여기서는 확실히 ‘신’으로 읽고, ‘松’은 솔 또는 소나무 ‘송’으로 읽고, ‘茂’는 무성할 ‘무’로 읽고, ‘而’는 말 이을 ‘이’로 읽는다. 문맥상 ‘그래서’의 뜻을 나타냄. ‘柏’은 잣나무 ‘백’으로 읽고, ‘悅’은 기뻐할 ‘열’로 읽는다. ‘信松茂而柏悅’을 직역(直譯)하면, 확실히 소나무가 무성하면 그래서 잣나무가 기뻐하고, 즉, 소나무와 잣나무는 친구로서 둘 다 상록수(常綠樹)이다. 소나무가 무성해지자 잣나무가 기뻐한다니, 그 우정(友情)이 너무나 아름답다고 말하지 않을 수 없다. 여기서 ‘송무백열(松茂 柏悅)’이 유래하였는데, 이것을 직역(直譯)하면, 솔(소나무)이 무성(茂盛)하면 잣나무가 기뻐한다는 뜻으 로, 벗이 잘되는 것을 기뻐함을 비유적으로 이르는 말. ‘嗟芝焚而蕙歎’에서, ‘嗟’는 탄식(歎息. 한탄하여 한숨을 쉼. 또는 그 한숨)할 ‘차’로 읽는다. 여기서는 탄식(歎息)하는 소리인 ‘아!’로 풀이한다. ‘芝’는 지초(芝草. 지칫과의 여러해살이풀) ‘지’로 읽고, ‘焚’은 (불에) 탈 ‘불’로 읽고, ‘蕙’는 혜초(蕙草. 콩과의 두해살이풀) ‘혜’로 읽고, ‘歎’은 한탄(恨歎. 뉘우쳐지거나 원통하여 한숨을 쉼. 또는 그 한숨)할 ‘탄’으로 읽는다. ‘嗟芝焚而蕙歎’을 직역(直譯)하면, 아! 지초(芝草)가 불에 타면 그래서 혜초(蕙草)가 한탄하네. 지초(芝草)가 불타는 것을 같은 종류인 혜초(蕙草)가 한탄(恨歎)한다는 뜻으로, 벗이 입은 재앙(災殃. 뜻하지 아니하게 생긴 불행한 변고·變故. 또는 천재지변·天災地變으로 인한 불행한 사고)은 자기에게도 근심이 되어 가슴이 아프다는 말이다. 즉, ‘송무백열(松茂柏悅)’과 ‘지분혜탄(芝焚蕙歎)’은 짝지어 사용되 는 것으로, 친구가 잘되면 함께 기뻐하고(松茂柏悅), 친구가 어려운 일을 당하면 함께 걱정한다(芝焚蕙 歎)는 말이다. 곧 벗의 행복(幸福)과 불행(不幸)을 함께 기뻐하고 슬퍼한다는 것이다. 여기서 ‘지분혜탄 (芝焚蕙歎)’이 유래하였는데, 이것을 직역(直譯)하면, 지초(芝草)를 불사르면 난초(蘭草)가 탄식(歎·嘆息) 한다. 즉, 지초(芝草)가 불에 타면 같은 난초과의 풀인 혜초(蕙草)가 탄식(歎·嘆息)한다는 뜻으로, 같은 무리가 입은 화(禍)에 대하여 가슴 아프게 여기거나 생각함을 이르는 말. '苟性命之弗殊'에서, '苟'는 진실로 '구', 참으로 '구'로 읽고, '性'은 생명(生命) '성', 목숨 '성'으로 읽고, '命'은 목숨 '명'으로 읽는다. '性命'은 목숨이나 생명을 달리 이르는 말. '之'는 어조사 '지'로 읽는다. '~의'를 나타내는 관형격 조사. '弗'은 아닐(부정하는 말) '불'로 읽는다. '不'과 뜻이 같음. '殊'는 다를 '수'로 읽는다. '苟性命之弗殊'를 직역(直譯)하면, 진실로 생명과의 다른 것(차이)가 없다면, '豈同波而異瀾'에서, '豈'는 어찌 '기'로 읽고. '同'은 같을 '동'으로 읽고, '波'는 물결 '파'로 읽고, '而'는 말 이을 '이'로 읽는다. '그리고'의 뜻을 나타냄. '異'는 다를 '이'로 읽고. '瀾'은 물결 '란(난)'으로 읽는다. '豈同波而異瀾'을 직역(直譯)하면, 어찌 같은 물결 그리고 다른 물결 (속에 살 수 있나)? 여기서, 물결을 '세상(世上)'으로 나타내기도 한다. 물결은 밀려가고 밀려온다. 이 세상(世上)도 물결처럼 밀려가고 밀려옴을 반복한다. 그런데 이 시(詩)의 주인공은 생명의 귀중함에는 차이가 없듯이 이 세상(世上)도 모두 '송무백열(松茂栢悅)'과 '지분혜탄(芝焚蕙歎)'의 삶을 염원(念願. 마음에 간절히 생각하고 기원함. 또는 그런 것)하고 있는 것이다.

송백-지-무(松柏之茂 솔 송/잣나무 백/어조사 지/무성할 무) 솔(소나무)과 잣나무의 무성(茂盛)함이라는 뜻으로, 소나무와 잣나무가 항상 푸른 것처럼 영원토록 번영함을 비유적으로 이르는 말. *송백(松柏): ①소나무와 잣나무. ②껍질을 벗기어 솔잎에 꿴 잣. *솔: 부록 '송(松)' 참고. *잣나무: ☞송무백열(松茂栢悅). *무성하다(茂盛~): 부록 '무(茂)' 참고.

송백-지-조(松柏之操 솔 송/잣나무 백/어조사 지/지조 조) 솔(소나무)과 잣나무의 지조(志操). 즉, 송백(松柏)과 같은 절개節槪·介. 옳은 일을 지키어 뜻을 굽히지 않는 굳건한 마음이나 태도)라는 뜻으로, 소나무와 잣나무의 사철 푸른 절조(節操. 절개와 지조)와, 변하지 않은 굳은 절개(節槪·介)를 비유적으로 이르는 말. *송백(松柏): ☞송백지무(松柏之茂). *솔: 부록 '송(松)' 참고. *잣나무: ☞송무백열(松茂栢悅). *지조(志操): 부록 '조(操)' 참고.

송백-지-질(松栢之質 솔 송/잣나무 백/어조사 지/품성 질) 솔(소나무)과 잣나무의 품성(品性)이라는 뜻으로, 소나무와 잣나무의 성품(性品)을 이르는 말. 또는 서리를 겪어도 시들지 않는 소나무와 잣나무처럼, 강인(强靭)한 체질(體質. 날 때부터 지니고 있는, 몸의 생긴 바탕)을 비유적으로 이르는 말. *송백(松柏): ☞송백지무(松柏之茂). *솔: 부록 '송(松)' 참고. *잣나무: ☞송무백열(松茂栢悅). *품성(品性): 사람이 된 바탕과 성질. 이 사자성어의 유래는 다음과 같다. 『세설신어(世說新語)』의 「언어(言語)」편(篇)에 〈진(晉)나라 사람인 고열(顧悅)은 간문제(簡文帝)와 동갑(同甲. 같은 나이)이었는데도 백발이 성성하였다. 간문제(簡文帝)가 물었다. "경(卿)은 어찌하여 먼저 희어졌소?" "갯버들은 가을이 되면 떨어지지만, 송백(松柏. '소나무[松]'와 '잣나무[柏]'를 아울러 이르는 말)은 서리를 맞으면 더 무성해지지요."(顧悅與簡文同年, 而髮蚤白, 簡文曰, 卿何以先白, 對曰, 蒲柳之資, 望秋而落, **松柏之質, 經霜彌弥茂**)〉라는 이야기가 나오는데, '송백(松柏)은 서리를 맞으면 더 무성해지지요.(松柏之質, 經霜彌弥茂)'라는 고열(顧悅)의 말에서, '송백지질(松柏之質)'이 유래했다. 여기서, 고열(顧悅)은 잘 알려져 있지 않으나, 간문제(簡文帝)는 어느 정도 알려진 인물이다. 그는 중국 동진(東晉)의 제8대 왕으로서 성(姓)은 사마(司馬)이고, 자(字)는 도만(道萬)이고, 이름은 욱(昱)이고, 시호(諡號)가 간문제(簡文帝)이다. 간문제(簡文帝)는 '간문황제(簡文皇帝)'의 줄임말로, 중국 황제(皇帝)의 시호(諡號) 중 하나이다. 동진(東晉)의 간문제(簡文帝) 외에 양(梁)나라의 태종(太宗)인 간문제(簡文帝)가 있다. 참고로, 원문의 '顧悅與簡文同年'에서, '顧'는 돌아볼 '고'로 읽고, ‘悅’은 기쁠 ‘열’, 기뻐할 ‘열’로 읽는다. 여기서 ‘顧悅’은 사람 이름. ‘與’는 어조사 ‘여’로 읽는다. ‘~와’, ‘~과(병렬)’의 뜻을 나타냄. ‘簡’은 편지(便紙) ‘간’으로 읽고, ‘文’은 글월 ‘문’으로 읽는다. ‘簡文’은 사람 이름. ‘간문제(簡文帝)’를 가리킴. ‘同’은 같을 ‘동’으로 읽고, ‘年’은 해 ‘년(연)’, 나이 ‘년(연)’으로 읽는다. ‘同年’은 같은 해 또는 같은 나이. ‘顧悅與簡文同年’을 직역(直譯)하면, 고열(顧悅)은 간문(簡文)과 같은 나이(동갑)였는데, ‘而髮蚤白’에서, ‘而’는 말 이을 ‘이’로 읽는다. ‘그러나’의 뜻을 나타냄. ‘髮’은 머리털 ‘발’로 읽고, ‘蚤’는, 여기서는 벼룩 ‘조’로 읽지 않고, 일찍[무] ‘조’로 읽고, ‘白’은 흰 ‘백’으로 읽는다. ‘而髮蚤白’을 직역(直譯)하면, 그러나 머리털은 일찍 희었다. ‘簡文曰’에서, ‘簡文曰’을 직역(直譯)하면, 간문(簡文)이 말하기를, ‘卿何以先白’에서, ‘卿’은 경(卿. <u>경칭·敬稱으로 쓰이는 말</u>) ‘경’으로 읽고, ‘何’는 어찌(<u>의문 부사</u>) ‘하’로 읽고, ‘以’는, 여기서는 어조사 ‘이’로 읽는다. ‘그리고’의 뜻을 나타냄. ‘先’은 먼저 ‘선’으로 읽는다. ‘卿何以先白’을 직역(直譯)하면, 경(卿)은 어찌하여 그리고 먼저 희었느냐? ‘對曰’에서, ‘對’는 대답할 ‘대’로 읽는다. ‘對曰’을 직역(直譯)하면, 대답하여 말하기를, ‘蒲柳之資’에서, ‘蒲’는 부들(<u>부들과의 여러해살이풀</u>) ‘표’로 읽고, ‘柳’는 버들 ‘류(유)’로 읽는다. ‘蒲柳’는 갯버들. 버드나뭇과의 낙엽 활엽관목. ‘之’는 어조사 ‘지’로 읽는다. ‘~의’를 나타내는 관형격 조사. ‘資’는 천성(天性. <u>선천적으로 타고난 성질</u>) ‘자’, 바탕 ‘자’로 읽는다. ‘蒲柳之資’를 직역(直譯)하면, 갯버들의 바탕은, 여기서, ‘蒲柳之質’이 유래하였는데, 이것을 직역(直譯)하면, 부들과 버들의 바탕. 즉, 잎이 일찍 떨어지는 연약(軟弱)한 나이라는 뜻으로, 갯버들의 나뭇잎이 가을이 되자마자 떨어지는 데서, 사람의 체질(體質. <u>날 때부터 지니고 있는, 몸의 생긴 바탕</u>)이 허약(虛弱)하거나 나이보다 일찍 노쇠(老衰. <u>늙어서 쇠약하고 기운이 별로 없음</u>)함을 비유적으로 이르는 말. 여기서, ‘기운’은 순우리말로, 생물이 살아 움직이는 원기(元氣). <u>또는 거기서 나오는 힘</u>. 또는 갯버들처럼 몸이 잔약(孱弱. <u>가냘프고 약함</u>)하여 병에 걸리기 쉬운 체질(體質)을 비유적으로 이르는 말. ‘望秋而落’에서, ‘望’은 바라볼 ‘망’으로 읽고, ‘秋’는 가을 ‘추’로 읽고, ‘而’는 말 이을 ‘이’로 읽는다. 여기서는 ‘그리고’의 뜻을 나타냄. ‘落’은 떨어질 ‘락(낙)’으로 읽는다. ‘望秋而落’을 직역(直譯)하면, 가을을 바라보면서 그리고 떨어지지만, ‘松柏之質’에서, ‘松’은 솔 ‘송’으로 읽고, ‘柏’은 잣나무 ‘백’으로 읽고, ‘之’는 어조사 ‘지’로 읽는다. ‘~의’를 나타내는 관형격 조사. ‘質’은 품성(稟性. <u>타고난 성질</u>) ‘질’로 읽는다. ‘松柏之質’을 직역(直譯)하면, 솔(<u>소나무</u>)과 잣나무의 품성(品性)이라는 뜻으로, 소나무와 잣나무의 성품(性品)을 이르는 말. 또는 서리를 겪어도 시들지 않는 소나무와 잣나무처럼, 강인(強靭)한 체질(體質)을 비유적으로 이르는 말. ‘經霜彌弥茂’에서, ‘經’은 지낼 ‘경’, 겪을 ‘경’으로 읽고, ‘霜’은 서리 ‘상’으로 읽고, ‘彌’는 더욱 ‘미’로 읽고, ‘弥’도 더욱 ‘미’로 읽는다. ‘彌’와 같은 글자다. ‘茂’는 무성할 ‘무’로 읽는다. ‘經霜彌弥茂’를 직역(直譯)하면, 서리를 겪으면 더욱 무성해집니다.

송-양-지-인(宋襄之仁 송나라 송/오를 양/어조사 지/어질 인) 송(宋)나라 양공(襄公)의 어짊이라는 뜻으로, 하찮은 인정(人情)을 이르는 말. 또는 너무 착하기만 하여 쓸데없는 아량(雅量. <u>너그럽고 속이 깊은 마음씨</u>)을 베풀어 실속이 없음을 비유적으로 이르는 말. 여기서, ‘양(襄)’은 ‘양공(襄公)’을 가리켜 일컫는 말이다. 중국 춘추 시대에, 송(宋)나라의 양공(襄公)이 초(楚)나라를 칠 때, 공자목이(公子目夷)가 적(敵)이 포진(布陣. <u>전쟁이나 경기를 하기 위하여 진을 침</u>)하기 전에 치자고 청하였으나, 양공(襄公)이 받아들이지 않고 적(敵)이 포진(布陣)하기를 기다리다가 오히려 대패(大敗. <u>싸움이나 경기에서 크게 짐</u>)하여 세상 사람들이 비웃었다는 데서 유래한다. 이 사자성어의 유래를 좀 더 설명하면 다음과 같다. 『좌전(左

傳』의 「희공(僖公) 22년」 편(篇)에 〈[송(宋)나라 사람들이 송양공(宋襄公. 송나라의 양공)을 허물하자, 송양공(宋襄公)이 말했다.] "군자(君子. 학문과 덕·德이 높고 행실·行實이 바르며 품위·品位를 갖춘 사람)는 부상당한 적의 병사를 다시 살상(殺傷)하면 안 되고, 나이 많은 사람을 포로로 잡으면 안 되는 것이오. 옛날의 군사 작전은 지세(地勢. 깊고, 얕고, 넓고, 좁고, 울퉁불퉁한 땅의 생긴 모양이나 형세)가 험준한 곳에 의지하지 않았었소. 과인(寡人. 덕·德이 적은 사람이라는 뜻으로, 임금이 자기를 낮추어 이르던 1인칭 대명사)은 비록 망국(亡國)의 후예(後裔)지만, 전열(戰列)을 갖추지 않은 적을 공격할 수는 없소."(君子不重傷, 不擒二毛, 古之爲軍也, 不以阻隘也, **寡人雖亡國之餘, 不鼓不成列**.)〉라는 이야기가 나오는데, '과인(寡人)은 비록 망국(亡國)의 후예(後裔)지만, 전열(戰列)을 갖추지 않은 적을 공격할 수는 없소.(寡人雖亡國之餘, 不鼓不成列)'에서, '송양지인(宋襄之仁)'이 유래했다. 세상 사람들은 송양공(宋襄公)의 이런 행위를 두고 송(宋)나라 양공(襄公)의 인(仁)이라며 비웃었다고 한다. 송(宋)나라는 옛날 상(商)나라 땅으로, 송인(宋人)은 상(商)나라의 후손(後孫)들이다. 위 풀이말의 '망국(亡國)'은 상(商)나라를 가리킨다. 참고로, 원문의 '君子不重傷'에서, '君'은 군자(君子) '군'으로 읽고, '子'는 경칭(敬稱. 공경하는 뜻으로 부르는 칭호. 또는 존대하여 일컬음) '자'로 읽는다. 학덕(學德)과 지위가 높은 남자의 경칭(敬稱)이다. '君子'는 행실이 점잖고 어질며 덕(德)과 학식이 높은 사람. '不'은 아닐(부정하는 말) '부'로 읽고, '重'은 거듭할 '중', 겹칠 '중'으로 읽고, 傷은 다칠 '상', 상할 '상'으로 읽는다. '君子不重傷'을 직역(直譯)하면, 군자(君子)는 다친 (사람을) 거듭하여 (다치게) 하지 않고, '不擒二毛'에서, '擒'은 사로잡을 '금'으로 읽고, '二'는 두 '이'로 읽고, '毛'는 털 '모'로 읽는다. '二毛'는 ①검은 털과 흰 털. 여기서는 머리털이 반은 희고, 반은 검은 반백(半白. 센 머리털이 절반이나 되는 머리털)의 노인을 일컫는 말. ②'이모지년(二毛之年)'의 준말. '센 털이 나기 시작(始作)하는 나이'라는 뜻으로, 32살을 이르는 말. '不擒二毛'를 직역(直譯)하면, 반백(半白)의 노인(즉, 나이 많은 노인)을 사로잡지 않아야 (되오). '古之爲軍也'에서, '古'는 옛 '고'로 읽고, '之'는 어조사 '지'로 읽는다. '~의'를 나타내는 관형격 조사. '爲'는 행위(行爲) '위'로 읽는다. '爲軍'을 직역(直譯)하면, 군사 행위. '也'는 어조사 '야'로 읽는다. '~은', '~인 때에는'의 뜻을 나타냄. '古之爲軍也'를 직역(直譯)하면, 옛날의 군사 행위인 때에는, '不以阻隘也'에서, '以'는, 여기서는 거느릴 '이'로 읽고, '阻'는 험할 '조'로, '隘'는 좁을 '애'로 읽는다. '阻隘'는 험하고 좁음. '不以阻隘也'를 직역(直譯)하면, 좁고 험한 곳에서 (군사를) 거느리지 않았었소. 즉, 예부터 군자(君子)는 전쟁을 하더라도 어려움에 처(處)한 적에게는 공격하지 아니하고 정정당당(正正堂堂. 본문 참고)하게 승부(勝負)를 겨루었다는 뜻이다. '寡人雖亡國之餘'에서, '寡'는 적을 '과'로 읽고, '人'은 사람 '인'으로 읽는다. '寡人'은 '덕(德. 고매하고 너그러운 도덕적 품성)이 적은 사람'이라는 뜻으로, 임금이 자기를 낮추어 이르던 1인칭 대명사. '雖'는 비록 '수'로 읽고, '亡'은 망할 '망'으로 읽고, '國'은 나라 '국'으로 읽고, '餘'는 나머지 '여'로 읽는다. '寡人雖亡國之餘'를 직역(直譯)하면, 과인(寡人)은 비록 이미(돌이킬 수 없이 된 지난 일을 일컬을 때 쓰는 말) 망한 나라의 나머지(후예·後裔)지만, '不鼓不成列'에서, '鼓'는 북(타악기의 하나) '고'로 읽고, '成'은 이룰 '성'으로 읽고, '列'은 줄 '렬(열)', 행렬(行列. 여럿이 줄을 지어 감. 또는 그 줄) '렬(열)'로 읽는다. '不鼓不成列'을 직역(直譯)하면, 행렬(行列)을 이루지 않으면 (공격의 시작을 알리는) 북을 치지 않았소. 다시 말하면, 행렬(行列)을 갖추지 못한 적군에게 진격의 북을 치지 않았소. 과인(寡人)이 비록 망(亡)한 나라의 후손(後孫)이지만, 과인(寡人)도 군자(君子)라네. 나는 싸울 준비가 덜 된 적은 공격하지 않는다네. 여기서, '宋襄之仁'이 유래하였는데, 이것을 직역(直譯)하면, 송(宋)나라 양공(襄公)의 어짊이라는 뜻으로, 하찮은 인정(人情)을 이르는 말. 또는 너무 착하기만 하여 쓸데없는 아량(雅量)을 베풀어 실속이 없음을 비유적으로 이르는 말. 그런데 이 외에, 『십팔사략(十八史略)』의 「춘추전국(春秋戰國)」편(篇)에 〈양공(襄公)이 말했다. "군자는 다른 사람이 어려움에 처했을 때, 곤란하게 만들지 않는 것이오." 그러다가 초(楚)나라에 패했다. 세상 사람들은 이를 송(宋)나라의 양공(襄公)의 인(仁)이라 하여 비웃었다.(公曰, 君子不困人於厄, 遂爲楚所敗, 世笑以爲宋襄之仁.)〉라는 이야기가 나오는데, '세상 사람들은 이를 송(宋)나라의 양공(襄公)의 인(仁)이라 하여 비웃었다.(世笑以爲宋襄之仁)'에서, '송양지인(宋襄之仁)'이 유래했다. 참고로, 원문의 '公曰'에서, '公'은 존칭 '공'으로 읽는다. 여기서는 '양공(襄公)'을 가리킴. '公曰'을 직역하면, 양공(襄公)이 말하기를, '君子不困人於厄'에서, '君'은 군자(君子) '군'으로 읽고, '子'는 경칭(敬稱. 공경하는 뜻으로 부르는 칭호. 또는 존대하여 일컬음) '자'로 읽는다. 학덕(學德)과 지위가 높은 남자의 경칭(敬稱)이다. '君子'는 행실이 점잖고 어질며 덕(德. 고매하고 너그러운 도덕적 품성)과 학식이 높은 사람. '不'은 아닐(부정하는 말) '불'로 읽고, '困'은 살기 어려울 '곤'으로 읽고, '人'은 사람 '인'으로 읽고, '於'는 어조사 '어'로 읽는다. '~에서', '~에게서(위치)'의 뜻을 나타냄. '厄'은 재앙(災殃. 뜻하지 아니하게 생긴 불행한 변고·變故. 또는 천재지변·天災地變으로 인한 불행한 사고) '액'으로 읽는다. '君子不困人於厄'을 직역(直譯)하면, 군자(君子)는 재앙(災殃)에 (처해 있는) 사람을 살기 어렵게 하지 않는다(라고 하더니), '遂爲楚所敗'에서, '遂'는 드디어 '수', 마침내 '수'로 읽는다. '爲'는 될 '위'로 읽고, '楚'는 초(楚)나라 '초'로 읽고, '所'는 바(앞에서 말한 내용 그 자체나 일 따위를 나타내는 말) '소'로 읽고, '敗'는 패할 '패'로 읽는다. '遂爲楚所敗'를 직역(直譯)하면, 마침내 초(楚)나라에게 패(敗)하는 바가 되었다. 이 이야기의 배경은 이렇다. 송양공(宋襄公. 송나라의 양공)이 제후(諸侯)의 패자(覇者. 예전에 황제·皇帝로부터 일정한 지역을 다스릴 권한을 부여받은 제후·諸侯들의 우두머리)가 될 욕심으로 초(楚)나라와 전쟁을 하려고 했다. 공자목이(公子目夷)가 초(楚)나라 군대가 아직 진(陣)을 형성하지 못했을 때 치자고 청했다. 그때 양공(襄公)이 "군자(君子)는 다른 사람이 어려움에 처했을 때 곤란하게 만들지 않는 것이오."라며, 반대하다가 결국 초(楚)나라에 패배(敗北)했다는 것이다. 송양공(宋襄公)의 입장에서는 적국(敵國)의 백성들을 보호하기 위하여 신사적(紳士的. 신사·紳士다운 것. 즉, 사람됨이나 몸가짐이 점잖고 교양이 있으며 예의바른 것)으로 전쟁을 치르겠다는 뜻이었다. 전쟁(戰爭)에는 한 치의 양보도 허락하지 않는 상황에서, 이러한 안이(安易. 너무나 쉽게 여기는 태도나 경향이 있음)한 대응(對應. 어떤 일이나 사태에 맞추어 태도나 행동을 취함)은 세상사람들의 비웃음거리가 될 만한 것이었다. '世笑以爲宋襄之仁'에서, '世'는 세상 '세'로 읽고, '笑'는 비웃을 '소'로 읽는다. '以'는 써(그것을 가지고, 그것으로 인하여) '이'로 읽고, '爲'는 할 '위'로 읽고, '宋'은 송(宋)나라 '송'으로 읽고, '襄'은 오를 '양'으로 읽는다. 여기서는 '양공(襄公)'을 가리킴. '之'는 어조사 '지'로 읽는다. '~의'를 나타내는 관형격 조사. '仁'은 어질 '인'으로 읽는다. '世笑以爲宋襄之仁'을 직역(直譯)하면, 세상 사람들은 그것('송·宋나라의 참패·慘敗'를 가리킴)을 가지고 송(宋)나라 양공(襄公)의 어짊이라 하여 비웃었다. 여기서, '宋襄之仁'이 유래하였는데, 이것을 직역(直譯)하면, 송(宋)나라 양공(襄公)의 어짊이라는 뜻으로, 하찮은 인정(人情)을 이르는 말. 또는 너무 착하기만 하여 쓸데없는 아량(雅量)을 베풀어 실속이 없음을 비유적으로 이르는 말. 사실, 송양지인(宋襄之仁)이 유래된 이야기는 현실을 제대로 파악하지 못하고 이상(理想)만 중하게 여기는 사람들에게 경각심(警覺心. 정신을 차리고 주위 깊게 살피어 경계하는 마음)을 불러일으킨 유명한 사건이었다. 그런데 송양지인(宋襄之仁)과 같이 이해하기 어려운 이야기가 나오게 된 것은 당시(當時. 일이 있었던 바로 그때. 또는 이야기하고 있는 그 시기)의 전쟁 방식 때문이었다. 춘추시대에는 상대국을 복속(服屬. 복종하여 따름)시키는 것이 전쟁의 주된 목표였으므로, 전쟁이 제법 신사적(紳士的)으로 진행되었는데, 예를 들면 다음과 같다. 『사마법(司馬法)』에, 〈전쟁의 원칙은 다음과 같다. 농사철에는 전쟁을 일으키지 않고, 백성들에게 질병이 도는 때를 택해 전쟁을 일으키지 않으니, 이는 자국(自國. 자기 나라)의 백성을 보호하기 위함이다. 적국(敵國. 전쟁 상대국이나 적대·敵對 관계에 있는 나라)이 국상(國喪)을 당하면 전쟁을 일으키지 않고, 상대방 나라의 기근(饑饉. 흉년으로 먹을 양식이 모자라 굶주림)을 틈타 전쟁을 일으키지 않으니, 이는 적국(敵國)의 백성들을 보호하기 위함이다. 한겨울과 한 여름에는 전쟁을 일으키지 않으니, 이는 자국(自國)과 적국(敵國) 양국(兩國)의 백성들을 보호하기 위함이다.〉 여기서, 『사마법(司馬法)』은 중국 춘추시대 제(齊)나라의 병법가 사마양저(司馬穰苴)가 저술한 병법서(兵法書)를 일컬음.

송죽-지-절(松竹之節 솔 송/대 죽/어조사 지/절개 절) 솔(소나무)과 대나무의 절개(節槪·介)라는 뜻으로, 소나무와 같이 꿋꿋하고, 대나무와 같이 곧은 절개(節槪·介)를 비유적으로 이르는 말. *송죽(松竹): 소나무[松]와 대나무[竹]를 아울러 이르는 말. *솔: 부록 '송(松)' 참고. *절개(節槪·介): 옳은 일을 지키어 뜻을 굽히지 않는 굳건한 마음이나 태도.

송풍-나월(松風蘿月 솔 송/바람 풍/담쟁이덩굴 나/달 월) 솔(소나무) (사이로 부는) 바람과, 담쟁이덩굴 (사이로 비치는) 달[月]이라는 뜻으로, 운치(韻致. 고상하고 우아한 멋) 있는 자연 경치를 비유적으로 이르는 말. *송풍(松風): =솔바람. 즉, 솔숲을 스치고 부는 바람. *나월(蘿月): 담쟁이덩굴 사이로 바라보이는 달. *솔: 부록 '송(松)' 참고. *담쟁이덩굴: 부록 '나(蘿)' 참고.

쇄골-분-신(碎骨粉身 부술 쇄/뼈 골/가루 분/몸 신) 뼈를 부수고 몸을 가루로 (만든다). 즉, 몸이 부서지고 뼈가 가루가 되도록 일한다는 뜻으로, ①자기 몸을 돌보지 않고 있는 힘을 다하여 정성으로 노력함을 비유적으로 이르는 말. 또는 그렇게 하여 뼈가 부서지고 몸이 가루가 됨을 이르는 말. =분신쇄골(粉身碎骨). 분골쇄신(粉骨碎身). 쇄신분골(碎身粉骨). ②참혹하게 죽음, 또는 그렇게 죽임을 이르는 말. *쇄골(碎骨): 뼈를 부숨. *부수다: 부록 '쇄(碎)' 참고.

쇄국-주의(鎖國主義 잠글 쇄/나라 국/주될 주/옳을 의) 나라의 (문을) 잠그는 (것을) 주된 (가치로 표방하는) 주의(主義)라는 뜻으로, 다른 나라와의 통상(通商. 나라 사이에 서로 교통하며 상업을 함)과 교역(交易. 주로 나라와 나라 사이에서 물건을 사고팔고 하여 서로 바꿈)에 반대하는 사상. 즉, 외국과의 통상(通商) 및 교역(交易)을 거절하고 나라의 문을 닫아야 한다는 주의(主義)를 이르는 말. 웹 개국주의(開國主義). 고립주의(孤立主義). *쇄국(鎖國): 다른 나라와의 통상(通商)과 교역(交易)을 금지함. *주의(主義): ①굳게 지키는 주장이나 방침. ②체계화된 이론이나 학설. *잠그다: ①(여닫는 물건을) 걸거나 채우거나 해서 함부로 열 수 없게 하다. ②옷의 단추나 지퍼(zipper)를 채우다. *주되다(主~): 주장(主張)이나 중심(中心)이 되다.

쇄문-도주(鎖門逃走 잠글 쇄/문 문/도망할 도/달아날 주) 문(門)을 잠그고 도망(逃亡)하거나 달아난다는 뜻으로, 문을 걸어 잠그고 몰래 도망침을 이르는 말. *쇄문(鎖門): 문을 걸어 잠금. *도주(逃走): =도망

(逃亡). 즉, 쫓기어 달아남. *잠그다: ☞쇄국주의(鎖國主義). *도망하다(逃亡~): ①몰래 피해 달아나다.
②쫓기어 달아나다.

쇄-쇄-낙락(灑·洒落落 깨끗할 **쇄**/깨끗할 **쇄**/떨어질 **낙**/떨어질 **락**) 깨끗하고 깨끗한 (상태나 처지에) 떨어
지고 떨어진다는 뜻으로, 마음이나 몸이 매우 시원하고 개운함을 비유적으로 이르는 말. *낙락(落落):
①큰 소나무의 가지 따위가 아래로 축축 늘어짐. ②사이가 멀리 떨어져 있어 여기저기 따로 있음. ③남
과 어울리지 못하고 거리가 있음. ④작은 일에 얽매이지 아니하고 대범(大汎. 성격이나 태도가 사소한
것에 얽매이지 않으며 너그러움)함.

쇄-수-회진(碎首灰塵 부술 **쇄**/머리 **수**/재 **회**/티끌 **진**) 재나 티끌이 (될 때까지) (사람이나 동물의) 머리를
(잘게) 부순다는 뜻으로, 정성과 노력을 다 기울임을 비유적으로 이르는 말. *회진(灰塵): ①재[灰]와
먼지[塵]를 아울러 이르는 말. ②하잘것없는 물건을 이르는 말. ③남김없이 소멸 또는 멸망함을 비유적
으로 이르는 말. *부수다: 부록 '쇄(碎)' 참고. *재: 부록 '회(灰)' 참고. *티끌: 공기 속에 섞여 날리거나
물체 위에 쌓이는, 매우 잘고 가벼운 물질을 이르는 말. 먼지 따위가 있음.

수간-두옥(數間斗屋 몇 **수**/간 **간**/말 **두**/집 **옥**) 몇 칸 (안 되는) (한) 말[斗] (크기의) 집이라는 뜻으로,
두서너 칸밖에 안 되는 작은 집. 또는 몇 칸 안 되는 작은 집을 이르는 말. *수간(數間): 집의 두서너
칸. *두옥(斗屋): ①아주 작은 집. ②아주 작은 방. *간(間): ㉫ 건물의 칸살(건축물에서, 일정한 규격으
로 나누어 둘러막은 하나하나의 공간. =칸)을 세는 단위. 또는 방 넓이의 단위. *말: 부록 '두(斗)' 참고.

수간-모옥(數間茅屋 몇 **수**/간 **간**/띠 **모**/집 **옥**) 몇 칸 (안 되는) 띠로 (된) 집이라는 뜻으로, 두서너 칸밖에
안 되는 띳집(띠로 지붕을 이은 집). 또는 몇 칸 안 되는 작은 초가(草家. 짚이나 갈대 따위로 지붕을
인 집)를 이르는 말. =수간초옥(數間草屋). *수간(數間): ☞수간두옥(數間斗屋). *모옥(茅屋): ①띠나 이
엉(초가집의 지붕이나 담을 이기 위하여 엮은 짚) 따위로 이은 허술한 집. ②자기 집을 낮추어 이르는
말. *간(間): ☞수간두옥(數間斗屋). *띠: 부록 '모(茅)' 참고.

수간-초옥(數間草屋 몇 **수**/간 **간**/풀 **초**/집 **옥**) 몇 칸 (안 되는) 풀로 (된) 집이라는 뜻으로, 두서너 칸밖에
안 되는 띳집(띠로 지붕을 이은 집). 또는 몇 칸 안 되는 작은 초가(草家. 짚이나 갈대 따위로 지붕을
인 집)를 이르는 말. =수간모옥(數間茅屋). *수간(數間): ☞수간두옥(數間斗屋). *초옥(草屋): 갈대나 짚
따위로 지붕을 이은 집. =초가(草家). *간(間): ☞수간두옥(數間斗屋).

수구-여-병(守口如瓶 막을 **수**/입 **구**/같을 **여**/병 **병**) (나의) 입[口]을 병(瓶)의 (마개와) 같게 막는다. 즉,
나의 입[口]을 병마개 막듯이 꼭 막는다는 뜻으로, 비밀(秘密)을 다른 사람이 알지 못하도록 함을 비유적
으로 이르는 말. *수구(守口): 비밀(秘密)이 새어 나가지 않도록 말을 삼감. *병(瓶): 부록 '병(瓶)' 참고.

수-구-지-가(數口之家 몇 **수**/입 **구**/어조사 **지**/집안 **가**) 입[口]이 몇 (안 되는) 집안이라는 뜻으로, 식구(食
口)가 몇 안 되는 집안을 이르는 말.

수구-초심(首丘初心 머리 **수**/언덕 **구**/처음 **초**/마음 **심**) 머리를 처음 마음에 (둔) 언덕에 (둔다). 즉, 여우가
죽을 때에 머리를 자기가 살던 굴(窟) 쪽으로 둔다는 뜻으로, 고향(故鄕)을 그리워하는 마음을 비유적으
로 이르는 말. 비 호사수구(狐死首丘). 참 수구지정(首丘之情). *수구(首丘): =수구초심(首丘初心). *초
심(初心): ①처음에 먹은 마음. ②처음 배우는 사람. 이 사자성어의 유래는 다음과 같다. 『예기(禮記)』의
「단궁(檀弓) 상(上)」 편(篇)에, 〈군자(君子. 학문과 덕·德이 높고 행실·行實이 바르며 품위·品位를 갖춘

사람)가 다음과 같이 말했다. "음악(音樂)은 그 자연적으로 발생하는 바를 즐기고, 예(禮)는 그 근본을 잊지 않는다는 것이다. 옛사람의 말에 '여우가 죽을 때 언덕으로 머리를 향한다.'고 했는데, 그것이 바로 인(仁)이다."(君子曰, 樂, 樂其所自生, 禮, 不忘其本, 古之人有言曰, 狐死正丘首, 仁也.)〉라는 이야기가 나오는데, '여우가 죽을 때 언덕으로 머리를 향한다.(狐死正丘首)'에서, '수구초심(首丘初心)'이 유래했다. 참고로, 원문의 '君'은 군자(君子) '군'으로 읽고, '子'는 경칭(敬稱. 공경하는 뜻으로 부르는 칭호. 또는 존대하여 일컬음) '자'로 읽는다. 학덕(學德)과 지위가 높은 남자의 경칭(敬稱)이다. '君子曰'에서, '君子'는 행실이 점잖고 어질며 덕(德. 고매하고 너그러운 도덕적 품성)과 학식이 높은 사람. '君子曰'을 직역(直譯)하면, 군자(君子)가 말하기를, '樂'에서, '樂'은 음악 '악', 노래 '악'으로 읽는다. '樂其所自生'에서, '樂'은, 여기서는 즐길 '락(낙)'으로 읽고, '其'는 그(지시하는 말) '기'로 읽고, '所'는 바(앞에서 말한 내용 그 자체나 일 따위를 나타내는 말) '소'로 읽고, '自'는 스스로 '자'로 읽고, '生'은 날 '생', 살 '생'으로 읽는다. '自生'은 저절로 나서 자람. '樂其所自生'을 직역(直譯)하면, 그 자생(自生)하는 바를 즐기고, '禮'에서, '禮'는 예절 '예'로 읽는다. '不忘其本'에서, '不'은 아닐(부정하는 말) '불'로 읽고, '忘'은 잊을 '망'으로 읽고, '本'은 근본 '본'으로 읽는다. '不忘其本'을 직역(直譯)하면, 그 근본을 잊지 않는 것이다. '古之人有言曰'에서, '古'는 옛 '고'로 읽고, '之'는 어조사 '지'로 읽는다. '~의'를 나타내는 관형격 조사. '有'는 있을 '유'로 읽고, '言'은 말씀 '언'으로 읽는다. '古之人有言曰'을 직역(直譯)하면, 옛날의 사람이 말을 (하는 바가) 있는데, 말하기를, '狐死正丘首'에서, '狐'는 여우 '호'로 읽고, '死'는 죽을 '사'로 읽고, '正'은 바를 '정'으로 읽고, '丘'는 언덕 '구'로 읽고, '首'는 머리 '수'로 읽는다. '狐死正丘首'를 직역(直譯)하면, 여우가 죽을 때 언덕으로 머리를 바르게 (향한다). 여기서, '首丘初心'이 유래하였는데, 이것을 직역(直譯)하면, 머리를 처음 마음에 (둔) 언덕에 (둔다). 즉, 여우가 죽을 때에 머리를 자기가 살던 굴(窟) 쪽으로 둔다는 뜻으로, 고향(故鄕)을 그리워하는 마음을 비유적으로 이르는 말. 그리고 여기서 '狐死首丘'도 유래하였는데, 이것을 직역(直譯)하면, 여우가 죽을 때 머리를 (두는) 언덕. 즉, 여우가 죽을 때, 머리를 제가 살던 굴이 있는 언덕으로 돌린다는 뜻으로, ①죽을 때라도 자기의 근본(根本. 사물이 생겨나는 데 바탕이 되는 것. 또는 자라온 환경이나 경력)을 잊지 아니함을 비유적으로 이르는 말. ②고향을 그리워함을 비유적으로 이르는 말. '仁也'에서, '仁'은 어질 '인'으로 읽고, '也'는 어조사 '야'로 읽는다. '~이다(단정)'의 뜻을 나타냄. '仁也'를 직역(直譯)하면, (그것이) 어짊이다. 그런데 이 외에, 초(楚)나라의 시인이자 정치가인 굴원 (屈原)의 「구장(九章)·섭강(涉江)」 편(篇)에 〈새는 날아서 고향으로 돌아가고 / 여우는 죽으면 머리를 언덕으로 향한다.(鳥飛反故鄕兮, 狐死必首丘.)〉라는 시구(詩句)가 나오는데, '여우는 죽으면 머리를 언덕으로 향한다.(狐死必首丘)'에서, '수구초심(首丘初心)'이 유래했다. 참고로, 원문의 '鳥飛反故鄕兮'에서, '鳥'는 새 '조'로 읽고, '飛'는 날 '비'로 읽고, '反'은 돌아올 '반'으로 읽고, '故'는 연고(緣故. 사람들 사이에 맺어진 관계) '고'로 읽고, '鄕'은 시골 '향', 고향 '향'으로 읽는다. '故鄕'은 자기가 태어나서 자란 곳. '兮'는 어조사 '혜'로 읽는다. '~이다(강조)'의 뜻을 나타냄. '鳥飛反故鄕兮'를 직역(直譯)하면, 새는 날아 고향으로 돌아오고, '狐死必首丘'에서, '狐'는 여우 '호'로 읽고, '死'는 죽을 '사'로 읽고, '必'은 반드시 '필'로 읽고, '首'는 머리 '수'로 읽고, '丘'는 언덕 '구'로 읽는다. '狐死必首丘'를 직역(直譯)하면, 여우는 죽으면 반드시 머리를 언덕으로 (향한다). 여기서, '首丘初心'이 유래하였는데, 이것을 직역(直譯)하면, 머리를 처음 마음에 (둔) 언덕에 (둔다). 즉, 여우가 죽을 때에 머리를 자기가 살던 굴(窟) 쪽으로 둔다는 뜻으로, 고향(故鄕)을 그리워하는 마음을 비유적으로 이르는 말.

수-궁-즉-설(獸窮則齧 짐승 **수**/궁할 **궁**/곧 **즉**/깨물 **설**) 짐승이 궁(窮)하면 곧 깨문다. 즉, 짐승이 궁지(窮地. 매우 곤란하고 어려운 일을 당한 처지)에 몰리면 물려고 덤빈다는 뜻으로, 사람도 곤궁(困窮. 가난하여 살림이 구차함. 또는 처지가 이러지도 저러지도 못하게 난처하고 딱함)하여지면 나쁜 짓을 하게 됨을 비유적으로 이르는 말. *궁하다(窮~): 부록 '궁(窮)' 참고. *깨물다: ①깨어지도록 이로 물다. ②(밖으로 나타나려는 감정이나 말 따위를 참기 위하여) 아래윗니를 맞붙여 힘껏 물다.

수기-응변(隨機應變 따를 **수**/기회 **기**/응할 **응**/고칠 **변**) 기회(機會)에 따라 응(應)하여 고친다는 뜻으로, 그때그때의 기회(機會)에 따라 일을 적절히 처리함을 이르는 말. 🔟 수시응변(隨時應變). 임기응변(臨機應變). *수기(隨機): ①어떠한 기회를 따름. ②=수기응변(隨機應變). *응변(應變): =임기응변(臨機應變). 즉, 그때그때 처한 사태에 맞추어 즉각 그 자리에서 결정하거나 처리함. *따르다: 부록 '수(隨)' 참고. *응하다(應~): 부록 '응(應)' 참고. 이 사자성어의 유래는 다음과 같다. 『구당서(舊唐書)』의 「곽효각전(郭孝恪傳)」 편(篇)에 〈왕세충(王世充)은 날이 갈수록 다급(多急. 미처 어떻게 할 여유가 없을 만큼 일이 바싹 닥쳐서 몹시 급함)해지고 있습니다. 힘도 다하고 계략(計略. 어떤 일을 이루기 위한 꾀나 수단)도 다했으니, 그 목을 효수(梟首. 지난날 죄인의 목을 베어 높이 매달던 일)하고 얼굴을 묶을 날을 발돋움(어떤 지향·志向하는 상태나 위치 따위로 나아감)하며 기다릴 수 있습니다. 두건덕(竇建德)이 멀리에서 와 학정(虐政. 국민들을 괴롭히는 정치, 또는 포악한 정치)을 돕고, 군량(軍糧. 군대의 양식) 운송은 막히고 끊어졌으니, 이는 하늘이 그릇(어떤 일이나 형편이 잘못되게) 망하게 하려는 때입니다. 무뢰(武牢. 중국의 유적 이름)를 견고하게 하고, 범수(氾水. 땅 이름)에 군대를 주둔시키며, 일에 따라 적절하게 반응하고 변통하면 쉽게 이길 수 있습니다.(世忠日踧月迫, 力盡計窮, 懸首面縛, 翹足可待, 建德遠來助虐, 糧運阻絕, 此是天喪之時, 請固武牢, 屯軍氾水, **隨機應變, 則易爲克殄**.)〉라는 이야기가 나오는데, '일에 따라 적절하게 반응하고 변통하면 쉽게 이길 수 있습니다.(隨機應變, 則易爲克殄)'에서, '수기응변(隨機應變)'이 유래했다. 나머지 구체적인 내용은 ⇨계궁역진(計窮力盡).

수기-치인(修己治人 닦을 **수**/자기 **기**/다스릴 **치**/다른 사람 **인**) 자기(自己)를 닦은 후에 다른 사람을 다스린다는 뜻으로, 자신의 몸과 마음을 닦은 후에 남을 다스림. 또는 내 몸을 닦은 후에 교화(敎化. 주로 교양. 도덕 따위를 가르치어 감화시킴)함을 이르는 말. *수기(修己): 자신의 몸과 마음을 닦음. *치인(治人): 한(하나의) 나라를 다스리는 사람. 이 사자성어의 유래는 다음과 같다. 주희(朱熹)의 『대학장구서(大學章句序)』에 [『대학(大學)』은 옛날 태학(太學)에서 사람을 가르치는 법도(法度. 생활상의 예법이나 제도)를 기술해 놓은 책이다. 하늘이 백성을 내렸을 때로부터 인의예지(仁義禮智. 본문 참고)의 본성(本性. 사람의 본디의 성질, 또는 사람의 타고난 성질)을 부여해 주지 않은 적이 없었다. 그러나 기질(氣質. 개인이나 집단 특유의 성질)을 부여 받은 것은 혹시라도 같을 수 없다. 그러므로 사람들은 자신이 본성(本性)을 가지고 있는 것을 온전하게 알지 못하였다. (혹여) 한 사람이라도 총명(聰明. 보고 들은 것에 대한 기억력이 좋음)하고 예지(叡智. 사물의 본질을 꿰뚫는 뛰어난 지혜)가 있는 사람이 자신의 본성(本性)을 극진하게 할 수 있는 자(者)가 나타나면 하늘은 반드시 명령을 내려 그를 많은 사람의 임금과 스승으로 삼아서 그들을 다스리고 가르쳐서 그들의 본성(本性)을 회복하도록 만들었다. 즉, 복희(伏羲), 신농(神農), 황제(黃帝), 요(堯)임금, 순(舜)임금께서 계천입극(繼天立極. 하늘이 도를 이어받아 사람의 도·道를 세움)하고, 사도지직(司徒之職. 백성을 교육하는 직임·職任. 여기서 '직임·職任'은 직무상 맡은 책임을 일컬음)하고, 전악지관(典樂之官)(귀족자제를 교육하는 것)을 설치한 이유이다.……〈15세에 이르면, 천자(天子)의 자제(子弟. 남을 높여 그의 아들이나 그 집안의 젊은이를 이르는 말)로부터, 공경대부(公卿大夫. 본문 참고), 원사(元士. 벼슬 이름)의 적자(適子. 맏아들)에 이르기까지, 우수한 자제(子弟. 남을 높여 그의 아들이나 그 집안의 젊은이를 이르는 말)들은, 태학(太學)에 입학하였다. 여기서, '천자(天子)'는 천제(天帝. 하늘을 다스리는 신. 또는 우주를 창조하고 주재한다고 믿어지는 초자연적인 절대자)의 아들이란 뜻으로, 천명(天命. 하늘의 명령)을 받아 천하(天下)를 다스리는 사람. 곧 중국에서 황제(皇帝)를 일컫던 말이다. 그리고 (태학·太學에서는) 사람들에게 이치를 궁구(窮究. 파고들어 깊이 연구함)하는 법, 마음을 바로잡는 법, 자신을 수양(修養. 몸과 마음을 갈고닦아 품성이나 지식, 도덕 따위를 높은 경지로 끌어올림)하고 다른 사람을 다스리는 방도(方道·途. 어떤 일을 하거나 문제를 풀어가기 위한 방법과 도리)를 가르쳐 주었으니, 이것이 또한 학교의 가르침과, 대학(大學. 태학·太學)과 소학(小學)의 항목으로, 나누어지는 이유이다.(及其十有五年, 則自天子之元子衆子, 以至公卿大元士夫之適子, 與凡民之俊秀, 皆入大學, **而敎之以窮理正心修己治人之道**, 此又學校之敎, 大小之節, 所以分也)라는 이야기가 나오는데, '사람들에게 이치를 궁구하는 법, 마음을 바로잡는 법, 자신을 수양하고 다른 사람을 다스리는 방도를 가르쳐 주었으니,(而敎之以窮理正心修己治人之道)'에서, '수기치인(修己治人)'이 유래했다. 나머지 구체적인 것은 ⇨공경대부(公卿大夫).

수다-식솔(數多食率 셀 **수**/많을 **다**/밥 **식**/거느릴 **솔**) 셀 (수 없이) 많은 밥(식구)을 거느린다는 뜻으로, 많은 식구(食口)를 이르는 말. =수다식구(數多食口). *수다(數多): 수가 많음. *식솔(食率): 집안에 딸린 식구. *거느리다: 부록 '솔(率)' 참고.

수-도-거-성(水到渠成 물 **수**/이를 **도**/개천 **거**/이룰 **성**) 물이 이르면(흐르면) 개천을 이룬다. ①물이 흐르면 자연히 개천을 이룬다는 뜻으로, 학문을 열심히 하면 스스로 도(道)를 깨닫게 됨을 비유적으로 이르는 말. ②물이 흐르는 곳에 도랑(폭이 좁은 작은 개울)이 생긴다는 뜻으로, 조건이 성숙되면 일은 자연히 이루어짐을 비유적으로 이르는 말. 물이 흐르면 도랑을 이루고, 참외가 익으면 꼭지가 떨어지듯이, 시기가 무르익고 조건이 갖추어지면, 굳이 애쓰지 않아도 절로 이루어짐을 강조한 것이다. *이르다: 어떤 장소나 시간에 닿다. *개천(~川): 개골창 물이 흘러 나가도록 길게 판 내.

수-도-어-행(水到魚行 물 **수**/이를 **도**/물고기 **어**/다닐 **행**) 물에 이르게 (되면) 물고기가 다닌다. 즉, 물이 흐르는 곳에는 고기가 다닌다는 뜻으로, 무슨 일이나 때가 되면 이루어짐을 비유적으로 이르는 말. *이르다: 부록 '도(到)' 참고.

수-득-수-실(誰得誰失 누구 **수**/얻을 **득**/누구 **수**/잃을 **실**) 누구는 얻고 누구는 잃었다는 뜻으로, 누가 얻고, 누가 잃었는지 분명하지 않은 형편을 이르는 말. 또는 누가 이익을 보고 누가 손해를 보는지 분명하지 않은 일을 이르는 말.

수-락-석-출(水落石出 물 **수**/떨어질 **락**/돌 **석**/날 **출**) 물이 (아래로) 떨어지면 (밑바닥 위는) 돌이 나온다. 즉, 물이 말라 밑바닥의 돌이 드러난다는 뜻으로, ①겨울 강(江)의 경치를 비유적으로 이르는 말. ②어떤 사건의 진상(眞相. 사물이나 현상의 거짓 없는 모습이나 내용)이 나중에 명백히 드러남을 비유적으로 이르는 말. 또 어떤 자료에는 떨어지는 물은 묻힌 돌도 드러낸다는 뜻으로, 조그마한 물방울이 계속 떨어지면 땅에 묻힌 돌도 드러내게 되듯이, 약한 힘도 쌓이게 되면 위력을 발휘할 수 있게 됨을 이르는 말.〈송재선의 『우리말속담큰사전』에서〉 이 사자성어의 유래는 다음과 같다. 소식(蘇軾)의 「후적벽부(後赤壁賦)」에 〈(이에 술과 고기를 가지고) 다시 적벽강(赤壁江) 아래에서 놀았는데 / 강물 흐르는 소리 들려오고 / (물 빠져) 끊긴 강둑은 천 길이나 되었다. / 산 높으니 달은 작게 보이고 / 물이 줄어 바위가 드러나 있었다. / 세월이 얼마나 흘렀다고 / 강산을 알아볼 수 없단 말인가?(復遊於赤壁之下, 江流有聲, 斷岸千尺, 山高月小, <u>水落石出</u>, 曾日月之幾何, 而江山不可復識矣.)〉라는 시구(詩句)가 나오는데, ‘물이 줄어 바위가 드러나 있었다.(水落石出)’에서, ‘수락석출(水落石出)’이 유래했다. 참고로, 원문의 ‘復遊於赤壁之下’에서, ‘復’는 다시 ‘부’로 읽고, ‘遊’는 놀 ‘유’로 읽고, ‘於’는 어조사 ‘어’로 읽는다. ‘~에서(<u>장소</u>)’의 뜻을 나타냄. ‘赤’은 붉을 ‘적’으로 읽고, ‘壁’은 벽(壁, <u>집이나 방 따위의 둘레를 막은 수직 건조물</u>) ‘벽’으로 읽는다. ‘赤壁’은 땅 이름. 중국 삼국 시대인 서기 208년에 손권(孫權)·유비(劉備)의 소수 연합군이 조조(曹操)의 대군(大軍)을 크게 무찌른 장소로써, ‘적벽대전(赤壁大戰)’으로 유명함. ‘之’는 어조사 ‘지’로 읽는다. ‘~의’를 나타내는 관형격 조사. ‘下’는 아래 ‘하’로 읽는다. ‘復遊於赤壁之下’를 직역(直譯)하면, 다시 적벽(赤壁)의 아래에서 놀았는데, ‘江流有聲’에서, ‘江’은 강(江) ‘강’으로 읽고, ‘流’는 흐를 ‘류(<u>유</u>)’로 읽고, ‘有’는 있을 ‘유’로 읽고, ‘聲’은 소리 ‘성’으로 읽는다. ‘江流有聲’을 직역(直譯)하면, 강물의 흐름에 소리가 있고, ‘斷岸千尺’에서, ‘斷’은 끊을 ‘단’으로 읽고, ‘岸’은 언덕 ‘안’으로 읽고, ‘千’은 일천 ‘천’으로 읽고, ‘尺’은 자(<u>길이를 재는 데 쓰는 도구</u>) ‘척’으로 읽는다. ‘斷岸千尺’을 직역(直譯)하면, 끊어진 언덕은 천 자[尺]가 (되었다). ‘山高月小’에서, ‘山’은 뫼(‘<u>산</u>’의 옛말) ‘산’으로 읽고, ‘高’는 높을 ‘고’로 읽고, ‘月’은 달 ‘월’로 읽고, ‘小’는 작을 ‘소’로 읽는다. ‘山高月小’는 직역(直譯)하면, 산이 높아 달은 작게 (보이니), ‘水落石出’에서, ‘水’는 물 ‘수’로 읽고, ‘落’은 떨어질 ‘락(<u>낙</u>)’으로 읽고, ‘石’은 돌 ‘석’으로 읽고, ‘出’은 날 ‘출’로 읽는다. ‘水落石出’을 직역(直譯)하면, 물이 (아래로) 떨어지면 (밑바닥 위는) 돌이 나온다. 즉, 물이 말라 밑바닥의 돌이 드러난다는 뜻으로, ①겨울 강(江)의 경치를 비유적으로 이르는 말. ②어떤 사건의 진상이 나중에 명백히 드러남을 비유적으로 이르는 말. ‘曾日月之幾何’에서, ‘曾’은 더할 ‘증’으로 읽는다. ‘增’과 같은 뜻. ‘日’은 날 ‘일’로 읽고, ‘月’은 달 ‘월’로 읽는다. ‘日月’은 날과 달의 뜻으로, 세월(歲月)을 이르는 말. ‘之’는 어조사 ‘지’로 읽는다. ‘~이’, ‘~가(<u>주격</u>)’의 뜻을 나타냄. ‘幾’는 몇 ‘기’, 얼마 ‘기’로 읽고, ‘何’는 어찌(<u>의문 부사</u>) ‘하’로 읽는다. ‘幾何’는 ‘얼마’와 같은 말. 잘 모르는 수량이나 정도. ‘曾日月之幾何’를 직역(直譯)하면, 해와 달을 더한 것이 얼마인가? 즉, 해와 달이 거듭하길 그 얼마나 되었다고. 또는 세월이 얼마나 흘렀다고. ‘而江山不可復識矣’에서, ‘而’는 말 이을 ‘이’로 읽는다. ‘그리고’의 뜻을 나타냄. ‘江山’은 강과 산이라는 뜻으로, 자연의 경치를 이르는 말. ‘不’은 아닐(<u>부정하는 말</u>) ‘불’로 읽고, ‘可’는 가히(可~, ‘<u>능히</u>’, ‘<u>넉넉히</u>’의 뜻을 나타냄) ‘가’로 읽고, ‘復’는 다시 ‘부’로 읽고, ‘識’은 알 ‘식’으로 읽고, ‘矣’는 어조사 ‘의’로 읽는다. ‘~는가?’, ‘~인가?(<u>의문</u>)’의 뜻을 나타냄. ‘而江山不可復識矣’를 직역(直譯)하면, 그리고 강과 산을 다시 가히 알 수 없지 않은가? 즉, 강과 산이 몰라보게 변하여 다시 알 수 없다는 말이다. 그런데 이 외에, 구양수(歐陽脩)의 「취옹정기(醉翁亭記)」에 〈들꽃이 피어 그윽한 향기가 풍기고 / 아름다운 나무가 빼어나 무성한 그늘이 지며 / 바람과 서리 고결(高潔)하고 / 수위(水位, <u>바다나 강, 댐 따위의 수면의 높이</u>)가 떨어져 바닥의 돌이 드러나는 것은 / 산간(山間)의 사시(四時)이다.(野芳發而幽香, 嘉木秀而繁陰, 風霜高潔, <u>水落而石出者</u>, 山間之四時也.)〉라는 시구(詩句)

 이처럼 '수락석출(水落石出)'은 본래 물가의 경치를 묘사(描寫. 눈으로 보거나 마음으로 느낀 것 따위를 그림으로 그리듯이 객관적으로 표현함)하는 말로 사용되었지만, 나중에는 물이 줄어들어 돌이 드러나는 것처럼 어떤 일의 진상(眞相. 사물이나 현상의 거짓 없는 모습이나 내용)이 드러나는 것을 비유(比·譬喩. 어떤 사물의 모양이나 상태 따위를 보다 효과적으로 표현하기 위하여 그것과 비슷한 다른 사물에 빗대어 표현함. 또는 그 표현 방법)하는 말로 쓰이게 되었다. 참고로, 원문의 '野芳發而幽香'에서, '野'는 들 야로 읽고, '芳'은 꽃다울(꽃과 같은 아름다움이 있을) '방'으로 읽는다. '野芳'은 '들꽃'과 같은 말로, 들에 피는 꽃. '發'은 필(꽃봉오리 따위가 벌어질) '발'로 읽고, '而'는 말 이을 '이'로 읽는다. '그리고'의 뜻을 나타냄. '幽'는 그윽할 '유'로 읽고, '香'은 향기 '향'으로 읽는다. '野芳發而幽香'을 직역(直譯)하면, 들꽃은 피고 그리고 향기는 그윽하고, '嘉木秀而繁陰'에서, '嘉'는 아름다울 '가'로 읽고, '木'은 나무 '목'으로 읽는다. '嘉木'은 아름답고 진귀한 나무. '秀'는 빼어날(여럿 가운데서 두드러지게 뛰어날) '수'로 읽고, '繁'은 번성할(繁盛~) '번', 무성할(茂盛~) '번'으로 읽고, '陰'은 그늘 '음'으로 읽는다. '繁陰'은 나무가 무성한 곳에 지는 짙은 그늘. '嘉木秀而繁陰'을 직역(直譯)하면, 아름답고 진귀한 나무는 빼어나고 그리고 무성한 (곳에) (짙은) 그늘이 (지며), '風霜高潔'에서, '風'은 바람 '풍'으로 읽고, '霜'은 서리 '상'으로 읽고, '高'는 고상할 '고'로 읽고, '潔'은 깨끗할 '결'로 읽는다. '高潔'은 성품이 고상하고 순결함. '風霜高潔'을 직역(直譯)하면, 바람과 서리 고상하고 순결하며, '水落而石出者'에서, '水'는 물 수로 읽고, '落'은 떨어질 락(낙)으로 읽고, '而'는 말 이을 '이'로 읽는다. '그리고'의 뜻을 나타냄. '石'은 돌 '석'으로 읽고, '出'은 날 '출'로 읽고, '者'는 것(사물, 현상, 일 따위를 추상적으로 이르는 말) '자'로 읽는다. '水落而石出者'를 직역(直譯)하면, 물의 (높이가 아래로) 떨어지고 그리고 (바닥의) 돌이 나오는 (것은), 즉, 물의 높이가 아래로 떨어져 마르게 되면 그 밑바닥 위에 돌이 나온다는 말이다. 여기서, '水落石出'이 유래하였는데, 이것을 직역(直譯)하면, 물이 (아래로) 떨어지면 (밑바닥 위는) 돌이 나온다. 즉, 물이 말라 밑바닥의 돌이 드러난다는 뜻으로, ①겨울 강(江)의 경치를 비유적으로 이르는 말. ②어떤 사건의 진상이 나중에 명백히 드러남을 비유적으로 이르는 말. '山間之四時也'에서, '山'은 뫼('산'의 옛말) '산'으로 읽고, '間'은 사이 '간'으로 읽는다. '山間'은 산과 산 사이. 또는 산골짜기로 된 곳. '之'는 어조사 '지'로 읽는다. '~의'를 나타내는 관형격 조사. '四'는 넉 '사'로 읽고, '時'는 때 '시'로 읽는다. '四時'는 '사철'과 같은 말로, 봄, 여름, 가을, 겨울의 네 철. '也'는 어조사 '야'로 읽는다. '~이다(단정)'의 뜻을 나타냄. '山間之四時也'를 직역(直譯)하면, 산간(山間)의 사시(四時)이다. 즉, 산과 산 사이의 봄, 여름, 가을, 겨울의 네 철 (풍경)이다.

수렴-청정(垂簾聽政 드리울 **수**/발 **렴**/들을 **청**/다스릴 **정**) 발[簾]을 드리우고 (다른 사람으로부터) 들으면서 다스린다는 뜻으로, 예전에 임금이 어린 나이로 즉위(卽位. 임금의 자리에 오름)하였을 때, 왕대비(王大妃. 살아있는 선왕·先王의 비·妃를 이르는 말)나 대왕대비(大王大妃. 살아있는 전전·前前 임금의 비·妃를 이르는 말. 주로 임금의 할머니를 일컬음)가 임금을 대신하여 정사(政事. 정치에 관한 일. 행정에 관한 일)를 돌보던 일을 이르는 말. 왕대비(王大妃)가 신하(臣下)를 접견(接見)할 때, 그 앞에 발[垂]을 드리운(늘인) 데서 유래한다. =수렴지정(垂簾之政). *수렴(垂簾): ①발[簾]을 드리움. 또는 그 발. ②=수렴청정(垂簾聽政). *청정(聽政): 정사(政事)에 관하여 신하가 아뢰는 말을 임금이 듣고 처리함. *드리우

다: 부록 ‘수(垂)’ 참고. *발: 부록 ‘렴(簾)’ 참고. *다스리다: (나라, 사회, 집안 따위의 일을) 보살펴 관리하거나 처리하다.

수로-만-리(水路萬里 물 **수**/길 **로**/일만 **만**/이수 **리**) 물의 길[路]이 일만(一萬) 이수(里數)라는 뜻으로, 매우 먼 뱃길을 이르는 말. *수로(水路): ①=물길. ②선박이 다닐 수 있는 수면(水面) 위의 일정한 길. *이수 (里數): ①거리를 리(里)의 단위로 헤아린 수(數). ②마을의 수효(數爻).

수류-운-공(水流雲空 물 **수**/흐를 **류**/구름 **운**/공중 **공**) 흐르는 물과 공중(하늘)에 (뜬) 구름이라는 뜻으로, 지나간 일이 흔적 없이 사라져 허무함을 비유적으로 이르는 말. 원래 흐르는 물과 하늘에 떠 있는 구름은 시간이 지나면 흔적도 없이 사라진다. *수류(水流): 물의 흐름.

수륙-만-리(水陸萬里 물 **수**/육지 **륙**/일만 **만**/이수 **리**) 물과 육지의 (거리가) 일만(一萬) 이수(里數)라는 뜻으로, ①바다와 육지에 걸쳐 만(萬) 리(里)나 떨어진 먼 거리를 이르는 말. ②바다와 육지를 사이에 두고 멀리 떨어져 있음을 이르는 말. *수륙(水陸): ①물[水]과 육지(陸地)를 아울러 이르는 말. ②수로(水 路. 물이 흐르는 통로. =물길)와 육로(陸路. 육지 위의 길)를 아울러 이르는 말. *이수(里數): ☞수로만리 (水路萬里).

수륙-병진(水陸竝進 물 **수**/육지 **륙**/나란할 **병**/나아갈 **진**) 물과 육지에서 나란히 나아간다는 뜻으로, (수군 과 육군이) 바다와 육지에서 동시에 진격(進擊. 적을 치기 위하여 앞으로 나아감)하거나 공격(攻擊. 나아 가 적을 침)하여 나아가는 일을 이르는 말. *수륙(水陸): ☞수륙만리(水陸萬里). *병진(竝進): 함께 나란 히 나아감.

수륙-양용(水陸兩用 물 **수**/육지 **륙**/두 **양**/쓸 **용**) 물과 육지에서 두 (가지로) 쓰인다는 뜻으로, 물 위에서나 땅 위에서나 두루 쓸 수 있는 것을 이르는 말. *수륙(水陸): ☞수륙만리(水陸萬里). *양용(兩用): 두 가지 기능으로 쓰임.

수륙-진미(水陸珍味 물 **수**/육지 **륙**/보배 **진**/맛 **미**) 물과 육지에서 (나는) 보배로운 맛이라는 뜻으로, 산과 바다에서 나는, 온갖 진귀(珍貴. 보배롭고 보기 드물게 귀함)한 물건으로 차린, 맛이 좋은 음식을 이르는 말. =산진해갈(山盡海渴). 산진해미(山珍海味). 산진해착(山珍海錯). 산진해찬(山珍海饌). 산해진미(山海 珍味). *수륙(水陸): ☞수륙만리(水陸萬里). *진미(珍味): 음식의 썩 좋은 맛. 또는 그런 음식물.

수명-어-천(受命於天 받을 **수**/명령 **명**/어조사 **어**/하늘 **천**) 하늘에서 명령을 받아 (오른다는) 뜻으로, 천명 (天命. 하늘의 명령)을 받아 왕위(王位. 임금의 자리)에 오름을 이르는 말. =수명우천(受命于天). *수명 (受命): ①명령을 받음. ②=수명어천(受命於天).

수명-우-천(受命于天 받을 **수**/명령 **명**/어조사 **우**/하늘 **천**) 하늘에서 명령을 받아 (오른다는) 뜻으로, 천명 (天命. 하늘의 명령)을 받아 왕위(王位. 임금의 자리)에 오름을 이르는 말. =수명어천(受命於天). *수명 (受命): ☞수명어천(受命於天).

수명-장수(壽命長壽 목숨 **수**/목숨 **명**/길 **장**/목숨 **수**) 목숨과 목숨이 긴 목숨이라는 뜻으로, 목숨이 길어 오래 삶을 이르는 말. 흔히 어린아이의 명(命)이 길어 오래 살기를 빌 때 쓴다. *수명(壽命): ①타고난 목숨의 연한(年限. 정하여지거나 경과한 햇수). 또는 살아 있는 연한(年限). ②(물품이나 시설의) 사용에 견디는 기간. 또는 쓰일 수 있는 기간. *장수(長壽): 목숨이 긺. 또는 오래 삶.

수모-수모(誰某誰某 누구 **수**/아무 **모**/누구 **수**/아무 **모**) 누구 아무와 누구 아무라는 뜻으로, 아무아무를 문어적(文語的. 어떠한 말이 글에서만 쓰이고, 일상적인 대화에서는 쓰이지 않는 것)으로 이르는 말. 한 사람 이상의 사람들을 지정하지 않고 일컬을 때 쓰는 3인칭 대명사. *수모(誰某): '아무개'를 문어적(文語的)으로 이르는 말. *누구: 부록 '수(誰)' 참고. *아무: 부록 '모(某)' 참고.

수-무-분전(手無分錢 손 **수**/없을 **무**/단위 **분**/돈 **전**) 손에 돈이 (하나도) 없다는 뜻으로, 수중(手中. 손 안)에 돈이 한 푼도 없음을 이르는 말. *분전(分錢): '푼돈(많지 않은 몇 푼의 돈)'과 같은 말.

수-무-족도(手舞足蹈 손 **수**/춤출 **무**/발 **족**/춤출 **도**) 손으로 춤을 추고 발로 춤을 춘다는 뜻으로, 몹시 좋아서 어찌할 바를 몰라 날뜀을 비유적으로 이르는 말. *족도(足蹈): ①발로 뜀. ②좌우 발을 떼어 옮기는 춤사위(민속 무용에서, 춤 동작의 기본이 되는 낱낱의 일정한 움직임)를 이르는 말. 발바닥을 보이지 않고, 오금(무릎이 구부러지는, 다리의 뒤쪽 부분)을 구부리지 않는 것이 기본이다.

수-문-수-답(隨問隨答 따를 **수**/물을 **문**/따를 **수**/대답할 **답**) 따라 묻고 따라 대답(對答)한다. 즉, 묻는 대로 척척 대답(對答)한다는 뜻으로, 묻는 대로 거침없이 대답(對答)함을 이르는 말. *따르다: 부록 '수(隨)' 참고.

수미-상응(首尾相應 머리 **수**/꼬리 **미**/서로 **상**/응할 **응**) 머리와 꼬리가 서로 응(應)한다는 뜻으로, ①서로 응(應)하여 도와줌을 비유적으로 이르는 말. ②처음과 끝 또는 양쪽 끝이 서로 통함을 비유적으로 이르는 말. *수미(首尾): ①사물의 머리와 끝. ②일의 시작과 끝. *상응(相應): ①서로 응함. ②서로 맞음. 또는 알맞음. ③서로 기맥(氣脈. 서로 뜻이나 마음이 통하는 낌새)이 통함. *응하다(應~): 부록 '응(應)' 참고.

수미-상접(首尾相接 머리 **수**/꼬리 **미**/서로 **상**/이을 **접**) 머리와 꼬리가 서로 이어져 있다는 뜻으로, 양쪽 끝이 서로 맞닿거나 이어짐을 비유적으로 이르는 말. 또는 서로 이어져 끊이지 않음을 비유적으로 이르는 말. *수미(首尾): ☞수미상응(首尾相應). *상접(相接): 서로 한데(한곳. 한군데) 닿음. *잇다: ①두 끝을 맞대어 붙이다. ②앞뒤가 끊어지지 않게 계속하다.

수미-완비(首尾完備 머리 **수**/꼬리 **미**/완전할 **완**/갖출 **비**) 머리와 꼬리를 완전히 갖춘다는 뜻으로, 처음부터 끝까지 완전히 갖춤을 비유적으로 이르는 말. *수미(首尾): ☞수미상응(首尾相應). *완비(完備): 완전히 갖춤.

수미-일관(首尾一貫 머리 **수**/꼬리 **미**/한 **일**/꿰뚫을 **관**) 머리와 꼬리가 하나로 꿰뚫는다는 뜻으로, 일 따위를 처음부터 끝까지 한결같이 함을 비유적으로 이르는 말. =시종일관(始終一貫). *수미(首尾): ☞수미상응(首尾相應). *일관(一貫): =일이관지(一以貫之). ①하나의 방법이나 태도로써 처음부터 끝까지 한결같음. ②모든 것을 하나의 원리로 꿰뚫어 이야기함. *꿰뚫다: ①꿰어서 뚫다. ②일을 속속들이 잘 알다.

수발-황락(鬚髮黃落 수염 **수**/머리털 **발**/누를 **황**/떨어질 **락**) 수염과 머리털이 누렇게 (되어) 떨어진다. 즉, 수염과 머리털이 세어 빠진다는 뜻으로, 늙어 쇠약(衰弱. 힘이 쇠하고 약함)하여짐을 비유적으로 이르는 말. *수발(鬚髮): 수염과 머리털. *황락(黃落): 나뭇잎이 누렇게 되어 떨어짐.

수복-강녕(壽福康寧 목숨 **수**/복 **복**/튼튼할 **강**/편안할 **녕**) 목숨과 복(福)이 튼튼하고 편안(便安)하다는 뜻으로, 오래 살고, 행복하거나 복(福)을 누리며, 건강하고 평안함을 이르는 말. *수복(壽福): 오래 살고 복(福)을 누리며 건강하고 편안함. *강녕(康寧): (대개 윗사람에게 쓰는 말로) 몸이 건강하고 마음이 편안함. *편안하다(便安~): 부록 '녕(寧)' 참고.

수-불-석-권(手不釋卷 손 **수**/아닐 **불**/놓을 **석**/책 **권**) 손에서 책을 놓지 않는다는 뜻으로, 항상 손에 책을 들고 부지런히 공부하는 것을 이르는 말. 또는 항상 책을 가까이 하여 학문을 열심히 닦음을 이르는 말. 이 사자성어의 유래는 다음과 같다. 『삼국지(三國志)·오서(吳書)』의 「여몽전(呂蒙傳)」 편(篇)에 나오는 「강표전(江表傳)」을 인용한 배송지(裴松之)의 주(注)에 [「강표전(江表傳)」에 다음과 같은 이야기가 있다. 어느 날 손권(孫權)이 여몽(呂蒙)과 장흠(蔣欽)에게 말했다. "경(卿. 임금이 2품 이상의 신하를 가리키던 2인칭 대명사)들은 이제 권한을 가지고 국가(國家) 대사(大事. 중대한 일)를 맡게 되었으니, 공부를 해서 지식을 함양(涵養. 능력이나 품성 따위를 길러 쌓거나 갖춤)해 두는 것이 어떻겠소?" 여몽(呂蒙)이 대꾸했다. "군(軍) 안에 항상 일이 많아 책을 읽을 겨를이 없습니다." "내가 경(卿)에게 경학(經學. 사서오경·四書五經을 연구하는 학문)을 공부하여 박사(博士)라도 되라고 하는 줄 아는 모양이구려. 다만 지난 일들(선인·先人들이 남긴 기록)을 섭렵(涉獵. 물을 건너 찾아다닌다는 뜻으로, 많은 책을 널리 읽거나 여기저기 찾아다니며 경험함을 이르는 말)하라는 것이오. 경(卿)이 할 일이 많다고는 하지만 나보다 많기야 하겠소? 나는 어릴 적에 『시경(詩經)』, 『서경(書經)』, 『예기(禮記)』, 『좌전(左傳)』, 『국어(國語)』를 읽었고, 『주역(周易)』만을 읽지 못했다오. 업무를 통솔(統率. 어떤 조직체를 온통 몰아서 거느림)한 이래 삼사(三史. 중국의 세 가지 역사책을 이르는 말. 『사기·史記』, 『한서·漢書』, 『후한서·後漢書』를 일컬음)와 모든 병서(兵書. 병법·兵法, 즉, 군사를 지휘하여 전쟁하는 방법에 대한 책)를 살펴보았는데, 스스로 생각해도 큰 이익이 되는 것 같소. 두 분 경(卿)들은 성정(性情. 성질과 심정)이 총명(聰明. 썩 영리하고 재주가 있음)하고 이해력이 있어. 여기서, '재주'는 순우리말로, 무엇을 잘할 수 있는, 타고난 능력과 슬기. 공부하면 반드시 얻게 될 것인데. 어찌 하려고 하지 않는 거요? 당장 『손자(孫子)』, 『육도(六韜)』, 『좌전(左傳)』, 『국어(國語)』와 삼사(三史)를 읽어야 할 것이오.]〈일찍이 (중국 춘추시대의 사상가이며 학자인) 공자(孔子)께서도 '하루 종일 먹지도 않고, 자지도 않고, 생각만 했는데, 얻은 것은 없었다. 차라리 책을 읽는 편이 낫다.'고 말씀하셨소. 그리고 후한(後漢)의 광무제(光武帝. 중국 후한·後漢의 초대·初代 임금)는 군무(軍務. 군대·軍隊, 군비·軍備, 전쟁·戰爭 따위에 관한 일)에 바쁜 중에도 손에서 책을 놓지 않았다고 하고, 맹덕(孟德) 역시 늙어서까지도 배우기를 좋아했다고 스스로 말했소. 경(卿)들은 어찌하여 스스로 노력하지 않는단 말이오."(孔子言. 終日不食. 終夜不寢以思. 無益. 不如學也. <u>光武當兵馬之務</u>. <u>手不釋卷</u>. 孟德亦自謂老而好學, 卿何獨不自勉勖邪.)〉 [여몽(呂蒙)은 공부를 하기 시작하여 뜻을 돈독히 하고 게으르지 않아 두루 본 책이 옛 유학자들보다 많았다.]라는 이야기가 나오는데, '광무제(光武帝)는 군무(軍務)에 바쁜 중에도 손에서 책을 놓지 않았다.(光武當兵馬之務. 手不釋卷)'에서, '수불석권(手不釋卷)'이 유래했다. 「강표전(江表傳)」은 현재 전해지지 않고 있는데, 『삼국지(三國志)』의 「배송지(裴松之)·주(注)」에 많이 인용되어 있다. 수불석권(手不釋卷)은 이와 같이 강표전(江表傳)에 나오는 말이다. 중국에서 후한(後漢)이 멸망한 뒤, 세 나라(<u>위, 오, 촉한</u>)가 세운 삼국 시대에 오(吳)나라의 초대(初代) 황제(皇帝)인 대제(大帝) 손권(孫權) 휘하(麾下. 장군의 지휘 아래, 또는 그 지휘 아래에 딸린 군사)의 장군 중에 여몽(呂蒙)과 장흠(蔣欽)이 있었다. 그 중 여몽(呂蒙)은 전쟁에서 세운 공로로 장군이 되었지만, 경전(經典. 영원히 변치 않는 법식과 도리를 적은 서적이라는 뜻으로, 성인·聖人의 가르침이나 행실, 또는 종교의 교리를 적은 책)을 익히지 않아 매양 글보다는 말로 대신하던 터였다. 그러자 손권(孫權)이 여몽(呂蒙)과 장흠(蔣欽)에게 몇 사람의 예를 들어가며 '수불석권(手不釋卷)'을 적극적으로 권하였던 것이다. 결국 여몽(呂蒙)은 손권(孫權)의 권유로 시작한 공부가 게으르지 않아 옛 유학자들보다 더 많은 책을 읽어 노숙(魯肅. <u>오·吳나라의 명장·名將으로 유명함</u>)이 놀랐다고 하는데, 여기에서 괄목상대(刮目相對. <u>본문 참고</u>)라는 고사(故事)로 유명한 인물이 되기도 하였다. 참고로, 원문의 '孔子言'에서, '孔'은 성씨(姓氏) '공'으로 읽고, '子'는 경칭(敬稱. <u>공경하는 뜻으로 부르는 칭호. 또는 존대하여 일컬음</u>) '자'로 읽는다. 학덕(學德)과 지위가 높은 남자의 경칭(敬稱)이다. '孔子'는 사람 이름. '孔子言'을 직역(直譯)하면, 공자(孔子)가 말하기를, '終日不食'에서, '終'은 마칠 '종'으로 읽고, '日'은 날 '일'로 읽는다. '終日'은 '온종일'과 같은 말로, 아침부터 저녁까지 내내. '不'은 아닐(<u>부정하는 말</u>) '불'로 읽고, '食'은 먹을 '식'으로 읽는다. '終日不食'을 직역(直譯)하면, 온종일 먹지도 않고. '終夜不寢以思'에서, '夜'는 밤 '야'로 읽는다. '終夜'는 하룻밤 동안. 또는 밤이 새도록. '寢'은 잘 '침'으로 읽고, '以'는 써(<u>그것을 가지고, 그것으로 인하여</u>) '이'로 읽고, '思'는 생각 '사'로 읽는다. '終夜不寢以思'를 직역(直譯)하면, 하룻밤 동안 밤에 (잠을) 자지 아니하고 그것을 가지고 생각하였는데. '無益'에서, '無'는 없을 '무'로 읽고, '益'은 이익 '익', 유익할 '익'으로 읽는다. '無益'을 직역(直譯)하면, 이익(利益)이 없다. <u>즉, 이롭거나 도움이 될 만한 것이 없다는 뜻이다.</u> '不如學也'에서, '不'은 아닐(<u>부정하는 말</u>) '불'로 읽고, '如'는 같을 '여'로 읽는다. '不如'는 ~만 못함. '學'은 배울 '학'으로 읽고, '也'는 어조사 '야'로 읽는다. '~이다(<u>단정</u>)'의 뜻을 나타냄. '不如學也'를 직역(直譯)하면, (그리고) 배움만 못하였다. <u>즉, 차라리 배우는 것이 낫다는 뜻이다.</u> '光武當兵馬之務'에서, '光'은 빛 '광'으로 읽고, '武'는 무인(武人) '무'로 읽는다. '光武'는 '후한(後漢)의 광무제(光武帝)'를 가리킴. '當'은 맡을 '당'으로 읽고, '兵'은 병사(兵士) '병'으로 읽고, '馬'는 말 '마'로 읽는다. '兵馬'는 병사(兵士)와 군마(軍馬)를 아울러 이르는 말. '之'는 어조사 '지'로 읽는다. '~의'를 나타내는 관형격 조사. '務'는 일 '무', 직무(職務) '무'로 읽는다. '光武當兵馬之務'를 직역(直譯)하면, 광무제는 병사(兵士)와 군마(軍馬)의 직무를 맡았지만. '手不釋卷'에서, '手'는 손 '수'로 읽고, '不'은 아닐(<u>부정하는 말</u>) '불'로 읽고, '釋'은 놓을 '석'으로 읽고, '卷'은 책 '권'으로 읽는다. '手不釋卷'을 직역(直譯)하면, 손에서 책을 놓지 않는다는 뜻으로, 항상 손에 책을 들고 부지런히 공부하는 것을 이르는 말. 또는 항상 책을 가까이 하여 학문을 열심히 닦음을 이르는 말. '孟德亦自謂老而好學'에서, '孟'은 맏(<u>'맏이'의 뜻을 더하는 접두사</u>) '맹'으로 읽고, '德'은 큰 '덕', 덕(德. <u>고매하고 너그러운 도덕적 품성</u>) '덕'으로 읽는다. '맹덕(孟德)'은 사람 이름. 중국 후한(後漢) 말기의 장군이자 정치인(政治人)인 '조조(曹操)'를 가리킨다. 조조(曹操)의 자(字. <u>본이름을 함부로 부르지 않던 시대에, 본이름 대신 부르던 이름</u>)가 '맹덕(孟德)'이다. '亦'은 또 '역', 또한 '역'으로 읽고, '自'는 스스로 '자'로 읽고, '謂'는 일컬을 '위'로 읽고, '老'는 늙을 '로(노)'로 읽고, '而'는 말 이을 '이'로 읽는다. '그리고'의 뜻을 나타냄. '好'는 좋아할 '호'로 읽고, '學'은 배울 '학'으로 읽는다. '孟德亦自謂老而好學'을 직역(直譯)하면, 맹덕(孟德)은 또한 스스로 늙었다고 일컬으면서도 그리고 배우는 것을 좋아하였다. '卿何獨不自勉勖邪'에서, '卿'은 경(卿. <u>경칭·敬稱으로 쓰이는 말</u>) '경'으로 읽고, '何'는 어찌(<u>의문 부사</u>) '하'로 읽고, '獨'은 홀로 '독'으로 읽고, '自'는 스스로 '자'로 읽고, '勉'은 힘쓸 '면'으로 읽고, '勖'은 힘쓸 '욱'으로 읽고, '邪'는 어조사 '야'로 읽는다. '~는가?', '~인가?(<u>의문</u>)'의 뜻을 나타냄. '卿何獨不自勉勖邪'를 직역(直譯)하면, 경(卿)은 어찌 홀로 스스로 힘쓰지 않는가?

수색-만면(愁色滿面 근심 **수**/빛 **색**/가득할 **만**/얼굴 **면**) 근심스러운 빛이 얼굴에 가득함. *수색(愁色): 근심스러운 표정. *만면(滿面): 온 얼굴.

수서-양단(首鼠兩端 머리 수/쥐 서/두 양/끝 단) 쥐가 머리를 (내밀고) 두 끝(양쪽 끝)에서 (망설인다). 즉, 구멍 속에서 머리를 내밀고 나갈까 말까 망설이는 쥐라는 뜻으로, 머뭇거리며 진퇴(進退. 나아감과 물러섬)나 거취(去就. 어떤 직무나 직위 따위에 머무를 것인가, 떠날 것인가에 관하여 자기의 처지를 정하는 태도)를 정하지 못하고 관망(觀望. 한발 물러나서 어떤 일이 되어가는 형편을 바라봄)하거나 어느 한쪽으로 붙지 않고 양다리(양쪽 다리)를 걸치는 것을 비유적으로 이르는 말. 여기서, '양다리(를) 걸치다(걸다)'는 관용구(慣用句)로, 양쪽에서 이익을 보려고 두 편에 다 관계를 가지다. *수서(首鼠): =수서양단(首鼠兩端). *양단(兩端): ①양쪽 끝. ②처음과 끝.《관련 속담》이 장 떡이 큰가 저 장 떡이 큰가. 이 사자성어의 유래는 다음과 같다. 『사기(史記)』의 「위기무안후열전(魏其武安侯列傳)」편(篇)에 〈무안후(武安侯)인 전분(田蚡)은 퇴궐(退闕. 대궐에서 물러나옴)하는 길에, 나아가다 수레가 문에서 멈추고, 한안국(韓安國)을 불러 수레에 오르게 한 다음, 화가 나서 책망했다. "그대와 함께 그 대머리(머리털이 많이 빠져서 벗어진 머리, 또는 그런 사람) 늙은이에게 대응했어야 했는데, 그대는 어찌하여 구멍에서 머리만 내밀고 좌우를 살피는 쥐처럼 망설였소?"(武安已罷朝, 出止車門, 召韓御史大夫載, 怒曰, 與長孺共一老禿翁, 何爲首鼠兩端.)〉라는 이야기가 나오는데, '그대는 어찌하여 구멍에서 머리만 내밀고 좌우를 살피는 쥐처럼 망설였소?(何爲首鼠兩端)'에서, '수서양단(首鼠兩端)'이 유래했다. 이 말의 배경은 다음과 같다. 전한(前漢)의 6대 경제(景帝)의 외척(外戚. 어머니 쪽의 친척)이고 두영(竇嬰)의 처족(妻族. 아내의 친척)인 전분(田蚡)은 7대 무제(武帝. 한나라의 무제)가 즉위하자, 더 권력을 강화하게 됐다. 하지만 연장자인 두영(竇嬰)은 (해가) 지는 권력이었고, 승상(丞相. 벼슬 이름)이 된 전분(田蚡)은 뜨는 태양이었다. 두영(竇嬰)과 함께 전란(戰亂. 전쟁으로 말미암은 난리)에서 큰 공(功)을 세운 바 있는 관부(灌夫) 장군(將軍)은 이것이 불만이었다. 전분(田蚡)의 집에서 고관대작(高官大爵. 본문 참고)이 모여 주연(酒宴. 술을 마시며 즐겁게 노는, 간단한 잔치)이 벌어졌을 때, 두영(竇嬰)의 권유로 억지(잘 안 될 일을 무리하게 기어이 해내는 고집) 참석한 관부(灌夫)가 주법(酒法. 술을 마실 때 행해야 할 도리나 정해진 이치)을 가지고 시비(是非. 옳고 그름, 또는 잘잘못)를 벌여 주인까지 매도(罵倒. 심하게 욕하며 나무람)했다. 화가 난 전분(田蚡)이 관부(灌夫)를 잡아 옥에 가두고 처형(處刑. 형벌에 처함, 또는 사형에 처함)하려 했으나, 두영(竇嬰)이 손을 써서 그 일이 조정회의(調停會議)에 부쳐지게 되었다. 한무제(漢武帝. 한나라의 무제)도 난감(難堪. 이러기도 어렵고 저러기도 어려워 처지가 매우 딱함)하여 당시(當時. 일이 있었던 바로 그때, 또는 이야기하고 있는 그 시기)에 관리의 죄를 규명(糾明. 어떤 사실을 자세히 따져서 바로 밝힘)하는 직책인 어사대부(御使大夫. 벼슬 이름)인 한안국(韓安國)에게 의견을 물었지만, 양쪽 다 주장하는 것이 옳으니, 왕께서 알아서 결정하시라고 말한다. 결정을 못하고 저녁이 되어 퇴궐(退闕. 대궐에서 물러 나옴)할 때 전분(田蚡)은 한안국(韓安國)을 불러 위와 같이 쏘아 붙인 것이다. '무안후(武安侯) 전분(田蚡)'은 한(漢)나라 6대 황제인 경제(景帝)의 황후(皇后. 황제가 정식으로 혼인하여 맞은 아내) 동생이다. '한안국(韓安國)'은 당시 어사대부(御使大夫)였다. 참고로, 원문의 '武安已罷朝'에서, '武'는 무인(武人) '무'로 읽고, '安'은 편안 '안'으로 읽는다. '武安'은 '무안후(武安侯)인 전분(田蚡)'을 가리킴. '已'는 이미(돌이킬 수 없이 된 지난 일을 일컬을 때 쓰는 말) '이'로 읽고, '罷'는 파할(罷~. 어떤 일을 마치거나 그만둘) '파', 마칠 '파'로 읽고, '朝'는 조정(朝廷. 임금이 나라의 정치를 신하들과 의논하거나 집행하는 곳, 또는 그런 기구) '조'로 읽는다. '罷朝'는 신하가 조정(朝廷)에 나아가 임금을 뵙는 일을 마침. ‘武安已罷朝’를 직역(直譯)하면, 무안후(武安侯)가 이미 조정(朝廷)에 나아가 임금을 뵙는 일을 마치고, ‘出止車門’에서, ‘出’은 날 ‘출’, 나아갈 ‘출’로 읽고, ‘止’는 그칠 ‘지’, 멈출 ‘지’로 읽고, ‘車’는 수레 ‘거’로 읽고, ‘門’은 문(門) ‘문’으로 읽는다. ‘出止車門’을 직역(直譯)하면, 나아가다 수레가 문에서 멈추고, ‘召韓御史大夫載’에서, ‘召’는 부를 ‘소’로 읽고, ‘韓’은 나라 이름 ‘한’으로 읽고, ‘御’는 거느릴 ‘어’로 읽고, ‘史’는 역사(歷史) ‘사’로 읽고, ‘大’는 클 ‘대’로 읽고, ‘夫’는 지아비 ‘부’로 읽는다. 여기서 ‘御史大夫’는 관직 이름. ‘韓御史大夫’는 ‘한안국(韓安國)’을 가리킴. ‘載’는 오를 ‘재’, 올라 탈 ‘재’로 읽는다. ‘召韓御史大夫載’를 직역(直譯)하면, ‘한안국(韓安國)’을 불러 (수레에) 올라 타게 했다. ‘怒曰’에서, ‘怒’는 성낼 ‘로(노)’, 화낼 ‘로(노)’로 읽는다. ‘怒曰’을 직역(直譯)하면, (그리고) 성내어 말하기를, ‘與長孺共一老禿翁’에서, ‘與’는 더불어 ‘여’로 읽고, ‘長’은 길 ‘장’으로 읽고, ‘孺’는 젖먹이 ‘유’로 읽는다. ‘長孺’는 한안국(韓安國)의 자(字. 본이름을 함부로 부르지 않던 시대에, 본이름 대신 부르던 이름)다. ‘共’은 함께 ‘공’으로 읽고, ‘一’은 한 ‘일’로 읽고, ‘老’는 늙을 ‘로(노)’로 읽고, ‘禿’은 대머리(머리털이 빠져 벗어진 머리, 또는 그런 사람) ‘독’으로 읽고, ‘翁’은 늙은이 ‘옹’으로 읽는다. ‘禿翁’은 머리가 벗어진 늙은이. 여기서, ‘대머리 늙은이’는 ‘두영(竇嬰)’을 가리킨다. ‘與長孺共一老禿翁’을 직역(直譯)하면, 한안국(韓安國)과 더불어 함께, 한 사람의 늙은이 두영(竇嬰)에게 (대응했어야 했는데), ‘何爲首鼠兩端’에서, ‘何’는 어찌(의문 부사) ‘하’로 읽고, ‘爲’로 할 ‘위’로 읽고, ‘首’는 머리 ‘수’로 읽고, ‘鼠’는 쥐 ‘서’로 읽고, ‘兩’은 두 ‘량(양)’으로 읽고, ‘端’는 끝 ‘단’으로 읽는다. ‘何爲首鼠兩端’을 직역(直譯)하면, 어찌 쥐가 머리를 (내밀고) 두 끝(양쪽 끝)에서 (망설이는 행위를) 하였는가? 즉, 어찌하여 구멍에서 머리만 내밀고 이쪽 저쪽을 살피는 쥐새끼처럼 애매한 행동을 한 것이오? 여기서, ‘首鼠兩端’이 유래하였는데, 이것을 직역(直譯)하면, 쥐가 머리를 (내밀고) 두 끝(양쪽 끝)에서 (망설인다). 즉, 구멍 속에서 머리를 내밀고 나갈까 말까 망설이는 쥐라는 뜻으로, 머뭇거리며 진퇴(進退. 나아감과 물러섬)나 거취(去就. 어떤 직무나 직위 따위에 머무를 것인가, 떠날 것인가에 관하여 자기의 처지를 정하는 태도)를 정하지 못하고 관망(觀望. 한발 물러나서 어떤 일이 되어가는 형편을 바라봄)하거나 어느 한쪽으로 붙지 않고 양다리를 걸치는 것을 비유적으로 이르는 말.

수-석-침-류(漱石枕流 양치질 **수**/돌 **석**/베개 **침**/흐를 **류**) 돌로 양치질을 하고 흐르는 (물을) 베개 (삼는다)는 뜻으로, 자기의 실수(失手. 부주의로 잘못을 저지름. 또는 그 잘못)를 인정하려 들지 않거나 남에게 지지 않으려고 억지를 부리는 것을 비유적으로 이르는 말. =석수침류(石漱枕流). 침류수석(枕流漱石).
*양치질: 부록 ‘수(漱)’ 참고. *베개: 부록 ‘침(枕)’ 참고. 이 사자성어의 유래는 다음과 같다. 『세설신어(世說新語)』의 「배조(排調)」 편(篇)에, [진(晉)나라 초(初)에 풍익(馮翊. 땅 이름)의 태수(太守. 벼슬 이름)를 지낸 손자형(孫子荊. 손초·孫楚의 다른 이름)은 문재(文才. 글을 짓거나 글씨를 쓰는 재능)도 뛰어났고, 여기서, ‘태수(太守)’는 고대 중국에서 군(郡)의 으뜸 벼슬. 임기응변(臨機應變. 본문 참고)에 대단히 능한 사람이었다. 그가 활동했던 당시(當時. 일이 있었던 바로 그때. 또는 이야기하고 있는 그 시기)에는 사대부(士大夫. 벼슬이나 문벌이 높은 집안의 사람)들 사이에서 속세(俗世. 세속의 사람들이 사는 일반의 사회)의 도덕(道德)이나 문명(文名. 글을 잘하여 세상에 알려진 이름)을 경시(輕視. 대수롭지 않게 보거나 업신여김)하고 노장(老莊. 중국 고대의 사상가인 ‘노자·老子’와 ‘장자·莊子’를 아울러 이르는 말)의 철리(哲理. 아주 깊고 오묘한 이치)를 중히 여겨 담론(談論. 이야기를 주고받으며 논의함)하는 이른바

청담(淸談, 속되지 않은, 청아한 이야기)이 유행하던 때였다. 여기서, '노자(老子)'는 중국 춘추전국시대·春秋戰國時代의 사상가·思想家, 도가·道家의 시조·始祖, 그리고 '장자(莊子)'는 중국 전국시대·戰國時代의 사상가, 도가·道家 사상의 중심인물.]〈손자형(孫子荊)이 어린 시절, 은거(隱居. 세상을 피하여 숨어서 삶)하기로 작정하고, 왕무자(王武子)인 왕제(王濟)에게 '침석수류(枕石漱流)'라고 말해야 할 것을 '수석침류(漱石枕流. 흐르는 물을 베개 삼고 돌로 양치질함)'라고 잘못 말했다. 그러자 왕무자(王武子)가 말했다. "흐르는 물로 베개 삼고 돌로 양치질을 할 수 있는 건가?" 손자형(孫子荊)이 둘러댔다. "흐르는 물을 베개로 삼겠다는 것은 귀를 씻기 위함이고, 돌로 양치질한다는 것은 이[齒]를 연마하기 위함이라네."(孫子荊年少時, 欲隱, 語王武子當枕石漱流. 誤曰, 漱石枕流. 王曰, 流可枕, 石可漱乎. 孫曰, 所以枕流, 欲洗其耳, 所以漱石, 欲礪其齒.)〉라는 이야기가 나오는데, '수석침류(漱石枕流.)'라고 잘못 말했다.(誤曰, 漱石枕流.)'에서, '수석침류(漱石枕流)'가 유래했다. '수석침류(漱石枕流)'의 주인공은, 위에 소개된 대로 진(晉)나라 초(初) 풍익(馮翊)의 태수(太守)를 지낸 손자형(孫子荊)이다. 그는 문재(文才. 글을 짓거나 글씨를 쓰는 재능)도 뛰어났고, 위의 이야기처럼 임기응변(臨機應變. 본문 참고)에도 상당히 능한 사람이었다. 그가 '수석침류(漱石枕流)'라고 말하기까지의 배경도 위에 소개되어 있는데, 그것을 좀 더 구체적으로 풀이하면 다음과 같다. '손자형(孫子荊)이 어린 시절, 은거(隱居)하기로 작정하고,'는 손자형(孫子荊)이 벼슬하기 이전에 재주(순우리말로, 무엇을 잘할 수 있는, 타고난 능력과 슬기)가 뛰어나고 총명한 젊은이였으나, 속세(俗世)를 떠나 산림에 은거(隱居)하기로 결심했다는 뜻이다. '왕무자(王武子)인 왕제(王濟)에게 침석수류(枕石漱流)라고 말해야 할 것을 수석침류(漱石枕流)라고 잘못 말했다.'라는 것은, 어느 날, 친구인 왕무자(王武子)인 왕제(王濟)에게 자기 마음을 털어놓았는데, 이 때 "돌을 베게 삼아 눕고, 흐르는 물로 양치질하고 싶다."며 은거(隱居)의 생활을 표현하려 했으나, 그만 실수하여 "흐르는 물로 베개 삼고 돌로 양치질하겠다."고 말해버렸다는 뜻이다. '손자형(孫子荊)이 둘러댔다.'는 것은, 왕무자(王武子)가 웃으며, 말실수를 지적하자, 자존심이 강한 데다가 문장력까지 뛰어난 손자형(孫子荊)이 재빨리 그럴듯한 말로 둘러댔다는 뜻이다. '흐르는 물을 베개로 삼겠다는 것은 귀를 씻기 위함이고, 돌로 양치질한다는 것은 이[齒]를 연마하기 위함이라네.'라고 말했는데, 여기서, 흐르는 물로 베개를 삼겠다는 것은 옛날 영천(潁川)에서 귀를 씻은 허유(許由. 사람 이름)처럼 쓸데없는 말을 들었을 때 귀를 씻기 위함이고, 돌로 양치질한다는 것은 돌[石]로 이를 갈고 물로 이를 닦기 위함이라고 굳이 변명하고 있는 모습을 우리에게 보여주고 있는 것이다. 이 말은 억지(잘되지 않은 일을 무리하게 해내려는 고집)에 불과(不過)하다. 남에게 지지 않으려는 손자형(孫子荊)의 고집센 성격을 읽을 수 있는 것이다. 그래서 '수석침류(漱石枕流)'는 실수를 인정하려 들지 않거나 남에게 지지 않으려고 억지를 부리는 것을 비유(比·譬喩. 어떤 사물의 모양이나 상태 따위를 보다 효과적으로 표현하기 위하여 그것과 비슷한 다른 사물에 빗대어 표현함. 또는 그 표현 방법)하는 말로 굳어진 것이다. 참고로, 원문의 '孫子荊年少時'에서, '孫'은 손자(孫子) '손', 성씨(姓氏) '손'으로 읽고, '子'는 아들 '자'로 읽고, '荊'은 가시(바늘처럼 뾰족하게 돋친 것) '형'으로 읽는다. '孫子荊'은 사람 이름. '年'은 나이 '년(연)'으로 읽고, '少'는 젊을 '소'로 읽고, '時'는 때 '시'로 읽는다. '孫子荊年少時'를 직역(直譯)하면, 손자형(孫子荊)의 나이가 젊었을 때, '欲隱'에서, '欲'은 하고자 할 '욕'으로 읽고, '隱'은 숨을 '은'으로 읽는다. '欲隱'을 직역(直譯)하면, (어딘가에) 숨고자 했다. '語王武子當枕石漱流'에서, '語'는 말씀 '어', 말할 '어'로 읽고, '王'은 임금 '왕'으로 읽고,

‘武’는 무인(武人) ‘무’로 읽고, ‘子’는 아들 ‘자’로 읽는다. ‘王武子’는 사람 이름. ‘當’은 마땅할 ‘당’으로 읽고, ‘枕’은 베개 ‘침’으로 읽고, ‘石’은 돌 ‘석’으로 읽고, ‘漱’는 양치질 ‘수’로 읽고, ‘流’는 흐를 ‘류(유)’로 읽는다. ‘語王武子當枕石漱流’를 직역(直譯)하면, 왕무자(王武子)에게 마땅히 침석수류(枕石漱流. <u>베개와 돌로 흐르는 물에 양치질함</u>)라고 말했다. ‘誤曰’에서, ‘誤’는 그르칠 ‘오’, 잘못할 ‘오’로 읽는다. ‘誤曰’을 직역(直譯)하면, (그것은) 잘못된 말이었다. ‘漱石枕流’에서, ‘漱’는 양치질 ‘수’로 읽고, ‘石’은 돌 ‘석’으로 읽고, ‘枕’은 베개 ‘침’으로 읽고, ‘流’는 흐를 ‘류(<u>유</u>)’로 읽는다. ‘漱石枕流’를 직역(直譯)하면, 돌로 양치질을 하고 흐르는 (물을) 베개 (삼는다)는 뜻으로, 실수(失手)를 인정하려 들지 않거나 남에게 지지 않으려고 억지를 부리는 것을 비유적으로 이르는 말. ‘王曰’에서, ‘王’은 왕무자(王武子)인 ‘왕제(王濟)’를 가리킴. ‘王曰’을 직역(直譯)하면, 왕제(王濟)가 말하기를, ‘流可枕’에서, ‘可’는 가히(可~. <u>능히’, ‘넉넉히’의 뜻을 나타냄</u>) ‘가’로 읽는다. ‘流可枕’를 직역(直譯)하면, 흐르는 물에 가히 베개를 벨 수 있고, ‘石可漱乎’에서, ‘乎’는 어조사 ‘호’로 읽는다. ‘~는가?’, ‘~인가?(<u>의문</u>)’의 뜻을 나타냄. ‘石可漱乎’를 직역(直譯)하면, 돌로 가히 양치질할 수 있는가? ‘孫曰’에서, ‘孫’은 ‘손자형(孫子荊)’을 가리킴. ‘孫曰’을 직역(直譯)하면, 손자형(孫子荊)이 말하기를, ‘所以枕流’에서, ‘所’는 바(<u>앞에서 말한 내용 그 자체나 일 따위를 나타내는 말</u>) ‘소’로 읽고, ‘以’는 써(<u>그것을 가지고, 그것으로 인하여</u>) ‘이’로 읽는다. ‘所以’는 ‘까닭’과 같은 뜻으로, 일이 생기게 된 원인이나 조건. ‘所以枕流’를 직역(直譯)하면, 흐르는 (물을) 베개로 (삼겠다는) 까닭은, ‘欲洗其耳’에서, ‘欲’은 하고자 할 ‘욕’으로 읽고, ‘洗’는 씻을 ‘세’로 읽고, ‘其’는 그(<u>지시하는 말</u>) ‘기’로 읽고, ‘耳’는 귀 ‘이’로 읽는다. ‘欲洗其耳’를 직역(直譯)하면, 그것(<u>흐르는 물</u>)으로 귀를 씻고자 함이다. 여기서 ‘침석수류(枕石漱流)’를 ‘수석침류(漱石枕流)’로 둘러댄 임기응변(臨機應變. <u>본문 참고</u>)의 답변(答辯)은, 기발(奇拔. <u>유달리 재치 있고 뛰어남</u>)한 생각으로 손자형(孫子荊) 나름의 재능(才能. <u>어떤 일을 하는데 필요한 재주와 능력</u>)을 보여주는 일화(逸話. <u>어떤 사람이나 어떤 사건에 관련된, 아직 세상에 널리 알려지지 않은 이야기</u>)이다. 그리고 ‘귀를 씻는다’는 것은 바로 요순(堯舜) 시대 은자(隱者. <u>속세를 떠나 초야에 묻혀 사는 사람</u>)로 유명한 허유(許由)의 일화(逸話)에서 나온 ‘세이(洗耳)’에 초점을 맞춘 것이다. ‘所以漱石’에서, ‘所以漱石’을 직역(直譯)하면, 돌로 양치질하는 까닭, ‘欲礪其齒’에서, ‘礪’는 갈(<u>윗니와 아랫니를 소리가 나도록 맞대어 세게 문지를</u>) ‘려(여)’로 읽고, ‘齒’는 이 ‘치’로 읽는다. ‘欲礪其齒’를 직역(直譯)하면, 그것(<u>돌</u>)으로 이를 갈려고 함일세. 그런데 『진서(晉書)』의 「손초전(孫楚傳)」 편(篇)에도 이와 비슷한 이야기가 나온다. 〈손초(孫楚)의 자(字. <u>본이름을 함부로 부르지 않던 시대에, 본이름 대신 부르던 이름</u>)는 자형(子荊)이고, 태원중도(太原中都. <u>땅 이름</u>) 사람이다. (그는) 재주(<u>순우리말로, 교묘한 솜씨나 기술을 이르는 말</u>)가 아주 뛰어났고, 호쾌하려 힘씀이 출중하였는데, (남을) 업신여기고 거만한 바가 많아서, 고향 사람들의 평판은 좋지 못했다. 나이 마흔에 비로소 진동군사(鎭東軍事. <u>진동 지역의 군대</u>)에 참여하였고, 나중에 풍익태수(馮翊太守. <u>풍익·馮翊은 땅 이름이고, 태수·太守는 벼슬 이름. 즉, 풍익·馮翊 지역을 관리하는 벼슬 이름</u>)가 되었다. 일찌기 손초(孫楚)가 젊은 시절 은거(隱居. <u>세상을 피하여 숨어서 삶</u>)하려고, (친구인) 왕제(王濟)에게 일러 말하길, 침석수류(枕石漱流. <u>돌로 베개 삼고 흐르는 물로 양치질하다</u>)하고 싶다고 말하는 게 당연한데, 잘못하여 수석침류(漱石枕流. <u>돌로 양치질하고 흐르는 물로 베개를 삼다</u>)라고 말했다. (그러자) 왕제(王濟)가 말하길, “흐르는 물은 베개를 삼을 수 없고, 돌로는 양치질을 할 수 없다네.” 했다. (그러자) 손초(孫楚)가 말하길, “흐르는 물로 베개를 삼는 까닭은, (쓸데없는 말을 들었을때) 귀를 씻으려 하는 게고, 돌로 양치질하는 까닭은, 이를 매끄럽게 갈려고 하는 게야." 했다.(孫楚字子荊, 太原中都人, 才操卓絶, 爽邁不群, 多所陵傲, 缺鄕曲之譽, 年四什與 始參鎭東軍事, 終馮翊太守, 初楚少時欲隱居, 謂王濟曰, 當欲枕石漱流, **誤云漱石枕流**, 濟曰, 流非可枕, 石非可漱, 楚曰, 所以枕流, 欲洗其耳, 所以漱石, 欲厲其齒,〉라는 이야기가 나오는데, '잘못하여 수석침류 (漱石枕流)라고 말했다(誤云漱石枕流)'에서, '수석침류(漱石枕流)'가 유래했다. 앞의 『세설신어(世說新 語)』의 「배조(排調)」 편(篇)에는 손자형(孫子荊)과 왕제(王濟)의 일화(逸話)라면 『진서(晉書)』의 「손초전 (孫楚傳)」 편(篇)은 손초(孫楚)와 왕제(王濟)의 일화(逸話)이다. 여기서 손자형(孫子荊)과 손초(孫楚)는 같은 인물이다. 자형(子荊)은 손초(孫楚)의 자(字)이다. 참고로, 원문의 '孫楚字子荊'에서, '孫'은 손자(孫 子) '손', 성씨(姓氏) '손'으로 읽고, '楚'는 초(楚)나라 '초'로 읽는다. '孫楚'는 사람 이름. '字'는 자(字. 이름에 준하는 것) '자'로 읽고, '子'는 아들 '자'로 읽고, '荊'은 가시 '형'으로 읽는다. '孫楚字子荊'을 직역 (直譯)하면, 손초(孫楚)의 자(字)가 자형(子荊)이다. '太原中都人'에서, '太'는 클 '태'로 읽고, '原'은 근원 '원'으로 읽고, '中'은 가운데 '중'으로 읽고, '都'는 도읍(都邑. 여기서는 조금 작은 도회지) '도'로 읽는다. '太原中都'는 땅 이름. '人'은 사람 '인'으로 읽는다. '太原中都人'을 직역(直譯)하면, (그는) 태원중도(太原 中都)의 사람이다. '才操卓絶'에서, '才'는 재주(순우리말로, 무엇을 잘할 수 있는, 타고난 능력과 슬기) '재'로 읽고, '操'는 부릴'조', 다룰 '조'로 읽는다. '才操'는 재주의 원말. '卓'은 높을 '탁'으로 읽고, '絶'은 으뜸(중요한 정도로 본. 어떤 사물의 첫째를 이르는 말) '절'로 읽는다. '卓絶'은 더할 나위없이 뛰어남. '才操卓絶'을 직역(直譯)하면, 재주가 더할 나위없이 뛰어나다. '爽邁不群'에서, '爽'은 시원스러울 '상', 호쾌(豪快. 호탕하고 쾌활함)할 '상'으로 읽고, '邁'는 힘쓸 '매'로 읽고, '不'은 아닐(부정하는 말) '불'로 읽고, '群'은 무리 '군'으로 읽는다. '不群'은 어떤 무리와도 견줄 수 없을 정도로 뛰어남. '爽邁不群'을 직역(直譯)하면, 시원스럽고 호쾌(豪快)함은 어떤 무리와도 견줄 수 없을 정도로 뛰어나다. '多所陵傲'에 서, '多'는 많을 '다'로 읽고, '所'는 바(앞에서 말한 내용 그 자체나 일 따위를 나타내는 말) '소'로 읽고, '陵'은, 여기서는 업신여길 '릉(능)'으로 읽고, '傲'는 거만할 '오'로 읽는다. '多所陵傲'를 직역(直譯)하면, (남을) 업신여기고 거만한 바가 많아, '缺鄕曲之譽', '缺'은 없을 '결'로 읽고, '鄕'은 고향(故鄕) '향'으로 읽고, '曲'은 구석 '곡'으로 읽는다. '鄕曲'은 도시에서 멀리 떨어진 시골의 구석진 곳. '之'는 어조사 '지'로 읽는다. '~의'를 나타내는 관형격 조사. '譽'는, 여기서는 좋은 평판(評判. 세상 사람들의 비평) '예'로 읽는다. '缺鄕曲之譽'를 직역(直譯)하면, 향곡(鄕曲)의 좋은 평판(評判)은 없었다. 즉, 고향 사람들의 평판 (評判)은 좋지 못했다는 뜻이다. '年四什與始參鎭東軍事'에서, '年'은 나이 '년(연)'으로 읽고, '四'는 넉(넷) '사'로 읽고, '什'은 열 '십'으로 읽고, '與'는 참여(參與)할 '여'로 읽고, '始'는 비로소 '시'로 읽고, '參'은 참여(參與)할 '참'으로 읽고, '鎭'은 진압(鎭壓. 강압적인 힘으로 억눌러 진정시킴)할 '진'으로 읽고, '東'은 동녘 '동'으로 읽는다. '鎭東'은 땅 이름. '軍'은 군사(軍士) '군'으로 읽고, '事'는 일 '사'로 읽는다. '軍事'는 군대(軍隊), 군비(軍備), 전쟁(戰爭) 따위와 같은 군(軍)에 관한 일. 여기서는 '군대(軍隊)'의 의미가 강함. '年四什與始參鎭東軍事'을 직역(直譯)하면, 나이 40에 비로소 진동(鎭東)에 있는 군대(軍隊)에 참여(參與) 하여, '終馮翊太守'에서, '終'은 마침내 '종', 결국(結局) '종'으로 읽고, '馮'은 성씨(姓氏) '풍'으로 읽고, '翊'은 도울 '익'으로 읽는다. '馮翊'은 땅 이름. '太'는 클 '태'로 읽고, '守'는 지킬 '수'로 읽는다. '太守'는 벼슬 이름. '終馮翊太守'를 직역(直譯)하면, 마침내 풍익(馮翊)의 태수(太守)가 (되었다). '初楚少時欲隱居'

1217

에서, '初'는 처음 초로 읽고, '楚'는 '손초(孫楚)'를 가리킴. '少'는 젊을 '소'로 읽고, '時'는 때 '시'로 읽는다. '少時'는 어렸을 적. 또는 젊었을 때. '欲'은 하고자 할 '욕'으로 읽고, '隱'은 숨을 '은'으로 읽고, '居'는 살 '거'로 읽는다. '隱居'는 세상을 피하여 숨어 삶. '初楚少時欲隱居'를 직역(直譯)하면, (그런데) 처음에는 손초(孫楚)가 젊었을 때부터 세상을 피하여 숨어살려고, '謂王濟曰', '謂'는 일컬을 '위'로 읽고, '王'은 임금 '왕'으로 읽고, '濟'는 건널 '제'로 읽는다. '王濟'는 사람 이름. 진(晉)나라 초기에 이 이야기의 주인공인 손초(孫楚)와 친구 사이로 알려져 있음. '曰'은 일컬을 '왈'로 읽는다. '謂王濟曰'을 직역(直譯)하면, (그의 친구인) 왕제(王濟)에게 일컬어 말하기를, '當欲枕石漱流'에서, '當'은 마땅할 '당'으로 읽고, '枕'은 베개 '침'으로 읽고, '石'은 돌 '석'으로 읽고, '漱'은 양치질할 '수'로 읽고, '流'는 (물이) 흐를 '류(유)'로 읽는다. '當欲枕石漱流'를 직역(直譯)하면, 돌로 베개 (삼고) 흐르는 (물로) 양치질하고자 한다고 (말해야) 마땅한데, 여기서 '수석침류(漱石枕流)'가 유래한 것이다. '誤云漱石枕流', '誤'는 잘못할 '오'로 읽고, '云'은 일컬을 '운'으로 읽는다. '誤云漱石枕流'를 직역(直譯)하면, 잘못하여 돌로 양치질하고 흐르는 (물로) 베개를 (삼는다)고 일컬었다. '濟曰'에서, '濟'는 '왕제(王濟)'를 가리킴. '濟曰'을 직역(直譯)하면, 왕제(王濟)가 말하기를, '流非可枕'에서, '非'는 아닐(부정하는 말) '비'로 읽고, '可'는 가(可)히 '가'로 읽는다. 여기서는 '가능(可能)하다'의 의미가 강함. 그리고 '非可'는 '불가능(不可能)'의 뜻이 강함. '流非可枕'을 직역(直譯)하면, 흐르는 (물은) 베개를 (삼는) 것이 불가능(不可能)하고, '石非可漱'에서, '石非可漱'를 직역(直譯)하면, 돌로 양치질을 하는 것이 불가능하다. '楚曰'에서, '楚'는 '손초(孫楚)'를 가리킴. '楚曰'을 직역(直譯)하면, 손초(孫楚)가 말하기를, '所以枕流'에서, '所'는 바 '소'로 읽고, '以'는 써(그것을 가지고, 그것으로 인하여) '이'로 읽는다. '所以'는 '까닭'과 같은 말로, 일이 생기게 된 원인이나 조건. '所以枕流'를 직역(直譯)하면, 흐르는 (물로) 베개를 (삼는) 까닭은, '欲洗其耳'에서, '洗'는 씻을 '세'로 읽고, '其'는 그(지시하는 말) '기'로 읽고, '耳'는 귀 '이'로 읽는다. '欲洗其耳'를 직역(直譯)하면, (쓸데없는 말을 들었을때) 그 귀를 씻고자 하는 (것이고), '所以漱石'에서, '所以漱石'을 직역(直譯)하면, 돌로 양치질하는 까닭은, '欲厲其齒'에서'厲'는 갈(표면을 매끄럽게 하기 위하여 다른 물건에 대고 문지를) '려(여)'로 읽고, '齒'는 이('치아·齒牙'와 같은 뜻) '치'로 읽는다. '欲厲其齒'를 직역(直譯)하면, 그 이를 (매끄럽게 하기 위하여) 갈고자 하는 (것이다).

수선-지-지(首善之地 머리 **수**/좋을 **선**/어조사 **지**/땅 **지**) 머리로 (삼기에) 좋은 땅이나 (지위). 즉, 예전에, 다른 곳보다 나은 곳이나 지위(地位)라는 뜻으로, ①'서울'을 이르던 말. ②성균관(成均館. 조선 시대에, 유교의 교육을 맡아보던 최고의 국립 교육 기관)을 이르던 말. ***수선**(首善): 모범이 되는 곳이라는 뜻으로, '서울'을 이르는 말.

수설-불통(水泄不通 물 **수**/샐 **설**/아닐 **불**/통할 **통**) 물이 새는 (것이) 통(通)하지 아니한다. 즉, 물이 새어 나오지 못한다는 뜻으로, 경비나 단속이 엄하여, 교통이나 통신 또는 비밀 따위가 새지 못함을 비유적으로 이르는 말. ***수설**(水泄): =물찌똥. 즉, 죽죽 내쏘는 묽은 똥. 혹은 튀겨서 일어나는 크고 작은 물덩이. ***불통**(不通): ①교통이나 통신 따위가 막혀 연락이 되지 아니함. ②의사(意思)가 통하지 아니함. ***통하다**(通~): 부록 '통(通)' 참고.

수성-지-업(垂成之業 거의 **수**/이룰 **성**/어조사 **지**/업 **업**) 거의 이루어지게 (하는) 업(業)이라는 뜻으로, 자신이 공들여 하던 일을 자손(子孫)에게 물려주어 그 일을 이루게 하는 것을 이르는 말. ***수성**(垂成):

일이 그의 이루어짐. *업(業): 부록 '업(業)' 참고.

수성-지-주(守成之主 지킬 **수**/이룰 **성**/어조사 **지**/임금 **주**) 지키는 (것을) 이루는 임금이라는 뜻으로, 개국(開國. <u>새로 나라를 세움</u>) 후에, 뒤를 이어 나라의 기초(基礎)를 튼튼히 다지는 군주(君主. <u>세습적으로 나라를 다스리는 최고 지위에 있는 사람</u>)를 이르는 말. 또는 창업(創業. <u>나라나 왕조 따위를 처음으로 세움</u>)의 뒤를 이어 그 기초를 굳게 지키는 군주(君主. <u>세습적으로 나라를 다스리는 최고 지위에 있는 사람</u>)를 이르는 말. *수성(守成): 조상들이 이루어 놓은 일을 이어서 지킴.

수-세-지-재(需世之才 쓰일 **수**/세상 **세**/어조사 **지**/재주 **재**) 세상(世上)에 쓰일 (수 있는) 재주라는 뜻으로, 세상(世上)에 쓸모가 있어 등용(登用. <u>인재를 뽑아 씀</u>)할 만한 인재(人材. <u>어떤 일을 할 수 있는 학식이나 능력을 갖춘 사람</u>)를 이르는 말. *재주: 순우리말로, 무엇을 잘할 수 있는, 타고난 능력과 슬기.

수-수-만년(數數萬年 셈 **수**/셈 **수**/일만 **만**/해 **년**) 셈으로 셈하는 일만(一萬) (번의) 해[年]. 즉, 여러 수만(數萬. <u>만·萬의 여러 배·倍가 되는 수</u>) 년(年)이라는 뜻으로, 헤아릴 수 없을 만큼 매우 오랜 세월(歲月)을 비유적으로 이르는 말. *만년(萬年): 언제나 변함없이 같은 상태.

수수-방관(袖手傍觀 소매 **수**/손 **수**/곁 **방**/볼 **관**) 손을 소매에 (넣고) 곁에서 본다. 즉, 팔짱(<u>두 손을 각각 다른 쪽 소매 속에 마주 넣거나, 두 팔을 마주 끼어 손을 두 겨드랑이 밑으로 각각 두는 일</u>)을 끼고 보고만 있다는 뜻으로, 나서야 할 일에 또는 응당 해야 할 일에 간섭하거나 거들지 아니하고 그대로 버려둠을 비유적으로 이르는 말. *수수(袖手): ①팔짱을 낌. ②어떤 일에 직접 나서지 않고 버려둠. *방관(傍觀): (그 일에 상관하지 않고) 곁에서 보기만 함. *소매: 부록 '수(袖)' 참고. *곁: 부록 '방(傍)' 참고. 《관련 속담》 강 건너 불 보듯 한다. / 강 건너 불구경. / 굿이나 보고 떡이나 먹지.

수시-변통(隨時變通 따를 **수**/때 **시**/변할 **변**/통할 **통**) 때에 따라 변하고 통하게 (한다는) 뜻으로, 그때그때의 형편이나 상황에 따라 일을 처리함을 이르는 말. *수시(隨時): 일정하게 정하여 놓은 때 없이 그때그때 상황에 따름. *변통(變通): ①그때그때의 상황에 따라 융통성 있게 일을 처리함. ②(돈이나 물건을) 돌려씀. *따르다: 부록 '수(隨)' 참고. *통하다(通~): 부록 '통(通)' 참고.

수식-변폭(修飾邊幅 꾸밀 **수**/꾸밀 **식**/가 **변**/폭 **폭**) 폭(幅)의 가(<u>가장자리</u>)를 꾸미고 꾸민다는 뜻으로, 허영에 빠져 겉치레에만 신경을 쓰는 것을 비유적으로 이르는 말. *수식(修飾): 겉모양을 꾸밈. *변폭(邊幅): ①올이 풀리지 않게 짠, 피륙의 가장자리 부분. ②거죽을 휘갑쳐서 꾸미는 일. 여기서, '휘갑치다'는 피륙, 멍석, 돗자리 따위의 가장자리가 풀리지 않게 얽어서 꾸미다. *꾸미다: 부록 '수(修)', '식(飾)' 참고. *가: 부록 '변(邊)' 참고. *폭: 부록 '폭(幅)' 참고. 이 사자성어의 유래는 다음과 같다. 『후한서(後漢書)』의 「마원전(馬援傳)」 편(篇)에 [한(漢)나라 말년, 왕망(王莽)이 제위(帝位. <u>제왕의 자리</u>)를 무혈(無血. <u>피를 흘리지 아니함</u>) 찬탈(簒奪. <u>왕위나 국가의 주권 따위를 억지로 빼앗음</u>)하고 신(新)나라를 세웠다. 하지만 왕망(王莽)의 무리한 개혁 정책으로 인해 정국(政局. <u>정치의 국면. 또는 정치계의 형편</u>)은 혼란에 빠지게 되고, 각처에서 반란(反·叛亂. <u>정부나 지배자에게 반항하여 내란을 일으킴</u>)이 일어났다. 신(新)나라는 25년 만에 망하고 잠시 군웅할거(群雄割據. <u>본문 참고</u>)의 시대로 접어들었다. 최후까지 남은 실력자는 낙양(洛陽)의 유수(劉秀), 하서(河西)의 두융(竇融)과 농서(隴西)의 외효(隗囂), 그리고 촉(蜀)의 공손술(公孫述)이었다. 공손술(公孫述)은 성도(成都. <u>촉·蜀나라의 수도</u>)에서 군사를 일으켜 촉(蜀)과 파(巴)를 평정(平正. <u>반란이나 소요를 누르고 평온하게 진정함</u>)한 뒤 (스스로) 황제를 칭했다. (그 틈을 타) (농서의)

외효(隗囂)는 낙양(洛陽. 땅 이름)의 유수(劉秀)와 촉(蜀)의 공손술(公孫述)을 놓고 (어느 나라를 공격할까) 저울질을 하다가, 부하(部下)인 마원(馬援)을 시켜 공손술(公孫述)을 찾아가 허실(虛失. 허하고 실함)을 살피게 했다. 공손술(公孫述)은 원래 일개(一介. 보잘것없는 한 낱) 병사(兵士. 하사관·下士官 및 병·兵의 계급)였다가 반란(叛亂)을 일으켜 정권을 잡은 사람으로, 바탕이 천박(淺薄. 학문이나 생각 따위가 얕거나, 말이나 행동 따위가 상스러움)하였다. 공손술(公孫述)은 자신의 성공을 자랑하기 위해 관원(官員. 관청에 나가서 나랏일을 맡아보는 사람)들을 종묘(宗廟. 역대 왕과 왕비의 위패·位牌를 모시던 사당)에 불러 놓고 잔치를 베풀고 마원(馬援)을 초대(招待)했다. 그리고 수레를 타고 요란하게 꾸민 옷을 입고 나타나 높은 자리에 앉아서 마치 군신(君臣. 임금과 신하) 관계처럼 (고향 친구인) 마원(馬援)을 대하면서, (공손술은) 마원(馬援)이 자기 부하(部下)가 되겠다면 옛날의 친분(親分. 아주 가깝고 두터운 정분)을 생각하여 장군으로 임명하겠다며 거들먹거렸다. 고향 친구인 공손술(公孫述)의 오만불손(傲慢不遜. 본문 참고)한 태도에 화가 난 마원(馬援)은 자리를 박차고 일어나 말했다.]〈천하(天下)의 자웅(雌雄. 여기서는 이김과 짐)이 아직 정해지지 않았는데, 공손술(公孫述)은 먹던 밥을 뱉고 국사(國士. 나라의 뛰어난 선비)를 영접하여 더불어 성패를 도모하지는 않고, 도리어 꼭두각시 인형처럼 겉치레만 요란하게 하고 있으니, 어찌 천하의 현사(賢士. 어진 선비)들을 머물게 할 수 있을 것인가?(天下雄雌未定, 公孫不吐哺走迎國士, 與圖成敗, **反修飾邊幅, 如偶人形**, 此子何足久稽天下士乎.)〉라는 이야기가 나오는데, '도리어 꼭두각시 인형처럼 겉치레만 요란하게 하고 있으니,(反修飾邊幅, 如偶人形)'에서, '수식변폭(修飾邊幅)'이 유래했다. 공손술(公孫述)은 한(漢)나라 말년에 성도(成都)에서 군사를 일으켜 촉(蜀)과 파(巴)를 평정한 뒤 황제라고 칭했던 무장(武將)이었다. 위의 이야기는 이때 마원(馬援)이 오만불손(傲慢不遜. 본문 참고)한 태도를 보인 공손술(公孫述)에게 화를 내어 한 말이다. 마원(馬援) 역시 한(漢)나라 말기 때의 무장(武將)이자, 정치가이며 공손술(公孫述)과는 고향 친구 사이였다. 그런데 '공손술(公孫述)'에 있어서, '公孫'은 중국에서 제후의 손자 또는 후손을 뜻하는 칭호이다. 공손(公孫)으로 불리는 일부(一部)가 씨(氏)를 공손(公孫)으로 정하면서 유래됐다. 고대 중국은 성(姓)과 씨(氏)가 달랐다. 성(姓)은 혈연(血緣)으로 정해지는 개념이고, 씨(氏)는 지연(地緣)으로 정해지는 개념이다. 즉, 고대 중국의 씨는 한국의 본관(本貫)과 같다. 위의 마원(馬援)이 한 말 중에 '천하(天下)의 자웅(雌雄)이 아직 정해지지 않았는데,'라고 말한 부분은, 이렇게 풀이할 수 있다. 지금 천하(天下)의 자웅(雌雄)은 아직 결정하지 않고 있다. 만약 누군가가 천하(天下)를 잡으려고 한다면 먼저 선비를 대우할 줄 알아야 함을 강조하기 위한 포석(布石. 일의 장래를 위하여 미리 손을 씀)이었다. 그리고 뒤이어 한 말은 이렇게 풀이할 수 있다. 국가의 지도자로서, 밥을 먹는 중이라면 먹던 밥을 토해내고, 머리를 감는 중이라면 감던 머리카락을 걷어 올리고 달려와, 천하의 인재(人材. 어떤 일을 할 수 있는 학식이나 능력을 갖춘 사람)를 맞아들여 극진히 대접을 해야 하는 법이다. 그런데 공손술(公孫述)이 그렇게는 하지 못할망정 아무 소용도 없는 옷깃이나 꾸민다면 어찌 천하(天下)의 현사(賢士)들을 이 땅에 머물게 할 수 있겠는가? 공손술(公孫述)의 '수식변폭(修飾邊幅)'을 꾸짖었던 것이다. 그 후 마원(馬援)은 낙양(洛陽. 땅 이름)의 유수(劉秀)를 만나 충성(忠誠. 진정에서 우러나오는 정성. 특히 임금이나 국가에 대한 것을 일컬음)을 바쳤고, 공손술(公孫述)은 유수(劉秀)에게 대패(大敗. 싸움이나 경기에서 크게 짐)했다. 국가 지도자가 이처럼 허영(虛榮)에 빠져 겉치레만 신경 쓰면 나라는 망하게 된다는 것을 우리에게 보여주고 있는 것이다. 여기서 마원(馬援)이 말한 '수식변폭(修

飾邊幅'은, 변폭(邊幅)을 수식(修飾)한다는 뜻으로, 폭(幅)의 가장자리(베의 가장자리, 옷의 가장자리)를 꾸미듯이(장식하듯이) 쓸데없는 허세(虛勢), 허영(虛榮), 허식(虛飾)을 부리거나 외견(外見. 겉으로 드러난 모양)만 뽐냄을 비유(比·譬喩. 어떤 사물의 모양이나 상태 따위를 보다 효과적으로 표현하기 위하여 그것과 비슷한 다른 사물에 빗대어 표현함. 또는 그 표현 방법)하는 말로 쓰이게 되었다. 참고로, 원문의 '天下雄雌未定'에서, '天'은 하늘 '천'으로 읽고, '下'는 아래 '하'로 읽는다. '天下'는 하늘 아래 온 세상. '雄'은 수컷 '웅'으로 읽고, '雌'는 암컷 '자'로 읽는다. 여기서 '자웅(雌雄)'은 승부(勝負), 우열(優劣), 강약(强弱) 따위를 비유적으로 이르는 말. '未'는 아닐(부정하는 말) '미'로 읽고, '定'은 정할 '정'으로 읽는다. '天下雄雌未定'을 직역(直譯)하면, 천하(天下)의 승부(勝負)나 우열(優劣)이 (아직) 정해지지 않았는데. '公孫不吐哺走迎國士'에서, '公'은 제후(諸侯) '공'으로 읽고, '孫'은 손자(孫子) '손'으로 읽는다. '公孫'은 '공손술(公孫述)'을 가리킴. '不'은 아닐(부정하는 말) '불'로 읽는데, 뒤의 문장 '與圖成敗'에 연결된다. '吐'는 토할 '토', 뱉을 '토'로 읽고, '哺'는 먹일 '포'로 읽는다. '吐哺'는 씹던 음식을 뱉어 냄. '走'는 달릴 '주'로 읽고, '迎'은 맞이할 '영'으로 읽고, '國'은 나라 '국'으로 읽고, '士'는 선비 '사'로 읽는다. '國士'는 온 나라에서 높이 받드는 선비. 여기서는 왕의 사절(使節. 나라를 대표하여 일정한 사명을 띠고 외국에 파견되는 사람)을 뜻한다. '公孫不吐哺走迎國士'를 직역(直譯)하면, 공손술(公孫述)은 먹던 것을 뱉고 달려가 나라의 선비(왕의 사절)를 맞이하였고, '與圖成敗'에서, '與'는 더불어 '여'로 읽고, '圖'는 꾀할 '도', 일 꾸밀 '도'로 읽고, '成'은 이룰 '성'으로 읽고, '敗'는 패할 '패'로 읽는다. '成敗'는 성공(成功)과 실패(失敗)를 아울러 이르는 말. '與圖成敗'를 직역(直譯)하면, 더불어 성공과 실패를 꾸미지 않았고, '反修飾邊幅'에서, '反'은 반대로 '반', 도리어 '반'으로 읽고, '修'는 꾸밀 '수'로 읽고, '飾'은 꾸밀 '식'으로 읽고, '邊'은 가 '변'으로 읽고, '幅'은 폭(幅. 하나로 이어 붙이기 위해 같은 길이로 잘라 놓은 천 따위의 조각) '폭'으로 읽는다. '反修飾邊幅'을 직역(直譯)하면, 도리어 폭(幅)의 가(가장자리)를 꾸미고 꾸민다는 뜻으로, 허영에 빠져 겉치레에만 신경을 쓰는 것을 비유적으로 이르는 말. 여기서, '修飾邊幅'이 유래하였는데, 이것을 직역(直譯)하면, 폭(幅)의 가(가장자리)를 꾸미고 꾸민다는 뜻으로, 허영(虛榮)에 빠져 겉치레에만 신경을 쓰는 것을 비유적으로 이르는 말. '如偶人形'에서, '如'는 같을 '여'로 읽고, '偶'는 허수아비(곡식을 해치는 새나 짐승 따위를 막기 의하여 막대기와 짚 따위로 만들어 논밭에 세우는 사람 모양의 물건) '우'로 읽고, '人'은 사람 '인'으로 읽는다. '偶人'은 허수아비. 또는 사람의 형체와 같이 만든 물건. '形'은 형상 '형', 모양 '형'으로 읽는다. '如偶人形'을 직역(直譯)하면, 허수아비 사람 형상과 같이 (하니), 즉, 마치 인형놀이를 하는 것과 같게 한다는 말이다. '此子何足久稽天下士乎'에서, '此'는 이(지시하는 말) '차'로 읽고, '子'는 당신 '자', 자네 '자'로 읽는다. '何'는 어찌(의문 부사) '하'로 읽고, '足'은 넉넉할 '족'으로 읽고, '久'는 오랠 '구'로 읽고, '稽'는 머무를 '계'로 읽고, '天'은 하늘 '천'으로 읽고, '下'는 아래 '하'로 읽고, '士'는 선비 '사'로 읽고, '乎'는 어조사 '호'로 읽는다. '~는가?', '~인가?(의문)'의 뜻을 나타냄. '此子何足久稽天下士乎'를 직역(直譯)하면, 자네는 이 어찌 천하(天下)의 선비를 넉넉히 오래 머무르게 할 수 있겠는가? 즉, 자네는 이 어찌 오래 머물 수 있는 천하(天下)의 선비가 되겠는가?

수신-제가(修身齊家 닦을 수/몸 신/다스릴 제/집 가) 몸을 닦고 집을 다스린다는 뜻으로, 몸과 마음을 닦아 수양(修養. 몸과 마음을 단련하여 품성, 지혜, 도덕을 닦음)하고, 집안을 다스림을 이르는 말. *수신(修身): 악(惡)을 물리치고 선(善)을 북돋아서 마음과 행실(行實)을 바르게 닦아 수양(修養)함. *제가

(齊家): 집안을 잘 다스려 바로잡음. *닦다: 부록 '수(修)' 참고. *다스리다: (나라, 사회, 집안 따위의 일을) 보살펴 관리하거나 처리하다.

수양-부모(收養父母 거둘 **수**/기를 **양**/아비 **부**/어미 **모**) 거두어 기르는 아비와 어미라는 뜻으로, 수양아버지와 수양어머니를 아울러 이르는 말. 즉, 자기를 낳지 않았으나 데려다(거두어) 길러 준 부모를 일컫는다. ↔본생부모(本生父母). *수양(收養): 다른 사람의 자식을 맡아서 제 자식처럼 기름. *부모(父母): 아버지와 어머니. =어버이. 양친(兩親). *거두다: 부록 '수(收)' 참고. *아비: 부록 '부(父)' 참고. *어미: 부록 '모(母)' 참고.

수어-지-교(水魚之交 물 **수**/물고기 **어**/어조사 **지**/사귈 **교**) 물과 물고기의 사귐이라는 뜻으로, ①물이 없으면 살 수 없는 물고기와 물의 관계처럼, 아주 친밀(親密. 지내는 사이가 매우 친하고 가까움)하게 사귀어서 떨어질 수 없는 사이를 비유적으로 이르는 말. 즉, 떼려야 뗄 수 없는, 늘 함께해야만 하는 관계를 이르는 말. =수어지친(水魚之親). 어수지교(魚水之交). 여어득수(如魚得水). ②임금과 신하(臣下) 또는 부부(夫婦)의 친밀(親密)함을 비유적으로 이르는 말. =수어지친(水魚之親). 어수지교(魚水之交). 젭 관포지교(管鮑之交). *수어(水魚): =수어지교(水魚之交). 이 사자성어의 유래는 다음과 같다. 『삼국지(三國志)·촉서(蜀書)』의 「제갈량전(諸葛亮傳)」 편(篇)에 [후한(後漢) 말엽, 유비(劉備)는 관우(關羽), 장비(張飛)와 의형제(義兄弟)를 맺고 한실(漢室. '한·漢나라 왕실·王室'의 줄임말인 듯?)의 부흥(復興. 쇠퇴하였던 것이 다시 일어남. 또는 그렇게 되게 함)을 위해 군사를 일으켰다. 하지만 그는 능력을 발휘할 기회를 잡지 못하고 여기저기 전전(轉轉. 이리 저리 굴러다니거나 옮겨 다님)하며 세월을 허송(虛送. 하는 일 없이 시간을 헛되이 보냄)하다가 마지막에는 형주자사(荊州刺史. 벼슬 이름)인 유표(劉表)에 의지하는 신세가 되었다. 여기서, '자사(刺史)'는 중국 한(漢)나라 때에 군(郡), 국(國. '왕국·王國'의 줄임말로, 태수·太守가 아닌, 황자·皇子가 다스리는 군·郡을 일컬음. 황자·皇子를 왕·王이라고 하며, 왕·王은 명예직이고, 실질적으로 국·國을 다스리는 사람은 국상·國相이다)을 감독하기 위하여 각 주(州)에 둔 감찰관을 이르는 말. 당(唐)나라, 송(宋)나라를 거쳐 명(明)나라 때 없앴다. 결국 유비(劉備)는 관우(關羽)와 장비(張飛)라는 강력한 장수(將帥)는 있었지만, 유능한 참모(參謀)는 없었다. 여기서, '유능한 참모(參謀)'는 지략이 뛰어난 사람이나 계책(計策. 어떤 일을 이루기 위하여 꾀나 방법을 생각해 냄. 또는 그 꾀나 방법)에 능한 사람을 일컬음. (그래서) 유능한 참모(參謀)의 필요성을 절감(切感. 절실히 느낌)한 유비(劉備)는 여러 사람들을 통해 남양(南陽)에 은거(隱居. 세상을 피하여 숨어서 삶)하는 제갈량(諸葛亮)의 존재를 알게 되었고, 관우(關羽), 장비(張飛)와 함께 예물(禮物)을 싣고 (남양·南陽의) 양양(襄陽)에 있는 그의 초가집을 세 번이나 방문한 끝에 그를 군사(軍師. 군에서의 스승)로 모실 수 있었다. 본문 '삼고초려(三顧草廬)' 참고. 제갈량(諸葛亮)의 지략(智略. 슬기로운 계획과 책략)에 힘입어 유비(劉備)는 촉한(蜀漢)을 건국하였으며, (위·魏나라의) 조조(曹操), (오·吳나라의) 손권(孫權)과 삼국정립(三國鼎立. 중국 후한 말기에 위(魏), 오(吳), 촉(蜀) 세 나라가 힘의 균형을 유지한 채 서로 견제하고 대립하던 상태)의 형세(形勢. 어떠한 일의 형편이나 상태)를 이룰 수 있었다. 유비(劉備)는 제갈량(諸葛亮)을 매우 존경하였으며, 제갈량(諸葛亮) 또한 유비(劉備)의 두터운 대우에 충성(忠誠. 진정에서 우러나오는 정성. 특히 임금이나 국가에 대한 것을 일컬음)을 다했다. 두 사람의 정(情)은 날이 갈수록 깊어졌다. 유비(劉備)는 모든 일에서 제갈량(諸葛亮)에게 가르침을 받은 다음에 결정을 내렸다.]《(그러나 유비·劉備와 결의형제·結義兄弟

를 맺은) 관우(關羽)와 장비(張飛)는 제갈량(諸葛亮)에 대한 유비(劉備)의 태도가 지나치다고 생각하고, 종종 불평을 했다. 즉, 유비(劉備)와 제갈량(諸葛亮)의 사이가 날이 갈수록 친밀한 것을 관우(關羽)와 장비(張飛)가 불평하였다는 것이다. 그러자 유비(劉備)가 다음과 같이 말했다. "내가 제갈량(諸葛亮)을 얻게 된 것은 물고기가 물을 얻은 것과 같다네. 즉, 나에게 유능한 참모(參謀)인 제갈량(諸葛亮)이 있다는 것은 고기가 물을 가진 것과 마찬가지라는 뜻이다. 자네들은 더 이상 말을 하지 않도록 하게." 관우(關羽)와 장비(張飛)는 (불평을) 그쳤다.(關羽張飛等不悅, 先主解之曰, **孤之有孔明, 猶魚之有水也**, 願諸君勿復言, 羽飛乃止.)〉라는 이야기가 나오는데, '내가 제갈량(諸葛亮)을 얻게 된 것은 물고기가 물을 얻은 것과 같다네.(孤之有孔明, 猶魚之有水也)'에서, '수어지교(水魚之交)'가 유래했다. 물고기는 아무리 생명력이 강해도 물이 없으면 살 수가 없다. 유비(劉備)와 제갈량(諸葛亮)은 물고기와 물처럼 떼려고 하여도 뗄 수 없는 '수어지교(水魚之交)'와 같은 사이라는 것이다. 그래서 '수어지교(水魚之交)'는 물고기가 물을 떠나서는 잠시도 살 수 없는 것과 같이 아주 밀접한 관계를 비유(比·譬喻. <u>어떤 사물의 모양이나 상태 따위를 보다 효과적으로 표현하기 위하여 그것과 비슷한 다른 사물에 빗대어 표현함. 또는 그 표현 방법</u>)하는 말이 되었다. 참고로, 원문의 '關羽張飛等不悅'에서, '關'은 관계할 '관'으로 읽고, '羽'는 깃(<u>조류의 몸 표면을 덮고 있는 털</u>) '우'로 읽는다. '關羽'는 사람 이름. '張'은 베풀 장으로 읽고, '飛'는 날 '비'로 읽는다. '張飛'는 사람 이름. '等'은 무리(<u>사람이나 짐승, 사물 따위가 모여서 뭉친 한 동아리</u>) '등'으로 읽고, '不'은 아닐(<u>부정하는 말</u>) '불'로 읽고, '悅'은 기쁠 '열'로 읽는다. '關羽張飛等不悅'을 직역(直譯)하면, 관우(關羽)와 장비(張飛)의 무리들은 기쁘지 않았다. 즉, 그들은 종종 유비(劉備)에게 불평을 했다는 뜻이다. '先主解之曰'에서, '先'은 먼저 '선'으로 읽고, '主'는 임금 '주'로 읽는다. '先主'는 선대(先代)의 군주(君主. <u>세습적으로 나라를 다스리는 최고 지위에 있는 사람</u>)인데, 여기서는 '유비(劉備)'를 가리킨다. '解'는 설명할 '해'로 읽고, '之'는 어조사 '지'로 읽는다. '그것'을 나타내는 지시 대명사. '先主解之曰'을 직역(直譯)하면 (그렇게 되자) 유비(劉備)가 그것을 설명하며 말하기를, '孤之有孔明'에서, '孤'는, 여기서는 나(<u>1인칭 대명사</u>) '고'로 읽는다. 왕후(王侯. '제왕·帝王'과 '제후·諸侯'를 아울러 이르는 말) 자신의 겸칭(謙稱. <u>겸손하게 일컬음</u>)이다. '짐(朕)'과 같은 뜻이다. '之'는 어조사 '지'로 읽는다. 여기서는 '~이, ~가(<u>주격</u>)'의 뜻을 나타냄. '有'는 있을 '유'로 읽고, '孔'은 구멍 '공'으로 읽고, '明'은 밝을 '명'으로 읽는다. '孔明'은 '제갈량(諸葛亮)'의 자(字. <u>본이름을 함부로 부르지 않던 시대에, 본이름 대신 부르던 이름</u>)다. '孤之有孔明'을 직역(直譯)하면, 나에게 '제갈량(諸葛亮)'이 있다는 것은, '猶魚之有水也'에서, '猶'는 오히려 '유'로 읽고, '魚'는 물고기 '어'로 읽고, '之'는 어조사 '지'로 읽는다. 여기서는 '~이, ~가(<u>주격</u>)'의 뜻을 나타냄. '有'는 있을 '유'로 읽고, '水'는 물 '수'로 읽고, '也'는 어조사 '야'로 읽는다. '~이다(<u>단정</u>)'의 뜻을 나타냄. '猶魚之有水也'를 직역(直譯)하면, 오히려 물고기가 물이 있음과 (같다). 즉, 물고기가 물을 가진 것과 같다는 뜻이다. 여기서, '水魚之交'가 유래하였는데, 이것을 직역(直譯)하면, 물과 물고기의 사귐이라는 뜻으로, ①물이 없으면 살 수 없는 물고기와 물의 관계처럼, 아주 친밀(親密)하게 사귀어서 떨어질 수 없는 사이를 비유적으로 이르는 말. 즉, 떼려야 뗄 수 없는, 늘 함께해야만 하는 관계를 이르는 말. ②임금과 신하(臣下) 또는 부부(夫婦)의 친밀(親密)함을 비유적으로 이르는 말. '願諸君勿復言'에서, '願'은 원할 '원'으로 읽고, '諸'는 모든 '제', 여러 '제'로 읽고, '君'은 그대 '군', 자네 '군'으로 읽는다. '諸君'은 통솔자나 지도자가 여러 명의 아랫사람을 문어적(文語的. <u>어떠한 말이 글에서만 쓰이</u>

고, 일상적인 대화에서는 쓰이지 않는 것)으로 조금 높여 이르는 2인칭 대명사. '勿'은 말(어떤 일이나 행동을 하지 않거나 그만 둠) '물'로 읽고, '復'는 다시 '부'로 읽고, '言'은 말씀 '언'으로 읽는다. '願諸君勿復言'을 직역(直譯)하면, 제군(諸君)은 다시 (이에 대해서) 말하지 말기(않기)를 바란다. '羽飛乃止'에서, '羽飛'는 '관우(關羽)'와 '장비(張飛)'를 가리키는 말. '乃'는 이에(이러하여서 곧) '내'로 읽고, '止'는 그칠 '지', 멈출 '지'로 읽는다. '羽飛乃止'를 직역(直譯)하면, 관우(關羽)와 장비(張飛)는 이에 (불평하는 것을) 멈추었음. 즉, 이리하여 관우(關羽)와 장비(張飛)는 다시는 불평하지 않았다는 뜻이다.

수어-지-친(水魚之親 물 **수**/물고기 **어**/어조사 **지**/친할 **친**) 물과 물고기의 친(親)함이라는 뜻으로, ①물이 없으면 살 수 없는, 물고기와 물의 관계처럼, 아주 친밀(親密. 지내는 사이가 매우 친하고 가까움)하게 사귀어서 떨어질 수 없는 사이를 비유적으로 이르는 말. 즉, 떼려야 뗄 수 없는, 늘 함께해야만 하는 관계를 이르는 말. =수어지교(水魚之交). 어수지교(魚水之交). ②임금과 신하(臣下), 또는 부부(夫婦)의 친밀(親密)함을 비유적으로 이르는 말. =수어지교(水魚之交). 어수지교(魚水之交). 독자께서 본문에 나오는 '수어지교(水魚之交)'의 유래를 참고하면 좋겠음. *수어(水魚): ☞수어지교(水魚之交). *친하다 (親~): 부록 '친(親)' 참고.

수오-지-심(羞惡之心 부끄러워할 **수**/미워할 **오**/어조사 **지**/마음 **심**) 부끄러워하고 미워하는 마음이라는 뜻으로, 자신의 옳지 못함을 부끄러워하고, 남이 옳지 못하고 착하지 못함을 미워하는 마음을 이르는 말. 사단(四端)의 하나이다. 웹 사양지심(辭讓之心). 시비지심(是非之心). 측은지심(惻隱之心). 여기서, '사단(四端)'은 사람의 본성인 인(仁), 의(義), 예(禮), 지(智)에서 우러나오는 사양(辭讓), 수오(羞惡), 시비(是非), 측은(惻隱)의 네 가지 마음씨를 일컫는다. 『맹자(孟子)』에서 유래함. *수오(羞惡): 옳지 못함을 부끄러워하고 착하지 못함을 미워함. 이 사자성어의 유래는 다음과 같다. 『맹자(孟子)』의 「공손추(公孫丑) 장구(章句)」 상(上) 편(篇)에, [맹자(孟子)가 말했다. 여기서 '맹자(孟子)'는 중국 전국시대(戰國時代)의 사상가의 한 사람이다. 성선설(性善說)을 주장하고 인의(仁義)의 정치를 권하였다. "사람에게는 차마 하지 못하는 마음이 있다.(人皆有不忍人之心. 자세한 것은 본문 '불인지심·不忍之心' 참고) 선왕(先王)에게도 차마 하지 못하는 마음이 있었기 때문에, 차마 못 본 척할 수 없는 정치를 할 수 있었던 것이다. 차마 하지 못하는 마음으로 차마 못 본 척할 수 없는 정치를 행하면, 천하를 다스리는 것은 손바닥에서 움직이는 것과 같을 것이다. (내가) 사람들 모두가 '남에게 차마 하지 못하는 마음'이 있다고 말하는 까닭은, 지금 어떤 사람이 어린아이가 갑자기 우물로 들어가는 것을 순간적으로 본다면, 모두 두려워 놀라고 안타까워하는 마음이 생기는데, (그 마음은) 어린아이의 부모를 내밀(內密. 밖으로 드러나지 않음)하게 사귀려는 까닭이 아니며, 고을 붕당(朋黨. 뜻이 같은 사람들끼리 모인 단체)과 친구들에게 칭찬이 필요한 까닭도 아니고, 그 소리가 나는 것을 싫어해서도 아니다. 이로 말미암아 살펴보면,]〈불쌍히 여기는 마음이 없는 것은 사람이 아니고, 부끄러운 마음이 없으면 사람이 아니며, 사양하는 마음이 없으면 사람이 아니며, 옳고 그름을 아는 마음이 없으면 사람이 아니다. 불쌍히 여기는 마음은 어짊의 극치(極致. 극도·極度에 이른 경지·境地. 즉, 그 이상 더할 수 없을 만한, 최고의 경지나 상태)이고, 부끄러움을 아는 마음은 옳음의 극치(極致)이고, 사양하는 마음은 예절의 극치(極致)이고, 옳고 그름을 아는 마음은 지혜의 극치(極致)이다.(無惻隱之心, 非人也, **無羞惡之心, 非人也**, 無辭讓之心, 非人也, 無是非之心, 非人也, 惻隱之心, 仁之端也, **羞惡之心, 義之端也**, 辭讓之心, 禮之端也, 是非之心, 智之端也.)〉

[사람이 이 사단(四端)이 있음은 사지(四肢. 사람의 팔다리)가 있음과 같다. 이 사단(四端)이 있는데도 스스로 잘 할 수 없다고 말하는 자(者)는 자신을 해치는 자(者)이고, 그 군주(君主. 세습적으로 나라를 다스리는 최고 지위에 있는 사람)가 잘 할 수 없다고 말하는 자(者)는 그 군주(君主)를 해치는 자(者)이다.”]라는 이야기가 나오는데, ‘부끄러운 마음이 없으면 사람이 아니며,(無羞惡之心, 非人也)’와, ‘부끄러움을 아는 마음은 옳음의 극치(極致)이고,(羞惡之心, 義之端也.)’에서, ‘수오지심(羞惡之心)’이 유래했다. 나머지 구체적인 내용은 ⇨사양지심(辭讓之心).

수-왈-불가(誰曰不可 누구 **수**/가로되 **왈**/아닐 **불**/옳을 **가**) 가로되 누가 옳지 않다고 (하겠는가)의 뜻으로, 옳다, 아니하다고 말할 사람이 아무도 없음을 이르는 말. 또는 누구든지 다 옳다고 하고, 옳지 않다고 할 사람이 없음을 이르는 말. *불가(不可): ①옳지 않음. 또는 좋지 않음. ②할 수 없음. 또는 되지 않음. *가로다: (‘가로되’, ‘가론’ 꼴로 쓰여) ‘말하다’를 예스럽게 이르는 말.

수-왕-지-절(水旺之節 물 **수**/왕성할 **왕**/어조사 **지**/철 **절**) 물이 왕성(旺盛)하는 철이라는 뜻으로, 오행(五行)에서 수기(水氣. 축축한 물의 기운)가 왕성한 계절, 즉, 겨울을 이르는 말. 여기서 ‘오행(五行)’은 동양 철학에서, 만물(萬物. 온갖 물건. 또는 세상에 있는 모든 것)을 생성하고 만상(萬象. 온갖 사물. 또는 형상이 있는 온갖 물건과 세상의 모든 일)을 변화시키는 다섯 가지 원소인 금(金), 목(木), 수(水), 화(火), 토(土)를 이르는 말. *왕성하다(旺盛~): 부록 ‘왕(旺)’ 참고. *철: ①(자연현상에 따라) 한 해를 네 시기(時期)로 나눈 중의 한 시기(時期). =계절. 시절. ②한 해 가운데서 무엇을 하기에, 알맞거나 많이 하는 때(시기·時期).

수요-장단(壽夭長短 목숨 **수**/일찍 죽을 **요**/길 **장**/짧을 **단**) 오래 사는 목숨과 일찍 죽음, (그리고) 목숨의 길고 짧음이라는 뜻으로, ‘수요(壽夭)’를 강조하여 이르는 말. 즉, 목숨의 길고 짧음이나 오래 삶과 일찍 죽음을 강조하여 이르는 말. *수요(壽夭): 오래 삶과 일찍 죽음. *장단(長短): ①길고 짧음. ②장단점. 또는 장점과 단점.

수욕-주의(獸慾主義 짐승 **수**/욕심 **욕**/주될 **주**/옳을 **의**) 짐승 (같은) 욕심(慾心)만을 주된 (가치로 생각하는) 주의(主義)라는 뜻으로, 인간의 도덕(道德)이나 윤리(倫理)를 무시하고 오로지 관능(官能. 육체적 쾌감을 느끼는 작용)에 따라 짐승과 같은 동물적 욕망만을 채우려고 하거나, 본능적(本能的)인 욕망(慾望)을 얻으려고 하는 생활 태도를 이르는 말. *수욕(獸慾): ①짐승과 같은 모질고 사나운 욕심. ②짐승과 같은 음란(淫亂. 음탕하고 난잡함)한 성적(性的) 욕망. *주의(主義): ①굳게 지키는 주장이나 방침. ②체계화된 이론이나 학설. *주되다(主~): 주장(主張)이나 중심(中心)이 되다.

수-용-산-출(水湧山出 물 **수**/물 솟을 **용**/뫼 **산**/날 **출**) 물이 물 솟고(샘솟고) 뫼(‘산’의 옛말)가 (솟아) 나온다는 뜻으로, 생각과 재주(순우리말로, 무엇을 잘할 수 있는, 타고난 능력과 슬기)가 샘솟듯 풍부(豊富)하여, 시(詩)나 글을 즉흥적(卽興的. 그 자리에서 일어나는 감흥이나 기분에 따라 하는 것)으로 훌륭하게 짓는 것을 비유적으로 이르는 말. 또는 풍부한 시상(詩想. 여기서는, 시적·詩的인 생각이나 상념)으로 시문(詩文. ‘시가·詩歌’와 ‘산문·散文’을 아울러 이르는 말)을 짓는 재주(순우리말로, 무엇을 잘할 수 있는, 타고난 능력과 슬기)가 비상함을 비유적으로 이르는 말.

수-원-수-구(誰怨誰咎 누구 **수**/원망할 **원**/누구 **수**/꾸짖을 **구**) 누구를 원망하고 누구를 꾸짖겠느냐(탓하겠느냐)는 뜻으로, 자신의 잘못이기 때문에 남을 원망(怨望)하거나 탓할 것이 없음을 이르는 말. =수원숙우

(誰怨孰尤). *원망하다(怨望~): 부록 ‘원(怨)’ 참고. *꾸짖다: 주로, 아랫사람의 잘못에 대하여 엄하게 나무라다.

수-원-숙-우(誰怨孰尤 누구 **수**/원망할 **원**/누구 **숙**/탓할 **우**) 누구를 원망하고 누구를 탓하겠냐는 뜻으로, 자신의 잘못이기 때문에 남을 원망(怨望)하거나 탓할 것이 없음을 이르는 말. =수원수구(誰怨誰咎). *원망하다(怨望~): 부록 ‘원(怨)’ 참고. *탓하다: 잘못된 것을 원망하거나, 핑계나 구실로 삼다.

수-유-후곤(垂裕後昆 드리울 **수**/넉넉할 **유**/뒤 **후**/맏 **곤**) 넉넉한 (것을) 뒤의 맏이에게 드리운다는 뜻으로, 모범이 될 만한 좋은 법도(法度. 법률 따위를 지켜야 할 도리)를 자손(子孫)에게 넘기는 일을 이르는 말. 또는 후세(後世)에 전하는 교훈(敎訓. 앞으로의 행동이나 생활에 지침이 될 만한 것을 가르치는 일. 또는 그런 가르침)을 후대(後代) 자손(子孫)에게 전함을 이르는 말. *후곤(後昆): 자신의 세대에서 여러 세대가 지난 뒤의 자녀를 통틀어 이르는 말. =후손(後孫). *드리우다: 부록 ‘수(垂)’ 참고. *맏: 부록 ‘곤(昆)’ 참고.

수의-야행(繡衣夜行 비단 **수**/옷 **의**/밤 **야**/다닐 **행**) 비단(緋緞) 옷을 (입고) 밤에 다닌다(밤길을 걷는다)는 뜻으로, 영광스러운 일을 남에게 알리지 않음을 비유적으로 이르는 말. *수의(繡衣): ①수(繡)를 놓은 옷. ②암행어사(暗行御史)가 입던 옷. 여기서, ‘암행어사(暗行御史)’는 조선 시대에, 지방 관원(官員. 관청에 나가서 나랏일을 맡아보는 사람)들의 치적(治績. 잘 다스린 공적. 또는 정치상의 업적)과 민생(民生. 일반 국민의 생활 및 생계)을 살피기 위하여 왕명(王命. 임금의 명령)으로 비밀히 파견되던 특사(特使. 특별한 임무를 띠고 파견한 사절). 독자께서 본문에 나오는 ‘금의야행(錦衣夜行)’의 유래를 참고하면 좋겠음. *야행(夜行): ①밤에 길을 감. ②밤에 나다니거나 활동함. *비단(緋緞): 명주실로 두껍고 광택이 나게 짠 피륙을 통틀어 이르는 말.

수적-석-천(水滴石穿 물 **수**/물방울 **적**/돌 **석**/뚫을 **천**) (떨어지는) 물과 물방울이 (모여) 돌을 뚫는다는 뜻으로, 곧, 작은 물방울이라도 끊임없이 떨어지면 결국 돌에 구멍을 뚫을 수 있다는 뜻이다. 이 말에는 두 가지의 내용이 들어 있다. 하나는 바늘 도둑이 소 도둑 된다는 것을 경계(警戒. 범죄나 사고 따위의 좋지 않은 일이 일어나지 않도록 미리 마음을 가다듬어 조심함)하라는 말이고, 또 하나는 작은 노력이라도 끈기 있게 지속하면 큰일을 이룰 수 있다는 것을 비유적으로 이르는 말이다. *수적(水滴): =물방울. 즉, 떨어지거나 맺힌 물의 작은 덩이. *뚫다: 부록 ‘천(穿)’ 참고. 이 사자성어의 유래는 다음과 같다. 먼저 송(宋)나라 시대 나대경(羅大經)의 『학림옥로(鶴林玉露)』에 [북송(北宋) 때 장괴애(張乖崖)가 숭양(崇陽. 땅 이름)의 현령(縣令. 벼슬 이름)으로 재직하고 있었을 때의 일이다. 하루는 관아(官衙. 예전에, 벼슬아치들이 모여 나랏일을 처리하던 곳)를 순찰(巡察)하다가 창고(倉庫)에서 황급히 뛰어나오는 한 관원(官員. 관청에 나가서 나랏일을 맡아보는 사람. 여기서는 ‘창고지기’를 일컬음)을 발견하였다. 수상쩍게 여겨 (그 창고지기를) 잡아서 조사해 보니 상투(순우리말로, 예전에, 장가든 남자가 머리털을 끌어 올려 정수리, 곧 머리 위의 숫구멍이 있는 자리 위에 틀어 감아 맨 것) 속에서 한 푼짜리 엽전 한 닢이 나왔다. 엄히 추궁한 결과, 창고(倉庫)에서 훔친 돈이라는 것을 알아내었다. 장괴애(張乖崖)는 즉시 형리(刑吏. 예전에 지방 관아의 형방·刑房에 딸렸던 아전·衙前)에게 명(命)하여 곤장(棍杖. 예전에, 죄인의 볼기, 곧 궁둥이의 살이 두두룩한 부분을 치던 형구·形具를 이르는 말. 버드나무로 길고 넓적하게 만들었음)을 치도록 했다. 그러자 (돈을 훔친 그) 관원(官員)이 대들며 소리쳤다. 즉, 돈을 훔친 그 창고지기가 형리(刑吏)로 하여금 곤장을 치게 하는 것에 대하여 불복(不服. 일반적인 의견 따위에 복종하지 아니함. 또는 죄에 대해 규정된 형벌에 복종하지 아니함)한다는 뜻이다. "그까짓 엽전 한 푼 훔친 게 뭐 그리 큰 죄라고 곤장을 칩니까? 그래요, 곤장은 칠 수 있겠지만, (저의) 목을 벨 수는 없을 것입니다." 장괴애(張乖崖)는 붓을 들어 판결문을 다음과 같이 적었다.]〈하루에 일 전(錢)이면 천 일엔 천 전(錢)이요, 노끈에 쓸려 나무가 잘리고 물방울이 돌을 뚫는다. 여기서, '쓸리다'는 '쓸다'의 피동. 줄 따위로 문질러 닳게 함을 당하다. '마찰(摩擦)시키다'의 뜻. 장괴애(張乖崖)는 이 판결문을 통해, 일 전(錢) 훔친 벌(罰)이 정도에 지나치다고 항의한 데 대해 일벌백계(一罰百戒. 본문 참고) 차원에서 꾸짖은 것이다. (一日一錢. 千日千錢. 繩鋸木斷. 水滴石穿)〉[그러고는 검(劍. 무기·武器로 쓰이는 길고 큰 칼)을 가지고 계단 아래로 내려가 (그 관원·官員의) 목을 치고(처벌하고) 상급기관에 가 스스로(자발적으로) (그 관원·官員에 대한) 탄핵(彈劾. 공직에 있는 사람의 부정이나 비행 따위를 조사하여 그 책임을 추궁함. 또는 그 절차)을 했다. 즉, 탄핵(彈劾)에 대한 절차를 정당하게 밟았다는 뜻이다. 이 이야기는 숭양(崇陽) 사람들 사이에 지금도 전해지고 있다.]라는 이야기가 나오는데, '물방울이 돌을 뚫는다.(水滴石穿)'에서, '수적석천(水滴石穿)'이 유래했다. 참고로, 원문의 '一日一錢'에서, '一'은 한 '일'로 읽고, '日'은 날 '일'로 읽는다. '一日'은 '하루'의 뜻이다. '錢'은 돈 '전', 엽전(葉錢) '전'으로 읽는다. '一日一錢'을 직역(直譯)하면, 하루에 엽전(葉錢) 하나, '千日千錢'에서, '千'은 일천 '천'으로 읽는다. '千日千錢'을 직역(直譯)하면, 천일(千日)에는 엽전(葉錢) 천 개, '繩鋸木斷'에서, '繩'은 밧줄 '승', 노끈 '승'으로 읽고, '鋸'는 톱 '거', 톱질할 '거'로 읽고, '木'은 나무 '목'으로 읽고, '斷'은 끊을 '단', 나눌 '단'으로 읽는다. '繩鋸木斷'을 직역(直譯)하면, 노끈으로 톱질하여도 나무가 잘 끊어진다(잘라진다). '水滴石穿'에서, '水'는 물 '수'로 읽고, '滴'은 물방울 '적'으로 읽고, '石'은 돌 '석'으로 읽고, '穿'은 뚫을 '천'으로 읽는다. '水滴石穿'을 직역(直譯) 하면, 물과 물방울이 돌을 뚫는다는 뜻인데, 여기에서는 자그마한 나쁜 일도 자꾸 해서 버릇이 되면 나중에는 큰 죄를 저지르게 된다는 것을 비유적으로 이르는 말로 쓰였다. '바늘 도둑이 소 도둑 된다.'는 속담과 같이 조그만 나쁜 짓은 처음부터 하지 말라는 경계(警戒. 잘못을 저지르지 않도록 미리 타일러 조심하게 함)의 말이다. 그리고 홍자성(洪自誠)의 『채근담(菜根譚)』에는 〈새끼줄로 톱질해도 나무가 잘리고, 물방울이 떨어져 돌을 뚫는다. 도(道)를 배우는 사람은 모름지기 힘써 구하라. 물이 모이면 개천을 이루고, 참외는 익으면 꼭지가 떨어진다. 도(道)를 얻으려는 사람은 모든 것을 천기(天機)에 맡겨라.(繩鋸木斷. 水滴石穿. 學道者. 須加力索. 水到渠成. 瓜熟蒂落. 得道者. 一任天機.)〉라는 이야기가 나오는데, '물방울이 떨어져 돌을 뚫는다.(水滴石穿)'에서, '수적석천(水滴石穿)'이 유래했다. 한 방울의 물방울이 돌 위에 계속 떨어져 마침내 돌을 뚫는다. 이 말은 상상하기 힘든 부단한 노력의 결과다. 따라서, '수적석천(水滴石穿)'은 꾸준히 노력하면 어떤 어려운 일이라도 이겨내고 결국 성공할 수 있다는 희망을 주는 사자성어이다. 무슨 일이든 꾸준히 해 온 결과는 무서운 결과를 이루게 됨을 명심(銘心. 잊지 않도록 마음에 깊이 새겨둠)할 필요가 있는 것이다. 참고로, 원문의 '繩鋸木斷'에서, '繩'은 밧줄 '승', 노끈 '승'으로 읽고, '鋸'는 톱 '거', 톱질할 '거'로 읽는다. '木'은 나무 '목'으로 읽고, '斷'은 끊을 '단', 나눌 '단'으로 읽는다. '繩鋸木斷'을 직역(直譯)하면, 노끈으로 톱질하여도 나무가 잘 끊어진다(잘라진다). '水滴石穿'에서, '水'는 물 '수'로 읽고, '滴'은 물방울 '적'으로 읽고, '石'은 돌 '석'으로 읽고, '穿'은 뚫을 '천'으로 읽는다. '水滴石穿'을 직역(直譯)하면, 물과 물방울이 돌을 뚫는다는 뜻으로, 곧, 작은 물방울이라도 끊임없이 떨어지면 결국 돌에 구멍을 뚫을 수 있듯이, 작은 노력이라도 끈기 있게 지속하면 큰일을 이룰 수 있다는 것을 비유적으로 이르는 말. '學道者'에서, '學'은 배울 '학'으로 읽고, '道'는 도리(道理) '도', 이치(理致) '도'로 읽는다. 여기서는 종교상의 근본이 되는 뜻. 또는 깊이 깨달은 지경. '者'는 사람 '자'로 읽는다. '學道者'를 직역(直譯)하면, 도(道)를 배우는 사람은, '須加力索'에서, '須'는 모름지기(사리를 따져 보건대 마땅히) '수'로 읽고, '加'는 더할 '가'로 읽고, '力'은 힘 '력(역)'으로 읽는다. '加力'은 어떠한 움직임에 힘을 더하는 일. '索'은 찾을 '색'으로 읽는다. '須加力索'을 직역(直譯)하면, 모름지기 힘을 더하여 찾아야(구해야) 한다. '水到渠成'에서, '水'는 물 '수'로 읽고, '到'는 이를(어떤 장소나 시간에 닿을) '도'로 읽고, '渠'는 개천(골짜기나 평지에서 흐르는 작은 내·川보다는 크지만, 강보다는 작은 물줄기) '거'로 읽고, '成'은 이룰 '성'으로 읽는다. '水到渠成'을 직역(直譯)하면, 물이 이르면(어떤 장소에 닿으면) 개천을 이루고, 즉, 한 줄기 물이라도 모이면 개천을 이룬다는 뜻이다. '瓜熟蒂落'에서, '瓜'는 오이 '과', 참외 '과'로 읽고, '熟'은 익을 '숙'으로 읽고, '蒂'는 꼭지(잎이나 열매를 지탱하는 줄기) '체'로 읽고, '落'은 떨어질 '락(낙)'으로 읽는다. '瓜熟蒂落'을 직역(直譯)하면, 참외가 익으면 꼭지가 떨어진다. '得道者'에서, '得'은 얻을 '득'으로 읽고, '道'는 도리(道理) '도', 이치(理致) '도'로 읽는다. '得道'는 오묘한 이치나 도(道)를 깨달음. '得道者'를 직역(直譯)하면 도(道)를 얻으려는 사람은, '一任天機'에서, '一'은 한 '일'로 읽고, '任'은 맡길 '임'으로 읽는다. '一任'은 모두 다 맡김. '天'은 하늘 '천'으로 읽고, '機'는 기회(機會) '기'로 읽는다. '天機'는 모든 조화를 꾸미는 하늘의 뜻과 기지(機智). '一任天機'을 직역(直譯)하면, 천기(天機)에 모두 다 맡겨야 (한다). 즉, 그러면 깨달을 날이 있을 것이다.

수적-천-석(水滴穿石 물 수/물방울 적/뚫을 천/돌 석) 물과 물방울이 돌을 뚫는다. 곧, 작은 물방울이라도 끊임없이 떨어지면 결국 돌에 구멍을 뚫을 수 있듯이, 작은 노력이라도 끈기 있게 지속하면 큰일을 이룰 수 있다는 것을 비유적으로 이르는 말. =수적석천(水滴石穿). 독자께서 본문에 나오는 '수적석천(水滴石穿)'의 유래를 참고하면 좋겠음. *수적(水滴): ☞수적석천(水滴石穿). *뚫다: 부록 '천(穿)' 참고. 유래는 '수적석천(水滴石穿)' 참고.

수전-양어(水田養魚 물 수/밭 전/기를 양/물고기 어) 물이 (있는) 밭에서 물고기를 기른다는 뜻으로, 논(물의 있는 밭)에 물고기를 양식(養殖. 물고기나 해조, 버섯 따위를 인공적으로 길러서 번식하게 함)하는 일을 이르는 말. 주로 잉어, 붕어, 은어, 미꾸라지 따위를 기른다. *수전(水田): =무논. 즉, 물이 늘 있는 논. 또는 물을 쉽게 댈 수 있는 논. *양어(養魚): 물고기를 길러 번식시킴. 또는 그 물고기.

수절-사의(守節死義 지킬 수/절개 절/죽을 사/의리 의) 절개(節槪·介)를 지키다 죽는 의리(義理)라는 뜻으로, 절개(節槪·介)를 지키어 의롭게 죽음을 이르는 말. *수절(守節): ①절의를 지킴. ②정절을 지킴. *사의(死義): 의(義)를 위하여 죽음. 또는 그러한 죽음. *절개(節槪·介): 옳은 일을 지키어 뜻을 굽히지 않는 굳건한 마음이나 태도. *의리(義理): ①사람으로서 마땅히 지켜야 할 바른 도리(道理. 사람이 마땅히 지켜야 할 바른 길). ②남과 사귈 때 지켜야 할 바른 도리.

수절-원사(守節冤死 지킬 수/절개 절/원통할 원/죽을 사) 절개(節槪·介)를 지키다 원통(冤痛)하게 죽음. *수절(守節): ☞수절사의(守節死義). *원사(冤死): 원한(怨恨. 억울하고 원통한 일을 당하여 응어리진 마음)을 품고 죽음. *절개(節槪·介): ☞수절사의(守節死義). *원통하다(冤痛~): 부록 '원(冤)' 참고. 여기서, '원통'은 어느 『국어사전(國語辭典)』에는 '원통(冤痛)'으로 되어 있고, 어느 『국어사전(國語辭典)』에는

‘원통(寃痛)’으로 실려 있다. 뜻은 같다.

수정-혼-식(水晶婚式 물 **수**/수정 **정**/혼인할 **혼**/의식 **식**) 수정(水晶)을 (주고받으며) 혼인(婚姻)하는 의식(儀式)이라는 뜻으로, 서양 풍속에서 결혼 후 열다섯 돌을 기념하여 축하하는 의식(儀式)을 이르는 말. 부부(夫婦)가 수정(水晶) 제품을 선물로 주고받는다. *수정(水晶): 육각기둥 꼴의 석영(石英)의 한 가지. 무색투명하며, 불순물이 섞인 것은 자색, 황색, 흑색 따위의 빛깔을 띰. 광학기기를 비롯하여 장식품, 도장 따위에 쓰임. *의식(儀式): 의례(儀禮)를 갖추어 베푸는 행사.

수-제-조적(獸蹄鳥跡·迹 짐승 **수**/굽 **제**/새 **조**/발자취 **적**) 짐승의 굽과 새의 발자취라는 뜻으로, 짐승이나 새의 발자취가 천하(天下)에 가득할 정도로 세상(世上)이 매우 어지럽고 혼란(混亂)함을 비유적으로 이르는 말. 세상(世上)이 매우 어지러워 금수(禽獸)가 설치고 다닌다는 말이다. 여기서, ‘금수(禽獸)’는 날짐승(새처럼 공중을 날아다니는 짐승을 통틀어 이르는 말)과 길짐승(기어 다니는 짐승을 통틀어 이르는 말). 또는 ‘행실이 아주 나쁜 사람’을 비유(比·譬喩. 어떤 사물의 모양이나 상태 따위를 보다 효과적으로 표현하기 위하여 그것과 비슷한 다른 사물에 빗대어 표현함. 또는 그 표현 방법)하여 이르는 말. *조적(鳥跡·迹): ①새의 발자국. ②글자, 특히 ‘한자(漢字)’를 달리 이르는 말. 중국 고대의 전설적인 제왕(帝王)인 황제(黃帝)의 사관(史官. 왕조 때 역사를 기록하던 관원)인 창힐(蒼頡)이 새의 발자국을 보고 글자를 만들었다는 중국의 고사(故事)에서 유래함. 따라서 창일(蒼頡)은 중국 최초로 문자를 창제한 사람이라고 전하여진다. *굽: 부록 ‘제(蹄)’ 참고.

수족-지-애(手足之愛 손 **수**/발 **족**/어조사 **지**/사랑 **애**) 손과 발의 사랑이라는 뜻으로, 형제간의 우애(友愛)를 비유적으로 이르는 말. *수족(手足): ①손발. ②손발처럼 마음대로 부리는 사람을 비유적으로 이르는 말.

수종-불분(首從不分 우두머리 **수**/좇을 **종**/아닐 **불**/구별할 **분**) 우두머리와 (우두머리를) 좇는 (사람을) 구별(區別)하지 아니하다는 뜻으로, 일이나 범죄(犯罪) 따위를 앞장서서 행(行)한 사람과, 곁에서 도운 사람을 가리지 않고 똑같이 처벌(處罰)함. 또는 주범(主犯. 두 사람 이상이 저지른 범죄에서 범죄 행위를 실행한 사람)과 종범(從犯. 다른 사람의 범죄를 도와준 사람)을 가리지 않고 똑같이 처벌함을 이르는 말. *수종(首從): ①일을 할 때 앞서서 하는 사람과 그 뒤를 따라 하는 사람. ②범죄 행위를 실행한 주범자(主犯者. 두 사람 이상이 저지른 범죄에서 범죄 행위를 실행한 사람)와 종범자(從犯者. 다른 사람의 범죄를 도와준 사람). *불분(不分): 분간하지 못함. *우두머리: ①물건의 꼭대기. ②어떤 집단이나 조직의 가장 윗사람. 또는 통솔하는 사람. *좇다: 부록 ‘종(從)’ 참고.

수죄-구발(數罪俱發 셈 **수**/허물 **죄**/함께 **구**/드러낼 **발**) 셈을 (셀 수 있는) 허물을 함께 드러낸다. 즉, 여러 가지 죄가 한꺼번에 드러난다는 뜻으로, 한 사람이 저지른 여러 가지 범죄가 한꺼번에 모두 드러남을 이르는 말. *수죄(數罪): ①여러 가지 범죄. ②범죄 행위를 들추어 세어 냄. *구발(俱發): 어떤 일이 함께 일어나거나 한꺼번에 일어남. *허물: 부록 ‘죄(罪)’ 참고. *드러내다: ‘드러나다’의 사동. 드러나게 하다. 즉, ①(가려져 안 보이던 것이) 나타나 보이게 하다. ②(알려지지 않던 것이) 알려지게 하다.

수주-대-토(守株待兔 지킬 **수**/그루터기 **주**/기다릴 **대**/토끼 **토**) 그루터기를 지키며 토끼를 기다린다는 뜻으로, 고지식(순우리말로, 성질이 외곬으로 곧아 융통성이 없음)하고 융통성(融通性. 융통이 잘된 성질이란 뜻으로, 때나 경우에 따라 임기응변·臨機應變으로 변통할 수 있는 성질이나 재주)이 없어 구습(舊習.

예부터 내려오는 낡은 관습)과 전례(前例. 이전부터 있었던 사례. 또는 예로부터 전하여 내려오는 일 처리의 관습)만 고집하거나, 여기서, '재주'는 순우리말로, 무엇을 잘할 수 있는, 타고난 능력과 슬기. 노력하지 않고 요행(僥倖. 행복을 바람. 또는 뜻밖에 얻는 행운)만을 기대하는 어리석은 사람을 비유적으로 이르는 말. 또는 달리 변통(變通. 그때그때의 상황에 따라 융통성 있게 일을 처리함)할 줄은 모르고 어리석게 한 가지만을 내내 고집함을 비유적으로 이르는 말. *수주(守株): =수주대토(守株待兔). *그루터기: 나무나 풀 따위를 베고 남은 밑동. 《관련 속담》 노루 친 막대기 삼 년 우린다. 이 사자성어의 유래는 다음과 같다. 『한비자(韓非子)』의 「오두(五蠹)」 편(篇)에, 〈송(宋)나라에 한 농부가 있었다. 밭 가운데에 나무 그루터기가 있었는데, 토끼가 달려오더니 나무 그루터기에 부딪혀서 목이 부러져 죽었다. 농부는 쟁기를 풀어 놓고 나무 그루터기를 지키며 토끼를 다시 얻기를 기대했지만, 토끼는 얻지 못하고 자신은 송(宋)나라 사람들의 웃음거리가 되었다.(宋人有耕田者, 田中有株, 兔走觸株, 折頸而死, 因釋其耒而守株, 冀復得兔, 兔不可復得, 而身爲宋國笑.)〉라는 이야기가 나오는데, '농부는 쟁기를 풀어 놓고 나무 그루터기를 지키며 토끼를 다시 얻기를 기대했지만,(因釋其耒而守株, 冀復得兔)'에서, '수주대토(守株待兔)'가 유래했다. 참고로, 원문의 '宋人有耕田者'에서, '宋'은 송(宋)나라 '송'으로 읽고, '人'은 사람 '인'으로 읽고, '有'는 있을 '유'로 읽고, '耕'은 밭 갈 '경'으로 읽고, '田'은 밭 '전'으로 읽고, '者'는, 여기서는 어조사 '자'로 읽는다. 어세(語勢. 말을 할 때의 어조나 기세)를 강하게 하거나 둘 이상의 사물을 구별하는 것을 나타냄. '宋人有耕田者'를 직역(直譯)하면, 송(宋)나라 사람이 밭을 갈고 있었다. '田中有株'에서, '中'은 가운데 '중'으로 읽고, '株'는 그루(풀이나 나무 따위의 아랫동아리. 또는 그것을 베고 남은 아랫동아리) '주', 그루터기('그루'와 뜻이 같음) '주'로 읽는다. '田中有株'를 직역(直譯)하면, 밭 가운데에는 그루터기가 있었는데, '兔走觸株'에서, '兔'는 토끼 '토'로 읽고, '走'는 달릴 '주'로 읽고, '觸'은 닿을 '촉'으로 읽는다. '兔走觸株'를 직역(直譯)하면, 토끼가 달려가다가 그루터기에 닿아(부딪혀), '折頸而死'에서, '折'은 꺾일 '절'로 읽고, '頸'은 목(척추동물의 머리와 몸통을 잇는 잘록한 부분) '경'으로 읽고, '而'는 말 이을 '이'로 읽는다. '그리고'의 뜻을 나타냄. '死'는 죽을 '사'로 읽는다. '折頸而死'를 직역(直譯)하면, (그 토끼가) 목이 꺾이어 그리고 죽었다. '因釋其耒而守株'에서, '因'은 인할(因~. 어떤 사실 따위가 원인이나 이유가 될) '인'으로 읽고, '釋'은 풀(묶이거나 얽히거나 합쳐진 것 따위를 그렇지 아니한 상태로 되게 할) '석'으로 읽고, '其'는 그(지시하는 말) '기'로 읽고, '耒'는 쟁기(논밭을 가는 농기구의 하나) '뢰(뇌)'로 읽고, '守'는 지킬 '수'로 읽는다. '因釋其耒而守株'를 직역(直譯)하면, (그것으로) 인하여 그 쟁기의 (줄을) 풀고 그리고 그루터기를 지키며, 즉, 농부는 밭을 갈다가 쟁기를 풀어놓고 그루터기를 지키며, '冀復得兔'에서, '冀'는 바랄(원하는 사물을 얻거나 가졌으면 하고 생각할) '기'로 읽고, '復'는 다시 '부'로 읽고, '得'은 얻을 '득'으로 읽는다. '冀復得兔'를 직역(直譯)하면, 토끼를 다시 얻기를 바라고 (있으나), 즉, 다시 토끼를 얻기를 기대하고 있었다는 뜻이다. 여기서, '守株待兔'가 유래하였는데, 이것을 직역(直譯)하면, 그루터기를 지키며 토끼를 기다린다는 뜻으로, 고지식하고 융통성이 없어 구습(舊習. 예부터 내려오는 낡은 관습)과 전례(前例)만 고집하거나, 노력하지 않고 요행(僥倖. 뜻밖에 얻는 행운)만을 기대하는 어리석은 사람을 비유적으로 이르는 말. 또는 달리 변통할 줄은 모르고 어리석게 한 가지만을 내내 고집함을 비유적으로 이르는 말. '兔不可復得'에서, '不'은 아닐(부정하는 말) '불'로 읽고, '可'는 가히(可~. 능히', '넉넉히'의 뜻을 나타냄) '가'로 읽고, '復'는 다시 '부'로 읽고, '得'은 얻을

‘득’으로 읽는다. ‘兎不可復得’을 직역(直譯)하면, 토끼를 다시 가히 얻을 수 없었으며, ‘而身爲宋國笑’에서, ‘而’는 말 이을 ‘이’로 읽는다. ‘그리고’의 뜻을 나타냄. ‘身’은 자기 ‘신’, 자신 ‘신’으로 읽고, ‘爲’는 될 ‘위’로 읽고, ‘國’은 나라 ‘국’으로 읽고, ‘笑’는 웃을 ‘소’, 비웃을 ‘소’로 읽는다. ‘而身爲宋國笑’를 직역(直譯)하면, 그리고 자신은 송(宋)나라 (사람들의) 웃음거리가 되었다.

수주-탄-작(隨珠彈雀 따를 **수**/구슬 **주**/탄알 **탄**/참새 **작**) 참새에게 수주(隨珠)의 탄알을 (쏜다는) 뜻으로, 작은 이익을 탐하다가 큰 손해를 보게 됨, 작은 것을 얻기 위하여 귀한 것을 버리는 것, 얻는 것보다 잃는 것이 더 많음 따위를 비유적으로 이르는 말. 쓰이는 물건(수주·隨珠)은 귀중한데, 얻으려 하는 것(참새)은 하찮은 것임을 일깨워주는 말이다. *수주(隨珠): 중국 수(隨)나라의 국보(國寶)였던 구슬을 일컫는 말. 수주(隨珠)는 수후(隨候)라는 사람이 뱀을 살려 준 뒤, 그 뱀으로부터 받은 보주(寶珠)로, 화씨지벽(和氏之璧)과 함께 천하(天下)의 귀중한 보배로 불린다. 그런데 『표준국어대전(標準國語大辭典)』에는 ‘수주(隋珠)’로 표기되어 있다. 물론 여기에 등장하는 사람도 ‘수후(隋侯)’라고 되어 있다. 원전(原典)에는 ‘수후지주(隨侯之珠)’로 되어 있다. 그래서 여기에서는 원전(原典)을 따랐다. 또 다른 자료에는 ‘수주(隨珠)’에 대해서 다음과 같이 설명하고 있다. 수후지주(隨侯之珠), 즉, 수후(隨侯)의 구슬을 말한다. 춘추시대(春秋時代) 수(隨)나라의 왕이 부상을 당한 뱀을 구해준 적이 있었다. 훗날 그 뱀이 지름이 한 치[寸]나 되는 야광주(夜光珠)를 물고 와 그에게 보답하였는데, 이 구슬을 ‘수후지주(隨侯之珠)’라고 한다. 《관련 속담》기와 한 장 아끼다가 대들보 썩힌다. / 모시 고르다 베 고른다. / 아끼다가 개 좋은 일만 한다. / 아끼다 똥 된다 / 한 푼 아끼다 백 냥 잃는다. 이 사자성어의 유래는 다음과 같다. 『장자(莊子)·잡편(雜篇) 「양왕(讓王)」 편(篇)에, [노(魯)나라 애공(哀公. ‘노·魯나라 임금’을 가리킴. 이름은 장·莊이다)은 안합(顔闔. 사람 이름)이 도(道)를 터득(攄得. 깊이 생각하여 이치를 깨달아 알아냄)한 인물이라는 말을 듣고 사람을 시켜 예물(禮物. 사례·謝禮의 뜻으로 주는 물품, 곧 고마움을 나타내거나 예의를 갖추기 위하여 보내는 돈이나 물건)을 보내기로 했다. 즉, 애공(哀公)이 어질고 덕망(德望. 덕행으로 얻은 명망)이 높은 인재(人材. 어떤 일을 할 수 있는 학식이나 능력을 갖춘 사람)를 널리 구하려고 하던 차에 안합(顔闔)에 대하여 듣고 사람을 시켜 예물(禮物)을 보내려고 했다는 뜻이다. 안합(顔闔)은 허술한 집에서 남루(襤褸. 옷 따위가 때 묻고 해어져 너절함)한 옷을 입고 소에게 먹이를 먹이고 있었다. 애공(哀公)의 사자(使者. 심부름을 하는 사람)가 가니, 안합(顔闔)이 직접 나와 맞이했다. 사자(使者)가 물었다. “여기가 안합(顔闔) 선생 댁입니까?” “그렇습니다.” 사자(使者)가 폐백(幣帛. 예를 갖추어서 보내거나 가지고 가는 물건)을 드리고 온 뜻을 알리자, 안합(顔闔)이 말했다. “혹 잘못 들은 것이 아닙니까? 이것을 잘못 받았다가 당신이 죄를 받게 되지 않을까 걱정입니다. 더 확실히 알아보는 것이 좋을 것입니다.” 사자(使者)는 돌아가서 확실히 알아보고는 다시 돌아와 안합(顔闔)을 찾았다. 그러나 안합(顔闔)은 없었다. 즉, 그는 예물(禮物)을 거절하기 위해 잠시 자리를 피한 것이다. 왜냐하면 그에게는 그 재물(財物)이 아무 가치가 없다고 생각했기 때문이다. 그러므로 안합(顔闔)과 같은 이는 진정으로 부귀(富貴. 재산이 많고 사회적 지위가 높음)를 싫어하는 사람이다. 즉, 안합(顔闔)은 부귀영화(富貴榮華. 본문 참고)를 꿈꾸는 사람이 아니라, 자연 속에서 유유자적(悠悠自適. 본문 참고)한 삶을 선택한 사람이라는 말이다. 장자(莊子. 중국 전국시대·戰國時代의 사상가이며, 도가·道家 사상의 중심인물)는 이 이야기를 마친 뒤 다음과 같이 말했다. “그러므로 옛말에도 ‘도(道)의 순수한 것으로써 몸을 다스리고, 그 남은 부스러기로

써 나라를 다스리며, 남은 찌꺼기로써 천하(天下)를 다스린다.'고 한 것이다. 여기서 '남은 찌꺼기로써 천하(天下)를 다스린다.'는 말은 그 중에서 쓸모없는 부분을 가지고 천하(天下)를 다스린다는 뜻이다. 이로써 본다면 제왕(帝王. '황제·皇帝'와 '국왕·國王'을 아울러 이르는 말)이 천하를 다스리는 공(功)도 성인(聖人. 지혜와 덕·德이 매우 뛰어나 길이 우러러 본받을 만한 사람)에 있어서는 나머지 일이며, 몸을 온전히 하고 양생(養生. 병에 걸리지 아니하도록 건강관리를 잘하여 오래 살기를 꾀함)을 하는 바가 아니다. 〈장자·莊子의 이야기는 계속된다.〉 (그런데) 지금의 세속(世俗. 사람이 살고 있는 모든 사회를 통틀어 이르는 말)의 군자(君子. 학문과 덕·德이 높고 행실·行實이 바르며 품위·品位를 갖춘 사람)들은, 그 몸을 위태롭게 하고, 그 생(生)을 버리면서 부귀(富貴)를 추구하는데, 어찌 슬프지 않은 가? 즉, 옛날의 안합(安闔)은 부귀영화(富貴榮華)를 멀리하는 삶을 살았는데, 지금 세속(世俗)의 벼슬아 치들이, 오직 부귀공명(富貴功名)만을 좇기 위하여 나 자신을 잃어버리는 바보 같은 짓을 하는 것이 슬프다는 것이다. 여기서 '군자(君子)'는 세속의 벼슬아치를 우회적(迂廻·回的. 곧바로 가지 않고 멀리 돌아서 가는 것)으로 표현한 것이다. 성인(聖人)의 행동은, 그 마음이 나아가는 곳과 그 하는 바의 일을 잘 살펴보는 것이다. (예컨대) 어떤 사람이, 수후(隨侯)의 보석으로 천 길 벼랑 위에 있는 참새를 쏘았다 고 한다면, 세상 사람들은 분명 그를 비웃을 것이다.(今世俗之君子, 多危身棄生以殉物, 豈不悲哉, 凡聖人 之動作也, 必察其所以之與其所以爲, 今且有人於此, **以隨侯之珠彈千仞之雀**, 世必笑之)〉[무슨 까닭인가? 그들은 (수단으로) 쓰이는 물건은 귀중한 것인데, 여기서, 수단으로 쓰이는 물건은 '수후(隨侯)의 보석'을 가리킴. 얻기를 바라는 것은 하찮은 것이기 때문이다. 여기서, 얻기를 바라는 것은 '참새'를 가리킴. 그러나 사람의 목숨이야 어찌 수후(隨侯)의 보석의 무거움과 비교가 되겠는가? 즉, 인간 생명의 귀중함 은 수후(隨侯)가 가지고 있는 보석의 귀중함과 비교할 수 있겠는가? 사람의 생명은 수후(隨侯)의 보석보 다 더 귀중하다는 말이다."]라는 이야기가 나오는 데, '어떤 사람이 수후(隨侯)의 보석으로 천 길 벼랑 위에 있는 참새를 쏘았다고 한다면,(以隨侯之珠彈千仞之雀)'에서, '수주탄작(隨珠彈雀)'이 유래했다. 참 고로, 원문의 '今世俗之君子'에서, '今'은 이제 '금', 지금 '금'으로 읽고, '世'는 세상 '세'로 읽고, '俗'은 풍속(風俗. 예로부터 지켜 내려오는, 생활에 관한 사회적 습관) '속'으로 읽는다. '세속(世俗)'은 사람이 살고 있는 모든 사회를 통틀어 이르는 말. '之'는 어조사 '지'로 읽는다. '~의'를 나타내는 관형격 조사. '君'은 군자(君子) '군'으로 읽고, '子'는 존칭(尊稱) '자'로 읽는다. '군자(君子)'는 학문(學問)과 덕(德. 고매 하고 너그러운 도덕적 품성)이 높고 행실이 바르며 품위를 갖춘 사람을 일컫는다. '今世俗之君子'를 직역 (直譯)하면, 지금의 세속(世俗)의 군자(君子)들은, '多危身棄生以殉物'에서, '多'는 많을 '다'로 읽고, '危'는 위태로울 '위'로 읽는다. 어떤 자료에는 '爲'로 표기되어 있다. '身'은 몸 '신'으로 읽고, '棄'는 버릴 '기'로 읽고, '生'은 살 '생'으로 읽는다. 여기서는 '삶'의 뜻이 강함. '以'는 써(그것을 가지고, 그것으로 인하여) '이'로 읽고, '殉'은 여기서는, 추구(追求. 목적한 바를 이루고자, 끝까지 좇아 구함)할 '순', 탐할(貪~. 어떤 것을 가지거나 차지하고 싶어 지나치게 욕심을 냄) '순'으로 읽고, '物'은 여기서는 재물(財物. 돈이 나 값나가는 물건) '물'로 읽는다. '多危身棄生以殉物'을 직역(直譯)하면, (그) 몸을 위태롭게 하고, (그) 삶을 버리면서 그것으로 인하여 재물(財物)을 추구(追求)하는 (경우가) 많은데, 즉, 장자(莊子)는 세속(世 俗)에 물든 벼슬아치마저도 몸을 위태롭게 하고, 생명을 잃으면서까지 재물(財物)을 추구(追求)하고 탐 (貪)하는 일이 많음을 한탄하고 있는 것이다. '豈不悲哉'에서, '豈'는 어찌 '기'로 읽고, '不'은 아닐(부정하는 말) '불'로 읽고, '悲'는 슬플 '비'로 읽고, '哉'는 어조사 '재'로 읽는다. '감탄', '의문' 따위를 나타냄. '豈不悲哉'를 직역(直譯)하면, 어찌 슬프지 않은가? '凡聖人之動作也'에서, '凡'은 무릇(대체로 보아) '범'으로 읽고, '聖'은 성인(聖人) '성'으로 읽고, '人'은 사람 '인'으로 읽는다. '성인(聖人)'은 지덕(智德)이 뛰어나 세인(世人)의 모범으로서 숭상(崇尙) 받을 만한 사람을 일컫는다. '動'은 움직일 '동'으로 읽고, '作'은 지을 '작'으로 읽는다. '동작(動作)'은 어떤 일을 하기 위해서 몸을 움직이는 일. '也'는 어조사 '야'로 읽는다. '~이다(단정)'의 뜻을 나타냄. '凡聖人之動作也'를 직역(直譯)하면, 무릇 성인(聖人)의 동작(動作)이라고 (함은), 즉, 대체로 성인(聖人)이 추구(追求)해야 할 행동(行動)이라고 하는 것은, '必察其所以之與其所以爲'에서, '必'은 반드시 '필'로 읽고, '察'은 살필 '찰'로 읽고, '其'는 그(지시하는 말) '기'로 읽고, '所'는 바(앞에서 말한 내용 그 자체나 일 따위를 나타내는 말) '소'로 읽는다. '소이(所以)'는 '까닭'과 같은 말로, 일이 생기게 된 원인이나 조건을 나타냄. '之'는 어조사 '지'로 읽는다. 여기서는 '그것'을 가리키는 지시 대명사. '與'는 여기서는 어조사 '여'로 읽는다. '~와', '~과(병렬)'의 뜻을 나타냄. 여기서 앞의 '所以'는 한문(漢文) 구(句)이기 때문에 '까닭'으로 풀이하고, 뒤의 '所以'는 '所'와 '以'를 따로 떼어 풀이한다. '所'는 '~하는 바로 풀이하고, '以'는 '그것을 가지고'로 풀이한다. '爲'는 할 '위', 행할 '위'로 읽는다. '必察其所以之與其所以爲'를 직역(直譯)하면, 반드시 그 (마음이) 그것을 (하는) 까닭(이유)과 그 (마음이) 그것을 가지고 하는 바(방법)를 (잘) 살펴보는 (것이다). 즉, 그 마음이 하고자 하는 까닭과 그것을 하는 방법을 먼저 살핀다는 것이다. 쥐를 잡는다고 쌀독을 깨거나, 쥐구멍을 막는다고 대들보를 밀어넣는 것이 과연 옳은가를 잘 살펴야 한다는 충고의 말이다. 그런데 다른 자료에는 이 부분을 이렇게 풀이하고 있다. 어디로 갈 것인가 하는 목적과 어떻게 할 것인가 하는 수단이 명확하도록 잘 살핀다는 뜻이다. '今且有人於此'에서, '且'는 또 '차', 또한 '차'로 읽고, '有'는 여기서는 어떤 '유'로 읽고, '於'는 어조사 '어'로 읽는다. '~에', '~에서(장소, 위치)'의 뜻을 나타냄. '此'는 이(지시하는 말) '차'로 읽는다. 여기서는, '이곳'의 뜻이 강함. '今且有人於此'를 직역(直譯)하면, 지금 또 어떤 사람이 이곳에서, '以隨侯之珠彈千仞之雀'에서, '以'는 써(그것을 가지고, 그것으로 인하여) '이'로 읽고, '隨'는 따를 '수'로 읽고, '侯'는 제후(諸侯) '후'로 읽는다. '수후(隨侯)'는 사람 이름. '之'는 어조사 '지'로 읽는다. '~의'를 나타내는 관형격 조사. '珠'는 구슬 '주'로 읽고, '彈'은 탄알(彈~. 탄환·彈丸의 탄피·彈皮 끝에 박힌 뾰족한 쇳덩이) '탄'으로 읽고, '千'은 일천 '천'으로 읽고, '仞'은 길(높이의 단위) '인'으로 읽고, '雀'은 참새 '작'으로 읽는다. '以隨侯之珠彈千仞之雀'을 직역(直譯)하면, 수후(隨侯)의 구슬을 가지고 일천 길의 참새를 탄알을 (쏘듯이 쏘았다면), 여기서, '수주탄작(隨珠彈雀)'이 유래했는데, 이것을 직역(直譯)하면, 수주(隨珠)로 참새에게 탄알을 쏜다는 뜻으로, 작은 것을 얻으려다 큰 것을 손해 보게 됨을 비유적으로 이르는 말. 그리고 여기서 '이주탄작(以珠彈雀)'도 유래했는데, 이것을 직역(直譯)하면, 탄알 대신에 구슬로써 참새를 (향하여) 쏜다. 즉, 귀중한 구슬로 새를 (향하여) 쏜다는 뜻으로, 작은 것을 얻으려다 큰 것을 손해 보게 됨을 비유적으로 이르는 말. '世必笑之'에서, '笑'는 웃을 '소'로 읽는다. 여기서는 '비웃는다'의 뜻이 강함. '之'는 어조사 '지'로 읽는다. 여기서는 '그것'을 가리키는 지시 대명사. '世必笑之'를 직역(直譯)하면, 세상 (사람들은) 반드시 그것을 (보고) 비웃을 (것이다). 즉, 하찮은 참새 한 마리를 잡으려고 천하에 둘도 없는 수후(隨侯)의 귀중한 구슬을 탄알을 쏘듯이 쏘는 것은 남에게 비웃음거리를 제공할 수밖에 없다는 뜻이다. 대단히 귀중(貴重)한 것을 의미(意味) 없는 것에 소비함으로써, 중요하고 가벼운 것을 헤아리지 못한 것은, 다른 사람으로부터 비웃음을 사기에 충분한 일이기 때문이다.

수중-유행(睡中遊行 잠잘 **수**/가운데 **중**/떠돌 **유**/다닐 **행**) 잠자는 가운데 떠돌며 다닌다는 뜻으로, 자다가 갑자기 일어나서, 잠이 완전히 깨지 않은 상태로 여러 가지 행동을 하면서 여기저기 돌아다님을 이르는 말. *수중(睡中): 잠든 동안. *유행(遊行): 유람(遊覽. <u>구경하며 돌아다님</u>)하기 위하여 여러 지방을 돌아 다님. *떠돌다: ①(물 위나 공중에) 떠서 이리저리 움직이다. 또는 떠다니다. ②(분위기나 표정에) 어떤 기미(幾·機微. <u>어떤 일을 알아차릴 수 있는 눈치. 또는 일이 되어가는 야릇한 분위기</u>)가 나타나다. ③(소문 따위가) 근거도 없이 여러 사람의 입에 오르내리다. 여기서는 ①의 뜻.

수-즉-다욕(壽則多辱 목숨 **수**/곧 **즉**/많을 **다**/욕될 **욕**) 목숨이 (길면) 곧 욕됨이 많다. 즉, 너무 오래 살면 욕되는 일이 많다 는 뜻으로, 오래 살수록 그만큼 욕됨이 많음을 이르는 말. *다욕(多辱): 욕됨이 많음. *욕되다(辱~): 면목이 없거나 명예롭지 못하다.

수지-결산(收支決算 거둘 **수**/줄 **지**/정할 **결**/셈할 **산**) 거두는 (것과) 주는 (것을) 셈하여 정한다는 뜻으로, 일정 기간의 수입(收入)과 지출(支出)의 결산(決算)을 이르는 말. *수지(收支): ①수입(收入)과 지출(支 出)을 아울러 이르는 말. ②거래 관계에서 얻는 이익(利益)을 이르는 말. *결산(決算): ①계산을 마감함. ②공공기관이나 기업체 따위에서, 일정 기간의 수입(收入)과 지출(支出)을 계산하는 일. *거두다: 부록 '수(收)' 참고. *줄다: 부피나 수효 또는 규모 따위가 본디보다 작아지거나 적어지다. *셈하다: 부록 '산(算)' 참고.

수지-타산(收支打算 거둘 **수**/줄 **지**/칠 **타**/셈 **산**) 거두는 (것과) 주는 (것을) 셈하여 친다(<u>값을 매긴다</u>)는 뜻으로, 수입(收入)과 지출(支出)의 셈을 맞추어 봄을 이르는 말. 여기서 '셈(을) 치다'는 관용어로, 계산 하다, 셈하다. *수지(收支): ☞수지결산(收支決算). *타산(打算): 이해관계(利害關係. <u>본문 참고</u>)를 따져 셈 쳐 봄. 또는 그 셈속. *거두다: 부록 '수(收)' 참고. *줄다: ☞수지결산(收支決算). *치다: 부록 '타(打)' 참고. *셈: 부록 '산(算)' 참고.

수천-방불(水天彷彿·髴 물 **수**/하늘 **천**/비슷할 **방**/비슷할 **불**) 물과 하늘이 비슷하고 비슷하다는 뜻으로, 멀리 보이는 바다의 수면(水面. <u>물의 표면. 또는 물 위</u>)과 하늘이, 서로 한 빛깔로 맞닿아 그 한계를 분간할 수 없거나 그 경계(境界. <u>지역이 구분되는 한계</u>)를 지을 수 없음을 비유적으로 이르는 말. 匪 수천일벽(水天一碧). *수천(水天): ①물[水]과 하늘[天]을 아울러 이르는 말. ②물에 비친 하늘을 비유적 으로 이르는 말. *방불(彷彿·髴): ①거의 비슷함. ②무엇과 같이 느끼게 함.

수천-일-벽(水天一碧 물 **수**/하늘 **천**/한 **일**/푸를 **벽**) 물과 하늘이 하나로 푸르다는 뜻으로, 멀리 보이는 바다 수면(水面. <u>물의 표면. 또는 물 위</u>)과 하늘이 맞닿아, 그 경계(境界. <u>지역이 구분되는 한계</u>)를 알 수 없을 만큼 한가지로 푸름을 비유적으로 이르는 말. =수천일색(水天一色). 匪 수천방불(水天彷彿·髴). *수천(水天) ☞수천방불(水天彷彿·髴).

수천-일색(水天一色 물 **수**/하늘 **천**/한 **일**/빛 **색**) 물과 하늘이 하나의 빛이라는 뜻으로, 멀리 보이는 바다 수면(水面. <u>물의 표면. 또는 물 위</u>)과 하늘이 맞닿아, 그 경계(境界. <u>지역이 구분되는 한계</u>)를 알 수 없을 만큼 한 가지 색으로 푸름을 비유적으로 이르는 말. =수천일벽(水天一碧). 匪 수천방불(水天彷彿· 髴). 그런데 국립국어연구원의 『표준국어대사전』(두산동아)에는 '數千一色'으로 등재(登載)되어 있다. 이 것은 의미로 따져 볼 때 '水天一色'의 오류인 듯(?) *수천(水天) ☞수천방불(水天彷彿·髴). *일색(一色):

①한 가지 빛. ②아주 뛰어나게 아름다운 미인. ③같은 종류나 같은 경향이 지배하고 있는 모양을 비유적으로 이르는 말.

수토-불-복(水土不服 물 **수**/흙 **토**/아닐 **불**/옷 **복**) 물과 흙이 옷에 (맞지) 않는다는 뜻으로, 물이나 풍토(風土. 어떤 지역의 기후와 토지의 상태)가 몸에 맞지 않아 위장(胃腸)이 나빠짐을 비유적으로 이르는 말. *수토(水土): ①물과 흙. ②(어떤 고장의) 기후와 풍토. *'불-복'은 『국어사전(國語辭典)』에 등재(登載)된, '복종하지 아니함'인 '불복(不服)'의 뜻과는 별개다.

수하-친병(手下親兵 손 **수**/아래 **하**/친할 **친**/병졸 **병**) 손[手]의 아래에 (있는) 친(親)한 병졸(兵卒)이라는 뜻으로, ①자기에게 직접 딸린 병졸(兵卒)을 이르는 말. ②자기의 손발처럼 마음대로 부리거나 가까이 두고 쓰는 부하(部下)를 이르는 말. *수하(手下): 직책상 자기보다 더 낮은 자리에 있는 사람. *친병(親兵): 임금이 친히 거느리는 군사. *병졸(兵卒): 군대에서 장교의 지휘를 받는 군인.

수-호-문-창(繡戶紋窓 수놓을 **수**/지게 **호**/무늬 **문**/창 **창**) 수(繡)를 놓은 지게문(~門. 마루나 부엌 같은 데서 방으로 드나드는 외짝 문)과 무늬가 (있는) 창(窓)이라는 뜻으로, 무늬와 수(繡)로 꾸민 창(窓)과 문(門)을 이르는 말. *지게: 부록 '호(戶)' 참고.

수호-천사(守護天使 지킬 **수**/보호할 **호**/하늘 **천**/사신 **사**) 지키고 보호하는 하늘의 사신(使臣)이라는 뜻으로, 모든 사람을 착한 길로 인도(引導)하여 보호할 사명을 띤 천사(天使)를 이르는 말. 또는 모든 사람을 선(善)으로 이끌고, 악(惡)으로부터 보호하는 천사(天使)를 이르는 말. *수호(守護): 중요한 사람이나 처소(處所. 사람이 기거·起居하거나 임시로 머무는 곳. 또는 어떤 일이 벌어지거나, 어떤 물건이 있는 곳) 따위를 지키고 보호함. *천사(天使): ①천자(天子)의 사신(使臣)을 제후국(諸侯國. 제후가 다스리는 나라)에서 일컫던 말. 여기서, '천자(天子)'는 천제(天帝. 하늘을 다스리는 신. 또는 우주를 창조하고 주재한다고 믿어지는 초자연적인 절대자)의 아들이란 뜻으로, 천명(天命. 하늘의 명령)을 받아 천하(天下)를 다스리는 사람. 곧 중국에서 황제(皇帝)를 일컫던 말이다. ②기독교에서, 하느님의 사자(使者)로서 하느님과 인간의 중개 역할을 하는 존재를 이르는 말. ③마음씨 곱고 어진 사람을 비유적으로 이르는 말. *사신(使臣): 지난날, 나라의 명을 받아 외국에 파견되던 신하.

수화-불통(水火不通 물 **수**/불 **화**/아닐 **불**/통할 **통**) 물과 불은 (서로) 통(通)하지 아니한다. 즉, 물과 불이 서로 어울릴 수 없다는 뜻으로, 절교(絕交. 서로 교제를 끊음)함을 비유적으로 이르는 말. *수화(水火): 물과 불. *불통(不通): ①교통이나 통신 따위가 막혀 연락이 되지 아니함. ②의사(意思)가 통하지 아니함. *통하다(通~): 부록 '통(通)' 참고.

수화-빙탄(水火氷炭 물 **수**/불 **화**/얼음 **빙**/숯 **탄**) 물과 불은 얼음과 숯이라는 뜻으로, 물과 불은 얼음과 숯처럼 서로 상극(相剋. 두 사람 또는 사물이 서로 맞지 않거나 마주치면 서로 충돌하는 상태임을 이르는 말)이 되는 것, 또는 사이가 매우 나쁜 관계를 비유적으로 이르는 말. *수화(水火): ☞수화불통(水火不通). *빙탄(氷炭): ①(얼음과 숯이라는 뜻으로) 성질이 서로 상반(相反. 서로 반대되거나 어긋남)되거나 크게 차이가 나는 것을 비유적으로 이르는 말. ②=빙탄불상용(氷炭不相容). 즉, 사물이 서로 화합(和合. 화목하게 어울림)하기 어려움을 이르는 말. *숯: 부록 '탄(炭)' 참고.

수화-상극(水火相剋 물 **수**/불 **화**/서로 **상**/이길 **극**) 물과 불은 서로 이기려고 (한다)는 뜻으로, ①물과 불이 서로 용납(容納. 여기서는 어떤 물건이나 상황을 받아들임)하여 공존(共存. 여기서는 서로 도와서 함께 존재함)할 수 없음을 이르는 말. ②서로 어울릴 수 없는 속성 때문에 원수(怨讐)와 같이 대하거나 지냄을 비유적으로 이르는 말. *수화(水火): ☞수화불통(水火不通). *상극(相剋): ①오행설(五行說)에서, 목(木)은 토(土)를, 토(土)는 수(水)를, 수(水)는 화(火)를, 화(火)는 금(金)을, 금(金)은 목(木)을 이기는 일을 이르는 말. ②두 사람 또는 사물이 서로 맞지 않거나 마주치면 서로 충돌하는 상태임을 이르는 말. *이기다: 부록 '극(剋)' 참고.

수-화-지-재(隋和之材 수나라 **수**/화할 **화**/어조사 **지**/재목 **재**) 수(隋)와 화(和)의 (귀중한) 재목(材木). 즉, 수후지주(隋侯之珠. 구슬 이름)와 화씨지벽(和氏之璧. 보물 이름)과 같이 천하(天下)의 귀중한 보배라는 뜻으로, 뛰어난 인재(人材. 어떤 일을 할 수 있는 학식이나 능력을 갖춘 사람)를 비유적으로 이르는 말. 여기서, '수후지주(隋侯之珠)'는 중국 수(隋)나라의 국보(國寶. 나라의 보배)였던 구슬을 이르는 말. 수후(隋侯. 사람 이름)가 뱀을 살려 준 뒤, 뱀으로부터 받은 보주(寶珠. 보배로운 구슬)로, 변화(卞和. 사람 이름)의 화씨벽(和氏璧. 보물 이름)과 함께 천하의 귀중한 보배로 불린다. '화씨지벽(和氏之璧)'은 초(楚)나라 사람 변화(卞和)가 발견하여 초나라 왕에게 바쳤다는 보물을 일컬음. 수후지주(隋侯之珠)와 같이 천하의 귀중한 보배라는 뜻으로, 뛰어난 인재(人材)를 비유적으로 이르는 말. *수(隋)나라: 서기 581년에 중국 북주(北周)의 양견(楊堅)이 정제(靜帝)의 선양(禪讓. 임금의 자리를 물려줌)을 받아 세운 왕조(王朝)를 이르는 말. 여기서 '정제(靜帝)'는 중국 남북조시대(南北朝時代) 북주(北周)의 제5대 황제의 이름. 서기 581년에 개국(開國)하였으며, 서기 589년에 진(陳)나라를 합쳐 중국을 통일하였으나, 서기 681년에 당(唐)나라의 고조(高祖. 당나라 제1대 황제의 이름)인 이연(李淵)에게 망하였다. *화하다(和~): 부록 '화(和)' 참고. *재목(材木): 부록 '재(材)' 참고.

수-화-폐-월(羞花閉月 부끄러워할 **수**/꽃 **화**/닫을 **폐**/달 **월**) (여인이 너무나 아름다워) 꽃도 부끄러워하고 달도 닫는다(숨는다)는 뜻으로, 여인의 얼굴과 맵시가 매우 아름다움을 비유적으로 이르는 말. 즉, 절세(絕世. 세상에 비길 것이 없을 만큼 썩 빼어남)의 미인(美人)을 비유적으로 형용한 말이다. =폐월수화(閉月羞花). 중국에서 4대 미인을 표현하는 대표적인 어휘가 있으니, 그것이 바로 침어(沈魚), 낙안(落雁), 수화(羞花), 폐월(閉月)이다. '침어(沈魚)'는 서시(西施)(춘추전국시대 월·越나라의 여인)의 미모(美貌. 아름다운 얼굴 모습)에 물고기가 헤엄치는 것조차 잊은 채 물밑으로 가라앉았다는 데에서, 서시(西施)는 '침어(沈魚)'라는 칭호를 얻게 되었다. '낙안(落雁)'은 왕소군(王昭君)(한·漢나라의 재주와 용모를 갖춘 미인)의 미모(美貌)에 기러기가 날갯짓하는 것조차 잊은 채 땅으로 떨어졌다는 데에서, 여기서, '재주'는 순우리말로, 무엇을 잘할 수 있는, 타고난 능력과 슬기. 왕소군(王昭君)은 '낙안(落雁)'이라는 칭호를 얻었다. '수화(羞花)'는 양귀비(楊貴妃)(당·唐나라의 미인)의 미모(美貌)에 꽃도 부끄러워서 고개를 숙였다는 데에서, 양귀비(楊貴妃)는 '수화(羞花)'라는 칭호를 얻게 되었다. '폐월(閉月)'은 초선(貂嬋)('삼국지·三國志'의 초기에 나오는 인물로, 노래와 춤에 능한 한·漢나라 사람)의 미모(美貌)에 달도 부끄러워서 구름 사이로 숨어버렸다는 데에서, 초선(貂嬋)은 '폐월(閉月)'이라는 칭호를 얻었다.

수-훼-수-보(隨毀隨補 뒤따를 **수**/헐 **훼**/뒤따를 **수**/기울 **보**) 뒤따라 있는 헌 (옷을) 뒤따라 깁는다는 뜻으로, 훼손하는 대로 이내 고침을 이르는 말. *뒤따르다: 어떤 일에 부수적인 일이 나타나거나 같이하다. *헐다: ①(부스럼이나 상처 따위가) 덧나서 짓무르다. ②(물건 따위가) 오래되어 낡아지다. *깁다: 기우니, 기워 따위로 활용한다. 해진 데에 조각을 대고 꿰매다.

숙-능-생-교(熟能生巧 숙련할 **숙**/능력 **능**/날 **생**/재주 **교**) 능력이 숙련(熟練)되면 재주가 (생겨) 난다. 즉, 숙련(熟練)되면 기교(技巧. 기술이나 솜씨가 아주 교묘함. 또는 그런 기술이나 솜씨)가 생길 수 있다는 뜻으로, 주로 한 분야에서 연습을 많이 하면 능숙(能熟. 능란하고 익숙함)하게 되고 뛰어난 솜씨를 발휘하게 됨을 비유적으로 이르는 말. 또는 오랜 기간의 숙련(熟練)을 거쳐야 뛰어난 기교(技巧)를 발휘할 수 있음을 비유적으로 이르는 말. *숙련하다(熟練~): 연습을 많이 하여 능숙하게 익히다. *능력(能力): 일을 감당해 낼 수 있는 힘. *재주: 순우리말로, 무엇을 잘할 수 있는, 타고난 능력과 슬기. 이 사자성어의 유래는 다음과 같다. 구양수(歐陽脩)의 『귀전록(歸田錄)』에 〈(북송·北宋 때의) 강숙공(康肅公. '진요자·陳堯咨'의 다른 이름)인 진요자(陳堯咨. 사람 이름)는 (멀리서 동전 구멍을 맞출 정도로) 활쏘기에 뛰어나 스스로 당대 최고의 궁수(弓手. 지난날 활을 쏘던 군사)라고 생각하며 자부심(自負心. 자기 자신 또는 자기와 관련되어 있는 것에 대하여 스스로 그 가치나 능력을 믿고 당당히 여기는 마음)이 대단했다. (어느 날) 진요자(陳堯咨)가 자기 집 뜰에서 활을 쏘고 있는데, 기름장수 노인이 짐을 내려놓고 서서, 오랫동안 구경을 했다. 진요자(陳堯咨)가 쏜 화살은 열 번 쏘아 여덟이나 아홉 번은 과녁에 명중(命中. 겨냥한 곳을 쏘아 바로 맞힘)하였다. 그런데 기름장수 노인은 그저 가볍게 고개를 끄덕일 뿐이었다. 진요자(陳堯咨)는 언짢은 생각이 들어 노인에게 물었다. "그대도 활을 쏠 줄 아시오? 내 활솜씨가 대단하지 않소?" 노인이 대답했다. "특별한 것도 없지요. 단지 손에 익었을 뿐이지요."(陳康肅公堯咨善射, 當世無雙, 公亦以此自矜. 嘗射於家圃, 有賣油翁釋担而立, 睨之, 久而不去, 見其發矢十中八九, 但微頷之 康肅問日, 汝亦知射乎. 吾射不亦精乎. 翁日, 無他, **但手熟爾**)〉[진요자(陳堯咨)는 화가 나서 말했다. "감히 내 활 솜씨를 무시할 수 있소?" 노인은 "내가 기름을 따르는 것을 보면 알 수 있을 것입니다."라고 말하고는 땅바닥에 호리병(~瓶. 위와 아래가 둥글며, 가운데가 잘록한 병·瓶을 이르는 말. 보통 윗부분의 지름이 더 작으며, 술이나 약 따위를 담아 가지고 다니는 데 씀)을 내려놓은 뒤 병(瓶) 입구에 동전(銅錢. 구리로 만든 돈. 실제로는 구리와 주석의 합금으로 되어 있음)을 올려놓고 주걱('밥주걱'의 준말. 나무나 놋쇠 따위로 만든, 밥을 푸는 기구)에 기름을 담아 천천히 동전(銅錢) 구멍 속으로 부어 넣기 시작했는데, 기름은 동전(銅錢) 구멍을 통해 들어가고 동전(銅錢)에는 전혀 기름이 묻지 않았다. 노인이 말했다. "저 역시 특별한 솜씨라고 할 것도 없습니다. 단지 손에 익었을 뿐이지요." 진요자(陳堯咨)는 웃으며 노인을 보내 주었다.]라는 이야기가 나오는데, '단지 손에 익었을 뿐이지요.(但手熟爾)'에서, '숙능생교(熟能生巧)'가 유래했다. 그런데 원문에 '숙능생교(熟能生巧)'가 보이지 않는다. 단지 '但手熟爾'에서, '숙(熟)'만 보인다. '숙련(熟練)하다'는 뜻의 '숙(熟)'이 그 의미가 확장되어 '숙능생교(熟能生巧)'가 된 것이다. 참고로, 원문의 '陳康肅公堯咨善射'에서, '陳'은 성씨(姓氏) '진'으로 읽고, '康'은 편안 '강'으로 읽고, '肅'은 엄숙할 '숙'으로 읽고, '公'은 존칭(尊稱. 존경하여 높이어 부름. 또는 그 일컬음) '공'으로 읽고, '堯'는 높을 '요'로 읽고, '咨'는 물을 '자'로 읽고, '善'은 착할 '선', 훌륭할 '선'으로 읽고, '射'는 (활을) 쏠 '사'로 읽는다. '陳康肅公堯咨善射'를 직역(直譯)하면, 강숙공(康肅公)인 진요자(陳堯咨)는 (활을) 쏘는 (실력이) 훌륭해, '當世無雙'에서, '當'은 그 '당'으로 읽고, '世'는 대(代) '세', 시대(時代) '세'로 읽는다. '當世'는 바로 그 시대. '無'는 없을 '무'로 읽고, '雙'은 견줄 '쌍'으로 읽는다. '無雙'은 서로 견줄만한 짝이 없다는 뜻으로, 서로 견줄만한 것이 없을 정도로 뛰어나거나 심함을 이르는 말. '當世無雙'을 직역(直譯)하면, 바로 그 시대에는 서로 견줄만한 짝이 없었다. '公亦以此自矜'에서, '公'은 '강숙공(康肅公)인 진요자(陳堯

咎)'를 가리킴. '亦'은 또 '역'으로 읽고, '以'는 써(그것을 가지고, 그것으로 인하여) '이'로 읽고, '此'는 이(지시하는 말) '차'로 읽고, '自'는 스스로 '자'로 읽고, '矜'은 자랑할 '긍'으로 읽는다. '公亦以此自矜'을 직역(直譯)하면, 진요자(陳堯咨)는 역시 이것('활쏘기'를 가리킴)을 가지고 스스로 자랑했다. '嘗射於家圃'에서, '嘗'은 일찍 '상'으로 읽고, '於'는 어조사 '어'로 읽는다. '~에', '~에서(장소, 위치)'의 뜻을 나타냄. '家'는 집 '가'로 읽고, '圃'는 정원(庭園. 뜰. 특히 잘 가꾸어 놓은 넓은 뜰을 일컬음) '포'로 읽는다. '嘗射於家圃'를 직역(直譯)하면, (어느 날 진요자·陳堯咨가 자기) 집 정원(庭園)에서 (활을) 쏘고 (있는데), '有賣油翁釋担而立'에서, '有'는 있을 '유'로 읽고, '賣'는 (물건을) 팔 '매'로 읽고, '油'는 기름 '유'로 읽고, '翁'은 늙은이 '옹'으로 읽고, '釋'은 (짐을) 풀 '석'으로 읽고, '担'은 여기서는 (어깨에) 멜 '담'으로 읽는다. 어느 자료에는 '擔'으로 되어 있는데, '担'은 '擔'의 약자(略字)이다. '而'는 말 이을 '이'로 읽고, '立'은 설 '립(입)'으로 읽는다. '有賣油翁釋担而立'을 직역(直譯)하면, 기름을 파는 늙은이가 있었는데, 어깨에 멘 (짐을) 풀고 그리고 서서, 즉, 기름장수 노인이 짐을 내려놓고 오랫동안 서서, '睨之'에서, '睨'는 엿볼(남이 모르게 가만히 보거나 살핌) '예'로 읽고, '之'는 어조사 '지'로 읽는다. '그것'을 가리키는 지시 대명사. 여기서는 '활쏘기 장면'을 가리킨다. '睨之'를 직역(直譯)하면, (진요자·陳堯咨의) 활쏘기 장면을 엿보고, '久而不去'에서, '久'는 오랠 '구'로 읽고, '不'은 아닐(부정하는 말) '불'로 읽고, '去'는 갈 '거'로 읽는다. '久而不去'를 직역(直譯)하면, 오랫동안 가지 않고, 즉, 기름장수 노인이 오랫동안 가지 않고 활쏘기 장면을 엿보았다는 뜻이다. '見其發矢十中八九'에서, '見'은 볼 '견'으로 읽고, '其'는 그(지시하는 말) '기'로 읽고, '發'은 (화살을) 쏠 '발'로 읽고, '矢'는 화살 '시'로 읽고, '十'은 열 '십'으로 읽고, '中'은 가운데 '중'으로 읽고, '八'은 여덟 '팔'로 읽고, '九'는 아홉 '구'로 읽는다. '見其發矢十中八九'를 직역(直譯)하면, (진요자·陳堯咨가) 쏜 화살은 열 번 가운데 여덟이나 아홉 (번은) 그것(화살)이 (과녁에 명중·命中하는 것을) 보았다. '但微頷之'에서 '但'은 다만 '단'으로 읽고, '微'는 적을 '미'로 읽는다. 여기서는 '가볍다'의 뜻을 나타냄. '頷'은 턱(발음하거나 씹는 일을 하는 기관) '함'으로 읽고, '之'는 여기서는 '턱'을 가리킴. '但微頷之'를 직역(直譯)하면, 다만 가볍게 턱 그것을 (움직였다). 즉, 기름 장수 노인은 그저 가볍게 턱(고개)을 끄덕일 뿐 별다른 반응이 없었다는 뜻이다. '康肅問曰'에서, '康肅'은 '강숙공(康肅公)'인 진요자(陳堯咨)'를 가리킴. '問'은 물을 '문'으로 읽고, '曰'은 일컬을 '왈'로 읽는다. '康肅問曰'을 직역(直譯)하면, (진요자·陳堯咨는) (기름장수 노인에게) 물어 일컫기를, '汝亦知射乎'에서, '汝'는 너(2인칭 대명사) '여', 당신(2인칭 대명사) '여'로 읽고, '知'는 알 '지'로 읽고, '乎'는 어조사 '호'로 읽는다. '~는가', '~인가(의문)'의 뜻을 나타냄. '汝亦知射乎'를 직역(直譯)하면, "당신도 역시 (활을) 쏠 줄 아시오?" '吾射不亦精乎'에서, '吾'는 나(1인칭 대명사) '오'로 읽고, '精'은 뛰어날 '정', 우수(優秀. 여럿 가운데 뛰어남)할 '정'으로 읽는다. '不亦~乎'는 한문(漢文) '구(句)'의 하나로, 또한 ~하지 아니한가? '吾射不亦精乎'를 직역(直譯)하면, 내가 쏜 (화살은) 뛰어나지(우수하지) 아니한가? '翁曰'에서, '翁曰'을 직역(直譯)하면, 늙은이(기름장수 노인)가 일컫기를, '無他'에서, '無'는 없을 '무'로 읽고. '他'는 다를 '타'로 읽는다. '無他'를 직역(直譯)하면, 다른 (것이) 없습니다. 즉, 진요자(陳堯咨)가 쏜 화살이 열 번 가운데 여덟이나 아홉 (번은) 과녁에 명중(命中)하는 것은, 특별히 다를 것이 없다는 뜻이다. '但手熟爾'에서, '但'은 다만 '단'으로 읽고, '手'는 손 '수'로 읽고, '熟'은 숙련(熟練. 연습을 많이 하여 능숙하게 익힘)할 '숙'으로 읽고, '爾'는 어조사 '이'로 읽는다. '~이다(단정)'의 뜻을 나타냄. '但手熟爾'를 직역(直譯)하면, 다만 손에 숙련

(熟練)되었을 (뿐)이지요. 즉, 진요자(陳堯咨)의 활쏘기 기술은 다만 손에 숙련(熟練)되어 있을 뿐, 그렇게 특별할 것이 없다는 말이다. 왜냐하면 오래 기간의 숙련(熟練)을 거치면 누구나 뛰어난 기교(技巧. 기술이나 솜씨가 아주 교묘함. 또는 그런 기술이나 솜씨)를 발휘할 수 있기 때문이다. 여기서 '숙능생교(熟能生巧)'가 유래했다. 이것을 직역(直譯)하면, 능력이 숙련(熟練)되면 재주가 (생겨) 난다. 즉, 숙련(熟練)되면 기교(技巧)가 생길 수 있다는 뜻으로, 주로 한 분야에서 연습을 많이 하면 능숙(能熟. 능란하고 익숙함)하게 되고 뛰어난 솜씨를 발휘하게 됨을 비유적으로 이르는 말. 또는 오랜 기간의 숙련(熟練)을 거쳐야 뛰어난 기교(技巧)를 발휘할 수 있음을 비유적으로 이르는 말. 능력은 타고난 것이 아니라 만들어지는 것임을 강조한 것이다.

숙려-단행(熟慮斷行 충분할 **숙**/생각할 **려**/결단할 **단**/행할 **행**) 충분히 생각하여 결단(決斷)하고 행(行)한다는 뜻으로, 곰곰이 생각한 후에 실행(實行)함을 이르는 말. *숙려(熟慮): 곰곰이 생각하거나 궁리함. 또는 그런 생각이나 궁리. *단행(斷行): (반대나 위험 따위를 무릅쓰고) 결단하여 실행함. *결단하다(決斷~): 딱 잘라 결정하거나 단안(斷案. 어떤 일에 대한 생각을 마지막으로 결정함. 또는 그 결정된 생각)을 내리다. *행하다(行~): (작정한 대로) 하여 나가다.

숙맥-불변(菽麥不辨 콩 **숙**/보리 **맥**/못할 **불**/분별할 **변**) 콩인지 보리인지를 분별하지(구별하지) 못한다는 뜻으로, 사리(事理. 일의 이치) 분별(分別)을 못하는 모자라고 어리석은 사람을 비유적으로 이르는 말. 즉, 무식하고, 어리석고, 못난 사람을 이르는 말. *숙맥(菽麥): ①콩[菽]과 보리[麥]를 아울러 이르는 말. ②=숙맥불변(菽麥不辨). *불변(不辨): 가려서 구별하지 못함. *분별하다(分別~): 부록 '변(辨)' 참고. 《관련 속담》 낫 놓고 기역 자도 모른다. 이 사자성어의 유래는 다음과 같다. 『좌전(左傳)』의 「성공(成公) 18년」 편(篇)에 [춘추시대(春秋時代) 때, 진(晉)나라의 귀족(貴族)들이 치열한 권력(權力) 쟁탈전(爭奪戰. 서로 다투어 빼앗는 싸움)을 벌였다. 당시(當時. 일이 있었던 바로 그때. 또는 이야기하고 있는 그 시기) 진(晉)나라 왕(王)인 여공(厲公)은 서동(胥童)을 편애(偏愛. 어느 한 사람이나 한쪽만을 유달리 사랑함)하여 국권(國權. 국가가 행사하는 권력을 이르는 말. 주권과 통치권을 일컬음)을 그에게 일임(一任. 모조리 맡김)했다. 서동(胥童)이 전권(全權. 단체, 국가 따위를 대표하여, 맡겨진 일을 처리할 수 있는 일체의 권한)을 휘두르자, 대신(大臣. 벼슬 이름)들의 불만이 점점 커졌고, 결국 난서(欒書. 사람 이름), 중항언(中行偃. 사람 이름. 여기서 '行'은 항렬·行列 '항'으로 읽음) 등(等)의 대신(大臣)들이 서동(胥童)을 죽인 다음, 여공(厲公)까지 죽여 버리고 말았다. 그리고 양공(襄公)의 증손자(曾孫子)인 14세(歲)의 주자(周子)를 왕위(王位. 임금의 자리)에 앉혔는데, 이이가 바로 도공(悼公)이다. 난서(欒書) 등(等)은 이처럼 주자(周子)를 꼭두각시('남의 조종에 의하여 움직이는 사람'을 비유하여 이르는 사람) 왕(王)으로 세워놓고 주자(周子)가 총명(聰明. 영리하고 재주가 있음)하고 출중(出衆. 여러 사람 가운데서 특별히 두드러짐)하다고 칭찬하는 한편, 여기서, '재주'는 순우리말로, 무엇을 잘할 수 있는, 타고난 능력과 슬기. 주자(周子)의 형은 아둔(슬기롭지 못하고 머리가 둔함)해서 왕으로 세울 수가 없었다고 소문(所聞)을 내고 다녔다.]〈주자(周子)에게는 형이 있었지만, 지혜(智慧)가 없어서 콩과 보리도 분간하지 못하였으므로, 임금으로 세울 수 없었다.(周子有兄而無慧, **不能辨菽麥**, 故不可立.)〉라는 이야기가 나오는데, '콩과 보리도 분간하지 못하였으므로,(不能辨菽麥)'에서, '숙맥불변(菽麥不辨)'이 유래했다. '불변숙맥(不辨菽麥)'이라고도 한다. 앞에서 밝혔듯이, 춘추(春秋) 시대에 진(晉)나라의 주자(周

子)에게는 형(兄)이 있었는데, 우둔하여 아무 일도 맡길 수 없었다. 사람들은 그를 두고 콩과 보리도 분간하지 못할 만큼 세상 물정(物情. 세상의 이러저러한 실정이나 형편)에 어둡다, 사리 분별을 못하고 세상 물정(物情)을 잘 모른다 하여 '숙맥불변(菽麥不辨)', '불변숙맥(不辨菽麥)'이라고 하였던 것이다. 특히 '숙맥(菽麥)'은 '숙맥불변(菽麥不辨)', '불변숙맥(不辨菽麥)'을 줄인 말이다. 나머지 구체적인 내용은 ⇨불변숙맥(不辨菽麥).

숙-불-환생(熟不還生 불에 익힐 **숙**/아닐 **불**/돌아갈 **환**/날 **생**) 불에 익힌 (것은) 날것(고기나 채소 따위의 익히거나 말리지 않은 것)으로 돌아가지 아니한다. 즉, 한번 익힌 음식은 날것으로 되돌아갈 수 없어, 그대로 두면 쓸 데 없다는 뜻으로, 이왕 마련한 음식이니 먹어 치우고자 할 때 하는 말. 또는 장만한 음식을 남에게 권할 때 이르는 말. *환생(還生): ①(죽었다가) 되살아남. ②다시 태어남.

숙살-지-기(肅殺之氣 엄할 **숙**/죽일 **살**/어조사 **지**/기운 **기**) (쌀쌀한 가을은) 엄할 (정도로) (풀이나 나무를 말리어 죽이는) 기운이 (있다는) 뜻으로, 쌀쌀하고 매서운 가을 기운을 이르는 말. *숙살(肅殺): ①쌀쌀한 가을 기운이 풀이나 나무를 말려 죽임. ②기운이나 분위기 따위가 냉랭(冷冷. 태도가 정답지 않고 매우 참)하고 살벌(殺伐. 행동이나 분위기가 거칠고 무시무시함)함.

숙속-지-문(菽粟之文 콩 **숙**/조 **속**/어조사 **지**/글월 **문**) 콩과 조의 글. 즉, 콩과 조처럼 늘 먹는 곡류(穀類. 쌀, 보리, 밀 따위의 곡식을 통틀어 이르는 말)와 같이 평범(平凡)한 글이라는 뜻으로, 일반 사람들이 두루 알 수 있는 쉬운 글을 비유적으로 이르는 말. *숙속(菽粟): 콩과 조라는 뜻으로, 곡류(穀類)를 이르는 말. *조: 부록 '속(粟)' 참고.

숙수-연단(熟手鍊鍛 익숙할 **숙**/손 **수**/단련할 **연**/단련할 **단**) 손에 익숙하도록 단련(鍛鍊)하고 단련(鍛鍊)된 (사람이라는) 뜻으로, 잘 단련(鍛鍊)되고 숙달(熟達)한 사람을 이르는 말. *숙수(熟手): ①잔치와 같은 큰일이 있을 때에 음식을 만드는 사람. 또는 음식을 만드는 일을 직업으로 하는 사람. ②어떤 일에 익숙한 사람. *연단(鍊鍛) =단련(鍛鍊). 즉, ①쇠붙이를 불에 달구어 두드려서 단단하게 함. ②(시련이나 수련 따위를 통해서) 몸과 마음을 굳세게 닦음. ③(배운 것을) 익숙하게 함. ④귀찮거나 괴로운 일로 시달림. *익숙하다: 순우리말로, ①손에 익어서 매우 능란하다. ②자주 보거나 들어서 눈에 환하다. *단련하다(鍛鍊~): 부록 '연(鍊)', '단(鍛)' 참고.

숙수-지-공(菽水之供 콩 **숙**/물 **수**/어조사 **지**/바칠 **공**) 콩과 물로 바침. 즉, 콩과 물로 드리는 공(供, 불교에서, 부처 앞에 공양을 드림)이라는 뜻으로, 가난한 중에도 검소(儉素. 사치하지 않고 꾸밈없이 수수함)한 음식으로 정성(精誠)을 다하여 부모를 섬기거나 봉양(奉養. 부모나 조부모를 받들어 모심)하는 일을 비유적으로 이르는 말. 圈 숙수지환(菽水之歡). *숙수(菽水): 콩과 물이라는 뜻으로, 변변하지 못한 음식을 이르는 말. *바치다: ①웃어른에게 드리다. ②자기의 정성이나 힘, 목숨 따위를 남을 위해서 아낌없이 다하다.

숙수-지-환(菽水之歡 콩 **숙**/물 **수**/어조사 **지**/기뻐할 **환**) 콩과 물의 기쁨. 즉, 콩과 물만 먹는 가난한 생활 속에서의 즐거움이라는 뜻으로, 가난한 중에도 부모(父母)를 잘 섬겨, 그 마음을 기쁘게 함을 비유적으로 이르는 말. 圈 숙수지공(菽水之供). *숙수(菽水): ☞숙수지공(菽水之供).

숙습-난-당(熟習難當 익숙할 **숙**/익힐 **습**/어려울 **난**/당할 **당**) 익숙하여 익힌 것(버릇)은 당해내기 어렵다는 뜻으로, 무슨 일에나 익숙한 사람에게는 당해 내지 못함. 또는 어떤 일에 익숙한 사람은 당해내기 어려움을 이르는 말. *숙습(熟習): ①익숙하여 몸에 밴 습관. ②익숙하도록 잘 익힘. *난당(難當): 당해 내기 어려움. 또는 대적(對敵. 적을 마주 대하거나 맞섬. 또는 적이나 어떤 세력, 힘 따위가 서로 맞서 겨룸)하기 어려움. *익숙하다: ☞숙수연단(熟手鍊鍛). *익히다: 부록 ‘습(習)’ 참고. *당하다(當~): ①일을 만나다. =겪다. ②능히 이겨 내다. =대적(對敵)하다. 해내다. 감내(堪耐)하다.

숙습-난-방(熟習難防 익숙할 **숙**/익힐 **습**/어려울 **난**/막을 **방**) (몸에) 익숙하여 익힌 것(버릇)은 막아내기 어렵다는 뜻으로, 몸에 밴 버릇은 고치기 어려움을 이르는 말. *숙습(熟習): ☞숙습난당(熟習難當). *익숙하다: ☞숙수연단(熟手鍊鍛). *익히다: 부록 ‘습(習)’ 참고.

숙-시-숙-비(熟是熟非 익을 **숙**/이 **시**/익을 **숙**/아닐 **비**) 이것이 익은 (것인지) 익지 않은 (것인지) (잘 모른다)는 뜻으로, 누가 옳고 누가 그른지 가리기 어려움. 또는 분명하지 아니함을 비유적으로 이르는 말. *익다: 부록 ‘숙(熟)’ 참고.

숙시-주의(熟柿·枾主義 익을 **숙**/감 **시**/주될 **주**/옳을 **의**) 감이 익은 (것에만 관심을 두거나 집중하는) 주된 주의(主義)라는 뜻으로, 잘 익은 감이 저절로 떨어지기를 기다리듯이, 때가 오기를 느긋이 기다리는 주의(主義)나 태도(態度)를 비유적으로 이르는 말. 또는 노력(努力)은 하지 아니하고, 일이 잘되어 이익(利益)이 돌아올 때만 기다리는 태도(態度)를 비유적으로 이르는 말. *숙시(熟柿·枾): 나무에 달린 채 무르녹게(과일이나 삶은 음식이 익을 대로 익어 흐무러지게) 잘 익은 감. *주의(主義): ①굳게 지키는 주장이나 방침. ②체계화된 이론이나 학설. *익다: 부록 ‘숙(熟)’ 참고. *주되다(主~): 주장(主張)이나 중심(中心)이 되다. 《관련 속담》 감나무 밑에 누워서 홍시(연시) 떨어지길 기다린다(바란다).

숙조-투-림(宿鳥投林 잘 **숙**/새 **조**/던질 **투**/수풀 **림**) 새는 (잠을) 잘 (때에) 수풀에 (몸을) 던진다는 뜻으로, 새가 잠자기 위하여 숲에 듦을 이르는 말. 어떤 자료에는 ‘새는 숲속에서 잔다.’는 뜻으로 새는 숲이 안식처(安息處)이듯이, 사람의 안식처(安息處)는 가정임을 이르는 말로 되어 있음.〈송재선의 『우리말속담큰사전』에서〉 *숙조(宿鳥): 잠을 자거나 자려고 하는 새. *자다: 부록 ‘숙(宿)’ 참고. *던지다: 부록 ‘투(投)’ 참고.

숙청-궁금(肅淸宮禁 엄숙할 **숙**/맑을 **청**/궁궐 **궁**/금할 **금**) 엄숙하고 맑게 (하기 위하여) 궁궐(宮闕)의 (출입을) 금(禁)한다는 뜻으로, 대궐(大闕) 안에 잡인(雜人. 잡스러운 사람)의 출입(出入)을 금(禁)함을 이르는 말. *숙청(肅淸): ①엄하게 다스려 잘못된 것을 모두 치워 없앰. ②(독재 국가 따위에서) 반대파를 모두 제거하는 일. *궁금(宮禁): =궁궐(宮闕). 즉, 임금이 거처하는 집. =대궐(大闕). 궁전(宮殿). *엄숙하다(嚴肅~): 부록 ‘숙(肅)’ 참고. *금하다(禁~): 부록 ‘금(禁)’ 참고.

숙-호-충-비(宿虎衝鼻 잘 **숙**/범 **호**/찌를 **충**/코 **비**) 자는 범(호랑이)의 코를 찌른다는 뜻으로, 가만히 있는 사람을 공연히 건드려서, 화(禍)를 입거나 스스로 불러들이어 일을 불리(不利)하게 만듦을 비유적으로 이르는 말. *자다: 부록 ‘숙(宿)’ 참고. *찌르다: 부록 ‘충(衝)’ 참고. 《관련 속담》 긁어 부스럼. / 자는 범 코 찌르기. / 자는 범 코침 주기. / 자는 범의 콧등을 밟다.

숙흥-야-매(夙興夜寐 일찍 **숙**/일어날 **흥**/밤 **야**/잠잘 **매**) (아침에) 일찍 일어나고 밤에 (늦게) 잠을 잔다. 또는 아침에는 일찍 일어나고 저녁에는 일찍 잔다는 뜻으로, ①밤낮이 없이 열심히 그리고 부지런히 일함을 이르는 말. ②책임(責任)을 다하기 위해 애쓰고 노력(努力)하는 모습을 비유적으로 이르는 말. *숙흥(夙興): 아침에 일찍 일어남. 이 사자성어의 유래는 다음과 같다. 『삼국연의(三國演義)』의 「제103

회」편(篇)에 〈사마의(司馬懿)가 (촉·蜀의 사자·使者에게) 물었다. "공명(孔明)(제갈공명·諸葛孔明)의 침식(寢食. 잠자는 일과 먹는 일)과 업무는 번잡하오? 아니면 간단하오?" 사자(使者)가 대답했다. "승상(丞相. '제갈공명·諸葛孔明'을 가리킴)은 새벽 일찍 일어나고 밤늦게 잠을 주무십니다. 그리고 벌(罰) 20대 이상은 직접 살피십니다. 먹는 것은 하루에 몇 되를 넘기지 않습니다." 사마의(司馬懿)가 제장(諸將. 여러 장수)들을 돌아보며 말했다. "제갈공명(諸葛孔明)이 먹는 것은 적고, 일은 번다(煩多. 번거롭게 많음)하니 어찌 오래 지탱할 수 있겠는가?"(懿問曰, 孔明寢食及事之煩簡若何, 使者曰, **丞相夙興夜寐**, 罰二十以上皆親覽焉, 所啖之食, 日不過數升, 懿顧謂諸將曰, 孔明食少事煩, 其能久乎.)〉라는 이야기가 나오는데, '승상(丞相)은 새벽 일찍 일어나고 밤늦게 잠을 주무십니다.(丞相夙興夜寐)'에서, '숙흥야매(夙興夜寐)'가 유래했다. 위의 이야기는 서기 234년 제갈량(諸葛亮)이 10만 대군을 이끌고 위(魏)나라의 사마중달(司馬仲達)과 오장원(五丈原)에서 대치(對峙. 서로 마주 대하여 버팀)하던 때에 일어난 일이다. 사마의(司馬懿)는 사마중달(司馬仲達)과 동일인이다. 결국 제갈량(諸葛亮)은 식소사번(食少事煩)에다가 신병(身病. 몸의 병)이었던 결핵이 도져 54세의 나이로 오장원(五丈原)에서 죽었다. 참고로, 원문의 '懿問曰'에서, '懿'는 아름다울 '의'로 읽는다. 여기서는, '사마의(司馬懿)'를 가리킨다. '問'은 물을 '문'으로 읽는다. '懿問曰'을 직역(直譯)하면, 사마의(司馬懿)가 물어 말하기를, '孔明寢食及事之煩簡若何'에서, '孔'은 구멍 '공'으로 읽고, '明'은 밝을 '명'으로 읽는다. '孔明'은 '제갈공명(諸葛孔明)'을 가리킴. '寢'은 잠잘 '침'으로 읽고, '食'은 먹을 '식'으로 읽는다. '寢食'은 잠자는 일과 먹는 일. '及'은 및 '급', 와(과) '급'으로 읽는다. 접속사로 쓰임. '事'는 일 '사'로 읽고, '之'는 어조사 '지'로 읽는다. '~이, ~가(주격 조사)'의 뜻을 나타냄. '煩'은 번거로울 '번'으로 읽고, '簡'은 간략(簡略. 간단하고 단출함)할 '간'으로 읽는다. '煩簡'은 번거로움과 간략함. '若'은 어조사 '약'으로 읽고, '何'는 어찌(의문 부사) '하'로 읽는다. '若何'는 '여하(如何)'의 높임말. '그 형편이나 정도가 어떠한가?'의 뜻을 나타내는 말. '孔明寢食及事之煩簡若何'를 직역하면, 제갈공명(諸葛孔明)의 침식(寢食) 및 일의 번거로움과 간략함의 정도가 어떠한가? '使者曰'에서, '使'는 심부름꾼 '사'로 읽고, '者'는 사람 '자'로 읽는다. '使者'는 명령이나 부탁을 받고 심부름하는 사람. '使者曰'을 직역(直譯)하면, 사자(使者)가 말하기를, '丞相夙興夜寐'에서, '丞'은 정승(政丞) '승'으로 읽고, '相'은 정승(政丞) '상'으로 읽는다. '丞相'은 옛 중국의 벼슬 이름. 우리나라의 '정승(政丞)'에 해당된다. '夙'은 일찍 '숙'으로 읽고, '興'은 일어날 '흥'으로 읽고, '夜'는 밤 '야'로 읽고, '寐'는 잠잘 '매'로 읽는다. '丞相夙興夜寐'을 직역(直譯)하면, 승상은 (아침에) 일찍 일어나고 밤에 (늦게) 잠을 주무십니다. 여기서, '夙興夜寐'가 유래하였는데, 이것을 직역(直譯)하면, (아침에) 일찍 일어나고 밤에 (늦게) 잠을 잔다는 뜻으로, 밤낮이 없이 열심히 그리고 부지런히 일함을 이르는 말. 또는 책임(責任)을 다하기 위해 애쓰고 노력(努力)하는 모습을 비유적으로 이르는 말. '罰二十以上皆親覽焉'에서, '罰'은 벌(罰) '벌', 벌할 '벌'로 읽고, '二'는 두 '이'로 읽고, '十'은 열 '십'으로 읽고, '以'는 써(그것을 가지고, 그것으로 인하여) '이'로 읽고, '上'은 위 '상'으로 읽는다. '罰二十以上'은 '곤장 20대 이상의 벌'을 의미한다. '皆'는 다 '개', 모두 '개'로 읽고, '親'은 몸소 '친', 친히 '친'으로 읽고, '覽'은 볼 '람'으로 읽는다. '親覽'은 임금이 몸소 관람(觀覽. 살펴봄)함. '焉'은 어조사 '언'으로 읽는다. '~이다(단정)'의 뜻을 나타냄. '罰二十以上皆親覽焉'을 직역(直譯)하면, (승상은) 벌 20대 이상은 모두 몸소 살피십니다. '所啖之食'에서, '所'는 바(앞에서 말한 내용 그 자체나 일 따위를 나타내는 말) '소'로 읽고, '啖'은 씹을 '담', 씹어 먹을 '담'으로 읽는다. '之'는 어조사

‘지’로 읽는다. 여기서는 ‘~의’를 나타내는 관형격 조사. ‘食’은 음식(飮食) ‘식’으로 읽는다. ‘所啖之食’을 직역(直譯)하면, 씹어 먹는 바의 음식은, ‘日不過數升’에서, ‘日’은, 여기서는 나날이 ‘일’, 매일 ‘일’로 읽고, ‘不’은 아닐(부정하는 말) ‘불’로 읽고, ‘過’는 지나칠 ‘과’로 읽고, ‘數’는 몇 ‘수’, 두서너 ‘수’로 읽고, ‘升’은 되(곡식, 가루, 액체 따위를 담아 분량을 헤아리는 데 쓰는 그릇) ‘승’으로 읽는다. ‘日不過數升’을 직역(直譯)하면, 매일 두서너 되에 지나치지 않습니다. 즉, (음식을) 지나치지 않을 정도로 적게 먹는다는 뜻이다. ‘懿顧謂諸將曰’에서, ‘懿’는 아름다울 ‘의’로 읽는다. 여기서는, ‘사마의(司馬懿)’를 가리킨다. ‘顧’는 돌아볼 ‘고’로 읽고, ‘謂’는 일컬을 ‘위’로 읽고, ‘諸’는 여러 ‘제’로 읽고, ‘將’은 장수 ‘장’으로 읽는다. ‘諸將’은 여러 장수. ‘懿顧謂諸將曰’을 직역(直譯)하면, 사마의(司馬懿)가 돌아보며 여러 장수에게 일컬어 말하기를. ‘孔明食少事煩’에서, ‘食’은 먹을 ‘식’으로 읽고, ‘少’는 적을 ‘소’로 읽고, ‘事’는 일 ‘사’로 읽고, ‘煩’은 번거로울 ‘번’으로 읽는다. ‘孔明食少事煩’을 직역(直譯)하면, 제갈공명(諸葛孔明)은 먹는 (것은) 적은데 일은 번거롭게 (많으니), 즉, 먹는 것은 적은데 몸을 돌보지 않고 바쁘게 일을 한다는 말이다. 여기서, ‘食少事煩’이 유래하였는데, 이것을 직역(直譯)하면, 먹는 (것은) 적은데, 일은 번거롭다는 뜻으로, ①생기는 소득은 적은데 하는 일은 많음을 이르는 말. ②자기 몸을 돌보지 않고 바쁘게 일하는 것을 이르는 말. ‘其能久乎’에서, ‘其’는 그(지시하는 말) ‘기’로 읽고, ‘能’은 할 수 있을 ‘능’으로 읽고, ‘久’는 오랠 ‘구’로 읽고, ‘乎’는 어조사 ‘호’로 읽는다. ‘~는가?’, ‘~인가?(의문)’의 뜻을 나타냄. ‘其能久乎’를 직역(直譯)하면, 그것(‘식소사번·食少事煩’을 가리킴)을 오래 할 수 있을 것인가? 즉, 그가 식소사번(食少事煩)으로 인하여 어떻게 몸을 오래 지탱할 수 있을 것인가? 결국 제갈공명(諸葛孔明)은 얼마 후 병이 들어 세상을 떠났다. 그런데 이 외에『시경(詩經)·위풍(衛風)』의「맹(氓)」편(篇)에 〈삼 년 동안 남의 아내 되어 / 방에서 쓰러지며 고생했네. / 새벽에 일어나 밤늦게 자며 / 아침이 있는 줄 알지 못했네.(三歲爲婦, 靡室勞矣, 夙興夜寐, 靡有朝矣.)〉라는 시구(詩句)가 나오는데, ‘새벽에 일어나 밤늦게 자며,(夙興夜寐)’에서, ‘숙흥야매(夙興夜寐)’가 유래했다. 참고로 원문의 ‘三歲爲婦’에서, ‘三’은 석 ‘삼’으로 읽고, ‘歲’는 해 ‘세’로 읽는다. ‘三歲’는 3년을 뜻함. ‘爲’는 될 ‘위’로 읽고, ‘婦’는 아내 ‘부’로 읽는다. ‘三歲爲婦’를 직역(直譯)하면, 3년 동안 (남의) 아내가 되어, ‘靡室勞矣’에서, ‘靡’는 쓰러질 ‘미’로 읽고, ‘室’은 집 ‘실’, 방 ‘실’로 읽고, ‘勞’는 수고로울 ‘로(노)’, 일할 ‘로(노)’로 읽고, ‘矣’는 어조사 ‘의’로 읽는다. ‘~이다(단정)’의 뜻을 나타냄. ‘靡室勞矣’를 직역(直譯)하면, 집에서 쓰러지면서 일했네. ‘夙興夜寐’에서, ‘夙’은 일찍 ‘숙’으로 읽고, ‘興’은 일어날 ‘흥’으로 읽고, ‘夜’는 밤 ‘야’로 읽고, ‘寐’는 잠잘 ‘매’로 읽는다. ‘夙興夜寐’를 직역(直譯)하면, (아침에) 일찍 일어나고 밤에 (늦게) 잠을 잔다는 뜻으로, 밤낮이 없이 열심히 그리고 부지런히 일함을 이르는 말. 또는 책임(責任)을 다하기 위해 애쓰고 노력(努力)하는 모습을 비유적으로 이르는 말. ‘靡有朝矣’에서, ‘有’는 있을 ‘유’로 읽고, ‘朝’는 아침 ‘조’로 읽는다. ‘靡有朝矣’를 직역(直譯)하면, 쓰러짐이 있을 때 아침이었음. 즉, 쓰러짐이 있을 때까지는 아침인 줄 몰랐다는 뜻이다. 또,『시경(詩經)·소아(小雅)』의「소완(小宛)」편(篇)에 〈저 등성마루에서 (날아가는 할미새) 보니 / 날면서 지저귀네. / 나는 매일 꾸준히 나아가는데 / 달도 따라 나아가는구나. / 새벽에 일어나 밤늦게 잠자며 / 낳아주신 어버이 욕되지 않게 해야지.(題彼脊令, 載飛載鳴, 我日斯邁, 而月斯征, 夙興夜寐, 無忝爾所生.)〉라는 시구(詩句)가 나오는데, ‘새벽에 일어나 밤늦게 잠자며,(夙興夜寐)’에서, ‘숙흥야매(夙興夜寐)’가 유래했다. 참고로, 원문의 ‘題彼脊令’에서, ‘題’는 여기서는 흘겨 볼 ‘제’로 읽고, ‘彼’는 저(지시하는 말) ‘피’로 읽고,

‘脊’은 등성마루(산이나 파도 따위의 두두룩한 부분) ‘척’으로 읽고, ‘令’은 하여금(누구를 시키어) ‘령(영)’
으로 읽는다. ‘題彼脊令’을 직역(直譯)하면, 저 등성마루로 하여금 흘겨 보니, ‘載飛載鳴’에서, ‘載’는 행
(行)할 ‘재’, 시행(施行)할 ‘재’로 읽고, ‘飛’는 ‘비’로 읽고, ‘鳴’은 울 ‘명’으로 읽는다. ‘載飛載鳴’을 직역(直
譯)하면, 나는 것을 행(行)하면서 우는 것을 행(行)하네. 즉, 새가 날면서 지저귄다는 뜻이다. ‘我日斯邁’
에서, ‘我’는 나(1인칭 대명사) ‘아’로 읽고, ‘日’은, 여기서는 나날이 ‘일’, 매일(每日) ‘일’로 읽고, ‘斯’는
이(지시하는 말) ‘사’로 읽고, ‘邁’는 힘쓸 ‘매’로 읽는다. ‘我日斯邁’를 직역(直譯)하면, 나는 매일 이렇게
힘써 (나아가는데), ‘而月斯征’에서, ‘而’는 말 이을 ‘이’로 읽는다. ‘그리고’의 뜻을 나타냄. ‘月’은 달 ‘월’로
읽고, ‘征’은 순행(巡行. 거스르지 않고 행함)할 ‘정’으로 읽는다. ‘而月斯征’을 직역(直譯)하면, 그리고
달(지구의 위성. 밤에 뜨는 달)도 이렇게 순행(巡行)하며 (나아가는구나). ‘夙興夜寐’에서, ‘夙’은 일찍
‘숙’으로 읽고, ‘興’은 일어날 ‘흥’으로 읽고, ‘夜’는 밤 ‘야’로 읽고, ‘寐’는 잠잘 ‘매’로 읽는다. ‘夙興夜寐’를
직역(直譯)하면, (아침에) 일찍 일어나고 밤에 (늦게) 잠을 잔다는 뜻으로, 밤낮이 없이 열심히 그리고
부지런히 일함을 이르는 말. 또는 책임(責任)을 다하기 위해 애쓰고 노력(努力)하는 모습을 비유적으로
이르는 말. ‘無忝爾所生’에서, ‘無’는 없을 ‘무’로 읽고, ‘忝’은 욕될 ‘첨’으로 읽고, ‘爾’는 너(2인칭 대명사)
‘이’로 읽고, ‘所’는 바(일의 방법이나 방도) ‘소’, 것(사물, 현상, 일 따위를 추상적으로 이르는 말) ‘소’로
읽고, ‘生’은 낳을 ‘생’으로 읽는다. ‘無忝爾所生’을 직역(直譯)하면, 너를 낳아준 바(즉, 낳아주신 어버이)
를 욕되게 함이 없어야 한다. 즉, 낳아주신 어버이를 욕되게 해서는 안 된다는 뜻이다.

순결-무구(純潔無垢 순수할 순/깨끗할 결/없을 무/때 구) 순수(純粹)하고 깨끗하여 때가 없다. 즉, 몸가짐
이 깨끗하여 조금도 더러운 티가 없다는 뜻으로, 마음과 몸이 아주 깨끗하여 조금도 더러운 티(조그마한
흠집)가 없음을 이르는 말. *순결(純潔): ①(잡된 것이 없이) 순수하고 깨끗함. ②이성(異性. 성·性의
다른 것을 이르는 말이다. 남성 쪽에선 여성을, 여성 쪽에선 남성을 가리킴)과의 성적(性的)인 관계가
없이, 마음과 몸이 깨끗함. *무구(無垢): ①불교에서 번뇌(煩惱. 마음이나 몸을 괴롭히는 노여움이나
욕망 따위의 헛된 생각)가 없음을 이르는 말. ②(심신이) 때묻지 아니하고 깨끗함. ③(금, 은 따위가)
불순물(不純物. 순수하지 못한 물질)이 섞이지 않고 순수함. *순수하다(純粹~): 부록 ‘순(純)’ 참고. *때:
부록 ‘구(垢)’ 참고.

순국-선열(殉國先烈 순사할 순/나라 국/앞설 선/절개 굳을 열) 나라를 (위하여) 순사(殉死)한 선열(先烈)이
라는 뜻으로, 나라를 위하여 목숨을 바친 윗대의 열사(烈士. 나라를 위하여 절의를 굳게 지켜 죽은 사람)
를 이르는 말. 비 애국선열(愛國先烈). *순국(殉國): 나라를 위해 목숨을 바침. *선열(先烈): 의(義)를
위해 목숨을 바친 열사(烈士). *순사하다(殉死~): ①나라를 위하여 목숨을 바치다. ②죽은 왕이나 남편
을 따라 자살하다. *절개(節槪·介): 옳은 일을 지키어 뜻을 굽히지 않는 굳건한 마음이나 태도.

순-망-치-한(脣亡齒寒 입술 순/잃을 망/이 치/찰 한) 입술을 잃으면 이[齒]가 차다. 즉, 입술이 없으면
이[齒]가 시리다는 뜻으로, 서로 이해관계(利害關係. 본문 참고)가 밀접한 사이에 있어, 어느 한쪽이
망(亡)하면, 다른 한쪽도 그 영향(影響)을 받아 온전(穩全)하기 어려움을 비유적으로 이르는 말. 즉, 옆
사람이 망하면 자신도 함께 위험해짐을 이르는 말. 《관련 속담》 입술이 없으면 이가 시리다. 이 사자성
어의 유래는 다음과 같다. 『좌전(左傳)』의 「희공(僖公) 5년」 편(篇)에 〈진헌공(晉獻公. 진나라의 헌공)이
재차 우(虞)나라에 가서 길을 빌려 괵(虢)나라를 치려고 하자, 궁지기(宮之奇)가 간(諫)하여 말했다. “괵

(虢)나라는 우(虞)나라의 보호벽입니다. 괵(虢)나라가 망하면 우(虞)나라도 괵(虢)나라를 따르게 됩니다. 진(晉)나라의 야심(野心. 무엇을 이루어 보겠다고 마음속에 품고 있는 욕망이나 소망)을 조장하면 안 되며, 외적을 가볍게 봐서는 안 됩니다. 한 번 길을 빌려 준 것도 심한데, 또 빌려주다니요. 속담에 '광대뼈와 잇몸은 서로 의지하고, 입술이 없어지면 이가 시리다.'고 했는데, 바로 괵(虢)과 우(虞)의 관계를 말한 것입니다."(晉侯復假道於虞以伐虢, 宮之奇諫曰, 虢, 虞之表也, 虢亡, 虞必從之, 晉不可啓, 寇不可玩, 一之謂甚, 其可再乎, **諺所謂輔車相依, 脣亡齒寒者**, 其虞虢之謂也.)〉라는 이야기가 나오는데, '속담에 광대뼈와 잇몸은 서로 의지하고, 입술이 없어지면 이가 시리다.(諺所謂輔車相依, 脣亡齒寒者)'에서, '순망치한(脣亡齒寒)'이 유래했다. 궁지기(宮之奇)가 한 말이다. 나머지 구체적인 내용은 ⇨가도멸괵(假道滅虢)(뒷부분).

순진-무결(純眞無缺 순수할 **순**/참 **진**/없을 **무**/흠 있을 **결**) 순수(純粹)하고 참되어 흠이 있을 (리) 없다는 뜻으로, 흠잡을 데 없이 순진(純眞)함을 이르는 말. *순진(純眞): 마음이 꾸밈이 없고 참됨. *무결(無缺): 결함(缺陷. 부족하거나 완전하지 못하여 흠이 되는 부분)이나 결점이 없음. *순수하다(純粹~): 부록 '순(純)' 참고.

순진-무구(純眞無垢 순수할 **순**/참 **진**/없을 **무**/때 **구**) 순수하고 참되어 때가 없다는 뜻으로, 티 없이 순진함을 이르는 말. *순진(純眞): ☞순진무결(純眞無缺). *무구(無垢): ☞순결무구(純潔無垢). *순수하다(純粹~): 부록 '순(純)' 참고. *때: 부록 '구(垢)' 참고.

순-차-무사(順且無事 순할 **순**/또한 **차**/없을 **무**/일 **사**) (아무) 일이 없이 또한(그 위에 더) 순하다. 즉, 아무 일 없이 순조롭게 된다는 뜻으로, 일이 아무 탈 없이 순조롭게 잘되어 감을 이르는 말. *무사(無事): ①아무 일이 없음. ②아무 탈이 없음. *순하다(順~): 일이 어려움이나 가탈 없이 잘되다.

순치-보거(脣齒輔車 입술 **순**/이 **치**/덧방나무 **보**/수레 **거**) 입술과 이[齒]의 (관계는) 덧방나무와 수레의 (관계와 같다). 즉, 입술과 이[齒] 중에서, 또는 수레의 덧방나무와 바퀴 중에서 어느 한쪽만 없어도 안 된다는 뜻으로, 서로 없어서는 안 될 깊은 관계. 또는 서로 의지(依支)하는 밀접(密接)한 관계를 비유적으로 이르는 말. '순망치한(脣亡齒寒)'과 '보거상의(輔車相依)'가 합해져서 이루어진 성어이다. *순치(脣齒): ①입술[脣]과 이[齒]를 아울러 이르는 말. ②입술과 이처럼 이해관계(利害關係. 본문 참고)가 밀접한 둘 사이를 비유적으로 이르는 말. *보거(輔車): 수레의 덧방나무와 바퀴라는 뜻으로, 뗄 수 없을 정도로 긴밀한 관계에 있음을 이르는 말. *덧방나무: 수레의 양쪽 가장자리에 대는 나무. *수레: 부록 '거(車)' 참고. 이 사자성어의 유래는 다음과 같다. 『좌전(左傳)』의 「희공(僖公) 5년」 편(篇)에 〈진헌공(晉獻公. 진나라의 헌공)이 재차 우(虞)나라에 가서 길을 빌려 괵(虢)나라를 치려고 하자, 궁지기(宮之奇)가 간(諫)하여 말했다. "괵(虢)나라는 우(虞)나라의 보호벽입니다. 괵(虢)나라가 망하면 우(虞)나라도 괵(虢)나라를 따르게 됩니다. 진(晉)나라의 야심(野心. 무엇을 이루어 보겠다고 마음속에 품고 있는 욕망이나 소망)을 조장하면 안 되며, 외적을 가볍게 봐서는 안 됩니다. 한 번 길을 빌려 준 것도 심한데, 또 빌려주다니요. 속담에 '광대뼈와 잇몸은 서로 의지하고, 입술이 없어지면 이가 시리다.'고 했는데, 바로 괵(虢)과 우(虞)의 관계를 말한 것입니다."(晉侯復假道於虞以伐虢, 宮之奇諫曰, 虢, 虞之表也, 虢亡, 虞必從之, 晉不可啓, 寇不可玩, 一之謂甚, 其可再乎, **諺所謂輔車相依, 脣亡齒寒者**, 其虞虢之謂也.)〉라는 이야기가 나오는데, '속담에 광대뼈와 잇몸은 서로 의지하고(보거상의), 입술이 없어지면 이가 시리다(순망치한).

(諺所謂輔車相依, 脣亡齒寒者)'에서, 즉, '보거상의(輔車相依)'와 '순망치한(脣亡齒寒)'이 합해져서 '순치보거(脣齒輔車)'가 유래했다. 궁지기(宮之奇)가 한 말이다. 원문 '보거상의(輔車相依)'의 '보(輔)'는 수레의 덧방나무라는 뜻 외에 '광대뼈'라는 뜻이 있고, '거(車)'는 수레바퀴라는 뜻 외에 '잇몸'이란 뜻이 있다. 나머지 구체적인 내용은 ⇨가도멸괵(假道滅虢)(뒷부분).

순치-지-국(脣齒之國 입술 **순**/이 **치**/어조사 **지**/나라 **국**) 입술과 이[齒]의 나라라는 뜻으로, 입술과 이[齒]처럼 이해관계(利害關係. 본문 참고)가 밀접한 두 나라를 비유적으로 이르는 말. *순치(脣齒): ☞순치보거(脣齒輔車).

순치-지-세(脣齒之勢 입술 **순**/이 **치**/어조사 **지**/형세 **세**) 입술과 이[齒]의 형세(形勢)라는 뜻으로, 입술과 이[齒]처럼 서로 의지하고 돕는 형세(形勢)를 비유적으로 이르는 말. *순치(脣齒): ☞순치보거(脣齒輔車). *형세(形勢): 어떠한 일의 형편이나 상태.

순풍-미속(淳風美俗 순박할 **순**/풍속 **풍**/아름다울 **미**/풍속 **속**) 순박(淳朴)한 풍속(風俗)과 아름다운 풍속(風俗)이라는 뜻으로, 인정(人情)이 두텁고 아름다운 풍속(風俗)이나 습관(習慣)을 이르는 말. *순풍(淳風): =순속(淳俗). 즉, 순박한 풍속. *미속(美俗): 아름다운 풍속. 참『표준국어대사전』(두산 동아)에는 '순풍미속(順風美俗)'으로 되어 있으나, 의미상으로 볼 때 순하게 부는 바람인 '순풍(順風)'이 아니고, 순박한 풍속(風俗)인 '순풍(淳風)'인 듯(?) *순박하다(淳朴~): 부록 '순(淳)' 참고. *풍속(風俗): 부록 '속(俗)' 참고.

순환-지-리(循環之理 돌 **순**/두를 **환**/어조사 **지**/이치 **리**) 돌고 두르는 이치(理致)라는 뜻으로, 흥망성쇠(興亡盛衰. 본문 참고)가 순환(循環)하는 이치(理致)를 이르는 말. 또는 사물의 성쇠(盛衰. 성하고 쇠퇴함)가 서로 바뀌어 도는 이치(理致)를 이르는 말. *순환(循環): 한차례 돌아서 다시 먼저의 자리로 돌아옴. 또는 그것을 되풀이함. *돌다: 부록 '순(循)' 참고. *두르다: ①한 바퀴 돌다. ②에돌아가다. 즉, 바로 가지 아니하고 멀리 돌다. *이치(理致): 사물의 정당한 조리(條理. 말이나 글 또는 일이나 행동에서 앞뒤가 들어맞고 체계가 서는 갈피). 또는 도리(道理)에 맞는 근본 뜻.

술-이-부-작(述而不作 지을 **술**/말 이을 **이**/아닐 **부**/지을 **작**) 지을(말할) 뿐 지어내지 않는다는 뜻으로, 옛 성인(聖人. 지혜와 덕이 뛰어나 세상 사람의 모범으로서 숭상 받을 만한 사람)의 말을 전(傳)할 뿐 자기의 설(說)을 지어내지 않음을 이르는 말. 중국 춘추시대의 사상가이며 학자인 공자(孔子)가 자신의 저술(著述. 글이나 책 따위를 씀. 또는 그 글이나 책)이 옛일을 따라 기록했을 뿐, 스스로 창작(創作)한 것은 아니라며 겸손(謙遜)을 보인 표현이다. *짓다: 부록 '술(述)', '작(作)' 참고. 이 사자성어의 유래는 다음과 같다. 『논어(論語)』의 「술이(述而)」 편(篇)에 〈공자(孔子)가 말했다. 서술하기만 하고 지어내지 않으며, 옛것을 믿고 좋아하므로, 스스로 나를 노팽(老彭)과 비교하고 싶구나.(子曰, **述而不作**, 信而好古, 竊比於我老彭.)〉라는 구절이 나오는데, '서술하기만 하고 지어내지 않으며,(述而不作)'에서, '술이부작(述而不作)'이 유래했다. '노팽(老彭)'은 상(商) 혹은 은(殷)나라의 어진 대부(大夫. 벼슬 이름)로, 옛것을 서술하는 사람이다. 참고로, 원문의 '子曰'에서, '子'는 경칭(敬稱. 공경하는 뜻으로 부르는 칭호. 또는 존대하여 일컬음) '자'로 읽는다. 학덕(學德)과 지위가 높은 남자의 경칭(敬稱)이다. 여기서는 '공자(孔子)'를 가리킴. '子曰'을 직역(直譯)하면, 공자(孔子)가 말하기를, '述而不作'에서, '述'은 지을 '술'로 읽고, '而'는 말 이을 '이'로 읽는다. '그러나'의 뜻을 나타냄. '不'은 아닐(부정하는 말) '불'로 읽고, '作'은 지을 '작'으로 읽는다. '述而不作'을 직역(直譯)하면, 지을(말할) 뿐 지어내지 않는다는 뜻으로, 옛 성인(聖人)

의 말을 전(傳)할 뿐 자기의 설(說)을 지어내지 않음을 이르는 말. 공자(孔子)가 자신의 저술(著述)이 옛일을 따라 기록했을 뿐, 스스로 창작(創作)한 것은 아니라며 겸손(謙遜)을 보인 표현이다. '信而好古'에서, '信'은 믿을 '신'으로 읽고, '而'는 말 이을 '이'로 읽는다. '그리고'의 뜻을 나타냄. '好'는 좋아할 '호'로 읽고, '古'는 옛 '고'로 읽는다. '信而好古'를 직역(直譯)하면, (공자 자신은) 옛것(고전)을 믿고 그리고 좋아하므로, '竊比於我老彭'에서, '竊'은 남몰래 '절'로 읽고, '比'는 견줄 '비'로 읽고, '於'는 어조사 '어'로 읽는다. '~와', '~과(비교)'의 뜻을 나타냄. '我'는 나(1인칭 대명사) '아'로 읽고, '老'는 늙을 '로(노)'로 읽고, '彭'은 많을 '팽'으로 읽는다. 여기서 '老彭'은 사람 이름이다. '竊比於我老彭'을 직역(直譯)하면, 남몰래 나(공자 자신)를 노팽(老彭)과 견주노라(견주어 보노라). 즉, 공자(孔子)는 옛것을 많이 서술한 노팽(老彭)의 업적을 공자(孔子) 자신의 저술(著述)과 비교하며 참고했다는 뜻이다.

술-자-지-능(述者之能 지을 **술**/사람 **자**/어조사 **지**/능력 **능**) 지은 사람의 능력(能力)이라는 뜻으로, ①글이 잘되고, 못됨은 쓴 사람의 재능(才能. 어떤 일을 하는데 필요한 재주와 능력)이나 능력(能力)에 달렸음을 이르는 말. 여기서, '재주'는 순우리말로, 무엇을 잘할 수 있는, 타고난 능력과 슬기. ②일이 잘되고 안 되는 것은, 그 사람의 수단(手段)에 달렸음을 이르는 말. ***술-자**'는 『국어사전(國語辭典)』에 등재(登載)된, '조선 시대에, 관상감(觀象監)에서 일식이나 월식 따위의 일을 맡아 보던 벼슬'인 '술자(述者)'의 뜻과는 별개다. *짓다: 부록 '술(述)' 참고.

숭조-상-문(崇祖尙門 높일 **숭**/조상 **조**/숭상할 **상**/집안 **문**) 조상(祖上)을 높이고 집안을 숭상(崇尙)한다는 뜻으로, 조상(祖上)을 숭배하고 가문(家門. 가족 또는 가까운 일가로 이루어진 공동체)을 위함. 또는 조상(祖上)을 우러러 공경(恭敬)하고 문중(門中. 성·姓과 본·本이 같은 가까운 집안)을 위함을 이르는 말. *숭조(崇祖): 조상을 높여 소중히 여김. *'상-문'은 『국어사전(國語辭典)』에 등재(登載)된, '조선 시대에, 내시부에 속한, 궁문을 지키는 일을 맡아 하던 종8품 벼슬'인 '상문(尙門)'의 뜻과는 별개다. *숭상하다(崇尙~): 높이어 소중하게 여기다.

슬행-돈수(膝行頓首 무릎 **슬**/행할 **행**/조아릴 **돈**/머리 **수**) 무릎을 (꿇고) 행(行)하며 머리를 조아린다는 뜻으로, 무릎을 꿇고 걸어가서, 머리가 땅에 닿도록 절을 함을 이르는 말. 囹 돈수재배(頓首再拜). *슬행(膝行): 무릎을 꿇고 걸음. *돈수(頓首): ①(남을 공경하는 태도로) 머리를 땅에 닿도록 숙이고 절함. ②'경의(敬意. 존경의 뜻)를 표함'의 뜻으로, 편지 끝에 쓰는 말. *행하다(行~): (작정한 대로) 하여 나가다. *조아리다: 부록 '돈(頓)' 참고.

습곡-산맥(褶曲山脈 주름 **습**/굽을 **곡**/뫼 **산**/줄기 **맥**) 주름이 (있고) 굽은 뫼('산'의 옛말)의 줄기(산맥)라는 뜻으로, 습곡(褶曲) 작용으로 생긴 산맥(山脈)을 이르는 말. 알프스(Alps) 산맥, 히말라야(Himalaya) 산맥, 안데스(Andes) 산맥, 로키(Rocky) 산맥 따위가 여기에 속한다. *습곡(褶曲): 지층(地層. 자갈, 모래, 진흙, 생물체 따위가 물밑이나 지표에 퇴적하여 이룬 층)이 물결 모양으로 주름이 지는 현상(現象)을 이르는 말. 지각(地殼. 지구의 겉을 이루고 있는 층의 단단 한 부분)에 작용하는 횡압력(橫壓力)으로 생기며 대체로 퇴적암(堆積巖)에서 많이 나타난다. 여기서, '횡압력(橫壓力)'은 지각(地殼)에 가로 방향으로 미는 압력을 이르는 말. '퇴적암(堆積巖)'은 부스러진 암석의 작은 덩이나 생물의 유해(遺骸. 주검을 태우고 남은 뼈, 또는 무덤 속에서 나온 뼈) 따위가 물속이나 육상(陸上)에 침전(沈澱. 액체 속에 있는 물질이 밑바닥에 가라앉음, 또는 그 물질), 퇴적(堆積. 암석의 파편·破片이나 생물의 유해·遺骸 따위가 물이나 빙하·氷河, 바람 따위의 작용으로 운반·運搬되어 일정한 곳에 쌓이는 일)하여 만들어진 암석(巖石)을 이르는 말. *산맥(山脈): 많은 산이 길게 이어져 줄기 모양을 하고 있는 산지(山地)를 이르는 말. =산줄기. *주름: 부록 '습(褶)' 참고. *굽다: 부록 '곡(曲)' 참고. *줄기: ①식물(植物)의 뼈대가 되는 긴 부분. ②(산이나 물 따위의) 길게 뻗어 나가는 갈래. ③(소나기의) 한 차례.

습속-이-성(習俗移性 익숙할 **습**/풍속 **속**/옮길 **이**/성질 **성**) 익숙함(습관)과 풍속(風俗)이 (사람의) 성질을 옮긴다(바꾼다)는 뜻으로, 습관(習慣)과 풍속(風俗)은 끝내 그 사람의 성질을 바꾸어 놓음을 이르는 말. *습속(習俗): 습관(習慣)이 된 풍속(風俗). *풍속(風俗): 옛날부터 그 사회에 전해 오는 생활 전반에 걸친 습관 따위를 이르는 말. 《관련 속담》 세 살 적 버릇(이) 여든까지 간다.

습숙-견문(習熟見聞 익힐 **습**/익숙할 **숙**/볼 **견**/들을 **문**) (널리) 보고 들어서 익히 익숙하다는 뜻으로, 늘 보고 들어서 익히 앎을 이르는 말. *습숙(習熟): 배워 익혀 숙달함. *견문(見聞): ①보고 들음. ②보고 들어서 얻은 지식. *익히다: 부록 '습(習)' 참고. *익숙하다: 순우리말로, ①손에 익어서 매우 능란하다. ②자주 보거나 들어서 눈에 환하다.

습-여-성-성(習與性成 익힐 **습**/더불어 **여**/성품 **성**/이룰 **성**) 더불어 익히면 성품(性品)이 이루어진다는 뜻으로, 습관(習慣)이 오래되면 마침내 천성(天性. 선천적으로 타고난 성질. =본성·本性)이 됨을 이르는 말. *익히다: 부록 '습(習)' 참고. *더불다: 불완전 동사이며, '더불어'의 꼴로 쓰이어, '함께', '같이', '한가지로'의 뜻을 나타냄. *성품(性品): 부록 '성(性)' 참고. *이루다: 부록 '성(成)' 참고.

습유-보궐(拾遺補闕 주울 **습**/남길 **유**/기울 **보**/빠질 **궐**) 남긴 (것을) 줍고 빠진 (것을) 깁는다는 뜻으로, ①빠진 것을 보충(補充)함을 이르는 말. ②임금을 보필(輔弼. 윗사람의 일을 도움. 또는 그런 사람)하여 그 잘못을 바로잡음을 이르는 말. =습유보과(拾遺補過). *습유(拾遺): ①남이 잃어버린 것을 주움. ② =습유보궐(拾遺補闕). *보궐(補闕): 빈자리를 채움. *줍다: 부록 '습(拾)' 참고. *깁다: 부록 '보(補)' 참고. 이 사자성어의 유래는 다음과 같다. 『사기(史記)』의 「태사공자서(太史公自序)」 편(篇)에, 〈그래서 천하에 흩어져 있는 구문(舊聞. 전에 들은 소문이나 이야기)을 망라하여 왕업(王業)이 일어난 처음과 끝을 살피고, 흥성하고 쇠망한 것을 살펴보았으며, 사실에 입각하여 논하고 고찰했다. …… 스물여덟 개의 별자리는 북극성을 돌고, 서른 개의 바퀴살은 한 개의 바퀴통을 향하여 끝없이 돈다. 보필하는 팔다리 같은 신하들을 이에 비유(比·譬喩. 어떤 사물의 모양이나 상태 따위를 보다 효과적으로 표현하기 위하여 그것과 비슷한 다른 사물에 빗대어 표현함. 또는 그 표현 방법)하여, 충신으로서 도(道)를 행하여 군주(君主. 세습적으로 나라를 다스리는 최고 지위에 있는 사람)를 받드는 모습을 삼십 개의 「세가(世家)」로 지었다. …… 개략적인 것을 자서(自序)로 지어 본문에 빠진 부분을 모으고 보완하여 일가(一家)의 말을 이루었다.(……罔羅天下放失舊聞, 王跡所興, 原始察終, 見盛觀衰, 論考之行事, …… 二十八宿環北辰, 三十輻共一轂, 運行無窮, 輔拂股肱之臣配焉, 忠信行道, 以奉主上, 作三十世家, …… 序略, **以拾遺補蓺**, 成一家之言.)〉라는 이야기가 나오는데, '본문에 빠진 부분을 모으고 보완하여,(以拾遺補蓺)'에서, '습유보궐(拾遺補闕)'이 유래했다. 나머지 구체적인 내용은 ⇨고굉지신(股肱之臣)(앞부분).

승당-입실(升堂入室 오를 **승**/대청 **당**/들 **입**/방 **실**) 대청(大廳)에 오르고 방(房)에 들다. 즉, 마루에 (먼저) 오른 다음 방(房)으로 들어간다. 또는 방에 들어가려면 마루를 지나가야 한다는 뜻으로, ①모든 일에는 순서나 차례(次例)가 있음을 이르는 말. ②학문(學問)이 점점 깊어짐을 비유적으로 이르는 말. *승당(升

堂): 마루에 오름. *입실(入室): 방에 들어감. *오르다: 낮은 데서 높은 데로, 아래에서 위로 움직이어 가다. *대청(大廳): 집채의 방과 방 사이에 있는 큰 마루. *들다: 부록 '입(入)' 참고.

승-두-지-리(升斗之利 되 **승**/말 **두**/어조사 **지**/이익 **리**) 되[升]와 말[斗]의 이익(利益). 즉, 됫박(되 대신으로 쓰는 바가지, 또는 되를 흔히 이르는 말)만한 이익(利益)이라는 뜻으로, 대수롭지 않거나 얼마 되지 않은 이익(利益)을 비유적으로 이르는 말. *되: 부록 '승(升)' 참고. *말: 부록 '두(斗)' 참고.

승-망-풍-지(乘望風旨 오를 **승**/바라볼 **망**/바람 **풍**/뜻 **지**) (망루에) 올라 (앞을) 바라보며 바람의 뜻(남의 눈치를 비유한 것)을 (헤아린다). 즉, 망루(望樓. 망·望을 보기 위하여 세운, 높은 다락집)에 올라 바람결(일정한 방향으로 부는 바람의 움직임)을 헤아린다는 뜻으로, 윗사람이나 남의 눈치를 보아 가며 비위(脾胃. 아니꼽거나 언짢은 일을 잘 견디어 내는 힘)를 잘 맞추어 줌을 비유적으로 이르는 말. *오르다: 부록 '승(乘)' 참고.

승-상-기-하(承上起下 이을 **승**/위 **상**/일어날 **기**/아래 **하**) 위[上]를 이어서 아래[下]가 일어나게 한다는 뜻으로, 앞의 문장을 받아서 뒤의 문장을 지어 나감을 이르는 말. *잇다: 부록 '승(承)' 참고. *일어나다: 부록 '기(起)' 참고.

승-상-접-하(承上接下 받들 **승**/위 **상**/대접할 **접**/아래 **하**) 위[上]를 받들고 아래[下]를 대접(待接)한다는 뜻으로, 윗사람을 받들고 아랫사람을 거느려, 그 사이를 잘 주선(周旋. 일이 잘되도록 여러 가지 방법으로 힘씀)함을 이르는 말. *받들다: ①공경하여 높이 모시다. ②가르침이나 뜻 따위를 소중히 여기며 따르다. *대접하다(待接~): ①마땅한 예(禮)로써 대(對)하다. ②음식을 차려 접대(接待)하다.

승선-입-시(乘船入市 탈 **승**/배 **선**/들 **입**/저자 **시**) 배를 타고 저자(시장)에 든다는 뜻으로, 무속(巫俗. 무당들의 풍속이나 습속)에서, 입하(立夏) 뒤의 첫 갑자일(甲子日. 육십갑자·六十甲子의 첫째 갑자·甲子의 날)에 비가 오면, 그해 여름에는 큰 장마가 져서 배를 타고 장(場. 많은 사람이 모여 물건을 팔고 사는 곳)에 가게 됨을 이르는 말. 즉, 그때에는 장마가 지게 된다는 말이다. 여기서, 입하(立夏)는 24절기의 하나. 곡우(穀雨)와 소만(小滿) 사이로, 5월 6일경. 이 무렵에 여름이 시작된다고 함. *승선(乘船): 배를 탐. *들다: 부록 입(入) 참고. *저자: 부록 '시(市)' 참고.

승승-장구(乘勝長驅 기회 탈 **승**/이길 **승**/길 **장**/몰 **구**) 이긴 (것을) 기회(機會)를 타 (말을) 길게 몬다는 뜻으로, 싸움에 이긴 여세(餘勢. 어떤 일을 해낸 뒤에, 또 다른 일도 할 수 있는, 남은 기세. 또는 세력)나 형세(形勢. 어떠한 일의 형편이나 상태)를 타고 계속 몰아침을 이르는 말. *승승(乘勝): 싸움 따위에서 이기는 형세(形勢)를 탐. *장구(長驅): ①먼 길을 빨리 달려감. ②멀리까지 휘몰아 좇아감. *몰다: 부록 '구(驅)' 참고.

승-안-순-지(承安順志 이을 **승**/편안할 **안**/순할 **순**/뜻 **지**) (윗사람의) 뜻을 편안(便安)하고 순(順)하게 잇는다는 뜻으로, 윗사람의 명령(命令)을 순순히 좇음을 이르는 말. *잇다: 부록 '승(承)' 참고. *편안하다(便安~): 부록 '안(安)' 참고. *순하다(順~): 부록 '순(順)' 참고.

승야-도주(乘夜逃走 기회 탈 **승**/밤 **야**/달아날 **도**/달아날 **주**) 밤에 기회(機會)를 타 달아나고 달아난다는 뜻으로, 밤중을 틈타서 도망(逃亡)함을 이르는 말. *승야(乘夜): 밤중을 틈탐. *도주(逃走): =도망(逃亡). 즉, 쫓기어 달아남.

승야-월장(乘夜越牆·墻 기회 탈 **승**/밤 **야**/넘을 **월**/담 **장**) 밤에 기회를 타 담을 넘는다는 뜻으로, 밤중을 틈타서 남의 집 담을 넘어 들어감을 이르는 말. *승야(乘夜): ☞승야도주(乘夜逃走). *월장(越牆·墙): 담을 넘음. *담: 부록 '장(牆·墙)' 참고.

승-염-이-사(僧厭離寺 중 **승**/싫어할 **염**/떠날 **이**/절 **사**) 중이 싫으면 절을 떠난다는 뜻으로, 자기가 속한 조직이 마음에 들지 않으면 자기 스스로 알아서 떠나야 함을 비유적으로 이르는 말. 또는 어떤 곳이나 그 곳이 싫거나 대상이 싫어지면, 싫은 그 사람이 떠나야 마땅함을 비유적으로 이르는 말. =사염승거(寺厭僧去). 《관련 속담》 중(이) 절 보기 싫으면 떠나야지.

승-영-구-구(蠅營狗苟 파리 **승**/꾀할 **영**/개 **구**/구차할 **구**) 파리가 (분주하게) 꾀하고, 개가 구차하게 (추구한다는) 뜻으로, 작은 이익에 악착스럽게 덤빔을 비유적으로 이르는 말. 또는 수단을 가리지 않고 명리(名利. 명예·名譽와 이익·利益)를 추구하는 파렴치(破廉恥. 염치를 모르고 뻔뻔스러움)한 사람을 비유적으로 이르는 말. *꾀하다: 어떤 일을 이루려고 뜻을 두거나 힘을 쓰다. *개: 갯과의 포유류. 가축의 하나. *구차하다(苟且~): 말이나 행동이 떳떳하거나 버젓하지(흠잡히거나 굽힐 것이 없이 떳떳하고 의젓하지) 못하다. 이 사자성어의 유래는 다음과 같다. 『고문진보후집(古文眞寶後集)』 '한유(韓愈)'의 '송궁문(送窮文)'에, [①원화(元和. 당·唐나라 헌종·憲宗의 연호·年號) 6년(서기 811년) 정월 그믐 을축일(乙丑日)에, 주인(작가 자신인 '한유·韓愈'를 가리킴)이 노복(奴僕. 사내종)인 성(星)을 시켜 버들가지를 엮어 수레를 만들고, 풀을 묶어 배를 만들어, 말린 양식과 식량을 싣고서, 소에게 멍에를 매어놓고, 돛을 달고 돛대를 세우게 하고서, 궁귀(窮鬼. 궁한 귀신. 또는 곤궁한 사람을 비유적으로 이르는 말)에게 세 번 읍(揖. 인사하는 예·禮의 한 가지. 두 손을 맞잡아 얼굴 앞으로 들고 허리를 공손히 구부렸다가 펴면서 두 손을 내림)하고, 다음과 같이 말하였다. 여기서, '궁귀(窮鬼)'는 『국어사전(國語辭典)』 외에도 다양한 풀이가 나와 있는 말이다. '가난한 사람이 굶어 죽어 된 귀신(鬼神)', '가난을 가져오는 귀신(鬼神)', '사람을 궁(窮)하게 만드는 귀신(鬼神)' 따위가 그것이다. "그대들이 떠날 날을 정하였다고 들었는데, 나는 감히 어느 길로 갈 것인지 묻지 않고, 은밀(隱密. 숨어 있어서 겉으로 드러나지 아니함)히 배와 수레를 마련해, 말린 양식과 식량을 갖추어 실어놓았다. 날도 길(吉)하고 시(時)도 좋아, 사방(四方)으로 출행(出行. 먼 길을 떠남)하기 이로울 것이다. 그대들은 한 사발의 밥을 먹고, 한 잔의 술을 마시라. 벗과 짝을 이끌고서, 옛 거처(居處. 일정하게 자리를 잡고 사는 일. 또는 그 장소)를 떠나 새 거처(居處)로 가라. 수레는 달려 먼지가 일고 배는 돛이 바람을 받아, 번개와 선두(先頭. 대열이나 행렬, 활동 따위에서 맨 앞)를 다투리라. 그대들은 이곳에 정체(停滯. 사물이 발전하거나 나아가지 못하고 한자리에 머물러 그침)하는 오랜 원한(怨恨. 억울하고 원통한 일을 당하여 응어리진 마음)도 없고, 나는 그대들에게 재물(財物. 돈과 값나가는 물건)을 주어 보내는 은혜(恩惠. 고맙게 베풀어 주는 신세나 혜택)가 있을 것이다. 그대들은 떠나갈 생각이 있는가?" [⑤ 또 그 다음(넷째)은 (사명감을 담당하는 궁귀·窮鬼인) 명궁(命窮)인데, 그림자가 형체와 다르고, 얼굴은 추하지만 마음은 고와서, 이익에는 남의 뒤에 서고, 즉, 마음씨가 고와서 이로운 일에는 늦어서 다른 사람들 뒷전에 선다는 뜻으로, 이익을 함부로 추구하지 않는다는 말이다. 책임에는 남의 앞에 서게 한다. 즉, 책임질 일은 남들보다 앞장선다는 말이다. 결국 '명궁(命窮)'은 잇속(이익이 있는 실속. 또는 이익이 되는 실속)은 못 챙기면서 남 좋은 일만 하는 궁귀(窮鬼)라는 뜻이다. 또 그 다음(다섯째)은 (사귐을 담당하는 궁귀·窮鬼인) 교궁(交窮)인데, 벗을 위해 살을 갈고 뼈를 부수며, 즉, 살갗을 부비며 남과 가까이 지낸다는 뜻이다. 진심(盡心. 마음을 다 씀. 또는 정성을 다 기울임)을 토로(吐露. 마음에 있는 것을 죄다 드러내어서 말함)하고서, 즉, 마음속에 들어 있는 것을 다 토해내서 보여준다는 뜻이다. 발돋움하고 기다려도, 벗들이 나를 원수처럼 내버리게 한다. 즉, 남을 대우(待遇)하고도 벗들은 나를 배신하여 원수자리에 놓이게 한다는 뜻이다. 결국 '교궁(交窮)'은 벗에게 간, 쓸개 다 내주고 늘 뒤통수 맞는 궁귀(窮鬼)라는 뜻이다. 무릇 이 다섯 귀신이 나의 다섯 가지 재앙(災殃. 뜻하지 아니하게 생긴 불행한 변고·變故, 또는 천재지변·天災地變으로 인한 불행한 사고) 또는 환난(患難. 근심과 재난)이 된다.]〈나를 굶주리게 하고, 나를 추위에 떨게 하며, 있는 말 없는 말로 비난을 받게 하며, 즉, 헛소문을 퍼뜨리고 비방(誹謗. 남을 나쁘게 말함, 또는 남을 헐뜯고 욕함)하게 만든다는 뜻이다. 나의 정신을 혼미하게 할 수 있어도, 다른 사람들은 간섭하지 못한다. 아침 에 자신의 행위를 후회하다가도, 저녁이면 다시 그렇게 한다. 너희들은 파리처럼 앵앵거리고 개처럼 구차하여, 쫓아 보내도 다시 돌아온다."〈饑我寒我, 興訛造訕, 能使我迷, 人莫能間, 朝悔其行, 暮已復然, 蠅營狗苟, 驅去復還〉라는 이야기가 나오는데, '너희들은 파리처럼 앵앵거리고 개처럼 구차하여,(蠅營狗 苟)'에서 '승영구구(蠅營狗苟)'가 유래했다. 그런데 본문 '조제모염(朝虀暮鹽)'에서 밝혔듯이, 위의 ①, ⑤는 글의 내용을 편의상 구분한 것이다. ①은 첫 번째 단락, ⑤는 ④단락 다음에 이어지는 다섯 번째 단락을 의미한다. 두 번째 단락인 ②는 본문 '조제모염(朝虀暮鹽)' 참고. ③은 본문 '단독일신(單獨一身)' 참고. ④는 본문 '기기괴괴(奇奇怪怪)' 참고. '한유(韓愈)'의 '송궁문(送窮文)'은 ⑦단락으로 크게 나눌 수 있다. ①을 독자에게 소개한 것은 '송궁문(送窮文)'의 서문(序文)의 성격이 강하기 때문이다. 중국에서는 예로부터 궁귀(窮鬼)를 물리치는 풍속이 있었다고 한다. 당(唐)나라 때 한유(韓愈)는 원화(元和) 6년(서 기 811년) 정월 그믐날에 궁귀(窮鬼)를 의인화하여 송궁문(送窮文)을 지어, 자신을 어렵게 만드는 지궁 (智窮. 지혜를 담당하는 궁귀), 학궁(學窮. 학문을 담당하는 궁귀), 문궁(文窮. 문장을 담당하는 궁귀), 명궁(命窮. 사명감을 담당하는 궁귀), 교궁(交窮. 사귐을 담당하는 궁귀)의 5가지 궁귀(窮鬼)에게 자신에 게서 떠나달라고 해학적(諧謔的. 말이나 행동에 익살스러우면서도 풍자·諷刺가 섞인 것, 또는 익살스럽 고도 품위·品位가 있는 말이나 행동이 있는 것)으로 묘사(描寫. 눈으로 보거나 마음으로 느낀 것 따위를 그림으로 그리듯이 객관적으로 표현함)하였다. 무릇 이 5가지 귀신(鬼神)이 나의 5가지 재앙(災殃)이 된다고 하였다. 이 중 명궁(命窮. 사명감을 담당하는 궁귀), 교궁(交窮. 사귐을 담당하는 궁귀), 문궁(文 窮. 문장을 담당하는 궁귀) 따위의 3가지 궁귀(窮鬼)에 대해서는 본문 '기기괴괴(奇奇怪怪)' 참고. 즉, 한유(韓愈)가 생각하기에, 지혜, 학문, 문장 쓰기, 사명감을 기르기, 다른 사람과의 사귐 따위를 담당하 는 5가지 궁귀(窮鬼)가 자기의 앞길을 방해하고 있다는 입장이다. 그래서 ①단락은 그들을 내쫓기 위하 여 계책(計策. 어떤 일을 이루기 위하여 꾀나 방법을 생각해 냄, 또는 그 꾀나 방법)을 세운 이야기로 의미가 있는 것이다. 소설 구성의 5단계에 비추어 보면 '발단' 부분이다. ②, ③단락부터는 한유(韓愈)의 계책(計策)에 대한 궁귀(窮鬼)의 논박(論駁. 어떤 주장이나 의견에 대하여 그 잘못된 점을 조리 있게 공격하여 말함)이 계속된다. 소설 구성의 5단계에 비추어 보면 '전개' 부분이다. ④, ⑤단락은 반전(反轉. 일의 형세가 뒤바뀜)부분으로, 한유(韓愈)의 논박(論駁)이 이어짐을 볼 수 있다. 소설 구성의 5단계에 비추어 보면 '위기' 부분이다. '한유(韓愈)'의 '송궁문(送窮文)'은 우연스럽게도 소설 구성의 5단계와 일치 한다. ①단락은 '발단'이고, ②, ③단락은 '전개'이고, ④, ⑤단락은 '위기'이고, ⑥단락은 '절정'이고, ⑦단 락은 '결말'이다. 나머지 구체적인 내용은 ⇨흥와조산(興訛造訕).

승-위-섭험(乘危涉險 탈 **승**/위태할 **위**/건널 **섭**/험할 **험**) 위태(危殆)한 (것을) 타고 험(險)한 (곳을) 건넌다
는 뜻으로, 위태(危殆)롭고 험난(險難. 험하여 고생스러움)함을 무릅씀을 이르는 말. *섭험(涉險): 위험
을 무릅씀. *위태하다(危殆~): 부록 '위(危)' 참고. *험하다(險~): 부록 '험(險)' 참고.

승-인-취-주(僧人醉酒 중 **승**/사람 **인**/술 취할 **취**/술 **주**) 중(승려)(이라고 하는) 사람이 술에 취(醉)해 (있다
는) 뜻으로, 아무짝에도 쓸모없고 도리어 해로움을 비유적으로 이르는 말.

승제-지-리(乘除之理 곱할 **승**/나눗셈 **제**/어조사 **지**/이치 **리**) 곱셈과 나눗셈의 이치(理致)라는 뜻으로, 성
(盛)하고 쇠(衰)함이 끊임없이 바뀌는 이치(理致)를 비유적으로 이르는 말. =성쇠지리(盛衰之理). *승제
(乘除): 곱셈[乘]과 나눗셈[除]을 아울러 이르는 말. *이치(理致): 사물의 정당한 조리(條理. 말이나 글
또는 일이나 행동에서 앞뒤가 들어맞고 체계가 서는 갈피). 또는 도리(道理)에 맞는 근본 뜻.

승천-입-지(昇天入地 오를 **승**/하늘 **천**/들 **입**/땅 **지**) 하늘로 오르고 땅속으로 들어간다는 뜻으로, 자취를
감추고 사라지거나 없어짐을 이르는 말. *승천(昇天): ①하늘에 오름. ②가톨릭(Catholic)에서, 죽음을
이르는 말. *들다: 부록 '입(入)' 참고.

승평-세계(昇平世界 오를 **승**/다스릴 **평**/세상 **세**/세계 **계**) (임금의 자리에) 올라 (나라를 편안하게) 다스리
는 세상(世上)이나 세계(世界)라는 뜻으로, 태평한 세상(世上)을 이르는 말. *승평(昇平): 나라가 태평함.
*세계(世界): ①지구상의 모든 나라. 또는 인류 사회 전체. ②집단적 범위를 지닌 특정 사회나 영역.
③대상이나 현상의 모든 범위. ④불교에서, 널리 중생(衆生. 불교에서, 부처의 구제 대상이 되는, 이
세상의 모든 생물을 통틀어 이르는 말)의 삶을 영위하는 범위. *다스리다: (나라, 사회, 집안 따위의
일을) 보살펴 관리하거나 처리하다. *세상(世上): 사람이 살고 있는 모든 사회를 통틀어 이르는 말.

승-풍-파-랑(乘風破浪 탈 **승**/바람 **풍**/깨뜨릴 **파**/물결 **랑**) 바람을 타고 물결을 깨뜨린다(헤쳐 나간다).
즉, 먼 곳까지 부는 바람을 타고, 끝없는 바다의 파도(波濤)를 헤치고, 배를 달린다는 뜻으로, 원대(遠大.
계획이나 희망 따위의 규모가 크고 깊음)한 뜻이 있음을 비유적으로 이르는 말. 또는 원대(遠大)한 포부
(抱負. 마음속에 지니고 있는, 미래에 대한 계획이나 희망)를 비유적으로 이르는 말. 圖 장풍파랑(長風破
浪). 이 사자성어의 유래는 다음과 같다. 『송서(宋書)』의 「종각전(宗慤傳)」과 『남사(南史)』의 「종각전(宗慤
傳)」 편(篇)에 [남북조 시대 송(宋)나라의 예주(豫州. 땅 이름) 자사(刺史. 벼슬 이름)와 옹주(雍州. 땅
이름)의 자사(刺史)를 역임(歷任. 차례로 여러 관직·官職을 거침)한 종각(宗慤)은 어려서부터 무예(武藝.
검술·劍術, 궁술·弓術 따위의 무술·武術에 관한 재주)가 출중(出衆. 여러 사람 가운데서 특별히 두드러
짐)하고 용감했다. 여기서, '자사(刺史)'는 중국 한(漢)나라 때에 군(郡), 국(國. '왕국·王國'의 줄임말로,
태수·太守가 아닌, 황자·皇子가 다스리는 군·郡을 일컬음. 황자·皇子를 왕·王이라고 하며, 왕·王은 명예
직이고, 실질적으로 국·國을 다스리는 사람은 국상·國相이다)을 감독하기 위하여 각 주(州)에 둔 감찰관
을 이르는 말. 당(唐)나라, 송(宋)나라를 거쳐 명(明)나라 때 없앴다. 그의 숙부(叔父)인 종병(宗炳)은
고상한 선비였지만 벼슬길에 나아가지 않았다.]〈종각(宗慤)이 어렸을 때, 그의 숙부(叔父)인 종병(宗炳)
이 종각(宗慤)에게 "장차(張次. '앞으로'의 뜻으로, 미래의 어느 때를 나타내는 말) 무엇이 되고 싶으냐?"
고 물었다. 종각(宗慤)은 "거센 바람을 타고, 만 리 거센 물결을 헤쳐 나가고 싶습니다."라고 대답했다.
(慤年少時, 炳問其志, 慤曰: **願乘長風破萬里浪**.)〉[그러자 숙부(叔父)가 말했다. "너는 부귀(富貴)하게 되
지 못하겠구나. 우리 집안의 문풍(文風. 글을 숭상하는 풍습)을 무너뜨리다니." (어느 날 종각·宗慤의)

형(兄)인 종필(宗泌)이 혼례(婚禮. 혼인의 의례. 또는 혼인의 예절)를 치렀는데, 집에 들어오는 첫날밤에 강도(强盜. 폭행, 협박 따위의 강제 수단으로 남의 금품을 빼앗는 일. 또는 그러한 도둑)가 들이닥쳤다. 당시(當時. 일이 있었던 바로 그때. 또는 이야기하고 있는 그 시기) 종각(宗慤)은 열네 살이었는데, 조금도 두려워하지 않고 용감하게 강도(强盜)들과 맞서 싸웠다. 강도(强盜) 십여 명은 모두 흩어져 집안에 들어오지 못했다. 후(後)에 종각(宗慤)은 임읍(林邑. 오늘날의 '베트남·Vietnamdm'을 가리킴)을 정벌(征伐)하기 위한 원정(遠征. 먼 곳으로 싸우러 나감) 길에 부관(副官. 부대장이나 지휘관의 명령을 받아 작전 명령 이외의 모든 명령의 처리와 각종 행정 업무를 맡아보는 참모 장교)으로 수행하였다. 임읍(林邑)의 왕(王)이 코끼리 떼를 앞세워 공격하자, 송(宋)나라 군대는 곤경(困境. 어려운 형편이나 처지)에 처하게 되었다. 이때 종각(宗慤)이 묘책(妙策. 매우 교묘한 꾀)을 내어 병사(兵士)들을 사자(獅子. 동물 이름)처럼 꾸며 코끼리 떼 앞에서 춤을 추게 하였다. 그러자 코끼리 떼는 놀라 달아났고 송(宋)나라 군대는 그 틈을 놓치지 않고 임읍(林邑)을 공략(攻略. 군대의 힘으로 적의 영토나 진지를 공격하여 빼앗음)했다. 이처럼 종각(宗慤)은 지(智. 사물의 이치를 밝히고 그것을 올바르게 판별하고 처리하는 능력)와 용(勇. 씩씩하고 굳센 기운. 또는 사물을 겁내지 아니하는 기개)을 겸비(兼備. 두 가지 이상·以上을 아울러 갖춤)한 인물이었다.]라는 이야기가 나오는데, '거센 바람을 타고, 만 리 거센 물결을 헤쳐 나가고 싶습니다.(願乘長風破萬里浪)'에서, '승풍파랑(乘風破浪)'이 유래했다. 위의 이야기를 종합해 볼 때, 종각(宗慤)이 어릴 적에 승풍파랑(乘風破浪)하고 싶다고 했는데, 그의 호언장담(豪言壯談. 본문 참고)이 실현되었음을 확인할 수 있다. 그의 숙부(叔父)는 종각(宗慤)이 장차 승풍파랑(乘風破浪)하고 싶다고 했을 때 "우리 집안의 문풍(文風)을 무너뜨린다."고 부정적 시각을 드러냈지만, 그 후의 그의 행적을 알고 보니 정말 승풍파랑(乘風破浪) 실현의 그 자체였다. 이러한 이유로 종각(宗慤)은 '지(智)와 용(勇)을 겸비한 인물'로 평가 받고 있는 것이다. 누구든지 승풍파랑(乘風破浪)의 기개(氣槪. 어떤 어려움에도 굽히지 않는 강한 의지·意志. 또는 그러한 기상·氣像)로 수많은 난관(難關. 일을 하여 나가면서 부딪치는 어려운 고비)을 헤치고 슬기롭게 나아가면, 반드시 뜻한 바가 이루어지고 성공의 바람[風]이 모든 것을 채워 준다는 것을 잊지 않았으면 좋겠다. 참고로, 원문의 '慤年少時'에서, '慤'은 삼갈(몸가짐이나 언행을 조심할) '각'으로 읽는다. 여기서는 사람 이름 '종각(宗慤)'을 가리킨다. '年'는 나이 '년(연)'으로 읽고, '少'는 젊을 '소'로 읽고, '時'는 때 '시'로 읽는다. '慤年少時'를 직역(直譯)하면, 종각(宗慤)의 나이가 젊었을 때, '炳問其志'에서, '炳'은 밝을 '병'으로 읽는다. 여기서는 사람 이름인 '종병(宗炳)'을 가리킨다. '問'은 물을 '문'으로 읽고, '其'는 그(지시하는 말) '기'로 읽고, '志'는 뜻 '지'로 읽는다. '炳問其志'를 직역(直譯)하면, 종병(宗炳)이 (종각에게) 그 뜻을 물으니, '願乘長風破萬里浪'에서, '願'은 원할 '원'으로 읽고, '乘'은 탈(어떤 조건이나 시간, 기회 따위를 이용할) '승'으로 읽고, '長'은 길 '장'으로 읽고, '風'은 바람 '풍'으로 읽는다. '長風'은 멀리서 불어오는 강한 바람. '破'는 깨뜨릴 '파', 부술 '파'로 읽고, '萬'은 일만 '만'으로 읽고, '里'는 리(里. 거리의 단위) '리'로 읽고, '浪'은 물결 '랑(낭)'으로 읽는다. '願乘長風破萬里浪'을 직역(直譯)하면, 멀리서 불어오는 강한 바람을 타고 만(萬) 리(里)의 (거센) 물결을 깨뜨리기(부수기)를 원합니다. 즉, 거센 바람을 타고 만(萬) 리(里)의 거센 물결을 헤쳐 나가고 싶다는 뜻이다. 종각(宗慤) 자기 자신이 그의 숙부(叔父)인 종병(宗炳)에게 원대(遠大. 계획이나 희망 따위의 규모가 크고 깊음)한 포부(抱負. 마음속에 지닌, 앞날에 대한 생각이나 계획 또는 희망)를 밝힌 대목이다. 여기서, '乘風破浪'이 유래하였는데, 이것을 직역(直譯)하면, 바람을 타고 물결을 깨뜨린다(헤쳐 나간다). 즉, 먼 곳까지 부는 바람을 타고, 끝없는 바다의 파도(波濤)를 헤치고, 배를 달린다는 뜻으로, 원대(遠大)한 뜻이 있음을 비유적으로 이르는 말. 또는 원대(遠大)한 포부(抱負)를 비유적으로 이르는 말.

시각-대변(時刻待變 때 **시**/시각 **각**/기다릴 **대**/변고 **변**) 때나 시각(時刻)이 임종(臨終. 죽음에 다다름. 죽음을 맞이함)이나 변고(變故)를 기다린다는 뜻으로, ①병세(病勢. 병·病의 상태. 혹은 병·病의 경과)가 아주 위태(危殆)롭고 급(急)하게 됨을 이르는 말. ②마음이 잘 변함을 이르는 말. *시각(時刻): ①시간의 흐름 속의 어느 순간(瞬間). 또는 일정한 순간(瞬間). ②짧은 동안. *대변(待變): (죽음을 기다릴 뿐이라는 뜻으로) 병이 몹시 심하여 살아날 가망이 없음을 이르는 말. *변고(變故): 재변(災變)이나 사고.

시-근-종-태(始勤終怠 처음 **시**/부지런할 **근**/끝 **종**/게으를 **태**) 처음에는 부지런하지만 끝(나중)에는 게을러짐.

시기-상응(時機相應 때 **시**/기회 **기**/서로 **상**/응할 **응**) 때와 기회(機會)가 서로 응(應)한다는 뜻으로, ①시기(時機)와 기회(機會)가 서로 잘 맞음을 이르는 말. ②가르침이 시기(時機)에 알맞음을 이르는 말. *시기(時機): 어떤 일을 하는 데 가장 알맞은 때. 또는 적당한 기회. *상응(相應): ①서로 응함. ②서로 맞음. 또는 알맞음. ③서로 기맥(氣脈. 서로 뜻이나 마음이 통하는 낌새)이 통함. *응하다(應~): 부록 '응(應)' 참고.

시기-상조(時機尙무 때 **시**/기회 **기**/오히려 **상**/이를 **조**) 때와 기회(機會)가 오히려 (아직도) 이르다는 뜻으로, 어떤 일을 하기에 때가 아직 덜 되었거나, 아직 때가 이름을 이르는 말. *시기(時機): ☞시기상응(時機相應). *상조(尙早): =시기상조(時機尙早). *오히려: 부록 '상(尙)' 참고.

시기-적절(時期適切 때 **시**/기간 **기**/마땅할 **적**/적절할 **절**) 때나 기간(期間)이 마땅하고 적절(適切)하다는 뜻으로, 때에 아주 알맞음을 이르는 말. *시기(時期): (어떤 시대, 기간 따위로 구분되거나 한정된) 때. =기간(期間). *적절(適切): 꼭 알맞음. *마땅하다: ①(대상이나 상태가) 잘 어울리거나 알맞다. ②정도에 알맞다. ③(이치로 보아) 그렇게 되어야 옳다.

시기-지-심(猜忌之心 시기할 **시**/꺼릴 **기**/어조사 **지**/마음 **심**) 시기(猜忌)하고 꺼리는 마음이라는 뜻으로, 남이 잘되는 것을 샘하고 미워하는 마음을 이르는 말. *시기(猜忌): 샘하여 미워함. *꺼리다: 부록 '기(忌)' 참고.

시대-사상(時代思想 때 **시**/시대 **대**/생각 **사**/생각할 **상**) 때나 시대(時代)가 (통하는) 사상(思想)이라는 뜻으로, 어떤 시대(時代)의 사회(社會) 일반(一般)에 널리 미치거나 통하는 사상(思想)을 이르는 말. 回 시대정신(時代精神). *시대(時代): 어떤 길이를 지닌 연월(年月. 특별히 정한 해와 달). 또는 역사적인 특징을 가지고 구분한 일정한 기간. *사상(思想): ①생각. ②사고 작용의 결과로 얻어진 체계적 의식 내용. ③사회나 정치에 대한 일정한 견해.

시대-사조(時代思潮 때 **시**/시대 **대**/생각 **사**/조수 **조**) 때나 시대(時代)에 (나타나는) 사조(思潮)라는 뜻으로, 한 시대(時代)의 사회(社會) 일반(一般)에 나타나는 주류(主流. 사상이나 학술 따위의 주된 경향이나 갈래)나 특색(特色. 다른 것과 견주어, 특히 다른 점. 또는 뛰어난 점)을 이루는 사상적(思想的) 경향(傾向)을 이르는 말. *시대(時代): ☞시대사상(時代思想). *사조(思潮): 어떤 시대나 계층의 사람들 사이에 나타나는 일반적 사상의 경향. *조수(潮水): 부록 '조(潮)' 참고.

시대-정신(時代精神 때 **시**/시대 **대**/정신 **정**/정신 **신**) 때나 시대(時代)를 (나타내는) 정신(精神)이라는 뜻으로, 한 시대(時代)의 사회(社會)에 널리 퍼져 그 시대(時代)를 지배하거나(支配~) 특징짓는(特徵~) 정신(精神)을 이르는 말. 圓 시대사상(時代思想). *시대(時代): ☞시대사상(時代思想). *정신(精神): ①사고나 감정의 작용을 다스리는 인간의 마음. ↔육체(肉體). ②물질적인 것을 초월한 영적인 존재. =성령(聖靈). ↔ 물질(物質). ③사물에 대한 마음가짐. ④사물의 근본이 되는 의의나 목적.

시대-착오(時代錯誤 때 **시**/시대 **대**/어긋날 **착**/그르칠 **오**) 때나 시대(時代)에 어긋나고 그르치는 (일)이라는 뜻으로, 변화(變化)된 새로운 시대(時代)의 풍조(風潮. 세상이 되어 가는 추세·趨勢)에 낡고 뒤떨어진 생각이나 생활 방식으로 대처(對處. 어떤 일에 대하여 적당한 조처를 취함. 또는 그 취한 조처)하는 일을 이르는 말. *시대(時代): ☞시대사상(時代思想). *착오(錯誤): ①착각으로 말미암은 잘못. ②사실과 생각하고 있는 바가 일치하지 않는 일. *어긋나다: ①서로 꼭 맞지 아니하다. ②(사실이나 도리에) 맞지 않고 틀리다. *그르치다: 부록 '오(誤)' 참고.

시-도-지-교(市道之交 저자 **시**/길 **도**/어조사 **지**/사귈 **교**) 저자와 길에서의 사귐. 즉, 시장(市場)과 길거리에서 이루어지는 교제(交際. 서로 사귀어 가까이 지냄)라는 뜻으로, 단지 이익(利益)만을 위한 교제(交際)를 비유적으로 이르는 말. *'시-도'는『국어사전(國語辭典)』에 등재(登載)된, '①(대단위 행정구역인) 특별시, 광역시 및 도(道). ②시내의 도로로서, 시장(市長)이 건설, 관리, 유지하는 도로'인 '시도(市道)'의 뜻과는 별개다. *저자: 부록 '시(市)' 참고.

시랑-당로(豺狼當路 승냥이 **시**/이리 **랑**/막을 **당**/길 **로**) 승냥이와 이리가 길을 막는다. 즉, 승냥이와 이리 같은 놈이 권력을 잡았다는 뜻으로, 승냥이와 이리에 비길 만한 간악(奸惡. 간사하고 악독함)한 자(者)가, 세력을 얻어 횡포(橫暴. 제멋대로 굴며 몹시 난폭함)를 부리거나 정권(政權. 정치를 하는 권력. 또는 나라의 통치기관을 움직이는 권력)을 좌우(左右. 어떤 일에 영향을 주어 지배함)함을 비유적으로 이르는 말. 쳅 시랑당도(豺狼當道). *시랑(豺狼): ①승냥이와 이리. ②욕심이 많고 무자비한 사람. 또는 간악(奸惡)하고 잔혹(殘酷. 잔인하고 혹독함)한 사람을 비유적으로 이르는 말. *당로(當路): ①정권(政權)을 잡음. ②중요한 지위에 있음. 또는 중요한 지위에 있는 사람. *승냥이: 부록 '시(豺)' 참고. *이리: 부록 '랑(狼)' 참고. 이 사자성어의 유래는 다음과 같다.『후한서(後漢書)』의「장강전(張綱傳)」과『자치통감(自治通鑑)』의「한기(漢紀)」편(篇)에 〈장강(張綱)은 홀로 마차를 몰아 낙양성 밖 역참 부근에서 수레바퀴를 묻어 버리고는 말했다. "승냥이와 이리가 길을 막고 있는데, 어찌 여우와 살쾡이에게 (그 이유를) 묻겠는가." 그러고는 탄핵(彈劾. 공직에 있는 사람의 부정·不正이나 비행·非行 따위를 조사하여 그 책임을 추궁함. 또는 그 절차)에 (대한) 주문(임금에게 아뢰는 글)을 올렸다.(張綱獨埋其車輪於雒陽都亭, 曰, **豺狼當路**, 安問狐狸, 遂劾奏.)〉라는 이야기가 나오는데, '승냥이와 이리가 길을 막고 있는데.(豺狼當路)'에서, '시랑당로(豺狼當路)'가 유래했다. 이 이야기의 배경은 이렇다. 후한(後漢)의 순제(順帝)인 한안(漢安. 중국 후한 때 순제·順帝의 네 번째 연호·年號를 일컬음. 서기 142년에서 서기 144년 4월까지 2년 4개월 동안 사용하였음) 원년(서기 142년)에 조정(朝廷. 임금이 나라의 정치를 신하들과 의논하거나 집행하는 곳. 또는 그런 기구)에서 강직(剛直. 굳세고 꼿꼿함)하고 충직(忠直. 충성·忠誠스럽고 정직함)한 사람 8명을 나누어 주군(州郡. '주·州'와 '군·郡'을 아울러 이르는 말. 또는 '지방·地方'을 달리 이르는 말)에 보내 현능(賢能. 현명하고도 재간·才幹이 있음)한 사람을 표창하고 충실하고 근직(謹直. 사람됨이 신중하고 정직함)한 사람을 드러내도록 했다. 그중 가장 어리고 관직(官職. 관리로서, 국가로부터 위임 받은 일정한 범위의 직무, 또는 그 직위)인 낮은 이로 장강(張綱)이라는 사람이 있었다. 다른 이들은 황제의 명을 받들어 바삐 흩어졌는데, 장강(張綱)은 성 밖 역참(驛站, 역마를 바꿔 타던 곳)에 여장(旅裝, 여행할 때의 차림)을 풀고 지방으로 가지 않았다. 그 까닭을 묻자, 훨씬 고약한 조정(朝廷)의 대신들(승냥이와 이리)이 길을 막고 있는데, 어찌 연약한 지방의 관리들(여우와 삵)에게 민심을 묻겠는가?라고 답했다. 즉, 중앙의 더 큰 부패 세력들을 그대로 두고, 지방에 가서 작은 악행(惡行, 나쁜 짓, 또는 악독한 행위)을 저지른 사람들을 처벌하는 것은 아무런 의미가 없다는 뜻이다. 그리고 그는 과감하게 순제(順帝)에게 양기(梁冀)와 그 무리들을 처벌할 것을 강력히 요구하는 탄핵(彈劾, 공직에 있는 사람의 부정이나 비행 따위를 조사하여 그 책임을 추궁함, 또는 그 절차)의 주문(奏文, 임금에게 아뢰는 글)을 아래와 같이 올린 것이다. "대장군(大將軍 무관·武官의 으뜸 벼슬 이름)인 양기(梁冀, 사람 이름)와 하남 윤(河南尹, 하남·河南이란 지역의 행전 장관)인 양불의(梁不疑, 사람 이름)는 외척(外戚, 외가 쪽의 친척)의 지원에 힘입고, 나라의 두터운 은혜를 입어, 보잘것없는 자질(資質)을 가지고 아형(阿衡, 황제를 보필하는 임무를 맡은 재상·宰相)의 임무를 맡아 오상[五常, 아버지는 의리로(父義), 어머니는 자애로(母慈), 형은 우애로(兄友), 아우는 공경으로(弟恭), 자식은 효도로(子孝) 대해야 하는 마땅한 길])의 교화(敎化, 가르치고 이끌어서 좋은 방향으로 나아가게 함)를 선양(宣揚, 명성이나 권위 따위를 널리 떨치게 함)하여 황제를 보좌하지 못하고 봉시장사(封豕長蛇, 본문 참고)가 되어 탐내는 바를 거리낌 없이 삼켜버리고, 마음대로 좋은 물건을 빼앗고, 방자(放恣, 어려워하거나 조심스러워하는 태도가 없이 무례하고 건방짐)하기 끝이 없어, 곳곳에 아첨하는 무리를 심어 충성(忠誠, 진정에서 우러나오는 정성, 특히 임금이나 국가에 대한 것을 일컬음)되고 선량한 사람들을 해치니, 이야말로 하늘도 용서할 수 없는 대벽(大辟, 중국에서 행하던 오형 가운데 하나, 죄인의 목을 베던 형벌)의 형벌을 가해야 마땅합니다."라는 주문(奏文)이었다. 이것이 황제께 올라가자, 수도(首都)가 온통 놀라 떨었다. 하지만 당시(當時, 일이 있었던 바로 그때, 또는 이야기하고 있는 그 시기) 양기(梁冀)의 여동생이 황후(皇后, 황제가 정식으로 혼인하여 맞은 아내)여서 황제의 총애(寵愛, 남달리 귀여워하고 사랑함)가 깊었고, 조정(朝廷)에 인척(姻戚, 혼인으로 맺어진 친족)인 양씨(梁氏)들이 가득했으므로, 황제는 비록 장강(張綱)의 말이 바른말인 줄 알았지만, 끝내 받아들일 수가 없었다. 여기서 양기(梁冀)는 순제(順帝) 때 여동생이 황후(皇后)가 되자, 그때부터 권력을 장악하기 시작하여 충제(沖帝), 질제(質帝), 환제(桓帝) 등(等) 4대 황제에 걸쳐 무려 20년 동안이나 무소불위(無所不爲, 본문 참고)의 막강한 권력을 휘둘렀던 사람이다. 참고로, 원문의 '張綱獨埋其車輪於雒陽都亭'에서, '張'은 베풀 '장'으로 읽고, '綱'은 벼리(일이나 글의 뼈대가 되는 줄거리) '강'으로 읽는다. 여기서 '張綱'은 사람 이름. '獨'은 홀로 '독'으로 읽고, '埋'는 묻을 '매'로 읽고, '其'는 그(지시하는 말) '기'로 읽고, '車'는 수레 '거'로 읽고, '輪'은 바퀴 '륜(윤)'으로 읽는다. '車輪'은 수레바퀴. '於'는 어조사 '어'로 읽는다. '~에', '~에서(장소)'의 뜻을 나타냄. '雒'은 고을 이름 '락(낙)'으로 읽고, '陽'은 볕 '양'으로 읽는다. '雒陽'은 고을 이름. '都'는 성(城, 예전에, 적·敵을 막기 위하여 흙이나 돌 따위로 높이 쌓아 만든 담, 또는 그런 담으로 둘러싼 구역) '도'로 읽는다. '雒陽都'는 '낙양성(雒陽城)'을 가리킴. '亭'은 역마을(역참·驛站이 있는 마을) '정'으로 읽는다. '張綱獨埋其車輪於雒陽都亭'을 직역(直譯)하면, 장강(張綱)은 홀로 (마차를 몰아) 낙양성 (밖) 역마을에서 그 수레의 바퀴를 묻어버리고는, '豺狼當路'에서, '豺'는 승냥이 '시'로 읽고, '狼'은 이리 '랑(낭)'으로 읽고, '當'은 막을 '당', 방어할(防禦~) '당'으로 읽고, '路'는 길 '로(노)'로 읽는다. '豺狼當路'를 직역(直譯)하면, 승냥이와 이리가 길을 막는다는 뜻으로, 승냥이와 이리에 비길 만한 간악(奸惡. 간사하고 악독함)한 자(者)가, 세력을 얻어 횡포(橫暴. 제멋대로 굴며 난폭함)를 부리거나 정권(政權. 정치를 하는 권력. 또는 나라의 통치기관을 움직이는 권력)을 좌우(左右. 어떤 일에 영향을 주어 지배함)함을 비유적으로 이르는 말. '安問狐狸'에서, '安'은 어찌(부정의 뜻을 나타내는 부사) '안'으로 읽고, '問'은 물을 '문'으로 읽고, '狐'는 여우 '호'로 읽고, '狸'는 살쾡이 '리(이)'로 읽는다. '安問狐狸'를 직역(直譯)하면, 어찌 여우와 살쾡이에게 (그 이유를) 묻겠는가? '遂劾奏'에서, '遂'는 드디어 '수', 마침내 '수'로 읽고, '劾'은 캐물을 '핵', 죄상(罪狀)을 조사할 '핵'으로 읽고, '奏'는 아뢸 '주', 여쭐 '주'로 읽는다. '劾奏'는 관원의 죄를 탄핵(彈劾)하여 임금이나 상관(上官)에게 아뢰던 일. '遂劾奏'를 직역(直譯)하면, (그러고는) 드디어 캐물어 아뢰는(탄핵·彈劾하는) (글을 올렸다).

시-래-운-도(時來運到 때 **시**/올 **래**/운수 **운**/이를 **도**) 때가 오면 (언젠가 돌아올) 운수(運數)에 이른다는 뜻으로, 때가 되어 운(運)이 돌아옴을 이르는 말. *운수(運數): 이미(돌이킬 수 없이 된 지난 일을 일컬을 때 쓰는 말) 정하여져 있어, 인간의 힘으로는 어쩔 수 없는 천운(天運. 하늘이 정한 운수)과 기수(氣數. 저절로 오고 가고 한다는 길흉화복·吉凶禍福의 운수)를 이르는 말. 즉, 이미 정해져 있어 인간의 힘으로는 어찌할 수 없는, 하늘이 정한 운명을 이르는 말. *이르다: 부록 '도(到)' 참고.

시-례-고가(詩禮故家 시 **시**/예절 **례**/오래될 **고**/집안 **가**) 시(詩)와 예절(禮節)을 (중시한), 오래된 집안이라는 뜻으로, 시(詩)와 예(禮)로 여러 대(代)에 걸쳐 이름난 집안을 이르는 말. *고가(故家): 여러 대(代)를 지체(순우리말로, 대대로 이어 내려오는 사회적 신분이나 지위) 높게 잘살아 온 집안.

시-례-지-훈(詩禮之訓 시 **시**/예절 **례**/어조사 **지**/가르칠 **훈**) 시(詩)와 예절(禮節)의 가르침이라는 뜻으로, 아버지가 아들에게 주는 교훈(教訓. 앞으로의 행동이나 생활에 지침이 될 만한 것을 가르치는 일. 또는 그런 가르침)을 이르는 말. 또는 자식이 아버지에게서 받은 교훈(教訓)을 이르는 말. 이 사자성어의 유래는 다음과 같다. 『논어(論語)』의 「계씨(季氏)」 편(篇)에 〈진항(陳亢. 사람 이름. 공자의 제자)이 백어(伯魚. 사람 이름. 공자·孔子의 맏아들 이름)에게 묻기를, 여기서, 공자(孔子)는 중국 춘추시대(春秋時代)의 사상가이며 학자이다. "당신은 다른 말씀을 들은 것이 있습니까?" (백어·伯魚는) "'들은 것이 없습니다.'라고 대답하고, 혼자 서 계실 적에 제가 마당을 빨리 지나가는데, '시(詩)를 배웠는가?'라고 말씀하셔서, '아직 배우지 못했습니다.'라고 대답하니, '시(詩)를 배우지 못했으면 함께 말할 수 없구나.'라고 말씀하시어, 제가 물러가서 시(詩)를 배웠습니다. 다른 날 또 혼자 서 계실 적에 빠른 걸음으로 마당을 지나가는데, '예(禮)를 배웠느냐?' 하고 말씀하셔서, '아직 배우지 못하였습니다.'라고 대답하니, '예(禮)를 배우지 않은 사람과는 함께 서 있을 수 없구나.' 라고 말씀하셔서, 저는 물러가 예(禮)를 배웠습니다. 저는 이 두 가지를 들었습니다."라고 하니, 진항(陳亢)이 물러가 기뻐하며 말하기를, "하나를 물어 셋을 얻었구나. 시(詩)를 듣고, 예(禮)를 들었으며, 또 군자(君子. 학문과 덕·德이 높고 행실·行實이 바르며 품위·品位를 갖춘 사람)는 그 자식을 멀리한다는 것을 들었구나." 라고 했다. (陳亢問於伯魚曰, 子亦有異聞乎. 對曰未也, 當獨立鯉趨而過庭, 曰學詩乎. 對曰未也, 不學詩無以言, 鯉退而學詩, 他日又獨立鯉趨而過庭, 曰學禮乎. 對曰未也, 不學禮無以立, 鯉退而學禮, 聞斯二者, 陳亢退而喜曰, 問一得三, **聞詩聞禮**, 又聞君子之遠其子也)〉라는 이야기가 나오는데, '시(詩)를 듣고, 예(禮)를 들었으며,(聞詩聞禮)'에서, '시례지훈(詩禮之訓)'이 유래했다. 이와 같이 백어(伯魚)가 아버지인 공자(孔子)로부터 시(詩)와 예(禮)를 배운

데에서 비롯되었다. 요즘 말로 하면 가정교육을 '시례지훈(詩禮之訓)'이라고 할 수 있겠다. 참고로, 원문의 '陳亢問於伯魚曰'에서, '陳'은 성(姓) '진'으로 읽고, '亢'은 높을 '항'으로 읽는다. '陳亢'은 공자(孔子) 말년의 제자 이름. 진(陳)나라 사람으로, 자(字. 본이름을 함부로 부르지 않던 시대에, 본이름 대신 부르던 이름)는 자금(子禽), 자원(子元)이고, 또 다른 이름은 원항(原亢)이다. '問'은 물을 '문'으로 읽고, '於'는 어조사 '어'로 읽는다. '~에게', '~에서'의 뜻을 나타냄. '伯'은 맏('맏이'의 뜻을 나타내는 접두사) '백'으로 읽고, '魚'는 물고기 '어'로 읽는다. '伯魚'는 공자(孔子)의 맏아들 이름. 성(姓)은 공(孔), 이름은 리(鯉), 자(字)는 백어(伯魚)다. 아들이 태어났을 때, 노(魯)나라 임금인 소공(昭公)이 잉어(순우리말로, 잉엇과의 민물고기, =이어·鯉魚)를 하사(下賜. 왕이나 국가 원수 등이 아랫사람에게 금품을 줌)하였기에, 공자(孔子)가 아들의 이름을 '이(鯉)'라고 지었으며, 자(字) 또한 물고기와 관련된 '백어(伯魚)'라고 지었다고 전해진다. '曰'은 일컬을 '왈'로 읽는다. '陳亢問於伯魚曰'을 직역(直譯)하면, 진항(陳亢)은 백어(伯魚)에게 물어 일컫기를, 즉, 진항(陳亢)이, 공자(孔子)가 혹 자신의 아들에게만 특별히 가르쳐 준 것이 있는가를 의심하여 공자(孔子)의 아들 백어(伯魚)에게 슬쩍 물었다는 뜻이다. '子亦有異聞乎'에서, '子'는 당신 '자', 자네 '자'로 읽는다. 여기서는 공자(孔子)의 아들 '백어(伯魚)'를 가리킨다. '亦'은 또 '역', 또한 '역'으로 읽고, '有'는 있을 '유'로 읽고, '異'는 다를 '이'로 읽고, '聞'은 들을 '문'으로 읽고, '乎'는 어조사 '호'로 읽는다. '~느냐(의문)'의 뜻을 나타냄. '子亦有異聞乎'를 직역(直譯)하면, 당신은 또한 다른 (것을) 들은 (일이) 있습니까? 즉, 그분('공자·孔子'를 가리킴)에게 특별한 가르침을 받은 적이 있느냐"라고 묻는 것이다. '對曰未也'에서, '對'는 대답할 '대'로 읽고, '未'는 아닐(부정하는 말) '미'로 읽고, '也'는 어조사 '야'로 읽는다. '~이다(단정)'의 뜻을 나타냄. 對曰未也을 직역(直譯)하면, 대답하여 일컫기를, 아닙니다. '當獨立鯉趨而過庭'에서, '當'은, 여기서는 곧~하려 할 '당'으로 읽고, '獨'은 홀로 '독', 혼자 '독'으로 읽고, '立'은 설 '립(입)'으로 읽고, '鯉'는 잉어 '리(이)'로 읽는다. 여기서는 공자(孔子)의 아들 '백어(伯魚)'를 가리킴. '趨'는, 여기서는 빨리 걸을 '추'로 읽고, '而'는 말 이을 '이'로 읽는다. '그리고'의 뜻을 나타냄. '過'는 지날 '과'로 읽고, '庭'은 뜰(집안에 있는 마당) '정'으로 읽는다. '當獨立鯉趨而過庭'을 직역(直譯)하면, (아버지께서) 혼자 서 (계실 적에) 제가('鯉'를 지칭함) 빨리 걸어서 그리고 뜰을 곧 지나려 할 (때), 즉, 한번은 아버지께서 정원(庭園)에 서 계시다가, 제가 총총 걸음으로 지나가려고 하자, 저를 불러 이렇게 말씀하셨습니다. '曰學詩乎'에서, '學'은 배울 '학'으로 읽고, '詩'는 시(詩) '시'로 읽는다. 여기서는 사서삼경(四書三經)의 하나인 『시경(詩經)』을 가리킴. '曰學詩乎'를 직역(直譯)하면, '시(詩)를 배웠는가?' 일컬으시기에(말씀하시기에), '對曰未也'에서, '對曰未也'를 직역(直譯)하면, 대답하여 일컫기를, (배우지) 아니했습니다. '不學詩無以言'에서, '不'은 아닐(부정하는 말) '불'로 읽고, '無'는 없을 '무'로 읽고, '以'는 써(그것을 가지고, 그것으로 인하여) '이'로 읽고, '言'은 말씀 '언'으로 읽는다. '不學詩無以言'을 직역(直譯)하면, '시(詩)를 배우지 않고는 그것을 가지고 (함께) 말할 (수) 없다.'(라고 말씀하셔서), 즉, '시(詩)를 배우지 않으면 제대로 된 말을 못한다. 또는 시(詩)를 모르면 다른 사람들과 이야기할 수 없다.' 라고 말씀하셔서, '鯉退而學詩'에서, '退'는 물러날 '퇴'로 읽는다. '鯉退而學詩'를 직역(直譯)하면, 저는 ('鯉'를 지칭함) 물러나 그리고 (아버지로부터) 시(詩)를 배웠습니다. '他日又獨立鯉趨而過庭'에서, '他'는 다를'타'로 읽고, '日'은 날 '일'로 읽는다. '他日'은 다른 날. '又'는 또 '우'로 읽는다. '他日又獨立鯉趨而過庭'을 직역(直譯)하면, 다른날 또 (아버지께서) 혼자 서 (계실 적에) 제가('鯉'를 지칭함) 빨리 걸어서 그리고 뜰을 곧 지나려 할 (때), 즉, 또 어느 날 아버지께서 정원(庭園)에 서 계셨는데, 제가 총총 걸음으로 지나가려고 하자, 저를 불러 이렇게 말씀하셨습니다. '日學禮乎'에서, '禮'는 예절(禮節) '예(禮)'로 읽는다. 여기서는 '예(禮)'에 관한 경서(經書)'를 가리킴. '日學禮乎'를 직역(直譯)하면, '예(禮)를 배웠는가?' 일컬으시기에(말씀하시기에), '對日未也'에서, '對日未也'를 직역(直譯)하면, 대답하여 일컫기를, (배우지) 아니했습니다. '不學禮無以立'에서, '不學禮無以立'을 직역(直譯)하면, '예(禮)를 배우지 않고는 그것을 가지고 (함께) 설 (수) 없다.'(라고 말씀하셔서), 즉, '예(禮)를 배우지 않으면 덕성(德性. 어질고 너그러운 품성)이 약하여 제대로 설 수 없다. 또는 예(禮)를 모르면 사회에 나가 행세(行世)할 수 없다든지 자립(自立)할 수 없다.'(고 하셔서), '鯉退而學禮'에서, '鯉退而學禮'를 직역(直譯)하면, 저는('鯉'를 지칭함) 물러나 그리고 (아버지로부터) 예(禮)를 배웠습니다. '聞斯二者'에서, '斯'는 이(지시하는 말) '사'로 읽는다. '此'와 같은 뜻. '二'는 두 '이'로 읽고, '者'는 것(사물, 현상, 일 따위를 추상적으로 이르는 말) '자'로 읽는다. '聞斯二者'를 직역(直譯)하면, '(저는) 이 두 (가지의) 것을 들었습니다.'(라고 말하니), 즉, 공자(孔子)는 본인의 자식 뿐만 아니라 문하(門下. 스승의 밑)의 누구에게나 시(詩)와 예(禮)의 중요성을 가르쳤다는 것이다. '陳亢退而喜日'에서, '喜'는 기쁠 '희'로 읽는다. '陳亢退而喜日'을 직역(直譯)하면, 진항(陳亢)이 물러나 그리고 기뻐 말하기를, '問一得三'에서, '得'은 얻을 '득'으로 읽고, '三'은 석 '삼'으로 읽는다. '問一得三'을 직역(直譯)하면, 하나를 물어서 셋을 얻었다. 즉, 나는 한 가지를 묻고 세 가지 교훈(敎訓. 앞으로의 행동이나 생활에 지침이 될 만한 것을 가르치는 일. 또는 그런 가르침)이나 소득을 얻었다는 뜻이다. '聞詩聞禮'에서, '聞詩聞禮'를 직역(直譯)하면, (첫째) 시(詩)를 듣고 (둘째) 예(禮)를 듣고, 즉, 시(詩)와 예(禮)에 대한 가르침을 듣고 배웠다. 또는 시(詩)와 예(禮)의 중요성과 필요성을 알았다는 뜻이다. 『시경(詩經)』의 시(詩)를 익히면 자신의 정서가 순화되고, 예(禮)는 인간 관계에서의 생활규범이기 때문에 그 둘은 배워야 한다는 것이다. 여기서 '시례지훈(詩禮之訓)'이 유래했는데, 이것을 직역(直譯)하면, 시(詩)와 예절(禮節)의 가르침이라는 뜻으로, 아버지가 아들에게 주는 교훈(敎訓)을 이르는 말. 또는 자식이 아버지에게서 받은 교훈(敎訓)을 이르는 말. '又聞君子之遠其子也'에서, '之'는 어조사 '지'로 읽는다. '~이, ~가(주격 조사)'를 나타냄. '遠'은 멀 '원'으로 읽는다. 여기서는 '사사롭게 가까이 하지 않는다'의 뜻이다. '其'는 그(지시하는 말) '기'로 읽고, '子'는 아들 '자', 자식 '자'로 읽는다. '又聞君子之遠其子也'를 직역(直譯)하면, (마지막으로) 또, 군자(君子)가 그 자식을 멀리함을(사사롭게 가까이 하지 않는다는 것을) 들었다. 즉, 군자(君子)는 자신의 아들과 제자들을 다르게 가르치지 않는다는 것을 들었다는 것이다. 이 말은 군자(君子)는 자기 자식을 남다르게 특별히 가르치지 않고, 다른 사람과 같은 자리에서 훈육(訓育. 가르쳐 기름)한다. 또는 군자(君子)는 자기 아들만을 편애(偏愛. 어느 한 사람이나 한쪽만을 유달리 사랑함)하지 않는다는 것을 깨달았다는 뜻이다.

시문-서화(詩文書畵·畫 시 **시**/글월 **문**/글 **서**/그림 **화**) 시(詩)와 글, 글씨와 그림이라는 뜻으로, 시가(詩歌), 산문(散文), 글씨[書], 그림[畵·畫]을 아울러 이르는 말. ***시문**(詩文): 시가(詩歌)와 산문(散文). ***서화**(書畵·畫): 글씨와 그림.

시방-세계(十方世界 열 **시**/방위 **방**/세상 **세**/세계 **계**) 열[十] 방위(方位)의 세상(世上)이나 세계(世界)라는 뜻으로, 온 세계(世界)를 이르는 말. ***시방**(十方): 불교 용어로, 사방(四方), 사우(四隅), 상하(上下)를 통틀어 이르는 말. 즉, 사방(四方)인 동, 서, 남, 북과, 사우(四隅)인 서남, 서북, 동남, 동북, 그리고

상하(上下)인 <u>위</u>와 <u>아래</u> 이렇게 합하여 10방위가 된다는 말이다. *세계(世界): ①지구상의 모든 나라. 또는 인류 사회 전체. ②집단적 범위를 지닌 특정 사회나 영역. ③대상이나 현상의 모든 범위. ④불교에서, 널리 중생(衆生. <u>불교에서, 부처의 구제의 대상이 되는 이 세상의 모든 생물을 통틀어 이르는 말</u>)의 삶을 영위하는 범위. *방위(方位): 동서남북(東西南北)을 기준으로 하여 정한 방향. *세상(世上): 사람이 살고 있는 모든 사회를 통틀어 이르는 말.

시방-왕생(十方往生 열 **시**/방위 **방**/갈 **왕**/살 **생**) 열[十] 방위(方位)의 (땅에) 가서 산다는 뜻으로, 시방정토(十方淨土. <u>본문 참고</u>)에 왕생(往生)하는 일을 이르는 말. *시방(十方): ☞시방세계(十方世界). *왕생(往生): (불교에서) ①목숨이 다하여 다른 세계에 가서 태어남. 또는 이승(<u>지금 살고 있는 이 세상</u>)을 떠나 저승(<u>사람이 죽은 뒤에 그 혼·魂이 가서 산다고 하는 세상. =저세상</u>)에 다시 태어남. ②=왕생극락(往生極樂). 즉, 불교에서 죽어서 극락세계에 태어남을 이르는 말. *방위(方位): ☞시방세계(十方世界).

시방-정토(十方淨土 열 **시**/방위 **방**/깨끗할 **정**/흙 **토**) 열[十] 방위(方位)의 깨끗한 흙이라는 뜻으로, 시방(十方)에 있는 여러 부처(<u>'석가모니·釋迦牟尼'의 다른 이름. 또는 불도·佛道를 깨달은 성인·聖人</u>)의 정토(淨土)를 이르는 말. *시방(十方): ☞시방세계(十方世界). *정토(淨土): 부처가 사는 청정한 곳. *방위(方位): ☞시방세계(十方世界).

시-불가-실(時不可失 때 **시**/아닐 **불**/가히 **가**/잃을 **실**) 때를 잃으면 가(可)히 (돌아오지) 아니 (한다). 즉, 때는 한번 가면 다시 돌아오지 않는다는 뜻으로, 때를 놓쳐서는 안 됨을 이르는 말. 또는 좋은 기회는 놓치지 말아야 함을 일컫는다. *불가(不可): ①옳지 않음. 또는 좋지 않음. ②할 수 없음. 또는 되지 않음. *가히(可~): '능히', '넉넉히'의 뜻.

시-불-재래(時不再來 때 **시**/아닐 **불**/두 **재**/올 **래**) 때는 (한 번 가면) 두 번 (다시) 오지 아니한다는 뜻으로, 한번 지난 때는 다시 오지 아니함을 이르는 말. 또는 한 번 간 세월은 다시 돌아오지 않음을 이르는 말. *재래(再來): 다시 한 번 옴. 또는 두 번째 옴. 圓 재림(再臨).

시비-곡절(是非曲折 옳을 **시**/그를 **비**/굽을 **곡**/꺾을 **절**) 옳고[是] 그르고[非] 굽고[曲] 꺾임[折]을 아울러 이르는 말. 곧, 잘잘못(<u>잘함과 잘못함. 또는 옳음과 그릇</u>)을 이르는 말. =시비곡직(是非曲直). 시비선악(是非善惡). *시비(是非): 옳음과 그름. *곡절(曲折): ①복잡한 사연이나 내용. ②까닭. ③(문맥 따위가) 단조롭지 않고 변화가 많은 것. *그르다: 옳지 아니하다. *굽다: 부록 '곡(曲)' 참고.

시비-곡직(是非曲直 옳을 **시**/그를 **비**/굽을 **곡**/곧을 **직**) 옳고[是] 그르고[非] 굽고[曲] 곧음[直]을 아울러 이르는 말. 곧, 잘잘못을 이르는 말. =시비곡절(是非曲折). 시비선악(是非善惡). *시비(是非): ☞시비곡절(是非曲折). *곡직(曲直): ①굽음과 곧음. ②사리(事理)의 옳고 그름. *그르다: ☞시비곡절(是非曲折). *굽다: 부록 '곡(曲)' 참고.

시비-선악(是非善惡 옳을 **시**/그를 **비**/착할 **선**/악할 **악**) 옳고[是] 그르고[非], 착하고[善] 악함[惡]을 아울러 이르는 말. 곧, 잘잘못(<u>잘함과 잘못함. 또는 옳음과 그릇</u>)을 이르는 말. =시비곡직(是非曲直). 시비곡절(是非曲折). *시비(是非): ☞시비곡절(是非曲折). *선악(善惡): 착함과 악함. *그르다: ☞시비곡절(是非曲折).

시비-지-단(是非之端 옳을 **시**/그를 **비**/어조사 **지**/실마리 **단**) 옳고 그름의 실마리라는 뜻으로, 시비(是非)가 일어나는 실마리나 꼬투리(<u>남을 해코지하거나 헐뜯을 만한 거리</u>)를 이르는 말. *시비(是非): ☞시비곡절(是非曲折). *그르다: ☞시비곡절(是非曲折). *실마리: ①(감았거나 헝클어진) 실의 첫머리. ②일이나 사건의 첫머리. =단서(端緒).

시비-지-심(是非之心 옳을 **시**/그를 **비**/어조사 **지**/마음 **심**) 옳고 그름의 마음이라는 뜻으로, 시비(是非). 곧, 옳고 그름을 가릴 줄 아는 마음을 이르는 말. 사단(四端)의 하나이다. 참 사양지심(辭讓之心). 수오지심(羞惡之心). 측은지심(惻隱之心). 여기서, '사단(四端)'은 사람의 본성인 인(仁), 의(義), 예(禮), 지(智)에서 우러나오는 사양(辭讓), 수오(羞惡), 시비(是非), 측은(惻隱)의 네 가지 마음씨를 일컫는다. 『맹자(孟子)』에서 유래함. *시비(是非): ☞시비곡절(是非曲折). *그르다: ☞시비곡절(是非曲折). 이 사자성어의 유래는 다음과 같다. 『맹자(孟子)』의 「공손추(公孫丑) 장구(章句)」 상(上) 편(篇)에, [맹자(孟子)가 말했다. 여기서 '맹자(孟子)'는 중국 전국시대(戰國時代)의 사상가의 한 사람이다. 성선설(性善說)을 주장하고 인의(仁義)의 정치를 권하였다. "사람에게는 차마 하지 못하는 마음이 있다.(人皆有不忍人之心). 자세한 것은 본문 '불인지심(不忍之心)' 참고. 선왕(先王. 선대의 임금)에게도 차마 하지 못하는 마음이 있었기 때문에, 차마 못 본 척할 수 없는 정치를 할 수 있었던 것이다. 차마 하지 못하는 마음으로 차마 못 본 척할 수 없는 정치를 행하면, 천하를 다스리는 것은 손바닥에서 움직이는 것과 같을 것이다. (내가) 사람들 모두가 '남에게 차마 하지 못하는 마음'이 있다고 말하는 까닭은, 지금 어떤 사람이 어린아이가 갑자기 우물로 들어가는 것을 순간적으로 본다면, 모두 두려워 놀라고 안타까워하는 마음이 생기는데, (그 마음은) 어린아이의 부모를 내밀(內密. 밖으로 드러나지 않음)하게 사귀려는 까닭이 아니며, 고을 붕당(朋黨. 뜻이 같은 사람들끼리 모인 단체)과 친구들에게 칭찬이 필요한 까닭도 아니고, 그 소리가 나는 것을 싫어해서도 아니다. 이로 말미암아 살펴보면.]〈불쌍히 여기는 마음이 없는 것은 사람이 아니고, 부끄러운 마음이 없으면 사람이 아니며, 사양하는 마음이 없으면 사람이 아니며, 옳고 그름을 아는 마음이 없으면 사람이 아니다. 불쌍히 여기는 마음은 어짊의 극치(極致. 극도·極度에 이른 경지·境地. 즉, 그 이상 더할 수 없을 만한, 최고의 경지나 상태)이고, 부끄러움을 아는 마음은 옳음의 극치(極致)이고, 사양하는 마음은 예절의 극치(極致)이고, 옳고 그름을 아는 마음은 지혜의 극치(極致)이다.(無惻隱之心, 非人也. 無羞惡之心, 非人也. 無辭讓之心, 非人也. **無是非之心, 非人也**. 惻隱之心, 仁之端也. 羞惡之心, 義之端也. 辭讓之心, 禮之端也. **是非之心, 智之端也**.)〉 [사람이 이 사단(四端)이 있음은 사지(四肢. 사람의 팔다리)가 있음과 같다. 이 사단(四端)이 있는데도 스스로 잘 할 수 없다고 말하는 자(者)는 자신을 해치는 자(者)이고, 그 군주(君主. 세습적으로 나라를 다스리는 최고 지위에 있는 사람)가 잘 할 수 없다고 말하는 자(者)는 그 군주(君主)를 해치는 자(者)이다."]라는 이야기가 나오는데, '옳고 그름을 아는 마음이 없으면 사람이 아니다.(無是非之心, 非人也.)'와, '옳고 그름을 아는 마음은 지혜의 극치(極致)이다.(是非之心, 智之端也.)'에서, '시비지심(是非之心)'이 유래했다. 나머지 구체적인 내용은 ⇨사양지심(辭讓之心).

시비-총중(是非叢中 옳을 **시**/그를 **비**/떨기 **총**/가운데 **중**) 옳고 그름의 떨기 가운데라는 뜻으로, 시비(是非)가 자주 생겨, 말썽이 많은 가운데를 이르는 말. 시비(是非)가 분분(紛紛. 의견이 각각이어서 갈피를 잡을 수 없음)하여 말썽 중이라는 말이다. *시비(是非): ☞시비곡절(是非曲折). *총중(叢中): 떨기 가운데라는 뜻으로, 많은 사람 가운데. *그르다: ☞시비곡절(是非曲折). *떨기: ①(풀, 꽃, 떨기나무 따위의) 여러 줄기가 하나로 뭉쳐 다보록한 무더기를 이르는 말. 여기서, '다보록하다'는 (짧게 난 풀이나 나무,

또는 머리털 따위가) 탐스럽게 소복하다. ②(의존 명사적 용법) 꽃이나 풀 따위의 무더기를 세는 단위.

시사-만평(時事漫評 때 **시**/일 **사**/문득 생각나는 대로 할 **만**/평론할 **평**) 때와 일에 (대하여) 문득 생각나는 대로 한 평론(評論)이라는 뜻으로, 시사(時事)에 관한 일을 이것저것 생각나는 대로 하는 비평(批評). 즉, 당시(當時. 일이 있었던 바로 그때, 또는 이야기하고 있는 그 시기)에 일어난 여러 가지 세상일에 대하여, 어떠한 체계(體系)가 없이 생각나는 대로 한 비평(批評)을 이르는 말. *시사(時事): 그때에 일어난 여러 가지 사회적 사건. *만평(漫評): 일정한 형식이나 체계 없이 생각나는 대로 비평함. 또는 그런 비평. *평론하다(評論~): 부록 '평(評)' 참고.

시-사-여-귀(視死如歸 볼 **시**/죽을 **사**/같을 **여**/돌아갈 **귀**) 죽음을 (고향에) 돌아가는 것같이 본다. 즉, 죽음을 고향(故鄕)에 돌아가는 것처럼 여긴다는 뜻으로, 죽음을 조금도 두려워하지 아니함을 비유적으로 이르는 말.

시-사-여-생(視死如生 볼 **시**/죽을 **사**/같을 **여**/살 **생**) 죽음을 삶같이 본다는 뜻으로, 죽음을 삶같이 여기고 두려워하지 아니함을 이르는 말. 이 사자성어의 유래는 다음과 같다. 『한서(漢書)』의 「조조전(晁錯傳)」편(篇)에, 그런데 어떤 자료에는 「조조전(鼂錯傳)」으로, 한자 표기가 다르게 되어 있음. 〈그러므로 싸움에 이기거나 진지(陣地)를 고수하면 마땅히 작위(爵位)를 상으로 주어야 하며, 적의 성(城)과 진지(陣地)를 공략하여 빼앗는 자(者)는 그 재물을 얻어 집안을 부(富)하게 해 주어야 합니다. 그래야만 장병들을, 쏟아지는 화살과 돌을 무릅쓰고 끓는 물과 타는 불 속으로 뛰어들게 할 수 있으며, 죽음을 삶과 같이 여기게 할 수 있는 것입니다.(故戰勝守固則有拜爵之賞, 攻城屠邑則得其財鹵以富家室, 故能使其衆蒙矢石, 赴湯火, <u>視死如生</u>.)〉라는 이야기가 나오는데, '죽음을 삶과 같이 여기게 할 수 있는 것입니다.(視死如生)'에서, '시사여생(視死如生)'이 유래했다. 나머지 구체적인 내용은 ⇨부탕도화(赴湯蹈火).

시-산-혈해(屍山血海 주검 **시**/뫼 **산**/피 **혈**/바다 **해**) 주검이 뫼('산'의 옛말) (같고), 피가 바다 (같다는) 뜻으로, ①사람의 시체(屍體. 죽은 사람의 몸)가 산같이 쌓이고, 피가 바다같이 흐름을 이르는 말. ②수많은 목숨이 무참히(無慘~. 몹시 끔찍하고 참혹하게) 살상(殺傷. 죽이거나 상처를 입힘)됨을 비유적으로 이르는 말. *혈해(血海): 图 =피바다. 즉, 사방에 온통 피가 낭자(狼藉. 물건 따위가 마구 흩어져 있어 어지러움)하게 된 곳을 비유적으로 이르는 말. *주검: 부록 '시(屍)' 참고.

시-시-각각(時時刻刻 때 **시**/때 **시**/시각 **각**/시각 **각**) 때와 때의 시각(時刻)과 시각(時刻)이라는 뜻으로, 지나가는 시각. 또는 각각(各各)의 시각(時刻)을 이르는 말. =경경각각(頃頃刻刻). 일각일각(一刻一刻). *각각(刻刻): 시간의 일각(一刻). 즉, ①시간이 지남에 따라 점점. ②아주 짧은 동안. *시각(時刻): ①시간의 흐름 속의 어느 순간. 또는 일정한 순간. ②짧은 동안.

시-시-비-비(是是非非 옳을 **시**/옳을 **시**/그를 **비**/그를 **비**) 옳고 옳은 (것과) 그르고 그른 (것이라는) 뜻으로, ①여러 가지의 잘잘못(잘함과 잘못함. 또는 옳음과 그름)을 이르는 말. ②옳은 것은 옳고 그른 것은 그르다고 하는 일. 또는 옳고 그름을 따지며 다툼을 이르는 말. *그르다: 옳지 아니하다.

시-시-종종(時時種種 때 **시**/때 **시**/종류 **종**/종류 **종**) 때와 때에 (있는) 종류(種類)와 종류(種類)라는 뜻으로, 때때로 있는 여러 가지를 이르는 말. *종종(種種): (모양이나 성질이 서로 다른 물건의) 가지가지. 또는 여러 가지. *종류(種類): 어떤 기준에 따라 나눈 갈래.

시-심-시-불(是心是佛 이 **시**/마음 **심**/이 **시**/부처 **불**) 이 마음이 이 부처라는 뜻으로, 사람은 번뇌(煩惱.

마음이나 몸을 괴롭히는 노여움이나 욕망 따위의 헛된 생각)로 말미암아 마음이 더러워지나, 본성(本性)은 불성(佛性. 부처의 본성. 또는 모든 사람이 본디 지니고 있는, 부처가 될 수 있는 자비스러운 성질)이어서, 중생(衆生. 불교에서, 부처의 구제 대상이 되는, 이 세상의 모든 생물을 통틀어 이르는 말)의 마음이 곧 부처의 마음이나 마찬가지임을 이르는 말. =즉심시불(卽心是佛). 즉심즉불(卽心卽佛). *부처: 부록 '불(佛)' 참고.

시-야-비-야(是也非也 옳을 **시**/어조사 **야**/그를 **비**/어조사 **야**) 옳다, 그르다를 말함. 또는 옳고 그름을 따짐. 田 왈시왈비(曰是曰非). *어조사(語助辭): 부록 '야(也)' 참고. *그르다: 옳지 아니하다.

시어-다-골(鰣魚多骨 준치 **시**/물고기 **어**/많을 **다**/뼈 **골**) (맛이 좋은) 준치라는 물고기에 뼈(가시)가 많다. 즉, 준치는 맛은 좋으나 가시가 많다는 뜻으로, 좋은 면의 한편에는 좋지 못한 면이 있음을 비유적으로 이르는 말. 田 호사다마(好事多魔). *시어(鰣魚): =준치. 즉, 준칫과의 바닷물고기.

시오-지-심(猜惡之心 시기할 **시**/미워할 **오**/어조사 **지**/마음 **심**) 시기(猜忌)하고 미워하는 마음. 또는 샘을 내고 미워하는 마음. *시오(猜惡): 시기하고 미워함. *시기하다(猜忌~): 부록 '시(猜)' 참고.

시우-지-화(時雨之化 때 **시**/비 **우**/어조사 **지**/변화 **화**) 때에 (맞추어) (내리는) 비의 변화(變化). 철 맞추어 내리는 비로 초목(草木)이 자란다는 뜻으로, ①초목(草木)이 때맞추어 내리는 비에 힘입어 자라는 것처럼, 임금의 은혜(恩惠)가 두루 천하(天下)에 미침을 비유적으로 이르는 말. ②비가 제때에 내려야만 만물(萬物. 온갖 물건 또는 세상에 있는 모든 것)이 제대로 성장할 수 있듯이, 사람도 제때에 적당한 교육을 받아야만 정상적인 성장을 할 수 있음을 비유적으로 이르는 말. *시우(時雨): 철을 맞추어서 오는 비. 때맞추어 내리는 비. 이 사자성어의 유래는 다음과 같다. 『맹자(孟子)』의 「진심(盡心) 장구(章句)」 상(上) 편(篇)에 〈맹자(孟子)가 말했다. "군자(君子. 학문과 덕·德이 높고 행실·行實이 바르며 품위·品位를 갖춘 사람)가 남을 가르치는 방법에는 다섯 가지가 있다. 제 때에 내리는 비가 초목을 저절로 자라게 하는 것과 같이 하는 것이 있고, 덕(德. 고매하고 너그러운 도덕적 품성)을 이루게 하는 것이 있으며, 재능(才能. 어떤 일을 하는데 필요한 재주와 능력)을 키워주는 것이 있고, 여기서, '재주'는 순우리말로, 무엇을 잘할 수 있는, 타고난 능력과 슬기. 물음에 대답해주는 것이 있으며, 혼자서 덕(德)을 잘 닦아 나가도록 해 주는 것이 있다. 이 다섯 가지는 군자(君子)가 가르치는 방법이다."(孟子曰. 君子之所以敎者五. **有如時雨化之者**. 有成德者. 有達財者. 有答問者. 有私淑艾者. 此五者. 君子之所以敎也.)〉라는 이야기가 나오는데, '제 때에 내리는 비가 초목을 저절로 자라게 하는 것과 같이 하는 것이 있고, (有如時雨化之者)'에서, '시우지화(時雨之化)'가 유래했다. 참고로, 원문의 '孟子曰'에서, '孟'은 맏('맏이'의 뜻을 더하는 접두사) '맹'으로 읽고, '子'는 경칭(敬稱. 공경하는 뜻으로 부르는 칭호. 또는 존대하여 일컬음) '자'로 읽는다. 학덕(學德)과 지위가 높은 남자의 경칭(敬稱)이다. '孟子'는 사람 이름. 중국 전국시대(戰國時代)의 사상가의 한 사람이다. 성선설(性善說)을 주장하고 인의(仁義)의 정치를 권하였다. '孟子曰'을 직역(直譯)하면, 맹자(孟子)가 말하기를, '君子之所以敎者五'에서, '君'은 군자(君子) 자로 읽는다. '君子'는 행실이 점잖고 어질며 덕(德. 고매하고 너그러운 도덕적 품성)과 학식이 높은 사람. '之'는 어조사 '지'로 읽는다. '~이', '~가(주격 조사)'의 뜻을 나타냄. '所'는 바(앞에서 말한 내용 그 자체나 일 따위를 나타내는 말) '소'로 읽고, '以'는 써(그것을 가지고, 그것으로 인하여) '이'로 읽고, '敎'는 가르칠 '교'로 읽고, '者'는 것(사물, 현상, 일 따위를 추상적으로 이르는 말) '자'로 읽고, '五'는 다섯 '오'로 읽는다. '者五'를 직역(直

譯)하면, 5가지의 것(방법). '君子之所以敎者五'를 직역(直譯)하면, 군자(君子)가 (남을) 가르침으로써 (얻는) 바가 다섯 가지의 것(방법)이 (있으니), '有如時雨化之者'에서, '有'는 있을 '유'로 읽고, '如'는 같을 '여'로 읽는다. '有如'를 직역(直譯)하면, ~와 같게 하는 것이 있음. '時'는 때 '시'로 읽고, '雨'는 비 '우'로 읽고, '化'는 변화 '화'로 읽고, '之'는 어조사 '지'로 읽는다. 여기서는 '~의'를 나타내는 관형격 조사. '有如時雨化之者'를 직역(直譯)하면, 제 때에 (맞추어) (내리는) 변화의 것과 같게 하는 것이 있고, 여기서, '時雨之化'가 유래하였는데, 이것을 직역(直譯)하면, 때에 (맞추어) (내리는) 비의 변화(變化). 즉, ①철 맞추어 내리는 비로 초목(草木)이 자란다는 뜻으로, 초목(草木)이 때맞추어 내리는 비에 힘입어 자라는 것처럼, 임금의 은혜(恩惠)가 두루 천하(天下)에 미침을 비유적으로 이르는 말. ②비가 제때에 내려야만 만물이 제대로 성장할 수 있듯이, 사람도 제때에 적당한 교육을 받아야만 정상적인 성장을 할 수 있음을 비유적으로 이르는 말. '有成德者'에서, '有'는 있을 '유'로 읽고, '成'은 이룰 '성'으로 읽고, '德'은 큰 '덕', 덕(德, <u>고매하고 너그러운 도덕적 품성</u>) '덕'으로 읽는다. '成德'은 덕성(德性)을 이룸. 또는 그 덕성(德性). '有成德者'를 직역(直譯)하면, 덕성(德性)을 이루게 (하는) 것이 있으며, '有達財者'에서, '達'은 통달(通達. <u>사물의 이치나 지식, 기술 따위를 훤히 알거나 아주 능란하게 함</u>)할 '달'로 읽고, '財'는 재물(財物) '재', 재능(才能) '재'로 읽는다. '有達財者'를 직역(直譯)하면, 재능(才能)을 통달(通達)하게 (하는) 것이 있으며, '有答問者'에서, '答'은 대답할 '답'으로 읽고, '問'은 물을 '문'으로 읽는다. '有答問者'를 직역(直譯)하면, 물음에 대답해 (주는) 것이 있으며, '有私淑艾者'에서, '私'는 사사(私事. <u>사사로운 일</u>) '사', 사사로이 할 '사'로 읽고, '淑'은, 여기서는 사모(思慕)할 '숙'으로 읽는다. '사숙(私淑)'은 존경하는 사람에게, 직접 가르침을 받을 수는 없으나, 그 사람의 인격이나 학문을 본(本)으로 삼고 배움을 이르는 말. '艾'는 쑥 '애'로 읽기도 하고, 다스릴 '예'로 읽기도 하는데, 여기서는 후자(後者)가 된다. '有私淑艾者'를 직역(直譯)하면, (혼자) 사숙(私淑)하여 다스리게 (하는) 것이 있으니, '此五者'에서, '此'는 이(<u>지시하는 말</u>) '차'로 읽고, '五'는 다섯 '오'로 읽는다. '此五者'를 직역(直譯)하면, 이 5가지의 것(방법)은, '君子之所以敎也'에서, '君'은 군자(君子) '자'로 읽고, '子'는 경칭(敬稱. <u>공경하는 뜻으로 부르는 칭호. 또는 존대하여 일컬음</u>) '자'로 읽는다. 학덕(學德)과 지위가 높은 남자의 경칭(敬稱)이다. '君子'는 행실이 점잖고 어질며 덕(德)과 학식이 높은 사람. '之'는 어조사 '지'로 읽는다. '~이', '~가(<u>주격 조사</u>)'의 뜻을 나타냄. '所'는 바(<u>앞에서 말한 내용 그 자체나 일 따위를 나타내는 말</u>) '소'로 읽고, '以'는 써(<u>그것을 가지고, 그것으로 인하여</u>) '이'로 읽고, '敎'는 가르칠 '교'로 읽고, '也'는 어조사 '야'로 읽는다. '~이다(<u>단정</u>)'의 뜻을 나타냄. '君子之所以敎也'를 직역(直譯)하면, 군자(君子)가 가르치는 바의 (것·방법이다).

시운-불행(時運不幸 때 **시**/운수 **운**/아닐 **불**/다행 **행**) 때의 운수(運數)가 다행(多幸)이 아니라는 뜻으로, 시대나 때의 운수(運數)가 불행하거나 좋지 않음을 이르는 말. *시운(時運): 시대나 때의 운수. *불행(不幸): ①행복하지 아니함. ②운수가 나쁨. *운수(運數): 이미(<u>돌이킬 수 없이 된 지난 일을 일컬을 때 쓰는 말</u>) 정하여져 있어 인간의 힘으로는 어쩔 수 없는 천운(天運. <u>하늘이 정한 운수</u>)과 기수(氣數. <u>저절로 오고 가고 한다는 길흉화복·吉凶禍福의 운수</u>)를 이르는 말. 즉, 이미 정해져 있어 인간의 힘으로는 어찌할 수 없는, 하늘이 정한 운명을 이르는 말. *다행(多幸): 부록 '행(幸)' 참고.

시위-소찬(尸位素餐 시동 **시**/자리 **위**/횔 **소**/반찬 **찬**) 시동(尸童)의 자리에 (있는) 흰 (밥과) 반찬. 즉, 시동(尸童)의 자리에서 공짜 밥을 먹는다는 뜻으로, ①벼슬아치가, 직책을 다하지 못하면서, 또는 하는 일없이 자리만 차지하고 국록(國祿. 나라에서 주는 녹봉·祿俸. 즉, 벼슬아치에게 연봉·年俸으로 주는 곡식, 피륙, 돈 따위를 통틀어 이르는 말)을 받아먹는 것. ②자기 능력이나 분수(分數. 자기 신분에 맞는 한도, 또는 사람으로서 일정하게 이를 수 있는 한계)에 맞지 않는 높은 자리에 앉아, 하는 일 없이 놀고먹는 것을 비유적으로 이르는 말. *시위(尸位): ①예전에, 제사(祭祀) 지낼 때에 신주(神主. 죽은 사람의 위패) 대신 시동(尸童)을 앉히던 자리. 여기서, '시동(尸童)'은 지난날, 제사를 지낼 때에 신위(神位. 신주·神主를 모셔 두는 자리) 대신으로 앉히던 아이. ②재능(才能. 어떤 일을 하는데 필요한 재주와 능력)도, 인덕(仁德. 어진 덕)도 없으면서 함부로 관위(官位. 여기서는 관직의 자리)에 오르는 일을 이르는 말. 여기서, '재주'는 순우리말로, 무엇을 잘할 수 있는, 타고난 능력과 슬기. 옛 중국에서, 선조(先祖)의 제사 때에 그 혈통자(血統者. 혈통을 이어받은 사람)를 신(神)의 대리로서 신위(神位)에 앉혔던 데서 유래한다. *소찬(素餐): 아무 일도 하지 않고 녹(祿)을 받음. 또는 무위도식(無爲徒食. 본문 참고)함을 이르는 말. *희다: 부록 '소(素)' 참고. 이 사자성어의 유래는 다음과 같다.『한서(漢書)』의「주운전(朱雲傳)」편(篇)에 [한(漢)나라 때, 평릉(平陵) 사람인 주운(朱雲)은 큰 체구(體軀. 몸의 부피)에 호탕(豪岩. 호기롭고 걸걸함)한 성격을 가져 젊었을 때는 협객(俠客. 호방하고 의협심이 있는 사람)들과 사귀었다. 주운(朱雲)은 40세가 되던 해에 생각을 바꾸어 당시(當時. 일이 있었던 바로 그때, 또는 이야기하고 있는 그 시기) 박사(博士)였던 백자우(白子友)에게『주역(周易)』을 배웠고, 소망지(蕭望之)에게『논어(論語)』를 배웠다. 학문을 갖춘 주운(朱雲)은 당시 사대부(士大夫. 벼슬이나 문벌이 높은 집안의 사람) 계층의 높은 평가를 받게 되었다. 당시에『주역(周易)』을 연구하는 학자들이 몇 있었다. (그 중에) 원제(元帝. 황제·皇帝의 이름)의 총애(寵愛. 남달리 귀여워하고 사랑함)를 받던 신하(臣下)인 오록충종(五鹿充宗. 사람 이름)도『주역(周易)』을 연구하였는데, 자신의 학문이 심오(深奧. 사상이나 이론 따위가 깊이가 있고 오묘함)하다 여기고 다른 사람을 눈에 두지 않았다. 그는 항상 다른 사람들을 불러 토론을 했는데, 유학자들이 그를 당할 수가 없었다. 하루는 어떤 사람이 주운(朱雲)을 오록충종(五鹿充宗)에게 천거(薦擧. 어떤 일을 맡아 할 수 있는 사람을 그 자리에 쓰도록 소개하거나 추천함)했다. 결국 오록충종(五鹿充宗)은 주운(朱雲)을 초빙(招聘. 예를 갖추어 불러 맞아들임)하여 논쟁(論爭. 서로 다른 의견을 가진 사람들이 각자 자기의 주장을 말이나 글로 논하여 다툼)을 벌였다. 주운(朱雲)은 오록충종(五鹿充宗)의 물음에 모두 답변을 하였지만, 오록충종(五鹿充宗)은 주운(朱雲)의 질문에 아무런 답을 하지 않았다. 한(漢)나라 원제(元帝)는 주운(朱雲)이 인재(人材. 어떤 일을 할 수 있는 학식이나 능력을 갖춘 사람)임에 틀림없다고 생각하고 그를 박사(博士. 벼슬 이름)로 초빙(招聘)하였다. 그 후 두릉(杜陵. 땅 이름)과 괴릉(槐陵. 땅 이름) 따위의 현령(縣令. 벼슬 이름)을 지냈다. 원제(元帝)가 죽고 성제(成帝)가 즉위(卽位)하자, 승상(丞相. 옛 중국의 벼슬, 우리나라의 정승·政丞에 해당됨)이면서 안창후(安昌侯. 안창·安昌 지역의 제후·諸侯 이름)인 장우(張禹)가 황제의 스승으로 특진(特進. 뛰어난 공로를 세워 특별히 진급함)을 하고 크게 존중을 받았다. 주운(朱雲)은 상서(上書. 신하가 임금에게 글을 올리던 일, 또는 그 글)를 올려 황제를 뵙기를 청했다. 주운(朱雲)은 황제를 알현(謁見. 지체가 높고 귀한 사람을 찾아가 뵘)하게 되자, 여기서, '지체'는 순우리말로, 대대로 이어 내려오는 사회적 신분이나 지위를 일컬음. 많은 신하들 앞에서 이렇게 말했다.]〈지금 조정(朝廷. 임금이 나라의 정치를 신하들과 의논하거나 집행하는 곳, 또는 그런 기구)의 대신(大臣)들은 위[上]로는 군주(君主. 세습적으로 나라를 다스리는 최고 지위에 있는 사랍)를 바로잡아 주지 못하고, 아래[下]로는 백성들에게 아무런 보탬도 되지 못한 채 오로지 자리만을 지키며 봉록(俸祿)만 축내고 있습니다. 이것은 (중국 춘추시대의 사상가이며 학자인) 공자(孔子)가 말한 '비루한 자(者)와는 더불어 군주(君主)를 섬길 수 없다.', '총애(寵愛)를 잃을까 두려워하면, 하지 않는 일이 없다.'는 것입니다.(今朝廷大臣上不能匡主, 下亡以益民, **皆尸位素餐**, 孔子所謂鄙夫不可與事君, 苟患失之亡所不至者也.)〉라는 이야기가 나오는데, '오로지 자리만을 지키며 봉록(俸祿)만 축내고 있습니다.(皆尸位素餐)'에서, '시위소찬(尸位素餐)'이 유래했다. 한(漢)나라 시대 주운(朱雲)이, 신변의 위험을 무릅쓰고 용기 있게 말한 시위소찬(尸位素餐)은 지금까지 전해져 우리에게 큰 교훈(敎訓. 앞으로의 행동이나 생활에 지침이 될 만한 것을 가르치는 일. 또는 그런 가르침)을 주고 있다. 시위소찬(尸位素餐)의 행태(行態. 하는 짓과 몸가짐)가 어디 한(漢)나라 때만 있었으랴. 지금 우리나라는 시위소찬(尸位素餐)이 득실거리고 있다고 해도 과언이 아니다. 특히 국회위원이 자리 잡고 있는 국회(國會)는 시위소찬(尸位素餐)이 우글거리는 소굴(巢窟. 나쁜 짓을 하는 도둑이나 악한・惡漢 따위의 무리가 활동의 본거지로 삼고 있는 곳)처럼 느껴질 때가 한두 번이 아니다. 참고로, 원문의 '今朝廷大臣上不能匡主'에서, '今'은 이제 '금', 지금 '금'으로 읽고, '朝'는 조정(朝廷) '조'로 읽고, '廷'은 조정(朝廷) '정'으로 읽는다. '朝廷'은 임금이 나라의 정치를 신하들과 의논하거나 집행하는 곳. 또는 그런 기구. '大'는 클 '대'로 읽고, '臣'은 신하(臣下) '신'으로 읽는다. '大臣'은 군주 국가에서, 한 관아(官衙. 지난날, 관원이 모여서 공무를 보던 곳)의 으뜸(중요한 정도로 본. 어떤 사물의 첫째를 이르는 말) 벼슬을 일컬음. '上'은 위 '상'으로 읽고, '不'은 아닐(부정하는 말) '불'로 읽고, '能'은 할 수 있을 '능'으로 읽고, '匡'은 바룰 '광', 바로잡을 '광'으로 읽고, '主'는 임금 '주'로 읽는다. '今朝廷大臣上不能匡主'를 직역(直譯)하면, 지금 조정(朝廷)의 대신(大臣)들은, 위[上]로는 임금을 바로잡을 수 없고, '下亡以益民'에서, '下'는 아래 '하'로 읽고, '亡'는, 여기서는 없을 '무'로 읽는다. '무(無)'와 같은 뜻. '以'는 써(그것을 가지고, 그것으로 인하여) '이'로 읽고, '益'은 이익 '익', 유익할 '익'으로 읽고, '民'은 백성 '민'으로 읽는다. '下亡以益民'을 직역(直譯)하면, 아래[下]로는 백성들에게 그것을 가지고 유익하게 (하지) 못한다. 즉, 백성들에게 아무런 보탬도 되지 못한다는 뜻이다. '皆尸位素餐'에서, '皆'는 다 '개', 모두 '개'로 읽고, '尸'는 시동(尸童) '시'로 읽고, '位'는 자리 '위'로 읽고, '素'는 흴 '소'로 읽고, '餐'은 반찬 '찬'으로 읽는다. '皆尸位素餐'을 직역(直譯)하면, 모두 시동(尸童)의 자리에 (있는) 흰 (밥과) 반찬을 (먹기만 하니). 즉, 오로지 벼슬아치가 하는 일없이 자리만 차지하고 국록(國祿)을 받아먹는 처지라는 뜻이다. 여기서, '尸位素餐'이 유래하였는데, 이것을 직역(直譯)하면, 시동(尸童)의 자리에 (있는) 흰 (밥과) 반찬. 즉, 시동(尸童)의 자리에서 공짜 밥을 먹는다는 뜻으로, ①벼슬아치가, 직책을 다하지 못하면서 또는 하는 일없이 자리만 차지하고 국록(國祿. 나라에서 주는 녹봉・祿俸. 즉, 벼슬아치에게 연봉・年俸으로 주는 곡식, 피륙, 돈 따위를 통틀어 이르는 말)을 받아먹는 것. ②자기능력이나 분수(分數. 자기 신분에 맞는 한도. 또는 사람으로서 일정하게 이를 수 있는 한계)에 맞지 않는 높은 자리에 앉아, 하는 일 없이 놀고먹는 것을 비유적으로 이르는 말이다. 그런데 어떤 자료에는 '시위소찬(尸位素餐)'에 대하여 다음과 같이 설명하고 있다. 시위소찬(尸位素餐)에서 '소(素)'는 '공(空)'과 같다. 여기서는 '텅 비어 있다'는 뜻이다. 관료들 다시 말하면 정치 지도자나 벼슬아치들은 텅 빈 머리로 헛소리나 지껄인다. 덕망(德望. 세상 사람이 우러러 믿고 따르는, 어질고 착한 행실로 얻은 좋은 평판)도 없다. 봉록(俸祿)만 축낸다. 때문에 '소찬(素餐)'이라 부른다. 또한 그들은 도덕(道德)

이나 기예(氣銳. <u>기백이 날카로움</u>)가 부족하고 정치에 밝지 못해, 나라를 위한 어떤 정책이나 의견도 제시할 수 없다. 아무런 쓸모가 없는 벼슬아치들이다. 거의 시체(屍體)와 다를 바 없다. 그래서 '시위(尸位)'라고 부른다. 직책을 다하지 못하면서 자리만 차지하고 봉록만 받아먹는 사람들이다. '孔子所謂鄙夫不可與事君'에서, '孔'은 성씨(姓氏) '공'으로 읽고, '子'는 경칭(敬稱. <u>공경하는 뜻으로 부르는 칭호, 또는 존대하여 일컬음</u>) '자'로 읽는다. 학덕(學德)과 지위가 높은 남자의 경칭(敬稱)이다. '孔子'는 사람 이름. '所'는 바(<u>앞에서 말한 내용 그 자체나 일 따위를 나타내는 말</u>) '소'로 읽고, '謂'는 일컬을 '위'로 읽는다. '所謂'는 '이른바'와 같은 말로, 세상에서 말하는 바. '鄙'는 더러울 '비'로 읽고, '夫'는 사내(<u>'사나이'의 준말</u>) '부'로 읽는다. '鄙夫'는 마음씨가 더럽고 못된 남자. '不'은 아닐(<u>부정하는 말</u>) '불'로 읽고, '可'는 가히(可~. <u>'능히', '넉넉히'의 뜻을 나타냄</u>) '가'로 읽고, '與'는 더불어 '여'로 읽고, '事'는, 여기서는 섬길 '사'로 읽고, '君'은 임금 '군'으로 읽는다. '孔子所謂鄙夫不可與事君'을 직역(直譯)하면, (이것은) 공자(孔子)가 이른바 마음씨가 더럽고 못된 남자는 더불어 임금을 가히 섬길 수 없다는 (것이고), '苟患失之亡所不至者也'에서, '苟'는 진실로 '구'로 읽고, '患'은 근심할 '환'으로 읽고, '失'은 잃을 '실'로 읽는다. 여기서는 총애(寵愛)를 잃는 것이다. '之'는 어조사 '지'로 읽는다. '그것'을 나타내는 지시 대명사. '亡'은, 여기서는 없을 '무'로 읽는다. '無'와 같은 뜻. '所'는 바(<u>앞에서 말한 내용 그 자체나 일 따위를 나타내는 말</u>) '소'로 읽고, '不'은 아닐(<u>부정하는 말</u>) '부'로 읽고, '至'는 이를(<u>어떤 정도나 범위에 미칠</u>) '지'로 읽고, '者'는 것(<u>사물, 현상, 일 따위를 추상적으로 이르는 말</u>) '자'로 읽고, '也'는 어조사 '야'로 읽는다. '~이다(<u>단정</u>)'의 뜻을 나타냄. '苟患失之亡所不至者也'를 직역(直譯)하면, 진실로 그것(총애)을 잃을까 근심하면 이르지 않는 바의 것이 없다는 (것입니다). 즉, <u>참으로 총애(寵愛)를 잃을까 걱정한다면 못하는 짓이 없다는 뜻이다.</u>

시의-적절(時宜適切 때 **시**/알맞을 **의**/알맞을 **적**/끊을 **절**) (그) 때 (당시의) 알맞음이 끊은 (듯이 꼭) 알맞다는 뜻으로, 그 당시(當時. <u>일이 있었던 바로 그때. 또는 이야기하고 있는 그 시기</u>)의 사정이나 요구에 아주 알맞음을 이르는 말. *시의(時宜): 그 당시의 사정에 알맞음. 또는 그런 요구. *적절(適切): 꼭 알맞음.

시-이-불-견(視而不見 볼 **시**/말 이을 **이**/아닐 **불**/볼 **견**) 보아도 보이지 아니한다는 뜻으로, (마음이 딴 곳에 있으면) 보고 있어도 그것이 눈에 들어오지 아니함. 즉, 시선(視線. <u>눈이 가는 길. 또는 눈의 방향</u>)은 대상(對象. <u>어떤 일의 상대 또는 목표나 목적이 되는 것</u>)을 향하고 있지만 마음이 딴 곳에 있어, 그것이 눈에 들어오지 않음을 이르는 말. =시이불시(視而不視). 참 시약불견(視若不見).

시-이-불공(恃而不恐 믿을 **시**/말 이을 **이**/아닐 **불**/두려워할 **공**) 믿어 두려워하지 않는다는 뜻으로, 믿는 곳이 있어서 두려워하지 않음을 이르는 말. *불공(不恐): 두려워하지 않음. *두려워하다: 부록 '공(恐)' 참고.

시-이-불-시(視而不視 볼 **시**/말 이을 **이**/아닐 **불**/볼 **시**) 보아도 보이지 아니한다는 뜻으로, (마음이 딴 곳에 있으면) 보고 있어도 그것이 눈에 들어오지 아니함. 즉, 시선(視線)은 대상(對象)을 향하고 있지만, 마음이 딴 곳에 있어, 그것이 눈에 들어오지 않음을 이르는 말. =시이불견(視而不見). 참 시약불견(視若不見).

시-이-사-왕(時移事往 때 **시**/옮길 **이**/일 **사**/갈 **왕**) 때는 옮겨지고 일은 지나간다. 즉, 때가 바뀌면 사물도 변한다는 뜻으로, 세월(歲月)이 흐르면 사물(事物)도 변함을 이르는 말. =시이사변(時移事變).

시-자-조슬(視子蚤蝨·虱 볼 **시**/당신 **자**/벼룩 **조**/이 **슬**) 당신이(그대가) 벼룩[蚤]이나 이[蝨·虱]로 보인다. 즉, 큰 인물(人物)을 본 후 작은 인물(人物)을 보면 벼룩[蚤]이나 이[蝨·虱]처럼 작아 보인다는 뜻으로, 자신(自身)의 지위(地位. 개인의 사회적 신분에 따르는 위치나 자리)가 위태로워질까 봐, 혹은 자신(自身)의 영달(榮達. 높은 지위에 오르고 귀하게 됨)에 눈이 멀어 훌륭한 인물(人物)을 발탁(拔擢. 많은 사람 가운데서 특별히 사람을 뽑아 씀)하지 않는 것을 비유적으로 이르는 말. *조슬(蚤蝨·虱): 벼룩[蚤]과 이[蝨·虱]를 아울러 이르는 말. *벼룩: 부록 '조(蚤)' 참고. *이: 부록 '슬(蝨·虱)' 참고. 이 사자성어의 유래는 다음과 같다. 『한비자(韓非子)』의 「설림(說林) 상(上)」 편(篇)에, 《(전국 시대 송·宋나라 대부·大夫. 벼슬 이름)인 자어(子圉)가 (중국 춘추시대의 사상가이며 학자인) 공자(孔子)와 송(宋)나라의 태재(太宰. '재상·宰相'에 해당되는 벼슬)를 만나도록 주선했다. 여기서, '재상(宰相)'은 임금을 보필하며 모든 관원을 지휘, 감독하는 자리에 있는 이품(二品) 이상의 벼슬을 통틀어 이르던 말. 공자(孔子)가 돌아가자, 자어(子圉)가 들어가서 태재(太宰)에게 공자(孔子)를 만난 소감을 물었다. 태재(太宰)가 말했다. "공자(孔子)를 만난 뒤에 그대('자어·子圉'를 가리킴)를 보니 마치 벼룩이나 이처럼 작아 보이오. 내 이제 왕을 뵙도록 주선하겠소."(子圉見孔子於商太宰, 孔子出, 子圉入, 請問客, 太宰曰, 吾已見孔子 **則視子猶蚤虱之細者也**, 吾今見之於君.)》[자어(子圉)는 공자(孔子)가 왕(王)에게 귀히 쓰일까 봐 두려워하여 태재(太宰)에게 말했다. 즉, 자어(子圉)는 공자(孔子)가 왕에게 잘 보이면 자신이 중용(重用. 중요한 자리에 임명하여 부림)되지 못할 것을 두려워하여 태재(太宰)에게 한 마디 했다는 뜻이다. "왕이 공자(孔子)를 뵙고 나면 그대('태재·太宰'를 가리킴)를 볼 때도 벼룩이나 이처럼 보일 것입니다." 이 말에는 이런 뜻이 담겨 있다. 만약 태재(太宰)께서 공자(孔子)와 왕의 만남을 주선한다면 좋지 않은 결과가 생길 것이다. 그 이유는 왕께서 공자(孔子)를 만난 후 태재(太宰)를 본다면 마찬가지로 벼룩이나 이처럼 보일 것이기 때문이라는 뜻으로 말한 것이다. 태재(太宰)가 그 말을 듣고 공자(孔子)가 왕을 뵙도록 주선(周旋. 일이 잘 되도록 여러 가지 방법으로 힘씀)하지 않았다. 즉, 태재(太宰) 역시 공자(孔子)가 왕에게 잘 보이면 자신이 중용(重用)되지 못할 것을 두려워하였기 때문에 공자(孔子)를 만나지 않았고, 공자(孔子)가 왕을 뵙는 것도 주선(周旋)하지 않았다는 것이다. 결국 공자(孔子)가 자신의 뜻을 제대로 펼쳐보지 못한 것은 자어(子圉), 태재(太宰) 등(等)의 사람들이 친 장막(帳幕. 안을 보지 못하게 둘러치는 막, 또는 그러한 조처) 때문이라고 볼 수 있다.]라는 이야기가 나오는데, '그대를 보니 마치 벼룩이나 이처럼 작아 보이오.(則視子猶蚤虱之細者也)'에서, '시자조슬(視子蚤蝨·虱)'이 유래했다. 이 이야기의 배경은 이렇다. 춘추시대에, 뛰어난 인품(人品. 사람의 품격, 또는 사람의 됨됨이)과 덕망(德望. 세상 사람이 우러러 믿고 따르는. 어질고 착한 행실로 얻은 좋은 평판), 학식(學識)으로 천하(天下)에 명성(名聲. 세상에 널리 퍼져 평판 높은 이름)을 떨치고 있던 공자(孔子)가 있었다. 당시(當時. 일이 있었던 바로 그때. 또는 이야기하고 있는 그 시기) 여러 나라에서 공자(孔子)의 명성(名聲)을 흠모(欽慕. 기쁜 마음으로 공경하며 사모함)하여 그를 초빙(招聘. 예를 갖추어 불러 맞아들임)해서 가르침을 받는 것은 아주 흔한 일이었다. 그런데 천하(天下)에 명성(名聲)을 떨친 위대한 성인(聖人. 지혜와 덕이 매우 뛰어나 길이 우러러 본받을 만한 사람)이었지만, 궁극적으로는 나라마다 자어(子圉)와 태재(太宰) 같은 높은 직책의 벼슬아치들이 시자조슬(視子蚤蝨·虱)을 서슴지 않고 행하였기 때문에, 공자(孔子)는 어느 한 나라에 오래 정착(定着. 일정한 곳에 자리를 잡아 붙박이로 있거나 머물러 삶), 중용(重用. 중요한 자리에 임명하여 부림) 되지 못하고 중원(中原. 중국 황허강 중류의 남부 지역. 흔히 한때 군웅·群雄이 할거·割據했던 중국의 중심부나 중국 땅을 일컬음)의 각지(各地)를 떠돌며 유랑생활(流浪生活. 정처 없이 떠돌아다니며 사는 일)을 해야만 했던 것이다. 참으로 안타까운 일이 아닐 수 없다. 어느 때나 시자조슬(視子蚤蝨·虱)로 인재(人材. 어떤 일을 할 수 있는 학식이나 능력을 갖춘 사람)가 등용(登用. 인재를 뽑아서 씀)되지 못하는 것은 윗사람의 안목(眼目. 사물을 보아서 분별할 수 있는 식견. 또는 사물의 가치를 판별할 수 있는 능력)이 부족한 탓일 수도 있고, 그를 시기하는 주변의 간신배(奸臣輩. 간사한 신하의 무리)나 협량(狹量. 도량이 좁음) 한 소인배(小人輩. 마음 씀씀이가 좁고 간사한 사람들이나 그 무리)들로 인해 중용(重用. 중요한 자리에 임명하여 씀)될 기회가 원천적으로 차단되기 때문일 수도 있다. 그런데 이 시자조슬(視子蚤蝨·虱)은 중국의 전국(戰國) 시대에만 존재했던 것이 아니고, 오늘날 우리나라에도 관료(官僚. 같은 관직에 있는 동료) 사회나 조직, 집단에서 충분히 있을 수 있는 일이어서 우리에게 시사(示唆. 어떤 것을 미리 간접적으로 표현해 줌)하는 바가 크다고 하겠다. 참고로, 원문의 '子圉見孔子於商太宰'에서, '子'는 아들 '자'로 읽고 '圉'는 마부(馬夫. 말을 부려 마차나 수레를 모는 사람) '어'로 읽는다. '子圉'는 사람 이름. '見'은 볼 '견'으로 읽고, '孔'은 성씨(姓氏) '공'으로 읽고, '子'는 여기서는 경칭(敬稱. 공경하는 뜻으로 부르는 칭호. 또는 존대하여 일컬음) '자'로 읽는다. 학덕(學德)과 지위가 높은 남자의 경칭(敬稱)이다. '孔子'는 사람 이름. '於'는 어조사 '어'로 읽는다. '~와', '~과(접속)'의 뜻을 나타냄. '商'은 나라 이름 '상'으로 읽고, '太'는 클 '태'로 읽고, '宰'는 재상(宰相. 벼슬 이름) '재'로 읽는다. '商太宰'는 송(宋)나라 태재(太宰)를 가리킨다. 송(宋)나라는 옛날 상(商)나라 땅이므로, 송(宋)나라를 가리킬 때 상(商)이라고도 하였다. 태재(太宰)는 옛 중국의 으뜸(중요한 정도로 본, 어떤 사물의 첫째를 이르는 말) 벼슬을 이르는 말. 재상 (宰相) 벼슬에 해당됨. '子圉見孔子於商太宰'를 직역(直譯)하면, 자어(子圉)가 공자(孔子)와 송(宋)나라 태재(太宰)를 (만나) 보도록 (했다). '孔子出'에서, '出'은 날 '출'로 읽는다. '孔子出'을 직역(直譯)하면, 공자(孔子)가 나가고, '子圉入'에서, '入'은 들 '입'으로 읽는다. '子圉入'을 직역(直譯)하면, 자어(子圉)가 들어와, '請問客'에서, '請'은 청할 '청'으로 읽고, '問'은 물을 '문'으로 읽고, '客'은 손(손님) '객'으로 읽는 다. 여기서는 '공자(孔子)'를 가리킴. '請問客'을 직역(直譯)하면, (태재에게) 그 손님('공자·孔子'를 가리 킴)에 대하여 청하여 물으니, '太宰曰'에서, '太宰曰'을 직역(直譯)하면, 태재(太宰)가 말하기를, '吾已見孔 子'에서, '吾'는 나(1인칭 대명사) '오'로 읽고, '已'는 이미(돌이킬 수 없이 된 지난 일을 일컬을 때 쓰는 말) '이'로 읽는다. '吾已見孔子'를 직역(直譯)하면, 나는 이미 공자(孔子)를 (만나) 보았다. '則視子猶蚤虱 之細者也'에서, '則'은 곧 '즉'으로 읽고, '視'는 볼 '시'로 읽고, '子'는 당신 '자' 자네 '자'로 읽고, '猶'는 오히려 '유'로 읽고, '蚤'는 벼룩 '조'로 읽고, '슬(虱)'은 이 '슬'로 읽는다. '슬(蝨)'과 같은 글자이다. '之'는 어조사 '지'로 읽는다. '~의'를 나타내는 관형격 조사. '細'는 가늘 '새', 작을 '새'로 읽고, '者'는 것(사물, 현상, 일 따위를 추상적으로 이르는 말) '자'로 읽고, '也'는 어조사 '야'로 읽는다. '~이다(단정)'의 뜻을 나타냄. '則視子猶蚤虱之細者也'를 직역(直譯)하면, (그리고) 곧 당신을 보니 오히려 벼룩과 이[虱]의 작 은 것(처럼) 보인다. 즉, 벼룩과 이처럼 작게 보인다. 큰 인물을 본 뒤 작은 인물을 보면, 작은 인물이 하찮게 느껴진다는 뜻이다. 여기서, '視子蚤蝨·虱'이 유래하였는데, 이것을 직역(直譯)하면, 당신이(그대 가) 벼룩[蚤]이나 이[蝨·虱]로 보인다. 즉, 큰 인물(人物)을 본 후 작은 인물(人物)을 보면 벼룩[蚤]이나 이[蝨·虱]처럼 작아 보인다는 뜻으로, 자신(自身)의 지위(地位)가 위태로워질까 봐, 혹은 자신(自身)의 영달(榮達. 높은 지위에 오르고 귀하게 됨)에 눈이 멀어 훌륭한 인물(人物)을 발탁(拔擢. 많은 사람 가운데서 특별히 사람을 뽑아 씀)하지 않는 것을 비유적으로 이르는 말. '吾今見之於君'에서, '吾'는 나(1인칭 대명사) '오'로 읽고, '今'은 이제 '금', 지금 '금'으로 읽고, '見'은 볼 '견'으로 읽고, '之'는 어조사 '지'로 읽는다. 여기서는 '그것'을 나타내는 지시 대명사. '於'는 어조사 '어'로 읽는다. '~에게(위치)'의 뜻을 나타냄. '君'은 임금 '군'으로 읽는다. '吾今見之於君'을 직역(直譯)하면, 내('태재·太宰'를 가리킴)가 이제 임금에게 그것('자어·子圉'를 가리킴)을 보여 주겠소. 즉, 내가 이제 당신('자어·子圉'를 가리킴)이 임금을 뵙도록 주선(周旋. 일이 잘되도록 여러 모로 두루 힘씀)하겠다는 뜻이다.

시-재-시-재(時哉時哉 때 **시**/어조사 **재**/때 **시**/어조사 **재**) (좋은) 때고, (좋은) 때라는 뜻으로, 좋은 때가 오거나 좋은 때를 만나 기뻐하여 감탄(感歎·嘆)할 때에 하는 말. =시호시호(時乎時乎). *어조사(語助辭): 부록 '재(哉)' 참고.

시적-공상(詩的空想 시 **시**/접미사 **적**/쓸데없을 **공**/생각할 **상**) 시적(詩的)인, 쓸데없는 생각이라는 뜻으로, 현실(現實)과 동떨어진 아름다운 공상(空想)을 비유적으로 이르는 말. *시적(詩的): ①관 사물이 시(詩)의 정취(情趣. 정감을 불러일으키는 흥취)를 가지는. ②명 사물이 시(詩)의 정취를 가지는 것. *공상(空想): (실행할 수 없거나 실현될 수 없는) 헛된 생각을 함. 또는 그런 생각.

시절가-조(時節歌調 때 **시**/철 **절**/노래 **가**/가락 **조**) (일정한) 때나 철에 (맞추어 부르는) 노래에 가락을 (붙인 것). 즉, 조선 시대에 확립된 3장 형식의 정형시(定型詩)에 반주(伴奏. 성악이나 기악의 연주에 맞추어 다른 악기로 보조적으로 연주하는 일) 없이 일정한 가락을 얹어 느릿하게 부르는 노래를 이르는 말. 조선 영조(英祖) 때 유명한 가객(歌客. 시조 따위를 잘 짓거나 창·唱을 잘하는 사람)인 이세춘(李世春)이 지은 말로, 그 시절에 유행하는 노래의 곡조(曲調. 음악이나 가사의 가락)라는 뜻이다. *시절가(時節歌): '시조(時調)'와 같은 뜻. 조선 시대에 확립된 3장(章) 형식의 정형시(定型詩)에 반주(伴奏) 없이 일정한 가락을 붙여 부르는 노래를 이르는 말. 조선 영조(英祖) 때 가객(歌客)인 이세춘(李世春)이 만든 것이다. *철: 자연 현상에 따라 한 해를 네 시기로 나눈 중의 한 시기. =계절(季節). 시절(時節). *가락: 소리의 고저장단(高低長短). 또는 고저장단(高低長短)이 이루는 조화.

시정-무뢰(市井無賴 저자 **시**/우물 **정**/없을 **무**/의지할 **뢰**) 저자(시장)나 우물에서, (아무에게나) 의지(依支)함이 없이 (행동한다)는 뜻으로, 펀둥펀둥(아무 일도 하지 않고 자꾸 뻔뻔스럽게 놀기만 하는 모양) 놀면서 방탕(放蕩)한 생활을 하며 시중(市中. 시내·市內의 안, 또는 도시·都市의 안)에 떠돌아다니는 점잖지 못한 무리를 이르는 말. =시정잡배(市井雜輩). *시정(市井): 인가(人家. 사람이 사는 집)가 많이 모인 곳을 이르는 말. 중국 상대(上代. 아주 오랜 옛날의 시대)에 우물이 있는 곳에 사람이 모여 살았다는 데서 유래한다. *무뢰(無賴): 성품이 막되어 예의와 염치를 모르며 함부로 행동하는 사람. *저자: 부록 '시(市)' 참고. *우물: 부록 '정(井)' 참고.

시정-잡배(市井雜輩 저자 **시**/우물 **정**/섞일 **잡**/무리 **배**) 저자(시장)나 우물에서 섞여 있는 무리라는 뜻으로, 시정(市井)의 부랑배(浮浪輩. 일정한 거처나 직업이 없이 떠돌아다니는 무리). 즉, 펀둥펀둥(아무 일도 하지 않고 자꾸 뻔뻔스럽게 놀기만 하는 모양) 놀면서 방탕(放蕩. 주색잡기·酒色雜技에 빠져 행실이 좋지 못함)한 생활을 하며 시중(市中. 시내·市內의 안, 또는 도시·都市의 안)에 떠돌아다니는, 점잖지 못하는 무리를 이르는 말. =시정무뢰(市井無賴). *시정(市井): ☞시정무뢰(市井無賴). *잡배(雜輩): 잡된 무리. *저자: 부록 ‘시(市)’ 참고. *우물: 부록 ‘정(井)’ 참고. *무리: 부록 ‘배(輩)’ 참고.

시정-지-리(市井之利 저자 **시**/우물 **정**/어조사 **지**/이로울 **리**) 저자(시장·市場)나 우물에서의 이로움이라는 뜻으로, 시중(市中)의 이익(利益)을 이르는 말. *시정(市井): ☞시정무뢰(市井無賴). *저자: 부록 ‘시(市)’ 참고. *우물: 부록 ‘정(井)’ 참고. *이롭다: 부록 ‘리(利)’ 참고.

시종-여일(始終如一 처음 **시**/마칠 **종**/같을 **여**/한 **일**) 처음과 마침이 한 (가지로) 같다는 뜻으로, 처음부터 끝까지 변함없이 한결같음을 이르는 말. =종시여일(終始如一). *시종(始終): 몡 ①처음과 끝. =시말(始末). ②처음부터 끝까지 한결같이 함. 閈 처음부터 끝까지. *여일(如一): 한결같음.

시종-일관(始終一貫 처음 **시**/마칠 **종**/한 **일**/꿰뚫을 **관**) 처음과 마침이 한 (가지로) 꿰뚫는다. 즉, 시작부터 끝까지 한결같이 한다는 뜻으로, 처음부터 끝까지 똑같은 방침이나 태도로 나감. 즉, 일 따위를 처음부터 끝까지를 한결같이 함을 이르는 말. =수미일관(首尾一貫). 종시일관(終始一貫). *시종(始終): ☞시종여일(始終如一). *일관(一貫): =일이관지(一以貫之). ①하나의 방법이나 태도로써 처음부터 끝까지 한결같음. ②모든 것을 하나의 원리로 꿰뚫어 이야기함. *꿰뚫다: ①꿰어서 뚫다. ②일을 속속들이 잘 알다.

시주-걸립(施主乞粒 베풀 **시**/주될 **주**/빌 **걸**/낟알 **립**) 주된 (곳에) 베풀기 (위하여) 낟알을 빌다는 뜻으로, 중(승려)이 시주(施主)의 곡식이나 돈을 얻으려고 집집마다 문(門) 앞에서 청(請)하는 일을 이르는 말. *시주(施主): 자비심으로 조건 없이 절이나 중(승려)에게 물건을 베풀어 주는 일. 또는 그런 일을 하는 사람. *걸립(乞粒): ①무당이 굿할 때 위(爲)하는, 낮은 급(級)의 귀신. 여기서 ‘무당’은 귀신을 섬겨 길흉(吉凶)을 점치고 굿을 하는 것을 직업으로 하는 사람을 이르는 말. 주로 여자를 일컫는다. 남자는 ‘박수(순우리말. 남자 무당)’라고 일컫는다. 이것은 원래는 순우리말이나 한자(漢字)을 빌려 ‘巫堂’으로 적기도 한다. ②동네의 경비(經費)를 마련하기 위하여, 무리를 지어 집집마다 다니며 풍악(風樂. 우리나라 고유의 옛 음악)을 울리고 전곡(錢穀. 돈과 곡식)을 얻는 일. 또는 그 일행. ③(불사·佛事에 경비·經費가 필요할 때) 중(승려)들이 집집을 돌아다니며 전곡(錢穀)을 탁발(托鉢: 중이 경문·經文을 외면서 집집이 다니며 동냥하는 일)하는 일. 또는 그 일행. *베풀다: 부록 ‘시(施)’ 참고. *빌다: 부록 ‘걸(乞)’ 참고. *낟알: 부록 ‘립(粒)’ 참고.

시진-회멸(澌盡灰滅 물 잦을 **시**/다할 **진**/재 **회**/없어질 **멸**) 물 잦듯이 다하고 (타고 남은) 재마저 없어지다는 뜻으로, 사물이 다하여 흔적도 없이 없어짐을 비유적으로 이르는 말. *시진(澌盡): 기운이 빠져 없어짐. 여기서, ‘기운’은 순우리말로, 생물이 살아 움직이는 원기(元氣). 또는 거기서 나오는 힘. *회멸(灰滅): 타서 없어짐. *물 잦다: 부록 ‘시(澌)’ 참고. *다하다: 부록 ‘진(盡)’ 참고. *재: 부록 ‘회(灰)’ 참고.

시한-폭탄(時限爆彈 때 **시**/한정 **한**/폭발할 **폭**/탄알 **탄**) 한정(限定)이 된 때에 폭발(爆發)하는 탄알이라는 뜻으로, 일정한 시간이 지나면 저절로 폭발(爆發)하도록 장치(裝置)한 폭탄(爆彈)을 이르는 말. *시한(時限): 어떤 일을 하는 데의 시간의 한계. *폭탄(爆彈): 금속 용기에 폭약을 채워 던지거나, 쏘거나, 투하(投下. 던져 아래로 떨어뜨림)하여 인명(人命. 사람의 목숨)을 살상(殺傷. 죽이거나 상처를 입힘)하거나 구조물을 파괴하는 병기(兵器. 전투에 쓰는 여러 가지 기구를 통틀어 이르는 말)를 이르는 말. *한정(限定): 부록 ‘한(限)’ 참고. *폭발하다(爆發~): 부록 ‘폭(爆)’ 참고. *탄알(彈~): 부록 ‘탄(彈)’ 참고.

시행-착오(試行錯誤 시험할 **시**/행할 **행**/어긋날 **착**/그르칠 **오**) 시험(試驗)하여 행(行)함이 어긋나고 그르치게 (된다는) 뜻으로, 학습 양식의 한 가지로, 학습자(學習者)가 목표에 도달하는 확실한 방법을 모르는 채 본능, 습관 따위에 의하여 시행(試行)과 착오(錯誤)를 되풀이하다가, 우연히 성공한 동작을 계속함으로써 점차 시간을 절약하여 목표(目標)에 도달할 수 있게 된다는 원리(原理)를 이르는 말. 손다이크(Thorndike)가 발견한 학습 원리의 하나이다. *시행(試行): 시험적으로 행함. *착오(錯誤): ①착각으로 말미암은 잘못. ②사실과 생각하고 있는 바가 일치하지 않는 일. *시험하다(試驗~): 부록 '시(試)' 참고. *행하다(行~): (작정한 대로) 하여 나가다. *어긋나다: ①서로 꼭 맞지 아니하다. ②(사실이나 도리에) 맞지 않고 틀리다. *그르치다: 부록 '오(誤)' 참고.

시험-지옥(試驗地獄 시험할 **시**/시험할 **험**/땅 **지**/감옥 **옥**) 시험과 시험은 땅의 감옥(지옥)이라는 뜻으로, 응시자가 잦은 시험이나 지나친 경쟁에 의하여 큰 고통을 느끼며 시험을 치러야 하는 처지나 현실을 지옥(地獄)에 비유(比·譬喩. <u>어떤 사물의 모양이나 상태 따위를 보다 효과적으로 표현하기 위하여 그것과 비슷한 다른 사물에 빗대어 표현함. 또는 그 표현 방법</u>)하여 이르는 말. 주로 입학시험의 경쟁이 심하여, 합격이 힘들어진 데서 나온 말이다. *시험(試驗): ①지식수준이나 기술의 숙달 정도 따위를, 문제를 내거나 실제로 시키거나 하는 일정한 절차에 따라 알아봄. =고시(考試). ②어떤 사물의 기능, 능력, 성능 따위를 실지로 경험하여 봄. *지옥(地獄): ①불교에서, 이승(<u>지금 살고 있는 이 세상</u>)에서 악업(惡業)을 지은 사람이 죽어서 간다고 하는, 온갖 고통으로 가득 찬 세계. ↔극락(極樂). 여기서, '악업(惡業)'은 불교에서 이르는, 고과(苦果. <u>불교에서, 고뇌를 받는 과보·果報. 또는 악업·惡業의 과보·果報로 받는 고뇌. 여기서, '과보·果報'는 인과응보·因果應報의 준말</u>)를 가져오는 원인이 되는 나쁜 짓 또는 전생(前生. <u>이 세상에 태어나기 전의 세상</u>)의 나쁜 짓. ↔선업(善業). ②못 견딜 만큼 괴롭고 참담한 형편이나 환경을 비유적으로 이르는 말. *시험하다(試驗~): 부록 '시(試)' 참고. *감옥(監獄): 죄인(罪人)을 가두어 두는 곳. 한때 형무소(刑務所)라고 부르다가 현재 교도소(矯導所)로 고쳤다.

시-호-시-호(時乎時乎 때 **시**/어조사 **호**/때 **시**/어조사 **호**) (좋은) 때고 (좋은) 때라는 뜻으로, 좋은 때가 오거나 좋은 때를 만나 기뻐하여 감탄(感歎·嘆)할 때에 하는 말. =시재시재(時哉時哉). *어조사(語助辭): 부록 '호(乎)' 참고.

시-화-세풍(時和歲豊 때 **시**/순할 **화**/해 **세**/풍년들 **풍**) 때가 순(順)하고 (그) 해에 풍년(豊年. <u>곡식이 잘 자라고 잘 여물어 평년보다 수확이 많은 해</u>)이 들었다. 즉, 나라가 태평하고 곡식이 풍년 들었다는 뜻으로, 나라가 태평(太·泰平)하고 풍년(豊年)이 듦을 이르는 말. =시화연풍(時和年豊). *세풍(歲豊): =연풍(年豊). 즉, 풍년(豊年)이 듦. *순하다(順~): ①성질이 부드럽다. ②맛이 독하지 않다. *해: 부록 '세(歲)' 참고.

시-화-연풍(時和年豊 때 **시**/순할 **화**/해 **연**/풍성할 **풍**) 때가 순(順)하고 (그) 해[年]가 풍성(豊盛. <u>넉넉하고 많음</u>)하다. 즉, 나라가 태평하고 곡식이 풍년 들었다는 뜻으로, 나라가 태평(太·泰平)하고 풍년(豊年. <u>곡식이 잘 자라고 잘 여물어 평년보다 수확이 많은 해</u>)이 듦을 이르는 말. =시화세풍(時和歲豊). *연풍(年豊): 풍년이 듦. *순하다(順~): ☞시화세풍(時和歲豊).

식-국-지-록(食國之祿 먹을 **식**/나라 **국**/어조사 **지**/녹 **록**) 나라의 녹(祿)을 먹음(받아먹음). =식군지록(食君之祿). *녹(祿): 부록 '록' 참고.

식-군-지-록(食君之祿 먹을 **식**/임금 **군**/어조사 **지**/녹 **록**) 임금의 녹(祿)을 먹는다는 뜻으로, 나라의 녹(祿)을 받아먹음을 이르는 말. =식국지록(食國之祿). *녹(祿): 부록 '록' 참고.

식록-지-신(食祿之臣 먹을 **식**/녹 **록**/어조사 **지**/신하 **신**) 나라의 녹(祿)을 먹는 신하(臣下). *식록(食祿): ①=녹봉(祿俸). 즉, 벼슬아치들에게 연봉(年俸. 1년을 단위로 정한 봉급)으로 주는 곡식, 피륙, 돈 따위를 통틀어 이르는 말. ②녹(祿)을 받아 생활을 함. *녹(祿): 부록 '록(祿)' 참고.

식-불-감-미(食不甘味 먹을 **식**/아닐 **불**/달 **감**/맛 **미**) (근심 걱정으로) 먹어도 맛이 달지 아니한다는 뜻으로, 근심과 걱정으로, 음식을 먹어도 맛이 없음을 비유적으로 이르는 말.

식-불-이-미(食不二味 먹을 **식**/아닐 **불**/두 **이**/맛 **미**) 두 (가지) 맛이 (나도록 차려) 먹지 아니하다. 즉, 한끼 밥상에 반찬을 두 가지 이상 올려놓지 않는다는 뜻으로, 검약(儉約. 낭비하지 않고 검소하며 절약함)함을 이르는 말.

식-소-사번(食少事煩 먹을 **식**/적을 **소**/일 **사**/번거로울 **번**) 먹는 (것은) 적은데, 일은 번거롭다. 즉, 먹을 것이 없이 일만 바쁘다는 뜻으로, ①생기는 소득은 적은데 하는 일은 많음을 이르는 말. ②자기 몸을 돌보지 않고 바쁘게 일하는 것을 이르는 말. 중국 삼국 시대 위(魏)나라의 사마의(司馬懿)가 제갈량(諸葛亮)을 두고 한 말에서 유래한다. =식소사분(食少事奔). *사번(事煩): 일이 많고 번거로움. *번거롭다: 부록 '번(煩)' 참고. 이 사자성어의 유래는 다음과 같다. 『삼국연의(三國演義)』의 「제103회」 편(篇)에 〈사마의(司馬懿)가 (촉·蜀의 사자·使者에게) 물었다. "공명(孔明)(제갈공명·諸葛孔明)의 침식(寢食)과 업무는 번잡하오? 아니면 간단하오?" 사자(使者)가 대답했다. "승상(丞相. '제갈공명·諸葛孔明'을 가리킴)은 새벽 일찍 일어나고 밤늦게 잠을 주무십니다. 그리고 벌(罰) 20대 이상은 직접 살피십니다. 먹는 것은 하루에 몇 되를 넘기지 않습니다." 사마의(司馬懿)가 제장(諸將. 여러 장수)들을 돌아보며 말했다. "제갈공명(諸葛孔明)이 먹는 것은 적고, 일은 번다(煩多. 번거롭게 많음)하니 어찌 오래 지탱할 수 있겠는가?"(懿問曰. 孔明寢食及事之煩簡若何. 使者曰. 丞相夙興夜寐. 罰二十以上皆親覽焉. 所啖之食. 日不過數升. 懿顧謂諸將曰. **孔明食少事煩**. 其能久乎.)〉라는 이야기가 나오는데, '제갈공명(諸葛孔明)이 먹는 것은 적고, 일은 번다(煩多)하니.(孔明食少事煩)'에서, '식소사번(食少事煩)'이 유래했다. 위의 이야기는 서기 234년 제갈량(諸葛亮)이 10만 대군을 이끌고 위(魏)나라의 사마중달(司馬仲達)과 오장원(五丈原)에서 대치(對峙. 서로 마주 대하여 버팀)하던 때에 일어난 일이다. 사마의(司馬懿)는 사마중달(司馬仲達)과 동일인이다. 결국 제갈량(諸葛亮)은 식소사번(食少事煩)에다가 신병(身病. 몸의 병)이었던 결핵이 도져 54세의 나이로 오장원(五丈原)에서 죽었다. 나머지 구체적인 내용은 ⇨숙흥야매(夙興夜寐).

식-소-사-분(食少事奔 먹을 **식**/적을 **소**/일 **사**/분주할 **분**) 먹는 것은 적은데, (할) 일은 (많아) 분주(奔走)하다는 뜻으로, 자기 몸을 돌보지 않고 바쁘게 일하는 것을 비유적으로 이르는 말. =식소사번(食少事煩). *분주하다(奔走~): 몹시 바쁘게 뛰어다니다.

식-송-망-정(植松望亭 심을 **식**/솔 **송**/바랄 **망**/정자 **정**) 솔(소나무)을 심어 정자(亭子)가 (되기를) 바란다는 뜻으로, (어린 소나무를 심어 그것이 정자·亭子를 짓는 재료가 되기까지에는 많은 시간이 걸리기 때문에) 앞날의 성공(成功)이 까마득함을 비유적으로 이르는 말이 되었음.

식욕-부진(食慾不振 먹을 **식**/하고자할 **욕**/아닐 **부**/떨칠 **진**) 먹고자 하는 (욕구가) 떨치지 아니 한다. 즉, 부진(不振)하다는 뜻으로, 끼니때(끼니를 먹을 때)가 되어도 음식을 먹고 싶어 하는 욕망(慾望)이 줄어듦. 또는 그런 상태나 증상(症狀. 병을 앓을 때에 나타나는 여러 가지 상태나 모양)을 이르는 말. *식욕(食慾): 음식을 먹고 싶어 하는 욕구. *부진(不振): 세력(勢力)이나 성적(成績) 또는 활동(活動) 따위가,

움츠러들거나 떨어져 활발(活潑)하지 못함. *떨치다: 부록 ‘진(振)’ 참고.

식-우-지-기(食牛之氣 먹을 **식**/소 **우**/어조사 **지**/기운 **기**) 소[牛]라도 먹을(잡아먹을) 만한 기운(기개)이라
는 뜻으로, 기백(氣魄. 씩씩한 기상과 앞으로 좋게 발전할 가능성이 있는 정신)이 넘쳐흐르는 모습,
혹은 어려서부터 크게 될 재목(材木). 또는 나이는 어리나 큰 기개(氣概. 어떤 어려움에도 굽히지 않는
강한 의지·意志. 또는 그러한 기상·氣像을 이르는 말)가 있음 따위를 비유적으로 이르는 말. ⓒ 탄우지
기(呑牛之氣). *기운: 순우리말로, 생물이 살아 움직이는 원기(元氣). 또는 거기서 나오는 힘. 이 사자성
어의 유래는 다음과 같다. 시교(尸佼)의 『시자(尸子)』에, 〈호랑이나 표범의 새끼는 털에 무늬가 생기기도
전에 소를 잡아먹을 만한 기상(氣像)이 있고, 큰 기러기와 고니의 새끼는 날개가 다 자라기도 전에 사해
(四海)를 날아다닐 마음이 있다. 현자(賢者)의 삶 또한 그러하다.(虎豹之駒, **未成文而有食牛之氣**, 鴻鵠之
鷇羽翼未全, 而有四海之心, 賢者之生亦然.)〉라는 이야기가 나오는데, ‘털에 무늬가 생기기도 전에 소를
잡아먹을 만한 기상(氣像)이 있고,(未成文而有食牛之氣)’에서, ‘식우지기(食牛之氣)’가 유래했다. 참고로,
원문의 ‘虎豹之駒’에서, ‘虎’는 범(호랑이) ‘호’로 읽고, ‘豹’는 표범 ‘표’로 읽고, ‘之’는 어조사 ‘지’로 읽는
다. ‘~의’를 나타내는 관형격 조사. ‘駒’는 짐승의 새끼 ‘구’로 읽는다. ‘虎豹之駒’를 직역(直譯)하면, 범(호
랑이)이나 표범의 새끼는, ‘未成文而有食牛之氣’에서, ‘未’는 아닐(부정하는 말) ‘미’로 읽고, ‘成’은 이룰
‘성’으로 읽는다. ‘未成’은 아직 이루지 못함. ‘文’은, 여기서는 무늬 ‘문’으로 읽고, ‘而’는 말 이을 ‘이’로
읽는다. ‘그러나’의 뜻을 나타냄. ‘有’는 있을 ‘유’로 읽고, ‘食’은 먹을 ‘식’으로 읽고, ‘牛’는 소 ‘우’로 읽고,
‘之’는 어조사 ‘지’로 읽는다. ‘~의’를 나타내는 관형격 조사. ‘氣’는 기운 ‘기’로 읽는다. ‘未成文而有食牛之
氣’를 직역(直譯)하면, (아직) (털에) 무늬가 이루어지지 않았지만, 그러나 소[牛]라도 먹을(잡아먹을)
만한 기운(기개)이 있었다. 여기서, ‘食牛之氣’가 유래하였는데, 이것을 직역(直譯)하면, 소[牛]라도 먹을
(잡아먹을) 만한 기운(기개)이라는 뜻으로, 기백(氣魄. 씩씩한 기상과 앞으로 좋게 발전할 가능성이 있는
정신)이 넘쳐흐르는 모습, 혹은 어려서부터 크게 될 재목(材木). 또는 나이는 어리나 큰 기개(氣概. 어떤
어려움에도 굽히지 않는 강한 의지·意志. 또는 그러한 기상)가 있음 따위를 비유적으로 이르는 말. ‘鴻鵠
之鷇羽翼未全’에서, ‘鴻’은 큰 기러기 ‘홍’으로 읽고, ‘鵠’는 고니 ‘곡’으로 읽고, ‘鷇’는 두구(荳蔲) ‘구’로
읽는다. ‘두구(荳蔲)’는 ‘육두구(肉荳蔲)’와 같은 말로, 육두구과의 상록 활엽 교목을 일컫는다. 열대 식물
로서 높이는 20m가량 자람. 잎은 길둥글며, 가장자리가 밋밋하고 두꺼움. 살구 씨처럼 생긴 열매가
익으면 적황색 껍질이 갈라지는데, 씨는 건위제·강장제·향미료 따위로 쓰임. 여기서는 ‘짐승의 새끼’를
가리킴. ‘羽’는 깃(‘깃털’과 같은 말로, 조류·鳥類의 몸 표면을 덮고 있는 털) ‘우’로 읽고, ‘翼’은 날개
‘익’으로 읽는다. ‘羽翼’은 새의 날개. ‘未’는 아닐(부정하는 말) ‘미’로 읽고, ‘全’은 온전할 ‘전’으로 읽는다.
‘鴻鵠之鷇羽翼未全’을 직역(直譯)하면, 큰 기러기와 고니의 새끼는 깃과 날개가 (아직) 온전하지 아니하
다. ‘而有四海之心’에서, ‘而’는 말 이을 ‘이’로 읽는다. ‘그런데’의 뜻을 나타냄. ‘有’는 있을 ‘유’로 읽고,
‘四’는 넉 ‘사’로 읽고, ‘海’는 바다 ‘해’로 읽는다. ‘四海’는 사방의 바다. ‘之’는 어조사 ‘지’로 읽는다. ‘~의’
를 나타내는 관형격 조사. ‘心’은 마음 ‘심’으로 읽는다. ‘而有四海之心’을 직역(直譯)하면, 그런데 사방의
바다의 마음(즉, 사방의 바다를 날아다닐 마음)이 있었다. ‘賢者之生亦然’에서, ‘賢’은 어질 ‘현’으로 읽고,
‘者’는 사람 ‘자’로 읽는다. ‘賢者’는 ‘현인(賢人)’과 같은 말로, 어질고 총명(聰明. 보고 들은 것에 대한
기억력이 좋음)하여 성인(聖人. 지혜와 덕이 매우 뛰어나 길이 우러러 본받을 만한 사람)에 다음 가는

사람. '生'은 살 '생'으로 읽고, '亦'은 또 '역', 또한 '역'으로 읽고, '然'은 그러할 '연'으로 읽는다. 상태를 나타내는 접미사. '亦然'은 또한 그러함. '賢者之生亦然'을 직역(直譯)하면, 현자(賢者)의 삶 또한 그러하다. 즉, 현자(賢者)의 삶 또한 소를 잡아먹을 만한 기상(氣像)이 있어야 한다는 말이다.

식육-부귀(食肉富貴 먹을 **식**/고기 **육**/넉넉할 **부**/귀할 **귀**) (맛있는) 고기만 먹고 (지내는) 넉넉하고 귀(貴)함 이라는 뜻으로, 고기만 먹으며 누리는 부귀(富貴)를 이르는 말. *식육(食肉): ①=육식(肉食). 즉, 짐승의 고기를 먹음. 또는 그 음식. ②=식용육(食用肉). 즉, 쇠고기, 돼지고기, 닭고기 따위와 같이 음식으로 먹는 고기. *부귀(富貴): 재산이 많고 사회적 지위가 높음.

식자-우환(識字憂患 알 **식**/글자 **자**/근심 **우**/근심 **환**) 글자를 아는 (것이) (오히려) 근심이고 근심이 (된다는) 뜻으로, 너무 많이 알기 때문에 쓸데없는 걱정도 그만큼 많음을 이르는 말. 즉, 아는 것이 도리어 근심을 일으키게 됨을 이르는 말. *식자(識字): 글자나 글을 아는 것. *우환(憂患): ①근심이나 걱정되는 일. ②병(病)으로 인한 걱정. 또는 집안에 병자(病者)가 있어 겪는 근심. 《관련 속담》 아는 것이 병(탈). / 아는 게 병이요 모르는 게 약이다. 이 사자성어의 유래는 다음과 같다. 소식(蘇軾)의 「석창서취묵당(石蒼舒醉墨堂)」에 〈인생은 글자를 알면서 우환(憂患)이 시작되니 / 성명(姓名)이나 대강 적을 수 있으면 그만둠이 좋도다. / 어찌하여 초서(草書)를 써 빠른 것을 자랑하여 / 펴 보고 놀라 근심하게 만드는가? / 나도 일찍이 좋아는 하였으나 매번 스스로 웃는다네.(人生識字憂患始, 姓名麤記可以休, 何用草書誇神速, 開卷惝怳令人愁, 我嘗好之每自笑.)〉라는 시구(詩句)가 나오는데, '인생은 글자를 알면서 우환(憂患)이 시작되니,(人生識字憂患始)'에서, '식자우환(識字憂患)'이 유래했다. 참고로, 원문의 '人生識字憂患始'에서, '人'은 사람 '인'으로 읽고, '生'은 살 '생'으로 읽는다. '人生'은 사람이 세상을 살아가는 일. '識'은 알 '식'으로 읽고, '字'는 글자 '자'로 읽고, '憂'는 근심 '우'로 읽고, '患'은 근심 '환'으로 읽고, '始'는 시작(始作)할 '시'로 읽는다. '人生識字憂患始'를 직역(直譯)하면, 사람의 삶에는 글자를 아는 (것이) (오히려) 근심의 시작이 (될 수 있다). 여기서, '識字憂患'이 유래하였는데, 이것을 직역(直譯)하면, 글자를 아는 (것이) (오히려) 근심이고 근심이 (된다는) 뜻으로, 너무 많이 알기 때문에 쓸데없는 걱정도 그만큼 많음을 이르는 말. 즉, 아는 것이 도리어 근심을 일으키게 됨을 이르는 말. '姓名麤記可以休'에서, '姓'은 성씨(姓氏) '성'으로 읽고, '名'은 이름 '명'으로 읽는다. '姓名'은 성(姓)과 이름[名]을 아울러 이르는 말. 성(姓)은 가계(家系, 대대로 이어 내려온 한집안의 계통)의 이름이고, 명(名)은 개인의 이름이다. '麤'는 대강(자세하지 않게 기본적인 부분만 들어 보이는 정도로) '추'로 읽고, '記'는 기록할 '기'로 읽고, '可'는 옳을 '가'로 읽고, '以'는 써(그것으로 인하여, 그것으로 가지고) '이'로 읽고, 休는 쉴 '휴', 그만 둘 '휴'로 읽는다. '姓名麤記可以休'를 직역(直譯)하면, 성(姓)과 이름을 대강 기록하면 그것으로 인하여 그만두는 것이 옳도다. 즉, 성(姓)과 이름만 쓸 줄 알면 더 이상 알려고 욕심낼 필요가 없다는 말이다. '何用草書誇神速'에서, '何'는 어찌(의문 부사) '하'로 읽는데, 뒤의 문장(開券惝怳令人愁)과 연결된다. '用'은 쓸 '용'으로 읽고, '草'는 초서(草書) '초'로 읽고, '書'는 글 '서'로 읽는다. '草書'는 한자 서체(書體)의 하나. 필획(筆劃, 글자의 획)을 가장 흘려 쓴 서체로서, 획의 생략과 연결이 심하다. '誇'는 자랑할 '과'로 읽고, '神'은 귀신(鬼神) '신'으로 읽고, '速'은 빠를 '속'으로 읽는다. '신속(神速)'은 (사람의 능력을 뛰어넘어) 몹시 빠름. '何用草書誇神速'을 직역(直譯)하면, 어찌하여 초서(草書)를 써 신속(神速)을 자랑하며, '開券惝怳令人愁'에서, '開'는 열 '개'로 읽고, '卷'은 책 '권'으로 읽는다. '開卷'은 책을 폄. '惝'은 놀랄 모양 '창'으로 읽고, ‘怳’은 황홀할 ‘황’으로 읽는다. ‘惝怳’은 ‘당황(唐慌)’과 같은 말로, 놀라거나 다급(多急. 미처 어떻게 할 여유가 없을 만큼 일이 바싹 닥쳐서 몹시 급함)하여 어찌할 바를 모름. ‘令’은 하여금(누구를 시키어) ‘령(영)’으로 읽고, ‘人’은 사람 ‘인’으로 읽고, ‘愁’는 근심할 ‘수’로 읽는다. ‘開卷惝怳令人愁’를 직역(直譯)하면, 책을 펴 (보고) 창황(惝怳)하여 (다른) 사람으로 하여금 근심하게 하는가? ‘我嘗好之每自笑’에서, ‘我’는 나(1인칭 대명사) ‘아’로 읽고, ‘嘗’은 일찍 ‘상’으로 읽고, ‘好’는 좋아할 ‘호’로 읽고, ‘之’는 어조사 ‘지’로 읽는다. ‘그것’을 나타내는 지시 대명사. ‘每’는 매양(순우리말로, 언제나, 늘) ‘매’, 늘 ‘매’로 읽고, ‘自’는 스스로 ‘자’로 읽고, ‘笑’는 웃을 ‘소’로 읽는다. ‘我嘗好之每自笑’를 직역(直譯)하면, 나는 일찍 그것을 좋아하여 매양 스스로 웃는다네.

식재-지-도(殖財之道 불어날 **식**/재물 **재**/어조사 **지**/길 **도**) 재물(財物)이 불어나게 (하는) 길이라는 뜻으로, 재산(財産)을 늘리는 방도(方道·途. 어떤 일을 치러 나갈 길이나 방법)를 이르는 말. *식재(殖財): 재산을 불리어 늘림. *불어나다: 본디보다 커지거나 많아지다. *재물(財物): 부록 ‘재(財)’ 참고.

식전-방장(食前方丈 밥 **식**/앞 **전**/네모 **방**/길이의 단위 **장**) 밥 앞에 (놓인) 네모(사방) 1장(丈) 길이의 넓이. 즉, 사방(四方) 열 자의 상(床)에 잘 차린 음식이라는 뜻으로, 호화롭게 많이 차린 음식을 비유적으로 이르는 말. *식전(食前): ①밥을 먹기 전. ↔식후(食後). ②아침밥을 먹기 전. 곧, 아침 일찍. *방장(方丈): ①사방 1장(丈)인 넓이. 또는 그 넓이의 방. ②절에서, 주지(住持. 하나의 절을 책임지고 맡아보는 중)가 거처하는 방. 또는 그 주지(住持)를 일컫는 말. *네모: 네 개의 모(물건의 거죽으로 튀어나온 뾰족한 끝)를 이르는 말.

신-겸-노복(身兼奴僕 몸 **신**/겸할 **겸**/종 **노**/종 **복**) (집이 가난하여) (자기의) 몸이 (이) 종 (저) 종을 겸(兼)하였다는 뜻으로, 집안이 가난하여 종을 두지 못하고, 몸소 궂은일을 함을 이르는 말. 𝕓 겸노상전(兼奴上典). *노복(奴僕): =사내종. 즉, 남자 종. *겸하다(兼~): 부록 ‘겸(兼)’ 참고. *종: 부록 ‘복(僕)’ 참고.

신기-누설(神機漏泄·洩 영묘할 **신**/기회 **기**/샐 **누**/샐 **설**) 영묘(靈妙)한 기회(機會)가 새고 샌다는 뜻으로, 신묘(神妙. 신통하고 영묘함)한 계기(契機. 어떤 일이 일어나거나 결정되는 근거나 기회)나 기략(機略. 임기응변으로 일을 처리하는 꾀와 방법)을 누설(漏泄·洩)함을 이르는 말. 또는 비밀리에 하는 일도 누설(漏泄)된다는 뜻으로, 비밀에 속하는 일을 새어 나가게 함을 이르는 말. *신기(神機): 신묘한 계기(契機)나 기략(機略. 상황에 알맞게 문제를 잘 찾아내고 그 해결책을 재치 있게 처리할 수 있는 슬기나 지혜). *누설(漏泄·洩): ①액체가 샘. 또는 새게 함. ②비밀이 새어 나감. 또는 새어 나가게 함. *영묘하다(靈妙~): (사람의 지혜로는 짐작할 수 없을 만큼) 훌륭하고 신비스럽다. *새다: 부록 ‘누(漏)’, ‘설(泄·洩)’ 참고.

신묘-불측(神妙不測 영묘할 **신**/묘할 **묘**/아닐 **불**/헤아릴 **측**) 영묘(靈妙)하고 묘(妙)하여 헤아리지 아니한다(헤아릴 수 없다)는 뜻으로, 신통(神通. 무슨 일이든지 해낼 수 있는 영묘·靈妙하고 불가사의·不可思議한 힘이나 능력)하고 묘(妙)하여 미리 헤아리거나 추측(推測)할 수 없음을 이르는 말. *신묘(神妙): 신통하고 묘함. *불측(不測): ①짐작하기 어려움. 또는 미루어 헤아릴 수 없음. ②마음보(마음을 쓰는 본새. 주로 나쁘게 일컬을 때 쓰는 말)가 음흉함. 또는 생각이나 행동 따위가 괘씸하고 엉큼함. *영묘하다(靈妙~): ☞ 신기누설(神機漏泄·洩). *묘하다(妙~): 부록 ‘묘(妙)’ 참고. *헤아리다: ①수량을 세다. 또는 셈하다. ②짐작으로 가늠하여 살피다. 또는 미루어 짐작하다.

신변-잡기(身邊雜記 몸 **신**/가 변/섞일 **잡**/기록할 **기**) (자기가 처해 있는) 몸의 가(주변)를 섞어 (여러 가지 일을) 기록(記錄)한 (것이라는) 뜻으로, 자신의 주변에서 일어나는 여러 가지 일을 적은 수필체(隨筆體)의 글을 이르는 말. *신변(身邊): 몸 또는 몸의 주변. *잡기(雜記): 여러 가지 자질구레한 일들을 기록함. 또는 그 기록.

신변-잡사(身邊雜事 몸 **신**/가 변/섞일 **잡**/일 **사**) (자기가 처해 있는) 몸의 가(주변)에서 (일어나는) (여러 가지 일이) 섞인 일(잡일)이라는 뜻으로, 신변에서 생기는 자질구레한 잡일(雜~. 여러 가지 자질구레한 일)을 이르는 말. *신변(身邊): ☞신변잡기(身邊雜記). *잡사(雜事): 여러 가지의 자질구레한 일.

신부-양난(信否兩難 믿을 **신**/아닐 부/두 **양**/어려울 **난**) 믿는 (것과) (믿지) 않는 (것이) 둘 (다) 어렵다는 뜻으로, 믿기도 어렵고 아니 믿기도 어려움. 또는 그 일을 이르는 말. *신부(信否): 믿을 수 있는 일과 믿지 못할 일. *양난(兩難): 이러기도 어렵고 저러기도 어려움.

신사-협정(紳士協定 점잖은 사람 **신**/선비 **사**/힘 합할 **협**/정할 **정**) 점잖은 사람이나 선비가 힘을 합하여 정한 (것이라는) 뜻으로, ①법적 구속력을 갖지 아니하는 비공식적인 국제 협정(國際協定)을 이르는 말. ②서로 상대편을 믿고 맺는 사적(私的. 개인에 관계 되는 것)인 비밀 협정(秘密協定)을 이르는 말. =신사협약(紳士協約). *신사(紳士): ①점잖고 예의 바르며 교양 있는 남자. ②일반 남자를 대접하여 이르는 말. *협정(協定): 협의하여 결정함. 또는 그 내용. *선비: 부록 '사(士)' 참고.

신상-발언(身上發言 몸 **신**/언저리 상/드러낼 **발**/말씀 **언**) 몸의 언저리에 (관하여) 드러내어 말씀하는 것이라는 뜻으로, 일신상(一身上. 자기 한 몸에 관한 일)에 관하여 구두(口頭. 마주 대하여 입으로 하는 말)로 진술(陳述. 일이나 상황에 대하여 자세하게 이야기함. 또는 그런 이야기)하는 일을 이르는 말. *신상(身上): 한 사람의 몸이나 처신(處身. 세상을 살아가는 데 가져야 할 몸가짐이나 행동). 또는 그의 주변에 관한 일이나 형편(形便). *발언(發言): ①말을 함. ②의견을 말함. 또는 그 말. *언저리: ①둘레의 가 부분. ②어떤 나이나 시간의 전후. ③어떤 수준이나 정도의 위아래. *드러내다: '드러나다'의 사동사(使動詞. 문장을 주어·主語인 주체가 남으로 하여금 어떤 동작을 하도록 함을 나타내는 동사). 드러나게 하다. 즉, ①(가려져 안 보이던 것이) 나타나 보이게 하다. ②(알려지지 않던 것이) 알려지게 하다.

신-상-필벌(信賞必罰 밝힐 **신**/상줄 **상**/반드시 **필**/벌줄 **벌**) 밝혀 상(賞)을 주고 반드시 벌(罰)을 준다. 즉, 공(功. '공로·功勞'의 준말. 어떤 일에 이바지한 공적과 노력)이 있는 자(者)에게는 반드시 밝혀 상(賞)을 주고, 죄(罪)가 있는 사람에게는 반드시 벌(罰)을 준다는 뜻으로, 상(賞)과 벌(罰)을 공정하고 규정대로 엄중하게 함을 이르는 말. *필벌(必罰): 죄를 지은 자(者)에게 반드시 벌을 줌. *밝히다: '밝다'의 사동. 일의 옳고 그름을 가려 분명하게 하다.

신색-자약(神色自若 신 **신**/낯빛 **색**/스스로 **자**/같을 **약**) 신(神)과 (같은) 낯빛이 스스로 같다는 뜻으로, 큰일을 당하여도 당황하지 아니하고 침착(沈着. 행동이 들뜨지 아니하고 차분함)하여, 안색(顔色. 얼굴빛. =낯빛)이 변하지 아니함을 이르는 말. *신색(神色): 상대편의 안색(顔色)을 높여 이르는 말. *자약(自若): 큰일을 당하고도 아무렇지도 않은 듯 침착(沈着)함. *낯빛: 얼굴빛 또는 안색(顔色).

신성-명달(神聖明達 신 **신**/거룩할 **성**/밝을 **명**/통달할 **달**) 신(神)처럼 거룩하며 밝고 통달(通達)하다는 뜻으로, 매우 거룩하고 성스러우며 총명(聰明. 썩 영리하고 재주가 있음)하고 사리(事理. 일의 이치)에 밝음을 이르는 말. 여기서, '재주'는 순우리말로, 무엇을 잘할 수 있는, 타고난 능력과 슬기. =신성특달(神聖

特達). *신성(神聖): ①신(神)과 같이 성스러움. ②더럽힐 수 없도록 거룩함. 또는 매우 존귀함. *명달(明達): 사리(事理)에 밝고 하는 일에 막힘이 없음. *거룩하다: 성스럽고 위대하다. 또는 위대하고 훌륭하다. *통달하다(通達~): 부록 '달(達)' 참고.

신성-특달(神聖特達 신 **신**/거룩할 **성**/특별할 **특**/통달할 **달**) 신(神)처럼 거룩하고 특별히 통달(通達)하다는 뜻으로, 매우 거룩하고 성스러우며, 총명(聰明. 썩 영리하고 재주가 있음)하고 사리(事理. 일의 이치)에 밝음을 이르는 말. 여기서, '재주'는 순우리말로, 무엇을 잘할 수 있는, 타고난 능력과 슬기. =신성명달(神聖明達). *신성(神聖): ☞신성명달(神聖明達). *특달(特達): (여럿 가운데서) 특별히 재주가 뛰어남. *거룩하다: ☞신성명달(神聖明達). *특별하다(特別~): 부록 '특(特)' 참고. *통달하다(通達~): 부록 '달(達)' 참고.

신수-불합(身手不合 몸 **신**/손 **수**/아닐 **불**/맞을 **합**) 몸과 손이 맞지 않는다는 뜻으로, 실제(實際. 사실의 경우나 형편)의 자기(自己)와 명부상(名簿上. 관계자의 이름이나 주소, 직업 따위를 적어 놓은 장부에 있어서)의 자기(自己)가 다름을 이르는 말. *신수(身手): 사람의 얼굴에 나타나는 밝은 기운(순우리말로, 생물이 살아 움직이는 원기·元氣. 또는 거기서 나오는 힘)을 이르는 말. *불합(不合): ①뜻이 맞지 아니함. ②사이가 좋지 아니함. *맞다: ①한쪽이 다른 것에 꼭 알맞다. =적합하다. ②상태나 정도가 잘 어울리다. =조화되다. ③서로 어긋나지 않고 하나로 되다. =일치하다.

신수-지-로(薪水之勞 섶나무 **신**/물 **수**/어조사 **지**/수고로울 **로**) 섶나무와 물의 수고로움. 즉, 나무를 하고 물을 긷는 수고라는 뜻으로, 몸소 근근이 생계를 이어가는 수고나 천(賤)한 일을 비유적으로 이르는 말. *신수(薪水): 땔나무와 마실 물. *섶나무: 부록 '신(薪)' 참고. *수고롭다: 순우리말로, 부록 '로(勞)' 참고.

신수-지-비(薪水之費 섶나무 **신**/물 **수**/어조사 **지**/비용 **비**) 섶나무와 물의 비용(費用)이라는 뜻으로, 연료(燃料. 열, 빛, 동력 따위를 얻기 위하여 태우는 물질을 통틀어 이르는 말. 나무, 석탄, 석유 따위가 있음)와 먹을 물을 사는 데 드는 비용(費用)을 이르는 말. *신수(薪水): ☞신수지로(薪水之勞). *섶나무: 부록 '신(薪)' 참고. *비용(費用): 무엇을 사거나 어떤 일을 하는 데 드는 돈.

신신-당부(申申當付 말할 **신**/말할 **신**/마땅할 **당**/청할 **부**) 말하고 말한 (것을) 마땅히 (해야 한다고) (거듭하여) 청(請)한다. 즉, 연거푸 당부한다는 뜻으로, 여러 번 되풀이하여 간곡히 하는 부탁. 또는 거듭하여 간곡히 하는 당부(當付)를 이르는 말. 圓 신신부탁(申申付託). *신신(申申): 다른 사람에게 부탁이나 당부를 할 때 거듭해서 간곡하게 하는 모양. *당부(當付): 어찌하라고 말로 단단히 부탁함. 또는 그 부탁. *마땅하다: 부록 '당(當)' 참고. *청하다(請~): ①무엇을 달라거나, 해 줄 것을 부탁하다. ②(잔치 따위에) 남을 불러 모시다. ③(잠이 들도록) 애쓰다.

신신-부탁(申申付託 말할 **신**/말할 **신**/청할 **부**/부탁할 **탁**) 말하고 말한 (것을) 부탁(付託)하고 (거듭하여) 부탁(付託)한다. 즉, 연거푸 부탁한다는 뜻으로, 여러 번 되풀이하여 간곡히 하는 부탁. 또는 거듭하여 간곡히 하는 부탁(付託)을 이르는 말. 圓 신신당부(申申當付). *신신(申申): ☞신신당부(申申當付). *부탁(付託): 어떤 일을 하여 달라고 당부하여 맡김. *청하다(請~): ☞신신당부(申申當付).

신심-직행(信心直行 믿을 **신**/마음 **심**/바로 **직**/행할 **행**) 믿는 마음 (그대로) 바로 행(行)한다. 즉, 믿는 마음이 있으면 바로 직행(直行)한다는 뜻으로, 옳다고 믿는 바대로 망설임이나 주저 없이 곧장 행함을 이르는 말. ***신심**(信心): ①어떤 것을 옳다고 굳게 믿는 마음. ②종교를 믿는 마음. ***직행**(直行): ①도중에 머물거나 다른 곳에 들르지 않고 곧장 감. ②마음대로 꾸밈없이 해냄. ③올바른 행동. ***행하다**(行~): (작정한 대로) 하여 나가다.

신-언-서-판(身言書判 몸 **신**/말씀 **언**/글 **서**/판단할 **판**) 몸, 말씀, 글, 판단(判斷)이라는 뜻으로, 예전(순우리말로, 오래된 지난날)에, 인물(人物)을 선택(選擇)하는 데 표준(標準. 사물의 정도나 성격 따위를 알기 위한 근거나 기준)으로 삼던 조건(條件)을 이르는 말. 곧, 신수(身手. 사람의 얼굴에 나타나는 밝은 기운), 말씨, 문필(文筆. '글[文]'과 '글씨[筆]'를 아울러 이르는 말), 판단력(判斷力)의 네 가지를 일컫는다. 또 이것들은 선비가 지녀야 할 네 가지 미덕(美德. 아름다운 덕성. 또는 도덕적인 훌륭한 행동)이기 때문에, 중국의 당(唐)나라 때 관리를 선발하던 기준이었던 것이다. ***판단하다**(判斷~): 부록 '판(判)' 참고. 이 사자성어의 유래는 다음과 같다. 『신당서(新唐書)』의 「선거지(選擧志)」 편(篇)에, 〈무릇 사람을 가리는 방법은 네 가지가 있다. 첫째는 신(身)이니, 풍채가 건장한 것을 말한다. 둘째는 언(言)이니, 언사(言辭. 말이나 말씨)가 분명하고 바른 것을 말한다. 셋째는 서(書)이니, 필치(筆致. 글이나 글씨 쓰는 솜씨)가 힘이 있고, 아름다운 것을 말한다. 넷째는 판(判)이니, 글의 이치가 뛰어난 것을 말한다. 이 네 가지를 다 갖추고 있으면 뽑을 만하다.(凡擇人之法有四, **一曰身**, 言體貌豊偉, **二曰言**, 言言辭辯正, **三曰書**, 言楷法遒美, **四曰判**, 言文理優長, 四事皆可取.)〉라는 이야기가 나오는데, 밑줄 친 부분 4가지(一曰身, 二曰言, 三曰書, 四曰判)를 합하여, '신언서판(身言書判)'이 유래했다. 참고로, 원문의 '凡擇人之法有四'에서 '凡'은 무릇(대체로 헤아려 생각하건대) '범'으로 읽고, '擇'은 가릴 '택', 고를 '택'으로 읽고, '人'은 사람 '인'으로 읽고, '之'는 어조사 '지'로 읽는다. '~의'를 나타내는 관형격 조사. '法'은 법(法. 국가나 종교 따위에서 강제력이 따르는 온갖 규범) '법', 방법(方法) '법'으로 읽고, '有'는 있을 '유'로 읽고, '四'는 넉 '사'로 읽는다. '凡擇人之法有四'를 직역(直譯)하면, 무릇 사람을 고름의 방법(선택하는 방법)이 4가지가 있다. '一曰身'에서, '一'은 한 '일'로 읽고, '曰'은 일컬을 '왈'로 읽고, '身'은 몸 '신'으로 읽는다. '一曰身'을 직역(直譯)하면, 하나[一]는 '신(身)'을 일컬으니, '言體貌豊偉'에서, '言'은 말씀 '언'으로 읽고, '體'는 몸 '체'로 읽고, '貌'는 모양 '모'로 읽는다. '體貌'는 몸차림이나 몸가짐. '豊'은 풍성할 '풍'으로 읽고, '偉'는 훌륭할 '위'로 읽는다. '言體貌豊偉'를 직역(直譯)하면, 몸차림이나 몸가짐이 풍성하고, 훌륭함을 말한다. '二曰言'에서, '二'는 두 '이'로 읽고, '言'은 말씀 '언', 말 '언'으로 읽는다. '二曰言'을 직역(直譯)하면, 둘[二]은 '언(言)'을 일컬으니, '言言辭辯正'에서, '辭'는 말씀 '사'로 읽는다. '言辭'는 말이나 말씨. '辯'은 분별할 '변', 명백할(明白~) '변'으로 읽고, '正'은 바를 '정', 바로잡을 '정'으로 읽는다. '言言辭辯正'을 직역(直譯)하면, 언사(言辭. 말이나 말씨)가 명백하고 바른 (것을) 말한다. '三曰書'에서, '三'은 석 '삼'으로 읽고, '書'는 글 '서'로 읽는다. '三曰書'를 직역(直譯)하면 셋[三]은 '서(書)'를 일컬으니, '言楷法遒美'에서, '楷'는 해서(楷書. 한자 서체의 하나, 예서·隸書에서 변한 것으로, 똑똑히 정자·正字로 쓴다.) '해'로 읽고, '法'은 법(法. 방법이나 방식) '법'으로 읽고, '遒'는 굳셀 '주'로 읽는다. 좇을 '준(遵)'과 혼동하지 않도록 할 것. '美'는 아름다울 '미'로 읽는다. '言楷法遒美'를 직역(直譯)하면, 해서(楷書)와 (같은) (글씨의) 법(法)이 굳세고 아름다움을 말한다. '四曰判'에서, '四'는 넉 '사'로 읽고, '判'은 판단할 '판'으로 읽는다. '四曰判'을 직역(直譯)하면, 넷[四]은 '판(判)' 즉, 판단력을 일컬으니, '言文理優長'에서, '言'은 말씀 '언'으로 읽고, '文'은 글월 '문'으로 읽고, '理'는 다스릴 '리(이)', 이치(理致) '리(이)'로 읽고, '優'는 뛰어날 '우'로 읽고, '長'은 뛰어날 '장'으로 읽는다. '言文理優長'을 직역(直譯)하면, 글의 이치가 뛰어남을 말한다. '四事皆可取'에서, '四'는 넉 '사'로 읽고, '事'는 일 '사'로 읽고, '皆'는 다 '개', 모두 '개'로 읽고, '可'는 가히(可~. '능히', '넉넉히'의 뜻을 나타냄) '가'로 읽고, '取'는 취할(取~. 일정한 조건에 맞는 것을 골라 가짐) '취'로 읽는다. '四事皆可取'를 직역(直譯)하면, (이) 네 가지 일을 모두 (갖추면) 가히 취할 수 있다. 즉, 이 네 가지를 다 갖추고 있으면 일단 취한다(뽑는다. 선발한다)는 뜻이다. 여기서, '身言書判'이 유래하였는데, 이것을 직역(直譯)하면, 몸, 말씀, 글, 판단(判斷)이라는 뜻으로, 예전(순우리말로, 오래된 지난날)에, 인물(人物)을 선택(選擇)하는 데 표준(標準)으로 삼던 조건(條件)을 이르는 말. 곧 신수(身手. 사람의 얼굴에 나타나는 밝은 기운), 말씨, 문필(文筆. '글[文]'과 '글씨[筆]'를 아울러 이르는 말), 판단력(判斷力)의 네 가지를 일컫는다. 또, 이것들은 선비가 지녀야 할 네 가지 미덕(美德. 아름다운 덕성. 또는 도덕적인 훌륭한 행동)이기 때문에, 중국의 당(唐)나라 때 관리를 선발하던 기준이었던 것이다.

신외-무-물(身外無物 몸 **신**/바깥 **외**/없을 **무**/물건 **물**) 몸 바깥에는 물건(物件)이 없다. 즉, 몸 외(外)에 다른 것이 없다. 또는 몸보다 귀한 것은 없다는 뜻으로, 다른 어떤 것보다도 몸이 가장 소중하고 귀(貴)함을 이르는 말. *신외(身外): ①몸 이외. ②자기(自己) 이외.

신원-설치(伸寃雪恥 펼 **신**/원통할 **원**/씻을 **설**/부끄러울 **치**) 원통(寃痛)함을 펴고 부끄러움을 씻는다는 뜻으로, 뒤집어쓴 죄의 억울함을 밝혀 원통함과 부끄러움을 씻어 버림. 또는 가슴에 맺힌 원한(怨恨. 억울하고 원통한 일을 당하여 응어리진 마음)을 풀어버리고 창피스러운 일을 씻어 버림을 이르는 말. =설분신원(雪憤伸寃). *신원(伸寃): 가슴에 맺힌 원한(怨恨)을 풀어 버림. *설치(雪恥): =설욕(雪辱). 즉, (승부 따위에 이김으로써) 전에 패배했던 부끄러움을 씻어내고 명예를 되찾음. *펴다: 부록 '신(伸)' 참고. *원통하다(寃痛~): 부록 '원(寃)' 참고. 여기서, '원통'은 어느 『국어사전(國語辭典)』에는 '원통(冤痛)'으로 되어 있고, 어느 『국어사전(國語辭典)』에는 '원통(寃痛)'으로 실려 있다. 뜻은 같다. *씻다: ①(물에 적시어) 더러운 것을 없어지게 하다. ②묻은 것을 없어지게 닦아 내다. ③(누명 따위를) 벗다.

신인-공노(神人共怒 신 **신**/사람 **인**/함께 **공**/성낼 **노**) 신(神)과 사람이 함께 성낸다(노한다). 즉, 귀신(鬼神)이나 사람이 다 같이 화를 낸다는 뜻으로, 누구나 분노(憤怒. 분개하여 몹시 성을 냄. 또는 그렇게 내는 성)할 만큼 증오(憎惡. 아주 사무치게 미워함. 또는 그런 마음)스럽거나, 도저히 용납(容納. 너그러운 마음으로 남의 말이나 행동을 받아들임)할 수 없음을 비유적으로 이르는 말. =신인공분(神人共憤). 천인공노(天人共怒). *신인(神人): ①신(神)과 사람[人]을 아울러 이르는 말. ②신(神)과 같이 신령(神靈. 신기하고 영묘함)하고 숭고(崇高. 뜻이 높고 고상함)한 사람. *공노(共怒): 함께 노(怒)함.

신인-공-분(神人共憤 신 **신**/사람 **인**/함께 **공**/분할 **분**) 신(神)과 사람이 함께 분노(憤怒. 분개하여 몹시 성을 냄. 또는 그렇게 내는 성)한다. 즉, 귀신(鬼神)이나 사람이 다 같이 분하게 여긴다는 뜻으로, 누구나 분노(憤怒)할 만큼 증오(憎惡. 아주 사무치게 미워함. 또는 그런 마음)스럽거나, 도저히 용납(容納. 너그러운 마음으로 남의 말이나 행동을 받아들임)할 수 없음을 비유적으로 이르는 말. =신인공노(神人共怒). 천인공노(天人共怒). *신인(神人): ☞신인공노(神人共怒). *분하다(憤~): 부록 '분(憤)' 참고.

신입-구-출(新入舊出 새 **신**/들 **입**/옛 **구**/나갈 **출**) 새것이 들고 옛것이 나가다는 뜻으로 새것이 들어오고 옛것(묵은 것)이 나감을 이르는 말. *신입(新入): 어떤 모임이나 단체에 새로 들어옴.

신-입-야-귀(晨入夜歸 새벽 **신**/들 **입**/밤 **야**/돌아올 **귀**) 새벽에 (직장에) 들고(들어가고) 밤에 (집으로)

돌아온다는 뜻으로, 아침 일찍 출근(出勤)하고 밤늦게 퇴근(退勤)하는 일을 이르는 말. =신입야출(晨入夜出). *들다: 밖에서 속이나 안으로 향해 가거나 오다.

신-입-야-출(晨入夜出 새벽 **신**/들 **입**/밤 **야**/날 **출**) 새벽에 (직장에) 들고 (들어가고) 밤에 (직장에서) 나간다는 뜻으로, 아침 일찍 출근(出勤)하고 밤늦게 퇴근(退勤)하는 일을 이르는 말. =신입야귀(晨入夜歸). *들다: ☞ 신입야귀(晨入夜歸).

신-지-무의(信之無疑 믿을 **신**/어조사 **지**/없을 **무**/의심할 **의**) 믿음에 의심(疑心)함이 없다는 뜻으로, 꼭 믿고 의심하지 아니함. 또는 조금도 의심(疑心)하지 아니하고 믿음을 이르는 말. *무의(無疑): 〔冒〕 의심할 것이 없음.

신진-기예(新進氣銳 새 **신**/나아갈 **진**/기운 **기**/날카로울 **예**) 새로 나아가는 기운이 날카롭다는 뜻으로, 새로 나타난 신인(新人. 어떤 분야에서 새로 나서서 활동을 시작한 사람)으로서 뜻과 기상(氣像. 사람이 타고난 바탕이나 올곧은 마음씨. 또는 그것이 겉으로 드러난 모습)이 날카로움. 또는 그 뜻과 기상(氣像)을 이르는 말. *신진(新進): ①어떤 사회나 분야에 새로 나섬. 또는 그런 사람. ②새로 벼슬에 오름. 또는 그런 사람. *기예(氣銳): 기백(氣魄. 씩씩한 기상과 앞으로 좋게 발전할 가능성이 있는 정신)이 날카로움. *나아가다: 부록 '진(進)' 참고. *기운: 순우리말로, 생물이 살아 움직이는 원기(元氣). 또는 거기서 나오는 힘.

신진-대사(新陳代謝 새 **신**/묵을 **진**/대신할 **대**/거절할 **사**) 새것을 (생성하고) 묵은 (것을) (그) 대신에 (밖으로 내보내어) 거절(拒絶)한다(없어지게 한다)는 뜻으로, 생명을 유지하기 위하여 생물체가 필요한 것을 섭취하고, 불필요한 것을 배설하는 일을 통틀어 이르는 말. 즉, 생물체가 몸 밖으로부터 섭취한 영양 물질을 몸 안에서 분해하고 합성하여, 생체 성분이나 생명 활동에 쓰는 물질이나 에너지(energy)를 생성하고, 필요하지 않은 물질을 몸 밖으로 내보내는 작용을 이르는 말. =물질대사(物質代謝). *신진(新陳): 새것[新]과 묵은 것[陳]을 아울러 이르는 말. *대사(代謝): =물질대사(物質代謝). 즉, 생물학에서, 생명을 유지하기 위하여 생물체가 필요한 것을 섭취하고 불필요한 것을 배설하는 일을 통틀어 이르는 말. *묵다: ①(일정한 곳에서) 나그네로 날짜를 보내다. ②(일정한 기간이 지나) 오래되다. ③(논밭 따위가) 쓰이지 못하고 그냥 버려지다. 여기서는 ②의 뜻. *대신하다(代身~): 부록 '대(代)' 참고. *거절하다(拒絶~): (남의 제의나 요구 따위를) 받아들이지 아니하고 물리치다.

신체-발부(身體髮膚 몸 **신**/몸 **체**/머리털 **발**/살갗 **부**) 몸과 몸 (그리고) 머리털과 살갗(피부)이라는 뜻으로, 몸 전체를 이르는 말. *신체(身體): 사람의 몸. *발부(髮膚): 머리털과 피부. 이 사자성어의 유래는 다음과 같다. 『효경(孝經)』의 「개종명의장(開宗明義章)」 편(篇)에 [(중국 춘추시대의 사상가이며 학자인) 공자(孔子)가 집에 머물고 있을 때 증자(曾子)가 시중(순우리말로, 옆에 있으면서 여러 가지 심부름을 하는 일)을 들었다. 공자(孔子)가 증자(曾子)에게 물었다. "선왕(先王. 선대의 임금. 또는 옛날의 어진 임금)께서 지극한 덕(德. 고매하고 너그러운 도덕적 품성)과 요령 있는 방법으로 천하(天下)의 백성들을 따르게 하고 화목(和睦. 서로 뜻이 맞고 정다움)하게 살도록 하여 위아래('윗사람'과 '아랫사람'을 아울러 이르는 말)가 원망하는 일이 없도록 하셨는데, 네가 그것을 알고 있느냐?" 증자(曾子)가 공손한 태도로 자리에서 일어서며 대답했다. "불민(不敏. 어리석고 둔하여 재빠르지 못함)한 제가 어찌 그것을 알겠습니까?" 공자(孔子)가 말했다. "무릇 효(孝)란 덕(德. 고매하고 너그러운 도덕적 품성)의 근본이요, 가르침이 비롯되는 곳이다. 내 너에게 일러 줄 테니 다시 앉아라.]〈사람의 신체와 터럭과 살갗은 부모에게서 받은 것이니, 이것을 손상시키지 않는 것이 효(孝)의 시작이고, 몸을 세워 도(道)를 행하고 후세에 이름을 남김으로써 부모를 드러내는 것이 효(孝)의 끝이다. 무릇 효(孝)는 부모를 섬기는 데서 시작하여, 임금을 섬기는 과정을 거쳐, 몸을 세우는 데서 끝나는 것이다."(**身體髮膚受之父母**, 不敢毀傷, 孝之始也, 立身行道, 揚名於後世, 以顯父母, 孝之終也, 夫孝, 始於事親, 中於事君, 終於立身)〉라는 이야기가 나오는데, '사람의 신체와 터럭과 살갗은 부모에게서 받은 것이니,(身體髮膚受之父母)'에서, '신체발부(身體髮膚)'가 유래했다. 위에서 밝혔듯이, 공자(孔子)가 증자(曾子)에게 한 말인데, '신체발부(身體髮膚)'에다가 수지부모(受之父母)가 합해야 온전한 말이 된다. '신체발부(身體髮膚) 수지부모(受之父母)'는 유교적 효(孝) 사상의 핵심적인 말이며, 시대를 초월한 효(孝)의 본질을 이 짧은 말에 다 담았다고 볼 수 있다. 부모로부터 받은 육체는 그 무엇과도 바꿀 수 없는 소중한 유산(遺産)이요, 재산(財産)이다. 또한 자식이 부모로부터 받은 몸을 성하게 보존하고 건강하게 살아가는 것이야말로, 동서고금(東西古今. <u>본문 참고</u>)을 막론하고 모든 부모가 자식에게서 바라는 큰 염원(念願. <u>마음에 간절히 생각하고 기원함. 또는 그런 것</u>)인 것이다. 참고로, 원문의 '身體髮膚受之父母'에서, '身'은 몸 '신'으로 읽고, '體'는 몸 '체'로 읽고, '髮'은 머리털 '발'로 읽고, '膚'는 살갗 '부'로 읽고, '受'는 받을 '수'로 읽고, '之'는 어조사 '지'로 읽는다. '그것'을 나타내는 지시 대명사. '身體髮膚受之父母'를 직역(直譯)하면, 몸과 몸 즉, 신체 (그리고) 머리털과 살갗(<u>피부</u>)은 부모에게서 그것('신체발부·身體髮膚'를 가리킴)을 받은 (것이니). 여기서, '身體髮膚'가 유래하였는데, 이것을 직역(直譯)하면, 몸과 몸 (그리고) 머리털과 살갗(<u>피부</u>)이라는 뜻으로, 몸 전체를 이르는 말. '不敢毀傷'에서, '不'은 아닐(<u>부정하는 말</u>) '불'로 읽고, '敢'은 감히(敢~. <u>'함부로'의 뜻을 나타냄</u>) '감'으로 읽고, '毀'는 헐(<u>몸에 부스럼이나 상처 따위가 나서 짓무르는</u>) '훼'로 읽고, '傷'은 상할 '상', 다칠 '상'으로 읽는다. '毀傷'은 헐어 상하게 함. '不敢毀傷'을 직역(直譯)하면, 감히 헐거나 상하게 하지 아니함이, '孝之始也'에서, '孝'는 효도(孝道) '효'로 읽고, '之'는 어조사 지로 읽는다, 여기서는 '~의'를 나타내는 관형격 조사. '始'는 시작(始作)할 '시'로 읽고, '也'는 어조사 '야'로 읽는다. '~이다(<u>단정</u>)'의 뜻을 나타냄. '孝之始也'를 직역(直譯)하면, 효의 시작이고, '立身行道'에서, '立'은 설 '립(<u>입</u>)', 세울 '립(<u>입</u>)'으로 읽고, '身'은 몸 '신'으로 읽는다. '立身'은 세상에서 떳떳한 자리를 차지하고 지위를 확고하게 세움. '行'은 행할 '행'으로 읽고, '道'는 도리 '도', 이치 '도'로 읽는다. '行道'는 도(道)를 행함. '立身行道'를 직역(直譯)하면, 입신(立身)하고 도(道)를 행하여, '揚名於後世'에서, '揚'은 날릴(<u>명성을 떨칠</u>) '양', 드날릴(<u>세력이나 명성·名聲 따위가 크게 드러나 널리 떨칠</u>) '양'으로 읽고, '名'은 이름 '명'으로 읽고, '於'는 어조사 '어'로 읽는다. '~에', '~에서(<u>위치</u>)'의 뜻을 나타냄. '後'는 뒤 '후'로 읽고, '世'는 세대 '세', 세상 '세'로 읽는다. '後世'는 다음에 오는 세상. 또는 다음 세대의 사람들. '揚名於後世'를 직역(直譯)하면, 후세(後世)에 이름을 드날려, 여기서, '立身揚名'이 유래하였는데, 몸을 세워 이름을 날린다는 뜻으로, 출세(出世)하여 이름을 세상에 떨침을 이르는 말. '以顯父母'에서, '以'는 써(<u>그것을 가지고, 그것으로 인하여</u>) '이'로 읽는다. '顯'은 드러날 '현'으로 읽고, '父'는 아버지 '부'로 읽고, '母'는 어머니 '모'로 읽는다. '以顯父母'를 직역(直譯)하면, 그것을 가지고 부모를 드러나게 함이, '孝之終也'에서 '終'은 마칠 '종', 끝낼 '종'으로 읽는다. '孝之終也'를 직역(直譯)하면, 효의 마침(<u>끝</u>)이다. '夫孝'에서, '夫'는 발어사(發語辭) '부'로 읽는다. 여기서, '발어사(發語辭)'는 문장의 서두에 놓여 '대저', 또는 '대체로'의 뜻을 나타냄. '夫孝'를 직역(直譯)하면,

대체로 효라고 (하는 것은). '始於事親'에서, '事'는 섬길 '사'로 읽고, '親'은 어버이 '친'으로 읽는다. '始於事親'을 직역(直譯)하면, 어버이를 섬김에서 시작하여, '中於事君'에서, '中'은 진행(進行) '중'으로 읽고, '君'은 임금 '군'으로 읽는다. '中於事君'을 직역(直譯)하면, 임금을 섬기는 진행(進行) (과정을 거쳐), '終於立身'에서, '終於立身'을 직역(直譯)하면, (그리고) 몸을 세움에서 끝난다.

신체-변-공(身體變工 몸 신/몸 체/변할 변/공교할 공) (자연 그대로의) 몸과 몸을 공교(工巧)하게 (변화를 준다든지) 변하게 (한다는) 뜻으로, 신앙(信仰. 믿고 받드는 일. 또는 신·神이나 부처 등을 굳게 믿어 그 가르침을 지키고 그에 따르는 일), 의례(儀禮. 형식을 갖춘 예의), 몸단장 따위를 위하여 신체(身體)의 일부에 변화(變化)를 주는 습속(習俗. 어떤 사회나 지역의, 예로부터 내려오는 습관들이 생활화된 풍속)을 이르는 말. 유대교(~敎. 모세·Moses의 율법·律法을 기초로 발달한 유대 사람의 민족 종교)에서의 할례(割禮)를 대표적 예로 들 수 있으며, 입술에 연지(臙脂. 여자가 화장할 때에 입술에 바르거나 뺨에 찍는 붉은 빛깔의 염료)를 바르거나, 매니큐어(manicure)를 칠하는 따위도 이에 속한다고 볼 수 있다. 여기서, '할례(割禮)'는 남자 아이의 성기 끝 살가죽을 조금 베어내는 풍습을 이르는 말. 고대(古代)로 여러 종족 사이에 널리 행해졌으며, 지금도 유대교에서는 종교적 의식으로 엄격히 지켜지고 있다. *신체(身體): ☞신체발부(身體髮膚). *공교하다(工巧~): ①솜씨 따위가 재치 있고 교묘하다. ②공교롭다(工巧~). 즉, 생각지 않았던 우연한 사실과 마주치게 된 것이 이상하다.

신축-자재(伸縮自在 늘일 신/오그라들 축/스스로 자/있을 재) 늘이는 (것과) 오그라드는 (것이) (구애받지 않고) 스스로 있다. 즉, 마음대로 늘었다 줄었다 하는 데 구애(拘礙. 거리끼거나 얽매임)받지 아니한다는 뜻으로, 조건(條件)과 환경(環境)에 맞게 움직이는 것이 여유(餘裕)가 있고 구속(拘束. 마음대로 못하게 얽어맴)이 없음을 이르는 말. *신축(伸縮): 늘고 줆. 또는 늘이고 줄임. *자재(自在): ①저절로 있음. 또는 스스로 있음. ②구속이나 방해가 없이 마음대로임. *늘이다: ①아래로 길게 처지게 하다. ②본디보다 더 길게 하다. *오그라들다: 부록 '축(縮)' 참고.

신-출-귀-몰(神出鬼沒 귀신 신/날 출/귀신 귀/없을 몰) 귀신같이 나타났다가 귀신 같이 없어진다(사라진다)는 뜻으로, 그 움직임을 쉽게 알 수 없을 만큼 자유자재(自由自在. 본문 참고)로 나타나고 사라짐을 비유적으로 이르는 말. 또는 행동이 신속하고 변화가 심하여 예측할 수 없는 것을 비유적으로 이르는 말. 《관련 속담》 귀신이 곡할 노릇. 이 사자성어의 유래는 다음과 같다. 『회남자(淮南子)』 「병략훈(兵略訓)」에 〈교묘(巧妙)한 자(者)의 움직임은 귀신처럼 나타나고 귀신처럼 다니며, 별이 빛나고 하늘이 운행하는 것 같아 진퇴(進退) 굴신(詘伸)의 조짐도 나타나지 않고 한계도 없어 난새가 일어나듯, 기린이 떨치고 일어나듯, 봉황새가 날 듯, 용이 오르듯, 추풍과 같이 출발하여 놀란 용과 같이 빠르다.(善者之動也, 神出而鬼行, 星耀而玄逐, 進退詘伸, 不見朕掇, 鸞舉麟振, 鳳飛龍騰, 發如秋風, 疾如駭龍)〉라는 이야기가 나오는데, '귀신처럼 나타나고 귀신처럼 다니며,(神出而鬼行)'에서, '신출귀몰(神出鬼沒)'이 유래했다. 참고로, 원문의 '善者之動也'에서, '善'은 착할 '선', 훌륭할 '선'으로 읽고, '者'는 사람 '자'로 읽고, '之'는 어조사 '지'로 읽는다. '~의'를 나타내는 관형격 조사. '動'은 움직일 '동'으로 읽고, '也'는 어조사 '야'로 읽는다. '~이다(단정)'의 뜻을 나타내는데, 뒤의 문장(神出而鬼行)과 연결된다. '善者之動也'를 직역(直譯)하면, 훌륭한(교묘한) 사람의 움직임은, '神出而鬼行'에서, '神'은 귀신(鬼神) '신'으로 읽고, '出'은 날 '출'로 읽고, '而'는 말 이을 '이'로 읽는다. '그리고'의 뜻을 나타냄. '鬼'는 귀신(鬼神) '귀'로 읽고,

'行'은 다닐 '행', 행동할 '행'으로 읽는다. '鬼行'은, 직역(直譯)하면 귀신처럼 행동함. '神出而鬼行'을 직역(直譯)하면, 귀신같이 나타났다가 그리고 귀신처럼 행동함이며(행동하며), 여기서, '神出鬼沒'이 유래하였는데, 이것을 직역(直譯)하면, 귀신같이 나타났다가 귀신같이 없어진다(사라진다)는 뜻으로, 그 움직임을 쉽게 알 수 없을 만큼 자유자재(自由自在. 본문 참고)로 나타나고 사라짐을 비유적으로 이르는 말. 또는 행동이 신속하고 변화가 심하여 예측할 수 없는 것을 비유적으로 이르는 말. '星耀而玄逐'에서, '星'은 별 '성'으로 읽고, '耀'는 빛날 '요'로 읽고, '玄'은, 여기서는 신묘할(神妙~. 신통하고 영묘한, 즉, 훌륭하고 신비스러운) '현'으로 읽고, '逐'은 쫓을 '축'으로 읽는다. '星耀而玄逐'을 직역(直譯)하면, 별처럼 빛나고 그리고 신묘(神妙)하게 쫓는다. '進退詘伸'에서, '進'은 나아갈 '진'으로 읽고, '退'는 물러날 '퇴'로 읽는다. '進退'는 앞으로 나아가고 뒤로 물러남. '詘'은 굽을 '굴'로 읽는다. '屈'과 같은 글자이다. '伸'은 펼(굽은 것을 곧게 함) '신'으로 읽는다. '詘伸'은 '屈伸'과 같은 글자로, 팔, 다리 따위를 굽혔다 폈다 함. '進退詘伸'을 직역(直譯)하면, 앞으로 나아가고 뒤로 물러남과 팔, 다리 따위를 굽혔다 폈다 함에, '不見朕掇'에서, '不'은 아닐(부정하는 말) '불'로 읽고, '見'은 볼 '견'으로 읽고, '朕'은 조짐(兆朕. 좋거나 나쁜 일이 생길 기미가 보이는 현상) '짐'으로 읽고, '掇'은 그만 둘 '철', 중지(中止)할 '철'로 읽는다, '不見朕掇'을 직역(直譯)하면, 그만 둘 조짐(兆朕)도 보이지 않아, '鸞擧麟振'에서, '鸞'은 난새(중국 전설에 나오는 상상의 새) '란(난)'으로 읽고, '擧'는 일으킬(일어나게 함) '거'로 읽고, '麟'은 기린 '린(인)'으로 읽는다. 여기서, '기린(麒麟)'은 성인(聖人. 지혜와 덕이 매우 뛰어나 길이 우러러 본받을 만한 사람)이 이 세상에 나올 징조(徵兆. 어떤 일이 일어나려고 하는 조짐)로 나타난다고 하는 상상 속의 짐승을 일컫는다. 몸은 사슴 같고, 꼬리는 소 같고, 발굽과 갈기(말이나 사자 따위 짐승의 목덜미에 난 긴 털)는 말과 같으며, 빛깔은 오색(五色. 다섯 가지의 빛깔을 이르는 말. 보통 파랑, 노랑, 빨강, 하양, 검정을 일컬음)이라고 한다. '振'은 떨칠(세게 흔들어서 떨어지게 함) '진'으로 읽는다. '鸞擧麟振'을 직역(直譯)하면, 난새처럼 일으키고, 기린처럼 떨치며, '鳳飛龍騰'에서, '鳳'은 봉새(예로부터 중국의 전설에 나오는, 상서로움을 상징하는 상상의 새) '봉'으로 읽고, '飛'는 날 '비'로 읽고, '龍'은 용 '룡(용)'으로 읽고, '騰'은 오를 '등'으로 읽는다. '鳳飛龍騰'을 직역(直譯)하면, 봉황새가 날 듯, 용이 오르듯, '發如秋風'에서, '發'은 일어날 '발'로 읽고 '如'는 같을 '여'로 읽고, '秋'는 가을 '추'로 읽고, '風'은 바람 '풍'으로 읽는다. '發如秋風'을 직역(直譯)하면, 가을의 바람과 같이 일어나니, '疾如駭龍'에서, '疾'은 빠를 '질'로 읽고, '駭'는 놀랄 '해'로 읽는다. '疾如駭龍'을 직역(直譯)하면, 놀란 용과 같이 빠르다.

신-토-불-이(身土不二 몸 **신**/흙 **토**/아닐 **불**/두 **이**) 몸과 흙(땅)은 둘이 아니고 (하나라는) 뜻으로, 자기가 사는 땅에서 산출(産出. 물건을 생산해 냄)한 농산물(農産物)이라야 체질(體質. 날 때부터 지니고 있는, 몸의 생긴 바탕)에 잘 맞음을 이르는 말.

신-호-지-세(晨虎之勢 새벽 **신**/범 **호**/어조사 **지**/기세 **세**) 새벽에 (굶주린) 범(호랑이)의 기세(氣勢). 즉, 굶주린 새벽 호랑이 싸대듯 한다는 뜻으로, 매우 맹렬(猛烈)한 기세(氣勢)를 비유적으로 이르는 말. *기세(氣勢): 부록 '세(勢)' 참고.

신후-지-계(身後之計 몸 **신**/뒤 **후**/어조사 **지**/셈할 **계**) 몸이 (죽은) 뒤의 셈이라는 뜻으로, 죽은 뒤의 계획(計劃. 앞으로 할 일의 절차, 방법, 규모 따위를 미리 헤아려 작정함. 또는 그 내용). 즉, 죽은 뒤의 자손을 위한 계책(計策. 어떤 일을 이루기 위하여 꾀나 방법을 생각해 냄. 또는 그 꾀나 방법)을 이르는 말. *신후(身後): =사후(死後). 즉, 죽은 뒤.

신후-지-지(身後之地 몸 **신**/뒤 **후**/어조사 **지**/땅 **지**) 몸이 (죽은) 뒤에 (사용할) 땅이라는 뜻으로, 살아 있을 때에 미리 잡아두는 묏자리(묘를 쓸 자리)를 이르는 말. 여기서, '묘'는 사람의 무덤. *신후(身後): ☞신후지계(身後之計).

실가-지-락(室家之樂 집 **실**/집 **가**/어조사 **지**/즐거울 **락**) 집과 집의 즐거움이라는 뜻으로, 부부(夫婦) 사이의 화락(和樂. 화평하고 즐거움). 또는 화목(和睦. 서로 뜻이 맞고 정다움)한 즐거움을 이르는 말. =의가지락(宜家之樂). *실가(室家): 집 또는 가정.

실리-실득(實利實得 실제 **실**/이익 **리**/실제 **실**/득볼 **득**) 실제(實際)의 이익(利益)과 실제(實際)로 득(得) 보는 (것이라는) 뜻으로, 실제(實際)의 이득(利得)을 이르는 말. =실리실익(實利實益). *실리(實利): 실제로 얻는 이익. *실득(實得): 실제로 얻은 것. *실제(實際): 있는 그대로의, 또는 나타나거나 당하는 그대로의 상태나 형편.

실리-주의(實利主義 실제 **실**/이익 **리**/주될 **주**/옳을 **의**) 실제(實際)의 이익(利益)만을 (추구하는) 주된 주의(主義)라는 뜻으로, ①모든 일에 개인의 공명(功名. 공을 세워 널리 이름을 떨치는 일)과 이익(利益)만을 추구(追求)하는 경향(傾向)이나 태도(態度)를 이르는 말. =공리주의(功利主義). ②형벌(刑罰)은 사회(社會)의 안녕(安寧), 행복(幸福)의 보전(保全)을 목적으로 하는 사회(社會) 방위(防衛)의 수단으로, 사회의 필요(必要)와 실익(實益)에 기인(起因. 어떠한 것에 원인을 둠)한다는 태도(態度)를 이르는 말. =목적주의(目的主義). 공리주의(功利主義). *실리(實利): ☞실리실득(實利實得). *주의(主義): ①굳게 지키는 주장이나 방침. ②체계화된 이론이나 학설. *실제(實際): ☞실리실득(實利實得). *주되다(主~): 주장(主張)이나 중심(中心)이 되다.

실리-추구(實利追求 실제 **실**/이익 **리**/좇을 **추**/구할 **구**) 실제(實際)의 이익(利益)을 좇아 구(求)한다는 뜻으로, 실제(實際)로 얻는 이익(利益)을 이룰 때까지 뒤좇아 구(求)함을 이르는 말. *실리(實利): ☞실리실득(實利實得). *추구(追求): 목적한 바를 이루고자 끝까지 좇아 구(求)함. *실제(實際): ☞실리실득(實利實得). *좇다: ①남의 뒤를 따르다. ②남의 뜻을 따라 그대로 하다. ③대세(大勢. 대체의 형세, 또는 일이 진행되어 가는 결정적인 형세)를 따르다. *구하다(求~): 부록 '구(求)' 참고.

실망-낙담(失望落膽 잃을 **실**/바랄 **망**/떨어질 **낙**/쓸개 **담**) 바라는 (것을) 잃고 쓸개가 떨어졌다는 뜻으로, 희망을 잃고 낙심(落心. 바라던 일이 이루어지지 아니하여 마음이 상함)함. 또는 희망(希望)을 잃고 맥(脈)이 풀림을 비유적으로 이르는 말. *실망(失望): 희망을 잃음. 또는 일이 뜻대로 되지 않음. *낙담(落膽): ①일이 뜻대로 되지 않거나 실패로 돌아가 갑자기 기운(순우리말로, 생물이 살아 움직이는 원기·元氣, 또는 거기서 나오는 힘)이 풀림. ②바라던 일이 뜻대로 되지 않아 마음이 몹시 상함. *쓸개: 부록 '담(膽)' 참고.

실사-구-시(實事求是 사실 **실**/일 **사**/구할 **구**/옳을 **시**) 사실(실제)의 일에서 옳음을 구(求)한다. 즉, 실제(實際)에 근거(根據)하여 사실(事實)을 구(求)한다는 뜻으로, 사실(事實)에 토대(土臺)를 두어 진리(眞理)를 탐구(探究)하는 일. 또는 공리공론(空理空論. 본문 참고)을 떠나서 정확한 고증(考證. 옛 문헌이나 유물 따위를 서로 견주어 고찰하고 증거를 대어 설명함)을 바탕으로 하는 과학적(科學的), 객관적(客觀的) 학문(學問) 태도(態度)를 말하는 것으로, 중국 청(淸)나라 고증학(考證學)의 학문(學問) 태도(態度)에서 볼 수 있다. 조선 시대 실학파(實學派)의 학문(學問)에 큰 영향을 주었다. *실사(實事): 사실로 있는 일. *사실(事實): 실제로 있거나 실제로 있었던 일. *구하다(求~): 부록 '구(求)' 참고. 이 사자성어의 유래는 다음과 같다. 『한서(漢書)』의 「하간헌왕전(河間獻王傳)」 편(篇)에 〈하간헌왕(河間獻王)인 덕(德. 사람 이름)은 효경제(孝景帝. 중국 전한·前漢의 6대 임금) 2년에 하간왕(河間王)에 봉해졌는데, 학문의 탐구를 즐길 뿐만 아니라, 옛날 책을 좋아하며, 항상 사실로부터 옳은 결론을 얻어냈다. 따르는 백성들은 좋은 책을 얻으면 반드시 잘 필사(筆寫)를 해서 하간왕(河間王)에게 바치고, 진본(眞本)은 남겨 두었다.(河間獻王德以孝景前二年立, 修學好古, **實事求是**, 從民得善書, 必爲好寫與之, 留其眞.)〉라는 이야기가 나오는데, '항상 사실로부터 옳은 결론을 얻어냈다.(實事求是)'에서, '실사구시(實事求是)'가 유래했다. 이는 하간헌왕(河間獻王)인 유덕(劉德)의 학문하는 태도였다. 유덕(劉德)은 죽은 후에는 헌(獻)이라는 시호(諡號)를 받았으므로, 사람들은 그를 하간헌왕(河間獻王)이라 불렀다. 그리고 하간헌왕(河間獻王)인 덕(德. 사람 이름)은 하간헌왕(河間獻王)인 '유덕(劉德)'을 가리킨다. '중국 한(漢)나라의 효경제(孝景帝)'는 14명의 아들을 두었는데, 그 중의 하나가 한간헌왕(河間獻王)인 덕(德. 사람 이름)이다. 참고로 원문의 '河間獻王德以孝景前二年立'에서, '河'는 물 '하'로 읽고, '間'은 사이 '간'으로 읽고, '獻'은 드릴 '헌', 바칠 '헌'으로 읽고, '王'은 임금 '왕'으로 읽는다. '河間獻王'은 왕 이름. '德'은 큰 '덕', 덕(德. 고매하고 너그러운 도덕적 품성) '덕'으로 읽는다. 여기서는 하간헌왕(河間獻王)인 '유덕(劉德)'을 가리킴. '以'는 써(그것을 가지고, 그것으로 인하여) '이'로 읽고, '孝'는 효도 '효'로 읽고, '景'은 볕 '경', 경치 '경'으로 읽는다. '孝景'은 '효경제(孝景帝. 중국 전한·前漢의 6대 임금)'를 가리킴. '前'은 앞 '전'으로 읽고, '二'는 두 이로 읽고, '年'은 해 '년(연)'으로 읽고, '立'은 설 '립(입)', 세울 '립(입)'으로 읽는다. '前二年立'을 직역(直譯)하면, 2년 전에 세움. '河間獻王德以孝景前二年立'을 직역(直譯)하면, 하간헌왕(河間獻王)인 덕(德. '유덕·劉德'을 가리킴)은 효경제(孝景帝) 2년 전에 (나라를) 세움. '修學好古'에서, '修'는 닦을 '수'로 읽고, '學'은 배울 '학', 학문 '학'으로 읽는다. '修學'은 학문을 닦음. '好'는 좋아할 '호'로 읽고, '古'는 옛 '고'로 읽음. '修學好古'를 직역(直譯)하면, 학문을 닦고 옛것을 좋아하였고, '實事求是'에서, '實'은 사실 '실'로 읽고, '事'는 일 '사'로 읽고, '求'는 구할 '구'로 읽고, '是'는 옳을 '시'로 읽는다. '實事求是'를 직역(直譯)하면, 사실(實際)의 일에서 옳음을 구(求)한다. 즉, 실제(實際)에 근거(根據)하여 사실(事實)을 구(求)한다는 뜻으로, 사실(事實)에 토대(土臺)를 두어 진리(眞理)를 탐구(探究)하는 일. 또는 공리공론(空理空論. 본문 참고)을 떠나서 정확한 고증(考證. 옛 문헌이나 유물 따위를 서로 견주어 고찰하고 증거를 대어 설명함)을 바탕으로 하는 과학적(科學的), 객관적(客觀的)인 학문(學問) 태도(態度)를 말하는 것으로, 중국 청(淸)나라 고증학(考證學)의 학문(學問) 태도(態度)에서 볼 수 있다. 조선 시대 실학파(實學派)의 학문(學問)에 큰 영향을 주었다. '從民得善書'에서, '從'은 좇을 '종'으로 읽고, '民'은 백성 '민'으로 읽고, '得'은 얻을 '득'으로 읽고, '善'은, 여기서는 좋을 '선'으로 읽고, '書'는 글 '서', 책 '서'로 읽는다. '從民得善書'를 직역(直譯)하면, (하간왕을) 좇는 백성이 좋은 책을 얻으면, '必爲好寫與之'에서, '必'은 반드시 '필'로 읽고, '爲'는 할 '위'로 읽고, '寫'는 베낄 '사'로 읽고, '與'는 줄 '여'로 읽고, '之'는 어조사 '지'로 읽는다. '그것'을 가리키는 지시 대명사. '必爲好寫與之'를 직역(直譯)하면, 반드시 좋게 베끼는 (일을) 하여 그것(베낀 것)을 (하간왕에게) 주었으며(바쳤으며), '留其眞'에서, '留'는 머무를 '류(유)'로 읽고, '其'는 그(지시하는 말) '기'로 읽고, '眞'은 참 '진'으로 읽는다. '留其眞'을 직역(直譯)하면, 그 참된 것(진본)은 머무르게 하였다(남겨 두었다).

실성-통곡(失性痛哭 잃을 **실**/바탕 **성**/아플 **통**/울 **곡**) 바탕을 잃고 아파서 운다는 뜻으로, 정신(精神)에 이상(異常)이 생길 정도로 슬프게 통곡(痛哭)함을 이르는 말. *실성(失性): 정신에 이상이 생겨, 본정신을 잃음. *통곡(痛哭): 목 놓아 큰 소리로 욺. *바탕: ①사람의 타고난 성질이나 체질(體質. 날 때부터 지니고 있는, 몸의 생긴 바탕) 또는 재질(才質. 재주와 기질). 여기서, '재주'는 순우리말로, 무엇을 잘할 수 있는, 타고난 능력과 슬기. ②어떤 물건의 재료(材料) 또는 품질(品質). ③직물(織物)이나 물체(物體)의 바닥 또는 빛깔.

실-어-공중(失於空中 잃을 **실**/어조사 **어**/빌 **공**/가운데 **중**) 빈 가운데(공중)에서 잃었다는 뜻으로, 물건(物件)을 아무렇게나 씀을 이르는 말. 또는 물건(物件)을 사용하고는 아무렇게나 내버려두어 어디에서 잃었는지 모름을 이르는 말. *공중(空中): 지구 표면을 둘러싸고 있는 공간. 또는 하늘과 땅 사이의 빈 곳. *어조사(語助辭): 부록 '어(於)' 참고.

실용-주의(實用主義 실제 **실**/쓸 **용**/주될 **주**/옳을 **의**) 실제(實際)의 쓰는 (것에) (중점을 두는) 주된 주의(主義)라는 뜻으로, 철학에서, 실생활에 유용한 지식과 실용성이 있는 이론만이 진리로서의 가치가 있다는 생각을 이르는 말. 또는 19세기 후반 이후 미국을 중심으로, 실제 결과가 진리를 판단하는 기준이라고 주장하는 철학 사상을 이르는 말. 행동을 중시하며, 사고나 관념의 진리성은 실험적인 검증을 통하여 객관적으로 타당한 것이어야 한다는 주장으로, 제임스(James), 듀이(Dewey) 등(等)이 대표적이다. =실제주의(實際主義). *실용(實用): (치레가 아니고) 실제로 씀. *주의(主義): ①굳게 지키는 주장이나 방침. ②체계화된 이론이나 학설. *실제(實際): 있는 그대로의, 또는 나타나거나 당하는 그대로의 상태나 형편. *주되다(主~): 주장(主張)이나 중심(中心)이 되다.

실적-주의(實績主義 실제 **실**/공 **적**/주될 **주**/뜻 **의**) 실제(實際)의 공(功)을 (중요시하는) 주된 주의(主義)라는 뜻으로, 실제(實際)의 업적(業績)이나 공적(功績)을 기초로 하여 인사 행정을 하는 주의(主義)를 이르는 말. 시험 성적이나 근무 성적 따위에 중점을 둔다. *실적(實績): (어떤 일에서 이룬) 실제의 공적(功績)이나 업적(業績). *주의(主義): ☞실용주의(實用主義). *공(功): ①'공로(功勞)'의 준말. 즉, 어떤 일에 이바지한 공적과 노력. ②'공력(功力)'의 준말. 즉, 애써 들인 힘. *실제(實際): ☞실용주의(實用主義). *주되다(主~): ☞실용주의(實用主義).

실천-궁행(實踐躬行 실제 **실**/행할 **천**/몸소 **궁**/행할 **행**) 실제(實際)로 행하고 몸소 행(行)한다는 뜻으로, 실제로 몸소 이행(履行)함을 이르는 말. 즉, 말로만 하지 않고 실제로 행동하고, 남에게 시키지 않고 몸소 직접 행동함을 이르는 말. *실천(實踐): 실제로 이행함. *궁행(躬行): 몸소 실행함. *실제(實際): ☞실용주의(實用主義). *몸소: ①자기 스스로. =직접. ②(윗사람이) 친히. *행하다(行~): (작정한 대로) 하여 나가다.

심-광-체-반(心廣體胖 마음 **심**/넓을 **광**/몸 **체**/살찔 **반**) 마음이 넓으면 몸이 살찐다는 뜻으로, 마음이 너그러우면, 몸이 편해 살이 찜을 이르는 말. 웹 십목소시(十目所視). 이 사자성어의 유래는 다음과 같다. 『대학(大學)』 전문 6장(傳文六章) 「성의(誠意)」 편(篇)에 〈이른바 뜻을 성실히 한다는 것은 스스로를 속이지 않는 것을 말한다. ⋯증자(曾子)는 말했다. "옆 사람의 눈이 보는 바요, 열 사람의 손가락이 가리키는 바이니, 얼마나 엄한가?" 부유함은 집을 윤택하게 하고, 덕(德. 고매하고 너그러운 도덕적 품성)은 몸을 윤택하게 한다. 마음이 넓어지고 몸이 펴지니, 그런 까닭에 군자(君子. <u>학문과 덕·德이 높고 행실·</u><u>行實이 바르며 품위·品位를 갖춘 사람</u>)는 반드시 그 뜻을 성실히 해야 하는 것이다.(所謂誠其意者, 毋自欺也, …·曾子曰, 十目所視, 十手所指, 其嚴乎. 富潤屋, 德潤身, **心廣體胖**, 故君子必誠其意.)〉라는 이야기가 나오는데, '마음이 넓어지고 몸이 펴지니,(心廣體胖)'에서, '심광체반(心廣體胖)'이 유래했다. 참고로, 원문의 '所謂誠其意者'에서, '所'는 바(앞에서 말한 내용 그 자체나 일 따위를 나타내는 말) '소'로 읽고, '謂'는 일컬을 '위'로 읽는다. '所謂'는 '이른바'와 같은 말로, 세상에서 말하는 바. '誠'은 정성(精誠. <u>온갖 힘을 다하려는 참되고 성실한 마음</u>) '성', 진실(眞實. <u>마음에 거짓이 없고 순수하고 바름</u>) '성'으로 읽고, '其'는 그(<u>지시하는 말</u>) '기'로 읽고, '意'는 뜻 '의'로 읽고, '者'는 것(<u>사물, 현상, 일 따위를 추상적으로 이르는 말</u>) '자'로 읽는다. '所謂誠其意者'를 직역(直譯)하면 이른바 그 뜻을 정성스럽게 (편다는 것은), '毋自欺也'에서, '毋'는 아닐(<u>부정하는 말</u>) '무'로 읽는다. '不'과 같은 말이다. '自'는 스스로 '자'로 읽고, '欺'는 속일 '기'로 읽고, '也'는 어조사 '야'로 읽는다. '~이다(<u>단정</u>)'의 뜻을 나타냄. '毋自欺也'를 직역(直譯)하면, 스스로 속이지 않는 (것)이다. '曾子曰'에서, '曾'은 일찍 '증'으로 읽고, '子'는 경칭(敬稱. <u>공경하는 뜻으로 부르는 칭호, 또는 존대하여 일컬음</u>) '자'로 읽는다. 학덕(學德)과 지위가 높은 남자의 경칭(敬稱)이다. '曾子'는 사람 이름. '曾子曰'을 직역(直譯)하면, 증자(曾子)가 말하기를, '十目所視'에서, '十'은 열 '십'으로 읽고, '目'은 눈 '목'으로 읽고, '所'는 바(<u>앞에서 말한 내용 그 자체나 일 따위를 나타내는 말</u>) '소'로 읽고, '視'는 볼 '시'로 읽는다. '十目所視'를 직역(直譯)하면, 열[十]의 눈으로 보고 (있는) 바[所]요, 즉, 열 사람이 다 보고 있는 바[所]라는 뜻으로, 많은 사람들이 지켜보기 때문에 세상의 눈을 숨길 수 없거나, 세상(世上) 사람을 속일 수 없음을 비유적으로 이르는 말. '十手所指'에서, '十'은 열 '십'으로 읽고, '手'는 손 '수'로 읽고, '指'는 가리킬 '지'로 읽는다. '十手所指'를 직역(直譯)하면, 열 (사람의) 손으로 가리키는 바이니, '其嚴乎'에서, '其'는 그(<u>지시하는 말</u>) '기'로 읽고, '嚴'은 엄할 '엄'으로 읽고, '乎'는 어조사 '호'로 읽는다. '~는가?', '~인가(<u>의문</u>)'의 뜻을 나타냄. '其嚴乎'를 직역(直譯)하면, 그것이 (얼마나) 엄한가? '富潤屋'에서, '富'는 넉넉할 '부'로 읽고, '潤'은 윤택(潤澤. <u>살림이 풍부함</u>)할 '윤'으로 읽고, '屋'은 집 '옥'으로 읽는다. '富潤屋'을 직역(直譯)하면, 넉넉함(<u>부유함</u>)은 집을 윤택(潤澤)하게 하고, '德潤身'에서, '德'은 큰 '덕', 덕(德. <u>고매하고 너그러운 도덕적 품성</u>) '덕'으로 읽고, '身'은 몸 '신'으로 읽는다. '德潤身'을 직역(直譯)하면, 덕(德)은 몸을 윤택하게 한다. 즉, 사람이 덕(德)이 있으면 그 인격이 저절로 <u>남의 눈에 드러나 보임을 이르는 말</u>. '心廣體胖'에서 '心'은 마음 '심'으로 읽고, '廣'은 넓을 '광'으로 읽고, '體'는 몸 '체'로 읽고, '胖'은 살찔 '반'으로 읽는다. '心廣體胖'을 직역(直譯)하면, 마음이 넓으면 몸이 살찐다는 뜻으로, 마음이 너그러우면, 몸이 편해 살이 찜을 이르는 말. '故君子必誠其意'에서, '故'는 그러므로 '고'로 읽고, '君'은 군자(君子) '군'으로 읽고, '子'는 경칭(敬稱. <u>공경하는 뜻으로 부르는 칭호, 또는</u> <u>존대하여 일컬음</u>) '자'로 읽는다. 학덕(學德)과 지위가 높은 남자의 경칭(敬稱)이다. '君子'는 행실이 점잖고 어질며 덕(德. <u>고매하고 너그러운 도덕적 품성</u>)과 학식이 높은 사람. '必'은 반드시 '필'로 읽고, '誠'은 정성(精誠) '성', 진실(眞實) '성'으로 읽고, '其'는 그(<u>지시하는 말</u>) '기'로 읽고, '意'는 뜻 '의'로 읽는다. '故君子必誠其意'를 직역(直譯)하면, 그러므로 군자(君子)는 반드시 그 뜻을 정성스럽게 (펴야 한다).

심-근-고-저(深根固柢 깊을 **심**/뿌리 **근**/굳을 **고**/뿌리 **저**) 깊은 뿌리와 굳은(단단한) 뿌리. 즉, 뿌리가 깊이 박히면 움직이지 않는다는 뜻으로, 바탕이 튼튼함을 비유적으로 이르는 말.

심기-일전(心機一轉 마음 **심**/기회 **기**/한 **일**/구를 **전**) 마음의 기회(機會)를 한 (번) 굴린다는 뜻으로, 어떤 동기(動機. 어떤 일이나 행동을 일으키게 하는 계기)가 있어 이제까지 가졌던 마음가짐을 버리고 완전히 달라짐을 이르는 말. 또는 어떤 계기(契機. 어떤 일이 일어나거나 결정되는 근거나 기회)에 의하여 이전까지의 마음을 완전히 바꿈을 이르는 말. *심기(心機): 마음의 움직임. 또는 그런 틀. *일전(一轉): ①한 번 돎. ②아주 변함. 또는 싹 바뀜.

심량-처-지(深諒處之 깊을 **심**/헤아릴 **량**/처리할 **처**/어조사 **지**) 그것을 깊이 헤아려 처리한다는 뜻으로, 사정 따위를 깊이 살피고 헤아려 처리(處理)함을 이르는 말. 여기서, '지(之)'는 '그것'을 나타내는 지시대명사이다. *심량(深諒): 사정 따위를 깊이 살펴 헤아림. *헤아리다: ①(수량을) 세다. 또는 셈하다. ②짐작으로 가늠하여 살피다. 또는 미루어 짐작하다. *처리하다(處理~): ①(사무나 사건을) 정리하여 치우거나 마무리를 짓다. ②(어떤 결과를 얻으려고) 화학적, 물리적 작용을 일으키다.

심-만-의-족(心滿意足 마음 **심**/가득할 **만**/뜻 **의**/넉넉할 **족**) (조금도 모자람이 없을 정도로) 마음에 가득하고 (무엇을 이루고자 하는) 뜻이 넉넉하여 (만족하다는) 뜻으로, 마음에 흡족(洽足. 조금도 모자람이 없을 정도로 넉넉하여 만족함)함을 이르는 말.

심모-원려(深謀遠慮 깊을 **심**/꾀 **모**/멀 **원**/생각할 **려**) 깊은 꾀와 먼 생각이라는 뜻으로, 깊은 꾀와 먼 장래(將來)를 내다보는 생각을 이르는 말. *심모(深謀): 깊은 계략(計略. 계획·計劃과 책략·策略. 즉, 일을 처리하는 꾀와 방법)이나 음모(陰謀. 몰래 좋지 못한 일을 꾸밈. 또는 그 꾸민 일)을 이르는 말. *원려(遠慮): 먼 앞일을 잘 헤아려 생각함. 또는 그 생각. *꾀: 부록 '모(謀)' 참고.

심목-고-준(深目高準 깊을 **심**/눈 **목**/높을 **고**/콧마루 **준**) 깊은 눈과 높은 콧마루라는 뜻으로, 비교적 수려(秀麗. 빼어나게 아름다움)한 남자의 생김새를 이르는 말. *심목(深目): 깊이 들어간 눈. *콧마루: 부록 '준(準)' 참고.

심미-주의(審美主義 자세히 밝힐 **심**/아름다울 **미**/주될 **주**/옳을 **의**) 아름다움을 자세히 밝히는 (것에만) 주된 (가치를 두는) 주의(主義)라는 뜻으로, 아름다움을 최고(最高)의 가치(價値)로 여겨, 이를 추구(追求)하는 문예사조(文藝思潮)를 이르는 말. 19세기 후반 영국을 비롯한 유럽(Europe)에서 나타났으며, 페이터(Pater), 보들레르(Baudelaire), 와일드(Wilde) 등(等)이 대표적 인물이다. =유미주의(唯美主義). 탐미주의(耽美主義). *심미(審美): 아름다움을 살펴 찾음. *주의(主義): ①굳게 지키는 주장이나 방침. ②체계화된 이론이나 학설. *주되다(主~): 주장(主張)이나 중심(中心)이 되다.

심복-지-병(心腹之病 가슴 **심**/배 **복**/어조사 **지**/병들 **병**) 가슴과 배[腹]에 (생긴) 병(病)이라는 뜻으로, 쉽게 치료(治療)하거나 고치기 어려운 병(病)을 비유적으로 이르는 말. =심복지질(心腹之疾). 심복지환(心腹之患). *심복(心腹): ①가슴과 배. ②요긴하게 쓰이는 물건이나 일. ③'심복지인(心腹之人)'의 준말. 여기서는 ①의 뜻.

심복-지-우(心腹之友 가슴 **심**/배 **복**/어조사 **지**/벗 **우**) 가슴과 배[腹]의 벗이라는 뜻으로, 마음을 터놓고 지내는 아주 친한 벗을 이르는 말. *심복(心腹): ☞심복지병(心腹之病). 여기서는 믿을 만한 주변의 사람.

심복-지-인(心腹之人 가슴 **심**/배 **복**/어조사 **지**/사람 **인**) 자기의 가슴과 배[腹]처럼 (믿을 수 있는) 사람이라는 뜻으로, 마음 놓고 믿을 수 있는 부하. 또는 마음 놓고 부리거나 일을 맡길 수 있는 사람을 비유적으로 이르는 말. 주로 아랫사람에게 쓰는 표현이다. 여기서, '부리다'는 (사람을 시켜) 일을 하게 하다.

*심복(心腹): ☞심복지병(心腹之病). 여기서는 믿을 만한 주변의 사람.

심복-지-질(心腹之疾 가슴 **심**/배 복/어조사 **지**/병 질) 가슴과 배에 생긴 병(病)이라는 뜻으로, 쉽게 치료(治療)하거나 고치기 어려운 병(病)을 이르는 말. =심복지병(心腹之病). 심복지환(心腹之患). *심복(心腹): ☞심복지병(心腹之病). 이 사자성어의 유래는 다음과 같다. 『좌전(左傳)』의 「애공(哀公) 11년」 편(篇)에 [춘추시대(春秋時代)에 오(吳)나라 왕(王)인 합려(闔閭)는 월(越)나라 왕(王)인 구천(勾踐)과 싸우다 입은 상처가 도져 죽었다. 합려(闔閭)의 아들 부차(夫差)는 실력을 키워 월(越)나라를 정벌(征伐. 적 또는 죄 있는 무리를 무력으로써 침)함으로써 아버지의 원한(怨恨. 억울하고 원통한 일을 당하여 응어리진 마음)을 갚았다. 싸움에 패(敗)한 월왕(越王. 월나라의 왕)인 구천(勾踐)은 (오·吳나라) 부차(夫差)의 노예 노릇을 하다가 석방되어 월(越)나라에 돌아와 복수의 칼을 갈았다. 당시(當時. 일이 있었던 바로 그때, 또는 이야기하고 있는 그 시기) 부차(夫差)는 패자(霸者. 예전에 황제·皇帝로부터 일정한 지역을 다스릴 권한을 부여받은 제후·諸侯들의 우두머리)가 되기 위해 제(齊)나라를 공격(攻擊)하려고 했었는데, 구천(勾踐)이 군사(軍士)를 파견하는 것을 물론 자신도 오왕(吳王. 오나라의 왕)을 따라 종군(從軍. 군대를 따라 전쟁터로 나감)하겠다는 의사를 전해 왔다. 오왕(吳王)은 월(越)나라의 예물(禮物. 고마움을 나타내거나 예의를 갖추기 위하여 보내는 돈이나 물건)과 군사(軍士)만을 거두고(벌여 놓거나 차려 놓은 것을 정리하고, 또는 흩어져 있는 물건 따위를 한데 모으고) 월왕(越王)의 종군(從軍)은 사양(辭讓. 겸손하여 받지 아니하거나 응하지 아니함)했다.]〈오(吳)나라가 제(齊)나라를 치려고 하자, 월왕(越王)이 군사들을 거느리고서 알현(謁見. 지체가 높고 귀한 사람을 찾아가 뵘)하고 축하를 올렸다. 여기서, '지체'는 순우리말로, 대대로 이어 내려오는 사회적 신분이나 지위를 일컬음. 그리고 왕으로부터 모든 신하에 이르기까지 선물을 안겨 주었다. 오(吳)나라 사람들은 모두들 기뻐하였지만, 오직 오자서(伍子胥)만은 불안해하여 말했다. "이는 오(吳)나라를 해(害)하는 것이다." 즉, 오자서(伍子胥)는, 월왕(越王)의 이러한 행동이 오(吳)나라의 경계심을 늦추게 하려는 속셈임을 간파했기 때문이다. 그러고는 오왕(吳王)에게 간언(諫言. 웃어른이나 임금에게 옳지 못하거나 잘못된 일을 고치도록 하는 말)을 올렸다. "월(越)나라는 우리에게 가슴이나 배에 생긴 질병과 같은 존재입니다. 즉, 월(越)나라는 머지않아 우리에게 화근(禍根. 재앙. 즉, 뜻하지 아니하게 생긴 불행한 사고의 근원)으로 병폐(病弊. 오랜 세월을 지나는 동안에, 그 사물의 내부에 생긴 폐해)가 생길 수 있는 존재라는 뜻이다. 그러니까 질병(疾病)의 근원을 치료하듯이, 월(越)나라를 먼저 정복(征服)해서 화근(禍根)을 없애야 한다는 절박감(切迫感. 일이 급하여 몹시 긴장된 느낌)이 숨겨져 있는 것이다. 땅이 서로 인접해 있을 뿐만 아니라, 우리를 노리고 있습니다. 그들이 복종하는 것은 제(齊)나라를 치는 것을 도움으로써 우리를 노리는 것입니다. 즉, 월(越)나라가 지금은 겉으로 복종하는 척하지만, 실제로는 우리나라를 집어 삼킬 계책(計策. 어떤 일을 이루기 위하여 꾀나 방법을 생각해 냄. 또는 그 꾀나 방법)을 도모(圖謀. 어떤 일을 이루기 위하여 대책과 방법을 세움)하고 있음을 예언하고 있는 것이다. (따라서) 일찌감치 (월·越나라를) 멸(滅)해 버리는 것이 낫습니다."(吳將伐齊, 越子率其衆以朝焉, 王及列士, 皆有饋賂, 吳人皆喜, 惟子胥懼, 曰, 是豢吳也夫. 諫曰, **越在我, 心腹之疾也**, 壞地同, 而有欲於我, 夫其柔服, 求齊其欲也, 不如早從事焉.)〉[설령 제(齊)나라를 쳐서 뜻을 이룬다 해도 자갈밭을 얻는 것과 같아 아무런 쓸모가 없습니다. 즉, 오자서(伍子胥)는, 왕께서 빨리 월(越)나라를 멸(滅)하여 후환(後患. 어떤 일로 말미암아 뒷날 생기는 걱정과 근심)을 없애지 않고 도리어 만만하게 보이는 제(齊)나라를 공격하려는 것은, 참으로 지혜로운 일이 아니라는 것을 간언(諫言, 웃어른이나 임금에게 옳지 못하거나 잘못된 일을 고치도록 하는 말)하는 것이다. 월(越)나라가 망하지 않으면 오(吳)나라가 그 해(害)를 입게 됩니다. (사람들이) 의사에게 질병을 없애라고 하면서 질병을 남겨두라고 하는 사람은 없습니다. 즉, 우리가 의사(醫師)에게 질병을 제대로 치료해 달라고 부탁하면서, 그 병의 뿌리는 남겨 두라고 할 사람은 아무도 없습니다. 월(越)나라를 먼저 치는 것은 병의 뿌리를 근원적으로 없애는 것과 같은 이치(理致)임을 우회적(迂廻·回的, 곧바로 가지 않고 멀리 돌아서 가는 것)으로 말한 것이다. 부차(夫差)는 오자서(伍子胥)의 간언(諫言)을 듣지 않았고, 결국 오(吳)나라는 나중에 월(越)나라에 멸망당하고 말았다.]라는 이야기가 나오는데, '월(越)나라는 우리에게 가슴이나 배에 생긴 질병과 같은 존재입니다.(越在我, 心腹之疾也)'에서, '심복지질(心腹之疾)'이 유래했다. '심복지질(心腹之疾)'은 '복심지질(腹心之疾)', '심복지환(心腹之患)'이라고도 한다. 그런데 월(越)나라의 왕(王)인 '구천(勾踐)'과 '구천(句踐)'은 동일인이다. 『고사성어대사전』(시대의 창)에는 '구천(勾踐)'으로, 다른 자료에는 '구천(句踐)'으로 한자(漢字)가 다르게 표기되어 있다. 여기서는 『고사성어대사전』(시대의 창)을 따랐다. '결국 부차(夫差)는 오자서(伍子胥)의 간언(諫言)을 듣지 않았고, 오(吳)나라는 나중에 월(越)나라에게 멸망당하고 말았다.'라고 되어 있다. 여기서 우리는 심복지질(心腹之質)의 교훈(敎訓, 앞으로의 행동이나 생활에 지침이 될 만한 것을 가르치는 일, 또는 그런 가르침)을 알 수 있다. 그것은 바로 아랫사람의 간언(諫言)은 귀담아 들을 필요가 있다는 것이다. 귀에 그슬리는 말은 대개 몸에 이롭기 때문이다. 참고로, 원문의 '吳將伐齊'에서, '吳'는 나라 이름 '오'로 읽고, '將'은 장차(張次. 앞으로'의 뜻으로, 미래의 어느 때를 나타내는 말) '장'으로 읽고, '伐'은 칠 '벌'로 읽고, '齊'는 제(齊)나라 '제'로 읽는다. '吳將伐齊'를 직역(直譯)하면, 오(吳)나라가 장차 제(齊)나라를 치려고 하자, '越子率其衆以朝焉'에서, '越'은 나라 이름 '월'로 읽고, '子'는 경칭(敬稱. 공경하는 뜻으로 부르는 칭호, 또는 존대하여 일컬음) '자'로 읽는다. 학덕(學德)과 지위가 높은 남자의 경칭(敬稱)이다. '越子'는 '월왕(越王)'을 가리킴. '率'은 거느릴 '솔'로 읽고, '其'는 그(지시하는 말) '기'로 읽고, '衆'은 무리 '중'으로 읽고, '以'는 써(그것을 가지고, 그것으로 인하여) '이'로 읽고, '朝'는 임금 뵐 '조'로 읽고, '焉'은 어조사 '언'으로 읽는다. '~이다(단정)'의 뜻을 나타냄. '越子率其衆以朝焉'을 직역(直譯)하면, 월(越)나라 왕이 그 무리들(신하들)을 거느리고 그것으로 인하여 임금을 뵈었다. '王及列士'에서, '王'은 임금 '왕'으로 읽고, '及'은 미칠(영향이나 작용 따위가 대상에 가하여지는) '급'으로 읽는다. 여기서는, 문장에서 같은 종류의 성분을 연결할 때 쓰는 것으로, '그리고', '그 밖에', '또' 따위의 의미를 나타낸다. '列'은 여러 '렬(열)' 나란히 설 '렬(열)'로 읽고, '士'는 선비 '사'로 읽는다. '王及列士'를 직역(直譯)하면, 왕(오나라 왕)과 나란히 서 있는 선비(관리)는, '皆有饋賂'에서, '皆'는 다 '개', 모두 '개'로 읽고, '有'는, 여기서는 가질 '유'로 읽는다. '보유(保有)'의 '유(有)'가 가질 '유'의 뜻이 있다. '饋'는 선사(膳賜. 존경, 친근, 애정의 뜻을 나타내기 위하여 남에게 선물을 줌)할 '궤'로 읽고, '賂'는 선사(膳賜)할 '뢰(뇌)'로 읽는다. '皆有饋賂'를 직역(直譯)하면, 모두에게 선물(膳物)을 가지게 했다. '吳人皆喜'에서, '吳'는 나라 이름 '오'로 읽고, '人'은 사람 '인'으로 읽는다. '吳人'을 직역(直譯)하면 오(吳)나라 사람. '喜'는 기쁠 '희'로 읽는다. '吳人皆喜'를 직역(直譯)하면, 오(吳)나라 사람 모두가 기뻐했지만, '惟子胥懼'에서, '惟'는 오직 '유'로 읽고, '子'는 아들 '자'로 읽고, '胥'는 서로 '서'. 함께 '서'로 읽는다. '子胥'는 '오자서(伍子胥)'를 가리킴. '懼'는 두려워할 '구'로 읽는다. '惟子胥懼'를 직역(直譯)하면, 오직 오자서(伍子胥)는 두려워하였다. '是豢吳也夫'에서, '是'는 이(지시하는 말) '시'로 읽고, '豢'은 (미끼로) 꾈 '환'으로 읽는다. 여기서, '미끼'는 사람이나 동물을 꾀어내기 위한 물건이나 수단을 비유적으로 이르는 말. 본디 '미끼'는 낚시 끝에 꿰는 물고기의 먹이를 이르는 말이다. 주로 지렁이, 새우, 밥알 따위를 미끼로 사용함. '也'는 어조사 '야'로 읽는다. '~이다(단정)'의 뜻을 나타냄. '夫'는 어조사 '부'로 읽는다. 문장의 중간이나 끝에 놓여 감탄(~도다, ~구나) 또는 의문을 나타냄. '是豢吳也夫'를 직역(直譯)하면, 이것이 오(吳)나라를 (미끼로) 꾀는 것이구나. '諫曰'에서, '諫'은 간할(諫~. 웃어른이나 임금에게 옳지 못하거나 잘못된 일을 고치도록 말함) '간'으로 읽는다. '諫曰'을 직역하면, 간(諫)하여 말하기를, '越在我'에서, '越'은 나라 이름 '월'로 읽고, '在'는 있을 '재'로 읽고, '我'는 나(1인칭 대명사) '아', 우리 '아'로 읽는다. '越在我'를 직역(直譯)하면, 월(越)나라는 우리(오·吳나라)에게 있어서, '心腹之疾也'에서, '心'은 마음 '심', 가슴 '심'으로 읽고, '腹'은 배 '복'으로 읽고, '之'는 어조사 '지'로 읽는다. '~에', '~에서(위치)'의 뜻을 나타냄. '疾'은 병 '질'로 읽고, '也'는 어조사 '야'로 읽는다. '~이다(단정)'의 뜻을 나타냄. '心腹之疾也'를 직역(直譯)하면, (사람에 비하면) 심복(心腹)에 질병이 (있는) 것이다. 여기서, '心腹之疾'과 '心腹之患'이 유래하였는데, '心腹之疾'을 직역(直譯)하면, 가슴과 배에 생긴 병(病)이라는 뜻으로. 쉽게 치료(治療)하거나 고치기 어려운 병(病)을 이르는 말이고, '心腹之患'을 직역(直譯)하면, 가슴과 배[腹]에 생긴 병(病)이라는 뜻으로, ①쉽게 치료(治療)하거나 고치기 어려운 병(病)을 이르는 말. =심복지병(心腹之病). 심복지질(心腹之疾). ②해결(解決)하거나 없애기 어려운 근심이나 병폐(病弊. 오랜 세월을 지나는 동안에, 그 사물의 내부에 생긴 폐해)를 비유적으로 이르는 말. '壞地同'에서, '壞'는 무너뜨릴 '괴'로 읽고, '地'는 땅 '지'로 읽고, '同'은 함께 '동', 같을 '동'으로 읽는다. '壞地同'을 직역(直譯)하면, 땅을 함께 무너뜨릴 (정도로 인접해 있어), '而有欲於我'에서, '而'는 말 이을 '이'로 읽는다. '그리고'의 뜻을 나타냄. '有'는 있을 '유'로 읽고, '欲'은 하고자 할 '욕'으로 읽고, '於'는 어조사 '어'로 읽는다. '~에게'의 뜻을 나타냄. '我'는 나(1인칭 대명사) '아', 우리 '아'로 읽는다. '而有欲於我'를 직역(直譯)하면, (월나라는) 그리고 우리에게 하고자 하는 것이 있음. 즉, 우리에게 노리는 것이 있다는 말이다. '夫其柔服'에서, '夫'는 발어사(發語辭) '부'로 읽는다. '발어사(發語辭)'는 문장의 서두에 놓여 '대저', 또는 '대체로'의 뜻을 나타냄. '柔'는 부드러울 '유', 순할 '유'로 읽고, '服'은 좇을 '복', 복종할 '복'으로 읽는다. '夫其柔服'은 직역(直譯)하면, 대체로 그가(그들이) (우리에게) 부드럽게 복종함은, '求齊其欲也'에서, '求'는 구(求)할 '구'로 읽는다. 여기서는 '구(救)'의 뜻으로 쓰였다. 어렵거나 위태로운 처지에 있는 사람을 그곳에서 벗어나도록 도와준다는 의미이다. '齊'는 제(齊)나라 '제'로 읽는다. '求齊其欲也'를 직역(直譯)하면, 제(齊)나라를 구(求)함으로써 그것을 (얻으려) 하고자 함입니다. 즉, 제(齊)나라를 치는 것을 도움으로써 우리를 노리는 것입니다. '不如早從事焉'에서, '不'은 아닐(부정하는 말) '불'로 읽고, '如'는 같을 '여'로 읽고, '무'는 일찍 '조'로 읽고, '從'은 좇을 '종'으로 읽고, '事'는 일 '사'로 읽는다. '從事'는 어떤 일에 마음과 힘을 다함. 여기서는 '적을 멸(滅)함'을 뜻함. '不如早從事焉'을 직역(直譯)하면, 일찍이 어떤 일(적·敵을 멸·滅하는 일)을 좇는 것만 같지 못합니다. 그런데 이 외에 『후한서(後漢書)』의 「진번전(陳蕃傳)」 편(篇)에 〈나라 밖에 도적이 있는 것은 사지(四支)에 든 병과 같지만, 나라 안의 정치가 잘 다스려지지 않는 것은 가슴이나 배에 생긴 병과 같다.(寇賊在外, 四支之疾, 內政不理, 心腹之疾也.)〉라는 이야기가 나오는데, '가슴이나 배에 생긴 병과 같다.(心腹之疾也)'에서, '心腹之疾'이 유래했다. 참고로, 원문의 '寇賊在外'에서, '寇'는 도둑 '구'로 읽고, '賊'은 도둑 '적'으로 읽고, '在'는 있을 '재'로 읽고, '外'는 바깥 '외'로 읽는다. '寇賊在外'를 직역(直譯)하면 (나라) 밖에 도둑이 있음은, '四支之疾'에서, '四'는 넉 '사'로 읽고, '支'는 지탱할 '지'로 읽는다. '사지(四支)'는 사람의 두 팔과 두 다리를 통틀어 이르는 '사지(四肢)'와 같은 뜻으로 쓰였음. '之'는 어조사 '지'로 읽는다. '~의'를 나타내는 관형격 조사. '疾'은 병 '질'로 읽는다. '四支之疾'은 사지(四肢)의 병과 (같다). '內政不理'에서, '內'는 안 '내'로 읽고, '政'은 정사(政事. <u>정치 또는 행정에 관한 일</u>) '정'으로 읽는다. '內政'은 국내의 정치. '不'은 아닐(<u>부정하는 말</u>) '불'로 읽고, '理'는 다스릴 '리(<u>이</u>)'로 읽는다. '內政不理'를 직역(直譯)하면, 국내의 정치가 (잘) 다스려지지 않음은, '心腹之疾也'에서, '心'은 마음 '심', 가슴 '심'으로 읽고, '腹'은 배 '복'으로 읽고, '之'는 어조사 '지'로 읽는다. '~에', '~에서(<u>위치</u>)'의 뜻을 나타냄. '疾'은 병 '질'로 읽고, '也'는 어조사 '야'로 읽는다. '~이다(<u>단정</u>)'의 뜻을 나타냄. '心腹之疾也'를 직역(直譯)하면, 가슴과 배의 병이다. 즉, 가슴과 배에 생긴 병과 같다는 뜻이다. 여기서, '心腹之疾'이 유래하였는데, 이것을 직역(直譯)하면, 가슴과 배에 생긴 병(病)이라는 뜻으로. 쉽게 치료(治療)하거나 고치기 어려운 병(病)을 이르는 말.

심복-지-환(心腹之患 가슴 **심**/배 **복**/어조사 **지**/병 **환**) 가슴과 배[腹]에 생긴 병(病)이라는 뜻으로, ①쉽게 치료(治療)하거나 고치기 어려운 병(病)을 이르는 말. =심복지병(心腹之病). 심복지질(心腹之疾). ②마음속에서 사라지기 어려운 근심이라는 뜻으로, 해결(解決)하거나 없애기 어려운 근심이나 병폐(病弊. <u>오랜 세월을 지나는 동안에, 그 사물의 내부에 생긴 폐해·弊害</u>)를 비유적으로 이르는 말. *심복(心腹): ☞심복지병(心腹之病). 이 사자성어의 유래는 다음과 같다. 『좌전(左傳)』의 「애공(哀公) 11년」 편(篇)에 〈오(吳)나라가 제(齊)나라를 치려고 하자, 월왕(越王. <u>월나라의 왕</u>)이 군사들을 거느리고서 알현(謁見. <u>지체가 높고 귀한 사람을 찾아가 뵘</u>)하고 축하를 올렸다. 여기서, '지체'는 순우리말로, 대대로 이어 내려오는 사회적 신분이나 지위를 일컬음. 그리고 왕으로부터 모든 신하에 이르기까지 선물을 안겨 주었다. 오(吳)나라 사람들은 모두들 기뻐하였지만, 오직 오자서(伍子胥)만은 불안해하여 말했다. "이는 오(吳)나라를 해(害)하는 것이다." 그러고는 오왕(吳王. <u>오나라의 왕</u>)에게 간언(諫言. <u>웃어른이나 임금에게 옳지 못하거나 잘못된 일을 고치도록 하는 말</u>)을 올렸다. "월(越)나라는 우리에게 가슴이나 배에 생긴 질병과 같은 존재입니다. 땅이 서로 인접해 있을 뿐만 아니라, 우리를 노리고 있습니다. 그들이 복종하는 것은 제(齊)나라를 치는 것을 도움으로써 우리를 노리는 것입니다. 일찌감치 멸(滅)해 버리는 것이 낫습니다."(吳將伐齊, 越子率其衆以朝焉, 王及列士, 皆有饋賂, 吳人皆喜, 惟子胥懼, 曰, 是豢吳也夫, 諫曰, **越在我. 心腹之疾也.** 壤地同, 而有欲於我, 夫其柔服, 求齊其欲也, 不如무從事焉.)〉라는 이야기가 나오는데, '월(越)나라는 우리에게 가슴이나 배에 생긴 질병과 같은 존재입니다.(越在我. 心腹之疾也)'에서, '심복지환(心腹之患)'이 유래했다. '심복지환(心腹之患)'은 '복심지질(腹心之疾)', '심복지질(心腹之疾)'이라고도 한다. 나머지 구체적인 내용은 ⇨심복지질(心腹之疾)(앞부분).

심사-묵고(深思黙考 깊을 **심**/생각 **사**/말없을 **묵**/헤아릴 **고**) 깊이 생각하고 말없이 헤아린다는 뜻으로, 깊이 잘 생각함. 또는 그 생각을 이르는 말. =심사숙고(深思熟考). 심사숙려(深思熟慮). *심사(深思): 깊이 생각함. 또는 깊은 생각. *묵고(黙考): 말없이 생각함. *헤아리다: ①(수량을) 세다. 또는 셈하다. ②짐작으로 가늠하여 살피다. 또는 미루어 짐작하다.

심사-숙고(深思熟考 깊을 **심**/생각 **사**/익힐 **숙**/헤아릴 **고**) 깊이 생각하고 익히 헤아린다는 뜻으로, 깊이 잘 생각함. 또는 그 생각을 이르는 말. =심사묵고(深思默考). 심사숙려(深思熟慮). *심사(深思): ☞심사묵고
(深思默考). *숙고(熟考): 잘 생각함. 또는 깊이 생각함. =숙려(熟慮). *헤아리다: ☞심사묵고(深思默考).

심사-숙려(深思熟慮 깊을 **심**/생각 **사**/익힐 **숙**/생각할 **려**) 깊이 생각하고 익히 생각한다는 뜻으로, 깊이
잘 생각함. 또는 그 생각을 이르는 말. =심사묵고(深思默考). 심사숙고(深思熟考). **심사**(深思): ☞심사
묵고(深思默考). *숙려(熟慮): 곰곰이 생각함. =숙고(熟考). *익히다: '익다'의 사동. ①날 것을 뜨거운
기운(순우리말로, 느낄 수는 있으나 눈으로 볼 수 없는 현상)으로 익게 하다. ②빚거나 담근 음식물이
제 맛이 들게 하다. ③(일 따위가) 익숙해지도록 하다. 여기서는 ③의 뜻.

심산-계곡(深山溪谷 깊을 **심**/뫼 **산**/시내 **계**/골짜기 **곡**) 깊은 뫼('산'의 옛말)의 시내가 (있는) 골짜기라는
뜻으로, 깊은 산속의 골짜기를 이르는 말. **심산**(深山): 깊은 산. **계곡**(溪谷): 물이 흐르는 골짜기.
시내: 부록 '계(溪)' 참고. **골짜기**: 두 산(山) 사이에 깊숙하게 패어 들어간 곳.

심산-궁곡(深山窮谷 깊을 **심**/뫼 **산**/막힐 **궁**/골짜기 **곡**) 깊은 뫼('산'의 옛말)의 막힌 골짜기라는 뜻으로,
깊은 산속의 험한 골짜기를 이르는 말. 回 심산유곡(深山幽谷). **심산**(深山): ☞심산계곡(深山溪谷). **궁
곡**(窮谷): 깊은 산골짜기. **막히다**: '막다'의 피동으로, 막음을 당하다. **골짜기**: ☞심산계곡(深山溪谷).

심산-맹호(深山猛虎 깊을 **심**/뫼 **산**/사나울 **맹**/범 **호**) 깊은 뫼('산'의 옛말) 속의 사나운 범이라는 뜻으로,
매우 사나운 위세(威勢, <u>위엄이 있는 기세</u>)나 그런 위세(威勢)를 가진 사람을 비유적으로 이르는 말.
심산(深山): ☞심산계곡(深山溪谷). **맹호**(猛虎): 몹시 사나운 범. **사납다**: 부록 '맹(猛)' 참고.

심산-유곡(深山幽谷 깊을 **심**/뫼 **산**/그윽할 **유**/골짜기 **곡**) 깊은 뫼('산'의 옛말) 속의 그윽한(으슥한) 골짜기.
回 심산궁곡(深山窮谷). **심산**(深山): ☞심산계곡(深山溪谷). **유곡**(幽谷): 그윽하고 깊은 산골. **뫼**: 부
록 '산(山)' 참고. **그윽하다**: 부록 '유(幽)' 참고. **골짜기**: ☞심산계곡(深山溪谷).

심신-불안(心神不安 마음 **심**/정신 **신**/못할 **불**/편안할 **안**) 마음과 정신(精神)이 편안(便安)하지 못하다. 즉,
마음과 정신(精神)이 편하지 아니하고 조마조마함을 이르는 말. **심신**(心神): 마음과 정신. **불안**(不安):
걱정이 되어 마음이 편하지 아니함. 또는 그런 마음.

심신-산란(心神散亂 마음 **심**/정신 **신**/흩어질 **산**/어지러울 **란**) 마음과 정신(精神)이 흩어지고 어지럽다는
뜻으로, 마음과 정신이 어수선하고 뒤숭숭함을 이르는 말. **심신**(心神): ☞심신불안(心神不安). **산란**
(散亂): 어지럽고 어수선함.

심심-산곡(深深山谷 깊을 **심**/깊을 **심**/뫼 **산**/골짜기 **곡**) 깊고 깊은(깊디깊은) 뫼('산'의 옛말)의 골짜기를
이르는 말. **심심**(深深): 깊고 깊음. **산곡**(山谷): 산골짜기(山~). 즉, 산과 산 사이의 깊숙이 패어 들어
간 곳. **뫼**: 부록 '산(山)' 참고. **골짜기**: ☞심산계곡(深山溪谷).

심심-산중(深深山中 깊을 **심**/깊을 **심**/뫼 **산**/가운데 **중**) 깊고 깊은 뫼('산'의 옛말)의 가운데라는 뜻으로,
아주 깊은 산속을 이르는 말. 줲 첩첩산중(疊疊山中). **심심**(深深): ☞심심산곡(深深山谷). **산중**(山中):
산속(山~). 즉, 산의 속.

심심-산천(深深山川 깊을 **심**/깊을 **심**/뫼 **산**/내 **천**) 깊고 깊은 뫼('산'의 옛말)와 내[川]라는 뜻으로, 아주
깊은 산천(山川)을 이르는 말. **심심**(深深): ☞심심산곡(深深山谷). **산천**(山川): ①산(山)과 내[川]를 아
울러 이르는 말. ②산과 내라는 뜻으로, 자연(自然) 또는 자연의 경치를 이르는 말. **내**: 부록 '천(川)'
참고.

심-심-상인(心心相印 마음 **심**/마음 **심**/서로 **상**/찍을 **인**) 마음에서 마음으로 서로 (도장을) 찍는다는 뜻으로, 말없이 마음과 마음으로 서로 뜻을 전(傳)함을 이르는 말. 圓 이심전심(以心傳心). *상인(相印): 대승불교(大乘佛敎)에서, 일법인(一法印)을 상징하는 것. 또는 현상(現象)과 실재(實在. 실제로 존재함. 또는 관념론에서, 사물의 본질적 존재를 이르는 말)는 둘이 아니고 하나라고 하는 교리(敎理. 종교상의 원리나 이치)를 일컫는다. 여기서, '일법인(一法印)'은 대승불교(大乘佛敎)에서, 열반(涅槃)과 생사(生死)를 한가지로 인정하는, 현상(現象)이 곧 실재(實在. 실제로 존재함. 또는 관념론에서, 사물의 본질적 존재를 이르는 말)라고 하는 교리(敎理)를 이르는 말. 여기서, '열반(涅槃)'은 불교에서, 일체(一切)의 번뇌(煩惱. 마음이나 몸을 괴롭히는 노여움이나 욕망 따위의 헛된 생각)에서 해탈(解脫. 불교에서, 속세·俗世의 번뇌와 속박을 벗어나 편안한 경지에 이르는 일)한 불생불멸(不生不滅. 본문 참고)의 높은 경지를 이르는 말. 여기서, '속세(俗世)'는 세속(世俗. 사람이 살고 있는 모든 사회를 통틀어 이르는 말)과 같은 뜻이다. 그리고 '번뇌(煩惱)'는 마음이나 몸을 괴롭히는 노여움이나 욕망 따위의 헛된 생각. *찍다: 도장 따위를 눌러 인발(印~. 찍어 놓은 도장의 흔적)이 생기게 하다. 《관련 속담》 과부 사정(설움)은 과부(홀아비)가 안다. / 과부의 심정은 홀아비가 알고, 도적놈의 심보는 도적놈이 잘 안다. / 홀아비 사정은 과부 가 안다.

심심-장-지(深深藏之 깊을 **심**/깊을 **심**/감출 **장**/어조사 **지**) 깊고 깊게 그것을 감춘다는 뜻으로, 물건을 깊숙이 감추어 둠을 이르는 말. 여기서, '지(之)'는 '그것'을 나타내는 지시 대명사이다. *심심(深深): ☞심심산곡(深深山谷). *감추다: 부록 '장(藏)' 참고.

심-열-성-복(心悅誠服 마음 **심**/기뻐할 **열**/정성 **성**/좇을 **복**) 마음으로 기뻐하고 정성(精誠)으로 좇는다. 즉, 즐거운 마음으로 성의껏 순종(順從. 순순히 따름)한다는 뜻으로, 충심(衷心. 마음속에서 우러나는 참된 마음)으로 또는 마음속으로 기뻐하며 성심(誠心. 정성스러운 마음)을 다하여 순종(順從)함을 이르는 말. *정성(精誠): 부록 '성(誠)' 참고. *좇다: ①남의 뒤를 따르다. ②남의 뜻을 따라 그대로 하다. ③대세(大勢)를 따르다.

심원-의-마(心猿意馬 마음 **심**/원숭이 **원**/뜻 **의**/말 **마**) 마음은 원숭이[猿]고, 뜻은 말[馬]이다. 즉, 마음은 원숭이같이 날뛰고(급하고), 뜻(생각)은 말[馬]이 사방(四方)을 뛰어다니는 것과 같다는 뜻으로, 마음이 안정되지 않아 생각을 집중(集中)할 수 없음을 비유적으로 이르는 말. 또는 번뇌(煩惱. 마음이나 몸을 괴롭히는 노여움이나 욕망 따위의 헛된 생각)로 중생(衆生. 불교에서, 부처의 구제 대상이 되는, 이 세상의 모든 생물을 통틀어 이르는 말)의 마음이 잠시도 고요하지 못하고 언제나 어지러움을 비유적으로 이르는 말. 잡다(雜多. 잡스러워 여러 가지가 뒤섞여 너저분함)한 생각이나 번뇌(煩惱)로 인해 생각을 집중(集中)시키지 못하는 상태를 사방으로 날뛰는 원숭이와 말[馬]에 비유(比·譬喩. 어떤 사물의 모양이나 상태 따위를 보다 효과적으로 표현하기 위하여 그것과 비슷한 다른 사물에 빗대어 표현함. 또는 그 표현 방법)한 것이다. *심원(心猿) =심원의마(心猿意馬). 이 사자성어의 유래는 다음과 같다. 위백양(魏伯陽)의 『주역참동계(周易參同契)』의 주(注)에 〈마음은 원숭이처럼 날뛰어 안정되지 못하고, 뜻은 말처럼 사방을 뛰어다니니, 정신이 외부의 일에 산란(散亂. 어지럽고 어수선함)되어 있다.(心猿不定意馬四馳. 神氣散亂於外.)〉라는 구절이 나오는데, '마음은 원숭이처럼 날뛰어 안정되지 못하고, 뜻은 말처럼 사방을 뛰어다니니.(心猿不定意馬四馳)'에서, '심원의마(心猿意馬)'가 유래했다. 참고로 원문의 '心猿不定意馬四馳'에서, '心'은 마음 '심'으로 읽고, '猿'은 원숭이 '원'으로 읽고, '不'은 아닐(부정하는 말) '부'로 읽고, '定'은 편안(便安)할 '정', 안정(安定)시킬 '정'으로 읽고, '意'는 뜻 '의'로 읽고, '馬'는 말 '마'로 읽고, '四'는 사방(四方) '사'로 읽고, '馳'는 달릴 '치'로 읽는다. '心猿不定意馬四馳'를 직역(直譯)하면, 마음은 원숭이처럼 (날뛰어) 안정되지 아니하고, 뜻은 말처럼 사방을 달리니, 여기서, '心猿意馬'가 유래하였는데, 이것을 직역(直譯)하면, 마음은 원숭이[猿]고, 뜻은 말[馬]이다. 즉, 마음은 원숭이같이 날뛰고, 뜻(생각)은 말[馬]이 사방(四方)을 뛰어다니는 것과 같다는 뜻으로, 마음이 안정되지 않아 생각을 집중(集中)할 수 없음을 비유적으로 이르는 말. 또는 번뇌(煩惱)로 중생(衆生)의 마음이 잠시도 고요하지 못하고 언제나 어지러움을 비유적으로 이르는 말. 잡다(雜多)한 생각이나 번뇌(煩惱)로 인해 생각을 집중시키지 못하는 상태를 사방으로 날뛰는 원숭이와 말[馬]에 비유한 것이다. '神氣散亂於外'에서, '神'은 귀신(鬼神) '신', 정신(精神) '신'으로 읽고, '氣'는 기운(氣運) '기'로 읽는다. '神氣'는 정신(精神)과 기운(氣運)을 아울러 이르는 말. '散'은 흩어질 '산'으로 읽고, '亂'은 어지러울 '란(난)'으로 읽는다. '散亂'은 어지럽고 어수선함. '於'는 어조사 '어'로 읽는다. '~에', '~에서(위치)'의 뜻을 나타냄. '外'는 바깥 '외'로 읽는다. '神氣散亂於外'를 직역(直譯)하면, 정신(精神)과 기운이 바깥의 (일)에 어지럽고 어수선하다 그런데 이 외에, 『조주록(趙州錄)』의 「유표(遺表)」 편(篇)에 〈원숭이 같은 마음은 날뛰지 못하게 하고, 생각이 말처럼 달리지 못하게 하라.(心猿罷跳, 意馬休馳.)〉라는 구절이 나오는데, 여기서, '심원의마(心猿意馬)'가 유래했다. 참고로, 원문의 '心猿罷跳'에서, '心'은 마음 '심'으로 읽고, '猿'은 원숭이 '원'으로 읽고, '罷'는 내칠(강제로 밖으로 내쫓을) '파'로 읽고, '跳'는 뛸 '도'로 읽는다. '心猿罷跳'를 직역(直譯)하면 마음은 원숭이처럼 뛰는 것을 내치고. 즉, 원숭이 같은 마음 날뛰지 못하게 하고. '意馬休馳'에서, '意'는 뜻 '의'로 읽고, '馬'는 말 '마'로 읽고, '休'는 쉴 '휴'로 읽고, '馳'는 달릴 '치'로 읽는다. '意馬休馳'를 직역(直譯)하면, 뜻은 말처럼 달리는 것을 쉬게 한다. 즉, 말처럼 달리는 마음 진정하도록 한다. 이것은 하고자 하는 욕망에 사로잡혀 흐트러진 마음을 억누르지 못함을 경계(警戒. 범죄나 사고 따위의 좋지 않은 일이 일어나지 않도록 미리 마음을 가다듬어 조심함)하라는 말이다. 그런데 이외에 다른 자료에도 '심원의마(心猿意馬)'가 보인다. 왕양명(王陽明)의 『전습록(傳習錄)』에 [하루는 배우는 공부에 대해 논했는데, 선생이 말씀하셨다.]〈"사람을 가르쳐 배우게 할 때에는 한쪽으로 치우치면 안 된다. 처음 공부할 때는 마음은 원숭이 같고, 뜻은 말과 같아서, 묶어 두려고 해도 머물러 있지 못한다. 그 생각하는 바가 하고 싶은 쪽으로 많이 치우치므로, 고요히 앉아 생각을 가라앉히는 것을 가르쳐야 한다."(教人爲學, 不可執一偏, 初學時, 心猿意馬, 拴縛不定, 其所思慮, 多是人欲一邊, 故且敎之靜坐息思慮.)〉라는 이야기가 나오는데, '마음은 원숭이 같고, 뜻은 말과 같아서,(心猿意馬)'에서, '심원의마(心猿意馬)'가 유래했다. 참고로, 원문의 '敎人爲學'에서, '敎'는 가르칠 '교'로 읽고, '人'은 사람 '인'으로 읽고, '爲'는 할 '위'로 읽고, '學'은 배울 '학'으로 읽는다. '敎人爲學'을 직역(直譯)하면, 사람을 가르쳐 배우게 할 (때는), '不可執一偏'에서, '不'은 아닐(부정하는 말) '불'로 읽고, '可'는 옳을 '가'로 읽고, '執'은 잡을 '집'으로 읽는데, 여기서는 별 뜻이 없다. '一'은 한 '일'로 읽고, '偏'은 치우칠 '편'으로 읽는다. '一偏'은 한쪽으로 치우침. 또는 한쪽으로 치우쳐서 바르지 못함. '不可執一偏'을 직역(直譯)하면, 한 쪽으로 치우치는 것은 옳지 않다. 즉, 한쪽으로 치우치면 안 된다는 말이다. '初學時'에서, '初'는 처음 '초'로 읽고, '學'은 배울 '학', 학문 '학'으로 읽는다. '初學'은 학문을 처음으로 배움을 이르는 말. '時'는 때 '시'로 읽는다. '初學時'를 직역(直譯)하면, 학문을 처음으로 배울 때는, '心猿意馬'에서, '心'은 마음 '심'으로 읽고, '猿'은 원숭이 '원'으로 읽고, '意'는 뜻 '의'로 읽고, '馬'는 말 '마'로 읽는다. '心猿意馬'를 직역(直譯)하면, 마음이 원숭이[猿] 같고, 뜻이 말[馬] 같아서, '拴縛不定'에서, '拴'은 맬(끈 따위의 끝과 끝을 엇걸어서 마디를 지어 맺을) '전'으로 읽고, '縛'은 묶을 '박'으로 읽는다. '不'은, 여기서는 아닐(부정하는 말) '부'로 읽고, '定'은, 여기서는 머무를 '정'으로 읽는다. '拴縛不定'을 직역(直譯)하면, (끈 따위로) 매고 묶어도 머물러 있지 못한다. '其所思慮'에서, '其'는 그(지시하는 말) '기'로 읽고, '所'는 바(앞에서 말한 내용 그 자체나 일 따위를 나타내는 말) '소'로 읽고, '思'는 생각할 '사'로 읽고, '慮'는 생각할 '려(여)'로 읽는다. '思慮'는 여러 가지 일에 대하여 깊게 생각함. 또는 그런 생각. '其所思慮'를 직역(直譯)하면, 그것을 깊게 생각하는 바가, '多是人欲一邊'에서, '多'는 많을 '다'로 읽고, '是'는 이(지시하는 말) '시'로 읽고, '人'은 사람 '인'으로 읽고, '欲'은 하고자 할 '욕'으로 읽고, '一'은 한 '일'로 읽고, '邊'은 가 '변', 가장자리 '변'으로 읽는다. '一邊'은 어느 한편. 또는 한쪽 부분. '多是人欲一邊'을 직역(直譯)하면, 이렇게 사람들이 하고자 하는 (바가) 한쪽 부분으로 많이 (치우치므로), 즉, 대부분의 사람들이 그의 욕망 한쪽으로만 쏠린다는 뜻이다. '故且敎之靜坐息思慮'에서, '故'는 그러므로 '고'로 읽고, '且'는 또 '차', 또한 '차'로 읽고, '敎'는 가르칠 '교'로 읽고, '之'는 어조사 '지'로 읽는다. '그것'을 나타내는 지시 대명사. '靜'은 고요할 '정'으로 읽고, '坐'는 앉을 '좌'로 읽는다. '靜坐'는 마음을 가라앉히고 몸을 바르게 하여 조용히 앉음. '息'은 (숨을) 쉴 '식'으로 읽고, '思'는 생각할 '사'로 읽고, '慮'는 생각할 '려(여)'로 읽는다. '故且敎之靜坐息思慮'를 직역(直譯)하면, 그러므로 또한 고요히 앉아 (숨을) 쉬면서 깊게 생각하도록 그것을 가르쳐야 한다.

심-장-적-구(尋章摘句 찾을 **심**/글 **장**/딸 **적**/글귀 **구**) 글을 찾고 글귀를 딴다는 뜻으로, 옛사람이 지은 글귀를 여기저기서 따옴. 또는 다른 사람의 글귀를 따서 글을 지음을 이르는 말. =심장멱구(尋章覓句). *따다: 부록 '적(摘)' 참고. *글귀: 부록 구(句) 참고.

심중-소회(心中所懷 마음 **심**/가운데 **중**/바 **소**/품을 **회**) 마음 가운데에 품은 바[所]라는 뜻으로, 마음속의 생각이나 느낌을 이르는 말. *심중(心中): 마음속. *소회(所懷): 품은 생각. *바: 부록 '소(所)' 참고. *품다: 부록 '회(懷)' 참고.

십-고-일-장(十瞽一杖 열 **십**/소경 **고**/한 **일**/지팡이 **장**) 열 소경에 한 (개의) 지팡이. 즉, 장님 열에 지팡이 하나라는 뜻으로, 여러 곳에 긴요(緊要. 꼭 필요하고 중요함)하게 쓰이는 물건(物件)을 비유적으로 이르는 말. =십맹일장(十盲一杖). *소경: 순우리말로. 부록 '고(瞽)' 참고. *지팡이: 부록 '장(杖)' 참고.

십-년-감수(十年減壽 열 **십**/해 **년**/덜 **감**/목숨 **수**) 열 해(십 년) (동안의) 목숨이 줄어들었다는 뜻으로, 수명(壽命. 타고난 목숨의 연한·年限. 또는 살아있는 연한·年限)이 십(十) 년(年)이나 줄 정도로 위험(危險)한 고비를 겪음을 이르는 말. 매우 놀랐을 때나 심한 위험(危險) 따위를 겪고 난 뒤에 쓰는 말. *감수(減壽): 수명(壽命)이 줄어듦. *덜다: 부록 '감(減)' 참고.

십-년-공부(十年工夫 열 **십**/해 **년**/장인 **공**/사내 **부**) 열 해(십 년) (동안 쌓은) 장인(匠人) 사내의 (공이라는) 뜻으로, 오랜 세월(歲月)을 두고 쌓은 공(功)을 이르는 말. 여기서, '공부(工夫)'의 어원(語源)에 대해서 설명하면 다음과 같다. 어느 자료에 의하면, 조선 13대 명종(明宗) 때 임금이 신하들에게 "공부(工夫)의 뜻이 무엇이냐?"고 물었을 때, 아무도 답변을 하지 못했다. 임금에게 성인(聖人)의 학문을 가르치는 최고의 학자들도 그랬다. 그때 마침 참찬관(參贊官. 벼슬 이름)으로 입시(入侍. 지난날. 대궐에 들어가 임금을 알현했던 일)했던 조원수(趙元秀)가 다음과 같이 말했다. 〈공부(工夫)의 '공(工)'은 여공(女工)의

‘공(工)’ 자(字)와 같고, ‘부(夫)’는 농부(農夫)의 ‘부(夫)’ 자(字)와 같습니다. 말하자면, 사람이 학문(學問)을 하는 것은 여공(女工)이 부지런히 길쌈을 하고, 농부(農夫)가 힘써 농사를 짓는 것과 같이 해야 한다는 뜻입니다.(원문 생략)>[안정복(安鼎福)의 ‘순암집(順菴集) 권7 서(書)’에서]. 이후(以後)로 조원수(趙元秀)가 임금에게 아뢴 말이 공부의 개념을 말한 훌륭한 답변으로 인정되어 사람의 입에 오르내렸다. 공부(工夫)란 말이 언제 어떻게 만들어졌는지는 불분명하다. 공부(工夫)는 공부(功夫)와 통용되었는데, 조선시대에는 공부(工夫)라는 어휘가 더 많이 쓰였다고 한다. 그런데 ‘부(夫)’의 훈(訓)이 문제인데, ‘공부(工夫)’라는 의미를 살리려면 사내 ‘부(夫)’가 아니라 노력(努力) ‘부(夫)’로 풀이해야 한다는 의견도 있다. 조원수(趙元秀)가 한 답변의 뜻(부지런히 길쌈을 하고, 힘써 농사를 짓는 것)을 살리려면 그것이 맞는 것 같으니 참고할 만하다. 다만, 어느 옥편(玉篇)에도 노력(努力) ‘부(夫)’로 풀이한 곳은 없다. *공부(工夫): 학문이나 기술을 배우거나 닦음. *장인(匠人): 부록 ‘공(工)’ 참고. *사내: 부록 ‘부(夫)’ 참고.

십-년-일-득(十年一得 열 **십**/해 **년**/한 **일**/얻을 **득**) 열 해(십 년) 만에 한 번 얻는다. 즉, 홍수나 가뭄을 잘 타는 논이라도 어쩌다 잘되는 해도 있다는 뜻으로, ①늘 잘 안 되는 일이 어쩌다 한 번 잘 됨을 비유적으로 이르는 말. ②큰물이나 가뭄의 피해를 많이 보는 논에 간혹 풍년(豐年. 곡식이 잘 자라고 잘 여물어 평년보다 수확이 많은 해)이 듦을 비유적으로 이르는 말. ③아주 오랜 만에 간신히 소원을 이룸을 비유적으로 이르는 말.

십-년-지-계(十年之計 열 **십**/해 **년**/어조사 **지**/셈할 **계**) 열 해(십 년)의 셈이라는 뜻으로, 앞으로 십(十) 년(年)을 내다보고 세우는 계획(計劃)을 이르는 말. 이 사자성어의 유래는 다음과 같다.『관자(管子)』의 「권수(權修)」 편(篇)에, 〈일 년의 계획으로는 곡식을 심는 일만 한 것이 없고, 십 년의 계획으로는 나무를 심는 일만 한 것이 없으며, 평생의 계획으로는 사람을 심는 일만 한 것이 없다. 한 번 심어 한 번 거두는 것이 곡식이고, 한 번 심어 열 번 거두는 것이 나무이며, 한 번 심어 백 번 거둘 수 있는 것이 사람이다.(一年之計, 莫如樹穀, **十年之計**, **莫如樹木**, 終身之計, 莫如樹人, 一樹一獲者穀也, 一樹十獲者木也, 一樹百獲者人也.)〉라는 이야기가 나오는데, ‘십 년의 계획으로는 나무를 심는 일만 한 것이 없으며,(十年之計, 莫如樹木)’에서, ‘십년지계(十年之計)’가 유래했다. 참고로, 원문의 ‘一年之計’에서, ‘一’은 한 ‘일’로 읽고, ‘年’은 해 ‘년(연)’으로 읽고, ‘之’는 어조사 ‘지’로 읽는다. ‘~의’를 나타내는 관형격 조사. ‘計’는 셈할 ‘계’, 계산할 ‘계’로 읽는다. 여기서는 ‘계획(計劃)’의 의미가 강하다. ‘一年之計’를 직역(直譯)하면, 한 해의 계획(計劃)이라는 뜻으로, 한 해 동안 할 일에 대한 계획(計劃)을 이르는 말. ‘莫如樹穀’에서, ‘莫’은 아닐(부정하는 말) ‘막’, 없을 ‘막’으로 읽고, ‘如’는 같을 ‘여’로 읽는다. ‘莫如’는 ~만 같은 것이 없음. ‘樹’는 심을 ‘수’로 읽고, ‘穀’은 곡식 ‘곡’으로 읽는다. ‘莫如樹穀’을 직역(直譯)하면, 곡식을 심는 것만 같은 것이 없고, 즉, 곡식을 심는 것만 같지 못하다는 뜻이다. ‘十年之計’에서, ‘十’은 열 ‘십’으로 읽는다. ‘十年之計’를 직역(直譯)하면, 열 해(십 년)의 계획(計劃)이라는 뜻으로, 앞으로 십(十) 년(年)을 내다보고 세우는 계획(計劃)을 이르는 말. ‘莫如樹木’에서, ‘樹’는 심을 ‘수’로 읽고, ‘木’은 나무 ‘목’으로 읽는다. ‘莫如樹木’을 직역(直譯)하면, 나무를 심는 것만 같은 것이 없다. 즉, 나무를 심는 것만 같지 못하다는 뜻이다. ‘終身之計’에서, ‘終’은, 여기서는 죽을 ‘종’으로 읽고, ‘身’은 몸 ‘신’으로 읽는다. ‘終身’은 목숨을 다하기까지의 동안. ‘終身之計’를 직역(直譯)하면, 몸이 죽을 (때까지의) 계획이라는 뜻으로, 한평생을 지낼 계획(計劃)을 이르는 말. ‘莫如樹人’에서, ‘樹’는 심을 ‘수’로 읽고, ‘人’은 사람 ‘인’으로 읽는다. '莫如樹人'을 직역(直譯)하면, 사람을 심는 것만 같은 것이 없다. 즉, 사람을 심는 것만 같지 못하다는 뜻이다. '一樹一獲者穀也'에서, '一'은 한 일로 읽고, '樹'는 심을 '수'로 읽고, '獲'은 얻을 '획'으로 읽고, '者'는 것(사물, 현상, 일 따위를 추상적으로 이르는 말) '자'로 읽고, '穀'은 곡식 '곡'으로 읽고, '也'는 어조사 '야'로 읽는다. '~이다(단정)'의 뜻을 나타냄. '一樹一獲者穀也'를 직역(直譯)하면, 한 번 심어 한 번 얻는(거두는) 것은 곡식이요, '一樹十獲者木也'에서, '一樹十獲者木也'를 직역(直譯)하면, 한 번 심어 열 번 얻는(거두는) 것은 나무이며, '一樹百獲者人也'에서, '百'은 일백 '백'으로 읽는다. '一樹百獲者人也'를 직역(直譯)하면, 한 번 심어 백 번 얻는(거두는) 것은 사람이다.

십-년-지기(十年知己 열 **십**/해 녠/알 지/자기 기) 열 해(십 년) (전부터) 자기(自己)를 안다는 뜻으로, 오래전부터 사귀어 온 친한 친구. 또는 오래전부터 친히 사귀어 잘 아는 사람을 이르는 말. *지기(知己): =지기지우(知己之友). 즉, 자기를 잘 알아주는 친구. 또는 자기를 잘 이해해 주는 참다운 친구를 이르는 말.

십-년-한창(十年寒窓 열 **십**/해 녠/찰 한/창 창) 열 해(십 년) (동안) (찾아오는 사람이 없어) 창(창문)이 차다(쓸쓸하다)는 뜻으로, 외부(外部)와 접촉(接觸)을 끊은 채 오래도록 열심히 공부한 세월(歲月)을 비유적으로 이르는 말. ㉥ 십년창하(十年窓下). *한창(寒窓): =객지(客地). 즉, 자기 고장을 떠나 임시로 있는 곳. *차다: 부록 '한(寒)' 참고. 이 사자성어의 유래는 다음과 같다. 금(金)나라 유기(劉祁)의 『귀잠지(歸潛志)』에 〈옛사람이 말했다. "십 년 동안 창문(窓門) 아래를 묻는 이가 없더니, 한 번에 이름이 나니, 천하(天下)의 사람이 다 알게 되었다."(古人謂十年窓下無人問, 一擧成名天下知.)〉라는 글귀가 나오는데, '옛사람이 말했다. 십 년 동안 창문(窓門) 아래를 묻는 이가 없더니.(古人謂十年窓下無人問)'에서, '십년한창(十年寒窓)'이 유래했다. 옛날에는 과거(科擧. 예전에 우리나라와 중국에서 관리를 뽑을 때 실시하던 시험을 이르는 말)에 급제(及第. 여기서는, 과거·科擧에 합격함)해야만 출세를 할 수 있었기 때문에, 젊은이들은 외부와 접촉을 끊은 채 책과 씨름을 했는데, 이를 일러 '십년한창(十年寒窓)'이라고 했다. 위의 원문에 보이듯이 '십년창하(十年窓下)'라고도 한다. 참고로, 원문의 '古人謂十年窓下無人問'에서, '古'는 옛 '고'로 읽고, '人'으로 읽고, '謂'는 일컬을 '위'로 읽는다. '古人謂'를 직역(直譯)하면, 옛 사람이 일컫기를. '十'은 열 '십'으로 읽고, '年'은 해 '년(연)'으로 읽고, '窓'은 창(窓) '창', 창문(窓門) '창'으로 읽고, '下'는 아래 '하'로 읽고, '無'는 없을 '무'로 읽고, '人'은 사람 '인'으로 읽고, '問'은 물을 '문'으로 읽는다. '古人謂十年窓下無人問'을 직역(直譯)하면, 옛 사람이 일컫기를, "10년 동안 창문 아래에서 묻는 사람이 없다."(고 했다). 여기서, '十年寒窓'이 유래하였는데, 이것을 직역(直譯)하면, 열 해(십 년) (동안) (찾아오는 사람이 없어) 창(창문)이 차다(쓸쓸하다)는 뜻으로, 외부(外部)와 접촉(接觸)을 끊은 채 오래도록 열심히 공부한 세월(歲月)을 비유적으로 이르는 말. '一擧成名天下知'에서, '一'은 한 '일'로 읽고, '擧'는 들 '거'로 읽는다. '一擧'는 한 번 움직임. 또는 한 번 일을 벌임. '成'은 이룰 '성'으로 읽고, '名'은 이름 '명'으로 읽는다. '成名'은 명성(名聲. 세상에 널리 퍼져 평판 높은 이름)을 떨침. '天'은 하늘 '천'으로 읽고, '下'는 아래 '하'로 읽는다. '天下'는 하늘 아래 온 세상. '知'는 알 '지'로 읽는다. '一擧成名天下知'를 직역(直譯)하면, 한 번 움직여 이름을 이루니(즉, 명성·名聲을 떨치니), 천하가 안다. 즉, 한 번에 명성(名聲)을 떨치니, 천하(天下) 사람이 다 알게 되었다는 뜻이다.

십만-억-토(十萬億土 열 **십**/일만 만/억 억/흙 토) 열[十]의 일만(一萬) 억(億)(십만 억)이나 되는 흙(땅)이라는 뜻으로, (불교에서) 사바세계(娑婆世界. **본문 참고**)와 극락세계(極樂世界. **본문 참고**) 사이에 있는, 십만(十萬) 억(億)이나 되는, 수많은 불국토(佛國土)를 이르는 말. 여기서, '불국토(佛國土)'는 불국(佛國. 부처가 있는 나라. 곧 극락·極樂을 일컫는다)과 불토(佛土. 부처가 사는 극락·極樂, 또는 부처가 교화·敎化한 땅)가 합쳐진 말로, 극락정토(極樂淨土. **본문 참고**)를 이르는 말. ***십만**(十萬): 만(萬)의 열[十] 곱. 백만(百萬)의 십분(十分)의 일(一)이 되는 수(數).

십-맹-일-장(十盲一杖 열 **십**/소경 **맹**/한 **일**/지팡이 **장**) 열 소경에 한 (개의) 지팡이라는 뜻으로, 여러 곳에 또는 여러 사람에게 다 같이 긴요(緊要. 꼭 필요하고 중요함)하게 쓰이는 물건을 비유적으로 이르는 말. =십고일장(十瞽一杖). ***소경**: 순우리말로, '맹(盲)' 참고. ***지팡이**: 부록 '장(杖)' 참고.

십-목-소시(十目所視 열 **십**/눈 **목**/바 **소**/볼 **시**) 열[十]의 눈으로 보고 (있는) 바[所]. 즉, 열 사람이 다 보고 있는 바[所]라는 뜻으로, 많은 사람들이 지켜보기 때문에 세상의 눈을 숨길 수 없거나, 세상(世上) 사람을 속일 수 없음을 비유적으로 이르는 말. ***소시**(所視): 남이 보는 바. ***바**: 부록 '소(所)' 참고. 이 사자성어의 유래는 다음과 같다. 『대학(大學)』 전문6장(傳文六章) 「성의(誠意)」 편(篇)에 〈이른바 뜻을 성실히 한다는 것은 스스로를 속이지 않는 것을 말한다. …·증자(曾子)는 말했다. "옆 사람의 눈이 보는 바요, 열 사람의 손가락이 가리키는 바이니, 얼마나 엄한가?" 부유함은 집을 윤택하게 하고, 덕(德. 고매하고 너그러운 도덕적 품성)은 몸을 윤택하게 한다. 마음이 넓어지고 몸이 퍼지니, 그런 까닭에 군자(君子. 학문과 덕·德이 높고 행실·行實이 바르며 품위·品位를 갖춘 사람)는 반드시 그 뜻을 성실히 해야 하는 것이다. (所謂誠其意者, 毋自欺也. …·曾子曰, **十目所視**, 十手所指, 其嚴乎, 富潤屋, 德潤身, 心廣體胖, 故君子必誠其意.)〉라는 이야기가 나오는데, '옆 사람의 눈이 보는 바요, (十目所視)'에서, '십목소시(十目所視)'가 유래했다. 나머지 구체적인 내용은 ⇨심광체반(心廣體胖).

십-벌-지-목(十伐之木 열 **십**/벨 **벌**/어조사 **지**/나무 **목**) 열 (번) (찍어) 베는 나무. 즉, 열 번 찍어 안 넘어가는 나무가 없다는 뜻으로, 아무리 심지(心志. 무엇을 하려고 하는 의지·意志, 또는 마음으로 뜻하는 바)가 굳은 사람이라도 여러 번 말을 하면 결국은 마음을 돌려 따르게 됨을 비유적으로 이르는 말. 또는 어떤 어려운 일일지라도 끊임없이 노력하면 기어이 이루어낼 수 있음을 비유적으로 이르는 말. ***베다**: ①(날이 있는 연장으로) 자르거나 끊다. ②(날이 있는 물건으로) 상처를 내다. 《관련 속담》 열 번 찍어 안(아니) 넘어가는 나무 없다.

십-보-방초(十步芳草 열 **십**/걸음 **보**/꽃다울 **방**/풀 **초**) 열 걸음 (안에) 꽃다운 풀이 (있다는) 뜻으로, ①도처(到處. 가는 곳, 또는 곳곳)에 인재(人材. 어떤 일을 할 수 있는 학식이나 능력을 갖춘 사람)가 있음을 비유적으로 이르는 말. ②세상(世上)에는 훌륭한 사람, 또는 인재(人材)가 많음을 비유적으로 이르는 말. ***방초**(芳草): 향기로운 풀. 또는 봄의 싱그러운 풀. ***꽃답다**: 부록 '방(芳)' 참고. 이 사자성어의 유래는 다음과 같다. 중국 한(漢)나라 때, 학자인 유향(劉向)이 지은 『설원(說苑)』의 「담총(談叢)」 편(篇)에 〈열 걸음밖에 안 되는 작은 연못일지라도, 반드시 향기로운 풀이 있고, 열 채밖에 안 되는 작은 마을이라도, 반드시 충성(忠誠)스러운 선비가 있다. 초목은 가을이 되면 죽지만, 소나무와 잣나무는 홀로 남아 있고, 물이 만물(萬物. 온갖 물건 또는 세상에 있는 모든 것)을 (위로) 뜨게 해도, 옥(玉)과 돌[石]은 남아 머물러 있다.(**十步之澤, 必有芳草**, 十室之邑, 必有忠士, 草木秋死, 松柏獨在, 水浮萬物, 玉石留止.)〉라는 이야기가 나오는데, '열 걸음밖에 안 되는 작은 연못일지라도, 반드시 향기로운 풀이 있고,(十步之

澤, 必有芳草)'에서, '십보방초(十步芳草)'가 유래했다. 참고로, 원문의 '十步之澤'에서, '十'은 열 '십'으로 읽고, '步'는 걸음 '보'로 읽는다. '之'는 어조사 '지'로 읽는다. '~의'를 나타내는 관형격 조사. '澤'은 못(넓고 오목하게 팬 땅에 물이 괴어 있는 곳) '택'으로 읽는다. '十步之澤'을 직역(直譯)하면, 십 보(步)의 못이라도, 즉, 열 걸음밖에 안 되는 작은 연못이라도, '必有芳草'에서, '必'은 반드시 '필'로 읽고, '有'는 있을 '유'로 읽고, '芳'은 꽃다울 '방'으로 읽고, '草'는 풀 '초'로 읽는다. '必有芳草'를 직역(直譯)하면, 반드시 꽃다운 풀이 있고, 여기서, '十步芳草'가 유래하였는데, 이것을 직역(直譯)하면, 열 걸음 (안에) 꽃다운 풀이 (있다는) 뜻으로, ①도처(到處. 가는 곳, 또는 곳곳)에 인재(人材)가 있음을 비유적으로 이르는 말. ②세상(世上)에는 훌륭한 사람, 또는 인재(人材)가 많음을 비유적으로 이르는 말. '十室之邑'에서, '室'은 집 '실'로 읽고, '邑'은 고을 '읍'으로 읽는다. '十室之邑'을 직역(直譯)하면, 열 집의 고을(마을)이라도, 즉, 열 집밖에 안 되는 작은 고을(마을)이라도, '必有忠士'에서, '忠'은 충성(忠誠. 진정에서 우러나오는 정성, 특히 임금이나 국가에 대한 것을 일컬음) '충'으로 읽고, '士'는 선비 '사'로 읽는다. '忠士'는 정성을 다하여 임금과 나라를 위하는 선비. '必有忠士'를 직역(直譯)하면, 반드시 충성(忠誠)스러운 선비가 있다. '草木秋死'에서, '草'는 풀 '초'로 읽고, '木'은 나무 '목'으로 읽고, '秋'는 가을 '추'로 읽고, '死'는 죽을 '사'로 읽는다. '草木秋死'를 직역(直譯)하면, 풀과 나무는 가을이 (되면) 죽지만, '松柏獨在'에서, '松'은 솔 '송', 소나무 '송'으로 읽고, '柏'은 잣나무 '백'으로 읽고, '獨'은 홀로 '독'으로 읽고, '在'는 있을 '재'로 읽는다. '松柏獨在'를 직역(直譯)하면, 소나무와 잣나무는 (겨울이 되어도 죽지 않고) 홀로 (남아) 있다. '水浮萬物'에서, '水'는 물 '수'로 읽고, '浮'는 뜰 '부'로 읽고, '萬'은 일만 '만'으로 읽고, '物'은 사물 '물'로 읽는다. '萬物'은 세상에 있는 모든 것. '水浮萬物'을 직역(直譯)하면, 물이 만물(萬物)을 (위로) 뜨게 하지만, '玉石留止'에서, '玉'은 구슬 '옥'으로 읽고, '石'은 돌 '석'으로 읽고 '留'는 머무를 '류(유)'로 읽고, '止'는 멈출 '지'로 읽는다. '玉石留止'를 직역(直譯)하면, 옥(玉)과 돌[石]은 (남아) 머물러 멈추어 있다. 이 외에 『수서(隋書)』의 「양제기(煬帝記)」 편(篇)에 〈이제 우주(宇宙. 온 세계를 둘러싸고 있는 공간)가 하나로 통일되고, 문장과 궤범(軌範. 어떤 일을 판단하거나, 평가하거나, 행동하는데 남의 본보기가 될 만한 기준. =모범·模範)도 통일되었으니, 열 걸음 안에 반드시 향기로운 풀이 있듯이, 어찌 세상에 빼어난 인재가 없겠는가?(方今宇宙平一, 文軌攸同, 十步之內, 必有芳草, 四海之中, 豈無奇秀.)〉라는 이야기가 나오는데, '열 걸음 안에 반드시 향기로운 풀이 있듯이,(十步之內, 必有芳草)'라는 말에서, '십보방초(十步芳草)'가 유래했다. 참고로, 원문의 '方今宇宙平一'에서, '方'은 바야흐로(이제 한창, 또는 지금 바로) '방'으로 읽고, '今'은 이제 '금', 지금 '금'으로 읽는다. '方今'은 말하고 있는 시점과 같은 때. '宇'는 집 '우'로 읽고, '宙'는 집 '주'로 읽는다. '宇宙'는 무한한 시간과 만물을 포함하고 있는 끝없는 공간의 총체(總體. 있는 것들을 모두 하나로 합친 전부 또는 전체)를 이르는 말. '平'은 평정(平定. 난리 따위를 평온하게 진정시킴)할 '평'으로 읽고, '一'은 한 '일'로 읽는다. '方今宇宙平一'을 직역(直譯)하면, 바야흐로 이제 우주(宇宙)가 하나로 평정되었고, '文軌攸同'에서, '文'은 글월 '문'으로 읽고, '軌'는 법(法. 방법이나 방식) '궤', 본보기 '궤'로 읽고, '攸'는 바(앞말이 나타내는 일의 기회나 형편의 뜻을 나타내는 말) '유'로 읽는다. '소(所)'와 같은 뜻으로 쓰이는 어조사다. '同'은 같을 '동'으로 읽는다. '文軌攸同'을 직역(直譯)하면, 글월과 법(法)이 같은 바가 (되었으니), '十步之內'에서, '十'은 열 '십'으로 읽고, '步'는 걸음 '보'로 읽고, '之'는 어조사 '지'로 읽는다. '~의'의 뜻을 나타내는 관형격 조사. '內'는 안 '내'로 읽는다. '十步之內'를 직역(直

譯)하면, 열 걸음의 안에. '必有芳草'에서, '必'은 반드시 '필'로 읽고, '有'는 있을 '유'로 읽고, '芳'은 꽃다울 '방'으로 읽고, '草'는 풀 '초'로 읽는다. '必有芳草'를 직역(直譯)하면, 반드시 꽃다운 풀이 있듯이, 여기서, '十步芳草'가 유래하였는데, 이것을 직역(直譯)하면, 열 걸음 (안에) 꽃다운 풀이 (있다는) 뜻으로, ①도처 (到處. 가는 곳, 또는 곳곳)에 인재(人材)가 있음을 비유적으로 이르는 말. ②세상(世上)에는 훌륭한 사람, 또는 인재(人材)가 많음을 비유적으로 이르는 말. '四海之中'에서, '四'는 넉 '사'로 읽고, '海'는 바다 '해'로 읽는다. '四海'는 사방의 바다. 또는 온 세상. '中'은 가운데 '중'으로 읽는다. '四海之中'을 직역(直譯)하면, 온 세상의 한가운데에, 즉, 넓은 천하(天下)에. '豈無奇秀'에서, '豈'는 어찌(의문 부사) '기'로 읽고, '無'는 없을 '무'로 읽고, '奇'는 기이할 '기'로 읽고, '秀'는 빼어날 '수'로 읽는다. '豈無奇秀'를 직역(直譯)하면, 어찌 기이하고 빼어난 (인재가) 없겠는가? 즉, 인재(人材)는 항상 어디에나 있는 법이다. 다만, 세상의 범속(凡俗. 평범하고 속됨)한 사람들이 그 인재(人材)를 알아보지 못하고 없음을 탓한다는 뜻이다.

십상-팔구(十常八九 열 **십**/항상 **상**/여덟 **팔**/아홉 **구**) 열에 항상(恒常) 여덟이나 아홉이라는 뜻으로, 열에 여덟이나 아홉 정도로 거의 예외(例外. 보통의 예·例에서 벗어난 일. 또는 일반의 원칙에 해당되지 않는 일)가 없음을 이르는 말. 즉, 거의 예외 없이 그러할 것이라는 추측을 나타내는 말이다. 回 십중팔구(十中八九). *십상(十常): =십상팔구(十常八九). *팔구(八九): (단위를 나타내는 일부 한자 앞에 쓰여) 그 수량이 여덟이나 아홉임을 나타내는 말. *항상(恒常): 팀 언제나 변함없이. =늘. 매상(每常). 항용(恒用).

십-생-구-사(十生九死 열 **십**/살 **생**/아홉 **구**/죽을 **사**) 열[十] (번) 살고 아홉 (번) 죽는다는 뜻으로, 여러 차례 죽을 고비를 겪고 겨우 살아나거나, 위태(危殆. 어떤 형세가 마음을 놓을 수 없을 만큼 위험함)로운 지경에서 겨우 벗어남을 비유적으로 이르는 말. 回 구사일생(九死一生).

십-세-충년(十歲沖年 열 **십**/나이 **세**/어릴 **충**/나이 **년**) 열[十] 나이의 어린 나이라는 뜻으로, 열 살의 아주 어린 나이를 이르는 말. *충년(沖年): 열 살 안팎의 어린 나이.

십-승-지-지(十勝之地 열 **십**/경치 좋을 **승**/어조사 **지**/땅 **지**) 열[十] (군데의) 경치 좋은 땅이라는 뜻으로, ①열 군데의 명승지(名勝地). 즉, 나라 안에서 경치가 좋기로 유명한 열 곳을 이르는 말. ②풍수지리(風水地理. 땅의 형세나 방위를 인간의 길흉화복·吉凶禍福에 관련시켜 설명하는 학설)에서, 전쟁이나 천재(天災. 풍수해, 지진, 가뭄 따위와 같이 자연의 변화로 일어나는 재앙)가 일어나도 피란(避亂. 난리를 피하여 옮겨 감)하기 좋거나 안심하고 살 수 있다는, 열 군데의 땅을 이르는 말. 흔히 피난지를 말하는데, 경북 풍기(豊基)의 금계촌(金鷄村), 경북 봉화(奉化)의 춘양(春陽), 충북 보은(報恩) 속리산(俗離山) 밑(아래) 증정(한자·漢字 확인 불가. 다른 자료에는 '증항'으로 되어 있는데, 한자·漢字 표기가 다르다) 근처, 경북 운봉(雲峰) 두류산(頭流山), 경북 예천(醴泉)의 금당동(金堂洞) 북쪽, 충남 공주(公州)의 유구(維鳩)·마곡(麻谷), 강원 영월(寧越)의 정동(正東) 상류(上流), 전북 무주(茂朱)의 무풍동(茂豊洞), 전북 부안(扶安)의 호암(壺巖. 병바위) 밑(아래) 변산(邊山) 동쪽, 경북 성주(星州)의 가야산(伽倻山) 남쪽 만수동(萬壽洞)을 일컫는다. (참고) 여기에 소개된 '십승지지(十勝之地)'는 『표준국어대사전』(두산 동아)에 의거한 것임.

십-시-일반(十匙一飯 열 **십**/숟가락 **시**/한 **일**/밥 **반**) 열[十] 숟가락이 한 밥(그릇) (된다). 즉, 밥 열[十] 숟가락이 모이면 한 그릇의 밥이 된다는 뜻으로, 여러 사람이 조금씩 힘을 합하면 한 사람을 구제(救濟. 어려운 처지에 있는 사람을 도와줌)하기 쉬움을 비유적으로 이르는 말. *일반(一飯): ①한 번의 식사. ②한 입의 밥. 《관련 속담》 백지장(白紙張)도 맞들면 낫다(가볍다). / 열의 한 술 밥이 한 그릇 푼푼하다.

/ 열이 어울러 밥 찬 한 그릇. / 티끌 모아 태산.

십-실-구-공(十室九空 열 **십**/집 **실**/아홉 **구**/빌 **공**) 열[十] 집 (중) 아홉 (집이) 비었다는 뜻으로, 전쟁(戰爭)이나 병(病) 따위의 재난(災難. 뜻밖에 일어난 재앙과 고난. 또는 뜻밖의 불행한 일)으로, 흩어지거나 죽어 없어진 사람이 많음을 비유적으로 이르는 말. *‘구-공’은 『국어사전(國語辭典)』에 등재된 ‘아득하고 먼 하늘’인 ‘구공(九空)’의 뜻과는 별개다.

십-인-십-색(十人十色 열 **십**/사람 **인**/열 **십**/낯빛 **색**) 열[十] 사람의 열 (가지) 낯빛. 즉, 열 사람의 열 가지 색(色)이라는 뜻으로, 사람의 모습이나 생각 또는 기호(嗜好. 즐기고 좋아함) 따위가 저마다 다름을 비유적으로 이르는 말.

십-일-지-국(十日之菊 열 **십**/날 **일**/어조사 **지**/국화 **국**) 열[十] 날의 국화. 즉, 한창때인 9월 9일이 지난 9월 10일의 국화라는 뜻으로, 이미(돌이킬 수 없이 된 지난 일을 일컬을 때 쓰는 말) 때가 늦은 일을 비유적으로 이르는 말. 《관련 속담》 늦은 밥 먹고 파장(罷場) 간다. / 상여 뒤에 약방문(藥房文). / 소 잃고 외양간 고친다. / 죽은 다음에 청심환(淸心丸). / 죽은 뒤에 약방문(藥房文).

십-전-구-도(十顚九倒 열 **십**/넘어질 **전**/아홉 **구**/넘어질 **도**) 열[十] (번) 넘어지고 아홉[九] (번) 넘어진다. 즉, 열[十] 번 구르고 아홉[九] 번 거꾸러진다는 뜻으로, 거듭되는 실패와 고통. 또는 그런 고초(苦楚. 괴로움과 어려움)를 겪음을 비유적으로 이르는 말. 수없이 실패(失敗)를 거듭하거나 매우 심하게 고생(苦生)함을 비유적으로 이르는 말. =칠전팔도(七顚八倒).

십-중-팔구(十中八九 열 **십**/가운데 **중**/여덟 **팔**/아홉 **구**) 열[十] 가운데 여덟이나 아홉이라는 뜻으로, ①거의 대부분이거나 거의 틀림없음을 이르는 말. 비 십상팔구(十常八九). ②거의 예외 없이 그러할 것이라는 추측(推測. 미루어 생각하여 헤아림)을 나타낸 말. 비 십상팔구(十常八九). *팔구(八九): (단위를 나타내는 일부 한자 앞에 쓰여) 그 수량이 여덟이나 아홉임을 나타내는 말. 이 사자성어의 유래는 다음과 같다. 구양수(歐陽脩)의 『귀전록(歸田錄)』에 〈(북송·北宋 때의) 강숙공(康肅公. 진요자·陳堯咨의 다른 이름)인 진요자(陳堯咨)는 (멀리서 동전 구멍을 맞출 정도로) 활쏘기에 뛰어나 스스로 당대 최고의 궁수(弓子. 지난날 활을 쏘던 군사)라고 생각하며 자부심(自負心. 자기 자신 또는 자기와 관련되어 있는 것에 대하여 스스로 그 가치나 능력을 믿고 당당히 여기는 마음)이 대단했다. (어느 날) 진요자(陳堯咨)가 자기 집 뜰에서 활을 쏘고 있는데, 기름장수 노인이 짐을 내려놓고 서서, 오랫동안 구경을 했다. 진요자(陳堯咨)가 쏜 화살은 열 번 쏘아 여덟이나 아홉 번은 과녁에 명중(命中. 겨냥한 곳을 쏘아 바로 맞힘)하였다. 그런데 기름장수 노인은 그저 가볍게 고개를 끄덕일 뿐이었다. 진요자(陳堯咨)는 언짢은 생각이 들어 노인에게 물었다. “그대도 활을 쏠 줄 아시오? 내 활솜씨가 대단하지 않소?” 노인이 대답했다. “특별한 것도 없지요. 단지 손에 익었을 뿐이지요.”(陳康肅公堯咨善射, 當世無雙, 公亦以此自矜, 嘗射於家圃, 有賣油翁釋担而立, 睨之, 久而不去, **見其發矢十中八九**, 但微頷之 康肅問曰, 汝亦知射乎, 吾射不亦精乎, 翁曰, 無他, 但手熟爾〉〉[진요자(陳堯咨)는 화가 나서 말했다. “감히 내 활 솜씨를 무시할 수 있소?” 노인은 “내가 기름을 따르는 것을 보면 알 수 있을 것입니다.”라고 말하고는 땅바닥에 호리병(~瓶. 위와 아래가 둥글며, 가운데가 잘록한 병·瓶을 이르는 말. 보통 윗부분의 지름이 더 작으며, 술이나 약 따위를 담아 가지고 다니는 데 씀)을 내려놓은 뒤 병(瓶) 입구에 동전(銅錢. 구리로 만든 돈. 실제로는 구리와 주석의 합금으로 되어 있음)을 올려놓고 주걱(‘밥주걱’의 준말. 나무나 놋쇠 따위로 만든, 밥을 푸는 기구)에 기름을 담아 천천히 동전(銅錢) 구멍 속으로 부어 넣기 시작했는데, 기름은 동전(銅錢) 구멍을 통해 들어가고 동전(銅錢)에는 전혀 기름이 묻지 않았다. 노인이 말했다. "저 역시 특별한 솜씨라고 할 것도 없습니다. 단지 손에 익었을 뿐이지요." 진요자(陳堯咨)는 웃으며 노인을 보내 주었다.]라는 이야기가 나오는데, '진요자(陳堯咨)가 쏜 화살은 열 번 쏘아 여덟이나 아홉 번은 과녁에 명중(命中. <u>겨냥한 곳을 쏘아 바로 맞힘)</u>하였다.(見其發矢十 中八九)'에서, '십중팔구(十中八九)'가 유래했다. 나머지 구체적이 내용은 ⇨숙능생교(熟能生巧).

십지-부동(十指不動 열 **십**/손가락 **지**/아닐 **부**/움직일 **동**) 열[十] 손가락을 움직이지(<u>꼼짝하지</u>) 아니한다. 즉, 열 손가락 까딱 않는다는 뜻으로, 게을러서 아무 일도 하지 아니함을 비유적으로 이르는 말. *십지 (十指): 열 손가락. *부동(不動): ①움직이지 않음. ②마음이 안정되어 흔들리지 않음.

십-한-일-폭(十寒一曝 열 **십**/찰 **한**/한 **일**/쬘 **폭**) 열흘 (동안) 차다(<u>춥다</u>)가 하루 (볕을) 쬔다는 뜻으로, 일을 꾸준히 하지 못하고, 중단됨이 많음을 비유적으로 이르는 말. 또는 일이 꾸준하게 진행되지 못하고 중간에 자주 끊김을 비유적으로 이르는 말. = 일폭십한(一曝十寒). *차다: 부록 '한(寒)' 참고. *쬐다: 부록 '폭(曝)' 참고.

쌍-거-쌍-래(雙去雙來 쌍 **쌍**/갈 **거**/쌍 **쌍**/올 **래**) 쌍(雙)으로 가고 쌍(雙)으로 온다는 뜻으로, 쌍쌍이(雙 雙~. <u>둘씩 둘씩 짝 지은 모양. 또는 남녀나 동물의 암수가 짝을 이룬 모양</u>) 오고 감을 이르는 말. *쌍 (雙): 부록 '쌍(雙)' 참고.

쌍동-중매(雙童仲媒 쌍 **쌍**/아이 **동**/가운데 **중**/중매 **매**) (두) 쌍(雙)의 (다 큰) 아이가 가운데에서 중매(仲媒) 를 (한다는) 뜻으로, 짝을 지어 다니며 직업적으로 중매(仲媒)를 하는 일. 또는 그런 사람을 이르는 말. *쌍동(雙童): ①한 어머니에게서 한꺼번에 태어난 두 아이. ②똑같이 생겨 짝을 이루는 것을 비유적으로 이르는 말. =쌍둥이. *중매(仲媒): 남녀 사이에 들어 혼인을 어울리게 함. 또는 그 일이나 사람. *쌍(雙): 부록 '쌍(雙)' 참고.

쌍두-마차(雙頭馬車 둘 **쌍**/머리 **두**/말 **마**/수레 **차**) 두 머리(<u>말의 머리</u>)의 말이 (끄는) 수레(마차)라는 뜻으 로, ①두 필(匹)의 말이 끄는 마차를 이르는 말. =양두마차(兩頭馬車). ②어떤 한 분야에서 주축(主軸. <u>전체 가운데서 중심이 되어 영향을 미치는 존재나 세력</u>)이 되는 두 사람이나 사물 따위를 비유적으로 이르는 말. *쌍두(雙頭): ①두 머리. 즉, 사람이나 짐승의 두 개의 머리. ②두 마리. 즉, 물고기나 짐승 따위의 두 마리. *마차(馬車): 말이 끄는 수레. *수레: 부록 '차(車)' 참고.

쌍-리-어-출(雙鯉魚出 둘 **쌍**/잉어 **리**/물고기 **어**/날 **출**) 두 (마리의) 잉어 물고기가 나왔다는 뜻으로, 효심 (孝心)이 매우 두터움을 이르는 말. 후한(後漢)의 강시(姜詩)와, 진(晉)의 왕상(王祥)은 겨울에 어머니에 게 드릴 잉어를 구해야 했는데, 효심(孝心. <u>효성스러운 마음</u>)이 매우 두터웠기 때문에 얼음 속에서 두 마리의 잉어가 튀어 나왔다는 데서 유래함. *잉어: 부록 '리(鯉)' 참고.

쌍-벌-주의(雙罰主義 둘 **쌍**/벌줄 **벌**/주될 **주**/옳을 **의**) 둘 (다) 주된 벌(罰)을 주어야 (한다는) 주의(主義)라 는 뜻으로, 범법(犯法. <u>법에 어긋나는 일을 함</u>) 행위를 한 당사자(當事者. <u>어떤 일에 직접 관계가 있거나</u> <u>관계한 그 사람. =본인·本人</u>)의 양쪽을 함께 처벌하는 주의(主義). 또는 어떤 행위에 관련된, 양쪽 당사 자(當事者)를 모두 처벌(處罰)하여야 한다는 태도(態度)를 이르는 말. *주의(主義): ①굳게 지키는 주장 이나 방침. ②체계화된 이론이나 학설. *주되다(主~): 주장(主張)이나 중심(中心)이 되다.